Tidal Current Tables 2021

Atlantic Coast of North America

Issued 2020

2021 COMMERCIAL EDITION

IMPORTANT INFORMATION ABOUT THIS EDITION

In 2020, NOAA announced that it will eliminate paper publications of the annual Tide Tables and Tidal Current Tables beginning in 2021. In order to provide a similar printed resource for those who prefer a physical copy, Paradise Cay Publications has prepared this edition, it is designed to emulate the format and content of the official NOAA tide table books as closely as possible. Some significant exceptions are indicated below.

- NOAA was previously able to include tide and current predictions for foreign ports in the annual Tide Tables and Tidal Current Tables publications as part of an International Hydrographic Organization (IHO) agreement. This international data previously provided to NOAA and disseminated in the Tide Tables and Tidal Current Table is not available to the public and are therefore not offered in this publication.

- Some of the stations included in previous years have different naming conventions or have been replaced with more relevant reporting stations. As a result, some of the Tidal Differences (Table 2) may reference stations that are not included in the current edition.

- The USNO has historically provided the moonrise/moonset date, however the USNO website is down for extended maintenance throughout 2020, and as a result the moonrise/moonset data is currently not available and omitted from this edition. Should this data become available we will add it to future tide and tidal current publications.

- The sunrise/sunset times are obtained directly from NOAA, but the format of this data has changed. Rather than using a "local mean time" format, we have provided data from select cities in the areas covered in the publication. This data was obtained from NOAA directly.

- Some formatting has changed in both data and text content, relative to previous editions. We have noted as many of these changes as possible both in this disclaimer, and within the book where the change has occurred.

- The index format has been changed. The data we've compiled has been presented as accurately as possible but is to be used for reference purposes only - this volume does not fulfill any carriage requirements. We welcome any feedback, suggestions, or corrections as we continue to develop and refine this series of tide table books.

Paradise Cay Publications, Inc.
paracay.com

Contents

SOURCES OF ADDITIONAL INFORMATION

THE NATIONAL OCEAN SERVICE IS NO LONGER PRINTING AND DISTRIBUTING THE TIDE AND TIDAL CURRENT TABLES

Tide and Tidal current data continue to be updated, generated and published by the NOAA/ National Ocean Service; however, the printing and distribution in book-form is now done by several private companies working from information provided by NOS.

NOS now offers two vehicles for obtaining predictions. First, the complete set of Tables as camera-ready page-images will be available on CD-ROM. The CD-ROM vehicle is primarily intended for use by federal or private printers who wish to print in book-form the full set of Tables for distribution to resellers and the general public. Second, for domestic tide stations, predictions are available on the NOS, Center for Operational Oceanographic Products and Services (CO-OPS), website, (http://tidesandcurrents.noaa.gov/).

In addition to predictions, the website provides updated information on the status of the Tables as they are finalized each year. Notices concerning the most recent Table updates and publication cut-off dates are included.

For the names of companies printing and distributing the Tables, please call or write to:

National Ocean Service
Oceanographic Division, N/OPS3
1305 East-West Highway
Silver Spring, MD 20910
(301) 713-2815, fax (301) 713-4500

A list of authorized sales agents is published in the Nautical Chart Catalogs or may be obtained on request from the National Ocean Service.

TECHNICAL ASSISTANCE:

Technical questions relating to **tide and current predictions,** as well as requests for **special predictions**, should be addressed to:

National Ocean Service
Oceanographic Division, N/OPS3
1305 East-West Highway
Silver Spring, MD 20910
(301) 713-2815

Technical questions relating to **actual tide observations, tidal datums, and other information necessary** for **engineering projects** should be addressed to:

National Ocean Service
Oceanographic Division, N/OPS3
1305 East-West Highway
Silver Spring, MD 20910
(301) 713-2815

Technical questions relating to *other publications and nautical charts* should be addressed to:

National Ocean Service
Navigation Services Division
1315 East-West Highway
Silver Spring, MD 20910
(888) 990-NOAA (6622)

SOURCES OF ADDITIONAL INFORMATION

WEBSITES

Center for Operational Oceanographic Products and Services
(PORTS® * Predictions * Observations * Bench Marks * Tides Online * Great Lakes Online)
https://tidesandcurrents.noaa.gov

Marine Chart Division - https://www.nauticalcharts.noaa.gov

Office for Coastal Management - https://www.coast.noaa.gov

Ocean Predictions Center - https://ocean.weather.gov

National Center for Environmental Information - https://www.ncei.noaa.gov

National Centers for Environmental Predictions - https://www.ncep.noaa.gov

National Climatic Data Center - https://www.ncdc.noaa.gov

National Data Buoy Center - https://www.ndbc.noaa.gov

National Geodetic Survey - https://www.ngs.noaa.gov

National Geophysical Data Center - https://www.ngdc.noaa.gov

National Ocean Service - https://www.oceanservice.noaa.gov

National Oceanic and Atmospheric Administration - https://www.noaa.gov

National Oceanographic Data Center - https://www.nodc.noaa.gov

National Weather Service - https://www.weather.gov

U.S. Coast Guard - https://www.uscg.mil

U.S. Geological Survey - https://www.usgs.gov

U.S. Naval Observatory - https://www.usno.navy.mil

U.S. Naval Oceanographic Office - https://www.usno.navy.mil/NAVO

CORRECTIONS:

Corrections to this publication, after the date of printing, may appear in the Notice to Mariners. They may also appear in the Local Notice to Mariners, published weekly, by the various United States Coast Guard Districts.

IMPORTANT NOTICES

Daylight-saving time is not used in this publication. All daily tidal current predictions and predictions compiled by the use of Table 2 data are based on the standard time meridian indicated for each location. Predicted times may be converted to daylight-saving times, where necessary, by adding 1 hour to these data. In converting times from the Astronomical Data page on the inside back cover, it should be remembered that daylight saving time is based on a meridian 15° east of the normal standard meridian for a particular place.

NOS, in partnership with other agencies and institutions, has established a series of Physical Oceanographic Real Time Systems (PORTS®) in selected areas. These PORTS® sites provide constantly updated information on tide and tidal current conditions, water temperature, and weather conditions. This information is updated every six minutes. PORTS® sites are currently in operation at several major harbors with future sites to be added. The information is accessible through a computer data connection or by a voice response system at the following numbers:

PORTS® SITES	VOICE ACCESS	INTERNET ACCESS
CAPE COD	Not Available	www.tidesandcurrents.noaa.gov
CHARLESTON HARBOR	855-216-2137	"
CHERRY POINT	888-817-7794	"
CHESAPEAKE BAY	866-CH-PORTS (866-247-6787)	"
CORPUS CHRISTI	866-728-1897	"
CUYAHOGA	800-376-1192	"
DELAWARE RIVER & BAY	866-30-PORTS (866-307-6787)	"
HOUSTON/GALVESTON	866-HG-PORTS (866-447-6787)	"
HUMBOLDT BAY	855-876-5015	"
JACKSONVILLE	855-901-1549	"
LAKE CHARLES	888-817-7692	"
LOS ANGELES/ LONG BEACH	Not Available	"
LOWER COLUMBIA RIVER	888-53-PORTS (888-537-6787)	"
LOWER MISSISSIPPI RIVER	888-817-7767	"
MATAGORDA BAY	888-524-9765	"
MIAMI	888-270-6145	"
MORGAN CITY	888-312-4113	"
MOBILE BAY	877-84-PORTS (877-847-6787)	"
NARRAGANSETT BAY	866-75-PORTS (866-757-6787)	"
NEW HAVEN	888-80-PORTS (888-807-6787)	"
NEW LONDON	855-626-0509	"
NEW YORK/NEW JERSEY	866-21-PORTS (866-217-6787)	"
PASCAGOULA	888-257-1857	"
PORT EVERGLADES	866-213-5269	"
PORT FOURCHON	855-687-2084	"
PORT OF ANCHORAGE	866-AK-PORTS (866-257-6787)	"
SABINE NECHES	888-257-1859	"
SAN FRANCISCO BAY	866-SB-PORTS (866-727-6787)	"
SAVANNAH	855-907-3136	"
SOO LOCKS	301-713-9596	"
TACOMA	888-60-PORTS (888-607-6787)	"
TAMPA BAY	866-TB-PORTS (866-827-6787)	"
TOLEDO	888-547-9131	"

IMPORTANT NOTICES

PUBLISHED CAUTIONARY NOTICES
Published in Local Notice to Mariners and United States Coast Pilot Notices

NOAA is discontinuing the printed Tide Tables and Tidal Current Tables publications

Due to the availability of electronic predictions products, NOAA is ending the production of the printed Tide Tables and Tidal Current Tables publications. This, the final printed edition, will provide tide and tidal current predictions for the calendar year 2020.

NOAA and its predecessor agencies have produced and distributed predictions of high and low tides at ports along the U.S. coastline since 1867, and times/speeds of tidal currents since 1920. These predictions are currently produced in the form of six (6) annual publications, which are distributed through licensed commercial publishers.

NOAA is discontinuing the production of these annual publications due to: (a) Recent changes by the U.S. Coast Guard in the interpretation of the requirements for predictions, no longer requiring these publications in paper format. (b) The availability of online and electronic services providing tide and tidal current predictions which meet the U.S. Coast Guard requirements for navigation, and support other activities along the U.S. coast.

Tide and Tidal Current predictions are available through NOAA's Center for Operational Oceanographic Products and Services (CO-OPS) online services:

- NOAA Tide Predictions: https://tidesandcurrents.noaa.gov/tide_predictions.html

- NOAA Current Predictions: https://tidesandcurrents.noaa.gov/noaacurrents/Regions

These online services provide predictions which equal or exceed the accuracy and availability of the predictions at domestic locations provided through printed publications, and provide additional capabilities allowing the predictions to better meet a variety of different user needs. These online services will provide predictions for locations for the U.S. coasts, and areas in which NOAA has some responsibility or authority. International predictions, previously provided by agencies in other countries for use in the printed publications, will not be available from the online services. Predictions for countries outside the U.S. may be obtained through the Oceanographic / Hydrographic agency in that country.

Contact NOAA's Center for Operational Oceanographic Products and Services (CO-OPS) with questions or for further information.

E-mail: Tide.Predictions@noaa.gov

Phone: 301-713-2815

(Issued: October 1, 2019)

IMPORTANT NOTICES

UPDATE TO THE 2012 EDITION OF THE NOS TIDAL CURRENT TABLES

The NOAA National Ocean Service's Center for Operational Oceanographic Products and Services (CO-OPS) is updating the tidal current predictions published for the Long Island Sound within the 2012 Tidal Current Tables – Atlantic Coast of North America. Reference stations in this area have been updated with new data; historic secondary stations have been updated; and a number of new stations have been added.

(Issued: October 1, 2011)

OBSERVED TIDAL CONDITIONS DIFFER FROM TIDAL PREDICTIONS IN THE HUDSON RIVER

The observed tides along the Hudson River have been reported to differ significantly from the Published tide predictions; particularly in the northern section of the river from Newburgh to Albany, New York. Based on limited reports and comparisons to USGS stream gauges, it appears that high tides are occurring approximately 1 hour earlier than predicted.

NOAA has no information on what may be causing the difference between predictions and observations. This could be the result of natural changes (shoaling, erosion, etc) or artificial changes (dredging, construction, etc.) in the Hudson River. Based on preliminary evidence, this does not appear to be a temporary condition and may indicate a long term change in the tidal conditions of the Hudson River.

NOAA does not have any water level stations operating along the length of the Hudson River, with the nearest operating station being located at The Battery, New York. Without observational data in the area, the extent of the difference between predictions and observations cannot be confirmed; neither can the areas affected by this change. Resources are not available for the installation and operation of water level stations along the Hudson River.

Mariners operating in this area are urged to use caution.

(Issued: May 24, 2010)

CHANGES TO 2008 EDITIONS OF THE NOS TIDAL CURRENT TABLES

Three new tidal current reference stations have been added to the National Ocean Service tidal Current Tables for 2008. Table 2 "time" and "velocity" correction factors at secondary stations which are affected by these changes have been updated based on the new reference station data.

Tidal Current Tables - 2008 - Atlantic Coast of North America
1. Bucksport, Penobscot Bay, Maine (new)
2. George Washington Bridge, Hudson River (new)
3. Kingston-Rhinecliff, Bridge, Hudson River (new)

(Issued October 1, 2006)

TIDAL CURRENT PREDICTIONS INSIDE U.S. ESTUARIES

At present there are several U.S. estuaries with operational Physical Oceanographic Real Time Systems (PORTS) installed. PORTS systems are presently being installed in several additional estuaries. Over the next ten years there are projected to be twenty or more additional systems installed. In the past, the tidal current reference station has always been located at the entrance to each estuary. All tidal current secondary stations both inside and outside (along the coast) have been referred to the reference station at the entrance to the estuary. This will no longer be the case in estuaries with an operational PORTS system.

Estuaries with an operational PORTS system will have at least two reference stations. One will be the historic station at the entrance to the estuary. All secondary stations along the coast will continue to be referred to this station. The second tidal current reference station will be the primary PORTS station within the estuary. All secondary locations within the estuary itself will be referred to this location. Depending on the circulation dynamics of the estuary, daily tidal current predictions may be provided for one or more additional stations within the estuary.

(Issued October 1, 1999)

IMPORTANT NOTICES

ARANSAS PASS – CORPUS CHRISTI BAY, TX

The Aransas-Corpus Christi Pilots have reported that published tidal current predictions for Aransas Pass deviate from observations by as much as two (2) hours. The published predictions must be used with extreme caution. The Pilots should be consulted for critical transits. Tidal Current predictions of the National Ocean Service (NOS) are derived from analysis of observed data at tidal harmonic frequencies which in turn are based on predictable astronomic positions of the moon and sun. The problem in manyareas of the Gulf of Mexico, including the south Texas coast, is that localized meteorological conditions can significantly effect and alter the times of maximum flood and ebb currents. Real-time observation and reporting systems, such as the Physical Oceanographic Real Time System (PORTS) installed in the Galveston-Houston area, are the only means of providing accurate tidal current data for areas such as this.

(Issued July 17, 1997)

BISCAYNE BAY/PORT OF MIAMI, FL

The Biscayne Bay Pilots report that recent dredging and construction by the US Corps of Engineers (COE) supporting Miami port expansion has significantly effected the currents in Miami Harbor. Both flood and ebb currents should be expected to be stronger than indicated in official published predictions. The actual times for maximum and slack currents should be expected to deviate from the published predictions. Funding to support a survey to obtain new data for more accurate tidal current predictions is not available at this time. Installation of a Physical Oceanographic Real Time System (PORTS), like the one in operation in Tampa Bay, would be the best solution for long term marine safety.

(Issued July 17, 1997)

CHARLESTON HARBOR, SC

The US Army Corps of Engineers (CEO) is planning dredging and construction projects for Charleston Harbor in 1996-1997. Such projects in the past in other areas have resulted in dramatic changes in the observed tidal currents of those areas. Once dredging and/or construction operations commence, the Tidal Current predictions for this region should be considered questionable and potentially dangerous to rely upon. Tide predictions will also be affected but to a lesser degree. Funding for a real time system to monitor the Tidal Currents and a resurvey of the area after COE operations are complete is presently not available. Therefore, once COE operations begin and until such time as a real-time system is installed or a resurvey of the area conducted, the National Oceanic and Atmospheric Administration, National Ocean Service will be unable to provide accurate Tidal Current predictions necessary for marine safety and navigation in this area.

(Issued June 5, 1996)

CHESAPEAKE & DELAWARE CANAL AND BALTIMORE HARBOR CONNECTING CHANNELS

The US Army Corps of Engineers (COE) is planning a project involving the Chesapeake & Delaware Canal (C&D) and the channels in the upper Chesapeake Bay connecting the canal to Baltimore, MD in 1996-1997. Such projects in the past in other areas have resulted in dramatic changes in the observed tidal currents of those areas. Once the project begins, the Tidal Current predictions for the C&D Canal and the channels connecting the canal to Baltimore should be considered questionable and potentially dangerous to rely upon. Tide predictions will be affected but to a lesser degree. Funding for a real-time system to monitor the Tidal Currents and a resurvey of these areas after COE operations are complete is presently not available. Therefore, once COE operations begin and until such time as a real-time system is installed or a resurvey of the area conducted, the National Oceanic and Atmospheric Administration, National Ocean Service will be unable to provide accurate Tidal Current predictions necessary for marine safety and navigation in this area.

(Issued June 5, 1996)

INTRODUCTION

Current tables for the use of mariners have been published by the National Ocean Service (formerly the Coast and Geodetic Survey) since 1890. Tables for the Atlantic coast first appeared as a part of the tide tables and consisted of brief directions for obtaining the times of the current for a few locations from the times of high and low waters. Daily predictions of slack water for five stations were given for the year 1916, and by 1923 the tables had so expanded that they were then issued as a separate publication entitled Current Tables, Atlantic Coast. A companion volume, Current Tables, Pacific Coast, was also issued that year. In 1930 the predictions for the Atlantic coast were extended to include the times and velocities of maximum current.

In the preparation of these tables, all available observations were used. In some cases, however, the observations were insufficient for obtaining final results, and as further information becomes available it will be included in subsequent editions. All persons using these tables are invited to send information or suggestions for increasing their usefulness to the National Ocean Service, Oceanographic Division, 1305 East-West Highway, N/OPS3, Silver Spring, Maryland 20910, U.S.A. The data for lightship stations are based on observations obtained through the cooperation of the U.S. Coast Guard. By cooperative arrangements, full predictions for Bay of Fundy Entrance (Grand Manan Channel) were furnished by the Canadian Hydrographic Service.

Daily predicted times of slack water and predicted times and velocities of maximum current (flood and ebb) are presented in table 1 for a number of reference stations. Similar predictions for many other locations may be obtained by applying the correction factors listed in Table 2 to the predictions of the appropriate reference station. The speed of a current at times between slack water and maximum current may be approximated by the use of table 3. The duration of weak current near the time of slack water may be computed by the use of Table 4.

List of Stations

TABLE 1.— DAILY CURRENT PREDICTIONS

EXPLANATION OF TABLE

This table gives the predicted times of slack water and the predicted times and speeds of maximum current (flood and ebb) for each day of the year at a number of stations on the Atlantic coast of North America. The times are given in hours and minutes and the speeds in knots.

Time.— The kind of time used for the predictions at each reference station is indicated by the time meridian at the bottom of each page. **Daylight-saving time is not used in this publication.** If daylight-saving time is required, add one (1) hour to the predicted time.

Slack water and maximum current.— The columns headed "Slack" contain the predicted times at which there is no current; or, in other words, the times at which the current has stopped setting in a given direction and is about to begin to set in the opposite direction. Offshore, where the current is rotary, slack water denotes the time of minimum current. Beginning with the slack water before flood, the current increases in speed until the strength or maximum speed of the flood current is reached; it then decreases until the following slack water, or slack before ebb. The ebb current then begins, increases to a maximum speed, and then decreases to the next slack. The predicted times and speeds of maximum current are given in the columns headed "Maximum." Flood speeds are marked with an "F," the ebb speeds with an "E." An entry in the "Slack" column will be slack, flood begins if the maximum current which follows it is marked "F." Otherwise the entry will be slack, ebb begins.

Direction of set.— The terms flood and ebb do not in all cases clearly indicate the direction of the current, the approximate direction toward which the currents flow are given at the top of each page to distinguish the two streams.

Number of slacks and strengths.— There are usually four slacks and four maximums each day. If one is missing in a given day, it will occur soon after midnight as the first slack or maximum of the following day. At some stations where the diurnal inequality is large, there may be on certain days a continuous flood or ebb current with varying speed throughout half the day giving only two slacks and two maximums on that particular day.

Current and tide.— It is important to note that the predicted slacks and strengths given in this table refer to the horizontal motion of the water and not to the vertical rise and fall of the tide. The relation of current to tide is not constant, but varies from place to place, and the time of slack water does not generally coincide with the time of high or low water, nor does the time of maximum speed of the current usually coincide with the time of most rapid change in the vertical height of the tide. At stations located on a tidal river or bay the time of slack water may differ from 1 to 3 hours from the time of high or low water. The times of high and low waters are given in the Tide Tables published by the National Ocean Service.

Variations from predictions.— In using this table, bear in mind that actual times of slack or maximum occasionally differ from the predicted times by as much as half an hour and in rare instances the difference may be as much as an hour. Comparisons of predicted with observed times of slack water indicate that more than 90 percent of the slack waters occurred within half an hour of the predicted times. To make sure, therefore, of getting the full advantage of a favorable current or slack water, the navigator should reach the entrance or strait at least half an hour before the predicted time of the desired condition of current. Currents are frequently disturbed by wind or variations in river discharge. On days when the current is affected by such disturbing influences, the times and speeds will differ from those given in the table, but local knowledge will enable one to make proper allowance for these effects.

TABLE 1.—DAILY CURRENT PREDICTIONS

Typical current curves.— The variations in the tidal current from day to day and from place to place are illustrated on the opposite page by the current curves for representative ports along the Atlantic and Gulf Coasts of the United States. Flood current is represented by the solid line curve above the zero speed (slack water) line and the ebb current by the broken line curve below the slack water line. The curves show clearly that the currents along the Atlantic coast are semi-diurnal (two floods and two ebbs in a day) in character with their principal variations following changes in the Moon's distance and phase. In the Gulf of Mexico, however, the currents are diurnal in character. Because the dominant factor is the change in the Moon's declination, the currents in the Gulf tend to become semi-diurnal when the Moon is near the Equator. By reference to the curves, it will be noted that with this diurnal type of current there are times when the current may be erratic (marked with an asterisk), or one flood or ebb current of the day may be quite weak. Therefore, in using the predictions of the current, it is essential to carefully note the speeds as well as the times.

TYPICAL CURRENT CURVES FOR REFERENCE STATIONS
(Flood: Solid Line, Ebb: Broken Line)

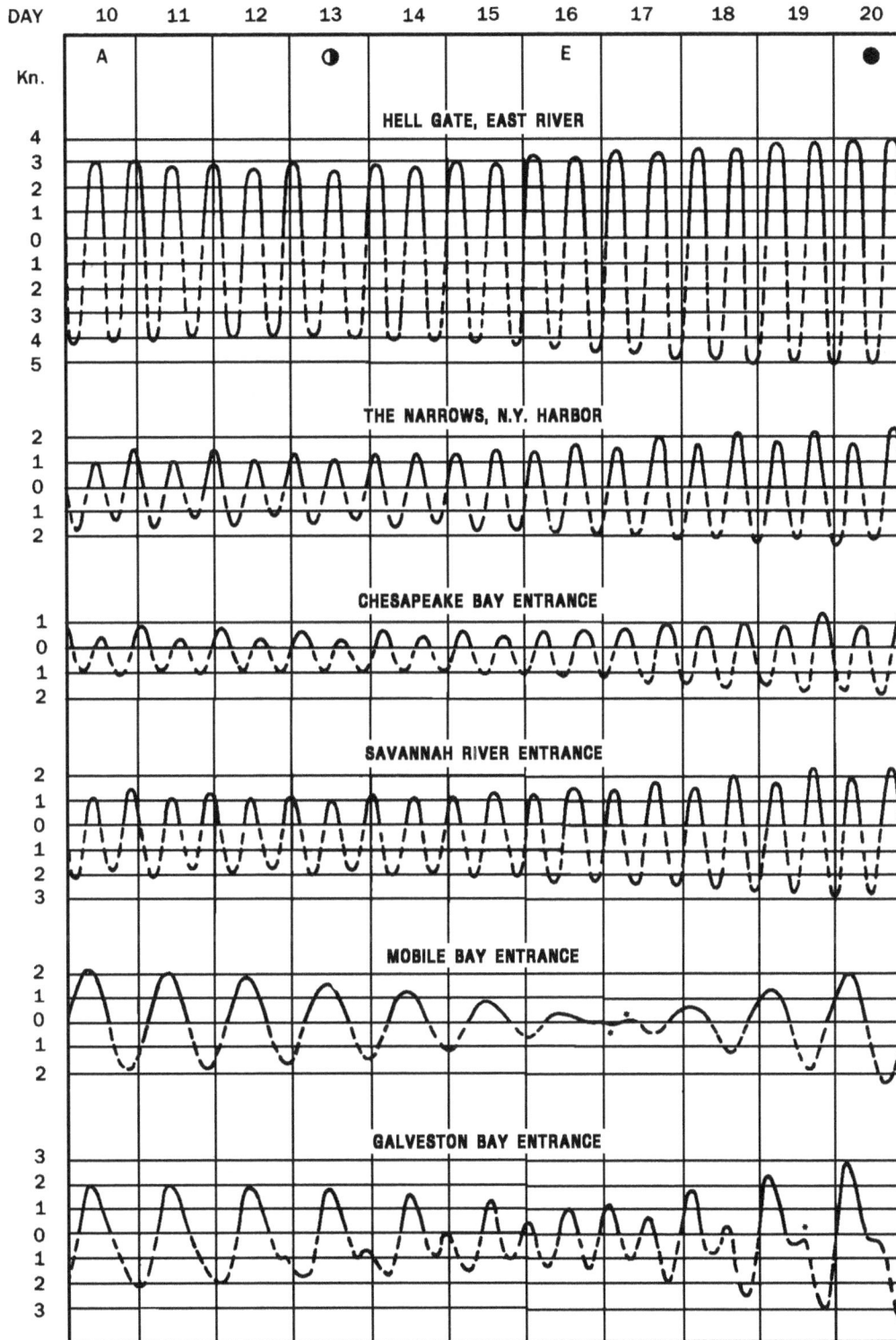

HELL GATE, EAST RIVER

THE NARROWS, N.Y. HARBOR

CHESAPEAKE BAY ENTRANCE

SAVANNAH RIVER ENTRANCE

MOBILE BAY ENTRANCE

GALVESTON BAY ENTRANCE

*Current weak and variable.
A discussion of these curves is given on the preceding page.

Lunar data: A—moon in apogee
              ◑—last quarter
              E—moon on equator
              ●—new moon

Station ID: EPT0003 Depth: 13 feet
Source: NOAA/NOS/CO-OPS
Station Type: Harmonic
Time Zone: LST

NOAA Tidal Current Predictions

Estes Head, Eastport, 2021

Latitude: 44.8879° N Longitude: 66.9957° W
Mean Flood Dir. 260° (T) Mean Ebb Dir. 90° (T)
Times and speeds of maximum and minimum current, in knots

January

Day	Slack (h m)	Maximum (h m)	knots
1 F	00:42	04:06	-2.3E
	06:54	09:24	2.3F
	13:00	16:18	-2.6E
	19:24	21:48	2.2F
2 Sa	01:24	04:48	-2.3E
	07:36	10:06	2.3F
	13:42	17:00	-2.6E
	20:06	22:30	2.3F
3 Su	02:12	05:24	-2.3E
	08:24	10:48	2.4F
	14:24	17:36	-2.6E
	20:48	23:12	2.4F
4 M	02:54	06:06	-2.4E
	09:12	11:36	2.4F
	15:12	18:18	-2.6E
	21:36		
5 Tu		00:00	2.4F
	03:48	07:00	-2.4E
	10:06	12:30	2.4F
	16:06	19:18	-2.5E
	22:30		
6 W ◐		00:54	2.4F
	04:36	07:54	-2.5E
	11:00	13:24	2.4F
	17:00	20:18	-2.5E
	23:24		
7 Th		01:48	2.4F
	05:30	09:00	-2.5E
	12:00	14:18	2.3F
	18:00	21:24	-2.4E
8 F	00:24	02:48	2.4F
	06:30	10:06	-2.6E
	13:00	15:24	2.3F
	19:00	22:30	-2.5E
9 Sa	01:24	03:54	2.3F
	07:30	11:06	-2.8E
	14:00	17:18	2.3F
	20:06	23:36	-2.6E
10 Su	02:24	05:48	2.4F
	08:30	12:06	-2.9E
	15:00	18:36	2.4F
	21:06		
11 M		00:36	-2.7E
	03:18	07:00	2.5F
	09:24	13:06	-3.1E
	15:54	19:36	2.5F
	22:00		
12 Tu		01:36	-2.7E
	04:18	07:54	2.6F
	10:24	14:00	-3.1E
	16:54	20:30	2.6F
	23:00		
13 W ●		02:24	-2.8E
	05:12	08:48	2.6F
	11:18	14:48	-3.1E
	17:42	21:18	2.6F
	23:48		
14 Th		03:18	-2.7E
	06:00	09:42	2.5F
	12:06	15:42	-3.0E
	18:30	22:12	2.5F
15 F	00:36	04:06	-2.7E
	06:54	10:30	2.4F
	12:54	16:30	-2.9E
	19:18	23:00	2.4F
16 Sa	01:24	05:00	-2.6E
	07:42	11:18	2.3F
	13:42	17:18	-2.7E
	20:06	23:42	2.3F
17 Su	02:12	05:42	-2.4E
	08:30	12:06	2.2F
	14:24	18:06	-2.5E
	20:54		
18 M		00:30	2.1F
	02:54	06:30	-2.3E
	09:12	12:48	2.0F
	15:12	18:54	-2.3E
	21:36		
19 Tu		01:18	2.0F
	03:42	07:18	-2.2E
	10:06	13:36	1.8F
	16:00	19:42	-2.2E
	22:24		
20 W ◑		02:06	1.9F
	04:24	08:12	-2.1E
	10:54	14:30	1.7F
	16:48	20:30	-2.0E
	23:18		
21 Th		03:00	1.8F
	05:18	09:00	-2.1E
	11:48	15:30	1.7F
	17:42	21:24	-1.9E
22 F	00:06	03:54	1.8F
	06:06	09:54	-2.1E
	12:42	16:24	1.7F
	18:36	22:24	-1.9E
23 Sa	01:00	04:48	1.9F
	07:00	10:48	-2.1E
	13:36	17:18	1.8F
	19:30	23:18	-2.0E
24 Su	01:54	05:42	1.9F
	07:30	11:42	-2.3E
	14:30	18:12	1.9F
	20:24		
25 M		00:06	-2.1E
	02:48	06:30	2.0F
	08:48	12:30	-2.4E
	15:18	19:00	2.0F
	21:18		
26 Tu		00:54	-2.2E
	03:36	07:18	2.1F
	09:36	13:18	-2.5E
	16:06	19:48	2.1F
	22:06		
27 W		01:42	-2.3E
	04:24	08:00	2.2F
	10:24	14:00	-2.6E
	16:54	20:30	2.2F
	22:54		
28 Th ○		02:24	-2.4E
	05:06	08:36	2.2F
	11:06	14:36	-2.7E
	17:36	21:06	2.2F
	23:36		
29 F		03:06	-2.5E
	05:48	08:30	2.3F
	11:54	15:18	-2.8E
	18:18	20:54	2.3F
30 Sa	00:18	03:42	-2.5E
	06:30	09:06	2.4F
	12:36	16:00	-2.8E
	19:00	21:24	2.4F
31 Su	01:00	04:24	-2.6E
	07:18	09:48	2.6F
	13:18	16:36	-2.9E
	19:42	22:12	2.6F

February

Day	Slack (h m)	Maximum (h m)	knots
1 M	01:48	05:06	-2.7E
	08:00	10:30	2.6F
	14:06	17:18	-2.8E
	20:24	22:54	2.6F
2 Tu	02:36	05:48	-2.7E
	08:48	11:18	2.6F
	14:54	18:06	-2.8E
	21:12	23:42	2.6F
3 W	03:24	06:42	-2.7E
	09:42	12:06	2.6F
	15:48	19:00	-2.6E
	22:06		
4 Th ◐		00:30	2.5F
	04:12	07:36	-2.7E
	10:36	13:00	2.4F
	16:42	20:06	-2.5E
	23:00		
5 F		01:30	2.4F
	05:12	08:42	-2.6E
	11:36	14:00	2.2F
	17:42	21:12	-2.4E
6 Sa	00:00	02:30	2.2F
	06:12	09:48	-2.6E
	12:42	15:12	2.1F
	18:48	22:18	-2.3E
7 Su	01:06	04:42	2.2F
	07:12	10:54	-2.7E
	13:42	17:24	2.2F
	19:48	23:24	-2.4E
8 M	02:06	05:54	2.3F
	08:12	11:54	-2.8E
	14:42	18:30	2.3F
	20:54		
9 Tu		00:30	-2.5E
	03:06	06:48	2.4F
	09:12	12:54	-2.9E
	15:42	19:24	2.5F
	21:54		
10 W		01:24	-2.6E
	04:06	07:42	2.5F
	10:12	13:48	-3.0E
	16:36	20:12	2.5F
	22:48		
11 Th ●		02:18	-2.7E
	04:54	08:36	2.5F
	11:00	14:36	-3.0E
	17:24	21:06	2.6F
	23:36		
12 F		03:06	-2.7E
	05:42	09:24	2.5F
	11:48	15:24	-2.9E
	18:12	21:48	2.5F
13 Sa	00:18	03:48	-2.7E
	06:30	10:12	2.4F
	12:30	16:06	-2.8E
	18:54	22:36	2.4F
14 Su	01:00	04:30	-2.6E
	07:12	10:54	2.3F
	13:12	16:48	-2.6E
	19:36	23:12	2.3F
15 M	01:36	05:12	-2.5E
	08:00	11:18	2.2F
	13:54	17:30	-2.5E
	20:18	23:42	2.1F
16 Tu	02:18	05:54	-2.3E
	08:42	11:18	2.0F
	14:36	18:12	-2.3E
	21:00	23:30	2.0F
17 W	03:00	06:36	-2.2E
	09:24	11:42	1.9F
	15:18	18:54	-2.1E
	21:42		
18 Th		00:06	2.0F
	03:48	07:18	-2.1E
	10:12	12:24	1.8F
	16:06	19:42	-1.9E
	22:30		
19 F ◑		00:54	1.9F
	04:36	08:12	-2.0E
	11:06	13:12	1.7F
	17:00	20:36	-1.8E
	23:24		
20 Sa		01:42	1.8F
	05:24	09:06	-2.0E
	12:00	14:12	1.6F
	17:54	21:36	-1.7E
21 Su ●	00:18	02:42	1.7F
	06:18	10:00	-2.0E
	12:54	16:42	1.6F
	18:54	22:36	-1.8E
22 M	01:12	05:00	1.7F
	07:18	11:00	-2.1E
	13:48	17:36	1.7F
	19:48	23:30	-1.9E
23 Tu	02:12	05:54	1.9F
	08:12	11:54	-2.3E
	14:42	18:30	1.9F
	20:42		
24 W		00:24	-2.1E
	03:00	06:48	2.0F
	09:00	12:42	-2.5E
	15:30	19:18	2.0F
	21:36		
25 Th		01:06	-2.3E
	03:48	07:30	2.2F
	09:54	13:24	-2.7E
	16:18	20:00	2.2F
	22:24		
26 F		01:54	-2.5E
	04:36	08:00	2.3F
	10:42	14:06	-2.8E
	17:06	20:30	2.4F
	23:06		
27 Sa ○		02:36	-2.7E
	05:24	08:06	2.5F
	11:24	14:48	-3.0E
	17:48	20:24	2.5F
	23:54		
28 Su		03:18	-2.9E
	06:06	08:42	2.5F
	12:12	15:30	-3.0E
	18:30	21:06	2.7F

March

Day	Slack (h m)	Maximum (h m)	knots
1 M	00:36	04:00	-3.0E
	06:54	09:24	2.8F
	12:54	16:12	-3.1E
	19:18	21:48	2.8F
2 Tu	01:24	04:42	-3.0E
	07:42	10:12	2.8F
	13:42	17:00	-3.0E
	20:00	22:36	2.8F
3 W	02:12	05:30	-3.0E
	08:30	11:00	2.8F
	14:36	17:48	-2.9E
	20:54	23:24	2.7F
4 Th	03:00	06:24	-2.9E
	09:24	11:48	2.6F
	15:30	18:48	-2.7E
	21:42		
5 F		00:12	2.6F
	03:54	07:18	-2.8E
	10:12	12:42	2.4F
	16:24	19:54	-2.5E
	22:42		
6 Sa ◐		01:06	2.3F
	04:48	08:30	-2.7E
	11:18	13:54	2.1F
	17:24	21:00	-2.3E
	23:48		
7 Su		03:18	2.1F
	05:54	09:36	-2.6E
	12:24	16:12	2.1F
	18:30	22:12	-2.3E
8 M	00:48	04:36	2.1F
	07:00	10:42	-2.6E
	13:30	17:12	2.2F
	19:42	23:18	-2.4E
9 Tu	01:54	05:42	2.2F
	08:00	11:42	-2.7E
	14:30	18:12	2.3F
	20:42		
10 W		00:18	-2.5E
	02:54	06:36	2.4F
	09:00	12:42	-2.8E
	15:30	19:06	2.4F
	21:42		
11 Th		01:12	-2.6E
	03:48	07:30	2.5F
	10:00	13:30	-2.9E
	16:18	19:54	2.5F
	22:30		
12 F		02:00	-2.7E
	04:42	08:18	2.5F
	11:06	14:18	-2.9E
	17:06	20:42	2.5F
	23:12		
13 Sa ●		02:42	-2.7E
	05:24	09:00	2.5F
	11:30	15:00	-2.8E
	17:48	21:24	2.5F
	23:54		
14 Su		03:24	-2.7E
	06:06	09:48	2.4F
	12:06	15:42	-2.7E
	18:30	22:06	2.4F
15 M	00:30	04:06	-2.6E
	06:48	10:24	2.3F
	12:48	16:24	-2.6E
	19:06	22:42	2.3F
16 Tu	01:06	04:42	-2.5E
	07:30	10:54	2.1F
	13:24	17:00	-2.4E
	19:48	22:30	2.1F
17 W	01:42	05:18	-2.4E
	08:06	10:36	2.1F
	14:06	17:36	-2.2E
	20:24	22:48	2.1F
18 Th	02:24	05:54	-2.2E
	08:48	11:06	2.0F
	14:48	18:12	-2.0E
	21:06	23:30	2.1F
19 F	03:06	06:30	-2.1E
	09:36	11:48	1.9F
	15:30	18:48	-1.9E
	21:54		
20 Sa		00:12	2.0F
	03:54	07:12	-2.0E
	10:24	12:36	1.8F
	16:24	19:42	-1.7E
	22:42		
21 Su ◑		01:06	1.8F
	04:48	08:12	-1.9E
	11:18	13:30	1.7F
	17:18	20:48	-1.6E
	23:36		
22 M		01:54	1.7F
	05:42	09:12	-1.9E
	12:12	14:24	1.6F
	18:00	21:48	-1.7E
23 Tu	00:36	02:54	1.7F
	06:36	10:12	-2.0E
	13:12	15:24	1.6F
	19:12	22:48	-1.8E
24 W	01:36	03:54	1.8F
	07:30	11:12	-2.2E
	14:06	17:48	1.8F
	20:06	23:48	-2.1E
25 Th	02:30	05:06	2.0F
	08:30	12:06	-2.4E
	14:54	18:36	2.0F
	21:00		
26 F		00:36	-2.4E
	03:18	06:24	2.2F
	09:18	12:54	-2.7E
	15:42	19:12	2.3F
	21:48		
27 Sa		01:18	-2.7E
	04:06	06:54	2.5F
	10:06	13:36	-2.9E
	16:30	19:18	2.5F
	22:36		
28 Su ○		02:00	-2.9E
	04:54	07:36	2.7F
	11:00	14:18	-3.1E
	17:18	19:54	2.8F
	23:24		
29 M		02:48	-3.1E
	05:42	08:18	2.9F
	11:48	15:06	-3.2E
	18:06	20:42	2.9F
30 Tu	00:12	03:36	-3.3E
	06:30	09:06	2.9F
	12:36	15:54	-3.2E
	18:48	21:24	3.0F
31 W	01:00	04:18	-3.3E
	07:18	09:48	2.9F
	13:24	16:42	-3.1E
	19:42	22:12	2.9F

Station ID: EPT0003 Depth: 13 feet
Source: NOAA/NOS/CO-OPS
Station Type: Harmonic
Time Zone: LST

NOAA Tidal Current Predictions

Estes Head, Eastport, 2021

Latitude: 44.8879° N Longitude: 66.9957° W
Mean Flood Dir. 260° (T) Mean Ebb Dir. 90° (T)
Times and speeds of maximum and minimum current, in knots

April

Date	Slack h m	Maximum h m	knots
1 Th	01:48	05:12	-3.2E
	08:12	10:42	2.8F
	14:18	17:36	-2.9E
	20:30	23:06	2.7F
2 F	02:36	06:06	-3.0E
	09:06	11:36	2.6F
	15:12	18:36	-2.7E
	21:30	23:54	2.5F
3 Sa	03:36	07:06	-2.8E
	10:00	12:36	2.3F
	16:06	19:42	-2.4E
	22:24		
4 Su ◐	04:30	01:06	2.2F
	11:06	08:12	-2.7E
	17:12	14:48	2.1F
	23:30	20:48	-2.3E
5 M	05:36	03:18	2.1F
	12:06	09:18	-2.6E
	18:18	15:54	2.1F
		21:54	-2.3E
6 Tu	00:36	04:24	2.1F
	06:42	10:24	-2.6E
	13:12	17:00	2.2F
	19:24	23:00	-2.4E
7 W	01:42	05:24	2.2F
	07:48	11:24	-2.6E
	14:12	17:54	2.3F
	20:30		
8 Th	02:42	00:00	-2.5E
	08:48	06:18	2.3F
	15:06	12:24	-2.7E
	21:24	18:42	2.4F
9 F	03:30	00:48	-2.7E
	09:36	07:06	2.4F
	15:54	13:12	-2.8E
	22:06	19:30	2.5F
10 Sa	04:18	01:36	-2.7E
	10:24	07:54	2.5F
	16:42	13:54	-2.8E
	22:48	20:18	2.5F
11 Su	05:00	02:18	-2.8E
	11:06	08:36	2.5F
	17:18	14:36	-2.7E
	23:24	21:00	2.5F
12 M ●	05:42	03:00	-2.7E
	11:42	09:18	2.4F
	18:00	15:18	-2.6E
		21:36	2.4F
13 Tu	00:00	03:36	-2.6E
	06:24	10:00	2.2F
	12:18	15:54	-2.5E
	18:36	22:12	2.2F
14 W	00:36	04:12	-2.5E
	07:00	10:24	2.1F
	12:54	16:30	-2.3E
	19:18	21:48	2.1F
15 Th	01:12	04:48	-2.4E
	07:36	10:00	2.0F
	13:36	17:00	-2.1E
	19:54	22:18	2.1F
16 F	01:54	05:18	-2.3E
	08:18	10:36	2.0F
	14:18	17:36	-2.0E
	20:36	23:00	2.1F
17 Sa	02:36	05:48	-2.2E
	09:06	11:18	1.9F
	15:00	18:00	-1.8E
	21:18	23:42	2.0F
18 Su	03:24	06:18	-2.1E
	09:48	12:06	1.9F
	15:48	18:36	-1.7E
	22:06		
19 M	04:12	00:30	1.9F
	10:42	07:00	-2.0E
	16:42	12:54	1.8F
	23:00	19:48	-1.7E
20 Tu ◑	05:06	01:24	1.8F
	11:36	08:18	-2.0E
	17:36	13:48	1.7F
		21:06	-1.7E
21 W	00:00	02:18	1.8F
	06:00	09:30	-2.0E
	12:30	14:48	1.8F
	18:36	22:06	-1.9E
22 Th	00:54	03:18	1.9F
	07:00	10:24	-2.2E
	13:24	15:48	1.9F
	19:30	23:00	-2.2E
23 F	01:54	04:18	2.1F
	07:54	11:24	-2.4E
	14:18	16:48	2.2F
	20:24	23:54	-2.5E
24 Sa	02:48	05:18	2.3F
	08:48	12:18	-2.7E
	15:12	17:42	2.4F
	21:18		
25 Su	03:36	00:48	-2.8E
	09:42	06:12	2.6F
	16:00	13:06	-2.9E
	22:06	18:36	2.7F
26 M	04:24	01:36	-3.1E
	10:30	07:06	2.8F
	16:48	13:54	-3.1E
	22:54	19:24	2.9F
27 Tu ○	05:18	02:18	-3.3E
	11:24	07:54	2.9F
	17:36	14:42	-3.2E
	23:42	20:12	3.0F
28 W	06:06	03:12	-3.4E
	12:12	08:42	3.0F
	18:30	15:36	-3.2E
		21:06	3.0F
29 Th	00:36	04:00	-3.4E
	07:00	09:36	2.9F
	13:06	16:24	-3.0E
	19:18	22:00	2.8F
30 F	01:24	04:54	-3.3E
	07:48	10:30	2.7F
	14:00	17:24	-2.9E
	20:12	22:54	2.6F

May

Date	Slack h m	Maximum h m	knots
1 Sa	02:18	05:48	-3.1E
	08:48	11:30	2.5F
	14:54	18:24	-2.6E
	21:12	23:54	2.4F
2 Su	03:12	06:48	-2.8E
	09:42	13:18	2.3F
	15:54	19:24	-2.4E
	22:12		
3 M ◐	04:12	01:48	2.2F
	10:48	07:54	-2.6E
	16:54	14:30	2.2F
	23:12	20:30	-2.3E
4 Tu	05:18	03:00	2.1F
	11:48	09:00	-2.5E
	18:00	15:30	2.2F
		21:36	-2.3E
5 W	00:18	04:00	2.1F
	06:18	10:00	-2.5E
	12:48	16:30	2.2F
	19:06	22:36	-2.4E
6 Th	01:18	04:54	2.2F
	07:24	11:00	-2.5E
	13:48	17:24	2.3F
	20:00	23:30	-2.5E
7 F	02:18	05:48	2.3F
	08:24	11:54	-2.6E
	14:42	18:18	2.4F
	20:54		
8 Sa	03:06	00:24	-2.6E
	09:12	06:42	2.4F
	15:24	12:42	-2.6E
	21:36	19:06	2.4F
9 Su	03:54	01:06	-2.7E
	09:54	07:24	2.4F
	16:12	13:30	-2.6E
	22:18	19:48	2.5F
10 M	04:36	01:48	-2.7E
	10:36	08:12	2.4F
	16:54	14:12	-2.6E
	22:54	20:30	2.4F
11 Tu ●	05:18	02:30	-2.7E
	11:18	08:54	2.3F
	17:30	14:48	-2.5E
	23:30	21:12	2.3F
12 W	05:54	03:06	-2.6E
	11:54	09:30	2.2F
	18:12	15:30	-2.4E
		21:42	2.2F
13 Th	00:06	03:42	-2.5E
	06:36	10:06	2.1F
	12:30	16:06	-2.2E
	18:48	21:24	2.1F
14 F	00:48	04:18	-2.4E
	07:12	09:36	2.0F
	13:12	16:24	-2.1E
	19:30	21:54	2.1F
15 Sa	01:30	04:54	-2.3E
	07:54	10:12	2.0F
	13:54	17:12	-2.0E
	20:06	22:30	2.1F
16 Su	02:12	05:24	-2.2E
	08:36	10:54	2.0F
	14:36	17:42	-1.9E
	20:54	23:12	2.0F
17 M	02:54	05:48	-2.2E
	09:18	11:36	2.0F
	15:24	18:06	-1.8E
	21:36		
18 Tu	03:42	00:00	2.0F
	10:06	06:30	-2.1E
	16:12	12:24	1.9F
	22:30	19:06	-1.8E
19 W ◑	04:30	00:48	2.0F
	11:00	07:30	-2.1E
	17:06	13:18	1.9F
	23:24	20:18	-1.9E
20 Th	05:24	01:48	2.0F
	11:54	08:36	-2.1E
	18:00	14:12	2.0F
		21:24	-2.1E
21 F	00:24	02:42	2.1F
	06:24	09:24	-2.3E
	12:48	15:12	2.2F
	18:54	22:24	-2.3E
22 Sa	01:18	03:42	2.2F
	07:18	10:48	-2.5E
	13:42	16:06	2.3F
	19:54	23:24	-2.6E
23 Su	02:12	04:42	2.4F
	08:18	11:42	-2.7E
	14:36	17:06	2.5F
	20:48		
24 M	03:06	00:18	-2.9E
	09:12	05:42	2.6F
	15:30	12:36	-2.9E
	21:36	18:06	2.7F
25 Tu	04:00	01:06	-3.2E
	10:06	06:42	2.8F
	16:24	13:30	-3.0E
	22:30	19:00	2.9F
26 W ○	04:54	02:00	-3.4E
	11:00	07:36	2.9F
	17:12	14:24	-3.1E
	23:24	19:54	2.9F
27 Th	05:48	02:48	-3.4E
	11:54	08:36	2.9F
	18:06	15:18	-3.1E
		20:54	2.8F
28 F	00:12	03:42	-3.4E
	06:42	09:42	2.7F
	12:48	16:12	-3.0E
	19:00	21:54	2.7F
29 Sa	01:06	04:36	-3.2E
	07:36	10:54	2.7F
	13:42	17:12	-2.8E
	19:54	23:12	2.6F
30 Su	02:00	05:36	-3.1E
	08:30	12:00	2.5F
	14:36	18:06	-2.6E
	20:54		
31 M	02:54	00:24	2.4F
	09:24	06:30	-2.8E
	15:30	13:00	2.3F
	21:48	19:06	-2.5E

June

Date	Slack h m	Maximum h m	knots
1 Tu	03:54	01:30	2.2F
	10:24	07:30	-2.6E
	16:30	14:06	2.2F
	22:48	20:06	-2.4E
2 W ◐	04:48	02:30	2.1F
	11:18	08:36	-2.5E
	17:30	15:06	2.2F
	23:48	21:06	-2.3E
3 Th	05:48	03:30	2.1F
	12:18	09:30	-2.4E
	18:24	16:00	2.2F
		22:06	-2.3E
4 F	00:48	04:24	2.1F
	06:48	10:30	-2.4E
	13:12	16:54	2.2F
	19:24	23:00	-2.4E
5 Sa	01:42	05:18	2.1F
	07:42	11:24	-2.4E
	14:06	17:42	2.2F
	20:12	23:48	-2.5E
6 Su	02:36	06:12	2.2F
	08:36	12:12	-2.4E
	14:54	18:30	2.3F
	21:00		
7 M	03:24	00:36	-2.6E
	09:24	07:00	2.2F
	15:36	13:00	-2.4E
	21:42	19:18	2.3F
8 Tu	04:06	01:18	-2.6E
	10:06	07:42	2.3F
	16:24	13:42	-2.4E
	22:24	20:00	2.3F
9 W	04:48	02:00	-2.7E
	10:48	08:30	2.2F
	17:06	14:24	-2.4E
	23:06	20:42	2.3F
10 Th ●	05:30	02:42	-2.6E
	11:30	09:12	2.2F
	17:42	15:00	-2.3E
	23:42	21:24	2.2F
11 F	06:12	03:18	-2.6E
	12:12	09:48	2.1F
	18:24	15:42	-2.2E
		21:42	2.1F
12 Sa	00:24	03:54	-2.5E
	06:54	09:24	2.0F
	12:48	16:18	-2.1E
	19:06	21:30	2.1F
13 Su	01:06	04:30	-2.4E
	07:30	09:54	2.0F
	13:30	16:54	-2.1E
	19:48	22:12	2.1F
14 M	01:48	05:00	-2.4E
	08:12	10:30	2.1F
	14:12	17:24	-2.0E
	20:30	22:54	2.1F
15 Tu	02:30	05:36	-2.3E
	08:54	11:12	2.1F
	15:00	18:00	-2.0E
	21:12	23:36	2.2F
16 W	03:18	06:06	-2.3E
	09:42	12:00	2.2F
	15:48	18:42	-2.1E
	22:00		
17 Th	04:06	00:24	2.2F
	10:30	06:54	-2.3E
	16:36	12:48	2.2F
	22:54	19:42	-2.1E
18 F ◐	04:54	01:18	2.2F
	11:18	08:00	-2.3E
	17:30	13:42	2.3F
	23:48	20:42	-2.3E
19 Sa	05:54	02:12	2.2F
	12:12	09:06	-2.4E
	18:24	14:42	2.3F
		21:48	-2.5E
20 Su	00:48	03:12	2.3F
	06:54	10:12	-2.4E
	13:12	15:36	2.4F
	19:24	22:48	-2.7E
21 M	01:48	04:12	2.4F
	07:48	11:18	-2.6E
	14:06	16:36	2.5F
	20:18	23:48	-2.9E
22 Tu	02:42	05:18	2.5F
	08:48	12:18	-2.7E
	15:06	17:42	2.6F
	21:12		
23 W	03:42	00:48	-3.1E
	09:48	06:24	2.6F
	16:00	13:12	-2.9E
	22:06	18:48	2.7F
24 Th ○	04:36	01:42	-3.3E
	10:42	07:48	2.7F
	16:54	14:12	-2.9E
	23:06	20:06	2.7F
25 F	05:30	02:36	-3.3E
	11:36	08:54	2.7F
	17:48	15:06	-2.9E
	23:54	21:12	2.7F
26 Sa	06:24	03:30	-3.3E
	12:30	09:54	2.7F
	18:42	16:00	-2.9E
		22:18	2.6F
27 Su	00:48	04:24	-3.2E
	07:18	10:54	2.6F
	13:24	16:54	-2.8E
	19:36	23:12	2.5F
28 M	01:42	05:18	-3.0E
	08:12	11:42	2.5F
	14:18	17:48	-2.7E
	20:30		
29 Tu	02:30	00:06	2.4F
	09:00	06:12	-2.8E
	15:06	12:36	2.4F
	21:24	18:42	-2.5E
30 W	03:24	01:00	2.2F
	09:54	07:06	-2.6E
	16:00	13:36	2.2F
	22:18	19:36	-2.4E

Station ID: EPT0003 Depth: 13 feet
Source: NOAA/NOS/CO-OPS
Station Type: Harmonic
Time Zone: LST

NOAA Tidal Current Predictions

Estes Head, Eastport, 2021

Latitude: 44.8879° N Longitude: 66.9957° W
Mean Flood Dir. 260° (T) Mean Ebb Dir. 90° (T)
Times and speeds of maximum and minimum current, in knots

July

Day	Slack (h m)	Maximum (h m)	knots
1 Th ◐	04:18, 10:42, 16:48, 23:12	02:00, 08:00, 14:30, 20:30	2.1F, -2.4E, 2.1F, -2.3E
2 F	05:12, 11:36, 17:42	02:54, 08:54, 15:24, 21:30	2.0F, -2.2E, 2.0F, -2.2E
3 Sa	00:06, 06:06, 12:30, 18:36	03:48, 09:48, 16:18, 22:18	1.9F, -2.2E, 2.0F, -2.2E
4 Su	01:06, 07:00, 13:24, 19:30	04:42, 10:48, 17:06, 23:12	1.9F, -2.1E, 2.0F, -2.3E
5 M	01:54, 07:54, 14:18, 20:18	05:36, 11:42, 18:00	2.0F, -2.2E, 2.1F
6 Tu	02:48, 08:48, 15:06, 21:06	00:00, 06:30, 12:24, 18:48	-2.4E, 2.0F, -2.2E, 2.2F
7 W	03:36, 09:36, 15:54, 21:54	00:48, 07:18, 13:06, 19:36	-2.5E, 2.1F, -2.3E, 2.2F
8 Th	04:24, 10:24, 16:36, 22:36	01:30, 08:00, 13:54, 20:18	-2.6E, 2.2F, -2.3E, 2.2F
9 F	05:06, 11:06, 17:18, 23:18	02:12, 08:54, 14:36, 21:00	-2.6E, 2.2F, -2.3E, 2.2F
10 Sa ●	05:48, 11:48, 18:00	02:54, 09:30, 15:18, 21:36	-2.6E, 2.1F, -2.3E, 2.2F
11 Su	00:00, 06:30, 12:30, 18:42	03:30, 10:06, 16:00, 21:18	-2.6E, 2.1F, -2.3E, 2.2F
12 M	00:42, 07:06, 13:12, 19:24	04:12, 09:36, 16:30, 21:48	-2.6E, 2.1F, -2.3E, 2.2F
13 Tu	01:24, 07:48, 13:54, 20:06	04:42, 10:12, 17:06, 22:30	-2.6E, 2.2F, -2.3E, 2.3F
14 W	02:06, 08:30, 14:36, 20:48	05:18, 10:54, 17:42, 23:12	-2.5E, 2.3F, -2.3E, 2.4F
15 Th	02:48, 09:12, 15:18, 21:36	05:54, 11:36, 18:24	-2.5E, 2.4F, -2.4E
16 F	03:42, 10:00, 16:06, 22:30	00:00, 06:36, 12:24, 19:18	2.4F, -2.5E, 2.4F, -2.4E
17 Sa ◑	04:30, 10:48, 17:00, 23:24	00:54, 07:36, 13:18, 20:18	2.4F, -2.4E, 2.4F, -2.5E
18 Su	05:30, 11:48, 18:00	01:48, 08:42, 14:12, 21:24	2.3F, -2.4E, 2.4F, -2.5E
19 M	00:24, 06:30, 12:48, 18:54	02:48, 09:54, 15:12, 22:30	2.3F, -2.4E, 2.4F, -2.7E
20 Tu	01:24, 07:30, 13:48, 19:54	03:48, 11:00, 16:18, 23:30	2.3F, -2.4E, 2.4F, -2.8E
21 W	02:24, 08:30, 14:48, 20:54	05:06, 12:06, 18:00	2.3F, -2.6E, 2.4F
22 Th	03:24, 09:30, 15:48, 21:54	00:30, 07:00, 13:06, 19:18	-3.0E, 2.4F, -2.7E, 2.5F
23 F	04:18, 10:30, 16:42, 22:48	01:30, 08:00, 14:00, 20:18	-3.1E, 2.6F, -2.8E, 2.6F
24 Sa ○	05:12, 11:24, 17:36, 23:42	02:24, 08:54, 14:54, 21:12	-3.2E, 2.7F, -2.9E, 2.6F
25 Su	06:06, 12:12, 18:30	03:12, 09:42, 15:42, 22:06	-3.2E, 2.7F, -2.9E, 2.6F
26 M	00:30, 06:54, 13:06, 19:18	04:06, 10:36, 16:36, 22:54	-3.1E, 2.6F, -2.8E, 2.5F
27 Tu	01:18, 07:42, 13:48, 20:06	04:54, 11:24, 17:24, 23:42	-2.9E, 2.5F, -2.7E, 2.4F
28 W	02:06, 08:30, 14:36, 20:54	05:42, 12:06, 18:12	-2.7E, 2.3F, -2.5E
29 Th	02:54, 09:18, 15:18, 21:42	00:30, 06:30, 12:54, 19:00	2.2F, -2.5E, 2.2F, -2.4E
30 F	03:42, 10:06, 16:00, 22:36	01:18, 07:24, 13:48, 19:48	2.0F, -2.3E, 2.0F, -2.2E
31 Sa ◐	04:30, 10:54, 16:54, 23:24	02:12, 08:12, 14:42, 20:42	1.8F, -2.1E, 1.9F, -2.1E

August

Day	Slack (h m)	Maximum (h m)	knots
1 Su	05:24, 11:48, 17:48	03:06, 09:06, 15:36, 21:36	1.7F, -2.0E, 1.8F, -2.1E
2 M	00:24, 06:18, 12:42, 18:42	04:06, 10:06, 16:30, 22:30	1.7F, -1.9E, 1.8F, -2.1E
3 Tu	01:18, 07:12, 13:36, 19:36	05:00, 11:00, 17:24, 23:24	1.7F, -1.9E, 1.9F, -2.2E
4 W	02:12, 08:12, 14:30, 20:30	05:54, 11:54, 18:18	1.8F, -2.0E, 2.0F
5 Th	03:06, 09:00, 15:18, 21:18	00:18, 06:48, 12:42, 19:06	-2.3E, 2.0F, -2.1E, 2.1F
6 F	03:54, 09:54, 16:06, 22:06	01:06, 07:36, 13:30, 19:48	-2.5E, 2.2F, -2.2E, 2.2F
7 Sa	04:36, 10:36, 16:54, 22:54	01:48, 08:18, 14:12, 20:30	-2.6E, 2.2F, -2.3E, 2.3F
8 Su ●	05:18, 11:24, 17:36, 23:36	02:24, 09:00, 14:48, 21:06	-2.7E, 2.2F, -2.4E, 2.3F
9 M	06:00, 12:06, 18:18	03:06, 09:36, 15:30, 20:54	-2.7E, 2.2F, -2.5E, 2.3F
10 Tu	00:18, 06:42, 12:42, 19:00	03:42, 09:18, 16:06, 21:30	-2.8E, 2.3F, -2.6E, 2.4F
11 W	01:00, 07:18, 13:24, 19:42	04:18, 09:48, 16:42, 22:12	-2.8E, 2.5F, -2.6E, 2.5F
12 Th	01:42, 08:00, 14:06, 20:24	04:54, 10:30, 17:24, 22:54	-2.8E, 2.6F, -2.7E, 2.6F
13 F	02:30, 08:48, 14:54, 21:12	05:36, 11:12, 18:06, 23:36	-2.7E, 2.6F, -2.7E, 2.6F
14 Sa	03:18, 09:36, 15:42, 22:06	06:18, 12:00, 18:54	-2.6E, 2.6F, -2.6E
15 Su ◐	04:12, 10:30, 16:36, 23:00	00:30, 07:18, 12:54, 20:00	2.5F, -2.5E, 2.5F, -2.6E
16 M	05:06, 11:24, 17:36	01:24, 08:30, 13:48, 21:06	2.3F, -2.3E, 2.3F, -2.6E
17 Tu	00:06, 06:06, 12:30, 18:36	02:24, 09:42, 14:54, 22:12	2.2F, -2.3E, 2.2F, -2.6E
18 W	01:06, 07:12, 13:30, 19:42	03:42, 10:48, 17:06, 23:18	2.1F, -2.3E, 2.2F, -2.7E
19 Th	02:12, 08:18, 14:36, 20:42	05:54, 11:54, 18:18	2.2F, -2.5E, 2.3F
20 F	03:12, 09:00, 15:36, 21:42	00:24, 06:54, 12:54, 19:18	-2.9E, 2.4F, -2.6E, 2.5F
21 Sa	04:06, 10:18, 16:30, 22:36	01:18, 07:48, 13:48, 20:06	-3.0E, 2.6F, -2.8E, 2.6F
22 Su ○	05:00, 11:06, 17:18, 23:24	02:12, 08:36, 14:36, 21:00	-3.1E, 2.6F, -2.9E, 2.6F
23 M	05:48, 11:54, 18:06	03:00, 09:24, 15:24, 21:48	-3.1E, 2.6F, -2.9E, 2.6F
24 Tu	00:12, 06:36, 12:42, 18:54	03:48, 10:12, 16:12, 22:30	-3.0E, 2.6F, -2.8E, 2.5F
25 W	00:54, 07:18, 13:18, 19:42	04:30, 10:54, 16:54, 23:12	-2.8E, 2.4F, -2.7E, 2.3F
26 Th	01:36, 08:06, 14:00, 20:24	05:12, 11:36, 17:36, 23:48	-2.6E, 2.3F, -2.5E, 2.1F
27 F	02:18, 08:42, 14:42, 21:06	05:54, 11:42, 18:18, 23:36	-2.4E, 2.1F, -2.3E, 2.0F
28 Sa	03:06, 09:24, 15:24, 21:54	06:42, 11:54, 19:06	-2.2E, 2.0F, -2.2E
29 Su	03:48, 10:12, 16:12, 22:42	00:12, 07:30, 12:36, 19:54	1.8F, -1.9E, 1.9F, -2.0E
30 M ◐	04:42, 11:06, 17:06, 23:42	01:00, 08:24, 13:24, 20:48	1.7F, -1.8E, 1.7F, -2.0E
31 Tu	05:36, 12:00, 18:00	01:54, 09:18, 14:24, 21:48	1.6F, -1.7E, 1.7F, -2.0E

September

Day	Slack (h m)	Maximum (h m)	knots
1 W	00:36, 06:30, 13:00, 19:00	04:24, 10:18, 16:48, 22:42	1.6F, -1.7E, 1.7F, -2.1E
2 Th	01:36, 07:30, 13:54, 19:54	05:24, 11:18, 17:42, 23:36	1.7F, -1.9E, 1.8F, -2.2E
3 F	02:30, 08:30, 14:48, 20:48	06:18, 12:12, 18:36	1.9F, -2.0E, 2.0F
4 Sa	03:18, 09:18, 15:36, 21:36	00:30, 07:06, 12:54, 19:18	-2.4E, 2.0F, -2.2E, 2.2F
5 Su	04:06, 10:06, 16:24, 22:24	01:12, 07:48, 13:42, 20:00	-2.6E, 2.2F, -2.4E, 2.3F
6 M	04:48, 10:54, 17:06, 23:06	01:54, 08:36, 14:18, 20:30	-2.7E, 2.3F, -2.6E, 2.4F
7 Tu	05:30, 11:36, 17:48, 23:54	02:36, 08:36, 15:00, 20:30	-2.8E, 2.4F, -2.8E, 2.5F
8 W	06:12, 12:18, 18:30	03:12, 08:48, 15:36, 21:06	-2.9E, 2.6F, -2.9E, 2.7F
9 Th	00:36, 06:54, 13:00, 19:18	03:54, 09:24, 16:18, 21:48	-3.0E, 2.7F, -3.0E, 2.8F
10 F	01:18, 07:36, 13:42, 20:00	04:36, 10:06, 17:00, 22:30	-2.9E, 2.8F, -3.0E, 2.8F
11 Sa	02:06, 08:24, 14:30, 20:54	05:18, 10:54, 17:48, 23:18	-2.8E, 2.8F, -2.9E, 2.7F
12 Su	03:00, 09:12, 15:24, 21:48	06:06, 11:42, 18:42	-2.7E, 2.6F, -2.8E
13 M ◐	03:54, 10:06, 16:18, 22:48	00:12, 07:12, 12:36, 19:48	2.5F, -2.5E, 2.4F, -2.7E
14 Tu	04:48, 11:12, 17:18, 23:48	01:06, 08:18, 13:36, 20:54	2.3F, -2.3E, 2.2F, -2.6E
15 W	05:54, 12:12, 18:24	02:18, 09:30, 15:54, 22:00	2.0F, -2.3E, 2.0F, -2.6E
16 Th	00:54, 07:00, 13:18, 19:24	04:36, 10:42, 17:06, 23:06	2.1F, -2.3E, 2.1F, -2.7E
17 F	02:00, 08:06, 14:24, 20:30	05:42, 11:42, 18:06	2.3F, -2.5E, 2.3F
18 Sa	02:54, 09:12, 15:24, 21:30	00:12, 06:42, 12:42, 19:00	-2.8E, 2.4F, -2.7E, 2.5F
19 Su	03:54, 10:06, 16:12, 22:18	01:06, 07:30, 13:30, 19:54	-2.9E, 2.6F, -2.8E, 2.6F
20 M ○	04:42, 10:48, 17:00, 23:06	01:54, 08:18, 14:18, 20:42	-3.0E, 2.6F, -2.9E, 2.6F
21 Tu	05:24, 11:30, 17:48, 23:48	02:36, 09:06, 15:06, 21:24	-2.9E, 2.6F, -2.8E, 2.5F
22 W	06:06, 12:12, 18:30	03:24, 09:48, 15:42, 22:06	-2.8E, 2.5F, -2.8E, 2.4F
23 Th	00:30, 06:48, 12:48, 19:12	04:06, 10:24, 16:24, 22:42	-2.7E, 2.4F, -2.6E, 2.2F
24 F	01:06, 07:30, 13:30, 19:54	04:48, 10:54, 17:00, 22:30	-2.5E, 2.2F, -2.5E, 2.1F
25 Sa	01:48, 08:06, 14:06, 20:36	05:24, 10:36, 17:42, 22:54	-2.3E, 2.1F, -2.3E, 2.0F
26 Su	02:30, 08:48, 14:48, 21:18	06:00, 11:12, 18:18, 23:36	-2.1E, 2.0F, -2.2E, 1.9F
27 M	03:12, 09:36, 15:36, 22:06	06:42, 11:54, 19:06	-1.9E, 1.9F, -2.0E
28 Tu	04:06, 10:24, 16:24, 23:00	00:18, 07:12, 12:42, 20:00	1.8F, -1.7E, 1.8F, -1.9E
29 W ◐	05:00, 11:18, 17:18, 23:54	01:12, 08:36, 13:36, 21:00	1.6F, -1.6E, 1.7F, -1.9E
30 Th	05:54, 12:18, 18:18	02:06, 09:36, 14:36, 22:00	1.5F, -1.7E, 1.6F, -2.0E

Station ID: EPT0003 Depth: 13 feet
Source: NOAA/NOS/CO-OPS
Station Type: Harmonic
Time Zone: LST

NOAA Tidal Current Predictions

Estes Head, Eastport, 2021
Latitude: 44.8879° N Longitude: 66.9957° W
Mean Flood Dir. 260° (T) Mean Ebb Dir. 90° (T)
Times and speeds of maximum and minimum current, in knots

October

Day	Slack (h m)	Maximum (h m)	knots
1 F	00:54	03:12	1.6F
	04:42		1.6F
	06:54	10:36	-1.8E
	13:18	17:00	1.7F
	19:18	22:54	-2.1E
2 Sa	01:48	05:36	1.8F
	07:48	11:30	-2.0E
	14:12	17:54	1.9F
	20:12	23:48	-2.3E
3 Su	02:42	06:30	2.0F
	08:42	12:18	-2.3E
	15:00	18:42	2.1F
	21:00		
4 M		00:36	-2.5E
	03:30	07:06	2.2F
	09:30	13:06	-2.5E
	15:48	19:12	2.3F
	21:48		
5 Tu		01:24	-2.8E
	04:12	07:36	2.4F
	10:18	13:48	-2.8E
	16:36	19:18	2.5F
	22:36		
6 W ●		02:00	-2.9E
	04:54	07:36	2.6F
	11:00	14:24	-3.0E
	17:18	19:54	2.7F
	23:24		
7 Th		02:42	-3.0E
	05:42	08:12	2.8F
	11:48	15:06	-3.1E
	18:06	20:42	2.8F
8 F	00:12	03:30	-3.1E
	06:24	09:00	2.9F
	12:30	15:54	-3.2E
	18:54	21:24	2.9F
9 Sa	01:00	04:12	-3.0E
	07:12	09:48	2.9F
	13:18	16:42	-3.2E
	19:42	22:12	2.8F
10 Su	01:48	05:06	-2.9E
	08:00	10:36	2.8F
	14:12	17:36	-3.1E
	20:36	23:00	2.7F
11 M	02:42	06:00	-2.7E
	08:54	11:24	2.6F
	15:06	18:30	-2.9E
	21:30	23:54	2.5F
12 Tu	03:36	07:06	-2.5E
	09:54	12:18	2.3F
	16:00	19:36	-2.7E
	22:30		
13 W ◐		01:00	2.2F
	04:36	08:12	-2.3E
	10:54	14:24	2.1F
	17:00	20:42	-2.6E
	23:36		
14 Th		03:18	2.1F
	05:42	09:18	-2.3E
	12:00	15:48	2.1F
	18:06	21:48	-2.6E
15 F	00:36	04:24	2.2F
	06:48	10:24	-2.4E
	13:06	16:54	2.2F
	19:12	22:54	-2.6E
16 Sa	01:42	05:24	2.3F
	07:54	11:30	-2.5E
	14:12	17:48	2.3F
	20:18	23:54	-2.7E
17 Su	02:36	06:18	2.5F
	08:54	12:24	-2.7E
	15:06	18:42	2.5F
	21:12		
18 M		00:48	-2.8E
	03:30	07:06	2.5F
	09:42	13:12	-2.8E
	15:54	19:30	2.5F
	22:00		
19 Tu		01:30	-2.8E
	04:18	07:54	2.6F
	10:24	13:54	-2.8E
	16:42	20:18	2.5F
	22:48		
20 W ○		02:18	-2.8E
	05:00	08:36	2.5F
	11:06	14:36	-2.8E
	17:24	21:00	2.4F
	23:24		
21 Th		03:00	-2.7E
	05:42	09:18	2.4F
	11:42	15:18	-2.7E
	18:06	21:42	2.3F
22 F	00:06	03:42	-2.5E
	06:18	10:00	2.3F
	12:18	15:54	-2.6E
	18:42	22:18	2.1F
23 Sa	00:42	04:18	-2.3E
	07:00	10:24	2.1F
	13:00	16:36	-2.5E
	19:24	21:54	2.0F
24 Su	01:18	04:54	-2.2E
	07:36	11:06	2.1F
	13:36	17:06	-2.3E
	20:06	22:24	2.0F
25 M	02:00	05:30	-2.0E
	08:18	10:42	2.0F
	14:18	17:42	-2.2E
	20:48	23:06	1.9F
26 Tu	02:48	06:06	-1.8E
	09:06	11:24	2.0F
	15:06	18:18	-2.1E
	21:36	23:48	1.8F
27 W	03:30	06:48	-1.7E
	09:54	12:12	1.9F
	15:54	19:06	-2.0E
	22:24		
28 Th ◐		00:36	1.7F
	04:24	07:48	-1.7E
	10:42	13:00	1.8F
	16:48	20:12	-1.9E
	23:18		
29 F		01:30	1.7F
	05:18	08:48	-1.7E
	11:42	14:42	1.8F
	17:42	21:12	-2.0E
30 Sa	00:12	02:30	1.7F
	06:18	09:48	-1.8E
	12:36	14:54	1.8F
	18:36	22:12	-2.1E
31 Su	01:06	03:24	1.8F
	07:12	10:48	-2.0E
	13:30	15:54	1.9F
	19:30	23:06	-2.3E

November

Day	Slack (h m)	Maximum (h m)	knots
1 M	02:00	04:24	2.0F
	08:06	11:36	-2.3E
	14:24	16:54	2.1F
	20:24	23:54	-2.5E
2 Tu	02:48	05:24	2.3F
	08:54	12:24	-2.6E
	15:12	17:48	2.4F
	21:18		
3 W		00:42	-2.7E
	03:36	06:12	2.5F
	09:42	13:12	-2.9E
	16:06	18:36	2.6F
	22:06		
4 Th ●		01:30	-2.9E
	04:24	07:00	2.7F
	10:30	13:54	-3.2E
	16:54	19:30	2.8F
	22:54		
5 F		02:18	-3.0E
	05:12	07:48	2.9F
	11:18	14:42	-3.3E
	17:42	20:18	2.8F
	23:48		
6 Sa		03:06	-3.1E
	06:00	08:36	2.9F
	12:06	15:30	-3.4E
	18:30	21:06	2.9F
7 Su	00:36	04:00	-3.0E
	06:54	09:24	2.9F
	13:00	16:24	-3.3E
	19:24	22:00	2.8F
8 M	01:30	04:54	-2.9E
	07:42	10:18	2.8F
	13:48	17:18	-3.2E
	20:18	22:54	2.7F
9 Tu	02:24	05:48	-2.7E
	08:42	11:12	2.6F
	14:48	18:18	-3.0E
	21:12	23:54	2.4F
10 W	03:24	06:54	-2.6E
	09:42	12:30	2.3F
	15:42	19:18	-2.8E
	22:12		
11 Th ◐		01:54	2.3F
	04:24	08:00	-2.4E
	10:42	14:24	2.2F
	16:42	20:24	-2.6E
	23:12		
12 F		03:00	2.2F
	05:24	09:00	-2.4E
	11:42	15:30	2.2F
	17:48	21:30	-2.6E
13 Sa	00:18	04:00	2.3F
	06:30	10:06	-2.4E
	12:48	16:30	2.2F
	18:54	22:30	-2.6E
14 Su	01:18	05:00	2.3F
	07:30	11:06	-2.5E
	13:48	17:24	2.3F
	19:54	23:30	-2.6E
15 M	02:12	05:54	2.4F
	08:24	12:00	-2.6E
	14:42	18:18	2.4F
	20:48		
16 Tu		00:24	-2.6E
	03:06	06:42	2.5F
	09:12	12:48	-2.7E
	15:30	19:06	2.4F
	21:36		
17 W		01:06	-2.6E
	03:48	07:30	2.5F
	09:54	13:30	-2.8E
	16:18	19:54	2.4F
	22:18		
18 Th		01:54	-2.6E
	04:36	08:12	2.4F
	10:36	14:12	-2.7E
	17:00	20:36	2.3F
	23:00		
19 F ○		02:36	-2.5E
	05:12	08:54	2.3F
	11:12	14:54	-2.7E
	17:42	21:18	2.2F
	23:36		
20 Sa		03:12	-2.4E
	05:54	09:30	2.2F
	11:48	15:30	-2.6E
	18:18	22:00	2.1F
21 Su	00:18	03:54	-2.2E
	06:36	10:06	2.1F
	12:30	16:06	-2.5E
	19:00	22:24	2.0F
22 M	00:54	04:30	-2.1E
	07:12	09:42	2.0F
	13:12	16:42	-2.4E
	19:42	22:00	1.9F
23 Tu	01:36	05:06	-2.0E
	07:54	10:18	2.0F
	13:54	17:18	-2.3E
	20:24	22:42	1.9F
24 W	02:18	05:42	-1.9E
	08:36	11:00	2.0F
	14:36	17:54	-2.2E
	21:06	23:18	1.9F
25 Th	03:06	06:18	-1.8E
	09:24	11:42	2.0F
	15:24	18:24	-2.1E
	21:54		
26 F ◐		00:06	1.9F
	03:54	07:00	-1.8E
	10:12	12:30	1.9F
	16:12	19:12	-2.1E
	22:42		
27 Sa		01:00	1.9F
	04:48	08:00	-1.8E
	11:42	13:24	1.9F
	17:06	20:18	-2.1E
	23:30		
28 Su		01:48	1.9F
	05:36	09:00	-2.0E
	12:00	14:18	2.0F
	18:00	21:18	-2.2E
29 M	00:24	02:48	2.1F
	06:30	10:00	-2.2E
	12:54	15:18	2.1F
	18:54	22:18	-2.3E
30 Tu	01:18	03:42	2.3F
	07:24	10:54	-2.4E
	13:48	16:12	2.3F
	19:48	23:18	-2.5E

December

Day	Slack (h m)	Maximum (h m)	knots
1 W	02:12	04:36	2.4F
	08:18	11:48	-2.7E
	14:42	17:12	2.4F
	20:48		
2 Th		00:12	-2.7E
	03:00	05:36	2.6F
	09:12	12:42	-3.0E
	15:36	18:06	2.6F
	21:42		
3 F		01:06	-2.9E
	03:54	06:30	2.8F
	10:06	13:30	-3.2E
	16:24	19:00	2.8F
	22:30		
4 Sa ●		01:54	-3.0E
	04:48	07:24	2.9F
	10:54	14:24	-3.3E
	17:18	19:54	2.8F
	23:24		
5 Su		02:48	-3.0E
	05:42	08:18	2.9F
	11:48	15:18	-3.4E
	18:12	20:54	2.8F
6 M	00:18	03:42	-3.0E
	06:30	09:12	2.8F
	12:42	16:12	-3.3E
	19:06	22:00	2.8F
7 Tu	01:12	04:42	-2.9E
	07:30	10:18	2.7F
	13:36	17:06	-3.2E
	20:00	23:18	2.6F
8 W	02:06	05:36	-2.8E
	08:24	11:42	2.5F
	14:30	18:00	-3.0E
	20:54		
9 Th		00:30	2.5F
	03:06	05:54	-2.7E
	09:24	12:54	2.4F
	15:24	19:00	-2.8E
	21:54		
10 F	01:36	(00:36)	
	04:00	07:36	-2.5E
	10:18	14:00	2.2F
	16:24	20:06	-2.6E
	22:48		
11 Sa ◐		02:36	2.3F
	05:00	08:36	-2.5E
	11:18	15:00	2.2F
	17:24	21:06	-2.5E
	23:48		
12 Su		03:36	2.2F
	06:00	09:36	-2.4E
	12:18	16:00	2.1F
	18:24	22:00	-2.4E
13 M	00:48	04:30	2.2F
	06:54	10:36	-2.5E
	13:18	16:54	2.1F
	19:24	23:00	-2.4E
14 Tu	01:42	05:24	2.3F
	07:48	11:24	-2.5E
	14:18	17:48	2.2F
	20:18	23:54	-2.4E
15 W	02:30	06:12	2.3F
	08:36	12:18	-2.6E
	15:00	18:36	2.2F
	21:06		
16 Th		00:42	-2.4E
	03:18	07:00	2.3F
	09:24	13:00	-2.6E
	15:48	19:24	2.2F
	21:54		
17 F		01:24	-2.4E
	04:06	07:42	2.3F
	10:06	13:42	-2.6E
	16:36	20:12	2.2F
	22:36		
18 Sa		02:06	-2.4E
	04:48	08:30	2.3F
	10:48	14:24	-2.6E
	17:18	20:54	2.1F
	23:18		
19 Su ○		02:48	-2.3E
	05:30	09:12	2.2F
	11:30	15:06	-2.6E
	18:00	21:36	2.1F
	23:54		
20 M		03:30	-2.2E
	06:12	09:48	2.1F
	12:06	15:42	-2.5E
	18:36	22:18	2.0F
21 Tu	00:36	04:06	-2.1E
	06:48	09:30	2.0F
	12:48	16:24	-2.4E
	19:18	21:48	2.0F
22 W	01:18	04:42	-2.1E
	07:30	10:18	2.1F
	13:30	16:54	-2.4E
	20:00	22:18	2.0F
23 Th	02:00	05:18	-2.0E
	08:12	10:36	2.1F
	14:12	17:30	-2.3E
	20:36	23:00	2.1F
24 F	02:42	05:54	-2.0E
	08:54	11:54	2.1F
	14:54	17:54	-2.3E
	21:18	23:42	2.1F
25 Sa	03:24	06:24	-2.0E
	09:42	12:06	2.1F
	15:42	18:36	-2.3E
	22:06		
26 Su ◐		00:30	2.2F
	04:12	07:12	-2.1E
	10:30	12:54	2.1F
	16:30	19:24	-2.2E
	22:54		
27 M		01:18	2.2F
	05:06	08:06	-2.2E
	11:24	13:42	2.2F
	17:24	20:12	-2.3E
	23:48		
28 Tu		02:12	2.3F
	05:54	09:12	-2.3E
	12:18	14:42	2.2F
	18:24	21:30	-2.3E
29 W	00:42	03:06	2.3F
	06:54	10:18	-2.5E
	13:18	15:36	2.3F
	19:18	22:42	-2.4E
30 Th	01:36	04:06	2.4F
	07:48	11:18	-2.7E
	14:12	16:36	2.4F
	20:18	23:42	-2.6E
31 F	02:36	05:06	2.5F
	08:42	12:18	-3.0E
	15:12	17:42	2.5F
	21:18		

Station ID: PEB0607 Depth: 12 feet
Source: NOAA/NOS/CO-OPS
Station Type: Harmonic
Time Zone: LST

NOAA Tidal Current Predictions

Bucksport, Penobscot River, 2021
Latitude: 44.5713° N Longitude: 68.8077° W
Mean Flood Dir. 292° (T) Mean Ebb Dir. 113° (T)
Times and speeds of maximum and minimum current, in knots

January

Date	Slack (h m)	Maximum (h m)	knots
1 F	00:00 / 06:30 / 12:12 / 19:06	04:06 / 10:24 / 16:30 / 22:54	-1.8E / 2.1F / -2.2E / 2.1F
2 Sa	00:42 / 07:18 / 13:00 / 19:54	04:54 / 11:12 / 17:18 / 23:42	-1.8E / 2.1F / -2.1E / 2.1F
3 Su	01:30 / 08:00 / 13:48 / 20:36	05:42 / 12:00 / 18:06	-1.8E / 2.1F / -2.1E
4 M	02:18 / 08:54 / 14:36 / 21:30	00:30 / 06:30 / 12:48 / 18:54	2.2F / -1.9E / 2.1F / -2.1E
5 Tu	03:12 / 09:54 / 15:30 / 22:24	01:18 / 07:18 / 13:42 / 19:48	2.2F / -1.9E / 2.1F / -2.0E
6 W	04:06 / 10:54 / 16:30 / 23:18	02:12 / 08:18 / 14:36 / 20:42	2.2F / -2.0E / 2.1F / -2.0E
7 Th	05:00 / 11:54 / 17:24	03:00 / 09:12 / 15:30 / 21:36	2.3F / -2.2E / 2.2F / -2.1E
8 F	00:12 / 05:54 / 12:54 / 18:24	03:54 / 10:06 / 16:24 / 22:30	2.4F / -2.4E / 2.4F / -2.2E
9 Sa	01:12 / 06:54 / 14:00 / 19:30	04:48 / 11:00 / 17:18 / 23:24	2.5F / -2.5E / 2.5F / -2.3E
10 Su	02:12 / 07:54 / 15:00 / 20:30	05:42 / 11:54 / 18:12	2.6F / -2.7E / 2.6F
11 M	03:12 / 08:48 / 16:00 / 21:24	00:24 / 06:36 / 12:48 / 19:06	-2.4E / 2.8F / -2.8E / 2.8F
12 Tu	04:06 / 09:42 / 16:54 / 22:24	01:18 / 07:24 / 13:42 / 19:54	-2.5E / 2.9F / -2.9E / 2.9F
13 W	05:00 / 10:36 / 17:48 / 23:12	02:06 / 08:18 / 14:30 / 20:42	-2.5E / 2.9F / -2.9E / 2.9F
14 Th	05:54 / 11:30 / 18:30	03:00 / 09:06 / 15:24 / 21:36	-2.5E / 2.9F / -2.9E / 2.8F
15 F	00:00 / 06:42 / 12:12 / 19:18	03:48 / 09:54 / 16:12 / 22:24	-2.5E / 2.8F / -2.8E / 2.7F
16 Sa	00:48 / 07:30 / 13:00 / 20:00	04:36 / 10:48 / 17:00 / 23:12	-2.4E / 2.6F / -2.6E / 2.6F
17 Su	01:30 / 08:18 / 13:42 / 20:48	05:24 / 11:36 / 17:48	-2.3E / 2.5F / -2.4E
18 M	02:12 / 09:06 / 14:30 / 21:36	00:06 / 06:12 / 12:24 / 18:36	2.5F / -2.2E / 2.3F / -2.2E
19 Tu	03:00 / 10:00 / 15:18 / 22:18	00:54 / 07:00 / 13:18 / 19:24	2.3F / -2.0E / 2.1F / -2.0E
20 W	03:42 / 10:48 / 16:00 / 23:06	01:42 / 07:54 / 14:06 / 20:18	2.2F / -1.9E / 2.0F / -1.8E
21 Th	04:30 / 11:42 / 16:54 / 23:54	02:30 / 08:48 / 15:00 / 21:12	2.0F / -1.8E / 1.9F / -1.7E
22 F	05:18 / 12:36 / 17:42 / 22:06	03:24 / 09:42 / 15:48 / 18:48 / 22:06	2.0F / -1.8E / 1.9F / -0.5E / -1.7E
23 Sa	00:48 / 06:12 / 13:36 / 18:36	04:12 / 10:30 / 16:42 / 22:54	1.9F / -1.9E / 1.9F / -1.7E
24 Su	01:36 / 07:18 / 14:30 / 19:36	05:06 / 11:18 / 17:36 / 23:42	1.9F / -1.9E / 1.9F / -1.7E
25 M	02:30 / 07:54 / 15:18 / 20:24	05:54 / 12:12 / 18:24	2.0F / -2.0E / 2.0F
26 Tu	03:18 / 08:42 / 16:00 / 21:12	00:36 / 06:48 / 13:00 / 19:12	-1.7E / 2.1F / -2.1E / 2.1F
27 W	04:00 / 09:30 / 16:48 / 22:00	01:24 / 07:36 / 13:48 / 20:00	-1.8E / 2.2F / -2.2E / 2.2F
28 Th	04:48 / 10:18 / 17:24 / 22:48	02:12 / 08:24 / 14:30 / 20:48	-1.9E / 2.3F / -2.3E / 2.3F
29 F	05:30 / 11:06 / 18:06 / 23:36	02:54 / 09:06 / 15:18 / 21:36	-2.0E / 2.3F / -2.3E / 2.3F
30 Sa	06:12 / 11:54 / 18:48	03:42 / 09:54 / 16:06 / 22:24	-2.0E / 2.3F / -2.4E / 2.4F
31 Su	00:24 / 06:54 / 12:42 / 19:30	04:30 / 10:48 / 16:54 / 23:12	-2.1E / 2.3F / -2.4E / 2.4F

February

Date	Slack (h m)	Maximum (h m)	knots
1 M	01:06 / 07:42 / 13:30 / 20:12	05:18 / 11:36 / 17:36	-2.2E / 2.4F / -2.3E
2 Tu	01:54 / 08:36 / 14:18 / 21:00	00:00 / 06:00 / 12:24 / 18:24	2.4F / -2.2E / 2.4F / -2.3E
3 W	02:48 / 09:30 / 15:12 / 21:54	00:48 / 06:54 / 13:18 / 19:18	2.4F / -2.2E / 2.3F / -2.2E
4 Th	03:42 / 10:30 / 16:06 / 22:54	01:42 / 07:48 / 14:12 / 20:18	2.4F / -2.2E / 2.3F / -2.1E
5 F	04:36 / 11:36 / 17:06 / 23:54	02:36 / 08:48 / 15:06 / 21:18	2.4F / -2.3E / 2.3F / -2.1E
6 Sa	05:30 / 12:42 / 18:06	03:30 / 09:42 / 16:00 / 22:12	2.4F / -2.4E / 2.4F / -2.2E
7 Su	00:54 / 06:30 / 13:48 / 19:12	04:24 / 10:42 / 16:54 / 23:06	2.5F / -2.5E / 2.4F / -2.2E
8 M	02:00 / 07:36 / 14:54 / 20:18	05:18 / 11:36 / 17:48	2.6F / -2.6E / 2.5F
9 Tu	03:00 / 08:36 / 15:54 / 21:18	00:00 / 06:12 / 12:30 / 18:42	-2.3E / 2.7F / -2.7E / 2.7F
10 W	04:00 / 09:36 / 16:42 / 22:12	01:00 / 07:06 / 13:24 / 19:30	-2.4E / 2.8F / -2.7E / 2.7F
11 Th	04:54 / 10:24 / 17:30 / 23:00	01:48 / 07:54 / 14:12 / 20:24	-2.5E / 2.8F / -2.8E / 2.8F
12 F	05:42 / 11:12 / 18:18 / 23:42	02:36 / 08:42 / 15:00 / 21:12	-2.5E / 2.8F / -2.8E / 2.7F
13 Sa	06:24 / 11:54 / 18:54	03:24 / 09:30 / 15:48 / 22:00	-2.5E / 2.7F / -2.6E / 2.6F
14 Su	00:18 / 07:06 / 12:36 / 19:30	04:12 / 10:18 / 16:36 / 22:48	-2.4E / 2.6F / -2.5E / 2.5F
15 M	01:00 / 07:48 / 13:12 / 20:06	05:00 / 11:12 / 17:18 / 23:36	-2.3E / 2.4F / -2.3E / 2.4F
16 Tu	01:36 / 08:30 / 13:54 / 20:48	05:42 / 12:00 / 18:06	-2.2E / 2.3F / -2.1E
17 W	02:18 / 09:12 / 14:42 / 21:30	00:24 / 06:30 / 12:48 / 18:54	2.2F / -2.0E / 2.1F / -1.9E
18 Th	03:00 / 10:00 / 15:24 / 22:18	01:12 / 07:18 / 13:36 / 19:42	2.1F / -1.9E / 1.9F / -1.7E
19 F	03:48 / 10:54 / 16:12	02:00 / 08:12 / 14:30 / 17:30 / 20:36	1.9F / -1.7E / 1.8F / -0.8E / -1.5E
******************			
20 Sa	04:36 / 11:48 / 17:06	02:54 / 06:00 / 09:06 / 15:18 / 18:18	1.8F / -0.9E / -1.7E / 1.7F / -0.7E
******************			
21 Su	00:00 / 05:30 / 12:42 / 18:00	03:42 / 06:42 / 10:00 / 16:12 / 19:06	1.8F / -0.8E / -1.7E / 1.7F / -0.6E
******************			
22 M	00:54 / 06:30 / 13:48 / 18:54	04:36 / 10:48 / 17:06 / 23:12	1.8F / -1.8E / 1.8F / -1.6E
23 Tu	01:48 / 07:18 / 14:42 / 19:54	05:24 / 11:42 / 17:54	1.9F / -1.9E / 1.9F
24 W	02:42 / 08:12 / 15:30 / 20:42	00:06 / 06:18 / 12:30 / 18:48	-1.7E / 2.0F / -2.0E / 2.1F
25 Th	03:30 / 09:06 / 16:12 / 21:36	00:54 / 07:06 / 13:18 / 19:36	-1.8E / 2.2F / -2.2E / 2.3F
26 F	04:18 / 09:54 / 16:54 / 22:24	01:42 / 07:54 / 14:06 / 20:18	-2.0E / 2.4F / -2.3E / 2.4F
27 Sa	05:06 / 10:42 / 17:36 / 23:12	02:30 / 08:42 / 14:54 / 21:06	-2.2E / 2.5F / -2.5E / 2.5F
28 Su	05:54 / 11:30 / 18:18	03:12 / 09:30 / 15:36 / 21:54	-2.3E / 2.6F / -2.5E / 2.6F

March

Date	Slack (h m)	Maximum (h m)	knots
1 M	00:00 / 06:36 / 12:18 / 19:00	04:00 / 10:18 / 16:24 / 22:42	-2.4E / 2.6F / -2.5E / 2.6F
2 Tu	00:48 / 07:24 / 13:12 / 19:48	04:48 / 11:12 / 17:12 / 23:36	-2.5E / 2.6F / -2.5E / 2.6F
3 W	01:36 / 08:18 / 14:00 / 20:36	05:36 / 12:00 / 18:00	-2.5E / 2.6F / -2.4E
4 Th	02:24 / 09:12 / 14:54 / 21:36	00:24 / 06:30 / 12:54 / 18:54	2.6F / -2.5E / 2.5F / -2.3E
5 F	03:18 / 10:12 / 15:48 / 22:30	01:18 / 07:24 / 13:48 / 19:54	2.5F / -2.4E / 2.5F / -2.2E
6 Sa	04:12 / 11:18 / 16:30 / 23:36	02:12 / 08:24 / 14:42 / 20:54	2.5F / -2.4E / 2.4F / -2.1E
7 Su	05:12 / 12:24 / 17:48	03:06 / 09:24 / 15:36 / 21:54	2.4F / -2.4E / 2.4F / -2.1E
8 M	00:12 / 06:12 / 13:36 / 19:00	04:06 / 10:18 / 16:30 / 22:48	2.5F / -2.5E / 2.4F / -2.2E
9 Tu	01:12 / 07:12 / 14:42 / 20:18	05:00 / 11:18 / 17:24 / 23:42	2.5F / -2.5E / 2.5F / -2.3E
10 W	02:12 / 08:30 / 15:42 / 21:18	05:48 / 12:12 / 18:18	2.6F / -2.5E / 2.6F
11 Th	03:54 / 09:30 / 16:30 / 22:06	00:36 / 06:42 / 13:06 / 19:12	-2.3E / 2.7F / -2.6E / 2.6F
12 F	04:42 / 10:12 / 17:12 / 22:42	01:30 / 07:30 / 13:54 / 19:54	-2.4E / 2.7F / -2.6E / 2.7F
13 Sa	05:30 / 10:54 / 17:54 / 23:12	02:12 / 08:18 / 14:36 / 20:42	-2.5E / 2.7F / -2.6E / 2.7F
14 Su	06:06 / 11:30 / 18:24 / 23:48	03:00 / 09:06 / 15:18 / 21:30	-2.4E / 2.6F / -2.5E / 2.6F
15 M	06:42 / 12:06 / 19:00	03:42 / 09:54 / 16:06 / 22:18	-2.4E / 2.5F / -2.3E / 2.4F
16 Tu	00:24 / 07:18 / 12:42 / 19:30	04:30 / 10:42 / 16:48 / 23:06	-2.3E / 2.4F / -2.2E / 2.3F
17 W	01:00 / 07:54 / 13:24 / 20:06	05:12 / 11:30 / 17:36 / 23:54	-2.2E / 2.2F / -2.0E / 2.1F
18 Th	01:42 / 08:36 / 14:06 / 20:48	06:00 / 12:18 / 18:18	-2.0E / 2.0F / -1.8E
19 F	02:24 / 09:24 / 14:54	00:42 / 06:42 / 13:06 / 16:18 / 19:06	1.9F / -1.8E / 1.9F / -1.0E / -1.6E
******************			
20 Sa	03:12 / 10:12 / 15:42	01:30 / 04:42 / 07:36 / 14:00 / 17:00	1.8F / -1.1E / -1.7E / 1.7F / -1.0E
******************			
21 Su	04:00 / 11:06 / 16:30	02:18 / 05:30 / 08:30 / 14:48 / 17:48	1.7F / -1.1E / -1.6E / 1.7F / -0.9E
******************			
22 M	04:54 / 12:00 / 17:24	03:12 / 09:24 / 15:42 / 18:36	1.7F / -1.0E / 1.7F / -0.8E
******************			
23 Tu	00:12 / 05:48 / 13:00 / 18:24	04:06 / 07:06 / 10:18 / 16:36 / 19:30	1.7F / -0.9E / -1.7E / 1.8F / -0.7E
24 W	01:12 / 06:48 / 14:00 / 19:18	05:00 / 11:30 / 17:24 / 23:36	1.8F / -1.8E / 1.9F / -1.7E
25 Th	02:12 / 07:42 / 14:48 / 20:12	05:48 / 12:00 / 18:18	2.0F / -2.0E / 2.1F
26 F	03:00 / 08:36 / 15:36 / 21:06	00:24 / 06:42 / 12:48 / 19:06	-1.9E / 2.2F / -2.2E / 2.3F
27 Sa	03:54 / 09:30 / 16:24 / 21:54	01:12 / 07:30 / 13:36 / 19:54	-2.1E / 2.5F / -2.4E / 2.6F
28 Su	04:42 / 10:18 / 17:06 / 22:42	02:00 / 08:18 / 14:24 / 20:36	-2.4E / 2.7F / -2.5E / 2.7F
29 M	05:30 / 11:06 / 17:54 / 23:30	02:48 / 09:00 / 15:12 / 21:24	-2.6E / 2.8F / -2.6E / 2.8F
30 Tu	06:18 / 12:00 / 18:36	03:36 / 09:54 / 16:00 / 22:18	-2.7E / 2.8F / -2.6E / 2.8F
31 W	00:24 / 07:06 / 12:48 / 19:24	04:24 / 10:42 / 16:48 / 23:06	-2.8E / 2.8F / -2.6E / 2.8F

Station ID: PEB0607 Depth: 12 feet
Source: NOAA/NOS/CO-OPS
Station Type: Harmonic
Time Zone: LST

NOAA Tidal Current Predictions

Bucksport, Penobscot River, 2021
Latitude: 44.5713° N Longitude: 68.8077° W
Mean Flood Dir. 292° (T) Mean Ebb Dir. 113° (T)
Times and speeds of maximum and minimum current, in knots

April

Day	Slack (h m)	Max (h m)	knots
1 Th	01:12	05:18	-2.8E
	08:00	11:36	2.8F
	13:42	17:42	-2.5E
	20:18		
2 F		00:00	2.7F
	02:00	06:06	-2.7E
	08:54	12:30	2.7F
	14:36	18:36	-2.4E
	21:12		
3 Sa		00:54	2.6F
	02:54	07:00	-2.6E
	09:24	13:24	2.6F
	15:30	19:30	-2.2E
	22:18		
4 Su ◐		01:48	2.5F
	03:54	08:00	-2.5E
	11:06	14:18	2.5F
	16:30	20:30	-2.1E
	23:24		
5 M		02:42	2.5F
	04:54	09:00	-2.4E
	12:12	15:12	2.4F
	17:36	21:30	-2.2E
6 Tu	00:30	03:36	2.4F
	06:00	10:00	-2.4E
	13:24	16:06	2.4F
	18:54	22:24	-2.2E
7 W	01:42	04:30	2.4F
	07:12	10:54	-2.4E
	14:24	17:00	2.4F
	20:18	23:18	-2.3E
8 Th	02:42	05:24	2.5F
	08:30	11:48	-2.4E
	15:18	17:54	2.5F
	21:06		
9 F		00:12	-2.3E
	03:36	06:18	2.5F
	09:18	12:36	-2.4E
	16:06	18:42	2.5F
	21:42		
10 Sa		01:00	-2.4E
	04:24	07:06	2.6F
	09:54	13:24	-2.4E
	16:48	19:30	2.6F
	22:12		
11 Su		01:48	-2.4E
	05:06	07:54	2.6F
	10:24	14:12	-2.4E
	17:24	20:18	2.6F
	22:42		
12 M ●		02:36	-2.4E
	05:42	08:42	2.5F
	10:54	14:54	-2.3E
	17:54	21:00	2.5F
	23:12		
13 Tu		03:18	-2.3E
	06:18	09:24	2.4F
	11:36	15:36	-2.2E
	18:24	21:48	2.3F
	23:54		
14 W		04:00	-2.2E
	06:48	10:12	2.3F
	12:18	16:24	-2.0E
	19:00	22:36	2.2F
15 Th	00:30	04:42	-2.1E
	07:24	11:00	2.1F
	12:54	17:06	-1.8E
	19:36	23:24	2.0F

Day	Slack (h m)	Max (h m)	knots
16 F	01:12	05:30	-2.0E
	08:06	11:48	2.0F
	13:36	17:54	-1.7E
	20:12		
17 Sa		00:12	1.9F
	01:54	06:12	-1.8E
	08:48	12:36	1.8F
	14:24	18:36	-1.5E
	*****		-1.0E
18 Su		01:00	1.7F
	02:42	04:12	-1.2E
		07:06	-1.7E
	09:36	13:30	1.7F
	15:12	16:30	-1.0E
	*****		
19 M		01:54	1.6F
	03:30	05:00	-1.2E
		08:00	-1.6E
	10:30	14:18	1.7F
	16:00	17:24	-1.0E
	*****		
20 Tu ◐		02:42	1.6F
	04:24	05:48	-1.1E
		08:54	-1.6E
	11:24	15:12	1.7F
	16:54	18:12	-0.9E
	*****		
21 W		03:36	1.7F
	05:18	06:42	-1.0E
		09:48	-1.7E
	12:18	16:06	1.8F
	17:48	19:06	-0.8E
	*****		
22 Th	00:42	04:30	1.8F
	06:36	10:36	-1.9E
	13:18	16:54	2.0F
	18:48	23:00	-1.8E
23 F	01:36	05:18	2.0F
	07:12	11:30	-2.0E
	14:12	17:48	2.2F
	19:42	23:54	-2.0E
24 Sa	02:36	06:12	2.3F
	08:06	12:18	-2.2E
	15:00	18:36	2.4F
	20:36		
25 Su	03:24	00:42	-2.3E
	09:00	07:00	2.5F
	15:48	13:06	-2.4E
	21:30	19:24	2.7F
26 M	04:18	01:30	-2.6E
	09:54	07:48	2.8F
	16:36	13:54	-2.6E
	22:18	20:12	2.8F
27 Tu ○	05:06	02:18	-2.8E
	10:48	08:36	2.9F
	17:24	14:42	-2.6E
	23:06	21:00	2.9F
28 W	06:00	03:12	-2.9E
	11:36	09:30	2.9F
	18:12	15:36	-2.7E
		21:48	2.9F
29 Th	00:00	04:00	-3.0E
	06:48	10:18	2.9F
	12:30	16:30	-2.6E
	19:06	22:42	2.9F
30 F	00:48	04:54	-2.9E
	07:42	11:12	2.9F
	13:24	17:18	-2.5E
	20:00	23:36	2.8F

May

Day	Slack (h m)	Max (h m)	knots
1 Sa	01:42	05:48	-2.8E
	08:42	12:06	2.8F
	14:18	18:12	-2.4E
	20:54		
2 Su	02:36	00:30	2.7F
	09:42	06:42	-2.7E
	15:12	13:00	2.7F
	22:00	19:06	-2.3E
3 M	03:36	01:24	2.6F
	10:48	07:36	-2.5E
	16:12	13:48	2.5F
	23:06	20:12	-2.2E
4 Tu	04:30	02:18	2.5F
	11:54	08:36	-2.4E
	17:18	14:48	2.5F
		21:06	-2.2E
5 W	00:18	03:12	2.4F
	05:36	09:36	-2.4E
	12:54	15:42	2.4F
	18:30	22:06	-2.2E
6 Th	01:24	04:06	2.4F
	06:48	10:30	-2.3E
	13:54	16:36	2.4F
	19:48	22:54	-2.2E
7 F	02:24	05:00	2.4F
	08:00	11:18	-2.3E
	14:48	17:24	2.4F
	20:36	23:48	-2.3E
8 Sa	03:18	05:48	2.4F
	08:48	12:12	-2.3E
	15:36	18:18	2.4F
	21:06		
9 Su	04:00	00:36	-2.3E
	09:24	06:42	2.4F
	16:12	13:00	-2.2E
	21:30	19:06	2.5F
10 M	04:42	01:24	-2.3E
	09:54	07:30	2.4F
	16:48	13:42	-2.2E
	22:06	19:48	2.4F
11 Tu ●	05:18	02:06	-2.3E
	10:30	08:12	2.4F
	17:24	14:24	-2.1E
	22:42	20:36	2.4F
12 W	05:54	02:48	-2.3E
	11:06	09:00	2.3F
	17:54	15:12	-2.0E
	23:18	21:18	2.2F
13 Th	06:24	03:30	-2.2E
	11:48	09:54	2.3F
	18:30	15:54	-1.9E
		22:06	2.1F
14 F	00:00	04:18	-2.1E
	07:00	10:36	2.1F
	12:30	16:42	-1.7E
	19:06	22:54	1.9F
15 Sa	00:42	05:06	-2.0E
	07:36	11:24	2.0F
	13:12	17:24	-1.6E
	19:48	23:42	1.8F

Day	Slack (h m)	Max (h m)	knots
16 Su	01:30	03:00	-1.2E
		05:48	-1.9E
	08:18	12:12	1.9F
	14:00	15:24	-1.0E
		18:12	-1.5E
	*****		
17 M	02:12	00:30	1.7F
		03:48	-1.3E
	09:06	06:36	-1.7E
	14:48	13:00	1.8F
		16:06	-1.0E
	*****		
18 Tu	03:00	01:24	1.7F
		04:36	-1.3E
	10:00	07:30	-1.7E
	15:36	13:54	1.7F
		17:00	-1.0E
	*****		
19 W ◐	03:54	02:18	1.7F
		05:24	-1.3E
	10:54	08:24	-1.7E
	16:30	14:42	1.8F
		17:48	-1.0E
	*****		
20 Th	04:48	03:06	1.7F
		06:18	-1.2E
	11:42	09:18	-1.8E
	17:24	15:36	1.9F
		18:42	-1.0E
	*****		
21 F	00:00	04:00	1.9F
	05:42	10:06	-1.9E
	12:42	16:24	2.1F
	18:18	22:30	-1.9E
22 Sa	01:06	04:48	2.1F
	06:42	10:54	-2.1E
	13:36	17:18	2.3F
	19:12	23:24	-2.2E
23 Su	02:06	05:42	2.3F
	07:42	11:48	-2.2E
	14:24	18:06	2.5F
	20:06		
24 M	03:00	00:18	-2.4E
	08:36	06:36	2.6F
	15:18	12:42	-2.4E
	21:00	19:00	2.7F
25 Tu	03:54	01:06	-2.7E
	09:30	07:24	2.8F
	16:12	13:30	-2.5E
	21:54	19:48	2.9F
26 W ○	04:48	01:54	-2.9E
	10:24	08:12	2.9F
	17:00	14:24	-2.6E
	22:42	20:36	3.0F
27 Th	05:42	02:48	-3.0E
	11:18	09:06	3.0F
	17:54	15:12	-2.6E
	23:36	21:24	2.9F
28 F	06:36	03:36	-3.0E
	12:12	09:54	3.0F
	18:48	16:06	-2.6E
		22:18	2.9F
29 Sa	00:30	04:30	-3.0E
	07:30	10:48	2.9F
	13:06	17:00	-2.6E
	19:42	23:12	2.8F
30 Su	01:24	05:24	-2.9E
	08:24	11:42	2.8F
	14:00	17:54	-2.5E
	20:36		
31 M	02:18	00:06	2.7F
	09:24	06:18	-2.7E
	14:54	12:36	2.7F
	21:42	18:48	-2.3E

June

Day	Slack (h m)	Max (h m)	knots
1 Tu	03:12	01:00	2.6F
	10:24	07:12	-2.5E
	15:48	13:30	2.6F
	22:48	19:42	-2.2E
2 W ◐	04:06	01:54	2.4F
	11:24	08:12	-2.4E
	16:48	14:18	2.5F
	23:48	20:42	-2.2E
3 Th	05:06	02:48	2.3F
	12:24	09:06	-2.3E
	17:48	15:12	2.4F
		21:36	-2.2E
4 F	00:54	03:36	2.3F
	06:00	10:00	-2.2E
	13:18	16:06	2.4F
	18:48	22:24	-2.2E
5 Sa	01:54	04:30	2.2F
	07:06	10:48	-2.1E
	14:06	16:54	2.3F
	19:36	23:12	-2.2E
6 Su	02:48	05:18	2.2F
	08:00	11:36	-2.1E
	14:54	17:42	2.3F
	20:18		
7 M	03:30	00:06	-2.2E
	08:42	06:12	2.2F
	15:36	12:30	-2.0E
	20:54	18:36	2.3F
8 Tu	04:12	00:54	-2.2E
	09:18	07:00	2.3F
	16:12	13:12	-2.0E
	21:30	19:24	2.3F
9 W	04:48	01:36	-2.2E
	09:54	07:48	2.3F
	16:48	14:00	-1.9E
	22:06	20:06	2.3F
10 Th ●	05:24	02:24	-2.2E
	10:36	08:36	2.2F
	17:24	14:42	-1.9E
	22:48	20:54	2.2F
11 F	06:00	03:06	-2.2E
	11:18	09:18	2.1F
	18:06	15:30	-1.8E
	23:36	21:42	2.1F
12 Sa	06:36	03:54	-2.1E
	12:06	10:06	2.1F
	18:42	16:18	-1.7E
		22:30	2.0F
13 Su	00:18	04:36	-2.0E
	07:12	11:00	2.0F
	12:48	17:00	-1.7E
	19:24	23:18	1.9F
14 M	01:00	05:24	-1.9E
	07:54	11:48	1.9F
	13:36	17:48	-1.6E
	20:06		
15 Tu	01:48	00:06	1.8F
		03:24	-1.3E
	08:42	06:12	-1.9E
	14:18	12:36	1.9F
		15:48	-1.1E
	*****		

Day	Slack (h m)	Max (h m)	knots
16 W	02:36	00:54	1.8F
		04:18	-1.3E
	09:30	07:00	-1.8E
	15:12	13:24	1.9F
		16:42	-1.1E
	*****		
17 Th	03:30	01:48	1.8F
		05:06	-1.3E
	10:24	07:48	-1.8E
	16:00	14:12	1.9F
		17:36	-1.1E
	*****		
18 F ◑	04:24	02:36	1.9F
		06:00	-1.3E
	11:12	08:42	-1.8E
	16:54	15:06	2.0F
		21:12	-1.9E
19 Sa	05:18	03:30	2.0F
	12:06	09:36	-1.9E
	17:48	15:54	2.2F
		22:06	-2.1E
20 Su	00:42	04:24	2.2F
	06:18	10:30	-2.1E
	13:00	16:48	2.3F
	18:48	22:54	-2.3E
21 M	01:42	05:18	2.3F
	07:18	11:18	-2.2E
	14:00	17:42	2.5F
	19:42	23:48	-2.5E
22 Tu	02:42	06:06	2.5F
	08:12	12:12	-2.3E
	14:54	18:30	2.7F
	20:36		
23 W	03:36	00:42	-2.7E
	09:12	07:00	2.7F
	15:48	13:06	-2.4E
	21:30	19:24	2.9F
24 Th ○	04:36	01:36	-2.9E
	10:06	07:54	2.9F
	16:42	14:00	-2.5E
	22:24	20:12	3.0F
25 F	05:30	02:24	-3.0E
	11:00	08:42	3.0F
	17:36	14:54	-2.6E
	23:18	21:06	3.0F
26 Sa	06:24	03:18	-3.0E
	11:54	09:36	2.9F
	18:30	15:42	-2.6E
		21:54	2.9F
27 Su	00:12	04:12	-3.0E
	07:12	10:24	2.9F
	12:48	16:36	-2.6E
	19:24	22:48	2.8F
28 M	01:06	05:06	-2.8E
	08:06	11:18	2.8F
	13:36	17:30	-2.5E
	20:18	23:42	2.7F
29 Tu	01:54	05:54	-2.7E
	09:00	12:06	2.7F
	14:30	18:18	-2.4E
	21:18		
30 W	02:42	00:30	2.6F
	09:54	06:48	-2.5E
	15:18	13:00	2.6F
	22:18	19:12	-2.2E

Station ID: PEB0607 Depth: 12 feet
Source: NOAA/NOS/CO-OPS
Station Type: Harmonic
Time Zone: LST

NOAA Tidal Current Predictions

Bucksport, Penobscot River, 2021
Latitude: 44.5713° N Longitude: 68.8077° W
Mean Flood Dir. 292° (T) Mean Ebb Dir. 113° (T)
Times and speeds of maximum and minimum current, in knots

July

Day	Slack (h:m)	Maximum (h:m, knots)
1 Th ◐	03:36, 10:48, 16:12, 23:18	01:24 2.4F, 07:36 -2.3E, 13:48 2.4F, 20:06 -2.1E
2 F	04:24, 11:36, 17:00	02:18 2.3F, 08:36 -2.1E, 14:42 2.3F, 21:06 -2.1E
3 Sa	00:12, 05:18, 12:30, 17:48	03:06 2.2F, 09:30 -2.0E, 15:36 2.2F, 21:54 -2.1E
4 Su	01:12, 06:12, 13:18, 18:36	04:00 2.1F, 10:18 -1.9E, 16:24 2.2F, 22:42 -2.1E
5 M	02:06, 07:06, 14:12, 19:24	04:48 2.1F, 11:06 -1.9E, 17:12 2.1F, 23:30 -2.1E
6 Tu	02:54, 07:54, 14:54, 20:12	05:42 2.1F, 11:54 -1.8E, 18:06 2.1F
7 W	03:42, 08:42, 15:36, 20:54	00:24 -2.1E, 06:30 2.1F, 12:42 -1.8E, 18:54 2.2F
8 Th	04:24, 09:18, 16:18, 21:42	01:12 -2.1E, 07:18 2.1F, 13:30 -1.8E, 19:42 2.2F
9 F	05:00, 10:12, 17:00, 22:24	01:54 -2.1E, 08:06 2.2F, 14:18 -1.8E, 20:30 2.2F
10 Sa ●	05:42, 10:54, 17:36, 23:12	02:42 -2.2E, 08:54 2.2F, 15:06 -1.8E, 21:12 2.1F
11 Su	06:18, 11:42, 18:18, 23:54	03:24 -2.1E, 09:42 2.1F, 15:48 -1.8E, 22:00 2.1F
12 M	06:54, 12:24, 19:00	04:12 -2.1E, 10:30 2.1F, 16:36 -1.8E, 22:54 2.0F
13 Tu	00:42, 07:24, 13:12, 19:42	05:00 -2.1E, 11:18 2.1F, 17:24 -1.8E, 23:42 2.0F
14 W	01:24, 08:18, 13:54, 20:30	05:42 -2.0E, 12:06 2.1F, 18:06 -1.8E
15 Th	02:12, 09:00, 14:48, 21:24	00:30 2.0F, 06:30 -2.0E, 12:54 2.1F, 18:54 -1.8E
16 F	03:06, 09:54, 15:36, 22:24	01:18 2.0F, 07:18 -1.9E, 13:42 2.1F, 19:48 -1.9E
17 Sa ○	04:00, 10:42, 16:30, 23:18	02:12 2.0F, 08:12 -1.9E, 14:36 2.2F, 20:48 -2.0E
18 Su	04:54, 11:36, 17:24	03:06 2.1F, 09:12 -2.0E, 15:30 2.3F, 21:42 -2.2E
19 M	00:18, 05:54, 12:36, 18:18	04:00 2.2F, 10:06 -2.1E, 16:24 2.4F, 22:30 -2.4E
20 Tu	01:24, 06:54, 13:36, 19:18	04:48 2.4F, 11:00 -2.2E, 17:12 2.5F, 23:24 -2.5E
21 W	02:24, 07:54, 14:36, 20:18	05:48 2.5F, 11:54 -2.3E, 18:06 2.7F
22 Th	03:24, 08:54, 15:36, 21:12	00:24 -2.7E, 06:36 2.7F, 12:48 -2.4E, 19:00 2.8F
23 F	04:24, 09:48, 16:30, 22:06	01:18 -2.8E, 07:30 2.8F, 13:42 -2.5E, 19:54 2.9F
24 Sa ○	05:18, 10:42, 17:24, 23:00	02:06 -2.9E, 08:18 2.9F, 14:30 -2.6E, 20:42 3.0F
25 Su	06:06, 11:36, 18:18, 23:54	03:00 -2.9E, 09:12 2.9F, 15:24 -2.6E, 21:30 2.9F
26 M	06:54, 12:24, 19:06	03:48 -2.9E, 10:00 2.8F, 16:12 -2.6E, 22:24 2.8F
27 Tu	00:42, 07:42, 13:12, 19:54	04:42 -2.8E, 10:54 2.8F, 17:06 -2.5E, 23:18 2.7F
28 W	01:30, 08:30, 14:00, 20:48	05:30 -2.6E, 11:42 2.6F, 17:54 -2.4E
29 Th	02:12, 09:12, 14:42, 21:42	00:06 2.5F, 06:18 -2.4E, 12:30 2.5F, 18:42 -2.2E
30 F	03:00, 10:00, 15:30, 22:36	00:54 2.3F, 07:06 -2.1E, 13:18 2.3F, 19:36 -2.1E
31 Sa ◐	03:48, 10:48, 16:12, 23:30	01:48 2.2F, 08:00 -1.9E, 14:12 2.2F, 20:30 -2.0E

August

Day	Slack (h:m)	Maximum (h:m, knots)
1 Su	04:36, 11:42, 17:00	02:36 2.0F, 08:54 -1.8E, 15:00 2.1F, 21:18 -1.9E
2 M	00:24, 05:24, 12:30, 17:48	03:30 1.9F, 09:42 -1.7E, 15:54 2.0F, 22:12 -1.9E
3 Tu	01:18, 06:18, 13:24, 18:42	04:18 1.9F, 10:36 -1.7E, 16:42 2.0F, 23:00 -1.9E
4 W	02:18, 07:12, 14:18, 19:36	05:12 1.9F, 11:24 -1.7E, 17:36 2.0F, 23:54 -2.0E
5 Th	03:06, 08:06, 15:06, 20:24	06:06 2.0F, 12:18 -1.7E, 18:24 2.1F
6 F	03:48, 08:54, 15:48, 21:12	00:42 -2.0E, 06:54 2.1F, 13:06 -1.8E, 19:12 2.1F
7 Sa	04:30, 09:42, 16:30, 22:00	01:30 -2.1E, 07:42 2.2F, 13:54 -1.9E, 20:00 2.2F
8 Su ●	05:12, 10:30, 17:12, 22:48	02:12 -2.2E, 08:30 2.2F, 14:36 -1.9E, 20:48 2.3F
9 M	05:48, 11:12, 17:54, 23:30	03:00 -2.2E, 09:12 2.3F, 15:24 -2.0E, 21:36 2.3F
10 Tu	06:30, 12:00, 18:36	03:42 -2.2E, 10:00 2.3F, 16:06 -2.0E, 22:24 2.2F
11 W	00:18, 07:06, 12:48, 19:24	04:30 -2.2E, 10:48 2.3F, 16:54 -2.1E, 23:12 2.2F
12 Th	01:06, 07:48, 13:30, 20:12	05:18 -2.2E, 11:36 2.3F, 17:42 -2.1E
13 F	01:54, 08:36, 14:18, 21:00	00:00 2.2F, 06:00 -2.2E, 12:24 2.3F, 18:30 -2.1E
14 Sa	02:42, 09:24, 15:12, 22:00	00:54 2.2F, 06:54 -2.1E, 13:18 2.3F, 19:24 -2.1E
15 Su ◐	03:36, 10:18, 16:06, 23:00	01:42 2.2F, 07:48 -2.0E, 14:12 2.3F, 20:18 -2.2E
16 M	04:36, 11:18, 17:00	02:42 2.2F, 08:48 -2.0E, 15:06 2.3F, 21:18 -2.3E
17 Tu	00:00, 05:30, 12:18, 18:00	03:36 2.3F, 09:42 -2.1E, 16:00 2.4F, 22:12 -2.4E
18 W	01:12, 06:36, 13:24, 19:00	04:30 2.4F, 10:36 -2.2E, 16:54 2.5F, 23:06 -2.5E
19 Th	02:18, 07:42, 14:24, 20:06	05:24 2.5F, 11:36 -2.3E, 17:48 2.6F
20 F	03:18, 08:42, 15:24, 21:00	00:00 -2.6E, 06:18 2.6F, 12:30 -2.4E, 18:42 2.8F
21 Sa	04:12, 09:42, 16:24, 21:54	01:00 -2.8E, 07:06 2.8F, 13:24 -2.5E, 19:30 2.9F
22 Su ○	05:06, 10:30, 17:12, 22:48	01:48 -2.8E, 08:00 2.9F, 14:12 -2.6E, 20:18 2.9F
23 M	05:48, 11:18, 18:00, 23:36	02:36 -2.8E, 08:48 2.9F, 15:00 -2.6E, 21:06 2.9F
24 Tu	06:30, 12:00, 18:48	03:24 -2.8E, 09:36 2.8F, 15:48 -2.6E, 22:00 2.7F
25 W	00:18, 07:12, 12:42, 19:30	04:12 -2.6E, 10:24 2.7F, 16:36 -2.5E, 22:48 2.6F
26 Th	01:00, 08:06, 13:24, 20:12	05:00 -2.4E, 11:12 2.5F, 17:24 -2.3E, 23:36 2.4F
27 F	01:42, 08:30, 14:00, 21:00	05:48 -2.2E, 12:00 2.4F, 18:12 -2.2E
28 Sa	02:24, 09:18, 14:48, 21:48	00:24 2.2F, 06:36 -2.2E, 12:48 2.2F, 19:00 -2.0E
29 Su	03:12, 11:00, 15:30, 22:42	01:18 2.0F, 07:24 -1.8E, 13:42 2.0F, 19:48 -1.8E
30 M ◐	04:00, 10:54, 16:18, 23:36	02:06 1.9F, 08:18 -1.6E, 14:30 1.9F, 20:48 -1.8E
31 Tu	04:48, 11:42, 17:12	03:00 1.8F, 06:00 -0.7E, 09:12 -1.5E, 15:24 1.8F, 18:24 -0.7E *****

September

Day	Slack (h:m)	Maximum (h:m, knots)
1 W	00:30, 05:42, 12:42, 18:06	03:48 1.8F, 06:42 -0.6E, 10:06 -1.6E, 16:12 1.8F, 22:30 -1.8E
2 Th	01:30, 06:36, 13:36, 19:00	04:42 1.8F, 10:54 -1.6E, 17:06 1.9F, 23:18 -1.9E
3 F	02:30, 07:36, 14:30, 19:54	05:36 1.9F, 11:48 -1.7E, 18:00 2.0F
4 Sa	03:12, 08:24, 15:18, 20:48	00:12 -2.0E, 06:24 2.0F, 12:36 -1.8E, 18:48 2.1F
5 Su	04:00, 09:12, 16:06, 21:36	01:00 -2.1E, 07:12 2.2F, 13:24 -1.9E, 19:36 2.3F
6 M	04:36, 10:00, 16:48, 22:18	01:48 -2.2E, 08:00 2.3F, 14:12 -2.1E, 20:18 2.4F
7 Tu ●	05:18, 10:48, 17:30, 23:06	02:30 -2.3E, 08:48 2.4F, 14:54 -2.1E, 21:06 2.5F
8 W	06:00, 11:36, 18:12, 23:54	03:18 -2.4E, 09:30 2.5F, 15:36 -2.3E, 21:54 2.5F
9 Th	06:36, 12:18, 19:00	04:00 -2.4E, 10:18 2.5F, 16:24 -2.4E, 22:48 2.5F
10 F	00:42, 07:24, 13:06, 19:48	04:48 -2.4E, 11:12 2.5F, 17:12 -2.4E, 23:36 2.5F
11 Sa	01:30, 08:06, 13:54, 20:42	05:36 -2.3E, 12:00 2.5F, 18:06 -2.4E
12 Su	02:24, 09:00, 14:48, 21:42	00:24 2.4F, 06:30 -2.2E, 12:48 2.4F, 18:54 -2.4E
13 M ◑	03:18, 10:00, 15:42, 22:42	01:18 2.4F, 07:24 -2.1E, 13:42 2.4F, 19:54 -2.3E
14 Tu	04:18, 11:00, 16:42, 23:48	02:18 2.3F, 08:24 -2.0E, 14:42 2.4F, 20:54 -2.3E
15 W	05:18, 12:06, 17:42	03:12 2.4F, 09:24 -2.1E, 15:36 2.4F, 21:54 -2.4E
16 Th	01:00, 06:24, 13:12, 18:48	04:06 2.4F, 10:18 -2.2E, 16:30 2.5F, 22:48 -2.5E
17 F	02:06, 07:36, 14:24, 19:54	05:00 2.5F, 11:18 -2.3E, 17:24 2.6F, 23:42 -2.6E
18 Sa	03:06, 08:42, 15:18, 20:54	05:54 2.6F, 12:12 -2.4E, 18:18 2.7F
19 Su	04:00, 09:30, 16:12, 21:48	00:36 -2.7E, 06:48 2.7F, 13:00 -2.5E, 19:06 2.8F
20 M ○	04:48, 10:18, 17:00, 22:30	01:30 -2.7E, 07:36 2.8F, 13:54 -2.6E, 20:00 2.8F
21 Tu	05:30, 10:54, 17:48, 23:12	02:12 -2.7E, 08:24 2.8F, 14:36 -2.6E, 20:42 2.8F
22 W	06:06, 11:30, 18:24, 23:48	03:00 -2.6E, 09:06 2.7F, 15:24 -2.5E, 21:30 2.6F
23 Th	06:42, 12:06, 19:00	03:48 -2.4E, 09:54 2.5F, 16:06 -2.4E, 22:18 2.5F
24 F	00:30, 07:18, 12:48, 19:42	04:30 -2.3E, 10:42 2.4F, 16:54 -2.3E, 23:06 2.3F
25 Sa	01:06, 07:54, 13:24, 20:24	05:18 -2.1E, 11:30 2.2F, 17:36 -2.1E, 23:54 2.1F
26 Su	01:48, 08:36, 14:06, 21:06	06:00 -1.8E, 12:18 2.0F, 18:24 -1.9E
27 M	02:36, 09:18, 14:54, 22:00	00:48 1.9F, 06:48 -1.6E, 13:06 1.8F, 19:18 -1.7E
28 Tu ◐	03:24, 10:12, 15:42, 22:42	01:36 1.8F, 04:42 -0.8E, 07:42 -1.5E, 13:42 1.7F, 17:06 -1.0E *****
29 W ◑	04:12, 11:06, 16:42, 23:48	02:30 1.7F, 05:30 -0.8E, 08:42 -1.4E, 14:54 1.7F, 17:54 -0.9E *****
30 Th	05:06, 12:00, 17:30	03:24 1.7F, 06:12 -0.7E, 09:36 -1.4E, 15:42 1.7F, 18:42 -0.8E *****

Station ID: PEB0607 Depth: 12 feet
Source: NOAA/NOS/CO-OPS
Station Type: Harmonic
Time Zone: LST

NOAA Tidal Current Predictions

Bucksport, Penobscot River, 2021
Latitude: 44.5713° N Longitude: 68.8077° W
Mean Flood Dir. 292° (T) Mean Ebb Dir. 113° (T)
Times and speeds of maximum and minimum current, in knots

October

Day	Slack (h m)	Maximum (h m / knots)
1 F	00:48, 06:00, 13:00, 18:24	04:12 1.8F; 07:12 -0.6E; 10:24 -1.5E; 16:36 1.8F; 22:48 -1.8E
2 Sa	01:42, 07:00, 13:54, 19:24	05:06 1.9F; 11:12 -1.7E; 17:30 1.9F; 23:42 -1.9E
3 Su	02:36, 07:54, 14:48, 20:18	05:54 2.0F; 12:06 -1.9E; 18:18 2.1F
4 M	03:18, 08:42, 15:36, 21:06	00:30 -2.1E; 06:42 2.2F; 12:54 -2.1E; 19:06 2.3F
5 Tu	04:00, 09:30, 16:18, 21:54	01:18 -2.3E; 07:30 2.4F; 13:42 -2.3E; 19:54 2.5F
6 W ●	04:42, 10:18, 17:06, 22:42	02:00 -2.4E; 08:18 2.6F; 14:24 -2.5E; 20:42 2.6F
7 Th	05:24, 11:06, 17:54, 23:30	02:48 -2.5E; 09:06 2.7F; 15:12 -2.6E; 21:30 2.7F
8 F	06:12, 11:54, 18:42	03:36 -2.5E; 09:54 2.7F; 16:00 -2.7E; 22:18 2.7F
9 Sa	00:24, 06:54, 12:42, 19:30	04:24 -2.5E; 10:42 2.7F; 16:48 -2.7E; 23:12 2.7F
10 Su	01:12, 07:48, 13:36, 20:24	05:12 -2.4E; 11:36 2.6F; 17:42 -2.6E
11 M	02:06, 08:42, 14:24, 21:24	00:00 2.6F; 06:06 -2.3E; 12:24 2.6F; 18:36 -2.5E
12 Tu	03:00, 09:42, 15:24, 22:30	00:54 2.5F; 07:00 -2.2E; 13:18 2.5F; 19:30 -2.4E
13 W ◐	04:00, 10:48, 16:24, 23:36	01:54 2.5F; 08:00 -2.1E; 14:18 2.4F; 20:36 -2.4E
14 Th	05:00, 11:54, 17:24	02:48 2.4F; 09:06 -2.1E; 15:12 2.4F; 21:30 -2.4E
15 F	00:48, 06:12, 13:06, 18:36	03:42 2.5F; 09:54 -2.2E; 16:06 2.5F; 22:30 -2.5E
16 Sa	01:54, 07:30, 14:12, 19:48	04:36 2.5F; 10:54 -2.3E; 17:00 2.5F; 23:24 -2.5E
17 Su	02:48, 08:36, 15:12, 20:48	05:30 2.6F; 11:48 -2.4E; 17:54 2.6F
18 M	03:36, 09:18, 16:00, 21:36	00:12 -2.5E; 06:18 2.7F; 12:42 -2.5E; 18:42 2.7F
19 Tu	04:24, 09:54, 16:48, 22:12	01:06 -2.5E; 07:06 2.7F; 13:24 -2.5E; 19:30 2.7F
20 W ○	05:00, 10:24, 17:24, 22:42	01:48 -2.5E; 07:54 2.7F; 14:12 -2.5E; 20:18 2.6F
21 Th	05:36, 11:00, 18:00, 23:18	02:36 -2.4E; 08:42 2.6F; 14:54 -2.5E; 21:06 2.5F
22 F	06:12, 11:36, 18:36	03:18 -2.2E; 09:24 2.4F; 15:42 -2.3E; 21:54 2.4F
23 Sa	00:00, 06:42, 12:12, 19:12	04:00 -2.1E; 10:12 2.2F; 16:24 -2.2E; 22:42 2.2F
24 Su	00:36, 07:18, 12:54, 19:48	04:48 -1.9E; 11:00 2.1F; 17:12 -2.0E; 23:30 2.0F
25 M	01:18, 08:00, 13:36, 20:30	05:36 -1.7E; 11:48 1.9F; 17:54 -1.9E
26 Tu	02:06, 08:42, 14:24	00:18 1.9F; 03:24 -0.9E; 06:18 -1.6E; 12:42 1.8F; 15:54 -1.1E **********
27 W	02:54, 09:36, 15:12	01:06 1.8F; 04:12 -0.9E; 07:12 -1.4E; 13:30 1.7F; 16:42 -1.1E **********
28 Th ◐	03:42, 10:30, 16:00	02:00 1.7F; 05:00 -0.9E; 08:06 -1.4E; 14:24 1.6F; 17:24 -1.1E **********
29 F	04:36, 11:24, 16:54	02:54 1.7F; 05:48 -0.8E; 09:00 -1.4E; 15:18 1.7F; 18:18 -1.0E **********
30 Sa	00:00, 05:30, 12:24, 17:54	03:42 1.8F; 06:42 -0.7E; 09:54 -1.5E; 16:12 1.8F; 19:12 -0.9E **********
31 Su	01:00, 06:24, 13:18, 18:48	04:36 1.9F; 10:42 -1.7E; 17:00 1.9F; 23:06 -1.9E

November

Day	Slack (h m)	Maximum (h m / knots)
1 M	01:48, 07:18, 14:12, 19:42	05:24 2.1F; 11:30 -1.9E; 17:48 2.1F; 23:54 -2.1E
2 Tu	02:36, 08:12, 15:06, 20:36	06:12 2.3F; 12:24 -2.2E; 18:36 2.4F
3 W	03:24, 09:00, 15:54, 21:30	00:48 -2.2E; 07:00 2.5F; 13:12 -2.4E; 19:30 2.6F
4 Th ●	04:12, 09:48, 16:42, 22:18	01:36 -2.4E; 07:48 2.7F; 14:00 -2.6E; 20:18 2.8F
5 F	05:00, 10:42, 17:30, 23:12	02:18 -2.5E; 08:36 2.8F; 14:42 -2.8E; 21:06 2.8F
6 Sa	05:48, 11:30, 18:24	03:12 -2.5E; 09:24 2.8F; 15:36 -2.9E; 21:54 2.8F
7 Su	00:00, 06:36, 12:24, 19:12	04:00 -2.5E; 10:18 2.8F; 16:24 -2.9E; 22:48 2.8F
8 M	00:54, 07:24, 13:12, 20:06	04:54 -2.5E; 11:12 2.8F; 17:18 -2.8E; 23:42 2.7F
9 Tu	01:48, 08:24, 14:06, 21:06	05:48 -2.4E; 12:06 2.7F; 18:12 -2.7E
10 W	02:42, 09:24, 15:06, 22:12	00:36 2.7F; 06:42 -2.3E; 13:00 2.6F; 19:12 -2.6E
11 Th ◐	03:42, 10:36, 16:06, 23:18	01:30 2.6F; 07:42 -2.2E; 13:54 2.5F; 20:12 -2.5E
12 F	04:42, 11:42, 17:06	02:24 2.5F; 08:42 -2.2E; 14:48 2.5F; 21:06 -2.4E
13 Sa	00:24, 05:54, 12:54, 18:12	03:18 2.5F; 09:36 -2.3E; 15:42 2.4F; 22:06 -2.4E
14 Su	01:24, 07:12, 13:54, 19:30	04:12 2.5F; 10:30 -2.3E; 16:36 2.4F; 22:54 -2.4E
15 M	02:18, 08:12, 14:54, 20:30	05:00 2.5F; 11:24 -2.4E; 17:30 2.5F; 23:48 -2.3E
16 Tu	03:12, 08:54, 15:42, 21:12	05:54 2.5F; 12:12 -2.4E; 18:18 2.5F
17 W	03:54, 09:18, 16:24, 21:42	00:36 -2.3E; 06:42 2.5F; 13:00 -2.4E; 19:06 2.5F
18 Th	04:30, 09:48, 17:06, 22:18	01:24 -2.2E; 07:30 2.5F; 13:48 -2.4E; 19:54 2.5F
19 F ○	05:06, 10:24, 17:42, 22:54	02:06 -2.2E; 08:12 2.5F; 14:30 -2.4E; 20:36 2.4F
20 Sa	05:42, 11:00, 18:12, 23:30	02:54 -2.1E; 09:00 2.3F; 15:12 -2.3E; 21:24 2.3F
21 Su	06:12, 11:42, 18:48	03:36 -1.9E; 09:48 2.2F; 16:00 -2.2E; 22:12 2.1F
22 M	00:12, 06:48, 12:24, 19:24	04:24 -1.8E; 10:36 2.0F; 16:42 -2.0E; 23:00 2.0F
23 Tu	00:54, 07:30, 13:06, 20:06	05:06 -1.7E; 11:24 1.9F; 17:30 -1.9E; 23:54 1.9F
24 W	01:36, 08:12, 13:54, 18:18	03:00 -0.9E; 12:12 1.8F; 15:24 -1.2E; 18:18 -1.8E **********
25 Th	02:24, 09:00, 14:42, 16:12	00:42 1.8F; 03:48 -1.5E; 06:42 -1.5E; 13:00 1.7F; 16:12 -1.2E **********
26 F ◑	03:12, 09:54, 15:30, 17:06	01:30 1.7F; 04:36 -1.4E; 07:36 -1.4E; 13:54 1.6F; 17:06 -1.2E **********
27 Sa ◐	04:06, 10:48, 16:24, 17:54	02:24 1.7F; 05:24 -1.0E; 08:30 -1.4E; 14:48 1.7F; 17:54 -1.1E **********
28 Su	05:00, 11:48, 17:18, 18:48	03:12 1.8F; 06:18 -0.9E; 09:24 -1.6E; 15:36 1.8F; 18:48 -1.1E **********
29 M	00:12, 05:54, 12:48, 18:18	04:06 2.0F; 10:12 -1.8E; 16:30 1.9F; 22:36 -1.9E
30 Tu	01:06, 06:48, 13:42, 19:12	04:54 2.1F; 11:00 -2.0E; 17:18 2.1F; 23:24 -2.3E

December

Day	Slack (h m)	Maximum (h m / knots)
1 W	02:00, 07:42, 14:36, 20:12	05:42 2.3F; 11:54 -2.3E; 18:12 2.4F
2 Th	02:54, 08:36, 15:30, 21:06	00:18 -2.2E; 06:42 2.5F; 12:42 -2.5E; 19:00 2.6F
3 F	03:42, 09:24, 16:24, 22:00	01:06 -2.3E; 07:24 2.7F; 13:30 -2.7E; 19:48 2.8F
4 Sa ●	04:30, 10:18, 17:12, 22:48	01:54 -2.5E; 08:12 2.9F; 14:24 -2.9E; 20:42 2.9F
5 Su	05:24, 11:12, 18:06, 23:42	02:48 -2.6E; 09:00 2.9F; 15:12 -3.0E; 21:30 2.9F
6 M	06:18, 12:00, 19:00	03:36 -2.6E; 09:54 2.9F; 16:06 -3.0E; 22:24 2.9F
7 Tu	00:36, 07:12, 12:54, 19:54	04:30 -2.6E; 10:48 2.9F; 17:00 -2.9E; 23:18 2.9F
8 W	01:30, 08:06, 13:48, 20:48	05:24 -2.5E; 11:42 2.8F; 17:54 -2.8E
9 Th	02:24, 09:06, 14:42, 21:54	00:12 2.8F; 06:18 -2.4E; 12:36 2.7F; 18:48 -2.6E
10 F	03:24, 10:12, 15:42, 22:54	01:00 2.7F; 07:12 -2.3E; 13:30 2.6F; 19:42 -2.5E
11 Sa ◑	04:18, 11:18, 16:42, 23:54	01:54 2.6F; 08:06 -2.3E; 14:24 2.4F; 20:42 -2.3E
12 Su	05:18, 12:24, 17:36	02:48 2.5F; 09:12 -2.3E; 15:18 2.4F; 21:36 -2.3E
13 M	00:48, 06:18, 13:30, 18:48	03:42 2.4F; 10:06 -2.3E; 16:06 2.3F; 22:24 -2.2E
14 Tu	01:48, 07:24, 14:24, 19:48	04:30 2.4F; 10:54 -2.3E; 17:00 2.3F; 23:18 -2.1E
15 W	02:36, 08:06, 15:18, 20:36	05:24 2.4F; 11:42 -2.3E; 17:48 2.3F
16 Th	03:18, 08:42, 16:00, 21:12	00:06 -2.1E; 06:12 2.3F; 12:30 -2.3E; 18:42 2.3F
17 F	04:00, 09:18, 16:42, 21:48	00:54 -2.0E; 07:00 2.3F; 13:18 -2.3E; 19:30 2.3F
18 Sa	04:36, 09:54, 17:18, 22:24	01:42 -2.0E; 07:48 2.3F; 14:06 -2.3E; 20:12 2.3F
19 Su ○	05:12, 10:36, 17:54, 23:06	02:24 -1.9E; 08:36 2.3F; 14:48 -2.2E; 21:00 2.2F
20 M	05:48, 11:18, 18:24, 23:48	03:12 -1.9E; 09:18 2.1F; 15:36 -2.1E; 21:48 2.1F
21 Tu	06:30, 12:00, 19:00	03:54 -1.8E; 10:06 2.0F; 16:18 -2.1E; 22:36 2.0F
22 W	00:30, 07:06, 12:42, 19:42	04:42 -1.7E; 11:00 1.9F; 17:06 -2.0E; 23:24 2.0F
23 Th	01:12, 07:48, 13:30, 20:24	05:30 -1.6E; 11:48 1.9F; 17:48 -1.9E
24 F	02:00, 08:36, 14:18, 15:54	00:12 1.9F; 03:24 -1.0E; 06:12 -1.6E; 12:36 1.8F; 15:54 -1.3E **********
25 Sa	02:48, 09:24, 15:06, 16:42	01:00 1.9F; 04:12 -1.1E; 07:12 -1.6E; 13:24 1.8F; 16:42 -1.3E **********
26 Su	03:36, 10:18, 15:54, 17:30	01:48 1.9F; 05:06 -1.1E; 07:54 -1.6E; 14:24 1.8F; 17:30 -1.3E **********
27 M ◐	04:30, 11:12, 16:48, 18:24	02:42 1.9F; 06:00 -1.1E; 08:48 -1.7E; 15:06 1.8F; 18:24 -1.2E **********
28 Tu	05:24, 12:12, 17:48	03:36 2.0F; 09:42 -1.9E; 16:00 2.0F; 22:06 -1.9E
29 W	00:30, 06:18, 13:12, 18:48	04:24 2.1F; 10:30 -2.1E; 16:54 2.1F; 22:54 -2.0E
30 Th	01:30, 07:12, 14:12, 19:42	05:12 2.3F; 11:24 -2.3E; 17:42 2.3F; 23:48 -2.1E
31 F	02:24, 08:06, 15:12, 20:42	06:06 2.5F; 12:18 -2.6E; 18:36 2.6F

Station ID: PEB0607 Depth: 12 feet
Source: NOAA/NOS/CO-OPS
Station Type: Harmonic
Time Zone: LST

NOAA Tidal Current Predictions

Buksport, Penobscot River, 2021
Latitude: 44.5713° N Longitude: 68.8077° W
Mean Flood Dir. 292° (T) Mean Ebb Dir. 113° (T)
Times and speeds of maximum and minimum current, in knots

EXTRA CURRENTS

February

Day	Slack h m	Maximum h m	knots
19 F ●	23:06		
20 Sa		21:30	-1.5E
21 Su		22:24	-1.5E

March

Day	Slack h m	Maximum h m	knots
19 F	21:36		
20 Sa	22:24	20:00	-1.4E
21 Su ●	23:18	18:54	-0.7E
		21:00	-1.4E
22 M		21:54	-1.4E
23 Tu		22:42	-1.5E

April

Day	Slack h m	Maximum h m	knots
17 Sa	21:00		
18 Su	21:48	17:36	-0.9E
		19:30	-1.4E
19 M	22:42	20:30	-1.3E
20 Tu ●	23:42	21:24	-1.4E
21 W		22:12	-1.6E

May

Day	Slack h m	Maximum h m	knots
16 Su	20:30		
17 M	21:18	19:00	-1.4E
18 Tu	22:12	19:54	-1.4E
19 W ●	23:12	20:54	-1.5E

Day	Slack h m	Maximum h m	knots
20 Th		21:42	-1.7E

June

Day	Slack h m	Maximum h m	knots
15 Tu	20:54	18:36	-1.6E
16 W	21:48	19:24	-1.6E
17 Th	22:42	20:18	-1.7E
18 F ●	23:42		

August

Day	Slack h m	Maximum h m	knots
31 Tu		21:42	-1.8E

September

Day	Slack h m	Maximum h m	knots
28 Tu	22:54	20:12	-1.6E
29 W ☽	23:48	21:06	-1.6E
30 Th		22:00	-1.7E

October

Day	Slack h m	Maximum h m	knots
26 Tu	21:18	18:42	-1.7E
27 W	22:12	19:36	-1.6E
28 Th ☽	23:06	20:36	-1.6E
29 F		21:30	-1.7E
30 Sa		22:18	-1.8E

November

Day	Slack h m	Maximum h m	knots
24 W	20:48		
25 Th	21:42	19:06	-1.7E

Day	Slack h m	Maximum h m	knots
26 F	22:30	20:00	-1.6E
27 Sa ☽	23:24	20:54	-1.7E
28 Su		21:48	-1.8E

December

Day	Slack h m	Maximum h m	knots
24 F	21:06	18:36	-1.8E
25 Sa	21:54	19:24	-1.7E
26 Su	22:48	20:18	-1.7E
27 M ☽	23:36	21:12	-1.8E

Station ID: CAB1420 Depth: 16 feet
Source: NOAA/NOS/CO-OPS
Station Type: Harmonic
Time Zone: LST

Bath Iron Works, Kennebec River, 2021

Latitude: 43.9038° N Longitude: 69.8093° W
Mean Flood Dir. 1° (T) Mean Ebb Dir. 178° (T)
Times and speeds of maximum and minimum current, in knots

January

Day	Slack h:m	Maximum h:m	knots
1 F	02:42	05:06	-2.0E
	08:42	11:30	2.3F
	14:48	17:30	-2.4E
	21:42		
2 Sa		00:12	2.0F
	03:24	05:54	-2.1E
	09:30	12:24	2.3F
	15:36	18:18	-2.5E
	22:24		
3 Su		01:00	2.1F
	04:12	06:42	-2.2E
	10:24	13:12	2.3F
	16:24	19:06	-2.5E
	23:12		
4 M		01:48	2.1F
	05:00	07:36	-2.2E
	11:18	14:06	2.3F
	17:18	20:00	-2.4E
5 Tu	00:00	02:36	2.2F
	05:54	08:24	-2.2E
	12:18	14:54	2.2F
	18:12	20:48	-2.3E
6 W	00:48	03:30	2.2F
	06:48	09:24	-2.2E
	13:18	15:54	2.0F
	19:12	21:48	-2.2E
7 Th	01:42	04:24	2.2F
	07:42	10:18	-2.2E
	14:24	16:54	1.9F
	20:12	22:42	-2.1E
8 F	02:36	05:18	2.1F
	08:42	11:24	-2.2E
	15:24	18:00	1.8F
	21:12	23:48	-2.0E
9 Sa	03:30	06:12	2.1F
	09:42	12:24	-2.3E
	16:30	19:12	1.8F
	22:18		
10 Su		00:48	-1.9E
	04:24	07:12	2.1F
	10:42	13:24	-2.3E
	17:30	20:36	1.8F
	23:18		
11 M		01:48	-1.9E
	05:24	08:24	2.1F
	11:36	14:24	-2.3E
	18:30	21:48	1.9F
12 Tu	00:18	02:42	-1.9E
	06:18	09:30	2.1F
	12:36	15:24	-2.3E
	19:24	22:42	2.0F
13 W	01:12	03:42	-2.0E
	07:18	10:30	2.1F
	13:30	16:18	-2.3E
	20:18	23:36	2.0F
14 Th	02:00	04:36	-2.0E
	08:12	11:24	2.1F
	14:18	17:12	-2.3E
	21:06		
15 F		00:24	2.0F
	02:54	05:24	-2.0E
	09:06	12:18	2.0F
	15:12	18:00	-2.2E
	21:54		
16 Sa		01:12	1.9F
	03:42	06:18	-1.9E
	09:54	13:06	1.9F
	16:00	18:48	-2.1E
	22:42		
17 Su		01:54	1.9F
	04:30	07:06	-1.9E
	10:48	13:42	1.8F
	16:48	19:36	-2.0E
	23:24		
18 M		02:36	1.8F
	05:18	07:54	-1.8E
	11:36	14:18	1.7F
	17:36	20:18	-1.8E
19 Tu	00:12	03:00	1.7F
	06:42	08:42	-1.7E
	12:30	14:54	1.5F
	18:24	21:06	-1.7E
20 W	00:54	03:24	1.6F
	06:48	09:30	-1.6E
	13:18	15:42	1.4F
	19:12	21:48	-1.6E
21 Th	01:36	04:00	1.6F
	07:36	10:18	-1.6E
	14:12	16:24	1.3F
	20:00	22:36	-1.5E
22 F	02:18	04:42	1.6F
	08:24	11:12	-1.6E
	15:06	17:12	1.2F
	20:48	23:24	-1.4E
23 Sa	03:00	05:24	1.6F
	09:12	12:00	-1.6E
	15:54	18:06	1.2F
	21:42		
24 Su		00:12	-1.4E
	03:42	06:12	1.7F
	09:54	12:48	-1.7E
	16:48	19:00	1.2F
	22:30		
25 M		01:00	-1.5E
	04:30	07:00	1.8F
	10:42	13:30	-1.9E
	17:30	19:48	1.4F
	23:18		
26 Tu		01:42	-1.6E
	05:12	07:48	1.9F
	11:24	14:12	-2.0E
	18:18	20:42	1.5F
27 W	00:00	02:30	-1.8E
	06:00	08:42	2.0F
	12:12	14:54	-2.2E
	19:00	21:30	1.7F
28 Th	00:42	03:12	-1.9E
	06:48	09:30	2.2F
	12:54	15:36	-2.3E
	19:42	22:18	1.9F
29 F	01:30	04:00	-2.1E
	07:36	10:24	2.3F
	13:42	16:24	-2.5E
	20:24	23:00	2.1F
30 Sa	02:12	04:42	-2.2E
	08:24	11:12	2.4F
	14:24	17:06	-2.6E
	21:12	23:48	2.2F
31 Su	03:00	05:30	-2.4E
	09:12	12:00	2.4F
	15:12	17:54	-2.6E
	21:54		

February

Day	Slack h:m	Maximum h:m	knots
1 M		00:36	2.3F
	03:48	06:18	-2.4E
	10:00	12:48	2.4F
	16:00	18:42	-2.6E
	22:36		
2 Tu		01:24	2.3F
	04:36	07:12	-2.5E
	11:00	13:42	2.3F
	16:54	19:36	-2.5E
	23:24		
3 W		02:12	2.3F
	05:24	08:00	-2.4E
	11:54	14:36	2.2F
	17:48	20:24	-2.3E
4 Th	00:12	03:00	2.3F
	06:18	08:54	-2.3E
	13:00	15:30	2.0F
	18:48	21:18	-2.1E
5 F	01:12	03:54	2.1F
	07:18	09:54	-2.2E
	14:06	16:36	1.8F
	19:54	22:18	-1.9E
6 Sa	02:06	04:54	2.0F
	08:18	11:00	-2.1E
	15:12	17:48	1.6F
	21:00	23:24	-1.8E
7 Su	03:12	05:54	2.0F
	09:24	12:06	-2.1E
	16:18	19:18	1.6F
	22:06		
8 M		00:30	-1.8E
	04:12	07:06	1.9F
	10:24	13:18	-2.1E
	17:18	20:36	1.7F
	23:06		
9 Tu		01:36	-1.8E
	05:12	08:30	2.0F
	11:24	14:30	-2.2E
	18:18	21:36	1.9F
10 W	00:00	02:36	-1.9E
	06:12	09:36	2.1F
	12:18	15:24	-2.2E
	19:06	22:30	2.0F
11 Th	00:54	03:30	-2.0E
	07:06	10:36	2.1F
	13:12	16:18	-2.2E
	19:54	23:18	2.0F
12 F	01:42	04:24	-2.0E
	07:54	11:18	2.1F
	14:00	17:00	-2.2E
	20:42		
13 Sa		00:00	2.0F
	02:30	05:06	-2.0E
	08:48	12:06	2.0F
	14:48	17:42	-2.1E
	21:24		
14 Su		00:42	2.0F
	03:12	05:54	-2.0E
	09:30	12:42	1.9F
	15:36	18:18	-2.1E
	22:06		
15 M		01:12	1.9F
	04:00	06:36	-2.0E
	10:18	13:12	1.8F
	16:18	19:00	-1.9E
	22:48		
16 Tu		01:30	1.8F
	04:42	07:18	-1.9E
	11:06	13:42	1.6F
	17:00	19:36	-1.8E
	23:24		
17 W		02:00	1.7F
	05:24	08:00	-1.8E
	11:54	14:18	1.5F
	17:42	20:18	-1.7E
18 Th	00:06	02:36	1.7F
	06:06	08:42	-1.7E
	12:48	15:00	1.4F
	18:30	21:00	-1.5E
19 F	00:48	03:12	1.7F
	06:48	09:30	-1.6E
	13:36	15:48	1.3F
	19:18	21:48	-1.4E
20 Sa	01:30	04:00	1.6F
	07:36	10:18	-1.6E
	14:30	16:36	1.2F
	20:06	22:36	-1.3E
21 Su	02:18	04:48	1.6F
	08:24	11:12	-1.6E
	15:24	17:30	1.2F
	21:00	23:30	-1.4E
22 M	03:06	05:36	1.7F
	09:18	12:06	-1.7E
	16:12	18:24	1.3F
	21:54		
23 Tu		00:24	-1.5E
	04:00	06:30	1.8F
	10:06	12:54	-1.8E
	17:00	19:18	1.4F
	22:42		
24 W		01:12	-1.6E
	04:48	07:24	1.9F
	10:54	13:42	-2.0E
	17:48	20:12	1.6F
	23:30		
25 Th		02:00	-1.9E
	05:36	08:18	2.1F
	11:42	14:24	-2.2E
	18:30	21:00	2.0F
26 F	00:18	02:48	-2.1E
	06:24	09:06	2.2F
	12:30	15:12	-2.4E
	19:12	21:48	2.1F
27 Sa	01:00	03:36	-2.3E
	07:12	10:00	2.4F
	13:18	16:00	-2.5E
	19:54	22:36	2.2F
28 Su	01:48	04:18	-2.5E
	08:00	10:48	2.5F
	14:06	16:42	-2.6E
	20:36	23:18	2.4F

March

Day	Slack h:m	Maximum h:m	knots
1 M	02:30	05:06	-2.6E
	08:54	11:42	2.5F
	14:54	17:30	-2.6E
	21:18		
2 Tu		00:06	2.4F
	03:18	05:54	-2.6E
	09:48	12:30	2.4F
	15:42	18:18	-2.5E
	22:06		
3 W		00:54	2.4F
	04:06	06:48	-2.6E
	10:42	13:24	2.3F
	16:36	19:06	-2.4E
	22:54		
4 Th		01:42	2.4F
	05:00	07:36	-2.5E
	11:42	14:18	2.1F
	17:30	20:00	-2.2E
	23:48		
5 F		02:36	2.2F
	05:54	08:30	-2.3E
	12:48	15:18	1.8F
	18:30	21:00	-1.9E
6 Sa	00:48	03:30	2.1F
	06:54	09:30	-2.1E
	13:54	16:24	1.6F
	19:36	22:00	-1.7E
7 Su	01:48	04:30	1.9F
	08:00	10:42	-2.0E
	15:00	17:54	1.6F
	20:42	23:12	-1.6E
8 M	02:54	05:42	1.8F
	09:06	12:06	-1.9E
	16:00	19:18	1.6F
	21:48		
9 Tu		00:24	-1.7E
	04:00	07:18	1.8F
	10:12	13:24	-2.0E
	17:00	20:24	1.8F
	22:48		
10 W		01:36	-1.8E
	05:00	08:36	1.9F
	11:12	14:30	-2.1E
	17:54	21:18	1.9F
	23:42		
11 Th		02:36	-1.9E
	05:54	09:30	2.0F
	12:06	15:24	-2.1E
	18:42	22:12	2.0F
12 F	00:30	03:24	-2.0E
	06:48	10:18	2.1F
	12:54	16:00	-2.2E
	19:30	22:54	2.1F
13 Sa	01:18	04:06	-2.1E
	07:36	11:00	2.1F
	13:42	16:36	-2.1E
	20:12	23:30	2.0F
14 Su	02:00	04:42	-2.1E
	08:24	11:36	2.0F
	14:24	17:12	-2.1E
	20:48		
15 M		00:00	1.9F
	02:42	05:24	-2.0E
	09:06	12:06	1.9F
	15:06	17:48	-2.0E
	21:24		
16 Tu		00:18	1.9F
	03:24	06:00	-2.0E
	09:54	12:30	1.7F
	15:48	18:18	-1.9E
	22:06		
17 W		00:36	1.8F
	04:00	06:42	-2.0E
	10:36	13:06	1.6F
	16:24	19:00	-1.8E
	22:42		
18 Th		01:12	1.8F
	04:42	07:18	-1.9E
	11:24	13:42	1.5F
	17:06	19:36	-1.6E
	23:18		
19 F		01:54	1.8F
	05:24	08:00	-1.8E
	12:12	14:24	1.4F
	17:54	20:18	-1.5E
20 Sa	00:00	02:36	1.8F
	06:06	08:48	-1.7E
	13:06	15:12	1.3F
	18:42	21:06	-1.4E
21 Su	00:48	03:24	1.7F
	06:54	09:36	-1.6E
	13:54	16:06	1.3F
	19:30	22:00	-1.4E
22 M	01:42	04:12	1.7F
	07:42	10:30	-1.7E
	14:48	16:54	1.3F
	20:24	22:54	-1.4E
23 Tu	02:36	05:06	1.7F
	08:36	11:24	-1.7E
	15:36	17:54	1.4F
	21:18	23:54	-1.6E
24 W	03:30	06:00	1.8F
	09:36	12:18	-1.9E
	16:24	18:48	1.6F
	22:12		
25 Th		00:48	-1.8E
	04:24	06:54	2.0F
	10:24	13:12	-2.1E
	17:12	19:42	1.8F
	23:00		
26 F		01:36	-2.0E
	05:12	07:54	2.1F
	11:18	14:00	-2.3E
	17:54	20:30	2.0F
	23:48		
27 Sa		02:24	-2.3E
	06:06	08:48	2.3F
	12:06	14:48	-2.4E
	18:36	21:18	2.2F
28 Su	00:36	03:12	-2.5E
	06:54	09:36	2.4F
	12:54	15:30	-2.6E
	19:24	22:06	2.4F
29 M	01:18	04:00	-2.7E
	07:42	10:30	2.4F
	13:42	16:18	-2.6E
	20:06	22:54	2.5F
30 Tu	02:06	04:48	-2.8E
	08:36	11:24	2.4F
	14:36	17:06	-2.6E
	20:48	23:42	2.5F
31 W	02:54	05:36	-2.7E
	09:30	12:12	2.3F
	15:24	17:54	-2.4E
	21:36		

Station ID: CAB1420 Depth: 16 feet
Source: NOAA/NOS/CO-OPS
Station Type: Harmonic
Time Zone: LST

NOAA Tidal Current Predictions

Bath Iron Works, Kennebec River, 2021

Latitude: 43.9038° N Longitude: 69.8093° W
Mean Flood Dir. 1° (T) Mean Ebb Dir. 178° (T)
Times and speeds of maximum and minimum current, in knots

April

Day	Slack (h m)	Maximum (h m)	knots
1 Th		00:30	2.4F
	03:42	06:24	-2.7E
	10:30	13:06	2.1F
	16:18	18:48	-2.2E
	22:30		
2 F		01:18	2.3F
	04:36	07:18	-2.5E
	11:30	14:06	1.9F
	17:18	19:42	-2.0E
	23:24		
3 Sa		02:12	2.1F
	05:36	08:12	-2.3E
	12:30	15:12	1.7F
	18:18	20:42	-1.8E
4 Su ◐	00:30	03:12	1.9F
	06:36	09:18	-2.0E
	13:36	16:30	1.6F
	19:24	21:48	-1.6E
5 M	01:36	04:18	1.8F
	07:42	10:30	-1.9E
	14:42	18:00	1.6F
	20:24	23:00	-1.6E
6 Tu	02:42	05:48	1.7F
	08:48	12:06	-1.8E
	15:42	19:06	1.7F
	21:30		
7 W	03:48	00:18	-1.7E
	09:54	07:18	1.7F
	16:36	13:24	-1.9E
	22:24	20:06	1.8F
8 Th	04:42	01:24	-1.8E
	10:48	08:18	1.8F
	17:24	14:18	-2.0E
	23:18	20:54	1.9F
9 F	05:36	02:18	-2.0E
	11:42	09:12	1.9F
	18:12	15:00	-2.0E
		21:42	2.0F
10 Sa	00:06	03:00	-2.1E
	06:24	10:00	2.0F
	12:30	15:30	-2.1E
	18:54	22:18	2.0F
11 Su	00:48	03:42	-2.1E
	07:12	10:36	1.9F
	13:12	16:00	-2.0E
	19:30	22:48	1.9F
12 M ●	01:30	04:18	-2.1E
	07:54	11:06	1.8F
	13:54	16:30	-2.0E
	20:06	23:00	1.9F
13 Tu	02:06	04:54	-2.1E
	08:42	11:24	1.7F
	14:36	17:06	-1.9E
	20:48	23:24	1.9F
14 W	02:48	05:24	-2.1E
	09:24	11:54	1.6F
	15:12	17:42	-1.8E
	21:24	23:54	
15 Th	03:24	06:06	-2.0E
	10:06	12:30	1.6F
	15:54	18:18	-1.7E
	22:00		
16 F	04:00	00:36	1.9F
	10:54	06:42	-2.0E
	16:36	13:12	1.5F
	22:42	19:00	-1.6E
17 Sa	04:42	01:18	1.9F
	11:42	07:24	-1.9E
	17:18	13:54	1.5F
	23:24	19:48	-1.6E
18 Su	05:24	02:06	1.9F
	12:30	08:12	-1.9E
	18:06	14:42	1.4F
		20:36	-1.5E
19 M	00:12	02:54	1.8F
	06:12	09:00	-1.8E
	13:18	15:36	1.4F
	19:00	21:24	-1.5E
20 Tu ◑	01:12	03:48	1.8F
	07:06	09:48	-1.8E
	14:12	16:30	1.5F
	19:54	22:24	-1.6E
21 W	02:06	04:42	1.8F
	08:06	10:48	-1.9E
	15:00	17:24	1.6F
	20:48	23:24	-1.7E
22 Th	03:06	05:36	1.9F
	09:00	11:48	-2.0E
	15:48	18:18	1.8F
	21:42		
23 F	04:00	00:18	-1.9E
	09:54	06:30	2.0F
	16:36	12:42	-2.1E
	22:30	19:12	2.0F
24 Sa	04:54	01:06	-2.2E
	10:48	07:30	2.1F
	17:18	13:30	-2.3E
	23:18	20:00	2.2F
25 Su	05:42	02:00	-2.4E
	11:42	08:24	2.2F
	18:06	14:18	-2.4E
		20:54	2.4F
26 M	00:06	02:48	-2.6E
	06:12	09:18	2.3F
	12:36	15:06	-2.5E
	18:48	21:42	2.5F
27 Tu ○	00:54	03:36	-2.7E
	07:30	10:12	2.3F
	13:24	15:54	-2.5E
	19:36	22:30	2.5F
28 W	01:42	04:24	-2.8E
	08:12	11:06	2.2F
	14:18	16:48	-2.4E
	20:24	23:18	2.5F
29 Th	02:36	05:12	-2.7E
	09:18	12:00	2.1F
	15:12	17:36	-2.2E
	21:18		
30 F	03:24	00:06	2.4F
	10:18	06:06	-2.6E
	16:06	13:00	2.0F
	22:12	18:30	-2.1E

May

Day	Slack (h m)	Maximum (h m)	knots
1 Sa		01:00	2.2F
	04:24	07:00	-2.4E
	11:18	14:00	1.8F
	17:06	19:24	-1.9E
	23:12		
2 Su		02:00	2.0F
	05:18	08:00	-2.2E
	12:18	15:12	1.7F
	18:06	20:30	-1.7E
3 M ◐	00:18	03:00	1.8F
	06:24	09:00	-1.9E
	13:18	16:30	1.6F
	19:06	21:30	-1.6E
4 Tu	01:24	04:12	1.7F
	07:24	10:24	-1.8E
	14:18	17:36	1.6F
	20:06	22:48	-1.6E
5 W	02:24	05:42	1.6F
	08:30	12:00	-1.8E
	15:12	18:42	1.7F
	21:06		
6 Th	03:24	00:06	-1.7E
	09:30	06:54	1.7F
	16:06	12:54	-1.8E
	22:00	19:36	1.8F
7 F	04:18	01:06	-1.8E
	10:24	07:54	1.7F
	16:48	13:42	-1.9E
	22:48	20:24	1.8F
8 Sa	05:12	01:54	-1.9E
	11:12	08:48	1.7F
	17:36	14:18	-1.9E
	23:36	21:06	1.9F
9 Su	06:00	02:36	-2.0E
	12:00	09:30	1.7F
	18:12	14:54	-1.9E
		21:36	1.9F
10 M	00:18	03:12	-2.1E
	06:48	10:06	1.7F
	12:42	15:24	-1.9E
	18:48	21:48	1.9F
11 Tu ●	00:54	03:42	-2.1E
	07:24	10:36	1.6F
	13:24	15:54	-1.8E
	19:30	22:06	1.9F
12 W	01:36	04:18	-2.1E
	08:12	10:48	1.6F
	14:00	16:30	-1.8E
	20:06	22:42	1.9F
13 Th	02:12	04:54	-2.1E
	08:42	11:24	1.6F
	14:42	17:06	-1.7E
	20:42	23:18	2.0F
14 F	02:48	05:30	-2.1E
	09:42	12:00	1.6F
	15:24	17:48	-1.7E
	21:24		
15 Sa	03:30	00:06	2.0F
	10:24	06:12	-2.1E
	16:06	12:48	1.6F
	22:06	18:30	-1.7E
16 Su	04:06	00:48	2.0F
	11:12	06:54	-2.1E
	16:48	13:30	1.6F
	22:54	19:18	-1.7E
17 M	04:54	01:36	2.0F
	11:54	07:36	-2.0E
	17:36	14:18	1.6F
	23:42	20:06	-1.7E
18 Tu	05:42	02:30	2.0F
	12:42	08:24	-2.0E
	18:24	15:06	1.7F
		20:54	-1.7E
19 W ◑	00:42	03:18	1.9F
	06:36	09:18	-2.0E
	13:30	16:00	1.8F
	19:18	21:54	-1.8E
20 Th	01:36	04:12	1.9F
	07:30	10:18	-2.0E
	14:24	16:54	1.9F
	20:12	22:48	-1.9E
21 F	02:36	05:12	2.0F
	08:30	11:12	-2.1E
	15:12	17:48	2.0F
	21:06	23:48	-2.1E
22 Sa	03:36	06:06	2.0F
	09:30	12:06	-2.2E
	16:00	18:36	2.1F
	22:00		
23 Su	04:30	00:42	-2.3E
	10:24	07:06	2.1F
	16:48	13:00	-2.3E
	22:54	19:30	2.3F
24 M	05:24	01:36	-2.5E
	11:18	08:06	2.1F
	17:36	13:54	-2.3E
	23:42	20:24	2.4F
25 Tu	06:24	02:24	-2.6E
	12:18	09:06	2.1F
	18:24	14:48	-2.3E
		21:18	2.4F
26 W ○	00:36	03:18	-2.7E
	07:18	10:00	2.1F
	13:12	15:36	-2.3E
	19:12	22:06	2.4F
27 Th	01:24	04:06	-2.7E
	08:12	11:00	2.1F
	14:06	16:30	-2.2E
	20:06	23:00	2.4F
28 F	02:18	05:00	-2.6E
	09:12	12:00	2.0F
	15:00	17:18	-2.1E
	21:00	23:54	2.2F
29 Sa	03:12	05:54	-2.5E
	10:06	13:06	1.9F
	15:54	18:18	-2.0E
	22:00		
30 Su	04:06	00:48	2.1F
	11:06	06:48	-2.3E
	16:48	14:06	1.8F
	23:00	19:12	-1.9E
31 M	05:06	01:48	1.9F
	12:00	07:48	-2.1E
	17:48	15:00	1.8F
		20:12	-1.8E

June

Day	Slack (h m)	Maximum (h m)	knots
1 Tu	00:00	02:48	1.8F
	06:06	08:48	-1.9E
	12:54	16:06	1.7F
	18:42	21:18	-1.7E
2 W ●	01:00	04:00	1.7F
	07:00	10:00	-1.8E
	13:48	17:06	1.7F
	19:42	22:30	-1.7E
3 Th	02:00	05:18	1.6F
	08:00	11:18	-1.7E
	14:36	18:06	1.7F
	20:36	23:36	-1.7E
4 F	03:00	06:24	1.5F
	08:54	12:12	-1.7E
	15:24	18:54	1.7F
	21:30		
5 Sa	03:54	00:42	-1.8E
	09:48	07:24	1.5F
	16:12	13:00	-1.7E
	22:18	19:42	1.7F
6 Su	04:42	01:24	-1.8E
	10:42	08:12	1.5F
	16:54	13:36	-1.7E
	23:00	20:12	1.7F
7 M	05:30	02:06	-1.9E
	11:24	09:00	1.5F
	17:30	14:12	-1.7E
	23:42	20:24	1.7F
8 Tu	06:18	02:36	-2.0E
	12:06	09:42	1.5F
	18:12	14:42	-1.7E
		20:48	1.8F
9 W	00:24	03:12	-2.0E
	07:06	09:54	1.5F
	12:48	15:18	-1.7E
	18:48	21:24	1.9F
10 Th ●	01:00	03:48	-2.1E
	07:48	10:18	1.5F
	13:30	16:00	-1.7E
	19:30	22:00	2.0F
11 F	01:36	04:24	-2.1E
	08:30	10:54	1.6F
	14:12	16:36	-1.7E
	20:12	22:54	2.0F
12 Sa	02:18	05:00	-2.2E
	09:12	11:36	1.6F
	14:54	17:18	-1.8E
	20:54	23:36	2.1F
13 Su	03:00	05:42	-2.2E
	09:54	12:18	1.6F
	15:36	18:06	-1.8E
	21:36		
14 M	03:42	00:24	2.1F
	10:36	06:24	-2.2E
	16:18	13:06	1.7F
	22:24	18:48	-1.9E
15 Tu	04:24	01:12	2.1F
	11:24	07:12	-2.1E
	17:06	13:54	1.9F
	23:18	19:36	-1.9E
16 W	05:12	02:06	2.1F
	12:06	08:00	-2.2E
	17:54	14:42	1.9F
		20:30	-2.0E
17 Th	00:12	02:54	2.1F
	06:06	08:48	-2.2E
	12:54	15:30	2.0F
	18:48	21:18	-2.0E
18 F ◑	01:12	03:48	2.0F
	07:00	09:42	-2.2E
	13:42	16:24	2.1F
	19:42	22:18	-2.1E
19 Sa	02:12	04:42	2.0F
	07:54	10:42	-2.1E
	14:36	17:12	2.1F
	20:36	23:18	-2.2E
20 Su	03:12	05:42	1.9F
	09:00	11:42	-2.1E
	15:24	18:06	2.2F
	21:30		
21 M	04:12	00:12	-2.3E
	10:00	06:42	1.9F
	16:18	12:36	-2.1E
	22:30	19:00	2.2F
22 Tu	05:12	01:12	-2.4E
	11:00	07:48	1.9F
	17:12	13:30	-2.1E
	23:24	20:00	2.3F
23 W	06:12	02:06	-2.5E
	12:00	09:00	1.9F
	18:00	14:24	-2.1E
		20:54	2.3F
24 Th ○	00:18	03:00	-2.6E
	07:06	10:06	2.0F
	12:54	15:18	-2.1E
	19:00	21:54	2.3F
25 F	01:12	03:54	-2.5E
	08:06	11:06	2.0F
	13:48	16:18	-2.1E
	19:54	22:48	2.2F
26 Sa	02:06	04:48	-2.5E
	09:00	12:06	2.0F
	14:42	17:06	-2.0E
	20:54	23:48	2.2F
27 Su	03:00	05:42	-2.3E
	09:54	13:00	2.0F
	15:36	18:06	-2.0E
	21:48		
28 M	03:54	00:42	2.1F
	10:42	06:36	-2.2E
	16:30	13:54	1.9F
	22:42	19:00	-1.9E
29 Tu	04:48	01:42	1.9F
	11:36	07:36	-2.1E
	17:24	14:42	1.8F
	23:42	19:54	-1.8E
30 W	05:42	02:36	1.8F
	12:24	08:30	-1.9E
	18:18	15:36	1.8F
		20:54	-1.8E

Station ID: CAB1420 Depth: 16 feet
Source: NOAA/NOS/CO-OPS
Station Type: Harmonic
Time Zone: LST

NOAA Tidal Current Predictions

Bath Iron Works, Kennebec River, 2021

Latitude: 43.9038° N Longitude: 69.8093° W
Mean Flood Dir. 1° (T) Mean Ebb Dir. 178° (T)
Times and speeds of maximum and minimum current, in knots

July

Day	Slack (h m)	Maximum (h m)	knots
1 Th ☽	03:30	00:36	1.6F
	09:24	06:36	-1.8E
	16:24	13:12	1.7F
	21:48	19:06	-1.7E
2 F	04:30	01:30	1.5F
	10:18	07:30	-1.7E
	17:06	14:00	1.6F
	22:48	20:00	-1.7E
3 Sa	05:30	02:30	1.4F
	11:12	08:18	-1.6E
	17:48	14:42	1.5F
	23:54	20:48	-1.7E
4 Su	06:36	03:24	1.3F
	12:06	09:12	-1.5E
	18:06	15:30	1.5F
		21:36	
5 M	04:12	00:42	-1.7E
	10:06	07:30	1.3F
	16:12	12:48	-1.5E
	22:24	18:42	1.6F
6 Tu	05:06	01:24	-1.8E
	10:54	08:18	1.3F
	16:54	13:30	-1.5E
	23:06	19:24	1.7F
7 W	05:48	02:00	-1.9E
	11:36	08:42	1.3F
	17:36	14:06	-1.5E
	23:48	20:06	1.8F
8 Th	06:36	02:36	-1.9E
	12:18	09:12	1.4F
	18:18	14:48	-1.6E
		20:54	1.9F
9 F	00:30	03:12	-2.0E
	07:18	09:48	1.5F
	13:00	15:30	-1.7E
	19:00	21:42	2.0F
10 Sa ●	01:06	03:54	-2.1E
	08:00	10:24	1.6F
	13:42	16:12	-1.8E
	19:42	22:24	2.1F
11 Su	01:48	04:30	-2.2E
	08:42	11:06	1.8F
	14:24	16:54	-1.9E
	20:30	23:12	2.2F
12 M	02:30	05:12	-2.3E
	09:24	11:54	1.9F
	15:06	17:36	-2.1E
	21:12		
13 Tu	03:18	00:00	2.3F
	10:06	06:00	-2.4E
	15:48	12:36	2.0F
	22:00	18:24	-2.1E
14 W	04:00	00:48	2.3F
	10:48	06:42	-2.4E
	16:36	13:24	2.1F
	22:54	19:12	-2.2E
15 Th	04:48	01:42	2.3F
	11:30	07:30	-2.4E
	17:24	14:12	2.2F
	23:48	20:00	-2.3E
16 F	05:42	02:30	2.2F
	12:18	08:24	-2.3E
	18:18	15:00	2.2F
		20:54	-2.3E
17 Sa ◐	00:48	03:24	2.1F
	06:36	09:18	-2.2E
	13:06	15:54	2.2F
	19:12	21:48	-2.2E
18 Su	01:48	04:24	1.9F
	07:36	10:12	-2.1E
	14:00	16:42	2.2F
	20:06	22:48	-2.2E
19 M	02:54	05:24	1.8F
	09:42	11:12	-2.0E
	14:54	17:42	2.1F
	21:06	23:48	-2.3E
20 Tu	04:00	06:30	1.8F
	09:42	12:12	-1.9E
	15:54	18:36	2.1F
	22:06		
21 W	05:00	00:54	-2.3E
	10:48	07:42	1.7F
	16:54	13:12	-1.9E
	23:06	19:42	2.1F
22 Th	06:00	01:54	-2.3E
	11:48	09:06	1.8F
	17:48	14:12	-2.0E
		20:48	2.1F
23 F	00:06	02:54	-2.4E
	06:54	10:12	1.9F
	12:42	15:12	-2.0E
	18:48	21:54	2.2F
24 Sa ○	01:00	03:48	-2.4E
	07:48	11:06	2.0F
	13:36	16:06	-2.1E
	19:42	22:54	2.2F
25 Su	01:54	04:42	-2.3E
	08:42	11:54	2.1F
	14:24	17:00	-2.1E
	20:42	23:48	2.2F
26 M	02:48	05:36	-2.3E
	09:30	12:48	2.0F
	15:18	17:48	-2.1E
	21:30		
27 Tu	03:36	00:42	2.1F
	10:18	06:24	-2.2E
	16:06	13:30	2.0F
	22:24	18:42	-2.0E
28 W	04:24	01:30	1.9F
	11:00	07:12	-2.1E
	16:54	14:12	1.9F
	23:18	19:30	-1.9E
29 Th	05:12	02:12	1.8F
	11:48	07:54	-1.9E
	17:42	14:48	1.8F
		20:18	-1.8E
30 F	00:06	02:48	1.6F
	06:00	08:42	-1.8E
	12:30	15:12	1.7F
	18:30	21:06	-1.7E
31 Sa ☽	01:00	03:30	1.4F
	06:54	09:18	-1.6E
	13:18	15:48	1.6F
	19:18	22:00	-1.6E

August

Day	Slack (h m)	Maximum (h m)	knots
1 Su	01:54	04:18	1.3F
	07:42	10:18	-1.5E
	14:00	16:24	1.5F
	20:06	22:54	-1.6E
2 M	02:48	05:06	1.2F
	08:36	11:12	-1.4E
	14:48	17:12	1.5F
	20:54	23:48	-1.6E
3 Tu	03:42	06:00	1.1F
	09:24	12:00	-1.3E
	15:30	17:54	1.6F
	21:42		
4 W	04:36	00:42	-1.6E
	10:18	06:48	1.1F
	16:18	12:48	-1.4E
	22:30	18:42	1.6F
5 Th	05:18	01:24	-1.8E
	11:06	07:42	1.2F
	17:06	13:36	-1.5E
	23:12	19:36	1.8F
6 F	06:06	02:00	-1.9E
	11:48	08:30	1.4F
	17:48	14:18	-1.6E
		20:24	1.9F
7 Sa	00:00	02:42	-2.0E
	06:48	09:12	1.6F
	12:30	15:00	-1.8E
	18:36	21:12	2.1F
8 Su ●	00:42	03:24	-2.2E
	07:30	10:00	1.8F
	13:12	15:42	-2.0E
	19:18	22:00	2.2F
9 M	01:24	04:06	-2.3E
	08:12	10:42	2.0F
	13:54	16:24	-2.2E
	20:06	22:48	2.3F
10 Tu	02:06	04:48	-2.5E
	08:48	11:24	2.1F
	14:36	17:12	-2.3E
	20:48	23:36	2.4F
11 W	02:54	05:30	-2.5E
	09:30	12:12	2.3F
	15:24	17:54	-2.4E
	21:42		
12 Th	03:36	00:24	2.4F
	10:12	06:18	-2.5E
	16:06	12:54	2.3F
	22:30	18:42	-2.5E
13 F	04:24	01:18	2.3F
	10:54	07:06	-2.5E
	16:54	13:42	2.4F
	23:24	19:36	-2.5E
14 Sa	05:18	02:06	2.2F
	11:42	07:54	-2.4E
	17:48	14:30	2.3F
		20:24	-2.4E
15 Su ☽	00:24	03:00	2.0F
	06:18	08:48	-2.2E
	12:36	15:24	2.2F
	18:42	21:24	-2.3E
16 M	01:30	04:00	1.8F
	07:18	09:48	-2.0E
	13:30	16:18	2.1F
	19:42	22:24	-2.2E
17 Tu	02:36	05:06	1.7F
	08:24	10:48	-1.8E
	14:36	17:18	2.0F
	20:48	23:30	-2.1E
18 W	03:42	06:24	1.6F
	09:30	12:00	-1.8E
	15:36	18:24	2.0F
	21:54		
19 Th	04:48	00:42	-2.1E
	10:30	07:54	1.7F
	16:42	13:00	-1.8E
	22:54	19:36	2.0F
20 F	05:48	01:48	-2.2E
	11:30	09:06	1.8F
	17:42	14:06	-1.9E
	23:54	21:00	2.1F
21 Sa	06:42	02:54	-2.2E
	12:24	10:00	2.0F
	18:36	15:06	-2.0E
		22:06	2.2F
22 Su ○	00:48	03:42	-2.3E
	07:30	10:48	2.1F
	13:18	15:54	-2.1E
	19:30	22:54	2.2F
23 M	01:36	04:30	-2.3E
	08:18	11:36	2.1F
	14:06	16:42	-2.2E
	20:24	23:42	2.2F
24 Tu	02:30	05:18	-2.2E
	09:00	12:18	2.1F
	14:54	17:30	-2.1E
	21:12		
25 W	03:12	00:24	2.0F
	09:42	06:00	-2.1E
	15:36	12:54	2.0F
	22:00	18:18	-2.1E
26 Th	04:00	01:00	1.9F
	10:24	06:36	-2.0E
	16:24	13:24	1.9F
	22:48	19:00	-2.0E
27 F	04:42	01:36	1.7F
	11:06	07:24	-1.9E
	17:06	13:48	1.8F
	23:36	19:42	-1.9E
28 Sa	05:30	02:12	1.5F
	11:48	08:00	-1.7E
	17:48	14:18	1.7F
		20:24	-1.8E
29 Su	00:30	02:48	1.4F
	06:18	08:48	-1.5E
	12:30	15:00	1.6F
	18:36	21:12	-1.6E
30 M ☽	01:24	03:30	1.2F
	07:06	09:30	-1.4E
	13:18	15:42	1.6F
	19:24	22:06	-1.6E
31 Tu	02:18	04:24	1.1F
	07:54	10:24	-1.3E
	14:06	16:30	1.5F
	20:12	23:00	-1.5E

September

Day	Slack (h m)	Maximum (h m)	knots
1 W	03:06	05:18	1.1F
	08:48	11:18	-1.3E
	14:54	17:18	1.6F
	21:00	23:54	-1.6E
2 Th	04:00	06:12	1.2F
	09:42	12:12	-1.4E
	15:48	18:12	1.6F
	21:54		
3 F	04:48	00:42	-1.7E
	10:30	07:00	1.3F
	16:36	13:00	-1.5E
	22:42	19:06	1.8F
4 Sa	05:30	01:30	-1.9E
	11:18	07:54	1.5F
	17:24	13:48	-1.7E
	23:30	19:54	1.9F
5 Su	06:12	02:12	-2.1E
	12:00	08:42	1.7F
	18:12	14:36	-2.0E
		20:48	2.1F
6 M	00:12	02:54	-2.3E
	06:54	09:24	2.0F
	12:42	15:18	-2.2E
	18:54	21:36	2.3F
7 Tu ●	01:00	03:36	-2.4E
	07:30	10:12	2.2F
	13:24	16:00	-2.4E
	19:42	22:24	2.4F
8 W	01:42	04:24	-2.6E
	08:12	10:54	2.4F
	14:06	16:48	-2.6E
	20:30	23:18	2.4F
9 Th	02:30	05:06	-2.6E
	08:54	11:42	2.5F
	14:54	17:30	-2.6E
	21:18		
10 F	03:18	00:06	2.4F
	09:36	05:54	-2.6E
	15:42	12:30	2.5F
	22:12	18:18	-2.7E
11 Sa	04:06	00:54	2.3F
	10:24	06:42	-2.6E
	16:30	13:18	2.4F
	23:12	19:12	-2.6E
12 Su	05:00	01:48	2.1F
	11:12	07:36	-2.3E
	17:24	14:06	2.3F
		20:00	-2.5E
13 M ◐	00:12	02:48	1.9F
	06:00	08:30	-2.1E
	12:06	15:00	2.2F
	18:18	21:00	-2.3E
14 Tu	01:18	03:48	1.7F
	07:00	09:24	-1.8E
	13:12	15:54	2.0F
	19:24	22:06	-2.1E
15 W	02:24	05:00	1.6F
	08:06	10:30	-1.7E
	14:18	17:00	1.9F
	20:30	23:18	-2.0E
16 Th	03:30	06:36	1.6F
	09:12	11:48	-1.7E
	15:24	18:18	1.8F
	21:36		
17 F	04:30	00:36	-2.0E
	10:18	07:48	1.7F
	16:30	12:54	-1.8E
	22:42	19:54	1.9F
18 Sa	05:24	01:48	-2.0E
	11:12	08:48	1.9F
	17:30	14:00	-1.9E
	23:36	21:00	2.0F
19 Su	06:18	02:48	-2.1E
	12:06	09:42	2.0F
	18:24	14:54	-2.1E
		21:54	2.1F
20 M ○	00:30	03:30	-2.2E
	07:00	10:30	2.1F
	12:54	15:42	-2.2E
	19:12	22:42	2.1F
21 Tu	01:18	04:12	-2.2E
	07:48	11:06	2.0F
	13:42	16:24	-2.2E
	20:00	23:24	2.1F
22 W	02:06	04:48	-2.1E
	08:30	11:42	2.0F
	14:24	17:06	-2.2E
	20:48		
23 Th	02:48	00:00	1.9F
	09:06	05:24	-2.0E
	15:06	12:06	1.9F
	21:36	17:48	-2.1E
24 F	03:30	00:30	1.8F
	09:48	06:06	-1.9E
	15:48	12:30	1.9F
	22:24	18:24	-2.0E
25 Sa	04:12	01:00	1.6F
	10:24	06:42	-1.8E
	16:30	13:00	1.8F
	23:12	19:06	-1.9E
26 Su	04:54	01:36	1.5F
	11:06	07:24	-1.6E
	17:06	13:36	1.7F
		19:48	-1.8E
27 M	00:00	02:18	1.4F
	05:42	08:06	-1.5E
	11:48	14:18	1.7F
	17:54	20:30	-1.7E
28 Tu	00:48	03:00	1.3F
	06:30	08:54	-1.4E
	12:36	15:06	1.6F
	18:36	21:18	-1.6E
29 W ☽	01:42	03:48	1.2F
	07:18	09:42	-1.3E
	13:30	15:54	1.6F
	19:30	22:12	-1.6E
30 Th	02:30	04:42	1.2F
	08:12	10:42	-1.3E
	14:24	16:48	1.6F
	20:24	23:06	-1.6E

Station ID: CAB1420 Depth: 16 feet
Source: NOAA/NOS/CO-OPS
Station Type: Harmonic
Time Zone: LST

NOAA Tidal Current Predictions

Bath Iron Works, Kennebec River, 2021

Latitude: 43.9038° N Longitude: 69.8093° W
Mean Flood Dir. 1° (T) Mean Ebb Dir. 178° (T)
Times and speeds of maximum and minimum current, in knots

October

Day	Slack (h m)	Maximum (h m)	knots
1 F	03:24	05:30	1.3F
	09:06	11:36	-1.4E
	15:18	17:42	1.7F
	21:18		
2 Sa		00:00	-1.7E
	04:06	06:24	1.5F
	09:54	12:30	-1.6E
	16:06	18:36	1.8F
	22:06		
3 Su		00:54	-1.9E
	04:54	07:18	1.7F
	10:42	13:18	-1.9E
	16:54	19:30	2.0F
	22:54		
4 M		01:36	-2.1E
	05:36	08:06	1.9F
	11:30	14:06	-2.2E
	17:42	20:24	2.1F
	23:42		
5 Tu		02:24	-2.3E
	06:18	08:54	2.2F
	12:12	14:48	-2.4E
	18:30	21:12	2.3F
6 W ●	00:30	03:12	-2.5E
	06:54	09:42	2.4F
	12:54	15:36	-2.6E
	19:24	22:06	2.4F
7 Th	01:18	03:54	-2.6E
	07:36	10:24	2.5F
	13:42	16:18	-2.7E
	20:12	22:54	2.4F
8 F	02:06	04:42	-2.6E
	08:18	11:12	2.5F
	14:24	17:06	-2.8E
	21:06	23:48	2.3F
9 Sa	03:00	05:30	-2.5E
	09:06	12:00	2.5F
	15:18	17:54	-2.7E
	22:00		
10 Su		00:36	2.2F
	03:48	06:18	-2.3E
	09:54	12:54	2.4F
	16:06	18:48	-2.6E
	22:54		
11 M		01:36	2.0F
	04:48	07:12	-2.1E
	10:48	13:42	2.2F
	17:00	19:42	-2.4E
12 Tu	00:00	02:36	1.8F
	05:48	08:06	-1.9E
	11:54	14:42	2.1F
	18:00	20:42	-2.2E
13 W ◑	01:06	03:42	1.7F
	06:48	09:12	-1.8E
	13:00	15:42	1.9F
	19:06	21:48	-2.0E
14 Th	02:06	05:00	1.6F
	07:54	10:18	-1.7E
	14:06	16:54	1.8F
	20:18	23:06	-1.9E
15 F	03:06	06:24	1.7F
	08:54	11:36	-1.7E
	15:12	18:24	1.8F
	21:18		
16 Sa		00:36	-1.9E
	04:06	07:30	1.8F
	09:54	12:48	-1.8E
	16:18	19:48	1.8F
	22:24		
17 Su		01:42	-2.0E
	05:00	08:24	1.9F
	10:54	13:48	-2.0E
	17:12	20:42	1.9F
	23:18		
18 M		02:30	-2.0E
	05:48	09:18	2.0F
	11:42	14:36	-2.1E
	18:06	21:36	2.0F
19 Tu	00:06	03:06	-2.1E
	06:30	10:00	2.1F
	12:30	15:24	-2.2E
	18:54	22:24	2.0F
20 W ○	00:54	03:42	-2.1E
	07:12	10:36	2.0F
	13:12	16:00	-2.2E
	19:42	23:00	1.9F
21 Th	01:36	04:18	-2.0E
	08:30	11:00	2.0F
	13:54	16:36	-2.2E
	20:24	23:36	1.8F
22 F	02:18	04:54	-1.9E
	08:30	11:18	1.9F
	14:30	17:12	-2.1E
	21:12		
23 Sa		00:00	1.6F
	03:00	05:30	-1.8E
	09:06	11:42	1.9F
	15:12	17:54	-2.0E
	21:54		
24 Su		00:24	1.5F
	03:42	06:06	-1.7E
	09:48	12:18	1.8F
	15:48	18:30	-2.0E
	22:42		
25 M		01:06	1.5F
	04:24	06:48	-1.6E
	10:30	13:06	1.8F
	16:30	19:12	-1.9E
	23:30		
26 Tu		01:42	1.4F
	05:12	07:36	-1.5E
	11:12	13:48	1.8F
	17:12	19:54	-1.8E
27 W	00:18	02:30	1.4F
	05:54	08:18	-1.4E
	12:00	14:36	1.7F
	18:00	20:42	-1.8E
28 Th ◑	01:06	03:18	1.4F
	06:42	09:12	-1.4E
	12:54	15:24	1.7F
	18:48	21:36	-1.7E
29 F	01:54	04:06	1.4F
	07:36	10:06	-1.5E
	13:48	16:18	1.7F
	19:42	22:30	-1.8E
30 Sa	02:42	05:00	1.6F
	08:24	11:00	-1.6E
	14:42	17:12	1.8F
	20:36	23:24	-1.9E
31 Su	03:30	05:54	1.7F
	09:18	11:54	-1.8E
	15:36	18:06	1.9F
	21:30		

November

Day	Slack (h m)	Maximum (h m)	knots
1 M		00:18	-2.0E
	04:12	06:42	1.9F
	10:06	12:48	-2.1E
	16:30	19:00	2.0F
	22:24		
2 Tu		01:06	-2.2E
	04:54	07:30	2.1F
	10:54	13:36	-2.3E
	17:24	19:54	2.1F
	23:18		
3 W		01:54	-2.3E
	05:36	08:24	2.3F
	11:42	14:24	-2.5E
	18:12	20:54	2.2F
4 Th ●	00:06	02:42	-2.4E
	06:24	09:12	2.4F
	12:30	15:12	-2.7E
	19:06	21:42	2.2F
5 F	01:00	03:30	-2.5E
	07:06	10:00	2.5F
	13:18	16:00	-2.8E
	19:54	22:36	2.2F
6 Sa	01:48	04:18	-2.4E
	07:54	10:48	2.5F
	14:06	16:48	-2.8E
	20:54	23:30	2.2F
7 Su	02:42	05:06	-2.3E
	08:42	11:42	2.4F
	14:54	17:36	-2.7E
	21:48		
8 M		00:30	2.1F
	03:36	06:00	-2.2E
	09:36	12:30	2.3F
	15:48	18:30	-2.5E
	22:48		
9 Tu		01:24	1.9F
	04:36	06:54	-2.0E
	10:36	13:30	2.2F
	16:48	19:30	-2.3E
	23:48		
10 W		02:30	1.8F
	05:30	07:54	-1.9E
	11:42	14:30	2.0F
	17:48	20:30	-2.1E
11 Th ◑	00:48	03:36	1.7F
	06:24	09:00	-1.8E
	12:48	15:30	1.8F
	18:54	21:36	-1.9E
12 F	01:48	04:54	1.7F
	07:36	10:06	-1.7E
	13:54	16:48	1.7F
	19:54	22:54	-1.8E
13 Sa	02:42	06:06	1.7F
	08:42	11:24	-1.7E
	14:54	18:18	1.7F
	21:00		
14 Su		00:12	-1.8E
	03:36	07:00	1.8F
	09:30	12:36	-1.9E
	15:54	19:24	1.7F
	21:54		
15 M		01:12	-1.9E
	04:24	07:54	1.9F
	10:24	13:30	-2.0E
	16:48	20:24	1.8F
	22:48		
16 Tu		02:00	-1.9E
	05:12	08:42	1.9F
	11:12	14:18	-2.0E
	17:42	21:12	1.8F
	23:36		
17 W		02:36	-1.9E
	05:54	09:24	1.9F
	12:00	15:00	-2.1E
	18:30	22:00	1.8F
18 Th	00:24	03:12	-1.9E
	06:36	09:54	1.9F
	12:42	15:36	-2.1E
	19:18	22:42	1.7F
19 F ○	01:06	03:42	-1.8E
	07:12	10:06	1.9F
	13:18	16:06	-2.1E
	20:00	23:06	1.6F
20 Sa	01:48	04:18	-1.8E
	07:54	10:30	1.9F
	14:00	16:42	-2.1E
	20:48	23:24	1.5F
21 Su	02:30	04:54	-1.7E
	08:30	11:06	1.9F
	14:36	17:18	-2.1E
	21:30	23:54	1.5F
22 M	03:12	05:36	-1.6E
	09:12	11:48	1.9F
	15:18	18:00	-2.0E
	22:36		
23 Tu		00:36	1.5F
	03:54	06:18	-1.6E
	09:54	12:30	1.9F
	16:00	18:42	-2.0E
	22:54		
24 W		01:18	1.5F
	04:36	06:54	-1.6E
	10:42	13:18	1.9F
	16:42	19:24	-2.0E
	23:42		
25 Th		02:00	1.6F
	05:24	07:48	-1.6E
	11:30	14:06	1.9F
	17:24	20:12	-1.9E
26 F	00:24	02:48	1.6F
	06:30	09:00	-1.7E
	12:24	15:00	1.9F
	18:18	21:00	-1.9E
27 Sa ◐	01:12	03:36	1.7F
	07:00	09:30	-1.7E
	13:18	15:48	1.9F
	19:06	21:54	-2.0E
28 Su	02:00	04:30	1.8F
	07:54	10:24	-1.8E
	14:12	16:42	1.9F
	20:00	22:48	-2.0E
29 M	02:48	05:18	2.0F
	08:42	11:18	-2.0E
	15:12	17:42	1.9F
	21:00	23:42	-2.1E
30 Tu	03:30	06:12	2.1F
	09:36	12:12	-2.2E
	16:06	18:36	2.0F
	21:54		

December

Day	Slack (h m)	Maximum (h m)	knots
1 W		00:36	-2.2E
	04:18	07:00	2.2F
	10:24	13:06	-2.4E
	17:00	19:30	2.0F
	22:54		
2 Th		01:24	-2.2E
	05:06	07:54	2.3F
	11:18	14:00	-2.6E
	17:54	20:30	2.1F
	23:48		
3 F		02:18	-2.3E
	05:54	08:42	2.4F
	12:06	14:48	-2.7E
	18:48	21:30	2.1F
4 Sa ●	00:42	03:06	-2.3E
	06:42	09:36	2.4F
	12:54	15:36	-2.7E
	19:48	22:30	2.1F
5 Su	01:36	04:00	-2.2E
	07:36	10:30	2.4F
	13:48	16:30	-2.7E
	20:42	23:24	2.0F
6 M	02:30	04:54	-2.2E
	08:30	11:24	2.3F
	14:42	17:24	-2.6E
	21:36		
7 Tu		00:24	2.0F
	03:24	05:48	-2.1E
	09:30	12:18	2.2F
	15:36	18:18	-2.4E
	22:36		
8 W		01:24	1.9F
	04:18	06:42	-2.0E
	10:30	13:18	2.1F
	16:36	19:18	-2.2E
	23:30		
9 Th		02:24	1.9F
	05:18	07:42	-1.9E
	11:30	14:18	2.0F
	17:36	20:18	-2.1E
10 F	00:24	03:30	1.8F
	06:12	08:42	-1.8E
	12:30	15:18	1.8F
	18:36	21:18	-1.9E
11 Sa ◑	01:18	04:30	1.8F
	07:12	09:48	-1.8E
	13:36	16:36	1.7F
	19:30	22:30	-1.8E
12 Su	02:12	05:30	1.7F
	08:06	11:00	-1.8E
	14:30	17:48	1.6F
	20:30	23:36	-1.7E
13 M	03:00	06:30	1.7F
	09:00	12:06	-1.8E
	15:30	18:54	1.6F
	21:24		
14 Tu		00:30	-1.7E
	03:48	07:18	1.7F
	09:54	13:12	-1.9E
	16:24	19:54	1.5F
	22:18		
15 W		01:18	-1.7E
	04:30	08:00	1.7F
	10:42	13:48	-1.9E
	17:18	20:48	1.5F
	23:06		
16 Th		01:54	-1.7E
	05:18	08:36	1.7F
	11:24	14:30	-2.0E
	18:06	21:36	1.5F
	23:54		
17 F		02:36	-1.7E
	05:54	08:48	1.7F
	12:06	15:06	-2.0E
	18:48	22:12	1.5F
18 Sa	00:42	03:12	-1.6E
	06:36	09:18	1.8F
	12:48	15:42	-2.0E
	19:36	22:36	1.5F
19 Su ○	01:24	03:48	-1.7E
	07:18	09:54	1.9F
	13:30	16:12	-2.1E
	20:18	22:54	1.5F
20 M	02:00	04:30	-1.7E
	08:00	10:36	1.9F
	14:06	16:48	-2.1E
	21:00	23:24	1.6F
21 Tu	02:42	05:06	-1.7E
	08:42	11:18	2.0F
	14:48	17:30	-2.1E
	21:42		
22 W		00:06	1.6F
	03:24	05:48	-1.8E
	09:24	12:06	2.0F
	15:30	18:12	-2.1E
	22:24		
23 Th		00:48	1.7F
	04:06	06:36	-1.8E
	10:12	12:54	2.1F
	16:12	18:54	-2.2E
	23:06		
24 F		01:30	1.8F
	04:48	07:18	-1.9E
	11:00	13:42	2.1F
	16:54	19:42	-2.2E
	23:48		
25 Sa		02:18	1.9F
	05:36	08:06	-1.9E
	11:54	14:30	2.0F
	17:42	20:30	-2.2E
26 Su	00:30	03:06	2.0F
	06:24	08:54	-2.0E
	12:48	15:24	2.0F
	18:36	21:18	-2.1E
27 M ◐	01:18	03:54	2.1F
	07:12	09:48	-2.1E
	13:42	16:18	1.9F
	19:30	22:12	-2.1E
28 Tu	02:06	04:48	2.1F
	08:06	10:48	-2.1E
	14:42	17:12	1.9F
	20:30	23:06	-2.1E
29 W	02:54	05:36	2.2F
	09:00	11:42	-2.2E
	15:42	18:12	1.9F
	21:30		
30 Th		00:06	-2.1E
	03:42	06:30	2.2F
	09:54	12:42	-2.4E
	16:42	19:12	1.9F
	22:30		
31 F		01:00	-2.1E
	04:36	07:24	2.3F
	10:54	13:36	-2.5E
	17:42	20:18	1.9F
	23:30		

Station ID: CAB1401 Depth: 19 feet
Source: NOAA/NOS/CO-OPS
Station Type: Harmonic
Time Zone: LST

NOAA Tidal Current Predictions

Portland Harbor Entrance, 2021
Latitude: 43.6280° N Longitude: 70.2095° W
Mean Flood Dir. 313° (T) Mean Ebb Dir. 137° (T)
Times and speeds of maximum and minimum current, in knots

January

Day	Slack (h m)	Maximum (h m)	knots	Day	Slack (h m)	Maximum (h m)	knots
1 F	00:06 / 06:30 / 12:12 / 19:18	03:48 / 09:36 / 16:06 / 22:12	-0.9E / 0.7F / -1.2E / 0.7F	16 Sa	01:42 / 07:48 / 13:30 / 20:30	04:30 / 10:18 / 16:54 / 22:54	-1.0E / 0.7F / -1.1E / 0.6F
2 Sa	00:54 / 07:18 / 13:00 / 20:00	04:30 / 10:24 / 16:54 / 23:00	-1.0E / 0.7F / -1.2E / 0.7F	17 Su	02:30 / 08:42 / 14:12 / 21:18	05:18 / 11:06 / 17:42 / 23:42	-0.9E / 0.6F / -1.0E / 0.6F
3 Su	01:42 / 08:06 / 13:48 / 20:48	05:18 / 11:12 / 17:42 / 23:42	-1.0E / 0.7F / -1.2E / 0.7F	18 M	03:12 / 09:42 / 15:00 / 22:06	06:12 / 12:00 / 18:30	-0.9E / 0.5F / -0.9E
4 M	02:30 / 09:00 / 14:36 / 21:36	06:12 / 12:06 / 18:36	-1.0E / 0.7F / -1.2E	19 Tu	03:54 / 10:36 / 15:48 / 23:00	00:30 / 07:00 / 12:54 / 19:18	0.6F / -0.9E / 0.5F / -0.9E
5 Tu	03:18 / 10:00 / 15:36 / 22:30	00:36 / 07:06 / 13:00 / 19:30	0.8F / -1.1E / 0.7F / -1.1E	20 W	04:30 / 11:30 / 16:42 / 23:48	01:18 / 07:48 / 13:42 / 20:12	0.5F / -0.8E / 0.5F / -0.8E
6 W	04:12 / 11:00 / 16:42 / 23:30	01:30 / 08:00 / 14:00 / 20:24	0.8F / -1.1E / 0.8F / -1.1E	21 Th	05:06 / 12:24 / 17:42	02:06 / 08:36 / 14:36 / 21:00	0.5F / -0.8E / 0.5F / -0.8E
7 Th	05:06 / 12:06 / 17:54	02:24 / 08:54 / 14:54 / 21:24	0.8F / -1.2E / 0.8F / -1.1E	22 F	00:48 / 05:54 / 13:18 / 18:42	03:00 / 09:24 / 15:24 / 21:54	0.5F / -0.8E / 0.5F / -0.7E
8 F	00:30 / 06:12 / 13:06 / 19:06	03:18 / 09:54 / 15:54 / 22:24	0.8F / -1.2E / 0.8F / -1.1E	23 Sa	01:36 / 06:42 / 14:06 / 19:36	03:48 / 10:12 / 16:18 / 22:48	0.5F / -0.8E / 0.5F / -0.7E
9 Sa	01:36 / 07:12 / 14:12 / 20:12	04:18 / 10:48 / 16:54 / 23:24	0.8F / -1.2E / 0.8F / -1.1E	24 Su	02:24 / 07:36 / 15:00 / 20:24	04:42 / 11:06 / 17:06 / 23:36	0.5F / -0.8E / 0.5F / -0.8E
10 Su	02:36 / 08:18 / 15:12 / 21:12	05:12 / 11:48 / 17:48	0.8F / -1.3E / 0.8F	25 M	03:06 / 08:24 / 15:42 / 21:06	05:30 / 12:00 / 17:54	0.5F / -0.9E / 0.5F
11 M	03:30 / 09:24 / 16:12 / 22:12	00:18 / 06:06 / 12:48 / 18:36	-1.1E / 0.9F / -1.3E / 0.8F	26 Tu	03:36 / 09:12 / 16:24 / 21:42	00:24 / 06:12 / 12:48 / 18:42	-0.8E / 0.6F / -1.0E / 0.5F
12 Tu	04:24 / 10:24 / 17:06 / 23:06	01:12 / 07:00 / 13:36 / 19:30	-1.1E / 0.9F / -1.3E / 0.8F	27 W	04:12 / 09:54 / 17:00 / 22:24	01:06 / 07:00 / 13:30 / 19:24	-0.9E / 0.7F / -1.1E / 0.6F
13 W	05:12 / 11:12 / 18:00	02:06 / 07:48 / 14:30 / 20:24	-1.1E / 0.9F / -1.3E / 0.7F	28 Th	04:48 / 10:30 / 17:36 / 23:06	01:54 / 07:42 / 14:18 / 20:06	-0.9E / 0.7F / -1.2E / 0.6F
14 Th	00:00 / 06:00 / 12:00 / 18:54	02:54 / 08:36 / 15:18 / 21:12	-1.1E / 0.8F / -1.3E / 0.7F	29 F	05:24 / 11:12 / 18:06 / 23:48	02:36 / 08:24 / 15:00 / 20:54	-1.0E / 0.7F / -1.2E / 0.7F
15 F	00:48 / 06:54 / 12:48 / 19:42	03:42 / 09:30 / 16:06 / 22:06	-1.0E / 0.7F / -1.2E / 0.7F	30 Sa	06:06 / 11:54 / 18:48	03:24 / 09:12 / 15:42 / 21:42	-1.0E / 0.8F / -1.3E / 0.8F
				31 Su	00:30 / 06:54 / 12:42 / 19:30	04:06 / 10:00 / 16:30 / 22:30	-1.1E / 0.8F / -1.3E / 0.8F

February

Day	Slack (h m)	Maximum (h m)	knots	Day	Slack (h m)	Maximum (h m)	knots
1 M	01:18 / 07:48 / 13:30 / 20:18	04:54 / 10:48 / 17:18 / 23:18	-1.2E / 0.8F / -1.2E / 0.8F	16 Tu	02:24 / 09:06 / 14:36 / 21:30	05:36 / 11:30 / 18:00 / 23:54	-0.9E / 0.6F / -0.9E / 0.6F
2 Tu	02:06 / 08:42 / 14:30 / 21:12	05:42 / 11:42 / 18:12	-1.2E / 0.8F / -1.2E	17 W	02:54 / 09:54 / 15:24 / 22:18	06:18 / 12:18 / 18:48	-0.9E / 0.5F / -0.8E
3 W	02:54 / 09:36 / 15:30 / 22:06	00:06 / 06:36 / 12:36 / 19:06	0.8F / -1.2E / 0.8F / -1.2E	18 Th	03:24 / 10:36 / 16:06 / 23:12	00:42 / 07:06 / 13:12 / 19:36	0.5F / -0.9E / 0.5F / -0.8E
4 Th	03:42 / 10:36 / 16:30 / 23:06	01:00 / 07:30 / 13:30 / 20:06	0.8F / -1.2E / 0.8F / -1.1E	19 F	04:06 / 11:30 / 16:54	01:36 / 07:54 / 14:00 / 20:30	0.5F / -0.8E / 0.5F / -0.7E
5 F	04:42 / 11:36 / 17:36	02:00 / 08:30 / 14:30 / 21:00	0.8F / -1.2E / 0.8F / -1.1E	20 Sa	00:00 / 04:54 / 12:30 / 17:42	02:24 / 08:48 / 14:48 / 21:18	0.4F / -0.8E / 0.4F / -0.7E
6 Sa	00:12 / 05:48 / 12:48 / 18:48	02:54 / 09:24 / 15:30 / 22:00	0.7F / -1.2E / 0.8F / -1.1E	21 Su	00:54 / 05:48 / 13:30 / 18:36	03:18 / 09:42 / 15:42 / 22:06	0.4F / -0.8E / 0.4F / -0.7E
7 Su	01:18 / 07:00 / 14:00 / 19:54	03:54 / 10:30 / 16:30 / 23:00	0.7F / -1.2E / 0.7F / -1.0E	22 M	01:36 / 06:54 / 14:30 / 19:30	04:06 / 10:30 / 16:36 / 23:00	0.5F / -0.8E / 0.4F / -0.7E
8 M	02:18 / 08:12 / 15:06 / 21:00	04:54 / 11:30 / 17:24	0.8F / -1.2E / 0.7F	23 Tu	02:18 / 07:48 / 15:18 / 20:24	05:00 / 11:30 / 17:30 / 23:54	0.5F / -0.9E / 0.5F / -0.8E
9 Tu	03:18 / 09:12 / 16:06 / 22:00	00:00 / 05:48 / 12:30 / 18:24	-1.0E / 0.8F / -1.2E / 0.7F	24 W	03:00 / 08:36 / 15:54 / 21:12	05:42 / 12:18 / 18:12	0.6F / -1.0E / 0.5F
10 W	04:12 / 10:12 / 17:00 / 22:54	00:54 / 06:42 / 13:24 / 19:12	-1.0E / 0.8F / -1.2E / 0.7F	25 Th	03:42 / 09:24 / 16:30 / 22:00	00:42 / 06:30 / 13:00 / 19:00	-0.9E / 0.7F / -1.1E / 0.6F
11 Th	05:00 / 11:00 / 17:48 / 23:48	01:48 / 07:30 / 14:12 / 20:00	-1.0E / 0.7F / -1.2E / 0.7F	26 F	04:24 / 10:06 / 17:00 / 22:42	01:24 / 07:18 / 13:48 / 19:42	-1.0E / 0.7F / -1.2E / 0.7F
12 F	05:48 / 11:48 / 18:36	02:36 / 08:18 / 15:00 / 20:54	-1.0E / 0.7F / -1.2E / 0.7F	27 Sa	05:06 / 10:48 / 17:36 / 23:24	02:12 / 08:00 / 14:36 / 20:30	-1.1E / 0.8F / -1.3E / 0.8F
13 Sa	00:30 / 06:42 / 12:30 / 19:18	03:24 / 09:06 / 15:42 / 21:36	-1.0E / 0.7F / -1.2E / 0.7F	28 Su	05:48 / 11:42 / 18:18	03:00 / 09:06 / 15:24 / 21:12	-1.2E / 0.7F / -1.3E / 0.9F
14 Su	01:12 / 07:30 / 13:12 / 20:00	04:06 / 09:54 / 16:30 / 22:24	-1.0E / 0.6F / -1.1E / 0.6F				
15 M	01:54 / 08:18 / 13:54 / 20:42	04:54 / 10:42 / 17:12 / 23:12	-1.0E / 0.6F / -1.0E / 0.6F				

March

Day	Slack (h m)	Maximum (h m)	knots	Day	Slack (h m)	Maximum (h m)	knots
1 M	00:06 / 06:36 / 12:30 / 19:06	03:42 / 09:36 / 16:06 / 22:00	-1.3E / 0.9F / -1.3E / 0.9F	16 Tu	01:06 / 07:48 / 13:30 / 20:06	04:18 / 10:18 / 16:42 / 22:36	-1.0E / 0.6F / -1.0E / 0.6F
2 Tu	00:48 / 07:30 / 13:24 / 19:54	04:30 / 10:30 / 17:00 / 22:54	-1.3E / 0.9F / -1.3E / 0.9F	17 W	01:30 / 08:24 / 14:12 / 20:54	05:00 / 11:00 / 17:30 / 23:24	-1.0E / 0.6F / -0.9E / 0.5F
3 W	01:36 / 08:18 / 14:18 / 20:48	05:18 / 11:18 / 17:48 / 23:42	-1.3E / 0.9F / -1.2E / 0.8F	18 Th	02:00 / 09:06 / 14:48 / 21:36	05:42 / 11:48 / 18:12	-1.0E / 0.6F / -0.8E
4 Th	02:24 / 09:12 / 15:18 / 21:48	06:12 / 12:12 / 18:42	-1.3E / 0.8F / -1.2E	19 F	02:36 / 09:54 / 15:24 / 22:18	00:12 / 06:30 / 12:36 / 19:00	0.5F / -0.9E / 0.5F / -0.8E
5 F	03:18 / 10:12 / 16:12 / 22:48	00:36 / 07:06 / 13:06 / 19:42	0.8F / -1.2E / 0.8F / -1.1E	20 Sa	03:18 / 10:48 / 16:00 / 23:06	01:00 / 07:24 / 13:24 / 19:48	0.5F / -0.9E / 0.5F / -0.7E
6 Sa	04:18 / 11:18 / 17:18 / 23:48	01:36 / 08:06 / 14:06 / 20:36	0.8F / -1.2E / 0.8F / -1.0E	21 Su	04:06 / 11:48 / 16:42 / 23:54	01:48 / 08:12 / 14:18 / 20:42	0.5F / -0.8E / 0.4F / -0.7E
7 Su	05:30 / 12:36 / 18:30	02:30 / 09:06 / 15:06 / 21:36	0.7F / -1.1E / 0.7F / -1.0E	22 M	05:06 / 12:54 / 17:36	02:42 / 09:06 / 15:12 / 21:30	0.5F / -0.8E / 0.4F / -0.7E
8 M	00:54 / 06:48 / 13:48 / 19:36	03:30 / 10:06 / 16:06 / 22:42	0.7F / -1.1E / 0.6F / -0.9E	23 Tu	00:48 / 06:06 / 13:48 / 18:48	03:30 / 10:00 / 16:06 / 22:30	0.5F / -0.9E / 0.4F / -0.7E
9 Tu	02:00 / 08:00 / 15:00 / 20:48	04:30 / 11:12 / 17:06 / 23:42	0.7F / -1.1E / 0.6F / -0.9E	24 W	01:36 / 07:06 / 14:30 / 19:48	04:24 / 10:54 / 16:54 / 23:24	0.5F / -0.9E / 0.5F / -0.8E
10 W	03:06 / 09:00 / 15:54 / 21:48	05:24 / 12:12 / 18:06	0.7F / -1.1E / 0.6F	25 Th	02:30 / 08:00 / 15:12 / 20:42	05:12 / 11:48 / 17:48	0.6F / -1.0E / 0.6F
11 Th	04:00 / 09:54 / 16:42 / 22:36	00:36 / 06:18 / 13:00 / 18:54	-1.0E / 0.7F / -1.2E / 0.7F	26 F	03:18 / 08:54 / 15:48 / 21:30	00:12 / 06:06 / 12:36 / 18:30	-0.9E / 0.7F / -1.1E / 0.7F
12 F	04:54 / 10:42 / 17:24 / 23:24	01:24 / 07:06 / 13:48 / 19:42	-1.0E / 0.7F / -1.2E / 0.7F	27 Sa	04:06 / 09:48 / 16:30 / 22:12	01:00 / 06:48 / 13:24 / 19:12	-1.1E / 0.8F / -1.2E / 0.8F
13 Sa	05:36 / 11:30 / 18:06	02:12 / 07:54 / 14:36 / 20:24	-1.0E / 0.7F / -1.1E / 0.7F	28 Su	04:48 / 10:36 / 17:12 / 22:54	01:48 / 07:36 / 14:12 / 20:00	-1.2E / 0.9F / -1.3E / 0.9F
14 Su	00:00 / 06:24 / 12:12 / 18:42	03:00 / 08:42 / 15:18 / 21:06	-1.1E / 0.7F / -1.1E / 0.7F	29 M	05:30 / 11:30 / 17:54 / 23:36	02:30 / 08:24 / 15:00 / 20:48	-1.3E / 0.9F / -1.3E / 0.9F
15 M	00:36 / 07:06 / 12:48 / 19:24	03:42 / 09:30 / 16:00 / 21:54	-1.1E / 0.7F / -1.0E / 0.7F	30 Tu	06:18 / 12:24 / 18:42	03:18 / 09:18 / 15:48 / 21:36	-1.4E / 1.0F / -1.3E / 0.9F
				31 W	00:24 / 07:06 / 13:12 / 19:36	04:06 / 10:06 / 16:36 / 22:30	-1.4E / 1.0F / -1.3E / 0.9F

Station ID: CAB1401 Depth: 19 feet
Source: NOAA/NOS/CO-OPS
Station Type: Harmonic
Time Zone: LST

NOAA Tidal Current Predictions

Portland Harbor Entrance, 2021
Latitude: 43.6280° N Longitude: 70.2095° W
Mean Flood Dir. 313° (T) Mean Ebb Dir. 137° (T)
Times and speeds of maximum and minimum current, in knots

April

Day	Slack h:m	Maximum h:m	knots
1 Th	01:12, 08:00, 14:06, 20:30	04:54, 11:00, 17:30, 23:18	-1.4E, 1.0F, -1.2E, 0.8F
2 F	02:06, 08:54, 15:00, 21:24	05:48, 11:54, 18:24	-1.3E, 0.9F, -1.1E
3 Sa	03:00, 10:00, 15:54, 22:24	00:12, 06:48, 12:48, 19:18	0.8F, -1.2E, 0.8F, -1.1E
4 Su ◑	04:06, 11:12, 17:00, 23:30	01:12, 07:42, 13:48, 20:18	0.7F, -1.1E, 0.7F, -1.0E
5 M	05:18, 12:24, 18:18	02:06, 08:48, 14:48, 21:18	0.7F, -1.1E, 0.6F, -0.9E
6 Tu	00:42, 06:30, 13:36, 19:24	03:06, 09:48, 15:48, 22:18	0.6F, -1.0E, 0.5F, -0.9E
7 W	01:48, 07:36, 14:36, 20:30	04:06, 10:48, 16:48, 23:18	0.6F, -1.0E, 0.6F, -0.9E
8 Th	02:54, 08:36, 15:30, 21:24	05:06, 11:42, 17:42	0.6F, -1.0E, 0.6F
9 F	03:48, 09:30, 16:18, 22:12	00:12, 06:00, 12:36, 18:30	-0.9E, 0.6F, -1.1E, 0.7F
10 Sa	04:36, 10:24, 16:54, 22:48	01:00, 06:48, 13:24, 19:12	-1.0E, 0.6F, -1.1E, 0.7F
11 Su	05:18, 11:06, 17:36, 23:24	01:48, 07:48, 14:06, 19:54	-1.1E, 0.7F, -1.0E, 0.7F
12 M ●	06:00, 11:48, 18:12, 23:54	02:30, 08:18, 14:48, 20:36	-1.1E, 0.7F, -1.0E, 0.7F
13 Tu	06:36, 12:30, 18:54	03:12, 09:00, 15:30, 21:24	-1.1E, 0.7F, -1.0E, 0.6F
14 W	00:18, 07:12, 13:06, 19:30	03:48, 09:48, 16:06, 22:06	-1.1E, 0.7F, -0.9E, 0.6F
15 Th	00:48, 07:48, 13:36, 20:12	04:30, 10:30, 17:00, 22:54	-1.0E, 0.6F, -0.9E, 0.6F
16 F	01:24, 08:30, 14:12, 20:48	05:12, 11:18, 17:42, 23:42	-1.0E, 0.6F, -0.8E, 0.5F
17 Sa	02:00, 09:18, 14:42, 21:30	06:00, 12:06, 18:24	-0.9E, 0.5F, -0.8E
18 Su	02:48, 10:12, 15:18, 22:12	00:30, 06:48, 12:54, 19:18	0.5F, -0.9E, 0.4F, -0.7E
19 M	03:36, 11:06, 16:06, 23:00	01:18, 07:42, 13:48, 20:06	0.5F, -0.9E, 0.4F, -0.7E
20 Tu ◐	04:24, 12:00, 17:06	02:06, 08:30, 14:42, 21:00	0.5F, -0.9E, 0.4F, -0.7E
21 W	00:00, 05:18, 12:54, 18:18	03:00, 09:24, 15:30, 21:54	0.5F, -0.9E, 0.5F, -0.8E
22 Th	01:06, 06:24, 13:42, 19:18	03:54, 10:18, 16:24, 22:54	0.5F, -1.0E, 0.6F, -0.9E
23 F	02:00, 07:30, 14:30, 20:12	04:48, 11:12, 17:12, 23:42	0.6F, -1.0E, 0.7F, -1.0E
24 Sa	02:54, 08:30, 15:12, 21:00	05:36, 12:06, 18:00	0.7F, -1.1E, 0.8F
25 Su	03:42, 09:30, 16:00, 21:42	00:36, 06:30, 13:00, 18:48	-1.2E, 0.8F, -1.2E, 0.9F
26 M	04:30, 10:24, 16:48, 22:30	01:24, 07:12, 13:48, 19:36	-1.3E, 0.9F, -1.3E, 0.9F
27 Tu ○	05:12, 11:18, 17:36, 23:12	02:06, 08:06, 14:36, 20:24	-1.4E, 1.0F, -1.3E, 0.9F
28 W	06:00, 12:06, 18:24	02:54, 08:54, 15:24, 21:12	-1.5E, 1.0F, -1.3E, 0.9F
29 Th	00:06, 06:48, 13:00, 19:12	03:48, 09:42, 16:18, 22:06	-1.5E, 1.0F, -1.3E, 0.8F
30 F	00:54, 07:48, 13:48, 20:06	04:36, 10:36, 17:06, 23:00	-1.4E, 0.9F, -1.2E, 0.8F

May

Day	Slack h:m	Maximum h:m	knots
1 Sa	01:54, 08:48, 14:42, 21:06	05:30, 11:30, 18:00, 23:54	-1.3E, 0.8F, -1.1E, 0.8F
2 Su	02:48, 09:54, 15:42, 22:06	06:24, 12:30, 19:00	-1.2E, 0.7F, -1.0E
3 M ◑	03:48, 11:00, 16:54, 23:12	00:48, 07:24, 13:24, 19:54	0.7F, -1.1E, 0.6F, -0.9E
4 Tu	04:54, 12:12, 18:06	01:48, 08:24, 14:24, 20:54	0.6F, -1.0E, 0.6F, -0.8E
5 W	00:24, 06:06, 13:12, 19:06	02:42, 09:24, 15:24, 21:54	0.5F, -1.0E, 0.5F, -0.8E
6 Th	01:36, 07:12, 14:06, 20:06	03:42, 10:18, 16:18, 22:54	0.5F, -0.9E, 0.6F, -0.9E
7 F	02:42, 08:12, 15:00, 20:54	04:36, 11:18, 17:12, 23:48	0.5F, -0.9E, 0.6F, -0.9E
8 Sa	03:30, 09:06, 15:42, 21:36	05:36, 12:06, 17:54	0.5F, -0.9E, 0.6F
9 Su	04:18, 10:00, 16:24, 22:12	00:36, 06:18, 12:54, 18:42	-1.0E, 0.6F, -1.0E, 0.7F
10 M	04:54, 10:42, 17:06, 22:42	01:18, 07:06, 13:42, 19:24	-1.1E, 0.6F, -1.0E, 0.7F
11 Tu ●	05:30, 11:24, 17:42, 23:12	02:00, 07:48, 14:24, 20:06	-1.1E, 0.7F, -1.0E, 0.6F
12 W	06:06, 12:00, 18:18, 23:42	02:36, 08:30, 15:06, 20:54	-1.1E, 0.7F, -0.9E, 0.6F
13 Th	06:42, 12:30, 18:54	03:18, 09:18, 15:42, 21:36	-1.1E, 0.7F, -0.9E, 0.6F
14 F	00:18, 07:24, 13:00, 19:30	04:00, 10:00, 16:24, 22:18	-1.1E, 0.6F, -0.9E, 0.6F
15 Sa	00:54, 08:06, 13:30, 20:06	04:48, 10:48, 17:12, 23:06	-1.0E, 0.5F, -0.8E, 0.6F
16 Su	01:36, 08:54, 14:06, 20:42	05:30, 11:36, 17:54, 23:54	-1.0E, 0.5F, -0.8E, 0.5F
17 M	02:18, 09:36, 14:54, 21:30	06:18, 12:24, 18:42	-1.0E, 0.5F, -0.7E
18 Tu	03:00, 10:18, 15:42, 22:24	00:42, 07:06, 13:18, 19:36	0.5F, -1.0E, 0.5F, -0.8E
19 W ◐	03:48, 11:12, 16:42, 23:30	01:30, 08:00, 14:06, 20:30	0.5F, -1.0E, 0.5F, -0.8E
20 Th	04:48, 12:06, 17:42	02:24, 08:54, 14:54, 21:24	0.5F, -1.0E, 0.6F, -0.9E
21 F	00:30, 05:54, 12:54, 18:42	03:24, 09:48, 15:48, 22:18	0.6F, -1.0E, 0.7F, -1.0E
22 Sa	01:36, 07:06, 13:48, 19:36	04:18, 10:48, 16:42, 23:12	0.7F, -1.1E, 0.8F, -1.2E
23 Su	02:30, 08:12, 14:42, 20:24	05:12, 11:42, 17:30	0.8F, -1.1E, 0.8F
24 M	03:18, 09:12, 15:36, 21:18	00:06, 06:00, 12:36, 18:24	-1.3E, 0.9F, -1.2E, 0.9F
25 Tu	04:06, 10:06, 16:24, 22:06	00:54, 06:54, 13:24, 19:12	-1.4E, 1.0F, -1.3E, 0.9F
26 W ○	04:54, 11:00, 17:18, 23:00	01:48, 07:42, 14:18, 20:00	-1.4E, 1.0F, -1.3E, 0.9F
27 Th	05:48, 11:54, 18:06, 23:54	02:36, 08:36, 15:06, 20:54	-1.5E, 1.0F, -1.3E, 0.9F
28 F	06:42, 12:42, 18:54	03:30, 09:24, 15:54, 21:42	-1.4E, 0.9F, -1.2E, 0.9F
29 Sa	00:48, 07:36, 13:36, 19:48	04:18, 10:18, 16:48, 22:36	-1.4E, 0.8F, -1.1E, 0.8F
30 Su	01:42, 08:42, 14:36, 20:48	05:12, 11:12, 17:42, 23:30	-1.3E, 0.7F, -1.0E, 0.7F
31 M	02:36, 09:42, 15:36, 21:48	06:06, 12:06, 18:36	-1.2E, 0.6F, -0.9E

June

Day	Slack h:m	Maximum h:m	knots
1 Tu	03:30, 10:42, 16:36, 23:00	00:24, 07:00, 13:06, 19:36	0.6F, -1.1E, 0.6F, -0.9E
2 W ◑	04:30, 11:42, 17:42, 23:00	01:24, 08:00, 14:00, 20:30	0.6F, -1.0E, 0.6F, -0.8E
3 Th	00:12, 05:30, 12:42, 18:36	02:18, 08:54, 14:54, 21:30	0.5F, -0.9E, 0.6F, -0.8E
4 F	01:18, 06:42, 13:36, 19:24	03:12, 09:48, 15:48, 22:18	0.4F, -0.9E, 0.6F, -0.9E
5 Sa	02:12, 07:42, 14:24, 20:12	04:12, 10:42, 16:36, 23:12	0.5F, -0.8E, 0.6F, -0.9E
6 Su	03:00, 08:36, 15:12, 20:48	05:00, 11:36, 17:24	0.5F, -0.8E, 0.6F
7 M	03:48, 09:30, 16:00, 21:30	00:00, 05:54, 12:24, 18:12	-1.0E, 0.6F, -0.9E, 0.6F
8 Tu	04:24, 10:12, 16:36, 22:06	00:42, 06:36, 13:12, 18:54	-1.0E, 0.6F, -0.9E, 0.6F
9 W	05:00, 10:54, 17:12, 22:42	01:24, 07:24, 13:54, 19:36	-1.1E, 0.6F, -0.9E, 0.6F
10 Th ●	05:42, 11:24, 17:42, 23:12	02:12, 08:06, 14:36, 20:18	-1.1E, 0.6F, -0.9E, 0.6F
11 F	06:18, 11:54, 18:12, 23:48	02:54, 08:48, 15:12, 21:06	-1.1E, 0.6F, -0.9E, 0.6F
12 Sa	07:00, 12:30, 18:48	03:36, 09:36, 16:00, 21:48	-1.1E, 0.6F, -0.9E, 0.6F
13 Su	00:24, 07:42, 13:00, 19:24	04:18, 10:24, 16:42, 22:36	-1.1E, 0.5F, -0.8E, 0.6F
14 M	01:06, 08:18, 13:48, 20:12	05:06, 11:06, 17:24, 23:24	-1.1E, 0.6F, -0.8E, 0.6F
15 Tu	01:48, 09:00, 14:30, 21:06	05:48, 11:54, 18:18	-1.1E, 0.6F, -0.8E
16 W	02:36, 09:42, 15:24, 22:00	00:12, 06:42, 12:42, 19:06	0.6F, -1.0E, 0.6F, -0.9E
17 Th	03:24, 10:30, 16:12, 23:00	01:06, 07:30, 13:36, 20:00	0.6F, -1.0E, 0.7F, -1.0E
18 F ◐	04:24, 11:24, 17:06	02:00, 08:24, 14:24, 20:54	0.6F, -1.0E, 0.7F, -1.0E
19 Sa	00:00, 05:30, 12:24, 18:00	02:54, 09:18, 15:18, 21:48	0.7F, -1.0E, 0.7F, -1.1E
20 Su	01:00, 06:48, 13:24, 19:00	03:48, 10:18, 16:12, 22:48	0.7F, -1.1E, 0.8F, -1.2E
21 M	02:00, 07:54, 14:24, 20:00	04:48, 11:18, 17:06, 23:42	0.8F, -1.1E, 0.8F, -1.3E
22 Tu	02:54, 08:54, 15:18, 21:00	05:42, 12:12, 18:00	0.9F, -1.2E, 0.9F
23 W	03:48, 09:54, 16:06, 21:54	00:36, 06:30, 13:06, 18:48	-1.4E, 0.9F, -1.2E, 0.9F
24 Th ○	04:42, 10:48, 17:00, 22:54	01:30, 07:24, 13:54, 19:42	-1.4E, 0.9F, -1.2E, 0.9F
25 F	05:42, 11:42, 17:48, 23:48	02:18, 08:12, 14:48, 20:36	-1.4E, 0.9F, -1.2E, 0.9F
26 Sa	06:36, 12:36, 18:36	03:12, 09:06, 15:36, 21:24	-1.4E, 0.8F, -1.1E, 0.9F
27 Su	00:36, 07:30, 13:30, 19:30	04:00, 10:00, 16:30, 22:18	-1.3E, 0.7F, -1.1E, 0.8F
28 M	01:30, 08:30, 14:24, 20:30	04:54, 10:54, 17:18, 23:06	-1.3E, 0.7F, -1.0E, 0.7F
29 Tu	02:18, 09:24, 15:18, 21:36	05:48, 11:48, 18:12	-1.2E, 0.6F, -0.9E
30 W	03:06, 10:18, 16:12, 22:42	00:00, 06:36, 12:42, 19:12	0.6F, -1.0E, 0.6F, -0.9E

Station ID: CAB1401 Depth: 19 feet
Source: NOAA/NOS/CO-OPS
Station Type: Harmonic
Time Zone: LST

NOAA Tidal Current Predictions

Portland Harbor Entrance, 2021
Latitude: 43.6280° N Longitude: 70.2095° W
Mean Flood Dir. 313° (T) Mean Ebb Dir. 137° (T)
Times and speeds of maximum and minimum current, in knots

July

Day	Slack h m	Maximum h m	knots
1 Th	04:00, 11:06, 17:00, 23:42	01:00, 07:30, 13:30, 20:00	0.5F, -0.9E, 0.6F, -0.9E
2 F	05:00, 12:06, 17:48	01:48, 08:24, 14:18, 20:54	0.5F, -0.9E, 0.5F, -0.8E
3 Sa	00:42, 06:06, 13:00, 18:36	02:42, 09:12, 15:12, 21:42	0.4F, -0.8E, 0.5F, -0.9E
4 Su	01:36, 07:06, 13:54, 19:18	03:36, 10:12, 16:00, 22:36	0.5F, -0.8E, 0.5F, -0.9E
5 M	02:24, 08:00, 14:42, 20:06	04:30, 11:06, 16:54, 23:24	0.5F, -0.8E, 0.5F, -0.9E
6 Tu	03:12, 08:54, 15:30, 20:48	05:24, 11:54, 17:42	0.5F, -0.8E, 0.5F
7 W	04:00, 09:36, 16:06, 21:36	00:12, 06:06, 12:36, 18:24	-0.9E, 0.5F, -0.8E, 0.6F
8 Th	04:42, 10:18, 16:36, 22:12	01:00, 06:54, 13:24, 19:12	-1.0E, 0.6F, -0.9E, 0.6F
9 F	05:18, 10:54, 17:06, 22:48	01:42, 07:36, 14:06, 19:54	-1.1E, 0.6F, -0.9E, 0.7F
10 Sa ●	06:00, 11:24, 17:42, 23:24	02:30, 08:24, 14:48, 20:36	-1.1E, 0.6F, -0.9E, 0.7F
11 Su	06:30, 12:00, 18:18	03:12, 09:06, 15:30, 21:24	-1.1E, 0.6F, -0.9E, 0.7F
12 M	00:00, 07:06, 12:42, 19:00	03:54, 09:54, 16:12, 22:06	-1.2E, 0.6F, -0.9E, 0.7F
13 Tu	00:42, 07:42, 13:24, 19:48	04:36, 10:36, 17:00, 22:54	-1.2E, 0.7F, -1.0E, 0.7F
14 W	01:24, 08:24, 14:06, 20:42	05:24, 11:24, 17:48, 23:42	-1.1E, 0.7F, -1.0E, 0.7F
15 Th	02:12, 09:12, 14:54, 21:36	06:12, 12:12, 18:36	-1.1E, 0.7F, -1.1E
16 F	03:12, 10:00, 15:42, 22:30	00:36, 07:00, 13:00, 19:30	0.7F, -1.1E, 0.8F, -1.1E
17 Sa	04:12, 10:54, 16:30, 23:30	01:30, 08:00, 13:54, 20:24	0.7F, -1.1E, 0.8F, -1.1E
18 Su	05:18, 11:54, 17:30	02:24, 08:54, 14:48, 21:18	0.8F, -1.1E, 0.8F, -1.2E
19 M	00:30, 06:24, 13:00, 18:36	03:24, 09:54, 15:48, 22:18	0.8F, -1.1E, 0.8F, -1.2E
20 Tu	01:36, 07:30, 14:00, 19:42	04:18, 10:54, 16:42, 23:18	0.8F, -1.1E, 0.8F, -1.2E
21 W	02:36, 08:36, 15:00, 20:48	05:18, 11:48, 17:42	0.8F, -1.1E, 0.9F
22 Th	03:42, 09:36, 15:54, 21:48	00:18, 06:12, 12:48, 18:30	-1.3E, 0.8F, -1.2E, 0.9F
23 F	04:42, 10:36, 16:42, 22:48	01:12, 07:06, 13:36, 19:24	-1.3E, 0.8F, -1.2E, 0.9F
24 Sa ○	05:36, 11:30, 17:36, 23:36	02:06, 08:00, 14:30, 20:12	-1.4E, 0.8F, -1.1E, 0.9F
25 Su	06:24, 12:24, 18:24	02:54, 08:48, 15:18, 21:06	-1.3E, 0.7F, -1.1E, 0.8F
26 M	00:24, 07:12, 13:18, 19:24	03:42, 09:42, 16:06, 21:54	-1.3E, 0.7F, -1.0E, 0.7F
27 Tu	01:12, 08:06, 14:06, 20:18	04:30, 10:30, 17:00, 22:48	-1.2E, 0.7F, -1.0E, 0.6F
28 W	02:00, 08:54, 14:48, 21:18	05:18, 11:18, 17:48, 23:36	-1.1E, 0.7F, -1.0E, 0.6F
29 Th	02:48, 09:42, 15:30, 22:12	06:06, 12:06, 18:36	-1.0E, 0.6F, -0.9E
30 F	03:36, 10:30, 16:06, 23:06	00:30, 07:00, 12:54, 19:24	0.5F, -0.9E, 0.6F, -0.9E
31 Sa ○	04:30, 11:30, 16:48	01:18, 07:48, 13:48, 20:12	0.5F, -0.9E, 0.5F, -0.9E

August

Day	Slack h m	Maximum h m	knots
1 Su	00:00, 05:24, 12:24, 17:30	02:12, 08:42, 14:36, 21:06	0.5F, -0.8E, 0.5F, -0.8E
2 M	00:54, 06:24, 13:18, 18:24	03:00, 09:36, 15:30, 21:54	0.5F, -0.7E, 0.5F, -0.8E
3 Tu	01:48, 07:18, 14:12, 19:24	03:54, 10:30, 16:18, 22:48	0.4F, -0.7E, 0.5F, -0.8E
4 W	02:42, 08:12, 14:54, 20:18	04:48, 11:18, 17:12, 23:42	0.4F, -0.7E, 0.5F, -0.9E
5 Th	03:36, 09:00, 15:30, 21:00	05:36, 12:06, 18:00	0.5F, -0.8E, 0.6F
6 F	04:18, 09:42, 16:06, 21:42	00:30, 06:24, 12:54, 18:42	-1.0E, 0.5F, -0.8E, 0.6F
7 Sa	04:54, 10:24, 16:36, 22:12	01:18, 07:12, 13:36, 19:24	-1.1E, 0.6F, -0.9E, 0.7F
8 Su ●	05:30, 11:00, 17:12, 23:00	02:00, 07:54, 14:18, 20:12	-1.1E, 0.6F, -0.9E, 0.7F
9 M	06:00, 11:36, 17:54, 23:36	02:42, 08:42, 15:06, 20:54	-1.2E, 0.7F, -1.0E, 0.7F
10 Tu	06:30, 12:12, 18:36	03:24, 09:24, 15:48, 21:42	-1.2E, 0.7F, -1.1E, 0.7F
11 W	00:18, 07:12, 12:54, 19:24	04:12, 10:06, 16:30, 22:30	-1.2E, 0.8F, -1.1E, 0.8F
12 Th	01:12, 07:54, 13:36, 20:18	04:54, 10:54, 17:18, 23:18	-1.2E, 0.8F, -1.2E, 0.8F
13 F	02:00, 08:42, 14:18, 21:06	05:48, 11:42, 18:12	-1.2E, 0.8F, -1.2E
14 Sa	02:54, 09:36, 15:06, 22:00	00:12, 06:42, 12:36, 19:00	0.8F, -1.2E, 0.8F, -1.2E
15 Su	03:54, 10:30, 16:00, 23:00	01:06, 07:36, 13:30, 20:00	0.8F, -1.1E, 0.8F, -1.2E
16 M	04:54, 11:30, 17:06	02:00, 08:30, 14:24, 20:54	0.8F, -1.1E, 0.8F, -1.2E
17 Tu	00:06, 06:00, 12:36, 18:18	02:54, 09:30, 15:24, 21:54	0.8F, -1.1E, 0.8F, -1.2E
18 W	01:18, 07:12, 13:42, 19:30	03:54, 10:30, 16:24, 23:00	0.7F, -1.1E, 0.8F, -1.2E
19 Th	02:30, 08:24, 14:42, 20:42	04:54, 11:30, 17:18	0.7F, -1.1E, 0.8F
20 F	03:36, 09:24, 15:42, 21:42	00:00, 05:54, 12:24, 18:12	-1.2E, 0.7F, -1.1E, 0.8F
21 Sa	04:30, 10:24, 16:36, 22:36	00:54, 06:48, 13:18, 19:06	-1.3E, 0.7F, -1.1E, 0.8F
22 Su ○	05:24, 11:18, 17:24, 23:24	01:48, 07:36, 14:12, 19:54	-1.3E, 0.7F, -1.1E, 0.8F
23 M	06:06, 12:06, 18:18	02:36, 08:30, 15:00, 20:42	-1.3E, 0.7F, -1.1E, 0.7F
24 Tu	00:12, 06:54, 12:48, 19:06	03:24, 09:18, 15:48, 21:36	-1.2E, 0.7F, -1.1E, 0.7F
25 W	00:54, 07:36, 13:30, 20:00	04:06, 10:00, 16:30, 22:24	-1.1E, 0.7F, -1.1E, 0.6F
26 Th	01:42, 08:24, 14:06, 20:48	04:54, 10:42, 17:18, 23:12	-1.0E, 0.7F, -1.0E, 0.6F
27 F	02:24, 09:06, 14:36, 21:30	05:36, 11:36, 18:00	-1.0E, 0.6F, -1.0E
28 Sa	03:06, 10:00, 15:12, 22:18	00:00, 06:30, 12:24, 18:48	0.6F, -0.9E, 0.5F, -0.9E
29 Su	03:54, 10:48, 15:48, 23:12	00:48, 07:12, 13:12, 19:36	0.5F, -0.8E, 0.5F, -0.9E
30 M	04:36, 11:42, 16:36	01:36, 08:06, 14:00, 20:24	0.5F, -0.7E, 0.4F, -0.8E
31 Tu	00:12, 05:24, 12:36, 17:36	02:30, 08:54, 14:54, 21:18	0.4F, -0.7E, 0.4F, -0.8E

September

Day	Slack h m	Maximum h m	knots
1 W	01:18, 06:24, 13:24, 18:36	03:24, 09:48, 15:48, 22:18	0.4F, -0.7E, 0.4F, -0.8E
2 Th	02:18, 07:24, 14:12, 19:36	04:18, 10:42, 16:42, 23:12	0.4F, -0.7E, 0.5F, -0.9E
3 F	03:06, 08:18, 14:54, 20:24	05:12, 11:36, 17:30	0.4F, -0.7E, 0.6F
4 Sa	03:48, 09:06, 15:36, 21:12	00:00, 06:00, 12:24, 18:18	-1.0E, 0.5F, -0.8E, 0.6F
5 Su	04:18, 09:48, 16:12, 21:54	00:48, 06:42, 13:06, 19:00	-1.0E, 0.6F, -0.9E, 0.7F
6 M ○	04:48, 10:30, 16:54, 22:36	01:30, 07:24, 13:54, 19:42	-1.1E, 0.7F, -1.0E, 0.7F
7 Tu ●	05:18, 11:06, 17:36, 23:18	02:12, 08:06, 14:36, 20:30	-1.2E, 0.8F, -1.1E, 0.8F
8 W	06:00, 11:42, 18:18	03:00, 08:54, 15:24, 21:18	-1.2E, 0.8F, -1.2E, 0.9F
9 Th	00:06, 06:42, 12:18, 19:00	03:48, 09:36, 16:06, 22:06	-1.2E, 0.9F, -1.3E, 0.9F
10 F	00:54, 07:24, 13:06, 19:48	04:30, 10:24, 16:54, 22:54	-1.2E, 0.9F, -1.3E, 0.9F
11 Sa	01:48, 08:18, 13:54, 20:42	05:24, 11:18, 17:42, 23:42	-1.2E, 0.8F, -1.3E, 0.9F
12 Su	02:42, 09:12, 14:42, 21:36	06:18, 12:06, 18:36	-1.2E, 0.8F, -1.3E
13 M	03:36, 10:12, 15:42, 22:42	00:42, 07:12, 13:06, 19:36	0.9F, -1.1E, 0.8F, -1.2E
14 Tu	04:36, 11:12, 16:48, 23:54	01:36, 08:06, 14:00, 20:36	0.8F, -1.1E, 0.8F, -1.2E
15 W	05:42, 12:18, 18:06	02:36, 09:06, 15:00, 21:36	0.7F, -1.0E, 0.7F, -1.1E
16 Th	01:12, 07:00, 13:24, 19:18	03:36, 10:06, 16:00, 22:42	0.6F, -1.0E, 0.7F, -1.1E
17 F	02:24, 08:12, 14:30, 20:24	04:36, 11:12, 17:00, 23:42	0.6F, -1.0E, 0.7F, -1.2E
18 Sa	03:24, 09:18, 15:30, 21:24	05:36, 12:06, 17:54	0.7F, -1.0E, 0.7F
19 Su	04:12, 10:12, 16:24, 22:18	00:36, 06:30, 13:00, 18:48	-1.2E, 0.7F, -1.1E, 0.7F
20 M ○	05:00, 11:00, 17:18, 23:12	01:24, 07:18, 13:48, 19:36	-1.2E, 0.7F, -1.1E, 0.7F
21 Tu	05:42, 11:42, 18:00, 23:54	02:12, 08:00, 14:36, 20:24	-1.2E, 0.7F, -1.1E, 0.7F
22 W	06:24, 12:18, 18:48	03:00, 08:48, 15:18, 21:12	-1.1E, 0.7F, -1.1E, 0.7F
23 Th	00:36, 07:06, 12:48, 19:30	03:42, 09:30, 16:00, 21:54	-1.1E, 0.7F, -1.1E, 0.7F
24 F	01:18, 07:48, 13:18, 20:12	04:24, 10:18, 16:42, 22:42	-1.0E, 0.6F, -1.0E, 0.6F
25 Sa	02:00, 08:36, 13:48, 20:54	05:12, 11:06, 17:24, 23:30	-0.9E, 0.6F, -1.0E, 0.6F
26 Su	02:36, 09:24, 14:24, 21:42	05:54, 11:54, 18:12	-0.8E, 0.5F, -0.9E
27 M	03:12, 10:12, 15:06, 22:36	00:18, 06:42, 12:42, 19:00	0.5F, -0.8E, 0.5F, -0.9E
28 Tu	03:48, 10:54, 15:54, 23:36	01:06, 07:30, 13:30, 19:54	0.5F, -0.7E, 0.5F, -0.8E
29 W	04:36, 11:42, 16:48	02:00, 08:24, 14:24, 20:48	0.4F, -0.7E, 0.4F, -0.8E
30 Th	05:30, 12:36, 17:48	00:42, 02:54, 15:12, 21:42	0.4F, -0.6E, 0.4F, -0.8E

Station ID: CAB1401 Depth: 19 feet
Source: NOAA/NOS/CO-OPS
Station Type: Harmonic
Time Zone: LST

NOAA Tidal Current Predictions

Portland Harbor Entrance, 2021
Latitude: 43.6280° N Longitude: 70.2095° W
Mean Flood Dir. 313° (T) Mean Ebb Dir. 137° (T)
Times and speeds of maximum and minimum current, in knots

October

Day	Slack (h m)	Maximum (h m)	knots
1 F	01:42 06:42 13:30 18:48	03:48 10:06 16:06 22:36	0.4F -0.7E 0.5F -0.9E
2 Sa	02:24 07:42 14:24 19:42	04:42 11:00 16:54 23:24	0.4F -0.7E 0.5F -0.9E
3 Su	03:00 08:30 15:12 20:36	05:24 11:54 17:48	0.5F -0.9E 0.6F
4 M	03:36 09:12 15:54 21:24	00:18 06:12 12:42 18:30	-1.0E 0.7F -1.0E 0.7F
5 Tu	04:12 09:54 16:30 22:18	01:00 06:54 13:24 19:18	-1.1E 0.8F -1.2E 0.8F
6 W ●	04:48 10:30 17:12 23:06	01:48 07:36 14:12 20:06	-1.2E 0.8F -1.3E 0.9F
7 Th	05:30 11:12 17:54 23:54	02:36 08:24 14:54 20:54	-1.2E 0.9F -1.4E 1.0F
8 F	06:12 11:54 18:36	03:24 09:12 15:42 21:42	-1.3E 0.9F -1.4E 1.0F
9 Sa	00:42 07:06 12:42 19:30	04:12 10:00 16:30 22:30	-1.3E 0.9F -1.4E 1.0F
10 Su	01:30 07:54 13:30 20:24	05:00 10:54 17:18 23:24	-1.2E 0.9F -1.3E 0.9F
11 M	02:24 08:54 14:30 21:24	05:54 11:42 18:18	-1.2E 0.8F -1.3E
12 Tu	03:18 09:48 15:30 22:30	00:18 06:48 12:42 19:12	0.8F -1.1E 0.8F -1.2E
13 W ◑	04:24 10:48 16:36 23:48	01:18 07:48 13:36 20:18	0.7F -1.0E 0.7F -1.1E
14 Th	05:36 12:00 17:48	02:18 08:48 14:42 21:18	0.6F -0.9E 0.7F -1.1E
15 F	01:00 06:54 13:12 19:00	03:18 09:48 15:36 22:18	0.6F -0.9E 0.6F -1.1E
16 Sa	02:06 08:00 14:24 20:06	04:18 10:48 16:36 23:18	0.6F -0.9E 0.6F -1.1E
17 Su	03:00 08:54 15:24 21:06	05:12 11:48 17:36	0.6F -1.0E 0.6F
18 M	03:48 09:48 16:18 22:00	00:12 06:06 12:42 18:24	-1.1E 0.7F -1.1E 0.6F
19 Tu	04:30 10:30 17:00 22:54	01:00 06:48 13:24 19:12	-1.1E 0.7F -1.1E 0.7F
20 W ○	05:12 11:06 17:42 23:36	01:48 07:30 14:12 20:00	-1.1E 0.7F -1.1E 0.7F
21 Th	05:54 11:36 18:18	02:30 08:18 14:48 20:42	-1.0E 0.7F -1.1E 0.7F
22 F	00:12 06:36 12:06 18:54	03:18 09:00 15:30 21:24	-1.0E 0.7F -1.1E 0.7F
23 Sa	00:54 07:18 12:36 19:36	04:00 09:48 16:12 22:12	-1.0E 0.6F -1.1E 0.6F
24 Su	01:30 07:18 13:12 20:18	04:42 10:36 16:54 23:00	-0.9E 0.6F -1.0E 0.6F
25 M	02:00 08:36 13:48 21:12	05:24 11:18 17:42 23:48	-0.8E 0.5F -0.9E 0.5F
26 Tu	02:36 08:54 14:30 22:06	06:12 12:06 18:30	-0.8E 0.5F -0.9E
27 W	03:12 10:00 15:18 23:00	00:36 07:00 13:00 19:24	0.4F -0.7E 0.5F -0.9E
28 Th	04:00 10:48 16:18 23:54	01:30 07:48 13:48 20:18	0.4F -0.7E 0.5F -0.9E
29 F	04:54 11:48 17:00	02:24 08:42 14:42 21:06	0.4F -0.7E 0.4F -0.9E
30 Sa	00:42 06:00 12:54 18:00	03:12 09:36 15:36 22:00	0.4F -0.7E 0.5F -0.9E
31 Su	01:30 07:00 13:48 19:06	04:06 10:30 16:30 22:54	0.5F -0.8E 0.5F -0.9E

November

Day	Slack (h m)	Maximum (h m)	knots
1 M	02:12 07:48 14:42 20:06	04:54 11:24 17:18 23:42	0.6F -1.0E 0.6F -1.0E
2 Tu	02:54 08:30 15:24 21:06	05:42 12:12 18:06	0.7F -1.1E 0.8F
3 W	03:36 09:12 16:06 22:00	00:36 06:24 12:54 18:54	-1.1E 0.8F -1.3E 0.9F
4 Th ●	04:18 10:00 16:48 22:48	01:24 07:12 13:42 19:36	-1.2E 0.9F -1.4E 1.0F
5 F	05:06 10:42 17:30 23:36	02:12 07:54 14:30 20:30	-1.3E 0.9F -1.4E 1.0F
6 Sa	05:54 11:36 18:18	03:00 08:48 15:18 21:18	-1.3E 0.9F -1.4E 1.0F
7 Su	00:24 06:42 12:24 19:12	03:48 09:36 16:12 22:12	-1.3E 0.9F -1.4E 0.9F
8 M	01:18 07:36 13:18 20:12	04:42 10:30 17:00 23:06	-1.2E 0.9F -1.4E 0.9F
9 Tu	02:12 08:30 14:18 21:18	05:30 11:24 18:00	-1.1E 0.8F -1.3E
10 W	00:00 03:12 09:30 15:18 22:24	06:30 12:18 19:00	0.8F -1.0E 0.8F -1.2E
11 Th ◑	04:18 10:36 16:18 23:30	01:00 07:30 13:18 19:54	0.7F -1.0E 0.7F -1.1E
12 F	05:30 11:48 17:30	01:54 08:24 14:18 20:54	0.6F -0.9E 0.6F -1.1E
13 Sa	00:36 06:36 13:00 18:42	02:54 09:24 15:18 21:54	0.6F -0.9E 0.5F -1.0E
14 Su	01:36 07:36 14:12 19:48	03:48 10:24 16:12 22:48	0.6F -0.9E 0.5F -1.0E
15 M	02:30 08:24 15:06 20:48	04:42 11:24 17:12 23:42	0.6F -1.0E 0.5F -0.9E
16 Tu	03:18 09:12 15:54 21:42	05:36 12:12 18:00	0.6F -1.0E 0.6F
17 W	04:06 09:54 16:36 22:30	00:36 06:18 12:54 18:48	-1.0E 0.7F -1.1E 0.6F
18 Th	04:48 10:30 17:12 23:06	01:24 07:06 13:36 19:30	-1.0E 0.7F -1.1E 0.7F
19 F ○	05:30 11:00 17:48 23:48	02:06 07:48 14:18 20:12	-1.0E 0.7F -1.1E 0.7F
20 Sa	06:06 11:36 18:30	02:48 08:30 15:00 21:00	-1.0E 0.6F -1.1E 0.6F
21 Su	00:24 06:42 12:06 19:12	03:30 09:18 15:48 21:48	-0.9E 0.6F -1.1E 0.6F
22 M	00:54 07:18 12:42 20:00	04:12 10:06 16:30 22:30	-0.9E 0.6F -1.0E 0.5F
23 Tu	01:30 07:54 13:24 20:48	04:54 10:48 17:12 23:18	-0.8E 0.6F -1.0E 0.5F
24 W	02:06 08:30 14:00 21:36	05:36 11:36 18:00	-0.8E 0.5F -1.0E
25 Th	02:48 09:18 14:42 22:18	00:12 06:24 12:54 18:48	0.5F -0.7E 0.5F -0.9E
26 F	03:36 10:12 15:30 23:00	01:00 07:18 13:12 19:42	0.5F -0.7E 0.5F -0.9E
27 Sa ◐	04:24 11:12 16:24 23:42	01:48 08:12 14:06 20:30	0.5F -0.8E 0.5F -0.9E
28 Su	05:18 12:12 17:24	02:36 09:00 15:00 21:24	0.6F -0.8E 0.5F -1.0E
29 M	00:30 06:12 13:12 18:36	03:30 10:24 15:54 22:18	0.6F -0.9E 0.6F -1.0E
30 Tu	01:24 07:00 14:06 19:42	04:18 10:48 16:48 23:18	0.7F -1.1E 0.7F -1.0E

December

Day	Slack (h m)	Maximum (h m)	knots
1 W	02:18 07:54 14:54 20:42	05:06 11:42 17:42	0.8F -1.2E 0.8F
2 Th	03:06 08:42 15:36 21:36	00:06 06:00 12:30 18:30	-1.1E 0.8F -1.3E 0.9F
3 F	04:00 09:36 16:30 22:30	01:00 06:48 13:18 19:12	-1.2E 0.9F -1.4E 1.0F
4 Sa ●	04:48 10:30 17:18 23:18	01:48 07:36 14:12 20:06	-1.3E 0.9F -1.4E 1.0F
5 Su	05:36 11:24 18:12	02:42 08:24 15:00 21:00	-1.3E 1.0F -1.4E 0.9F
6 M	00:12 06:24 12:18 19:06	03:30 09:18 15:54 21:48	-1.2E 0.9F -1.4E 0.9F
7 Tu	01:06 07:18 13:12 20:06	04:18 10:12 16:48 22:48	-1.2E 0.9F -1.4E 0.8F
8 W	02:06 08:12 14:06 21:12	05:12 11:06 17:42 23:42	-1.1E 0.8F -1.3E 0.7F
9 Th	03:06 09:18 15:00 22:12	06:12 12:00 18:36	-1.0E 0.7F -1.2E
10 F	04:06 10:24 16:00 23:06	00:36 07:06 12:54 19:30	0.7F -0.9E 0.6F -1.1E
11 Sa ◑	05:06 11:36 17:06 23:00	01:30 08:06 13:54 20:24	0.6F -0.9E 0.5F -1.0E
12 Su	00:06 06:06 12:42 18:12	02:24 09:00 14:48 21:24	0.6F -0.9E 0.5F -0.9E
13 M	01:06 06:54 13:48 19:18	03:18 09:54 15:48 22:18	0.6F -0.9E 0.5F -0.9E
14 Tu	02:00 07:48 14:36 20:18	04:12 10:48 16:42 23:18	0.6F -0.9E 0.5F -0.8E
15 W	02:54 08:30 15:24 21:12	05:00 11:42 17:30	0.6F -1.0E 0.6F
16 Th	03:42 09:12 16:06 22:00	00:06 05:48 12:24 18:18	-0.9E 0.6F -1.0E 0.6F
17 F	04:24 09:54 16:48 22:36	00:54 06:36 13:12 19:00	-0.9E 0.6F -1.0E 0.6F
18 Sa	05:00 10:30 17:30 23:18	01:36 07:18 13:54 19:48	-0.9E 0.6F -1.1E 0.6F
19 Su ○	05:36 11:06 18:12 23:48	02:18 08:06 14:36 20:36	-0.9E 0.6F -1.1E 0.6F
20 M	06:06 11:42 18:54	03:00 08:48 15:18 21:18	-0.9E 0.6F -1.1E 0.6F
21 Tu	00:24 06:36 12:18 19:36	03:42 09:36 16:06 22:06	-0.8E 0.6F -1.1E 0.5F
22 W	01:00 07:18 12:54 20:12	04:24 10:18 16:48 22:54	-0.8E 0.6F -1.1E 0.5F
23 Th	01:42 08:00 13:36 20:54	05:12 11:06 17:30 23:36	-0.8E 0.6F -1.0E 0.6F
24 F	02:18 08:30 14:18 21:30	06:00 11:54 18:18	-0.8E 0.6F -1.0E
25 Sa	03:06 09:42 15:06 22:12	00:24 06:48 12:42 19:12	0.6F -0.9E 0.5F -1.0E
26 Su	03:48 10:36 16:00 23:00	01:12 07:36 13:36 20:00	0.6F -0.9E 0.5F -1.0E
27 M ◐	04:36 11:36 17:00 23:54	02:00 08:30 14:30 20:54	0.6F -1.0E 0.6F -1.0E
28 Tu	05:30 12:30 18:06	02:54 09:18 15:24 21:48	0.7F -1.1E 0.7F -1.0E
29 W	00:48 06:24 13:24 19:12	03:48 10:18 16:18 22:48	0.7F -1.1E 0.8F -1.1E
30 Th	01:48 07:24 14:24 20:18	04:42 11:12 17:12 23:42	0.8F -1.2E 0.8F -1.1E
31 F	02:48 08:24 15:18 21:18	05:36 12:06 18:06	0.8F -1.3E 0.9F

Station ID: PIR0701 Depth: 25 feet
Source: NOAA/NOS/CO-OPS
Station Type: Harmonic
Time Zone: LST

NOAA Tidal Current Predictions

Portsmouth Harbor Entrance, 2021
Latitude: 43.0624° N Longitude: 70.7053° W
Mean Flood Dir. 346° (T) Mean Ebb Dir. 196° (T)
Times and speeds of maximum and minimum current, in knots

January

Day	Slack h m	Maximum h m	knots
1 F	02:12	04:36	-1.1E
	07:36	09:54	1.2F
	14:06	16:54	-1.4E
	20:18	22:30	1.2F
2 Sa	02:54	05:18	-1.2E
	08:18	10:42	1.3F
	14:48	17:42	-1.5E
	21:00	23:12	1.2F
3 Su	03:36	06:06	-1.2E
	09:06	11:30	1.3F
	15:36	18:36	-1.5E
	21:42		
4 M	04:18	07:00	-1.3E
	09:54	12:18	1.3F
	16:24	19:24	-1.5E
	22:30		
5 Tu	05:12	00:48	1.3F
	10:48	07:48	-1.3E
	17:24	13:12	1.3F
	23:18	20:12	-1.4E
6 W	06:06	01:36	1.3F
	11:48	08:42	-1.3E
	18:24	14:00	1.2F
		21:06	-1.4E
7 Th	00:12	02:30	1.3F
	07:00	09:42	-1.3E
	12:48	15:00	1.1F
	19:30	22:06	-1.3E
8 F	01:06	03:24	1.2F
	08:00	10:42	-1.4E
	13:54	16:00	1.1F
	20:36	23:06	-1.3E
9 Sa	02:06	04:18	1.2F
	09:00	11:42	-1.4E
	14:54	17:06	1.1F
	21:42		
10 Su	03:06	00:06	-1.2E
	10:00	05:18	1.2F
	15:54	12:42	-1.4E
	22:42	18:06	1.0F
11 M	04:00	01:06	-1.2E
	11:00	06:12	1.2F
	16:48	13:48	-1.5E
	23:42	19:12	1.0F
12 Tu	04:54	02:06	-1.2E
	11:54	07:06	1.2F
	17:42	14:48	-1.5E
		20:48	1.0F
13 W	00:36	03:00	-1.3E
	05:48	08:00	1.2F
	12:48	15:42	-1.6E
	18:36	21:54	1.1F
14 Th	01:30	03:54	-1.3E
	06:42	09:00	1.2F
	13:42	16:30	-1.5E
	19:30	22:42	1.1F
15 F	02:18	04:48	-1.2E
	07:36	09:54	1.1F
	14:30	17:24	-1.5E
	20:18	23:30	1.1F
16 Sa	03:12	05:42	-1.2E
	08:30	10:48	1.1F
	15:24	18:12	-1.4E
	21:06		
17 Su	04:00	00:06	1.1F
	09:24	06:36	-1.2E
	16:12	11:48	1.1F
	21:54	19:06	-1.3E
18 M	04:48	00:36	1.1F
	10:18	07:30	-1.2E
	17:00	12:36	1.1F
	22:42	19:42	-1.2E
19 Tu	05:36	01:06	1.0F
	11:06	08:18	-1.2E
	17:54	13:30	1.0F
	23:30	20:30	-1.2E
20 W	06:24	01:54	1.0F
	12:00	09:00	-1.1E
	18:42	14:24	1.0F
		21:12	-1.1E
21 Th	00:18	02:42	1.0F
	07:12	09:48	-1.1E
	12:54	15:36	0.9F
	19:30	22:00	-1.0E
22 F	01:06	03:30	1.0F
	08:00	10:36	-1.1E
	13:48	16:48	0.9F
	20:24	22:42	-0.9E
23 Sa	02:00	04:24	1.0F
	08:42	11:24	-1.0E
	14:42	17:36	0.9F
	21:12	23:30	-0.9E
24 Su	02:48	05:06	1.0F
	09:24	12:06	-1.1E
	15:30	18:18	0.9F
	22:00		
25 M	03:30	00:18	-0.9E
	10:12	05:48	1.0F
	16:12	12:48	-1.1E
	22:48	18:54	0.9F
26 Tu	04:18	01:06	-0.9E
	10:54	06:30	1.1F
	17:00	13:30	-1.2E
	23:30	19:18	1.0F
27 W	05:00	01:48	-1.0E
	11:36	07:12	1.1F
	17:42	14:18	-1.3E
		19:54	1.0F
28 Th	00:12	02:36	-1.1E
	05:48	08:00	1.2F
	12:18	15:00	-1.4E
	18:18	20:36	1.1F
29 F	01:00	03:18	-1.2E
	06:24	08:42	1.2F
	13:00	15:42	-1.4E
	19:06	21:18	1.1F
30 Sa	01:36	04:06	-1.2E
	07:06	09:30	1.3F
	13:42	16:30	-1.5E
	19:48	22:00	1.2F
31 Su	02:24	04:54	-1.3E
	07:54	10:18	1.3F
	14:30	17:18	-1.5E
	20:30	22:48	1.3F

February

Day	Slack h m	Maximum h m	knots
1 M	03:06	05:42	-1.4E
	08:42	11:06	1.4F
	15:18	18:12	-1.5E
	21:18	23:30	1.3F
2 Tu	03:54	06:36	-1.4E
	09:36	12:00	1.4F
	16:12	19:00	-1.5E
	22:06		
3 W	04:42	00:24	1.4F
	10:30	07:30	-1.4E
	17:12	12:48	1.3F
	22:54	19:54	-1.5E
4 Th	05:36	01:12	1.3F
	11:30	08:24	-1.4E
	18:12	13:42	1.2F
	23:48	20:48	-1.4E
5 F	06:36	02:00	1.3F
	12:30	09:18	-1.4E
	19:18	14:36	1.1F
		21:42	-1.3E
6 Sa	00:42	02:54	1.2F
	07:36	10:18	-1.4E
	13:30	15:42	1.0F
	20:18	22:42	-1.2E
7 Su	01:42	03:54	1.2F
	08:18	11:18	-1.4E
	14:36	16:48	1.0F
	21:24	23:48	-1.2E
8 M	02:42	04:54	1.2F
	09:42	12:30	-1.4E
	15:36	18:06	1.0F
	22:24		
9 Tu	03:42	00:48	-1.2E
	10:42	05:54	1.1F
	16:30	13:36	-1.4E
	23:24	19:42	1.0F
10 W	04:36	01:54	-1.2E
	11:42	06:48	1.1F
	17:24	14:42	-1.5E
		20:54	1.0F
11 Th	00:18	02:54	-1.2E
	05:30	07:48	1.1F
	12:36	15:30	-1.5E
	18:18	21:42	1.0F
12 F	01:06	03:48	-1.3E
	06:24	08:54	1.1F
	13:24	16:18	-1.5E
	19:06	22:30	1.0F
13 Sa	01:54	04:36	-1.3E
	07:18	09:48	1.1F
	14:12	17:06	-1.4E
	19:54	23:06	1.1F
14 Su	02:42	05:30	-1.3E
	08:12	10:54	1.1F
	15:18	17:54	-1.3E
	20:42	23:42	1.1F
15 M	03:30	06:18	-1.3E
	09:00	11:48	1.1F
	15:48	18:36	-1.3E
	21:30		
16 Tu	04:12	00:06	1.1F
	09:54	07:00	-1.2E
	16:36	12:30	1.1F
	22:12	19:12	-1.2E
17 W	05:00	00:36	1.1F
	10:42	07:42	-1.2E
	17:24	13:12	1.1F
	23:00	19:48	-1.1E
18 Th	05:42	01:18	1.1F
	11:30	08:18	-1.1E
	18:06	13:54	1.0F
	23:42	20:30	-1.1E
19 F	06:30	02:00	1.0F
	12:18	09:00	-1.1E
	18:54	14:42	0.9F
		21:12	-1.0E
20 Sa	00:30	02:42	1.0F
	07:12	09:48	-1.0E
	13:12	15:48	0.9F
	19:48	22:00	-0.9E
21 Su	01:18	03:30	0.9F
	08:00	10:30	-1.0E
	14:00	16:36	0.9F
	20:36	22:48	-0.9E
22 M	02:06	04:24	0.9F
	08:48	11:18	-1.0E
	14:48	17:18	0.9F
	21:24	23:36	-0.9E
23 Tu	02:54	05:12	1.0F
	09:30	12:06	-1.1E
	15:36	17:54	0.9F
	22:12		
24 W	03:42	00:30	-0.9E
	10:18	05:54	1.0F
	16:24	12:54	-1.2E
	22:54	18:36	1.0F
25 Th	04:24	01:18	-1.0E
	11:00	06:42	1.1F
	17:06	13:42	-1.3E
	23:42	19:12	1.0F
26 F	05:12	02:06	-1.1E
	11:48	07:24	1.2F
	17:48	14:30	-1.4E
		20:00	1.1F
27 Sa	00:24	02:54	-1.2E
	05:54	08:18	1.3F
	12:36	15:18	-1.5E
	18:30	20:42	1.2F
28 Su	01:06	03:42	-1.3E
	06:42	09:24	1.3F
	13:24	16:06	-1.5E
	19:18	21:30	1.3F

March

Day	Slack h m	Maximum h m	knots
1 M	01:54	04:30	-1.4E
	07:36	09:54	1.4F
	14:12	16:54	-1.5E
	20:00	22:18	1.4F
2 Tu	02:36	05:24	-1.5E
	08:24	10:48	1.4F
	15:06	17:48	-1.5E
	20:48	23:06	1.4F
3 W	03:24	06:12	-1.5E
	09:18	11:36	1.4F
	16:00	18:42	-1.5E
	21:42	23:54	1.4F
4 Th	04:18	07:06	-1.5E
	10:12	12:30	1.3F
	17:00	19:30	-1.4E
	22:30		
5 F	05:12	00:48	1.4F
	11:12	08:00	-1.5E
	18:00	13:24	1.2F
	23:24	20:24	-1.3E
6 Sa	06:12	01:36	1.3F
	12:12	09:00	-1.4E
	19:00	14:18	1.1F
		21:24	-1.2E
7 Su	00:24	02:30	1.2F
	07:18	10:00	-1.4E
	13:12	15:18	1.0F
	20:06	22:24	-1.1E
8 M	01:24	03:30	1.1F
	08:24	11:06	-1.3E
	14:12	16:30	0.9F
	21:06	23:30	-1.1E
9 Tu	02:24	04:36	1.0F
	09:24	12:18	-1.3E
	15:12	18:36	0.9F
	22:06		
10 W	03:24	00:36	-1.1E
	10:24	05:42	1.0F
	16:12	13:30	-1.3E
	23:00	19:42	1.0F
11 Th	04:24	01:54	-1.2E
	11:24	06:48	1.1F
	17:00	14:30	-1.4E
	23:54	20:36	1.0F
12 F	05:18	02:48	-1.3E
	12:18	08:18	1.1F
	17:54	15:18	-1.4E
		21:18	1.0F
13 Sa	00:42	03:36	-1.3E
	06:12	09:24	1.1F
	13:06	16:00	-1.4E
	18:42	21:54	1.1F
14 Su	01:30	04:18	-1.3E
	07:00	10:12	1.1F
	13:54	16:42	-1.3E
	19:24	22:24	1.1F
15 M	02:12	05:06	-1.3E
	07:48	10:54	1.1F
	14:36	17:24	-1.3E
	20:12	22:54	1.1F
16 Tu	02:54	05:42	-1.3E
	08:36	11:36	1.2F
	15:24	18:00	-1.2E
	20:54	23:24	1.1F
17 W	03:36	06:24	-1.3E
	09:24	12:12	1.1F
	16:06	18:36	-1.2E
	21:42		
18 Th	04:18	00:00	1.1F
	10:12	07:00	-1.2E
	16:48	12:42	1.1F
	22:24	19:12	-1.1E
19 F	05:00	00:42	1.1F
	11:00	07:36	-1.1E
	17:36	13:24	1.1F
	23:06	19:54	-1.0E
20 Sa	05:42	01:18	1.0F
	11:48	08:18	-1.1E
	18:24	14:00	1.0F
	23:54	20:36	-1.0E
21 Su	06:24	02:06	1.0F
	12:30	09:00	-1.1E
	19:06	14:48	0.9F
		21:24	-0.9E
22 M	00:42	02:48	0.9F
	07:12	09:48	-1.1E
	13:18	15:30	0.9F
	20:00	22:12	-0.9E
23 Tu	01:30	03:42	0.9F
	08:00	10:36	-1.1E
	14:12	16:24	0.9F
	20:48	23:00	-0.9E
24 W	02:18	04:30	1.0F
	08:48	11:30	-1.1E
	15:00	17:06	0.9F
	21:36	23:54	-1.0E
25 Th	03:06	05:24	1.0F
	09:42	12:24	-1.2E
	15:42	17:54	1.0F
	22:24		
26 F	04:00	00:48	-1.1E
	10:36	06:12	1.1F
	16:30	13:12	-1.3E
	23:06	18:36	1.1F
27 Sa	04:48	01:36	-1.2E
	11:24	07:00	1.2F
	17:12	14:06	-1.4E
	23:54	19:24	1.2F
28 Su	05:36	02:30	-1.4E
	12:18	07:54	1.3F
	18:00	14:54	-1.5E
		20:12	1.3F
29 M	00:42	03:18	-1.5E
	06:24	08:42	1.3F
	13:06	15:42	-1.5E
	18:48	21:06	1.4F
30 Tu	01:24	04:12	-1.6E
	07:18	09:36	1.4F
	14:00	16:36	-1.5E
	19:36	21:54	1.4F
31 W	02:12	05:00	-1.6E
	08:12	10:30	1.4F
	14:54	17:24	-1.5E
	20:24	22:42	1.4F

Station ID: PIR0701 Depth: 25 feet
Source: NOAA/NOS/CO-OPS
Station Type: Harmonic
Time Zone: LST

NOAA Tidal Current Predictions

Portsmouth Harbor Entrance, 2021
Latitude: 43.0624° N Longitude: 70.7053° W
Mean Flood Dir. 346° (T) Mean Ebb Dir. 196° (T)
Times and speeds of maximum and minimum current, in knots

April

Day	Slack h m	Maximum h m	knots
1 Th	03:06	05:54	-1.6E
	09:06	11:18	1.3F
	15:48	18:18	-1.4E
	21:18	23:30	1.4F
2 F	04:00	06:48	-1.6E
	10:00	12:12	1.3F
	16:48	19:12	-1.4E
	22:12		
3 Sa	04:54	00:24	1.3F
	10:54	07:42	-1.5E
	17:48	13:06	1.2F
	23:06	20:06	-1.3E
4 Su ◑	05:54	01:12	1.2F
	11:54	08:42	-1.4E
	18:48	13:54	1.1F
		21:06	-1.2E
5 M	00:06	02:06	1.1F
	07:00	09:42	-1.3E
	12:48	14:54	1.0F
	19:48	22:06	-1.1E
6 Tu	01:06	03:06	1.0F
	08:06	10:48	-1.2E
	13:48	17:18	0.9F
	20:48	23:18	-1.1E
7 W	02:06	04:18	0.9F
	09:06	12:06	-1.2E
	14:48	18:18	0.9F
	21:48		
8 Th	03:06	00:36	-1.1E
	10:06	05:48	0.9F
	15:42	13:12	-1.2E
	22:42	19:12	1.0F
9 F	04:06	01:42	-1.2E
	11:00	07:24	1.0F
	16:36	14:12	-1.3E
	23:30	20:00	1.0F
10 Sa	05:00	02:36	-1.3E
	11:54	08:24	1.0F
	17:24	15:00	-1.3E
		20:48	1.0F
11 Su	00:12	03:24	-1.4E
	05:48	09:12	1.1F
	12:42	15:42	-1.3E
	18:12	21:18	1.1F
12 M ●	01:00	04:00	-1.4E
	06:36	09:54	1.1F
	13:24	16:12	-1.3E
	18:54	21:42	1.1F
13 Tu	01:42	04:36	-1.4E
	07:24	10:36	1.2F
	14:12	16:48	-1.2E
	19:42	22:12	1.1F
14 W	02:18	05:12	-1.3E
	08:12	11:12	1.2F
	14:54	17:18	-1.2E
	20:24	22:48	1.1F
15 Th	03:00	05:42	-1.3E
	09:00	11:48	1.1F
	15:36	18:00	-1.1E
	21:06	23:24	1.1F
16 F	03:36	06:24	-1.3E
	09:42	12:18	1.1F
	16:18	18:36	-1.1E
	21:48		
17 Sa	04:18	00:06	1.1F
	10:24	07:00	-1.2E
	17:00	12:48	1.1F
	22:30	19:18	-1.0E
18 Su	05:00	00:42	1.1F
	11:06	07:42	-1.2E
	17:48	13:24	1.0F
	23:18	20:06	-1.0E
19 M	05:42	01:30	1.0F
	11:54	08:24	-1.1E
	18:30	14:06	1.0F
		20:48	-0.9E
20 Tu ◐	00:00	02:12	1.0F
	06:30	09:12	-1.1E
	12:42	14:54	1.0F
	19:18	21:36	-0.9E
21 W	00:48	03:06	1.0F
	07:06	10:06	-1.1E
	13:30	15:42	1.0F
	20:06	22:30	-1.0E
22 Th	01:42	03:54	1.0F
	08:12	10:54	-1.2E
	14:18	16:30	1.0F
	21:00	23:24	-1.1E
23 F	02:36	04:54	1.0F
	09:12	11:48	-1.2E
	15:06	17:18	1.1F
	21:48		
24 Sa	03:30	00:18	-1.2E
	10:06	05:42	1.1F
	15:54	12:42	-1.3E
	22:36	18:06	1.2F
25 Su	04:24	01:12	-1.3E
	11:00	06:36	1.2F
	16:42	13:36	-1.4E
	23:24	18:54	1.3F
26 M	05:18	02:06	-1.5E
	12:00	07:30	1.3F
	17:30	14:30	-1.4E
		19:42	1.3F
27 Tu ○	00:12	03:00	-1.6E
	06:06	08:24	1.3F
	12:54	15:24	-1.5E
	18:18	20:36	1.4F
28 W	01:06	03:48	-1.7E
	07:00	09:18	1.3F
	13:48	16:12	-1.5E
	19:12	21:30	1.4F
29 Th	01:54	04:42	-1.7E
	07:54	10:06	1.3F
	14:42	17:06	-1.4E
	20:06	22:18	1.4F
30 F	02:48	05:36	-1.7E
		11:00	1.1F
	15:36	18:00	-1.4E
	20:54	23:06	1.4F

May

Day	Slack h m	Maximum h m	knots
1 Sa	03:42	06:30	-1.6E
	09:42	11:54	1.2F
	16:30	18:54	-1.3E
	21:48		
2 Su	04:36	00:00	1.3F
	10:36	07:24	-1.5E
	17:30	12:42	1.1F
	22:48	19:54	-1.2E
3 M ◑	05:42	00:54	1.2F
	11:30	08:18	-1.4E
	18:30	13:36	1.0F
	23:48	20:48	-1.1E
4 Tu	06:42	01:48	1.1F
	12:30	09:24	-1.3E
	19:30	14:36	0.9F
		21:54	-1.1E
5 W	00:48	02:48	0.9F
	07:42	10:30	-1.2E
	13:24	17:00	0.9F
	20:24	23:12	-1.1E
6 Th	01:48	04:06	0.9F
	08:42	11:42	-1.2E
	14:24	17:48	0.9F
	21:18		
7 F	02:48	00:24	-1.1E
	09:42	06:06	0.9F
	15:18	12:48	-1.2E
	22:12	18:42	1.0F
8 Sa	03:48	01:24	-1.2E
	10:36	07:12	1.0F
	16:06	13:48	-1.2E
	23:00	19:12	1.0F
9 Su	04:36	02:18	-1.3E
	11:24	07:54	1.0F
	16:54	14:30	-1.2E
	23:42	19:54	1.1F
10 M	05:24	03:00	-1.4E
	12:12	08:42	1.1F
	17:36	15:06	-1.2E
		20:24	1.1F
11 Tu ●	00:24	03:36	-1.4E
	06:06	09:24	1.1F
	13:00	15:36	-1.2E
	18:24	21:00	1.1F
12 W	01:06	04:00	-1.4E
	07:00	10:06	1.1F
	13:42	16:06	-1.1E
	19:06	21:36	1.1F
13 Th	01:48	04:30	-1.3E
	07:36	10:36	1.1F
	14:24	16:42	-1.1E
	19:48	22:12	1.1F
14 F	02:24	05:06	-1.3E
	08:30	11:12	1.1F
	15:06	17:18	-1.1E
	20:30	22:48	1.1F
15 Sa	03:00	05:42	-1.3E
	09:00	11:36	1.1F
	15:48	18:06	-1.0E
	21:12	23:30	1.1F
16 Su	03:36	06:24	-1.3E
	09:54	12:12	1.1F
	16:30	18:48	-1.0E
	21:54		
17 M	04:18	00:12	1.1F
	10:36	07:06	-1.3E
	17:12	12:48	1.1F
	22:36	19:30	-1.0E
18 Tu	05:00	00:54	1.1F
	11:06	07:54	-1.3E
	17:54	13:30	1.1F
	23:24	20:18	-1.0E
19 W ◐	05:48	01:42	1.1F
	12:00	08:42	-1.2E
	18:42	14:12	1.1F
		21:06	-1.0E
20 Th	00:12	02:30	1.0F
	06:42	09:30	-1.2E
	12:48	15:06	1.1F
	19:30	22:00	-1.1E
21 F	01:12	03:24	1.0F
	07:42	10:24	-1.2E
	13:42	15:54	1.1F
	20:24	22:54	-1.2E
22 Sa	02:12	04:24	1.1F
	08:42	11:24	-1.3E
	14:48	16:48	1.2F
	21:18	23:54	-1.3E
23 Su	03:06	05:18	1.1F
	09:42	12:18	-1.3E
	15:24	17:42	1.3F
	22:06		
24 M	04:00	00:48	-1.4E
	10:42	06:12	1.2F
	16:12	13:12	-1.3E
	23:00	18:30	1.3F
25 Tu	04:54	01:48	-1.5E
	11:42	07:06	1.2F
	17:06	14:12	-1.4E
	23:54	19:18	1.4F
26 W ○	05:48	02:42	-1.6E
	12:36	08:00	1.2F
	17:54	15:00	-1.4E
		20:12	1.4F
27 Th	00:48	03:30	-1.7E
	06:42	09:00	1.2F
	13:30	15:54	-1.4E
	18:48	21:06	1.4F
28 F	01:42	04:24	-1.7E
	07:36	10:30	1.2F
	14:30	16:48	-1.4E
	19:42	21:54	1.4F
29 Sa	02:30	05:18	-1.6E
	08:30	10:48	1.2F
	15:24	17:42	-1.3E
	20:36	22:48	1.3F
30 Su	03:30	06:18	-1.6E
	09:24	11:36	1.1F
	16:18	18:42	-1.2E
	21:30	23:42	1.2F
31 M	04:24	07:12	-1.5E
	10:18	12:30	1.1F
	17:12	19:36	-1.2E
	22:30		

June

Day	Slack h m	Maximum h m	knots
1 Tu	05:24	08:06	1.1F
	11:12	13:24	-1.4E
	18:06	20:30	1.0F
	23:30		
2 W ◑	06:24	01:30	1.0F
	12:06	09:00	-1.3E
	19:06	14:18	1.0F
		21:36	-1.1E
3 Th	00:24	02:30	0.9F
	07:18	10:06	-1.2E
	13:00	16:12	0.9F
	20:00	22:54	-1.1E
4 F	01:24	04:30	0.9F
	08:18	10:00	-1.3E
	13:54	17:18	0.9F
	20:48		
5 Sa	02:24	00:00	-1.1E
	09:12	05:42	0.9F
	14:42	12:18	-1.1E
	21:42	17:54	1.0F
6 Su	03:24	01:00	-1.2E
	10:06	06:36	1.0F
	15:36	13:12	-1.1E
	22:24	18:30	1.0F
7 M	04:12	01:48	-1.3E
	10:54	07:24	1.0F
	16:24	13:30	-1.1E
	23:12	19:00	1.1F
8 Tu	05:00	02:36	-1.3E
	11:42	08:12	1.0F
	17:06	14:30	-1.1E
	23:54	19:42	1.1F
9 W	05:48	03:06	-1.3E
	12:24	08:54	1.1F
	17:48	14:54	-1.1E
		20:18	1.1F
10 Th ●	00:36	03:24	-1.3E
	06:30	09:30	1.1F
	13:12	15:30	-1.1E
	18:36	20:54	1.1F
11 F	01:12	03:54	-1.3E
	07:12	10:00	1.1F
	13:54	16:06	-1.1E
	19:18	21:36	1.1F
12 Sa	01:48	04:30	-1.3E
	08:00	10:30	1.1F
	14:30	16:48	-1.1E
	20:00		
13 Su	02:24	05:12	-1.3E
	08:36	11:00	1.1F
	15:12	17:30	-1.1E
	20:42	22:54	1.2F
14 M	03:06	05:54	-1.3E
	09:18	11:36	1.1F
	15:54	18:18	-1.1E
	21:18	23:42	1.2F
15 Tu	03:42	06:12	-1.4E
	10:00	12:12	1.1F
	16:36	19:06	-1.1E
	22:06		
16 W	04:30	00:24	1.2F
	10:42	07:24	-1.4E
	17:18	12:54	1.2F
	22:54	19:54	-1.1E
17 Th	05:18	01:12	1.2F
	11:24	08:12	-1.3E
	18:06	13:42	1.2F
	23:48	20:42	-1.2E
18 F ◐	00:24	02:06	1.1F
	06:18	09:06	-1.3E
	12:12	14:30	1.2F
	19:00	21:36	-1.2E
19 Sa	00:42	03:00	1.1F
	07:18	10:00	-1.3E
	13:06	15:24	1.2F
	19:54	22:30	-1.3E
20 Su	01:42	03:54	1.1F
	08:18	10:54	-1.3E
	14:00	16:18	1.2F
	20:48	23:30	-1.3E
21 M	02:42	04:54	1.1F
	09:24	11:54	-1.3E
	14:54	17:12	1.3F
	21:42		
22 Tu	03:42	00:24	-1.4E
	10:24	05:54	1.1F
	15:48	12:54	-1.3E
	22:42	18:06	1.3F
23 W	04:36	01:24	-1.5E
	11:24	06:48	1.1F
	16:42	13:48	-1.3E
	23:36	19:00	1.3F
24 Th ○	05:36	02:24	-1.6E
	12:24	07:42	1.1F
	17:36	14:42	-1.2E
		19:48	1.3F
25 F	00:30	03:18	-1.6E
	06:30	08:48	1.1F
	13:18	15:36	-1.3E
	18:30	20:42	1.3F
26 Sa	01:24	04:12	-1.6E
	07:18	09:36	1.1F
	14:12	16:30	-1.3E
	19:24	21:42	1.3F
27 Su	02:18	05:06	-1.6E
	08:12	10:36	1.1F
	15:06	17:30	-1.3E
	20:24	22:36	1.2F
28 M	03:12	06:00	-1.5E
	09:06	11:30	1.1F
	16:00	18:24	-1.2E
	21:18	23:30	1.2F
29 Tu	04:06	06:54	-1.4E
	09:54	12:24	1.1F
	16:48	19:24	-1.2E
	22:12		
30 W	05:06	00:24	1.1F
	10:48	07:48	-1.4E
	17:42	13:12	1.0F
	23:06	20:18	-1.2E

Station ID: PIR0701 Depth: 25 feet
Source: NOAA/NOS/CO-OPS
Station Type: Harmonic
Time Zone: LST

NOAA Tidal Current Predictions

Portsmouth Harbor Entrance, 2021
Latitude: 43.0624° N Longitude: 70.7053° W
Mean Flood Dir. 346° (T) Mean Ebb Dir. 196° (T)
Times and speeds of maximum and minimum current, in knots

July

Day	Slack (h m)	Maximum (h m / knots)
1 Th	06:00, 11:36, 18:36	01:18 1.0F, 08:36 -1.2E, 13:54 1.0F, 21:18 -1.1E
2 F	00:06, 06:54, 12:30, 19:24	02:18 0.9F, 09:36 -1.1E, 14:48 1.0F, 22:18 -1.1E
3 Sa	01:00, 07:48, 13:18, 20:48	04:00 0.9F, 10:30 -1.1E, 16:12 1.0F, 23:24 -1.1E
4 Su	02:00, 08:42, 14:12, 21:06	05:06 0.9F, 11:24 -1.0E, 17:06 1.0F
5 M	02:54, 09:30, 15:00, 21:54	00:24 -1.2E, 06:00 0.9F, 12:24 -1.0E, 17:48 1.0F
6 Tu	03:42, 10:24, 15:48, 22:36	01:18 -1.2E, 06:48 1.0F, 13:00 -1.0E, 18:18 1.0F
7 W	04:30, 11:06, 16:36, 23:18	01:54 -1.2E, 07:30 1.0F, 13:36 -1.0E, 19:00 1.1F
8 Th	05:18, 11:54, 17:18	02:18 -1.2E, 08:18 1.0F, 14:12 -1.0E, 19:36 1.1F
9 F	00:00, 06:06, 12:36, 18:00	02:42 -1.3E, 08:54 1.0F, 14:54 -1.0E, 20:18 1.1F
10 Sa	00:36, 06:42, 13:18, 18:42	03:18 -1.3E, 09:18 1.0F, 15:36 -1.1E, 21:00 1.1F
11 Su	01:18, 07:24, 14:00, 19:24	04:00 -1.3E, 09:48 1.1F, 16:18 -1.1E, 21:42 1.2F
12 M	01:54, 08:06, 14:36, 20:06	04:42 -1.4E, 10:18 1.1F, 17:00 -1.1E, 22:24 1.2F
13 Tu	02:36, 08:42, 15:18, 20:48	05:24 -1.4E, 11:00 1.2F, 17:48 -1.2E, 23:12 1.2F
14 W	03:18, 09:24, 16:00, 21:36	06:12 -1.4E, 11:42 1.2F, 18:36 -1.2E
15 Th	04:06, 10:06, 16:42, 22:24	00:00 1.3F, 07:00 -1.4E, 12:24 1.3F, 19:24 -1.3E
16 F	05:00, 10:54, 17:36, 23:18	00:48 1.3F, 07:48 -1.4E, 13:12 1.3F, 20:18 -1.3E
17 Sa	05:54, 11:42, 18:24	01:42 1.2F, 08:42 -1.4E, 14:00 1.3F, 21:12 -1.3E
18 Su	00:18, 06:54, 12:36, 19:24	02:30 1.2F, 09:36 -1.3E, 14:54 1.3F, 22:06 -1.4E
19 M	01:18, 08:00, 13:30, 20:24	03:30 1.1F, 10:30 -1.3E, 15:48 1.3F, 23:06 -1.4E
20 Tu	02:24, 09:06, 14:30, 21:24	04:30 1.1F, 11:30 -1.2E, 16:48 1.3F
21 W	03:24, 10:06, 15:30, 22:24	00:06 -1.4E, 05:30 1.1F, 12:30 -1.2E, 17:42 1.3F
22 Th	04:18, 11:06, 16:24, 23:24	01:06 -1.5E, 06:30 1.1F, 13:30 -1.2E, 18:36 1.3F
23 F	05:18, 12:06, 17:18	02:12 -1.5E, 07:30 1.1F, 14:30 -1.3E, 19:30 1.2F
24 Sa	00:18, 06:18, 13:00, 18:18	03:06 -1.6E, 08:36 1.0F, 15:24 -1.3E, 20:30 1.2F
25 Su	01:12, 07:00, 13:54, 19:12	04:00 -1.6E, 09:54 1.1F, 16:18 -1.3E, 21:24 1.2F
26 M	02:06, 07:54, 14:42, 20:06	04:54 -1.5E, 11:00 1.1F, 17:12 -1.3E, 22:24 1.2F
27 Tu	03:00, 08:42, 15:36, 21:00	05:42 -1.4E, 11:36 1.1F, 18:12 -1.3E, 23:18 1.1F
28 W	03:48, 09:30, 16:24, 21:54	06:36 -1.4E, 12:12 1.1F, 19:06 -1.2E
29 Th	04:42, 10:18, 17:12, 22:48	00:18 1.1F, 07:24 -1.3E, 12:42 1.1F, 19:54 -1.2E
30 F	05:30, 11:06, 18:00, 23:36	01:06 1.0F, 08:12 -1.2E, 13:24 1.0F, 20:42 -1.2E
31 Sa	06:24, 12:00, 18:48	02:00 1.0F, 08:54 -1.1E, 14:12 1.0F, 21:36 -1.1E

August

Day	Slack (h m)	Maximum (h m / knots)
1 Su	00:30, 07:12, 12:48, 19:36	03:06 0.9F, 09:42 -1.0E, 15:06 1.0F, 22:30 -1.1E
2 M	01:24, 08:06, 13:36, 20:24	04:30 0.9F, 10:30 -1.0E, 16:06 1.0F, 23:30 -1.1E
3 Tu	02:18, 08:54, 14:30, 21:12	05:24 0.9F, 11:18 -0.9E, 17:00 1.0F
4 W	03:12, 09:48, 15:18, 22:00	00:06 -1.1E, 06:06 0.9F, 12:06 -0.9E, 17:36 1.0F
5 Th	04:00, 10:36, 16:00, 22:42	00:48 -1.1E, 06:48 0.9F, 12:48 -0.9E, 18:18 1.0F
6 F	04:42, 11:18, 16:48, 23:24	01:24 -1.1E, 07:24 0.9F, 13:36 -1.0E, 19:00 1.1F
7 Sa	05:24, 12:00, 17:30	02:06 -1.2E, 08:06 1.0F, 14:24 -1.0E, 19:48 1.1F
8 Su	00:06, 06:06, 12:42, 18:12	02:48 -1.3E, 08:24 1.0F, 15:06 -1.1E, 20:30 1.1F
9 M	00:48, 06:48, 13:24, 18:54	03:24 -1.3E, 09:06 1.1F, 15:48 -1.2E, 21:12 1.2F
10 Tu	01:30, 07:30, 14:06, 19:36	04:12 -1.4E, 09:42 1.2F, 16:36 -1.2E, 22:00 1.3F
11 W	02:12, 08:12, 14:42, 20:24	05:00 -1.5E, 10:30 1.2F, 17:24 -1.3E, 22:48 1.3F
12 Th	03:00, 08:54, 15:24, 21:12	05:48 -1.5E, 11:12 1.3F, 18:12 -1.4E, 23:36 1.3F
13 F	03:48, 09:36, 16:12, 22:06	06:36 -1.5E, 12:00 1.4F, 19:00 -1.4E
14 Sa	04:42, 10:24, 17:00, 23:00	00:24 1.3F, 07:24 -1.5E, 12:48 1.4F, 19:54 -1.4E
15 Su	05:36, 11:18, 18:00	01:18 1.3F, 08:18 -1.4E, 13:36 1.4F, 20:48 -1.4E
16 M	00:00, 06:42, 12:12, 19:00	02:06 1.2F, 09:12 -1.3E, 14:30 1.3F, 21:42 -1.4E
17 Tu	01:00, 07:42, 13:12, 20:00	03:06 1.1F, 10:12 -1.2E, 15:24 1.2F, 22:42 -1.4E
18 W	02:00, 08:48, 14:12, 21:06	04:12 1.0F, 11:12 -1.2E, 16:24 1.2F, 23:48 -1.4E
19 Th	03:06, 09:54, 15:12, 22:12	05:12 1.0F, 12:12 -1.2E, 17:18 1.2F
20 F	04:00, 10:54, 16:12, 23:12	00:54 -1.4E, 06:00 1.0F, 13:18 -1.2E, 18:18 1.2F
21 Sa	04:54, 11:48, 17:06	02:00 -1.4E, 07:48 1.0F, 14:24 -1.2E, 19:18 1.1F
22 Su	00:06, 05:48, 12:42, 18:00	03:00 -1.5E, 09:12 1.0F, 15:18 -1.3E, 20:18 1.1F
23 M	01:00, 06:42, 13:30, 18:54	03:48 -1.5E, 10:00 1.0F, 16:12 -1.3E, 21:24 1.1F
24 Tu	01:54, 07:30, 14:18, 19:48	04:42 -1.4E, 10:36 1.1F, 17:00 -1.3E, 22:36 1.1F
25 W	02:42, 08:18, 15:06, 20:42	05:30 -1.4E, 11:06 1.1F, 17:54 -1.3E, 23:24 1.1F
26 Th	03:30, 09:06, 15:54, 21:30	06:18 -1.3E, 11:42 1.1F, 18:42 -1.3E
27 F	04:18, 09:54, 16:36, 22:18	00:12 1.1F, 07:06 -1.3E, 12:18 1.1F, 19:24 -1.3E
28 Sa	05:06, 10:36, 17:24, 23:12	00:54 1.1F, 07:36 -1.2E, 12:54 1.1F, 20:06 -1.2E
29 Su	05:54, 11:24, 18:12	01:36 1.0F, 08:06 -1.1E, 13:36 1.0F, 20:48 -1.1E
30 M	00:00, 06:42, 12:12, 18:54	02:24 1.0F, 09:00 -1.0E, 14:24 1.0F, 21:30 -1.1E
31 Tu	00:54, 07:30, 13:00, 19:42	03:24 0.9F, 09:48 -0.9E, 15:18 0.9F, 22:18 -1.0E

September

Day	Slack (h m)	Maximum (h m / knots)
1 W	01:42, 08:18, 13:54, 20:30	04:36 0.9F, 10:36 -0.9E, 16:06 0.9F, 23:06 -1.0E
2 Th	02:36, 09:12, 14:42, 21:18	05:24 0.9F, 11:24 -0.9E, 17:00 0.9F, 23:54 -1.0E
3 F	03:24, 10:00, 15:30, 22:06	06:00 0.9F, 12:12 -0.9E, 17:42 1.0F
4 Sa	04:06, 10:42, 16:12, 22:48	00:36 -1.1E, 06:24 0.9F, 13:00 -1.0E, 18:24 1.0F
5 Su	04:48, 11:24, 17:00, 23:36	01:24 -1.2E, 07:00 1.0F, 13:48 -1.1E, 19:12 1.1F
6 M	05:30, 12:06, 17:42	02:12 -1.3E, 07:42 1.1F, 14:36 -1.2E, 20:00 1.2F
7 Tu	00:18, 06:12, 12:48, 18:30	03:00 -1.4E, 08:24 1.1F, 15:18 -1.3E, 20:48 1.2F
8 W	01:06, 06:54, 13:30, 19:12	03:42 -1.4E, 09:12 1.2F, 16:06 -1.4E, 21:36 1.3F
9 Th	01:54, 07:36, 14:12, 20:06	04:30 -1.5E, 09:54 1.3F, 16:54 -1.5E, 22:24 1.4F
10 F	02:42, 08:24, 14:54, 20:54	05:24 -1.5E, 10:42 1.4F, 17:48 -1.5E, 23:12 1.4F
11 Sa	03:30, 09:12, 15:42, 21:48	06:12 -1.5E, 11:30 1.4F, 18:42 -1.6E
12 Su	04:24, 10:00, 16:36, 22:42	00:06 1.4F, 07:06 -1.4E, 12:18 1.4F, 19:30 -1.5E
13 M	05:24, 10:54, 17:36, 23:36	00:54 1.3F, 07:54 -1.4E, 13:12 1.4F, 20:24 -1.5E
14 Tu	06:24, 11:48, 18:36	01:48 1.2F, 08:54 -1.3E, 14:00 1.3F, 21:24 -1.4E
15 W	00:36, 07:30, 12:48, 19:48	02:42 1.1F, 09:48 -1.2E, 15:00 1.2F, 22:24 -1.3E
16 Th	01:42, 08:36, 13:54, 20:54	03:48 1.0F, 10:54 -1.1E, 16:00 1.1F, 23:30 -1.3E
17 F	02:42, 09:12, 14:54, 21:54	05:00 0.9F, 12:00 -1.1E, 17:06 1.0F
18 Sa	03:42, 10:36, 15:54, 22:54	00:42 -1.3E, 06:42 0.9F, 13:12 -1.2E, 18:12 1.0F
19 Su	04:36, 11:30, 16:54, 23:48	01:54 -1.4E, 08:06 1.0F, 14:18 -1.3E, 19:24 1.1F
20 M	05:24, 12:18, 17:48	02:48 -1.4E, 08:54 1.1F, 15:12 -1.3E, 20:54 1.1F
21 Tu	00:42, 06:12, 13:06, 18:36	03:36 -1.4E, 09:30 1.1F, 16:00 -1.4E, 21:54 1.1F
22 W	01:30, 07:00, 13:54, 19:30	04:24 -1.4E, 10:06 1.1F, 16:42 -1.4E, 22:42 1.1F
23 Th	02:18, 07:48, 14:36, 20:18	05:06 -1.3E, 10:36 1.1F, 17:30 -1.4E, 23:24 1.2F
24 F	03:06, 08:36, 15:18, 21:06	05:42 -1.3E, 11:06 1.1F, 18:12 -1.3E, 23:54 1.1F
25 Sa	03:48, 09:24, 16:00, 21:54	06:24 -1.2E, 11:42 1.1F, 18:48 -1.3E
26 Su	04:36, 10:06, 16:42, 22:42	00:36 1.1F, 07:06 -1.1E, 12:24 1.1F, 19:30 -1.2E
27 M	05:18, 10:54, 17:30, 23:30	01:12 1.1F, 07:42 -1.1E, 13:06 1.1F, 20:06 -1.2E
28 Tu	06:06, 11:36, 18:12	01:48 1.0F, 08:24 -1.0E, 13:48 1.0F, 20:48 -1.1E
29 W	00:18, 06:54, 12:24, 19:00	02:30 0.9F, 09:06 -0.9E, 14:36 0.9F, 21:36 -1.0E
30 Th	01:06, 07:42, 13:18, 19:48	03:24 0.9F, 09:54 -0.9E, 15:24 0.9F, 22:24 -1.0E

NOAA Tidal Current Predictions

Portsmouth Harbor Entrance, 2021
Latitude: 43.0624° N Longitude: 70.7053° W
Mean Flood Dir. 346° (T) Mean Ebb Dir. 196° (T)
Times and speeds of maximum and minimum current, in knots

October

Day	Slack (h m)	Maximum (h m)	knots
1 F	01:54 08:30 14:06 20:36	04:18 10:48 16:18 23:12	0.9F -0.9E 0.9F -1.0E
2 Sa	02:42 09:18 14:54 21:30	05:00 11:36 17:06	0.9F -0.9E 0.9F
3 Su	03:30 10:06 15:42 22:18	00:00 05:42 12:24 17:54	-1.1E 1.0F -1.0E 1.0F
4 M	04:12 10:48 16:30 23:06	00:54 06:24 13:18 18:42	-1.2E 1.0F -1.1E 1.1F
5 Tu	04:54 11:30 17:18 23:54	01:42 07:06 14:06 19:30	-1.3E 1.1F -1.3E 1.2F
6 W ●	05:36 12:18 18:06	02:30 07:54 14:54 20:24	-1.4E 1.2F -1.4E 1.3F
7 Th	00:42 06:24 13:00 18:54	03:18 08:36 15:42 21:12	-1.4E 1.3F -1.5E 1.3F
8 F	01:36 07:06 13:42 19:42	04:06 09:30 16:36 22:00	-1.5E 1.4F -1.6E 1.4F
9 Sa	02:24 07:54 14:30 20:36	05:00 10:18 17:24 22:54	-1.5E 1.4F -1.6E 1.4F
10 Su	03:18 08:48 15:24 21:30	05:48 11:06 18:18 23:42	-1.5E 1.5F -1.6E 1.3F
11 M	04:12 09:36 16:18 22:24	06:42 11:54 19:12	-1.4E 1.4F -1.6E
12 Tu	05:12 10:30 17:18 23:18	00:36 07:36 12:48 20:06	1.3F -1.3E 1.3F -1.5E
13 W ◑	06:12 11:30 18:24	01:24 08:36 13:42 21:06	1.2F -1.2E 1.2F -1.4E
14 Th	00:18 07:12 12:30 19:30	02:24 09:36 14:36 22:06	1.0F -1.1E 1.1F -1.3E
15 F	01:18 08:18 13:36 20:36	03:24 10:36 15:42 23:18	0.9F -1.1E 1.0F -1.2E
16 Sa	02:18 09:18 14:42 21:36	05:30 11:54 16:54	0.9F -1.1E 0.9F
17 Su	03:18 10:12 15:42 22:36	00:30 06:42 13:06 18:36	-1.2E 1.0F -1.2E 1.0F
18 M	04:06 11:06 16:36 23:30	01:42 07:36 14:06 19:54	-1.3E 1.0F -1.3E 1.0F
19 Tu	05:00 11:54 17:30	02:36 08:12 15:00 20:48	-1.3E 1.0F -1.4E 1.1F
20 W ○	00:18 05:48 12:36 18:18	03:18 08:48 15:42 21:36	-1.3E 1.1F -1.4E 1.1F
21 Th	01:06 06:30 13:24 19:06	04:00 09:24 16:24 22:18	-1.3E 1.1F -1.4E 1.1F
22 F	01:54 07:18 14:06 19:54	04:36 09:54 17:00 22:54	-1.2E 1.1F -1.4E 1.2F
23 Sa	02:36 08:06 14:42 20:42	05:06 10:30 17:36 23:36	-1.2E 1.1F -1.4E 1.1F
24 Su	03:18 15:24 21:24	05:48 11:06 18:12	-1.1E 1.1F -1.3E
25 M	04:06 09:36 16:06 22:12	00:12 06:30 11:48 18:48	1.1F -1.1E 1.1F -1.3E
26 Tu	04:48 10:18 16:48 22:54	00:42 07:06 12:30 19:30	1.1F -1.0E 1.1F -1.2E
27 W	05:36 11:06 17:30 23:42	01:12 07:48 13:12 20:12	1.0F -1.0E 1.0F -1.1E
28 Th ◑	06:18 11:48 18:18	01:54 08:36 14:00 20:54	1.0F -0.9E 1.0F -1.1E
29 F	00:24 07:06 12:36 19:06	02:36 09:24 14:48 21:42	0.9F -0.9E 0.9F -1.1E
30 Sa	01:12 07:54 13:30 20:00	03:24 10:12 15:42 22:36	0.9F -0.9E 0.9F -1.1E
31 Su	02:00 08:42 14:24 20:48	04:12 11:06 16:36 23:24	1.0F -1.0E 1.0F -1.1E

November

Day	Slack (h m)	Maximum (h m)	knots
1 M	02:48 09:30 15:12 21:42	05:00 11:54 17:24	1.0F -1.1E 1.0F
2 Tu	03:36 10:12 16:06 22:36	00:18 05:48 12:48 18:18	-1.2E 1.1F -1.2E 1.1F
3 W	04:18 11:00 16:54 23:30	01:12 06:36 13:42 19:06	-1.3E 1.2F -1.4E 1.2F
4 Th ○	05:06 11:48 17:42	02:06 07:24 14:30 20:00	-1.4E 1.3F -1.5E 1.3F
5 F	00:24 05:54 12:36 18:36	02:54 08:12 15:24 20:48	-1.4E 1.4F -1.6E 1.3F
6 Sa	01:18 06:42 13:24 19:24	03:48 09:00 16:12 21:42	-1.4E 1.4F -1.7E 1.3F
7 Su	02:12 14:12 20:18	04:36 09:54 17:06 22:30	-1.4E 1.5F -1.7E 1.3F
8 M	03:06 08:24 15:06 21:12	05:30 10:42 18:00 23:24	-1.4E 1.4F -1.7E 1.3F
9 Tu	04:00 09:18 16:06 22:06	06:24 11:36 18:54	-1.3E 1.4F -1.6E
10 W	05:00 10:18 17:06 23:00	00:18 07:18 12:24 19:48	1.2F -1.3E 1.3F -1.5E
11 Th ◑	06:00 11:12 18:06	01:06 08:18 13:18 20:48	1.1F -1.2E 1.1F -1.4E
12 F	00:00 07:00 12:06 19:12	02:00 09:18 14:18 21:48	1.0F -1.1E 1.0F -1.3E
13 Sa	00:54 07:54 13:18 20:12	03:06 10:24 15:24 23:00	0.9F -1.1E 0.9F -1.2E
14 Su	01:54 14:18 21:18	05:18 11:42 17:30	0.9F -1.1E 0.9F
15 M	02:48 09:48 15:18 22:12	00:12 06:12 12:54 18:36	-1.2E 1.0F -1.2E 1.0F
16 Tu	03:42 10:36 16:18 23:06	01:18 06:54 13:54 19:36	-1.2E 1.0F -1.3E 1.0F
17 W	04:30 11:24 17:06 23:54	02:12 07:30 14:42 20:24	-1.2E 1.0F -1.4E 1.1F
18 Th	05:18 12:06 17:54	02:54 08:06 15:24 21:06	-1.2E 1.1F -1.4E 1.1F
19 F ○	00:42 06:00 12:48 18:42	03:30 08:42 15:54 21:54	-1.2E 1.1F -1.4E 1.1F
20 Sa	01:24 06:48 13:30 19:30	04:00 09:18 16:24 22:30	-1.2E 1.1F -1.4E 1.1F
21 Su	02:06 07:36 14:12 20:12	04:30 09:54 16:54 23:12	-1.1E 1.1F -1.3E 1.1F
22 M	02:54 08:18 14:48 20:54	05:12 10:36 17:30 23:36	-1.1E 1.1F -1.3E 1.1F
23 Tu	03:36 09:00 15:30 21:42	05:54 11:18 18:12	-1.0E 1.1F -1.3E
24 W	04:18 09:42 16:06 22:18	00:06 06:36 12:00 18:54	1.1F -1.0E 1.1F -1.2E
25 Th	05:00 10:36 16:48 23:00	00:36 07:18 12:42 19:36	1.1F -1.0E 1.1F -1.2E
26 F ◑	05:42 11:12 17:36 23:48	01:18 08:00 13:24 20:24	1.1F -1.0E 1.0F -1.2E
27 Sa ○	06:30 12:00 18:24	02:00 08:48 14:12 21:12	1.0F -1.0E 1.0F -1.2E
28 Su	00:30 07:12 12:54 19:18	02:42 09:42 15:06 22:00	0.9F -1.0E 1.0F -1.2E
29 M	01:18 13:48 20:18	03:36 10:30 16:00 22:54	1.1F -1.1E 0.9F -1.2E
30 Tu	02:06 08:48 14:42 21:18	00:12 04:24 11:30 16:54 23:48	-1.2E 1.1F -1.2E 1.1F 1.0F

December

Day	Slack (h m)	Maximum (h m)	knots
1 W	03:00 09:42 15:36 22:12	05:18 12:24 17:48	1.2F -1.3E 1.1F
2 Th	03:48 10:30 16:30 23:12	00:48 06:06 13:18 18:42	-1.3E 1.3F -1.5E 1.2F
3 F	04:36 11:24 17:24	01:42 06:54 14:12 19:36	-1.3E 1.4F -1.6E 1.2F
4 Sa ●	00:06 05:30 12:12 18:18	02:36 07:42 15:06 20:30	-1.4E 1.4F -1.7E 1.2F
5 Su	01:00 06:18 13:06 19:12	03:24 08:36 15:54 21:24	-1.4E 1.4F -1.7E 1.2F
6 M	01:54 07:12 14:00 20:06	04:18 09:30 16:48 22:18	-1.4E 1.4F -1.7E 1.2F
7 Tu	02:54 08:06 14:54 20:54	05:12 10:24 17:42 23:06	-1.3E 1.4F -1.6E 1.2F
8 W	03:48 09:06 15:54 21:48	06:12 11:12 18:42	-1.3E 1.3F -1.5E
9 Th	04:42 10:00 16:54 22:42	00:00 07:06 12:06 19:36	1.1F -1.2E 1.2F -1.4E
10 F	05:42 11:00 17:54 23:36	00:54 08:00 13:06 20:30	1.1F -1.2E 1.1F -1.3E
11 Sa ◑	06:36 12:00 18:54	01:42 09:00 14:00 21:30	1.0F -1.1E 1.0F -1.2E
12 Su	00:30 07:30 13:00 19:48	02:48 10:12 15:06 22:36	1.0F -1.1E 0.9F -1.1E
13 M	01:24 08:24 14:00 20:48	04:30 11:24 17:18 23:42	0.9F -1.2E 0.9F -1.1E
14 Tu	02:18 09:18 15:00 21:42	05:24 12:30 18:18	1.0F -1.2E 0.9F
15 W	03:12 10:06 15:48 22:36	00:48 06:12 13:24 19:06	-1.1E 1.0F -1.3E 1.0F
16 Th	04:00 10:54 16:42 23:24	01:42 06:48 14:18 19:54	-1.1E 1.1F -1.3E 1.0F
17 F	04:48 11:36 17:30	02:24 07:18 15:00 20:42	-1.1E 1.1F -1.4E 1.1F
18 Sa	00:12 05:30 12:18 18:12	03:00 08:00 15:24 21:18	-1.1E 1.1F -1.4E 1.1F
19 Su ○	06:18 13:00 19:00	03:24 08:42 15:48 22:00	-1.1E 1.1F -1.3E 1.1F
20 M	01:36 07:00 13:42 19:42	04:00 09:24 16:18 22:36	-1.1E 1.1F -1.3E 1.1F
21 Tu	02:18 07:48 14:18 20:24	04:36 10:06 17:00 22:54	-1.0E 1.1F -1.3E 1.1F
22 W	03:00 08:30 14:54 21:06	05:18 10:42 17:36 23:24	-1.0E 1.1F -1.3E 1.1F
23 Th	03:42 09:12 15:36 21:48	06:00 11:24 18:24	-1.0E 1.1F -1.3E
24 F	04:24 09:54 16:18 22:24	00:06 06:48 12:12 19:06	1.1F -1.1E 1.1F -1.3E
25 Sa	05:06 10:36 17:06 23:06	00:42 07:30 12:54 19:54	1.1F -1.1E 1.1F -1.3E
26 Su	05:48 11:24 17:54 23:54	01:24 08:18 13:42 20:42	1.1F -1.1E 1.1F -1.3E
27 M ◑	06:36 12:18 18:48	02:12 09:12 14:36 21:36	1.2F -1.2E 1.1F -1.3E
28 Tu	00:42 07:24 13:18 19:48	03:00 10:06 15:30 22:30	1.2F -1.2E 1.1F -1.2E
29 W	01:30 08:18 14:18 20:48	03:54 11:00 16:30 23:24	1.2F -1.3E 1.1F -1.2E
30 Th	02:24 09:12 15:12 21:54	04:48 11:54 17:24	1.3F -1.4E 1.1F
31 F	03:18 10:06 16:12 22:54	00:18 05:36 12:54 18:18	-1.3E 1.3F -1.5E 1.2F

Station ID: BOS1111 Depth: 28 feet
Source: NOAA/NOS/CO-OPS
Station Type: Harmonic
Time Zone: LST

NOAA Tidal Current Predictions

Boston Harbor (Deer Island Light), 2021
Latitude: 42.3378° N Longitude: 70.9558° W
Mean Flood Dir. 265° (T) Mean Ebb Dir. 100° (T)
Times and speeds of maximum and minimum current, in knots

January

Day	Slack (h m)	Maximum (h m, knots)
1 F	00:36, 06:24, 12:42, 19:06	04:00 -1.0E, 08:30 1.2F, 16:24 -1.3E, 21:12 1.2F
2 Sa	01:12, 07:12, 13:24, 19:48	04:24 -1.1E, 09:18 1.3F, 16:54 -1.3E, 21:54 1.3F
3 Su	01:54, 08:00, 14:12, 20:36	05:00 -1.1E, 10:06 1.4F, 17:36 -1.2E, 22:36 1.3F
4 M	02:36, 08:54, 15:06, 21:24	05:48 -1.1E, 11:00 1.4F, 18:24 -1.2E, 23:24 1.3F
5 Tu	03:24, 09:42, 15:54, 22:12	06:42 -1.1E, 11:54 1.3F, 19:18 -1.2E
6 W ◑	04:18, 10:42, 16:48, 23:06	00:18 1.4F, 07:48 -1.2E, 12:54 1.3F, 20:18 -1.2E
7 Th	05:12, 11:42, 17:48	01:18 1.4F, 08:54 -1.2E, 13:54 1.3F, 21:24 -1.2E
8 F	00:00, 06:12, 12:42, 18:48	02:18 1.4F, 10:18 -1.3E, 15:00 1.3F, 22:36 -1.2E
9 Sa	01:00, 07:06, 13:42, 19:48	03:12 1.4F, 11:24 -1.4E, 16:42 1.3F, 23:42 -1.3E
10 Su	01:54, 08:06, 14:36, 20:48	04:24 1.4F, 12:18 -1.5E, 17:48 1.4F
11 M	02:48, 09:06, 15:36, 21:48	00:42 -1.3E, 05:36 1.4F, 13:18 -1.6E, 18:48 1.4F
12 Tu	03:48, 10:00, 16:30, 22:48	01:36 -1.4E, 06:42 1.4F, 14:12 -1.6E, 19:42 1.5F
13 W ●	04:42, 11:00, 17:24, 23:42	02:36 -1.4E, 07:42 1.4F, 15:06 -1.7E, 20:42 1.5F
14 Th	05:36, 11:54, 18:12	03:30 -1.4E, 08:48 1.4F, 15:54 -1.7E, 21:36 1.5F
15 F	00:36, 06:24, 12:42, 19:00	04:18 -1.4E, 09:48 1.4F, 16:42 -1.6E, 22:24 1.4F
16 Sa	01:24, 07:18, 13:36, 19:48	05:06 -1.4E, 10:36 1.3F, 17:30 -1.5E, 23:12 1.3F
17 Su	02:06, 08:06, 14:24, 20:36	05:54 -1.3E, 11:30 1.2F, 18:18 -1.3E
18 M	02:48, 08:54, 15:06, 21:18	00:00 1.2F, 06:48 -1.2E, 12:24 1.1F, 19:12 -1.2E
19 Tu	03:30, 09:42, 15:54, 22:06	00:54 1.1F, 07:36 -1.1E, 13:18 1.1F, 20:00 -1.0E
20 W ◐	04:18, 10:36, 16:42, 22:54	01:42 1.0F, 08:24 -1.0E, 14:12 1.0F, 20:48 -0.9E
21 Th	05:00, 11:24, 17:36, 23:42	02:30 1.0F, 09:18 -1.0E, 15:00 1.0F, 21:36 -0.8E
22 F	05:54, 12:18, 18:30	03:18 0.9F, 10:12 -0.9E, 15:54 0.9F, 22:30 -0.8E
23 Sa	00:30, 06:42, 13:06, 19:24	04:06 0.9F, 11:06 -1.0E, 16:48 1.0F, 23:24 -0.8E
24 Su	01:18, 07:30, 14:00, 20:12	03:18 0.8F, 05:00 0.9F, 11:54 -1.0E, 17:42 1.0F
25 M	02:06, 08:18, 14:48	00:06 -0.8E, 04:12 0.8F, 05:48 0.9F, 12:36 -1.1E, 18:30 1.0F ***************
26 Tu	02:54, 09:06, 15:36, 22:00	00:54 -0.8E, 05:06 0.9F, 13:24 -1.1E, 19:12 1.0F
27 W	03:42, 09:54, 16:24, 22:42	01:42 -0.9E, 05:48 1.0F, 14:12 -1.2E, 19:48 1.1F
28 Th ○	04:30, 10:48, 17:12, 23:24	02:30 -1.0E, 06:36 1.1F, 14:54 -1.2E, 19:24 1.1F
29 F	05:18, 11:36, 17:54	03:06 -1.0E, 07:24 1.2F, 15:30 -1.3E, 20:00 1.2F
30 Sa	00:06, 06:06, 12:18, 18:36	03:42 -1.1E, 08:12 1.3F, 16:06 -1.3E, 20:42 1.3F
31 Su	00:42, 06:54, 13:06, 19:18	04:12 -1.2E, 09:00 1.4F, 16:36 -1.3E, 21:30 1.4F

February

Day	Slack (h m)	Maximum (h m, knots)
1 M	01:24, 07:42, 13:54, 20:06	04:48 -1.3E, 09:48 1.5F, 17:12 -1.3E, 22:12 1.5F
2 Tu	02:12, 08:30, 14:42, 20:54	05:24 -1.3E, 10:42 1.5F, 18:00 -1.3E, 23:00 1.5F
3 W	03:00, 09:24, 15:30, 21:42	06:18 -1.3E, 11:30 1.4F, 18:54 -1.3E, 23:54 1.5F
4 Th ◐	03:48, 10:18, 16:24, 22:36	07:24 -1.3E, 12:30 1.4F, 19:54 -1.2E
5 F	04:42, 11:18, 17:24, 23:36	00:54 1.5F, 08:36 -1.3E, 13:36 1.3F, 20:54 -1.2E
6 Sa	05:42, 12:18, 18:24	01:48 1.4F, 09:54 -1.3E, 14:48 1.3F, 22:18 -1.2E
7 Su	00:30, 06:42, 13:18, 19:30	02:48 1.4F, 11:06 -1.4E, 16:36 1.3F, 23:30 -1.2E
8 M	01:30, 07:42, 14:18, 20:36	04:06 1.3F, 12:06 -1.5E, 17:36 1.3F
9 Tu	02:30, 08:48, 15:18, 21:42	00:30 -1.3E, 05:42 1.4F, 13:00 -1.6E, 18:36 1.4F
10 W	03:30, 09:48, 16:12, 22:36	01:24 -1.3E, 06:48 1.3F, 13:54 -1.6E, 19:30 1.4F
11 Th ●	04:24, 10:48, 17:06, 23:30	02:18 -1.4E, 07:42 1.4F, 14:48 -1.6E, 20:24 1.4F
12 F	05:18, 11:42, 17:54	03:12 -1.4E, 08:42 1.4F, 15:36 -1.6E, 21:18 1.4F
13 Sa	00:18, 06:06, 12:30, 18:36	04:00 -1.4E, 09:36 1.4F, 16:24 -1.5E, 22:00 1.4F
14 Su	01:00, 07:00, 13:12, 19:18	04:42 -1.4E, 10:24 1.3F, 17:06 -1.4E, 22:42 1.3F
15 M	01:36, 07:42, 14:00, 20:00	05:30 -1.3E, 11:06 1.3F, 17:48 -1.3E, 23:24 1.2F
16 Tu	02:18, 08:30, 14:36, 20:42	06:12 -1.2E, 11:54 1.2F, 18:30 -1.1E
17 W	02:54, 09:12, 15:18, 21:24	00:06 1.1F, 07:00 -1.1E, 12:48 1.1F, 19:12 -1.0E, 23:42 1.0F
18 Th	03:36, 10:00, 16:06, 22:12	07:42 -1.0E, 13:36 1.0F, 19:48 -0.8E
19 F ◐	04:18, 10:48, 17:00, 23:00	00:18 0.9F, 08:30 -0.9E, 14:24 0.9F, 20:24 -0.8E
20 Sa	05:06, 11:42, 17:54, 23:48	01:00 0.9F, 09:24 -0.9E, 15:18 0.9F, 21:30 -0.7E
21 Su	06:00, 12:36, 18:48	01:48 0.9F, 10:24 -0.9E, 16:18 0.9F, 22:42 -0.7E
22 M	00:42, 06:48, 13:24, 19:42	02:36 0.8F, 11:18 -0.9E, 17:12 0.9F, 23:42 -0.7E
23 Tu	01:36, 07:42, 14:18, 20:36	03:30 0.8F, 12:06 -1.0E, 18:00 0.9F
24 W	02:24, 08:36, 15:06, 21:24	00:24 -0.8E, 04:24 0.9F, 12:54 -1.1E, 18:42 1.0F
25 Th	03:18, 09:30, 15:54, 22:12	01:12 -0.9E, 05:24 1.0F, 13:42 -1.2E, 19:12 1.0F
26 F	04:06, 10:24, 16:42, 22:54	02:00 -1.0E, 06:12 1.1F, 14:24 -1.2E, 18:54 1.1F
27 Sa ○	04:54, 11:12, 17:24, 23:36	02:42 -1.1E, 07:00 1.3F, 15:06 -1.3E, 19:36 1.3F
28 Su	05:42, 12:00, 18:06	03:24 -1.3E, 07:54 1.4F, 15:42 -1.4E, 20:18 1.4F

March

Day	Slack (h m)	Maximum (h m, knots)
1 M	00:18, 06:30, 12:42, 18:54	03:54 -1.4E, 08:42 1.5F, 16:18 -1.4E, 21:06 1.6F
2 Tu	01:00, 07:18, 13:30, 19:36	04:30 -1.4E, 09:36 1.6F, 16:54 -1.4E, 21:54 1.7F
3 W	01:48, 08:12, 14:18, 20:24	05:12 -1.5E, 10:24 1.6F, 17:30 -1.4E, 22:42 1.7F
4 Th	02:36, 09:00, 15:06, 21:18	06:00 -1.5E, 11:12 1.5F, 18:24 -1.3E, 23:30 1.6F
5 F	03:24, 10:00, 16:00, 22:12	07:12 -1.4E, 12:12 1.4F, 19:30 -1.2E
6 Sa ◑	04:18, 10:54, 17:06, 23:12	00:30 1.5F, 08:24 -1.4E, 13:24 1.3F, 20:42 -1.1E
7 Su	05:18, 12:00, 18:12	01:30 1.4F, 09:36 -1.3E, 15:00 1.2F, 22:00 -1.1E
8 M	00:12, 06:24, 13:00, 19:18	02:36 1.3F, 10:48 -1.4E, 16:24 1.2F, 23:12 -1.1E
9 Tu	01:12, 07:30, 14:00, 20:24	04:24 1.2F, 11:48 -1.5E, 17:24 1.3F
10 W	02:12, 08:30, 15:00, 21:24	00:12 -1.2E, 05:42 1.2F, 12:42 -1.5E, 18:18 1.4F
11 Th	03:12, 09:36, 15:54, 22:18	01:06 -1.3E, 06:36 1.3F, 13:36 -1.5E, 19:12 1.4F
12 F	04:06, 10:24, 16:42, 23:06	02:00 -1.4E, 07:30 1.3F, 14:24 -1.5E, 20:00 1.4F
13 Sa ●	05:00, 11:24, 17:24, 23:48	02:54 -1.4E, 08:24 1.3F, 15:12 -1.5E, 20:48 1.4F
14 Su	05:48, 12:06, 18:06	03:36 -1.4E, 09:12 1.3F, 16:00 -1.4E, 21:36 1.3F
15 M	00:24, 06:30, 12:48, 18:48	04:18 -1.4E, 10:00 1.3F, 16:36 -1.3E, 22:12 1.3F
16 Tu	01:06, 07:12, 13:24, 19:30	05:00 -1.3E, 10:42 1.3F, 17:12 -1.2E, 22:42 1.2F
17 W	01:42, 07:54, 14:06, 20:06	05:36 -1.2E, 11:18 1.2F, 17:42 -1.1E, 22:24 1.1F
18 Th	02:18, 08:42, 14:48, 20:48	06:06 -1.1E, 12:06 1.1F, 17:54 -0.9E, 22:54 1.1F
19 F	03:00, 09:24, 15:36, 21:30	06:42 -1.0E, 13:00 1.0F, 18:30 -0.8E, 23:36 1.0F
20 Sa	03:42, 10:12, 16:24, 22:18	07:12 -0.9E, 13:48 0.9F, 19:12 -0.7E
21 Su ◐	04:30, 11:06, 17:18	08:00 -0.9E, 13:12 0.8F, 14:42 0.9F, 20:06 -0.7E ***************
22 M	05:18, 12:00, 18:18	01:12 0.9F, 09:30 -0.9E, 14:00 0.8F, 15:42 0.8F, 21:48 -0.6E
23 Tu	00:06, 06:18, 12:54, 19:12	02:00 0.9F, 10:42 -0.9E, 14:54 0.8F, 16:42 0.8F, 23:06 -0.7E
24 W	01:00, 07:30, 14:00, 20:00	02:54 0.9F, 11:36 -1.0E, 17:30 0.9F
25 Th	01:54, 08:12, 14:36, 20:48	00:00 -0.8E, 03:54 0.9F, 12:24 -1.1E, 18:06 1.0F
26 F	02:48, 09:06, 15:24, 21:36	00:42 -0.9E, 05:00 1.0F, 13:12 -1.2E, 17:42 1.1F
27 Sa	03:42, 09:54, 16:12, 22:18	01:30 -1.1E, 05:54 1.2F, 13:54 -1.3E, 18:24 1.2F
28 Su ○	04:30, 10:48, 16:54, 23:06	02:12 -1.2E, 06:48 1.3F, 14:36 -1.4E, 19:06 1.4F
29 M	05:18, 11:30, 17:42, 23:48	03:00 -1.4E, 07:36 1.5F, 15:18 -1.4E, 19:54 1.6F
30 Tu	06:06, 12:18, 18:24	03:36 -1.5E, 08:24 1.5F, 15:54 -1.5E, 20:42 1.7F
31 W	00:36, 07:00, 13:06, 19:12	04:18 -1.6E, 09:18 1.6F, 16:30 -1.5E, 21:30 1.7F

Station ID: BOS1111 Depth: 28 feet
Source: NOAA/NOS/CO-OPS
Station Type: Harmonic
Time Zone: LST

NOAA Tidal Current Predictions

Boston Harbor (Deer Island Light), 2021
Latitude: 42.3378° N Longitude: 70.9558° W
Mean Flood Dir. 265° (T) Mean Ebb Dir. 100° (T)
Times and speeds of maximum and minimum current, in knots

April

Day	Slack (h m)	Maximum (h m)	knots
1 Th	01:24 / 07:48 / 13:54 / 20:00	05:00 / 10:06 / 17:12 / 22:18	-1.6E / 1.6F / -1.4E / 1.7F
2 F	02:12 / 08:42 / 14:48 / 20:54	05:54 / 11:00 / 18:12 / 23:12	-1.5E / 1.5F / -1.3E / 1.6F
3 Sa	03:00 / 09:36 / 15:42 / 21:48	07:00 / 11:54 / 19:24	-1.4E / 1.4F / -1.2E
4 Su	04:00 / 10:36 / 16:48 / 22:48	00:06 / 08:12 / 13:42 / 20:36	1.4F / -1.4E / 1.3F / -1.1E
5 M	05:00 / 11:36 / 17:54 / 23:54	01:12 / 09:24 / 15:00 / 21:48	1.3F / -1.3E / 1.2F / -1.1E
6 Tu	06:06 / 12:42 / 19:00	02:54 / 10:30 / 16:06 / 22:54	1.2F / -1.3E / 1.2F / -1.1E
7 W	00:54 / 07:12 / 13:36 / 20:06	04:24 / 11:30 / 17:06 / 23:54	1.1F / -1.4E / 1.2F / -1.2E
8 Th	01:54 / 08:18 / 14:36 / 21:00	05:24 / 12:24 / 18:00	1.2F / -1.4E / 1.3F
9 F	02:54 / 09:18 / 15:24 / 21:54	00:48 / 06:18 / 13:12 / 18:48	-1.3E / 1.3F / -1.4E / 1.3F
10 Sa	03:48 / 10:12 / 16:12 / 22:36	01:36 / 07:12 / 14:00 / 19:36	-1.4E / 1.3F / -1.4E / 1.3F
11 Su	04:36 / 10:54 / 16:54 / 23:12	02:24 / 08:00 / 14:48 / 20:18	-1.4E / 1.3F / -1.4E / 1.3F
12 M ●	05:18 / 11:36 / 17:36 / 23:54	03:12 / 08:48 / 15:30 / 21:06	-1.4E / 1.3F / -1.3E / 1.3F
13 Tu	06:00 / 12:18 / 18:12	03:54 / 09:30 / 16:06 / 21:42	-1.4E / 1.3F / -1.2E / 1.2F
14 W	00:30 / 06:42 / 12:54 / 18:54	04:30 / 10:12 / 16:36 / 21:48	-1.3E / 1.2F / -1.1E / 1.2F
15 Th	01:06 / 07:24 / 13:36 / 19:36	05:00 / 10:48 / 17:00 / 21:42	-1.2E / 1.2F / -1.0E / 1.1F
16 F	01:42 / 08:06 / 14:18 / 20:18	05:18 / 10:30 / 17:18 / 22:18	-1.1E / 1.1F / -0.9E / 1.1F
17 Sa	02:24 / 08:54 / 15:06 / 21:00	05:36 / 11:00 / 17:48 / 23:00	-1.1E / 1.0F / -0.8E / 1.1F
18 Su	03:06 / 09:42 / 15:54 / 21:48	06:18 / 11:42 / 18:36 / 23:48	-1.0E / 1.0F / -0.7E / 1.0F
19 M	03:54 / 10:30 / 16:48 / 22:42	07:24 / 12:30 / 19:36	-0.9E / 0.9F / -0.7E
20 Tu	04:48 / 11:24 / 17:42 / 23:36	00:42 / 08:42 / 13:24 / 20:36	0.9F / -0.9E / 0.9F / -0.7E
21 W	05:54 / 12:24 / 18:36	01:36 / 10:00 / 14:18 / 22:24	0.9F / -0.9E / 0.9F / -0.7E
22 Th	00:36 / 06:54 / 13:12 / 19:24	02:30 / 11:06 / 15:12 / 23:24	0.9F / -1.0E / 0.9F / -0.9E
23 F	01:30 / 07:48 / 14:06 / 20:12	03:30 / 11:54 / 16:06	1.0F / -1.1E / 1.0F
24 Sa	02:24 / 08:42 / 14:54 / 21:00	00:12 / 04:36 / 12:36 / 17:06	-1.0E / 1.1F / -1.2E / 1.2F
25 Su	03:18 / 09:30 / 15:42 / 21:48	01:00 / 05:42 / 13:18 / 17:54	-1.2E / 1.3F / -1.3E / 1.4F
26 M	04:06 / 10:18 / 16:30 / 22:36	01:48 / 06:24 / 14:06 / 18:42	-1.3E / 1.4F / -1.4E / 1.5F
27 Tu	05:00 / 11:06 / 17:12 / 23:24	02:36 / 07:18 / 14:54 / 19:30	-1.5E / 1.5F / -1.5E / 1.7F
28 W	05:48 / 11:54 / 18:00	03:24 / 08:12 / 15:36 / 20:24	-1.6E / 1.6F / -1.5E / 1.7F
29 Th	00:12 / 06:42 / 12:48 / 18:48	04:06 / 09:06 / 16:18 / 21:12	-1.7E / 1.7F / -1.5E / 1.7F
30 F	01:00 / 07:30 / 13:36 / 19:42	04:54 / 10:00 / 17:06 / 22:00	-1.6E / 1.6F / -1.4E / 1.7F

May

Day	Slack (h m)	Maximum (h m)	knots
1 Sa	01:54 / 08:24 / 14:36 / 20:36	05:48 / 10:48 / 18:06 / 22:54	-1.6E / 1.5F / -1.3E / 1.5F
2 Su	02:42 / 09:18 / 15:30 / 21:30	06:54 / 12:12 / 19:18 / 23:48	-1.5E / 1.3F / -1.2E / 1.3F
3 M	03:42 / 10:18 / 16:30 / 22:30	08:00 / 13:36 / 20:24	-1.4E / 1.3F / -1.1E
4 Tu	04:42 / 11:18 / 17:36 / 23:36	01:36 / 09:00 / 14:42 / 21:30	1.2F / -1.3E / 1.2F / -1.1E
5 W	05:54 / 12:18 / 18:42	03:00 / 10:06 / 15:42 / 22:30	1.1F / -1.3E / 1.2F / -1.1E
6 Th	00:36 / 07:00 / 13:12 / 19:36	04:06 / 11:06 / 16:42 / 23:30	1.1F / -1.3E / 1.2F / -1.2E
7 F	01:36 / 07:54 / 14:06 / 20:30	05:06 / 11:54 / 17:36	1.2F / -1.3E / 1.2F
8 Sa	02:30 / 08:42 / 14:54 / 21:12	00:18 / 06:00 / 12:42 / 18:18	-1.3E / 1.2F / -1.3E / 1.2F
9 Su	03:18 / 09:42 / 15:36 / 22:00	01:12 / 06:48 / 13:30 / 19:06	-1.3E / 1.3F / -1.2E / 1.2F
10 M	04:06 / 10:24 / 16:18 / 22:36	01:54 / 07:30 / 14:12 / 19:48	-1.3E / 1.2F / -1.2E / 1.2F
11 Tu ●	04:54 / 11:06 / 17:00 / 23:18	02:42 / 08:18 / 15:00 / 20:30	-1.3E / 1.2F / -1.2E / 1.2F
12 W	05:36 / 11:48 / 17:42 / 23:54	03:24 / 09:06 / 15:36 / 21:00	-1.3E / 1.2F / -1.1E / 1.1F
13 Th	06:12 / 12:30 / 18:24	04:00 / 09:48 / 16:06 / 20:36	-1.3E / 1.2F / -1.1E / 1.1F
14 F	00:30 / 06:54 / 13:12 / 19:06	04:30 / 10:24 / 16:30 / 21:12	-1.2E / 1.1F / -1.0E / 1.1F
15 Sa	01:12 / 07:42 / 13:54 / 19:48	04:48 / 09:54 / 16:48 / 21:48	-1.2E / 1.1F / -0.9E / 1.1F
16 Su	01:54 / 08:24 / 14:42 / 20:30	05:18 / 10:30 / 17:24 / 22:36	-1.1E / 1.1F / -0.9E / 1.1F
17 M	02:42 / 09:12 / 15:24 / 21:18	06:00 / 11:12 / 18:12 / 23:18	-1.1E / 1.0F / -0.8E / 1.1F
18 Tu	03:30 / 10:00 / 16:12 / 22:12	06:54 / 12:00 / 19:12	-1.0E / 1.0F / -0.8E
19 W	04:24 / 10:54 / 17:00 / 23:06	00:12 / 08:00 / 12:48 / 20:06	1.0F / -0.9E / 1.0F / -0.8E
20 Th	05:24 / 11:48 / 17:54	01:12 / 09:06 / 13:42 / 21:12	1.0F / -1.0E / 1.0F / -0.9E
21 F	00:06 / 06:24 / 12:36 / 18:42	02:06 / 10:18 / 14:36 / 22:42	1.1F / -1.0E / 1.1F / -1.0E
22 Sa	01:00 / 07:18 / 13:30 / 19:36	03:06 / 11:12 / 15:36 / 23:42	1.1F / -1.1E / 1.2F / -1.1E
23 Su	01:54 / 08:12 / 14:18 / 20:24	04:12 / 12:00 / 16:36	1.2F / -1.2E / 1.3F
24 M	02:54 / 09:00 / 15:12 / 21:18	00:30 / 05:24 / 12:48 / 17:30	-1.3E / 1.3F / -1.3E / 1.5F
25 Tu	03:48 / 09:54 / 16:00 / 22:12	01:24 / 06:12 / 13:42 / 18:24	-1.4E / 1.4F / -1.4E / 1.6F
26 W	04:36 / 10:48 / 16:54 / 23:00	02:18 / 07:12 / 14:30 / 19:12	-1.6E / 1.5F / -1.4E / 1.7F
27 Th	05:30 / 11:36 / 17:42 / 23:54	03:06 / 08:06 / 15:24 / 20:06	-1.6E / 1.5F / -1.5E / 1.7F
28 F	06:24 / 12:30 / 18:30	04:00 / 09:12 / 16:12 / 21:00	-1.7E / 1.5F / -1.5E / 1.6F
29 Sa	00:42 / 07:12 / 13:24 / 19:24	04:48 / 10:06 / 17:06 / 21:48	-1.7E / 1.5F / -1.4E / 1.5F
30 Su	01:36 / 08:06 / 14:18 / 20:18	05:42 / 11:06 / 18:00 / 22:42	-1.6E / 1.4F / -1.3E / 1.4F
31 M	02:30 / 09:00 / 15:18 / 21:12	06:42 / 12:12 / 19:06	-1.5E / 1.3F / -1.2E

June

Day	Slack (h m)	Maximum (h m)	knots
1 Tu	03:30 / 09:54 / 16:12 / 22:12	00:06 / 07:42 / 13:18 / 20:06	1.2F / -1.4E / 1.2F / -1.1E
2 W	04:24 / 10:48 / 17:06 / 23:12	01:42 / 08:36 / 14:18 / 21:06	1.2F / -1.3E / 1.2F / -1.1E
3 Th	05:30 / 11:48 / 18:06	02:42 / 09:36 / 15:12 / 22:06	1.1F / -1.2E / 1.1F / -1.1E
4 F	00:12 / 06:30 / 12:42 / 19:00	03:42 / 10:36 / 16:12 / 23:00	1.1F / -1.2E / 1.1F / -1.1E
5 Sa	01:06 / 07:24 / 13:30 / 19:48	04:36 / 11:24 / 17:00 / 23:54	1.1F / -1.1E / 1.1F / -1.2E
6 Su	02:00 / 08:18 / 14:18 / 20:30	05:30 / 12:12 / 17:48	1.1F / -1.1E / 1.1F
7 M	02:48 / 09:06 / 15:00 / 21:18	00:42 / 06:18 / 13:00 / 18:30	-1.2E / 1.2F / -1.1E / 1.1F
8 Tu	03:36 / 09:48 / 15:48 / 22:00	01:24 / 07:06 / 13:42 / 19:12	-1.2E / 1.2F / -1.1E / 1.1F
9 W	04:18 / 10:36 / 16:30 / 22:42	02:12 / 07:48 / 14:24 / 19:54	-1.2E / 1.2F / -1.0E / 1.1F
10 Th ●	05:06 / 11:18 / 17:12 / 23:24	02:54 / 08:36 / 15:06 / 19:24	-1.2E / 1.2F / -1.0E / 1.1F
11 F	05:48 / 12:06 / 17:54	03:30 / 09:18 / 15:42 / 20:00	-1.2E / 1.1F / -1.0E / 1.1F
12 Sa	00:00 / 06:30 / 12:48 / 18:36	04:06 / 09:54 / 16:12 / 20:42	-1.2E / 1.1F / -1.0E / 1.1F
13 Su	00:48 / 07:12 / 13:30 / 19:18	04:30 / 09:24 / 16:36 / 21:24	-1.2E / 1.1F / -1.0E / 1.2F
14 M	01:30 / 08:00 / 14:12 / 20:06	05:00 / 10:00 / 17:06 / 22:12	-1.2E / 1.1F / -1.0E / 1.2F
15 Tu	02:18 / 08:42 / 14:54 / 20:54	05:36 / 10:42 / 17:48 / 23:00	-1.1E / 1.1F / -0.9E / 1.2F
16 W	03:06 / 09:30 / 15:36 / 21:48	06:30 / 11:30 / 18:42 / 23:48	-1.1E / 1.1F / -0.9E / 1.2F
17 Th	04:00 / 10:18 / 16:24 / 22:42	07:24 / 12:24 / 19:36	-1.0E / 1.1F / -1.0E
18 F	04:54 / 11:12 / 17:12 / 23:36	00:48 / 08:24 / 13:12 / 20:42	1.2F / -1.0E / 1.2F / -1.0E
19 Sa	05:48 / 12:06 / 18:12	01:42 / 09:18 / 14:12 / 21:54	1.2F / -1.1E / 1.2F / -1.1E
20 Su	00:36 / 06:48 / 12:54 / 19:06	02:42 / 10:30 / 15:06 / 23:12	1.2F / -1.1E / 1.3F / -1.2E
21 M	01:30 / 07:42 / 13:48 / 20:00	03:48 / 11:30 / 16:06	1.2F / -1.2E / 1.4F
22 Tu	02:30 / 08:36 / 14:42 / 20:54	00:06 / 05:12 / 12:24 / 17:06	-1.4E / 1.3F / -1.3E / 1.5F
23 W	03:24 / 09:30 / 15:36 / 21:48	01:00 / 06:12 / 13:18 / 18:00	-1.5E / 1.4F / -1.3E / 1.6F
24 Th	04:18 / 10:30 / 16:30 / 22:42	02:00 / 07:12 / 14:18 / 19:00	-1.6E / 1.5F / -1.4E / 1.6F
25 F	05:12 / 11:24 / 17:24 / 23:36	02:54 / 08:12 / 15:12 / 19:54	-1.7E / 1.5F / -1.4E / 1.5F
26 Sa	06:06 / 12:18 / 18:18	03:48 / 09:18 / 16:06 / 21:06	-1.7E / 1.5F / -1.5E / 1.5F
27 Su	00:30 / 06:54 / 13:12 / 19:12	04:36 / 10:12 / 16:54 / 22:06	-1.7E / 1.5F / -1.4E / 1.4F
28 M	01:24 / 07:48 / 14:06 / 20:00	05:24 / 11:00 / 17:48 / 23:06	-1.6E / 1.4F / -1.3E / 1.3F
29 Tu	02:18 / 08:36 / 14:54 / 20:54	06:18 / 12:00 / 18:48	-1.5E / 1.3F / -1.3E
30 W	03:12 / 09:30 / 15:42 / 21:42	00:18 / 07:18 / 12:54 / 19:42	1.2F / -1.3E / 1.2F / -1.2E

NOAA Tidal Current Predictions

Boston Harbor (Deer Island Light), 2021

Latitude: 42.3378° N Longitude: 70.9558° W
Mean Flood Dir. 265° (T) Mean Ebb Dir. 100° (T)
Times and speeds of maximum and minimum current, in knots

July

Date	Slack h m	Max h m	knots
1 Th ☾		01:18	1.2F
	04:06	08:12	-1.2E
	10:18	13:48	1.2F
	16:36	20:36	-1.1E
	22:48		
2 F		02:18	1.1F
	05:00	09:06	-1.1E
	11:12	14:42	1.1F
	17:24	21:36	-1.1E
	23:42		
3 Sa		03:12	1.1F
	05:54	10:00	-1.0E
	12:00	15:30	1.0F
	18:18	22:30	-1.1E
4 Su	00:36	04:06	1.0F
	06:48	10:48	-1.0E
	12:48	16:24	1.0F
	19:06	23:18	-1.1E
5 M	01:24	05:00	1.0F
	07:36	11:42	-0.9E
	13:36	17:18	1.0F
	19:48		
6 Tu		00:12	-1.1E
	02:12	05:48	1.1F
	08:30	12:24	-0.9E
	14:24	18:00	1.0F
	20:36		
7 W		00:54	-1.1E
	03:06	06:36	1.1F
	09:18	13:12	-0.9E
	15:12	18:42	1.0F
	21:24		
8 Th		01:36	-1.1E
	03:48	07:24	1.1F
	10:06	13:54	-0.9E
	16:00	19:24	1.0F
	22:06		
9 F		02:24	-1.2E
	04:36	08:06	1.1F
	10:54	14:42	-1.0E
	16:42	18:48	1.0F
	22:54		
10 Sa ●		03:06	-1.2E
	05:18	08:54	1.1F
	11:36	15:24	-1.0E
	17:30	19:30	1.1F
	23:42		
11 Su		03:42	-1.2E
	06:00	09:30	1.1F
	12:18	15:54	-1.0E
	18:12	20:18	1.1F
12 M	00:24	04:18	-1.3E
	06:48	08:54	1.1F
	13:00	16:18	-1.1E
	18:54	21:00	1.2F
13 Tu	01:12	04:48	-1.2E
	07:30	09:36	1.2F
	13:42	16:48	-1.1E
	19:42	21:48	1.3F
14 W	02:00	05:18	-1.2E
	08:12	10:18	1.2F
	14:18	17:24	-1.1E
	20:30	22:36	1.3F
15 Th	02:42	06:00	-1.2E
	09:00	11:00	1.3F
	15:00	18:12	-1.1E
	21:18	23:24	1.3F
16 F	03:30	06:54	-1.1E
	09:48	11:54	1.3F
	15:48	19:06	-1.1E
	22:12		
17 Sa ◑		00:24	1.3F
	04:24	07:42	-1.1E
	10:36	12:48	1.4F
	16:42	20:06	-1.2E
	23:12		
18 Su		01:18	1.3F
	05:18	08:42	-1.1E
	11:30	13:42	1.4F
	17:36	21:18	-1.2E
19 M	00:12	02:18	1.3F
	06:18	09:48	-1.1E
	12:24	14:36	1.4F
	18:36	22:48	-1.3E
20 Tu	01:06	03:30	1.3F
	07:18	11:06	-1.2E
	13:24	15:36	1.4F
	19:30	23:48	-1.4E
21 W	02:06	05:12	1.3F
	08:18	12:06	-1.2E
	14:18	16:48	1.4F
	20:30		
22 Th		00:48	-1.5E
	03:06	06:12	1.4F
	09:18	13:06	-1.3E
	15:18	17:54	1.4F
	21:30		
23 F		01:42	-1.6E
	04:00	07:12	1.5F
	10:06	14:06	-1.4E
	16:12	19:00	1.4F
	22:30		
24 Sa ○		02:42	-1.7E
	04:54	08:12	1.5F
	11:18	15:00	-1.4E
	17:06	20:12	1.4F
	23:24		
25 Su		03:30	-1.7E
	05:48	09:06	1.5F
	12:06	15:54	-1.5E
	18:00	21:18	1.4F
26 M	00:18	04:18	-1.7E
	06:42	09:54	1.5F
	13:00	16:42	-1.5E
	18:54	22:12	1.4F
27 Tu	01:12	05:06	-1.6E
	07:24	10:48	1.4F
	13:48	17:30	-1.4E
	19:42	23:06	1.4F
28 W	02:00	06:00	-1.4E
	08:12	11:36	1.3F
	14:30	18:24	-1.3E
	20:36		
29 Th		00:00	1.3F
	02:48	06:48	-1.3E
	09:00	12:24	1.2F
	15:12	19:12	-1.2E
	21:24		
30 F		00:54	1.2F
	03:36	07:36	-1.1E
	09:42	13:18	1.1F
	15:54	20:06	-1.1E
	22:12		
31 Sa ☾		01:48	1.1F
	04:24	08:24	-1.0E
	10:30	14:06	1.0F
	16:42	20:54	-1.0E
	23:06		

August

Date	Slack h m	Max h m	knots
1 Su		02:42	1.0F
	05:12	09:18	-0.9E
	11:18	14:48	0.9F
	17:30	21:48	-1.0E
	23:48		
2 M		03:36	1.0F
	06:06	10:06	-0.8E
	12:06	15:42	0.9F
	18:18	22:48	-1.0E
3 Tu	00:48	04:30	0.9F
	07:00	11:06	-0.8E
	13:00	16:42	0.9F
	19:06	23:36	-1.0E
4 W	01:42	05:24	1.0F
	07:54	11:54	-0.8E
	13:48	17:30	0.9F
	20:00		
5 Th		00:24	-1.0E
	02:30	06:12	1.0F
	08:48	12:42	-0.8E
	14:36	18:18	0.9F
	20:48		
6 F		01:06	-1.1E
	03:18	06:54	1.0F
	09:42	13:30	-0.9E
	15:30	18:54	0.9F
	21:42		
7 Sa		01:54	-1.1E
	04:06	07:42	1.1F
	10:30	14:12	-0.9E
	16:18	18:24	1.0F
	22:30		
8 Su ●		02:42	-1.2E
	04:54	08:18	1.1F
	11:12	15:00	-1.0E
	17:00	19:06	1.1F
	23:18		
9 M		03:18	-1.3E
	05:36	07:48	1.1F
	11:48	15:36	-1.1E
	17:48	19:54	1.2F
10 Tu	00:06	03:54	-1.3E
	06:18	08:24	1.2F
	12:30	16:06	-1.2E
	18:30	20:42	1.3F
11 W	00:48	04:24	-1.3E
	07:06	09:06	1.3F
	13:06	16:30	-1.2E
	19:18	21:30	1.4F
12 Th	01:36	04:54	-1.3E
	07:42	09:54	1.4F
	13:48	17:06	-1.3E
	20:06	22:18	1.4F
13 F	02:18	05:30	-1.3E
	08:30	10:36	1.5F
	14:30	17:48	-1.3E
	21:00	23:06	1.4F
14 Sa	03:06	06:18	-1.2E
	09:18	11:24	1.5F
	15:18	18:42	-1.3E
	21:48		
15 Su ◑		00:00	1.4F
	03:54	07:12	-1.2E
	10:06	12:18	1.5F
	16:12	19:48	-1.3E
	22:48		
16 M		01:00	1.3F
	04:48	08:12	-1.1E
	11:00	13:18	1.5F
	17:06	21:00	-1.3E
	23:48		
17 Tu		02:00	1.3F
	05:54	09:24	-1.1E
	12:00	14:12	1.4F
	18:12	22:24	-1.3E
18 W	00:48	03:18	1.2F
	06:54	10:48	-1.1E
	13:00	15:18	1.4F
	19:12	23:30	-1.4E
19 Th	01:48	05:06	1.3F
	08:00	11:54	-1.2E
	14:00	16:54	1.3F
	20:12		
20 F		00:30	-1.5E
	02:48	06:06	1.4F
	09:06	12:54	-1.3E
	15:00	18:12	1.4F
	21:18		
21 Sa		01:30	-1.6E
	03:42	07:00	1.4F
	10:06	13:54	-1.4E
	16:00	19:12	1.4F
	22:18		
22 Su ○		02:24	-1.6E
	04:36	07:54	1.5F
	11:00	14:48	-1.5E
	16:54	20:12	1.4F
	23:12		
23 M		03:12	-1.7E
	05:30	08:48	1.5F
	11:54	15:36	-1.5E
	17:48	21:06	1.4F
24 Tu	00:06	04:00	-1.6E
	06:12	09:36	1.5F
	12:36	16:24	-1.5E
	18:36	22:00	1.4F
25 W	00:54	04:48	-1.5E
	07:00	10:24	1.4F
	13:18	17:06	-1.4E
	19:24	23:48	1.3F
26 Th	01:42	05:30	-1.4E
	07:42	11:06	1.3F
	14:00	17:54	-1.3E
	20:06	23:36	1.3F
27 F	02:24	06:12	-1.2E
	08:24	11:48	1.2F
	14:36	18:42	-1.2E
	20:54		
28 Sa		00:24	1.1F
	03:06	07:00	-1.0E
	09:06	12:30	1.1F
	15:18	19:30	-1.1E
	21:42		
29 Su		01:18	1.0F
	03:48	07:36	-0.9E
	09:48	12:00	1.0F
	16:00	20:18	-1.0E
	22:30		
30 M ☾		02:06	1.0F
	04:36	08:24	-0.8E
	10:36	12:42	0.9F
	16:48	21:06	-0.9E
	23:24		
31 Tu		03:00	0.9F
	05:30	09:30	-0.7E
	11:30	13:30	0.8F
	17:36	22:06	-0.9E

September

Date	Slack h m	Max h m	knots
1 W	00:12	04:00	0.9F
	06:30	10:30	-0.7E
	12:24	14:18	0.8F
	18:30	23:00	-0.9E
2 Th	01:06	04:54	0.9F
	07:24	11:24	-0.7E
	13:18	15:12	0.8F
	19:24	23:54	-1.0E
3 F	02:00	05:42	0.9F
	08:18	12:18	-0.8E
	14:06	16:06	0.8F
	20:18	17:54	0.8F
4 Sa		00:42	-1.1E
	02:48	06:30	1.0F
	09:12	13:00	-0.9E
	15:00	18:36	0.9F
	21:18		
5 Su		01:24	-1.1E
	03:36	07:12	1.0F
	09:54	13:42	-1.0E
	15:48	18:06	1.0F
	22:06		
6 M		02:12	-1.2E
	04:24	07:30	1.1F
	10:36	14:30	-1.1E
	16:36	18:48	1.1F
	22:54		
7 Tu ●		02:48	-1.3E
	05:06	08:12	1.2F
	11:18	15:06	-1.2E
	17:24	19:36	1.3F
	23:42		
8 W		03:24	-1.3E
	05:48	07:54	1.3F
	11:54	15:42	-1.3E
	18:06	20:24	1.4F
9 Th	00:24	04:00	-1.4E
	06:30	08:42	1.5F
	12:36	16:12	-1.4E
	18:54	21:06	1.5F
10 F	01:06	04:30	-1.4E
	07:12	09:30	1.6F
	13:18	16:48	-1.4E
	19:42	21:54	1.5F
11 Sa	01:54	05:06	-1.4E
	08:00	10:12	1.7F
	14:06	17:24	-1.4E
	20:36	22:48	1.5F
12 Su	02:42	05:48	-1.3E
	08:48	11:00	1.7F
	14:54	18:24	-1.4E
	21:30	23:36	1.4F
13 M ◑	03:30	06:48	-1.2E
	09:42	11:54	1.6F
	15:48	19:36	-1.3E
	22:24		
14 Tu		00:42	1.3F
	04:30	08:00	-1.1E
	10:36	12:54	1.5F
	16:42	20:54	-1.3E
	23:24		
15 W		01:54	1.3F
	05:36	09:18	-1.1E
	11:36	13:54	1.3F
	17:48	22:12	-1.3E
16 Th	00:30	03:36	1.2F
	06:42	07:48	-1.1E
	12:42	15:06	1.2F
	18:54	23:18	-1.4E
17 F	01:30	04:54	1.3F
	07:48	11:24	-1.2E
	13:42	17:06	1.2F
	20:00		
18 Sa		00:12	-1.5E
	02:30	05:54	1.4F
	08:48	12:42	-1.3E
	14:42	18:06	1.3F
	21:06		
19 Su		01:06	-1.6E
	03:24	06:42	1.4F
	09:48	13:36	-1.4E
	15:42	19:06	1.4F
	22:06		
20 M ○		02:00	-1.6E
	04:18	07:36	1.4F
	10:42	14:24	-1.5E
	16:36	19:54	1.4F
	23:00		
21 Tu		02:48	-1.6E
	05:06	08:24	1.4F
	11:24	15:12	-1.5E
	17:24	20:48	1.4F
	23:48		
22 W		03:36	-1.5E
	05:48	09:12	1.4F
	12:06	16:00	-1.5E
	18:12	21:36	1.4F
23 Th	00:30	04:18	-1.4E
	06:30	09:54	1.4F
	12:48	16:42	-1.4E
	18:54	22:24	1.3F
24 F	01:12	05:00	-1.3E
	07:12	10:30	1.4F
	13:24	17:24	-1.3E
	19:42	23:06	1.2F
25 Sa	01:54	05:30	-1.1E
	07:48	10:48	1.2F
	14:00	18:00	-1.2E
	20:24	23:48	1.1F
26 Su	02:30	06:00	-1.0E
	08:30	10:42	1.1F
	14:42	18:42	-1.1E
	21:06		
27 M		00:42	1.0F
	03:18	06:18	-0.8E
	09:12	11:18	1.0F
	15:24	19:24	-1.0E
	21:54		
28 Tu ◑		01:36	0.9F
	04:06	07:06	-0.7E
	10:00	12:00	0.9F
	16:06	20:12	-0.9E
	22:06		
29 W ☾		02:30	0.9F
	05:00	08:06	-0.7E
	10:54	12:54	0.8F
	17:00	21:18	-0.9E
	23:42		
30 Th		03:24	0.8F
	06:00	09:42	-0.6E
	11:48	13:42	0.8F
	18:00	22:24	-0.9E

Station ID: BOS1111 Depth: 28 feet
Source: NOAA/NOS/CO-OPS
Station Type: Harmonic
Time Zone: LST

NOAA Tidal Current Predictions

Boston Harbor (Deer Island Light), 2021
Latitude: 42.3378° N Longitude: 70.9558° W
Mean Flood Dir. 265° (T) Mean Ebb Dir. 100° (T)
Times and speeds of maximum and minimum current, in knots

October

Day	Slack (h m)	Maximum (h m / knots)
1 F	00:36, 06:54, 12:42, 19:00	04:24 0.8F, 10:48 -0.7E, 14:36 0.8F, 23:24 -1.0E
2 Sa	01:24, 07:42, 13:36, 19:54	05:12 0.9F, 11:42 -0.8E, 15:36 0.8F, 17:24 0.8F
3 Su	02:18, 08:30, 14:30, 20:48	00:12 -1.0E, 06:00 0.9F, 12:30 -0.9E, 18:06 0.9F
4 M	03:06, 09:18, 15:24, 21:42	00:54 -1.1E, 06:30 1.0F, 13:12 -1.0E, 17:42 1.1F
5 Tu	03:54, 10:00, 16:12, 22:30	01:36 -1.2E, 06:12 1.1F, 13:54 -1.2E, 18:30 1.2F
6 W ●	04:36, 10:42, 17:00, 23:12	02:18 -1.3E, 06:42 1.3F, 14:36 -1.3E, 19:12 1.4F
7 Th	05:18, 11:24, 17:48, 23:54	02:54 -1.3E, 07:30 1.5F, 15:18 -1.4E, 20:00 1.5F
8 F	06:00, 12:06, 18:36	03:30 -1.4E, 08:18 1.6F, 15:54 -1.5E, 20:48 1.5F
9 Sa	00:42, 06:48, 12:54, 19:24	04:06 -1.4E, 09:06 1.7F, 16:30 -1.5E, 21:36 1.6F
10 Su	01:30, 07:36, 13:42, 20:12	04:48 -1.4E, 09:54 1.7F, 17:18 -1.5E, 22:30 1.5F
11 M	02:18, 08:24, 14:30, 21:06	05:30 -1.3E, 10:42 1.7F, 18:12 -1.4E, 23:24 1.4F
12 Tu	03:12, 09:18, 15:24, 22:06	06:36 -1.2E, 11:30 1.5F, 19:30 -1.4E
13 W ◑	04:12, 10:18, 16:24, 23:06	00:30 1.3F, 07:54 -1.1E, 12:36 1.4F, 20:42 -1.3E
14 Th	05:18, 11:18, 17:30	02:12 1.2F, 09:12 -1.1E, 13:48 1.2F, 21:54 -1.3E
15 F	00:06, 06:24, 12:24, 18:42	03:24 1.2F, 10:24 -1.1E, 15:42 1.2F, 22:54 -1.4E
16 Sa	01:06, 07:30, 13:24, 19:48	04:36 1.3F, 11:24 -1.2E, 16:54 1.2F, 23:54 -1.4E
17 Su	02:06, 08:30, 14:24, 20:48	05:30 1.3F, 12:18 -1.3E, 17:54 1.3F
18 M	03:00, 09:24, 15:24, 21:48	00:48 -1.5E, 06:24 1.4F, 13:12 -1.4E, 18:48 1.3F
19 Tu	03:48, 10:12, 16:12, 22:36	01:36 -1.5E, 07:12 1.4F, 14:00 -1.5E, 19:36 1.4F
20 W O	04:36, 10:54, 17:00, 23:18	02:24 -1.4E, 08:00 1.4F, 14:48 -1.5E, 20:24 1.4F
21 Th	05:18, 11:36, 17:48	03:12 -1.4E, 08:42 1.3F, 15:36 -1.4E, 21:12 1.3F
22 F	00:00, 05:54, 12:12, 18:30	03:48 -1.3E, 09:24 1.3F, 16:18 -1.4E, 21:54 1.3F
23 Sa	00:42, 06:36, 12:48, 19:12	04:24 -1.2E, 09:54 1.2F, 16:54 -1.3E, 22:36 1.2F
24 Su	01:24, 07:18, 13:30, 19:54	05:00 -1.1E, 09:36 1.1F, 17:24 -1.2E, 23:18 1.1F
25 M	02:06, 08:00, 14:06, 20:36	05:18 -0.9E, 10:06 1.1F, 17:48 -1.1E, 22:54 1.0F
26 Tu	02:48, 08:42, 14:54, 21:24	05:36 -0.8E, 10:42 1.0F, 18:12 -1.0E, 23:24 0.9F
27 W	03:36, 09:30, 15:36, 22:12	06:24 -0.8E, 11:30 1.0F, 19:12 -0.9E
28 Th ◑	04:30, 10:24, 16:30	00:12 0.9F, 01:54 0.9F, 07:18 -0.7E, 12:18 0.9F, 20:24 -0.9E ************
29 F	05:24, 11:18, 17:30	01:06 0.8F, 02:42 0.8F, 08:30 -0.7E, 13:12 0.9F, 21:42 -0.9E
30 Sa	00:00, 06:18, 12:12, 18:30	01:54 0.8F, 02:48 0.8F, 10:00 -0.7E, 14:12 0.9F, 22:42 -0.9E
31 Su	00:54, 07:06, 13:06, 19:30	02:48 0.8F, 04:30 0.8F, 11:06 -0.8E, 15:06 0.9F, 23:36 -1.0E

November

Day	Slack (h m)	Maximum (h m / knots)
1 M	01:42, 07:54, 14:00, 20:18	03:42 0.9F, 11:54 -1.0E, 16:12 1.0F
2 Tu	02:30, 08:36, 14:54, 21:12	00:18 -1.1E, 04:42 1.1F, 12:36 -1.1E, 17:18 1.2F
3 W	03:18, 09:24, 15:48, 22:00	01:00 -1.2E, 05:30 1.2F, 13:24 -1.2E, 18:06 1.3F
4 Th ●	04:06, 10:12, 16:36, 22:42	01:42 -1.3E, 06:18 1.4F, 14:12 -1.4E, 18:48 1.4F
5 F	04:48, 10:54, 17:24, 23:30	02:24 -1.3E, 07:00 1.6F, 14:54 -1.5E, 19:42 1.5F
6 Sa	05:36, 11:42, 18:12	03:06 -1.4E, 07:54 1.7F, 15:42 -1.6E, 20:36 1.5F
7 Su	00:18, 05:54, 12:30, 19:06	03:54 -1.4E, 08:42 1.7F, 16:24 -1.6E, 21:24 1.6F
8 M	01:12, 07:12, 13:24, 19:54	04:36 -1.4E, 09:30 1.7F, 17:12 -1.6E, 22:18 1.5F
9 Tu	02:06, 08:06, 14:18, 20:48	05:24 -1.3E, 10:24 1.6F, 18:12 -1.5E, 23:12 1.4F
10 W	03:00, 09:00, 15:12, 21:48	06:36 -1.2E, 11:18 1.5F, 19:24 -1.4E
11 Th ◐	04:00, 10:00, 16:12, 22:42	00:48 1.3F, 07:48 -1.2E, 12:24 1.3F, 20:30 -1.4E
12 F	05:00, 11:06, 17:18, 23:48	02:06 1.3F, 09:00 -1.1E, 14:18 1.2F, 21:30 -1.3E
13 Sa	06:06, 12:06, 18:24	03:06 1.2F, 10:00 -1.0E, 15:30 1.2F, 22:36 -1.3E
14 Su	00:42, 07:06, 13:06, 19:30	04:12 1.2F, 11:00 -1.2E, 16:36 1.2F, 23:30 -1.3E
15 M	01:36, 08:00, 14:06, 20:24	05:06 1.2F, 11:54 -1.3E, 17:36 1.3F
16 Tu	02:30, 08:48, 15:00, 21:18	00:18 -1.3E, 05:54 1.3F, 12:48 -1.4E, 18:24 1.3F
17 W	03:18, 09:36, 15:48, 22:06	01:06 -1.3E, 06:42 1.3F, 13:36 -1.4E, 19:12 1.3F
18 Th	04:00, 10:18, 16:36, 22:48	01:54 -1.2E, 07:24 1.2F, 14:24 -1.4E, 19:54 1.3F
19 F O	04:42, 11:00, 17:18, 23:30	02:42 -1.2E, 08:12 1.2F, 15:06 -1.4E, 20:42 1.2F
20 Sa	05:24, 11:36, 18:00	03:24 -1.1E, 08:48 1.2F, 15:48 -1.3E, 21:30 1.2F
21 Su	00:12, 06:06, 12:18, 18:42	04:00 -1.1E, 09:24 1.1F, 16:24 -1.3E, 22:12 1.2F
22 M	00:54, 06:48, 13:00, 19:24	04:30 -1.0E, 09:00 1.1F, 16:54 -1.2E, 22:48 1.1F
23 Tu	01:42, 07:30, 13:42, 20:06	04:54 -0.9E, 09:36 1.1F, 17:18 -1.1E, 22:18 1.0F
24 W	02:24, 08:18, 14:24, 20:54	05:12 -0.9E, 10:18 1.1F, 17:42 -1.0E, 22:54 1.0F
25 Th	03:06, 09:06, 15:12, 21:42	05:54 -0.8E, 11:00 1.0F, 18:36 -1.0E, 23:42 1.0F
26 F ◑	03:54, 09:54, 16:06, 22:30	06:54 -0.8E, 11:54 1.0F, 19:42 -0.9E
27 Sa ◐	04:42, 10:48, 17:06, 23:48	00:30 0.9F, 07:54 -0.8E, 12:48 1.0F, 20:48 -0.9E
28 Su	05:30, 11:42, 18:00	01:24 0.9F, 08:54 -0.8E, 13:42 1.0F, 21:48 -0.9E
29 M	00:18, 06:24, 12:36, 18:54	02:12 1.0F, 10:12 -0.9E, 14:42 1.0F, 22:48 -1.0E
30 Tu	01:06, 07:12, 13:30, 19:48	03:06 1.1F, 11:12 -1.0E, 15:42 1.1F, 23:36 -1.1E

December

Day	Slack (h m)	Maximum (h m / knots)
1 W	01:54, 08:00, 14:24, 20:36	04:00 1.2F, 12:06 -1.2E, 16:48 1.2F
2 Th	02:42, 08:48, 15:18, 21:30	00:24 -1.2E, 04:54 1.4F, 12:54 -1.3E, 17:42 1.3F
3 F	03:36, 09:42, 16:12, 22:18	01:12 -1.3E, 05:48 1.5F, 13:48 -1.4E, 18:36 1.4F
4 Sa ●	04:24, 10:30, 17:06, 23:12	02:00 -1.3E, 06:42 1.6F, 14:36 -1.6E, 19:24 1.5F
5 Su	05:12, 11:24, 17:54	02:54 -1.4E, 07:30 1.7F, 15:30 -1.6E, 20:24 1.5F
6 M	00:06, 06:06, 12:12, 18:48	03:42 -1.4E, 08:24 1.7F, 16:18 -1.7E, 21:24 1.5F
7 Tu	00:54, 07:00, 13:06, 19:36	04:36 -1.4E, 09:18 1.6F, 17:06 -1.6E, 22:18 1.5F
8 W	01:54, 07:54, 14:06, 20:30	05:30 -1.4E, 10:12 1.5F, 18:06 -1.5E, 23:30 1.4F
9 Th	02:48, 08:48, 15:00, 21:24	06:30 -1.3E, 11:12 1.4F, 19:06 -1.4E
10 F	03:42, 09:42, 16:00, 22:24	00:42 1.3F, 07:36 -1.2E, 13:00 1.3F, 20:06 -1.4E
11 Sa ◐	04:36, 10:42, 17:00, 23:18	01:48 1.3F, 08:36 -1.2E, 14:12 1.2F, 21:06 -1.3E
12 Su	05:36, 11:42, 18:00	02:42 1.2F, 09:36 -1.2E, 15:12 1.2F, 22:06 -1.2E
13 M	00:12, 06:30, 12:42, 19:00	03:42 1.2F, 10:36 -1.2E, 16:12 1.2F, 23:00 -1.2E
14 Tu	01:06, 07:24, 13:36, 19:54	04:36 1.1F, 11:30 -1.2E, 17:06 1.2F, 23:48 -1.1E
15 W	01:54, 08:12, 14:30, 20:42	05:24 1.1F, 12:18 -1.3E, 18:00 1.2F
16 Th	02:42, 08:54, 15:18, 21:30	00:36 -1.1E, 06:12 1.1F, 13:06 -1.3E, 18:42 1.2F
17 F	03:24, 09:42, 16:06, 22:18	01:24 -1.1E, 06:54 1.1F, 13:54 -1.3E, 19:30 1.2F
18 Sa	04:12, 10:24, 16:48, 23:06	02:12 -1.0E, 07:36 1.1F, 14:36 -1.3E, 20:18 1.2F
19 Su O	04:54, 11:06, 17:30, 23:48	02:54 -1.0E, 08:18 1.1F, 15:18 -1.3E, 21:06 1.2F
20 M	05:36, 11:48, 18:12	03:36 -1.0E, 07:54 1.0F, 16:00 -1.2E, 21:48 1.2F
21 Tu	00:30, 06:24, 12:30, 18:54	04:06 -1.0E, 08:30 1.1F, 16:30 -1.2E, 22:18 1.1F
22 W	01:12, 07:06, 13:18, 19:42	04:36 -1.0E, 09:12 1.1F, 17:00 -1.2E, 21:48 1.1F
23 Th	01:54, 07:48, 14:06, 20:24	05:00 -1.0E, 09:54 1.1F, 17:24 -1.1E, 22:24 1.1F
24 F	02:36, 08:36, 14:54, 21:12	05:36 -0.9E, 10:42 1.1F, 18:12 -1.1E, 23:12 1.1F
25 Sa	03:18, 09:24, 15:42, 22:00	06:18 -0.9E, 11:30 1.1F, 19:06 -1.0E
26 Su	04:00, 10:18, 16:36, 22:48	00:00 1.1F, 07:12 -0.9E, 12:24 1.1F, 19:54 -1.0E
27 M ◐	04:48, 11:12, 17:30, 23:36	00:48 1.1F, 08:06 -1.0E, 13:18 1.1F, 20:48 -1.0E
28 Tu	05:42, 12:12, 18:24	01:42 1.2F, 09:12 -1.0E, 14:12 1.1F, 21:48 -1.0E
29 W	00:30, 06:36, 13:06, 19:12	02:36 1.3F, 10:30 -1.1E, 15:12 1.2F, 22:54 -1.1E
30 Th	01:18, 07:30, 14:00, 20:06	03:30 1.3F, 11:36 -1.2E, 16:18 1.2F, 23:54 -1.1E
31 F	02:12, 08:24, 14:54, 21:00	04:30 1.4F, 12:36 -1.4E, 17:30 1.3F

Station ID: BOS1111 Depth: 28 feet
Source: NOAA/NOS/CO-OPS
Station Type: Harmonic
Time Zone: LST

NOAA Tidal Current Predictions

Boston Harbor (Deer Island Light), 2021
Latitude: 42.3378° N Longitude: 70.9558° W
Mean Flood Dir. 265° (T) Mean Ebb Dir. 100° (T)
Times and speeds of maximum and minimum current, in knots

EXTRA CURRENTS

January

	Slack	Maximum	
	h m	h m	knots
25 M	21:06		

March

	Slack	Maximum	
	h m	h m	knots
21 Su ☽	23:12		

October

	Slack	Maximum	
	h m	h m	knots
28 Th ☽	23:06		

Station ID: COD0911 Depth: 21 feet
Source: NOAA/NOS/CO-OPS
Station Type: Harmonic
Time Zone: LST

NOAA Tidal Current Predictions

Woods Hole, The Strait, 2021
Latitude: 41.5193° N Longitude: 70.6829° W
Mean Flood Dir. 96° (T) Mean Ebb Dir. 274° (T)
Times and speeds of maximum and minimum current, in knots

January

Day	Slack (h m)	Maximum (h m)	knots
1 F	05:36, 11:18, 18:24	01:54 / 07:36 / 14:18 / 21:06	-2.5E / 0.7F / -2.8E / 0.7F
2 Sa	00:12, 06:24, 12:00, 19:06	02:42 / 08:12 / 15:06 / 22:00	-2.6E / 0.8F / -2.9E / 0.7F
3 Su	00:54, 07:06, 12:54, 19:54	03:30 / 09:06 / 15:54 / 22:54	-2.7E / 0.7F / -3.0E / 0.7F
4 M	01:42, 08:00, 13:42, 20:42	04:18 / 10:24 / 16:42 / 23:48	-2.7E / 0.7F / -2.9E / 0.7F
5 Tu	02:36, 09:06, 14:42, 21:36	05:12 / 11:48 / 17:36	-2.7E / 0.7F / -2.8E
6 W	03:24, 10:06, 15:42, 22:36	00:36 / 06:00 / 12:42 / 18:24	0.7F / -2.7E / 0.7F / -2.7E
7 Th	04:24, 11:12, 16:48, 23:30	01:18 / 07:00 / 13:42 / 19:24	0.7F / -2.6E / 0.7F / -2.5E
8 F	05:24, 12:18, 17:54	02:06 / 07:54 / 14:42 / 20:24	0.7F / -2.5E / 0.6F / -2.4E
9 Sa	00:30, 06:24, 13:18, 19:00	02:54 / 09:00 / 15:54 / 17:36 / 21:24	0.7F / -2.5E / 0.6F / 0.6F / -2.3E
10 Su	01:24, 07:24, 14:18, 20:06	03:48 / 06:00 / 10:00 / 18:48 / 22:24	0.7F / 0.6F / -2.6E / 0.8F / -2.3E
11 M	02:24, 08:24, 15:18, 21:00	04:48 / 07:06 / 11:00 / 19:42 / 23:24	0.6F / 0.6F / -2.7E / 1.0F / -2.4E
12 Tu	03:18, 09:18, 16:12, 22:00	08:00 / 11:54 / 20:36	0.8F / -2.7E / 1.1F
13 W	04:12, 10:12, 17:06, 22:48	00:24 / 08:48 / 12:48 / 21:24	-2.4E / 0.9F / -2.7E / 1.1F
14 Th	05:06, 11:00, 17:54, 23:42	01:18 / 09:42 / 13:36 / 22:18	-2.4E / 0.9F / -2.7E / 1.1F
15 F	05:54, 11:48, 18:48	02:06 / 10:30 / 14:24 / 23:06	-2.4E / 0.8F / -2.6E / 1.0F
16 Sa	00:30, 06:48, 12:36, 19:36	02:48 / 11:18 / 15:06 / 23:54	-2.3E / 0.7F / -2.5E / 0.9F
17 Su	01:12, 07:48, 13:24, 20:30	03:30 / 12:06 / 15:48	-2.2E / 0.7F / -2.4E
18 M	02:00, 08:48, 14:06, 21:30	00:42 / 04:18 / 12:48 / 16:30	0.8F / -2.1E / 0.6F / -2.2E
19 Tu	02:42, 09:54, 14:54, 22:18	01:24 / 05:00 / 13:30 / 17:12	0.7F / -2.0E / 0.5F / -2.1E
20 W	03:30, 10:54, 15:36, 23:06	02:12 / 05:42 / 12:48 / 18:00	0.5F / -1.9E / 0.4F / -1.9E
21 Th	04:12, 10:48, 16:24	01:12 / 02:54 / 06:30 / 13:30 / 18:48	0.4F / 0.4F / -1.8E / 0.4F / -1.8E
22 F	04:54, 12:36, 17:12	01:42 / 07:24 / 08:36 / 14:18 / 19:36	0.4F / -1.7E / -1.6E / 0.4F / -1.7E
23 Sa	00:36, 05:42, 13:24, 18:06	02:24 / 08:12 / 10:06 / 15:06 / 20:30	0.4F / -1.7E / -1.7E / 0.4F / -1.7E
24 Su	01:18, 06:30, 14:12, 19:00	03:06 / 09:06 / 15:54 / 21:24	0.4F / -1.8E / 0.4F / -1.8E
25 M	02:00, 07:18, 14:48, 19:54	03:48 / 10:00 / 16:48 / 22:18	0.4F / -2.0E / 0.4F / -1.9E
26 Tu	02:36, 08:00, 15:24, 20:42	04:36 / 10:42 / 17:36 / 23:06	0.5F / -2.1E / 0.5F / -2.1E
27 W	03:12, 08:48, 16:00, 21:30	05:18 / 11:30 / 18:30 / 23:54	0.6F / -2.4E / 0.6F / -2.3E
28 Th	03:48, 09:30, 16:36, 22:18	06:00 / 12:18 / 19:18	0.7F / -2.6E / 0.7F
29 F	04:30, 10:12, 17:12, 23:00	00:42 / 06:36 / 13:06 / 19:54	-2.5E / 0.8F / -2.8E / 0.7F
30 Sa	05:12, 11:00, 17:48, 23:48	01:30 / 07:18 / 13:54 / 20:30	-2.7E / 0.9F / -3.0E / 0.8F
31 Su	05:54, 11:48, 18:30	02:18 / 07:54 / 14:42 / 21:06	-2.8E / 0.9F / -3.1E / 0.8F

February

Day	Slack (h m)	Maximum (h m)	knots
1 M	05:30, 12:42, 19:18	03:06 / 08:42 / 15:30 / 22:12	-2.9E / 0.9F / -3.1E / 0.8F
2 Tu	01:18, 07:36, 13:30, 20:06	03:54 / 09:48 / 16:18 / 23:12	-2.9E / 0.8F / -3.0E / 0.8F
3 W	02:12, 08:36, 14:24, 21:06	04:48 / 11:30 / 17:12	-2.9E / 0.7F / -2.8E
4 Th	03:00, 09:48, 15:30, 22:06	00:00 / 05:36 / 12:30 / 18:00	0.7F / -2.8E / 0.7F / -2.6E
5 F	04:00, 10:54, 16:30, 23:06	00:48 / 06:30 / 13:30 / 19:00	0.7F / -2.6E / 0.6F / -2.4E
6 Sa	05:00, 12:06, 17:36	01:42 / 07:30 / 14:42 / 16:12 / 20:00	0.6F / -2.5E / 0.5F / 0.6F / -2.2E
7 Su	00:12, 06:00, 13:12, 18:42	02:36 / 08:36 / 17:30 / 21:06	0.6F / -2.4E / 0.7F / -2.1E
8 M	01:12, 07:06, 14:18, 19:48	03:42 / 05:48 / 09:42 / 18:30 / 22:18	0.5F / 0.6F / -2.4E / 0.9F / -2.1E
9 Tu	02:12, 15:18, 20:48	06:48 / 10:48 / 19:24 / 23:24	0.8F / -2.5E / 1.0F / -2.2E
10 W	03:12, 09:00, 16:06, 21:36	07:42 / 11:48 / 20:12	0.9F / -2.5E / 1.1F
11 Th	04:00, 09:54, 16:54, 22:30	00:24 / 08:30 / 12:42 / 21:00	-2.3E / 0.9F / -2.6E / 1.1F
12 F	04:48, 10:42, 17:36, 23:18	01:12 / 09:18 / 13:24 / 21:48	-2.4E / 0.9F / -2.6E / 1.1F
13 Sa	05:36, 11:24, 18:18	01:54 / 10:06 / 14:00 / 22:36	-2.4E / 0.9F / -2.5E / 1.0F
14 Su	00:00, 06:24, 12:12, 19:00	02:30 / 10:48 / 14:42 / 23:24	-2.3E / 0.8F / -2.5E / 0.9F
15 M	00:42, 07:12, 12:54, 19:48	03:06 / 11:36 / 15:18	-2.3E / 0.6F / -2.4E
16 Tu	01:24, 08:12, 13:36, 20:36	00:12 / 03:48 / 12:12 / 16:00	0.7F / -2.2E / 0.5F / -2.2E
17 W	02:06, 09:12, 14:18, 21:30	00:48 / 04:24 / 11:30 / 16:42	0.5F / -2.1E / 0.5F / -2.1E
18 Th	02:48, 10:12, 15:00, 22:18	05:12 / 12:18 / 17:24	0.4F / 0.4F / -2.0E
19 F	03:24, 11:12, 15:42, 23:12	00:30 / 05:54 / 13:00 / 18:12	0.4F / -1.9E / 0.4F / -1.8E
20 Sa	04:00, 12:06, 16:30	01:06 / 06:42 / 13:48 / 19:00	0.4F / -1.8E / 0.4F / -1.7E
21 Su	00:00, 04:42, 12:54, 17:24	01:48 / 07:24 / 14:36 / 19:54	0.4F / -1.8E / 0.4F / -1.7E
22 M	00:42, 05:30, 13:48, 18:24	02:36 / 08:24 / 15:30 / 20:54	0.4F / -1.9E / 0.4F / -1.8E
23 Tu	01:24, 06:30, 14:18, 19:24	03:18 / 09:18 / 16:18 / 21:48	0.4F / -2.0E / 0.4F / -1.9E
24 W	02:06, 07:24, 14:54, 20:12	04:06 / 10:12 / 17:06 / 22:36	0.5F / -2.2E / 0.5F / -2.1E
25 Th	02:42, 08:18, 15:30, 21:00	04:48 / 11:00 / 18:00 / 23:30	0.6F / -2.5E / 0.6F / -2.4E
26 F	03:24, 09:06, 16:06, 21:48	05:36 / 11:54 / 18:42	0.8F / -2.7E / 0.7F
27 Sa	04:06, 16:42, 22:36	00:18 / 06:18 / 12:42 / 19:24	-2.6E / 0.9F / -2.9E / 0.7F
28 Su	04:48, 10:42, 17:18, 23:24	01:06 / 07:00 / 13:30 / 19:54	-2.8E / 0.9F / -3.1E / 0.9F

March

Day	Slack (h m)	Maximum (h m)	knots
1 M	05:30, 11:36, 18:00	01:54 / 07:42 / 14:18 / 20:18	-3.0E / 1.0F / -3.2E / 0.9F
2 Tu	00:06, 06:24, 12:24, 18:48	02:42 / 08:30 / 15:06 / 20:54	-3.1E / 0.9F / -3.1E / 0.8F
3 W	00:54, 07:18, 13:18, 19:36	03:36 / 09:24 / 15:54 / 21:48	-3.0E / 0.8F / -3.0E / 0.8F
4 Th	01:48, 08:18, 14:12, 20:36	04:24 / 10:18 / 16:48 / 23:30	-3.0E / 0.7F / -2.8E / 0.7F
5 F	02:42, 09:30, 15:12, 21:42	05:18 / 12:24 / 17:42	-2.8E / 0.6F / -2.5E
6 Sa	03:36, 10:42, 16:18, 22:54	00:30 / 06:12 / 14:48 / 18:36	0.6F / -2.6E / 0.6F / -2.3E
7 Su	04:36, 12:00, 17:24	01:30 / 07:06 / 16:06 / 19:42	0.5F / -2.4E / 0.6F / -2.0E
8 M	00:00, 05:42, 13:12, 18:24	02:24 / 08:12 / 17:06 / 20:54	0.5F / -2.2E / 0.8F / -2.0E
9 Tu	01:06, 06:48, 14:18, 19:30	05:30 / 09:36 / 18:06 / 22:30	0.7F / -2.2E / 0.9F / -2.1E
10 W	02:06, 07:42, 15:06, 20:24	06:30 / 11:06 / 19:00 / 23:36	0.8F / -2.3E / 1.1F / -2.2E
11 Th	03:00, 15:54, 21:18	07:18 / 11:54 / 19:48	0.9F / -2.4E / 1.1F
12 F	03:48, 09:30, 16:36, 22:00	00:24 / 08:06 / 12:42 / 20:36	-2.3E / 1.0F / -2.5E / 1.1F
13 Sa	04:36, 10:18, 17:12, 22:48	01:06 / 08:54 / 13:06 / 21:24	-2.4E / 0.9F / -2.5E / 1.0F
14 Su	05:18, 11:00, 17:48, 23:30	01:42 / 09:36 / 13:36 / 22:12	-2.4E / 0.8F / -2.4E / 0.9F
15 M	06:00, 11:42, 18:24	02:06 / 10:18 / 14:12 / 22:54	-2.3E / 0.7F / -2.4E / 0.7F
16 Tu	00:12, 06:48, 12:24, 19:06	02:36 / 11:00 / 14:48 / 21:36	-2.3E / 0.6F / -2.3E / 0.5F
	*****************		
17 W	00:48, 07:36, 13:06, 19:48	03:12 / 10:00 / 15:30 / 22:12	-2.3E / 0.5F / -2.2E / 0.4F
18 Th	01:24, 08:36, 13:42, 20:36	03:54 / 10:54 / 16:12 / 23:00	-2.2E / 0.5F / -2.1E / 0.4F
19 F	02:00, 09:36, 14:24, 21:36	04:36 / 11:48 / 16:54 / 23:48	-2.1E / 0.4F / -2.0E / 0.4F
20 Sa	02:30, 10:36, 15:06, 22:30	05:18 / 12:30 / 17:42	-2.0E / 0.4F / -1.9E
21 Su	03:00, 11:30, 15:54, 23:18	00:30 / 06:06 / 13:18 / 18:30	0.4F / -2.0E / 0.4F / -1.8E
22 M	03:36, 12:18, 16:48	01:18 / 06:54 / 14:12 / 19:24	0.4F / -2.0E / 0.4F / -1.8E
23 Tu	00:06, 04:30, 13:00, 17:48	02:06 / 07:48 / 15:00 / 20:18	0.4F / -2.0E / 0.4F / -1.9E
24 W	00:48, 05:42, 13:42, 18:48	02:48 / 08:48 / 15:48 / 21:18	0.5F / -2.1E / 0.5F / -2.0E
25 Th	01:30, 06:54, 14:18, 19:42	03:42 / 09:42 / 16:36 / 22:12	0.6F / -2.3E / 0.6F / -2.3E
26 F	02:12, 07:48, 14:54, 20:36	04:30 / 10:36 / 17:24 / 23:00	0.7F / -2.6E / 0.7F / -2.5E
27 Sa	02:54, 08:42, 15:30, 21:24	05:12 / 11:24 / 18:06 / 23:54	0.8F / -2.8E / 0.8F / -2.8E
28 Su	03:42, 16:12, 22:12	05:54 / 12:18 / 18:48	0.9F / -3.0E / 0.9F
29 M	04:24, 10:30, 16:48, 23:00	00:42 / 06:54 / 13:06 / 19:18	-3.0E / 1.0F / -3.1E / 0.9F
30 Tu	05:12, 11:18, 17:36, 23:48	01:36 / 07:36 / 13:54 / 19:42	-3.1E / 1.0F / -3.1E / 0.9F
31 W	06:06, 12:12, 18:24	02:24 / 08:18 / 14:48 / 20:18	-3.1E / 0.9F / -3.0E / 0.9F

Station ID: COD0911 Depth: 21 feet
Source: NOAA/NOS/CO-OPS
Station Type: Harmonic
Time Zone: LST

NOAA Tidal Current Predictions

Woods Hole, The Strait, 2021
Latitude: 41.5193° N Longitude: 70.6829° W
Mean Flood Dir. 96° (T) Mean Ebb Dir. 274° (T)
Times and speeds of maximum and minimum current, in knots

April

Day	Slack h m	Maximum h m	knots
1 Th	00:36	03:12	-3.1E
	07:00	09:30	0.7F
	13:06	15:36	-2.9E
	19:18	21:00	0.7F
2 F	01:24	04:00	-3.0E
	08:00	12:00	0.6F
	14:06	16:24	-2.6E
	20:18	23:12	0.6F
3 Sa	02:18	04:54	-2.7E
	09:12	13:36	0.6F
	15:00	17:18	-2.4E
	21:30		
4 Su ◐		00:24	0.5F
	03:18	05:48	-2.5E
	10:36	14:42	0.7F
	16:00	18:18	-2.1E
	22:42		
5 M		03:06	0.5F
	04:18	06:42	-2.3E
	11:54	15:48	0.7F
	17:06	19:18	-1.9E
6 Tu	00:00	04:06	0.6F
	05:18	07:48	-2.1E
	13:06	16:48	0.8F
	18:06	21:18	-1.9E
7 W	01:00	05:06	0.7F
	06:24	09:54	-2.1E
	14:00	17:42	0.9F
	19:06	22:30	-2.1E
8 Th	02:00	06:00	0.8F
	07:18	10:54	-2.2E
	14:48	18:36	1.0F
	20:00	23:24	-2.2E
9 F	02:48	06:54	0.9F
	08:12	11:42	-2.3E
	15:24	19:24	1.0F
	20:48		
10 Sa		00:12	-2.3E
	03:30	07:42	0.9F
	09:00	12:24	-2.3E
	16:00	20:12	1.0F
	21:36		
11 Su		00:54	-2.3E
	04:12	08:24	0.9F
	09:48	12:42	-2.3E
	16:36	20:54	0.9F
	22:18		
12 M ●		01:24	-2.3E
	04:54	09:06	0.8F
	10:30	13:06	-2.3E
	17:12	21:36	0.7F
	22:54		
13 Tu		01:36	-2.3E
	05:36	08:00	0.7F
	11:12	13:42	-2.3E
	17:48	20:06	0.6F
	****************		
14 W		02:06	-2.3E
	06:24	08:42	0.6F
	11:54	14:18	-2.3E
	18:30	20:36	0.5F
15 Th	00:12	02:42	-2.3E
	07:06	09:24	0.5F
	12:36	15:00	-2.2E
	19:12	21:12	0.5F
16 F	00:48	03:24	-2.3E
	07:54	10:24	0.5F
	13:12	15:42	-2.2E
	19:54	22:06	0.4F
17 Sa	01:12	04:06	-2.2E
	08:54	11:18	0.4F
	13:54	16:24	-2.1E
	20:48	23:06	0.4F
18 Su	01:42	04:48	-2.2E
	09:54	12:06	0.4F
	14:36	17:12	-2.0E
	21:42		
19 M		00:00	0.4F
	02:12	05:36	-2.2E
	10:48	12:54	0.4F
	15:24	18:00	-2.0E
	22:36		
20 Tu ◑		00:48	0.4F
	03:00	06:24	-2.2E
	16:18	13:42	0.4F
		18:54	-2.0E
	23:30		
21 W		01:36	0.5F
	04:00	07:18	-2.2E
	12:18	14:30	0.5F
	17:18	19:48	-2.0E
22 Th	00:12	02:24	0.5F
	05:12	08:18	-2.3E
	12:54	15:18	0.6F
	18:12	20:48	-2.2E
23 F	01:00	03:12	0.7F
	06:12	09:12	-2.4E
	13:36	16:00	0.7F
	19:12	21:42	-2.4E
24 Sa	01:48	04:00	0.8F
	07:24	10:06	-2.6E
	14:18	16:42	0.8F
	20:06	22:36	-2.6E
25 Su	02:30	04:54	0.8F
	08:24	11:00	-2.8E
	15:00	17:24	0.8F
	20:54	23:30	-2.9E
26 M	03:18	05:42	0.9F
	09:18	11:54	-2.9E
	15:42	18:12	0.9F
	21:48		
27 Tu ○		00:24	-3.0E
	04:06	06:42	0.9F
	10:18	12:42	-3.0E
	16:24	18:42	0.9F
	22:36		
28 W		01:12	-3.1E
	05:00	07:30	0.9F
	11:06	13:36	-3.0E
	17:12	19:18	0.9F
	23:24		
29 Th		02:00	-3.1E
	05:48	08:30	0.8F
	12:00	14:24	-2.9E
	18:06	19:54	0.8F
30 F	00:18	02:48	-3.1E
	06:42	11:30	0.7F
	12:54	15:18	-2.7E
	19:00	20:42	0.6F

May

Day	Slack h m	Maximum h m	knots
1 Sa	01:12	03:42	-2.9E
	07:48	12:30	0.8F
	13:54	16:06	-2.5E
	20:00		
2 Su		00:42	0.6F
	02:06	04:30	-2.7E
	09:06	13:24	0.8F
	14:48	17:00	-2.3E
	21:18		
3 M ◐		01:42	0.5F
	03:00	05:24	-2.4E
	10:30	14:24	0.8F
	15:42	17:54	-2.1E
	22:36		
4 Tu		02:42	0.6F
	04:00	06:18	-2.2E
	11:42	15:24	0.8F
	16:42	18:54	-1.9E
	23:48		
5 W		03:42	0.6F
	04:54	07:24	-2.0E
	12:42	16:18	0.8F
	17:42	21:18	-1.9E
6 Th	00:48	04:36	0.7F
	05:54	08:42	-2.0E
	13:30	17:12	0.9F
	18:36	22:12	-2.0E
7 F	01:36	05:36	0.7F
	06:54	10:36	-2.1E
	14:12	18:06	0.9F
	19:30	23:06	-2.2E
8 Sa	02:24	06:24	0.8F
		11:36	-2.1E
	14:54	19:00	0.9F
	20:18	23:48	-2.2E
9 Su	03:06	07:12	0.8F
	08:36	11:54	-2.1E
	15:24	19:42	0.8F
	21:00		
10 M		00:30	-2.3E
	03:48	08:00	0.8F
	09:18	12:06	-2.1E
	16:00	20:24	0.7F
	21:42		
11 Tu ●		00:54	-2.3E
	04:30	08:42	0.7F
	10:00	12:30	-2.2E
	16:36	18:54	0.5F
		21:06	0.6F
	****************		
12 W		01:00	-2.3E
	05:12	07:36	0.6F
		09:18	0.6F
	10:42	13:06	-2.2E
	17:12	19:24	0.6F
	****************		
13 Th		01:30	-2.3E
	05:42		
	11:24	13:48	-2.2E
	17:54	19:54	0.5F
	23:36		
14 F		02:12	-2.4E
	06:36	09:00	0.6F
	12:06	14:30	-2.2E
	18:36	20:30	0.5F
15 Sa	00:06	02:54	-2.4E
	07:24	09:54	0.5F
	12:48	15:12	-2.2E
	19:18	21:06	0.5F
16 Su	00:36	03:36	-2.4E
	08:12	10:54	0.5F
	13:30	16:00	-2.2E
	20:06	22:12	0.4F
17 M	01:06	04:18	-2.4E
	09:00	11:42	0.5F
	14:12	16:48	-2.2E
	20:54	23:24	0.4F
18 Tu	01:48	05:06	-2.4E
	09:54	12:30	0.5F
	15:00	17:36	-2.2E
	21:54		
19 W ◑		00:18	0.5F
	02:42	06:00	-2.4E
	10:42	13:12	0.5F
	15:48	18:30	-2.2E
	22:48		
20 Th		01:06	0.6F
	03:42	06:54	-2.4E
	11:30	14:00	0.6F
	16:42	19:24	-2.2E
	23:36		
21 F		01:54	0.6F
	04:48	07:48	-2.4E
	12:12	14:42	0.7F
	17:42	20:18	-2.4E
22 Sa	00:30	02:48	0.7F
	05:54	08:48	-2.5E
	13:00	15:24	0.7F
	18:42	21:18	-2.5E
23 Su	01:24	03:36	0.8F
	07:00	09:42	-2.6E
	13:42	16:06	0.8F
	19:36	22:12	-2.7E
24 M	02:12	04:36	0.8F
	08:06	10:36	-2.7E
	14:30	16:48	0.8F
	20:30	23:06	-2.9E
25 Tu	03:06	05:30	0.8F
	09:00	11:30	-2.8E
	15:18	17:36	0.9F
	21:24		
26 W ○		00:00	-3.0E
	03:54	06:42	0.8F
	10:00	12:24	-2.8E
	16:06	18:18	0.8F
	22:18		
27 Th		00:54	-3.1E
	04:48	09:18	0.8F
	10:54	13:18	-2.8E
	16:54	19:00	0.8F
	23:06		
28 F		01:42	-3.1E
	05:42	10:24	0.7F
	11:48	14:06	-2.7E
	17:48	19:54	0.7F
		22:36	0.7F
29 Sa	00:00	02:30	-3.0E
	06:36	11:18	0.9F
	12:42	15:00	-2.6E
	18:48	23:36	0.6F
30 Su	00:54	03:24	-2.8E
	07:42	12:12	0.9F
	13:36	15:48	-2.4E
	19:48		
31 M		00:30	0.6F
	01:48	04:12	-2.6E
	08:54	13:06	0.9F
	14:30	16:42	-2.2E
	21:06		

June

Day	Slack h m	Maximum h m	knots
1 Tu		01:24	0.6F
	02:42	05:00	-2.4E
	10:12	14:00	0.8F
	15:24	17:36	-2.0E
	22:24		
2 W ◐		02:18	0.6F
	03:36	05:54	-2.2E
	11:18	14:54	0.8F
	16:18	18:30	-1.9E
	23:30		
3 Th		03:12	0.6F
	04:30	06:48	-2.0E
	12:06	15:48	0.8F
	17:06	20:54	-1.9E
4 F	00:24	04:06	0.6F
	05:24	07:54	-1.9E
	12:54	16:42	0.7F
	18:00	21:54	-2.0E
5 Sa	01:12	05:00	0.6F
	06:18	10:12	-1.9E
	13:36	17:36	0.7F
	18:54	22:42	-2.1E
6 Su	02:00	05:54	0.6F
	07:12	10:54	-1.9E
	14:12	18:24	0.7F
	19:42	23:30	-2.1E
7 M	02:48	06:48	0.6F
	08:00	11:24	-1.9E
	14:54	16:48	0.4F
	20:24	19:12	0.6F
8 Tu		00:06	-2.2E
	03:30	07:30	0.6F
	08:48	11:18	-2.0E
	15:30	17:30	0.5F
		18:36	0.4F
	****************		
9 W		00:00	-2.2E
	04:12	08:12	0.6F
	09:30	11:54	-2.2E
	16:06	18:12	0.5F
		20:36	0.5F
	****************		
10 Th ●		00:24	-2.2E
	04:48	07:06	0.6F
		08:48	0.6F
	10:12	12:36	-2.1E
	16:42	18:48	0.5F
	****************		
11 F		01:00	-2.3E
	05:30	07:54	0.6F
	10:54	13:18	-2.2E
	17:24	19:24	0.6F
	22:54		
12 Sa		01:42	-2.5E
	06:06	08:36	0.6F
	11:36	14:00	-2.3E
	18:00	20:00	0.6F
	23:30		
13 Su		02:24	-2.5E
	06:48	09:24	0.6F
	12:18	14:48	-2.3E
	18:42	20:36	0.6F
14 M	00:06	03:06	-2.6E
	07:30	10:18	0.5F
	13:00	15:30	-2.4E
	19:24	21:18	0.6F
15 Tu	00:48	03:54	-2.7E
	08:12	11:12	0.6F
	13:48	16:18	-2.4E
	20:12	22:48	0.6F
16 W	01:30	04:42	-2.7E
	09:00	12:00	0.6F
	14:30	17:12	-2.4E
	21:12	23:48	0.6F
17 Th	02:24	05:30	-2.7E
	09:54	12:42	0.6F
	15:24	18:00	-2.5E
	22:12		
18 F ◑		00:42	0.6F
	03:18	06:24	-2.6E
	10:42	13:24	0.7F
	16:12	18:54	-2.5E
	23:06		
19 Sa		01:30	0.7F
	04:24	07:18	-2.5E
	11:36	14:06	0.7F
	17:12	19:54	-2.5E
20 Su	00:06	02:24	0.7F
	05:30	08:18	-2.5E
	12:24	14:48	0.8F
	18:12	20:48	-2.6E
21 M	01:00	03:24	0.7F
	06:42	09:18	-2.5E
	13:12	15:36	0.8F
	19:12	21:48	-2.7E
22 Tu	01:54	04:18	0.7F
	07:48	10:12	-2.5E
	14:06	16:24	0.8F
	20:12	22:48	-2.8E
23 W	02:54	05:18	0.8F
	08:48	11:12	-2.6E
	15:00	17:12	0.8F
	21:06	23:42	-2.9E
24 Th ○	03:42	06:18	0.9F
	09:48	12:06	-2.6E
	15:48	18:18	0.7F
	22:00		
25 F		00:36	-2.9E
	04:36	07:06	1.0F
	10:42	13:00	-2.6E
	16:42	19:24	0.8F
	21:30		
26 Sa		01:24	-2.9E
	05:36	10:06	1.0F
	11:36	13:54	-2.6E
	17:36	22:24	0.8F
	23:42		
27 Su		02:12	-2.8E
	06:30	11:00	1.0F
	12:24	14:42	-2.5E
	18:36	23:18	0.7F
28 M	00:36	03:00	-2.7E
	07:30	11:54	1.0F
	13:18	15:30	-2.4E
	19:36		
29 Tu		00:12	0.7F
	01:24	03:54	-2.5E
	08:30	12:42	0.9F
	14:06	16:18	-2.2E
	20:42		
30 W		01:00	0.7F
	02:18	04:36	-2.4E
	09:42	13:36	0.8F
	14:54	17:12	-2.1E
	21:54		

Station ID: COD0911 Depth: 21 feet
Source: NOAA/NOS/CO-OPS
Station Type: Harmonic
Time Zone: LST

NOAA Tidal Current Predictions

Woods Hole, The Strait, 2021
Latitude: 41.5193° N Longitude: 70.6829° W
Mean Flood Dir. 96° (T) Mean Ebb Dir. 274° (T)
Times and speeds of maximum and minimum current, in knots

July

Date	Slack (h m)	Maximum (h m, knots)
1 Th ◐	03:06, 10:36, 15:42, 23:00	01:48 0.6F, 05:24 -2.2E, 14:24 0.7F, 18:00 -1.9E
2 F	03:54, 11:30, 16:36, 23:54	02:42 0.5F, 06:18 -2.0E, 15:18 0.6F, 18:54 -1.8E
3 Sa	04:48, 12:12, 17:24	03:36 0.5F, 07:06 -1.8E, 16:12 0.6F, 21:30 -1.9E
4 Su	00:48, 05:42, 12:54	02:36 0.4F, 04:30 0.4F, 08:06 -1.7E, 09:00 -1.7E, 14:54 0.4F *****
5 M	01:36, 06:30, 13:36	03:24 0.4F, 05:24 0.4F, 09:00 -1.7E, 10:24 -1.7E, 15:30 0.4F *****
6 Tu	02:24, 07:24, 14:18	04:12 0.4F, 06:18 0.5F, 09:54 -1.7E, 16:06 0.4F, 17:30 0.3F *****
7 W	03:06, 08:18, 15:00	05:00 0.4F, 07:06 0.5F, 10:36 -1.8E, 16:48 0.5F, 19:24 0.4F *****
8 Th	03:48, 09:00, 15:36, 21:12	05:54 0.5F, 07:48 0.5F, 11:24 -1.9E, 17:36 0.5F, 23:48 -2.2E
9 F	04:24, 09:48, 16:12, 21:48	06:48 0.5F, 08:24 0.5F, 12:06 -2.1E, 18:18 0.6F
10 Sa ●	05:00, 10:30, 16:48, 22:24	00:30 -2.4E, 07:30 0.5F, 12:48 -2.2E, 19:00 0.6F
11 Su	05:36, 11:12, 17:30, 23:06	01:12 -2.5E, 08:06 0.6F, 13:36 -2.4E, 19:36 0.7F
12 M	06:12, 11:54, 18:06, 23:42	02:00 -2.7E, 08:54 0.6F, 14:24 -2.5E, 20:06 0.7F
13 Tu	06:48, 12:36, 18:54	02:42 -2.8E, 09:36 0.7F, 15:06 -2.6E, 20:48 0.7F
14 W	00:30, 07:30, 13:18, 19:42	03:30 -2.9E, 10:24 0.7F, 15:54 -2.7E, 21:42 0.7F
15 Th	01:18, 08:18, 14:06, 20:36	04:18 -2.9E, 11:18 0.7F, 16:42 -2.7E, 23:12 0.7F
16 F	02:06, 09:06, 14:54, 21:36	05:06 -2.8E, 12:00 0.7F, 17:36 -2.7E
17 Sa ◑	03:06, 10:06, 15:48, 22:42	00:18 0.7F, 06:00 -2.7E, 12:48 0.7F, 18:30 -2.6E
18 Su	04:06, 11:00, 16:42, 23:42	01:12 0.7F, 06:54 -2.6E, 13:30 0.7F, 19:24 -2.6E
19 M	05:18, 11:54, 17:48	02:06 0.6F, 07:54 -2.4E, 14:18 0.7F, 20:24 -2.6E
20 Tu	00:42, 06:24, 12:54, 18:48	03:12 0.6F, 08:54 -2.3E, 15:12 0.7F, 21:24 -2.6E
21 W	01:48, 13:48, 19:54	06:12 0.7F, 09:54 0.7F, 16:06 0.7F, 18:30 0.6F, 22:24 -2.7E
22 Th	02:42, 08:36, 14:48, 20:48	07:12 0.9F, 10:54 -2.4E, 17:18 0.6F, 19:30 0.6F, 23:24 -2.7E
23 F	03:42, 09:30, 15:42, 21:42	08:06 1.0F, 11:54 -2.4E, 20:24 0.8F
24 Sa ○	04:36, 10:24, 16:36, 22:36	00:18 -2.8E, 09:00 1.1F, 12:48 -2.5E, 21:12 0.9F
25 Su	05:24, 11:12, 17:30, 23:24	01:12 -2.8E, 09:48 1.1F, 13:42 -2.5E, 22:06 0.9F
26 M	06:18, 12:06, 18:18	02:00 -2.7E, 10:42 1.1F, 14:30 -2.4E, 22:54 0.8F
27 Tu	00:18, 07:06, 12:54, 19:18	02:42 -2.6E, 11:30 1.0F, 15:12 -2.4E, 23:42 0.8F
28 W	01:00, 08:00, 13:36, 20:18	03:24 -2.5E, 12:18 0.9F, 16:00 -2.2E
29 Th	01:48, 08:54, 14:24, 21:24	00:30 0.7F, 04:12 -2.3E, 13:06 0.8F, 16:42 -2.1E
30 F	02:36, 09:48, 15:12, 22:30	01:12 0.6F, 04:54 -2.1E, 13:54 0.6F, 17:30 -2.0E
31 Sa ◐	03:24, 10:42, 15:54, 23:24	02:00 0.5F, 05:42 -2.0E, 14:42 0.5F, 18:12 -1.9E

August

Date	Slack (h m)	Maximum (h m, knots)
1 Su	04:12, 11:36, 16:42	01:18 0.4F, 06:30 -1.8E, 13:30 0.4F, 19:06 -1.8E *****
2 M	00:18, 05:00, 12:18, 17:24	02:00 0.4F, 07:18 -1.7E, 14:06 0.4F, 16:24 0.3F, 20:00 -1.7E *****
3 Tu	01:12, 05:54, 13:06, 18:30	02:48 0.3F, 04:48 0.3F, 08:12 -1.6E, 14:54 0.4F, 17:18 0.2F *****
4 W	02:00, 06:48, 13:48, 19:36	03:36 0.4F, 05:42 0.4F, 09:12 -1.6E, 15:36 0.4F, 18:06 0.2F *****
5 Th	02:42, 07:42, 14:30, 19:54	04:30 0.4F, 06:36 0.4F, 10:00 -1.8E, 16:24 0.4F, 22:30 -2.0E
6 F	03:24, 08:30, 15:06, 20:36	05:24 0.5F, 07:18 0.5F, 10:48 -1.9E, 17:06 0.5F, 23:12 -2.2E
7 Sa	03:54, 09:18, 15:42, 21:18	06:12 0.5F, 11:36 -2.1E, 17:54 0.6F
8 Su ●	04:30, 10:00, 16:18, 22:00	00:00 -2.4E, 07:00 0.6F, 12:24 -2.3E, 18:36 0.7F
9 M	05:00, 10:42, 17:00, 22:42	00:48 -2.7E, 07:42 0.7F, 13:12 -2.5E, 19:12 0.8F
10 Tu	05:36, 11:24, 17:36, 23:24	01:30 -2.9E, 08:18 0.7F, 13:54 -2.7E, 19:48 0.9F
11 W	06:12, 12:06, 18:24	02:18 -3.0E, 08:48 0.8F, 14:42 -2.8E, 20:24 0.8F
12 Th	00:12, 06:54, 12:54, 19:12	03:06 -3.0E, 09:18 0.8F, 15:30 -2.9E, 21:12 0.8F
13 F	01:00, 07:42, 13:36, 20:06	03:54 -3.0E, 10:18 0.8F, 16:18 -2.9E, 22:42 0.7F
14 Sa	01:54, 08:30, 14:30, 21:12	04:42 -2.9E, 11:18 0.8F, 17:12 -2.8E, 23:54 0.7F
15 Su ◑	02:54, 09:30, 15:18, 22:18	05:36 -2.7E, 12:06 0.7F, 18:06 -2.7E
16 M	03:54, 10:30, 16:18, 23:24	01:00 0.6F, 06:30 -2.5E, 13:00 0.7F, 19:00 -2.6E
17 Tu	05:00, 11:36, 17:24	02:00 0.6F, 07:30 -2.3E, 13:54 0.6F, 20:00 -2.5E
18 W	00:36, 06:12, 12:36, 18:30	04:48 0.6F, 08:30 -2.2E, 15:00 0.6F, 21:06 -2.5E
19 Th	01:42, 13:42, 19:36	06:00 0.8F, 09:36 -2.2E, 16:12 0.6F, 18:18 0.7F, 22:12 -2.5E
20 F	02:42, 08:18, 14:36, 20:30	06:54 0.9F, 10:42 -2.2E, 19:12 0.8F, 23:12 -2.6E
21 Sa	03:36, 15:30, 21:24	07:48 1.1F, 11:48 -2.3E, 20:06 0.9F
22 Su ○	04:24, 10:06, 16:24, 22:18	00:12 -2.6E, 08:36 1.2F, 12:42 -2.4E, 20:54 1.0F
23 M	05:12, 10:54, 17:12, 23:06	01:00 -2.6E, 09:24 1.1F, 13:30 -2.5E, 21:42 0.9F
24 Tu	05:54, 11:42, 18:00, 23:54	01:42 -2.6E, 10:18 1.0F, 14:12 -2.4E, 22:30 0.8F
25 W	06:36, 12:24, 18:54	02:24 -2.6E, 11:06 0.9F, 14:48 -2.4E, 23:18 0.7F
26 Th	00:36, 07:24, 13:06, 19:48	03:00 -2.4E, 11:48 0.8F, 15:30 -2.3E
27 F	01:18, 08:06, 13:48, 20:48	00:00 0.6F, 03:42 -2.3E, 12:36 0.6F, 16:12 -2.2E
28 Sa	02:06, 09:00, 14:30, 21:54	00:42 0.5F, 04:24 -2.1E, 13:18 0.5F, 16:54 -2.0E
29 Su	02:48, 10:00, 15:12, 22:54	00:06 0.4F, 05:06 -2.0E, 12:12 0.4F, 17:36 -1.9E
30 M ◐	03:36, 10:54, 15:54, 23:54	00:48 0.4F, 05:54 -1.8E, 12:48 0.3F, 18:24 -1.8E
31 Tu	04:24, 11:48, 16:36	01:30 0.3F, 06:42 -1.7E, 13:36 0.3F, 19:12 -1.7E

September

Date	Slack (h m)	Maximum (h m, knots)
1 W	00:42, 12:36, 17:24	02:24 0.3F, 05:12 -1.6E, 14:18 0.3F, 20:06 -1.8E
2 Th	01:30, 06:12, 13:18, 18:18	03:12 0.3F, 08:30 -1.6E, 15:06 0.4F, 21:00 -1.9E
3 F	02:12, 07:06, 14:00, 19:12	04:00 0.4F, 09:24 -1.8E, 15:54 0.5F, 21:54 -2.1E
4 Sa	02:48, 08:00, 14:36, 20:00	04:54 0.5F, 10:18 -2.0E, 16:36 0.6F, 22:42 -2.3E
5 Su	03:18, 08:42, 15:12, 20:48	05:42 0.6F, 11:06 -2.2E, 17:24 0.7F, 23:30 -2.5E
6 M	03:54, 09:30, 15:48, 21:36	06:30 0.7F, 11:54 -2.5E, 18:06 0.8F
7 Tu ●	04:24, 10:12, 16:30, 22:18	00:18 -2.8E, 07:06 0.8F, 12:42 -2.7E, 18:54 0.9F
8 W	05:00, 10:54, 17:12, 23:06	01:06 -3.0E, 07:48 0.9F, 13:30 -2.9E, 19:30 1.0F
9 Th	05:42, 11:42, 18:00, 23:54	01:54 -3.1E, 08:00 0.9F, 14:18 -3.0E, 20:06 0.9F
10 F	06:24, 12:24, 18:48	02:42 -3.1E, 08:24 0.9F, 15:06 -3.1E, 20:48 0.8F
11 Sa	00:48, 07:06, 13:12, 19:42	03:30 -3.0E, 09:06 0.9F, 16:00 -3.0E, 22:06 0.7F
12 Su	01:42, 08:00, 14:06, 20:48	04:24 -2.9E, 10:06 0.7F, 16:48 -2.9E, 23:48 0.7F
13 M ◑	02:42, 09:06, 15:00, 22:00	05:12 -2.6E, 11:48 0.7F, 17:42 -2.7E
14 Tu	03:42, 10:12, 16:00, 23:18	01:00 0.6F, 06:06 -2.4E, 12:48 0.6F, 18:36 -2.5E
15 W	04:48, 11:24, 17:06	03:24 0.6F, 10:54 -2.2E, 17:54 0.5F, 19:36 -2.4E
16 Th	00:30, 05:54, 12:30, 18:12	04:36 0.7F, 08:12 -2.1E, 16:54 0.6F, 20:48 -2.3E
17 F	01:36, 07:00, 13:36, 19:18	05:36 0.8F, 09:30 -2.1E, 18:00 0.7F, 22:00 -2.3E
18 Sa	02:36, 07:54, 14:30, 20:12	06:36 1.0F, 10:54 -2.2E, 18:54 0.9F, 23:12 -2.4E
19 Su	03:24, 08:48, 15:24, 21:06	07:24 1.1F, 11:54 -2.3E, 19:42 1.0F
20 M ○	04:06, 09:42, 16:12, 21:54	00:06 -2.5E, 08:12 1.1F, 12:42 -2.4E, 20:30 1.0F
21 Tu	04:48, 10:24, 16:54, 22:42	00:48 -2.5E, 09:00 1.1F, 13:18 -2.5E, 21:18 0.9F
22 W	05:24, 11:12, 17:42, 23:24	01:24 -2.5E, 09:48 1.0F, 13:54 -2.4E, 22:00 0.8F
23 Th	06:06, 11:54, 18:30	01:54 -2.4E, 10:36 0.9F, 14:24 -2.4E, 22:48 0.7F
24 F	00:12, 06:42, 12:36, 19:18	02:30 -2.4E, 11:18 0.6F, 15:00 -2.3E, 23:30 0.6F
25 Sa	07:30, 13:12, 20:12	03:12 -2.2E, 09:48 0.4F, 12:00 0.5F, 15:36 -2.2E, 22:42 0.5F
26 Su	01:36, 08:18, 13:48, 21:18	00:06 0.5F, 03:54 -2.1E, 10:42 0.4F, 16:18 -2.1E, 23:36 0.4F
27 M	02:18, 09:18, 14:24, 22:24	04:36 -2.0E, 11:30 0.3F, 17:00 -2.0E
28 Tu	03:00, 10:18, 15:00, 23:18	00:18 0.4F, 05:24 -1.9E, 12:12 0.3F, 17:48 -1.9E
29 W ◐	03:48, 11:12, 15:36	01:06 0.4F, 06:12 -1.8E, 13:00 0.3F, 18:36 -1.9E
30 Th	00:12, 12:00, 16:24	01:54 0.4F, 07:06 -1.7E, 13:48 0.3F, 19:30 -1.9E

Station ID: COD0911 Depth: 21 feet
Source: NOAA/NOS/CO-OPS
Station Type: Harmonic
Time Zone: LST

NOAA Tidal Current Predictions

Woods Hole, The Strait, 2021
Latitude: 41.5193° N Longitude: 70.6829° W
Mean Flood Dir. 96° (T) Mean Ebb Dir. 274° (T)
Times and speeds of maximum and minimum current, in knots

October

Day	Slack h m	Max h m	knots	Day	Slack h m	Max h m	knots
1 F	00:54	02:42	0.4F	16 Sa	01:24	05:12	0.9F
	05:30	08:00	-1.7E		06:36	09:54	-2.0E
	12:42	14:36	0.4F		13:24	17:36	0.8F
	17:24	20:24	-2.0E		18:54	22:12	-2.2E
2 Sa	01:30	03:30	0.4F	17 Su	02:18	06:12	1.0F
	06:30	08:54	-1.9E		07:30	10:54	-2.2E
	13:24	15:24	0.5F		14:18	18:30	0.9F
	18:30	21:18	-2.2E		19:48	23:12	-2.3E
3 Su	02:06	04:12	0.5F	18 M	03:00	07:00	1.0F
	07:24	09:48	-2.1E		08:24	11:42	-2.3E
	14:00	16:12	0.6F		15:06	19:18	0.9F
	19:30	22:12	-2.4E		20:42	23:54	-2.3E
4 M	02:42	05:00	0.6F	19 Tu	03:36	07:48	1.0F
	08:12	10:36	-2.4E		09:12	12:30	-2.4E
	14:42	16:54	0.8F		15:54	20:06	0.9F
	20:18	23:00	-2.6E		21:30		
5 Tu	03:12	05:42	0.7F	20 W	04:18	00:30	-2.4E
	09:00	11:30	-2.6E		09:54	08:36	1.0F
	15:24	17:42	0.9F		16:36	13:06	-2.4E
	21:12	23:54	-2.8E		22:12	20:54	0.9F
6 W	03:48	06:18	0.8F	21 Th	04:54	00:54	-2.3E
	09:42	12:18	-2.9E		10:42	09:18	0.8F
	16:06	18:24	0.9F		17:18	13:30	-2.4E
	22:00				23:00	21:36	0.8F
7 Th	04:30	00:42	-3.0E	22 F	05:30	01:30	-2.3E
	10:30	06:54	0.9F		11:18	10:06	0.7F
	16:48	13:06	-3.0E		18:06	13:54	-2.4E
	22:48	19:12	1.0F		************	20:30	0.6F
						22:18	0.7F
8 F	05:12	01:30	-3.1E	23 Sa	06:12	02:06	-2.2E
	11:18	07:18	1.0F			08:18	0.5F
	17:36	13:54	-3.1E			09:42	0.4F
	23:42	19:48	0.9F		12:00	10:48	0.5F
					************	14:30	-2.3E
9 Sa	05:54	02:18	-3.0E	24 Su	00:24	02:42	-2.2E
	12:06	07:54	0.9F		06:54	08:54	0.4F
	18:30	14:48	-3.2E		13:30	10:48	0.3F
		20:36	0.8F		19:42	15:06	-2.3E
						22:12	0.5F
10 Su	00:36	03:12	-2.9E	25 M	01:06	03:24	-2.1E
	06:42	08:36	0.8F		07:42	09:48	0.4F
	12:54	15:36	-3.1E		13:12	15:48	-2.2E
	19:24	22:24	0.7F		20:42	23:06	0.4F
11 M	01:36	04:00	-2.8E	26 Tu	01:48	04:06	-2.0E
	07:42	09:30	0.7F		08:36	10:48	0.3F
	13:48	16:24	-2.9E		13:42	16:30	-2.2E
	20:30				21:42		
12 Tu	02:30	00:30	0.6F	27 W	02:30	00:00	0.4F
	08:48	04:54	-2.5E		09:36	04:54	-2.0E
	14:42	11:36	0.6F		14:12	11:48	0.3F
	21:48	17:18	-2.7E		22:36	17:18	-2.1E
13 W	03:30	02:06	0.6F	28 Th	03:12	00:42	0.4F
	10:00	05:48	-2.3E		10:30	05:42	-1.9E
	15:48	12:48	0.5F		14:48	12:36	0.4F
	23:12	18:12	-2.5E		23:24	18:06	-2.1E
14 Th	04:30	03:12	0.7F	29 F	04:06	01:24	0.4F
	11:18	06:48	-2.1E		11:18	06:30	-1.9E
	16:48	15:30	0.5F		15:42	13:24	0.7F
		19:12	-2.3E			18:54	-2.1E
15 F	00:24	04:18	0.8F	30 Sa	00:06	02:12	0.5F
	05:36	07:54	-2.0E		04:54	07:24	-1.9E
	12:24	16:36	0.6F		12:06	14:06	0.5F
	17:54	20:24	-2.2E		16:42	19:54	-2.1E
				31 Su	00:42	02:54	0.5F
					05:48	08:24	-2.0E
					12:48	14:54	0.6F
					17:48	20:48	-2.3E

November

Day	Slack h m	Max h m	knots	Day	Slack h m	Max h m	knots
1 M	01:18	03:42	0.6F	16 Tu	02:30	06:36	0.9F
	06:42	09:18	-2.3E		07:54	11:24	-2.3E
	13:30	15:42	0.7F		14:48	18:54	0.8F
	18:54	21:42	-2.5E		20:12	23:36	-2.2E
2 Tu	02:00	04:18	0.7F	17 W	03:06	07:24	0.9F
	07:36	10:12	-2.5E		08:42	12:12	-2.3E
	14:12	16:30	0.8F		15:36	19:42	0.8F
	19:54	22:36	-2.7E		21:00		
3 W	02:36	05:00	0.8F	18 Th	03:42	00:06	-2.1E
	08:30	11:06	-2.7E		09:24	08:06	0.8F
	15:00	17:18	0.9F		16:18	12:48	-2.3E
	20:48	23:24	-2.8E		21:48	20:30	0.8F
4 Th	03:18	05:36	0.9F	19 F	04:24	00:24	-2.1E
	09:18	11:54	-3.0E		10:06	08:54	0.7F
	15:42	18:06	0.9F		17:00	13:00	-2.3E
	21:42				22:30	21:12	0.7F
5 F	04:00	00:18	-2.9E	20 Sa	05:00	00:54	-2.1E
	10:06	06:12	0.9F			07:06	0.5F
	16:30	12:42	-3.1E			08:24	0.5F
	22:36	19:00	0.9F		10:48	09:36	0.5F
					************	13:24	-2.3E
6 Sa	04:42	01:12	-2.9E	21 Su	05:42	01:36	-2.1E
	10:54	06:48	0.9F		11:24	07:48	0.5F
	17:24	13:36	-3.2E		18:30	14:00	-2.3E
	23:30	19:48	0.9F			20:48	0.5F
					************	22:30	0.5F
7 Su	05:36	02:00	-2.9E	22 M	06:24	02:12	-2.1E
	11:48	07:30	0.7F		12:00	08:24	0.5F
	18:18	14:24	-3.2E		19:12	14:36	-2.3E
		21:00	0.7F			21:42	0.5F
8 M	00:24	02:48	-2.8E	23 Tu	00:36	02:54	-2.1E
	06:24	08:12	0.8F		07:06	09:00	0.4F
	12:36	15:18	-3.0E		12:36	15:18	-2.3E
	19:12	23:54	0.7F		20:00	22:36	0.5F
9 Tu	01:24	03:42	-2.6E	24 W	01:18	03:42	-2.1E
	07:36	09:12	0.6F		07:54	10:06	0.4F
	13:36	16:06	-2.9E		13:06	16:00	-2.3E
	20:18				20:54	23:30	0.5F
10 W	02:18	00:54	0.8F	25 Th	02:00	04:24	-2.1E
	08:36	04:36	-2.4E		08:48	11:12	0.4F
	14:30	13:00	0.5F		13:42	16:48	-2.3E
	21:42	17:00	-2.6E		21:42		
11 Th	03:18	01:54	0.8F	26 F	02:42	00:12	0.5F
	09:54	05:30	-2.2E		09:42	05:12	-2.1E
	15:30	14:06	0.6F		14:24	12:00	0.4F
	23:00	17:54	-2.4E		22:30	17:36	-2.3E
12 F	04:12	02:54	0.8F	27 Sa	03:30	00:54	0.5F
	11:06	06:24	-2.1E		10:36	06:06	-2.1E
	16:30	15:12	0.5F		15:12	15:12	0.5F
		18:48	-2.2E		23:12	18:30	-2.3E
13 Sa	00:00	03:48	0.8F	28 Su	04:18	01:36	0.6F
	05:12	07:36	-1.9E		11:24	06:54	-2.2E
	12:12	16:12	0.6F		16:12	13:36	0.6F
	17:24	19:54	-2.1E		23:54	19:18	-2.3E
14 Su	01:00	04:48	0.8F	29 M	05:12	02:18	0.6F
	06:06	09:42	-2.0E		12:12	14:24	-2.3E
	13:12	17:06	0.7F		17:18	20:18	0.6F
	18:24	22:00	-2.1E				-2.4E
15 M	01:48	05:42	0.9F	30 Tu	00:36	03:00	0.7F
	07:00	10:36	-2.2E		06:06	08:48	-2.4E
	14:00	18:00	0.8F		13:00	15:18	0.7F
	19:18	22:54	-2.1E		18:24	21:12	-2.5E

December

Day	Slack h m	Max h m	knots	Day	Slack h m	Max h m	knots
1 W	01:18	03:42	0.6F	16 Th	02:36	06:54	0.7F
	07:06	09:42	-2.6E		08:06	11:54	-2.2E
	13:48	16:06	0.8F		15:18	19:18	0.7F
	19:30	22:06	-2.6E		20:30	23:42	-1.9E
2 Th	02:06	04:18	0.8F	17 F	03:12	05:12	0.4F
	08:00	10:36	-2.8E			07:42	
	14:36	17:00	0.8F		08:54	12:30	-2.2E
	20:30	23:00	-2.7E		16:00	20:00	0.7F
					21:18	23:48	-2.0E
3 F	02:48	05:00	0.9F	18 Sa	03:54	05:54	0.5F
	08:54	11:30	-3.0E			07:00	0.4F
	15:30	18:00	0.8F			08:24	
	21:30	23:54	-2.8E		09:36	12:24	-2.2E
					16:42	20:42	0.7F
					************		
4 Sa	03:36	05:42	0.9F	19 Su	04:30	00:24	-2.0E
	09:42	12:24	-3.1E			06:36	0.5F
	16:18	19:06	0.8F			09:00	0.4F
	22:24				10:12	12:48	-2.3E
					17:18	21:24	0.6F
					************		
5 Su	04:24	00:48	-2.8E	20 M	05:12	01:06	-2.1E
	10:36	06:36	0.9F			07:18	0.5F
	17:12	13:18	-3.1E		18:00	13:30	-2.4E
	23:18	21:48	0.8F		23:30	20:24	0.6F
6 M	05:18	01:42	-2.8E	21 Tu	05:54	01:48	-2.2E
	11:30	07:18	0.8F		11:24	07:54	0.5F
	18:06	14:06	-3.1E		18:42	14:06	-2.4E
		22:48	0.8F			21:12	0.5F
7 Tu	00:12	02:30	-2.7E	22 W	00:06	02:30	-2.2E
	06:12	08:12	0.7F		06:30	08:30	-2.5E
	12:24	14:54	-3.0E		12:00	14:48	0.5F
	19:06	23:42	0.9F		19:18	22:00	0.5F
8 W	01:06	03:24	-2.6E	23 Th	00:48	03:12	-2.3E
	07:12	11:54	0.6F		07:18	09:24	0.5F
	13:18	15:48	-2.8E		12:36	15:36	-2.6E
	20:06				20:00	22:54	0.5F
9 Th	02:00	00:42	0.9F	24 F	01:30	04:00	-2.3E
	08:24	04:18	-2.4E			10:30	0.5F
	14:12	12:54	0.6F		13:12	16:24	-2.6E
	21:24	16:36	-2.6E		20:48	23:42	0.6F
10 F	02:54	00:42	0.9F	25 Sa	02:12	04:48	-2.4E
	09:36	05:12	-2.2E		08:54	11:24	0.6F
	15:06	13:48	0.6F		14:00	17:12	-2.6E
	22:36	17:30	-2.4E		21:36		
11 Sa	03:48	02:30	0.8F	26 Su	02:54	00:18	0.6F
	10:54	06:06	-2.1E		09:48	05:36	-2.4E
	16:00	14:42	0.6F		14:48	12:18	0.6F
	23:36	18:24	-2.1E		22:18	18:00	-2.6E
12 Su	04:42	03:24	0.8F	27 M	03:42	01:00	0.7F
	11:54	07:06	-1.9E		10:42	06:30	-2.4E
	17:00	15:42	0.6F		15:48	13:06	0.6F
		19:24	-2.0E		23:06	18:54	-2.5E
13 M	00:24	04:18	0.8F	28 Tu	04:36	01:36	0.7F
	05:36	09:24	-2.0E		11:36	07:24	-2.5E
	12:48	16:36	0.6F		16:54	14:00	0.7F
	17:54	21:36	-1.9E		23:54	19:48	-2.5E
14 Tu	01:12	05:12	0.7F	29 W	05:30	02:18	0.7F
	06:30	10:18	-2.1E		12:36	08:18	-2.5E
	13:42	17:36	0.6F		18:06	14:48	0.7F
	18:48	22:30	-1.9E			20:48	-2.5E
15 W	01:54	06:06	0.7F	30 Th	00:48	03:00	0.8F
	07:18	11:06	-2.2E		06:36	09:18	-2.6E
	14:30	18:30	0.7F		13:30	15:48	0.7F
	19:42	23:12	-1.9E		19:12	21:42	-2.5E
				31 F	01:36	03:48	0.8F
					07:36	10:18	-2.8E
					14:24	16:48	0.7F
					20:18	22:42	-2.5E

Station ID: COD0911 Depth: 21 feet
Source: NOAA/NOS/CO-OPS
Station Type: Harmonic
Time Zone: LST

NOAA Tidal Current Predictions

Woods Hole, The Strait, 2021
Latitude: 41.5193° N Longitude: 70.6829° W
Mean Flood Dir. 96° (T) Mean Ebb Dir. 274° (T)
Times and speeds of maximum and minimum current, in knots

EXTRA CURRENTS

January

	Slack h m	Maximum h m	knots
21 Th	23:54		

March

	Slack h m	Maximum h m	knots
16 Tu		23:36	0.6F

April

	Slack h m	Maximum h m	knots
13 Tu	23:36	21:12	0.5F
		22:18	0.6F

May

	Slack h m	Maximum h m	knots
11 Tu ●	22:24		
12 W	23:00		

June

	Slack h m	Maximum h m	knots
8 Tu	21:06	20:00	0.5F
9 W	21:48		
10 Th ●	22:24		
25 F	22:54		

July

	Slack h m	Maximum h m	knots
4 Su	18:12	17:00	0.5F
		22:18	-1.9E
5 M	19:00	16:36	0.3F
		17:54	0.4F
		23:06	-2.0E
6 Tu	19:48	18:42	0.4F
		23:42	-2.0E
7 W	20:30	23:06	-2.1E

August

	Slack h m	Maximum h m	knots
1 Su		20:12	-1.7E
2 M		21:54	-1.7E
3 Tu	18:18	20:54	-1.8E
		22:36	-1.8E
4 W	19:06	21:42	-1.9E

October

	Slack h m	Maximum h m	knots
22 F	23:42		
23 Sa	18:54	21:18	0.5F
		23:06	0.5F

November

	Slack h m	Maximum h m	knots
20 Sa	17:42	20:06	0.6F
	23:12	21:54	0.6F
21 Su	23:54		

December

	Slack h m	Maximum h m	knots
18 Sa	22:06		
19 Su ○	22:48		

Station ID: COD0904 Depth: 13 feet
Source: NOAA/NOS/CO-OPS
Station Type: Harmonic
Time Zone: LST

NOAA Tidal Current Predictions

Cape Cod Canal, Railroad Bridge, midchannel, 2021

Latitude: 41.7427° N Longitude: 70.6142° W
Mean Flood Dir. 66° (T) Mean Ebb Dir. 248° (T)
Times and speeds of maximum and minimum current, in knots

January

Day	Slack (h m)	Maximum (h m)	knots
1 F	04:48, 10:54, 17:12, 23:42	01:18, 07:18, 13:30, 19:48	-4.9E, 4.8F, -5.5E, 4.9F
2 Sa	05:30, 11:42, 17:54	02:06, 08:06, 14:18, 20:36	-5.2E, 5.0F, -5.8E, 5.0F
3 Su	00:30, 06:18, 12:30, 18:42	02:54, 08:54, 15:06, 21:24	-5.4E, 5.1F, -6.0E, 5.1F
4 M	01:18, 07:06, 13:24, 19:30	03:42, 09:48, 16:00, 22:18	-5.6E, 5.1F, -6.0E, 5.1F
5 Tu	02:06, 08:00, 14:18, 20:30	04:30, 10:42, 16:54, 23:12	-5.6E, 5.0F, -5.8E, 5.0F
6 W	03:00, 09:00, 15:18, 21:24	05:24, 11:36, 17:48	-5.5E, 4.8F, -5.6E
7 Th	03:54, 10:00, 16:18, 22:24	00:06, 06:18, 12:36, 18:42	4.9F, -5.4E, 4.6F, -5.2E
8 F	04:48, 11:00, 17:24, 23:42	01:00, 07:12, 13:36, 19:42	4.8F, -5.3E, 4.5F, -4.9E
9 Sa	05:48, 12:00, 18:30	02:00, 08:12, 14:36, 20:48	4.6F, -5.3E, 4.4F, -4.7E
10 Su	00:24, 06:42, 13:00, 19:30	02:54, 09:12, 15:48, 21:54	4.4F, -5.3E, 4.3F, -4.6E
11 M	01:18, 07:36, 13:54, 20:24	03:54, 10:12, 17:54, 22:54	4.3F, -5.4E, 4.5F, -4.7E
12 Tu	02:18, 08:36, 14:48, 21:24	04:48, 11:06, 18:54, 23:54	4.2F, -5.4E, 4.6F, -4.7E
13 W	03:12, 09:24, 15:42, 22:12	05:48, 12:00, 19:48	4.2F, -5.4E, 4.7F
14 Th	04:00, 10:18, 16:30, 23:06	00:48, 06:42, 12:54, 20:42	-4.8E, 4.2F, -5.3E, 4.7F
15 F	04:54, 11:12, 17:18, 23:54	01:42, 07:30, 13:48, 21:30	-4.8E, 4.1F, -5.2E, 4.5F
16 Sa	05:42, 12:00, 18:12	02:30, 08:24, 14:36, 22:18	-4.7E, 4.1F, -5.0E, 4.3F
17 Su	00:42, 06:36, 12:54, 19:00	03:18, 09:12, 15:24, 23:06	-4.6E, 3.9F, -4.8E, 4.1F
18 M	01:30, 07:30, 13:42, 19:48	04:06, 10:06, 16:06	-4.4E, 3.7F, -4.5E
19 Tu	02:18, 08:18, 14:36, 20:42	00:00, 04:54, 12:06, 16:54	3.9F, -4.1E, 3.5F, -4.1E
20 W	03:12, 09:12, 15:24, 21:30	00:48, 05:42, 13:00, 17:48	3.6F, -3.8E, 3.3F, -3.7E
21 Th	04:00, 10:12, 16:18, 22:24	01:24, 06:36, 13:54, 18:42	3.4F, -3.5E, 3.2F, -3.4E
22 F	04:48, 11:00, 17:12, 23:12	00:48, 07:24, 14:54, 19:30	3.2F, -3.4E, 3.1F, -3.2E
23 Sa	05:30, 11:54, 18:06	01:30, 08:00, 15:42, 20:24	3.2F, -3.3E, 3.1F, -3.1E
24 Su	00:00, 06:18, 12:36, 18:54	02:18, 08:42, 16:30, 21:12	3.2F, -3.4E, 3.2F, -3.2E
25 M	00:48, 07:00, 13:18, 19:42	03:00, 09:24, 15:48, 22:00	3.3F, -3.7E, 3.4F, -3.5E
26 Tu	01:30, 07:48, 14:00, 20:24	03:48, 10:06, 16:30, 22:42	3.6F, -4.1E, 3.7F, -3.9E
27 W	02:12, 08:24, 14:42, 21:06	04:36, 10:48, 17:12, 23:24	4.0F, -4.6E, 4.2F, -4.4E
28 Th	02:54, 09:12, 15:24, 21:48	05:18, 11:36, 17:54	4.5F, -5.1E, 4.6F
29 F	03:36, 09:48, 16:00, 22:30	00:06, 06:06, 12:18, 18:42	-4.9E, 4.9F, -5.6E, 5.0F
30 Sa	04:18, 10:30, 16:42, 23:12	00:54, 06:54, 13:06, 19:24	-5.4E, 5.2F, -6.1E, 5.3F
31 Su	05:06, 11:18, 17:30	01:36, 07:42, 13:54, 20:12	-5.7E, 5.5F, -6.3E, 5.5F

February

Day	Slack (h m)	Maximum (h m)	knots
1 M	00:00, 05:48, 12:12, 18:18	02:24, 08:30, 14:48, 21:00	-6.0E, 5.5F, -6.4E, 5.5F
2 Tu	00:48, 06:42, 13:06, 19:06	03:18, 09:24, 15:36, 21:54	-6.0E, 5.4F, -6.3E, 5.4F
3 W	01:36, 07:36, 14:00, 20:00	04:06, 10:12, 16:30, 22:42	-6.0E, 5.1F, -5.9E, 5.1F
4 Th	02:30, 08:30, 15:00, 21:00	04:54, 11:12, 17:24, 23:36	-5.7E, 4.7F, -5.4E, 4.7F
5 F	03:24, 09:36, 16:00, 22:00	05:48, 12:12, 18:18	-5.4E, 4.4F, -4.8E
6 Sa	04:24, 10:36, 17:06, 23:00	00:36, 06:48, 13:12, 19:24	4.4F, -5.1E, 4.1F, -4.4E
7 Su	05:24, 11:42, 18:12	01:30, 07:48, 14:30, 20:30	4.1F, -4.9E, 3.9F, -4.1E
8 M	00:06, 06:24, 12:42, 19:12	02:36, 08:54, 16:54, 21:48	3.9F, -4.8E, 4.2F, -4.2E
9 Tu	01:06, 07:24, 13:36, 20:12	03:48, 10:00, 17:48, 23:00	3.8F, -4.8E, 4.5F, -4.4E
10 W	02:00, 08:18, 14:30, 21:06	05:42, 11:00, 18:42, 23:54	4.0F, -5.0E, 4.7F, -4.7E
11 Th	02:54, 09:12, 15:24, 21:54	06:42, 11:54, 19:30	4.2F, -5.1E, 4.8F
12 F	03:42, 10:00, 16:12, 22:42	00:42, 07:30, 12:48, 20:18	-4.9E, 4.3F, -5.2E, 4.8F
13 Sa	04:36, 10:48, 17:00, 23:30	01:30, 08:06, 13:36, 21:00	-4.9E, 4.4F, -5.2E, 4.6F
14 Su	05:24, 11:42, 17:42	02:18, 08:36, 14:18, 21:42	-4.9E, 4.2F, -5.1E, 4.4F
15 M	00:12, 06:12, 12:30, 18:30	02:54, 09:00, 15:00, 22:18	-4.7E, 4.1F, -4.8E, 4.0F
16 Tu	01:00, 07:00, 13:18, 19:18	03:36, 09:30, 15:42, 21:48	-4.5E, 3.8F, -4.5E, 3.8F
17 W	01:48, 07:48, 14:06, 20:06	04:12, 10:18, 16:24, 22:24	-4.2E, 3.5F, -4.1E, 3.6F
18 Th	02:30, 08:42, 14:54, 20:54	04:48, 11:06, 17:06, 23:12	-3.8E, 3.2F, -3.6E, 3.3F
19 F	03:18, 09:30, 15:48, 21:42	05:30, 11:54, 17:54	-3.5E, 3.0F, -3.2E
20 Sa	04:00, 10:24, 16:36, 22:36	00:00, 06:18, 12:42, 18:42	3.1F, -3.3E, 2.9F, -3.0E
21 Su	04:48, 11:12, 17:30, 23:24	00:48, 07:06, 13:30, 19:36	3.1F, -3.3E, 2.9F, -3.0E
22 M	05:36, 12:00, 18:18	01:36, 07:48, 14:18, 20:30	3.1F, -3.4E, 3.1F, -3.2E
23 Tu	00:12, 06:18, 12:42, 19:06	02:24, 08:42, 15:06, 21:18	3.4F, -3.7E, 3.4F, -3.6E
24 W	01:00, 07:06, 13:24, 19:48	03:18, 09:30, 15:54, 22:06	3.7F, -4.2E, 3.9F, -4.2E
25 Th	01:42, 07:54, 14:12, 20:36	04:06, 10:18, 16:42, 22:54	4.2F, -4.8E, 4.4F, -4.8E
26 F	02:24, 08:36, 14:54, 21:18	04:54, 11:00, 17:30, 23:42	4.8F, -5.5E, 5.0F, -5.4E
27 Sa	03:12, 09:24, 15:36, 22:00	05:42, 11:54, 18:12	5.3F, -6.1E, 5.4F
28 Su	03:54, 10:12, 16:18, 22:48	00:24, 06:30, 12:48, 19:00	-5.9E, 5.6F, -6.4E, 5.7F

March

Day	Slack (h m)	Maximum (h m)	knots
1 M	04:42, 11:00, 17:06, 23:30	01:12, 07:18, 13:36, 19:48	-6.2E, 5.8F, -6.6E, 5.8F
2 Tu	05:30, 11:54, 17:54	02:00, 08:06, 14:24, 20:36	-6.4E, 5.7F, -6.5E, 5.7F
3 W	00:18, 06:18, 12:48, 18:42	02:54, 09:00, 15:18, 21:24	-6.3E, 5.5F, -6.2E, 5.4F
4 Th	01:12, 07:12, 13:42, 19:36	03:42, 09:54, 16:06, 22:18	-6.1E, 4.9F, -5.7E, 4.9F
5 F	02:06, 08:12, 14:42, 20:36	04:30, 10:48, 17:00, 23:12	-5.8E, 4.5F, -5.0E, 4.4F
6 Sa	03:00, 09:12, 15:48, 21:42	05:24, 11:48, 18:00	-5.3E, 4.1F, -4.4E
7 Su	04:00, 10:18, 16:54, 22:48	00:12, 06:24, 13:06, 19:06	3.9F, -4.8E, 3.8F, -4.0E
8 M	05:00, 11:24, 17:54, 23:48	01:12, 07:24, 15:36, 20:24	3.6F, -4.5E, 3.9F, -3.8E
9 Tu	06:06, 12:24, 18:54	02:24, 08:36, 16:42, 22:00	3.5F, -4.3E, 4.2F, -4.1E
10 W	00:48, 07:06, 13:24, 19:54	04:48, 10:00, 17:36, 23:00	3.8F, -4.5E, 4.5F, -4.6E
11 Th	01:42, 08:00, 14:12, 20:42	05:42, 11:06, 18:24, 23:48	4.1F, -4.8E, 4.8F, -4.8E
12 F	02:36, 08:54, 15:00, 21:30	06:30, 11:54, 19:12	4.4F, -5.0E, 4.8F
13 Sa	03:24, 09:42, 15:48, 22:18	00:36, 07:12, 12:36, 19:54	-5.0E, 4.6F, -5.2E, 4.8F
14 Su	04:12, 10:30, 16:30, 23:00	01:12, 07:54, 13:12, 20:30	-5.1E, 4.5F, -5.1E, 4.6F
15 M	05:00, 11:12, 17:18, 23:42	01:54, 08:18, 13:54, 20:30	-5.0E, 4.3F, -5.0E, 4.3F
16 Tu	05:42, 12:00, 18:00	02:24, 08:24, 14:30, 20:30	-4.8E, 4.1F, -4.7E, 4.1F
17 W	00:24, 06:30, 12:48, 18:42	02:54, 09:00, 15:12, 21:06	-4.5E, 3.9F, -4.4E, 3.8F
18 Th	01:06, 07:12, 13:36, 19:30	03:30, 09:36, 15:48, 21:48	-4.2E, 3.6F, -4.0E, 3.6F
19 F	01:48, 07:54, 14:24, 20:18	04:06, 10:24, 16:30, 22:30	-3.9E, 3.3F, -3.6E, 3.3F
20 Sa	02:30, 08:48, 15:12, 21:06	04:48, 11:12, 17:18, 23:18	-3.7E, 3.1F, -3.3E, 3.1F
21 Su	03:18, 09:36, 16:00, 21:54	05:30, 12:00, 18:06	-3.5E, 3.0F, -3.1E
22 M	04:00, 10:18, 16:48, 22:48	00:12, 06:18, 12:54, 19:00	3.1F, -3.5E, 3.1F, -3.2E
23 Tu	04:54, 11:18, 17:42, 23:36	01:06, 07:12, 13:42, 19:48	3.3F, -3.6E, 3.4F, -3.5E
24 W	05:42, 12:06, 18:30	01:54, 08:06, 14:36, 20:42	3.6F, -4.0E, 3.7F, -4.0E
25 Th	00:24, 06:36, 12:54, 19:18	02:48, 09:00, 15:24, 21:36	4.0F, -4.5E, 4.2F, -4.6E
26 F	01:12, 07:18, 13:36, 20:00	03:42, 09:54, 16:18, 22:24	4.6F, -5.2E, 4.8F, -5.2E
27 Sa	02:00, 08:12, 14:24, 20:48	04:30, 10:42, 17:06, 23:12	5.1F, -5.8E, 5.3F, -5.8E
28 Su	02:42, 09:00, 15:12, 21:36	05:24, 11:36, 17:48	5.6F, -6.3E, 5.7F
29 M	03:30, 09:54, 15:54, 22:18	00:00, 06:12, 12:24, 18:36	-6.2E, 5.8F, -6.5E, 5.8F
30 Tu	04:18, 10:42, 16:42, 23:06	00:48, 06:54, 13:12, 19:24	-6.5E, 5.8F, -6.5E, 5.8F
31 W	05:06, 11:36, 17:30, 23:54	01:36, 07:48, 14:06, 20:12	-6.6E, 5.7F, -6.3E, 5.5F

Station ID: COD0904 Depth: 13 feet
Source: NOAA/NOS/CO-OPS
Station Type: Harmonic
Time Zone: LST

NOAA Tidal Current Predictions

Cape Cod Canal, Railroad Bridge, midchannel, 2021

Latitude: 41.7427° N Longitude: 70.6142° W
Mean Flood Dir. 66° (T) Mean Ebb Dir. 248° (T)
Times and speeds of maximum and minimum current, in knots

April

Date	Slack (h m)	Maximum (h m, knots)
1 Th	06:00, 12:30, 18:24	02:24 -6.4E, 08:36 5.3F, 14:54 -5.8E, 21:00 5.1F
2 F	00:48, 06:54, 13:30, 19:18	03:18 -6.1E, 09:30 4.8F, 15:48 -5.2E, 21:48 4.5F
3 Sa	01:42, 07:48, 14:30, 20:18	04:06 -5.6E, 10:30 4.3F, 16:42 -4.6E, 22:48 4.0F
4 Su ◐	02:36, 08:54, 15:30, 21:24	05:00 -5.0E, 11:54 3.8F, 17:42 -4.1E, 23:48 3.5F
5 M	03:42, 10:00, 16:36, 22:30	06:00 -4.5E, 14:12 3.7F, 18:54 -3.7E
6 Tu	04:42, 11:06, 17:36, 23:30	01:00 3.3F, 07:06 -4.1E, 15:18 3.9F, 20:30 -3.8E
7 W	05:48, 12:06, 18:36	03:30 3.5F, 08:30 -4.1E, 16:18 4.2F, 21:54 -4.2E
8 Th	00:30, 06:48, 13:00, 19:30	04:30 3.9F, 10:06 -4.4E, 17:12 4.5F, 22:48 -4.6E
9 F	01:24, 07:42, 13:48, 20:18	05:24 4.3F, 11:00 -4.7E, 18:00 4.7F, 23:30 -4.9E
10 Sa	02:12, 08:30, 14:36, 21:00	06:06 4.5F, 11:42 -4.9E, 18:42 4.7F
11 Su	03:00, 09:18, 15:24, 21:48	00:12 -5.1E, 06:54 4.6F, 12:18 -5.0E, 19:18 4.6F
12 M ●	03:48, 10:06, 16:06, 22:30	00:48 -5.0E, 07:30 4.5F, 12:54 -4.9E, 19:48 4.4F
13 Tu	04:30, 10:48, 16:48, 23:06	01:24 -4.9E, 08:00 4.3F, 13:24 -4.7E, 19:18 4.2F
14 W	05:12, 11:36, 17:30, 23:48	01:48 -4.7E, 07:54 4.1F, 14:00 -4.4E, 19:48 4.0F
15 Th	06:00, 12:18, 18:12	02:18 -4.5E, 08:24 3.9F, 14:36 -4.2E, 20:30 3.8F
16 F	00:30, 06:42, 13:06, 18:54	02:54 -4.3E, 09:06 3.7F, 15:18 -3.9E, 21:12 3.6F
17 Sa	01:06, 07:24, 13:48, 19:36	03:30 -4.1E, 09:48 3.5F, 16:00 -3.7E, 21:54 3.4F
18 Su	01:48, 08:06, 14:36, 20:24	04:06 -4.0E, 10:30 3.4F, 16:42 -3.6E, 22:48 3.3F
19 M	02:36, 08:54, 15:24, 21:18	04:54 -3.9E, 11:24 3.4F, 17:30 -3.5E, 23:36 3.4F
20 Tu ◐	03:24, 09:42, 16:12, 22:12	05:48 -3.9E, 12:18 3.5F, 18:24 -3.7E
21 W	04:18, 10:36, 17:00, 23:00	00:30 3.6F, 06:36 -4.1E, 13:12 3.8F, 19:18 -4.0E
22 Th	05:12, 11:30, 17:54, 23:54	01:24 4.0F, 07:36 -4.5E, 14:00 4.2F, 20:12 -4.4E
23 F	06:06, 12:18, 18:42	02:18 4.4F, 08:30 -4.9E, 14:54 4.6F, 21:06 -5.0E
24 Sa	00:42, 07:00, 13:06, 19:30	03:18 4.8F, 09:24 -5.5E, 15:48 5.1F, 22:00 -5.6E
25 Su	01:30, 07:48, 13:54, 20:18	04:06 5.3F, 10:18 -5.9E, 16:36 5.4F, 22:48 -6.1E
26 M	02:18, 08:42, 14:42, 21:06	05:00 5.6F, 11:12 -6.2E, 17:24 5.7F, 23:36 -6.4E
27 Tu ○	03:12, 09:36, 15:30, 21:54	05:48 5.7F, 12:00 -6.3E, 18:12 5.7F
28 W	04:00, 10:30, 16:18, 22:42	00:24 -6.6E, 06:54 5.7F, 12:54 -6.1E, 19:00 5.5F
29 Th	04:48, 11:24, 17:12, 23:30	01:12 -6.5E, 07:30 5.4F, 13:48 -5.8E, 19:48 5.2F
30 F	05:42, 12:18, 18:06	02:06 -6.3E, 08:24 5.0F, 14:36 -5.3E, 20:36 4.7F

May

Date	Slack (h m)	Maximum (h m, knots)
1 Sa	00:24, 06:36, 13:18, 19:00	02:54 -5.8E, 09:12 4.5F, 15:30 -4.9E, 21:30 4.1F
2 Su	01:24, 07:30, 14:12, 20:00	03:48 -5.3E, 10:12 4.0F, 16:30 -4.4E, 22:24 3.7F
3 M ◐	02:24, 08:36, 15:12, 21:06	04:42 -4.7E, 12:54 3.8F, 17:30 -4.0E, 23:36 3.3F
4 Tu	03:24, 09:36, 16:12, 22:12	05:42 -4.3E, 14:00 3.8F, 18:42 -3.8E
5 W	04:24, 10:42, 17:12, 23:12	02:06 3.3F, 06:54 -4.0E, 14:54 4.0F, 20:24 -3.9E
6 Th	05:24, 11:36, 18:06	03:06 3.6F, 08:24 -4.0E, 15:54 4.2F, 21:30 -4.2E
7 F	00:06, 06:24, 12:30, 19:00	04:06 3.9F, 09:48 -4.2E, 16:42 4.4F, 22:24 -4.6E
8 Sa	01:00, 07:18, 13:18, 19:48	05:00 4.2F, 10:36 -4.5E, 17:30 4.5F, 23:12 -4.8E
9 Su	01:48, 08:06, 14:06, 20:30	05:42 4.4F, 11:18 -4.6E, 18:06 4.4F, 23:48 -4.9E
10 M	02:36, 08:54, 14:54, 21:12	06:30 4.4F, 11:54 -4.6E, 18:42 4.2F
11 Tu ●	03:24, 09:42, 15:36, 21:54	00:24 -4.8E, 07:12 4.3F, 12:24 -4.5E, 18:12 4.1F
12 W	04:06, 10:24, 16:18, 22:36	00:42 -4.7E, 07:30 4.1F, 12:54 -4.3E, 18:42 4.0F
13 Th	04:48, 11:06, 16:54, 23:12	01:06 -4.6E, 07:18 3.9F, 13:30 -4.2E, 19:18 3.9F
14 F	05:24, 11:48, 17:36, 23:48	01:36 -4.5E, 07:54 3.9F, 14:06 -4.1E, 19:54 3.9F
15 Sa	06:06, 12:30, 18:18	02:18 -4.4E, 08:36 3.8F, 14:48 -4.0E, 20:42 3.8F
16 Su	00:30, 06:42, 13:18, 19:06	02:54 -4.4E, 09:12 3.8F, 15:30 -4.0E, 21:24 3.8F
17 M	01:12, 07:24, 14:00, 19:48	03:36 -4.4E, 10:00 3.8F, 16:12 -4.1E, 22:18 3.8F
18 Tu	02:00, 08:12, 14:48, 20:42	04:24 -4.5E, 10:48 3.9F, 17:00 -4.2E, 23:12 3.9F
19 W ◐	02:48, 09:06, 15:36, 21:30	05:18 -4.6E, 11:42 4.0F, 17:54 -4.3E
20 Th	03:42, 10:00, 16:24, 22:30	00:06 4.1F, 06:12 -4.8E, 12:36 4.3F, 18:48 -4.6E
21 F	04:36, 10:54, 17:18, 23:24	01:00 4.4F, 07:06 -5.0E, 13:30 4.6F, 19:42 -4.9E
22 Sa	05:36, 11:48, 18:12	01:54 4.7F, 08:06 -5.2E, 14:24 4.9F, 20:36 -5.3E
23 Su	00:18, 06:30, 12:36, 19:00	02:48 4.9F, 09:00 -5.5E, 15:18 5.2F, 21:30 -5.7E
24 M	01:06, 07:30, 13:30, 19:54	03:42 5.2F, 09:54 -5.7E, 16:06 5.3F, 22:24 -6.1E
25 Tu	02:00, 08:24, 14:24, 20:42	04:36 5.3F, 10:54 -5.8E, 17:00 5.4F, 23:12 -6.3E
26 W ○	02:48, 09:18, 15:12, 21:30	05:30 5.4F, 11:42 -5.8E, 17:48 5.3F
27 Th	03:42, 10:12, 16:06, 22:24	00:06 -6.4E, 06:24 5.3F, 12:36 -5.6E, 18:36 5.1F
28 F	04:36, 11:06, 16:54, 23:12	00:54 -6.2E, 07:12 5.0F, 13:30 -5.3E, 19:24 4.7F
29 Sa	05:24, 12:06, 17:48	01:48 -5.9E, 08:06 4.7F, 14:24 -5.0E, 20:18 4.3F
30 Su	00:06, 06:18, 13:00, 18:48	02:36 -5.5E, 09:00 4.3F, 15:18 -4.7E, 21:12 3.9F
31 M	01:06, 07:18, 13:54, 19:48	03:30 -5.1E, 11:30 4.0F, 16:12 -4.3E, 22:12 3.6F

June

Date	Slack (h m)	Maximum (h m, knots)
1 Tu	02:06, 08:12, 14:54, 20:48	04:24 -4.7E, 12:36 3.9F, 17:12 -4.0E, 23:30 3.4F
2 W ◐	03:00, 09:12, 15:48, 21:48	05:24 -4.3E, 13:30 3.9F, 18:24 -3.9E
3 Th	04:00, 10:12, 16:42, 22:48	01:42 3.5F, 06:30 -4.0E, 14:24 4.0F, 19:54 -3.9E
4 F	05:00, 11:06, 17:36, 23:42	02:42 3.6F, 07:48 -3.9E, 15:18 4.0F, 21:06 -4.1E
5 Sa	05:54, 12:00, 18:30	03:36 3.8F, 09:18 -4.0E, 16:12 4.0F, 22:00 -4.4E
6 Su	00:36, 06:48, 12:48, 19:18	04:30 3.9F, 10:12 -4.1E, 16:54 4.0F, 22:48 -4.5E
7 M	01:24, 07:42, 13:36, 20:00	05:24 4.1F, 10:54 -4.2E, 17:36 3.9F, 23:30 -4.5E
8 Tu	02:12, 08:30, 14:24, 20:42	06:06 4.1F, 11:30 -4.1E, 17:06 3.8F, 23:48 -4.5E
9 W	02:54, 09:12, 15:06, 21:24	06:48 4.0F, 11:54 -4.1E, 17:30 3.8F
10 Th ●	03:36, 09:54, 15:48, 22:00	00:00 -4.4E, 06:36 3.9F, 12:24 -4.0E, 18:06 3.9F
11 F	04:12, 10:36, 16:24, 22:36	00:30 -4.4E, 06:48 3.9F, 12:54 -4.1E, 18:42 4.0F
12 Sa	04:54, 11:18, 17:06, 23:12	01:06 -4.5E, 07:18 4.0F, 13:36 -4.2E, 19:30 4.1F
13 Su	05:30, 12:00, 17:48, 23:54	01:42 -4.7E, 08:00 4.1F, 14:18 -4.3E, 20:12 4.2F
14 M	06:12, 12:42, 18:30	02:24 -4.9E, 08:42 4.3F, 15:00 -4.5E, 21:00 4.3F
15 Tu	00:42, 06:54, 13:24, 19:12	03:12 -5.1E, 09:30 4.4F, 15:42 -4.7E, 21:48 4.4F
16 W	01:24, 07:36, 14:12, 20:06	04:00 -5.2E, 10:18 4.5F, 16:30 -4.8E, 22:42 4.5F
17 Th ◐	02:18, 08:30, 15:00, 21:00	04:48 -5.3E, 11:12 4.6F, 17:24 -5.0E, 23:36 4.6F
18 F ◐	03:12, 09:24, 15:54, 21:54	05:42 -5.3E, 12:06 4.7F, 18:18 -5.1E
19 Sa	04:12, 10:18, 16:48, 22:54	00:30 4.7F, 06:36 -5.3E, 13:00 4.9F, 19:12 -5.3E
20 Su	05:12, 11:18, 17:42, 23:48	01:30 4.7F, 07:36 -5.3E, 13:54 5.0F, 20:06 -5.5E
21 M	06:12, 12:12, 18:36	02:24 4.8F, 08:30 -5.2E, 14:48 5.0F, 21:06 -5.7E
22 Tu	00:48, 07:12, 13:06, 19:30	03:24 4.9F, 09:36 -5.2E, 15:42 5.0F, 22:00 -5.9E
23 W	01:42, 08:12, 14:00, 20:24	04:24 4.9F, 10:36 -5.2E, 16:36 4.9F, 22:54 -6.0E
24 Th ○	02:36, 09:12, 14:54, 21:12	05:18 4.9F, 11:30 -5.2E, 17:30 4.8F, 23:48 -6.0E
25 F	03:30, 10:00, 15:48, 22:06	06:18 4.8F, 12:24 -5.1E, 18:18 4.6F
26 Sa	04:18, 10:54, 16:42, 23:00	00:36 -5.8E, 07:18 4.7F, 13:18 -5.0E, 19:12 4.4F
27 Su	05:12, 11:48, 17:36, 23:54	01:30 -5.6E, 09:00 4.5F, 14:12 -4.9E, 20:06 4.2F
28 M	06:06, 12:42, 18:30	02:24 -5.3E, 10:06 4.3F, 15:06 -4.7E, 21:00 4.0F
29 Tu	00:48, 06:54, 13:36, 19:24	03:12 -5.0E, 11:12 4.1F, 16:00 -4.5E, 21:54 3.7F
30 W	01:42, 07:54, 14:24, 20:24	04:06 -4.7E, 12:06 4.0F, 16:54 -4.2E

Station ID: COD0904 Depth: 13 feet
Source: NOAA/NOS/CO-OPS
Station Type: Harmonic
Time Zone: LST

Cape Cod Canal, Railroad Bridge, midchannel, 2021
Latitude: 41.7427° N Longitude: 70.6142° W
Mean Flood Dir. 66° (T) Mean Ebb Dir. 248° (T)
Times and speeds of maximum and minimum current, in knots

July

Day	Slack h:m	Maximum h:m	knots
1 Th ☽	02:36	00:06	3.5F
	08:48	05:00	-4.3E
	15:18	13:00	3.9F
	21:18	17:54	-4.0E
2 F	03:36	01:12	3.5F
	09:42	06:00	-4.0E
	16:12	13:48	3.8F
	22:18	19:12	-3.9E
3 Sa	04:30	02:12	3.5F
	10:36	07:06	-3.7E
	17:00	14:42	3.7F
	23:12	20:30	-3.9E
4 Su	05:24	03:12	3.5F
	11:30	08:30	-3.6E
	17:54	15:30	3.6F
		21:30	-4.0E
5 M	00:06	04:06	3.6F
	06:18	09:42	-3.6E
	12:18	16:18	3.5F
	18:42	22:18	-4.0E
6 Tu	00:54	04:54	3.7F
	07:12	10:30	-3.6E
	13:06	15:36	3.4F
	19:24	23:00	-4.0E
7 W	01:42	05:42	3.7F
	08:00	11:06	-3.6E
	13:54	16:12	3.5F
	20:06	23:00	-4.0E
8 Th	02:24	06:18	3.7F
	08:48	11:18	-3.7E
	14:36	16:54	3.6F
	20:48	23:18	-4.2E
9 F	03:06	05:48	3.8F
	09:30	11:48	-3.9E
	15:18	17:36	3.9F
	21:24	23:54	-4.5E
10 Sa ●	03:42	06:12	4.0F
	10:06	12:24	-4.2E
	15:54	18:18	4.2F
	22:06		
11 Su	04:18	00:30	-4.8E
	10:48	06:48	4.3F
	16:36	13:06	-4.5E
	22:42	19:00	4.4F
12 M	05:00	01:12	-5.1E
	11:24	07:30	4.5F
	17:18	13:48	-4.8E
	23:24	19:48	4.7F
13 Tu	05:36	02:00	-5.5E
	12:06	08:18	4.8F
	17:54	14:30	-5.1E
		20:30	4.9F
14 W	00:12	02:48	-5.8E
	06:24	09:06	5.0F
	12:54	15:18	-5.4E
	18:42	21:24	5.0F
15 Th	01:00	03:36	-5.9E
	07:06	09:54	5.1F
	13:42	16:06	-5.5E
	19:30	22:12	5.0F
16 F	01:54	04:24	-5.9E
	08:00	10:42	5.1F
	14:30	16:54	-5.5E
	20:24	23:06	4.9F
17 Sa ◑	02:48	05:18	-5.7E
	08:54	11:36	5.0F
	15:24	17:48	-5.5E
	21:24		
18 Su	03:48	00:06	4.7F
	09:48	06:12	-5.4E
	16:18	12:30	4.9F
	22:24	18:42	-5.4E
19 M	04:48	01:00	4.6F
	10:48	07:12	-5.0E
	17:12	13:24	4.7F
	23:30	19:42	-5.4E
20 Tu	05:54	02:00	4.5F
	11:48	08:12	-4.8E
	18:12	14:24	4.6F
		20:36	-5.4E
21 W	00:24	03:06	4.4F
	07:00	09:18	-4.7E
	12:48	15:18	4.4F
	19:06	21:36	-5.4E
22 Th	01:24	04:24	4.5F
	07:54	10:24	-4.7E
	13:48	16:18	4.4F
	20:06	22:36	-5.5E
23 F	02:18	06:00	4.6F
	08:54	11:24	-4.8E
	14:42	17:18	4.4F
	21:00	23:30	-5.5E
24 Sa ○	03:12	07:12	4.7F
	09:48	12:18	-4.9E
	15:36	18:12	4.4F
	21:54		
25 Su	04:06	00:24	-5.5E
	10:36	08:12	4.7F
	16:30	13:12	-5.0E
	22:42	19:06	4.4F
26 M	04:54	01:18	-5.4E
	11:30	09:00	4.6F
	17:18	14:00	-4.9E
	23:36	20:00	4.3F
27 Tu	05:42	02:06	-5.3E
	12:18	09:48	4.4F
	18:06	14:48	-4.8E
		20:48	4.1F
28 W	00:30	03:00	-5.1E
	06:36	10:36	4.2F
	13:06	15:36	-4.6E
	19:00	21:42	3.9F
29 Th	01:18	03:48	-4.8E
	07:24	11:24	4.0F
	13:54	16:24	-4.4E
	19:54	22:36	3.6F
30 F	02:12	04:36	-4.4E
	08:12	12:18	3.7F
	14:42	17:12	-4.1E
	20:48		
31 Sa ☽	03:06	00:42	3.4F
	09:06	05:24	-3.9E
	15:36	13:06	3.5F
	21:48	18:06	-3.8E

August

Day	Slack h:m	Maximum h:m	knots
1 Su	04:00	01:42	3.3F
	10:00	06:24	-3.5E
	16:24	12:36	3.3F
	22:42	19:06	-3.5E
2 M	04:54	02:42	3.2F
	10:54	07:24	-3.2E
	17:12	13:18	3.1F
	23:36	20:54	-3.4E
3 Tu	05:48	03:36	3.2F
	11:48	09:00	-3.1E
	18:00	14:00	3.1F
		21:54	-3.4E
4 W	00:24	04:30	3.3F
	06:42	09:06	-3.2E
	12:36	14:48	3.1F
	18:48	21:36	-3.5E
5 Th	01:12	05:12	3.4F
	07:30	10:24	-3.3E
	13:30	15:36	3.3F
	19:30	22:00	-3.7E
6 F	01:54	05:36	3.5F
	08:12	10:42	-3.6E
	14:06	16:24	3.6F
	20:12	22:42	-4.1E
7 Sa	02:30	05:06	3.8F
	08:54	11:12	-4.0E
	14:48	17:06	4.1F
	20:54	23:18	-4.6E
8 Su ●	03:12	05:42	4.2F
	09:36	11:54	-4.5E
	15:24	17:48	4.5F
	21:36		
9 M	03:48	00:06	-5.2E
	10:12	06:24	4.7F
	16:06	12:36	-5.0E
	22:18	18:36	4.9F
10 Tu	04:30	00:48	-5.7E
	10:54	07:06	5.0F
	16:48	13:18	-5.4E
	23:00	19:18	5.3F
11 W	05:12	01:36	-6.1E
	11:36	07:54	5.3F
	17:30	14:06	-5.8E
	23:48	20:06	5.4F
12 Th	05:54	02:24	-6.3E
	12:24	08:36	5.5F
	18:12	14:48	-6.0E
		20:54	5.4F
13 F	00:36	03:12	-6.3E
	06:42	09:24	5.5F
	13:12	15:36	-6.0E
	19:06	21:48	5.3F
14 Sa	01:30	04:00	-6.1E
	07:30	10:12	5.3F
	14:00	16:30	-5.9E
	20:00	22:42	5.0F
15 Su ◐	02:30	04:54	-5.6E
	08:24	11:06	5.0F
	14:54	17:18	-5.7E
	21:00	23:42	4.7F
16 M	03:30	05:48	-5.1E
	09:24	12:06	4.6F
	15:48	18:18	-5.4E
	22:00		
17 Tu	04:36	00:42	4.4F
	10:30	06:48	-4.6E
	16:48	13:00	4.3F
	23:06	19:12	-5.1E
18 W	05:42	01:42	4.1F
	11:36	07:54	-4.3E
	17:48	14:00	4.1F
		20:18	-4.9E
19 Th	00:12	04:00	4.0F
	06:42	09:06	-4.3E
	12:36	15:06	3.9F
	18:54	21:24	-4.9E
20 F	01:06	05:18	4.4F
	07:42	10:18	-4.4E
	13:30	16:36	4.0F
	19:48	22:24	-5.0E
21 Sa	02:06	06:12	4.6F
	08:36	11:18	-4.7E
	14:30	18:00	4.2F
	20:42	23:24	-5.2E
22 Su ○	03:00	07:06	4.8F
	09:30	12:12	-4.9E
	15:18	18:54	4.4F
	21:36		
23 M	03:48	00:18	-5.3E
	10:18	07:54	4.8F
	16:06	13:00	-5.1E
	22:24	19:42	4.5F
24 Tu	04:36	01:06	-5.4E
	11:06	08:42	4.7F
	17:00	13:48	-5.1E
	23:18	20:06	4.4F
25 W	05:18	01:54	-5.3E
	11:48	09:18	4.5F
	17:48	14:30	-5.0E
		20:36	4.3F
26 Th	00:06	02:36	-5.0E
	06:06	08:54	4.2F
	12:36	15:12	-4.8E
	18:36	21:12	4.0F
27 F	00:54	03:24	-4.7E
	06:54	09:30	4.0F
	13:24	15:54	-4.4E
	19:24	22:00	3.7F
28 Sa	01:42	04:06	-4.3E
	07:42	10:24	3.7F
	14:12	16:30	-4.1E
	20:18	22:54	3.3F
29 Su	02:36	04:54	-3.8E
	08:30	10:54	3.4F
	14:54	17:18	-3.7E
	21:12		
30 M ☽	03:30	01:12	3.1F
	09:24	05:42	-3.3E
	15:42	11:42	3.1F
	22:06	18:00	-3.4E
31 Tu	04:24	02:06	3.0F
	10:18	06:36	-3.0E
	16:36	12:30	2.9F
	23:00	18:48	-3.2E

September

Day	Slack h:m	Maximum h:m	knots
1 W	05:18	03:00	2.9F
	11:12	07:30	-2.8E
	17:24	13:24	2.9F
	23:48	19:42	-3.1E
2 Th	06:06	03:54	3.0F
	12:00	08:24	-2.9E
	18:12	14:12	3.0F
		20:30	-3.3E
3 F	00:36	03:06	3.1F
	06:54	09:12	-3.3E
	12:48	15:00	3.4F
	18:54	21:18	-3.7E
4 Sa	01:18	03:48	3.5F
	07:36	10:00	-3.7E
	13:30	15:54	3.8F
	19:42	22:06	-4.3E
5 Su	02:00	04:30	4.0F
	08:18	10:36	-4.3E
	14:12	16:36	4.4F
	20:24	22:54	-5.0E
6 M	02:36	05:12	4.4F
	09:00	11:24	-5.0E
	14:54	17:24	4.9F
	21:06	23:36	-5.6E
7 Tu ●	03:18	05:54	5.1F
	09:42	12:06	-5.5E
	15:36	18:12	5.4F
	21:48		
8 W	04:00	00:24	-6.1E
	10:24	06:36	5.5F
	16:18	12:48	-6.0E
	22:36	18:54	5.7F
9 Th	04:42	01:12	-6.4E
	11:06	07:24	5.7F
	17:00	13:36	-6.3E
	23:24	19:42	5.8F
10 F	05:24	02:00	-6.5E
	11:54	08:12	5.8F
	17:48	14:24	-6.4E
		20:30	5.6F
11 Sa	00:18	02:48	-6.3E
	06:12	08:54	5.6F
	12:42	15:12	-6.4E
	18:42	21:24	5.3F
12 Su	01:12	03:42	-5.9E
	07:06	09:48	5.2F
	13:30	16:06	-6.1E
	19:36	22:18	4.9F
13 M ◐	02:12	04:30	-5.4E
	08:00	10:42	4.7F
	14:24	16:54	-5.6E
	20:36	23:18	4.4F
14 Tu	03:12	05:30	-4.8E
	09:06	11:42	4.2F
	15:24	17:54	-5.2E
	21:42		
15 W	04:18	00:24	4.0F
	10:12	06:30	-4.3E
	16:30	12:42	3.8F
	22:48	18:54	-4.7E
16 Th	05:24	01:42	3.8F
	11:18	07:42	-4.0E
	17:36	13:48	3.6F
	23:54	20:00	-4.5E
17 F	06:24	04:06	4.1F
	12:18	09:00	-4.1E
	18:36	15:54	3.7F
		21:12	-4.5E
18 Sa	00:54	05:06	4.4F
	07:24	10:18	-4.4E
	13:18	17:06	4.1F
	19:36	22:24	-4.8E
19 Su	01:48	05:54	4.7F
	08:18	11:18	-4.8E
	14:12	18:00	4.4F
	20:30	23:18	-5.1E
20 M ○	02:36	06:42	4.8F
	09:06	12:06	-5.0E
	15:00	18:48	4.6F
	21:18		
21 Tu	03:24	00:06	-5.2E
	09:54	07:30	4.8F
	15:48	12:48	-5.2E
	22:06	19:36	4.6F
22 W	04:12	00:54	-5.2E
	10:36	08:12	4.7F
	16:36	13:30	-5.2E
	22:54	20:12	4.5F
23 Th	04:54	01:30	-5.1E
	11:18	08:30	4.4F
	17:24	14:06	-5.0E
	23:42	20:24	4.3F
24 F	05:36	02:18	-4.9E
	12:06	08:12	4.2F
	18:06	14:42	-4.8E
		20:48	4.0F
25 Sa	00:30	02:54	-4.5E
	06:24	08:48	3.9F
	12:48	15:18	-4.4E
	18:54	21:24	3.7F
26 Su	01:18	03:36	-4.1E
	07:12	09:30	3.6F
	13:36	15:54	-4.1E
	19:42	22:12	3.3F
27 M	02:06	04:18	-3.6E
	08:00	10:12	3.3F
	14:18	16:36	-3.7E
	20:36	23:00	3.1F
28 Tu	03:00	05:06	-3.2E
	08:54	11:06	3.0F
	15:06	17:18	-3.4E
	21:24	23:54	2.9F
29 W ☽	03:48	05:54	-3.0E
	09:42	11:54	2.9F
	15:54	18:06	-3.2E
	22:18		
30 Th	04:42	00:42	2.9F
	10:36	06:42	-3.0E
	16:42	12:48	3.0F
	23:06	18:54	-3.3E

Station ID: COD0904 Depth: 13 feet
Source: NOAA/NOS/CO-OPS
Station Type: Harmonic
Time Zone: LST

NOAA Tidal Current Predictions

Cape Cod Canal, Railroad Bridge, midchannel, 2021
Latitude: 41.7427° N Longitude: 70.6142° W
Mean Flood Dir. 66° (T) Mean Ebb Dir. 248° (T)
Times and speeds of maximum and minimum current, in knots

October

Day	Slack (h m)	Maximum (h m) — knots
1 F	05:30, 11:24, 17:30, 23:54	01:30 3.1F, 07:36 -3.1E, 13:36 3.2F, 19:48 -3.5E
2 Sa	06:12, 12:12, 18:18	02:18 3.4F, 08:30 -3.5E, 14:30 3.6F, 20:42 -4.0E
3 Su	00:36, 07:00, 12:54, 19:06	03:06 3.8F, 09:18 -4.1E, 15:18 4.2F, 21:30 -4.7E
4 M	01:24, 07:42, 13:42, 19:54	03:54 4.4F, 10:06 -4.8E, 16:12 4.7F, 22:24 -5.3E
5 Tu	02:06, 08:24, 14:24, 20:42	04:42 5.0F, 10:54 -5.4E, 17:00 5.3F, 23:12 -5.9E
6 W ●	02:48, 09:12, 15:06, 21:24	05:24 5.5F, 11:36 -6.0E, 17:42 5.6F
7 Th	03:30, 09:54, 15:54, 22:18	00:00 -6.3E, 06:12 5.8F, 12:24 -6.4E, 18:30 5.8F
8 F	04:18, 10:36, 16:42, 23:06	00:48 -6.5E, 06:54 5.9F, 13:12 -6.6E, 19:24 5.8F
9 Sa	05:00, 11:24, 17:30	01:36 -6.4E, 07:42 5.7F, 14:00 -6.6E, 20:12 5.6F
10 Su	00:00, 05:54, 12:18, 18:18	02:30 -6.1E, 08:30 5.4F, 14:48 -6.4E, 21:00 5.2F
11 M	01:00, 06:48, 13:12, 19:18	03:18 -5.6E, 09:24 4.9F, 15:42 -6.0E, 22:00 4.7F
12 Tu	02:00, 07:48, 14:06, 20:18	04:12 -5.0E, 10:18 4.3F, 16:30 -5.4E, 23:00 4.2F
13 W ◐	03:00, 08:48, 15:06, 21:24	05:12 -4.5E, 11:18 3.8F, 17:30 -4.9E
14 Th	04:00, 09:54, 16:12, 22:30	00:12 3.8F, 06:18 -4.0E, 12:24 3.5F, 18:30 -4.4E
15 F	05:06, 11:00, 17:18, 23:30	02:42 3.8F, 07:30 -3.9E, 13:48 3.5F, 19:42 -4.2E
16 Sa	06:06, 12:00, 18:18	03:48 4.1F, 09:06 -4.1E, 15:54 3.8F, 21:06 -4.3E
17 Su	00:30, 07:00, 13:00, 19:12	04:42 4.4F, 10:12 -4.5E, 16:54 4.2F, 22:18 -4.6E
18 M	01:24, 07:48, 13:48, 20:06	05:30 4.6F, 11:00 -4.8E, 17:42 4.4F, 23:12 -4.9E
19 Tu	02:12, 08:36, 14:36, 20:54	06:18 4.7F, 11:48 -5.1E, 18:30 4.6F, 23:54 -5.0E
20 W ○	03:00, 09:24, 15:24, 21:42	07:00 4.6F, 12:24 -5.2E, 19:12 4.6F
21 Th	03:42, 10:06, 16:12, 22:30	00:30 -5.0E, 07:30 4.4F, 13:06 -5.1E, 20:00 4.4F
22 F	04:24, 10:48, 16:54, 23:18	01:12 -4.8E, 07:06 4.2F, 13:36 -4.9E, 20:24 4.2F
23 Sa	05:12, 11:30, 17:42	01:48 -4.5E, 07:36 4.1F, 14:06 -4.6E, 20:18 3.9F
24 Su	00:06, 06:12, 12:12, 18:24	02:30 -4.2E, 08:12 3.8F, 14:42 -4.4E, 20:54 3.7F
25 M	00:54, 06:42, 12:54, 19:12	03:06 -3.9E, 08:54 3.5F, 15:18 -4.1E, 21:36 3.4F
26 Tu	01:36, 07:30, 13:42, 19:54	03:48 -3.6E, 09:42 3.3F, 16:00 -3.8E, 22:18 3.2F
27 W	02:24, 08:18, 14:24, 20:42	04:30 -3.4E, 10:30 3.2F, 16:36 -3.7E, 23:12 3.2F
28 Th ◑	03:12, 09:12, 15:12, 21:36	05:18 -3.3E, 11:18 3.1F, 17:30 -3.6E
29 F	04:00, 09:54, 16:00, 22:24	00:00 3.2F, 06:06 -3.4E, 12:12 3.3F, 18:18 -3.8E
30 Sa	04:48, 10:48, 16:54, 23:12	00:54 3.5F, 06:54 -3.6E, 13:06 3.6F, 19:12 -4.1E
31 Su	05:36, 11:36, 17:42	01:42 3.8F, 07:48 -4.0E, 13:54 4.0F, 20:06 -4.5E

November

Day	Slack (h m)	Maximum (h m) — knots
1 M	00:00, 06:18, 12:24, 18:36	02:30 4.3F, 08:42 -4.6E, 14:48 4.5F, 21:00 -5.0E
2 Tu	00:48, 07:06, 13:12, 19:24	03:18 4.8F, 09:36 -5.2E, 15:42 5.0F, 21:54 -5.6E
3 W	01:30, 07:54, 13:54, 20:18	04:06 5.2F, 10:24 -5.8E, 16:36 5.4F, 22:48 -6.0E
4 Th ●	02:18, 08:42, 14:42, 21:06	05:00 5.6F, 11:12 -6.3E, 17:24 5.6F, 23:36 -6.2E
5 F	03:06, 09:24, 15:30, 22:00	05:42 5.7F, 12:00 -6.6E, 18:12 5.7F
6 Sa	03:54, 10:12, 16:24, 22:54	00:24 -6.2E, 06:30 5.7F, 12:48 -6.6E, 19:00 5.6F
7 Su	04:42, 11:06, 17:12, 23:48	01:18 -6.0E, 07:18 5.4F, 13:36 -6.5E, 19:54 5.3F
8 M	05:36, 11:54, 18:06	02:12 -5.6E, 08:12 5.0F, 14:30 -6.2E, 20:48 4.9F
9 Tu	00:48, 06:30, 12:54, 19:00	03:06 -5.2E, 09:00 4.5F, 15:18 -5.7E, 21:42 4.4F
10 W	01:42, 07:30, 13:48, 20:00	04:00 -4.8E, 10:00 4.0F, 16:12 -5.2E, 22:42 4.0F
11 Th ◐	02:42, 08:24, 14:48, 21:06	04:54 -4.3E, 11:00 3.6F, 17:12 -4.7E
12 F	03:42, 09:36, 15:54, 22:06	01:18 3.8F, 06:00 -4.0E, 12:18 3.4F, 18:12 -4.3E
13 Sa	04:42, 10:42, 16:54, 23:06	02:24 3.9F, 08:36 -3.9E, 14:30 3.6F, 19:24 -4.1E
14 Su	05:36, 11:42, 17:54	03:18 4.1F, 08:48 -4.1E, 15:36 3.8F, 20:54 -4.1E
15 M	00:06, 06:30, 12:36, 18:48	04:12 4.2F, 09:54 -4.5E, 16:30 4.1F, 22:06 -4.4E
16 Tu	00:54, 07:24, 13:24, 19:42	05:00 4.4F, 10:48 -4.8E, 17:24 4.3F, 22:54 -4.6E
17 W	01:42, 08:12, 14:18, 20:36	05:48 4.4F, 11:30 -4.9E, 18:12 4.4F, 23:42 -4.6E
18 Th	02:30, 08:54, 15:00, 21:24	06:24 4.3F, 12:06 -5.0E, 18:54 4.4F
19 F ○	03:12, 09:36, 15:48, 22:06	00:18 -4.6E, 06:48 4.1F, 12:36 -4.9E, 19:42 4.3F
20 Sa	04:00, 10:18, 16:30, 22:54	00:48 -4.4E, 06:24 4.0F, 13:00 -4.7E, 20:12 4.1F
21 Su	04:42, 11:00, 17:12, 23:36	01:24 -4.2E, 07:00 3.9F, 13:30 -4.5E, 19:48 3.9F
22 M	05:24, 11:42, 17:54	02:00 -4.0E, 07:42 3.7F, 14:06 -4.3E, 20:24 3.7F
23 Tu	00:24, 06:12, 12:18, 18:36	02:36 -3.9E, 08:24 3.6F, 14:42 -4.2E, 21:00 3.6F
24 W	01:06, 06:54, 13:00, 19:18	03:18 -3.8E, 09:12 3.6F, 15:24 -4.2E, 21:48 3.6F
25 Th	01:48, 07:36, 13:48, 20:00	04:00 -3.8E, 10:00 3.6F, 16:12 -4.2E, 22:30 3.6F
26 F ◑	02:30, 08:24, 14:30, 20:48	04:42 -3.9E, 10:48 3.6F, 16:54 -4.3E, 23:24 3.8F
27 Sa	03:18, 09:12, 15:24, 21:42	05:30 -4.0E, 11:42 3.8F, 17:48 -4.5E
28 Su	04:06, 10:06, 16:12, 22:30	00:18 4.0F, 06:24 -4.3E, 12:36 4.1F, 18:42 -4.7E
29 M	04:54, 11:00, 17:12, 23:24	01:06 4.3F, 07:12 -4.6E, 13:30 4.4F, 19:36 -4.9E
30 Tu	05:42, 11:48, 18:06	02:00 4.7F, 08:06 -5.0E, 14:18 4.7F, 20:30 -5.2E

December

Day	Slack (h m)	Maximum (h m) — knots
1 W	00:12, 06:36, 12:42, 19:00	02:48 5.0F, 09:00 -5.5E, 15:18 5.0F, 21:30 -5.5E
2 Th	01:00, 07:24, 13:30, 19:54	03:42 5.3F, 09:54 -5.9E, 16:12 5.2F, 22:24 -5.7E
3 F	01:54, 08:12, 14:24, 20:54	04:30 5.4F, 10:48 -6.3E, 17:00 5.4F, 23:18 -5.8E
4 Sa ●	02:42, 09:06, 15:12, 21:48	05:18 5.4F, 11:36 -6.4E, 17:54 5.4F
5 Su	03:36, 09:54, 16:06, 22:42	00:06 -5.7E, 06:12 5.3F, 12:30 -6.4E, 18:48 5.3F
6 M	04:30, 10:48, 17:00, 23:36	01:00 -5.5E, 07:00 5.0F, 13:18 -6.2E, 19:42 5.0F
7 Tu	05:24, 11:42, 17:48	01:54 -5.3E, 07:54 4.7F, 14:12 -5.9E, 20:30 4.7F
8 W	00:30, 06:18, 12:36, 18:48	02:48 -5.0E, 08:48 4.3F, 15:06 -5.5E, 21:30 4.3F
9 Th	01:24, 07:18, 13:36, 19:42	03:42 -4.7E, 09:42 4.2F, 15:54 -5.1E, 23:54 3.9F
10 F	02:24, 08:12, 14:30, 20:42	04:42 -4.4E, 10:42 3.7F, 16:54 -4.6E
11 Sa ◐	03:18, 09:18, 15:30, 21:42	01:00 3.9F, 05:42 -4.1E, 12:54 3.5F, 17:54 -4.3E
12 Su	04:12, 10:18, 16:30, 22:36	01:54 3.9F, 06:54 -4.0E, 14:06 3.6F, 19:00 -4.0E
13 M	05:06, 11:12, 17:30, 23:36	02:48 3.9F, 08:24 -4.1E, 15:12 3.7F, 20:24 -4.0E
14 Tu	06:00, 12:12, 18:24	03:42 4.0F, 09:30 -4.3E, 16:06 3.9F, 21:42 -4.0E
15 W	00:24, 06:54, 13:00, 19:18	04:30 4.0F, 10:24 -4.5E, 17:00 4.1F, 22:36 -4.1E
16 Th	01:12, 07:36, 13:48, 20:12	05:18 4.0F, 11:06 -4.6E, 17:48 4.2F, 23:18 -4.2E
17 F	02:00, 08:24, 14:36, 21:00	05:54 3.8F, 11:48 -4.6E, 18:36 4.2F, 23:54 -4.1E
18 Sa ○	02:48, 09:06, 15:24, 21:42	05:24 3.7F, 12:06 -4.5E, 19:18 4.1F
19 Su	03:36, 09:48, 16:06, 22:30	00:30 -4.1E, 05:54 3.8F, 12:24 -4.4E, 19:54 4.0F
20 M	04:18, 10:30, 16:42, 23:12	00:54 -4.0E, 06:36 3.8F, 12:54 -4.4E, 19:18 3.9F
21 Tu	05:00, 11:06, 17:24, 23:48	01:30 -4.0E, 07:12 3.8F, 13:36 -4.4E, 19:54 3.9F
22 W	05:36, 11:48, 18:00	02:06 -4.1E, 08:00 3.9F, 14:12 -4.6E, 20:30 4.0F
23 Th	00:30, 06:18, 12:30, 18:42	02:48 -4.2E, 08:42 4.0F, 14:54 -4.7E, 21:12 4.1F
24 F	01:12, 07:18, 13:12, 19:24	03:24 -4.4E, 09:30 4.2F, 15:42 -4.9E, 22:00 4.2F
25 Sa	01:54, 07:48, 14:00, 20:06	04:12 -4.6E, 10:18 4.3F, 16:30 -5.1E, 22:48 4.4F
26 Su	02:36, 08:30, 14:48, 21:00	05:00 -4.7E, 11:12 4.4F, 17:18 -5.1E, 23:42 4.6F
27 M	03:24, 09:30, 15:42, 21:54	05:48 -4.9E, 12:06 4.5F, 18:12 -5.2E
28 Tu	04:18, 10:24, 16:42, 22:48	00:36 4.8F, 06:42 -5.1E, 13:00 4.6F, 19:06 -5.2E
29 W	05:12, 11:18, 17:42, 23:42	01:24 4.9F, 07:36 -5.3E, 13:54 4.7F, 20:06 -5.2E
30 Th	06:06, 12:18, 18:42	02:18 5.0F, 08:30 -5.6E, 14:54 4.8F, 21:06 -5.2E
31 F	00:36, 07:00, 13:12, 19:42	03:12 5.0F, 09:30 -5.8E, 15:48 4.9F, 22:06 -5.2E

Station ID: nb0301 Depth: 8 feet
Source: NOAA/NOS/CO-OPS
Station Type: Harmonic
Time Zone: LST

NOAA Tidal Current Predictions

Quonset Point, 2021

Latitude: 41.5837° N Longitude: 71.3970° W
Mean Flood Dir. 27° (T) Mean Ebb Dir. 194° (T)
Times and speeds of maximum and minimum current, in knots

January

Day	Slack (h m)	Maximum (h m)	knots
1 F	02:36	04:24	0.2F
		06:00	0.2F
	09:00	12:00	-0.5E
	15:36	19:48	0.1F
	21:12		
2 Sa	03:24	00:12	-0.5E
		05:00	0.2F
		06:24	0.2F
		07:54	0.2F
	09:54	12:42	-0.5E
3 Su	04:18	01:06	-0.5E
		05:42	0.1F
		07:00	0.1F
		09:06	0.2F
	10:54	13:42	-0.4E
4 M	05:30	02:00	-0.5E
		10:06	0.2F
	12:00	14:36	-0.4E
	20:12	22:36	0.2F
5 Tu	00:18	02:54	-0.5E
	07:00	11:06	0.3F
	13:00	15:30	-0.5E
	20:48	23:30	0.3F
6 W	01:12	04:00	-0.5E
	08:24	11:54	0.4F
	14:00	16:30	-0.5E
	21:12		
7 Th	02:06	00:18	0.3F
		05:00	-0.6E
	09:24	12:42	0.4F
	14:54	17:36	-0.5E
	21:42		
8 F	03:00	01:06	0.4F
		06:00	-0.6E
	10:06	13:30	0.4F
	15:42	18:36	-0.6E
	22:18		
9 Sa	04:00	01:48	0.4F
		07:00	-0.6E
	10:48	14:18	0.4F
	16:30	19:24	-0.6E
	23:00		
10 Su	04:54	02:42	0.4F
		08:00	-0.7E
	11:30	15:12	0.4F
	17:18	20:18	-0.7E
	23:42		
11 M	05:48	03:36	0.4F
		08:54	-0.6E
	12:12	16:00	0.4F
	18:12	21:12	-0.7E
12 Tu	00:24	04:36	0.4F
	06:48	09:48	-0.6E
	12:54	17:00	0.3F
	19:00	22:00	-0.7E
13 W ●	01:12	05:30	0.3F
	07:36	10:36	-0.6E
	13:42	17:54	0.3F
	19:54	22:48	-0.7E
14 Th	01:54	06:30	0.3F
	08:30	11:24	-0.6E
	14:36	18:54	0.3F
	20:48	23:36	-0.6E
15 F	02:48	07:30	0.2F
	09:24	12:12	-0.5E
	15:36	19:54	0.2F
	21:42		
16 Sa	03:36	00:30	-0.5E
	05:36	08:30	0.2F
	10:12	13:06	-0.5E
	17:00		
17 Su	04:36	01:24	-0.5E
	06:24	09:18	0.2F
	11:06	14:00	-0.5E
	19:30	21:42	0.2F
18 M	07:48	02:18	-0.4E
		10:12	0.2F
	12:06	14:54	-0.4E
	20:30	22:30	0.2F
19 Tu	00:18	03:12	-0.4E
		11:06	0.2F
	13:00	15:54	-0.4E
	21:18	23:18	0.2F
20 W ◑	01:06	04:12	-0.4E
	09:12	11:48	0.3F
	13:48	16:48	-0.4E
	21:48		
21 Th	01:42	00:00	0.2F
		05:06	-0.4E
	09:42	12:24	0.3F
	14:30	17:48	-0.4E
	22:00		
22 F	02:24	00:36	0.2F
		06:00	-0.4E
	10:12	13:00	0.3F
	15:06	18:24	-0.4E
	22:00		
23 Sa	03:06	01:06	0.4F
		06:54	-0.5E
	10:48	13:30	0.2F
	15:42	19:06	-0.4E
	22:18		
24 Su	03:54	01:36	0.2F
		07:42	-0.5E
	11:24	14:12	0.2F
	16:18	19:42	-0.5E
	22:54		
25 M	04:42	02:12	0.3F
		08:30	-0.5E
	12:00	14:54	0.2F
	17:00	20:24	-0.5E
	23:30		
26 Tu	05:36	02:54	0.3F
		09:12	-0.5E
	12:36	15:42	0.2F
	17:42	21:06	-0.5E
27 W	00:12	03:42	0.3F
	06:24	09:48	-0.5E
	13:18	16:42	0.2F
	18:30	21:48	-0.5E
28 Th ○	00:54	04:36	0.3F
	07:12	10:24	-0.5E
	14:00	17:30	0.2F
	19:24	22:30	-0.6E
29 F	01:42	05:36	0.3F
	08:00	11:06	-0.5E
	14:18	18:24	0.2F
	20:18	23:12	-0.6E
30 Sa	02:30	06:42	0.2F
	08:54	11:42	-0.5E
	15:18	19:24	0.2F
	21:12		
31 Su	03:24	00:00	-0.6E
		07:48	0.3F
	09:48	12:30	-0.5E
	16:06	20:18	0.2F
	22:00		

February

Day	Slack (h m)	Maximum (h m)	knots
1 M	04:18	00:54	-0.6E
		08:42	0.3F
	10:42	13:24	-0.5E
	16:54	21:12	0.3F
	22:54		
2 Tu	05:30	01:48	-0.6E
		09:42	0.3F
	11:42	14:18	-0.5E
	17:54	22:06	0.3F
	23:54		
3 W	06:48	02:42	-0.6E
		10:36	0.3F
	12:42	15:06	-0.5E
	19:00	23:00	0.3F
4 Th ◐	00:48	03:36	-0.6E
	08:00	11:30	0.4F
	13:36	16:06	-0.5E
	20:06	23:54	0.3F
5 F	01:42	04:30	-0.6E
	09:06	12:24	0.4F
	14:24	17:06	-0.5E
	21:06		
6 Sa	02:42	00:42	0.3F
		05:36	-0.6E
	10:00	13:12	0.4F
	15:18	18:06	-0.6E
	22:00		
7 Su	03:42	01:36	0.3F
		06:36	-0.6E
	10:48	14:00	0.4F
	16:06	19:06	-0.6E
	22:48		
8 M	04:36	02:30	0.3F
		07:42	-0.6E
	11:30	14:54	0.3F
	17:00	20:00	-0.6E
	23:36		
9 Tu	05:36	03:30	0.3F
		08:36	-0.6E
	12:12	15:48	0.3F
	17:54	20:54	-0.6E
10 W	00:24	04:24	0.3F
	06:30	09:30	-0.6E
	12:54	16:42	0.3F
	18:48	21:48	-0.6E
11 Th ●	01:12	05:24	0.3F
	07:24	10:24	-0.6E
	13:42	17:42	0.3F
	19:42	22:36	-0.6E
12 F	01:54	06:12	0.3F
	08:12	11:12	-0.6E
	14:30	18:36	0.3F
	20:36	23:24	-0.6E
13 Sa	02:42	07:06	0.2F
	09:00	12:00	-0.6E
	15:18	19:24	0.3F
	21:18		
14 Su	03:24	00:12	-0.6E
		07:54	0.2F
	09:48	12:42	-0.5E
	16:00	20:12	0.2F
	22:06		
15 M	04:12	01:00	-0.5E
		08:48	0.2F
	10:36	13:36	-0.5E
	16:48	21:00	0.2F
	22:42		
16 Tu	05:00	01:48	-0.5E
		09:30	0.2F
	11:24	14:18	-0.5E
	17:36	21:42	0.2F
	23:24		
17 W	06:06	02:30	-0.5E
		10:12	0.2F
	12:12	15:06	-0.4E
	18:30	22:24	0.1F
18 Th	00:00	03:18	-0.4E
	07:18	11:00	0.2F
	12:54	15:48	-0.4E
	19:12	23:06	0.1F
19 F ◐	00:42	04:00	-0.4E
	08:36	11:42	0.2F
	13:30	16:30	-0.4E
	19:54	23:42	0.2F
20 Sa	01:30	04:54	-0.4E
	09:42	12:24	0.2F
	14:12	17:18	-0.4E
	20:36		
21 Su ◑	02:18	00:18	0.2F
		05:36	-0.4E
	10:36	13:12	0.2F
	14:48	18:00	-0.4E
	21:24		
22 M	03:12	01:00	0.2F
		06:54	-0.4E
	11:18	13:42	0.2F
	15:30	18:48	-0.4E
	22:12		
23 Tu	04:06	01:42	0.2F
		07:48	-0.4E
	11:54	14:36	0.2F
	16:24	19:42	-0.4E
	23:00		
24 W	05:00	02:36	0.3F
		08:42	-0.5E
	12:30	15:24	0.2F
	17:24	20:36	-0.5E
	23:48		
25 Th	06:00	03:30	0.3F
		09:24	-0.5E
	13:06	16:18	0.2F
	18:18	21:30	-0.6E
26 F	00:42	04:30	0.3F
	06:54	10:06	-0.5E
	13:42	17:12	0.3F
	19:12	22:18	-0.6E
27 Sa ○	01:36	05:30	0.3F
	07:48	10:48	-0.6E
	14:18	18:06	0.3F
	20:06	23:00	-0.7E
28 Su	02:24	06:30	0.3F
	08:42	11:30	-0.6E
	14:54	18:54	0.3F
	20:54	23:48	-0.7E

March

Day	Slack (h m)	Maximum (h m)	knots
1 M	03:18	07:24	0.4F
	09:30	12:18	-0.6E
	15:36	19:48	0.3F
	21:42		
2 Tu	04:12	00:36	-0.7E
		08:18	0.4F
	10:24	13:00	-0.6E
	16:24	20:42	0.3F
	22:36		
3 W	05:12	01:30	-0.7E
		09:18	0.4F
	11:18	13:54	-0.6E
	17:12	21:36	0.3F
	23:30		
4 Th	06:18	02:18	-0.7E
		10:12	0.4F
	12:12	14:42	-0.5E
	18:12	22:36	0.3F
5 F	00:24	03:12	-0.6E
	07:36	11:06	0.3F
	13:06	15:36	-0.5E
	19:18	23:30	0.3F
6 Sa ◐	01:24	04:12	-0.6E
	09:06	12:00	0.3F
	13:54	16:36	-0.5E
	20:36		
7 Su	02:24	00:30	0.3F
		05:18	-0.5E
	10:12	12:54	0.3F
	14:48	17:36	-0.5E
	22:18		
8 M	03:24	01:24	0.3F
		06:24	-0.5E
	11:12	13:48	0.3F
	15:48	18:42	-0.5E
	23:30		
9 Tu	04:24	02:18	0.3F
		07:30	-0.5E
	12:00	14:42	0.3F
	16:48	19:42	-0.5E
10 W	00:24	03:18	0.3F
	05:24	08:24	-0.5E
	12:42	15:42	0.3F
	17:48	20:48	-0.5E
11 Th	01:18	04:12	0.3F
	06:18	09:18	-0.5E
	13:18	16:36	0.3F
	18:42	21:36	-0.6E
12 F	01:54	05:06	0.3F
	07:06	10:12	-0.6E
	13:48	17:24	0.3F
	19:30	22:24	-0.6E
13 Sa ●	02:12	05:54	0.3F
	07:54	10:54	-0.6E
	14:18	18:06	0.3F
	20:18	23:12	-0.6E
14 Su	02:36	06:42	0.3F
	08:36	11:36	-0.6E
	14:48	18:54	0.3F
	20:54	23:54	-0.6E
15 M	03:06	07:18	0.3F
	09:18	12:18	-0.6E
	15:24	19:30	0.2F
	21:30		
16 Tu	03:42	00:30	-0.6E
		08:00	0.2F
	10:00	12:54	-0.5E
	15:54	20:06	0.2F
	22:00		
17 W	04:24	01:12	-0.5E
		08:42	0.2F
	10:36	13:42	-0.5E
	16:30	17:54	0.1F
		20:42	0.2F
18 Th	05:12	01:48	-0.5E
		09:24	0.2F
	11:18	14:12	-0.4E
	17:12	18:36	0.1F
		19:48	0.1F
19 F	06:12	02:30	-0.5E
		10:06	0.1F
	11:48	14:48	-0.4E
	17:54	19:24	0.1F
		20:42	0.1F
20 Sa	07:24	03:00	-0.4E
		10:54	0.1F
	13:00	15:18	-0.4E
	18:42	20:18	0.1F
		21:24	0.1F
21 Su ◑	00:42	03:42	-0.4E
	09:06	11:48	0.1F
	13:12	16:06	-0.4E
	19:30	21:18	0.1F
		23:36	0.2F
22 M	01:36	04:36	-0.4E
	10:48	12:36	0.1F
	14:00	16:54	-0.4E
	20:30		
23 Tu	02:30	00:30	0.2F
		05:42	-0.4E
	11:24	13:24	0.1F
	14:54	18:00	-0.4E
	21:30		
24 W	03:30	01:18	0.2F
		06:54	-0.4E
	11:48	14:12	0.2F
	16:00	19:06	-0.4E
	22:36		
25 Th	04:30	02:24	0.2F
		08:00	-0.4E
	12:12	15:06	0.2F
	17:06	20:12	-0.5E
	23:36		
26 F	05:36	03:18	0.3F
		09:18	-0.5E
	12:36	16:00	0.3F
	18:06	21:12	-0.6E
27 Sa	00:36	04:18	0.3F
	06:30	09:42	-0.6E
	13:12	16:48	0.4F
	18:54	22:06	-0.7E
28 Su ○	01:24	05:12	0.4F
	07:54	10:24	-0.6E
	13:48	17:36	0.4F
	19:48	22:48	-0.7E
29 M	02:18	06:06	0.4F
	08:24	11:12	-0.7E
	14:30	18:30	0.4F
	20:36	23:36	-0.8E
30 Tu	03:06	07:00	0.4F
	09:12	11:54	-0.7E
	15:06	19:18	0.4F
	21:24		
31 W	03:54	00:24	-0.8E
		08:00	0.4F
	10:00	12:42	-0.7E
	15:54	20:18	0.4F
	22:18		

Station ID: nb0301 Depth: 8 feet
Source: NOAA/NOS/CO-OPS
Station Type: Harmonic
Time Zone: LST

Quonset Point, 2021
Latitude: 41.5837° N Longitude: 71.3970° W
Mean Flood Dir. 27° (T) Mean Ebb Dir. 194° (T)
Times and speeds of maximum and minimum current, in knots

April

Day	Slack (h m)	Maximum (h m)	knots
1 Th	04:48, 10:54, 16:42, 23:12	01:12 / 08:54 / 13:30 / 21:12	-0.7E / 0.4F / -0.6E / 0.3F
2 F	05:48, 11:42, 17:36	02:00 / 09:48 / 14:18 / 22:12	-0.7E / 0.3F / -0.6E / 0.3F
3 Sa	00:06, 07:36, 12:36, 18:42	02:54 / 10:48 / 15:12 / 23:12	-0.6E / 0.3F / -0.5E / 0.3F
4 Su ◑	01:06, 09:18, 13:30, 21:18	03:48 / 11:42 / 16:06	-0.5E / 0.3F / -0.5E
5 M	02:06, 10:24, 14:30, 22:48	00:12 / 05:00 / 12:42 / 17:18	0.3F / -0.5E / 0.3F / -0.5E
6 Tu	03:06, 11:18, 15:36, 23:54	01:12 / 06:12 / 13:30 / 18:30	0.3F / -0.4E / 0.3F / -0.4E
7 W	04:06, 12:00, 16:36	02:06 / 07:18 / 14:30 / 19:36	0.3F / -0.4E / 0.3F / -0.5E
8 Th	00:42, 05:06, 12:42, 17:36	03:00 / 08:12 / 15:24 / 20:36	0.2F / -0.5E / 0.3F / -0.5E
9 F	01:24, 05:54, 13:12, 18:24	04:00 / 09:06 / 16:18 / 21:24	0.3F / -0.5E / 0.3F / -0.5E
10 Sa	01:54, 06:42, 13:36, 19:12	04:42 / 09:54 / 16:54 / 22:12	0.3F / -0.6E / 0.3F / -0.6E
11 Su	02:06, 07:30, 13:54, 19:48	05:24 / 10:30 / 17:36 / 22:54	0.3F / -0.6E / 0.3F / -0.6E
12 M ●	02:18, 08:12, 14:18, 20:24	06:06 / 11:12 / 18:06 / 23:30	0.3F / -0.6E / 0.3F / -0.6E
13 Tu	02:48, 08:48, 14:48, 20:54	06:42 / 11:48 / 18:36	0.3F / -0.6E / 0.2F
14 W	03:18, 09:24, 15:18, 21:24	00:06 / 07:18 / 12:54 / 19:06	-0.6E / 0.2F / -0.5E / 0.2F
15 Th	04:00, 09:54, 15:48, 22:00	00:42 / 08:00 / 12:54 / 17:24	-0.6E / 0.2F / -0.5E / 0.2F
16 F	04:42, 10:24, 16:24, 22:36	01:18 / 08:42 / 13:24 / 18:06	0.1F / -0.5E / 0.2F / 0.2F
17 Sa	05:36, 10:54, 17:00, 23:18	01:48 / 13:54 / 18:48	-0.5E / -0.4E / 0.2F
18 Su	06:42, 08:12, 11:30, 17:48	02:24 / 14:36 / 19:36	-0.4E / -0.4E / 0.2F
19 M	00:06, 09:54, 12:24, 18:42	03:06 / 15:24 / 20:24 / 23:06	-0.4E / -0.4E / 0.2F / 0.1F
20 Tu ◑	01:00, 10:36, 13:30, 19:48	03:54 / 16:12 / 21:24	-0.4E / -0.4E / 0.1F
21 W	02:00, 10:54, 14:36, 21:00	00:12 / 04:54 / 13:00 / 17:18	0.2F / -0.4E / 0.3F / -0.4E
22 Th	03:00, 11:12, 15:42, 22:18	01:00 / 06:06 / 13:48 / 18:36	0.2F / -0.4E / 0.2F / -0.4E
23 F	04:06, 11:30, 16:42, 23:24	02:00 / 07:18 / 14:42 / 19:48	0.2F / -0.5E / 0.3F / -0.5E
24 Sa	05:12, 12:06, 17:42	03:00 / 08:18 / 15:30 / 20:48	0.3F / -0.5E / 0.3F / -0.6E
25 Su	00:18, 06:12, 12:42, 18:30	04:00 / 09:18 / 16:24 / 21:42	0.4F / -0.6E / 0.4F / -0.7E
26 M	01:12, 07:06, 13:18, 19:24	04:48 / 10:06 / 17:12 / 22:30	0.4F / -0.7E / 0.4F / -0.8E
27 Tu ○	02:00, 08:00, 14:00, 20:18	05:48 / 10:48 / 18:00 / 23:12	0.5F / -0.7E / 0.4F / -0.8E
28 W	02:48, 08:48, 14:42, 21:06	06:36 / 11:30 / 18:54	0.5F / -0.7E / 0.4F
29 Th	03:36, 09:36, 15:30, 22:00	00:00 / 07:30 / 12:18 / 19:54	-0.8E / 0.4F / -0.7E / 0.4F
30 F	04:30, 10:24, 16:18, 22:54	00:54 / 08:30 / 13:06 / 20:48	-0.7E / 0.4F / -0.7E / 0.4F

May

Day	Slack (h m)	Maximum (h m)	knots
1 Sa	05:30, 11:18, 17:12, 23:54	01:42 / 09:24 / 14:00 / 21:54	-0.6E / 0.3F / -0.6E / 0.3F
2 Su ◑	07:48, 12:12, 18:18	02:36 / 10:24 / 14:54 / 22:54	-0.6E / 0.3F / -0.5E / 0.3F
3 M	00:48, 09:12, 13:12, 21:30	03:36 / 11:24 / 15:48 / 23:54	-0.5E / 0.3F / -0.5E / 0.3F
4 Tu	01:48, 10:12, 14:12, 22:48	04:42 / 12:24 / 17:00	-0.4E / 0.3F / -0.4E
5 W	02:42, 10:54, 15:18, 23:42	00:54 / 05:48 / 13:18 / 18:12	0.2F / -0.4E / 0.3F / -0.4E
6 Th	03:42, 11:48, 16:18	01:48 / 06:54 / 14:12 / 19:18	0.2F / -0.4E / 0.3F / -0.4E
7 F	00:24, 04:36, 17:12	02:42 / 07:48 / 15:00 / 20:12	0.2F / -0.5E / 0.3F / -0.5E
8 Sa	01:00, 05:30, 12:48, 18:00	03:30 / 08:42 / 15:48 / 21:00	0.2F / -0.5E / 0.3F / -0.5E
9 Su	01:24, 06:18, 13:06, 18:36	04:12 / 09:24 / 16:30 / 21:48	0.3F / -0.5E / 0.3F / -0.5E
10 M	01:36, 07:00, 13:18, 19:12	04:54 / 10:06 / 17:00 / 22:30	0.3F / -0.6E / 0.3F / -0.6E
11 Tu ●	01:54, 07:36, 13:42, 19:48	05:30 / 10:48 / 17:30 / 23:06	0.3F / -0.6E / 0.3F / -0.6E
12 W	02:24, 08:12, 14:12, 20:24	06:06 / 11:18 / 17:54 / 23:42	0.3F / -0.6E / 0.3F / -0.6E
13 Th	03:00, 08:48, 14:42, 21:00	06:42 / 11:48 / 18:06	0.2F / -0.6E / 0.3F
14 F	03:42, 09:12, 15:12, 21:36	00:12 / 07:24 / 12:18 / 17:12	-0.5E / 0.2F / -0.5E / 0.3F
15 Sa	04:24, 09:42, 15:48, 22:12	00:48 / 08:12 / 12:48 / 17:36	-0.5E / 0.1F / -0.5E / 0.3F
16 Su	05:12, 07:06, 10:12, 16:30 *********	01:24 / 13:24 / 18:18	-0.5E / -0.5E / 0.3F
17 M	06:12, 07:36, 11:06, 17:12 *********	02:00 / 14:06 / 19:06	-0.5E / -0.4E / 0.2F
18 Tu ◑	09:12, 12:06, 18:12 *********	02:36 / 14:54 / 19:54 / 21:30	-0.4E / -0.4E / 0.2F / 0.1F
19 W ◑	00:36, 09:42, 13:12, 19:18	03:24 / 11:48 / 15:48 / 20:54 / 23:48	-0.4E / 0.1F / -0.4E / 0.1F / 0.2F
20 Th	01:36, 09:48, 14:12, 20:36	04:24 / 12:36 / 16:54	-0.4E / 0.2F / -0.4E
21 F	02:36, 10:12, 15:12, 21:54	00:48 / 05:36 / 13:18 / 18:00	0.2F / -0.5E / 0.2F / -0.5E
22 Sa	03:42, 10:48, 16:12, 23:00	01:36 / 06:42 / 14:12 / 19:12	0.3F / -0.5E / 0.3F / -0.5E
23 Su	04:48, 11:24, 17:12	02:36 / 07:42 / 15:06 / 20:18	0.3F / -0.5E / 0.3F / -0.6E
24 M	00:00, 05:48, 12:06, 18:06	03:36 / 08:42 / 15:54 / 21:12	0.4F / -0.6E / 0.4F / -0.7E
25 Tu	00:48, 06:42, 12:48, 19:06	04:24 / 09:36 / 16:48 / 22:06	0.4F / -0.7E / 0.4F / -0.7E
26 W ○	01:36, 07:30, 13:36, 20:00	05:18 / 10:24 / 17:42 / 23:00	0.4F / -0.7E / 0.4F / -0.8E
27 Th	02:30, 08:24, 14:18, 20:54	06:12 / 11:12 / 18:36 / 23:48	0.4F / -0.7E / 0.3F / -0.7E
28 F	03:18, 09:12, 15:06, 21:48	07:12 / 11:54 / 19:36	0.4F / -0.7E / 0.3F
29 Sa	04:12, 10:00, 15:54, 22:36	00:36 / 08:06 / 12:48 / 20:36	-0.7E / 0.3F / -0.7E / 0.4F
30 Su	05:24, 10:54, 16:54, 23:36	01:30 / 09:06 / 13:36 / 21:36	-0.6E / 0.3F / -0.6E / 0.3F
31 M	07:30, 11:54, 18:00	02:18 / 10:06 / 14:30 / 22:36	-0.5E / 0.3F / -0.5E / 0.3F

June

Day	Slack (h m)	Maximum (h m)	knots
1 Tu	00:30, 08:48, 12:54, 21:12	03:18 / 11:00 / 15:30 / 23:30	-0.5E / 0.3F / -0.5E / 0.2F
2 W ◑	01:24, 09:42, 13:54, 22:18	04:18 / 12:00 / 16:36	-0.5E / 0.3F / -0.4E
3 Th	02:18, 10:36, 14:48, 23:06	00:24 / 05:24 / 12:48 / 17:48	0.2F / -0.4E / 0.3F / -0.4E
4 F	03:12, 11:18, 15:42, 23:48	01:18 / 06:24 / 13:36 / 18:48	0.2F / -0.4E / 0.3F / -0.4E
5 Sa	04:06, 11:54, 16:30	02:00 / 07:18 / 14:24 / 19:42	0.2F / -0.5E / 0.3F / -0.4E
6 Su	00:12, 04:54, 12:12, 17:18	02:48 / 08:06 / 15:06 / 20:36	0.2F / -0.5E / 0.2F / -0.5E
7 M	00:36, 05:42, 12:24, 18:00	03:30 / 09:00 / 15:42 / 21:24	0.2F / -0.5E / 0.2F / -0.5E
8 Tu	01:06, 06:24, 12:42, 18:42	04:18 / 09:36 / 16:24 / 22:06	0.2F / -0.5E / 0.3F / -0.5E
9 W	01:36, 07:00, 13:06, 19:24	04:54 / 10:18 / 16:48 / 22:48	0.2F / -0.5E / 0.3F / -0.5E
10 Th ●	02:18, 07:30, 13:36, 20:00	05:30 / 10:48 / 17:24 / 23:18	0.2F / -0.5E / 0.3F / -0.5E
11 F	02:54, 08:06, 14:12, 20:42	06:18 / 11:18 / 17:54 / 23:54	0.2F / -0.5E / 0.3F / -0.5E
12 Sa	03:36, 08:36, 14:48, 21:18	07:00 / 11:48 / 16:48 / 17:54	0.1F / -0.5E / 0.3F / 0.3F
13 Su	04:12, 09:18, 15:24, 18:48 *********	00:24 / 07:48 / 12:18 / 18:48	-0.5E / 0.1F / -0.5E / 0.3F / 0.2F
14 M	04:54, 10:00, 16:12, 22:36 *********	01:00 / 08:36 / 13:06 / 18:00 / 20:24	-0.5E / 0.1F / -0.5E / 0.2F / 0.2F
15 Tu	05:36, 10:54, 17:00 *********	01:36 / 09:30 / 13:48 / 18:36 / 20:12	-0.5E / 0.1F / -0.5E / 0.2F / 0.2F
16 W	06:30, 11:54, 18:00	02:24 / 10:24 / 14:42 / 19:36 / 22:30	-0.5E / 0.1F / -0.5E / 0.2F / 0.2F
17 Th	00:18, 07:24, 12:54, 19:06	03:12 / 11:18 / 15:30 / 23:30	-0.5E / 0.2F / -0.5E / 0.2F
18 F ◑	01:18, 08:18, 13:48, 20:18	04:00 / 12:06 / 16:30	-0.5E / 0.2F / -0.5E
19 Sa	02:18, 09:12, 14:42, 21:30	00:24 / 05:06 / 12:54 / 17:36	0.3F / -0.5E / 0.3F / -0.5E
20 Su	03:18, 10:00, 15:42, 22:36	01:18 / 06:12 / 13:42 / 18:42	0.3F / -0.5E / 0.3F / -0.6E
21 M	04:18, 10:48, 16:42, 23:30	02:12 / 07:12 / 14:36 / 19:48	0.3F / -0.6E / 0.3F / -0.6E
22 Tu	05:18, 11:36, 17:48	03:06 / 08:18 / 15:36 / 20:54	0.4F / -0.6E / 0.4F / -0.6E
23 W	06:12, 12:24, 18:48	00:24 / 04:06 / 09:12 / 16:30 / 21:48	0.4F / 0.4F / -0.7E / 0.4F / -0.7E
24 Th ○	01:18, 07:06, 13:12, 19:42	05:00 / 10:00 / 17:24 / 22:42	0.4F / -0.7E / 0.4F / -0.7E
25 F	02:12, 08:00, 14:00, 20:36	05:54 / 10:48 / 18:24 / 23:30	0.4F / -0.7E / 0.4F / -0.7E
26 Sa	03:06, 08:48, 14:54, 21:30	06:54 / 11:42 / 19:18	0.4F / -0.7E / 0.4F
27 Su	04:00, 09:42, 15:42, 22:18	00:18 / 07:48 / 12:30 / 20:18	-0.6E / 0.3F / -0.7E / 0.4F
28 M	05:06, 10:36, 16:36, 23:12	01:06 / 08:42 / 13:18 / 21:12	-0.6E / 0.3F / -0.6E / 0.3F
29 Tu	06:54, 11:30, 17:42	02:06 / 09:36 / 14:18 / 22:12	-0.6E / 0.3F / -0.5E / 0.3F
30 W	00:00, 08:06, 12:24, 20:30	02:54 / 10:36 / 15:12 / 23:06	-0.5E / 0.3F / -0.5E / 0.2F

Station ID: nb0301 Depth: 8 feet
Source: NOAA/NOS/CO-OPS
Station Type: Harmonic
Time Zone: LST

NOAA Tidal Current Predictions

Quonset Point, 2021

Latitude: 41.5837° N Longitude: 71.3970° W
Mean Flood Dir. 27° (T) Mean Ebb Dir. 194° (T)
Times and speeds of maximum and minimum current, in knots

July

Days 1–15

Day	Slack (h m)	Maximum (h m)	knots
1 Th	03:48	00:54	-0.5E
	09:06	11:24	0.2F
	13:18	16:06	-0.4E
	21:30	23:54	0.2F
2 F	01:48	04:48	-0.4E
	10:00	12:18	0.2F
	14:06	17:12	-0.4E
	22:12		
3 Sa	02:36	05:48	-0.4E
	10:42	13:00	0.2F
	14:54	18:12	-0.4E
	22:54		
4 Su		01:18	0.2F
	03:24	06:42	-0.4E
	11:12	13:42	0.2F
	15:36	19:06	-0.4E
	23:30		
5 M		02:06	0.2F
	04:12	07:36	-0.4E
	11:18	14:18	0.2F
	16:30	20:00	-0.4E
6 Tu	00:06	02:48	0.2F
	04:54	08:18	-0.5E
	11:30	15:00	0.2F
	17:18	20:54	-0.5E
7 W	00:48	03:36	0.2F
	05:36	09:06	-0.5E
	12:00	15:36	0.2F
	18:06	21:42	-0.5E
8 Th	01:36	04:24	0.2F
	06:12	09:42	-0.5E
	12:30	16:18	0.3F
	18:54	22:24	-0.5E
9 F	02:24	05:06	0.2F
	06:54	10:18	-0.5E
	13:12	17:06	0.3F
	19:36	23:06	-0.5E
10 Sa ●	03:00	05:54	0.2F
	07:36	10:54	-0.5E
	13:48	17:42	0.3F
	20:18	23:36	-0.5E
11 Su	03:30	06:36	0.2F
	08:18	11:30	-0.5E
	14:30	18:36	0.3F
	21:00		
12 M		00:00	-0.5E
	03:54	07:30	0.2F
	09:06	12:06	-0.5E
	15:12	19:30	0.3F
	21:42		
13 Tu		00:36	-0.5E
	04:24	08:18	0.2F
	09:54	12:48	-0.5E
	16:00	17:48	0.2F
		20:24	0.3F
	*************		
14 W		01:18	-0.5E
	05:06	09:00	0.2F
	10:42	13:36	-0.5E
	16:48	21:18	0.2F
	23:12		
15 Th		02:00	-0.5E
	05:48	09:54	0.2F
	11:36	14:24	-0.5E
	17:48	22:12	0.3F

Days 16–31

Day	Slack (h m)	Maximum (h m)	knots
16 F	00:06	02:54	-0.5E
	06:36	10:48	0.2F
	12:30	15:12	-0.5E
	18:48	23:12	0.3F
17 Sa ◐	01:06	03:42	-0.5E
	07:30	11:36	0.2F
	13:24	16:12	-0.6E
	19:54		
18 Su		00:06	0.3F
	02:00	04:42	-0.5E
	08:24	12:30	0.3F
	14:18	17:12	-0.5E
	21:06		
19 M		00:54	0.3F
	02:54	05:42	-0.5E
	09:24	13:18	0.3F
	15:18	18:18	-0.5E
	22:12		
20 Tu		01:48	0.3F
	03:54	06:42	-0.6E
	10:24	14:18	0.3F
	16:24	19:24	-0.6E
	23:18		
21 W		02:48	0.3F
	04:48	07:48	-0.6E
	11:18	15:18	0.3F
	17:30	20:30	-0.6E
22 Th	00:18	03:48	0.3F
	05:48	08:48	-0.6E
	12:12	16:18	0.4F
	18:30	21:30	-0.6E
23 F	01:12	04:42	0.3F
	06:42	09:48	-0.7E
	13:00	17:12	0.4F
	19:30	22:24	-0.6E
24 Sa ○	02:06	05:36	0.3F
	07:42	10:36	-0.7E
	14:18	18:12	0.4F
	20:24	23:12	-0.6E
25 Su	03:00	06:36	0.4F
	08:36	11:24	-0.7E
	14:42	19:06	0.4F
	21:12		
26 M		00:00	-0.6E
	03:42	07:24	0.3F
	09:24	12:12	-0.6E
	15:30	20:00	0.3F
	22:00		
27 Tu		00:48	-0.6E
	04:30	08:18	0.3F
	10:12	13:00	-0.6E
	16:18	20:48	0.3F
	22:42		
28 W		01:36	-0.6E
	05:24	09:12	0.3F
	11:00	13:54	-0.5E
	17:06	21:36	0.3F
	23:30		
29 Th		02:30	-0.5E
	06:48	09:54	0.2F
	11:48	14:42	-0.5E
	18:06	22:24	0.2F
30 F	00:18	03:12	-0.5E
	08:12	10:48	0.2F
	12:30	15:30	-0.4E
	19:12	23:18	0.2F
31 Sa ◑	01:06	04:00	-0.4E
	09:06	11:36	0.2F
	13:12	16:18	-0.4E
	20:36		

August

Days 1–15

Day	Slack (h m)	Maximum (h m)	knots
1 Su		00:06	0.2F
	01:54	05:00	-0.4E
	09:30	12:12	0.1F
	14:00	17:24	-0.4E
	22:00		
2 M		00:42	0.2F
	02:36	05:54	-0.4E
	09:30	12:48	0.2F
	14:48	18:30	-0.4E
	23:06		
3 Tu		01:24	0.2F
	03:18	06:42	-0.4E
	10:00	13:30	0.2F
	15:42	19:30	-0.4E
4 W	00:00	02:06	0.1F
	04:00	07:36	-0.4E
	10:42	14:12	0.2F
	16:36	20:30	-0.4E
5 Th	00:54	03:00	0.1F
	04:48	08:18	-0.4E
	11:24	15:00	0.2F
	17:36	21:24	-0.4E
6 F	01:36	03:48	0.1F
	05:36	09:12	-0.5E
	12:06	15:54	0.3F
	18:24	22:06	-0.5E
7 Sa	02:12	04:42	0.2F
	06:24	09:48	-0.5E
	12:48	16:42	0.3F
	19:12	22:36	-0.5E
8 Su ●	02:36	05:24	0.2F
	07:18	10:30	-0.5E
	13:36	17:30	0.3F
	19:54	23:12	-0.5E
9 M	02:54	06:12	0.2F
	08:06	11:12	-0.6E
	14:18	18:18	0.3F
	20:42	23:42	-0.6E
10 Tu	03:18	07:00	0.3F
	08:54	11:48	-0.6E
	15:06	19:12	0.3F
	21:24		
11 W		00:18	-0.6E
	03:54	07:24	0.3F
	09:42	12:30	-0.6E
	15:54	20:06	0.3F
	22:12		
12 Th		00:54	-0.6E
	04:24	08:36	0.3F
	10:24	13:18	-0.6E
	16:42	21:00	0.3F
	23:00		
13 F		01:42	-0.6E
	05:06	09:12	0.3F
	11:12	14:06	-0.6E
	17:36	21:54	0.3F
	23:54		
14 Sa		02:30	-0.6E
	06:00	10:18	0.2F
	12:06	14:54	-0.6E
	18:36	22:48	0.3F
15 Su ◐	00:48	03:24	-0.5E
	06:54	11:18	0.3F
	13:00	15:48	-0.6E
	19:42	23:48	0.3F

Days 16–31

Day	Slack (h m)	Maximum (h m)	knots
16 M	01:36	04:12	-0.5E
	07:54	12:12	0.3F
	14:00	16:48	-0.5E
	20:54		
17 Tu		00:42	0.3F
	02:30	05:18	-0.5E
	09:00	13:06	0.3F
	15:06	18:00	-0.5E
	22:30		
18 W		01:36	0.3F
	03:30	06:24	-0.5E
	10:12	14:06	0.3F
	16:12	19:12	-0.5E
	23:36		
19 Th		02:30	0.3F
	04:30	07:30	-0.6E
	11:18	15:06	0.3F
	17:18	20:18	-0.5E
20 F	00:36	03:30	0.3F
	05:30	08:30	-0.6E
	12:18	16:06	0.4F
	18:18	21:18	-0.6E
21 Sa	01:18	04:30	0.3F
	06:30	09:30	-0.6E
	13:06	17:00	0.4F
	19:12	22:12	-0.6E
22 Su ○	02:00	05:24	0.4F
	07:24	10:24	-0.7E
	13:54	17:54	0.4F
	20:00	22:54	-0.6E
23 M	02:36	06:12	0.4F
	08:18	11:12	-0.7E
	14:36	18:42	0.3F
	20:48	23:36	-0.6E
24 Tu	03:06	07:00	0.3F
	09:06	11:54	-0.6E
	15:12	19:30	0.3F
	21:30		
25 W		00:24	-0.6E
	03:42	07:48	0.3F
	09:48	12:36	-0.6E
	15:48	20:12	0.2F
	22:12		
26 Th		01:06	-0.6E
	04:24	08:36	0.2F
	10:24	13:24	-0.6E
	16:30	21:00	0.3F
	22:54		
27 F		01:54	-0.5E
	05:06	09:18	0.2F
	11:00	14:06	-0.5E
	17:12	21:42	0.2F
	23:42		
28 Sa		02:36	-0.5E
	05:48	10:00	0.1F
	11:36	14:48	-0.5E
	18:12	22:30	0.2F
29 Su	00:24	03:18	-0.4E
	06:36	10:42	0.1F
	12:18	15:30	-0.4E
	19:24	23:24	0.2F
30 M ◑	01:06	04:00	-0.4E
	07:24	11:30	0.1F
	13:06	16:24	-0.4E
	22:06		
31 Tu		00:06	0.1F
	01:42	04:48	-0.3E
	08:12	12:06	0.1F
	14:00	17:42	-0.3E
	23:12		

September

Days 1–15

Day	Slack (h m)	Maximum (h m)	knots
1 W		00:54	0.1F
	02:24	05:42	-0.3E
	09:00	12:54	0.2F
	15:00	19:00	-0.3E
2 Th	00:06	01:42	0.1F
	03:12	06:42	-0.4E
	10:00	13:36	0.2F
	16:00	20:00	-0.4E
3 F	00:42	02:30	0.1F
	04:06	07:42	-0.4E
	10:54	14:30	0.2F
	17:00	20:48	-0.4E
4 Sa	01:12	03:18	0.2F
	05:06	08:36	-0.4E
	11:42	15:24	0.3F
	17:54	21:30	-0.5E
5 Su	01:30	04:12	0.2F
	06:06	09:24	-0.5E
	12:30	16:18	0.3F
	18:42	22:06	-0.5E
6 M	01:48	04:54	0.3F
		10:06	-0.6E
	13:18	17:12	0.3F
	19:30	22:42	-0.6E
7 Tu ●	02:12	05:42	0.3F
	07:48	10:48	-0.6E
	14:06	17:54	0.4F
	20:18	23:18	-0.6E
8 W	02:42	06:30	0.3F
		11:30	-0.7E
	14:48	18:54	0.4F
	21:06	23:54	-0.6E
9 Th	03:12	07:18	0.3F
	09:18	12:12	-0.7E
	15:36	19:42	0.4F
	21:48		
10 F		00:36	-0.6E
	03:54	08:06	0.3F
	10:00	12:54	-0.7E
	16:24	20:36	0.3F
	22:42		
11 Sa		01:18	-0.6E
	04:36	09:00	0.3F
	10:54	13:42	-0.7E
	17:12	21:36	0.3F
	23:30		
12 Su		02:06	-0.6E
	05:24	09:54	0.3F
	11:48	14:36	-0.6E
	18:18	22:30	0.3F
13 M ◐	00:24	03:00	-0.6E
	06:24	11:00	0.3F
	12:48	15:30	-0.5E
	19:42	23:30	0.3F
14 Tu	01:18	03:54	-0.5E
	07:36	12:00	0.3F
	13:54	16:36	-0.5E
	22:00		
15 W		00:30	0.3F
	02:12	05:00	-0.5E
	09:24	13:00	0.3F
	15:00	17:54	-0.4E
	23:06		

Days 16–30

Day	Slack (h m)	Maximum (h m)	knots
16 Th		01:24	0.3F
	03:12	06:12	-0.5E
	11:06	13:54	0.3F
	16:06	19:06	-0.5E
	23:54		
17 F		02:24	0.3F
	04:18	07:18	-0.5E
	12:06	14:54	0.3F
	17:06	20:06	-0.5E
18 Sa	00:36	03:18	0.3F
	05:18	08:24	-0.6E
	12:48	15:54	0.3F
	18:00	21:00	-0.5E
19 Su	01:12	04:12	0.4F
	06:18	09:18	-0.6E
	13:30	16:42	0.3F
	18:48	21:48	-0.6E
20 M ○	01:36	05:00	0.4F
	07:06	10:06	-0.6E
	13:54	17:30	0.3F
	19:36	22:36	-0.6E
21 Tu	02:00	05:42	0.4F
	07:54	10:48	-0.6E
	14:12	18:12	0.3F
	20:18	23:18	-0.6E
22 W	02:30	06:24	0.3F
	08:30	11:30	-0.6E
	14:42	18:54	0.3F
	21:00	23:54	-0.6E
23 Th	03:00	07:06	0.3F
	09:06	12:12	-0.6E
	15:12	19:30	0.3F
	21:36		
24 F		00:36	-0.6E
	03:36	07:48	0.2F
	09:42	12:48	-0.6E
	15:54	20:18	0.2F
	22:12		
25 Sa		01:12	-0.5E
	04:12	05:30	0.1F
	06:48	08:24	0.1F
	10:12	13:24	-0.5E
	*************		
26 Su		01:54	-0.5E
	04:48	06:06	0.1F
	07:48	09:00	0.1F
	10:48	14:06	-0.4E
	17:30		
	*************		
27 M		02:30	-0.4E
	05:30	06:48	0.1F
	08:42		
	11:30	14:48	-0.4E
	18:54		
	*************		
28 Tu	00:06	03:00	-0.4E
	06:18		
	09:18		
	12:30	15:36	-0.3E
	22:30		
29 W ◑	00:48	03:48	-0.3E
	07:12	08:36	0.1F
	09:48	11:42	0.1F
	13:30	16:48	-0.3E
	23:18		
30 Th	01:42	04:48	-0.3E
	08:36	12:06	0.1F
	14:30	18:24	0.2F
	23:48		

NOAA Tidal Current Predictions

Quonset Point, 2021
Latitude: 41.5837° N Longitude: 71.3970° W
Mean Flood Dir. 27° (T) Mean Ebb Dir. 194° (T)
Times and speeds of maximum and minimum current, in knots

October

Day	Slack (h m)	Maximum (h m)	knots
1 F		01:18	0.1F
	02:42	05:54	-0.3E
	09:30	13:18	0.2F
	15:30	19:24	-0.4E
2 Sa	00:12	02:00	0.2F
	03:48	07:06	-0.4E
	10:30	14:06	0.3F
	16:24	20:12	-0.4E
3 Su	00:24	02:54	0.2F
	04:48	08:00	-0.5E
	11:30	15:00	0.3F
	17:18	20:54	-0.5E
4 M	00:36	03:36	0.3F
	05:42	09:00	-0.6E
	12:12	15:48	0.4F
	18:12	21:30	-0.6E
5 Tu	01:00	04:24	0.3F
	06:30	09:42	-0.6E
	13:00	16:42	0.4F
	19:00	22:06	-0.6E
6 W ●	01:30	05:06	0.4F
	07:18	10:24	-0.7E
	13:42	17:30	0.4F
	19:48	22:48	-0.7E
7 Th	02:00	05:48	0.4F
	08:06	11:06	-0.8E
	14:24	18:18	0.4F
	20:36	23:24	-0.7E
8 F	02:36	06:42	0.4F
	08:48	11:48	-0.8E
	15:12	19:18	0.4F
	21:24		
9 Sa		00:06	-0.7E
	03:18	07:36	0.3F
	09:42	12:36	-0.7E
	16:00	20:12	0.3F
	22:12		
10 Su		00:54	-0.6E
	04:06	08:36	0.3F
	10:36	13:24	-0.6E
	16:54	21:12	0.3F
	23:06		
11 M		01:48	-0.6E
	05:00	06:18	0.1F
		09:42	0.3F
	11:36	14:18	-0.6E
	18:06	22:18	0.3F
12 Tu	00:00	02:42	-0.6E
	06:00	10:48	0.3F
	12:42	15:18	-0.5E
	21:06	23:18	0.2F
13 W ◐	01:00	03:36	-0.5E
	09:06	11:54	0.3F
	13:48	16:30	-0.4E
	22:12		
14 Th		00:18	0.3F
	02:06	04:48	-0.5E
	10:30	12:54	0.3F
	14:54	17:54	-0.4E
	23:06		
15 F		01:12	0.3F
	03:06	06:06	-0.5E
	11:24	13:48	0.3F
	15:54	19:00	-0.5E
	23:48		
16 Sa		02:06	0.3F
	04:12	07:12	-0.5E
	12:12	14:36	0.3F
	16:48	19:54	-0.5E
17 Su	00:18	02:54	0.4F
	05:06	08:06	-0.5E
	12:48	15:30	0.3F
	17:42	20:42	-0.6E
18 M	00:48	03:42	0.4F
	06:00	09:00	-0.6E
	13:12	16:18	0.3F
	18:24	21:24	-0.6E
19 Tu	01:06	04:30	0.4F
	06:42	09:48	-0.6E
	13:18	16:54	0.3F
	19:06	22:06	-0.6E
20 W ○	01:24	05:06	0.3F
	07:18	10:24	-0.6E
	13:36	17:36	0.3F
	19:48	22:48	-0.6E
21 Th	01:48	05:42	0.3F
	07:54	11:00	-0.6E
	14:06	18:06	0.3F
	20:24	23:24	-0.6E
22 F	02:18	06:12	0.2F
	08:24	11:36	-0.6E
	14:42	18:48	0.2F
	20:54		
23 Sa		00:00	-0.6E
	02:54	04:30	0.2F
		05:54	0.2F
	08:54	12:12	-0.5E
	15:18	16:54	0.2F
	*****		
24 Su		00:30	-0.5E
	03:24	05:00	0.2F
	09:30	12:48	-0.5E
	16:06	17:18	0.1F
	18:48	20:18	0.1F
25 M		01:06	-0.5E
	04:00	05:36	0.3F
	10:06	13:30	-0.4E
	17:00		
	19:30		
	*****		
26 Tu		01:36	-0.4E
	04:42	06:18	0.2F
	10:54	14:12	-0.4E
	18:30		
	21:48		
	*****		
27 W		02:18	-0.4E
	05:30	07:00	0.2F
	11:54	14:54	-0.3E
	19:18		
	22:36		
28 Th ◐	00:06	03:06	-0.3E
	06:36	08:00	0.1F
	09:30	11:18	0.1F
	13:00	16:00	-0.3E
	22:54		
29 F	01:18	04:06	-0.3E
	07:48	12:12	0.2F
	14:00	17:24	-0.3E
	23:12		
30 Sa		00:48	0.1F
	02:24	05:24	-0.3E
	09:12	13:00	0.2F
	15:00	18:36	-0.4E
	23:24		
31 Su		01:36	0.2F
	03:24	06:30	-0.4E
	10:18	13:48	0.3F
	15:54	19:24	-0.5E
	23:30		

November

Day	Slack (h m)	Maximum (h m)	knots
1 M		02:18	0.3F
	04:24	07:36	-0.5E
	11:06	14:30	0.3F
	16:54	20:06	-0.5E
	23:48		
2 Tu		03:00	0.3F
	05:12	08:24	-0.6E
	11:48	15:24	0.4F
	17:42	20:54	-0.6E
3 W	00:18	03:48	0.4F
	06:00	09:12	-0.7E
	12:30	16:12	0.4F
	18:36	21:36	-0.7E
4 Th ○	00:48	04:30	0.4F
	06:48	09:54	-0.8E
	13:18	17:00	0.5F
	19:24	22:18	-0.7E
5 F	01:24	05:18	0.4F
	07:36	10:36	-0.8E
	14:00	17:54	0.4F
	20:12	23:00	-0.7E
6 Sa	02:06	06:12	0.4F
	08:24	11:24	-0.8E
	14:48	18:54	0.4F
	20:54	23:42	-0.7E
7 Su	02:54	07:18	0.3F
	09:24	12:12	-0.7E
	15:36	19:48	0.3F
	21:48		
8 M		00:30	-0.7E
	03:42	05:18	0.2F
		08:24	0.3F
	10:18	13:06	-0.6E
	16:36	20:54	0.3F
	*****		
9 Tu		01:24	-0.6E
	04:36	05:48	0.2F
		09:30	0.3F
	11:24	14:06	-0.5E
	19:48	22:00	0.2F
	*****		
10 W		02:18	-0.5E
	05:54	10:36	0.3F
	12:30	15:06	-0.4E
		18:48	-0.1E
	21:06	23:06	0.3F
	*****		
11 Th ◐	00:48	03:24	-0.5E
	09:24	11:42	0.3F
	13:42	16:24	-0.4E
	22:00		
	*****		
12 F		00:06	0.3F
	01:54	04:42	-0.4E
		12:36	0.3F
	14:42	17:36	-0.4E
	22:48		
13 Sa		01:00	0.3F
	03:00	05:54	-0.5E
	11:12	13:30	0.3F
	15:36	18:36	-0.5E
	23:24		
14 Su		01:42	0.4F
	03:54	07:00	-0.5E
	11:48	14:12	0.4F
	16:30	19:30	-0.5E
	23:54		
15 M		02:30	0.4F
	04:48	07:48	-0.5E
	12:18	15:00	0.4F
	17:12	20:18	-0.6E
16 Tu	00:18	03:12	0.4F
	05:30	08:36	-0.6E
	12:30	15:42	0.4F
	17:54	21:00	-0.6E
17 W	00:30	03:54	0.3F
	06:06	09:18	-0.6E
	12:42	16:18	0.3F
	18:36	21:42	-0.6E
18 Th	00:48	04:30	0.3F
	06:42	10:00	-0.6E
	13:06	16:54	0.3F
	19:12	22:18	-0.6E
19 F ○	01:12	04:54	0.3F
	07:18	10:36	-0.6E
	13:36	17:24	0.3F
	19:42	22:54	-0.6E
20 Sa	01:42	05:00	0.2F
	07:48	11:12	-0.6E
	14:12	18:00	0.2F
	20:12	23:24	-0.6E
21 Su	02:12	04:00	0.2F
	08:24	11:48	-0.5E
	14:54	16:18	0.1F
		17:36	0.1F
		18:42	0.1F
22 M		00:24	-0.5E
	02:48	04:30	0.3F
	09:00	12:18	-0.5E
	15:42		
	18:36		
	21:00		
23 Tu		00:24	-0.4E
	03:24	05:06	0.2F
	09:42	12:54	-0.4E
	16:36		
	18:12		
24 W		01:06	-0.4E
	04:06	05:42	0.2F
	10:30	13:42	-0.4E
	18:00		
	21:36		
25 Th		01:48	-0.4E
	05:00	06:30	0.2F
		09:54	0.1F
	11:30	14:30	-0.3E
	18:48		
26 F ◑		02:42	-0.3E
	06:06	10:54	0.1F
	12:36	15:24	-0.3E
	22:12	23:42	0.1F
27 Sa ◑	01:00	03:36	-0.3E
	07:36	11:54	0.2F
	13:36	16:24	-0.4E
	22:24		
28 Su		00:24	0.2F
	02:00	04:48	-0.4E
	09:00	12:36	0.3F
	14:36	17:42	-0.4E
	22:30		
29 M		01:06	0.3F
	03:00	06:00	-0.5E
	09:54	13:24	0.3F
	15:30	18:30	-0.5E
	22:42		
30 Tu		01:48	0.3F
	03:48	07:00	-0.6E
	10:42	14:06	0.4F
	16:24	19:24	-0.6E
	23:06		

December

Day	Slack (h m)	Maximum (h m)	knots
1 W		02:30	0.4F
	04:42	07:48	-0.7E
	11:24	14:54	0.4F
	17:12	20:12	-0.6E
	23:36		
2 Th		03:18	0.4F
	05:30	08:42	-0.7E
	12:06	15:42	0.5F
	18:06	21:00	-0.7E
3 F	00:18	04:00	0.4F
	06:24	09:30	-0.8E
	12:48	16:30	0.4F
	18:54	21:48	-0.7E
4 Sa ●	01:00	04:54	0.4F
	07:18	10:18	-0.8E
	13:36	17:30	0.4F
	19:42	22:36	-0.8E
5 Su	01:42	05:54	0.3F
	08:12	11:06	-0.7E
	14:24	18:30	0.3F
	20:30	23:18	-0.7E
6 M	02:30	07:00	0.4F
	09:06	12:00	-0.6E
	15:18	19:36	0.3F
	21:24		
7 Tu		00:12	-0.7E
	03:18	04:54	0.2F
		08:12	0.3F
	10:06	12:48	-0.6E
	16:24	20:42	0.2F
	19:18		
	*****		
8 W		01:06	-0.6E
	04:24	06:12	0.2F
	11:12	13:54	-0.5E
	19:30	21:42	0.2F
	23:24		
	*****		
9 Th		02:12	-0.5E
	06:00	10:24	0.3F
	07:54		
	12:18	15:00	-0.4E
		18:30	-0.1E
	*****		
10 F	00:36	03:18	-0.5E
	09:06	11:24	0.3F
	13:24	16:06	-0.4E
	21:36	23:42	0.3F
11 Sa ◐	01:36	04:24	-0.4E
	10:00	12:18	0.3F
	14:18	17:12	-0.4E
	22:18		
12 Su		00:30	0.3F
	02:36	05:36	-0.5E
	10:42	13:00	0.4F
	15:12	18:12	-0.5E
	22:54		
13 M		01:18	0.3F
	03:30	06:30	-0.5E
	11:18	13:48	0.4F
	16:00	19:00	-0.5E
	23:30		
14 Tu		02:00	0.3F
	04:12	07:18	-0.5E
	11:36	14:24	0.4F
	16:42	19:48	-0.6E
	23:48		
15 W		02:36	0.3F
	04:54	08:06	-0.6E
	11:48	15:06	0.3F
	17:24	20:30	-0.6E
16 Th		03:12	0.3F
	05:30	08:48	-0.6E
	12:12	15:42	0.3F
	18:00	21:12	-0.6E
17 F	00:12	03:48	0.3F
	06:06	09:36	-0.6E
	12:42	16:18	0.3F
	18:30	21:48	-0.6E
18 Sa	00:36	04:12	0.3F
	06:42	10:12	-0.6E
	13:18	16:48	0.2F
	19:00	22:18	-0.6E
19 Su ○	01:06	03:54	0.2F
	07:24	10:48	-0.5E
	14:00	17:36	0.2F
	19:30	22:48	-0.5E
20 M	01:42	03:36	0.3F
	08:00	11:24	-0.5E
	14:42		
	20:00	23:24	-0.5E
21 Tu	02:18	04:12	0.3F
	08:42	12:00	-0.4E
	15:30		
	17:54		
	20:36	23:54	-0.5E
22 W		03:00	0.2F
		04:42	-0.4E
	09:24	12:30	0.2F
	16:18		
	17:54		
	19:18		
	*****		
23 Th		00:36	-0.4E
	03:48	05:18	0.2F
		08:18	0.1F
	10:12	13:12	-0.4E
	17:36		
	*****		
24 F		01:30	-0.4E
	04:42	06:06	0.1F
		09:30	0.1F
	11:12	14:06	-0.4E
	18:24		
	*****		
25 Sa		02:24	-0.4E
	05:54	10:30	0.2F
	08:12		
	12:00	15:00	-0.4E
	21:06	23:06	0.2F
26 Su ◐	00:36	03:18	-0.4E
	06:18	11:24	0.2F
	13:12	15:54	-0.4E
	21:18	23:54	0.2F
27 M	01:36	04:18	-0.5E
	08:30	12:12	0.3F
	14:12	16:54	-0.5E
	21:24		
28 Tu		00:36	0.3F
	02:24	05:18	-0.5E
	09:24	12:54	0.4F
	15:06	17:54	-0.5E
	21:48		
29 W		01:18	0.3F
	03:18	06:24	-0.6E
	10:06	13:42	0.4F
	15:54	18:48	-0.6E
	22:24		
30 Th		02:00	0.4F
	04:12	07:18	-0.7E
	10:54	14:30	0.4F
	16:48	19:42	-0.7E
	23:06		
31 F		02:48	0.4F
	05:06	08:12	-0.7E
	11:42	15:18	0.4F
	17:36	20:36	-0.7E
	23:48		

Station ID: nb0301 Depth: 8 feet
Source: NOAA/NOS/CO-OPS
Station Type: Harmonic
Time Zone: LST

NOAA Tidal Current Predictions

Quonset Point, 2021
Latitude: 41.5837° N Longitude: 71.3970° W
Mean Flood Dir. 27° (T) Mean Ebb Dir. 194° (T)
Times and speeds of maximum and minimum current, in knots

EXTRA CURRENTS

January

	Slack h m	Maximum h m	knots
2 Sa	16:30 22:12	20:48	0.1F
3 Su	17:42 23:12	21:42	0.2F
16 Sa	18:00 22:36	20:48	0.2F
17 Su	23:30		

March

	Slack h m	Maximum h m	knots
17 W	22:30		
18 Th	23:06	21:12	0.1F
19 F	23:54	22:00	0.1F
20 Sa		22:42	0.1F

May

	Slack h m	Maximum h m	knots
16 Su	22:54		
17 M	23:42		
18 Tu		22:42	0.2F

June

	Slack h m	Maximum h m	knots
13 Su	21:54		
14 M	22:36		
15 Tu	23:24	21:24	0.2F

July

	Slack h m	Maximum h m	knots
13 Tu	22:24		

September

	Slack h m	Maximum h m	knots
25 Sa	16:36 22:48	17:54 21:00	0.1F 0.2F
26 Su	19:42 23:24	21:48	0.1F
27 M	21:06		

October

	Slack h m	Maximum h m	knots
23 Sa	21:24	19:30	0.2F
24 Su	21:54		
25 M	22:18		
26 Tu	22:54		

November

	Slack h m	Maximum h m	knots
8 M	22:42		
9 Tu	23:42		
21 Su	20:36	23:48	-0.5E
23 Tu	20:24		
25 Th	21:54 23:48		

December

	Slack h m	Maximum h m	knots
7 Tu	22:18		
9 Th	20:42	22:42	0.3F
22 W	21:24		
23 Th	20:12 22:24		
24 F	20:42 23:36		

Station ID: ACT1616 Depth: Unknown
Source: NOAA/NOS/CO-OPS
Station Type: Harmonic
Time Zone: LST

NOAA Tidal Current Predictions

Pollock Rip Channel (Butler Hole), 2021
Latitude: 41.5500° N Longitude: 69.9833° W
Mean Flood Dir. 37° (T) Mean Ebb Dir. 226° (T)
Times and speeds of maximum and minimum current, in knots

January

Day	Slack (h m)	Maximum (h m)	knots
1 F	04:30 / 10:48 / 16:36 / 23:30	01:24 / 07:36 / 13:30 / 20:00	-1.8E / 1.8F / -1.9E / 2.2F
2 Sa	05:12 / 11:30 / 17:18	02:00 / 08:18 / 14:12 / 20:42	-1.8E / 1.8F / -1.9E / 2.2F
3 Su	00:12 / 05:54 / 12:12 / 18:06	02:48 / 09:00 / 15:00 / 21:24	-1.8E / 1.8F / -1.9E / 2.2F
4 M	00:54 / 06:42 / 13:06 / 18:54	03:30 / 09:42 / 15:48 / 22:12	-1.8E / 1.9F / -1.9E / 2.2F
5 Tu	01:42 / 07:30 / 14:00 / 19:48	04:24 / 10:36 / 16:42 / 23:06	-1.8E / 1.9F / -1.8E / 2.1F
6 W	02:36 / 08:24 / 15:00 / 20:42	05:12 / 11:36 / 17:36	-1.8E / 1.8F / -1.8E
7 Th	03:30 / 09:24 / 16:00 / 21:48	00:00 / 06:12 / 12:36 / 18:36	2.0F / -1.8E / 1.8F / -1.7E
8 F	04:30 / 10:24 / 17:06 / 22:48	01:06 / 07:12 / 13:42 / 19:42	1.9F / -1.7E / 1.9F / -1.6E
9 Sa	05:24 / 11:24 / 18:06 / 23:54	02:12 / 08:12 / 14:54 / 20:48	1.8F / -1.7E / 1.9F / -1.6E
10 Su	06:24 / 12:24 / 19:06	03:18 / 09:12 / 16:00 / 21:54	1.8F / -1.7E / 2.0F / -1.6E
11 M	01:00 / 07:18 / 13:18 / 20:06	04:24 / 10:12 / 17:00 / 22:48	1.8F / -1.8E / 2.1F / -1.6E
12 Tu	02:00 / 08:18 / 14:18 / 21:00	05:24 / 11:06 / 17:54 / 23:48	1.8F / -1.8E / 2.2F / -1.7E
13 W	02:54 / 09:06 / 15:06 / 21:54	06:12 / 12:00 / 18:48	1.8F / -1.8E / 2.3F
14 Th	03:42 / 10:00 / 15:54 / 22:42	00:42 / 07:06 / 12:48 / 19:36	-1.7E / 1.8F / -1.8E / 2.3F
15 F	04:36 / 10:48 / 16:42 / 23:30	01:30 / 07:54 / 13:36 / 20:24	-1.7E / 1.8F / -1.8E / 2.2F
16 Sa	05:18 / 11:36 / 17:30	02:18 / 08:42 / 14:24 / 21:06	-1.6E / 1.8F / -1.7E / 2.1F
17 Su	00:18 / 12:24 / 18:18	03:00 / 09:30 / 15:12 / 21:54	-1.6E / 1.7F / -1.7E / 2.0F
18 M	01:06 / 06:54 / 13:18 / 19:06	03:48 / 10:18 / 16:00 / 22:42	-1.6E / 1.7F / -1.6E / 1.9F
19 Tu	01:48 / 07:42 / 14:12 / 20:00	04:36 / 11:06 / 16:48 / 23:30	-1.5E / 1.7F / -1.5E / 1.8F
20 W	02:42 / 08:36 / 15:06 / 20:48	05:24 / 12:06 / 17:42	-1.5E / 1.7F / -1.4E
21 Th	03:30 / 09:30 / 16:00 / 21:48	00:30 / 06:18 / 13:00 / 18:42	1.8F / -1.5E / 1.7F / -1.3E
22 F	04:24 / 10:18 / 17:00 / 22:42	01:24 / 07:12 / 14:00 / 19:42	1.7F / -1.5E / 1.7F / -1.3E
23 Sa	05:12 / 11:12 / 17:54 / 23:36	02:18 / 08:06 / 14:54 / 20:36	1.7F / -1.5E / 1.8F / -1.3E
24 Su	06:06 / 12:06 / 18:48	03:12 / 08:54 / 15:42 / 21:30	1.7F / -1.6E / 1.9F / -1.4E
25 M	00:30 / 06:54 / 12:54 / 19:36	04:00 / 09:42 / 16:30 / 22:18	1.7F / -1.6E / 2.0F / -1.5E
26 Tu	01:18 / 07:42 / 13:36 / 20:18	04:48 / 10:30 / 17:12 / 23:00	1.7F / -1.7E / 2.1F / -1.6E
27 W	02:06 / 08:24 / 14:18 / 21:00	05:30 / 11:12 / 17:48 / 23:42	1.8F / -1.8E / 2.1F / -1.7E
28 Th	02:48 / 09:00 / 14:54 / 21:42	06:06 / 11:48 / 18:24	1.8F / -1.9E / 2.2F
29 F	03:24 / 09:42 / 15:36 / 22:18	00:18 / 06:36 / 12:30 / 19:00	-1.8E / 1.9F / -2.0E / 2.3F
30 Sa	04:06 / 10:24 / 16:24 / 23:00	01:00 / 07:12 / 13:06 / 19:36	-1.9E / 2.0F / -2.1E / 2.4F
31 Su	04:42 / 11:06 / 16:54 / 23:42	01:36 / 07:54 / 13:48 / 20:18	-2.0E / 2.0F / -2.1E / 2.4F

February

Day	Slack (h m)	Maximum (h m)	knots
1 M	05:24 / 11:48 / 17:42	02:18 / 08:30 / 14:36 / 21:00	-2.0E / 2.1F / -2.1E / 2.4F
2 Tu	00:24 / 06:12 / 12:42 / 18:30	03:06 / 09:18 / 15:24 / 21:42	-2.0E / 2.1F / -2.1E / 2.3F
3 W	01:12 / 07:00 / 13:30 / 19:24	03:54 / 10:06 / 16:12 / 22:36	-2.0E / 2.0F / -1.9E / 2.1F
4 Th	02:06 / 07:54 / 14:30 / 20:18	04:42 / 11:06 / 17:12 / 23:36	-1.9E / 2.0F / -1.8E / 1.9F
5 F	03:00 / 08:54 / 15:36 / 21:24	05:42 / 12:12 / 18:12	-1.8E / 1.9F / -1.6E
6 Sa	04:00 / 09:54 / 16:48 / 22:36	00:42 / 06:42 / 13:24 / 19:24	1.8F / -1.6E / 1.8F / -1.5E
7 Su	05:06 / 11:06 / 17:54 / 23:42	02:00 / 07:48 / 14:42 / 20:36	1.6F / -1.5E / 1.9F / -1.4E
8 M	06:12 / 12:12 / 19:00	03:12 / 09:00 / 15:54 / 21:48	1.6F / -1.6E / 2.0F / -1.5E
9 Tu	00:54 / 07:12 / 13:12 / 20:00	04:18 / 10:06 / 16:54 / 22:54	1.7F / -1.6E / 2.1F / -1.5E
10 W	01:54 / 08:06 / 14:06 / 20:54	05:18 / 11:06 / 17:48 / 23:48	1.8F / -1.7E / 2.2F / -1.6E
11 Th	02:48 / 09:00 / 15:00 / 21:42	06:12 / 12:00 / 18:36	1.9F / -1.8E / 2.3F
12 F	03:36 / 09:42 / 15:48 / 22:24	00:36 / 07:00 / 12:42 / 19:24	-1.7E / 1.9F / -1.8E / 2.3F
13 Sa	04:18 / 10:30 / 16:30 / 23:06	01:12 / 07:42 / 13:24 / 20:00	-1.7E / 1.9F / -1.8E / 2.2F
14 Su	05:00 / 11:18 / 17:12 / 23:48	01:54 / 08:24 / 14:06 / 20:42	-1.7E / 1.9F / -1.8E / 2.1F
15 M	05:36 / 12:00 / 17:48	02:30 / 09:00 / 14:42 / 21:18	-1.7E / 1.9F / -1.7E / 2.0F
16 Tu	00:30 / 06:18 / 12:42 / 18:30	03:12 / 09:42 / 15:24 / 22:00	-1.7E / 1.8F / -1.6E / 1.9F
17 W	01:12 / 07:00 / 13:30 / 19:18	03:48 / 10:24 / 16:12 / 22:42	-1.6E / 1.8F / -1.5E / 1.8F
18 Th	01:54 / 07:48 / 14:24 / 20:06	04:36 / 11:12 / 17:00 / 23:36	-1.6E / 1.7F / -1.4E / 1.7F
19 F	02:48 / 08:36 / 15:18 / 21:00	05:24 / 12:06 / 17:54	-1.5E / 1.7F / -1.3E
20 Sa	03:36 / 09:30 / 16:18 / 22:00	00:30 / 06:18 / 13:06 / 18:54	1.6F / -1.4E / 1.7F / -1.3E
21 Su	04:36 / 10:30 / 17:12 / 23:00	01:30 / 07:12 / 14:06 / 19:54	1.5F / -1.4E / 1.7F / -1.3E
22 M	05:30 / 11:24 / 18:12	02:30 / 08:12 / 15:06 / 20:48	1.5F / -1.4E / 1.8F / -1.3E
23 Tu	00:00 / 06:18 / 12:18 / 19:00	03:24 / 09:06 / 15:54 / 21:42	1.6F / -1.5E / 1.9F / -1.5E
24 W	00:48 / 07:06 / 13:00 / 19:48	04:18 / 09:54 / 16:42 / 22:30	1.7F / -1.6E / 2.0F / -1.6E
25 Th	01:36 / 07:54 / 13:48 / 20:30	05:00 / 10:42 / 17:18 / 23:12	1.8F / -1.8E / 2.2F / -1.7E
26 F	02:18 / 08:36 / 14:30 / 21:12	05:36 / 11:18 / 18:00 / 23:48	1.9F / -1.9E / 2.3F / -1.9E
27 Sa	03:00 / 09:18 / 15:12 / 21:48	06:12 / 12:00 / 18:30	2.0F / -2.1E / 2.4F
28 Su	03:36 / 10:00 / 15:54 / 22:30	00:30 / 06:48 / 12:42 / 19:06	-2.0E / 2.1F / -2.2E / 2.4F

March

Day	Slack (h m)	Maximum (h m)	knots
1 M	04:18 / 10:42 / 16:36 / 23:12	01:12 / 07:24 / 13:24 / 19:48	-2.1E / 2.2F / -2.2E / 2.4F
2 Tu	05:00 / 11:30 / 17:18 / 23:54	01:54 / 08:06 / 14:12 / 20:30	-2.2E / 2.3F / -2.2E / 2.4F
3 W	05:42 / 12:18 / 18:06	02:36 / 08:54 / 15:00 / 21:18	-2.1E / 2.3F / -2.1E / 2.2F
4 Th	00:42 / 06:30 / 13:12 / 19:00	03:24 / 09:42 / 15:54 / 22:12	-2.0E / 2.2F / -2.0E / 2.0F
5 F	01:36 / 07:24 / 14:12 / 20:00	04:18 / 10:42 / 16:48 / 23:12	-1.9E / 2.0F / -1.7E / 1.8F
6 Sa	02:36 / 08:30 / 15:18 / 21:06	05:18 / 11:54 / 17:54	-1.7E / 1.9F / -1.5E
7 Su	03:42 / 09:36 / 16:30 / 22:24	00:30 / 06:30 / 13:18 / 19:12	1.6F / -1.5E / 1.8F / -1.4E
8 M	04:48 / 10:48 / 17:42 / 23:36	01:54 / 07:36 / 14:36 / 20:30	1.5F / -1.4E / 1.9F / -1.4E
9 Tu	06:00 / 12:00 / 18:48	03:12 / 08:54 / 15:48 / 21:48	1.6F / -1.5E / 2.0F / -1.4E
10 W	00:48 / 07:00 / 13:06 / 19:48	04:12 / 10:00 / 16:42 / 22:48	1.7F / -1.6E / 2.1F / -1.7E
11 Th	01:42 / 07:54 / 14:00 / 20:36	05:12 / 11:00 / 17:36 / 23:36	1.9F / -1.7E / 2.2F / -1.7E
12 F	02:30 / 08:48 / 14:48 / 21:18	06:00 / 11:48 / 18:18	2.0F / -1.8E / 2.3F
13 Sa	03:18 / 09:30 / 15:30 / 22:00	00:18 / 06:42 / 12:30 / 19:00	-1.7E / 2.0F / -1.8E / 2.2F
14 Su	03:54 / 10:12 / 16:06 / 22:36	00:54 / 07:18 / 13:00 / 19:36	-1.7E / 2.0F / -1.8E / 2.2F
15 M	04:30 / 10:54 / 16:42 / 23:18	01:30 / 07:54 / 13:36 / 20:12	-1.7E / 2.0F / -1.8E / 2.1F
16 Tu	05:06 / 11:30 / 17:24 / 23:54	02:00 / 08:30 / 14:12 / 20:42	-1.7E / 2.0F / -1.7E / 2.0F
17 W	05:42 / 12:12 / 18:00	02:30 / 09:00 / 14:54 / 21:24	-1.7E / 1.9F / -1.7E / 1.8F
18 Th	00:30 / 06:18 / 13:00 / 18:42	03:12 / 09:42 / 15:36 / 22:00	-1.7E / 1.9F / -1.6E / 1.7F
19 F	01:18 / 07:06 / 13:48 / 19:30	03:54 / 10:24 / 16:24 / 22:48	-1.6E / 1.8F / -1.5E / 1.6F
20 Sa	02:06 / 07:54 / 14:42 / 20:24	04:42 / 11:18 / 17:12 / 23:42	-1.5E / 1.7F / -1.4E / 1.5F
21 Su	03:00 / 08:48 / 15:36 / 21:24	05:36 / 12:18 / 18:12	-1.4E / 1.7F / -1.3E
22 M	03:54 / 09:42 / 16:36 / 22:24	00:42 / 06:30 / 13:18 / 19:12	1.4F / -1.4E / 1.7F / -1.3E
23 Tu	04:48 / 10:42 / 17:30 / 23:24	01:48 / 07:30 / 14:18 / 20:12	1.4F / -1.4E / 1.8F / -1.4E
24 W	05:48 / 11:36 / 18:24	02:48 / 08:24 / 15:12 / 21:06	1.5F / -1.5E / 1.9F / -1.5E
25 Th	00:12 / 06:36 / 12:30 / 19:12	03:36 / 09:18 / 16:00 / 21:54	1.7F / -1.6E / 2.0F / -1.7E
26 F	01:00 / 07:18 / 13:12 / 19:54	04:24 / 10:06 / 16:42 / 22:42	1.8F / -1.8E / 2.2F / -1.8E
27 Sa	01:48 / 08:06 / 14:00 / 20:36	05:00 / 10:54 / 17:24 / 23:18	2.0F / -2.0E / 2.3F / -2.0E
28 Su	02:24 / 08:48 / 14:42 / 21:18	05:42 / 11:36 / 18:00	2.2F / -2.1E / 2.4F
29 M	03:06 / 09:36 / 15:24 / 22:00	00:00 / 06:18 / 12:18 / 18:42	-2.1E / 2.3F / -2.2E / 2.4F
30 Tu	03:48 / 10:18 / 16:12 / 22:42	00:42 / 07:00 / 13:06 / 19:24	-2.2E / 2.4F / -2.3E / 2.4F
31 W	04:30 / 11:06 / 17:00 / 23:30	01:24 / 07:48 / 13:48 / 20:06	-2.2E / 2.4F / -2.2E / 2.3F

Station ID: ACT1616 Depth: Unknown
Source: NOAA/NOS/CO-OPS
Station Type: Harmonic
Time Zone: LST

NOAA Tidal Current Predictions

Pollock Rip Channel (Butler Hole), 2021
Latitude: 41.5500° N Longitude: 69.9833° W
Mean Flood Dir. 37° (T) Mean Ebb Dir. 226° (T)
Times and speeds of maximum and minimum current, in knots

April

Day	Slack (h m)	Maximum (h m)	knots
1 Th		02:12	-2.2E
	05:18	08:30	2.4F
	12:00	14:42	-2.1E
	17:48	21:00	2.1F
2 F	00:18	03:00	-2.0E
	06:12	09:24	2.2F
	12:54	15:36	-1.9E
	18:42	21:54	1.9F
3 Sa	01:12	03:54	-1.8E
	07:06	10:30	2.0F
	14:00	16:36	-1.6E
	19:48	23:00	1.7F
4 Su	02:18	05:00	-1.6E
	08:12	11:42	1.9F
	15:06	17:42	-1.4E
	21:00		
5 M		00:24	1.5F
	03:24	06:06	-1.4E
	09:24	13:06	1.8F
	16:18	19:06	-1.4E
	22:12		
6 Tu		01:48	1.5F
	04:36	07:30	-1.4E
	10:36	14:24	1.9F
	17:30	20:24	-1.4E
	23:24		
7 W		03:00	1.6F
	05:42	08:42	-1.5E
	11:42	15:30	2.0F
	18:30	21:30	-1.5E
8 Th	00:30	04:00	1.8F
	06:48	09:48	-1.6E
	12:48	16:24	2.1F
	19:24	22:24	-1.6E
9 F	01:24	04:48	2.0F
	07:42	10:42	-1.7E
	13:36	17:12	2.2F
	20:12	23:12	-1.7E
10 Sa	02:12	05:36	2.0F
	08:30	11:30	-1.7E
	14:24	17:54	2.2F
	20:54	23:48	-1.8E
11 Su	02:48	06:18	2.1F
	09:12	12:06	-1.8E
	15:06	18:36	2.1F
	21:30		
12 M		00:24	-1.8E
	03:24	06:54	2.1F
	09:48	12:42	-1.7E
	15:42	19:12	2.1F
	22:06		
13 Tu		00:54	-1.8E
	04:00	07:30	2.1F
	10:30	13:12	-1.7E
	16:18	19:42	2.0F
	22:42		
14 W		01:24	-1.7E
	04:30	08:00	2.0F
	11:06	13:48	-1.7E
	16:54	20:12	1.9F
	23:18		
15 Th		02:00	-1.7E
	05:06	08:30	2.0F
	11:48	14:24	-1.6E
	17:30	20:48	1.8F
16 F		02:36	-1.7E
	05:48	09:06	1.9F
	12:30	15:06	-1.6E
	18:12	21:24	1.7F
17 Sa	00:42	03:18	-1.6E
	06:30	09:48	1.9F
	13:18	15:48	-1.5E
	19:00	22:12	1.6F
18 Su	01:30	04:06	-1.5E
	07:12	10:36	1.8F
	14:06	16:42	-1.4E
	19:54	23:00	1.5F
19 M	02:18	04:54	-1.5E
	08:06	11:36	1.8F
	15:06	17:36	-1.4E
	20:48		
20 Tu		00:00	1.4F
	03:18	05:54	-1.4E
	09:00	12:30	1.8F
	16:00	18:36	-1.4E
	21:48		
21 W		01:00	1.5F
	04:12	06:48	-1.4E
	10:00	13:36	1.8F
	16:54	19:30	-1.5E
	22:42		
22 Th		02:06	1.6F
	05:06	07:48	-1.5E
	10:54	14:30	1.9F
	17:48	20:24	-1.6E
	23:36		
23 F		02:54	1.7F
	06:00	08:42	-1.7E
	11:48	15:18	2.0F
	18:36	21:18	-1.7E
24 Sa	00:24	03:42	1.9F
	06:54	09:30	-1.8E
	12:42	16:06	2.2F
	19:18	22:00	-1.9E
25 Su	01:12	04:30	2.1F
	07:36	10:24	-2.0E
	13:30	16:48	2.2F
	20:06	22:48	-2.0E
26 M	01:54	05:12	2.2F
	08:06	11:06	-2.1E
	14:18	17:30	2.3F
	20:48	23:30	-2.1E
27 Tu	02:36	05:54	2.4F
	09:12	11:54	-2.2E
	15:00	18:12	2.3F
	21:30		
28 W		00:18	-2.2E
	03:24	06:36	2.4F
	10:00	12:42	-2.2E
	15:48	19:00	2.2F
	22:18		
29 Th		01:00	-2.2E
	04:06	07:24	2.4F
		13:30	-2.1E
	16:42	19:48	2.1F
	23:06		
30 F		01:48	-2.1E
	05:00	08:18	2.4F
	11:42	14:24	-2.0E
	17:36	20:42	2.0F

May

Day	Slack (h m)	Maximum (h m)	knots
1 Sa		00:00	-2.0E
	05:48	09:12	2.2F
	12:42	15:18	-1.8E
	18:30	21:42	1.8F
2 Su	00:54	03:36	-1.8E
	06:48	10:18	2.1F
	13:48	16:24	-1.6E
	19:36	22:54	1.6F
3 M	02:00	04:42	-1.6E
	07:54	11:36	1.9F
	14:54	17:36	-1.4E
	20:48		
4 Tu		00:12	1.5F
	03:06	05:54	-1.4E
	09:06	12:54	1.9F
	16:00	18:48	-1.4E
	22:00		
5 W		01:30	1.6F
	04:18	07:12	-1.4E
	10:12	14:00	2.0F
	17:00	20:06	-1.5E
	23:06		
6 Th		02:36	1.7F
	05:24	08:24	-1.5E
	11:18	15:00	2.0F
	18:00	21:06	-1.6E
7 F	00:06	03:30	1.9F
	06:24	09:24	-1.6E
	12:18	15:54	2.1F
	18:54	21:54	-1.7E
8 Sa	00:54	04:24	2.0F
	07:18	10:18	-1.6E
	13:12	16:42	2.1F
	19:36	22:42	-1.7E
9 Su	01:42	05:06	2.1F
	08:00	11:00	-1.7E
	13:54	17:24	2.1F
	20:18	23:18	-1.7E
10 M	02:18	05:48	2.1F
	08:48	11:42	-1.7E
	14:36	18:06	2.0F
	21:00	23:54	-1.7E
11 Tu	02:54	06:24	2.1F
	09:24	12:12	-1.7E
	15:18	18:42	1.9F
	21:36		
12 W		00:24	-1.7E
	03:30	07:00	2.1F
	10:00	12:48	-1.6E
	15:54	19:12	1.8F
	22:12		
13 Th		00:54	-1.7E
	04:06	07:36	2.0F
	10:42	13:24	-1.6E
	16:30	19:42	1.7F
	22:48		
14 F		01:30	-1.7E
	04:36	08:06	2.0F
	11:24	14:00	-1.6E
	17:06	20:18	1.7F
	23:30		
15 Sa		02:06	-1.7E
	05:18	08:42	2.0F
	12:06	14:42	-1.6E
	17:48	20:54	1.6F
16 Su	00:12	02:48	-1.7E
	05:54	09:24	1.9F
	12:48	15:24	-1.6E
	18:36	21:42	1.6F
17 M	00:54	03:36	-1.6E
	06:42	10:06	1.9F
	13:36	16:12	-1.5E
	19:24	22:30	1.5F
18 Tu	01:48	04:24	-1.6E
	07:30	10:54	1.9F
	14:30	17:06	-1.5E
	20:18	23:24	1.5F
19 W	02:42	05:18	-1.6E
	08:24	11:48	1.9F
	15:24	17:54	-1.5E
	21:12		
20 Th		00:18	1.6F
	03:36	06:12	-1.6E
	09:24	12:54	1.9F
	16:12	18:54	-1.6E
	22:06		
21 F		01:18	1.7F
	04:30	07:12	-1.6E
	10:18	13:42	2.0F
	17:06	19:48	-1.7E
	23:00		
22 Sa		02:12	1.8F
	05:24	08:12	-1.7E
	11:12	14:36	2.0F
	17:54	20:36	-1.8E
	23:48		
23 Su		03:06	2.0F
	06:18	09:00	-1.8E
	12:06	15:30	2.1F
	18:42	21:30	-1.9E
24 M	00:36	04:00	2.1F
	07:12	09:54	-1.9E
	13:00	16:18	2.1F
	19:30	22:18	-2.0E
25 Tu	01:24	04:48	2.3F
	08:00	10:42	-2.0E
	13:54	17:06	2.1F
	20:18	23:06	-2.1E
26 W	02:12	05:36	2.3F
	08:54	11:36	-2.0E
	14:42	17:54	2.1F
	21:06	23:54	-2.1E
27 Th	03:00	06:24	2.4F
	09:42	12:24	-2.0E
	15:36	18:42	2.0F
	21:54		
28 F		00:42	-2.1E
	03:48	07:18	2.4F
	10:36	13:18	-1.9E
	16:30	19:36	1.9F
	22:48		
29 Sa		01:30	-2.0E
	04:42	08:12	2.3F
	11:36	14:12	-1.8E
	17:24	20:36	1.8F
	23:42		
30 Su		02:24	-1.9E
	05:36	09:06	2.2F
	12:30	15:06	-1.7E
	18:24	21:36	1.7F
31 M	00:42	03:24	-1.7E
	06:36	10:06	2.1F
	13:30	16:12	-1.6E
	19:24	22:42	1.6F

June

Day	Slack (h m)	Maximum (h m)	knots
1 Tu	01:42	04:30	-1.6E
	07:36	11:18	2.0F
	14:30	17:18	-1.5E
	20:30	23:54	1.6F
2 W	02:48	05:36	-1.5E
	08:42	12:24	2.0F
	15:30	18:24	-1.5E
	21:30		
3 Th		01:00	1.7F
	03:54	06:48	-1.4E
	09:48	13:30	2.0F
	16:30	19:30	-1.5E
	22:30		
4 F		02:00	1.8F
	04:54	07:48	-1.5E
	10:48	14:24	2.0F
	17:24	20:30	-1.6E
	23:30		
5 Sa		03:00	1.9F
	05:54	08:48	-1.5E
	11:42	15:18	2.0F
	18:18	21:18	-1.6E
6 Su	00:18	03:48	2.0F
	06:42	09:42	-1.5E
	12:36	16:06	2.0F
	19:00	22:00	-1.7E
7 M	01:06	04:36	2.0F
	07:36	10:30	-1.6E
	13:24	16:54	1.9F
	19:48	22:42	-1.7E
8 Tu	01:48	05:18	2.1F
	08:18	11:06	-1.6E
	14:06	17:36	1.9F
	20:24	23:18	-1.7E
9 W	02:24	06:00	2.1F
	09:00	11:48	-1.6E
	14:48	18:12	1.8F
	21:06	23:54	-1.7E
10 Th	03:00	06:36	2.1F
	09:42	12:24	-1.6E
	15:24	18:48	1.8F
	21:42		
11 F		00:30	-1.7E
	03:36	07:06	2.1F
	10:18	13:00	-1.6E
	16:06	19:18	1.7F
	22:24		
12 Sa		01:06	-1.7E
	04:12	07:42	2.1F
	11:00	13:36	-1.6E
	16:42	19:54	1.7F
	23:00		
13 Su		01:42	-1.7E
	04:48	08:18	2.1F
	11:42	14:18	-1.6E
	17:24	20:30	1.7F
	23:42		
14 M		02:24	-1.7E
	05:30	08:54	2.1F
	12:24	15:00	-1.6E
	18:06	21:12	1.7F
15 Tu	00:30	03:06	-1.7E
	06:12	09:36	2.1F
	13:06	15:42	-1.7E
	18:54	22:00	1.7F
16 W	01:18	03:54	-1.7E
	07:00	10:24	2.0F
	13:54	16:30	-1.7E
	19:42	22:48	1.7F
17 Th	02:06	04:48	-1.7E
	07:54	11:12	2.0F
	14:48	17:24	-1.7E
	20:36	23:42	1.7F
18 F	03:00	05:42	-1.7E
	08:48	12:06	2.0F
	15:36	18:18	-1.7E
	21:24		
19 Sa		00:36	1.8F
	04:00	06:36	-1.7E
	09:42	13:00	2.0F
	16:30	19:06	-1.8E
	22:18		
20 Su		01:36	1.9F
	04:54	07:36	-1.7E
	10:42	14:00	2.0F
	17:24	20:00	-1.8E
	23:12		
21 M		02:36	2.0F
	05:54	08:30	-1.7E
	11:42	15:00	2.0F
	18:12	20:54	-1.9E
22 Tu	00:06	03:30	2.1F
	06:48	09:30	-1.8E
	12:36	15:54	2.0F
	19:06	21:48	-1.9E
23 W	01:00	04:30	2.2F
	07:48	10:24	-1.8E
	13:36	16:48	1.9F
	20:00	22:42	-2.0E
24 Th	01:54	05:24	2.3F
	08:42	11:18	-1.8E
	14:30	17:42	1.9F
	20:48	23:36	-2.0E
25 F	02:48	06:18	2.3F
	09:36	12:12	-1.8E
	15:24	18:36	1.9F
	21:42		
26 Sa		00:30	-1.9E
	03:36	07:12	2.3F
	10:30	13:06	-1.8E
	16:18	19:30	1.8F
	22:36		
27 Su		01:18	-1.9E
	04:30	08:06	2.3F
	11:24	14:00	-1.7E
	17:12	20:30	1.8F
	23:30		
28 M		02:12	-1.8E
	05:24	09:00	2.2F
	12:12	14:54	-1.7E
	18:06	21:24	1.7F
29 Tu	00:24	03:12	-1.7E
	06:18	09:54	2.1F
	13:06	15:54	-1.6E
	19:00	22:24	1.7F
30 W	01:18	04:06	-1.6E
	07:12	10:54	2.0F
	14:06	16:48	-1.6E
	20:00	23:24	1.7F

Station ID: ACT1616 Depth: Unknown
Source: NOAA/NOS/CO-OPS
Station Type: Harmonic
Time Zone: LST

NOAA Tidal Current Predictions

Pollock Rip Channel (Butler Hole), 2021
Latitude: 41.5500° N Longitude: 69.9833° W
Mean Flood Dir. 37° (T) Mean Ebb Dir. 226° (T)
Times and speeds of maximum and minimum current, in knots

July

Day	Slack (h:m)	Maximum (h:m, knots)
1 Th ☾	02:18, 08:12, 15:00, 20:54	05:06 −1.5E; 11:54 2.0F; 17:48 −1.5E
2 F	03:18, 09:12, 15:54, 21:54	00:24 1.7F; 06:06 −1.5E; 12:48 1.9F; 18:42 −1.5E
3 Sa	04:18, 10:06, 16:42, 22:48	01:24 1.8F; 07:12 −1.4E; 13:48 1.8F; 19:42 −1.5E
4 Su	05:18, 11:06, 17:36, 23:36	02:18 1.8F; 08:06 −1.4E; 14:42 1.8F; 20:36 −1.6E
5 M	06:12, 12:00, 18:24	03:12 1.9F; 09:00 −1.4E; 15:30 1.8F; 21:24 −1.6E
6 Tu	00:24, 07:00, 12:48, 19:12	04:00 2.0F; 09:54 −1.4E; 16:18 1.8F; 22:06 −1.6E
7 W	01:12, 07:48, 13:36, 19:54	04:48 2.0F; 10:36 −1.5E; 17:06 1.8F; 22:48 −1.6E
8 Th	01:54, 08:36, 14:18, 20:36	05:30 2.1F; 11:18 −1.5E; 17:48 1.8F; 23:24 −1.7E
9 F	02:36, 09:18, 15:00, 21:18	06:12 2.1F; 12:00 −1.6E; 18:24 1.7F
10 Sa ●	03:12, 09:54, 15:42, 21:54	00:06 −1.7E; 06:48 2.1F; 12:36 −1.6E; 19:00 1.7F
11 Su	03:48, 10:36, 16:18, 22:48	00:42 −1.8E; 07:18 2.1F; 13:12 −1.7E; 19:30 1.8F
12 M	04:24, 11:12, 17:00, 23:18	01:18 −1.8E; 07:54 2.2F; 13:48 −1.7E; 20:06 1.8F
13 Tu	05:06, 11:54, 17:36	02:00 −1.9E; 08:30 2.2F; 14:30 −1.8E; 20:42 1.8F
14 W	00:00, 05:48, 12:36, 18:24	02:42 −1.9E; 09:06 2.2F; 15:12 −1.8E; 21:30 1.8F
15 Th	00:48, 06:36, 13:24, 19:06	03:30 −1.9E; 09:48 2.2F; 16:00 −1.8E; 22:12 1.9F
16 F	01:36, 07:24, 14:12, 20:00	04:18 −1.9E; 10:36 2.1F; 16:48 −1.8E; 23:06 1.9F
17 Sa ◐	02:30, 08:18, 15:00, 20:48	05:12 −1.8E; 11:30 2.0F; 17:42 −1.8E
18 Su	03:30, 09:12, 15:54, 21:48	00:00 1.9F; 06:06 −1.7E; 12:30 1.9F; 18:36 −1.8E
19 M	04:30, 10:12, 16:54, 22:48	01:06 1.9F; 07:06 −1.7E; 13:30 1.8F; 19:36 −1.8E
20 Tu	05:30, 11:18, 17:48, 23:48	02:12 1.9F; 08:06 −1.6E; 14:36 1.8F; 20:36 −1.7E
21 W	06:36, 12:18, 18:48	03:18 2.0F; 09:12 −1.6E; 15:42 1.8F; 21:36 −1.8E
22 Th	00:48, 07:36, 13:24, 19:42	04:18 2.1F; 10:18 −1.6E; 16:42 1.8F; 22:30 −1.8E
23 F	01:42, 08:30, 14:18, 20:36	05:18 2.2F; 11:12 −1.7E; 17:42 1.8F; 23:30 −1.8E
24 Sa ○	02:36, 09:24, 15:18, 21:30	06:12 2.2F; 12:12 −1.7E; 18:36 1.8F
25 Su	03:30, 10:06, 16:06, 22:24	00:24 −1.9E; 07:06 2.3F; 13:00 −1.7E; 19:30 1.9F
26 M	04:18, 11:06, 16:54, 23:12	01:12 −1.9E; 07:54 2.3F; 13:48 −1.7E; 20:18 1.9F
27 Tu	05:12, 11:54, 17:42	02:00 −1.8E; 08:42 2.2F; 14:36 −1.7E; 21:06 1.8F
28 W	00:00, 06:06, 12:42, 18:30	02:48 −1.8E; 09:30 2.1F; 15:24 −1.6E; 21:54 1.8F
29 Th	00:54, 06:48, 13:30, 19:24	03:36 −1.7E; 10:18 2.0F; 16:12 −1.6E; 22:48 1.8F
30 F	01:48, 07:36, 14:18, 20:12	04:30 −1.6E; 11:12 1.9F; 17:00 −1.5E; 23:42 1.7F
31 Sa ○	02:42, 08:30, 15:12, 21:06	05:24 −1.4E; 12:06 1.8F; 17:54 −1.5E

August

Day	Slack (h:m)	Maximum (h:m, knots)
1 Su	03:42, 09:30, 16:00, 22:00	00:42 1.7F; 06:24 −1.4E; 13:06 1.7F; 18:48 −1.5E
2 M	04:36, 10:24, 16:54, 22:54	01:36 1.7F; 07:24 −1.3E; 14:00 1.6F; 19:48 −1.5E
3 Tu	05:36, 11:24, 17:48, 23:48	02:36 1.8F; 08:24 −1.3E; 14:54 1.6F; 20:42 −1.5E
4 W	06:30, 12:18, 18:36	03:30 1.9F; 09:18 −1.4E; 15:48 1.7F; 21:30 −1.5E
5 Th	00:36, 07:18, 13:06, 19:24	04:18 2.0F; 10:06 −1.4E; 16:36 1.7F; 22:18 −1.6E
6 F	01:24, 08:06, 13:54, 20:12	05:00 2.0F; 10:54 −1.5E; 17:18 1.7F; 23:00 −1.7E
7 Sa	02:06, 08:48, 14:36, 20:48	05:42 2.1F; 11:30 −1.6E; 17:54 1.8F; 23:36 −1.8E
8 Su ●	02:42, 09:30, 15:12, 21:30	06:18 2.2F; 12:06 −1.7E; 18:30 1.8F
9 M	03:24, 10:06, 15:54, 22:06	00:12 −1.9E; 06:48 2.2F; 12:42 −1.8E; 19:00 1.9F
10 Tu	04:00, 10:42, 16:30, 22:48	00:54 −2.0E; 07:24 2.3F; 13:24 −1.9E; 19:36 2.0F
11 W	04:42, 11:24, 17:06, 23:30	01:30 −2.0E; 08:00 2.3F; 14:00 −2.0E; 20:12 2.0F
12 Th	05:24, 12:06, 17:48	02:18 −2.1E; 08:36 2.3F; 14:42 −2.0E; 20:54 2.1F
13 F	00:18, 06:06, 12:48, 18:36	03:00 −2.1E; 09:18 2.3F; 15:30 −2.0E; 21:42 2.1F
14 Sa	01:06, 06:54, 13:36, 19:24	03:48 −2.0E; 10:06 2.1F; 16:18 −1.9E; 22:36 2.0F
15 Su ◐	02:00, 07:48, 14:30, 20:18	04:42 −1.8E; 11:00 2.0F; 17:12 −1.8E; 23:36 1.9F
16 M	03:06, 08:48, 15:30, 21:18	05:42 −1.7E; 12:06 1.8F; 18:06 −1.7E
17 Tu	04:12, 09:54, 16:30, 22:24	00:42 1.9F; 06:42 −1.6E; 13:12 1.7F; 19:12 −1.6E
18 W	05:18, 10:36, 17:36, 23:30	01:54 1.9F; 07:54 −1.5E; 14:30 1.6F; 20:18 −1.6E
19 Th	06:24, 12:12, 18:36	03:12 1.9F; 09:06 −1.5E; 15:42 1.7F; 21:30 −1.6E
20 F	00:36, 07:24, 13:18, 19:36	04:18 2.1F; 10:12 −1.5E; 16:42 1.8F; 22:30 −1.7E
21 Sa	01:36, 08:24, 14:12, 20:30	05:18 2.2F; 11:12 −1.6E; 17:36 1.9F; 23:24 −1.8E
22 Su ○	02:30, 09:12, 15:06, 21:16	06:06 2.3F; 12:06 −1.7E; 18:30 1.9F
23 M ●	03:18, 10:00, 15:54, 22:06	00:12 −1.8E; 06:54 2.3F; 12:48 −1.7E; 19:12 2.0F
24 Tu	04:06, 10:42, 16:36, 22:54	01:00 −1.8E; 07:36 2.2F; 13:30 −1.7E; 20:00 2.0F
25 W	04:48, 11:24, 17:18, 23:36	01:42 −1.8E; 08:18 2.2F; 14:12 −1.7E; 20:30 2.3F
26 Th	05:30, 12:06, 18:00	02:24 −1.7E; 09:00 2.0F; 14:54 −1.7E; 21:24 1.9F
27 F	00:24, 06:18, 12:54, 18:42	03:06 −1.7E; 09:42 1.9F; 15:30 −1.6E; 22:06 1.8F
28 Sa	01:12, 07:06, 13:36, 19:30	03:54 −1.5E; 10:36 1.8F; 16:18 −1.5E; 23:00 1.7F
29 Su	02:06, 07:54, 14:30, 20:18	04:42 −1.4E; 11:18 1.6F; 17:06 −1.5E; 23:54 1.7F
30 M ◐	03:00, 08:48, 15:18, 21:12	05:36 −1.3E; 12:18 1.5F; 18:00 −1.4E
31 Tu	04:00, 09:48, 16:18, 22:12	00:54 1.7F; 06:36 −1.3E; 13:18 1.5F; 19:00 −1.4E

September

Day	Slack (h:m)	Maximum (h:m, knots)
1 W	05:00, 10:48, 17:12, 23:06	01:54 1.7F; 07:42 −1.3E; 14:18 1.5F; 20:00 −1.4E
2 Th	05:54, 11:42, 18:06	02:54 1.8F; 08:42 −1.3E; 15:18 1.6F; 20:54 −1.5E
3 F	00:00, 06:48, 12:36, 18:54	03:42 1.9F; 09:30 −1.4E; 16:06 1.7F; 21:42 −1.6E
4 Sa	00:48, 07:30, 13:24, 19:42	04:30 2.0F; 10:18 −1.6E; 16:48 1.8F; 22:30 −1.7E
5 Su	01:36, 08:12, 14:06, 20:24	05:06 2.1F; 11:00 −1.7E; 17:24 1.9F; 23:06 −1.8E
6 M	02:12, 08:54, 14:42, 21:00	05:42 2.2F; 11:36 −1.8E; 18:00 2.0F; 23:48 −2.0E
7 Tu	02:54, 09:30, 15:18, 21:42	06:18 2.3F; 12:12 −2.0E; 18:30 2.1F
8 W	03:30, 10:12, 15:54, 22:24	00:24 −2.1E; 06:48 2.4F; 12:48 −2.1E; 19:06 2.2F
9 Th	04:12, 10:48, 16:36, 23:06	01:06 −2.2E; 07:30 2.4F; 13:30 −2.1E; 19:42 2.3F
10 F	04:54, 11:30, 17:18, 23:54	01:48 −2.2E; 08:06 2.3F; 14:12 −2.1E; 20:30 2.3F
11 Sa	05:42, 12:18, 18:06	02:36 −2.1E; 08:54 2.2F; 15:00 −2.1E; 21:18 2.2F
12 Su	00:42, 06:30, 13:06, 18:54	03:24 −2.0E; 09:42 2.1F; 15:48 −1.9E; 22:12 2.1F
13 M ◐	01:42, 07:30, 14:00, 19:54	04:18 −1.8E; 10:36 1.9F; 16:42 −1.8E; 23:12 2.0F
14 Tu	02:48, 08:30, 15:06, 21:00	05:18 −1.6E; 11:48 1.7F; 17:48 −1.6E
15 W	03:54, 09:42, 16:12, 22:12	00:30 1.9F; 06:30 −1.4E; 13:06 1.5F; 19:00 −1.5E
16 Th	05:06, 11:00, 17:24, 23:24	01:54 1.9F; 07:48 −1.4E; 14:30 1.6F; 20:12 −1.5E
17 F	06:12, 12:06, 18:30	03:06 2.0F; 09:06 −1.5E; 15:36 1.7F; 21:24 −1.6E
18 Sa	00:30, 07:12, 13:12, 19:24	04:12 2.1F; 10:06 −1.6E; 16:36 1.8F; 22:24 −1.7E
19 Su	01:24, 08:06, 14:00, 20:18	05:06 2.2F; 11:00 −1.7E; 17:30 2.0F; 23:18 −1.8E
20 M ○	02:18, 08:54, 14:48, 21:06	05:54 2.3F; 11:48 −1.8E; 18:12 2.0F
21 Tu	03:06, 09:36, 15:30, 21:48	00:06 −1.8E; 06:36 2.2F; 12:30 −1.8E; 18:54 2.1F
22 W	03:48, 10:18, 16:06, 22:30	00:42 −1.8E; 07:18 2.2F; 13:06 −1.8E; 19:36 2.0F
23 Th	04:24, 10:54, 16:48, 23:12	01:18 −1.8E; 07:54 2.1F; 13:42 −1.7E; 20:12 2.0F
24 F	05:06, 11:36, 17:24	01:54 −1.7E; 08:30 1.9F; 14:12 −1.7E; 20:48 1.9F
25 Sa	00:00, 05:42, 12:12, 18:00	02:36 −1.6E; 09:06 1.8F; 14:54 −1.6E; 21:30 1.8F
26 Su	00:42, 06:30, 13:00, 18:48	03:18 −1.5E; 09:42 1.7F; 15:36 −1.5E; 22:12 1.8F
27 M	01:30, 07:18, 13:48, 19:36	04:06 −1.4E; 10:30 1.5F; 16:24 −1.5E; 23:06 1.7F
28 Tu	02:24, 08:12, 14:42, 20:30	05:00 −1.3E; 11:30 1.4F; 17:18 −1.4E
29 W ◑	03:24, 09:12, 15:36, 21:30	00:06 1.7F; 06:00 −1.3E; 12:36 1.4F; 18:18 −1.3E
30 Th	04:24, 10:12, 16:36, 22:24	01:12 1.7F; 07:00 −1.3E; 13:42 1.4F; 19:18 −1.4E

Station ID: ACT1616 Depth: Unknown
Source: NOAA/NOS/CO-OPS
Station Type: Harmonic
Time Zone: LST

NOAA Tidal Current Predictions

Pollock Rip Channel (Butler Hole), 2021

Latitude: 41.5500° N Longitude: 69.9833° W
Mean Flood Dir. 37° (T) Mean Ebb Dir. 226° (T)
Times and speeds of maximum and minimum current, in knots

October

Date	Slack (h m)	Maximum (h m)	knots
1 F	05:18, 11:06, 17:30, 23:24	02:06, 08:00, 14:36, 20:12	1.8F, -1.4E, 1.5F, -1.4E
2 Sa	06:06, 12:00, 18:24	03:00, 08:54, 15:30, 21:06	1.9F, -1.5E, 1.7F, -1.6E
3 Su	00:12, 06:54, 12:48, 19:06	03:48, 09:42, 16:12, 21:54	2.0F, -1.6E, 1.8F, -1.7E
4 M	01:00, 07:36, 13:30, 19:48	04:30, 10:24, 16:48, 22:36	2.1F, -1.8E, 2.0F, -1.9E
5 Tu	01:42, 08:18, 14:06, 20:30	05:06, 11:00, 17:24, 23:18	2.2F, -1.9E, 2.1F, -2.0E
6 W ●	02:24, 09:00, 14:48, 21:12	05:42, 11:42, 18:00	2.3F, -2.1E, 2.3F
7 Th	03:06, 09:36, 15:24, 21:54	00:00, 06:18, 12:18, 18:36	-2.2E, 2.4F, -2.2E, 2.4F
8 F	03:48, 10:18, 16:06, 22:42	00:42, 07:00, 13:00, 19:18	-2.2E, 2.4F, -2.2E, 2.4F
9 Sa	04:30, 11:00, 16:48, 23:30	01:24, 07:42, 13:42, 20:06	-2.2E, 2.3F, -2.2E, 2.4F
10 Su	05:18, 11:48, 17:36	02:12, 08:24, 14:30, 20:54	-2.1E, 2.1F, -2.1E, 2.3F
11 M	00:24, 06:12, 12:42, 18:30	03:06, 09:18, 15:24, 21:54	-1.9E, 1.9F, -1.9E, 2.1F
12 Tu	01:24, 07:12, 13:42, 19:36	04:00, 10:24, 16:24, 23:00	-1.7E, 1.7F, -1.7E, 2.0F
13 W ◐	02:30, 08:24, 14:48, 20:42	05:06, 11:36, 17:30	-1.5E, 1.6F, -1.5E
14 Th	03:42, 09:36, 16:00, 21:54	00:24, 06:24, 13:06, 18:48	1.9F, -1.4E, 1.5F, -1.4E
15 F	04:54, 10:48, 17:12, 23:06	01:42, 07:42, 14:24, 20:06	1.9F, -1.4E, 1.6F, -1.5E
16 Sa	05:54, 11:54, 18:12	02:54, 08:54, 15:24, 21:12	2.0F, -1.5E, 1.8F, -1.6E
17 Su	00:12, 06:54, 12:54, 19:12	03:54, 09:54, 16:24, 22:12	2.1F, -1.5E, 2.0F, -1.7E
18 M	01:12, 07:42, 13:42, 20:00	04:48, 10:48, 17:12, 23:00	2.2F, -1.7E, 2.1F, -1.8E
19 Tu	02:00, 08:30, 14:24, 20:48	05:30, 11:24, 17:54, 23:42	2.2F, -1.8E, 2.1F, -1.8E
20 W ○	02:42, 09:12, 15:06, 21:30	06:12, 12:06, 18:36	2.2F, -1.8E, 2.1F
21 Th	03:24, 09:48, 15:42, 22:12	00:24, 06:48, 12:36, 19:12	-1.7E, 2.1F, -1.8E, 2.1F
22 F	04:00, 10:24, 16:18, 22:48	01:00, 07:24, 13:12, 19:48	-1.7E, 1.9F, -1.7E, 2.0F
23 Sa	04:36, 11:00, 16:54, 23:30	01:30, 08:00, 13:42, 20:18	-1.6E, 1.8F, -1.7E, 2.0F
24 Su	05:18, 11:42, 17:30	02:12, 08:36, 14:18, 20:54	-1.6E, 1.7F, -1.6E, 1.9F
25 M	00:18, 06:00, 12:24, 18:12	02:48, 09:12, 15:00, 21:36	-1.5E, 1.6F, -1.6E, 1.8F
26 Tu	01:00, 06:42, 13:12, 19:00	03:36, 10:00, 15:48, 22:24	-1.4E, 1.5F, -1.5E, 1.8F
27 W	01:54, 07:36, 14:06, 19:48	04:24, 10:48, 16:36, 23:18	-1.4E, 1.4F, -1.4E, 1.7F
28 Th ◐	02:48, 08:36, 15:00, 20:48	05:18, 11:54, 17:36	-1.4E, 1.4F, -1.4E
29 F	03:42, 09:30, 16:00, 21:42	00:24, 06:18, 12:54, 18:36	1.7F, -1.4E, 1.4F, -1.4E
30 Sa	04:36, 10:30, 16:54, 22:42	01:24, 07:18, 13:54, 19:30	1.8F, -1.4E, 1.6F, -1.5E
31 Su	05:30, 11:18, 17:42, 23:30	02:18, 08:12, 14:42, 20:24	1.9F, -1.6E, 1.7F, -1.6E

November

Date	Slack (h m)	Maximum (h m)	knots
1 M	06:18, 12:06, 18:36	03:06, 09:00, 15:30, 21:12	2.0F, -1.7E, 1.9F, -1.8E
2 Tu	00:24, 07:00, 12:54, 19:18	03:48, 09:42, 16:12, 22:00	2.1F, -1.9E, 2.0F, -1.9E
3 W	01:06, 07:42, 13:36, 20:06	04:30, 10:24, 16:54, 22:48	2.2F, -2.0E, 2.2F, -2.0E
4 Th ●	01:54, 08:24, 14:18, 20:48	05:06, 11:06, 17:30, 23:30	2.3F, -2.1E, 2.3F, -2.1E
5 F	02:36, 09:06, 15:00, 21:36	05:48, 11:48, 18:12	2.3F, -2.2E, 2.4F
6 Sa	03:24, 09:48, 15:42, 22:24	00:18, 06:36, 12:36, 19:00	-2.2E, 2.2F, -2.2E, 2.5F
7 Su	04:12, 10:36, 16:30, 23:18	01:06, 07:18, 13:24, 19:48	-2.1E, 2.2F, -2.2E, 2.4F
8 M	05:06, 11:24, 17:18	01:54, 08:12, 14:12, 20:42	-2.0E, 2.0F, -2.0E, 2.3F
9 Tu	00:12, 06:00, 12:24, 18:18	02:48, 09:06, 15:06, 21:42	-1.9E, 1.8F, -1.9E, 2.1F
10 W	01:12, 07:00, 13:24, 19:18	03:48, 10:12, 16:06, 22:54	-1.7E, 1.7F, -1.7E, 2.0F
11 Th ◐	02:18, 08:12, 14:30, 20:30	04:54, 11:30, 17:18	-1.5E, 1.6F, -1.5E
12 F	03:24, 09:24, 15:42, 21:36	00:12, 06:12, 12:54, 18:30	1.9F, -1.5E, 1.6F, -1.4E
13 Sa	04:30, 10:30, 16:54, 22:48	01:24, 07:24, 14:00, 19:48	1.9F, -1.5E, 1.7F, -1.5E
14 Su	05:30, 11:36, 17:54, 23:48	02:30, 08:30, 15:00, 20:54	2.0F, -1.6E, 1.9F, -1.5E
15 M	06:24, 12:30, 18:48	03:30, 09:30, 16:00, 21:48	2.1F, -1.7E, 2.0F, -1.6E
16 Tu	07:18, 13:18, 19:42	04:18, 10:18, 16:48, 22:42	2.1F, -1.7E, 2.1F, -1.7E
17 W	01:36, 08:00, 14:00, 20:30	05:06, 11:00, 17:30, 23:24	2.1F, -1.8E, 2.1F, -1.7E
18 Th	02:18, 08:42, 14:36, 21:12	05:48, 11:36, 18:12	2.0F, -1.8E, 2.1F
19 F ○	03:00, 09:18, 15:12, 21:48	00:00, 06:24, 12:12, 18:48	-1.6E, 1.9F, -1.7E, 2.1F
20 Sa	03:36, 09:54, 15:48, 22:30	00:36, 07:00, 12:42, 19:24	-1.6E, 1.8F, -1.7E, 2.1F
21 Su	04:12, 10:30, 16:24, 23:12	01:12, 07:36, 13:12, 19:54	-1.6E, 1.7F, -1.7E, 2.0F
22 M	04:54, 11:12, 17:00, 23:54	01:42, 08:06, 13:54, 20:30	-1.5E, 1.6F, -1.7E, 2.0F
23 Tu	05:36, 11:54, 17:42	02:24, 08:42, 14:30, 21:06	-1.5E, 1.6F, -1.6E, 1.9F
24 W	00:36, 06:48, 12:42, 18:24	03:06, 09:30, 15:18, 21:48	-1.5E, 1.5F, -1.6E, 1.9F
25 Th	01:24, 07:06, 13:30, 19:12	03:54, 10:12, 16:06, 22:42	-1.5E, 1.5F, -1.6E, 1.9F
26 F	02:12, 08:00, 14:24, 20:06	04:42, 11:06, 17:00, 23:30	-1.5E, 1.5F, -1.5E, 1.9F
27 Sa ◐	03:06, 08:54, 15:18, 21:00	05:36, 12:06, 17:54	-1.5E, 1.5F, -1.5E
28 Su	03:54, 09:48, 16:54, 21:54	00:30, 06:30, 13:00, 19:48	1.9F, -1.6E, 1.6F, -1.5E
29 M	04:48, 10:36, 17:06, 22:54	01:24, 07:24, 13:54, 19:42	1.9F, -1.6E, 1.7F, -1.6E
30 Tu	05:36, 11:30, 18:00, 23:42	02:18, 08:18, 14:48, 20:36	2.0F, -1.8E, 1.9F, -1.7E

December

Date	Slack (h m)	Maximum (h m)	knots
1 W	06:24, 12:18, 18:48	03:06, 09:06, 15:36, 21:30	2.0F, -1.9E, 2.1F, -1.8E
2 Th	00:36, 07:00, 13:00, 19:42	03:54, 09:54, 16:24, 22:18	2.1F, -2.0E, 2.2F, -1.9E
3 F	01:24, 07:54, 13:48, 20:30	04:42, 10:42, 17:06, 23:12	2.1F, -2.1E, 2.3F, -2.0E
4 Sa ●	02:18, 08:42, 14:36, 21:18	05:30, 11:24, 17:54	2.1F, -2.1E, 2.4F
5 Su	03:06, 09:30, 15:24, 22:12	00:00, 06:18, 12:12, 18:48	-2.0E, 1.9F, -2.1E, 2.4F
6 M	04:00, 10:18, 16:12, 23:06	00:48, 07:06, 13:06, 19:36	-2.0E, 1.9F, -2.1E, 2.4F
7 Tu	04:54, 11:12, 17:06, 23:54	01:42, 08:00, 14:00, 20:36	-1.9E, 1.9F, -2.0E, 2.3F
8 W	05:48, 12:06, 18:06	02:36, 09:00, 14:54, 21:36	-1.8E, 1.8F, -1.9E, 2.2F
9 Th	01:00, 06:48, 13:06, 19:06	03:36, 10:06, 15:54, 22:42	-1.7E, 1.7F, -1.7E, 2.1F
10 F	02:00, 07:54, 14:12, 20:06	04:42, 11:12, 17:00, 23:48	-1.6E, 1.6F, -1.6E, 2.0F
11 Sa ◐	03:00, 09:00, 15:18, 21:12	05:48, 12:24, 18:06	-1.5E, 1.7F, -1.5E
12 Su	04:00, 10:00, 16:24, 22:18	00:54, 06:54, 13:30, 19:18	2.0F, -1.5E, 1.7F, -1.5E
13 M	05:00, 11:00, 17:24, 23:18	02:00, 07:54, 14:36, 20:24	1.9F, -1.6E, 1.8F, -1.5E
14 Tu	05:54, 11:54, 18:24, 21:24	02:54, 08:54, 15:30, 21:24	1.9F, -1.6E, 2.0F, -1.5E
15 W	00:18, 06:42, 12:48, 19:18	03:48, 09:42, 16:18, 22:12	1.9F, -1.6E, 2.0F, -1.5E
16 Th	07:30, 13:30, 20:06	04:36, 10:30, 17:06, 23:00	1.9F, -1.7E, 2.1F, -1.5E
17 F	01:54, 08:12, 14:12, 20:48	05:24, 11:12, 17:48, 23:36	1.9F, -1.7E, 2.1F, -1.5E
18 Sa	02:36, 08:54, 14:48, 21:30	06:00, 11:48, 18:24	1.8F, -1.7E, 2.1F
19 Su ○	03:18, 09:30, 15:24, 22:06	00:12, 06:42, 12:18, 19:00	-1.5E, 1.8F, -1.7E, 2.1F
20 M	03:54, 10:06, 16:00, 22:48	00:48, 07:12, 12:54, 19:36	-1.6E, 1.7F, -1.7E, 2.1F
21 Tu	04:30, 10:48, 16:36, 23:30	01:24, 07:48, 13:30, 20:06	-1.6E, 1.7F, -1.7E, 2.1F
22 W	05:12, 11:30, 17:18	02:00, 08:00, 14:12, 20:42	-1.6E, 1.8F, -1.7E, 2.1F
23 Th	00:06, 05:54, 12:12, 18:00	02:42, 09:00, 14:54, 21:24	-1.6E, 1.7F, -1.7E, 2.1F
24 F	00:48, 06:54, 12:54, 18:42	03:24, 10:06, 15:36, 22:06	-1.7E, 1.7F, -1.7E, 2.0F
25 Sa	01:36, 07:24, 13:48, 19:30	04:12, 10:30, 16:24, 22:48	-1.7E, 1.7F, -1.7E, 2.0F
26 Su	02:24, 08:12, 14:36, 20:24	05:00, 11:18, 17:18, 23:42	-1.7E, 1.7F, -1.7E, 2.0F
27 M ◐	03:12, 09:00, 15:30, 21:18	05:48, 12:12, 18:12	-1.7E, 1.7F, -1.7E
28 Tu	04:06, 09:54, 16:30, 22:12	00:36, 06:42, 13:06, 19:06	1.9F, -1.7E, 1.8F, -1.7E
29 W	04:54, 10:48, 17:24, 23:12	01:30, 07:42, 14:06, 20:06	1.9F, -1.8E, 1.9F, -1.7E
30 Th	05:48, 11:42, 18:24	02:30, 08:30, 15:00, 21:00	1.9F, -1.8E, 2.0F, -1.7E
31 F	00:06, 06:42, 12:36, 19:18	03:24, 09:24, 16:00, 22:00	1.9F, -1.9E, 2.1F, -1.8E

Station ID: LIS1001 Depth: 25 feet
Source: NOAA/NOS/CO-OPS
Station Type: Harmonic
Time Zone: LST

NOAA Tidal Current Predictions

The Race, 2021
Latitude: 41.2282° N Longitude: 72.0625° W
Mean Flood Dir. 292° (T) Mean Ebb Dir. 108° (T)
Times and speeds of maximum and minimum current, in knots

January

Day	Slack h m	Maximum h m	knots
1 F	00:48	03:48	-3.1E
	06:48	09:42	3.5F
	12:54	16:12	-3.7E
	19:24	22:12	3.5F
2 Sa	01:30	04:30	-3.2E
	07:36	10:30	3.5F
	13:36	16:54	-3.6E
	20:06	23:00	3.6F
3 Su	02:12	05:18	-3.3E
	08:24	11:18	3.4F
	14:24	17:42	-3.5E
	20:48	23:48	3.6F
4 M	03:00	06:06	-3.3E
	09:18	12:06	3.3F
	15:12	18:30	-3.4E
	21:36		
5 Tu		00:36	3.6F
	03:54	07:00	-3.3E
	10:12	13:00	3.1F
	16:12	19:24	-3.2E
	22:30		
6 W		01:30	3.5F
	04:48	08:00	-3.3E
	11:18	14:00	3.0F
	17:12	20:18	-3.0E
	23:24		
7 Th		02:24	3.5F
	05:42	09:00	-3.4E
	12:18	15:06	2.9F
	18:12	21:24	-2.9E
8 F	00:24	03:24	3.5F
	06:42	10:00	-3.4E
	13:24	16:12	3.0F
	19:18	22:30	-2.9E
9 Sa	01:30	04:24	3.5F
	07:42	11:06	-3.6E
	14:30	17:12	3.1F
	20:24	23:30	-3.0E
10 Su	02:30	05:30	3.6F
	08:42	12:06	-3.8E
	15:24	18:18	3.3F
	21:24		
11 M		00:30	-3.1E
	03:30	06:30	3.7F
	09:36	13:00	-3.9E
	16:24	19:12	3.5F
	22:18		
12 Tu		01:24	-3.3E
	04:24	07:24	3.8F
	10:30	13:54	-4.0E
	17:12	20:12	3.6F
	23:12		
13 W		02:12	-3.4E
	05:18	08:18	3.8F
	11:24	14:42	-4.0E
	18:00	21:00	3.7F
14 Th	00:00	03:06	-3.4E
	06:12	09:06	3.7F
	12:12	15:30	-3.8E
	18:48	21:48	3.6F
15 F	00:48	03:54	-3.3E
	07:00	09:54	3.5F
	13:00	16:18	-3.6E
	19:36	22:30	3.5F
16 Sa	01:36	04:42	-3.2E
	07:54	10:42	3.2F
	13:48	17:06	-3.3E
	20:18	23:18	3.3F
17 Su	02:24	05:30	-3.1E
	08:42	11:30	2.9F
	14:36	17:48	-3.0E
	21:00		
18 M		00:00	3.1F
	03:12	06:18	-3.0E
	09:36	12:18	2.6F
	15:24	18:36	-2.7E
	21:48		
19 Tu		00:48	2.8F
	04:00	07:06	-2.8E
	10:24	13:06	2.3F
	16:18	19:24	-2.4E
	22:30		
20 W		01:30	2.6F
	04:48	08:00	-2.7E
	11:18	14:06	2.1F
	17:12	20:12	-2.2E
	23:18		
21 Th		02:18	2.4F
	05:36	08:48	-2.6E
	12:12	15:00	2.1F
	18:06	21:06	-2.0E
22 F	00:06	03:12	2.3F
	06:24	09:42	-2.6E
	13:00	15:54	2.1F
	19:00	22:00	-2.0E
23 Sa	01:00	04:00	2.3F
	07:12	10:36	-2.7E
	14:00	16:48	2.2F
	19:54	22:54	-2.1E
24 Su	01:54	04:48	2.5F
		11:24	-2.9E
	14:48	17:36	2.4F
	20:42	23:42	-2.3E
25 M	02:42	05:36	2.7F
	08:54	12:12	-3.2E
	15:30	18:18	2.7F
	21:30		
26 Tu		00:30	-2.6E
	03:24	06:24	3.0F
	09:36	13:00	-3.4E
	16:12	19:00	3.0F
	22:12		
27 W		01:12	-2.9E
	04:12	07:06	3.2F
	10:24	13:42	-3.6E
	16:54	19:42	3.3F
	22:54		
28 Th		01:54	-3.1E
	04:54	07:48	3.5F
	11:06	14:24	-3.8E
	17:36	20:24	3.5F
	23:36		
29 F		02:42	-3.4E
	05:42	08:36	3.7F
	11:48	15:06	-3.9E
	18:18	21:06	3.8F
30 Sa	00:18	03:24	-3.5E
	06:24	09:18	3.8F
	12:30	15:48	-3.9E
	19:00	21:48	3.9F
31 Su	01:00	04:12	-3.6E
	07:12	10:06	3.8F
	13:18	16:30	-3.9E
	19:42	22:36	4.0F

February

Day	Slack h m	Maximum h m	knots
1 M	01:48	04:54	-3.7E
	08:06	10:54	3.7F
	14:06	17:18	-3.7E
	20:24	23:24	3.9F
2 Tu	02:36	05:48	-3.6E
	08:54	11:48	3.5F
	14:54	18:06	-3.4E
	21:12		
3 W		00:12	3.8F
	03:24	06:42	-3.5E
	09:54	12:42	3.2F
	15:54	19:00	-3.1E
	22:06		
4 Th		01:06	3.6F
	04:24	07:36	-3.4E
	11:00	13:42	3.0F
	16:54	20:00	-2.9E
	23:06		
5 F		02:06	3.4F
	05:24	08:42	-3.3E
	12:06	14:48	2.8F
	18:00	21:06	-2.7E
6 Sa	00:06	03:06	3.2F
	06:24	09:48	-3.2E
	13:12	16:00	2.8F
	19:06	22:12	-2.7E
7 Su	01:18	04:12	3.2F
	07:30	10:54	-3.3E
	14:18	17:12	2.9F
	20:12	23:18	-2.8E
8 M	02:18	05:24	3.3F
	08:30	11:54	-3.5E
	15:18	18:12	3.1F
	21:12		
9 Tu		00:18	-3.0E
	03:18	06:24	3.5F
	09:30	12:54	-3.6E
	16:12	19:12	3.3F
	22:06		
10 W		01:12	-3.2E
	04:18	07:18	3.6F
	10:24	13:42	-3.7E
	17:00	20:00	3.5F
	22:54		
11 Th		02:00	-3.4E
	05:06	08:06	3.8F
	11:12	14:30	-3.7E
	17:42	20:42	3.6F
	23:42		
12 F		02:48	-3.5E
	06:00	08:54	3.6F
	11:54	15:12	-3.6E
	18:24	21:24	3.6F
13 Sa	00:30	03:36	-3.4E
	06:42	09:36	3.4F
	12:42	15:54	-3.4E
	19:06	22:06	3.5F
14 Su	01:12	04:18	-3.4E
	07:30	10:18	3.2F
	14:00	16:30	-3.2E
	19:48	22:42	3.3F
15 M	01:48	05:00	-3.2E
	08:12	11:00	2.9F
	14:06	17:12	-2.9E
	20:24	23:18	3.1F
16 Tu	02:30	05:42	-3.1E
	08:54	11:42	2.7F
	14:48	17:54	-2.6E
	21:00		
17 W		00:00	2.8F
	03:12	06:24	-2.9E
	09:42	12:24	2.4F
	15:36	18:36	-2.4E
	21:42		
18 Th		00:42	2.5F
	04:00	07:12	-2.7E
	10:30	13:12	2.2F
	16:24	19:24	-2.2E
	22:24		
19 F		01:24	2.4F
	04:42	07:42	-2.6E
	11:18	14:00	2.1F
	17:18	20:18	-2.0E
	23:18		
20 Sa		02:18	2.2F
	05:36	08:54	-2.5E
	12:18	15:00	2.1F
	18:12	21:12	-2.0E
21 Su	00:12	03:12	2.3F
	06:30	09:48	-2.6E
	13:12	15:54	2.2F
	19:06	22:12	-2.1E
22 M	01:12	04:06	2.4F
	07:24	10:48	-2.8E
	14:06	16:48	2.4F
	20:00	23:06	-2.4E
23 Tu	02:06	05:00	2.7F
	08:18	11:36	-3.1E
	14:54	17:36	2.7F
	20:54	23:54	-2.7E
24 W	02:54	05:48	3.0F
	09:06	12:24	-3.4E
	15:36	18:24	3.1F
	21:36		
25 Th		00:42	-3.1E
	03:42	06:36	3.4F
	09:54	13:12	-3.7E
	16:24	19:12	3.5F
	22:24		
26 F		01:30	-3.5E
	04:30	07:24	3.7F
	10:36	13:54	-3.9E
	17:06	19:54	3.8F
	23:06		
27 Sa		02:12	-3.8E
	05:18	08:12	4.0F
	11:24	14:36	-4.1E
	17:48	20:36	4.1F
	23:48		
28 Su		03:00	-4.0E
	06:06	09:00	4.0F
	12:06	15:18	-4.1E
	18:30	21:24	4.2F

March

Day	Slack h m	Maximum h m	knots
1 M	00:36	03:42	-4.1E
	06:54	09:48	4.1F
	12:54	16:06	-4.0E
	19:12	22:12	4.2F
2 Tu	01:18	04:30	-4.1E
	07:42	10:36	3.9F
	13:48	16:54	-3.7E
	20:00	23:00	4.1F
3 W	02:06	05:24	-3.9E
	08:36	11:24	3.6F
	14:36	17:48	-3.4E
	20:48	23:48	3.8F
4 Th	03:00	06:18	-3.7E
	09:36	12:24	3.4F
	15:36	18:42	-3.1E
	21:48		
5 F		00:42	3.5F
	04:00	07:18	-3.4E
	10:42	13:24	2.9F
	16:36	19:48	-2.8E
	22:48		
6 Sa		01:48	3.2F
	05:06	08:24	-3.2E
	11:48	14:36	2.7F
	17:48	20:54	-2.6E
7 Su	00:00	02:54	3.0F
	06:12	09:36	-3.1E
	13:00	15:54	2.7F
	18:54	22:06	-2.6E
8 M	01:06	04:12	3.0F
	07:18	10:48	-3.1E
	14:06	17:06	2.8F
	20:00	23:12	-2.8E
9 Tu	02:12	05:18	3.1F
	08:24	11:48	-3.3E
	15:06	18:06	3.1F
	21:00		
10 W		00:06	-3.0E
	03:12	06:18	3.3F
	09:24	12:42	-3.4E
	15:54	19:00	3.3F
	21:54		
11 Th		01:00	-3.3E
	04:06	07:12	3.5F
	10:12	13:24	-3.5E
	16:42	19:42	3.5F
	22:36		
12 F		01:48	-3.5E
	04:54	08:00	3.5F
	11:00	14:06	-3.5E
	17:18	20:24	3.6F
	23:18		
13 Sa		02:30	-3.5E
	05:42	08:42	3.4F
	11:36	14:48	-3.4E
	18:00	21:00	3.5F
14 Su	00:00	03:06	-3.5E
	06:24	09:18	3.3F
	12:18	15:24	-3.2E
	18:36	21:36	3.4F
15 M	00:36	03:48	-3.5E
	07:06	09:54	3.1F
	13:00	16:00	-3.0E
	19:12	22:06	3.2F
16 Tu	01:12	04:24	-3.3E
	07:42	10:30	2.9F
	13:36	16:42	-2.8E
	19:48	22:42	3.0F
17 W	01:54	05:06	-3.1E
	08:24	11:06	2.8F
	14:18	17:18	-2.6E
	20:24	23:18	2.8F
18 Th	02:30	05:48	-2.9E
	09:00	11:48	2.6F
	15:00	18:00	-2.4E
	21:00	23:54	2.6F
19 F	03:12	06:30	-2.7E
	09:42	12:30	2.4F
	15:48	18:42	-2.2E
	21:42		
20 Sa		00:42	2.4F
	04:00	07:18	-2.6E
	10:30	13:18	2.3F
	16:36	19:36	-2.1E
	22:36		
21 Su		01:30	2.3F
	04:54	08:12	-2.5E
	11:24	14:12	2.2F
	17:30	20:30	-2.1E
	23:30		
22 M		02:30	2.3F
	05:48	09:06	-2.6E
	12:24	15:12	2.3F
	18:24	21:30	-2.3E
23 Tu	00:30	03:24	2.5F
	06:42	10:06	-2.8E
	13:18	16:06	2.6F
	19:24	22:30	-2.6E
24 W	01:30	04:24	2.8F
	07:42	11:00	-3.1E
	14:12	17:00	2.9F
	20:12	23:24	-3.0E
25 Th	02:24	05:18	3.1F
	08:30	11:48	-3.4E
	15:00	17:48	3.4F
	21:00		
26 F		00:12	-3.4E
	03:12	06:06	3.5F
	09:24	12:36	-3.7E
	15:42	18:36	3.8F
	21:48		
27 Sa		01:00	-3.8E
	04:06	07:00	3.9F
	10:12	13:24	-4.0E
	16:30	19:24	4.1F
	22:36		
28 Su		01:48	-4.1E
	04:54	07:48	4.1F
	11:00	14:06	-4.1E
	17:12	20:12	4.3F
	23:18		
29 M		02:30	-4.3E
	05:42	08:36	4.3F
	11:48	14:54	-4.1E
	18:00	20:54	4.4F
30 Tu	00:06	03:18	-4.4E
	06:36	09:24	4.2F
	12:36	15:42	-3.9E
	18:48	21:42	4.3F
31 W	00:54	04:12	-4.3E
	07:24	10:18	4.0F
	13:30	16:36	-3.7E
	19:36	22:36	4.1F

Station ID: LIS1001 Depth: 25 feet
Source: NOAA/NOS/CO-OPS
Station Type: Harmonic
Time Zone: LST

NOAA Tidal Current Predictions

The Race, 2021
Latitude: 41.2282° N Longitude: 72.0625° W
Mean Flood Dir. 292° (T) Mean Ebb Dir. 108° (T)
Times and speeds of maximum and minimum current, in knots

April

Day	Slack (h m)	Maximum (h m)	knots
1 Th	01:42	05:00	-4.1E
	08:24	11:12	3.7F
	14:24	17:30	-3.3E
	20:30	23:30	3.8F
2 F	02:42	06:00	-3.7E
	09:18	12:06	3.3F
	15:24	18:30	-3.0E
	21:30		
3 Sa		00:24	3.4F
	03:42	07:00	-3.4E
	10:24	13:12	2.9F
	16:24	19:36	-2.7E
	22:36		
4 Su		01:30	3.0F
	04:48	08:12	-3.1E
	11:36	14:24	2.7F
	17:36	20:42	-2.6E
	23:48		
5 M		02:48	2.9F
	06:00	09:18	-2.9E
	12:42	15:42	2.7F
	18:42	21:48	-2.7E
6 Tu	01:00	04:06	2.8F
	07:06	10:30	-3.0E
	13:48	16:48	2.9F
	19:48	22:54	-2.9E
7 W	02:06	05:12	3.0F
	08:12	11:30	-3.0E
	14:42	17:48	3.1F
	20:42	23:54	-3.1E
8 Th	03:00	06:06	3.1F
	09:06	12:18	-3.1E
	15:30	18:36	3.3F
	21:30		
9 F		00:42	-3.4E
	03:54	07:00	3.3F
	09:54	13:06	-3.2E
	16:12	19:18	3.4F
	22:12		
10 Sa		01:24	-3.5E
	04:42	07:42	3.3F
	10:36	13:42	-3.1E
	16:54	20:00	3.4F
	22:54		
11 Su		02:06	-3.6E
	05:24	08:18	3.3F
	11:18	14:24	-3.1E
	17:30	20:30	3.3F
	23:30		
12 M		02:42	-3.6E
	06:00	08:54	3.2F
	11:54	15:00	-2.9E
	18:06	21:00	3.2F
13 Tu	00:06	03:18	-3.5E
	06:36	09:30	3.1F
	12:36	15:36	-2.8E
	18:36	21:36	3.1F
14 W	00:42	03:54	-3.3E
	07:12	10:00	3.0F
	13:12	16:12	-2.7E
	19:12	22:06	2.9F
15 Th	01:18	04:30	-3.2E
	07:48	10:36	2.8F
	13:48	16:48	-2.6E
	19:48	22:42	2.8F
16 F	01:54	05:12	-3.0E
	08:24	11:12	2.7F
	14:30	17:30	-2.5E
	20:30	23:24	2.6F
17 Sa	02:36	05:54	-2.8E
	09:06	11:54	2.6F
	15:12	18:12	-2.4E
	21:12		
18 Su		00:12	2.5F
	03:24	06:42	-2.7E
	09:54	12:42	2.5F
	16:00	19:00	-2.3E
	22:00		
19 M		01:00	2.5F
	04:12	07:30	-2.7E
	10:42	13:36	2.5F
	16:54	19:54	-2.4E
	23:00		
20 Tu		01:54	2.5F
	05:06	08:30	-2.7E
	11:42	14:30	2.6F
	17:48	20:54	-2.5E
21 W	00:00	02:54	2.6F
	06:30	09:24	-2.8E
	12:36	15:30	2.9F
	18:42	21:54	-2.8E
22 Th	01:00	03:48	2.9F
	07:06	10:24	-3.1E
	13:30	16:24	3.2F
	19:36	22:48	-3.2E
23 F	01:54	04:48	3.2F
	08:00	11:12	-3.4E
	14:18	17:12	3.6F
	20:30	23:42	-3.6E
24 Sa	02:48	05:42	3.6F
	09:12	12:06	-3.6E
	15:12	18:06	4.0F
	21:18		
25 Su		00:30	-4.0E
	03:42	06:36	3.9F
	09:42	12:54	-3.9E
	16:00	18:54	4.2F
	22:06		
26 M		01:18	-4.3E
	04:30	07:24	4.1F
	10:36	13:42	-4.0E
	16:48	19:42	4.4F
	22:54		
27 Tu		02:06	-4.5E
	05:24	08:18	4.3F
	11:30	14:30	-3.9E
	17:36	20:30	4.4F
	23:42		
28 W		03:00	-4.5E
	06:18	09:06	4.2F
	12:18	15:24	-3.8E
	18:24	21:24	4.3F
29 Th	00:30	03:48	-4.4E
	07:12	10:00	4.0F
	13:12	16:18	-3.6E
	19:18	22:12	4.1F
30 F	01:24	04:42	-4.1E
	07:48	10:54	3.7F
	14:06	17:12	-3.3E
	20:18	23:12	3.7F

May

Day	Slack (h m)	Maximum (h m)	knots
1 Sa	02:24	05:42	-3.7E
	09:06	11:54	3.4F
	15:06	18:12	-3.0E
	21:18		
2 Su		00:12	3.3F
	03:24	06:48	-3.4E
	10:06	13:00	3.0F
	16:12	19:18	-2.8E
	22:24		
3 M		01:18	3.0F
	04:30	07:48	-3.1E
	11:12	14:12	2.9F
	17:18	20:24	-2.7E
	23:36		
4 Tu		02:30	2.8F
	05:36	09:00	-2.9E
	12:18	15:24	2.8F
	18:18	21:30	-2.8E
5 W	00:42	03:48	2.7F
	06:48	10:00	-2.8E
	13:18	16:24	2.9F
	19:18	22:30	-2.9E
6 Th	01:48	04:54	2.8F
	07:48	11:00	-2.8E
	14:12	17:18	3.0F
	20:12	23:30	-3.1E
7 F	02:42	05:48	2.9F
	08:42	11:48	-2.8E
	15:00	18:06	3.1F
	21:00		
8 Sa		00:18	-3.3E
	03:30	06:42	3.0F
	09:30	12:36	-2.8E
	15:42	18:48	3.2F
	21:42		
9 Su		00:54	-3.5E
	04:18	07:18	3.1F
	10:18	13:12	-2.8E
	16:18	19:30	3.2F
	22:24		
10 M		01:36	-3.5E
	05:00	08:00	3.1F
	11:06	13:54	-2.8E
	16:54	20:00	3.1F
	23:00		
11 Tu		02:12	-3.5E
	05:36	08:00	3.1F
	11:30	14:30	-2.7E
	17:30	20:30	3.0F
	23:36		
12 W		02:48	-3.5E
	06:12	09:00	3.0F
	12:06	15:06	-2.7E
	18:06	21:00	3.0F
13 Th	00:12	03:24	-3.4E
	06:54	09:48	3.0F
	12:48	15:42	-2.6E
	18:42	21:36	2.9F
14 F	00:48	04:06	-3.2E
	07:24	10:06	2.9F
	13:24	16:24	-2.6E
	19:18	22:12	2.8F
15 Sa	01:24	04:42	-3.1E
	08:00	10:54	2.8F
	14:00	17:00	-2.6E
	20:00	22:54	2.8F
16 Su	02:06	05:24	-3.0E
	08:36	11:30	2.8F
	14:48	17:48	-2.6E
	20:48	23:42	2.7F
17 M	02:54	06:06	-2.9E
	09:24	12:18	2.8F
	15:30	18:36	-2.6E
	21:36		
18 Tu		00:30	2.7F
	03:42	07:00	-2.9E
	10:12	13:06	2.9F
	16:24	19:24	-2.6E
	22:30		
19 W		01:24	2.7F
	04:36	07:48	-2.9E
	11:00	14:00	3.0F
	17:18	20:24	-2.8E
	23:30		
20 Th		02:18	2.8F
	05:30	08:48	-2.9E
	11:54	14:54	3.2F
	18:12	21:18	-3.0E
21 F	00:30	03:18	2.9F
	06:30	09:42	-3.1E
	12:48	15:48	3.4F
	19:06	22:18	-3.4E
22 Sa	01:30	04:18	3.2F
	07:30	10:42	-3.3E
	13:42	16:42	3.7F
	19:54	23:12	-3.7E
23 Su	02:24	05:12	3.5F
	08:24	11:36	-3.5E
	14:36	17:36	4.0F
	20:48		
24 M		00:06	-4.1E
	03:18	06:12	3.8F
	09:24	12:30	-3.6E
	15:30	18:30	4.2F
	21:36		
25 Tu		00:54	-4.4E
	04:12	07:06	4.0F
	10:18	13:18	-3.7E
	16:18	19:18	4.3F
	22:30		
26 W		01:48	-4.5E
	05:06	08:00	4.1F
	11:06	14:12	-3.7E
	17:12	20:12	4.3F
	23:18		
27 Th		02:42	-4.5E
	06:00	08:54	4.1F
	12:00	15:06	-3.6E
	18:06	21:06	4.2F
28 F	00:12	03:36	-4.3E
	06:54	09:48	3.9F
	12:54	16:00	-3.5E
	19:00	22:00	4.0F
29 Sa	01:06	04:30	-4.1E
	07:48	10:42	3.7F
	13:54	17:00	-3.3E
	20:00	23:00	3.6F
30 Su	02:06	05:24	-3.7E
	08:48	11:36	3.4F
	14:48	17:54	-3.1E
	21:00	23:54	3.3F
31 M	03:06	06:24	-3.4E
	09:42	12:42	3.2F
	15:48	19:00	-2.9E
	22:06		

June

Day	Slack (h m)	Maximum (h m)	knots
1 Tu		01:00	2.9F
	04:06	07:24	-3.1E
	10:42	13:42	3.0F
	16:48	20:00	-2.8E
	23:12		
2 W		02:06	2.7F
	05:12	08:24	-2.8E
	11:42	14:48	2.9F
	17:48	21:00	-2.8E
3 Th	00:18	03:18	2.5F
	06:12	09:24	-2.6E
	12:36	15:48	2.8F
	18:48	22:00	-2.9E
4 F	01:18	04:24	2.5F
	07:12	10:24	-2.4E
	13:30	16:42	2.9F
	19:36	22:54	-3.0E
5 Sa	02:18	05:18	2.6F
	08:12	11:12	-2.4E
	14:18	17:30	2.9F
	20:24	23:42	-3.2E
6 Su	03:06	06:06	2.7F
	09:00	12:00	-2.4E
	15:06	18:12	2.9F
	21:06		
7 M		00:24	-3.3E
	03:48	06:54	2.8F
	09:48	12:42	-2.5E
	15:48	18:54	2.9F
	21:48		
8 Tu		01:06	-3.4E
	04:30	07:30	2.9F
	10:30	13:24	-2.5E
	16:24	19:30	2.9F
	22:30		
9 W		01:42	-3.4E
	05:06	08:06	2.9F
	11:06	14:00	-2.6E
	17:00	20:00	2.9F
	23:06		
10 Th		02:24	-3.4E
	05:42	08:36	3.0F
	11:42	14:42	-2.7E
	17:36	20:36	3.0F
	23:42		
11 F		03:00	-3.4E
	06:18	09:06	3.0F
	12:18	15:18	-2.7E
	18:18	21:12	3.0F
12 Sa	00:24	03:42	-3.4E
	06:54	09:42	3.1F
	13:00	16:00	-2.8E
	18:54	21:54	3.0F
13 Su	01:00	04:18	-3.3E
	07:36	10:24	3.0F
	13:36	16:42	-2.8E
	19:36	22:30	3.0F
14 M	01:42	05:00	-3.3E
	08:12	11:06	3.2F
	14:18	17:24	-2.9E
	20:24	23:18	3.0F
15 Tu	02:24	05:42	-3.2E
	08:54	11:48	3.2F
	15:06	18:12	-2.9E
	21:12		
16 W		00:06	3.0F
	03:12	06:30	-3.2E
	09:36	12:36	3.3F
	15:54	19:00	-3.0E
	22:06		
17 Th		00:54	2.9F
	04:06	07:18	-3.1E
	10:24	13:30	3.3F
	16:42	19:54	-3.1E
	23:06		
18 F		01:54	2.9F
	05:00	08:12	-3.0E
	11:18	14:24	3.4F
	17:36	20:48	-3.2E
19 Sa	00:06	02:54	3.0F
	06:00	09:12	-3.0E
	12:18	15:18	3.5F
	18:30	21:48	-3.4E
20 Su	01:06	03:54	3.1F
	07:00	10:12	-3.1E
	13:12	16:12	3.7F
	19:30	22:48	-3.7E
21 M	02:06	04:54	3.3F
	08:06	11:12	-3.2E
	14:12	17:12	3.8F
	20:24	23:48	-4.0E
22 Tu	03:06	05:54	3.5F
	09:00	12:06	-3.3E
	15:06	18:06	4.0F
	21:18		
23 W		00:42	-4.2E
	04:00	06:48	3.7F
	10:00	13:06	-3.5E
	16:06	19:00	4.1F
	22:12		
24 Th		01:36	-4.3E
	04:54	07:48	3.8F
	10:54	14:00	-3.5E
	17:00	19:54	4.1F
	23:00		
25 F		02:24	-4.3E
	05:48	08:42	3.9F
	11:48	14:54	-3.5E
	17:54	20:48	4.0F
26 Sa	00:00	03:18	-4.2E
	06:42	09:30	3.9F
	12:42	15:48	-3.5E
	18:48	21:42	3.9F
27 Su	00:54	04:12	-4.0E
	07:30	10:24	3.7F
	13:36	16:42	-3.4E
	19:48	22:36	3.6F
28 M	01:48	05:06	-3.7E
	08:24	11:18	3.5F
	14:30	17:36	-3.2E
	20:42	23:30	3.2F
29 Tu	02:42	06:00	-3.4E
	09:18	12:12	3.3F
	15:24	18:30	-3.1E
	21:42		
30 W		00:30	2.9F
	03:36	06:48	-3.0E
	10:06	13:06	3.1F
	16:18	19:24	-2.9E
	22:42		

Station ID: LIS1001 Depth: 25 feet
Source: NOAA/NOS/CO-OPS
Station Type: Harmonic
Time Zone: LST

NOAA Tidal Current Predictions

The Race, 2021
Latitude: 41.2282° N Longitude: 72.0625° W
Mean Flood Dir. 292° (T) Mean Ebb Dir. 108° (T)
Times and speeds of maximum and minimum current, in knots

July

Day	Slack (h m)	Maximum (h m)	knots	Day	Slack (h m)	Maximum (h m)	knots
1 Th ◐	04:36 11:00 17:12 23:42	01:30 07:42 14:06 20:18	2.6F -2.6E 2.8F -2.8E	16 F	03:42 09:54 16:12 22:42	00:30 06:48 13:00 19:24	3.1F -3.2E 3.6F -3.3E
2 F	05:36 11:54 18:06	02:36 08:42 15:06 21:18	2.4F -2.4E 2.7F -2.8E	17 Sa ◑	04:36 10:48 17:12 23:42	01:30 07:42 13:54 20:24	3.0F -3.0E 3.5F -3.3E
3 Sa	00:42 06:36 12:42 18:54	03:42 09:36 15:54 22:30	2.3F -2.2E 2.6F -2.8E	18 Su	05:36 11:48 18:06	02:30 08:42 14:54 21:24	2.9F -2.9E 3.5F -3.4E
4 Su	01:36 07:30 13:36 19:42	04:42 10:30 16:48 23:06	2.3F -2.1E 2.5F -2.9E	19 M	00:48 06:42 12:48 19:06	03:30 09:48 15:48 22:30	2.9F -2.8E 3.5F -3.5E
5 M	02:30 08:24 14:24 20:30	05:30 11:24 17:36 23:48	2.4F -2.1E 2.6F -3.0E	20 Tu	01:54 07:48 13:54 20:06	04:36 10:54 16:54 23:30	3.0F -2.9E 3.6F -3.7E
6 Tu	03:18 09:12 15:12 21:18	06:18 12:06 18:18	2.5F -2.3E 2.6F	21 W	02:54 08:48 14:54 21:06	05:42 11:54 17:54	3.2F -3.1E 3.7F
7 W	04:00 09:54 15:54 22:00	00:36 07:00 12:48 18:54	-3.2E 2.7F -2.4E 2.8F	22 Th	03:48 09:48 15:54 22:00	00:30 06:42 12:54 18:54	-3.9E 3.4F -3.3E 3.8F
8 Th	04:36 10:36 16:30 22:36	01:18 07:30 13:30 19:30	-3.3E 2.8F -2.6E 2.9F	23 F	04:42 10:42 16:48 22:54	01:24 07:36 13:48 19:48	-4.0E 3.6F -3.4E 3.9F
9 F	05:18 11:12 17:12 23:18	01:54 08:06 14:12 20:06	-3.4E 3.0F -2.8E 3.1F	24 Sa ○	05:36 11:36 17:42 23:48	02:18 08:30 14:36 20:42	-4.1E 3.8F -3.5E 3.9F
10 Sa ●	05:54 11:54 17:48	02:36 08:42 14:54 20:48	-3.5E 3.1F -2.9E 3.2F	25 Su	06:24 12:24 18:36	03:06 09:18 15:30 21:30	-4.0E 3.8F -3.6E 3.8F
11 Su	00:00 06:30 12:30 18:30	03:12 09:18 15:30 21:24	-3.5E 3.3F -3.1E 3.3F	26 M	00:36 07:12 13:12 19:30	03:54 10:06 16:18 22:18	-3.9E 3.7F -3.5E 3.5F
12 M	00:36 07:06 13:12 19:18	03:54 09:54 16:12 22:06	-3.6E 3.4F -3.2E 3.4F	27 Tu	01:24 07:54 14:00 20:18	04:42 10:54 17:12 23:06	-3.6E 3.6F -3.4E 3.2F
13 Tu	01:18 07:48 13:54 20:00	04:36 10:36 17:00 22:54	-3.5E 3.6F -3.2E 3.3F	28 W	02:12 08:42 14:48 21:12	05:30 11:36 18:00	-3.3E 3.3F -3.2E
14 W	02:00 08:24 14:36 20:48	05:18 11:24 17:42 23:42	-3.5E 3.6F -3.3E 3.2F	29 Th	03:06 09:24 15:36 22:06	00:00 06:18 12:24 18:48	2.9F -2.9E 3.0F -3.0E
15 Th	02:48 09:12 15:24 21:42	06:00 12:12 18:30	-3.4E 3.6F -3.3E	30 F	04:00 10:12 16:24 23:00	00:54 07:06 13:18 19:36	2.5F -2.6E 2.7F -2.8E
				31 Sa ◑	04:54 11:00 17:18	01:48 07:54 14:06 20:30	2.3F -2.2E 2.5F -2.6E

August

Day	Slack (h m)	Maximum (h m)	knots	Day	Slack (h m)	Maximum (h m)	knots
1 Su	00:00 05:48 11:54 18:06	02:48 08:48 15:00 21:24	2.1F -2.0E 2.3F -2.6E	16 M	05:18 11:30 17:48	02:12 08:30 14:30 21:06	2.9F -2.7E 3.3F -3.2E
2 M	00:54 06:48 12:48 19:00	03:48 09:42 15:54 22:18	2.1F -1.9E 2.2F -2.6E	17 Tu	00:36 06:24 12:36 18:54	03:18 09:36 15:36 22:18	2.8F -2.7E 3.2F -3.3E
3 Tu	01:48 07:42 13:42 19:54	04:42 10:36 16:48 23:12	2.1F -2.0E 2.3F -2.8E	18 W	01:42 07:36 13:42 20:00	04:30 10:42 16:42 23:24	2.8F -2.8E 3.3F -3.4E
4 W	02:36 08:30 14:30 20:42	05:36 11:30 17:30	2.3F -2.2E 2.5F	19 Th	02:42 08:36 14:48 21:00	05:36 11:48 17:48	3.0F -3.0E 3.5F
5 Th	03:24 09:18 15:18 21:30	00:00 06:18 12:18 18:18	-3.0E 2.5F -2.5E 2.7F	20 F	03:42 09:36 15:48 21:54	00:18 06:36 12:42 18:48	-3.6E 3.3F -3.3E 3.6F
6 F	04:06 10:00 16:00 22:12	00:48 06:54 13:00 18:54	-3.2E 2.8F -2.7E 3.0F	21 Sa	04:30 10:30 16:42 22:48	01:12 07:30 13:36 19:42	-3.8E 3.6F -3.5E 3.7F
7 Sa ○	04:42 10:42 16:42 22:54	01:30 07:30 13:42 19:36	-3.4E 3.1F -3.0E 3.3F	22 Su ●	05:18 11:18 17:30 23:36	02:00 08:18 14:24 20:30	-3.8E 3.7F -3.6E 3.7F
8 Su ●	05:18 11:18 17:24 23:30	02:06 08:12 14:24 20:18	-3.6E 3.4F -3.3E 3.5F	23 M	06:00 12:00 18:24	02:48 09:00 15:12 21:18	-3.8E 3.8F -3.6E 3.6F
9 M	06:00 12:00 18:06	02:48 08:48 15:06 21:00	-3.7E 3.6F -3.5E 3.6F	24 Tu	00:18 06:48 13:00 19:06	03:30 09:42 15:54 22:00	-3.6E 3.7F -3.6E 3.4F
10 Tu	00:12 06:36 12:42 18:54	03:30 09:30 15:48 21:48	-3.8E 3.8F -3.6E 3.7F	25 W	01:06 07:24 13:30 19:54	04:12 10:24 16:42 22:42	-3.4E 3.5F -3.4E 3.2F
11 W	00:54 07:12 13:24 19:42	04:06 10:12 16:30 22:30	-3.8E 3.9F -3.7E 3.7F	26 Th	01:48 08:00 14:12 20:42	04:54 11:00 17:24 23:24	-3.1E 3.2F -3.2E 2.9F
12 Th	01:42 08:00 14:06 20:30	04:54 10:54 17:18 23:18	-3.6E 3.9F -3.7E 3.5F	27 F	02:36 08:48 14:54 21:24	05:42 11:42 18:06	-2.8E 2.9F -3.0E
13 F	02:30 08:42 14:54 21:24	05:36 11:42 18:06	-3.5E 3.8F -3.6E	28 Sa	03:24 09:30 15:42 22:12	00:12 06:24 12:24 18:54	2.6F -2.4E 2.6F -2.8E
14 Sa	03:18 09:30 15:48 22:18	00:12 06:30 12:36 19:00	3.3F -3.2E 3.7F -3.5E	29 Su	04:12 10:18 16:30 23:06	01:00 07:12 13:12 19:42	2.3F -2.2E 2.3F -2.6E
15 Su ◑	04:18 10:30 16:48 23:24	01:06 07:24 13:30 20:00	3.1F -3.0E 3.5F -3.3E	30 M ◑	05:06 11:06 17:24	01:54 08:00 14:00 20:36	2.1F -2.0E 2.1F -2.4E
				31 Tu	00:00 06:00 12:06 18:18	02:48 09:00 15:00 21:36	2.0F -1.9E 2.1F -2.4E

September

Day	Slack (h m)	Maximum (h m)	knots	Day	Slack (h m)	Maximum (h m)	knots
1 W	01:00 06:54 13:00 19:12	03:48 10:00 15:54 22:30	2.1F -2.0E 2.2F -2.6E	16 Th	01:30 07:24 13:42 19:48	04:24 10:36 16:36 23:12	2.8F -2.8E 3.1F -3.2E
2 Th	01:54 07:48 13:54 20:06	04:42 10:48 16:48 23:24	2.3F -2.2E 2.5F -2.9E	17 F	02:30 08:24 14:42 20:48	05:30 11:36 17:42	3.0F -3.0E 3.3F
3 F	02:42 08:36 14:42 20:54	05:30 11:42 17:36	2.5F -2.6E 2.8F	18 Sa	03:24 09:24 15:36 21:42	00:12 06:24 12:30 18:42	-3.4E 3.3F -3.3E 3.5F
4 Sa	03:24 09:24 15:30 21:36	00:12 06:12 12:30 18:24	-3.2E 2.9F -3.0E 3.1F	19 Su	04:12 10:12 16:30 22:30	01:00 07:18 13:18 19:30	-3.5E 3.5F -3.6E 3.6F
5 Su	04:06 10:06 16:12 22:24	00:54 06:54 13:12 19:06	-3.5E 3.3F -3.3E 3.5F	20 M ○	04:54 10:54 17:18 23:18	01:42 08:00 14:06 20:18	-3.5E 3.7F -3.7E 3.6F
6 M	04:42 10:48 17:00 23:06	01:36 07:36 13:54 19:54	-3.7E 3.6F -3.6E 3.7F	21 Tu	05:36 11:36 18:06	02:24 08:42 14:48 21:00	-3.5E 3.7F -3.7E 3.5F
7 Tu ●	05:24 11:30 17:42 23:48	02:18 08:18 14:36 20:36	-3.9E 3.9F -3.9E 3.9F	22 W	00:00 06:18 12:18 18:48	03:06 09:18 15:30 21:36	-3.3E 3.5F -3.6E 3.3F
8 W	06:06 12:12 18:30	03:00 09:00 15:24 21:24	-3.9E 4.1F -4.0E 4.0F	23 Th	00:42 06:54 13:00 19:30	03:48 09:54 16:12 22:18	-3.1E 3.3F -3.5E 3.1F
9 Th	00:30 06:48 12:54 19:18	03:42 09:42 16:06 22:12	-3.9E 4.2F -4.1E 3.9F	24 F	01:24 07:30 13:36 20:06	04:24 10:24 16:48 22:54	-2.9E 3.1F -3.2E 2.9F
10 F	01:18 07:30 13:42 20:06	04:30 10:30 16:54 23:00	-3.7E 4.1F -4.0E 3.7F	25 Sa	02:06 08:12 14:18 20:48	05:06 11:06 17:30 23:36	-2.6E 2.8F -3.0E 2.6F
11 Sa	02:12 08:18 14:30 21:06	05:18 11:18 17:48 23:54	-3.5E 3.9F -3.8E 3.4F	26 Su	02:48 08:48 15:00 21:30	05:48 11:42 18:12	-2.4E 2.5F -2.8E
12 Su	03:06 09:12 15:24 22:06	06:12 12:12 18:42	-3.2E 3.6F -3.5E	27 M	03:36 09:36 15:48 22:18	00:18 06:36 12:30 19:00	2.4F -2.2E 2.3F -2.6E
13 M ◐	04:00 10:12 16:24 23:12	00:48 07:06 13:12 19:48	3.1F -2.9E 3.3F -3.2E	28 Tu	04:24 10:24 16:36 23:12	01:06 07:24 13:18 19:54	2.2F -2.1E 2.2F -2.4E
14 Tu	05:06 11:18 17:36	01:54 08:18 14:18 20:54	2.8F -2.7E 3.1F -3.1E	29 W ◐	05:18 11:18 17:30	02:00 08:18 14:12 20:48	2.1F -2.1E 2.2F -2.4E
15 W	00:18 06:18 12:30 18:42	03:06 09:24 15:24 22:06	2.7F -2.6E 3.0F -3.1E	30 Th	00:06 06:12 12:18 18:30	02:54 09:12 15:12 21:48	2.2F -2.3E 2.3F -2.6E

Station ID: LIS1001 Depth: 25 feet
Source: NOAA/NOS/CO-OPS
Station Type: Harmonic
Time Zone: LST

NOAA Tidal Current Predictions

The Race, 2021
Latitude: 41.2282° N Longitude: 72.0625° W
Mean Flood Dir. 292° (T) Mean Ebb Dir. 108° (T)
Times and speeds of maximum and minimum current, in knots

October

Day	Slack (h m)	Maximum (h m)	knots
1 F	03:48, 10:12, 16:06, 22:42	01:00 / 07:06 / 13:18 / 19:24	2.4F / -2.4E / 2.5F / -2.8E
2 Sa	04:42, 11:06, 17:00, 23:30	01:54 / 07:54 / 14:06 / 20:18	2.7F / -2.8E / 2.9F / -3.1E
3 Su	05:30, 11:54, 17:48, 21:06	02:42 / 08:42 / 15:00	3.1F / -3.2E / 3.2F
4 M	03:24, 09:30, 15:48, 21:54	00:18 / 06:18 / 12:42 / 18:36	-3.5E / 3.5F / -3.6E / 3.6F
5 Tu	04:06, 10:12, 16:36, 22:36	01:00 / 07:00 / 13:24 / 19:24	-3.7E / 3.9F / -4.0E / 3.9F
6 W ●	04:48, 10:54, 17:18, 23:24	01:48 / 07:48 / 14:06 / 20:12	-3.9E / 4.2F / -4.2E / 4.1F
7 Th	05:36, 11:42, 18:06	02:30 / 08:30 / 14:54 / 21:00	-3.9E / 4.3F / -4.4E / 4.2F
8 F	00:12, 06:18, 12:24, 19:00	03:18 / 09:18 / 15:42 / 21:48	-3.9E / 4.3F / -4.3E / 4.1F
9 Sa	01:00, 07:06, 13:18, 19:54	04:06 / 10:06 / 16:30 / 22:42	-3.7E / 4.2F / -4.2E / 3.8F
10 Su	01:54, 08:00, 14:06, 20:48	05:00 / 11:00 / 17:30 / 23:36	-3.4E / 3.9F / -3.9E / 3.5F
11 M	02:48, 08:54, 15:06, 21:48	05:54 / 11:54 / 18:30	-3.2E / 3.6F / -3.5E
12 Tu	03:48, 10:00, 16:12, 22:54	00:36 / 06:54 / 12:54 / 19:36	3.1F / -2.9E / 3.2F / -3.2E
13 W ◐	04:54, 11:12, 17:18	01:42 / 08:06 / 14:06 / 20:42	2.9F / -2.7E / 3.0F / -3.0E
14 Th	00:06, 06:06, 12:24, 18:30	03:00 / 09:12 / 15:18 / 21:48	2.8F / -2.7E / 2.9F / -3.0E
15 F	01:12, 07:24, 13:30, 19:36	04:12 / 10:24 / 16:36 / 22:54	2.9F / -2.9E / 3.0F / -3.0E
16 Sa	02:06, 08:12, 14:30, 20:36	05:12 / 11:24 / 17:36 / 23:54	3.1F / -3.1E / 3.1F / -3.1E
17 Su	03:00, 09:00, 15:30, 21:30	06:06 / 12:18 / 18:30	3.3F / -3.4E / 3.3F
18 M	03:48, 16:18, 22:18	00:42 / 06:54 / 13:00 / 19:18	-3.2E / 3.4F / -3.6E / 3.4F
19 Tu	04:30, 10:30, 17:00, 23:00	01:24 / 07:36 / 13:48 / 20:00	-3.2E / 3.5F / -3.7E / 3.4F
20 W ○	05:12, 11:24, 17:42, 23:42	02:06 / 08:18 / 14:24 / 20:42	-3.1E / 3.4F / -3.7E / 3.3F
21 Th	05:48, 11:48, 18:24	02:42 / 08:48 / 15:00 / 21:18	-3.0E / 3.3F / -3.6E / 3.2F
22 F	00:18, 06:24, 12:24, 19:00	03:18 / 09:24 / 15:42 / 21:48	-2.8E / 3.1F / -3.4E / 3.0F
23 Sa	01:00, 07:00, 13:06, 19:36	04:00 / 09:54 / 16:18 / 22:24	-2.7E / 2.9F / -3.2E / 2.9F
24 Su	01:36, 07:36, 13:42, 20:18	04:36 / 10:30 / 17:00 / 23:00	-2.6E / 2.7F / -3.0E / 2.7F
25 M	02:18, 08:18, 14:24, 20:54	05:18 / 11:12 / 17:42 / 23:42	-2.4E / 2.6F / -2.8E / 2.6F
26 Tu	03:00, 09:00, 15:06, 21:42	06:00 / 11:54 / 18:24	-2.3E / 2.4F / -2.7E
27 W	03:48, 09:54, 16:00, 22:30	00:30 / 06:48 / 12:42 / 19:12	2.5F / -2.3E / 2.3F / -2.6E
28 Th ◐	04:42, 10:42, 16:48, 23:18	01:18 / 07:42 / 13:36 / 20:06	2.4F / -2.3E / 2.3F / -2.6E
29 F	05:30, 11:42, 17:48	02:12 / 08:36 / 14:30 / 21:06	2.5F / -2.4E / 2.4F / -2.7E
30 Sa	00:24, 06:24, 12:36, 18:42	03:06 / 09:30 / 15:30 / 22:00	2.7F / -2.7E / 2.6F / -2.9E
31 Su	01:06, 07:18, 13:36, 19:36	04:00 / 10:30 / 16:24 / 22:54	3.0F / -3.0E / 2.9F / -3.1E

November

Day	Slack (h m)	Maximum (h m)	knots
1 M	01:54, 08:06, 14:30, 20:30	04:48 / 11:18 / 17:18 / 23:42	3.4F / -3.4E / 3.3F / -3.4E
2 Tu	02:42, 08:54, 15:18, 21:24	05:42 / 12:06 / 18:06	3.7F / -3.8E / 3.6F
3 W	03:30, 09:42, 16:06, 22:12	00:30 / 06:30 / 12:54 / 19:00	-3.6E / 4.0F / -4.2E / 3.9F
4 Th ●	04:18, 10:24, 17:00, 23:00	01:18 / 07:18 / 13:42 / 19:48	-3.8E / 4.3F / -4.4E / 4.1F
5 F	05:06, 11:12, 17:48, 23:54	02:06 / 08:06 / 14:30 / 20:42	-3.8E / 4.4F / -4.5E / 4.2F
6 Sa	05:54, 12:06, 18:42	02:54 / 08:54 / 15:24 / 21:30	-3.8E / 4.4F / -4.4E / 4.1F
7 Su	00:42, 06:48, 12:54, 19:36	03:48 / 09:48 / 16:18 / 22:24	-3.6E / 4.2F / -4.2E / 3.9F
8 M	01:36, 07:42, 13:54, 20:36	04:42 / 10:42 / 17:12 / 23:24	-3.4E / 3.9F / -3.9E / 3.6F
9 Tu	02:36, 08:42, 14:54, 21:36	05:42 / 11:36 / 18:12	-3.2E / 3.6F / -3.6E
10 W	03:36, 09:48, 15:54, 22:36	00:24 / 06:42 / 12:42 / 19:18	3.3F / -3.0E / 3.2F / -3.3E
11 Th ◐	04:42, 11:00, 17:00, 23:42	01:30 / 07:48 / 13:54 / 20:24	3.0F / -2.9E / 2.9F / -3.0E
12 F	05:48, 12:06, 18:12	02:42 / 08:54 / 15:06 / 21:24	2.9F / -2.9E / 2.8F / -2.9E
13 Sa	00:42, 06:48, 13:18, 19:18	03:48 / 09:54 / 16:18 / 22:30	3.0F / -3.0E / 2.8F / -2.8E
14 Su	01:36, 07:42, 14:18, 20:18	04:48 / 11:00 / 17:18 / 23:24	3.1F / -3.2E / 2.9F / -2.8E
15 M	02:30, 08:48, 15:12, 21:12	05:42 / 12:06 / 18:12	3.2F / -3.4E / 3.0F
16 Tu	03:18, 09:24, 16:00, 22:00	00:12 / 06:30 / 12:36 / 19:00	-2.8E / 3.2F / -3.5E / 3.1F
17 W	04:00, 10:06, 16:42, 22:42	01:00 / 07:12 / 13:18 / 19:42	-2.8E / 3.2F / -3.6E / 3.1F
18 Th	04:42, 10:42, 17:24, 23:18	01:36 / 07:48 / 14:00 / 20:24	-2.8E / 3.2F / -3.6E / 3.1F
19 F ○	05:18, 11:24, 18:00	02:18 / 08:24 / 14:36 / 20:54	-2.7E / 3.1F / -3.5E / 3.0F
20 Sa	00:00, 06:00, 12:00, 18:36	02:54 / 08:54 / 15:12 / 21:30	-2.7E / 2.9F / -3.4E / 3.0F
21 Su	00:36, 06:36, 12:36, 19:12	03:30 / 09:24 / 15:54 / 22:00	-2.6E / 2.8F / -3.2E / 2.9F
22 M	01:12, 07:12, 13:12, 19:48	04:12 / 10:00 / 16:30 / 22:36	-2.6E / 2.8F / -3.1E / 2.8F
23 Tu	01:54, 07:48, 13:54, 20:24	04:54 / 10:42 / 17:12 / 23:18	-2.5E / 2.7F / -3.0E / 2.8F
24 W	02:36, 08:30, 14:36, 21:06	05:36 / 11:24 / 17:54	-2.5E / 2.6F / -2.9E
25 Th	03:18, 09:18, 15:24, 21:48	00:00 / 06:18 / 12:12 / 18:42	2.8F / -2.5E / 2.6F / -2.8E
26 F ◐	04:06, 10:12, 16:12, 22:36	00:48 / 07:06 / 13:00 / 19:30	2.8F / -2.6E / 2.6F / -2.8E
27 Sa	04:54, 11:06, 17:06, 23:30	01:36 / 08:00 / 14:00 / 20:18	2.9F / -2.7E / 2.6F / -2.8E
28 Su	05:48, 12:06, 18:00	02:30 / 08:54 / 14:54 / 21:18	3.1F / -2.9E / 2.7F / -2.9E
29 M	00:18, 06:36, 13:06, 19:00	03:24 / 09:48 / 15:48 / 22:12	3.3F / -3.2E / 3.0F / -3.1E
30 Tu	01:12, 07:30, 14:00, 20:00	04:12 / 10:42 / 16:48 / 23:06	3.5F / -3.6E / 3.3F / -3.2E

December

Day	Slack (h m)	Maximum (h m)	knots
1 W	02:06, 08:18, 14:54, 20:54	05:06 / 11:36 / 17:42	3.8F / -3.9E / 3.6F
2 Th	03:00, 09:12, 15:48, 21:48	00:00 / 06:00 / 12:30 / 18:36	-3.4E / 4.0F / -4.2E / 3.8F
3 F	03:54, 10:00, 16:42, 22:42	00:54 / 06:54 / 13:18 / 19:30	-3.6E / 4.2F / -4.4E / 4.0F
4 Sa ●	04:42, 10:54, 17:36, 23:36	01:42 / 07:42 / 14:12 / 20:24	-3.7E / 4.3F / -4.5E / 4.1F
5 Su	05:36, 11:48, 18:30	02:36 / 08:36 / 15:06 / 21:18	-3.7E / 4.3F / -4.4E / 4.0F
6 M	00:30, 06:36, 12:42, 19:24	03:30 / 09:30 / 16:00 / 22:12	-3.6E / 4.1F / -4.2E / 3.9F
7 Tu	01:24, 07:30, 13:36, 20:18	04:30 / 10:24 / 17:00 / 23:06	-3.5E / 3.9F / -4.0E / 3.7F
8 W	02:18, 08:30, 14:36, 21:12	05:24 / 11:24 / 17:54	-3.3E / 3.6F / -3.7E
9 Th	03:18, 09:30, 15:36, 22:12	00:06 / 06:24 / 12:24 / 18:54	3.4F / -3.2E / 3.2F / -3.3E
10 F	04:18, 10:36, 16:36, 23:06	01:06 / 07:30 / 13:30 / 19:54	3.2F / -3.0E / 2.9F / -3.0E
11 Sa ◐	05:18, 11:48, 17:42	02:12 / 08:30 / 14:42 / 20:54	3.1F / -3.0E / 2.7F / -2.7E
12 Su	00:06, 06:18, 12:54, 18:48	03:18 / 09:30 / 15:54 / 21:54	3.0F / -3.0E / 2.6F / -2.5E
13 M	01:06, 07:12, 13:54, 19:48	04:12 / 10:30 / 16:54 / 22:54	2.9F / -3.1E / 2.6F / -2.4E
14 Tu	01:54, 08:06, 14:48, 20:42	05:12 / 11:24 / 17:48 / 23:42	2.9F / -3.2E / 2.7F / -2.4E
15 W	02:48, 08:54, 15:36, 21:30	06:00 / 12:12 / 18:36	2.9F / -3.3E / 2.8F
16 Th	03:30, 09:36, 16:18, 22:18	00:30 / 06:42 / 12:54 / 19:18	-2.5E / 2.9F / -3.3E / 2.9F
17 F	04:12, 10:18, 16:54, 22:54	01:12 / 07:24 / 13:36 / 20:00	-2.5E / 2.9F / -3.4E / 2.9F
18 Sa ○	04:54, 10:54, 17:36, 23:30	01:48 / 07:54 / 14:12 / 20:30	-2.6E / 2.9F / -3.4E / 2.9F
19 Su	05:30, 11:36, 18:12	02:30 / 08:30 / 14:48 / 21:00	-2.6E / 2.9F / -3.3E / 2.9F
20 M	00:12, 06:06, 12:12, 18:48	03:06 / 09:00 / 15:30 / 21:36	-2.7E / 2.9F / -3.3E / 3.0F
21 Tu	00:48, 06:48, 12:48, 19:24	03:48 / 09:36 / 16:06 / 22:06	-2.7E / 2.9F / -3.3E / 3.0F
22 W	01:24, 07:24, 13:30, 20:00	04:24 / 10:18 / 16:48 / 22:48	-2.8E / 2.9F / -3.2E / 3.1F
23 Th	02:06, 08:06, 14:06, 20:36	05:06 / 11:00 / 17:24 / 23:30	-2.8E / 2.9F / -3.2E / 3.2F
24 F	02:48, 08:54, 14:54, 21:18	05:54 / 11:42 / 18:06	-2.9E / 2.9F / -3.1E
25 Sa	03:30, 09:42, 15:42, 22:00	00:12 / 06:36 / 12:36 / 18:54	3.2F / -2.9E / 2.8F / -3.0E
26 Su ◐	04:18, 10:36, 16:30, 22:48	01:00 / 07:24 / 13:24 / 19:42	3.3F / -2.9E / 2.8F / -3.0E
27 M	05:12, 11:36, 17:30, 23:42	01:54 / 08:18 / 14:24 / 20:36	3.4F / -3.1E / 2.8F / -2.9E
28 Tu	06:00, 12:36, 18:30	02:48 / 09:18 / 15:18 / 21:36	3.4F / -3.3E / 3.0F / -3.0E
29 W	00:42, 07:00, 13:36, 19:30	03:42 / 10:12 / 16:18 / 22:36	3.6F / -3.5E / 3.1F / -3.1E
30 Th	01:36, 07:54, 14:36, 20:30	04:42 / 11:12 / 17:18 / 23:36	3.7F / -3.8E / 3.4F / -3.2E
31 F	02:36, 08:48, 15:30, 21:30	05:36 / 12:12 / 18:18	3.9F / -4.0E / 3.6F

NOAA Tidal Current Predictions

Throgs Neck Bridge, 2021

Latitude: 40.8011° N Longitude: 73.7921° W
Mean Flood Dir. 106° (T) Mean Ebb Dir. 262° (T)
Times and speeds of maximum and minimum current, in knots

January

Day	Slack h m	Max h m	knots
1 F	04:18	01:06	-1.2E
	10:36	07:42	1.8F
	16:48	13:30	-1.1E
	22:54	20:12	1.7F
2 Sa	05:00	01:54	-1.1E
	11:18	08:30	1.8F
	17:30	14:18	-1.1E
	23:42	21:00	1.7F
3 Su	05:42	02:42	-1.1E
	12:06	09:18	1.8F
	18:18	15:06	-1.1E
		21:48	1.6F
4 M	00:30	03:30	-1.1E
	06:24	10:12	1.7F
	13:00	15:54	-1.1E
	19:00	22:42	1.6F
5 Tu	01:24	04:18	-1.1E
	07:12	11:06	1.6F
	13:54	16:48	-1.0E
	19:54	23:36	1.6F
6 W	02:18	05:06	-1.0E
	08:06	12:00	1.6F
	15:00	17:36	-1.0E
	20:54		
7 Th	03:18	00:30	1.5F
	09:12	06:00	-1.0E
	16:00	13:00	1.6F
	22:06	18:30	-1.0E
8 F	04:24	01:24	1.6F
	10:30	06:54	-1.0E
	17:06	13:54	1.6F
	23:12	19:24	-1.0E
9 Sa	05:30	02:18	1.6F
	11:42	07:48	-1.0E
	18:06	14:48	1.6F
		20:24	-1.0E
10 Su	00:18	03:12	1.6F
	06:30	08:48	-1.0E
	12:54	15:48	1.6F
	19:06	21:18	-1.0E
11 M	01:18	04:12	1.7F
	07:30	09:42	-1.0E
	14:00	16:42	1.6F
	20:06	22:12	-1.0E
12 Tu	02:18	05:00	1.7F
	08:30	10:36	-1.0E
	15:00	17:30	1.6F
	21:00	23:06	-1.0E
13 W	03:12	05:54	1.7F
	09:30	11:30	-0.9E
	15:54	18:24	1.6F
	21:54		
14 Th	04:06	00:00	-0.9E
	10:24	06:48	1.7F
	16:48	12:30	-0.9E
	22:48	19:12	1.6F
15 F	05:00	00:54	-0.9E
	11:18	07:36	1.7F
	17:36	13:24	-0.9E
	23:42	20:06	1.5F
16 Sa	05:48	01:48	-0.9E
	12:18	08:24	1.6F
	18:24	14:18	-0.9E
		20:54	1.4F
17 Su	00:36	02:42	-0.9E
	06:36	09:18	1.5F
	13:06	15:06	-0.8E
	19:12	21:42	1.3F
18 M	01:30	03:30	-0.8E
	07:24	10:06	1.4F
	14:00	16:00	-0.8E
	19:54	22:30	1.3F
19 Tu	02:18	04:18	-0.8E
	08:06	10:54	1.3F
	14:48	16:48	-0.8E
	20:36	23:18	1.2F
20 W	03:06	05:06	-0.8E
	08:54	11:48	1.3F
	15:42	17:36	-0.8E
	21:24		
21 Th	03:54	00:06	1.2F
	09:42	05:54	-0.8E
	16:24	12:36	1.3F
	22:06	18:24	-0.8E
22 F	04:42	00:54	1.3F
	10:30	06:42	-0.8E
	17:12	13:24	1.4F
	22:48	19:12	-0.9E
23 Sa	05:30	01:42	1.3F
	11:18	07:30	-0.8E
	17:54	14:12	1.4F
	23:30	20:00	-0.9E
24 Su	06:12	02:30	1.4F
	12:00	08:24	-0.9E
	18:36	15:00	1.5F
		20:48	-1.0E
25 M	00:12	03:18	1.6F
	06:54	09:12	-1.0E
	12:48	15:48	1.6F
	19:18	21:36	-1.1E
26 Tu	01:00	04:06	1.7F
	07:36	10:00	-1.0E
	13:36	16:36	1.6F
	19:54	22:18	-1.1E
27 W	01:42	04:54	1.8F
	08:18	10:42	-1.1E
	14:18	17:24	1.7F
	20:30	23:06	-1.2E
28 Th	02:24	05:42	1.8F
	08:54	11:30	-1.1E
	15:00	18:12	1.8F
	21:06	23:48	-1.2E
29 F	03:06	06:30	1.9F
	09:30	12:12	-1.1E
	15:42	19:00	1.8F
	21:48		
30 Sa	03:48	00:36	-1.2E
	10:06	07:18	1.9F
	16:24	13:00	-1.1E
	22:24	19:42	1.8F
31 Su	04:30	01:24	-1.2E
	10:54	08:06	1.9F
	17:06	13:48	-1.2E
	23:12	20:30	1.8F

February

Day	Slack h m	Max h m	knots
1 M	05:12	02:12	-1.2E
	11:42	08:54	1.8F
	17:48	14:36	-1.1E
		21:18	1.7F
2 Tu	00:00	03:00	-1.1E
	05:54	09:48	1.8F
	12:30	15:24	-1.1E
	18:36	22:12	1.6F
3 W	00:54	03:48	-1.1E
	06:42	10:42	1.7F
	13:30	16:18	-1.1E
	19:24	23:06	1.6F
4 Th	01:54	04:42	-1.0E
	07:36	11:36	1.6F
	14:36	17:12	-1.0E
	20:24		
5 F	03:00	00:06	1.5F
	08:48	05:36	-1.0E
	15:42	12:36	1.5F
	21:36	18:06	-0.9E
6 Sa	04:12	01:00	1.5F
	10:24	06:30	-0.9E
	16:54	13:30	1.5F
	23:00	19:00	-0.9E
7 Su	05:18	02:00	1.5F
	11:48	07:30	-0.9E
	18:00	14:30	1.5F
		20:00	-0.9E
8 M	00:06	02:54	1.6F
	06:24	08:30	-0.9E
	12:54	15:24	1.5F
	19:00	21:00	-0.9E
9 Tu	01:12	03:48	1.6F
	07:30	09:30	-0.9E
	13:54	16:18	1.5F
	19:54	21:54	-0.9E
10 W	02:12	04:42	1.7F
	08:24	10:24	-0.9E
	14:48	17:12	1.6F
	20:48	22:48	-0.9E
11 Th	03:00	05:36	1.7F
	09:18	11:18	-0.9E
	15:42	18:06	1.6F
	21:42	23:42	-0.9E
12 F	03:54	06:24	1.7F
	10:06	12:12	-0.9E
	16:30	18:54	1.6F
	22:30		
13 Sa	04:36	00:36	-0.9E
	11:00	07:12	1.7F
	17:12	13:00	-0.9E
	23:18	19:36	1.5F
14 Su	05:24	01:24	-0.9E
	11:48	08:00	1.6F
	17:54	13:54	-0.9E
		20:24	1.5F
15 M	00:06	02:12	-0.9E
	06:00	08:48	1.6F
	12:36	14:36	-0.9E
	18:30	21:06	1.4F
16 Tu	06:42	00:54	-0.9E
	13:24	09:30	1.5F
	19:06	15:24	-0.9E
		21:54	1.3F
17 W	01:36	03:42	-0.9E
	07:18	10:18	1.4F
	14:12	16:12	-0.9E
	19:42	22:42	1.3F
18 Th	02:24	04:30	-0.8E
	07:54	11:12	1.4F
	15:00	17:00	-0.9E
	20:18	23:30	1.3F
19 F	03:12	05:24	-0.8E
	08:42	12:00	1.3F
	15:42	17:48	-0.9E
	21:06		
20 Sa	04:00	00:18	1.3F
	09:36	06:06	-0.8E
	16:30	12:48	1.3F
	22:00	18:36	-0.9E
21 Su	04:48	01:12	1.4F
	10:36	07:00	-0.8E
	17:18	13:36	1.4F
	22:48	19:30	-0.9E
22 M	05:36	02:00	1.5F
	11:30	07:54	-0.9E
	18:00	14:30	1.4F
	23:36	20:18	-1.0E
23 Tu	06:24	02:54	1.6F
	12:18	08:42	-0.9E
	18:42	15:18	1.5F
		21:06	-1.1E
24 W	00:30	03:42	1.7F
	07:06	09:30	-1.0E
	13:06	16:06	1.6F
	19:24	21:54	-1.1E
25 Th	01:12	04:30	1.8F
	07:48	10:18	-1.1E
	13:54	16:54	1.7F
	20:00	22:36	-1.2E
26 F	02:00	05:18	1.9F
	08:24	11:00	-1.1E
	14:36	17:42	1.8F
	20:42	23:18	-1.2E
27 Sa	02:42	06:06	1.9F
	09:00	11:48	-1.2E
	15:18	18:30	1.8F
	21:18		
28 Su	03:24	00:06	-1.2E
	09:42	06:54	2.0F
	16:00	12:30	-1.2E
	22:00	19:18	1.9F

March

Day	Slack h m	Max h m	knots
1 M	04:00	00:54	-1.2E
	10:24	07:42	1.9F
	16:42	13:18	-1.2E
	22:42	20:06	1.8F
2 Tu	04:48	01:42	-1.2E
	11:18	08:30	1.9F
	17:24	14:06	-1.2E
	23:36	20:54	1.7F
3 W	05:30	02:30	-1.2E
	12:12	09:18	1.8F
	18:12	15:00	-1.1E
		21:48	1.6F
4 Th	00:30	03:18	-1.1E
	06:24	10:06	1.6F
	13:12	15:54	-1.0E
	19:00	22:42	1.6F
5 F	01:30	04:12	-1.0E
	07:24	11:12	1.5F
	14:18	16:48	-0.9E
	20:00	23:42	1.5F
6 Sa	02:42	05:12	-0.9E
	08:48	12:12	1.4F
	15:30	17:42	-0.9E
	21:24		
7 Su	04:06	00:36	1.5F
	10:30	06:12	-0.8E
	16:42	13:12	1.4F
	22:54	18:42	-0.8E
8 M	05:12	01:36	1.5F
	11:42	07:12	-0.8E
	17:48	14:12	1.4F
	23:06	19:42	-0.8E
9 Tu	00:00	02:36	1.5F
	06:18	08:12	-0.8E
	12:48	15:06	1.4F
	18:48	20:42	-0.8E
10 W	01:00	03:30	1.6F
	07:18	09:18	-0.8E
	13:42	16:00	1.5F
	19:42	21:42	-0.9E
11 Th	01:54	04:24	1.6F
	08:12	10:12	-0.9E
	14:30	16:54	1.5F
	20:30	22:30	-0.9E
12 F	02:42	05:12	1.7F
	09:00	11:00	-0.9E
	15:18	17:42	1.6F
	21:18	23:18	-1.0E
13 Sa	03:30	06:00	1.7F
	09:48	11:48	-0.9E
	16:00	18:24	1.6F
	22:00		
14 Su	04:12	00:06	-1.0E
	10:30	06:48	1.7F
	16:36	12:36	-0.9E
	22:48	19:06	1.5F
15 M	04:48	00:54	-1.0E
	11:18	07:18	1.7F
	17:12	13:24	-1.0E
	23:30	19:54	1.5F
16 Tu	05:24	01:42	-1.0E
	12:00	08:12	1.6F
	17:48	14:06	-1.0E
		20:36	1.5F
17 W	00:12	02:24	-0.9E
	05:54	09:00	1.5F
	12:42	14:54	-1.0E
	18:18	21:18	1.4F
18 Th	00:54	03:12	-0.9E
	06:30	09:48	1.4F
	13:30	15:42	-0.9E
	18:54	22:06	1.4F
19 F	01:36	04:00	-0.9E
	07:06	10:36	1.4F
	14:12	16:30	-0.9E
	19:30	22:54	1.4F
20 Sa	02:30	04:48	-0.9E
	07:54	11:24	1.3F
	15:00	17:18	-0.9E
	20:18	23:48	1.4F
21 Su	03:18	05:42	-0.8E
	08:54	12:18	1.3F
	15:48	18:06	-0.9E
	21:12		
22 M	04:12	00:36	1.4F
	09:54	06:30	-0.8E
	16:36	13:06	1.4F
	22:12	18:54	-0.9E
23 Tu	05:06	01:30	1.5F
	10:54	07:18	-0.9E
	17:18	14:00	1.4F
	23:06	19:42	-1.0E
24 W	05:48	02:24	1.6F
	11:48	08:12	-0.9E
	18:06	14:48	1.5F
	23:54	20:36	-1.0E
25 Th	06:36	03:12	1.7F
	12:36	09:00	-1.0E
	18:48	15:42	1.6F
		21:24	-1.1E
26 F	00:42	04:00	1.8F
	07:18	09:48	-1.1E
	13:24	16:30	1.6F
	19:30	22:06	-1.2E
27 Sa	01:30	04:48	1.9F
	07:54	10:30	-1.2E
	14:06	17:18	1.8F
	20:12	22:54	-1.2E
28 Su	02:12	05:42	2.0F
	08:36	11:18	-1.2E
	14:48	18:06	1.9F
	20:54	23:36	-1.3E
29 M	02:54	06:30	2.0F
	09:18	12:06	-1.2E
	15:30	18:54	1.9F
	21:36		
30 Tu	03:36	00:24	-1.2E
	10:06	07:18	1.9F
	16:12	12:54	-1.2E
	22:18	19:42	1.8F
31 W	04:24	01:12	-1.2E
	10:42	08:06	1.9F
	17:00	13:42	-1.2E
	23:12	20:30	1.8F

Station ID: LIS1038 Depth: 14 feet
Source: NOAA/NOS/CO-OPS
Station Type: Harmonic
Time Zone: LST

NOAA Tidal Current Predictions

Throgs Neck Bridge, 2021

Latitude: 40.8011° N Longitude: 73.7921° W
Mean Flood Dir. 106° (T) Mean Ebb Dir. 262° (T)
Times and speeds of maximum and minimum current, in knots

April

Day	Slack h:m	Max h:m	knots		Day	Slack h:m	Max h:m	knots
1 Th		02:06	-1.1E		16 F	00:12	02:42	-1.0E
	05:18	09:00	1.7F			05:54	09:12	1.5F
	11:54	14:36	-1.1E			12:42	15:06	-1.0E
	17:48	21:24	1.7F			18:12	21:36	1.5F
2 F	00:12	03:00	-1.0E		17 Sa	00:54	03:30	-0.9E
	06:12	09:54	1.6F			06:36	10:00	1.4F
	12:54	15:30	-1.0E			13:24	15:54	-1.0E
	18:42	22:18	1.5F			18:54	22:24	1.5F
3 Sa	01:24	03:54	-0.9E		18 Su	01:42	04:18	-0.9E
	07:24	10:54	1.4F			07:24	10:54	1.4F
	14:06	16:24	-0.9E			14:12	16:48	-1.0E
	19:54	23:18	1.5F			19:42	23:18	1.5F
4 Su ◐	02:42	04:54	-0.8E		19 M	02:36	05:06	-0.9E
		11:54	1.3F				11:48	1.4F
	15:24	17:24	-0.8E			15:00	17:36	-1.0E
	21:24					20:36		
5 M		00:18	1.4F		20 Tu ◑		00:06	1.5F
	04:00	05:54	-0.8E			03:36	06:00	-0.9E
	10:24	12:48	1.3F			09:54	12:36	1.4F
	16:30	18:24	-0.8E			15:54	18:24	-1.0E
	22:42					21:36		
6 Tu		01:18	1.4F		21 W	04:24	01:00	1.5F
	05:06	06:54	-0.7E			10:18	06:48	-0.9E
	11:30	13:48	1.3F			16:42	13:30	1.5F
	17:30	19:24	-0.8E			22:30	19:12	-1.0E
	23:48							
7 W		02:12	1.5F		22 Th	05:12	01:54	1.6F
	06:06	08:00	-0.7E			11:12	07:36	-0.9E
	12:30	14:48	1.4F			17:30	14:18	1.6F
	18:30	20:24	-0.8E			23:24	20:00	-1.0E
8 Th	00:42	03:12	1.5F		23 F	06:00	02:42	1.7F
	07:00	09:06	-0.8E			12:06	08:30	-1.0E
	13:18	15:36	1.4F			18:18	15:12	1.7F
	19:18	21:24	-0.9E				20:54	-1.1E
9 F	01:36	04:00	1.6F		24 Sa	00:12	03:36	1.8F
	07:54	09:54	-0.9E			06:42	09:18	-1.1E
	14:06	16:24	1.5F			13:00	16:00	1.8F
	20:06	22:12	-0.9E			19:00	21:36	-1.2E
10 Sa	02:18	04:48	1.6F		25 Su	01:00	04:24	1.9F
	08:36	10:36	-0.9E			07:30	10:06	-1.2E
	14:48	17:12	1.5F			13:36	16:48	1.8F
	20:54	22:54	-1.0E			19:42	22:24	-1.2E
11 Su	03:00	05:36	1.7F		26 M	01:48	05:18	1.9F
	09:18	11:18	-1.0E			08:12	10:48	-1.2E
	15:24	17:54	1.5F			14:24	17:42	1.9F
	21:30	23:36	-1.0E			20:30	23:06	-1.2E
12 M ●	03:36	06:18	1.7F		27 Tu ○	02:36	06:06	1.9F
	10:00	12:06	-1.0E			09:00	11:36	-1.2E
	16:00	18:36	1.5F			15:06	18:30	1.9F
	22:12					21:12		
13 Tu	04:12	00:24	-1.0E		28 W	03:24	00:00	-1.2E
	10:42	07:00	1.7F			09:48	06:54	1.9F
	16:30	12:48	-1.0E			15:54	12:30	-1.2E
	22:48	19:18	1.5F			22:06	19:18	1.8F
14 W	04:42	01:06	-1.0E		29 Th	04:12	00:48	-1.2E
	11:24	07:42	1.6F			10:42	07:48	1.8F
	17:00	13:36	-1.0E			16:42	13:18	-1.1E
	23:30	20:00	1.5F			23:00	20:12	1.8F
15 Th	05:18	01:54	-1.0E		30 F	05:12	01:42	-1.1E
	12:00	08:30	1.6F			11:42	08:36	1.7F
	17:36	14:24	-1.0E			17:42	14:12	-1.0E
		20:48	1.5F				21:00	1.6F

May

Day	Slack h:m	Max h:m	knots		Day	Slack h:m	Max h:m	knots
1 Sa	00:06	02:36	-1.0E		16 Su	00:18	03:00	-1.0E
	06:24	09:30	1.5F			06:06	09:30	1.5F
	12:48	15:06	-0.9E			12:36	15:24	-1.0E
	18:42	22:00	1.5F			18:24	21:54	1.6F
2 Su	01:24	03:36	-0.9E		17 M	01:06	03:48	-0.9E
	07:36	10:30	1.4F			06:54	10:24	1.5F
	14:00	16:06	-0.8E			13:24	16:12	-1.0E
	19:54	23:00	1.4F			19:12	22:48	1.6F
3 M ◐	02:36	04:36	-0.8E		18 Tu	01:54	04:36	-0.9E
	08:54	11:30	1.3F			07:42	11:18	1.4F
	15:12	17:06	-0.8E			14:12	17:00	-1.0E
	21:12	23:54	1.4F			20:00	23:36	1.6F
4 Tu	03:48	05:36	-0.7E		19 W ◑	02:48	05:30	-0.9E
	10:06	12:30	1.3F			08:42	12:06	1.5F
	16:12	18:06	-0.8E			15:06	17:54	-1.0E
	22:24					20:54		
5 W		00:54	1.4F		20 Th		00:30	1.6F
	04:48	06:36	-0.7E			03:42	06:18	-0.9E
	11:06	13:24	1.3F			09:42	13:00	1.5F
	17:12	19:00	-0.7E			16:00	18:42	-1.0E
	23:24					21:54		
6 Th		01:48	1.4F		21 F	04:36	01:24	1.6F
	05:48	07:36	-0.7E			10:36	07:06	-1.0E
	12:00	14:18	1.3F			16:54	13:54	1.6F
	18:06	20:06	-0.8E			22:48	19:30	-1.0E
7 F	00:18	02:42	1.5F		22 Sa	05:24	02:18	1.7F
	06:36	08:36	-0.8E			11:30	08:00	-1.0E
	12:48	15:12	1.4F			17:42	14:42	1.7F
	18:54	20:54	-0.8E			23:42	20:18	-1.1E
8 Sa	01:06	03:36	1.5F		23 Su	06:12	03:12	1.8F
	07:24	09:24	-0.9E			12:24	08:48	-1.1E
	13:36	15:54	1.4F			18:30	15:36	1.7F
	19:42	21:42	-0.9E				21:06	-1.1E
9 Su	01:48	04:18	1.6F		24 M	00:36	04:00	1.8F
	08:06	10:12	-0.9E			07:06	09:36	-1.2E
	14:12	16:24	1.5F			13:12	16:24	1.8F
	20:24	22:24	-1.0E			19:18	21:54	-1.2E
10 M	02:24	05:06	1.6F		25 Tu	01:24	04:54	1.9F
	08:48	10:48	-1.0E			07:54	10:24	-1.2E
	14:48	17:24	1.5F			14:00	17:18	1.8F
	21:00	23:06	-1.0E			20:12	22:48	-1.2E
11 Tu ●	03:00	05:48	1.6F		26 W ○	02:24	05:42	1.8F
	09:30	11:36	-1.0E			08:42	11:12	-1.2E
	15:18	18:06	1.6F			14:54	18:06	1.8F
	21:36	23:48	-1.0E			21:00	23:36	-1.2E
12 W	03:36	06:30	1.7F		27 Th	03:18	06:36	1.8F
	10:06	12:18	-1.0E			09:36	12:06	-1.1E
	15:48	18:48	1.6F			15:42	19:00	1.8F
	22:12					21:54		
13 Th	04:06	00:36	-1.0E		28 F	04:18	00:30	-1.1E
	10:42	07:12	1.7F			10:30	07:30	1.7F
	16:24	13:06	-1.1E			16:36	13:00	-1.1E
	22:48	19:30	1.6F			23:00	19:54	1.7F
14 F	04:42	01:24	-1.0E		29 Sa	05:24	01:24	-1.0E
	11:18	08:00	1.6F			11:36	08:18	1.6F
	17:00	13:48	-1.1E			17:42	13:54	-1.0E
	23:30	20:18	1.6F				20:42	1.7F
15 Sa	05:24	02:12	-1.0E		30 Su	00:06	02:24	-0.9E
	12:00	08:42	1.6F			06:30	09:12	1.5F
	17:42	14:36	-1.1E			12:42	14:48	-0.9E
		21:06	1.6F			18:42	21:36	1.5F
					31 M	01:18	03:18	-0.8E
						07:30	10:12	1.4F
						13:48	15:48	-0.8E
						19:48	22:36	1.4F

June

Day	Slack h:m	Max h:m	knots		Day	Slack h:m	Max h:m	knots
1 Tu	02:24	04:18	-1.0E		16 W	01:12	04:06	-1.0E
	08:36	11:06	1.3F			07:12	10:48	1.5F
	14:48	16:48	-0.8E			13:36	16:30	-1.0E
	20:54	23:30	1.4F			19:24	23:12	1.6F
2 W ◐	03:24	05:18	-0.7E		17 Th	02:06	04:54	-1.0E
	09:42	12:00	1.3F			08:00	11:36	1.5F
	15:48	17:42	-0.8E			14:30	17:18	-1.0E
	22:00					20:18		
3 Th		00:30	1.4F		18 F ◑		00:00	1.6F
	04:24	06:12	-0.7E			03:00	05:48	-1.0E
	10:36	12:54	1.3F			09:00	12:30	1.6F
	16:48	18:36	-0.8E			15:24	18:06	-1.0E
	22:54					21:12		
4 F		01:24	1.4F		19 Sa	04:00	00:54	1.6F
	05:18	07:06	-0.7E			10:00	06:36	-1.0E
	11:30	13:48	1.3F			16:18	13:24	1.6F
	17:36	19:30	-0.8E			22:12	18:54	-1.0E
	23:48							
5 Sa		02:12	1.4F		20 Su	04:54	01:48	1.7F
	06:06	08:00	-0.8E			11:00	07:24	-1.0E
	12:12	14:36	1.3F			17:12	14:18	1.6F
	18:24	20:24	-0.8E			23:12	19:48	-1.0E
6 Su	00:30	03:00	1.5F		21 M	05:48	02:42	1.7F
	06:54	08:54	-0.8E			11:54	08:18	-1.1E
	12:54	15:24	1.4F			18:06	15:12	1.7F
	19:06	21:12	-0.9E				20:42	-1.1E
7 M	01:12	03:48	1.5F		22 Tu	00:18	03:36	1.7F
	07:36	09:36	-0.9E			06:48	09:12	-1.1E
	13:36	16:06	1.4F			12:48	16:00	1.7F
	19:48	21:54	-0.9E			19:06	21:36	-1.1E
8 Tu	01:48	04:30	1.6F		23 W	01:18	04:30	1.7F
	08:18	10:18	-1.0E			07:42	10:00	-1.1E
	14:06	16:48	1.5F			13:48	16:54	1.8F
	20:30	22:36	-1.0E			20:00	22:24	-1.1E
9 W	02:24	05:18	1.6F		24 Th ○	02:24	05:24	1.7F
	08:54	11:00	-1.1E			08:36	10:54	-1.1E
	14:42	17:36	1.6F			14:42	17:48	1.8F
	21:06	23:18	-1.0E			21:06	23:18	-1.1E
10 Th ●	03:00	06:00	1.6F		25 F	03:24	06:18	1.7F
	09:30	11:48	-1.1E			09:30	11:48	-1.0E
	15:12	18:18	1.7F			15:42	18:42	1.8F
	21:42					21:54		
11 F	03:42	00:06	-1.0E		26 Sa	04:24	00:12	-1.0E
	10:06	06:48	1.7F			10:30	07:12	1.7F
	15:48	12:36	-1.1E			16:36	12:42	-1.0E
	22:18	19:06	1.7F			23:00	19:30	1.7F
12 Sa	04:18	00:54	-1.0E		27 Su	05:24	01:12	-0.9E
	10:42	07:30	1.6F			11:30	08:00	1.6F
	16:30	13:18	-1.1E			17:36	13:36	-0.9E
	23:00	19:48	1.7F				20:24	1.7F
13 Su	05:00	01:42	-1.0E		28 M	00:00	02:06	-0.9E
	11:18	08:18	1.6F			06:18	08:54	1.5F
	17:12	14:06	-1.1E			12:30	14:36	-0.9E
	23:42	20:36	1.7F			18:36	21:18	1.6F
14 M	05:42	02:30	-1.0E		29 Tu	01:06	03:06	-0.8E
	12:00	09:06	1.6F			07:18	09:42	1.4F
	17:54	14:54	-1.1E			13:30	15:30	-0.8E
		21:24	1.7F			19:30	22:12	1.5F
15 Tu	00:24	03:18	-1.0E		30 W	02:06	04:00	-0.8E
	06:24	09:54	1.5F			08:12	10:36	1.3F
	12:48	15:42	-1.1E			14:24	16:24	-0.8E
	18:42	22:18	1.6F			20:30	23:06	1.4F

Station ID: LIS1038 Depth: 14 feet
Source: NOAA/NOS/CO-OPS
Station Type: Harmonic
Time Zone: LST

NOAA Tidal Current Predictions

Throgs Neck Bridge, 2021
Latitude: 40.8011° N Longitude: 73.7921° W
Mean Flood Dir. 106° (T) Mean Ebb Dir. 262° (T)
Times and speeds of maximum and minimum current, in knots

July

Day	Slack (h m)	Max (h m)	knots
1 Th	03:00	04:54	-0.8E
	09:06	11:30	1.3F
	15:24	17:18	-0.8E
	21:24		
2 F	03:54	00:00	1.4F
	10:00	05:48	-0.8E
	16:12	12:24	1.2F
	22:18	18:06	-0.8E
3 Sa	04:48	00:48	1.3F
	10:48	06:36	-0.8E
	17:06	13:12	1.2F
	23:06	18:54	-0.8E
4 Su	05:36	01:42	1.4F
	11:30	07:24	-0.8E
	17:48	14:00	1.3F
	23:54	19:48	-0.8E
5 M	06:18	02:30	1.4F
	12:12	08:18	-0.8E
	18:36	14:48	1.3F
		20:36	-0.8E
6 Tu	00:36	03:18	1.4F
	07:00	09:06	-0.9E
	12:48	15:36	1.4F
	19:18	21:24	-0.9E
7 W	01:12	04:00	1.5F
	07:42	09:48	-1.0E
	13:24	16:18	1.5F
	20:00	22:06	-1.0E
8 Th	01:54	04:48	1.6F
	08:18	10:36	-1.1E
	14:00	17:06	1.6F
	20:36	22:54	-1.0E
9 F	02:36	05:30	1.6F
	08:54	11:18	-1.1E
	14:42	17:54	1.7F
	21:12	23:42	-1.1E
10 Sa	03:12	06:18	1.7F
	09:30	12:00	-1.1E
	15:18	18:36	1.8F
	21:48		
11 Su	03:54	00:24	-1.1E
	10:06	07:06	1.7F
	16:00	12:48	-1.2E
	22:24	19:24	1.8F
12 M	04:36	01:12	-1.1E
	10:42	07:48	1.7F
	16:42	13:36	-1.2E
	23:06	20:12	1.8F
13 Tu	05:18	02:00	-1.1E
	11:24	08:36	1.7F
	17:24	14:24	-1.1E
	23:48	21:00	1.8F
14 W	06:00	02:48	-1.1E
	12:12	09:24	1.7F
	18:06	15:06	-1.1E
		21:48	1.7F
15 Th	00:36	03:36	-1.1E
	06:42	10:18	1.6F
	13:00	15:54	-1.1E
	18:48	22:42	1.7F
16 F	01:30	04:24	-1.1E
	07:30	11:06	1.6F
	13:48	16:48	-1.1E
	19:36	23:36	1.6F
17 Sa	02:24	05:12	-1.0E
	08:18	12:00	1.6F
	14:48	17:36	-1.0E
	20:30		
18 Su	03:24	00:30	1.6F
	09:18	06:06	-1.0E
	15:48	12:54	1.6F
	21:42	18:24	-1.0E
19 M	04:30	01:24	1.6F
	10:24	07:00	-1.0E
	16:48	13:54	1.6F
	22:54	19:18	-1.0E
20 Tu	05:30	02:18	1.6F
	11:30	07:54	-1.0E
	17:54	14:48	1.6F
		20:18	-1.0E
21 W	00:12	03:18	1.6F
	06:30	08:48	-1.0E
	12:36	15:42	1.7F
	19:00	21:12	-1.0E
22 Th	01:24	04:12	1.6F
	07:30	09:42	-1.0E
	13:42	16:36	1.7F
	20:00	22:06	-1.0E
23 F	02:30	05:06	1.6F
	08:30	10:36	-1.1E
	14:42	17:30	1.8F
	20:54	23:06	-1.0E
24 Sa	03:24	06:00	1.6F
	09:24	11:30	-1.0E
	15:36	18:24	1.8F
	21:54		
25 Su	04:18	00:00	-1.0E
	10:18	06:48	1.6F
	16:30	12:24	-1.0E
	22:48	19:12	1.7F
26 M	05:12	00:54	-0.9E
	11:12	07:42	1.5F
	17:24	13:18	-0.9E
	23:48	20:00	1.7F
27 Tu	06:00	01:48	-0.9E
	12:06	08:30	1.5F
	18:12	14:12	-0.9E
		20:54	1.6F
28 W	00:42	02:42	-0.9E
	06:48	09:18	1.4F
	13:00	15:06	-0.9E
	19:00	21:42	1.5F
29 Th	01:36	03:36	-0.8E
	07:36	10:06	1.3F
	13:54	15:54	-0.8E
	19:48	22:36	1.4F
30 F	02:30	04:24	-0.8E
	08:24	11:00	1.3F
	14:48	16:42	-0.8E
	20:36	23:24	1.3F
31 Sa	03:18	05:18	-0.8E
	09:12	11:48	1.2F
	15:36	17:36	-0.8E
	21:30		

August

Day	Slack (h m)	Max (h m)	knots
1 Su	04:12	00:18	1.3F
	10:00	06:00	-0.8E
	16:30	12:36	1.2F
	22:18	18:24	-0.8E
2 M	05:00	01:06	1.3F
	10:42	06:48	-0.8E
	17:18	13:24	1.3F
	23:12	19:12	-0.8E
3 Tu	05:42	01:54	1.3F
	11:24	07:42	-0.8E
	18:00	14:12	1.3F
	23:54	20:06	-0.8E
4 W	06:24	02:42	1.4F
	12:06	08:30	-0.9E
	18:48	15:00	1.5F
		20:54	-0.9E
5 Th	00:42	03:30	1.5F
	07:06	09:18	-1.0E
	12:48	15:48	1.6F
	19:30	21:42	-1.0E
6 F	01:24	04:18	1.6F
	07:48	10:06	-1.1E
	13:30	16:36	1.7F
	20:06	22:30	-1.0E
7 Sa	02:06	05:06	1.6F
	08:24	10:48	-1.2E
	14:12	17:24	1.8F
	20:48	23:12	-1.1E
8 Su	02:48	05:48	1.7F
	09:36	11:36	-1.2E
	14:54	18:12	1.9F
	21:18		
9 M	03:30	00:00	-1.1E
	09:30	06:36	1.8F
	15:36	12:18	-1.2E
	21:54	19:00	1.9F
10 Tu	04:06	00:42	-1.1E
	10:12	07:24	1.8F
	16:12	13:06	-1.2E
	22:36	19:42	1.9F
11 W	04:48	01:30	-1.2E
	10:54	08:12	1.8F
	16:54	13:48	-1.2E
	23:18	20:30	1.9F
12 Th	05:30	02:18	-1.2E
	11:36	08:54	1.8F
	17:36	14:36	-1.2E
		21:18	1.8F
13 F	00:06	03:06	-1.1E
	06:24	09:48	1.7F
	12:24	15:24	-1.1E
	18:18	22:12	1.7F
14 Sa	01:00	03:54	-1.1E
	06:54	10:42	1.6F
	13:18	16:12	-1.1E
	19:06	23:06	1.6F
15 Su	01:54	04:48	-1.0E
	07:42	11:36	1.5F
	14:18	17:06	-1.0E
	20:00		
16 M	03:00	00:06	1.5F
	08:48	05:36	-1.0E
	15:24	12:30	1.5F
	21:24	18:00	-1.0E
17 Tu	04:12	01:00	1.5F
	10:06	06:30	-0.9E
	16:36	13:30	1.5F
	23:00	19:00	-0.9E
18 W	05:18	02:00	1.5F
	11:24	07:30	-0.9E
	17:48	14:24	1.6F
		20:00	-0.9E
19 Th	00:18	03:00	1.5F
	06:24	08:30	-0.9E
	12:30	15:24	1.6F
	18:54	21:00	-0.9E
20 F	01:24	03:54	1.5F
	07:24	09:30	-0.9E
	13:36	16:18	1.7F
	19:54	21:54	-0.9E
21 Sa	02:18	04:48	1.6F
	08:18	10:24	-1.0E
	14:30	17:12	1.7F
	20:48	22:48	-0.9E
22 Su	03:12	05:36	1.6F
	09:12	11:12	-1.0E
	15:24	18:00	1.8F
	21:42	23:42	-0.9E
23 M	04:00	06:30	1.6F
	10:00	12:06	-1.0E
	16:18	18:54	1.7F
	22:30		
24 Tu	04:48	00:36	-0.9E
	10:54	07:18	1.6F
	17:00	13:00	-1.0E
	23:24	19:42	1.7F
25 W	05:36	01:30	-0.9E
	11:42	08:00	1.5F
	17:48	13:48	-0.9E
		20:24	1.5F
26 Th	00:12	02:18	-0.9E
	06:30	08:48	1.4F
	12:30	14:36	-0.9E
	18:30	21:12	1.5F
27 F	01:06	03:06	-0.9E
	06:54	09:36	1.3F
	13:18	15:24	-0.9E
	19:06	22:00	1.4F
28 Sa	01:54	03:54	-0.9E
	07:42	10:24	1.3F
	14:12	16:12	-0.8E
	19:48	22:54	1.3F
29 Su	02:42	04:42	-0.8E
	08:12	11:12	1.2F
	15:00	17:00	-0.8E
	20:30	23:42	1.3F
30 M	03:30	05:30	-0.8E
	09:30	12:00	1.2F
	15:48	17:48	-0.8E
	21:30		
31 Tu	04:18	00:30	1.3F
	09:48	06:18	-0.8E
	16:42	12:48	1.3F
	22:24	18:42	-0.8E

September

Day	Slack (h m)	Max (h m)	knots
1 W	05:06	01:18	1.3F
	10:36	07:06	-0.9E
	17:30	13:42	1.4F
	23:18	19:36	-0.8E
2 Th	05:48	02:12	1.4F
	11:24	08:00	-0.9E
	18:12	14:30	1.5F
		20:24	-0.9E
3 F	00:06	03:00	1.4F
	06:30	08:48	-1.0E
	12:12	15:24	1.6F
	19:00	21:12	-1.0E
4 Sa	00:54	03:48	1.6F
	07:12	09:36	-1.1E
	13:00	16:12	1.7F
	19:36	22:00	-1.1E
5 Su	01:36	04:36	1.7F
	07:48	10:18	-1.2E
	13:42	16:54	1.8F
	20:18	22:42	-1.1E
6 M	02:18	05:24	1.8F
	08:24	11:06	-1.2E
	14:24	17:42	1.9F
	20:48	23:30	-1.2E
7 Tu	03:00	06:12	1.8F
	09:00	11:48	-1.2E
	15:06	18:30	2.0F
	21:24		
8 W	03:36	00:12	-1.2E
	09:42	06:54	1.9F
	15:42	12:36	-1.2E
	22:06	19:18	2.0F
9 Th	04:18	01:00	-1.2E
	10:18	07:42	1.9F
	16:24	13:24	-1.2E
	22:48	20:06	1.9F
10 F	05:00	01:48	-1.2E
	11:06	08:30	1.8F
	17:06	14:06	-1.2E
	23:36	20:54	1.8F
11 Sa	05:42	02:36	-1.2E
	11:54	09:18	1.7F
	17:54	14:54	-1.1E
		21:48	1.7F
12 Su	00:30	03:24	-1.1E
	06:24	10:12	1.6F
	12:54	15:48	-1.0E
	18:42	22:42	1.6F
13 M	01:36	04:18	-1.0E
	07:18	11:12	1.5F
	14:00	16:42	-1.0E
	19:48	23:42	1.5F
14 Tu	02:42	05:12	-0.9E
	08:24	12:06	1.5F
	15:18	17:42	-0.9E
	21:30		
15 W	04:00	00:42	1.4F
	10:00	06:12	-0.9E
	16:36	13:06	1.5F
	23:00	18:42	-0.8E
16 Th	05:12	01:42	1.4F
	11:18	07:06	-0.8E
	17:42	14:06	1.5F
		19:42	-0.8E
17 F	00:12	02:36	1.4F
	06:12	08:12	-0.8E
	12:24	15:00	1.6F
	18:48	20:42	-0.8E
18 Sa	01:12	03:36	1.5F
	07:12	09:12	-0.9E
	13:24	16:00	1.7F
	19:42	21:42	-0.9E
19 Su	02:06	04:24	1.5F
	08:06	10:06	-0.9E
	14:18	16:48	1.7F
	20:36	22:36	-0.9E
20 M	02:54	05:18	1.6F
	08:54	10:54	-1.0E
	15:06	17:42	1.7F
	21:24	23:24	-1.0E
21 Tu	03:36	06:06	1.6F
	09:42	11:42	-1.0E
	15:54	18:30	1.7F
	22:12		
22 W	04:18	00:12	-1.0E
	10:24	06:48	1.6F
	16:36	12:30	-1.0E
	22:54	19:12	1.7F
23 Th	05:00	01:00	-1.0E
	11:12	07:36	1.5F
	17:12	13:18	-0.9E
	23:42	20:00	1.6F
24 F	05:36	01:48	-0.9E
	11:54	08:18	1.5F
	17:48	14:06	-0.9E
		20:42	1.5F
25 Sa	00:30	02:36	-0.9E
	06:12	09:00	1.4F
	12:42	14:54	-0.9E
	18:24	21:30	1.4F
26 Su	01:12	03:18	-0.9E
	06:42	09:48	1.3F
	13:30	15:42	-0.8E
	19:00	22:18	1.3F
27 M	02:00	04:12	-0.9E
	07:18	10:36	1.3F
	14:18	16:30	-0.8E
	19:48	23:06	1.3F
28 Tu	02:48	05:00	-0.9E
	08:06	11:30	1.3F
	15:12	17:18	-0.8E
	20:42		
29 W	03:36	00:00	1.3F
	08:54	05:48	-0.9E
	16:06	12:18	1.4F
	21:42	18:12	-0.8E
30 Th	04:24	00:48	1.3F
	09:54	06:36	-0.8E
	16:54	13:12	1.4F
	22:42	19:00	-0.8E

Station ID: LIS1038 Depth: 14 feet
Source: NOAA/NOS/CO-OPS
Station Type: Harmonic
Time Zone: LST

NOAA Tidal Current Predictions

Throgs Neck Bridge, 2021
Latitude: 40.8011° N Longitude: 73.7921° W
Mean Flood Dir. 106° (T) Mean Ebb Dir. 262° (T)
Times and speeds of maximum and minimum current, in knots

October

Day	Slack (h m)	Maximum (h m)	knots
1 F		01:42	1.4F
	05:12	07:24	-1.0E
	10:48	14:00	1.5F
	17:42	19:54	-0.9E
	23:30		
2 Sa		02:30	1.5F
	05:54	08:18	-1.0E
	11:42	14:54	1.7F
	18:24	20:42	-1.0E
3 Su	00:18	03:18	1.6F
	06:36	09:06	-1.1E
	12:30	15:42	1.8F
	19:06	21:30	-1.1E
4 M	01:06	04:06	1.7F
	07:18	09:48	-1.2E
	13:12	16:30	1.9F
	19:42	22:18	-1.2E
5 Tu	01:48	04:54	1.8F
	07:54	10:30	-1.2E
	13:54	17:18	1.9F
	20:18	23:00	-1.2E
6 W ●	02:30	05:42	1.9F
	08:30	11:18	-1.3E
	14:36	18:06	2.0F
	21:00	23:42	-1.2E
7 Th	03:06	06:30	1.9F
	09:12	12:00	-1.3E
	15:18	18:54	2.0F
	21:42		
8 F		00:30	-1.2E
	03:48	07:18	1.9F
	09:54	12:48	-1.2E
	16:00	19:42	1.9F
	22:24		
9 Sa		01:18	-1.2E
	04:30	08:06	1.8F
	10:42	13:36	-1.2E
	16:42	20:30	1.8F
	23:18		
10 Su		02:06	-1.1E
	05:18	08:54	1.7F
	11:36	14:30	-1.1E
	17:36	21:24	1.6F
11 M	00:12	03:00	-1.0E
	06:06	09:48	1.6F
	12:42	15:24	-1.0E
	18:36	22:24	1.5F
12 Tu	01:24	03:54	-0.9E
	07:06	10:48	1.5F
	13:54	16:24	-0.9E
	20:00	23:18	1.4F
13 W ◐	02:36	04:54	-0.9E
	08:24	11:48	1.5F
	15:12	17:24	-0.8E
	21:36		
14 Th		00:18	1.3F
	03:48	05:54	-0.8E
	09:54	12:48	1.5F
	16:30	18:24	-0.8E
	22:54		
15 F		01:18	1.3F
	04:54	06:48	-0.8E
	11:12	13:48	1.5F
	17:30	19:24	-0.7E
	23:54		
16 Sa		02:18	1.4F
	05:54	07:54	-0.8E
	12:12	14:42	1.6F
	18:30	20:30	-0.8E
17 Su	00:54	03:12	1.4F
	06:54	08:54	-0.9E
	13:06	15:36	1.6F
	19:24	21:30	-0.9E
18 M	01:42	04:00	1.5F
	07:42	09:42	-0.9E
	14:00	16:30	1.7F
	20:12	22:12	-0.9E
19 Tu	02:30	04:48	1.5F
	08:24	10:30	-1.0E
	14:42	17:12	1.7F
	21:00	23:00	-1.0E
20 W ○	03:12	05:36	1.6F
	09:12	11:18	-1.0E
	15:24	18:00	1.7F
	21:42	23:42	-1.0E
21 Th	03:48	06:18	1.5F
	09:54	12:00	-1.0E
	16:00	18:42	1.6F
	22:24		
22 F		00:30	-1.0E
	04:24	07:06	1.5F
	10:36	12:48	-1.0E
	16:36	19:30	1.6F
	23:06		
23 Sa		01:18	-1.0E
	04:54	07:48	1.5F
	11:18	13:36	-0.9E
	17:12	20:12	1.5F
	23:54		
24 Su		02:06	-1.0E
	05:30	08:30	1.5F
	12:06	14:24	-0.9E
	17:48	20:54	1.5F
25 M	00:36	02:48	-1.0E
	06:00	09:18	1.4F
	12:48	15:12	-0.9E
	18:24	21:42	1.4F
26 Tu	01:18	03:36	-0.9E
	06:42	10:06	1.4F
	13:36	16:00	-0.8E
	19:12	22:36	1.3F
27 W	02:06	04:24	-0.9E
	07:24	10:54	1.4F
	14:30	16:48	-0.8E
	20:00	23:24	1.3F
28 Th ◑	02:48	05:18	-0.9E
	08:18	11:48	1.5F
	15:24	17:42	-0.8E
	21:00		
29 F		00:18	1.4F
	03:42	06:06	-1.0E
	09:12	12:42	1.5F
	16:12	18:30	-0.9E
	22:00		
30 Sa		01:06	1.4F
	04:30	06:54	-1.0E
	10:12	13:30	1.6F
	17:00	19:18	-0.9E
	22:54		
31 Su		02:00	1.5F
	05:12	07:42	-1.0E
	11:06	14:24	1.7F
	17:42	20:12	-1.0E
	23:42		

November

Day	Slack (h m)	Maximum (h m)	knots
1 M		02:48	1.6F
	06:00	08:30	-1.1E
	11:54	15:12	1.8F
	18:24	21:00	-1.1E
2 Tu	00:30	03:36	1.7F
	06:42	09:18	-1.2E
	12:36	16:00	1.8F
	19:06	21:42	-1.2E
3 W	01:12	04:30	1.8F
	07:24	10:00	-1.2E
	13:24	16:48	1.9F
	19:48	22:30	-1.2E
4 Th ●	02:00	05:18	1.9F
	08:06	10:48	-1.2E
	14:06	17:42	1.9F
	20:36	23:12	-1.2E
5 F	02:42	06:06	1.9F
	08:48	11:30	-1.2E
	14:54	18:30	1.9F
	21:18		
6 Sa		00:00	-1.2E
	03:24	06:54	1.9F
	09:36	12:24	-1.2E
	15:42	19:24	1.8F
	22:06		
7 Su		00:54	-1.2E
	04:12	07:42	1.8F
	10:24	13:18	-1.1E
	16:36	20:12	1.7F
	23:06		
8 M		01:48	-1.1E
	05:00	08:36	1.7F
	11:24	14:12	-1.0E
	17:36	21:06	1.6F
9 Tu	00:06	02:42	-1.0E
	06:00	09:30	1.6F
	12:36	15:06	-0.9E
	18:48	22:00	1.5F
10 W	01:18	03:36	-0.9E
	07:06	10:30	1.5F
	13:54	16:06	-0.9E
	20:06	23:00	1.4F
11 Th ◐	02:30	04:36	-0.8E
	08:06	11:24	1.5F
	15:06	17:06	-0.8E
	21:30		
12 F		00:00	1.3F
	03:36	05:36	-0.8E
	09:00	12:24	1.5F
	16:12	18:06	-0.7E
	22:36		
13 Sa		00:54	1.3F
	04:42	06:30	-0.8E
	10:54	13:24	1.5F
	17:12	19:06	-0.7E
	23:36		
14 Su		01:54	1.3F
	05:36	07:30	-0.8E
	11:54	14:18	1.5F
	18:12	20:06	-0.8E
15 M	00:24	02:48	1.4F
	06:30	08:30	-0.8E
	12:42	15:12	1.5F
	19:00	21:00	-0.8E
16 Tu	01:12	03:36	1.4F
	07:18	09:18	-0.9E
	13:30	16:00	1.6F
	19:48	21:48	-0.9E
17 W	02:00	04:24	1.5F
	08:06	10:06	-0.9E
	14:12	16:48	1.6F
	20:30	22:30	-1.0E
18 Th	02:36	05:06	1.5F
	08:48	10:48	-1.0E
	14:54	17:30	1.6F
	21:12	23:18	-1.0E
19 F ○	03:12	05:48	1.5F
	09:24	11:30	-1.0E
	15:30	18:18	1.6F
	21:54		
20 Sa		00:00	-1.0E
	03:48	06:36	1.5F
	10:06	12:18	-1.0E
	16:06	19:00	1.6F
	22:30		
21 Su		00:48	-1.0E
	04:18	07:18	1.6F
	10:48	13:06	-1.0E
	16:42	19:42	1.6F
	23:12		
22 M		01:36	-1.0E
	04:48	08:00	1.6F
	11:30	13:54	-0.9E
	17:18	20:24	1.5F
	23:54		
23 Tu		02:18	-1.0E
	05:30	08:48	1.6F
	12:12	14:42	-0.9E
	18:00	21:12	1.5F
24 W	00:36	03:06	-1.0E
	06:12	09:30	1.6F
	13:00	15:30	-0.9E
	18:42	22:00	1.4F
25 Th	01:18	03:54	-1.0E
	06:54	10:24	1.5F
	13:48	16:18	-0.9E
	19:30	22:54	1.4F
26 F	02:00	04:42	-1.0E
	07:42	11:12	1.5F
	14:36	17:12	-0.9E
	20:18	23:48	1.5F
27 Sa ◑	02:54	05:30	-1.0E
	08:36	12:06	1.6F
	15:30	18:00	-0.9E
	21:18		
28 Su		00:36	1.5F
	03:42	06:18	-1.0E
	09:30	13:00	1.6F
	16:18	18:48	-1.0E
	22:12		
29 M		01:30	1.6F
	04:30	07:06	-1.0E
	10:24	13:54	1.7F
	17:06	19:36	-1.0E
	23:06		
30 Tu		02:18	1.6F
	05:18	08:00	-1.1E
	11:18	14:42	1.7F
	17:48	20:24	-1.1E
	23:54		

December

Day	Slack (h m)	Maximum (h m)	knots
1 W		03:12	1.7F
	06:06	08:48	-1.1E
	12:06	15:36	1.8F
	18:36	21:12	-1.1E
2 Th	00:42	04:00	1.8F
	06:54	09:36	-1.2E
	12:54	16:24	1.8F
	19:24	22:00	-1.2E
3 F	01:30	04:54	1.8F
	07:42	10:18	-1.2E
	13:48	17:18	1.8F
	20:18	22:48	-1.2E
4 Sa ●	02:18	05:42	1.8F
	08:30	11:12	-1.2E
	14:42	18:12	1.8F
	21:06	23:36	-1.1E
5 Su	03:06	06:30	1.8F
	09:24	12:00	-1.1E
	15:42	19:00	1.8F
	22:00		
6 M		00:30	-1.1E
	04:00	07:24	1.8F
	10:18	12:54	-1.1E
	16:42	19:54	1.7F
	22:54		
7 Tu		01:24	-1.0E
	05:00	08:18	1.7F
	11:24	13:54	-1.0E
	17:48	20:48	1.6F
8 W	00:00	02:24	-1.0E
	06:00	09:12	1.6F
	12:36	14:48	-0.9E
	18:54	21:42	1.5F
9 Th	01:06	03:18	-0.9E
	07:06	10:06	1.5F
	13:48	15:48	-0.8E
	20:00	22:36	1.4F
10 F	02:12	04:18	-0.8E
	08:18	11:06	1.5F
	14:54	16:48	-0.8E
	21:06	23:36	1.3F
11 Sa ◐	03:18	05:12	-0.8E
	09:24	12:00	1.4F
	15:54	17:48	-0.8E
	22:06		
12 Su		00:30	1.3F
	04:18	06:06	-0.8E
	10:30	13:00	1.4F
	16:48	18:42	-0.7E
	23:06		
13 M		01:24	1.3F
	05:12	07:06	-0.8E
	11:24	13:54	1.4F
	17:42	19:36	-0.8E
	23:54		
14 Tu		02:12	1.3F
	06:00	08:00	-0.8E
	12:12	14:42	1.4F
	18:36	20:30	-0.8E
15 W	00:42	03:06	1.4F
	06:48	08:48	-0.8E
	13:00	15:30	1.5F
	19:18	21:18	-0.9E
16 Th	01:24	03:48	1.4F
	07:36	09:36	-0.9E
	13:42	16:18	1.5F
	20:00	22:06	-0.9E
17 F	02:00	04:36	1.5F
	08:18	10:18	-0.9E
	14:24	17:00	1.5F
	20:42	22:48	-1.0E
18 Sa	02:36	05:18	1.5F
	09:00	11:06	-1.0E
	15:00	17:48	1.6F
	21:24	23:30	-1.0E
19 Su ○	03:06	06:00	1.6F
	09:36	11:48	-1.0E
	15:36	18:30	1.6F
	22:00		
20 M		00:18	-1.0E
	03:42	06:48	1.6F
	10:12	12:36	-1.0E
	16:12	19:12	1.6F
	22:36		
21 Tu		01:00	-1.1E
	04:18	07:30	1.7F
	10:54	13:24	-1.0E
	16:48	20:00	1.6F
	23:12		
22 W		01:48	-1.1E
	05:00	08:18	1.7F
	11:36	14:12	-1.0E
	17:30	20:42	1.6F
	23:48		
23 Th		02:36	-1.1E
	05:42	09:06	1.7F
	12:18	15:00	-1.0E
	18:12	21:30	1.6F
24 F	00:30	03:24	-1.1E
	06:24	09:54	1.7F
	13:00	15:48	-1.0E
	18:54	22:24	1.5F
25 Sa	01:18	04:12	-1.1E
	07:06	10:48	1.6F
	13:48	16:36	-1.0E
	19:42	23:12	1.5F
26 Su	02:06	05:00	-1.0E
	07:54	11:36	1.6F
	14:36	17:24	-1.0E
	20:30		
27 M ◑		00:06	1.6F
	02:54	05:48	-1.0E
	08:48	12:30	1.6F
	15:30	18:12	-1.0E
	21:30		
28 Tu		01:00	1.6F
	03:48	06:36	-1.0E
	09:42	13:24	1.6F
	16:24	19:06	-1.0E
	22:24		
29 W		01:54	1.6F
	04:42	07:24	-1.0E
	10:42	14:18	1.7F
	17:18	19:54	-1.0E
	23:18		
30 Th		02:42	1.7F
	05:36	08:18	-1.1E
	11:42	15:12	1.7F
	18:12	20:48	-1.1E
31 F	00:12	03:36	1.7F
	06:30	09:06	-1.1E
	12:42	16:06	1.7F
	19:06	21:36	-1.1E

Station ID: ACT3401 Depth: Unknown
Source: NOAA/NOS/CO-OPS
Station Type: Hydraulic
Time Zone: LST

NOAA Tidal Current Predictions

Hell Gate(off Mill Rock), 2021
Latitude: 40.7783° N Longitude: 73.9383° W
Mean Flood Dir. 50° (T) Mean Ebb Dir. 230° (T)
Times and speeds of maximum and minimum current, in knots

January

Day	Slack h m	Maximum h m	knots
1 F	05:12 11:12 17:48 23:36	01:48 08:06 14:12 20:36	-4.8E 3.5F -5.0E 3.4F
2 Sa	05:54 11:54 18:30	02:30 08:54 14:54 21:18	-4.8E 3.5F -5.0E 3.4F
3 Su	00:18 06:42 12:42 19:12	03:18 09:36 15:42 22:06	-4.8E 3.5F -4.9E 3.3F
4 M	01:06 07:30 13:36 20:06	04:06 10:30 16:30 23:00	-4.8E 3.4F -4.8E 3.3F
5 Tu	02:00 08:30 14:30 21:00	05:00 11:24 17:24 23:54	-4.8E 3.3F -4.7E 3.2F
6 W ◐	02:54 09:30 15:30 22:00	05:54 12:24 18:24	-4.7E 3.2F -4.6E
7 Th	04:00 10:36 16:30 23:00	00:54 06:54 13:30 19:24	3.2F -4.7E 3.2F -4.6E
8 F	05:00 11:42 17:36	02:00 08:00 14:36 20:30	3.2F -4.7E 3.2F -4.6E
9 Sa	00:06 06:06 12:48 18:42	03:00 09:06 15:42 21:36	3.3F -4.8E 3.3F -4.6E
10 Su	01:06 07:06 13:48 19:36	04:06 10:12 16:42 22:36	3.5F -4.9E 3.4F -4.7E
11 M	02:06 08:06 14:48 20:36	05:06 11:12 17:42 23:36	3.6F -5.0E 3.5F -4.8E
12 Tu	03:00 09:00 15:36 21:24	06:00 12:06 18:36	3.7F -5.0E 3.6F
13 W ●	03:54 09:48 16:30 22:18	00:30 06:54 13:00 19:24	-4.8E 3.7F -5.0E 3.6F
14 Th	04:42 10:42 17:18 23:06	01:18 07:42 13:48 20:12	-4.9E 3.7F -5.0E 3.5F
15 F	05:36 11:30 18:06 23:54	02:06 08:30 14:36 21:00	-4.8E 3.6F -4.9E 3.4F
16 Sa	06:24 12:18 18:54	02:54 09:18 15:18 21:48	-4.7E 3.5F -4.7E 3.3F
17 Su	00:42 07:12 13:06 19:42	03:36 10:06 16:00 22:30	-4.6E 3.3F -4.5E 3.1F
18 M	01:24 08:00 13:54 20:30	04:18 10:54 16:48 23:18	-4.4E 3.1F -4.4E 2.9F
19 Tu	02:12 08:48 14:42 21:18	05:06 11:42 17:30	-4.3E 2.9F -4.2E
20 W ◑	03:00 09:42 15:30 22:06	00:06 05:54 12:30 18:18	2.8F -4.1E 2.8F -4.1E
21 Th	03:54 10:36 16:18 22:54	00:54 06:42 13:24 19:12	2.7F -4.1E 2.7F -4.0E
22 F	04:42 11:24 17:12 23:48	01:48 07:36 14:18 20:00	2.7F -4.1E 2.7F -4.0E
23 Sa	05:36 12:18 18:06	02:36 08:30 15:12 20:54	2.7F -4.1E 2.8F -4.1E
24 Su	00:36 06:24 13:06 18:54	03:30 09:18 16:00 21:42	2.8F -4.3E 2.9F -4.2E
25 M	01:18 07:12 13:54 19:42	04:18 10:06 16:42 22:30	3.0F -4.4E 3.0F -4.4E
26 Tu	02:06 08:00 14:36 20:24	05:00 10:54 17:24 23:18	3.2F -4.6E 3.2F -4.5E
27 W	02:48 08:42 15:18 21:06	05:42 11:42 18:06	3.4F -4.8E 3.4F
28 Th ○	03:30 09:30 16:00 21:48	00:00 06:24 12:24 18:48	-4.7E 3.7F -4.9E 3.5F
29 F	04:06 10:12 16:42 22:30	00:42 07:06 13:06 19:30	-4.9E 3.7F -5.0E 3.6F
30 Sa	04:54 10:54 17:24 23:18	01:24 07:48 13:48 20:12	-5.0E 3.8F -5.1E 3.6F
31 Su	05:36 11:42 18:06	02:12 08:36 14:36 21:00	-5.0E 3.8F -5.1E 3.6F

February

Day	Slack h m	Maximum h m	knots
1 M	00:00 06:24 12:24 18:48	02:54 09:18 15:24 21:42	-5.0E 3.7F -5.0E 3.6F
2 Tu	00:48 07:12 13:18 19:36	03:42 10:12 16:12 22:36	-5.0E 3.5F -4.9E 3.5F
3 W	01:36 08:06 14:12 20:30	04:36 11:06 17:00 23:30	-4.9E 3.5F -4.7E 3.4F
4 Th ◐	02:36 09:12 15:12 21:36	05:30 12:00 18:00	-4.8E 3.3F -4.5E
5 F	03:36 10:18 16:12 22:42	00:30 06:30 13:06 19:00	3.3F -4.6E 3.1F -4.4E
6 Sa	04:42 11:24 17:24 23:48	01:36 07:42 14:18 20:12	3.2F -4.5E 3.1F -4.3E
7 Su	05:48 12:36 18:24	02:48 08:54 15:30 21:24	3.2F -4.5E 3.1F -4.3E
8 M	00:54 06:54 13:36 19:30	04:00 10:06 16:36 22:30	3.3F -4.6E 3.3F -4.5E
9 Tu	01:54 07:54 14:30 20:24	05:00 11:06 17:30 23:30	3.5F -4.8E 3.4F -4.6E
10 W	02:48 08:48 15:24 21:12	05:54 12:00 18:24	3.6F -4.8E 3.5F
11 Th ●	03:36 09:36 16:12 22:00	00:24 06:42 12:48 19:06	-4.7E 3.7F -4.8E 3.6F
12 F	04:24 10:24 16:54 22:48	01:06 07:30 13:30 19:54	-4.8E 3.7F -4.9E 3.6F
13 Sa	05:12 11:12 17:36 23:30	01:48 08:12 14:12 20:30	-4.8E 3.6F -4.8E 3.5F
14 Su	05:54 11:54 18:18	02:24 08:54 14:48 21:12	-4.7E 3.6F -4.7E 3.4F
15 M	00:12 06:36 12:36 19:00	03:06 09:30 15:24 21:48	-4.7E 3.4F -4.6E 3.3F
16 Tu	00:54 07:18 13:18 19:42	03:42 10:12 16:00 22:30	-4.5E 3.3F -4.4E 3.1F
17 W	01:36 08:00 14:00 20:24	04:24 10:54 16:42 23:12	-4.4E 3.1F -4.2E 3.0F
18 Th	02:18 08:48 14:48 21:06	05:06 11:36 17:30	-4.2E 2.9F -4.1E
19 F ◑	03:06 09:36 15:36 22:00	00:00 05:54 12:30 18:18	2.8F -4.1E 2.8F -3.9E
20 Sa	04:00 10:30 16:30 22:54	00:48 06:42 13:24 19:12	2.7F -4.0E 2.7F -3.9E
21 Su	04:54 11:30 17:24 23:48	01:48 07:42 14:18 20:06	2.7F -4.0E 2.7F -3.9E
22 M	05:48 12:24 18:18	02:42 08:36 15:18 21:00	2.8F -4.1E 2.8F -4.0E
23 Tu	00:42 06:42 13:12 19:12	03:36 09:36 16:06 21:54	3.0F -4.3E 3.0F -4.2E
24 W	01:30 07:30 14:00 20:00	04:30 10:24 16:54 22:48	3.2F -4.5E 3.2F -4.5E
25 Th	02:12 08:18 14:48 20:42	05:12 11:12 17:42 23:36	3.5F -4.7E 3.5F -4.7E
26 F	03:00 09:54 15:30 21:30	06:00 12:00 18:24	3.7F -4.9E 3.7F
27 Sa ○	03:42 09:54 16:12 22:12	00:18 06:42 12:42 19:06	-5.0E 3.9F -5.1E 3.8F
28 Su	04:30 10:36 16:54 22:54	01:06 07:30 13:30 19:48	-5.1E 4.0F -5.1E 3.9F

March

Day	Slack h m	Maximum h m	knots
1 M	05:12 11:24 17:36 23:42	01:48 08:12 14:12 20:36	-5.2E 4.0F -5.1E 3.9F
2 Tu	06:00 12:12 18:24	02:36 09:00 15:00 21:24	-5.2E 3.9F -5.0E 3.8F
3 W	00:30 06:54 13:00 19:12	03:24 09:54 15:48 22:12	-5.1E 3.8F -4.9E 3.7F
4 Th	01:24 07:48 13:54 20:06	04:18 10:42 16:42 23:06	-4.9E 3.5F -4.6E 3.5F
5 F	02:18 08:48 14:54 21:12	05:12 11:42 17:42	-4.7E 3.3F -4.4E
6 Sa ◐	03:24 10:00 16:00 22:18	00:12 06:12 12:54 18:48	3.2F -4.4E 3.1F -4.2E
7 Su	04:30 11:12 17:12 23:30	01:24 07:24 14:12 20:00	3.1F -4.3E 3.0F -4.0E
8 M	05:42 12:18 18:18	02:42 08:48 15:24 21:24	3.1F -4.2E 3.1F -4.1E
9 Tu	00:42 06:42 13:18 19:18	03:54 09:54 16:30 22:30	3.2F -4.3E 3.2F -4.3E
10 W	01:42 07:48 14:12 20:12	04:54 11:06 17:18 23:24	3.4F -4.5E 3.4F -4.5E
11 Th	02:30 08:42 15:00 21:00	05:42 11:54 18:06	3.6F -4.6E 3.5F
12 F	03:18 09:24 15:42 21:42	00:12 06:30 12:30 18:48	-4.6E 3.7F -4.7E 3.6F
13 Sa ●	04:00 10:06 16:24 22:24	00:48 07:18 13:06 19:24	-4.7E 3.7F -4.7E 3.6F
14 Su	04:42 10:48 17:00 23:00	01:24 07:48 13:42 20:00	-4.8E 3.7F -4.7E 3.6F
15 M	05:18 11:24 17:42 23:36	01:54 08:24 14:12 20:36	-4.8E 3.7F -4.7E 3.5F
16 Tu	06:00 12:06 18:18	02:30 08:54 14:48 21:12	-4.7E 3.6F -4.6E 3.4F
17 W	00:18 06:36 12:42 18:54	03:06 09:36 15:24 21:48	-4.6E 3.4F -4.4E 3.3F
18 Th	00:54 07:18 13:24 19:30	03:42 10:12 16:06 22:30	-4.5E 3.2F -4.3E 3.1F
19 F	01:36 08:00 14:06 20:18	04:24 10:54 16:48 23:12	-4.3E 3.0F -4.1E 2.9F
20 Sa	02:24 08:48 14:54 21:06	05:12 11:42 17:36	-4.2E 2.9F -4.0E
21 Su ◑	03:18 09:42 15:48 22:00	00:06 06:00 12:36 18:30	2.8F -4.1E 2.7F -3.9E
22 M	04:12 10:42 16:48 23:00	01:00 07:00 13:36 19:24	2.8F -4.0E 2.7F -3.9E
23 Tu	05:12 11:42 17:42	02:00 08:00 14:36 20:24	2.8F -4.1E 2.8F -4.0E
24 W	00:00 06:12 12:36 18:36	03:00 08:54 15:30 21:24	3.0F -4.2E 3.1F -4.2E
25 Th	00:54 07:06 13:24 19:30	03:54 09:54 16:24 22:18	3.3F -4.5E 3.3F -4.5E
26 F	01:42 07:54 14:12 20:18	04:48 10:42 17:12 23:06	3.6F -4.7E 3.6F -4.8E
27 Sa	02:30 08:42 15:00 21:00	05:36 11:30 17:54 23:54	3.8F -4.9E 3.8F -5.1E
28 Su ○	03:18 09:30 15:42 21:48	06:24 12:18 18:42	4.0F -5.1E 4.0F
29 M	04:06 10:18 16:30 22:36	00:42 07:06 13:06 19:30	-5.2E 4.1F -5.2E 4.0F
30 Tu	04:54 11:06 17:12 23:24	01:30 07:54 13:54 20:12	-5.3E 4.1F -5.1E 4.0F
31 W	05:42 11:54 18:00	02:18 08:42 14:42 21:06	-5.3E 4.0F -5.0E 3.9F

Station ID: ACT3401 Depth: Unknown
Source: NOAA/NOS/CO-OPS
Station Type: Hydraulic
Time Zone: LST

NOAA Tidal Current Predictions

Hell Gate(off Mill Rock), 2021
Latitude: 40.7783° N Longitude: 73.9383° W
Mean Flood Dir. 50° (T) Mean Ebb Dir. 230° (T)
Times and speeds of maximum and minimum current, in knots

April

Day	Slack h:m	Maximum h:m	knots		Day	Slack h:m	Maximum h:m	knots
1 Th	00:12	03:06	-5.1E		16 F	00:24	03:12	-4.6E
	06:36	09:36	3.8F			06:42	09:36	3.3F
	12:48	15:30	-4.8E			12:48	15:30	-4.3E
	18:54	21:54	3.7F			18:54	21:54	3.2F
2 F	01:06	04:00	-4.9E		17 Sa	01:00	03:54	-4.5E
	07:36	10:30	3.5F			07:24	10:18	3.1F
	13:42	16:24	-4.5E			13:30	16:12	-4.2E
	19:54	22:54	3.5F			19:36	22:36	3.0F
3 Sa	02:06	04:54	-4.6E		18 Su	01:48	04:36	-4.3E
	08:36	11:30	3.3F			08:12	11:06	2.9F
	14:42	17:24	-4.2E			14:18	17:00	-4.1E
	21:00					20:24	23:24	2.9F
4 Su	03:12	00:00	3.2F		19 M	02:36	05:30	-4.2E
	09:42	06:00	-4.3E			09:00	12:00	2.8F
	15:48	12:42	3.0F			15:12	17:54	-4.0E
	22:12	18:36	-4.0E			21:18		
5 M	04:18	01:18	3.1F		20 Tu	03:36	00:24	2.9F
	10:54	07:18	-4.1E			10:00	06:24	-4.1E
	17:00	14:00	3.0F			16:06	12:54	2.8F
	23:18	20:00	-3.9E			22:18	18:48	-4.0E
6 Tu	05:30	02:36	3.1F		21 W	04:36	01:24	2.9F
	12:00	08:48	-4.1E			11:00	07:24	-4.2E
	18:06	15:12	3.0F			17:06	13:54	2.9F
		21:18	-4.1E			23:24	19:48	-4.2E
7 W	00:24	03:42	3.2F		22 Th	05:36	02:24	3.1F
	06:30	09:54	-4.2E			12:00	08:24	-4.3E
	13:00	16:12	3.2F			18:00	14:54	3.1F
	19:00	22:24	-4.2E				20:48	-4.4E
8 Th	01:24	04:36	3.4F		23 F	00:18	03:24	3.3F
	07:30	10:48	-4.4E			06:30	09:18	-4.5E
	13:54	17:00	3.4F			12:48	15:48	3.4F
	19:48	23:06	-4.4E			18:54	21:48	-4.7E
9 F	02:12	05:24	3.5F		24 Sa	01:12	04:18	3.6F
	08:18	11:30	-4.5E			07:24	10:12	-4.8E
	14:36	17:42	3.5F			13:42	16:42	3.7F
	20:36	23:48	-4.6E			19:42	22:42	-5.0E
10 Sa	02:54	06:06	3.6F		25 Su	02:06	05:06	3.8F
	09:00	12:06	-4.6E			08:18	11:06	-5.0E
	15:18	18:18	3.6F			14:30	17:30	3.9F
	21:12					20:36	23:30	-5.2E
11 Su	03:36	00:18	-4.7E		26 M	03:00	06:00	4.0F
	09:36	06:42	3.7F			09:06	11:54	-5.1E
	15:54	12:36	-4.6E			15:18	18:18	4.0F
	21:54	18:54	3.6F			21:24		
12 M	04:12	00:54	-4.7E		27 Tu	03:48	00:18	-5.3E
	10:18	07:18	3.7F			10:18	06:48	4.1F
	16:30	13:12	-4.6E			16:06	13:12	-5.1E
	22:30	19:30	3.6F			22:12	19:06	4.1F
13 Tu	04:48	01:24	-4.8E		28 W	04:36	01:12	-5.3E
	10:54	07:48	3.6F			10:42	07:36	4.0F
	17:06	13:42	-4.6E			16:54	13:36	-5.1E
	23:06	20:00	3.5F			23:00	19:54	4.0F
14 W	05:24	01:54	-4.7E		29 Th	05:30	02:00	-5.3E
	11:30	08:24	3.5F			11:36	08:30	3.9F
	17:42	14:12	-4.6E			17:48	14:24	-5.0E
	23:42	20:36	3.5F			23:54	20:48	3.9F
15 Th	06:06	02:30	-4.7E		30 F	06:24	02:48	-5.1E
	12:12	09:00	3.4F			12:30	09:24	3.7F
	18:18	14:54	-4.5E			18:42	15:18	-4.8E
		21:12	3.3F				21:42	3.7F

May

Day	Slack h:m	Maximum h:m	knots		Day	Slack h:m	Maximum h:m	knots
1 Sa	00:54	03:48	-4.8E		16 Su	00:30	03:24	-4.6E
	07:24	10:18	3.5F			07:00	09:54	3.1F
	13:24	16:12	-4.5E			13:00	15:48	-4.3E
	19:42	22:42	3.4F			19:06	22:06	3.1F
2 Su	01:54	04:48	-4.6E		17 M	01:12	04:12	-4.5E
	08:24	11:24	3.2F			07:42	10:36	3.0F
	14:30	17:12	-4.2E			13:42	16:30	-4.3E
	20:48	23:48	3.2F			19:54	22:54	3.0F
3 M	02:54	05:54	-4.3E		18 Tu	02:06	05:00	-4.4E
	09:30	12:36	3.0F			08:36	11:30	2.9F
	15:30	18:30	-4.0E			14:36	17:24	-4.2E
	22:00					20:48	23:48	3.0F
4 Tu	04:00	01:06	3.0F		19 W		01:06	3.0F
	10:42	07:12	-4.1E			09:30	12:24	3.0F
	16:36	13:48	3.0F			15:30	18:18	-4.3E
	23:06	19:48	-4.0E			21:48		
5 W	05:06	02:18	3.0F		20 Th	04:00	00:48	3.0F
	11:42	08:30	-4.1E			10:24	06:30	-4.4E
	17:36	14:54	3.0F			16:30	13:18	3.0F
		21:00	-4.1E			22:48	19:18	-4.4E
6 Th	00:06	03:18	3.1F		21 F	05:00	01:48	3.2F
	06:06	09:36	-4.2E			11:24	07:48	-4.5E
	12:36	15:42	3.1F			17:24	14:18	3.2F
	18:30	21:54	-4.3E			23:54	20:18	-4.6E
7 F	01:00	04:12	3.2F		22 Sa	05:54	02:48	3.4F
	07:00	10:24	-4.3E			12:18	08:48	-4.6E
	13:24	16:30	3.2F			18:18	15:18	3.4F
	19:18	22:42	-4.4E				21:18	-4.8E
8 Sa	01:48	04:54	3.3F		23 Su	00:48	03:48	3.6F
	07:42	11:00	-4.4E			06:54	09:42	-4.8E
	14:06	17:12	3.4F			13:12	16:12	3.7F
	20:00	23:18	-4.5E			19:12	22:12	-5.0E
9 Su	02:30	05:36	3.4F		24 M	01:42	04:42	3.7F
	08:24	11:36	-4.5E			07:48	10:36	-4.9E
	14:48	17:48	3.4F			14:06	17:06	3.8F
	20:42	23:48	-4.6E			20:06	23:06	-5.2E
10 M	03:06	06:12	3.5F		25 Tu	02:36	05:36	3.9F
	09:06	12:00	-4.5E			08:42	11:30	-5.0E
	15:24	18:24	3.5F			14:54	17:54	3.9F
	21:18					21:00		
11 Tu	03:48	00:18	-4.7E		26 W	03:30	00:00	-5.3E
	09:42	06:42	3.5F			09:30	06:30	3.9F
	16:00	12:36	-4.6E			15:48	12:24	-5.1E
	21:54	18:54	3.5F			21:54	18:48	4.0F
12 W	04:24	00:48	-4.8E		27 Th	04:24	00:54	-5.3E
	10:24	07:18	3.5F			10:24	07:18	3.9F
	16:36	13:06	-4.6E			16:42	13:18	-5.0E
	22:30	19:30	3.5F			22:48	19:42	3.9F
13 Th	05:00	01:24	-4.8E		28 F	05:18	01:42	-5.2E
	11:00	07:54	3.5F			11:18	08:12	3.8F
	17:12	13:42	-4.6E			17:36	14:06	-4.9E
	23:12	20:06	3.4F			23:42	20:36	3.8F
14 F	05:36	02:00	-4.7E		29 Sa	06:18	02:36	-5.0E
	11:36	08:30	3.4F			12:12	09:00	3.6F
	17:48	14:24	-4.5E			18:30	15:00	-4.7E
	23:48	20:42	3.3F				21:30	3.6F
15 Sa	06:18	02:42	-4.7E		30 Su	00:36	03:36	-4.8E
	12:18	09:06	3.3F			07:12	10:06	3.4F
	18:24	15:00	-4.4E			13:12	16:00	-4.5E
		21:24	3.2F			19:30	22:30	3.4F
					31 M	01:36	04:36	-4.6E
						08:12	11:06	3.2F
						14:06	17:00	-4.3E
						20:36	23:36	3.2F

June

Day	Slack h:m	Maximum h:m	knots		Day	Slack h:m	Maximum h:m	knots
1 Tu	02:36	05:36	-4.3E		16 W	01:36	04:36	-4.6E
	09:12	12:12	3.0F			08:06	11:00	3.1F
	15:06	18:06	-4.2E			14:06	17:00	-4.5E
	21:36					20:24	23:24	3.2F
2 W	03:36	00:42	3.0F		17 Th	02:30	05:24	-4.6E
	10:12	06:48	-4.2E			08:54	11:54	3.1F
	16:06	13:18	3.0F			14:54	17:54	-4.5E
	22:42	19:18	-4.1E			21:18		
3 Th	04:36	01:48	3.0F		18 F	03:24	00:18	3.2F
	11:12	07:54	-4.1E			09:54	06:18	-4.6E
	17:00	14:18	3.0F			15:54	12:48	3.2F
	23:36	20:24	-4.1E			22:24	18:48	-4.6E
4 F	05:30	02:42	3.0F		19 Sa	04:24	01:18	3.3F
	12:06	08:54	-4.1E			10:48	07:18	-4.6E
	17:54	15:12	3.0F			16:54	13:48	3.3F
		21:18	-4.2E			23:24	19:48	-4.7E
5 Sa	00:30	03:36	3.1F		20 Su	05:24	02:18	3.3F
	06:24	09:42	-4.2E			11:48	08:18	-4.6E
	12:48	15:54	3.1F			17:54	14:48	3.4F
	18:42	22:00	-4.3E				20:48	-4.8E
6 Su	01:18	04:18	3.1F		21 M	00:24	03:18	3.5F
	07:06	10:18	-4.3E			06:24	09:18	-4.7E
	13:36	16:36	3.2F			12:48	15:42	3.6F
	19:24	22:36	-4.4E			18:48	21:48	-5.0E
7 M	02:00	05:00	3.2F		22 Tu	01:24	04:18	3.6F
	07:48	10:54	-4.3E			07:24	10:12	-4.8E
	14:12	17:12	3.3F			13:42	16:42	3.7F
	20:06	23:12	-4.5E			19:48	22:48	-5.1E
8 Tu	02:36	05:36	3.3F		23 W	02:24	05:18	3.7F
	08:30	11:24	-4.4E			08:18	11:12	-4.9E
	14:54	17:48	3.3F			14:36	17:36	3.8F
	20:48	23:42	-4.6E			20:42	23:42	-5.2E
9 W	03:18	06:12	3.3F		24 Th	03:18	06:12	3.7F
	09:12	12:00	-4.5E			09:12	12:06	-4.9E
	15:30	18:24	3.4F			15:30	18:36	3.9F
	21:24					21:36		
10 Th	03:54	00:18	-4.7E		25 F	04:12	00:36	-5.2E
	09:48	06:48	3.4F			10:06	07:06	3.7F
	16:06	12:36	-4.6E			16:30	13:00	-4.9E
	22:06	19:00	3.4F			22:30	19:30	3.8F
11 F	04:36	01:00	-4.8E		26 Sa	05:06	01:36	-5.1E
	10:30	07:24	3.4F			11:00	08:00	3.7F
	16:42	13:18	-4.6E			17:24	13:54	-4.9E
	22:42	19:36	3.4F			23:24	20:24	3.8F
12 Sa	05:12	01:36	-4.8E		27 Su	06:00	02:30	-5.0E
	11:06	08:06	3.3F			11:54	08:54	3.6F
	17:24	13:54	-4.6E			18:18	14:48	-4.7E
	23:24	20:18	3.4F				21:18	3.6F
13 Su	05:54	02:18	-4.8E		28 M	00:18	03:18	-4.8E
	11:48	08:42	3.3F			06:54	09:48	3.4F
	18:00	14:36	-4.6E			12:48	15:42	-4.6E
		21:00	3.3F			19:12	22:12	3.4F
14 M	00:06	03:00	-4.7E		29 Tu	01:12	04:12	-4.6E
	06:36	09:24	3.2F			07:48	10:48	3.3F
	12:30	15:18	-4.5E			13:42	16:42	-4.4E
	18:42	21:42	3.3F			20:12	23:12	3.2F
15 Tu	00:48	03:48	-4.7E		30 W	02:12	05:12	-4.4E
	07:18	10:12	3.2F			08:42	11:42	3.1F
	13:12	16:06	-4.5E			14:36	17:36	-4.2E
	19:30	22:30	3.2F			21:06		

Station ID: ACT3401 Depth: Unknown
Source: NOAA/NOS/CO-OPS
Station Type: Hydraulic
Time Zone: LST

NOAA Tidal Current Predictions

Hell Gate(off Mill Rock), 2021
Latitude: 40.7783° N Longitude: 73.9383° W
Mean Flood Dir. 50° (T) Mean Ebb Dir. 230° (T)
Times and speeds of maximum and minimum current, in knots

July

Day	Slack (h m)	Maximum (h m)	knots
1 Th ☽	03:06 / 09:36 / 15:30 / 22:06	00:06 / 06:06 / 12:36 / 18:30	3.1F / -4.2E / 3.0F / -4.1E
2 F	04:00 / 10:30 / 16:24 / 23:00	01:06 / 07:00 / 13:30 / 19:30	3.0F / -4.1E / 2.9F / -4.1E
3 Sa	04:54 / 11:24 / 17:12 / 23:48	02:00 / 07:54 / 14:24 / 20:24	2.9F / -4.0E / 2.9F / -4.1E
4 Su	05:42 / 12:12 / 18:00	02:54 / 08:42 / 15:12 / 21:06	2.9F / -4.0E / 2.9F / -4.1E
5 M	00:36 / 06:30 / 12:54 / 18:48	03:42 / 09:30 / 16:00 / 21:54	3.0F / -4.1E / 3.0F / -4.3E
6 Tu	01:24 / 07:18 / 13:36 / 19:36	04:24 / 10:12 / 16:36 / 22:36	3.0F / -4.2E / 3.1F / -4.4E
7 W	02:06 / 08:00 / 14:18 / 20:18	05:06 / 10:48 / 17:18 / 23:12	3.1F / -4.3E / 3.2F / -4.5E
8 Th	02:48 / 08:42 / 15:00 / 21:00	05:42 / 11:30 / 17:54 / 23:54	3.2F / -4.4E / 3.3F / -4.6E
9 F	03:30 / 09:24 / 15:36 / 21:42	06:24 / 12:12 / 18:36	3.3F / -4.5E / 3.4F
10 Sa ●	04:06 / 10:06 / 16:18 / 22:18	00:36 / 07:00 / 13:42 / 19:12	-4.7E / 3.4F / -4.6E / 3.5F
11 Su	04:48 / 10:42 / 16:54 / 23:00	01:12 / 07:42 / 13:30 / 19:54	-4.8E / 3.4F / -4.7E / 3.5F
12 M	05:30 / 11:24 / 17:36 / 23:42	01:54 / 08:18 / 14:12 / 20:36	-4.8E / 3.4F / -4.7E / 3.5F
13 Tu	06:06 / 12:06 / 18:18	02:36 / 09:00 / 14:54 / 21:18	-4.8E / 3.4F / -4.7E / 3.5F
14 W	00:30 / 06:48 / 12:48 / 19:06	03:24 / 09:42 / 15:42 / 22:06	-4.8E / 3.4F / -4.7E / 3.5F
15 Th	01:18 / 07:36 / 13:36 / 19:54	04:12 / 10:30 / 16:30 / 23:00	-4.7E / 3.4F / -4.7E / 3.4F
16 F	02:06 / 08:24 / 14:30 / 20:54	05:00 / 11:24 / 17:24 / 23:54	-4.7E / 3.4F / -4.7E / 3.4F
17 Sa ◐	03:00 / 09:18 / 15:30 / 21:54	05:54 / 12:18 / 18:24	-4.6E / 3.3F / -4.7E
18 Su	04:00 / 10:18 / 16:30 / 23:00	00:54 / 06:48 / 13:18 / 19:24	3.3F / -4.5E / 3.4F / -4.7E
19 M	05:06 / 11:18 / 17:30	01:54 / 07:48 / 14:24 / 20:24	3.3F / -4.5E / 3.4F / -4.7E
20 Tu	00:06 / 06:06 / 12:24 / 18:36	03:00 / 08:54 / 15:24 / 21:30	3.4F / -4.5E / 3.5F / -4.8E
21 W	01:06 / 07:06 / 13:24 / 19:36	04:06 / 10:00 / 16:30 / 22:36	3.4F / -4.6E / 3.6F / -4.8E
22 Th	02:06 / 08:06 / 14:24 / 20:30	05:06 / 11:00 / 17:30 / 23:36	3.6F / -4.7E / 3.7F / -4.9E
23 F	03:06 / 09:00 / 15:18 / 21:30	06:00 / 12:00 / 18:24	3.7F / -4.8E / 3.8F
24 Sa ○	04:00 / 09:54 / 16:12 / 22:18	00:30 / 06:54 / 12:54 / 19:18	-5.0E / 3.7F / -4.8E / 3.8F
25 Su	04:48 / 10:48 / 17:06 / 23:12	01:24 / 07:48 / 13:42 / 20:12	-4.9E / 3.7F / -4.8E / 3.8F
26 M	05:36 / 11:36 / 17:54	02:12 / 08:36 / 14:30 / 21:00	-4.9E / 3.6F / -4.7E / 3.7F
27 Tu	00:00 / 06:24 / 12:24 / 18:48	03:00 / 09:24 / 15:18 / 21:48	-4.7E / 3.5F / -4.6E / 3.5F
28 W	00:54 / 07:12 / 13:12 / 19:36	03:48 / 10:12 / 16:06 / 22:36	-4.6E / 3.4F / -4.5E / 3.4F
29 Th	01:42 / 08:00 / 14:00 / 20:24	04:30 / 11:00 / 16:54 / 23:24	-4.4E / 3.2F / -4.3E / 3.2F
30 F	02:30 / 08:54 / 14:54 / 21:18	05:18 / 11:48 / 17:42	-4.2E / 3.0F / -4.1E
31 Sa ☽	03:18 / 09:42 / 15:42 / 22:06	00:18 / 06:06 / 12:42 / 18:30	3.0F / -4.0E / 2.9F / -4.0E

August

Day	Slack (h m)	Maximum (h m)	knots
1 Su	04:12 / 10:30 / 16:36 / 23:00	01:12 / 06:54 / 13:30 / 19:24	2.9F / -3.9E / 2.8F / -3.9E
2 M	05:06 / 11:24 / 17:24 / 23:54	02:06 / 07:48 / 14:24 / 20:18	2.8F / -3.8E / 2.8F / -3.9E
3 Tu	05:54 / 12:12 / 18:18	02:54 / 08:42 / 15:18 / 21:06	2.8F / -3.9E / 2.9F / -4.0E
4 W	00:42 / 06:42 / 13:00 / 19:06	03:48 / 09:30 / 16:00 / 22:00	2.9F / -4.0E / 3.1F / -4.2E
5 Th	01:30 / 07:30 / 13:42 / 19:48	04:30 / 10:18 / 16:48 / 22:42	3.1F / -4.1E / 3.2F / -4.4E
6 F	02:18 / 08:18 / 14:24 / 20:36	05:12 / 11:00 / 17:30 / 23:24	3.2F / -4.3E / 3.4F / -4.5E
7 Sa	03:00 / 09:00 / 15:06 / 21:18	05:54 / 11:42 / 18:12	3.4F / -4.5E / 3.5F
8 Su ●	03:36 / 09:42 / 15:48 / 22:00	00:06 / 06:36 / 12:24 / 18:48	-4.7E / 3.5F / -4.6E / 3.7F
9 M	04:18 / 10:18 / 16:30 / 22:42	00:48 / 07:12 / 13:06 / 19:30	-4.8E / 3.6F / -4.8E / 3.8F
10 Tu	04:54 / 11:00 / 17:12 / 23:24	01:30 / 07:54 / 13:48 / 20:12	-4.9E / 3.7F / -4.9E / 3.8F
11 W	05:36 / 11:42 / 17:54	02:12 / 08:36 / 14:36 / 21:00	-4.9E / 3.7F / -4.9E / 3.8F
12 Th	00:12 / 06:18 / 12:30 / 18:42	03:00 / 09:18 / 15:18 / 21:42	-4.9E / 3.7F / -4.9E / 3.7F
13 F	00:54 / 07:12 / 13:18 / 19:30	03:42 / 10:06 / 16:06 / 22:36	-4.8E / 3.6F / -4.8E / 3.6F
14 Sa	01:48 / 07:54 / 14:06 / 20:24	04:36 / 11:00 / 17:00 / 23:30	-4.7E / 3.5F / -4.7E / 3.5F
15 Su ◐	02:42 / 08:48 / 15:06 / 21:30	05:30 / 11:54 / 18:00	-4.5E / 3.4F / -4.6E
16 M	03:42 / 09:48 / 16:12 / 22:36	00:30 / 06:24 / 12:54 / 19:00	3.3F / -4.4E / 3.4F / -4.5E
17 Tu	04:48 / 11:00 / 17:18 / 23:48	01:36 / 07:30 / 14:06 / 20:06	3.2F / -4.2E / 3.3F / -4.4E
18 W	05:54 / 12:06 / 18:24	02:48 / 08:42 / 15:18 / 21:18	3.3F / -4.2E / 3.4F / -4.5E
19 Th	00:54 / 07:00 / 13:12 / 19:30	04:00 / 09:48 / 16:24 / 22:30	3.4F / -4.3E / 3.6F / -4.6E
20 F	01:54 / 08:00 / 14:12 / 20:24	05:00 / 10:54 / 17:24 / 23:30	3.5F / -4.5E / 3.7F / -4.7E
21 Sa	02:48 / 08:54 / 15:06 / 21:18	05:54 / 11:48 / 18:18	3.6F / -4.6E / 3.8F
22 Su ○	03:36 / 09:42 / 15:54 / 22:06	00:24 / 06:42 / 12:42 / 19:06	-4.8E / 3.7F / -4.7E / 3.9F
23 M	04:24 / 10:30 / 16:42 / 22:54	01:06 / 07:30 / 13:24 / 19:48	-4.8E / 3.8F / -4.8E / 3.9F
24 Tu	05:12 / 11:12 / 17:30 / 23:42	01:48 / 08:12 / 14:06 / 20:36	-4.8E / 3.7F / -4.7E / 3.8F
25 W	05:54 / 12:00 / 18:12	02:30 / 08:54 / 14:48 / 21:18	-4.7E / 3.6F / -4.6E / 3.6F
26 Th	00:24 / 06:42 / 12:42 / 18:54	03:12 / 09:36 / 15:30 / 22:00	-4.5E / 3.5F / -4.5E / 3.5F
27 F	01:06 / 07:18 / 13:24 / 19:42	03:48 / 10:18 / 16:12 / 22:42	-4.3E / 3.3F / -4.3E / 3.7F
28 Sa	01:54 / 08:00 / 14:12 / 20:24	04:30 / 11:00 / 16:54 / 23:30	-4.1E / 3.1F / -4.1E / 3.1F
29 Su	02:42 / 08:48 / 15:00 / 21:18	05:18 / 11:48 / 17:36	-3.9E / 2.9F / -3.9E
30 M ☽	03:30 / 09:36 / 15:54 / 22:12	00:18 / 06:06 / 12:42 / 18:30	2.9F / -3.8E / 2.8F / -3.8E
31 Tu	04:24 / 10:30 / 16:48 / 23:06	01:12 / 07:00 / 13:36 / 19:24	2.8F / -3.7E / 2.8F / -3.8E

September

Day	Slack (h m)	Maximum (h m)	knots
1 W	05:18 / 11:24 / 17:42	02:12 / 07:54 / 14:36 / 20:24	2.8F / -3.7E / 2.9F / -3.9E
2 Th	00:00 / 06:12 / 12:18 / 18:36	03:06 / 08:48 / 15:24 / 21:18	2.9F / -3.8E / 3.0F / -4.0E
3 F	00:54 / 07:00 / 13:06 / 19:24	03:54 / 09:42 / 16:18 / 22:12	3.1F / -4.0E / 3.2F / -4.3E
4 Sa	01:42 / 07:48 / 13:54 / 20:12	04:42 / 10:30 / 17:00 / 22:54	3.3F / -4.3E / 3.5F / -4.5E
5 Su	02:24 / 08:30 / 14:36 / 20:54	05:24 / 11:18 / 17:42 / 23:42	3.5F / -4.5E / 3.7F / -4.7E
6 M	03:06 / 09:12 / 15:18 / 21:36	06:06 / 12:00 / 18:24	3.7F / -4.7E / 3.9F
7 Tu	03:48 / 09:54 / 16:00 / 22:18	00:24 / 06:48 / 12:42 / 19:06	-4.9E / 3.8F / -4.9E / 4.0F
8 W	04:24 / 10:36 / 16:42 / 23:06	01:06 / 07:30 / 13:24 / 19:48	-5.0E / 3.9F / -5.0E / 4.0F
9 Th	05:06 / 11:18 / 17:30 / 23:48	01:48 / 08:12 / 14:12 / 20:36	-5.0E / 3.9F / -5.1E / 4.0F
10 F	05:48 / 12:06 / 18:18	02:36 / 08:54 / 15:00 / 21:24	-4.9E / 3.9F / -5.0E / 3.9F
11 Sa	00:36 / 06:36 / 12:54 / 19:12	03:24 / 09:42 / 15:48 / 22:12	-4.8E / 3.8F / -4.9E / 3.7F
12 Su	01:30 / 07:30 / 13:54 / 20:06	04:12 / 10:36 / 16:42 / 23:12	-4.6E / 3.6F / -4.7E / 3.5F
13 M ◐	02:30 / 08:24 / 14:54 / 21:12	05:06 / 11:36 / 17:42	-4.4E / 3.4F / -4.5E
14 Tu	03:30 / 09:36 / 16:00 / 22:24	00:12 / 06:06 / 12:42 / 18:42	3.3F / -4.1E / 3.3F / -4.3E
15 W	04:42 / 10:48 / 17:12 / 23:36	01:30 / 07:18 / 14:00 / 20:00	3.2F / -4.0E / 3.2F / -4.2E
16 Th	05:48 / 12:00 / 18:18	02:42 / 08:36 / 15:12 / 21:24	3.2F / -4.0E / 3.3F / -4.2E
17 F	00:42 / 06:48 / 13:00 / 19:18	03:54 / 09:48 / 16:18 / 22:30	3.3F / -4.2E / 3.5F / -4.4E
18 Sa	01:36 / 07:48 / 14:00 / 20:12	04:48 / 10:54 / 17:12 / 23:24	3.5F / -4.4E / 3.7F / -4.5E
19 Su	02:30 / 08:36 / 14:48 / 21:00	05:42 / 11:42 / 18:00	3.7F / -4.6E / 3.8F
20 M ○	03:18 / 09:24 / 15:36 / 21:48	00:06 / 06:24 / 12:24 / 18:48	-4.6E / 3.7F / -4.7E / 3.9F
21 Tu	04:00 / 10:06 / 16:18 / 22:30	00:48 / 07:06 / 13:06 / 19:24	-4.7E / 3.8F / -4.7E / 3.9F
22 W	04:36 / 10:48 / 17:00 / 23:12	01:24 / 07:42 / 13:42 / 20:06	-4.7E / 3.8F / -4.7E / 3.8F
23 Th	05:18 / 11:24 / 17:36 / 23:54	02:00 / 08:18 / 14:12 / 20:42	-4.6E / 3.7F / -4.7E / 3.7F
24 F	05:54 / 12:06 / 18:18	02:36 / 09:00 / 14:48 / 21:18	-4.5E / 3.5F / -4.5E / 3.5F
25 Sa	00:30 / 06:36 / 12:48 / 19:00	03:12 / 09:36 / 15:30 / 22:00	-4.3E / 3.4F / -4.4E / 3.3F
26 Su	01:18 / 07:12 / 13:30 / 19:42	03:48 / 10:18 / 16:12 / 22:42	-4.1E / 3.2F / -4.2E / 3.1F
27 M	02:00 / 08:00 / 14:18 / 20:30	04:36 / 11:00 / 16:54 / 23:30	-4.0E / 3.0F / -4.0E / 2.9F
28 Tu	02:54 / 08:48 / 15:12 / 21:24	05:24 / 11:54 / 17:48	-3.8E / 2.8F / -3.9E
29 W ☽	03:48 / 09:42 / 16:06 / 22:24	00:24 / 06:12 / 12:48 / 18:42	2.8F / -3.7E / 2.8F / -3.8E
30 Th	04:42 / 10:42 / 17:06 / 23:18	01:24 / 07:12 / 13:48 / 19:42	2.8F / -3.7E / 2.8F / -3.9E

Station ID: ACT3401 Depth: Unknown
Source: NOAA/NOS/CO-OPS
Station Type: Hydraulic
Time Zone: LST

NOAA Tidal Current Predictions

Hell Gate(off Mill Rock), 2021
Latitude: 40.7783° N Longitude: 73.9383° W
Mean Flood Dir. 50° (T) Mean Ebb Dir. 230° (T)
Times and speeds of maximum and minimum current, in knots

October

Date	Slack (h m)	Maximum (h m)	knots
1 F	05:36, 11:42, 18:00	02:24; 08:12; 14:48; 20:42	2.9F; -3.8E; 3.0F; -4.0E
2 Sa	00:12, 06:30, 12:30, 18:54	03:18; 09:06; 15:36; 21:36	3.1F; -4.1E; 3.3F; -4.3E
3 Su	01:06, 07:12, 13:24, 19:42	04:06; 10:00; 16:30; 22:24	3.3F; -4.4E; 3.5F; -4.5E
4 M	01:48, 08:00, 14:06, 20:24	04:54; 10:48; 17:12; 23:12	3.6F; -4.7E; 3.8F; -4.8E
5 Tu	02:30, 08:42, 14:54, 21:12	05:36; 11:30; 18:00; 23:54	3.8F; -4.9E; 4.0F; -4.9E
6 W ●	03:18, 09:24, 15:36, 21:54	06:18; 12:18; 18:42	4.0F; -5.1E; 4.1F
7 Th	04:00, 10:12, 16:24, 22:42	00:42; 07:00; 13:00; 19:30	-5.0E; 4.1F; -5.2E; 4.1F
8 F	04:42, 10:54, 17:12, 23:30	01:24; 07:48; 13:48; 20:12	-5.1E; 4.1F; -5.2E; 4.0F
9 Sa	05:30, 11:42, 18:00	02:12; 08:36; 14:36; 21:06	-5.0E; 4.0F; -5.1E; 3.9F
10 Su	00:18, 06:18, 12:36, 18:54	03:00; 09:24; 15:30; 21:54	-4.8E; 3.8F; -4.9E; 3.7F
11 M	01:12, 07:12, 13:36, 19:54	03:54; 10:18; 16:24; 22:54	-4.6E; 3.6F; -4.7E; 3.4F
12 Tu	02:12, 08:18, 14:36, 21:06	04:48; 11:24; 17:24	-4.3E; 3.4F; -4.4E
13 W ◐	03:18, 09:24, 15:48, 22:18	00:06; 05:54; 12:36; 18:36	3.2F; -4.1E; 3.2F; -4.2E
14 Th	04:30, 10:42, 17:00, 23:24	01:24; 07:12; 13:54; 20:00	3.1F; -3.9E; 3.1F; -4.1E
15 F	05:36, 11:48, 18:06	02:36; 08:42; 15:06; 21:18	3.1F; -4.0E; 3.3F; -4.2E
16 Sa	00:30, 06:36, 12:54, 19:06	03:42; 09:48; 16:06; 22:18	3.3F; -4.2E; 3.4F; -4.3E
17 Su	01:24, 07:24, 13:42, 19:54	04:36; 10:42; 17:00; 23:06	3.4F; -4.4E; 3.6F; -4.5E
18 M	02:12, 08:12, 14:30, 20:42	05:18; 11:24; 17:42; 23:48	3.6F; -4.6E; 3.7F; -4.6E
19 Tu	02:54, 08:54, 15:12, 21:18	06:00; 12:00; 18:24	3.7F; -4.7E; 3.7F
20 W ○	03:30, 09:36, 15:54, 22:00	00:18; 06:36; 12:42; 19:00	-4.6E; 3.7F; -4.7E; 3.7F
21 Th	04:12, 10:12, 16:30, 22:36	00:54; 07:12; 13:06; 19:36	-4.6E; 3.7F; -4.7E; 3.7F
22 F	04:48, 10:54, 17:12, 23:18	01:24; 07:48; 13:42; 20:12	-4.6E; 3.6F; -4.7E; 3.6F
23 Sa	05:24, 11:30, 17:48, 23:54	02:00; 08:24; 14:18; 20:48	-4.5E; 3.5F; -4.6E; 3.4F
24 Su	06:00, 12:06, 18:24	02:36; 09:00; 14:54; 21:24	-4.4E; 3.4F; -4.5E; 3.3F
25 M	00:36, 06:36, 12:48, 19:06	03:18; 09:36; 15:36; 22:06	-4.3E; 3.2F; -4.4E; 3.1F
26 Tu	01:18, 07:24, 13:36, 19:54	04:00; 10:24; 16:24; 22:54	-4.1E; 3.0F; -4.2E; 2.9F
27 W	02:06, 08:12, 14:24, 20:48	04:48; 11:12; 17:12; 23:42	-4.0E; 2.9F; -4.1E; 2.8F
28 Th ◐	03:00, 09:06, 15:24, 21:48	05:36; 12:06; 18:06	-3.9E; 2.8F; -4.0E
29 F	03:54, 10:06, 16:18, 22:42	00:42; 06:30; 13:06; 19:06	2.8F; -3.9E; 2.8F; -4.0E
30 Sa	04:54, 11:06, 17:18, 23:36	01:42; 07:30; 14:06; 20:00	2.9F; -4.0E; 3.0F; -4.2E
31 Su	05:42, 12:00, 18:12	02:36; 08:30; 15:00; 21:00	3.1F; -4.3E; 3.2F; -4.4E

November

Date	Slack (h m)	Maximum (h m)	knots
1 M	00:30, 06:36, 12:54, 19:00	03:30; 09:24; 15:54; 21:48	3.3F; -4.5E; 3.5F; -4.6E
2 Tu	01:18, 07:24, 13:42, 19:54	04:18; 10:18; 16:42; 22:42	3.6F; -4.8E; 3.7F; -4.9E
3 W	02:06, 08:12, 14:30, 20:42	05:06; 11:06; 17:30; 23:30	3.8F; -5.1E; 3.9F; -4.6E
4 Th	02:48, 08:54, 15:18, 21:30	05:48; 11:54; 18:18	4.0F; -5.3E; 4.0F
5 F	03:36, 09:42, 16:06, 22:18	00:18; 06:36; 12:42; 19:06	-5.1E; 4.1F; -5.3E; 4.0F
6 Sa	04:24, 10:36, 17:00, 23:06	01:06; 07:24; 13:30; 19:54	-5.1E; 4.1F; -5.3E; 4.0F
7 Su	05:12, 11:24, 17:54	01:54; 08:18; 14:18; 20:48	-5.0E; 4.0F; -5.2E; 3.8F
8 M	00:00, 06:06, 12:18, 18:48	02:42; 09:12; 15:12; 21:42	-4.9E; 3.8F; -5.0E; 3.6F
9 Tu	00:54, 07:06, 13:18, 19:48	03:42; 10:06; 16:12; 22:48	-4.6E; 3.5F; -4.7E; 3.3F
10 W	01:54, 08:12, 14:24, 21:00	04:36; 11:12; 17:12; 23:54	-4.4E; 3.3F; -4.4E; 3.1F
11 Th ◐	03:00, 09:24, 15:30, 22:06	05:48; 12:24; 18:30	-4.1E; 3.1F; -4.2E
12 F	04:06, 10:30, 16:36, 23:12	01:12; 07:06; 13:42; 19:54	3.0F; -4.1E; 3.1F; -4.1E
13 Sa	05:12, 11:36, 17:42	02:18; 08:30; 14:48; 21:00	3.0F; -4.1E; 3.1F; -4.2E
14 Su	00:12, 06:06, 12:36, 18:36	03:18; 09:30; 15:48; 22:00	3.2F; -4.3E; 3.3F; -4.3E
15 M	01:00, 06:54, 13:30, 19:24	04:12; 10:18; 16:36; 22:42	3.3F; -4.4E; 3.4F; -4.4E
16 Tu	01:48, 07:42, 14:12, 20:06	04:54; 11:00; 17:18; 23:18	3.4F; -4.6E; 3.4F; -4.5E
17 W	02:30, 08:24, 14:54, 20:48	05:30; 11:36; 17:54; 23:48	3.5F; -4.7E; 3.5F; -4.5E
18 Th	03:06, 09:00, 15:30, 21:30	06:06; 12:06; 18:30	3.5F; -4.7E; 3.5F
19 F ○	03:42, 09:42, 16:12, 22:06	00:24; 06:42; 12:42; 19:06	-4.6E; 3.5F; -4.8E; 3.5F
20 Sa	04:18, 10:18, 16:48, 22:42	00:54; 07:18; 13:12; 19:42	-4.6E; 3.5F; -4.8E; 3.4F
21 Su	05:00, 10:54, 17:24, 23:24	01:30; 07:54; 13:48; 20:18	-4.6E; 3.4F; -4.7E; 3.4F
22 M	05:36, 11:36, 18:06	02:06; 08:30; 14:30; 20:54	-4.5E; 3.3F; -4.7E; 3.2F
23 Tu	00:00, 06:12, 12:18, 18:48	02:48; 09:06; 15:06; 21:36	-4.4E; 3.2F; -4.6E; 3.1F
24 W	00:42, 07:00, 13:00, 19:30	03:30; 09:54; 15:54; 22:18	-4.3E; 3.1F; -4.5E; 3.0F
25 Th	01:30, 07:42, 13:48, 20:18	04:12; 10:42; 16:42; 23:06	-4.2E; 3.0F; -4.4E; 2.9F
26 F ●	02:18, 08:30, 14:36, 21:12	05:06; 11:30; 17:30	-4.2E; 2.9F; -4.3E
27 Sa ○	03:06, 09:30, 15:36, 22:06	00:00; 06:00; 12:24; 18:30	2.8F; -4.2E; 2.9F; -4.3E
28 Su	04:00, 10:30, 16:30, 23:00	01:00; 06:54; 13:24; 19:24	2.9F; -4.3E; 3.0F; -4.4E
29 M	05:00, 11:30, 17:30, 23:54	01:54; 07:54; 14:24; 20:18	3.1F; -4.5E; 3.2F; -4.5E
30 Tu	05:54, 12:24, 18:24	02:48; 08:48; 15:18; 21:18	3.3F; -4.7E; 3.4F; -4.7E

December

Date	Slack (h m)	Maximum (h m)	knots
1 W	00:48, 06:48, 13:18, 19:18	03:42; 09:42; 16:12; 22:12	3.5F; -5.0E; 3.6F; -4.9E
2 Th	01:36, 07:42, 14:12, 20:12	04:36; 10:36; 17:06; 23:06	3.7F; -5.2E; 3.8F; -5.0E
3 F	02:30, 08:30, 15:06, 21:00	05:30; 11:30; 18:00; 23:54	3.9F; -5.3E; 3.9F; -5.1E
4 Sa ●	03:18, 09:24, 16:00, 21:54	06:18; 12:24; 18:48	4.0F; -5.4E; 3.9F
5 Su	04:12, 10:18, 16:48, 22:48	00:48; 07:12; 13:12; 19:42	-5.1E; 4.0F; -5.3E; 3.8F
6 M	05:06, 11:06, 17:48, 23:42	01:36; 08:06; 14:06; 20:36	-5.0E; 3.9F; -5.2E; 3.7F
7 Tu	06:00, 12:06, 18:42	02:30; 09:00; 15:00; 21:36	-4.9E; 3.7F; -5.0E; 3.5F
8 W	00:36, 07:00, 13:00, 19:42	03:30; 10:00; 16:00; 22:36	-4.7E; 3.5F; -4.8E; 3.3F
9 Th	01:36, 08:00, 14:00, 20:42	04:24; 11:00; 17:00; 23:36	-4.5E; 3.3F; -4.5E; 3.1F
10 F	02:36, 09:06, 15:06, 21:48	05:30; 12:06; 18:06	-4.3E; 3.1F; -4.3E
11 Sa ◐	03:36, 10:12, 16:06, 22:48	00:42; 06:42; 13:18; 19:18	3.0F; -4.2E; 3.0F; -4.2E
12 Su	04:36, 11:18, 17:06, 23:42	01:48; 07:54; 14:18; 20:24	2.9F; -4.2E; 3.0F; -4.2E
13 M	05:30, 12:12, 18:00	02:48; 08:54; 15:18; 21:24	3.0F; -4.3E; 3.0F; -4.2E
14 Tu	00:36, 06:30, 13:00, 18:48	03:36; 09:48; 16:06; 22:06	3.0F; -4.3E; 3.1F; -4.3E
15 W	01:18, 07:06, 13:48, 19:36	04:24; 10:30; 16:48; 22:48	3.1F; -4.4E; 3.2F; -4.4E
16 Th	02:00, 07:48, 14:30, 20:18	05:00; 11:06; 17:24; 23:18	3.2F; -4.5E; 3.2F; -4.4E
17 F	02:42, 08:30, 15:06, 20:54	05:42; 11:36; 18:06; 23:54	3.3F; -4.6E; 3.3F; -4.5E
18 Sa	03:18, 09:12, 15:48, 21:36	06:18; 12:12; 18:42	3.3F; -4.7E; 3.3F
19 Su ○	04:00, 09:48, 16:24, 22:12	00:30; 06:54; 12:48; 19:18	-4.6E; 3.4F; -4.8E; 3.3F
20 M	04:36, 10:30, 17:06, 22:54	01:00; 07:30; 13:24; 19:54	-4.6E; 3.4F; -4.8E; 3.3F
21 Tu	05:12, 11:06, 17:42, 23:30	01:42; 08:06; 14:06; 20:30	-4.6E; 3.4F; -4.8E; 3.2F
22 W	05:48, 11:48, 18:24	02:24; 08:42; 14:42; 21:12	-4.6E; 3.3F; -4.8E; 3.2F
23 Th	00:12, 06:30, 12:30, 19:06	03:00; 09:24; 15:24; 21:54	-4.6E; 3.2F; -4.7E; 3.1F
24 F	00:54, 07:12, 13:12, 19:48	03:48; 10:12; 16:12; 22:36	-4.5E; 3.2F; -4.6E; 3.1F
25 Sa	01:36, 08:00, 14:00, 20:36	04:36; 11:00; 17:00; 23:24	-4.5E; 3.1F; -4.6E; 3.0F
26 Su	02:24, 08:54, 14:54, 21:24	05:24; 11:54; 17:54	-4.5E; 3.1F; -4.5E
27 M ◐	03:18, 09:54, 15:54, 22:24	00:18; 06:18; 12:48; 18:48	3.0F; -4.6E; 3.1F; -4.5E
28 Tu	04:18, 10:54, 16:54, 23:18	01:18; 07:18; 13:48; 19:48	3.1F; -4.7E; 3.2F; -4.6E
29 W	05:18, 12:00, 17:54	02:12; 08:18; 14:48; 20:42	3.3F; -4.8E; 3.3F; -4.7E
30 Th	00:18, 06:18, 13:00, 18:48	03:12; 09:18; 15:48; 21:42	3.4F; -4.9E; 3.4F; -4.8E
31 F	01:12, 07:12, 13:54, 19:48	04:12; 10:18; 16:48; 22:42	3.6F; -5.1E; 3.6F; -4.9E

Station ID: n03020 Depth: 18 feet
Source: NOAA/NOS/CO-OPS
Station Type: Harmonic
Time Zone: LST

NOAA Tidal Current Predictions

The Narrows, 2021
Latitude: 40.6060° N Longitude: 74.0381° W
Mean Flood Dir. 325° (T) Mean Ebb Dir. 142° (T)
Times and speeds of maximum and minimum current, in knots

January

Day	Slack h m	Maximum h m	knots
1 F	05:12	01:42	-1.6E
	07:42	1.7F	
	11:12	14:12	-1.6E
	18:00	20:18	1.2F
	23:30		
2 Sa	05:54	02:36	-1.7E
	11:54	08:24	1.8F
	18:42	15:00	-1.7E
		21:00	1.3F
3 Su	00:18	03:18	-1.7E
	06:42	09:12	1.7F
	12:42	15:42	-1.7E
	19:30	21:48	1.3F
4 M	01:12	04:06	-1.7E
	07:36	10:00	1.6F
	13:36	16:30	-1.7E
	20:18	22:42	1.3F
5 Tu	02:06	05:00	-1.7E
	08:36	10:54	1.4F
	14:24	17:18	-1.7E
	21:12	23:48	1.3F
6 W	03:06	06:00	-1.6E
	09:42	12:06	1.2F
	15:18	18:24	-1.6E
	22:12		
7 Th	04:06	01:00	1.3F
	10:54	07:12	-1.6E
	16:24	13:30	1.0F
	23:18	19:36	-1.6E
8 F	05:12	02:12	1.3F
	12:06	08:48	-1.6E
	17:24	15:00	1.0F
		21:00	-1.7E
9 Sa	00:12	03:30	1.4F
	06:12	10:00	-1.7E
	13:06	16:24	1.0F
	18:30	22:00	-1.8E
10 Su	01:06	04:36	1.5F
	07:12	10:54	-1.8E
	14:06	17:18	1.1F
	19:24	22:48	-1.9E
11 M	02:00	05:30	1.6F
	08:06	11:36	-1.8E
	15:00	18:12	1.2F
	20:18	23:30	-1.9E
12 Tu	02:48	06:18	1.6F
	08:54	12:18	-1.8E
	15:54	19:06	1.3F
	21:12		
13 W	03:42	00:18	-1.8E
	09:42	07:06	1.6F
	16:36	13:12	-1.7E
	22:06	19:48	1.3F
14 Th	04:24	01:12	-1.7E
	10:30	07:48	1.6F
	17:24	14:18	-1.6E
	22:54	20:36	1.3F
15 F	05:12	02:12	-1.6E
	11:18	08:30	1.5F
	18:06	15:00	-1.6E
	23:48	21:24	1.2F
16 Sa	06:00	03:06	-1.5E
	12:06	09:12	1.4F
	18:48	15:42	-1.6E
		22:12	1.1F
17 Su	00:36	03:48	-1.5E
	06:42	09:48	1.3F
	12:54	16:18	-1.6E
	19:30	23:00	1.0F
18 M	01:24	04:30	-1.4E
	07:36	10:42	1.1F
	13:42	16:54	-1.6E
	20:18	23:54	0.9F
19 Tu	02:12	05:18	-1.4E
	08:30	12:00	1.0F
	14:24	17:42	-1.5E
	21:12		
20 W	02:54	00:42	0.9F
	09:36	06:18	-1.3E
	15:12	13:06	0.8F
	22:06	18:36	-1.5E
21 Th	03:48	01:36	0.8F
	10:42	07:36	-1.3E
	16:00	14:00	0.7F
	23:00	19:42	-1.5E
22 F	04:42	02:18	0.8F
	11:54	08:48	-1.4E
	16:54	15:00	0.7F
	23:48	20:48	-1.5E
23 Sa	05:36	03:12	0.9F
	12:48	09:48	-1.5E
	17:54	16:00	0.7F
		21:36	-1.6E
24 Su	00:30	04:00	0.9F
	06:12	10:36	-1.6E
	13:42	17:00	0.7F
	18:42	22:18	-1.6E
25 M	01:12	04:42	1.1F
	07:18	11:12	-1.7E
	14:24	17:42	0.8F
	19:30	22:48	-1.7E
26 Tu	01:54	05:18	1.2F
	08:06	11:42	-1.6E
	15:00	18:18	0.9F
	20:18	23:18	-1.7E
27 W	02:36	05:36	1.4F
	08:48	12:00	-1.6E
	15:36	18:54	1.0F
	21:00	23:54	-1.6E
28 Th	03:18	06:06	1.6F
	09:30	12:24	-1.5E
	16:12	19:18	1.1F
	21:48		
29 F	04:00	00:36	-1.6E
	10:12	06:42	1.7F
	16:54	13:00	-1.5E
	22:30	19:36	1.3F
30 Sa	04:48	01:18	-1.6E
	10:54	07:24	1.8F
	17:30	13:48	-1.5E
	23:18	20:06	1.4F
31 Su	05:36	02:12	-1.6E
	11:42	08:12	1.8F
	18:12	14:36	-1.6E
		20:42	1.5F

February

Day	Slack h m	Maximum h m	knots
1 M	00:06	03:00	-1.7E
	06:24	08:54	1.7F
	12:30	15:24	-1.6E
	18:54	21:24	1.5F
2 Tu	00:54	03:48	-1.7E
	07:18	09:42	1.5F
	13:18	16:06	-1.7E
	19:48	22:18	1.5F
3 W	01:48	04:36	-1.7E
	08:18	10:42	1.3F
	14:06	17:00	-1.7E
	20:42	23:18	1.4F
4 Th	02:42	05:36	-1.6E
	09:24	12:00	1.0F
	15:00	18:00	-1.6E
	21:42		
5 F	03:42	00:36	1.3F
	10:42	06:48	-1.5E
	16:00	13:36	0.9F
	22:48	19:12	-1.6E
6 Sa	04:48	01:54	1.3F
	11:54	08:42	-1.5E
	17:06	15:00	0.9F
	23:54	20:48	-1.6E
7 Su	05:54	03:12	1.3F
	13:00	09:54	-1.7E
	18:12	16:12	1.0F
		21:54	-1.8E
8 M	00:54	04:24	1.4F
	06:54	10:48	-1.8E
	13:54	17:12	1.2F
	19:18	22:48	-1.8E
9 Tu	01:48	05:24	1.5F
	07:54	11:36	-1.8E
	14:48	18:00	1.4F
	20:12	23:30	-1.8E
10 W	02:36	06:12	1.6F
	08:42	12:18	-1.8E
	15:36	18:48	1.5F
	21:06		
11 Th	03:24	00:18	-1.8E
	09:30	07:00	1.7F
	16:18	13:06	-1.7E
	21:54	19:36	1.5F
12 F	04:12	01:12	-1.6E
	10:18	07:42	1.7F
	16:54	13:54	-1.6E
	22:42	20:18	1.5F
13 Sa	04:54	02:06	-1.6E
	11:00	08:18	1.6F
	17:36	14:42	-1.6E
	23:30	21:00	1.4F
14 Su	05:36	02:48	-1.5E
	11:42	09:00	1.5F
	18:12	15:18	-1.6E
		21:36	1.3F
15 M	00:12	03:30	-1.5E
	06:18	09:30	1.4F
	12:24	15:42	-1.6E
	18:54	22:00	1.2F
16 Tu	00:54	04:06	-1.5E
	07:06	09:54	1.2F
	13:06	16:12	-1.6E
	19:36	22:00	1.1F
17 W	01:30	04:36	-1.5E
	08:00	10:18	1.0F
	13:48	16:48	-1.6E
	20:18	22:30	1.0F
18 Th	02:12	05:18	-1.4E
	08:54	11:06	0.8F
	14:30	17:30	-1.5E
	21:06	23:12	0.9F
19 F	02:54	06:06	-1.4E
	09:54	12:48	0.6F
	15:12	18:24	-1.5E
	22:00		
20 Sa	03:42	00:06	0.9F
	11:00	07:18	-1.3E
	16:06	14:00	0.5F
	22:54	19:30	-1.4E
21 Su	04:36	00:54	0.9F
	12:00	08:54	-1.4E
	17:06	15:12	0.5F
	23:42	20:36	-1.4E
22 M	05:36	01:48	1.0F
	12:54	09:54	-1.5E
	18:06	16:12	0.6F
		21:30	-1.5E
23 Tu	00:30	02:42	1.1F
	06:36	10:36	-1.5E
	13:36	17:00	0.8F
	19:00	22:18	-1.6E
24 W	01:18	03:48	1.2F
	07:30	11:18	-1.5E
	14:18	17:42	1.0F
	19:54	22:54	-1.6E
25 Th	02:00	04:54	1.4F
	08:18	11:24	-1.5E
	15:00	18:18	1.2F
	20:42	23:30	-1.6E
26 F	02:48	05:42	1.6F
	09:06	11:54	-1.5E
	15:36	18:48	1.3F
	21:24		
27 Sa	03:36	00:12	-1.6E
	09:54	06:30	1.7F
	16:18	12:36	-1.5E
	22:12	19:18	1.5F
28 Su	04:30	01:00	-1.6E
	10:36	07:18	1.7F
	17:00	13:24	-1.5E
	23:00	19:48	1.6F

March

Day	Slack h m	Maximum h m	knots
1 M	05:18	01:48	-1.7E
	11:24	08:00	1.7F
	17:42	14:12	-1.6E
	23:48	20:24	1.7F
2 Tu	06:12	02:42	-1.7E
	12:06	08:48	1.6F
	18:30	15:00	-1.6E
		21:06	1.7F
3 W	00:36	03:30	-1.7E
	07:06	09:36	1.4F
	12:54	15:48	-1.7E
	19:18	21:54	1.6F
4 Th	01:30	04:24	-1.7E
	08:06	10:30	1.1F
	13:48	16:42	-1.6E
	20:18	22:48	1.4F
5 F	02:18	05:18	-1.6E
	09:12	12:12	0.9F
	14:36	17:42	-1.6E
	21:18		
6 Sa	03:18	00:18	1.2F
	10:30	06:36	-1.5E
	15:42	13:36	0.8F
	22:30	19:00	-1.5E
7 Su	04:24	01:42	1.2F
	11:42	08:36	-1.5E
	16:48	14:48	0.9F
	23:36	20:42	-1.5E
8 M	05:30	03:00	1.2F
	12:48	09:42	-1.6E
	18:00	15:54	1.0F
		21:48	-1.7E
9 Tu	00:36	04:06	1.3F
	06:36	10:36	-1.7E
	13:42	16:54	1.3F
	19:06	22:42	-1.8E
10 W	01:36	05:06	1.4F
	07:36	11:24	-1.8E
	14:30	17:48	1.5F
	20:06	23:30	-1.8E
11 Th	02:24	06:00	1.6F
	08:30	12:00	-1.8E
	15:12	18:30	1.6F
	20:54		
12 F	03:12	00:12	-1.8E
	09:12	06:42	1.7F
	15:54	12:42	-1.8E
	21:42	19:18	1.7F
13 Sa	03:54	01:00	-1.7E
	09:54	07:24	1.7F
	16:30	13:24	-1.7E
	22:24	19:54	1.6F
14 Su	04:42	01:48	-1.6E
	10:36	08:06	1.6F
	17:06	14:12	-1.6E
	23:06	20:30	1.5F
15 M	05:24	02:36	-1.6E
	11:18	08:42	1.5F
	17:42	14:42	-1.7E
	23:42	21:00	1.4F
16 Tu	06:06	03:12	-1.6E
	11:54	09:12	1.3F
	18:18	15:12	-1.7E
		21:00	1.3F
17 W	00:18	03:42	-1.6E
	06:48	09:24	1.1F
	12:30	15:36	-1.7E
	18:54	21:12	1.3F
18 Th	00:54	04:00	-1.6E
	07:30	09:42	1.0F
	13:06	16:12	-1.7E
	19:36	21:42	1.2F
19 F	01:24	04:36	-1.6E
	08:06	10:18	0.8F
	13:48	16:48	-1.6E
	20:24	22:24	1.2F
20 Sa	02:06	05:12	-1.6E
	09:18	11:06	0.7F
	14:36	17:36	-1.6E
	21:12	23:18	1.1F
21 Su	02:48	06:00	-1.5E
	10:18	12:06	0.6F
	15:18	18:30	-1.5E
	22:06		
22 M	03:42	00:12	1.1F
	11:12	07:00	-1.4E
	16:18	13:12	0.6F
	23:00	19:30	-1.4E
23 Tu	04:42	01:06	1.1F
	12:06	08:24	-1.4E
	17:24	14:18	0.7F
	23:54	20:42	-1.4E
24 W	05:48	02:00	1.2F
	12:54	09:30	-1.5E
	18:30	16:12	0.8F
		21:42	-1.5E
25 Th	00:48	03:06	1.3F
	06:54	10:18	-1.5E
	13:36	17:00	1.0F
	19:24	22:24	-1.6E
26 F	01:36	04:18	1.4F
	07:48	10:48	-1.5E
	14:18	17:42	1.3F
	20:12	23:06	-1.7E
27 Sa	02:30	05:24	1.5F
	08:36	11:24	-1.6E
	15:00	18:18	1.5F
	21:00	23:48	-1.7E
28 Su	03:24	06:24	1.6F
	09:24	12:06	-1.6E
	15:48	18:48	1.6F
	21:48		
29 M	04:18	00:36	-1.7E
	10:12	07:06	1.6F
	16:30	12:54	-1.6E
	22:36	19:24	1.7F
30 Tu	05:12	01:30	-1.7E
	10:54	07:54	1.5F
	17:18	13:48	-1.6E
	23:24	20:06	1.7F
31 W	06:06	02:24	-1.8E
	11:42	08:42	1.3F
	18:06	14:42	-1.6E
		20:48	1.7F

Station ID: n03020 Depth: 18 feet
Source: NOAA/NOS/CO-OPS
Station Type: Harmonic
Time Zone: LST

NOAA Tidal Current Predictions

The Narrows, 2021
Latitude: 40.6060° N Longitude: 74.0381° W
Mean Flood Dir. 325° (T) Mean Ebb Dir. 142° (T)
Times and speeds of maximum and minimum current, in knots

April

Day	Slack (h m)	Maximum (h m)	knots
1 Th	00:12 / 07:00 / 12:30 / 19:00	03:18 / 09:30 / 15:30 / 21:30	-1.8E / 1.1F / -1.7E / 1.5F
2 F	01:06 / 08:00 / 13:24 / 19:54	04:06 / 10:42 / 16:24 / 22:30	-1.7E / 0.9F / -1.6E / 1.3F
3 Sa	01:54 / 09:06 / 14:18 / 21:00	05:00 / 12:18 / 17:24	-1.6E / 0.8F / -1.5E
4 Su	02:54 / 10:18 / 15:24 / 22:12	00:06 / 06:30 / 13:30 / 18:48	1.1F / -1.5E / 0.8F / -1.5E
5 M	03:54 / 11:30 / 16:36 / 23:24	01:30 / 08:12 / 14:36 / 20:30	1.1F / -1.5E / 0.9F / -1.5E
6 Tu	05:06 / 12:30 / 17:48	02:42 / 09:24 / 15:36 / 21:36	1.1F / -1.6E / 1.1F / -1.7E
7 W	00:24 / 06:12 / 13:24 / 18:54	03:48 / 10:12 / 16:36 / 22:30	1.2F / -1.8E / 1.3F / -1.8E
8 Th	01:24 / 07:12 / 14:12 / 19:48	04:48 / 11:00 / 17:24 / 23:12	1.3F / -1.9E / 1.5F / -1.9E
9 F	02:12 / 08:06 / 14:48 / 20:36	05:42 / 11:36 / 18:12	1.5F / -1.9E / 1.6F
10 Sa	03:00 / 08:48 / 15:30 / 21:18	00:00 / 06:24 / 12:18 / 18:54	-1.9E / 1.6F / -1.9E / 1.7F
11 Su	03:48 / 09:30 / 16:00 / 22:00	00:42 / 07:06 / 12:54 / 19:30	-1.8E / 1.5F / -1.8E / 1.6F
12 M	04:30 / 10:06 / 16:36 / 22:36	01:30 / 07:48 / 13:30 / 20:06	-1.8E / 1.4F / -1.7E / 1.5F
13 Tu	05:12 / 10:42 / 17:12 / 23:06	02:12 / 08:24 / 14:06 / 20:24	-1.7E / 1.3F / -1.7E / 1.4F
14 W	05:54 / 11:18 / 17:48 / 23:42	02:54 / 08:54 / 14:36 / 20:18	-1.7E / 1.1F / -1.7E / 1.3F
15 Th	06:30 / 11:54 / 18:24	03:18 / 09:06 / 15:06 / 20:36	-1.7E / 1.0F / -1.7E / 1.4F
16 F	00:12 / 07:12 / 12:30 / 19:00	03:36 / 09:12 / 15:42 / 21:12	-1.7E / 0.9F / -1.7E / 1.4F
17 Sa	00:48 / 09:48 / 13:12 / 19:48	04:00 / 09:48 / 16:18 / 21:54	-1.7E / 0.8F / -1.7E / 1.4F
18 Su	01:24 / 08:42 / 13:54 / 20:36	04:36 / 10:36 / 17:00 / 22:42	-1.7E / 0.8F / -1.6E / 1.3F
19 M	02:06 / 10:30 / 14:42 / 21:30	05:18 / 11:30 / 17:48 / 23:42	-1.7E / 0.7F / -1.6E / 1.3F
20 Tu	03:00 / 10:30 / 15:42 / 22:24	06:12 / 12:36 / 18:48	-1.6E / 0.8F / -1.5E
21 W	04:00 / 11:24 / 16:48 / 23:24	00:36 / 07:18 / 13:30 / 20:00	1.2F / -1.5E / 0.9F / -1.5E
22 Th	05:06 / 12:24 / 17:54	01:36 / 08:30 / 14:36 / 21:06	1.3F / -1.6E / 1.0F / -1.6E
23 F	00:18 / 06:12 / 13:00 / 18:54	02:36 / 09:36 / 16:00 / 22:00	1.3F / -1.6E / 1.2F / -1.7E
24 Sa	01:18 / 07:12 / 13:48 / 19:42	03:48 / 10:18 / 16:54 / 22:48	1.3F / -1.7E / 1.4F / -1.8E
25 Su	02:12 / 08:06 / 14:30 / 20:36	05:06 / 11:00 / 17:42 / 23:30	1.4F / -1.7E / 1.5F / -1.9E
26 M	03:06 / 09:18 / 15:18 / 21:24	06:06 / 11:36 / 18:24	1.4F / -1.7E / 1.7F
27 Tu	04:06 / 09:42 / 16:06 / 22:06	00:12 / 07:00 / 12:24 / 19:06	-1.8E / 1.3F / -1.7E / 1.7F
28 W	05:00 / 10:24 / 16:54 / 22:54	01:06 / 07:48 / 13:18 / 19:48	-1.8E / 1.2F / -1.6E / 1.7F
29 Th	05:54 / 11:18 / 17:48 / 23:48	02:06 / 08:42 / 14:18 / 20:30	-1.8E / 1.1F / -1.6E / 1.6F
30 F	06:54 / 12:06 / 18:42	03:12 / 09:36 / 15:12 / 21:12	-1.7E / 1.0F / -1.6E / 1.4F

May

Day	Slack (h m)	Maximum (h m)	knots
1 Sa	00:42 / 07:48 / 13:06 / 19:36	04:00 / 10:54 / 16:12 / 22:12	-1.7E / 0.9F / -1.6E / 1.2F
2 Su	01:36 / 08:48 / 14:06 / 20:42	05:00 / 12:06 / 17:12 / 23:54	-1.6E / 0.8F / -1.5E / 1.1F
3 M	02:30 / 10:00 / 15:12 / 21:48	06:24 / 13:12 / 18:42	-1.5E / 0.9F / -1.4E
4 Tu	03:30 / 11:06 / 16:18 / 23:00	01:18 / 07:48 / 14:12 / 20:06	1.0F / -1.5E / 1.0F / -1.5E
5 W	04:36 / 12:06 / 17:30	02:24 / 08:54 / 15:12 / 21:12	1.0F / -1.6E / 1.1F / -1.6E
6 Th	00:06 / 05:42 / 12:54 / 18:30	03:24 / 09:48 / 16:06 / 22:06	1.1F / -1.8E / 1.3F / -1.8E
7 F	01:06 / 06:42 / 13:42 / 19:24	04:24 / 10:30 / 17:00 / 22:54	1.2F / -1.9E / 1.5F / -1.9E
8 Sa	02:00 / 07:36 / 14:18 / 20:12	05:18 / 11:12 / 17:42 / 23:36	1.3F / -1.9E / 1.6F / -1.9E
9 Su	02:48 / 08:18 / 14:54 / 20:48	06:06 / 11:48 / 18:24	1.4F / -1.9E / 1.6F
10 M	03:36 / 09:00 / 15:30 / 21:30	00:24 / 06:48 / 12:18 / 19:00	-1.9E / 1.3F / -1.8E / 1.5F
11 Tu	04:18 / 09:36 / 16:06 / 22:00	01:06 / 07:24 / 12:48 / 19:30	-1.8E / 1.2F / -1.7E / 1.4F
12 W	05:00 / 10:12 / 16:42 / 22:36	01:54 / 08:06 / 13:24 / 19:48	-1.7E / 1.1F / -1.7E / 1.4F
13 Th	05:36 / 10:42 / 17:18 / 23:06	02:30 / 08:36 / 14:00 / 19:42	-1.7E / 0.9F / -1.6E / 1.4F
14 F	06:12 / 11:18 / 17:54 / 23:42	02:54 / 08:48 / 14:36 / 20:12	-1.7E / 0.9F / -1.6E / 1.4F
15 Sa	06:48 / 12:00 / 18:30	03:06 / 08:54 / 15:12 / 20:48	-1.7E / 0.9F / -1.7E / 1.5F
16 Su	00:18 / 07:30 / 12:42 / 19:12	03:30 / 09:24 / 15:48 / 21:30	-1.7E / 0.9F / -1.7E / 1.5F
17 M	01:00 / 08:12 / 13:30 / 20:00	04:12 / 10:12 / 16:36 / 22:18	-1.8E / 0.9F / -1.6E / 1.5F
18 Tu	01:42 / 09:00 / 14:24 / 20:54	04:54 / 11:06 / 17:24 / 23:12	-1.8E / 0.9F / -1.6E / 1.4F
19 W	02:36 / 09:54 / 15:24 / 21:54	05:42 / 12:06 / 18:18	-1.7E / 1.0F / -1.5E
20 Th	03:36 / 10:48 / 16:24 / 23:00	00:12 / 06:42 / 13:06 / 19:24	1.3F / -1.7E / 1.1F / -1.6E
21 F	04:36 / 11:36 / 17:24	01:12 / 07:48 / 14:06 / 20:36	1.3F / -1.7E / 1.2F / -1.6E
22 Sa	00:00 / 05:42 / 12:24 / 18:24	02:12 / 08:54 / 15:06 / 21:36	1.3F / -1.7E / 1.4F / -1.8E
23 Su	00:54 / 06:42 / 13:12 / 19:18	03:30 / 09:48 / 16:12 / 22:24	1.2F / -1.8E / 1.5F / -1.9E
24 M	01:54 / 07:36 / 14:00 / 20:12	04:54 / 10:30 / 17:12 / 23:06	1.2F / -1.8E / 1.6F / -1.9E
25 Tu	02:54 / 08:24 / 14:48 / 21:00	06:00 / 11:18 / 18:00 / 23:54	1.2F / -1.8E / 1.7F / -1.9E
26 W	03:48 / 09:12 / 15:42 / 21:48	06:54 / 12:00 / 18:48	1.2F / -1.7E / 1.7F
27 Th	04:48 / 10:06 / 16:30 / 22:36	00:42 / 07:48 / 12:54 / 19:30	-1.8E / 1.1F / -1.6E / 1.6F
28 F	05:42 / 10:54 / 17:24 / 23:24	01:48 / 08:42 / 14:00 / 20:18	-1.7E / 1.1F / -1.5E / 1.5F
29 Sa	06:36 / 11:54 / 18:18	03:06 / 09:36 / 15:06 / 21:06	-1.6E / 1.0F / -1.5E / 1.4F
30 Su	00:24 / 07:30 / 12:54 / 19:12	04:06 / 10:42 / 16:06 / 22:06	-1.6E / 0.9F / -1.4E / 1.2F
31 M	01:18 / 08:24 / 13:54 / 20:12	04:54 / 11:48 / 17:06 / 23:42	-1.6E / 1.0F / -1.4E / 1.1F

June

Day	Slack (h m)	Maximum (h m)	knots
1 Tu	02:12 / 09:24 / 15:00 / 21:18	06:06 / 12:48 / 18:24	-1.5E / 1.0F / -1.4E
2 W	03:12 / 10:24 / 16:00 / 22:30	00:54 / 07:12 / 13:42 / 19:36	1.1F / -1.5E / 1.1F / -1.4E
3 Th	04:12 / 11:24 / 17:00 / 23:36	01:54 / 08:12 / 14:42 / 20:42	1.1F / -1.6E / 1.2F / -1.5E
4 F	05:12 / 12:12 / 18:00	02:54 / 09:12 / 15:36 / 21:42	1.1F / -1.7E / 1.3F / -1.7E
5 Sa	00:42 / 06:06 / 13:00 / 18:54	03:54 / 09:54 / 16:24 / 22:30	1.1F / -1.8E / 1.4F / -1.8E
6 Su	01:36 / 07:00 / 13:36 / 19:42	04:48 / 10:36 / 17:12 / 23:12	1.2F / -1.9E / 1.5F / -1.9E
7 M	02:30 / 07:42 / 14:12 / 20:18	05:36 / 11:12 / 17:54 / 23:54	1.2F / -1.9E / 1.5F / -1.9E
8 Tu	03:18 / 08:24 / 14:48 / 21:00	06:24 / 11:42 / 18:30	1.1F / -1.8E / 1.4F
9 W	04:00 / 09:00 / 15:24 / 21:30	00:42 / 07:00 / 12:12 / 18:54	-1.8E / 1.1F / -1.7E / 1.4F
10 Th	04:36 / 09:42 / 16:00 / 22:06	01:18 / 07:42 / 12:36 / 19:00	-1.7E / 1.0F / -1.6E / 1.4F
11 F	05:12 / 10:18 / 16:42 / 22:42	02:00 / 08:12 / 13:18 / 19:12	-1.6E / 0.9F / -1.5E / 1.4F
12 Sa	05:42 / 11:00 / 17:18 / 23:18	02:18 / 08:24 / 14:00 / 19:42	-1.5E / 0.9F / -1.5E / 1.5F
13 Su	06:18 / 11:42 / 18:00	02:36 / 08:30 / 14:42 / 20:24	-1.5E / 1.0F / -1.5E / 1.6F
14 M	00:00 / 06:54 / 12:30 / 18:42	03:06 / 09:06 / 15:24 / 21:06	-1.6E / 1.1F / -1.5E / 1.7F
15 Tu	00:42 / 07:36 / 13:18 / 19:30	03:48 / 09:48 / 16:12 / 21:54	-1.7E / 1.1F / -1.6E / 1.6F
16 W	01:30 / 08:24 / 14:12 / 20:24	04:30 / 10:42 / 17:00 / 22:54	-1.7E / 1.2F / -1.6E / 1.5F
17 Th	02:24 / 09:12 / 15:06 / 21:30	05:18 / 11:42 / 17:54 / 23:54	-1.7E / 1.3F / -1.5E / 1.4F
18 F	03:18 / 10:12 / 16:06 / 22:36	06:18 / 12:42 / 19:00	-1.7E / 1.4F / -1.6E
19 Sa	04:18 / 11:06 / 17:06 / 23:36	00:54 / 07:24 / 13:42 / 20:12	1.3F / -1.7E / 1.5F / -1.6E
20 Su	05:18 / 11:54 / 18:06	02:00 / 08:24 / 14:36 / 21:18	1.2F / -1.7E / 1.6F / -1.7E
21 M	00:36 / 06:18 / 12:42 / 19:00	03:18 / 09:24 / 15:42 / 22:12	1.2F / -1.8E / 1.6F / -1.8E
22 Tu	01:36 / 07:12 / 13:36 / 19:54	04:48 / 10:12 / 16:54 / 22:54	1.2F / -1.8E / 1.7F / -1.8E
23 W	02:36 / 08:06 / 14:24 / 20:42	05:48 / 11:00 / 17:48 / 23:36	1.2F / -1.8E / 1.7F / -1.8E
24 Th	03:30 / 09:00 / 15:12 / 21:30	06:42 / 11:42 / 18:36	1.2F / -1.7E / 1.7F
25 F	04:24 / 09:48 / 16:06 / 22:24	00:24 / 07:36 / 12:36 / 19:24	-1.6E / 1.2F / -1.5E / 1.7F
26 Sa	05:18 / 10:48 / 17:00 / 23:12	01:30 / 08:30 / 13:42 / 20:12	-1.5E / 1.2F / -1.4E / 1.6F
27 Su	06:06 / 11:48 / 17:54	03:00 / 09:24 / 15:00 / 21:00	-1.5E / 1.2F / -1.3E / 1.5F
28 M	00:06 / 06:54 / 12:48 / 18:42	03:54 / 10:24 / 16:00 / 22:00	-1.5E / 1.1F / -1.3E / 1.3F
29 Tu	01:06 / 07:48 / 13:48 / 19:42	04:42 / 11:24 / 16:54 / 23:18	-1.5E / 1.1F / -1.3E / 1.2F
30 W	02:00 / 08:36 / 14:42 / 20:42	05:30 / 12:24 / 17:54	-1.5E / 1.2F / -1.3E

Station ID: n03020 Depth: 18 feet
Source: NOAA/NOS/CO-OPS
Station Type: Harmonic
Time Zone: LST

NOAA Tidal Current Predictions

The Narrows, 2021
Latitude: 40.6060° N Longitude: 74.0381° W
Mean Flood Dir. 325° (T) Mean Ebb Dir. 142° (T)
Times and speeds of maximum and minimum current, in knots

July

Day	Slack (h m)	Maximum (h m / knots)
1 Th ☽	02:54, 09:36, 15:36, 21:48	00:24 1.2F, 06:30 -1.5E, 13:12 1.2F, 19:00 -1.3E
2 F	03:42, 10:30, 16:30, 23:00	01:24 1.1F, 07:24 -1.5E, 14:06 1.2F, 20:12 -1.4E
3 Sa	04:42, 11:24, 17:30	02:24 1.1F, 08:24 -1.6E, 14:54 1.3F, 21:12 -1.5E
4 Su	00:00, 05:36, 12:06, 18:18	03:24 1.1F, 09:18 -1.7E, 15:48 1.3F, 22:00 -1.7E
5 M	01:00, 06:24, 12:48, 19:06	04:18 1.1F, 10:00 -1.7E, 16:36 1.4F, 22:48 -1.8E
6 Tu	01:54, 07:12, 13:24, 19:48	05:06 1.0F, 10:36 -1.7E, 17:18 1.4F, 23:24 -1.7E
7 W	02:36, 07:54, 14:06, 20:30	05:54 1.0F, 11:06 -1.7E, 17:48 1.4F
8 Th	03:18, 08:36, 14:42, 21:06	00:00 -1.6E, 06:36 1.0F, 11:30 -1.6E, 18:12 1.4F
9 F	03:54, 09:18, 15:18, 21:42	00:36 -1.5E, 07:12 1.0F, 12:00 -1.4E, 18:12 1.5F
10 Sa ●	04:30, 10:00, 16:00, 22:24	00:54 -1.4E, 07:42 1.0F, 12:42 -1.3E, 18:42 1.6F
11 Su	05:00, 10:42, 16:42, 23:06	01:18 -1.3E, 08:00 1.1F, 13:24 -1.3E, 19:18 1.7F
12 M	05:42, 11:30, 17:24, 23:48	02:00 -1.3E, 08:12 1.2F, 14:18 -1.3E, 20:06 1.8F
13 Tu	06:18, 12:18, 18:12	02:42 -1.4E, 08:48 1.3F, 15:06 -1.4E, 20:48 1.8F
14 W	00:36, 07:00, 13:12, 19:06	03:30 -1.5E, 09:30 1.4F, 15:54 -1.4E, 21:36 1.7F
15 Th	01:24, 07:48, 14:00, 20:00	04:12 -1.6E, 10:18 1.5F, 16:42 -1.5E, 22:30 1.6F
16 F	02:12, 08:36, 14:54, 21:06	05:00 -1.6E, 11:18 1.5F, 17:36 -1.5E, 23:36 1.4F
17 Sa ◐	03:06, 09:36, 15:48, 22:12	05:54 -1.6E, 12:24 1.6F, 18:36 -1.5E
18 Su	04:00, 10:30, 16:48, 23:18	00:48 1.3F, 07:00 -1.6E, 13:24 1.6F, 19:54 -1.5E
19 M	05:00, 11:24, 17:48	02:00 1.2F, 08:06 -1.7E, 14:24 1.7F, 21:06 -1.6E
20 Tu	00:18, 06:00, 12:18, 18:42	03:24 1.2F, 09:06 -1.7E, 15:30 1.7F, 22:06 -1.7E
21 W	01:18, 07:00, 13:12, 19:36	04:36 1.2F, 10:00 -1.7E, 16:42 1.7F, 22:48 -1.7E
22 Th	02:12, 07:54, 14:00, 20:30	05:36 1.3F, 10:48 -1.7E, 17:36 1.8F, 23:30 -1.6E
23 F	03:00, 08:48, 14:48, 21:18	06:36 1.4F, 11:36 -1.6E, 18:30 1.8F
24 Sa ◯	03:54, 09:48, 15:42, 22:12	00:18 -1.5E, 07:24 1.4F, 12:24 -1.4E, 19:18 1.7F
25 Su	04:42, 10:42, 16:30, 23:06	01:24 -1.4E, 08:12 1.4F, 13:30 -1.2E, 20:06 1.7F
26 M	05:30, 11:36, 17:24, 23:54	02:42 -1.3E, 09:06 1.4F, 14:48 -1.2E, 20:54 1.6F
27 Tu	06:18, 12:36, 18:12	03:30 -1.3E, 09:54 1.4F, 15:42 -1.2E, 21:48 1.5F
28 W	00:48, 07:06, 13:30, 19:06	04:12 -1.4E, 10:48 1.5F, 16:36 -1.2E, 22:54 1.4F
29 Th	01:42, 07:54, 14:18, 20:06	04:54 -1.4E, 11:48 1.3F, 17:24 -1.2E, 23:54 1.3F
30 F	02:30, 08:42, 15:06, 21:06	05:42 -1.4E, 12:36 1.3F, 18:24 -1.2E
31 Sa ◯	03:12, 09:36, 15:54, 22:12	00:54 1.2F, 06:30 -1.4E, 13:12 1.2F, 19:30 -1.3E

August

Day	Slack (h m)	Maximum (h m / knots)
1 Su	04:06, 10:24, 16:48, 23:18	01:48 1.1F, 07:30 -1.4E, 14:06 1.2F, 20:36 -1.4E
2 M	04:54, 11:12, 17:42	02:42 1.0F, 08:24 -1.5E, 14:54 1.2F, 21:24 -1.5E
3 Tu	00:18, 05:48, 12:00, 18:30	03:42 0.9F, 09:12 -1.5E, 15:42 1.3F, 22:18 -1.5E
4 W	01:06, 06:42, 12:42, 19:18	04:36 1.0F, 09:54 -1.5E, 16:24 1.3F, 22:54 -1.5E
5 Th	01:48, 07:24, 13:18, 20:00	05:18 1.0F, 10:30 -1.5E, 16:54 1.4F, 23:24 -1.5E
6 F	02:30, 08:12, 14:00, 20:42	06:00 1.1F, 11:00 -1.4E, 17:12 1.5F, 23:42 -1.3E
7 Sa	03:06, 08:54, 14:42, 21:24	06:36 1.1F, 11:30 -1.3E, 17:36 1.6F
8 Su ●	03:42, 09:42, 15:24, 22:06	00:06 -1.2E, 07:06 1.2F, 12:06 -1.3E, 18:18 1.7F
9 M	04:18, 10:24, 16:12, 22:48	00:36 -1.2E, 07:24 1.3F, 12:54 -1.2E, 19:00 1.8F
10 Tu	05:00, 11:12, 17:00, 23:30	01:24 -1.2E, 07:48 1.4F, 13:48 -1.2E, 19:42 1.8F
11 W	05:42, 12:00, 17:48	02:12 -1.3E, 08:24 1.6F, 14:42 -1.3E, 20:30 1.8F
12 Th	00:18, 06:24, 12:54, 18:42	03:06 -1.4E, 09:06 1.7F, 15:30 -1.4E, 21:24 1.7F
13 F	01:06, 07:12, 13:42, 19:42	03:54 -1.5E, 09:54 1.7F, 16:24 -1.4E, 22:18 1.5F
14 Sa	02:00, 08:06, 14:36, 20:48	04:42 -1.5E, 10:54 1.7F, 17:12 -1.4E, 23:24 1.3F
15 Su ◐	02:48, 09:06, 15:30, 21:54	05:36 -1.5E, 12:00 1.7F, 18:18 -1.4E
16 M	03:42, 10:06, 16:30, 23:00	00:54 1.2F, 06:36 -1.5E, 13:12 1.7F, 19:42 -1.4E
17 Tu	04:42, 11:06, 17:30	02:12 1.2F, 07:54 -1.5E, 14:18 1.7F, 21:06 -1.5E
18 W	00:00, 05:48, 12:00, 18:30	03:24 1.2F, 09:00 -1.6E, 15:24 1.7F, 22:18 -1.6E
19 Th	01:00, 06:54, 12:54, 19:30	04:30 1.3F, 10:00 -1.6E, 16:36 1.7F, 22:54 -1.6E
20 F	01:48, 07:48, 13:42, 20:18	05:30 1.5F, 10:54 -1.6E, 17:30 1.8F, 23:36 -1.5E
21 Sa	02:36, 08:48, 14:36, 21:12	06:18 1.6F, 11:36 -1.5E, 18:24 1.8F
22 Su ◯	03:24, 09:36, 15:24, 22:00	00:12 -1.4E, 07:06 1.6F, 12:24 -1.3E, 19:12 1.8F
23 M	04:12, 10:30, 16:12, 22:48	01:06 -1.3E, 07:54 1.6F, 13:24 -1.2E, 20:00 1.8F
24 Tu	05:00, 11:24, 17:00, 23:36	02:12 -1.3E, 08:42 1.6F, 14:30 -1.1E, 20:42 1.7F
25 W	05:42, 12:12, 17:48	03:00 -1.3E, 09:24 1.5F, 15:24 -1.1E, 21:24 1.6F
26 Th	00:24, 06:24, 13:00, 18:42	03:42 -1.3E, 10:06 1.4F, 16:06 -1.2E, 22:18 1.4F
27 F	01:12, 07:12, 13:42, 19:36	04:12 -1.4E, 10:54 1.3F, 16:48 -1.2E, 23:18 1.2F
28 Sa	01:54, 08:00, 14:30, 20:30	04:54 -1.4E, 11:36 1.2F, 17:36 -1.2E
29 Su	02:36, 08:42, 15:12, 21:36	00:18 1.1F, 05:36 -1.4E, 12:24 1.2F, 18:30 -1.2E
30 M ◐	03:24, 09:36, 16:00, 22:36	01:12 0.9F, 06:24 -1.3E, 12:54 1.2F, 19:42 -1.2E
31 Tu	04:12, 10:24, 16:48, 23:30	02:00 0.9F, 07:24 -1.3E, 13:12 1.2F, 20:42 -1.3E

September

Day	Slack (h m)	Maximum (h m / knots)
1 W	05:06, 11:12, 17:42	03:00 0.8F, 08:18 -1.3E, 13:48 1.3F, 21:36 -1.4E
2 Th	00:18, 06:00, 12:00, 18:36	03:54 0.9F, 09:12 -1.4E, 14:30 1.3F, 22:18 -1.4E
3 F	01:00, 06:54, 12:42, 19:24	04:42 1.0F, 10:00 -1.4E, 15:18 1.5F, 22:48 -1.4E
4 Sa	01:42, 07:42, 13:24, 20:12	05:24 1.1F, 10:36 -1.4E, 16:18 1.6F, 23:06 -1.3E
5 Su	02:18, 08:30, 14:12, 20:54	06:00 1.2F, 11:06 -1.4E, 17:06 1.7F, 23:30 -1.3E
6 M	03:00, 09:12, 14:54, 21:36	06:24 1.4F, 11:36 -1.3E, 17:54 1.8F
7 Tu	03:42, 10:00, 15:48, 22:24	00:00 -1.3E, 06:42 1.5F, 12:24 -1.3E, 18:42 1.8F
8 W	04:24, 10:48, 16:42, 23:06	00:48 -1.2E, 07:18 1.6F, 13:18 -1.3E, 19:30 1.8F
9 Th	05:06, 11:36, 17:36, 23:54	01:42 -1.3E, 07:54 1.7F, 14:18 -1.3E, 20:18 1.7F
10 F	05:54, 12:24, 18:30	02:36 -1.3E, 08:42 1.8F, 15:12 -1.4E, 21:06 1.5F
11 Sa	00:42, 06:48, 13:18, 19:30	03:30 -1.4E, 09:36 1.8F, 16:06 -1.4E, 22:06 1.3F
12 Su	01:36, 07:42, 14:12, 20:36	04:18 -1.5E, 10:24 1.7F, 16:54 -1.4E, 23:36 1.1F
13 M ◐	02:30, 08:42, 15:06, 21:42	05:12 -1.5E, 11:42 1.6F, 18:06 -1.4E
14 Tu	03:24, 09:42, 16:06, 22:48	01:00 1.1F, 06:24 -1.4E, 13:06 1.5F, 19:42 -1.3E
15 W	04:30, 10:48, 17:12, 23:54	02:12 1.1F, 07:48 -1.4E, 14:12 1.5F, 21:06 -1.4E
16 Th	05:36, 11:48, 18:18	03:12 1.2F, 09:06 -1.5E, 15:24 1.6F, 22:00 -1.5E
17 F	00:48, 06:42, 12:42, 19:12	04:18 1.4F, 10:06 -1.6E, 16:30 1.7F, 22:48 -1.6E
18 Sa	01:36, 07:42, 13:36, 20:06	05:12 1.6F, 10:54 -1.6E, 17:24 1.8F, 23:24 -1.6E
19 Su	02:24, 08:36, 14:24, 20:54	06:00 1.7F, 11:36 -1.6E, 18:12 1.8F
20 M ◯	03:06, 09:24, 15:12, 21:36	00:06 -1.6E, 06:48 1.8F, 12:24 -1.5E, 19:00 1.8F
21 Tu	03:48, 10:12, 16:00, 22:24	00:48 -1.5E, 07:30 1.7F, 13:12 -1.3E, 19:42 1.7F
22 W	04:30, 10:54, 16:48, 23:06	01:36 -1.4E, 08:12 1.7F, 14:12 -1.3E, 20:24 1.6F
23 Th	05:12, 11:36, 17:36, 23:48	02:24 -1.4E, 08:48 1.5F, 15:00 -1.3E, 21:06 1.4F
24 F	05:54, 12:18, 18:24	03:00 -1.4E, 09:18 1.3F, 15:42 -1.3E, 21:48 1.2F
25 Sa	00:30, 06:36, 13:00, 19:12	03:36 -1.4E, 09:18 1.3F, 16:12 -1.3E, 22:24 1.0F
26 Su	01:12, 07:18, 13:36, 20:06	04:12 -1.5E, 09:42 1.3F, 16:48 -1.3E, 23:24 0.9F
27 M	01:54, 08:00, 14:18, 21:00	04:48 -1.4E, 10:18 1.2F, 17:18 -1.3E
28 Tu	02:36, 08:48, 15:06, 21:54	00:24 0.8F, 05:30 -1.4E, 11:12 1.2F, 18:12 -1.3E
29 W ◐	03:24, 09:42, 15:54, 22:54	01:12 0.7F, 06:24 -1.3E, 12:06 1.2F, 19:18 -1.3E
30 Th	04:24, 10:36, 16:48, 23:42	02:00 0.8F, 07:24 -1.3E, 12:54 1.3F, 20:36 -1.3E

Station ID: n03020 Depth: 18 feet
Source: NOAA/NOS/CO-OPS
Station Type: Harmonic
Time Zone: LST

NOAA Tidal Current Predictions

The Narrows, 2021
Latitude: 40.6060° N Longitude: 74.0381° W
Mean Flood Dir. 325° (T) Mean Ebb Dir. 142° (T)
Times and speeds of maximum and minimum current, in knots

October

Day	Slack h m	Maximum h m	knots	Day	Slack h m	Maximum h m	knots
1 F	05:18	02:48	0.8F	**16** Sa	00:36	04:00	1.4F
	11:24	08:24	-1.3E		06:30	10:00	-1.7E
	17:48	13:48	1.4F		12:42	16:12	1.5F
		21:30	-1.4E		18:48	22:30	-1.7E
2 Sa	00:24	03:48	1.0F	**17** Su	01:24	04:54	1.6F
	06:18	09:18	-1.4E		07:24	10:48	-1.8E
	12:12	14:42	1.5F		13:30	17:12	1.6F
	18:42	22:06	-1.4E		19:42	23:12	-1.8E
3 Su	01:06	04:30	1.1F	**18** M	02:06	05:42	1.7F
	07:12	10:06	-1.5E		08:18	11:30	-1.8E
	13:00	15:42	1.5F		14:24	18:00	1.7F
	19:30	22:30	-1.5E		20:30	23:48	-1.8E
4 M	01:48	05:12	1.3F	**19** Tu	02:48	06:30	1.8F
	08:00	10:42	-1.5E		09:00	12:12	-1.7E
	13:48	16:42	1.6F		15:12	18:42	1.6F
	20:18	23:00	-1.5E		21:12		
5 Tu	02:24	05:42	1.5F	**20** W ○	03:30	00:24	-1.7E
	08:42	11:18	-1.5E		09:42	07:06	1.7F
	14:42	17:36	1.7F		16:00	13:00	-1.6E
	21:06	23:36	-1.5E		21:48	19:24	1.5F
6 W ●	03:12	06:12	1.6F	**21** Th	04:12	01:00	-1.6E
	09:30	12:00	-1.6E		10:18	07:48	1.6F
	15:36	18:30	1.6F		16:42	13:48	-1.5E
	21:48				22:30	20:06	1.4F
7 Th	03:54	00:18	-1.4E	**22** F	04:48	01:42	-1.6E
	10:12	06:54	1.7F		11:00	08:18	1.5F
	16:30	12:48	-1.5E		17:30	14:36	-1.5E
	22:36	19:18	1.5F		23:06	20:48	1.2F
8 F	04:42	01:12	-1.4E	**23** Sa	05:24	02:24	-1.6E
	11:00	07:36	1.8F		11:36	08:24	1.4F
	17:30	13:48	-1.5E		18:12	15:18	-1.5E
	23:18	20:06	1.4F		23:48	21:18	1.0F
9 Sa	05:30	02:06	-1.4E	**24** Su	06:06	03:00	-1.6E
	11:54	08:18	1.8F		12:12	08:30	1.3F
	18:24	14:48	-1.5E		18:54	15:42	-1.5E
		20:54	1.2F			21:24	0.9F
10 Su	00:12	03:06	-1.5E	**25** M	00:24	03:30	-1.6E
	06:24	09:06	1.7F		06:42	09:00	1.4F
	12:48	15:48	-1.5E		12:48	16:06	-1.5E
	19:24	22:00	1.1F		19:42	21:42	0.8F
11 M	01:06	04:00	-1.5E	**26** Tu	01:06	04:12	-1.5E
	07:24	10:00	1.6F		07:30	09:42	1.3F
	13:42	16:42	-1.4E		13:30	16:30	-1.5E
	20:24	23:42	1.0F		20:30	22:24	0.7F
12 Tu	02:06	04:54	-1.5E	**27** W	01:54	04:48	-1.5E
	08:24	11:18	1.4F		08:12	10:30	1.3F
	14:42	17:54	-1.4E		14:12	17:12	-1.5E
	21:30				21:18	23:18	0.7F
13 W ◑	03:06	00:54	1.0F	**28** Th ◐	02:42	05:36	-1.4E
	09:30	06:12	-1.4E		09:00	11:24	1.3F
	15:42	13:00	1.3F		15:00	18:06	-1.4E
	22:42	19:36	-1.4E		22:12		
14 Th	04:12	02:00	1.1F	**29** F	03:36	00:18	0.8F
	10:36	07:42	-1.4E		10:00	06:36	-1.4E
	16:48	14:06	1.3F		15:54	12:18	1.3F
	23:42	20:48	-1.5E		23:00	19:06	-1.4E
15 F	05:24	03:00	1.2F	**30** Sa	04:36	01:18	0.9F
	11:42	09:00	-1.5E		11:00	07:42	-1.4E
	17:54	15:12	1.4F		16:54	13:18	1.3F
		21:42	-1.6E		23:48	20:12	-1.5E
				31 Su	05:36	02:12	1.0F
					11:54	08:42	-1.5E
					17:54	14:12	1.4F
						21:12	-1.6E

November

Day	Slack h m	Maximum h m	knots	Day	Slack h m	Maximum h m	knots
1 M	00:36	03:12	1.2F	**16** Tu	01:54	05:24	1.6F
	06:30	09:36	-1.6E		07:48	11:18	-1.9E
	12:42	15:12	1.4F		14:24	17:42	1.5F
	18:54	22:00	-1.7E		20:00	23:24	-2.0E
2 Tu	01:18	04:12	1.4F	**17** W	02:36	06:06	1.6F
	07:24	10:18	-1.7E		08:30	12:00	-1.9E
	13:36	16:24	1.4F		15:12	18:24	1.4F
	19:42	22:36	-1.7E		20:42		
3 W	02:00	05:06	1.5F	**18** Th	03:12	00:00	-1.9E
	08:12	11:00	-1.8E		09:12	06:42	1.6F
	14:30	17:24	1.4F		15:54	12:42	-1.8E
	20:30	23:12	-1.7E		21:18	19:06	1.3F
4 Th ●	02:48	05:48	1.7F	**19** F ○	03:48	00:36	-1.8E
	09:00	11:42	-1.8E		09:48	07:18	1.5F
	15:30	18:18	1.4F		16:42	13:30	-1.7E
	21:12	23:54	-1.7E		21:54	19:48	1.2F
5 F	03:36	06:30	1.7F	**20** Sa	04:24	01:06	-1.7E
	09:42	12:30	-1.7E		10:24	07:48	1.4F
	16:24	19:12	1.3F		17:18	14:12	-1.6E
	22:00				22:30	20:24	1.0F
6 Sa	04:24	00:42	-1.6E	**21** Su	05:00	01:48	-1.7E
	10:30	07:12	1.8F		11:00	07:48	1.3F
	17:24	13:24	-1.6E		18:00	14:48	-1.6E
	22:48	20:00	1.2F		23:06	20:54	0.9F
7 Su	05:12	01:42	-1.6E	**22** M	05:36	02:24	-1.6E
	11:24	08:00	1.7F		11:30	08:00	1.4F
	18:18	14:30	-1.6E		18:36	15:12	-1.6E
	23:42	20:54	1.0F		23:48	20:54	0.8F
8 M	06:06	02:42	-1.6E	**23** Tu	06:18	03:00	-1.6E
	12:18	08:48	1.6F		12:06	08:30	1.4F
	19:12	15:30	-1.6E		19:12	15:30	-1.6E
		22:06	0.9F			21:12	0.8F
9 Tu	00:36	03:42	-1.5E	**24** W	00:30	03:36	-1.6E
	07:06	09:42	1.4F		06:54	09:12	1.5F
	13:12	16:30	-1.5E		12:48	16:00	-1.6E
	20:12	23:30	0.9F		19:54	21:48	0.9F
10 W	01:42	04:42	-1.5E	**25** Th	01:12	04:18	-1.6E
	08:06	11:06	1.2F		07:42	10:00	1.4F
	14:12	17:42	-1.4E		13:30	16:36	-1.6E
	21:18				20:42	22:36	0.9F
11 Th ◑	02:42	00:42	0.9F	**26** F ◐	02:06	05:00	-1.6E
	09:12	06:00	-1.4E		08:30	10:54	1.4F
	15:12	12:42	1.2F		14:18	17:24	-1.6E
	22:24	19:12	-1.4E		21:30	23:36	0.9F
12 F	03:48	01:42	1.0F	**27** Sa	02:54	05:54	-1.5E
	10:24	07:30	-1.4E		09:30	11:48	1.3F
	16:18	13:54	1.2F		15:12	18:18	-1.6E
	23:30	20:24	-1.5E		22:24		
13 Sa	05:00	02:42	1.2F	**28** Su	03:54	00:36	1.0F
	11:30	08:42	-1.5E		10:30	06:54	-1.5E
	17:18	14:54	1.2F		16:12	12:48	1.3F
		21:18	-1.7E		23:18	19:24	-1.6E
14 Su	00:24	03:42	1.3F	**29** M	04:54	01:36	1.1F
	06:06	09:42	-1.7E		11:30	08:00	-1.6E
	12:30	15:54	1.3F		17:12	13:48	1.3F
	18:18	22:06	-1.8E			20:30	-1.7E
15 M	01:12	04:30	1.5F	**30** Tu	00:06	02:30	1.3F
	07:00	10:42	-1.8E		05:54	09:06	-1.7E
	13:30	16:48	1.4F		12:30	14:48	1.2F
	19:12	22:48	-1.9E		18:12	21:24	-1.8E

December

Day	Slack h m	Maximum h m	knots	Day	Slack h m	Maximum h m	knots
1 W	00:54	03:30	1.4F	**16** Th	02:06	05:42	1.5F
	06:48	10:00	-1.8E		08:06	11:42	-2.0E
	13:24	16:12	1.2F		15:06	18:06	1.2F
	19:06	22:12	-1.9E		20:12	23:36	-2.0E
2 Th	01:36	04:36	1.5F	**17** F	02:48	06:18	1.5F
	07:42	10:42	-1.9E		08:42	12:24	-1.9E
	14:24	17:24	1.2F		15:54	18:48	1.2F
	20:00	22:54	-1.9E		20:48		
3 F	02:24	05:30	1.6F	**18** Sa	03:24	00:06	-1.9E
	08:30	11:30	-1.9E		09:18	06:54	1.4F
	15:18	18:24	1.2F		16:30	13:06	-1.8E
	20:48	23:36	-1.9E		21:30	19:30	1.1F
4 Sa ●	03:18	06:18	1.7F	**19** Su ○	03:54	00:42	-1.8E
	09:18	12:18	-1.8E		09:54	07:18	1.4F
	16:18	19:12	1.1F		17:00	13:48	-1.7E
	21:36				22:06	20:06	1.0F
5 Su	04:06	00:24	-1.8E	**20** M	04:30	01:12	-1.7E
	10:12	07:00	1.7F		10:30	07:24	1.4F
	17:12	13:00	-1.7E		17:30	14:24	-1.6E
	22:24	20:06	1.1F		22:42	20:30	0.9F
6 M	05:00	01:24	-1.7E	**21** Tu	05:12	01:54	-1.6E
	11:00	07:48	1.6F		11:06	07:36	1.4F
	18:00	14:12	-1.6E		18:06	14:36	-1.6E
	23:18	21:00	1.0F		23:24	20:30	0.9F
7 Tu	05:54	02:30	-1.6E	**22** W	05:48	02:30	-1.6E
	11:54	08:36	1.5F		11:42	08:06	1.5F
	18:54	15:24	-1.6E		18:42	14:54	-1.6E
		21:54	1.0F			20:48	1.0F
8 W	00:18	03:30	-1.5E	**23** Th	00:06	03:06	-1.6E
	06:48	09:30	1.4F		06:30	08:48	1.6F
	12:48	16:12	-1.5E		12:24	15:30	-1.7E
	19:48	23:12	0.9F		19:18	21:24	1.1F
9 Th	01:18	04:30	-1.5E	**24** F	00:48	03:48	-1.6E
	07:42	10:48	1.2F		07:12	09:30	1.6F
	13:48	17:18	-1.5E		13:06	16:06	-1.7E
	20:48				20:00	22:06	1.1F
10 F	02:24	00:18	1.0F	**25** Sa	01:36	04:30	-1.6E
	08:48	05:36	-1.4E		08:00	10:24	1.5F
	14:42	12:18	1.1F		13:54	16:54	-1.7E
	21:54	18:36	-1.5E		20:48	23:00	1.2F
11 Sa ◑	03:24	01:18	1.0F	**26** Su	02:24	05:18	-1.6E
	10:00	07:06	-1.4E		09:00	11:18	1.4F
	15:42	13:30	1.1F		14:42	17:48	-1.7E
	22:54	19:42	-1.5E		21:42		
12 Su	04:30	02:12	1.1F	**27** M ◐	03:24	00:00	1.2F
	11:12	08:18	-1.5E		10:06	06:18	-1.6E
	16:42	14:30	1.1F		15:36	12:18	1.2F
	23:54	20:48	-1.7E		22:42	18:48	-1.7E
13 M	05:30	03:12	1.2F	**28** Tu	04:18	01:00	1.3F
	12:18	09:18	-1.7E		11:12	07:24	-1.7E
	17:42	15:30	1.1F		16:36	13:24	1.1F
		21:36	-1.8E		23:36	19:54	-1.7E
14 Tu	00:42	04:06	1.3F	**29** W	05:24	02:00	1.3F
	06:30	10:12	-1.8E		12:12	08:36	-1.7E
	13:24	16:30	1.2F		17:42	14:30	1.0F
	18:36	22:24	-1.9E			21:00	-1.8E
15 W	01:30	04:54	1.4F	**30** Th	00:24	03:00	1.4F
	07:18	11:00	-2.0E		06:24	09:48	-1.8E
	14:18	17:18	1.2F		13:12	16:12	1.0F
	19:24	23:00	-2.0E		18:42	21:54	-1.9E
				31 F	01:18	04:18	1.5F
					07:18	10:36	-1.9E
					14:12	17:24	1.1F
					19:36	22:42	-1.9E

Station ID: HUR0611 Depth: 14 feet
Source: NOAA/NOS/CO-OPS
Station Type: Harmonic
Time Zone: LST

NOAA Tidal Current Predictions

George Washington Bridge, 2021
Latitude: 40.8496° N Longitude: 73.9498° W
Mean Flood Dir. 10° (T) Mean Ebb Dir. 203° (T)
Times and speeds of maximum and minimum current, in knots

January

Day	Slack (h m)	Maximum (h m)	knots
1 F	00:36	03:36	-2.2E
	06:18	09:00	2.4F
	12:54	16:24	-3.1E
	19:42	22:48	1.4F
2 Sa	01:24	04:18	-2.3E
	07:06	09:48	2.3F
	13:36	17:00	-3.1E
	20:24	23:30	1.5F
3 Su	02:06	05:06	-2.3E
	08:00	10:48	2.2F
	14:24	17:42	-2.9E
	21:12		
4 M		00:12	1.6F
	03:00	05:54	-2.3E
	09:00	11:54	2.1F
	15:12	18:36	-2.7E
	22:00		
5 Tu		01:00	1.8F
	03:54	07:00	-2.2E
	10:06	13:00	1.9F
	16:06	19:42	-2.6E
	22:48		
6 W		01:48	1.9F
	04:48	08:24	-2.3E
	11:18	14:06	1.7F
	17:00	20:48	-2.5E
	23:42		
7 Th		02:42	2.1F
	05:54	09:36	-2.5E
	12:24	15:12	1.6F
	18:00	21:48	-2.5E
8 F	00:30	03:42	2.3F
	07:00	10:36	-2.7E
	13:30	16:18	1.5F
	19:06	22:42	-2.5E
9 Sa	01:24	04:42	2.4F
	08:00	11:36	-2.9E
	14:42	17:30	1.4F
	20:06	23:42	-2.5E
10 Su	02:18	05:42	2.5F
	09:00	12:36	-3.1E
	15:42	18:30	1.5F
	21:00		
11 M		00:36	-2.5E
	03:12	06:36	2.6F
	09:54	13:00	-3.2E
	16:42	19:30	1.5F
	22:00		
12 Tu		01:30	-2.5E
	04:00	07:30	2.6F
	10:48	14:24	-3.3E
	17:42	20:24	1.5F
	23:00		
13 W		02:24	-2.4E
	04:54	08:24	2.6F
	11:42	15:12	-3.3E
	18:30	21:18	1.5F
	23:54		
14 Th		03:18	-2.3E
	05:42	09:18	2.4F
	12:30	16:00	-3.2E
	19:24	22:18	1.5F
15 F	00:48	04:06	-2.2E
	06:36	10:12	2.2F
	13:12	16:48	-3.1E
	20:12	23:18	1.5F
16 Sa	01:42	04:54	-2.0E
	07:24	11:12	1.9F
	14:00	17:30	-2.8E
	21:00		
17 Su		00:06	1.5F
	02:30	05:42	-1.8E
	08:24	12:06	1.7F
	14:42	18:18	-2.5E
	21:48		
18 M		00:54	1.5F
	03:24	06:42	-1.7E
		13:00	1.4F
	15:24	19:06	-2.2E
	22:30		
19 Tu		01:36	1.5F
	04:18	07:48	-1.6E
	10:48	13:48	1.2F
	16:06	20:06	-2.0E
	23:06		
20 W		02:24	1.5F
	05:12	08:54	-1.6E
	12:00	14:42	1.0F
	16:54	20:54	-1.8E
	23:48		
21 Th		03:12	1.6F
	06:06	09:48	-1.8E
	13:06	15:36	0.9F
	17:42	21:42	-1.8E
22 F	00:24	03:54	1.6F
	07:00	10:36	-1.9E
	14:06	16:30	0.8F
	18:36	22:24	-1.8E
23 Sa	01:06	04:24	1.6F
	07:42	11:24	-2.1E
	14:48	17:24	0.9F
	19:30	23:06	-1.8E
24 Su	01:42	05:24	1.7F
	08:24	12:06	-2.3E
	15:30	18:12	1.0F
	20:24	23:48	-1.8E
25 M	02:24	06:00	1.8F
	09:00	12:48	-2.5E
	16:06	19:00	1.1F
	21:12		
26 Tu		00:36	-1.9E
	03:06	06:30	2.0F
	09:42	13:30	-2.7E
	16:42	19:36	1.3F
	22:00		
27 W		01:18	-2.0E
	03:48	07:00	2.2F
	10:24	14:06	-2.9E
	17:18	20:12	1.4F
	22:42		
28 Th		02:00	-2.2E
	04:30	07:30	2.3F
	11:06	14:48	-3.1E
	17:54	20:48	1.5F
	23:30		
29 F		02:36	-2.3E
	05:12	08:06	2.5F
	11:48	15:24	-3.3E
	18:30	21:18	1.6F
30 Sa	00:12	03:18	-2.5E
	06:00	08:48	2.5F
	12:30	16:00	-3.3E
	19:06	22:00	1.7F
31 Su	00:54	04:00	-2.6E
	06:48	09:36	2.4F
	13:18	16:36	-3.2E
	19:48	22:48	1.8F

February

Day	Slack (h m)	Maximum (h m)	knots
1 M	01:42	04:48	-2.7E
	07:42	10:36	2.3F
	14:00	17:18	-3.0E
	20:30	23:30	2.0F
2 Tu	02:30	05:36	-2.6E
	08:42	11:42	2.1F
	14:48	18:06	-2.8E
	21:18		
3 W		00:24	2.1F
	03:24	06:36	-2.5E
	09:48	12:42	1.8F
	15:42	19:00	-2.5E
	22:12		
4 Th		01:18	2.1F
	04:24	08:00	-2.4E
	11:00	13:48	1.6F
	16:30	20:12	-2.4E
	23:06		
5 F		02:12	2.2F
	05:30	09:18	-2.5E
	12:12	14:54	1.4F
	17:30	21:24	-2.3E
6 Sa		03:18	2.2F
	06:36	10:24	-2.6E
	13:24	16:06	1.2F
	18:42	22:24	-2.3E
7 Su	01:00	04:24	2.3F
	07:48	11:24	-2.8E
	14:36	17:18	1.2F
	19:48	23:24	-2.3E
8 M	02:00	05:30	2.4F
	08:48	12:18	-3.0E
	15:42	18:24	1.3F
	20:54		
9 Tu		00:24	-2.3E
	02:54	06:30	2.4F
	09:42	13:18	-3.1E
	16:42	19:24	1.5F
	21:54		
10 W		01:18	-2.4E
	03:54	07:24	2.5F
	10:36	14:06	-3.2E
	17:30	20:12	1.6F
	22:48		
11 Th		02:12	-2.4E
	04:42	08:12	2.4F
	11:24	14:54	-3.2E
	18:18	21:06	1.6F
	23:42		
12 F		03:00	-2.4E
	05:36	09:06	2.3F
	12:12	15:36	-3.2E
	19:00	22:00	1.6F
13 Sa	00:36	03:48	-2.3E
	06:24	10:00	2.1F
	12:54	16:24	-3.0E
	19:36	22:48	1.7F
14 Su	01:18	04:36	-2.2E
	07:18	10:48	1.8F
	13:30	17:00	-2.7E
	20:12	23:30	1.7F
15 M	02:06	05:18	-2.1E
	08:12	11:42	1.6F
	14:12	17:36	-2.4E
	20:48		
16 Tu		00:18	1.6F
	02:48	06:06	-1.9E
	09:12	12:30	1.3F
	14:48	18:18	-2.1E
	21:24		
17 W		01:00	1.6F
	03:36	07:12	-1.7E
	10:18	13:18	1.1F
	15:24	18:54	-1.8E
	22:06		
18 Th		01:36	1.5F
	04:24	08:12	-1.6E
	11:24	14:06	0.9F
	16:06	19:54	-1.6E
	22:48		
19 F		02:24	1.5F
	05:12	09:06	-1.7E
	12:24	15:00	0.8F
	17:00	20:54	-1.5E
	23:30		
20 Sa		03:06	1.4F
	06:00	10:00	-1.8E
	13:18	15:54	0.8F
	17:54	21:48	-1.6E
21 Su		03:48	1.5F
	06:54	10:48	-2.0E
	14:06	16:48	0.8F
	19:00	22:30	-1.6E
22 M	01:00	04:36	1.6F
	07:42	11:30	-2.3E
	14:48	17:42	1.0F
	19:54	23:18	-1.7E
23 Tu	01:48	05:18	1.7F
	08:24	12:12	-2.5E
	15:30	18:30	1.2F
	20:48		
24 W		00:06	-1.9E
	02:36	06:00	1.9F
	09:06	12:54	-2.8E
	16:06	19:06	1.4F
	21:30		
25 Th		00:48	-2.1E
	03:24	06:36	2.2F
	09:54	13:36	-3.0E
	16:42	19:42	1.6F
	22:18		
26 F		01:36	-2.4E
	04:12	07:12	2.4F
	10:42	14:18	-3.2E
	17:18	20:12	1.7F
	23:00		
27 Sa		02:18	-2.6E
	05:00	07:54	2.5F
	11:24	14:54	-3.3E
	17:54	20:42	1.9F
	23:42		
28 Su		03:00	-2.9E
	05:48	08:48	2.5F
	12:12	15:36	-3.3E
	18:30	21:18	2.1F

March

Day	Slack (h m)	Maximum (h m)	knots
1 M	00:30	03:48	-3.0E
	06:36	09:30	2.4F
	12:54	16:12	-3.2E
	19:12	22:00	2.2F
2 Tu	01:18	04:30	-3.1E
	07:30	10:24	2.2F
	13:42	16:54	-3.0E
	19:54	22:54	2.3F
3 W	02:06	05:24	-2.9E
	08:30	11:30	1.9F
	14:24	17:36	-2.8E
	20:42	23:48	2.3F
4 Th	03:00	06:18	-2.7E
	09:36	12:30	1.7F
	15:12	18:30	-2.4E
	21:36		
5 F		00:48	2.2F
	04:00	07:42	-2.5E
	10:48	13:36	1.4F
	16:06	19:42	-2.2E
	22:36		
6 Sa		01:54	2.2F
	05:06	09:00	-2.4E
	12:00	14:42	1.2F
	17:12	21:06	-2.0E
	23:42		
7 Su		03:00	2.1F
	06:18	10:06	-2.6E
	13:18	16:00	1.1F
	18:24	22:12	-2.1E
8 M	00:42	04:12	2.1F
	07:30	11:06	-2.7E
	14:30	17:12	1.2F
	19:42	23:12	-2.1E
9 Tu	01:48	05:18	2.1F
	08:30	12:06	-2.9E
	15:30	18:18	1.4F
	20:48		
10 W		00:12	-2.2E
	02:48	06:24	2.2F
	09:24	12:54	-3.0E
	16:24	19:12	1.6F
	21:48		
11 Th		01:06	-2.3E
	03:48	07:12	2.3F
	10:18	13:48	-3.1E
	17:06	20:00	1.7F
	22:36		
12 F		02:00	-2.4E
	04:42	08:06	2.2F
	11:00	14:30	-3.1E
	17:48	20:42	1.8F
	23:30		
13 Sa		02:48	-2.5E
	05:30	08:48	2.1F
	11:42	15:12	-3.0E
	18:18	21:24	1.8F
14 Su	00:12	03:30	-2.5E
	06:18	09:42	1.9F
	12:24	15:48	-2.8E
	18:48	22:06	1.8F
15 M	00:54	04:12	-2.4E
	07:06	10:30	1.7F
	13:00	16:24	-2.5E
	19:18	22:54	1.8F
16 Tu	01:36	04:54	-2.3E
	07:54	11:12	1.4F
	13:36	16:54	-2.3E
	19:48	23:30	1.7F
17 W	02:12	05:36	-2.1E
	08:42	12:00	1.2F
	14:12	17:24	-2.0E
	20:24		
18 Th		00:12	1.6F
	02:54	06:18	-1.9E
	09:42	12:48	1.0F
	14:54	17:54	-1.8E
	21:06		
19 F		00:48	1.5F
	03:36	07:12	-1.7E
	10:36	13:36	0.9F
	15:36	18:36	-1.6E
	21:54		
20 Sa		01:24	1.4F
	04:18	08:18	-1.7E
	11:36	14:24	0.8F
	16:24	19:42	-1.4E
	22:42		
21 Su		02:06	1.3F
	05:06	09:18	-1.9E
	12:30	15:18	0.8F
	17:24	21:00	-1.4E
	23:36		
22 M		02:48	1.4F
	06:00	10:06	-2.1E
	13:18	16:12	0.9F
	18:30	22:00	-1.5E
23 Tu	00:24	03:36	1.5F
	06:54	10:54	-2.3E
	14:06	17:06	1.1F
	19:30	22:48	-1.7E
24 W	01:18	04:30	1.7F
	07:48	11:36	-2.6E
	14:48	17:54	1.3F
	20:18	23:36	-2.0E
25 Th	02:12	05:24	1.9F
	08:36	12:24	-2.8E
	15:24	18:30	1.6F
	21:06		
26 F		00:24	-2.3E
	03:00	06:12	2.2F
	09:24	13:06	-3.0E
	16:06	19:06	1.8F
	21:48		
27 Sa		01:12	-2.7E
	03:54	07:00	2.4F
	10:12	13:48	-3.1E
	16:42	19:36	2.1F
	22:36		
28 Su		02:00	-3.0E
	04:48	07:42	2.5F
	11:00	14:30	-3.2E
	17:18	20:12	2.3F
	23:18		
29 M		02:48	-3.2E
	05:36	08:24	2.4F
	11:48	15:06	-3.2E
	18:00	20:48	2.5F
30 Tu	00:06	03:30	-3.3E
	06:30	09:12	2.3F
	12:30	15:48	-3.1E
	18:42	21:30	2.5F
31 W	01:00	04:18	-3.3E
	07:24	10:12	2.0F
	13:18	16:30	-2.9E
	19:24	22:24	2.5F

Station ID: HUR0611 Depth: 14 feet
Source: NOAA/NOS/CO-OPS
Station Type: Harmonic
Time Zone: LST

NOAA Tidal Current Predictions

George Washington Bridge, 2021
Latitude: 40.8496° N Longitude: 73.9498° W
Mean Flood Dir. 10° (T) Mean Ebb Dir. 203° (T)
Times and speeds of maximum and minimum current, in knots

April

Date	Slack (h m)	Maximum (h m)	knots
1 Th	05:12	01:48	-3.1E
	08:18	11:12	1.7F
	14:06	17:12	-2.6E
	20:12	23:24	2.4F
2 F	02:42	06:06	-2.8E
	09:24	12:18	1.5F
	14:54	18:06	-2.3E
	21:12		
3 Sa	03:42	00:30	2.2F
	10:36	07:24	-2.5E
	15:54	13:24	1.2F
	22:12	19:24	-1.9E
4 Su ◑	04:48	01:36	2.0F
	11:54	08:42	-2.4E
	17:00	14:36	1.1F
	23:18	20:54	-1.8E
5 M	05:54	02:48	1.9F
	12:36	09:48	-2.5E
	18:18	15:48	1.1F
		22:00	-1.9E
6 Tu	00:30	04:00	1.8F
	07:06	10:48	-2.7E
	14:18	17:00	1.3F
	19:36	23:00	-2.0E
7 W	01:36	05:06	1.9F
	08:12	11:42	-2.8E
	15:12	18:00	1.5F
	20:42		
8 Th	02:42	00:00	-2.2E
	09:06	06:06	2.0F
	15:54	12:30	-2.9E
	21:36	18:48	1.7F
9 F	03:42	00:48	-2.4E
	09:48	07:00	2.0F
	16:30	13:18	-2.9E
	22:18	19:36	1.9F
10 Sa	04:36	01:42	-2.5E
	11:00	07:48	2.0F
	17:06	14:00	-2.8E
	23:06	20:12	2.0F
11 Su	05:24	02:24	-2.6E
	11:12	08:30	1.9F
	17:36	14:42	-2.7E
	23:42	20:48	2.0F
12 M ●	06:12	03:06	-2.6E
	11:54	09:18	1.7F
	18:00	15:18	-2.5E
		21:24	2.0F
13 Tu	00:24	03:48	-2.6E
	06:48	10:00	1.5F
	12:30	15:48	-2.4E
	18:30	22:06	1.9F
14 W	01:00	04:24	-2.5E
	07:30	10:48	1.3F
	13:06	16:18	-2.2E
	19:00	22:42	1.8F
15 Th	01:36	05:00	-2.3E
	08:12	11:30	1.1F
	13:42	16:48	-2.0E
	19:36	23:12	1.6F
16 F	02:12	05:36	-2.2E
	09:00	12:18	1.0F
	14:24	17:12	-1.8E
	20:18	23:42	1.5F
17 Sa	02:48	06:12	-2.0E
	09:54	13:06	0.9F
	15:12	17:54	-1.6E
	21:06		
18 Su	03:30	00:18	1.4F
	10:54	07:12	-2.0E
	16:00	13:54	0.9F
	22:00	18:42	-1.4E
19 M	04:18	00:54	1.4F
	11:42	08:24	-2.0E
	17:00	14:42	1.0F
	22:54	20:06	-1.3E
20 Tu ◐	05:12	01:48	1.4F
	12:36	09:24	-2.2E
	18:00	15:36	1.1F
	23:54	21:24	-1.5E
21 W	06:12	02:54	1.6F
	13:18	10:18	-2.4E
	19:00	16:24	1.3F
		22:18	-1.8E
22 Th	00:54	03:54	1.7F
	07:12	11:00	-2.6E
	14:00	17:06	1.5F
	19:48	23:12	-2.2E
23 F	01:48	04:54	1.9F
	08:06	11:48	-2.8E
	14:42	17:48	1.8F
	20:36		
24 Sa	02:48	00:06	-2.6E
	09:00	05:54	2.1F
	15:24	12:36	-2.9E
	21:24	18:24	2.1F
25 Su	03:42	00:54	-3.0E
	10:00	06:42	2.2F
	16:00	13:18	-3.0E
	22:12	19:06	2.4F
26 M	04:36	01:42	-3.3E
	10:36	07:30	2.3F
	16:42	14:00	-3.0E
	23:00	19:42	2.7F
27 Tu ○	05:30	02:30	-3.4E
	11:24	08:12	2.2F
	17:24	14:42	-3.0E
	23:48	20:24	2.8F
28 W	06:18	03:24	-3.5E
	12:06	09:06	2.0F
	18:12	15:30	-2.9E
		21:06	2.7F
29 Th	00:42	04:12	-3.4E
	07:12	10:00	1.8F
	12:54	16:12	-2.7E
	19:00	22:06	2.6F
30 F	01:30	05:00	-3.1E
	08:12	11:12	1.5F
	13:48	17:00	-2.4E
	19:48	23:06	2.3F

May

Date	Slack (h m)	Maximum (h m)	knots
1 Sa	02:24	06:00	-2.8E
	09:18	12:18	1.3F
	14:42	17:54	-2.1E
	20:48		
2 Su	03:24	00:12	2.1F
	10:30	07:06	-2.6E
	15:42	13:24	1.2F
	21:54	19:12	-1.7E
3 M ◑	04:24	01:24	1.9F
	11:48	08:24	-2.4E
	16:54	14:30	1.2F
	23:06	20:42	-1.6E
4 Tu	05:30	02:36	1.7F
	12:54	09:30	-2.5E
	18:12	15:36	1.3F
		21:48	-1.8E
5 W	00:18	03:42	1.6F
	06:36	10:24	-2.6E
	13:48	16:36	1.4F
	19:30	22:42	-2.0E
6 Th	01:30	04:48	1.6F
	07:42	11:12	-2.6E
	14:36	17:36	1.6F
	20:24	23:36	-2.2E
7 F	02:36	05:48	1.7F
	08:48	12:00	-2.6E
	15:12	18:24	1.9F
	21:12		
8 Sa	03:36	00:30	-2.4E
	09:48	06:36	1.7F
	15:48	12:48	-2.6E
	21:54	19:06	2.0F
9 Su	04:30	01:18	-2.6E
	10:00	07:24	1.7F
	16:18	13:30	-2.5E
	22:30	19:42	2.1F
10 M	05:18	02:00	-2.7E
	10:36	08:06	1.6F
	16:48	14:06	-2.4E
	23:12	20:12	2.1F
11 Tu ●	05:54	02:42	-2.7E
	11:18	08:42	1.4F
	17:18	14:42	-2.3E
	23:48	20:48	2.1F
12 W	06:30	03:24	-2.7E
	11:48	09:30	1.3F
	17:48	15:12	-2.2E
		21:12	1.9F
13 Th	00:24	04:00	-2.6E
	07:06	10:18	1.2F
	12:36	15:42	-2.1E
	18:24	21:36	1.8F
14 F	01:00	04:30	-2.6E
	07:48	11:06	1.1F
	13:18	16:12	-1.9E
	19:00	21:54	1.7F
15 Sa	01:36	05:00	-2.5E
	08:30	11:48	1.1F
	14:00	16:48	-1.8E
	19:36	22:24	1.7F
16 Su	02:12	05:36	-2.4E
	09:18	12:30	1.1F
	14:48	17:24	-1.6E
	20:24	23:12	1.6F
17 M	02:54	06:18	-2.3E
	10:12	13:18	1.1F
	15:36	18:18	-1.5E
	21:18		
18 Tu	03:42	00:12	1.6F
	11:00	07:24	-2.3E
	16:30	14:06	1.1F
	22:24	19:24	-1.5E
19 W ◐	04:36	01:12	1.6F
	11:48	08:36	-2.4E
	17:24	14:48	1.3F
	23:24	20:48	-1.7E
20 Th	05:36	02:18	1.7F
	12:36	09:36	-2.5E
	18:24	15:36	1.5F
		21:54	-2.0E
21 F	00:30	03:24	1.7F
	06:36	10:24	-2.6E
	13:18	16:24	1.8F
	19:18	22:48	-2.4E
22 Sa	01:30	04:30	1.8F
	07:36	11:12	-2.7E
	14:00	17:06	2.1F
	20:12	23:42	-2.8E
23 Su	02:30	05:30	1.9F
	08:30	12:00	-2.8E
	14:42	17:54	2.4F
	21:00		
24 M	03:30	00:36	-3.1E
	09:18	06:24	2.0F
	15:30	12:48	-2.8E
	21:54	18:36	2.7F
25 Tu	04:24	01:30	-3.3E
	10:06	07:12	2.0F
	16:12	13:36	-2.9E
	22:42	19:18	2.8F
26 W ○	05:18	02:18	-3.5E
	10:54	08:00	1.9F
	17:00	14:24	-2.8E
	23:36	20:06	2.9F
27 Th	06:12	03:12	-3.5E
	11:48	08:54	1.7F
	17:48	15:12	-2.7E
		20:54	2.7F
28 F	00:30	04:00	-3.4E
	07:06	10:00	1.6F
	12:42	16:00	-2.5E
	18:36	21:54	2.5F
29 Sa	01:18	04:54	-3.2E
	08:06	11:06	1.4F
	13:36	16:48	-2.3E
	19:30	23:00	2.3F
30 Su	02:12	05:48	-2.9E
	09:12	12:12	1.3F
	14:36	17:48	-1.9E
	20:24		
31 M	03:06	00:06	2.0F
	10:24	06:48	-2.6E
	15:36	13:12	1.3F
	21:36	19:00	-1.6E

June

Date	Slack (h m)	Maximum (h m)	knots
1 Tu	04:00	01:12	1.8F
	10:54	07:54	-2.5E
	16:42	14:12	1.3F
	22:54	20:18	-1.6E
2 W ◑	05:00	02:18	1.6F
	12:24	09:00	-2.4E
	18:00	15:12	1.4F
		21:24	-1.7E
3 Th	00:12	03:18	1.4F
	06:00	09:54	-2.4E
	13:12	16:06	1.6F
	19:06	22:24	-1.9E
4 F	01:24	04:24	1.4F
	07:00	10:42	-2.4E
	13:48	17:00	1.7F
	20:00	23:18	-2.2E
5 Sa	02:30	05:18	1.3F
	07:54	11:30	-2.3E
	14:24	17:48	1.9F
	20:48		
6 Su	03:30	00:06	-2.4E
	08:36	06:12	1.3F
	15:00	12:12	-2.2E
	21:30	18:30	2.0F
7 M	04:18	00:54	-2.5E
	09:18	07:00	1.3F
	15:30	12:54	-2.2E
	22:06	19:06	2.1F
8 Tu	05:00	01:36	-2.6E
	10:00	07:42	1.3F
	16:06	13:30	-2.1E
	22:42	19:36	2.1F
9 W	05:36	02:18	-2.7E
	10:42	08:24	1.3F
	16:36	14:06	-2.1E
	23:18	20:06	2.1F
10 Th ●	06:12	02:54	-2.7E
	11:24	09:00	1.2F
	17:12	14:42	-2.0E
	23:48	20:30	2.0F
11 F	06:42	03:30	-2.8E
	12:06	09:48	1.2F
	17:48	15:12	-2.0E
		20:48	2.0F
12 Sa	00:24	04:06	-2.8E
	07:18	10:30	1.2F
	12:54	15:48	-1.9E
	18:24	21:06	2.0F
13 Su	01:00	04:36	-2.8E
	08:00	11:18	1.2F
	13:36	16:24	-1.9E
	19:06	21:48	1.9F
14 M	01:42	05:12	-2.8E
	08:48	12:00	1.2F
	14:18	17:06	-1.9E
	19:54	22:42	1.9F
15 Tu	02:24	05:48	-2.7E
	09:30	12:42	1.3F
	15:06	17:54	-1.8E
	20:54	23:42	1.8F
16 W	03:12	06:42	-2.6E
	10:18	13:18	1.4F
	16:00	18:54	-1.8E
	21:54		
17 Th	04:06	00:48	1.8F
	11:06	07:48	-2.5E
	16:54	14:06	1.6F
	23:06	20:12	-2.0E
18 F ◐	05:00	01:54	1.7F
	11:48	08:54	-2.5E
	17:48	14:48	1.8F
		21:24	-2.3E
19 Sa	00:12	03:00	1.7F
	06:00	09:48	-2.5E
	12:36	15:36	2.0F
	18:48	22:24	-2.6E
20 Su	01:12	04:06	1.7F
	07:00	10:36	-2.6E
	13:24	16:30	2.3F
	19:48	23:24	-2.9E
21 M	02:18	05:06	1.7F
	07:54	11:30	-2.6E
	14:12	17:24	2.5F
	20:42		
22 Tu	03:18	00:18	-3.1E
	08:48	06:12	1.7F
	15:00	12:24	-2.7E
	21:36	18:18	2.7F
23 W	04:18	01:18	-3.3E
	09:42	07:06	1.7F
	15:48	13:18	-2.7E
	22:30	19:06	2.8F
24 Th ○	05:12	02:06	-3.4E
	10:36	08:00	1.6F
	16:42	14:06	-2.6E
	23:24	19:54	2.8F
25 F	06:06	03:00	-3.4E
	11:36	08:54	1.6F
	17:30	15:00	-2.6E
		20:48	2.7F
26 Sa	00:18	03:48	-3.4E
	07:00	09:54	1.5F
	12:30	15:48	-2.4E
	18:24	21:48	2.4F
27 Su	01:06	04:42	-3.2E
	08:00	11:00	1.5F
	13:30	16:42	-2.2E
	19:12	22:54	2.2F
28 M	01:54	05:30	-3.0E
	08:54	12:00	1.5F
	14:24	17:36	-1.9E
	20:12	23:54	1.9F
29 Tu	02:42	06:24	-2.7E
	09:54	12:54	1.5F
	15:24	18:42	-1.7E
	21:18		
30 W	03:30	00:54	1.7F
	10:48	07:24	-2.4E
	16:12	13:48	1.5F
	22:36	19:54	-1.6E

Station ID: HUR0611 Depth: 14 feet
Source: NOAA/NOS/CO-OPS
Station Type: Harmonic
Time Zone: LST

NOAA Tidal Current Predictions

George Washington Bridge, 2021
Latitude: 40.8496° N Longitude: 73.9498° W
Mean Flood Dir. 10° (T) Mean Ebb Dir. 203° (T)
Times and speeds of maximum and minimum current, in knots

July

Day	Slack (h m)	Maximum (h m)	knots
1 Th ☽	04:24, 11:36, 17:24, 23:54	01:54, 08:24, 14:36, 21:00	1.4F, -2.2E, 1.5F, -1.7E
2 F	05:18, 12:18, 18:30	02:54, 09:18, 15:30, 22:00	1.2F, -2.1E, 1.6F, -1.9E
3 Sa	01:12, 06:12, 13:00, 19:24	03:54, 10:06, 16:18, 22:54	1.1F, -2.1E, 1.7F, -2.1E
4 Su	02:18, 07:06, 13:36, 20:12	04:48, 10:54, 17:06, 23:36	1.0F, -2.0E, 1.8F, -2.2E
5 M	03:12, 07:54, 14:12, 20:54	05:42, 11:36, 17:54	1.0F, -2.0E, 1.9F
6 Tu	04:00, 08:42, 14:48, 21:30	00:24, 06:30, 12:12, 18:30	-2.4E, 1.1F, -1.9E, 1.9F
7 W	04:42, 09:24, 15:24, 22:06	01:06, 07:18, 12:54, 19:06	-2.5E, 1.1F, -1.9E, 2.0F
8 Th	05:12, 10:12, 16:06, 22:42	01:48, 07:54, 13:36, 19:30	-2.6E, 1.2F, -1.9E, 2.0F
9 F	05:42, 11:00, 16:42, 23:18	02:24, 08:36, 14:12, 19:54	-2.7E, 1.2F, -2.0E, 2.1F
10 Sa ●	06:12, 11:42, 17:24, 23:54	03:00, 09:12, 14:48, 20:18	-2.9E, 1.3F, -2.0E, 2.1F
11 Su	06:48, 12:24, 18:00	03:36, 09:54, 15:24, 20:42	-3.0E, 1.3F, -2.1E, 2.2F
12 M	00:36, 07:24, 13:06, 18:48	04:12, 10:36, 16:06, 21:30	-3.1E, 1.4F, -2.2E, 2.2F
13 Tu	01:18, 08:06, 13:54, 19:36	04:42, 11:12, 16:48, 22:24	-3.0E, 1.5F, -2.2E, 2.1F
14 W	02:00, 08:48, 14:36, 20:30	05:24, 11:54, 17:30, 23:24	-2.9E, 1.6F, -2.2E, 2.0F
15 Th	02:48, 09:30, 15:24, 21:36	06:06, 12:30, 18:24	-2.8E, 1.7F, -2.2E
16 F	03:36, 10:18, 16:18, 22:42	00:30, 07:00, 13:18, 19:36	1.9F, -2.6E, 1.9F, -2.3E
17 Sa ◐	04:30, 11:06, 17:18, 23:54	01:30, 08:06, 14:06, 21:00	1.7F, -2.4E, 2.1F, -2.4E
18 Su	05:30, 12:00, 18:24	02:36, 09:12, 15:00, 22:06	1.6F, -2.4E, 2.2F, -2.6E
19 M	01:00, 06:30, 12:54, 19:24	03:42, 10:12, 16:00, 23:06	1.5F, -2.4E, 2.4F, -2.8E
20 Tu	02:06, 07:30, 13:42, 20:30	04:54, 11:06, 17:06	1.4F, -2.5E, 2.5F
21 W	03:12, 08:30, 14:42, 21:24	00:06, 06:00, 12:06, 18:06	-3.0E, 1.4F, -2.5E, 2.6F
22 Th	04:12, 09:30, 15:36, 22:18	01:00, 07:00, 13:00, 19:00	-3.2E, 1.5F, -2.5E, 2.7F
23 F	05:06, 10:24, 16:30, 23:12	01:54, 07:54, 14:00, 19:54	-3.3E, 1.5F, -2.5E, 2.7F
24 Sa ○	06:00, 11:24, 17:18	02:48, 08:48, 14:48, 20:48	-3.4E, 1.6F, -2.5E, 2.5F
25 Su	00:00, 06:48, 12:24, 18:12	03:36, 09:48, 15:42, 21:42	-3.3E, 1.6F, -2.4E, 2.3F
26 M	00:48, 07:36, 13:18, 19:06	04:24, 10:42, 16:30, 22:42	-3.2E, 1.6F, -2.3E, 2.1F
27 Tu	01:36, 08:24, 14:06, 20:00	05:06, 11:36, 17:24, 23:36	-3.0E, 1.6F, -2.1E, 1.9F
28 W	02:18, 09:12, 15:00, 21:06	05:54, 12:24, 18:18	-2.7E, 1.6F, -1.9E
29 Th	03:00, 10:00, 15:54, 22:18	00:36, 06:42, 13:12, 19:18	1.6F, -2.3E, 1.6F, -1.7E
30 F	03:48, 10:42, 16:48, 23:36	01:30, 07:36, 14:00, 20:30	1.3F, -2.0E, 1.6F, -1.7E
31 Sa ☽	04:36, 11:24, 17:42	02:18, 08:36, 14:48, 21:30	1.1F, -1.8E, 1.6F, -1.8E

August

Day	Slack (h m)	Maximum (h m)	knots
1 Su	00:48, 05:24, 12:06, 18:42	03:18, 09:24, 15:36, 22:18	0.9F, -1.7E, 1.6F, -1.9E
2 M	01:54, 06:18, 12:48, 19:30	04:18, 10:12, 16:24, 23:06	0.8F, -1.7E, 1.6F, -2.1E
3 Tu	02:48, 07:18, 13:30, 20:18	05:12, 11:00, 17:12, 23:54	0.8F, -1.7E, 1.7F, -2.2E
4 W	03:30, 08:12, 14:12, 20:54	06:06, 11:42, 17:54	0.9F, -1.7E, 1.7F
5 Th	04:06, 09:00, 14:54, 21:30	00:36, 06:48, 12:24, 18:30	-2.4E, 1.1F, -1.8E, 1.8F
6 F	04:36, 09:48, 15:36, 22:12	01:18, 07:30, 13:06, 19:00	-2.6E, 1.2F, -1.9E, 2.0F
7 Sa	05:12, 10:30, 16:18, 22:48	01:54, 08:06, 13:48, 19:30	-2.8E, 1.4F, -2.0E, 2.1F
8 Su ●	05:42, 11:12, 17:00, 23:30	02:30, 08:42, 14:30, 19:54	-3.0E, 1.5F, -2.2E, 2.2F
9 M	06:12, 12:00, 17:42	03:06, 09:12, 15:06, 20:30	-3.1E, 1.6F, -2.4E, 2.3F
10 Tu	00:12, 06:48, 12:36, 18:30	03:42, 09:48, 15:48, 21:18	-3.2E, 1.7F, -2.6E, 2.3F
11 W	00:54, 07:24, 13:24, 19:18	04:18, 10:24, 16:24, 22:12	-3.2E, 1.8F, -2.7E, 2.2F
12 Th	01:42, 08:06, 14:06, 20:18	04:54, 11:00, 17:12, 23:12	-3.1E, 1.9F, -2.7E, 2.1F
13 F	02:24, 08:48, 14:54, 21:18	05:36, 11:42, 18:06	-2.9E, 2.1F, -2.6E
14 Sa	03:12, 09:42, 15:54, 22:24	00:06, 06:24, 12:24, 19:12	1.9F, -2.6E, 2.2F, -2.5E
15 Su ◐	04:00, 10:30, 16:54, 23:36	01:12, 07:24, 13:36, 20:36	1.6F, -2.4E, 2.2F, -2.5E
16 M	05:00, 11:30, 18:00	02:18, 08:42, 14:36, 21:48	1.4F, -2.2E, 2.3F, -2.6E
17 Tu	00:48, 06:00, 12:24, 19:06	03:24, 09:48, 15:42, 22:48	1.3F, -2.2E, 2.3F, -2.7E
18 W	01:54, 07:12, 13:24, 20:12	04:36, 10:54, 16:48, 23:48	1.2F, -2.3E, 2.3F, -2.9E
19 Th	03:06, 08:18, 14:24, 21:12	05:48, 11:54, 17:54	1.3F, -2.3E, 2.4F
20 F	04:06, 09:18, 15:24, 22:06	00:48, 06:54, 12:54, 18:54	-3.1E, 1.5F, -2.4E, 2.5F
21 Sa	05:00, 10:18, 16:18, 23:00	01:42, 07:48, 13:48, 19:48	-3.2E, 1.6F, -2.5E, 2.5F
22 Su ○	05:42, 11:18, 17:12, 23:48	02:30, 08:36, 14:36, 20:36	-3.3E, 1.7F, -2.5E, 2.4F
23 M	06:30, 12:12, 18:06	03:18, 09:24, 15:30, 21:30	-3.2E, 1.8F, -2.5E, 2.2F
24 Tu	00:30, 07:06, 13:00, 18:54	04:00, 10:18, 16:18, 22:24	-3.1E, 1.8F, -2.4E, 2.0F
25 W	01:12, 07:48, 13:42, 19:48	04:42, 11:06, 17:00, 23:18	-2.9E, 1.8F, -2.3E, 1.7F
26 Th	01:54, 08:24, 14:30, 20:48	05:18, 11:54, 17:48	-2.5E, 1.7F, -2.1E
27 F	02:30, 09:00, 15:12, 22:00	00:12, 06:00, 12:36, 18:42	1.4F, -2.2E, 1.7F, -1.9E
28 Sa	03:12, 09:42, 16:00, 23:12	01:00, 06:42, 13:18, 19:48	1.4F, -1.9E, 1.6F, -1.7E
29 Su	03:54, 10:30, 16:54	01:54, 07:36, 14:06, 20:54	0.9F, -1.6E, 1.5F, -1.7E
30 M ☽	00:18, 04:42, 11:18, 17:48	02:42, 08:42, 14:48, 21:48	0.8F, -1.5E, 1.4F, -1.8E
31 Tu	01:18, 05:42, 12:00, 18:42	03:42, 09:36, 15:42, 22:36	0.7F, -1.5E, 1.4F, -2.0E

September

Day	Slack (h m)	Maximum (h m)	knots
1 W	02:12, 06:42, 12:48, 19:30	04:30, 10:24, 16:30, 23:18	0.8F, -1.5E, 1.4F, -2.2E
2 Th	02:48, 07:42, 13:36, 20:12	05:30, 11:12, 17:12	0.9F, -1.6E, 1.6F
3 F	03:24, 08:36, 14:24, 20:54	00:00, 06:18, 11:54, 17:54	-2.4E, 1.1F, -1.8E, 1.7F
4 Sa	03:54, 09:18, 15:12, 21:36	00:42, 06:54, 12:42, 18:36	-2.6E, 1.3F, -2.0E, 1.9F
5 Su	04:30, 10:06, 15:54, 22:18	01:24, 07:30, 13:24, 19:06	-2.8E, 1.5F, -2.2E, 2.2F
6 M	05:00, 10:42, 16:42, 23:06	02:00, 08:00, 14:06, 19:42	-3.0E, 1.7F, -2.5E, 2.3F
7 Tu	05:36, 11:24, 17:30, 23:48	02:36, 08:36, 14:42, 20:18	-3.1E, 1.9F, -2.8E, 2.4F
8 W	06:12, 12:12, 18:18	03:12, 08:54, 15:24, 21:00	-3.2E, 2.1F, -3.0E, 2.4F
9 Th	00:30, 06:48, 12:54, 19:06	03:48, 09:30, 16:12, 21:54	-3.2E, 2.2F, -3.1E, 2.2F
10 F	01:18, 07:30, 13:42, 20:00	04:30, 10:18, 16:54, 22:54	-3.0E, 2.3F, -3.1E, 2.0F
11 Sa	02:00, 08:12, 14:30, 21:06	05:06, 11:12, 17:48, 23:54	-2.8E, 2.4F, -2.9E, 1.7F
12 Su	02:48, 09:06, 15:30, 22:12	05:54, 12:06, 18:54	-2.6E, 2.3F, -2.6E
13 M ◐	03:36, 10:00, 16:30, 23:24	00:54, 06:54, 13:12, 20:18	1.5F, -2.2E, 2.2F, -2.5E
14 Tu	04:36, 11:06, 17:36	02:06, 08:18, 14:18, 21:36	1.3F, -2.0E, 2.2F, -2.5E
15 W	00:36, 05:48, 12:06, 18:48	03:18, 09:36, 15:30, 22:36	1.3F, -2.0E, 2.1F, -2.7E
16 Th	01:48, 07:00, 13:12, 20:00	04:30, 10:42, 16:42, 23:36	1.2F, -2.1E, 2.1F, -2.8E
17 F	02:54, 08:12, 14:18, 20:54	05:42, 11:42, 17:48	1.4F, -2.3E, 2.2F
18 Sa	03:48, 09:18, 15:18, 21:48	00:30, 06:42, 12:42, 18:48	-3.0E, 1.6F, -2.4E, 2.3F
19 Su	04:36, 10:12, 16:18, 22:36	01:18, 07:30, 13:36, 19:42	-3.1E, 1.8F, -2.5E, 2.3F
20 M ○	05:18, 11:00, 17:12, 23:24	02:06, 08:18, 14:24, 20:24	-3.1E, 1.9F, -2.6E, 2.0F
21 Tu	05:54, 11:48, 18:00	02:48, 09:00, 15:12, 21:12	-3.0E, 2.0F, -2.7E, 2.0F
22 W	00:06, 06:30, 12:36, 18:48	03:30, 09:42, 15:54, 22:06	-2.9E, 1.9F, -2.6E, 1.8F
23 Th	00:42, 07:00, 13:18, 19:36	04:12, 10:30, 16:42, 23:00	-2.6E, 1.9F, -2.5E, 1.5F
24 F	01:24, 07:30, 13:54, 20:30	04:42, 11:12, 17:18, 23:48	-2.3E, 1.8F, -2.3E, 1.3F
25 Sa	02:00, 08:06, 14:36, 21:30	05:18, 11:54, 18:06	-2.0E, 1.7F, -2.0E
26 Su	02:36, 08:48, 15:18, 22:36	00:36, 05:42, 12:36, 19:00	1.1F, -1.8E, 1.5F, -1.8E
27 M	03:24, 09:36, 16:00, 23:36	01:24, 06:24, 13:18, 20:06	0.9F, -1.5E, 1.4F, -1.7E
28 Tu	04:12, 10:24, 16:48	02:18, 07:30, 14:00, 21:06	0.8F, -1.3E, 1.3F, -1.8E
29 W	00:30, 05:12, 11:18, 17:42	03:06, 08:54, 14:48, 21:54	0.8F, -1.3E, 1.3F, -2.0E
30 Th	01:18, 06:18, 12:12, 18:36	04:00, 09:48, 15:36, 22:42	0.9F, -1.4E, 1.3F, -2.2E

Station ID: HUR0611 Depth: 14 feet
Source: NOAA/NOS/CO-OPS
Station Type: Harmonic
Time Zone: LST

NOAA Tidal Current Predictions

George Washington Bridge, 2021

Latitude: 40.8496° N Longitude: 73.9498° W
Mean Flood Dir. 10° (T) Mean Ebb Dir. 203° (T)
Times and speeds of maximum and minimum current, in knots

October

Day	Slack h m	Maximum h m	knots	Day	Slack h m	Maximum h m	knots
1 F	02:00	04:54	1.1F	16 Sa	02:30	05:24	1.5F
	07:18	10:36	-1.6E		08:06	11:30	-2.2E
	13:06	16:24	1.5F		14:12	17:36	1.9F
	19:30	23:24	-2.4E		20:30		
2 Sa	02:36	05:36	1.3F	17 Su		00:06	-2.9E
	08:06	11:24	-1.8E		03:18	06:24	1.8F
	13:54	17:18	1.7F		09:06	12:24	-2.4E
	20:18				15:18	18:36	2.0F
					21:24		
3 Su		00:06	-2.6E	18 M		00:54	-2.9E
	03:12	06:18	1.5F		04:00	07:06	2.0F
	08:54	12:12	-2.1E		10:12	13:18	-2.6E
	14:48	18:06	1.9F		16:12	19:24	2.0F
	21:06				22:12		
4 M		00:48	-2.8E	19 Tu		01:36	-2.8E
	03:42	06:54	1.8F		04:42	07:48	2.1F
	09:36	12:54	-2.5E		10:42	14:06	-2.7E
	15:36	18:48	2.1F		17:06	20:12	1.9F
	21:54				22:54		
5 Tu		01:24	-3.0E	20 W ○		02:18	-2.7E
	04:18	07:18	2.0F		05:12	08:30	2.1F
	10:12	13:42	-2.9E		11:24	14:48	-2.8E
	16:24	19:24	2.3F		17:54	20:54	1.7F
	22:36				23:36		
6 W ●		02:06	-3.1E	21 Th		03:00	-2.6E
	04:54	07:48	2.3F		05:42	09:06	2.1F
	11:00	14:24	-3.1E		12:06	15:36	-2.7E
	17:18	20:06	2.3F		18:42	21:42	1.5F
	23:24						
7 Th		02:48	-3.1E	22 F	00:12	03:36	-2.4E
	05:36	08:18	2.5F		06:12	09:48	2.0F
	11:42	15:06	-3.3E		12:42	16:12	-2.6E
	18:06	20:48	2.3F		19:24	22:30	1.3F
8 F	00:06	03:24	-3.0E	23 Sa	00:54	04:06	-2.2E
	06:12	09:00	2.6F		06:48	10:24	1.8F
	12:30	15:54	-3.4E		13:24	16:54	-2.4E
	18:54	21:36	2.1F		20:12	23:18	1.2F
9 Sa	00:54	04:06	-2.9E	24 Su	01:30	04:36	-1.9E
	06:54	09:48	2.6F		07:24	11:06	1.7F
	13:18	16:42	-3.3E		14:00	17:30	-2.2E
	19:48	22:36	1.8F		21:00		
10 Su	01:36	04:48	-2.7E	25 M		00:06	1.0F
	07:42	10:42	2.5F		02:12	05:06	-1.7E
	14:12	17:36	-3.0E		08:48	11:42	1.5F
	20:54	23:42	1.6F		14:36	18:12	-2.1E
					21:54		
11 M	02:24	05:30	-2.4E	26 Tu		00:54	0.9F
	08:36	11:48	2.4F		02:54	05:42	-1.5E
	15:06	18:36	-2.7E		08:48	12:18	1.4F
	22:00				15:18	19:00	-1.9E
					22:48		
12 Tu		00:48	1.3F	27 W		01:42	0.9F
	03:18	06:30	-2.1E		03:48	06:30	-1.3E
	09:36	12:54	2.2F		10:00	13:00	1.3F
	16:12	20:00	-2.5E		16:00	20:12	-1.9E
	23:12				23:36		
13 W ◐		02:00	1.2F	28 Th ◐		02:36	0.9F
	04:24	08:06	-1.8E		04:42	07:54	-1.2E
	10:42	14:06	2.0F		10:36	13:48	1.3F
	17:18	21:12	-2.5E		16:54	21:06	-2.1E
14 Th	00:24	03:12	1.2F	29 F	00:24	03:24	1.1F
	05:36	09:24	-1.9E		05:48	09:12	-1.4E
	11:54	15:18	1.9F		11:36	14:42	1.3F
	18:30	22:18	-2.6E		17:48	22:00	-2.3E
15 F	01:36	04:18	1.3F	30 Sa	01:06	04:12	1.2F
	07:00	10:30	-2.0E		06:42	10:06	-1.6E
	13:06	16:30	1.9F		12:36	15:42	1.5F
	19:36	23:12	-2.8E		18:48	22:42	-2.5E
				31 Su	01:42	04:54	1.4F
					07:36	10:54	-2.0E
					13:30	16:36	1.7F
					19:42	23:24	-2.6E

November

Day	Slack h m	Maximum h m	knots	Day	Slack h m	Maximum h m	knots
1 M	02:24	05:30	1.7F	16 Tu		00:24	-2.6E
	08:18	11:42	-2.4E		03:24	06:42	2.0F
	14:24	17:36	1.9F		09:36	13:00	-2.6E
	20:30				15:54	19:06	1.7F
					21:36		
2 Tu		00:06	-2.8E	17 W		01:06	-2.5E
	03:00	06:06	2.0F		04:00	07:18	2.2F
	09:06	12:30	-2.8E		10:18	13:42	-2.7E
	15:18	18:24	2.0F		17:00	19:48	1.6F
	21:24				22:18		
3 W		00:54	-2.9E	18 Th		01:48	-2.4E
	03:36	06:42	2.3F		04:30	07:54	2.2F
	09:48	13:18	-3.1E		11:00	14:30	-2.8E
	16:12	19:06	2.1F		17:48	20:30	1.5F
	22:06				23:00		
4 Th ●		01:36	-2.9E	19 F ○		02:30	-2.3E
	04:18	07:18	2.6F		05:00	08:30	2.1F
	10:36	14:06	-3.4E		11:36	15:12	-2.8E
	17:06	19:48	2.1F		18:30	21:18	1.3F
	22:54				23:42		
5 F		02:18	-2.9E	20 Sa		03:06	-2.1E
	05:00	07:54	2.8F		05:36	09:06	2.0F
	11:24	14:54	-3.5E		12:12	15:48	-2.7E
	17:54	20:36	2.0F		19:06	22:06	1.2F
	23:42						
6 Sa		03:00	-2.9E	21 Su	00:24	03:36	-2.0E
	05:42	09:06	2.8F		06:12	09:12	1.9F
	12:12	15:42	-3.5E		12:48	16:24	-2.6E
	18:48	21:24	1.8F		19:48	22:54	1.1F
7 Su	00:30	03:42	-2.8E	22 M	01:06	04:06	-1.9E
	06:30	09:24	2.7F		06:48	10:12	1.7F
	13:06	16:30	-3.3E		13:24	17:00	-2.5E
	19:42	22:30	1.6F		20:24	23:42	1.1F
8 M	01:18	04:30	-2.6E	23 Tu	01:48	04:36	-1.7E
	07:18	10:24	2.5F		07:24	10:42	1.6F
	13:54	17:24	-3.1E		14:00	17:30	-2.4E
	20:42	23:42	1.4F		21:12		
9 Tu	02:12	05:18	-2.3E	24 W		00:24	1.1F
	08:12	11:36	2.3F		02:36	05:18	-1.6E
	14:54	18:30	-2.8E		08:12	11:12	1.5F
	21:48				14:42	18:12	-2.3E
					22:00		
10 W		00:42	1.3F	25 Th		01:12	1.1F
	03:12	06:24	-1.9E		03:24	06:00	-1.4E
	09:18	12:42	2.0F		09:00	12:06	1.5F
	15:48	19:42	-2.5E		15:24	19:42	-2.5E
	23:00				22:48		
11 Th ◐		01:54	1.3F	26 F		01:54	1.1F
	04:18	07:18	-1.7E		04:18	07:00	-1.4E
	10:30	13:54	1.8F		10:00	13:00	1.4F
	16:54	20:54	-2.5E		16:12	20:12	-2.3E
					23:30		
12 F	00:12	03:00	1.3F	27 Sa		02:36	1.3F
	05:36	09:12	-1.8E		05:12	08:30	-1.5E
	11:42	15:06	1.7F		11:06	14:00	1.5F
	18:00	21:54	-2.6E		17:06	21:12	-2.4E
13 Sa	01:12	04:00	1.5F	28 Su	00:12	03:18	1.4F
	06:48	10:18	-2.0E		06:06	09:30	-1.8E
	13:00	16:12	1.6F		12:06	15:00	1.5F
	19:06	22:48	-2.6E		18:06	22:00	-2.5E
14 Su	02:00	05:00	1.7F	29 M	00:54	04:00	1.7F
	07:54	11:12	-2.2E		06:54	10:24	-2.2E
	14:06	17:18	1.6F		13:06	16:00	1.6F
	20:06	23:36	-2.7E		19:06	22:48	-2.6E
15 M	02:42	05:54	1.9F	30 Tu	01:36	04:42	2.0F
	08:48	12:06	-2.4E		07:48	11:18	-2.6E
	15:12	18:18	1.7F		14:06	17:00	1.7F
	20:54				20:00	23:30	-2.6E

December

Day	Slack h m	Maximum h m	knots	Day	Slack h m	Maximum h m	knots
1 W	02:18	05:24	2.3F	16 Th		00:36	-2.2E
	08:36	12:12	-3.0E		03:12	06:48	2.1F
	15:06	18:00	1.8F		09:54	13:24	-2.6E
	20:48				16:54	19:30	1.3F
					21:48		
2 Th		00:18	-2.7E	17 F		01:18	-2.1E
	03:00	06:12	2.6F		03:48	07:30	2.1F
	09:24	13:00	-3.2E		10:30	14:06	-2.7E
	16:00	18:48	1.9F		17:36	20:12	1.2F
	21:36				22:30		
3 F		01:06	-2.8E	18 Sa		01:54	-2.0E
	03:48	06:54	2.8F		04:24	08:00	2.1F
	10:18	13:54	-3.4E		11:06	14:42	-2.7E
	16:54	19:36	1.9F		18:12	20:54	1.2F
	22:30				23:12		
4 Sa ●		01:54	-2.8E	19 Su ○		02:36	-2.0E
	04:30	07:36	2.9F		05:00	08:30	2.0F
	11:06	14:42	-3.5E		11:42	15:24	-2.7E
	17:48	20:24	1.8F		18:42	21:36	1.2F
	23:18				23:54		
5 Su		02:42	-2.7E	20 M		03:06	-1.9E
	05:18	08:18	2.9F		05:36	08:54	1.9F
	12:00	15:36	-3.5E		12:18	15:54	-2.7E
	18:36	21:24	1.6F		19:12	22:24	1.2F
6 M	00:12	03:30	-2.6E	21 Tu	00:42	03:42	-1.9E
	06:06	09:12	2.7F		06:18	09:18	1.8F
	12:54	16:24	-3.3E		12:54	16:30	-2.7E
	19:30	22:30	1.5F		19:48	23:06	1.2F
7 Tu	01:06	04:18	-2.4E	22 W	01:24	04:18	-1.8E
	07:00	10:18	2.5F		06:54	09:42	1.8F
	13:42	17:18	-3.1E		13:30	17:00	-2.7E
	20:30	23:36	1.4F		20:30	23:48	1.2F
8 W	02:00	05:12	-2.2E	23 Th	02:06	04:54	-1.8E
	07:54	11:30	2.2F		07:42	10:30	1.7F
	14:36	18:12	-2.9E		14:06	17:36	-2.7E
	21:36				21:12		
9 Th		00:36	1.4F	24 F		00:30	1.3F
	03:06	06:18	-1.9E		02:54	05:36	-1.7E
	09:00	12:36	1.9F		08:30	11:24	1.7F
	15:30	19:18	-2.6E		14:54	18:18	-2.6E
	22:42				21:54		
10 F		01:36	1.4F	25 Sa		01:06	1.4F
	04:06	07:36	-1.7E		03:42	06:24	-1.7E
	10:12	13:42	1.7F		09:30	12:24	1.7F
	16:24	20:24	-2.5E		15:42	19:12	-2.5E
	23:42				22:42		
11 Sa ◐		02:36	1.5F	26 Su		01:42	1.5F
	05:18	08:54	-1.8E		04:30	07:42	-1.8E
	11:30	14:42	1.5F		10:36	13:24	1.6F
	17:24	21:24	-2.4E		16:36	20:18	-2.4E
					23:24		
12 Su	00:36	03:36	1.6F	27 M		02:24	1.7F
	06:30	10:00	-2.0E		05:24	08:54	-2.1E
	12:48	15:48	1.4F		11:42	14:30	1.6F
	18:30	22:18	-2.4E		17:30	21:12	-2.4E
13 M	01:18	04:30	1.7F	28 Tu	00:06	03:12	1.9F
	07:06	10:54	-2.2E		06:48	10:00	-2.4E
	14:06	16:54	1.3F		12:48	15:30	1.6F
	19:24	23:06	-2.3E		18:30	22:06	-2.5E
14 Tu	02:00	05:18	1.9F	29 W	00:54	03:54	2.2F
	08:24	11:42	-2.4E		07:18	10:54	-2.7E
	15:06	17:54	1.3F		13:48	16:36	1.6F
	20:18	23:48	-2.3E		19:24	23:00	-2.5E
15 W	02:36	06:06	2.0F	30 Th	01:42	04:48	2.4F
	09:12	12:36	-2.5E		08:12	11:48	-3.0E
	16:06	18:42	1.3F		14:48	17:36	1.6F
	21:06				20:18	23:48	-2.6E
				31 F	02:30	05:42	2.7F
					09:06	12:48	-3.2E
					15:48	18:36	1.6F
					21:12		

Station ID: HUR0612 Depth: 14 feet
Source: NOAA/NOS/CO-OPS
Station Type: Harmonic
Time Zone: LST

Kingston-Rhinecliff Bridge, 2021
Latitude: 41.9771° N Longitude: 73.9523° W
Mean Flood Dir. 11° (T) Mean Ebb Dir. 191° (T)
Times and speeds of maximum and minimum current, in knots

January

Day	Slack (h m)	Maximum (h m)	knots
1 F	04:24, 10:24, 16:12, 23:30	01:06, 07:24, 12:54, 19:42	1.0F, -1.3E, 1.4F, -1.6E
2 Sa	05:06, 11:12, 17:00	01:48, 08:12, 13:42, 20:30	1.0F, -1.3E, 1.4F, -1.6E
3 Su	00:12, 05:54, 12:06, 17:48	02:30, 08:54, 14:30, 21:06	1.0F, -1.3E, 1.3F, -1.6E
4 M	01:00, 06:36, 13:00, 18:36	03:18, 09:42, 15:24, 21:54	1.0F, -1.3E, 1.2F, -1.5E
5 Tu	01:48, 07:30, 14:00, 19:30	04:12, 10:30, 16:24, 22:48	1.0F, -1.3E, 1.1F, -1.4E
6 W	02:42, 08:18, 15:06, 20:24	05:06, 11:30, 17:24, 23:48	1.1F, -1.2E, 1.0F, -1.3E
7 Th	03:30, 09:18, 16:12, 21:30	06:00, 12:36, 18:24	1.1F, -1.2E, 0.9F
8 F	04:24, 10:18, 17:18, 22:30	00:48, 06:54, 13:48, 19:30	-1.2E, 1.2F, -1.3E, 0.9F
9 Sa	05:18, 11:18, 18:18, 23:36	01:48, 07:48, 15:06, 20:42	-1.2E, 1.2F, -1.3E, 0.9F
10 Su	06:12, 12:12, 19:18	02:54, 08:48, 16:12, 21:48	-1.2E, 1.3F, -1.4E, 0.9F
11 M	00:36, 07:06, 13:00, 20:18	03:54, 09:42, 17:12, 22:48	-1.2E, 1.4F, -1.5E, 1.0F
12 Tu	01:36, 08:00, 13:54, 21:12	04:54, 10:36, 18:18, 23:42	-1.2E, 1.4F, -1.6E, 1.0F
13 W	02:36, 08:54, 14:48, 22:06	06:00, 11:24, 19:12	-1.2E, 1.3F, -1.6E
14 Th	03:36, 09:42, 15:42, 23:00	00:42, 07:06, 12:18, 20:06	1.0F, -1.2E, 1.3F, -1.7E
15 F	04:36, 10:36, 16:36, 23:48	01:42, 08:00, 13:12, 20:48	1.0F, -1.2E, 1.2F, -1.6E
16 Sa	05:30, 11:30, 17:30	02:36, 08:48, 14:12, 21:30	1.0F, -1.2E, 1.1F, -1.5E
17 Su	00:36, 06:18, 12:30, 18:18	03:30, 09:36, 15:12, 22:12	0.9F, -1.1E, 0.9F, -1.3E
18 M	01:24, 07:06, 13:30, 19:06	04:18, 10:30, 16:18, 22:54	0.9F, -1.1E, 0.8F, -1.2E
19 Tu	02:06, 07:54, 14:36, 19:54	05:12, 11:36, 17:24, 23:36	0.9F, -1.1E, 0.7F, -1.0E
20 W	02:54, 08:42, 15:36, 20:42	05:48, 12:48, 18:18	0.9F, -1.0E, 0.6F
21 Th	03:36, 09:30, 16:36, 21:36	00:24, 06:30, 13:42, 19:12	-1.0E, 0.9F, -1.0E, 0.6F
22 F	04:18, 10:18, 17:30, 22:30	01:06, 07:06, 14:30, 20:06	-1.0E, 0.9F, -1.1E, 0.6F
23 Sa	05:00, 11:00, 18:12, 23:18	01:48, 07:42, 15:18, 21:00	-1.0E, 0.9F, -1.1E, 0.6F
24 Su	05:42, 11:36, 18:54	02:24, 08:18, 15:36, 21:42	-1.0E, 1.0F, -1.2E, 0.7F
25 M	00:06, 06:24, 12:12, 19:36	03:12, 08:54, 15:54, 22:18	-1.1E, 1.1F, -1.3E, 0.8F
26 Tu	00:54, 07:06, 12:54, 20:18	03:54, 09:36, 16:24, 22:48	-1.2E, 1.3F, -1.4E, 0.9F
27 W	01:42, 07:48, 13:36, 21:00	04:36, 10:18, 17:06, 23:24	-1.2E, 1.3F, -1.5E, 1.0F
28 Th	02:24, 08:36, 14:18, 21:36	05:24, 11:00, 17:54	-1.3E, 1.4F, -1.6E
29 F	03:06, 09:18, 15:00, 22:18	00:00, 06:12, 11:48, 18:36	1.0F, -1.3E, 1.5F, -1.6E
30 Sa	03:54, 10:06, 15:48, 23:00	00:36, 07:00, 12:30, 19:24	1.1F, -1.4E, 1.5F, -1.7E
31 Su	04:36, 10:54, 16:36, 23:42	01:18, 07:48, 13:18, 20:06	1.1F, -1.4E, 1.5F, -1.7E

February

Day	Slack (h m)	Maximum (h m)	knots
1 M	05:18, 11:42, 17:24	02:00, 08:30, 14:12, 20:48	1.2F, -1.5E, 1.4F, -1.6E
2 Tu	00:24, 06:06, 12:42, 18:12	02:48, 09:12, 15:00, 21:30	1.2F, -1.4E, 1.2F, -1.5E
3 W	01:12, 06:54, 13:42, 19:06	03:36, 10:06, 16:00, 22:18	1.2F, -1.3E, 1.1F, -1.4E
4 Th	02:00, 07:48, 14:48, 20:00	04:30, 11:00, 17:00, 23:18	1.2F, -1.2E, 0.9F, -1.2E
5 F	03:00, 08:48, 15:54, 21:06	05:30, 12:12, 18:06	1.2F, -1.2E, 0.8F
6 Sa	03:54, 09:54, 17:06, 22:12	00:24, 06:24, 13:42, 19:18	-1.2E, 1.2F, -1.2E, 0.8F
7 Su	04:54, 10:54, 18:12, 23:24	01:30, 07:24, 15:12, 20:42	-1.1E, 1.2F, -1.3E, 0.8F
8 M	05:54, 11:54, 19:12	02:42, 08:30, 16:18, 21:48	-1.1E, 1.2F, -1.4E, 0.9F
9 Tu	00:30, 06:48, 12:48, 20:06	03:54, 09:30, 17:12, 22:48	-1.2E, 1.2F, -1.6E, 1.0F
10 W	01:30, 07:48, 13:48, 21:00	05:06, 10:30, 18:06, 23:42	-1.2E, 1.3F, -1.6E, 1.0F
11 Th	02:30, 08:42, 14:42, 21:48	06:06, 11:18, 19:00	-1.2E, 1.3F, -1.7E
12 F	03:24, 09:36, 15:30, 22:36	00:30, 07:00, 12:12, 19:48	1.1F, -1.3E, 1.2F, -1.6E
13 Sa	04:12, 10:24, 16:24, 23:18	01:18, 07:48, 13:06, 20:24	1.1F, -1.3E, 1.1F, -1.6E
14 Su	05:00, 11:18, 17:12	02:06, 08:30, 14:00, 21:00	1.0F, -1.3E, 1.0F, -1.4E
15 M	00:00, 05:48, 12:12, 17:54	02:48, 09:12, 14:54, 21:24	1.0F, -1.2E, 0.9F, -1.3E
16 Tu	00:36, 06:30, 13:06, 18:36	03:30, 09:42, 15:48, 21:48	1.0F, -1.1E, 0.7F, -1.2E
17 W	01:18, 07:12, 14:00, 19:18	04:06, 10:18, 16:42, 22:18	0.9F, -1.0E, 0.6F, -1.0E
18 Th	02:00, 07:48, 15:00, 20:00	04:42, 11:06, 17:42, 23:06	0.9F, -1.0E, 0.5F, -1.0E
19 F	02:42, 08:36, 15:54, 20:54	05:18, 12:00, 18:30, 23:54	0.8F, -0.9E, 0.5F, -0.9E
20 Sa	03:30, 09:18, 16:48, 21:54	06:00, 13:12, 19:24	0.9F, -1.0E, 0.6F
21 Su	04:18, 10:06, 17:36, 22:48	00:54, 06:42, 13:54, 20:18	-0.9E, 0.9F, -1.0E, 0.6F
22 M	05:06, 10:54, 18:18, 23:42	01:48, 07:30, 14:30, 21:06	-1.0E, 1.0F, -1.2E, 0.7F
23 Tu	05:48, 11:36, 19:00	02:36, 08:18, 15:12, 21:48	-1.1E, 1.1F, -1.3E, 0.9F
24 W	00:30, 06:36, 12:24, 19:48	03:24, 09:06, 15:54, 22:24	-1.2E, 1.2F, -1.4E, 1.0F
25 Th	01:12, 07:24, 13:06, 20:24	04:12, 09:54, 16:42, 23:42	-1.3E, 1.3F, -1.5E, 1.1F
26 F	01:54, 08:12, 13:54, 21:06	05:00, 10:42, 17:24, 23:30	-1.3E, 1.4F, -1.6E, 1.1F
27 Sa	02:36, 09:00, 14:42, 21:48	05:48, 11:24, 18:12	-1.4E, 1.5F, -1.6E
28 Su	03:18, 09:48, 15:30, 22:24	00:06, 06:36, 12:12, 19:00	1.2F, -1.5E, 1.5F, -1.6E

March

Day	Slack (h m)	Maximum (h m)	knots
1 M	04:06, 10:36, 16:12, 23:06	00:48, 07:24, 13:00, 19:42	1.3F, -1.6E, 1.4F, -1.6E
2 Tu	04:48, 11:24, 17:00, 23:48	01:30, 08:06, 13:48, 20:24	1.3F, -1.6E, 1.3F, -1.6E
3 W	05:36, 12:24, 17:48	02:12, 08:48, 14:42, 21:06	1.3F, -1.5E, 1.2F, -1.5E
4 Th	00:36, 06:24, 13:24, 18:42	03:06, 09:36, 15:36, 21:54	1.3F, -1.4E, 1.0F, -1.3E
5 F	01:30, 07:18, 14:30, 19:42	04:00, 10:30, 16:42, 22:48	1.2F, -1.2E, 0.8F, -1.2E
6 Sa	02:30, 08:18, 15:42, 20:48	05:00, 11:48, 18:00	1.1F, -1.1E, 0.7F
7 Su	03:36, 09:24, 16:54, 22:06	00:00, 06:00, 13:54, 19:18	-1.0E, 1.1F, -1.2E, 0.7F
8 M	04:36, 10:36, 18:00, 23:24	01:24, 07:06, 15:06, 20:42	-1.0E, 1.0F, -1.3E, 0.8F
9 Tu	05:42, 11:42, 19:00	02:54, 08:18, 16:06, 21:42	-1.1E, 1.1F, -1.5E, 0.9F
10 W	00:24, 06:42, 12:42, 19:54	04:06, 09:30, 17:00, 22:48	-1.2E, 1.1F, -1.6E, 1.1F
11 Th	01:24, 07:36, 13:36, 20:42	05:00, 10:24, 17:48, 23:24	-1.2E, 1.2F, -1.6E, 1.1F
12 F	02:12, 08:30, 14:24, 21:24	05:54, 11:18, 18:36	-1.3E, 1.2F, -1.6E
13 Sa	03:00, 09:24, 15:12, 22:06	00:06, 06:42, 12:06, 19:18	1.1F, -1.4E, 1.2F, -1.6E
14 Su	03:48, 10:12, 16:00, 22:42	00:48, 07:30, 12:54, 19:54	1.1F, -1.4E, 1.1F, -1.5E
15 M	04:30, 11:00, 16:42, 23:18	01:24, 08:12, 13:42, 20:18	1.1F, -1.4E, 1.0F, -1.3E
16 Tu	05:06, 11:48, 17:24, 23:54	02:00, 08:42, 14:24, 20:36	1.1F, -1.3E, 0.8F, -1.2E
17 W	05:48, 12:36, 18:00	02:24, 09:06, 15:06, 21:06	1.0F, -1.2E, 0.7F, -1.2E
18 Th	00:30, 06:24, 13:24, 18:42	03:00, 09:24, 15:54, 21:36	1.0F, -1.1E, 0.6F, -1.1E
19 F	01:06, 07:00, 14:18, 19:30	03:30, 10:00, 16:48, 22:24	0.9F, -1.1E, 0.6F, -1.0E
20 Sa	01:54, 07:36, 15:12, 20:18	04:18, 10:42, 17:48, 23:12	0.9F, -1.0E, 0.6F, -0.9E
21 Su	02:42, 08:24, 16:06, 21:18	05:06, 11:42, 18:42	0.9F, -1.0E, 0.6F
22 M	03:36, 09:12, 16:54, 22:18	00:12, 06:00, 12:42, 19:36	-0.9E, 0.9F, -1.1E, 0.7F
23 Tu	04:30, 10:12, 17:42, 23:12	01:12, 06:48, 13:42, 20:24	-1.0E, 1.0F, -1.2E, 0.8F
24 W	05:24, 11:06, 18:30	02:12, 07:48, 14:36, 21:12	-1.1E, 1.1F, -1.3E, 0.9F
25 Th	00:00, 06:12, 11:54, 19:12	03:00, 08:42, 15:24, 21:48	-1.2E, 1.2F, -1.4E, 1.0F
26 F	00:42, 07:00, 12:42, 19:54	03:48, 09:30, 16:12, 22:24	-1.3E, 1.3F, -1.5E, 1.1F
27 Sa	01:24, 07:54, 13:30, 20:36	04:36, 10:18, 17:00, 23:00	-1.4E, 1.4F, -1.6E, 1.3F
28 Su	02:06, 08:42, 14:18, 21:12	05:24, 11:06, 17:42, 23:36	-1.5E, 1.4F, -1.6E, 1.4F
29 M	02:48, 09:30, 15:06, 21:54	06:12, 11:54, 18:30	-1.6E, 1.4F, -1.6E
30 Tu	03:36, 10:18, 15:54, 22:36	00:18, 07:00, 12:42, 19:18	1.4F, -1.6E, 1.4F, -1.6E
31 W	04:18, 11:12, 16:42, 23:18	01:00, 07:48, 13:30, 20:00	1.5F, -1.6E, 1.2F, -1.5E

Station ID: HUR0612 Depth: 14 feet
Source: NOAA/NOS/CO-OPS
Station Type: Harmonic
Time Zone: LST

NOAA Tidal Current Predictions

Kingston-Rhinecliff Bridge, 2021
Latitude: 41.9771° N Longitude: 73.9523° W
Mean Flood Dir. 11° (T) Mean Ebb Dir. 191° (T)
Times and speeds of maximum and minimum current, in knots

April

Date	Slack h m	Maximum h m	knots
1 Th		01:48	1.4F
	05:06	08:30	-1.5E
	12:06	14:24	1.1F
	17:30	20:42	-1.4E
2 F	00:06	02:36	1.3F
	06:00	09:18	-1.4E
	13:06	15:18	0.9F
	18:30	21:30	-1.2E
3 Sa	01:00	03:30	1.2F
	06:54	10:12	-1.3E
	14:18	16:36	0.8F
	19:30	22:30	-1.1E
4 Su ◑	02:06	04:36	1.1F
	07:54	11:48	-1.1E
	15:30	18:00	0.7F
	20:42	23:48	-0.9E
5 M	03:12	05:42	1.0F
	09:06	13:48	-1.2E
	16:42	19:24	0.8F
	22:06		
6 Tu		01:42	-0.9E
	04:24	07:00	0.9F
	10:18	14:54	-1.4E
	17:42	20:30	0.9F
	23:18		
7 W		03:00	-1.1E
	05:30	08:18	1.0F
	11:30	15:48	-1.5E
	18:42	21:30	1.0F
8 Th	00:12	04:00	-1.2E
	06:30	09:24	1.1F
	12:24	16:36	-1.6E
	19:30	22:18	1.1F
9 F	01:06	04:48	-1.3E
	07:24	10:24	1.1F
	13:18	17:24	-1.6E
	20:12	23:00	1.2F
10 Sa	01:48	05:36	-1.4E
	08:18	11:06	1.1F
	14:06	18:06	-1.5E
	20:48	23:36	1.2F
11 Su	02:30	06:24	-1.4E
	09:12	11:54	1.1F
	14:48	18:42	-1.4E
	21:24		
12 M ●		00:12	1.2F
	03:12	07:06	-1.4E
	09:54	12:36	1.0F
	15:30	19:18	-1.3E
	22:00		
13 Tu		00:36	1.1F
	03:48	07:48	-1.4E
	10:42	13:18	0.9F
	16:12	19:36	-1.2E
	22:30		
14 W		01:06	1.1F
	04:24	08:06	-1.3E
	11:24	13:54	0.8F
	16:48	20:00	-1.2E
	23:06		
15 Th		01:36	1.1F
	05:00	08:24	-1.3E
	12:06	14:30	0.7F
	17:30	20:30	-1.2E
	23:42		
16 F		02:06	1.1F
	05:36	08:48	-1.2E
	12:48	15:12	0.7F
	18:12	21:06	-1.1E
17 Sa	00:24	02:48	1.0F
	06:12	09:18	-1.2E
	13:36	16:00	0.6F
	19:00	21:48	-1.0E
18 Su	01:12	03:36	1.0F
	06:48	10:06	-1.2E
	14:24	17:00	0.6F
	19:54	22:42	-1.0E
19 M	02:06	04:24	0.9F
	07:36	11:00	-1.2E
	15:24	18:00	0.7F
	20:48	23:42	-1.0E
20 Tu ◐	03:00	05:24	1.0F
	08:30	12:00	-1.2E
	16:18	18:48	0.7F
	21:48		
21 W		00:42	-1.0E
	04:00	06:18	1.0F
	09:36	13:06	-1.3E
	17:06	19:42	0.8F
	22:42		
22 Th		01:42	-1.1E
	04:54	07:18	1.1F
	10:36	14:06	-1.3E
	17:48	20:24	1.0F
	23:30		
23 F		02:36	-1.3E
	05:48	08:18	1.2F
	11:30	14:54	-1.4E
	18:36	21:06	1.1F
24 Sa	00:12	03:24	-1.4E
	06:12	09:12	1.3F
	12:18	15:42	-1.5E
	19:18	21:48	1.2F
25 Su	00:54	04:12	-1.5E
	07:36	10:00	1.3F
	13:06	16:24	-1.5E
	20:00	22:24	1.4F
26 M	01:36	05:00	-1.6E
	08:06	10:48	1.3F
	13:54	17:12	-1.5E
	20:42	23:06	1.5F
27 Tu ○	02:24	05:48	-1.6E
	09:18	11:36	1.3F
	14:42	18:00	-1.5E
	21:24	23:48	1.5F
28 W	03:06	06:42	-1.6E
	10:06	12:24	1.2F
	15:30	18:54	-1.5E
	22:06		
29 Th		00:36	1.5F
	03:54	07:30	-1.6E
	11:00	13:12	1.1F
	16:24	19:42	-1.4E
	22:54		
30 F		01:24	1.4F
	04:48	08:18	-1.5E
	11:54	14:12	1.0F
	17:18	20:30	-1.3E
	23:48		

May

Date	Slack h m	Maximum h m	knots
1 Sa		02:12	1.3F
	05:36	09:06	-1.4E
	13:00	15:12	0.9F
	18:24	21:18	-1.1E
2 Su	00:42	03:12	1.1F
	06:36	10:06	-1.3E
	14:06	16:42	0.8F
	19:30	22:24	-1.0E
3 M ◑	01:48	04:18	1.0F
	07:36	12:06	-1.2E
	15:18	18:00	0.8F
	20:42		
4 Tu		00:00	-0.9E
	03:00	05:36	0.9F
	08:48	13:30	-1.3E
	16:24	19:12	0.8F
	21:54		
5 W		01:42	-1.0E
	04:12	06:54	0.9F
	10:00	14:30	-1.4E
	17:18	20:12	0.9F
	23:00		
6 Th		02:48	-1.1E
	05:18	08:12	0.9F
	11:06	15:24	-1.4E
	18:12	21:06	1.0F
	23:54		
7 F		03:42	-1.3E
	06:18	09:18	1.0F
	12:06	16:06	-1.4E
	18:54	21:48	1.1F
8 Sa	00:42	04:30	-1.4E
	07:12	10:06	1.0F
	12:54	16:48	-1.4E
	19:30	22:30	1.2F
9 Su	01:18	05:18	-1.4E
	07:48	10:54	1.0F
	13:36	17:24	-1.3E
	20:06	23:00	1.2F
10 M	02:00	06:00	-1.4E
	08:54	11:30	1.0F
	14:18	18:00	-1.2E
	20:42	23:24	1.2F
11 Tu ●	02:36	06:42	-1.4E
	09:36	12:12	0.9F
	14:54	18:24	-1.2E
	21:18	23:54	1.2F
12 W	03:12	07:12	-1.4E
	10:12	12:48	0.8F
	15:36	18:48	-1.2E
	21:54		
13 Th		00:18	1.2F
	03:42	07:30	-1.3E
	10:54	13:18	0.8F
	16:18	19:24	-1.2E
	22:30		
14 F		00:54	1.2F
	04:18	07:48	-1.4E
	11:30	13:54	0.8F
	17:00	20:00	-1.2E
	23:06		
15 Sa		01:30	1.2F
	04:54	08:18	-1.4E
	12:12	14:30	0.8F
	17:48	20:42	-1.2E
	23:48		
16 Su		02:12	1.1F
	05:30	08:54	-1.4E
	13:00	15:18	0.8F
	18:36	21:24	-1.1E
17 M	00:36	03:00	1.1F
	06:12	09:36	-1.4E
	13:48	16:12	0.8F
	19:24	22:12	-1.1E
18 Tu	01:30	03:54	1.1F
	07:06	10:30	-1.3E
	14:42	17:12	0.8F
	20:18	23:06	-1.0E
19 W ◐	02:30	04:54	1.0F
	08:00	11:30	-1.3E
	15:36	18:06	0.8F
	21:12		
20 Th		00:12	-1.1E
	03:30	05:54	1.0F
	09:00	12:30	-1.3E
	16:24	18:48	0.9F
	22:06		
21 F		01:12	-1.2E
	04:30	06:48	1.1F
	10:06	13:24	-1.3E
	17:12	19:42	1.0F
	22:54		
22 Sa		02:06	-1.3E
	05:30	07:48	1.1F
	11:00	14:18	-1.4E
	17:54	20:24	1.2F
	23:42		
23 Su		03:00	-1.4E
	06:24	08:48	1.2F
	11:54	15:06	-1.4E
	18:36	21:12	1.3F
24 M	00:24	03:48	-1.5E
	07:18	09:42	1.2F
	12:42	15:54	-1.4E
	19:24	22:00	1.4F
25 Tu	01:12	04:42	-1.6E
	08:12	10:30	1.2F
	13:30	16:48	-1.4E
	20:12	22:42	1.5F
26 W ○	02:00	05:30	-1.6E
	09:06	11:18	1.2F
	14:24	17:36	-1.4E
	20:54	23:24	1.5F
27 Th	02:48	06:30	-1.6E
	09:54	12:12	1.1F
	15:18	18:36	-1.3E
	21:42		
28 F		00:18	1.5F
	03:36	07:24	-1.6E
	10:48	13:06	1.0F
	16:12	19:30	-1.3E
	22:36		
29 Sa		01:00	1.4F
	04:30	08:18	-1.5E
	11:48	14:06	0.9F
	17:18	20:18	-1.2E
	23:30		
30 Su		01:54	1.3F
	05:24	09:12	-1.5E
	12:48	15:18	0.9F
	18:18	21:12	-1.1E
31 M	00:30	02:54	1.1F
	06:24	10:12	-1.4E
	13:48	16:36	0.8F
	19:24	22:18	-1.0E

June

Date	Slack h m	Maximum h m	knots
1 Tu	01:36	04:06	0.9F
	07:24	11:48	-1.3E
	14:54	17:48	0.8F
	20:30		
2 W ◑		00:06	-0.9E
	02:48	05:24	0.8F
	08:30	13:00	-1.3E
	15:54	18:48	0.9F
	21:30		
3 Th		01:24	-1.0E
	04:00	06:42	0.8F
	09:36	14:00	-1.3E
	16:48	19:42	1.0F
	22:30		
4 F		02:24	-1.2E
	05:06	07:54	0.8F
	10:42	14:48	-1.3E
	17:30	20:30	1.0F
	23:24		
5 Sa		03:24	-1.3E
	06:00	08:54	0.8F
	11:36	15:36	-1.3E
	18:12	21:12	1.1F
6 Su	00:06	04:06	-1.4E
	07:00	09:48	0.9F
	12:18	16:12	-1.2E
	18:48	21:48	1.1F
7 M	00:48	04:54	-1.4E
	07:48	10:30	0.9F
	13:00	16:42	-1.2E
	19:24	22:18	1.2F
8 Tu	01:24	05:36	-1.4E
	08:30	11:06	0.9F
	13:42	17:06	-1.1E
	20:06	22:42	1.2F
9 W	02:00	06:06	-1.3E
	09:06	11:42	0.8F
	14:24	17:36	-1.1E
	20:42	23:12	1.2F
10 Th ●	02:30	06:30	-1.3E
	09:48	12:12	0.8F
	15:06	18:12	-1.1E
	21:18	23:42	1.2F
11 F	03:06	06:48	-1.4E
	10:24	12:48	0.9F
	15:48	18:54	-1.2E
	21:54		
12 Sa		00:18	1.2F
	03:42	07:12	-1.4E
	11:00	13:24	0.9F
	16:36	19:36	-1.2E
	22:36		
13 Su		01:00	1.3F
	04:18	07:54	-1.5E
	11:42	14:06	0.9F
	17:24	20:18	-1.2E
	23:18		
14 M		01:48	1.3F
	05:00	08:30	-1.5E
	12:24	14:48	0.9F
	18:06	21:00	-1.2E
15 Tu	00:06	02:36	1.2F
	05:48	09:12	-1.5E
	13:12	15:36	0.9F
	18:54	21:48	-1.2E
16 W	01:00	03:30	1.2F
	06:36	10:00	-1.4E
	14:00	16:24	0.9F
	19:42	22:36	-1.2E
17 Th	02:00	04:24	1.1F
	07:30	10:54	-1.4E
	14:54	17:18	1.0F
	20:30	23:36	-1.2E
18 F ◐	03:06	05:24	1.1F
	08:30	11:54	-1.3E
	15:42	18:06	1.0F
	21:24		
19 Sa		00:36	-1.2E
	04:06	06:24	1.0F
	09:30	12:54	-1.3E
	16:30	19:00	1.1F
	22:18		
20 Su		01:36	-1.3E
	05:06	07:24	1.0F
	10:30	13:42	-1.3E
	17:18	19:48	1.2F
	23:12		
21 M		02:36	-1.4E
	06:06	08:24	1.0F
	11:24	14:36	-1.3E
	18:06	20:42	1.4F
22 Tu	00:00	03:30	-1.5E
	07:00	09:24	1.0F
	12:18	15:30	-1.3E
	18:54	21:30	1.4F
23 W	00:48	04:30	-1.5E
	08:00	10:18	1.0F
	13:12	16:24	-1.3E
	19:48	22:18	1.5F
24 Th ○	01:42	05:30	-1.5E
	09:06	11:12	1.0F
	14:06	17:24	-1.3E
	20:36	23:06	1.5F
25 F	02:30	06:36	-1.6E
	09:48	12:06	1.0F
	15:06	18:24	-1.2E
	21:30		
26 Sa		00:00	1.4F
	03:24	07:36	-1.6E
	10:42	13:06	1.0F
	16:12	19:24	-1.2E
	22:24		
27 Su		00:48	1.3F
	04:18	08:24	-1.6E
	11:36	14:06	1.0F
	17:12	20:24	-1.2E
	23:18		
28 M		01:42	1.3F
	05:12	09:18	-1.5E
	12:30	15:12	0.9F
	18:12	21:12	-1.1E
29 Tu	00:18	02:48	1.0F
	06:12	10:06	-1.4E
	13:30	16:18	0.9F
	19:06	22:12	-1.0E
30 W	01:18	04:00	0.9F
	07:06	11:12	-1.3E
	14:24	17:24	0.9F
	20:00	23:36	-1.0E

Station ID: HUR0612 Depth: 14 feet
Source: NOAA/NOS/CO-OPS
Station Type: Harmonic
Time Zone: LST

NOAA Tidal Current Predictions

Kingston-Rhinecliff Bridge, 2021
Latitude: 41.9771° N Longitude: 73.9523° W
Mean Flood Dir. 11° (T) Mean Ebb Dir. 191° (T)
Times and speeds of maximum and minimum current, in knots

July

Day	Slack (h m)	Maximum (h m) & knots
1 Th ◐	02:30, 08:06, 15:18, 21:00	05:18 0.8F, 12:24 -1.2E, 18:12 0.9F
2 F	03:42, 09:06, 16:06, 21:54	01:00 -1.0E, 06:30 0.7F, 13:18 -1.1E, 19:00 0.9F
3 Sa	04:48, 10:06, 16:48, 22:48	02:00 -1.1E, 07:30 0.7F, 14:12 -1.1E, 19:48 1.0F
4 Su	05:48, 11:00, 17:30, 23:30	02:54 -1.2E, 08:30 0.7F, 14:54 -1.1E, 20:30 1.0F
5 M	06:36, 11:42, 18:06	03:42 -1.3E, 09:24 0.7F, 15:24 -1.1E, 21:06 1.0F
6 Tu	00:12, 07:24, 12:30, 18:48	04:24 -1.3E, 10:06 0.8F, 15:54 -1.1E, 21:36 1.1F
7 W	00:48, 08:00, 13:12, 19:24	05:00 -1.3E, 10:42 0.8F, 16:18 -1.1E, 22:06 1.1F
8 Th	01:18, 08:36, 13:54, 20:06	05:24 -1.3E, 11:18 0.8F, 16:54 -1.1E, 22:36 1.2F
9 F	01:54, 09:18, 14:36, 20:48	05:42 -1.4E, 11:48 0.9F, 17:42 -1.2E, 23:12 1.3F
10 Sa ●	02:30, 09:54, 15:24, 21:30	06:12 -1.4E, 12:18 0.9F, 18:24 -1.2E, 23:48 1.3F
11 Su	03:12, 10:30, 16:06, 22:12	06:48 -1.5E, 12:54 1.0F, 19:12 -1.3E
12 M	03:54, 11:12, 16:54, 22:54	00:36 1.4F, 07:30 -1.6E, 13:30 1.0F, 19:54 -1.3E
13 Tu	04:36, 11:54, 17:36, 23:42	01:24 1.4F, 08:12 -1.6E, 14:12 1.0F, 20:36 -1.3E
14 W	05:24, 12:36, 18:18	02:12 1.3F, 08:48 -1.6E, 14:54 1.1F, 21:18 -1.3E
15 Th	00:36, 06:18, 13:24, 19:00	03:00 1.2F, 09:36 -1.5E, 15:42 1.1F, 22:06 -1.3E
16 F	01:36, 07:06, 14:12, 19:54	04:00 1.1F, 10:24 -1.4E, 16:36 1.1F, 23:00 -1.3E
17 Sa ◑	02:36, 15:00, 20:48	04:54 1.0F, 11:18 -1.3E, 17:30 1.1F
18 Su	03:42, 08:54, 15:54, 21:42	00:00 -1.2E, 05:54 0.9F, 12:18 -1.3E, 18:18 1.2F
19 M	04:48, 10:00, 16:48, 22:42	01:06 -1.3E, 07:00 0.9F, 13:18 -1.2E, 19:18 1.2F
20 Tu	05:48, 11:00, 17:42, 23:36	02:18 -1.3E, 08:06 0.9F, 14:12 -1.2E, 20:12 1.3F
21 W	06:48, 12:00, 18:36	03:30 -1.4E, 09:12 0.9F, 15:18 -1.2E, 21:12 1.4F
22 Th	00:30, 07:48, 13:00, 19:30	04:36 -1.5E, 10:18 1.0F, 16:18 -1.2E, 22:06 1.4F
23 F	01:24, 08:42, 14:00, 20:24	05:42 -1.5E, 11:12 1.0F, 17:18 -1.2E, 22:54 1.4F
24 Sa ○	02:18, 09:36, 15:00, 21:18	06:42 -1.6E, 12:06 1.0F, 18:30 -1.2E, 23:48 1.3F
25 Su	03:12, 10:30, 16:00, 22:12	07:36 -1.6E, 13:06 1.0F, 19:30 -1.2E
26 M	04:06, 11:18, 17:00, 23:06	00:42 1.3F, 08:18 -1.6E, 14:00 1.0F, 20:18 -1.2E
27 Tu	05:00, 12:06, 17:54	01:36 1.2F, 09:00 -1.6E, 14:54 1.0F, 21:06 -1.2E
28 W	00:06, 05:54, 12:54, 18:42	02:42 1.0F, 09:42 -1.4E, 15:48 1.0F, 22:00 -1.1E
29 Th	01:06, 06:48, 13:42, 19:30	03:48 0.9F, 10:24 -1.3E, 16:42 0.9F, 23:06 -1.1E
30 F	02:06, 07:36, 14:30, 20:18	05:00 0.7F, 11:18 -1.1E, 17:30 0.9F
31 Sa ◐	03:18, 08:30, 15:18, 21:12	00:24 -1.0E, 06:00 0.6F, 12:18 -1.0E, 18:12 0.9F

August

Day	Slack (h m)	Maximum (h m) & knots
1 Su	04:24, 10:00, 16:00, 22:00	01:30 -1.0E, 07:06 0.6F, 13:06 -0.9E, 18:54 0.9F
2 M	05:18, 10:18, 16:48, 22:48	02:24 -1.1E, 08:00 0.6F, 13:48 -0.9E, 19:30 0.9F
3 Tu	06:06, 11:12, 17:30, 23:30	03:18 -1.1E, 08:54 0.6F, 14:30 -1.0E, 20:12 0.9F
4 W	06:48, 12:00, 18:12	03:48 -1.2E, 09:36 0.7F, 15:06 -1.0E, 20:48 1.0F
5 Th	00:06, 07:30, 12:42, 18:54	04:18 -1.2E, 10:18 0.8F, 15:48 -1.1E, 21:24 1.1F
6 F	00:42, 08:06, 13:30, 19:36	04:36 -1.3E, 10:48 0.9F, 16:24 -1.1E, 22:06 1.2F
7 Sa	01:18, 08:42, 14:12, 20:18	04:54 -1.4E, 11:18 1.0F, 17:12 -1.2E, 22:48 1.3F
8 Su ●	02:00, 09:24, 14:54, 21:06	05:36 -1.5E, 11:48 1.0F, 18:00 -1.3E, 23:30 1.4F
9 M	02:48, 10:00, 15:36, 21:48	06:18 -1.6E, 12:24 1.1F, 18:42 -1.4E
10 Tu	03:30, 11:36, 16:18, 22:36	00:12 1.4F, 07:06 -1.6E, 13:00 1.1F, 19:30 -1.4E
11 W	04:18, 11:18, 17:00, 23:24	01:00 1.4F, 07:48 -1.7E, 13:36 1.2F, 20:12 -1.5E
12 Th	05:06, 13:00, 18:48	01:48 1.4F, 08:24 -1.6E, 14:24 1.2F, 20:54 -1.5E
13 F	00:12, 05:48, 12:42, 18:24	02:36 1.3F, 09:06 -1.5E, 15:06 1.2F, 21:36 -1.4E
14 Sa	01:12, 06:36, 13:30, 19:18	03:30 1.1F, 09:54 -1.4E, 16:00 1.2F, 22:30 -1.3E
15 Su ◐	02:18, 07:30, 14:24, 20:12	04:30 1.0F, 10:42 -1.3E, 16:54 1.2F, 23:30 -1.2E
16 M	03:24, 08:30, 15:18, 21:12	05:30 0.8F, 11:48 -1.2E, 17:48 1.2F
17 Tu	04:30, 09:36, 16:18, 22:18	00:42 -1.2E, 06:42 0.8F, 12:54 -1.1E, 18:48 1.2F
18 W	05:36, 10:48, 17:18, 23:18	02:18 -1.2E, 08:00 0.8F, 14:00 -1.1E, 19:48 1.1F
19 Th	06:36, 11:54, 18:18	03:36 -1.4E, 09:12 0.8F, 15:12 -1.1E, 20:54 1.2F
20 F	00:18, 07:36, 13:00, 19:18	04:36 -1.5E, 10:12 1.0F, 16:24 -1.2E, 22:00 1.3F
21 Sa	01:12, 08:30, 13:54, 20:12	05:36 -1.6E, 11:06 1.0F, 17:30 -1.2E, 22:48 1.3F
22 Su ○	02:12, 09:18, 14:54, 21:06	06:30 -1.6E, 12:00 1.1F, 18:30 -1.3E, 23:42 1.3F
23 M	03:06, 10:06, 15:48, 22:00	07:18 -1.7E, 12:48 1.1F, 19:24 -1.3E
24 Tu	03:54, 10:54, 16:36, 22:54	00:36 1.2F, 08:00 -1.6E, 13:36 1.1F, 20:12 -1.3E
25 W	04:48, 11:36, 17:24, 23:48	01:36 1.1F, 08:36 -1.5E, 14:18 1.1F, 20:54 -1.3E
26 Th	05:36, 12:18, 18:06	02:30 1.0F, 09:12 -1.4E, 15:00 1.0F, 21:30 -1.2E
27 F	00:42, 06:18, 13:00, 18:48	03:30 0.8F, 09:36 -1.2E, 15:42 0.9F, 22:18 -1.1E
28 Sa	01:42, 07:06, 13:42, 19:36	04:30 0.7F, 10:06 -1.1E, 16:24 0.9F, 23:18 -1.0E
29 Su	02:48, 08:00, 14:24, 20:18	05:30 0.6F, 10:48 -0.9E, 17:06 0.8F
30 M ◐	03:48, 08:42, 15:12, 21:06	00:42 -0.9E, 06:24 0.5F, 11:42 -0.9E, 17:48 0.8F
31 Tu	04:42, 09:42, 16:06, 21:54	01:42 -1.0E, 07:24 0.5F, 12:42 -0.9E, 18:30 0.8F

September

Day	Slack (h m)	Maximum (h m) & knots
1 W	05:30, 10:36, 16:54, 22:42	02:30 -1.0E, 08:12 0.6F, 13:36 -0.9E, 19:18 0.9F
2 Th	06:12, 11:30, 17:36, 23:24	03:06 -1.1E, 09:00 0.7F, 14:30 -1.0E, 20:06 1.0F
3 F	06:48, 12:18, 18:24	03:18 -1.2E, 09:42 0.8F, 15:18 -1.1E, 20:54 1.1F
4 Sa	00:06, 07:30, 13:00, 19:12	03:42 -1.3E, 10:18 0.9F, 16:00 -1.2E, 21:36 1.2F
5 Su	00:54, 08:12, 13:42, 19:54	04:24 -1.5E, 10:42 1.0F, 16:42 -1.3E, 22:24 1.3F
6 M	01:36, 08:48, 14:24, 20:42	05:06 -1.5E, 11:12 1.1F, 17:30 -1.4E, 23:06 1.4F
7 Tu ●	02:24, 09:24, 15:00, 21:30	05:54 -1.6E, 11:48 1.2F, 18:18 -1.5E, 23:54 1.5F
8 W	03:06, 10:06, 15:42, 22:18	06:36 -1.6E, 12:24 1.3F, 19:00 -1.6E
9 Th	03:54, 10:42, 16:24, 23:06	00:36 1.4F, 07:18 -1.6E, 13:06 1.4F, 19:42 -1.6E
10 F	04:42, 11:24, 17:06, 23:54	01:24 1.4F, 08:00 -1.6E, 13:48 1.4F, 20:24 -1.6E
11 Sa	05:24, 12:06, 17:54	02:18 1.2F, 08:42 -1.5E, 14:36 1.4F, 21:12 -1.5E
12 Su	00:54, 06:12, 12:54, 18:48	03:06 1.1F, 09:24 -1.4E, 15:24 1.3F, 22:00 -1.3E
13 M ◐	01:54, 07:06, 13:54, 19:42	04:06 0.9F, 10:18 -1.2E, 16:24 1.2F, 23:00 -1.2E
14 Tu	03:06, 08:12, 14:54, 20:48	05:18 0.8F, 11:18 -1.1E, 17:24 1.1F
15 W	04:18, 09:24, 16:00, 21:54	00:24 -1.1E, 06:36 0.7F, 12:36 -1.0E, 18:30 1.1F
16 Th	05:24, 10:42, 17:06, 23:06	02:30 -1.2E, 07:54 0.8F, 14:06 -1.0E, 19:36 1.1F
17 F	06:24, 11:54, 18:06	03:30 -1.4E, 09:12 0.9F, 15:24 -1.1E, 20:54 1.1F
18 Sa	00:06, 07:18, 12:48, 19:06	04:30 -1.5E, 10:06 1.0F, 16:30 -1.2E, 22:00 1.2F
19 Su	01:06, 08:12, 13:42, 20:06	05:18 -1.6E, 10:54 1.1F, 17:24 -1.3E, 22:48 1.2F
20 M ○	02:00, 08:54, 14:36, 21:00	06:06 -1.6E, 11:42 1.2F, 18:18 -1.4E, 23:42 1.2F
21 Tu	02:48, 09:36, 15:24, 21:48	06:54 -1.6E, 12:18 1.2F, 19:12 -1.4E
22 W	03:36, 10:18, 16:06, 22:42	00:36 1.1F, 07:36 -1.5E, 13:00 1.2F, 19:54 -1.4E
23 Th	04:24, 10:54, 16:48, 23:30	01:24 1.0F, 08:06 -1.4E, 13:36 1.1F, 20:36 -1.4E
24 F	05:06, 11:36, 17:30	02:12 0.9F, 08:36 -1.3E, 14:12 1.0F, 21:00 -1.3E
25 Sa	00:24, 05:48, 12:12, 18:06	03:06 0.8F, 08:54 -1.2E, 14:42 1.0F, 21:24 -1.2E
26 Su	01:12, 06:30, 12:54, 18:48	04:00 0.6F, 09:30 -1.1E, 15:18 0.9F, 21:54 -1.1E
27 M	02:06, 07:18, 13:42, 19:24	04:54 0.6F, 10:06 -1.0E, 16:00 0.8F, 22:36 -1.0E
28 Tu	03:00, 08:06, 14:30, 20:06	05:48 0.5F, 11:00 -0.9E, 16:48 0.8F, 23:24 -1.0E
29 W ◐	03:54, 09:06, 15:24, 21:00	06:42 0.6F, 12:00 -0.9E, 17:42 0.8F
30 Th	04:42, 10:06, 16:18, 21:54	00:30 -1.0E, 07:36 0.6F, 13:00 -0.9E, 18:36 0.9F

Station ID: HUR0612 Depth: 14 feet
Source: NOAA/NOS/CO-OPS
Station Type: Harmonic
Time Zone: LST

NOAA Tidal Current Predictions

Kingston-Rhinecliff Bridge, 2021
Latitude: 41.9771° N Longitude: 73.9523° W
Mean Flood Dir. 11° (T) Mean Ebb Dir. 191° (T)
Times and speeds of maximum and minimum current, in knots

October

Day	Slack h m	Maximum h m	knots
1 F	05:30 / 11:00 / 17:06 / 22:48	01:30 / 08:18 / 14:00 / 19:30	-1.1E / 0.7F / -1.0E / 1.0F
2 Sa	06:12 / 11:48 / 17:54 / 23:36	02:24 / 09:00 / 14:48 / 20:24	-1.2E / 0.9F / -1.1E / 1.1F
3 Su	06:54 / 12:30 / 18:48	03:06 / 09:36 / 15:30 / 21:18	-1.4E / 1.0F / -1.3E / 1.2F
4 M	00:24 / 07:30 / 13:06 / 19:36	03:54 / 10:06 / 16:18 / 22:00	-1.5E / 1.1F / -1.4E / 1.3F
5 Tu	01:12 / 08:12 / 13:48 / 20:24	04:36 / 10:42 / 17:00 / 22:48	-1.5E / 1.3F / -1.5E / 1.4F
6 W ●	02:00 / 08:48 / 14:30 / 21:12	05:18 / 11:18 / 17:48 / 23:30	-1.6E / 1.4F / -1.6E / 1.4F
7 Th	02:42 / 09:30 / 15:06 / 22:00	06:06 / 11:54 / 18:36	-1.6E / 1.4F / -1.6E
8 F	03:30 / 10:12 / 15:54 / 22:48	00:18 / 06:54 / 12:36 / 19:24	1.4F / -1.6E / 1.5F / -1.6E
9 Sa	04:18 / 10:54 / 16:36 / 23:42	01:06 / 07:36 / 13:18 / 20:06	1.3F / -1.5E / 1.5F / -1.6E
10 Su	05:06 / 11:36 / 17:30	01:54 / 08:18 / 14:06 / 20:48	1.1F / -1.4E / 1.4F / -1.5E
11 M	00:36 / 05:54 / 12:30 / 18:18	02:48 / 09:06 / 15:00 / 21:36	1.0F / -1.3E / 1.3F / -1.4E
12 Tu	01:42 / 06:54 / 13:30 / 19:18	03:54 / 10:00 / 15:54 / 22:42	0.8F / -1.1E / 1.2F / -1.2E
13 W ◑	02:54 / 08:06 / 14:36 / 20:24	05:12 / 11:06 / 17:00	0.7F / -1.0E / 1.0F
14 Th	04:00 / 09:24 / 15:48 / 21:36	00:48 / 06:36 / 12:36 / 18:18	-1.2E / 0.7F / -0.9E / 1.0F
15 F	05:06 / 10:36 / 16:54 / 22:48	02:18 / 07:48 / 14:18 / 19:36	-1.3E / 0.8F / -1.0E / 1.0F
16 Sa	06:06 / 11:42 / 18:00 / 23:54	03:18 / 08:54 / 15:24 / 20:48	-1.4E / 1.0F / -1.2E / 1.0F
17 Su	06:54 / 12:36 / 19:00	04:06 / 09:48 / 16:24 / 21:54	-1.5E / 1.1F / -1.3E / 1.1F
18 M	00:48 / 07:42 / 13:24 / 19:54	04:54 / 10:36 / 17:12 / 22:42	-1.5E / 1.2F / -1.4E / 1.1F
19 Tu	01:42 / 08:24 / 14:12 / 20:48	05:42 / 11:12 / 18:00 / 23:36	-1.5E / 1.2F / -1.5E / 1.1F
20 W ○	02:30 / 09:06 / 14:54 / 21:36	06:24 / 11:48 / 18:48	-1.4E / 1.2F / -1.5E
21 Th	03:12 / 09:42 / 15:30 / 22:24	00:18 / 07:00 / 12:24 / 19:36	1.0F / -1.3E / 1.2F / -1.5E
22 F	03:54 / 10:18 / 16:12 / 23:12	01:06 / 07:30 / 12:54 / 20:12	0.9F / -1.3E / 1.1F / -1.4E
23 Sa	04:36 / 10:54 / 16:48 / 23:54	01:48 / 07:54 / 13:18 / 20:30	0.8F / -1.2E / 1.1F / -1.3E
24 Su	05:18 / 11:30 / 17:24	02:30 / 08:24 / 13:54 / 20:48	0.7F / -1.1E / 1.0F / -1.2E
25 M	00:42 / 06:06 / 12:12 / 18:00	03:18 / 08:54 / 14:30 / 21:12	0.7F / -1.1E / 1.0F / -1.2E
26 Tu	01:24 / 06:48 / 13:00 / 18:36	04:06 / 09:36 / 15:18 / 21:48	0.6F / -0.9E / 0.9F / -1.1E
27 W	02:18 / 07:42 / 13:48 / 19:18	05:00 / 10:24 / 16:06 / 22:42	0.6F / -0.9E / 0.9F / -1.1E
28 Th ◐	03:06 / 08:36 / 14:48 / 20:12	05:54 / 11:24 / 17:00 / 23:42	0.6F / -0.9E / 0.9F / -1.1E
29 F	04:00 / 09:30 / 15:42 / 21:12	06:42 / 12:24 / 18:00	0.7F / -1.0E / 0.9F
30 Sa	04:48 / 10:24 / 16:36 / 22:12	00:42 / 07:24 / 13:24 / 18:54	-1.2E / 0.8F / -1.1E / 1.0F
31 Su	05:30 / 11:12 / 17:30 / 23:06	01:36 / 08:12 / 14:12 / 19:54	-1.3E / 0.9F / -1.2E / 1.1F

November

Day	Slack h m	Maximum h m	knots
1 M	06:12 / 11:54 / 18:24	02:30 / 08:48 / 15:00 / 20:48	-1.4E / 1.1F / -1.4E / 1.2F
2 Tu	00:00 / 06:54 / 12:36 / 19:12	03:18 / 09:24 / 15:48 / 21:42	-1.4E / 1.2F / -1.5E / 1.3F
3 W	00:48 / 07:30 / 13:12 / 20:06	04:00 / 10:06 / 16:36 / 22:24	-1.5E / 1.4F / -1.6E / 1.3F
4 Th ○	01:30 / 08:12 / 13:54 / 20:54	04:48 / 10:42 / 17:24 / 23:12	-1.5E / 1.5F / -1.6E / 1.3F
5 F	02:18 / 08:54 / 14:42 / 21:42	05:36 / 11:24 / 18:12	-1.5E / 1.5F / -1.6E
6 Sa	03:06 / 09:42 / 15:30 / 22:36	00:00 / 06:24 / 12:06 / 19:00	1.2F / -1.5E / 1.6F / -1.6E
7 Su	03:54 / 10:24 / 16:18 / 23:30	00:48 / 07:12 / 12:54 / 19:48	1.2F / -1.4E / 1.5F / -1.6E
8 M	04:48 / 11:12 / 17:06	01:42 / 08:00 / 13:42 / 20:36	1.0F / -1.3E / 1.4F / -1.5E
9 Tu	00:24 / 05:48 / 12:12 / 18:00	02:36 / 08:54 / 14:36 / 21:24	0.9F / -1.2E / 1.3F / -1.4E
10 W	01:30 / 06:54 / 13:12 / 19:00	03:48 / 09:48 / 15:36 / 22:36	0.8F / -1.1E / 1.1F / -1.3E
11 Th ◑	02:36 / 08:00 / 14:24 / 20:06	05:12 / 11:00 / 16:48	0.8F / -0.9E / 0.9F
12 F	03:42 / 09:12 / 15:36 / 21:18	00:42 / 06:30 / 12:48 / 18:06	-1.2E / 0.8F / -0.9E / 0.9F
13 Sa	04:42 / 10:24 / 16:48 / 22:30	01:54 / 07:30 / 14:12 / 19:30	-1.3E / 0.9F / -1.1E / 0.9F
14 Su	05:36 / 11:24 / 17:48 / 23:36	02:54 / 08:36 / 15:12 / 20:42	-1.4E / 1.0F / -1.2E / 0.9F
15 M	06:24 / 12:12 / 18:48	03:42 / 09:24 / 16:06 / 21:42	-1.4E / 1.1F / -1.4E / 1.0F
16 Tu	00:30 / 07:06 / 13:00 / 19:42	04:24 / 10:06 / 16:54 / 22:30	-1.4E / 1.2F / -1.5E / 1.0F
17 W	01:18 / 07:48 / 13:42 / 20:36	05:12 / 10:42 / 17:42 / 23:18	-1.4E / 1.2F / -1.5E / 1.0F
18 Th	02:00 / 08:24 / 14:18 / 21:24	05:48 / 11:12 / 18:30	-1.3E / 1.2F / -1.5E
19 F ○	02:42 / 09:06 / 15:00 / 22:06	00:00 / 06:18 / 11:42 / 19:12	0.9F / -1.2E / 1.2F / -1.4E
20 Sa	03:24 / 09:42 / 15:36 / 22:48	00:42 / 06:48 / 12:12 / 19:42	0.9F / -1.1E / 1.2F / -1.4E
21 Su	04:12 / 10:18 / 16:06 / 23:24	01:24 / 07:18 / 12:42 / 19:54	0.8F / -1.1E / 1.1F / -1.3E
22 M	04:54 / 10:54 / 16:42	02:00 / 07:54 / 13:18 / 20:12	0.7F / -1.1E / 1.1F / -1.3E
23 Tu	00:06 / 05:36 / 11:36 / 17:18	02:36 / 08:30 / 14:00 / 20:42	0.7F / -1.1E / 1.1F / -1.3E
24 W	00:48 / 06:24 / 12:24 / 18:00	03:18 / 08:54 / 14:42 / 21:18	0.7F / -1.2E / 1.0F / -1.3E
25 Th	01:36 / 07:12 / 13:12 / 18:48	04:06 / 09:54 / 15:36 / 22:06	0.7F / -1.0E / 1.0F / -1.3E
26 F ◐	02:24 / 08:00 / 14:12 / 19:36	05:00 / 10:48 / 16:30 / 23:06	0.8F / -1.0E / 1.0F / -1.3E
27 Sa ◑	03:12 / 08:54 / 15:12 / 20:36	05:42 / 11:48 / 17:30	0.8F / -1.0E / 1.0F
28 Su	04:00 / 09:42 / 16:06 / 21:36	00:00 / 06:30 / 12:48 / 18:24	-1.3E / 0.9F / -1.1E / 1.0F
29 M	04:48 / 10:30 / 17:06 / 22:36	01:00 / 07:18 / 13:42 / 19:24	-1.3E / 1.0F / -1.3E / 1.1F
30 Tu	05:30 / 11:18 / 18:00 / 23:30	01:54 / 08:00 / 14:30 / 20:24	-1.4E / 1.1F / -1.4E / 1.1F

December

Day	Slack h m	Maximum h m	knots
1 W	06:12 / 12:00 / 18:54	02:42 / 08:42 / 15:24 / 21:18	-1.4E / 1.3F / -1.5E / 1.1F
2 Th	00:18 / 06:54 / 12:48 / 19:48	03:30 / 09:30 / 16:12 / 22:06	-1.4E / 1.4F / -1.6E / 1.2F
3 F	01:06 / 07:42 / 13:30 / 20:42	04:18 / 10:18 / 17:00 / 22:54	-1.4E / 1.5F / -1.6E / 1.2F
4 Sa ●	01:54 / 08:30 / 14:18 / 21:30	05:06 / 11:00 / 17:54 / 23:42	-1.4E / 1.6F / -1.6E / 1.1F
5 Su	02:48 / 09:18 / 15:06 / 22:24	06:06 / 11:48 / 18:54	-1.3E / 1.6F / -1.6E
6 M	03:42 / 10:06 / 16:00 / 23:18	00:36 / 07:00 / 12:36 / 19:48	1.1F / -1.3E / 1.5F / -1.6E
7 Tu	04:42 / 11:00 / 16:54	01:30 / 07:54 / 13:30 / 20:36	1.0F / -1.3E / 1.4F / -1.5E
8 W	00:12 / 05:42 / 11:54 / 17:48	02:36 / 08:42 / 14:24 / 21:24	0.9F / -1.2E / 1.2F / -1.4E
9 Th	01:12 / 06:48 / 13:00 / 18:48	03:48 / 09:42 / 15:24 / 22:36	0.9F / -1.1E / 1.0F / -1.3E
10 F	02:18 / 07:48 / 14:06 / 19:48	05:06 / 10:54 / 16:42	0.9F / -1.0E / 0.9F
11 Sa ◑	03:18 / 08:54 / 15:24 / 21:00	00:12 / 06:00 / 12:42 / 18:06	-1.3E / 0.9F / -1.0E / 0.8F
12 Su	04:12 / 10:00 / 16:36 / 22:06	01:24 / 07:06 / 13:54 / 19:18	-1.3E / 1.0F / -1.1E / 0.8F
13 M	05:06 / 10:54 / 17:36 / 23:06	02:18 / 08:00 / 14:54 / 20:30	-1.3E / 1.0F / -1.3E / 0.8F
14 Tu	05:48 / 11:48 / 18:36	03:12 / 08:48 / 15:48 / 21:30	-1.3E / 1.1F / -1.4E / 0.9F
15 W	00:00 / 06:30 / 12:30 / 19:30	03:54 / 09:30 / 16:36 / 22:18	-1.2E / 1.1F / -1.4E / 0.9F
16 Th	00:48 / 07:12 / 13:12 / 20:18	04:30 / 10:06 / 17:18 / 23:00	-1.2E / 1.2F / -1.4E / 0.9F
17 F	01:30 / 07:48 / 13:48 / 21:00	05:06 / 10:36 / 18:06 / 23:36	-1.1E / 1.2F / -1.4E / 0.8F
18 Sa	02:12 / 08:30 / 14:24 / 21:42	05:36 / 11:06 / 18:42	-1.1E / 1.2F / -1.4E
19 Su ○	02:54 / 09:06 / 14:54 / 22:18	00:18 / 06:12 / 11:36 / 19:06	0.8F / -1.1E / 1.2F / -1.3E
20 M	03:42 / 09:48 / 15:30 / 22:54	00:54 / 06:48 / 12:06 / 19:18	0.8F / -1.1E / 1.2F / -1.4E
21 Tu	04:24 / 10:24 / 16:06 / 23:30	01:24 / 07:24 / 12:48 / 19:42	0.8F / -1.1E / 1.2F / -1.4E
22 W	05:12 / 11:06 / 16:48	02:00 / 08:06 / 13:30 / 20:18	0.8F / -1.2E / 1.2F / -1.5E
23 Th	00:12 / 05:54 / 11:54 / 17:30	02:36 / 08:48 / 14:18 / 20:54	0.9F / -1.2E / 1.2F / -1.5E
24 F	00:54 / 06:36 / 12:42 / 18:18	03:18 / 09:30 / 15:06 / 21:42	0.9F / -1.1E / 1.1F / -1.5E
25 Sa	01:42 / 07:24 / 13:36 / 19:12	04:00 / 10:18 / 16:00 / 22:30	0.9F / -1.2E / 1.1F / -1.4E
26 Su	02:30 / 08:06 / 14:36 / 20:06	04:54 / 11:12 / 17:00 / 23:24	1.0F / -1.2E / 1.0F / -1.3E
27 M ◐	03:18 / 09:00 / 15:42 / 21:00	05:42 / 12:06 / 17:54	1.0F / -1.2E / 1.0F
28 Tu	04:06 / 09:48 / 16:42 / 22:00	00:24 / 06:30 / 13:06 / 18:54	-1.3E / 1.1F / -1.3E / 1.0F
29 W	04:48 / 10:42 / 17:42 / 23:00	01:18 / 07:18 / 14:06 / 19:54	-1.3E / 1.2F / -1.4E / 1.0F
30 Th	05:36 / 11:36 / 18:36 / 23:54	02:12 / 08:12 / 15:00 / 20:54	-1.3E / 1.3F / -1.4E / 1.0F
31 F	06:24 / 12:24 / 19:30	03:06 / 09:00 / 15:54 / 21:48	-1.3E / 1.4F / -1.5E / 1.0F

Station ID: n01010 Depth: 14 feet
Source: NOAA/NOS/CO-OPS
Station Type: Harmonic
Time Zone: LST

NOAA Tidal Current Predictions

Bergen Point, 2021
Latitude: 40.6422° N Longitude: 74.1513° W
Mean Flood Dir. 291° (T) Mean Ebb Dir. 133° (T)
Times and speeds of maximum and minimum current, in knots

January

Day	Slack (h m)	Maximum (h m / knots)
1 F	03:06, 09:12, 16:18, 22:18	00:12 -0.5E, 06:24 1.8F, 12:12 -0.5E, 19:00 1.6F
2 Sa	03:42, 09:54, 16:42, 23:00	00:54 -0.6E, 07:12 1.7F, 13:06 -0.6E, 19:48 1.6F
3 Su	04:18, 10:42, 17:00, 23:48	01:42 -0.6E, 08:06 1.7F, 13:54 -0.6E, 20:36 1.6F
4 M	05:00, 11:36, 17:36	02:30 -0.6E, 08:54 1.6F, 14:42 -0.6E, 21:30 1.6F
5 Tu	00:42, 05:42, 12:48, 18:12	03:12 -0.6E, 09:54 1.5F, 15:24 -0.6E, 22:24 1.6F
6 W ◑	01:42, 06:36, 13:54, 19:06	03:54 -0.6E, 10:48 1.5F, 16:12 -0.6E, 23:18 1.6F
7 Th	02:36, 08:42, 15:00, 20:42	04:42 -0.6E, 11:48 1.5F, 17:00 -0.6E
8 F	03:36, 10:24, 16:06	00:12 1.6F, 05:30 -0.6E, 09:30 -0.2E, 12:42 1.5F, 18:00 -0.5E
9 Sa	04:36, 11:30	01:06 1.7F, 06:30 -0.5E, 09:12 -0.2E, 10:30 -0.3E, 13:36 1.5F
10 Su	05:36, 12:30	02:00 1.7F, 07:24 -0.5E, 09:42 -0.3E, 11:18 -0.4E, 14:36 1.5F
11 M	00:36, 06:36, 13:24	02:54 1.7F, 08:18 -0.5E, 10:24 -0.3E, 12:12 -0.5E, 15:30 1.5F
12 Tu	01:30, 07:30	00:18 -0.3E, 03:48 1.7F, 09:12 -0.5E, 11:00 -0.4E, 13:00 -0.6E
13 W ●	02:24, 08:24	01:12 -0.3E, 04:36 1.7F, 10:12 -0.4E, 11:48 -0.4E, 13:48 -0.6E
14 Th	03:12, 09:12	02:00 -0.4E, 05:30 1.7F, 11:06 -0.4E, 12:42 -0.4E, 14:36 -0.5E
15 F	04:00, 10:06	02:00 -0.3E, 06:12 1.7F, 12:06 -0.5E, 14:06 -0.4E, 15:18 -0.4E
16 Sa	04:42, 17:12, 23:30	00:30 -0.5E, 07:00 1.6F, 13:00 -0.5E, 19:30 1.5F
17 Su	05:18, 11:48, 17:42	01:30 -0.5E, 07:48 1.4F, 13:54 -0.6E, 20:12 1.4F
18 M	00:18, 05:42, 12:36, 17:42	02:18 -0.5E, 08:36 1.3F, 14:42 -0.6E, 21:00 1.3F
19 Tu	01:12, 05:36, 13:30, 17:48	03:00 -0.5E, 09:30 1.2F, 15:24 -0.6E, 21:54 1.3F
20 W ◐	02:00, 06:12, 14:18, 18:30	03:42 -0.5E, 10:24 1.1F, 16:06 -0.6E, 22:42 1.3F
21 Th	02:48, 07:06, 15:12, 19:18	04:24 -0.5E, 11:18 1.1F, 16:54 -0.6E, 23:36 1.3F
22 F	03:30, 09:54, 16:06, 20:24	05:18 -0.5E, 09:12 -0.1E, 12:12 1.2F, 17:48 -0.5E
23 Sa	04:24, 10:48, 17:00	00:24 1.3F, 06:12 -0.5E, 09:54 -0.2E, 13:00 1.2F, 18:48 -0.5E
24 Su	05:12, 11:42, 17:48	01:12 1.4F, 07:06 -0.5E, 10:42 -0.2E, 13:48 1.3F, 19:42 -0.5E
25 M	06:00, 12:30, 18:36, 23:54	02:00 1.5F, 08:00 -0.5E, 14:36 1.4F, 20:36 -0.6E
26 Tu	06:42, 13:12, 19:24	02:54 1.5F, 08:48 -0.5E, 15:30 1.5F, 21:24 -0.6E
27 W	00:42, 07:18, 14:00, 20:06	03:42 1.6F, 09:36 -0.5E, 16:18 1.5F, 22:12 -0.6E
28 Th ○	01:30, 07:54, 14:42, 20:42	04:30 1.7F, 10:24 -0.4E, 17:06 1.6F, 23:00 -0.6E
29 F	02:18, 08:24, 15:24, 21:18	05:18 1.8F, 11:06 -0.4E, 17:48 1.7F, 23:42 -0.6E
30 Sa	03:06, 09:00, 16:00, 21:54	06:06 1.8F, 11:54 -0.6E, 18:36 1.8F
31 Su	03:42, 09:42, 16:30, 22:30	00:30 -0.6E, 06:54 1.8F, 12:42 -0.6E, 19:24 1.8F

February

Day	Slack (h m)	Maximum (h m / knots)
1 M	04:18, 16:54, 23:18	01:12 -0.6E, 07:42 1.8F, 13:30 -0.6E, 20:12 1.7F
2 Tu	04:54, 11:30, 17:24	02:00 -0.6E, 08:36 1.8F, 14:18 -0.6E, 21:06 1.7F
3 W	00:18, 05:36, 12:36, 17:54	02:48 -0.6E, 09:30 1.5F, 15:06 -0.6E, 22:00 1.6F
4 Th ◐	01:18, 06:24, 13:48, 18:42	03:30 -0.6E, 10:24 1.4F, 15:54 -0.6E, 22:54 1.6F
5 F	02:18, 09:00, 14:54, 20:54	04:12 -0.6E, 11:24 1.4F, 16:42 -0.5E, 23:48 1.6F
6 Sa	03:18, 10:12, 15:54	05:06 -0.5E, 07:54 -0.1E, 09:18 -0.3E, 12:24 1.4F, 17:36 -0.5E
7 Su	04:24, 11:18, 20:24	00:48 1.6F, 06:00 -0.4E, 08:24 -0.2E, 10:12 -0.4E, 13:18 1.4F
8 M	05:24, 12:12	01:36 1.6F, 07:06 -0.4E, 09:06 -0.3E, 11:00 -0.5E, 14:12 1.5F
9 Tu	00:18, 06:24, 13:06	02:30 1.6F, 08:00 -0.4E, 09:42 -0.3E, 11:48 -0.6E, 15:06 1.5F
10 W	01:12, 07:18	00:00 -0.4E, 03:24 1.6F, 09:00 -0.4E, 10:30 -0.4E, 12:36 -0.6E
11 Th ●	02:06, 08:06	00:48 -0.4E, 04:18 1.6F, 09:54 -0.5E, 11:36 -0.4E, 13:24 -0.6E
12 F	02:54, 08:54	00:36 -0.4E, 01:42 -0.4E, 05:06 1.6F, 10:48 -0.5E, 12:42 -0.4E
13 Sa	03:36, 09:36, 16:06, 22:06	01:42 -0.4E, 05:48 1.6F, 11:42 -0.5E, 18:18 1.6F
14 Su	04:18, 10:24, 16:36, 22:54	00:00 -0.5E, 06:36 1.6F, 12:30 -0.6E, 19:00 1.6F
15 M	04:48, 11:12, 16:48, 23:36	00:54 -0.5E, 07:18 1.5F, 13:24 -0.6E, 19:42 1.5F
16 Tu	04:54, 12:00, 16:42	01:42 -0.5E, 08:06 1.3F, 14:06 -0.6E, 20:24 1.4F
17 W	00:24, 05:00, 12:54, 17:06	02:30 -0.6E, 08:54 1.2F, 14:54 -0.6E, 21:12 1.3F
18 Th	01:12, 05:30, 13:48, 17:42	03:12 -0.6E, 09:48 1.1F, 15:36 -0.6E, 22:06 1.3F
19 F ◐	02:00, 06:06, 14:42, 18:30	03:54 -0.5E, 07:06 0.1F, 10:42 1.1F, 16:24 -0.6E, 22:54 1.3F
20 Sa	02:48, 07:06, 13:30, 19:24	04:36 -0.5E, 11:36 1.1F, 17:18 -0.5E, 23:48 1.3F
21 Su	03:36, 10:06, 16:24, 20:36	05:30 -0.4E, 12:30 1.2F, 18:12 -0.5E
22 M	04:30, 11:06, 17:18	00:42 1.4F, 06:30 -0.4E, 10:12 -0.1E, 13:18 1.3F, 19:12 -0.5E
23 Tu	05:24, 11:54, 18:06	01:36 1.5F, 07:24 -0.4E, 10:12 -0.2E, 14:12 1.4F, 20:06 -0.5E
24 W	06:06, 12:42, 18:48	02:24 1.5F, 08:18 -0.4E, 15:00 1.5F, 20:54 -0.6E
25 Th	00:24, 06:54, 13:30, 19:30	03:12 1.6F, 09:06 -0.5E, 15:48 1.6F, 21:42 -0.6E
26 F	01:18, 07:30, 14:18, 20:12	04:06 1.7F, 09:54 -0.5E, 16:36 1.7F, 22:30 -0.6E
27 Sa ○	02:12, 08:06, 15:00, 20:48	04:54 1.8F, 10:36 -0.6E, 17:24 1.8F, 23:12 -0.6E
28 Su	03:00, 08:48, 15:36, 21:24	05:42 1.9F, 11:24 -0.6E, 18:12 1.9F

March

Day	Slack (h m)	Maximum (h m / knots)
1 M	03:48, 09:36, 16:12, 22:06	00:18 1.9F, 06:30 -0.6E, 12:12 -0.6E, 19:00 1.9F
2 Tu	04:30, 10:24, 16:42, 22:54	00:42 -0.6E, 07:18 1.8F, 13:06 -0.6E, 19:48 1.8F
3 W	05:12, 11:24, 17:12, 23:54	01:30 -0.6E, 08:12 1.7F, 14:00 -0.6E, 20:36 1.7F
4 Th	05:54, 12:36, 17:42	02:24 -0.6E, 09:12 1.5F, 14:48 -0.6E, 21:30 1.6F
5 F	01:00, 07:24, 13:42, 18:30	03:06 -0.6E, 10:06 1.4F, 15:36 -0.5E, 22:30 1.5F
6 Sa ◑	02:06, 08:48, 14:42	03:54 -0.5E, 06:48 -0.1E, 08:00 -0.2E, 11:00 1.3F, 16:24 -0.5E
7 Su	03:06, 10:00, 15:48	04:48 -0.4E, 07:18 -0.2E, 09:00 -0.3E, 12:00 1.3F, 17:18 -0.4E
8 M	04:12, 11:00	00:24 1.5F, 05:42 -0.4E, 07:54 -0.2E, 09:48 -0.5E, 13:00 1.4F
9 Tu	05:12, 11:54	01:18 1.5F, 06:48 -0.4E, 08:30 -0.3E, 10:36 -0.6E, 13:48 1.4F
10 W	00:00, 06:06, 12:42	02:12 1.6F, 07:54 -0.4E, 09:24 -0.4E, 11:24 -0.6E, 14:42 1.5F
11 Th	00:54, 07:00, 13:30	03:00 1.6F, 08:42 -0.5E, 10:18 -0.4E, 12:12 -0.6E, 15:30 1.5F
12 F	01:42, 07:42	00:24 -0.4E, 03:54 1.6F, 09:36 -0.5E, 11:30 -0.4E, 12:54 -0.5E
13 Sa ●	02:30, 08:30, 14:54	01:12 -0.4E, 04:42 1.6F, 10:24 -0.6E, 13:36 -0.6E, 17:06 1.6F
14 Su	03:12, 09:12, 15:30, 21:36	05:24 1.6F, 11:12 -0.6E, 17:48 1.6F, 23:30 -0.6E
15 M	03:54, 09:54, 15:48, 22:12	06:12 1.6F, 12:00 -0.6E, 18:30 1.6F
16 Tu	04:24, 10:42, 15:48, 22:48	00:18 -0.6E, 06:54 1.5F, 12:48 -0.6E, 19:06 1.6F
17 W	04:24, 11:30, 16:00, 23:24	01:06 -0.6E, 07:36 1.4F, 13:36 -0.6E, 19:54 1.5F
18 Th	04:30, 12:18, 16:30	01:54 -0.6E, 08:24 1.3F, 14:24 -0.6E, 20:42 1.4F
19 F	00:00, 05:36, 13:12, 17:12	02:36 -0.6E, 09:12 1.2F, 15:12 -0.6E, 21:30 1.3F
20 Sa ◐	00:48, 05:36, 14:06, 17:54	03:18 -0.5E, 10:06 1.1F, 15:54 -0.5E, 22:24 1.3F
21 Su	01:42, 06:18, 14:54, 18:48	04:06 -0.5E, 07:30 0.2F, 11:00 1.1F, 16:42 -0.5E, 23:18 1.3F
22 M	02:42, 15:48, 19:48	04:48 -0.4E, 07:24 -0.2E, 09:00 -0.3E, 12:00 1.3F, 17:36 -0.5E
23 Tu	03:36, 10:18, 16:42, 21:06	00:12 1.3F, 05:48 -0.4E, 07:54 -0.2E, 09:48 -0.5E, 13:00 1.3F
24 W	04:36, 11:18, 17:30, 22:42	01:06 1.4F, 06:48 -0.4E, 08:30 -0.3E, 10:36 -0.6E, 13:42 1.4F
25 Th	05:30, 12:06, 18:12	01:54 1.6F, 07:42 -0.5E, 14:30 1.6F, 20:18 -0.6E
26 F	00:00, 06:30, 12:54, 18:54	02:48 1.6F, 08:30 -0.5E, 15:18 1.7F, 21:06 -0.6E
27 Sa	01:00, 07:06, 13:42, 19:36	03:42 1.7F, 09:18 -0.6E, 16:12 1.8F, 21:48 -0.6E
28 Su ○	01:54, 07:48, 14:30, 20:18	04:30 1.8F, 10:06 -0.6E, 17:00 1.9F, 22:36 -0.7E
29 M	02:54, 08:36, 15:12, 21:00	05:24 1.9F, 10:54 -0.6E, 17:48 2.0F, 23:24 -0.7E
30 Tu	03:42, 09:24, 15:54, 21:42	06:12 1.9F, 11:48 -0.6E, 18:36 1.9F
31 W	04:30, 10:18, 16:30, 22:36	00:12 -0.6E, 07:00 1.9F, 12:42 -0.6E, 19:24 1.9F

NOAA Tidal Current Predictions

Bergen Point, 2021
Latitude: 40.6422° N Longitude: 74.1513° W
Mean Flood Dir. 291° (T) Mean Ebb Dir. 133° (T)
Times and speeds of maximum and minimum current, in knots

April

Day	Slack (h m)	Maximum (h m)	knots
1 Th	05:18	01:06	-0.6E
	11:18	07:54	1.6F
	17:12	13:42	-0.5E
	23:36	20:12	1.7F
2 F	06:12	02:00	-0.6E
	12:30	08:48	1.5F
	17:48	14:36	-0.5E
		21:06	1.6F
3 Sa	00:48	02:54	-0.5E
	07:24	09:42	1.4F
	13:36	15:24	-0.5E
	19:12	22:06	1.5F
4 Su	01:54	03:42	-0.5E
		06:18	-0.2E
		07:36	-0.3E
	08:36	10:42	1.3F
	14:36	16:12	-0.5E
5 M	02:54	04:30	-0.4E
		06:48	-0.2E
	09:36	08:36	-0.4E
		11:42	1.3F
	15:30	17:00	-0.4E
6 Tu		00:00	1.4F
	03:54	05:24	-0.4E
		07:24	-0.2E
		09:24	-0.5E
	10:36	12:36	1.4F
7 W		00:54	1.4F
	04:54	06:36	-0.4E
		08:12	-0.3E
		10:12	-0.5E
	11:24	13:30	1.5F
8 Th		01:48	1.5F
	05:48	07:36	-0.4E
		09:12	-0.4E
		10:54	-0.5E
	12:12	14:18	1.5F
9 F	00:30	02:36	1.5F
	06:36	08:24	-0.4E
		10:18	-0.5E
	12:54	11:42	-0.5E
		15:06	1.6F
10 Sa		00:00	-0.5E
	01:18	03:24	1.5F
	07:18	09:12	-0.6E
	13:36	12:18	-0.4E
		15:48	1.6F
11 Su		00:48	-0.4E
	02:06	04:12	1.5F
	08:00	10:00	-0.6E
	14:12	16:36	1.6F
	20:24	22:18	-0.6E
12 M	02:48	05:00	1.5F
	08:48	10:42	-0.6E
	14:48	17:18	1.7F
	21:00	23:06	-0.6E
13 Tu	03:24	05:42	1.5F
	09:30	11:30	-0.6E
	15:00	18:00	1.6F
	21:30	23:42	-0.6E
14 W	04:00	06:24	1.5F
	10:12	12:18	-0.6E
	15:06	18:36	1.6F
	22:00		
15 Th		00:30	-0.6E
	04:12	07:12	1.4F
	11:00	13:06	-0.6E
	15:30	19:24	1.5F
	22:18		
16 F		01:18	-0.6E
	04:12	07:54	1.3F
	11:48	14:00	-0.5E
	16:06	20:06	1.4F
	22:48		
17 Sa		02:06	-0.5E
	04:36	08:42	1.2F
	12:36	14:48	-0.5E
	16:42	20:54	1.4F
	23:30		
18 Su		02:48	-0.5E
	05:12	09:36	1.2F
	13:30	15:30	-0.5E
	17:24	21:48	1.3F
19 M	00:24	03:36	-0.5E
	05:54	10:30	1.2F
	14:18	16:12	-0.5E
	18:12	22:42	1.3F
20 Tu	01:36	04:18	-0.5E
	06:48	11:24	1.2F
	15:06	17:00	-0.5E
	19:12	23:42	1.4F
21 W	02:42	05:06	-0.5E
	08:06	12:18	1.4F
	15:54	17:54	-0.5E
	20:30		
22 Th		00:36	1.4F
	03:48	06:06	-0.5E
	10:30	13:12	1.5F
	16:48	18:48	-0.5E
	22:12		
23 F		01:30	1.6F
	04:48	07:06	-0.5E
	11:24	14:00	1.7F
	17:36	19:42	-0.6E
	23:42		
24 Sa		02:24	1.6F
	05:42	07:54	-0.5E
	12:18	14:54	1.8F
	18:18	20:30	-0.6E
25 Su	00:42	03:18	1.7F
	06:36	08:42	-0.6E
	13:06	15:42	1.9F
	19:06	21:12	-0.7E
26 M	01:42	04:06	1.8F
	07:30	09:30	-0.6E
	13:54	16:36	1.9F
	19:48	22:00	-0.7E
27 Tu	02:42	05:00	1.8F
	08:18	10:24	-0.6E
	14:48	17:24	2.0F
	20:36	22:48	-0.6E
28 W	03:36	05:48	1.8F
	09:30	11:18	-0.5E
	15:36	18:12	1.9F
	21:24	23:42	-0.6E
29 Th	04:24	06:42	1.7F
	10:06	12:18	-0.5E
	16:24	19:00	1.8F
	22:24		
30 F		00:42	-0.5E
	05:12	07:30	1.6F
	11:12	13:18	-0.5E
	17:06	19:48	1.7F
	23:24		

May

Day	Slack (h m)	Maximum (h m)	knots
1 Sa		01:42	-0.5E
	06:06	08:24	1.5F
	12:18	14:24	-0.5E
	18:00	20:42	1.5F
2 Su	00:36	02:42	-0.5E
	07:06	09:18	1.4F
	13:24	15:12	-0.5E
	19:06	21:42	1.4F
3 M	01:42	03:30	-0.4E
		05:54	-0.2E
		07:06	-0.3E
	08:12	10:18	1.3F
	14:18	16:00	-0.4E
4 Tu	02:36	04:12	-0.4E
		06:30	-0.2E
		08:06	-0.4E
	09:12	11:12	1.3F
	15:12	16:48	-0.4E
5 W	03:30	05:06	-0.4E
		07:12	-0.3E
		08:54	-0.4E
	10:06	12:12	1.4F
	16:06	17:42	-0.4E
6 Th		00:30	1.3F
	04:24	06:00	-0.4E
		08:06	-0.3E
		09:42	-0.5E
	10:54	13:00	1.5F
7 F		01:24	1.4F
	05:18	07:06	-0.5E
		09:12	-0.4E
		10:30	-0.4E
	11:36	13:48	1.5F
8 Sa	00:06	02:12	1.4F
	06:06	08:00	-0.6E
		11:06	-0.4E
	12:18	14:30	1.6F
	18:30	20:24	-0.6E
9 Su	00:54	03:00	1.5F
	06:06	08:42	-0.6E
	13:00	15:18	1.6F
	19:12	21:06	-0.6E
10 M		00:18	-0.4E
	01:36	03:48	1.5F
	07:36	09:30	-0.6E
	13:36	16:00	1.6F
	19:54	21:54	-0.6E
11 Tu	02:24	04:36	1.5F
	08:00	10:18	-0.6E
	14:00	16:48	1.6F
	20:24	22:36	-0.6E
12 W	03:00	05:18	1.5F
	09:06	11:06	-0.6E
	14:12	17:30	1.6F
	21:00	23:18	-0.6E
13 Th	03:36	06:00	1.5F
	09:30	11:54	-0.6E
	14:36	18:12	1.6F
	21:18		
14 F		00:00	-0.6E
	04:00	06:42	1.5F
	10:30	12:42	-0.5E
	15:06	18:54	1.6F
	21:36		
15 Sa		00:42	-0.6E
	04:06	07:30	1.4F
	11:18	13:30	-0.5E
	15:42	19:42	1.5F
	22:12		
16 Su		01:36	-0.5E
	04:24	08:18	1.3F
	12:00	14:18	-0.5E
	16:24	20:30	1.4F
	22:54		
17 M		02:24	-0.5E
	04:54	09:06	1.3F
	12:48	15:00	-0.5E
	17:00	21:18	1.4F
	23:48		
18 Tu		03:06	-0.5E
	05:36	10:00	1.3F
	13:36	15:42	-0.5E
	17:48	22:18	1.4F
19 W	00:54	03:48	-0.6E
	06:24	10:24	1.3F
	14:24	16:30	-0.5E
	18:42	23:12	1.4F
20 Th	02:00	04:36	-0.6E
	07:24	11:48	1.5F
	15:12	17:18	-0.5E
	19:54		
21 F		00:12	1.5F
	03:06	05:30	-0.5E
	08:54	12:42	1.6F
	16:06	18:12	-0.6E
	21:42		
22 Sa		01:06	1.5F
	04:12	06:24	-0.6E
	10:36	13:36	1.7F
	16:54	19:06	-0.6E
	23:24		
23 Su		02:00	1.6F
	05:12	07:24	-0.6E
	11:36	14:24	1.8F
	17:48	19:54	-0.7E
24 M	00:30	02:54	1.7F
	06:12	08:18	-0.6E
	12:36	15:18	1.9F
	18:36	20:42	-0.7E
25 Tu	01:30	03:48	1.7F
	07:06	09:06	-0.6E
	13:30	16:06	1.9F
	19:24	21:30	-0.6E
26 W	02:24	04:36	1.7F
	08:00	10:00	-0.6E
	14:24	17:00	1.9F
	20:18	22:18	-0.6E
27 Th		01:54	-0.4E
	03:18	05:30	1.7F
	08:54	10:48	-0.5E
	15:18	17:48	1.9F
	21:12	23:18	-0.5E
28 F		01:36	-0.4E
		02:48	-0.4E
	04:12	06:18	1.7F
	09:54	11:54	-0.5E
	16:12	18:36	1.8F
29 Sa		00:18	-0.5E
		02:18	-0.4E
		03:30	-0.5E
	05:00	07:06	1.6F
	11:00	13:00	-0.4E
30 Su		01:30	-0.5E
	05:54	08:00	1.5F
	12:00	14:06	-0.4E
	17:48	20:18	1.5F
31 M	00:18	02:24	-0.5E
	06:42	08:54	1.4F
	13:00	14:54	-0.4E
	18:48	21:12	1.4F

June

Day	Slack (h m)	Maximum (h m)	knots
1 Tu	01:18	03:18	-0.5E
		06:36	-0.3E
	07:36	09:48	1.3F
	14:00	15:36	-0.4E
		19:06	-0.2E
2 W	02:12	03:54	-0.5E
		06:24	-0.2E
		07:36	-0.3E
	08:36	10:42	1.3F
	14:48	16:24	-0.4E
3 Th	03:06	04:42	-0.5E
		07:12	-0.2E
		08:24	-0.3E
	09:24	11:36	1.4F
	15:42	17:12	-0.4E
4 F		00:00	1.3F
	03:54	05:36	-0.5E
		08:06	-0.2E
		09:12	-0.3E
	10:12	12:30	1.4F
5 Sa		00:54	1.3F
	04:48	06:36	-0.5E
		09:54	-0.3E
	11:00	13:18	1.5F
	17:48	19:06	-0.5E
6 Su		01:42	1.4F
	05:36	07:30	-0.6E
	11:42	14:00	1.5F
	18:00	19:54	-0.6E
		22:06	-0.4E
7 M	00:24	02:30	1.4F
	06:24	08:18	-0.6E
	12:18	14:48	1.6F
	18:42	20:42	-0.6E
		23:54	-0.4E
8 Tu	01:12	03:18	1.4F
	07:12	09:06	-0.6E
	12:54	15:30	1.6F
	19:24	21:24	-0.6E
9 W	01:54	04:06	1.4F
	08:00	09:54	-0.6E
	13:18	16:18	1.6F
	20:00	22:12	-0.6E
10 Th	02:36	04:54	1.5F
	08:42	10:42	-0.6E
	13:42	17:00	1.6F
	20:30	22:54	-0.6E
11 F	03:18	05:36	1.5F
	09:24	11:30	-0.6E
	14:12	17:48	1.7F
	20:54	23:36	-0.6E
12 Sa	03:48	06:18	1.5F
	10:06	12:18	-0.5E
	14:48	18:30	1.7F
	21:12		
13 Su		00:18	-0.5E
	04:12	07:00	1.5F
	10:42	13:00	-0.5E
	15:30	19:12	1.6F
	21:48		
14 M		01:06	-0.5E
	04:24	07:48	1.5F
	11:24	13:54	-0.5E
	16:06	20:00	1.6F
	22:30		
15 Tu		02:00	-0.6E
	04:48	08:36	1.4F
	12:06	14:36	-0.5E
	16:48	20:54	1.5F
	23:24		
16 W		02:42	-0.6E
	05:24	09:30	1.4F
	12:54	15:18	-0.6E
	17:30	21:48	1.4F
17 Th	00:24	03:24	-0.6E
	06:06	10:24	1.5F
	13:48	16:00	-0.6E
	18:18	22:48	1.4F
18 F	01:36	04:12	-0.6E
	06:54	11:18	1.5F
	14:36	16:42	-0.6E
	19:30	23:42	1.4F
19 Sa	02:42	05:00	-0.6E
	08:00	12:12	1.5F
	15:30	17:30	-0.6E
	21:42		
20 Su		00:42	1.5F
	03:42	06:00	-0.6E
	09:24	13:06	1.7F
	16:24	18:30	-0.6E
	23:12		
21 M		01:36	1.6F
	04:48	06:54	-0.6E
	11:06	14:00	1.8F
	17:18	19:24	-0.6E
		22:24	-0.3E
22 Tu	00:12	02:30	1.6F
	05:54	07:48	-0.6E
	12:12	14:48	1.8F
	18:18	20:12	-0.6E
		23:54	-0.4E
23 W	01:12	03:24	1.7F
	06:48	08:42	-0.5E
	13:12	15:42	1.8F
	19:12	21:06	-0.6E
		23:30	-0.4E
24 Th		00:54	-0.5E
	02:12	04:18	1.6F
	07:48	09:36	-0.5E
	14:06	16:36	1.8F
	20:06	22:00	-0.5E
25 F		00:06	-0.4E
		01:48	-0.5E
	03:06	05:06	1.6F
	08:42	10:30	-0.5E
	15:06	17:24	1.8F
26 Sa		00:42	-0.4E
		02:36	-0.5E
	03:54	06:00	1.6F
	09:36	11:30	-0.4E
	15:54	18:18	1.8F
27 Su		00:00	-0.5E
		01:30	-0.4E
		03:18	-0.5E
	04:42	06:48	1.6F
	10:36	12:30	-0.4E
28 M		01:12	-0.5E
		04:00	-0.4E
	05:30	07:36	1.5F
	11:36	13:36	-0.4E
	17:30	19:54	1.5F
29 Tu		02:06	-0.5E
	06:12	08:24	1.4F
	12:36	14:30	-0.4E
	18:24	20:48	1.4F
30 W		00:48	-0.5E
	07:00	09:18	1.4F
	13:30	15:12	-0.5E
	19:24	17:54	-0.1E
		21:42	1.2F

Station ID: n01010 Depth: 14 feet
Source: NOAA/NOS/CO-OPS
Station Type: Harmonic
Time Zone: LST

NOAA Tidal Current Predictions

Bergen Point, 2021
Latitude: 40.6422° N Longitude: 74.1513° W
Mean Flood Dir. 291° (T) Mean Ebb Dir. 133° (T)
Times and speeds of maximum and minimum current, in knots

July

Day	Slack h m	Maximum h m	knots	Day	Slack h m	Maximum h m	knots
1 Th ☽	01:42 / 07:48 / 14:18	03:30 / 10:12 / 15:54 / 18:30 / 19:36	-0.6E / 1.3F / -0.5E / -0.1E / -0.2E	16 F	00:06 / 05:42 / 13:06 / 18:00	03:06 / 09:54 / 15:30 / 22:24	-0.6E / 1.6F / -0.6E / 1.4F
2 F	02:36 / 08:36 / 15:06 / 19:12	04:18 / 07:54 / 11:00 / 16:42	-0.6E / -0.1E / 1.3F / -0.5E / -0.1E	17 Sa ☽	01:12 / 14:06 / 19:06	03:48 / 10:48 / 16:18 / 23:18	-0.6E / 1.6F / -0.6E / 1.4F
3 Sa	03:24 / 09:24 / 15:54	05:06 / 08:00 / 11:54 / 17:36 / 20:00	-0.6E / -0.1E / 1.4F / -0.5E / -0.2E	18 Su	02:24 / 07:24 / 15:00 / 21:42	04:36 / 11:48 / 17:06	-0.6E / 1.6F / -0.6E
4 Su	04:18 / 10:12 / 16:42	00:24 / 06:00 / 12:42 / 18:30 / 20:54	1.2F / -0.5E / 1.4F / -0.5E / -0.3E	19 M	03:30 / 08:48 / 16:00	00:18 / 05:30 / 12:42 / 18:00 / 22:00	1.5F / -0.6E / 1.7F / -0.6E / -0.2E
5 M	05:12 / 10:54 / 17:30	01:12 / 07:00 / 13:30 / 19:24 / 21:42	1.3F / -0.6E / 1.5F / -0.5E / -0.3E	20 Tu	04:36 / 10:48 / 17:00	01:12 / 06:30 / 13:36 / 19:00 / 21:36	1.5F / -0.5E / 1.8F / -0.5E / -0.3E
6 Tu	00:00 / 06:00 / 11:36 / 18:12	02:00 / 07:54 / 14:12 / 20:12 / 23:30	1.3F / -0.6E / 1.5F / -0.6E / -0.4E	21 W	00:00 / 05:30 / 11:54 / 18:00	02:06 / 07:30 / 14:30 / 19:48 / 22:06	1.5F / -0.5E / 1.8F / -0.5E / -0.3E
7 W	00:42 / 06:48 / 12:12 / 18:54	02:48 / 08:42 / 15:00 / 21:00	1.4F / -0.6E / 1.6F / -0.6E	22 Th	01:00 / 06:36 / 12:54 / 19:00	03:00 / 08:24 / 15:18 / 20:42 / 22:48	1.6F / -0.5E / 1.8F / -0.5E / -0.4E
8 Th	01:30 / 07:36 / 12:48 / 19:30	03:36 / 09:30 / 15:48 / 21:48	1.4F / -0.6E / 1.6F / -0.6E	23 F	01:54 / 07:30 / 13:54	00:36 / 03:54 / 09:12 / 16:12	-0.5E / 1.6F / -0.5E / 1.8F
9 F	02:12 / 08:18 / 13:24 / 20:06	04:24 / 10:18 / 16:36 / 22:30	1.5F / -0.6E / 1.6F / -0.6E	24 Sa ○	02:42 / 08:24 / 14:48	01:24 / 04:48 / 10:12 / 13:36 / 17:06	-0.6E / 1.6F / -0.6E / -0.3E / 1.8F
10 Sa ●	02:54 / 09:00 / 14:00 / 20:30	05:12 / 11:06 / 17:24 / 23:12	1.5F / -0.5E / 1.7F / -0.6E	25 Su	03:30 / 09:18	00:24 / 02:12 / 05:36 / 11:06 / 14:24	-0.4E / -0.6E / 1.6F / -0.5E / -0.3E
11 Su	03:30 / 09:36 / 14:42 / 20:54	05:54 / 11:48 / 18:06 / 23:54	1.6F / -0.5E / 1.7F / -0.6E	26 M	04:18 / 10:12 / 16:24	01:24 / 03:00 / 06:24 / 12:06 / 18:42	-0.4E / -0.5E / 1.6F / -0.4E / 1.6F
12 M	04:00 / 10:12 / 15:18 / 21:30	06:36 / 12:36 / 18:54	1.6F / -0.5E / 1.7F	27 Tu	05:00 / 11:06 / 17:06 / 23:24	00:36 / 07:06 / 13:06 / 19:30	1.5F / -0.5E / -0.4E / 1.5F
13 Tu	04:18 / 10:42 / 15:54 / 22:12	00:42 / 07:24 / 13:18 / 19:42	-0.6E / 1.6F / -0.5E / 1.6F	28 W	05:36 / 12:00 / 17:48	01:30 / 07:54 / 14:00 / 20:18	-0.5E / 1.5F / -0.5E / 1.3F
14 W	04:42 / 11:24 / 16:36 / 23:00	01:30 / 08:12 / 14:06 / 20:30	-0.6E / 1.6F / -0.6E / 1.6F	29 Th	00:18 / 06:00 / 12:54 / 18:36	02:24 / 08:42 / 14:42 / 21:06	-0.6E / 1.4F / -0.5E / 1.2F
15 Th	05:06 / 12:12 / 17:18	02:18 / 09:06 / 14:48 / 21:24	-0.6E / 1.6F / -0.6E / 1.5F	30 F	01:12 / 13:42 / 19:36	03:06 / 09:30 / 15:30 / 22:00	-0.6E / 1.3F / -0.5E / 1.1F
				31 Sa ☽	02:00 / 06:18 / 14:30 / 18:54 / 20:42	03:48 / 10:24 / 16:12 / 23:00	-0.6E / 1.3F / -0.5E / 1.1F

August

Day	Slack h m	Maximum h m	knots	Day	Slack h m	Maximum h m	knots
1 Su	02:54 / 07:06 / 15:18 / 19:36 / 21:42	04:36 / 11:12 / 16:54 / 20:54 / 23:54	-0.6E / 1.3F / -0.5E / -0.2E / 1.1F	16 M	02:18 / 07:00 / 14:48	04:18 / 11:24 / 16:36 / 19:42 / 20:48	-0.6E / 1.6F / -0.5E / -0.1E / -0.2E
2 M	03:48 / 08:06 / 16:06	05:30 / 12:06 / 17:48 / 20:30 / 21:42	-0.5E / 1.3F / -0.5E / -0.2E / -0.2E	17 Tu	03:18 / 09:24 / 15:48	05:12 / 12:18 / 17:36 / 20:12 / 21:42	-0.5E / 1.6F / -0.5E / -0.2E / -0.3E
3 Tu	04:42 / 16:54	00:42 / 06:24 / 12:54 / 18:48 / 21:18	1.2F / -0.5E / 1.4F / -0.5E / -0.2E	18 W	04:24 / 10:42 / 16:48	00:54 / 06:12 / 13:12 / 18:36	1.4F / -0.5E / 1.7F / -0.5E
4 W	05:30 / 10:42 / 17:42	01:30 / 07:24 / 13:42 / 19:48 / 23:06	1.3F / -0.6E / 1.5F / -0.5E / -0.3E	19 Th	05:24 / 11:48 / 17:54	01:48 / 07:12 / 14:06 / 19:36	1.5F / -0.5E / 1.7F / -0.5E
5 Th	00:12 / 06:24 / 11:36 / 18:30	02:18 / 08:12 / 14:30 / 20:30	1.4F / -0.6E / 1.5F / -0.5E	20 F	00:36 / 06:24 / 12:42	02:36 / 08:06 / 10:30 / 11:36 / 15:00	1.5F / -0.5E / -0.3E / -0.3E / 1.7F
6 F	01:00 / 07:12 / 12:18 / 19:06	03:06 / 09:00 / 15:18 / 21:18	1.4F / -0.6E / 1.6F / -0.5E	21 Sa	01:30 / 07:12	00:12 / 03:30 / 08:54 / 11:18 / 12:24	-0.6E / 1.6F / -0.5E / -0.3E / -0.4E
7 Sa	01:42 / 07:48 / 13:06 / 19:42	03:54 / 09:54 / 16:06 / 22:06	1.5F / -0.6E / 1.7F / -0.6E	22 Su ○	02:18 / 08:06 / 14:30	01:00 / 04:24 / 09:48 / 13:12 / 16:42	-0.6E / 1.6F / -0.5E / -0.4E / 1.7F
8 Su ●	02:24 / 08:30 / 13:48 / 20:12	04:42 / 10:42 / 16:54 / 22:54	1.5F / -0.6E / 1.7F / -0.6E	23 M	03:06 / 08:54	00:18 / 01:48 / 05:12 / 10:42 / 14:06	-0.4E / -0.5E / 1.6F / -0.5E / -0.4E
9 M	03:06 / 09:00 / 14:36 / 20:42	05:30 / 11:24 / 17:42 / 23:36	1.7F / -0.6E / 1.8F / -0.6E	24 Tu	03:48 / 09:42	01:24 / 02:30 / 05:54 / 11:36 / 14:48	-0.4E / -0.4E / 1.6F / -0.5E / -0.3E
10 Tu	03:36 / 09:36 / 15:18 / 21:18	06:12 / 12:06 / 18:30	1.7F / -0.6E / 1.8F	25 W	04:24 / 10:30 / 16:42 / 22:48	00:06 / 06:36 / 12:24 / 19:00	-0.6E / 1.6F / -0.5E / 1.5F
11 W	04:06 / 10:12 / 15:54 / 22:00	00:12 / 07:00 / 12:48 / 19:18	-0.6E / 1.8F / -0.6E / 1.7F	26 Th	04:48 / 11:18 / 17:18 / 23:42	00:54 / 07:24 / 13:18 / 19:48	-0.6E / 1.5F / -0.5E / 1.4F
12 Th	04:30 / 10:54 / 16:30 / 22:48	01:00 / 07:48 / 13:36 / 20:06	-0.6E / 1.7F / -0.6E / 1.6F	27 F	04:48 / 12:12 / 17:18	01:48 / 08:06 / 14:06 / 20:36	-0.6E / 1.4F / -0.5E / 1.2F
13 F	04:54 / 11:36 / 17:06 / 23:54	01:54 / 08:36 / 14:18 / 21:00	-0.6E / 1.7F / -0.6E / 1.5F	28 Sa	00:36 / 05:00 / 13:00 / 17:24	02:36 / 08:36 / 14:54 / 21:30	-0.6E / 1.3F / -0.5E / 1.1F
14 Sa	05:24 / 12:42 / 17:54	02:42 / 09:30 / 15:06 / 22:00	-0.6E / 1.6F / -0.6E / 1.4F	29 Su	01:30 / 05:30 / 13:48 / 18:00	03:24 / 09:48 / 15:36 / 22:24	-0.6E / 1.3F / -0.5E / 1.1F
15 Su ☽	01:06 / 06:06 / 13:42 / 19:00	03:30 / 10:24 / 15:48 / 22:54	-0.6E / 1.6F / -0.6E / 1.4F	30 M ☽	02:24 / 06:12 / 14:36 / 18:54 / 20:00	04:12 / 10:36 / 16:24 / 23:18	-0.6E / 1.2F / -0.5E / 1.1F
				31 Tu	03:18 / 07:12 / 15:30 / 20:06 / 21:54	05:00 / 11:30 / 17:12 / 21:12	-0.5E / 1.3F / -0.4E / -0.1E

September

Day	Slack h m	Maximum h m	knots	Day	Slack h m	Maximum h m	knots
1 W	04:06 / 08:18 / 16:18	00:12 / 05:54 / 12:24 / 18:12 / 21:54	1.2F / -0.5E / 1.3F / -0.4E / -0.2E	16 Th	04:12 / 10:36	00:30 / 05:48 / 08:30 / 09:36 / 12:48	1.4F / -0.5E / -0.2E / -0.2E / 1.6F
2 Th	05:00 / 09:36 / 17:06	01:00 / 06:54 / 13:12 / 19:12 / 22:36	1.3F / -0.5E / 1.4F / -0.5E / -0.2E	17 F	05:12 / 11:30	01:24 / 06:54 / 09:12 / 10:30 / 13:42	1.5F / -0.5E / -0.3E / -0.3E / 1.6F
3 F	05:48 / 10:54 / 17:54	01:48 / 07:42 / 14:00 / 20:00	1.4F / -0.5E / 1.5F / -0.5E	18 Sa	00:18 / 06:06 / 12:24	02:18 / 07:48 / 10:00 / 11:18 / 14:36	1.5F / -0.5E / -0.3E / -0.4E / 1.6F
4 Sa	00:24 / 06:36 / 11:54 / 18:36	02:36 / 08:42 / 14:54 / 20:48	1.5F / -0.6E / 1.6F / -0.5E	19 Su	01:06 / 06:54 / 13:18	03:06 / 08:42 / 12:06 / 15:30	1.6F / -0.4E / -0.4E / 1.6F
5 Su	01:06 / 07:12 / 12:48 / 19:12	03:30 / 09:18 / 15:42 / 21:30	1.6F / -0.6E / 1.7F / -0.6E	20 M ○	01:48 / 07:42	00:30 / 03:54 / 09:30 / 11:48 / 12:54	-0.5E / 1.6F / -0.5E / -0.4E / -0.4E
6 M	01:48 / 07:54 / 13:36 / 19:48	04:18 / 10:06 / 16:30 / 22:18	1.7F / -0.6E / 1.7F / -0.6E	21 Tu	02:30 / 08:30 / 14:54	01:12 / 04:42 / 10:18 / 13:42 / 17:06	-0.4E / 1.6F / -0.4E / -0.4E / 1.6F
7 Tu	02:30 / 08:30 / 14:30 / 20:24	05:00 / 10:48 / 17:24 / 23:36	1.8F / -0.6E / 1.8F / -0.6E	22 W	03:12 / 09:12 / 15:36 / 21:36	05:30 / 11:06 / 14:30 / 17:48 / 23:36	1.6F / -0.5E / -0.3E / 1.6F / -0.6E
8 W	03:12 / 09:00 / 15:18 / 21:06	05:48 / 11:30 / 18:06 / 23:48	1.9F / -0.6E / 1.8F / -0.6E	23 Th	03:42 / 09:54 / 16:18 / 22:24	06:12 / 11:54 / 18:36	1.6F / -0.5E / 1.5F
9 Th	03:48 / 09:36 / 16:00 / 21:48	06:36 / 12:12 / 18:54	1.9F / -0.6E / 1.8F	24 F	04:00 / 10:36 / 16:48 / 23:12	00:24 / 06:54 / 12:42 / 19:18	-0.6E / 1.6F / -0.5E / 1.4F
10 F	04:18 / 10:24 / 16:42 / 22:48	00:36 / 07:24 / 13:06 / 19:48	-0.6E / 1.8F / -0.6E / 1.7F	25 Sa	03:54 / 11:18 / 16:36	01:18 / 07:36 / 13:30 / 20:06	-0.6E / 1.5F / -0.5E / 1.3F
11 Sa	04:42 / 11:18 / 17:18 / 23:48	01:30 / 08:24 / 13:54 / 20:42	-0.6E / 1.7F / -0.6E / 1.5F	26 Su	00:06 / 04:24 / 12:06 / 16:48	02:06 / 08:24 / 14:24 / 20:54	-0.6E / 1.4F / -0.5E / 1.2F
12 Su	05:18 / 12:18 / 18:12	02:24 / 09:06 / 14:42 / 21:36	-0.6E / 1.6F / -0.6E / 1.4F	27 M	01:00 / 05:00 / 13:00 / 17:24	02:54 / 09:12 / 15:06 / 21:48	-0.5E / 1.3F / -0.5E / 1.1F
13 M ☽	01:06 / 05:54 / 13:30 / 20:12	03:12 / 10:06 / 15:30 / 22:36	-0.6E / 1.6F / -0.5E / 1.4F	28 Tu	01:54 / 05:42 / 13:54 / 18:06	03:42 / 10:00 / 15:54 / 19:06 / 22:42	-0.5E / 1.2F / -0.5E / 0.1F / 1.1F
14 Tu	02:12 / 07:00 / 14:36	04:00 / 11:00 / 16:18 / 19:06 / 20:30	-0.5E / 1.5F / -0.5E / -0.1E / -0.3E	29 W ☽	02:42 / 06:30 / 14:42 / 19:12	04:30 / 10:54 / 16:36 / 23:36	-0.5E / 1.2F / -0.4E / 1.2F
15 W	03:12 / 09:24 / 15:36	04:54 / 08:42 / 11:54 / 17:18 / 19:36	-0.5E / -0.1E / 1.5F / -0.4E / -0.2E	30 Th	03:36 / 07:30 / 15:36 / 22:00	05:18 / 11:48 / 17:30	-0.5E / 1.3F / -0.4E

87

Station ID: n01010 Depth: 14 feet
Source: NOAA/NOS/CO-OPS
Station Type: Harmonic
Time Zone: LST

NOAA Tidal Current Predictions

Bergen Point, 2021

Latitude: 40.6422° N Longitude: 74.1513° W
Mean Flood Dir. 291° (T) Mean Ebb Dir. 133° (T)
Times and speeds of maximum and minimum current, in knots

October

Day	Slack (h m)	Maximum (h m)	knots
1 F		00:30	1.3F
	04:24	06:12	-0.5E
	08:42	12:42	1.4F
	16:24	18:30	-0.5E
	22:54		
2 Sa		01:18	1.4F
	05:12	07:12	-0.5E
	10:12	13:36	1.5F
	17:12	19:24	-0.5E
	23:42		
3 Su		02:06	1.5F
	05:54	08:00	-0.6E
	11:30	14:24	1.6F
	18:00	20:12	-0.6E
4 M	00:30	02:54	1.6F
	06:36	08:42	-0.6E
	12:30	15:18	1.7F
	18:42	21:00	-0.6E
5 Tu	01:12	03:48	1.7F
	07:18	09:24	-0.6E
	13:24	16:06	1.7F
	19:24	21:42	-0.6E
6 W ●	02:00	04:36	1.8F
	07:54	10:12	-0.6E
	14:18	17:00	1.8F
	20:06	22:30	-0.6E
7 Th	02:42	05:24	1.9F
	08:30	10:54	-0.6E
	15:12	17:48	1.8F
	20:48	23:18	-0.6E
8 F	03:24	06:12	1.9F
	09:12	11:42	-0.6E
	16:06	18:36	1.8F
	21:42		
9 Sa		00:12	-0.6E
	04:06	07:00	1.9F
	10:00	12:36	-0.6E
	16:54	19:24	1.7F
	22:42		
10 Su		01:12	-0.5E
	04:42	07:48	1.8F
	11:00	13:30	-0.5E
	17:42	20:18	1.5F
	23:48		
11 M		02:12	-0.5E
	05:18	08:42	1.6F
	12:12	14:30	-0.5E
	18:48	21:12	1.4F
12 Tu	01:00	03:00	-0.5E
	06:06	09:36	1.5F
	13:24	15:18	-0.5E
	20:00	19:06	-0.2E
		22:12	1.3F
13 W ◐	02:00	03:48	-0.5E
	06:00	10:36	1.5F
	14:30	16:06	-0.4E
	18:36	20:06	-0.3E
14 Th	03:00	04:36	-0.5E
		07:18	-0.1E
		08:24	-0.2E
	09:18	11:36	1.5F
	15:24	17:00	-0.4E
15 F		00:06	1.4F
	04:00	05:36	-0.4E
		07:54	-0.2E
		09:18	-0.3E
	10:18	12:30	1.5F
16 Sa		01:00	1.5F
	04:54	06:36	-0.4E
		08:42	-0.3E
		10:06	-0.4E
	11:18	13:24	1.5F
17 Su		01:54	1.5F
	05:48	07:36	-0.5E
		09:30	-0.4E
		10:54	-0.4E
	12:06	14:12	1.6F
18 M	00:36	02:42	1.6F
	06:36	08:18	-0.5E
		11:42	-0.5E
	12:54	15:06	1.5F
19 Tu	01:18	00:00	-0.4E
	07:18	03:30	1.6F
		09:06	-0.5E
	11:18		
		12:30	-0.4E
20 W ○	02:00	04:12	1.6F
		09:48	-0.6E
		13:18	-0.4E
	14:30	16:42	1.5F
	20:24	22:18	-0.6E
21 Th		05:00	1.6F
	08:42	10:36	-0.6E
		13:18	-0.3E
	15:12	17:24	1.5F
	21:12	23:06	-0.6E
22 F	03:00	05:42	1.6F
		11:24	-0.5E
	15:54	18:12	1.5F
	21:54		
23 Sa		00:00	-0.6E
	03:06	06:24	1.6F
		12:06	-0.5E
	16:24	18:54	1.4F
	22:42		
24 Su		00:48	-0.6E
	03:24	07:06	1.5F
	10:30	13:00	-0.5E
	16:18	19:36	1.3F
	23:36		
25 M		01:42	-0.5E
	03:54	07:48	1.4F
	11:00	13:48	-0.5E
	16:30	20:24	1.2F
26 Tu	00:24	02:30	-0.5E
		08:36	1.3F
	11:42	14:36	-0.5E
	17:00	21:18	1.2F
27 W	01:18	03:12	-0.5E
	05:12	09:30	1.3F
		15:24	-0.5E
	17:42	22:06	1.2F
28 Th ◑	02:06	04:00	-0.5E
		10:24	1.3F
	13:48	16:06	-0.5E
	18:30	23:00	1.2F
29 F	02:54	04:42	-0.5E
	06:54	11:18	1.3F
		16:54	-0.5E
	19:42	23:54	1.3F
30 Sa	03:42	05:36	-0.5E
	08:00	12:12	1.4F
	15:30	17:48	-0.5E
	21:42		
31 Su	04:24	00:48	1.5F
	09:24	06:30	-0.5E
	16:24	13:06	1.5F
	22:54	18:42	-0.5E

November

Day	Slack (h m)	Maximum (h m)	knots
1 M		01:36	1.6F
	05:12	07:18	-0.6E
	11:00	14:00	1.6F
	17:18	19:36	-0.6E
	23:42		
2 Tu		02:30	1.7F
	05:54	08:06	-0.6E
	12:12	14:48	1.7F
	18:12	20:24	-0.6E
3 W	00:30	03:18	1.8F
	06:42	08:48	-0.7E
	13:12	15:42	1.7F
	19:00	21:12	-0.6E
4 Th ●	01:24	04:06	1.9F
		09:36	-0.7E
	14:06	16:36	1.8F
	19:48	22:00	-0.6E
5 F	02:12	05:00	1.9F
	08:06	10:24	-0.6E
	15:06	17:24	1.8F
	20:36	22:54	-0.6E
6 Sa	03:06	05:48	1.9F
	08:54	11:12	-0.6E
	16:00	18:18	1.8F
	21:36	23:48	-0.5E
7 Su	03:54	06:36	1.9F
	09:48	12:06	-0.5E
	16:48	19:06	1.7F
	22:36		
8 M		00:48	-0.5E
	04:42	07:24	1.8F
	10:54	13:12	-0.5E
	17:42	20:00	1.5F
	23:42		
9 Tu		01:54	-0.5E
	05:30	08:18	1.6F
	12:06	14:18	-0.5E
	18:36	20:54	1.4F
10 W	00:48	02:48	-0.5E
	06:30	09:12	1.5F
	13:12		-0.5E
		18:30	-0.3E
	19:42	21:48	1.4F
11 Th ◑	01:48	03:36	-0.5E
	07:48	10:12	1.4F
	14:12	15:54	-0.5E
		18:12	-0.2E
		19:36	-0.3E
12 F	02:42	04:24	-0.5E
		06:48	-0.2E
	08:54	11:06	1.4F
	15:06	16:42	-0.4E
13 Sa	03:36	05:12	-0.4E
		07:30	-0.2E
		08:54	-0.4E
	10:00	12:06	1.4F
	16:00	17:36	-0.5E
14 Su		00:36	1.5F
	04:30	06:12	-0.4E
		09:48	-0.4E
	10:54	13:00	1.4F
15 M		01:24	1.5F
	05:24	07:06	-0.5E
		09:00	-0.3E
		10:36	-0.5E
	11:48	13:48	1.5F
16 Tu	00:00	02:12	1.6F
	06:06	07:54	-0.5E
		10:00	-0.4E
		11:18	-0.5E
	12:36	14:36	1.5F
17 W	00:42	03:00	1.6F
	06:54	08:42	-0.6E
		10:54	-0.4E
		12:06	-0.4E
	13:18	15:30	1.5F
18 Th	01:18	03:42	1.6F
	07:36	09:24	-0.6E
		12:48	-0.4E
	14:06	16:12	1.5F
	20:00	21:54	-0.6E
19 F ○	01:54	04:30	1.6F
	08:12	10:06	-0.6E
		12:54	-0.3E
	14:48	17:00	1.5F
	20:48	22:42	-0.6E
20 Sa	02:24	05:12	1.6F
	08:48	11:00	-0.6E
	15:30	17:42	1.5F
	21:36	23:36	-0.6E
21 Su	02:36	05:54	1.6F
	09:24	11:42	-0.5E
	16:00	18:24	1.5F
	22:18		
22 M		00:24	-0.5E
	03:00	06:36	1.6F
	09:48	12:30	-0.5E
	16:18	19:12	1.4F
	23:06		
23 Tu		01:12	-0.5E
	03:30	07:18	1.5F
	10:12	13:18	-0.5E
	16:18	19:54	1.3F
	23:48		
24 W		02:00	-0.5E
	04:12	08:06	1.4F
	10:48	14:12	-0.5E
	16:42	20:48	1.3F
25 Th	00:36	02:48	-0.5E
	04:48	09:00	1.4F
	11:36	14:54	-0.5E
	17:18	21:36	1.3F
26 F	01:24	03:30	-0.6E
	05:30	09:54	1.3F
	12:36	15:36	-0.6E
	18:06	22:30	1.3F
27 Sa ◑	02:06	04:12	-0.6E
	06:24	10:48	1.4F
	13:42	16:24	-0.6E
	18:54	23:24	1.4F
28 Su	02:48	04:54	-0.6E
	07:24	11:42	1.4F
	14:42	17:12	-0.6E
	20:00		
29 M		00:18	1.5F
	03:36	05:48	-0.6E
	08:36	12:42	1.5F
	15:42	18:06	-0.6E
	21:18		
30 Tu		01:06	1.6F
	04:24	06:36	-0.6E
	10:30	13:30	1.6F
	16:42	19:00	-0.6E
	22:48		

December

Day	Slack (h m)	Maximum (h m)	knots
1 W		02:00	1.7F
	05:18	07:30	-0.6E
	11:54	14:24	1.6F
	17:42	19:48	-0.6E
	23:54		
2 Th		02:48	1.8F
	06:06	08:18	-0.6E
	12:54	15:18	1.7F
	18:36	20:42	-0.6E
3 F	00:54	03:42	1.9F
	07:00	09:00	-0.6E
	13:54	16:12	1.7F
	19:30	21:30	-0.6E
4 Sa ●	01:54	04:36	1.9F
	07:48	09:54	-0.6E
	14:54	17:06	1.7F
	20:24	22:30	-0.5E
5 Su	02:54	05:24	1.9F
	08:42	10:48	-0.5E
		13:18	-0.4E
	15:48	14:24	-0.4E
		17:54	1.7F
6 M	03:48	06:12	1.9F
	09:42	11:48	-0.5E
		13:48	-0.4E
		15:12	-0.5E
	16:36	18:42	1.7F
7 Tu		00:30	-0.5E
	04:36	07:06	1.8F
	10:48	13:00	-0.5E
	17:24	19:36	1.6F
	23:24		
8 W		01:36	-0.5E
	05:24	07:54	1.6F
	11:48	14:12	-0.5E
	18:18	20:30	1.5F
9 Th	00:30	02:30	-0.5E
	06:18	08:48	1.5F
	12:48	15:00	-0.5E
	19:12	21:24	1.4F
10 F	01:30	03:18	-0.5E
	07:24	09:42	1.4F
	13:48	15:36	-0.5E
	20:06	22:18	1.4F
11 Sa ◑	02:24	04:00	-0.5E
		06:30	-0.2E
		07:36	-0.2E
	08:30	10:42	1.3F
	14:42	16:24	-0.5E
12 Su	03:12	04:48	-0.4E
		07:06	-0.2E
		08:30	-0.2E
	09:30	11:36	1.3F
	15:30	17:12	-0.5E
13 M		00:06	1.4F
	04:00	05:36	-0.4E
		07:54	-0.2E
		09:24	-0.4E
	10:30	12:36	1.3F
14 Tu		00:54	1.5F
	04:54	06:36	-0.5E
		08:42	-0.3E
		10:12	-0.4E
	11:18	13:24	1.4F
15 W		01:42	1.5F
	05:42	07:30	-0.5E
		09:36	-0.3E
		11:00	-0.5E
	12:06	14:12	1.4F
16 Th		02:24	1.5F
	06:24	08:18	-0.5E
		10:30	-0.4E
		11:42	-0.4E
	12:54	15:00	1.4F
17 F	00:48	03:12	1.5F
	07:06	09:00	-0.5E
		12:24	-0.4E
	13:42	15:48	1.4F
	19:42	21:30	-0.6E
18 Sa	01:24	03:42	1.5F
	07:48	09:48	-0.5E
		12:30	-0.3E
	14:24	16:36	1.4F
	20:24	22:24	-0.6E
19 Su ○	01:54	04:42	1.6F
	08:24	10:36	-0.5E
	15:06	17:18	1.5F
	21:12	23:12	-0.6E
20 M	02:18	05:30	1.6F
	09:00	11:18	-0.5E
	15:42	18:00	1.5F
	21:54		
21 Tu		00:00	-0.5E
	02:48	06:12	1.6F
	09:24	12:06	-0.5E
	16:06	18:42	1.5F
	22:36		
22 W		00:48	-0.5E
	03:18	06:54	1.6F
	09:48	12:54	-0.5E
	16:18	19:30	1.5F
	23:12		
23 Th		01:36	-0.5E
	03:54	07:42	1.6F
	10:18	13:42	-0.6E
	16:36	20:18	1.4F
	23:48		
24 F		02:18	-0.6E
	04:30	08:30	1.5F
	11:06	14:30	-0.6E
	17:00	21:06	1.4F
25 Sa	00:24	03:00	-0.6E
	05:12	09:24	1.4F
	12:00	15:12	-0.6E
	17:36	22:00	1.4F
26 Su	01:12	03:36	-0.6E
	06:30	10:18	1.4F
	13:00	15:54	-0.6E
	18:24	22:54	1.5F
27 M ◑	02:00	04:18	-0.6E
	06:48	11:18	1.4F
	14:06	16:36	-0.6E
	19:18	23:48	1.6F
28 Tu	02:54	05:06	-0.6E
	08:00	12:12	1.5F
	15:12	17:30	-0.6E
	20:24		
29 W		00:42	1.6F
	03:48	06:00	-0.6E
	09:06	13:06	1.5F
	16:12	18:24	-0.6E
	21:42		
30 Th		01:30	1.7F
	04:42	06:54	-0.6E
	11:42	14:00	1.6F
	17:18	19:24	-0.6E
	23:30		
31 F		02:24	1.8F
	05:42	07:48	-0.3E
		11:30	-0.3E
	12:42	14:54	1.6F
	18:24	20:18	-0.6E

Station ID: n01010 Depth: 14 feet
Source: NOAA/NOS/CO-OPS
Station Type: Harmonic
Time Zone: LST

NOAA Tidal Current Predictions

Bergen Point, 2021
Latitude: 40.6422° N Longitude: 74.1513° W
Mean Flood Dir. 291° (T) Mean Ebb Dir. 133° (T)
Times and speeds of maximum and minimum current, in knots

EXTRA CURRENTS

January

Day	Slack h m	Maximum h m	knots
8 F	22:30		
9 Sa	17:12	19:00	-0.5E
		21:54	-0.2E
	23:36		
10 Su	18:12	19:54	-0.5E
		23:30	-0.3E
11 M	19:06	20:48	-0.5E
12 Tu	14:18	16:18	1.6F
	20:00	21:42	-0.5E
13 W ●	15:06	17:12	1.6F
	20:54	22:42	-0.5E
14 Th	15:54	17:54	1.6F
	21:48	23:36	-0.5E
15 F	16:36	18:42	1.5F
	22:36		
23 Sa	21:36		
24 Su	22:54		

February

Day	Slack h m	Maximum h m	knots
6 Sa	22:18	21:30	-0.1E
7 Su	17:00	18:42	-0.4E
		21:18	-0.2E
		22:24	-0.2E
	23:24		
8 M	18:00	19:42	-0.5E
	22:00		-0.3E
	23:12		-0.3E
9 Tu	18:54	20:36	-0.5E
		22:48	-0.3E
10 W	13:54	15:54	1.5F
	19:42	21:30	-0.5E
		23:36	-0.3E
11 Th ●	14:42	16:48	1.6F
	20:30	22:24	-0.5E
12 F		14:06	-0.5E
	15:24	17:30	1.6F
	21:18	23:12	-0.5E
22 M	21:54		
23 Tu	23:18		

March

Day	Slack h m	Maximum h m	knots
6 Sa ◐	20:54	23:24	1.5F
7 Su		20:00	-0.1E
	22:06	21:12	-0.2E
8 M	16:48	18:24	-0.4E
		20:42	-0.2E
	23:06	22:06	-0.3E
9 Tu	17:42	19:24	-0.4E
		21:24	-0.4E
		22:54	-0.4E
10 W	18:36	20:18	-0.5E
		22:12	-0.4E
		23:42	-0.5E
11 Th	19:24	21:12	-0.5E
		23:12	-0.4E
12 F	14:12	16:18	1.6F
	20:06	22:00	-0.5E
13 Sa ●	20:54	22:48	-0.5E

April

Day	Slack h m	Maximum h m	knots
4 Su ◐	20:42	19:54	-0.1E
		23:00	1.4F
5 M	21:48	19:30	-0.2E
		20:54	-0.3E
6 Tu	16:30	18:06	-0.4E
		20:12	-0.3E
	22:48	21:42	-0.4E
7 W	17:24	19:06	-0.4E
		21:00	-0.3E
	23:42	22:30	-0.5E
8 Th	18:12	20:06	-0.5E
		21:54	-0.4E
		23:18	-0.5E
9 F	19:00	20:48	-0.5E
		22:48	-0.4E
10 Sa	19:42	21:36	-0.6E

May

Day	Slack h m	Maximum h m	knots
3 M ◐	20:24	19:30	-0.2E
		22:36	1.3F
4 Tu	21:30	19:06	-0.2E
		20:30	-0.3E
		23:36	1.3F
5 W	22:24	19:48	-0.3E
		21:18	-0.4E

Day	Slack h m	Maximum h m	knots
6 Th	17:00	18:42	-0.4E
		20:36	-0.3E
	23:18	22:06	-0.5E
7 F	17:48	19:42	-0.5E
		21:30	-0.4E
		22:54	-0.5E
8 Sa		22:30	-0.4E
		23:36	-0.5E
28 F	22:12		
29 Sa	17:00	19:24	1.7F
	23:12		

June

Day	Slack h m	Maximum h m	knots
1 Tu	19:54	22:12	1.3F
2 W ◐	21:00	18:48	-0.2E
		20:06	-0.3E
		23:06	1.2F
3 Th	22:00	19:30	-0.2E
		20:54	-0.3E
4 F	16:30	18:12	-0.5E
		20:12	-0.3E
	22:54	21:42	-0.4E
5 Sa	23:42	21:12	-0.3E
		22:30	-0.4E
6 Su		23:12	-0.4E
25 F	21:00	22:54	-0.5E
26 Sa	22:00		
27 Su	16:42	19:06	1.6F
	22:54		
28 M	23:54		

July

Day	Slack h m	Maximum h m	knots
1 Th ◐	20:24	22:36	1.2F
2 F	21:24	20:30	-0.2E
		23:30	1.2F
3 Sa	22:18	21:18	-0.3E
4 Su	23:12	22:06	-0.3E
5 M		22:48	-0.4E

Day	Slack h m	Maximum h m	knots
19 M	23:00		
20 Tu		22:54	-0.4E
21 W		23:42	-0.5E
23 F	19:54	21:36	-0.5E
		23:24	-0.4E
24 Sa ○	20:42	22:36	-0.5E
25 Su	15:36	17:54	1.7F
	21:36	23:36	-0.5E
26 M	22:30		

August

Day	Slack h m	Maximum h m	knots
2 M	22:36		
3 Tu	23:24	22:24	-0.3E
16 M	21:36	23:54	1.4F
17 Tu	22:48		
18 W	23:42	20:54	-0.3E
		22:36	-0.4E
19 Th		21:36	-0.3E
		23:24	-0.5E
20 F	18:48	20:30	-0.5E
		22:18	-0.4E
21 Sa	13:36	15:54	1.7F
	19:36	21:24	-0.5E
		23:06	-0.4E
22 Su ○	20:24	22:18	-0.5E
23 M	15:18	17:30	1.7F
	21:12	23:12	-0.5E
24 Tu	16:00	18:18	1.6F
	22:00		

September

Day	Slack h m	Maximum h m	knots
1 W	22:48		
2 Th	23:36		

Station ID: n01010 Depth: 14 feet
Source: NOAA/NOS/CO-OPS
Station Type: Harmonic
Time Zone: LST

NOAA Tidal Current Predictions

Bergen Point, 2021
Latitude: 40.6422° N Longitude: 74.1513° W
Mean Flood Dir. 291° (T) Mean Ebb Dir. 133° (T)
Times and speeds of maximum and minimum current, in knots

Day	Slack h m	Maximum h m	knots
14 Tu		21:24 23:36	1.4F
15 W	22:30	21:24	-0.4E
16 Th	16:42	18:18	-0.4E
		20:18	-0.3E
		22:12	-0.5E
	23:24		
17 F	17:36	19:24	-0.4E
		21:06	-0.4E
		23:00	-0.6E
18 Sa	18:30	20:18	-0.5E
		22:00	-0.4E
		23:48	-0.6E
19 Su	19:18	21:06	-0.5E
		23:00	-0.4E
20 M ○	14:06 20:00	16:18 21:54	1.6F -0.6E
21 Tu	20:48	22:42	-0.6E

October

Day	Slack h m	Maximum h m	knots
13 W ◐	21:06	23:12	1.3F
14 Th	22:06	19:06	-0.2E
		21:00	-0.4E
15 F	16:24	18:00	-0.4E
		19:54	-0.3E
		21:48	-0.5E
	23:00		
16 Sa	17:18	19:06	-0.5E
		20:48	-0.4E
		22:36	-0.5E
	23:48		
17 Su	18:06	20:00	-0.5E
		21:54	-0.4E
		23:18	-0.5E
18 M	18:54	20:42	-0.6E
19 Tu	13:42 19:36	15:54 21:30	1.5F -0.6E

November

Day	Slack h m	Maximum h m	knots
11 Th ◐	20:42	22:48	1.3F
12 F	21:36	18:54	-0.3E
		20:30	-0.4E
		23:42	1.4F
13 Sa	22:30	19:42	-0.3E
		21:18	-0.4E
14 Su	16:48	18:42	-0.5E
		20:42	-0.3E
		22:06	-0.4E
	23:18		
15 M	17:42	19:30	-0.5E
		22:48	-0.4E

Day	Slack h m	Maximum h m	knots
16 Tu	18:30	20:18	-0.6E
17 W	19:18	21:06	-0.6E

December

Day	Slack h m	Maximum h m	knots
5 Su	21:24	23:24	-0.5E
6 M	22:24		
11 Sa ◑	21:00	18:48	-0.2E
		20:00	-0.3E
		23:12	1.4F
12 Su	21:54	19:42	-0.2E
		20:48	-0.3E
13 M	16:24	18:06	-0.5E
		21:36	-0.3E
	22:42		
14 Tu	17:18	19:00	-0.5E
		21:36	-0.3E
	23:24		
15 W	18:06	19:54	-0.6E
16 Th	18:54	20:42	-0.6E

Station ID: DEB0002 Depth: 18 feet
Source: NOAA/NOS/CO-OPS
Station Type: Harmonic
Time Zone: LST

NOAA Tidal Current Predictions

Delaware Bay Entrance, 2021
Latitude: 38.8536° N Longitude: 75.0770° W
Mean Flood Dir. 342° (T) Mean Ebb Dir. 152° (T)
Times and speeds of maximum and minimum current, in knots

January

Day	Slack (h m)	Maximum (h m / knots)
1 F	04:48, 11:24, 17:42	02:06 -1.8E, 08:18 2.1F, 14:24 -2.0E, 21:06 1.6F
2 Sa	00:00, 05:30, 12:06, 18:30	02:48 -1.7E, 09:00 2.1F, 15:06 -2.0E, 21:48 1.6F
3 Su	00:42, 06:18, 12:48, 19:12	03:36 -1.6E, 09:42 1.9F, 15:48 -1.9E, 22:36 1.5F
4 M	01:36, 07:12, 13:42, 20:00	04:24 -1.5E, 10:36 1.8F, 16:48 -1.7E, 23:36 1.5F
5 Tu	02:30, 08:12, 14:42, 21:00	05:30 -1.5E, 11:42 1.7F, 17:54 -1.6E
6 W	03:30, 09:24, 15:48, 22:00	00:30 1.6F, 06:30 -1.6E, 12:48 1.6F, 18:54 -1.6E
7 Th	04:36, 10:42, 17:00, 23:06	01:24 1.7F, 07:30 -1.6E, 13:54 1.6F, 20:00 -1.6E
8 F	05:36, 11:54, 18:00	02:30 1.9F, 08:42 -1.8E, 15:00 1.6F, 21:06 -1.7E
9 Sa	00:00, 06:36, 13:00, 18:54	03:24 2.1F, 09:48 -1.9E, 16:00 1.7F, 22:06 -1.9E
10 Su	00:54, 07:36, 14:06, 19:54	04:18 2.4F, 10:42 -2.1E, 16:54 1.7F, 23:00 -2.0E
11 M	01:48, 08:36, 15:06, 20:48	05:12 2.5F, 11:36 -2.1E, 17:48 1.7F, 23:48 -2.0E
12 Tu	02:42, 09:30, 16:00, 21:42	06:06 2.6F, 12:30 -2.2E, 18:54 1.6F
13 W	03:36, 10:24, 16:54, 22:36	00:42 -2.0E, 07:00 2.6F, 13:24 -2.1E, 19:48 1.7F
14 Th	04:30, 11:12, 17:48, 23:30	01:36 -2.0E, 07:54 2.6F, 14:12 -2.1E, 20:42 1.7F
15 F	05:24, 12:00, 18:36	02:30 -1.9E, 08:48 2.4F, 15:00 -2.0E, 21:30 1.7F
16 Sa	00:30, 06:24, 12:48, 19:18	03:18 -1.7E, 09:36 2.1F, 15:42 -1.8E, 22:18 1.6F
17 Su	01:24, 07:24, 13:30, 20:00	04:12 -1.5E, 10:24 1.9F, 16:30 -1.6E, 23:06 1.5F
18 M	02:18, 08:18, 14:18, 20:48	05:12 -1.4E, 11:24 1.6F, 17:24 -1.4E
19 Tu	03:12, 09:18, 15:12, 21:36	00:00 1.5F, 06:06 -1.2E, 12:18 1.4F, 18:12 -1.3E
20 W	04:06, 10:18, 16:06, 22:24	00:48 1.4F, 07:00 -1.1E, 13:06 1.3F, 19:00 -1.2E
21 Th	05:00, 11:18, 16:54, 23:12	01:36 1.3F, 07:48 -1.0E, 14:00 1.2F, 19:48 -1.2E
22 F	05:48, 12:06, 17:42, 23:48	02:24 1.3F, 08:36 -1.0E, 14:54 1.2F, 20:36 -1.3E
23 Sa	06:24, 12:48, 18:30	03:06 1.4F, 09:30 -1.1E, 15:42 1.2F, 21:30 -1.3E
24 Su	00:24, 07:06, 13:30, 19:12	03:48 1.5F, 10:12 -1.2E, 16:30 1.3F, 22:12 -1.5E
25 M	01:06, 07:42, 14:06, 20:00	04:24 1.6F, 10:48 -1.3E, 17:06 1.3F, 22:54 -1.5E
26 Tu	01:42, 08:24, 14:48, 20:48	05:00 1.7F, 11:24 -1.5E, 17:48 1.3F, 23:36 -1.6E
27 W	02:24, 09:00, 15:24, 21:30	05:42 1.8F, 12:06 -1.6E, 18:42 1.4F
28 Th	03:06, 09:42, 16:06, 22:18	00:18 -1.6E, 06:24 1.9F, 12:48 -1.8E, 19:30 1.5F
29 F	03:48, 10:18, 16:42, 23:00	01:06 -1.7E, 07:18 2.0F, 13:30 -2.0E, 20:12 1.7F
30 Sa	04:30, 11:06, 17:24, 23:42	01:54 -1.8E, 08:06 2.1F, 14:12 -2.1E, 20:48 1.8F
31 Su	05:24, 11:48, 18:06	02:36 -1.8E, 08:48 2.1F, 14:54 -2.1E, 21:30 1.9F

February

Day	Slack (h m)	Maximum (h m / knots)
1 M	00:30, 06:12, 12:36, 18:54	03:18 -1.9E, 09:30 2.1F, 15:36 -2.0E, 22:12 1.9F
2 Tu	01:12, 07:06, 13:30, 19:36	04:12 -1.9E, 10:24 2.0F, 16:30 -1.9E, 23:06 1.9F
3 W	02:06, 08:00, 14:24, 20:30	05:06 -1.9E, 11:24 1.8F, 17:30 -1.8E
4 Th	03:00, 09:06, 15:24, 21:24	00:00 1.9F, 06:06 -1.8E, 12:24 1.7F, 18:30 -1.7E
5 F	04:06, 10:18, 16:24, 22:24	00:54 2.0F, 07:06 -1.8E, 13:24 1.5F, 19:24 -1.7E
6 Sa	05:12, 11:36, 17:30, 23:30	01:54 2.1F, 08:12 -1.7E, 14:36 1.4F, 20:36 -1.6E
7 Su	06:18, 12:48, 18:30	02:54 2.2F, 09:24 -1.8E, 15:42 1.4F, 21:42 -1.7E
8 M	00:30, 07:18, 14:00, 19:36	04:00 2.3F, 10:30 -1.9E, 16:42 1.4F, 22:42 -1.8E
9 Tu	01:30, 08:24, 15:00, 20:42	04:54 2.4F, 11:24 -1.9E, 17:42 1.5F, 23:36 -1.8E
10 W	02:30, 09:18, 16:00, 21:42	05:48 2.4F, 12:24 -2.0E, 18:48 1.6F
11 Th	03:30, 10:12, 16:48, 22:36	00:36 -1.8E, 06:48 2.4F, 13:12 -2.0E, 19:48 1.7F
12 F	04:30, 11:00, 17:30, 23:30	01:30 -1.9E, 07:48 2.3F, 14:00 -2.0E, 20:36 1.9F
13 Sa	05:30, 11:42, 18:12	02:24 -1.9E, 08:36 2.2F, 14:42 -1.9E, 21:12 1.9F
14 Su	00:18, 06:24, 12:24, 18:54	03:06 -1.8E, 09:18 2.0F, 15:18 -1.8E, 21:54 1.9F
15 M	01:06, 07:12, 13:06, 19:24	03:54 -1.7E, 10:06 1.8F, 16:00 -1.7E, 22:36 1.8F
16 Tu	01:48, 07:54, 13:42, 19:54	04:36 -1.5E, 10:48 1.6F, 16:42 -1.6E, 23:18 1.6F
17 W	02:24, 08:30, 14:24, 20:30	05:24 -1.3E, 11:36 1.4F, 17:24 -1.5E, 23:54 1.5F
18 Th	03:06, 09:12, 15:06, 21:06	06:06 -1.2E, 12:24 1.3F, 18:06 -1.4E
19 F	03:54, 10:00, 15:54, 21:54	00:36 1.4F, 06:42 -1.0E, 13:12 1.1F, 18:48 -1.3E
20 Sa	04:36, 10:54, 16:48, 22:36	01:18 1.3F, 07:24 -1.0E, 14:00 1.0F, 19:36 -1.2E
21 Su	05:24, 11:48, 17:36, 23:24	02:06 1.3F, 08:18 -1.0E, 15:00 1.0F, 20:30 -1.2E
22 M	06:06, 12:30, 18:30	02:54 1.4F, 09:18 -1.1E, 15:54 1.1F, 21:30 -1.2E
23 Tu	00:12, 06:54, 13:36, 19:30	03:42 1.5F, 10:06 -1.2E, 16:42 1.1F, 22:24 -1.3E
24 W	01:00, 07:42, 14:24, 20:24	04:30 1.6F, 10:54 -1.4E, 17:24 1.3F, 23:12 -1.4E
25 Th	01:54, 08:30, 15:06, 21:18	05:12 1.7F, 11:36 -1.6E, 18:18 1.4F
26 F	02:42, 09:18, 15:48, 22:00	00:00 -1.5E, 06:00 1.8F, 12:24 -1.8E, 19:06 1.6F
27 Sa	03:30, 10:00, 16:24, 22:42	00:54 -1.7E, 07:00 2.0F, 13:12 -2.0E, 19:54 1.8F
28 Su	04:24, 10:48, 17:06, 23:24	01:36 -1.9E, 07:48 2.1F, 13:54 -2.2E, 20:30 2.1F

March

Day	Slack (h m)	Maximum (h m / knots)
1 M	05:12, 11:36, 17:48	02:24 -2.1E, 08:36 2.2F, 14:42 -2.2E, 21:06 2.2F
2 Tu	00:06, 06:06, 12:24, 18:30	03:06 -2.2E, 09:18 2.2F, 15:24 -2.2E, 21:48 2.3F
3 W	00:54, 06:54, 13:06, 19:12	03:48 -2.2E, 10:06 2.1F, 16:06 -2.1E, 22:36 2.3F
4 Th	01:42, 07:48, 13:54, 20:00	04:42 -2.1E, 11:00 1.9F, 17:00 -1.9E, 23:30 2.2F
5 F	02:36, 08:48, 14:48, 20:48	05:42 -2.0E, 12:00 1.6F, 18:00 -1.8E
6 Sa	03:36, 10:00, 15:48, 21:54	00:24 2.2F, 06:42 -1.8E, 13:00 1.4F, 19:00 -1.6E
7 Su	04:48, 11:24, 17:00, 23:00	01:24 2.2F, 07:42 -1.6E, 14:12 1.2F, 20:06 -1.5E
8 M	06:00, 12:48, 18:12	02:30 2.1F, 09:06 -1.6E, 15:30 1.1F, 21:24 -1.4E
9 Tu	00:12, 07:06, 14:00, 19:30	03:42 2.1F, 10:18 -1.7E, 16:36 1.3F, 22:30 -1.5E
10 W	01:24, 08:12, 14:54, 20:42	04:42 2.2F, 11:18 -1.8E, 17:42 1.5F, 23:30 -1.6E
11 Th	02:30, 09:06, 15:42, 21:42	05:42 2.1F, 12:06 -1.9E, 18:42 1.7F
12 F	03:36, 09:54, 16:24, 22:30	00:30 -1.8E, 06:42 2.1F, 13:00 -1.9E, 19:36 1.9F
13 Sa	04:30, 10:42, 17:06, 23:18	01:24 -1.9E, 07:36 2.1F, 13:42 -2.0E, 20:18 2.0F
14 Su	05:18, 11:18, 17:42	02:12 -1.9E, 08:18 2.1F, 14:18 -2.0E, 20:48 2.1F
15 M	00:00, 06:06, 12:00, 18:12	02:48 -1.9E, 09:00 1.9F, 14:48 -1.9E, 21:24 2.0F
16 Tu	00:36, 06:42, 12:30, 18:42	03:24 -1.8E, 09:36 1.9F, 15:24 -1.9E, 21:54 1.9F
17 W	01:06, 07:12, 13:06, 19:12	03:54 -1.6E, 10:12 1.7F, 15:54 -1.8E, 22:24 1.8F
18 Th	01:36, 07:42, 13:42, 19:36	04:30 -1.4E, 10:54 1.5F, 16:36 -1.6E, 23:00 1.6F
19 F	02:12, 08:12, 14:18, 20:12	05:06 -1.2E, 11:36 1.3F, 17:18 -1.5E, 23:42 1.5F
20 Sa	02:48, 08:48, 15:00, 20:48	05:42 -1.1E, 12:24 1.1F, 18:00 -1.3E
21 Su	03:30, 09:42, 15:54, 21:36	00:24 1.4F, 06:24 -1.0E, 13:12 0.9F, 18:48 -1.2E
22 M	04:24, 10:54, 16:54, 22:30	01:12 1.3F, 07:18 -1.0E, 14:12 0.8F, 19:42 -1.1E
23 Tu	05:18, 12:06, 18:00, 23:30	02:06 1.3F, 08:18 -1.0E, 15:24 0.9F, 20:54 -1.0E
24 W	06:12, 13:06, 19:06	03:06 1.4F, 09:36 -1.2E, 16:18 1.1F, 22:00 -1.1E
25 Th	00:30, 07:06, 14:00, 20:06	04:00 1.5F, 10:30 -1.4E, 17:06 1.3F, 22:54 -1.3E
26 F	01:30, 08:06, 14:42, 21:00	04:54 1.7F, 11:18 -1.7E, 17:48 1.6F, 23:42 -1.6E
27 Sa	02:30, 09:00, 15:24, 21:42	05:48 1.8F, 12:06 -1.9E, 18:36 1.8F
28 Su	03:24, 09:48, 16:00, 22:24	00:30 -1.9E, 06:42 2.0F, 12:54 -2.1E, 19:24 2.1F
29 M	04:12, 10:36, 16:42, 23:00	01:18 -2.1E, 07:30 2.2F, 13:36 -2.3E, 20:06 2.3F
30 Tu	05:00, 11:18, 17:18, 23:42	02:00 -2.4E, 08:18 2.4F, 14:18 -2.4E, 20:42 2.5F
31 W	05:48, 12:00, 18:00	02:42 -2.5E, 09:00 2.3F, 15:00 -2.4E, 21:24 2.6F

Station ID: DEB0002 Depth: 18 feet
Source: NOAA/NOS/CO-OPS
Station Type: Harmonic
Time Zone: LST

NOAA Tidal Current Predictions

Delaware Bay Entrance, 2021
Latitude: 38.8536° N Longitude: 75.0770° W
Mean Flood Dir. 342° (T) Mean Ebb Dir. 152° (T)
Times and speeds of maximum and minimum current, in knots

April

Day	Slack (h m)	Maximum (h m)	knots
1 Th	00:30	03:30	-2.4E
	06:42	09:48	2.1F
	12:42	15:42	-2.2E
	18:42	22:06	2.6F
2 F	01:18	04:18	-2.2E
	07:30	10:36	1.8F
	13:30	16:36	-2.0E
	19:30	23:00	2.5F
3 Sa	02:12	05:18	-1.9E
	08:30	11:36	1.4F
	14:18	17:30	-1.7E
	20:24		
4 Su ◑		00:00	2.3F
	03:18		-1.7E
	09:48	12:42	1.1F
	15:24	18:36	-1.5E
	21:24		
5 M		01:00	2.1F
	04:30	07:24	-1.5E
	11:24	14:00	1.0F
	16:48	19:48	-1.3E
	22:42		
6 Tu		02:12	1.9F
	05:42	08:54	-1.4E
	12:42	15:30	1.1F
	18:18	21:18	-1.2E
7 W	00:06	03:30	1.9F
	06:54	10:12	-1.5E
	13:48	16:36	1.3F
	19:36	22:30	-1.4E
8 Th	01:24	04:36	1.9F
	08:00	11:06	-1.7E
	14:36	17:30	1.6F
	20:42	23:30	-1.6E
9 F	02:36	05:30	1.9F
	08:48	11:48	-1.8E
	15:18	18:18	1.8F
	21:30		
10 Sa		00:24	-1.8E
	03:30	06:24	1.9F
	09:36	12:36	-1.9E
	16:00	19:06	2.0F
	22:12		
11 Su		01:06	-1.9E
	04:18	07:18	2.0F
	10:12	13:12	-1.9E
	16:30	19:48	2.1F
	22:54		
12 M ●		01:48	-1.9E
	05:00	08:00	2.0F
	10:48	13:48	-2.0E
	17:00	20:18	2.1F
	23:24		
13 Tu		02:18	-1.9E
	05:36	08:36	2.0F
	11:24	14:18	-2.0E
	17:30	20:48	2.1F
	23:54		
14 W		02:48	-1.8E
	06:06	09:06	1.9F
	12:42	15:24	-2.0E
	17:54	21:12	2.0F
15 Th	00:24	03:12	-1.7E
	06:30	09:36	1.7F
	12:24	15:18	-1.9E
	18:24	21:42	1.9F
16 F	00:54	03:42	-1.5E
	06:54	10:12	1.5F
	13:00	15:54	-1.8E
	18:54	22:12	1.8F
17 Sa	01:24	04:06	-1.4E
	07:24	10:54	1.3F
	13:30	16:30	-1.6E
	19:24	22:48	1.7F
18 Su	01:54	04:48	-1.3E
	08:00	11:36	1.0F
	14:12	17:18	-1.3E
	20:00	23:36	1.5F
19 M	02:42	05:36	-1.2E
	08:54	12:36	0.9F
	15:12	18:12	-1.1E
	20:48		
20 Tu ◐		00:24	1.4F
	03:30	06:36	-1.1E
	10:06	13:36	0.8F
	16:24	19:12	-1.0E
	21:48		
21 W		01:24	1.3F
	04:36	07:36	-1.1E
	11:30	14:48	0.9F
	17:42	20:24	-1.0E
	23:00		
22 Th		02:30	1.3F
	05:42	09:00	-1.2E
	12:30	15:54	1.2F
	18:48	21:36	-1.1E
23 F	00:12	03:42	1.5F
	06:42	10:06	-1.5E
	13:24	16:36	1.5F
	19:42	22:36	-1.4E
24 Sa	01:18	04:36	1.7F
	07:42	10:54	-1.7E
	14:12	17:18	1.7F
	20:30	23:24	-1.8E
25 Su	02:18	05:30	1.9F
	08:42	11:42	-2.0E
	14:54	18:06	2.0F
	21:12		
26 M		00:12	-2.1E
	03:12	06:18	2.1F
	09:30	12:30	-2.2E
	15:30	18:48	2.3F
	21:54		
27 Tu ○		00:54	-2.3E
	04:00	07:12	2.2F
	10:12	13:18	-2.3E
	16:12	19:36	2.6F
	22:36		
28 W		01:42	-2.5E
	04:48	07:42	2.2F
	10:54	14:00	-2.4E
	16:54	20:18	2.8F
	23:24		
29 Th		02:24	-2.5E
	05:36	08:42	2.2F
	11:36	14:48	-2.4E
	17:36	21:00	2.8F
30 F	00:12	03:06	-2.4E
	06:30	09:30	1.9F
	12:18	15:24	-2.2E
	18:18	21:48	2.7F

May

Day	Slack (h m)	Maximum (h m)	knots
1 Sa	01:00	04:00	-2.2E
	07:24	10:18	1.6F
	13:06	16:12	-1.9E
	19:06	22:36	2.5F
2 Su	01:54	04:54	-1.8E
	08:24	11:24	1.3F
	14:00	17:12	-1.6E
	20:00	23:42	2.2F
3 M ◑	03:00	06:06	-1.6E
	09:42	12:30	1.0F
	15:12	18:24	-1.3E
	21:12		
4 Tu		00:48	1.9F
	04:12	07:12	-1.4E
	11:12	13:48	1.0F
	16:48	19:42	-1.1E
	22:42		
5 W		02:00	1.7F
	05:30	08:36	-1.3E
	12:24	15:18	1.2F
	18:18	21:12	-1.2E
6 Th	00:12	03:18	1.6F
	06:36	09:54	-1.4E
	13:18	16:24	1.5F
	19:30	22:24	-1.4E
7 F	01:24	04:24	1.7F
	07:36	10:42	-1.6E
	14:06	17:06	1.7F
	20:24	23:18	-1.6E
8 Sa	02:24	05:12	1.8F
	08:24	11:24	-1.7E
	14:48	17:48	1.9F
	21:06		
9 Su		00:00	-1.8E
	03:12	06:00	1.8F
	09:06	12:00	-1.8E
	15:24	18:30	2.0F
	21:48		
10 M		00:36	-1.8E
	03:48	06:42	1.9F
	09:42	12:36	-1.9E
	15:54	19:06	2.0F
	22:18		
11 Tu ●		01:12	-1.8E
	04:24	07:24	1.9F
	10:18	13:12	-2.0E
	16:18	19:36	2.0F
	22:48		
12 W		01:42	-1.8E
	04:54	08:00	1.9F
	10:48	13:42	-2.0E
	16:48	20:06	2.1F
	23:18		
13 Th		02:12	-1.7E
	05:24	08:36	1.8F
	11:18	14:12	-2.0E
	17:12	20:36	2.1F
	23:42		
14 F		02:36	-1.7E
	05:48	09:06	1.7F
	11:48	14:48	-1.9E
	17:42	21:06	2.0F
15 Sa	00:12	03:00	-1.6E
	06:18	09:36	1.5F
	12:24	15:18	-1.8E
	18:12	21:30	1.9F
16 Su	00:42	03:30	-1.6E
	06:54	10:12	1.3F
	13:00	15:54	-1.6E
	18:48	22:06	1.8F
17 M	01:18	04:12	-1.5E
	07:30	11:06	1.1F
	13:48	16:48	-1.3E
	19:24	22:54	1.6F
18 Tu ◐	02:00	05:06	-1.4E
	08:24	12:06	1.0F
	14:48	17:48	-1.1E
	20:18	23:54	1.4F
19 W	02:54	06:06	-1.3E
	09:06	13:06	1.0F
	16:00	18:48	-1.0E
	21:24		
20 Th		00:54	1.3F
	04:06	07:12	-1.3E
	10:36	14:12	1.1F
	17:12	19:54	-1.1E
	22:42		
21 F		02:12	1.3F
	05:18	08:30	-1.3E
	11:54	15:12	1.3F
	18:12	21:12	-1.3E
	23:54		
22 Sa		03:18	1.5F
	06:18	09:36	-1.5E
	12:42	16:06	1.6F
	19:06	22:06	-1.6E
23 Su	01:00	04:18	1.8F
	07:24	10:30	-1.8E
	13:30	16:48	1.9F
	19:54	23:00	-2.0E
24 M	02:00	05:06	2.0F
	08:18	11:18	-2.0E
	14:18	17:30	2.2F
	20:42	23:48	-2.2E
25 Tu	02:54	06:00	2.1F
	09:06	12:06	-2.2E
	15:00	18:18	2.5F
	21:30		
26 W ○		00:30	-2.4E
	03:42	06:48	2.1F
	09:48	12:54	-2.3E
	15:42	19:06	2.7F
	22:18		
27 Th		01:24	-2.5E
	04:36	07:42	2.1F
	10:30	13:36	-2.4E
	16:30	19:54	2.9F
	23:06		
28 F		02:06	-2.5E
	05:24	08:30	1.9F
	11:18	14:18	-2.3E
	17:12	20:42	2.9F
29 Sa	00:00	02:54	-2.3E
	06:18	09:18	1.7F
	12:06	15:06	-2.1E
	18:00	21:30	2.7F
30 Su	00:48	03:42	-2.1E
	07:18	10:06	1.5F
	12:54	16:00	-1.8E
	18:54	22:24	2.4F
31 M	01:42	04:42	-1.7E
	08:18	11:12	1.3F
	14:00	17:06	-1.5E
	19:54	23:30	2.0F

June

Day	Slack (h m)	Maximum (h m)	knots
1 Tu	02:42	05:48	-1.5E
	09:30	12:24	1.2F
	15:18	18:18	-1.2E
	21:12		
2 W ◑		00:36	1.7F
	03:54	06:54	-1.3E
	10:42	13:36	1.2F
	16:48	19:36	-1.2E
	22:48		
3 Th		01:42	1.5F
	05:06	08:00	-1.2E
	11:48	14:54	1.3F
	18:00	21:00	-1.2E
4 F	00:06	03:00	1.5F
	06:42	09:18	-1.3E
	12:42	15:48	1.6F
	19:00	22:06	-1.4E
5 Sa	01:06	04:00	1.6F
	07:00	10:06	-1.5E
	13:24	16:36	1.7F
	19:54	22:48	-1.5E
6 Su	02:00	04:48	1.6F
	07:48	10:48	-1.6E
	14:06	17:06	1.8F
	20:36	23:24	-1.6E
7 M	02:42	05:24	1.7F
	08:30	11:18	-1.7E
	14:42	17:42	1.9F
	21:12		
8 Tu		00:00	-1.6E
	03:18	06:06	1.7F
	09:06	11:54	-1.8E
	15:06	18:18	1.9F
	21:42		
9 W		00:30	-1.6E
	03:48	06:48	1.7F
	09:36	12:30	-1.9E
	15:36	18:54	1.9F
	22:06		
10 Th ●		01:06	-1.6E
	04:18	07:30	1.6F
	10:12	13:06	-1.9E
	16:00	19:30	2.0F
	22:36		
11 F		01:36	-1.7E
	04:48	08:06	1.6F
	10:48	13:42	-1.9E
	16:30	20:00	2.0F
	23:06		
12 Sa		02:06	-1.7E
	05:18	08:36	1.6F
	11:24	14:18	-1.8E
	17:06	20:30	2.0F
	23:36		
13 Su		02:36	-1.8E
	05:48	09:12	1.5F
	12:00	14:54	-1.7E
	17:42	21:06	2.0F
14 M	00:12	03:06	-1.7E
	06:30	09:54	1.4F
	12:42	15:30	-1.5E
	18:18	21:42	1.8F
15 Tu	00:54	03:48	-1.7E
	07:12	10:42	1.3F
	13:30	16:24	-1.4E
	19:06	22:30	1.6F
16 W	01:36	04:42	-1.5E
	08:00	11:36	1.2F
	14:30	17:24	-1.2E
	20:00	23:36	1.5F
17 Th	02:30	05:48	-1.5E
	09:00	12:36	1.2F
	15:30	18:30	-1.2E
	21:06		
18 F ◐		00:42	1.4F
	03:42	06:48	-1.4E
	10:06	13:30	1.3F
	16:36	19:30	-1.3E
	22:24		
19 Sa		01:42	1.5F
	04:54	07:54	-1.4E
	11:06	14:30	1.5F
	17:36	20:36	-1.5E
	23:36		
20 Su		02:54	1.6F
	05:54	09:06	-1.6E
	12:06	15:30	1.8F
	18:30	21:42	-1.8E
21 M	00:42	03:54	1.8F
	06:54	10:00	-1.8E
	12:54	16:18	2.1F
	19:24	22:30	-2.0E
22 Tu	01:42	04:42	1.9F
	07:48	10:54	-2.0E
	13:42	17:00	2.4F
	20:18	23:24	-2.2E
23 W	02:36	05:36	1.9F
	08:36	11:42	-2.1E
	14:30	17:54	2.6F
	21:12		
24 Th ○		00:12	-2.3E
	03:30	06:30	1.8F
	09:30	12:30	-2.2E
	15:18	18:48	2.7F
	22:06		
25 F		01:06	-2.3E
	04:30	07:30	1.8F
	10:18	13:18	-2.2E
	16:06	19:42	2.8F
	22:54		
26 Sa		01:54	-2.3E
	05:24	08:06	1.7F
	11:06	14:12	-2.1E
	17:00	20:30	2.7F
	23:48		
27 Su		02:42	-2.2E
	06:18	09:12	1.7F
	12:00	15:00	-1.9E
	17:54	21:18	2.5F
28 M	00:36	03:30	-2.0E
	07:12	10:06	1.6F
	13:00	15:54	-1.7E
	18:54	22:12	2.2F
29 Tu	01:30	04:24	-1.7E
	08:00	11:06	1.5F
	14:00	17:00	-1.5E
	19:48	23:18	1.8F
30 W	02:24	05:30	-1.5E
	09:00	12:06	1.4F
	15:12	18:12	-1.3E
	21:12		

Station ID: DEB0002 Depth: 18 feet
Source: NOAA/NOS/CO-OPS
Station Type: Harmonic
Time Zone: LST

NOAA Tidal Current Predictions

Delaware Bay Entrance, 2021

Latitude: 38.8536° N Longitude: 75.0770° W
Mean Flood Dir. 342° (T) Mean Ebb Dir. 152° (T)
Times and speeds of maximum and minimum current, in knots

July

Day	Slack (h m)	Maximum (h m)	knots
1 Th ☽	03:24	00:18	1.6F
	10:00	06:24	-1.4E
	16:24	13:06	1.4F
	22:30	19:12	-1.2E
2 F	04:30	01:18	1.4F
	11:00	07:24	-1.3E
	17:30	14:06	1.4F
	23:42	20:18	-1.2E
3 Sa	05:24	02:24	1.3F
	11:54	08:18	-1.3E
	18:24	15:06	1.5F
		21:24	-1.2E
4 Su	00:36	03:24	1.4F
	06:18	09:18	-1.3E
	12:36	15:48	1.6F
	19:12	22:12	-1.3E
5 M	01:24	04:12	1.4F
	07:00	10:00	-1.5E
	13:18	16:24	1.6F
	19:48	22:48	-1.3E
6 Tu	02:06	04:48	1.5F
	07:42	10:42	-1.6E
	13:48	17:00	1.7F
	20:24	23:18	-1.4E
7 W	02:42	05:30	1.5F
	08:24	11:18	-1.7E
	14:18	17:30	1.8F
	21:00	23:54	-1.4E
8 Th	03:12	06:12	1.4F
	09:06	11:54	-1.7E
	14:54	18:06	1.8F
	21:30		
9 F	03:48	00:24	-1.5E
	09:42	06:54	1.4F
	15:24	12:36	-1.7E
	22:00	18:48	1.9F
10 Sa ●	04:18	01:00	-1.6E
	10:24	07:42	1.5F
	16:00	13:18	-1.7E
	22:36	19:30	1.9F
11 Su	04:54	01:36	-1.8E
	11:06	08:18	1.5F
	16:36	13:54	-1.7E
	23:12	20:06	2.0F
12 M	05:30	02:12	-1.9E
	11:48	08:54	1.6F
	17:18	14:36	-1.7E
	23:48	20:48	2.0F
13 Tu	06:12	02:48	-1.9E
	12:30	09:30	1.6F
	18:06	15:18	-1.6E
		21:30	1.9F
14 W	00:30	03:30	-1.8E
	06:54	10:18	1.6F
	13:18	16:06	-1.6E
	18:54	22:18	1.8F
15 Th	01:18	04:24	-1.7E
	07:36	11:06	1.6F
	14:06	17:00	-1.5E
	19:48	23:18	1.7F
16 F	02:12	05:24	-1.6E
	08:24	12:00	1.6F
	15:00	18:00	-1.6E
	20:48		
17 Sa ◐	03:18	00:18	1.6F
	09:24	06:24	-1.6E
	16:00	12:54	1.7F
	22:00	19:00	-1.6E
18 Su	04:18	01:18	1.6F
	10:24	07:24	-1.6E
	17:00	13:48	1.8F
	23:12	20:00	-1.7E
19 M	05:24	02:24	1.6F
	11:24	08:24	-1.6E
	18:00	14:48	2.0F
		21:06	-1.8E
20 Tu	00:18	03:24	1.6F
	06:18	09:30	-1.7E
	12:18	15:48	2.2F
	19:00	22:12	-2.0E
21 W	01:24	04:24	1.6F
	07:18	10:24	-1.9E
	13:12	16:36	2.4F
	20:00	23:06	-2.1E
22 Th	02:30	05:18	1.6F
	08:18	11:18	-1.9E
	14:06	17:30	2.6F
	21:00		
23 F	03:30	00:00	-2.1E
	09:12	06:18	1.6F
	15:06	12:12	-2.0E
	21:54	18:30	2.6F
24 Sa ○	04:24	00:54	-2.2E
	10:12	07:24	1.6F
	16:00	13:12	-2.0E
	22:42	19:30	2.6F
25 Su	05:18	01:48	-2.2E
	11:06	08:18	1.7F
	17:00	14:06	-2.0E
	23:36	20:24	2.5F
26 M	06:12	02:36	-2.1E
	12:06	09:06	1.8F
	18:00	15:00	-1.9E
		21:12	2.3F
27 Tu	00:24	03:18	-2.0E
	06:54	09:54	1.8F
	13:00	15:48	-1.7E
	19:00	22:00	2.1F
28 W	01:12	04:06	-1.8E
	07:36	10:42	1.8F
	13:54	16:48	-1.6E
	19:54	23:00	1.8F
29 Th	02:00	05:00	-1.6E
	08:24	11:36	1.7F
	14:48	17:48	-1.4E
	20:54	23:54	1.6F
30 F	02:48	05:48	-1.5E
	09:06	12:24	1.6F
	15:42	18:42	-1.3E
	21:54		
31 Sa ◐	03:42	00:48	1.4F
	10:00	06:42	-1.4E
	16:42	13:12	1.5F
	22:54	19:30	-1.1E

August

Day	Slack (h m)	Maximum (h m)	knots
1 Su	04:36	01:42	1.2F
	10:48	07:24	-1.3E
	17:30	14:00	1.4F
	23:48	20:24	-1.0E
2 M	05:24	02:36	1.2F
	11:36	08:18	-1.3E
	18:18	14:48	1.4F
		21:18	-1.0E
3 Tu	00:36	03:30	1.2F
	06:12	09:12	-1.3E
	12:12	15:36	1.4F
	18:54	22:00	-1.1E
4 W	01:24	04:18	1.2F
	07:00	10:00	-1.3E
	12:54	16:12	1.5F
	19:36	22:42	-1.2E
5 Th	02:06	04:54	1.2F
	07:48	10:42	-1.4E
	13:30	16:48	1.6F
	20:12	23:18	-1.3E
6 F	02:48	05:42	1.3F
	08:24	11:24	-1.5E
	14:12	17:30	1.7F
	20:54	23:54	-1.5E
7 Sa	03:24	06:30	1.3F
	09:24	12:06	-1.5E
	14:54	18:12	1.7F
	21:30		
8 Su ●	03:54	00:30	-1.6E
	10:06	07:18	1.5F
	15:36	12:54	-1.6E
	22:06	19:06	1.8F
9 M	04:30	01:18	-1.8E
	10:48	08:00	1.6F
	16:18	13:42	-1.7E
	22:48	19:48	1.9F
10 Tu	05:12	01:54	-2.0E
	11:30	08:36	1.8F
	17:06	14:24	-1.8E
	23:30	20:36	2.0F
11 W	05:48	02:36	-2.0E
	12:12	09:12	1.9F
	17:54	15:00	-1.9E
		21:18	2.0F
12 Th	00:18	03:18	-2.0E
	06:30	09:48	1.9F
	12:54	15:42	-1.9E
	18:42	22:00	2.0F
13 F	01:00	04:00	-2.0E
	07:18	10:36	1.9F
	13:36	16:36	-1.9E
	19:36	22:54	1.9F
14 Sa	01:54	05:00	-1.9E
	07:54	11:24	1.9F
	14:24	17:30	-1.9E
	20:30	23:48	1.7F
15 Su ◐	02:48	05:54	-1.8E
	08:48	12:18	2.0F
	15:24	18:30	-1.8E
	21:36		
16 M	03:48	00:48	1.6F
	09:42	06:48	-1.7E
	16:30	13:12	2.0F
	22:48	19:30	-1.8E
17 Tu	04:48	01:54	1.4F
	10:48	07:48	-1.6E
	17:36	14:18	2.1F
		20:36	-1.7E
18 W	00:06	03:06	1.3F
	05:54	09:00	-1.6E
	11:48	15:18	2.2F
	18:42	21:54	-1.8E
19 Th	01:24	04:12	1.3F
	06:54	10:06	-1.6E
	12:54	16:18	2.3F
	19:48	22:54	-1.9E
20 F	02:30	05:12	1.4F
	08:06	11:06	-1.7E
	13:54	17:18	2.4F
	20:48	23:48	-2.0E
21 Sa	03:30	06:12	1.5F
	09:42	12:06	-1.8E
	15:00	18:18	2.4F
	21:42		
22 Su ○	04:18	00:48	-2.0E
	10:12	07:18	1.7F
	16:06	13:06	-1.9E
	22:30	19:18	2.3F
23 M	05:06	01:36	-2.1E
	11:06	08:12	1.9F
	17:06	14:00	-2.0E
	23:18	20:12	2.3F
24 Tu	05:48	02:18	-2.1E
	12:00	08:54	2.1F
	18:00	14:48	-2.0E
		21:00	2.2F
25 W	00:06	03:00	-2.0E
	06:30	09:30	2.1F
	12:42	15:36	-1.9E
	18:54	21:48	2.0F
26 Th	00:48	03:42	-1.9E
	07:06	10:12	2.0F
	13:30	16:24	-1.7E
	19:36	22:30	1.8F
27 F	01:30	04:24	-1.7E
	07:42	10:54	1.8F
	14:06	17:06	-1.5E
	20:18	23:18	1.6F
28 Sa	02:06	05:06	-1.6E
	08:18	11:36	1.6F
	14:54	17:54	-1.3E
	21:00		
29 Su	02:48	00:06	1.3F
	09:00	05:54	-1.4E
	15:36	12:18	1.5F
	21:54	18:30	-1.1E
30 M ◐	03:36	00:54	1.1F
	09:36	06:36	-1.3E
	16:24	13:00	1.4F
	22:48	19:12	-0.9E
31 Tu	04:30	01:42	1.0F
	10:24	07:18	-1.2E
	17:12	13:48	1.3F
	23:48	20:00	-0.9E

September

Day	Slack (h m)	Maximum (h m)	knots
1 W	05:24	02:42	0.9F
	11:12	08:12	-1.1E
	18:00	14:36	1.3F
		21:06	-0.9E
2 Th	00:42	03:42	0.9F
	06:18	09:12	-1.1E
	12:00	15:30	1.4F
	18:42	22:00	-1.1E
3 F	01:36	04:30	1.1F
	07:18	10:12	-1.2E
	12:48	16:18	1.5F
	19:30	22:42	-1.3E
4 Sa	02:18	05:18	1.2F
	07:54	11:00	-1.3E
	13:42	17:00	1.6F
	20:18	23:24	-1.5E
5 Su	02:54	06:00	1.4F
	09:06	11:48	-1.4E
	14:30	17:48	1.7F
	21:06		
6 M	03:30	00:12	-1.7E
	09:48	06:54	1.6F
	15:18	12:36	-1.6E
	21:48	18:42	1.8F
7 Tu	04:06	00:54	-1.9E
	10:30	07:36	1.8F
	16:06	13:24	-1.8E
	22:30	19:36	2.0F
8 W	04:42	01:36	-2.1E
	11:06	08:12	2.0F
	16:54	14:06	-2.0E
	23:12	20:18	2.1F
9 Th	05:24	02:18	-2.2E
	11:48	08:54	2.2F
	17:42	14:42	-2.2E
		21:00	2.2F
10 F	00:00	03:00	-2.2E
	06:00	09:24	2.3F
	12:24	15:24	-2.3E
	18:30	21:42	2.1F
11 Sa	00:42	03:42	-2.2E
	06:48	10:06	2.3F
	13:12	16:06	-2.2E
	19:18	22:30	2.0F
12 Su	01:24	04:30	-2.0E
	07:24	10:54	2.3F
	14:00	17:06	-2.0E
	20:12	23:24	1.7F
13 M ◐	02:12	05:24	-1.9E
	08:12	11:48	2.2F
	14:54	18:00	-1.9E
	21:12		
14 Tu	03:12	00:24	1.4F
	09:06	06:18	-1.7E
	16:06	12:54	2.2F
	22:36	19:06	-1.7E
15 W	04:18	01:30	1.2F
	10:12	07:24	-1.5E
	17:18	13:48	2.1F
		20:18	-1.6E
16 Th	00:06	02:48	1.1F
	05:36	08:42	-1.4E
	11:30	15:00	2.1F
	18:24	21:42	-1.6E
17 F	01:24	04:06	1.2F
	06:54	10:00	-1.4E
	12:42	16:12	2.1F
	19:36	22:48	-1.8E
18 Sa	02:24	05:06	1.4F
	08:12	11:06	-1.6E
	14:00	17:12	2.2F
	20:36	23:42	-1.9E
19 Su	03:18	06:12	1.7F
	09:18	12:06	-1.8E
	15:06	18:12	2.2F
	21:30		
20 M ○	04:00	00:30	-2.0E
	10:06	07:06	1.9F
	16:06	13:00	-1.9E
	22:18	19:12	2.2F
21 Tu	04:42	01:18	-2.1E
	10:54	07:54	2.1F
	17:00	13:48	-2.0E
	23:00	20:00	2.2F
22 W	05:18	02:00	-2.1E
	11:42	08:30	2.2F
	17:48	14:30	-2.0E
	23:42	20:42	2.1F
23 Th	05:54	02:36	-2.1E
	12:18	09:06	2.2F
	18:30	15:12	-1.9E
		21:24	2.0F
24 F	00:18	03:12	-2.0E
	06:30	09:42	2.2F
	12:54	15:48	-1.7E
	19:06	22:00	1.8F
25 Sa	00:54	03:42	-1.9E
	07:00	10:12	1.9F
	13:30	16:18	-1.5E
	19:36	22:42	1.6F
26 Su	01:24	04:18	-1.7E
	07:24	10:48	1.7F
	14:00	16:54	-1.3E
	20:06	23:24	1.3F
27 M	02:00	05:00	-1.5E
	07:54	11:24	1.6F
	14:36	17:30	-1.1E
	20:42		
28 Tu	02:42	00:06	1.0F
	08:30	05:48	-1.3E
	15:18	12:06	1.4F
	21:30	18:12	-1.0E
29 W ◐	03:36	01:00	0.9F
	09:18	06:36	-1.1E
	16:12	12:54	1.3F
	22:48	19:00	-0.9E
30 Th	04:42	02:00	0.8F
	10:12	07:24	-1.0E
	17:06	13:48	1.2F
		20:00	-0.9E

Station ID: DEB0002 Depth: 18 feet
Source: NOAA/NOS/CO-OPS
Station Type: Harmonic
Time Zone: LST

NOAA Tidal Current Predictions

Delaware Bay Entrance, 2021
Latitude: 38.8536° N Longitude: 75.0770° W
Mean Flood Dir. 342° (T) Mean Ebb Dir. 152° (T)
Times and speeds of maximum and minimum current, in knots

October

Day	Slack h m	Maximum h m	knots		Day	Slack h m	Maximum h m	knots
1 F	00:00	03:12	0.8F		16 Sa	01:12	04:06	1.3F
	05:48	08:36	-0.9E			07:00	10:00	-1.4E
	11:12	14:48	1.2F			12:48	16:06	1.9F
	18:00	21:18	-1.0E			19:24	22:36	-1.7E
2 Sa	00:54	04:06	1.0F		17 Su	02:06	05:00	1.6F
	06:54	09:42	-1.0E			08:12	11:00	-1.6E
	12:18	15:48	1.3F			14:06	17:00	2.0F
	18:54	22:12	-1.3E			20:24	23:24	-1.8E
3 Su	01:42	04:54	1.3F		18 M	02:54	05:54	1.9F
	07:54	10:42	-1.2E			09:06	11:54	-1.8E
	13:18	16:42	1.5F			15:06	18:00	2.0F
	19:48	23:00	-1.5E			21:12		
4 M	02:24	05:36	1.5F		19 Tu		00:12	-1.9E
	08:42	11:24	-1.5E			03:36	06:42	2.1F
	14:18	17:30	1.7F			09:54	12:48	-2.0E
	20:42	23:48	-1.8E			15:54	18:54	2.1F
						21:54		
5 Tu	03:00	06:18	1.7F		20 W ○		00:54	-2.0E
	09:24	12:12	-1.8E			04:12	07:24	2.2F
	15:06	18:18	1.9F			10:36	13:30	-2.0E
	21:30					16:42	19:36	2.1F
						22:36		
6 W ●		00:30	-2.0E		21 Th		01:30	-2.1E
	03:36	07:00	2.0F			04:48	08:00	2.2F
	10:00	13:00	-2.1E			11:12	14:06	-2.0E
	15:54	19:12	2.1F			17:18	20:18	2.0F
	22:12					23:06		
7 Th		01:18	-2.2E		22 F		02:06	-2.1E
	04:18	07:42	2.2F			05:18	08:36	2.2F
	10:42	13:42	-2.3E			11:42	14:36	-1.8E
	16:36	20:00	2.2F			17:54	20:54	1.9F
	22:54					23:42		
8 F		01:54	-2.3E		23 Sa		02:36	-2.1E
	04:54	08:18	2.5F			05:48	09:00	2.1F
	11:18	14:18	-2.4E			12:18	15:06	-1.7E
	17:24	20:36	2.3F			18:24	21:24	1.8F
	23:36							
9 Sa		02:36	-2.4E		24 Su	00:12	03:06	-1.9E
	05:36	09:00	2.6F			06:12	09:30	2.0F
	12:00	15:00	-2.5E			12:42	15:30	-1.5E
	18:12	21:18	2.2F			18:54	22:00	1.5F
10 Su	00:18	03:18	-2.3E		25 M	00:48	03:42	-1.8E
	06:18	09:36	2.6F			06:42	10:00	1.8F
	12:48	15:48	-2.3E			13:12	16:00	-1.4E
	19:00	22:06	1.9F			19:18	22:42	1.2F
11 M	01:00	04:00	-2.1E		26 Tu	01:18	04:18	-1.5E
	06:54	10:24	2.5F			07:12	10:36	1.6F
	13:36	16:36	-2.1E			13:48	16:36	-1.2E
	19:54	23:00	1.5F			19:54	23:24	1.0F
12 Tu	01:48	04:54	-1.8E		27 W	02:00	05:00	-1.3E
	07:48	11:24	2.4F			07:48	11:18	1.5F
	14:36	17:42	-1.8E			14:24	17:24	-1.1E
	21:00					20:36		
13 W ◐		00:06	1.2F		28 Th ◑		00:18	0.8F
	02:42	06:00	-1.5E			02:54	05:54	-1.1E
	08:42	12:24	2.2F			08:30	12:12	1.3F
	15:48	18:48	-1.6E			15:12	18:18	-1.0E
	22:30					21:42		
14 Th		01:18	1.0F		29 F		01:18	0.8F
	04:00	07:06	-1.3E			04:06	06:54	-0.9E
	09:54	13:30	2.0F			09:24	13:06	1.2F
	17:00	20:00	-1.4E			16:18	19:12	-1.0E
						23:06		
15 F	00:00	02:42	1.0F		30 Sa		02:30	0.9F
	05:36	08:36	-1.2E			05:24	08:06	-0.9E
	11:24	14:48	1.9F			10:42	14:12	1.2F
	18:12	21:30	-1.5E			17:18	20:30	-1.1E
					31 Su	00:12	03:36	1.1F
						06:30	09:18	-1.0E
						11:54	15:24	1.3F
						18:24	21:42	-1.3E

November

Day	Slack h m	Maximum h m	knots		Day	Slack h m	Maximum h m	knots
1 M	01:00	04:18	1.4F		16 Tu	02:18	05:24	2.0F
	07:24	10:12	-1.3E			08:42	11:36	-1.8E
	13:00	16:18	1.5F			14:48	17:36	1.9F
	19:24	22:36	-1.6E			20:48	23:42	-1.9E
2 Tu	01:48	05:00	1.7F		17 W	03:00	06:06	2.1F
	08:06	11:00	-1.7E			09:30	12:18	-1.9E
	13:54	17:06	1.8F			15:36	18:24	1.9F
	20:18	23:18	-1.9E			21:24		
3 W	02:30	05:42	1.9F		18 Th		00:18	-2.0E
	08:48	11:48	-2.0E			03:36	06:48	2.1F
	14:48	17:54	2.0F			10:06	13:00	-1.9E
	21:06					16:12	19:06	1.9F
						22:00		
4 Th ●		00:06	-2.1E		19 F ○		00:54	-2.0E
	03:06	06:24	2.2F			04:06	07:24	2.1F
	09:30	12:30	-2.2E			10:36	13:36	-1.8E
	15:30	18:42	2.1F			16:48	19:48	1.9F
	21:48					22:36		
5 F		00:48	-2.3E		20 Sa		01:30	-2.0E
	03:48	07:06	2.4F			04:36	07:54	2.1F
	10:12	13:12	-2.4E			11:06	14:06	-1.7E
	16:18	19:36	2.2F			17:18	20:24	1.8F
	22:30					23:06		
6 Sa		01:36	-2.4E		21 Su		02:06	-2.0E
	04:24	07:54	2.7F			05:00	08:24	2.1F
	10:54	14:00	-2.5E			11:36	14:30	-1.6E
	17:06	20:18	2.2F			17:48	20:54	1.6F
	23:12					23:42		
7 Su		02:18	-2.4E		22 M		02:36	-1.9E
	05:06	08:36	2.8F			05:30	08:54	2.0F
	11:42	14:42	-2.5E			12:06	14:54	-1.6E
	17:54	21:00	2.0F			18:12	21:30	1.4F
	23:54							
8 M		02:54	-2.3E		23 Tu	00:12	03:06	-1.7E
	05:48	09:18	2.8F			06:00	09:24	1.9F
	12:30	15:24	-2.3E			12:36	15:24	-1.5E
	18:48	21:48	1.7F			18:48	22:06	1.2F
9 Tu	00:36	03:42	-2.0E		24 W	00:54	03:42	-1.5E
	06:36	10:06	2.6F			06:36	10:00	1.7F
	13:24	16:18	-2.0E			13:06	15:54	-1.4E
	19:48	22:42	1.4F			19:18	22:54	1.1F
10 W	01:30	04:36	-1.7E		25 Th	01:36	04:30	-1.3E
	07:30	11:06	2.3F			07:12	10:42	1.5F
	14:18	17:24	-1.7E			13:48	16:48	-1.3E
	20:54	23:54	1.1F			20:06	23:48	1.0F
11 Th ◐	02:36	05:48	-1.4E		26 F	02:30	05:30	-1.1E
	08:30	12:12	2.0F			08:00	11:36	1.3F
	15:30	18:36	-1.5E			14:36	17:48	-1.2E
	22:24					21:06		
12 F		01:06	1.1F		27 Sa ◑		00:48	1.0F
	04:06	07:06	-1.2E			03:42	06:30	-1.0E
	09:54	13:24	1.8F			09:00	12:42	1.2F
	16:48	19:48	-1.4E			15:42	18:48	-1.2E
	23:42					22:18		
13 Sa		02:30	1.2F		28 Su		01:48	1.1F
	05:36	08:30	-1.2E			04:48	07:30	-1.0E
	11:36	14:42	1.7F			10:18	13:48	1.2F
	18:00	21:12	-1.4E			16:48	19:54	-1.2E
						23:24		
14 Su	00:42	03:48	1.5F		29 M		02:48	1.3F
	06:54	09:54	-1.4E			05:48	08:42	-1.2E
	12:54	15:54	1.7F			11:30	14:54	1.4F
	19:06	22:12	-1.6E			17:54	21:12	-1.4E
15 M	01:36	04:42	1.8F		30 Tu	00:18	03:42	1.5F
	07:54	10:54	-1.7E			06:42	09:42	-1.5E
	14:00	16:48	1.8F			12:36	15:54	1.6F
	20:00	23:00	-1.8E			18:54	22:06	-1.7E

December

Day	Slack h m	Maximum h m	knots		Day	Slack h m	Maximum h m	knots
1 W	01:06	04:24	1.8F		16 Th	02:24	05:24	1.9F
	07:30	10:30	-1.8E			08:54	11:48	-1.6E
	13:30	16:42	1.8F			15:06	17:48	1.7F
	19:48	22:54	-1.9E			20:48	23:42	-1.8E
2 Th	01:48	05:06	2.1F		17 F	02:54	06:00	1.9F
	08:18	11:18	-2.1E			09:30	12:24	-1.6E
	14:24	17:30	2.0F			15:42	18:36	1.6F
	20:36	23:36	-2.1E			21:24		
3 F	02:30	05:48	2.4F		18 Sa		00:18	-1.8E
	09:06	12:06	-2.3E			03:24	06:42	1.9F
	15:12	18:18	2.0F			10:06	12:54	-1.6E
	21:24					16:12	19:18	1.6F
						22:00		
4 Sa ●		00:24	-2.2E		19 Su ○		00:54	-1.8E
	03:18	06:36	2.6F			03:54	07:18	1.9F
	09:48	12:54	-2.4E			10:30	13:24	-1.6E
	16:06	19:12	2.0F			16:48	19:54	1.5F
	22:06					22:36		
5 Su		01:12	-2.3E		20 M		01:30	-1.8E
	04:00	07:30	2.8F			04:24	07:54	1.9F
	10:36	13:42	-2.5E			11:00	13:54	-1.6E
	16:54	20:00	1.9F			17:18	20:30	1.5F
	22:48					23:12		
6 M		01:54	-2.3E		21 Tu		02:06	-1.8E
	04:42	08:18	2.8F			04:54	08:24	1.9F
	11:24	14:30	-2.4E			11:30	14:24	-1.6E
	17:48	20:48	1.8F			17:48	21:06	1.4F
	23:36					23:54		
7 Tu		02:42	-2.1E		22 W		02:42	-1.7E
	05:30	09:00	2.8F			05:30	08:54	1.9F
	12:18	15:12	-2.2E			12:00	15:00	-1.6E
	18:42	21:42	1.6F			18:18	21:42	1.4F
8 W	00:30	03:30	-1.9E		23 Th	00:36	03:24	-1.5E
	06:24	09:54	2.5F			06:06	09:30	1.7F
	13:12	16:06	-2.0E			12:36	15:30	-1.6E
	19:42	22:36	1.4F			19:00	22:24	1.3F
9 Th	01:30	04:30	-1.6E		24 F	01:18	04:06	-1.4E
	07:24	10:54	2.2F			06:54	10:12	1.6F
	14:06	17:12	-1.7E			13:18	16:18	-1.5E
	20:42	23:48	1.3F			19:42	23:18	1.2F
10 F	02:42	05:48	-1.4E		25 Sa	02:12	05:06	-1.3E
	08:36	12:00	1.8F			07:42	11:18	1.4F
	15:12	18:18	-1.5E			14:12	17:24	-1.4E
	22:00					20:30		
11 Sa ◐		00:54	1.3F		26 Su		00:12	1.3F
	04:06	07:00	-1.3E			03:06	06:06	-1.3E
	10:06	13:12	1.6F			08:42	12:18	1.4F
	16:24	19:24	-1.4E			15:12	18:24	-1.4E
	23:06					21:30		
12 Su		02:06	1.4F		27 M ◑		01:06	1.3F
	05:24	08:18	-1.3E			04:06	07:00	-1.3E
	11:30	14:24	1.5F			09:54	13:18	1.4F
	17:36	20:36	-1.4E			16:18	19:24	-1.4E
						22:36		
13 M	00:06	03:18	1.6F		28 Tu		02:00	1.5F
	06:36	09:36	-1.4E			05:06	08:00	-1.4E
	12:42	15:30	1.6F			11:06	14:24	1.5F
	18:30	21:42	-1.5E			17:24	20:30	-1.5E
						23:30		
14 Tu	01:00	04:06	1.8F		29 W		02:54	1.7F
	07:24	10:30	-1.6E			06:00	09:06	-1.6E
	13:36	16:24	1.7F			12:06	15:24	1.6F
	19:24	22:24	-1.6E			18:18	21:30	-1.7E
15 W	01:42	04:48	1.9F		30 Th	00:24	03:48	2.0F
	08:00	11:12	-1.7E			06:42	10:00	-1.9E
	14:24	17:06	1.7F			13:06	16:18	1.7F
	20:12	23:06	-1.8E			19:12	22:24	-1.9E
					31 F	01:12	04:36	2.3F
						07:48	10:54	-2.1E
						14:06	17:06	1.8F
						20:06	23:12	-2.0E

Station ID: ACT4131 Depth: 15 feet
Source: NOAA/NOS/CO-OPS
Station Type: Harmonic
Time Zone: LST

NOAA Tidal Current Predictions

Brandywine Shoal Light, 0.5nm west of, 2021
Latitude: 38.9877° N Longitude: 75.1270° W
Mean Flood Dir. 330° (T) Mean Ebb Dir. 153° (T)
Times and speeds of maximum and minimum current, in knots

January

Day	Slack (h m)	Maximum (h m)	knots
1 F	04:30, 11:00, 17:24, 23:18	01:36, 07:30, 14:12, 20:12	-1.5E, 1.7F, -1.6E, 1.5F
2 Sa	05:12, 11:36, 18:06	02:18, 08:12, 14:48, 20:54	-1.6E, 1.7F, -1.7E, 1.5F
3 Su	00:00, 06:00, 12:18, 18:48	03:00, 09:00, 15:30, 21:42	-1.6E, 1.7F, -1.7E, 1.5F
4 M	00:48, 06:48, 13:12, 19:42	03:48, 09:54, 16:24, 22:36	-1.5E, 1.6F, -1.6E, 1.5F
5 Tu	01:48, 07:54, 14:12, 20:42	04:42, 10:48, 17:24, 23:36	-1.4E, 1.5F, -1.5E, 1.5F
6 W ◐	02:54, 09:00, 15:18, 21:42	05:54, 12:00, 18:30	-1.3E, 1.4F, -1.5E
7 Th	04:06, 10:18, 16:30, 22:48	00:42, 07:06, 13:06, 19:36	1.5F, -1.4E, 1.4F, -1.5E
8 F	05:12, 11:30, 17:36, 23:42	01:42, 08:12, 14:18, 20:36	1.5F, -1.5E, 1.4F, -1.5E
9 Sa	06:12, 12:36, 18:42	02:42, 09:24, 15:24, 21:42	1.6F, -1.6E, 1.5F, -1.5E
10 Su	00:42, 07:12, 13:36, 19:36	03:42, 10:24, 16:24, 22:36	1.7F, -1.8E, 1.5F, -1.5E
11 M	01:30, 08:06, 14:30, 20:30	04:36, 11:24, 17:18, 23:30	1.8F, -1.8E, 1.5F, -1.5E
12 Tu	02:24, 09:00, 15:24, 21:24	05:30, 12:12, 18:06	1.8F, -1.8E, 1.5F
13 W ●	03:12, 09:48, 16:12, 22:12	00:24, 06:18, 13:06, 18:54	-1.4E, 1.8F, -1.8E, 1.4F
14 Th	04:06, 10:36, 17:00, 23:00	01:12, 07:06, 13:54, 19:42	-1.4E, 1.7F, -1.7E, 1.3F
15 F	04:48, 11:24, 17:42, 23:48	02:00, 07:54, 14:36, 20:30	-1.4E, 1.6F, -1.7E, 1.3F
16 Sa	05:36, 12:06, 18:24	02:42, 08:42, 15:12, 21:12	-1.3E, 1.5F, -1.6E, 1.3F
17 Su	00:36, 06:30, 12:48, 19:06	03:24, 09:30, 15:48, 21:54	-1.2E, 1.3F, -1.4E, 1.2F
18 M	01:24, 07:24, 13:36, 19:48	04:12, 10:18, 16:24, 22:42	-1.1E, 1.2F, -1.3E, 1.2F
19 Tu	02:12, 08:24, 14:24, 20:36	05:06, 11:12, 17:18, 23:36	-1.0E, 1.0F, -1.1E, 1.1F
20 W ◑	03:12, 09:30, 15:24, 21:24	06:24, 12:18, 18:18	-1.0E, 1.0F, -1.0E
21 Th	04:06, 10:36, 16:24, 22:18	00:30, 07:30, 13:18, 19:12	1.1F, -1.1E, 1.0F, -1.0E
22 F	05:00, 11:36, 17:24, 23:06	01:24, 08:24, 14:18, 20:06	1.2F, -1.2E, 1.0F, -1.0E
23 Sa	05:48, 12:24, 18:18, 23:48	02:12, 09:12, 15:12, 20:54	1.2F, -1.4E, 1.1F, -1.0E
24 Su	06:30, 13:06, 19:00	03:00, 09:54, 15:54, 21:36	1.3F, -1.4E, 1.2F, -1.1E
25 M	00:36, 07:12, 13:48, 19:36	03:42, 10:36, 16:36, 22:18	1.4F, -1.5E, 1.2F, -1.2E
26 Tu	01:18, 08:18, 14:24, 20:12	04:18, 11:12, 17:06, 23:00	1.5F, -1.6E, 1.3F, -1.3E
27 W	02:00, 08:30, 15:00, 20:48	05:00, 11:48, 17:42, 23:42	1.5F, -1.5E, 1.4F, -1.4E
28 Th ○	02:42, 09:06, 15:36, 21:30	05:36, 12:18, 18:18	1.6F, -1.6E, 1.5F
29 F	03:24, 09:48, 16:12, 22:12	00:24, 06:18, 13:00, 19:00	-1.5E, 1.7F, -1.7E, 1.6F
30 Sa	04:06, 10:30, 16:54, 22:54	01:06, 07:06, 13:42, 19:42	-1.6E, 1.8F, -1.8E, 1.6F
31 Su	04:54, 11:12, 17:36, 23:42	01:54, 07:48, 14:24, 20:30	-1.7E, 1.8F, -1.8E, 1.7F

February

Day	Slack (h m)	Maximum (h m)	knots
1 M	05:42, 12:00, 18:24	02:42, 08:42, 15:12, 21:18	-1.7E, 1.7F, -1.8E, 1.7F
2 Tu	00:36, 06:36, 12:48, 19:18	03:30, 09:36, 16:00, 22:12	-1.6E, 1.7F, -1.7E, 1.6F
3 W	01:30, 07:42, 13:48, 20:12	04:24, 10:36, 17:00, 23:06	-1.5E, 1.5F, -1.5E, 1.6F
4 Th ◐	02:36, 08:54, 15:00, 21:18	05:36, 11:42, 18:06	-1.4E, 1.4F, -1.4E
5 F	03:42, 10:06, 16:12, 22:18	00:12, 06:48, 12:54, 19:18	1.5F, -1.4E, 1.3F, -1.3E
6 Sa	04:54, 11:18, 17:24, 23:24	01:24, 08:06, 14:06, 20:24	1.5F, -1.5E, 1.3F, -1.3E
7 Su	06:00, 12:24, 18:30	02:24, 09:12, 15:12, 21:24	1.6F, -1.6E, 1.3F, -1.3E
8 M	00:18, 06:54, 13:24, 19:24	03:30, 10:12, 16:12, 22:24	1.6F, -1.7E, 1.4F, -1.4E
9 Tu	01:12, 07:48, 14:18, 20:18	04:24, 11:12, 17:06, 23:18	1.7F, -1.8E, 1.4F, -1.4E
10 W	02:06, 08:42, 15:06, 21:06	05:12, 12:00, 17:48	1.7F, -1.8E, 1.4F
11 Th ●	02:54, 09:30, 15:48, 21:54	00:06, 06:00, 12:42, 18:36	-1.4E, 1.7F, -1.7E, 1.4F
12 F	03:48, 10:12, 16:30, 22:42	00:54, 06:48, 13:24, 19:18	-1.4E, 1.6F, -1.7E, 1.4F
13 Sa	04:30, 10:54, 17:12, 23:24	01:42, 07:30, 14:06, 20:00	-1.3E, 1.5F, -1.6E, 1.4F
14 Su	05:18, 11:36, 17:48	02:24, 08:18, 14:42, 20:42	-1.3E, 1.4F, -1.5E, 1.4F
15 M	00:12, 06:12, 12:18, 18:24	03:06, 09:06, 15:12, 21:24	-1.3E, 1.3F, -1.4E, 1.4F
16 Tu	00:54, 07:06, 13:00, 19:06	03:48, 09:54, 15:54, 22:06	-1.2E, 1.2F, -1.3E, 1.3F
17 W	01:36, 08:00, 13:54, 19:48	04:36, 10:42, 16:36, 22:48	-1.2E, 1.1F, -1.1E, 1.3F
18 Th	02:24, 09:00, 14:48, 20:36	05:36, 11:42, 17:30, 23:36	-1.1E, 1.0F, -1.0E, 1.2F
19 F ◑	03:18, 10:00, 15:48, 21:24	06:42, 12:48, 18:30	-1.2E, 0.9F, -0.9E
20 Sa	04:12, 11:00, 16:48, 22:18	00:36, 07:42, 13:42, 19:24	1.2F, -1.2E, 1.0F, -0.9E
21 Su	05:06, 11:48, 17:42, 23:12	01:30, 08:30, 14:30, 20:12	1.2F, -1.3E, 1.0F, -1.0E
22 M	05:54, 12:30, 18:18	02:18, 09:12, 15:18, 21:00	1.2F, -1.3E, 1.1F, -1.1E
23 Tu	00:00, 06:36, 13:06, 19:00	03:00, 09:54, 15:54, 21:42	1.3F, -1.4E, 1.2F, -1.2E
24 W	00:42, 07:18, 13:48, 19:36	03:48, 10:30, 16:30, 22:24	1.4F, -1.5E, 1.3F, -1.3E
25 Th	01:30, 07:54, 14:24, 20:18	04:30, 11:06, 17:06, 23:12	1.5F, -1.5E, 1.5F, -1.5E
26 F	02:12, 08:36, 15:00, 21:00	05:12, 11:48, 17:48	1.7F, -1.7E, 1.6F
27 Sa ○	03:00, 09:18, 15:42, 21:48	00:00, 05:54, 12:30, 18:30	-1.6E, 1.7F, -1.8E, 1.7F
28 Su	03:48, 10:06, 16:30, 22:36	00:48, 06:42, 13:18, 19:18	-1.7E, 1.8F, -1.9E, 1.8F

March

Day	Slack (h m)	Maximum (h m)	knots
1 M	04:36, 10:54, 17:12, 23:24	01:36, 07:30, 14:06, 20:06	-1.7E, 1.8F, -1.9E, 1.8F
2 Tu	05:30, 11:42, 18:00	02:24, 08:24, 14:54, 21:00	-1.7E, 1.8F, -1.9E, 1.8F
3 W	00:18, 06:30, 12:36, 18:54	03:18, 09:24, 15:42, 21:48	-1.7E, 1.6F, -1.7E, 1.7F
4 Th	01:12, 07:30, 13:36, 19:48	04:12, 10:24, 16:36, 22:48	-1.6E, 1.5F, -1.5E, 1.6F
5 F	02:18, 08:42, 14:48, 20:48	05:18, 11:30, 17:42, 23:54	-1.5E, 1.3F, -1.3E, 1.5F
6 Sa ◐	03:24, 09:54, 16:00, 21:54	06:42, 12:42, 18:54	-1.5E, 1.2F, -1.2E
7 Su	04:36, 11:06, 17:12, 23:00	01:00, 07:54, 13:54, 20:06	1.5F, -1.5E, 1.2F, -1.2E
8 M	05:42, 12:12, 18:12	02:06, 09:00, 15:00, 21:12	1.5F, -1.6E, 1.2F, -1.2E
9 Tu	00:00, 06:36, 13:06, 19:06	03:12, 10:00, 15:54, 22:06	1.5F, -1.6E, 1.3F, -1.3E
10 W	00:54, 07:30, 13:54, 19:54	04:06, 10:48, 16:48, 23:00	1.6F, -1.7E, 1.3F, -1.3E
11 Th	01:48, 08:18, 14:42, 20:48	04:54, 11:36, 17:30, 23:54	1.6F, -1.7E, 1.4F, -1.3E
12 F	02:36, 09:00, 15:18, 21:30	05:42, 12:18, 18:06	1.6F, -1.6E, 1.4F
13 Sa ●	03:30, 09:42, 16:00, 22:18	00:36, 06:24, 12:54, 18:48	-1.3E, 1.5F, -1.6E, 1.4F
14 Su	04:18, 10:24, 16:36, 23:00	01:24, 07:06, 13:30, 19:30	-1.4E, 1.4F, -1.6E, 1.5F
15 M	05:06, 11:06, 17:12, 23:42	02:06, 07:54, 14:06, 20:12	-1.4E, 1.4F, -1.5E, 1.5F
16 Tu	05:54, 11:48, 17:48	02:48, 08:42, 14:42, 20:48	-1.4E, 1.3F, -1.4E, 1.5F
17 W	00:18, 06:42, 12:36, 18:24	03:24, 09:30, 15:18, 21:30	-1.4E, 1.2F, -1.3E, 1.4F
18 Th	01:00, 07:36, 13:24, 19:06	04:06, 10:18, 16:00, 22:12	-1.4E, 1.1F, -1.1E, 1.3F
19 F	01:48, 08:30, 14:12, 19:48	04:54, 11:06, 16:48, 22:54	-1.3E, 1.0F, -1.0E, 1.2F
20 Sa	02:36, 09:24, 15:06, 20:42	05:54, 12:00, 17:42, 23:48	-1.2E, 0.9F, -0.9E, 1.2F
21 Su ◑	03:24, 10:18, 16:00, 21:36	06:54, 12:54, 18:36	-1.2E, 0.9F, -0.9E
22 M	04:24, 11:06, 16:54, 22:30	00:42, 07:42, 13:42, 19:30	1.1F, -1.2E, 1.0F, -1.0E
23 Tu	05:12, 11:48, 17:36, 23:24	01:36, 08:24, 14:30, 20:18	1.2F, -1.2E, 1.1F, -1.1E
24 W	06:00, 12:30, 18:24	02:24, 09:06, 15:12, 21:06	1.3F, -1.3E, 1.2F, -1.2E
25 Th	00:12, 06:42, 13:06, 19:06	03:12, 09:48, 15:54, 21:54	1.4F, -1.5E, 1.4F, -1.4E
26 F	01:00, 07:24, 13:48, 19:48	04:00, 10:36, 16:42, 22:48	1.6F, -1.6E, 1.6F, -1.5E
27 Sa	01:48, 08:06, 14:36, 20:36	04:48, 11:18, 17:24, 23:36	1.7F, -1.7E, 1.7F, -1.6E
28 Su ○	02:42, 09:42, 15:18, 21:30	05:36, 12:06, 18:06	1.8F, -1.8E, 1.8F
29 M	03:36, 09:42, 16:06, 22:18	00:30, 06:24, 12:54, 19:00	-1.7E, 1.8F, -1.9E, 1.9F
30 Tu	04:24, 10:36, 16:54, 23:12	01:18, 07:18, 13:42, 19:48	-1.8E, 1.8F, -1.9E, 1.9F
31 W	05:24, 11:30, 17:42	02:12, 08:12, 14:36, 20:42	-1.8E, 1.7F, -1.8E, 1.9F

Station ID: ACT4131 Depth: 15 feet
Source: NOAA/NOS/CO-OPS
Station Type: Harmonic
Time Zone: LST

NOAA Tidal Current Predictions

Brandywine Shoal Light, 0.5nm west of, 2021

Latitude: 38.9877° N Longitude: 75.1270° W
Mean Flood Dir. 330° (T) Mean Ebb Dir. 153° (T)
Times and speeds of maximum and minimum current, in knots

April

Day	Slack (h m)	Maximum (h m)	knots
1 Th	00:00	03:06	-1.8E
	06:18	09:12	1.6F
	12:24	15:24	-1.6E
	18:30	21:30	1.8F
2 F	01:00	04:00	-1.7E
	07:24	10:12	1.4F
	13:24	16:18	-1.4E
	19:24	22:30	1.6F
3 Sa	02:00	05:06	-1.5E
	08:30	11:12	1.2F
	14:30	17:18	-1.2E
	20:24	23:30	1.5F
4 Su	03:06	06:24	-1.4E
	09:42	12:24	1.1F
	15:42	18:36	-1.1E
	21:30		
5 M		00:42	1.4F
	04:18	07:36	-1.4E
	10:48	13:36	1.1F
	16:48	19:48	-1.1E
	22:36		
6 Tu		01:48	1.4F
	05:18	08:42	-1.5E
	11:54	14:42	1.1F
	17:54	20:54	-1.1E
	23:42		
7 W		02:54	1.4F
	06:18	09:36	-1.5E
	12:42	15:36	1.2F
	18:48	21:54	-1.2E
8 Th	00:36	03:48	1.4F
	07:06	10:24	-1.5E
	13:30	16:24	1.3F
	19:36	22:48	-1.3E
9 F	01:30	04:36	1.4F
	07:48	11:06	-1.6E
	14:06	17:06	1.4F
	20:24	23:30	-1.3E
10 Sa	02:24	05:18	1.4F
	08:30	11:42	-1.5E
	14:48	17:42	1.5F
	21:06		
11 Su		00:18	-1.4E
	03:12	06:00	1.4F
	09:18	12:18	-1.5E
	15:24	18:18	1.5F
	21:48		
12 M		01:00	-1.5E
	04:00	06:48	1.4F
	10:00	13:00	-1.5E
	16:00	18:54	1.6F
	22:30		
13 Tu		01:42	-1.5E
	04:48	07:36	1.3F
	10:42	13:36	-1.4E
	16:36	19:36	1.6F
	23:12		
14 W		02:18	-1.6E
	05:30	08:18	1.3F
	11:24	14:12	-1.4E
	17:12	20:12	1.5F
	23:48		
15 Th		02:54	-1.6E
	06:18	09:06	1.2F
	12:06	14:54	-1.3E
	17:48	20:54	1.5F
16 F	00:24	03:36	-1.5E
	07:06	09:48	1.2F
	12:54	15:30	-1.2E
	18:24	21:30	1.4F
17 Sa	01:06	04:12	-1.4E
	07:48	10:30	1.1F
	13:36	16:12	-1.1E
	19:12	22:18	1.3F
18 Su	01:48	05:00	-1.2E
	08:36	11:12	1.0F
	14:18	17:00	-1.0E
	20:00	23:00	1.2F
19 M	02:42	05:54	-1.1E
	09:24	12:06	0.9F
	15:12	17:54	-1.0E
	20:54		
20 Tu		00:00	1.2F
	03:36	06:48	-1.1E
	10:12	12:54	1.0F
	16:00	18:48	-1.0E
	21:54		
21 W		00:54	1.2F
	04:30	07:42	-1.2E
	11:00	13:48	1.1F
	17:00	19:42	-1.1E
	22:48		
22 Th		01:48	1.3F
	05:18	08:30	-1.4E
	11:48	14:36	1.3F
	17:48	20:36	-1.3E
	23:42		
23 F		02:42	1.4F
	06:06	09:12	-1.5E
	12:36	15:24	1.5F
	18:36	21:30	-1.4E
24 Sa	00:36	03:36	1.6F
	06:54	10:06	-1.7E
	13:18	16:12	1.6F
	19:30	22:24	-1.6E
25 Su	01:30	04:30	1.7F
	07:42	10:54	-1.8E
	14:06	17:00	1.8F
	20:18	23:18	-1.7E
26 M	02:30	05:18	1.8F
	08:24	11:48	-1.8E
	14:54	17:48	1.9F
	21:12		
27 Tu		00:12	-1.8E
	03:24	06:12	1.8F
	09:30	12:36	-1.9E
	15:42	18:36	2.0F
	22:06		
28 W		01:12	-1.9E
	04:18	07:06	1.7F
	10:24	13:30	-1.8E
	16:30	19:30	1.9F
	22:54		
29 Th		02:06	-1.9E
	05:12	08:06	1.7F
	11:18	14:18	-1.7E
	17:18	20:24	1.9F
	23:48		
30 F		02:54	-1.9E
	06:12	09:00	1.5F
	12:12	15:06	-1.6E
	18:12	21:18	1.8F

May

Day	Slack (h m)	Maximum (h m)	knots
1 Sa	00:42	03:48	-1.7E
	07:12	09:54	1.4F
	13:12	16:00	-1.3E
	19:06	22:12	1.6F
2 Su	01:42	04:48	-1.5E
	08:12	10:54	1.2F
	14:12	17:00	-1.1E
	20:06	23:12	1.4F
3 M	02:42	06:00	-1.4E
	09:18	12:00	1.0F
	15:18	18:12	-1.0E
	21:06		
4 Tu		00:18	1.3F
	03:48	07:12	-1.3E
	10:24	13:12	1.0F
	16:24	19:30	-1.0E
	22:18		
5 W		01:24	1.2F
	04:54	08:12	-1.3E
	11:18	14:12	1.0F
	17:30	20:36	-1.0E
	23:24		
6 Th		02:24	1.2F
	05:48	09:06	-1.4E
	12:12	15:06	1.1F
	18:24	21:36	-1.1E
7 F	00:18	03:24	1.3F
	06:36	09:54	-1.4E
	12:54	15:54	1.3F
	19:12	22:24	-1.2E
8 Sa	01:12	04:12	1.3F
	07:18	10:30	-1.4E
	13:30	16:36	1.4F
	19:54	23:12	-1.4E
9 Su	02:06	05:00	1.3F
	08:06	11:12	-1.4E
	14:06	17:12	1.5F
	20:36	23:54	-1.5E
10 M	02:54	05:42	1.4F
	08:48	11:48	-1.4E
	14:48	17:48	1.6F
	21:18		
11 Tu		00:36	-1.6E
	03:42	06:24	1.4F
	09:36	12:24	-1.4E
	15:24	18:24	1.6F
	22:00		
12 W		01:18	-1.6E
	04:24	07:06	1.4F
	10:18	13:06	-1.3E
	16:00	19:00	1.6F
	22:36		
13 Th		01:54	-1.6E
	05:06	07:54	1.3F
	11:00	13:42	-1.3E
	16:36	19:42	1.6F
	23:12		
14 F		02:30	-1.6E
	05:48	08:36	1.3F
	11:42	14:24	-1.3E
	17:12	20:18	1.5F
	23:54		
15 Sa		03:00	-1.5E
	06:24	09:12	1.2F
	12:18	15:00	-1.3E
	17:54	21:00	1.5F
16 Su	00:30	03:36	-1.4E
	07:06	09:48	1.2F
	12:54	15:36	-1.2E
	18:36	21:36	1.4F
17 M	01:12	04:18	-1.3E
	07:48	10:30	1.1F
	13:36	16:24	-1.1E
	19:24	22:24	1.3F
18 Tu	01:54	05:06	-1.2E
	08:36	11:12	1.1F
	14:24	17:12	-1.1E
	20:18	23:18	1.3F
19 W	02:48	06:00	-1.2E
	09:24	12:12	1.1F
	15:18	18:12	-1.1E
	21:18		
20 Th		00:18	1.3F
	03:42	07:00	-1.3E
	10:18	13:06	1.2F
	16:18	19:12	-1.2E
	22:18		
21 F		01:18	1.3F
	04:42	07:54	-1.4E
	11:12	14:00	1.4F
	17:18	20:12	-1.3E
	23:18		
22 Sa		02:18	1.4F
	05:36	08:42	-1.6E
	12:00	14:54	1.6F
	18:18	21:12	-1.5E
23 Su		03:18	1.5F
	06:30	09:36	-1.7E
	12:54	15:48	1.7F
	19:06	22:12	-1.6E
24 M	01:18	04:12	1.6F
	07:24	10:42	-1.7E
	13:42	16:42	1.9F
	20:00	23:06	-1.8E
25 Tu	02:18	05:06	1.7F
	08:24	11:30	-1.8E
	14:30	17:30	1.9F
	20:54		
26 W		00:00	-1.9E
	03:12	06:24	1.7F
	09:18	12:18	-1.7E
	15:24	18:18	2.0F
	21:48		
27 Th		01:00	-1.9E
	04:12	06:54	1.7F
	10:12	13:12	-1.7E
	16:12	19:12	1.9F
	22:42		
28 F		01:54	-1.9E
	05:06	07:54	1.6F
	11:06	14:06	-1.6E
	17:00	20:06	1.8F
	23:36		
29 Sa		02:42	-1.8E
	06:00	08:48	1.4F
	12:00	14:54	-1.5E
	17:54	21:00	1.7F
30 Su	00:30	03:36	-1.7E
	06:54	09:36	1.3F
	12:54	15:42	-1.3E
	18:42	21:54	1.6F
31 M	01:24	04:30	-1.5E
	07:54	10:30	1.1F
	13:48	16:36	-1.1E
	19:42	22:48	1.4F

June

Day	Slack (h m)	Maximum (h m)	knots
1 Tu	02:18	05:30	-1.3E
	08:48	11:30	1.0F
	14:48	17:42	-0.9E
	20:42	23:48	1.2F
2 W	03:18	06:36	-1.2E
	09:48	12:36	1.0F
	16:00	19:06	-0.9E
	21:54		
3 Th		00:54	1.1F
	04:18	07:36	-1.2E
	10:42	13:36	1.0F
	17:00	20:12	-1.0E
	23:00		
4 F		02:00	1.1F
	05:12	08:24	-1.2E
	11:30	14:30	1.1F
	18:00	21:12	-1.1E
5 Sa	00:00	03:00	1.1F
	06:06	09:12	-1.2E
	12:12	15:18	1.3F
	18:42	22:06	-1.3E
6 Su	00:54	03:54	1.2F
	06:54	09:54	-1.3E
	12:54	16:00	1.4F
	19:24	22:48	-1.4E
7 M	01:48	04:36	1.3F
	07:36	10:36	-1.3E
	13:30	16:42	1.5F
	20:06	23:30	-1.6E
8 Tu	02:30	05:18	1.3F
	08:24	11:12	-1.3E
	14:12	17:18	1.6F
	20:42		
9 W		00:06	-1.6E
	03:18	06:00	1.4F
	09:12	11:54	-1.3E
	14:48	17:48	1.6F
	21:24		
10 Th		00:48	-1.7E
	04:00	06:42	1.4F
	09:54	12:36	-1.3E
	15:30	18:30	1.6F
	22:06		
11 F		01:24	-1.6E
	04:36	07:18	1.3F
	10:30	13:12	-1.3E
	16:06	19:06	1.6F
	22:42		
12 Sa		01:54	-1.6E
	05:12	08:00	1.3F
	11:06	13:54	-1.4E
	16:48	19:48	1.5F
	23:18		
13 Su		02:30	-1.6E
	05:48	08:36	1.3F
	11:42	14:30	-1.4E
	17:24	20:30	1.5F
	23:54		
14 M		03:00	-1.5E
	06:24	09:12	1.3F
	12:18	15:06	-1.4E
	18:06	21:12	1.5F
15 Tu	00:30	03:42	-1.4E
	07:06	09:48	1.3F
	12:54	15:54	-1.3E
	18:54	21:54	1.4F
16 W	01:18	04:24	-1.4E
	07:48	10:36	1.3F
	13:48	16:42	-1.2E
	19:48	22:48	1.4F
17 Th	02:06	05:18	-1.3E
	08:42	11:30	1.3F
	14:48	17:42	-1.2E
	20:48	23:42	1.3F
18 F	03:06	06:24	-1.4E
	09:36	12:30	1.3F
	15:48	18:48	-1.3E
	21:54		
19 Sa		00:54	1.3F
	04:12	07:24	-1.5E
	10:36	13:30	1.5F
	16:54	19:54	-1.4E
	23:06		
20 Su		02:00	1.4F
	05:18	08:18	-1.5E
	11:36	14:30	1.6F
	17:54	20:54	-1.5E
21 M	00:06	03:00	1.5F
	06:18	09:18	-1.6E
	12:30	15:30	1.7F
	18:54	21:54	-1.7E
22 Tu	01:12	04:00	1.6F
	07:12	10:18	-1.6E
	13:18	16:24	1.9F
	19:48	22:54	-1.8E
23 W	02:06	05:00	1.6F
	08:12	11:12	-1.6E
	14:12	17:12	1.9F
	20:42	23:54	-1.9E
24 Th	03:06	05:48	1.6F
	09:06	12:06	-1.6E
	15:06	18:06	1.9F
	21:36		
25 F		00:48	-1.9E
	04:00	06:42	1.6F
	10:00	13:00	-1.6E
	15:54	18:54	1.9F
	22:30		
26 Sa		01:42	-1.9E
	04:54	07:36	1.5F
	10:54	13:48	-1.5E
	16:42	19:48	1.8F
	23:18		
27 Su		02:30	-1.8E
	05:42	08:30	1.4F
	11:42	14:36	-1.4E
	17:36	20:42	1.7F
28 M	00:12	03:18	-1.7E
	06:30	09:18	1.3F
	12:30	15:24	-1.3E
	18:24	21:30	1.5F
29 Tu	01:00	04:00	-1.5E
	07:24	10:06	1.2F
	13:24	16:12	-1.1E
	19:24	22:24	1.3F
30 W	01:48	04:48	-1.3E
	08:12	10:54	1.1F
	14:24	17:18	-1.0E
	20:24	23:18	1.1F

Station ID: ACT4131 Depth: 15 feet
Source: NOAA/NOS/CO-OPS
Station Type: Harmonic
Time Zone: LST

NOAA Tidal Current Predictions

Brandywine Shoal Light, 0.5nm west of, 2021

Latitude: 38.9877° N Longitude: 75.1270° W
Mean Flood Dir. 330° (T) Mean Ebb Dir. 153° (T)
Times and speeds of maximum and minimum current, in knots

July

Day	Slack h m	Maximum h m	knots
1 Th ◑	02:42	05:42	-1.2E
	09:00	11:54	1.0F
	15:24	18:36	-0.9E
	21:30		
2 F	03:36	00:24	1.0F
	09:54	06:42	-1.1E
	16:24	12:54	1.1F
	22:36	19:48	-1.0E
3 Sa	04:36	01:30	1.0F
	10:42	07:42	-1.1E
	17:24	13:48	1.2F
	23:42	20:42	-1.2E
4 Su	05:36	02:30	1.0F
	11:30	08:30	-1.1E
	18:12	14:36	1.3F
		21:30	-1.3E
5 M	00:36	03:24	1.1F
	06:30	09:12	-1.1E
	12:12	15:24	1.4F
	18:54	22:18	-1.5E
6 Tu	01:24	04:12	1.2F
	07:12	10:00	-1.1E
	12:54	16:06	1.4F
	19:30	23:00	-1.6E
7 W	02:06	04:54	1.3F
	08:00	10:42	-1.2E
	13:36	16:42	1.5F
	20:12	23:36	-1.6E
8 Th	02:48	05:30	1.3F
	08:42	11:24	-1.2E
	14:18	17:18	1.5F
	20:54		
9 F	03:24	00:12	-1.6E
	09:18	06:06	1.4F
	15:00	12:00	-1.3E
	21:30	18:00	1.6F
10 Sa ●	04:00	00:48	-1.6E
	09:54	06:42	1.4F
	15:42	12:42	-1.4E
	22:12	18:36	1.6F
11 Su	04:36	01:18	-1.6E
	10:30	07:18	1.4F
	16:18	13:24	-1.4E
	22:48	19:18	1.6F
12 M	05:12	01:54	-1.6E
	11:06	07:54	1.4F
	17:00	14:00	-1.5E
	23:24	20:00	1.6F
13 Tu	05:48	02:30	-1.6E
	11:42	08:36	1.5F
	17:42	14:42	-1.5E
		20:42	1.6F
14 W	00:00	03:12	-1.6E
	06:24	09:18	1.5F
	12:30	15:24	-1.5E
	18:30	21:30	1.5F
15 Th	00:42	03:54	-1.6E
	07:12	10:06	1.5F
	13:18	16:18	-1.4E
	19:24	22:24	1.5F

Day	Slack h m	Maximum h m	knots
16 F	01:36	04:48	-1.5E
	08:06	11:00	1.5F
	14:18	17:18	-1.3E
	20:30	23:24	1.4F
17 Sa ◐	02:36	05:48	-1.4E
	09:06	12:00	1.5F
	15:24	18:24	-1.3E
	21:42		
18 Su	03:48	00:30	1.3F
	10:06	06:54	-1.4E
	16:36	13:06	1.5F
	22:54	19:36	-1.4E
19 M	05:00	01:42	1.4F
	11:06	08:00	-1.5E
	17:36	14:06	1.6F
		20:42	-1.6E
20 Tu	00:00	02:48	1.4F
	06:06	09:00	-1.5E
	12:06	15:06	1.7F
	18:36	21:48	-1.7E
21 W	01:00	03:48	1.5F
	07:00	10:00	-1.5E
	13:00	16:06	1.8F
	19:30	22:48	-1.8E
22 Th	02:00	04:48	1.5F
	08:00	11:00	-1.5E
	13:54	17:00	1.8F
	20:24	23:42	-1.9E
23 F	02:54	05:36	1.5F
	08:54	11:54	-1.5E
	14:48	17:54	1.8F
	21:24		
24 Sa ○	03:48	00:36	-1.9E
	09:48	06:30	1.5F
	15:36	12:42	-1.5E
	22:12	18:42	1.8F
25 Su	04:36	01:24	-1.8E
	10:36	07:18	1.4F
	16:30	13:36	-1.4E
	23:00	19:30	1.7F
26 M	05:18	02:12	-1.7E
	11:24	08:06	1.4F
	17:18	14:24	-1.4E
	23:48	20:24	1.6F
27 Tu	06:06	02:54	-1.6E
	12:12	08:54	1.3F
	18:06	15:06	-1.3E
		21:12	1.4F
28 W	00:30	03:30	-1.5E
	06:48	09:36	1.3F
	13:00	15:54	-1.2E
	19:00	22:00	1.2F
29 Th	01:12	04:12	-1.3E
	07:30	10:24	1.2F
	13:54	16:48	-1.1E
	20:00	22:48	1.1F
30 F	02:06	04:54	-1.1E
	08:12	11:12	1.2F
	14:48	18:00	-1.0E
	21:06	23:54	1.0F
31 Sa ◑	03:00	05:54	-1.0E
	09:00	12:06	1.1F
	15:42	19:12	-1.1E
	22:12		

August

Day	Slack h m	Maximum h m	knots
1 Su	04:06	01:00	0.9F
	09:54	06:54	-1.0E
	16:42	13:00	1.2F
	23:12	20:06	-1.2E
2 M	05:06	02:00	1.0F
	10:42	07:48	-1.0E
	17:30	13:54	1.2F
		20:54	-1.4E
3 Tu	00:06	02:54	1.1F
	06:00	08:36	-1.0E
	11:36	14:42	1.3F
	18:18	21:42	-1.5E
4 W	00:54	03:42	1.2F
	06:48	09:24	-1.1E
	12:18	15:30	1.3F
	19:00	22:24	-1.5E
5 Th	01:36	04:24	1.3F
	07:24	10:06	-1.1E
	13:06	16:12	1.4F
	19:36	23:06	-1.5E
6 F	02:12	05:00	1.3F
	08:06	10:48	-1.2E
	13:48	16:48	1.5F
	20:18	23:36	-1.5E
7 Sa	02:48	05:30	1.4F
	08:42	11:30	-1.3E
	14:30	17:24	1.5F
	21:00		
8 Su ●	03:24	00:12	-1.5E
	09:18	06:06	1.4F
	15:12	12:12	-1.4E
	21:36	18:06	1.6F
9 M	04:00	00:42	-1.6E
	10:00	06:42	1.5F
	15:54	12:54	-1.5E
	22:12	18:48	1.6F
10 Tu	04:36	01:24	-1.7E
	10:36	07:24	1.6F
	16:36	13:36	-1.6E
	22:54	19:30	1.7F
11 W	05:12	02:06	-1.7E
	11:18	08:06	1.6F
	17:18	14:18	-1.6E
	23:30	20:18	1.7F
12 Th	05:54	02:48	-1.8E
	12:06	08:54	1.7F
	18:12	15:06	-1.6E
		21:06	1.6F
13 F	00:18	03:30	-1.7E
	06:42	09:42	1.7F
	13:00	16:00	-1.5E
	19:06	22:00	1.5F
14 Sa	01:12	04:24	-1.6E
	07:36	10:36	1.6F
	13:54	17:00	-1.5E
	20:00	23:06	1.4F
15 Su ◐	02:18	05:24	-1.4E
	08:36	11:36	1.6F
	15:00	18:06	-1.4E
	21:24		

Day	Slack h m	Maximum h m	knots
16 M	03:30	00:12	1.3F
	09:42	06:36	-1.4E
	16:12	12:42	1.5F
	22:42	19:24	-1.5E
17 Tu	04:42	01:24	1.3F
	10:42	07:42	-1.3E
	17:18	13:48	1.6F
	23:48	20:30	-1.6E
18 W	05:54	02:36	1.3F
	11:48	08:48	-1.4E
	18:24	14:54	1.6F
		21:36	-1.7E
19 Th	00:48	03:42	1.4F
	06:54	09:54	-1.4E
	12:42	15:54	1.7F
	19:18	22:36	-1.8E
20 F	01:48	04:36	1.4F
	07:48	10:48	-1.4E
	13:36	16:48	1.8F
	20:12	23:30	-1.8E
21 Sa	02:36	05:24	1.4F
	08:36	11:42	-1.4E
	14:30	17:36	1.7F
	21:06		
22 Su ○	03:24	00:18	-1.8E
	09:30	06:12	1.4F
	15:24	12:24	-1.4E
	21:54	18:24	1.7F
23 M	04:12	01:06	-1.7E
	10:18	06:54	1.4F
	16:12	13:18	-1.4E
	22:36	19:12	1.6F
24 Tu	04:54	01:48	-1.7E
	11:06	07:42	1.4F
	17:00	14:06	-1.4E
	23:18	20:00	1.5F
25 W	05:30	02:24	-1.6E
	11:54	08:24	1.4F
	17:54	14:48	-1.3E
		20:48	1.3F
26 Th	00:00	03:00	-1.5E
	06:18	09:06	1.4F
	12:36	15:36	-1.3E
	18:48	21:36	1.2F
27 F	00:42	03:36	-1.3E
	06:48	09:48	1.4F
	13:18	16:24	-1.2E
	19:42	21:06	1.1F
28 Sa	01:30	04:18	-1.2E
	07:48	10:12	1.3F
	14:06	17:12	-1.2E
	20:42	23:24	1.0F
29 Su	02:30	05:06	-1.0E
	08:12	11:18	1.2F
	15:00	18:24	-1.2E
	21:42		
30 M ●	03:30	00:00	0.9F
	09:06	06:06	-0.9E
	15:54	12:12	1.2F
	22:42	19:24	-1.2E
31 Tu	04:30	01:24	1.0F
	10:00	07:06	-0.9E
	16:48	13:06	1.1F
	23:30	20:18	-1.3E

September

Day	Slack h m	Maximum h m	knots
1 W	05:24	02:18	1.0F
	10:54	08:00	-0.9E
	17:42	14:00	1.2F
		21:06	-1.3E
2 Th	00:18	03:00	1.1F
	06:12	08:48	-1.0E
	11:48	14:54	1.3F
	18:24	21:48	-1.4E
3 F	01:00	03:48	1.2F
	06:48	09:30	-1.1E
	12:30	15:36	1.3F
	19:06	22:24	-1.4E
4 Sa	01:36	04:18	1.3F
	07:24	10:12	-1.2E
	13:18	16:18	1.4F
	19:42	23:00	-1.5E
5 Su	02:12	05:00	1.4F
	08:06	11:00	-1.3E
	14:00	17:00	1.5F
	20:24	23:30	-1.6E
6 M	02:48	05:30	1.5F
	08:48	11:42	-1.5E
	14:42	17:36	1.6F
	21:00		
7 Tu ●	03:24	00:12	-1.7E
	09:30	06:12	1.6F
	15:30	12:24	-1.6E
	21:42	18:18	1.7F
8 W	04:06	00:54	-1.8E
	10:12	06:54	1.7F
	16:18	13:12	-1.7E
	22:24	19:06	1.7F
9 Th	04:48	01:36	-1.8E
	11:00	07:42	1.8F
	17:06	14:00	-1.7E
	23:12	20:00	1.7F
10 F	05:30	02:24	-1.8E
	11:48	08:30	1.8F
	18:00	14:48	-1.7E
		20:54	1.7F
11 Sa	00:06	03:12	-1.8E
	06:18	09:18	1.8F
	12:42	15:42	-1.7E
	19:00	21:48	1.5F
12 Su	01:00	04:00	-1.6E
	07:12	10:12	1.7F
	13:36	16:42	-1.6E
	20:06	22:48	1.4F
13 M ◐	02:06	05:00	-1.4E
	08:12	11:12	1.6F
	14:42	17:48	-1.5E
	21:12		
14 Tu	03:12	00:00	1.3F
	09:18	06:12	-1.3E
	15:54	12:24	1.5F
	22:30	19:12	-1.5E
15 W	04:30	01:12	1.2F
	10:24	07:24	-1.2E
	17:06	13:30	1.5F
	23:36	20:36	-1.6E

Day	Slack h m	Maximum h m	knots
16 Th	05:36	02:24	1.2F
	11:30	08:30	-1.2E
	18:06	14:36	1.6F
		21:24	-1.6E
17 F	00:36	03:24	1.3F
	06:36	09:36	-1.3E
	12:30	15:36	1.6F
	19:00	22:24	-1.7E
18 Sa	01:30	04:18	1.3F
	07:30	10:36	-1.3E
	13:24	16:30	1.6F
	19:54	23:12	-1.7E
19 Su	02:18	05:06	1.4F
	08:24	11:30	-1.4E
	14:18	17:18	1.6F
	20:42		
20 M ○	03:00	00:00	-1.7E
	09:12	05:48	1.4F
	15:06	12:18	-1.4E
	21:24	18:06	1.5F
21 Tu	03:42	00:36	-1.6E
	10:00	06:30	1.4F
	16:00	13:06	-1.4E
	22:12	18:48	1.5F
22 W	04:18	01:12	-1.6E
	10:42	07:12	1.5F
	16:48	13:48	-1.4E
	22:54	19:36	1.4F
23 Th	04:54	01:54	-1.5E
	11:24	07:54	1.5F
	17:36	14:30	-1.5E
	23:36	20:24	1.3F
24 F	05:30	02:30	-1.4E
	12:06	08:30	1.5F
	18:24	15:12	-1.5E
		21:12	1.2F
25 Sa	00:18	03:06	-1.3E
	06:06	09:12	1.5F
	12:42	15:54	-1.4E
	19:18	22:00	1.2F
26 Su	01:06	03:42	-1.2E
	06:48	09:54	1.4F
	13:30	16:36	-1.3E
	20:12	22:48	1.1F
27 M	01:54	04:30	-1.0E
	07:30	10:36	1.3F
	14:12	17:30	-1.3E
	21:06	23:42	1.0F
28 Tu	02:48	05:24	-0.9E
	08:24	11:30	1.2F
	15:06	18:36	-1.2E
	22:00		
29 W ○	03:48	00:42	0.9F
	09:18	06:24	-0.9E
	16:06	12:24	1.1F
	22:48	19:30	-1.2E
30 Th	04:42	01:30	1.0F
	10:18	07:18	-0.9E
	17:00	13:24	1.1F
	23:36	20:18	-1.2E

Station ID: ACT4131 Depth: 15 feet
Source: NOAA/NOS/CO-OPS
Station Type: Harmonic
Time Zone: LST

NOAA Tidal Current Predictions

Brandywine Shoal Light, 0.5nm west of, 2021

Latitude: 38.9877° N Longitude: 75.1270° W
Mean Flood Dir. 330° (T) Mean Ebb Dir. 153° (T)
Times and speeds of maximum and minimum current, in knots

October

Day	Slack	Maximum	knots
1 F		02:18	1.0F
	05:30	08:06	-1.0E
	11:12	14:12	1.2F
	17:48	20:54	-1.3E
2 Sa	00:18	03:00	1.1F
	06:12	08:54	-1.1E
	12:00	15:00	1.3F
	18:30	21:36	-1.4E
3 Su	00:54	03:42	1.3F
	06:54	09:42	-1.3E
	12:48	15:48	1.4F
	19:06	22:18	-1.5E
4 M	01:30	04:24	1.4F
	07:36	10:24	-1.4E
	13:36	16:30	1.5F
	19:48	23:00	-1.6E
5 Tu	02:12	05:00	1.6F
	08:18	11:18	-1.5E
	14:24	17:18	1.6F
	20:30	23:42	-1.7E
6 W ●	02:54	05:48	1.8F
	09:06	12:06	-1.6E
	15:12	18:00	1.7F
	21:18		
7 Th		00:30	-1.8E
	03:36	06:30	1.9F
	09:54	12:54	-1.8E
	16:00	18:48	1.7F
	22:06		
8 F		01:12	-1.9E
	04:24	07:18	1.9F
	10:42	13:48	-1.8E
	16:54	19:42	1.7F
	23:00		
9 Sa		02:06	-1.8E
	05:06	08:12	1.9F
	11:30	14:36	-1.9E
	17:48	20:42	1.7F
	23:54		
10 Su		02:54	-1.7E
	06:00	09:00	1.9F
	12:24	15:30	-1.8E
	18:48	21:36	1.5F
11 M	00:48	03:42	-1.6E
	06:48	09:54	1.8F
	13:24	16:24	-1.7E
	19:54	22:36	1.4F
12 Tu	01:48	04:42	-1.3E
	07:48	10:54	1.6F
	14:24	17:36	-1.5E
	21:00	23:42	1.2F
13 W ◐	02:54	05:48	-1.2E
	08:54	12:00	1.5F
	15:36	18:54	-1.5E
	22:12		
14 Th		00:54	1.1F
	04:12	07:06	-1.1E
	10:00	13:12	1.4F
	16:48	20:06	-1.5E
	23:18		
15 F		02:06	1.1F
	05:18	08:18	-1.1E
	11:12	14:18	1.4F
	17:48	21:06	-1.5E
16 Sa	00:18	03:06	1.2F
	06:18	09:24	-1.2E
	12:12	15:18	1.5F
	18:42	22:00	-1.6E
17 Su	01:06	04:00	1.3F
	07:12	10:24	-1.3E
	13:06	16:18	1.5F
	19:30	22:48	-1.6E
18 M	01:48	04:48	1.4F
	08:00	11:12	-1.3E
	14:00	17:00	1.5F
	20:12	23:30	-1.5E
19 Tu	02:30	05:24	1.5F
	08:48	12:00	-1.4E
	14:54	17:42	1.4F
	21:00		
20 W O		00:06	-1.5E
	03:06	06:00	1.5F
	09:54	12:48	-1.5E
	15:42	18:30	1.4F
	21:42		
21 Th		00:42	-1.5E
	03:42	06:36	1.5F
	10:12	13:30	-1.5E
	16:30	19:18	1.3F
	22:24		
22 F		01:18	-1.4E
	04:18	07:18	1.6F
	10:54	14:06	-1.6E
	17:18	20:06	1.3F
	23:12		
23 Sa		02:00	-1.4E
	04:54	08:00	1.5F
	11:30	14:48	-1.6E
	18:00	20:48	1.3F
	23:54		
24 Su		02:36	-1.3E
	05:30	08:36	1.5F
	12:48	15:24	-1.5E
	18:48	21:30	1.2F
25 M	00:36	03:12	-1.2E
	06:12	09:18	1.4F
	12:54	16:00	-1.4E
	19:36	22:18	1.1F
26 Tu	01:24	03:54	-1.1E
	06:54	10:00	1.3F
	13:36	16:48	-1.3E
	20:24	23:00	1.0F
27 W	02:06	04:42	-1.0E
	07:42	10:48	1.2F
	14:24	17:36	-1.2E
	21:12	23:48	1.0F
28 Th ◑	03:00	05:36	-0.9E
	08:36	11:42	1.1F
	15:18	18:36	-1.1E
	22:00		
29 F		00:42	1.0F
	03:48	06:30	-0.9E
	09:36	12:36	1.1F
	16:12	19:24	-1.1E
	22:48		
30 Sa		01:30	1.0F
	04:42	07:30	-1.0E
	10:30	13:30	1.2F
	17:06	20:12	-1.2E
	23:30		
31 Su		02:18	1.2F
	05:36	08:18	-1.2E
	11:30	14:24	1.3F
	17:48	20:54	-1.4E

November

Day	Slack	Maximum	knots
1 M	00:12	03:06	1.4F
	06:18	09:12	-1.3E
	12:18	15:12	1.4F
	18:30	21:36	-1.5E
2 Tu	00:54	03:48	1.5F
	07:06	10:00	-1.4E
	13:12	16:06	1.5F
	19:18	22:30	-1.6E
3 W	01:42	04:36	1.7F
	07:54	10:54	-1.6E
	14:06	16:54	1.6F
	20:06	23:18	-1.7E
4 Th ●	02:24	05:18	1.9F
	08:42	11:48	-1.7E
	14:54	17:42	1.7F
	21:00		
5 F		00:06	-1.8E
	03:12	06:06	2.0F
	09:36	12:42	-1.9E
	15:48	18:36	1.7F
	21:54		
6 Sa		00:54	-1.8E
	04:00	07:00	2.0F
	10:24	13:30	-1.9E
	16:42	19:30	1.7F
	22:48		
7 Su		01:48	-1.8E
	04:48	07:48	2.0F
	11:18	14:24	-1.9E
	17:42	20:30	1.6F
	23:42		
8 M		02:36	-1.7E
	05:42	08:48	1.9F
	12:12	15:18	-1.8E
	18:36	21:24	1.5F
9 Tu	00:36	03:30	-1.5E
	06:30	09:36	1.8F
	13:06	16:12	-1.7E
	19:36	22:18	1.3F
10 W	01:36	04:24	-1.3E
	07:30	10:36	1.6F
	14:12	17:18	-1.5E
	20:42	23:24	1.1F
11 Th ◐	02:36	05:30	-1.1E
	08:30	11:42	1.4F
	15:18	18:36	-1.4E
	21:48		
12 F		00:30	1.0F
	03:48	06:48	-1.0E
	09:42	12:54	1.3F
	16:24	19:42	-1.4E
	22:48		
13 Sa		01:42	1.0F
	05:00	08:00	-1.0E
	10:54	14:00	1.3F
	17:24	20:36	-1.4E
	23:48		
14 Su		02:42	1.1F
	06:00	09:06	-1.1E
	11:54	15:00	1.3F
	18:18	21:30	-1.4E
15 M	00:30	03:30	1.2F
	06:54	10:06	-1.2E
	12:54	15:54	1.3F
	19:00	22:12	-1.4E
16 Tu	01:12	04:18	1.4F
	07:36	10:54	-1.4E
	13:48	16:42	1.3F
	19:48	22:54	-1.4E
17 W	01:48	04:54	1.5F
	08:18	11:42	-1.5E
	14:36	17:24	1.3F
	20:30	23:30	-1.4E
18 Th	02:30	05:30	1.5F
	09:00	12:24	-1.6E
	15:24	18:06	1.4F
	21:18		
19 F O		00:12	-1.4E
	03:06	06:06	1.6F
	09:42	13:00	-1.6E
	16:06	18:54	1.4F
	22:06		
20 Sa		00:48	-1.3E
	03:48	06:48	1.6F
	10:24	13:42	-1.7E
	16:54	19:36	1.3F
	22:48		
21 Su		01:30	-1.3E
	04:24	07:24	1.6F
	11:00	14:18	-1.7E
	17:30	20:18	1.3F
	23:30		
22 M		02:06	-1.3E
	05:00	08:06	1.5F
	11:42	14:54	-1.6E
	18:12	21:00	1.3F
23 Tu	00:06	02:48	-1.3E
	05:42	08:48	1.5F
	12:18	15:24	-1.5E
	18:54	21:36	1.2F
24 W	00:42	03:24	-1.2E
	06:24	09:30	1.4F
	13:00	16:06	-1.3E
	19:36	22:18	1.1F
25 Th	01:24	04:06	-1.1E
	07:06	10:12	1.3F
	13:42	16:48	-1.2E
	20:18	23:00	1.1F
26 F ◑	02:06	04:54	-1.1E
	08:00	11:00	1.2F
	14:30	17:42	-1.1E
	21:06	23:48	1.1F
27 Sa	03:00	05:54	-1.0E
	09:00	11:54	1.1F
	15:18	18:36	-1.2E
	21:54		
28 Su		00:42	1.1F
	04:00	06:54	-1.0E
	10:00	12:54	1.2F
	16:18	19:30	-1.3E
	22:42		
29 M		01:36	1.3F
	05:00	07:48	-1.2E
	11:00	13:54	1.3F
	17:12	20:18	-1.4E
	23:36		
30 Tu		02:30	1.5F
	05:54	08:42	-1.4E
	11:54	14:48	1.4F
	18:06	21:06	-1.5E

December

Day	Slack	Maximum	knots
1 W	00:24	03:18	1.6F
	06:42	09:42	-1.5E
	12:54	15:48	1.5F
	18:54	22:00	-1.6E
2 Th	01:12	04:12	1.8F
	07:30	10:36	-1.7E
	13:48	16:42	1.6F
	19:48	22:54	-1.7E
3 F	02:00	05:00	1.9F
	08:24	11:30	-1.8E
	14:42	17:30	1.7F
	20:48	23:48	-1.7E
4 Sa ●	02:54	05:48	2.0F
	09:18	12:24	-1.9E
	15:42	18:24	1.7F
	21:42		
5 Su		00:42	-1.7E
	03:42	06:42	2.0F
	10:12	13:18	-2.0E
	16:36	19:18	1.7F
	22:36		
6 M		01:36	-1.7E
	04:30	07:36	1.9F
	11:06	14:12	-1.9E
	17:30	20:18	1.6F
	23:30		
7 Tu		02:24	-1.6E
	05:24	08:30	1.9F
	12:00	15:06	-1.8E
	18:24	21:06	1.4F
8 W	00:06	03:12	-1.5E
	06:18	09:24	1.7F
	12:54	16:00	-1.7E
	19:18	22:00	1.3F
9 Th	01:18	04:06	-1.3E
	07:12	10:18	1.5F
	13:48	16:54	-1.5E
	20:18	23:00	1.1F
10 F	02:18	05:06	-1.1E
	08:12	11:18	1.3F
	14:48	18:00	-1.3E
	21:18		
11 Sa ◐		00:00	1.0F
	03:24	06:30	-1.0E
	09:24	12:24	1.2F
	15:48	19:06	-1.2E
	22:12		
12 Su		01:06	1.0F
	04:36	07:48	-1.0E
	10:36	13:36	1.1F
	16:48	20:00	-1.2E
	23:06		
13 M		02:06	1.1F
	05:36	08:54	-1.1E
	11:42	14:36	1.1F
	17:48	20:54	-1.2E
	23:54		
14 Tu		03:00	1.2F
	06:24	09:42	-1.3E
	12:36	15:30	1.2F
	18:36	21:36	-1.2E
15 W	00:36	03:42	1.4F
	07:06	10:30	-1.4E
	13:30	16:18	1.2F
	19:24	22:18	-1.2E
16 Th	01:12	04:24	1.5F
	07:48	11:12	-1.5E
	14:18	17:06	1.3F
	20:06	23:00	-1.3E
17 F	01:54	05:00	1.5F
	08:30	11:54	-1.6E
	15:00	17:42	1.4F
	20:54	23:42	-1.3E
18 Sa	02:36	05:36	1.6F
	09:12	12:36	-1.7E
	15:42	18:24	1.4F
	21:36		
19 Su O		00:18	-1.3E
	03:18	06:18	1.6F
	09:48	13:12	-1.7E
	16:24	19:06	1.4F
	22:18		
20 M		01:00	-1.3E
	03:54	06:54	1.5F
	10:30	13:48	-1.6E
	17:00	19:48	1.4F
	22:54		
21 Tu		01:42	-1.3E
	04:36	07:36	1.5F
	11:06	14:18	-1.6E
	17:36	20:24	1.3F
	23:30		
22 W		02:18	-1.3E
	05:12	08:18	1.5F
	11:48	14:54	-1.5E
	18:12	21:00	1.3F
23 Th	00:06	02:54	-1.3E
	05:42	08:54	1.4F
	12:24	15:30	-1.4E
	18:48	21:36	1.3F
24 F	00:48	03:36	-1.3E
	06:36	09:36	1.4F
	13:00	16:06	-1.3E
	19:30	22:18	1.2F
25 Sa	01:30	04:24	-1.2E
	07:30	10:24	1.3F
	13:42	16:54	-1.3E
	20:18	23:06	1.2F
26 Su	02:24	05:18	-1.2E
	08:24	11:18	1.2F
	14:36	17:48	-1.3E
	21:06		
27 M ◑		00:00	1.3F
	03:24	06:18	-1.2E
	09:30	12:24	1.2F
	15:36	18:54	-1.3E
	22:00		
28 Tu		01:00	1.4F
	04:24	07:24	-1.3E
	10:36	13:24	1.3F
	16:42	19:48	-1.4E
	23:00		
29 W		02:00	1.5F
	05:24	08:24	-1.5E
	11:42	14:30	1.4F
	17:42	20:42	-1.5E
	23:54		
30 Th		02:54	1.7F
	06:18	09:24	-1.6E
	12:36	15:30	1.5F
	18:42	21:42	-1.6E
31 F	00:48	03:48	1.8F
	07:12	10:24	-1.8E
	13:36	16:24	1.6F
	19:36	22:36	-1.6E

Station ID: db0201 Depth: 15 feet
Source: NOAA/NOS/CO-OPS
Station Type: Harmonic
Time Zone: LST

NOAA Tidal Current Predictions

Reedy Point, 2021

Latitude: 39.5586° N Longitude: 75.5515° W
Mean Flood Dir. 353° (T) Mean Ebb Dir. 162° (T)
Times and speeds of maximum and minimum current, in knots

January

Day	Slack (h m)	Maximum (h m)	knots	Day	Slack (h m)	Maximum (h m)	knots
1 F	01:42, 08:12, 14:06, 21:12	05:30, 10:30, 18:42, 23:12	-1.9E, 2.4F, -2.2E, 1.6F	16 Sa	02:48, 09:12, 15:12, 22:06	06:54, 11:36, 19:30	-2.1E, 1.9F, -2.4E
2 Sa	02:30, 09:00, 14:54, 22:00	06:18, 11:18, 19:24, 23:54	-1.9E, 2.4F, -2.2E, 1.7F	17 Su	03:36, 10:00, 15:54, 22:48	00:42, 07:42, 12:24, 20:12	1.4F, -2.1E, 1.8F, -2.3E
3 Su	03:18, 09:48, 15:42, 22:42	07:06, 12:06, 20:06	-1.9E, 2.3F, -2.2E	18 M	04:24, 10:48, 16:42, 23:30	01:24, 08:30, 13:18, 20:54	1.5F, -2.0E, 1.7F, -2.2E
4 M	04:12, 10:48, 16:30, 23:30	00:42, 08:00, 13:00, 20:48	1.7F, -1.9E, 2.1F, -2.1E	19 Tu	05:12, 11:42, 17:24	02:06, 09:18, 14:12, 21:30	1.5F, -2.0E, 1.6F, -2.1E
5 Tu	05:06, 11:48, 17:24	01:36, 09:06, 13:54, 21:42	1.8F, -1.8E, 1.9F, -2.1E	20 W	00:12, 06:06, 12:36, 18:12	02:48, 10:06, 15:06, 22:12	1.6F, -1.9E, 1.4F, -2.1E
6 W	00:24, 06:06, 12:48, 18:24	02:30, 10:24, 14:54, 22:42	1.9F, -1.9E, 1.7F, -2.1E	21 Th	00:54, 06:54, 13:36, 19:00	03:24, 11:00, 16:06, 22:54	1.6F, -1.9E, 1.3F, -2.0E
7 Th	01:18, 07:12, 14:00, 19:18	03:30, 11:36, 16:00, 23:42	1.9F, -2.0E, 1.5F, -2.0E	22 F	01:36, 07:48, 14:30, 19:48	04:06, 11:54, 17:18, 23:36	1.7F, -2.0E, 1.2F, -2.0E
8 F	02:12, 08:12, 15:06, 20:18	04:30, 12:36, 17:12	2.0F, -2.1E, 1.3F	23 Sa	02:24, 08:36, 15:30, 20:42	04:54, 12:48, 18:18	1.8F, -2.1E, 1.2F
9 Sa	03:06, 09:18, 16:12, 21:18	00:42, 05:30, 13:36, 18:30	-2.1E, 2.0F, -2.2E, 1.3F	24 Su	03:06, 09:24, 16:24, 21:30	00:18, 05:42, 13:42, 19:06	-2.0E, 1.9F, -2.1E, 1.2F
10 Su	04:00, 10:12, 17:18, 22:18	01:42, 06:30, 14:42, 19:42	-2.1E, 2.1F, -2.4E, 1.3F	25 M	03:54, 10:12, 17:12, 22:18	01:06, 06:30, 14:30, 19:42	-1.9E, 2.0F, -2.2E, 1.2F
11 M	05:00, 11:12, 18:12, 23:18	02:42, 07:30, 15:36, 20:42	-2.1E, 2.1F, -2.5E, 1.4F	26 Tu	04:42, 11:00, 18:00, 23:06	02:00, 07:12, 15:24, 20:18	-1.9E, 2.1F, -2.2E, 1.2F
12 Tu	05:54, 12:06, 19:06	03:36, 08:24, 16:30, 21:42	-2.1E, 2.1F, -2.6E, 1.4F	27 W	05:30, 11:42, 18:42, 23:54	02:54, 07:54, 16:12, 20:54	-1.9E, 2.2F, -2.3E, 1.3F
13 W	00:12, 06:42, 12:54, 19:54	04:30, 09:18, 17:18, 22:24	-2.2E, 2.1F, -2.6E, 1.5F	28 Th	06:18, 12:24, 19:24	03:54, 08:42, 16:54, 21:30	-2.0E, 2.2F, -2.3E, 1.5F
14 Th	01:06, 07:36, 13:42, 20:42	05:18, 10:06, 18:06, 23:12	-2.2E, 2.1F, -2.6E, 1.5F	29 F	00:36, 07:06, 13:12, 20:06	04:42, 09:30, 17:36, 22:12	-2.0E, 2.3F, -2.3E, 1.6F
15 F	01:54, 08:24, 14:30, 21:24	06:06, 10:48, 18:48, 23:54	-2.2E, 2.1F, -2.5E, 1.5F	30 Sa	01:24, 08:00, 13:54, 20:48	05:30, 10:12, 18:18, 22:48	-2.0E, 2.4F, -2.3E, 1.7F
				31 Su	02:12, 08:48, 14:36, 21:30	06:18, 11:00, 19:00, 23:36	-2.1E, 2.3F, -2.3E, 1.9F

February

Day	Slack (h m)	Maximum (h m)	knots	Day	Slack (h m)	Maximum (h m)	knots
1 M	03:00, 09:42, 15:24, 22:18	07:12, 11:48, 19:48	-2.1E, 2.2F, -2.3E	16 Tu	03:48, 10:18, 16:00, 22:42	00:24, 07:54, 12:36, 20:06	1.6F, -2.0E, 1.7F, -2.1E
2 Tu	03:54, 10:36, 16:12, 23:06	00:24, 08:06, 12:42, 20:30	2.0F, -2.0E, 2.0F, -2.2E	17 W	04:30, 11:06, 16:42, 23:18	01:00, 08:36, 13:24, 20:30	1.7F, -1.9E, 1.6F, -2.1E
3 W	04:54, 11:36, 17:06, 23:54	01:12, 09:06, 13:42, 21:24	2.0F, -2.0E, 1.7F, -2.1E	18 Th	05:18, 12:00, 17:30	01:36, 09:24, 14:12, 20:48	1.7F, -1.9E, 1.4F, -2.0E
4 F	05:54, 12:42, 18:00	02:06, 10:12, 14:42, 22:18	2.0F, -2.0E, 1.5F, -2.1E	19 F	00:00, 06:06, 12:54, 18:18	02:18, 10:12, 15:00, 21:24	1.8F, -1.8E, 1.3F, -2.0E
5 F	00:48, 06:54, 13:48, 19:00	03:06, 11:24, 15:42, 23:24	2.0F, -2.0E, 1.3F, -2.0E	20 Sa	00:48, 06:54, 13:48, 19:06	03:06, 11:12, 15:54, 22:12	1.9F, -1.8E, 1.2F, -1.9E
6 Sa	01:48, 08:00, 14:54, 20:06	04:06, 12:24, 17:12	2.0F, -2.2E, 1.2F	21 Su	01:36, 07:48, 14:48, 20:00	03:54, 12:06, 16:54, 23:12	1.9F, -1.9E, 1.1F, -1.9E
7 Su	02:42, 09:00, 16:00, 21:06	00:24, 05:12, 13:24, 18:36	-2.1E, 1.9F, -2.3E, 1.2F	22 M	02:24, 08:42, 15:42, 20:54	04:48, 13:00, 17:54	1.9F, -2.0E, 1.1F
8 M	03:42, 10:06, 17:00, 22:06	01:24, 06:24, 14:24, 19:42	-2.1E, 1.9F, -2.4E, 1.3F	23 Tu	03:18, 09:36, 16:36, 21:48	00:18, 05:42, 13:54, 18:48	-1.9E, 2.0F, -2.0E, 1.2F
9 Tu	04:42, 11:00, 17:54, 23:06	02:24, 07:30, 15:18, 20:42	-2.2E, 2.0F, -2.5E, 1.4F	24 W	04:12, 10:24, 17:24, 22:36	01:24, 06:36, 14:48, 19:36	-1.9E, 2.0F, -2.1E, 1.3F
10 W	05:42, 11:54, 18:48	03:18, 08:30, 16:06, 21:30	-2.2E, 2.0F, -2.6E, 1.5F	25 Th	05:06, 11:18, 18:12, 23:24	02:30, 07:30, 15:42, 20:18	-1.9E, 2.1F, -2.2E, 1.4F
11 Th	00:00, 06:30, 12:36, 19:30	04:12, 09:18, 16:54, 22:18	-2.3E, 2.0F, -2.6E, 1.6F	26 F	06:00, 12:06, 18:54	03:36, 08:24, 16:30, 21:00	-2.0E, 2.2F, -2.3E, 1.6F
12 F	00:48, 07:18, 13:24, 20:12	05:00, 10:00, 17:42, 22:54	-2.3E, 2.0F, -2.6E, 1.6F	27 Sa	00:12, 06:54, 12:48, 19:36	04:30, 09:12, 17:12, 21:42	-2.1E, 2.2F, -2.4E, 1.8F
13 Sa	01:36, 08:06, 14:00, 20:54	05:48, 10:42, 18:18, 23:24	-2.3E, 2.0F, -2.5E, 1.6F	28 Su	01:00, 07:42, 13:36, 20:24	05:18, 10:00, 17:54, 22:30	-2.2E, 2.2F, -2.4E, 2.0F
14 Su	02:24, 08:54, 14:42, 21:30	06:30, 11:18, 19:00, 23:54	-2.2E, 1.9F, -2.4E, 1.6F				
15 M	03:06, 09:36, 15:18, 22:06	07:12, 11:54, 19:36	-2.1E, 1.8F, -2.3E				

March

Day	Slack (h m)	Maximum (h m)	knots	Day	Slack (h m)	Maximum (h m)	knots
1 M	01:54, 08:36, 14:18, 21:06	06:12, 10:48, 18:42, 23:12	-2.3E, 2.2F, -2.4E, 2.1F	16 Tu	02:30, 09:12, 14:48, 21:24	06:48, 11:30, 18:48, 23:36	-2.1E, 1.7F, -2.2E, 1.8F
2 Tu	02:42, 09:30, 15:06, 21:48	07:06, 11:36, 19:24	-2.3E, 2.0F, -2.3E	17 W	03:12, 09:54, 15:24, 21:54	07:24, 12:00, 19:06	-2.0E, 1.6F, -2.1E
3 W	03:36, 10:24, 15:54, 22:36	00:00, 08:00, 12:30, 20:12	2.2F, -2.2E, 1.8F, -2.2E	18 Th	03:48, 10:36, 16:00, 22:30	00:12, 08:00, 12:42, 19:18	1.9F, -1.9E, 1.5F, -2.0E
4 Th	04:36, 11:24, 16:48, 23:30	00:54, 08:30, 13:24, 21:00	2.2F, -2.1E, 1.6F, -2.1E	19 F	04:30, 11:24, 16:48, 23:12	00:48, 08:30, 13:30, 19:48	2.0F, -1.9E, 1.4F, -2.0E
5 F	05:36, 12:30, 17:42	01:48, 10:00, 14:30, 22:00	2.1F, -2.1E, 1.3F, -2.1E	20 Sa	05:12, 12:12, 17:36	01:36, 09:06, 14:18, 20:30	2.0F, -1.8E, 1.3F, -2.0E
6 Sa	00:24, 06:42, 13:30, 18:48	02:42, 11:06, 15:42, 23:06	2.0F, -2.1E, 1.2F, -2.1E	21 Su	00:00, 06:06, 13:06, 18:24	02:24, 10:12, 15:06, 21:24	2.1F, -1.8E, 1.2F, -1.9E
7 Su	01:24, 07:42, 14:36, 19:54	03:48, 12:06, 17:24	1.9F, -2.2E, 1.2F	22 M	00:54, 07:00, 14:06, 19:18	03:12, 11:18, 16:00, 22:24	2.0F, -1.8E, 1.2F, -1.9E
8 M	02:30, 08:48, 15:42, 20:54	00:06, 05:06, 13:00, 18:36	-2.1E, 1.8F, -2.3E, 1.3F	23 Tu	01:48, 08:00, 15:00, 20:18	04:06, 12:18, 17:00, 23:42	2.0F, -1.9E, 1.2F, -1.9E
9 Tu	03:30, 09:48, 16:42, 22:00	01:06, 06:30, 14:00, 19:30	-2.2E, 1.8F, -2.4E, 1.5F	24 W	02:48, 08:54, 15:54, 21:12	05:06, 13:18, 18:00	2.0F, -2.0E, 1.3F
10 W	04:30, 10:48, 17:36, 22:54	02:06, 07:36, 14:54, 20:24	-2.3E, 1.9F, -2.5E, 1.6F	25 Th	03:48, 09:54, 16:48, 22:06	00:54, 06:06, 14:12, 18:54	-1.9E, 2.0F, -2.1E, 1.4F
11 Th	05:30, 11:36, 18:24, 23:48	03:00, 08:24, 15:42, 21:12	-2.4E, 1.9F, -2.6E, 1.7F	26 F	04:42, 10:48, 17:36, 23:00	02:06, 07:06, 15:06, 19:48	-2.0E, 2.0F, -2.2E, 1.6F
12 F	06:18, 12:18, 19:06	03:54, 09:18, 16:30, 21:54	-2.4E, 2.0F, -2.6E, 1.7F	27 Sa	05:42, 11:36, 18:24, 23:54	03:12, 08:00, 16:00, 20:30	-2.1E, 2.1F, -2.3E, 1.8F
13 Sa	00:30, 06:54, 12:54, 19:42	04:42, 10:12, 17:12, 22:30	-2.4E, 2.0F, -2.5E, 1.7F	28 Su	06:36, 12:24, 19:06	04:12, 08:54, 16:48, 21:18	-2.3E, 2.1F, -2.3E, 2.0F
14 Su	01:12, 07:48, 13:30, 20:18	05:24, 10:30, 17:48, 22:54	-2.4E, 1.9F, -2.4E, 1.7F	29 M	00:42, 07:30, 13:12, 19:48	05:06, 09:42, 17:30, 22:06	-2.4E, 2.1F, -2.3E, 2.2F
15 M	01:54, 08:30, 14:12, 20:48	06:06, 10:18, 18:24, 23:12	-2.3E, 1.8F, -2.3E, 1.7F	30 Tu	01:30, 08:24, 13:54, 20:36	06:00, 10:30, 18:12, 22:48	-2.5E, 2.0F, -2.3E, 2.4F
				31 W	02:24, 09:18, 14:42, 21:24	06:54, 11:18, 19:00, 23:36	-2.5E, 1.8F, -2.3E, 2.4F

Station ID: db0201 Depth: 15 feet
Source: NOAA/NOS/CO-OPS
Station Type: Harmonic
Time Zone: LST

NOAA Tidal Current Predictions

Reedy Point, 2021

Latitude: 39.5586° N Longitude: 75.5515° W
Mean Flood Dir. 353° (T) Mean Ebb Dir. 162° (T)
Times and speeds of maximum and minimum current, in knots

April

Day	Slack (h m)	Maximum (h m, knots)
1 Th	03:18, 10:12, 15:36, 22:12	07:48 -2.4E, 12:12 1.6F, 19:54 -2.2E
2 F	04:18, 11:12, 16:30, 23:06	00:30 2.3F, 08:42 -2.3E, 13:12 1.4F, 20:48 -2.1E
3 Sa	05:18, 12:12, 17:30	01:24 2.1F, 09:42 -2.3E, 14:24 1.3F, 21:42 -2.1E
4 Su	00:06, 06:18, 13:18, 18:36	02:24 1.9F, 10:42 -2.2E, 15:54 1.2F, 22:48 -2.1E
5 M	01:12, 07:24, 14:18, 19:42	03:36 1.8F, 11:42 -2.3E, 17:18 1.3F, 23:48 -2.2E
6 Tu	02:12, 08:30, 15:18, 20:48	05:12 1.7F, 12:36 -2.4E, 18:18 1.5F
7 W	03:18, 09:30, 16:12, 21:48	00:48 -2.3E, 06:30 1.8F, 13:30 -2.5E, 19:12 1.7F
8 Th	04:18, 10:18, 17:00, 22:42	01:42 -2.4E, 07:30 1.8F, 14:24 -2.5E, 20:06 1.8F
9 F	05:12, 11:06, 17:48, 23:30	02:36 -2.5E, 08:18 1.9F, 15:12 -2.5E, 20:48 1.9F
10 Sa	06:00, 11:48, 18:30	03:30 -2.5E, 09:06 1.9F, 15:54 -2.5E, 21:30 1.9F
11 Su	00:12, 06:48, 12:24, 19:06	04:18 -2.5E, 09:42 1.9F, 16:36 -2.4E, 22:00 1.9F
12 M	00:48, 07:30, 13:00, 19:36	05:00 -2.4E, 10:12 1.8F, 17:12 -2.3E, 22:18 1.9F
13 Tu	01:24, 08:12, 13:36, 20:12	05:42 -2.3E, 10:36 1.7F, 17:42 -2.2E, 22:30 1.9F
14 W	02:00, 08:48, 14:12, 20:48	06:18 -2.2E, 11:00 1.6F, 18:06 -2.0E, 23:00 2.0F
15 Th	02:36, 09:24, 14:48, 21:12	06:54 -2.1E, 11:30 1.6F, 18:12 -2.0E, 23:30 2.1F
16 F	03:12, 10:06, 15:30, 21:54	07:24 -2.0E, 12:12 1.5F, 18:30 -2.0E
17 Sa	03:48, 10:54, 16:12, 22:36	00:12 2.2F, 07:48 -1.9E, 12:54 1.4F, 19:12 -2.0E
18 Su	04:30, 11:42, 17:00, 23:24	00:54 2.2F, 08:00 -1.9E, 13:42 1.4F, 20:00 -1.9E
19 M	05:18, 12:30, 17:48	01:48 2.2F, 08:36 -1.9E, 14:30 1.4F, 20:48 -1.9E
20 Tu	00:18, 06:18, 13:24, 18:48	02:36 2.1F, 10:12 -1.8E, 15:24 1.3F, 21:48 -1.8E
21 W	01:18, 08:18, 14:24, 19:48	03:36 2.0F, 11:36 -1.9E, 16:24 1.4F, 23:06 -1.8E
22 Th	02:18, 08:18, 15:18, 20:42	04:36 1.9F, 12:42 -2.0E, 17:24 1.5F
23 F	03:24, 09:18, 16:06, 21:42	00:42 -1.9E, 05:36 1.9F, 13:36 -2.0E, 18:24 1.6F
24 Sa	04:24, 10:12, 17:00, 22:36	01:48 -2.0E, 06:42 1.9F, 14:30 -2.1E, 19:12 1.8F
25 Su	05:24, 11:06, 17:48, 23:30	02:54 -2.2E, 07:42 1.9F, 15:24 -2.2E, 20:06 2.1F
26 M	06:24, 11:54, 18:30	03:54 -2.4E, 08:36 1.9F, 16:18 -2.2E, 20:54 2.3F
27 Tu	00:24, 07:18, 12:42, 19:18	04:54 -2.5E, 09:30 1.8F, 17:00 -2.2E, 21:42 2.4F
28 W	01:12, 08:12, 13:30, 20:06	05:48 -2.6E, 10:18 1.7F, 17:48 -2.2E, 22:24 2.5F
29 Th	02:06, 09:06, 14:24, 20:54	06:36 -2.6E, 11:06 1.6F, 18:42 -2.2E, 23:12 2.4F
30 F	03:00, 10:00, 15:18, 21:48	07:30 -2.5E, 12:00 1.5F, 19:30 -2.1E

May

Day	Slack (h m)	Maximum (h m, knots)
1 Sa	03:54, 10:54, 16:18, 22:48	00:06 2.3F, 08:24 -2.4E, 13:06 1.3F, 20:30 -2.1E
2 Su	04:54, 11:54, 17:18, 23:48	01:06 2.0F, 09:18 -2.3E, 14:24 1.3F, 21:24 -2.1E
3 M	06:00, 12:54, 18:24	02:12 1.8F, 10:18 -2.3E, 15:48 1.3F, 22:24 -2.1E
4 Tu	00:54, 07:00, 13:54, 19:24	03:30 1.7F, 11:12 -2.3E, 16:54 1.5F, 23:24 -2.2E
5 W	01:54, 08:00, 14:48, 20:30	05:06 1.6F, 12:12 -2.4E, 18:00 1.7F
6 Th	03:00, 08:54, 15:42, 21:24	00:24 -2.4E, 06:12 1.7F, 13:00 -2.5E, 18:48 1.8F
7 F	04:00, 09:42, 16:30, 22:18	01:18 -2.5E, 07:06 1.8F, 13:48 -2.5E, 19:36 1.9F
8 Sa	04:54, 10:30, 17:12, 23:06	02:12 -2.5E, 07:54 1.8F, 14:30 -2.4E, 20:18 2.0F
9 Su	05:42, 11:12, 17:48, 23:48	03:00 -2.5E, 08:42 1.8F, 15:18 -2.4E, 21:00 2.0F
10 M	06:30, 11:48, 18:24	03:54 -2.5E, 09:18 1.7F, 16:00 -2.3E, 21:24 2.0F
11 Tu	00:24, 07:12, 12:30, 19:00	04:36 -2.4E, 09:54 1.6F, 16:36 -2.1E, 21:36 2.0F
12 W	00:54, 07:48, 13:06, 19:30	05:18 -2.4E, 10:18 1.5F, 17:06 -2.0E, 21:54 2.1F
13 Th	01:30, 08:24, 13:42, 20:06	05:54 -2.2E, 10:36 1.5F, 17:24 -1.9E, 22:24 2.2F
14 F	02:00, 09:06, 14:18, 20:42	06:30 -2.1E, 11:06 1.5F, 17:36 -1.9E, 23:00 2.3F
15 Sa	02:36, 09:42, 15:00, 21:18	07:00 -2.1E, 11:42 1.5F, 18:00 -1.9E, 23:42 2.3F
16 Su	03:12, 10:24, 15:42, 22:06	07:30 -2.0E, 12:24 1.5F, 18:42 -1.9E
17 M	03:54, 11:12, 16:30, 22:54	00:24 2.3F, 07:54 -2.0E, 13:06 1.5F, 19:30 -1.9E
18 Tu	04:48, 12:00, 17:18, 23:48	01:18 2.2F, 08:18 -2.0E, 14:00 1.5F, 20:24 -1.8E
19 W	05:42, 12:54, 18:18	02:12 2.1F, 09:24 -1.9E, 14:54 1.5F, 21:24 -1.8E
20 Th	00:54, 06:42, 13:48, 19:18	03:06 2.0F, 10:54 -1.9E, 15:48 1.6F, 22:54 -1.8E
21 F	01:54, 07:42, 14:36, 20:18	04:06 1.9F, -2.0E, 16:48 1.7F
22 Sa	03:00, 08:42, 15:30, 21:18	00:30 -1.9E, 05:12 1.8F, 13:00 -2.0E, 17:48 1.9F
23 Su	04:06, 09:36, 16:24, 22:12	01:36 -2.1E, 06:18 1.7F, 13:54 -2.1E, 18:42 2.1F
24 M	05:12, 10:36, 17:12, 23:12	02:36 -2.2E, 08:42 1.6F, 14:54 -2.1E, 19:36 2.2F
25 Tu	06:12, 11:24, 18:00	03:42 -2.4E, 08:18 1.6F, 15:48 -2.1E, 20:24 2.4F
26 W	00:00, 07:06, 12:18, 18:54	04:36 -2.6E, 09:54 1.6F, 16:42 -2.1E, 21:18 2.5F
27 Th	00:54, 08:00, 13:12, 19:42	05:30 -2.6E, 10:06 1.5F, 17:30 -2.1E, 22:06 2.5F
28 F	01:48, 08:54, 14:06, 20:36	06:24 -2.6E, 11:00 1.5F, 18:24 -2.1E, 22:54 2.4F
29 Sa	02:42, 09:42, 15:18, 21:30	07:12 -2.6E, 11:54 1.4F, 19:18 -2.1E, 23:48 2.2F
30 Su	03:36, 10:36, 16:00, 22:24	08:06 -2.5E, 12:54 1.4F, 20:06 -2.1E
31 M	04:36, 11:30, 17:00, 23:24	00:42 2.0F, 09:00 -2.4E, 14:18 1.4F, 21:06 -2.1E

June

Day	Slack (h m)	Maximum (h m, knots)
1 Tu	05:30, 12:24, 18:00	01:54 1.8F, 09:48 -2.4E, 15:24 1.5F, 22:00 -2.2E
2 W	00:30, 06:30, 13:18, 19:00	03:12 1.6F, 10:42 -2.3E, 16:30 1.6F, 23:00 -2.2E
3 Th	01:30, 07:24, 14:12, 20:00	04:36 1.6F, 11:36 -2.4E, 17:24 1.7F
4 F	02:30, 08:12, 15:00, 20:54	00:00 -2.3E, 05:42 1.6F, 12:24 -2.4E, 18:18 1.9F
5 Sa	03:30, 09:00, 15:42, 21:48	00:48 -2.4E, 06:36 1.7F, 13:06 -2.4E, 19:00 2.0F
6 Su	04:24, 09:48, 16:24, 22:30	01:42 -2.4E, 07:24 1.7F, 13:54 -2.3E, 19:42 2.0F
7 M	05:18, 10:30, 17:06, 23:12	02:36 -2.5E, 08:12 1.6F, 14:36 -2.2E, 20:18 2.0F
8 Tu	06:06, 11:12, 17:42, 23:54	03:24 -2.4E, 08:54 1.5F, 15:18 -2.1E, 20:36 2.0F
9 W	06:48, 11:54, 18:24	04:06 -2.4E, 09:30 1.5F, 15:54 -2.0E, 20:54 2.0F
10 Th	00:30, 07:24, 12:36, 19:00	04:48 -2.4E, 09:54 1.4F, 16:30 -1.9E, 21:24 2.1F
11 F	01:00, 08:18, 13:12, 19:36	05:30 -2.3E, 10:12 1.4F, 17:00 -1.9E, 21:54 2.2F
12 Sa	01:36, 08:42, 13:54, 20:12	06:06 -2.2E, 10:42 1.4F, 17:24 -1.9E, 22:36 2.3F
13 Su	02:12, 09:18, 14:36, 21:00	06:42 -2.1E, 11:12 1.5F, 17:48 -1.9E, 23:18 2.4F
14 M	02:48, 10:00, 15:18, 21:42	07:12 -2.1E, 11:54 1.6F, 18:30 -1.9E
15 Tu	03:36, 10:42, 16:06, 22:36	00:00 2.3F, 07:48 -2.1E, 12:42 1.6F, 19:18 -1.9E
16 W	04:24, 11:30, 16:54, 23:30	00:54 2.2F, 08:18 -2.1E, 13:36 1.7F, 20:12 -1.8E
17 Th	05:12, 12:24, 17:54	01:48 2.1F, 09:12 -2.1E, 14:24 1.7F, 21:18 -1.8E
18 F	00:30, 06:12, 13:12, 18:54	02:42 1.9F, 10:12 -2.0E, 15:24 1.8F, 23:00 -1.8E
19 Sa	01:36, 07:12, 14:06, 19:54	03:42 1.7F, 11:24 -2.0E, 16:18 1.9F
20 Su	02:42, 08:12, 15:00, 20:54	00:12 -1.9E, 04:48 1.6F, 12:24 -2.0E, 17:18 2.0F
21 M	03:48, 09:06, 15:54, 21:54	01:18 -2.1E, 05:54 1.4F, 13:24 -2.0E, 18:18 2.2F
22 Tu	04:54, 10:06, 16:48, 22:54	02:24 -2.3E, 07:06 1.4F, 14:24 -2.0E, 19:12 2.3F
23 W	06:00, 11:00, 17:36, 23:48	03:24 -2.4E, 08:06 1.4F, 15:24 -2.0E, 20:06 2.3F
24 Th	06:54, 11:54, 18:30	04:24 -2.6E, 09:06 1.4F, 16:24 -2.1E, 21:00 2.4F
25 F	00:42, 07:48, 12:54, 19:24	05:12 -2.6E, 10:00 1.4F, 17:12 -2.1E, 21:48 2.3F
26 Sa	01:36, 08:36, 13:48, 20:18	06:06 -2.6E, 10:54 1.4F, 18:06 -2.2E, 22:42 2.2F
27 Su	02:24, 09:24, 14:42, 21:12	06:54 -2.6E, 11:42 1.4F, 18:54 -2.2E, 23:30 2.1F
28 M	03:18, 10:12, 15:42, 22:06	07:42 -2.5E, 12:42 1.4F, 19:48 -2.2E
29 Tu	04:06, 11:06, 16:36, 23:00	00:24 1.9F, 08:30 -2.5E, 13:48 1.5F, 20:42 -2.2E
30 W	05:00, 11:48, 17:30	01:30 1.8F, 09:12 -2.4E, 14:48 1.5F, 21:36 -2.1E

Station ID: db0201 Depth: 15 feet
Source: NOAA/NOS/CO-OPS
Station Type: Harmonic
Time Zone: LST

Reedy Point, 2021

Latitude: 39.5586° N Longitude: 75.5515° W
Mean Flood Dir. 353° (T) Mean Ebb Dir. 162° (T)
Times and speeds of maximum and minimum current, in knots

July

Day	Slack (h m)	Maximum (h m / knots)
1 Th	00:00, 05:48, 12:36, 18:30	02:42 1.6F, 10:00 -2.3E, 15:42 1.6F, 22:30 -2.1E
2 F	01:00, 06:42, 13:24, 19:24	03:54 1.6F, 10:48 -2.3E, 16:42 1.7F, 23:24 -2.2E
3 Sa	02:00, 07:30, 14:12, 20:18	05:00 1.5F, 11:36 -2.2E, 17:30 1.8F
4 Su	02:54, 08:18, 14:54, 21:06	00:18 -2.2E, 06:00 1.5F, 12:24 -2.2E, 18:18 1.9F
5 M	03:54, 09:06, 15:42, 21:54	01:12 -2.3E, 06:54 1.4F, 13:06 -2.1E, 19:00 1.9F
6 Tu	04:48, 09:54, 16:24, 22:42	02:00 -2.3E, 07:42 1.4F, 13:48 -2.1E, 19:24 1.9F
7 W	05:36, 10:42, 17:06, 23:18	02:48 -2.3E, 08:24 1.4F, 14:30 -2.0E, 19:48 2.0F
8 Th	06:18, 11:24, 17:48	03:36 -2.3E, 09:00 1.3F, 15:18 -1.9E, 20:18 2.0F
9 F	00:00, 07:00, 12:06, 18:30	04:24 -2.3E, 09:24 1.3F, 16:00 -1.9E, 20:54 2.1F
10 Sa	00:36, 07:36, 12:48, 19:12	05:06 -2.3E, 09:48 1.4F, 16:42 -1.9E, 21:30 2.2F
11 Su	01:12, 08:18, 13:30, 19:54	05:42 -2.3E, 10:18 1.4F, 17:18 -1.9E, 22:12 2.3F
12 M	01:54, 08:54, 14:12, 20:42	06:24 -2.2E, 10:54 1.6F, 17:54 -1.9E, 22:54 2.3F
13 Tu	02:30, 09:36, 14:54, 21:24	07:00 -2.2E, 11:36 1.7F, 18:36 -1.9E, 23:42 2.3F
14 W	03:18, 10:18, 15:42, 22:18	07:36 -2.2E, 12:18 1.8F, 19:18 -1.9E
15 Th	04:00, 11:00, 16:36, 23:12	00:30 2.2F, 08:12 -2.2E, 13:12 1.9F, 20:18 -1.9E
16 F	04:54, 11:54, 17:36	01:24 2.0F, 08:54 -2.1E, 14:00 2.0F, 21:36 -1.8E
17 Sa	00:18, 05:48, 12:42, 18:36	02:24 1.8F, 09:48 -2.1E, 14:54 2.0F, 22:54 -1.9E
18 Su	01:24, 06:42, 13:36, 19:36	03:24 1.6F, 11:00 -2.0E, 15:54 2.1F
19 M	02:30, 07:42, 14:30, 20:36	00:00 -2.0E, 04:30 1.4F, 12:00 -2.0E, 16:48 2.1F
20 Tu	03:36, 15:24, 21:36	01:06 -2.1E, 05:42 1.2F, 13:06 -2.0E, 17:54 2.1F
21 W	04:42, 09:48, 16:24, 22:36	02:12 -2.3E, 06:54 1.2F, 14:06 -2.0E, 18:54 2.1F
22 Th	05:42, 10:48, 17:24, 23:36	03:06 -2.4E, 08:06 1.3F, 15:06 -2.0E, 19:54 2.2F
23 F	06:36, 11:42, 18:18	04:06 -2.5E, 09:06 1.4F, 16:06 -2.1E, 20:48 2.2F
24 Sa	00:30, 07:30, 12:36, 19:12	04:54 -2.6E, 10:00 1.4F, 17:00 -2.2E, 21:42 2.1F
25 Su	01:18, 08:18, 13:30, 20:06	05:42 -2.6E, 10:42 1.5F, 17:48 -2.3E, 22:30 2.1F
26 M	02:06, 14:24, 20:54	06:30 -2.6E, 11:30 1.5F, 18:36 -2.3E, 23:18 2.0F
27 Tu	02:54, 09:42, 15:18, 21:42	07:12 -2.5E, 12:12 1.5F, 19:24 -2.2E
28 W	03:36, 10:24, 16:06, 22:36	00:06 1.9F, 07:54 -2.4E, 13:00 1.5F, 20:12 -2.2E
29 Th	04:24, 11:12, 16:54, 23:30	01:00 1.8F, 08:36 -2.3E, 13:54 1.6F, 21:00 -2.1E
30 F	05:06, 11:54, 17:48	02:00 1.6F, 09:18 -2.2E, 14:36 1.6F, 21:54 -2.0E
31 Sa	00:24, 05:54, 12:36, 18:36	03:00 1.5F, 10:00 -2.1E, 15:18 1.7F, 22:48 -2.0E

August

Day	Slack (h m)	Maximum (h m / knots)
1 Su	01:18, 06:42, 13:18, 19:30	04:06 1.4F, 10:42 -2.0E, 16:00 1.7F, 23:42 -2.0E
2 M	02:18, 07:36, 14:06, 20:24	05:12 1.3F, 11:24 -2.0E, 16:48 1.8F
3 Tu	03:12, 08:24, 14:54, 21:12	00:36 -2.1E, 06:12 1.2F, 12:12 -2.0E, 17:36 1.8F
4 W	04:06, 09:12, 15:42, 22:00	01:24 -2.1E, 07:00 1.2F, 13:00 -1.9E, 18:18 1.9F
5 Th	05:00, 10:06, 16:30, 22:48	02:18 -2.2E, 07:48 1.2F, 13:48 -1.9E, 19:00 1.9F
6 F	05:48, 10:54, 17:18, 23:30	03:06 -2.3E, 08:24 1.2F, 14:42 -1.9E, 19:42 2.0F
7 Sa	06:30, 11:36, 18:06	03:54 -2.2E, 08:54 1.3F, 15:36 -2.0E, 20:30 2.1F
8 Su	00:12, 07:06, 12:24, 18:54	04:36 -2.3E, 09:18 1.4F, 16:24 -2.0E, 21:12 2.2F
9 M	00:54, 07:48, 13:06, 19:36	05:18 -2.3E, 09:54 1.6F, 17:12 -2.0E, 21:54 2.3F
10 Tu	01:36, 08:30, 13:48, 20:24	06:00 -2.3E, 10:30 1.7F, 17:54 -2.1E, 22:42 2.3F
11 W	02:12, 09:06, 14:36, 21:12	06:36 -2.3E, 11:12 1.9F, 18:42 -2.1E, 23:24 2.2F
12 Th	03:00, 09:48, 15:24, 22:06	07:12 -2.3E, 11:54 2.0F, 19:36 -2.0E
13 F	03:42, 10:36, 16:18, 23:00	00:18 2.1F, 07:54 -2.2E, 12:42 2.1F, 20:30 -2.0E
14 Sa	04:30, 11:24, 17:12	01:06 1.9F, 08:42 -2.1E, 13:36 2.2F, 21:36 -1.9E
15 Su	00:06, 05:24, 12:12, 18:12	02:06 1.6F, 09:30 -2.0E, 14:30 2.1F, 22:42 -1.9E
16 M	01:12, 06:24, 13:12, 19:18	03:06 1.4F, 10:42 -2.0E, 15:30 2.1F, 23:54 -2.0E
17 Tu	02:18, 07:24, 14:12, 20:24	04:12 1.2F, 11:48 -2.0E, 16:30 2.0F
18 W	03:24, 08:30, 15:12, 21:24	00:54 -2.1E, 05:42 1.1F, 12:48 -2.0E, 17:36 1.9F
19 Th	04:30, 09:36, 16:12, 22:30	01:54 -2.3E, 06:54 1.2F, 13:48 -2.1E, 18:48 1.9F
20 F	05:24, 10:36, 17:12, 23:24	02:48 -2.4E, 08:06 1.3F, 14:54 -2.2E, 19:54 2.0F
21 Sa	06:18, 11:30, 18:06	03:42 -2.5E, 09:00 1.5F, 15:48 -2.3E, 20:54 2.0F
22 Su	00:18, 07:06, 12:24, 19:00	04:30 -2.6E, 09:48 1.6F, 16:42 -2.4E, 21:42 2.0F
23 M	01:00, 07:54, 13:18, 19:48	05:18 -2.6E, 10:30 1.6F, 17:30 -2.4E, 22:24 2.0F
24 Tu	01:42, 08:30, 14:00, 20:36	06:00 -2.6E, 11:06 1.6F, 18:12 -2.3E, 23:06 2.0F
25 W	02:24, 09:12, 14:48, 21:18	06:42 -2.5E, 11:42 1.7F, 19:00 -2.3E, 23:48 1.8F
26 Th	03:06, 15:30, 22:06	07:18 -2.3E, 12:12 1.7F, 19:42 -2.1E
27 F	03:48, 10:24, 16:18, 22:54	00:30 1.7F, 07:54 -2.2E, 12:48 1.7F, 20:30 -2.0E
28 Sa	04:30, 11:06, 17:00, 23:48	01:12 1.6F, 08:24 -2.1E, 13:24 1.7F, 21:12 -2.0E
29 Su	05:12, 11:48, 17:48	02:06 1.4F, 08:54 -2.0E, 14:06 1.8F, 21:36 -1.9E
30 M	00:42, 06:00, 12:30, 18:42	03:00 1.3F, 09:24 -1.9E, 14:54 1.8F, 23:00 -1.9E
31 Tu	01:36, 06:54, 13:18, 19:30	03:54 1.2F, 10:06 -1.9E, 15:36 1.8F, 23:54 -1.9E

September

Day	Slack (h m)	Maximum (h m / knots)
1 W	02:30, 07:42, 14:12, 20:24	05:00 1.1F, 11:06 -1.8E, 16:30 1.8F
2 Th	03:24, 08:36, 15:00, 21:18	00:48 -2.0E, 06:06 1.1F, 12:12 -1.9E, 17:30 1.8F
3 F	04:18, 09:30, 15:54, 22:12	01:36 -2.0E, 06:54 1.2F, 13:12 -1.9E, 18:18 1.9F
4 Sa	05:06, 10:24, 16:48, 23:00	02:30 -2.1E, 07:42 1.3F, 14:12 -1.9E, 19:12 2.0F
5 Su	05:54, 11:12, 17:42, 23:42	03:18 -2.2E, 08:06 1.4F, 15:12 -2.0E, 20:06 2.1F
6 M	06:36, 11:54, 18:30	04:06 -2.2E, 08:42 1.6F, 16:06 -2.1E, 20:54 2.1F
7 Tu	00:30, 07:18, 12:42, 19:24	04:48 -2.3E, 09:24 1.8F, 17:00 -2.2E, 21:36 2.2F
8 W	01:12, 07:54, 13:30, 20:12	05:30 -2.3E, 10:06 2.0F, 17:48 -2.3E, 22:24 2.2F
9 Th	01:54, 08:30, 14:18, 21:06	06:12 -2.3E, 10:48 2.2F, 18:36 -2.3E, 23:12 2.1F
10 F	02:36, 09:18, 15:06, 21:54	06:54 -2.3E, 11:30 2.3F, 19:30 -2.2E
11 Sa	03:24, 10:06, 16:00, 22:54	00:00 1.9F, 07:36 -2.2E, 12:18 2.3F, 20:24 -2.2E
12 Su	04:12, 10:54, 16:54, 23:54	00:54 1.7F, 08:24 -2.1E, 13:12 2.3F, 21:24 -2.1E
13 M	05:06, 11:54, 18:00	01:54 1.4F, 09:24 -2.1E, 14:06 2.1F, 22:30 -2.1E
14 Tu	01:00, 06:12, 12:54, 19:00	02:54 1.3F, 10:30 -2.0E, 15:06 2.0F, 23:36 -2.1E
15 W	02:00, 07:18, 13:54, 20:06	04:12 1.1F, 11:36 -2.0E, 16:12 1.8F
16 Th	03:06, 08:24, 15:00, 21:12	00:36 -2.2E, 05:54 1.2F, 12:36 -2.1E, 17:36 1.8F
17 F	04:06, 09:24, 16:00, 22:18	01:30 -2.3E, 07:00 1.4F, 13:36 -2.2E, 19:00 1.8F
18 Sa	05:06, 10:30, 17:00, 23:06	02:24 -2.4E, 07:54 1.5F, 14:36 -2.3E, 20:00 1.9F
19 Su	05:54, 11:24, 17:54, 23:54	03:18 -2.5E, 08:48 1.7F, 15:30 -2.4E, 20:54 1.9F
20 M	06:42, 12:12, 18:48	04:06 -2.6E, 09:30 1.8F, 16:18 -2.5E, 21:42 2.0F
21 Tu	00:36, 07:24, 12:54, 19:30	04:48 -2.6E, 10:12 1.9F, 17:06 -2.5E, 22:18 1.9F
22 W	01:18, 08:00, 13:36, 20:18	05:30 -2.5E, 10:42 1.8F, 17:54 -2.4E, 22:48 1.9F
23 Th	01:54, 08:36, 14:18, 21:00	06:06 -2.4E, 11:00 1.8F, 18:36 -2.3E, 23:24 1.7F
24 F	02:30, 09:06, 14:54, 21:42	06:42 -2.2E, 11:24 1.8F, 19:12 -2.2E
25 Sa	03:12, 09:42, 15:36, 22:24	00:00 1.6F, 07:06 -2.1E, 11:54 1.9F, 19:54 -2.0E
26 Su	03:48, 10:18, 16:18, 23:12	00:36 1.5F, 07:24 -2.0E, 12:36 1.9F, 20:30 -1.9E
27 M	04:36, 11:00, 17:00	01:18 1.4F, 07:42 -1.9E, 13:18 2.0F, 21:12 -1.9E
28 Tu	00:00, 05:18, 11:42, 17:48	02:06 1.3F, 08:24 -1.9E, 14:06 1.9F, 22:06 -1.8E
29 W	00:54, 06:12, 12:36, 18:42	02:54 1.2F, 09:06 -1.9E, 14:54 1.9F, 23:06 -1.8E
30 Th	01:48, 07:06, 13:30, 19:36	03:48 1.2F, 10:06 -1.8E, 15:48 1.9F

Station ID: db0201 Depth: 15 feet
Source: NOAA/NOS/CO-OPS
Station Type: Harmonic
Time Zone: LST

NOAA Tidal Current Predictions

Reedy Point, 2021

Latitude: 39.5586° N Longitude: 75.5515° W
Mean Flood Dir. 353° (T) Mean Ebb Dir. 162° (T)
Times and speeds of maximum and minimum current, in knots

October

Day	Slack h m	Maximum h m	knots
1 F	02:42 08:00 14:24 20:36	00:00 04:48 11:24 16:48	-1.9E 1.2F -1.8E 1.8F
2 Sa	03:36 08:54 15:24 21:30	00:54 05:48 12:36 17:48	-1.9E 1.2F -1.9E 1.9F
3 Su	04:24 09:48 16:24 22:24	01:48 06:42 13:42 18:42	-2.0E 1.4F -2.0E 1.9F
4 M	05:12 10:42 17:18 23:12	02:42 07:24 14:48 19:42	-2.1E 1.6F -2.1E 2.0F
5 Tu	05:54 11:30 18:12	03:30 08:12 15:48 20:30	-2.2E 1.8F -2.2E 2.0F
6 W ●	00:00 06:42 12:18 19:06	04:18 08:54 16:42 21:18	-2.3E 2.0F -2.4E 2.0F
7 Th	00:42 07:24 13:06 20:00	05:00 09:36 17:36 22:06	-2.3E 2.3F -2.4E 2.0F
8 F	01:30 08:06 13:54 20:54	05:42 10:24 18:24 22:54	-2.3E 2.4F -2.4E 1.8F
9 Sa	02:18 08:54 14:48 21:48	06:30 11:06 19:18 23:42	-2.2E 2.5F -2.4E 1.7F
10 Su	03:06 09:42 15:42 22:42	07:18 11:54 20:12	-2.1E 2.4F -2.3E
11 M	04:00 10:36 16:36 23:42	00:36 08:12 12:48 21:12	1.5F -2.1E 2.2F -2.2E
12 Tu	04:54 11:30 17:42	01:42 09:12 13:48 22:12	1.3F -2.0E 2.0F -2.2E
13 W ◐	00:42 06:00 12:36 18:48	02:54 10:12 14:54 23:12	1.2F -2.0E 1.8F -2.2E
14 Th	01:42 07:06 13:42 19:54	04:30 11:18 16:12	1.2F -2.1E 1.7F
15 F	02:48 08:12 14:48 20:54	00:12 05:48 12:18 17:48	-2.3E 1.4F -2.2E 1.7F
16 Sa	03:42 09:18 15:48 21:54	01:06 06:48 13:18 19:00	-2.4E 1.6F -2.4E 1.8F
17 Su	04:36 10:18 16:48 22:42	01:54 07:36 14:12 19:54	-2.5E 1.8F -2.5E 1.9F
18 M	05:24 11:06 17:42 23:24	02:48 08:24 15:06 20:42	-2.5E 1.9F -2.5E 1.9F
19 Tu	06:06 11:54 18:30	03:36 09:06 16:00 21:24	-2.5E 1.9F -2.6E 1.9F
20 W ○	00:06 06:48 12:36 19:18	04:18 09:42 16:42 22:06	-2.5E 1.9F -2.5E 1.8F
21 Th	00:42 07:24 13:12 20:00	04:54 10:06 17:30 22:36	-2.4E 1.9F -2.4E 1.7F
22 F	01:24 07:54 13:48 20:36	05:30 10:24 18:06 23:00	-2.2E 1.9F -2.3E 1.6F
23 Sa	02:00 08:30 14:24 21:18	06:00 10:48 18:48 23:30	-2.0E 2.0F -2.2E 1.5F
24 Su	02:36 09:00 14:54 21:54	06:18 11:18 19:24	-1.9E 2.1F -2.0E
25 M	03:18 09:36 15:36 22:36	00:00 06:24 11:54 19:54	1.4F -1.9E 2.1F -2.0E
26 Tu	04:00 10:18 16:18 23:24	00:42 07:00 12:36 20:18	1.4F -1.9E 2.1F -1.9E
27 W	04:42 11:06 17:06	01:24 07:42 13:24 20:42	1.3F -1.9E 2.1F -1.9E
28 Th ◑	00:12 05:36 12:00 18:00	02:12 08:30 14:18 21:48	1.3F -1.8E 2.0F -1.8E
29 F	01:06 06:30 12:54 18:54	03:06 09:24 15:12 23:06	1.3F -1.8E 1.9F -1.9E
30 Sa	02:00 07:24 13:54 19:54	04:00 10:36 16:12	1.4F -1.8E 1.9F
31 Su	02:48 08:24 14:54 20:48	00:12 05:00 12:12 17:12	-1.9E 1.5F -1.9E 1.8F

November

Day	Slack h m	Maximum h m	knots
1 M	03:42 09:18 16:00 21:48	01:06 05:54 13:18 18:12	-2.0E 1.6F -2.0E 1.8F
2 Tu	04:30 10:12 17:00 22:36	02:00 06:48 14:24 19:12	-2.1E 1.8F -2.1E 1.8F
3 W	05:18 11:06 18:00 23:30	02:54 07:36 15:30 20:06	-2.1E 2.1F -2.3E 1.8F
4 Th ●	06:06 11:54 18:54	03:42 08:24 16:24 21:00	-2.1E 2.3F -2.5E 1.8F
5 F	00:12 06:54 12:48 19:48	04:36 09:12 17:18 21:54	-2.2E 2.5F -2.5E 1.7F
6 Sa	01:00 07:36 13:36 20:42	05:24 10:00 18:12 22:42	-2.2E 2.6F -2.6E 1.6F
7 Su	01:54 08:30 14:30 21:36	06:12 10:48 19:06 23:30	-2.1E 2.5F -2.5E 1.5F
8 M	02:48 09:18 15:24 22:30	07:00 11:36 20:00	-2.1E 2.4F -2.4E
9 Tu	03:42 10:18 16:24 23:24	00:30 08:00 12:30 20:54	1.4F -2.1E 2.2F -2.4E
10 W	04:48 11:18 17:24	01:36 09:00 13:36 21:48	1.3F -2.1E 1.9F -2.3E
11 Th ◐	00:24 05:48 12:18 18:30	03:00 10:00 14:42 22:48	1.3F -2.1E 1.7F -2.3E
12 F	01:24 06:54 13:24 19:30	04:18 11:00 16:12 23:42	1.4F -2.2E 1.6F -2.4E
13 Sa	02:18 08:00 14:30 20:24	05:30 12:00 17:36	1.6F -2.3E 1.7F
14 Su	03:12 09:00 15:30 21:18	00:36 06:24 12:54 18:42	-2.4E 1.8F -2.5E 1.7F
15 M	04:00 09:54 16:30 22:06	01:24 07:12 13:48 19:30	-2.5E 1.9F -2.5E 1.8F
16 Tu	04:48 10:48 17:24 22:54	02:12 08:00 14:42 20:18	-2.5E 2.0F -2.6E 1.8F
17 W	05:30 11:30 18:12 23:30	03:00 08:42 15:36 21:06	-2.4E 2.1F -2.6E 1.7F
18 Th	06:06 12:12 19:00	03:42 09:12 16:18 21:42	-2.3E 2.0F -2.5E 1.7F
19 F ○	00:12 06:42 12:42 19:36	04:18 09:30 17:06 22:18	-2.2E 2.0F -2.4E 1.5F
20 Sa	00:48 07:18 13:18 20:18	04:54 09:48 17:42 22:36	-2.0E 2.0F -2.3E 1.4F
21 Su	01:30 07:54 13:48 20:54	05:24 10:12 18:18 23:00	-1.9E 2.1F -2.2E 1.4F
22 M	02:06 08:30 14:24 21:30	05:42 10:48 18:54 23:30	-1.9E 2.2F -2.1E 1.4F
23 Tu	02:48 09:06 15:00 22:12	05:54 11:24 19:24	-1.8E 2.2F -2.0E
24 W	03:30 09:48 15:42 22:54	00:06 06:24 12:06 19:48	1.4F -1.9E 2.2F -2.0E
25 Th	04:12 10:36 16:30 23:36	00:54 07:12 12:54 20:06	1.4F -1.9E 2.2F -2.0E
26 F	05:00 11:30 17:18	01:36 08:06 13:48 20:48	1.5F -1.8E 2.1F -2.0E
27 Sa ◑	00:30 06:00 12:24 18:18	02:30 09:00 14:42 22:00	1.5F -1.8E 2.0F -2.0E
28 Su	01:18 06:54 13:30 19:12	03:24 10:06 15:42 23:12	1.6F -1.8E 1.9F -2.0E
29 M	02:12 07:54 14:30 20:12	04:18 11:48 16:42	1.7F -1.9E 1.7F
30 Tu	03:00 08:48 15:36 21:06	00:18 05:18 13:00 17:48	-2.0E 1.9F -2.0E 1.7F

December

Day	Slack h m	Maximum h m	knots
1 W	03:54 09:48 16:42 22:00	01:12 06:12 14:06 18:48	-2.0E 2.1F -2.2E 1.6F
2 Th	04:42 10:42 17:42 22:54	02:12 07:06 15:12 19:48	-2.0E 2.3F -2.3E 1.6F
3 F	05:36 11:36 18:42 23:48	03:12 08:00 16:12 20:42	-2.0E 2.4F -2.5E 1.5F
4 Sa ●	06:24 12:24 19:36	04:06 08:48 17:06 21:36	-2.1E 2.5F -2.6E 1.5F
5 Su	00:42 07:18 13:18 20:30	05:00 09:36 18:00 22:30	-2.1E 2.5F -2.6E 1.5F
6 M	01:36 08:06 14:18 21:18	05:54 10:30 18:48 23:18	-2.1E 2.5F -2.6E 1.4F
7 Tu	02:30 09:00 15:12 22:12	06:48 11:18 19:42	-2.1E 2.3F -2.5E
8 W	03:30 10:00 16:06 23:00	00:18 07:42 12:18 20:30	1.4F -2.2E 2.1F -2.5E
9 Th	04:30 11:00 17:06 23:54	01:24 08:42 13:18 21:24	1.4F -2.2E 1.9F -2.4E
10 F	05:36 12:00 18:00	02:42 09:36 14:36 22:18	1.4F -2.2E 1.7F -2.4E
11 Sa ◐	00:54 06:36 13:06 18:54	03:54 10:36 16:00 23:06	1.6F -2.2E 1.6F -2.4E
12 Su	01:42 07:36 14:06 19:48	04:54 11:36 17:12	1.7F -2.3E 1.6F
13 M	02:36 08:36 15:06 20:42	00:00 05:54 12:30 18:12	-2.4E 1.9F -2.4E 1.6F
14 Tu	03:24 09:30 16:06 21:30	00:48 06:42 13:24 19:06	-2.4E 2.0F -2.5E 1.7F
15 W	04:06 10:18 17:00 22:12	01:30 07:24 14:18 19:54	-2.3E 2.1F -2.5E 1.6F
16 Th	04:48 11:00 17:48 23:00	02:18 08:06 15:06 20:42	-2.3E 2.1F -2.5E 1.6F
17 F	05:30 11:42 18:36 23:42	03:00 08:36 15:54 21:24	-2.1E 2.0F -2.5E 1.5F
18 Sa	06:06 12:18 19:18	03:42 08:54 16:36 21:54	-2.0E 2.0F -2.4E 1.4F
19 Su ○	00:24 06:48 12:48 19:54	04:24 09:12 17:18 22:18	-1.9E 2.0F -2.3E 1.4F
20 M	01:00 07:24 13:24 20:30	04:54 09:48 17:54 22:36	-1.9E 2.1F -2.2E 1.4F
21 Tu	01:42 08:00 14:00 21:06	05:24 10:18 18:30 23:06	-1.8E 2.2F -2.2E 1.4F
22 W	02:18 08:42 14:36 21:42	05:42 11:00 19:00 23:42	-1.8E 2.3F -2.1E 1.5F
23 Th	03:00 09:24 15:18 22:24	06:12 11:42 19:30	-1.8E 2.3F -2.1E
24 F	03:48 10:12 16:00 23:06	00:24 06:54 12:30 19:48	1.6F -1.9E 2.2F -2.1E
25 Sa	04:36 11:06 16:48 23:54	01:12 07:36 13:24 20:24	1.7F -1.8E 2.1F -2.1E
26 Su	05:30 12:06 17:42	02:00 08:36 14:18 21:18	1.8F -1.8E 2.0F -2.1E
27 M ◑	00:42 06:24 13:06 18:36	02:54 09:48 15:12 22:24	1.9F -1.8E 1.8F -2.0E
28 Tu	01:36 07:24 14:12 19:36	03:48 11:36 16:18 23:36	2.0F -1.9E 1.6F -2.0E
29 W	02:24 08:24 15:18 20:36	04:42 12:48 17:18	2.1F -2.0E 1.5F
30 Th	03:18 09:24 16:24 21:30	00:42 05:42 13:48 18:24	-2.0E 2.2F -2.1E 1.4F
31 F	04:12 10:18 17:24 22:30	01:42 06:36 14:54 19:30	-1.9E 2.3F -2.3E 1.3F

Station ID: db0301 Depth: 39 feet
Source: NOAA/NOS/CO-OPS
Station Type: Harmonic
Time Zone: LST

NOAA Tidal Current Predictions

Philadelphia, Penns Landing, 2021
Latitude: 39.9462° N Longitude: 75.1396° W
Mean Flood Dir. 4° (T) Mean Ebb Dir. 187° (T)
Times and speeds of maximum and minimum current, in knots

January

Date	Slack h m	Maximum h m	knots
1 F		00:54	1.3F
	03:24	06:30	-2.0E
	10:42	12:54	1.7F
	15:36	18:48	-2.1E
	23:36		
2 Sa		01:36	1.4F
	04:06	07:18	-2.1E
	11:30	13:36	1.8F
	16:18	19:36	-2.2E
3 Su	00:18	02:18	1.5F
	04:54	08:00	-2.1E
	12:18	14:30	1.8F
	17:00	20:18	-2.3E
4 M	01:06	03:06	1.6F
	05:42	08:48	-2.1E
	13:06	15:18	1.8F
	17:54	21:12	-2.3E
5 Tu	01:54	03:54	1.6F
	06:30	09:42	-2.2E
	14:06	16:12	1.6F
	18:48	22:06	-2.3E
6 W	02:42	04:48	1.6F
	07:24	10:36	-2.1E
	15:06	17:12	1.5F
	19:48	23:06	-2.2E
7 Th	03:36	05:42	1.6F
	08:24	11:36	-2.1E
	16:18	18:12	1.3F
	20:48		
8 F		00:06	-2.1E
	04:30	06:36	1.5F
	09:30	12:36	-2.0E
	17:24	19:24	1.2F
	22:00		
9 Sa		01:00	-2.0E
	05:30	07:42	1.5F
	10:30	13:36	-2.0E
	18:30	20:42	1.1F
	23:00		
10 Su		02:00	-1.9E
	06:30	08:48	1.5F
	11:30	14:36	-1.9E
	16:48		
	19:36	21:54	1.2F
11 M	00:06	03:00	-1.9E
	07:30	09:48	1.5F
	12:24	17:54	-2.0E
	20:36	22:54	1.2F
12 Tu	01:00	03:54	-1.9E
	08:24	10:42	1.5F
	13:24	18:48	-2.0E
	21:30	23:48	1.3F
13 W	01:54	04:48	-1.8E
	09:12	11:36	1.5F
	14:12	19:42	-2.0E
	22:18		
14 Th		00:36	1.3F
	02:48	05:42	-1.8E
	10:06	12:24	1.5F
	15:00	20:30	-2.0E
	23:06		
15 F		01:24	1.2F
	03:36	06:30	-1.8E
	10:54	13:12	1.5F
	15:48	21:12	-1.9E
	23:48		
16 Sa		02:06	1.2F
	04:18	07:18	-1.8E
	11:36	13:54	1.4F
	16:36	19:48	-1.9E
		20:54	-1.9E
17 Su	00:30	02:48	1.2F
	12:24	08:06	-1.9E
	17:24	14:36	1.4F
		20:36	-2.0E
18 M	01:12	03:24	1.2F
	05:54	09:00	-1.9E
	13:12	15:18	1.4F
	18:06	21:18	-2.0E
19 Tu	01:48	04:00	1.2F
		09:48	-1.9E
	14:00	16:06	1.3F
	19:00	22:12	-2.0E
20 W	02:30	04:36	1.2F
	07:30	10:42	-1.9E
	14:54	17:00	1.2F
	19:54	23:00	-2.0E
21 Th	03:12	05:18	1.2F
	08:18	11:36	-1.9E
	15:48	17:54	1.1F
	20:48	23:54	-2.0E
22 F	04:00	06:06	1.2F
	09:12	12:30	-1.9E
	16:48	19:00	1.0F
	21:42		
23 Sa		00:48	-1.9E
	04:48	06:54	1.3F
	10:06	13:24	-1.9E
	17:42	20:06	1.0F
	22:36		
24 Su		01:36	-1.9E
	05:36	07:48	1.3F
	11:00	14:18	-1.9E
	18:36	21:00	1.1F
	23:30		
25 M		02:30	-1.9E
	06:30	08:36	1.4F
	11:48	15:06	-1.8E
	19:30	21:48	1.2F
26 Tu	00:18	03:18	-1.9E
	07:18	09:24	1.4F
	12:36	15:54	-1.8E
	20:18	22:30	1.2F
27 W	01:06	04:06	-1.9E
	08:00	10:12	1.6F
	13:18	16:30	-1.9E
	21:00	23:06	1.3F
28 Th	01:48	04:48	-2.0E
	08:48	11:00	1.7F
	14:00	17:12	-1.9E
	21:42	23:48	1.4F
29 F	02:24	05:30	-2.0E
	09:36	11:48	1.8F
	14:36	17:54	-2.0E
	22:24		
30 Sa		00:30	1.5F
	03:06	06:12	-2.1E
	10:24	12:36	1.9F
	15:18	18:30	-2.1E
	23:12		
31 Su		01:12	1.6F
	03:48	06:54	-2.1E
	11:12	13:24	1.9F
	16:06	19:18	-2.2E
	23:54		

February

Date	Slack h m	Maximum h m	knots
1 M		01:54	1.7F
	04:36	07:36	-2.1E
	12:00	14:12	1.9F
	16:54	20:00	-2.2E
2 Tu	00:36	02:42	1.8F
	05:24	08:30	-2.2E
	12:54	15:00	1.8F
	17:42	20:54	-2.2E
3 W	01:24	03:30	1.8F
	06:12	09:18	-2.1E
	13:54	15:54	1.6F
	18:36	21:48	-2.1E
4 Th	02:12	04:18	1.7F
	07:06	10:12	-2.0E
	14:54	16:54	1.4F
	19:36	22:42	-2.0E
5 F	03:06	05:18	1.6F
	08:06	11:12	-1.9E
	16:00	18:00	1.2F
	20:36	23:42	-1.9E
6 Sa	04:06	06:12	1.5F
	09:06	12:12	-1.8E
	17:12	19:18	1.1F
	21:48		
7 Su		00:48	-1.8E
	05:06	07:18	1.4F
	10:12	13:24	-1.7E
		15:36	-1.7E
	18:18	20:42	1.1F
	*****************		
8 M		01:48	-1.7E
	06:12	08:30	1.4F
	11:18	16:42	-1.9E
	19:18	21:48	1.2F
	23:54		
9 Tu		02:54	-1.7E
	07:12	09:42	1.4F
	12:18	17:42	-2.0E
	20:12	22:42	1.3F
10 W	00:54	03:54	-1.7E
	08:06	10:36	1.5F
	13:12	18:30	-2.0E
	21:06	23:36	1.4F
11 Th	01:42	04:48	-1.8E
	14:06	11:30	1.5F
	21:54	19:18	-2.0E
12 F		00:18	1.4F
	02:30	05:36	-1.8E
	09:42	12:12	1.5F
	14:48	20:00	-2.0E
	22:36		
13 Sa		01:00	1.4F
	03:18	06:18	-1.8E
	10:30	12:54	1.5F
	15:36	20:30	-1.9E
	23:12		
14 Su		01:42	1.4F
	04:00	07:00	-1.8E
	11:12	13:30	1.5F
	16:18	19:24	-1.9E
	23:48		
15 M		02:12	1.3F
	04:42	07:42	-1.9E
	11:54	14:12	1.5F
	17:00	20:00	-2.0E
16 Tu	00:24	02:36	1.3F
	05:24	08:24	-1.9E
	12:42	14:48	1.4F
	17:42	20:42	-2.0E
17 W	01:00	03:06	1.4F
	06:00	09:12	-1.9E
	13:24	15:30	1.4F
	18:24	21:30	-2.0E
18 Th	01:36	03:42	1.4F
	06:48	10:00	-1.9E
	14:12	16:18	1.3F
	19:18	22:18	-2.0E
19 F	02:18	04:24	1.4F
	07:30	10:54	-1.8E
	15:06	17:06	1.2F
	20:06	23:12	-1.9E
20 Sa	03:06	05:12	1.4F
	08:24	11:42	-1.8E
	16:00	18:00	1.1F
	21:00		
21 Su		00:06	-1.9E
	03:54	06:06	1.4F
	09:18	12:30	-1.8E
	17:00	19:00	1.1F
	22:00		
22 M		01:00	-1.8E
	04:48	07:00	1.4F
	10:12	13:30	-1.7E
	17:54	20:06	1.1F
	22:54		
23 Tu		01:48	-1.8E
	05:48	07:54	1.5F
	11:12	14:24	-1.7E
	18:48	21:00	1.2F
	23:48		
24 W		02:42	-1.9E
	06:42	09:00	1.6F
	12:00	15:12	-1.8E
	19:36	21:54	1.3F
25 Th	00:36	03:30	-1.9E
	07:30	09:48	1.7F
	12:48	16:00	-1.9E
	20:24	22:36	1.5F
26 F	01:18	04:18	-2.0E
	08:24	10:30	1.8F
	13:36	16:42	-2.0E
	21:12	23:18	1.6F
27 Sa	02:06	05:00	-2.1E
	09:12	11:24	1.9F
	14:18	17:24	-2.1E
	21:54		
28 Su		00:06	1.7F
	02:48	05:48	-2.1E
	10:00	12:18	1.9F
	15:06	18:12	-2.1E
	22:36		

March

Date	Slack h m	Maximum h m	knots
1 M		00:48	1.8F
	03:30	06:30	-2.2E
	10:54	13:06	1.9F
	15:48	18:54	-2.2E
	23:24		
2 Tu		01:36	1.9F
	04:18	07:48	-2.2E
	11:48	13:54	1.8F
	16:36	19:42	-2.2E
3 W	00:06	02:18	1.9F
	05:06	08:06	-2.2E
	12:42	14:48	1.7F
	17:30	20:30	-2.1E
4 Th	00:54	03:06	1.9F
	05:54	08:54	-2.1E
	13:42	15:42	1.5F
	18:24	21:24	-2.0E
5 F	01:48	04:00	1.7F
	06:48	09:54	-1.9E
	14:42	16:42	1.3F
	19:24	22:24	-1.8E
6 Sa	02:42	04:54	1.6F
	07:48	10:54	-1.8E
	15:48	17:54	1.1F
	20:30	23:24	-1.7E
7 Su	03:42	05:54	1.4F
	08:54	12:00	-1.6E
	16:54	13:12	-1.6E
		14:18	-1.6E
		19:18	1.1F
	*****************		
8 M		00:30	-1.6E
	04:48	07:06	1.3F
	10:00	15:24	-1.7E
	18:00	20:36	1.2F
	22:42		
9 Tu		01:42	-1.6E
	05:54	08:18	1.3F
	11:06	16:24	-1.9E
	19:00	21:36	1.3F
	23:42		
10 W		04:06	-1.7E
	06:54	09:36	1.4F
	12:06	17:18	-2.0E
	19:54	22:30	1.4F
11 Th	00:42	05:06	-1.8E
	07:48	10:30	1.5F
	13:00	18:06	-2.0E
	20:36	23:18	1.5F
12 F	01:30	05:48	-1.8E
	08:36	11:18	1.6F
	13:48	18:48	-2.0E
	21:24		
13 Sa		00:00	1.5F
	02:12	06:18	-1.9E
	09:24	12:00	1.6F
	14:30	19:18	-1.9E
	22:00		
14 Su		00:36	1.5F
	02:54	06:06	-1.9E
	10:06	12:36	1.5F
	15:12	18:24	-1.9E
	22:36		
15 M		01:06	1.4F
	03:36	06:36	-1.9E
	10:48	13:12	1.5F
	15:54	18:48	-1.9E
	23:12		
16 Tu		01:30	1.4F
	04:12	07:12	-1.9E
	11:30	13:42	1.5F
	16:30	19:30	-2.0E
	23:42		
17 W		01:54	1.4F
	04:48	07:48	-2.0E
	12:12	14:18	1.4F
	17:12	20:12	-2.0E
18 Th	00:18	02:24	1.5F
	05:24	08:30	-2.0E
	12:54	15:00	1.4F
	17:54	20:54	-1.9E
19 F	00:54	03:06	1.6F
	06:00	09:12	-1.9E
	13:42	15:42	1.3F
	18:36	21:42	-1.9E
20 Sa	01:36	03:48	1.6F
	06:42	10:00	-1.9E
	14:30	16:30	1.3F
	19:24	22:30	-1.9E
21 Su	02:24	04:36	1.6F
	07:30	10:54	-1.8E
	15:18	17:18	1.2F
	20:18	23:24	-1.9E
22 M	03:12	05:24	1.5F
	08:24	11:42	-1.7E
	16:18	18:18	1.2F
	21:12		
23 Tu		00:18	-1.8E
	04:12	06:24	1.5F
	09:30	12:42	-1.7E
	17:12	19:18	1.2F
	22:12		
24 W		01:12	-1.9E
	05:12	07:18	1.5F
	10:30	13:42	-1.8E
	18:06	20:18	1.3F
	23:06		
25 Th		02:06	-1.9E
	06:06	08:18	1.6F
	11:24	14:36	-1.9E
	19:00	21:12	1.4F
26 F	00:00	03:00	-2.0E
	07:48	09:18	1.7F
	12:18	15:24	-2.0E
	19:48	22:00	1.6F
27 Sa	00:48	03:48	-2.1E
	08:00	10:12	1.8F
	13:06	16:12	-2.1E
	20:36	22:48	1.7F
28 Su	01:36	04:36	-2.2E
	08:54	11:06	1.9F
	13:54	17:00	-2.2E
	21:24	23:36	1.9F
29 M	02:18	05:24	-2.2E
	09:48	12:00	1.8F
	14:42	17:48	-2.2E
	22:12		
30 Tu		00:24	1.9F
	03:06	06:06	-2.3E
	10:42	12:54	1.8F
	15:30	18:30	-2.1E
	22:54		
31 W		01:06	1.9F
	03:54	06:54	-2.2E
	11:36	13:42	1.7F
	16:24	19:18	-2.1E
	23:42		

Station ID: db0301 Depth: 39 feet
Source: NOAA/NOS/CO-OPS
Station Type: Harmonic
Time Zone: LST

NOAA Tidal Current Predictions

Philadelphia, Penns Landing, 2021

Latitude: 39.9462° N Longitude: 75.1396° W
Mean Flood Dir. 4° (T) Mean Ebb Dir. 187° (T)
Times and speeds of maximum and minimum current, in knots

April

Day	Slack (h m)	Maximum (h m)	knots
1 Th		01:54	1.9F
	04:42	07:42	-2.1E
	12:30	14:36	1.5F
	17:12	20:12	-2.0E
2 F	00:36	02:42	1.8F
	05:30	08:36	-2.0E
	13:30	15:30	1.4F
	18:12	21:06	-1.9E
3 Sa	01:30	03:36	1.6F
	06:24	09:30	-1.8E
	14:30	16:36	1.2F
	19:12	22:06	-1.7E
4 Su	02:24	04:30	1.5F
	07:30	10:36	-1.7E
		12:54	-1.6E
	15:30	17:48	1.1F
	20:12	23:12	-1.7E
5 M	03:30	05:36	1.3F
	08:36	14:00	-1.7E
	16:36	19:06	1.1F
	21:18		
6 Tu	04:36	07:00	1.2F
	09:42	15:00	-1.8E
	17:36	20:18	1.2F
	22:24		
7 W		02:36	-1.7E
	05:36	08:18	1.3F
	10:48	15:54	-1.9E
	18:36	21:12	1.4F
	23:24		
8 Th		03:48	-1.8E
	06:36	09:24	1.4F
	11:48	16:42	-2.0E
	19:24	22:06	1.5F
9 F	00:18	04:42	-1.9E
	07:30	10:18	1.5F
	12:36	17:30	-2.0E
	20:06	22:48	1.6F
10 Sa	01:06	05:24	-2.0E
	08:18	11:00	1.5F
	13:24	18:06	-2.0E
	20:48	23:30	1.6F
11 Su	01:48	06:00	-2.0E
	09:06	11:42	1.5F
	14:06	18:12	-2.0E
	21:24		
12 M		00:06	1.5F
	02:30	05:54	-2.0E
	09:48	12:18	1.5F
	14:48	17:48	-1.9E
	22:00		
13 Tu		00:30	1.4F
	03:06	06:12	-2.0E
	10:30	12:54	1.4F
	15:30	18:24	-1.9E
	22:36		
14 W		00:48	1.4F
	03:36	06:42	-2.0E
	11:12	13:18	1.4F
	16:06	19:00	-1.9E
	23:06		
15 Th		01:12	1.5F
	04:06	07:18	-2.0E
	11:48	13:54	1.3F
	16:36	19:42	-1.9E
	23:42		
16 F		01:48	1.5F
	04:42	07:54	-2.0E
	12:30	14:30	1.3F
	17:18	20:24	-1.9E
17 Sa	00:18	02:30	1.6F
	05:18	08:36	-2.0E
	13:12	15:12	1.3F
	18:00	21:06	-1.9E
18 Su	01:00	03:12	1.6F
	06:00	09:18	-1.9E
	13:54	15:54	1.3F
	18:42	22:00	-1.9E
19 M	01:48	04:00	1.6F
	06:48	10:12	-1.9E
	14:48	16:48	1.3F
	19:36	22:48	-1.9E
20 Tu	02:42	04:54	1.6F
	07:42	11:06	-1.9E
	15:42	17:42	1.3F
	20:30	23:42	-1.9E
21 W	03:36	05:48	1.6F
	08:42	12:00	-1.9E
	16:36	18:36	1.3F
	21:30		
22 Th		00:36	-2.0E
	04:42	06:48	1.6F
	09:42	13:00	-2.0E
	17:30	19:36	1.4F
	22:30		
23 F		01:30	-2.0E
	05:42	07:54	1.6F
		14:00	-2.1E
	18:24	20:36	1.5F
	23:24		
24 Sa		02:24	-2.1E
	06:42	08:54	1.6F
	11:42	14:54	-2.1E
	19:18	21:30	1.7F
25 Su	00:12	03:18	-2.2E
	07:42	09:54	1.7F
	12:36	15:42	-2.2E
	20:06	22:18	1.8F
26 M	01:06	04:06	-2.3E
		10:48	1.7F
	13:30	16:30	-2.2E
	20:54	23:12	1.9F
27 Tu	01:54	04:54	-2.3E
	09:36	11:42	1.7F
	14:24	17:18	-2.1E
	21:42		
28 W		00:00	1.9F
	02:42	05:42	-2.3E
	10:30	12:36	1.6F
	15:12	18:06	-2.1E
	22:30		
29 Th		00:48	1.9F
	03:30	06:30	-2.2E
	11:24	13:30	1.5F
	16:06	19:00	-2.0E
	23:24		
30 F		01:36	1.8F
	04:18	07:24	-2.1E
	12:24	14:24	1.4F
	17:00	19:54	-1.9E

May

Day	Slack (h m)	Maximum (h m)	knots
1 Sa	00:18	02:24	1.7F
	05:12	08:12	-1.9E
	13:18	15:24	1.3F
	17:54	20:48	-1.8E
2 Su	01:12	03:18	1.5F
	06:06	09:18	-1.8E
		10:30	-1.7E
		11:36	-1.8E
	14:18	16:24	1.2F
3 M	02:12	04:12	1.3F
	07:06	12:36	-1.8E
	15:12	17:36	1.1F
	19:54	23:06	-1.7E
4 Tu	03:12	05:18	1.2F
	08:12	13:30	-1.8E
	16:12	18:48	1.1F
	21:00		
5 W		00:18	-1.7E
	04:12	06:36	1.1F
	09:18	14:24	-1.9E
	17:06	19:54	1.2F
	22:00		
6 Th		02:12	-1.8E
	05:12	07:54	1.2F
	10:18	15:18	-1.9E
	18:00	20:48	1.4F
	22:54		
7 F		03:12	-1.9E
	06:12	09:00	1.3F
	11:18	16:00	-2.0E
	18:48	21:36	1.5F
	23:48		
8 Sa		04:06	-2.0E
	07:06	09:54	1.4F
	12:06	16:36	-2.0E
	19:30	22:18	1.5F
9 Su	00:36	04:54	-2.1E
	07:54	10:36	1.4F
	12:54	17:00	-2.0E
	20:12	23:00	1.5F
10 M	01:18	05:36	-2.1E
	08:42	11:24	1.4F
	13:36	16:48	-2.0E
	20:48	23:24	1.4F
11 Tu	01:54	05:42	-2.1E
	09:24	12:00	1.4F
	14:18	17:18	-1.9E
	21:24	23:48	1.4F
12 W	02:30	05:48	-2.0E
	10:06	12:30	1.3F
	15:00	17:54	-1.9E
	22:00		
13 Th		00:12	1.4F
	03:06	06:18	-2.0E
	10:48	12:54	1.2F
	15:48	18:30	-1.9E
	22:36		
14 F		00:42	1.5F
	03:36	06:48	-2.0E
	11:30	13:30	1.2F
	16:12	19:12	-1.9E
	23:12		
15 Sa		01:18	1.5F
	04:06	07:24	-1.9E
		14:06	1.3F
	16:48	19:54	-1.9E
	23:54		
16 Su		02:00	1.3F
	04:42	08:00	-2.0E
	12:48	14:42	1.3F
	17:24	20:36	-2.0E
17 M	00:36	02:48	1.7F
	05:24	08:48	-2.0E
	13:30	15:30	1.4F
	18:12	21:24	-2.0E
18 Tu	01:24	03:36	1.7F
	06:12	09:36	-2.0E
	14:18	16:18	1.4F
	19:00	22:12	-2.0E
19 W	02:12	04:30	1.7F
	07:06	10:30	-2.1E
	15:06	17:06	1.4F
	19:54	23:06	-2.0E
20 Th	03:12	05:24	1.6F
	08:06	11:30	-2.1E
	16:00	18:06	1.5F
	20:54		
21 F		00:06	-2.1E
	04:12	06:24	1.6F
	09:06	12:30	-2.1E
	16:54	19:06	1.5F
	21:54		
22 Sa		01:00	-2.1E
	05:18	07:24	1.5F
	10:12	13:24	-2.2E
	17:48	20:00	1.6F
	22:48		
23 Su		01:54	-2.2E
	06:24	08:30	1.5F
	11:12	14:18	-2.2E
	18:42	21:00	1.7F
	23:42		
24 M		02:48	-2.3E
	07:24	09:36	1.5F
	12:12	15:12	-2.2E
	19:36	21:54	1.8F
25 Tu	00:36	03:42	-2.3E
	08:24	10:36	1.5F
	13:06	16:06	-2.1E
	20:30	22:42	1.8F
26 W	01:24	04:30	-2.3E
	09:24	11:30	1.4F
	14:00	16:54	-2.0E
	21:18	23:36	1.8F
27 Th	02:18	05:18	-2.2E
	10:18	12:30	1.5F
	14:54	17:48	-2.0E
	22:12		
28 F		00:12	1.4F
	03:06	06:12	-2.1E
	11:12	13:24	1.4F
	15:48	18:36	-1.9E
	23:06		
29 Sa		01:18	1.7F
	04:00	07:06	-1.9E
		09:30	-1.9E
	12:06	14:18	1.3F
	16:42	19:36	-1.8E
30 Su	00:00	02:06	1.6F
	04:54	08:00	-1.8E
		09:12	-1.8E
		10:30	-1.8E
	13:00	15:12	1.2F
31 M	00:54	03:00	1.4F
	05:48	09:06	-1.7E
		11:18	-1.8E
	13:54	16:06	1.2F
	18:30	21:36	-1.7E

June

Day	Slack (h m)	Maximum (h m)	knots
1 Tu	01:48	03:54	1.3F
	06:48	12:06	-1.8E
	14:42	17:06	1.2F
	19:30	22:42	-1.7E
2 W	02:48	04:54	1.2F
	07:48	12:48	-1.8E
	15:36	18:12	1.2F
	20:30	23:54	-1.8E
3 Th	03:42	06:06	1.2F
	08:48	13:30	-1.8E
	16:30	19:12	1.3F
	21:30		
4 F		01:00	-1.8E
	04:42	07:24	1.2F
	09:48	14:00	-1.9E
	17:18	20:06	1.3F
	22:24		
5 Sa		02:24	-1.9E
	05:42	08:30	1.3F
	10:42	14:24	-1.9E
	18:06	20:54	1.4F
	23:18		
6 Su		03:30	-2.0E
	06:36	09:24	1.3F
	11:36	14:54	-1.9E
	18:48	21:42	1.5F
7 M	00:06	04:18	-2.1E
	07:30	10:12	1.4F
	12:24	15:36	-1.9E
	19:30	22:18	1.5F
8 Tu	00:48	05:06	-2.1E
	08:18	10:54	1.4F
	13:12	16:12	-1.9E
	20:12	22:42	1.4F
9 W	01:30	05:24	-2.0E
	09:00	11:36	1.3F
	13:54	16:48	-1.9E
	20:48	23:06	1.4F
10 Th	02:06	05:30	-1.9E
	09:42	12:06	1.3F
	14:36	17:30	-1.9E
	21:30	23:36	1.5F
11 F	02:36	05:54	-1.9E
	10:24	12:30	1.2F
	15:12	18:06	-1.9E
	22:06		
12 Sa		00:12	1.5F
	03:12	06:24	-1.9E
	11:00	13:00	1.3F
	15:48	18:48	-1.9E
	22:48		
13 Su		00:54	1.6F
	03:42	07:00	-1.8E
	11:42	13:36	1.3F
	16:24	19:24	-1.9E
	23:24		
14 M		01:36	1.7F
	04:24	07:36	-1.9E
	12:18	14:18	1.4F
	17:00	20:06	-1.9E
15 Tu	00:12	02:24	1.8F
	05:06	08:18	-2.0E
	13:00	15:06	1.5F
	17:48	20:54	-2.0E
16 W	00:54	03:12	1.8F
	05:54	09:12	-2.1E
	13:48	15:54	1.6F
	18:36	21:42	-2.0E
17 Th	01:48	04:06	1.8F
	06:42	10:06	-2.2E
	14:36	16:42	1.6F
	19:30	22:36	-2.1E
18 F	02:48	05:00	1.7F
	07:42	11:00	-2.2E
	15:24	17:36	1.7F
	20:24	23:30	-2.1E
19 Sa	03:54	06:00	1.6F
		12:00	-2.2E
	16:18	18:30	1.7F
	21:24		
20 Su		00:30	-2.1E
	05:00	07:06	1.5F
		12:54	-2.1E
	17:12	19:30	1.7F
	22:24		
21 M		01:24	-2.1E
	06:06	08:12	1.4F
	10:54	13:54	-2.1E
	18:12	20:30	1.8F
	23:18		
22 Tu		02:24	-2.1E
	07:06	09:18	1.4F
	11:54	14:48	-2.0E
	19:06	21:24	1.8F
23 W	00:18	03:18	-2.1E
	08:12	10:24	1.4F
	12:54	15:42	-1.9E
	20:00	22:24	1.8F
24 Th	01:12	04:12	-2.0E
		11:24	1.4F
	13:48	16:36	-1.9E
	20:54	23:18	1.8F
25 F	02:06	05:00	-1.9E
		07:24	-1.9E
	10:00	12:18	1.4F
	14:42	17:30	-1.8E
	21:48		
26 Sa		00:06	1.7F
	02:54	05:54	-1.8E
		07:00	-1.8E
	10:54	13:12	1.4F
27 Su		01:00	1.6F
	03:48	06:54	-1.8E
		09:18	-1.8E
	11:48	14:06	1.4F
	16:24	19:18	-1.7E
28 M		01:54	1.6F
	04:42	07:48	-1.7E
		10:00	-1.8E
	12:36	14:54	1.3F
	17:18	20:12	-1.7E
29 Tu	00:30	02:42	1.5F
	05:30	08:48	-1.7E
		10:42	-1.8E
	13:18	15:42	1.3F
	18:12	21:12	-1.7E
30 W	01:18	03:36	1.4F
	06:24	09:42	-1.8E
	14:06	16:30	1.3F
	19:06	22:12	-1.7E

Station ID: db0301 Depth: 39 feet
Source: NOAA/NOS/CO-OPS
Station Type: Harmonic
Time Zone: LST

NOAA Tidal Current Predictions

Philadelphia, Penns Landing, 2021
Latitude: 39.9462° N Longitude: 75.1396° W
Mean Flood Dir. 4° (T) Mean Ebb Dir. 187° (T)
Times and speeds of maximum and minimum current, in knots

July

Day	Slack (h m)	Maximum (h m)	knots
1 Th ○	02:12 / 07:18 / 14:54 / 20:00	04:30 / 10:36 / 17:24 / 23:12	1.3F / -1.8E / 1.3F / -1.8E
2 F	03:06 / 08:18 / 15:36 / 20:54	05:30 / 11:30 / 18:18	1.2F / -1.8E / 1.3F
3 Sa	04:06 / 09:12 / 16:24 / 21:48	00:06 / 06:42 / 12:18 / 19:12	-1.8E / 1.2F / -1.8E / 1.3F
4 Su	05:06 / 10:12 / 17:12 / 22:42	01:06 / 07:48 / 13:12 / 20:00	-1.8E / 1.2F / -1.8E / 1.4F
5 M	06:00 / 11:06 / 18:00 / 23:30	02:12 / 08:48 / 14:06 / 20:48	-1.9E / 1.3F / -1.8E / 1.4F
6 Tu	06:54 / 12:00 / 18:48	03:18 / 09:42 / 14:54 / 21:24	-1.9E / 1.4F / -1.8E / 1.5F
7 W	00:18 / 07:42 / 12:48 / 19:30	04:30 / 10:24 / 15:36 / 22:00	-1.9E / 1.4F / -1.8E / 1.5F
8 Th	01:00 / 08:24 / 13:30 / 20:12	05:00 / 11:06 / 16:24 / 22:30	-1.8E / 1.4F / -1.8E / 1.5F
9 F	01:42 / 09:12 / 14:12 / 20:54	05:00 / 11:36 / 17:00 / 23:06	-1.8E / 1.4F / -1.8E / 1.6F
10 Sa ●	02:18 / 09:48 / 14:48 / 21:36	05:30 / 12:06 / 17:42 / 23:48	-1.7E / 1.4F / -1.8E / 1.7F
11 Su	02:54 / 10:30 / 15:24 / 22:18	06:00 / 12:36 / 18:18	-1.7E / 1.4F / -1.8E
12 M	03:30 / 11:06 / 16:06 / 23:00	00:30 / 06:36 / 13:12 / 19:00	1.8F / -1.8E / 1.5F / -1.8E
13 Tu	04:06 / 11:48 / 16:42 / 23:48	01:18 / 07:12 / 13:54 / 19:42	1.9F / -1.9E / 1.6F / -1.9E
14 W	04:48 / 12:30 / 17:30	02:06 / 08:00 / 14:42 / 20:30	1.9F / -2.0E / 1.8F / -1.9E
15 Th	00:36 / 05:36 / 13:12 / 18:18	02:54 / 08:48 / 15:24 / 21:18	1.9F / -2.1E / 1.9F / -2.0E
16 F	01:30 / 06:30 / 14:00 / 19:06	03:42 / 09:42 / 16:18 / 22:06	1.8F / -2.1E / 1.9F / -2.0E
17 Sa ◐	02:24 / 07:24 / 14:48 / 20:06	04:42 / 10:36 / 17:06 / 23:06	1.7F / -2.1E / 1.9F / -2.0E
18 Su	03:30 / 08:30 / 15:42 / 21:00	05:42 / 11:30 / 18:06	1.6F / -2.0E / 1.8F
19 M	04:36 / 09:36 / 16:42 / 22:06	00:00 / 06:48 / 12:30 / 19:00	-2.0E / 1.4F / -1.9E / 1.8F
20 Tu	05:48 / 10:42 / 17:42 / 23:06	01:00 / 08:00 / 13:30 / 20:06	-1.9E / 1.4F / -1.8E / 1.8F
21 W	06:48 / 11:42 / 18:42	02:00 / 09:12 / 14:30 / 21:06	-1.8E / 1.4F / -1.7E / 1.8F
22 Th	00:06 / 07:54 / 12:42 / 19:42	03:00 / 10:18 / 15:24 / 22:06	-1.8E / 1.5F / -1.7E / 1.8F
23 F	01:00 / 08:48 / 13:42 / 20:36	04:00 / 11:18 / 16:18 / 23:06	-1.7E / 1.5F / -1.8E / 1.8F
24 Sa ○	01:54 / 09:42 / 14:30 / 21:30	07:12 / 12:06 / 17:18	-1.8E / 1.5F / -1.6E
25 Su	02:48 / 10:30 / 15:24 / 22:18	00:00 / 08:06 / 13:00 / 18:06	1.7F / -1.8E / 1.5F / -1.6E
26 M	03:36 / 11:18 / 16:12 / 23:12	00:48 / 08:48 / 13:42 / 19:00	1.7F / -1.7E / 1.5F / -1.6E
27 Tu	04:24 / 12:00 / 17:00	01:36 / 07:24 / 14:30 / 19:48	1.6F / -1.7E / 1.5F / -1.6E
28 W	00:00 / 05:12 / 12:42 / 17:48	02:24 / 08:12 / 15:06 / 20:42	1.6F / -1.7E / 1.5F / -1.7E
29 Th	00:48 / 06:00 / 13:18 / 18:36	03:06 / 09:00 / 15:42 / 21:30	1.5F / -1.8E / 1.5F / -1.7E
30 F	01:36 / 06:54 / 14:00 / 19:24	03:54 / 09:48 / 16:18 / 22:24	1.4F / -1.8E / 1.5F / -1.7E
31 Sa ○	02:30 / 07:48 / 14:42 / 20:18	04:48 / 10:42 / 17:06 / 23:18	1.4F / -1.8E / 1.4F / -1.7E

August

Day	Slack (h m)	Maximum (h m)	knots
1 Su	03:24 / 08:42 / 15:30 / 21:12	05:48 / 11:36 / 17:48	1.3F / -1.7E / 1.4F
2 M	04:18 / 09:42 / 16:18 / 22:06	00:12 / 06:54 / 12:30 / 18:42	-1.7E / 1.3F / -1.7E / 1.4F
3 Tu	05:18 / 10:36 / 17:06 / 23:00	01:12 / 08:06 / 13:24 / 19:30	-1.7E / 1.3F / -1.7E / 1.5F
4 W	06:12 / 11:30 / 18:00 / 23:48	02:12 / 09:00 / 14:12 / 20:24	-1.7E / 1.3F / -1.7E / 1.5F
		**************	
5 Th	07:00 / 12:18 / 18:48	03:06 / 09:48 / 15:06 / 21:12	-1.7E / 1.4F / -1.7E / 1.6F
6 F	00:36 / 07:48 / 13:06 / 19:36	03:54 / 10:24 / 15:54 / 22:00	-1.6E / 1.4F / -1.7E / 1.7F
7 Sa	01:18 / 08:30 / 13:48 / 20:24	04:30 / 11:00 / 16:36 / 22:42	-1.6E / 1.5F / -1.7E / 1.8F
8 Su ●	01:54 / 09:12 / 14:24 / 21:06	05:00 / 11:30 / 17:12 / 23:24	-1.7E / 1.6F / -1.7E / 1.9F
9 M	02:36 / 09:54 / 15:06 / 21:54	05:36 / 12:12 / 17:54	-1.7E / 1.7F / -1.8E
10 Tu	03:12 / 10:36 / 15:42 / 22:36	00:12 / 06:12 / 12:48 / 18:30	1.9F / -1.8E / 1.8F / -1.8E
11 W	03:54 / 11:18 / 16:24 / 23:24	01:00 / 06:54 / 13:30 / 19:18	2.0F / -1.9E / 1.9F / -1.9E
12 Th	04:36 / 12:00 / 17:06	01:48 / 07:36 / 14:18 / 20:00	2.0F / -2.0E / 2.0F / -1.9E
13 F	00:18 / 05:24 / 12:42 / 17:54	02:36 / 08:24 / 15:00 / 20:48	1.9F / -2.0E / 2.1F / -2.0E
14 Sa	01:12 / 06:18 / 13:30 / 18:48	03:30 / 09:18 / 15:48 / 21:42	1.8F / -2.0E / 2.0F / -1.9E
15 Su ◐	02:12 / 07:12 / 14:18 / 19:42	04:24 / 10:12 / 16:42 / 22:36	1.7F / -1.9E / 2.0F / -1.8E
16 M	05:24 / 11:12 / 17:42 / 23:36	03:12 / 09:24 / 15:18 / 20:42	1.5F / -1.8E / 1.9F / -1.7E
17 Tu	04:24 / 09:24 / 16:18 / 21:48	06:36 / 12:12 / 18:42	1.4F / -1.6E / 1.7F
18 W	05:30 / 10:36 / 17:24 / 22:54	00:42 / 07:54 / 13:12 / 19:48	-1.6E / 1.3F / -1.6E / 1.7F
19 Th	06:36 / 11:36 / 18:24	01:54 / 09:12 / 14:18 / 21:00	-1.5E / 1.4F / -1.5E / 1.7F
		****************	
20 F	07:30 / 12:36 / 19:24	05:06 / 10:12 / 15:18 / 22:06	-1.7E / 1.5F / -1.5E / 1.7F
21 Sa	00:54 / 08:24 / 13:30 / 20:18	06:06 / 11:06 / 16:18 / 23:00	-1.8E / 1.6F / -1.6E / 1.8F
22 Su ○	01:48 / 09:12 / 14:18 / 21:12	06:54 / 11:54 / 17:12 / 23:48	-1.8E / 1.7F / -1.6E / 1.7F
23 M	02:36 / 10:00 / 15:06 / 22:00	07:36 / 12:42 / 17:54	-1.8E / 1.6F / -1.6E
24 Tu	03:18 / 10:42 / 15:48 / 22:48	00:36 / 08:18 / 13:18 / 18:36	1.7F / -1.7E / 1.6F / -1.6E
25 W	04:06 / 11:18 / 16:36 / 23:30	01:18 / 06:54 / 13:54 / 19:24	1.7F / -1.7E / 1.6F / -1.7E
26 Th	04:48 / 12:00 / 17:18	02:00 / 07:36 / 14:24 / 20:06	1.6F / -1.7E / 1.6F / -1.7E
27 F	00:18 / 05:36 / 12:36 / 18:00	02:36 / 08:24 / 14:54 / 20:54	1.5F / -1.7E / 1.6F / -1.7E
28 Sa	01:06 / 06:24 / 13:12 / 18:42	03:18 / 09:12 / 15:30 / 21:42	1.5F / -1.7E / 1.6F / -1.7E
29 Su	01:54 / 07:12 / 13:54 / 19:30	04:06 / 10:00 / 16:12 / 22:30	1.4F / -1.7E / 2.0F / -1.9E
30 M ○	02:42 / 08:06 / 14:36 / 20:24	04:54 / 10:54 / 16:54 / 23:30	1.3F / -1.7E / 1.6F / -1.6E
31 Tu	03:36 / 09:06 / 15:30 / 21:18	05:54 / 11:48 / 17:48	1.3F / -1.6E / 1.6F

September

Day	Slack (h m)	Maximum (h m)	knots
1 W	04:30 / 10:00 / 16:24 / 22:18	00:24 / 07:00 / 12:42 / 18:42	-1.6E / 1.2F / -1.6E / 1.6F
		***************	
2 Th	05:30 / 10:54 / 17:18 / 23:12	01:18 / 08:00 / 13:36 / 19:36	-1.6E / 1.3F / -1.6E / 1.6F
3 F	06:18 / 11:42 / 18:12	02:18 / 08:54 / 14:30 / 20:36	-1.6E / 1.4F / -1.7E / 1.7F
4 Sa	00:00 / 07:12 / 12:30 / 19:00	03:06 / 09:36 / 15:18 / 21:24	-1.6E / 1.5F / -1.7E / 1.8F
5 Su	00:48 / 07:54 / 13:12 / 19:54	03:48 / 10:18 / 16:06 / 22:18	-1.7E / 1.6F / -1.8E / 1.9F
6 M	01:24 / 08:42 / 13:54 / 20:42	04:24 / 11:06 / 16:42 / 23:06	-1.8E / 1.7F / -1.8E / 1.9F
7 Tu ●	02:06 / 09:24 / 14:36 / 21:30	05:06 / 11:42 / 17:24 / 23:54	-1.9E / 1.9F / -1.9E / 2.0F
8 W	02:48 / 10:06 / 15:18 / 22:24	05:48 / 12:24 / 18:06	-2.0E / 2.0F / -1.9E
9 Th	03:30 / 10:48 / 16:00 / 23:12	00:42 / 06:24 / 13:06 / 18:54	2.0F / -2.0E / 2.1F / -2.0E
10 F	04:18 / 11:30 / 16:42	01:30 / 07:12 / 13:54 / 19:36	1.9F / -2.0E / 2.1F / -2.0E
11 Sa	00:06 / 05:12 / 12:18 / 17:30	02:18 / 08:06 / 14:36 / 20:24	1.9F / -1.9E / 2.1F / -2.0E
12 Su	01:00 / 06:00 / 13:06 / 18:24	03:12 / 08:54 / 15:30 / 21:18	1.7F / -1.9E / 2.0F / -1.9E
13 M ◐	02:00 / 07:00 / 14:00 / 19:24	04:12 / 09:54 / 16:18 / 22:18	1.5F / -1.7E / 1.9F / -1.7E
14 Tu	03:06 / 08:06 / 15:00 / 20:24	05:12 / 10:54 / 17:18 / 23:24	1.4F / -1.6E / 1.7F / -1.6E
15 W	04:12 / 09:12 / 16:06 / 21:36	06:30 / 12:00 / 18:24	1.3F / -1.5E / 1.6F
16 Th	05:18 / 10:18 / 17:12	00:36 / 07:54 / 13:06 / 19:42	-1.5E / 1.3F / -1.5E / 1.5F
17 F	06:18 / 11:24 / 18:12 / 23:42	03:54 / 09:00 / 14:18 / 20:54	-1.7E / 1.4F / -1.5E / 1.6F
18 Sa	07:12 / 12:18 / 19:12	04:48 / 10:00 / 15:30 / 22:00	-1.8E / 1.6F / -1.6E / 1.6F
19 Su	08:06 / 13:12 / 20:06	05:36 / 10:48 / 17:24 / 22:48	-1.9E / 1.7F / -1.7E / 1.7F
20 M ○	01:30 / 08:48 / 14:00 / 20:54	06:18 / 11:36 / 18:12 / 23:36	-1.8E / 1.7F / -1.7E / 1.7F
21 Tu	02:12 / 09:30 / 14:42 / 21:42	07:00 / 12:12 / 17:42	-1.8E / 1.6F / -1.7E
22 W	02:54 / 10:12 / 15:24 / 22:24	00:18 / 05:54 / 12:48 / 18:18	1.6F / -1.8E / 1.6F / -1.7E
23 Th	03:36 / 10:48 / 16:00 / 23:12	01:00 / 06:24 / 13:18 / 18:54	1.6F / -1.8E / 1.6F / -1.7E
24 F	04:18 / 11:18 / 16:36 / 23:54	01:36 / 07:06 / 13:42 / 19:30	1.5F / -1.8E / 1.6F / -1.8E
25 Sa	05:06 / 11:54 / 17:18	02:12 / 07:48 / 14:12 / 20:12	1.5F / -1.8E / 1.6F / -1.8E
26 Su	00:36 / 05:48 / 12:30 / 17:54	02:48 / 08:36 / 14:48 / 21:00	1.4F / -1.8E / 1.6F / -1.8E
27 M	01:24 / 06:36 / 13:12 / 18:42	03:30 / 09:24 / 15:30 / 21:48	1.4F / -1.7E / 1.6F / -1.7E
28 Tu	02:12 / 07:24 / 14:00 / 19:30	04:18 / 10:18 / 16:18 / 22:42	1.3F / -1.7E / 1.6F / -1.7E
29 W ○	03:00 / 08:18 / 14:48 / 20:24	05:06 / 11:12 / 17:06 / 23:36	1.2F / -1.7E / 1.6F / -1.6E
30 Th	03:54 / 09:12 / 15:48 / 21:24	06:00 / 12:06 / 18:00	1.2F / -1.7E / 1.6F

Station ID: db0301 Depth: 39 feet
Source: NOAA/NOS/CO-OPS
Station Type: Harmonic
Time Zone: LST

NOAA Tidal Current Predictions

Philadelphia, Penns Landing, 2021
Latitude: 39.9462° N Longitude: 75.1396° W
Mean Flood Dir. 4° (T) Mean Ebb Dir. 187° (T)
Times and speeds of maximum and minimum current, in knots

October

Day	Slack h m	Max h m	knots
1 F		00:36	-1.6E
	04:48	07:00	1.3F
	10:06	13:00	-1.7E
	16:42	19:00	1.6F
	22:18		
2 Sa		01:24	-1.7E
	05:42	08:00	1.4F
	11:00	13:54	-1.8E
	17:42	20:00	1.7F
	23:12		
3 Su		02:18	-1.8E
	06:36	08:54	1.5F
	11:48	14:42	-1.9E
	18:36	20:54	1.7F
4 M	00:00	03:06	-1.9E
	07:24	09:42	1.7F
	12:36	15:30	-2.0E
	19:30	21:48	1.8F
5 Tu	00:48	03:54	-2.0E
	08:06	10:24	1.8F
	13:18	16:12	-2.0E
	20:24	22:42	1.9F
6 W ●	01:36	04:36	-2.1E
	08:54	11:12	2.0F
	14:00	17:00	-2.1E
	21:18	23:30	1.9F
7 Th	02:24	05:18	-2.1E
	09:36	11:54	2.0F
	14:48	17:42	-2.1E
	22:12		
8 F		00:24	1.8F
	03:06	06:00	-2.1E
	10:24	12:42	2.1F
	15:30	18:24	-2.1E
	23:06		
9 Sa		01:12	1.8F
	04:00	06:48	-2.0E
	11:06	13:30	2.1F
	16:18	19:12	-2.1E
10 Su	00:00	02:06	1.6F
	04:48	07:42	-1.9E
	12:00	14:18	2.0F
	17:06	20:00	-2.0E
11 M	01:00	03:00	1.5F
	05:42	08:36	-1.8E
	12:54	15:06	1.9F
	18:00	21:00	-1.8E
12 Tu	01:54	04:00	1.3F
	06:42	09:36	-1.7E
	13:48	16:00	1.7F
	19:00	22:00	-1.7E
13 W ◐	03:00	05:06	1.2F
	07:42	10:42	-1.6E
	14:54	17:00	1.5F
	20:06	23:24	-1.6E
14 Th		01:30	-1.6E
	04:00	06:24	1.2F
	08:54	11:54	-1.6E
	15:54	18:12	1.4F
	21:12		
15 F		02:30	-1.7E
	05:00	07:42	1.3F
	10:00	13:06	-1.6E
	17:00	19:36	1.3F
	22:18		
16 Sa		03:24	-1.8E
	06:00	08:42	1.4F
	11:00	15:18	-1.7E
	18:06	20:48	1.4F
	23:18		
17 Su		04:18	-1.9E
	06:54	09:36	1.5F
	11:54	16:18	-1.8E
	19:00	21:48	1.5F
18 M	00:12	05:00	-2.0E
	07:42	10:24	1.6F
	12:48	17:06	-1.9E
	19:54	22:36	1.6F
19 Tu	01:00	05:42	-2.0E
	08:24	11:06	1.6F
	13:30	17:54	-1.9E
	20:42	23:24	1.5F
20 W ○	01:42	05:54	-1.9E
	09:00	11:48	1.6F
	14:12	18:30	-1.9E
	21:30		
21 Th		00:06	1.5F
	02:30	05:24	-1.9E
	09:42	12:18	1.5F
	14:48	17:54	-1.9E
	22:12		
22 F		00:42	1.4F
	03:06	06:00	-1.9E
	10:18	12:36	1.5F
	15:24	18:24	-1.9E
	22:54		
23 Sa		01:12	1.3F
	03:48	06:42	-1.9E
	10:48	13:00	1.5F
	16:00	19:00	-1.9E
	23:36		
24 Su		01:48	1.3F
	04:30	07:24	-1.8E
	11:24	13:36	1.5F
	16:36	19:42	-1.9E
25 M	00:18	02:18	1.3F
	05:12	08:06	-1.8E
	12:06	14:12	1.6F
	17:12	20:24	-1.9E
26 Tu	01:00	03:00	1.2F
	05:48	08:54	-1.8E
	12:42	15:00	1.6F
	17:54	21:06	-1.8E
27 W	01:42	03:42	1.2F
	06:36	09:42	-1.8E
	13:30	15:42	1.6F
	18:36	22:00	-1.8E
28 Th ◐	02:30	04:30	1.2F
	08:18	10:36	-1.8E
	14:18	16:36	1.6F
	19:30	22:54	-1.8E
29 F	03:24	05:18	1.2F
	08:18	11:30	-1.9E
	15:18	17:30	1.6F
	20:24	23:48	-1.9E
30 Sa	04:12	06:18	1.3F
	09:12	12:18	-1.9E
	16:18	18:24	1.6F
	21:24		
31 Su		00:42	-2.0E
	05:06	07:12	1.4F
	10:12	13:12	-2.0E
	17:18	19:24	1.6F
	22:24		

November

Day	Slack h m	Max h m	knots
1 M		01:36	-2.1E
	06:00	08:12	1.5F
	11:00	14:06	-2.1E
	18:18	20:24	1.6F
	23:18		
2 Tu		02:30	-2.2E
	06:48	09:00	1.7F
	11:54	14:54	-2.2E
	19:12	21:24	1.6F
3 W	00:12	03:18	-2.2E
	07:36	09:54	1.8F
	12:42	15:42	-2.3E
	20:12	22:18	1.7F
4 Th ●	01:00	04:00	-2.2E
	08:24	10:42	1.9F
	13:30	16:30	-2.3E
	21:06	23:12	1.7F
5 F	01:54	04:54	-2.2E
	09:12	11:30	2.0F
	14:12	17:12	-2.3E
	22:00		
6 Sa		00:06	1.6F
	02:42	05:36	-2.1E
	10:00	12:18	2.0F
	15:00	18:00	-2.2E
	23:00		
7 Su		01:00	1.5F
	03:36	06:30	-2.0E
	10:54	13:06	1.9F
	15:48	18:54	-2.1E
	23:54		
8 M		02:00	1.4F
	04:30	07:24	-1.9E
	11:48	14:00	1.8F
	16:42	19:48	-2.0E
9 Tu	00:54	02:54	1.3F
	05:24	08:18	-1.8E
	12:42	14:48	1.6F
	17:36	20:48	-1.8E
	23:12		-1.8E
10 W	01:48	03:54	1.2F
	06:18	09:24	-1.8E
	13:42	15:48	1.5F
	18:36	21:54	-1.7E
11 Th ◐		00:12	-1.8E
	02:48	06:00	1.1F
	07:24	10:30	-1.7E
	14:42	16:48	1.3F
	19:42		
12 F		01:06	-1.8E
	03:42	06:06	1.1F
	08:24	11:42	-1.7E
	15:42	18:00	1.2F
	20:42		
13 Sa		02:00	-1.9E
	04:42	07:12	1.2F
	09:30	13:42	-1.8E
	16:48	19:18	1.2F
	21:48		
14 Su		02:48	-2.0E
	05:36	08:18	1.3F
	10:30	14:54	-1.9E
	17:48	20:30	1.3F
	22:42		
15 M		03:36	-2.0E
	06:24	09:24	1.4F
	11:24	15:54	-2.0E
	18:48	21:24	1.3F
	23:36		
16 Tu		04:18	-2.0E
	07:12	09:54	1.5F
	12:12	16:42	-2.1E
	19:42	22:18	1.4F
17 W	00:30	04:36	-2.0E
	07:54	10:36	1.5F
	13:00	17:30	-2.1E
	20:30	23:06	1.4F
18 Th	01:12	04:24	-2.0E
	08:36	11:12	1.5F
	13:36	18:12	-2.1E
	21:12	23:48	1.3F
19 F ○	02:00	05:00	-2.0E
	09:12	11:42	1.4F
	14:18	17:42	-2.0E
	22:00		
20 Sa		00:24	1.3F
	02:42	05:36	-1.9E
	09:48	12:00	1.4F
	14:48	18:06	-2.0E
	22:36		
21 Su		00:54	1.2F
	03:18	06:18	-1.9E
	10:24	12:30	1.4F
	15:24	18:36	-1.9E
	23:18		
22 M		01:24	1.1F
	03:54	06:54	-1.9E
	11:00	13:06	1.4F
	16:00	19:12	-1.9E
23 Tu	00:00	01:54	1.1F
	04:30	07:36	-1.9E
	11:42	13:48	1.5F
	16:30	19:54	-1.9E
24 W	00:36	02:30	1.2F
	05:12	08:18	-1.9E
	12:24	14:30	1.6F
	17:12	20:36	-2.0E
25 Th	01:18	03:12	1.2F
	05:48	09:06	-2.0E
	13:06	15:18	1.6F
	17:54	21:24	-2.0E
26 F	02:00	04:00	1.3F
	06:36	10:00	-2.0E
	13:54	16:00	1.6F
	18:42	22:18	-2.1E
27 Sa ◐	02:48	04:48	1.3F
	07:30	10:48	-2.0E
	14:48	17:00	1.6F
	19:36	23:12	-2.1E
28 Su	03:42	05:36	1.4F
	08:24	11:42	-2.1E
	15:48	17:54	1.5F
	20:36		
29 M		00:06	-2.2E
	04:30	06:36	1.5F
	09:24	12:36	-2.1E
	16:54	18:54	1.5F
	21:36		
30 Tu		01:00	-2.3E
	05:24	07:30	1.6F
	10:18	13:30	-2.2E
	17:54	20:00	1.4F
	22:42		

December

Day	Slack h m	Max h m	knots
1 W		01:54	-2.3E
	06:18	08:24	1.7F
	11:12	14:24	-2.3E
	19:00	21:00	1.5F
	23:36		
2 Th		02:42	-2.3E
	07:06	09:18	1.8F
	12:06	15:12	-2.3E
	20:00	22:00	1.5F
3 F	00:36	03:36	-2.2E
	08:00	10:12	1.8F
	12:54	16:06	-2.3E
	20:54	23:00	1.4F
4 Sa ●	01:30	04:30	-2.2E
	08:54	11:06	1.8F
	13:48	16:54	-2.3E
	21:54		
5 Su		00:00	1.4F
	02:24	05:18	-2.1E
	09:42	11:54	1.8F
	14:36	17:42	-2.2E
	22:48		
6 M		00:54	1.3F
	03:12	06:12	-2.0E
	10:36	12:48	1.7F
	15:30	18:36	-2.1E
		20:18	-1.9E
	*****************		
7 Tu		01:48	1.3F
	04:06	07:06	-1.9E
	11:36	13:42	1.6F
	16:24	19:36	-2.0E
		20:54	-1.9E
	*****************		
8 W	00:42	02:42	1.2F
	05:00	08:06	-1.9E
	12:30	14:36	1.5F
	17:18	20:36	-1.9E
		22:54	-1.9E
9 Th	01:30	03:36	1.1F
	06:00	09:06	-1.8E
	13:24	15:30	1.4F
	18:12	23:42	-1.9E
10 F	02:24	04:36	1.1F
	06:54	10:12	-1.8E
	14:24	16:30	1.2F
	19:12		
11 Sa ◐		00:30	-1.9E
	03:18	05:42	1.1F
	07:54	11:18	-1.8E
	15:24	17:36	1.1F
	20:12		
12 Su ◑		01:12	-1.9E
	04:06	06:42	1.2F
	08:54	13:00	-1.9E
	16:24	18:54	1.1F
	21:12		
13 M		01:42	-2.0E
	05:00	07:42	1.2F
	09:54	14:18	-1.9E
	17:24	20:00	1.1F
	22:12		
14 Tu		01:48	-2.0E
	05:48	08:36	1.3F
	10:48	15:18	-2.0E
	18:24	21:00	1.2F
	23:06		
15 W		02:30	-2.0E
	06:36	09:24	1.4F
	11:42	16:12	-2.1E
	19:18	21:54	1.3F
16 Th		03:12	-2.0E
	07:18	10:06	1.4F
	12:24	17:06	-2.1E
	20:06	22:42	1.3F
17 F	00:48	03:54	-2.0E
	08:00	10:42	1.4F
	13:06	17:48	-2.1E
	20:54	23:24	1.3F
18 Sa	01:36	04:36	-2.0E
	08:42	11:06	1.3F
	13:48	18:30	-2.0E
	21:36		
19 Su ○		00:06	1.2F
	02:18	05:18	-1.9E
	09:24	11:30	1.3F
	14:24	17:54	-1.9E
	22:18		
20 M		00:30	1.1F
	02:54	05:54	-1.9E
	10:00	12:06	1.4F
	15:00	18:18	-1.9E
	22:54		
21 Tu		01:00	1.1F
	03:30	06:30	-1.9E
	10:36	12:42	1.5F
	15:30	18:54	-1.9E
	23:36		
22 W		01:30	1.1F
	04:06	07:12	-2.0E
	11:18	13:24	1.6F
	16:06	19:30	-2.0E
23 Th	00:12	02:06	1.2F
	04:42	07:54	-2.0E
	12:00	14:06	1.6F
	16:42	20:06	-2.1E
24 F	00:48	02:42	1.3F
	05:18	08:36	-2.1E
	12:54	14:54	1.7F
	17:24	20:54	-2.2E
25 Sa	01:30	03:30	1.4F
	06:06	09:24	-2.1E
	13:30	15:42	1.7F
	18:12	21:42	-2.3E
26 Su	02:12	04:18	1.5F
	07:00	10:12	-2.2E
	14:24	16:30	1.6F
	19:06	22:36	-2.3E
27 M ◑	03:00	05:06	1.6F
	07:48	11:06	-2.2E
	15:24	17:30	1.5F
	20:06	23:30	-2.3E
28 Tu	03:54	06:00	1.6F
	08:42	12:00	-2.2E
	16:30	18:30	1.4F
	21:06		
29 W		00:24	-2.3E
	04:48	06:54	1.6F
	09:42	12:54	-2.2E
	17:36	19:36	1.3F
	22:12		
30 Th		01:24	-2.2E
	05:42	07:54	1.7F
	10:42	13:48	-2.2E
	18:42	20:42	1.3F
	23:18		
31 F		02:18	-2.2E
	06:42	08:54	1.7F
	11:42	14:42	-2.2E
	19:42	21:48	1.3F

Station ID: db0301 Depth: 39 feet
Source: NOAA/NOS/CO-OPS
Station Type: Harmonic
Time Zone: LST

NOAA Tidal Current Predictions

Philadelphia, Penns Landing, 2021
Latitude: 39.9462° N Longitude: 75.1396° W
Mean Flood Dir. 4° (T) Mean Ebb Dir. 187° (T)
Times and speeds of maximum and minimum current, in knots

EXTRA CURRENTS

February

	Slack	Maximum	
	h m	h m	knots
7 Su	22:54		

March

	Slack	Maximum	
	h m	h m	knots
7 Su	21:36		

May

	Slack	Maximum	
	h m	h m	knots
2 Su	18:54	21:54	-1.7E
30 Su	17:36	20:30	-1.8E

June

	Slack	Maximum	
	h m	h m	knots
26 Sa	15:36 22:42	18:24	-1.7E
27 Su	23:36		

August

	Slack	Maximum	
	h m	h m	knots
19 Th	23:54		

September

	Slack	Maximum	
	h m	h m	knots
16 Th	22:42		

December

	Slack	Maximum	
	h m	h m	knots
6 M	23:48		
7 Tu		22:00	-1.9E

Station ID: cb0102 Depth: 22 feet
Source: NOAA/NOS/CO-OPS
Station Type: Harmonic
Time Zone: LST

NOAA Tidal Current Predictions

Chesapeake Bay Ent., 2.0 n.mi. N of Cape Henry Lt., 2021
Latitude: 36.9594° N Longitude: 76.0128° W
Mean Flood Dir. 297° (T) Mean Ebb Dir. 112° (T)
Times and speeds of maximum and minimum current, in knots

January

Day	Slack (h m)	Maximum (h m)	knots	Day	Slack (h m)	Maximum (h m)	knots
1 F	00:18	03:30	-1.2E	16 Sa	01:24	04:36	-1.4E
	06:24	10:06	1.8F		08:00	11:12	1.5F
	13:48	16:42	-1.1E		14:42	17:12	-0.9E
	20:12	22:36	0.7F		20:18	23:18	1.0F
2 Sa	01:00	04:12	-1.2E	17 Su	02:24	05:36	-1.3E
	07:12	10:54	1.7F		09:00	11:54	1.2F
	14:30	17:30	-1.1E		15:18	18:00	-0.9E
	20:54	23:24	0.8F		21:00		
3 Su	01:54	05:06	-1.2E	18 M	03:30	00:00	1.1F
	08:06	11:42	1.7F		09:54	06:36	-1.1E
	15:12	18:12	-1.1E		15:48	12:30	1.0F
	21:36				21:42	18:42	-0.9E
4 M	02:54	00:12	1.0F	19 Tu	04:36	00:48	1.1F
	09:00	06:00	-1.1E		10:42	07:30	-0.9E
	15:54	12:24	1.6F		16:18	13:06	0.8F
	22:18	19:00	-1.2E		22:30	19:30	-0.9E
5 Tu	04:00	01:00	1.1F	20 W	05:48	01:36	1.1F
	09:54	07:06	-1.1E		11:24	08:30	-0.7E
	16:36	13:12	1.4F		16:42	13:42	0.6F
	23:00	19:48	-1.3E		23:18	20:18	-0.9E
6 W	05:18	02:00	1.2F	21 Th	07:00	02:30	1.0F
	10:54	08:12	-1.0E		12:18	09:24	-0.6E
	17:18	14:06	1.2F		17:18	14:30	0.5F
	23:54	20:42	-1.3E			21:06	-0.9E
7 Th	06:30	03:00	1.4F	22 F	00:12	03:30	1.0F
	12:06	09:18	-1.0E		08:06	10:18	-0.5E
	18:12	15:06	1.0F		13:24	15:30	0.4F
		21:36	-1.4E		18:12	21:54	-0.9E
8 F	00:42	04:06	1.6F	23 Sa	01:00	04:30	1.1F
	07:48	10:24	-1.0E		08:54	11:12	-0.6E
	13:30	16:12	0.9F		14:36	16:36	0.4F
	19:06	22:30	-1.5E		19:24	22:48	-0.9E
9 Sa	01:42	05:06	1.8F	24 Su	01:54	05:24	1.2F
	08:54	11:30	-1.1E		09:36	12:12	-0.7E
	14:54	17:18	0.8F		15:36	17:42	0.4F
	20:00	23:24	-1.5E		20:24	23:42	-0.9E
10 Su	02:36	06:12	2.1F	25 M	02:36	06:06	1.3F
	09:54	12:36	-1.3E		10:12	13:00	-0.9E
	16:06	18:30	0.8F		16:24	18:36	0.6F
	21:00				21:18		
11 M	03:24	00:24	-1.6E	26 Tu	03:18	00:30	-1.0E
	10:48	07:06	2.2F		10:48	06:54	1.5F
	17:00	13:30	-1.4E		17:06	13:36	-1.1E
	21:54	19:24	0.8F		22:00	19:18	0.7F
12 Tu	04:18	01:12	-1.7E	27 W	04:00	01:12	-1.1E
	11:42	07:54	2.3F		11:12	07:36	1.7F
	17:48	14:18	-1.4E		17:36	14:12	-1.2E
	22:48	20:12	0.9F		22:42	20:00	0.8F
13 W	05:12	02:06	-1.7E	28 Th	04:42	01:54	-1.3E
	12:30	08:42	2.2F		12:00	08:12	1.8F
	18:30	15:00	-1.4E		18:12	14:48	-1.2E
	23:36	21:00	0.9F		23:24	20:36	0.9F
14 Th	06:06	02:54	-1.7E	29 F	05:30	02:30	-1.4E
	13:12	09:30	2.1F		12:42	09:00	1.8F
	19:06	15:48	-1.2E		18:42	15:24	-1.2E
		21:42	0.9F			21:24	1.0F
15 F	00:30	03:42	-1.6E	30 Sa	00:06	03:12	-1.4E
	07:00	10:18	1.8F		06:12	09:42	1.8F
	14:00	16:30	-1.0E		13:18	16:06	-1.2E
	19:42	22:30	1.0F		19:18	22:12	1.1F
				31 Su	00:54	04:00	-1.4E
					07:06	10:30	1.7F
					13:54	16:48	-1.3E
					20:00	23:00	1.2F

February

Day	Slack (h m)	Maximum (h m)	knots	Day	Slack (h m)	Maximum (h m)	knots
1 M	01:48	04:54	-1.4E	16 Tu	03:06	06:06	-1.0E
	07:54	11:18	1.6F		09:24	11:48	0.8F
	14:36	17:36	-1.3E		14:42	17:54	-0.9E
	20:48	23:48	1.4F		20:54		
2 Tu	02:48	05:48	-1.3E	17 W	04:06	00:12	1.3F
	08:54	12:06	1.5F		10:06	07:00	-0.8E
	15:18	18:24	-1.3E		15:12	12:24	0.7F
	21:36				21:42	18:42	-0.9E
3 W	04:00	00:42	1.5F	18 Th	05:06	00:54	1.2F
	09:48	06:54	-1.2E		10:48	07:48	-0.7E
	16:00	12:54	1.3F		15:48	13:06	0.6F
	22:30	19:18	-1.4E		22:24	19:30	-0.9E
4 Th	05:12	01:36	1.6F	19 F	06:06	01:42	1.1F
	10:54	08:00	-1.1E		11:42	08:42	-0.6E
	16:48	13:42	1.0F		16:30	13:54	0.5F
	23:18	20:18	-1.4E		23:06	20:18	-0.8E
5 F	06:24	02:36	1.6F	20 Sa	07:00	02:30	1.1F
	12:12	09:06	-1.0E		12:48	09:36	-0.6E
	17:42	14:48	0.8F		17:30	14:48	0.4F
		21:12	-1.3E		23:54	21:12	-0.7E
6 Sa	00:12	03:42	1.7F	21 Su	07:54	03:24	1.1F
	07:36	10:12	-1.0E		14:06	10:30	-0.7E
	13:42	16:00	0.6F		18:48	16:00	0.3F
	18:42	22:12	-1.3E			22:12	-0.7E
7 Su	01:12	04:48	1.8F	22 M	00:48	04:24	1.1F
	08:42	11:18	-1.1E		08:42	11:30	-0.8E
	15:00	17:18	0.6F		15:06	17:12	0.4F
	19:54	23:12	-1.3E		20:00	23:06	-0.8E
8 M	02:18	06:00	1.9F	23 Tu	01:48	05:24	1.3F
	09:42	12:24	-1.2E		09:24	12:18	-0.9E
	16:06	18:36	0.7F		15:48	18:06	0.6F
	21:00				20:54		
9 Tu	03:18	00:12	-1.4E	24 W	02:48	00:00	-0.9E
	10:36	07:00	2.0F		10:06	06:18	1.4F
	16:48	13:18	-1.3E		16:24	13:00	-1.1E
	21:54	19:24	0.8F		21:36	18:48	0.8F
10 W	04:18	01:06	-1.5E	25 Th	03:42	00:48	-1.2E
	11:24	07:48	2.0F		10:48	07:06	1.6F
	17:24	14:06	-1.3E		16:54	13:36	-1.2E
	22:48	20:06	1.0F		22:24	19:30	1.0F
11 Th	05:12	02:00	-1.6E	26 F	04:30	01:30	-1.4E
	12:06	08:36	1.9F		11:24	07:42	1.7F
	17:54	14:42	-1.2E		17:24	14:12	-1.3E
	23:36	20:42	1.1F		23:06	20:12	1.2F
12 F	06:06	02:48	-1.7E	27 Sa	05:18	02:12	-1.6E
	12:48	09:18	1.7F		12:00	08:30	1.8F
	18:18	15:18	-1.1E		17:54	14:48	-1.4E
		21:24	1.2F		23:54	20:54	1.4F
13 Sa	00:24	03:30	-1.6E	28 Su	06:00	02:54	-1.6E
	06:54	10:00	1.4F		12:36	09:18	1.7F
	13:24	15:54	-1.0E		18:36	15:30	-1.5E
	18:48	22:00	1.3F			21:42	1.6F
14 Su	01:18	04:24	-1.4E				
	07:48	10:36	1.2F				
	13:54	16:30	-1.0E				
	19:24	22:48	1.3F				
15 M	02:12	05:12	-1.2E				
	08:36	11:18	1.0F				
	14:18	17:12	-0.9E				
	20:06	23:30	1.3F				

March

Day	Slack (h m)	Maximum (h m)	knots	Day	Slack (h m)	Maximum (h m)	knots
1 M	00:48	03:42	-1.6E	16 Tu	01:54	04:42	-1.1E
	06:54	10:06	1.6F		08:12	10:36	0.8F
	13:18	16:12	-1.5E		13:24	16:30	-1.1E
	19:24	22:36	1.7F		19:30	23:00	1.4F
2 Tu	01:48	04:36	-1.5E	17 W	02:42	05:36	-0.9E
	07:48	10:54	1.5F		08:54	11:12	0.7F
	13:54	17:00	-1.5E		13:54	17:12	-1.0E
	20:12	23:30	1.8F		20:12	23:36	1.4F
3 W	02:48	05:36	-1.3E	18 Th	03:30	06:24	-0.8E
	08:48	11:42	1.3F		09:42	11:54	0.6F
	14:36	17:54	-1.5E		14:24	17:54	-0.9E
	21:00				20:48		
4 Th	03:54	00:18	1.8F	19 F	04:18	00:18	1.3F
	09:54	06:42	-1.2E		10:36	07:12	-0.7E
	15:24	12:36	1.1F		15:06	12:36	0.5F
	21:54	18:48	-1.4E		21:30	18:36	-0.8E
5 F	05:00	01:12	1.8F	20 Sa	05:06	01:00	1.2F
	11:06	07:48	-1.1E		11:30	08:06	-0.7E
	16:18	13:30	0.8F		15:54	13:30	0.4F
	22:48	19:48	-1.3E		22:06	19:30	-0.6E
6 Sa	06:12	02:12	1.8F	21 Su	05:54	01:42	1.2F
	12:24	09:00	-1.1E		12:30	09:00	-0.7E
	17:24	14:36	0.6F		16:54	14:24	0.3F
	23:48	20:54	-1.2E		22:54	20:30	-0.6E
7 Su	07:24	03:24	1.7F	22 M	06:48	02:36	1.1F
	13:48	10:00	-1.1E		13:30	09:54	-0.8E
	18:42	16:00	0.5F		18:12	15:24	0.4F
		21:54	-1.1E		23:54	21:30	-0.6E
8 M	00:54	04:36	1.7F	23 Tu	07:48	03:42	1.1F
	08:30	11:06	-1.1E		14:24	10:42	-0.8E
	14:54	17:30	0.6F		19:24	16:30	0.5F
	19:54	23:00	-1.2E			22:30	-0.7E
9 Tu	02:06	05:48	1.7F	24 W	01:06	04:42	1.2F
	09:30	12:12	-1.1E		08:36	11:30	-0.9E
	15:42	18:36	0.8F		15:00	17:24	0.7F
	21:00				20:24	23:24	-1.0E
10 W	03:18	00:06	-1.3E	25 Th	02:18	05:42	1.4F
	10:18	06:54	1.7F		09:24	12:18	-1.1E
	16:18	13:00	-1.1E		15:36	18:18	1.0F
	22:00	19:18	1.0F		21:18		
11 Th	04:18	01:06	-1.5E	26 F	03:18	00:18	-1.2E
	11:06	07:42	1.7F		10:06	06:36	1.5F
	16:48	13:42	-1.1E		16:06	13:00	-1.3E
	22:48	19:54	1.2F		22:06	19:00	1.3F
12 F	05:12	01:54	-1.6E	27 Sa	04:12	01:12	-1.5E
	11:42	08:24	1.5F		10:42	07:18	1.6F
	17:12	14:12	-1.1E		16:42	13:36	-1.5E
	23:36	20:24	1.3F		22:54	19:48	1.6F
13 Sa	06:00	02:36	-1.6E	28 Su	05:00	01:54	-1.6E
	12:12	09:00	1.3F		11:18	08:00	1.6F
	17:42	14:42	-1.1E		17:18	14:18	-1.6E
		21:00	1.4F		23:48	20:36	1.9F
14 Su	00:24	03:18	-1.5E	29 M	05:48	02:42	-1.7E
	06:48	09:30	1.1F		11:54	08:48	1.6F
	12:36	15:18	-1.0E		18:00	15:00	-1.7E
	18:12	21:36	1.5F			21:24	2.0F
15 M	01:06	04:00	-1.3E	30 Tu	00:42	03:30	-1.6E
	07:30	10:06	0.9F		06:42	09:36	1.4F
	13:00	15:54	-1.1E		12:36	15:42	-1.7E
	18:48	22:18	1.5F		18:48	22:12	2.1F
				31 W	01:42	04:24	-1.5E
					07:42	10:30	1.3F
					13:18	16:30	-1.7E
					19:36	23:06	2.1F

Station ID: cb0102 Depth: 22 feet
Source: NOAA/NOS/CO-OPS
Station Type: Harmonic
Time Zone: LST

NOAA Tidal Current Predictions

Chesapeake Bay Ent., 2.0 n.mi. N of Cape Henry Lt.
Latitude: 36.9594° N Longitude: 76.0128° W
Mean Flood Dir. 297° (T) Mean Ebb Dir. 112° (T)
Times and speeds of maximum and minimum current, in knots

April

Day	Slack (h m)	Maximum (h m)	knots		Day	Slack (h m)	Maximum (h m)	knots
1 Th	02:42	05:30	-1.4E		16 F	02:54	05:54	-0.9E
	08:48	11:24	1.0F			09:30	11:30	0.5F
	14:06	17:24	-1.5E			13:54	17:12	-0.8E
	20:30					20:00	23:48	1.4F
2 F	03:42	00:00	2.1F		17 Sa	03:36	06:42	-0.9E
	10:00	06:30	-1.3E			10:24	12:18	0.5F
	14:54	12:18	0.8F			14:36	17:54	-0.7E
	21:24	18:24	-1.3E			20:36		
3 Sa	04:48	00:54	2.0F		18 Su	04:18	00:24	1.4F
	11:12	07:42	-1.2E			11:18	07:36	-0.9E
	16:00	13:18	0.7F			15:24	13:06	0.4F
	22:24	19:30	-1.2E			21:24	18:48	-0.6E
4 Su ◐	05:54	01:54	1.8F		19 M	05:06	01:12	1.3F
	12:24	08:48	-1.1E			12:06	08:24	-0.8E
	17:18	14:36	0.5F			16:24	13:54	0.4F
	23:30	20:36	-1.1E			22:18	19:42	-0.6E
5 M	07:00	03:00	1.6F		20 Tu ◐	06:00	02:06	1.3F
	13:30	09:48	-1.1E			12:48	09:12	-0.8E
	18:42	16:06	0.6F			17:30	14:54	0.4F
		21:42	-1.0E			23:18	20:54	-0.7E
6 Tu	00:42	04:18	1.5F		21 W	07:00	03:00	1.2F
	08:06	10:48	-1.0E			13:30	10:00	-0.9E
	14:24	17:24	0.7F			18:48	15:48	0.6F
	19:54	22:48	-1.1E				21:54	-0.8E
7 W	02:06	05:42	1.4F		22 Th	00:30	04:06	1.2F
	09:06	11:42	-1.0E			07:48	10:48	-1.0E
	15:06	18:18	0.9F			14:06	16:48	0.9F
	21:00					19:54	22:54	-1.0E
8 Th	03:18	00:00	-1.2E		23 F	01:48	05:06	1.3F
	09:54	06:42	1.3F			08:36	11:36	-1.2E
	15:42	12:30	-1.0E			14:48	17:48	1.2F
	21:54	19:06	1.2F			21:00	23:54	-1.2E
9 F	04:18	00:54	-1.3E		24 Sa	02:54	06:00	1.4F
	10:30	07:30	1.2F			09:18	12:24	-1.4E
	16:12	13:06	-1.0E			15:30	18:36	1.6F
	22:48	19:42	1.4F			21:54		
10 Sa	05:06	01:42	-1.4E		25 Su	03:48	00:48	-1.4E
	11:00	08:00	1.1F			09:54	06:48	1.4F
	16:36	13:42	-1.1E			16:06	13:06	-1.7E
	23:36	20:12	1.5F			22:48	19:24	1.9F
11 Su	05:48	02:24	-1.4E		26 M	04:42	01:36	-1.6E
	11:18	08:30	1.0F			10:36	07:36	1.4F
	17:12	14:12	-1.2E			16:48	13:48	-1.9E
		20:42	1.6F			23:42	20:12	2.2F
12 M ●	00:18	03:00	-1.3E		27 Tu ○	05:36	02:30	-1.7E
	06:30	08:54	0.9F			11:12	08:24	1.4F
	11:42	14:42	-1.2E			17:36	14:30	-1.9E
	17:42	21:12	1.6F				21:00	2.4F
13 Tu	01:00	03:42	-1.1E		28 W	00:36	03:18	-1.6E
	07:06	09:24	0.8F			06:36	09:12	1.2F
	12:12	15:18	-1.2E			12:00	15:12	-1.9E
	18:18	21:48	1.6F			18:18	21:54	2.4F
14 W	01:36	04:24	-1.0E		29 Th	01:30	04:12	-1.5E
	07:48	10:06	0.7F			07:42	10:12	1.0F
	12:42	15:54	-1.1E			12:42	16:00	-1.7E
	18:48	22:24	1.5F			19:06	22:48	2.4F
15 Th	02:18	05:06	-0.9E		30 F	02:30	05:12	-1.4E
	08:36	08:48	0.6F			08:48	11:00	0.9F
	13:12	16:30	-1.0E			13:36	17:00	-1.5E
	19:24	23:06	1.5F			20:00	23:42	2.2F

May

Day	Slack (h m)	Maximum (h m)	knots		Day	Slack (h m)	Maximum (h m)	knots
1 Sa	03:30	06:18	-1.3E		16 Su	03:06	06:12	-1.0E
	10:00	12:06	0.7F			10:06	12:00	0.5F
	14:36	18:00	-1.3E			14:12	17:24	-0.7E
	21:00					20:06		
2 Su	04:30	00:36	2.0F		17 M	03:48	00:00	1.5F
	11:06	07:24	-1.2E			10:48	07:00	-0.9E
	15:48	13:06	0.6F			15:00	12:36	0.5F
	22:06	19:12	-1.1E			20:54	18:18	-0.7E
3 M ◐	05:36	01:36	1.8F		18 Tu	04:36	00:42	1.4F
	12:00	08:24	-1.1E			11:24	07:48	-0.9E
	17:12	14:24	0.6F			15:54	13:24	0.5F
	23:18	20:24	-1.1E			21:54	19:18	-0.7E
4 Tu	06:36	02:42	1.5F		19 W ◐	05:24	01:36	1.4F
	12:48	09:24	-1.0E			11:54	08:36	-0.9E
	18:30	15:42	0.7F			17:06	14:18	0.6F
		21:30	-1.0E			22:54	20:18	-0.8E
5 W	00:36	04:00	1.2F		20 Th	06:12	02:30	1.3F
	07:36	10:12	-0.9E			12:36	09:24	-1.0E
	13:36	17:00	0.8F			18:24	15:18	0.8F
	19:48	22:36	-1.0E				21:24	-0.9E
6 Th	01:54	05:18	1.0F		21 F	00:06	03:30	1.2F
	08:30	11:00	-0.9E			07:06	10:06	-1.1E
	14:18	17:54	1.1F			13:18	16:18	1.1F
	20:54	23:42	-1.1E			19:36	22:24	-1.0E
7 F	03:06	06:18	0.9F		22 Sa	01:18	04:30	1.2F
	09:06	11:48	-0.9E			07:42	10:54	-1.3E
	15:00	18:42	1.3F			14:06	17:18	1.4F
	21:54					20:42	23:30	-1.1E
8 Sa	04:06	00:42	-1.1E		23 Su	02:24	05:24	1.2F
	09:36	07:00	0.8F			08:30	11:48	-1.6E
	15:36	12:30	-1.0E			14:54	18:12	1.8F
	22:42	19:24	1.5F			21:42		
9 Su	04:54	01:30	-1.1E		24 M	03:30	00:30	-1.3E
	10:06	07:30	0.8F			09:12	06:18	1.2F
	16:12	13:06	-1.2E			15:42	12:36	-1.8E
	23:30	19:48	1.6F			22:42	19:06	2.2F
10 M	05:30	02:06	-1.1E		25 Tu	04:30	01:24	-1.5E
	10:30	07:54	0.7F			09:54	07:12	1.2F
	16:42	13:42	-1.3E			16:24	13:18	-1.9E
		20:18	1.7F			23:36	19:54	2.4F
11 Tu ●	00:06	02:42	-1.1E		26 W ○	05:30	02:12	-1.6E
	06:18	08:18	0.7F			10:42	08:00	1.1F
	11:00	14:18	-1.3E			17:12	14:06	-2.0E
	17:18	20:48	1.7F				20:42	2.6F
12 W	00:42	03:18	-1.1E		27 Th	00:24	03:06	-1.6E
	06:42	09:00	0.7F			06:30	08:54	1.0F
	11:36	14:48	-1.2E			11:30	14:54	-1.9E
	17:48	21:18	1.7F			17:54	21:36	2.5F
13 Th	01:12	03:54	-1.0E		28 F	01:18	04:00	-1.5E
	07:30	09:42	0.6F			07:06	09:54	0.9F
	12:12	15:24	-1.1E			12:24	15:42	-1.7E
	18:18	22:00	1.6F			18:48	22:30	2.4F
14 F	01:48	04:42	-1.0E		29 Sa	02:12	05:00	-1.4E
	08:24	10:24	0.5F			08:36	10:54	0.8F
	12:48	16:00	-0.9E			13:18	16:42	-1.5E
	18:48	22:36	1.6F			19:48	23:24	2.2F
15 Sa	02:24	05:30	-1.0E		30 Su	03:12	05:54	-1.3E
	09:18	11:12	0.6F			09:36	11:54	0.8F
	13:30	16:36	-0.8E			14:24	17:48	-1.3E
	19:24	23:18	1.5F			20:48		
					31 M	04:12	00:18	1.9F
						10:30	06:54	-1.1E
						15:36	12:48	0.7F
						22:00	18:54	-1.2E

June

Day	Slack (h m)	Maximum (h m)	knots		Day	Slack (h m)	Maximum (h m)	knots
1 Tu	05:06	01:12	1.6F		16 W	04:06	00:24	1.5F
	11:12	07:54	-1.0E			10:36	07:12	-1.0E
	16:54	13:48	0.8F			15:42	13:00	0.8F
	23:06	20:06	-1.1E			21:42	18:54	-0.9E
2 W ◐	06:00	02:12	1.2F		17 Th	04:48	01:12	1.4F
	11:54	08:48	-0.9E			11:06	07:54	-1.0E
	18:12	14:54	0.8F			16:48	13:48	0.9F
		21:12	-1.0E			22:36	19:54	-0.9E
3 Th	00:18	03:24	0.9F		18 F ◐	05:24	02:00	1.3F
	06:48	09:36	-0.9E			11:48	08:42	-1.1E
	12:42	16:12	1.0F			18:06	14:48	1.1F
	19:30	22:12	-0.9E			23:42	21:00	-0.9E
4 F	01:36	04:30	0.7F		19 Sa	06:12	02:54	1.1F
	07:30	10:18	-0.9E			12:42	09:30	-1.3E
	13:30	17:18	1.1F			19:24	15:48	1.3F
	20:42	23:18	-0.8E				22:06	-1.0E
5 Sa	02:42	05:30	0.6F		20 Su	00:54	03:54	1.0F
	08:06	11:06	-0.9E			06:54	10:24	-1.4E
	14:18	18:18	1.3F			13:36	16:54	1.6F
	21:42					20:36	23:06	-1.1E
6 Su	03:42	00:18	-0.8E		21 M	02:12	04:54	1.0F
	08:42	06:18	0.5F			07:48	11:18	-1.6E
	15:00	11:48	-1.1E			14:24	17:54	2.0F
	22:36	18:54	1.5F			21:36		
7 M	04:24	01:12	-0.9E		22 Tu	03:24	00:12	-1.2E
	09:12	06:54	0.5F			08:42	06:00	1.0F
	15:42	12:36	-1.2E			15:18	12:06	-1.8E
	23:12	19:30	1.6F			22:30	18:48	2.3F
8 Tu	05:06	01:48	-0.9E		23 W	04:30	01:12	-1.4E
	09:54	07:24	0.6F			09:30	06:54	1.0F
	16:18	13:12	-1.3E			16:06	13:00	-1.9E
	23:48	19:54	1.6F			23:24	19:36	2.5F
9 W	05:42	02:18	-1.0E		24 Th ○	05:30	02:06	-1.5E
	10:36	07:54	0.6F			10:24	07:54	1.0F
	16:48	13:54	-1.2E			16:54	13:48	-1.9E
		20:18	1.6F				20:30	2.5F
10 Th	00:18	02:54	-1.1E		25 F	00:12	02:54	-1.6E
	06:24	08:36	0.6F			06:24	08:42	0.9F
	11:12	14:24	-1.2E			11:18	14:36	-1.9E
	17:18	20:54	1.7F			17:42	21:18	2.4F
11 F	00:48	03:30	-1.1E		26 Sa	01:06	03:42	-1.5E
	07:06	09:18	0.6F			07:18	09:36	0.9F
	11:54	15:00	-1.1E			12:12	15:30	-1.7E
	17:48	21:30	1.6F			18:36	22:12	2.3F
12 Sa	01:18	04:12	-1.1E		27 Su	01:54	04:36	-1.3E
	07:54	10:06	0.6F			08:06	10:36	0.9F
	12:30	15:36	-1.0E			13:12	16:30	-1.6E
	18:24	22:12	1.6F			19:36	23:06	2.0F
13 Su	01:54	05:00	-1.1E		28 M	02:48	05:30	-1.2E
	08:54	10:48	0.6F			08:54	11:30	0.9F
	13:12	16:18	-0.9E			14:12	17:30	-1.4E
	19:06	22:54	1.6F			20:42		
14 M	02:36	05:42	-1.0E		29 Tu	03:42	00:00	1.7F
	09:30	11:30	0.6F			09:36	06:18	-1.0E
	13:54	17:00	-0.9E			15:18	12:18	1.0F
	19:54	23:36	1.6F			21:48	18:36	-1.2E
15 Tu	03:24	06:30	-1.0E		30 W	04:30	00:48	1.3F
	10:18	12:12	0.6F			10:18	07:12	-0.9E
	14:42	17:54	-0.9E			16:30	13:06	1.0F
	20:48					22:54	19:42	-1.1E

Station ID: cb0102 Depth: 22 feet
Source: NOAA/NOS/CO-OPS
Station Type: Harmonic
Time Zone: LST

NOAA Tidal Current Predictions

Chesapeake Bay Ent., 2.0 n.mi. N of Cape Henry Lt., 2021
Latitude: 36.9594° N Longitude: 76.0128° W
Mean Flood Dir. 297° (T) Mean Ebb Dir. 112° (T)
Times and speeds of maximum and minimum current, in knots

July

Day	Slack (h m)	Maximum (h m, knots)
1 Th ◗	05:12, 11:00, 17:54, 23:54	01:36 1.0F, 08:00 -0.9E, 14:00 1.0F, 20:42 -0.9E
2 F	05:42, 11:48, 19:12	02:24 0.7F, 08:48 -0.9E, 15:12 1.0F, 21:42 -0.8E
3 Sa	00:54, 06:18, 12:36, 20:24	03:12 0.5F, 09:36 -0.9E, 16:30 1.1F, 22:42 -0.6E
4 Su	02:06, 06:54, 13:36, 21:24	04:06 0.4F, 10:18 -1.0E, 17:36 1.2F, 23:42 -0.6E
5 M	03:06, 07:42, 14:24, 22:12	05:12 0.4F, 11:12 -1.0E, 18:18 1.3F
6 Tu	03:54, 08:36, 15:12, 22:48	00:42 -0.7E, 06:06 0.4F, 12:06 -1.1E, 18:54 1.4F
7 W	04:36, 09:30, 15:48, 23:12	01:18 -0.8E, 07:00 0.5F, 12:48 -1.1E, 19:24 1.5F
8 Th	05:18, 10:18, 16:24, 23:42	01:54 -1.0E, 07:36 0.6F, 13:30 -1.1E, 19:48 1.6F
9 F	06:00, 11:00, 16:54	02:30 -1.1E, 08:18 0.7F, 14:06 -1.1E, 20:24 1.6F
10 Sa ●	00:18, 06:36, 11:36, 17:30	03:06 -1.2E, 08:54 0.7F, 14:42 -1.1E, 21:06 1.7F
11 Su	00:48, 07:18, 12:12, 18:12	03:42 -1.1E, 09:36 0.7F, 15:18 -1.1E, 21:48 1.7F
12 M	01:30, 07:54, 12:54, 18:54	04:24 -1.1E, 10:18 0.8F, 16:00 -1.1E, 22:30 1.6F
13 Tu	02:12, 08:30, 13:36, 19:42	05:06 -1.1E, 11:06 0.8F, 16:48 -1.1E, 23:18 1.6F
14 W	02:48, 09:06, 14:30, 20:36	05:48 -1.1E, 11:48 0.9F, 17:36 -1.1E
15 Th	03:30, 09:48, 15:30, 21:30	00:00 1.5F, 06:30 -1.1E, 12:36 1.1F, 18:36 -1.1E
16 F	04:06, 10:30, 16:42, 22:24	00:48 1.4F, 07:18 -1.2E, 13:24 1.2F, 19:36 -1.0E
17 Sa ◑	04:42, 11:12, 17:54, 23:24	01:36 1.2F, 08:06 -1.3E, 14:24 1.4F, 20:42 -0.9E
18 Su	05:24, 12:06, 19:12	02:30 1.0F, 09:00 -1.4E, 15:24 1.6F, 21:48 -0.9E
19 M	00:42, 13:00, 20:24	03:30 0.8F, 09:54 -1.4E, 16:30 1.8F, 22:54 -1.0E
20 Tu	02:12, 07:18, 14:00, 21:24	04:36 0.7F, 10:48 -1.5E, 17:36 2.0F
21 W	03:30, 08:24, 14:54, 22:18	00:00 -1.2E, 05:48 0.7F, 11:48 -1.6E, 18:30 2.2F
22 Th	04:30, 09:24, 15:48, 23:12	01:00 -1.3E, 06:54 0.8F, 12:48 -1.7E, 19:24 2.3F
23 F	05:18, 10:18, 16:42	01:54 -1.4E, 07:48 0.9F, 13:42 -1.8E, 20:18 2.3F
24 Sa ○	00:00, 11:12, 17:42	02:36 -1.4E, 08:30 1.0F, 14:30 -1.8E, 21:06 2.2F
25 Su	00:48, 06:42, 12:06, 18:36	03:18 -1.3E, 09:18 1.1F, 15:18 -1.8E, 22:00 2.0F
26 M	01:36, 07:18, 13:00, 19:36	04:06 -1.2E, 10:12 1.1F, 16:12 -1.6E, 22:48 1.7F
27 Tu	02:18, 08:00, 14:00, 20:36	04:54 -1.0E, 10:54 1.2F, 17:12 -1.4E, 23:36 1.4F
28 W	03:00, 08:36, 15:00, 21:36	05:36 -0.9E, 11:42 1.2F, 18:12 -1.2E
29 Th	03:36, 16:12, 22:30	00:12 1.1F, 06:24 -0.9E, 12:30 1.2F, 19:12 -1.0E
30 F	04:00, 10:06, 17:24, 23:18	00:48 0.8F, 07:12 -0.9E, 13:18 1.2F, 20:12 -0.8E
31 Sa ◗	04:30, 10:54, 18:42	01:30 0.6F, 08:00 -0.9E, 14:12 1.1F, 21:06 -0.6E

August

Day	Slack (h m)	Maximum (h m, knots)
1 Su	00:12, 05:00, 11:48, 19:48	02:12 0.4F, 08:48 -0.9E, 15:12 1.1F, 22:00 -0.5E
2 M	01:12, 05:54, 12:42, 20:42	03:12 0.3F, 09:36 -0.9E, 16:12 1.1F, 23:00 -0.5E
3 Tu	02:24, 07:06, 13:36, 21:24	04:18 0.3F, 10:30 -0.8E, 17:12 1.1F, 23:54 -0.7E
4 W	03:18, 08:18, 14:30, 22:00	05:36 0.4F, 11:30 -0.9E, 18:00 1.2F
5 Th	04:06, 09:18, 15:12, 22:36	00:42 -0.8E, 06:36 0.6F, 12:18 -0.9E, 18:42 1.3F
6 F	04:48, 10:06, 15:54, 23:06	01:24 -1.0E, 07:18 0.7F, 13:06 -1.0E, 19:18 1.5F
7 Sa	05:24, 11:12, 16:36, 23:42	02:00 -1.1E, 07:48 0.8F, 13:42 -1.2E, 20:00 1.6F
8 Su ●	05:54, 11:18, 17:18	02:36 -1.2E, 08:24 0.9F, 14:24 -1.3E, 20:42 1.7F
9 M	00:18, 06:24, 11:54, 18:00	03:12 -1.2E, 09:06 1.0F, 15:00 -1.3E, 21:24 1.7F
10 Tu	00:54, 07:00, 12:42, 18:42	03:48 -1.2E, 09:48 1.1F, 15:42 -1.4E, 22:06 1.7F
11 W	01:30, 07:36, 13:30, 19:36	04:24 -1.2E, 10:30 1.2F, 16:30 -1.3E, 22:54 1.5F
12 Th	02:06, 08:18, 14:24, 20:24	05:06 -1.2E, 11:24 1.4F, 17:24 -1.2E, 23:36 1.4F
13 F	02:42, 09:06, 15:30, 21:24	05:54 -1.3E, 12:12 1.5F, 18:24 -1.1E
14 Sa	03:24, 16:36, 22:24	00:24 1.2F, 06:42 -1.3E, 13:06 1.6F, 19:24 -1.1E
15 Su ◐	04:06, 10:42, 17:48, 23:30	01:12 1.0F, 07:36 -1.3E, 14:00 1.7F, 20:30 -1.0E
16 M	04:54, 11:36, 19:00	02:06 0.8F, 08:30 -1.3E, 15:00 1.7F, 21:36 -1.0E
17 Tu	00:54, 12:36, 20:06	03:18 0.6F, 09:36 -1.3E, 16:06 1.8F, 22:42 -1.1E
18 W	02:18, 07:12, 13:42, 21:06	04:30 0.6F, 10:36 -1.3E, 17:18 1.9F, 23:48 -1.2E
19 Th	03:24, 08:24, 14:48, 22:06	05:54 0.7F, 11:42 -1.4E, 18:24 2.0F
20 F	04:18, 09:24, 15:48, 22:54	00:48 -1.3E, 06:54 0.9F, 12:42 -1.6E, 19:18 2.0F
21 Sa	05:00, 10:24, 16:42, 23:42	01:36 -1.3E, 07:42 1.0F, 13:36 -1.7E, 20:12 2.0F
22 Su ○	05:30, 11:12, 17:42	02:18 -1.3E, 08:18 1.2F, 14:24 -1.8E, 20:54 1.8F
23 M	00:24, 06:00, 12:06, 18:36	02:54 -1.2E, 09:00 1.3F, 15:12 -1.7E, 21:42 1.6F
24 Tu	01:00, 06:30, 12:54, 19:30	03:36 -1.1E, 09:42 1.4F, 16:00 -1.6E, 22:24 1.3F
25 W	01:36, 07:06, 13:48, 20:18	04:12 -1.0E, 10:30 1.4F, 16:48 -1.4E, 23:00 1.1F
26 Th	02:00, 07:48, 14:48, 21:12	04:48 -1.0E, 11:12 1.4F, 17:42 -1.1E, 23:36 0.8F
27 F	02:30, 08:30, 15:48, 22:00	05:36 -1.0E, 11:54 1.4F, 18:42 -0.9E
28 Sa	02:54, 09:18, 16:54, 22:48	00:12 0.7F, 06:18 -0.9E, 12:42 1.3F, 19:36 -0.7E
29 Su	03:24, 10:06, 17:48, 23:36	00:54 0.5F, 07:06 -0.9E, 13:24 1.2F, 20:30 -0.6E
30 M ◐	04:12, 10:54, 18:48	01:36 0.4F, 08:00 -0.8E, 14:12 1.1F, 21:18 -0.6E
31 Tu	00:36, 05:18, 11:42, 19:36	02:30 0.3F, 09:00 -0.7E, 15:06 1.0F, 22:18 -0.6E

September

Day	Slack (h m)	Maximum (h m, knots)
1 W	01:42, 06:42, 12:36, 20:24	03:42 0.3F, 10:00 -0.7E, 16:06 1.0F, 23:06 -0.7E
2 Th	02:48, 08:00, 13:36, 21:06	05:00 0.4F, 10:54 -0.7E, 17:06 1.1F
3 F	03:30, 08:54, 14:36, 21:48	00:00 -0.9E, 06:00 0.6F, 11:48 -0.8E, 18:00 1.2F
4 Sa	04:06, 09:42, 15:30, 22:30	00:42 -1.0E, 06:42 0.8F, 12:36 -1.0E, 18:48 1.4F
5 Su	04:36, 10:18, 16:18, 23:06	01:24 -1.1E, 07:18 1.0F, 13:18 -1.2E, 19:30 1.5F
6 M	05:06, 11:00, 17:00, 23:42	02:00 -1.2E, 07:54 1.2F, 14:00 -1.4E, 20:12 1.6F
7 Tu	05:36, 11:42, 17:42	02:30 -1.3E, 08:36 1.4F, 14:42 -1.5E, 20:54 1.6F
8 W	00:12, 06:12, 12:30, 18:30	03:06 -1.4E, 09:24 1.5F, 15:24 -1.5E, 21:36 1.5F
9 Th	00:48, 06:54, 13:24, 19:24	03:48 -1.5E, 10:12 1.7F, 16:12 -1.4E, 22:24 1.4F
10 F	01:24, 07:36, 14:18, 20:18	04:30 -1.5E, 11:00 1.8F, 17:12 -1.3E, 23:18 1.2F
11 Sa	02:00, 08:30, 15:24, 21:24	05:18 -1.5E, 11:54 1.9F, 18:12 -1.2E
12 Su	02:48, 09:18, 16:24, 22:30	00:06 1.0F, 06:12 -1.4E, 12:42 1.9F, 19:12 -1.1E
13 M ◐	03:36, 10:12, 17:36, 23:42	00:54 0.8F, 07:12 -1.3E, 13:36 1.9F, 20:24 -1.1E
14 Tu	04:36, 11:06, 18:42	02:00 0.7F, 08:12 -1.2E, 14:42 1.8F, 21:30 -1.1E
15 W	01:00, 12:12, 19:48	03:12 0.6F, 09:18 -1.2E, 15:48 1.7F, 22:30 -1.1E
16 Th	02:12, 13:30, 20:48	04:36 0.6F, 10:24 -1.2E, 17:06 1.7F, 23:36 -1.1E
17 F	03:12, 08:30, 14:42, 21:48	05:54 0.8F, 11:36 -1.3E, 18:18 1.7F
18 Sa	03:54, 09:30, 15:48, 22:36	00:30 -1.1E, 06:54 1.0F, 12:36 -1.4E, 19:12 1.7F
19 Su	04:24, 10:24, 16:48, 23:18	01:12 -1.2E, 07:30 1.2F, 13:30 -1.6E, 20:00 1.6F
20 M ○	04:54, 11:12, 17:42, 23:48	01:54 -1.2E, 08:06 1.4F, 14:18 -1.7E, 20:42 1.4F
21 Tu	05:24, 12:00, 18:30	02:24 -1.2E, 08:42 1.5F, 15:00 -1.6E, 21:18 1.2F
22 W	00:18, 05:54, 12:48, 19:12	03:00 -1.2E, 09:18 1.6F, 15:42 -1.4E, 21:48 1.0F
23 Th	00:42, 06:30, 13:42, 20:00	03:30 -1.2E, 10:00 1.6F, 16:30 -1.2E, 22:24 0.8F
24 F	01:06, 07:06, 14:30, 20:48	04:06 -1.1E, 10:42 1.6F, 17:18 -1.0E, 23:00 0.6F
25 Sa	01:30, 07:48, 15:18, 21:36	04:48 -1.0E, 11:24 1.5F, 18:06 -0.8E, 23:42 0.6F
26 Su	02:06, 08:30, 16:06, 22:24	05:36 -0.9E, 12:06 1.4F, 19:00 -0.8E
27 M	02:48, 09:18, 16:54, 23:12	00:24 0.5F, 06:24 -0.8E, 12:42 1.3F, 19:48 -0.7E
28 Tu	03:42, 09:54, 17:36	01:06 0.4F, 07:18 -0.6E, 13:24 1.1F, 20:48 -0.7E
29 W	00:12, 04:54, 10:42, 18:24	02:06 0.4F, 08:18 -0.5E, 14:18 1.1F, 21:36 -0.8E
30 Th	01:06, 11:36, 19:24	03:12 0.4F, 09:18 -0.5E, 15:12 1.0F, 22:24 -0.8E

Station ID: cb0102 Depth: 22 feet
Source: NOAA/NOS/CO-OPS
Station Type: Harmonic
Time Zone: LST

NOAA Tidal Current Predictions

Chesapeake Bay Ent., 2.0 n.mi. N of Cape Henry Lt.

Latitude: 36.9594° N Longitude: 76.0128° W
Mean Flood Dir. 297° (T) Mean Ebb Dir. 112° (T)
Times and speeds of maximum and minimum current, in knots

October

Day	Slack h m	Max h m	knots
1 F	02:00	04:18	0.5F
	07:30	10:18	-0.6E
	12:48	16:18	1.1F
	20:18	23:18	-0.9E
2 Sa	02:48	05:18	0.7F
	08:24	11:12	-0.8E
	14:00	17:18	1.2F
	21:00		
3 Su	03:18	00:00	-1.0E
	09:12	06:00	0.9F
	15:00	12:06	-1.0E
	21:42	18:12	1.3F
4 M	03:48	00:42	-1.2E
	09:54	06:48	1.2F
	15:54	12:54	-1.3E
	22:18	19:00	1.4F
5 Tu	04:24	01:18	-1.4E
	10:42	07:24	1.5F
	16:42	13:36	-1.5E
	22:54	19:42	1.5F
6 W ●	05:00	01:54	-1.5E
	11:30	08:12	1.8F
	17:24	14:24	-1.6E
	23:24	20:24	1.4F
7 Th	05:36	02:30	-1.7E
	12:24	09:00	2.0F
	18:18	15:06	-1.6E
		21:12	1.3F
8 F	00:00	03:12	-1.7E
	06:18	09:48	2.1F
	13:18	16:00	-1.5E
	19:12	22:00	1.2F
9 Sa	00:42	04:00	-1.7E
	07:06	10:42	2.2F
	14:12	16:54	-1.4E
	20:18	22:54	1.0F
10 Su	01:30	04:48	-1.6E
	07:54	11:30	2.2F
	15:12	18:00	-1.3E
	21:30	23:48	0.9F
11 M	02:18	05:48	-1.4E
	08:48	12:24	2.1F
	16:12	19:06	-1.3E
	22:36		
12 Tu	03:18	00:48	0.7F
	09:48	06:48	-1.3E
	17:18	13:18	2.0F
	23:48	20:06	-1.2E
13 W ◐	04:36	01:54	0.6F
	10:48	08:00	-1.1E
	18:24	14:24	1.8F
		21:12	-1.2E
14 Th	00:48	03:12	0.6F
	06:00	09:12	-1.1E
	12:00	15:36	1.6F
	19:30	22:12	-1.1E
15 F	01:48	04:36	0.7F
	07:18	10:18	-1.1E
	13:24	16:54	1.4F
	20:30	23:06	-1.0E
16 Sa	02:36	05:42	0.9F
	08:30	11:24	-1.2E
	14:42	18:06	1.4F
	21:24		
17 Su	03:18	00:00	-1.0E
	09:30	06:36	1.1F
	15:48	12:24	-1.3E
	22:06	19:00	1.3F
18 M	03:54	00:48	-1.1E
	10:24	07:18	1.4F
	16:42	13:18	-1.4E
	22:36	19:42	1.2F
19 Tu	04:24	01:24	-1.1E
	11:12	07:54	1.6F
	17:30	14:06	-1.4E
	23:06	20:18	1.0F
20 W ○	04:54	01:54	-1.2E
	12:00	08:24	1.7F
	18:18	14:48	-1.4E
	23:30	20:42	0.9F
21 Th	05:24	02:30	-1.3E
	12:42	09:00	1.7F
	18:54	15:24	-1.2E
	23:54	21:12	0.7F
22 F	06:00	03:00	-1.3E
	13:24	09:36	1.7F
	19:36	16:06	-1.1E
		21:48	0.6F
23 Sa	00:18	03:36	-1.2E
	06:36	10:12	1.6F
	14:06	16:48	-1.0E
	20:24	22:30	0.6F
24 Su	00:54	04:12	-1.0E
	07:12	10:54	1.5F
	14:48	17:36	-0.9E
	21:18	23:18	0.5F
25 M	01:36	04:54	-0.8E
	07:48	11:30	1.4F
	15:24	18:24	-0.9E
	22:06		
26 Tu	02:30	00:00	0.5F
	08:24	05:42	-0.7E
	16:06	12:12	1.3F
	22:54	19:18	-0.9E
27 W	03:24	00:48	0.5F
	09:12	06:36	-0.6E
	16:48	12:54	1.2F
	23:42	20:06	-0.8E
28 Th ◑	04:24	01:36	0.4F
	10:00	07:36	-0.5E
	17:36	13:42	1.2F
		20:54	-0.8E
29 F	00:24	02:36	0.5F
	05:30	08:36	-0.6E
	11:00	14:36	1.1F
	18:30	21:42	-0.9E
30 Sa	01:12	03:36	0.6F
	06:42	09:36	-0.7E
	12:06	15:36	1.1F
	19:24	22:30	-0.9E
31 Su	01:48	04:30	0.8F
	07:42	10:36	-0.8E
	13:18	16:36	1.1F
	20:12	23:12	-1.1E

November

Day	Slack h m	Max h m	knots
1 M	02:30	05:24	1.1F
	08:42	11:30	-1.0E
	14:30	17:30	1.2F
	20:48		
2 Tu	03:06	00:00	-1.3E
	09:36	06:12	1.5F
	15:24	12:24	-1.2E
	21:30	18:24	1.3F
3 W	03:42	00:42	-1.5E
	10:30	07:00	1.8F
	16:18	13:18	-1.4E
	22:06	19:12	1.3F
4 Th ●	04:24	01:24	-1.8E
	11:24	07:48	2.1F
	17:12	14:06	-1.5E
	22:42	19:54	1.3F
5 F	05:06	02:00	-1.9E
	12:12	08:36	2.4F
	18:06	14:54	-1.6E
	23:24	20:48	1.2F
6 Sa	05:54	02:48	-1.9E
	13:06	09:24	2.4F
	19:06	15:48	-1.5E
		21:42	1.0F
7 Su	00:12	03:36	-1.8E
	06:42	10:18	2.4F
	14:00	16:42	-1.5E
	20:18	22:36	0.9F
8 M	01:06	04:30	-1.6E
	07:30	11:12	2.3F
	14:54	17:42	-1.4E
	21:24	23:36	0.8F
9 Tu	02:06	05:30	-1.4E
	08:30	12:06	2.2F
	15:54	18:48	-1.3E
	22:30		
10 W	03:12	00:36	0.7F
	09:36	06:36	-1.3E
	17:00	13:00	1.9F
	23:24	19:48	-1.1E
11 Th ◐	04:30	01:42	0.7F
	10:42	07:48	-1.1E
	18:00	14:06	1.6F
		20:48	-1.1E
12 F	00:18	02:54	0.7F
	05:54	08:54	-1.1E
	11:54	15:18	1.4F
	19:00	21:42	-1.0E
13 Sa	01:06	04:12	0.8F
	07:12	10:00	-1.0E
	13:18	16:36	1.2F
	20:00	22:36	-1.0E
14 Su	01:54	05:24	1.0F
	08:24	11:06	-1.1E
	14:30	17:42	1.1F
	20:42	23:24	-1.0E
15 M	02:36	06:18	1.3F
	09:24	12:12	-1.1E
	15:42	18:36	0.9F
	21:18		
16 Tu	03:18	00:12	-1.0E
	10:24	07:00	1.5F
	16:36	13:06	-1.2E
	21:48	19:18	0.8F
17 W	03:54	00:48	-1.2E
	11:12	07:36	1.7F
	17:18	13:54	-1.2E
	22:18	19:48	0.7F
18 Th	04:30	01:24	-1.3E
	11:54	08:12	1.7F
	18:00	14:30	-1.1E
	22:42	20:12	0.6F
19 F ○	05:00	02:00	-1.3E
	12:30	08:36	1.7F
	18:36	15:06	-1.1E
	23:18	20:42	0.6F
20 Sa	05:36	02:36	-1.3E
	13:06	09:06	1.7F
	19:18	15:42	-1.0E
	23:54	21:24	0.6F
21 Su	06:06	03:06	-1.1E
	13:36	09:42	1.6F
	20:00	16:24	-1.0E
		22:12	0.6F
22 M	00:36	03:48	-1.0E
	06:36	10:24	1.5F
	14:12	17:12	-1.0E
	20:54	22:54	0.5F
23 Tu	01:24	04:30	-0.8E
	07:12	11:00	1.5F
	14:48	18:00	-1.0E
	21:42	23:42	0.5F
24 W	02:12	05:18	-0.7E
	07:54	11:42	1.4F
	15:30	18:42	-0.9E
	22:30		
25 Th	03:00	00:24	0.5F
	08:30	06:06	-0.7E
	16:12	12:30	1.4F
	23:06	19:30	-0.9E
26 F ◑	03:48	01:06	0.5F
	09:36	07:00	-0.7E
	17:00	13:12	1.3F
	23:36	20:18	-0.9E
27 Sa	04:48	01:54	0.6F
	10:30	08:00	-0.7E
	17:42	14:06	1.2F
		21:00	-0.9E
28 Su	00:12	02:54	0.8F
	05:42	09:00	-0.8E
	11:36	15:00	1.1F
	18:30	21:48	-1.0E
29 M	00:54	03:54	1.0F
	07:12	10:00	-0.9E
	12:42	16:00	1.1F
	19:12	22:30	-1.2E
30 Tu	01:42	04:48	1.3F
	08:24	11:00	-1.0E
	13:54	16:54	1.0F
	19:54	23:18	-1.4E

December

Day	Slack h m	Max h m	knots
1 W	02:24	05:48	1.7F
	09:24	12:06	-1.1E
	15:06	17:48	1.1F
	20:36		
2 Th	03:12	00:06	-1.7E
	10:18	06:42	2.1F
	16:06	13:00	-1.3E
	21:24	18:42	1.1F
3 F	04:00	00:54	-1.9E
	11:12	07:30	2.4F
	17:00	13:48	-1.5E
	22:12	19:36	1.1F
4 Sa ●	04:42	01:36	-2.0E
	12:00	08:18	2.5F
	18:00	14:42	-1.6E
	23:00	20:24	1.0F
5 Su	05:30	02:24	-2.0E
	12:54	09:06	2.6F
	19:00	15:30	-1.6E
	23:54	21:24	1.0F
6 M	06:24	03:18	-1.8E
	13:42	10:00	2.5F
	20:00	16:24	-1.5E
		22:24	0.9F
7 Tu	00:54	04:12	-1.7E
	07:18	10:54	2.3F
	14:36	17:24	-1.4E
	21:00	23:24	0.9F
8 W	01:54	05:12	-1.5E
	08:18	11:48	2.1F
	15:36	18:24	-1.3E
	22:00		
9 Th	03:00	00:18	0.9F
	09:30	06:24	-1.3E
	16:36	12:48	1.8F
	22:48	19:24	-1.1E
10 F	04:18	01:12	0.9F
	10:36	07:30	-1.2E
	17:30	13:42	1.5F
	23:30	20:18	-1.0E
11 Sa ◐	05:36	02:18	0.9F
	11:48	08:42	-1.1E
	18:24	14:48	1.1F
		21:12	-1.0E
12 Su	00:18	03:36	1.0F
	06:54	09:42	-1.0E
	13:00	16:00	0.8F
	19:06	21:54	-0.9E
13 M	01:06	04:48	1.1F
	08:12	10:48	-0.9E
	14:18	17:06	0.6F
	19:48	22:42	-1.0E
14 Tu	01:54	05:48	1.3F
	09:18	11:54	-0.9E
	15:24	18:00	0.5F
	20:24	23:30	-0.9E
15 W	02:42	06:42	1.5F
	10:18	12:54	-0.9E
	16:18	18:48	0.5F
	21:00		
16 Th	03:24	00:12	-1.1E
	11:00	07:18	1.6F
	17:00	13:36	-0.9E
	21:36	19:18	0.5F
17 F	04:06	01:00	-1.2E
	11:36	07:48	1.6F
	17:36	14:12	-1.0E
	22:18	19:48	0.6F
18 Sa	04:42	01:36	-1.2E
	12:06	08:12	1.6F
	18:12	14:42	-1.0E
	23:06	20:24	0.6F
19 Su ○	05:12	02:18	-1.2E
	12:36	08:42	1.6F
	18:48	15:18	-1.1E
	23:48	21:06	0.7F
20 M	05:42	02:54	-1.1E
	13:06	09:18	1.6F
	19:36	15:54	-1.1E
		21:48	0.7F
21 Tu	06:18	03:30	-1.0E
	13:42	10:06	1.5F
	20:18	16:36	-1.0E
		22:36	0.6F
22 W	00:54	04:12	-0.9E
	07:06	10:42	1.5F
	14:18	17:24	-1.0E
	21:06	23:18	0.6F
23 Th	01:48	04:48	-0.8E
	07:36	11:24	1.5F
	15:00	18:06	-1.0E
	21:42		
24 F	02:30	00:00	0.7F
	08:30	05:42	-0.8E
	15:42	12:06	1.4F
	22:18	18:48	-0.9E
25 Sa	03:24	00:42	0.8F
	09:18	06:30	-0.8E
	16:18	12:48	1.3F
	22:48	19:30	-1.0E
26 Su ◑	04:24	01:24	0.9F
	10:12	07:24	-0.8E
	16:54	13:30	1.2F
	23:24	20:12	-1.0E
27 M	05:36	02:18	1.0F
	11:06	08:30	-0.8E
	17:36	14:24	1.1F
		21:00	-1.2E
28 Tu	00:06	03:18	1.2F
	06:54	09:36	-0.9E
	12:18	15:18	0.9F
	18:18	21:48	-1.3E
29 W	01:00	04:18	1.5F
	08:06	10:36	-0.9E
	13:36	16:24	0.9F
	19:06	22:42	-1.5E
30 Th	01:54	05:18	1.8F
	09:12	11:42	-1.1E
	14:48	17:24	0.8F
	20:00	23:36	-1.7E
31 F	02:42	06:18	2.2F
	10:06	12:42	-1.3E
	16:00	18:24	0.9F
	21:00		

Station ID: ACT4996 Depth: Unknown
Source: NOAA/NOS/CO-OPS
Station Type: Harmonic
Time Zone: LST

NOAA Tidal Current Predictions

Baltimore Harbor Approach (off Sandy Point), 2021

Latitude: 39.0130° N Longitude: 76.3683° W
Mean Flood Dir. 25° (T) Mean Ebb Dir. 189° (T)
Times and speeds of maximum and minimum current, in knots

January

Day	Slack (h m)	Maximum (h m)	knots
1 F	04:54 / 09:54 / 15:00 / 22:12	01:00 / 07:12 / 12:30 / 18:48	-1.1E / 0.4F / -0.5E / 1.0F
2 Sa	05:24 / 10:42 / 15:54 / 22:54	01:36 / 07:54 / 13:18 / 19:36	-1.0E / 0.5F / -0.5E / 0.9F
3 Su	05:54 / 11:36 / 16:54 / 23:36	02:18 / 08:36 / 14:18 / 20:18	-1.0E / 0.6F / -0.5E / 0.8F
4 M	06:24 / 12:36 / 18:00	03:00 / 09:24 / 15:18 / 21:12	-0.9E / 0.7F / -0.5E / 0.7F
5 Tu	00:12 / 07:00 / 13:36 / 19:18	03:36 / 10:06 / 16:18 / 22:12	-0.9E / 0.8F / -0.6E / 0.5F
6 W	01:00 / 07:36 / 14:36 / 20:42	04:24 / 11:00 / 17:30 / 23:12	-0.8E / 0.9F / -0.6E / 0.4F
7 Th	01:48 / 08:12 / 15:30 / 22:06	05:06 / 11:48 / 18:30	-0.7E / 1.0F / -0.7E
8 F	02:36 / 09:00 / 16:30 / 23:24	06:00 / 12:42 / 19:36	-0.7E / 1.1F / -0.9E
9 Sa	03:36 / 09:42 / 17:24	01:24 / 06:54 / 13:42 / 20:36	0.3F / -0.7E / 1.2F / -1.0E
10 Su	00:30 / 04:36 / 10:36 / 18:12	02:30 / 07:48 / 14:30 / 21:30	0.3F / -0.7E / 1.3F / -1.1E
11 M	01:24 / 05:42 / 11:30 / 19:00	03:30 / 08:48 / 15:24 / 22:18	0.4F / -0.7E / 1.3F / -1.1E
12 Tu	02:12 / 06:42 / 12:24 / 19:48	04:24 / 09:42 / 16:12 / 23:06	0.4F / -0.7E / 1.3F / -1.2E
13 W	02:54 / 07:48 / 13:18 / 20:36	05:12 / 10:36 / 17:00 / 23:54	0.5F / -0.7E / 1.3F / -1.2E
14 Th	03:36 / 08:48 / 14:12 / 21:18	06:06 / 11:36 / 17:54	0.6F / -0.6E / 1.2F
15 F	04:18 / 09:42 / 15:12 / 22:00	00:36 / 06:54 / 12:30 / 18:42	-1.1E / 0.7F / -0.6E / 1.1F
16 Sa	04:54 / 10:42 / 16:06 / 22:42	01:18 / 07:42 / 13:24 / 19:30	-1.1E / 0.7F / -0.6E / 0.9F
17 Su	05:30 / 11:36 / 17:06 / 23:24	02:06 / 08:24 / 14:24 / 20:18	-1.0E / 0.8F / -0.6E / 0.8F
18 M	06:12 / 12:36 / 18:12	02:48 / 09:12 / 15:18 / 21:06	-0.9E / 0.8F / -0.6E / 0.6F
19 Tu	00:06 / 06:48 / 13:30 / 19:18	03:24 / 10:00 / 16:18 / 22:00	-0.8E / 0.8F / -0.6E / 0.5F
20 W	00:48 / 07:24 / 14:30 / 20:36	04:12 / 10:48 / 17:24 / 23:06	-0.8E / 0.9F / -0.6E / 0.4F
21 Th	01:36 / 08:06 / 15:24 / 21:48	05:00 / 11:42 / 18:18	-0.7E / 0.9F / -0.6E
22 F	02:24 / 08:48 / 16:12 / 23:00	00:06 / 05:48 / 12:30 / 19:18	0.3F / -0.6E / 0.9F / -0.7E
23 Sa	03:18 / 09:30 / 17:00	01:06 / 06:36 / 13:18 / 20:12	0.3F / -0.6E / 1.0F / -0.8E
24 Su	00:06 / 04:18 / 10:12 / 17:48	02:06 / 07:30 / 14:06 / 21:06	0.3F / -0.5E / 1.0F / -0.9E
25 M	01:00 / 05:18 / 10:54 / 18:30	03:00 / 08:18 / 14:48 / 21:48	0.3F / -0.5E / 1.1F / -1.0E
26 Tu	01:48 / 05:42 / 11:36 / 19:12	03:54 / 09:06 / 15:36 / 22:30	0.3F / -0.5E / 1.1F / -1.0E
27 W	02:30 / 07:00 / 12:24 / 19:54	04:42 / 09:54 / 16:18 / 23:12	0.4F / -0.5E / 1.1F / -1.0E
28 Th	03:06 / 07:48 / 13:12 / 20:30	05:18 / 10:42 / 17:00 / 23:48	0.4F / -0.5E / 1.1F / -1.1E
29 F	03:36 / 08:36 / 14:06 / 21:12	06:00 / 11:24 / 17:42	0.5F / -0.6E / 1.1F
30 Sa	04:06 / 09:24 / 14:54 / 21:48	00:24 / 06:36 / 12:12 / 18:24	-1.0E / 0.6F / -0.6E / 1.0F
31 Su	04:30 / 10:18 / 15:54 / 22:24	01:00 / 07:18 / 13:06 / 19:12	-1.0E / 0.7F / -0.6E / 0.9F

February

Day	Slack (h m)	Maximum (h m)	knots
1 M	05:00 / 11:06 / 16:54 / 23:00	01:42 / 08:00 / 14:00 / 20:00	-1.0E / 0.8F / -0.7E / 0.8F
2 Tu	05:36 / 12:06 / 18:00 / 23:42	02:18 / 08:42 / 14:54 / 20:54	-0.9E / 0.9F / -0.7E / 0.6F
3 W	06:06 / 13:00 / 19:18	03:00 / 09:30 / 16:00 / 21:48	-0.8E / 1.0F / -0.7E / 0.5F
4 Th	00:24 / 06:48 / 14:00 / 20:36	03:42 / 10:24 / 17:06 / 22:54	-0.8E / 1.0F / -0.8E / 0.4F
5 F	01:12 / 07:36 / 15:06 / 21:54	04:36 / 11:18 / 18:12	-0.7E / 1.1F / -0.8E
6 Sa	02:12 / 08:24 / 16:06 / 23:06	00:00 / 05:36 / 12:18 / 19:18	0.3F / -0.7E / 1.1F / -0.9E
7 Su	03:18 / 09:24 / 17:00	01:06 / 06:36 / 13:18 / 20:18	0.3F / -0.6E / 1.2F / -0.9E
8 M	04:30 / 10:24 / 17:54	00:12 / 07:42 / 14:12 / 21:12	0.3F / -0.6E / 1.2F / -1.0E
9 Tu	01:00 / 05:36 / 11:24 / 18:42	03:12 / 08:48 / 15:12 / 22:00	0.4F / -0.6E / 1.2F / -1.1E
10 W	01:42 / 06:42 / 12:24 / 19:30	04:06 / 09:36 / 16:06 / 22:48	0.5F / -0.7E / 1.2F / -1.1E
11 Th	02:24 / 07:30 / 13:18 / 20:12	04:54 / 10:36 / 16:54 / 23:30	0.6F / -0.7E / 1.1F / -1.1E
12 F	03:00 / 08:36 / 14:18 / 20:54	05:42 / 11:30 / 17:42	0.7F / -0.7E / 1.0F
13 Sa	03:36 / 09:24 / 15:06 / 21:36	00:12 / 06:24 / 12:18 / 18:24	-1.0E / 0.8F / -0.7E / 0.9F
14 Su	04:12 / 10:12 / 16:00 / 22:12	00:48 / 07:06 / 13:06 / 19:12	-1.0E / 0.8F / -0.7E / 0.8F
15 M	04:42 / 11:06 / 17:00 / 22:54	01:24 / 07:48 / 14:00 / 19:54	-0.9E / 0.8F / -0.7E / 0.7F
16 Tu	05:18 / 11:54 / 17:54 / 23:30	02:06 / 08:30 / 14:48 / 20:42	-0.8E / 0.8F / -0.7E / 0.6F
17 W	05:54 / 12:48 / 19:00	02:48 / 09:18 / 15:42 / 21:36	-0.7E / 0.8F / -0.6E / 0.4F
18 Th	00:12 / 06:36 / 13:42 / 20:06	03:30 / 10:00 / 16:42 / 22:30	-0.7E / 0.9F / -0.6E / 0.3F
19 F	01:00 / 07:12 / 14:36 / 21:24	04:18 / 10:54 / 17:42 / 23:30	-0.6E / 0.9F / -0.7E / 0.3F
20 Sa	01:48 / 07:54 / 15:30 / 22:36	05:06 / 11:42 / 18:42	-0.5E / 0.9F / -0.7E
21 Su	02:48 / 08:42 / 16:18 / 23:36	00:42 / 06:00 / 12:36 / 19:42	0.3F / -0.5E / 0.9F / -0.8E
22 M	03:54 / 09:36 / 17:12	01:36 / 07:00 / 13:30 / 20:30	0.3F / -0.5E / 1.0F / -0.8E
23 Tu	00:24 / 04:54 / 10:30 / 17:54	02:36 / 07:48 / 14:18 / 21:12	0.3F / -0.5E / 1.0F / -0.9E
24 W	01:06 / 05:48 / 11:24 / 18:42	03:24 / 08:48 / 15:12 / 22:00	0.4F / -0.5E / 1.0F / -1.0E
25 Th	01:42 / 06:42 / 12:18 / 19:24	04:06 / 09:36 / 15:54 / 22:36	0.5F / -0.6E / 1.1F / -1.0E
26 F	02:12 / 07:30 / 13:12 / 20:00	04:42 / 10:24 / 16:42 / 23:12	0.6F / -0.7E / 1.0F / -1.0E
27 Sa	02:36 / 08:12 / 14:06 / 20:42	05:24 / 11:12 / 17:24 / 23:48	0.7F / -0.7E / 1.0F / -1.0E
28 Su	03:06 / 09:00 / 15:00 / 21:18	06:00 / 12:00 / 18:12	0.8F / -0.8E / 0.9F

March

Day	Slack (h m)	Maximum (h m)	knots
1 M	03:36 / 09:48 / 15:54 / 21:54	00:24 / 06:42 / 12:48 / 18:54	-0.9E / 0.9F / -0.8E / 0.8F
2 Tu	04:06 / 10:42 / 16:54 / 22:36	01:06 / 07:24 / 13:42 / 19:42	-0.9E / 1.0F / -0.9E / 0.7F
3 W	04:42 / 11:36 / 18:00 / 23:18	01:42 / 08:06 / 14:36 / 20:36	-0.8E / 1.0F / -0.9E / 0.6F
4 Th	05:24 / 12:30 / 19:12	02:24 / 09:00 / 15:36 / 21:30	-0.8E / 1.1F / -0.9E / 0.5F
5 F	00:06 / 06:12 / 13:30 / 20:24	03:12 / 09:54 / 16:42 / 22:36	-0.7E / 1.1F / -0.9E / 0.4F
6 Sa	01:00 / 07:06 / 14:36 / 21:36	04:12 / 10:54 / 17:48 / 23:48	-0.6E / 1.1F / -0.9E / 0.3F
7 Su	02:06 / 08:06 / 15:36 / 22:42	05:18 / 11:54 / 18:54	-0.6E / 1.1F / -0.9E
8 M	03:24 / 09:12 / 16:36 / 23:36	00:54 / 06:24 / 13:00 / 19:54	0.4F / -0.6E / 1.0F / -0.9E
9 Tu	04:36 / 10:18 / 17:30	02:00 / 07:36 / 14:00 / 20:48	0.5F / -0.6E / 1.0F / -0.9E
10 W	00:24 / 05:42 / 11:24 / 18:24	02:54 / 08:36 / 15:00 / 21:36	0.6F / -0.7E / 1.0F / -1.0E
11 Th	01:00 / 06:36 / 12:30 / 19:06	03:42 / 09:36 / 15:54 / 22:18	0.7F / -0.8E / 1.0F / -1.0E
12 F	01:42 / 07:30 / 13:24 / 19:48	04:30 / 10:30 / 16:36 / 23:00	0.8F / -0.8E / 0.9F / -0.9E
13 Sa	02:12 / 08:18 / 14:18 / 20:30	05:12 / 11:18 / 17:24 / 23:36	0.8F / -0.8E / 0.9F / -0.9E
14 Su	02:48 / 09:06 / 15:12 / 21:06	05:54 / 12:00 / 18:12	0.9F / -0.8E / 0.8F
15 M	03:24 / 09:48 / 16:00 / 21:48	00:18 / 06:30 / 12:48 / 18:48	-0.8E / 0.9F / -0.8E / 0.7F
16 Tu	03:54 / 10:30 / 16:48 / 22:24	00:48 / 07:12 / 13:30 / 19:36	-0.8E / 0.9F / -0.8E / 0.6F
17 W	04:24 / 11:12 / 17:42 / 23:00	01:30 / 07:48 / 14:18 / 20:18	-0.7E / 0.9F / -0.8E / 0.5F
18 Th	05:00 / 12:00 / 18:42 / 23:48	02:06 / 08:30 / 15:12 / 21:12	-0.6E / 0.9F / -0.7E / 0.4F
19 F	05:36 / 12:54 / 19:48	02:48 / 09:18 / 16:06 / 22:06	-0.5E / 0.9F / -0.7E / 0.3F
20 Sa	00:36 / 06:18 / 13:42 / 20:54	03:36 / 10:06 / 17:00 / 23:06	-0.5E / 0.8F / -0.7E / 0.3F
21 Su	01:30 / 07:06 / 14:42 / 22:00	04:30 / 11:00 / 18:00	-0.4E / 0.8F / -0.7E
22 M	02:36 / 08:06 / 15:36 / 22:48	00:06 / 05:30 / 12:00 / 19:00	0.3F / -0.4E / 0.8F / -0.8E
23 Tu	03:42 / 09:06 / 16:30 / 23:36	01:06 / 06:30 / 13:00 / 19:48	0.4F / -0.4E / 0.8F / -0.8E
24 W	04:42 / 10:12 / 17:18	02:00 / 07:30 / 13:54 / 20:36	0.4F / -0.5E / 0.9F / -0.8E
25 Th	00:06 / 05:30 / 11:12 / 18:06	02:42 / 08:30 / 14:42 / 21:18	0.5F / -0.6E / 0.9F / -0.9E
26 F	00:42 / 06:36 / 12:12 / 18:48	03:24 / 09:18 / 15:30 / 21:54	0.6F / -0.7E / 0.9F / -0.9E
27 Sa	01:06 / 07:06 / 13:12 / 19:24	04:06 / 10:06 / 16:18 / 22:30	0.8F / -0.8E / 0.9F / -0.9E
28 Su	01:36 / 08:18 / 14:06 / 20:06	04:42 / 10:54 / 17:06 / 23:06	0.9F / -0.8E / 0.8F / -0.9E
29 M	02:06 / 08:36 / 15:00 / 20:48	05:24 / 11:42 / 17:48 / 23:48	1.0F / -1.0E / 0.8F / -0.9E
30 Tu	02:42 / 09:24 / 16:00 / 21:24	06:06 / 12:36 / 18:36	1.1F / -1.0E / 0.7F
31 W	03:18 / 10:12 / 16:54 / 22:06	00:24 / 06:48 / 13:24 / 19:30	-0.8E / 1.2F / -1.0E / 0.6F

NOAA Tidal Current Predictions

Baltimore Harbor Approach (off Sandy Point), 2021

Latitude: 39.0130° N Longitude: 76.3683° W
Mean Flood Dir. 25° (T) Mean Ebb Dir. 189° (T)
Times and speeds of maximum and minimum current, in knots

April

Day	Slack (h m)	Maximum (h m)	knots
1 Th	04:00	01:12	-0.8E
	11:06	07:36	1.2F
	17:54	14:18	-1.0E
	22:54	20:18	0.5F
2 F	04:48	02:00	-0.7E
	12:00	08:24	1.2F
	19:00	15:12	-1.0E
	23:54	21:24	0.5F
3 Sa	05:36	02:54	-0.6E
	13:00	09:24	1.1F
	20:06	16:18	-0.9E
		22:24	0.4F
4 Su ◐	01:00	04:00	-0.6E
	06:42	10:30	1.0F
	14:00	17:24	-0.9E
	21:06	23:36	0.4F
5 M	02:12	05:12	-0.5E
	07:48	11:36	0.9F
	15:00	18:24	-0.9E
	22:00		
6 Tu	03:30	00:42	0.5F
	09:06	06:24	-0.5E
	16:00	12:42	0.9F
	22:54	19:24	-0.9E
7 W	04:36	01:42	0.6F
	10:24	07:30	-0.6E
	17:00	13:42	0.8F
	23:36	20:12	-0.9E
8 Th	05:36	02:30	0.7F
	11:30	08:30	-0.7E
	17:48	14:42	0.8F
		21:00	-0.9E
9 F	00:12	03:18	0.8F
	06:30	09:30	-0.8E
	12:30	15:36	0.8F
	18:36	21:42	-0.9E
10 Sa	00:54	04:00	0.9F
	07:12	10:18	-0.8E
	13:30	16:24	0.8F
	19:18	22:24	-0.8E
11 Su	01:24	04:42	1.0F
	08:00	11:00	-0.9E
	14:18	17:06	0.7F
	20:00	23:06	-0.8E
12 M ●	02:00	05:18	1.0F
	08:36	11:48	-0.9E
	15:06	17:48	0.6F
	20:42	23:36	-0.7E
13 Tu	02:30	05:54	1.0F
	09:18	12:30	-0.9E
	15:54	18:30	0.6F
	21:18		
14 W	03:00	00:18	-0.6E
		06:30	1.0F
	16:48	13:12	-0.9E
	22:00	19:12	0.5F
15 Th	03:36	00:48	-0.6E
	10:36	07:12	1.0F
	17:36	13:54	-0.9E
	22:42	20:00	0.4F
16 F	04:06	01:30	-0.5E
	11:24	07:48	0.9F
	18:30	14:42	-0.8E
	23:24	20:54	0.4F
17 Sa	04:48	02:12	-0.4E
	12:06	08:36	0.9F
	19:30	15:30	-0.8E
		21:48	0.3F
18 Su	00:18	03:00	-0.4E
	05:30	09:24	0.8F
	13:00	16:24	-0.8E
	20:24	22:48	0.3F
19 M	01:24	04:00	-0.3E
	06:24	10:18	0.8F
	13:54	17:24	-0.8E
	21:12	23:42	0.4F
20 Tu ◑	02:24	05:06	-0.3E
	07:30	11:18	0.7F
	14:48	18:12	-0.8E
	22:00		
21 W	03:30	00:30	0.4F
	08:48	06:12	-0.4E
	15:42	12:24	0.7F
	22:36	19:00	-0.8E
22 Th	04:24	01:24	0.5F
	10:00	07:12	-0.5E
	16:30	13:24	0.7F
	23:06	19:48	-0.8E
23 F	05:12	02:06	0.7F
	11:06	08:12	-0.6E
	17:18	14:18	0.7F
	23:36	20:30	-0.8E
24 Sa	06:00	02:42	0.8F
	12:12	09:00	-0.8E
	18:06	15:06	0.7F
		21:06	-0.8E
25 Su	00:06	03:24	1.0F
	06:42	09:48	-0.9E
	13:12	15:54	0.7F
	18:48	21:48	-0.8E
26 M	00:42	04:06	1.1F
	07:30	10:42	-1.0E
	14:06	16:42	0.7F
	19:30	22:30	-0.8E
27 Tu ○	01:18	04:48	1.2F
	08:18	11:30	-1.1E
	15:00	17:30	0.6F
	20:12	23:12	-0.8E
28 W	01:54	05:36	1.3F
	09:00	12:18	-1.2E
	16:00	18:24	0.6F
	21:00	23:54	-0.7E
29 Th	02:36	06:24	1.3F
	09:54	13:06	-1.2E
	16:54	19:18	0.5F
	21:48		
30 F	03:24	00:48	-0.7E
	10:42	07:06	1.3F
	17:48	14:00	-1.1E
	22:48	20:06	0.5F

May

Day	Slack (h m)	Maximum (h m)	knots
1 Sa	04:18	01:36	-0.6E
	11:36	08:06	1.2F
	18:42	14:54	-1.1E
	23:48	21:12	0.5F
2 Su	05:18	02:36	-0.6E
	12:30	09:00	1.1F
	19:36	15:54	-1.0E
		22:12	0.5F
3 M ◐	01:00	03:48	-0.5E
	06:24	10:00	0.9F
	13:24	16:54	-0.9E
	20:30	23:12	0.6F
4 Tu	02:18	05:00	-0.5E
	07:42	11:06	0.8F
	14:24	17:48	-0.9E
	21:18		
5 W	03:30	00:18	0.7F
	09:06	06:12	-0.6E
	15:24	12:18	0.7F
	22:06	18:48	-0.9E
6 Th	04:30	01:12	0.8F
	10:24	07:18	-0.6E
	16:18	13:24	0.7F
	22:48	19:36	-0.8E
7 F	05:24	02:00	0.9F
	11:30	08:24	-0.7E
	17:12	14:24	0.6F
	23:24	20:24	-0.8E
8 Sa	06:12	02:48	1.0F
	12:30	09:12	-0.8E
	18:00	15:18	0.6F
		21:06	-0.8E
9 Su	00:00	03:30	1.0F
	06:54	10:00	-0.9E
	13:30	16:00	0.6F
	18:42	21:48	-0.7E
10 M	00:36	04:12	1.1F
	07:36	10:48	-0.9E
	14:18	16:48	0.5F
	19:30	22:24	-0.7E
11 Tu ●	01:12	04:48	1.1F
	08:12	11:30	-1.0E
	15:06	17:36	0.5F
	20:12	23:00	-0.6E
12 W	01:42	05:24	1.1F
	08:48	12:06	-1.0E
	15:54	18:12	0.5F
	20:54	23:36	-0.5E
13 Th	02:12	06:00	1.1F
	09:30	12:48	-1.0E
	16:42	19:00	0.4F
	21:36		
14 F	02:48	00:18	-0.5E
	10:06	06:36	1.0F
	17:30	13:30	-1.0E
	22:18	19:48	0.4F
15 Sa	03:24	00:54	-0.4E
	10:48	07:18	1.0F
	18:18	14:18	-0.9E
	23:12	20:30	0.4F
16 Su	04:06	01:42	-0.4E
	11:36	08:00	0.9F
	19:00	15:00	-0.9E
		21:24	0.4F
17 M	00:06	02:36	-0.3E
	04:54	08:48	0.8F
	12:18	15:48	-0.9E
	19:48	22:12	0.4F
18 Tu	01:06	03:36	-0.3E
	05:54	09:48	0.7F
	13:06	16:36	-0.8E
	20:24	23:06	0.5F
19 W ◑	02:12	04:42	-0.4E
	07:12	10:42	0.7F
	14:00	17:24	-0.8E
	21:00	23:54	0.6F
20 Th	03:06	05:48	-0.4E
	08:30	11:42	0.6F
	14:48	18:12	-0.8E
	21:30		
21 F	04:00	00:42	0.7F
	09:48	06:48	-0.6E
	15:36	12:48	0.6F
	22:06	18:54	-0.7E
22 Sa	04:48	01:24	0.9F
	11:06	07:48	-0.7E
	16:30	13:42	0.5F
	22:42	19:42	-0.7E
23 Su	05:36	02:12	1.0F
	12:12	08:42	-0.9E
	17:18	14:42	0.5F
	23:18	20:24	-0.7E
24 M	06:24	02:54	1.2F
	13:12	09:36	-1.0E
	18:06	15:36	0.5F
	23:54	21:06	-0.7E
25 Tu	07:12	03:36	1.3F
	14:06	10:24	-1.1E
	18:54	16:24	0.5F
		21:54	-0.7E
26 W ○	00:36	04:24	1.4F
	08:00	11:12	-1.2E
	15:00	17:18	0.5F
	19:42	22:42	-0.7E
27 Th	01:24	05:06	1.4F
	08:42	12:00	-1.2E
	15:54	18:06	0.5F
	20:36	23:30	-0.7E
28 F	02:12	06:00	1.4F
	09:30	12:48	-1.2E
	16:42	19:00	0.5F
	21:36		
29 Sa	03:00	00:24	-0.6E
	10:18	06:48	1.3F
	17:30	13:42	-1.2E
	22:36	19:54	0.6F
30 Su	04:00	01:24	-0.6E
	11:12	07:42	1.1F
	18:18	14:36	-1.1E
	23:48	20:54	0.6F
31 M	05:00	02:24	-0.5E
	12:00	08:42	1.0F
	19:06	15:24	-1.0E
		21:48	0.7F

June

Day	Slack (h m)	Maximum (h m)	knots
1 Tu	00:54	03:36	-0.5E
	06:12	09:36	0.8F
	12:54	16:18	-1.0E
	19:48	22:54	0.7F
2 W ◐	02:06	04:48	-0.5E
	07:30	10:42	0.7F
	13:42	17:12	-0.9E
	20:36	23:48	0.8F
3 Th	03:12	06:00	-0.6E
	08:54	11:48	0.6F
	14:36	18:00	-0.8E
	21:18		
4 F	04:06	00:42	0.9F
	10:12	07:00	-0.6E
	15:30	12:54	0.5F
	22:00	18:54	-0.8E
5 Sa	05:00	01:24	1.0F
	11:24	08:00	-0.8E
	16:24	13:54	0.5F
	22:36	19:42	-0.7E
6 Su	05:48	02:12	1.0F
	12:24	08:54	-0.8E
	17:18	14:48	0.4F
	23:18	20:24	-0.7E
7 M	06:30	02:54	1.1F
	13:18	09:42	-0.9E
	18:06	15:36	0.4F
	23:54	21:06	-0.6E
8 Tu	07:12	03:36	1.1F
	14:12	10:24	-1.0E
	18:54	16:24	0.4F
		21:48	-0.6E
9 W	00:24	04:18	1.1F
	07:48	11:06	-1.0E
	15:00	17:12	0.4F
	19:42	22:30	-0.5E
10 Th ●	01:00	04:54	1.1F
	08:24	11:48	-1.0E
	15:48	17:54	0.4F
	20:24	23:12	-0.5E
11 F	01:36	05:30	1.1F
	09:06	12:30	-1.1E
	16:30	18:42	0.4F
	21:12	23:48	-0.4E
12 Sa	02:12	06:12	1.1F
	09:42	13:06	-1.0E
	17:12	19:24	0.4F
	22:00		
13 Su	02:54	00:36	-0.4E
	10:24	06:48	1.1F
	17:48	13:54	-1.0E
	22:54	20:06	0.4F
14 M	03:42	01:24	-0.4E
	11:06	07:36	0.9F
	18:24	14:30	-1.0E
	23:48	20:54	0.4F
15 Tu	04:36	02:18	-0.4E
	11:42	08:24	0.9F
	19:00	15:12	-0.9E
		21:42	0.5F
16 W	00:54	03:12	-0.4E
	05:42	09:18	0.7F
	12:30	15:54	-0.8E
	19:30	22:24	0.6F
17 Th	01:42	04:18	-0.4E
	07:00	10:12	0.6F
	13:12	16:36	-0.8E
	20:00	23:12	0.7F
18 F ◑	02:36	05:24	-0.5E
	08:18	11:12	0.5F
	14:00	17:24	-0.8E
	20:36		
19 Sa	03:30	00:00	0.9F
	09:42	06:30	-0.6E
	14:48	12:12	0.4F
	21:12	18:06	-0.7E
20 Su	04:24	00:48	1.0F
	11:00	07:30	-0.8E
	15:36	13:18	0.4F
	21:54	18:54	-0.7E
21 M	05:18	01:36	1.1F
	12:12	08:24	-0.9E
	16:30	14:18	0.4F
	22:36	19:48	-0.7E
22 Tu	06:06	02:24	1.3F
	13:12	09:18	-1.0E
	17:30	15:12	0.4F
	23:18	20:36	-0.7E
23 W	06:54	03:12	1.3F
	14:06	10:12	-1.1E
	18:24	16:12	0.4F
		21:30	-0.7E
24 Th ○	00:12	04:00	1.4F
	07:42	11:00	-1.2E
	14:54	17:00	0.5F
	19:24	22:24	-0.7E
25 F	01:00	04:54	1.4F
	08:30	11:48	-1.2E
	15:36	17:54	0.5F
	20:24	23:18	-0.7E
26 Sa	01:54	05:42	1.3F
	09:18	12:36	-1.2E
	16:18	18:48	0.6F
	21:24		
27 Su	02:48	00:12	-0.6E
	10:00	06:36	1.2F
	17:00	13:18	-1.2E
	22:30	19:36	0.6F
28 M	03:48	01:12	-0.6E
	10:48	07:24	1.1F
	17:42	14:06	-1.1E
	23:36	20:30	0.7F
29 Tu	04:54	02:18	-0.6E
	11:30	08:18	0.9F
	18:24	14:54	-1.0E
		21:24	0.8F
30 W	06:00	00:36	-0.6E
	12:18	09:12	0.7F
	19:06	15:42	-0.9E
		22:18	0.8F

NOAA Tidal Current Predictions

Station ID: ACT4996 Depth: Unknown
Source: NOAA/NOS/CO-OPS
Station Type: Harmonic
Time Zone: LST

Baltimore Harbor Approach (off Sandy Point), 2021
Latitude: 39.0130° N Longitude: 76.3683° W
Mean Flood Dir. 25° (T) Mean Ebb Dir. 189° (T)
Times and speeds of maximum and minimum current, in knots

July

Day	Slack (h m)	Maximum (h m)	knots
1 Th ☽	01:42	04:24	-0.6E
	07:18	10:12	0.6F
	13:06	16:30	-0.9E
	19:48	23:06	0.9F
2 F	02:42	05:30	-0.6E
	08:36	11:18	0.5F
	13:54	17:18	-0.8E
	20:30		
3 Sa		00:00	0.9F
	03:36	06:30	-0.6E
	09:54	12:18	0.4F
	14:48	18:12	-0.7E
	21:12		
4 Su		00:48	1.0F
	04:30	07:30	-0.7E
	11:06	13:18	0.3F
	15:42	18:54	-0.6E
	21:54		
5 M		01:36	1.0F
	05:18	08:24	-0.8E
	12:12	14:18	0.3F
	16:36	19:48	-0.6E
	22:30		
6 Tu		02:24	1.1F
	06:00	09:18	-0.9E
	13:06	15:12	0.3F
	17:30	20:30	-0.5E
	23:12		
7 W		03:06	1.1F
	06:42	10:00	-1.0E
	14:00	16:06	0.3F
	18:24	21:18	-0.7E
	23:54		
8 Th	07:24	03:48	1.1F
	14:42	10:48	-1.0E
	19:12	16:54	0.4F
		22:00	-0.5E
9 F	00:30	04:30	1.1F
	08:00	11:24	-1.1E
	15:24	17:36	0.4F
	20:00	22:48	-0.5E
10 Sa ●	01:12	05:06	1.1F
	08:42	12:06	-1.1E
	16:00	18:18	0.4F
	20:48	23:30	-0.5E
11 Su	02:00	05:48	1.1F
	09:18	12:42	-1.1E
	16:36	18:54	0.5F
	21:36		
12 M	02:42	00:18	-0.5E
	10:00	06:30	1.0F
	17:06	13:18	-1.0E
	22:24	19:36	0.5F
13 Tu	03:36	01:06	-0.5E
	10:36	07:12	0.9F
	17:36	13:54	-1.0E
	23:18	20:18	0.6F
14 W	04:36	02:00	-0.5E
	11:12	08:00	0.8F
	18:06	14:36	-0.9E
		21:00	0.7F
15 Th	00:12	02:54	-0.5E
	05:36	08:48	0.7F
	11:54	15:12	-0.8E
	18:36	21:42	0.8F
16 F	01:06	03:54	-0.6E
	06:54	09:42	0.5F
	12:30	15:54	-0.8E
	19:06	22:30	0.9F
17 Sa ☾	02:06	04:54	-0.6E
	08:12	10:42	0.4F
	13:12	16:42	-0.7E
	19:48	23:24	1.0F
18 Su	03:00	06:00	-0.7E
	09:36	11:48	0.3F
	14:06	17:30	-0.7E
	20:30		
19 M	04:00	00:18	1.1F
	10:54	07:06	-0.8E
	15:00	12:54	0.3F
	21:12	18:24	-0.7E
20 Tu	04:54	01:06	1.2F
	12:00	08:06	-0.9E
	16:00	14:00	0.3F
	22:06	19:18	-0.6E
21 W	05:48	02:06	1.3F
	13:00	09:00	-1.0E
	17:06	15:00	0.3F
	23:00	20:18	-0.7E
22 Th	06:36	02:54	1.3F
	13:48	09:54	-1.1E
	18:12	15:54	0.4F
	23:54	21:18	-0.7E
23 F	07:24	03:48	1.3F
	14:30	10:42	-1.1E
	19:18	16:48	0.5F
		22:12	-0.7E
24 Sa ○	00:54	04:42	1.3F
	08:12	11:30	-1.2E
	15:06	17:36	0.6F
	20:18	23:12	-0.7E
25 Su	01:54	05:30	1.2F
	08:54	12:12	-1.1E
	15:48	18:24	0.7F
	21:18		
26 M	02:48	00:06	-0.7E
	09:36	06:18	1.1F
	16:24	12:54	-1.1E
	22:12	19:12	0.8F
27 Tu	03:48	01:00	-0.7E
	10:18	07:06	1.0F
	17:06	13:36	-1.0E
	23:12	20:00	0.8F
28 W	04:48	02:00	-0.7E
	11:00	08:00	0.9F
	17:42	14:18	-1.0E
		20:48	0.8F
29 Th	00:06	02:54	-0.6E
	05:54	08:48	0.7F
	11:42	15:06	-0.9E
	18:18	21:36	0.9F
30 F	01:06	03:54	-0.6E
	06:48	09:42	0.5F
	12:30	15:48	-0.8E
	19:00	22:24	0.9F
31 Sa ☽	02:00	04:54	-0.6E
	08:12	10:42	0.4F
	13:12	16:36	-0.7E
	19:42	23:18	0.9F

August

Day	Slack (h m)	Maximum (h m)	knots
1 Su	03:00	05:54	-0.6E
	09:30	11:48	0.3F
	14:06	17:24	-0.6E
	20:24		
2 M	03:48	00:06	0.9F
	10:42	07:00	-0.7E
	15:00	12:48	0.3F
	21:06	18:18	-0.5E
3 Tu	04:42	01:00	1.0F
	11:48	07:54	-0.8E
	16:00	13:48	0.3F
	21:54	19:06	-0.5E
4 W	05:30	01:48	1.0F
	12:42	08:42	-0.8E
	17:06	14:48	0.3F
	22:42	20:06	-0.5E
5 Th	06:12	02:36	1.0F
	13:30	09:30	-0.9E
	18:00	15:36	0.3F
	23:24	20:54	-0.5E
6 F	06:54	03:18	1.1F
	14:06	10:18	-1.0E
	18:54	16:18	0.4F
		21:42	-0.5E
7 Sa	00:12	04:06	1.1F
	07:36	10:54	-1.0E
	14:42	17:06	0.5F
	19:36	22:30	-0.5E
8 Su ●	01:00	04:48	1.1F
	08:18	11:36	-1.0E
	15:18	17:42	0.5F
	20:24	23:12	-0.6E
9 M	01:54	05:30	1.0F
	08:54	12:12	-1.0E
	15:42	18:24	0.6F
	21:12		
10 Tu	02:42	00:00	-0.6E
	09:30	06:12	1.0F
	16:12	12:48	-1.0E
	21:54	19:00	0.7F
11 W	03:36	00:48	-0.7E
	10:06	06:54	0.9F
	16:42	13:18	-0.9E
	22:42	19:36	0.8F
12 Th	04:36	01:42	-0.7E
	10:42	07:42	0.8F
	17:06	13:54	-0.9E
	23:36	20:18	0.9F
13 F	05:36	02:30	-0.7E
	11:18	08:42	0.6F
	17:42	14:36	-0.8E
		21:00	0.9F
14 Sa	00:30	03:30	-0.7E
	06:48	09:18	0.5F
	12:00	15:18	-0.7E
	18:18	21:54	1.0F
15 Su ☾	01:30	04:30	-0.7E
	08:00	10:12	0.4F
	12:42	16:06	-0.7E
	19:00	22:48	1.1F
16 M	02:30	05:36	-0.8E
	09:24	11:24	0.3F
	13:36	17:00	-0.6E
	19:54	23:42	1.1F
17 Tu	03:30	06:42	-0.8E
	10:36	12:36	0.3F
	14:42	18:00	-0.6E
	20:48		
18 W	04:30	00:48	1.1F
	11:36	07:42	-0.9E
	15:54	13:42	0.3F
	21:54	19:06	-0.6E
19 Th	05:24	01:42	1.2F
	12:30	08:42	-1.0E
	17:06	14:42	0.4F
	22:54	20:12	-0.6E
20 F	06:18	02:42	1.2F
	13:12	09:30	-1.0E
	18:12	15:36	0.5F
		21:12	-0.7E
21 Sa	00:00	03:36	1.2F
	07:06	10:18	-1.1E
	13:54	16:24	0.6F
	19:12	22:12	-0.7E
22 Su ○	01:00	04:30	1.1F
	07:48	11:06	-1.1E
	14:30	17:12	0.7F
	20:06	23:06	-0.8E
23 M	01:54	05:18	1.0F
	08:36	11:48	-1.0E
	15:06	18:00	0.8F
	21:00		
24 Tu	02:54	00:00	-0.8E
	09:12	06:06	1.0F
	15:42	12:24	-1.0E
	21:48	18:42	0.9F
25 W	03:48	00:48	-0.8E
	09:54	06:48	0.8F
	16:18	13:06	-0.9E
	22:42	19:24	0.9F
26 Th	04:42	01:36	-0.8E
	10:36	07:36	0.7F
	16:54	13:42	-0.8E
	23:30	20:06	0.9F
27 F	05:42	02:30	-0.7E
	11:12	08:24	0.6F
	17:30	14:24	-0.8E
		20:54	0.9F
28 Sa	00:24	03:24	-0.7E
	06:42	09:18	0.5F
	11:54	15:06	-0.7E
	18:12	21:42	0.9F
29 Su	01:12	04:18	-0.7E
	07:48	10:12	0.4F
	12:42	15:54	-0.6E
	18:48	22:30	0.9F
30 M ☽	02:12	05:18	-0.7E
	09:00	11:18	0.3F
	13:36	16:48	-0.5E
	19:36	23:24	0.9F
31 Tu	03:06	06:18	-0.7E
	10:12	12:18	0.3F
	14:36	17:42	-0.4E
	20:24		

September

Day	Slack (h m)	Maximum (h m)	knots
1 W	04:00	00:18	0.9F
	11:12	07:12	-0.8E
	15:42	13:18	0.3F
	21:18	18:42	-0.4E
2 Th	04:48	01:12	0.9F
	12:00	08:06	-0.8E
	16:48	14:18	0.3F
	22:18	19:42	-0.5E
3 F	05:36	02:06	0.9F
	12:42	08:54	-0.9E
	17:42	15:06	0.4F
	23:12	20:30	-0.5E
4 Sa	06:24	02:54	1.0F
	13:18	09:36	-0.9E
	18:30	15:48	0.5F
		21:24	-0.6E
5 Su	00:06	03:42	1.0F
	07:06	10:18	-0.9E
	13:48	16:30	0.6F
	19:12	22:12	-0.7E
6 M	01:00	04:24	1.0F
	07:42	10:54	-0.9E
	14:18	17:06	0.7F
	20:00	22:54	-0.7E
7 Tu ●	01:54	05:06	0.9F
	08:24	11:30	-0.9E
	14:48	17:42	0.8F
	20:42	23:42	-0.8E
8 W	02:42	05:54	0.9F
	09:12	12:06	-0.9E
	15:12	18:18	0.9F
	21:30		
9 Th	03:36	00:30	-0.9E
	09:42	06:36	0.8F
	15:42	12:42	-0.9E
	22:18	19:00	1.0F
10 F	04:36	01:18	-0.9E
	10:12	07:24	0.7F
	16:18	13:18	-0.8E
	23:06	19:42	1.0F
11 Sa	05:36	02:12	-0.9E
	10:54	08:12	0.6F
	16:54	14:00	-0.7E
		20:24	1.1F
12 Su	00:00	03:06	-0.9E
	06:42	09:06	0.5F
	11:36	14:42	-0.7E
	17:36	21:18	1.1F
13 M ☾	01:00	04:06	-0.9E
	07:54	10:06	0.4F
	12:30	15:36	-0.6E
	18:30	22:18	1.1F
14 Tu	02:00	05:12	-0.9E
	09:00	11:12	0.3F
	13:36	16:42	-0.6E
	19:30	23:18	1.0F
15 W	03:00	06:18	-0.9E
	10:06	12:24	0.4F
	14:48	17:54	-0.6E
	20:36		
16 Th	04:00	00:24	1.0F
	11:00	07:18	-0.9E
	16:06	13:24	0.4F
	21:48	19:00	-0.6E
17 F	05:00	01:30	1.0F
	11:48	08:12	-0.9E
	17:12	14:24	0.6F
	23:00	20:12	-0.7E
18 Sa	05:54	02:30	1.0F
	12:30	09:06	-0.9E
	18:12	15:18	0.7F
		21:12	-0.7E
19 Su	00:06	03:24	1.0F
	06:42	09:54	-0.9E
	13:06	16:06	0.8F
	19:06	22:06	-0.8E
20 M ○	01:06	04:18	0.9F
	07:24	10:36	-0.9E
	13:42	16:48	0.9F
	19:54	22:54	-0.9E
21 Tu	02:00	05:06	0.9F
	08:48	11:18	-0.9E
	14:18	17:30	0.9F
	20:42	23:42	-0.9E
22 W	02:54	05:48	0.8F
	08:48	11:54	-0.8E
	14:54	18:06	1.0F
	21:24		
23 Th	03:48	00:30	-0.9E
	09:30	06:36	0.7F
	15:30	12:30	-0.8E
	22:12	18:48	1.0F
24 F	04:36	01:12	-0.9E
	10:06	07:18	0.6F
	16:00	13:06	-0.7E
	22:54	19:30	1.0F
25 Sa	05:30	02:06	-0.8E
	10:48	08:06	0.5F
	16:36	13:48	-0.6E
	23:42	20:12	0.9F
26 Su	06:30	02:54	-0.8E
	11:30	08:54	0.4F
	17:18	14:30	-0.5E
		20:54	0.9F
27 M	00:30	03:42	-0.8E
	07:30	09:48	0.3F
	12:24	15:18	-0.4E
	18:00	21:48	0.8F
28 Tu	01:18	04:36	-0.7E
	08:30	10:48	0.3F
	13:18	16:12	-0.4E
	18:48	22:42	0.8F
29 W ☽	02:12	05:42	-0.7E
	09:30	11:48	0.3F
	14:24	17:18	-0.4E
	19:48	23:42	0.8F
30 Th	03:12	06:36	-0.8E
	10:24	12:48	0.4F
	15:30	18:18	-0.4E
	20:48		

Station ID: ACT4996 Depth: Unknown
Source: NOAA/NOS/CO-OPS
Station Type: Harmonic
Time Zone: LST

NOAA Tidal Current Predictions

Baltimore Harbor Approach (off Sandy Point), 2021
Latitude: 39.0130° N Longitude: 76.3683° W
Mean Flood Dir. 25° (T) Mean Ebb Dir. 189° (T)
Times and speeds of maximum and minimum current, in knots

October

Day	Slack (h m)	Maximum (h m)	knots
1 F	04:06 11:06 16:30 21:54	00:36 07:24 13:42 19:18	0.8F -0.8E 0.4F -0.5E
2 Sa	04:54 11:48 17:24 23:00	01:30 08:12 14:30 20:12	0.8F -0.8E 0.5F -0.5E
3 Su	05:42 12:18 18:06	02:24 08:54 15:06 21:06	0.8F -0.8E 0.6F -0.7E
4 M	00:00 06:24 12:48 18:48	03:12 09:36 15:48 21:54	0.8F -0.8E 0.8F -0.8E
5 Tu	00:54 07:06 13:18 19:36	04:00 10:12 16:24 22:36	0.8F -0.8E 0.9F -0.9E
6 W ●	01:54 07:48 13:42 20:18	04:48 10:48 17:06 23:24	0.8F -0.8E 1.0F -1.0E
7 Th	02:48 08:24 14:18 21:00	05:30 11:24 17:42	0.7F -0.8E 1.1F
8 F	03:42 09:06 14:48 21:48	00:12 06:18 12:00 18:24	-1.0E 0.7F -0.8E 1.2F
9 Sa	04:36 09:42 15:30 22:36	01:00 07:06 12:42 19:06	-1.1E 0.6F -0.7E 1.2F
10 Su	05:36 10:30 16:12 23:30	01:54 07:54 13:30 20:00	-1.1E 0.5F -0.7E 1.2F
11 M	06:36 11:24 17:06	02:48 08:54 14:18 20:54	-1.0E 0.5F -0.6E 1.1F
12 Tu	00:30 07:36 12:30 18:06	03:48 09:54 15:24 21:54	-1.0E 0.4F -0.5E 1.0F
13 W ◑	01:24 08:36 13:42 19:18	04:48 11:00 16:36 23:00	-0.9E 0.4F -0.5E 0.9F
14 Th	02:30 09:30 15:00 20:36	05:48 12:06 17:48	-0.9E 0.5F -0.5E
15 F	03:30 10:18 16:06 21:54	00:06 06:48 13:06 19:00	0.9F -0.9E 0.6F -0.6E
16 Sa	04:24 11:00 17:12 23:06	01:12 07:42 14:00 20:06	0.8F -0.9E 0.7F -0.7E
17 Su	05:18 11:42 18:06	02:12 08:30 14:48 21:06	0.8F -0.9E 0.9F -0.8E
18 M	00:12 06:12 12:24 18:54	03:12 09:18 15:36 22:00	0.8F -0.8E 1.0F -0.9E
19 Tu	01:12 06:54 13:00 19:36	04:00 10:00 16:18 22:42	0.7F -0.8E 1.0F -0.9E
20 W ○	02:06 07:36 13:30 20:18	04:48 10:42 16:54 23:30	0.7F -0.8E 1.1F -1.0E
21 Th	02:54 08:18 14:06 21:00	05:30 11:18 17:36	0.6F -0.7E 1.1F
22 F	03:48 09:00 14:42 21:42	00:12 06:18 11:54 18:12	-1.0E 0.6F -0.6E 1.0F
23 Sa	04:36 09:42 15:12 22:18	00:54 07:00 12:30 18:54	-1.0E 0.5F -0.6E 1.0F
24 Su	05:24 10:24 15:48 23:06	01:36 07:48 13:12 19:30	-0.9E 0.4F -0.5E 1.0F
25 M	06:18 11:18 16:30 23:48	02:24 08:36 13:54 20:18	-0.9E 0.4F -0.4E 0.9F
26 Tu	07:12 12:06 17:12	03:12 09:30 14:48 21:06	-0.9E 0.4F -0.4E 0.8F
27 W	00:36 08:00 13:12 18:06	04:00 10:24 15:48 22:00	-0.8E 0.4F -0.3E 0.8F
28 Th ◐	01:30 08:48 14:18 19:12	04:54 11:24 16:48 22:54	-0.8E 0.4F -0.3E 0.7F
29 F	02:18 09:36 15:18 20:24	05:48 12:12 17:54	-0.8E 0.5F -0.4E
30 Sa	03:12 10:12 16:12 21:42	00:00 06:36 13:00 18:54	0.7F -0.8E 0.6F -0.5E
31 Su	04:06 10:42 17:00 22:54	01:00 07:24 13:48 19:54	0.7F -0.8E 0.7F -0.6E

November

Day	Slack (h m)	Maximum (h m)	knots
1 M	04:54 11:12 17:42 23:54	01:54 08:06 14:30 20:42	0.7F -0.8E 0.8F -0.7E
2 Tu	05:42 11:48 18:24	02:48 08:48 15:06 21:36	0.6F -0.8E 1.0F -0.9E
3 W	00:54 06:24 12:18 19:12	03:36 09:24 15:48 22:24	0.6F -0.8E 1.1F -1.0E
4 Th ●	01:54 07:06 12:54 19:54	04:24 10:00 16:30 23:06	0.6F -0.8E 1.2F -1.1E
5 F	02:48 07:48 13:30 20:42	05:12 10:48 17:12	0.6F -0.7E 1.3F
6 Sa	03:42 08:30 14:12 21:30	00:00 06:00 11:24 17:54	-1.2E 0.5F -0.7E 1.3F
7 Su	04:30 09:24 14:54 22:18	00:48 06:48 12:18 18:42	-1.2E 0.5F -0.7E 1.3F
8 M	05:24 10:18 15:48 23:06	01:36 07:42 13:12 19:30	-1.2E 0.5F -0.6E 1.2F
9 Tu	06:18 11:18 16:42	02:24 08:42 14:06 20:30	-1.1E 0.5F -0.6E 1.1F
10 W	00:00 07:06 12:30 17:48	03:24 09:42 15:18 21:30	-1.1E 0.5F -0.5E 1.0F
11 Th ◑	00:54 08:00 13:42 19:06	04:18 10:42 16:30 22:36	-1.0E 0.6F -0.5E 0.8F
12 F	01:54 08:48 14:54 20:30	05:18 11:42 17:42 23:42	-0.9E 0.7F -0.6E 0.7F
13 Sa	02:48 09:30 16:00 21:54	06:12 12:42 18:48	-0.9E 0.8F -0.6E
14 Su	03:48 10:18 16:54 23:06	00:48 07:06 13:36 19:54	0.7F -0.8E 0.9F -0.7E
15 M	04:42 10:54 17:48 23:54	01:54 07:54 14:24 20:48	0.6F -0.8E 1.0F -0.8E
16 Tu	00:12 05:30 11:36 18:36	02:54 08:42 15:06 21:42	0.6F -0.8E 1.1F -0.9E
17 W	01:12 06:18 12:12 19:18	03:42 09:24 15:48 22:30	0.5F -0.7E 1.1F -1.0E
18 Th	02:06 07:06 12:48 19:54	04:30 10:06 16:24 23:12	0.5F -0.7E 1.1F -1.0E
19 F ○	02:54 07:48 13:24 20:36	05:18 10:42 17:06 23:54	0.5F -0.6E 1.1F -1.0E
20 Sa	03:42 08:36 13:54 21:12	06:00 11:24 17:42	0.4F -0.5E 1.1F
21 Su	04:30 09:18 14:30 21:54	00:36 06:48 12:00 18:24	-1.0E 0.4F -0.5E 1.0F
22 M	05:12 10:06 15:06 22:30	01:18 07:30 12:42 19:00	-1.0E 0.4F -0.4E 1.0F
23 Tu	06:00 11:00 15:48 23:12	02:00 08:18 13:30 19:48	-1.0E 0.4F -0.4E 0.9F
24 W	06:42 11:54 16:36	02:42 09:06 14:18 20:36	-0.9E 0.4F -0.3E 0.8F
25 Th	00:00 07:24 12:54 17:36	03:30 10:00 15:18 21:18	-0.9E 0.4F -0.3E 0.7F
26 F ◐	00:42 08:00 13:54 18:48	04:18 10:42 16:18 22:24	-0.8E 0.5F -0.3E 0.7F
27 Sa	01:30 08:36 14:48 20:06	05:00 11:30 17:30 23:24	-0.8E 0.6F -0.4E 0.7F
28 Su	02:24 09:12 15:42 21:30	05:48 12:18 18:30	-0.8E 0.7F -0.5E
29 M	03:12 09:42 16:30 22:42	00:24 06:30 13:06 19:30	0.5F -0.7E 0.8F -0.7E
30 Tu	04:00 10:18 17:18 23:54	01:18 07:18 13:48 20:24	0.5F -0.7E 1.0F -0.8E

December

Day	Slack (h m)	Maximum (h m)	knots
1 W	04:48 10:48 18:06	02:18 08:00 14:30 21:12	0.5F -0.7E 1.1F -0.9E
2 Th	00:54 05:36 11:30 18:48	03:12 08:42 15:12 22:06	0.4F -0.7E 1.3F -1.1E
3 F	01:48 06:24 12:12 19:36	04:06 09:24 16:00 22:54	0.4F -0.7E 1.3F -1.2E
4 Sa ●	02:42 07:18 12:54 20:24	04:54 10:12 16:42 23:36	0.5F -0.7E 1.4F -1.2E
5 Su	03:30 08:06 13:42 21:06	05:42 11:06 17:36	0.5F -0.7E 1.4F
6 M	04:18 09:06 14:36 21:54	00:30 06:36 12:00 18:24	-1.2E 0.5F -0.7E 1.3F
7 Tu	05:06 10:06 15:30 22:42	01:18 07:30 12:54 19:12	-1.2E 0.6F -0.6E 1.2F
8 W	05:48 11:12 16:36 23:30	02:06 08:24 14:00 20:12	-1.2E 0.6F -0.6E 1.1F
9 Th	06:36 12:24 17:42	02:54 09:18 15:06 21:12	-1.1E 0.7F -0.6E 0.9F
10 F	00:24 07:18 13:36 19:00	03:48 10:18 16:12 22:12	-1.0E 0.7F -0.6E 0.7F
11 Sa ◑	01:12 08:06 14:42 20:24	04:36 11:12 17:24 23:18	-0.9E 0.8F -0.6E 0.6F
12 Su	02:06 08:48 15:42 21:42	05:36 12:12 18:30	-0.8E 0.9F -0.7E
13 M	03:00 09:30 16:36 23:00	00:24 06:24 13:00 19:36	0.5F -0.8E 1.0F -0.7E
14 Tu	03:54 10:12 17:24	01:30 07:12 13:48 20:30	0.4F -0.7E 1.1F -0.8E
15 W	00:06 04:48 10:54 18:12	02:24 08:00 14:36 21:24	0.4F -0.7E 1.1F -0.9E
16 Th	01:06 05:42 11:30 18:54	03:18 08:42 15:18 22:12	0.4F -0.6E 1.1F -1.0E
17 F	02:00 06:36 12:06 19:36	04:06 09:30 16:00 22:54	0.4F -0.6E 1.1F -1.0E
18 Sa	02:48 07:24 12:48 20:12	05:00 10:12 16:36 23:36	0.4F -0.5E 1.1F -1.0E
19 Su ○	03:30 08:12 13:24 20:48	05:00 10:54 17:18	-0.5E -0.5E 1.1F
20 M	04:12 09:00 14:00 21:30	00:18 06:30 11:36 17:54	-1.1E 0.4F -0.4E 1.1F
21 Tu	04:54 09:48 14:42 22:06	00:54 07:06 12:24 18:36	-1.0E 0.4F -0.4E 1.0F
22 W	05:30 10:36 15:30 22:48	01:36 07:54 13:06 19:18	-1.0E 0.4F -0.4E 0.9F
23 Th	06:06 11:30 16:24 23:24	02:12 08:36 14:00 20:06	-1.0E 0.5F -0.4E 0.8F
24 F	06:36 12:24 17:24	02:54 09:18 14:54 20:54	-0.9E 0.6F -0.4E 0.7F
25 Sa	00:06 07:12 13:18 18:36	03:36 10:00 16:00 21:48	-0.9E 0.6F -0.4E 0.6F
26 Su	00:48 07:42 14:18 19:54	04:18 10:48 17:00 22:42	-0.8E 0.7F -0.5E 0.5F
27 M	01:30 08:12 15:12 21:18	05:00 11:36 18:00 23:48	-0.7E 0.8F -0.6E 0.4F
28 Tu	02:18 08:48 16:00 22:36	05:42 12:24 19:06	-0.7E 1.0F -0.7E
29 W	03:06 09:24 16:54 23:48	00:48 06:24 13:12 20:00	0.3F -0.7E 1.1F -0.8E
30 Th	04:00 10:06 17:42	01:54 07:18 14:00 20:54	0.3F -0.7E 1.2F -1.0E
31 F	00:48 04:54 10:54 18:30	02:48 08:06 14:48 21:48	0.3F -0.7E 1.3F -1.1E

Station ID: ACT4276 Depth: 15 feet
Source: NOAA/NOS/CO-OPS
Station Type: Subordinate
Time Zone: LST
Ref Station: db0201 Depth: 15 feet
Ref Station Name: Reedy Point
SBF:+02:44 MFC:+02:41 SBE:+03:36 MEC:+01:40
Flood Speed Ratio: *0.8 Ebb Speed Ratio: *0.9

NOAA Tidal Current Predictions

Chesapeake and Delaware Canal Entrance, 2021

Latitude: 39.5605° N Longitude: 75.5700° W
Mean Flood Dir. 264° (T) Mean Ebb Dir. 87° (T)
Times and speeds of maximum and minimum current, in knots

January

Day	Slack (h m)	Maximum (h m / knots)
1 F	05:18, 10:56, 17:42, 23:56	01:11 1.2F, 07:10 -1.7E, 13:11 1.9F, 20:22 -2.0E
2 Sa	06:06, 11:44, 18:30	01:53 1.3F, 07:58 -1.7E, 13:59 1.9F, 21:04 -2.0E
3 Su	00:44, 06:54, 12:32, 19:18	02:35 1.3F, 08:46 -1.7E, 14:47 1.8F, 21:46 -2.0E
4 M	01:26, 07:48, 13:32, 20:06	03:23 1.4F, 09:40 -1.7E, 15:41 1.7F, 22:28 -1.9E
5 Tu	02:14, 08:42, 14:32, 21:00	04:17 1.4F, 10:46 -1.7E, 16:35 1.5F, 23:22 -1.9E
6 W ◑	03:08, 09:42, 15:32, 22:00	05:11 1.5F, 12:04 -1.7E, 17:35 1.3F
7 Th	04:02, 10:48, 16:44, 22:54	00:22 -1.9E, 06:11 1.5F, 13:16 -1.8E, 18:41 1.2F
8 F	04:56, 11:48, 17:50, 23:54	01:22 -1.8E, 07:11 1.6F, 14:16 -1.9E, 19:53 1.0F
9 Sa	05:50, 12:54, 18:56	02:22 -1.8E, 08:11 1.6F, 15:16 -2.0E, 21:11 1.0F
10 Su	00:54, 06:44, 13:48, 20:02	03:22 -1.9E, 09:11 1.7F, 16:22 -2.2E, 22:23 1.0F
11 M	01:54, 07:44, 14:48, 20:56	04:22 -1.9E, 10:11 1.7F, 17:16 -2.3E, 23:23 1.1F
12 Tu	02:54, 08:38, 15:42, 21:50	05:16 -1.9E, 11:05 1.7F, 18:10 -2.3E
13 W ●	03:48, 09:26, 16:30, 22:38	00:23 1.1F, 06:10 -2.0E, 11:59 1.7F, 18:58 -2.4E
14 Th	04:42, 10:20, 17:18, 23:26	01:05 1.2F, 06:58 -2.0E, 12:47 1.7F, 19:46 -2.4E
15 F	05:30, 11:08, 18:06	01:53 1.2F, 07:46 -2.0E, 13:29 1.6F, 20:28 -2.3E
16 Sa	00:08, 06:24, 11:56, 18:48	02:35 1.2F, 08:34 -1.9E, 14:17 1.6F, 21:10 -2.2E
17 Su	00:50, 07:12, 12:44, 19:30	03:23 1.2F, 09:22 -1.9E, 15:05 1.5F, 21:52 -2.1E
18 M	01:32, 08:00, 13:32, 20:18	04:05 1.2F, 10:10 -1.8E, 15:59 1.4F, 22:34 -2.0E
19 Tu	02:14, 08:48, 14:26, 21:00	04:47 1.2F, 10:58 -1.8E, 16:53 1.3F, 23:10 -1.9E
20 W ◐	02:56, 09:42, 15:20, 21:48	05:29 1.3F, 11:46 -1.7E, 17:47 1.2F, 23:52 -1.9E
21 Th	03:38, 10:30, 16:20, 22:36	06:05 1.3F, 12:40 -1.7E, 18:47 1.1F
22 F	04:20, 11:24, 17:14, 23:24	00:34 -1.8E, 06:47 1.4F, 13:34 -1.8E, 19:59 1.0F
23 Sa	05:08, 12:12, 18:14	01:16 -1.8E, 07:35 1.4F, 14:28 -1.9E, 20:59 1.0F
24 Su	00:18, 05:50, 13:00, 19:08	01:58 -1.8E, 08:23 1.5F, 15:22 -1.9E, 21:47 1.0F
25 M	01:06, 06:38, 13:48, 19:56	02:46 -1.7E, 09:11 1.6F, 16:10 -1.9E, 22:23 1.0F
26 Tu	01:54, 07:26, 14:36, 20:44	03:40 -1.7E, 09:53 1.6F, 17:04 -2.0E, 22:59 1.0F
27 W	02:42, 08:14, 15:18, 21:26	04:34 -1.7E, 10:35 1.7F, 17:52 -2.0E, 23:35 1.1F
28 Th ○	03:30, 09:02, 16:00, 22:08	05:34 -1.8E, 11:23 1.7F, 18:34 -2.1E
29 F	04:12, 09:50, 16:48, 22:50	00:11 1.2F, 06:22 -1.8E, 12:11 1.7F, 19:16 -2.1E
30 Sa	05:00, 10:44, 17:30, 23:32	00:53 1.3F, 07:10 -1.8E, 12:53 1.9F, 19:58 -2.1E
31 Su	05:48, 11:32, 18:12	01:29 1.4F, 07:58 -1.9E, 13:41 1.9F, 20:40 -2.1E

February

Day	Slack (h m)	Maximum (h m / knots)
1 M	00:14, 06:36, 13:02, 19:00	02:17 1.5F, 08:52 -1.9E, 14:29 1.7F, 21:28 -2.1E
2 Tu	01:02, 07:30, 13:20, 19:48	03:05 1.6F, 09:46 -1.8E, 15:23 1.6F, 22:10 -2.0E
3 W	01:50, 08:30, 14:20, 20:42	03:53 1.6F, 10:46 -1.8E, 16:23 1.4F, 23:04 -1.9E
4 Th ◑	02:38, 09:30, 15:26, 21:36	04:47 1.6F, 11:52 -1.8E, 17:23 1.2F, 23:58 -1.9E
5 F	03:32, 10:30, 16:32, 22:36	05:47 1.6F, 13:04 -1.8E, 18:23 1.0F
6 Sa	04:32, 11:36, 17:38, 23:42	01:04 -1.8E, 06:47 1.6F, 14:04 -1.9E, 19:53 0.9F
7 Su	05:26, 12:36, 18:44	07:53 1.6F, 15:04 -2.1E, 21:17 1.0F
8 M	00:42, 06:52, 13:42, 19:44	03:04 -1.9E, 09:05 1.6F, 16:04 -2.2E, 22:23 1.1F
9 Tu	01:42, 07:26, 14:36, 20:38	04:04 -1.9E, 10:11 1.6F, 16:58 -2.3E, 23:23 1.1F
10 W	02:42, 08:26, 15:30, 21:32	04:58 -2.0E, 11:11 1.6F, 17:46 -2.3E
11 Th ●	03:36, 09:14, 16:12, 22:14	00:11 1.2F, 05:52 -2.1E, 11:59 1.6F, 18:34 -2.4E
12 F	04:24, 10:02, 17:00, 22:56	00:59 1.3F, 06:40 -2.1E, 12:41 1.6F, 19:22 -2.3E
13 Sa	05:12, 10:50, 17:36, 23:38	01:35 1.3F, 07:28 -2.0E, 13:23 1.6F, 19:58 -2.3E
14 Su	06:00, 11:38, 18:18	02:05 1.2F, 08:10 -2.0E, 13:59 1.5F, 20:40 -2.1E
15 M	00:14, 06:42, 12:20, 18:54	02:35 1.2F, 08:52 -1.9E, 14:35 1.4F, 21:16 -2.0E
16 Tu	00:50, 07:24, 13:02, 19:36	03:05 1.3F, 09:34 -1.8E, 15:17 1.3F, 21:46 -1.9E
17 W	01:26, 08:06, 13:50, 20:18	03:41 1.3F, 10:16 -1.7E, 16:05 1.2F, 22:10 -1.9E
18 Th	02:02, 08:54, 14:44, 21:06	04:17 1.4F, 11:04 -1.7E, 16:53 1.1F, 22:28 -1.8E
19 F ◐	02:44, 09:42, 15:38, 21:54	04:59 1.5F, 11:52 -1.7E, 17:41 1.0F, 23:04 -1.8E
20 Sa	03:32, 10:30, 16:32, 22:42	05:47 1.5F, 12:52 -1.7E, 18:35 0.9F, 23:52 -1.7E
21 Su	04:20, 11:24, 17:32, 23:36	06:35 1.5F, 13:46 -1.7E, 19:35 0.9F
22 M	05:08, 12:18, 18:26	00:52 -1.7E, 07:29 1.5F, 14:40 -1.8E, 20:35 0.9F
23 Tu	00:30, 06:02, 13:12, 19:20	01:58 -1.7E, 08:23 1.6F, 15:34 -1.8E, 21:29 0.9F
24 W	01:24, 06:56, 14:00, 20:08	03:04 -1.7E, 09:17 1.6F, 16:28 -1.9E, 22:17 1.0F
25 Th	02:12, 07:50, 14:54, 20:56	04:10 -1.7E, 10:11 1.7F, 17:22 -2.0E, 22:59 1.1F
26 F	03:00, 08:44, 15:42, 21:38	05:16 -1.8E, 11:05 1.7F, 18:10 -2.1E, 23:41 1.3F
27 Sa ○	03:48, 09:38, 16:24, 22:20	06:10 -1.9E, 11:53 1.8F, 18:52 -2.1E
28 Su	04:36, 10:26, 17:12, 23:08	00:23 1.4F, 06:41 -2.0E, 12:41 1.8F, 19:34 -2.1E

March

Day	Slack (h m)	Maximum (h m / knots)
1 M	05:30, 11:20, 17:54, 23:50	01:11 1.6F, 07:52 -2.0E, 13:29 1.7F, 20:22 -2.1E
2 Tu	06:18, 12:14, 18:42	01:53 1.7F, 08:46 -2.0E, 14:17 1.6F, 21:04 -2.1E
3 W	00:32, 07:12, 13:08, 19:30	02:41 1.8F, 09:40 -2.0E, 15:11 1.4F, 21:52 -2.0E
4 Th	01:20, 08:12, 14:08, 20:24	03:35 1.8F, 10:40 -2.0E, 16:05 1.2F, 22:40 -1.9E
5 F	02:14, 09:12, 15:14, 21:18	04:29 1.7F, 11:40 -1.9E, 17:11 1.1F, 23:40 -1.9E
6 Sa ◑	03:08, 10:12, 16:14, 22:24	05:23 1.6F, 12:46 -1.9E, 18:23 1.0F
7 Su	04:08, 11:18, 17:20, 23:30	00:46 -1.9E, 06:29 1.5F, 13:46 -2.0E, 20:05 1.0F
8 M	05:14, 12:24, 18:26	01:46 -1.9E, 07:47 1.4F, 14:40 -2.1E, 21:17 1.1F
9 Tu	00:30, 06:14, 13:24, 19:26	02:46 -2.0E, 09:11 1.4F, 15:40 -2.2E, 22:11 1.2F
10 W	01:36, 14:24, 20:20	03:46 -2.1E, 10:17 1.5F, 16:34 -2.3E, 23:05 1.3F
11 Th	02:30, 08:14, 15:12, 21:08	04:40 -2.1E, 11:11 1.5F, 17:22 -2.3E, 23:53 1.4F
12 F	03:24, 09:02, 15:54, 21:50	05:34 -2.2E, 11:59 1.6F, 18:10 -2.3E
13 Sa ●	04:06, 09:50, 16:30, 22:26	00:35 1.4F, 06:22 -2.2E, 12:41 1.6F, 18:52 -2.3E
14 Su	04:48, 10:32, 17:06, 23:02	01:11 1.4F, 07:04 -2.1E, 13:11 1.5F, 19:28 -2.2E
15 M	05:30, 11:14, 17:48, 23:32	01:35 1.4F, 07:46 -2.0E, 13:41 1.5F, 20:04 -2.1E
16 Tu	06:06, 11:56, 18:24	01:53 1.4F, 08:28 -1.9E, 14:11 1.4F, 20:28 -1.9E
17 W	06:48, 12:38, 19:00	02:17 1.4F, 09:04 -1.8E, 14:41 1.3F, 20:46 -1.9E
18 Th	00:38, 07:24, 13:20, 19:36	02:53 1.5F, 09:40 -1.7E, 15:23 1.2F, 20:58 -1.8E
19 F	01:14, 08:06, 14:08, 20:24	03:29 1.6F, 10:10 -1.7E, 16:11 1.1F, 21:28 -1.8E
20 Sa	01:56, 09:12, 15:14, 21:12	04:17 1.6F, 11:40 -1.6E, 16:59 1.1F, 22:10 -1.8E
21 Su ◐	02:44, 09:42, 15:50, 22:00	05:05 1.6F, 11:52 -1.6E, 17:47 1.0F, 23:04 -1.7E
22 M	03:38, 10:36, 16:50, 22:54	05:53 1.6F, 12:58 -1.6E, 18:41 1.0F
23 Tu	04:32, 11:30, 17:44, 23:54	00:04 -1.7E, 06:47 1.6F, 13:58 -1.7E, 19:41 1.0F
24 W	05:32, 12:30, 18:38	01:22 -1.7E, 07:47 1.6F, 14:58 -1.8E, 20:41 1.0F
25 Th	00:48, 06:32, 13:30, 19:32	02:34 -1.7E, 08:47 1.6F, 15:52 -1.9E, 21:35 1.1F
26 F	01:42, 08:14, 14:24, 20:20	03:46 -1.8E, 09:47 1.6F, 16:46 -1.9E, 22:29 1.3F
27 Sa	02:36, 08:26, 15:12, 21:08	04:52 -1.9E, 10:41 1.7F, 17:40 -2.0E, 23:11 1.5F
28 Su ○	03:30, 09:20, 16:00, 21:50	05:52 -2.1E, 11:35 1.7F, 18:28 -2.1E, 23:59 1.6F
29 M	04:18, 10:14, 16:48, 22:32	06:46 -2.2E, 12:23 1.7F, 19:10 -2.1E
30 Tu	05:06, 11:08, 17:30, 23:20	00:47 1.8F, 07:40 -2.2E, 13:11 1.6F, 19:52 -2.1E
31 W	06:00, 12:02, 18:18	01:29 1.9F, 08:34 -2.2E, 13:59 1.5F, 20:40 -2.0E

Station ID: ACT4276 Depth: 15 feet
Source: NOAA/NOS/CO-OPS
Station Type: Subordinate
Time Zone: LST
Ref Station: db0201 Depth: 15 feet
Ref Station Name: Reedy Point
SBF:+02:44 MFC:+02:41 SBE:+03:36 MEC:+01:40
Flood Speed Ratio: *0.8 Ebb Speed Ratio: *0.9

NOAA Tidal Current Predictions

Chesapeake and Delaware Canal Entrance, 2021
Latitude: 39.5605° N Longitude: 75.5700° W
Mean Flood Dir. 264° (T) Mean Ebb Dir. 87° (T)
Times and speeds of maximum and minimum current, in knots

April

Day	Slack (h m)	Maximum (h m)	knots
1 Th	00:08	02:17	1.9F
	06:54	09:28	-2.2E
	12:56	14:53	1.3F
	19:12	21:34	-2.0E
2 F	00:56	03:11	1.8F
	07:54	10:22	-2.1E
	13:56	15:53	1.1F
	20:06	22:28	-1.9E
3 Sa	01:50	04:05	1.7F
	08:54	11:22	-2.0E
	14:56	17:05	1.0F
	21:06	23:22	-1.9E
4 Su ◑	02:50	05:05	1.5F
	09:54	12:22	-2.0E
	16:02	18:35	1.0F
	22:12		
5 M	03:56	00:28	-1.9E
	11:00	06:17	1.4F
	17:02	13:22	-2.1E
	23:18	19:59	1.1F
6 Tu		01:28	-2.0E
	04:56	07:53	1.3F
	12:06	14:16	-2.1E
	18:02	20:59	1.2F
7 W	00:24	02:28	-2.1E
	06:02	09:11	1.4F
	13:06	15:10	-2.2E
	18:56	21:53	1.3F
8 Th	01:24	03:22	-2.2E
	07:02	10:11	1.5F
	13:54	16:04	-2.3E
	19:50	22:47	1.4F
9 F	02:18	04:16	-2.2E
	07:56	10:59	1.5F
	14:42	16:52	-2.3E
	20:32	23:29	1.5F
10 Sa	03:06	05:10	-2.3E
	08:44	11:47	1.5F
	15:24	17:34	-2.3E
	21:14		
11 Su		00:11	1.5F
	03:48	05:58	-2.2E
	09:32	12:23	1.5F
	16:00	18:16	-2.2E
	21:50		
12 M ●		00:41	1.5F
	04:24	06:40	-2.2E
	10:14	12:53	1.4F
	16:36	18:52	-2.1E
	22:20		
13 Tu		00:59	1.5F
	05:00	07:22	-2.1E
	10:56	13:17	1.4F
	17:12	19:22	-1.9E
	22:56		
14 W		01:11	1.5F
	05:36	07:58	-2.0E
	11:32	13:41	1.3F
	17:48	19:46	-1.8E
	23:26		
15 Th		01:41	1.6F
	06:12	08:34	-1.9E
	12:08	14:11	1.2F
	18:24	19:52	-1.8E
	23:56		
16 F		02:11	1.7F
	06:48	09:04	-1.8E
	12:50	14:53	1.2F
	19:06	20:10	-1.8E
17 Sa	00:38	02:53	1.8F
	07:24	09:28	-1.7E
	13:38	15:35	1.2F
	19:48	20:52	-1.8E
18 Su	01:20	03:35	1.8F
	08:06	09:40	-1.7E
	14:26	16:23	1.1F
	20:36	21:40	-1.7E
19 M	02:08	04:29	1.7F
	08:54	10:16	-1.7E
	15:14	17:11	1.1F
	21:24	22:28	-1.7E
20 Tu ◐	03:02	05:17	1.7F
	09:54	11:52	-1.7E
	16:08	18:05	1.1F
	22:24	23:28	-1.6E
21 W	04:02	06:17	1.6F
	10:54	13:16	-1.7E
	17:08	19:05	1.1F
	23:24		
22 Th		00:46	-1.6E
	05:02	07:17	1.5F
	11:54	14:22	-1.8E
	18:02	20:05	1.2F
23 F	00:18	02:22	-1.7E
	06:08	08:17	1.5F
	12:54	15:16	-1.8E
	18:50	21:05	1.3F
24 Sa	01:18	03:28	-1.8E
	07:08	09:23	1.5F
	13:48	16:10	-1.9E
	19:44	21:53	1.5F
25 Su	02:12	04:34	-2.0E
	08:08	10:23	1.5F
	14:42	17:04	-2.0E
	20:32	22:47	1.7F
26 M	03:06	05:34	-2.1E
	09:08	11:17	1.5F
	15:30	17:58	-2.0E
	21:14	23:35	1.8F
27 Tu ○	04:00	06:34	-2.3E
	10:02	12:11	1.5F
	16:18	18:40	-2.0E
	22:02		
28 W		00:23	1.9F
	04:48	07:28	-2.3E
	10:56	12:59	1.4F
	17:06	19:28	-2.0E
	22:50		
29 Th		01:05	2.0F
	05:42	08:16	-2.3E
	11:50	13:47	1.3F
	18:00	20:22	-2.0E
	23:38		
30 F		01:53	1.9F
	06:36	09:10	-2.3E
	12:44	14:41	1.2F
	18:54	21:10	-1.9E

May

Day	Slack (h m)	Maximum (h m)	knots
1 Sa	00:32	02:47	1.8F
	07:30	10:04	-2.2E
	13:38	15:47	1.1F
	19:54	22:10	-1.9E
2 Su	01:32	03:47	1.6F
	08:30	10:58	-2.1E
	14:38	17:05	1.0F
	20:54	23:04	-1.9E
3 M ◑	02:32	04:53	1.5F
	09:36	11:58	-2.1E
	15:38	18:29	1.1F
	22:00		
4 Tu		00:04	-1.9E
	03:38	06:11	1.3F
	10:36	12:52	-2.1E
	16:38	19:35	1.2F
	23:00		
5 W		01:04	-2.0E
	04:38	07:47	1.3F
	11:36	13:52	-2.2E
	17:32	20:41	1.3F
6 Th	00:06	02:04	-2.1E
	05:44	08:53	1.4F
	12:30	14:40	-2.2E
	18:26	21:29	1.5F
7 F	01:00	02:58	-2.2E
	06:44	09:47	1.4F
	13:18	15:28	-2.2E
	19:14	22:17	1.6F
8 Sa	01:54	03:52	-2.3E
	07:38	10:35	1.5F
	14:06	16:10	-2.2E
	19:56	22:59	1.6F
9 Su	02:42	04:40	-2.3E
	08:26	11:23	1.4F
	14:48	16:58	-2.1E
	20:32	23:41	1.6F
10 M	03:24	05:34	-2.3E
	09:14	11:59	1.4F
	15:24	17:40	-2.0E
	21:08		
11 Tu ●		00:05	1.6F
	04:00	06:16	-2.2E
	09:56	12:35	1.3F
	16:06	18:16	-1.9E
	21:44		
12 W		00:17	1.6F
	04:30	06:58	-2.1E
	10:32	12:47	1.2F
	16:42	18:46	-1.8E
	22:14		
13 Th		00:35	1.6F
	05:06	07:34	-2.0E
	11:08	13:17	1.2F
	17:18	19:04	-1.7E
	22:50		
14 F		01:05	1.7F
	05:36	08:10	-1.9E
	11:50	13:47	1.2F
	17:54	19:16	-1.7E
	23:26		
15 Sa		01:41	1.8F
	06:12	08:40	-1.8E
	12:26	14:23	1.2F
	18:36	19:40	-1.7E
16 Su	00:02	02:23	1.9F
	06:48	09:10	-1.8E
	13:08	15:05	1.2F
	19:18	20:22	-1.7E
17 M	00:50	03:05	1.8F
	07:30	09:52	-1.8E
	13:56	15:47	1.2F
	20:06	21:10	-1.7E
18 Tu	01:38	03:59	1.8F
	08:24	09:58	-1.8E
	14:44	16:41	1.2F
	20:54	22:04	-1.7E
19 W ◐	02:32	04:53	1.7F
	09:18	11:04	-1.7E
	15:38	17:35	1.2F
	21:54	23:04	-1.6E
20 Th	03:38	05:47	1.6F
	10:16	12:34	-1.7E
	16:32	18:29	1.3F
	22:54		
21 F	04:38	06:47	1.5F
	11:20	13:40	-1.8E
	17:20	19:29	1.4F
	23:54		
22 Sa		02:10	-1.7E
	05:44	07:53	1.4F
	12:18	14:40	-1.8E
	18:14	20:29	1.5F
23 Su	00:54	03:16	-1.9E
	06:58	08:59	1.3F
	13:12	15:34	-1.9E
	19:08	21:23	1.6F
24 M	01:48	04:16	-2.0E
	07:56	09:59	1.3F
	14:12	16:34	-1.9E
	19:56	22:17	1.8F
25 Tu	02:48	05:22	-2.2E
	08:56	10:59	1.3F
	15:00	17:28	-1.9E
	20:44	23:05	1.9F
26 W ○	03:36	00:05	1.6F
	09:50	06:16	-2.3E
	15:54	11:59	1.3F
	21:38	18:22	-1.9E
27 Th	04:30	00:17	1.6F
	10:44	07:10	-2.4E
	16:48	12:47	1.2F
	22:26	19:10	-1.9E
28 F	05:24	00:47	2.0F
	11:38	08:04	-2.4E
	17:42	13:41	1.2F
	23:20	20:04	-1.9E
29 Sa	06:18	01:35	1.9F
	12:26	08:52	-2.3E
	18:36	14:35	1.1F
		20:58	-1.9E
30 Su	00:14	02:29	1.7F
	07:12	09:46	-2.3E
	13:20	15:35	1.1F
	19:36	21:46	-1.9E
31 M	01:08	03:23	1.6F
	08:12	10:40	-2.2E
	14:14	16:59	1.1F
	20:36	22:46	-1.9E

June

Day	Slack (h m)	Maximum (h m)	knots
1 Tu	02:08	04:35	1.4F
	09:06	11:28	-2.1E
	15:08	18:05	1.2F
	21:36	23:40	-1.9E
2 W ◑	03:14	05:53	1.3F
	10:06	12:22	-2.1E
	16:02	19:11	1.3F
	22:36		
3 Th		00:40	-2.0E
	04:14	07:17	1.3F
	11:00	13:16	-2.1E
	16:56	20:05	1.4F
	23:36		
4 F		01:40	-2.1E
	05:14	08:23	1.3F
	11:48	14:04	-2.1E
	17:44	20:59	1.5F
5 Sa	00:30	02:28	-2.1E
	06:14	09:17	1.3F
	12:36	14:46	-2.1E
	18:26	21:41	1.6F
6 Su	01:24	03:22	-2.2E
	07:08	10:05	1.3F
	13:24	15:34	-2.1E
	19:08	22:23	1.6F
7 M	02:06	04:16	-2.2E
	08:02	10:53	1.3F
	14:06	16:16	-2.0E
	19:50	22:59	1.6F
8 Tu	02:48	05:04	-2.2E
	08:50	11:35	1.2F
	14:48	16:58	-1.9E
	20:26	23:17	1.6F
9 W	03:30	05:46	-2.2E
	09:32	12:11	1.2F
	15:30	17:34	-1.8E
	21:08	23:35	1.6F
10 Th ●	04:06	06:28	-2.1E
	10:08	12:18	1.1F
	16:12	18:10	-1.7E
	21:44		
11 F		00:05	1.7F
	04:36	07:10	-2.1E
	10:50	12:53	1.1F
	16:48	18:40	-1.7E
	22:20		
12 Sa		00:35	1.8F
	05:12	07:46	-2.0E
	11:26	13:23	1.1F
	17:30	19:04	-1.7E
	22:56		
13 Su		01:17	1.9F
	05:48	08:19	-1.9E
	12:02	13:53	1.2F
	18:12	19:28	-1.7E
	23:44		
14 M		01:59	1.9F
	06:24	08:52	-1.9E
	12:44	14:35	1.2F
	18:54	20:10	-1.7E
15 Tu	00:26	02:41	1.9F
	07:12	09:28	-1.9E
	13:26	15:23	1.3F
	19:42	20:58	-1.7E
16 W	01:20	03:35	1.8F
	08:00	09:58	-1.9E
	14:14	16:17	1.3F
	20:30	21:52	-1.6E
17 Th	02:14	04:29	1.7F
	08:48	10:52	-1.8E
	15:08	17:05	1.4F
	21:30	22:58	-1.6E
18 F ◐	03:14	05:23	1.6F
	09:48	11:52	-1.8E
	15:56	18:05	1.5F
	22:30		
19 Sa		00:40	-1.6E
	04:20	06:23	1.4F
	10:48	13:04	-1.8E
	16:50	18:59	1.5F
	23:30		
20 Su		01:52	-1.7E
	05:26	07:29	1.3F
	11:48	14:04	-1.8E
	17:44	19:59	1.6F
21 M	00:30	02:58	-1.9E
	06:32	08:35	1.2F
	12:42	15:04	-1.8E
	18:38	20:59	1.7F
22 Tu	01:30	04:04	-2.0E
	07:38	09:47	1.1F
	13:42	16:04	-1.8E
	19:32	21:53	1.8F
23 W	02:30	05:04	-2.2E
	08:44	10:47	1.1F
	14:36	17:04	-1.8E
	20:20	22:47	1.9F
24 Th ○	03:24	06:04	-2.3E
	09:38	11:47	1.1F
	15:30	18:04	-1.9E
	21:14	23:41	1.9F
25 F	04:18	06:52	-2.4E
	10:32	12:41	1.1F
	16:30	18:52	-1.9E
	22:08		
26 Sa		00:29	1.9F
	05:12	07:46	-2.4E
	11:20	13:35	1.1F
	17:24	19:46	-2.0E
	23:02		
27 Su		01:23	1.8F
	06:00	08:34	-2.3E
	12:08	14:23	1.1F
	18:18	20:34	-2.0E
	23:56		
28 M		02:11	1.7F
	06:54	09:22	-2.3E
	12:56	15:23	1.1F
	19:18	21:28	-2.0E
29 Tu	00:50	03:05	1.5F
	07:42	10:10	-2.2E
	13:44	16:29	1.2F
	20:12	22:22	-1.9E
30 W	01:44	04:11	1.4F
	08:36	10:52	-2.1E
	14:32	17:29	1.2F
	21:06	23:16	-1.9E

Station ID: ACT4276 Depth: 15 feet
Source: NOAA/NOS/CO-OPS
Station Type: Subordinate
Time Zone: LST
Ref Station: db0201 Depth: 15 feet
Ref Station Name: Reedy Point
SBF:+02:44 MFC:+02:41 SBE:+03:36 MEC:+01:40
Flood Speed Ratio: *0.8 Ebb Speed Ratio: *0.9

NOAA Tidal Current Predictions

Chesapeake and Delaware Canal Entrance, 2021

Latitude: 39.5605° N Longitude: 75.5700° W
Mean Flood Dir. 264° (T) Mean Ebb Dir. 87° (T)
Times and speeds of maximum and minimum current, in knots

July

Day	Slack (h m)	Maximum (h m / knots)
1 Th	02:44 / 09:24 / 15:20 / 22:06	05:23 1.3F / 11:40 -2.1E / 18:23 1.3F
2 F	03:44 / 10:18 / 16:08 / 23:00	00:10 -1.9E / 06:35 1.2F / 12:28 -2.0E / 19:23 1.4F
3 Sa	04:44 / 11:06 / 16:56 / 23:54	01:04 -2.0E / 07:41 1.2F / 13:16 -2.0E / 20:11 1.4F
4 Su	05:38 / 11:54 / 17:38	01:58 -2.0E / 08:41 1.2F / 14:04 -2.0E / 20:59 1.5F
5 M	00:42 / 06:38 / 12:42 / 18:26	02:52 -2.1E / 09:35 1.2F / 14:46 -1.9E / 21:41 1.5F
6 Tu	01:30 / 07:32 / 13:30 / 19:08	03:40 -2.1E / 10:23 1.1F / 15:28 -1.8E / 22:05 1.6F
7 W	02:18 / 08:20 / 14:18 / 19:50	04:28 -2.1E / 11:05 1.1F / 16:10 -1.8E / 22:29 1.6F
8 Th	02:54 / 09:02 / 15:00 / 20:32	05:16 -2.1E / 11:41 1.1F / 16:58 -1.7E / 22:59 1.6F
9 F	03:36 / 09:44 / 15:42 / 21:14	06:04 -2.1E / 12:05 1.0F / 17:40 -1.7E / 23:35 1.7F
10 Sa	04:12 / 10:20 / 16:24 / 21:56	06:46 -2.1E / 12:29 1.1F / 18:22 -1.7E
11 Su	04:48 / 11:02 / 17:06 / 22:38	00:11 1.8F / 07:22 -2.0E / 12:59 1.2F / 18:58 -1.7E
12 M	05:30 / 11:38 / 17:48 / 23:26	00:53 1.8F / 08:04 -2.0E / 13:35 1.3F / 19:34 -1.7E
13 Tu	06:06 / 12:20 / 18:30	01:35 1.9F / 08:40 -2.0E / 14:17 1.4F / 20:16 -1.7E
14 W	00:08 / 06:54 / 13:02 / 19:18	02:23 1.8F / 09:16 -2.0E / 14:59 1.4F / 20:58 -1.7E
15 Th	01:02 / 07:36 / 13:44 / 20:12	03:11 1.7F / 09:52 -2.0E / 15:53 1.5F / 21:58 -1.7E
16 F	01:56 / 08:30 / 14:38 / 21:12	04:05 1.6F / 10:34 -1.9E / 16:41 1.6F / 23:16 -1.6E
17 Sa	03:02 / 09:24 / 15:26 / 22:12	05:05 1.4F / 11:28 -1.9E / 17:35 1.6F
18 Su	04:08 / 10:18 / 16:20 / 23:12	00:34 -1.7E / 06:05 1.3F / 12:40 -1.8E / 18:35 1.7F
19 M	05:14 / 11:18 / 17:14	01:40 -1.8E / 07:11 1.1F / 13:40 -1.8E / 19:29 1.7F
20 Tu	00:12 / 06:18 / 12:18 / 18:08	02:46 -1.9E / 08:23 1.0F / 14:46 -1.8E / 20:35 1.7F
21 W	01:12 / 07:26 / 13:24 / 19:08	03:52 -2.0E / 09:35 1.0F / 15:46 -1.8E / 21:35 1.7F
22 Th	02:12 / 08:26 / 14:24 / 20:08	04:46 -2.2E / 10:47 1.0F / 16:46 -1.8E / 22:35 1.7F
23 F	03:12 / 09:20 / 15:18 / 21:02	05:46 -2.3E / 11:47 1.1F / 17:46 -1.9E / 23:29 1.7F
24 Sa	04:06 / 10:14 / 16:12 / 21:56	06:34 -2.3E / 12:41 1.1F / 18:40 -2.0E
25 Su	04:54 / 11:02 / 17:06 / 22:50	00:23 1.7F / 07:22 -2.4E / 13:23 1.2F / 19:28 -2.0E
26 M	05:42 / 11:44 / 18:00 / 23:38	01:11 1.7F / 08:10 -2.3E / 14:11 1.2F / 20:16 -2.0E
27 Tu	06:30 / 12:26 / 18:54	01:59 1.6F / 08:52 -2.3E / 14:53 1.2F / 21:04 -2.0E
28 W	00:26 / 07:18 / 13:08 / 19:42	02:47 1.5F / 09:34 -2.2E / 15:41 1.2F / 21:52 -1.9E
29 Th	01:20 / 08:00 / 13:52 / 20:30	03:41 1.4F / 10:16 -2.1E / 16:35 1.3F / 22:40 -1.9E
30 F	02:14 / 08:42 / 14:38 / 21:24	04:41 1.3F / 10:58 -2.0E / 17:17 1.3F / 23:34 -1.8E
31 Sa	03:08 / 09:30 / 15:20 / 22:12	05:41 1.2F / 11:40 -1.9E / 17:59 1.3F

August

Day	Slack (h m)	Maximum (h m / knots)
1 Su	04:02 / 10:18 / 16:02 / 23:06	00:28 -1.8E / 06:47 1.1F / 12:22 -1.8E / 18:41 1.4F
2 M	05:02 / 11:12 / 16:50	01:22 -1.8E / 07:53 1.0F / 13:04 -1.8E / 19:29 1.4F
3 Tu	00:00 / 05:56 / 12:00 / 17:38	02:16 -1.9E / 08:53 1.0F / 13:52 -1.8E / 20:17 1.4F
4 W	00:48 / 06:50 / 12:48 / 18:26	03:04 -1.9E / 09:41 1.0F / 14:40 -1.7E / 20:59 1.5F
5 Th	01:36 / 07:44 / 13:42 / 19:14	03:58 -1.9E / 10:29 1.0F / 15:28 -1.7E / 21:41 1.5F
6 F	02:24 / 08:32 / 14:30 / 20:02	04:46 -2.0E / 11:05 1.0F / 16:22 -1.6E / 22:23 1.6F
7 Sa	03:06 / 09:14 / 15:12 / 20:50	05:34 -2.0E / 11:35 1.0F / 17:16 -1.8E / 23:11 1.7F
8 Su	03:48 / 09:50 / 16:00 / 21:38	06:16 -2.1E / 11:59 1.1F / 18:04 -1.8E / 23:53 1.8F
9 M	04:30 / 10:32 / 16:42 / 22:20	06:58 -2.1E / 12:35 1.3F / 18:52 -1.8E
10 Tu	05:12 / 11:14 / 17:24 / 23:08	00:35 1.8F / 07:40 -2.2E / 13:11 1.4F / 19:34 -1.9E
11 W	05:48 / 11:50 / 18:12 / 23:56	01:23 1.8F / 08:16 -2.1E / 13:53 1.5F / 20:22 -1.9E
12 Th	06:36 / 12:32 / 19:00	02:05 1.8F / 08:52 -2.1E / 14:35 1.6F / 21:16 -1.8E
13 F	00:50 / 07:18 / 13:20 / 19:54	02:59 1.7F / 09:34 -2.1E / 15:23 1.7F / 22:10 -1.8E
14 Sa	01:44 / 08:06 / 14:08 / 20:48	03:47 1.5F / 10:22 -1.9E / 16:17 1.7F / 23:16 -1.7E
15 Su	02:50 / 09:00 / 14:56 / 21:48	04:47 1.3F / 11:10 -1.8E / 17:11 1.7F
16 M	03:56 / 10:00 / 15:56 / 22:54	00:22 -1.8E / 05:47 1.1F / 12:22 -1.8E / 18:11 1.7F
17 Tu	05:02 / 11:00 / 16:56	01:34 -1.8E / 06:53 1.0F / 13:28 -1.8E / 19:11 1.6F
18 W	00:00 / 06:08 / 12:16 / 17:56	02:34 -1.9E / 08:23 0.9F / 14:28 -1.8E / 20:17 1.6F
19 Th	01:00 / 07:14 / 13:12 / 18:56	03:34 -2.0E / 09:47 1.0F / 15:28 -1.9E / 21:29 1.6F
20 F	02:06 / 08:20 / 14:12 / 19:56	04:28 -2.2E / 10:47 1.1F / 16:34 -2.0E / 22:35 1.6F
21 Sa	03:00 / 09:02 / 15:06 / 20:50	05:22 -2.3E / 11:41 1.2F / 17:28 -2.1E / 23:35 1.6F
22 Su	03:54 / 09:50 / 16:00 / 21:44	06:10 -2.3E / 12:29 1.2F / 18:22 -2.1E
23 M	04:36 / 10:38 / 16:54 / 22:32	00:23 1.6F / 06:58 -2.4E / 13:11 1.3F / 19:10 -2.1E
24 Tu	05:18 / 11:14 / 17:36 / 23:20	01:05 1.6F / 07:40 -2.3E / 13:47 1.3F / 19:52 -2.1E
25 W	06:00 / 11:56 / 18:24	01:47 1.6F / 08:34 -2.2E / 14:23 1.3F / 20:40 -2.0E
26 Th	00:02 / 06:42 / 12:40 / 19:06	02:29 1.5F / 08:58 -2.1E / 14:53 1.3F / 21:22 -1.9E
27 F	00:50 / 07:24 / 13:08 / 19:54	03:11 1.4F / 09:34 -2.0E / 15:29 1.4F / 22:10 -1.8E
28 Sa	01:38 / 08:06 / 13:50 / 20:36	03:53 1.2F / 10:04 -1.9E / 16:05 1.4F / 22:52 -1.8E
29 Su	02:32 / 08:48 / 14:40 / 21:24	04:47 1.1F / 10:34 -1.8E / 16:47 1.4F / 23:46 -1.7E
30 M	03:26 / 09:36 / 15:14 / 22:18	05:41 1.0F / 11:04 -1.7E / 17:35 1.4F
31 Tu	04:20 / 10:30 / 16:02 / 23:06	00:40 -1.7E / 06:35 0.9F / 11:46 -1.7E / 18:17 1.4F

September

Day	Slack (h m)	Maximum (h m / knots)
1 W	05:14 / 11:18 / 16:56	01:34 -1.7E / 07:41 0.9F / 12:46 -1.7E / 19:11 1.4F
2 Th	00:00 / 06:08 / 12:12 / 17:44	02:28 -1.8E / 08:47 0.9F / 13:52 -1.7E / 20:11 1.5F
3 F	00:54 / 07:02 / 13:06 / 18:38	03:16 -1.8E / 09:35 0.9F / 14:52 -1.7E / 20:59 1.5F
4 Sa	01:48 / 07:50 / 14:00 / 19:32	04:10 -1.9E / 10:11 1.0F / 15:52 -1.7E / 21:53 1.6F
5 Su	02:36 / 08:38 / 14:48 / 20:26	04:58 -2.0E / 10:47 1.1F / 16:52 -1.8E / 22:47 1.6F
6 M	03:18 / 09:20 / 15:30 / 21:14	05:46 -2.0E / 11:23 1.3F / 17:46 -1.9E / 23:35 1.7F
7 Tu	04:06 / 10:02 / 16:18 / 22:14	06:28 -2.1E / 12:05 1.4F / 18:46 -2.2E
8 W	04:48 / 10:38 / 17:06 / 22:56	00:17 1.7F / 07:10 -2.1E / 12:47 1.6F / 19:28 -2.0E
9 Th	05:30 / 11:20 / 17:54 / 23:50	01:05 1.7F / 07:52 -2.1E / 13:29 1.7F / 20:16 -2.0E
10 F	06:12 / 12:02 / 18:42	01:53 1.6F / 08:34 -2.1E / 14:11 1.8F / 21:10 -2.0E
11 Sa	00:38 / 07:00 / 12:50 / 19:36	02:41 1.5F / 09:16 -2.0E / 14:59 1.9F / 22:04 -1.9E
12 Su	01:38 / 07:48 / 13:38 / 20:30	03:35 1.3F / 10:04 -1.9E / 15:53 1.8F / 23:04 -1.9E
13 M	02:38 / 08:42 / 14:38 / 21:36	04:35 1.1F / 11:04 -1.8E / 16:47 1.7F
14 Tu	03:44 / 09:48 / 15:38 / 22:36	00:10 -1.8E / 05:35 1.0F / 12:10 -1.8E / 17:47 1.6F
15 W	04:44 / 10:54 / 16:38 / 23:42	01:16 -1.9E / 06:53 0.9F / 13:16 -1.8E / 18:53 1.5F
16 Th	05:50 / 12:00 / 17:44	02:16 -2.0E / 08:35 1.0F / 14:16 -1.9E / 20:17 1.4F
17 F	00:48 / 06:50 / 13:00 / 18:44	03:10 -2.1E / 09:41 1.1F / 15:16 -2.0E / 21:41 1.4F
18 Sa	01:54 / 07:50 / 14:06 / 19:44	04:04 -2.2E / 10:35 1.2F / 16:16 -2.1E / 22:41 1.5F
19 Su	02:42 / 08:38 / 15:00 / 20:38	04:58 -2.3E / 11:29 1.3F / 17:10 -2.2E / 23:35 1.6F
20 M	03:30 / 09:26 / 15:48 / 21:32	05:46 -2.3E / 12:11 1.4F / 17:58 -2.2E
21 Tu	04:12 / 10:08 / 16:30 / 22:14	00:23 1.6F / 06:28 -2.3E / 12:53 1.4F / 18:46 -2.2E
22 W	04:54 / 10:44 / 17:12 / 23:02	00:59 1.5F / 07:10 -2.2E / 13:23 1.4F / 19:34 -2.2E
23 Th	05:30 / 11:20 / 17:54 / 23:44	01:29 1.5F / 07:46 -2.1E / 13:41 1.4F / 20:16 -2.1E
24 F	06:06 / 11:50 / 18:30	02:05 1.4F / 08:22 -2.0E / 14:05 1.5F / 20:52 -1.9E
25 Sa	00:26 / 06:48 / 12:26 / 19:12	02:41 1.3F / 08:46 -1.9E / 14:35 1.5F / 21:34 -1.8E
26 Su	01:08 / 07:24 / 13:02 / 19:54	03:17 1.2F / 09:04 -1.8E / 15:17 1.5F / 22:10 -1.7E
27 M	01:56 / 08:12 / 13:44 / 20:36	03:59 1.1F / 09:22 -1.7E / 15:59 1.6F / 22:52 -1.7E
28 Tu	02:44 / 08:54 / 14:26 / 21:24	04:47 1.0F / 10:04 -1.7E / 16:47 1.6F / 23:46 -1.6E
29 W	03:38 / 09:48 / 15:20 / 22:18	05:35 1.0F / 10:46 -1.7E / 17:35 1.5F
30 Th	04:32 / 10:42 / 16:14 / 23:12	00:46 -1.6E / 06:29 0.9F / 11:46 -1.6E / 18:29 1.5F

Station ID: ACT4276 Depth: 15 feet
Source: NOAA/NOS/CO-OPS
Station Type: Subordinate
Time Zone: LST
Ref Station: db0201 Depth: 15 feet
Ref Station Name: Reedy Point
SBF:+02:44 MFC:+02:41 SBE:+03:36 MEC:+01:40
Flood Speed Ratio: *0.8 Ebb Speed Ratio: *0.9

NOAA Tidal Current Predictions

Chesapeake and Delaware Canal Entrance, 2021

Latitude: 39.5605° N Longitude: 75.5700° W
Mean Flood Dir. 264° (T) Mean Ebb Dir. 87° (T)
Times and speeds of maximum and minimum current, in knots

October

Day	Slack (h m)	Maximum (h m, knots)
1 F	05:26, 11:36, 17:08	01:40 -1.7E, 07:29 0.9F, 13:04 -1.6E, 19:29 1.5F
2 Sa	00:12, 06:20, 12:30, 18:08	02:34 -1.8E, 08:29 1.1F, 14:16 -1.7E, 20:29 1.5F
3 Su	01:06, 07:08, 13:24, 19:08	03:28 -1.8E, 09:23 1.1F, 15:22 -1.8E, 21:23 1.5F
4 M	02:00, 07:56, 14:18, 20:02	04:22 -1.9E, 10:05 1.3F, 16:28 -1.9E, 22:23 1.6F
5 Tu	02:48, 08:38, 15:06, 20:56	05:10 -2.0E, 10:53 1.5F, 17:28 -2.0E, 23:11 1.6F
6 W ●	03:36, 09:26, 15:54, 21:50	05:58 -2.0E, 11:35 1.6F, 18:22 -2.1E, 23:59 1.6F
7 Th	04:18, 10:08, 16:42, 22:44	06:40 -2.1E, 12:17 1.8F, 19:16 -2.2E
8 F	05:06, 10:50, 17:30, 23:38	00:47 1.6F, 07:22 -2.0E, 13:05 1.9F, 20:04 -2.2E
9 Sa	05:54, 11:38, 18:24	01:35 1.5F, 08:10 -2.0E, 13:47 2.0F, 20:58 -2.2E
10 Su	00:32, 06:42, 12:26, 19:18	02:23 1.3F, 08:58 -1.9E, 14:35 1.9F, 21:52 -2.1E
11 M	01:26, 07:36, 13:20, 20:12	03:17 1.2F, 09:52 -1.9E, 15:29 1.8F, 22:52 -2.0E
12 Tu	02:26, 08:30, 14:14, 21:18	04:23 1.1F, 10:52 -1.8E, 16:29 1.6F, 23:52 -2.0E
13 W ◑	03:26, 09:36, 15:20, 22:24	05:35 1.0F, 11:52 -1.8E, 17:35 1.5F
14 Th	04:26, 10:42, 16:26, 23:30	00:52 -2.0E, 07:11 1.0F, 12:58 -1.9E, 18:53 1.3F
15 F	05:32, 11:48, 17:32	01:52 -2.1E, 08:29 1.1F, 13:58 -2.0E, 20:29 1.3F
16 Sa	00:30, 06:26, 12:54, 18:32	02:46 -2.2E, 09:29 1.3F, 14:58 -2.1E, 21:41 1.4F
17 Su	01:30, 07:20, 13:54, 19:32	03:34 -2.2E, 10:17 1.4F, 15:52 -2.2E, 22:35 1.5F
18 M	02:18, 08:08, 14:42, 20:26	04:28 -2.3E, 11:05 1.5F, 16:46 -2.3E, 23:23 1.5F
19 Tu	03:00, 08:50, 15:30, 21:14	05:16 -2.3E, 11:47 1.6F, 17:40 -2.3E
20 W ○	03:42, 09:32, 16:12, 22:02	00:05 1.5F, 05:58 -2.2E, 12:23 1.6F, 18:22 -2.3E
21 Th	04:18, 10:08, 16:48, 22:44	00:47 1.4F, 06:34 -2.1E, 12:47 1.5F, 19:10 -2.2E
22 F	05:00, 10:38, 17:24, 23:20	01:17 1.4F, 07:10 -2.0E, 13:05 1.5F, 19:46 -2.1E
23 Sa	05:36, 11:14, 18:00	01:41 1.3F, 07:40 -1.8E, 13:29 1.6F, 20:28 -2.0E
24 Su	00:02, 06:12, 11:44, 18:30	02:11 1.2F, 07:58 -1.7E, 13:59 1.6F, 21:04 -1.8E
25 M	00:38, 06:54, 12:20, 19:12	02:41 1.1F, 08:04 -1.7E, 14:35 1.7F, 21:34 -1.8E
26 Tu	01:20, 07:36, 13:02, 19:54	03:23 1.1F, 08:40 -1.7E, 15:17 1.7F, 21:58 -1.7E
27 W	02:08, 08:18, 13:50, 20:42	04:05 1.1F, 09:22 -1.7E, 16:05 1.7F, 22:22 -1.7E
28 Th ◐	02:56, 09:12, 14:44, 21:36	04:53 1.1F, 10:10 -1.7E, 16:59 1.6F, 23:28 -1.7E
29 F	03:50, 10:06, 15:38, 22:30	05:47 1.1F, 11:04 -1.6E, 17:53 1.6F
30 Sa	04:44, 11:00, 16:38, 23:30	00:46 -1.7E, 06:41 1.1F, 12:16 -1.6E, 18:53 1.5F
31 Su	05:32, 12:00, 17:38	01:52 -1.8E, 07:41 1.2F, 13:52 -1.7E, 19:53 1.5F

November

Day	Slack (h m)	Maximum (h m, knots)
1 M	00:24, 06:26, 12:54, 18:44	02:46 -1.8E, 08:35 1.3F, 14:58 -1.8E, 20:53 1.4F
2 Tu	01:24, 07:20, 13:48, 19:44	03:40 -1.9E, 09:29 1.5F, 16:04 -1.9E, 21:53 1.4F
3 W	02:12, 08:02, 14:42, 20:44	04:34 -1.9E, 10:17 1.7F, 17:10 -2.1E, 22:47 1.4F
4 Th ●	03:06, 08:50, 15:30, 21:38	05:22 -1.9E, 11:05 1.8F, 18:04 -2.2E, 23:41 1.4F
5 F	03:48, 09:36, 16:24, 22:32	06:16 -2.0E, 11:53 2.0F, 18:58 -2.3E
6 Sa	04:36, 10:20, 17:12, 23:26	00:35 1.4F, 07:04 -1.9E, 12:41 2.0F, 19:52 -2.3E
7 Su	05:30, 11:14, 18:06	01:23 1.3F, 07:52 -1.9E, 13:29 2.0F, 20:46 -2.3E
8 M	00:20, 06:24, 12:02, 19:00	02:11 1.2F, 08:46 -1.9E, 14:17 1.9F, 21:40 -2.2E
9 Tu	01:14, 07:18, 13:02, 20:00	03:11 1.1F, 09:40 -1.9E, 15:11 1.7F, 22:34 -2.1E
10 W	02:08, 08:24, 14:02, 21:00	04:17 1.0F, 10:40 -1.9E, 16:17 1.5F, 23:28 -2.1E
11 Th ○	03:08, 09:24, 15:02, 22:06	05:41 1.1F, 11:40 -1.9E, 17:23 1.4F
12 F	04:08, 10:30, 16:08, 23:06	00:28 -2.1E, 06:59 1.1F, 12:40 -2.0E, 18:53 1.3F
13 Sa	05:02, 11:36, 17:14	01:22 -2.1E, 08:11 1.3F, 13:40 -2.1E, 20:17 1.3F
14 Su	00:00, 05:56, 12:36, 18:14	02:16 -2.2E, 09:05 1.4F, 14:34 -2.2E, 21:23 1.4F
15 M	00:54, 06:44, 13:30, 19:14	03:04 -2.2E, 09:53 1.6F, 15:28 -2.3E, 22:11 1.4F
16 Tu	01:42, 07:32, 14:24, 20:08	03:52 -2.2E, 10:41 1.6F, 16:22 -2.3E, 22:59 1.4F
17 W	02:30, 08:14, 15:06, 20:56	04:40 -2.2E, 11:23 1.6F, 17:16 -2.3E, 23:47 1.4F
18 Th	03:06, 08:50, 15:48, 21:44	05:22 -2.1E, 11:53 1.6F, 17:58 -2.3E
19 F ○	03:48, 09:26, 16:18, 22:20	00:23 1.3F, 05:58 -2.0E, 12:11 1.6F, 18:46 -2.2E
20 Sa	04:24, 10:02, 16:54, 23:02	00:59 1.2F, 06:34 -1.8E, 12:29 1.6F, 19:22 -2.1E
21 Su	05:06, 10:38, 17:24, 23:38	01:17 1.2F, 07:04 -1.7E, 12:53 1.7F, 19:58 -2.0E
22 M	05:42, 11:14, 18:00	01:41 1.1F, 07:22 -1.7E, 13:29 1.7F, 20:34 -1.9E
23 Tu	00:14, 06:24, 11:50, 18:36	02:11 1.1F, 07:34 -1.7E, 14:05 1.8F, 21:04 -1.8E
24 W	00:56, 07:06, 12:32, 19:18	02:47 1.1F, 08:04 -1.7E, 14:47 1.8F, 21:28 -1.8E
25 Th	01:38, 07:48, 13:20, 20:06	03:35 1.2F, 08:52 -1.7E, 15:35 1.7F, 21:46 -1.8E
26 F ◐	02:20, 08:36, 14:14, 20:54	04:17 1.2F, 09:46 -1.7E, 16:29 1.7F, 22:28 -1.8E
27 Sa ◐	03:14, 09:36, 15:08, 21:54	05:11 1.2F, 10:40 -1.6E, 17:23 1.6F, 23:40 -1.8E
28 Su	04:02, 10:30, 16:14, 22:48	06:05 1.3F, 11:46 -1.6E, 18:23 1.5F
29 M	04:56, 11:30, 17:14, 23:48	00:52 -1.8E, 06:59 1.4F, 13:28 -1.7E, 19:23 1.4F
30 Tu	05:44, 12:24, 18:20	01:58 -1.8E, 07:59 1.5F, 14:40 -1.8E, 20:29 1.3F

December

Day	Slack (h m)	Maximum (h m, knots)
1 W	00:42, 06:38, 13:24, 19:26	02:52 -1.8E, 08:53 1.7F, 15:46 -1.9E, 21:29 1.3F
2 Th	01:36, 07:26, 14:18, 20:26	03:52 -1.8E, 09:47 1.8F, 16:52 -2.1E, 22:29 1.2F
3 F	02:30, 08:20, 15:12, 21:26	04:52 -1.8E, 10:41 1.9F, 17:52 -2.2E, 23:23 1.2F
4 Sa ●	03:24, 09:08, 16:00, 22:20	05:46 -1.8E, 11:29 2.0F, 18:46 -2.3E
5 Su	04:18, 10:02, 16:54, 23:14	00:17 1.2F, 06:40 -1.9E, 12:17 2.0F, 19:40 -2.3E
6 M	05:12, 10:50, 17:54	01:11 1.2F, 07:34 -1.9E, 13:11 2.0F, 20:28 -2.3E
7 Tu	00:02, 06:06, 11:44, 18:48	01:59 1.1F, 08:28 -1.9E, 13:59 1.8F, 21:22 -2.3E
8 W	00:56, 07:06, 12:44, 19:42	02:59 1.1F, 09:22 -1.9E, 14:59 1.7F, 22:10 -2.2E
9 Th	01:44, 08:06, 13:44, 20:42	04:05 1.1F, 10:22 -2.0E, 15:59 1.5F, 23:04 -2.2E
10 F	02:38, 09:12, 14:44, 21:36	05:23 1.2F, 11:16 -2.0E, 17:17 1.4F, 23:58 -2.1E
11 Sa	03:38, 10:12, 15:50, 22:30	06:35 1.3F, 12:16 -2.0E, 18:41 1.3F
12 Su ◐	04:26, 11:10, 16:50, 23:24	00:46 -2.1E, 07:35 1.4F, 13:16 -2.1E, 19:53 1.3F
13 M	05:20, 12:12, 17:50	01:40 -2.2E, 08:35 1.5F, 14:10 -2.2E, 20:53 1.3F
14 Tu	00:18, 06:08, 13:06, 18:50	02:28 -2.2E, 09:23 1.6F, 15:04 -2.2E, 21:47 1.3F
15 W	01:06, 06:50, 13:54, 19:44	03:10 -2.1E, 10:05 1.6F, 15:58 -2.3E, 22:35 1.3F
16 Th	00:42, 07:32, 14:36, 20:32	02:52 -1.8E, 10:47 1.6F, 16:46 -2.3E, 23:23 1.3F
17 F	02:36, 15:18, 21:20	04:40 -1.9E, 11:17 1.6F, 17:34 -2.2E
18 Sa	03:18, 08:50, 15:54, 22:02	00:05 1.2F, 05:22 -1.8E, 11:35 1.6F, 18:16 -2.2E
19 Su ○	04:00, 09:32, 16:24, 22:38	00:35 1.1F, 06:04 -1.8E, 11:53 1.6F, 18:58 -2.1E
20 M	04:36, 10:08, 17:00, 23:14	00:59 1.1F, 06:34 -1.7E, 12:29 1.7F, 19:34 -2.0E
21 Tu	05:18, 10:44, 17:36, 23:50	01:17 1.1F, 07:04 -1.7E, 12:57 1.7F, 20:10 -1.9E
22 W	05:54, 11:26, 18:12	01:47 1.1F, 07:22 -1.6E, 13:41 1.8F, 20:40 -1.9E
23 Th	00:26, 06:36, 12:08, 18:54	02:23 1.2F, 07:52 -1.7E, 14:23 1.8F, 21:10 -1.9E
24 F	01:08, 07:24, 12:56, 19:36	03:05 1.3F, 08:34 -1.7E, 15:11 1.8F, 21:28 -1.9E
25 Sa	01:50, 08:12, 13:50, 20:24	03:53 1.3F, 09:16 -1.7E, 16:05 1.7F, 22:04 -1.9E
26 Su	02:38, 09:06, 14:50, 21:18	04:41 1.4F, 10:16 -1.6E, 16:59 1.7F, 22:58 -1.9E
27 M ◐	03:26, 10:00, 15:50, 22:12	05:35 1.5F, 11:28 -1.6E, 17:53 1.5F
28 Tu	04:20, 11:00, 16:56, 23:12	00:04 -1.8E, 06:29 1.6F, 13:16 -1.7E, 18:59 1.3F
29 W	05:08, 12:00, 18:02	01:16 -1.8E, 07:23 1.7F, 14:28 -1.8E, 19:59 1.2F
30 Th	00:12, 06:02, 13:00, 19:08	02:22 -1.8E, 08:23 1.8F, 15:28 -1.9E, 21:05 1.1F
31 F	01:06, 06:56, 13:54, 20:08	03:22 -1.7E, 09:17 1.8F, 16:34 -2.1E, 22:11 1.1F

Station ID: CFR1624 Depth: 20 feet
Source: NOAA/NOS/CO-OPS
Station Type: Harmonic
Time Zone: LST

NOAA Tidal Current Predictions

Southport, 2021
Latitude: 33.9154° N Longitude: 78.0122° W
Mean Flood Dir. 56° (T) Mean Ebb Dir. 231° (T)
Times and speeds of maximum and minimum current, in knots

January

Day	Slack h m	Maximum h m	knots	Day	Slack h m	Maximum h m	knots
1 F	04:24 10:30 17:18 22:54	01:18 06:54 13:48 19:30	-2.6E 2.5F -2.9E 1.9F	16 Sa	05:42 11:48 18:18	02:48 08:42 15:12 21:00	-2.5E 2.1F -2.8E 1.7F
2 Sa	05:06 11:12 18:00 23:42	02:00 07:42 14:30 20:18	-2.7E 2.6F -3.0E 1.9F	17 Su	00:12 06:36 12:30 19:00	03:36 09:30 15:48 21:36	-2.4E 1.9F -2.5E 1.6F
3 Su	06:00 12:00 18:48	02:54 08:36 15:18 21:06	-2.7E 2.5F -3.0E 1.9F	18 M	00:54 07:24 13:12 19:42	04:18 10:12 16:18 22:18	-2.2E 1.7F -2.3E 1.5F
4 M	00:30 06:54 12:54 19:36	03:42 09:30 16:06 22:00	-2.6E 2.4F -2.9E 1.9F	19 Tu	01:36 08:18 13:54 20:24	04:54 11:06 16:54 23:06	-2.0E 1.5F -2.1E 1.4F
5 Tu	01:30 07:54 13:48 20:36	04:36 10:30 17:00 23:00	-2.6E 2.2F -2.8E 1.9F	20 W	02:24 09:12 14:42 21:12	05:42 11:54 17:30 23:48	-1.8E 1.3F -1.9E 1.3F
6 W	02:30 09:00 14:48 21:36	05:36 11:30 18:00	-2.4E 2.0F -2.6E	21 Th	03:12 10:12 15:30 22:00	06:36 12:54 18:18	-1.7E 1.2F -1.8E
7 Th	03:36 10:12 15:54 22:36	00:06 06:54 12:42 19:06	1.9F -2.4E 1.9F -2.4E	22 F	04:00 11:06 16:18 22:48	00:42 07:54 13:42 19:12	1.3F -1.7E 1.1F -1.8E
8 F	04:42 11:18 17:00 23:36	01:18 08:18 13:48 20:24	1.9F -2.5E 1.8F -2.4E	23 Sa	04:54 12:00 17:06 23:36	01:24 08:48 14:30 20:06	1.3F -1.8E 1.2F -1.8E
9 Sa	05:48 12:24 18:00	02:24 09:30 14:54 21:36	2.1F -2.7E 1.8F -2.4E	24 Su	05:42 12:42 18:00	02:12 09:36 15:06 21:00	1.5F -1.9E 1.2F -1.9E
10 Su	00:36 06:54 13:30 19:06	03:24 10:30 15:54 22:42	2.2F -3.0E 1.8F -2.5E	25 M	00:24 06:30 13:24 18:48	02:54 10:12 15:42 21:54	1.7F -2.1E 1.3F -2.1E
11 M	01:30 07:48 14:24 20:06	04:24 11:24 16:54 23:36	2.3F -3.2E 1.9F -2.6E	26 Tu	01:06 07:12 14:06 19:30	03:36 10:48 16:24 22:42	1.9F -2.3E 1.5F -2.3E
12 Tu	02:24 08:42 15:18 21:00	05:24 12:18 17:54	2.4F -3.2E 1.9F	27 W	01:48 08:00 14:42 20:18	04:18 11:24 17:00 23:24	2.1F -2.5E 1.6F -2.5E
13 W	03:12 09:36 16:06 21:48	00:30 06:18 13:06 18:48	-2.7E 2.4F -3.2E 1.9F	28 Th	02:30 08:42 15:24 21:00	05:06 12:06 17:42	2.3F -2.8E 1.8F
14 Th	04:06 10:24 16:54 22:36	01:18 07:06 13:48 19:30	-2.7E 2.4F -3.1E 1.9F	29 F	03:18 09:24 16:06 21:48	00:12 05:54 12:42 18:24	-2.7E 2.5F -3.0E 2.0F
15 F	04:54 11:06 17:36 23:24	02:00 07:54 14:30 20:18	-2.6E 2.3F -3.0E 1.8F	30 Sa	04:06 10:06 16:48 22:36	01:00 06:36 13:24 19:06	-2.8E 2.7F -3.1E 2.2F
				31 Su	04:54 10:54 17:30 23:24	01:48 07:24 14:12 19:54	-2.9E 2.7F -3.2E 2.2F

February

Day	Slack h m	Maximum h m	knots	Day	Slack h m	Maximum h m	knots
1 M	05:42 11:42 18:18	02:36 08:18 15:00 20:42	-2.9E 2.7F -3.1E 2.2F	16 Tu	00:18 06:54 12:36 18:54	03:36 09:36 15:36 21:24	-2.3E 1.6F -2.3E 1.6F
2 Tu	00:12 06:36 12:36 19:06	03:30 09:12 15:48 21:36	-2.9E 2.5F -3.0E 2.1F	17 W	00:54 07:42 13:18 19:36	04:12 10:18 16:06 22:00	-2.1E 1.4F -2.1E 1.5F
3 W	01:06 07:36 13:30 20:06	04:24 10:06 16:36 22:36	-2.8E 2.2F -2.8E 2.0F	18 Th	01:36 08:30 14:00 20:18	04:48 11:06 16:48 22:48	-1.9E 1.2F -2.0E 1.4F
4 Th	02:12 08:48 14:30 21:06	05:18 11:12 17:36 23:42	-2.6E 1.9F -2.5E 1.9F	19 F	02:24 09:30 14:48 21:12	05:24 11:54 17:30 23:36	-1.8E 1.1F -1.8E 1.3F
5 F	03:18 10:00 15:36 22:12	06:36 12:24 18:42	-2.5E 1.7F -2.2E	20 Sa	03:12 10:24 15:36 22:00	06:18 12:54 18:24	-1.7E 1.0F -1.7E
6 Sa	04:24 11:06 16:42 23:18	00:54 08:06 13:42 20:12	1.9F -2.5E 1.6F -2.2E	21 Su	04:06 11:18 16:30 22:54	00:30 07:24 13:48 19:24	1.3F -1.7E 1.1F -1.7E
7 Su	05:30 12:18 17:48	02:12 09:18 14:48 21:30	2.0F -2.7E 1.6F -2.3E	22 M	04:54 12:06 17:24 23:48	01:30 08:30 14:48 20:24	1.4F -1.8E 1.2F -1.8E
8 M	00:18 06:36 13:12 18:54	03:18 10:18 15:54 22:36	2.1F -2.9E 1.7F -2.4E	23 Tu	05:48 12:48 18:18	02:18 09:24 15:12 21:24	1.6F -2.1E 1.3F -2.0E
9 Tu	01:18 07:36 14:06 19:54	04:18 11:12 16:54 23:30	2.2F -3.1E 1.8F -2.6E	24 W	00:36 06:42 13:30 19:06	03:06 10:12 15:42 22:18	1.9F -2.3E 1.6F -2.3E
10 W	02:12 08:24 14:54 20:42	05:18 12:00 17:48	2.3F -3.1E 1.9F	25 Th	01:24 07:30 14:12 19:54	03:54 10:54 16:36 23:06	2.1F -2.6E 1.8F -2.6E
11 Th	03:00 09:12 15:42 21:30	00:18 06:12 12:42 18:30	-2.7E 2.3F -3.1E 1.9F	26 F	02:12 08:12 14:54 20:42	04:42 11:36 17:18 23:54	2.4F -2.9E 2.0F -2.8E
12 F	03:54 10:00 16:24 22:18	01:06 06:54 13:24 19:12	-2.8E 2.3F -3.0E 1.9F	27 Sa	03:00 09:00 15:36 21:24	05:30 12:18 18:00	2.6F -3.1E 2.3F
13 Sa	04:36 10:42 17:00 23:00	01:48 07:36 14:00 19:42	-2.7E 2.2F -2.9E 1.9F	28 Su	03:48 09:48 16:18 22:12	00:42 06:18 13:06 18:48	-3.0E 2.7F -3.2E 2.4F
14 Su	05:24 11:36 17:36 23:36	02:24 08:18 14:30 20:18	-2.6E 2.0F -2.7E 1.8F				
15 M	06:06 11:54 18:18	03:00 08:54 15:00 20:48	-2.5E 1.9F -2.5E 1.7F				

March

Day	Slack h m	Maximum h m	knots	Day	Slack h m	Maximum h m	knots
1 M	04:36 10:36 17:06 23:06	01:30 07:06 13:48 19:30	-3.1E 2.7F -3.2E 2.5F	16 Tu	05:42 11:24 17:36 23:42	02:30 08:18 14:24 20:06	-2.6E 1.8F -2.4E 1.9F
2 Tu	05:30 11:24 17:48 23:54	02:18 08:00 14:36 20:18	-3.2E 2.6F -3.1E 2.4F	17 W	06:24 12:00 18:12	03:00 08:54 14:54 20:36	-2.4E 1.6F -2.3E 1.8F
3 W	06:24 12:18 18:42	03:12 08:54 15:24 21:12	-3.1E 2.4F -2.9E 2.3F	18 Th	00:18 07:06 12:42 18:48	03:30 09:36 15:30 21:18	-2.3E 1.4F -2.1E 1.6F
4 Th	00:48 07:24 13:12 19:36	04:06 09:54 16:18 22:12	-2.9E 2.1F -2.6E 2.1F	19 F	00:54 07:54 13:24 19:30	04:06 10:18 16:12 22:00	-2.1E 1.2F -2.0E 1.5F
5 F	01:54 08:36 14:12 20:42	05:12 10:54 17:18 23:24	-2.7E 1.8F -2.3E 1.9F	20 Sa	01:36 08:42 14:12 20:18	04:48 11:06 16:54 22:48	-2.0E 1.1F -1.8E 1.4F
6 Sa	03:00 09:48 15:18 21:54	06:24 12:12 18:30	-2.5E 1.5F -2.0E	21 Su	02:24 09:42 15:00 21:18	05:30 12:00 17:48 23:48	-1.9E 1.0F -1.7E 1.4F
7 Su	04:06 10:54 16:30 23:00	00:42 07:54 13:36 20:06	1.8F -2.5E 1.5F -2.0E	22 M	03:18 10:36 16:00 22:18	06:24 12:54 18:48	-1.9E 1.0F -1.7E
8 M	05:12 12:00 17:36	02:06 09:00 14:48 21:24	1.8F -2.6E 1.6F -2.2E	23 Tu	04:12 11:24 16:54 23:18	00:48 07:36 13:54 19:54	1.5F -2.0E 1.2F -1.8E
9 Tu	00:06 06:18 12:54 18:42	03:18 10:00 15:42 22:24	2.0F -2.8E 1.7F -2.4E	24 W	05:12 12:12 17:48	01:48 08:36 14:36 21:00	1.7F -2.2E 1.5F -2.1E
10 W	01:06 07:12 13:48 19:36	04:12 10:48 16:42 23:12	2.1F -2.9E 1.8F -2.6E	25 Th	00:12 06:06 13:00 18:42	02:42 09:30 15:18 21:54	1.9F -2.4E 1.7F -2.4E
11 Th	02:00 08:00 14:30 20:24	05:06 11:36 17:24	2.2F -3.0E 1.9F	26 F	01:00 07:00 13:42 19:30	03:30 10:24 16:06 22:48	2.2F -2.7E 2.0F -2.7E
12 F	02:48 08:48 15:06 21:06	00:00 05:54 12:18 18:06	-2.8E 2.2F -2.9E 2.0F	27 Sa	01:54 07:48 14:24 20:18	04:18 11:12 16:54 23:42	2.4F -3.0E 2.3F -3.0E
13 Sa	03:36 09:30 15:48 21:48	00:42 06:30 12:54 18:36	-2.8E 2.2F -2.8E 2.0F	28 Su	02:42 08:36 15:06 21:06	05:12 11:54 17:36	2.6F -3.1E 2.5F
14 Su	04:18 10:06 16:24 22:30	01:24 07:06 13:24 19:06	-2.8E 2.1F -2.7E 2.0F	29 M	03:36 09:30 15:54 22:00	00:30 06:06 12:42 18:24	-3.2E 2.7F -3.2E 2.6F
15 M	05:00 10:42 17:00 23:06	02:00 07:42 13:48 19:30	-2.7E 1.9F -2.6E 1.9F	30 Tu	04:24 10:18 16:42 22:48	01:18 06:54 13:30 19:12	-3.3E 2.6F -3.1E 2.6F
				31 W	05:18 11:06 17:30 23:42	02:06 07:42 14:18 20:00	-3.3E 2.5F -3.0E 2.5F

120

Station ID: CFR1624 Depth: 20 feet
Source: NOAA/NOS/CO-OPS
Station Type: Harmonic
Time Zone: LST

NOAA Tidal Current Predictions

Southport, 2021
Latitude: 33.9154° N Longitude: 78.0122° W
Mean Flood Dir. 56° (T) Mean Ebb Dir. 231° (T)
Times and speeds of maximum and minimum current, in knots

April

Day	Slack (h:m)	Maximum (h:m)	knots
1 Th	06:18, 12:00, 18:18	03:00 / 08:36 / 15:06 / 20:54	-3.2E / 2.2F / -2.7E / 2.3F
2 F	00:36, 07:18, 13:00, 19:18	04:00 / 09:36 / 16:00 / 21:54	-3.0E / 1.9F / -2.4E / 2.1F
3 Sa	01:36, 08:24, 14:00, 20:24	05:00 / 10:48 / 17:00 / 23:06	-2.7E / 1.6F / -2.1E / 1.8F
4 Su	02:42, 09:30, 15:06, 21:36	06:12 / 12:06 / 18:24	-2.5E / 1.4F / -1.9E
5 M	03:48, 10:36, 16:18, 22:48	00:36 / 07:30 / 13:30 / 20:00	1.7F / -2.5E / 1.4F / -1.9E
6 Tu	04:48, 11:42, 17:24, 23:54	02:00 / 08:42 / 14:36 / 21:06	1.8F / -2.5E / 1.6F / -2.2E
7 W	05:48, 12:30, 18:24	03:00 / 09:36 / 15:30 / 22:06	1.9F / -2.6E / 1.7F / -2.4E
8 Th	00:48, 06:42, 13:18, 19:12	03:54 / 10:24 / 16:18 / 22:54	1.9F / -2.7E / 1.8F / -2.6E
9 F	01:42, 07:30, 13:54, 20:00	04:36 / 11:06 / 16:54 / 23:42	2.0F / -2.7E / 1.9F / -2.7E
10 Sa	02:30, 08:12, 14:36, 20:42	05:24 / 11:42 / 17:30	2.0F / -2.7E / 2.0F
11 Su	03:12, 08:54, 15:12, 21:18	00:18 / 06:00 / 12:12 / 18:00	-2.8E / 2.0F / -2.6E / 2.0F
12 M	03:54, 09:30, 15:48, 21:54	00:54 / 06:36 / 12:42 / 18:30	-2.8E / 1.9F / -2.6E / 2.0F
13 Tu	04:36, 10:12, 16:18, 22:30	01:30 / 07:12 / 13:12 / 18:54	-2.7E / 1.8F / -2.5E / 2.0F
14 W	05:12, 10:48, 16:54, 23:06	02:00 / 07:42 / 13:42 / 19:24	-2.6E / 1.7F / -2.4E / 2.0F
15 Th	05:54, 11:24, 17:30, 23:42	02:24 / 08:18 / 14:18 / 20:00	-2.5E / 1.5F / -2.3E / 1.9F
16 F	06:30, 12:06, 18:06	02:54 / 08:54 / 15:00 / 20:36	-2.4E / 1.4F / -2.2E / 1.8F
17 Sa	00:18, 07:18, 12:48, 18:48	03:36 / 09:30 / 15:42 / 21:24	-2.3E / 1.3F / -2.1E / 1.7F
18 Su	01:00, 08:06, 13:36, 19:42	04:12 / 10:18 / 16:30 / 22:12	-2.2E / 1.2F / -1.9E / 1.6F
19 M	01:48, 08:54, 14:30, 20:36	05:00 / 11:12 / 17:18 / 23:12	-2.2E / 1.1F / -1.9E / 1.6F
20 Tu	02:42, 09:54, 15:24, 21:42	05:54 / 12:12 / 18:18	-2.1E / 1.2F / -1.8E
21 W	03:36, 10:48, 16:24, 22:48	00:12 / 06:54 / 13:12 / 19:24	1.6F / -2.2E / 1.4F / -1.9E
22 Th	04:36, 11:36, 17:24, 23:48	01:18 / 08:00 / 14:06 / 20:30	1.8F / -2.3E / 1.6F / -2.2E
23 F	05:30, 12:24, 18:18	02:12 / 08:54 / 14:54 / 21:36	2.0F / -2.6E / 1.9F / -2.5E
24 Sa	00:42, 06:30, 13:12, 19:12	03:06 / 09:54 / 15:42 / 22:30	2.2F / -2.8E / 2.2F / -2.8E
25 Su	01:36, 07:24, 13:54, 20:00	04:00 / 10:42 / 16:30 / 23:24	2.4F / -3.0E / 2.4F / -3.1E
26 M	02:30, 08:18, 14:42, 20:54	04:54 / 11:36 / 17:18	2.5F / -3.1E / 2.6F
27 Tu	03:18, 09:06, 15:30, 21:42	00:18 / 05:48 / 12:24 / 18:06	-3.3E / 2.5F / -3.1E / 2.7F
28 W	04:12, 10:00, 16:18, 22:36	01:06 / 06:42 / 13:12 / 18:54	-3.4E / 2.4F / -3.0E / 2.7F
29 Th	05:12, 10:54, 17:06, 23:30	02:00 / 07:30 / 14:00 / 19:42	-3.3E / 2.2F / -2.8E / 2.6F
30 F	06:06, 11:48, 18:00	02:54 / 08:24 / 14:54 / 20:42	-3.2E / 2.0F / -2.6E / 2.3F

May

Day	Slack (h:m)	Maximum (h:m)	knots
1 Sa	00:24, 12:48, 19:00	03:48 / 09:30 / 15:54 / 21:48	-3.0E / 1.7F / -2.3E / 2.1F
2 Su	01:24, 08:06, 13:48, 20:06	04:48 / 10:36 / 16:54 / 23:00	-2.8E / 1.5F / -2.0E / 1.8F
3 M	02:24, 09:12, 14:54, 21:18	05:54 / 11:54 / 18:18	-2.6E / 1.4F / -1.9E
4 Tu	03:24, 10:12, 15:54, 22:30	00:24 / 07:00 / 13:12 / 19:42	1.7F / -2.4E / 1.4F / -1.9E
5 W	04:18, 11:12, 17:00, 23:30	01:36 / 08:06 / 14:12 / 20:48	1.7F / -2.4E / 1.6F / -2.1E
6 Th	05:12, 12:00, 17:54	02:36 / 09:00 / 15:00 / 21:42	1.7F / -2.4E / 1.7F / -2.3E
7 F	00:30, 06:06, 12:42, 18:42	03:24 / 09:48 / 15:42 / 22:30	1.8F / -2.4E / 1.8F / -2.5E
8 Sa	01:18, 06:54, 13:24, 19:30	04:06 / 10:30 / 16:18 / 23:12	1.8F / -2.4E / 1.9F / -2.6E
9 Su	02:06, 07:36, 14:00, 20:06	04:48 / 11:06 / 16:54 / 23:54	1.8F / -2.4E / 1.9F / -2.6E
10 M	02:48, 08:18, 14:36, 20:48	05:30 / 11:36 / 17:18	1.8F / -2.4E / 2.0F
11 Tu	03:24, 09:00, 15:12, 21:24	00:30 / 06:06 / 12:06 / 17:48	-2.6E / 1.7F / -2.4E / 2.0F
12 W	04:06, 09:36, 15:42, 22:00	01:00 / 06:36 / 12:36 / 18:18	-2.6E / 1.7F / -2.4E / 2.1F
13 Th	04:42, 10:12, 16:18, 22:30	01:24 / 07:06 / 13:12 / 18:54	-2.6E / 1.5F / -2.3E / 2.1F
14 F	05:24, 10:54, 17:00, 23:06	01:54 / 07:42 / 13:48 / 19:30	-2.5E / 1.5F / -2.3E / 2.1F
15 Sa	06:00, 11:30, 17:36, 23:48	02:24 / 08:18 / 14:30 / 20:12	-2.5E / 1.4F / -2.3E / 2.1F
16 Su	06:42, 12:12, 18:18	03:06 / 08:54 / 15:12 / 20:54	-2.5E / 1.4F / -2.2E / 2.0F
17 M	00:24, 07:24, 12:54, 18:48	03:48 / 09:42 / 16:06 / 21:48	-2.5E / 1.4F / -2.1E / 1.9F
18 Tu	01:12, 08:18, 13:54, 20:06	04:30 / 10:30 / 16:54 / 22:42	-2.5E / 1.3F / -2.0E / 1.8F
19 W	02:06, 09:12, 14:54, 21:12	05:24 / 11:30 / 17:48 / 23:42	-2.4E / 1.4F / -2.0E / 1.8F
20 Th	03:06, 10:06, 15:54, 22:18	06:18 / 12:30 / 18:54	-2.4E / 1.5F / -2.1E
21 F	04:06, 11:00, 16:54, 23:24	00:48 / 07:24 / 13:30 / 20:06	1.9F / -2.5E / 1.8F / -2.3E
22 Sa	05:06, 11:54, 17:54	01:48 / 08:24 / 14:24 / 21:12	2.0F / -2.6E / 2.0F / -2.5E
23 Su	00:24, 06:00, 12:42, 18:48	02:48 / 09:24 / 15:18 / 22:18	2.2F / -2.7E / 2.3F / -2.8E
24 M	01:18, 07:00, 13:30, 19:42	03:42 / 10:24 / 16:06 / 23:12	2.2F / -2.8E / 2.5F / -3.1E
25 Tu	02:12, 07:54, 14:24, 20:36	04:36 / 11:18 / 17:00	2.3F / -2.9E / 2.6F
26 W	03:12, 08:54, 15:12, 21:30	00:06 / 05:36 / 12:12 / 17:54	-3.3E / 2.2F / -2.9E / 2.7F
27 Th	04:06, 09:48, 16:00, 22:24	01:00 / 06:30 / 13:00 / 18:48	-3.4E / 2.2F / -2.8E / 2.6F
28 F	05:00, 10:42, 16:54, 23:18	01:54 / 07:24 / 13:54 / 19:36	-3.3E / 2.0F / -2.7E / 2.5F
29 Sa	05:54, 11:36, 17:48	02:48 / 08:18 / 14:48 / 20:36	-3.2E / 1.8F / -2.5E / 2.3F
30 Su	00:12, 06:48, 12:30, 18:48	03:36 / 09:18 / 15:48 / 21:42	-3.0E / 1.7F / -2.3E / 2.1F
31 M	01:06, 07:42, 13:30, 19:48	04:30 / 10:24 / 16:48 / 22:48	-2.8E / 1.5F / -2.1E / 1.8F

June

Day	Slack (h:m)	Maximum (h:m)	knots
1 Tu	02:00, 14:30, 20:54	05:24 / 11:30 / 17:54	-2.6E / 1.4F / -2.0E
2 W	02:54, 09:36, 15:24, 22:00	00:00 / 06:18 / 12:36 / 19:12	1.7F / -2.3E / 1.4F / -1.9E
3 Th	03:42, 10:30, 16:24, 23:06	01:06 / 07:24 / 13:36 / 20:18	1.6F / -2.2E / 1.5F / -2.0E
4 F	04:36, 11:18, 17:18	02:00 / 08:12 / 14:24 / 21:12	1.5F / -2.1E / 1.6F / -2.1E
5 Sa	00:00, 05:24, 12:06, 18:06	02:48 / 09:06 / 15:00 / 22:00	1.5F / -2.1E / 1.7F / -2.3E
6 Su	00:54, 06:12, 12:42, 18:54	03:36 / 09:48 / 15:36 / 22:48	1.6F / -2.1E / 1.7F / -2.4E
7 M	01:36, 07:00, 13:24, 19:36	04:12 / 10:24 / 16:06 / 23:24	1.5F / -2.2E / 1.8F / -2.4E
8 Tu	02:18, 07:42, 14:00, 20:12	04:54 / 10:54 / 16:36	1.5F / -2.2E / 1.9F
9 W	03:00, 08:24, 14:36, 20:48	00:00 / 05:30 / 11:30 / 17:12	-2.5E / 1.5F / -2.2E / 2.0F
10 Th	03:36, 09:00, 15:12, 21:24	00:24 / 06:06 / 12:06 / 17:48	-2.5E / 1.5F / -2.3E / 2.1F
11 F	04:12, 09:42, 15:48, 22:00	00:54 / 06:36 / 12:42 / 18:24	-2.5E / 1.5F / -2.4E / 2.2F
12 Sa	04:54, 10:24, 16:30, 22:42	01:24 / 07:06 / 13:24 / 19:00	-2.6E / 1.6F / -2.4E / 2.2F
13 Su	05:30, 11:06, 17:12, 23:18	01:54 / 07:42 / 14:06 / 19:48	-2.7E / 1.6F / -2.4E / 2.3F
14 M	06:06, 11:48, 17:54	02:36 / 08:24 / 14:48 / 20:30	-2.7E / 1.6F / -2.4E / 2.2F
15 Tu	00:00, 06:48, 12:30, 18:48	03:18 / 09:12 / 15:42 / 21:24	-2.7E / 1.6F / -2.4E / 2.2F
16 W	00:48, 08:42, 13:24, 19:42	04:06 / 10:00 / 16:30 / 22:18	-2.7E / 1.6F / -2.3E / 2.1F
17 Th	01:42, 08:30, 14:24, 20:48	04:54 / 10:54 / 17:24 / 23:18	-2.7E / 1.7F / -2.3E / 2.0F
18 F	02:36, 09:30, 15:24, 21:54	05:48 / 11:54 / 18:30	-2.6E / 1.7F / -2.2E
19 Sa	03:36, 10:30, 16:24, 23:00	00:24 / 06:48 / 13:00 / 19:42	2.0F / -2.5E / 1.9F / -2.3E
20 Su	04:36, 11:24, 17:30	01:30 / 07:54 / 14:00 / 21:00	2.0F / -2.5E / 2.1F / -2.6E
21 M	00:06, 05:42, 12:18, 18:30	02:30 / 09:06 / 15:00 / 22:06	2.0F / -2.6E / 2.3F / -2.8E
22 Tu	01:06, 06:42, 13:12, 19:30	03:30 / 10:06 / 15:54 / 23:06	2.0F / -2.7E / 2.4F / -3.1E
23 W	02:06, 07:42, 14:06, 20:30	04:24 / 11:12 / 16:48	2.0F / -2.7E / 2.5F
24 Th	03:00, 08:42, 15:00, 21:24	00:00 / 05:24 / 12:06 / 17:48	-3.3E / 2.0F / -2.8E / 2.6F
25 F	03:54, 09:36, 15:48, 22:12	00:54 / 06:24 / 13:00 / 18:42	-3.3E / 2.0F / -2.7E / 2.6F
26 Sa	04:48, 10:30, 16:42, 23:06	01:42 / 07:18 / 13:48 / 19:36	-3.3E / 1.9F / -2.7E / 2.5F
27 Su	05:36, 11:24, 17:36, 23:54	02:30 / 08:06 / 14:42 / 20:30	-3.2E / 1.8F / -2.6E / 2.2F
28 M	06:24, 12:12, 18:30	03:18 / 09:00 / 15:36 / 21:30	-3.0E / 1.7F / -2.4E / 2.1F
29 Tu	00:42, 07:12, 13:06, 19:30	04:06 / 10:00 / 16:24 / 22:24	-2.8E / 1.6F / -2.2E / 1.8F
30 W	01:30, 08:06, 13:54, 20:30	04:48 / 10:54 / 17:24 / 23:24	-2.5E / 1.5F / -2.1E / 1.6F

NOAA Tidal Current Predictions

Southport, 2021

Latitude: 33.9154° N Longitude: 78.0122° W
Mean Flood Dir. 56° (T) Mean Ebb Dir. 231° (T)
Times and speeds of maximum and minimum current, in knots

July (Days 1–15)

Day		Slack h m	Maximum h m	knots
1	Th	02:18	05:30	-2.3E
		08:54	11:48	1.4F
		14:48	18:30	-1.9E
		21:30		
2	F	03:06	00:24	1.5F
		09:42	06:18	-2.0E
		15:42	12:42	1.4F
		22:30	19:36	-1.9E
3	Sa	03:54	01:24	1.4F
		10:36	07:12	-1.9E
		16:36	13:36	1.4F
		23:30	20:36	-1.9E
4	Su	04:42	02:12	1.3F
		11:24	08:12	-1.9E
		17:24	14:18	1.5F
			21:30	-2.0E
5	M	00:18	03:00	1.3F
		05:36	09:00	-1.9E
		12:06	14:54	1.5F
		18:12	22:12	-2.1E
6	Tu	01:06	03:42	1.3F
		06:24	09:36	-1.9E
		12:48	15:24	1.6F
		18:54	22:54	-2.2E
7	W	01:48	04:18	1.4F
		07:06	10:18	-2.0E
		13:24	16:00	1.8F
		19:36	23:24	-2.3E
8	Th	02:30	04:54	1.4F
		07:54	11:00	-2.1E
		14:06	16:36	1.9F
		20:18	23:54	-2.4E
9	F	03:06	05:30	1.5F
		08:36	11:42	-2.3E
		14:42	17:18	2.1F
		20:54		
10	Sa	03:42	00:24	-2.6E
		09:12	06:00	1.6F
		15:24	12:18	-2.4E
		21:36	18:00	2.2F
11	Su	04:18	00:54	-2.7E
		09:54	06:36	1.7F
		16:06	13:00	-2.5E
		22:12	18:42	2.4F
12	M	04:54	01:30	-2.8E
		10:36	07:18	1.8F
		16:48	13:42	-2.6E
		22:54	19:24	2.5F
13	Tu	05:36	02:12	-2.9E
		11:18	07:54	1.9F
		17:36	14:30	-2.7E
		23:36	20:12	2.5F
14	W	06:18	02:54	-3.0E
		12:06	08:42	2.0F
		18:24	15:18	-2.6E
			21:00	2.4F
15	Th	00:24	03:42	-2.9E
		07:06	09:30	2.0F
		13:00	16:12	-2.6E
		19:24	21:54	2.3F

July (Days 16–31)

Day		Slack h m	Maximum h m	knots
16	F	01:18	04:30	-2.8E
		08:00	10:24	1.9F
		13:54	17:06	-2.5E
		20:24	22:54	2.1F
17	Sa	02:12	05:24	-2.7E
		08:54	11:24	1.9F
		15:00	18:06	-2.4E
		21:36		
18	Su	03:12	00:00	1.9F
			06:24	-2.5E
		16:06	12:30	1.9F
		22:42	19:24	-2.4E
19	M	04:18	01:12	1.8F
		11:00	07:36	-2.4E
		17:12	13:42	2.0F
		23:54	20:48	-2.6E
20	Tu	05:24	02:18	1.8F
		12:00	08:54	-2.4E
		18:18	14:42	2.2F
			21:54	-2.8E
21	W	00:54	03:18	1.8F
			10:00	-2.5E
		13:00	15:42	2.3F
		19:18	22:54	-3.1E
22	Th	01:54	04:18	1.9F
		07:30	11:06	-2.6E
		13:54	16:48	2.4F
		20:18	23:48	-3.2E
23	F	02:48	05:24	1.9F
		08:30	12:00	-2.7E
		14:48	17:48	2.5F
		21:06		
24	Sa	03:36	00:36	-3.3E
		09:24	06:18	1.9F
		15:42	12:54	-2.8E
		22:00	18:42	2.5F
25	Su	04:24	01:24	-3.3E
		10:12	07:06	1.9F
		16:30	13:42	-2.8E
		22:48	19:30	2.4F
26	M	05:12	02:12	-3.1E
		11:00	07:54	1.9F
		17:24	14:30	-2.7E
		23:30	20:18	2.3F
27	Tu	05:54	02:54	-2.9E
		11:48	08:36	1.8F
		18:12	15:18	-2.6E
			21:06	2.0F
28	W	00:12	03:30	-2.7E
		12:36	09:18	1.7F
		19:06	16:00	-2.4E
			21:54	1.8F
29	Th	00:54	04:06	-2.4E
		07:18	10:00	1.6F
		13:18	16:42	-2.2E
		20:00	22:48	1.6F
30	F	01:42	04:42	-2.2E
		14:06	10:48	1.4F
		20:54	17:30	-2.0E
			23:42	1.4F
31	Sa	02:24	05:18	-2.0E
		08:54	11:30	1.3F
		14:54	18:36	-1.8E
		21:54		

August (Days 1–15)

Day		Slack h m	Maximum h m	knots
1	Su	03:12	00:42	1.2F
		09:48	06:00	-1.8E
		15:48	12:24	1.3F
		22:54	19:42	-1.7E
2	M	04:06	01:36	1.2F
		10:36	06:54	-1.7E
		16:36	13:18	1.3F
		23:48	20:42	-1.8E
3	Tu	04:54	02:24	1.2F
		11:24	08:00	-1.7E
		17:30	14:06	1.4F
			21:36	-1.9E
4	W	00:36	03:06	1.2F
			08:54	-1.8E
		12:12	14:48	1.5F
		18:18	22:12	-2.0E
5	Th	01:18	03:42	1.3F
		06:36	09:42	-1.9E
		12:54	15:24	1.7F
		19:00	22:42	-2.2E
6	F	01:54	04:18	1.4F
		07:24	10:30	-2.1E
		13:36	16:06	1.9F
		19:42	23:18	-2.4E
7	Sa	02:30	04:54	1.5F
		08:06	11:12	-2.3E
		14:18	16:54	2.1F
		20:24	23:48	-2.6E
8	Su	03:06	05:30	1.7F
		08:48	11:54	-2.5E
		15:00	17:36	2.3F
		21:06		
9	M	03:48	00:24	-2.8E
		09:30	06:06	1.9F
		15:48	12:42	-2.7E
		21:48	18:18	2.5F
10	Tu	04:24	01:00	-3.0E
		10:12	06:48	2.1F
		16:30	13:24	-2.9E
		22:30	19:06	2.6F
11	W	05:06	01:48	-3.1E
		10:54	07:30	2.2F
		17:18	14:12	-2.9E
		23:18	19:48	2.6F
12	Th	05:48	02:30	-3.1E
		11:42	08:12	2.3F
		18:12	15:00	-2.9E
			20:42	2.5F
13	F	00:06	03:18	-3.0E
		06:36	09:18	2.2F
		12:36	15:48	-2.8E
		19:06	21:36	2.3F
14	Sa	00:54	04:06	-2.8E
		07:24	10:00	2.1F
		13:30	16:48	-2.7E
		20:06	22:36	2.0F
15	Su	01:54	05:00	-2.6E
		14:36	11:00	2.0F
		21:18	17:48	-2.5E
			23:42	1.8F

August (Days 16–31)

Day		Slack h m	Maximum h m	knots
16	M	02:54	06:00	-2.3E
		09:30	12:06	1.9F
		15:42	19:12	-2.5E
		22:30		
17	Tu	04:06	00:54	1.6F
		10:36	07:18	-2.1E
		16:54	13:24	1.9F
		23:42	20:36	-2.6E
18	W	05:12	02:06	1.6F
		11:48	08:48	-2.2E
		18:00	14:36	2.0F
			21:42	-2.8E
19	Th	00:42	03:12	1.7F
		06:24	10:00	-2.4E
		12:48	15:42	2.2F
		19:06	22:42	-3.0E
20	F	01:36	04:18	1.8F
		07:24	11:00	-2.6E
		13:42	16:42	2.3F
		20:00	23:36	-3.1E
21	Sa	02:30	05:18	1.9F
		08:18	11:54	-2.8E
		14:36	17:42	2.4F
		20:48		
22	Su	03:18	00:18	-3.2E
		09:06	06:06	2.0F
		15:30	12:42	-2.9E
		21:36	18:30	2.4F
23	M	04:00	01:00	-3.1E
		09:54	06:48	2.0F
		16:18	13:24	-2.9E
		22:18	19:12	2.3F
24	Tu	04:42	01:42	-3.0E
		10:42	07:24	2.0F
		17:06	14:12	-2.8E
		23:00	20:00	2.2F
25	W	05:18	02:18	-2.8E
		11:24	08:00	1.9F
		17:54	14:54	-2.7E
		23:42	20:36	2.0F
26	Th	06:00	02:48	-2.6E
		12:00	08:36	1.8F
		18:36	15:30	-2.5E
			21:24	1.7F
27	F	00:24	03:24	-2.4E
		06:36	09:12	1.7F
		12:42	16:06	-2.3E
		19:24	22:06	1.5F
28	Sa	01:00	03:54	-2.2E
		07:18	09:48	1.5F
		13:24	16:42	-2.0E
		20:18	22:54	1.3F
29	Su	01:48	04:36	-1.9E
		08:06	10:36	1.4F
		14:12	17:18	-1.8E
		21:12	23:48	1.1F
30	M	02:36	05:18	-1.8E
		08:54	11:24	1.3F
		15:00	18:06	-1.7E
		22:12		
31	Tu	03:24	00:48	1.0F
		09:48	06:06	-1.6E
		15:48	12:18	1.2F
		23:06	19:18	-1.7E

September (Days 1–15)

Day		Slack h m	Maximum h m	knots
1	W	04:18	01:48	1.0F
		10:42	07:06	-1.6E
		16:42	13:18	1.3F
		23:54	20:30	-1.8E
2	Th	05:12	02:30	1.1F
		11:36	08:12	-1.7E
		17:36	14:06	1.4F
			21:18	-1.9E
3	F	00:36	03:06	1.3F
		06:06	09:12	-1.9E
		12:24	14:54	1.7F
		18:24	22:00	-2.2E
4	Sa	01:18	03:36	1.5F
		13:12	10:00	-2.1E
		19:06	15:36	1.9F
			22:36	-2.4E
5	Su	01:54	04:18	1.7F
		07:36	10:48	-2.4E
		13:54	16:24	2.1F
		19:54	23:12	-2.7E
6	M	02:30	05:00	1.8F
		08:24	11:36	-2.7E
		14:42	17:12	2.4F
		20:36	23:54	-2.9E
7	Tu	03:12	05:36	2.2F
		09:06	12:18	-2.9E
		15:24	18:00	2.6F
		21:24		
8	W	03:54	00:36	-3.1E
		09:48	06:24	2.4F
		16:12	13:06	-3.1E
		22:06	18:42	2.7F
9	Th	04:36	01:18	-3.2E
		10:36	07:06	2.5F
		17:06	13:54	-3.1E
		22:54	19:30	2.6F
10	F	05:18	02:06	-3.1E
		11:24	07:48	2.5F
		17:54	14:42	-3.1E
		23:42	20:18	2.5F
11	Sa	06:06	02:54	-3.0E
		12:18	08:42	2.4F
		18:54	15:36	-3.0E
			21:18	2.2F
12	Su	00:36	03:48	-2.7E
		07:00	09:36	2.2F
		13:12	16:30	-2.8E
		19:54	22:18	1.9F
13	M	01:36	04:42	-2.4E
		08:00	10:36	2.0F
		14:18	17:36	-2.6E
		21:06	23:24	1.6F
14	Tu	02:42	05:42	-2.1E
		09:12	11:54	1.9F
		15:30	19:00	-2.5E
		22:18		
15	W	03:54	00:48	1.5F
		10:24	07:12	-2.0E
		16:36	13:18	1.8F
		23:24	20:24	-2.6E

September (Days 16–30)

Day		Slack h m	Maximum h m	knots
16	Th	05:06	02:06	1.5F
		11:30	08:48	-2.1E
		17:42	14:36	2.0F
			21:30	-2.8E
17	F	00:24	03:12	1.7F
		06:...	09:54	-2.4E
		12:36	15:36	2.1F
		18:42	22:24	-2.9E
18	Sa	01:18	04:06	1.8F
		07:12	10:48	-2.6E
		13:30	16:36	2.2F
		19:36	23:12	-3.0E
19	Su	02:06	05:00	2.0F
		14:24	11:42	-2.8E
		20:24	17:30	2.2F
			23:54	-3.0E
20	M	02:48	05:42	2.1F
		08:48	12:24	-2.9E
		15:12	18:12	2.2F
		21:06		
21	Tu	03:30	00:36	-2.9E
		09:30	06:24	2.1F
		16:00	13:06	-2.9E
		21:48	18:54	2.2F
22	W	04:06	01:12	-2.8E
		10:12	06:48	2.1F
		16:42	13:48	-2.9E
		22:30	19:30	2.0F
23	Th	04:42	01:42	-2.6E
		10:48	07:18	2.0F
		17:30	14:24	-2.7E
		23:06	20:06	1.9F
24	F	05:18	02:12	-2.5E
		11:30	07:54	1.9F
		18:12	14:54	-2.5E
		23:48	20:48	1.6F
25	Sa	05:54	02:42	-2.3E
		12:06	08:24	1.8F
		18:54	15:30	-2.3E
			21:24	1.4F
26	Su	00:30	03:18	-2.1E
		06:36	09:06	1.6F
		12:42	16:00	-2.2E
		19:42	22:12	1.2F
27	M	01:12	04:00	-1.9E
		07:18	09:48	1.5F
		13:24	16:36	-2.0E
		20:36	23:00	1.1F
28	Tu	02:00	04:42	-1.8E
		08:00	10:36	1.4F
		14:12	17:18	-1.9E
		21:30	23:54	1.0F
29	W	02:48	05:30	-1.7E
		09:00	11:30	1.3F
		15:06	18:12	-1.8E
		22:24		
30	Th	03:42	00:54	1.0F
		10:00	06:30	-1.6E
		15:54	12:30	1.3F
		23:12	19:12	-1.9E

Station ID: CFR1624 Depth: 20 feet
Source: NOAA/NOS/CO-OPS
Station Type: Harmonic
Time Zone: LST

NOAA Tidal Current Predictions

Southport, 2021
Latitude: 33.9154° N Longitude: 78.0122° W
Mean Flood Dir. 56° (T) Mean Ebb Dir. 231° (T)
Times and speeds of maximum and minimum current, in knots

October

Date	Slack (h m)	Maximum (h m)	knots
1 F	04:36 · 11:00 · 16:48 · 23:54	01:42 · 07:36 · 13:30 · 20:18	1.1F · -1.7E · 1.5F · -2.0E
2 Sa	05:30 · 11:54 · 17:42	02:24 · 08:36 · 14:24 · 21:06	1.3F · -1.9E · 1.7F · -2.3E
3 Su	00:36 · 06:24 · 12:42 · 18:30	03:06 · 09:36 · 15:12 · 21:54	1.6F · -2.2E · 2.0F · -2.5E
4 M	01:18 · 07:12 · 13:30 · 19:24	03:42 · 10:24 · 16:00 · 22:42	1.9F · -2.5E · 2.2F · -2.8E
5 Tu	02:00 · 07:54 · 14:18 · 20:06	04:30 · 11:12 · 16:48 · 23:30	2.2F · -2.8E · 2.4F · -3.0E
6 W ●	02:42 · 08:42 · 15:06 · 20:54	05:12 · 12:00 · 17:36	2.4F · -3.0E · 2.5F
7 Th	03:24 · 09:30 · 16:00 · 21:48	00:12 · 06:00 · 12:48 · 18:24	-3.1E · 2.6F · -3.2E · 2.6F
8 F	04:12 · 10:18 · 16:48 · 22:36	01:00 · 06:42 · 13:36 · 19:12	-3.1E · 2.7F · -3.3E · 2.5F
9 Sa	04:54 · 11:06 · 17:42 · 23:30	01:48 · 07:30 · 14:30 · 20:06	-3.0E · 2.7F · -3.2E · 2.3F
10 Su	05:48 · 12:00 · 18:42	02:36 · 08:24 · 15:24 · 21:00	-2.8E · 2.5F · -3.1E · 2.0F
11 M	00:24 · 06:42 · 13:00 · 19:48	03:30 · 09:18 · 16:24 · 22:06	-2.6E · 2.3F · -2.9E · 1.7F
12 Tu	01:24 · 07:42 · 14:06 · 20:54	04:30 · 10:24 · 17:30 · 23:18	-2.3E · 2.0F · -2.7E · 1.5F
13 W ◐	02:30 · 08:54 · 15:12 · 22:00	05:36 · 11:42 · 18:42	-2.0E · 1.8F · -2.5E
14 Th	03:42 · 10:06 · 16:18 · 23:06	00:42 · 07:12 · 13:12 · 20:00	1.4F · -1.9E · 1.8F · -2.5E
15 F	04:48 · 11:18 · 17:18	02:00 · 08:36 · 14:24 · 21:06	1.5F · -2.1E · 1.9F · -2.6E
16 Sa	00:00 · 05:54 · 12:24 · 18:18	03:00 · 09:36 · 15:24 · 21:54	1.7F · -2.4E · 2.0F · -2.7E
17 Su	00:54 · 06:48 · 13:18 · 19:06	03:48 · 10:30 · 16:12 · 22:42	1.9F · -2.6E · 2.0F · -2.8E
18 M	01:36 · 07:42 · 14:06 · 19:54	04:30 · 11:18 · 17:06 · 23:24	2.0F · -2.8E · 2.0F · -2.7E
19 Tu	02:12 · 14:54 · 20:36	05:12 · 12:06 · 17:48	2.1F · -2.9E · 2.0F
20 W ○	02:54 · 09:06 · 15:36 · 21:18	00:00 · 05:48 · 12:42 · 18:30	-2.7E · 2.1F · -2.9E · 2.0F
21 Th	03:30 · 09:42 · 16:18 · 21:54	00:36 · 06:18 · 13:18 · 19:06	-2.6E · 2.1F · -2.8E · 1.8F
22 F	04:06 · 10:18 · 17:00 · 22:36	01:06 · 06:42 · 13:54 · 19:36	-2.5E · 2.0F · -2.7E · 1.7F
23 Sa	04:42 · 10:54 · 17:42 · 23:12	01:36 · 07:18 · 14:24 · 20:12	-2.4E · 2.0F · -2.5E · 1.6F
24 Su	05:18 · 11:30 · 18:24 · 23:54	02:06 · 07:48 · 14:54 · 20:48	-2.2E · 1.9F · -2.4E · 1.4F
25 M	06:00 · 12:06 · 19:06	02:48 · 08:30 · 15:24 · 21:30	-2.1E · 1.8F · -2.3E · 1.2F
26 Tu	00:36 · 06:36 · 12:48 · 19:54	03:30 · 09:12 · 16:00 · 22:06	-2.0E · 1.7F · -2.2E · 1.1F
27 W	01:24 · 07:24 · 13:30 · 20:42	04:12 · 10:00 · 16:42 · 23:00	-1.9E · 1.6F · -2.1E · 1.1F
28 Th ◐	02:12 · 08:24 · 14:24 · 21:36	05:00 · 10:54 · 17:30 · 23:54	-1.8E · 1.5F · -2.1E · 1.1F
29 F	03:06 · 09:24 · 15:12 · 22:24	05:54 · 11:54 · 18:24	-1.7E · 1.5F · -2.1E
30 Sa	04:06 · 10:24 · 16:12 · 23:12	00:54 · 06:54 · 12:54 · 19:24	1.2F · -1.8E · 1.6F · -2.2E
31 Su	05:00 · 11:24 · 17:06	01:42 · 08:06 · 13:48 · 20:24	1.5F · -2.0E · 1.8F · -2.4E

November

Date	Slack (h m)	Maximum (h m)	knots
1 M	00:00 · 05:54 · 12:18 · 18:00	02:24 · 09:06 · 14:42 · 21:18	1.8F · -2.3E · 2.0F · -2.6E
2 Tu	00:42 · 06:42 · 13:12 · 18:54	03:12 · 10:00 · 15:36 · 22:12	2.1F · -2.6E · 2.2F · -2.8E
3 W	01:30 · 07:36 · 14:00 · 19:42	04:00 · 10:54 · 16:24 · 23:00	2.3F · -2.9E · 2.3F · -3.0E
4 Th ●	02:12 · 08:24 · 14:54 · 20:36	04:48 · 11:48 · 17:18 · 23:54	2.5F · -3.1E · 2.4F · -3.0E
5 F	03:00 · 09:12 · 15:48 · 21:30	05:36 · 12:36 · 18:12	2.7F · -3.3E · 2.4F
6 Sa	03:48 · 10:06 · 16:42 · 22:18	00:42 · 06:24 · 13:30 · 19:00	-3.0E · 2.8F · -3.3E · 2.3F
7 Su	04:36 · 11:00 · 17:36 · 23:18	01:30 · 07:18 · 14:24 · 19:54	-2.9E · 2.7F · -3.3E · 2.1F
8 M	05:30 · 11:54 · 18:30	02:24 · 08:06 · 15:18 · 20:48	-2.7E · 2.5F · -3.2E · 1.9F
9 Tu	00:12 · 06:24 · 12:48 · 19:30	03:24 · 09:12 · 16:12 · 21:54	-2.5E · 2.3F · -3.0E · 1.6F
10 W	01:12 · 07:30 · 13:48 · 20:36	04:18 · 10:18 · 17:12 · 23:12	-2.2E · 2.0F · -2.7E · 1.5F
11 Th ◐	02:18 · 08:36 · 14:48 · 21:36	05:30 · 11:36 · 18:18	-2.0E · 1.8F · -2.5E
12 F	03:24 · 15:48 · 22:36	00:30 · 06:54 · 13:00 · 19:30	1.5F · -2.0E · 1.7F · -2.4E
13 Sa	04:30 · 11:00 · 16:48 · 23:30	01:36 · 08:18 · 14:06 · 20:30	1.6F · -2.1E · 1.8F · -2.4E
14 Su	05:30 · 12:06 · 17:42	02:36 · 09:18 · 15:00 · 21:24	1.7F · -2.3E · 1.8F · -2.5E
15 M	00:18 · 06:24 · 13:00 · 18:36	03:18 · 10:12 · 15:48 · 22:12	1.8F · -2.5E · 1.8F · -2.5E
16 Tu	01:00 · 07:12 · 13:48 · 19:18	04:00 · 10:54 · 16:30 · 22:54	1.9F · -2.7E · 1.8F · -2.5E
17 W	01:42 · 07:54 · 14:30 · 20:00	04:36 · 11:42 · 17:18 · 23:30	2.0F · -2.7E · 1.8F · -2.4E
18 Th	02:18 · 08:36 · 15:12 · 20:42	05:12 · 12:18 · 17:54	2.0F · -2.7E · 1.7F
19 F ○	02:54 · 09:12 · 15:54 · 21:24	00:00 · 05:42 · 12:54 · 18:30	-2.4E · 2.0F · -2.7E · 1.7F
20 Sa	03:36 · 09:48 · 16:36 · 22:06	00:30 · 06:12 · 13:24 · 19:06	-2.3E · 2.0F · -2.6E · 1.6F
21 Su	04:12 · 10:24 · 17:12 · 22:42	01:06 · 06:48 · 13:48 · 19:36	-2.3E · 2.0F · -2.5E · 1.5F
22 M	04:48 · 11:00 · 17:54 · 23:24	01:36 · 07:18 · 14:18 · 20:12	-2.2E · 2.0F · -2.5E · 1.4F
23 Tu	05:24 · 11:36 · 18:30	02:18 · 08:00 · 14:54 · 20:48	-2.2E · 2.0F · -2.5E · 1.4F
24 W	00:06 · 06:06 · 12:18 · 19:12	03:00 · 08:42 · 15:30 · 21:30	-2.1E · 1.9F · -2.4E · 1.3F
25 Th	00:48 · 06:54 · 13:00 · 20:00	03:48 · 09:30 · 16:12 · 22:18	-2.1E · 1.8F · -2.4E · 1.3F
26 F ◐	01:36 · 07:48 · 13:48 · 20:48	04:36 · 10:24 · 17:00 · 23:06	-2.0E · 1.7F · -2.4E · 1.3F
27 Sa	02:30 · 08:48 · 14:36 · 21:36	05:24 · 11:18 · 17:48	-2.0E · 1.7F · -2.4E
28 Su	03:24 · 09:48 · 15:36 · 22:30	00:00 · 06:18 · 12:18 · 18:48	1.5F · -2.1E · 1.7F · -2.4E
29 M	04:24 · 10:54 · 16:30 · 23:24	01:00 · 07:30 · 13:18 · 19:48	1.6F · -2.1E · 1.9F · -2.5E
30 Tu	05:24 · 11:54 · 17:30	01:54 · 08:18 · 14:18 · 20:48	1.9F · -2.3E · 2.0F · -2.6E

December

Date	Slack (h m)	Maximum (h m)	knots
1 W	00:12 · 06:18 · 12:48 · 18:24	02:48 · 09:42 · 15:12 · 21:48	2.2F · -2.6E · 2.1F · -2.7E
2 Th	01:00 · 07:12 · 13:48 · 19:24	03:36 · 10:42 · 16:06 · 22:42	2.4F · -2.9E · 2.2F · -2.8E
3 F	01:54 · 08:06 · 14:42 · 20:18	04:30 · 11:36 · 17:00 · 23:36	2.6F · -3.1E · 2.2F · -2.9E
4 Sa ●	02:42 · 09:00 · 15:36 · 21:12	05:18 · 12:30 · 18:00	2.7F · -3.3E · 2.2F
5 Su	03:30 · 09:54 · 16:30 · 22:12	00:30 · 06:12 · 13:24 · 18:54	-2.8E · 2.7F · -3.4E · 2.1F
6 M	04:24 · 10:48 · 17:24 · 23:06	01:24 · 07:06 · 14:12 · 19:42	-2.8E · 2.7F · -3.3E · 2.0F
7 Tu	05:18 · 11:42 · 18:18	02:18 · 08:00 · 15:06 · 20:42	-2.6E · 2.5F · -3.2E · 1.8F
8 W	00:00 · 06:18 · 12:36 · 19:12	03:18 · 09:06 · 16:00 · 21:42	-2.5E · 2.3F · -3.0E · 1.7F
9 Th	01:00 · 07:18 · 13:30 · 20:12	04:12 · 10:12 · 16:54 · 22:54	-2.3E · 2.0F · -2.7E · 1.5F
10 F	02:00 · 08:24 · 14:24 · 21:06	05:18 · 11:24 · 17:48	-2.1E · 1.8F · -2.5E
11 Sa ◐	03:00 · 09:30 · 15:18 · 22:00	00:00 · 06:30 · 12:30 · 18:48	1.5F · -2.0E · 1.7F · -2.3E
12 Su	03:54 · 10:36 · 16:12 · 22:54	01:06 · 07:48 · 13:36 · 19:54	1.5F · -2.1E · 1.6F · -2.2E
13 M	04:54 · 11:36 · 17:06 · 23:42	02:00 · 08:48 · 14:30 · 20:48	1.6F · -2.2E · 1.6F · -2.2E
14 Tu	05:48 · 12:30 · 17:54	02:48 · 09:42 · 15:18 · 21:36	1.7F · -2.3E · 1.6F · -2.2E
15 W	00:30 · 06:36 · 13:24 · 18:42	03:24 · 10:30 · 16:00 · 22:18	1.7F · -2.4E · 1.6F · -2.2E
16 Th	01:06 · 07:24 · 14:06 · 19:30	04:00 · 11:12 · 16:48 · 22:54	1.8F · -2.5E · 1.6F · -2.2E
17 F	01:48 · 08:00 · 14:48 · 20:12	04:30 · 11:54 · 17:24 · 23:30	1.8F · -2.5E · 1.5F · -2.2E
18 Sa	02:24 · 08:42 · 15:24 · 20:54	05:06 · 12:24 · 18:06	1.9F · -2.5E · 1.5F
19 Su ○	03:06 · 09:18 · 16:06 · 21:36	00:00 · 05:42 · 12:54 · 18:36	-2.2E · 2.0F · -2.5E · 1.5F
20 M	03:42 · 09:54 · 16:42 · 22:12	00:36 · 06:18 · 13:18 · 19:06	-2.3E · 2.0F · -2.5E · 1.5F
21 Tu	04:18 · 10:30 · 17:18 · 22:54	01:12 · 06:54 · 13:48 · 19:36	-2.3E · 2.1F · -2.6E · 1.5F
22 W	05:00 · 11:06 · 17:54 · 23:36	01:54 · 07:30 · 14:24 · 20:12	-2.3E · 2.1F · -2.6E · 1.6F
23 Th	05:42 · 11:48 · 18:36	02:36 · 08:12 · 15:00 · 20:48	-2.3E · 2.1F · -2.7E · 1.6F
24 F	00:18 · 06:30 · 12:30 · 19:18	03:18 · 09:00 · 15:42 · 21:36	-2.3E · 2.1F · -2.7E · 1.6F
25 Sa	01:00 · 07:18 · 13:12 · 20:06	04:06 · 09:54 · 16:30 · 22:30	-2.3E · 2.0F · -2.7E · 1.7F
26 Su	01:54 · 08:18 · 14:06 · 20:54	05:00 · 10:48 · 17:18 · 23:24	-2.3E · 1.9F · -2.6E · 1.7F
27 M ◐	02:54 · 09:18 · 15:06 · 21:54	05:54 · 11:48 · 18:12	-2.2E · 1.9F · -2.5E
28 Tu	03:54 · 10:24 · 16:00 · 22:48	00:24 · 07:00 · 12:54 · 19:18	1.8F · -2.2E · 1.9F · -2.5E
29 W	04:54 · 11:30 · 17:06 · 23:48	01:24 · 08:18 · 13:54 · 20:24	2.0F · -2.4E · 1.9F · -2.5E
30 Th	05:54 · 12:36 · 18:06	02:24 · 09:30 · 14:54 · 21:30	2.2F · -2.6E · 2.0F · -2.6E
31 F	00:42 · 07:00 · 13:30 · 19:06	03:18 · 10:30 · 15:54 · 22:30	2.4F · -2.9E · 2.0F · -2.6E

Station ID: CFR1605 Depth: 25 feet
Source: NOAA/NOS/CO-OPS
Station Type: Harmonic
Time Zone: LST

NOAA Tidal Current Predictions

Wilmington, USS North Carolina, 2021
Latitude: 34.2335° N Longitude: 77.9503° W
Mean Flood Dir. 0° (T) Mean Ebb Dir. 180° (T)
Times and speeds of maximum and minimum current, in knots

January

Day	Slack (h m)	Maximum (h m / knots)
1 F	06:00, 12:18, 19:12	02:18 -1.9E, 08:42 2.4F, 15:00 -1.9E, 21:12 1.3F
2 Sa	00:18, 06:48, 13:06, 19:54	03:06 -2.0E, 09:24 2.4F, 15:42 -2.0E, 22:00 1.4F
3 Su	01:12, 07:42, 13:54, 20:42	04:00 -2.0E, 10:18 2.3F, 16:30 -2.0E, 22:54 1.4F
4 M	02:06, 08:36, 14:48, 21:36	04:54 -1.9E, 11:12 2.2F, 17:24 -1.9E, 23:54 1.5F
5 Tu	03:12, 09:42, 15:42, 22:30	05:54 -1.9E, 12:12 2.0F, 18:24 -1.9E
6 W	04:18, 10:48, 16:42, 23:30	01:00 1.5F, 07:00 -1.9E, 13:18 1.8F, 19:18 -1.9E
7 Th	05:24, 11:54, 17:36	02:30 1.7F, 08:06 -1.8E, 14:36 1.7F, 20:18 -1.9E
8 F	00:24, 06:30, 13:00, 18:30	03:54 1.9F, 09:54 -1.7E, 16:00 1.6F, 21:18 -1.9E
9 Sa	01:24, 07:36, 14:12, 19:24	04:54 2.1F, 11:30 -1.8E, 17:06 1.5F, 22:30 -1.9E
10 Su	02:18, 08:42, 15:12, 20:18	05:54 2.3F, 12:36 -2.0E, 18:06 1.4F, 23:48 -1.9E
11 M	03:12, 09:42, 16:12, 21:12	06:48 2.5F, 13:36 -2.1E, 19:06 1.4F
12 Tu	04:00, 10:36, 17:06, 22:06	00:54 -2.0E, 07:42 2.6F, 14:24 -2.1E, 20:00 1.4F
13 W	04:48, 11:24, 17:54, 23:00	01:54 -2.0E, 08:30 2.5F, 15:12 -2.2E, 20:54 1.4F
14 Th	05:36, 12:06, 18:42, 23:54	02:36 -1.9E, 09:18 2.4F, 15:54 -2.1E, 21:42 1.5F
15 F	06:30, 12:48, 19:18	03:24 -1.9E, 10:00 2.1F, 16:36 -2.0E, 22:30 1.5F
16 Sa	00:48, 07:18, 13:30, 20:00	04:12 -1.8E, 10:48 1.9F, 17:12 -1.9E, 23:24 1.5F
17 Su	01:42, 08:06, 14:12, 20:42	05:06 -1.7E, 11:42 1.6F, 17:48 -1.8E
18 M	02:36, 09:00, 14:54, 21:30	00:18 1.5F, 06:06 -1.6E, 12:30 1.4F, 18:24 -1.7E
19 Tu	03:30, 09:54, 15:42, 22:24	01:12 1.5F, 07:00 -1.5E, 13:24 1.3F, 19:06 -1.7E
20 W	04:30, 10:54, 16:30, 23:12	02:06 1.5F, 07:54 -1.4E, 14:18 1.2F, 19:42 -1.7E
21 Th	05:18, 11:36, 17:18	02:54 1.5F, 09:00 -1.3E, 15:06 1.2F, 20:30 -1.7E
22 F	00:00, 06:12, 12:30, 18:00	03:42 1.5F, 10:00 -1.3E, 15:54 1.1F, 21:12 -1.7E
23 Sa	00:48, 07:00, 13:18, 18:42	04:30 1.5F, 10:54 -1.3E, 16:30 1.1F, 21:54 -1.7E
24 Su	01:30, 07:48, 14:12, 19:24	05:00 1.6F, 11:48 -1.3E, 16:54 1.0F, 22:24 -1.7E
25 M	02:12, 08:30, 15:00, 20:06	05:06 1.7F, 12:36 -1.3E, 17:06 1.0F, 23:00 -1.7E
26 Tu	02:54, 09:12, 15:48, 20:48	05:24 1.8F, 13:18 -1.4E, 17:42 1.0F, 23:42 -1.8E
27 W	03:30, 09:54, 16:30, 21:30	06:00 2.0F, 13:18 -1.5E, 18:30 1.1F
28 Th	04:12, 10:30, 17:12, 22:18	00:24 -1.9E, 06:48 2.2F, 13:18 -1.7E, 19:12 1.3F
29 F	04:54, 11:12, 17:54, 23:06	01:12 -2.0E, 07:30 2.4F, 13:54 -1.8E, 20:00 1.4F
30 Sa	05:42, 11:54, 18:36, 23:54	02:00 -2.1E, 08:18 2.5F, 14:36 -1.9E, 20:48 1.5F
31 Su	06:30, 12:42, 19:24	02:48 -2.2E, 09:06 2.4F, 15:18 -2.0E, 21:36 1.6F

February

Day	Slack (h m)	Maximum (h m / knots)
1 M	00:48, 07:30, 13:36, 20:12	03:42 -2.2E, 10:00 2.3F, 16:12 -1.9E, 22:30 1.6F
2 Tu	01:48, 08:24, 14:30, 21:12	04:42 -2.1E, 11:00 2.2F, 17:06 -1.9E, 23:36 1.6F
3 W	02:54, 09:30, 15:24, 22:12	05:42 -2.0E, 12:00 2.0F, 18:06 -1.9E
4 Th	04:00, 10:36, 16:24, 23:12	00:54 1.6F, 06:48 -1.8E, 13:12 1.7F, 19:06 -1.9E
5 F	05:12, 11:42, 17:18	02:30 1.8F, 08:12 -1.7E, 14:36 1.6F, 20:00 -1.9E
6 Sa	00:06, 06:12, 12:48, 18:06	03:42 2.0F, 10:12 -1.7E, 15:54 1.5F, 21:12 -1.9E
7 Su	01:06, 07:24, 13:54, 19:00	04:42 2.2F, 11:24 -1.8E, 16:54 1.4F, 22:42 -1.9E
8 M	02:00, 08:30, 14:54, 20:00	05:36 2.4F, 12:24 -1.9E, 17:54 1.4F
9 Tu	02:54, 09:24, 15:48, 20:54	00:00 -1.9E, 06:30 2.4F, 13:18 -2.0E, 18:48 1.4F
10 W	03:42, 10:12, 16:36, 21:48	01:00 -2.0E, 07:24 2.4F, 14:00 -2.0E, 19:42 1.5F
11 Th	04:36, 10:54, 17:18, 22:42	01:48 -2.0E, 08:12 2.3F, 14:42 -2.0E, 20:30 1.6F
12 F	05:24, 11:36, 18:00, 23:36	02:36 -2.0E, 08:54 2.1F, 15:24 -1.9E, 21:18 1.6F
13 Sa	06:12, 12:18, 18:42	03:18 -2.0E, 09:42 1.9F, 15:54 -1.9E, 22:00 1.6F
14 Su	00:24, 07:00, 13:00, 19:24	04:00 -1.9E, 10:24 1.7F, 16:30 -1.8E, 22:48 1.6F
15 M	01:18, 07:42, 13:42, 20:06	04:42 -1.8E, 11:12 1.6F, 17:06 -1.7E, 23:36 1.5F
16 Tu	02:06, 08:30, 14:24, 20:54	05:30 -1.7E, 12:00 1.4F, 17:48 -1.7E
17 W	02:54, 09:18, 15:12, 21:48	00:30 1.4F, 06:18 -1.5E, 12:48 1.3F, 18:24 -1.7E
18 Th	03:48, 10:06, 16:00, 22:36	01:24 1.3F, 07:00 -1.4E, 13:30 1.2F, 19:00 -1.7E
19 F	04:42, 11:00, 16:42, 23:24	02:12 1.3F, 07:54 -1.3E, 14:18 1.1F, 19:36 -1.6E
20 Sa	05:30, 11:54, 17:24	03:00 1.3F, 09:12 -1.2E, 15:00 1.0F, 20:18 -1.6E
21 Su	00:06, 06:18, 12:42, 18:06	03:30 1.4F, 10:18 -1.1E, 15:06 1.0F, 20:54 -1.6E
22 M	00:54, 07:00, 13:36, 18:48	03:30 1.5F, 11:00 -1.2E, 15:42 1.0F, 21:36 -1.7E
23 Tu	01:36, 07:48, 14:24, 19:30	04:06 1.7F, 10:36 -1.2E, 16:24 1.0F, 22:24 -1.7E
24 W	02:18, 08:30, 15:12, 20:18	04:48 1.9F, 11:06 -1.4E, 17:12 1.2F, 23:12 -1.9E
25 Th	03:00, 09:12, 15:54, 21:06	05:30 2.0F, 11:54 -1.5E, 18:00 1.3F
26 F	03:48, 10:00, 16:36, 21:54	00:00 -2.0E, 06:24 2.2F, 12:36 -1.7E, 18:48 1.5F
27 Sa	04:42, 10:48, 17:18, 22:48	00:48 -2.2E, 07:12 2.3F, 13:24 -1.8E, 19:36 1.7F
28 Su	05:30, 11:36, 18:06, 23:36	01:42 -2.3E, 08:06 2.4F, 14:12 -1.9E, 20:30 1.8F

March

Day	Slack (h m)	Maximum (h m / knots)
1 M	06:24, 12:24, 18:54	02:36 -2.4E, 08:54 2.4F, 15:00 -1.9E, 21:18 1.8F
2 Tu	00:36, 07:18, 13:18, 19:48	03:30 -2.3E, 09:48 2.2F, 15:54 -1.9E, 22:12 1.8F
3 W	01:36, 08:18, 14:12, 20:48	04:30 -2.2E, 10:48 2.0F, 16:48 -1.9E, 23:24 1.7F
4 Th	02:42, 09:18, 15:06, 21:48	05:36 -2.0E, 11:54 1.8F, 17:48 -1.9E
5 F	03:48, 10:24, 16:00, 22:48	01:06 1.8F, 06:54 -1.8E, 13:12 1.6F, 18:48 -1.9E
6 Sa	05:00, 11:30, 16:54, 23:48	02:18 1.9F, 08:36 -1.7E, 14:36 1.4F, 19:48 -1.8E
7 Su	06:06, 12:36, 17:48	03:24 2.1F, 10:00 -1.7E, 15:42 1.4F, 21:12 -1.8E
8 M	00:42, 07:00, 13:36, 18:48	04:24 2.2F, 11:00 -1.8E, 16:42 1.4F, 22:48 -1.8E
9 Tu	01:42, 08:00, 14:30, 19:42	05:18 2.2F, 11:54 -1.8E, 17:36 1.5F, 23:54 -1.9E
10 W	02:36, 08:54, 15:18, 20:42	06:06 2.1F, 12:48 -1.8E, 18:24 1.6F
11 Th	03:30, 09:36, 16:00, 21:36	00:48 -2.0E, 07:00 2.0F, 13:30 -1.8E, 19:18 1.7F
12 F	04:24, 10:24, 16:42, 22:30	01:42 -2.1E, 07:48 1.9F, 14:12 -1.8E, 20:06 1.8F
13 Sa	05:06, 11:06, 17:24, 23:18	02:24 -2.1E, 08:36 1.9F, 14:48 -1.8E, 20:48 1.8F
14 Su	05:54, 11:48, 18:06	03:06 -2.1E, 09:18 1.8F, 15:18 -1.8E, 21:30 1.8F
15 M	00:00, 06:36, 12:30, 18:48	03:42 -2.0E, 09:54 1.7F, 15:48 -1.7E, 22:06 1.6F
16 Tu	00:48, 07:18, 13:12, 19:30	04:12 -1.9E, 10:36 1.6F, 16:18 -1.7E, 22:42 1.5F
17 W	01:30, 08:00, 13:54, 20:18	05:00 -1.7E, 11:12 1.4F, 17:00 -1.6E, 22:48 1.4F
18 Th	02:18, 08:48, 14:36, 21:06	05:36 -1.6E, 11:42 1.3F, 17:42 -1.6E, 23:30 1.3F
19 F	03:06, 09:36, 15:24, 21:54	06:18 -1.4E, 11:54 1.2F, 18:12 -1.6E
20 Sa	04:00, 10:30, 16:06, 22:36	00:12 1.3F, 06:48 -1.3E, 12:36 1.1F, 18:54 -1.6E
21 Su	04:42, 11:18, 16:48, 23:24	00:54 1.3F, 07:24 -1.3E, 13:24 1.0F, 19:30 -1.6E
22 M	05:30, 12:06, 17:30	01:42 1.4F, 08:00 -1.3E, 14:12 1.0F, 20:12 -1.6E
23 Tu	00:06, 06:12, 13:00, 18:18	02:30 1.5F, 08:42 -1.3E, 15:06 1.1F, 21:00 -1.6E
24 W	00:54, 07:00, 13:42, 19:06	03:24 1.7F, 09:30 -1.4E, 15:54 1.2F, 21:54 -1.7E
25 Th	01:48, 08:06, 14:30, 19:54	04:12 1.8F, 10:18 -1.5E, 16:42 1.4F, 22:48 -1.9E
26 F	02:42, 08:36, 15:18, 20:48	05:06 2.0F, 11:12 -1.6E, 17:36 1.6F, 23:42 -2.1E
27 Sa	03:36, 09:30, 16:00, 21:42	06:00 2.1F, 12:00 -1.7E, 18:24 1.7F
28 Su	04:30, 10:24, 16:48, 22:30	00:36 -2.3E, 07:00 2.2F, 12:54 -1.8E, 19:18 1.9F
29 M	05:18, 11:12, 17:42, 23:30	01:36 -2.4E, 07:54 2.2F, 13:48 -1.9E, 20:12 2.0F
30 Tu	06:12, 12:06, 18:30	02:30 -2.4E, 08:48 2.2F, 14:42 -1.9E, 21:06 2.0F
31 W	00:24, 07:12, 12:54, 19:24	03:24 -2.3E, 09:42 2.0F, 15:36 -1.9E, 22:06 2.0F

Station ID: CFR1605 Depth: 25 feet
Source: NOAA/NOS/CO-OPS
Station Type: Harmonic
Time Zone: LST

NOAA Tidal Current Predictions

Wilmington, USS North Carolina, 2021
Latitude: 34.2335° N Longitude: 77.9503° W
Mean Flood Dir. 0° (T) Mean Ebb Dir. 180° (T)
Times and speeds of maximum and minimum current, in knots

April

Day	Slack (h m)	Maximum (h m)	knots
1 Th	01:24	04:30	-2.1E
	08:06	10:42	1.8F
	13:48	16:30	-1.9E
	20:24	23:30	1.9F
2 F	02:30	05:48	-1.9E
	09:12	12:00	1.5F
	14:42	17:30	-1.8E
	21:18		
3 Sa		00:54	1.9F
	03:36	07:18	-1.8E
	10:12	13:18	1.4F
	15:36	18:30	-1.7E
	22:18		
4 Su		02:00	2.0F
	04:42	08:36	-1.8E
	11:18	14:30	1.4F
	16:36	19:42	-1.7E
	23:24		
5 M		03:06	2.0F
	05:36	09:36	-1.7E
	12:12	15:30	1.4F
	17:36	21:36	-1.7E
6 Tu	00:24	04:00	1.9F
	06:30	10:36	-1.7E
	13:06	16:24	1.6F
	18:36	22:42	-1.8E
7 W	01:24	04:54	1.9F
	07:24	11:24	-1.7E
	13:54	17:12	1.7F
	19:30	23:36	-1.9E
8 Th	02:24	05:42	1.8F
	08:12	12:06	-1.7E
	14:36	18:00	1.8F
	20:30		
9 F		00:30	-2.0E
	03:18	06:36	1.7F
	09:18	12:54	-1.7E
	15:18	18:48	1.9F
	21:18		
10 Sa		01:18	-2.1E
	04:06	07:24	1.6F
	09:42	13:36	-1.7E
	16:00	19:36	1.9F
	22:06		
11 Su		02:06	-2.1E
	04:48	08:06	1.6F
	10:30	14:12	-1.7E
	16:48	20:18	1.9F
	22:54		
12 M ●		02:42	-2.1E
	05:30	08:48	1.6F
	11:12	14:42	-1.7E
	17:30	20:54	1.8F
	23:36		
13 Tu		03:18	-2.0E
	06:12	09:24	1.6F
	11:54	15:12	-1.7E
	18:12	21:24	1.7F
14 W	00:18	03:54	-1.9E
	06:54	10:00	1.5F
	12:36	15:36	-1.7E
	18:54	21:30	1.6F
15 Th	01:00	04:30	-1.7E
	07:36	10:06	1.3F
	13:18	16:12	-1.6E
	19:36	22:00	1.6F
16 F	01:48	04:54	-1.6E
	08:24	10:30	1.2F
	14:00	16:48	-1.6E
	20:18	22:36	1.5F
17 Sa	02:30	05:24	-1.5E
	09:12	11:12	1.1F
	14:42	17:24	-1.5E
	21:06	23:18	1.5F
18 Su	03:12	06:00	-1.5E
	10:00	12:00	1.0F
	15:24	18:06	-1.5E
	21:48		
19 M		00:06	1.6F
	03:54	06:36	-1.5E
	10:48	12:48	1.0F
	16:12	18:48	-1.5E
	22:36		
20 Tu ◐		01:00	1.6F
	04:42	07:18	-1.5E
	11:36	13:36	1.1F
	17:00	19:36	-1.6E
	23:30		
21 W		01:48	1.6F
	05:30	08:00	-1.6E
	12:18	14:30	1.2F
	17:54	20:30	-1.7E
22 Th	00:24	02:48	1.7F
	06:18	08:48	-1.6E
	13:06	15:30	1.4F
	18:42	21:24	-1.8E
23 F	01:24	03:48	1.8F
	07:12	09:42	-1.6E
	13:54	16:24	1.6F
	19:36	22:24	-2.0E
24 Sa	02:24	04:48	1.9F
	08:06	10:42	-1.7E
	14:48	17:18	1.8F
	20:30	23:30	-2.1E
25 Su	03:18	05:48	1.9F
	09:06	11:36	-1.7E
	15:36	18:12	1.9F
	21:30		
26 M		00:30	-2.3E
	04:18	06:48	2.0F
	10:00	12:36	-1.8E
	16:30	19:12	2.1F
	22:24		
27 Tu ○		01:36	-2.3E
	05:12	07:48	2.0F
	11:00	13:36	-1.9E
	17:18	20:12	2.2F
	23:24		
28 W		02:36	-2.3E
	06:06	08:42	1.9F
	11:42	14:24	-2.0E
	18:12	21:12	2.3F
29 Th	00:24	03:42	-2.2E
	07:06	09:42	1.7F
	12:30	15:18	-1.9E
	19:00	22:12	2.2F
30 F	01:18	05:00	-2.1E
	07:42	10:48	1.5F
	13:24	16:06	-1.8E
	19:54	23:24	2.1F

May

Day	Slack (h m)	Maximum (h m)	knots
1 Sa	02:18	06:06	-2.0E
	09:00	12:00	1.4F
	14:18	17:12	-1.7E
	20:54		
2 Su		00:36	2.0F
	03:18	07:06	-1.9E
	10:00	13:12	1.3F
	15:18	18:18	-1.6E
	21:54		
3 M ◐		01:36	1.9F
	04:12	08:06	-1.8E
	10:54	14:12	1.4F
	16:24	19:48	-1.5E
	22:54		
4 Tu		02:36	1.8F
	05:06	09:06	-1.7E
	11:48	15:06	1.5F
	17:24	21:18	-1.6E
5 W	00:00	03:36	1.6F
	05:54	09:54	-1.7E
	12:30	16:00	1.7F
	18:24	22:24	-1.7E
6 Th	01:00	04:24	1.5F
	06:42	10:42	-1.6E
	13:18	16:48	1.8F
	19:18	23:18	-1.8E
7 F	02:00	05:18	1.5F
	07:30	11:30	-1.6E
	14:00	17:36	1.9F
	20:12		
8 Sa		00:12	-1.9E
	02:54	06:42	1.4F
	08:18	12:12	-1.6E
	14:48	18:24	2.0F
	21:00		
9 Su		01:00	-2.0E
	03:42	06:54	1.4F
	09:06	13:12	-1.7E
	15:30	19:12	2.0F
	21:48		
10 M		01:42	-2.0E
	04:24	07:36	1.5F
	09:54	13:36	-1.7E
	16:12	19:48	1.9F
	22:30		
11 Tu ●		02:24	-2.0E
	05:06	08:18	1.4F
	10:36	14:00	-1.8E
	17:00	20:24	1.9F
	23:12		
12 W		03:00	-2.0E
	05:48	08:54	1.4F
	11:18	14:24	-1.7E
	17:36	20:36	1.8F
	23:54		
13 Th		03:36	-1.8E
	06:30	09:24	1.3F
	12:00	14:54	-1.7E
	18:18	20:48	1.8F
14 F	00:36	04:00	-1.7E
	07:12	09:18	1.2F
	12:36	15:24	-1.6E
	18:54	21:24	1.9F
15 Sa	01:12	04:12	-1.7E
	07:48	09:54	1.1F
	13:18	16:00	-1.6E
	19:36	22:00	1.9F
16 Su	01:48	04:42	-1.6E
	08:42	10:36	1.1F
	14:00	16:42	-1.5E
	20:18	22:42	1.8F
17 M	02:30	05:12	-1.6E
	09:30	11:24	1.1F
	14:48	17:30	-1.5E
	21:06	23:36	1.8F
18 Tu	03:12	06:00	-1.7E
	10:12	12:12	1.1F
	15:42	18:18	-1.5E
	22:00		
19 W ◐		00:24	1.8F
	04:00	06:42	-1.7E
	11:00	13:06	1.3F
	16:36	19:06	-1.6E
	22:54		
20 Th		01:24	1.8F
	04:54	07:30	-1.8E
	11:48	14:06	1.4F
	17:30	20:06	-1.7E
21 F	00:00	02:24	1.7F
	05:48	08:06	-1.8E
	12:36	15:06	1.6F
	18:24	21:06	-1.8E
22 Sa	01:00	03:30	1.8F
	06:42	09:18	-1.8E
	13:30	16:06	1.8F
	19:24	22:12	-1.9E
23 Su	02:06	04:30	1.8F
	07:42	10:18	-1.8E
	14:24	17:12	1.9F
	20:24	23:24	-2.0E
24 M	03:06	05:36	1.8F
	08:36	11:18	-1.9E
	15:18	18:18	2.1F
	21:24		
25 Tu		00:48	-2.1E
	04:06	06:42	1.8F
	09:30	12:18	-1.9E
	16:06	19:24	2.3F
	22:24		
26 W ○		02:00	-2.2E
	05:00	07:48	1.7F
	10:24	13:18	-2.0E
	17:00	20:18	2.5F
	23:18		
27 Th		03:06	-2.3E
	06:00	08:42	1.6F
	11:12	14:12	-2.0E
	17:48	21:12	2.5F
28 F	00:18	04:00	-2.2E
	06:54	09:42	1.5F
	12:06	15:00	-1.9E
	18:42	22:12	2.4F
29 Sa	01:12	05:00	-2.1E
	07:54	10:48	1.4F
	13:00	15:54	-1.8E
	19:36	23:06	2.2F
30 Su	02:00	05:54	-2.0E
	08:42	11:48	1.3F
	14:00	16:54	-1.6E
	20:30		
31 M		00:12	2.0F
	02:54	06:48	-1.9E
	09:36	12:48	1.4F
	15:00	18:18	-1.5E
	21:30		

June

Day	Slack (h m)	Maximum (h m)	knots
1 Tu		01:12	1.7F
	03:42	07:36	-1.8E
	10:24	13:48	1.5F
	16:06	19:42	-1.5E
	22:30		
2 W ◐		02:12	1.5F
	04:30	08:18	-1.7E
	11:12	14:42	1.6F
	17:06	20:54	-1.5E
	23:36		
3 Th		03:06	1.4F
	05:18	09:12	-1.6E
	11:54	15:36	1.8F
	18:00	22:00	-1.6E
4 F	00:36	03:54	1.3F
	06:06	10:00	-1.6E
	12:42	16:24	1.9F
	18:54	22:54	-1.7E
5 Sa	01:30	04:48	1.3F
	06:54	10:48	-1.6E
	13:30	17:06	1.9F
	19:48	23:42	-1.7E
6 Su	02:18	05:30	1.3F
	07:42	11:30	-1.7E
	14:18	17:54	1.9F
	20:36		
7 M		00:30	-1.8E
	03:06	06:18	1.3F
	08:30	12:12	-1.7E
	15:00	18:42	1.9F
	21:24		
8 Tu		01:18	-1.8E
	03:54	07:00	1.3F
	09:12	12:48	-1.8E
	15:48	19:18	1.9F
	22:06		
9 W		02:00	-1.8E
	04:36	07:48	1.2F
	09:54	13:18	-1.8E
	16:24	19:48	1.9F
	22:48		
10 Th ●		02:42	-1.8E
	05:24	08:18	1.2F
	10:36	13:42	-1.8E
	17:06	20:00	2.0F
	23:24		
11 F		03:12	-1.8E
	06:06	08:24	1.1F
	11:18	14:06	-1.7E
	17:42	20:12	2.0F
12 Sa	00:00	03:24	-1.7E
	06:48	08:48	1.1F
	11:54	14:42	-1.7E
	18:18	20:48	2.1F
13 Su	00:36	03:30	-1.7E
	07:30	09:24	1.1F
	12:36	15:18	-1.8E
	18:54	21:30	2.1F
14 M	01:12	04:00	-1.8E
	08:12	10:06	1.1F
	13:24	16:06	-1.6E
	19:42	22:18	2.1F
15 Tu	01:54	04:42	-1.8E
	08:54	10:54	1.1F
	14:12	16:54	-1.7E
	20:30	23:06	2.0F
16 W	02:42	05:24	-1.8E
	09:36	11:42	1.3F
	15:06	17:48	-1.7E
	21:30		
17 Th		00:00	1.9F
	03:30	06:12	-1.9E
	10:24	12:42	1.4F
	16:06	18:42	-1.8E
	22:30		
18 F ◐		01:00	1.9F
	04:30	07:06	-1.9E
	11:18	13:42	1.5F
	17:06	19:42	-1.8E
	23:36		
19 Sa		02:00	1.8F
	05:24	08:00	-1.9E
	12:12	14:54	1.7F
	18:06	20:48	-1.8E
20 Su	00:42	03:06	1.7F
	06:18	08:54	-1.9E
	13:06	16:12	1.9F
	19:12	22:06	-1.8E
21 M	01:48	04:18	1.7F
	07:12	10:00	-1.9E
	14:06	17:18	2.1F
	20:12	23:48	-1.9E
22 Tu	02:48	05:30	1.6F
	08:12	11:00	-2.0E
	15:00	18:24	2.3F
	21:18		
23 W		01:12	-2.0E
	03:54	06:36	1.5F
	09:06	12:00	-2.0E
	15:48	19:18	2.5F
	22:18		
24 Th ○		02:12	-2.2E
	04:54	07:42	1.5F
	10:00	13:06	-2.0E
	16:42	20:18	2.6F
	23:12		
25 F		03:06	-2.2E
	05:48	08:42	1.4F
	10:54	14:00	-2.0E
	17:30	21:06	2.6F
26 Sa	00:06	03:54	-2.2E
	06:42	09:36	1.4F
	11:48	14:54	-1.9E
	18:24	21:54	2.4F
27 Su	00:54	04:42	-2.1E
	07:30	10:30	1.4F
	12:42	15:42	-1.8E
	19:12	22:48	2.1F
28 M	01:36	05:30	-2.0E
	08:18	11:30	1.4F
	13:42	17:00	-1.7E
	20:06	23:48	1.8F
29 Tu	02:24	06:12	-1.9E
	09:00	12:24	1.5F
	14:42	18:12	-1.6E
	21:06		
30 W		00:42	1.6F
	03:06	06:54	-1.8E
	09:48	13:18	1.5F
	15:42	19:18	-1.5E
	22:06		

Station ID: CFR1605 Depth: 25 feet
Source: NOAA/NOS/CO-OPS
Station Type: Harmonic
Time Zone: LST

NOAA Tidal Current Predictions

Wilmington, USS North Carolina, 2021

Latitude: 34.2335° N Longitude: 77.9503° W
Mean Flood Dir. 0° (T) Mean Ebb Dir. 180° (T)
Times and speeds of maximum and minimum current, in knots

July

Day	Slack (h m)	Maximum (h m)	knots
1 Th ◐	03:54	01:42	1.4F
	10:36	07:36	-1.7E
	16:36	14:12	1.6F
	23:00	20:18	-1.5E
2 F	04:42	02:36	1.3F
	11:24	08:12	-1.7E
	17:36	15:06	1.7F
		21:24	-1.5E
3 Sa	00:00	03:24	1.3F
	05:30	09:12	-1.7E
	12:12	15:54	1.7F
	18:24	22:18	-1.5E
4 Su	00:48	04:12	1.3F
		10:06	-1.7E
	13:00	16:42	1.8F
	19:18	23:12	-1.5E
5 M	01:42	05:00	1.2F
	07:06	10:42	-1.7E
	13:48	17:30	1.8F
	20:06		
6 Tu		00:06	-1.6E
	02:30	05:42	1.2F
	07:48	11:18	-1.8E
	14:30	18:12	1.8F
	20:54		
7 W		00:54	-1.6E
	03:18	06:24	1.1F
	08:36	11:48	-1.8E
	15:12	18:42	1.8F
	21:42		
8 Th		01:36	-1.6E
	04:06	07:06	1.0F
	09:18	12:24	-1.7E
	15:54	18:42	1.9F
	22:18		
9 F		02:18	-1.6E
	04:54	07:18	1.0F
	10:00	12:54	-1.8E
	16:30	19:06	2.0F
	22:54		
10 Sa ●		02:42	-1.7E
	05:36	07:36	1.1F
	10:36	13:30	-1.8E
	17:06	19:42	2.2F
	23:30		
11 Su		02:30	-1.7E
	06:12	08:12	1.1F
	11:18	14:06	-1.8E
	17:48	20:24	2.3F
12 M	00:06	02:48	-1.8E
	06:54	08:54	1.3F
	12:00	14:48	-1.9E
	18:30	21:06	2.3F
13 Tu	00:42	03:24	-1.9E
	07:36	09:36	1.3F
	12:48	15:36	-1.9E
	19:18	21:54	2.2F
14 W	01:30	04:06	-1.9E
	08:18	10:24	1.4F
	13:42	16:30	-1.9E
	20:12	22:42	2.2F
15 Th	02:18	04:54	-1.9E
	09:06	11:18	1.4F
	14:36	17:24	-1.9E
	21:06	23:42	2.0F
16 F	03:12	05:48	-1.9E
	10:00	12:18	1.5F
	15:42	18:24	-1.9E
	22:12		
17 Sa ◑	04:06	00:42	1.9F
	10:54	06:42	-1.9E
	16:48	13:24	1.6F
	23:18	19:24	-1.8E
18 Su	05:00	01:42	1.8F
	11:54	07:42	-2.0E
	17:54	15:00	1.8F
		20:36	-1.7E
19 M	00:24	03:00	1.6F
	06:00	08:42	-2.0E
	12:48	16:12	2.0F
	19:00	22:30	-1.7E
20 Tu	01:30	04:18	1.5F
	06:54	09:42	-2.0E
	13:48	17:12	2.3F
	20:06		
21 W	02:36	00:00	-1.8E
	07:48	05:24	1.4F
	14:42	10:48	-2.0E
	21:12	18:12	2.5F
22 Th	03:42	01:06	-2.0E
	09:36	06:30	1.4F
	15:36	12:00	-2.0E
	22:06	19:12	2.6F
23 F	04:36	02:00	-2.1E
	09:36	07:30	1.4F
	16:24	13:12	-2.0E
	23:00	20:00	2.6F
24 Sa ○	05:30	02:48	-2.1E
	10:36	08:24	1.5F
	17:18	14:12	-2.0E
	23:42	20:54	2.5F
25 Su	06:18	03:30	-2.1E
	11:30	09:18	1.5F
	18:06	15:00	-2.0E
		21:42	2.3F
26 M	00:30	04:18	-2.0E
	07:00	10:06	1.5F
	12:24	15:54	-1.9E
	19:00	22:30	2.0F
27 Tu	01:12	04:54	-1.9E
	07:42	11:00	1.5F
	13:18	16:54	-1.8E
	19:48	23:24	1.7F
28 W	01:54	05:36	-1.8E
	08:24	11:54	1.5F
	14:12	17:48	-1.7E
	20:42		
29 Th	02:36	00:12	1.5F
	09:12	06:12	-1.7E
	15:12	12:48	1.5F
	21:36	18:42	-1.6E
30 F	03:24	01:06	1.4F
	10:00	06:48	-1.7E
	16:06	13:42	1.5F
	22:24	19:42	-1.5E
31 Sa ◑	04:12	02:00	1.3F
	10:54	07:30	-1.7E
	17:00	14:36	1.5F
	23:18	20:42	-1.4E

August

Day	Slack (h m)	Maximum (h m)	knots
1 Su		02:48	1.3F
	05:00	08:18	-1.7E
	11:42	15:30	1.6F
	17:54	21:42	-1.4E
2 M	00:12	03:42	1.2F
	05:42	09:06	-1.7E
	12:30	16:12	1.6F
	18:42	22:36	-1.3E
3 Tu	01:06	04:24	1.1F
	06:30	09:48	-1.7E
	13:18	16:54	1.6F
	19:36	23:30	-1.4E
4 W	01:54	05:06	1.1F
	07:12	10:24	-1.7E
	14:00	17:24	1.7F
	20:18		
5 Th		00:24	-1.4E
	02:48	05:42	1.0F
	07:54	11:00	-1.7E
	14:36	17:36	1.7F
	21:00		
6 F		01:06	-1.4E
	03:36	06:42	1.0F
	08:42	11:36	-1.7E
	15:18	17:54	1.9F
	21:36		
7 Sa		01:42	-1.5E
	04:18	06:18	1.0F
	09:24	12:12	-1.8E
	16:00	18:30	2.0F
	22:18		
8 Su ●		01:18	-1.5E
	04:54	07:00	1.2F
	10:06	13:00	-1.9E
	16:42	19:12	2.2F
	22:54		
9 M		01:36	-1.7E
	05:36	07:42	1.3F
	10:48	13:42	-2.0E
	17:24	20:00	2.3F
	23:36		
10 Tu		02:12	-1.8E
	06:18	08:24	1.5F
	11:30	14:24	-2.1E
	18:12	20:48	2.3F
11 W	00:18	02:54	-1.9E
	07:00	09:06	1.6F
	12:24	15:18	-2.2E
	19:00	21:36	2.3F
12 Th	01:06	03:42	-1.9E
	07:42	10:00	1.6F
	13:18	16:06	-2.1E
	19:54	22:24	2.2F
13 F	02:00	04:36	-1.9E
	08:36	10:54	1.5F
	14:18	17:06	-2.0E
	20:54	23:24	2.0F
14 Sa	02:54	05:30	-1.9E
	09:36	12:00	1.6F
	15:24	18:12	-1.9E
	21:54		
15 Su ◐	03:48	00:24	1.8F
	10:36	06:24	-2.0E
	16:36	13:18	1.7F
	23:06	19:12	-1.8E
16 M	04:42	01:36	1.6F
	11:36	07:24	-2.0E
	17:42	15:00	1.9F
		20:48	-1.6E
17 Tu	00:12	03:00	1.5F
	05:36	08:24	-2.0E
	12:30	16:06	2.1F
	18:48	22:42	-1.7E
18 W	01:18	04:18	1.4F
	06:30	09:30	-2.0E
	13:30	17:06	2.3F
	19:54	23:48	-1.8E
19 Th	02:24	05:18	1.4F
	07:30	10:54	-2.0E
	14:24	18:00	2.4F
	20:54		
20 F		00:48	-1.9E
	03:24	06:18	1.4F
	08:30	12:24	-2.0E
	15:18	18:54	2.4F
	21:48		
21 Sa		01:36	-2.0E
	04:12	07:18	1.5F
	09:24	13:30	-2.1E
	16:12	19:48	2.3F
	22:30		
22 Su ○		02:24	-2.0E
	04:54	08:06	1.6F
	10:24	14:18	-2.1E
	17:06	20:36	2.2F
	23:18		
23 M		03:06	-1.9E
	05:36	08:54	1.7F
	11:12	15:06	-2.1E
	17:54	21:24	2.0F
24 Tu	00:00	03:42	-1.8E
	06:18	09:42	1.7F
	12:06	15:48	-2.0E
	18:42	22:06	1.7F
25 W	00:42	04:18	-1.8E
	07:00	10:24	1.7F
	12:54	16:30	-1.9E
	19:30	22:54	1.7F
26 Th	01:24	04:54	-1.7E
	07:48	11:18	1.6F
	13:42	17:18	-1.8E
	20:18	23:42	1.5F
27 F	02:06	05:30	-1.7E
	08:36	12:12	1.5F
	14:36	18:06	-1.6E
	21:00		
28 Sa		00:36	1.4F
	02:54	06:12	-1.7E
	09:24	13:06	1.4F
	15:30	19:00	-1.5E
	21:54		
29 Su		01:24	1.3F
	03:42	06:48	-1.7E
	10:18	13:54	1.4F
	16:24	19:48	-1.4E
	22:42		
30 M ◐		02:12	1.2F
	04:30	07:30	-1.7E
	11:06	14:48	1.4F
	17:18	21:00	-1.3E
	23:36		
31 Tu		03:06	1.1F
	05:12	08:12	-1.6E
	11:54	15:30	1.4F
	18:06	22:00	-1.3E

September

Day	Slack (h m)	Maximum (h m)	knots
1 W	00:30	03:54	1.0F
	05:54	08:48	-1.6E
	12:36	16:00	1.4F
	18:48	23:00	-1.3E
2 Th	01:18	04:24	1.0F
	06:42	09:36	-1.6E
	13:18	16:00	1.5F
	19:30	23:36	-1.3E
3 F	02:06	04:36	1.0F
	07:24	10:18	-1.6E
	14:06	16:36	1.7F
	20:12	23:24	-1.3E
4 Sa	02:54	05:00	1.1F
	08:06	11:00	-1.7E
	14:48	17:12	1.8F
	20:54	23:36	-1.4E
5 Su	03:36	05:42	1.2F
	08:54	11:42	-1.8E
	15:36	18:00	1.9F
	21:36		
6 M		00:12	-1.5E
	04:12	06:24	1.4F
	09:36	12:30	-2.0E
	16:18	18:48	2.1F
	22:24		
7 Tu		00:54	-1.7E
	04:54	07:12	1.6F
	10:24	13:18	-2.2E
	17:06	19:36	2.2F
	23:06		
8 W		01:42	-1.8E
	05:42	08:00	1.7F
	11:12	14:12	-2.3E
	18:00	20:30	2.3F
	23:54		
9 Th		02:30	-1.9E
	06:24	08:48	1.8F
	12:06	15:00	-2.3E
	18:48	21:18	2.3F
10 F	00:48	03:18	-1.9E
	07:18	09:42	1.8F
	13:00	15:54	-2.2E
	19:42	22:12	2.1F
11 Sa	01:36	04:12	-1.9E
	08:12	10:42	1.8F
	14:06	16:54	-2.1E
	20:42	23:12	1.9F
12 Su	02:30	05:12	-1.9E
	09:12	11:48	1.8F
	15:12	18:06	-1.9E
	21:48		
13 M ◑	03:24	00:18	1.7F
	10:12	06:12	-1.9E
	16:24	13:24	1.9F
	22:54	19:18	-1.7E
14 Tu	04:24	01:42	1.5F
	11:12	07:06	-1.9E
	17:30	14:42	2.0F
		21:18	-1.7E
15 W	00:00	03:06	1.4F
	05:18	08:12	-1.9E
	12:00	15:48	2.1F
	18:30	22:30	-1.7E
16 Th	01:00	04:12	1.4F
	06:18	09:54	-1.8E
	13:12	16:48	2.2F
	19:30	23:30	-1.8E
17 F	02:00	05:06	1.5F
	07:18	11:18	-1.9E
	14:12	17:42	2.1F
	20:24		
18 Sa		00:18	-1.8E
	02:54	06:00	1.6F
	08:18	12:24	-2.0E
	15:06	18:36	2.0F
	21:12		
19 Su		01:06	-1.8E
	03:36	06:54	1.7F
	09:12	13:18	-2.1E
	16:00	19:24	2.0F
	22:00		
20 M ○		01:54	-1.8E
	04:18	07:42	1.8F
	10:06	14:12	-2.2E
	16:54	20:12	1.9F
	22:42		
21 Tu		02:30	-1.7E
	05:00	08:30	1.9F
	10:54	14:54	-2.2E
	17:42	21:00	1.8F
	23:30		
22 W		03:06	-1.7E
	05:42	09:12	1.9F
	11:42	15:30	-2.1E
	18:24	21:42	1.7F
23 Th	00:12	03:36	-1.7E
	06:24	09:54	1.8F
	12:30	16:12	-2.0E
	19:06	22:24	1.6F
24 F	00:54	04:12	-1.7E
	07:12	10:36	1.6F
	13:18	16:48	-1.8E
	19:48	23:12	1.5F
25 Sa	01:36	04:42	-1.7E
	08:00	11:18	1.5F
	14:06	17:36	-1.7E
	20:36	23:54	1.3F
26 Su	02:24	05:24	-1.7E
	08:54	12:06	1.4F
	14:54	18:18	-1.5E
	21:24		
27 M	03:06	00:42	1.2F
	09:36	06:06	-1.6E
	15:42	12:12	1.3F
	22:12	19:00	-1.4E
28 Tu	03:54	01:30	1.1F
	10:24	06:48	-1.5E
	16:30	12:42	1.3F
	23:06	19:30	-1.3E
29 W ◑	04:42	02:18	1.0F
	11:12	07:24	-1.5E
	17:12	13:24	1.4F
	23:54	20:00	-1.3E
30 Th	05:24	03:06	1.0F
	11:54	08:12	-1.5E
	17:54	14:12	1.4F
		20:36	-1.3E

Station ID: CFR1605 Depth: 25 feet
Source: NOAA/NOS/CO-OPS
Station Type: Harmonic
Time Zone: LST

NOAA Tidal Current Predictions

Wilmington, USS North Carolina, 2021

Latitude: 34.2335° N Longitude: 77.9503° W
Mean Flood Dir. 0° (T) Mean Ebb Dir. 180° (T)
Times and speeds of maximum and minimum current, in knots

October

Day	Slack (h m)	Maximum (h m)	knots
1 F	00:42	03:00	1.0F
	06:12	08:48	-1.5E
	12:42	15:00	1.5F
	18:42	21:12	-1.3E
2 Sa	01:24	03:42	1.1F
	06:54	09:42	-1.6E
	13:30	15:54	1.6F
	19:24	22:00	-1.4E
3 Su	02:12	04:24	1.3F
	07:42	10:30	-1.7E
	14:24	16:42	1.7F
	20:12	22:42	-1.5E
4 M	02:54	05:12	1.5F
	08:30	11:18	-1.9E
	15:12	17:36	1.9F
	21:00	23:30	-1.6E
5 Tu	03:36	06:00	1.7F
	09:18	12:12	-2.1E
	16:06	18:30	2.0F
	21:54		
6 W ●		00:24	-1.7E
	04:24	06:48	1.8F
	10:06	13:06	-2.3E
	16:54	19:24	2.1F
	22:42		
7 Th		01:18	-1.8E
	05:12	07:42	2.0F
	11:00	14:00	-2.4E
	17:48	20:12	2.2F
	23:30		
8 F		02:12	-1.9E
	06:00	08:36	2.1F
	11:54	14:54	-2.3E
	18:42	21:06	2.1F
9 Sa	00:24	03:00	-2.0E
	06:54	09:30	2.1F
	12:54	15:48	-2.2E
	19:36	22:00	1.9F
10 Su	01:12	03:54	-2.0E
	07:48	10:30	2.1F
	13:54	16:54	-2.0E
	20:36	23:06	1.6F
11 M	02:06	04:48	-1.9E
	08:42	11:48	2.0F
	15:00	18:18	-1.9E
	21:42		
12 Tu		00:30	1.4F
	03:06	05:54	-1.8E
	09:42	13:18	2.0F
	16:06	19:42	-1.8E
	22:42		
13 W ◐		01:48	1.4F
	04:06	06:54	-1.7E
	10:48	14:24	2.0F
	17:06	21:00	-1.8E
	23:42		
14 Th		03:00	1.4F
	05:06	08:12	-1.7E
	11:48	15:30	1.9F
	18:00	22:06	-1.7E
15 F	00:42	03:54	1.6F
	06:06	10:12	-1.7E
	12:54	16:24	1.9F
	18:54	22:54	-1.7E
16 Sa	01:30	04:48	1.7F
	07:06	11:18	-1.9E
	14:00	17:18	1.8F
	19:48	23:48	-1.7E
17 Su	02:12	05:36	1.8F
	08:06	12:12	-2.0E
	14:54	18:12	1.7F
	20:36		
18 M		00:36	-1.6E
	03:00	06:30	1.9F
	09:00	13:06	-2.1E
	15:48	19:00	1.6F
	21:24		
19 Tu		01:18	-1.7E
	03:42	07:18	2.0F
	09:48	13:48	-2.2E
	16:36	19:48	1.6F
	22:12		
20 W ○		01:54	-1.7E
	04:24	08:00	2.0F
	10:30	14:30	-2.2E
	17:18	20:36	1.6F
	22:54		
21 Th		02:30	-1.7E
	05:12	08:42	2.0F
	11:24	15:12	-2.1E
	18:00	21:18	1.6F
	23:36		
22 F		03:00	-1.8E
	05:54	09:24	1.9F
	12:06	15:48	-2.0E
	18:42	21:54	1.5F
23 Sa	00:18	03:24	-1.8E
	06:36	09:48	1.8F
	12:48	16:30	-1.9E
	19:24	22:30	1.3F
24 Su	01:00	03:54	-1.7E
	07:24	09:54	1.7F
	13:36	17:12	-1.7E
	20:12	23:06	1.2F
25 M	01:48	04:36	-1.6E
	08:06	10:24	1.6F
	14:18	17:42	-1.6E
	21:00	23:18	1.1F
26 Tu	02:30	05:18	-1.5E
	08:48	11:06	1.5F
	15:00	18:06	-1.5E
	21:48	23:54	1.0F
27 W	03:18	06:00	-1.4E
	09:30	11:48	1.5F
	15:42	18:30	-1.5E
28 Th ◐		00:36	1.0F
	04:06	06:42	-1.4E
	10:18	12:36	1.5F
	16:24	19:06	-1.5E
	23:18		
29 F		01:24	1.0F
	04:54	07:24	-1.4E
	11:12	13:30	1.5F
	17:06	19:42	-1.5E
30 Sa	00:06	02:12	1.1F
	05:42	08:12	-1.5E
	12:06	14:24	1.5F
	17:54	20:24	-1.5E
31 Su	00:48	03:06	1.3F
	06:24	09:06	-1.6E
	13:00	15:18	1.6F
	18:42	21:18	-1.6E

November

Day	Slack (h m)	Maximum (h m)	knots
1 M	01:30	03:54	1.5F
	07:18	10:00	-1.8E
	13:54	16:18	1.7F
	19:36	22:12	-1.6E
2 Tu	02:18	04:48	1.7F
	08:06	11:00	-2.0E
	14:54	17:12	1.8F
	20:30	23:06	-1.7E
3 W	03:06	05:42	1.9F
	09:00	11:54	-2.1E
	15:48	18:06	1.9F
	21:24		
4 Th ●		00:00	-1.8E
	04:00	06:36	2.1F
	09:54	13:00	-2.2E
	16:42	19:06	1.9F
	22:18		
5 F		00:54	-2.0E
	04:48	07:36	2.2F
	10:54	14:00	-2.3E
	17:36	20:06	1.9F
	23:06		
6 Sa		01:48	-2.0E
	05:36	08:30	2.3F
	11:48	15:00	-2.3E
	18:36	21:00	1.8F
7 Su	00:00	02:42	-2.1E
	06:30	09:24	2.4F
	12:48	16:06	-2.2E
	19:30	22:00	1.6F
8 M	00:48	03:36	-2.0E
	07:24	10:24	2.3F
	13:48	17:24	-2.1E
	20:30	23:12	1.4F
9 Tu	01:48	04:30	-1.8E
	08:18	11:48	2.1F
	14:48	18:30	-2.0E
	21:30		
10 W		00:30	1.3F
	02:48	05:36	-1.7E
	09:18	13:00	2.0F
	15:42	19:30	-1.9E
	22:24		
11 Th ◐		01:36	1.4F
	03:54	06:54	-1.6E
	10:24	14:06	1.8F
	16:36	20:36	-1.8E
	23:18		
12 F		02:42	1.5F
	04:54	08:42	-1.6E
	11:30	15:06	1.7F
	17:30	21:30	-1.7E
13 Sa	00:06	03:36	1.7F
	05:54	09:24	-1.7E
	12:36	16:00	1.6F
	18:18	22:24	-1.6E
14 Su	00:54	04:30	1.8F
	06:54	11:00	-1.8E
	13:42	16:54	1.5F
	19:06	23:06	-1.6E
15 M	01:42	05:12	2.0F
	07:48	11:48	-1.9E
	14:36	17:42	1.4F
	19:54	23:54	-1.6E
16 Tu	02:24	06:00	2.0F
	08:42	12:42	-2.0E
	15:24	18:30	1.4F
	20:42		
17 W		00:36	-1.7E
	03:12	06:54	2.0F
	09:30	13:24	-2.0E
	16:06	19:18	1.4F
	21:30		
18 Th		01:18	-1.7E
	03:54	07:36	2.0F
	10:18	14:12	-2.0E
	16:54	20:06	1.4F
	22:18		
19 F ○		01:54	-1.8E
	04:42	08:18	2.1F
	11:00	14:54	-2.0E
	17:36	20:42	1.4F
	23:00		
20 Sa		02:18	-1.8E
	05:24	08:48	2.0F
	11:42	15:30	-1.9E
	18:18	21:24	1.3F
	23:42		
21 Su		02:42	-1.8E
	06:00	08:54	1.9F
	12:24	16:06	-1.8E
	19:00	21:48	1.2F
22 M	00:24	03:18	-1.7E
	06:42	09:12	1.9F
	13:00	16:36	-1.7E
	19:48	21:54	1.1F
23 Tu	01:06	03:48	-1.6E
	07:24	09:48	1.8F
	13:36	16:48	-1.7E
	20:30	22:24	1.0F
24 W	01:54	04:30	-1.5E
	08:00	10:18	1.8F
	14:18	17:12	-1.6E
	21:12	23:06	1.0F
25 Th	02:36	05:12	-1.4E
	08:48	11:12	1.7F
	14:54	17:42	-1.6E
	22:00	23:54	1.1F
26 F	03:24	06:00	-1.4E
	09:36	12:06	1.7F
	15:42	18:24	-1.7E
	22:42		
27 Sa		00:48	1.2F
	04:18	06:48	-1.5E
	10:36	12:54	1.6F
	16:30	19:06	-1.7E
	23:24		
28 Su ◐		01:36	1.3F
	05:06	07:42	-1.6E
	11:30	13:54	1.6F
	17:18	19:54	-1.7E
29 M	00:12	02:30	1.5F
	06:00	08:36	-1.8E
	12:30	14:54	1.7F
	18:12	20:48	-1.8E
30 Tu	01:00	03:30	1.6F
	06:54	09:36	-1.8E
	13:30	15:54	1.7F
	19:06	21:42	-1.8E

December

Day	Slack (h m)	Maximum (h m)	knots
1 W	01:54	04:30	1.8F
	07:54	10:42	-1.9E
	14:30	16:54	1.7F
	20:00	22:42	-1.9E
2 Th	02:48	05:30	2.1F
	08:54	11:54	-2.0E
	15:30	17:54	1.7F
	20:54	23:42	-2.0E
3 F	03:36	06:36	2.3F
	09:54	13:18	-2.1E
	16:30	19:00	1.7F
	21:48		
4 Sa ●		00:36	-2.1E
	04:30	07:36	2.5F
	10:48	14:30	-2.2E
	17:30	20:00	1.6F
	22:42		
5 Su		01:36	-2.1E
	05:18	08:36	2.6F
	11:48	15:24	-2.2E
	18:24	21:00	1.5F
	23:36		
6 M		02:24	-2.1E
	06:12	09:30	2.5F
	12:42	16:24	-2.2E
	19:24	22:06	1.4F
7 Tu	00:30	03:18	-2.0E
	07:06	10:24	2.4F
	13:30	17:24	-2.1E
	20:18	23:12	1.4F
8 W	01:30	04:18	-1.8E
	08:00	11:36	2.1F
	14:24	18:18	-2.0E
	21:06		
9 Th		00:18	1.4F
	02:30	05:36	-1.6E
	09:00	12:36	1.9F
	15:18	19:06	-1.9E
	22:00		
10 F		01:18	1.5F
	03:36	07:06	-1.6E
	10:06	13:42	1.6F
	16:06	19:54	-1.7E
	22:48		
11 Sa ◐		02:18	1.6F
	04:36	08:24	-1.6E
	11:12	14:42	1.5F
	16:54	20:48	-1.7E
	23:36		
12 Su		03:12	1.7F
	05:36	09:36	-1.6E
	12:12	15:36	1.4F
	17:42	21:42	-1.6E
13 M	00:24	04:00	1.9F
	06:30	10:30	-1.7E
	13:12	16:24	1.3F
	18:30	22:30	-1.6E
14 Tu	01:12	04:48	1.9F
	07:24	11:24	-1.7E
	14:00	17:12	1.3F
	19:18	23:12	-1.7E
15 W	02:00	05:36	2.0F
	08:18	12:12	-1.8E
	14:48	18:00	1.3F
	20:06	23:54	-1.8E
16 Th	02:42	06:24	2.0F
	09:06	13:00	-1.8E
	15:36	18:48	1.3F
	20:54		
17 F		00:30	-1.8E
	03:30	07:06	2.0F
	09:54	13:48	-1.9E
	16:24	19:30	1.3F
	21:42		
18 Sa		01:12	-1.8E
	04:12	07:48	2.0F
	10:36	14:30	-1.9E
	17:06	20:12	1.2F
	22:24		
19 Su ○		01:36	-1.8E
	04:48	08:12	2.0F
	11:18	15:12	-1.9E
	17:54	20:48	1.1F
	23:06		
20 M		02:06	-1.8E
	05:30	08:12	2.0F
	11:54	15:42	-1.8E
	18:36	20:54	1.1F
	23:48		
21 Tu		02:36	-1.7E
	06:06	08:36	2.0F
	12:30	15:42	-1.7E
	19:18	21:12	1.1F
22 W	00:30	03:12	-1.6E
	06:42	09:12	2.0F
	13:00	15:54	-1.7E
	19:54	21:48	1.1F
23 Th	01:12	03:48	-1.6E
	07:24	09:54	2.0F
	13:36	16:24	-1.7E
	20:36	22:30	1.1F
24 F	01:54	04:36	-1.6E
	08:12	10:42	1.9F
	14:12	17:06	-1.8E
	21:18	23:18	1.2F
25 Sa	02:48	05:30	-1.6E
	09:06	11:36	1.9F
	15:06	17:48	-1.8E
	22:06		
26 Su		00:12	1.3F
	03:42	06:18	-1.6E
	10:06	12:30	1.8F
	16:00	18:36	-1.8E
	22:54		
27 M ◐		01:06	1.4F
	04:36	07:12	-1.7E
	11:00	13:30	1.8F
	16:54	19:30	-1.9E
	23:42		
28 Tu		02:12	1.6F
	05:36	08:12	-1.7E
	12:06	14:30	1.7F
	17:48	20:24	-1.9E
29 W	00:36	03:18	1.7F
	06:36	09:18	-1.7E
	13:12	15:36	1.7F
	18:42	21:24	-2.0E
30 Th	01:36	04:30	2.0F
	07:42	10:36	-1.8E
	14:12	16:42	1.6F
	19:36	22:24	-2.0E
31 F	02:30	05:36	2.2F
	08:42	12:24	-1.9E
	15:18	17:48	1.5F
	20:30	23:24	-2.1E

Station ID: ACT6651 Depth: Unknown
Source: NOAA/NOS/CO-OPS
Station Type: Harmonic
Time Zone: LST

Charleston Harbor (off Fort Sumter), 2021
Latitude: 32.7560° N Longitude: 79.8703° W
Mean Flood Dir. 313° (T) Mean Ebb Dir. 127° (T)
Times and speeds of maximum and minimum current, in knots

January

Day	Slack (h m)	Maximum (h m)	knots
1 F	03:24	00:30	-2.2E
	06:12	06:12	1.9F
	09:54	13:06	-2.5E
	16:18	18:36	1.5F
	22:06		
2 Sa	04:06	01:18	-2.2E
	10:36	07:00	1.9F
	17:00	13:48	-2.5E
	22:48	19:24	1.5F
3 Su	04:54	02:06	-2.2E
	11:18	07:48	1.9F
	17:48	14:36	-2.4E
	23:42	20:18	1.5F
4 M	05:48	02:54	-2.1E
	12:06	08:36	1.8F
	18:36	15:24	-2.3E
		21:06	1.5F
5 Tu	00:42	03:54	-2.1E
	06:54	09:30	1.8F
	12:54	16:18	-2.2E
	19:30	22:00	1.6F
6 W	01:42	05:00	-2.2E
	07:54	10:24	1.7F
	13:48	17:18	-2.2E
	20:24	23:00	1.6F
7 Th	02:48	06:06	-2.3E
	09:06	11:24	1.6F
	14:48	18:18	-2.2E
	21:24	23:54	1.7F
8 F	03:54	07:06	-2.4E
	10:12	12:18	1.6F
	15:54	19:24	-2.2E
	22:24		
9 Sa	05:00	00:54	1.7F
	11:12	08:12	-2.6E
	16:54	13:18	1.5F
	23:24	20:24	-2.3E
10 Su	06:00	01:54	1.8F
	12:12	09:06	-2.8E
	18:00	14:12	1.5F
		21:24	-2.4E
11 M	00:24	03:00	1.8F
	07:00	10:00	-3.0E
	13:06	15:12	1.6F
	19:00	22:12	-2.5E
12 Tu	01:18	04:00	1.9F
	07:54	10:54	-3.1E
	14:00	16:06	1.6F
	19:54	23:06	-2.5E
13 W	02:06	04:54	1.9F
	08:42	11:42	-3.0E
	14:48	16:54	1.6F
	20:42	23:54	-2.5E
14 Th	02:54	05:36	1.9F
	09:30	12:30	-2.9E
	15:36	17:42	1.6F
	21:30		
15 F	03:42	00:42	-2.4E
	10:12	06:18	1.8F
	16:18	13:18	-2.7E
	22:12	18:30	1.6F
16 Sa	04:30	01:24	-2.2E
	10:54	07:00	1.6F
	17:06	14:00	-2.5E
	23:00	19:18	1.5F
17 Su	05:18	02:12	-2.0E
	11:30	07:42	1.5F
	17:48	14:42	-2.2E
	23:42	20:00	1.4F
18 M	06:06	03:00	-1.8E
	12:06	08:24	1.4F
	18:36	15:24	-1.9E
		20:48	1.4F
19 Tu	00:24	03:48	-1.7E
	06:54	09:12	1.3F
	12:48	16:12	-1.7E
	19:18	21:36	1.3F
20 W	01:12	04:36	-1.5E
	07:48	10:00	1.2F
	13:30	17:00	-1.6E
	20:06	22:30	1.3F
21 Th	02:06	05:30	-1.5E
	08:42	10:54	1.1F
	14:12	17:48	-1.5E
	21:00	23:18	1.3F
22 F	03:00	06:30	-1.5E
	09:42	11:42	1.1F
	15:06	18:42	-1.4E
	21:48		
23 Sa	04:00	00:12	1.3F
	10:36	07:30	-1.6E
	16:00	12:36	1.0F
	22:42	19:36	-1.5E
24 Su	05:00	01:06	1.4F
	11:30	08:18	-1.8E
	17:00	13:30	1.1F
	23:30	20:30	-1.6E
25 M	05:54	02:00	1.4F
	12:24	09:12	-2.0E
	17:54	14:24	1.2F
		21:18	-1.8E
26 Tu	00:18	02:48	1.6F
	06:42	10:00	-2.2E
	13:12	15:12	1.3F
	18:48	22:06	-2.0E
27 W	01:00	03:36	1.7F
	07:30	10:42	-2.4E
	13:54	16:00	1.4F
	19:36	22:48	-2.2E
28 Th	01:42	04:24	1.9F
	08:18	11:24	-2.6E
	14:36	16:48	1.5F
	20:18	23:30	-2.4E
29 F	02:24	05:06	2.0F
	08:54	12:06	-2.7E
	15:12	17:36	1.6F
	21:06		
30 Sa	03:12	00:18	-2.5E
	09:36	05:54	2.1F
	15:54	12:48	-2.7E
	21:54	18:18	1.7F
31 Su	03:54	01:00	-2.6E
	10:18	06:42	2.1F
	16:36	13:30	-2.7E
	22:36	19:06	1.8F

February

Day	Slack (h m)	Maximum (h m)	knots
1 M	04:42	01:48	-2.6E
	11:00	07:24	2.1F
	17:18	14:12	-2.6E
	23:30	19:54	1.8F
2 Tu	05:36	02:42	-2.5E
	11:48	08:18	2.0F
	18:06	15:00	-2.5E
		20:48	1.7F
3 W	00:24	03:42	-2.4E
	06:36	09:06	1.8F
	12:36	15:54	-2.3E
	19:00	21:36	1.7F
4 Th	01:24	04:42	-2.4E
	07:42	10:00	1.7F
	13:30	16:54	-2.1E
	20:00	22:36	1.6F
5 F	02:30	05:42	-2.3E
	08:48	11:00	1.5F
	14:24	17:54	-2.0E
	21:00	23:30	1.6F
6 Sa	03:36	06:48	-2.4E
	09:54	11:54	1.4F
	15:30	19:06	-2.0E
	22:06		
7 Su	04:42	00:36	1.5F
	11:00	07:54	-2.5E
	16:42	12:54	1.3F
	23:12	20:06	-2.0E
8 M	05:48	01:42	1.5F
	11:54	08:54	-2.6E
	17:48	13:54	1.3F
		21:06	-2.2E
9 Tu	00:12	04:06	1.6F
	06:48	09:48	-2.7E
	12:48	14:54	1.4F
	18:48	22:00	-2.3E
10 W	01:06	05:00	1.7F
	07:36	10:36	-2.8E
	13:42	15:48	1.5F
	19:42	22:54	-2.4E
11 Th	01:54	05:36	1.7F
	08:24	11:24	-2.8E
	14:24	16:36	1.6F
	20:24	23:36	-2.5E
12 F	02:42	05:18	1.7F
	09:06	12:06	-2.8E
	15:06	17:24	1.6F
	21:06		
13 Sa	03:24	00:18	-2.4E
	09:42	05:54	1.7F
	15:48	12:48	-2.6E
	21:48	18:06	1.7F
14 Su	04:06	01:00	-2.3E
	10:18	06:30	1.7F
	16:30	13:30	-2.4E
	22:24	18:48	1.7F
15 M	04:48	01:42	-2.2E
	10:54	07:12	1.6F
	17:06	14:06	-2.2E
	23:06	19:30	1.6F
16 Tu	05:30	02:24	-2.0E
	11:24	07:54	1.5F
	17:48	14:42	-1.9E
	23:42	20:12	1.5F
17 W	06:12	03:06	-1.8E
	12:00	08:36	1.4F
	18:24	15:18	-1.7E
		21:00	1.4F
18 Th	00:30	03:48	-1.7E
	07:06	09:24	1.2F
	12:36	16:00	-1.5E
	19:12	21:48	1.3F
19 F	01:18	04:42	-1.5E
	08:00	10:12	1.1F
	13:18	16:48	-1.4E
	20:00	22:42	1.3F
20 Sa	02:12	05:42	-1.5E
	09:00	11:06	1.0F
	14:12	17:42	-1.3E
	21:00	23:30	1.2F
21 Su	03:12	06:42	-1.5E
	10:00	12:00	1.0F
	15:12	18:48	-1.3E
	22:00		
22 M	04:18	00:30	1.3F
	10:54	07:42	-1.6E
	16:18	12:54	1.0F
	22:54	19:54	-1.5E
23 Tu	05:18	01:24	1.4F
	11:48	08:36	-1.9E
	17:24	13:48	1.1F
	23:48	20:48	-1.8E
24 W	06:12	02:18	1.5F
	12:36	09:30	-2.2E
	18:18	14:42	1.3F
		21:42	-2.1E
25 Th	00:36	03:12	1.7F
	07:00	10:12	-2.4E
	13:24	15:36	1.5F
	19:12	22:24	-2.4E
26 F	01:24	04:00	2.0F
	07:48	10:54	-2.7E
	14:06	16:24	1.7F
	20:00	23:12	-2.7E
27 Sa	02:12	04:48	2.1F
	08:30	11:36	-2.9E
	14:42	17:12	1.9F
	20:48		
28 Su	02:54	00:00	-2.9E
	09:12	05:30	2.3F
	15:24	12:24	-2.9E
	21:36	18:00	2.0F

March

Day	Slack (h m)	Maximum (h m)	knots
1 M	03:42	00:48	-3.0E
	09:54	06:18	2.3F
	16:06	13:06	-2.9E
	22:24	18:42	2.0F
2 Tu	04:36	01:36	-3.0E
	10:42	07:06	2.2F
	16:54	13:48	-2.7E
	23:12	19:30	2.0F
3 W	05:24	02:24	-2.9E
	11:24	07:54	2.0F
	17:42	14:42	-2.5E
		20:24	1.9F
4 Th	00:12	03:24	-2.7E
	06:24	08:48	1.8F
	12:18	15:30	-2.3E
	18:36	21:18	1.7F
5 F	01:06	04:24	-2.5E
	07:30	09:42	1.6F
	13:12	16:30	-2.0E
	19:36	22:12	1.6F
6 Sa	02:12	05:24	-2.3E
	08:30	10:36	1.4F
	14:12	17:36	-1.9E
	20:48	23:12	1.4F
7 Su	03:18	06:30	-2.3E
	09:36	11:36	1.2F
	15:18	18:48	-1.8E
	21:54		
8 M	04:30	00:24	1.3F
	10:42	07:36	-2.3E
	16:30	12:36	1.2F
	23:00	19:54	-1.9E
9 Tu	05:30	03:00	1.4F
	11:36	08:36	-2.4E
	17:36	13:36	1.2F
		20:54	-2.0E
10 W	00:00	04:00	1.5F
	06:30	09:30	-2.5E
	12:30	14:36	1.3F
	18:36	21:48	-2.2E
11 Th	00:54	04:42	1.5F
	07:18	10:12	-2.6E
	13:18	15:30	1.4F
	19:24	22:36	-2.4E
12 F	01:42	05:18	1.6F
	08:00	11:00	-2.6E
	14:00	16:18	1.6F
	20:06	23:18	-2.5E
13 Sa	02:24	04:54	1.6F
	08:36	11:42	-2.6E
	14:36	16:54	1.7F
	20:42		
14 Su	03:00	00:00	-2.5E
	09:12	05:24	1.7F
	15:18	12:18	-2.5E
	21:18	17:36	1.8F
15 M	03:42	00:36	-2.4E
	09:42	06:00	1.7F
	15:54	12:54	-2.3E
	21:54	18:18	1.8F
16 Tu	04:18	01:12	-2.3E
	10:12	06:36	1.6F
	16:24	13:24	-2.1E
	22:30	18:54	1.7F
17 W	05:00	01:48	-2.2E
	10:48	07:18	1.5F
	17:00	14:00	-1.9E
	23:06	19:36	1.6F
18 Th	05:42	02:30	-2.0E
	11:18	08:06	1.4F
	17:36	14:30	-1.7E
	23:48	20:24	1.5F
19 F	06:24	03:12	-1.8E
	11:54	08:48	1.3F
	18:18	15:06	-1.5E
		21:12	1.4F
20 Sa	00:30	03:54	-1.6E
	07:18	09:42	1.1F
	12:36	15:54	-1.4E
	19:06	22:00	1.3F
21 Su	01:24	04:54	-1.5E
	08:18	10:30	1.0F
	13:30	16:54	-1.3E
	20:06	22:54	1.2F
22 M	02:24	06:00	-1.5E
	09:18	11:24	1.0F
	14:30	18:06	-1.3E
	21:12	23:54	1.2F
23 Tu	03:30	07:00	-1.6E
	10:18	12:24	1.0F
	15:42	19:18	-1.5E
	22:18		
24 W	04:36	00:48	1.3F
	11:12	08:00	-1.9E
	16:54	13:18	1.2F
	23:18	20:18	-1.8E
25 Th	05:36	01:48	1.5F
	12:00	08:54	-2.2E
	17:54	14:18	1.4F
		21:12	-2.2E
26 F	00:12	02:42	1.8F
	06:24	09:42	-2.5E
	12:48	15:06	1.6F
	18:48	22:06	-2.6E
27 Sa	01:00	03:30	2.0F
	07:18	10:30	-2.7E
	13:30	16:00	1.9F
	19:42	22:54	-3.0E
28 Su	01:54	04:24	2.2F
	08:06	11:12	-2.9E
	14:12	16:48	2.1F
	20:30	23:42	-3.2E
29 M	02:42	05:12	2.3F
	08:48	12:00	-3.0E
	14:54	17:36	2.2F
	21:18		
30 Tu	03:30	00:30	-3.3E
	09:36	06:00	2.3F
	15:42	12:42	-2.9E
	22:06	18:24	2.2F
31 W	04:18	01:18	-3.3E
	10:18	06:48	2.2F
	16:30	13:30	-2.8E
	23:00	19:12	2.1F

Station ID: ACT6651 Depth: Unknown
Source: NOAA/NOS/CO-OPS
Station Type: Harmonic
Time Zone: LST

NOAA Tidal Current Predictions

Charleston Harbor (off Fort Sumter), 2021
Latitude: 32.7560° N Longitude: 79.8703° W
Mean Flood Dir. 313° (T) Mean Ebb Dir. 127° (T)
Times and speeds of maximum and minimum current, in knots

April

Date	Slack (h m)	Maximum (h m)	knots
1 Th	05:12	02:12	-3.1E
	11:06	07:36	2.0F
	17:18	14:18	-2.5E
	23:54	20:00	1.9F
2 F	06:12	03:06	-2.8E
	12:00	08:30	1.7F
	18:18	15:12	-2.2E
		20:54	1.7F
3 Sa	00:54	04:06	-2.6E
	07:12	09:24	1.5F
	13:00	16:18	-1.9E
	19:24	21:54	1.5F
4 Su	01:54	05:06	-2.3E
	08:18	10:18	1.3F
	14:00	17:24	-1.8E
	20:36	23:00	1.3F
5 M	03:00	06:12	-2.2E
	09:18	11:18	1.2F
	15:12	18:36	-1.7E
	21:42		
6 Tu	04:06	01:42	1.2F
	10:18	07:12	-2.2E
	16:18	12:18	1.1F
	22:48	19:36	-1.8E
7 W	05:06	02:42	1.2F
	11:12	08:12	-2.2E
	17:24	13:18	1.2F
	23:42	20:36	-2.0E
8 Th	06:00	03:36	1.3F
	12:00	09:00	-2.3E
	18:12	14:12	1.3F
		21:24	-2.2E
9 F	00:36	04:12	1.3F
	06:48	09:48	-2.4E
	12:48	15:00	1.5F
	19:00	22:12	-2.3E
10 Sa	01:18	04:12	1.4F
	07:24	10:30	-2.4E
	13:30	15:48	1.6F
	19:42	22:54	-2.5E
11 Su	02:00	04:18	1.5F
	08:00	11:12	-2.4E
	14:06	16:24	1.8F
	20:18	23:30	-2.5E
12 M	02:36	04:54	1.6F
	08:36	11:48	-2.3E
	14:42	17:06	1.8F
	20:54		
13 Tu	03:18	00:06	-2.5E
	09:06	05:30	1.6F
	15:18	12:18	-2.2E
	21:24	17:48	1.8F
14 W	03:54	00:42	-2.4E
	09:42	06:12	1.6F
	15:48	12:54	-2.0E
	22:00	18:24	1.8F
15 Th	04:30	01:24	-2.3E
	10:12	06:54	1.5F
	16:24	13:24	-1.8E
	22:36	19:06	1.7F
16 F	05:12	02:00	-2.1E
	10:48	07:36	1.4F
	16:54	14:00	-1.7E
	23:18	19:48	1.5F
17 Sa	05:54	02:36	-1.9E
	11:24	08:18	1.2F
	17:36	14:36	-1.5E
		20:36	1.4F
18 Su	00:00	03:24	-1.8E
	06:42	09:12	1.1F
	12:06	15:18	-1.4E
	18:30	21:30	1.3F
19 M	00:48	04:18	-1.7E
	07:42	10:00	1.0F
	13:00	16:18	-1.4E
	19:30	22:24	1.3F
20 Tu	01:42	05:18	-1.7E
	08:36	10:54	1.1F
	14:06	17:30	-1.4E
	20:36	23:18	1.3F
21 W	02:48	06:18	-1.8E
	09:36	11:54	1.1F
	15:12	18:42	-1.6E
	21:42		
22 Th	03:48	00:18	1.4F
	10:30	07:18	-1.9E
	16:24	12:48	1.3F
	22:48	19:48	-2.0E
23 F	04:48	01:12	1.6F
	11:24	08:18	-2.2E
	17:24	13:42	1.5F
	23:42	20:48	-2.4E
24 Sa	05:48	02:06	1.8F
	12:12	09:06	-2.5E
	18:24	14:36	1.8F
		21:42	-2.8E
25 Su	00:42	03:00	2.0F
	06:42	10:00	-2.7E
	13:00	15:30	2.1F
	19:18	22:30	-3.1E
26 M	01:30	03:54	2.1F
	07:30	10:48	-2.9E
	13:42	16:18	2.3F
	20:06	23:24	-3.4E
27 Tu	02:24	04:48	2.2F
	08:24	11:30	-3.0E
	14:30	17:12	2.3F
	21:00		
28 W	03:12	00:12	-3.5E
	09:12	05:36	2.2F
	15:18	12:24	-2.9E
	21:54	18:00	2.3F
29 Th	04:06	01:00	-3.4E
	10:00	06:24	2.0F
	16:06	13:12	-2.7E
	22:42	18:54	2.1F
30 F	05:00	01:54	-3.2E
	10:54	07:18	1.8F
	17:00	14:00	-2.4E
	23:42	19:42	1.9F

May

Date	Slack (h m)	Maximum (h m)	knots
1 Sa	06:00	02:48	-2.9E
	11:48	08:06	1.6F
	18:06	15:00	-2.1E
		20:42	1.6F
2 Su	00:36	03:48	-2.6E
	07:00	09:06	1.4F
	12:48	16:00	-1.9E
	19:12	21:42	1.4F
3 M	01:36	04:48	-2.3E
	08:00	10:00	1.2F
	13:48	17:06	-1.7E
	20:18	22:42	1.2F
4 Tu	02:36	05:48	-2.2E
	09:00	11:00	1.2F
	14:54	18:12	-1.7E
	21:24		
5 W	03:36	01:06	1.1F
	09:54	06:48	-2.1E
	16:00	11:54	1.2F
	22:24	19:18	-1.8E
6 Th	04:30	02:00	1.1F
	10:42	07:42	-2.1E
	16:54	12:48	1.2F
	23:18	20:12	-1.9E
7 F	05:18	02:48	1.1F
	11:30	08:30	-2.1E
	17:42	13:42	1.4F
		21:00	-2.1E
8 Sa	00:06	02:18	1.1F
	06:12	09:18	-2.1E
	12:12	14:30	1.5F
	18:30	21:42	-2.3E
9 Su	00:54	03:00	1.2F
	06:42	10:00	-2.2E
	13:00	15:12	1.6F
	19:06	22:24	-2.4E
10 M	01:36	03:42	1.4F
	07:24	10:36	-2.2E
	13:30	15:54	1.8F
	19:48	23:06	-2.5E
11 Tu	02:12	04:24	1.4F
	08:00	11:12	-2.1E
	14:06	16:36	1.8F
	20:24	23:42	-2.5E
12 W	02:54	05:00	1.5F
	08:36	11:48	-2.1E
	14:42	17:18	1.8F
	21:00		
13 Th	03:30	00:18	-2.4E
	09:12	05:42	1.5F
	15:18	12:24	-2.0E
	21:36	18:00	1.8F
14 F	04:12	01:00	-2.3E
	09:48	06:24	1.4F
	15:54	12:54	-1.8E
	22:12	18:42	1.7F
15 Sa	04:48	01:36	-2.2E
	10:24	07:12	1.3F
	16:30	13:36	-1.7E
	22:54	19:24	1.6F
16 Su	05:30	02:18	-2.0E
	11:00	07:54	1.2F
	17:12	14:12	-1.6E
	23:36	20:12	1.5F
17 M	06:18	03:00	-1.9E
	11:48	08:42	1.1F
	18:00	15:00	-1.5E
		21:00	1.4F
18 Tu	00:18	03:48	-1.9E
	07:12	09:36	1.1F
	12:42	16:00	-1.5E
	19:00	21:54	1.4F
19 W	01:12	04:42	-1.9E
	08:06	10:30	1.2F
	13:48	17:06	-1.6E
	20:06	22:48	1.4F
20 Th	02:06	05:42	-1.9E
	09:00	11:24	1.3F
	14:48	18:18	-1.8E
	21:12	23:48	1.5F
21 F	03:06	06:42	-2.1E
	09:54	12:18	1.5F
	15:54	19:18	-2.1E
	22:18		
22 Sa	04:06	00:42	1.6F
	10:42	07:36	-2.3E
	17:00	13:12	1.7F
	23:18	20:18	-2.5E
23 Su	05:06	01:36	1.8F
	11:36	08:36	-2.5E
	18:00	14:06	2.0F
		21:18	-2.9E
24 M	00:18	02:36	1.9F
	06:06	09:30	-2.7E
	12:24	15:00	2.1F
	18:54	22:12	-3.2E
25 Tu	01:12	03:30	2.0F
	07:06	10:18	-2.8E
	13:18	15:54	2.3F
	19:48	23:00	-3.4E
26 W	02:06	04:18	2.0F
	08:00	11:12	-2.8E
	14:06	16:48	2.3F
	20:42	23:54	-3.5E
27 Th	03:00	05:12	1.9F
	08:48	12:00	-2.8E
	15:00	17:42	2.2F
	21:36		
28 F	03:54	00:42	-3.4E
	09:42	06:06	1.8F
	15:54	12:54	-2.6E
	22:30	18:30	2.0F
29 Sa	04:48	01:36	-3.2E
	10:36	07:00	1.7F
	16:48	13:48	-2.4E
	23:24	19:24	1.8F
30 Su	05:42	02:30	-2.9E
	11:30	07:48	1.5F
	17:48	14:42	-2.1E
		20:24	1.5F
31 M	00:18	03:24	-2.6E
	06:36	08:42	1.4F
	12:30	15:42	-1.9E
	18:54	21:18	1.3F

June

Date	Slack (h m)	Maximum (h m)	knots
1 Tu	01:12	04:18	-2.3E
	07:36	09:42	1.3F
	13:30	16:42	-1.7E
	19:54	22:12	1.1F
2 W	02:00	05:18	-2.1E
	08:30	10:30	1.2F
	14:30	17:42	-1.7E
	21:00	23:06	1.0F
3 Th	02:54	06:12	-2.0E
	09:18	11:24	1.3F
	15:24	18:42	-1.7E
	21:54		
4 F	03:42	00:00	1.0F
	10:06	07:06	-1.9E
	16:18	12:18	1.3F
	22:48	19:36	-1.9E
5 Sa	04:30	00:42	1.0F
	10:54	07:54	-1.9E
	17:06	13:06	1.4F
	23:36	20:30	-2.0E
6 Su	05:12	01:30	1.1F
	11:36	08:42	-1.9E
	17:54	13:54	1.5F
		21:12	-2.1E
7 M	00:24	02:18	1.1F
	06:00	09:24	-1.9E
	12:18	14:36	1.6F
	18:36	21:54	-2.3E
8 Tu	01:06	03:06	1.2F
	06:42	10:06	-2.0E
	13:00	15:24	1.7F
	19:18	22:36	-2.4E
9 W	01:48	03:48	1.3F
	07:24	10:42	-2.0E
	13:36	16:06	1.7F
	20:00	23:18	-2.4E
10 Th	02:30	04:36	1.3F
	08:06	11:18	-2.0E
	14:18	16:48	1.8F
	20:36	23:54	-2.4E
11 F	03:12	05:18	1.4F
	08:48	12:00	-1.9E
	14:54	17:36	1.7F
	21:18		
12 Sa	03:48	00:36	-2.4E
	09:24	06:00	1.3F
	15:30	12:36	-1.9E
	21:54	18:18	1.7F
13 Su	04:30	01:12	-2.3E
	10:06	06:48	1.3F
	16:06	13:12	-1.8E
	22:36	19:00	1.6F
14 M	05:12	01:54	-2.2E
	10:48	07:30	1.2F
	16:54	14:00	-1.8E
	23:12	19:42	1.6F
15 Tu	05:54	02:36	-2.2E
	11:36	08:18	1.2F
	17:42	14:48	-1.8E
		20:36	1.6F
16 W	00:00	03:24	-2.1E
	06:42	09:06	1.3F
	12:30	15:48	-1.8E
	18:42	21:30	1.6F
17 Th	00:42	04:12	-2.1E
	07:30	10:00	1.4F
	13:30	16:48	-1.9E
	19:48	22:24	1.6F
18 F	01:36	05:06	-2.1E
	08:24	10:54	1.5F
	14:30	17:54	-2.1E
	20:54	23:18	1.6F
19 Sa	02:30	06:06	-2.2E
	09:18	11:48	1.7F
	15:36	18:54	-2.3E
	21:54		
20 Su	03:30	00:12	1.6F
	10:12	07:06	-2.3E
	16:36	12:48	1.8F
	23:00	19:54	-2.6E
21 M	04:36	01:12	1.7F
	11:06	08:06	-2.4E
	17:36	13:42	2.0F
		20:54	-2.9E
22 Tu	00:00	02:06	1.7F
	05:36	09:06	-2.5E
	12:00	14:36	2.1F
	18:36	21:48	-3.1E
23 W	01:06	03:06	1.7F
	06:36	10:00	-2.6E
	12:54	15:36	2.1F
	19:36	22:42	-3.3E
24 Th	01:48	04:00	1.8F
	07:36	10:54	-2.7E
	13:48	16:30	2.1F
	20:30	23:36	-3.3E
25 F	02:42	04:54	1.7F
	08:30	11:48	-2.6E
	14:42	17:24	2.1F
	21:18		
26 Sa	03:36	00:24	-3.3E
	09:24	05:42	1.7F
	15:36	12:36	-2.5E
	22:12	18:18	1.9F
27 Su	04:30	01:18	-3.1E
	10:18	06:36	1.6F
	16:30	13:30	-2.4E
	23:00	19:06	1.7F
28 M	05:18	02:06	-2.8E
	11:12	07:30	1.5F
	17:30	14:24	-2.1E
	23:48	20:00	1.5F
29 Tu	06:12	03:00	-2.5E
	12:06	08:18	1.4F
	18:30	15:18	-1.9E
		20:48	1.3F
30 W	00:36	03:48	-2.3E
	07:00	09:12	1.3F
	13:00	16:12	-1.8E
	19:24	21:36	1.2F

Station ID: ACT6651 Depth: Unknown
Source: NOAA/NOS/CO-OPS
Station Type: Harmonic
Time Zone: LST

NOAA Tidal Current Predictions

Charleston Harbor (off Fort Sumter), 2021
Latitude: 32.7560° N Longitude: 79.8703° W
Mean Flood Dir. 313° (T) Mean Ebb Dir. 127° (T)
Times and speeds of maximum and minimum current, in knots

July

Day	Slack (h m)	Maximum (h m)	knots
1 Th ☽	01:18 / 07:48 / 13:54 / 20:24	04:42 / 10:00 / 17:12 / 22:24	-2.0E / 1.3F / -1.7E / 1.1F
2 F	02:06 / 08:36 / 14:42 / 21:18	05:30 / 10:48 / 18:06 / 23:12	-1.9E / 1.3F / -1.7E / 1.0F
3 Sa	02:48 / 09:24 / 15:36 / 22:12	06:18 / 11:36 / 19:00	-1.7E / 1.4F / -1.8E
4 Su	03:36 / 10:12 / 16:24 / 23:00	00:00 / 07:12 / 12:30 / 19:48	1.0F / -1.7E / 1.4F / -1.9E
5 M	04:24 / 11:00 / 17:12 / 23:48	00:54 / 08:00 / 13:18 / 20:36	1.0F / -1.7E / 1.5F / -2.0E
6 Tu	05:12 / 11:42 / 18:00	01:42 / 08:48 / 14:06 / 21:24	1.1F / -1.7E / 1.5F / -2.1E
7 W	00:36 / 06:06 / 12:30 / 18:48	02:30 / 09:30 / 14:54 / 22:06	1.1F / -1.8E / 1.6F / -2.3E
8 Th	01:24 / 06:54 / 13:12 / 19:30	03:18 / 10:12 / 15:42 / 22:48	1.2F / -1.9E / 1.7F / -2.4E
9 F	02:06 / 07:36 / 13:54 / 20:12	04:06 / 10:54 / 16:24 / 23:30	1.3F / -2.0E / 1.7F / -2.4E
10 Sa ●	02:48 / 08:24 / 14:30 / 20:54	04:54 / 11:36 / 17:12	1.3F / -2.0E / 1.8F
11 Su	03:30 / 09:06 / 15:12 / 21:36	00:12 / 05:36 / 12:18 / 17:54	-2.5E / 1.3F / -2.0E / 1.8F
12 M	04:06 / 09:48 / 15:54 / 22:12	00:48 / 06:24 / 13:00 / 18:36	-2.5E / 1.3F / -2.1E / 1.8F
13 Tu	04:48 / 10:36 / 16:36 / 22:54	01:30 / 07:06 / 13:48 / 19:24	-2.4E / 1.4F / -2.1E / 1.7F
14 W	05:24 / 11:24 / 17:30 / 23:36	02:12 / 07:54 / 14:36 / 20:12	-2.4E / 1.4F / -2.1E / 1.7F
15 Th	06:12 / 12:18 / 18:24	02:54 / 08:42 / 15:30 / 21:06	-2.3E / 1.5F / -2.1E / 1.7F
16 F	00:18 / 07:00 / 13:12 / 19:30	03:48 / 09:36 / 16:30 / 22:00	-2.3E / 1.6F / -2.2E / 1.6F
17 Sa ☽	01:12 / 07:48 / 14:12 / 20:36	04:42 / 10:30 / 17:30 / 22:54	-2.2E / 1.7F / -2.3E / 1.6F
18 Su	02:06 / 08:48 / 15:12 / 21:36	05:36 / 11:24 / 18:36 / 23:48	-2.2E / 1.7F / -2.4E / 1.6F
19 M	03:06 / 09:42 / 16:18 / 22:42	06:42 / 12:24 / 19:36	-2.2E / 1.8F / -2.6E
20 Tu	04:12 / 10:42 / 17:24 / 23:42	00:48 / 07:42 / 13:18 / 20:36	1.5F / -2.3E / 1.9F / -2.8E
21 W	05:18 / 11:42 / 18:24	01:42 / 08:48 / 14:18 / 21:30	1.5F / -2.4E / 1.9F / -3.0E
22 Th	00:42 / 06:18 / 12:42 / 19:18	02:42 / 09:42 / 15:18 / 22:30	1.5F / -2.5E / 1.9F / -3.1E
23 F	01:36 / 07:24 / 13:36 / 20:12	03:36 / 10:36 / 16:12 / 23:18	1.6F / -2.5E / 1.9F / -3.2E
24 Sa ○	02:24 / 08:18 / 14:30 / 21:00	04:30 / 11:30 / 17:12	1.6F / -2.6E / 1.9F
25 Su	03:12 / 09:18 / 15:24 / 21:48	00:06 / 05:24 / 12:18 / 17:54	-3.1E / 1.6F / -2.5E / 1.8F
26 M	04:00 / 10:00 / 16:12 / 22:30	00:54 / 06:12 / 13:06 / 18:42	-2.9E / 1.6F / -2.4E / 1.6F
27 Tu	04:48 / 10:48 / 17:06 / 23:12	01:42 / 07:00 / 14:00 / 19:24	-2.7E / 1.5F / -2.2E / 1.5F
28 W	05:36 / 11:36 / 17:54 / 23:54	02:24 / 07:48 / 14:48 / 20:12	-2.4E / 1.5F / -2.0E / 1.3F
29 Th	06:18 / 12:24 / 18:48	03:12 / 08:36 / 15:36 / 21:00	-2.1E / 1.4F / -1.8E / 1.2F
30 F	00:30 / 07:06 / 13:06 / 19:42	03:54 / 09:24 / 16:30 / 21:48	-1.9E / 1.4F / -1.7E / 1.1F
31 Sa ☽	01:12 / 07:54 / 13:54 / 20:36	04:42 / 10:12 / 17:18 / 22:36	-1.7E / 1.4F / -1.7E / 1.0F

August

Day	Slack (h m)	Maximum (h m)	knots
1 Su	01:54 / 08:42 / 14:48 / 21:30	05:30 / 11:00 / 18:18 / 23:24	-1.6E / 1.3F / -1.7E / 1.0F
2 M	02:42 / 09:30 / 15:42 / 22:24	06:24 / 11:54 / 19:12	-1.5E / 1.4F / -1.7E
3 Tu	03:36 / 10:18 / 16:36 / 23:18	00:18 / 07:18 / 12:42 / 20:00	1.0F / -1.5E / 1.4F / -1.8E
4 W	04:30 / 11:12 / 17:24	01:06 / 08:06 / 13:36 / 20:54	1.0F / -1.6E / 1.4F / -2.0E
5 Th	00:06 / 05:30 / 12:00 / 18:18	02:00 / 09:00 / 14:24 / 21:36	1.1F / -1.7E / 1.5F / -2.2E
6 F	00:54 / 06:24 / 12:42 / 19:06	02:54 / 09:48 / 15:12 / 22:24	1.1F / -1.9E / 1.6F / -2.4E
7 Sa	01:36 / 07:12 / 13:30 / 19:48	03:42 / 10:30 / 16:00 / 23:06	1.2F / -2.1E / 1.7F / -2.5E
8 Su ●	02:18 / 08:00 / 14:12 / 20:30	04:30 / 11:12 / 16:48 / 23:42	1.4F / -2.2E / 1.8F / -2.6E
9 M	03:00 / 08:48 / 14:54 / 21:12	05:12 / 12:00 / 17:30	1.5F / -2.3E / 1.9F
10 Tu	03:36 / 09:30 / 15:36 / 21:48	00:24 / 06:00 / 12:42 / 18:18	-2.7E / 1.6F / -2.4E / 1.9F
11 W	04:12 / 10:18 / 16:24 / 22:30	01:06 / 06:42 / 13:30 / 19:00	-2.6E / 1.6F / -2.4E / 1.9F
12 Th	04:54 / 11:06 / 17:18 / 23:12	01:48 / 07:30 / 14:18 / 19:48	-2.6E / 1.7F / -2.4E / 1.8F
13 F	05:42 / 12:00 / 18:12	02:30 / 08:18 / 15:12 / 20:42	-2.5E / 1.7F / -2.4E / 1.7F
14 Sa	00:00 / 06:30 / 12:54 / 19:12	03:24 / 09:12 / 16:12 / 21:36	-2.4E / 1.7F / -2.4E / 1.6F
15 Su ☽	00:48 / 07:24 / 13:54 / 20:18	04:18 / 10:06 / 17:12 / 22:30	-2.2E / 1.7F / -2.4E / 1.5F
16 M	01:48 / 08:24 / 15:00 / 21:24	05:18 / 11:06 / 18:18 / 23:30	-2.1E / 1.7F / -2.4E / 1.4F
17 Tu	02:48 / 09:30 / 16:06 / 22:24	06:24 / 12:00 / 19:18	-2.1E / 1.7F / -2.5E
18 W	03:54 / 10:30 / 17:06 / 23:24	00:24 / 07:30 / 13:06 / 20:18	1.4F / -2.1E / 1.7F / -2.7E
19 Th	05:06 / 11:36 / 18:06	01:24 / 08:36 / 14:06 / 21:18	1.4F / -2.2E / 1.7F / -2.8E
20 F	00:24 / 06:12 / 12:30 / 19:06	02:18 / 09:30 / 15:06 / 22:06	1.4F / -2.4E / 1.7F / -2.9E
21 Sa	01:18 / 07:06 / 13:24 / 19:54	03:18 / 10:24 / 16:00 / 23:00	1.5F / -2.5E / 1.7F / -3.0E
22 Su ○	02:06 / 08:00 / 14:18 / 20:36	04:12 / 11:12 / 16:48 / 23:42	1.5F / -2.5E / 1.7F / -2.9E
23 M	02:48 / 08:48 / 15:06 / 21:18	05:00 / 12:00 / 17:30	1.6F / -2.5E / 1.7F
24 Tu	03:30 / 09:36 / 15:48 / 22:00	00:30 / 05:42 / 12:42 / 18:18	-2.8E / 1.6F / -2.4E / 1.6F
25 W	04:12 / 10:18 / 16:36 / 22:36	01:12 / 06:30 / 13:30 / 18:48	-2.6E / 1.6F / -2.3E / 1.5F
26 Th	04:54 / 10:54 / 17:24 / 23:06	01:48 / 07:12 / 14:12 / 19:36	-2.3E / 1.6F / -2.1E / 1.4F
27 F	05:36 / 11:36 / 18:12 / 23:42	02:30 / 08:00 / 15:00 / 20:18	-2.0E / 1.5F / -1.9E / 1.2F
28 Sa	06:18 / 12:24 / 19:00	03:18 / 08:42 / 15:42 / 21:06	-1.8E / 1.4F / -1.8E / 1.1F
29 Su	00:24 / 07:06 / 13:12 / 19:54	03:48 / 09:30 / 16:36 / 22:00	-1.6E / 1.4F / -1.6E / 1.0F
30 M ☽	01:06 / 07:54 / 14:00 / 20:54	04:36 / 10:24 / 17:30 / 22:48	-1.4E / 1.3F / -1.6E / 1.0F
31 Tu	01:54 / 08:48 / 14:54 / 21:48	05:30 / 11:18 / 18:30 / 23:42	-1.4E / 1.3F / -1.6E / 0.9F

September

Day	Slack (h m)	Maximum (h m)	knots
1 W	02:54 / 09:42 / 15:54 / 22:42	06:30 / 12:12 / 19:24	-1.4E / 1.3F / -1.7E
2 Th	03:54 / 10:36 / 16:48 / 23:36	00:36 / 07:30 / 13:06 / 20:18	1.0F / -1.5E / 1.4F / -1.9E
3 F	05:00 / 11:30 / 17:42	01:30 / 08:30 / 13:54 / 21:06	1.0F / -1.7E / 1.5F / -2.1E
4 Sa	00:24 / 05:54 / 12:18 / 18:30	02:24 / 09:18 / 14:48 / 21:54	1.2F / -1.9E / 1.6F / -2.4E
5 Su	01:06 / 06:48 / 13:06 / 19:18	03:12 / 10:06 / 15:36 / 22:36	1.3F / -2.2E / 1.8F / -2.6E
6 M	01:48 / 07:36 / 13:48 / 20:00	04:00 / 10:54 / 16:18 / 23:18	1.4F / -2.5E / 2.0F / -2.7E
7 Tu ●	02:24 / 08:24 / 14:30 / 20:42	04:48 / 11:36 / 17:06 / 23:54	1.7F / -2.7E / 2.1F / -2.8E
8 W	03:06 / 09:12 / 15:18 / 21:24	05:36 / 12:24 / 17:54	1.8F / -2.8E / 2.1F
9 Th	03:42 / 10:00 / 16:06 / 22:06	00:36 / 06:18 / 13:12 / 18:36	-2.8E / 1.9F / -2.8E / 2.0F
10 F	04:24 / 10:48 / 17:00 / 22:54	01:24 / 07:06 / 14:00 / 19:30	-2.7E / 1.9F / -2.8E / 1.9F
11 Sa	05:12 / 11:42 / 18:00 / 23:42	02:12 / 07:54 / 14:54 / 20:18	-2.6E / 1.9F / -2.7E / 1.7F
12 Su	06:06 / 12:42 / 19:00	03:00 / 08:48 / 15:54 / 21:12	-2.4E / 1.8F / -2.6E / 1.6F
13 M ◑	00:36 / 07:06 / 13:42 / 20:06	04:00 / 09:48 / 16:54 / 22:12	-2.2E / 1.7F / -2.5E / 1.4F
14 Tu	01:36 / 08:12 / 14:48 / 21:12	05:00 / 10:48 / 18:00 / 23:06	-2.0E / 1.6F / -2.4E / 1.3F
15 W	02:42 / 09:18 / 15:54 / 22:12	06:12 / 11:48 / 19:00	-1.9E / 1.5F / -2.5E
16 Th	03:48 / 10:24 / 16:54 / 23:12	00:06 / 07:18 / 12:54 / 20:00	1.2F / -2.0E / 1.4F / -2.5E
17 F	05:00 / 11:24 / 17:54	01:06 / 08:24 / 15:06 / 21:00	1.2F / -2.1E / 1.5F / -2.7E
18 Sa	00:06 / 06:00 / 12:24 / 18:42	02:06 / 09:18 / 16:00 / 21:48	1.3F / -2.3E / 1.5F / -2.7E
19 Su	00:54 / 06:54 / 13:12 / 19:30	03:00 / 10:06 / 15:54 / 22:36	1.4F / -2.4E / 1.6F / -2.8E
20 M ○	01:36 / 07:42 / 14:00 / 20:12	03:48 / 10:54 / 16:24 / 23:18	1.6F / -2.5E / 1.6F / -2.7E
21 Tu	02:18 / 08:24 / 14:42 / 20:48	04:36 / 11:36 / 17:00	1.7F / -2.5E / 1.6F
22 W	03:00 / 09:06 / 15:24 / 21:24	00:00 / 05:18 / 12:18 / 17:42	-2.6E / 1.7F / -2.5E / 1.6F
23 Th	03:36 / 09:42 / 16:06 / 21:54	00:36 / 05:54 / 13:00 / 18:18	-2.4E / 1.7F / -2.4E / 1.5F
24 F	04:12 / 10:18 / 16:48 / 22:24	01:12 / 06:36 / 13:36 / 19:00	-2.2E / 1.7F / -2.2E / 1.4F
25 Sa	04:48 / 11:00 / 17:30 / 23:00	01:48 / 07:24 / 14:18 / 19:48	-1.9E / 1.6F / -2.0E / 1.3F
26 Su	05:30 / 11:42 / 18:24 / 23:36	02:24 / 08:06 / 15:06 / 20:36	-1.7E / 1.5F / -1.8E / 1.1F
27 M	06:12 / 12:24 / 19:18	03:00 / 08:54 / 15:54 / 21:24	-1.5E / 1.3F / -1.6E / 1.0F
28 Tu	00:24 / 07:00 / 13:18 / 20:12	03:42 / 09:48 / 16:48 / 22:18	-1.4E / 1.3F / -1.6E / 0.9F
29 W ☽	01:12 / 08:00 / 14:12 / 21:12	04:42 / 10:42 / 17:48 / 23:12	-1.3E / 1.2F / -1.6E / 0.9F
30 Th	02:18 / 09:00 / 15:12 / 22:06	05:48 / 11:36 / 18:42	-1.3E / 1.2F / -1.7E

Station ID: ACT6651 Depth: Unknown
Source: NOAA/NOS/CO-OPS
Station Type: Harmonic
Time Zone: LST

NOAA Tidal Current Predictions

Charleston Harbor (off Fort Sumter), 2021
Latitude: 32.7560° N Longitude: 79.8703° W
Mean Flood Dir. 313° (T) Mean Ebb Dir. 127° (T)
Times and speeds of maximum and minimum current, in knots

October

Day	Slack (h m)	Max (h m)	knots
1 F		00:06	1.0F
	03:24	06:54	-1.5E
	10:00	12:30	1.3F
	16:12	19:42	-1.9E
	23:00		
2 Sa		01:00	1.1F
	04:30	07:54	-1.7E
	10:54	13:24	1.5F
	17:06	20:30	-2.1E
	23:48		
3 Su		01:54	1.3F
	05:30	08:48	-2.0E
	11:48	14:18	1.7F
	17:54	21:18	-2.4E
4 M	00:30	02:48	1.5F
	06:24	09:42	-2.4E
	12:36	15:06	1.9F
	18:42	22:00	-2.6E
5 Tu	01:12	03:36	1.7F
	07:12	10:30	-2.7E
	13:24	15:54	2.0F
	19:30	22:48	-2.8E
6 W ●	01:48	04:24	2.0F
	08:00	11:18	-3.0E
	14:12	16:42	2.1F
	20:12	23:30	-2.9E
7 Th	02:30	05:06	2.1F
	08:54	12:06	-3.1E
	15:00	17:30	2.1F
	21:00		
8 F		00:12	-2.9E
	03:12	05:54	2.2F
	09:42	12:54	-3.1E
	15:54	18:18	2.1F
	21:42		
9 Sa		01:00	-2.8E
	04:00	06:42	2.1F
	10:30	13:42	-3.0E
	16:48	19:06	1.9F
	22:30		
10 Su		01:48	-2.6E
	04:48	07:36	2.0F
	11:24	14:36	-2.9E
	17:42	20:00	1.7F
	23:24		
11 M		02:42	-2.3E
	05:48	08:30	1.8F
	12:24	15:36	-2.7E
	18:48	20:54	1.5F
12 Tu	00:24	03:42	-2.1E
	06:48	09:30	1.6F
	13:30	16:36	-2.5E
	19:54	21:54	1.3F
13 W ◐	01:24	04:48	-1.9E
		10:30	1.4F
	14:30	17:42	-2.4E
	20:54	22:54	1.2F
14 Th	02:36	06:00	-1.9E
	09:12	11:42	1.3F
	15:36	18:42	-2.4E
	21:54	23:54	1.2F
15 F	03:48	07:06	-1.9E
	10:12	14:00	1.3F
	16:36	19:42	-2.4E
	22:48		
16 Sa		00:54	1.2F
	04:48	08:06	-2.1E
	11:12	14:54	1.4F
	17:30	20:36	-2.5E
	23:42		
17 Su		01:54	1.3F
	05:48	09:00	-2.2E
	12:06	15:36	1.4F
	18:18	21:24	-2.5E
18 M	00:24	02:42	1.5F
	06:36	09:48	-2.4E
	12:54	15:18	1.4F
	19:00	22:06	-2.5E
19 Tu	01:06	03:24	1.6F
	07:18	10:30	-2.5E
	13:36	15:54	1.5F
	19:36	22:48	-2.5E
20 W ○	01:48	04:06	1.7F
	08:00	11:12	-2.5E
	14:30	16:30	1.5F
	20:12	23:24	-2.4E
21 Th	02:24	04:48	1.8F
	08:36	11:54	-2.5E
	15:00	17:06	1.5F
	20:48		
22 F		00:06	-2.3E
	03:00	05:24	1.8F
	09:12	12:30	-2.4E
	15:36	17:48	1.5F
	21:18		
23 Sa		00:36	-2.1E
	03:36	06:06	1.7F
	09:48	13:12	-2.2E
	16:18	18:30	1.4F
	21:54		
24 Su		01:12	-1.9E
	04:12	06:48	1.6F
	10:30	13:48	-2.1E
	17:00	19:18	1.3F
	22:24		
25 M		01:42	-1.7E
	04:48	07:36	1.5F
	11:06	14:30	-1.9E
	17:48	20:00	1.1F
	23:06		
26 Tu		02:24	-1.5E
	05:30	08:24	1.4F
	11:54	15:12	-1.7E
	18:36	20:54	1.0F
	23:48		
27 W		03:06	-1.4E
	06:18	09:12	1.3F
	12:42	16:06	-1.6E
	19:36	21:42	0.9F
28 Th ◐	00:42	04:06	-1.3E
		10:06	1.3F
	13:30	17:00	-1.6E
	20:30	22:36	0.9F
29 F	01:48	05:12	-1.4E
	08:18	11:00	1.3F
	15:00	18:00	-1.7E
	21:24	23:36	1.0F
30 Sa	02:54	06:18	-1.5E
	09:24	11:54	1.4F
	15:24	19:00	-1.9E
	22:18		
31 Su		00:30	1.2F
	04:00	07:24	-1.8E
	10:24	12:48	1.5F
	16:24	19:48	-2.1E
	23:06		

November

Day	Slack (h m)	Max (h m)	knots
1 M		01:24	1.4F
	05:00	08:18	-2.2E
	11:18	13:42	1.7F
	17:18	20:42	-2.4E
	23:48		
2 Tu		02:12	1.7F
	05:54	09:12	-2.5E
	12:12	14:36	1.9F
	18:06	21:30	-2.6E
3 W	00:36	03:06	1.9F
	06:48	10:06	-2.9E
	13:06	15:24	2.0F
	19:00	22:18	-2.8E
4 Th ●	01:18	03:54	2.2F
	07:42	10:54	-3.2E
	13:54	16:18	2.1F
	19:48	23:06	-2.9E
5 F	02:00	04:42	2.3F
	08:30	11:42	-3.3E
	14:48	17:06	2.1F
	20:36	23:54	-2.9E
6 Sa	02:48	05:30	2.3F
	09:24	12:36	-3.3E
	15:36	17:54	2.0F
	21:24		
7 Su		00:42	-2.8E
	03:36	06:24	2.2F
	10:18	13:24	-3.2E
	16:30	18:48	1.8F
	22:18		
8 M		01:30	-2.6E
	04:30	07:18	2.0F
	11:12	14:24	-3.0E
	17:30	19:42	1.6F
	23:12		
9 Tu		02:30	-2.3E
	05:30	08:12	1.8F
	12:12	15:18	-2.7E
	18:30	20:36	1.4F
10 W	00:12	03:30	-2.1E
	06:36	09:12	1.5F
	13:12	16:18	-2.5E
	19:30	21:36	1.3F
11 Th ○	01:18	04:36	-1.9E
	07:42	10:18	1.4F
	14:12	17:18	-2.3E
	20:36	22:36	1.2F
12 F	02:24	05:42	-1.8E
	08:54	12:30	1.2F
	15:12	18:18	-2.2E
	21:30	23:36	1.2F
13 Sa	03:30	06:48	-1.9E
	10:18	13:18	1.2F
	16:06	19:18	-2.2E
	22:24		
14 Su		00:30	1.2F
	04:30	07:42	-2.0E
	11:18	14:18	1.2F
	16:54	20:06	-2.2E
	23:12		
15 M		01:24	1.4F
	05:24	08:36	-2.1E
	11:42	14:00	1.2F
	17:42	20:54	-2.2E
	23:54		
16 Tu		02:12	1.8F
	06:12	09:24	-2.3E
	12:30	14:36	1.2F
	18:24	21:36	-2.3E
17 W	00:36	02:54	1.6F
	06:54	10:06	-2.4E
	13:12	15:18	1.3F
	19:06	22:18	-2.2E
18 Th	01:18	03:36	1.7F
	07:36	10:48	-2.4E
	13:54	16:00	1.4F
	19:42	23:00	-2.2E
19 F ○	01:54	04:18	1.8F
	08:12	11:30	-2.5E
	14:36	16:42	1.5F
	20:18	23:36	-2.1E
20 Sa	02:30	05:00	1.8F
	08:48	12:06	-2.4E
	15:12	17:24	1.4F
	20:54		
21 Su		00:12	-2.0E
	03:06	05:42	1.8F
	09:24	12:42	-2.3E
	15:54	18:06	1.4F
	21:24		
22 M		00:42	-1.9E
	03:42	06:24	1.7F
	10:06	13:24	-2.1E
	16:36	18:48	1.3F
	22:06		
23 Tu		01:18	-1.7E
	04:18	07:06	1.6F
	10:42	14:00	-2.0E
	17:18	19:36	1.2F
	22:42		
24 W		02:00	-1.6E
	04:54	07:54	1.5F
	11:24	14:42	-1.9E
	18:06	20:24	1.1F
	23:30		
25 Th		02:42	-1.5E
	05:42	08:42	1.4F
	12:06	15:30	-1.8E
	18:54	21:12	1.0F
26 F ○	00:18	03:36	-1.5E
	06:36	09:36	1.4F
	12:54	16:18	-1.8E
	19:48	22:06	1.1F
27 Sa ◑	01:18	04:42	-1.5E
	07:42	10:24	1.4F
	13:48	17:18	-1.8E
	20:36	23:00	1.2F
28 Su	02:24	05:48	-1.7E
	08:42	11:18	1.5F
	14:42	18:12	-1.9E
	21:30	23:54	1.3F
29 M	03:30	06:48	-1.9E
	09:48	12:18	1.6F
	15:36	19:12	-2.1E
	22:18		
30 Tu		01:24	1.4F
	04:30	07:54	-2.3E
	10:48	13:12	1.7F
	16:36	20:06	-2.3E
	23:12		

December

Day	Slack (h m)	Max (h m)	knots
1 W		01:42	1.8F
	05:30	08:48	-2.6E
	11:48	14:06	1.8F
	17:36	21:00	-2.5E
2 Th	00:00	02:36	2.0F
	06:30	09:42	-3.0E
	12:42	15:00	1.9F
	18:30	21:54	-2.7E
3 F	00:48	03:30	2.2F
	07:24	10:36	-3.2E
	13:36	15:54	2.0F
	19:24	22:42	-2.8E
4 Sa ●	01:42	04:24	2.3F
	08:18	11:30	-3.4E
	14:30	16:42	2.0F
	20:18	23:36	-2.9E
5 Su	02:30	05:12	2.3F
	09:12	12:18	-3.4E
	15:24	17:36	1.9F
	21:12		
6 M		00:24	-2.8E
	03:24	06:06	2.2F
	10:06	13:12	-3.2E
	16:18	18:30	1.8F
	22:06		
7 Tu		01:18	-2.6E
	04:18	07:00	2.0F
	11:00	14:00	-3.0E
	17:12	19:24	1.6F
	23:00		
8 W		02:12	-2.4E
	05:18	07:54	1.8F
	11:54	15:00	-2.7E
	18:06	20:18	1.5F
9 Th	00:00	03:12	-2.1E
	06:18	08:54	1.6F
	12:48	15:54	-2.5E
	19:06	21:12	1.3F
10 F	01:00	04:12	-1.9E
	07:24	09:48	1.3F
	13:42	16:48	-2.2E
	20:00	22:06	1.3F
11 Sa ◑	02:00	05:18	-1.8E
	08:30	10:48	1.2F
	14:36	17:48	-2.1E
	20:54	23:06	1.2F
12 Su	03:00	06:18	-1.8E
	09:24	11:36	1.1F
	15:24	18:42	-2.0E
	21:48	23:54	1.3F
13 M	04:00	07:12	-1.9E
	10:24	12:24	1.1F
	16:12	19:36	-1.9E
	22:36		
14 Tu		00:48	1.3F
	04:54	08:06	-2.0E
	11:12	13:12	1.1F
	17:00	20:24	-1.9E
	23:18		
15 W		01:36	1.4F
	05:42	08:54	-2.1E
	12:00	14:00	1.1F
	17:48	21:06	-2.0E
	23:36		
16 Th		02:24	1.5F
	06:24	09:42	-2.2E
	12:48	14:48	1.2F
	18:30	21:48	-2.0E
17 F	00:48	03:12	1.6F
	07:06	10:24	-2.3E
	13:30	15:30	1.3F
	19:12	22:30	-2.0E
18 Sa	01:30	03:54	1.7F
	07:48	11:00	-2.4E
	14:12	16:18	1.4F
	19:48	23:06	-2.0E
19 Su ○	02:06	04:36	1.8F
	08:30	11:42	-2.4E
	14:54	17:00	1.4F
	20:30	23:48	-2.0E
20 M	02:42	05:18	1.8F
	09:06	12:18	-2.3E
	15:30	17:42	1.4F
	21:12		
21 Tu		00:24	-2.0E
	03:18	06:00	1.8F
	09:42	13:00	-2.3E
	16:12	18:30	1.3F
	21:48		
22 W		01:00	-1.9E
	03:54	06:42	1.7F
	10:24	13:36	-2.2E
	16:54	19:12	1.3F
	22:30		
23 Th		01:42	-1.8E
	04:36	07:24	1.6F
	11:00	14:18	-2.1E
	17:30	19:54	1.2F
	23:12		
24 F		02:24	-1.8E
	05:18	08:12	1.6F
	11:36	14:54	-2.0E
	18:12	20:42	1.2F
25 Sa	00:00	03:12	-1.7E
	06:12	09:06	1.6F
	12:18	15:42	-2.0E
	19:00	21:36	1.3F
26 Su	00:54	04:12	-1.8E
	07:12	09:54	1.6F
	13:06	16:36	-2.0E
	19:48	22:24	1.4F
27 M ◑	01:54	05:18	-1.9E
	08:12	10:48	1.6F
	14:00	17:30	-2.0E
	20:42	23:18	1.5F
28 Tu	03:00	06:24	-2.0E
	09:18	11:42	1.6F
	15:00	18:30	-2.1E
	21:42		
29 W		00:18	1.7F
	04:06	07:24	-2.3E
	10:24	12:42	1.6F
	16:00	19:36	-2.2E
	22:36		
30 Th		01:12	1.8F
	05:06	08:24	-2.6E
	11:24	13:36	1.7F
	17:06	20:36	-2.4E
	23:36		
31 F		02:12	2.0F
	06:12	09:24	-2.9E
	12:24	14:36	1.8F
	18:06	21:30	-2.6E

Station ID: ACT7351 Depth: 11 feet
Source: NOAA/NOS/CO-OPS
Station Type: Harmonic
Time Zone: LST

NOAA Tidal Current Predictions

Savannah River Entrance (between jetties), 2021
Latitude: 32.0357° N Longitude: 80.8903° W
Mean Flood Dir. 286° (T) Mean Ebb Dir. 110° (T)
Times and speeds of maximum and minimum current, in knots

January

Day	Slack (h m)	Maximum (h m)	knots	Day	Slack (h m)	Maximum (h m)	knots
1 F	04:12	01:06	-1.8E	16 Sa	05:12	02:36	-2.0E
	07:00	07:00	2.5F		11:42	07:48	2.1F
	13:36	13:36	-2.3E		17:42	15:06	-2.3E
	17:00	19:30	1.9F		23:54	20:12	2.1F
	23:06						
2 Sa	05:00	01:54	-1.8E	17 Su	06:00	03:18	-1.9E
	11:24	07:48	2.4F		12:24	08:36	1.9F
	17:42	14:18	-2.3E		18:24	15:48	-2.1E
	23:54	20:12	2.0F			20:54	2.1F
3 Su	05:54	02:42	-1.9E	18 M	00:42	03:54	-1.8E
	12:12	08:36	2.3F		06:48	09:18	1.7F
	18:30	15:06	-2.2E		13:06	16:24	-1.9E
		21:00	2.0F		19:06	21:42	2.0F
4 M	00:48	03:36	-1.9E	19 Tu	01:24	04:30	-1.7E
	06:48	09:30	2.1F		07:42	10:06	1.5F
	13:06	15:54	-2.1E		13:48	16:54	-1.6E
	19:18	21:54	1.9F		19:54	22:30	1.9F
5 Tu	01:42	04:30	-1.9E	20 W	02:12	05:06	-1.6E
	07:48	10:24	2.0F		08:30	11:00	1.4F
	14:00	16:48	-1.9E		14:36	17:30	-1.5E
	20:06	22:48	1.9F		20:42	23:18	1.9F
6 W	02:42	05:36	-1.9E	21 Th	03:00	05:54	-1.5E
	08:54	11:30	1.8F		09:24	11:54	1.4F
	15:00	17:42	-1.8E		15:24	18:12	-1.4E
	21:06	23:48	2.0F		21:30		
7 Th	03:42	07:00	-1.9E	22 F	03:48	00:12	1.8F
	10:00	12:30	1.8F		10:18	06:48	-1.5E
	16:00	18:48	-1.7E		16:12	12:42	1.3F
	22:00				22:18	19:06	-1.3E
8 F	04:42	00:48	2.1F	23 Sa	04:42	01:00	1.9F
	11:00	08:18	-2.0E		11:12	08:00	-1.5E
	16:54	13:24	1.7F		17:06	13:36	1.4F
	23:00	20:00	-1.7E		23:12	20:00	-1.4E
9 Sa	05:42	01:42	2.1F	24 Su	05:30	01:48	1.9F
	12:00	09:18	-2.2E		12:00	09:00	-1.6E
	17:54	14:24	1.7F		17:54	14:24	1.4F
		21:18	-1.8E			20:54	-1.4E
10 Su	00:00	02:42	2.2F	25 M	00:00	02:42	2.0F
	06:48	10:18	-2.3E		06:24	09:42	-1.7E
	13:00	15:24	1.7F		12:48	15:12	1.5F
	18:54	22:18	-1.9E		18:42	21:48	-1.5E
11 M	00:54	03:48	2.3F	26 Tu	00:42	03:30	2.2F
	07:42	11:12	-2.5E		07:12	10:30	-1.9E
	13:54	16:18	1.7F		13:36	16:00	1.6F
	19:48	23:18	-2.0E		19:36	22:30	-1.7E
12 Tu	01:48	04:42	2.3F	27 W	01:30	04:18	2.3F
	08:36	12:06	-2.5E		08:00	11:12	-2.1E
	14:48	17:18	1.8F		14:24	16:48	1.8F
	20:42				20:24	23:18	-1.8E
13 W	02:42	00:06	-2.0E	28 Th	02:18	05:06	2.5F
	09:24	05:36	2.4F		08:48	11:54	-2.3E
	15:36	12:54	-2.6E		15:12	17:36	2.0F
	21:30	18:06	1.9F		21:12		
14 Th	03:36	01:00	-2.1E	29 F	03:06	00:06	-2.0E
	10:12	06:24	2.4F		09:30	05:54	2.6F
	16:18	13:42	-2.6E		15:54	12:36	-2.4E
	22:24	18:48	2.0F		21:54	18:24	2.1F
15 F	04:24	01:48	-2.1E	30 Sa	03:54	00:54	-2.1E
	10:54	07:06	2.3F		10:18	06:42	2.7F
	17:00	14:24	-2.5E		16:36	13:18	-2.5E
	23:06	19:30	2.1F		22:42	19:06	2.3F
				31 Su	04:48	01:42	-2.2E
					11:00	07:24	2.6F
					17:18	14:00	-2.5E
					23:30	19:48	2.3F

February

Day	Slack (h m)	Maximum (h m)	knots	Day	Slack (h m)	Maximum (h m)	knots
1 M	05:36	02:30	-2.3E	16 Tu	00:06	03:12	-1.8E
	11:48	08:12	2.5F		06:18	08:42	1.7F
	18:00	14:42	-2.4E		12:30	15:30	-1.7E
		20:36	2.3F		18:30	21:00	2.0F
2 Tu	00:24	03:18	-2.2E	17 W	00:42	03:36	-1.7E
	06:30	09:06	2.3F		07:00	09:24	1.5F
	12:42	15:30	-2.2E		13:06	15:54	-1.5E
	18:48	21:24	2.2F		19:06	21:48	1.9F
3 W	01:18	04:18	-2.1E	18 Th	01:30	04:06	-1.5E
	07:30	10:00	2.0F		07:48	10:12	1.4F
	13:36	16:24	-2.0E		13:54	16:30	-1.4E
	19:42	22:24	2.1F		19:54	22:36	1.8F
4 Th	02:18	05:18	-2.0E	19 F	02:18	04:48	-1.4E
	08:30	11:00	1.8F		08:42	11:06	1.3F
	14:36	17:18	-1.8E		14:36	17:12	-1.3E
	20:36	23:24	2.1F		20:48	23:30	1.7F
5 F	03:24	06:42	-1.9E	20 Sa	03:06	05:42	-1.4E
	09:42	12:06	1.7F		09:36	12:00	1.3F
	15:36	18:30	-1.7E		15:30	18:06	-1.3E
	21:42				21:42		
6 Sa	04:30	00:30	2.0F	21 Su	04:00	00:24	1.8F
	10:42	08:06	-2.0E		10:30	06:42	-1.4E
	16:36	13:06	1.6F		16:24	12:54	1.3F
	22:42	20:00	-1.7E		22:30	19:00	-1.3E
7 Su	05:36	01:36	2.0F	22 M	05:00	01:18	1.9F
	11:48	09:12	-2.1E		11:24	07:48	-1.5E
	17:36	14:12	1.5F		17:18	13:48	1.4F
	23:42	21:12	-1.8E		23:24	20:06	-1.4E
8 M	06:36	02:36	2.1F	23 Tu	05:54	02:06	2.0F
	12:42	10:06	-2.3E		12:18	09:00	-1.7E
	18:36	15:12	1.6F		18:12	14:42	1.5F
		22:12	-1.9E			21:06	-1.5E
9 Tu	00:42	03:42	2.1F	24 W	00:18	03:00	2.2F
	07:30	11:00	-2.4E		06:42	09:54	-2.0E
	13:36	16:12	1.7F		13:06	15:30	1.7F
	19:36	23:06	-2.0E		19:06	22:00	-1.8E
10 W	01:36	04:42	2.2F	25 Th	01:06	03:54	2.4F
	08:24	11:48	-2.5E		07:30	10:42	-2.2E
	14:30	17:06	1.8F		13:54	16:24	1.9F
	20:30				19:54	23:00	-2.0E
11 Th	02:30	00:00	-2.1E	26 F	02:00	04:42	2.5F
	09:12	05:30	2.2F		08:18	11:24	-2.4E
	15:12	12:36	-2.5E		14:36	17:12	2.2F
	21:18	17:48	1.9F		20:42	23:48	-2.2E
12 F	03:18	00:48	-2.1E	27 Sa	02:48	05:36	2.7F
	09:54	06:12	2.2F		09:06	12:06	-2.5E
	15:54	13:18	-2.5E		15:18	17:54	2.4F
	22:00	18:30	2.1F		21:30		
13 Sa	04:06	01:36	-2.1E	28 Su	03:36	00:36	-2.4E
	10:30	06:48	2.1F		09:54	06:18	2.8F
	16:36	14:00	-2.3E		16:00	12:48	-2.6E
	22:42	19:06	2.1F		22:18	18:42	2.6F
14 Su	04:54	02:12	-2.1E				
	11:12	07:30	2.0F				
	17:12	14:36	-2.1E				
	23:24	19:42	2.1F				
15 M	05:36	02:48	-1.9E				
	11:48	08:00	1.8F				
	17:48	15:06	-1.9E				
		20:18	2.1F				

March

Day	Slack (h m)	Maximum (h m)	knots	Day	Slack (h m)	Maximum (h m)	knots
1 M	04:30	01:24	-2.6E	16 Tu	05:06	02:18	-1.9E
	10:42	07:06	2.7F		11:18	07:36	1.8F
	16:48	13:36	-2.6E		17:12	14:30	-1.7E
	23:06	19:24	2.6F		23:24	19:48	2.1F
2 Tu	05:18	02:12	-2.6E	17 W	05:42	02:30	-1.8E
	11:30	07:54	2.6F		11:54	08:12	1.6F
	17:30	14:18	-2.5E		17:48	14:42	-1.6E
		20:12	2.6F			20:24	1.9F
3 W	00:00	03:06	-2.5E	18 Th	00:06	02:54	-1.6E
	06:12	08:42	2.4F		06:24	08:48	1.5F
	12:18	15:12	-2.3E		12:30	15:12	-1.5E
	18:18	21:00	2.4F		18:30	21:06	1.8F
4 Th	00:54	04:00	-2.3E	19 F	00:48	03:30	-1.6E
	07:12	09:36	2.1F		07:12	09:30	1.4F
	13:12	16:00	-2.1E		13:12	15:48	-1.4E
	19:12	22:00	2.3F		19:12	21:54	1.7F
5 F	02:00	05:12	-2.1E	20 Sa	01:36	04:12	-1.5E
	08:12	10:36	1.8F		08:00	10:24	1.2F
	14:12	17:00	-1.9E		14:00	16:36	-1.3E
	20:18	23:06	2.1F		20:06	22:48	1.7F
6 Sa	03:06	06:30	-2.0E	21 Su	02:30	05:00	-1.4E
	09:18	11:42	1.6F		09:00	11:24	1.2F
	15:12	18:18	-1.7E		14:54	17:24	-1.3E
	21:24				21:00	23:48	1.7F
7 Su	04:12	00:12	2.0F	22 M	03:24	06:00	-1.5E
	10:24	07:48	-2.0E		10:00	12:24	1.3F
	16:18	12:54	1.5F		15:48	18:24	-1.3E
	22:30	19:54	-1.7E		22:00		
8 M	05:18	01:24	2.0F	23 Tu	04:24	00:48	1.8F
	11:30	08:48	-2.2E		10:54	07:12	-1.6E
	17:24	13:54	1.6F		16:48	13:18	1.4F
	23:30	21:00	-1.8E		22:54	19:30	-1.4E
9 Tu	06:18	02:36	2.0F	24 W	05:18	01:36	2.0F
	12:24	09:48	-2.3E		11:42	08:18	-1.8E
	18:24	15:00	1.6F		17:48	14:12	1.6F
		22:00	-2.0E		23:48	20:36	-1.6E
10 W	00:30	03:48	2.1F	25 Th	06:12	02:36	2.2F
	07:12	10:36	-2.4E		12:30	09:12	-2.0E
	13:12	15:54	1.8F		18:36	15:00	1.8F
	19:18	22:54	-2.1E			21:42	-1.9E
11 Th	01:24	04:36	2.1F	26 F	00:42	03:24	2.3F
	08:00	11:24	-2.4E		07:06	10:06	-2.2E
	14:00	16:42	1.9F		13:18	15:54	2.1F
	20:12	23:42	-2.2E		19:30	22:36	-2.2E
12 F	02:18	05:24	2.0F	27 Sa	01:36	04:18	2.5F
	08:48	12:12	-2.4E		07:54	10:54	-2.4E
	14:42	17:24	2.0F		14:00	16:42	2.4F
	20:54				20:18	23:30	-2.5E
13 Sa	03:06	00:30	-2.2E	28 Su	02:30	05:12	2.6F
	09:24	05:54	2.0F		08:42	11:42	-2.5E
	15:24	12:54	-2.3E		14:48	17:30	2.6F
	21:36	18:00	2.1F		21:06		
14 Su	03:48	01:12	-2.1E	29 M	03:18	00:18	-2.7E
	10:00	06:30	1.9F		09:30	06:00	2.7F
	16:00	13:30	-2.1E		15:30	12:24	-2.5E
	22:12	18:36	2.1F		21:54	18:12	2.8F
15 M	04:30	01:48	-2.0E	30 Tu	04:12	01:06	-2.8E
	10:42	07:00	1.9F		10:18	06:48	2.7F
	16:36	14:06	-1.9E		16:18	13:12	-2.5E
	22:48	19:12	2.1F		22:42	19:00	2.8F
				31 W	05:00	02:00	-2.7E
					11:06	07:36	2.6F
					17:06	14:00	-2.4E
					23:42	19:48	2.7F

Station ID: ACT7351 Depth: 11 feet
Source: NOAA/NOS/CO-OPS
Station Type: Harmonic
Time Zone: LST

NOAA Tidal Current Predictions

Savannah River Entrance (between jetties), 2021
Latitude: 32.0357° N Longitude: 80.8903° W
Mean Flood Dir. 286° (T) Mean Ebb Dir. 110° (T)
Times and speeds of maximum and minimum current, in knots

April

Date	Slack h m	Max h m	knots
1 Th		02:54	-2.6E
	05:54	08:24	2.4F
	11:54	14:48	-2.3E
	18:00	20:42	2.6F
2 F	00:36	03:54	-2.4E
	06:54	09:18	2.1F
	12:48	15:48	-2.1E
	18:54	21:42	2.3F
3 Sa	01:42	05:00	-2.2E
	07:54	10:18	1.8F
	13:54	16:48	-1.9E
	19:54	22:48	2.1F
4 Su ◐	02:48	06:12	-2.1E
		11:24	1.6F
	14:54	18:12	-1.8E
	21:06		
5 M	03:54	00:00	2.0F
		07:24	-2.1E
	10:00	12:36	1.6F
	16:00	19:36	-1.8E
	22:12		
6 Tu	04:54	01:18	2.0F
		08:24	-2.2E
	11:00	13:36	1.7F
	17:06	20:42	-1.9E
	23:12		
7 W	05:48	02:24	2.0F
		09:18	-2.3E
	11:54	14:36	1.8F
	18:00	21:42	-2.1E
8 Th	00:12	03:24	1.9F
	06:42	10:12	-2.3E
	12:42	15:24	1.9F
	18:54	22:30	-2.2E
9 F	01:06	04:12	1.9F
	07:30	10:54	-2.3E
	13:24	16:12	2.0F
	19:42	23:18	-2.2E
10 Sa	01:54	04:54	1.9F
	08:18	11:42	-2.2E
	14:06	16:48	2.1F
	20:24		
11 Su	02:42	00:00	-2.2E
		05:30	1.8F
	08:54	12:24	-2.0E
	14:48	17:24	2.1F
	21:06		
12 M ●	03:24	00:42	-2.1E
		06:00	1.8F
	09:36	13:00	-1.9E
	15:24	18:00	2.1F
	21:42		
13 Tu	04:00	01:18	-2.0E
		06:30	1.7F
	10:12	13:30	-1.7E
	16:06	18:36	2.1F
	22:18		
14 W	04:42	01:42	-1.8E
		07:06	1.7F
	10:42	13:48	-1.6E
	16:42	19:12	2.0F
	22:54		
15 Th	05:18	01:48	-1.7E
		07:36	1.6F
	11:18	14:06	-1.5E
	17:18	19:54	1.9F
	23:30		
16 F	05:54	02:18	-1.7E
		08:18	1.5F
	11:54	14:36	-1.4E
	17:54	20:36	1.8F
17 Sa	00:12	03:00	-1.6E
	06:36	09:00	1.4F
	12:36	15:18	-1.3E
	18:36	21:24	1.7F
18 Su	01:00	03:48	-1.6E
	07:30	09:54	1.3F
	13:30	16:00	-1.3E
	19:30	22:18	1.7F
19 M	02:00	04:36	-1.5E
	08:24	10:48	1.2F
	14:24	17:00	-1.3E
	20:24	23:18	1.7F
20 Tu ◑	02:54	05:30	-1.6E
	09:24	11:48	1.3F
	15:24	18:00	-1.3E
	21:30		
21 W	03:48	00:18	1.8F
		06:30	-1.7E
	10:18	12:48	1.5F
	16:24	19:06	-1.5E
	22:30		
22 Th	04:48	01:12	2.0F
		07:36	-1.8E
	11:06	13:42	1.8F
	17:18	20:12	-1.7E
	23:24		
23 F	05:42	02:06	2.1F
		08:36	-2.0E
	11:54	14:30	2.0F
	18:12	21:18	-2.0E
24 Sa	00:24	03:00	2.3F
	06:54	09:42	-2.1E
	12:42	15:18	2.3F
	19:00	22:12	-2.3E
25 Su	01:18	03:54	2.4F
	07:24	10:24	-2.2E
	13:30	16:12	2.5F
	19:54	23:06	-2.6E
26 M	02:12	04:48	2.5F
	08:18	11:12	-2.3E
	14:18	17:00	2.7F
	20:42		
27 Tu ○	03:00	00:00	-2.7E
		05:36	2.6F
	09:06	12:00	-2.4E
	15:06	17:48	2.8F
	21:36		
28 W	03:54	00:54	-2.8E
		06:24	2.5F
	09:54	12:54	-2.4E
	15:54	18:42	2.8F
	22:30		
29 Th	04:48	01:48	-2.8E
		07:12	2.4F
	10:42	13:42	-2.4E
	16:48	19:30	2.8F
	23:24		
30 F	05:36	02:42	-2.6E
		08:06	2.3F
	11:36	14:36	-2.3E
	17:36	20:24	2.6F

May

Date	Slack h m	Max h m	knots
1 Sa	00:24	03:42	-2.5E
	06:36	09:00	2.0F
	12:30	15:36	-2.1E
	18:36	21:24	2.3F
2 Su	01:24	04:48	-2.3E
	07:30	10:00	1.9F
	13:36	16:42	-1.9E
	19:36	22:30	2.1F
3 M ◐	02:24	05:48	-2.2E
	08:30	11:06	1.8F
	14:36	18:00	-1.8E
	20:42	23:42	2.0F
4 Tu	03:24	06:54	-2.2E
	09:30	12:12	1.8F
	15:42	19:12	-1.9E
	21:48		
5 W	04:18	00:54	1.9F
		07:54	-2.2E
	10:24	13:12	1.9F
	16:36	20:18	-2.0E
	22:54		
6 Th	05:12	01:54	1.8F
		08:48	-2.1E
	11:18	14:00	2.0F
	17:30	21:12	-2.1E
	23:48		
7 F	06:06	02:48	1.8F
		09:36	-2.1E
	12:00	14:48	2.1F
	18:24	22:06	-2.1E
8 Sa	00:42	03:30	1.7F
	06:54	10:24	-2.0E
	12:48	15:30	2.1F
	19:06	22:48	-2.1E
9 Su	01:30	04:18	1.7F
	07:42	11:06	-1.9E
	13:30	16:12	2.1F
	19:54	23:36	-2.1E
10 M	02:12	04:54	1.7F
	08:24	11:48	-1.8E
	14:12	16:48	2.1F
	20:30		
11 Tu ●	02:54	00:12	-2.0E
		05:24	1.6F
	09:00	12:24	-1.7E
	14:54	17:30	2.0F
	21:12		
12 W	03:36	00:48	-1.9E
		06:00	1.6F
	09:36	12:54	-1.6E
	15:30	18:06	2.0F
	21:48		
13 Th	04:12	01:06	-1.8E
		06:36	1.6F
	10:12	13:12	-1.5E
	16:12	18:48	2.0F
	22:24		
14 F	04:54	01:24	-1.8E
		07:12	1.6F
	10:54	13:36	-1.4E
	16:48	19:24	2.0F
	23:06		
15 Sa	05:30	02:00	-1.7E
		07:54	1.5F
	11:30	14:12	-1.4E
	17:24	20:06	1.9F
	23:48		
16 Su	06:18	02:36	-1.7E
		08:36	1.4F
	12:18	14:54	-1.4E
	18:12	20:54	1.9F
17 M	00:36	03:24	-1.7E
	07:06	09:24	1.4F
	13:06	15:42	-1.3E
	19:00	21:48	1.8F
18 Tu	01:30	04:12	-1.7E
	07:54	10:24	1.4F
	14:06	16:36	-1.4E
	20:00	22:48	1.8F
19 W ◑	02:24	05:06	-1.7E
	09:00	11:18	1.5F
	15:00	17:36	-1.4E
	21:06	23:48	1.8F
20 Th	03:18	06:00	-1.8E
	09:42	12:18	1.7F
	15:54	18:42	-1.6E
	22:06		
21 F	04:18	00:42	1.9F
		07:00	-1.8E
	10:30	13:06	1.9F
	16:48	19:54	-1.8E
	23:06		
22 Sa	05:12	01:42	2.0F
		08:00	-1.9E
	11:18	14:00	2.1F
	17:42	21:00	-2.1E
23 Su	06:06	02:36	2.1F
		09:00	-2.0E
	12:06	14:54	2.3F
	18:36	22:00	-2.3E
24 M	01:00	03:30	2.2F
	07:00	09:54	-2.1E
	13:00	15:42	2.5F
	19:30	22:54	-2.5E
25 Tu	01:54	04:24	2.2F
	07:54	10:48	-2.2E
	13:48	16:36	2.6F
	20:24	23:54	-2.6E
26 W ○	02:48	05:12	2.3F
	08:42	11:42	-2.2E
	14:42	17:30	2.7F
	21:24		
27 Th	03:42	00:48	-2.7E
		06:06	2.3F
	09:36	12:36	-2.3E
	15:36	18:24	2.8F
	22:18		
28 F	04:30	01:42	-2.7E
		06:54	2.2F
	10:24	13:36	-2.3E
	16:30	19:12	2.7F
	23:12		
29 Sa	05:24	02:36	-2.7E
		07:48	2.2F
	11:18	14:30	-2.2E
	17:24	20:06	2.5F
30 Su	00:00	03:30	-2.6E
	06:12	08:42	2.1F
	12:18	15:30	-2.1E
	18:18	21:00	2.3F
31 M	01:00	04:24	-2.4E
	07:06	09:36	2.0F
	13:12	16:30	-2.0E
	19:18	22:06	2.1F

June

Date	Slack h m	Max h m	knots
1 Tu	01:54	05:18	-2.3E
	08:00	10:36	1.9F
	14:12	17:36	-1.9E
	20:18	23:12	1.9F
2 W ◐	02:48	06:18	-2.1E
	08:54	11:36	2.0F
	15:12	18:42	-1.9E
	21:24		
3 Th	03:42	00:12	1.8F
		07:12	-2.0E
	09:48	12:30	2.0F
	16:06	19:42	-1.9E
	22:24		
4 F	04:36	01:12	1.7F
		08:06	-1.9E
	10:36	13:18	2.1F
	16:54	20:42	-2.0E
	23:18		
5 Sa	05:24	02:00	1.6F
		09:00	-1.9E
	11:24	14:06	2.1F
	17:42	21:30	-2.0E
6 Su	00:06	02:42	1.6F
		09:48	-1.8E
	12:06	14:48	2.1F
	18:30	22:18	-2.0E
7 M	00:54	03:30	1.6F
	07:00	10:30	-1.7E
	12:54	15:30	2.0F
	19:18	23:00	-1.9E
8 Tu	01:42	04:06	1.5F
	07:42	11:12	-1.6E
	13:36	16:18	2.0F
	20:00	23:36	-1.9E
9 W	02:24	04:48	1.5F
	08:18	11:48	-1.6E
	14:18	17:00	2.0F
	20:42		
10 Th ●	03:06	00:12	-1.8E
		05:30	1.6F
	09:06	12:12	-1.5E
	15:00	17:42	2.1F
	21:24		
11 F	03:48	00:42	-1.8E
		06:12	1.6F
	09:48	12:42	-1.5E
	15:42	18:24	2.1F
	22:00		
12 Sa	04:30	01:06	-1.9E
		06:48	1.6F
	10:30	13:12	-1.5E
	16:24	19:06	2.1F
	22:42		
13 Su	05:12	01:42	-1.9E
		07:30	1.6F
	11:12	13:54	-1.5E
	17:00	19:48	2.1F
	23:24		
14 M	05:54	02:18	-2.0E
		08:12	1.6F
	11:54	14:36	-1.5E
	17:48	20:30	2.0F
15 Tu	00:12	03:00	-2.0E
	06:36	09:00	1.6F
	12:48	15:24	-1.5E
	18:42	21:24	1.9F
16 W	01:00	03:48	-1.9E
	07:24	09:54	1.7F
	13:42	16:18	-1.6E
	19:36	22:18	1.9F
17 Th ◐	01:54	04:42	-1.9E
	08:12	10:48	1.7F
	14:36	17:18	-1.6E
	20:42	23:18	1.8F
18 F ◑	02:48	05:30	-1.8E
	09:00	11:42	1.9F
	15:30	18:18	-1.7E
	21:48		
19 Sa	03:48	00:18	1.8F
		06:30	-1.8E
	09:54	12:36	2.0F
	16:24	19:36	-1.9E
	22:48		
20 Su	04:42	01:12	1.9F
		07:30	-1.8E
	10:48	13:36	2.2F
	17:24	20:48	-2.1E
21 M	05:42	02:12	1.9F
		08:30	-1.8E
	11:42	14:30	2.3F
	18:24	21:54	-2.2E
22 Tu	00:42	03:06	1.9F
	06:36	09:36	-1.9E
	12:36	15:24	2.4F
	19:18	22:48	-2.4E
23 W	01:36	04:00	1.9F
	07:30	10:36	-2.0E
	13:30	16:24	2.5F
	20:18	23:48	-2.5E
24 Th ○	02:30	04:54	2.0F
		11:36	-2.1E
	14:24	17:18	2.6F
	21:12		
25 F	03:24	00:42	-2.6E
		05:48	2.0F
	09:18	12:36	-2.2E
	15:18	18:12	2.6F
	22:06		
26 Sa	04:18	01:30	-2.7E
		06:42	2.1F
	10:12	13:30	-2.2E
	16:12	19:00	2.6F
	22:54		
27 Su	05:06	02:24	-2.7E
		07:30	2.1F
	11:06	14:24	-2.2E
	17:06	19:48	2.4F
	23:42		
28 M	05:48	03:12	-2.6E
		08:18	2.1F
	12:00	15:18	-2.1E
	18:00	20:42	2.2F
29 Tu	00:36	03:54	-2.4E
	06:36	09:12	2.1F
	12:54	16:06	-2.0E
	18:54	21:36	2.0F
30 W	01:24	04:42	-2.2E
	07:24	10:00	2.1F
	13:42	17:06	-1.9E
	19:54	22:36	1.8F

Station ID: ACT7351 Depth: 11 feet
Source: NOAA/NOS/CO-OPS
Station Type: Harmonic
Time Zone: LST

NOAA Tidal Current Predictions

Savannah River Entrance (between jetties), 2021

Latitude: 32.0357° N Longitude: 80.8903° W
Mean Flood Dir. 286° (T) Mean Ebb Dir. 110° (T)
Times and speeds of maximum and minimum current, in knots

July

Day	Slack h:m	Max h:m	knots
1 Th ☽	02:12	05:36	-2.0E
	08:12	10:54	2.0F
	14:36	18:06	-1.8E
	20:54	23:30	1.6F
2 F	03:00	06:30	-1.8E
	09:06	11:48	2.0F
	15:30	19:06	-1.8E
	21:48		
3 Sa		00:24	1.5F
	03:54	07:24	-1.7E
	09:54	12:36	2.0F
	16:18	20:00	-1.8E
	22:42		
4 Su		01:12	1.5F
	04:42	08:18	-1.6E
	10:42	13:24	2.0F
	17:06	20:54	-1.8E
	23:30		
5 M		02:00	1.5F
	05:30	09:06	-1.6E
	11:30	14:12	2.0F
	17:54	21:42	-1.8E
6 Tu	00:18	02:42	1.5F
	06:18	09:48	-1.5E
	12:18	15:00	2.0F
	18:42	22:24	-1.8E
7 W	01:06	03:30	1.5F
	07:06	10:30	-1.5E
	13:00	15:42	2.0F
	19:30	23:00	-1.8E
8 Th	01:54	04:18	1.5F
	07:48	11:06	-1.5E
	13:48	16:30	2.1F
	20:12	23:42	-1.9E
9 F	02:36	05:00	1.6F
	08:36	11:36	-1.6E
	14:30	17:18	2.2F
	20:54		
10 Sa ●		00:12	-2.0E
	03:24	05:48	1.7F
	09:18	12:12	-1.6E
	15:12	18:00	2.3F
	21:36		
11 Su		00:42	-2.1E
	04:00	06:24	1.8F
	10:06	12:54	-1.7E
	16:00	18:42	2.3F
	22:18		
12 M		01:18	-2.2E
	04:42	07:12	1.9F
	10:48	13:36	-1.8E
	16:42	19:24	2.3F
	23:00		
13 Tu		02:00	-2.2E
	05:24	07:48	1.9F
	11:30	14:18	-1.8E
	17:30	20:12	2.2F
	23:48		
14 W		02:42	-2.2E
	06:06	08:36	2.0F
	12:18	15:06	-1.9E
	18:24	21:00	2.1F
15 Th	00:36	03:24	-2.1E
		09:24	2.0F
	13:12	16:00	-1.9E
	19:18	21:54	2.0F
16 F	01:30	04:12	-2.0E
	07:36	10:18	2.0F
	14:06	17:00	-1.8E
	20:18	22:54	1.8F
17 Sa ☾	02:24	05:06	-1.8E
	08:30	11:18	2.0F
	15:06	18:06	-1.8E
	21:24	23:54	1.8F
18 Su	03:24	06:06	-1.7E
	09:30	12:12	2.0F
	16:06	19:30	-1.9E
	22:30		
19 M		00:54	1.7F
	04:18	07:06	-1.7E
	10:24	13:12	2.1F
	17:12	20:42	-2.0E
	23:30		
20 Tu		01:48	1.7F
	05:18	08:24	-1.7E
	11:24	14:12	2.2F
	18:12	21:48	-2.2E
21 W	00:30	02:48	1.7F
	06:18	09:36	-1.8E
	12:24	15:12	2.3F
	19:12	22:42	-2.4E
22 Th	01:24	03:48	1.7F
	07:18	10:42	-1.9E
	13:18	16:12	2.4F
	20:06	23:36	-2.5E
23 F	02:18	04:42	1.8F
	08:18	11:36	-2.0E
	14:12	17:06	2.4F
	21:00		
24 Sa ○		00:30	-2.6E
	03:12	05:36	1.9F
	09:06	12:30	-2.1E
	15:06	18:00	2.4F
	21:48		
25 Su		01:18	-2.6E
	03:54	06:24	2.1F
	09:54	13:24	-2.2E
	16:00	18:48	2.4F
	22:36		
26 M		02:00	-2.6E
	04:42	07:12	2.2F
	10:48	14:12	-2.2E
	16:48	19:30	2.3F
	23:18		
27 Tu		02:48	-2.5E
	05:24	07:54	2.2F
	11:36	15:00	-2.1E
	17:42	20:18	2.1F
28 W	00:06	03:24	-2.3E
	06:12	08:36	2.2F
	12:24	15:42	-2.0E
	18:30	21:00	1.9F
29 Th	00:48	04:06	-2.0E
	06:48	09:24	2.1F
	13:06	16:30	-1.9E
	19:18	21:54	1.7F
30 F	01:36	04:48	-1.8E
	07:18	10:12	2.0F
	13:54	17:12	-1.7E
	20:12	22:42	1.5F
31 Sa ☽	02:24	05:30	-1.6E
	08:24	11:00	1.9F
	14:48	18:00	-1.6E
	21:06	23:36	1.4F

August

Day	Slack h:m	Max h:m	knots
1 Su	03:12	06:18	-1.5E
	09:12	11:54	1.9F
	15:36	19:06	-1.5E
	22:00		
2 M		00:30	1.4F
	04:00	07:18	-1.4E
	10:06	12:48	1.9F
	16:24	20:12	-1.5E
	22:54		
3 Tu		01:18	1.3F
	04:48	08:12	-1.4E
	10:54	13:36	1.9F
	17:18	21:00	-1.6E
	23:42		
4 W		02:06	1.4F
	05:36	09:06	-1.4E
	11:42	14:24	2.0F
	18:06	21:48	-1.7E
5 Th	00:36	02:54	1.4F
	06:30	09:48	-1.5E
	12:30	15:12	2.1F
	18:54	22:24	-1.8E
6 F	01:18	03:42	1.5F
	07:18	10:24	-1.6E
	13:18	16:00	2.2F
	19:42	23:00	-2.0E
7 Sa	02:06	04:30	1.7F
	08:06	11:06	-1.7E
	14:06	16:48	2.3F
	20:24	23:36	-2.1E
8 Su ●	02:48	05:18	1.9F
	08:54	11:48	-1.8E
	14:48	17:36	2.4F
	21:12		
9 M		00:12	-2.3E
	03:30	06:00	2.0F
	09:36	12:30	-2.0E
	15:36	18:18	2.5F
	21:54		
10 Tu		00:54	-2.4E
	04:12	06:42	2.2F
	10:18	13:18	-2.1E
	16:24	19:06	2.5F
	22:36		
11 W		01:30	-2.4E
	04:54	07:24	2.3F
	11:06	14:06	-2.2E
	17:12	19:48	2.4F
	23:24		
12 Th		02:18	-2.3E
	05:30	08:12	2.3F
	11:54	14:48	-2.2E
	18:06	20:36	2.3F
13 F	00:12	03:00	-2.2E
	06:24	09:00	2.3F
	12:48	15:42	-2.1E
	19:00	21:30	2.1F
14 Sa	01:06	03:48	-2.0E
	07:06	09:48	2.1F
	13:42	16:42	-2.0E
	20:00	22:30	1.8F
15 Su ☾	02:00	04:42	-1.9E
	08:30	10:48	2.1F
	14:48	17:54	-1.9E
	21:06	23:30	1.7F
16 M	03:00	05:42	-1.7E
	09:06	11:54	2.0F
	15:54	19:24	-1.9E
	22:12		
17 Tu		00:30	1.6F
	04:00	07:00	-1.6E
	10:12	13:00	2.1F
	17:00	20:36	-2.0E
	23:18		
18 W		01:36	1.5F
	05:06	08:30	-1.7E
	11:12	14:06	2.1F
	18:06	21:36	-2.2E
19 Th	00:12	02:36	1.6F
	06:06	09:42	-1.8E
	12:12	15:06	2.2F
	19:00	22:30	-2.4E
20 F	01:12	03:36	1.7F
	07:06	10:36	-2.0E
	13:06	16:06	2.2F
	19:54	23:24	-2.5E
21 Sa	02:00	04:30	1.8F
	08:00	11:30	-2.1E
	14:06	17:00	2.3F
	20:42		
22 Su ○		00:12	-2.6E
	02:48	05:24	2.0F
	08:54	12:24	-2.2E
	14:54	17:48	2.3F
	21:30		
23 M		00:54	-2.5E
	03:30	06:06	2.1F
	09:36	13:12	-2.2E
	15:48	18:30	2.2F
	22:12		
24 Tu		01:36	-2.4E
	04:12	06:48	2.2F
	10:24	13:54	-2.2E
	16:30	19:06	2.1F
	22:54		
25 W		02:18	-2.3E
	04:48	07:24	2.2F
	11:06	14:36	-2.1E
	17:18	19:48	1.9F
	23:30		
26 Th		02:54	-2.0E
	05:30	08:00	2.2F
	11:48	15:06	-1.9E
	18:00	20:30	1.8F
27 F	00:12	03:30	-1.8E
	06:12	08:42	2.1F
	12:30	15:36	-1.8E
	18:48	21:12	1.6F
28 Sa	00:54	03:54	-1.6E
	06:54	09:30	1.9F
	13:18	16:06	-1.6E
	19:36	22:00	1.4F
29 Su	01:42	04:24	-1.4E
	07:42	10:18	1.8F
	14:06	16:42	-1.4E
	20:24	22:48	1.3F
30 M ☽	02:30	05:06	-1.3E
	08:30	11:12	1.7F
	14:54	17:30	-1.4E
	21:24	23:42	1.2F
31 Tu	03:18	05:54	-1.3E
	09:24	12:06	1.7F
	15:48	18:30	-1.4E
	22:18		

September

Day	Slack h:m	Max h:m	knots
1 W		00:42	1.3F
	04:12	06:54	-1.3E
	10:18	13:00	1.8F
	16:42	20:00	-1.5E
	23:12		
2 Th		01:30	1.3F
	05:06	08:00	-1.3E
	11:12	13:54	1.9F
	17:36	21:00	-1.7E
3 F	00:00	02:24	1.5F
	06:00	09:00	-1.5E
	12:00	14:42	2.1F
	18:24	21:42	-1.9E
4 Sa	00:48	03:12	1.7F
	06:48	09:54	-1.7E
	12:48	15:30	2.2F
	19:12	22:18	-2.1E
5 Su	01:30	04:00	1.9F
	07:36	10:42	-1.9E
	13:36	16:24	2.4F
	20:00	23:00	-2.2E
6 M	02:12	04:48	2.1F
	08:24	11:24	-2.1E
	14:30	17:12	2.5F
	20:42	23:42	-2.4E
7 Tu ●	02:54	05:30	2.3F
	09:06	12:12	-2.3E
	15:18	18:00	2.6F
	21:30		
8 W		00:24	-2.5E
	03:36	06:18	2.5F
	09:48	12:54	-2.5E
	16:06	18:42	2.6F
	22:12		
9 Th		01:06	-2.5E
	04:18	07:00	2.6F
	10:24	13:42	-2.5E
	16:54	19:30	2.6F
	23:00		
10 F		01:54	-2.4E
	05:06	07:42	2.6F
	11:30	14:36	-2.4E
	17:42	20:18	2.4F
	23:48		
11 Sa		02:36	-2.3E
	05:48	08:30	2.5F
	12:24	15:30	-2.3E
	18:42	21:06	2.1F
12 Su	00:42	03:30	-2.1E
	06:42	09:30	2.3F
	13:24	16:30	-2.1E
	19:42	22:06	1.8F
13 M ☾	01:36	04:24	-1.9E
	07:42	10:30	2.1F
	14:36	17:48	-2.0E
	20:48	23:12	1.6F
14 Tu	02:42	05:30	-1.7E
	08:48	11:42	2.0F
	15:42	19:12	-2.0E
	21:54		
15 W		00:18	1.5F
	03:48	07:06	-1.5E
	09:54	12:54	2.0F
	16:48	20:18	-2.1E
	23:00		
16 Th		01:24	1.6F
	04:54	08:30	-1.8E
	11:00	14:00	2.1F
	17:48	21:18	-2.3E
	23:54		
17 F		02:30	1.7F
	05:54	09:30	-1.9E
	12:00	15:06	2.1F
	18:42	22:12	-2.4E
18 Sa	00:48	03:24	1.8F
	06:54	10:24	-2.1E
	13:00	16:06	2.1F
	19:36	23:00	-2.5E
19 Su	01:36	04:12	2.0F
	07:42	11:18	-2.2E
	13:48	16:54	2.1F
	20:24	23:42	-2.4E
20 M ○	02:18	05:00	2.1F
	08:30	12:06	-2.3E
	14:42	17:36	2.1F
	21:06		
21 Tu		00:30	-2.3E
	03:00	05:36	2.2F
	09:12	12:48	-2.3E
	15:30	18:12	2.0F
	21:48		
22 W		01:12	-2.2E
	03:42	06:18	2.2F
	09:54	13:30	-2.2E
	16:12	18:42	1.9F
	22:24		
23 Th		01:48	-2.0E
	04:18	06:54	2.2F
	10:36	14:06	-2.0E
	16:54	19:18	1.8F
	23:00		
24 F		02:18	-1.8E
	05:00	07:30	2.1F
	11:12	14:30	-1.8E
	17:30	19:54	1.7F
	23:42		
25 Sa		02:48	-1.6E
	05:36	08:06	2.0F
	11:54	14:48	-1.7E
	18:12	20:36	1.5F
26 Su	00:18	03:06	-1.4E
	06:18	08:54	1.8F
	12:36	15:18	-1.5E
	18:54	21:18	1.4F
27 M	01:00	03:36	-1.3E
	07:00	09:42	1.7F
	13:24	16:00	-1.4E
	19:48	22:12	1.2F
28 Tu	01:48	04:18	-1.2E
	07:42	10:36	1.6F
	14:18	16:48	-1.4E
	20:42	23:06	1.2F
29 W ☽	02:42	05:12	-1.2E
	08:48	11:30	1.6F
	15:12	17:48	-1.4E
	21:42		
30 Th		00:06	1.2F
	03:36	06:06	-1.2E
	09:42	12:30	1.7F
	16:06	18:48	-1.5E
	22:36		

Station ID: ACT7351 Depth: 11 feet
Source: NOAA/NOS/CO-OPS
Station Type: Harmonic
Time Zone: LST

NOAA Tidal Current Predictions

Savannah River Entrance (between jetties), 2021

Latitude: 32.0357° N Longitude: 80.8903° W
Mean Flood Dir. 286° (T) Mean Ebb Dir. 110° (T)
Times and speeds of maximum and minimum current, in knots

October

Day	Slack (h m)	Maximum (h m)	knots
1 F	04:36	01:00	1.4F
	10:36	07:12	-1.3E
	17:00	13:24	1.9F
	23:24	20:00	-1.7E
2 Sa	05:24	01:54	1.6F
	11:30	08:24	-1.5E
	17:48	14:12	2.1F
		20:48	-1.9E
3 Su	00:06	02:42	1.8F
	06:18	09:24	-1.8E
	12:24	15:06	2.2F
	18:36	21:36	-2.1E
4 M	00:54	03:30	2.1F
	07:06	10:12	-2.1E
	13:12	15:54	2.4F
	19:30	22:24	-2.3E
5 Tu	01:36	04:12	2.3F
	07:54	11:00	-2.4E
	14:06	16:48	2.5F
	20:18	23:06	-2.4E
6 W ●	02:18	05:00	2.6F
	08:36	11:48	-2.6E
	14:54	17:36	2.6F
	21:00	23:54	-2.4E
7 Th	03:06	05:48	2.7F
	09:24	12:36	-2.7E
	15:48	18:18	2.6F
	21:48		
8 F	03:48	00:42	-2.5E
	10:12	06:36	2.8F
	16:36	13:24	-2.7E
	22:36	19:06	2.6F
9 Sa	04:36	01:30	-2.4E
	11:06	07:18	2.8F
	17:24	14:18	-2.6E
	23:24	19:54	2.4F
10 Su	05:30	02:18	-2.3E
	12:06	08:12	2.6F
	18:24	15:18	-2.4E
		20:48	2.1F
11 M	00:18	03:12	-2.1E
	06:24	09:06	2.4F
	13:12	16:24	-2.2E
	19:24	21:48	1.8F
12 Tu	01:18	04:12	-1.9E
	07:24	10:12	2.2F
	14:18	17:36	-2.1E
	20:30	22:54	1.7F
13 W ◐	02:24	05:30	-1.8E
	08:30	11:24	2.0F
	15:24	18:48	-2.1E
	21:30		
14 Th	03:30	00:00	1.6F
	09:42	07:00	-1.8E
	16:24	12:42	2.0F
	22:30	19:54	-2.2E
15 F	04:36	01:12	1.7F
	10:48	08:12	-1.9E
	17:24	13:54	2.0F
	23:24	20:54	-2.3E
16 Sa	05:36	02:06	1.9F
	11:48	09:12	-2.1E
	18:18	14:54	2.0F
		21:42	-2.3E
17 Su	00:18	03:00	2.0F
	06:30	10:06	-2.2E
	12:42	15:48	2.0F
	19:06	22:30	-2.3E
18 M	01:00	03:48	2.1F
	07:18	10:54	-2.3E
	13:36	16:36	1.9F
	19:54	23:18	-2.2E
19 Tu	01:42	04:30	2.2F
	08:06	11:42	-2.3E
	14:24	17:12	1.9F
	20:36		
20 W ○	02:30	00:00	-2.1E
	08:48	05:06	2.2F
	15:06	12:24	-2.2E
	21:18	17:42	1.8F
21 Th	03:06	00:42	-2.0E
	09:24	05:42	2.1F
	15:48	13:06	-2.1E
	21:54	18:18	1.8F
22 F	03:48	01:18	-1.8E
	10:06	06:18	2.1F
	16:24	13:36	-1.9E
	22:30	18:48	1.7F
23 Sa	04:24	01:48	-1.6E
	10:42	07:00	2.0F
	17:06	14:00	-1.7E
	23:06	19:24	1.6F
24 Su	05:06	02:06	-1.5E
	11:18	07:36	1.9F
	17:42	14:18	-1.6E
	23:42	20:00	1.5F
25 M	05:42	02:30	-1.4E
	12:00	08:18	1.8F
	18:24	14:48	-1.5E
		20:42	1.3F
26 Tu	00:30	03:06	-1.3E
	06:24	09:06	1.7F
	12:48	15:30	-1.5E
	19:12	21:36	1.2F
27 W	01:18	03:48	-1.2E
	07:12	10:00	1.6F
	13:42	16:18	-1.5E
	20:06	22:30	1.2F
28 Th ◐	02:12	04:42	-1.2E
	08:06	10:54	1.6F
	14:36	17:12	-1.5E
	21:00	23:30	1.3F
29 F	03:12	05:36	-1.2E
	09:12	11:54	1.7F
	15:30	18:06	-1.6E
	21:54		
30 Sa	04:06	00:24	1.5F
	10:12	06:42	-1.4E
	16:24	12:48	1.8F
	22:42	19:06	-1.7E
31 Su	04:54	01:18	1.7F
	11:06	07:54	-1.6E
	17:12	13:42	2.0F
	23:30	20:06	-1.9E

November

Day	Slack (h m)	Maximum (h m)	knots
1 M	05:48	02:06	2.0F
	12:00	08:48	-1.9E
	18:06	14:36	2.2F
		21:00	-2.0E
2 Tu	00:12	02:54	2.2F
	06:36	09:48	-2.2E
	12:54	15:30	2.3F
	19:00	21:48	-2.2E
3 W	01:00	03:42	2.5F
	07:24	10:36	-2.5E
	13:42	16:18	2.4F
	19:48	22:36	-2.3E
4 Th ●	01:48	04:36	2.6F
	08:12	11:30	-2.6E
	14:36	17:12	2.5F
	20:36	23:30	-2.3E
5 F	02:36	05:24	2.8F
	09:06	12:24	-2.7E
	15:30	18:00	2.5F
	21:24		
6 Sa	03:24	00:18	-2.4E
	10:00	06:12	2.9F
	16:18	13:18	-2.7E
	22:12	18:48	2.4F
7 Su	04:18	01:12	-2.4E
	10:54	07:06	2.8F
	17:12	14:12	-2.7E
	23:06	19:36	2.3F
8 M	05:12	02:06	-2.3E
	11:54	07:54	2.6F
	18:06	15:12	-2.5E
		20:30	2.1F
9 Tu	00:00	03:00	-2.1E
	06:06	08:54	2.5F
	12:54	16:18	-2.4E
	19:06	21:30	1.9F
10 W	01:06	04:06	-2.0E
	07:06	09:54	2.2F
	13:54	17:18	-2.3E
	20:06	22:30	1.8F
11 Th ◐	02:06	05:18	-1.9E
	08:12	11:06	2.0F
	14:54	18:18	-2.2E
	21:00	23:42	1.8F
12 F	03:12	06:42	-1.9E
	09:24	12:18	1.9F
	15:54	19:24	-2.2E
	22:00		
13 Sa	04:12	00:42	1.9F
	10:24	07:48	-2.0E
	16:48	13:30	1.9F
	22:54	20:18	-2.2E
14 Su	05:12	01:36	2.0F
	11:24	08:48	-2.1E
	17:42	14:24	1.8F
	23:42	21:12	-2.2E
15 M	06:00	02:24	2.1F
	12:18	09:42	-2.2E
	18:36	15:18	1.8F
		22:00	-2.1E
16 Tu	00:24	03:12	2.1F
	06:48	10:30	-2.2E
	13:12	16:00	1.7F
	19:24	22:48	-2.0E
17 W	01:12	03:54	2.1F
	07:36	11:18	-2.2E
	13:54	16:42	1.7F
	20:06	23:30	-1.9E
18 Th	01:54	04:36	2.1F
	08:18	12:00	-2.1E
	14:42	17:12	1.6F
	20:48		
19 F ○	02:36	00:12	-1.8E
	09:00	05:12	2.0F
	15:24	12:42	-2.0E
	21:24	17:48	1.6F
20 Sa	03:18	00:48	-1.6E
	09:36	05:54	2.0F
	16:00	13:12	-1.8E
	22:00	18:24	1.6F
21 Su	04:00	01:18	-1.5E
	10:12	06:30	2.0F
	16:42	13:36	-1.7E
	22:42	19:00	1.5F
22 M	04:36	01:30	-1.4E
	10:54	07:12	2.0F
	17:18	13:48	-1.7E
	23:18	19:36	1.5F
23 Tu	05:12	02:00	-1.3E
	11:30	07:54	1.9F
	18:00	14:24	-1.7E
		20:18	1.4F
24 W	00:00	02:36	-1.3E
	05:54	08:36	1.8F
	12:18	15:06	-1.7E
	18:42	21:06	1.4F
25 Th	00:54	03:24	-1.3E
	06:42	09:24	1.7F
	13:06	15:48	-1.7E
	19:30	22:00	1.4F
26 F ◑	01:42	04:12	-1.3E
	07:36	10:24	1.7F
	13:54	16:42	-1.7E
	20:24	22:54	1.5F
27 Sa ◑	02:36	05:12	-1.4E
	08:36	11:18	1.7F
	14:54	17:30	-1.7E
	21:12	23:48	1.6F
28 Su	03:30	06:12	-1.5E
	09:42	12:18	1.8F
	15:48	18:30	-1.7E
	22:00		
29 M	04:24	00:42	1.9F
	10:42	07:18	-1.7E
	16:42	13:12	1.9F
	22:54	19:24	-1.8E
30 Tu	05:18	01:30	2.1F
	11:36	08:24	-2.0E
	17:36	14:06	2.0F
	23:42	20:24	-1.9E

December

Day	Slack (h m)	Maximum (h m)	knots
1 W	06:12	02:24	2.3F
	12:30	09:24	-2.2E
	18:30	15:00	2.1F
		21:18	-2.0E
2 Th	00:30	03:18	2.5F
	07:06	10:24	-2.4E
	13:24	15:54	2.2F
	19:24	22:12	-2.1E
3 F	01:24	04:12	2.6F
	08:00	11:18	-2.6E
	14:18	16:48	2.2F
	20:12	23:06	-2.2E
4 Sa ●	02:12	05:06	2.8F
	08:54	12:18	-2.7E
	15:12	17:36	2.3F
	21:06		
5 Su	03:06	00:06	-2.3E
	09:48	05:54	2.8F
	16:06	13:12	-2.7E
	21:54	18:30	2.3F
6 M	04:00	01:00	-2.3E
	10:42	06:48	2.8F
	16:54	14:06	-2.7E
	22:48	19:18	2.3F
7 Tu	04:54	01:54	-2.3E
	11:36	07:42	2.7F
	17:48	15:00	-2.7E
	23:48	20:12	2.2F
8 W	05:48	02:54	-2.2E
	12:30	08:36	2.5F
	18:42	15:54	-2.5E
		21:06	2.1F
9 Th	00:48	03:54	-2.1E
	06:48	09:36	2.2F
	13:24	16:48	-2.4E
	19:30	22:06	2.0F
10 F	01:48	05:00	-2.0E
	07:54	10:36	2.0F
	14:24	17:48	-2.2E
	20:24	23:06	2.0F
11 Sa ◐	02:42	06:12	-2.0E
	08:54	11:48	1.8F
	15:18	18:42	-2.1E
	21:18		
12 Su	03:42	00:06	2.1F
	10:00	07:18	-2.0E
	16:12	12:48	1.7F
	22:12	19:42	-2.0E
13 M	04:36	01:00	2.1F
	11:00	08:18	-2.0E
	17:06	13:48	1.7F
	23:00	20:36	-1.9E
14 Tu	05:30	01:48	2.1F
	11:54	09:12	-2.1E
	17:54	14:30	1.6F
	23:54	21:30	-1.9E
15 W	06:18	02:30	2.1F
	12:42	10:00	-2.1E
	18:42	15:18	1.6F
		22:18	-1.8E
16 Th	00:36	03:18	2.0F
	07:06	10:48	-2.0E
	13:24	16:00	1.5F
	19:30	23:00	-1.7E
17 F	01:24	04:06	2.0F
	07:48	11:30	-1.9E
	14:12	16:42	1.5F
	20:12	23:42	-1.6E
18 Sa	02:06	04:48	2.0F
	08:30	12:12	-1.9E
	14:54	17:18	1.5F
	20:54		
19 Su ○	02:48	00:18	-1.6E
	09:12	05:30	2.0F
	15:36	12:48	-1.8E
	21:36	18:00	1.5F
20 M	03:30	00:48	-1.5E
	09:48	06:06	2.1F
	16:18	13:12	-1.8E
	22:18	18:36	1.6F
21 Tu	04:06	01:12	-1.5E
	10:30	06:48	2.1F
	16:54	13:30	-1.9E
	22:54	19:12	1.6F
22 W	04:48	01:36	-1.5E
	11:06	07:30	2.1F
	17:30	14:00	-1.9E
	23:36	19:54	1.6F
23 Th	05:30	02:18	-1.5E
	11:48	08:12	2.0F
	18:12	14:42	-1.9E
		20:42	1.6F
24 F	00:24	03:00	-1.5E
	06:18	09:00	1.9F
	12:36	15:24	-1.9E
	18:54	21:24	1.7F
25 Sa	01:12	03:54	-1.5E
	07:12	09:54	1.8F
	13:24	16:12	-1.8E
	19:42	22:18	1.7F
26 Su ◐	02:06	04:42	-1.6E
	08:12	10:48	1.8F
	14:18	17:00	-1.8E
	20:30	23:12	1.8F
27 M ◑	03:00	05:42	-1.7E
	09:12	11:48	1.7F
	15:12	17:54	-1.7E
	21:24		
28 Tu	03:54	00:12	1.9F
	10:18	06:54	-1.8E
	16:12	12:48	1.8F
	22:18	18:54	-1.7E
29 W	04:54	01:06	2.1F
	11:18	08:06	-1.9E
	17:06	13:42	1.8F
	23:12	19:54	-1.8E
30 Th	05:54	02:00	2.2F
	12:12	09:18	-2.1E
	18:06	14:36	1.9F
		21:00	-1.8E
31 F	00:06	02:54	2.4F
	06:54	10:24	-2.3E
	13:12	15:30	1.9F
	19:00	22:00	-1.9E

Station ID: kb0101 Depth: 21 feet
Source: NOAA/NOS/CO-OPS
Station Type: Harmonic
Time Zone: LST

NOAA Tidal Current Predictions

St Marys Entrance, LB 13, 2021
Latitude: 30.7103° N Longitude: 81.3731° W
Mean Flood Dir. 317° (T) Mean Ebb Dir. 94° (T)
Times and speeds of maximum and minimum current, in knots

January

Days 1–15

Day	Slack h m	Max h m	knots
1 F	04:30	01:42	-0.8E
	10:30	06:12	0.5F
	17:06	14:24	-1.2E
	22:00	18:48	0.6F
2 Sa	05:18	02:18	-0.8E
	11:12	07:06	0.5F
	17:54	15:00	-1.1E
	22:48	19:42	0.5F
3 Su	06:12	03:06	-0.8E
	12:00	08:12	0.5F
	18:48	15:48	-1.1E
	23:54	20:36	0.5F
4 M	07:12	04:12	-0.8E
	12:54	09:12	0.5F
	19:42	16:42	-1.0E
		21:24	0.5F
5 Tu	01:00	05:42	-0.8E
	08:12	10:12	0.5F
	13:42	17:48	-1.0E
	20:36	22:12	0.4F
6 W ◑	02:00	06:48	-1.0E
	09:12	11:24	0.5F
	14:42	18:48	-0.9E
	21:24	23:12	0.4F
7 Th	03:06	07:42	-1.1E
	10:18	12:30	0.5F
	15:42	19:36	-0.8E
	22:18		
8 F	04:18	00:18	0.4F
	11:24	08:36	-1.1E
	16:54	13:36	0.5F
	23:18	20:42	-0.7E
9 Sa	05:18	01:24	0.3F
	12:36	09:42	-1.2E
	17:48	14:42	0.5F
		22:06	-0.6E
10 Su	00:18	02:54	0.4F
	06:18	10:42	-1.4E
	13:36	15:42	0.5F
	18:42	23:06	-0.6E
11 M	01:24	04:06	0.5F
	07:18	11:36	-1.5E
	14:30	16:30	0.5F
	19:36		
12 Tu	02:18	00:00	-0.7E
	08:18	04:48	0.5F
	15:18	12:24	-1.5E
	20:30	17:06	0.5F
13 W ●	03:06	00:54	-0.8E
	09:18	05:30	0.6F
	16:00	13:12	-1.5E
	21:18	17:42	0.5F
14 Th	03:54	01:36	-0.8E
	10:06	06:06	0.5F
	16:42	14:00	-1.4E
	22:00	18:30	0.5F
15 F	04:36	02:24	-0.8E
	10:42	07:00	0.5F
	17:24	14:42	-1.3E
	22:48	19:18	0.4F

Days 16–31

Day	Slack h m	Max h m	knots
16 Sa	05:30	03:06	-0.8E
	11:18	08:00	0.4F
	18:12	15:24	-1.1E
	23:36	20:18	0.4F
17 Su	06:24	03:54	-0.7E
	11:48	08:54	0.3F
	19:06	16:06	-1.0E
		21:18	0.3F
18 M	00:30	04:48	-0.6E
	07:24	09:42	0.3F
	12:24	16:54	-0.8E
	20:00	22:06	0.3F
19 Tu	01:18	05:48	-0.6E
	08:24	10:30	0.3F
	13:00	17:54	-0.7E
	20:42	23:06	0.2F
20 W ◐	02:00	06:36	-0.7E
	09:12	11:24	0.2F
	13:42	18:36	-0.6E
	21:24		
21 Th	02:30	00:06	0.2F
	10:06	07:18	-0.8E
	14:30	12:18	0.2F
	22:00	17:42	-0.5E
22 F	03:06	00:48	0.1F
	11:00	07:54	-0.8E
	15:24	13:06	0.2F
	22:30	18:12	-0.5E
		23:54	0.1F
23 Sa	03:54	01:18	0.1F
	11:54	08:36	-0.8E
	16:18	13:54	0.2F
	23:12	18:54	-0.4E
24 Su	04:54	00:36	0.1F
	12:42	09:36	-0.9E
	17:00	14:48	0.2F
		19:30	-0.4E
25 M	00:00	03:42	0.2F
	05:48	10:30	-1.0E
	13:30	15:30	0.3F
	17:42	20:24	-0.4E
	22:12		-0.3E
26 Tu	01:00	04:06	0.3F
	07:18	11:18	-1.0E
	14:12	16:06	0.4F
	18:18	21:30	-0.5E
		23:30	-0.5E
27 W	01:48	04:30	0.5F
	07:30	12:00	-1.1E
	14:48	16:36	0.5F
	19:00		
28 Th ○	02:36	00:12	-0.6E
	08:24	04:48	0.5F
	15:24	12:42	-1.2E
	19:48	17:06	0.5F
29 F	03:18	00:54	-0.7E
	09:12	05:18	0.6F
	16:00	13:24	-1.2E
	20:42	17:42	0.6F
30 Sa	04:06	01:42	-0.8E
	09:54	05:54	0.6F
	16:42	14:06	-1.2E
	21:42	18:24	0.5F
31 Su	04:54	02:24	-0.8E
	10:36	06:48	0.6F
	17:30	14:42	-1.2E
	22:54	19:12	0.5F

February

Days 1–15

Day	Slack h m	Max h m	knots
1 M	05:48	03:18	-0.8E
	11:24	07:48	0.5F
	18:24	15:24	-1.1E
		20:12	0.5F
2 Tu	00:18	04:18	-0.8E
	06:54	08:54	0.5F
	12:18	16:12	-1.0E
	19:24	21:06	0.4F
3 W	01:24	05:30	-0.9E
	08:00	10:00	0.5F
	13:18	17:30	-0.9E
	20:12	22:00	0.4F
4 Th ◑	02:24	06:30	-1.1E
	09:06	11:12	0.5F
	14:12	18:30	-0.8E
	21:00	23:00	0.4F
5 F	03:18	07:24	-1.2E
	10:12	12:18	0.4F
	15:12	19:24	-0.7E
	21:54		
6 Sa	04:18	00:12	0.4F
	11:18	08:24	-1.3E
	16:12	13:12	0.4F
	22:48	20:18	-0.6E
7 Su	05:18	01:24	0.5F
	12:24	09:18	-1.3E
	17:06	14:12	0.4F
	23:48	21:36	-0.6E
8 M	06:12	02:42	0.5F
	13:24	10:18	-1.4E
	17:48	15:12	0.4F
		22:42	-0.6E
9 Tu	00:48	03:54	0.6F
	07:06	11:12	-1.4E
	14:18	16:06	0.4F
	18:36	23:36	-0.7E
10 W	01:54	04:36	0.6F
	08:00	12:00	-1.4E
	15:00	16:48	0.4F
	19:24		
11 Th ●	02:42	00:30	-0.7E
	08:48	05:12	0.6F
	15:42	12:48	-1.4E
	20:30	17:24	0.4F
12 F	03:30	01:18	-0.8E
	09:24	05:48	0.6F
	16:24	13:36	-1.3E
	21:42	18:06	0.4F
13 Sa	04:12	02:00	-0.8E
	10:00	06:24	0.5F
	17:06	14:18	-1.2E
	22:36	18:54	0.3F
14 Su	05:00	02:42	-0.7E
	10:24	07:12	0.4F
	17:48	14:54	-1.1E
	23:30	20:00	0.3F
15 M	05:48	03:24	-0.7E
	10:54	09:06	0.3F
	18:42	15:30	-0.9E
		21:00	0.2F

Days 16–28

Day	Slack h m	Max h m	knots
16 Tu	00:18	04:12	-0.6E
	06:48	09:00	0.3F
	11:30	15:54	-0.7E
	19:36	21:54	0.2F
17 W	01:00	05:12	-0.7E
	07:48	09:54	0.3F
	12:18	15:30	-0.6E
	20:12	23:00	0.2F
18 Th	01:36	06:00	-0.7E
	08:42	10:42	0.2F
	13:06	16:00	-0.6E
	20:42		
19 F ◐	02:18	00:06	0.2F
	09:30	06:42	-0.8E
	13:48	11:36	0.2F
	21:06	16:54	-0.5E
		22:24	0.2F
20 Sa	03:00	00:36	0.2F
	10:18	07:18	-0.9E
	14:24	12:24	0.2F
	21:36	17:42	-0.5E
		23:18	0.2F
21 Su	03:54	00:12	0.2F
	11:12	07:54	-0.9E
	15:00	13:00	0.2F
	22:18	18:24	-0.6E
22 M	04:48	00:12	0.3F
	12:00	08:42	-0.9E
	15:42	13:36	0.2F
	23:18	19:06	-0.6E
23 Tu	05:42	02:48	0.3F
	12:48	09:48	-0.9E
	16:36	14:30	0.2F
		19:54	-0.6E
24 W	00:12	03:36	0.4F
	06:30	10:42	-1.0E
	13:36	15:24	0.3F
	17:24	20:54	-0.6E
25 Th	01:12	04:12	0.5F
	07:12	11:30	-1.1E
	14:18	16:06	0.4F
	18:18	23:42	-0.6E
26 F	02:06	04:36	0.6F
	08:00	12:18	-1.2E
	15:06	16:42	0.4F
	19:06		
27 Sa ○	02:54	00:42	-0.7E
	08:48	05:06	0.7F
	15:42	13:00	-1.2E
	20:12	17:18	0.5F
28 Su	03:42	01:36	-0.8E
	09:30	05:42	0.7F
	16:30	13:48	-1.2E
	21:48	18:00	0.5F

March

Days 1–15

Day	Slack h m	Max h m	knots
1 M	04:36	02:24	-0.9E
	10:12	06:30	0.6F
	17:12	14:30	-1.2E
	23:12	18:48	0.4F
2 Tu	05:30	03:12	-0.9E
	11:06	07:36	0.5F
	18:06	15:12	-1.1E
		19:48	0.4F
3 W	00:24	04:06	-1.0E
	06:36	08:48	0.5F
	12:00	16:00	-1.0E
	19:00	20:54	0.4F
4 Th	01:24	05:12	-1.1E
	07:48	09:48	0.5F
	13:00	17:12	-0.8E
	19:54	21:54	0.4F
5 F	02:18	06:12	-1.2E
	08:54	10:48	0.4F
	13:48	18:18	-0.8E
	20:42	23:12	0.5F
6 Sa ◑	03:12	07:06	-1.3E
	09:54	11:54	0.4F
	14:36	19:06	-0.7E
	21:30		
7 Su	04:12	00:30	0.5F
	11:00	07:54	-1.3E
	15:12	12:42	0.4F
	22:24	20:00	-0.7E
8 M	05:06	01:24	0.6F
	12:00	08:48	-1.3E
	16:00	13:36	0.3F
	23:24	21:06	-0.6E
9 Tu	05:54	02:30	0.6F
	13:00	09:48	-1.3E
	16:48	14:36	0.3F
		22:12	-0.6E
10 W	00:24	03:36	0.6F
	06:42	10:48	-1.2E
	14:00	15:36	0.3F
	17:42	23:12	-0.7E
11 Th	01:30	04:18	0.6F
	07:24	11:36	-1.2E
	14:48	16:24	0.3F
	18:36		
12 F	02:24	00:06	-0.7E
	08:06	04:48	0.6F
	15:30	12:30	-1.2E
	19:48	17:06	0.3F
13 Sa ●	03:06	00:54	-0.7E
	08:42	05:24	0.6F
	16:12	13:12	-1.2E
	21:18	17:42	0.3F
14 Su	03:48	01:42	-0.7E
	09:18	05:54	0.5F
	16:48	13:54	-1.1E
	22:18	18:30	0.2F
15 M	04:30	02:24	-0.7E
	09:48	06:30	0.4F
	17:30	14:36	-1.0E
	23:00	19:30	0.2F

Days 16–31

Day	Slack h m	Max h m	knots
16 Tu	05:18	03:00	-0.7E
	10:24	07:24	0.4F
	18:18	15:06	-0.8E
	23:42	20:54	0.1F
17 W	06:06	03:42	-0.7E
	11:06	08:24	0.3F
	19:06	14:54	-0.7E
		21:54	0.1F
18 Th	00:24	04:24	-0.7E
	07:06	09:12	0.3F
	11:48	15:00	-0.6E
	19:30	23:06	0.1F
19 F	01:06	05:12	-0.8E
	08:00	09:54	0.3F
	12:30	15:36	-0.6E
	20:00	21:30	0.2F
	23:54		
20 Sa	01:54	06:06	-0.9E
	08:48	10:36	0.3F
	13:00	16:18	-0.6E
	20:30	22:06	0.2F
21 Su ◐	02:48	00:12	0.2F
	09:30	06:42	-0.9E
	13:30	11:18	0.3F
	21:06	17:12	-0.7E
	*************	23:00	0.3F
22 M	03:42	00:12	0.3F
	10:18	07:18	-0.9E
	14:06	12:00	0.3F
	21:54	18:06	-0.7E
23 Tu	04:36	00:12	0.4F
	11:12	07:54	-0.9E
	14:42	12:36	0.2F
	22:48	18:48	-0.7E
24 W	05:24	01:24	0.4F
	12:06	08:54	-0.9E
	15:36	13:30	0.2F
	23:48	19:36	-0.7E
25 Th	06:06	02:42	0.5F
	13:00	10:06	-0.9E
	16:42	14:30	0.2F
		20:36	-0.6E
26 F	00:48	03:36	0.6F
	06:54	11:00	-1.0E
	13:54	15:36	0.3F
	17:42	23:30	-0.7E
27 Sa ○	01:42	04:18	0.7F
	07:36	11:54	-1.1E
	14:42	16:24	0.4F
	18:42		
28 Su ●	02:36	00:24	-0.8E
	08:24	04:54	0.7F
	15:30	12:42	-1.2E
	19:54	17:06	0.4F
29 M	03:30	01:18	-0.9E
	09:18	05:36	0.7F
	16:12	13:36	-1.2E
	22:00	17:42	0.4F
30 Tu	04:24	02:12	-1.0E
	10:06	06:24	0.7F
	16:54	14:18	-1.1E
	23:06	18:30	0.4F
31 W	05:18	02:54	-1.1E
	11:00	07:24	0.6F
	17:42	15:00	-1.0E
		19:30	0.4F

Station ID: kb0101 Depth: 21 feet
Source: NOAA/NOS/CO-OPS
Station Type: Harmonic
Time Zone: LST

NOAA Tidal Current Predictions

St Marys Entrance, LB 13, 2021

Latitude: 30.7103° N Longitude: 81.3731° W
Mean Flood Dir. 317° (T) Mean Ebb Dir. 94° (T)
Times and speeds of maximum and minimum current, in knots

April

Day	Slack (h m)	Maximum (h m)	knots
1 Th	00:06	03:48	-1.2E
	06:24	08:30	0.6F
	11:54	15:48	-0.9E
	18:36	20:48	0.4F
2 F	01:06	04:48	-1.2E
	07:30	09:30	0.5F
	12:42	16:54	-0.8E
	19:30	22:00	0.4F
3 Sa	02:00	05:48	-1.3E
	08:30	10:24	0.4F
	13:18	18:00	-0.8E
	20:24	23:24	0.5F
4 Su ◐	02:54	06:42	-1.3E
	09:30	11:18	0.4F
	13:54	18:48	-0.8E
	21:12		
5 M		00:24	0.6F
	03:54	07:30	-1.3E
	10:30	12:18	0.3F
	14:24	19:36	-0.7E
	22:06		
6 Tu		01:12	0.6F
	04:42	08:24	-1.2E
	11:30	13:06	0.3F
	15:06	20:36	-0.7E
	23:06		
7 W		02:00	0.6F
	05:30	09:18	-1.1E
	12:30	14:00	0.2F
	16:00	21:42	-0.6E
8 Th	00:06	03:06	0.5F
	06:12	10:18	-1.0E
	13:36	15:06	0.2F
	17:06	22:48	-0.6E
9 F	01:06	03:48	0.5F
	06:48	11:18	-1.0E
	14:36	16:06	0.2F
	18:06	23:42	-0.7E
10 Sa	02:00	04:30	0.5F
	07:24	12:06	-1.0E
	15:24	16:54	0.2F
	19:06		
11 Su		00:30	-0.7E
	02:48	05:06	0.5F
	08:06	12:54	-1.0E
	16:00	17:30	0.2F
	20:36		
12 M ●		01:12	-0.8E
	03:30	05:36	0.5F
	08:48	13:36	-0.9E
	16:36	18:06	0.1F
	21:30		
13 Tu		01:54	-0.8E
	04:06		0.5F
	09:30	14:12	-0.8E
	17:12		
	22:12		
14 W		02:30	-0.8E
	04:48	06:48	0.4F
	10:12	14:42	-0.7E
	17:36		
	22:54		
15 Th		03:06	-0.9E
	05:36		0.4F
	10:48	14:24	-0.6E
	18:06		
	23:42		
16 F		03:36	-0.9E
	06:24	08:30	0.4F
	11:18	14:36	-0.6E
	18:42	20:06	0.1F
	21:54		0.1F
17 Sa	00:36	04:18	-0.9E
	07:18	09:12	0.4F
	11:48	15:12	-0.7E
	19:24	21:00	0.2F
18 Su	01:30	05:18	-0.9E
	08:06	09:42	0.3F
	12:18	15:54	-0.7E
	20:00	21:54	0.3F
19 M	02:24	06:06	-0.9E
	08:48	10:24	0.3F
	12:54	16:48	-0.8E
	20:48	22:48	0.4F
20 Tu ◑	03:12	06:48	-0.9E
	09:36	11:06	0.3F
	13:30	17:48	-0.8E
	21:36		
21 W		00:00	0.4F
	04:06	07:24	-0.9E
	10:24	11:54	0.3F
	14:12	18:42	-0.8E
	22:24		
22 Th		00:54	0.5F
	04:54	08:06	-0.9E
	11:24	12:48	0.3F
	15:00	19:30	-0.7E
	23:24		
23 F		02:00	0.5F
	05:36	09:24	-0.9E
	12:24	13:48	0.2F
	16:06	22:00	-0.7E
24 Sa	00:30	03:12	0.6F
	06:24	10:36	-0.9E
	13:30	15:06	0.2F
	17:24	23:12	-0.8E
25 Su	01:30	04:06	0.7F
	07:12	11:36	-1.0E
	14:24	16:06	0.3F
	18:30		
26 M		00:12	-0.9E
	02:24	04:48	0.7F
	08:12	12:30	-1.0E
	15:12	16:48	0.4F
	20:06		
27 Tu ○		01:00	-1.1E
	03:18	05:30	0.8F
	09:12	13:18	-1.1E
	15:54	17:30	0.4F
	21:42		
28 W		01:54	-1.2E
	04:12	06:12	0.7F
	10:06	14:06	-1.0E
	16:36	18:12	0.4F
	22:48		
29 Th		02:36	-1.3E
	05:06	07:12	0.6F
	10:54	14:54	-1.0E
	17:24	19:18	0.4F
	23:42		
30 F		03:24	-1.3E
	06:06	08:12	0.6F
	11:36	15:36	-0.9E
	18:18	20:48	0.4F

May

Day	Slack (h m)	Maximum (h m)	knots
1 Sa	00:42	04:18	-1.3E
	07:06	09:06	0.5F
	12:12	16:30	-0.8E
	19:12	22:00	0.5F
2 Su	01:36	05:18	-1.2E
	08:06	09:54	0.4F
	12:48	17:36	-0.8E
	20:06	23:06	0.5F
3 M ◐	02:30		-1.2E
	09:00	10:48	0.4F
	13:24	18:30	-0.8E
	21:00		
4 Tu		00:06	0.5F
	03:24	07:06	-1.1E
	09:54	11:42	0.3F
	14:00	19:24	-0.8E
	21:54		
5 W		00:48	0.5F
	04:12	07:54	-1.0E
	10:54	12:36	0.3F
	14:42	20:12	-0.7E
	22:54		
6 Th		01:36	0.5F
	04:54	08:48	-0.9E
	11:54	13:30	0.2F
	15:36	21:18	-0.7E
	23:48		
7 F		02:24	0.4F
	05:30	09:48	-0.8E
	13:06	14:42	0.1F
	16:48	22:18	-0.7E
8 Sa	00:48	03:24	0.4F
	06:06	10:48	-0.8E
	14:24	15:48	0.1F
	17:42	23:12	-0.7E
9 Su	01:42	04:06	0.5F
	06:48	11:42	-0.8E
	15:18	16:42	0.1F
	18:30		
10 M		00:00	-0.8E
	02:30	04:42	0.5F
	07:36	12:30	-0.8E
	15:54	17:18	0.1F
	19:12		
11 Tu ●		00:42	-0.9E
	03:12	05:18	0.5F
	08:30	13:18	-0.7E
	16:18	17:36	0.1F
	19:54		
12 W		01:24	-0.9E
	03:48	05:48	0.5F
	09:18	13:54	-0.7E
	16:30	17:42	0.1F
	21:06		
13 Th		02:00	-1.0E
	04:24	06:24	0.5F
	09:54	14:18	-0.6E
	16:48	17:54	0.1F
	22:06		
14 F		02:30	-1.0E
	05:06	07:00	0.5F
	10:18	14:00	-0.6E
	17:18	18:30	0.2F
	23:06		
15 Sa		03:06	-1.0E
	05:48	07:42	0.5F
	10:42	14:18	-0.7E
	18:00	19:30	0.2F
16 Su		03:36	-0.9E
	06:36	08:24	0.4F
	11:12	14:54	-0.8E
	18:48	20:30	0.3F
17 M	01:00	04:18	-0.9E
	07:24	09:06	0.4F
	11:48	15:36	-0.8E
	19:36	21:30	0.4F
18 Tu	01:48	05:18	-0.9E
	08:06	09:48	0.4F
	12:24	16:30	-0.8E
	20:24	22:24	0.4F
19 W ◑	02:36	06:12	-0.9E
	08:54	10:30	0.4F
	13:12	17:48	-0.8E
	21:18	23:24	0.5F
20 Th	03:24	06:54	-0.9E
	09:48	11:24	0.4F
	13:54	18:48	-0.8E
	22:12		
21 F		00:30	0.5F
	04:12	07:36	-0.9E
	10:48	12:18	0.3F
	14:48	19:54	-0.8E
	23:12		
22 Sa		01:30	0.5F
	05:06	08:30	-0.8E
	11:48	13:18	0.3F
	16:00	21:48	-0.8E
23 Su	00:18	02:42	0.5F
	06:06	10:18	-0.8E
	12:54	14:30	0.2F
	17:24	22:54	-1.0E
24 M	01:18	03:48	0.6F
	07:00	11:18	-0.8E
	13:54	15:54	0.3F
	18:36	23:48	-1.2E
25 Tu	02:18	04:36	0.7F
	08:06	12:12	-0.9E
	14:48	16:36	0.4F
	20:12		
26 W ○		00:42	-1.3E
	03:12	05:18	0.7F
	09:06	13:06	-0.9E
	15:30	17:18	0.4F
	21:24		
27 Th		01:30	-1.4E
	04:00	06:00	0.7F
	10:00	13:54	-0.9E
	16:12	18:06	0.4F
	22:24		
28 F		02:18	-1.5E
	04:54	06:54	0.6F
	10:36	14:36	-0.9E
	17:00	19:12	0.4F
	23:18		
29 Sa		03:06	-1.4E
	05:42	07:48	0.6F
	11:12	15:18	-0.9E
	17:48	20:36	0.2F
30 Su	00:18	03:54	-1.3E
	06:42	08:36	0.5F
	11:42	16:12	-0.8E
	18:48	21:36	0.5F
31 M	01:06	04:48	-1.2E
	07:36	09:30	0.4F
	12:24	17:12	-0.8E
	19:48	22:30	0.5F

June

Day	Slack (h m)	Maximum (h m)	knots
1 Tu	01:54	05:48	-1.1E
	08:30	10:18	0.4F
	13:06	18:12	-0.8E
	20:48	23:30	0.5F
2 W ◐	02:36	06:36	-1.0E
	09:18	11:18	0.3F
	13:54	19:06	-0.8E
	21:42		
3 Th		00:18	0.4F
	03:18	07:24	-0.9E
	10:18	12:18	0.3F
	14:42	19:54	-0.8E
	22:36		
4 F		01:06	0.4F
	03:54	07:12	-0.8E
	11:18	13:12	0.2F
	15:42	20:48	-0.7E
	23:36		
5 Sa		01:48	0.3F
	04:42	09:18	-0.6E
	12:36	14:18	0.1F
	16:36	21:48	-0.7E
6 Su	00:36	02:48	0.3F
	05:30	10:24	-0.6E
	14:06		
	17:24	22:42	-0.8E
7 M	01:24	03:42	0.4F
	06:18	11:18	-0.5E
	15:06		
	18:00	23:30	-0.9E
8 Tu	02:12	04:24	0.4F
	07:06	12:06	-0.5E
	15:36	16:54	0.1F
	18:30		
9 W	02:48	05:00	0.5F
	08:00	12:48	-0.5E
	15:36	17:12	0.1F
	19:18		
10 Th ●	03:24	05:30	0.5F
	08:42	13:24	-0.5E
	15:42	17:18	0.2F
	20:36		
11 F		01:30	-1.1E
	04:00		0.5F
	09:12	13:48	-0.6E
	16:06	17:30	0.3F
	21:42		
12 Sa		02:00	-1.1E
	04:36	06:24	0.5F
	09:36	13:42	-0.7E
	16:36	18:12	0.3F
	22:36		
13 Su		02:30	-1.1E
	05:12	07:00	0.5F
	10:00	14:00	-0.8E
	17:24	19:00	0.3F
	23:30		
14 M		03:06	-1.0E
	06:00	07:42	0.5F
	10:36	14:42	-0.8E
	18:18	20:12	0.4F
15 Tu	00:18	03:42	-1.0E
	06:48	08:30	0.5F
	11:24	15:24	-0.8E
	19:12	21:06	0.4F
16 W	01:06	04:30	-0.9E
	07:36	09:18	0.5F
	12:12	16:36	-0.8E
	20:06	22:00	0.4F
17 Th	01:48	05:30	-0.9E
	08:24	10:06	0.5F
	13:12	18:18	-0.8E
	21:00	23:06	0.5F
18 F ◑	02:36	06:30	-0.9E
	09:18	11:00	0.4F
	14:00	19:18	-0.9E
	22:00		
19 Sa		00:12	0.5F
	03:36	07:12	-0.9E
	10:12	11:54	0.4F
	15:06	20:18	-0.9E
	23:06		
20 Su		01:18	0.5F
	04:36	08:06	-0.8E
	11:18	12:54	0.3F
	16:36	21:30	-1.0E
21 M	00:06	02:24	0.5F
	05:42	09:48	-0.7E
	12:18	14:06	0.3F
	17:48	22:36	-1.2E
22 Tu	01:12	03:36	0.6F
	06:42	11:00	-0.7E
	13:24	15:42	0.3F
	18:48	23:30	-1.3E
23 W	02:12	04:24	0.6F
	07:48	11:54	-0.8E
	14:18	16:36	0.4F
	20:00		
24 Th ○		00:18	-1.5E
	03:06	05:06	0.7F
	08:48	12:48	-0.8E
	15:06	17:12	0.5F
	21:06		
25 F		01:12	-1.5E
	03:54	05:48	0.6F
	09:30	13:36	-0.9E
	15:48	17:54	0.5F
	22:06		
26 Sa		02:00	-1.5E
	04:36	06:30	0.6F
	10:12	14:18	-0.9E
	16:36	18:48	0.5F
	22:54		
27 Su		02:42	-1.4E
	05:24	07:18	0.5F
	10:42	15:00	-0.9E
	17:24	20:00	0.5F
	23:42		
28 M		03:30	-1.3E
	06:12	08:12	0.4F
	11:24	15:54	-0.8E
	18:24	21:06	0.4F
29 Tu	00:24	04:18	-1.1E
	07:06	09:12	0.4F
	12:18	16:54	-0.8E
	19:30	21:54	0.4F
30 W	01:06	05:12	-1.0E
	06:42	10:00	0.4F
	13:12	17:54	-0.8E
	20:30	22:48	0.3F

Station ID: kb0101 Depth: 21 feet
Source: NOAA/NOS/CO-OPS
Station Type: Harmonic
Time Zone: LST

NOAA Tidal Current Predictions

St Marys Entrance, LB 13, 2021

Latitude: 30.7103° N Longitude: 81.3731° W
Mean Flood Dir. 317° (T) Mean Ebb Dir. 94° (T)
Times and speeds of maximum and minimum current, in knots

July

Day	Slack h m	Maximum h m	knots		Day	Slack h m	Maximum h m	knots
1 Th	01:36	06:06	-0.9E		16 F	01:06	04:54	-0.9E
	08:48	11:00	0.3F			08:06	09:42	0.5F
	14:06	18:48	-0.8E			13:36	18:18	-0.9E
	21:24	23:42	0.3F			20:48	22:42	0.5F
2 F	02:12	06:54	-0.8E		17 Sa	02:00	06:06	-0.9E
	09:42	12:00	0.3F			08:54	10:36	0.4F
	14:54	19:30	-0.8E			14:42	19:12	-1.0E
	22:24					21:48		
3 Sa		00:30	0.3F		18 Su		00:00	0.5F
	02:54	07:42	-0.6E			03:00	06:54	-0.8E
	10:36	12:54	0.2F			09:48	11:36	0.4F
	15:42	20:18	-0.8E			15:48	20:06	-1.1E
	23:18					22:54		
4 Su		01:18	0.3F		19 M		01:00	0.5F
	03:48	08:30	-0.5E			04:12	07:54	-0.7E
	11:42	13:54	0.1F			10:42	12:36	0.4F
	16:24	21:06	-0.8E			16:54	21:06	-1.2E
5 M	00:12	02:18	0.3F		20 Tu	00:00	02:00	0.5F
	04:48	07:06	-0.4E			05:18	09:24	-0.6E
		08:30	-0.3E			11:42	14:00	0.4F
		09:42	-0.4E			17:48	22:12	-1.3E
	13:06	************						
6 Tu	01:00	03:12	0.3F		21 W	01:06	03:06	0.5F
	05:42	07:42	-0.3E			06:12	10:36	-0.6E
		09:12	-0.3E			12:48	15:36	0.4F
		10:48	-0.3E			18:48	23:06	-1.4E
	14:06	16:06	0.1F					
	************							
7 W	01:48	04:00	0.4F		22 Th	02:00	04:00	0.5F
	06:24	08:24	-0.3E			07:06	11:36	-0.7E
		09:48	-0.2E			13:42	16:24	0.5F
		11:30	-0.4E			19:48		
	14:12	16:36	0.2F					
	************							
8 Th	02:30	04:30	0.4F		23 F		00:00	-1.5E
	07:00	09:36	-0.3E			02:54	04:48	0.5F
		12:12	-0.4E			07:54	12:24	-0.8E
	14:30	16:54	0.2F			14:36	17:06	0.6F
	19:18					20:48		
9 F		00:18	-1.1E		24 Sa		00:48	-1.5E
	03:00	05:00	0.4F			03:36	05:24	0.5F
	07:36	12:42	-0.5E			08:48	13:12	-0.8E
	14:54	17:00	0.3F			15:24	17:42	0.6F
	20:24					21:42		
10 Sa		00:54	-1.1E		25 Su		01:36	-1.5E
	03:36	05:24	0.5F			04:18	06:06	0.5F
	08:06	13:06	-0.6E			09:36	14:00	-0.9E
	15:30	17:18	0.4F			16:12	18:24	0.6F
	21:18					22:24		
11 Su		01:30	-1.1E		26 M		02:18	-1.4E
	04:06	05:48	0.5F			05:00	06:48	0.4F
	08:42	13:18	-0.7E			10:30	14:48	-0.8E
	16:06	17:54	0.5F			17:00	19:24	0.5F
	22:06					23:00		
12 M		02:06	-1.1E		27 Tu		03:00	-1.2E
	04:48	06:24	0.5F			05:48	07:48	0.4F
	09:24	14:00	-0.8E			11:36	15:30	-0.8E
	16:54	18:42	0.5F			18:00	20:24	0.4F
	22:48					23:30		
13 Tu		02:42	-1.1E		28 W		03:42	-1.1E
	05:30	07:06	0.5F			06:42	08:54	0.4F
	10:18	14:42	-0.8E			12:24	16:24	-0.7E
	17:48	19:42	0.5F			19:06	21:18	0.3F
	23:30							
14 W		03:12	-1.1E		29 Th	00:00	04:36	-0.9E
	06:18	08:00	0.5F			07:36	09:48	0.3F
	11:12	15:36	-0.8E			13:18	17:24	-0.7E
	18:48	20:42	0.5F			20:06	22:06	0.3F
15 Th	00:18	04:00	-1.0E		30 F	00:42	05:30	-0.7E
	07:12	08:54	0.5F			08:24	10:54	0.3F
	12:24	17:06	-0.8E			14:00	18:18	-0.8E
	19:48	21:42	0.5F			21:00	23:06	0.2F
					31 Sa	01:24	06:24	-0.6E
						09:12	12:06	0.2F
						14:42	19:06	-0.8E
						21:54		

August

Day	Slack h m	Maximum h m	knots		Day	Slack h m	Maximum h m	knots
1 Su		00:00	0.2F		16 M	02:36	06:48	-0.8E
	02:06	07:12	-0.5E			09:24	11:36	0.4F
	09:54	12:54	0.2F			15:48	19:48	-1.3E
	15:18	19:42	-0.8E			22:42		
	22:48							
2 M		00:48	0.2F		17 Tu		00:42	0.4F
	02:54	06:00	-0.4E			03:36	07:42	-0.7E
	10:30	13:36	0.2F			10:18	12:48	0.5F
	16:00	20:24	-0.9E			16:48	20:42	-1.3E
	23:42					23:48		
3 Tu		01:36	0.2F		18 W		01:36	0.4F
	03:48	06:36	-0.4E			04:36	08:54	-0.6E
	11:12	14:30	0.1F			11:12	14:00	0.5F
	16:48	21:18	-0.9E			17:42	21:48	-1.4E
4 W	00:30	02:24	0.2F		19 Th	00:48	02:36	0.4F
	04:42	07:12	-0.4E			05:24	10:06	-0.6E
	11:54	15:36	0.2F			12:12	15:18	0.6F
	17:36	22:12	-0.9E			18:36	22:42	-1.4E
5 Th	01:18	03:18	0.2F		20 F	01:48	03:36	0.4F
	05:18	07:54	-0.4E			06:06	11:06	-0.7E
		10:00	-0.3E			13:18	16:12	0.6F
	12:42	16:06	0.3F			19:30	23:36	-1.4E
	18:24	23:00	-1.0E					
6 F	02:00	03:54	0.3F		21 Sa	02:42	04:24	0.4F
	05:54	08:48	-0.4E			06:48	12:00	-0.7E
		11:18	-0.4E			14:12	16:48	0.7F
	13:30	16:36	0.4F			20:24		
	19:12	23:42	-1.1E					
7 Sa	02:36	04:24	0.3F		22 Su		00:30	-1.4E
	06:30	10:12	-0.5E			03:24	05:06	0.4F
		11:54	-0.5E			07:54	12:54	-0.8E
	14:12	16:42	0.5F			15:06	17:24	0.6F
	20:06					21:12		
8 Su		00:24	-1.1E		23 M		01:18	-1.4E
	03:12	04:54	0.4F			04:06	05:42	0.4F
	07:12	12:30	-0.6E			09:18	13:42	-0.8E
	15:00	17:06	0.6F			15:54	18:06	0.6F
	20:54					21:42		
9 M		01:06	-1.1E		24 Tu		02:00	-1.3E
	03:48	05:24	0.5F			04:42	06:30	0.4F
	08:00	13:18	-0.7E			10:24	14:24	-0.8E
	15:42	17:36	0.6F			16:36	18:48	0.5F
	21:30					22:12		
10 Tu		01:42	-1.2E		25 W		02:42	-1.1E
	04:24	06:00	0.5F			05:30	07:30	0.3F
	09:00	14:06	-0.8E			11:18	15:12	-0.8E
	16:30	18:18	0.6F			17:30	19:42	0.4F
	22:06					22:42		
11 W		02:18	-1.2E		26 Th		03:18	-1.0E
	05:06	06:48	0.5F			06:18	08:48	0.3F
	10:12	14:48	-0.8E			12:12	16:00	-0.7E
	17:24	19:18	0.5F			18:30	20:42	0.3F
	22:48					23:12		
12 Th		02:54	-1.1E		27 F		04:00	-0.8E
	05:54	07:36	0.5F			07:18	09:48	0.2F
	11:36	15:48	-0.8E			13:00	16:48	-0.7E
	18:24	20:24	0.5F			19:30	21:30	0.3F
	23:42							
13 F		03:36	-1.0E		28 Sa	00:06	04:42	-0.6E
	06:48	08:54	0.4F			08:06	11:12	0.2F
	12:54	16:54	-0.9E			13:36	17:48	-0.8E
	19:30	21:24	0.5F			20:24	22:24	0.3F
14 Sa	00:42	04:30	-0.9E		29 Su	00:48	03:48	-0.6E
	07:42	09:24	0.4F				05:48	-0.5E
	13:54	18:00	-1.0E			08:42	12:12	0.2F
	20:36	22:30	0.5F			14:18	18:30	-0.8E
						21:18	23:18	0.3F
15 Su	01:42	05:54	-0.8E		30 M	01:30	04:30	-0.5E
	08:36	10:24	0.4F			09:12	12:42	0.2F
	14:54	18:54	-1.2E			14:54	19:12	-0.9E
	21:36	23:36	0.5F			22:06		
					31 Tu		00:06	0.2F
						02:06	05:18	-0.5E
						09:36	13:12	0.2F
						15:42	19:48	-0.9E
						22:54		

September

Day	Slack h m	Maximum h m	knots		Day	Slack h m	Maximum h m	knots
1 W		00:42	0.2F		16 Th		01:06	0.3F
	02:42	06:06	-0.5E			03:30	08:24	-0.7E
	10:12	13:42	0.2F			10:54	13:48	0.6F
	16:30	20:30	-0.9E			17:30	21:18	-1.3E
	23:48							
2 Th		01:18	0.2F		17 F	00:30	02:00	0.3F
	03:12	06:48	-0.6E			06:48	09:36	-0.6E
	10:54	14:36	0.3F			11:54	14:54	0.6F
	17:24	21:24	-0.9E			18:18	22:18	-1.2E
3 F	00:36	02:06	0.2F		18 Sa	01:30	03:06	0.2F
	03:54	07:30	-0.6E			05:12	10:42	-0.7E
	11:48	15:30	0.4F			12:54	15:48	0.6F
	18:12	22:24	-0.9E			19:06	23:12	-1.2E
4 Sa	01:24	03:00	0.2F		19 Su	02:24	04:00	0.3F
	04:48	08:18	-0.6E			06:06	11:36	-0.7E
	12:48	16:00	0.5F			13:54	16:30	0.6F
	18:54	23:12	-1.0E			19:48		
5 Su	02:06	03:48	0.3F		20 M		00:06	-1.2E
	05:36	09:42	-0.6E			03:12	04:48	0.3F
	13:42	16:24	0.6F				12:30	-0.8E
	19:36	23:54	-1.0E			14:48	17:06	0.6F
						20:30		
6 M	02:48	04:24	0.3F		21 Tu		00:54	-1.2E
	14:36	12:12	-0.7E			03:54	05:30	0.3F
	20:24	16:54	0.6F			09:00	13:24	-0.8E
						15:36	17:42	0.5F
						21:06		
7 Tu		00:42	-1.1E		22 W		01:36	-1.1E
	03:24	05:00	0.4F			04:30	06:12	0.3F
	07:24	13:06	-0.8E			10:06	14:06	-0.8E
	15:24	17:24	0.7F			16:18	18:18	0.5F
	21:06					21:36		
8 W		01:24	-1.2E		23 Th		02:18	-1.0E
	04:06	05:36	0.5F			05:12	07:06	0.2F
	08:42	14:00	-0.9E			11:00	14:48	-0.8E
	16:12	18:06	0.7F			17:00	19:12	0.4F
	21:48					22:12		
9 Th		02:06	-1.2E		24 F		03:00	-0.9E
	04:48	06:18	0.5F			06:00	08:48	0.2F
	10:30	14:48	-0.9E			11:42	15:24	-0.8E
	17:06	19:00	0.6F			17:54	20:06	0.4F
	22:36					22:54		
10 F		02:42	-1.1E		25 Sa		03:30	-0.7E
	05:36	07:12	0.4F			07:00	10:06	0.2F
	11:48	15:36	-1.0E			12:18	16:12	-0.8E
	18:06	20:12	0.6F			18:48	21:00	0.3F
	23:30					23:36		
11 Sa		03:24	-1.0E		26 Su		02:54	-0.6E
	06:30	08:18	0.4F			07:42	11:12	0.2F
	12:54	16:36	-1.1E			13:00	17:00	-0.8E
	19:12	21:12	0.5F			19:42	21:42	0.3F
12 Su	00:30	04:24	-0.9E		27 M	00:18	03:18	-0.6E
	07:24	09:18	0.4F			08:06	11:54	0.2F
	13:48	17:42	-1.2E			13:42	17:48	-0.8E
	20:18	22:12	0.5F			20:30	22:24	0.3F
13 M	01:24	05:42	-0.8E		28 Tu	00:54	03:54	-0.6E
	08:12	10:24	0.4F			08:30	12:18	0.2F
	14:42	18:36	-1.3E			14:30	18:30	-0.9E
	21:18	23:18	0.5F			21:18	23:06	0.3F
14 Tu	02:06	06:42	-0.8E		29 W	01:18	04:48	-0.6E
	09:06	11:54	0.5F			09:00	12:42	0.3F
	15:42	19:30	-1.3E			15:18	19:06	-0.9E
	22:18					22:00	23:36	0.2F
15 W		00:12	0.4F		30 Th	01:42	05:36	-0.7E
	02:48	07:30	-0.7E			09:36	13:06	0.3F
	09:54	12:54	0.6F			16:12	19:42	-0.9E
	16:36	20:18	-1.3E			22:54		
	23:24							

Station ID: kb0101 Depth: 21 feet
Source: NOAA/NOS/CO-OPS
Station Type: Harmonic
Time Zone: LST

NOAA Tidal Current Predictions

St Marys Entrance, LB 13, 2021
Latitude: 30.7103° N Longitude: 81.3731° W
Mean Flood Dir. 317° (T) Mean Ebb Dir. 94° (T)
Times and speeds of maximum and minimum current, in knots

October

Day	Slack (h m)	Maximum (h m)	knots
1 F		00:18	0.2F
	02:12	06:24	-0.7E
	10:24	13:18	0.4F
	17:00	20:18	-0.8E
	23:42		
2 Sa		01:00	0.2F
	02:54	07:12	-0.7E
	11:18	14:18	0.4F
	17:48	21:30	-0.8E
3 Su	00:36	01:54	0.2F
	03:54	08:00	-0.7E
	12:18	15:24	0.5F
	18:30	22:36	-0.9E
4 M	01:30	03:00	0.2F
	05:00	11:00	-0.6E
	13:18	16:00	0.6F
	19:12	23:30	-1.0E
5 Tu	02:18	04:00	0.3F
	06:06	12:00	-0.8E
	14:18	16:36	0.7F
	19:54		
6 W ●		00:18	-1.0E
	03:06	04:36	0.4F
	07:06	12:54	-0.9E
	15:06	17:18	0.7F
	20:48		
7 Th		01:06	-1.1E
	03:48	05:18	0.4F
	09:00	13:42	-1.0E
	16:00	18:00	0.7F
	21:42		
8 F		01:54	-1.1E
	04:30	06:00	0.4F
	10:30	14:30	-1.1E
	16:48	18:48	0.7F
	22:30		
9 Sa		02:36	-1.0E
	05:18	06:48	0.4F
	11:30	15:18	-1.2E
	17:48	20:00	0.6F
	23:24		
10 Su		03:18	-0.9E
	06:12	08:06	0.4F
	12:30	16:12	-1.2E
	18:54	20:54	0.6F
11 M	00:18	04:12	-0.9E
	07:06	09:18	0.4F
	13:30	17:12	-1.3E
	19:54	21:54	0.5F
12 Tu	01:00	05:24	-0.8E
	07:54	10:30	0.5F
	14:24	18:12	-1.3E
	20:54	22:48	0.4F
13 W ◑	01:36	06:24	-0.8E
	08:48	11:42	0.6F
	15:24	19:06	-1.3E
	21:54	23:42	0.4F
14 Th	02:06	07:12	-0.8E
	09:36	12:42	0.6F
	16:18	19:54	-1.2E
	22:54		
15 F		00:36	0.3F
	02:42	08:06	-0.7E
	10:36	13:30	0.6F
	17:06	20:48	-1.1E
16 Sa	00:00	01:30	0.2F
	03:30	09:12	-0.7E
	11:36	14:30	0.6F
	17:54	21:54	-1.0E
17 Su	01:00	02:36	0.2F
	04:36	10:18	-0.7E
	12:42	15:24	0.6F
	18:30	22:48	-1.0E
18 M	02:06	03:42	0.2F
	05:48	11:18	-0.7E
	13:42	16:12	0.5F
	19:12	23:42	-1.0E
19 Tu	03:00	04:36	0.2F
	06:12	12:06	-0.8E
	14:36	16:48	0.5F
	19:48		
20 W ○		00:30	-1.0E
	03:42	05:12	0.2F
	08:30	12:54	-0.9E
	15:18	17:24	0.5F
	20:36		
21 Th		01:18	-0.9E
	04:18	05:54	0.2F
	09:30	13:42	-0.9E
	16:00	18:00	0.5F
	21:18		
22 F		02:00	-0.9E
	05:00	06:36	0.1F
	10:12	14:18	-0.9E
	16:36	18:42	0.5F
	22:00		
23 Sa		02:36	-0.8E
	05:36	09:06	0.1F
	10:48	14:54	-0.9E
	17:18	19:30	0.4F
	22:36		
24 Su		03:00	-0.7E
	06:12	09:36	0.1F
	11:30	15:30	-0.9E
	18:06	20:24	0.4F
	23:12		
25 M		02:30	-0.6E
	06:42	10:24	0.1F
	12:18	16:06	-0.9E
	19:00	21:00	0.4F
	23:42		
26 Tu		02:54	-0.6E
	07:18	11:00	0.2F
	13:12	16:54	-0.8E
	19:48	21:30	0.3F
27 W	00:06	03:30	-0.7E
	07:48	11:24	0.3F
	14:00	17:48	-0.8E
	20:30	22:06	0.3F
28 Th ◐	00:30	04:18	-0.7E
	08:30	11:48	0.3F
	14:48	18:30	-0.9E
	21:12	22:42	0.3F
29 F	01:06	05:18	-0.8E
	09:12	12:06	0.4F
	15:42	19:00	-0.8E
	22:00	23:24	0.3F
30 Sa	01:42	06:12	-0.8E
	10:06	12:30	0.4F
	16:30	19:36	-0.8E
	22:54		
31 Su		00:18	0.3F
	02:24	07:06	-0.8E
	11:00	13:30	0.4F
	17:12	20:18	-0.8E
	23:48		

November

Day	Slack (h m)	Maximum (h m)	knots
1 M		01:12	0.2F
	03:24	08:00	-0.7E
	12:00	14:42	0.5F
	18:00	22:00	-0.8E
2 Tu	00:54	02:12	0.2F
	04:42	10:42	-0.8E
	13:06	15:42	0.6F
	18:42	23:06	-0.9E
3 W	01:54	03:36	0.3F
	05:54	11:42	-0.9E
	14:06	16:24	0.7F
	19:36		
4 Th ●		00:00	-0.9E
	02:42	04:24	0.3F
	07:00	12:36	-1.1E
	15:00	17:06	0.7F
	20:42		
5 F		00:54	-1.0E
	03:30	05:06	0.4F
	09:00	13:24	-1.2E
	15:48	17:48	0.8F
	21:42		
6 Sa		01:42	-1.0E
	04:12	05:48	0.4F
	10:12	14:12	-1.3E
	16:36	18:36	0.7F
	22:30		
7 Su		02:30	-1.0E
	04:54	06:36	0.4F
	11:12	15:00	-1.4E
	17:30	19:36	0.6F
	23:12		
8 M		03:12	-0.9E
	05:42	07:54	0.4F
	12:06	15:48	-1.3E
	18:30	20:36	0.6F
	23:54		
9 Tu		04:00	-0.9E
	06:42	09:12	0.4F
	13:06	16:48	-1.3E
	19:36	21:30	0.5F
10 W	00:30	05:00	-0.8E
	07:36	10:24	0.5F
	14:00	17:48	-1.2E
	20:30	22:18	0.4F
11 Th ◑	01:06	06:06	-0.8E
	08:30	11:30	0.6F
	14:54	18:42	-1.2E
	21:24	23:12	0.4F
12 F	01:42	07:00	-0.8E
	09:24	12:18	0.6F
	15:42	19:30	-1.1E
	22:24		
13 Sa		00:06	0.3F
	02:24	07:48	-0.8E
	10:24	13:06	0.5F
	16:30	20:18	-1.0E
	23:24		
14 Su		01:06	0.2F
	03:18	08:48	-0.8E
	11:24	13:54	0.5F
	17:12	21:24	-0.8E
15 M	00:24	02:06	0.2F
	04:36	09:54	-0.7E
	12:30	14:54	0.4F
	17:48	22:24	-0.8E
16 Tu	01:36	03:24	0.2F
	05:42	10:54	-0.8E
	13:30	15:48	0.4F
	18:30	23:18	-0.8E
17 W	02:42	04:24	0.2F
	06:42	11:42	-0.8E
	14:18	16:30	0.5F
	19:18		
18 Th		00:12	-0.8E
	03:30	05:06	0.2F
	07:36	12:24	-0.9E
	15:00	17:06	0.5F
	20:12		
19 F ○		01:00	-0.7E
	04:06	05:36	0.2F
	08:30	13:06	-1.0E
	15:36	17:42	0.5F
	21:06		
20 Sa		01:42	-0.7E
	04:30	06:00	0.1F
	10:00	13:48	-1.0E
	16:12	18:12	0.5F
	21:42		
21 Su		02:12	-0.6E
	04:48	06:06	0.1F
	10:00	14:24	-1.0E
	16:48	18:48	0.5F
	22:12		
22 M		02:36	-0.6E
	05:12	06:24	0.1F
	10:48	14:54	-1.0E
	17:30	19:30	0.4F
	22:30		
23 Tu		02:06	-0.6E
	05:42	07:12	0.2F
		08:06	0.2F
	11:42	15:24	-0.9E
	18:18	20:12	0.4F
	***********		
24 W		02:36	-0.7E
	06:30	08:18	0.2F
	12:36	16:00	-0.9E
	19:06	20:48	0.4F
	23:24		
25 Th		03:12	-0.8E
	07:18	09:12	0.3F
	13:24	16:42	-0.8E
	19:48	21:24	0.4F
26 F	00:00	04:00	-0.8E
	08:18	10:18	0.4F
	14:12	17:36	-0.8E
	20:30	22:06	0.4F
27 Sa ◐	00:42	05:06	-0.8E
	08:54	11:00	0.4F
	14:54	18:24	-0.8E
	21:18	22:54	0.4F
28 Su	01:30	06:18	-0.8E
	09:48	13:06	0.5F
	15:42	19:00	-0.8E
	22:12	23:42	0.4F
29 M	02:18	07:18	-0.8E
	10:48	13:06	0.5F
	16:36	19:42	-0.8E
	23:12		
30 Tu		00:42	0.3F
	03:18	09:06	-0.8E
	11:54	14:12	0.5F
	17:30	20:48	-0.7E

December

Day	Slack (h m)	Maximum (h m)	knots
1 W	00:12	01:42	0.3F
	04:48	10:24	-0.9E
	12:54	15:24	0.5F
	18:24	22:48	-0.7E
2 Th	01:18	03:12	0.3F
	06:06	11:24	-1.1E
	13:54	16:12	0.7F
	19:30	23:48	-0.8E
3 F	02:18	04:12	0.3F
	07:18	12:12	-1.3E
	14:48	16:54	0.7F
	20:36		
4 Sa ●		00:36	-0.9E
	03:06	04:54	0.4F
	08:48	13:06	-1.4E
	15:36	17:36	0.7F
	21:30		
5 Su		01:30	-0.9E
	03:48	05:36	0.5F
	09:48	13:54	-1.5E
	16:24	18:24	0.7F
	22:18		
6 M		02:12	-0.9E
	04:30	06:24	0.5F
	10:48	14:42	-1.5E
	17:18	19:18	0.6F
	22:54		
7 Tu		03:00	-0.9E
	05:18	07:42	0.5F
	11:42	15:30	-1.4E
	18:12	20:12	0.5F
	23:30		
8 W		03:42	-0.9E
	06:18	08:54	0.5F
	12:36	16:18	-1.3E
	19:06	21:06	0.5F
9 Th	00:06	04:42	-0.8E
	07:54	09:54	0.5F
	13:30	17:18	-1.1E
	20:00	21:54	0.4F
10 F	00:54	05:48	-0.8E
	08:18	10:54	0.5F
	14:12	18:12	-1.0E
	20:54	22:48	0.4F
11 Sa ◑	01:42	06:48	-0.8E
	09:18	11:48	0.4F
	14:54	19:06	-0.9E
	21:48	23:48	0.4F
12 Su	02:36	07:30	-0.8E
	10:18	12:36	0.4F
	15:36	19:54	-0.8E
	22:42		
13 M		00:48	0.3F
	03:42	08:24	-0.8E
	11:18	13:24	0.3F
	16:18	20:48	-0.7E
	23:48		
14 Tu		01:48	0.2F
	04:42	09:24	-0.8E
	12:18	14:24	0.3F
	17:06	21:54	-0.6E
15 W	01:06	03:12	0.2F
	05:30	10:24	-0.8E
	13:12	15:24	0.3F
	17:54	23:00	-0.5E
16 Th	02:24	04:12	0.2F
	06:12	11:12	-0.9E
	14:00	16:12	0.4F
	18:48	23:48	-0.5E
17 F	03:12	04:48	0.2F
	06:48	11:54	-1.0E
	14:42	16:48	0.5F
	19:42		
18 Sa ○		00:36	-0.5E
	03:36	05:18	0.2F
	07:30	12:36	-1.1E
	15:18	17:18	0.5F
	20:24		
19 Su		01:12	-0.5E
	03:42	05:36	0.2F
	08:24	13:12	-1.1E
	15:48	17:48	0.5F
	21:00		
20 M		01:42	-0.6E
	04:00	05:36	0.2F
	09:24	13:48	-1.1E
	16:24	18:12	0.5F
	21:24		
21 Tu		02:00	-0.6E
	04:24	05:54	0.3F
	10:12	14:24	-1.1E
	17:00	18:42	0.4F
	21:42		
22 W		01:36	-0.7E
	05:00	06:42	0.3F
	11:06	14:48	-1.0E
	17:42	19:18	0.4F
	22:12		
23 Th		02:18	-0.7E
	05:48	07:42	0.4F
	11:54	15:18	-1.0E
	18:24	20:06	0.4F
	22:54		
24 F		03:00	-0.8E
	06:48	08:42	0.4F
	12:36	15:54	-0.9E
	19:12	20:54	0.4F
	23:42		
25 Sa		04:00	-0.8E
	07:42	09:36	0.4F
	13:18	16:48	-0.9E
	20:00	21:36	0.5F
26 Su	00:42	05:42	-0.8E
	08:36	10:30	0.4F
	14:06	17:48	-0.8E
	20:48	22:24	0.4F
27 M ◐	01:36	06:54	-0.9E
	09:36	11:42	0.4F
	14:54	18:36	-0.8E
	21:36	23:18	0.4F
28 Tu	02:36	07:48	-0.9E
	10:36	12:48	0.4F
	15:54	19:18	-0.8E
	22:36		
29 W		00:18	0.4F
	04:00	08:54	-1.0E
	11:42	13:48	0.5F
	17:06	20:12	-0.7E
	23:42		
30 Th		01:18	0.3F
	05:18	10:00	-1.1E
	12:42	15:00	0.5F
	18:06	22:24	-0.6E
31 F	00:42	03:00	0.3F
	06:18	11:00	-1.3E
	13:42	15:54	0.6F
	19:06	23:30	-0.7E

Station ID: kb0101 Depth: 21 feet
Source: NOAA/NOS/CO-OPS
Station Type: Harmonic
Time Zone: LST

NOAA Tidal Current Predictions

St Marys Entrance, LB 13, 2021
Latitude: 30.7103° N Longitude: 81.3731° W
Mean Flood Dir. 317° (T) Mean Ebb Dir. 94° (T)
Times and speeds of maximum and minimum current, in knots

EXTRA CURRENTS

March

	Slack	Maximum	
	h m	h m	knots
21 Su ◗		23:48	0.3F

July

	Slack	Maximum	
	h m	h m	knots
5 M	17:00	22:00	-0.8E
6 Tu	17:42	22:54	-0.9E
7 W	18:30	23:36	-1.0E

November

	Slack	Maximum	
	h m	h m	knots
23 Tu	22:54		

Station ID: SJR9801 Depth: 16 feet
Source: NOAA/NOS/CO-OPS
Station Type: Harmonic
Time Zone: LST

St. Johns River Ent. (between jetties), 2021
Latitude: 30.4007° N Longitude: 81.3860° W
Mean Flood Dir. 262° (T) Mean Ebb Dir. 81° (T)
Times and speeds of maximum and minimum current, in knots

January

Day	Slack (h m)	Maximum (h m / knots)
1 F	05:36, 11:54, 18:48	01:54 -1.9E, 08:36 2.5F, 14:30 -2.2E, 21:06 1.6F
2 Sa	00:00, 06:30, 12:36, 19:30	02:42 -1.9E, 09:30 2.4F, 15:18 -2.2E, 22:00 1.7F
3 Su	00:54, 07:24, 13:24, 20:18	03:30 -1.9E, 10:18 2.3F, 16:06 -2.3E, 22:48 1.9F
4 M	01:48, 08:24, 14:12, 21:06	04:24 -1.9E, 11:12 2.2F, 16:54 -2.3E, 23:36 2.1F
5 Tu	02:42, 09:24, 15:00, 21:48	05:18 -1.9E, 12:00 2.1F, 17:42 -2.2E
6 W	03:42, 10:24, 15:54, 22:36	00:30 2.3F, 06:18 -2.0E, 12:54 2.0F, 18:42 -2.2E
7 Th	04:42, 11:24, 16:54, 23:24	01:18 2.4F, 07:24 -2.0E, 13:48 1.8F, 19:42 -2.2E
8 F	05:42, 12:30, 17:54	02:12 2.5F, 08:30 -2.1E, 14:48 1.7F, 20:36 -2.2E
9 Sa	00:18, 06:42, 13:30, 18:48	03:12 2.5F, 09:30 -2.2E, 15:54 1.7F, 21:30 -2.2E
10 Su	01:12, 07:36, 14:30, 19:48	04:12 2.6F, 10:30 -2.2E, 16:54 1.7F, 22:24 -2.2E
11 M	02:12, 08:36, 15:24, 20:36	05:12 2.7F, 11:36 -2.3E, 17:54 1.7F, 23:24 -2.2E
12 Tu	03:06, 09:30, 16:18, 21:30	06:06 2.8F, 12:36 -2.3E, 18:42 1.8F
13 W ●	04:00, 10:18, 17:06, 22:24	00:12 -2.3E, 07:00 2.8F, 13:30 -2.2E, 19:30 1.8F
14 Th	04:54, 11:12, 17:54, 23:18	01:06 -2.2E, 07:48 2.6F, 14:24 -2.2E, 20:24 1.8F
15 F	05:48, 12:00, 18:42	02:00 -2.1E, 08:42 2.4F, 15:12 -2.1E, 21:12 1.8F
16 Sa	00:12, 06:42, 12:48, 19:30	02:54 -2.0E, 09:30 2.2F, 15:54 -2.0E, 22:00 1.8F
17 Su	01:06, 07:42, 13:30, 20:18	03:48 -1.8E, 10:18 2.0F, 16:30 -1.9E, 22:48 1.8F
18 M	02:00, 08:36, 14:18, 21:00	04:42 -1.7E, 11:06 1.7F, 17:12 -1.8E, 23:36 1.9F
19 Tu	02:54, 09:30, 15:00, 21:42	05:36 -1.6E, 11:54 1.5F, 18:00 -1.8E
20 W ◑	03:42, 10:24, 15:48, 22:30	00:18 1.9F, 07:00 -1.5E, 12:36 1.4F, 19:00 -1.7E
21 Th	04:30, 11:12, 16:36, 23:12	01:00 1.9F, 07:54 -1.5E, 13:24 1.3F, 19:42 -1.7E
22 F	05:18, 12:00, 17:24	01:42 1.9F, 08:30 -1.5E, 14:06 1.2F, 20:24 -1.6E
23 Sa	00:00, 06:12, 12:48, 18:12	02:30 1.9F, 09:00 -1.6E, 15:00 1.1F, 21:06 -1.7E
24 Su	00:42, 07:00, 13:42, 19:06	03:24 1.9F, 09:42 -1.6E, 15:54 1.1F, 21:48 -1.7E
25 M	01:30, 07:48, 14:30, 19:48	04:18 2.0F, 10:24 -1.7E, 16:48 1.2F, 22:30 -1.8E
26 Tu	02:18, 08:36, 15:24, 20:36	05:12 2.2F, 11:12 -1.9E, 17:36 1.4F, 23:18 -1.9E
27 W	03:06, 09:18, 16:06, 21:18	05:54 2.4F, 11:54 -2.0E, 18:24 1.5F
28 Th ○	03:54, 10:00, 16:48, 22:06	00:00 -2.0E, 06:42 2.5F, 12:36 -2.1E, 19:06 1.7F
29 F	04:36, 10:48, 17:30, 22:54	00:48 -2.1E, 07:30 2.6F, 13:24 -2.2E, 19:54 1.8F
30 Sa	05:24, 11:30, 18:12, 23:42	01:36 -2.1E, 08:18 2.5F, 14:06 -2.3E, 20:42 1.9F
31 Su	06:18, 12:12, 19:00	02:24 -2.1E, 09:06 2.4F, 14:54 -2.4E, 21:36 2.1F

February

Day	Slack (h m)	Maximum (h m / knots)
1 M	00:36, 07:12, 13:00, 19:42	03:12 -2.1E, 10:00 2.3F, 15:42 -2.4E, 22:24 2.2F
2 Tu	01:30, 08:12, 13:48, 20:30	04:06 -2.1E, 10:48 2.2F, 16:30 -2.3E, 23:12 2.4F
3 W	02:24, 09:12, 14:42, 21:18	05:00 -2.1E, 11:42 2.0F, 17:18 -2.2E
4 Th ◐	03:18, 10:12, 15:36, 22:12	00:06 2.4F, 05:54 -2.0E, 12:36 1.9F, 18:18 -2.1E
5 F	04:18, 11:12, 16:30, 23:06	01:00 2.4F, 07:06 -2.0E, 13:30 1.7F, 19:18 -2.0E
6 Sa	05:18, 12:12, 17:30	01:54 2.4F, 08:18 -2.0E, 14:30 1.6F, 20:18 -2.0E
7 Su	00:00, 06:24, 13:12, 18:36	02:48 2.4F, 09:30 -2.0E, 15:36 1.5F, 21:18 -2.0E
8 M	01:00, 07:24, 14:12, 19:30	03:54 2.4F, 10:42 -2.0E, 16:42 1.5F, 22:18 -2.1E
9 Tu	02:00, 08:24, 15:12, 20:24	05:06 2.5F, 11:48 -2.1E, 17:48 1.7F, 23:24 -2.1E
10 W	03:00, 09:12, 16:00, 21:18	06:06 2.6F, 12:42 -2.2E, 18:36 1.8F
11 Th ●	03:54, 10:06, 16:48, 22:12	00:18 -2.2E, 06:54 2.6F, 13:30 -2.2E, 19:18 1.9F
12 F	04:48, 10:48, 17:30, 23:00	01:12 -2.2E, 07:36 2.5F, 14:18 -2.2E, 20:06 2.0F
13 Sa	05:36, 11:36, 18:12, 23:48	02:00 -2.1E, 08:24 2.3F, 14:48 -2.1E, 20:48 2.0F
14 Su	06:24, 12:18, 18:54	02:48 -2.1E, 09:06 2.1F, 15:18 -2.0E, 21:30 2.0F
15 M	00:36, 07:18, 13:00, 19:36	03:24 -1.9E, 09:48 1.8F, 15:48 -1.9E, 22:12 2.0F
16 Tu	01:24, 08:06, 13:42, 20:18	04:00 -1.8E, 10:30 1.6F, 16:18 -1.8E, 22:54 2.0F
17 W	02:12, 08:54, 14:18, 21:00	04:42 -1.7E, 11:12 1.5F, 17:00 -1.7E, 23:36 2.1F
18 Th	02:54, 09:42, 15:00, 21:42	05:24 -1.7E, 11:54 1.4F, 17:42 -1.7E
19 F ◐	03:36, 10:24, 15:42, 22:24	00:18 1.9F, 06:12 -1.6E, 12:36 1.3F, 18:30 -1.6E
20 Sa	04:24, 11:06, 16:30, 23:12	01:00 1.9F, 07:00 -1.5E, 13:24 1.2F, 19:24 -1.6E
21 Su	05:24, 12:06, 17:24	01:48 1.9F, 08:18 -1.6E, 14:12 1.1F, 20:18 -1.6E
22 M	00:00, 06:18, 13:00, 18:18	02:42 1.9F, 08:48 -1.6E, 15:06 1.1F, 21:06 -1.7E
23 Tu	00:54, 07:12, 13:54, 19:12	03:42 2.0F, 09:42 -1.7E, 16:06 1.2F, 21:54 -1.8E
24 W	01:48, 08:00, 14:42, 20:06	04:36 2.2F, 10:36 -1.9E, 17:06 1.4F, 22:48 -2.0E
25 Th	02:42, 08:48, 15:30, 20:54	05:30 2.4F, 11:24 -2.1E, 17:54 1.7F, 23:36 -2.1E
26 F	03:30, 09:36, 16:12, 21:48	06:18 2.5F, 12:12 -2.3E, 18:42 2.0F
27 Sa ○	04:24, 10:18, 16:54, 22:36	00:30 -2.2E, 07:06 2.5F, 12:54 -2.4E, 19:30 2.2F
28 Su	05:12, 11:00, 17:36, 23:24	01:18 -2.3E, 07:54 2.5F, 13:42 -2.5E, 20:18 2.4F

March

Day	Slack (h m)	Maximum (h m / knots)
1 M	06:06, 11:48, 18:18	02:06 -2.3E, 08:48 2.4F, 14:30 -2.5E, 21:06 2.5F
2 Tu	00:18, 07:00, 12:36, 19:06	02:54 -2.3E, 09:36 2.2F, 15:12 -2.4E, 22:00 2.5F
3 W	01:06, 07:54, 13:24, 20:00	03:42 -2.3E, 10:30 2.1F, 16:00 -2.3E, 22:48 2.5F
4 Th	02:00, 08:54, 14:18, 20:54	04:36 -2.2E, 11:18 1.9F, 16:54 -2.1E, 23:42 2.4F
5 F	02:54, 09:54, 15:12, 21:48	05:30 -2.0E, 12:18 1.8F, 17:54 -2.0E
6 Sa ◐	03:54, 10:54, 16:12, 22:48	00:36 2.3F, 06:48 -1.9E, 13:12 1.6F, 19:00 -1.8E
7 Su	05:00, 11:54, 17:18, 23:48	01:36 2.2F, 08:30 -1.9E, 14:12 1.5F, 20:12 -1.8E
8 M	06:06, 13:00, 18:24	02:36 2.2F, 09:42 -1.9E, 15:24 1.4F, 21:24 -1.9E
9 Tu	00:54, 07:12, 14:00, 19:24	03:48 2.2F, 10:48 -2.0E, 16:48 1.5F, 22:36 -2.0E
10 W	01:54, 08:06, 14:54, 20:18	05:06 2.2F, 11:42 -2.1E, 17:48 1.8F, 23:42 -2.1E
11 Th	02:54, 08:54, 15:36, 21:06	06:00 2.3F, 12:30 -2.2E, 18:30 2.0F
12 F	03:48, 09:42, 16:18, 22:00	00:36 -2.2E, 06:48 2.4F, 13:12 -2.2E, 19:06 2.1F
13 Sa ●	04:36, 10:24, 17:00, 22:42	01:18 -2.2E, 07:24 2.3F, 13:48 -2.2E, 19:42 2.2F
14 Su	05:24, 11:06, 17:36, 23:24	02:00 -2.2E, 08:00 2.1F, 14:12 -2.1E, 20:18 2.2F
15 M	06:06, 11:48, 18:12	02:30 -2.1E, 08:36 1.9F, 14:36 -2.0E, 20:54 2.2F
16 Tu	00:06, 06:48, 12:24, 18:48	02:54 -2.1E, 09:18 1.7F, 15:06 -1.9E, 21:30 2.1F
17 W	00:48, 07:36, 13:06, 19:30	03:24 -2.0E, 10:00 1.6F, 15:36 -1.8E, 22:12 2.1F
18 Th	01:30, 08:18, 13:42, 20:12	04:00 -1.9E, 10:36 1.5F, 16:12 -1.7E, 22:54 2.0F
19 F	02:06, 09:00, 14:18, 20:54	04:36 -1.8E, 11:18 1.4F, 16:54 -1.7E, 23:36 2.0F
20 Sa	02:54, 09:48, 15:12, 21:42	05:24 -1.7E, 12:00 1.3F, 17:42 -1.6E
21 Su ◑	03:42, 10:36, 15:36, 22:30	00:24 2.0F, 06:12 -1.7E, 12:48 1.2F, 18:36 -1.6E
22 M	04:36, 11:24, 16:36, 23:24	01:18 2.0F, 07:12 -1.6E, 13:36 1.2F, 19:36 -1.6E
23 Tu	05:36, 12:18, 17:42	02:06 2.0F, 08:12 -1.6E, 14:36 1.3F, 20:30 -1.7E
24 W	00:18, 06:36, 13:12, 18:42	03:06 2.0F, 09:06 -1.8E, 15:36 1.4F, 21:24 -1.9E
25 Th	01:18, 07:24, 14:06, 19:42	04:06 2.1F, 10:00 -2.0E, 16:36 1.7F, 22:24 -2.0E
26 F	02:18, 08:12, 15:00, 20:36	05:06 2.3F, 10:54 -2.2E, 17:30 2.1F, 23:18 -2.2E
27 Sa	03:12, 09:00, 15:36, 21:24	05:54 2.4F, 11:42 -2.4E, 18:18 2.4F
28 Su ○	04:06, 09:48, 16:18, 22:12	00:12 -2.4E, 06:42 2.4F, 12:24 -2.5E, 19:06 2.7F
29 M	04:54, 10:36, 17:00, 23:06	01:00 -2.5E, 07:30 2.4F, 13:12 -2.5E, 19:48 2.8F
30 Tu	05:48, 11:24, 17:48, 23:54	01:48 -2.6E, 08:24 2.2F, 14:00 -2.5E, 20:42 2.8F
31 W	06:42, 12:12, 18:36	02:36 -2.5E, 09:12 2.1F, 14:48 -2.4E, 21:30 2.7F

Station ID: SJR9801 Depth: 16 feet
Source: NOAA/NOS/CO-OPS
Station Type: Harmonic
Time Zone: LST

NOAA Tidal Current Predictions

St. Johns River Ent. (between jetties), 2021
Latitude: 30.4007° N Longitude: 81.3860° W
Mean Flood Dir. 262° (T) Mean Ebb Dir. 81° (T)
Times and speeds of maximum and minimum current, in knots

April

Day	Slack h m	Max h m	knots	Day	Slack h m	Max h m	knots
1 Th	00:42	03:24	-2.4E	16 F	00:48	03:24	-2.0E
	07:36	10:06	2.0F		07:42	10:06	1.4F
	13:06	15:36	-2.2E		13:00	15:42	-1.7E
	19:30	22:24	2.5F		19:30	22:24	2.1F
2 F	01:42	04:18	-2.2E	17 Sa	01:30	04:06	-1.9E
	08:36	11:00	1.8F		08:30	10:48	1.3F
	14:00	16:30	-2.0E		13:36	16:18	-1.7E
	20:30	23:18	2.4F		20:12	23:06	2.1F
3 Sa	02:36	05:12	-2.0E	18 Su	02:18	04:48	-1.9E
	09:42	12:00	1.7F		09:18	11:30	1.3F
	15:00	17:30	-1.8E		14:18	17:06	-1.7E
	21:36				21:00	23:54	2.1F
4 Su ◑		00:18	2.3F	19 M	03:06	05:42	-1.8E
	03:42	07:06	-1.8E		10:06	12:18	1.3F
	10:42	13:00	1.5F		15:06	18:00	-1.6E
	16:00	18:48	-1.7E		21:54		
	22:36						
5 M		01:18	2.1F	20 Tu ◐		00:48	2.1F
	04:42	08:36	-1.9E		04:00	06:42	-1.8E
	11:42	14:00	1.5F		11:12	13:12	1.4F
	17:06	20:36	-1.7E		16:06	19:00	-1.7E
	23:42				22:54		
6 Tu		02:24	2.0F	21 W		01:42	2.1F
	05:48	09:36	-1.9E		04:54	07:42	-1.9E
	12:36	15:18	1.5F		11:42	14:06	1.5F
	18:12	21:42	-1.8E		17:12	20:06	-1.8E
					23:54		
7 W	00:42	03:42	2.0F	22 Th		02:36	2.0F
	06:48	10:36	-2.0E		05:54	08:36	-2.0E
	13:36	16:36	1.7F		13:06	15:06	1.8F
	19:12	22:48	-2.0E		18:18	21:06	-2.0E
8 Th	01:42	05:00	2.0F	23 F	00:54	03:36	2.0F
	07:42	11:24	-2.1E		06:48	09:30	-2.2E
	14:24	17:30	1.9F		13:24	16:06	2.1F
	20:06	23:42	-2.1E		19:18	22:00	-2.2E
9 F	02:42	05:54	2.1F	24 Sa	01:54	04:36	2.1F
	08:30	12:06	-2.2E		07:42	10:18	-2.3E
	15:06	18:12	2.2F		14:12	17:00	2.4F
	20:54				20:12	22:54	-2.4E
10 Sa		00:30	-2.2E	25 Su	02:54	05:30	2.2F
	03:36	06:36	2.1F		08:30	11:06	-2.5E
	09:18	12:42	-2.2E		14:54	17:48	2.7F
	15:48	18:42	2.3F		21:00	23:48	-2.5E
	21:36						
11 Su		01:06	-2.3E	26 M	03:48	06:18	2.3F
	04:18	07:06	2.0F		09:18	11:54	-2.6E
	10:00	13:12	-2.1E		15:42	18:36	2.9F
	16:24	19:12	2.4F		21:54		
	22:18						
12 M ●		01:42	-2.2E	27 Tu ○		00:36	-2.6E
	05:00	07:36	1.9F		04:42	07:06	2.3F
		13:36	-2.0E		10:06	12:42	-2.6E
	17:00	19:42	2.3F		16:30	19:24	3.0F
	23:00				22:42		
13 Tu		02:00	-2.2E	28 W		01:24	-2.6E
	05:42	08:06	1.7F		05:30	08:06	2.2F
	11:18	14:00	-1.9E		10:54	13:30	-2.5E
	17:36	20:18	2.3F		17:18	20:12	2.9F
	23:36				23:30		
14 W		02:18	-2.1E	29 Th		02:12	-2.5E
	06:24	08:42	1.6F		06:24	08:54	2.0F
	12:24	14:24	-1.8E		11:48	14:24	-2.3E
	18:12	20:54	2.2F		18:12	21:06	2.7F
15 Th	00:12	02:48	-2.1E	30 F	00:24	03:06	-2.4E
	07:00	09:24	1.5F		07:24	09:48	1.8F
	12:24	15:00	-1.8E		12:42	15:12	-2.1E
	18:48	21:36	2.1F		19:06	22:06	2.5F

May

Day	Slack h m	Max h m	knots	Day	Slack h m	Max h m	knots
1 Sa	01:24	04:00	-2.1E	16 Su	01:06	03:42	-2.0E
	08:24	10:42	1.7F		08:06	10:18	1.3F
	13:36	16:12	-1.9E		13:06	15:48	-1.7E
	20:12	23:00	2.4F		19:36	22:42	2.2F
2 Su	02:18	05:06	-1.9E	17 M	01:48	04:24	-2.0E
	09:24	11:42	1.6F		08:54	11:06	1.4F
	14:42	17:12	-1.7E		13:54	16:42	-1.7E
	21:18				20:30	23:30	2.2F
3 M ◑		00:00	2.2F	18 Tu	02:36	05:12	-2.0E
	03:24	07:18	-1.9E		09:36	11:54	1.5F
	10:24	12:42	1.5F		14:48	17:30	-1.7E
	15:42	19:18	-1.6E		21:30		
	22:24						
4 Tu		01:00	2.0F	19 W ◐		00:18	2.1F
	04:24	08:24	-1.9E		03:30	06:12	-2.0E
	11:18	13:48	1.6F		10:24	12:48	1.7F
	16:54	20:36	-1.7E		15:48	18:36	-1.7E
	23:24				22:30		
5 W		02:06	1.8F	20 Th		01:12	2.1F
	05:24	09:12	-2.0E		04:18	07:06	-2.1E
	12:12	15:00	1.7F		11:06	13:42	1.9F
	17:54	21:36	-1.9E		16:54	19:36	-1.9E
					23:30		
6 Th	00:30	03:24	1.7F	21 F		02:06	2.0F
	06:24	10:06	-2.1E		05:18	08:06	-2.2E
	13:00	16:12	1.9F		11:54	14:36	2.1F
	18:54	22:30	-2.0E		17:54	20:42	-2.0E
7 F	01:30	04:36	1.7F	22 Sa	00:36	03:06	1.9F
	07:12	10:48	-2.1E		06:12	08:54	-2.3E
	13:48	17:00	2.1F		12:42	15:30	2.4F
	19:48	23:24	-2.1E		18:54	21:36	-2.2E
8 Sa	02:24	05:36	1.8F	23 Su	01:36	04:06	1.9F
	08:00	11:30	-2.1E		07:06	09:48	-2.4E
	14:30	17:42	2.2F		13:30	16:30	2.7F
	20:30				19:48	22:30	-2.4E
9 Su		00:06	-2.2E	24 M	02:36	05:00	2.0F
	03:12	06:24	1.8F		08:00	10:36	-2.5E
	08:48	12:06	-2.1E		14:24	17:24	2.9F
	15:12	18:12	2.3F		20:42	23:24	-2.6E
	21:12						
10 M		00:42	-2.2E	25 Tu	03:30	06:00	2.1F
	04:00	06:42	1.8F		08:48	11:30	-2.5E
	09:24	12:36	-2.0E		15:12	18:12	3.0F
	15:48	18:36	2.4F		21:30		
	21:54						
11 Tu ●		01:12	-2.2E	26 W ○		00:12	-2.6E
	04:42	07:42	1.7F		04:24	06:48	2.1F
	10:06	13:00	-1.9E		09:42	12:18	-2.5E
	16:24	19:12	2.3F		16:06	19:00	3.0F
	22:30				22:24		
12 W		01:24	-2.1E	27 Th		01:06	-2.6E
	05:18	07:36	1.6F		05:12	07:36	2.0F
	10:42	13:18	-1.8E		10:30	13:12	-2.4E
	17:00	19:42	2.3F		16:54	19:54	2.9F
	23:06				23:12		
13 Th		01:42	-2.1E	28 F		01:54	-2.5E
	05:54	08:12	1.4F		06:06	08:30	1.9F
	11:18	13:54	-1.8E		11:24	14:00	-2.3E
	17:36	20:24	2.3F		17:48	20:48	2.7F
	23:42						
14 F		02:18	-2.1E	29 Sa	00:06	02:54	-2.3E
	06:36	08:54	1.4F		07:06	09:24	1.7F
	11:54	14:30	-1.8E		12:18	14:54	-2.1E
	18:12	21:06	2.2F		18:48	21:48	2.5F
15 Sa	00:24	03:00	-2.0E	30 Su	01:06	03:54	-2.1E
	07:18	09:36	1.3F		08:06	10:24	1.6F
	12:24	15:06	-1.7E		13:18	15:54	-1.9E
	18:54	21:54	2.2F		19:54	22:42	2.3F
				31 M	02:00	05:06	-1.9E
					09:00	11:24	1.6F
					14:24	17:00	-1.7E
					21:00	23:42	2.1F

June

Day	Slack h m	Max h m	knots	Day	Slack h m	Max h m	knots
1 Tu	03:00	06:48	-1.9E	16 W	02:12	04:54	-2.1E
	09:54	12:24	1.7F		09:06	11:36	1.8F
	15:24	19:06	-1.6E		14:30	17:12	-1.8E
	22:06				21:12	23:54	2.2F
2 W ◑		00:42	1.9F	17 Th	03:00	05:42	-2.2E
	03:54	07:54	-2.0E		09:48	12:24	2.0F
	10:48	13:24	1.8F		15:30	18:12	-1.9E
	16:30	20:18	-1.7E		22:12		
	23:06						
3 Th		01:42	1.7F	18 F ◐		00:48	2.1F
	04:48	08:42	-2.0E		03:48	06:36	-2.2E
	11:36	14:18	1.8F		10:36	13:18	2.2F
	17:30	21:12	-1.8E		16:30	19:12	-2.0E
					23:12		
4 F	00:06	02:42	1.5F	19 Sa		01:42	1.9F
	05:48	09:24	-2.2E		04:42	07:36	-2.2E
	12:24	15:18	1.9F		11:18	14:06	2.4F
	18:30	22:06	-1.9E		17:30	20:12	-2.1E
5 Sa	01:06	04:00	1.4F	20 Su	00:12	02:36	1.8F
	06:36	10:12	-2.0E		05:42	08:30	-2.3E
	13:06	16:12	2.0F		12:12	15:06	2.5F
	19:18	22:54	-2.0E		18:30	21:12	-2.3E
6 Su	02:00	05:00	1.4F	21 M	01:12	03:36	1.8F
	07:24	10:48	-2.0E		06:36	09:18	-2.4E
	13:54	17:00	2.1F		13:00	16:00	2.7F
	20:00	23:36	-2.0E		19:24	22:06	-2.4E
7 M	02:48	05:42	1.5F	22 Tu	02:12	04:42	1.8F
	08:12	11:30	-1.9E		07:36	10:12	-2.4E
	14:36	17:30	2.2F		13:54	17:00	2.8F
	20:42				20:18	23:00	-2.4E
8 Tu		00:12	-2.0E	23 W	03:12	05:36	1.9F
	03:30	06:12	1.5F		08:24	11:06	-2.4E
	08:54	12:00	-1.9E		14:54	17:54	2.9F
	15:18	18:06	2.3F		21:12		
	21:24						
9 W		00:36	-2.0E	24 Th ○		00:00	-2.5E
	04:12	06:36	1.5F		04:06	06:30	1.9F
	09:36	12:18	-1.8E		09:18	12:00	-2.4E
	15:54	18:42	2.3F		15:48	18:48	3.0F
	22:00				22:06		
10 Th ●		00:48	-2.0E	25 F		00:48	-2.4E
	04:54	07:06	1.5F		05:00	07:18	1.9F
	10:12	12:48	-1.8E		10:12	12:48	-2.4E
	16:30	19:18	2.3F		16:42	19:36	2.9F
	22:36				23:00		
11 F		01:18	-2.0E	26 Sa		01:48	-2.3E
	05:30	07:42	1.4F		05:48	08:12	1.9F
	10:48	13:24	-1.8E		11:06	13:42	-2.2E
	17:06	19:54	2.3F		17:36	20:30	2.7F
	23:18				23:54		
12 Sa		01:54	-2.0E	27 Su		02:42	-2.2E
	06:12	08:24	1.4F		06:42	09:06	1.7F
	11:18	14:00	-1.8E		12:00	14:42	-2.1E
	17:42	20:42	2.3F		18:36	21:30	2.5F
13 Su	00:00	02:36	-2.1E	28 M	00:48	03:48	-2.1E
	06:54	09:06	1.4F		07:36	10:06	1.7F
	12:00	14:42	-1.8E		13:00	15:42	-1.9E
	18:24	21:30	2.3F		19:36	22:24	2.2F
14 M	00:42	03:18	-2.1E	29 Tu	01:36	04:48	-2.0E
	07:42	09:54	1.4F		08:30	11:00	1.8F
	12:42	15:30	-1.8E		14:00	16:48	-1.8E
	19:18	22:18	2.3F		20:42	23:18	2.0F
15 Tu	01:24	04:06	-2.1E	30 W	02:30	05:54	-1.9E
	08:30	10:48	1.6F		09:18	11:54	1.9F
	13:36	16:18	-1.8E		15:00	18:36	-1.7E
	20:12	23:06	2.2F		21:42		

Station ID: SJR9801 Depth: 16 feet
Source: NOAA/NOS/CO-OPS
Station Type: Harmonic
Time Zone: LST

NOAA Tidal Current Predictions

St. Johns River Ent. (between jetties), 2021

Latitude: 30.4007° N Longitude: 81.3860° W
Mean Flood Dir. 262° (T) Mean Ebb Dir. 81° (T)
Times and speeds of maximum and minimum current, in knots

July

Day	Slack (h m)	Maximum (h m)	knots
1 Th ☽	03:18, 10:06, 16:00, 22:36	00:12, 07:00, 12:42, 19:48	1.7F, -1.9E, 1.9F, -1.7E
2 F	04:12, 10:54, 16:54, 23:36	01:06, 08:00, 13:36, 20:42	1.5F, -1.9E, 1.9F, -1.7E
3 Sa	05:00, 11:36, 17:48	01:54, 08:42, 14:18, 21:30	1.4F, -1.9E, 1.9F, -1.7E
4 Su	00:30, 05:54, 12:24, 18:42	02:48, 09:24, 15:06, 22:12	1.2F, -1.8E, 1.9F, -1.7E
5 M	01:18, 06:48, 13:12, 19:24	03:48, 10:06, 16:00, 22:54	1.2F, -1.8E, 1.9F, -1.8E
6 Tu	02:12, 07:36, 14:00, 20:12	04:42, 10:42, 16:48, 23:30	1.2F, -1.7E, 2.0F, -1.8E
7 W	03:00, 08:18, 14:42, 20:54	05:24, 11:12, 17:30, 23:54	1.3F, -1.7E, 2.1F, -1.8E
8 Th	03:42, 09:00, 15:24, 21:30	06:00, 11:42, 18:12	1.3F, -1.8E, 2.3F
9 F	04:24, 09:36, 16:06, 22:12	00:18, 06:36, 12:18, 18:54	-1.9E, 1.4F, -1.8E, 2.4F
10 Sa ●	05:06, 10:18, 16:42, 22:54	00:54, 07:18, 12:54, 19:30	-2.0E, 1.4F, -1.8E, 2.4F
11 Su	05:48, 10:54, 17:24, 23:36	01:30, 08:00, 13:36, 20:18	-2.1E, 1.5F, -1.9E, 2.4F
12 M	06:24, 11:42, 18:06	02:12, 08:48, 14:24, 21:06	-2.1E, 1.6F, -1.9E, 2.4F
13 Tu	00:18, 07:06, 12:30, 19:00	03:00, 09:36, 15:06, 21:54	-2.2E, 1.7F, -1.9E, 2.3F
14 W	01:00, 07:54, 13:24, 20:00	03:42, 10:24, 16:00, 22:48	-2.3E, 1.9F, -2.0E, 2.2F
15 Th	01:48, 08:36, 14:12, 20:54	04:24, 11:12, 16:48, 23:36	-2.3E, 2.1F, -2.0E, 2.1F
16 F	02:30, 09:18, 15:12, 21:54	05:18, 12:00, 17:48	-2.3E, 2.3F, -2.0E
17 Sa ◑	03:24, 10:06, 16:06, 22:54	00:24, 06:06, 12:48, 18:48	2.0F, -2.2E, 2.4F, -2.0E
18 Su	04:18, 10:54, 17:06, 23:54	01:18, 07:06, 13:42, 19:48	1.9F, -2.2E, 2.5F, -2.1E
19 M	05:12, 11:48, 18:06	02:12, 08:00, 14:36, 20:48	1.8F, -2.2E, 2.5F, -2.1E
20 Tu	00:54, 06:12, 12:42, 19:06	03:12, 09:00, 15:36, 21:48	1.7F, -2.2E, 2.6F, -2.2E
21 W	01:54, 07:12, 13:42, 20:06	04:18, 09:54, 16:42, 22:54	1.6F, -2.2E, 2.6F, -2.2E
22 Th	02:54, 08:06, 14:36, 21:00	05:18, 10:48, 17:42, 23:54	1.7F, -2.3E, 2.8F, -2.2E
23 F	03:48, 09:00, 15:36, 21:54	06:12, 11:48, 18:36	1.8F, -2.3E, 2.8F
24 Sa ○	04:42, 09:54, 16:30, 22:42	00:54, 07:06, 12:42, 19:24	-2.3E, 1.9F, -2.4E, 2.7F
25 Su	05:30, 10:48, 17:24, 23:36	01:48, 07:54, 13:36, 20:18	-2.3E, 1.9F, -2.2E, 2.6F
26 M	06:18, 11:48, 18:18	02:42, 08:48, 14:30, 21:12	-2.2E, 1.9F, -2.1E, 2.3F
27 Tu	00:24, 07:06, 12:42, 19:18	03:30, 09:42, 15:30, 22:00	-2.1E, 2.0F, -2.0E, 2.1F
28 W	01:12, 07:54, 13:36, 20:18	04:12, 10:30, 16:24, 22:48	-2.0E, 2.0F, -1.9E, 1.8F
29 Th	01:54, 08:36, 14:30, 21:12	04:48, 11:12, 17:24, 23:36	-1.9E, 2.0F, -1.7E, 1.6F
30 F	02:42, 09:24, 15:18, 22:06	05:36, 12:00, 18:42	-1.8E, 2.0F, -1.6E
31 Sa ◑	03:30, 10:12, 16:12, 22:54	00:24, 06:42, 12:42, 19:48	1.4F, -1.7E, 2.0F, -1.6E

August

Day	Slack (h m)	Maximum (h m)	knots
1 Su	04:18, 10:54, 17:06, 23:48	01:06, 07:36, 13:30, 20:30	1.3F, -1.7E, 1.9F, -1.5E
2 M	05:12, 11:42, 17:54	01:54, 08:24, 14:18, 21:06	1.2F, -1.6E, 1.8F, -1.5E
3 Tu	00:36, 06:00, 12:30, 18:48	02:42, 09:06, 15:06, 21:48	1.1F, -1.6E, 1.8F, -1.5E
4 W	01:30, 06:48, 13:18, 19:36	03:36, 09:42, 16:00, 22:30	1.0F, -1.6E, 1.9F, -1.6E
5 Th	02:18, 07:42, 14:06, 20:18	04:36, 10:24, 16:54, 23:12	1.1F, -1.7E, 2.0F, -1.7E
6 F	03:06, 08:24, 14:54, 21:06	05:24, 11:06, 17:42, 23:48	1.2F, -1.8E, 2.2F, -1.9E
7 Sa	03:54, 09:06, 15:36, 21:48	06:06, 11:48, 18:24	1.4F, -1.8E, 2.4F
8 Su ●	04:36, 09:54, 16:24, 22:30	00:30, 06:48, 12:30, 19:12	-2.0E, 1.6F, -1.9E, 2.4F
9 M	05:12, 10:36, 17:06, 23:12	01:06, 07:36, 13:18, 19:54	-2.2E, 1.8F, -2.0E, 2.4F
10 Tu	05:54, 11:24, 17:54, 23:54	01:48, 08:18, 14:00, 20:42	-2.3E, 1.9F, -2.1E, 2.4F
11 W	06:30, 12:12, 18:48	02:30, 09:06, 14:48, 21:36	-2.3E, 2.1F, -2.1E, 2.3F
12 Th	00:36, 07:12, 13:00, 19:42	03:18, 10:00, 15:36, 22:24	-2.4E, 2.3F, -2.2E, 2.2F
13 F	01:24, 07:54, 13:54, 20:42	04:00, 10:48, 16:30, 23:12	-2.3E, 2.4F, -2.2E, 2.1F
14 Sa	02:12, 08:48, 14:48, 21:36	04:48, 11:36, 17:24	-2.3E, 2.5F, -2.1E
15 Su ◑	03:00, 09:36, 15:42, 22:36	00:06, 05:42, 12:24, 18:24	1.9F, -2.2E, 2.5F, -2.0E
16 M	03:54, 10:30, 16:42, 23:36	01:00, 06:42, 13:18, 19:30	1.8F, -2.1E, 2.4F, -2.0E
17 Tu	04:54, 11:30, 17:48	01:54, 07:42, 14:18, 20:36	1.6F, -2.0E, 2.4F, -2.0E
18 W	00:36, 06:00, 12:30, 18:54	02:54, 08:42, 15:18, 21:48	1.5F, -2.0E, 2.4F, -2.0E
19 Th	01:42, 07:00, 13:30, 19:54	04:06, 09:42, 16:30, 23:06	1.5F, -2.1E, 2.4F, -2.1E
20 F	02:42, 08:00, 14:30, 20:48	05:12, 10:48, 17:30	1.6F, -2.1E, 2.5F
21 Sa	03:36, 08:54, 15:30, 21:36	00:06, 06:18, 11:48, 18:24	-2.2E, 1.8F, -2.2E, 2.6F
22 Su ○	04:24, 09:48, 16:24, 22:24	01:00, 06:54, 12:42, 19:12	-2.2E, 2.0F, -2.3E, 2.6F
23 M	05:06, 10:36, 17:12, 23:12	01:42, 07:36, 13:42, 20:00	-2.3E, 2.1F, -2.3E, 2.4F
24 Tu	05:48, 11:30, 18:06, 23:54	02:24, 08:24, 14:30, 20:48	-2.2E, 2.2F, -2.2E, 2.2F
25 W	06:30, 12:18, 19:00	02:54, 09:06, 15:12, 21:36	-2.1E, 2.2F, -2.1E, 1.9F
26 Th	00:42, 07:12, 13:06, 19:48	03:30, 09:54, 15:48, 22:18	-2.0E, 2.2F, -2.0E, 1.7F
27 F	01:24, 07:54, 13:54, 20:42	04:06, 10:36, 16:30, 23:00	-1.9E, 2.1F, -1.8E, 1.5F
28 Sa	02:06, 08:42, 14:36, 21:24	04:42, 11:18, 17:06, 23:42	-1.8E, 2.0F, -1.7E, 1.4F
29 Su	02:48, 09:24, 15:24, 22:12	05:24, 12:00, 17:54	-1.7E, 1.9F, -1.6E
30 M ◑	03:30, 10:12, 16:12, 23:00	00:24, 06:18, 12:48, 18:48	1.3F, -1.6E, 1.9F, -1.5E
31 Tu	04:18, 11:00, 17:06, 23:54	01:06, 07:12, 13:36, 19:48	1.2F, -1.5E, 1.8F, -1.5E

September

Day	Slack (h m)	Maximum (h m)	knots
1 W	05:12, 11:48, 18:00	02:00, 08:06, 14:24, 20:42	1.1F, -1.5E, 1.8F, -1.5E
2 Th	00:48, 06:06, 12:42, 18:54	02:48, 08:54, 15:18, 21:30	1.1F, -1.6E, 1.8F, -1.6E
3 F	01:42, 07:00, 13:36, 19:48	03:48, 09:48, 16:18, 22:24	1.1F, -1.7E, 2.0F, -1.8E
4 Sa	02:30, 07:54, 14:24, 20:30	04:48, 10:36, 17:12, 23:12	1.3F, -1.8E, 2.2F, -2.0E
5 Su	03:12, 08:42, 15:24, 21:18	05:36, 11:24, 18:00, 23:54	1.6F, -2.0E, 2.3F, -2.1E
6 M	03:54, 09:30, 16:06, 22:00	06:24, 12:12, 18:48	1.9F, -2.1E, 2.4F
7 Tu ●	04:36, 10:18, 16:54, 22:42	00:36, 07:06, 13:00, 19:30	-2.3E, 2.2F, -2.3E, 2.4F
8 W	05:12, 11:00, 17:42, 23:24	01:18, 07:54, 13:42, 20:18	-2.4E, 2.4F, -2.3E, 2.3F
9 Th	05:54, 11:48, 18:30	02:00, 08:42, 14:30, 21:12	-2.4E, 2.5F, -2.4E, 2.2F
10 F	00:06, 06:36, 12:36, 19:24	02:48, 09:30, 15:18, 22:00	-2.4E, 2.5F, -2.4E, 2.1F
11 Sa	00:54, 07:24, 13:30, 20:24	03:36, 10:18, 16:06, 22:54	-2.3E, 2.5F, -2.3E, 2.0F
12 Su	01:48, 08:18, 14:24, 21:24	04:24, 11:12, 17:00, 23:48	-2.2E, 2.5F, -2.1E, 1.8F
13 M ◑	02:42, 09:18, 15:24, 22:24	05:18, 12:06, 18:00	-2.0E, 2.4F, -2.0E
14 Tu	03:36, 10:18, 16:24, 23:24	00:42, 06:18, 13:00, 19:18	1.7F, -1.9E, 2.3F, -1.9E
15 W	04:42, 11:18, 17:30	01:36, 07:30, 14:00, 20:54	1.5F, -1.8E, 2.2F, -1.9E
16 Th	00:24, 05:48, 12:18, 18:36	02:42, 08:42, 15:06, 22:06	1.5F, -1.8E, 2.2F, -2.0E
17 F	01:24, 06:54, 13:24, 19:36	03:54, 09:54, 16:24, 23:12	1.5F, -1.9E, 2.2F, -2.1E
18 Sa	02:18, 07:48, 14:24, 20:30	05:06, 11:06, 17:30	1.7F, -2.1E, 2.3F
19 Su	03:12, 08:42, 15:24, 21:18	00:00, 06:00, 12:06, 18:24	-2.2E, 2.0F, -2.2E, 2.4F
20 M ○	03:54, 09:36, 16:12, 22:00	00:42, 06:42, 12:54, 19:06	-2.2E, 2.2F, -2.3E, 2.3F
21 Tu	04:36, 10:18, 17:00, 22:48	01:24, 07:18, 13:36, 19:42	-2.2E, 2.3F, -2.3E, 2.2F
22 W	05:12, 11:06, 17:48, 23:30	01:54, 07:54, 14:18, 20:24	-2.2E, 2.4F, -2.3E, 2.0F
23 Th	05:48, 11:48, 18:36	02:24, 08:36, 14:42, 21:06	-2.1E, 2.3F, -2.2E, 1.8F
24 F	00:06, 06:30, 12:30, 19:18	02:48, 09:18, 15:12, 21:42	-2.0E, 2.2F, -2.0E, 1.6F
25 Sa	00:48, 07:12, 13:12, 20:06	03:24, 10:00, 15:48, 22:24	-1.8E, 2.1F, -1.9E, 1.4F
26 Su	01:30, 07:54, 13:54, 20:48	04:00, 10:36, 16:24, 23:06	-1.7E, 2.0F, -1.8E, 1.3F
27 M	02:06, 08:42, 14:42, 21:36	04:42, 11:24, 17:06, 23:48	-1.6E, 2.0F, -1.7E, 1.3F
28 Tu	02:48, 09:30, 15:30, 22:24	05:24, 12:06, 18:00	-1.5E, 1.9F, -1.6E
29 W ◑	03:30, 10:18, 16:18, 23:12	00:30, 06:18, 13:00, 18:54	1.2F, -1.5E, 1.9F, -1.5E
30 Th	04:24, 11:12, 17:18	01:24, 07:18, 13:48, 19:54	1.2F, -1.5E, 1.9F, -1.6E

Station ID: SJR9801 Depth: 16 feet
Source: NOAA/NOS/CO-OPS
Station Type: Harmonic
Time Zone: LST

NOAA Tidal Current Predictions

St. Johns River Ent. (between jetties), 2021

Latitude: 30.4007° N Longitude: 81.3860° W
Mean Flood Dir. 262° (T) Mean Ebb Dir. 81° (T)
Times and speeds of maximum and minimum current, in knots

October

Day	Slack (h m)	Maximum (h m)	knots
1 F	00:06	02:18	1.2F
	05:24	08:18	-1.6E
	12:06	14:42	1.9F
	18:12	20:48	-1.7E
2 Sa	00:54	03:12	1.3F
	06:30	09:12	-1.7E
	13:00	15:42	1.9F
	19:06	21:42	-1.9E
3 Su	01:42	04:12	1.6F
	07:24	10:06	-1.9E
	14:00	16:42	2.1F
	19:54	22:30	-2.1E
4 M	02:30	05:06	2.0F
	08:18	11:00	-2.1E
	14:54	17:36	2.2F
	20:42	23:18	-2.3E
5 Tu	03:12	05:54	2.3F
	09:06	11:48	-2.3E
	15:48	18:24	2.3F
	21:24		
6 W ●	03:54	00:06	-2.4E
	09:54	06:42	2.6F
	16:36	12:36	-2.5E
	22:06	19:06	2.3F
7 Th	04:36	00:48	-2.5E
	10:36	07:24	2.8F
	17:24	13:18	-2.6E
	22:54	19:54	2.2F
8 F	05:18	01:36	-2.5E
	11:24	08:12	2.8F
	18:12	14:06	-2.5E
	23:42	20:48	2.1F
9 Sa	06:06	02:24	-2.4E
	12:18	09:06	2.7F
	19:06	14:54	-2.5E
		21:42	2.0F
10 Su	00:36	03:12	-2.3E
	07:00	09:54	2.6F
	13:12	15:48	-2.3E
	20:06	22:30	1.8F
11 M	01:30	04:00	-2.1E
	08:00	10:54	2.5F
	14:06	16:42	-2.1E
	21:06	23:30	1.7F
12 Tu	02:24	04:54	-1.9E
	09:00	11:48	2.3F
	15:06	17:48	-1.9E
	22:06		
13 W ◐	03:24	00:24	1.6F
	10:00	06:00	-1.8E
	16:12	12:48	2.2F
	23:12	19:54	-1.8E
14 Th	04:30	01:24	1.5F
	11:06	07:42	-1.7E
	17:18	13:48	2.1F
		21:06	-1.9E
15 F	00:06	02:30	1.5F
	05:42	09:06	-1.8E
	12:12	14:54	2.0F
	18:18	22:00	-2.0E
16 Sa	01:00	03:48	1.7F
	06:42	10:12	-1.9E
	13:12	16:18	2.0F
	19:12	22:48	-2.1E
17 Su	01:54	05:00	1.9F
	07:42	11:12	-2.1E
	14:18	17:24	2.1F
	20:06	23:36	-2.2E
18 M	02:42	05:48	2.2F
	08:30	12:00	-2.3E
	15:12	18:12	2.1F
	20:54		
19 Tu	03:24	00:18	-2.2E
	09:18	06:24	2.4F
	16:00	12:48	-2.3E
	21:36	18:48	2.0F
20 W ○	04:00	00:54	-2.2E
	10:00	06:54	2.5F
	16:48	13:24	-2.3E
	22:18	19:24	1.9F
21 Th	04:42	01:18	-2.1E
	10:42	07:24	2.5F
	17:30	13:54	-2.3E
	23:00	19:54	1.8F
22 F	05:18	01:48	-2.0E
	11:18	08:00	2.4F
	18:06	14:12	-2.2E
	23:36	20:30	1.6F
23 Sa	05:54	02:12	-1.9E
	12:00	08:42	2.3F
	18:48	14:36	-2.1E
		21:12	1.5F
24 Su	00:12	02:48	-1.8E
	06:36	09:24	2.1F
	12:36	15:12	-2.0E
	19:30	21:48	1.4F
25 M	00:48	03:24	-1.7E
	07:12	10:06	2.1F
	13:18	15:48	-1.9E
	20:18	22:30	1.3F
26 Tu	01:30	04:06	-1.6E
	08:00	10:48	2.0F
	14:06	16:36	-1.8E
	21:06	23:18	1.2F
27 W	02:06	04:48	-1.6E
	08:48	11:36	2.0F
	14:48	17:24	-1.7E
	21:54		
28 Th ◐	02:54	00:00	1.3F
	09:42	05:42	-1.5E
	15:42	12:24	2.0F
	22:36	18:18	-1.7E
29 F	03:48	00:54	1.3F
	10:36	06:42	-1.5E
	16:36	13:18	1.9F
	23:24	19:18	-1.8E
30 Sa	04:54	01:42	1.5F
	11:30	07:42	-1.6E
	17:30	14:12	1.9F
		20:12	-1.9E
31 Su	00:12	02:42	1.7F
	06:00	08:42	-1.8E
	12:30	15:06	1.9F
	18:24	21:06	-2.1E

November

Day	Slack (h m)	Maximum (h m)	knots
1 M	01:00	03:36	2.0F
	07:00	09:36	-2.0E
	13:30	16:06	1.9F
	19:12	21:54	-2.3E
2 Tu	01:42	04:30	2.3F
	07:48	10:30	-2.3E
	14:30	17:06	2.0F
	20:00	22:42	-2.4E
3 W	02:30	05:24	2.7F
	08:42	11:24	-2.5E
	15:24	17:54	2.2F
	20:48	23:30	-2.5E
4 Th ●	03:18	06:12	2.9F
	09:30	12:06	-2.6E
	16:12	18:42	2.2F
	21:36		
5 F	04:00	00:18	-2.5E
	10:18	07:00	3.0F
	17:06	13:00	-2.6E
	22:30	19:30	2.1F
6 Sa	04:48	01:06	-2.5E
	11:06	07:48	2.9F
	17:54	13:42	-2.6E
	23:18	20:24	2.0F
7 Su	05:42	01:54	-2.4E
	12:00	08:42	2.8F
	18:54	14:36	-2.4E
		21:18	1.9F
8 M	00:12	02:48	-2.2E
	06:36	09:36	2.6F
	12:54	15:30	-2.2E
	19:54	22:12	1.7F
9 Tu	01:06	03:42	-2.0E
	07:36	10:30	2.4F
	13:48	16:24	-2.0E
	20:54	23:12	1.6F
10 W	02:12	04:42	-1.8E
	08:42	11:30	2.3F
	14:48	17:48	-1.9E
	21:54		
11 Th ◐	03:12	00:12	1.6F
	09:48	05:48	-1.6E
	15:48	12:30	2.1F
	22:48	19:48	-1.9E
12 F	04:18	01:12	1.6F
	10:54	08:00	-1.7E
	16:54	13:30	1.9F
	23:42	20:42	-2.0E
13 Sa	05:24	02:18	1.7F
	12:00	09:00	-1.8E
	17:54	14:42	1.8F
	23:30	21:30	-2.1E
14 Su	00:30	03:24	1.9F
	06:30	10:06	-2.0E
	12:06	16:00	1.7F
	18:48	22:24	-2.2E
15 M	01:18	04:30	2.1F
	07:24	11:00	-2.1E
	14:00	17:06	1.8F
	19:36	23:06	-2.1E
16 Tu	02:06	05:18	2.3F
	08:12	11:48	-2.2E
	14:54	18:00	1.8F
	20:24	23:48	-2.1E
17 W	02:48	05:54	2.4F
	08:54	12:24	-2.3E
	15:42	18:30	1.8F
	21:06		
18 Th	03:30	00:24	-2.0E
	09:36	06:24	2.4F
	16:24	13:00	-2.2E
	21:48	19:00	1.7F
19 F ○	04:12	00:54	-2.0E
	10:12	07:00	2.4F
	17:06	13:24	-2.1E
	22:30	19:30	1.6F
20 Sa	04:48	01:12	-1.9E
	10:54	07:30	2.3F
	17:42	13:42	-2.1E
	23:06	20:00	1.5F
21 Su	05:24	01:42	-1.8E
	11:30	08:12	2.3F
	18:24	14:06	-2.0E
	23:42	20:36	1.4F
22 M	06:00	02:18	-1.7E
	12:12	08:54	2.2F
	19:06	14:42	-2.0E
		21:18	1.3F
23 Tu	00:18	02:54	-1.7E
	06:42	09:36	2.1F
	12:54	15:24	-1.9E
	19:54	22:06	1.3F
24 W	00:54	03:36	-1.6E
	07:24	10:30	2.1F
	13:36	16:12	-1.9E
	20:36	22:48	1.3F
25 Th	01:36	04:18	-1.6E
	08:12	11:12	2.1F
	14:18	16:54	-1.9E
	21:18	23:36	1.4F
26 F ◑	02:30	05:12	-1.6E
	09:12	12:00	2.1F
	15:06	17:48	-1.9E
	22:00		
27 Sa	03:24	00:24	1.6F
	10:06	06:06	-1.7E
	15:54	12:48	2.0F
	22:42	18:42	-2.0E
28 Su	04:24	01:18	1.8F
	11:06	07:12	-1.8E
	16:48	13:42	1.9F
	23:30	19:36	-2.1E
29 M	05:30	02:12	2.1F
	12:06	08:12	-2.0E
	17:42	14:36	1.9F
		20:30	-2.2E
30 Tu	00:12	03:06	2.3F
	06:30	09:06	-2.2E
	13:06	15:36	1.8F
	18:36	21:18	-2.3E

December

Day	Slack (h m)	Maximum (h m)	knots
1 W	01:06	04:00	2.6F
	07:24	10:00	-2.3E
	14:06	16:36	1.9F
	19:30	22:12	-2.4E
2 Th	01:54	04:54	2.8F
	08:12	10:54	-2.5E
	15:00	17:30	2.0F
	20:18	23:00	-2.5E
3 F	02:42	05:48	3.0F
	09:06	11:48	-2.6E
	15:54	18:18	2.0F
	21:12	23:54	-2.5E
4 Sa ●	03:36	06:36	3.0F
	10:00	12:36	-2.6E
	16:48	19:12	2.0F
	22:00		
5 Su	04:30	00:42	-2.5E
	10:48	07:30	3.0F
	17:36	13:30	-2.5E
	22:54	20:00	1.9F
6 M	05:24	01:36	-2.4E
	11:42	08:18	2.8F
	18:36	14:24	-2.3E
	23:54	21:00	1.8F
7 Tu	06:18	02:30	-2.2E
	12:36	09:18	2.6F
	19:36	15:18	-2.2E
		21:54	1.7F
8 W	00:48	03:24	-2.0E
	07:24	10:18	2.4F
	13:36	16:24	-2.1E
	20:30	22:54	1.7F
9 Th	01:54	04:24	-1.8E
	08:30	11:12	2.2F
	14:30	17:54	-2.0E
	21:30		
10 F	03:00	05:54	-1.7E
	09:36	12:12	2.0F
	15:24	19:18	-2.0E
	22:18		
11 Sa ◐	04:00	00:54	1.8F
	10:36	06:48	-1.7E
	16:24	13:12	1.8F
	23:06	20:12	-2.0E
12 Su	05:06	01:48	1.9F
	11:42	08:48	-1.9E
	17:18	14:12	1.6F
	23:54	21:00	-2.0E
13 M	06:00	02:48	2.0F
	12:42	09:42	-2.0E
	18:12	15:24	1.5F
		21:42	-2.0E
14 Tu	00:42	03:42	2.1F
	06:54	10:30	-2.0E
	13:36	16:36	1.5F
	19:06	22:30	-2.0E
15 W	01:30	04:36	2.2F
	07:42	11:18	-2.2E
	14:30	17:30	1.5F
	19:54	23:12	-1.9E
16 Th	02:18	05:24	2.2F
	08:30	12:00	-2.0E
	15:18	18:06	1.5F
	20:36	23:54	-1.9E
17 F	03:00	05:54	2.3F
	09:06	12:36	-2.0E
	16:00	18:36	1.5F
	21:18		
18 Sa	03:42	00:24	-1.8E
	09:48	06:30	2.3F
	16:42	13:00	-2.0E
	22:00	19:00	1.4F
19 Su ○	04:18	00:42	-1.8E
	10:30	07:06	2.3F
	17:18	13:18	-2.0E
	22:36	19:30	1.4F
20 M	04:54	01:12	-1.7E
	11:06	07:42	2.3F
	18:00	13:42	-2.0E
	23:12	20:12	1.3F
21 Tu	05:36	01:48	-1.7E
	11:48	08:24	2.3F
	18:42	14:24	-2.0E
	23:48	20:54	1.3F
22 W	06:12	02:24	-1.7E
	12:30	09:12	2.2F
	19:24	15:06	-2.0E
		21:36	1.4F
23 Th	00:30	03:12	-1.7E
	07:00	10:00	2.2F
	13:06	15:48	-2.1E
	20:06	22:24	1.5F
24 F	01:18	04:00	-1.8E
	07:48	10:48	2.2F
	13:48	16:30	-2.1E
	20:48	23:12	1.7F
25 Sa	02:12	04:48	-1.8E
	08:48	11:36	2.1F
	14:36	17:18	-2.1E
	21:24		
26 Su	03:06	00:00	2.0F
	09:48	05:42	-1.9E
	15:18	12:24	2.0F
	22:06	18:12	-2.2E
27 M ◑	04:00	00:48	2.2F
	10:42	06:42	-1.9E
	16:12	13:18	1.9F
	22:54	19:06	-2.2E
28 Tu	05:00	01:42	2.4F
	11:42	07:42	-2.1E
	17:06	14:06	1.8F
	23:42	20:00	-2.3E
29 W	06:00	02:36	2.5F
	12:42	08:36	-2.2E
	18:06	15:06	1.8F
		20:54	-2.3E
30 Th	00:30	03:30	2.6F
	06:54	09:36	-2.3E
	13:42	16:06	1.8F
	19:00	21:42	-2.4E
31 F	01:24	04:30	2.8F
	07:54	10:30	-2.4E
	14:42	17:06	1.8F
	19:54	22:36	-2.4E

Station ID: FPI0901 Depth: 16 feet
Source: NOAA/NOS/CO-OPS
Station Type: Harmonic
Time Zone: LST

NOAA Tidal Current Predictions

Fort Pierce Inlet Entrance, 2021
Latitude: 27.4711° N Longitude: 80.2926° W
Mean Flood Dir. 258° (T) Mean Ebb Dir. 80° (T)
Times and speeds of maximum and minimum current, in knots

January

Day	Slack (h m)	Maximum (h m)	knots	Day	Slack (h m)	Maximum (h m)	knots
1 F	05:24 / 12:12 / 18:42 / 23:54	01:48 / 08:30 / 14:48 / 21:00	-3.1E / 3.5F / -2.9E / 2.4F	16 Sa	00:36 / 06:54 / 13:12 / 19:48	03:30 / 10:18 / 16:48 / 22:48	-2.7E / 3.1F / -2.9E / 2.5F
2 Sa	06:12 / 12:54 / 19:24	02:36 / 09:12 / 15:30 / 21:42	-3.1E / 3.5F / -3.0E / 2.6F	17 Su	01:24 / 07:42 / 13:54 / 20:30	04:12 / 10:48 / 17:36 / 23:42	-2.5E / 2.7F / -2.7E / 2.4F
3 Su	00:48 / 07:06 / 13:36 / 20:06	03:24 / 10:00 / 16:12 / 22:30	-3.1E / 3.4F / -3.0E / 2.7F	18 M	02:18 / 08:30 / 14:30 / 21:06	05:18 / 11:06 / 18:06	-2.3E / 2.4F / -2.5E
4 M	01:42 / 08:06 / 14:18 / 20:54	04:18 / 10:54 / 17:00 / 23:24	-3.0E / 3.2F / -3.0E / 2.8F	19 Tu	03:06 / 09:18 / 15:06 / 21:48	00:30 / 06:24 / 11:42 / 18:12	2.3F / -2.1E / 2.0F / -2.3E
5 Tu	02:42 / 09:06 / 15:06 / 21:42	05:24 / 11:42 / 17:54	-2.8E / 3.0F / -3.1E	20 W	04:00 / 10:06 / 15:48 / 22:30	01:00 / 07:06 / 12:24 / 18:36	2.2F / -1.9E / 1.8F / -2.3E
6 W	03:54 / 10:12 / 16:00 / 22:36	00:18 / 06:30 / 12:42 / 18:48	3.0F / -2.7E / 2.7F / -3.2E	21 Th	05:00 / 11:00 / 16:30 / 23:06	01:12 / 07:42 / 13:00 / 19:06	2.1F / -1.9E / 1.5F / -2.3E
7 Th	05:00 / 11:24 / 17:00 / 23:30	01:18 / 07:36 / 13:42 / 19:42	3.1F / -2.6E / 2.4F / -3.2E	22 F	05:48 / 12:00 / 17:18 / 23:48	01:48 / 08:36 / 13:48 / 19:48	2.1F / -1.8E / 1.4F / -2.3E
8 F	06:06 / 12:30 / 18:00	02:24 / 08:48 / 14:48 / 20:36	3.2F / -2.6E / 2.2F / -3.2E	23 Sa	06:36 / 12:54 / 18:00	02:30 / 09:48 / 14:48 / 20:30	2.2F / -1.9E / 1.3F / -2.3E
9 Sa	00:30 / 07:12 / 13:36 / 18:54	03:54 / 10:00 / 16:18 / 21:42	3.4F / -2.8E / 2.2F / -3.2E	24 Su	00:30 / 07:24 / 13:42 / 18:48	03:36 / 10:36 / 15:48 / 21:24	2.3F / -2.1E / 1.4F / -2.4E
10 Su	01:30 / 08:12 / 14:42 / 19:54	05:06 / 11:30 / 17:24 / 22:42	3.6F / -3.0E / 2.4F / -3.2E	25 M	01:12 / 08:06 / 14:36 / 19:36	04:24 / 11:06 / 16:42 / 22:12	2.6F / -2.3E / 1.6F / -2.5E
11 M	02:30 / 09:06 / 15:36 / 20:54	06:00 / 12:36 / 18:24 / 23:36	3.8F / -3.2E / 2.5F / -3.2E	26 Tu	02:00 / 08:54 / 15:24 / 20:24	05:00 / 11:36 / 17:24 / 23:00	2.8F / -2.4E / 1.8F / -2.7E
12 Tu	03:24 / 10:00 / 16:30 / 21:54	07:00 / 13:36 / 19:24	3.8F / -3.3E / 2.6F	27 W	02:48 / 09:36 / 16:06 / 21:12	05:42 / 12:12 / 18:06 / 23:48	3.1F / -2.5E / 2.0F / -2.9E
13 W	04:18 / 10:54 / 17:24 / 22:48	00:36 / 07:54 / 14:36 / 20:24	-3.1E / 3.8F / -3.4E / 2.7F	28 Th	03:36 / 10:18 / 16:48 / 22:00	06:30 / 12:54 / 19:00	3.2F / -2.7E / 2.2F
14 Th	05:12 / 11:42 / 18:12 / 23:42	01:48 / 08:54 / 15:18 / 21:12	-3.0E / 3.7F / -3.3E / 2.7F	29 F	04:18 / 11:00 / 17:30 / 22:48	00:36 / 07:18 / 13:42 / 19:48	-3.1E / 3.4F / -2.9E / 2.4F
15 F	06:06 / 12:30 / 19:00	02:42 / 09:36 / 16:06 / 22:00	-2.9E / 3.4F / -3.2E / 2.7F	30 Sa	05:12 / 11:42 / 18:12 / 23:42	01:30 / 08:12 / 14:18 / 20:36	-3.2E / 3.5F / -3.1E / 2.7F
				31 Su	06:00 / 12:24 / 18:54	02:24 / 08:54 / 15:00 / 21:24	-3.3E / 3.5F / -3.2E / 3.0F

February

Day	Slack (h m)	Maximum (h m)	knots	Day	Slack (h m)	Maximum (h m)	knots
1 M	00:36 / 07:00 / 13:06 / 19:36	03:12 / 09:42 / 15:42 / 22:06	-3.3E / 3.4F / -3.4E / 3.2F	16 Tu	01:48 / 08:00 / 13:42 / 20:24	04:30 / 10:18 / 16:18 / 23:06	-2.3E / 2.3F / -2.5E / 2.5F
2 Tu	01:30 / 07:54 / 13:48 / 20:18	04:06 / 10:30 / 16:30 / 23:00	-3.1E / 3.2F / -3.4E / 3.3F	17 W	02:36 / 08:48 / 14:18 / 20:54	05:24 / 11:00 / 16:54 / 23:36	-2.1E / 2.0F / -2.4E / 2.4F
3 W	02:30 / 08:54 / 14:36 / 21:06	05:06 / 11:24 / 17:24	-2.9E / 2.9F / -3.3E	18 Th	03:24 / 09:30 / 14:54 / 21:30	06:18 / 11:42 / 17:36	-2.0E / 1.8F / -2.4E
4 Th	03:36 / 10:00 / 15:30 / 22:06	00:00 / 06:18 / 12:24 / 18:18	3.4F / -2.8E / 2.5F / -3.3E	19 F	04:12 / 10:24 / 15:36 / 22:12	00:12 / 07:00 / 12:24 / 18:24	2.3F / -1.9E / 1.6F / -2.3E
5 F	04:48 / 11:06 / 16:30 / 23:06	00:54 / 07:24 / 13:24 / 19:18	3.3F / -2.7E / 2.2F / -3.1E	20 Sa	05:06 / 11:24 / 16:24 / 22:54	00:54 / 07:42 / 13:12 / 19:06	2.3F / -1.9E / 1.4F / -2.3E
6 Sa	05:54 / 12:18 / 17:36	02:00 / 08:48 / 14:36 / 20:12	3.2F / -2.6E / 2.0F / -3.0E	21 Su	05:54 / 12:18 / 17:24 / 23:48	01:42 / 08:30 / 14:06 / 19:54	2.3F / -1.9E / 1.3F / -2.3E
7 Su	00:12 / 06:54 / 13:24 / 18:42	03:54 / 10:30 / 16:24 / 21:24	3.2F / -2.8E / 2.1F / -2.9E	22 M	06:48 / 13:12 / 18:18	02:36 / 09:42 / 15:12 / 20:48	2.3F / -2.0E / 1.4F / -2.3E
8 M	01:12 / 07:54 / 14:24 / 19:42	05:06 / 11:30 / 17:24 / 22:42	3.5F / -3.0E / 2.4F / -2.9E	23 Tu	00:36 / 07:36 / 14:06 / 19:06	03:36 / 10:30 / 16:12 / 21:42	2.5F / -2.2E / 1.6F / -2.5E
9 Tu	02:18 / 08:54 / 15:24 / 20:42	06:00 / 12:30 / 18:18 / 23:42	3.6F / -3.2E / 2.6F / -3.0E	24 W	01:30 / 08:18 / 14:54 / 20:00	04:36 / 11:06 / 17:00 / 22:36	2.8F / -2.4E / 1.9F / -2.7E
10 W	03:12 / 09:42 / 16:12 / 21:42	06:54 / 13:24 / 19:18	3.6F / -3.3E / 2.7F	25 Th	02:24 / 09:06 / 15:36 / 20:54	05:18 / 11:42 / 17:42 / 23:30	3.0F / -2.6E / 2.2F / -3.0E
11 Th	04:06 / 10:30 / 17:00 / 22:30	00:48 / 07:48 / 14:18 / 20:12	-3.0E / 3.6F / -3.3E / 2.8F	26 F	03:18 / 09:48 / 16:12 / 21:42	06:06 / 12:18 / 18:30	3.2F / -2.8E / 2.5F
12 F	04:54 / 11:18 / 17:48 / 23:24	01:54 / 08:36 / 15:00 / 21:00	-2.9E / 3.5F / -3.2E / 2.9F	27 Sa	04:06 / 10:30 / 16:54 / 22:36	00:18 / 06:54 / 13:00 / 19:24	-3.2E / 3.3F / -3.0E / 2.8F
13 Sa	05:48 / 12:00 / 18:30	02:36 / 09:18 / 15:30 / 21:42	-2.9E / 3.2F / -3.1E / 2.8F	28 Su	05:00 / 11:12 / 17:36 / 23:30	01:12 / 07:48 / 13:48 / 20:18	-3.3E / 3.4F / -3.3E / 3.2F
14 Su	00:12 / 06:30 / 12:36 / 19:12	03:18 / 09:42 / 15:54 / 22:18	-2.7E / 2.9F / -2.8E / 2.7F				
15 M	01:00 / 07:18 / 13:12 / 19:48	03:48 / 09:54 / 16:00 / 22:42	-2.5E / 2.6F / -2.6E / 2.6F				

March

Day	Slack (h m)	Maximum (h m)	knots	Day	Slack (h m)	Maximum (h m)	knots
1 M	05:54 / 11:54 / 18:18	02:06 / 08:36 / 14:30 / 21:00	-3.4E / 3.4F / -3.5E / 3.5F	16 Tu	00:36 / 06:48 / 12:24 / 19:00	03:30 / 09:18 / 15:06 / 21:48	-2.6E / 2.3F / -2.7E / 2.8F
2 Tu	00:24 / 06:48 / 12:36 / 19:06	03:00 / 09:24 / 15:18 / 21:48	-3.4E / 3.3F / -3.6E / 3.7F	17 W	01:18 / 07:36 / 13:00 / 19:30	03:54 / 09:48 / 15:30 / 22:12	-2.4E / 2.2F / -2.7E / 2.7F
3 W	01:18 / 07:48 / 13:24 / 19:54	03:54 / 10:12 / 16:00 / 22:36	-3.2E / 3.0F / -3.6E / 3.7F	18 Th	02:00 / 08:18 / 13:36 / 20:06	04:30 / 10:24 / 16:06 / 22:48	-2.3E / 2.0F / -2.6E / 2.7F
4 Th	02:18 / 08:42 / 14:12 / 20:42	04:54 / 11:06 / 16:54 / 23:36	-3.0E / 2.7F / -3.4E / 3.5F	19 F	02:42 / 09:00 / 14:12 / 20:36	05:24 / 11:06 / 16:48 / 23:30	-2.1E / 1.8F / -2.5E / 2.6F
5 F	03:18 / 09:48 / 15:06 / 21:42	06:12 / 12:06 / 17:54	-2.8E / 2.4F / -3.1E	20 Sa	03:30 / 09:54 / 14:54 / 21:18	06:12 / 11:54 / 17:42	-2.1E / 1.6F / -2.3E
6 Sa	04:24 / 10:54 / 16:18 / 22:48	00:36 / 07:24 / 13:12 / 19:00	3.3F / -2.7E / 2.1F / -2.9E	21 Su	04:18 / 10:48 / 15:42 / 22:06	00:12 / 07:00 / 12:42 / 18:36	2.5F / -2.0E / 1.5F / -2.3E
7 Su	05:36 / 12:00 / 17:24 / 23:54	01:48 / 08:54 / 14:36 / 20:00	3.0F / -2.6E / 1.9F / -2.7E	22 M	05:18 / 11:42 / 16:48 / 23:06	01:00 / 07:48 / 13:36 / 19:24	2.4F / -2.0E / 1.4F / -2.3E
8 M	06:36 / 13:06 / 18:30	03:54 / 10:24 / 16:18 / 21:24	3.0F / -2.8E / 2.2F / -2.6E	23 Tu	06:12 / 12:36 / 17:48	01:54 / 08:42 / 14:36 / 20:18	2.4F / -2.0E / 1.5F / -2.3E
9 Tu	01:00 / 07:36 / 14:06 / 19:36	05:00 / 11:18 / 17:18 / 22:54	3.3F / -3.0E / 2.5F / -2.7E	24 W	00:06 / 07:00 / 13:30 / 18:48	03:00 / 09:42 / 15:42 / 21:18	2.5F / -2.2E / 1.7F / -2.5E
10 W	02:06 / 08:30 / 15:00 / 20:30	05:48 / 12:12 / 18:06 / 23:54	3.4F / -3.1E / 2.8F / -2.9E	25 Th	01:06 / 07:48 / 14:18 / 19:42	04:06 / 10:30 / 16:36 / 22:18	2.7F / -2.4E / 2.1F / -2.8E
11 Th	03:00 / 09:24 / 15:48 / 21:24	06:36 / 13:00 / 19:00	3.4F / -3.2E / 2.9F	26 F	02:06 / 08:30 / 15:00 / 20:36	05:00 / 11:06 / 17:24 / 23:12	3.0F / -2.7E / 2.5F / -3.0E
12 F	03:54 / 10:06 / 16:30 / 22:18	00:48 / 07:24 / 13:48 / 19:54	-2.9E / 3.3F / -3.1E / 3.0F	27 Sa	03:00 / 09:12 / 15:36 / 21:30	05:42 / 11:48 / 18:12	3.1F / -3.0E / 3.0F
13 Sa	04:36 / 10:42 / 17:12 / 23:06	01:42 / 08:12 / 14:24 / 20:36	-2.9E / 3.0F / -3.0E / 3.0F	28 Su	03:54 / 09:54 / 16:18 / 22:24	00:00 / 06:30 / 12:30 / 19:00	-3.2E / 3.2F / -3.3E / 3.3F
14 Su	05:24 / 11:18 / 17:48 / 23:48	02:24 / 08:42 / 15:00 / 21:12	-2.8E / 2.8F / -2.9E / 3.0F	29 M	04:48 / 10:36 / 17:00 / 23:18	01:00 / 07:24 / 13:18 / 19:54	-3.3E / 3.2F / -3.5E / 3.7F
15 M	06:06 / 11:54 / 18:24	03:00 / 09:06 / 14:48 / 21:36	-2.7E / 2.6F / -2.7E / 2.9F	30 Tu	05:42 / 11:24 / 17:48	01:54 / 08:18 / 14:06 / 20:42	-3.4E / 3.2F / -3.7E / 3.9F
				31 W	00:12 / 06:36 / 12:06 / 18:36	02:54 / 09:06 / 14:48 / 21:30	-3.4E / 3.1F / -3.7E / 4.0F

NOAA Tidal Current Predictions

Fort Pierce Inlet Entrance, 2021
Latitude: 27.4711° N Longitude: 80.2926° W
Mean Flood Dir. 258° (T) Mean Ebb Dir. 80° (T)
Times and speeds of maximum and minimum current, in knots

April

Day	Slack h m	Max h m	knots	Day	Slack h m	Max h m	knots
1 Th	01:06	03:42	-3.3E	**16** F	01:24	03:54	-2.5E
	07:36	09:54	2.9F		07:48	09:54	2.0F
	13:00	15:36	-3.6E		12:54	15:30	-2.7E
	19:30	22:18	3.8F		19:18	22:12	2.9F
2 F	02:06	04:48	-3.0E	**17** Sa	02:06	04:36	-2.3E
	08:36	10:48	2.6F		08:36	10:36	1.9F
	13:54	16:30	-3.3E		13:36	16:18	-2.5E
	20:24	23:18	3.5F		19:54	22:54	2.8F
3 Sa	03:00	06:18	-2.8E	**18** Su	02:48	05:30	-2.2E
	09:36	11:54	2.3F		09:24	11:24	1.7F
	14:54	17:36	-2.9E		14:18	17:06	-2.4E
	21:24				20:42	23:42	2.7F
4 Su ☽		00:24	3.1F	**19** M	03:36	06:24	-2.2E
	04:06	07:30	-2.7E		10:12	12:18	1.7F
	10:36	13:06	2.1F		15:12	18:06	-2.3E
	16:06	18:42	-2.7E		21:30		
	22:30						
5 M		01:48	2.9F	**20** Tu ◐		00:36	2.6F
	05:12	08:48	-2.7E		04:36	07:12	-2.1E
	11:42	14:48	2.0F		11:06	13:06	1.6F
	17:12	20:00	-2.5E		16:18	19:00	-2.3E
	23:42				22:36		
6 Tu		03:42	2.9F	**21** W		01:24	2.5F
	06:18	10:00	-2.8E		05:30	08:00	-2.2E
	12:48	16:06	2.3F		12:00	14:00	1.7F
	18:18	21:42	-2.5E		17:24	19:54	-2.4E
					23:42		
7 W	00:48	04:42	3.0F	**22** Th		02:24	2.5F
	07:12	11:00	-2.9E		06:24	08:54	-2.3E
	13:42	17:06	2.6F		13:06	15:06	2.0F
	19:18	22:54	-2.6E		18:24	20:54	-2.5E
8 Th	01:48	05:30	3.1F	**23** F	00:48	03:36	2.6F
	08:06	11:48	-3.0E		07:06	09:48	-2.6E
	14:36	17:54	2.9F		13:36	16:12	2.4F
	20:18	23:42	-2.8E		19:24	22:00	-2.8E
9 F	02:42	06:12	3.0F	**24** Sa	01:48	04:30	2.8F
	08:48	12:30	-3.0E		07:54	10:30	-3.0E
	15:18	18:36	3.0F		14:18	17:00	3.0F
	21:12				20:24	23:00	-3.0E
10 Sa		00:36	-2.8E	**25** Su	02:48	05:24	2.9F
	03:30	06:54	2.8F		08:36	11:12	-3.3E
	09:30	13:06	-2.9E		15:06	17:48	3.4F
	16:00	19:24	3.1F		21:18	23:48	-3.2E
	21:54						
11 Su		01:24	-2.8E	**26** M	03:42	06:12	3.0F
	04:12	07:36	2.6F		09:30	12:00	-3.5E
	10:00	13:30	-2.8E		15:48	18:42	3.8F
	16:30	20:06	3.1F		22:12		
	22:42						
12 M ●		02:00	-2.7E	**27** Tu ○		00:48	-3.3E
	05:00	08:00	2.4F		04:36	07:06	2.9F
	10:36	13:30	-2.7E		10:12	12:48	-3.7E
	17:06	20:36	3.0F		16:30	19:36	4.0F
	23:24				23:06		
13 Tu		02:36	-2.7E	**28** W		01:48	-3.4E
	05:42	08:18	2.2F		05:30	08:00	2.9F
	11:12	13:48	-2.7E		11:00	13:42	-3.7E
	17:36	20:48	3.0F		17:24	20:30	4.1F
14 W	00:06	03:00	-2.6E	**29** Th	00:00	02:48	-3.4E
	06:24	08:42	2.1F		06:30	08:54	2.8F
	11:42	14:18	-2.7E		11:48	14:30	-3.6E
	18:12	21:06	3.0F		18:18	21:18	4.0F
15 Th	00:42	03:24	-2.5E	**30** F	00:54	03:42	-3.2E
	07:06	09:12	2.1F		07:24	09:42	2.7F
	12:18	14:54	-2.7E		12:48	15:24	-3.4E
	18:42	21:36	3.0F		19:12	22:06	3.7F

May

Day	Slack h m	Max h m	knots	Day	Slack h m	Max h m	knots
1 Sa	01:48	04:48	-3.0E	**16** Su	01:30	04:06	-2.5E
	08:24	10:42	2.5F		08:06	10:12	2.0F
	13:42	16:18	-3.1E		13:06	15:48	-2.7E
	20:12	23:06	3.4F		19:24	22:24	3.0F
2 Su	02:48	06:24	-2.9E	**17** M	02:18	04:48	-2.4E
	09:18	11:54	2.3F		08:54	11:00	1.9F
	14:42	17:24	-2.7E		13:54	16:36	-2.6E
	21:12				20:12	23:12	2.9F
3 M ◐		00:24	3.0F	**18** Tu	03:00	05:42	-2.4E
	03:48	07:30	-2.8E		09:42	11:48	1.9F
	10:18	13:12	2.2F		14:48	17:36	-2.5E
	15:54	18:42	-2.5E		21:06		
	22:18						
4 Tu		01:48	2.7F	**19** W ◐		00:06	2.8F
	04:48	08:30	-2.7E		03:54	06:36	-2.4E
	11:24	14:36	2.2F		10:30	12:42	2.0F
	17:00	20:00	-2.3E		15:54	18:36	-2.4E
	23:24				22:12		
5 W		03:12	2.6F	**20** Th		01:00	2.7F
	05:48	09:36	-2.7E		04:48	07:24	-2.5E
	12:18	15:48	2.4F		11:18	13:36	2.1F
	18:06	21:36	-2.3E		17:06	19:36	-2.5E
					23:24		
6 Th		04:18	2.7F	**21** F		02:00	2.5F
	06:42	10:30	-2.8E		05:42	08:12	-2.7E
	13:12	16:42	2.7F		12:12	14:36	2.4F
	19:06	22:36	-2.5E		18:12	20:36	-2.6E
7 F	01:24	05:06	2.6F	**22** Sa		03:00	2.5F
	07:24	11:12	-2.8E		06:30	09:06	-2.9E
	14:00	17:30	2.9F		12:54	15:42	2.8F
	20:00	23:30	-2.6E		19:12	21:42	-2.7E
8 Sa	02:18	05:42	2.5F	**23** Su	01:30	04:06	2.5F
	08:06	11:42	-2.7E		07:18	09:54	-3.2E
	14:42	18:12	3.1F		13:42	16:42	3.3F
	20:48				20:06	22:48	-3.0E
9 Su		00:12	-2.6E	**24** M	02:36	05:00	2.7F
	03:06	06:18	2.3F		08:06	10:48	-3.4E
	08:42	11:54	-2.6E		14:30	17:30	3.7F
	15:18	18:54	3.1F		21:06	23:42	-3.2E
	21:30						
10 M		00:54	-2.6E	**25** Tu	03:30	05:54	2.7F
	03:48	06:42	2.1F		08:54	11:36	-3.6E
	09:18	12:00	-2.6E		15:24	18:24	4.0F
	15:48	19:30	3.0F		22:00		
	22:12						
11 Tu ●		01:36	-2.6E	**26** W ○		00:42	-3.3E
	04:30	07:00	2.0F		04:24	06:48	2.7F
	09:54	12:24	-2.6E		09:48	12:24	-3.6E
	16:18	19:48	3.0F		16:12	19:18	4.0F
	22:54				22:54		
12 W		02:06	-2.6E	**27** Th		01:54	-3.3E
	05:12	07:30	1.9F		05:18	07:48	2.7F
	10:30	13:00	-2.7E		10:42	13:24	-3.5E
	16:54	20:00	3.0F		17:06	20:18	4.0F
	23:30				23:42		
13 Th		02:30	-2.6E	**28** F		02:54	-3.3E
	05:54	08:00	2.0F		06:18	08:48	2.6F
	11:06	13:42	-2.7E		11:36	14:18	-3.4E
	17:24	20:30	3.1F		18:00	21:12	3.9F
14 F	00:12	02:54	-2.6E	**29** Sa	00:42	03:48	-3.2E
	06:42	08:48	2.0F		07:12	09:42	2.6F
	11:42	14:24	-2.8E		12:36	15:12	-3.2E
	18:00	21:00	3.1F		19:00	22:06	3.6F
15 Sa	00:54	03:24	-2.6E	**30** Su	01:36	05:00	-3.1E
	07:24	09:30	2.0F		08:06	10:42	2.5F
	12:24	15:06	-2.8E		13:36	16:06	-2.9E
	18:42	21:42	3.1F		20:00	23:06	3.3F
				31 M	02:30	06:12	-3.0E
					09:00	11:54	2.4F
					14:30	17:24	-2.6E
					20:54		

June

Day	Slack h m	Max h m	knots	Day	Slack h m	Max h m	knots
1 Tu		00:24	2.9F	**16** W	02:30	05:06	-2.7E
	03:24	07:06	-2.9E		09:06	11:24	2.3F
	10:00	13:06	2.3F		14:30	17:12	-2.6E
	15:36	18:48	-2.4E		20:48	23:42	2.9F
	21:54						
2 W ☽		01:24	2.6F	**17** Th	03:12	06:00	-2.7E
	04:18	08:00	-2.7E		09:48	12:18	2.4F
	10:54	14:12	2.3F		15:36	18:18	-2.6E
	16:42	19:54	-2.3E		21:54		
	22:54						
3 Th		02:36	2.3F	**18** F ◐		00:36	2.7F
	05:12	08:48	-2.6E		04:06	06:48	-2.9E
	11:48	15:18	2.4F		10:36	13:12	2.6F
	17:42	21:06	-2.2E		16:48	19:18	-2.6E
					23:00		
4 F	00:00	03:42	2.1F	**19** Sa		01:30	2.5F
	06:00	09:42	-2.5E		05:00	07:36	-3.0E
	12:30	16:18	2.6F		11:30	14:06	2.8F
	18:42	22:12	-2.3E		17:54	20:18	-2.6E
5 Sa	00:54	04:30	2.0F	**20** Su		02:30	2.3F
	06:42	10:24	-2.4E		05:48	08:30	-3.1E
	13:18	17:06	2.8F		12:18	15:12	3.1F
	19:30	23:00	-2.4E		18:54	21:30	-2.7E
6 Su	01:48	05:12	1.9F	**21** M	01:18	03:42	2.3F
	07:18	10:36	-2.4E		06:42	09:24	-3.2E
	13:54	17:42	2.9F		13:12	16:24	3.5F
	20:18	23:42	-2.4E		19:54	22:48	-2.9E
7 M	02:36	05:36	1.8F	**22** Tu	02:18	04:48	2.4F
	08:00	10:48	-2.4E		07:36	10:24	-3.4E
	14:30	18:18	2.9F		14:06	17:18	3.8F
	21:06				20:48	23:42	-3.1E
8 Tu		00:18	-2.5E	**23** W	03:18	05:42	2.5F
	03:24	05:48	1.8F		08:36	11:18	-3.5E
	08:36	11:12	-2.5E		15:06	18:12	3.9F
	15:06	18:30	2.9F		21:48		
	21:42						
9 W		00:54	-2.5E	**24** Th ○		00:54	-3.2E
	04:06	06:12	1.8F		04:12	06:42	2.6F
	09:18	11:42	-2.6E		09:30	12:12	-3.4E
	15:42	18:36	2.9F		16:00	19:18	3.9F
	22:24				22:36		
10 Th ●		01:30	-2.5E	**25** F		02:06	-3.3E
	04:48	06:54	1.8F		05:06	07:48	2.6F
	09:54	12:24	-2.7E		10:30	13:12	-3.3E
	16:12	19:12	3.0F		16:54	20:24	3.9F
	23:00				23:30		
11 F		02:00	-2.6E	**26** Sa		03:00	-3.3E
	05:30	07:36	1.9F		06:06	08:48	2.7F
	10:36	13:06	-2.7E		11:24	14:12	-3.2E
	16:48	19:54	3.1F		17:54	21:18	3.7F
	23:42						
12 Sa		02:30	-2.7E	**27** Su	00:24	03:48	-3.3E
	06:12	08:24	2.0F		07:00	09:42	2.7F
	11:18	13:54	-2.8E		12:24	15:12	-3.0E
	17:30	20:36	3.2F		18:48	22:06	3.5F
13 Su	00:24	03:00	-2.7E	**28** M	01:18	04:48	-3.1E
	06:54	09:06	2.1F		07:48	10:42	2.6F
	12:00	14:42	-2.9E		13:24	16:06	-2.8E
	18:18	21:18	3.3F		19:42	23:00	3.2F
14 M	01:06	03:36	-2.7E	**29** Tu	02:06	05:48	-3.0E
	07:42	09:48	2.2F		08:36	11:42	2.5F
	12:48	15:24	-2.9E		14:18	17:18	-2.5E
	19:06	22:00	3.2F		20:36	23:54	2.8F
15 Tu	01:48	04:18	-2.7E	**30** W	02:48	06:42	-2.8E
	08:24	10:30	2.2F		09:30	12:42	2.5F
	13:36	16:12	-2.8E		15:18	18:36	-2.4E
	19:54	22:48	3.1F		21:30		

Fort Pierce Inlet Entrance, 2021

Latitude: 27.4711° N Longitude: 80.2926° W
Mean Flood Dir. 258° (T) Mean Ebb Dir. 80° (T)
Times and speeds of maximum and minimum current, in knots

July

Day	Slack (h m)	Maximum (h m)	knots
1 Th	03:36 / 10:12 / 16:18 / 22:24	00:48 / 07:18 / 13:42 / 19:30	2.4F / -2.6E / 2.4F / -2.2E
2 F	04:24 / 11:00 / 17:18 / 23:24	01:18 / 07:48 / 14:42 / 20:30	2.0F / -2.4E / 2.4F / -2.1E
3 Sa	05:06 / 11:48 / 18:12	01:54 / 08:00 / 15:42 / 21:42	1.6F / -2.2E / 2.4F / -2.0E
4 Su	00:18 / 05:48 / 12:24 / 19:00	03:42 / 08:30 / 16:36 / 22:36	1.4F / -2.2E / 2.6F / -2.1E
5 M	01:12 / 06:30 / 13:06 / 19:48	04:30 / 09:06 / 17:12 / 23:12	1.4F / -2.2E / 2.6F / -2.2E
6 Tu	02:06 / 07:12 / 13:48 / 20:30	04:48 / 09:48 / 17:36 / 23:48	1.4F / -2.3E / 2.7F / -2.3E
7 W	02:54 / 08:00 / 14:24 / 21:12	05:06 / 10:30 / 17:36	1.6F / -2.4E / 2.8F
8 Th	03:36 / 08:42 / 15:06 / 21:48	00:18 / 05:36 / 11:12 / 18:00	-2.4E / 1.7F / -2.6E / 2.9F
9 F	04:18 / 09:24 / 15:42 / 22:30	00:48 / 06:18 / 11:54 / 18:36	-2.5E / 1.8F / -2.7E / 3.0F
10 Sa ●	05:00 / 10:06 / 16:24 / 23:12	01:18 / 07:06 / 12:42 / 19:24	-2.6E / 1.9F / -2.8E / 3.2F
11 Su	05:42 / 10:54 / 17:06 / 23:54	02:00 / 07:54 / 13:30 / 20:12	-2.7E / 2.1F / -2.9E / 3.3F
12 M	06:24 / 11:36 / 17:54	02:30 / 08:42 / 14:18 / 20:54	-2.8E / 2.3F / -3.0E / 3.4F
13 Tu	00:30 / 07:06 / 12:30 / 18:48	03:06 / 09:24 / 15:06 / 21:42	-2.9E / 2.5F / -3.0E / 3.4F
14 W	01:12 / 07:48 / 13:18 / 19:42	03:48 / 10:06 / 15:54 / 22:24	-3.0E / 2.7F / -3.0E / 3.2F
15 Th	01:54 / 08:24 / 14:18 / 20:36	04:30 / 10:54 / 16:54 / 23:18	-3.1E / 2.8F / -2.8E / 3.0F
16 F	02:36 / 09:12 / 15:18 / 21:36	05:24 / 11:48 / 17:54	-3.1E / 3.0F / -2.7E
17 Sa	03:24 / 10:00 / 16:24 / 22:48	00:12 / 06:12 / 12:42 / 19:00	2.7F / -3.2E / 3.1F / -2.6E
18 Su	04:18 / 10:54 / 17:36 / 23:54	01:06 / 07:06 / 13:42 / 20:00	2.4F / -3.2E / 3.2F / -2.6E
19 M	05:18 / 11:54 / 18:36	02:06 / 08:00 / 14:48 / 21:24	2.1F / -3.2E / 3.2F / -2.6E
20 Tu	01:00 / 06:24 / 12:54 / 19:36	03:24 / 09:00 / 16:18 / 22:48	2.1F / -3.2E / 3.4F / -2.8E
21 W	02:06 / 07:24 / 13:54 / 20:36	04:42 / 10:06 / 17:24 / 23:54	2.2F / -3.2E / 3.7F / -3.0E
22 Th	03:06 / 08:24 / 14:54 / 21:30	05:42 / 11:06 / 18:18	2.5F / -3.2E / 3.7F
23 F	04:00 / 09:24 / 15:54 / 22:24	01:00 / 06:48 / 12:06 / 19:24	-3.2E / 2.6F / -3.2E / 3.8F
24 Sa ○	04:54 / 10:18 / 16:48 / 23:06	02:00 / 07:54 / 13:06 / 20:24	-3.3E / 2.8F / -3.2E / 3.8F
25 Su	05:48 / 11:12 / 17:42	02:54 / 08:48 / 14:18 / 21:12	-3.4E / 2.9F / -3.1E / 3.6F
26 M	00:06 / 06:36 / 12:12 / 18:36	03:36 / 09:36 / 15:12 / 21:54	-3.3E / 2.9F / -3.0E / 3.4F
27 Tu	00:48 / 07:24 / 13:06 / 19:24	04:24 / 10:24 / 16:00 / 22:30	-3.1E / 2.8F / -2.8E / 3.0F
28 W	01:36 / 08:12 / 14:00 / 20:12	05:06 / 11:18 / 17:00 / 23:06	-2.9E / 2.7F / -2.5E / 2.6F
29 Th	02:12 / 08:48 / 14:48 / 21:00	05:48 / 12:12 / 18:12 / 23:36	-2.7E / 2.6F / -2.3E / 2.2F
30 F	02:48 / 09:30 / 15:42 / 21:54	06:12 / 13:00 / 19:00	-2.4E / 2.4F / -2.1E
31 Sa	03:30 / 10:12 / 16:42 / 22:48	00:12 / 06:24 / 13:42 / 19:48	1.8F / -2.3E / 2.3F / -2.0E

August

Day	Slack (h m)	Maximum (h m)	knots
1 Su	04:12 / 10:54 / 17:36 / 23:42	00:54 / 06:54 / 14:36 / 20:42	1.5F / -2.2E / 2.2F / -1.9E
2 M	05:00 / 11:36 / 18:24	01:36 / 07:30 / 15:48 / 21:48	1.3F / -2.2E / 2.2F / -1.9E
3 Tu	00:36 / 05:48 / 12:18 / 19:12	02:30 / 08:12 / 16:36 / 22:42	1.2F / -2.1E / 2.3F / -2.0E
4 W	01:30 / 06:36 / 13:00 / 19:54	03:36 / 09:06 / 16:54 / 23:12	1.2F / -2.2E / 2.4F / -2.2E
5 Th	02:18 / 07:24 / 13:48 / 20:36	04:30 / 10:00 / 17:00 / 23:42	1.5F / -2.3E / 2.6F / -2.3E
6 F	03:06 / 08:12 / 14:36 / 21:18	05:12 / 10:42 / 17:30	1.7F / -2.5E / 2.8F
7 Sa	03:48 / 09:00 / 15:18 / 22:00	00:06 / 05:54 / 11:30 / 18:12	-2.5E / 1.9F / -2.7E / 3.0F
8 Su ●	04:30 / 09:48 / 16:06 / 22:42	00:36 / 06:36 / 12:18 / 19:00	-2.6E / 2.1F / -2.9E / 3.2F
9 M	05:12 / 10:30 / 16:48 / 23:18	01:18 / 07:30 / 13:12 / 19:48	-2.8E / 2.3F / -3.0E / 3.3F
10 Tu	05:48 / 11:18 / 17:42	02:00 / 08:18 / 14:00 / 20:36	-3.0E / 2.6F / -3.1E / 3.4F
11 W	00:00 / 06:12 / 12:12 / 18:36	02:36 / 09:00 / 14:48 / 21:18	-3.2E / 3.0F / -3.2E / 3.4F
12 Th	00:42 / 07:06 / 13:06 / 19:30	03:18 / 09:42 / 15:42 / 22:00	-3.4E / 3.2F / -3.2E / 3.2F
13 F	01:18 / 07:48 / 14:00 / 20:24	04:00 / 10:30 / 16:36 / 22:54	-3.4E / 3.4F / -3.0E / 2.9F
14 Sa	02:00 / 08:36 / 15:00 / 21:24	04:48 / 11:24 / 17:36 / 23:48	-3.4E / 3.4F / -2.8E / 2.6F
15 Su ○	02:54 / 09:24 / 16:06 / 22:30	05:42 / 12:18 / 18:48	-3.3E / 3.4F / -2.7E
16 M	03:54 / 10:24 / 17:18 / 23:42	06:42 / 13:18 / 19:54	2.3F / -3.2E / 3.3F / -2.6E
17 Tu	05:00 / 11:30 / 18:18	01:48 / 07:36 / 14:30 / 21:30	2.0F / -3.1E / 3.1F / -2.6E
18 W	00:48 / 06:06 / 12:36 / 19:24	03:18 / 08:42 / 16:24 / 22:54	2.0F / -2.9E / 3.3F / -2.8E
19 Th	01:54 / 07:12 / 13:42 / 20:18	04:48 / 10:00 / 17:30 / 23:54	2.3F / -2.9E / 3.5F / -3.1E
20 F	02:48 / 08:12 / 14:48 / 21:18	05:48 / 11:12 / 18:24	2.6F / -3.0E / 3.6F
21 Sa	03:42 / 09:12 / 15:42 / 22:06	00:48 / 06:42 / 12:12 / 19:18	-3.2E / 2.8F / -3.1E / 3.6F
22 Su ○	04:36 / 10:06 / 16:36 / 22:54	01:48 / 07:42 / 13:24 / 20:12	-3.3E / 3.0F / -3.1E / 3.6F
23 M	05:24 / 11:00 / 17:24 / 23:36	02:36 / 08:36 / 14:18 / 20:54	-3.3E / 3.1F / -3.1E / 3.4F
24 Tu	06:06 / 11:54 / 18:12	03:12 / 09:24 / 15:06 / 21:30	-3.2E / 3.1F / -3.0E / 3.1F
25 W	00:18 / 06:48 / 12:42 / 19:06	03:42 / 10:00 / 15:48	-3.0E / 3.0F / -2.8E / 2.7F
26 Th	00:54 / 06:30 / 13:36 / 19:48	03:54 / 10:42 / 16:30 / 22:18	-2.8E / 2.9F / -2.5E / 2.3F
27 F	01:30 / 08:06 / 14:18 / 20:36	04:06 / 11:06 / 17:30 / 22:48	-2.6E / 2.7F / -2.3E / 2.0F
28 Sa	02:06 / 08:42 / 15:06 / 21:24	04:36 / 11:30 / 18:24 / 23:30	-2.4E / 3.4F / -2.1E / 1.7F
29 Su	02:42 / 09:18 / 16:00 / 22:12	05:18 / 12:00 / 19:06	-2.3E / 3.4F / -2.0E
30 M	03:24 / 09:54 / 16:48 / 23:06	00:12 / 06:06 / 12:42 / 19:42	1.5F / -2.2E / 2.2F / -1.9E
31 Tu	04:12 / 10:42 / 17:42	01:00 / 06:54 / 13:24 / 20:30	1.3F / -2.1E / 2.2F / -1.8E

September

Day	Slack (h m)	Maximum (h m)	knots
1 W	00:00 / 05:12 / 11:30 / 18:30	01:48 / 07:36 / 14:12 / 21:42	1.2F / -2.1E / 2.1F / -1.9E
2 Th	00:54 / 06:06 / 12:24 / 19:18	02:48 / 08:30 / 15:18 / 22:36	1.2F / -2.1E / 2.2F / -2.1E
3 F	01:48 / 06:54 / 13:18 / 20:06	03:54 / 09:24 / 16:18 / 23:00	1.4F / -2.3E / 2.5F / -2.3E
4 Sa	02:36 / 07:48 / 14:06 / 20:48	04:48 / 10:24 / 17:06 / 23:30	1.8F / -2.5E / 2.8F / -2.5E
5 Su	03:18 / 08:36 / 15:00 / 21:30	05:30 / 11:12 / 17:42	2.1F / -2.8E / 3.0F
6 M	03:54 / 09:24 / 15:48 / 22:06	00:00 / 06:12 / 12:00 / 18:30	-2.7E / 2.4F / -3.0E / 3.2F
7 Tu	04:30 / 10:18 / 16:36 / 22:48	00:42 / 07:00 / 12:48 / 19:24	-3.0E / 2.7F / -3.1E / 3.2F
8 W	05:12 / 11:06 / 17:24 / 23:24	01:24 / 07:48 / 13:42 / 20:12	-3.2E / 3.1F / -3.3E / 3.3F
9 Th	05:48 / 12:00 / 18:24	02:06 / 08:36 / 14:36 / 21:00	-3.4E / 3.5F / -3.3E / 3.2F
10 F	00:06 / 06:30 / 12:54 / 19:18	02:48 / 09:24 / 15:24 / 21:42	-3.6E / 3.7F / -3.3E / 3.0F
11 Sa	00:48 / 07:18 / 13:48 / 20:12	03:30 / 10:06 / 16:18 / 22:36	-3.7E / 3.8F / -3.1E / 2.8F
12 Su	01:36 / 08:06 / 14:42 / 21:12	04:18 / 11:00 / 17:24 / 23:30	-3.5E / 3.7F / -2.8E / 2.5F
13 M ◐	02:30 / 09:00 / 15:48 / 22:18	05:18 / 12:00 / 18:36	-3.3E / 3.5F / -2.7E
14 Tu	03:36 / 10:06 / 17:00 / 23:24	00:30 / 06:24 / 13:00 / 19:54	2.2F / -3.0E / 3.2F / -2.6E
15 W	04:48 / 11:18 / 18:00	01:42 / 07:24 / 14:24 / 21:36	2.0F / -2.9E / 2.9F / -2.6E
16 Th	00:30 / 06:00 / 12:24 / 19:06	03:30 / 08:36 / 16:24 / 22:48	2.0F / -2.7E / 3.1F / -2.9E
17 F	01:36 / 07:00 / 13:36 / 20:00	04:48 / 10:12 / 17:18 / 23:42	2.4F / -2.8E / 3.4F / -3.1E
18 Sa	02:30 / 08:06 / 14:36 / 20:54	05:42 / 11:24 / 18:06	2.8F / -2.9E / 3.4F
19 Su	03:24 / 09:00 / 15:30 / 21:42	00:30 / 06:30 / 12:24 / 19:00	-3.2E / 3.0F / -3.0E / 3.4F
20 M ○	04:06 / 09:54 / 16:18 / 22:24	01:24 / 07:24 / 13:18 / 19:48	-3.2E / 3.2F / -3.1E / 3.2F
21 Tu	04:48 / 10:48 / 17:06 / 23:00	02:06 / 08:18 / 14:12 / 20:30	-3.2E / 3.2F / -3.0E / 3.0F
22 W	05:30 / 11:54 / 17:54 / 23:36	02:36 / 09:00 / 14:54 / 21:00	-3.0E / 3.2F / -2.9E / 2.7F
23 Th	06:06 / 12:18 / 18:42	02:48 / 09:30 / 15:30 / 21:18	-2.8E / 3.1F / -2.8E / 2.4F
24 F	00:12 / 06:42 / 13:06 / 19:24	02:54 / 09:48 / 16:00 / 21:42	-2.7E / 2.9F / -2.6E / 2.1F
25 Sa	00:48 / 07:18 / 13:48 / 20:06	03:18 / 10:06 / 16:36 / 22:12	-2.6E / 2.8F / -2.3E / 1.9F
26 Su	01:24 / 07:48 / 14:30 / 20:54	03:54 / 10:36 / 17:24 / 22:48	-2.5E / 2.7F / -2.2E / 1.7F
27 M	02:00 / 08:30 / 15:12 / 21:42	04:36 / 11:12 / 18:18 / 23:36	-2.4E / 2.5F / -2.0E / 1.6F
28 Tu	02:42 / 09:06 / 16:06 / 22:30	05:24 / 12:00 / 18:54	-2.2E / 2.4F / -2.0E
29 W ◐	03:30 / 09:54 / 17:00 / 23:24	00:24 / 06:18 / 12:42 / 19:36	1.5F / -2.1E / 2.3F / -1.9E
30 Th	04:36 / 10:54 / 17:48	01:18 / 07:06 / 13:36 / 20:24	1.4F / -2.1E / 2.2F / -2.0E

NOAA Tidal Current Predictions

Fort Pierce Inlet Entrance, 2021

Latitude: 27.4711° N Longitude: 80.2926° W
Mean Flood Dir. 258° (T) Mean Ebb Dir. 80° (T)
Times and speeds of maximum and minimum current, in knots

October

Day	Slack h:m	Max h:m	knots
1 F	00:18	02:12	1.4F
	05:36	08:00	-2.1E
	11:48	14:36	2.3F
	18:42	21:24	-2.1E
2 Sa	01:12	03:18	1.6F
	06:30	09:00	-2.3E
	12:48	15:42	2.5F
	19:24	22:12	-2.3E
3 Su	01:54	04:18	1.9F
	07:24	10:00	-2.5E
	13:42	16:36	2.7F
	20:06	22:48	-2.6E
4 M	02:36	05:06	2.4F
	08:48	10:48	-2.8E
	14:42	17:18	2.9F
	20:48	23:24	-2.9E
5 Tu	03:18	05:48	2.8F
	09:12	11:42	-3.0E
	15:30	18:06	3.0F
	21:30		
6 W ●	03:54	00:00	-3.2E
	10:00	06:36	3.2F
	16:24	12:30	-3.2E
	22:12	18:54	3.0F
7 Th	04:30	00:48	-3.4E
	10:48	07:24	3.6F
	17:18	13:30	-3.3E
	22:54	19:48	3.0F
8 F	05:12	01:36	-3.6E
	11:42	08:12	3.9F
	18:12	14:24	-3.4E
	23:36	20:36	3.0F
9 Sa	06:00	02:24	-3.7E
	12:36	09:00	4.0F
	19:06	15:12	-3.3E
		21:30	2.9F
10 Su	00:30	03:12	-3.7E
	06:54	09:48	3.9F
	13:30	16:06	-3.1E
	20:00	22:18	2.7F
11 M	01:24	04:00	-3.5E
	07:48	10:42	3.7F
	14:30	17:18	-2.9E
	21:00	23:18	2.4F
12 Tu	02:18	05:00	-3.1E
	08:48	11:42	3.3F
	15:30	18:42	-2.7E
	22:00		
13 W ◐	03:24	00:24	2.2F
	09:54	06:12	-2.8E
	16:36	12:54	3.0F
	23:06	20:00	-2.7E
14 Th	04:36	01:36	2.1F
	11:06	07:18	-2.6E
	17:42	14:42	2.8F
		21:18	-2.7E
15 F	00:12	03:30	2.2F
	05:48	08:36	-2.5E
	12:12	16:06	2.9F
	18:42	22:30	-2.9E
16 Sa	01:12	04:36	2.6F
	06:54	10:24	-2.7E
	13:18	17:06	3.1F
	19:36	23:18	-3.1E
17 Su	02:06	05:30	3.0F
	07:54	11:24	-2.9E
	14:18	17:48	3.1F
	20:24		
18 M	02:54	00:00	-3.1E
	08:48	06:12	3.2F
	15:12	12:12	-3.0E
	21:06	18:30	3.0F
19 Tu	03:36	00:42	-3.0E
	09:36	07:00	3.3F
	16:00	13:06	-3.0E
	21:48	19:18	2.7F
20 W ○	04:12	01:12	-2.9E
	10:24	07:48	3.3F
	16:42	13:54	-2.9E
	22:24	19:54	2.5F
21 Th	04:48	01:24	-2.7E
	11:06	08:30	3.2F
	17:30	14:36	-2.8E
	22:54	20:24	2.2F
22 F	05:24	01:42	-2.7E
	11:54	08:54	3.1F
	18:12	15:06	-2.7E
	23:30	20:42	2.1F
23 Sa	06:00	02:12	-2.6E
	12:30	09:06	3.0F
	19:00	15:30	-2.6E
		21:06	2.0F
24 Su	00:06	02:42	-2.6E
	06:30	09:24	2.9F
	13:12	15:54	-2.4E
	19:42	21:42	1.9F
25 M	00:48	03:18	-2.6E
	07:06	09:54	2.8F
	13:54	16:30	-2.3E
	20:24	22:18	1.8F
26 Tu	01:30	04:00	-2.5E
	14:36	10:36	2.7F
	21:06	17:18	-2.2E
		23:06	1.7F
27 W	02:12	04:48	-2.3E
	08:30	11:24	2.6F
	15:24	18:12	-2.1E
	22:00		
28 Th ◐	03:00	00:00	1.6F
	09:18	05:42	-2.2E
	16:12	12:12	2.5F
	22:48	19:00	-2.1E
29 F	04:00	00:48	1.6F
	10:18	06:42	-2.2E
	17:06	13:06	2.4F
	23:42	19:42	-2.2E
30 Sa	05:06	01:42	1.7F
	11:18	07:36	-2.2E
	18:00	14:00	2.4F
		20:24	-2.3E
31 Su	00:30	02:42	1.9F
	06:06	08:30	-2.3E
	12:24	15:00	2.4F
	18:42	21:18	-2.5E

November

Day	Slack h:m	Max h:m	knots
1 M	01:12	03:42	2.2F
	07:06	09:36	-2.5E
	13:24	16:06	2.6F
	19:24	22:06	-2.8E
2 Tu	01:54	04:36	2.8F
	08:00	10:36	-2.8E
	14:24	16:54	2.7F
	20:12	22:48	-3.2E
3 W	02:36	05:24	3.3F
	08:54	11:24	-3.0E
	15:18	17:42	2.8F
	20:54	23:30	-3.4E
4 Th ●	03:18	06:12	3.7F
	09:48	12:18	-3.2E
	16:12	18:30	2.8F
	21:42		
5 F	04:00	00:18	-3.6E
	10:36	07:00	3.9F
	17:06	13:18	-3.3E
	22:24	19:30	2.8F
6 Sa	04:48	01:06	-3.7E
	11:30	07:54	4.0F
	18:00	14:12	-3.3E
	23:18	20:24	2.8F
7 Su	05:42	02:00	-3.7E
	12:24	08:48	4.1F
	18:54	15:06	-3.3E
		21:18	2.7F
8 M	00:12	02:54	-3.6E
	06:36	09:36	3.9F
	13:18	16:06	-3.1E
	19:54	22:06	2.6F
9 Tu	01:12	03:48	-3.3E
	07:12	10:30	3.6F
	14:12	17:24	-2.9E
	20:48	23:06	2.4F
10 W	02:12	04:48	-3.0E
	08:36	11:36	3.2F
	15:12	18:48	-2.8E
	21:48		
11 Th ◐	03:18	00:24	2.3F
	09:42	06:06	-2.7E
	16:12	12:54	2.9F
	22:48	19:48	-2.8E
12 F	04:30	01:42	2.3F
	10:48	07:24	-2.5E
	17:18	14:18	2.7F
	23:48	20:54	-2.8E
13 Sa	05:36	03:12	2.4F
	11:54	08:48	-2.5E
	18:12	15:42	2.7F
		22:00	-2.8E
14 Su	00:42	04:18	2.8F
	06:36	10:12	-2.6E
	12:48	16:36	2.7F
	19:00	22:48	-2.9E
15 M	01:36	05:06	3.1F
	07:36	11:12	-2.7E
	13:54	17:24	2.6F
	19:42	23:24	-2.8E
16 Tu	02:18	05:54	3.2F
	08:30	11:54	-2.8E
	14:48	18:00	2.4F
	20:24	23:48	-2.7E
17 W	03:00	06:36	3.3F
	09:18	12:42	-2.8E
	15:36	18:36	2.2F
	21:06	23:54	-2.6E
18 Th	03:36	07:18	3.2F
	10:00	13:30	-2.8E
	16:24	19:12	2.0F
	21:42		
19 F ○	04:06	00:18	-2.6E
	10:42	07:54	3.1F
	17:00	14:12	-2.7E
	22:18	19:36	1.9F
20 Sa	04:42	00:48	-2.6E
	11:18	08:12	3.0F
	17:48	14:36	-2.6E
	22:54	20:06	1.9F
21 Su	05:18	01:30	-2.6E
	12:00	08:42	3.0F
	18:30	15:00	-2.6E
	23:36	20:36	1.9F
22 M	05:54	02:12	-2.6E
	12:42	08:54	3.0F
	19:12	15:18	-2.5E
		21:18	1.9F
23 Tu	00:18	02:48	-2.6E
	06:30	09:30	3.0F
	13:18	15:54	-2.5E
	19:54	21:54	1.9F
24 W	01:00	03:30	-2.6E
	07:12	10:30	2.9F
	14:00	16:36	-2.4E
	20:36	22:42	1.9F
25 Th	01:42	04:18	-2.5E
	08:00	10:54	2.8F
	14:42	17:24	-2.4E
	21:24	23:30	1.9F
26 F	02:36	05:12	-2.3E
	08:48	11:48	2.7F
	15:30	18:18	-2.4E
	22:12		
27 Sa ◑	03:30	00:18	1.9F
	09:48	06:12	-2.3E
	16:18	12:36	2.6F
	23:00	19:00	-2.5E
28 Su	04:42	01:12	2.1F
	10:54	07:12	-2.3E
	17:12	13:30	2.5F
	23:42	19:48	-2.6E
29 M	05:48	02:06	2.3F
	12:00	08:06	-2.4E
	18:00	14:30	2.4F
		20:36	-2.8E
30 Tu	00:30	03:06	2.6F
	06:42	09:12	-2.5E
	13:00	15:30	2.3F
	18:48	21:24	-3.0E

December

Day	Slack h:m	Max h:m	knots
1 W	01:12	04:12	3.1F
	07:42	10:18	-2.8E
	14:06	16:30	2.4F
	19:36	22:18	-3.3E
2 Th	02:00	05:00	3.6F
	08:36	11:12	-3.0E
	15:06	17:24	2.5F
	20:24	23:06	-3.5E
3 F	02:48	05:48	3.9F
	09:30	12:06	-3.1E
	16:00	18:18	2.6F
	21:18	23:54	-3.6E
4 Sa ●	03:42	06:42	4.0F
	10:24	13:12	-3.2E
	16:54	19:12	2.6F
	22:06		
5 Su	04:36	00:48	-3.6E
	11:18	07:42	4.0F
	17:48	14:18	-3.2E
	23:06	20:18	2.7F
6 M	05:30	01:48	-3.5E
	12:12	08:42	3.9F
	18:42	15:12	-3.2E
	23:48	21:12	2.7F
7 Tu	06:30	00:00	-3.4E
	13:06	09:30	3.8F
	19:36	16:06	-3.1E
		22:06	2.7F
8 W	01:00	03:36	-3.2E
	07:30	10:24	3.5F
	14:00	17:24	-3.0E
	20:30	23:12	2.6F
9 Th	02:06	04:42	-2.8E
	08:30	11:30	3.2F
	14:54	18:36	-3.0E
	21:24		
10 F	03:06	00:24	2.5F
	09:24	06:12	-2.6E
	15:48	12:42	2.8F
	22:24	19:24	-2.9E
11 Sa ◑	04:12	01:36	2.5F
	10:30	07:24	-2.5E
	16:42	13:48	2.5F
	23:18	20:18	-2.7E
12 Su	05:18	02:48	2.6F
	11:30	08:36	-2.4E
	17:30	15:06	2.2F
		21:12	-2.6E
13 M	00:06	03:54	2.7F
	06:18	09:48	-2.4E
	12:30	16:06	2.1F
	18:18	22:00	-2.5E
14 Tu	00:54	04:42	3.0F
	07:12	10:48	-2.5E
	13:30	16:54	2.0F
	19:00	22:36	-2.4E
15 W	01:36	05:30	3.1F
	08:06	11:36	-2.6E
	14:24	17:30	1.9F
	19:42	22:42	-2.4E
16 Th	02:18	06:06	3.1F
	08:48	12:18	-2.6E
	15:12	18:00	1.8F
	20:24	23:06	-2.4E
17 F	02:54	06:42	3.0F
	09:30	13:00	-2.6E
	15:54	18:18	1.7F
	21:06	23:36	-2.5E
18 Sa	03:30	07:00	2.9F
	10:12	13:42	-2.6E
	16:36	18:48	1.7F
	21:42		
19 Su ○	04:06	00:12	-2.5E
	10:48	07:12	2.9F
	17:18	14:12	-2.6E
	22:24	19:30	1.8F
20 M	04:42	00:54	-2.6E
	11:18	07:42	2.9F
	18:00	14:30	-2.6E
	23:06	20:12	1.9F
21 Tu	05:18	01:42	-2.6E
	12:06	08:24	3.0F
	18:42	14:54	-2.6E
	23:48	20:48	2.0F
22 W	06:06	02:24	-2.7E
	12:48	09:00	3.1F
	19:24	15:24	-2.7E
		21:30	2.1F
23 Th	00:36	03:12	-2.7E
	06:48	09:42	3.2F
	13:30	16:00	-2.7E
	20:06	22:12	2.2F
24 F	01:24	03:54	-2.7E
	07:36	10:30	3.1F
	14:06	16:42	-2.7E
	20:42	23:00	2.3F
25 Sa	02:12	04:48	-2.6E
	08:30	11:18	2.9F
	14:48	17:30	-2.7E
	21:24	23:54	2.4F
26 Su	03:12	05:48	-2.5E
	09:24	12:12	2.7F
	15:36	18:24	-2.8E
	22:12		
27 M ◐	04:18	00:42	2.6F
	10:30	06:48	-2.5E
	16:24	13:00	2.5F
	23:00	19:12	-2.9E
28 Tu	05:24	01:36	2.8F
	11:36	07:48	-2.5E
	17:18	14:00	2.2F
	23:48	20:00	-3.1E
29 W	06:24	02:36	3.0F
	12:42	08:54	-2.5E
	18:12	15:00	2.1F
		20:48	-3.2E
30 Th	00:36	03:42	3.3F
	07:24	10:06	-2.7E
	13:48	16:12	2.2F
	19:06	21:48	-3.3E
31 F	01:36	04:42	3.6F
	08:18	11:06	-2.9E
	14:48	17:12	2.3F
	20:00	22:42	-3.4E

Station ID: LWI0901 Depth: 15 feet
Source: NOAA/NOS/CO-OPS
Station Type: Harmonic
Time Zone: LST

NOAA Tidal Current Predictions

Lake Worth Inlet Entrance, 2021
Latitude: 26.7730° N Longitude: 80.0362° W
Mean Flood Dir. 267° (T) Mean Ebb Dir. 86° (T)
Times and speeds of maximum and minimum current, in knots

January

Day	Slack (h m)	Maximum (h m)	knots	Day	Slack (h m)	Maximum (h m)	knots
1 F	03:42 10:24 16:24 22:30	00:18 07:00 13:00 19:24	-1.4E 1.9F -1.5E 1.5F	16 Sa	05:00 11:30 17:42 23:48	01:54 08:24 14:24 20:48	-1.3E 1.8F -1.4E 1.5F
2 Sa	04:24 11:00 17:06 23:18	01:06 07:48 13:42 20:12	-1.4E 1.9F -1.5E 1.6F	17 Su	05:48 12:12 18:24	02:36 09:06 15:06 21:30	-1.2E 1.6F -1.2E 1.4F
3 Su	05:12 11:48 17:54	02:00 08:36 14:24 21:00	-1.5E 1.9F -1.6E 1.7F	18 M	00:36 06:36 13:00 19:12	03:18 09:48 15:42 22:18	-1.1E 1.4F -1.1E 1.3F
4 M	00:12 06:12 12:42 18:48	02:48 09:24 15:12 21:54	-1.5E 1.8F -1.5E 1.7F	19 Tu	01:30 07:30 13:48 19:54	04:18 10:36 16:42 23:12	-1.0E 1.2F -1.0E 1.3F
5 Tu	01:12 07:18 13:36 19:48	03:42 10:24 16:12 23:00	-1.4E 1.7F -1.5E 1.8F	20 W	02:24 08:24 14:36 20:42	05:30 11:30 17:42	-0.9E 1.1F -0.9E
6 W	02:18 08:24 14:30 20:42	04:54 11:24 17:18	-1.4E 1.6F -1.4E	21 Th	03:24 09:24 15:24 21:30	00:06 06:30 12:18 18:30	1.3F -0.9E 1.0F -0.9E
7 Th	03:24 09:30 15:36 21:48	00:00 06:12 12:24 18:24	1.8F -1.4E 1.6F -1.4E	22 F	04:24 10:18 16:18 22:18	00:48 07:18 13:00 19:12	1.3F -0.9E 0.9F -0.9E
8 F	04:30 10:42 16:42 22:54	01:06 07:18 13:30 19:30	1.9F -1.4E 1.5F -1.5E	23 Sa	05:12 11:12 17:06 23:00	01:36 08:06 13:48 19:54	1.3F -0.8E 0.9F -0.9E
9 Sa	05:36 11:48 17:42 23:54	02:18 08:30 14:48 20:36	1.9F -1.4E 1.5F -1.5E	24 Su	06:00 12:00 17:54 23:48	02:30 08:54 14:48 20:36	1.4F -1.0E 0.9F -0.9E
10 Su	06:36 12:48 18:42	03:36 09:42 16:00 21:42	2.0F -1.5E 1.6F -1.5E	25 M	06:42 12:48 18:36	03:24 09:36 15:48 21:24	1.4F -1.0E 1.0F -1.0E
11 M	01:00 07:36 13:48 19:36	04:30 10:36 16:54 22:42	2.2F -1.6E 1.6F -1.5E	26 Tu	00:30 07:24 13:30 19:18	04:06 10:12 16:18 22:00	1.6F -1.1E 1.1F -1.1E
12 Tu	01:54 08:30 14:42 20:30	05:24 11:24 17:42 23:30	2.2F -1.6E 1.7F -1.5E	27 W	01:12 08:00 14:06 20:00	04:42 10:42 16:54 22:36	1.7F -1.2E 1.3F -1.2E
13 W	02:48 09:18 15:30 21:24	06:12 12:18 18:30	2.2F -1.6E 1.7F	28 Th	02:00 08:36 14:42 20:42	05:12 11:12 17:30 23:18	1.8F -1.4E 1.5F -1.4E
14 Th	03:36 10:00 16:12 22:12	00:18 07:00 13:06 19:18	-1.5E 2.1F -1.6E 1.6F	29 F	02:42 09:12 15:18 21:24	00:18 05:54 11:48 18:12	-1.5E 1.9F -1.5E 1.6F
15 F	04:18 10:42 16:54 22:54	01:12 07:42 13:48 20:06	-1.4E 1.9F -1.5E 1.5F	30 Sa	03:24 09:54 16:00 22:12	00:00 06:36 12:30 19:00	-1.5E 2.0F -1.6E 1.8F
				31 Su	04:12 10:36 16:42 23:00	00:48 07:24 13:18 19:54	-1.6E 2.0F -1.7E 1.9F

February

Day	Slack (h m)	Maximum (h m)	knots	Day	Slack (h m)	Maximum (h m)	knots
1 M	05:00 11:24 17:30	01:42 08:18 14:06 20:42	-1.6E 1.9F -1.7E 1.9F	16 Tu	00:12 06:12 12:24 18:30	03:00 09:12 15:06 21:42	-1.1E 1.3F -1.1E 1.5F
2 Tu	00:00 12:18 18:24	02:36 09:06 14:54 21:36	-1.6E 1.8F -1.6E 1.9F	17 W	01:06 07:06 13:06 19:12	03:42 09:48 15:42 22:30	-1.0E 1.1F -1.0E 1.4F
3 W	01:00 07:06 13:12 19:24	03:36 10:06 15:48 22:42	-1.5E 1.7F -1.5E 1.9F	18 Th	01:54 07:54 13:54 20:00	04:42 10:36 16:36 23:18	-0.9E 1.0F -0.9E 1.4F
4 Th	02:06 08:12 14:12 20:30	04:48 11:06 16:54 23:48	-1.4E 1.6F -1.4E 1.9F	19 F	02:48 08:48 14:36 20:42	05:54 11:30 17:42	-0.9E 0.9F -0.9E
5 F	03:12 09:18 15:12 21:30	06:06 12:12 18:12	-1.4E 1.5F -1.4E	20 Sa	03:42 09:42 15:30 21:30	00:06 06:42 12:12 18:24	1.4F -0.9E 0.9F -0.9E
6 Sa	04:18 10:24 16:18 22:36	00:54 07:12 13:18 19:12	1.9F -1.4E 1.4F -1.4E	21 Su	04:36 10:30 16:18 22:18	00:54 07:24 13:00 19:06	1.4F -0.9E 0.8F -0.9E
7 Su	05:24 11:30 17:24 23:36	02:00 08:18 14:30 20:18	1.9F -1.4E 1.4F -1.4E	22 M	05:18 11:18 17:12 23:06	01:30 08:00 13:48 19:42	1.4F -0.9E 0.9F -0.9E
8 M	06:24 12:30 18:24	03:18 09:24 15:48 21:30	2.0F -1.4E 1.5F -1.4E	23 Tu	06:00 12:00 18:00 23:48	02:24 08:42 14:48 20:36	1.4F -1.0E 1.0F -1.0E
9 Tu	00:36 07:18 13:30 19:24	04:18 10:24 16:42 22:30	2.0F -1.5E 1.6F -1.4E	24 W	06:42 12:48 18:42	03:18 09:24 15:48 21:24	1.5F -1.1E 1.1F -1.1E
10 W	01:36 08:06 14:24 20:18	05:06 11:12 17:30 23:18	2.1F -1.5E 1.6F -1.4E	25 Th	00:36 07:18 13:30 19:30	04:06 10:06 16:30 22:12	1.7F -1.3E 1.4F -1.3E
11 Th	02:30 09:00 15:12 21:06	05:48 11:54 18:12	2.0F -1.5E 1.6F	26 F	01:30 08:00 14:12 20:18	04:48 10:42 17:12 22:54	1.8F -1.5E 1.6F -1.5E
12 F	03:12 15:48 21:54	00:00 06:36 12:42 19:00	-1.4E 1.9F -1.5E 1.6F	27 Sa	02:18 08:42 14:54 21:06	05:30 11:18 17:54 23:42	2.0F -1.6E 1.8F -1.6E
13 Sa	03:54 10:18 16:30 22:36	00:48 07:18 13:18 19:42	-1.3E 1.8F -1.4E 1.6F	28 Su	03:12 09:30 15:36 21:54	06:12 12:06 18:42	2.0F -1.7E 2.0F
14 Su	04:36 11:00 17:06 23:24	01:36 08:00 13:54 20:18	-1.3E 1.7F -1.4E 1.6F				
15 M	05:24 11:42 17:48	02:18 08:36 14:30 21:00	-1.2E 1.5F -1.3E 1.5F				

March

Day	Slack (h m)	Maximum (h m)	knots	Day	Slack (h m)	Maximum (h m)	knots
1 M	04:00 10:12 16:18 22:48	00:36 07:06 12:54 19:36	-1.7E 2.0F -1.8E 2.1F	16 Tu	05:00 11:06 17:06 23:48	01:54 08:06 14:00 20:30	-1.3E 1.4F -1.3E 1.6F
2 Tu	04:54 11:00 17:12 23:48	01:30 07:48 13:48 20:30	-1.7E 1.9F -1.8E 2.1F	17 W	05:42 11:42 17:48	02:36 08:36 14:30 21:06	-1.2E 1.3F -1.2E 1.6F
3 W	05:54 11:54 18:06	02:24 08:54 14:36 21:24	-1.7E 1.8F -1.7E 2.1F	18 Th	00:36 06:36 12:30 18:30	03:12 09:18 15:06 21:42	-1.1E 1.1F -1.1E 1.5F
4 Th	00:48 06:54 12:54 19:12	03:24 09:48 15:30 22:30	-1.5E 1.7F -1.6E 2.0F	19 F	01:24 07:24 13:12 19:18	03:54 09:54 15:42 22:30	-1.0E 1.0F -1.0E 1.4F
5 F	01:48 08:00 13:54 20:12	04:30 10:54 16:36 23:36	-1.4E 1.5F -1.4E 2.0F	20 Sa	02:12 08:12 13:54 20:00	04:54 10:42 16:30 23:18	-0.9E 0.9F -0.9E 1.4F
6 Sa	02:54 09:06 14:54 21:12	05:54 12:00 18:00	-1.4E 1.4F -1.3E	21 Su	02:54 09:00 14:42 20:42	05:54 11:36 17:30	-0.9E 0.9F -0.8E
7 Su	04:00 10:12 16:00 22:18	00:42 07:00 13:06 19:06	1.9F -1.3E 1.3F -1.3E	22 M	03:42 09:42 15:36 21:30	00:00 06:36 12:18 18:18	1.4F -0.9E 0.9F -0.9E
8 M	05:06 11:12 17:06 23:18	01:48 08:00 14:18 20:06	1.9F -1.3E 1.3F -1.2E	23 Tu	04:30 10:30 16:30 22:18	00:48 07:12 13:06 19:00	1.4F -1.0E 1.0F -0.9E
9 Tu	06:00 12:12 18:12	03:00 09:06 15:30 21:12	1.8F -1.3E 1.4F -1.2E	24 W	05:18 11:18 17:24 23:12	01:36 07:48 14:00 19:54	1.4F -1.1E 1.1F -1.0E
10 W	00:18 06:54 13:06 19:06	04:00 10:00 16:30	1.8F -1.4E 1.5F	25 Th	06:00 12:06 18:18	02:30 08:36 15:06 20:54	1.5F -1.2E 1.3F -1.2E
11 Th	01:12 07:42 14:00 20:00	04:48 10:42 17:12 23:00	1.9F -1.4E 1.6F -1.3E	26 F	00:12 06:48 12:54 19:06	03:30 09:30 16:00 21:48	1.6F -1.3E 1.5F -1.4E
12 F	02:06 08:30 14:42 20:48	05:30 11:30 17:54 23:42	1.9F -1.4E 1.6F -1.3E	27 Sa	01:06 07:30 13:42 20:00	04:24 10:12 16:48 22:42	1.8F -1.5E 1.8F -1.6E
13 Sa	02:54 09:18 15:24 21:30	06:06 12:06 18:36	1.8F -1.4E 1.7F	28 Su	02:06 08:18 14:30 20:54	05:06 11:00 17:36 23:30	1.9F -1.7E 2.0F -1.7E
14 Su	03:36 09:48 16:00 22:12	00:30 06:48 12:54 19:18	-1.3E 1.7F -1.4E 1.7F	29 M	03:00 09:06 15:18 21:42	05:54 11:42 18:30	2.0F -1.8E 2.2F
15 M	04:18 10:24 16:30 23:00	01:12 07:30 13:24 19:54	-1.3E 1.5F -1.3E 1.7F	30 Tu	03:48 09:54 16:06 22:36	00:24 06:48 12:36 19:24	-1.8E 2.0F -1.8E 2.3F
				31 W	04:42 10:42 16:54 23:36	01:24 07:42 13:30 20:18	-1.8E 1.9F -1.8E 2.3F

Station ID: LWI0901 Depth: 15 feet
Source: NOAA/NOS/CO-OPS
Station Type: Harmonic
Time Zone: LST

NOAA Tidal Current Predictions

Lake Worth Inlet Entrance, 2021
Latitude: 26.7730° N Longitude: 80.0362° W
Mean Flood Dir. 267° (T) Mean Ebb Dir. 86° (T)
Times and speeds of maximum and minimum current, in knots

April

Day	Slack h m	Maximum h m	knots
1 Th		02:18	-1.7E
	05:42	08:36	1.8F
	11:36	14:24	-1.7E
	17:54	21:12	2.2F
2 F	00:36	03:12	-1.5E
	06:42	09:30	1.6F
	12:36	15:18	-1.5E
	18:54	22:12	2.0F
3 Sa	01:36	04:18	-1.4E
	07:48	10:36	1.4F
	13:36	16:24	-1.4E
	19:54	23:24	1.9F
4 Su	02:36	05:42	-1.3E
	08:48	11:48	1.4F
	14:36	17:42	-1.2E
	20:54		
5 M		00:24	1.8F
	03:36	06:48	-1.3E
	09:48	12:48	1.3F
	15:42	18:54	-1.2E
	21:54		
6 Tu		01:24	1.7F
	04:42	07:36	-1.3E
	10:54	13:54	1.3F
	16:54	19:48	-1.1E
	22:54		
7 W		02:30	1.7F
	05:36	08:36	-1.3E
	11:48	15:06	1.3F
	17:54	20:54	-1.1E
	23:54		
8 Th		03:36	1.6F
	06:24	09:36	-1.3E
	12:42	16:06	1.4F
	18:48	21:48	-1.1E
9 F	00:48	04:24	1.7F
	07:12	10:24	-1.3E
	13:30	16:54	1.6F
	19:36	22:42	-1.2E
10 Sa	01:42	05:06	1.6F
	08:00	11:00	-1.3E
	14:12	17:30	1.6F
	20:24	23:18	-1.3E
11 Su	02:30	05:42	1.6F
	08:42	11:36	-1.3E
	14:48	18:06	1.7F
	21:12		
12 M ●		00:06	-1.3E
	03:12	06:18	1.5F
	09:18	12:12	-1.3E
	15:24	18:48	1.7F
	21:54		
13 Tu		00:48	-1.3E
	03:54	06:54	1.4F
	09:54	12:48	-1.3E
	16:00	19:24	1.8F
	22:36		
14 W		01:30	-1.3E
	04:36	07:30	1.3F
	10:30	13:24	-1.3E
	16:36	19:54	1.7F
	23:18		
15 Th		02:06	-1.2E
	05:18	08:06	1.2F
	11:06	14:00	-1.2E
	17:12	20:30	1.7F
16 F	00:00	02:42	-1.1E
	06:00	08:42	1.1F
	11:48	14:30	-1.1E
	17:48	21:06	1.6F
17 Sa	00:42	03:12	-1.0E
	06:42	09:18	1.0F
	12:30	15:06	-1.0E
	18:36	21:48	1.5F
18 Su	01:30	03:54	-1.0E
	07:30	10:00	1.0F
	13:12	15:42	-1.0E
	19:18	22:36	1.5F
19 M	02:06	04:42	-0.9E
	08:12	10:54	1.0F
	14:00	16:36	-0.9E
	20:00	23:18	1.5F
20 Tu	02:54	05:36	-1.0E
	09:00	11:42	1.1F
	14:54	17:36	-0.9E
	20:48		
21 W		00:12	1.5F
	03:42	06:24	-1.1E
	09:48	12:36	1.1F
	15:54	18:30	-1.0E
	21:48		
22 Th		01:00	1.5F
	04:30	07:06	-1.2E
	10:36	13:30	1.3F
	16:54	19:24	-1.1E
	22:48		
23 F		01:54	1.5F
	05:24	07:54	-1.3E
		14:30	1.4F
	17:54	20:24	-1.3E
	23:48		
24 Sa		03:00	1.6F
	06:12	08:54	-1.4E
	12:18	15:36	1.7F
	18:48	21:30	-1.4E
25 Su	00:54	04:06	1.7F
	07:06	09:48	-1.6E
	13:12	16:36	2.0F
	19:42	22:30	-1.6E
26 M	01:54	04:54	1.9F
	08:42	10:42	-1.7E
	14:06	17:24	2.2F
	20:36	23:18	-1.7E
27 Tu ○	02:48	05:42	1.9F
	08:48	11:30	-1.8E
	15:00	18:18	2.3F
	21:30		
28 W		00:18	-1.8E
	03:42	06:36	1.9F
	09:36	12:24	-1.8E
	15:48	19:12	2.4F
	22:24		
29 Th		01:18	-1.7E
	04:36	07:30	1.8F
	10:30	13:18	-1.8E
	16:42	20:06	2.3F
	23:18		
30 F		02:12	-1.7E
	05:30	08:24	1.7F
	11:18	14:12	-1.7E
	17:36	21:00	2.2F

May

Day	Slack h m	Maximum h m	knots
1 Sa	00:18	03:00	-1.5E
	06:30	09:18	1.6F
	12:18	15:06	-1.5E
	18:36	21:54	2.0F
2 Su	01:18	04:00	-1.4E
	07:30	10:18	1.4F
	13:18	16:00	-1.3E
	19:36	23:00	1.8F
3 M	02:12	05:18	-1.2E
	08:24	11:30	1.3F
	14:18	17:24	-1.1E
	20:30		
4 Tu		00:06	1.7F
	03:12	06:24	-1.2E
	09:24	12:30	1.3F
	15:24	18:36	-1.1E
	21:30		
5 W		01:00	1.6F
	04:06	07:12	-1.2E
	10:24	13:30	1.2F
	16:30	19:30	-1.0E
	22:30		
6 Th		01:54	1.5F
	05:06	08:06	-1.2E
	11:18	14:36	1.3F
	17:30	20:24	-1.0E
	23:24		
7 F		03:06	1.4F
	05:54	09:00	-1.2E
	12:06	15:42	1.4F
	18:24	21:24	-1.1E
8 Sa	00:24	04:00	1.4F
	06:42	09:48	-1.2E
	12:48	16:24	1.5F
	19:12	22:12	-1.2E
9 Su	01:18	04:42	1.4F
	07:24	10:30	-1.2E
	13:36	17:06	1.7F
	20:00	23:00	-1.2E
10 M	02:06	05:18	1.4F
	08:06	11:06	-1.3E
	14:18	17:42	1.7F
	20:48	23:36	-1.3E
11 Tu ●	02:54	05:54	1.4F
	08:54	11:42	-1.3E
	14:54	18:12	1.8F
	21:30		
12 W		00:18	-1.3E
	03:30	06:24	1.3F
	09:24	12:12	-1.3E
	15:30	18:48	1.8F
	22:06		
13 Th		01:00	-1.3E
	04:06	06:54	1.3F
	10:00	12:48	-1.2E
	16:00	19:24	1.8F
	22:42		
14 F		01:36	-1.2E
	04:42	07:30	1.2F
	10:36	13:18	-1.2E
	16:36	20:00	1.7F
	23:24		
15 Sa		02:06	-1.2E
	05:24	08:06	1.2F
	11:12	13:54	-1.2E
	17:12	20:30	1.7F
16 Su	00:00	02:36	-1.1E
	06:06	08:48	1.2F
	11:54	14:30	-1.1E
	17:48	21:12	1.6F
17 M	00:42	03:06	-1.1E
	06:48	09:30	1.2F
	12:42	15:12	-1.1E
	18:36	21:54	1.6F
18 Tu	01:24	03:48	-1.1E
	07:30	10:18	1.2F
	13:30	16:00	-1.1E
	19:30	22:42	1.5F
19 W ◐	02:06	04:42	-1.1E
	08:18	11:12	1.3F
	14:24	17:00	-1.1E
	20:24	23:36	1.5F
20 Th	03:00	05:42	-1.2E
	09:06	12:06	1.4F
	15:24	18:06	-1.2E
	21:24		
21 F		00:30	1.5F
	03:54	06:36	-1.3E
	10:00	13:00	1.5F
	16:30	19:06	-1.3E
	22:30		
22 Sa		01:30	1.5F
	04:54	07:30	-1.4E
	10:54	14:06	1.6F
	17:30	20:12	-1.4E
	23:36		
23 Su		02:36	1.6F
	05:48	08:24	-1.5E
	11:54	15:18	1.9F
	18:30	21:18	-1.5E
24 M	00:36	03:48	1.7F
	06:42	09:30	-1.6E
	12:54	16:24	2.1F
	19:30	22:18	-1.6E
25 Tu	01:42	04:42	1.8F
	07:36	10:24	-1.7E
	13:54	17:12	2.3F
	20:24		-1.7E
26 W ○	02:36	05:30	1.9F
	08:30	11:18	-1.8E
	14:48	18:06	2.4F
	21:18		
27 Th		00:06	-1.7E
	03:30	06:24	1.8F
	09:24	12:12	-1.8E
	15:36	19:00	2.4F
	22:12		
28 F		01:06	-1.7E
	04:24	07:18	1.8F
	10:12	13:06	-1.7E
	16:30	19:54	2.3F
	23:06		
29 Sa		02:00	-1.6E
	05:12	08:12	1.7F
	11:06	14:00	-1.6E
	17:18	20:48	2.1F
	23:24		
30 Su	00:00	02:48	-1.5E
	06:12	09:06	1.5F
	12:00	14:48	-1.4E
	18:18	21:36	1.9F
31 M	00:54	03:36	-1.3E
	07:06	10:00	1.4F
	13:00	15:48	-1.2E
	19:12	22:36	1.7F

June

Day	Slack h m	Maximum h m	knots
1 Tu	01:42	04:42	-1.2E
	08:00	11:06	1.3F
	14:00	17:00	-1.0E
	20:06	23:36	1.5F
2 W	02:36	05:54	-1.1E
	08:54	12:12	1.3F
	15:00	18:12	-1.0E
	21:06		
3 Th		00:30	1.4F
	03:36	06:42	-1.1E
	09:48	13:06	1.3F
	16:06	19:06	-1.0E
	22:00		
4 F		01:24	1.3F
	04:30	07:30	-1.2E
	10:36	14:00	1.3F
	17:06	19:54	-1.0E
	23:00		
5 Sa		02:24	1.2F
	05:18	08:18	-1.1E
	11:24	15:06	1.4F
	18:00	20:54	-1.0E
	23:54		
6 Su		03:30	1.2F
	06:06	09:12	-1.1E
	12:06	15:54	1.5F
	18:48	21:48	-1.1E
7 M	00:48	04:18	1.2F
	06:54	10:00	-1.1E
	12:54	16:36	1.6F
	19:36	22:36	-1.2E
8 Tu	01:42	04:54	1.2F
	07:36	10:36	-1.2E
	13:36	17:12	1.7F
	20:18	23:12	-1.2E
9 W	02:24	05:24	1.2F
	08:12	11:06	-1.3E
	14:18	17:42	1.8F
	21:00	23:54	-1.3E
10 Th ●	03:06	05:54	1.3F
	08:54	11:42	-1.2E
	14:54	18:12	1.8F
	21:36		
11 F		00:24	-1.3E
	03:42	06:24	1.2F
	09:30	12:12	-1.2E
	15:30	18:42	1.8F
	22:12		
12 Sa		01:00	-1.3E
	04:12	07:00	1.3F
	10:06	12:42	-1.2E
	16:00	19:18	1.8F
	22:42		
13 Su		01:24	-1.3E
	04:48	07:36	1.3F
	10:42	13:24	-1.2E
	16:36	20:00	1.7F
	23:24		
14 M		02:00	-1.3E
	05:24	08:18	1.3F
	11:24	14:00	-1.2E
	17:18	20:42	1.7F
15 Tu	00:00	02:36	-1.3E
	06:06	09:00	1.4F
	12:12	14:42	-1.2E
	18:06	21:24	1.7F
16 W	00:00	03:12	-1.3E
	06:48	09:48	1.4F
	13:06	15:36	-1.2E
	19:00	22:12	1.6F
17 Th	01:30	04:06	-1.3E
	07:42	10:48	1.5F
	14:00	16:36	-1.2E
	20:00	23:12	1.6F
18 F ◐	02:24	05:06	-1.3E
	08:30	11:48	1.6F
	15:06	17:48	-1.3E
	21:06		
19 Sa		00:12	1.6F
	03:24	06:06	-1.4E
	09:30	12:42	1.7F
	16:12	18:54	-1.4E
	22:12		
20 Su		01:06	1.5F
	04:24	07:06	-1.4E
	10:30	13:48	1.8F
	17:18	19:54	-1.4E
	23:24		
21 M		02:12	1.5F
	05:24	08:06	-1.5E
	11:36	15:00	2.0F
	18:18	21:06	-1.5E
22 Tu		03:30	1.6F
	06:24	09:12	-1.6E
	12:36	16:12	2.2F
	19:18	22:12	-1.6E
23 W	01:30	04:30	1.7F
	07:18	10:18	-1.6E
	13:36	17:06	2.3F
	20:12	23:06	-1.7E
24 Th ○	02:30	05:24	1.8F
	08:18	11:12	-1.7E
	14:36	17:54	2.4F
	21:06		
25 F		00:00	-1.7E
	03:18	06:12	1.8F
	09:12	12:00	-1.7E
	15:24	18:48	2.3F
	21:54		
26 Sa		00:54	-1.7E
	04:06	07:06	1.7F
	10:00	12:54	-1.6E
	16:12	19:36	2.2F
	22:42		
27 Su		01:48	-1.6E
	04:54	08:00	1.7F
	10:54	13:54	-1.5E
	17:00	20:24	2.0F
	23:36		
28 M		02:30	-1.5E
	05:48	08:48	1.6F
	11:48	14:36	-1.3E
	17:54	21:12	1.8F
29 Tu	00:24	03:12	-1.3E
	06:36	09:36	1.4F
	12:42	15:24	-1.2E
	18:48	22:00	1.6F
30 W	01:12	04:00	-1.3E
	07:30	10:36	1.3F
	13:36	16:24	-1.0E
	19:42	23:00	1.4F

Station ID: LWI0901 Depth: 15 feet
Source: NOAA/NOS/CO-OPS
Station Type: Harmonic
Time Zone: LST

NOAA Tidal Current Predictions

Lake Worth Inlet Entrance, 2021
Latitude: 26.7730° N Longitude: 80.0362° W
Mean Flood Dir. 267° (T) Mean Ebb Dir. 86° (T)
Times and speeds of maximum and minimum current, in knots

July

Day	Slack (h m)	Maximum (h m / knots)
1 Th ☽	02:06, 08:18, 14:36, 20:36	05:06 -1.1E, 11:42 1.3F, 17:42 -1.0E
2 F	02:54, 09:06, 15:36, 21:36	00:00 1.3F, 06:12 -1.0E, 12:30 1.3F, 18:42 -1.0E
3 Sa	03:48, 09:54, 16:36, 22:30	00:48 1.2F, 06:54 -1.0E, 13:18 1.3F, 19:30 -1.0E
4 Su	04:42, 10:42, 17:30, 23:24	01:36 1.1F, 07:36 -1.0E, 14:18 1.4F, 20:24 -1.0E
5 M	05:30, 11:30, 18:18	02:42 1.0F, 08:24 -1.0E, 15:18 1.5F, 21:18 -1.1E
6 Tu	00:18, 06:18, 12:12, 19:06	03:42 1.0F, 09:18 -1.0E, 16:06 1.6F, 22:06 -1.1E
7 W	01:12, 07:00, 13:00, 19:48	04:24 1.1F, 10:00 -1.1E, 16:42 1.6F, 22:42 -1.2E
8 Th	01:54, 07:42, 13:42, 20:30	04:54 1.1F, 10:36 -1.1E, 17:06 1.7F, 23:18 -1.2E
9 F	02:36, 08:24, 14:24, 21:00	05:18 1.2F, 11:06 -1.2E, 17:36 1.8F, 23:42 -1.3E
10 Sa ●	03:12, 09:00, 15:00, 21:36	05:48 1.3F, 11:36 -1.2E, 18:06 1.8F
11 Su	03:42, 09:36, 15:30, 22:06	00:12 -1.3E, 06:24 1.4F, 12:06 -1.3E, 18:48 1.8F
12 M	04:12, 10:12, 16:12, 22:42	00:48 -1.4E, 07:06 1.5F, 12:54 -1.3E, 19:30 1.8F
13 Tu	04:48, 11:00, 16:54, 23:24	01:24 -1.4E, 07:36 1.5F, 13:36 -1.4E, 20:12 1.8F
14 W	05:30, 11:48, 17:42	02:06 -1.5E, 08:36 1.6F, 14:24 -1.4E, 21:00 1.7F
15 Th	00:12, 06:18, 12:42, 18:48	02:48 -1.5E, 09:30 1.7F, 15:12 -1.4E, 21:48 1.7F
16 F	01:00, 07:12, 13:42, 19:48	03:36 -1.5E, 10:24 1.7F, 16:18 -1.4E, 22:48 1.6F
17 Sa ☽	01:54, 08:06, 14:48, 20:54	04:36 -1.4E, 11:24 1.8F, 17:36 -1.4E, 23:48 1.5F
18 Su	02:54, 09:06, 15:54, 22:00	05:42 -1.4E, 12:30 1.9F, 18:42 -1.4E
19 M	04:00, 10:12, 17:00, 23:06	00:48 1.5F, 06:48 -1.4E, 13:30 1.9F, 19:48 -1.4E
20 Tu	05:06, 11:18, 18:06	02:00 1.5F, 07:48 -1.5E, 14:48 2.0F, 20:54 -1.5E
21 W	00:12, 06:06, 12:18, 19:00	03:18 1.5F, 09:00 -1.5E, 16:00 2.1F, 22:06 -1.6E
22 Th	01:12, 07:06, 13:24, 20:00	04:24 1.6F, 10:06 -1.5E, 16:54 2.2F, 22:54 -1.6E
23 F	02:12, 08:00, 14:18, 20:48	05:12 1.7F, 11:00 -1.6E, 17:42 2.2F, 23:48 -1.6E
24 Sa ○	03:06, 08:54, 15:12, 21:36	06:06 1.8F, 11:54 -1.6E, 18:30 2.2F
25 Su	03:54, 09:48, 15:54, 22:24	00:36 -1.6E, 06:54 1.7F, 12:48 -1.5E, 19:18 2.0F
26 M	04:36, 10:36, 16:42, 23:06	01:30 -1.6E, 07:42 1.7F, 13:36 -1.4E, 20:06 1.9F
27 Tu	05:18, 11:24, 17:30, 23:54	02:06 -1.5E, 08:30 1.6F, 14:18 -1.3E, 20:48 1.7F
28 W	06:06, 12:18, 18:18	02:48 -1.3E, 09:12 1.5F, 15:06 -1.2E, 21:30 1.5F
29 Th	00:42, 06:54, 13:12, 19:12	03:24 -1.2E, 10:00 1.4F, 15:54 -1.0E, 22:18 1.3F
30 F	01:24, 07:36, 14:06, 20:06	04:12 -1.1E, 11:00 1.4F, 17:00 -1.0E, 23:12 1.1F
31 Sa ☽	02:12, 08:24, 15:00, 21:06	05:18 -1.0E, 11:54 1.4F, 18:12 -1.0E

August

Day	Slack (h m)	Maximum (h m / knots)
1 Su	03:06, 09:12, 16:00, 22:00	00:06 1.0F, 06:18 -1.0E, 12:36 1.4F, 19:00 -1.0E
2 M	04:00, 10:00, 16:54, 22:54	00:48 0.9F, 07:00 -0.9E, 13:24 1.4F, 19:48 -1.0E
3 Tu	04:48, 10:48, 17:48, 23:48	01:36 0.9F, 07:42 -0.9E, 14:18 1.4F, 20:42 -1.0E
4 W	05:42, 11:36, 18:30	02:48 0.9F, 08:30 -0.9E, 15:24 1.4F, 21:30 -1.0E
5 Th	00:30, 06:24, 12:18, 19:12	03:48 0.9F, 09:18 -0.9E, 16:00 1.5F, 22:12 -1.1E
6 F	01:18, 07:06, 13:06, 19:48	04:18 1.1F, 10:00 -1.0E, 16:36 1.6F, 22:42 -1.2E
7 Sa	02:00, 07:48, 13:48, 20:24	04:48 1.2F, 10:30 -1.1E, 17:00 1.7F, 23:06 -1.3E
8 Su ●	02:36, 08:30, 14:30, 21:00	05:18 1.4F, 11:06 -1.2E, 17:36 1.8F, 23:30 -1.4E
9 M	03:06, 09:12, 15:06, 21:36	06:00 1.5F, 11:42 -1.4E, 18:18 1.8F
10 Tu	03:42, 09:54, 15:48, 22:12	00:12 -1.5E, 06:42 1.7F, 12:24 -1.5E, 19:00 1.9F
11 W	04:18, 10:36, 16:36, 22:54	00:54 -1.6E, 07:24 1.8F, 13:18 -1.5E, 19:48 1.8F
12 Th	05:00, 11:30, 17:30, 23:42	01:36 -1.6E, 08:18 1.9F, 14:06 -1.6E, 20:36 1.8F
13 F	05:48, 12:30, 18:30	02:24 -1.6E, 09:06 1.9F, 15:00 -1.5E, 21:30 1.7F
14 Sa	00:36, 06:48, 13:30, 19:36	03:12 -1.6E, 10:06 2.0F, 16:00 -1.5E, 22:30 1.6F
15 Su ☽	01:36, 07:48, 14:30, 20:42	04:12 -1.5E, 11:12 2.0F, 17:18 -1.4E, 23:36 1.5F
16 M	02:36, 08:48, 15:42, 21:48	05:24 -1.4E, 12:18 2.0F, 18:36 -1.4E
17 Tu	03:42, 09:54, 16:48, 22:54	00:36 1.5F, 06:36 -1.4E, 13:18 2.0F, 19:36 -1.4E
18 W	04:48, 11:00, 17:48	01:42 1.4F, 07:36 -1.4E, 14:36 2.0F, 20:42 -1.4E
19 Th	00:00, 06:00, 12:06, 18:42	03:06 1.4F, 08:48 -1.4E, 15:48 2.0F, 21:48 -1.5E
20 F	01:00, 06:54, 13:06, 19:36	04:12 1.6F, 10:00 -1.4E, 16:42 2.1F, 22:42 -1.5E
21 Sa	01:54, 07:48, 14:00, 20:30	05:06 1.7F, 10:54 -1.4E, 17:24 2.1F, 23:30 -1.6E
22 Su ○	02:48, 08:42, 14:54, 21:12	05:54 1.7F, 11:42 -1.4E, 18:12 2.0F
23 M	03:30, 09:30, 15:36, 21:54	00:18 -1.5E, 06:36 1.7F, 12:30 -1.4E, 19:00 1.9F
24 Tu	04:12, 10:18, 16:24, 22:36	01:00 -1.5E, 07:24 1.7F, 13:18 -1.4E, 19:42 1.7F
25 W	04:48, 11:06, 17:06, 23:18	01:42 -1.4E, 08:06 1.7F, 14:00 -1.3E, 20:24 1.6F
26 Th	05:30, 11:54, 17:54	02:18 -1.3E, 08:48 1.6F, 14:42 -1.2E, 21:00 1.4F
27 F	00:06, 06:12, 12:48, 18:48	02:54 -1.2E, 09:24 1.5F, 15:24 -1.1E, 21:36 1.2F
28 Sa	00:48, 06:54, 13:36, 19:42	03:30 -1.1E, 10:12 1.5F, 16:24 -1.0E, 22:24 1.0F
29 Su	01:36, 07:42, 14:30, 20:30	04:18 -1.0E, 11:06 1.4F, 17:36 -0.9E, 23:18 0.9F
30 M ☽	02:24, 08:30, 15:24, 21:24	05:54 -0.9E, 11:54 1.4F, 18:30 -0.9E
31 Tu	03:12, 09:18, 16:18, 22:18	00:06 0.9F, 06:18 -0.9E, 12:36 1.4F, 19:12 -0.9E

September

Day	Slack (h m)	Maximum (h m / knots)
1 W	04:06, 10:06, 17:06, 23:06	00:48 0.8F, 07:00 -0.9E, 13:18 1.4F, 19:54 -0.9E
2 Th	05:00, 10:54, 17:48, 23:48	01:36 0.8F, 07:42 -0.9E, 14:06 1.3F, 20:36 -1.0E
3 F	05:48, 11:36, 18:30	02:36 0.9F, 08:24 -0.9E, 15:06 1.4F, 21:18 -1.0E
4 Sa	00:36, 06:36, 12:24, 19:06	03:36 1.0F, 09:18 -1.0E, 15:54 1.5F, 21:54 -1.2E
5 Su	01:12, 07:18, 13:12, 19:42	04:18 1.3F, 10:00 -1.1E, 16:30 1.6F, 22:30 -1.3E
6 M	01:54, 08:00, 14:00, 20:24	04:54 1.5F, 10:42 -1.3E, 17:12 1.8F, 23:00 -1.5E
7 Tu ●	02:36, 08:48, 14:48, 21:06	05:30 1.7F, 11:18 -1.5E, 17:54 1.9F, 23:42 -1.6E
8 W	03:12, 09:30, 15:36, 21:48	06:18 1.9F, 12:06 -1.6E, 18:36 1.9F
9 Th	03:54, 10:24, 16:24, 22:30	00:24 -1.7E, 07:06 2.0F, 13:06 -1.7E, 19:30 1.9F
10 F	04:36, 11:18, 17:18, 23:24	01:12 -1.7E, 08:00 2.1F, 13:54 -1.7E, 20:18 1.8F
11 Sa	05:30, 12:12, 18:18	02:06 -1.7E, 08:54 2.1F, 14:48 -1.6E, 21:12 1.7F
12 Su	00:18, 06:30, 13:18, 19:24	02:54 -1.7E, 09:48 2.1F, 15:48 -1.5E, 22:12 1.6F
13 M ☽	01:18, 07:30, 14:18, 20:30	03:54 -1.5E, 10:54 2.0F, 17:06 -1.4E, 23:18 1.5F
14 Tu	02:18, 08:36, 15:24, 21:30	05:12 -1.4E, 12:00 2.0F, 18:24 -1.4E
15 W	03:24, 09:42, 16:30, 22:36	00:24 1.4F, 06:24 -1.4E, 13:06 1.9F, 19:24 -1.4E
16 Th	04:36, 10:48, 17:30, 23:42	01:30 1.4F, 07:30 -1.3E, 14:12 1.9F, 20:24 -1.4E
17 F	05:36, 11:48, 18:24	02:48 1.4F, 08:36 -1.3E, 15:24 1.9F, 21:30 -1.4E
18 Sa	00:36, 06:36, 12:48, 19:18	04:00 1.5F, 09:48 -1.3E, 16:24 1.9F, 22:24 -1.4E
19 Su	01:36, 07:36, 13:42, 20:06	04:48 1.6F, 10:36 -1.3E, 17:06 1.9F, 23:06 -1.5E
20 M ○	02:24, 08:30, 14:36, 20:48	05:36 1.7F, 11:24 -1.3E, 17:48 1.8F, 23:48 -1.5E
21 Tu	03:06, 09:12, 15:18, 21:30	06:18 1.7F, 12:12 -1.3E, 18:30 1.7F
22 W	03:42, 10:00, 16:00, 22:06	00:30 -1.4E, 07:00 1.7F, 12:54 -1.3E, 19:18 1.6F
23 Th	04:18, 10:42, 16:42, 22:48	01:06 -1.4E, 07:42 1.7F, 13:42 -1.3E, 19:54 1.5F
24 F	04:54, 11:30, 17:30, 23:30	01:48 -1.3E, 08:18 1.7F, 14:18 -1.3E, 20:30 1.3F
25 Sa	05:30, 12:18, 18:18	02:18 -1.2E, 08:54 1.6F, 15:00 -1.2E, 21:06 1.2F
26 Su	00:12, 06:18, 13:06, 19:06	02:54 -1.1E, 09:30 1.6F, 15:42 -1.0E, 21:42 1.0F
27 M	00:54, 07:00, 13:54, 20:00	03:30 -1.0E, 10:18 1.5F, 16:42 -0.9E, 22:30 0.9F
28 Tu	01:42, 07:48, 14:42, 20:48	04:18 -0.9E, 11:06 1.4F, 17:42 -0.9E, 23:24 0.9F
29 W ☽	02:30, 08:30, 15:30, 21:30	05:18 -0.8E, 11:54 1.4F, 18:30 -0.9E
30 Th	03:24, 09:18, 16:18, 22:18	00:06 0.9F, 06:18 -0.8E, 12:36 1.4F, 19:00 -0.9E

Station ID: LWI0901 Depth: 15 feet
Source: NOAA/NOS/CO-OPS
Station Type: Harmonic
Time Zone: LST

NOAA Tidal Current Predictions

Lake Worth Inlet Entrance, 2021
Latitude: 26.7730° N Longitude: 80.0362° W
Mean Flood Dir. 267° (T) Mean Ebb Dir. 86° (T)
Times and speeds of maximum and minimum current, in knots

October

Day	Slack (h m)	Maximum (h m, knots)
1 F	04:18, 10:06, 17:00, 23:06	00:54 0.9F, 06:54 -0.8E, 13:18 1.3F, 19:36 -1.0E
2 Sa	05:12, 11:00, 17:42, 23:48	01:42 1.0F, 07:42 -0.9E, 14:06 1.4F, 20:18 -1.1E
3 Su	06:00, 11:48, 18:24	02:42 1.1F, 08:36 -1.0E, 15:06 1.4F, 21:06 -1.2E
4 M	00:30, 06:48, 12:42, 19:06	03:42 1.4F, 09:30 -1.2E, 16:00 1.6F, 21:54 -1.4E
5 Tu	01:18, 07:36, 13:42, 19:54	04:30 1.6F, 10:18 -1.4E, 16:48 1.8F, 22:36 -1.6E
6 W ●	02:00, 08:30, 14:30, 20:36	05:12 1.9F, 11:06 -1.6E, 17:30 1.9F, 23:18 -1.7E
7 Th	02:48, 09:18, 15:24, 21:24	06:00 2.1F, 11:54 -1.7E, 18:18 1.9F
8 F	03:36, 10:06, 16:12, 22:12	00:06 -1.8E, 06:48 2.2F, 12:48 -1.7E, 19:12 1.9F
9 Sa	04:24, 11:00, 17:06, 23:06	00:54 -1.8E, 07:48 2.3F, 13:48 -1.7E, 20:06 1.8F
10 Su	05:18, 12:00, 18:06	01:54 -1.8E, 08:42 2.3F, 14:42 -1.6E, 21:00 1.7F
11 M	00:00, 06:18, 13:00, 19:12	02:42 -1.7E, 09:36 2.2F, 15:36 -1.5E, 22:00 1.6F
12 Tu	01:00, 07:18, 14:00, 20:12	03:42 -1.5E, 10:42 2.0F, 16:48 -1.4E, 23:06 1.4F
13 W ◐	02:00, 08:18, 15:00, 21:12	04:54 -1.3E, 11:48 1.9F, 18:06 -1.3E
14 Th	03:06, 09:24, 16:06, 22:18	00:12 1.4F, 06:18 -1.3E, 12:48 1.8F, 19:06 -1.3E
15 F	04:18, 10:24, 17:06, 23:18	01:18 1.4F, 07:18 -1.2E, 13:54 1.7F, 20:06 -1.3E
16 Sa	05:24, 11:30, 18:00	02:30 1.4F, 08:24 -1.2E, 15:00 1.6F, 21:06 -1.3E
17 Su	00:12, 06:24, 12:24, 18:48	03:42 1.5F, 09:30 -1.2E, 16:00 1.7F, 22:00 -1.3E
18 M	01:06, 07:18, 13:18, 19:36	04:30 1.6F, 10:24 -1.2E, 16:48 1.7F, 22:42 -1.4E
19 Tu	01:54, 08:06, 14:12, 20:18	05:12 1.7F, 11:06 -1.3E, 17:30 1.6F, 23:18 -1.4E
20 W ○	02:36, 08:54, 15:00, 21:00	05:54 1.8F, 11:48 -1.3E, 18:06 1.6F
21 Th	03:12, 09:36, 15:42, 21:42	00:00 -1.4E, 06:30 1.8F, 12:30 -1.3E, 18:48 1.5F
22 F	03:48, 10:18, 16:18, 22:18	00:36 -1.3E, 07:12 1.8F, 13:18 -1.3E, 19:24 1.4F
23 Sa	04:18, 11:00, 17:00, 22:54	01:12 -1.3E, 07:48 1.8F, 14:00 -1.3E, 20:00 1.3F
24 Su	05:00, 11:48, 17:48, 23:36	01:48 -1.2E, 08:24 1.7F, 14:36 -1.2E, 20:30 1.2F
25 M	05:36, 12:30, 18:30	02:24 -1.2E, 09:00 1.6F, 15:12 -1.1E, 21:06 1.1F
26 Tu	00:18, 06:24, 13:12, 19:18	02:54 -1.1E, 09:36 1.5F, 15:42 -1.0E, 21:48 1.0F
27 W	01:06, 07:06, 13:54, 20:00	03:36 -0.9E, 10:18 1.4F, 16:36 -0.9E, 22:36 1.0F
28 Th ◑	01:54, 07:48, 14:42, 20:42	04:24 -0.9E, 11:06 1.4F, 17:24 -0.9E, 23:30 1.0F
29 F	02:42, 08:36, 15:24, 21:30	05:24 -0.8E, 11:54 1.4F, 18:12 -1.0E
30 Sa	03:36, 09:30, 16:12, 22:18	00:18 1.1F, 06:18 -0.9E, 12:42 1.4F, 18:48 -1.0E
31 Su	04:36, 10:24, 17:00, 23:06	01:06 1.2F, 07:06 -1.0E, 13:30 1.4F, 19:30 -1.1E

November

Day	Slack (h m)	Maximum (h m, knots)
1 M	05:30, 11:24, 17:48, 23:54	02:00 1.3F, 08:00 -1.1E, 14:30 1.4F, 20:24 -1.3E
2 Tu	06:24, 12:24, 18:36	03:06 1.5F, 09:06 -1.3E, 15:30 1.6F, 21:18 -1.4E
3 W	00:42, 07:18, 13:24, 19:24	04:06 1.8F, 10:00 -1.5E, 16:24 1.7F, 22:12 -1.6E
4 Th ●	01:36, 08:12, 14:18, 20:18	04:54 2.1F, 10:54 -1.7E, 17:12 1.8F, 23:00 -1.7E
5 F	02:30, 09:06, 15:12, 21:06	05:48 2.3F, 11:42 -1.8E, 18:06 1.9F, 23:48 -1.8E
6 Sa	03:18, 09:54, 16:06, 21:54	06:36 2.4F, 12:42 -1.8E, 18:54 1.9F
7 Su	04:12, 10:48, 16:54, 22:48	00:42 -1.8E, 07:36 2.4F, 13:36 -1.7E, 19:54 1.8F
8 M	05:00, 11:42, 17:54, 23:48	01:42 -1.8E, 08:30 2.3F, 14:30 -1.6E, 20:48 1.7F
9 Tu	06:00, 12:42, 18:54	02:36 -1.6E, 09:24 2.1F, 15:24 -1.5E, 21:42 1.5F
10 W	00:48, 07:00, 13:42, 19:54	03:24 -1.4E, 10:24 1.9F, 16:30 -1.3E, 22:48 1.4F
11 Th ◐	01:48, 08:00, 14:36, 20:54	04:36 -1.2E, 11:30 1.8F, 17:48 -1.3E
12 F	02:54, 09:06, 15:36, 21:54	00:00 1.4F, 06:06 -1.1E, 12:30 1.7F, 18:48 -1.3E
13 Sa	04:00, 10:06, 16:36, 22:48	01:00 1.4F, 07:06 -1.1E, 13:30 1.5F, 19:36 -1.2E
14 Su	05:06, 11:06, 17:30, 23:42	02:06 1.4F, 08:00 -1.1E, 14:30 1.4F, 20:30 -1.2E
15 M	06:00, 12:00, 18:18	03:12 1.4F, 09:00 -1.1E, 15:36 1.4F, 21:24 -1.2E
16 Tu	00:30, 06:54, 12:54, 19:06	04:06 1.6F, 09:54 -1.2E, 16:24 1.4F, 22:12 -1.2E
17 W	01:18, 07:42, 13:48, 19:48	04:48 1.7F, 10:42 -1.2E, 17:06 1.4F, 22:48 -1.3E
18 Th	02:00, 08:30, 14:36, 20:30	05:30 1.8F, 11:24 -1.3E, 17:42 1.4F, 23:24 -1.3E
19 F ○	02:36, 09:12, 15:18, 21:12	06:06 1.8F, 12:06 -1.3E, 18:12 1.4F
20 Sa	03:18, 09:54, 16:00, 21:48	00:00 -1.3E, 06:36 1.8F, 12:48 -1.3E, 18:48 1.3F
21 Su	03:48, 10:30, 16:30, 22:24	00:36 -1.3E, 07:12 1.8F, 13:30 -1.3E, 19:24 1.2F
22 M	04:24, 11:12, 17:12, 23:00	01:18 -1.2E, 07:48 1.7F, 14:00 -1.2E, 20:00 1.2F
23 Tu	05:00, 11:54, 17:54, 23:42	01:48 -1.2E, 08:24 1.7F, 14:30 -1.2E, 20:36 1.1F
24 W	05:42, 12:30, 18:36	02:24 -1.1E, 09:00 1.6F, 15:00 -1.1E, 21:18 1.1F
25 Th	00:30, 06:24, 13:12, 19:18	03:00 -1.0E, 09:36 1.5F, 15:36 -1.0E, 22:00 1.1F
26 F ◑	01:18, 07:12, 13:54, 20:00	03:42 -1.0E, 10:24 1.4F, 16:18 -1.0E, 22:48 1.2F
27 Sa	02:06, 08:00, 14:36, 20:42	04:36 -1.0E, 11:18 1.4F, 17:12 -1.1E, 23:42 1.3F
28 Su	03:00, 09:00, 15:24, 21:30	05:42 -1.0E, 12:06 1.4F, 18:06 -1.2E
29 M	04:06, 10:00, 16:18, 22:24	00:36 1.4F, 06:42 -1.1E, 13:00 1.4F, 19:00 -1.3E
30 Tu	05:06, 11:00, 17:18, 23:18	01:30 1.5F, 07:36 -1.1E, 14:00 1.4F, 19:54 -1.4E

December

Day	Slack (h m)	Maximum (h m, knots)
1 W	06:00, 12:06, 18:12	02:42 1.7F, 08:42 -1.4E, 15:06 1.5F, 20:48 -1.5E
2 Th	00:18, 07:00, 13:06, 19:06	03:48 2.0F, 09:48 -1.5E, 16:12 1.7F, 21:54 -1.6E
3 F	01:18, 07:54, 14:06, 20:00	04:42 2.2F, 10:42 -1.7E, 17:00 1.8F, 22:48 -1.7E
4 Sa ●	02:12, 08:48, 15:00, 20:54	05:36 2.4F, 11:36 -1.8E, 17:54 1.8F, 23:36 -1.8E
5 Su	03:06, 09:42, 15:54, 21:42	06:24 2.4F, 12:30 -1.8E, 18:48 1.8F
6 M	04:00, 10:36, 16:42, 22:36	00:30 -1.8E, 07:18 2.4F, 13:30 -1.7E, 19:42 1.8F
7 Tu	04:48, 11:24, 17:36, 23:30	01:30 -1.7E, 08:12 2.2F, 14:18 -1.6E, 20:36 1.7F
8 W	05:48, 12:18, 18:36	02:24 -1.5E, 09:06 2.0F, 15:06 -1.5E, 21:30 1.6F
9 Th	00:30, 06:42, 13:18, 19:30	03:18 -1.4E, 10:00 1.8F, 16:06 -1.3E, 22:30 1.4F
10 F	01:36, 07:42, 14:12, 20:24	04:18 -1.2E, 11:06 1.6F, 17:18 -1.2E, 23:42 1.4F
11 Sa ◐	02:36, 08:42, 15:06, 21:18	05:42 -1.1E, 12:06 1.5F, 18:18 -1.2E
12 Su	03:36, 09:42, 16:00, 22:12	00:42 1.4F, 06:42 -1.0E, 13:00 1.4F, 19:06 -1.1E
13 M	04:42, 10:36, 16:54, 23:06	01:36 1.4F, 07:36 -1.0E, 13:54 1.2F, 19:54 -1.1E
14 Tu	05:36, 11:36, 17:48, 23:48	02:42 1.4F, 08:30 -1.1E, 15:06 1.2F, 20:48 -1.1E
15 W	06:30, 12:30, 18:30	03:36 1.5F, 09:30 -1.1E, 16:00 1.2F, 21:36 -1.1E
16 Th	00:36, 07:18, 13:24, 19:18	04:24 1.6F, 10:18 -1.2E, 16:42 1.2F, 22:18 -1.2E
17 F	01:24, 07:42, 14:12, 20:00	05:00 1.8F, 11:00 -1.3E, 17:18 1.3F, 23:00 -1.2E
18 Sa	02:06, 08:48, 14:54, 20:42	05:36 1.8F, 11:42 -1.3E, 17:42 1.3F, 23:30 -1.2E
19 Su ○	02:48, 09:24, 15:30, 21:18	06:06 1.8F, 12:18 -1.3E, 18:18 1.3F
20 M	03:24, 09:42, 16:06, 21:54	00:06 -1.2E, 06:36 1.8F, 12:54 -1.3E, 18:48 1.3F
21 Tu	03:54, 10:36, 16:36, 22:30	00:42 -1.2E, 07:12 1.7F, 13:24 -1.2E, 19:24 1.3F
22 W	04:30, 11:12, 17:12, 23:12	01:54 -1.2E, 07:48 1.7F, 13:54 -1.2E, 20:06 1.3F
23 Th	05:06, 11:48, 17:48	01:54 -1.2E, 08:24 1.6F, 14:24 -1.2E, 20:48 1.3F
24 F	00:00, 06:06, 12:24, 18:30	02:30 -1.1E, 09:06 1.6F, 14:54 -1.2E, 21:30 1.4F
25 Sa	00:48, 06:42, 13:12, 19:18	03:12 -1.1E, 09:48 1.5F, 15:36 -1.2E, 22:18 1.4F
26 Su	01:36, 07:42, 13:54, 20:06	04:06 -1.1E, 10:42 1.5F, 16:30 -1.2E, 23:18 1.5F
27 M ◑	02:36, 08:36, 14:48, 20:54	05:18 -1.2E, 11:42 1.5F, 17:30 -1.3E
28 Tu	03:36, 09:42, 15:48, 21:54	00:12 1.6F, 06:24 -1.3E, 12:36 1.5F, 18:30 -1.4E
29 W	04:42, 10:36, 16:48, 22:54	01:12 1.8F, 07:24 -1.4E, 13:36 1.4F, 19:30 -1.4E
30 Th	05:48, 11:48, 17:48	02:18 1.9F, 08:24 -1.4E, 14:48 1.5F, 20:30 -1.5E
31 F	00:00, 06:42, 12:54, 18:48	03:30 2.0F, 09:36 -1.5E, 15:54 1.6F, 21:36 -1.6E

Station ID: PEV0901 Depth: 16 feet
Source: NOAA/NOS/CO-OPS
Station Type: Harmonic
Time Zone: LST

NOAA Tidal Current Predictions

Port Everglades Entrance, 2021
Latitude: 26.0932° N Longitude: 80.1055° W
Mean Flood Dir. 257° (T) Mean Ebb Dir. 75° (T)
Times and speeds of maximum and minimum current, in knots

January

Day	Slack (h m)	Maximum (h m)	knots
1 F	04:42, 10:54, 17:18, 22:54	00:48, 07:30, 13:18, 19:42	-0.7E, 0.6F, -0.7E, 0.5F
2 Sa	05:30, 11:30, 18:00, 23:42	01:36, 08:12, 14:00, 20:30	-0.7E, 0.6F, -0.7E, 0.5F
3 Su	06:18, 12:12, 18:48	02:18, 08:54, 14:48, 21:18	-0.7E, 0.6F, -0.7E, 0.6F
4 M	00:36, 07:06, 13:00, 19:36	03:12, 09:36, 15:36, 22:12	-0.7E, 0.6F, -0.7E, 0.6F
5 Tu	01:30, 08:00, 13:48, 20:30	04:06, 10:30, 16:30, 23:06	-0.7E, 0.6F, -0.7E, 0.6F
6 W	02:30, 09:00, 14:42, 21:24	05:06, 11:24, 17:24	-0.7E, 0.6F, -0.7E
7 Th	03:36, 10:00, 15:42, 22:24	00:06, 06:06, 12:18, 18:24	0.6F, -0.7E, 0.5F, -0.7E
8 F	04:36, 11:00, 16:42, 23:24	01:18, 07:06, 13:30, 19:24	0.6F, -0.6E, 0.5F, -0.7E
9 Sa	05:42, 12:00, 17:42	02:36, 08:12, 14:48, 20:30	0.7F, -0.7E, 0.5F, -0.7E
10 Su	00:24, 06:36, 13:00, 18:42	03:42, 09:24, 15:54, 21:36	0.7F, -0.7E, 0.5F, -0.7E
11 M	01:18, 07:36, 14:00, 19:36	04:42, 10:24, 16:54, 22:30	0.8F, -0.7E, 0.5F, -0.7E
12 Tu	02:12, 08:30, 14:54, 20:30	05:36, 11:24, 17:54, 23:30	0.8F, -0.7E, 0.5F, -0.7E
13 W	03:06, 09:18, 15:42, 21:24	06:30, 12:18, 18:54	0.7F, -0.7E, 0.5F
14 Th	03:48, 10:06, 16:30, 22:12	00:12, 07:18, 13:00, 19:42	-0.7E, 0.7F, -0.6E, 0.5F
15 F	04:36, 10:48, 17:18, 23:00	00:54, 08:00, 13:30, 20:24	-0.6E, 0.6F, -0.6E, 0.4F
16 Sa	05:24, 11:30, 18:06, 23:48	01:36, 08:30, 14:06, 21:06	-0.6E, 0.6F, -0.6E, 0.4F
17 Su	06:12, 12:12, 18:48	02:12, 08:54, 14:36, 21:30	-0.6E, 0.5F, -0.6E, 0.4F
18 M	00:36, 06:54, 12:48, 19:30	03:00, 09:24, 15:18, 22:06	-0.5E, 0.5F, -0.5E, 0.4F
19 Tu	01:24, 07:42, 13:30, 20:18	03:48, 10:06, 16:06, 22:48	-0.5E, 0.5F, -0.5E, 0.4F
20 W	02:12, 08:36, 14:12, 21:00	04:42, 10:48, 16:54, 23:36	-0.5E, 0.4F, -0.5E, 0.4F
21 Th	03:06, 09:30, 15:06, 21:54	05:36, 11:30, 17:42	-0.5E, 0.3F, -0.5E
22 F	04:00, 10:30, 16:00, 22:48	00:24, 06:30, 12:30, 18:36	0.4F, -0.5E, 0.3F, -0.5E
23 Sa	05:00, 11:24, 16:54, 23:42	01:36, 07:30, 13:24, 19:30	0.5F, -0.5E, 0.3F, -0.5E
24 Su	05:54, 12:18, 17:48	02:48, 08:30, 14:30, 20:36	0.5F, -0.5E, 0.3F, -0.5E
25 M	00:30, 06:48, 13:12, 18:42	03:42, 09:24, 15:30, 21:30	0.5F, -0.5E, 0.3F, -0.5E
26 Tu	01:24, 07:36, 14:00, 19:30	04:30, 10:12, 16:18, 22:18	0.6F, -0.5E, 0.4F, -0.6E
27 W	02:12, 08:24, 14:48, 20:18	05:00, 10:54, 17:06, 23:00	0.6F, -0.6E, 0.4F, -0.6E
28 Th	02:54, 09:06, 15:24, 21:06	05:48, 11:36, 17:54, 23:48	0.6F, -0.6E, 0.5F, -0.7E
29 F	03:36, 09:48, 16:06, 21:48	06:24, 12:18, 18:42	0.7F, -0.7E, 0.5F
30 Sa	04:24, 10:24, 16:48, 22:36	00:30, 07:06, 13:00, 19:24	-0.7E, 0.7F, -0.7E, 0.6F
31 Su	05:06, 11:06, 17:36, 23:30	01:18, 07:48, 13:42, 20:18	-0.7E, 0.7F, -0.7E, 0.6F

February

Day	Slack (h m)	Maximum (h m)	knots
1 M	05:54, 11:48, 18:24	02:06, 08:30, 14:24, 21:00	-0.8E, 0.7F, -0.8E, 0.7F
2 Tu	00:24, 06:48, 12:36, 19:12	02:54, 09:18, 15:12, 21:54	-0.7E, 0.6F, -0.8E, 0.7F
3 W	01:18, 07:42, 13:24, 20:06	03:48, 10:12, 16:06, 22:54	-0.7E, 0.6F, -0.7E, 0.7F
4 Th	02:12, 08:42, 14:18, 21:06	04:48, 11:06, 17:06	-0.7E, 0.5F, -0.7E
5 F	03:18, 09:42, 15:24, 22:06	00:00, 05:48, 12:06, 18:06	0.7F, -0.7E, 0.5F, -0.7E
6 Sa	04:24, 10:48, 16:24, 23:12	01:12, 06:54, 13:18, 19:12	0.7F, -0.6E, 0.4F, -0.7E
7 Su	05:24, 11:48, 17:30	02:36, 08:18, 14:54, 20:36	0.7F, -0.6E, 0.5F, -0.7E
8 M	00:12, 06:30, 12:54, 18:30	03:42, 09:48, 16:06, 21:54	0.7F, -0.6E, 0.5F, -0.7E
9 Tu	01:06, 07:24, 13:48, 19:30	04:36, 10:48, 17:00, 22:54	0.7F, -0.6E, 0.5F, -0.7E
10 W	02:00, 08:12, 14:42, 20:18	05:30, 11:42, 17:54, 23:42	0.7F, -0.7E, 0.5F, -0.7E
11 Th	02:48, 09:00, 15:24, 21:12	06:18, 12:18, 18:48	0.7F, -0.7E, 0.5F
12 F	03:30, 09:42, 16:06, 21:54	00:18, 07:00, 12:48, 19:30	-0.7E, 0.7F, -0.6E, 0.5F
13 Sa	04:12, 10:18, 16:48, 22:36	00:42, 07:36, 13:00, 20:00	-0.6E, 0.6F, -0.6E, 0.5F
14 Su	04:54, 10:54, 17:24, 23:18	01:12, 07:48, 13:30, 20:18	-0.6E, 0.5F, -0.6E, 0.5F
15 M	05:36, 11:30, 18:06	01:42, 08:06, 14:00, 20:42	-0.6E, 0.5F, -0.6E, 0.5F
16 Tu	00:00, 06:18, 12:00, 18:42	02:24, 08:36, 14:36, 21:12	-0.6E, 0.5F, -0.6E, 0.5F
17 W	00:42, 07:00, 12:36, 19:24	03:06, 09:18, 15:18, 21:54	-0.6E, 0.4F, -0.6E, 0.5F
18 Th	01:24, 07:54, 13:18, 20:12	03:54, 10:00, 16:06, 22:42	-0.5E, 0.4F, -0.5E, 0.5F
19 F	02:18, 08:48, 14:06, 21:06	04:48, 10:48, 16:54, 23:30	-0.5E, 0.4F, -0.5E, 0.5F
20 Sa	03:12, 09:42, 15:00, 22:06	05:36, 11:42, 17:54	-0.5E, 0.3F, -0.5E
21 Su	04:18, 10:48, 16:06, 23:00	00:36, 06:36, 12:36, 18:48	0.5F, -0.5E, 0.3F, -0.5E
22 M	05:18, 11:42, 17:12	01:42, 07:36, 13:42, 19:54	0.5F, -0.5E, 0.3F, -0.5E
23 Tu	00:00, 06:12, 12:42, 18:06	02:54, 08:36, 14:54, 20:54	0.5F, -0.5E, 0.3F, -0.5E
24 W	00:54, 07:00, 13:30, 19:00	03:48, 09:36, 15:54, 21:48	0.6F, -0.6E, 0.4F, -0.6E
25 Th	01:42, 07:48, 14:12, 19:54	04:30, 10:18, 16:42, 23:42	0.6F, -0.6E, 0.5F, -0.7E
26 F	02:30, 08:30, 14:54, 20:42	05:12, 11:00, 17:30, 23:24	0.6F, -0.6E, 0.5F, -0.7E
27 Sa	03:12, 09:12, 15:36, 21:30	05:54, 11:48, 18:18	0.7F, -0.7E, 0.6F
28 Su	04:00, 09:54, 16:18, 22:18	00:12, 06:36, 12:30, 19:06	-0.8E, 0.7F, -0.8E, 0.7F

March

Day	Slack (h m)	Maximum (h m)	knots
1 M	04:48, 10:36, 17:06, 23:12	01:00, 07:24, 13:18, 20:00	-0.8E, 0.7F, -0.8E, 0.7F
2 Tu	05:36, 11:24, 17:54	01:48, 08:12, 14:00, 20:48	-0.8E, 0.7F, -0.8E, 0.7F
3 W	00:06, 06:30, 12:12, 18:48	02:36, 09:00, 14:48, 21:42	-0.8E, 0.6F, -0.8E, 0.7F
4 Th	01:00, 07:24, 13:06, 19:48	03:30, 09:54, 15:48, 22:42	-0.7E, 0.6F, -0.7E, 0.7F
5 F	02:00, 08:24, 14:00, 20:48	04:30, 10:54, 16:48, 23:54	-0.7E, 0.5F, -0.7E, 0.7F
6 Sa	03:06, 09:30, 15:06, 21:54	05:36, 12:00, 17:54	-0.6E, 0.5F, -0.6E
7 Su	04:12, 10:36, 16:18, 23:00	01:06, 07:00, 13:36, 19:18	0.7F, -0.6E, 0.4F, -0.6E
8 M	05:12, 11:42, 17:18	02:30, 08:48, 15:00, 21:06	0.7F, -0.6E, 0.5F, -0.7E
9 Tu	00:00, 06:12, 12:42, 18:24	03:36, 09:54, 16:00, 22:12	0.7F, -0.6E, 0.5F, -0.7E
10 W	00:54, 07:06, 13:36, 19:18	04:24, 10:42, 16:54, 23:00	0.7F, -0.7E, 0.5F, -0.7E
11 Th	01:48, 07:54, 14:24, 20:06	05:12, 11:24, 17:42, 23:36	0.7F, -0.7E, 0.6F, -0.7E
12 F	02:30, 08:36, 15:00, 20:54	05:54, 12:06, 18:30	0.7F, -0.7E, 0.6F
13 Sa	03:12, 09:12, 15:36, 21:36	00:12, 06:30, 12:30, 19:06	-0.6E, 0.6F, -0.6E, 0.6F
14 Su	03:48, 09:42, 16:12, 22:12	00:30, 07:00, 13:00, 19:30	-0.6E, 0.5F, -0.6E, 0.5F
15 M	04:24, 10:18, 16:48, 22:48	00:48, 07:06, 12:54, 19:36	-0.6E, 0.5F, -0.6E, 0.5F
16 Tu	05:06, 10:48, 17:24, 23:24	01:18, 07:30, 13:24, 20:00	-0.6E, 0.5F, -0.6E, 0.5F
17 W	05:42, 11:18, 18:00	01:54, 08:00, 14:00, 20:36	-0.6E, 0.5F, -0.6E, 0.5F
18 Th	00:06, 06:30, 11:54, 18:42	02:30, 08:42, 14:42, 21:12	-0.6E, 0.4F, -0.6E, 0.5F
19 F	00:48, 07:12, 12:30, 19:30	03:18, 09:24, 15:30, 22:00	-0.6E, 0.4F, -0.6E, 0.5F
20 Sa	01:36, 08:06, 13:18, 20:24	04:06, 10:12, 16:18, 22:54	-0.5E, 0.4F, -0.5E, 0.5F
21 Su	02:30, 09:06, 14:12, 21:24	05:00, 11:06, 17:12, 23:54	-0.5E, 0.3F, -0.5E, 0.5F
22 M	03:36, 10:06, 15:24, 22:24	06:00, 12:00, 18:12	-0.5E, 0.3F, -0.5E
23 Tu	04:36, 11:06, 16:36, 23:24	00:54, 06:54, 13:06, 19:18	0.5F, -0.5E, 0.3F, -0.5E
24 W	05:30, 12:06, 17:36	02:06, 07:54, 14:18, 20:18	0.5F, -0.5E, 0.4F, -0.5E
25 Th	00:18, 06:24, 12:54, 18:36	03:06, 08:54, 15:24, 21:18	0.5F, -0.6E, 0.4F, -0.6E
26 F	01:12, 07:12, 13:42, 19:30	03:54, 09:42, 16:12, 22:12	0.6F, -0.6E, 0.5F, -0.7E
27 Sa	02:00, 07:54, 14:24, 20:24	04:36, 10:30, 17:00, 23:00	0.6F, -0.7E, 0.6F, -0.8E
28 Su	02:48, 08:36, 15:06, 21:12	05:18, 11:18, 17:54, 23:48	0.6F, -0.8E, 0.7F, -0.8E
29 M	03:36, 09:24, 15:48, 22:00	06:12, 12:00, 18:42	0.7F, -0.8E, 0.8F
30 Tu	04:24, 10:12, 16:36, 22:54	00:36, 07:00, 12:54, 19:36	-0.8E, 0.7F, -0.8E, 0.8F
31 W	05:18, 11:00, 17:30, 23:48	01:30, 07:48, 13:42, 20:30	-0.8E, 0.6F, -0.8E, 0.8F

Station ID: PEV0901 Depth: 16 feet
Source: NOAA/NOS/CO-OPS
Station Type: Harmonic
Time Zone: LST

NOAA Tidal Current Predictions

Port Everglades Entrance, 2021
Latitude: 26.0932° N Longitude: 80.1055° W
Mean Flood Dir. 257° (T) Mean Ebb Dir. 75° (T)
Times and speeds of maximum and minimum current, in knots

April

Day	Slack (h m)	Maximum (h m)	knots
1 Th		02:18	-0.8E
	06:12	08:42	0.6F
	11:48	14:30	-0.8E
	18:30	21:24	0.8F
2 F	00:42	03:12	-0.7E
	07:12	09:36	0.5F
	12:48	15:30	-0.7E
	19:30	22:36	0.7F
3 Sa	01:42	04:18	-0.7E
	08:12	10:48	0.5F
	13:48	16:30	-0.7E
	20:30	23:48	0.7F
4 Su ◑	02:48	05:36	-0.6E
		12:12	0.4F
	14:54	18:00	-0.6E
	21:36		
5 M		01:00	0.7F
	03:54	07:24	-0.6E
	10:24	13:36	0.4F
	16:06	19:48	-0.6E
	22:42		
6 Tu		02:12	0.7F
	04:54	08:36	-0.6E
	11:30	14:54	0.5F
	17:06	21:00	-0.6E
	23:42		
7 W		03:18	0.7F
	05:48	09:36	-0.7E
	12:24	15:48	0.5F
	18:06	21:54	-0.7E
8 Th	00:36	04:06	0.7F
	06:42	10:24	-0.7E
	13:12	16:36	0.6F
	19:00	22:42	-0.7E
9 F	01:24	04:48	0.6F
	07:24	11:06	-0.7E
	13:54	17:18	0.6F
	19:48	23:24	-0.7E
10 Sa	02:12	05:30	0.6F
	08:06	11:42	-0.7E
	14:30	18:00	0.6F
	20:30	23:54	-0.6E
11 Su	02:48	06:00	0.5F
	08:36	11:42	-0.6E
	15:06	18:30	0.6F
	21:12		
12 M ●	03:24	00:06	-0.6E
	09:12	06:12	0.5F
	15:36	11:54	-0.6E
	21:48	18:48	0.6F
13 Tu	04:00	00:18	-0.6E
	09:42	06:24	0.4F
	16:12	12:18	-0.6E
	22:18	19:06	0.6F
14 W	04:36	00:48	-0.6E
	10:12	06:54	0.4F
	16:48	12:54	-0.6E
	23:00	19:30	0.6F
15 Th	05:18	01:24	-0.6E
	10:48	07:36	0.4F
	17:24	13:36	-0.6E
	23:36	20:06	0.6F
16 F	06:00	02:06	-0.6E
	11:18	08:12	0.4F
	18:06	14:12	-0.6E
		20:48	0.6F
17 Sa	00:18	02:48	-0.6E
	06:48	08:54	0.4F
	12:00	14:54	-0.6E
	18:54	21:36	0.5F
18 Su	01:06	03:36	-0.5E
	07:36	09:42	0.4F
	12:48	15:48	-0.5E
	19:48	22:30	0.5F
19 M	01:54	04:30	-0.5E
	08:30	10:42	0.4F
	13:42	16:42	-0.5E
	20:48	23:24	0.5F
20 Tu ◐	02:54	05:24	-0.5E
	09:30	11:36	0.3F
	14:54	17:48	-0.5E
	21:48		
21 W		00:18	0.5F
	03:54	06:18	-0.5E
	10:30	12:36	0.4F
	16:06	18:42	-0.5E
	22:48		
22 Th		01:18	0.5F
	04:48	07:18	-0.5E
	11:24	13:42	0.4F
	17:12	19:48	-0.6E
	23:42		
23 F	05:42	02:18	0.5F
	12:12	08:12	-0.6E
	18:12	14:48	0.5F
		20:48	-0.6E
24 Sa	00:36	03:12	0.6F
	06:30	09:06	-0.7E
	13:00	15:48	0.6F
	19:06	21:42	-0.7E
25 Su	01:30	04:00	0.6F
	07:18	10:00	-0.7E
	13:48	16:42	0.7F
	20:00	22:36	-0.8E
26 M	02:18	04:54	0.6F
	08:36	10:48	-0.8E
	14:36	17:30	0.8F
	20:48	23:24	-0.8E
27 Tu ○	03:12	05:42	0.6F
	08:54	11:36	-0.8E
	15:24	18:24	0.8F
	21:42		
28 W	04:00	00:18	-0.8E
	09:42	06:36	0.6F
	16:12	12:30	-0.8E
	22:36	19:18	0.8F
29 Th	04:54	01:06	-0.8E
	10:36	07:30	0.6F
	17:12	13:18	-0.8E
	23:30	20:18	0.8F
30 F	05:54	02:00	-0.8E
	11:30	08:24	0.5F
	18:12	14:12	-0.8E
		21:18	0.8F

May

Day	Slack (h m)	Maximum (h m)	knots
1 Sa	00:24	02:54	-0.7E
	06:54	09:24	0.5F
	12:30	15:06	-0.7E
	19:12	22:24	0.7F
2 Su	01:24	04:00	-0.6E
	07:54	10:48	0.5F
	13:30	16:18	-0.6E
	20:12	23:36	0.7F
3 M ◑	02:24	05:48	-0.6E
	09:00	12:12	0.4F
	14:36	18:06	-0.6E
	21:12		
4 Tu	03:30	00:36	0.6F
	10:06	07:06	-0.6E
	15:48	13:24	0.5F
	22:18	19:30	-0.6E
5 W	04:24	01:48	0.6F
	11:06	08:12	-0.6E
	16:48	14:30	0.5F
	23:18	20:36	-0.6E
6 Th	05:18	02:48	0.6F
	11:54	09:12	-0.6E
	17:48	15:24	0.6F
		21:30	-0.6E
7 F	00:12	03:36	0.6F
	06:06	09:54	-0.7E
	12:42	16:12	0.6F
	18:42	22:18	-0.6E
8 Sa	01:00	04:24	0.5F
	06:48	10:36	-0.6E
	13:24	16:48	0.6F
	19:24	22:54	-0.6E
9 Su	01:42	04:54	0.5F
	07:30	11:00	-0.6E
	14:00	17:30	0.6F
	20:06	23:24	-0.6E
10 M	02:24	05:24	0.5F
	08:06	11:00	-0.6E
	14:36	17:54	0.6F
	20:42	23:30	-0.6E
11 Tu ●	03:00	05:30	0.4F
	08:42	11:18	-0.6E
	15:12	18:12	0.6F
	21:18	23:54	-0.6E
12 W	03:36	05:48	0.4F
	09:12	11:54	-0.6E
	15:42	18:36	0.6F
	22:00		
13 Th	04:18	00:30	-0.6E
	09:48	07:06	0.4F
	16:24	12:30	-0.6E
	22:36	19:06	0.6F
14 F	04:54	01:00	-0.6E
	10:24	07:12	0.4F
	17:00	13:00	-0.6E
	23:18	19:48	0.6F
15 Sa	05:36	01:42	-0.6E
	11:00	07:48	0.4F
	17:48	13:48	-0.6E
		20:30	0.6F
16 Su	00:00	02:24	-0.6E
	06:24	08:36	0.4F
	11:42	14:36	-0.6E
	18:30	21:12	0.6F
17 M	00:42	03:06	-0.6E
	07:12	09:24	0.4F
	12:30	15:24	-0.6E
	19:24	22:00	0.6F
18 Tu	01:24	04:00	-0.6E
	08:06	10:18	0.4F
	13:24	16:18	-0.6E
	20:18	22:54	0.5F
19 W ◐	02:18	04:54	-0.6E
	09:00	11:12	0.4F
	14:30	17:18	-0.5E
	21:12	23:42	0.5F
20 Th	03:12	05:48	-0.6E
	09:54	12:12	0.4F
	15:42	18:18	-0.6E
	22:12		
21 F	04:06	00:36	0.5F
	10:48	06:42	-0.6E
	16:42	13:18	0.5F
	23:12	19:12	-0.6E
22 Sa	05:00	01:36	0.5F
	11:36	07:36	-0.7E
	17:42	14:24	0.6F
		20:18	-0.7E
23 Su	00:06	02:36	0.5F
	05:54	08:36	-0.7E
	12:30	15:24	0.7F
	18:42	21:18	-0.7E
24 M	01:06	03:36	0.6F
	06:48	09:30	-0.8E
	13:24	16:18	0.7F
	19:36	22:12	-0.8E
25 Tu	02:00	04:24	0.6F
	07:36	10:24	-0.8E
	14:12	17:12	0.8F
	20:30	23:30	-0.8E
26 W ○	02:48	05:18	0.6F
	08:30	11:18	-0.8E
	15:06	18:12	0.8F
	21:24	23:54	-0.8E
27 Th	03:42	06:18	0.6F
	09:24	12:06	-0.8E
	15:54	19:12	0.8F
	22:18		
28 F	04:36	00:48	-0.8E
	10:18	07:18	0.5F
	16:54	13:00	-0.8E
	23:12	20:06	0.8F
29 Sa	05:36	01:42	-0.7E
	11:12	08:18	0.5F
	17:48	13:54	-0.7E
		21:00	0.7F
30 Su	00:06	02:36	-0.7E
	06:36	09:30	0.5F
	12:12	14:48	-0.7E
	18:48	22:06	0.7F
31 M	01:00	03:42	-0.6E
	07:36	10:42	0.5F
	13:12	16:00	-0.6E
	19:48	23:06	0.6F

June

Day	Slack (h m)	Maximum (h m)	knots
1 Tu	01:54	05:30	-0.6E
	08:36	11:48	0.4F
	14:12	17:54	-0.6E
	20:48		
2 W ◑	02:54	00:06	0.6F
	09:30	06:36	-0.6E
	15:18	12:48	0.5F
	21:42	19:00	-0.5E
3 Th	03:48	01:00	0.5F
	10:24	07:36	-0.6E
	16:24	13:54	0.5F
	22:42	20:00	-0.5E
4 F	04:36	02:06	0.5F
	11:18	08:30	-0.6E
	17:18	14:48	0.5F
	23:36	21:00	-0.6E
5 Sa	05:24	03:00	0.4F
	12:00	09:18	-0.6E
	18:06	15:36	0.6F
		21:42	-0.6E
6 Su	00:24	03:48	0.4F
	06:06	09:54	-0.6E
	12:42	16:18	0.6F
	18:54	22:24	-0.6E
7 M	01:12	04:24	0.4F
	06:54	10:30	-0.6E
	13:24	16:48	0.6F
	19:36	22:54	-0.6E
8 Tu	01:54	04:48	0.4F
	07:30	10:36	-0.6E
	14:06	17:18	0.6F
	20:18	23:06	-0.6E
9 W	02:36	05:00	0.4F
	08:12	10:54	-0.6E
	14:42	17:48	0.6F
	21:00	23:30	-0.6E
10 Th ●	03:18	05:30	0.4F
	08:48	11:30	-0.6E
	15:24	18:24	0.6F
	21:36		
11 F	03:54	00:06	-0.6E
	09:24	06:06	0.4F
	16:00	12:12	-0.6E
	22:18	18:54	0.6F
12 Sa	04:36	00:48	-0.6E
	10:00	06:54	0.4F
	16:42	12:54	-0.6E
	22:54	19:30	0.6F
13 Su	05:18	01:24	-0.6E
	10:48	07:36	0.4F
	17:30	13:36	-0.6E
	23:36	20:12	0.6F
14 M	06:06	02:06	-0.6E
	11:30	08:24	0.4F
	18:12	14:18	-0.6E
		20:54	0.6F
15 Tu	00:18	02:48	-0.6E
	06:48	09:06	0.4F
	12:24	15:06	-0.6E
	19:00	21:36	0.6F
16 W	01:00	03:30	-0.6E
	07:36	10:00	0.5F
	13:18	15:54	-0.6E
	19:48	22:24	0.6F
17 Th	01:42	04:24	-0.6E
	08:24	10:54	0.5F
	14:12	16:54	-0.6E
	20:48	23:18	0.5F
18 F ◐	02:30	05:18	-0.7E
	09:18	11:48	0.5F
	15:18	17:54	-0.6E
	21:48		
19 Sa	03:30	00:06	0.5F
	10:12	06:12	-0.7E
	16:24	12:48	0.5F
	22:42	18:48	-0.6E
20 Su	04:24	01:06	0.5F
	11:06	07:06	-0.7E
	17:24	14:00	0.6F
	23:42	19:54	-0.7E
21 M	05:24	02:06	0.5F
	12:06	08:12	-0.7E
	18:18	15:06	0.7F
		20:54	-0.7E
22 Tu	06:24	00:42	0.5F
	13:00	09:06	-0.7E
	19:18	16:06	0.7F
		21:48	-0.7E
23 W	01:42	04:12	-0.8E
	07:18	10:06	0.8F
	13:54	17:00	-0.7E
	20:12	22:48	0.8F
24 Th ○	02:36	05:06	0.5F
	08:12	11:00	-0.8E
	14:42	18:06	0.8F
	21:06	23:42	-0.7E
25 F	03:30	06:12	0.5F
	09:06	11:54	-0.8E
	15:42	19:06	0.8F
	22:00		
26 Sa	04:24	00:36	-0.7E
	10:00	07:18	0.5F
	16:36	12:48	-0.7E
	22:54	19:54	0.8F
27 Su	05:18	01:30	-0.7E
	11:00	08:18	0.5F
	17:30	13:42	-0.7E
	23:42	20:48	0.7F
28 M	06:12	02:18	-0.7E
	11:54	09:12	0.5F
	18:24	14:24	-0.6E
		21:30	0.6F
29 Tu	00:30	03:06	-0.6E
	07:06	10:12	0.5F
	12:48	15:24	-0.6E
	19:18	22:24	0.6F
30 W	01:18	04:48	-0.6E
	08:00	11:12	0.5F
	13:42	16:24	-0.5E
	20:12	23:18	0.5F

Port Everglades Entrance, 2021

Latitude: 26.0932° N Longitude: 80.1055° W
Mean Flood Dir. 257° (T) Mean Ebb Dir. 75° (T)
Times and speeds of maximum and minimum current, in knots

July

Day	Slack (h m)	Maximum (h m)	knots
1 Th ☽	02:06 08:48 14:42 21:06	05:06 12:12 18:00 23:54	-0.5E 0.5F -0.5E 0.4F
2 F	02:54 09:36 15:42 22:00	06:06 13:00 19:00	-0.5E 0.5F -0.5E
3 Sa	03:48 10:30 16:36 22:54	00:48 07:00 14:00 20:06	0.4F -0.5E 0.5F -0.5E
4 Su	04:36 11:18 17:24 23:48	02:00 08:18 14:48 21:00	0.3F -0.5E 0.5F -0.5E
5 M	05:24 12:06 18:18	03:00 09:12 15:36 21:48	0.3F -0.5E 0.5F -0.5E
6 Tu	00:42 06:12 12:48 19:06	03:42 09:36 16:12 22:18	0.3F -0.5E 0.6F -0.5E
7 W	01:30 07:00 13:36 19:48	04:18 09:54 16:48 22:42	0.4F -0.5E 0.6F -0.6E
8 Th	02:12 07:42 14:18 20:36	04:42 10:30 17:30 23:12	0.4F -0.6E 0.6F -0.6E
9 F	02:54 08:24 15:00 21:18	05:12 11:12 18:00 23:42	0.4F -0.6E 0.6F -0.6E
10 Sa ●	03:36 09:06 15:42 21:54	05:48 11:54 18:36	0.4F -0.6E 0.6F
11 Su	04:18 09:48 16:24 22:36	00:24 06:36 12:30 19:12	-0.6E 0.4F -0.7E 0.6F
12 M	05:00 10:36 17:06 23:12	01:00 07:24 13:18 19:48	-0.6E 0.5F -0.7E 0.6F
13 Tu	05:42 11:24 17:54 23:48	01:42 08:06 14:00 20:30	-0.7E 0.5F -0.7E 0.6F
14 W	06:24 12:12 18:42	02:24 08:54 14:48 21:12	-0.7E 0.5F -0.7E 0.6F
15 Th	00:30 07:06 13:00 19:30	03:06 09:42 15:36 22:00	-0.7E 0.6F -0.7E 0.6F
16 F	01:12 07:54 14:00 20:24	04:00 10:36 16:36 22:48	-0.7E 0.6F -0.7E 0.5F
17 Sa ◐	02:00 08:48 15:00 21:24	04:54 11:30 17:30 23:42	-0.7E 0.6F -0.6E 0.5F
18 Su	03:00 09:48 16:00 22:24	05:48 12:30 18:30	-0.7E 0.6F -0.6E
19 M	04:00 10:48 17:06 23:24	00:42 06:48 13:42 19:30	0.5F -0.7E 0.6F -0.6E
20 Tu	05:06 11:48 18:06	01:48 07:48 14:54 20:42	0.5F -0.7E 0.7F -0.6E
21 W	00:30 06:06 12:48 19:06	03:06 08:54 16:06 21:48	0.5F -0.7E 0.7F -0.7E
22 Th	01:30 07:06 13:42 20:00	04:12 10:00 17:00 22:48	0.5F -0.7E 0.8F -0.7E
23 F	02:24 08:00 14:36 20:54	05:18 10:54 18:00 23:42	0.5F -0.7E 0.8F -0.7E
24 Sa ○	03:18 09:48 15:24 21:42	06:24 11:48 18:54	0.5F -0.7E 0.7F
25 Su	04:06 10:42 16:18 22:30	00:30 07:18 12:42 19:36	-0.7E 0.5F -0.7E 0.7F
26 M	04:54 10:42 17:06 23:12	01:12 08:06 13:24 20:18	-0.7E 0.5F -0.7E 0.6F
27 Tu	05:42 17:54 23:54	01:54 08:54 14:00 20:48	-0.6E 0.5F -0.6E 0.6F
28 W	06:30 12:18 18:42	02:24 09:30 14:48 21:24	-0.6E 0.5F -0.6E 0.5F
29 Th	00:36 07:12 13:06 19:30	03:00 10:12 15:36 21:48	-0.6E 0.5F -0.5E 0.4F
30 F	01:18 08:00 14:00 20:18	03:48 10:54 16:24 22:30	-0.5E 0.5F -0.5E 0.4F
31 Sa ☽	02:00 08:48 14:48 21:12	04:36 11:30 17:18 23:18	-0.5E 0.5F -0.5E 0.3F

August

Day	Slack (h m)	Maximum (h m)	knots
1 Su	02:48 09:36 15:48 22:12	05:30 12:18 18:12	-0.5E 0.4F -0.5E
2 M	03:42 10:30 16:42 23:06	00:06 06:24 13:24 19:06	0.3F -0.5E 0.4F -0.4E
3 Tu	04:42 11:24 17:36	01:06 07:18 14:48 20:24	0.3F -0.5E 0.5F -0.5E
4 W	00:06 06:12 12:18 18:30	02:18 08:18 15:36 21:42	0.3F -0.5E 0.5F -0.5E
5 Th	01:00 06:24 13:06 19:18	03:30 09:18 16:18 22:12	0.3F -0.5E 0.6F -0.5E
6 F	01:48 07:18 13:54 20:06	04:12 10:06 17:00 22:48	0.4F -0.6E 0.6F -0.6E
7 Sa	02:30 08:06 14:42 20:48	04:54 10:48 17:36 23:24	0.4F -0.6E 0.6F -0.6E
8 Su ●	03:12 08:48 15:24 21:30	05:36 11:30 18:12	0.5F -0.7E 0.6F
9 M	03:48 09:36 16:06 22:06	00:00 06:24 12:12 18:48	-0.6E 0.5F -0.7E 0.6F
10 Tu	04:30 10:18 16:48 22:42	00:36 07:06 13:00 19:30	-0.7E 0.6F -0.7E 0.6F
11 W	05:12 11:06 17:30 23:24	01:18 07:54 13:42 20:06	-0.7E 0.6F -0.7E 0.6F
12 Th	05:54 11:48 18:18	02:00 08:36 14:30 20:54	-0.8E 0.7F -0.7E 0.6F
13 F	00:06 06:42 12:48 19:12	02:42 09:24 15:18 21:36	-0.8E 0.7F -0.7E 0.6F
14 Sa	00:48 07:30 13:42 20:06	03:36 10:18 16:12 22:30	-0.7E 0.7F -0.7E 0.5F
15 Su ◐	01:42 08:30 14:42 21:06	04:30 11:18 17:12 23:24	-0.7E 0.7F -0.7E 0.5F
16 M	02:42 09:30 15:48 22:12	05:30 12:24 18:12	-0.7E 0.6F -0.6E
17 Tu	03:48 10:36 16:48 23:12	00:24 06:30 13:36 19:18	0.5F -0.7E 0.6F -0.6E
18 W	04:54 11:36 17:54	01:48 07:42 15:00 20:42	0.4F -0.7E 0.7F -0.6E
19 Th	00:18 05:54 12:36 18:54	03:24 09:06 16:06 22:06	0.5F -0.7E 0.7F -0.6E
20 F	01:18 07:00 13:30 19:48	04:30 10:18 17:00 23:06	0.5F -0.7E 0.7F -0.7E
21 Sa	02:12 07:54 14:24 20:36	05:24 11:12 17:48 23:48	0.5F -0.7E 0.7F -0.7E
22 Su ○	03:00 08:48 15:12 21:18	06:18 11:54 18:36	0.6F -0.7E 0.7F
23 M	03:48 09:36 15:54 22:00	00:30 07:12 12:30 19:18	-0.7E 0.6F -0.7E 0.6F
24 Tu	04:30 10:24 16:36 22:36	00:48 07:48 13:00 19:42	-0.7E 0.5F -0.6E 0.6F
25 W	05:06 11:06 17:24 23:12	01:12 08:18 13:36 20:06	-0.6E 0.5F -0.6E 0.5F
26 Th	05:48 11:48 18:06 23:48	01:48 08:36 14:12 20:24	-0.6E 0.5F -0.6E 0.5F
27 F	06:30 12:30 18:48	02:24 09:00 14:48 21:00	-0.6E 0.5F -0.6E 0.4F
28 Sa	00:24 07:12 13:12 19:36	03:00 09:42 15:36 21:42	-0.6E 0.5F -0.5E 0.4F
29 Su	01:06 07:54 14:00 20:30	03:48 10:24 16:30 22:30	-0.5E 0.5F -0.5E 0.3F
30 M ☽	01:48 08:48 14:54 21:24	04:36 11:12 17:24 23:24	-0.5E 0.5F -0.5E 0.3F
31 Tu	02:42 09:42 16:00 22:24	05:30 12:18 18:18	-0.5E 0.4F -0.4E

September

Day	Slack (h m)	Maximum (h m)	knots
1 W	03:48 10:42 17:00 23:24	00:18 06:30 13:18 19:18	0.3F -0.5E 0.4F -0.4E
2 Th	04:54 11:42 17:54	01:24 07:30 14:48 20:30	0.3F -0.5E 0.5F -0.5E
3 F	00:24 05:54 12:36 18:48	02:48 08:42 15:36 21:30	0.3F -0.5E 0.5F -0.5E
4 Sa	01:12 06:48 13:24 19:30	03:48 09:36 16:18 22:06	0.4F -0.6E 0.6F -0.6E
5 Su	02:00 07:42 14:12 20:12	04:30 10:18 16:54 22:48	0.4F -0.6E 0.6F -0.6E
6 M	02:42 08:30 14:54 20:54	05:18 11:06 17:36 23:24	0.5F -0.7E 0.6F -0.7E
7 Tu	03:18 09:12 15:42 21:30	06:00 11:54 18:18	0.6F -0.7E 0.6F
8 W	04:00 10:00 16:24 22:12	00:06 06:48 12:36 19:00	-0.7E 0.7F -0.8E 0.6F
9 Th	04:42 10:48 17:12 22:54	00:54 07:30 13:24 19:42	-0.8E 0.7F -0.8E 0.6F
10 F	05:24 11:36 18:00 23:42	01:36 08:18 14:06 20:30	-0.8E 0.7F -0.8E 0.6F
11 Sa	06:18 12:30 18:54	02:18 09:06 15:00 21:18	-0.8E 0.7F -0.8E 0.6F
12 Su	00:30 07:12 13:24 19:48	03:12 10:06 15:54 22:18	-0.8E 0.7F -0.7E 0.5F
13 M ◐	01:24 08:12 14:24 20:54	04:12 11:12 16:54 23:18	-0.7E 0.7F -0.6E 0.5F
14 Tu	02:30 09:18 15:30 22:00	05:12 12:18 18:06	-0.7E 0.7F -0.6E
15 W	03:36 10:24 16:36 23:06	00:30 06:24 13:42 19:24	0.4F -0.6E 0.7F -0.6E
16 Th	04:48 11:24 17:42	02:18 08:06 14:54 21:12	0.4F -0.6E 0.7F -0.6E
17 F	00:06 05:48 12:24 18:36	03:30 09:36 15:54 22:12	0.5F -0.7E 0.7F -0.7E
18 Sa	01:06 06:48 13:18 19:24	04:24 10:30 16:48 23:00	0.6F -0.7E 0.7F -0.7E
19 Su	02:00 07:48 14:12 20:12	05:18 11:18 17:30 23:36	0.6F -0.7E 0.7F -0.7E
20 M ○	02:42 08:36 14:54 20:54	06:06 11:54 18:12	0.6F -0.7E 0.6F
21 Tu	03:18 09:18 15:36 21:30	00:06 06:48 12:18 18:48	-0.7E 0.6F -0.6E 0.5F
22 W	03:54 16:12 22:00	00:18 07:18 12:42 19:00	-0.6E 0.6F -0.6E 0.5F
23 Th	04:30 10:36 16:48 22:36	00:42 07:42 13:06 19:18	-0.6E 0.5F -0.6E 0.5F
24 F	05:06 11:12 17:30 23:06	01:12 07:54 13:36 19:48	-0.6E 0.5F -0.6E 0.4F
25 Sa	05:42 11:54 18:12 23:42	01:48 08:18 14:18 20:24	-0.6E 0.5F -0.6E 0.4F
26 Su	06:24 12:30 18:54	02:24 09:00 15:00 21:06	-0.6E 0.5F -0.6E 0.4F
27 M	00:18 07:12 13:18 19:48	03:06 09:42 15:48 21:54	-0.5E 0.5F -0.5E 0.4F
28 Tu	01:00 08:06 14:12 20:48	04:00 10:36 16:42 22:48	-0.5E 0.5F -0.5E 0.3F
29 W ◐	01:54 09:00 15:12 21:48	04:54 11:36 17:36 23:42	-0.5E 0.5F -0.5E 0.3F
30 Th	03:06 10:06 16:18 22:48	05:54 12:36 18:36	-0.5E 0.5F -0.5E

Station ID: PEV0901 Depth: 16 feet
Source: NOAA/NOS/CO-OPS
Station Type: Harmonic
Time Zone: LST

NOAA Tidal Current Predictions

Port Everglades Entrance, 2021
Latitude: 26.0932° N Longitude: 80.1055° W
Mean Flood Dir. 257° (T) Mean Ebb Dir. 75° (T)
Times and speeds of maximum and minimum current, in knots

October

Day	Slack h m	Maximum h m	knots
1 F		00:48	0.3F
	04:18	06:54	-0.5E
	11:06	13:36	0.5F
	17:12	19:36	-0.5E
	23:42		
2 Sa		02:00	0.3F
	05:18	08:00	-0.5E
	12:00	14:42	0.5F
	18:00	20:36	-0.5E
3 Su	00:36	03:12	0.4F
	06:18	09:00	-0.6E
	12:54	15:36	0.5F
	18:48	21:24	-0.6E
4 M	01:18	04:00	0.5F
	07:12	09:54	-0.6E
	13:42	16:18	0.6F
	19:36	22:12	-0.7E
5 Tu	02:06	04:42	0.6F
	08:00	10:42	-0.7E
	14:30	17:00	0.6F
	20:18	22:54	-0.7E
6 W ●	02:42	05:30	0.7F
	08:48	11:24	-0.8E
	15:12	17:42	0.6F
	21:00	23:36	-0.8E
7 Th	03:24	06:18	0.7F
	09:36	12:12	-0.8E
	16:00	18:30	0.6F
	21:42		
8 F		00:24	-0.8E
	04:12	07:06	0.8F
	10:24	13:00	-0.8E
	16:48	19:24	0.6F
	22:30		
9 Sa		01:12	-0.8E
	05:00	08:00	0.8F
	11:18	13:48	-0.8E
	17:42	20:06	-0.8E
	23:18		
10 Su		02:00	-0.8E
	05:54	08:54	0.8F
	12:12	14:36	-0.8E
	18:36	21:00	0.6F
11 M	00:12	02:54	-0.8E
	06:54	09:54	0.7F
	13:12	15:36	-0.7E
	19:36	22:06	0.5F
12 Tu	01:12	03:54	-0.7E
	07:54	11:00	0.7F
	14:12	16:48	-0.6E
	20:42	23:18	0.5F
13 W ◐	02:18	05:06	-0.6E
	09:00	12:12	0.7F
	15:18	18:12	-0.6E
	21:48		
14 Th		00:48	0.4F
	03:30	06:36	-0.6E
	10:06	13:30	0.7F
	16:18	19:54	-0.6E
	22:54		
15 F		02:12	0.5F
	04:36	08:18	-0.6E
	11:12	14:42	0.7F
	17:18	21:00	-0.7E
	23:54		
16 Sa		03:18	0.6F
	05:42	09:24	-0.7E
	12:06	15:36	0.7F
	18:12	21:54	-0.7E
17 Su	00:48	04:12	0.6F
	06:36	10:18	-0.7E
	13:00	16:24	0.6F
	19:00	22:42	-0.7E
18 M	01:36	05:00	0.7F
	07:30	11:06	-0.7E
	13:48	17:12	0.6F
	19:42	23:18	-0.7E
19 Tu	02:12	05:42	0.7F
	08:18	11:36	-0.7E
	14:30	17:48	0.5F
	20:18	23:42	-0.7E
20 W ○	02:48	06:18	0.6F
	08:54	12:00	-0.6E
	15:12	18:18	0.5F
	20:54	23:48	-0.6E
21 Th	03:24	06:48	0.6F
	09:30	12:12	-0.6E
	15:48	18:18	0.4F
	21:30		
22 F		00:06	-0.6E
	04:00	07:06	0.6F
	10:06	12:36	-0.6E
	16:24	18:42	0.4F
	22:00		
23 Sa		00:36	-0.6E
	04:36	07:24	0.6F
	10:42	13:12	-0.6E
	17:00	19:18	0.4F
	22:30		
24 Su		01:18	-0.6E
	05:12	07:48	0.6F
	11:24	13:48	-0.6E
	17:42	19:54	0.4F
	23:06		
25 M		01:54	-0.6E
	05:54	08:30	0.6F
	12:06	14:30	-0.6E
	18:30	20:36	0.4F
	23:42		
26 Tu		02:36	-0.6E
	06:36	09:18	0.5F
	12:48	15:12	-0.5E
	19:18	21:24	0.4F
27 W	00:30	03:24	-0.5E
	07:30	10:06	0.5F
	13:36	16:06	-0.5E
	20:12	22:18	0.3F
28 Th ◐	01:24	04:24	-0.5E
	08:24	11:00	0.5F
	14:30	17:00	-0.5E
	21:12	23:18	0.3F
29 F	02:30	05:24	-0.5E
	09:24	11:54	0.5F
	15:30	17:54	-0.5E
	22:06		
30 Sa		00:12	0.4F
	03:42	06:18	-0.5E
	10:24	12:48	0.5F
	16:24	18:48	-0.5E
	23:00		
31 Su		01:18	0.4F
	04:48	07:18	-0.5E
	11:24	13:48	0.5F
	17:18	19:48	-0.6E
	23:54		

November

Day	Slack h m	Maximum h m	knots
1 M		02:24	0.5F
	05:48	08:24	-0.6E
	12:18	14:48	0.5F
	18:06	20:42	-0.6E
2 Tu	00:42	03:24	0.6F
	06:42	09:18	-0.7E
	13:12	15:36	0.5F
	18:54	21:36	-0.7E
3 W	01:24	04:12	0.7F
	07:36	10:06	-0.7E
	14:00	16:24	0.6F
	19:42	22:24	-0.8E
4 Th ●	02:12	05:00	0.7F
	08:24	11:00	-0.8E
	14:48	17:12	0.6F
	20:30	23:12	-0.8E
5 F	03:00	05:54	0.8F
	09:12	11:48	-0.8E
	15:36	18:06	0.6F
	21:18		
6 Sa		00:00	-0.8E
	03:48	06:48	0.8F
	10:06	12:42	-0.8E
	16:30	19:00	0.6F
	22:06		
7 Su		00:54	-0.8E
	04:42	07:42	0.8F
	11:00	13:30	-0.8E
	17:24	19:54	0.6F
	23:00		
8 M		01:42	-0.8E
	05:36	08:42	0.8F
	11:54	14:24	-0.7E
	18:24	20:54	0.5F
9 Tu	00:00	02:42	-0.7E
	06:36	09:42	0.8F
	12:54	15:24	-0.7E
	19:24	22:00	0.5F
10 W	01:00	03:36	-0.7E
	07:42	10:54	0.7F
	13:54	16:42	-0.6E
	20:30	23:24	0.5F
11 Th ◐	02:06	05:00	-0.6E
	08:42	12:00	0.7F
	14:54	18:24	-0.6E
	21:30		
12 F		00:42	0.5F
	03:12	06:42	-0.6E
	09:48	13:06	0.6F
	15:54	19:36	-0.6E
	22:30		
13 Sa		01:54	0.5F
	04:24	08:06	-0.6E
	10:48	14:12	0.6F
	16:48	20:42	-0.7E
	23:30		
14 Su		02:54	0.6F
	05:24	09:06	-0.6E
	11:48	15:12	0.6F
	17:42	21:30	-0.7E
15 M	00:18	03:48	0.6F
	06:54	09:54	-0.7E
	12:36	16:00	0.5F
	18:24	22:12	-0.7E
16 Tu	01:00	04:30	0.7F
	07:06	10:36	-0.6E
	13:24	16:48	0.5F
	19:12	22:54	-0.6E
17 W	01:42	05:12	0.7F
	07:48	11:12	-0.6E
	14:12	17:18	0.5F
	19:48	23:12	-0.6E
18 Th	02:18	05:54	0.6F
	08:30	11:42	-0.6E
	14:48	17:36	0.4F
	20:24	23:18	-0.6E
19 F ○	02:54	06:12	0.6F
	09:06	11:48	-0.6E
	15:24	17:42	0.4F
	21:00	23:42	-0.6E
20 Sa	03:30	06:36	0.6F
	09:42	12:18	-0.6E
	16:00	18:12	0.4F
	21:36		
21 Su		00:18	-0.6E
	04:06	07:00	0.6F
	10:24	12:48	-0.6E
	16:42	18:54	0.4F
	22:06		
22 M		00:54	-0.6E
	04:48	07:30	0.6F
	11:00	13:24	-0.6E
	17:24	19:36	0.4F
	22:42		
23 Tu		01:36	-0.6E
	05:30	08:12	0.6F
	11:42	14:06	-0.6E
	18:06	20:18	0.4F
	23:24		
24 W		02:18	-0.6E
	06:12	08:54	0.6F
	12:24	14:48	-0.6E
	18:54	21:06	0.4F
25 Th	00:12	03:00	-0.6E
	07:00	09:36	0.6F
	13:06	15:36	-0.6E
	19:42	21:54	0.4F
26 F ◐	01:06	03:54	-0.6E
	07:54	10:30	0.5F
	13:54	16:30	-0.6E
	20:36	22:54	0.4F
27 Sa	02:06	04:54	-0.5E
	08:48	11:18	0.5F
	14:42	17:24	-0.6E
	21:30	23:48	0.4F
28 Su	03:12	05:48	-0.5E
	09:48	12:12	0.5F
	15:36	18:18	-0.6E
	22:18		
29 M		00:42	0.5F
	04:18	06:48	-0.6E
	10:48	13:06	0.5F
	16:30	19:06	-0.7E
	23:12		
30 Tu		01:48	0.5F
	05:18	07:48	-0.6E
	11:42	14:06	0.5F
	17:24	20:06	-0.7E

December

Day	Slack h m	Maximum h m	knots
1 W	00:00	02:48	0.6F
	06:12	08:48	-0.7E
	12:36	15:06	0.5F
	18:18	21:00	-0.7E
2 Th	00:54	03:48	0.7F
	07:06	09:42	-0.7E
	13:30	15:54	0.5F
	19:06	21:54	-0.8E
3 F	01:42	04:42	0.8F
	08:00	10:36	-0.8E
	14:24	16:48	0.6F
	20:00	22:48	-0.8E
4 Sa ●	02:36	05:36	0.8F
	08:54	11:30	-0.8E
	15:18	17:42	0.6F
	20:54	23:42	-0.8E
5 Su	03:30	06:36	0.8F
	09:48	12:24	-0.8E
	16:12	18:42	0.6F
	21:48		
6 M		00:36	-0.8E
	04:24	07:36	0.8F
	10:42	13:12	-0.8E
	17:06	19:48	0.5F
	22:48		
7 Tu		01:30	-0.8E
	05:18	08:36	0.8F
	11:42	14:12	-0.7E
	18:06	20:48	0.5F
	23:42		
8 W		02:24	-0.7E
	06:18	09:30	0.7F
	12:36	15:06	-0.7E
	19:06	22:06	0.5F
9 Th	00:42	03:24	-0.7E
	07:18	10:30	0.7F
	13:30	16:24	-0.6E
	20:06	23:12	0.5F
10 F	01:48	04:48	-0.6E
	08:18	11:36	0.6F
	14:24	18:00	-0.6E
	21:06		
11 Sa ◐		00:18	0.5F
	02:54	06:30	-0.6E
	09:18	12:36	0.6F
	15:18	19:00	-0.6E
	22:00		
12 Su		01:24	0.5F
	03:54	07:36	-0.6E
	10:18	13:36	0.5F
	16:12	20:00	-0.6E
	22:54		
13 M		02:24	0.6F
	04:54	08:30	-0.6E
	11:18	14:42	0.5F
	17:00	21:00	-0.6E
	23:42		
14 Tu		03:18	0.6F
	05:48	09:24	-0.6E
	12:06	15:30	0.4F
	17:48	21:48	-0.6E
15 W	00:24	04:00	0.6F
	06:36	10:12	-0.6E
	13:00	16:12	0.4F
	18:36	22:18	-0.6E
16 Th	01:12	04:42	0.6F
	07:24	10:48	-0.6E
	13:42	16:48	0.4F
	19:18	22:42	-0.6E
17 F	01:48	05:18	0.6F
	08:06	11:12	-0.6E
	14:24	17:12	0.4F
	20:00	22:54	-0.6E
18 Sa	02:30	05:48	0.6F
	08:42	11:30	-0.6E
	15:00	17:24	0.4F
	20:36	23:18	-0.6E
19 Su ○	03:06	06:18	0.6F
	09:24	11:54	-0.6E
	15:42	17:54	0.4F
	21:12	23:54	-0.6E
20 M	03:48	06:48	0.6F
	10:00	12:30	-0.6E
	16:24	18:36	0.4F
	21:54		
21 Tu		00:36	-0.6E
	04:30	07:18	0.6F
	10:42	13:06	-0.6E
	17:06	19:18	0.4F
	22:30		
22 W		01:18	-0.6E
	05:12	07:54	0.6F
	11:18	13:48	-0.6E
	17:48	20:00	0.4F
	23:18		
23 Th		02:00	-0.6E
	05:54	08:30	0.6F
	12:00	14:24	-0.6E
	18:30	20:48	0.5F
24 F	00:00	02:42	-0.6E
	06:42	09:12	0.6F
	12:48	15:12	-0.6E
	19:12	21:36	0.5F
25 Sa	00:54	03:36	-0.6E
	07:30	10:00	0.6F
	13:18	16:00	-0.6E
	20:00	22:30	0.5F
26 Su	01:48	04:30	-0.6E
	08:18	10:48	0.6F
	14:00	16:48	-0.6E
	20:48	23:18	0.5F
27 M ◐	02:48	05:24	-0.6E
	09:18	11:36	0.5F
	14:54	17:42	-0.6E
	21:42		
28 Tu		00:18	0.6F
	03:48	06:18	-0.6E
	10:12	12:30	0.5F
	15:48	18:36	-0.7E
	22:36		
29 W		01:12	0.6F
	04:48	07:18	-0.6E
	11:12	13:30	0.5F
	16:48	19:36	-0.7E
	23:30		
30 Th		02:24	0.6F
	05:48	08:18	-0.7E
	12:12	14:36	0.5F
	17:48	20:36	-0.7E
31 F	00:30	03:30	0.7F
	06:48	09:18	-0.7E
	13:12	15:36	0.5F
	18:48	21:30	-0.7E

Station ID: MIH0901 Depth: 15 feet
Source: NOAA/NOS/CO-OPS
Station Type: Harmonic
Time Zone: LST

NOAA Tidal Current Predictions

Miami Harbor Entrance, 2021
Latitude: 25.7641° N Longitude: 80.1339° W
Mean Flood Dir. 293° (T) Mean Ebb Dir. 113° (T)
Times and speeds of maximum and minimum current, in knots

January

Day	Slack (h m)	Maximum (h m)	knots
1 F	05:06 / 11:24 / 17:36 / 23:24	01:42 / 07:48 / 14:18 / 20:06	-2.6E / 2.5F / -2.4E / 2.1F
2 Sa	05:48 / 12:00 / 18:18	02:18 / 08:36 / 14:48 / 20:54	-2.6E / 2.5F / -2.5E / 2.2F
3 Su	00:12 / 06:30 / 12:42 / 19:06	03:00 / 09:18 / 15:30 / 21:42	-2.6E / 2.5F / -2.5E / 2.2F
4 M	01:00 / 07:24 / 13:24 / 20:00	03:48 / 10:00 / 16:12 / 22:36	-2.4E / 2.4F / -2.5E / 2.3F
5 Tu	01:54 / 08:18 / 14:12 / 20:54	04:42 / 10:54 / 17:12 / 23:30	-2.3E / 2.3F / -2.4E / 2.3F
6 W	03:00 / 09:18 / 15:06 / 21:48	05:48 / 11:48 / 18:18	-2.1E / 2.1F / -2.5E
7 Th	04:06 / 10:18 / 16:06 / 22:48	00:30 / 07:06 / 12:48 / 19:30	2.4F / -2.1E / 2.0F / -2.5E
8 F	05:12 / 11:24 / 17:12 / 23:54	01:30 / 08:18 / 13:48 / 20:30	2.4F / -2.1E / 1.9F / -2.6E
9 Sa	06:18 / 12:24 / 18:12	02:48 / 09:24 / 15:00 / 21:42	2.5F / -2.2E / 1.9F / -2.7E
10 Su	00:54 / 07:18 / 13:24 / 19:12	04:06 / 10:36 / 16:18 / 22:48	2.7F / -2.4E / 2.1F / -2.9E
11 M	01:48 / 08:12 / 14:24 / 20:06	05:06 / 11:36 / 17:18 / 23:48	2.8F / -2.5E / 2.2F / -2.9E
12 Tu	02:48 / 09:06 / 15:18 / 21:06	05:54 / 12:30 / 18:06	2.9F / -2.7E / 2.3F
13 W ●	03:36 / 09:54 / 16:06 / 21:54	00:42 / 06:42 / 13:18 / 18:54	-3.0E / 2.9F / -2.8E / 2.3F
14 Th	04:24 / 10:42 / 16:54 / 22:48	01:30 / 07:30 / 14:06 / 19:48	-2.9E / 2.8F / -2.8E / 2.3F
15 F	05:12 / 11:24 / 17:42 / 23:36	02:18 / 08:18 / 14:48 / 20:42	-2.8E / 2.7F / -2.7E / 2.2F
16 Sa	05:54 / 12:06 / 18:30	02:54 / 09:00 / 15:24 / 21:18	-2.6E / 2.5F / -2.5E / 2.1F
17 Su	00:18 / 06:42 / 12:48 / 19:18	03:30 / 09:36 / 16:00 / 22:00	-2.3E / 2.3F / -2.3E / 2.0F
18 M	01:06 / 07:30 / 13:30 / 20:00	04:06 / 10:12 / 16:30 / 22:42	-2.0E / 2.0F / -2.0E / 1.9F
19 Tu	01:54 / 08:18 / 14:12 / 20:48	04:54 / 10:54 / 17:18 / 23:24	-1.8E / 1.8F / -1.9E / 1.8F
20 W ◖	02:48 / 09:12 / 14:54 / 21:36	06:12 / 11:36 / 18:24	-1.6E / 1.6F / -1.8E
21 Th	03:42 / 10:06 / 15:42 / 22:30	00:18 / 07:12 / 12:30 / 19:18	1.7F / -1.6E / 1.4F / -1.8E
22 F	04:42 / 11:00 / 16:42 / 23:24	01:12 / 08:06 / 13:18 / 20:06	1.7F / -1.5E / 1.3F / -1.8E
23 Sa	05:42 / 11:54 / 17:36	02:24 / 09:00 / 14:24 / 21:00	1.7F / -1.6E / 1.3F / -1.9E
24 Su	00:18 / 06:36 / 12:48 / 18:30	03:48 / 10:00 / 15:42 / 21:54	1.8F / -1.7E / 1.4F / -2.0E
25 M	01:12 / 07:24 / 13:42 / 19:18	04:36 / 10:48 / 16:36 / 22:48	2.0F / -1.8E / 1.6F / -2.2E
26 Tu	02:00 / 08:12 / 14:30 / 20:06	05:12 / 11:30 / 17:12 / 23:30	2.2F / -2.0E / 1.8F / -2.4E
27 W	02:42 / 09:00 / 15:12 / 20:54	05:42 / 12:12 / 17:48	2.3F / -2.2E / 2.0F
28 Th ○	03:24 / 09:42 / 15:54 / 21:42	00:12 / 06:12 / 12:48 / 18:24	-2.5E / 2.4F / -2.4E / 2.2F
29 F	04:06 / 10:18 / 16:30 / 22:24	00:48 / 06:48 / 13:24 / 19:06	-2.7E / 2.6F / -2.6E / 2.3F
30 Sa	04:48 / 11:00 / 17:12 / 23:12	01:30 / 07:30 / 14:00 / 19:54	-2.8E / 2.7F / -2.7E / 2.5F
31 Su	05:30 / 11:36 / 17:54	02:06 / 08:12 / 14:36 / 20:36	-2.8E / 2.7F / -2.8E / 2.6F

February

Day	Slack (h m)	Maximum (h m)	knots
1 M	00:00 / 06:12 / 12:18 / 18:42	02:48 / 09:00 / 15:12 / 21:24	-2.8E / 2.6F / -2.9E / 2.6F
2 Tu	00:48 / 07:06 / 13:00 / 19:36	03:36 / 09:42 / 15:54 / 22:18	-2.6E / 2.5F / -2.8E / 2.6F
3 W	01:42 / 08:00 / 13:48 / 20:30	04:24 / 10:30 / 16:48 / 23:12	-2.4E / 2.3F / -2.7E / 2.6F
4 Th ◐	02:42 / 08:54 / 14:42 / 21:30	05:30 / 11:24 / 17:54	-2.1E / 2.1F / -2.5E
5 F	03:48 / 10:00 / 15:42 / 22:30	00:12 / 06:54 / 12:24 / 19:12	2.4F / -2.0E / 1.9F / -2.5E
6 Sa	04:54 / 11:06 / 16:54 / 23:36	01:18 / 08:12 / 13:30 / 20:24	2.3F / -2.0E / 1.7F / -2.5E
7 Su	06:00 / 12:12 / 18:00	02:42 / 09:24 / 14:54 / 21:42	2.3F / -2.1E / 1.7F / -2.5E
8 M	00:42 / 07:00 / 13:12 / 19:00	04:06 / 10:30 / 16:24 / 22:48	2.4F / -2.2E / 1.9F / -2.6E
9 Tu	01:42 / 07:54 / 14:12 / 20:00	05:06 / 11:24 / 17:24 / 23:42	2.6F / -2.4E / 2.1F / -2.7E
10 W	02:36 / 08:48 / 15:06 / 20:54	05:48 / 12:18 / 18:06	2.7F / -2.6E / 2.3F
11 Th ●	03:24 / 09:36 / 15:54 / 21:42	00:30 / 06:30 / 13:06 / 18:54	-2.8E / 2.7F / -2.7E / 2.3F
12 F	04:06 / 10:18 / 16:36 / 22:30	01:18 / 07:12 / 13:48 / 19:36	-2.8E / 2.7F / -2.8E / 2.3F
13 Sa	04:48 / 10:54 / 17:18 / 23:12	02:00 / 07:54 / 14:24 / 20:12	-2.7E / 2.6F / -2.7E / 2.3F
14 Su	05:30 / 11:30 / 17:54 / 23:48	02:30 / 08:24 / 14:48 / 20:48	-2.6E / 2.4F / -2.5E / 2.2F
15 M	06:12 / 12:06 / 18:36	03:00 / 09:00 / 15:12 / 21:24	-2.4E / 2.2F / -2.4E / 2.1F
16 Tu	00:30 / 06:54 / 12:42 / 19:18	03:24 / 09:30 / 15:36 / 21:54	-2.2E / 2.1F / -2.2E / 2.1F
17 W	01:18 / 07:36 / 13:24 / 20:00	03:54 / 10:06 / 16:06 / 22:36	-2.0E / 1.8F / -2.1E / 1.9F
18 Th	02:00 / 08:24 / 14:06 / 20:48	04:36 / 10:48 / 16:48 / 23:24	-1.7E / 1.6F / -1.9E / 1.8F
19 F ◖	02:54 / 09:18 / 14:54 / 21:42	05:30 / 11:36 / 17:42	-1.5E / 1.4F / -1.8E
20 Sa	03:54 / 10:12 / 15:48 / 22:36	00:18 / 06:54 / 12:30 / 18:54	1.7F / -1.4E / 1.3F / -1.7E
21 Su	05:00 / 11:12 / 16:54 / 23:36	01:12 / 08:00 / 13:24 / 20:00	1.6F / -1.4E / 1.2F / -1.8E
22 M	06:00 / 12:00 / 17:54	02:24 / 09:06 / 14:36 / 21:06	1.6F / -1.5E / 1.3F / -1.9E
23 Tu	00:36 / 06:54 / 13:06 / 18:48	04:00 / 10:12 / 15:54 / 22:12	1.8F / -1.7E / 1.5F / -2.1E
24 W	01:30 / 07:42 / 14:00 / 19:42	04:42 / 11:00 / 16:48 / 23:06	2.1F / -2.0E / 1.8F / -2.4E
25 Th	02:18 / 08:30 / 14:42 / 20:30	05:18 / 11:42 / 17:24 / 23:48	2.3F / -2.3E / 2.1F / -2.6E
26 F	03:00 / 09:12 / 15:24 / 21:18	05:48 / 12:24 / 18:06	2.6F / -2.6E / 2.4F
27 Sa ○	03:42 / 10:00 / 16:06 / 22:06	00:30 / 06:24 / 13:00 / 18:48	-2.9E / 2.7F / -2.8E / 2.7F
28 Su	04:24 / 10:30 / 16:48 / 22:54	01:12 / 07:06 / 13:36 / 19:30	-3.0E / 2.8F / -3.0E / 2.9F

March

Day	Slack (h m)	Maximum (h m)	knots
1 M	05:12 / 11:12 / 17:30 / 23:42	01:54 / 07:48 / 14:12 / 20:18	-3.0E / 2.8F / -3.2E / 3.0F
2 Tu	05:54 / 11:54 / 18:18	02:36 / 08:54 / 14:54 / 21:12	-3.0E / 2.7F / -3.2E / 3.0F
3 W	00:36 / 06:48 / 12:36 / 19:12	03:24 / 09:24 / 15:36 / 22:00	-2.8E / 2.6F / -3.0E / 2.9F
4 Th	01:30 / 07:42 / 13:24 / 20:12	04:12 / 10:24 / 16:30 / 22:54	-2.4E / 2.3F / -2.8E / 2.6F
5 F	02:24 / 08:42 / 14:24 / 21:12	05:18 / 11:06 / 17:42 / 23:54	-2.1E / 2.0F / -2.5E / 2.3F
6 Sa ◐	03:30 / 09:42 / 15:24 / 22:18	06:54 / 12:18 / 19:12	-1.9E / 1.8F / -2.3E
7 Su	04:42 / 10:54 / 16:42 / 23:24	01:06 / 08:06 / 13:24 / 20:30	2.1F / -1.9E / 1.6F / -2.3E
8 M	05:48 / 12:00 / 17:54 / 23:54	02:42 / 09:12 / 15:12 / 21:36	2.0F / -2.0E / 1.6F / -2.3E
9 Tu	06:48 / 13:06 / 18:54	04:00 / 10:30 / 16:30 / 22:42	2.2F / -2.2E / 1.9F / -2.5E
10 W	01:24 / 07:42 / 14:00 / 19:54	04:54 / 11:12 / 17:18 / 23:30	2.4F / -2.5E / 2.1F / -2.6E
11 Th	02:18 / 08:30 / 14:48 / 20:42	05:36 / 12:00 / 18:00	2.5F / -2.6E / 2.3F
12 F	03:06 / 09:12 / 15:30 / 21:24	00:18 / 06:18 / 12:42 / 18:48	-2.7E / 2.6F / -2.7E / 2.4F
13 Sa ●	03:48 / 09:48 / 16:12 / 22:06	01:00 / 07:00 / 13:18 / 19:12	-2.7E / 2.5F / -2.7E / 2.4F
14 Su	04:24 / 10:24 / 16:48 / 22:42	01:36 / 07:18 / 13:42 / 19:42	-2.6E / 2.4F / -2.6E / 2.4F
15 M	05:00 / 11:00 / 17:18 / 23:24	02:06 / 07:48 / 14:12 / 20:12	-2.5E / 2.3F / -2.6E / 2.3F
16 Tu	05:36 / 11:30 / 17:54	02:30 / 08:18 / 14:30 / 20:42	-2.4E / 2.2F / -2.5E / 2.3F
17 W	00:00 / 06:18 / 12:06 / 18:36	02:48 / 08:54 / 14:54 / 21:18	-2.3E / 2.0F / -2.4E / 2.2F
18 Th	00:42 / 07:00 / 12:42 / 19:18	03:18 / 09:30 / 15:24 / 22:00	-2.1E / 1.9F / -2.2E / 2.1F
19 F	01:24 / 07:42 / 13:18 / 20:06	03:54 / 10:12 / 16:06 / 22:42	-1.9E / 1.7F / -2.1E / 1.9F
20 Sa	02:12 / 08:36 / 14:06 / 21:00	04:42 / 10:54 / 16:54 / 23:30	-1.6E / 1.5F / -1.9E / 1.7F
21 Su ◖	03:06 / 09:30 / 15:00 / 21:54	05:36 / 11:48 / 18:00	-1.4E / 1.3F / -1.7E
22 M	04:12 / 10:30 / 16:12 / 23:00	00:30 / 07:00 / 12:42 / 19:12	1.6F / -1.4E / 1.3F / -1.7E
23 Tu	05:18 / 11:30 / 17:18 / 23:54	01:30 / 08:18 / 13:48 / 20:24	1.6F / -1.5E / 1.3F / -1.9E
24 W	06:18 / 12:30 / 18:24	02:36 / 09:24 / 15:06 / 21:30	1.7F / -1.7E / 1.5F / -2.1E
25 Th	00:54 / 07:06 / 13:24 / 19:18	03:54 / 10:24 / 16:12 / 22:30	2.0F / -2.1E / 1.9F / -2.4E
26 F	01:42 / 07:54 / 14:12 / 20:06	04:42 / 11:06 / 17:00 / 23:24	2.3F / -2.4E / 2.4F / -2.7E
27 Sa	02:36 / 08:36 / 14:54 / 21:00	05:18 / 11:48 / 17:42	2.6F / -2.8E / 2.8F
28 Su ○	03:18 / 09:18 / 15:42 / 21:48	00:06 / 06:00 / 12:30 / 18:24	-3.0E / 2.8F / -3.1E / 3.1F
29 M	04:06 / 10:00 / 16:24 / 22:36	00:54 / 06:42 / 13:12 / 19:12	-3.1E / 2.9F / -3.3E / 3.3F
30 Tu	04:48 / 10:42 / 17:06 / 23:24	01:42 / 07:24 / 13:54 / 20:00	-3.2E / 2.9F / -3.4E / 3.3F
31 W	05:36 / 11:30 / 18:00	02:24 / 08:12 / 14:36 / 20:48	-3.1E / 2.7F / -3.3E / 3.2F

Station ID: MIH0901 Depth: 15 feet
Source: NOAA/NOS/CO-OPS
Station Type: Harmonic
Time Zone: LST

NOAA Tidal Current Predictions

Miami Harbor Entrance, 2021

Latitude: 25.7641° N Longitude: 80.1339° W
Mean Flood Dir. 293° (T) Mean Ebb Dir. 113° (T)
Times and speeds of maximum and minimum current, in knots

April

Date	Slack (h m)	Maximum (h m)	knots
1 Th	00:18	03:12	-2.8E
	06:30	09:06	2.5F
	12:18	15:18	-3.1E
	18:54	21:42	2.9F
2 F	01:12	04:00	-2.5E
	07:24	09:54	2.3F
	13:06	16:12	-2.7E
	19:54	22:36	2.6F
3 Sa	02:06	05:12	-2.1E
	08:24	10:54	2.0F
	14:06	17:36	-2.3E
	20:54	23:42	2.2F
4 Su ◐	03:12	06:48	-1.9E
		12:00	1.7F
	15:18	19:12	-2.2E
	22:00		
5 M		01:06	2.0F
	04:18	08:00	-2.0E
	10:42	13:36	1.6F
	16:36	20:24	-2.2E
	23:06		
6 Tu		02:36	1.9F
	05:30	09:00	-2.1E
	11:48	15:12	1.7F
	17:48	21:30	-2.2E
7 W	00:12	03:42	2.1F
	06:24	10:00	-2.3E
	12:48	16:12	1.9F
	18:48	22:24	-2.4E
8 Th	01:06	04:36	2.2F
	07:18	10:54	-2.5E
	13:42	17:00	2.2F
	19:36	23:12	-2.5E
9 F	02:00	05:18	2.4F
	08:00	11:36	-2.6E
	14:24	17:42	2.4F
	20:24	23:54	-2.5E
10 Sa	02:42	05:54	2.4F
	08:36	12:12	-2.6E
	15:06	18:12	2.5F
	21:06		
11 Su		00:36	-2.6E
	03:24	06:24	2.3F
	09:18	12:48	-2.6E
	15:42	18:42	2.5F
	21:42		
12 M ●		01:06	-2.5E
	04:00	06:48	2.3F
	09:48	13:18	-2.6E
	16:12	19:06	2.5F
	22:18		
13 Tu		01:36	-2.5E
	04:36	07:12	2.2F
	10:24	13:36	-2.5E
	16:48	19:36	2.4F
	22:54		
14 W		02:00	-2.4E
	05:12	07:42	2.1F
	10:54	13:54	-2.5E
	17:24	20:06	2.4F
	23:30		
15 Th		02:18	-2.3E
	05:48	08:18	2.0F
	11:30	14:24	-2.4E
	18:00	20:48	2.3F
16 F	00:12	02:48	-2.1E
	06:24	08:54	1.9F
	12:06	14:54	-2.3E
	18:42	21:24	2.1F
17 Sa	00:54	03:24	-2.0E
	07:06	09:36	1.7F
	12:48	15:36	-2.2E
	19:24	22:06	2.0F
18 Su	01:36	04:06	-1.7E
	08:00	10:24	1.6F
	13:30	16:18	-2.0E
	20:18	22:54	1.8F
19 M	02:30	05:00	-1.6E
	08:54	11:12	1.4F
	14:24	17:24	-1.8E
	21:18	23:48	1.7F
20 Tu ◐	03:30	06:12	-1.5E
	09:54	12:12	1.4F
	15:36	18:36	-1.8E
	22:18		
21 W		00:48	1.7F
	04:36	07:30	-1.6E
	10:54	13:12	1.5F
	16:48	19:48	-1.9E
	23:18		
22 Th		01:48	1.8F
	05:30	08:30	-1.9E
	11:54	14:18	1.7F
	17:54	20:54	-2.1E
23 F	00:18	02:54	2.0F
	06:24	09:30	-2.2E
	12:48	15:30	2.1F
	18:48	21:54	-2.4E
24 Sa	01:12	04:00	2.2F
	07:12	10:24	-2.6E
	13:36	16:30	2.6F
	19:42	22:54	-2.7E
25 Su	02:06	04:48	2.5F
	08:00	11:12	-3.0E
	14:24	17:18	3.1F
	20:36	23:42	-3.0E
26 M	02:54	05:30	2.7F
	08:42	12:00	-3.3E
	15:12	18:00	3.4F
	21:30		
27 Tu ○		00:36	-3.1E
	03:42	06:18	2.8F
	10:12	12:48	-3.4E
	16:00	18:48	3.5F
	22:18		
28 W		01:24	-3.1E
	04:30	07:12	2.8F
	10:18	13:30	-3.5E
	16:48	19:42	3.4F
	23:12		
29 Th		02:12	-3.0E
	05:18	07:54	2.7F
	11:06	14:24	-3.3E
	17:42	20:36	3.2F
30 F	00:00	03:00	-2.8E
	06:12	08:48	2.5F
	12:00	15:12	-3.0E
	18:36	21:30	2.9F

May

Date	Slack (h m)	Maximum (h m)	knots
1 Sa	00:12	03:54	-2.5E
	07:12	09:42	2.2F
	12:54	16:06	-2.6E
	19:36	22:24	2.5F
2 Su	01:48	05:06	-2.2E
	08:12	10:42	1.9F
	13:54	17:30	-2.2E
	20:36	23:30	2.2F
3 M ◐	02:48	06:36	-2.0E
	09:18	12:06	1.7F
	15:06	19:00	-2.1E
	21:42		
4 Tu		00:54	1.9F
	03:54	07:42	-2.1E
	10:24	13:30	1.6F
	16:18	20:06	-2.1E
	22:48		
5 W		02:06	1.9F
	05:00	08:36	-2.2E
	11:24	14:48	1.8F
	17:30	21:06	-2.1E
	23:48		
6 Th		03:12	1.9F
	05:54	09:30	-2.3E
	12:24	15:48	2.0F
	18:24	22:00	-2.2E
7 F	00:42	04:12	2.0F
	06:42	10:24	-2.4E
	13:12	16:36	2.2F
	19:12	22:48	-2.3E
8 Sa	01:30	04:54	2.1F
	07:24	11:06	-2.5E
	13:54	17:18	2.4F
	20:00	23:30	-2.4E
9 Su	02:18	05:30	2.1F
	08:06	11:42	-2.5E
	14:36	17:48	2.5F
	20:36		
10 M		00:06	-2.4E
	03:00	05:54	2.1F
	08:42	12:18	-2.5E
	15:12	18:18	2.5F
	21:18		
11 Tu ●		00:42	-2.4E
	03:36	06:18	2.1F
	09:18	12:42	-2.5E
	15:48	18:42	2.5F
	21:54		
12 W		01:12	-2.4E
	04:12	06:42	2.0F
	09:54	13:00	-2.5E
	16:18	19:06	2.4F
	22:30		
13 Th		01:36	-2.3E
	04:42	07:12	2.0F
	10:30	13:30	-2.5E
	16:54	19:42	2.4F
	23:12		
14 F		02:00	-2.2E
	05:18	07:48	1.9F
	11:06	14:00	-2.4E
	17:30	20:18	2.3F
	23:48		
15 Sa		02:30	-2.1E
	06:00	08:30	1.8F
	11:42	14:30	-2.4E
	18:12	21:00	2.2F
16 Su	00:30	03:00	-2.0E
	06:42	09:12	1.7F
	12:24	15:12	-2.2E
	18:54	21:42	2.1F
17 M	01:12	03:42	-1.9E
	07:30	10:00	1.7F
	13:06	15:54	-2.1E
	19:48	22:24	2.0F
18 Tu	02:00	04:30	-1.8E
	08:24	10:48	1.6F
	14:00	16:48	-1.9E
	20:42	23:18	1.9F
19 W ◐	02:48	05:36	-1.8E
	09:06	11:48	1.7F
	15:06	18:00	-1.9E
	21:42		
20 Th		00:12	1.9F
	03:48	06:48	-1.9E
	10:18	12:48	1.8F
	16:18	19:12	-2.0E
	22:42		
21 F		01:12	1.9F
	04:48	07:48	-2.1E
	11:12	13:48	2.0F
	17:24	20:18	-2.2E
	23:42		
22 Sa		02:12	2.0F
	05:42	08:48	-2.4E
	12:12	14:54	2.4F
	18:24	21:24	-2.4E
23 Su	00:42	03:18	2.2F
	06:36	09:42	-2.8E
	13:06	16:00	2.8F
	19:18	22:30	-2.6E
24 M	01:36	04:18	2.4F
	07:24	10:42	-3.1E
	13:54	16:54	3.1F
	20:18	23:24	-2.9E
25 Tu	02:30	05:06	2.6F
	08:12	11:36	-3.3E
	14:48	17:42	3.4F
	21:06		
26 W ○		00:18	-3.0E
	03:24	05:54	2.7F
	09:06	12:24	-3.4E
	15:42	18:30	3.4F
	22:00		
27 Th		01:12	-3.0E
	04:12	06:42	2.7F
	10:00	13:18	-3.4E
	16:30	19:24	3.3F
	22:54		
28 F		02:00	-3.0E
	05:00	07:36	2.6F
	10:54	14:12	-3.2E
	17:24	20:18	3.1F
	23:42		
29 Sa		02:54	-2.8E
	05:54	08:36	2.4F
	11:48	15:00	-2.9E
	18:18	21:18	2.8F
30 Su	00:36	03:48	-2.6E
	06:54	09:36	2.2F
	12:42	16:00	-2.6E
	19:18	22:12	2.5F
31 M	01:30	04:48	-2.3E
	07:54	10:36	2.0F
	13:42	17:12	-2.2E
	20:12	23:12	2.2F

June

Date	Slack (h m)	Maximum (h m)	knots
1 Tu	02:24	06:06	-2.2E
	08:54	11:48	1.8F
	14:42	18:36	-2.0E
	21:12		
2 W ◐		00:18	1.9F
	03:18	07:12	-2.1E
	09:54	13:06	1.7F
	15:48	19:36	-2.0E
	22:12		
3 Th		01:24	1.8F
	04:18	08:06	-2.2E
	10:54	14:12	1.8F
	16:54	20:30	-2.0E
	23:12		
4 F		02:30	1.7F
	05:12	08:54	-2.2E
	11:42	15:12	1.9F
	17:54	21:24	-2.0E
5 Sa	00:06	03:30	1.7F
	06:00	09:42	-2.2E
	12:36	16:06	2.1F
	18:42	22:18	-2.1E
6 Su	01:00	04:18	1.8F
	06:42	10:30	-2.3E
	13:18	16:48	2.2F
	19:30	23:00	-2.1E
7 M	01:48	05:00	1.8F
	07:24	11:06	-2.4E
	14:00	17:24	2.4F
	20:12	23:42	-2.2E
8 Tu	02:30	05:30	1.9F
	08:06	11:42	-2.4E
	14:42	17:54	2.4F
	20:54		
9 W		00:18	-2.2E
	03:12	05:54	1.9F
	08:48	12:12	-2.4E
	15:18	18:18	2.4F
	21:30		
10 Th ●		00:48	-2.2E
	03:48	06:18	1.9F
	09:24	12:42	-2.4E
	16:00	18:48	2.4F
	22:12		
11 F		01:18	-2.2E
	04:24	06:48	1.9F
	10:06	13:12	-2.4E
	16:36	19:18	2.3F
	22:48		
12 Sa		01:48	-2.2E
	05:00	07:30	1.9F
	10:42	13:42	-2.4E
	17:12	19:54	2.3F
	23:30		
13 Su		02:12	-2.2E
	05:36	08:12	1.9F
	11:24	14:18	-2.4E
	17:48	20:36	2.2F
14 M	00:06	02:48	-2.2E
	06:24	08:54	1.9F
	12:06	14:54	-2.3E
	18:30	21:18	2.2F
15 Tu	00:48	03:24	-2.1E
	07:06	09:42	1.9F
	12:54	15:36	-2.2E
	19:18	22:00	2.2F
16 W	01:30	04:12	-2.1E
	08:00	10:30	1.9F
	13:42	16:30	-2.1E
	20:12	22:48	2.1F
17 Th	02:18	05:00	-2.1E
	08:48	11:18	2.0F
	14:42	17:30	-2.0E
	21:06	23:42	2.0F
18 F ◐	03:06	06:06	-2.2E
	09:42	12:18	2.1F
	15:48	18:42	-2.0E
	22:06		
19 Sa		00:36	2.0F
	04:06	07:12	-2.4E
	10:42	13:18	2.3F
	17:00	19:54	-2.2E
	23:12		
20 Su		01:36	2.0F
	05:00	08:12	-2.6E
	11:42	14:24	2.5F
	18:00	21:00	-2.3E
21 M	00:12	02:42	2.0F
	06:00	09:12	-2.8E
	12:36	15:36	2.7F
	19:00	22:06	-2.5E
22 Tu	01:12	03:48	2.2F
	06:54	10:18	-3.0E
	13:36	16:36	3.0F
	19:54	23:12	-2.6E
23 W	02:12	04:48	2.4F
	07:54	11:18	-3.1E
	14:30	17:30	3.2F
	20:54		
24 Th ○		00:06	-2.8E
	03:06	05:42	2.5F
	08:48	12:12	-3.2E
	15:24	18:18	3.2F
	21:42		
25 F		01:00	-2.9E
	03:54	06:30	2.5F
	09:42	13:12	-3.2E
	16:18	19:12	3.1F
	22:36		
26 Sa		01:54	-2.9E
	04:48	07:30	2.5F
	10:36	14:06	-3.1E
	17:06	20:06	3.0F
	23:24		
27 Su		02:42	-2.8E
	05:42	08:30	2.4F
	11:30	14:54	-2.9E
	18:00	21:00	2.7F
28 M	00:12	03:30	-2.7E
	06:36	09:24	2.2F
	12:24	15:42	-2.5E
	18:48	21:48	2.5F
29 Tu	01:00	04:24	-2.4E
	07:30	10:18	2.1F
	13:18	16:42	-2.2E
	19:48	22:36	2.2F
30 W	01:48	05:18	-2.2E
	08:24	11:18	1.9F
	14:12	17:54	-1.9E
	20:42	23:30	1.9F

Station ID: MIH0901 Depth: 15 feet
Source: NOAA/NOS/CO-OPS
Station Type: Harmonic
Time Zone: LST

NOAA Tidal Current Predictions

Miami Harbor Entrance, 2021

Latitude: 25.7641° N Longitude: 80.1339° W
Mean Flood Dir. 293° (T) Mean Ebb Dir. 113° (T)
Times and speeds of maximum and minimum current, in knots

July

Day	Slack h m	Max h m	knots	Day	Slack h m	Max h m	knots
1 Th ☾	02:36	06:30	-2.1E	**16** F	01:42	04:36	-2.5E
	09:18	12:18	1.8F		08:24	11:00	2.3F
	15:12	19:00	-1.8E		14:24	17:06	-2.1E
	21:36				20:42	23:12	2.2F
2 F	03:24	00:24	1.7F	**17** Sa ☾	02:30	05:36	-2.4E
	10:06	07:24	-2.0E		09:18	11:54	2.4F
	16:12	13:18	1.7F		15:24	18:18	-2.0E
	22:30	19:54	-1.8E		21:42		
3 Sa	04:18	01:24	1.5F	**18** Su	03:24	00:12	2.0F
	11:00	08:12	-2.0E		10:12	06:42	-2.5E
	17:12	14:18	1.7F		16:36	12:54	2.4F
	23:24	20:42	-1.8E		22:42	19:30	-2.1E
4 Su	05:12	02:24	1.4F	**19** M	04:30	01:06	1.9F
	11:48	09:00	-2.0E		11:18	07:48	-2.6E
	18:06	15:24	1.8F		17:42	14:00	2.4F
		21:36	-1.8E		23:48	20:42	-2.1E
5 M	00:18	03:36	1.4F	**20** Tu	05:36	02:12	1.9F
	06:00	09:48	-2.0E		12:18	08:54	-2.7E
	12:42	16:18	2.0F		18:42	15:18	2.5F
	18:54	22:24	-1.9E			21:54	-2.2E
6 Tu	01:12	04:24	1.5F	**21** W	00:54	03:30	2.0F
	06:48	10:30	-2.1E		06:36	10:06	-2.8E
	13:30	17:00	2.2F		13:18	16:30	2.7F
	19:42	23:12	-2.0E		19:42	23:00	-2.5E
7 W	02:00	05:00	1.7F	**22** Th	01:54	04:42	2.2F
	07:36	11:12	-2.2E		07:36	11:12	-2.9E
	14:12	17:36	2.3F		14:18	17:24	2.9F
	20:24	23:54	-2.0E		20:36		
8 Th	02:42	05:30	1.8F	**23** F	02:48	00:00	-2.7E
	08:18	11:48	-2.3E		08:36	05:36	2.3F
	14:54	18:00	2.3F		15:12	12:12	-3.0E
	21:12				21:30	18:12	3.0F
9 F	03:24	00:30	-2.1E	**24** Sa ○	03:42	00:54	-2.8E
	09:06	06:00	1.9F		09:30	06:30	2.4F
	15:36	12:24	-2.4E		16:00	13:06	-3.0E
	21:48	18:30	2.4F		22:18	19:06	3.0F
10 Sa ●	04:00	01:00	-2.2E	**25** Su	04:30	01:42	-2.9E
	09:48	06:30	1.9F		10:24	07:24	2.5F
	16:12	12:54	-2.5E		16:48	13:54	-3.0E
	22:30	19:00	2.4F		23:00	19:54	2.8F
11 Su	04:42	01:36	-2.3E	**26** M	05:18	02:24	-2.9E
	10:30	07:12	2.0F		11:12	08:18	2.4F
	16:54	13:30	-2.5E		17:36	14:42	-2.8E
	23:06	19:36	2.4F		23:48	20:42	2.7F
12 M	05:18	02:00	-2.4E	**27** Tu	06:06	03:06	-2.8E
	11:06	07:54	2.0F		12:00	09:06	2.3F
	17:30	14:06	-2.5E		18:24	15:18	-2.5E
	23:42	20:18	2.4F			21:18	2.5F
13 Tu	06:00	02:36	-2.4E	**28** W	00:30	03:42	-2.5E
	11:54	08:36	2.1F		06:54	09:48	2.1F
	18:12	14:42	-2.5E		12:48	16:00	-2.2E
		20:54	2.4F		19:12	22:00	2.2F
14 W	00:24	03:06	-2.5E	**29** Th	01:12	04:18	-2.3E
	06:42	09:18	2.2F		07:42	10:30	2.0F
	12:36	15:24	-2.5E		13:36	16:42	-1.9E
	19:00	21:36	2.4F		20:00	22:36	1.9F
15 Th	01:00	03:48	-2.5E	**30** F	01:54	05:06	-2.0E
	07:30	10:06	2.3F		08:30	11:12	1.9F
	13:30	16:06	-2.3E		14:30	17:54	-1.7E
	19:48	22:24	2.3F		20:54	23:18	1.6F
				31 Sa ☾	02:36	06:12	-1.8E
					09:18	12:00	1.7F
					15:24	19:00	-1.6E
					21:48		

August

Day	Slack h m	Max h m	knots	Day	Slack h m	Max h m	knots
1 Su	03:24	00:12	1.4F	**16** M	03:00	06:18	-2.4E
	10:12	07:12	-1.8E		09:54	12:36	2.3F
	16:24	13:00	1.7F		16:18	19:24	-1.9E
	22:42	19:54	-1.5E		22:24		
2 M	04:18	01:00	1.3F	**17** Tu	04:12	00:48	1.8F
	11:06	08:00	-1.8E		11:00	07:36	-2.4E
	17:24	14:06	1.6F		17:24	13:42	2.2F
	23:36	20:48	-1.5E		23:36	20:36	-2.0E
3 Tu	05:18	02:06	1.2F	**18** W	05:24	02:00	1.7F
	12:00	08:54	-1.8E		12:06	08:54	-2.5E
	18:24	15:36	1.7F		18:30	15:12	2.3F
		21:48	-1.6E			21:48	-2.1E
4 W	00:36	03:36	1.3F	**19** Th	00:42	03:36	1.8F
	06:12	09:48	-1.9E		06:30	10:12	-2.6E
	12:54	16:36	1.9F		13:06	16:30	2.5F
	19:12	22:42	-1.7E		19:24	22:54	-2.4E
5 Th	01:24	04:36	1.5F	**20** F	01:42	04:54	2.1F
	07:06	10:42	-2.1E		07:30	11:12	-2.7E
	13:48	17:12	2.1F		14:06	17:24	2.7F
	20:00	23:24	-1.9E		20:18	23:48	-2.6E
6 F	02:12	05:12	1.7F	**21** Sa	02:36	05:42	2.3F
	07:54	11:24	-2.3E		08:30	12:06	-2.8E
	14:30	17:42	2.2F		15:00	18:06	2.8F
	20:42				21:06		
7 Sa	03:00	00:06	-2.1E	**22** Su ○	03:30	00:36	-2.8E
	08:42	05:42	1.9F		09:24	06:30	2.5F
	15:12	12:06	-2.4E		15:48	12:54	-2.9E
	21:24	18:12	2.4F		21:54	18:48	2.8F
8 Su ●	03:42	00:42	-2.3E	**23** M	04:12	01:24	-2.9E
	09:24	06:12	2.1F		10:12	07:12	2.5F
	15:54	12:42	-2.6E		16:30	13:42	-2.9E
	22:06	18:36	2.5F		22:36	19:30	2.7F
9 M	04:18	01:12	-2.5E	**24** Tu	04:54	02:06	-2.9E
	10:12	06:48	2.2F		10:54	07:54	2.5F
	16:30	13:12	-2.7E		17:12	14:18	-2.7E
	22:42	19:12	2.5F		23:12	20:12	2.6F
10 Tu	04:54	01:42	-2.6E	**25** W	05:36	02:36	-2.8E
	10:54	07:30	2.4F		11:36	08:36	2.4F
	17:12	13:48	-2.7E		17:54	14:48	-2.5E
	23:18	19:54	2.6F		23:54	20:54	2.4F
11 W	05:36	02:12	-2.8E	**26** Th	06:18	03:06	-2.6E
	11:36	08:18	2.5F		12:18	09:12	2.3F
	17:48	14:30	-2.8E		18:36	15:18	-2.3E
	23:54	20:30	2.6F			21:18	2.1F
12 Th	06:18	02:48	-2.8E	**27** F	00:30	03:24	-2.3E
	12:24	09:00	2.6F		07:00	09:42	2.2F
	18:36	15:06	-2.7E		13:00	15:48	-2.0E
		21:18	2.5F		19:24	21:54	1.9F
13 F	00:36	03:24	-2.8E	**28** Sa	01:06	03:54	-2.1E
	07:06	09:48	2.6F		07:48	10:24	2.0F
	13:12	15:54	-2.5E		13:48	16:24	-1.8E
	19:24	22:00	2.4F		20:12	22:30	1.7F
14 Sa	01:18	04:12	-2.7E	**29** Su	01:48	04:30	-1.9E
	07:54	10:36	2.6F		08:30	11:06	1.8F
	14:06	16:48	-2.2E		14:36	17:12	-1.5E
	20:24	22:48	2.2F		21:00	23:18	1.4F
15 Su ☾	02:06	05:06	-2.6E	**30** M ☾	02:36	05:24	-1.7E
	08:54	11:30	2.5F		09:18	12:00	1.6F
	15:06	18:00	-2.0E		15:36	18:48	-1.4E
	21:18	23:48	2.0F		21:54		
				31 Tu	03:30	00:12	1.3F
					10:24	06:42	-1.7E
					16:42	12:54	1.5F
					22:54	20:00	-1.4E

September

Day	Slack h m	Max h m	knots	Day	Slack h m	Max h m	knots
1 W	04:36	01:06	1.2F	**16** Th	05:18	02:00	1.6F
	11:24	07:54	-1.7E		11:54	09:00	-2.3E
	17:42	14:12	1.5F		18:12	15:18	2.1F
	23:54	21:00	-1.4E			21:42	-2.2E
2 Th	05:36	02:18	1.2F	**17** F	00:30	03:48	1.8F
	12:18	09:00	-1.8E		06:24	10:06	-2.4E
	18:36	15:54	1.7F		12:54	16:24	2.3F
		22:00	-1.6E		19:12	22:42	-2.5E
3 F	00:48	03:54	1.4F	**18** Sa	01:30	04:54	2.1F
	06:36	10:00	-2.0E		07:24	11:06	-2.6E
	13:12	16:42	1.9F		13:54	17:12	2.5F
	19:24	22:48	-1.9E		20:00	23:36	-2.7E
4 Sa	01:42	04:48	1.7F	**19** Su	02:24	05:36	2.4F
	07:30	11:00	-2.2E		08:18	11:54	-2.7E
	14:00	17:12	2.2F		14:42	17:54	2.6F
	20:12	23:30	-2.2E		20:42		
5 Su	02:30	05:18	2.0F	**20** M ○	03:12	00:18	-2.8E
	08:18	11:36	-2.5E		09:06	06:18	2.5F
	14:48	17:42	2.4F		15:24	12:36	-2.8E
	20:54				21:24	18:30	2.6F
6 M	03:12	00:06	-2.5E	**21** Tu	03:54	01:00	-2.9E
	09:06	05:42	2.3F		09:48	06:54	2.5F
	15:30	12:12	-2.7E		16:06	13:18	-2.7E
	21:30	18:12	2.6F		22:06	19:06	2.5F
7 Tu ●	03:48	00:42	-2.7E	**22** W	04:30	01:36	-2.8E
	09:48	06:30	2.6F		10:30	07:30	2.5F
	16:06	12:54	-2.9E		16:48	13:54	-2.6E
	22:12	18:42	2.7F		22:42	19:36	2.4F
8 W	04:30	01:18	-2.9E	**23** Th	05:06	02:06	-2.7E
	10:36	07:12	2.8F		11:06	07:54	2.5F
	16:48	13:36	-3.0E		17:24	14:18	-2.5E
	22:48	19:24	2.7F		23:18	20:06	2.2F
9 Th	05:06	01:48	-3.1E	**24** F	05:42	02:24	-2.5E
	11:18	07:54	2.9F		11:48	08:30	2.4F
	17:30	14:12	-2.9E		18:00	14:42	-2.3E
	23:24	20:06	2.7F		23:48	20:42	2.1F
10 F	05:54	02:30	-3.1E	**25** Sa	06:18	02:42	-2.4E
	12:06	08:42	3.0F		12:24	09:06	2.2F
	18:18	14:54	-2.8E		18:42	15:06	-2.1E
		20:54	2.6F			21:18	1.9F
11 Sa	00:06	03:06	-3.1E	**26** Su	00:24	03:12	-2.2E
	06:42	09:30	2.9F		07:00	09:42	2.0F
	12:54	15:36	-2.6E		13:12	15:42	-1.9E
	19:06	21:42	2.4F		19:30	21:54	1.7F
12 Su	00:54	03:54	-2.9E	**27** M	01:06	03:48	-2.1E
	07:36	10:18	2.7F		07:48	10:24	1.9F
	13:48	16:30	-2.2E		13:54	16:24	-1.6E
	20:06	22:30	2.2F		20:18	22:36	1.5F
13 M ☾	01:48	04:48	-2.6E	**28** Tu ☾	01:48	04:36	-1.8E
	08:36	11:12	2.4F		08:42	11:12	1.7F
	14:48	17:48	-1.9E		14:48	17:18	-1.4E
	21:06	23:30	1.9F		21:12	23:30	1.3F
14 Tu	02:48	06:12	-2.3E	**29** W ☾	02:48	05:36	-1.7E
	09:42	12:18	2.2F		09:36	12:12	1.5F
	16:00	19:24	-1.9E		15:54	18:54	-1.3E
	22:12				22:12		
15 W	04:00	00:36	1.7F	**30** Th	03:54	00:30	1.2F
	10:48	07:42	-2.3E		10:42	07:00	-1.6E
	17:12	13:36	2.1F		17:00	13:12	1.5F
	23:24	20:36	-2.0E		23:12	20:06	-1.4E

Station ID: MIH0901 Depth: 15 feet
Source: NOAA/NOS/CO-OPS
Station Type: Harmonic
Time Zone: LST

NOAA Tidal Current Predictions

Miami Harbor Entrance, 2021
Latitude: 25.7641° N Longitude: 80.1339° W
Mean Flood Dir. 293° (T) Mean Ebb Dir. 113° (T)
Times and speeds of maximum and minimum current, in knots

October

Date	Slack (h m)	Max (h m)	knots
1 F		01:30	1.2F
	05:00	08:12	-1.8E
	11:42	14:18	1.6F
	17:54	21:12	-1.6E
2 Sa	00:12	02:48	1.4F
	06:06	09:18	-2.0E
	12:36	15:42	1.8F
	18:48	22:06	-1.9E
3 Su	01:06	04:06	1.8F
	07:00	10:18	-2.2E
	13:24	16:30	2.1F
	19:30	22:48	-2.3E
4 M	01:54	04:48	2.2F
	07:48	11:06	-2.5E
	14:12	17:06	2.4F
	20:12	23:30	-2.6E
5 Tu	02:36	05:24	2.6F
	08:36	11:48	-2.8E
	15:00	17:42	2.6F
	20:54		
6 W ●		00:06	-2.9E
	03:18	06:00	2.9F
	09:24	12:30	-3.0E
	15:42	18:18	2.7F
	21:36		
7 Th		00:42	-3.2E
	04:00	06:48	3.2F
	10:12	13:12	-3.1E
	16:24	19:00	2.8F
	22:18		
8 F		01:24	-3.3E
	04:42	07:30	3.2F
	11:00	14:00	-3.0E
	17:12	19:48	2.7F
	23:00		
9 Sa		02:06	-3.3E
	05:30	08:18	3.2F
	11:48	14:42	-2.9E
	18:00	20:36	2.6F
	23:48		
10 Su		02:48	-3.2E
	06:24	09:12	3.0F
	12:42	15:30	-2.6E
	18:54	21:24	2.4F
11 M	00:36	03:42	-2.9E
	07:18	10:06	2.7F
	13:36	16:24	-2.3E
	19:54	22:18	2.1F
12 Tu	01:36	04:42	-2.5E
	08:18	11:00	2.4F
	14:36	17:54	-2.0E
	20:54	23:24	1.8F
13 W ◑	02:42	06:24	-2.2E
	09:24	12:12	2.1F
	15:42	19:18	-2.0E
	22:06		
14 Th		00:36	1.7F
	03:54	07:42	-2.2E
	10:36	13:42	2.0F
	16:48	20:24	-2.1E
	23:12		
15 F		02:24	1.7F
	05:12	08:54	-2.2E
	11:36	15:06	2.0F
	17:54	21:30	-2.3E

Date	Slack (h m)	Max (h m)	knots
16 Sa	00:18	03:42	1.9F
	06:18	09:54	-2.3E
	12:36	16:06	2.2F
	18:48	22:24	-2.5E
17 Su	01:12	04:36	2.2F
	07:12	10:48	-2.5E
	13:30	16:54	2.3F
	19:36	23:12	-2.7E
18 M	02:00	05:24	2.4F
	08:00	11:36	-2.6E
	14:24	17:36	2.4F
	20:18	23:54	-2.7E
19 Tu	02:48	06:00	2.5F
		12:18	-2.6E
	15:06	18:06	2.4F
	20:54		
20 W ○	03:24	00:30	-2.7E
		06:30	2.6F
	15:42	12:54	-2.6E
	21:30	18:36	2.3F
21 Th		01:00	-2.7E
	04:00	06:54	2.5F
	10:06	13:30	-2.5E
	16:18	19:00	2.2F
	22:06		
22 F		01:30	-2.6E
	04:36	07:24	2.5F
	10:42	13:54	-2.4E
	16:54	19:30	2.1F
	22:42		
23 Sa		01:48	-2.5E
	05:06	07:54	2.4F
	11:18	14:12	-2.3E
	17:30	20:06	1.9F
	23:18		
24 Su		02:12	-2.4E
	05:42	08:30	2.3F
	12:00	14:42	-2.1E
	18:12	20:42	1.8F
	23:54		
25 M		02:42	-2.3E
	06:24	09:12	2.1F
	12:42	15:12	-1.9E
	18:54	21:24	1.7F
26 Tu	00:36	03:18	-2.2E
	07:18	09:54	2.0F
	13:24	15:48	-1.7E
	19:42	22:06	1.6F
27 W ◐	01:18	04:00	-2.0E
	08:06	10:36	1.8F
	14:12	16:42	-1.6E
	20:36	23:00	1.4F
28 Th	02:12	05:00	-1.8E
	09:00	11:30	1.7F
	15:06	17:48	-1.5E
	21:36	23:54	1.4F
29 F	03:18	06:12	-1.7E
	10:00	12:30	1.6F
	16:12	19:06	-1.6E
	22:36		
30 Sa		00:54	1.4F
	04:24	07:24	-1.8E
	11:00	13:24	1.6F
	17:12	20:12	-1.8E
	23:30		
31 Su		02:00	1.6F
	05:30	08:30	-2.0E
	11:54	14:30	1.8F
	18:00	21:06	-2.1E

November

Date	Slack (h m)	Max (h m)	knots
1 M	00:24	03:06	1.9F
	06:30	09:30	-2.2E
	12:48	15:30	2.0F
	18:48	21:54	-2.4E
2 Tu	01:12	04:06	2.4F
	07:24	10:30	-2.5E
	13:42	16:24	2.3F
	19:36	22:48	-2.8E
3 W	02:00	04:54	2.8F
	08:12	11:18	-2.8E
	14:30	17:12	2.5F
	20:18	23:30	-3.1E
4 Th ●	02:48	05:36	3.2F
		11:48	-3.0E
	15:18	17:48	2.7F
	21:06		
5 F		00:18	-3.3E
	03:36	06:24	3.4F
	09:54	12:54	-3.1E
	16:06	18:36	2.7F
	21:54		
6 Sa		01:00	-3.4E
	04:24	07:12	3.4F
	10:42	13:42	-3.0E
	16:54	19:24	2.7F
	22:42		
7 Su		01:54	-3.4E
	05:12	08:06	3.3F
	11:36	14:30	-2.9E
	17:42	20:18	2.5F
	23:30		
8 M		02:42	-3.2E
	06:06	09:00	3.0F
	12:24	15:24	-2.6E
	18:36	21:12	2.3F
9 Tu	00:24	03:36	-2.8E
	07:06	09:54	2.7F
	13:18	16:24	-2.4E
	19:42	22:12	2.1F
10 W	01:24	04:42	-2.4E
	08:06	10:54	2.4F
	14:18	17:48	-2.1E
	20:42	23:18	1.9F
11 Th ◑	02:30	06:18	-2.2E
	09:12	12:06	2.1F
	15:18	19:06	-2.2E
	21:48		
12 F		00:48	1.8F
	03:42	07:36	-2.1E
	10:12	13:24	1.9F
	16:24	20:06	-2.3E
	22:54		
13 Sa		02:12	1.8F
	05:00	08:36	-2.2E
	11:18	14:36	1.9F
	17:24	21:00	-2.4E
	23:54		
14 Su		03:18	2.0F
	06:00	09:30	-2.2E
	12:06	15:42	2.0F
	18:18	21:54	-2.5E
15 M	00:48	04:18	2.2F
	06:54	10:24	-2.3E
	13:06	16:30	2.1F
	19:00	22:42	-2.5E

Date	Slack (h m)	Max (h m)	knots
16 Tu	01:36	05:00	2.4F
	07:42	11:12	-2.4E
	13:54	17:12	2.1F
	19:42	23:24	-2.6E
17 W	02:18	05:36	2.5F
	08:24	11:54	-2.4E
	14:42	17:42	2.1F
	20:24		
18 Th		00:00	-2.5E
	02:54	06:06	2.5F
	09:00	12:30	-2.4E
	15:18	18:06	2.1F
	21:00		
19 F ○		00:30	-2.5E
	03:30	06:30	2.5F
	09:42	13:00	-2.3E
	15:54	18:30	2.0F
	21:36		
20 Sa		01:00	-2.5E
	04:06	07:00	2.4F
	10:18	13:30	-2.3E
	16:30	19:00	1.9F
	22:12		
21 Su		01:00	-2.4E
	04:42	07:30	2.3F
	10:54	13:54	-2.2E
	17:06	19:36	1.9F
	22:54		
22 M		01:48	-2.4E
	05:18	08:06	2.3F
	11:36	14:18	-2.1E
	17:48	20:18	1.8F
	23:30		
23 Tu		02:18	-2.3E
	06:00	08:42	2.1F
	12:12	14:54	-2.0E
	18:30	21:00	1.7F
24 W	00:12	02:54	-2.2E
	06:42	09:24	2.0F
	12:54	15:30	-1.9E
	19:18	21:42	1.7F
25 Th	00:54	03:42	-2.1E
	07:30	10:12	1.9F
	13:42	16:12	-1.8E
	20:06	22:30	1.6F
26 F ◐	01:48	04:30	-1.9E
	08:24	11:00	1.9F
	14:30	17:12	-1.8E
	21:00	23:24	1.6F
27 Sa	02:42	05:30	-1.8E
	09:18	11:48	1.8F
	15:24	18:18	-1.8E
	21:54		
28 Su		00:24	1.7F
	03:48	06:48	-1.9E
	10:12	12:48	1.8F
	16:18	19:18	-2.0E
	22:48		
29 M		01:18	1.9F
	04:54	07:48	-2.0E
	11:12	13:42	1.9F
	17:12	20:18	-2.3E
	23:42		
30 Tu		02:24	2.2F
	06:00	08:48	-2.2E
	12:12	14:42	2.0F
	18:06	21:06	-2.6E

December

Date	Slack (h m)	Max (h m)	knots
1 W	00:36	03:24	2.5F
	06:54	09:54	-2.4E
	13:06	15:42	2.2F
	18:54	22:06	-2.8E
2 Th	01:30	04:24	2.9F
	07:48	10:54	-2.7E
	14:00	16:42	2.4F
	19:48	23:00	-3.1E
3 F	02:24	05:18	3.2F
	08:42	11:48	-2.8E
	14:54	17:30	2.6F
	20:36	23:54	-3.3E
4 Sa ●	03:12	06:06	3.4F
	09:36	12:42	-2.9E
	15:48	18:18	2.6F
	21:30		
5 Su		00:48	-3.4E
	04:06	06:54	3.4F
	10:24	13:36	-3.0E
	16:36	19:06	2.6F
	22:24		
6 M		01:42	-3.3E
	04:54	07:48	3.2F
	11:18	14:24	-2.9E
	17:30	20:06	2.5F
	23:18		
7 Tu		02:36	-3.1E
	05:48	08:48	3.0F
	12:06	15:18	-2.8E
	18:24	21:06	2.4F
8 W	00:18	03:30	-2.8E
	06:48	09:42	2.7F
	13:00	16:12	-2.5E
	19:24	22:06	2.2F
9 Th	01:18	04:30	-2.4E
	07:48	10:42	2.4F
	13:54	17:24	-2.3E
	20:24	23:12	2.0F
10 F	02:18	05:54	-2.2E
	08:48	11:42	2.1F
	14:48	18:36	-2.3E
	21:24		
11 Sa ◑		00:30	1.9F
	03:24	07:06	-2.0E
	09:48	12:48	1.9F
	15:48	19:36	-2.3E
	22:24		
12 Su		01:36	1.9F
	04:30	08:06	-2.0E
	10:42	13:54	1.8F
	16:42	20:30	-2.3E
	23:18		
13 M		02:42	1.9F
	05:30	09:00	-2.2E
	11:42	15:00	1.7F
	17:36	21:24	-2.3E
14 Tu	00:12	03:42	2.1F
	06:24	09:54	-2.1E
	12:36	16:00	1.7F
	18:24	22:06	-2.3E
15 W	01:00	04:30	2.2F
	07:12	10:42	-2.1E
	13:30	16:42	1.8F
	19:06	22:54	-2.3E

Date	Slack (h m)	Max (h m)	knots
16 Th	01:42	05:12	2.3F
	07:54	11:24	-2.2E
	14:12	17:18	1.8F
	19:48	23:30	-2.3E
17 F	02:24	05:42	2.4F
	08:36	12:06	-2.2E
	14:54	17:48	1.8F
	20:30		
18 Sa ○		00:06	-2.4E
	03:06	06:12	2.4F
	09:18	12:42	-2.2E
	15:36	18:12	1.9F
	21:12		
19 Su ○		00:36	-2.4E
	03:42	06:42	2.4F
	10:00	13:12	-2.2E
	16:12	18:42	1.9F
	21:54		
20 M		01:06	-2.4E
	04:24	07:06	2.3F
	10:36	13:42	-2.2E
	16:48	19:18	1.9F
	22:30		
21 Tu		01:30	-2.4E
	05:00	07:42	2.3F
	11:12	14:06	-2.2E
	17:24	19:54	1.8F
	23:12		
22 W		02:06	-2.4E
	05:36	08:24	2.2F
	11:54	14:36	-2.2E
	18:06	20:36	1.8F
	23:54		
23 Th		02:42	-2.3E
	06:18	09:00	2.2F
	12:30	15:12	-2.2E
	18:48	21:24	1.9F
24 F	00:36	03:18	-2.2E
	07:00	09:42	2.1F
	13:12	15:48	-2.1E
	19:36	22:06	1.9F
25 Sa	01:24	04:06	-2.1E
	07:48	10:30	2.1F
	13:54	16:36	-2.1E
	20:24	22:54	2.0F
26 Su ◐	02:18	05:00	-2.0E
		11:18	2.0F
	14:36	17:36	-2.1E
	21:18	23:48	2.0F
27 M	03:18	06:06	-2.0E
	09:36	12:12	2.0F
	15:30	18:36	-2.3E
	22:12		
28 Tu		00:48	2.2F
	04:24	07:18	-2.0E
	10:36	13:06	1.9F
	16:30	19:36	-2.4E
	23:06		
29 W		01:48	2.3F
	05:30	08:18	-2.2E
	11:42	14:06	1.9F
	17:30	20:30	-2.6E
30 Th	00:06	02:54	2.6F
	06:30	09:24	-2.3E
	12:42	15:12	2.0F
	18:24	21:36	-2.8E
31 F	01:06	04:00	2.8F
	07:30	10:36	-2.5E
	13:36	16:18	2.2F
	19:24	22:42	-3.0E

NOAA Tidal Current Predictions

Key West, 0.3 mi. W of Ft. Taylor, 2021
Latitude: 24.5480° N Longitude: 81.8169° W
Mean Flood Dir. 9° (T) Mean Ebb Dir. 186° (T)
Times and speeds of maximum and minimum current, in knots

January

Day	Slack (h m)	Maximum (h m, knots)
1 F	05:42, 12:24, 18:30	02:24 -1.7E, 08:48 1.3F, 15:06 -1.4E, 21:12 1.0F
2 Sa	00:06, 06:30, 13:00, 19:12	03:06 -1.7E, 09:30 1.3F, 15:42 -1.4E, 21:54 1.0F
3 Su	00:48, 07:18, 13:42, 20:00	03:54 -1.6E, 10:12 1.3F, 16:30 -1.4E, 22:36 1.0F
4 M	01:36, 08:06, 14:24, 20:48	04:42 -1.5E, 11:00 1.2F, 17:18 -1.3E, 23:30 1.0F
5 Tu	02:36, 09:06, 15:18, 21:48	05:42 -1.4E, 11:54 1.1F, 18:12 -1.3E
6 W	03:48, 10:18, 16:12, 22:54	00:30 1.0F, 06:48 -1.2E, 12:54 1.0F, 19:18 -1.3E
7 Th	05:12, 11:30, 17:18	01:42 1.0F, 08:06 -1.1E, 14:00 0.9F, 20:24 -1.4E
8 F	00:00, 06:36, 12:42, 18:18	03:24 1.1F, 09:36 -1.2E, 15:18 0.8F, 21:36 -1.5E
9 Sa	01:00, 07:48, 13:48, 19:12	04:42 1.3F, 10:48 -1.3E, 16:30 0.9F, 22:30 -1.7E
10 Su	02:00, 08:48, 14:42, 20:06	05:42 1.5F, 11:42 -1.4E, 17:24 1.0F, 23:24 -1.8E
11 M	02:48, 09:42, 15:30, 21:00	06:36 1.5F, 12:36 -1.5E, 18:12 1.0F
12 Tu	03:36, 10:24, 16:12, 21:48	00:12 -1.9E, 07:24 1.5F, 13:18 -1.5E, 19:00 1.1F
13 W	04:18, 11:06, 16:54, 22:36	00:54 -1.9E, 07:54 1.4F, 14:00 -1.5E, 19:48 1.1F
14 Th	05:06, 11:42, 17:36, 23:24	01:42 -1.8E, 08:42 1.3F, 14:36 -1.4E, 20:30 1.1F
15 F	05:48, 12:18, 18:24	02:24 -1.7E, 09:00 1.2F, 15:06 -1.4E, 21:12 1.1F
16 Sa	00:12, 06:30, 12:48, 19:06	03:00 -1.6E, 09:24 1.1F, 15:42 -1.4E, 21:48 1.1F
17 Su	00:54, 07:12, 13:24, 19:54	03:42 -1.4E, 10:00 1.1F, 16:18 -1.3E, 22:30 1.0F
18 M	01:36, 07:54, 14:00, 20:42	04:30 -1.3E, 10:36 1.0F, 17:00 -1.3E, 23:18 1.0F
19 Tu	02:30, 08:48, 14:42, 21:36	05:18 -1.1E, 11:24 1.0F, 17:48 -1.2E
20 W	03:24, 09:42, 15:30, 22:36	00:12 0.9F, 06:18 -0.9E, 12:12 0.9F, 18:48 -1.1E
21 Th	04:42, 10:54, 16:24, 23:36	01:12 0.8F, 07:36 -0.8E, 13:12 0.7F, 19:48 -1.1E
22 F	06:00, 12:06, 17:30	02:36 0.8F, 09:12 -0.8E, 14:24 0.6F, 21:00 -1.1E
23 Sa	00:36, 07:12, 13:12, 18:30	04:06 0.9F, 10:30 -0.9E, 15:42 0.6F, 22:00 -1.2E
24 Su	01:30, 08:12, 14:06, 19:24	05:06 1.1F, 11:18 -1.1E, 16:42 0.7F, 22:48 -1.4E
25 M	02:12, 08:54, 14:54, 20:12	05:48 1.2F, 12:00 -1.2E, 17:30 0.8F, 23:30 -1.5E
26 Tu	02:54, 09:36, 15:36, 21:00	06:24 1.3F, 12:36 -1.3E, 18:12 0.9F
27 W	03:30, 10:12, 16:12, 21:42	00:06 -1.6E, 06:48 1.3F, 13:00 -1.4E, 18:48 1.0F
28 Th	04:06, 10:42, 16:48, 22:24	00:42 -1.7E, 07:18 1.4F, 13:30 -1.5E, 19:24 1.1F
29 F	04:42, 11:18, 17:24, 23:00	01:24 -1.8E, 07:48 1.4F, 14:06 -1.5E, 20:06 1.1F
30 Sa	05:24, 11:54, 18:00, 23:48	02:06 -1.8E, 08:24 1.5F, 14:36 -1.6E, 20:48 1.2F
31 Su	06:06, 12:30, 18:42	02:48 -1.9E, 09:06 1.5F, 15:18 -1.6E, 21:24 1.2F

February

Day	Slack (h m)	Maximum (h m, knots)
1 M	00:30, 06:54, 13:12, 19:24	03:30 -1.8E, 09:48 1.5F, 16:00 -1.6E, 22:12 1.2F
2 Tu	01:24, 07:42, 13:54, 20:18	04:24 -1.7E, 10:36 1.4F, 16:48 -1.6E, 23:00 1.2F
3 W	02:24, 08:42, 14:36, 21:12	05:18 -1.4E, 11:24 1.2F, 17:42 -1.5E
4 Th	03:36, 09:48, 15:24, 22:24	00:00 1.1F, 06:24 -1.2E, 12:24 0.9F, 18:42 -1.4E
5 F	05:06, 11:16, 16:30, 23:36	01:12 1.0F, 07:54 -1.0E, 13:30 0.7F, 19:48 -1.4E
6 Sa	06:30, 12:24, 17:42	03:18 1.0F, 09:36 -1.0E, 14:54 0.6F, 21:06 -1.4E
7 Su	00:42, 07:48, 13:36, 18:54	04:48 1.2F, 10:48 -1.1E, 16:24 0.7F, 22:18 -1.5E
8 M	01:48, 08:42, 14:30, 19:54	05:48 1.4F, 11:36 -1.3E, 17:24 0.9F, 23:18 -1.7E
9 Tu	02:42, 09:30, 15:18, 20:48	06:30 1.4F, 12:24 -1.4E, 18:12 1.0F
10 W	03:24, 10:06, 15:54, 21:42	00:06 -1.7E, 07:12 1.4F, 13:00 -1.5E, 18:54 1.1F
11 Th	04:06, 10:36, 16:30, 22:24	00:48 -1.8E, 07:48 1.3F, 13:36 -1.5E, 19:30 1.2F
12 F	04:42, 11:12, 17:12, 23:06	01:24 -1.8E, 08:06 1.3F, 14:06 -1.6E, 20:12 1.2F
13 Sa	05:24, 11:42, 17:54, 23:48	02:00 -1.7E, 08:24 1.3F, 14:36 -1.6E, 20:48 1.2F
14 Su	06:00, 12:12, 18:36	02:42 -1.6E, 08:54 1.3F, 15:12 -1.6E, 21:24 1.2F
15 M	00:30, 06:42, 12:48, 19:18	03:18 -1.5E, 09:30 1.2F, 15:42 -1.5E, 22:00 1.2F
16 Tu	01:12, 07:24, 13:18, 20:06	04:00 -1.4E, 10:06 1.2F, 16:24 -1.5E, 22:42 1.1F
17 W	02:00, 08:12, 14:00, 20:54	04:48 -1.2E, 10:48 1.1F, 17:06 -1.3E, 23:36 1.0F
18 Th	02:54, 09:06, 14:36, 21:48	05:42 -0.9E, 11:36 0.9F, 17:54 -1.2E
19 F	04:12, 10:18, 15:30, 22:54	00:30 0.8F, 06:54 -0.7E, 12:36 0.7F, 18:48 -1.1E
20 Sa	05:36, 11:36, 16:36	01:48 0.8F, 08:48 -0.7E, 13:48 0.5F, 20:00 -1.0E
21 Su	00:00, 06:54, 12:54, 17:54	03:48 0.8F, 10:12 -0.8E, 15:12 0.5F, 21:24 -1.1E
22 M	01:00, 07:48, 13:54, 19:00	04:48 1.0F, 11:06 -1.0E, 16:30 0.6F, 22:24 -1.2E
23 Tu	01:48, 08:30, 14:36, 19:54	05:30 1.1F, 11:42 -1.2E, 17:18 0.8F, 23:06 -1.4E
24 W	02:30, 09:06, 15:12, 20:42	06:06 1.2F, 12:06 -1.3E, 17:54 1.0F, 23:42 -1.6E
25 Th	03:06, 09:42, 15:42, 21:24	06:24 1.3F, 12:36 -1.4E, 18:24 1.1F
26 F	03:42, 10:12, 16:18, 22:00	00:24 -1.8E, 06:54 1.4F, 13:00 -1.6E, 19:00 1.2F
27 Sa	04:24, 10:48, 16:54, 22:42	01:00 -1.9E, 07:24 1.5F, 13:36 -1.7E, 19:42 1.3F
28 Su	05:00, 11:24, 17:30, 23:30	01:42 -2.0E, 08:06 1.6F, 14:12 -1.8E, 20:18 1.4F

March

Day	Slack (h m)	Maximum (h m, knots)
1 M	05:48, 12:00, 18:12	02:30 -2.0E, 08:42 1.6F, 14:54 -1.8E, 21:00 1.4F
2 Tu	00:18, 06:36, 12:36, 19:00	03:12 -1.9E, 09:24 1.5F, 15:36 -1.8E, 21:48 1.4F
3 W	01:12, 07:24, 13:18, 19:48	04:06 -1.6E, 10:06 1.3F, 16:18 -1.8E, 22:42 1.3F
4 Th	02:12, 08:24, 14:00, 20:48	05:00 -1.3E, 11:00 1.1F, 17:12 -1.6E, 23:42 1.1F
5 F	03:24, 09:30, 14:48, 21:54	06:12 -1.0E, 11:54 0.8F, 18:06 -1.4E
6 Sa	04:54, 10:48, 15:54, 23:12	00:42 1.0F, 07:42 -0.8E, 13:00 0.6F, 19:18 -1.3E
7 Su	06:24, 12:12, 17:18	03:18 0.9F, 09:24 -0.9E, 14:36 0.5F, 20:48 -1.2E
8 M	00:30, 07:30, 13:18, 18:42	04:42 1.1F, 10:36 -1.0E, 16:18 0.7F, 22:12 -1.4E
9 Tu	01:36, 08:24, 14:12, 19:48	05:36 1.2F, 11:18 -1.2E, 17:18 0.9F, 23:12 -1.5E
10 W	02:30, 09:00, 14:54, 20:42	06:18 1.2F, 12:00 -1.4E, 18:00 1.1F, 23:54 -1.6E
11 Th	03:12, 09:42, 15:30, 21:24	06:48 1.3F, 12:36 -1.5E, 18:36 1.2F
12 F	03:48, 10:06, 16:06, 22:06	00:30 -1.7E, 07:12 1.3F, 13:06 -1.6E, 19:06 1.3F
13 Sa	04:18, 10:36, 16:42, 22:42	01:06 -1.7E, 07:24 1.3F, 13:36 -1.7E, 19:42 1.4F
14 Su	04:54, 11:06, 17:18, 23:24	01:42 -1.7E, 07:48 1.3F, 13:48 -1.7E, 20:18 1.3F
15 M	05:30, 11:36, 18:00	02:18 -1.7E, 08:18 1.3F, 14:36 -1.7E, 20:54 1.3F
16 Tu	00:06, 06:12, 12:12, 18:42	02:54 -1.6E, 09:00 1.3F, 15:12 -1.7E, 21:30 1.3F
17 W	00:48, 07:00, 12:42, 19:24	03:36 -1.4E, 09:36 1.2F, 15:48 -1.6E, 22:12 1.2F
18 Th	01:36, 07:48, 13:18, 20:12	04:18 -1.2E, 10:18 1.0F, 16:24 -1.4E, 23:00 1.0F
19 F	02:30, 08:42, 14:00, 21:06	05:12 -0.9E, 11:12 0.8F, 17:12 -1.3E, 23:54 0.9F
20 Sa	03:36, 09:54, 14:48, 22:12	06:18 -0.7E, 12:06 0.6F, 18:06 -1.1E
21 Su	05:00, 11:12, 15:54, 23:24	01:00 0.7F, 08:06 -0.6E, 13:12 0.4F, 19:12 -0.9E
22 M	06:12, 12:30, 17:24	02:54 0.7F, 09:48 -0.7E, 14:48 0.4F, 20:36 -0.9E
23 Tu	00:30, 07:12, 13:24, 18:36	04:18 0.8F, 10:36 -0.9E, 16:06 0.6F, 21:54 -1.1E
24 W	01:24, 08:00, 14:06, 19:30	05:00 1.0F, 11:12 -1.1E, 16:54 0.8F, 22:42 -1.3E
25 Th	02:06, 08:30, 14:42, 20:18	05:30 1.2F, 11:36 -1.3E, 17:30 1.0F, 23:24 -1.6E
26 F	02:42, 09:06, 15:12, 21:00	05:54 1.3F, 12:00 -1.5E, 18:00 1.2F
27 Sa	03:18, 09:42, 15:48, 21:42	00:00 -1.8E, 06:18 1.5F, 12:30 -1.7E, 18:36 1.4F
28 Su	04:00, 10:18, 16:24, 22:30	00:42 -2.0E, 06:54 1.6F, 13:06 -1.9E, 19:12 1.5F
29 M	04:42, 10:54, 17:00, 23:18	01:24 -2.0E, 07:36 1.6F, 13:48 -2.0E, 20:00 1.5F
30 Tu	05:30, 11:30, 17:48	02:12 -2.0E, 08:18 1.5F, 14:24 -2.0E, 20:42 1.6F
31 W	00:12, 06:18, 12:06, 18:30	03:00 -1.8E, 09:00 1.4F, 15:06 -2.0E, 21:30 1.5F

Station ID: FLK1301 Depth: 14 feet
Source: NOAA/NOS/CO-OPS
Station Type: Harmonic
Time Zone: LST

NOAA Tidal Current Predictions

Key West, 0.3 mi. W of Ft. Taylor, 2021
Latitude: 24.5480° N Longitude: 81.8169° W
Mean Flood Dir. 9° (T) Mean Ebb Dir. 186° (T)
Times and speeds of maximum and minimum current, in knots

April

Day	Slack (h m)	Maximum (h m)	knots
1 Th	01:06	03:48	-1.5E
	07:06	09:48	1.2F
	12:48	15:54	-1.8E
	19:24	22:24	1.3F
2 F	02:06	04:48	-1.2E
	08:06	10:36	1.0F
	13:30	16:42	-1.6E
	20:24	23:24	1.1F
3 Sa	03:18	06:00	-0.9E
	09:12	11:36	0.7F
	14:24	17:42	-1.4E
	21:30		
4 Su ◑	04:36	00:42	0.9F
	10:30	07:30	-0.8E
	15:36	12:42	0.6F
	22:54	18:54	-1.2E
5 M	05:54	03:00	0.8F
	11:48	09:06	-0.8E
	17:06	14:30	0.5F
		20:36	-1.1E
6 Tu	00:12	04:18	0.9F
	07:00	10:06	-1.0E
	12:54	16:00	0.7F
	18:30	22:06	-1.2E
7 W	01:18	05:12	1.0F
	07:48	10:54	-1.2E
	13:42	17:00	1.0F
	19:36	22:54	-1.4E
8 Th	02:06	05:42	1.1F
	08:24	11:36	-1.4E
	14:24	17:36	1.2F
	20:24	23:36	-1.5E
9 F	02:42	06:12	1.1F
	08:54	12:06	-1.6E
	15:00	18:12	1.3F
	21:06		
10 Sa	03:18	00:12	-1.6E
	09:30	06:24	1.2F
	15:36	12:36	-1.7E
	21:42	18:42	1.4F
11 Su	03:54	00:42	-1.7E
	10:00	06:48	1.3F
	16:12	13:00	-1.8E
	22:24	19:12	1.4F
12 M ●	04:30	01:18	-1.7E
	10:30	07:18	1.3F
	16:48	13:30	-1.8E
	23:06	19:48	1.4F
13 Tu	05:06	01:54	-1.6E
	11:00	07:54	1.3F
	17:30	14:06	-1.8E
	23:48	20:30	1.4F
14 W	05:48	02:36	-1.5E
	11:36	08:30	1.2F
	18:12	14:42	-1.7E
		21:06	1.3F
15 Th	00:30	03:18	-1.4E
	06:36	09:12	1.1F
	12:12	15:18	-1.6E
	18:54	21:48	1.2F
16 F	01:18	04:00	-1.2E
	07:30	10:00	0.9F
	12:48	15:54	-1.5E
	19:36	22:30	1.1F
17 Sa	02:12	04:48	-0.9E
	08:24	10:42	0.7F
	13:30	16:42	-1.3E
	20:30	23:18	0.9F
18 Su	03:06	05:48	-0.8E
	09:30	11:42	0.6F
	14:18	17:30	-1.1E
	21:30		
19 M	04:12	00:12	0.7F
	10:36	07:00	-0.7E
	15:24	12:42	0.5F
	22:36	18:36	-0.9E
20 Tu ◑	05:18	01:30	0.7F
	11:36	08:42	-0.7E
	16:48	14:00	0.5F
	23:48	19:54	-0.9E
21 W	06:18	03:06	0.7F
	12:42	09:42	-0.9E
	18:06	15:24	0.6F
		21:12	-1.1E
22 Th	00:42	04:06	0.9F
	07:06	10:24	-1.1E
	13:24	16:18	0.8F
	19:06	22:12	-1.3E
23 F	01:30	04:48	1.1F
	07:48	10:54	-1.3E
	14:06	17:00	1.1F
	19:54	23:00	-1.6E
24 Sa	02:18	05:18	1.3F
	08:24	11:24	-1.6E
	14:42	17:36	1.3F
	20:42	23:42	-1.8E
25 Su	03:00	05:54	1.5F
	09:06	12:00	-1.8E
	15:18	18:18	1.5F
	21:30		
26 M	03:42	00:24	-1.9E
	09:42	06:30	1.5F
	15:54	12:42	-2.0E
	22:18	18:54	1.6F
27 Tu ○	04:24	01:12	-1.9E
	10:18	07:12	1.5F
	16:36	13:18	-2.1E
	23:12	19:42	1.6F
28 W	05:12	02:00	-1.8E
	11:00	07:54	1.4F
	17:24	14:06	-2.1E
		20:30	1.6F
29 Th	00:06	02:48	-1.6E
	06:06	08:42	1.2F
	11:48	14:48	-2.0E
	18:12	21:18	1.5F
30 F	01:00	03:42	-1.4E
	07:00	09:30	1.0F
	12:24	15:36	-1.8E
	19:06	22:12	1.3F

May

Day	Slack (h m)	Maximum (h m)	knots
1 Sa	02:00	04:36	-1.1E
	07:54	10:24	0.9F
	13:18	16:24	-1.6E
	20:06	23:12	1.0F
2 Su	02:54	05:42	-0.9E
	08:54	11:18	0.7F
	14:12	17:24	-1.3E
	21:12		
3 M ●	04:00	00:18	0.8F
	10:06	07:00	-0.8E
	15:24	12:30	0.6F
	22:30	18:36	-1.1E
4 Tu	05:06	02:12	0.7F
	11:12	08:24	-0.8E
	16:54	13:54	0.6F
	23:42	20:12	-1.0E
5 W	06:06	03:36	0.7F
	12:12	09:30	-1.0E
	18:06	15:30	0.7F
		21:36	-1.1E
6 Th	00:42	04:24	0.8F
	06:54	10:24	-1.2E
	13:06	16:24	0.9F
	19:12	22:30	-1.2E
7 F	01:30	05:00	0.9F
	07:36	11:00	-1.4E
	13:54	17:06	1.1F
	20:00	23:12	-1.4E
8 Sa	02:12	05:24	1.0F
	08:12	11:36	-1.5E
	14:30	17:42	1.3F
	20:42	23:48	-1.5E
9 Su	02:48	05:42	1.2F
	08:54	12:00	-1.7E
	15:12	18:18	1.4F
	21:24		
10 M	03:24	00:24	-1.6E
	09:24	06:12	1.3F
	15:48	12:30	-1.8E
	22:06	18:48	1.4F
11 Tu ●	04:06	01:00	-1.6E
	09:54	06:48	1.3F
	16:24	13:00	-1.8E
	22:48	19:24	1.5F
12 W	04:48	01:42	-1.6E
	10:30	07:30	1.2F
	17:00	13:36	-1.8E
	23:30	20:06	1.4F
13 Th	05:36	02:18	-1.4E
	11:06	08:24	1.1F
	17:42	14:12	-1.7E
		20:48	1.4F
14 F	00:18	03:00	-1.3E
	06:24	08:54	1.0F
	11:48	15:00	-1.6E
	18:24	21:24	1.2F
15 Sa	01:00	03:42	-1.2E
	07:12	09:36	0.9F
	12:30	15:30	-1.5E
	19:06	22:06	1.1F
16 Su	01:42	04:24	-1.0E
	08:00	10:24	0.8F
	13:12	16:12	-1.3E
	19:54	22:48	1.0F
17 M	02:30	05:12	-0.9E
	08:54	11:18	0.7F
	14:00	17:06	-1.2E
	20:48	23:36	0.9F
18 Tu	03:18	06:06	-0.8E
	09:54	12:12	0.6F
	15:00	18:06	-1.0E
	21:48		
19 W ◑	04:18	00:36	0.8F
	10:54	07:12	-0.8E
	16:12	13:12	0.6F
	23:00	19:12	-1.0E
20 Th	05:18	01:42	0.8F
	11:54	08:18	-0.9E
	17:30	14:24	0.7F
		20:30	-1.1E
21 F	06:18	02:54	0.9F
	12:42	09:24	-1.1E
	18:36	15:36	0.9F
		21:36	-1.3E
22 Sa	01:00	04:00	1.1F
	07:06	10:12	-1.4E
	13:30	16:30	1.1F
	19:36	22:36	-1.5E
23 Su	01:48	04:42	1.2F
	07:48	10:54	-1.7E
	14:12	17:18	1.4F
	20:30	23:30	-1.7E
24 M	02:36	05:24	1.3F
	08:30	11:36	-1.9E
	14:54	18:00	1.6F
	21:24		
25 Tu	03:24	00:18	-1.8E
	09:12	06:06	1.4F
	15:36	12:18	-2.0E
	22:18	18:48	1.7F
26 W ○	04:12	01:06	-1.8E
	09:54	06:48	1.3F
	16:18	13:00	-2.1E
	23:06	19:36	1.7F
27 Th	05:00	01:54	-1.7E
	10:36	07:42	1.2F
	17:06	13:42	-2.1E
		20:30	1.6F
28 F	00:00	02:42	-1.5E
	05:54	08:30	1.1F
	11:24	14:30	-1.9E
	18:00	21:18	1.4F
29 Sa	00:48	03:30	-1.3E
	06:42	09:18	1.0F
	12:12	15:18	-1.7E
	18:54	22:06	1.2F
30 Su	01:36	04:18	-1.2E
	07:36	10:12	0.9F
	13:06	16:06	-1.5E
	19:48	22:48	1.0F
31 M	02:24	05:18	-1.0E
	08:30	11:06	0.8F
	14:06	17:06	-1.3E
	20:48	23:36	0.8F

June

Day	Slack (h m)	Maximum (h m)	knots
1 Tu	03:12	06:18	-0.9E
	09:30	12:06	0.8F
	15:12	18:06	-1.0E
	21:48		
2 W ◑	04:06	00:30	0.7F
	10:30	07:24	-0.9E
	16:18	13:06	0.7F
	22:54	19:24	-0.9E
3 Th	05:00	01:30	0.6F
	11:36	08:36	-1.0E
	17:36	14:24	0.7F
	23:54	20:42	-0.9E
4 F	05:54	02:42	0.6F
	12:30	09:30	-1.1E
	18:36	15:48	0.9F
		21:54	-1.1E
5 Sa	00:48	03:54	0.8F
	06:42	10:18	-1.3E
	13:18	16:42	1.0F
	19:36	22:42	-1.2E
6 Su	01:36	04:30	0.9F
	07:30	10:54	-1.5E
	14:06	17:18	1.2F
	20:24	23:30	-1.3E
7 M	02:24	05:06	1.0F
	08:06	11:30	-1.6E
	14:42	18:00	1.3F
	21:12		
8 Tu	03:06	00:06	-1.4E
	08:48	05:48	1.1F
	15:24	12:00	-1.7E
	21:54	18:30	1.4F
9 W	03:48	00:48	-1.5E
	09:24	06:24	1.1F
	16:00	12:36	-1.8E
	22:36	19:12	1.5F
10 Th ●	04:36	01:30	-1.5E
	10:06	07:06	1.1F
	16:36	13:12	-1.7E
	23:18	19:48	1.4F
11 F	05:18	02:06	-1.4E
	10:48	07:54	1.0F
	17:18	13:48	-1.7E
		20:30	1.3F
12 Sa	00:00	02:42	-1.3E
	06:06	08:36	0.9F
	11:30	14:30	-1.6E
	18:00	21:06	1.3F
13 Su	00:36	03:18	-1.3E
	06:48	09:24	0.9F
	12:12	15:12	-1.5E
	18:42	21:36	1.2F
14 M	01:12	03:54	-1.2E
	07:36	10:06	0.9F
	12:54	15:54	-1.4E
	19:24	22:18	1.1F
15 Tu	01:54	04:36	-1.1E
	08:18	10:48	0.8F
	13:42	16:42	-1.3E
	20:12	23:06	1.0F
16 W	02:36	05:24	-1.1E
	09:06	11:36	0.8F
	14:30	17:36	-1.2E
	21:06	23:54	1.0F
17 Th	03:24	06:18	-1.1E
	10:00	12:30	0.8F
	15:36	18:42	-1.1E
	22:12		
18 F ◑	04:24	00:54	0.9F
	11:00	07:18	-1.1E
	16:54	13:36	0.8F
	23:24	19:54	-1.1E
19 Sa	05:24	02:00	0.9F
	12:00	08:24	-1.2E
	18:12	14:54	0.9F
		21:12	-1.2E
20 Su	00:30	03:06	1.0F
	06:18	09:30	-1.4E
	12:54	16:06	1.2F
	19:24	22:24	-1.4E
21 M	01:30	04:12	1.1F
	07:12	10:24	-1.7E
	13:48	17:12	1.4F
	20:24	23:18	-1.5E
22 Tu	02:24	05:06	1.1F
	08:00	11:12	-1.9E
	14:36	18:00	1.6F
	21:18		
23 W	03:18	00:12	-1.6E
	08:48	05:54	1.1F
	15:24	12:00	-2.0E
	22:12	18:54	1.6F
24 Th ○	04:06	01:00	-1.6E
	09:36	06:42	1.1F
	16:06	12:42	-2.0E
	23:00	19:48	1.6F
25 F	04:54	01:48	-1.6E
	10:24	07:36	1.1F
	17:00	13:30	-2.0E
	23:48	20:36	1.5F
26 Sa	05:36	02:30	-1.5E
	11:12	08:24	1.1F
	17:48	14:18	-1.9E
		21:12	1.3F
27 Su	00:30	03:18	-1.4E
	06:24	09:12	1.1F
	12:06	15:06	-1.7E
	18:36	21:48	1.2F
28 M	01:12	03:54	-1.3E
	07:12	10:00	1.0F
	13:00	15:48	-1.5E
	19:24	22:18	1.0F
29 Tu	01:48	04:36	-1.2E
	08:00	10:42	1.0F
	13:48	16:42	-1.3E
	20:12	22:54	0.9F
30 W	02:24	05:24	-1.1E
	08:54	11:30	0.9F
	14:42	17:30	-1.1E
	21:06	23:36	0.8F

Station ID: FLK1301 Depth: 14 feet
Source: NOAA/NOS/CO-OPS
Station Type: Harmonic
Time Zone: LST

NOAA Tidal Current Predictions

Key West, 0.3 mi. W of Ft. Taylor, 2021
Latitude: 24.5480° N Longitude: 81.8169° W
Mean Flood Dir. 9° (T) Mean Ebb Dir. 186° (T)
Times and speeds of maximum and minimum current, in knots

July

Days 1–15

Day	Slack h m	Maximum h m	knots
1 Th ☽	03:06, 09:48, 15:42, 22:00	06:18, 12:24, 18:30	-1.1E, 0.8F, -0.9E
2 F	03:54, 10:48, 16:48, 23:00	00:24, 07:12, 13:24, 19:48	0.7F, -1.0E, 0.8F, -0.8E
3 Sa	04:48, 11:48, 18:06	01:24, 08:18, 14:42, 21:12	0.7F, -1.1E, 0.8F, -0.9E
4 Su	00:06, 05:48, 12:42, 19:12	02:30, 09:30, 16:06, 22:24	0.7F, -1.2E, 0.9F, -1.0E
5 M	01:06, 06:42, 13:36, 20:06	03:42, 10:18, 17:06, 23:12	0.8F, -1.3E, 1.1F, -1.2E
6 Tu	02:06, 07:30, 14:18, 20:54	04:42, 11:00, 17:48	0.9F, -1.5E, 1.3F
7 W	02:54, 08:18, 15:00, 21:42	00:00, 05:30, 11:36, 18:24	-1.3E, 0.9F, -1.6E, 1.4F
8 Th	03:36, 09:06, 15:36, 22:18	00:42, 06:12, 12:12, 19:00	-1.4E, 1.0F, -1.7E, 1.4F
9 F	04:18, 09:48, 16:18, 22:54	01:18, 06:54, 12:48, 19:36	-1.4E, 1.2F, -1.7E, 1.4F
10 Sa ●	05:00, 10:30, 16:54, 23:30	01:48, 07:36, 13:30, 20:06	-1.4E, 1.0F, -1.7E, 1.4F
11 Su	05:42, 11:12, 17:36	02:18, 08:18, 14:12, 20:42	-1.4E, 1.0F, -1.7E, 1.3F
12 M	00:06, 06:18, 11:54, 18:12	02:54, 09:00, 14:48, 21:12	-1.4E, 1.0F, -1.6E, 1.3F
13 Tu	00:42, 07:00, 12:36, 18:54	03:24, 09:36, 15:30, 21:54	-1.4E, 1.0F, -1.6E, 1.3F
14 W	01:18, 07:36, 13:18, 19:42	04:06, 10:18, 16:18, 22:36	-1.4E, 1.0F, -1.5E, 1.3F
15 Th	02:00, 08:24, 14:06, 20:36	04:48, 11:00, 17:12, 23:24	-1.4E, 1.0F, -1.4E, 1.2F

Days 16–31

Day	Slack h m	Maximum h m	knots
16 F	02:42, 09:18, 15:12, 21:36	05:42, 11:54, 18:12	-1.3E, 0.9F, -1.2E
17 Sa ☽	03:30, 10:18, 16:30, 22:48	00:18, 06:36, 13:00, 19:24	1.0F, -1.3E, 0.9F, -1.1E
18 Su	04:30, 11:24, 18:00	01:18, 07:42, 14:18, 20:48	0.9F, -1.3E, 1.0F, -1.1E
19 M	00:06, 05:36, 12:30, 19:18	02:30, 08:48, 16:00, 22:18	0.8F, -1.4E, 1.2F, -1.2E
20 Tu	01:12, 06:36, 13:30, 20:24	03:48, 10:00, 17:12, 23:18	0.8F, -1.6E, 1.4F, -1.4E
21 W	02:12, 07:36, 14:24, 21:18	04:54, 10:54, 18:12	0.9F, -1.8E, 1.5F
22 Th	03:06, 08:36, 15:12, 22:06	00:12, 05:54, 11:48, 19:00	-1.5E, 1.0F, -1.9E, 1.6F
23 F	03:54, 09:24, 16:00, 22:48	00:54, 06:42, 12:36, 19:42	-1.5E, 1.1F, -1.9E, 1.5F
24 Sa ○	04:36, 10:18, 16:48, 23:24	01:36, 07:30, 13:24, 20:24	-1.6E, 1.2F, -1.9E, 1.4F
25 Su	05:18, 11:06, 17:30	02:18, 08:18, 14:06, 20:54	-1.5E, 1.2F, -1.8E, 1.3F
26 M	00:00, 05:54, 11:54, 18:12	02:48, 08:54, 14:48, 21:18	-1.5E, 1.2F, -1.7E, 1.2F
27 Tu	00:36, 06:42, 12:36, 18:54	03:24, 09:36, 15:30, 21:42	-1.4E, 1.2F, -1.5E, 1.1F
28 W	01:06, 07:30, 13:24, 19:36	04:00, 10:12, 16:12, 22:18	-1.4E, 1.1F, -1.3E, 1.1F
29 Th	01:36, 08:18, 14:06, 20:24	04:36, 10:54, 16:54, 23:00	-1.3E, 1.0F, -1.2E, 1.0F
30 F	02:12, 09:06, 15:00, 21:12	05:24, 11:42, 17:48, 23:42	-1.2E, 0.9F, -1.0E, 0.9F
31 Sa ☾	02:54, 10:06, 16:12, 22:18	06:12, 12:36, 19:00	-1.2E, 0.8F, -0.8E

August

Days 1–15

Day	Slack h m	Maximum h m	knots
1 Su	03:48, 11:06, 17:30, 23:36	00:42, 07:12, 13:48, 20:36	0.7F, -1.1E, 0.8F, -0.7E
2 M	04:54, 12:06, 18:48	01:42, 08:24, 15:36, 22:06	0.6F, -1.1E, 0.8F, -0.9E
3 Tu	00:48, 06:00, 13:06, 19:54	03:12, 09:42, 16:48, 23:06	0.6F, -1.2E, 1.0F, -1.1E
4 W	01:48, 07:06, 13:54, 20:42	04:24, 10:36, 17:36, 23:48	0.7F, -1.3E, 1.2F, -1.2E
5 Th	02:42, 08:00, 14:42, 21:18	05:24, 11:18, 18:12	0.8F, -1.5E, 1.3F
6 F	03:24, 08:48, 15:18, 21:54	00:24, 06:06, 11:54, 18:48	-1.3E, 0.9F, -1.6E, 1.3F
7 Sa	04:00, 09:30, 15:54, 22:30	00:54, 06:42, 12:30, 19:12	-1.4E, 1.0F, -1.7E, 1.4F
8 Su ●	04:36, 10:12, 16:30, 23:00	01:24, 07:18, 13:12, 19:42	-1.5E, 1.1F, -1.7E, 1.4F
9 M	05:06, 10:48, 17:12, 23:36	01:48, 07:54, 13:48, 20:12	-1.5E, 1.1F, -1.8E, 1.4F
10 Tu	05:42, 11:30, 17:48	02:24, 08:30, 14:30, 20:48	-1.6E, 1.2F, -1.8E, 1.5F
11 W	00:12, 06:24, 12:12, 18:30	02:54, 09:06, 15:12, 21:24	-1.6E, 1.2F, -1.8E, 1.5F
12 Th	00:48, 07:00, 13:00, 19:18	03:36, 09:48, 15:54, 22:06	-1.6E, 1.2F, -1.7E, 1.4F
13 F	01:24, 07:48, 13:48, 20:06	04:18, 10:36, 16:48, 22:54	-1.6E, 1.2F, -1.5E, 1.2F
14 Sa	02:06, 08:36, 14:54, 21:06	05:06, 11:24, 17:48, 23:48	-1.6E, 1.1F, -1.2E, 1.0F
15 Su ☽	02:48, 09:42, 16:18, 22:24	06:00, 12:30, 19:00	-1.5E, 1.0F, -1.0E

Days 16–31

Day	Slack h m	Maximum h m	knots
16 M	03:48, 10:54, 17:48, 23:48	07:06, 14:00, 20:42	-1.4E, 1.0F, -0.9E
17 Tu	05:00, 12:06, 19:12	02:06, 08:18, 16:06, 22:12	0.7F, -1.4E, 1.1F, -1.1E
18 W	01:06, 06:18, 13:18, 20:12	03:42, 09:42, 17:18, 23:12	0.7F, -1.5E, 1.3F, -1.3E
19 Th	02:06, 07:18, 14:12, 21:06	04:54, 10:48, 18:06	0.8F, -1.6E, 1.4F
20 F	02:54, 08:30, 15:06, 21:48	00:00, 05:48, 11:42, 18:54	-1.4E, 1.0F, -1.7E, 1.5F
21 Sa	03:36, 09:18, 15:48, 22:24	00:42, 06:36, 12:30, 19:30	-1.5E, 1.2F, -1.8E, 1.4F
22 Su ○	04:12, 10:06, 16:30, 22:54	01:18, 07:18, 13:12, 20:00	-1.6E, 1.3F, -1.8E, 1.3F
23 M	04:54, 10:54, 17:06, 23:24	01:54, 07:54, 13:48, 20:18	-1.6E, 1.3F, -1.8E, 1.3F
24 Tu	05:30, 11:36, 17:42, 23:54	02:24, 08:30, 14:24, 20:36	-1.6E, 1.3F, -1.7E, 1.2F
25 W	06:12, 12:12, 18:24	02:54, 09:06, 15:06, 21:06	-1.6E, 1.2F, -1.6E, 1.2F
26 Th	00:24, 06:54, 12:54, 19:00	03:24, 09:42, 15:42, 21:42	-1.6E, 1.2F, -1.4E, 1.2F
27 F	01:00, 07:42, 13:42, 19:48	04:00, 10:18, 16:24, 22:24	-1.5E, 1.1F, -1.2E, 1.1F
28 Sa	01:36, 08:30, 14:30, 20:42	04:42, 11:06, 17:18, 23:12	-1.4E, 1.0F, -1.0E, 0.9F
29 Su	02:12, 09:18, 15:36, 21:48	05:30, 12:00, 18:24	-1.3E, 0.9F, -0.8E
30 M ☾	03:00, 10:24, 17:00, 23:12	06:24, 13:06, 20:06	-1.1E, 0.8F, -0.7E
31 Tu	04:06, 11:30, 18:24	01:18, 07:30, 15:06, 21:48	0.5F, -1.0E, 0.8F, -0.8E

September

Days 1–15

Day	Slack h m	Maximum h m	knots
1 W	00:30, 05:30, 12:36, 19:30	02:42, 08:54, 16:30, 22:48	0.5F, -1.0E, 0.9F, -1.0E
2 Th	01:36, 06:42, 13:36, 20:18	04:18, 10:18, 17:18, 23:30	0.6F, -1.2E, 1.1F, -1.2E
3 F	02:24, 07:42, 14:18, 20:54	05:06, 11:00, 17:54	0.8F, -1.3E, 1.2F
4 Sa	03:00, 08:30, 15:00, 21:24	00:00, 05:54, 11:36, 18:18	-1.3E, 1.0F, -1.5E, 1.3F
5 Su	03:30, 09:12, 15:36, 22:00	00:30, 06:18, 12:12, 18:42	-1.4E, 1.1F, -1.7E, 1.4F
6 M	04:06, 09:48, 16:06, 22:30	00:48, 06:48, 12:48, 19:06	-1.5E, 1.2F, -1.8E, 1.5F
7 Tu	04:36, 10:30, 16:42, 23:00	01:18, 07:24, 13:30, 19:36	-1.6E, 1.4F, -1.7E, 1.3F
8 W	05:12, 11:12, 17:24, 23:36	01:54, 08:00, 14:06, 20:18	-1.6E, 1.3F, -1.9E, 1.5F
9 Th	05:48, 11:54, 18:06	02:30, 08:30, 14:48, 21:00	-1.8E, 1.4F, -1.8E, 1.5F
10 F	00:12, 06:30, 12:42, 18:54	03:06, 09:24, 15:36, 21:42	-1.9E, 1.4F, -1.7E, 1.4F
11 Sa	00:48, 07:18, 13:42, 19:48	03:48, 10:12, 16:30, 22:30	-1.8E, 1.4F, -1.4E, 1.2F
12 Su	01:30, 08:12, 14:48, 20:54	04:36, 11:06, 17:30, 23:24	-1.7E, 1.2F, -1.1E, 0.9F
13 M ☽	02:18, 09:12, 16:06, 22:06	05:36, 12:00, 18:54	-1.6E, 1.1F, -0.9E
14 Tu	03:18, 10:30, 17:36, 23:30	00:24, 06:42, 13:06, 20:36	0.7F, -1.4E, 0.9F, -0.8E
15 W	04:42, 11:54, 18:54	01:48, 08:00, 16:00, 22:06	0.6F, -1.3E, 1.0F, -1.0E

Days 16–31

Day	Slack h m	Maximum h m	knots
16 Th	00:48, 06:06, 13:06, 19:54	03:42, 09:36, 17:06, 23:00	0.6F, -1.3E, 1.2F, -1.2E
17 F	01:48, 07:18, 14:06, 20:42	04:54, 10:48, 17:54, 23:42	0.9F, -1.5E, 1.3F, -1.4E
18 Sa	02:30, 08:18, 14:54, 21:18	05:42, 11:36, 18:30	1.1F, -1.7E, 1.3F
19 Su	03:12, 09:06, 15:30, 21:48	00:18, 06:24, 12:18, 19:00	-1.5E, 1.3F, -1.8E, 1.3F
20 M ○	03:48, 09:54, 16:06, 22:18	00:54, 06:54, 12:54, 19:18	-1.6E, 1.4F, -1.8E, 1.3F
21 Tu	04:24, 10:30, 16:36, 22:48	01:18, 07:30, 13:30, 19:36	-1.7E, 1.4F, -1.7E, 1.3F
22 W	05:00, 11:12, 17:12, 23:18	01:48, 08:00, 14:00, 20:00	-1.7E, 1.4F, -1.7E, 1.3F
23 Th	05:42, 11:48, 17:54, 23:48	02:18, 08:36, 14:42, 20:36	-1.7E, 1.3F, -1.6E, 1.3F
24 F	06:24, 12:30, 18:36	02:54, 09:12, 15:18, 21:18	-1.7E, 1.3F, -1.4E, 1.2F
25 Sa	00:24, 07:06, 13:18, 19:24	03:24, 09:48, 16:00, 22:00	-1.6E, 1.2F, -1.2E, 1.1F
26 Su	01:00, 07:48, 14:12, 20:18	04:06, 10:36, 16:48, 22:48	-1.5E, 1.0F, -1.0E, 0.9F
27 M	01:42, 08:42, 15:12, 21:30	04:48, 11:30, 18:00, 23:42	-1.3E, 0.9F, -0.8E, 0.6F
28 Tu ☾	02:30, 09:42, 16:24, 22:48	05:48, 12:30, 19:30	-1.1E, 0.8F, -0.7E
29 W ☽	03:36, 10:54, 17:42	00:48, 06:48, 14:00, 21:18	0.5F, -1.0E, 0.7F, -0.7E
30 Th	00:06, 05:00, 12:06, 18:48	02:18, 08:12, 15:54, 22:18	0.4F, -0.9E, 0.8F, -0.9E

Station ID: FLK1301 Depth: 14 feet
Source: NOAA/NOS/CO-OPS
Station Type: Harmonic
Time Zone: LST

NOAA Tidal Current Predictions

Key West, 0.3 mi. W of Ft. Taylor, 2021

Latitude: 24.5480° N Longitude: 81.8169° W
Mean Flood Dir. 9° (T) Mean Ebb Dir. 186° (T)
Times and speeds of maximum and minimum current, in knots

October

Day	Slack (h m)	Maximum (h m)	knots
1 F	01:06	03:48	0.6F
	06:18	09:42	-1.0E
	13:06	16:48	0.9F
	19:36	23:00	-1.1E
2 Sa	01:48	04:42	0.8F
	07:18	10:36	-1.3E
	13:54	17:18	1.1F
	20:18	23:24	-1.3E
3 Su	02:24	05:24	1.0F
	08:06	11:12	-1.5E
	14:30	17:42	1.2F
	20:48	23:48	-1.4E
4 M	03:00	05:48	1.2F
	08:48	11:48	-1.7E
	15:06	18:06	1.4F
	21:18		
5 Tu		00:12	-1.6E
	03:30	06:18	1.3F
	09:30	12:24	-1.8E
	15:42	18:30	1.5F
	21:54		
6 W		00:48	-1.8E
	04:06	06:54	1.4F
	10:12	13:06	-1.9E
	16:18	19:06	1.5F
	22:30		
7 Th		01:24	-1.9E
	04:42	07:30	1.5F
	10:54	13:48	-1.9E
	17:00	19:48	1.5F
	23:00		
8 F		02:00	-2.0E
	05:18	08:18	1.5F
	11:42	14:36	-1.8E
	17:48	20:36	1.4F
	23:42		
9 Sa		02:42	-2.0E
	06:06	09:06	1.5F
	12:36	15:24	-1.6E
	18:42	21:18	1.3F
10 Su	00:18	03:30	-1.9E
	06:54	09:54	1.4F
	13:36	16:18	-1.4E
	19:36	22:06	1.1F
11 M	01:06	04:18	-1.8E
	07:48	10:48	1.3F
	14:42	17:18	-1.1E
	20:42	23:06	0.8F
12 Tu	01:54	05:12	-1.5E
	08:54	12:00	1.0F
	15:54	18:42	-0.9E
	21:54		
13 W		00:12	0.7F
	03:00	06:24	-1.3E
	10:12	13:42	0.8F
	17:12	20:18	-0.8E
	23:12		
14 Th		01:42	0.6F
	04:30	07:48	-1.2E
	11:36	15:42	0.9F
	18:24	21:36	-1.0E
15 F	00:18	03:24	0.7F
	06:00	09:30	-1.2E
	12:54	16:42	1.0F
	19:18	22:30	-1.2E
16 Sa	01:18	04:36	0.9F
	07:12	10:36	-1.4E
	13:48	17:24	1.0F
	20:06	23:12	-1.3E
17 Su	02:06	05:24	1.1F
	08:06	11:18	-1.5E
	14:30	17:54	1.1F
	20:36	23:48	-1.5E
18 M	02:42	06:00	1.3F
	08:48	12:00	-1.6E
	15:06	18:12	1.2F
	21:12		
19 Tu		00:18	-1.6E
	03:18	06:30	1.4F
	09:30	12:30	-1.7E
	15:36	18:30	1.2F
	21:42		
20 W		00:48	-1.7E
	03:54	07:00	1.4F
	10:06	13:06	-1.6E
	16:12	18:54	1.3F
	22:12		
21 Th		01:12	-1.8E
	04:30	07:30	1.4F
	10:48	13:42	-1.6E
	16:48	19:30	1.3F
	22:42		
22 F		01:48	-1.8E
	05:12	08:06	1.4F
	11:30	14:18	-1.5E
	17:30	20:12	1.2F
	23:18		
23 Sa		02:24	-1.8E
	05:48	08:48	1.3F
	12:18	15:00	-1.4E
	18:18	20:54	1.1F
	23:54		
24 Su		03:00	-1.7E
	06:30	09:30	1.3F
	13:00	15:42	-1.2E
	19:12	21:42	1.0F
25 M	00:36	03:36	-1.5E
	07:18	10:12	1.1F
	13:48	16:30	-1.0E
	20:06	22:30	0.8F
26 Tu	01:18	04:24	-1.3E
	08:06	11:00	1.0F
	14:42	17:24	-0.9E
	21:06	23:24	0.6F
27 W	02:06	05:18	-1.1E
	09:06	12:00	0.8F
	15:42	18:42	-0.7E
	22:18		
28 Th		00:30	0.5F
	03:12	06:18	-1.0E
	10:18	13:00	0.7F
	16:54	20:06	-0.7E
	23:24		
29 F		01:36	0.5F
	04:30	07:30	-0.9E
	11:24	14:30	0.7F
	17:54	21:24	-0.8E
30 Sa	00:24	03:00	0.6F
	05:48	08:48	-1.0E
	12:24	15:42	0.8F
	18:48	22:12	-1.0E
31 Su	01:06	04:06	0.8F
	06:48	10:00	-1.2E
	13:12	16:24	1.0F
	19:30	22:36	-1.2E

November

Day	Slack (h m)	Maximum (h m)	knots
1 M	01:48	04:48	1.0F
	07:36	10:42	-1.4E
	13:54	16:54	1.2F
	20:06	23:06	-1.5E
2 Tu	02:24	05:18	1.2F
	08:24	11:24	-1.6E
	14:36	17:30	1.3F
	20:42	23:42	-1.7E
3 W	03:00	05:54	1.4F
	09:12	12:06	-1.8E
	15:18	18:00	1.4F
	21:18		
4 Th		00:18	-1.9E
	03:36	06:30	1.5F
	10:00	12:48	-1.8E
	16:00	18:42	1.5F
	21:54		
5 F		00:54	-2.0E
	04:12	07:12	1.6F
	10:48	13:36	-1.8E
	16:48	19:30	1.4F
	22:36		
6 Sa		01:36	-2.1E
	04:54	08:00	1.6F
	11:36	14:24	-1.7E
	17:36	20:18	1.3F
	23:12		
7 Su		02:24	-2.1E
	05:42	08:54	1.6F
	12:36	15:12	-1.5E
	18:30	21:06	1.1F
8 M	00:00	03:06	-1.9E
	06:36	09:48	1.4F
	13:30	16:06	-1.3E
	19:30	22:00	1.0F
9 Tu	00:54	04:00	-1.7E
	07:36	10:42	1.2F
	14:24	17:06	-1.1E
	20:30	22:54	0.8F
10 W	01:48	04:54	-1.5E
	08:42	11:48	1.0F
	15:24	18:18	-0.9E
	21:30		
11 Th		00:06	0.7F
	02:54	05:48	-1.2E
	09:54	13:12	0.8F
	16:30	19:42	-0.9E
	22:36		
12 F		01:18	0.7F
	04:18	07:30	-1.1E
	11:12	14:54	0.7F
	17:36	20:54	-0.9E
	23:42		
13 Sa		02:54	0.8F
	05:42	09:00	-1.1E
	12:18	16:00	0.7F
	18:30	21:54	-1.1E
14 Su	00:42	04:06	0.9F
	06:12	10:06	-1.2E
	13:12	16:42	0.8F
	19:12	22:42	-1.3E
15 M	01:30	04:54	1.1F
	07:42	10:54	-1.3E
	13:54	17:12	0.9F
	19:54	23:12	-1.5E
16 Tu	02:12	05:36	1.2F
	08:30	11:36	-1.4E
	14:30	17:30	1.1F
	20:30	23:42	-1.6E
17 W	02:54	06:06	1.3F
	09:12	12:12	-1.5E
	15:06	17:54	1.2F
	21:00		
18 Th		00:12	-1.7E
	03:30	06:36	1.4F
	09:54	12:48	-1.5E
	15:48	18:24	1.2F
	21:36		
19 F		00:48	-1.8E
	04:06	07:12	1.4F
	10:36	13:24	-1.5E
	16:30	19:06	1.2F
	22:12		
20 Sa		01:18	-1.8E
	04:42	07:48	1.4F
	11:18	14:06	-1.5E
	17:18	19:54	1.1F
	22:48		
21 Su		01:54	-1.8E
	05:24	08:30	1.4F
	12:00	14:48	-1.4E
	18:06	20:36	1.0F
	23:30		
22 M		02:36	-1.7E
	06:06	09:12	1.3F
	12:42	15:30	-1.3E
	18:54	21:24	0.9F
23 Tu	00:18	03:18	-1.5E
	06:54	09:54	1.2F
	13:30	16:12	-1.1E
	19:48	22:12	0.8F
24 W	01:00	04:00	-1.4E
	07:42	10:36	1.0F
	14:12	16:54	-1.0E
	20:42	23:00	0.7F
25 Th	01:48	04:48	-1.2E
	08:30	11:24	0.9F
	15:00	17:48	-0.9E
	21:36		
26 F		00:00	0.6F
	02:48	05:48	-1.1E
	09:30	12:18	0.8F
	15:48	18:48	-0.8E
	22:30		
27 Sa		00:54	0.6F
	03:48	06:48	-1.0E
	10:36	13:12	0.8F
	16:48	19:48	-0.9E
	23:30		
28 Su		01:54	0.8F
	05:00	08:00	-1.0E
	11:36	14:18	0.8F
	17:48	20:48	-1.0E
29 M	00:24	03:12	0.8F
	06:12	09:18	-1.1E
	12:30	15:18	0.9F
	18:36	21:42	-1.2E
30 Tu	01:06	04:06	1.0F
	07:12	10:12	-1.3E
	13:24	16:12	1.1F
	19:24	22:24	-1.5E

December

Day	Slack (h m)	Maximum (h m)	knots
1 W	01:48	04:54	1.2F
	08:06	11:06	-1.5E
	14:12	16:54	1.2F
	20:06	23:06	-1.8E
2 Th	02:30	05:36	1.4F
	09:00	11:54	-1.6E
	15:00	17:42	1.3F
	20:42	23:48	-2.0E
3 F	03:12	06:18	1.6F
	09:54	12:42	-1.7E
	15:48	18:24	1.3F
	21:30		
4 Sa		00:36	-2.1E
	03:54	07:06	1.7F
	10:42	13:30	-1.7E
	16:36	19:12	1.2F
	22:12		
5 Su		01:18	-2.1E
	04:42	08:00	1.6F
	11:36	14:18	-1.6E
	17:30	20:06	1.1F
	23:00		
6 M		02:06	-2.0E
	05:30	08:54	1.5F
	12:24	15:06	-1.5E
	18:18	21:00	1.1F
	23:54		
7 Tu		02:54	-1.9E
	06:24	09:42	1.4F
	13:12	15:54	-1.3E
	19:12	21:54	1.0F
8 W	00:48	03:48	-1.7E
	07:24	10:30	1.2F
	14:00	16:48	-1.2E
	20:06	22:48	0.9F
9 Th	01:42	04:42	-1.4E
	08:24	11:18	1.1F
	14:48	17:48	-1.0E
	21:00	23:42	0.9F
10 F	02:42	05:42	-1.2E
	09:24	12:12	0.8F
	15:36	18:48	-1.0E
	22:00		
11 Sa		00:42	0.8F
	03:54	06:54	-1.0E
	10:24	13:06	0.6F
	16:30	19:54	-1.0E
	23:06		
12 Su		01:54	0.8F
	05:06	08:18	-0.9E
	11:30	14:00	0.6F
	17:24	21:00	-1.1E
13 M	00:06	03:24	0.8F
	06:18	09:30	-1.0E
	12:24	15:12	0.7F
	18:18	22:00	-1.2E
14 Tu	01:00	04:24	1.0F
	07:18	10:24	-1.1E
	13:12	16:12	0.8F
	19:00	22:36	-1.4E
15 W	01:42	05:06	1.1F
	08:06	11:12	-1.2E
	14:00	16:48	0.9F
	19:48	23:12	-1.5E
16 Th	02:24	05:48	1.3F
	08:54	11:54	-1.4E
	14:48	17:24	1.0F
	20:24	23:42	-1.7E
17 F	03:06	06:24	1.4F
	09:36	12:36	-1.4E
	15:30	18:06	1.1F
	21:06		
18 Sa		00:18	-1.7E
	03:42	06:54	1.4F
	10:18	13:12	-1.5E
	16:18	18:48	1.1F
	21:48		
19 Su		00:54	-1.7E
	04:18	07:36	1.4F
	11:00	13:54	-1.5E
	17:06	19:36	1.0F
	22:30		
20 M		01:36	-1.7E
	05:00	08:18	1.4F
	11:42	14:30	-1.4E
	17:48	20:24	1.0F
	23:18		
21 Tu		02:18	-1.6E
	05:42	08:54	1.3F
	12:24	15:06	-1.3E
	18:36	21:12	1.0F
22 W	00:00	03:00	-1.6E
	06:30	09:30	1.2F
	13:00	15:42	-1.2E
	19:18	21:54	0.9F
23 Th	00:42	03:36	-1.4E
	07:12	10:06	1.1F
	13:36	16:18	-1.2E
	20:00	22:36	0.9F
24 F	01:30	04:24	-1.3E
	08:00	10:48	1.1F
	14:12	17:06	-1.1E
	20:48	23:18	0.8F
25 Sa	02:12	05:12	-1.2E
	08:48	11:36	1.0F
	15:00	17:54	-1.1E
	21:36		
26 Su		00:06	0.8F
	03:12	06:12	-1.0E
	09:42	12:24	0.9F
	15:48	18:48	-1.1E
	22:36		
27 M		01:06	0.7F
	04:18	07:18	-1.0E
	10:36	13:24	0.9F
	16:42	19:48	-1.2E
	23:30		
28 Tu		02:12	0.9F
	05:42	08:30	-1.0E
	11:54	14:24	0.9F
	17:42	20:48	-1.3E
29 W	00:30	03:30	1.0F
	06:54	09:48	-1.2E
	13:00	15:36	0.9F
	18:36	21:48	-1.5E
30 Th	01:18	04:36	1.2F
	08:00	10:54	-1.4E
	13:54	16:36	1.0F
	19:30	22:42	-1.8E
31 F	02:06	05:36	1.5F
	08:54	11:48	-1.5E
	14:48	17:24	1.1F
	20:18	23:30	-1.9E

Station ID: ACT8411 Depth: 15 feet
Source: NOAA/NOS/CO-OPS
Station Type: Harmonic
Time Zone: LST

Tampa Bay Entrance (Egmont Channel), 2021
Latitude: 27.6043° N Longitude: 82.7603° W
Mean Flood Dir. 120° (T) Mean Ebb Dir. 298° (T)
Times and speeds of maximum and minimum current, in knots

January

Day	Slack (h m)	Maximum (h m / knots)
1 F	02:18, 10:30, 18:42, 20:06	06:18 -2.3E, 13:54 1.7F
2 Sa	03:06, 11:12, 18:48, 21:36	00:24 1.1F, 07:06 -2.2E, 14:36 1.7F, 20:06 -0.2E
3 Su	04:06, 11:54, 19:06, 23:06	01:24 1.0F, 07:54 -2.0E, 15:18 1.6F, 20:54 -0.4E
4 M	05:12, 12:30, 19:24	02:36 0.9F, 08:42 -1.6E, 15:54 1.5F, 21:48 -0.7E
5 Tu	00:42, 06:24, 13:06, 19:54	03:48 0.8F, 09:42 -1.2E, 16:30 1.4F, 22:48 -1.0E
6 W ◐	02:18, 08:12, 13:36, 20:24	05:12 0.8F, 10:54 -0.7E, 17:12 1.3F, 23:48 -1.3E
7 Th	03:54, 10:30, 14:06, 21:00	07:00 0.9F, 12:18 -0.3E, 18:00 1.2F
8 F	05:12, 12:48, 14:18, 21:48	00:48 -1.7E, 08:36 1.2F, 18:48 1.1F
9 Sa	06:18, 14:36, 22:36	01:48 -2.1E, 09:36 1.6F, 19:48 1.1F
10 Su	07:12, 23:24	02:36 -2.3E, 10:30 1.9F, 15:36 0.1F, 20:42 1.2F
11 M	08:00	03:24 -2.5E, 11:12 2.0F, 16:30 0.1F, 21:30 1.3F
12 Tu	00:12, 08:42, 17:18	04:12 -2.5E, 11:54 1.9F, 22:18 1.3F
13 W ●	00:54, 09:24, 18:00	05:00 -2.5E, 12:36 1.8F, 23:00 1.3F
14 Th	01:42, 10:00, 17:48, 19:42	05:42 -2.4E, 13:18 1.7F, 18:42 -0.1E, 23:42 1.3F
15 F	02:30, 10:36, 18:00, 20:54	06:30 -2.2E, 13:54 1.6F, 19:24 -0.3E
16 Sa	03:24, 11:12, 18:18, 22:06	00:30 1.2F, 07:06 -1.9E, 14:30 1.5F, 20:06 -0.4E
17 Su	04:18, 11:36, 18:36, 23:18	01:30 1.0F, 07:54 -1.6E, 15:00 1.4F, 20:48 -0.6E
18 M	05:12, 12:06, 18:54	02:30 0.9F, 08:30 -1.3E, 15:24 1.3F, 21:30 -0.7E
19 Tu	00:36, 06:18, 12:24, 19:18	03:30 0.7F, 09:18 -0.9E, 15:54 1.2F, 22:24 -0.9E
20 W ◑	02:00, 07:42, 12:42, 19:42	04:42 0.6F, 10:18 -0.5E, 16:24 1.0F, 23:24 -1.0E
21 Th	03:24, 10:18, 12:48, 20:18	06:18 0.6F, 11:36 -0.1E, 16:54 0.9F
22 F	04:42, 20:54	00:24 -1.2E, 08:18 0.8F, 12:54 0.1F, 17:36 0.7F
23 Sa	05:48, 21:42	01:12 -1.4E, 09:24 1.1F, 14:12 0.2F, 18:36 0.7F
24 Su	06:36, 22:36	02:06 -1.6E, 10:06 1.4F, 15:12 0.2F, 19:54 0.7F
25 M	07:18, 23:18	02:48 -1.8E, 10:36 1.6F, 16:00 0.2F, 20:48 0.9F
26 Tu	07:54	03:24 -2.0E, 11:12 1.7F, 16:36 0.1F, 21:30 1.0F
27 W	00:06, 08:30, 17:12	04:06 -2.2E, 11:42 1.8F, 22:12 1.2F
28 Th ○	00:48, 09:00, 16:48, 18:42	04:42 -2.3E, 12:12 1.8F, 22:54 1.3F
29 F	01:36, 09:36, 16:48, 19:48	05:30 -2.3E, 12:42 1.8F, 18:18 -0.3E, 23:42 1.3F
30 Sa	02:24, 10:06, 17:00, 20:54	06:12 -2.3E, 13:18 1.8F, 18:54 -0.5E
31 Su	03:18, 10:36, 17:18, 22:06	00:30 1.3F, 06:54 -2.1E, 13:54 1.7F, 19:30 -0.8E

February

Day	Slack (h m)	Maximum (h m / knots)
1 M	04:18, 11:06, 17:42, 23:18	01:30 1.2F, 07:36 -1.8E, 14:24 1.6F, 20:12 -1.1E
2 Tu	05:24, 11:36, 18:06	02:30 1.1F, 08:24 -1.3E, 15:00 1.5F, 21:00 -1.3E
3 W	00:36, 06:42, 11:54, 18:36	03:42 1.0F, 09:18 -0.8E, 15:36 1.4F, 21:54 -1.5E
4 Th ◐	02:06, 08:48, 12:00, 19:12	05:12 0.9F, 10:18 -0.2E, 16:06 1.2F, 23:00 -1.6E
5 F	03:42, 20:00	07:00 1.0F, 11:54 0.2F, 16:54 1.0F
6 Sa	05:06, 21:06	00:18 -1.8E, 08:42 1.3F, 13:30 0.3F, 17:54 0.9F
7 Su	06:18, 22:12	01:30 -1.9E, 09:42 1.6F, 14:48 0.3F, 19:24 0.9F
8 M	07:12, 23:18	02:36 -2.1E, 10:30 1.8F, 15:48 0.2F, 20:42 1.0F
9 Tu	08:00, 16:36	03:30 -2.2E, 11:06 1.9F, 21:36 1.2F
10 W	00:12, 08:36, 16:06, 18:24	04:18 -2.3E, 11:42 1.9F, 17:12 -0.2E, 22:24 1.3F
11 Th ●	01:00, 09:06, 16:06, 19:30	05:00 -2.2E, 12:12 1.8F, 17:48 -0.3E, 23:06 1.4F
12 F	01:48, 09:36, 16:18, 20:24	05:36 -2.1E, 12:36 1.7F, 18:18 -0.5E, 23:48 1.4F
13 Sa	02:36, 10:06, 16:30, 21:12	06:12 -1.9E, 13:06 1.6F, 18:48 -0.7E
14 Su	03:24, 10:42, 16:48, 22:06	00:30 1.3F, 06:48 -1.7E, 13:30 1.5F, 19:24 -0.9E
15 M	04:12, 10:42, 17:06, 23:00	01:18 1.2F, 07:24 -1.4E, 13:54 1.4F, 19:54 -1.1E
16 Tu	05:06, 11:00, 17:24	02:06 1.1F, 08:00 -1.1E, 14:18 1.3F, 20:30 -1.2E
17 W	00:00, 06:06, 11:12, 17:48	03:06 1.0F, 08:36 -0.7E, 14:42 1.2F, 21:06 -1.3E
18 Th	01:06, 07:30, 11:18, 18:12	04:06 0.8F, 09:24 -0.3E, 15:12 1.0F, 21:48 -1.3E
19 F ◑	02:18, 16:48	05:30 0.7F, 15:48 0.9F, 22:54 -1.3E
20 Sa	03:42, 19:36	07:36 0.8F, 12:24 0.3F, 16:18 0.7F
21 Su	05:06, 20:42	00:18 -1.3E, 09:00 1.1F, 14:00 0.3F, 17:30 0.6F
22 M	06:06, 22:00	01:30 -1.5E, 09:48 1.3F, 15:06 0.2F, 19:18 0.6F
23 Tu	06:54, 23:06	02:24 -1.7E, 10:18 1.6F, 15:54 0.1F, 20:36 0.8F
24 W	07:30, 15:30, 17:12	03:12 -1.9E, 10:48 1.7F, 21:30 1.0F
25 Th	00:00, 08:06, 15:12, 18:24	03:54 -2.1E, 11:12 1.8F, 16:42 -0.3E, 22:12 1.3F
26 F	00:48, 08:36, 15:18, 19:24	04:30 -2.2E, 11:36 1.8F, 17:12 -0.5E, 22:54 1.5F
27 Sa ○	01:36, 09:00, 15:24, 20:18	05:12 -2.2E, 12:06 1.8F, 17:42 -0.6E, 23:42 1.6F
28 Su	02:30, 09:30, 15:42, 21:12	05:54 -2.0E, 12:30 1.8F, 18:18 -1.2E

March

Day	Slack (h m)	Maximum (h m / knots)
1 M	03:30, 09:54, 16:06, 22:12	00:30 1.6F, 06:36 -1.7E, 13:00 1.7F, 18:54 -1.5E
2 Tu	04:36, 10:18, 16:30, 23:18	01:30 1.5F, 07:54 -1.3E, 13:30 1.6F, 19:36 -1.8E
3 W	05:48, 10:30, 17:00	02:30 1.4F, 08:06 -0.8E, 14:06 1.4F, 20:18 -1.9E
4 Th	00:30, 07:24, 10:30, 17:36	03:42 1.2F, 08:54 -0.3E, 14:36 1.3F, 21:12 -1.9E
5 F	01:54, 18:18	05:12 1.1F, 10:06 0.2F, 15:12 1.1F, 22:18 -1.8E
6 Sa ◐	03:30, 19:12	07:06 1.1F, 11:54 0.5F, 16:00 0.9F, 23:54 -1.7E
7 Su	05:00, 20:36	08:42 1.3F, 13:54 0.4F, 17:24 0.7F
8 M	06:06, 22:12	01:30 -1.7E, 09:36 1.6F, 15:06 0.2F, 19:30 0.7F
9 Tu	07:00, 15:06, 16:42, 23:24	02:36 -1.8E, 10:12 1.7F, 20:54 0.9F
10 W	07:36, 14:48, 18:18	03:30 -1.9E, 10:42 1.8F, 16:24 -0.3E, 21:48 1.1F
11 Th	00:24, 08:06, 14:48, 19:12	04:12 -1.9E, 11:06 1.8F, 16:54 -0.6E, 22:30 1.3F
12 F	01:12, 08:30, 14:54, 19:54	04:48 -1.9E, 11:36 1.7F, 17:18 -0.8E, 23:06 1.4F
13 Sa ●	01:54, 08:48, 15:06, 20:36	05:18 -1.7E, 11:54 1.6F, 17:42 -1.1E, 23:42 1.5F
14 Su	02:36, 09:06, 15:18, 21:12	05:48 -1.5E, 12:12 1.5F, 18:12 -1.3E
15 M	03:24, 09:24, 15:30, 21:54	00:24 1.4F, 06:18 -1.3E, 12:30 1.5F, 18:36 -1.4E
16 Tu	04:12, 09:42, 15:54, 22:36	01:00 1.4F, 06:54 -1.0E, 12:54 1.4F, 19:12 -1.6E
17 W	05:06, 10:00, 16:12, 23:24	01:48 1.3F, 07:30 -0.7E, 13:18 1.3F, 19:36 -1.6E
18 Th	06:12, 10:06, 16:42	02:42 1.2F, 08:06 -0.4E, 13:48 1.1F, 20:12 -1.6E
19 F	00:24, 07:54, 09:54, 17:12	03:42 1.0F, 14:18 1.0F, 20:54 -1.5E
20 Sa	01:30, 17:48	04:54 0.9F, 09:54 0.2F, 14:48 0.8F, 21:48 -1.4E
21 Su ◑	02:48, 18:36	06:48 0.9F, 12:06 0.4F, 15:30 0.6F, 23:12 -1.3E
22 M	04:12, 19:54	08:24 1.1F, 13:48 0.3F, 16:48 0.5F
23 Tu	05:24, 21:30	00:54 -1.4E, 09:12 1.3F, 14:42 0.1F, 19:00 0.5F
24 W	06:12, 14:12, 16:30, 22:54	02:00 -1.6E, 09:42 1.5F, 15:18 -0.1E, 20:24 0.8F
25 Th	06:48, 13:54, 17:54, 23:54	02:48 -1.8E, 10:06 1.7F, 15:48 -0.4E, 21:24 1.1F
26 F	07:24, 13:54, 18:48	03:30 -1.9E, 10:30 1.8F, 16:06 -0.8E, 22:06 1.4F
27 Sa	00:48, 07:48, 14:00, 19:36	04:12 -1.9E, 10:54 1.8F, 16:36 -1.2E, 22:54 1.7F
28 Su ○	01:48, 08:18, 14:12, 20:24	04:54 -1.7E, 11:18 1.8F, 17:06 -1.6E, 23:42 1.8F
29 M	02:42, 08:36, 14:36, 21:18	05:36 -1.5E, 11:42 1.7F, 17:48 -1.9E
30 Tu	03:48, 08:54, 15:00, 22:12	00:30 1.8F, 06:18 -1.1E, 12:12 1.6F, 18:24 -2.2E
31 W	05:00, 09:12, 15:30, 23:12	01:30 1.7F, 07:00 -0.7E, 12:42 1.5F, 19:06 -2.3E

Station ID: ACT8411 Depth: 15 feet
Source: NOAA/NOS/CO-OPS
Station Type: Harmonic
Time Zone: LST

NOAA Tidal Current Predictions

Tampa Bay Entrance (Egmont Channel), 2021
Latitude: 27.6043° N Longitude: 82.7603° W
Mean Flood Dir. 120° (T) Mean Ebb Dir. 298° (T)
Times and speeds of maximum and minimum current, in knots

April

Date	Slack h m	Maximum h m	knots
1 Th		02:36	1.5F
	06:30	07:48	-0.2E
	09:12	13:18	1.4F
	16:06	19:54	-2.3E
2 F	00:24	03:48	1.4F
		08:42	0.2F
		13:54	1.2F
	16:48	20:42	-2.1E
3 Sa	01:42	05:12	1.2F
		10:00	0.5F
		14:36	0.9F
	17:42	21:54	-1.8E
4 Su ◐	03:12	07:00	1.2F
		12:18	0.5F
		15:36	0.7F
	18:42	23:36	-1.5E
5 M	04:30	08:18	1.4F
		14:00	0.3F
		17:30	0.5F
	20:18		
6 Tu		01:18	-1.5E
	05:36	09:06	1.5F
	13:54		
	16:00	19:48	0.6F
	22:12		
7 W	06:24	02:24	-1.5E
		09:42	1.6F
	13:30	15:30	-0.4E
	17:48	21:00	0.9F
	23:30		
8 Th	07:00	03:12	-1.5E
		10:12	1.6F
	13:36	16:00	-0.8E
	18:42	21:48	1.1F
9 F	00:24	03:48	-1.5E
	07:24	10:30	1.6F
	13:42	16:24	-1.0E
	19:24	22:24	1.3F
10 Sa	01:12	04:18	-1.4E
	07:42	10:48	1.6F
	13:48	16:48	-1.3E
	20:00	23:00	1.5F
11 Su	02:00	04:48	-1.2E
	07:54	11:06	1.5F
	14:00	17:12	-1.5E
	20:30	23:36	1.5F
12 M ●	02:42	05:18	-1.0E
	08:06	11:18	1.5F
	14:12	17:30	-1.7E
	21:06		
13 Tu	03:30	00:12	1.5F
		05:54	-0.8E
	08:24	11:36	1.4F
	14:30	17:54	-1.8E
	21:42		
14 W	04:24	00:48	1.5F
	08:36	06:30	-0.6E
	14:48	12:00	1.3F
	22:18	18:24	-1.9E
15 Th	05:24	01:36	1.4F
	08:48	07:06	-0.4E
	15:18	12:30	1.2F
	23:06	19:00	-1.9E
16 F	06:48	02:24	1.3F
	08:54	07:48	-0.1E
		13:00	1.1F
	15:48	19:36	-1.9E
17 Sa	00:00	03:24	1.2F
		08:36	0.1F
		13:36	0.9F
	16:24	20:18	-1.8E
18 Su	01:00	04:36	1.1F
		09:36	0.3F
		14:12	0.8F
	17:06	21:12	-1.6E
19 M	02:12	05:54	1.1F
		11:48	0.4F
		15:18	0.6F
	18:00	22:36	-1.5E
20 Tu ◑	03:18	07:12	1.2F
		13:12	0.2F
		16:48	0.5F
	19:18		
21 W	04:24	00:06	-1.4E
	13:00	08:12	1.4F
	15:12	18:42	0.5F
	21:06		
22 Th	05:12	01:18	-1.5E
	12:36	08:48	1.5F
	16:54	14:30	-0.4E
	22:42	20:12	0.8F
23 F	05:54	02:12	-1.6E
	12:36	09:18	1.6F
	18:00	15:00	-0.9E
	23:54	21:12	1.2F
24 Sa	06:24	03:00	-1.5E
	12:42	09:42	1.7F
	18:48	15:30	-1.4E
		22:06	1.6F
25 Su	00:54	03:42	-1.4E
	06:54	10:06	1.7F
	12:54	16:00	-1.8E
	19:36	22:48	1.8F
26 M	02:00	04:30	-1.1E
	07:18	10:30	1.7F
	13:18	16:36	-2.2E
	20:24	23:36	1.9F
27 Tu ○	03:06	05:12	-0.8E
	07:30	11:00	1.7F
	13:42	17:12	-2.5E
	21:18		
28 W	04:18	00:30	1.9F
	07:42	06:00	-0.4E
	14:12	11:24	1.6F
	22:12	17:54	-2.6E
29 Th	06:00	01:30	1.8F
	07:42	06:48	-0.1E
	14:48	12:00	1.5F
	23:12	18:42	-2.6E
30 F		02:36	1.6F
		07:42	0.2F
		12:36	1.3F
	15:36	19:30	-2.4E

May

Date	Slack h m	Maximum h m	knots
1 Sa	00:18	03:48	1.5F
		08:42	0.4F
		13:24	1.1F
	16:24	20:30	-2.1E
2 Su	01:30	05:06	1.4F
		10:12	0.5F
		14:12	0.8F
	17:18	21:36	-1.7E
3 M	02:42	06:18	1.3F
		12:12	0.3F
		15:48	0.6F
	18:30	23:12	-1.4E
4 Tu ◐	03:48	07:30	1.3F
	12:54		
	14:06	17:42	0.4F
	20:06		
5 W		00:48	-1.3E
	04:42	08:18	1.4F
	12:18	14:12	-0.4E
	16:42	19:42	0.5F
	22:06		
6 Th		01:48	-1.2E
	05:24	08:54	1.4F
	12:18	14:54	-0.8E
	18:00	20:48	0.8F
	23:24		
7 F		02:36	-1.1E
	05:54	09:24	1.4F
	12:30	15:24	-1.1E
	18:48	21:42	1.1F
8 Sa	00:30	03:12	-1.0E
	06:18	09:42	1.4F
	12:36	15:48	-1.4E
	19:24	22:18	1.3F
9 Su	01:18	03:48	-0.8E
	06:36	10:00	1.4F
	12:48	16:12	-1.6E
	19:54	22:54	1.4F
10 M	02:12	04:24	-0.6E
	06:48	10:12	1.4F
	13:00	16:30	-1.8E
	20:24	23:30	1.5F
11 Tu ●	03:00	04:54	-0.5E
	07:00	10:30	1.4F
	13:18	16:54	-2.0E
	21:00		
12 W		00:06	1.5F
	03:54	05:30	-0.3E
	07:12	10:54	1.3F
	13:42	17:24	-2.1E
	21:30		
13 Th		00:42	1.5F
	05:00	06:06	-0.2E
	07:18	11:18	1.2F
	14:06	17:54	-2.1E
	22:12		
14 F		01:30	1.4F
	06:36	11:54	1.2F
	14:36	18:30	-2.1E
	22:54		
15 Sa		02:24	1.4F
		07:06	0.1F
		12:24	1.0F
	15:18	19:12	-2.1E
	23:42		
16 Su		03:18	1.4F
		08:30	0.2F
		13:12	0.9F
	16:00	20:00	-2.0E
17 M	00:36	04:12	1.4F
		09:36	0.3F
		14:06	0.7F
	16:48	20:54	-1.8E
18 Tu	01:36	05:06	1.4F
		11:06	0.2F
		15:12	0.6F
	17:48	22:06	-1.6E
19 W ◑	02:30	06:06	1.4F
	11:36		
	13:06	16:42	0.5F
	19:06	23:30	-1.4E
20 Th	03:18	06:54	1.4F
	11:06	13:06	-0.4E
	15:30	18:24	0.6F
	20:54		
21 F		00:36	-1.3E
	04:06	07:42	1.5F
	11:06	13:42	-0.9E
	16:54	20:00	0.9F
	22:36		
22 Sa		01:36	-1.2E
	04:42	08:18	1.5F
	11:24	14:18	-1.4E
	17:54	21:06	1.3F
23 Su	00:00	02:30	-1.0E
	05:18	08:48	1.5F
	11:42	14:54	-1.9E
	18:48	22:00	1.6F
24 M	01:12	03:18	-0.8E
	05:42	09:18	1.4F
	12:06	15:30	-2.3E
	19:36	22:48	1.9F
25 Tu	02:24	04:06	-0.5E
	06:00	09:48	1.6F
	12:30	16:12	-2.6E
	20:30	23:42	1.9F
26 W ○	03:48	04:54	-0.2E
	06:06	10:24	1.6F
	13:06	16:54	-2.8E
	21:18		
27 Th		00:36	1.9F
	05:48	10:54	1.6F
	13:42	17:42	-2.8E
	22:12		
28 F		01:30	1.8F
		06:36	0.2F
	14:30	11:30	1.4F
	23:12	18:30	-2.6E
29 Sa		02:36	1.6F
		07:30	0.3F
		12:18	1.3F
	15:18	19:24	-2.4E
30 Su	00:06	03:36	1.5F
		08:36	0.3F
		13:18	1.0F
	16:12	20:18	-2.1E
31 M	01:06	04:36	1.4F
		10:00	0.2F
		14:24	0.8F
	17:12	21:24	-1.7E

June

Date	Slack h m	Maximum h m	knots
1 Tu	02:00	05:30	1.4F
	11:24	15:48	0.6F
	18:18	22:36	-1.3E
2 W ◐	02:42	06:18	1.3F
	10:42	12:36	-0.3E
	14:42	17:24	0.4F
	19:48	23:48	-1.1E
3 Th	03:24	07:06	1.2F
	10:48	13:24	-0.7E
	16:30	19:12	0.5F
	21:42		
4 F		00:54	-0.8E
	04:00	07:48	1.2F
	11:06	14:06	-1.0E
	17:42	20:36	0.7F
	23:18		
5 Sa		01:48	-0.6E
	04:30	08:18	1.2F
	11:24	14:42	-1.3E
	18:36	21:30	1.0F
6 Su	00:36	02:36	-0.5E
	04:48	08:42	1.2F
	11:36	15:12	-1.6E
	19:12	22:12	1.2F
7 M	01:36	03:18	-0.3E
	05:06	09:06	1.2F
	11:54	15:36	-1.8E
	19:48	22:48	1.4F
8 Tu	02:42	03:54	-0.2E
	05:18	09:30	1.2F
	12:18	16:00	-1.9E
	20:18	23:24	1.5F
9 W	03:48		
		09:54	1.2F
	12:36	16:30	-2.1E
	20:54		
10 Th ●	05:12	10:24	1.2F
	13:06	17:00	-2.1E
	21:30		
11 F		00:36	1.5F
		05:54	0.1F
		10:54	1.2F
	13:42	17:36	-2.2E
	22:06		
12 Sa		01:24	1.5F
		06:36	0.2F
		11:30	1.1F
	14:18	18:18	-2.2E
	22:48		
13 Su		02:12	1.5F
		07:24	0.2F
		12:12	1.1F
	15:00	19:06	-2.2E
	23:30		
14 M		02:54	1.5F
		08:12	0.2F
		13:06	1.0F
	15:48	19:54	-2.1E
15 Tu	00:12	03:42	1.5F
	09:06	14:06	0.8F
	16:42	20:42	-1.9E
16 W		00:54	1.5F
		09:00	-0.1E
	11:24	15:12	0.7F
	17:42	21:36	-1.6E
17 Th	01:36	05:06	1.5F
	10:42	11:06	-0.4E
	13:36	16:36	0.7F
	19:06	22:48	-1.3E
18 F ◑	02:18	05:42	1.4F
	09:24	12:06	-0.8E
	15:18	18:06	0.7F
	20:54		
19 Sa		00:00	-1.0E
	02:54	06:30	1.4F
	09:48	13:00	-1.3E
	16:42	19:48	0.9F
	22:48		
20 Su		01:06	-0.7E
	03:30	07:12	1.4F
	10:18	13:42	-1.7E
	17:48	21:06	1.3F
21 M	00:24	02:06	-0.4E
	04:54	07:54	1.4F
	10:48	14:24	-2.2E
	18:48	22:00	1.6F
22 Tu	01:54	03:00	-0.2E
	04:12	08:36	1.4F
	11:24	15:12	-2.5E
	19:42	22:54	1.8F
23 W	03:54	09:18	1.5F
	12:06	15:54	-2.7E
	20:30	23:42	1.9F
24 Th ○		04:42	0.2F
		10:00	1.5F
	12:48	16:42	-2.8E
	21:24		
25 F		00:30	1.8F
		05:36	0.2F
		10:42	1.5F
	13:30	17:36	-2.7E
	22:12		
26 Sa		01:24	1.7F
		06:30	0.3F
		11:24	1.4F
	14:18	18:24	-2.5E
	23:00		
27 Su		02:18	1.6F
		07:24	0.2F
		12:18	1.3F
	15:12	19:18	-2.3E
	23:42		
28 M		03:06	1.5F
	08:18	13:12	1.1F
	16:06	20:06	-2.0E
29 Tu	00:24	03:48	1.4F
	08:18	09:18	-0.1E
	10:24	14:18	0.9F
	17:06	20:54	-1.6E
30 W	01:00	04:24	1.3F
	08:30	10:12	-0.3E
	12:24	15:30	0.7F
	18:06	21:48	-1.2E

Station ID: ACT8411 Depth: 15 feet
Source: NOAA/NOS/CO-OPS
Station Type: Harmonic
Time Zone: LST

NOAA Tidal Current Predictions

Tampa Bay Entrance (Egmont Channel), 2021
Latitude: 27.6043° N Longitude: 82.7603° W
Mean Flood Dir. 120° (T) Mean Ebb Dir. 298° (T)
Times and speeds of maximum and minimum current, in knots

July

Day	Slack (h m)	Maximum (h m)	knots
1 Th ◐	01:30	05:00	1.2F
	08:48	11:24	-0.6E
	14:12	16:54	0.5F
	19:24	22:48	-0.8E
2 F	02:00	05:36	1.1F
	09:12	12:18	-0.8E
	15:48	18:30	0.5F
	21:18		
3 Sa		00:00	-0.5E
	02:24	06:12	1.0F
	09:42	13:12	-1.1E
	17:12	20:06	0.7F
	23:24		
4 Su		01:06	-0.3E
	02:48	06:54	1.0F
	10:12	13:54	-1.3E
	18:12	21:18	0.9F
5 M	01:06		
	03:00	07:36	0.9F
	10:42	14:30	-1.6E
	19:00	22:06	1.2F
6 Tu	02:54	08:18	1.0F
	11:12	15:06	-1.7E
	19:36	22:42	1.3F
7 W	03:42	08:54	1.0F
	11:42	15:42	-1.9E
	20:12	23:18	1.4F
8 Th		04:24	0.1F
		09:30	1.1F
	12:18	16:12	-2.0E
	20:48	23:54	1.5F
9 F		05:00	0.2F
		10:06	1.2F
	12:48	16:48	-2.1E
	21:18		
10 Sa ●		00:24	1.5F
		05:42	0.2F
		10:42	1.2F
	13:30	17:30	-2.2E
	21:54		
11 Su		01:06	1.5F
		06:18	0.1F
		11:24	1.2F
	14:12	18:12	-2.3E
	22:30		
12 M		01:42	1.6F
	07:00	12:06	1.2F
	15:00	18:54	-2.2E
	23:06		
13 Tu		02:24	1.6F
	06:36	07:42	-0.2E
	08:54	13:00	1.1F
	15:48	19:36	-2.1E
	23:42		
14 W		02:54	1.6F
	06:48	08:24	-0.4E
	10:24	14:00	1.0F
	16:48	20:24	-1.8E
15 Th	00:12	03:30	1.6F
	07:06	09:12	-0.6E
	11:54	15:12	0.9F
	17:54	21:12	-1.4E
16 F		04:06	1.5F
	07:30	10:06	-0.9E
	13:24	16:30	0.8F
	19:12	22:12	-1.0E
17 Sa ◐	01:12	04:42	1.4F
	08:00	11:06	-1.2E
	15:00	18:00	0.8F
	21:12	23:24	-0.5E
18 Su	01:42	05:24	1.3F
	08:36	12:12	-1.6E
	16:30	19:48	1.0F
	23:36		
19 M		00:42	-0.2E
	01:54	06:12	1.2F
	09:18	13:12	-1.9E
	17:48	21:12	1.3F
20 Tu	01:54	07:12	1.2F
	10:12	14:12	-2.2E
	18:54	22:06	1.6F
21 W		08:12	1.3F
	11:06	15:00	-2.4E
	19:42	22:54	1.8F
22 Th		03:48	0.2F
		09:06	1.4F
	11:54	15:54	-2.6E
	20:30	23:36	1.8F
23 F		04:42	0.2F
		09:54	1.5F
	12:42	16:42	-2.6E
	21:18		
24 Sa ○		00:18	1.8F
	05:24	10:42	1.5F
	13:30	17:30	-2.5E
	21:54		
25 Su		01:00	1.7F
	05:42		
	06:48	11:30	1.5F
	14:24	18:18	-2.3E
	22:30		
26 M		01:36	1.6F
	05:42	07:00	-0.2E
	08:18	12:18	1.4F
	15:12	19:00	-2.1E
	23:06		
27 Tu		02:12	1.5F
	06:00	07:42	-0.4E
	09:12	13:12	1.2F
	16:06	19:42	-1.8E
	23:36		
28 W		02:42	1.4F
	06:18	08:24	-0.6E
	10:42	14:06	1.0F
	17:00	20:24	-1.4E
29 Th	00:00	03:12	1.3F
	06:36	09:12	-0.7E
	12:00	15:12	0.9F
	18:00	21:06	-1.0E
30 F	00:18	03:42	1.2F
	07:00	09:54	-0.8E
	13:24	16:18	0.7F
	19:12	21:54	-0.6E
31 Sa ◐	00:42	04:12	1.1F
	07:30	10:54	-1.0E
	14:54	17:42	0.6F
	21:06	23:00	-0.2E

August

Day	Slack (h m)	Maximum (h m)	knots
1 Su	00:54	04:42	0.9F
	08:06	12:00	-1.1E
	16:18	19:36	0.6F
2 M	00:24	05:24	0.8F
	08:54	13:06	-1.2E
	17:36	21:00	0.9F
3 Tu		01:36	0.1F
		06:30	0.8F
	09:42	14:00	-1.4E
	18:36	21:54	1.1F
4 W		02:42	0.2F
		07:36	0.8F
	10:36	14:48	-1.6E
	19:18	22:30	1.3F
5 Th		03:30	0.1F
		08:36	0.9F
	11:24	15:30	-1.8E
	19:54	23:00	1.4F
6 F	04:12	09:24	1.1F
	12:06	16:06	-2.0E
	20:30	23:30	1.5F
7 Sa	04:48	10:00	1.3F
	12:48	16:42	-2.1E
	21:00		
8 Su ●		00:00	1.6F
	04:24		
	06:12	10:42	1.4F
	13:30	17:18	-2.2E
	21:30		
9 M		00:24	1.6F
	04:24	05:48	-0.2E
	07:18	11:24	1.4F
	14:12	17:54	-2.2E
	22:00		
10 Tu		01:00	1.6F
	04:36	06:24	-0.5E
	08:24	12:06	1.4F
	15:00	18:36	-2.1E
	22:24		
11 W		01:30	1.6F
	04:54	07:00	-0.7E
	09:24	13:00	1.4F
	15:54	19:18	-1.8E
	22:54		
12 Th		02:00	1.5F
	05:12	07:42	-1.0E
	10:36	14:00	1.3F
	17:00	20:06	-1.5E
	23:24		
13 F		02:36	1.5F
	05:36	08:24	-1.2E
	11:48	15:06	1.1F
	18:06	20:48	-1.0E
	23:42		
14 Sa		03:12	1.4F
	06:06	09:18	-1.4E
	13:12	16:24	1.0F
	19:42	21:48	-0.5E
15 Su ◐	00:00	03:48	1.2F
	06:48	10:18	-1.6E
	14:48	18:00	0.9F
	22:30		
	23:42		
16 M		04:30	1.1F
	07:36	11:36	-1.7E
	16:24	19:54	1.1F
17 Tu		00:42	0.2F
		05:30	1.0F
	08:36	13:00	-1.8E
	17:48	21:12	1.4F
18 W		02:00	0.3F
		06:48	1.0F
	09:54	14:06	-2.0E
	18:48	22:06	1.6F
19 Th		03:00	0.2F
		08:12	1.1F
	11:00	15:06	-2.2E
	19:42	22:42	1.7F
20 F	03:54	09:18	1.3F
	12:00	16:00	-2.3E
	20:18	23:18	1.8F
21 Sa	03:30	04:36	-0.1E
	05:48	10:06	1.5F
	12:54	16:42	-2.3E
	20:54	23:48	1.7F
22 Su ○	03:36	05:12	-0.3E
	06:54	10:48	1.6F
	13:42	17:24	-2.2E
	21:24		
23 M		00:18	1.6F
	03:48	05:48	-0.6E
	07:54	11:30	1.6F
	14:24	18:00	-2.0E
	21:48		
24 Tu		00:48	1.5F
	04:06	06:24	-0.7E
	08:42	12:12	1.5F
	15:12	18:36	-1.8E
	22:12		
25 W		01:12	1.4F
	04:24	06:54	-0.9E
	09:36	13:00	1.4F
	16:00	19:12	-1.5E
	22:30		
26 Th		01:36	1.3F
	04:42	07:48	-1.1E
	10:30	13:48	1.2F
	16:54	19:48	-1.1E
	22:54		
27 F		02:00	1.2F
	05:06	08:06	-1.2E
	11:30	14:42	1.1F
	17:54	20:30	-0.8E
	23:12		
28 Sa		02:30	1.1F
	05:30	08:24	-1.2E
	12:36	15:42	0.9F
	19:06	21:18	-0.4E
	23:24		
29 Su		03:06	1.0F
	06:00	09:30	-1.2E
	13:48	17:00	0.7F
	21:24		
	23:12		
30 M ◐		03:36	0.8F
	06:42	10:36	-1.1E
	15:24	18:54	0.7F
		23:54	0.2F
31 Tu		04:24	0.7F
	07:36	12:06	-1.1E
	16:54	20:42	0.9F

September

Day	Slack (h m)	Maximum (h m)	knots
1 W		01:30	0.2F
		05:36	0.6F
	08:48	13:30	-1.3E
	18:00	21:30	1.1F
2 Th		02:30	0.1F
		07:18	0.6F
	10:06	14:30	-1.5E
	18:48	22:06	1.3F
3 F	03:18	08:30	0.9F
	11:12	15:12	-1.7E
	19:24	22:30	1.5F
4 Sa	02:42	03:48	-0.1E
	05:06	09:18	1.1F
	12:00	15:48	-1.9E
	19:54	22:54	1.6F
5 Su	02:36	04:18	-0.3E
	06:06	10:00	1.4F
	12:42	16:24	-2.0E
	20:24	23:18	1.6F
6 M	02:42	04:42	-0.6E
	07:00	10:42	1.6F
	13:30	17:00	-2.0E
	20:48	23:42	1.6F
7 Tu ●	02:54	05:12	-0.9E
	07:48	11:24	1.7F
	14:18	17:36	-1.9E
	21:12		
8 W		00:06	1.6F
	03:06	05:48	-1.2E
	08:36	12:06	1.7F
	15:12	18:18	-1.7E
	21:36		
9 Th		00:36	1.5F
	03:30	06:24	-1.5E
	09:30	13:00	1.6F
	16:12	19:00	-1.3E
	22:00		
10 F		01:06	1.4F
	03:54	07:00	-1.7E
	10:30	13:54	1.5F
	17:18	19:42	-0.9E
	22:18		
11 Sa		01:36	1.3F
	04:30	07:48	-1.8E
	11:42	15:06	1.3F
	18:42	20:30	-0.5E
	22:30		
12 Su		02:18	1.2F
	05:06	08:36	-1.8E
	13:00	16:24	1.1F
	21:12		
13 M ◐		02:54	1.1F
	05:54	09:36	-1.7E
	14:36	18:06	1.1F
		23:06	0.3F
14 Tu		03:48	0.9F
	06:48	11:12	-1.6E
	16:12	19:54	1.2F
15 W		01:00	0.3F
		05:00	0.8F
	08:12	12:54	-1.6E
	17:36	21:06	1.4F
16 Th		02:18	0.2F
		07:00	0.8F
	09:48	14:12	-1.8E
	18:36	21:48	1.6F
17 F	02:12	08:30	1.0F
	11:12	15:12	-1.9E
	19:18	22:18	1.7F
18 Sa	02:06	03:48	-0.4E
	05:42	09:24	1.3F
	12:12	15:54	-1.9E
	19:54	22:48	1.7F
19 Su	02:12	04:24	-0.6E
	06:42	10:12	1.5F
	13:00	16:30	-1.9E
	20:18	23:12	1.6F
20 M ○	02:18	04:48	-0.9E
	07:24	10:48	1.6F
	13:48	17:00	-1.7E
	20:36	23:30	1.5F
21 Tu	02:30	05:12	-1.1E
	08:24	11:24	1.7F
	14:30	17:36	-1.5E
	20:54	23:54	1.4F
22 W	02:48	05:42	-1.3E
	08:48	12:06	1.6F
	15:12	18:06	-1.3E
	21:12		
23 Th		00:12	1.3F
	03:00	06:12	-1.5E
	09:30	12:42	1.5F
	16:06	18:42	-1.0E
	21:30		
24 F		00:30	1.2F
	03:24	06:42	-1.5E
	10:12	13:30	1.4F
	17:00	19:18	-0.7E
	21:48		
25 Sa		01:00	1.1F
	03:48	07:12	-1.6E
	11:00	14:18	1.2F
	18:00	20:00	-0.5E
	22:06		
26 Su		01:30	1.0F
	04:18	07:48	-1.6E
	11:54	15:18	1.0F
	19:24	20:42	-0.2E
	22:12		
27 M		02:00	0.9F
	04:54	08:30	-1.4E
	13:00	16:30	0.9F
		21:54	0.1F
28 Tu		02:42	0.7F
	05:36	09:30	-1.2E
	14:24	18:06	0.8F
		23:42	0.2F
29 W ◐		03:42	0.6F
	06:30	11:06	-1.1E
	15:54	19:48	0.9F
30 Th		01:18	0.2F
		05:00	0.5F
	08:00	12:48	-1.2E
	17:06	20:48	1.2F

Station ID: ACT8411 Depth: 15 feet
Source: NOAA/NOS/CO-OPS
Station Type: Harmonic
Time Zone: LST

NOAA Tidal Current Predictions

Tampa Bay Entrance (Egmont Channel), 2021
Latitude: 27.6043° N Longitude: 82.7603° W
Mean Flood Dir. 120° (T) Mean Ebb Dir. 298° (T)
Times and speeds of maximum and minimum current, in knots

October

Day	Slack (h m)	Maximum (h m)	knots
1 F	01:48	07:00	0.6F
	09:42	13:54	-1.4E
	18:00	21:24	1.3F
2 Sa	01:18	02:54	-0.2E
	04:36	08:18	0.8F
	10:54	14:36	-1.6E
	18:36	21:48	1.5F
3 Su	01:12	03:12	-0.5E
	05:36	09:12	1.2F
	11:54	15:18	-1.7E
	19:06	22:12	1.6F
4 M	01:18	03:36	-0.8E
	06:24	09:54	1.5F
	12:42	15:54	-1.7E
	19:30	22:30	1.6F
5 Tu	01:24	04:06	-1.2E
	07:12	10:36	1.8F
	13:36	16:30	-1.6E
	19:54	22:54	1.6F
6 W ●	01:42	04:36	-1.6E
	07:54	11:18	1.9F
	14:24	17:12	-1.4E
	20:18	23:18	1.6F
7 Th	02:00	05:12	-1.9E
	08:42	12:06	1.9F
	15:24	17:54	-1.1E
	20:36	23:48	1.5F
8 F	02:24	05:48	-2.2E
	09:30	12:54	1.8F
	16:36	18:42	-0.7E
	20:54		
9 Sa		00:12	1.4F
	03:00	06:30	-2.3E
	10:30	14:00	1.7F
	17:54	19:24	-0.3E
	21:00		
10 Su		00:48	1.3F
	03:36	07:18	-2.3E
	11:36	15:12	1.5F
	20:18		
11 M		01:30	1.1F
	04:18	08:12	-2.1E
	12:54	16:30	1.3F
	21:30		0.3F
12 Tu		02:18	0.9F
	05:12	09:18	-1.8E
	14:24	18:06	1.2F
		23:30	0.4F
13 W ◐		03:30	0.7F
	06:24	10:54	-1.5E
	15:54	19:30	1.3F
14 Th		01:12	0.2F
		05:12	0.6F
	08:00	12:48	-1.5E
	17:06	20:30	1.4F
15 F	00:54	02:06	-0.1E
	03:36	07:18	0.7F
	09:54	14:06	-1.5E
	18:00	21:12	1.5F
16 Sa	00:48	02:54	-0.5E
	05:12	08:36	1.0F
	11:18	14:54	-1.5E
	18:36	21:42	1.5F
17 Su	00:54	03:24	-0.8E
	06:12	09:30	1.3F
	12:18	15:36	-1.4E
	19:06	22:06	1.5F
18 M	01:06	03:54	-1.2E
	07:00	10:12	1.5F
	13:06	16:06	-1.3E
	19:24	22:30	1.5F
19 Tu	01:18	04:18	-1.4E
	07:36	10:48	1.6F
	13:54	16:36	-1.1E
	19:42	22:42	1.4F
20 W ○	01:30	04:42	-1.6E
	08:12	11:18	1.7F
	14:36	17:12	-1.0E
	19:54	23:00	1.3F
21 Th	01:42	05:06	-1.8E
	07:54	11:54	1.7F
	15:24	17:42	-0.8E
	20:06	23:18	1.3F
22 F	02:00	05:30	-1.9E
	09:18	12:36	1.6F
	16:18	18:18	-0.6E
	20:24	23:42	1.2F
23 Sa	02:24	06:00	-1.9E
	09:54	13:18	1.5F
	17:12	18:54	-0.4E
	20:42		
24 Su		00:06	1.1F
	02:54	06:36	-1.9E
	10:36	14:00	1.3F
	18:24	19:36	-0.2E
	20:54		
25 M		00:42	0.9F
	03:24	07:12	-1.8E
	11:30	15:00	1.2F
	20:30		
26 Tu		01:24	0.8F
	04:06	07:54	-1.6E
	12:30	16:12	1.1F
	21:36		0.2F
27 W		02:12	0.6F
	04:54	08:54	-1.4E
	13:42	17:24	1.0F
		23:24	0.2F
28 Th ◐		03:24	0.5F
	05:54	10:18	-1.2E
	14:54	18:36	1.1F
29 F	00:48	04:48	0.4F
	07:18	11:54	-1.2E
	15:54	19:36	1.2F
30 Sa	00:00	01:36	-0.2E
	03:24	06:36	0.5F
	09:06	13:06	-1.3E
	16:48	20:18	1.3F
	23:54		
31 Su		02:12	-0.6E
	04:42	08:00	0.8F
	10:36	14:00	-1.3E
	17:30	20:54	1.4F

November

Day	Slack (h m)	Maximum (h m)	knots
1 M	00:00	02:36	-1.0E
	05:42	09:00	1.2F
	11:48	14:42	-1.3E
	18:06	21:18	1.5F
2 Tu	00:06	03:00	-1.4E
	06:24	09:48	1.6F
	12:48	15:30	-1.2E
	18:30	21:42	1.5F
3 W	00:24	03:30	-1.9E
	07:12	10:30	1.9F
	13:48	16:12	-1.0E
	18:54	22:06	1.5F
4 Th ●	00:42	04:06	-2.3E
	07:54	11:18	2.0F
	14:48	16:54	-0.8E
	19:12	22:36	1.5F
5 F	01:06	04:42	-2.5E
	08:42	12:06	2.0F
	15:54	17:36	-0.5E
	19:24	23:00	1.5F
6 Sa	01:42	05:24	-2.7E
	09:36	13:00	1.9F
	17:24	18:24	-0.2E
	19:30	23:36	1.4F
7 Su	02:18	06:12	-2.6E
	10:30	14:00	1.7F
	19:18		
8 M	03:06	07:00	-2.5E
	11:36	15:12	1.6F
	20:12		0.3F
9 Tu		01:00	1.1F
	03:54	07:54	-2.1E
	12:48	16:24	1.4F
		21:36	0.3F
10 W		02:06	0.8F
	04:54	09:00	-1.8E
	14:00	17:36	1.3F
		23:18	0.2F
11 Th ◐		03:30	0.6F
	06:12	10:36	-1.4E
	15:12	18:42	1.3F
	23:36		
12 F		00:48	-0.1E
	02:06	05:18	0.5F
	07:54	12:18	-1.2E
	16:06	19:42	1.3F
	23:30		
13 Sa		01:36	-0.5E
	04:12	07:12	0.6F
	09:54	13:30	-1.1E
	16:54	20:24	1.3F
	23:36		
14 Su		02:18	-0.9E
	05:30	08:30	0.9F
	11:24	14:18	-1.0E
	17:30	20:54	1.3F
	23:54		
15 M		03:00	-1.2E
	06:18	09:24	1.2F
	12:30	15:06	-0.9E
	18:00	21:18	1.3F
16 Tu	00:06	03:24	-1.5E
	07:00	10:06	1.5F
	13:24	15:42	-0.7E
	18:18	21:42	1.3F
17 W	00:18	03:48	-1.7E
	07:36	10:42	1.6F
	14:12	16:12	-0.6E
	18:36	22:00	1.2F
18 Th	00:36	04:12	-1.9E
	08:06	11:18	1.7F
	15:00	16:48	-0.4E
	18:48	22:18	1.2F
19 F ○	00:54	04:36	-2.0E
	08:36	11:54	1.7F
	15:48	17:24	-0.3E
	19:00	22:42	1.2F
20 Sa	01:18	05:00	-2.1E
	09:12	12:30	1.6F
	16:48	18:00	-0.2E
	19:18	23:06	1.1F
21 Su	01:42	05:36	-2.1E
	09:48	13:12	1.5F
	17:54		
	19:30	23:36	1.0F
22 M	02:18	06:12	-2.0E
	10:30	13:54	1.4F
	19:24		
23 Tu	00:12		1.3F
	02:54	06:54	-1.9E
	11:12	14:54	1.4F
	20:18		
24 W	00:12		0.9F
	03:42	07:42	-1.8E
	12:06	15:42	1.3F
		21:12	0.1F
25 Th	01:54		0.7F
	04:30	08:36	-1.6E
	13:00	16:36	1.3F
	22:36		
26 F	05:30	03:06	0.5F
	13:54	09:36	-1.4E
	22:12	17:24	1.3F
		23:42	-0.2E
27 Sa ◐	01:30	04:30	0.5F
	06:54	11:00	-1.2E
	14:42	18:12	1.3F
	22:18		
28 Su	03:12	00:36	-0.5E
	08:42	06:06	0.8F
	15:30	12:18	-1.1E
	22:30	19:00	1.3F
29 M	04:30	01:18	-0.9E
	10:00	07:36	0.9F
	16:12	13:18	-0.9E
	22:42	19:42	1.3F
30 Tu	05:30	01:54	-1.4E
	11:54	08:48	1.2F
	16:48	14:12	-0.8E
	23:06	20:18	1.3F

December

Day	Slack (h m)	Maximum (h m)	knots
1 W		02:24	-1.9E
	06:24	09:42	1.7F
	13:06	15:00	-0.6E
	17:18	20:54	1.4F
	23:30		
2 Th		03:00	-2.3E
	07:12	10:30	2.0F
	14:12	15:48	-0.4E
	17:36	21:24	1.4F
3 F	00:00	03:42	-2.7E
	07:54	11:18	2.1F
	15:30	16:36	-0.2E
	17:54	22:00	1.5F
4 Sa ●	00:36	04:24	-2.8E
	08:48	12:06	2.1F
	17:12	22:30	1.5F
5 Su	01:12	05:12	-2.9E
	09:36	13:00	1.9F
		18:18	0.1F
		23:12	1.4F
6 M	02:00	06:00	-2.7E
	10:30	14:00	1.8F
		19:12	0.2F
		23:54	1.3F
7 Tu	02:54	06:54	-2.5E
	11:30	15:00	1.6F
		20:12	0.2F
8 W	03:48	07:48	-2.1E
	12:24	15:54	1.5F
	21:18		
9 Th		02:06	0.8F
	04:54	08:54	-1.7E
	13:18	16:48	1.4F
	21:24		-0.1E
	23:54		
10 F		03:36	0.6F
	06:06	10:00	-1.3E
	14:06	17:36	1.2F
	21:36	23:48	-0.4E
11 Sa ◐	02:18	05:06	0.5F
	07:36	11:24	-0.9E
	14:48	18:24	1.1F
	22:00		
12 Su		00:54	-0.8E
	04:06	06:54	0.6F
	09:42	12:36	-0.7E
	15:24	19:06	1.1F
	22:24		
13 M		01:36	-1.1E
	05:18	08:18	0.8F
	11:30	13:36	-0.5E
	16:00	19:48	1.0F
	22:48		
14 Tu		02:18	-1.4E
	06:12	09:18	1.1F
	12:48	14:30	-0.3E
	16:24	20:18	1.0F
	23:06		
15 W		02:48	-1.6E
	06:54	10:06	1.4F
	13:54	15:12	-0.2E
	16:48	20:48	1.0F
	23:30		
16 Th		03:18	-1.8E
	07:30	10:42	1.5F
	14:54	15:54	-0.1E
	17:06	21:18	1.0F
	23:54		
17 F		03:48	-2.0E
	08:00	11:18	1.6F
	15:48		
	17:24	21:42	1.1F
18 Sa	00:18	04:12	-2.0E
	08:36	11:48	1.6F
	16:54	22:12	1.1F
19 Su ○	00:48	04:42	-2.1E
	09:06	12:24	1.6F
	17:48	22:42	1.1F
20 M	01:24	05:18	-2.1E
	09:42	13:00	1.6F
	18:30	23:18	1.1F
21 Tu	02:00	06:00	-2.1E
	10:18	13:42	1.5F
	19:12		
22 W		00:00	1.0F
	02:42	06:42	-2.0E
	11:00	14:24	1.5F
	19:18		
	20:36		
23 Th		00:54	0.9F
	03:30	07:30	-1.9E
	11:36	15:06	1.5F
	19:30	20:42	-0.1E
	22:00		
24 F		01:48	0.8F
	04:24	08:12	-1.7E
	12:18	15:42	1.5F
	19:48	21:30	-0.3E
	23:36		
25 Sa		02:54	0.7F
	05:24	09:06	-1.5E
	12:54	16:24	1.4F
	20:06	22:24	-0.5E
26 Su	01:18	04:12	0.7F
	06:42	10:12	-1.1E
	13:36	17:00	1.3F
	20:30	23:24	-0.9E
27 M ◐	02:48	05:42	0.7F
	08:30	11:30	-0.7E
	14:12	17:42	1.2F
	21:00		
28 Tu		00:18	-1.3E
	04:12	07:18	0.9F
	10:36	12:42	-0.5E
	14:48	18:30	1.2F
	21:30		
29 W		01:06	-1.7E
	05:18	08:42	1.3F
	12:24	13:48	-0.2E
	15:12	19:18	1.2F
	22:06		
30 Th		01:54	-2.1E
	06:18	09:42	1.7F
	14:00		
	15:36	20:06	1.2F
	22:48		
31 F		02:42	-2.5E
	07:12	10:36	1.9F
	15:42	20:54	1.3F
	23:36		

Station ID: t01010 Depth: 16 feet
Source: NOAA/NOS/CO-OPS
Station Type: Harmonic
Time Zone: LST

NOAA Tidal Current Predictions

Sunshine Skyway Bridge, 2021

Latitude: 27.6207° N Longitude: 82.6553° W
Mean Flood Dir. 59° (T) Mean Ebb Dir. 238° (T)
Times and speeds of maximum and minimum current, in knots

January

Day	Slack h m	Maximum h m	knots		Day	Slack h m	Maximum h m	knots
1 F	02:36	06:42	-2.0E		16 Sa	03:30	00:36	1.1F
	11:00	14:12	1.4F			11:18	07:24	-1.8E
	19:06					18:30	14:30	1.4F
						22:06	20:18	-0.3E
2 Sa	03:24	00:30	1.1F		17 Su	04:18	01:24	1.0F
	11:36	07:24	-1.9E			11:48	08:00	-1.5E
	19:18	14:54	1.4F			18:54	15:00	1.2F
	21:30	20:18	-0.1E			23:12	21:00	-0.4E
3 Su	04:18	01:24	1.0F		18 M	05:06	02:18	0.8F
	12:12	08:12	-1.8E			12:18	08:36	-1.2E
	19:30	15:30	1.3F			19:12	15:30	1.1F
	23:00	21:12	-0.3E				21:42	-0.5E
4 M	05:18	02:24	0.9F		19 Tu	00:24	03:18	0.7F
	12:48	09:00	-1.5E			06:06	09:18	-0.9E
	19:48	16:06	1.2F			12:36	15:54	1.0F
		22:00	-0.5E			19:30	22:24	-0.7E
5 Tu	00:30	03:36	0.8F		20 W	01:42	04:30	0.6F
	06:30	10:00	-1.1E			07:18	10:06	-0.6E
	13:24	16:36	1.2F			12:54	16:24	0.9F
	20:12	22:48	-0.7E			19:48	23:12	-0.8E
6 W	02:00	04:54	0.7F		21 Th	03:06	05:48	0.5F
	08:00	10:54	-0.8E			09:06	11:00	-0.2E
	14:00	17:12	1.1F			13:00	16:54	0.8F
	20:36	23:48	-1.0E			20:18		
7 Th	03:30	06:30	0.8F		22 F	04:24	00:06	-0.9E
	09:54	12:06	-0.4E			12:06	07:36	0.6F
	14:30	17:54	1.0F			20:54	17:36	0.8F
	21:06							
8 F	04:48	00:48	-1.3E		23 Sa	05:36	01:18	-1.1E
	12:00	08:06	0.9F			21:42	08:54	0.8F
	15:00	13:30	-0.2E				13:42	0.2F
	21:48	18:42	1.0F				18:24	0.8F
9 Sa	06:00	01:54	-1.5E		24 Su	06:36	02:18	-1.3E
	14:00	09:18	1.2F			22:30	09:54	1.0F
	15:18	19:36	1.0F				14:54	0.2F
	22:30						19:24	0.8F
10 Su	07:00	02:48	-1.8E		25 M	07:24	03:12	-1.6E
	15:36	10:18	1.4F			23:24	10:42	1.2F
	23:24	20:24	1.1F				15:48	0.2F
							20:24	0.9F
11 M	07:54	03:42	-2.0E		26 Tu	08:06	03:54	-1.8E
	16:36	11:12	1.5F				11:24	1.3F
	21:18		1.2F				16:36	0.1F
							21:18	1.1F
12 Tu	00:12	04:36	-2.2E		27 W	00:18	04:36	-1.9E
	08:42	12:00	1.6F			08:42	12:00	1.4F
	17:06	22:12	1.2F			17:18	22:06	1.2F
13 W	01:06	05:18	-2.2E		28 Th	01:06	05:18	-2.0E
	09:24	12:42	1.6F			09:18	12:30	1.5F
	17:24	22:54	1.2F			16:54	17:54	-0.1E
	18:54					18:54	22:54	1.2F
14 Th	01:54	06:00	-2.2E		29 F	01:54	05:54	-2.0E
	10:06	13:24	1.5F			09:54	13:00	1.5F
	17:48	18:48	-0.1E			17:06	18:30	-0.3E
	19:54	23:48	1.2F			20:00	23:42	1.3F
15 F	02:42	06:42	-2.0E		30 Sa	02:42	06:30	-2.0E
	10:48	14:00	1.5F			10:30	13:30	1.4F
	18:12	19:30	-0.2E			17:18	19:06	-0.4E
	21:00					21:00		
					31 Su	03:30	00:36	1.2F
						11:00	07:12	-1.8E
						17:30	14:00	1.4F
						22:06	19:42	-0.6E

February

Day	Slack h m	Maximum h m	knots		Day	Slack h m	Maximum h m	knots
1 M	04:24	01:24	1.2F		16 Tu	05:00	02:00	1.0F
	11:30	07:54	-1.5E			11:06	08:00	-1.0E
	17:48	14:30	1.3F			17:24	14:12	1.1F
	23:12	20:24	-0.8E			23:48	20:24	-1.0E
2 Tu	05:30	02:24	1.1F		17 W	06:00	02:48	0.9F
	11:54	08:42	-1.2E			11:18	08:36	-0.7E
	18:12	15:00	1.2F			17:42	14:36	1.1F
		21:06	-1.0E				21:00	-1.1E
3 W	00:24	03:30	1.0F		18 Th	00:54	03:48	0.8F
	06:48	09:30	-0.8E			07:12	09:18	-0.4E
	12:18	15:30	1.1F			11:24	15:00	1.0F
	18:36	22:00	-1.1E			18:12	21:42	-1.1E
4 Th	01:48	04:54	0.9F		19 F	02:06	05:12	0.7F
	08:30	10:30	-0.4E			11:06	15:42	0.9F
	12:36	16:12	1.0F			18:48	22:42	-1.2E
	19:12	23:00	-1.3E					
5 F	03:18	06:36	0.8F		20 Sa	03:36	07:00	0.7F
	11:30	17:00	0.9F			19:36	11:24	0.2F
	20:00						16:24	0.8F
							23:54	-1.2E
6 Sa	04:48	00:12	-1.4E		21 Su	05:00	08:36	0.9F
	21:06	08:18	1.0F			20:42	13:18	0.3F
		13:30	0.2F				17:30	0.7F
		18:00	0.8F					
7 Su	06:00	01:42	-1.5E		22 M	06:06	01:36	-1.3E
	22:12	09:24	1.2F			22:00	09:36	1.1F
		14:48	0.2F				14:48	0.3F
		19:12	0.8F				18:54	0.7F
8 M	07:00	02:54	-1.7E		23 Tu	06:54	02:48	-1.5E
	15:54	10:24	1.4F			23:06	10:18	1.3F
	23:18	20:24	0.9F				15:42	0.1F
							20:12	0.8F
9 Tu	07:48	03:54	-1.9E		24 W	07:36	03:36	-1.8E
	15:48	11:06	1.6F			15:36	10:54	1.4F
	17:36	16:42	-0.1E			17:12	21:12	1.0F
		21:24	1.0F					
10 W	00:18	04:36	-2.0E		25 Th	00:06	04:24	-1.9E
	08:30	11:42	1.6F			08:12	11:24	1.5F
	15:54	17:24	-0.3E			15:30	17:00	-0.3E
	18:48	22:18	1.1F			18:30	22:06	1.2F
11 Th	01:12	05:18	-2.0E		26 F	01:00	05:00	-1.9E
	09:12	12:18	1.6F			08:48	11:48	1.5F
	16:12	17:54	-0.4E			15:30	17:30	-0.5E
	19:42	23:06	1.2F			19:30	22:54	1.3F
12 F	01:54	05:54	-1.9E		27 Sa	01:54	05:36	-1.9E
	09:36	12:42	1.5F			09:18	12:18	1.5F
	16:30	18:30	-0.5E			15:42	18:00	-0.7E
	20:30	23:48	1.2F			20:24	23:42	1.2F
13 Sa	02:42	06:24	-1.8E		28 Su	02:48	06:12	-1.7E
	10:00	13:06	1.4F			09:42	12:42	1.4F
	16:48	19:00	-0.6E			15:54	18:30	-1.0E
	21:18					21:12		
14 Su	03:24	00:30	1.2F					
	10:24	06:54	-1.6E					
	17:00	13:30	1.3F					
	22:06	19:30	-0.8E					
15 M	04:12	01:12	1.1F					
	10:48	07:24	-1.3E					
	17:12	13:48	1.2F					
	23:00	19:54	-0.9E					

March

Day	Slack h m	Maximum h m	knots		Day	Slack h m	Maximum h m	knots
1 M	03:42	00:30	1.4F		16 Tu	04:06	01:00	1.2F
	10:06	06:48	-1.4E			09:42	06:48	-1.0E
	16:06	13:00	1.3F			15:48	12:48	1.2F
	22:12	19:06	-1.2E			22:36	19:06	-1.3E
2 Tu	04:42	01:24	1.4F		17 W	05:00	01:42	1.1F
	10:30	07:30	-1.1E			09:54	07:18	-0.7E
	16:30	13:30	1.3F			16:12	13:06	1.2F
	23:12	19:42	-1.4E			23:24	19:30	-1.4E
3 W	05:48	02:18	1.3F		18 Th	06:00	02:30	1.1F
	10:48	08:18	-0.7E			10:00	08:00	-0.4E
	16:54	14:00	1.2F			16:36	13:36	1.1F
		20:24	-1.5E				20:06	-1.5E
4 Th	00:18	03:30	1.1F		19 F	00:18	03:30	0.9F
	07:24	09:06	-0.3E			07:30	08:42	-0.1E
	10:54	14:36	1.1F			10:00	14:06	1.0F
	17:30	21:18	-1.5E			17:12	20:54	-1.4E
5 F	01:42	05:00	1.0F		20 Sa	01:30	04:48	0.8F
	10:12	15:18	0.9F			09:36	14:48	0.9F
	18:18	22:24	-1.4E			17:54	21:54	-1.4E
6 Sa	03:12	06:48	1.0F		21 Su	02:54	06:30	0.8F
	19:18	11:48	0.3F			18:48	11:06	0.3F
		16:18	0.8F				15:42	0.8F
		23:54	-1.4E				23:12	-1.3E
7 Su	04:42	08:18	1.1F		22 M	04:18	08:00	1.0F
	20:36	13:54	0.3F			20:00	13:18	0.3F
		17:36	0.6F				17:00	0.6F
8 M	05:54	01:48	-1.5E		23 Tu	05:24	00:54	-1.4E
	15:06	09:18	1.3F			21:30	09:00	1.2F
	22:06	19:18	0.7F				14:36	0.2F
							18:42	0.6F
9 Tu	06:48	02:54	-1.6E		24 W	06:18	02:12	-1.5E
	14:36	09:54	1.5F			14:24	09:42	1.3F
	17:18	15:54	-0.2E			16:24	20:06	0.8F
	23:24	20:42	0.8F			22:54		
10 W	07:30	03:48	-1.7E		25 Th	06:54	03:06	-1.6E
	14:42	10:42	1.6F			14:06	10:12	1.4F
	18:30	16:30	-0.4E			17:48	16:00	-0.4E
		21:36	1.0F				21:06	1.0F
11 Th	00:24	04:30	-1.7E		26 F	00:00	03:54	-1.7E
	08:00	11:12	1.6F			07:24	10:36	1.5F
	14:54	17:06	-0.6E			14:12	16:30	-0.7E
	19:18	22:24	1.1F			18:48	22:00	1.3F
12 F	01:18	05:00	-1.7E		27 Sa	01:00	04:30	-1.7E
	08:30	11:42	1.5F			08:00	11:00	1.4F
	15:06	17:36	-0.8E			14:12	16:54	-1.0E
	20:00	23:06	1.2F			19:36	22:48	1.4F
13 Sa	02:00	05:30	-1.5E		28 Su	01:54	05:12	-1.5E
	08:48	12:00	1.5F			08:24	11:18	1.4F
	15:18	18:06	-0.9E			14:24	17:24	-1.3E
	20:42	23:42	1.2F			20:24	23:36	1.6F
14 Su	02:42	05:54	-1.4E		29 M	02:54	05:48	-1.3E
	09:12	12:12	1.4F			08:48	11:42	1.4F
	15:30	18:24	-1.1E			14:36	17:54	-1.6E
	21:18					21:12		
15 M	03:24	00:18	1.2F		30 Tu	03:54	00:30	1.6F
	09:24	06:24	-1.2E			09:06	06:30	-1.0E
	15:36	12:30	1.3F			15:00	12:12	1.3F
	21:54	18:42	-1.2E			22:06	18:30	-1.8E
					31 W	05:00	01:18	1.5F
						09:18	07:06	-0.6E
						15:30	12:36	1.3F
						23:06	19:06	-1.9E

169

Station ID: t01010 Depth: 16 feet
Source: NOAA/NOS/CO-OPS
Station Type: Harmonic
Time Zone: LST

NOAA Tidal Current Predictions

Sunshine Skyway Bridge, 2021
Latitude: 27.6207° N Longitude: 82.6553° W
Mean Flood Dir. 59° (T) Mean Ebb Dir. 238° (T)
Times and speeds of maximum and minimum current, in knots

April

Day	Slack (h m)	Maximum (h m)	knots
1 Th		02:24	1.4F
	06:30	07:54	-0.2E
	09:24	13:12	1.2F
	16:06	19:54	-1.9E
2 F	00:18	03:36	1.2F
	08:48	13:48	1.0F
	16:48	20:48	-1.7E
3 Sa	01:36	05:12	1.1F
	10:18		0.3F
		14:42	0.9F
	17:42	22:06	-1.5E
4 Su ◑	03:00	06:48	1.1F
		12:12	0.3F
		15:54	0.6F
	18:48	23:54	-1.4E
5 M	04:18	08:06	1.2F
		14:00	0.1F
		17:36	0.5F
	20:30		
6 Tu		01:36	-1.4E
	05:24	08:54	1.4F
	13:30	14:54	-0.2E
	16:24	19:36	0.6F
	22:06		
7 W		02:42	-1.4E
	06:12	09:36	1.5F
	13:36	15:36	-0.5E
	17:54	20:48	0.8F
	23:30		
8 Th		03:30	-1.4E
	06:48	10:06	1.5F
	13:48	16:12	-0.8E
	18:48	21:42	0.9F
9 F	00:30	04:06	-1.4E
	07:18	10:30	1.5F
	14:00	16:48	-1.0E
	19:30	22:24	1.1F
10 Sa	01:18	04:36	-1.2E
	07:42	10:48	1.4F
	14:06	17:06	-1.2E
	20:06	23:00	1.2F
11 Su	02:06	05:00	-1.1E
	07:54	11:06	1.3F
	14:12	17:30	-1.3E
	20:36	23:36	1.2F
12 M ●	02:42	05:24	-0.9E
	08:06	11:18	1.3F
	14:18	17:42	-1.4E
	21:12		
13 Tu		00:12	1.3F
	03:30	05:54	-0.7E
	08:18	11:30	1.3F
	14:30	18:00	-1.6E
	21:42		
14 W		00:48	1.2F
	04:18	06:18	-0.5E
	08:30	11:54	1.2F
	14:48	18:24	-1.7E
	22:24		
15 Th		01:30	1.2F
	05:12	06:54	-0.4E
	08:42	12:24	1.2F
	15:18	18:54	-1.8E
	23:12		
16 F	06:24	02:18	1.1F
	08:42	07:30	-0.1E
	15:48	12:54	1.2F
		19:36	-1.7E
17 Sa	00:06	03:18	1.0F
	08:24	13:30	1.0F
	16:30	20:24	-1.7E
18 Su	01:06	04:42	1.0F
		09:36	0.3F
		14:12	0.9F
	17:18	21:30	-1.5E
19 M	02:18	06:00	1.0F
		11:06	0.3F
		15:24	0.7F
	18:12	22:48	-1.4E
20 Tu ◐	03:30	07:18	1.1F
		12:48	0.2F
		16:48	0.6F
	19:36		
21 W		00:12	-1.4E
	04:30	08:06	1.2F
	13:18	14:54	-0.2E
		18:30	0.6F
	21:12		
22 Th		01:36	-1.4E
	05:24	08:48	1.3F
	12:48	14:48	-0.4E
	16:48	19:54	0.8F
	22:42		
23 F		02:30	-1.4E
	06:00	09:12	1.4F
	12:48	15:18	-0.7E
	17:54	21:00	1.1F
	23:54		
24 Sa		03:18	-1.4E
	06:36	09:42	1.4F
	12:54	15:48	-1.1E
	18:48	21:54	1.3F
25 Su	01:00	04:06	-1.2E
	07:06	10:00	1.4F
	13:06	16:18	-1.5E
	19:36	22:42	1.5F
26 M	02:06	04:42	-1.0E
	07:24	10:24	1.4F
	13:18	16:48	-1.8E
	20:24	23:36	1.6F
27 Tu ○	03:06	05:24	-0.7E
	07:42	10:54	1.4F
	13:42	17:24	-2.1E
	21:12		
28 W		00:24	1.6F
	04:18	06:06	-0.5E
	08:00	11:24	1.4F
	14:12	18:00	-2.2E
	22:06		
29 Th		01:18	1.5F
	05:42	06:48	-0.2E
	08:00	12:00	1.3F
	14:48	18:48	-2.2E
	23:06		
30 F	07:42	02:30	1.4F
		12:36	1.2F
	15:36	19:36	-2.1E

May

Day	Slack (h m)	Maximum (h m)	knots
1 Sa	00:12	03:42	1.3F
		08:48	0.3F
		13:24	1.0F
	16:24	20:36	-1.8E
2 Su	01:24	05:00	1.2F
		10:24	0.3F
		14:24	0.8F
	17:24	22:00	-1.6E
3 M ◑	02:36	06:18	1.2F
		12:06	0.2F
		15:48	0.6F
	18:36	23:30	-1.4E
4 Tu	03:42	07:18	1.3F
		13:30	-0.1E
		17:42	0.4F
	20:18		
5 W		01:00	-1.2E
	04:36	08:18	1.3F
	12:18	14:24	-0.5E
	16:48	19:30	0.5F
	22:00		
6 Th		02:06	-1.1E
	05:18	08:48	1.3F
	12:30	15:06	-0.8E
	18:00	20:42	0.7F
	23:24		
7 F		02:54	-1.0E
	05:54	09:18	1.3F
	12:42	15:48	-1.0E
	18:48	21:36	0.9F
8 Sa	00:30	03:36	-0.9E
	06:18	09:42	1.3F
	12:54	16:12	-1.2E
	19:24	22:18	1.0F
9 Su	01:24	04:06	-0.7E
	06:36	09:54	1.2F
	13:06	16:36	-1.4E
	20:00	22:54	1.1F
10 M	02:18	04:30	-0.6E
	06:48	10:06	1.2F
	13:12	16:48	-1.5E
	20:30	23:30	1.2F
11 Tu ●	03:00	04:54	-0.4E
	06:54	10:24	1.2F
	13:24	17:06	-1.7E
	21:00		
12 W		00:06	1.2F
	03:48	05:24	-0.3E
	07:06	10:42	1.2F
	13:42	17:30	-1.8E
	21:36		
13 Th		00:42	1.2F
	04:48	06:00	-0.2E
	07:12	11:12	1.2F
	14:12	18:00	-1.9E
	22:18		
14 F		01:24	1.2F
	06:00	11:48	1.2F
	14:42	18:36	-1.9E
	23:06		
15 Sa		02:12	1.2F
	07:24	12:24	1.1F
	15:24	19:24	-1.9E
	23:54		
16 Su		03:18	1.2F
		08:18	0.2F
		13:12	1.0F
	16:06	20:12	-1.8E
17 M	00:48	04:18	1.2F
		09:30	0.2F
		14:06	0.8F
	17:00	21:12	-1.7E
18 Tu	01:48	05:18	1.2F
		10:54	0.2F
		15:12	0.7F
	18:00	22:24	-1.5E
19 W ◐	02:42	06:12	1.2F
		11:42	0.6F
		16:42	0.6F
	19:18	23:36	-1.3E
20 Th	03:36	07:06	1.2F
		13:12	-0.3E
		18:12	0.6F
	20:54		
21 F		00:48	-1.2E
	04:18	07:42	1.2F
	11:18	13:54	-0.7E
	16:42	19:42	0.8F
	22:30		
22 Sa		01:54	-1.0E
	05:00	08:12	1.2F
	11:30	14:36	-1.1E
	17:48	20:48	1.1F
23 Su	00:00	02:42	-0.9E
	05:30	08:42	1.2F
	11:42	15:12	-1.4E
	18:42	21:48	1.3F
24 M	01:18	03:36	-0.7E
	06:00	09:12	1.3F
	12:06	15:42	-1.6E
	19:30	22:42	1.5F
25 Tu	02:24	04:18	-0.5E
	06:18	09:42	1.3F
	12:30	16:18	-2.1E
	20:18	23:36	1.6F
26 W ○	03:42	05:06	-0.3E
	06:36	10:12	1.4F
	13:06	17:00	-2.3E
	21:12		
27 Th		00:30	1.6F
	05:06	10:48	1.4F
	13:42	17:48	-2.4E
	22:06		
28 F		01:24	1.6F
	06:42	11:30	1.3F
	14:30	18:36	-2.3E
	23:06		
29 Sa		02:24	1.4F
		07:36	0.2F
		12:24	1.2F
	15:18	19:30	-2.1E
30 Su	00:06	03:30	1.4F
		08:42	0.2F
		13:18	1.0F
	16:18	20:30	-1.8E
31 M	01:00	04:30	1.3F
		10:12	0.1F
		14:24	0.8F
	17:18	21:42	-1.6E

June

Day	Slack (h m)	Maximum (h m)	knots
1 Tu	01:54	05:24	1.3F
	10:36	12:24	0.6F
	18:30	22:54	-1.3E
2 W ◑	02:48	06:18	1.2F
	10:42	12:42	-0.3E
	14:48	17:24	0.5F
	20:00		
3 Th		00:00	-1.0E
	03:30	07:06	1.2F
	11:00	13:42	-0.6E
	16:30	19:06	0.5F
	21:42		
4 F	04:06	01:06	-0.8E
		07:42	1.1F
	11:18	14:30	-0.9E
	17:42	20:24	0.6F
	23:18		
5 Sa	04:36	02:06	-0.6E
		08:12	1.0F
	11:30	15:06	-1.1E
	18:30	21:18	0.8F
6 Su	00:42	02:54	-0.4E
		08:36	1.0F
	11:48	15:36	-1.3E
	19:12	22:12	1.0F
7 M	01:54	03:36	-0.3E
	05:12	08:54	1.0F
	12:00	16:00	-1.5E
	19:48	22:48	1.1F
8 Tu	02:54	04:06	-0.1E
	05:24	09:18	1.1F
	12:18	16:24	-1.6E
	20:24	23:30	1.2F
9 W	03:54	09:42	1.1F
	12:42	16:48	-1.8E
	21:00		
10 Th ●		00:06	1.2F
	05:12	10:12	1.2F
	13:12	17:18	-1.9E
	21:36		
11 F		00:48	1.3F
	05:48	10:48	1.2F
	13:48	17:54	-2.0E
	22:12		
12 Sa		01:30	1.3F
	06:30	11:30	1.2F
	14:30	18:30	-2.0E
	22:54		
13 Su		02:12	1.3F
		07:18	0.1F
		12:18	1.1F
	15:12	19:18	-2.0E
	23:42		
14 M		03:00	1.3F
	08:12	13:06	1.0F
	16:00	20:06	-1.9E
15 Tu	00:24	03:48	1.3F
		09:12	0.9F
		14:06	1.0F
	16:54	21:00	-1.7E
16 W	01:06	04:30	1.3F
	09:06	10:18	-0.1E
	11:36	15:12	0.7F
	17:54	21:54	-1.4E
17 F ◐	01:48	05:06	1.2F
	09:30	10:42	-0.3E
	13:24	17:24	0.5F
	19:12	23:00	-1.2E
18 F	02:30	05:48	1.2F
	09:30	12:06	-0.6E
	15:06	18:00	0.7F
	20:54		
19 Sa	03:12	00:06	-0.9E
		06:30	1.1F
	09:48	13:00	-0.9E
	16:30	19:30	0.8F
	22:42		
20 Su	03:48	01:12	-0.6E
		07:06	1.1F
	10:12	13:48	-1.3E
	17:36	20:48	1.1F
21 M	00:24	02:18	-0.4E
	04:48	08:36	1.1F
	10:42	14:36	-1.7E
	18:36	21:48	1.3F
22 Tu	01:54	04:42	-0.2E
	05:12	08:24	1.2F
	11:18	15:18	-2.0E
	19:30	22:48	1.5F
23 W		03:18	1.3F
	05:00	09:06	1.3F
	12:00	16:06	-2.2E
	20:18	23:36	1.6F
24 Th ○	05:00	09:42	1.3F
	12:48	16:54	-2.3E
	21:12		
25 F		00:30	1.6F
	05:48	10:36	1.4F
	13:36	17:42	-2.4E
	22:00		
26 Sa		01:18	1.6F
	06:36	11:30	1.3F
	14:24	18:36	-2.3E
	22:54		
27 Su		02:06	1.5F
	07:30	12:18	1.2F
	15:18	19:24	-2.1E
	23:36		
28 M		02:54	1.4F
	07:36		
	09:12	13:18	1.1F
	16:12	20:12	-1.8E
29 Tu	00:24	03:36	1.3F
	08:00	09:30	-0.2E
	10:54	14:24	0.9F
	17:12	21:06	-1.5E
30 W	01:00	04:18	1.2F
	08:24	10:48	-0.3E
	12:36	15:30	0.7F
	18:18	22:00	-1.1E

Station ID: t01010 Depth: 16 feet
Source: NOAA/NOS/CO-OPS
Station Type: Harmonic
Time Zone: LST

NOAA Tidal Current Predictions

Sunshine Skyway Bridge, 2021

Latitude: 27.6207° N Longitude: 82.6553° W
Mean Flood Dir. 59° (T) Mean Ebb Dir. 238° (T)
Times and speeds of maximum and minimum current, in knots

July

Day	Slack (h m)	Maximum (h m, knots)
1 Th ◐	01:36, 08:54, 14:12, 19:36	05:00 1.1F, 11:30 -0.5E, 16:54 0.5F, 22:54 -0.7E
2 F	02:06, 09:18, 15:48, 21:18	05:30 1.0F, 12:30 -0.7E, 18:24 0.5F, 23:48 -0.4E
3 Sa	02:30, 09:42, 17:06, 23:24	06:06 0.9F, 13:24 -0.9E, 19:54 0.6F
4 Su	02:42, 10:00, 18:06	01:06 -0.2E, 06:42 0.8F, 14:12 -1.1E, 21:06 0.8F
5 M	02:06, 10:30, 18:54	07:18 0.8F, 14:54 -1.3E, 22:00 0.9F
6 Tu	11:00, 19:36	03:06 0.1F, 07:54 0.8F, 15:30 -1.5E, 22:48 1.1F
7 W	11:36, 20:12	03:48 0.1F, 08:36 0.9F, 16:06 -1.7E, 23:24 1.2F
8 Th	12:18, 20:48	04:30 0.1F, 09:12 1.0F, 16:36 -1.8E
9 F	12:54, 21:24	00:06 1.3F, 05:06 0.1F, 09:54 1.1F, 17:12 -1.9E
10 Sa ●	05:48, 13:42, 22:00	00:36 1.4F, 10:42 1.2F, 17:48 -2.0E
11 Su	06:12, 14:24, 22:36	01:12 1.4F, 11:30 1.2F, 18:30 -2.0E
12 M	06:12, 08:12, 15:12, 23:12	01:48 1.4F, 07:12 -0.1E, 12:18 1.2F, 19:06 -1.9E
13 Tu	06:30, 09:24, 16:00, 23:48	02:24 1.4F, 07:54 -0.2E, 13:06 1.1F, 19:48 -1.8E
14 W	06:48, 10:42, 16:54	02:54 1.4F, 08:36 -0.4E, 14:06 1.0F, 20:36 -1.5E
15 Th	00:18, 07:06, 12:00, 18:00	03:30 1.3F, 09:24 -0.6E, 15:06 0.9F, 21:30 -1.2E
16 F	00:54, 07:30, 13:18, 19:24	04:06 1.2F, 10:12 -0.8E, 16:18 0.8F, 22:24 -0.8E
17 Sa ◑	01:24, 07:54, 14:48, 21:12	04:36 1.1F, 11:06 -1.0E, 17:42 0.8F, 23:30 -0.4E
18 Su	01:48, 08:30, 16:12, 23:24	05:18 1.0F, 12:06 -1.2E, 19:30 0.9F
19 M	02:06, 09:06, 17:30	00:48 -0.1E, 06:06 0.9F, 13:12 -1.4E, 20:54 1.1F
20 Tu	02:06, 10:00, 18:36	07:00 0.9F, 14:18 -1.7E, 21:54 1.3F
21 W	03:18, 10:54, 19:30	07:54 1.0F, 15:18 -2.0E, 22:54 1.5F
22 Th	04:12, 11:48, 20:18	08:48 1.1F, 16:12 -2.1E, 23:36 1.6F
23 F	05:00, 12:42, 21:06	09:48 1.2F, 17:00 -2.2E
24 Sa ○	04:54, 06:42, 13:36, 21:48	00:18 1.6F, 05:48 -0.1E, 10:36 1.3F, 17:42 -2.2E
25 Su	05:06, 07:48, 14:30, 22:24	01:00 1.6F, 06:24 -0.2E, 11:30 1.3F, 18:24 -2.1E
26 M	05:30, 08:54, 15:18, 23:00	01:30 1.5F, 07:06 -0.4E, 12:24 1.3F, 19:06 -1.9E
27 Tu	05:54, 10:00, 16:12, 23:30	02:06 1.4F, 07:48 -0.5E, 13:12 1.1F, 19:48 -1.6E
28 W	06:12, 11:06, 17:06, 23:54	02:36 1.3F, 08:30 -0.6E, 14:06 1.0F, 20:24 -1.3E
29 Th	06:36, 12:12, 18:00	03:00 1.2F, 09:18 -0.7E, 15:06 0.8F, 21:06 -0.9E
30 F	00:18, 06:54, 13:24, 19:18	03:30 1.0F, 10:00 -0.8E, 16:12 0.7F, 21:54 -0.5E
31 Sa ◐	00:30, 07:18, 14:48, 21:06	03:54 0.9F, 10:48 -0.9E, 17:30 0.6F, 22:42 -0.2E

August

Day	Slack (h m)	Maximum (h m, knots)
1 Su	00:24, 07:48, 16:12, 23:48	04:24 0.8F, 11:42 -0.9E, 19:18 0.6F, 0.1F
2 M	08:24, 17:24	05:06 0.7F, 12:54 -1.1E, 20:48 0.8F
3 Tu	09:12, 18:24	01:30 0.3F, 05:54 0.7F, 14:06 -1.2E, 21:48 1.0F
4 W	10:12, 19:12	02:54 0.3F, 07:00 0.7F, 15:06 -1.5E, 22:36 1.1F
5 Th	11:06, 19:54	03:48 0.2F, 08:06 0.8F, 15:48 -1.7E, 23:12 1.3F
6 F	12:00, 20:30	04:30 0.1F, 09:00 1.0F, 16:30 -1.8E, 23:42 1.4F
7 Sa	04:42, 12:54, 21:00	09:54 1.1F, 17:06 -1.9E
8 Su ●	04:24, 06:54, 13:42, 21:36	00:12 1.4F, 05:36 -0.2E, 10:42 1.2F, 17:42 -2.0E
9 M	04:30, 07:54, 14:24, 22:06	00:42 1.5F, 06:12 -0.3E, 11:30 1.3F, 18:18 -1.9E
10 Tu	04:48, 08:12, 15:18, 22:30	01:06 1.4F, 06:48 -0.5E, 12:18 1.3F, 18:48 -1.8E
11 W	05:00, 09:48, 16:06, 23:00	01:30 1.4F, 07:18 -0.7E, 13:06 1.2F, 19:30 -1.5E
12 Th	05:18, 10:06, 17:06, 23:24	02:00 1.3F, 07:54 -0.9E, 14:00 1.2F, 20:06 -1.2E
13 F	05:36, 11:54, 18:18, 23:48	02:30 1.2F, 08:36 -1.1E, 15:00 1.0F, 21:00 -0.8E
14 Sa	06:06, 13:06, 19:48	03:00 1.1F, 09:18 -1.2E, 16:12 0.9F, 21:54 -0.4E
15 Su ◐	00:00, 06:36, 14:36, 22:30, 23:42	03:36 1.0F, 10:12 -1.3E, 17:48 0.8F
16 M	07:18, 16:06	04:18 0.9F, 11:24 -1.4E, 19:42 0.9F
17 Tu	08:18, 17:24	00:36 0.2F, 05:18 0.8F, 12:48 -1.5E, 21:00 1.2F
18 W	09:30, 18:30	02:18 0.2F, 06:30 0.8F, 14:18 -1.7E, 22:00 1.4F
19 Th	10:42, 19:24	03:30 0.1F, 07:54 0.9F, 15:24 -1.9E, 22:42 1.5F
20 F	03:30, 11:54, 20:06	05:06 1.0F, 09:00 -1.0?, 16:12 -2.0E, 23:18 1.6F
21 Sa	03:30, 06:30, 12:48, 20:42	05:00 -0.3E, 09:54 1.2F, 16:54 -2.0E, 23:54 1.6F
22 Su ○	03:42, 07:30, 13:42, 21:12	05:36 -0.5E, 10:48 1.3F, 17:36 -1.9E
23 M	03:54, 08:18, 14:30, 21:42	00:18 1.6F, 06:06 -0.7E, 11:36 1.3F, 18:06 -1.8E
24 Tu	04:12, 09:12, 15:18, 22:06	00:48 1.5F, 06:42 -0.8E, 12:18 1.3F, 18:42 -1.6E
25 W	04:30, 10:00, 16:00, 22:30	01:06 1.4F, 07:12 -0.9E, 13:06 1.2F, 19:12 -1.3E
26 Th	04:42, 10:48, 17:00, 22:42	01:30 1.3F, 07:18 -0.7E, 13:48 1.1F, 19:42 -1.0E
27 F	05:00, 11:54, 17:54, 22:54	01:48 1.2F, 08:12 -1.1E, 14:42 1.0F, 20:18 -0.6E
28 Sa	05:18, 12:36, 19:12, 22:54	02:12 1.1F, 08:36 -1.1E, 15:42 0.8F, 21:00 -0.3E
29 Su	05:42, 13:48, 21:54	03:00 1.1F, 09:18 -1.2E, 16:12 0.9F, -0.4E
30 M ◐	06:18, 15:18	03:12 0.8F, 10:12 -1.1E, 18:42 0.7F, 23:00 0.3F
31 Tu	07:06, 16:42	03:54 0.7F, 11:30 -1.1E, 20:24 0.8F

September

Day	Slack (h m)	Maximum (h m, knots)
1 W	08:12, 17:48	01:00 0.4F, 04:54 0.6F, 13:18 -1.2E, 21:24 1.0F
2 Th	09:30, 18:42	02:48 0.3F, 06:30 0.6F, 14:30 -1.4E, 22:06 1.2F
3 F	10:48, 19:18	03:36 0.1F, 08:00 0.7F, 15:24 -1.6E, 22:36 1.4F
4 Sa	03:12, 11:54, 19:54	05:12 0.9F, 09:00 0.9F, 16:06 -1.8E, 23:00 1.4F
5 Su	03:00, 12:48, 20:24	04:42 -0.3E, 09:54 1.1F, 16:42 -1.8E, 23:30 1.5F
6 M	03:06, 13:42, 20:54	05:12 -0.6E, 10:42 1.3F, 17:18 -1.8E, 23:54 1.5F
7 Tu ●	03:12, 08:12, 14:30, 21:18	05:42 -0.8E, 11:30 1.4F, 17:54 -1.6E
8 W	03:24, 09:00, 15:24, 21:42	00:18 1.4F, 06:12 -1.1E, 12:18 1.4F, 18:30 -1.4E
9 Th	03:42, 09:54, 16:24, 22:00	00:42 1.4F, 06:48 -1.3E, 13:06 1.4F, 19:06 -1.1E
10 F	04:00, 10:48, 17:30, 22:18	01:06 1.3F, 07:12 -1.5E, 13:54 1.3F, 19:48 -0.7E
11 Sa	04:24, 11:48, 18:54, 22:30	01:30 1.2F, 07:54 -1.6E, 15:00 1.2F, 20:36 -0.3E
12 Su	05:00, 13:00, 21:36	02:06 1.1F, 08:42 -1.6E, 16:24 1.0F
13 M ◐	05:42, 14:30	02:42 1.0F, 09:42 -1.5E, 18:00 0.9F, 23:00 0.3F
14 Tu	06:36, 16:00	03:36 0.8F, 11:00 -1.4E, 19:48 1.1F
15 W	07:48, 17:18	01:06 0.3F, 04:48 0.7F, 12:54 -1.4E, 20:54 1.3F
16 Th	09:24, 18:12	02:30 0.1F, 06:30 0.6F, 14:18 -1.6E, 21:42 1.4F
17 F	02:18, 10:54, 19:00	03:24 -0.1E, 08:06 0.8F, 15:18 -1.7E, 22:18 1.5F
18 Sa	02:18, 12:00, 19:36	04:06 -0.4E, 09:12 1.0F, 16:00 -1.7E, 22:48 1.6F
19 Su	02:30, 13:00, 20:06	04:42 -0.7E, 10:06 1.1F, 16:42 -1.7E, 23:12 1.5F
20 M ○	02:42, 13:48, 20:30	05:18 -0.9E, 10:54 1.3F, 17:12 -1.5E, 23:36 1.5F
21 Tu	02:54, 08:30, 14:36, 20:48	05:42 -1.1E, 11:30 1.3F, 17:42 -1.3E, 23:54 1.4F
22 W	03:06, 09:12, 15:18, 21:06	06:06 -1.2E, 12:12 1.3F, 18:12 -1.1E
23 Th	03:18, 09:48, 16:06, 21:18	00:12 1.3F, 06:30 -1.3E, 12:48 1.3F, 18:36 -0.9E
24 F	03:30, 10:30, 17:00, 21:30	00:30 1.2F, 06:48 -1.4E, 13:30 1.2F, 19:06 -0.6E
25 Sa	03:48, 11:12, 18:00, 21:36	00:48 1.2F, 07:18 -1.5E, 14:18 1.1F, 19:42 -0.3E
26 Su	04:12, 12:06, 19:36, 21:18	01:12 1.1F, 07:48 -1.5E, 15:18 0.9F
27 M	04:42, 13:12	01:42 1.0F, 08:30 -1.5E, 16:30 0.8F, 21:24 0.2F
28 Tu	05:24, 14:30	02:18 0.9F, 09:24 -1.4E, 18:06 0.8F, 22:42 0.4F
29 W ◐	06:18, 15:54	03:18 0.7F, 10:42 -1.3E, 19:42 0.9F
30 Th	07:30, 17:00	00:54 0.4F, 04:30 0.6F, 12:18 -1.3E, 20:42 1.1F

Station ID: t01010 Depth: 16 feet
Source: NOAA/NOS/CO-OPS
Station Type: Harmonic
Time Zone: LST

NOAA Tidal Current Predictions

Sunshine Skyway Bridge, 2021
Latitude: 27.6207° N Longitude: 82.6553° W
Mean Flood Dir. 59° (T) Mean Ebb Dir. 238° (T)
Times and speeds of maximum and minimum current, in knots

October

Day	Slack (h m)	Maximum (h m)	knots
1 F		02:18	0.2F
		06:12	0.6F
	09:00	13:48	-1.4E
	17:48	21:18	1.3F
2 Sa	02:06		
	04:12	07:48	0.7F
	10:30	14:48	-1.5E
	18:30	21:48	1.4F
3 Su	01:42	03:42	-0.4E
	05:42	08:54	0.9F
	11:42	15:30	-1.6E
	19:06	22:12	1.4F
4 M	01:48	04:06	-0.7E
	06:36	09:48	1.2F
	12:42	16:12	-1.5E
	19:36	22:36	1.4F
5 Tu	01:54	04:36	-1.0E
	07:24	10:36	1.4F
	13:42	16:48	-1.4E
	20:00	23:00	1.4F
6 W ●	02:00	05:06	-1.3E
	08:12	11:24	1.5F
	14:36	17:30	-1.2E
	20:24	23:18	1.4F
7 Th	02:18	05:36	-1.6E
	09:00	12:12	1.5F
	15:36	18:06	-0.9E
	20:42	23:48	1.3F
8 F	02:36	06:06	-1.8E
	09:48	13:00	1.5F
	16:42	18:42	-0.6E
	20:54		
9 Sa		00:12	1.3F
	03:00	06:42	-1.9E
	10:42	13:54	1.4F
	18:06	19:24	-0.2E
	20:54		
10 Su		00:42	1.2F
	03:36	07:24	-2.0E
	11:48	15:06	1.2F
	20:18		
11 M		01:24	1.1F
	04:18	08:18	-1.8E
	13:00	16:30	1.1F
		21:36	0.3F
12 Tu		02:06	0.9F
	05:06	09:30	-1.6E
	14:24	18:06	1.1F
		23:24	0.4F
13 W ◐		03:12	0.7F
	06:12	11:00	-1.5E
	15:42	19:30	1.2F
14 Th		01:12	0.2F
		04:54	0.5F
	07:42	12:48	-1.4E
	16:48	20:24	1.3F
15 F	01:12	02:24	-0.1E
	03:36	06:54	0.5F
	09:30	14:06	-1.4E
	17:36	21:06	1.4F
16 Sa	01:06	03:06	-0.5E
	05:24	08:18	0.7F
	11:00	15:00	-1.4E
	18:18	21:36	1.5F
17 Su	01:18	03:48	-0.8E
	06:24	09:18	1.0F
	12:12	15:42	-1.3E
	18:54	22:06	1.5F
18 M	01:30	04:24	-1.1E
	07:12	10:06	1.1F
	13:06	16:18	-1.2E
	19:18	22:24	1.4F
19 Tu	01:42	04:48	-1.3E
	07:54	10:48	1.2F
	13:54	16:48	-1.0E
	19:36	22:42	1.3F
20 W ○	01:54	05:12	-1.4E
	08:30	11:30	1.3F
	14:42	17:18	-0.8E
	19:48	23:00	1.3F
21 Th	02:00	05:36	-1.5E
	09:06	12:06	1.3F
	15:30	17:42	-0.6E
	20:00	23:18	1.2F
22 F	02:12	05:54	-1.6E
	09:36	12:42	1.3F
	16:18	18:12	-0.4E
	20:06	23:36	1.2F
23 Sa	02:30	06:12	-1.7E
	10:18	13:24	1.2F
	17:18	18:42	-0.2E
	20:12		
24 Su		00:00	1.2F
	02:54	06:42	-1.8E
	11:00	14:12	1.1F
	18:36		
	20:06		
25 M		00:36	1.1F
	03:30	07:18	-1.8E
	11:48	15:06	1.1F
		20:06	0.1F
26 Tu		01:12	1.0F
	04:06	08:06	-1.7E
	12:48	16:18	1.0F
		21:06	0.3F
27 W		01:54	0.9F
	04:54	09:06	-1.6E
	13:54	17:30	1.0F
		22:36	0.3F
28 Th ◑		02:48	0.7F
	05:48	10:18	-1.4E
	15:00	18:48	1.1F
29 F		00:12	0.2F
		04:18	0.6F
	07:00	11:42	-1.4E
	16:00	19:42	1.2F
30 Sa	00:54		
	02:18	05:54	0.5F
	08:36	13:00	-1.3E
	16:48	20:18	1.3F
31 Su	00:24	02:24	-0.4E
	04:30	07:30	0.7F
	10:12	14:06	-1.3E
	17:30	20:48	1.3F

November

Day	Slack (h m)	Maximum (h m)	knots
1 M	00:24	03:06	-0.7E
	05:36	08:42	0.9F
	11:36	14:54	-1.2E
	18:06	21:18	1.3F
2 Tu	00:30	03:30	-1.1E
	06:30	09:36	1.2F
	12:42	15:36	-1.1E
	18:36	21:42	1.3F
3 W	00:42	04:00	-1.4E
	07:18	10:24	1.4F
	13:48	16:24	-0.9E
	19:00	22:00	1.3F
4 Th ●	01:00	04:24	-1.8E
	08:06	11:18	1.6F
	14:54	17:00	-0.7E
	19:18	22:30	1.3F
5 F	01:18	05:00	-2.0E
	08:54	12:06	1.6F
	16:06	17:42	-0.4E
	19:30	23:00	1.3F
6 Sa	01:48	05:42	-2.2E
	09:48	13:00	1.5F
	17:30	18:30	-0.1E
	19:30	23:36	1.3F
7 Su	02:24	06:24	-2.2E
	10:42	14:00	1.4F
	19:18		
8 M	03:06	07:12	-2.2E
	11:48	15:12	1.3F
		20:12	0.3F
9 Tu		01:00	1.1F
	04:00	08:12	-2.0E
	12:54	16:24	1.2F
		21:42	0.3F
10 W		02:00	0.9F
	05:00	09:24	-1.7E
	14:00	17:36	1.2F
		23:18	0.2F
11 Th ◐		03:18	0.7F
	06:06	10:48	-1.5E
	15:00	18:42	1.3F
	23:48		
12 F	01:42	05:06	0.5F
	07:42	12:12	-1.3E
	16:00	19:36	1.3F
	23:42		
13 Sa		01:48	-0.4E
	04:06		
	09:24	13:24	-1.1E
	16:48	20:18	1.3F
	23:54		
14 Su		02:42	-0.8E
	05:30	08:18	0.7F
	11:00	14:24	-1.0E
	17:24	20:48	1.3F
15 M	00:12	03:18	-1.1E
	06:30	09:18	0.9F
	12:18	15:12	-0.8E
	17:54	21:12	1.3F
16 Tu	00:30	03:54	-1.3E
	07:12	10:06	1.1F
	13:18	15:48	-0.6E
	18:12	21:30	1.2F
17 W	00:42	04:24	-1.5E
	07:48	10:48	1.2F
	14:18	16:24	-0.5E
	18:30	21:48	1.2F
18 Th	00:54	04:42	-1.6E
	08:24	11:30	1.2F
	15:06	16:48	-0.3E
	18:36	22:06	1.1F
19 F ○	01:06	05:00	-1.7E
	09:00	12:00	1.2F
	16:00	17:18	-0.2E
	18:42	22:30	1.2F
20 Sa	01:24	05:24	-1.8E
	09:30	12:42	1.2F
	17:00		
	18:42	22:54	1.2F
21 Su	01:54	05:48	-1.9E
	10:06	13:18	1.2F
	18:24	23:30	1.2F
22 M	02:24	06:24	-1.9E
	10:54	14:06	1.2F
		19:06	0.1F
23 Tu		00:18	1.3F
	03:06	07:06	-1.9E
	11:36	15:00	1.2F
		20:00	0.2F
24 W		00:12	1.1F
	03:48	07:54	-1.8E
	12:30	15:54	1.2F
		21:06	0.2F
25 Th		01:48	0.9F
	04:36	08:48	-1.7E
	13:18	16:48	1.2F
	22:18		
26 F		02:48	0.7F
	05:36	09:54	-1.5E
	14:12	17:36	1.3F
	22:42		
27 Sa ◑	00:18	04:12	0.6F
	06:48	11:00	-1.3E
	15:00	18:24	1.2F
	22:36		
28 Su		00:30	-0.3E
	02:42		
	08:24	12:12	-1.1E
	15:42	19:06	1.2F
	22:48		
29 M		01:24	-0.6E
	04:18	07:12	0.7F
	10:00	13:18	-1.0E
	16:24	19:42	1.3F
	23:00		
30 Tu		02:06	-1.0E
	05:24	08:24	1.0F
	11:36	14:18	-0.8E
	17:00	20:18	1.2F
	23:18		

December

Day	Slack (h m)	Maximum (h m)	knots
1 W		02:42	-1.4E
	06:18	09:30	1.2F
	12:54	15:12	-0.6E
	17:30	20:48	1.2F
	23:42		
2 Th		03:18	-1.7E
	07:12	10:24	1.4F
	14:12	16:00	-0.4E
	17:48	21:18	1.3F
3 F	00:06	04:00	-2.0E
	08:00	11:18	1.5F
	15:30	16:42	-0.2E
	18:06	21:48	1.3F
4 Sa ●	00:42	04:42	-2.3E
	08:54	12:12	1.6F
	17:00	22:30	1.4F
5 Su	01:24	05:30	-2.4E
	09:48	13:06	1.6F
		18:18	0.1F
	23:12		
6 M	02:06	06:18	-2.4E
	10:42	14:00	1.5F
		19:12	0.2F
7 Tu		00:00	1.3F
	03:00	07:06	-2.2E
	11:36	15:00	1.4F
		20:12	0.2F
8 W		00:12	1.1F
	03:06	07:06	-1.9E
	11:36	15:00	1.2F
		20:00	0.2F
9 Th		02:00	0.9F
	05:00	09:12	-1.7E
	13:24	16:48	1.3F
	21:42		
	23:48		
10 F		03:24	0.7F
	06:06	10:18	-1.4E
	14:12	17:42	1.2F
	21:54	23:54	-0.4E
11 Sa ◐	02:06	04:54	0.6F
	07:30	11:24	-1.0E
	14:54	18:30	1.2F
	22:12		
12 Su		01:06	-0.7E
	03:54	06:30	0.6F
	09:18	12:36	-0.8E
	15:36	19:06	1.1F
	22:42		
13 M		02:00	-0.9E
	05:12	08:00	0.7F
	11:00	13:42	-0.5E
	16:06	19:48	1.0F
	23:06		
14 Tu		02:42	-1.2E
	06:12	09:06	0.8F
	12:36	14:42	-0.3E
	16:36	20:12	1.0F
	23:24		
15 W		03:24	-1.4E
	07:00	10:00	1.0F
	14:00	15:24	-0.2E
	16:48	20:42	1.0F
	23:42		
16 Th		03:54	-1.5E
	07:42	10:48	1.1F
	15:18		
	16:54	21:00	1.0F
17 F	00:06	04:18	-1.6E
	08:18	11:30	1.2F
	16:36	21:24	1.0F
18 Sa	00:30	04:42	-1.7E
	08:54	12:00	1.2F
	17:06	21:54	1.1F
19 Su ○	01:00	05:06	-1.8E
	09:24	12:36	1.3F
		17:42	0.1F
		22:36	1.1F
20 M	01:30	05:42	-1.9E
	10:00	13:12	1.3F
		18:18	0.1F
		23:12	1.2F
21 Tu	02:12	06:18	-2.0E
	10:42	13:54	1.3F
	19:00		
22 W		00:48	1.1F
	02:54	07:00	-2.0E
	11:18	14:36	1.3F
	19:48		
23 Th		00:48	1.1F
	03:42	07:42	-1.9E
	12:00	15:18	1.3F
	19:54		
	21:36		
24 F		01:42	0.9F
	04:36	08:30	-1.7E
	12:36	15:54	1.3F
	20:12	21:42	-0.2E
	23:18		
25 Sa		02:48	0.8F
	05:36	09:30	-1.5E
	13:18	16:36	1.3F
	20:30	22:36	-0.4E
26 Su	00:54	04:00	0.7F
	06:42	10:24	-1.2E
	13:54	17:12	1.2F
	20:54	23:24	-0.6E
27 M ◑	02:30	05:18	0.7F
	08:18	11:24	-0.9E
	14:36	17:48	1.1F
	21:18		
28 Tu		00:24	-0.9E
	03:54	06:54	0.8F
	10:06	12:36	-0.6E
	15:06	18:30	1.0F
	21:42		
29 W		01:12	-1.2E
	05:06	08:18	1.0F
	11:54	13:48	-0.3E
	15:36	19:12	1.0F
	22:12		
30 Th		02:06	-1.6E
	06:12	09:24	1.1F
	13:42	14:48	-0.1E
	16:00	19:54	1.1F
	22:48		
31 F		03:00	-1.9E
	07:06	10:24	1.4F
	15:30	20:42	1.2F
	23:36		

Station ID: t02010 Depth: 16 feet
Source: NOAA/NOS/CO-OPS
Station Type: Harmonic
Time Zone: LST

NOAA Tidal Current Predictions

Old Tampa Bay Entrance (Port Tampa), 2021
Latitude: 27.8629° N Longitude: 82.5537° W
Mean Flood Dir. 25° (T) Mean Ebb Dir. 211° (T)
Times and speeds of maximum and minimum current, in knots

January

Day	Slack h m	Maximum h m	knots	Day	Slack h m	Maximum h m	knots
1 F	03:18 12:00 18:48 22:24	00:36 07:42 15:06 20:36	1.0F -1.5E 1.3F -0.4E	16 Sa	04:12 12:24 18:54 23:36	01:24 08:36 15:30 21:18	1.1F -1.4E 1.2F -0.6E
2 Sa	04:06 12:42 19:24 23:24	01:30 08:18 15:42 21:18	1.0F -1.5E 1.2F -0.4E	17 Su	05:06 12:54 19:24	02:18 09:00 16:00 21:54	0.9F -1.2E 1.1F -0.7E
3 Su	05:00 13:18 19:54	02:24 09:06 16:18 22:12	0.9F -1.4E 1.1F -0.5E	18 M	00:30 06:00 13:24 19:48	03:12 09:36 16:24 22:36	0.8F -1.1E 0.9F -0.7E
4 M	00:30 06:06 13:54 20:24	03:18 09:54 16:54 22:54	0.8F -1.2E 1.0F -0.6E	19 Tu	01:30 07:00 13:42 20:06	04:06 10:06 16:42 23:18	0.7F -0.8E 0.8F -0.7E
5 Tu	01:42 07:18 14:30 20:42	04:24 10:48 17:24 23:48	0.7F -1.0E 0.9F -0.7E	20 W ◑	02:36 08:06 14:00 20:18	05:12 10:54 17:06	0.6F -0.6E 0.7F
6 W ◔	03:00 08:42 15:00 21:06	05:48 11:48 18:00	0.7F -0.7E 0.8F	21 Th	03:54 09:30 14:18 20:36	00:00 06:36 11:48 17:36	-0.8E 0.6F -0.4E 0.7F
7 Th	04:30 07:18 10:24 12:54 15:36 18:36 21:30	00:36 00:42	-0.8E 0.7F -0.5E 0.8F	22 F	05:12 11:06 14:36 21:06	00:42 08:00 12:48 18:12	-0.8E 0.6F -0.2E 0.7F
8 F	05:48 12:12 16:06 22:06	01:36 08:48 14:00 19:18	-1.0E 0.8F -0.3E 0.7F	23 Sa	06:24 12:48 15:06 21:54	01:36 09:18 19:00	-0.9E 0.7F 0.7F
9 Sa	07:00 13:48 16:54 22:54	03:06 09:42 15:24 20:06	-1.1E 1.0F -0.2E 0.8F	24 Su	07:24 14:24 16:06 22:48	03:42 10:24 19:54	-1.0E 0.9F 0.7F
10 Su	08:00 15:06 17:42 23:48	04:24 11:00 16:24 21:00	-1.3E 1.2F -0.2E 0.8F	25 M	08:18 15:18 17:30 23:48	04:36 11:12 16:18 21:00	-1.2E 1.1F -0.1E 0.8F
11 M	08:54 16:00 18:42	05:18 12:00 17:18 21:54	-1.5E 1.4F -0.2E 0.9F	26 Tu	09:00 15:54 18:42	05:24 12:00 17:12 21:54	-1.4E 1.2F -0.2E 0.9F
12 Tu	00:42 09:48 16:36 19:48	06:06 12:48 18:12 22:48	-1.6E 1.4F -0.3E 1.0F	27 W	00:42 09:42 16:24 19:48	06:00 12:42 18:00 22:54	-1.5E 1.3F -0.3E 1.0F
13 W ●	01:36 10:30 17:18 20:48	06:54 13:36 19:00 23:42	-1.7E 1.5F -0.4E 1.0F	28 Th ○	01:36 10:18 16:54 20:48	06:30 13:24 18:48 23:42	-1.6E 1.4F -0.4E 1.0F
14 Th	02:30 11:12 17:48 21:42	07:36 14:18 19:48	-1.6E 1.4F -0.5E	29 F	02:30 10:54 17:24 21:42	07:06 14:00 19:36	-1.6E 1.4F -0.6E
15 F	03:24 11:54 18:24 22:36	00:36 08:12 14:54 20:30	1.0F -1.5E 1.4F -0.6E	30 Sa	03:24 11:30 17:54 22:30	00:36 07:36 14:24 20:12	1.1F -1.5E 1.3F -0.7E
				31 Su	04:18 12:00 18:12 23:24	01:24 08:12 14:54 20:54	1.1F -1.4E 1.2F -0.7E

February

Day	Slack h m	Maximum h m	knots	Day	Slack h m	Maximum h m	knots
1 M	05:12 12:30 18:30	02:18 08:48 15:18 21:24	1.1F -1.3E 1.1F -0.8E	16 Tu	00:06 05:48 12:06 18:06	02:54 08:48 15:00 21:24	1.0F -0.9E 1.0F -0.9E
2 Tu	00:24 06:18 12:54 18:48	03:12 09:30 15:42 22:00	1.0F -1.0E 1.0F -0.9E	17 W	00:54 06:48 12:18 18:18	03:42 09:24 15:18 21:42	0.8F -0.7E 0.9F -1.0E
3 W	01:30 07:30 13:18 19:06	04:18 10:18 16:06 22:36	0.8F -0.7E 0.9F -1.0E	18 Th	01:54 07:54 12:36 18:42	04:42 10:06 15:42 22:12	0.7F -0.5E 0.9F -1.0E
4 Th ◐	02:48 09:00 13:42 19:36	05:48 11:18 16:48 23:36	0.7F -0.4E 0.8F -1.0E	19 F ○	03:06 09:18 12:54 19:12	06:06 11:06 16:18 22:54	0.6F -0.3E 0.8F -1.0E
5 F	04:24 11:00 14:06 20:18	07:24 12:30 17:30	0.8F -0.2E 0.7F	20 Sa	04:36 11:06 13:18 20:00	07:36 12:12 17:12 23:54	0.7F -0.1E 0.7F -1.0E
6 Sa	05:48 13:18 14:24 21:12	00:48 08:54 18:30	-1.0E 0.9F 0.7F	21 Su	05:54 13:30 21:00	09:00 18:18	0.8F 0.7F
7 Su	07:00 14:54 22:18	03:30 10:06 19:30	-1.1E 1.1F 0.6F	22 M	07:00 14:24 15:36 22:12	02:48 10:06 19:24	-1.0E 1.0F 0.7F
8 M	08:00 15:18 17:48 23:36	04:42 11:00 16:30 20:48	-1.4E 1.3F -0.1E 0.7F	23 Tu	07:48 14:48 17:36 23:30	04:24 10:54 16:12 20:48	-1.2E 1.2F -0.2E 0.7F
9 Tu	08:48 15:42 19:06	05:30 11:48 17:24 21:54	-1.5E 1.4F -0.3E 0.8F	24 W	08:36 15:18 18:54	05:06 11:36 17:00 21:54	-1.4E 1.3F -0.4E 0.8F
10 W	00:48 09:30 16:12 20:12	06:12 12:30 18:06 22:54	-1.6E 1.5F -0.5E 0.9F	25 Th	00:42 09:12 15:42 20:00	05:36 12:12 17:48 22:54	-1.5E 1.4F -0.6E 1.0F
11 Th ●	01:48 10:06 16:36 21:06	06:48 13:12 18:48 23:48	-1.6E 1.5F -0.7E 1.0F	26 F	01:42 09:48 16:06 20:54	06:12 12:42 18:30 23:42	-1.5E 1.4F -0.7E 1.1F
12 F	02:42 10:42 17:00 21:54	07:24 13:42 19:30	-1.5E 1.4F -0.8E	27 Sa ○	02:42 10:18 16:24 21:42	06:42 13:12 19:06	-1.5E 1.3F -0.9E
13 Sa	03:30 11:12 17:24 22:36	00:36 07:42 14:12 20:06	1.0F -1.4E 1.3F -0.8E	28 Su	03:36 10:42 16:42 22:30	07:18 13:30 19:36	-1.4E 1.2F -1.0E
14 Su	04:12 11:36 17:42 23:24	01:24 08:00 14:30 20:36	1.0F -1.3E 1.2F -0.9E				
15 M	05:00 11:54 18:00	02:06 08:18 14:48 21:00	1.0F -1.1E 1.0F -0.9E				

March

Day	Slack h m	Maximum h m	knots	Day	Slack h m	Maximum h m	knots
1 M	04:30 11:12 16:54 23:18	01:24 07:48 13:54 20:06	1.2F -1.3E 1.1F -1.1E	16 Tu	04:54 10:48 16:30 23:42	01:54 07:48 13:36 20:00	1.1F -0.9E 1.0F -1.2E
2 Tu	05:24 11:30 17:06	02:18 08:30 14:18 20:36	1.2F -1.0E 1.1F -1.2E	17 W	05:42 10:54 16:42	02:36 08:18 13:54 20:18	1.0F -0.7E 1.0F -1.2E
3 W	00:18 06:30 11:48 17:30	03:12 09:06 14:42 21:00	1.1F -0.7E 1.0F -1.2E	18 Th	00:30 06:42 11:12 17:06	03:24 08:54 14:24 20:42	0.9F -0.6E 1.0F -1.3E
4 Th	01:24 07:54 12:12 17:54	04:24 09:36 15:12 21:36	0.9F -0.4E 0.9F -1.2E	19 F	01:24 07:54 11:36 17:42	04:24 09:36 14:54 21:12	0.8F -0.4E 0.9F -1.3E
5 F	02:42 09:36 12:24 18:36	06:00 11:00 15:36 22:30	0.8F -0.2E 0.8F -1.1E	20 Sa	02:36 09:24 12:00 18:24	05:48 10:36 15:36 22:00	0.7F -0.2E 0.9F -1.2E
6 Sa ◔	04:18 12:24 19:30	07:30 16:42	0.9F 0.7F	21 Su ◑	04:00 11:24 19:18	07:18 16:30 23:12	0.8F 0.8F -1.1E
7 Su	05:42 13:54 20:36	01:42 08:54 17:54	-1.0E 1.0F 0.5F	22 M	05:24 13:06 20:24	08:36 17:48	0.9F 0.6F
8 M	06:48 14:18 16:36 22:18	03:36 09:54 19:30	-1.2E 1.2F 0.5F	23 Tu	06:24 13:30 16:06 21:54	01:18 09:36 14:42 19:12	-1.0E 1.1F -0.1E 0.6F
9 Tu	07:42 14:36 18:24 23:54	04:36 10:42 16:30 21:00	-1.4E 1.4F -0.3E 0.6F	24 W	07:12 14:00 17:54 23:24	03:42 10:24 15:54 20:36	-1.2E 1.2F -0.4E 0.7F
10 W	08:24 15:00 19:30	05:18 11:24 17:12 22:12	-1.5E 1.5F -0.6E 0.7F	25 Th	07:54 14:24 19:00	04:30 11:00 16:42 21:48	-1.3E 1.3F -0.6E 0.9F
11 Th	01:06 09:06 15:24 20:24	05:54 11:54 17:54 23:00	-1.5E 1.5F -0.8E 0.9F	26 F	00:42 08:30 14:48 20:00	05:06 11:30 17:24 22:48	-1.4E 1.3F -0.8E 1.1F
12 F	02:00 09:36 15:48 21:12	06:24 12:36 18:30 23:48	-1.4E 1.4F -1.0E 1.0F	27 Sa	01:48 09:00 15:06 20:48	05:36 11:54 18:00 23:42	-1.4E 1.3F -1.0E 1.2F
13 Sa ●	02:48 10:00 16:06 21:48	06:48 13:00 19:06	-1.3E 1.3F -1.0E	28 Su ○	02:42 09:30 15:18 21:36	06:12 12:12 18:30	-1.3E 1.2F -1.2E
14 Su	03:30 10:18 16:24 22:24	00:30 07:06 13:12 19:30	1.1F -1.2E 1.1F -1.1E	29 M	03:42 09:54 15:30 22:24	00:30 06:48 12:36 18:54	1.3F -1.2E 1.1F -1.3E
15 M	04:12 10:36 16:30 23:06	01:12 07:24 13:24 19:48	1.1F -1.0E 1.1F -1.1E	30 Tu	04:36 10:12 15:42 23:12	01:18 07:24 13:00 19:24	1.3F -0.9E 1.1F -1.4E
				31 W	05:36 10:30 16:06	02:12 08:06 13:24 19:54	1.3F -0.7E 1.1F -1.5E

Old Tampa Bay Entrance (Port Tampa), 2021

Latitude: 27.8629° N Longitude: 82.5537° W
Mean Flood Dir. 25° (T) Mean Ebb Dir. 211° (T)
Times and speeds of maximum and minimum current, in knots

April

Day	Slack (h m)	Maximum (h m)	Maximum (knots)
1 Th	00:12	03:12	1.1F
	06:54	08:48	-0.4E
	10:48	14:00	1.0F
	16:36	20:24	-1.4E
2 F	01:24	04:30	1.0F
	08:24	09:42	-0.2E
	11:06	14:36	0.9F
	17:12	21:06	-1.3E
3 Sa	02:42	06:06	0.9F
	10:54	15:18	0.8F
	18:00	22:06	-1.1E
4 Su ◑	04:12	07:24	1.0F
	19:00	16:24	0.6F
5 M	05:24	01:54	-1.1E
	13:00	08:36	1.1F
	15:00	17:54	0.4F
	20:30		
6 Tu	06:24	03:18	-1.2E
	13:18	09:30	1.3F
	17:18	15:18	-0.3E
	22:30	19:36	0.4F
7 W	07:12	04:12	-1.3E
	13:48	10:12	1.4F
	18:42	16:12	-0.6E
		21:12	0.6F
8 Th	00:06	04:54	-1.3E
	07:48	10:54	1.4F
	14:12	16:54	-0.9E
	19:36	22:18	0.8F
9 F	01:12	05:24	-1.3E
	08:24	11:24	1.4F
	14:36	17:30	-1.1E
	20:24	23:00	0.9F
10 Sa	02:06	05:48	-1.1E
	08:48	11:48	1.3F
	14:54	18:06	-1.2E
	21:06	23:42	1.0F
11 Su	02:48	06:12	-1.0E
	09:12	12:00	1.1F
	15:06	18:36	-1.2E
	21:42		
12 M ●	03:30	00:24	1.1F
	09:24	06:24	-0.9E
	15:12	12:12	1.0F
	22:12	18:48	-1.2E
13 Tu	04:12	01:00	1.1F
	09:30	06:48	-0.8E
	15:18	12:24	1.0F
	22:48	19:00	-1.3E
14 W	04:54	01:42	1.1F
	09:42	07:12	-0.6E
	15:24	12:42	1.1F
	23:30	19:12	-1.4E
15 Th	05:48	02:30	1.1F
	10:00	07:48	-0.5E
	15:48	13:12	1.1F
		19:30	-1.4E
16 F	00:12	03:18	1.0F
	06:48	08:36	-0.4E
	10:18	13:42	1.1F
	16:24	20:00	-1.4E
17 Sa	01:12	04:18	0.9F
	08:06	09:24	-0.2E
	10:48	14:24	1.0F
	17:00	20:42	-1.4E
18 Su	02:18	05:42	0.8F
	09:36	15:12	0.9F
	11:24	21:36	-1.3E
	17:54		
19 M	03:30	07:00	0.9F
	11:06	16:12	0.7F
	12:30	23:00	-1.1E
	18:54		
20 Tu ◐	04:36	08:00	1.0F
	11:54	13:06	-0.1E
	14:24	17:42	0.6F
	20:06		
21 W	05:36	01:00	-1.1E
	12:30	08:48	1.1F
	16:24	14:24	-0.3E
	21:48	19:06	0.6F
22 Th	06:24	02:36	-1.1E
	13:00	09:36	1.2F
	17:54	15:24	-0.6E
	23:18	20:30	0.7F
23 F	07:06	03:42	-1.2E
	13:24	10:06	1.2F
	18:54	16:12	-0.8E
		21:42	0.9F
24 Sa	00:36	04:24	-1.2E
	07:42	10:36	1.2F
	13:42	16:48	-1.1E
	19:48	22:42	1.2F
25 Su	01:48	05:06	-1.1E
	08:12	10:54	1.1F
	13:54	17:24	-1.3E
	20:36	23:30	1.3F
26 M	02:48	05:42	-1.0E
	08:36	11:18	1.1F
	14:06	17:48	-1.4E
	21:30		
27 Tu ○		00:24	1.4F
	03:48	06:18	-0.8E
	14:24	11:42	1.1F
	22:18	18:18	-1.6E
28 W	04:48	01:18	1.4F
	09:12	07:00	-0.6E
	14:54	12:12	1.1F
	23:12	18:42	-1.6E
29 Th	06:00	02:18	1.3F
	09:36	07:42	-0.4E
	15:24	12:48	1.1F
		19:18	-1.6E
30 F	00:12	03:18	1.2F
	07:18	08:36	-0.2E
	10:00	13:30	1.1F
	16:06	20:06	-1.5E

May

Day	Slack (h m)	Maximum (h m)	Maximum (knots)
1 Sa	01:24	04:30	1.1F
	08:48		
	10:30	14:12	0.9F
	16:48	21:00	-1.3E
2 Su	02:36	05:54	1.1F
	10:24	15:12	0.7F
	17:48	23:30	-1.1E
3 M ◑	03:42	07:00	1.1F
	11:12	12:18	-0.1E
	13:30	16:24	0.5F
	19:00		
4 Tu	04:48	01:18	-1.1E
	11:48	07:54	1.2F
	15:42	13:36	-0.3E
	20:36	18:00	0.4F
5 W	05:36	02:30	-1.1E
	12:18	08:48	1.2F
	17:24	14:42	-0.6E
	22:36	19:42	0.4F
6 Th	06:24	03:24	-1.0E
	12:48	09:30	1.2F
	18:36	15:42	-0.8E
		21:06	0.6F
7 F	00:00	04:06	-1.0E
	07:00	10:06	1.2F
	13:18	16:30	-1.0E
	19:30	22:06	0.8F
8 Sa	01:06	04:42	-0.9E
	07:30	10:36	1.1F
	13:42	17:06	-1.2E
	20:12	22:54	0.9F
9 Su	02:00	05:12	-0.8E
	08:06	10:48	1.0F
	13:54	17:36	-1.3E
	20:54	23:36	1.0F
10 M	02:48	05:24	-0.7E
	08:06	11:00	0.9F
	14:00	18:06	-1.3E
	21:30		
11 Tu ●	03:36	00:18	1.1F
	08:18	06:00	-0.5E
	14:06	11:12	0.9F
	22:06	18:12	-1.3E
12 W	04:18	01:00	1.1F
	08:30	06:18	-0.5E
	14:18	11:30	1.0F
	22:42	18:18	-1.4E
13 Th	05:06	01:42	1.1F
	08:48	06:54	-0.4E
	14:42	12:00	1.1F
	23:24	18:30	-1.5E
14 F	06:00	02:30	1.1F
	09:12	07:36	-0.3E
	15:18	12:36	1.1F
		19:00	-1.5E
15 Sa	00:12	03:12	1.0F
	07:06	08:24	-0.2E
	09:48	13:18	1.1F
	16:00	19:42	-1.5E
16 Su	01:00	04:12	1.0F
	08:12	09:18	-0.2E
	10:36	14:12	1.0F
	16:42	20:36	-1.4E
17 M	01:54	05:18	1.0F
	09:12	10:24	-0.1E
	11:36	15:00	0.8F
	17:36	21:36	-1.3E
18 Tu	02:54	06:18	1.0F
	10:06	11:30	-0.2E
	13:06	16:06	0.7F
	18:42	22:54	-1.2E
19 W ◐	03:48	07:12	1.1F
	10:48	12:42	-0.3E
	14:42	17:30	0.6F
	20:06		
20 Th	04:42	00:24	-1.1E
	11:24	07:54	1.1F
	16:18	13:42	-0.5E
	21:42	18:54	0.6F
21 F	05:24	01:36	-1.0E
	11:48	08:30	1.0F
	17:42	14:42	-0.7E
	23:12	20:18	0.8F
22 Sa	06:06	02:42	-0.9E
	12:06	09:00	1.0F
	18:42	15:36	-1.0E
		21:36	1.0F
23 Su	00:36	03:42	-0.8E
	06:36	09:30	1.0F
	12:24	16:12	-1.2E
	19:42	22:36	1.2F
24 M	01:48	04:30	-0.7E
	07:06	09:54	1.0F
	12:42	16:48	-1.4E
	20:36	23:30	1.3F
25 Tu	03:00	05:12	-0.6E
	07:30	10:30	1.0F
	13:12	17:24	-1.6E
	21:24		
26 W ○	04:06	00:24	1.4F
	07:54	06:00	-0.4E
	13:42	11:00	1.1F
	22:18	17:54	-1.7E
27 Th	05:12	01:24	1.4F
	08:24	06:48	-0.3E
	14:18	11:36	1.1F
	23:12	18:36	-1.7E
28 F	06:18	02:18	1.3F
	09:00	07:36	-0.2E
	15:06	12:24	1.1F
		19:24	-1.6E
29 Sa	00:12	03:18	1.3F
	07:24	08:30	-0.2E
	09:48	13:12	1.0F
	15:54	20:18	-1.5E
30 Su	01:12	04:18	1.2F
	08:18	09:30	-0.2E
	10:48	14:06	0.9F
	16:48	21:30	-1.3E
31 M	02:06	05:24	1.2F
	09:12	10:42	-0.2E
	12:18	15:06	0.7F
	17:48	23:00	-1.2E

June

Day	Slack (h m)	Maximum (h m)	Maximum (knots)
1 Tu	03:00	06:18	1.1F
	09:54	11:48	-0.4E
	13:54	16:24	0.5F
	19:06		
2 W ◑	03:54	00:18	-1.0E
	10:36	07:06	1.1F
	15:36	12:54	-0.5E
	20:36	17:54	0.5F
3 Th	04:36	01:18	-0.9E
	11:12	07:54	1.1F
	17:06	14:00	-0.7E
	22:12	19:24	0.5F
4 F	05:18	02:06	-0.7E
	11:48	08:36	1.1F
	18:12	15:06	-0.9E
	23:36	20:48	0.6F
5 Sa	05:54	03:06	-0.6E
	12:12	09:06	0.9F
	19:06	15:54	-1.1E
		21:54	0.8F
6 Su	00:54	03:48	-0.5E
	06:18	09:24	0.8F
	12:30	16:42	-1.2E
	19:54	22:42	0.9F
7 M	02:00	04:24	-0.4E
	06:36	09:36	0.8F
	12:36	17:18	-1.2E
	20:42	23:30	1.0F
8 Tu	02:54	04:54	-0.3E
	06:54	10:00	0.8F
	12:48	17:42	-1.3E
	21:18		
9 W	03:48	00:12	1.1F
	07:12	05:24	-0.3E
	13:12	10:24	0.9F
	22:00	17:54	-1.3E
10 Th ●	04:36	00:54	1.1F
	07:36	06:00	-0.2E
	13:42	11:00	1.0F
	22:42	17:54	-1.4E
11 F	05:24	01:42	1.2F
	08:12	06:48	-0.2E
	14:18	11:36	1.0F
	23:18	18:24	-1.5E
12 Sa	06:12	02:30	1.2F
	09:00	07:36	-0.2E
	15:00	12:18	1.0F
		19:00	-1.5E
13 Su	00:00	03:06	1.2F
	07:00	08:24	-0.2E
	09:48	13:12	1.0F
	15:48	19:48	-1.5E
14 M	00:42	03:54	1.1F
	07:42	09:12	-0.3E
	10:48	14:06	0.9F
	16:36	20:42	-1.4E
15 Tu	01:24	04:36	1.1F
	08:24	10:06	-0.3E
	12:00	15:00	0.8F
	17:36	21:36	-1.3E
16 W	02:12	05:18	1.1F
	09:00	11:06	-0.4E
	13:18	16:06	0.7F
	18:48	22:36	-1.2E
17 Th	02:54	06:06	1.0F
	09:36	12:00	-0.5E
	14:36	17:24	0.7F
	20:06	23:48	-1.0E
18 F ◐	03:36	06:42	0.9F
	10:00	12:54	-0.7E
	16:06	18:48	0.7F
	21:42		
19 Sa	04:12	00:54	-0.8E
	10:24	07:12	0.9F
	17:24	13:48	-0.9E
	23:18	20:12	0.8F
20 Su	04:54	01:54	-0.6E
	10:48	07:48	0.8F
	18:36	14:42	-1.0E
		21:30	0.9F
21 M	00:48	03:06	-0.5E
	05:30	08:24	0.8F
	11:12	15:42	-1.3E
	19:36	22:36	1.1F
22 Tu	02:12	04:06	-0.3E
	06:00	09:06	0.9F
	11:48	16:42	-1.4E
	20:36	23:36	1.3F
23 W	03:24	05:00	-0.3E
	06:36	09:48	1.0F
	12:30	17:18	-1.6E
	21:30		
24 Th ○	04:24	00:30	1.4F
	07:18	05:48	-0.2E
	13:18	10:36	1.0F
	22:18	18:12	-1.7E
25 F	05:18	01:24	1.4F
	08:06	06:42	-0.2E
	14:06	11:24	1.1F
	23:12	19:00	-1.7E
26 Sa	06:06	02:12	1.4F
	09:06	07:36	-0.3E
	15:00	12:12	1.1F
		19:54	-1.6E
27 Su	00:00	03:00	1.4F
	06:42	08:24	-0.3E
	10:06	13:06	1.1F
	15:54	20:42	-1.5E
28 M	00:42	03:48	1.3F
	07:00	09:18	-0.4E
	11:12	14:06	0.9F
	16:54	21:24	-1.4E
29 Tu	01:24	04:36	1.2F
	08:00	10:12	-0.5E
	12:30	15:06	0.8F
	17:54	22:06	-1.4E
30 W	02:06	05:18	1.1F
	08:42	11:12	-0.6E
	13:42	16:12	0.7F
	19:00	23:00	-0.9E

Station ID: t02010 Depth: 16 feet
Source: NOAA/NOS/CO-OPS
Station Type: Harmonic
Time Zone: LST

Old Tampa Bay Entrance (Port Tampa), 2021
Latitude: 27.8629° N Longitude: 82.5537° W
Mean Flood Dir. 25° (T) Mean Ebb Dir. 211° (T)
Times and speeds of maximum and minimum current, in knots

July

Date	Slack h m	Max h m	knots
1 Th ☽	02:42	06:00	1.0F
	09:12	12:12	-0.7E
	15:00	17:30	0.6F
	20:18	23:48	-0.7E
2 F	03:12	06:30	0.8F
	09:48	13:06	-0.8E
	16:24	18:54	0.5F
	21:42		
3 Sa		00:36	-0.5E
	03:42	07:00	0.7F
	10:12	14:06	-0.9E
	17:42	20:18	0.6F
	23:18		
4 Su	04:12	01:30	-0.3E
	10:36	07:18	0.6F
	18:42	15:18	-1.0E
		21:30	0.7F
5 M	00:48	02:30	-0.2E
	04:36	07:48	0.6F
	10:54	16:12	-1.1E
	19:36	22:30	0.9F
6 Tu	02:12	03:36	-0.1E
	05:00	08:24	0.6F
	11:18	16:54	-1.2E
	20:24	23:18	1.0F
7 W	03:18	04:30	-0.1E
	05:36	09:06	0.7F
	11:54	17:30	-1.3E
	21:12		
8 Th	04:06	00:06	1.1F
	06:24	05:12	-0.1E
	12:36	09:54	0.8F
	21:48	18:00	-1.4E
9 F	04:36	00:48	1.2F
	07:18	05:54	-0.2E
	13:24	10:42	0.9F
	22:30	18:24	-1.4E
10 Sa ●	05:12	01:30	1.3F
	08:18	06:42	-0.3E
	14:12	11:30	1.0F
	23:06	18:54	-1.5E
11 Su	05:48	02:12	1.3F
	09:12	07:30	-0.3E
	15:00	12:18	1.0F
	23:36	19:18	-1.5E
12 M	06:18	02:42	1.3F
	10:06	08:18	-0.4E
	15:54	13:12	1.0F
		20:00	-1.5E
13 Tu	00:12	03:12	1.2F
	11:06	08:54	-0.5E
	16:48	14:06	1.0F
		20:42	-1.4E
14 W	00:48	03:42	1.1F
	07:18	09:36	-0.6E
	12:06	15:00	0.9F
	17:42	21:24	-1.3E
15 Th	01:18	04:18	1.0F
	07:42	10:18	-0.7E
	13:12	16:00	0.8F
	18:54	22:12	-1.1E
16 F	01:54	04:42	0.9F
	08:06	11:06	-0.8E
	14:24	17:12	0.7F
	20:12	23:12	-0.8E
17 Sa ◐	02:24	05:24	0.8F
	08:24	11:54	-0.9E
	15:48	18:42	0.7F
	21:48		
18 Su	02:54	00:18	-0.5E
	08:48	06:00	0.8F
	17:18	12:42	-1.0E
	23:36	20:12	0.8F
19 M	03:24	01:24	-0.3E
	09:24	06:42	0.7F
	18:30	13:54	-1.1E
		21:36	1.0F
20 Tu	01:24	02:42	-0.1E
	04:06	07:30	0.7F
	10:12	15:48	-1.2E
	19:36	22:42	1.1F
21 W	03:00	08:30	0.8F
	11:12	17:00	-1.4E
	20:36	23:36	1.3F
22 Th	03:48	04:54	-0.1E
	06:12	09:30	0.8F
	12:12	17:48	-1.6E
	21:24		
23 F	04:24	00:30	1.4F
	07:18	05:48	-0.3E
	13:12	10:24	1.0F
	22:12	18:36	-1.7E
24 Sa ○	04:54	01:12	1.5F
	08:24	06:36	-0.4E
	14:12	11:18	1.0F
	22:48	19:18	-1.7E
25 Su	05:24	01:54	1.5F
	09:24	07:24	-0.5E
	15:12	12:12	1.1F
	23:30	19:48	-1.6E
26 M	05:54	02:30	1.4F
	10:24	08:12	-0.7E
	16:06	13:12	1.1F
		20:24	-1.5E
27 Tu	00:00	03:00	1.3F
	06:24	08:54	-0.8E
	11:18	14:06	1.0F
	16:54	20:54	-1.3E
28 W	00:36	03:30	1.2F
	06:54	09:36	-0.8E
	12:18	14:54	0.9F
	17:54	21:24	-1.1E
29 Th	01:00	03:54	1.0F
	07:18	10:12	-0.8E
	13:18	15:54	0.8F
	18:54	21:54	-0.9E
30 F	01:24	04:18	0.9F
	07:36	11:00	-0.8E
	14:24	17:00	0.7F
	20:00	22:42	-0.6E
31 Sa ◐	01:36	04:42	0.8F
	07:54	11:36	-0.8E
	15:36	18:24	0.6F
	21:24	23:30	-0.4E

August

Date	Slack h m	Max h m	knots
1 Su	01:54	05:12	0.7F
	08:12	12:24	-0.8E
	17:00	19:48	0.6F
	23:06		
2 M	02:06	00:30	-0.2E
	08:36	05:42	0.6F
	18:12	13:42	-0.9E
		21:12	0.7F
3 Tu	01:18	06:30	0.6F
	09:18	15:48	-1.0E
	19:12	22:12	0.9F
4 W	03:00	07:30	0.6F
	10:18	16:42	-1.1E
	20:06	23:06	1.1F
5 Th	03:30	08:30	0.7F
	05:00	17:18	-1.3E
	11:24	23:48	1.2F
	20:48		
6 F	03:42	05:06	-0.2E
	12:24	09:36	0.8F
	21:30	17:54	-1.4E
7 Sa	04:06	00:30	1.3F
	07:36	05:48	-0.3E
	13:24	10:36	0.9F
	22:00	18:18	-1.5E
8 Su ●	04:30	06:30	-0.5E
	08:36	11:30	1.0F
	14:18	18:48	-1.5E
	22:36		
9 M	05:00	01:36	1.3F
	09:24	07:12	-0.6E
	15:12	12:18	1.1F
	23:06	19:18	-1.5E
10 Tu	05:24	02:00	1.3F
	10:18	07:54	-0.7E
	16:00	13:12	1.1F
	23:30	19:48	-1.5E
11 W	05:42	02:24	1.2F
	11:06	08:24	-0.8E
	16:54	14:00	1.1F
		20:30	-1.3E
12 Th	00:00	02:48	1.1F
	06:00	09:00	-0.9E
	12:00	14:54	1.0F
	17:54	21:06	-1.1E
13 F	00:24	03:12	1.0F
	06:18	09:24	-1.0E
	13:00	15:54	0.9F
	19:06	21:54	-0.8E
14 Sa	00:48	03:42	0.9F
	06:36	10:00	-1.0E
	14:12	17:12	0.8F
	20:30	22:42	-0.5E
15 Su ◐	01:12	04:12	0.8F
	07:06	10:36	-1.0E
	15:42	18:48	0.7F
	22:18	23:54	-0.2E
16 M	01:30	04:54	0.7F
	07:36	11:36	-1.0E
	17:12	20:24	0.8F
17 Tu	01:06	05:48	0.7F
	08:30	14:30	-1.0E
	18:30	21:42	1.0F
18 W	02:42	06:54	0.6F
	09:36	16:12	-1.3E
	19:36	22:36	1.2F
19 Th	03:06	08:12	0.6F
	05:00	17:06	-1.5E
	11:00	23:24	1.4F
	20:24		
20 F	03:24	05:00	-0.3E
	06:36	09:30	0.7F
	12:18	17:48	-1.6E
	21:06		
21 Sa	03:48	00:06	1.5F
	07:48	05:42	-0.5E
	13:30	10:30	0.9F
	21:48	18:24	-1.6E
22 Su ○	04:12	00:48	1.5F
	08:42	06:24	-0.7E
	14:30	11:30	1.0F
	22:18	19:00	-1.6E
23 M	04:36	07:06	-0.9E
	09:36	12:18	1.1F
	15:18	19:24	-1.4E
	22:48		
24 Tu	04:54	01:48	1.3F
	10:24	07:48	-1.0E
	16:06	13:06	1.1F
	23:12	19:48	-1.3E
25 W	05:18	02:06	1.2F
	11:12	08:18	-1.0E
	16:54	13:54	1.1F
	23:30	20:12	-1.1E
26 Th	05:30	02:24	1.1F
	11:54	08:48	-1.0E
	17:42	14:42	1.0F
	23:48	20:36	-0.9E
27 F	05:42	02:42	1.0F
	12:48	09:12	-1.0E
	18:42	15:30	0.9F
		21:18	-0.7E
28 Sa	00:00	03:00	0.9F
	06:00	09:24	-1.0E
	13:42	16:30	0.8F
	19:48	21:54	-0.5E
29 Su	00:12	03:24	0.9F
	06:12	09:48	-1.0E
	14:54	17:54	0.6F
	21:12	22:48	-0.2E
30 M ●	00:30	03:54	0.8F
	06:42	10:30	-1.0E
	16:18	19:24	0.7F
	23:18		
31 Tu	00:30	04:36	0.7F
	07:24	11:24	-0.9E
	17:42	20:48	0.8F

September

Date	Slack h m	Max h m	knots
1 W	01:06	04:54	0.6F
	08:24	14:54	-0.9E
	18:42	21:48	0.9F
2 Th	02:42	07:00	0.6F
	09:42	16:12	-1.1E
	19:36	22:36	1.1F
3 F	02:36	03:54	-0.1E
	05:18	08:18	0.6F
	11:06	16:54	-1.3E
	20:18	23:18	1.3F
4 Sa	02:54	04:48	-0.4E
	06:42	09:36	0.8F
	12:24	17:24	-1.4E
	20:54	23:48	1.3F
5 Su	03:18	05:30	-0.6E
	07:48	10:36	1.0F
	13:30	17:54	-1.5E
	21:24		
6 M	03:42	00:18	1.4F
	08:42	06:42	-0.8E
	14:24	11:24	1.1F
	21:54	18:24	-1.5E
7 Tu	04:00	00:48	1.3F
	09:24	06:42	-0.9E
	15:18	12:18	1.2F
	22:18	18:54	-1.4E
8 W	04:18	01:06	1.2F
	10:12	07:18	-1.1E
	16:12	13:06	1.3F
	22:42	19:24	-1.2E
9 Th	04:30	01:30	1.2F
	11:00	07:54	-1.2E
	17:06	13:54	1.2F
	23:06	20:06	-1.0E
10 F	04:42	01:54	1.1F
	11:54	08:06	-1.2E
	18:06	14:48	1.1F
	23:24	20:48	-0.8E
11 Sa	05:00	02:18	1.0F
	12:54	08:36	-1.3E
	19:24	15:54	1.0F
	23:42	21:30	-0.5E
12 Su	05:24	02:48	1.0F
	14:12	09:06	-1.3E
	21:06	17:18	0.8F
	23:54	22:30	-0.2E
13 M ◐	06:00	03:24	0.9F
	15:42	09:48	-1.2E
	23:42	19:00	0.8F
14 Tu	06:48	04:12	0.7F
	17:12	10:54	-1.0E
		20:24	1.0F
15 W	01:12	05:18	0.6F
	07:54	14:54	-1.1E
	18:18	21:30	1.1F
16 Th	02:18		
	03:30	06:48	0.5F
	09:24	16:06	-1.3E
	19:12	22:18	1.3F
17 F	02:18	04:00	-0.3E
	08:24	05:48	0.5F
	11:18	16:54	-1.4E
	20:00	23:00	1.4F
18 Sa	02:36	04:48	-0.6E
	07:06	09:42	0.7F
	12:42	17:30	-1.5E
	20:36	23:36	1.5F
19 Su	03:00	05:30	-0.8E
	08:00	10:42	0.9F
	13:42	18:00	-1.4E
	21:12		
20 M ○	03:24	00:06	1.4F
	08:54	06:06	-1.0E
	14:36	11:36	1.1F
	21:36	18:30	-1.3E
21 Tu	03:42	00:36	1.3F
	09:36	06:42	-1.2E
	15:24	12:18	1.2F
	22:00	18:48	-1.2E
22 W	04:00	00:54	1.2F
	10:18	07:18	-1.2E
	16:06	13:00	1.2F
	22:18	19:12	-1.0E
23 Th	04:06	01:06	1.1F
	10:54	07:36	-1.2E
	16:48	13:42	1.1F
	22:30	19:36	-0.9E
24 F	04:12	01:18	1.0F
	11:36	07:54	-1.2E
	17:42	14:30	1.1F
	22:42	20:06	-0.7E
25 Sa	04:24	01:42	1.0F
	12:24	08:06	-1.2E
	18:36	15:12	0.9F
	22:54	20:42	-0.5E
26 Su	04:42	02:00	1.0F
	13:18	08:24	-1.3E
	19:48	16:18	0.8F
	23:06	21:24	-0.3E
27 M	05:12	02:36	1.0F
	14:24	08:54	-1.2E
	21:18	17:42	0.7F
	23:24	22:18	-0.1E
28 Tu ◐	05:54	03:12	0.9F
	15:42	09:36	-1.2E
	23:30	19:06	0.8F
29 W ☽	06:48	04:06	0.7F
	17:00	10:42	-1.1E
		20:18	0.9F
30 Th	00:54	05:18	0.6F
	07:54	12:24	-1.0E
	18:00	21:12	1.0F

Station ID: t02010 Depth: 16 feet
Source: NOAA/NOS/CO-OPS
Station Type: Harmonic
Time Zone: LST

NOAA Tidal Current Predictions

Old Tampa Bay Entrance (Port Tampa), 2021
Latitude: 27.8629° N Longitude: 82.5537° W
Mean Flood Dir. 25° (T) Mean Ebb Dir. 211° (T)
Times and speeds of maximum and minimum current, in knots

October

Day	Slack h m	Maximum h m	knots
1 F	01:12 / 03:30 / 09:24 / 18:48	02:18 / 06:42 / 15:12 / 22:00	-0.1E / 0.6F / -1.1E / 1.2F
2 Sa	01:30 / 05:30 / 11:00 / 19:30	03:30 / 08:12 / 16:06 / 22:36	-0.3E / 0.6F / -1.2E / 1.3F
3 Su	01:54 / 06:42 / 12:18 / 20:06	04:24 / 09:30 / 16:42 / 23:06	-0.6E / 0.8F / -1.3E / 1.3F
4 M	02:18 / 07:42 / 13:30 / 20:36	05:06 / 10:30 / 17:18 / 23:30	-0.9E / 1.0F / -1.3E / 1.3F
5 Tu	02:36 / 08:30 / 14:24 / 21:06	05:36 / 11:18 / 17:48 / 23:48	-1.1E / 1.2F / -1.3E
6 W ●	02:54 / 09:18 / 15:24 / 21:30	06:06 / 12:12 / 18:24	-1.2E / 1.3F / -1.1E
7 Th	03:06 / 10:06 / 16:18 / 21:48	00:12 / 06:36 / 13:00 / 19:00	1.2F / -1.4E / 1.3F / -0.9E
8 F	03:24 / 10:54 / 17:18 / 22:06	00:36 / 07:00 / 13:54 / 19:42	1.1F / -1.4E / 1.3F / -0.7E
9 Sa	03:42 / 11:48 / 18:30 / 22:24	01:00 / 07:24 / 14:54 / 20:30	1.1F / -1.5E / 1.2F / -0.4E
10 Su	04:12 / 12:54 / 20:00 / 22:36	01:36 / 08:00 / 16:00 / 21:18	1.1F / -1.5E / 1.0F / -0.2E
11 M	04:48 / 14:12 / 22:24	02:12 / 08:36 / 17:30	1.0F / -1.4E / 0.9F
12 Tu	05:30 / 15:36 / 23:48	02:54 / 09:24 / 19:00	0.8F / -1.2E / 1.0F
13 W ◐	06:30 / 16:48	03:48 / 12:48 / 20:06	0.6F / -1.0E / 1.1F
14 Th	00:42 / 01:54 / 07:48 / 17:48	05:18 / 14:36 / 21:00	0.5F / -1.1E / 1.2F
15 F	00:54 / 04:36 / 09:48 / 18:42	02:36 / 07:00 / 15:36 / 21:48	-0.3E / 0.4F / -1.2E / 1.3F
16 Sa	01:18 / 06:06 / 11:36 / 19:24	03:42 / 08:42 / 16:24 / 22:24	-0.6E / 0.6F / -1.2E / 1.4F
17 Su	01:42 / 07:12 / 12:48 / 19:54	04:30 / 09:54 / 17:00 / 23:00	-0.9E / 0.8F / -1.2E / 1.3F
18 M	02:12 / 08:06 / 13:48 / 20:24	05:12 / 10:48 / 17:30 / 23:24	-1.1E / 1.0F / -1.1E / 1.3F
19 Tu	02:30 / 08:48 / 14:36 / 20:48	05:48 / 11:30 / 17:54 / 23:42	-1.3E / 1.1F / -1.0E / 1.1F
20 W ○	02:48 / 09:30 / 15:24 / 21:06	06:18 / 12:12 / 18:12 / 23:54	-1.3E / 1.1F / -0.8E / 1.0F
21 Th	02:54 / 10:06 / 16:06 / 21:18	06:42 / 12:54 / 18:36	-1.3E / 1.2F / -0.7E
22 F	03:00 / 10:42 / 16:54 / 21:24	00:06 / 06:54 / 13:36 / 19:06	1.0F / -1.3E / 1.1F / -0.5E
23 Sa	03:12 / 11:24 / 17:48 / 21:36	00:24 / 07:00 / 14:18 / 19:36	1.0F / -1.3E / 1.1F / -0.4E
24 Su	03:30 / 12:06 / 18:48 / 22:00	00:54 / 07:12 / 15:12 / 20:24	1.0F / -1.4E / 1.0F / -0.3E
25 M	04:00 / 13:00 / 20:00 / 22:24	01:24 / 07:42 / 16:06 / 21:12	1.0F / -1.4E / 0.9F / -0.2E
26 Tu	04:42 / 14:00 / 21:24 / 23:00	02:06 / 08:24 / 17:18	1.0F / -1.4E / 0.8F
27 W	05:30 / 15:06 / 22:42	02:48 / 09:18 / 18:30	0.9F / -1.3E / 0.9F
28 Th ◑	00:00 / 06:30 / 16:06 / 23:24	03:48 / 10:30 / 19:30	0.7F / -1.2E / 1.0F
29 F	01:54 / 07:42 / 17:06	00:36 / 05:06 / 12:12 / 20:18	-0.1E / 0.6F / -1.1E / 1.1F
30 Sa	00:00 / 03:54 / 09:18 / 17:54	01:48 / 06:36 / 13:48 / 21:06	-0.3E / 0.6F / -1.1E / 1.1F
31 Su	00:24 / 05:24 / 10:54 / 18:30	02:54 / 08:00 / 15:00 / 21:42	-0.6E / 0.7F / -1.1E / 1.1F

November

Day	Slack h m	Maximum h m	knots
1 M	00:48 / 06:36 / 12:12 / 19:06	03:48 / 09:18 / 15:54 / 22:06	-0.8E / 0.9F / -1.1E / 1.1F
2 Tu	01:12 / 07:30 / 13:24 / 19:42	04:30 / 10:24 / 16:36 / 22:30	-1.1E / 1.1F / -1.0E / 1.1F
3 W	01:30 / 08:24 / 14:30 / 20:06	05:06 / 11:18 / 17:18 / 22:54	-1.3E / 1.3F / -0.9E / 1.1F
4 Th ●	01:42 / 09:12 / 15:30 / 20:30	05:30 / 12:06 / 17:54 / 23:18	-1.4E / 1.3F / -0.7E / 1.1F
5 F	02:06 / 10:00 / 16:36 / 20:54	05:54 / 13:00 / 18:36 / 23:48	-1.6E / 1.4F / -0.5E / 1.1F
6 Sa	02:30 / 10:54 / 17:42 / 21:12	06:24 / 14:00 / 19:24	-1.6E / 1.3F / -0.4E
7 Su	03:00 / 11:54 / 19:00 / 21:36	00:24 / 07:00 / 15:00 / 20:18	1.1F / -1.6E / 1.2F / -0.2E
8 M	03:42 / 10:54 / 17:18 / 22:00	07:42 / 16:06	-1.5E / 1.1F
9 Tu	04:30 / 14:06 / 21:54	01:48 / 08:36 / 17:24	1.0F / -1.4E / 1.1F
10 W	05:24 / 15:12 / 22:36	02:48 / 09:48 / 18:30	0.8F / -1.2E / 1.1F
11 Th ◐	00:48 / 06:30 / 16:12 / 23:12	03:54 / 12:24 / 19:24	0.6F / -1.1E / 1.1F
12 F	02:54 / 08:06 / 17:06 / 23:48	01:00 / 05:24 / 13:42 / 20:18	-0.3E / 0.5F / -1.0E / 1.2F
13 Sa	04:48 / 09:54 / 17:48	02:06 / 07:12 / 14:42 / 21:00	-0.6E / 0.5F / -1.0E / 1.2F
14 Su	00:18 / 06:06 / 11:30 / 18:30	03:12 / 08:36 / 15:42 / 21:42	-0.8E / 0.6F / -0.9E / 1.2F
15 M	00:48 / 07:06 / 12:48 / 19:00	04:06 / 09:48 / 16:18 / 22:12	-1.1E / 0.8F / -0.8E / 1.1F
16 Tu	01:12 / 07:54 / 13:48 / 19:30	04:48 / 10:42 / 16:48 / 22:30	-1.2E / 1.0F / -0.7E / 1.0F
17 W	01:30 / 08:42 / 14:42 / 19:48	05:24 / 11:24 / 17:18 / 22:42	-1.3E / 1.1F / -0.6E / 0.9F
18 Th	01:42 / 09:24 / 15:30 / 20:00	06:00 / 12:12 / 17:42 / 22:54	-1.3E / 1.1F / -0.5E / 0.9F
19 F ○	01:48 / 10:00 / 16:18 / 20:12	06:18 / 12:54 / 18:12 / 23:18	-1.3E / 1.1F / -0.4E / 0.9F
20 Sa	02:00 / 10:36 / 17:06 / 20:30	06:18 / 13:36 / 18:48 / 23:42	-1.3E / 1.1F / -0.3E / 1.0F
21 Su	02:24 / 11:18 / 18:00 / 20:54	06:18 / 14:18 / 19:24	-1.4E / 1.1F / -0.2E
22 M	03:00 / 12:00 / 19:00 / 21:30	00:18 / 06:48 / 15:06 / 20:12	1.0F / -1.5E / 1.0F / -0.2E
23 Tu	03:36 / 12:48 / 19:54 / 22:12	01:00 / 07:30 / 16:00 / 21:00	1.0F / -1.5E / 1.0F / -0.1E
24 W	04:24 / 13:36 / 20:42 / 23:18	01:48 / 08:36 / 16:54 / 22:00	1.0F / -1.4E / 1.0F / -0.2E
25 Th	05:18 / 14:24 / 21:30	02:42 / 09:18 / 17:42 / 23:00	0.9F / -1.4E / 1.0F / -0.2E
26 F	00:42 / 06:24 / 15:12 / 22:12	03:42 / 10:24 / 18:36	0.8F / -1.2E / 1.0F
27 Sa ◑	02:12 / 07:36 / 16:00 / 22:42	00:06 / 05:00 / 11:42 / 19:12	-0.4E / 0.6F / -1.1E / 1.0F
28 Su	03:48 / 09:06 / 16:48 / 23:12	01:06 / 06:30 / 12:54 / 19:48	-0.5E / 0.6F / -1.0E / 1.0F
29 M	05:12 / 10:42 / 17:30 / 23:36	02:06 / 07:48 / 14:00 / 20:24	-0.7E / 0.7F / -0.9E / 1.0F
30 Tu	06:18 / 12:06 / 18:06	03:00 / 09:06 / 15:06 / 21:00	-0.9E / 0.9F / -0.8E / 1.1F

December

Day	Slack h m	Maximum h m	knots
1 W	00:00 / 07:18 / 13:30 / 18:36	03:48 / 10:12 / 16:00 / 21:30	-1.2E / 1.1F / -0.7E / 1.0F
2 Th	00:18 / 08:12 / 14:42 / 19:06	04:30 / 11:12 / 16:54 / 22:00	-1.4E / 1.2F / -0.5E / 1.0F
3 F	00:42 / 09:06 / 15:48 / 19:30	05:00 / 12:06 / 17:36 / 22:36	-1.5E / 1.3F / -0.4E / 1.1F
4 Sa ●	01:18 / 10:00 / 16:54 / 20:00	05:30 / 13:06 / 18:24 / 23:18	-1.6E / 1.4F / -0.3E / 1.1F
5 Su	02:00 / 10:54 / 18:00 / 20:36	06:12 / 14:00 / 19:18	-1.7E / 1.3F / -0.2E
6 M	02:42 / 11:48 / 19:00 / 21:24	00:00 / 07:06 / 14:54 / 20:12	1.1F / -1.6E / 1.3F / -0.2E
7 Tu	03:30 / 12:48 / 19:54 / 22:24	00:48 / 08:06 / 15:54 / 21:06	1.1F / -1.6E / 1.2F / -0.2E
8 W	04:30 / 13:36 / 20:36 / 23:48	01:48 / 09:00 / 16:48 / 22:12	1.0F / -1.4E / 1.2F / -0.3E
9 Th	05:30 / 14:30 / 21:18	02:48 / 10:18 / 17:48 / 23:18	0.8F / -1.2E / 1.1F / -0.4E
10 F	01:18 / 06:42 / 15:18 / 21:54	03:54 / 11:30 / 18:36	0.7F / -1.1E / 1.1F
11 Sa ◐	02:54 / 08:12 / 16:00 / 22:36	00:24 / 05:24 / 12:36 / 19:18	-0.6E / 0.6F / -0.9E / 1.0F
12 Su	04:30 / 09:48 / 16:42 / 23:12	01:24 / 06:54 / 13:30 / 20:00	-0.8E / 0.6F / -0.7E / 1.0F
13 M	05:48 / 11:18 / 17:24 / 23:42	02:30 / 08:18 / 14:30 / 20:36	-0.9E / 0.6F / -0.6E / 0.9F
14 Tu	06:48 / 12:42 / 17:54	03:36 / 09:30 / 15:24 / 21:00	-1.1E / 0.8F / -0.5E / 0.8F
15 W	00:06 / 07:42 / 13:54 / 18:18	04:24 / 10:30 / 16:12 / 21:18	-1.2E / 0.9F / -0.4E / 0.7F
16 Th	00:24 / 08:30 / 15:00 / 18:36	05:06 / 11:18 / 16:48 / 21:42	-1.3E / 1.0F / -0.3E / 0.7F
17 F	00:36 / 09:12 / 15:54 / 19:00	05:42 / 12:06 / 17:24 / 22:12	-1.3E / 1.1F / -0.2E / 0.8F
18 Sa	00:54 / 09:54 / 16:42 / 19:24	06:12 / 12:54 / 18:00 / 22:42	-1.3E / 1.1F / -0.2E / 0.9F
19 Su ○	01:24 / 10:30 / 17:24 / 19:54	06:24 / 13:36 / 18:36 / 23:24	-1.3E / 1.2F / -0.2E / 0.9F
20 M	02:00 / 11:12 / 18:00 / 20:42	06:30 / 14:18 / 19:18	-1.4E / 1.2F / -0.2E
21 Tu	02:42 / 11:48 / 18:42 / 21:36	00:06 / 06:54 / 14:54 / 20:06	1.0F / -1.5E / 1.2F / -0.2E
22 W	03:30 / 12:24 / 19:12 / 22:36	00:54 / 07:42 / 15:30 / 20:54	1.0F / -1.5E / 1.1F / -0.3E
23 Th	04:24 / 13:00 / 19:48 / 23:42	01:48 / 08:24 / 16:06 / 21:42	1.0F / -1.5E / 1.1F / -0.4E
24 F	05:18 / 13:36 / 20:24	02:42 / 09:18 / 16:48 / 22:30	0.9F / -1.4E / 1.1F / -0.5E
25 Sa	00:48 / 06:24 / 14:18 / 20:54	03:42 / 10:12 / 17:24 / 23:24	0.8F / -1.2E / 1.0F / -0.6E
26 Su	02:06 / 07:36 / 14:54 / 21:18	04:54 / 11:12 / 18:00	0.7F / -1.1E / 1.0F
27 M ◑	03:30 / 09:06 / 15:36 / 21:48	00:12 / 06:12 / 12:18 / 18:36	-0.7E / 0.7F / -0.8E / 0.9F
28 Tu	04:54 / 10:42 / 16:12 / 22:12	01:06 / 07:36 / 13:18 / 19:12	-0.9E / 0.8F / -0.6E / 0.8F
29 W	06:06 / 12:18 / 16:48 / 22:42	02:06 / 09:06 / 14:24 / 19:48	-1.0E / 0.9F / -0.4E / 0.8F
30 Th	07:12 / 13:48 / 17:30 / 23:18	03:06 / 10:18 / 15:42 / 20:36	-1.2E / 1.1F / -0.3E / 0.8F
31 F	08:12 / 15:12 / 18:06	04:12 / 11:18 / 16:36 / 21:24	-1.4E / 1.2F / -0.2E / 0.9F

Station ID: JOP1101 Depth: 8 feet
Source: NOAA/NOS/CO-OPS
Station Type: Harmonic
Time Zone: LST

NOAA Tidal Current Predictions

Johns Pass Entrance, 2021
Latitude: 27.7782° N Longitude: 82.7872° W
Mean Flood Dir. 51° (T) Mean Ebb Dir. 223° (T)
Times and speeds of maximum and minimum current, in knots

January

Day	Slack (h:m)	Maximum (h:m, knots)
1 F	08:36, 14:42, 19:36	05:00 -1.4E, 10:30 0.5F, 17:18 -0.3E, 22:00 0.4F
2 Sa	00:48, 09:12, 15:12, 20:42	05:42 -1.3E, 11:12 0.5F, 18:06 -0.4E, 23:00 0.4F
3 Su	01:54, 10:00, 15:48, 22:06	06:24 -1.2E, 11:54 0.4F, 19:00 -0.5E
4 M	03:12, 10:48, 16:24, 23:36	00:12 0.3F, 07:12 -1.0E, 12:42 0.3F, 20:00 -0.6E
5 Tu	04:36, 11:36, 16:54	01:30 0.3F, 08:00 -0.8E, 13:24 0.3F, 21:24 -0.8E
6 W	01:00, 06:00, 12:24, 17:30	03:06 0.3F, 09:06 -0.5E, 14:12 0.3F, 22:42 -1.0E
7 Th	02:12, 07:42, 13:06, 18:06	04:36 0.4F, 10:18 -0.3E, 15:00 0.3F, 23:42 -1.2E
8 F	03:12, 09:42, 13:54, 19:00	05:48 0.4F, 11:36 -0.2E, 15:48 0.3F
9 Sa	04:12, 11:12, 14:36, 20:18	00:36 -1.4E, 07:24 0.5F, 12:48 -0.1E, 16:36 0.3F
10 Su	05:00, 12:18, 15:24, 21:18	01:24 -1.6E, 08:30 0.6F, 13:48 -0.1E, 17:30 0.3F
11 M	05:48, 13:00, 16:18, 22:06	02:12 -1.7E, 09:06 0.6F, 14:36 -0.2E, 18:24 0.3F
12 Tu	06:30, 13:30, 17:18, 22:48	02:54 -1.6E, 09:24 0.6F, 15:30 -0.2E, 19:24 0.3F
13 W	07:06, 13:54, 18:18, 23:30	03:36 -1.5E, 09:30 0.5F, 15:54 -0.3E, 20:18 0.3F
14 Th	07:42, 14:12, 19:18	04:18 -1.4E, 09:36 0.5F, 16:42 -0.3E, 21:06 0.3F
15 F	00:12, 08:24, 14:24, 20:12	05:00 -1.2E, 10:06 0.4F, 17:30 -0.4E, 22:00 0.3F
16 Sa	01:06, 09:00, 14:30, 21:18	05:42 -1.0E, 10:42 0.4F, 18:18 -0.5E, 23:00 0.2F
17 Su	02:00, 09:42, 14:48, 22:36	06:18 -0.8E, 11:18 0.3F, 19:00 -0.6E
18 M	03:06, 10:24, 15:06, 23:54	00:12 0.2F, 06:54 -0.6E, 12:06 0.2F, 19:54 -0.6E
19 Tu	04:24, 11:12, 15:30	00:12 0.3F, 07:30 -0.4E, 12:48 0.2F, 21:30 -0.7E
20 W	01:06, 05:36, 12:00, 16:00	03:30 0.2F, 08:00 -0.2E, 13:36 0.1F, 22:36 -0.9E
21 Th	02:12, 07:18, 12:42, 16:30	04:24 0.2F, 14:18 0.1F, 23:30 -1.0E
22 F	03:00, 11:48, 13:30, 17:00	05:18 0.3F, 15:12 0.1F
23 Sa	03:48, 12:48, 14:24, 17:36	00:12 -1.1E, 06:24 0.3F, 16:00 0.1F
24 Su	04:24, 12:48, 15:06, 18:30	00:48 -1.2E, 07:36 0.4F, 16:42 0.1F
25 M	05:00, 12:24, 15:54, 20:12	01:24 -1.3E, 08:12 0.5F, 17:36 0.2F
26 Tu	05:36, 12:30, 16:36, 21:24	01:54 -1.4E, 08:36 0.5F, 14:18 -0.2E, 18:30 0.2F
27 W	06:12, 12:48, 17:18, 22:12	02:30 -1.4E, 08:48 0.6F, 14:48 -0.3E, 19:30 0.3F
28 Th	06:48, 13:06, 18:12, 23:06	03:06 -1.4E, 08:54 0.6F, 15:30 -0.4E, 20:18 0.4F
29 F	07:24, 13:30, 19:00	03:42 -1.4E, 09:24 0.6F, 16:12 -0.5E, 21:06 0.4F
30 Sa	00:06, 08:00, 13:54, 19:54	04:30 -1.3E, 09:54 0.6F, 17:06 -0.6E, 22:00 0.5F
31 Su	01:06, 08:36, 14:24, 21:00	05:12 -1.2E, 10:30 0.5F, 17:54 -0.7E, 23:06 0.4F

February

Day	Slack (h:m)	Maximum (h:m, knots)
1 M	02:18, 09:12, 14:48, 22:12	06:00 -1.0E, 11:12 0.4F, 18:48 -0.8E
2 Tu	03:30, 09:48, 15:12, 23:36	00:12 0.4F, 06:42 -0.8E, 11:54 0.4F, 19:48 -0.9E
3 W	04:48, 10:24, 15:42	01:36 0.4F, 07:30 -0.5E, 12:36 0.4F, 21:00 -1.1E
4 Th	00:48, 06:18, 10:54, 16:18	03:24 -0.2E, 08:24 -0.2E, 13:24 0.3F, 22:12 -1.2E
5 F	02:00, 08:48, 11:12, 16:54	04:36 0.4F, 14:12 0.3F, 23:18 -1.4E
6 Sa	03:00, 11:42, 17:42	05:48 0.4F, 15:12 0.3F
7 Su	03:48, 12:12, 14:00, 18:48	00:06 -1.5E, 07:30 0.5F, 16:12 0.2F
8 M	04:36, 12:24, 15:24, 20:42	01:00 -1.5E, 08:24 0.5F, 14:00 -0.1E, 17:06 0.2F
9 Tu	05:18, 12:36, 16:30, 21:48	01:48 -1.5E, 08:54 0.5F, 14:42 -0.2E, 18:06 0.2F
10 W	06:00, 13:00, 17:36, 22:42	02:30 -1.4E, 09:00 0.5F, 15:12 -0.3E, 19:24 0.2F
11 Th	06:36, 13:06, 18:30, 23:30	03:06 -1.3E, 08:48 0.5F, 15:48 -0.5E, 20:24 0.3F
12 F	07:12, 13:12, 19:24	03:48 -1.2E, 09:00 0.5F, 16:36 -0.6E, 21:12 0.3F
13 Sa	00:24, 07:48, 13:24, 20:18	04:24 -1.0E, 09:30 0.4F, 17:18 -0.7E, 22:00 0.3F
14 Su	01:12, 08:18, 13:36, 21:12	05:06 -0.8E, 10:00 0.4F, 18:00 -0.7E, 23:00 0.3F
15 M	02:12, 08:48, 13:48, 22:24	05:42 -0.6E, 10:36 0.3F, 18:42 -0.8E
16 Tu	03:12, 09:18, 14:06, 23:30	00:18 0.3F, 06:12 -0.4E, 11:18 0.3F, 19:24 -0.9E
17 W	04:24, 09:18, 14:18	01:48 0.2F, 06:42 -0.3E, 11:54 0.2F, 20:30 -0.9E
18 Th	00:36, 05:36, 08:42, 14:42	03:06 0.2F, 07:06 -0.1E, 12:36 0.2F, 21:36 -1.0E
19 F	01:36, 07:30, 15:06	04:00 0.3F, 10:24 0.1F, 11:54 0.1F, 13:12 0.1F, 22:36 -1.1E
20 Sa	02:30, 12:54, 15:48	04:48 0.3F, 08:06 0.1F, 10:18 0.2F, 23:24 -1.1E
21 Su	03:12, 13:36, 16:36	05:36 0.3F
22 M	03:48, 12:54, 15:00, 17:36	00:00 -1.2E, 06:36 0.4F
23 Tu	04:24, 11:48, 15:48, 19:12	00:42 -1.2E, 07:36 0.4F, 14:00 -0.1E, 17:12 0.1F
24 W	05:00, 11:54, 16:36, 21:12	01:18 -1.3E, 08:12 0.5F, 14:06 -0.3E, 18:18 0.2F
25 Th	05:36, 12:48, 17:24, 22:18	02:00 -1.3E, 08:06 0.5F, 14:36 -0.4E, 19:24 0.3F
26 F	06:12, 12:24, 18:12, 23:18	02:36 -1.3E, 08:18 0.5F, 15:12 -0.6E, 20:18 0.4F
27 Sa	06:48, 12:48, 19:06	03:18 -1.3E, 08:48 0.6F, 16:00 -0.7E, 21:06 0.4F
28 Su	00:18, 07:24, 13:12, 20:00	04:00 -1.1E, 09:18 0.5F, 16:54 -0.9E, 22:00 0.5F

March

Day	Slack (h:m)	Maximum (h:m, knots)
1 M	01:24, 07:54, 13:30, 21:00	04:48 -1.0E, 09:54 0.5F, 17:48 -1.0E, 23:00 0.5F
2 Tu	02:30, 13:54, 22:12	05:36 -0.7E, 10:30 0.5F, 18:36 -1.2E
3 W	03:42, 08:42, 14:12, 23:24	00:18 0.4F, 06:18 -0.5E, 11:06 0.5F, 19:30 -1.3E
4 Th	05:06, 08:54, 14:42	01:48 0.4F, 06:18 -0.3E, 11:54 0.4F, 20:30 -1.3E
5 F	00:36, 07:06, 08:42, 15:18	03:24 0.4F, 12:36 0.3F, 21:42 -1.4E
6 Sa	01:36, 16:00	04:30 0.4F, 09:18 0.1F, 13:36 0.3F, 22:48 -1.4E
7 Su	02:36, 12:18, 16:54	05:18 0.4F, 14:42 0.2F, 23:42 -1.4E
8 M	03:24, 11:48, 14:24, 17:54	07:42 0.4F, 15:54 0.2F
9 Tu	04:06, 11:42, 15:42, 20:24	00:36 -1.4E, 13:54 -0.2E, 17:00 0.1F
10 W	04:48, 11:54, 16:42, 21:48	01:18 -1.3E, 08:30 0.4F, 14:24 -0.4E, 18:12 0.2F
11 Th	05:24, 12:00, 17:42, 22:42	02:06 -1.2E, 08:36 0.4F, 15:00 -0.5E, 20:12 0.2F
12 F	06:00, 12:12, 18:30, 23:36	02:42 -1.1E, 08:12 0.4F, 15:36 -0.7E, 20:48 0.3F
13 Sa	06:36, 12:18, 19:18	03:18 -0.9E, 08:30 0.4F, 16:12 -0.8E, 21:18 0.4F
14 Su	00:30, 07:12, 12:36, 20:06	03:54 -0.8E, 09:00 0.4F, 16:54 -0.9E, 22:06 0.4F
15 M	01:18, 07:36, 12:48, 21:00	04:30 -0.6E, 09:30 0.4F, 17:36 -1.0E, 23:06 0.4F
16 Tu	02:12, 07:54, 13:06, 22:00	05:06 -0.4E, 09:54 0.4F, 18:18 -1.1E
17 W	03:12, 07:54, 13:18, 23:06	00:12 0.3F, 05:36 -0.3E, 10:30 0.3F, 19:00 -1.1E
18 Th	04:24, 07:42, 13:30	01:24 0.3F, 06:06 -0.1E, 11:00 0.3F, 19:42 -1.1E
19 F	00:00, 05:42, 07:24, 13:48	02:30 0.3F, 10:00 0.2F, 20:30 -1.1E
20 Sa	00:54, 07:00, 14:18	03:30 0.3F, 10:00 0.2F, 21:30 -1.1E
21 Su	01:42, 14:54	04:18 0.3F, 07:36 0.1F, 10:18 0.2F, 22:24 -1.1E
22 M	02:24, 13:06, 15:54	04:48 0.3F, 23:12 -1.1E
23 Tu	03:06, 11:06, 14:48, 17:18	05:12 0.4F
24 W	03:42, 10:48, 15:42, 19:36	00:00 -1.1E, 05:54 0.4F, 13:24 -0.2E, 17:00 0.2F
25 Th	04:24, 11:00, 16:24, 21:18	00:42 -1.2E, 06:30 0.4F, 13:42 -0.4E, 18:06 0.3F
26 F	05:00, 11:18, 17:18, 22:24	01:30 -1.2E, 07:06 0.4F, 14:18 -0.6E, 19:24 0.4F
27 Sa	05:36, 11:42, 18:06, 23:30	02:12 -1.2E, 07:42 0.5F, 15:00 -0.8E, 20:18 0.5F
28 Su	06:12, 12:06, 19:00	02:54 -1.1E, 08:12 0.5F, 15:48 -1.0E, 21:12 0.6F
29 M	00:30, 06:42, 12:24, 20:00	03:42 -0.9E, 08:48 0.5F, 16:36 -1.2E, 22:00 0.6F
30 Tu	01:36, 07:12, 12:48, 20:54	04:24 -0.7E, 09:18 0.6F, 17:30 -1.4E, 23:00 0.5F
31 W	02:42, 07:30, 13:12, 22:00	05:12 -0.5E, 09:54 0.6F, 18:24 -1.5E

Station ID: JOP1101 Depth: 8 feet
Source: NOAA/NOS/CO-OPS
Station Type: Harmonic
Time Zone: LST

NOAA Tidal Current Predictions

Johns Pass Entrance, 2021
Latitude: 27.7782° N Longitude: 82.7872° W
Mean Flood Dir. 51° (T) Mean Ebb Dir. 223° (T)
Times and speeds of maximum and minimum current, in knots

April

Day	Slack h m	Max h m	knots
1 Th	04:06	00:24	0.5F
	07:42	06:00	-0.3E
	13:30	10:30	0.5F
	23:06	19:12	-1.5E
2 F	05:36	01:42	0.4F
	07:42	11:12	0.4F
	14:00	20:06	-1.4E
3 Sa	00:06	03:12	0.4F
	07:24	12:06	0.3F
	14:36	21:06	-1.3E
4 Su	01:06	04:06	0.3F
		08:54	0.1F
		10:48	0.1F
		13:06	0.2F
	15:18	22:12	-1.3E
5 M	02:00	04:42	0.3F
	11:12	14:30	0.1F
	12:48	23:12	-1.2E
	16:18		
6 Tu	02:48	05:18	0.3F
	10:36	07:06	0.3F
	14:42	12:48	-0.2E
	17:54		
7 W	03:30	00:06	-1.1E
	10:42	05:30	0.3F
	15:48	07:48	0.3F
		13:30	-0.4E
		17:00	0.1F
8 Th	04:12	00:54	-1.0E
	10:54	05:54	0.3F
	16:42	08:00	0.3F
		14:06	-0.6E
		19:42	0.2F
9 F	04:54	01:42	-0.9E
	11:06	06:42	0.3F
	17:30	08:06	0.3F
		14:36	-0.8E
		20:24	0.3F
10 Sa	05:30	02:18	-0.8E
	11:18	07:24	0.3F
	18:18	15:12	-0.9E
	23:42	20:54	0.4F
11 Su	06:00	02:54	-0.7E
	11:30	07:54	0.3F
	19:06	15:48	-1.0E
		21:24	0.4F
12 M	00:30	03:24	-0.6E
	06:30	08:24	0.4F
	11:48	16:30	-1.1E
	19:54	22:06	0.4F
13 Tu	01:24	03:54	-0.4E
	06:48	08:54	0.4F
	12:12	17:12	-1.2E
	20:42	22:54	0.4F
14 W	02:12	04:30	-0.3E
	06:54	09:24	0.4F
	12:24	17:48	-1.2E
	21:30	23:48	0.4F
15 Th	03:12	05:00	-0.2E
	06:48	09:48	0.4F
	12:30	18:24	-1.2E
	22:24		
16 F	04:18	00:42	0.3F
	06:54	10:12	0.3F
	12:48	19:06	-1.2E
	23:18		
17 Sa	05:24	01:36	0.3F
	07:00	09:42	0.3F
	13:12	19:42	-1.1E
18 Su	00:06	02:36	0.3F
	06:48	09:54	0.2F
	13:48	20:30	-1.1E
19 M	00:48	03:24	0.3F
	07:36	10:18	0.1F
	11:54	21:30	-1.0E
	14:36		
20 Tu	01:36	03:48	0.3F
	09:42	22:24	-1.0E
	13:06		
	16:00		
21 W	02:18	04:24	0.3F
	09:24	12:12	-0.2E
	14:30	15:54	0.1F
	17:54	23:18	-1.0E
22 Th	03:06	04:54	0.3F
	09:42	12:42	-0.4E
	15:24	17:00	0.2F
	19:54		
23 F	03:48	00:12	-1.0E
	10:06	05:30	0.4F
	16:12	13:24	-0.6E
	21:24	18:12	0.3F
24 Sa	04:24	01:00	-1.0E
	10:30	06:12	0.4F
	17:06	14:00	-0.9E
	22:36	19:36	0.5F
25 Su	05:00	01:48	-0.9E
	10:54	06:54	0.4F
	18:00	14:48	-1.1E
	23:42	20:30	0.6F
26 M	05:30	02:36	-0.8E
	11:18	07:36	0.5F
	19:00	15:30	-1.4E
		21:18	0.6F
27 Tu	00:42	03:18	-0.6E
	06:00	08:12	0.5F
	11:48	16:18	-1.5E
	19:48	22:06	0.6F
28 W	00:48	04:00	-0.4E
	06:18	08:48	0.6F
	12:12	17:12	-1.6E
	20:42	23:06	0.5F
29 Th	03:00	04:54	-0.2E
	06:42	09:24	0.6F
	12:36	18:00	-1.6E
	21:42		
30 F	04:24	00:06	0.5F
	07:00	05:42	-0.1E
	13:00	10:00	0.5F
	22:36	18:42	-1.5E

May

Day	Slack h m	Max h m	knots
1 Sa	05:42	01:06	0.4F
	07:12	10:48	0.4F
	13:30	19:30	-1.4E
	23:36		
2 Su	07:12	02:12	0.3F
	14:06	11:48	0.3F
		20:30	-1.2E
3 M	00:30	03:18	0.3F
	10:24	13:00	0.1F
	14:54	21:30	-1.0E
4 Tu	01:18	03:48	0.2F
	08:54	11:24	-0.2E
	13:18	22:36	-0.9E
	16:36		
5 W	02:12	03:54	0.2F
	09:06	12:12	-0.4E
	14:42	23:36	-0.8E
	18:24		
6 Th	03:00	04:30	0.2F
	09:24	12:54	-0.6E
	15:42	17:24	0.1F
	20:24		
7 F	03:42	00:36	-0.7E
	09:42	05:06	0.2F
	16:30	13:36	-0.8E
	21:48	19:18	0.2F
8 Sa	04:18	01:18	-0.6E
	10:06	05:42	0.2F
	17:18	14:12	-1.0E
	22:54	20:12	0.4F
9 Su	04:54	02:00	-0.6E
	10:24	06:30	0.2F
	18:06	14:42	-1.1E
	23:48	20:48	0.4F
10 M	05:24	02:30	-0.4E
	10:48	07:18	0.3F
	18:54	15:18	-1.2E
		21:24	0.5F
11 Tu	00:42	03:00	-0.3E
	11:12	07:54	0.3F
	19:36	16:00	-1.3E
		21:54	0.5F
12 W	01:30	03:30	-0.2E
	11:30	08:24	0.4F
	20:18	16:36	-1.3E
		22:36	0.5F
13 Th	02:18	03:54	-0.2E
	11:42	08:54	0.4F
	21:00	17:12	-1.3E
		23:12	0.4F
14 F	03:06	04:36	-0.1E
	11:54	09:24	0.3F
	21:42	17:48	-1.3E
		23:48	0.4F
15 Sa	03:54	05:24	-0.1E
	12:18	09:54	0.3F
	22:24	18:24	-1.2E
16 Su	04:36	00:24	0.4F
	12:54	06:06	-0.1E
	23:12	10:30	0.2F
		19:00	-1.2E
17 M	05:12	01:06	0.3F
	08:18	06:48	-0.1E
	13:42	11:42	0.2F
	23:54	19:42	-1.1E
18 Tu	05:54	01:48	0.3F
	10:06	07:42	-0.1E
	14:54	13:06	0.1F
		20:36	-1.0E
19 W	00:48	02:36	0.3F
	06:36	09:30	-0.2E
	12:54	14:30	0.2F
	16:42	21:42	-0.9E
20 Th	01:36	03:24	0.3F
	07:24	11:12	-0.4E
	14:06	15:48	0.2F
	18:24	22:42	-0.8E
21 F	02:24	04:06	0.3F
	08:18	12:06	-0.6E
	15:06	16:54	0.3F
	20:06	23:42	-0.8E
22 Sa	03:06	04:48	0.3F
	09:00	12:54	-0.9E
	16:06	18:12	0.4F
	21:36		
23 Su	03:42	00:42	-0.7E
	09:36	05:30	0.4F
	17:00	13:42	-1.2E
	22:54	19:54	0.5F
24 M	04:18	01:30	-0.6E
	10:12	06:12	0.4F
	17:54	14:30	-1.4E
		20:48	0.6F
25 Tu	00:00	02:18	-0.5E
	04:42	06:54	0.5F
	10:42	15:12	-1.6E
	18:48	21:30	0.6F
26 W	01:06	03:00	-0.3E
	05:12	07:42	0.5F
	11:12	16:00	-1.7E
	19:36	22:06	0.6F
27 Th	02:06	03:48	-0.2E
	05:42	08:24	0.5F
	11:42	16:48	-1.7E
	20:24	22:42	0.5F
28 F	03:12	04:36	-0.2E
	06:18	09:06	0.5F
	12:12	17:36	-1.6E
	21:12	23:18	0.4F
29 Sa	04:06	05:30	-0.1E
	07:00	09:48	0.4F
	12:42	18:18	-1.4E
	22:00	23:54	0.4F
30 Su	04:48	06:18	-0.1E
	07:54	10:36	0.3F
	13:18	19:00	-1.2E
	22:48		
31 M	05:24	00:36	0.3F
	09:36	07:06	-0.1E
	14:06	11:48	0.2F
	23:42	19:48	-1.0E

June

Day	Slack h m	Max h m	knots
1 Tu	05:42	01:18	0.2F
	11:42	08:24	-0.2E
	15:30	13:00	0.1F
		20:42	-0.8E
2 W	00:36	02:00	0.2F
	05:54	10:48	-0.4E
	13:18	21:54	-0.6E
	17:06		
3 Th	01:30	02:48	0.2F
	06:12	11:36	-0.5E
	14:30	16:24	0.1F
	18:30	23:06	-0.5E
4 F	02:18	03:36	0.2F
	06:54	12:18	-0.8E
	15:24	17:24	0.2F
	20:30		
5 Sa	03:00	00:12	-0.4E
	08:00	04:18	0.2F
	16:12	13:06	-0.9E
	22:06	18:54	0.3F
6 Su	03:42	01:06	-0.4E
	08:54	05:00	0.2F
	17:00	13:42	-1.1E
	23:12	19:54	0.4F
7 M	04:12	01:48	-0.3E
	09:36	05:42	0.2F
	17:48	14:18	-1.3E
		20:36	0.5F
8 Tu	00:06	02:18	-0.2E
	04:42	06:30	0.2F
	10:06	14:54	-1.4E
	18:30	21:12	0.5F
9 W	00:54	02:36	-0.2E
	05:06	07:18	0.2F
	10:30	15:24	-1.4E
	19:06	21:36	0.5F
10 Th	01:30	03:12	-0.2E
	05:24	07:54	0.3F
	10:48	16:00	-1.4E
	19:42	22:06	0.5F
11 F	02:06	03:42	-0.2E
	05:42	08:30	0.3F
	11:06	16:36	-1.4E
	20:18	22:24	0.5F
12 Sa	02:36	04:24	-0.2E
	06:18	09:06	0.3F
	11:30	17:12	-1.3E
	20:54	22:54	0.5F
13 Su	03:06	05:12	-0.2E
	07:06	09:48	0.3F
	12:06	17:54	-1.2E
	21:36	23:30	0.4F
14 M	03:36	06:00	-0.2E
	08:00	10:42	0.3F
	13:00	18:30	-1.2E
	22:18		
15 Tu	04:12	00:12	0.4F
	09:18	06:48	-0.3E
	14:06	11:48	0.2F
	23:06	19:12	-1.1E
16 W	04:48	00:54	0.3F
	11:12	07:36	-0.4E
	15:42	13:00	0.2F
	23:54	19:54	-0.9E
17 Th	05:24	01:36	0.3F
	12:36	09:00	-0.5E
	17:12	14:24	0.2F
		20:54	-0.8E
18 F	00:48	02:24	0.3F
	06:00	10:36	-0.7E
	13:54	15:54	0.3F
	18:36	22:12	-0.6E
19 Sa	01:36	03:18	0.3F
	06:42	11:36	-0.9E
	14:54	17:00	0.4F
	20:24	23:18	-0.5E
20 Su	02:18	04:06	0.3F
	07:36	12:30	-1.2E
	15:54	18:42	0.5F
	22:00		
21 M	02:54	00:18	-0.4E
	08:36	04:48	0.3F
	16:48	13:18	-1.5E
	23:18	20:00	0.6F
22 Tu	03:30	01:18	-0.3E
	09:24	05:30	0.4F
	17:42	14:06	-1.6E
		20:48	0.6F
23 W	00:30	02:12	-0.2E
	04:06	06:24	0.4F
	10:12	14:54	-1.7E
	18:30	21:24	0.6F
24 Th	01:24	02:54	-0.2E
	04:48	07:18	0.4F
	10:48	15:36	-1.7E
	19:12	21:54	0.6F
25 F	02:06	03:36	-0.2E
	05:36	08:06	0.4F
	11:24	16:18	-1.6E
	19:54	22:00	0.5F
26 Sa	02:42	04:30	-0.2E
	06:30	08:54	0.4F
	12:06	17:06	-1.4E
	20:36	22:30	0.4F
27 Su	03:12	05:24	-0.3E
	07:36	09:42	0.4F
	12:48	17:48	-1.3E
	21:18	23:06	0.4F
28 M	03:30	06:12	-0.3E
	08:48	10:36	0.4F
	13:36	18:30	-1.0E
	22:06	23:36	0.3F
29 Tu	03:42	07:00	-0.4E
	10:12	11:48	0.2F
	14:36	19:06	-0.8E
	22:54		
30 W	04:00	00:24	0.2F
	11:42	08:00	-0.4E
	15:54	13:06	0.1F
	23:42	19:48	-0.6E

Station ID: JOP1101 Depth: 8 feet
Source: NOAA/NOS/CO-OPS
Station Type: Harmonic
Time Zone: LST

NOAA Tidal Current Predictions

Johns Pass Entrance, 2021
Latitude: 27.7782° N Longitude: 82.7872° W
Mean Flood Dir. 51° (T) Mean Ebb Dir. 223° (T)
Times and speeds of maximum and minimum current, in knots

July

Day	Slack (h:m)	Maximum (h:m, knots)
1 Th ◑	04:18, 13:00, 17:12	01:06 0.2F, 10:00 -0.5E, 15:06 0.2F, 20:42 -0.4E
2 F	00:36, 14:06, 18:36	01:54 0.2F, 10:54 -0.7E, 16:12 0.2F, 22:36 -0.3E
3 Sa	01:24, 05:18, 15:00, 21:06	02:48 0.1F, 11:42 -0.9E, 17:12 0.3F
4 Su	02:12, 05:54, 15:54, 22:48	00:12 -0.2E, 03:36 0.1F, 12:30 -1.1E, 18:24 0.3F
5 M	03:00, 06:54, 16:36, 23:54	01:18 -0.1E, 04:18 0.1F, 13:12 -1.2E, 19:36 0.4F
6 Tu	03:36, 08:24, 17:18	02:06 -0.1E, 05:00 0.2F, 13:48 -1.3E, 20:24 0.5F
7 W	00:30, 04:12, 09:12, 18:00	02:30 -0.1E, 05:48 0.2F, 14:18 -1.4E, 20:54 0.5F
8 Th	01:00, 04:48, 09:48, 18:36	02:36 -0.1E, 06:42 0.2F, 14:48 -1.4E, 21:18 0.5F
9 F	01:18, 05:24, 10:18, 19:06	02:54 -0.2E, 07:12 0.2F, 15:24 -1.4E, 21:24 0.5F
10 Sa ●	01:30, 06:06, 10:54, 19:42	03:24 -0.2E, 08:18 0.3F, 16:00 -1.3E, 21:42 0.5F
11 Su	01:54, 06:48, 11:36, 20:12	04:06 -0.3E, 09:00 0.3F, 16:36 -1.3E, 22:06 0.5F
12 M	02:18, 07:36, 12:24, 20:48	04:54 -0.4E, 09:48 0.3F, 17:18 -1.2E, 22:42 0.5F
13 Tu	02:42, 08:36, 13:30, 21:30	05:48 -0.5E, 10:36 0.3F, 18:00 -1.1E, 23:24 0.4F
14 W	03:12, 09:48, 14:42, 22:12	06:36 -0.5E, 11:48 0.3F, 18:42 -1.0E
15 Th	03:42, 11:12, 16:00, 22:54	00:06 0.4F, 07:36 -0.6E, 13:00 0.3F, 19:24 -0.8E
16 F	04:12, 12:30, 17:24, 23:36	00:48 0.3F, 08:42 -0.8E, 14:30 0.3F, 20:18 -0.5E
17 Sa ◐	04:48, 13:36, 18:54	01:36 0.3F, 10:06 -1.0E, 16:00 0.4F, 21:36 -0.3E
18 Su	00:18, 05:24, 14:42, 21:06	02:30 0.3F, 11:12 -1.2E, 17:06 0.4F, 22:54 -0.2E
19 M	01:06, 06:12, 15:42, 22:48	03:24 0.3F, 12:06 -1.4E, 18:36 0.5F
20 Tu	01:54, 07:24, 16:36, 23:54	00:12 -0.1E, 04:12 0.3F, 13:00 -1.6E, 20:00 0.6F
21 W	02:54, 08:48, 17:24	01:18 -0.1E, 05:00 0.3F, 13:48 -1.7E, 20:42 0.6F
22 Th	00:42, 03:54, 09:48, 18:06	02:12 -0.2E, 05:54 0.3F, 14:30 -1.7E, 21:18 0.6F
23 F	01:12, 04:54, 10:36, 18:48	02:54 -0.2E, 07:00 0.3F, 15:12 -1.6E, 21:24 0.5F
24 Sa ○	01:36, 06:00, 11:24, 19:24	03:42 -0.3E, 08:00 0.3F, 15:54 -1.4E, 21:24 0.5F
25 Su	01:54, 07:00, 12:06, 20:00	04:24 -0.4E, 08:54 0.4F, 16:36 -1.2E, 21:48 0.4F
26 M	02:06, 07:54, 12:54, 20:36	05:18 -0.5E, 09:42 0.3F, 17:18 -1.0E, 22:18 0.4F
27 Tu	02:12, 09:00, 13:48, 21:12	06:00 -0.6E, 10:36 0.3F, 18:00 -0.8E, 22:54 0.3F
28 W	02:24, 10:06, 14:48, 21:54	06:42 -0.6E, 11:48 0.3F, 18:30 -0.6E, 23:36 0.3F
29 Th	02:36, 11:24, 16:00, 22:36	07:36 -0.7E, 13:06 0.2F, 19:06 -0.4E
30 F	02:54, 12:36, 17:18, 23:12	00:18 0.2F, 08:48 -0.8E, 14:48 0.2F, 19:36 -0.2E
31 Sa ◑	03:24, 13:42, 18:54, 23:54	01:00 0.2F, 10:06 -0.9E, 16:00 0.3F

August

Day	Slack (h:m)	Maximum (h:m, knots)
1 Su	03:54, 14:36	01:48 0.1F, 11:00 -1.0E, 16:54 0.3F
2 M	00:18, 04:30, 15:24	02:48 0.1F, 11:48 -1.2E, 17:54 0.3F
3 Tu	00:42, 05:12, 16:06	02:12 0.1F, 12:30 -1.2E, 19:06 0.4F
4 W	00:54, 06:00, 16:48	03:18 0.1F, 13:12 -1.3E, 20:00 0.5F
5 Th	00:36, 04:06, 07:30, 17:24	02:36 -0.1E, 05:18 0.1F, 13:42 -1.3E, 20:36 0.5F
6 F	00:30, 04:48, 09:12, 17:54	02:30 -0.2E, 06:12 0.1F, 14:18 -1.3E, 20:42 0.5F
7 Sa	00:36, 05:30, 10:06, 18:30	02:42 -0.3E, 07:18 0.2F, 14:48 -1.3E, 20:48 0.5F
8 Su ●	00:54, 06:12, 10:54, 19:00	03:18 -0.4E, 08:12 0.3F, 15:24 -1.3E, 21:06 0.5F
9 M	01:12, 06:54, 11:48, 19:36	03:54 -0.5E, 08:54 0.4F, 16:06 -1.2E, 21:30 0.5F
10 Tu	01:30, 07:42, 12:42, 20:06	04:42 -0.6E, 09:42 0.4F, 16:48 -1.1E, 22:06 0.5F
11 W	01:54, 08:24, 13:48, 20:42	05:36 -0.7E, 10:36 0.4F, 17:36 -1.0E, 22:42 0.5F
12 Th	02:18, 09:48, 15:00, 21:12	06:24 -0.9E, 11:48 0.4F, 18:18 -0.8E, 23:24 0.4F
13 F	02:36, 11:00, 16:18, 21:42	07:18 -1.0E, 13:00 0.4F, 19:00 -0.6E
14 Sa	03:06, 12:12, 17:42, 22:06	00:06 0.4F, 08:18 -1.1E, 14:36 0.4F, 19:48 -0.3E
15 Su ◐	03:42, 13:24, 19:42, 22:18	00:48 0.4F, 09:30 -1.2E, 16:12 0.4F
16 M	04:30, 14:24, 22:36	01:42 0.3F, 10:42 -1.4E, 17:12 0.4F
17 Tu	05:18, 15:24	02:42 0.3F, 11:36 -1.5E, 18:30 0.5F
18 W	00:30, 06:18, 16:12	03:42 0.3F, 12:30 -1.5E, 20:00 0.5F
19 Th	00:06, 08:12, 16:54	01:36 -0.1E, 04:42 0.2F, 13:24 -1.5E, 20:36 0.5F
20 F	00:18, 04:06, 09:36, 17:36	02:12 -0.2E, 05:48 0.2F, 14:06 -1.5E, 20:54 0.5F
21 Sa	00:36, 05:12, 10:30, 18:18	02:54 -0.4E, 07:00 0.2F, 14:48 -1.3E, 20:54 0.4F
22 Su ○	00:48, 06:12, 11:24, 18:54	03:30 -0.5E, 08:12 0.3F, 15:24 -1.2E, 20:48 0.4F
23 M	01:00, 07:06, 12:12, 19:24	04:12 -0.6E, 08:54 0.3F, 16:06 -1.0E, 21:06 0.4F
24 Tu	01:06, 08:00, 13:00, 20:00	04:54 -0.7E, 09:42 0.4F, 16:48 -0.8E, 21:42 0.4F
25 W	01:12, 08:54, 13:54, 20:24	05:42 -0.8E, 10:36 0.3F, 17:24 -0.6E, 22:18 0.4F
26 Th	01:30, 09:54, 14:54, 20:48	06:24 -0.9E, 11:48 0.4F, 18:00 -0.4E, 22:48 0.3F
27 F	01:42, 11:00, 16:06, 20:54	07:06 -1.0E, 13:12 0.3F, 18:30 -0.3E, 23:30 0.4F
28 Sa	02:00, 17:24, 20:24	08:00 -1.0E, 14:30 0.3F, 18:54 -0.1E
29 Su	02:24, 13:12, 19:18, 23:36	00:12 0.2F, 09:06 -1.0E, 15:36 0.3F, 22:06 0.1F
30 M ◑	02:48, 14:06	00:54 0.1F, 10:06 -1.1E, 16:30 0.3F, 19:36 0.1F, 21:48 0.3F
31 Tu	00:36, 14:48	03:18 -1.1E, 11:06 0.3F, 17:12 0.3F

September

Day	Slack (h:m)	Maximum (h:m, knots)
1 W	01:12, 04:00, 15:30	11:48 -1.1E, 18:06 0.4F
2 Th	00:30, 03:18, 05:00, 16:06, 23:48	12:30 -1.2E, 19:18 0.4F
3 F	04:06, 06:24, 16:42, 23:42	02:18 -0.2E, 13:00 -1.2E, 20:00 0.4F
4 Sa	04:42, 09:00, 17:18, 23:48	02:12 -0.3E, 06:00 0.1F, 13:42 -1.2E, 20:06 0.5F
5 Su	05:24, 10:00, 17:54	02:30 -0.4E, 07:06 0.2F, 14:18 -1.2E, 20:06 0.5F
6 M	00:06, 06:06, 11:00, 18:24	03:00 -0.6E, 08:00 0.4F, 14:54 -1.2E, 20:30 0.5F
7 Tu ●	00:24, 06:54, 11:54, 19:00	03:42 -0.7E, 08:54 0.5F, 15:36 -1.1E, 20:54 0.5F
8 W	00:42, 07:42, 12:54, 19:30	04:30 -0.9E, 09:42 0.5F, 16:18 -0.9E, 21:30 0.6F
9 Th	01:06, 08:36, 14:00, 19:54	05:18 -1.0E, 10:36 0.5F, 17:06 -0.7E, 22:00 0.5F
10 F	01:24, 09:42, 15:12, 20:12	06:12 -1.2E, 11:42 0.5F, 17:54 -0.5E, 22:42 0.5F
11 Sa	01:48, 10:48, 16:36, 20:30	07:00 -1.3E, 13:06 0.4F, 18:36 -0.3E, 23:24 0.5F
12 Su	02:18, 12:00, 18:12, 20:36	07:54 -1.4E, 14:42 0.4F, 19:24 -0.1E
13 M ◐	02:54, 13:06, 20:24	00:12 0.4F, 09:06 -1.4E, 16:54 0.4F
14 Tu	03:42, 14:06, 23:18	01:06 0.3F, 10:12 -1.4E, 16:54 0.4F
15 W	04:42, 14:54, 23:30	02:12 0.2F, 11:12 -1.4E, 17:54 0.4F
16 Th	05:48, 15:42, 23:18	03:30 0.2F, 12:06 -1.4E, 19:54 0.4F
17 F	03:12, 08:00, 16:24, 23:30	01:24 -0.2E, 04:36 0.2F, 13:00 -1.3E, 20:24 0.4F
18 Sa	04:24, 09:30, 17:06	02:06 -0.4E, 05:48 0.2F, 13:42 -1.2E, 20:36 0.4F
19 Su	05:18, 10:30, 17:42, 23:54	02:42 -0.6E, 14:24 -1.1E, 19:54 0.3F
20 M ○	06:12, 11:24, 18:18	03:12 -0.7E, 08:36 0.3F, 15:00 -0.9E, 20:06 0.4F
21 Tu	00:18, 07:00, 12:12, 18:48	03:54 -0.8E, 09:06 0.4F, 15:36 -0.8E, 20:36 0.4F
22 W	00:30, 07:48, 13:06, 19:18	04:36 -1.0E, 09:48 0.4F, 16:12 -0.6E, 21:06 0.4F
23 Th	00:30, 08:42, 14:00, 19:36	05:18 -1.1E, 10:36 0.4F, 16:48 -0.4E, 21:42 0.4F
24 F	00:48, 09:36, 15:00, 19:42	06:00 -1.1E, 11:42 0.4F, 17:24 -0.3E, 22:12 0.4F
25 Sa	01:00, 10:36, 16:12, 19:30	06:42 -1.2E, 12:54 0.3F, 17:54 -0.1E, 22:42 0.3F
26 Su	01:18, 11:36, 17:42, 19:06	07:24 -1.2E, 14:00 0.3F, 23:12 0.2F
27 M	01:36, 12:30, 18:48	08:12 -1.1E, 15:06 0.3F, 21:42 0.2F
28 Tu	02:00, 13:24, 19:12	09:06 -1.0E, 15:54 0.3F, 21:54 0.2F
29 W ◑	02:24, 14:06, 23:18	10:06 -1.0E, 16:36 0.3F
30 Th	03:06, 14:48, 23:00	00:18 0.2F, 10:54 -1.0E, 17:00 0.3F

Station ID: JOP1101 Depth: 8 feet
Source: NOAA/NOS/CO-OPS
Station Type: Harmonic
Time Zone: LST

NOAA Tidal Current Predictions

Johns Pass Entrance, 2021
Latitude: 27.7782° N Longitude: 82.7872° W
Mean Flood Dir. 51° (T) Mean Ebb Dir. 223° (T)
Times and speeds of maximum and minimum current, in knots

October

October 1–15

Day	Slack (h m)	Maximum (h m)	knots
1 F	03:12	01:18	-0.1E
		11:42	-1.0E
	15:24	17:30	0.3F
	22:36		
2 Sa	03:48	01:30	-0.2E
	06:42		
		12:24	-1.0E
	16:00	18:00	0.3F
	22:42		
3 Su	04:24	01:42	-0.4E
		05:48	0.2F
	08:54	13:06	-1.1E
	16:36	18:36	0.4F
	23:00		
4 M		02:06	-0.6E
	05:06	07:06	0.3F
	10:00	13:48	-1.0E
	17:12	19:12	0.4F
	23:18		
5 Tu		02:42	-0.8E
	05:54	08:06	0.4F
	11:06	14:30	-1.0E
	17:48	19:48	0.5F
	23:36		
6 W		03:24	-1.0E
	06:42	08:54	0.5F
	12:06	15:12	-0.9E
	18:18	20:24	0.5F
7 Th	00:00	04:12	-1.2E
	07:36	09:42	0.6F
	13:06	16:00	-0.7E
	18:42	20:54	0.6F
8 F	00:24	05:00	-1.4E
	08:30	10:36	0.6F
	14:12	16:42	-0.5E
	19:06	21:30	0.6F
9 Sa	00:48	05:54	-1.5E
	09:30	11:42	0.5F
	15:30	17:30	-0.3E
	19:24	22:12	0.6F
10 Su	01:12	06:42	-1.5E
	10:30	12:54	0.5F
	17:00	18:18	-0.1E
	19:36	22:48	0.5F
11 M	01:48	07:30	-1.5E
	11:36	14:24	0.4F
	18:42	23:36	0.4F
12 Tu	02:24	08:30	-1.4E
	12:36	15:36	0.4F
	20:00		
13 W		00:42	0.3F
	03:12	09:36	-1.3E
	13:30	16:30	0.3F
	23:18		
14 Th		01:54	0.2F
	04:18	10:42	-1.2E
	14:24	17:06	0.3F
	22:06		
15 F		00:18	-0.2E
	02:06	03:24	0.1F
	05:54	11:36	-1.1E
	15:12	17:06	0.2F
		18:42	0.2F

October 16–31

Day	Slack (h m)	Maximum (h m)	knots
16 Sa		01:00	-0.4E
	03:24	04:42	0.1F
	08:00	12:30	-1.0E
	15:54	17:30	0.2F
		20:00	0.2F
17 Su		01:42	-0.6E
	04:24	07:30	0.2F
	09:30	13:18	-0.9E
	16:30	18:00	0.2F
		20:06	0.2F
18 M		02:18	-0.8E
	05:12	08:06	0.3F
	10:36	14:06	-0.8E
	17:06	18:48	0.3F
	23:00		
19 Tu		02:54	-0.9E
	06:00	08:42	0.4F
	11:30	14:36	-0.7E
	17:42	19:30	0.3F
	23:12		
20 W		03:30	-1.1E
	06:48	09:12	0.4F
	12:18	15:12	-0.5E
	18:06	20:06	0.4F
	23:30		
21 Th		04:12	-1.2E
	07:36	09:48	0.5F
	13:12	15:42	-0.4E
	18:30	20:36	0.4F
	23:48		
22 F		04:54	-1.3E
	08:24	10:36	0.5F
	14:06	16:18	-0.3E
	18:48	21:06	0.4F
23 Sa	00:06	05:30	-1.3E
	09:12	11:30	0.4F
	15:06	16:54	-0.1E
	18:42	21:36	0.4F
24 Su	00:24	06:12	-1.3E
	10:24	12:30	0.4F
	16:12		
	18:42	22:06	0.3F
25 M	00:36	06:48	-1.2E
	10:54	13:18	0.3F
	17:24		
	18:48	22:30	0.2F
26 Tu	01:00	07:24	-1.1E
	11:42	14:00	0.3F
	18:18	21:30	0.2F
27 W	01:24	08:06	-1.0E
	12:30	15:06	0.3F
	19:12	21:54	0.1F
	23:36		
28 Th	02:00	09:00	-1.0E
	13:18	15:36	0.3F
	20:48		
29 F	01:30		
	03:12	10:00	-0.9E
	14:00	16:00	0.3F
	20:48		
30 Sa		00:12	-0.2E
	02:30		
	05:12	10:54	-0.9E
	14:42	16:24	0.3F
	21:12		
31 Su		00:30	-0.4E
	03:18	04:42	0.2F
	07:12	11:48	-0.9E
	15:24	17:00	0.3F
	21:36		

November

November 1–15

Day	Slack (h m)	Maximum (h m)	knots
1 M		01:00	-0.6E
	04:00	05:48	0.3F
	08:54	12:36	-0.9E
	16:00	17:42	0.3F
	22:00		
2 Tu		01:42	-0.9E
	04:48	07:12	0.4F
	10:06	13:24	-0.8E
	16:30	18:24	0.4F
	22:30		
3 W		02:24	-1.1E
	05:42	08:18	0.5F
	11:12	14:12	-0.7E
	17:00	19:12	0.5F
	22:54		
4 Th		03:06	-1.4E
	06:36	09:00	0.6F
	12:18	14:54	-0.6E
	17:30	19:48	0.5F
	23:18		
5 F		03:54	-1.5E
	07:24	09:42	0.6F
	13:24	15:36	-0.4E
	17:54	20:30	0.6F
	23:48		
6 Sa		04:42	-1.6E
	08:18	10:30	0.6F
	14:30	16:24	-0.3E
	18:18	21:06	0.6F
7 Su	00:18	05:30	-1.7E
	09:12	11:30	0.5F
	15:48	17:18	-0.2E
	18:48	21:42	0.5F
8 M	00:48	06:18	-1.6E
	10:06	12:30	0.4F
	17:00		
	19:18	22:30	0.5F
9 Tu	01:24	07:06	-1.5E
	11:00	13:24	0.4F
	18:00		
	19:54	23:24	0.3F
10 W	02:06	07:54	-1.3E
	12:00	14:36	0.3F
	19:00		
	21:42		
11 Th		00:36	0.2F
	03:00	09:00	-1.1E
	12:54	15:30	0.2F
	19:42	22:48	-0.2E
12 F	00:42	01:54	0.1F
	04:36	10:06	-0.9E
	13:42	15:30	0.2F
	20:24	23:42	-0.4E
13 Sa		02:12	0.2F
	06:06	11:12	-0.8E
	14:30	16:00	0.2F
	20:54		
14 Su		00:30	-0.6E
	03:18	05:00	0.1F
	08:00	12:18	-0.7E
	15:18	16:36	0.2F
	21:18		
15 M		01:12	-0.8E
	04:12	06:54	0.2F
	09:36	13:00	-0.6E
	15:54	17:12	0.2F
	21:42		

November 16–30

Day	Slack (h m)	Maximum (h m)	knots
16 Tu		01:54	-1.0E
	05:00	07:54	0.3F
	10:42	13:48	-0.5E
	16:30	18:00	0.2F
	22:00		
17 W		02:30	-1.1E
	05:48	08:36	0.4F
	11:42	14:18	-0.4E
	17:00	18:42	0.3F
	22:24		
18 Th		03:06	-1.3E
	06:30	09:06	0.5F
	12:36	14:54	-0.3E
	17:30	19:30	0.3F
	22:54		
19 F		03:42	-1.4E
	07:18	09:42	0.5F
	13:24	15:18	-0.2E
	17:48	20:06	0.3F
	23:12		
20 Sa		04:18	-1.4E
	08:00	10:18	0.5F
	14:12	15:54	-0.2E
	18:06	20:42	0.4F
	23:36		
21 Su		05:00	-1.4E
	08:36	10:54	0.5F
	15:00	16:30	-0.1E
	18:18	21:12	0.3F
	23:48		
22 M		05:36	-1.3E
	09:18	11:36	0.4F
	15:42	17:12	-0.1E
	18:42	21:48	0.3F
23 Tu	00:12	06:12	-1.2E
	10:06	12:06	0.4F
	16:18	17:54	-0.1E
	19:24	22:24	0.2F
24 W	00:36	06:48	-1.1E
	10:48	12:36	0.3F
	16:48	18:36	-0.1E
	20:18	23:30	0.1F
25 Th	01:18	07:24	-1.0E
	11:36	13:24	0.3F
	17:24	19:24	-0.2E
	23:00		
26 F	02:18	08:06	-0.9E
	12:18	14:06	0.3F
	17:54	20:48	-0.2E
27 Sa	00:48		
	04:06	09:00	-0.8E
	13:06	14:48	0.3F
	18:36	22:42	-0.4E
28 Su	01:54	03:30	0.2F
	05:48	10:06	-0.7E
	13:54	15:36	0.3F
	19:24	23:42	-0.6E
29 M	02:54	04:36	0.3F
	07:24	11:06	-0.7E
	14:36	16:18	0.3F
	20:12		
30 Tu		00:36	-0.9E
	03:42	05:42	0.4F
	09:00	12:06	-0.6E
	15:12	17:00	0.3F
	21:00		

December

December 1–15

Day	Slack (h m)	Maximum (h m)	knots
1 W		01:18	-1.2E
	04:36	07:18	0.5F
	10:24	13:00	-0.5E
	15:48	17:42	0.4F
	21:36		
2 Th		02:00	-1.4E
	05:30	08:24	0.6F
	11:36	13:48	-0.4E
	16:18	18:30	0.4F
	22:12		
3 F		02:48	-1.6E
	06:24	09:06	0.7F
	12:42	14:36	-0.4E
	16:48	19:18	0.5F
	22:48		
4 Sa		03:30	-1.7E
	07:12	09:48	0.7F
	13:42	15:24	-0.3E
	17:18	20:00	0.5F
	23:24		
5 Su		04:18	-1.7E
	08:00	10:18	0.6F
	14:42	16:12	-0.2E
	18:00	20:48	0.5F
6 M	00:00	05:06	-1.7E
	08:48	11:00	0.6F
	15:30	17:12	-0.2E
	18:48	21:30	0.5F
7 Tu	00:42	05:54	-1.5E
	09:30	11:36	0.4F
	16:18	18:00	-0.2E
	19:48	22:24	0.4F
8 W	01:24	06:42	-1.3E
	10:24	12:06	0.3F
	16:48	18:48	-0.2E
	21:12	23:24	0.3F
9 Th	02:12	07:24	-1.1E
	11:12	12:42	0.3F
	17:12	19:48	-0.3E
	23:06		
10 F		00:36	0.2F
	03:30	08:12	-0.8E
	12:06	13:30	0.2F
	17:24	22:00	-0.4E
11 Sa	00:42	02:00	0.1F
	04:48	09:18	-0.6E
	12:54	14:12	0.2F
	17:42	23:06	-0.6E
12 Su	02:00	04:00	0.1F
	06:12	10:36	-0.5E
	13:48	15:06	0.2F
	18:06	23:54	-0.8E
13 M	03:00	05:00	0.2F
	08:06	11:48	-0.4E
	14:30	15:54	0.2F
	18:48		
14 Tu		00:42	-1.0E
	03:54	06:12	0.3F
	09:54	12:48	-0.3E
	15:12	16:36	0.2F
	20:06		
15 W		01:18	-1.1E
	04:42	07:36	0.4F
	11:06	13:48	-0.3E
	15:48	17:18	0.2F
	21:00		

December 16–31

Day	Slack (h m)	Maximum (h m)	knots
16 Th		01:18	-1.3E
	05:24	08:24	0.5F
	12:06	14:18	-0.2E
	16:24	18:06	0.2F
	21:42		
17 F		02:36	-1.4E
	06:12	09:00	0.5F
	12:54	14:48	-0.2E
	17:00	18:54	0.2F
	22:12		
18 Sa		03:12	-1.4E
	06:48	09:24	0.6F
	13:30	15:12	-0.2E
	17:30	19:42	0.3F
	22:42		
19 Su		03:48	-1.4E
	07:30	09:54	0.5F
	14:00	15:36	-0.2E
	18:06	20:24	0.3F
	23:06		
20 M		04:24	-1.3E
	08:00	10:12	0.5F
	14:42	16:18	-0.2E
	18:42	21:00	0.3F
	23:30		
21 Tu		04:54	-1.3E
	08:36	10:36	0.5F
	14:48	17:00	-0.2E
	19:24	21:42	0.3F
22 W	00:00	05:30	-1.2E
	09:12	11:06	0.4F
	15:12	17:48	-0.3E
	20:12	22:30	0.4F
23 Th	00:42	06:12	-1.1E
	09:54	11:48	0.4F
	15:42	18:30	-0.3E
	21:24	23:30	0.2F
24 F	01:42	06:48	-1.0E
	10:36	12:24	0.3F
	16:12	19:18	-0.4E
	23:00		
25 Sa	03:06	07:30	-0.9E
	11:18	13:06	0.3F
	16:48	20:24	-0.5E
26 Su	00:24	01:54	0.2F
	04:36	08:18	-0.7E
	12:06	13:54	0.3F
	17:18	21:54	-0.6E
27 M	01:30	03:24	0.3F
	06:00	09:30	-0.6E
	12:54	14:42	0.3F
	17:48	23:06	-0.9E
28 Tu	02:30	04:36	0.3F
	08:06	10:36	-0.4E
	13:36	15:36	0.3F
	18:36		
29 W		00:00	-1.2E
	03:30	05:48	0.4F
	09:30	11:42	-0.3E
	14:18	16:18	0.3F
	19:36		
30 Th		00:54	-1.4E
	04:24	07:24	0.5F
	10:54	12:48	-0.3E
	15:00	17:06	0.4F
	20:48		
31 F		01:42	-1.6E
	05:12	08:24	0.6F
	12:06	13:42	-0.2E
	15:36	17:54	0.4F
	21:42		

Station ID: JOP1101 Depth: 8 feet
Source: NOAA/NOS/CO-OPS
Station Type: Harmonic
Time Zone: LST

NOAA Tidal Current Predictions

Johns Pass Entrance, 2021
Latitude: 27.7782° N Longitude: 82.7872° W
Mean Flood Dir. 51° (T) Mean Ebb Dir. 223° (T)
Times and speeds of maximum and minimum current, in knots

EXTRA CURRENTS

April

	Slack	Maximum	
	h m	h m	knots
7 W	20:24		
8 Th	21:48		
9 F	22:48		

September

	Slack	Maximum	
	h m	h m	knots
18 Sa	23:42		

October

	Slack	Maximum	
	h m	h m	knots
15 F	22:18		
16 Sa	22:30		
17 Su	22:48		

Station ID: SAB0803 Depth: 18 feet
Source: NOAA/NOS/CO-OPS
Station Type: Harmonic
Time Zone: LST

NOAA Tidal Current Predictions

St. Andrew Bay Entrance, 2021
Latitude: 30.1218° N Longitude: 85.7297° W
Mean Flood Dir. 45° (T) Mean Ebb Dir. 225° (T)
Times and speeds of maximum and minimum current, in knots

January

Day	Slack (h m)	Maximum (h m)	knots
1 F	10:00 23:42	03:54 13:54 17:00 20:06	-3.2E 2.0F 1.4F 2.1F
2 Sa	10:36	04:36 14:30 17:36 20:42	-3.1E 1.9F 1.2F 1.8F
3 Su	00:24 11:06	05:12 15:06 18:18 21:36	-2.8E 1.6F 0.9F 1.4F
4 M	01:06 11:12	05:48 15:30 19:18 22:48	-2.3E 1.3F 0.5F 0.8F
5 Tu	01:54 10:54 19:12 22:30	06:24 15:48 20:48	-1.5E 0.9F -0.2E
6 W	02:36 10:24 18:30	00:30 07:06 13:54 21:48	0.2F -0.7E 0.8F -0.9E
7 Th	04:36 18:12	06:48 08:00 13:48 22:36	0.2F 0.2F 1.1F -1.6E
8 F	05:00 18:12	08:12 09:54 14:18 23:24	0.9F 0.8F 1.6F -2.2E
9 Sa	05:42 18:48	09:12 11:12 14:48	1.4F 1.4F 1.9F
10 Su	06:30 19:36	00:18 10:12 12:18 15:30	-2.7E 1.8F 1.7F 2.2F
11 M	07:18 20:30	01:12 11:12 13:18 16:18	-2.9E 2.0F 1.9F 2.3F
12 Tu	08:06 21:18	02:06 11:54 14:12 17:30	-3.1E 2.1F 1.9F 2.4F
13 W ●	08:54 22:06	03:00 12:30 15:12 18:30	-3.1E 2.0F 1.7F 2.4F
14 Th	09:36 22:54	03:48 13:06 16:00 19:24	-3.1E 1.8F 1.4F 2.3F
15 F	10:06 23:30	04:24 13:36 16:42 20:06	-2.8E 1.5F 1.0F 2.1F
16 Sa	10:18	04:48 14:00 17:18 20:48	-2.5E 1.3F 0.6F 1.6F
17 Su	00:00 09:48	05:00 14:18 17:48 21:30	-2.0E 1.1F 0.3F 1.0F
18 M	00:18 09:18 17:48 19:30	05:00 14:30 22:18	-1.5E 0.9F 0.4F
19 Tu	00:18 08:36 17:18	05:06 12:42 20:24 23:30	-1.0E 1.0F -0.4E -0.2E
20 W ◐	07:36 17:24	04:12 13:00 22:00	-0.7E 1.2F -0.9E
21 Th	06:54 17:36	01:24 02:54 13:36 22:48	-0.6E -0.7E 1.5F -1.3E
22 F	06:18 18:00	14:06 23:24	1.6F -1.6E
23 Sa	06:12 18:30	14:36 23:48	1.7F -1.8E
24 Su	06:30 19:06	15:12	1.8F
25 M	06:54 19:48	00:00 11:30 15:48	-2.1E 1.5F 1.8F
26 Tu	07:18 20:36	00:36 11:00 13:30 16:42	-2.4E 1.6F 1.5F 1.8F
27 W	07:48 21:24	01:18 11:24 14:30 17:48	-2.6E 1.8F 1.5F 1.9F
28 Th ○	08:18 22:06	02:06 11:54 15:18 18:42	-2.8E 1.8F 1.4F 2.0F
29 F	08:48 22:54	02:54 12:30 16:00 19:30	-3.0E 1.7F 1.1F 2.0F
30 Sa	09:18 23:42	03:42 13:06 16:30 20:12	-2.9E 1.5F 0.8F 1.9F
31 Su	09:30	04:24 13:42 17:06 20:54	-2.6E 1.2F 0.3F 1.6F

February

Day	Slack (h m)	Maximum (h m)	knots
1 M	00:30 09:18 16:48 18:30	04:54 14:12 17:36 21:48	-2.1E 0.9F -0.1E 1.1F
2 Tu	01:24 08:54 16:18	05:24 11:06 12:48 14:24 18:18	-1.4E 0.5F 0.4F 0.5F -0.6E
3 W	03:24 08:12 16:00	06:00 11:18 19:12	-0.5E 0.8F -1.0E
4 Th ◐	02:06 15:48	04:42 06:12 11:48 20:54	0.3F 0.3F 1.1F -1.5E
5 F	03:24 16:18	12:36 22:12	1.4F -2.0E
6 Sa ◐	04:24 17:12	08:24 10:30 13:30 23:18	1.5F 1.4F 1.7F -2.4E
7 Su	05:24 18:12	09:06 11:30 14:24	1.8F 1.6F 2.0F
8 M	06:12 19:24	00:12 09:42 12:18 15:18	-2.7E 1.9F 1.7F 2.2F
9 Tu	07:00 20:24	01:06 10:30 13:06 16:18	-2.8E 1.8F 1.6F 2.2F
10 W	07:42 21:18	01:54 11:00 13:48 17:24	-2.8E 1.7F 1.4F 2.1F
11 Th ●	08:24 22:12	02:48 11:36 14:42 18:30	-2.7E 1.5F 1.0F 2.1F
12 F	08:42 22:48	03:24 12:00 15:30 19:24	-2.5E 1.2F 0.6F 1.9F
13 Sa	08:24 23:24	04:00 12:24 16:12 20:06	-2.1E 0.9F 0.1F 1.5F
14 Su	07:54 15:18 18:06 23:42	04:12 12:30 16:48 20:48	-1.6E 0.7F -0.3E 1.1F
15 M	07:30 15:00 19:30 23:42	04:18 10:00 17:18 21:30	-1.1E 0.8F -0.7E 0.6F
16 Tu	06:54 15:00 21:36 22:54	04:24 10:18 17:42	-0.7E 1.1F -0.9E
17 W	06:12 15:12	01:30 04:06 10:48 18:06 23:12	-0.4E -0.4E 1.3F -1.1E -0.4E
18 Th	05:12 15:30	01:18 11:12 18:42	-0.5E 1.4F -1.2E
19 F ○	04:24 16:00	11:54 19:36	1.4F -1.3E
20 Sa	04:36 16:42	12:48 21:42	1.4F -1.5E
21 Su ◐	05:00 17:24	09:24 11:24 13:54 22:30	1.4F 1.3F 1.4F -1.8E
22 M	05:30 18:18	09:00 12:06 14:48 23:24	1.5F 1.3F 1.5F -2.1E
23 Tu	06:00 19:24	09:18 12:42 15:36	1.6F 1.2F 1.6F
24 W	06:30 20:18	00:12 09:48 13:18 16:30	-2.3E 1.6F 1.2F 1.6F
25 Th	07:00 21:12	00:54 10:24 13:54 17:42	-2.5E 1.6F 1.0F 1.7F
26 F	07:30 22:12	01:42 11:00 14:42 18:42	-2.6E 1.5F 0.7F 1.7F
27 Sa ○	07:48 23:12	02:36 11:30 15:18 19:30	-2.4E 1.2F 0.3F 1.7F
28 Su	07:42 14:36 17:12	03:18 12:00 16:00 20:18	-2.1E 0.8F -0.3E 1.5F

March

Day	Slack (h m)	Maximum (h m)	knots
1 M	00:18 07:24 14:06	04:06 09:06 12:18 16:36	-1.6E 0.5F 0.4F -0.8E
2 Tu	01:54 07:06 13:00 19:54	04:42 09:12 17:06 22:00	-0.9E 0.7F -1.3E 0.7F
3 W	04:12 06:12 12:42	00:36 02:00 05:12 09:30 17:42	0.4F 0.5F -0.2E 1.0F -1.6E
4 Th	13:24	03:30 05:36 09:54 18:18	0.8F 0.6F 1.3F -1.8E
5 F	01:36 14:24	10:18 19:36	1.5F -1.9E
6 Sa ◐	02:48 15:30	07:54 09:48 11:12 21:48	1.7F 1.6F 1.6F -2.1E
7 Su	03:54 16:36	07:54 10:48 12:48 23:06	1.9F 1.6F 1.7F -2.4E
8 M	04:54 17:48	08:24 11:30 14:06	1.9F 1.5F 1.8F
9 Tu	05:42 19:06	00:00 08:54 12:06 15:12	-2.5E 1.7F 1.2F 1.8F
10 W	06:24 20:18	00:48 09:24 12:48 16:12	-2.4E 1.5F 0.9F 1.8F
11 Th	06:54 21:12	01:30 09:54 13:30 17:24	-2.2E 1.2F 0.5F 1.6F
12 F	07:00 22:06	02:12 10:18 18:30	-1.9E 0.9F 1.4F
13 Sa ●	06:36 13:06 16:42 22:54	02:48 10:30 15:00 19:24	-1.5E 0.7F -0.4E 1.2F
14 Su	06:12 12:42 18:00 23:30	03:18 08:24 15:42 20:06	-1.0E 0.7F -0.9E 0.9F
15 M	05:48 12:36 19:12 23:48	03:24 08:30 16:12 20:48	-0.5E 1.1F -1.2E 0.5F
16 Tu	05:00 12:36 20:24 23:00	08:48 16:36 21:30	1.3F -1.5E 0.2F
17 W	01:00 12:48	09:00 17:00 22:18 23:54	1.5F -1.7E -0.2E -0.2E
18 Th	01:30 13:18	09:18 17:24	1.6F -1.7E
19 F	02:00 13:54	09:30 17:54	1.5F -1.8E
20 Sa	02:30 14:42	08:42 18:36	1.5F -1.7E
21 Su ◐	03:06 15:36	08:18 19:48	1.5F -1.7E
22 M	03:36 16:30	07:48 12:00 13:12 21:30	1.6F 1.2F 1.2F -1.9E
23 Tu	04:18 17:36	07:54 12:06 14:30 22:36	1.7F 1.0F 1.2F -2.1E
24 W	04:54 18:48	08:18 12:30 15:24 23:36	1.7F 0.9F 1.3F -2.2E
25 Th	05:30 20:00	08:48 12:54 16:24	1.6F 0.6F 1.3F
26 F	05:54 21:12	00:24 09:18 13:30 17:42	-2.1E 1.3F 0.2F 1.3F
27 Sa	06:06 22:30	01:18 09:48 14:00 18:48	-1.9E 0.9F -0.3E 1.2F
28 Su ○	05:54 17:06	02:00 09:48 14:42 19:42	-1.4E 0.5F -0.9E 1.2F
29 M	00:12 05:36 18:18	02:54 11:30 15:24 20:36	-0.9E 0.9F -1.4E 1.0F
30 Tu	02:24 05:06 19:30	03:54 07:54 16:00 21:36	-0.2E 1.0F -1.9E 0.7F
31 W	11:12 21:00	01:12 04:36 08:12 16:36	1.0F 0.4F 1.4F -2.3E

Station ID: SAB0803 Depth: 18 feet
Source: NOAA/NOS/CO-OPS
Station Type: Harmonic
Time Zone: LST

NOAA Tidal Current Predictions

St. Andrew Bay Entrance, 2021
Latitude: 30.1218° N Longitude: 85.7297° W
Mean Flood Dir. 45° (T) Mean Ebb Dir. 225° (T)
Times and speeds of maximum and minimum current, in knots

April

Day	Slack h m	Maximum h m	Maximum knots	Day	Slack h m	Maximum h m	Maximum knots
1 Th	02:36 05:06 08:36 11:54 23:48	08:24 16:54	1.3F 1.0F 1.7F -2.5E	16 F	12:18	08:24 16:54	1.8F -2.3E
2 F	12:42	03:48 05:30 09:00 17:54	1.6F 1.4F 1.9F -2.4E	17 Sa	00:36 12:54	08:24 17:24	1.7F -2.3E
3 Sa	01:18 13:42	09:12 18:48	1.9F -2.2E	18 Su	01:18 13:42	07:48 18:12	1.7F -2.2E
4 Su ☽	02:18 14:54	07:06 21:24	1.9F -2.1E	19 M	01:54 14:42	06:18 19:12	1.7F -2.1E
5 M	03:12 10:48 12:24 16:00	07:18 22:36	1.9F 1.5F 1.5F -2.1E	20 Tu ◔	02:24 15:48	06:36 20:42	1.8F -2.0E
6 Tu	04:06 11:18 14:00 17:12	07:36 23:30	1.8F 1.1F 1.4F -2.0E	21 W	02:54 16:48	07:00 11:42 14:06 21:54	1.8F 0.7F 0.9F -2.0E
7 W	04:42 11:54 15:06 18:30	08:00	1.5F 0.6F 1.3F	22 Th	03:18 18:06	07:30 12:00 15:12 22:54	1.6F 0.3F 0.9F -1.8E
8 Th	05:00 08:18 12:30 16:06 19:48	00:12	-1.8E 1.2F 1.1F	23 F	03:36 11:24 13:30 19:54	07:54 12:30 16:18 23:48	1.3F -0.2E 0.8F -1.4E
9 F	04:42 08:30 11:24 13:12 14:54 17:18 21:00	00:42	-1.3E 0.9F -0.5E 0.8F	24 Sa	03:36 10:42 15:18 21:48	08:06 12:54 17:48	0.9F -0.7E 0.7F
10 Sa	04:12 11:00 13:54 16:36 22:30	01:18 07:54 13:54 18:36	-0.9E 0.7F -1.0E 0.6F	25 Su	03:30 10:18 16:48	00:42 06:24 13:36 19:42	-0.8E 0.7F -1.4E 0.7F
11 Su	03:42 10:48 18:00	01:36 07:00 14:36 19:36	-0.3E 1.0F -1.4E 0.4F	26 M	00:18 02:54 09:48 18:06	01:36 06:18 14:12 23:00	-0.2E 1.0F -1.9E 1.0F
12 M ●	01:18 10:48 19:06	07:18 15:00 20:18 21:48	1.3F -1.7E 0.3F 0.2F	27 Tu ◔	09:42 19:12	02:36 06:42 14:54	0.5F 1.3F -2.4E
13 Tu	11:00 20:12	07:36 15:36 21:12	1.6F -2.0E 0.1F	28 W	10:06 20:30	00:24 03:42 07:06 15:42	1.4F 1.0F 1.7F -2.8E
14 W	11:18 22:48	07:54 15:54	1.8F -2.1E	29 Th	10:48 22:24	01:42 04:30 07:36 16:24	1.7F 2.0F 2.0F -3.0E
15 Th	11:48 23:54	08:12 16:18	1.8F -2.2E	30 F	11:30 23:48	02:42 05:12 08:06 17:00	2.0F 1.7F 2.2F -3.0E

May

Day	Slack h m	Maximum h m	Maximum knots	Day	Slack h m	Maximum h m	Maximum knots
1 Sa	12:24	03:36 05:48 08:36 17:42	2.1F 1.9F 2.2F -2.8E	16 Su	12:24	03:30 05:36 08:12 17:12	1.8F 1.6F 1.8F -2.7E
2 Su	00:54 13:18	04:30 06:36 09:00 18:24	2.0F 1.9F 2.0F -2.4E	17 M	00:18 13:12	04:06 06:36 17:54	1.9F 1.7F -2.6E
3 M ◐	01:42 14:24	05:30 20:12	1.9F -2.0E	18 Tu	00:54 14:06	04:42 18:48	1.9F -2.3E
4 Tu	02:24 15:24	06:18 10:30 12:06 21:54	1.7F 1.1F 1.2F -1.7E	19 W ◔	01:18 15:06	05:24 19:54	1.8F -2.0E
5 W	02:42 16:18	06:42 11:00 13:42 22:36	1.5F 0.5F 0.9F -1.4E	20 Th	01:36 16:06	06:06 11:12 13:42 21:12	1.6F 0.3F 0.6F -1.6E
6 Th	02:36 10:36 12:42 17:00	06:54 11:36 14:54 23:12	1.2F -0.2E 0.6F -0.9E	21 F	01:42 09:54 13:06 17:18	06:30 11:24 15:06 22:12	1.3F -0.3E 0.4F -1.0E
7 F	02:12 14:42 17:36	07:00 12:12 16:00 23:24	1.0F -0.8E 0.3F -0.4E	22 Sa	01:36 14:54	06:42 11:54 16:24 18:00 19:18	0.9F -1.0E 0.3F 0.2F 0.2F
8 Sa	01:42 09:30 17:18 19:42 22:24	04:54 12:54	1.0F -1.3E	23 Su	01:06 08:54 16:48	04:12 12:30 20:48	1.0F -1.6E 0.7F
9 Su	09:30 19:42	05:12 13:24	1.3F -1.7E	24 M	08:36 18:12	00:12 13:06 22:18	0.3F 1.3F -2.2E 1.2F
10 M	09:30 20:12	05:42 14:00	1.6F -2.0E	25 Tu ●	08:42 19:12	01:12 05:06 13:54 23:36	0.9F 1.6F -2.7E 1.7F
11 Tu ●	09:48 20:48	06:18 14:30	1.8F -2.3E	26 W ○	09:12 20:18	02:18 05:48 14:42	1.4F 1.9F -3.0E
12 W	10:12 21:30	06:48 14:54	1.9F -2.4E	27 Th	09:54 21:30	00:42 03:36 06:30 15:30	2.0F 1.8F 2.2F -3.2E
13 Th	10:36 22:12	07:18 15:18	2.0F -2.5E	28 F	10:36 22:36	01:42 04:30 07:12 16:18	2.2F 1.9F 2.4F -3.3E
14 F	11:12 22:54	03:00 04:12 07:42 15:54	1.5F 1.5F 2.0F -2.7E	29 Sa	11:24 23:36	02:30 05:06 07:54 17:00	2.2F 1.9F 2.4F -3.1E
15 Sa	11:42 23:36	03:00 04:54 08:00 16:36	1.7F 1.6F 1.9F -2.7E	30 Su	12:18	03:12 05:42 08:36 17:36	2.1F 1.8F 2.3F -2.8E
				31 M	00:24 13:00	03:48 06:24 09:18 18:00	1.9F 1.6F 1.9F -2.4E

June

Day	Slack h m	Maximum h m	Maximum knots	Day	Slack h m	Maximum h m	Maximum knots
1 Tu	00:54 13:48	04:24 08:30 10:18 18:30	1.7F 1.3F 1.4F -1.8E	16 W	13:36	03:54 08:12 09:24 18:24	1.8F 1.1F 1.1F -2.2E
2 W ◐	01:06 14:24	04:48 09:48 11:48 18:54	1.4F 0.6F 0.7F -1.3E	17 Th	14:30	04:24 09:42 11:36 19:12	1.5F 0.5F 0.6F -1.6E
3 Th	00:42 09:36 11:42 14:48	05:06 10:36 13:24 18:48	1.2F -0.1E 0.2F -0.8E	18 F ◑	00:00 08:48 11:54 15:18 23:48	04:48 10:12 13:42 20:18	1.2F -0.2E 0.2F -0.8E
4 F	00:18 08:36 23:12	04:00 11:18 14:42 17:30	1.0F -0.8E -0.1E -0.5E	19 Sa	07:54 15:00 17:42 20:12	03:12 10:48 19:00 21:30	0.9F -1.0E 0.1F -0.1E
5 Sa	08:18 19:54	03:30 11:54 15:54 17:12	1.3F -1.4E -0.4E -0.5E	20 Su	07:36 17:24	03:00 11:30 20:18 22:42	1.2F -1.7E 0.7F 0.6F
6 Su	08:18 19:36	03:42 12:30	1.6F -1.8E	21 M	07:24 18:06	03:12 12:06 21:30 23:48	1.5F -2.3E 1.3F 1.2F
7 M	08:30 19:54	04:12 13:06	1.8F -2.1E	22 Tu	07:42 18:54	03:36 12:54 22:54	1.8F -2.7E 1.8F
8 Tu	08:48 20:18	04:42 13:30	1.9F -2.3E	23 W	08:18 19:48	01:06 04:18 13:42 23:42	1.6F 2.1F -3.1E 2.1F
9 W	09:12 20:42	05:24 13:54	2.0F -2.5E	24 Th ○	09:00 20:42	02:12 05:18 14:36	1.9F 2.3F -3.2E
10 Th ●	09:42 21:12	06:12 14:24	2.0F -2.6E	25 F	09:48 21:36	00:36 03:12 06:18 15:30	2.2F 2.0F 2.4F -3.3E
11 F	10:12 21:42	02:00 03:54 06:54 15:00	1.7F 1.7F 2.0F -2.8E	26 Sa	10:42 22:24	01:18 04:06 07:06 16:18	2.2F 1.9F 2.5F -3.3E
12 Sa	10:48 22:18	01:54 04:36 07:30 15:42	1.8F 1.6F 2.0F -2.9E	27 Su	11:24 23:06	02:00 04:48 07:54 16:54	2.0F 1.6F 2.4F -3.0E
13 Su	11:30 22:54	02:18 05:06 08:00 16:24	1.9F 1.6F 2.0F -3.0E	28 M	12:06 23:30	02:30 05:18 08:36 17:18	1.8F 1.3F 2.1F -2.6E
14 M	12:12 23:24	02:54 05:36 08:24 17:06	2.0F 1.6F 1.9F -3.0E	29 Tu	12:42 23:24	02:54 06:00 09:18 17:36	1.5F 1.0F 1.6F -2.0E
15 Tu	12:54 23:54	03:24 06:30 08:54 17:42	2.1F 1.4F 1.6F -2.7E	30 W	13:06 22:48	03:18 06:54 10:18 17:42	1.3F 0.6F 0.9F -1.5E

183

Station ID: SAB0803 Depth: 18 feet
Source: NOAA/NOS/CO-OPS
Station Type: Harmonic
Time Zone: LST

NOAA Tidal Current Predictions

St. Andrew Bay Entrance, 2021
Latitude: 30.1218° N Longitude: 85.7297° W
Mean Flood Dir. 45° (T) Mean Ebb Dir. 225° (T)
Times and speeds of maximum and minimum current, in knots

July

Day	Slack (h m)	Maximum (h m / knots)
1 Th ◐	09:00 13:06 22:06	03:30 1.1F 11:30 0.2F 17:42 -1.0E
2 F	06:54 20:24	02:24 1.0F 10:00 -0.6E 13:06 -0.3E 16:30 -0.6E
3 Sa	06:42 19:12	02:12 1.4F 10:54 -1.2E 14:48 -0.6E 16:00 -0.7E
4 Su	06:54 18:54	02:30 1.7F 11:36 -1.6E
5 M	07:12 19:00	03:00 1.9F 12:12 -1.9E
6 Tu	07:36 19:24	03:30 2.0F 12:42 -2.1E
7 W	08:06 19:48	04:00 2.0F 13:00 -2.3E
8 Th	08:42 20:12	04:48 1.9F 13:30 -2.5E
9 F	09:18 20:42	00:30 1.7F 02:24 1.7F 05:42 1.9F 14:06 -2.7E
10 Sa ●	10:00 21:06	00:36 1.8F 03:36 1.6F 06:42 2.0F 14:48 -2.9E
11 Su	10:42 21:36	01:00 1.9F 04:18 1.5F 07:24 2.0F 15:30 -3.0E
12 M	11:24 22:00	01:36 1.8F 04:42 1.3F 07:54 2.0F 16:12 -3.0E
13 Tu	12:00 22:18	02:06 1.7F 05:12 1.1F 08:30 1.8F 16:48 -2.8E
14 W	12:42 22:24	02:36 1.5F 05:48 0.7F 09:12 1.4F 17:24 -2.3E
15 Th	13:30 22:12	03:06 1.2F 06:30 0.3F 10:12 0.9F 18:00 -1.6E
16 F	06:18 09:24 14:06 21:48	03:18 0.9F 07:42 -0.2E 11:48 0.3F 18:30 -0.8E
17 Sa ◑	05:48 16:00 19:12	01:12 0.8F 09:06 -0.8E 17:42 0.1F
18 Su	05:36 16:24	01:24 1.1F 10:06 -1.5E 20:06 0.8F 21:18 0.8F
19 M	05:42 17:18	01:54 1.5F 11:00 -2.1E 20:48 1.4F 22:54 1.3F
20 Tu	06:18 18:06	02:30 1.8F 11:54 -2.6E 21:36 1.8F
21 W	07:12 18:54	00:00 1.6F 03:06 2.1F 12:48 -2.9E 22:36 2.0F
22 Th	08:06 19:42	01:00 1.8F 04:00 2.3F 13:42 -3.1E 23:24 2.0F
23 F	09:06 20:30	01:48 1.8F 05:00 2.3F 14:36 -3.1E
24 Sa ○	09:54 21:12	00:00 2.0F 02:42 1.7F 06:12 2.4F 15:24 -3.1E
25 Su	10:42 21:48	00:36 1.8F 03:36 1.4F 07:06 2.3F 16:06 -2.8E
26 M	11:24 22:00	01:06 1.5F 04:18 0.9F 07:54 2.1F 16:36 -2.5E
27 Tu	11:54 21:18	01:36 1.2F 04:54 0.5F 08:36 1.7F 16:54 -1.9E
28 W	05:30 12:18 20:42	01:54 0.9F 09:18 1.1F 17:00 -1.4E
29 Th	04:36 07:54 12:18 20:00	02:00 0.7F 06:06 -0.3E 10:12 0.5F 16:54 -0.9E 23:42 1.0F
30 F	04:30 18:54	06:48 -0.6E 11:18 -0.1E 14:30 -0.5E
31 Sa ◐	04:36 18:00	00:12 1.2F 09:00 -0.9E 14:00 -0.6E

August

Day	Slack (h m)	Maximum (h m / knots)
1 Su	05:00 17:42	00:54 1.5F 10:18 -1.3E
2 M	05:24 17:54	01:36 1.6F 11:12 -1.6E
3 Tu	06:06 18:12	02:18 1.7F 11:54 -1.8E
4 W	06:48 18:36	02:54 1.8F 12:12 -2.0E 23:00 1.5F
5 Th	07:36 19:06	00:30 1.4F 03:36 1.8F 12:36 -2.2E 22:48 1.5F
6 F	08:18 19:30	01:18 1.4F 04:24 1.8F 13:06 -2.4E 23:06 1.6F
7 Sa	09:06 19:54	02:06 1.4F 05:36 1.8F 13:42 -2.6E 23:30 1.7F
8 Su ●	09:48 20:18	03:00 1.2F 06:30 1.8F 14:30 -2.7E
9 M	10:36 20:36	00:06 1.6F 03:36 1.0F 07:18 1.9F 15:12 -2.7E
10 Tu	11:24 20:36	00:36 1.4F 04:12 0.6F 08:00 1.8F 15:54 -2.5E
11 W	12:12 20:30	01:12 1.1F 04:42 0.2F 08:42 1.5F 16:36 -2.0E
12 Th	04:00 06:30 13:12 20:12	01:36 0.7F 05:12 -0.3E 09:30 1.1F 17:06 -1.3E 22:30 0.6F
13 F	03:36 08:12 15:18 19:42	05:48 -0.8E 10:36 0.6F 17:42 -0.6E 22:42 0.8F
14 Sa	03:06 11:18	06:30 -1.1E 16:06 0.4F 18:06 0.2F 23:12 1.1F
15 Su ◐	03:06 14:42	07:36 -1.5E 23:48 1.4F
16 M	03:48 15:48	09:36 -1.9E 20:00 1.5F 22:12 1.4F
17 Tu	04:36 16:54	00:54 1.6F 10:42 -2.3E 20:24 1.8F 23:18 1.6F
18 W	05:42 17:48	02:00 1.8F 11:48 -2.6E 21:06 1.9F
19 Th	06:54 18:36	00:06 1.6F 03:00 2.0F 12:42 -2.8E 21:48 1.9F
20 F	08:06 19:24	00:48 1.5F 03:54 2.1F 13:36 -2.8E 22:30 1.7F
21 Sa	09:06 20:00	01:24 1.3F 05:00 2.1F 14:18 -2.7E 23:06 1.4F
22 Su ○	10:00 20:24	02:18 0.9F 06:06 2.0F 15:06 -2.4E 23:36 1.1F
23 M	10:42 20:06	03:06 0.5F 07:06 1.8F 15:42 -2.0E 23:54 0.8F
24 Tu	03:12 11:24 19:30	04:24 07:54 1.5F 16:06 -1.5E 21:30 0.5F
25 W	02:18 06:12 11:48 19:00	00:00 0.6F 04:30 -0.5E 08:36 1.1F 16:18 -0.9E 21:24 0.8F
26 Th	02:06 07:30 11:48 18:24	05:00 -0.9E 09:24 0.6F 16:18 -0.5E 21:42 1.2F
27 F	02:00 09:18 11:06 17:06	05:24 -1.2E 13:00 -0.3E 22:12 1.4F
28 Sa	02:18 15:18	05:48 -1.4E 11:12 -0.4E 12:54 -0.4E 22:36 1.5F
29 Su	02:48 15:36	06:24 -1.4E 23:00 1.4F
30 M ◐	03:30 16:06	07:06 -1.4E 21:12 1.4F 22:48 1.4F
31 Tu	04:12 16:36	00:12 1.4F 10:00 -1.5E 21:00 1.4F 23:30 1.3F

September

Day	Slack (h m)	Maximum (h m / knots)
1 W	05:00 17:12	01:30 1.4F 10:42 -1.7E 20:54 1.5F
2 Th	05:54 17:42	00:06 1.2F 02:30 1.4F 11:12 -1.9E 21:00 1.5F
3 F	06:54 18:06	00:36 1.1F 03:18 1.5F 11:48 -2.1E 21:24 1.5F
4 Sa	07:54 18:36	01:06 1.0F 04:12 1.5F 12:30 -2.2E 21:54 1.5F
5 Su	08:48 18:54	01:36 0.8F 05:18 1.5F 13:18 -2.3E 22:30 1.3F
6 M	09:42 19:00	02:18 0.5F 06:30 1.5F 14:00 -2.2E 23:00 1.1F
7 Tu	10:48 19:00	03:00 0.1F 07:18 1.5F 14:48 -1.9E 23:24 0.7F
8 W	01:48 05:06 12:00 18:48	03:30 -0.4E 08:06 1.4F 15:36 -1.4E 20:42 0.6F
9 Th	01:18 13:42 18:36	04:06 -1.0E 08:54 1.1F 16:18 -0.8E 20:48 0.8F
10 F	00:12 07:36 16:06	04:42 -1.5E 09:48 0.7F 12:06 0.5F 13:30 0.6F 16:54 -0.1E ****************
11 Sa	00:12 09:24	05:18 -1.8E 15:06 0.9F 17:30 0.6F 21:24 1.4F
12 Su	00:48 12:48	05:54 -2.0E 16:30 1.2F 17:54 1.2F 21:48 1.6F
13 M ◐	01:48 14:12	06:48 -2.1E 19:36 1.7F 21:36 1.6F
14 Tu	02:54 15:18	08:48 -2.1E 19:30 1.9F 22:36 1.6F
15 W	04:00 16:18	10:30 -2.3E 19:54 1.9F 23:18 1.5F
16 Th	05:12 17:12	01:42 1.7F 11:36 -2.4E 20:24 1.8F 23:54 1.2F
17 F	06:36 18:00	02:48 1.7F 12:24 -2.4E 20:54 1.6F
18 Sa	07:54 18:30	00:30 0.8F 03:48 1.7F 13:06 -2.2E 21:24 1.2F
19 Su	09:00 18:42	01:06 0.4F 05:00 1.5F 13:42 -1.8E 21:48 0.9F
20 M ○	01:00 02:42 10:00 18:06	01:48 -0.1E 06:12 1.3F 14:24 -1.3E 21:54 0.6F
21 Tu	00:18 04:36 17:36 23:54	02:36 -0.6E 11:06 1.1F 15:00 -0.8E 19:54 0.8F
22 W ●	06:00 12:36 17:06 23:42	03:18 -1.1E 08:00 0.8F 15:12 -0.3E 20:06 1.2F
23 Th	07:06	03:54 -1.5E 08:42 0.5F 11:12 0.2F 12:48 0.2F 15:30 0.1F ****************
24 F	08:30	04:24 -1.8E 09:30 0.2F 20:42 1.7F
25 Sa	00:18 12:42	04:48 -1.9E 10:30 -0.2E 21:00 1.7F
26 Su	00:48 13:30	05:12 -1.9E 21:00 1.6F
27 M	01:30 14:06	05:36 -1.9E 20:24 1.6F
28 Tu	02:12 14:42	06:18 -1.8E 20:00 1.6F
29 W ◐	03:06 15:12	07:12 -1.7E 19:42 1.6F
30 Th	04:00 15:48	08:36 -1.7E 19:36 1.6F

Station ID: SAB0803 Depth: 18 feet
Source: NOAA/NOS/CO-OPS
Station Type: Harmonic
Time Zone: LST

NOAA Tidal Current Predictions

St. Andrew Bay Entrance, 2021
Latitude: 30.1218° N Longitude: 85.7297° W
Mean Flood Dir. 45° (T) Mean Ebb Dir. 225° (T)
Times and speeds of maximum and minimum current, in knots

October

Day	Slack (h m)	Maximum (h m)	knots
1 F		00:00	0.9F
		02:06	1.1F
	05:00	10:00	-1.9E
	16:18	19:54	1.6F
2 Sa		00:24	0.7F
		03:06	1.1F
	06:06	10:54	-2.0E
	16:42	20:24	1.5F
3 Su		00:42	0.5F
		04:00	1.1F
	07:18	11:48	-1.9E
	17:00	20:48	1.3F
4 M	01:12	05:12	1.0F
	08:36	12:36	-1.6E
	17:12	21:06	0.9F
5 Tu	00:00	01:42	-0.4E
	03:24	06:30	1.0F
	10:06	13:30	-1.2E
	17:06	19:42	0.7F
	23:30		
6 W ●	04:54	02:18	-1.0E
	11:54	07:30	1.0F
	16:54	14:24	-0.7E
	23:00	19:24	0.8F
7 Th	06:06	03:00	-1.6E
	14:24	08:24	0.9F
	16:18		
	22:30	19:36	1.1F
8 F		03:36	-2.1E
	07:12	12:48	1.1F
		16:12	0.5F
	22:54	19:54	1.5F
9 Sa		04:18	-2.4E
	08:36	14:12	1.4F
		16:54	1.0F
	23:30	20:18	1.7F
10 Su		04:54	-2.6E
	11:00	15:18	1.7F
		17:30	1.4F
		20:42	1.9F
11 M	00:18	05:36	-2.6E
	12:42	16:24	1.9F
		18:00	1.8F
		21:00	1.9F
12 Tu	01:12	06:24	-2.4E
	13:48	18:00	2.0F
13 W ◐	02:18	08:06	-2.2E
	14:42	18:42	2.0F
		23:36	1.5F
14 Th	03:30	10:06	-2.1E
	15:30	19:06	1.8F
		23:00	1.1F
15 F	04:36	01:24	1.3F
	16:12	11:00	-2.0E
		19:36	1.6F
		23:36	0.6F
16 Sa	05:48	02:42	1.2F
	16:24	11:42	-1.7E
		19:54	1.2F
17 Su	00:12	03:42	1.0F
	07:18	12:24	-1.3E
	16:00	20:06	0.9F
	22:48		
18 M	02:42	00:48	-0.6E
		04:54	0.7F
	15:30	12:48	-0.7E
	22:24	19:12	0.7F
19 Tu	04:24	01:30	-1.1E
	11:18	06:18	0.5F
	14:48	13:24	-0.2E
	22:12	18:24	1.1F
20 W ○	05:54	02:06	-1.6E
		07:30	0.3F
		08:54	0.3F
		11:12	0.4F
		13:24	0.3F
	****************		
21 Th	07:12	02:48	-2.0E
	22:30	19:12	1.7F
22 F	08:30	03:18	-2.2E
	23:00	19:36	1.9F
23 Sa	10:30	03:48	-2.3E
	23:30	20:00	1.9F
24 Su	11:30	04:18	-2.4E
		20:18	1.9F
25 M	00:00	04:42	-2.4E
	12:18	20:18	1.8F
26 Tu	00:36	05:12	-2.3E
	13:00	19:42	1.7F
27 W	01:24	05:48	-2.2E
	13:30	18:00	1.7F
28 Th ◑	02:12	06:36	-2.1E
	14:00	18:06	1.7F
29 F	03:12	07:48	-2.0E
	14:18	18:36	1.7F
		23:48	0.7F
30 Sa	04:06	01:36	0.7F
	14:36	09:06	-1.8E
		19:00	1.6F
		23:54	0.3F
31 Su	05:12	02:54	0.7F
	14:42	10:06	-1.6E
	22:54	19:24	1.3F

November

Day	Slack (h m)	Maximum (h m)	knots
1 M	01:36	00:18	-0.2E
	06:48	03:54	0.6F
	14:42	11:00	-1.2E
	22:12	19:36	1.0F
2 Tu	03:12	00:42	-0.8E
	09:12	05:18	0.5F
	14:36	12:00	-0.7E
	21:54	17:42	0.8F
3 W	04:42	01:12	-1.4E
	12:00	08:42	0.6F
	13:48	17:48	1.1F
	21:30		
4 Th ●		01:48	-2.0E
	06:00	10:42	1.0F
		14:00	0.5F
		18:18	1.4F
	21:24		
5 F		02:30	-2.5E
	07:06	12:00	1.5F
		15:12	1.1F
		18:48	1.7F
	21:48		
6 Sa		03:18	-2.9E
	08:18	13:12	1.8F
		16:18	1.4F
		19:18	2.0F
	22:30		
7 Su		04:06	-3.1E
	09:54	14:18	2.1F
		17:00	1.7F
		19:48	2.2F
	23:12		
8 M		04:48	-3.1E
	11:18	15:06	2.2F
		17:36	1.9F
		20:24	2.3F
9 Tu	00:00	05:30	-3.0E
	12:24	15:54	2.1F
		18:18	1.9F
		20:54	2.1F
10 W	00:54	06:12	-2.6E
	13:18	16:48	2.0F
		21:30	1.8F
11 Th ◐	01:54	07:06	-2.2E
	14:00	17:36	1.8F
		21:54	1.2F
		23:24	1.3F
12 F	02:54	09:06	-1.8E
	14:18	18:12	1.5F
		22:36	0.6F
13 Sa	03:48	01:12	0.8F
	14:06	10:06	-1.4E
	22:18	18:30	1.2F
		23:12	-0.1E
14 Su	00:12	02:30	0.5F
	04:30	10:42	-0.9E
	13:42	18:42	0.9F
	21:24	23:54	-0.8E
15 M	02:30	03:36	0.2F
	04:54	06:18	-0.2E
		07:36	-0.1E
		10:54	-0.3E
	13:06	16:18	1.1F
	****************		
16 Tu	07:24	00:30	-1.4E
	21:00	05:54	-0.1E
		16:36	1.4F
17 W	07:36	01:06	-1.9E
	21:06	17:06	1.7F
18 Th	08:06	01:42	-2.2E
	21:30	17:48	1.9F
19 F ○	08:48	02:18	-2.4E
	21:54	18:30	2.0F
20 Sa	09:30	02:48	-2.5E
	22:24	19:06	2.1F
21 Su	10:06	03:18	-2.6E
		14:48	1.7F
		16:30	1.6F
		19:30	2.0F
	23:00		
22 M	10:48	03:48	-2.7E
		14:54	1.7F
		17:00	1.6F
		19:54	2.0F
	23:30		
23 Tu	11:24	04:18	-2.7E
		15:18	1.8F
		17:36	1.6F
		20:06	1.8F
24 W	00:12	05:00	-2.7E
	12:00	15:54	1.9F
		18:18	1.6F
		19:54	1.7F
25 Th	00:48	05:36	-2.6E
	12:24	16:18	1.8F
26 F	01:36	06:18	-2.4E
	12:48	16:54	1.7F
27 Sa ◑	02:24	07:06	-2.0E
	12:54	17:30	1.6F
		23:00	0.3F
28 Su	03:18	01:12	0.4F
	13:00	08:18	-1.5E
	21:42	17:54	1.3F
		23:12	-0.3E
29 M	01:00	02:42	0.3F
	04:18	09:18	-1.0E
	14:06	16:06	1.0F
	20:54	23:36	-0.9E
30 Tu	02:54	04:00	0.1F
	05:48		
	08:00	10:24	-0.4E
	12:30		
	20:36	15:54	1.1F

December

Day	Slack (h m)	Maximum (h m)	knots
1 W	05:00	00:12	-1.6E
	20:24	08:30	0.6F
		11:24	0.3F
		16:12	1.4F
2 Th	06:12	00:48	-2.2E
	20:30	09:54	1.1F
		12:36	0.9F
		16:36	1.6F
3 F	07:06	01:30	-2.7E
	20:54	11:18	1.7F
		13:48	1.4F
		17:18	1.9F
4 Sa ●	08:06	02:18	-3.0E
	21:36	12:18	2.0F
		15:12	1.8F
		18:06	2.2F
5 Su	09:06	03:12	-3.3E
	22:24	13:12	2.2F
		16:12	1.9F
		18:54	2.4F
6 M	10:12	03:30	-2.8E
	23:12	14:00	2.3F
		16:48	1.9F
		19:42	2.5F
7 Tu	11:06	04:06	-2.9E
		14:30	1.9F
		17:24	1.8F
		20:18	2.4F
8 W	00:00	05:24	-3.0E
	12:00	15:24	2.0F
		18:06	1.6F
		21:06	2.0F
9 Th	00:42	05:48	-2.5E
	12:36	15:54	1.7F
		19:06	1.3F
		22:00	1.5F
10 F	01:30	06:18	-2.0E
	12:42	16:24	1.4F
		21:06	0.7F
		23:12	0.9F
11 Sa ◐	02:06	06:36	-1.4E
	21:30	16:36	1.1F
	22:42		
12 Su	02:30	00:48	0.3F
	11:48	06:36	-0.8E
	20:06	15:24	1.0F
		22:54	-0.8E
13 M	10:06	02:24	-0.1E
	19:48	05:06	-0.5E
		15:00	1.3F
		23:30	-1.4E
14 Tu	07:18	03:36	-0.4E
	19:48	04:54	-0.5E
		15:24	1.7F
15 W	07:12	00:12	-1.9E
	20:00	15:48	1.9F
16 Th	07:36	00:48	-2.2E
	20:24	16:18	2.0F
17 F	08:00	01:24	-2.4E
	20:54	17:00	2.1F
18 Sa	08:36	01:54	-2.5E
	21:30	17:54	2.1F
19 Su ○	09:06	02:24	-2.6E
	22:06	13:48	1.8F
		15:42	1.7F
		18:42	2.1F
20 M	09:36	03:00	-2.7E
	22:42	13:48	1.8F
		16:30	1.6F
		19:18	2.0F
21 Tu	10:06	03:30	-2.8E
	23:18	14:06	1.9F
		17:00	1.7F
		19:48	2.0F
22 W	10:30	04:06	-2.9E
	23:54	14:30	1.9F
		17:24	1.5F
		20:12	1.8F
23 Th	10:54	04:42	-2.9E
		15:00	1.8F
		18:00	1.3F
		20:42	1.6F
24 F	00:30	05:18	-2.7E
	11:12	15:30	1.7F
		18:54	1.0F
		21:18	1.1F
25 Sa	01:06	05:54	-2.3E
	11:18	15:54	1.4F
		20:54	0.6F
		22:42	0.6F
26 Su	01:48	06:36	-1.6E
	11:18	16:06	1.1F
	20:36	21:42	-0.1E
	23:12		
27 M ◑	02:30	01:06	0.2F
	11:06	07:24	-0.9E
	19:24	14:42	1.0F
		22:18	-0.8E
28 Tu	02:54	04:36	-0.1E
	10:12	06:30	-0.1E
	19:06	14:36	1.2F
		23:00	-1.5E
29 W	05:18	08:00	0.6F
	19:00	09:54	0.5F
		14:54	1.7F
		23:42	-2.1E
30 Th	05:54	09:12	1.2F
	19:18	11:24	1.1F
		15:24	1.8F
31 F	06:36	00:30	-2.6E
	20:00	10:12	1.7F
		12:36	1.6F
		15:54	2.0F

Station ID: SAB0803 Depth: 18 feet
Source: NOAA/NOS/CO-OPS
Station Type: Harmonic
Time Zone: LST

NOAA Tidal Current Predictions

St. Andrew Bay Entrance, 2021
Latitude: 30.1218° N Longitude: 85.7297° W
Mean Flood Dir. 45° (T) Mean Ebb Dir. 225° (T)
Times and speeds of maximum and minimum current, in knots

EXTRA CURRENTS

February

	Slack	Maximum	
	h m	h m	knots
2 Tu	20:42	23:00	0.5F

March

	Slack	Maximum	
	h m	h m	knots
1 M	18:36	21:06	1.1F
3 W	22:06		

May

	Slack	Maximum	
	h m	h m	knots
22 Sa	21:00	23:06	-0.4E

June

	Slack	Maximum	
	h m	h m	knots
19 Sa	22:48		

September

	Slack	Maximum	
	h m	h m	knots
10 F	17:48	21:06	1.1F
23 Th	23:54	20:24	1.5F

October

	Slack	Maximum	
	h m	h m	knots
20 W ○	22:12	18:48	1.4F

November

	Slack	Maximum	
	h m	h m	knots
15 M	21:06		

Station ID: MOB1101 **Depth:** 25 feet
Source: NOAA/NOS/CO-OPS
Station Type: Harmonic
Time Zone: LST

Mobile Bay Entrance, off Mobile Point, 2021
Latitude: 30.2270° N Longitude: 88.0346° W
Mean Flood Dir. 7° (T) Mean Ebb Dir. 198° (T)
Times and speeds of maximum and minimum current, in knots

January

Day	Slack (h m)	Maximum (h m)	knots
1 F	12:00	04:42 / 17:00	-1.8E / 1.9F
2 Sa	00:30 / 12:30	05:12 / 17:30	-1.7E / 1.7F
3 Su	01:00 / 13:00	05:30 / 17:48	-1.4E / 1.3F
4 M	01:30 / 13:12	05:42 / 17:36	-1.0E / 0.9F
5 Tu	01:42 / 12:36 / 23:12	05:30 / 16:42	-0.6E / 0.5F
6 W	07:12 / 19:00	04:12 / 10:48 / 12:00 / 15:18 / 23:36	-0.3E / 0.4F / 0.4F / 0.5F / -0.6E
7 Th	06:18 / 18:42	11:06 / 23:36	1.0F / -1.2E
8 F	06:42 / 19:12	11:48	1.6F
9 Sa	07:24 / 20:00	00:18 / 12:42	-1.7E / 2.0F
10 Su	08:18 / 20:54	01:18 / 13:42	-2.0E / 2.2F
11 M	09:12 / 21:48	02:12 / 14:42	-2.2E / 2.3F
12 Tu	10:00 / 22:36	03:00 / 15:36	-2.2E / 2.2F
13 W	10:42 / 23:12	03:42 / 16:12	-2.1E / 2.1F
14 Th	11:18 / 23:42	04:18 / 16:36	-1.9E / 1.8F
15 F	11:36	04:42 / 16:54	-1.6E / 1.6F
16 Sa	00:00 / 11:48	05:00 / 17:06	-1.3E / 1.3F
17 Su	00:06 / 11:36 / 23:54	05:18 / 17:24	-1.0E / 1.0F
18 M	11:06 / 23:12	05:06 / 16:00	-0.7E / 0.6F
19 Tu	09:18 / 20:48	03:12 / 14:30	-0.4E / 0.5F
20 W	05:42 / 17:48	01:54 / 13:54	-0.4E / 0.6F
21 Th	05:24 / 17:54	01:24 / 10:30 / 13:42	-0.6E / 0.8F / 0.9F
22 F	05:48 / 18:24	01:12 / 10:30 / 23:24	-0.9E / 1.2F / -1.2E
23 Sa	06:36 / 19:12	11:18	1.5F
24 Su	07:24 / 20:00	00:18 / 12:30	-1.5E / 1.7F
25 M	08:18 / 20:54	01:12 / 13:30	-1.7E / 1.9F
26 Tu	09:06 / 21:36	02:18 / 14:42	-1.8E / 1.9F
27 W	09:48 / 22:18	02:54 / 15:36	-1.9E / 2.0F
28 Th	10:30 / 22:54	03:30 / 16:00	-1.8E / 1.9F
29 F	11:00 / 23:30	04:06 / 16:18	-1.7E / 1.8F
30 Sa	11:36	04:36 / 16:36	-1.5E / 1.5F
31 Su	00:06 / 12:00	04:48 / 16:54	-1.2E / 1.1F

February

Day	Slack (h m)	Maximum (h m)	knots
1 M	00:36 / 12:18	04:48 / 16:12	-0.8E / 0.7F
2 Tu	00:48 / 11:30 / 19:30	04:00 / 15:06	-0.4E / 0.4F
3 W	05:00 / 17:12	02:18 / 09:00 / 11:30 / 13:42 / 21:18	-0.2E / 0.5F / 0.4F / 0.5F / -0.6E
4 Th	04:48 / 17:24	09:36 / 22:12	1.1F / -1.2E
5 F	05:30 / 18:06	10:36 / 23:18	1.6F / -1.6E
6 Sa	06:24 / 19:00	11:36	1.9F
7 Su	07:18 / 19:54	00:30 / 13:00	-1.9E / 2.1F
8 M	08:12 / 20:48	01:36 / 14:06	-2.0E / 2.1F
9 Tu	09:06 / 21:36	02:30 / 15:00	-2.0E / 2.0F
10 W	09:48 / 22:18	03:06 / 15:42	-1.8E / 1.9F
11 Th	10:18 / 22:48	03:36 / 16:06	-1.6E / 1.6F
12 F	10:42 / 23:12	03:48 / 16:24	-1.4E / 1.3F
13 Sa	10:54 / 23:24	04:18 / 16:42	-1.1E / 1.0F
14 Su	10:54 / 23:24	04:48 / 17:18	-0.8E / 0.7F
15 M	10:18 / 22:36	05:18 / 14:06 / 16:54 / 18:48	-0.4E / 0.3F / 0.3F / 0.3F
16 Tu	04:36 / 16:06 / 20:18	00:48 / 12:42 / 18:06	-0.2E / 0.3F / -0.1E
17 W	02:54 / 15:42	00:18 / 07:18 / 09:36 / 12:18 / 19:06	-0.3E / 0.5F / 0.4F / 0.5F / -0.5E
18 Th	03:30 / 16:18	08:00 / 12:18 / 20:06 / 22:48 / 23:54	0.8F / 0.7F / -0.9E / -0.8E / -0.8E
19 F	04:18 / 17:06	08:54 / 21:24 / 23:36	1.2F / -1.1E / -1.1E
20 Sa	05:18 / 18:00	10:00 / 22:48	1.4F / -1.3E
21 Su	06:18 / 18:54	01:24 / 11:18 / 12:36 / 14:00	-1.3E / 1.5F / 1.5F / 1.5F
22 M	07:12 / 19:48	02:06 / 14:54	-1.5E / 1.7F
23 Tu	08:00 / 20:36	02:54 / 15:36	-1.6E / 1.8F
24 W	08:48 / 21:18	03:18 / 16:00	-1.6E / 1.7F
25 Th	09:24 / 22:00	03:54 / 16:24	-1.6E / 1.7F
26 F	10:06 / 22:36	03:48 / 17:00	-1.5E / 1.5F
27 Sa	10:42 / 23:24	04:24 / 17:42	-1.2E / 1.2F
28 Su	11:18	06:00 / 19:06	-0.9E / 0.8F

March

Day	Slack (h m)	Maximum (h m)	knots
1 M	00:18 / 11:54	07:54 / 14:30 / 16:48 / 20:24	-0.4E / 0.2F / 0.2F / 0.4F
2 Tu	01:48 / 10:42 / 14:42	05:24 / 17:54	0.2F / -0.3E
3 W	01:24 / 14:48	06:42 / 19:00	0.7F / -0.8E
4 Th	02:42 / 15:42	07:48 / 20:12	1.2F / -1.2E
5 F	03:48 / 16:42	09:00 / 21:36	1.6F / -1.5E
6 Sa	05:00 / 17:42	10:12 / 23:12	1.8F / -1.7E
7 Su	06:06 / 18:42	11:36	1.9F
8 M	07:06 / 19:42	00:48 / 13:00	-1.7E / 1.8F
9 Tu	07:54 / 20:30	01:54 / 14:12	-1.7E / 1.7F
10 W	08:42 / 21:12	02:30 / 14:48	-1.5E / 1.5F
11 Th	09:18 / 21:54	02:54 / 15:18	-1.2E / 1.2F
12 F	09:48 / 22:30	03:06 / 15:48	-1.0E / 0.9F
13 Sa	10:12 / 23:30	03:42 / 16:54	-0.7E / 0.6F
14 Su	10:36 / 23:06	04:48 / 18:06	-0.4E / 0.3F
15 M	04:42 / 09:06 / 12:00 / 18:00	01:24 / 15:06	0.1F / -0.2E
16 Tu	12:24	03:30 / 16:12	0.5F / -0.5E
17 W	00:06 / 10:42 / 14:42	04:42 / 13:18 / 17:18	0.8F / -0.8E
18 Th	01:18 / 14:18	05:48 / 18:18	1.1F / -1.1E
19 F	02:24 / 15:24	07:00 / 19:24	1.3F / -1.2E
20 Sa	03:36 / 16:30	08:06 / 20:30	1.4F / -1.3E
21 Su	04:42 / 17:30	09:06 / 22:06	1.4F / -1.3E
22 M	05:42 / 18:24	00:54 / 10:48 / 12:00 / 13:30	-1.3E / 1.4F / 1.4F / 1.4F
23 Tu	06:36 / 19:12	01:48 / 14:24	-1.4E / 1.5F
24 W	07:24 / 20:00	02:30 / 15:06	-1.3E / 1.4F
25 Th	08:06 / 20:48	03:06 / 15:48	-1.2E / 1.3F
26 F	08:54 / 21:36	03:48 / 16:48	-1.1E / 1.1F
27 Sa	09:48 / 23:00	04:48 / 17:54	-0.8E / 0.8F
28 Su	11:00	06:24 / 19:18	-0.5E / 0.5F
29 M	05:42	00:06 / 02:12 / 08:42 / 11:18 / 15:18	0.2F / 0.2F / -0.2E / -0.1E / -0.4E
30 Tu	10:30 / 23:00	03:42 / 16:24	0.7F / -0.8E
31 W	12:30	04:54 / 17:30	1.2F / -1.2E

Station ID: MOB1101 Depth: 25 feet
Source: NOAA/NOS/CO-OPS
Station Type: Harmonic
Time Zone: LST

Mobile Bay Entrance, off Mobile Point, 2021
Latitude: 30.2270° N Longitude: 88.0346° W
Mean Flood Dir. 7° (T) Mean Ebb Dir. 198° (T)
Times and speeds of maximum and minimum current, in knots

April

Day	Slack h m	Maximum h m	knots	Day	Slack h m	Maximum h m	knots
1 Th	00:48 / 13:48	06:06 / 18:36	1.5F / -1.5E	16 F	00:48 / 13:36	05:24 / 17:54	1.5F / -1.4E
2 F	02:06 / 15:00	07:24 / 19:42	1.7F / -1.6E	17 Sa	01:54 / 14:48	06:30 / 18:54	1.5F / -1.4E
3 Sa	03:18 / 16:12	08:30 / 21:00	1.8F / -1.6E	18 Su	03:00 / 15:48	07:36 / 19:54	1.5F / -1.3E
4 Su ◐	04:30 / 17:12	09:42 / 22:24	1.7F / -1.5E	19 M	04:00 / 16:42	08:30 / 20:54	1.4F / -1.2E
5 M	05:30 / 18:12	10:48 / 23:48	1.6F / -1.3E	20 Tu ☾	04:48 / 17:30	09:24 / 21:42	1.3F / -1.1E
6 Tu	06:24 / 19:00	11:36	1.3F	21 W	05:36 / 18:12	10:00 / 22:36	1.2F / -0.9E
7 W	07:06 / 19:48	00:24 / 12:06	-1.1E / 1.1F	22 Th	06:18 / 19:06	10:42 / 23:36	0.9F / -0.6E
8 Th	07:42 / 20:30	00:54 / 12:48	-0.8E / 0.8F	23 F	07:06 / 20:06	02:30 / 11:00 / 13:00 / 15:54 / 22:30	-0.6E / 0.6F / 0.5F / 0.6F / -0.2E
9 F	08:18 / 22:06	01:36 / 14:00	-0.5E / 0.5F	24 Sa	08:12	00:06 / 04:18 / 10:48 / 13:18 / 17:30	-0.2E / -0.3E / 0.2F / 0.1F / 0.4F
10 Sa	09:12	03:00 / 17:06 / 20:12	-0.2E / 0.2F / 0.1F			****************	
11 Su	08:36 / 18:42	00:12 / 13:24	0.2F / -0.3E	25 Su	04:36 / 17:24	00:48 / 07:18 / 08:30 / 13:54	0.3F / -0.1E / -0.1E / -0.4E
12 M ●	09:30 / 21:18	01:24 / 14:24	0.6F / -0.7E	26 M	08:24 / 20:36	01:48 / 14:36	0.8F / -0.9E
13 Tu	10:18 / 22:30	02:30 / 15:06	1.0F / -1.0E	27 Tu ○	09:54 / 22:12	02:42 / 15:18	1.3F / -1.4E
14 W	11:24 / 23:36	03:30 / 16:00	1.2F / -1.2E	28 W	11:06 / 23:24	03:42 / 16:18	1.7F / -1.7E
15 Th	12:30	04:24 / 16:54	1.4F / -1.4E	29 Th	12:18	04:42 / 17:12	1.9F / -1.9E
				30 F	00:36 / 13:24	05:54 / 18:18	2.0F / -1.9E

May

Day	Slack h m	Maximum h m	knots	Day	Slack h m	Maximum h m	knots
1 Sa	01:42 / 14:30	06:54 / 19:18	2.0F / -1.7E	16 Su	01:24 / 14:06	06:06 / 18:24	1.7F / -1.5E
2 Su	02:42 / 15:30	08:00 / 20:06	1.8F / -1.5E	17 M	02:12 / 14:54	06:54 / 19:06	1.6F / -1.4E
3 M ◐	03:36 / 16:18	08:42 / 20:48	1.5F / -1.2E	18 Tu	02:54 / 15:36	07:36 / 19:42	1.4F / -1.2E
4 Tu	04:18 / 17:00	09:18 / 21:24	1.2F / -0.9E	19 W ☾	03:30 / 16:12	08:06 / 20:00	1.2F / -0.9E
5 W	04:42 / 17:24	09:36 / 21:42	0.9F / -0.6E	20 Th	03:54 / 16:42	08:24 / 20:00	0.9F / -0.6E
6 Th	04:30 / 17:24	09:42 / 20:48	0.5F / -0.2E	21 F	04:06 / 17:12 / 22:18	08:12 / 19:36	0.5F / -0.2E
7 F	02:42 / 14:24 / 20:48	07:36	0.2F	22 Sa	02:42 / 09:48 / 16:54 / 19:48	00:24 / 06:54 / 12:36	0.1F / 0.2F / -0.3E
8 Sa	08:54 / 19:54	04:48 / 13:30	0.3F / -0.3E	23 Su	08:12 / 19:42	00:42 / 13:00	0.6F / -0.8E
9 Su	08:30 / 20:12	00:30 / 13:12	0.6F / -0.7E	24 M	08:30 / 20:30	01:00 / 13:42	1.2F / -1.3E
10 M	08:48 / 20:48	00:54 / 13:30	1.0F / -1.1E	25 Tu	09:12 / 21:30	01:54 / 14:30	1.7F / -1.8E
11 Tu ●	09:24 / 21:36	01:36 / 14:12	1.4F / -1.4E	26 W ○	10:12 / 22:30	02:48 / 15:24	2.0F / -2.1E
12 W	10:18 / 22:30	02:24 / 15:00	1.6F / -1.6E	27 Th	11:12 / 23:30	03:48 / 16:12	2.2F / -2.2E
13 Th	11:12 / 23:30	03:18 / 15:54	1.8F / -1.7E	28 F	12:12	04:48 / 17:06	2.3F / -2.1E
14 F	12:12	04:18 / 16:48	1.8F / -1.7E	29 Sa	00:24 / 13:06	05:48 / 18:00	2.2F / -1.9E
15 Sa	00:30 / 13:12	05:12 / 17:36	1.8F / -1.7E	30 Su	01:18 / 13:54	06:36 / 18:36	1.9F / -1.6E
				31 M	01:54 / 14:30	07:06 / 19:00	1.6F / -1.3E

June

Day	Slack h m	Maximum h m	knots	Day	Slack h m	Maximum h m	knots
1 Tu	02:12 / 14:48	07:30 / 19:18	1.3F / -1.0E	16 W	01:48 / 14:18	06:30 / 18:24	1.3F / -1.0E
2 W ◐	02:06 / 14:24	07:36 / 19:00	0.9F / -0.6E	17 Th	01:54 / 14:30	06:30 / 18:24	0.9F / -0.6E
3 Th	01:00 / 12:54 / 22:48	06:54 / 18:00	0.6F / -0.4E	18 F ☾	01:18 / 12:36 / 20:36	05:54 / 17:42	0.6F / -0.4E
4 F	10:30 / 20:06	04:24 / 15:54	0.5F / -0.4E	19 Sa	08:18	00:00 / 04:30 / 12:06 / 23:48	0.3F / 0.5F / -0.5E / 0.9F
5 Sa	08:06 / 19:24	03:42 / 14:36	0.6F / -0.6E	20 Su	07:30 / 19:18	12:12	-1.0E
6 Su	07:48 / 19:36	00:12 / 12:36	0.8F / -0.9E	21 M	07:48 / 19:54	00:18 / 12:48	1.4F / -1.6E
7 M	08:06 / 20:06	00:24 / 12:54	1.2F / -1.3E	22 Tu	08:30 / 20:48	01:06 / 13:42	1.9F / -2.0E
8 Tu	08:36 / 20:48	00:48 / 13:24	1.6F / -1.6E	23 W	09:24 / 21:42	02:00 / 14:30	2.2F / -2.2E
9 W	09:24 / 21:42	01:36 / 14:12	1.8F / -1.8E	24 Th ○	10:18 / 22:36	03:00 / 15:30	2.4F / -2.3E
10 Th ●	10:18 / 22:36	02:24 / 15:00	2.0F / -1.9E	25 F	11:12 / 23:24	04:00 / 16:18	2.4F / -2.2E
11 F	11:12 / 23:24	03:18 / 15:54	2.0F / -1.9E	26 Sa	12:00	04:48 / 17:00	2.3F / -2.0E
12 Sa	12:00	04:12 / 16:36	2.0F / -1.9E	27 Su	00:06 / 12:36	05:30 / 17:30	2.0F / -1.7E
13 Su	00:12 / 12:48	04:54 / 17:18	1.9F / -1.7E	28 M	00:36 / 13:06	05:54 / 17:54	1.7F / -1.4E
14 M	00:48 / 13:24	05:42 / 17:48	1.8F / -1.5E	29 Tu	00:48 / 13:06	06:06 / 18:00	1.3F / -1.0E
15 Tu	01:24 / 13:54	06:12 / 18:18	1.5F / -1.3E	30 W	00:24 / 12:30 / 23:24	05:54 / 17:30	1.0F / -0.7E

Station ID: MOB1101 Depth: 25 feet
Source: NOAA/NOS/CO-OPS
Station Type: Harmonic
Time Zone: LST

NOAA Tidal Current Predictions

Mobile Bay Entrance, off Mobile Point, 2021
Latitude: 30.2270° N Longitude: 88.0346° W
Mean Flood Dir. 7° (T) Mean Ebb Dir. 198° (T)
Times and speeds of maximum and minimum current, in knots

July

Date	Slack h m	Maximum h m	knots
1 Th	11:18, 21:24	04:30, 15:54	0.7F, -0.5E
2 F	09:12, 19:06	03:12, 14:48	0.7F, -0.6E
3 Sa	07:06, 18:30	02:48, 14:12	0.8F, -0.7E
4 Su	06:48, 18:42	02:42, 13:06, 23:30	0.9F, -0.9E, 1.2F
5 M	07:12, 19:18	11:54	-1.3E
6 Tu	07:48, 20:00	00:00, 12:36	1.6F, -1.6E
7 W	08:36, 20:54	00:54, 13:24	1.8F, -1.8E
8 Th	09:30, 21:42	01:42, 14:24	2.0F, -1.9E
9 F	10:18, 22:30	02:36, 15:12	2.0F, -1.9E
10 Sa	11:00, 23:12	03:30, 15:54	2.0F, -1.9E
11 Su	11:42, 23:48	04:12, 16:30	1.9F, -1.7E
12 M	12:12	04:48, 16:54	1.8F, -1.6E
13 Tu	00:12, 12:42	05:00, 17:18	1.5F, -1.3E
14 W	00:36, 13:00	05:18, 17:06	1.2F, -0.9E
15 Th	00:42, 13:00, 23:54	05:00, 16:54	0.9F, -0.6E
16 F	10:48, 19:06	04:12, 15:48	0.6F, -0.4E
17 Sa	06:48, 18:06	03:18, 11:36, 22:54	0.5F, -0.5E, 0.9F
18 Su	06:24, 18:18	11:18, 23:30	-1.1E, 1.5F
19 M	06:54, 19:00	12:00	-1.6E
20 Tu	07:36, 19:54	00:18, 13:00	1.9F, -2.0E
21 W	08:30, 20:48	01:12, 13:54	2.2F, -2.2E
22 Th	09:24, 21:42	02:24, 14:48	2.4F, -2.3E
23 F	10:18, 22:30	03:24, 15:42	2.3F, -2.2E
24 Sa	11:00, 23:06	04:18, 16:12	2.2F, -1.9E
25 Su	11:36, 23:36	04:42, 16:42	1.9F, -1.6E
26 M	12:00, 23:42	05:00, 17:00	1.5F, -1.2E
27 Tu	12:00, 23:18	05:12, 17:00	1.2F, -0.9E
28 W	11:24, 22:24	05:00, 16:36	0.8F, -0.6E
29 Th	10:24, 20:06	02:54, 14:00	0.6F, -0.4E
30 F	07:24, 17:18	01:54, 13:30	0.6F, -0.5E
31 Sa	05:30, 17:06	01:30, 13:06	0.7F, -0.6E

August

Date	Slack h m	Maximum h m	knots
1 Su	05:36, 17:30	01:36, 12:54, 22:12	0.9F, -0.9E, 1.2F
2 M	06:06, 18:12	10:42, 22:48	-1.2E, 1.5F
3 Tu	06:48, 19:00	11:48, 23:54	-1.4E, 1.7F
4 W	07:42, 19:54	13:00	-1.6E
5 Th	08:30, 20:48	01:12, 14:06	1.8F, -1.8E
6 F	09:24, 21:36	03:42, 15:12	1.9F, -1.8E
7 Sa	10:06, 22:12	04:06, 15:30	1.9F, -1.7E
8 Su	10:42, 22:48	04:42, 15:54	1.8F, -1.6E
9 M	11:18, 23:18	04:24, 16:12	1.6F, -1.3E
10 Tu	11:48, 23:42	04:36, 16:30	1.3F, -1.0E
11 W	12:12, 23:54	04:12, 16:18	1.0F, -0.7E
12 Th	12:24, 23:00	03:42, 15:30	0.6F, -0.3E
13 F	06:42, 09:12, 16:30, 23:12	02:36, 13:48, 20:18	0.4F, -0.2E, 0.5F, 0.4F
14 Sa	04:42, 16:18	01:30, 08:30, 21:06	0.4F, -0.6E, 1.0F
15 Su	04:54, 16:54	09:30, 22:00	-1.1E, 1.5F
16 M	05:36, 17:54	10:42, 23:06	-1.5E, 1.8F
17 Tu	06:30, 18:54	12:00	-1.8E
18 W	07:30, 19:48	00:24, 13:12	2.1F, -2.0E
19 Th	08:30, 20:42	01:36, 14:18	2.2F, -2.0E
20 F	09:18, 21:36	02:54, 15:12	2.1F, -1.9E
21 Sa	10:06, 22:12	03:42, 15:42	1.9F, -1.6E
22 Su	10:48, 22:42	04:18, 16:06	1.6F, -1.3E
23 M	11:12, 22:54	04:36, 16:12	1.2F, -0.9E
24 Tu	11:24, 22:30	04:48, 16:36	0.9F, -0.6E
25 W	10:54, 21:12	05:36, 16:54	0.5F, -0.2E
26 Th	09:30, 14:36	01:00, 04:48, 06:48, 11:54, 23:54	0.3F, 0.1F, 0.2F, -0.2E, 0.3F
27 F	03:18, 14:24	05:54, 08:18, 11:42, 18:24, 21:30	-0.2E, -0.2E, -0.3E, 0.5F, 0.5F
	*****************		
28 Sa	03:12, 14:54	06:42, 09:42, 11:24, 19:18	-0.6E, -0.5E, -0.5E, 0.9F
29 Su	03:48, 15:48	07:30, 10:42, 20:18	-0.9E, -0.7E, 1.1F
30 M	04:36, 16:42	08:36, 21:18	-1.1E, 1.4F
31 Tu	05:30, 17:48	09:54, 11:54, 22:30	-1.3E, -1.3E, 1.5F

September

Date	Slack h m	Maximum h m	knots
1 W	06:30, 18:48	13:48	-1.4E
2 Th	07:24, 19:42	02:42, 14:42	1.6F, -1.5E
3 F	08:18, 20:30	03:24, 15:24	1.7F, -1.5E
4 Sa	09:00, 21:12	04:06, 15:48	1.6F, -1.4E
5 Su	09:42, 21:48	04:36, 16:30	1.5F, -1.2E
6 M	10:24, 22:24	05:12, 17:18	1.3F, -1.0E
7 Tu	11:06, 23:00	06:06, 18:36	1.0F, -0.7E
8 W	12:06, 23:30	07:06, 20:00	0.7F, -0.3E
9 Th	04:30, 12:48, 21:48	01:30, 08:30, 16:54	0.2F, 0.3F, 0.3F
10 F	01:48, 12:30	05:24, 18:06	-0.4E, 0.7F
11 Sa	02:06, 14:00	06:30, 19:06	-0.9E, 1.2F
12 Su	03:00, 15:12	07:30, 20:18	-1.2E, 1.5F
13 M	04:06, 16:18	09:00, 21:30	-1.5E, 1.8F
14 Tu	05:06, 17:30	10:24, 22:54	-1.7E, 1.9F
15 W	06:12, 18:36	12:00	-1.8E
16 Th	07:12, 19:30	00:18, 13:24	1.9F, -1.7E
17 F	08:12, 20:24	01:48, 14:12	1.7F, -1.5E
18 Sa	09:06, 21:06	02:48, 14:54	1.5F, -1.2E
19 Su	09:48, 21:42	03:24, 15:18	1.1F, -0.8E
20 M	10:42, 22:12	04:12, 15:36	0.8F, -0.5E
21 Tu	13:18, 21:42	04:54, 16:54	0.4F, -0.1E
22 W	09:30, 23:30	01:24, 06:12, 14:00, 19:06, 20:42	0.1F, 0.1F, 0.3F, 0.1F, 0.1F
23 Th	07:42, 10:54	03:06, 15:24	-0.3E, 0.6F
24 F	00:00, 11:48	04:00, 16:30	-0.6E, 0.9F
25 Sa	00:48, 12:48	04:54, 17:30	-0.9E, 1.1F
26 Su	01:42, 13:54	05:48, 18:24	-1.1E, 1.3F
27 M	02:48, 15:00	06:48, 19:36	-1.3E, 1.4F
28 Tu	03:54, 16:06	08:06, 20:42	-1.3E, 1.4F
29 W	04:54, 17:12	09:12, 11:30, 22:00	-1.3E, -1.2E, 1.4F
30 Th	05:54, 18:12	13:24, 23:12	-1.3E, 1.3F

Station ID: MOB1101 Depth: 25 feet
Source: NOAA/NOS/CO-OPS
Station Type: Harmonic
Time Zone: LST

NOAA Tidal Current Predictions

Mobile Bay Entrance, off Mobile Point, 2021
Latitude: 30.2270° N Longitude: 88.0346° W
Mean Flood Dir. 7° (T) Mean Ebb Dir. 198° (T)
Times and speeds of maximum and minimum current, in knots

October

Day	Slack (h m)	Maximum (h m)	Maximum (knots)
1 F	06:48, 19:00	02:12, 14:12	1.4F, -1.2E
2 Sa	07:36, 19:48	02:54, 14:54	1.3F, -1.1E
3 Su	08:24, 20:30	03:48, 15:54	1.1F, -0.8E
4 M	09:18, 21:18	04:48, 16:54	0.8F, -0.6E
5 Tu	11:00, 22:48	05:48, 18:30	0.6F, -0.3E
6 W ●	01:12, 03:18, 18:42	07:18, 10:24, 14:18	0.3F, 0.2F, 0.4F
7 Th	07:12, 22:24	03:12, 15:24	-0.5E, 0.8F
8 F	10:36, 23:54	04:00, 16:24	-0.9E, 1.2F
9 Sa	12:06	04:54, 17:36	-1.3E, 1.6F
10 Su	01:12, 13:24	06:00, 18:42	-1.6E, 1.8F
11 M	02:24, 14:42	07:12, 19:54	-1.7E, 1.9F
12 Tu	03:30, 15:48	08:24, 21:06	-1.7E, 1.8F
13 W ◑	04:36, 16:54	09:42, 22:18	-1.6E, 1.7F
14 Th	05:42, 17:54	11:12, 23:12	-1.4E, 1.4F
15 F	06:36, 18:42	12:06	-1.1E
16 Sa	07:30, 19:24	00:00, 12:42	1.0F, -0.7E
17 Su	08:24, 19:48	00:12, 13:30	0.6F, -0.3E
18 M	09:42, 11:18, 14:54, 21:30	00:06	0.3F
19 Tu	07:48, 21:18	01:18, 12:42	-0.1E, 0.4F
20 W ○	08:54, 21:42	01:42, 13:30	-0.5E, 0.7F
21 Th	09:36, 22:18	02:18, 14:24	-0.8E, 1.1F
22 F	10:18, 23:06	03:00, 15:06	-1.1E, 1.3F
23 Sa	11:12	03:42, 16:00	-1.3E, 1.5F
24 Su	00:00, 12:18	04:30, 17:00	-1.5E, 1.6F
25 M	01:06, 13:24	05:30, 18:00	-1.5E, 1.6F
26 Tu	02:12, 14:24	06:30, 19:00	-1.5E, 1.6F
27 W	03:12, 15:24	07:24, 20:00	-1.4E, 1.4F
28 Th ◑	04:12, 16:18	08:18, 20:54	-1.2E, 1.3F
29 F	05:00, 17:00	09:06, 21:30	-1.0E, 1.0F
30 Sa	05:42, 17:42	09:18, 21:48	-0.8E, 0.8F
31 Su	06:24, 18:12	09:36, 12:48, 14:12, 22:00	-0.5E, -0.4E, -0.4E, 0.5F

November

Day	Slack (h m)	Maximum (h m)	Maximum (knots)
1 M	07:12, 12:42, 18:36	01:12, 03:42, 09:12, 16:00, 21:06	0.3F, 0.4F, -0.2E, -0.1E, 0.1F
2 Tu	02:42, 08:12, 20:36	05:18, 13:12	0.2F, 0.4F
3 W	07:00, 20:48	01:42, 13:36	-0.5E, 0.9F
4 Th ●	08:42, 21:42	02:12, 14:30	-1.0E, 1.3F
5 F	09:54, 22:42	03:06, 15:30	-1.4E, 1.7F
6 Sa	11:00, 23:48	03:54, 16:18	-1.8E, 2.0F
7 Su	12:06	04:48, 17:24	-2.0E, 2.1F
8 M	00:54, 13:12	05:48, 18:30	-2.0E, 2.1F
9 Tu	02:00, 14:12	06:54, 19:30	-1.9E, 2.0F
10 W	03:00, 15:06	07:48, 20:24	-1.7E, 1.7F
11 Th ◐	03:54, 15:54	08:30, 21:00	-1.3E, 1.3F
12 F	04:36, 16:18	09:00, 21:12	-0.9E, 0.9F
13 Sa	05:00, 15:42	09:00, 21:00	-0.5E, 0.5F
14 Su	04:06, 12:00, 23:18	07:36, 17:24	-0.2E, 0.3F
15 M	08:24, 20:42	04:54, 16:18	-0.2E, 0.5F
16 Tu	08:06, 20:36	02:54, 12:48	-0.5E, 0.7F
17 W	08:18, 20:48	01:12, 12:54	-0.8E, 1.1F
18 Th	08:48, 21:18	01:24, 13:24	-1.1E, 1.4F
19 F ○	09:24, 22:00	02:00, 14:12	-1.4E, 1.7F
20 Sa	10:12, 22:54	02:42, 15:00	-1.7E, 1.9F
21 Su	11:06, 23:48	03:30, 15:48	-1.8E, 1.9F
22 M	12:06	04:30, 16:54	-1.8E, 1.9F
23 Tu	00:48, 13:00	05:18, 17:42	-1.7E, 1.8F
24 W	01:42, 13:48	06:06, 18:24	-1.6E, 1.6F
25 Th	02:24, 14:30	06:36, 19:06	-1.4E, 1.4F
26 F	03:06, 14:54	07:06, 19:30	-1.1E, 1.1F
27 Sa ◑	03:36, 15:06	07:24, 19:36	-0.8E, 0.8F
28 Su	03:48, 14:36	07:18, 19:00	-0.5E, 0.5F
29 M	03:00, 09:36, 21:24	06:48, 12:36, 13:48, 17:54	-0.3E, 0.3F, 0.2F, 0.4F
30 Tu	08:06, 20:18	00:42, 12:48	-0.4E, 0.7F

December

Day	Slack (h m)	Maximum (h m)	Maximum (knots)
1 W	07:54, 20:24	00:54, 12:54	-0.8E, 1.2F
2 Th	08:24, 21:00	01:24, 13:36	-1.3E, 1.7F
3 F	09:12, 21:48	02:06, 14:24	-1.8E, 2.1F
4 Sa ●	10:06, 22:48	03:00, 15:24	-2.1E, 2.3F
5 Su	11:06, 23:48	03:54, 16:30	-2.3E, 2.4F
6 M	12:00	04:48, 17:24	-2.3E, 2.3F
7 Tu	00:42, 12:54	05:42, 18:18	-2.1E, 2.1F
8 W	01:30, 13:36	06:24, 18:54	-1.8E, 1.7F
9 Th	02:12, 14:00	06:54, 19:18	-1.4E, 1.3F
10 F	02:30, 13:48	07:06, 19:12	-1.0E, 0.9F
11 Sa ◐	02:00, 12:24	06:42, 17:42	-0.6E, 0.6F
12 Su	00:00, 09:36, 21:24	04:48, 15:54	-0.4E, 0.6F
13 M	07:48, 19:54	03:24, 15:24	-0.6E, 0.8F
14 Tu	07:24, 19:42	02:42, 15:12	-0.7E, 1.0F
15 W	07:36, 20:00	01:18, 12:30	-1.0E, 1.2F
16 Th	08:00, 20:30	00:48, 12:36	-1.3E, 1.6F
17 F	08:36, 21:12	01:12, 13:18	-1.6E, 1.8F
18 Sa	09:24, 22:00	01:54, 14:06	-1.8E, 2.0F
19 Su ○	10:12, 22:48	02:42, 15:00	-1.9E, 2.1F
20 M	11:06, 23:42	03:36, 15:54	-2.0E, 2.0F
21 Tu	11:54	04:24, 16:42	-1.9E, 1.9F
22 W	00:24, 12:30	05:00, 17:18	-1.7E, 1.7F
23 Th	01:06, 13:00	05:30, 17:42	-1.5E, 1.5F
24 F	01:30, 13:18	05:48, 17:54	-1.2E, 1.2F
25 Sa	01:48, 13:18	05:54, 17:48	-0.9E, 0.9F
26 Su	01:36, 11:54, 22:54	05:42, 17:06	-0.6E, 0.6F
27 M ◑	08:18, 20:06	05:00, 16:06	-0.4E, 0.6F
28 Tu	07:12, 19:24	00:42, 11:42	-0.5E, 0.9F
29 W	07:12, 19:36	00:12, 12:00	-1.0E, 1.4F
30 Th	07:42, 20:12	00:36, 12:48	-1.5E, 1.8F
31 F	08:24, 21:00	01:24, 13:42	-1.9E, 2.2F

Station ID: MOB1101 Depth: 25 feet
Source: NOAA/NOS/CO-OPS
Station Type: Harmonic
Time Zone: LST

NOAA Tidal Current Predictions

Mobile Bay Entrance, off Mobile Point, 2021
Latitude: 30.2270° N Longitude: 88.0346° W
Mean Flood Dir. 7° (T) Mean Ebb Dir. 198° (T)
Times and speeds of maximum and minimum current, in knots

EXTRA CURRENTS

February

	Slack	Maximum	
	h m	h m	knots
17 W		21:42	-0.5E
		23:48	-0.5E

March

	Slack	Maximum	
	h m	h m	knots
15 M	22:12		
29 M	18:42		

April

	Slack	Maximum	
	h m	h m	knots
24 Sa		21:30	0.1F

August

	Slack	Maximum	
	h m	h m	knots
27 F		23:36	0.5F

November

	Slack	Maximum	
	h m	h m	knots
1 M	23:54		

Station ID: lc0201 Depth: 17 feet
Source: NOAA/NOS/CO-OPS
Station Type: Harmonic
Time Zone: LST

NOAA Tidal Current Predictions

Calcasieu Pass, Cameron Fishing Pier, 2021
Latitude: 29.7641° N Longitude: 93.3429° W
Mean Flood Dir. 353° (T) Mean Ebb Dir. 173° (T)
Times and speeds of maximum and minimum current, in knots

January

Day	Slack (h m)	Maximum (h m / knots)
1 F	00:42, 14:36	09:30 -3.2E, 18:36 2.6F
2 Sa	00:24, 15:30	10:24 -3.0E, 19:18 2.4F
3 Su	00:24, 16:18	03:06 -0.4E, 04:18 -0.4E, 11:30 -2.5E, 19:54 2.2F
4 M	00:18, 17:12	03:06 -0.8E, 06:36 -0.4E, 12:36 -2.0E, 20:30 1.9F
5 Tu	00:18, 08:18, 18:00	03:30 -1.3E, 14:36 -1.4E, 21:06 1.5F
6 W	00:12, 08:00, 12:18, 18:48	03:54 -1.8E, 09:48 0.5F, 16:00 -0.9E, 21:30 1.1F
7 Th	00:06, 08:36, 15:12, 19:30	04:18 -2.4E, 11:24 1.1F, 17:12 -0.5E, 22:00 0.8F
8 F	00:06, 09:18, 17:18, 20:18	04:54 -2.9E, 12:48 1.8F, 18:42 -0.2E, 22:36 0.4F
9 Sa	00:18, 19:06, 21:18	05:30 -3.3E, 13:36 2.4F, 23:12 0.2F
10 Su	00:30, 10:54, 20:24, 22:54	06:06 -3.6E, 14:24 2.8F
11 M	00:54, 11:36, 21:06	00:06 0.1F, 06:48 -3.7E, 15:12 3.0F, 22:30 -0.2E
12 Tu	00:12, 01:18, 12:18, 21:42	07:30 -3.7E, 16:00 3.0F, 23:06 -0.2E
13 W ●	01:24, 13:00, 22:12	08:12 -3.6E, 16:48 2.9F, 23:42 -0.3E
14 Th	02:00, 13:48, 22:36	09:00 -3.4E, 17:36 2.8F
15 F	14:30, 23:00	00:18 -0.4E, 02:42 -0.2E, 09:54 -3.0E, 18:18 2.5F
16 Sa	15:24, 23:18	01:06 -0.5E, 03:42 -0.4E, 10:42 -2.6E, 19:06 2.2F
17 Su	16:12, 23:30	02:06 -0.7E, 05:24 -0.4E, 11:30 -2.1E, 19:48 1.8F
18 M	17:00, 23:36	02:48 -1.0E, 07:00 -0.3E, 12:30 -1.4E, 20:24 1.4F
19 Tu	08:48, 17:48, 23:30	03:18 -1.3E, 14:18 -0.8E, 20:48 0.9F
20 W ◐	08:12, 13:30, 18:42, 23:06	03:36 -1.7E, 10:18 0.4F, 16:00 -0.4E, 21:06 0.5F
21 Th	08:42, 16:12, 19:48, 22:12	04:06 -2.0E, 12:12 1.0F, 17:42 -0.1E
22 F	09:18, 18:30	04:36 -2.3E, 13:06 1.6F
23 Sa	10:00, 19:30	05:12 -2.5E, 13:48 2.1F
24 Su	10:36, 20:12	05:42 -2.7E, 14:24 2.4F
25 M	11:12, 20:42	06:24 -2.9E, 14:54 2.6F
26 Tu	11:48, 21:06	07:00 -3.1E, 15:30 2.8F, 23:06 -0.3E
27 W	12:24, 21:36	00:24 -0.3E, 07:42 -3.3E, 16:06 2.9F, 23:06 -0.3E
28 Th ○	13:00, 21:54	01:12 -0.1E, 08:30 -3.4E, 16:42 2.9F, 23:18 -0.3E
29 F	01:18, 13:36, 22:12	09:12 -3.4E, 17:12 2.7F, 23:36 -0.4E
30 Sa	01:36, 03:54, 14:24, 22:18	02:48 0.2F, 10:00 -3.3E, 17:48 2.5F
31 Su	02:24, 05:18, 15:06, 22:18	00:00 -0.6E, 04:00 0.2F, 10:54 -2.9E, 18:18 2.2F

February

Day	Slack (h m)	Maximum (h m / knots)
1 M	03:36, 15:54, 22:12	00:30 -0.9E, 05:18 0.4F, 11:42 -2.4E, 18:54 1.8F
2 Tu	04:42, 08:36, 16:36, 22:12	01:06 -1.3E, 06:36 0.5F, 12:42 -1.6E, 19:24 1.3F
3 W	05:48, 10:48, 17:18, 22:06	01:48 -1.7E, 08:06 0.8F, 14:18 -0.9E, 19:54 0.9F
4 Th ◐	06:54, 14:00, 17:54, 22:12	02:30 -2.2E, 09:36 1.1F, 15:54 -0.4E, 20:18 0.6F
5 F	07:54, 16:54, 18:30, 22:18	03:18 -2.6E, 11:24 1.5F, 20:54 0.3F
6 Sa	08:54, 19:12, 20:18, 22:00	04:06 -2.9E, 12:48 2.1F
7 Su	09:54, 19:36	05:00 -3.1E, 13:42 2.5F, 21:24 -0.2E
8 M	10:48, 20:00	05:54 -3.2E, 14:30 2.8F, 22:00 -0.3E
9 Tu	11:36, 20:24	00:00 -0.2E, 06:54 -3.2E, 15:06 2.9F, 22:24 -0.4E
10 W	12:24, 20:42	01:00 -0.1E, 07:42 -3.2E, 15:48 2.8F, 22:48 -0.5E
11 Th ●	01:30, 13:00, 21:00	08:36 -3.1E, 16:30 2.6F, 23:00 -0.6E
12 F	01:36, 03:18, 13:36, 21:18	02:30 0.1F, 09:18 -2.9E, 17:06 2.3F, 23:24 -0.7E
13 Sa	02:06, 04:24, 14:18, 21:24	03:18 0.2F, 10:00 -2.6E, 17:36 1.9F, 23:36 -0.8E
14 Su	02:54, 14:54, 21:30	04:12 0.2F, 10:42 -2.2E, 18:00 1.5F
15 M	03:48, 15:36, 21:18	00:00 -1.0E, 05:24 0.3F, 11:18 -1.6E, 18:24 1.0F
16 Tu	04:48, 16:12, 21:00	00:30 -1.3E, 06:36 0.3F, 12:12 -1.0E, 18:42 0.6F
17 W	05:48, 11:00, 16:36, 20:24	01:00 -1.5E, 08:06 0.5F, 13:30 -0.3E, 18:42 0.2F
18 Th	06:48, 16:12, 19:18	01:42 -1.7E, 09:54 0.8F
19 F ○	07:42, 18:12	02:36 -1.9E, 11:48 1.2F
20 Sa	08:30, 18:24	03:24 -2.0E, 12:54 1.6F
21 Su	09:24, 18:42	04:18 -2.2E, 13:30 2.1F
22 M	10:06, 19:00	05:18 -2.4E, 14:00 2.4F
23 Tu	10:48, 19:24	06:18 -2.6E, 14:36 2.7F, 22:06 -0.6E
24 W	11:30, 19:42	00:00 -0.5E, 07:12 -2.9E, 15:00 2.8F, 22:00 -0.6E
25 Th	12:06, 20:00	01:00 -0.2E, 07:54 -3.2E, 15:30 2.9F, 22:00 -0.7E
26 F	00:30, 02:54, 12:42, 20:12	01:48 0.3F, 08:36 -3.3E, 16:00 2.7F, 22:18 -0.8E
27 Sa ○	00:36, 04:12, 13:24, 20:18	02:30 0.7F, 09:24 -3.3E, 16:30 2.3F, 22:36 -1.0E
28 Su	01:00, 14:00, 20:18	03:18 1.0F, 10:12 -3.1E, 16:54 2.0F, 22:54 -1.4E

March

Day	Slack (h m)	Maximum (h m / knots)
1 M	01:42, 14:42, 20:12	04:18 1.2F, 10:54 -2.6E, 17:24 1.6F, 23:24 -1.8E
2 Tu	02:36, 15:24, 20:12	05:24 1.4F, 11:42 -1.9E, 17:54 1.1F, 23:48 -2.2E
3 W	03:36, 16:06, 20:12	06:30 1.5F, 12:42 -1.1E, 18:18 0.7F
4 Th	04:48, 12:12, 16:54, 20:18	00:24 -2.5E, 07:54 1.6F, 14:24 -0.4E, 18:48 0.4F
5 F	06:06, 15:18, 17:54, 20:06	01:06 -2.7E, 09:24 1.7F, 16:24 -0.1E
6 Sa ◐	07:18, 17:12	02:12 -2.7E, 11:12 1.9F
7 Su	08:36, 17:54	03:30 -2.7E, 12:42 2.3F
8 M	09:42, 18:24	04:48 -2.7E, 13:30 2.5F, 20:54 -0.5E, 22:30 -0.5E
9 Tu	10:42, 18:48	06:12 -2.7E, 14:12 2.7F, 21:18 -0.7E
10 W	11:30, 19:06	00:30 -0.3E, 07:18 -2.7E, 14:48 2.6F, 21:36 -0.8E
11 Th	00:48, 02:00, 12:12, 19:24	08:12 -2.7E, 15:24 2.4F, 21:54 -0.9E
12 F	00:42, 03:36, 12:54, 19:30	02:06 0.4F, 08:54 -2.6E, 15:48 2.0F, 22:06 -1.1E
13 Sa ●	00:54, 04:48, 13:24, 19:30	02:48 0.6F, 09:30 -2.3E, 16:18 1.6F, 22:18 -1.2E
14 Su	01:18, 14:00, 19:18	03:30 0.8F, 10:12 -2.0E, 16:36 1.1F, 22:30 -1.5E
15 M	01:48, 07:00, 14:24, 18:54	04:18 0.9F, 10:42 -1.5E, 16:42 0.7F, 22:48 -1.7E
16 Tu	02:24, 14:48, 18:18	05:18 1.0F, 11:24 -0.9E, 16:42 0.3F, 23:06 -1.9E
17 W	03:18, 14:48, 17:42	06:18 1.0F, 12:06 -0.4E, 16:24 0.1F, 23:24 -2.1E
18 Th	04:12, 13:30, 17:06	07:36 1.0F, 23:42 -2.1E
19 F	05:18, 16:48	09:12 1.1F
20 Sa	06:24, 16:54	00:00 -2.1E, 10:48 1.3F
21 Su ◐	07:30, 17:06	00:18 -2.0E, 12:12 1.7F
22 M	08:36, 17:24	03:12 -1.9E, 12:54 2.0F
23 Tu	09:30, 17:48	04:48 -2.0E, 13:24 2.3F, 21:00 -0.8E, 22:18 -0.8E
24 W	10:18, 18:06	06:00 -2.3E, 13:54 2.5F, 20:36 -0.8E
25 Th	11:00, 18:24	00:24 -0.3E, 07:00 -2.6E, 14:18 2.6F, 20:48 -1.0E
26 F	00:00, 02:18, 11:42, 18:30, 23:54	01:12 0.2F, 07:48 -2.9E, 14:48 2.5F, 21:00 -1.2E
27 Sa	03:54, 12:24, 18:30	01:54 0.9F, 08:30 -2.9E, 15:12 2.2F, 21:18 -1.5E
28 Su ○	00:06, 05:12, 13:00, 18:30	02:36 1.4F, 09:24 -2.8E, 15:36 1.8F, 21:36 -1.9E
29 M	00:36, 13:36, 18:24	03:30 1.9F, 06:24 -2.4E, 16:00 1.4F, 22:00 -2.4E
30 Tu	01:18, 07:42, 14:18, 18:24	04:24 2.1F, 11:00 -1.9E, 16:24 0.9F, 22:30 -2.8E
31 W	02:06, 09:12, 15:06, 18:24	05:24 2.3F, 11:48 -1.2E, 16:54 0.5F, 23:00 -3.1E

Station ID: lc0201 Depth: 17 feet
Source: NOAA/NOS/CO-OPS
Station Type: Harmonic
Time Zone: LST

NOAA Tidal Current Predictions

Calcasieu Pass, Cameron Fishing Pier, 2021

Latitude: 29.7641° N Longitude: 93.3429° W
Mean Flood Dir. 353° (T) Mean Ebb Dir. 173° (T)
Times and speeds of maximum and minimum current, in knots

April

Day	Slack (h m)	Maximum (h m)	knots
1 Th	03:06	06:30	2.3F
	10:54	13:00	-0.6E
	16:00	17:18	0.2F
	18:24	23:36	-3.1E
2 F	04:12	07:48	2.2F
	13:12	15:00	-0.3E
	17:48		
3 Sa		00:18	-3.0E
	05:30	09:12	2.2F
	15:00	17:12	-0.3E
		18:18	-0.3E
4 Su ◑		01:18	-2.7E
	06:48	10:42	2.2F
	15:54		
5 M		03:06	-2.4E
	08:00	12:06	2.3F
	16:36	19:24	-0.7E
		21:18	-0.6E
6 Tu		04:42	-2.3E
	09:12	13:00	2.4F
	17:06	19:54	-0.9E
		23:30	-0.5E
7 W		06:12	-2.2E
	10:18	13:42	2.3F
	17:30	20:18	-1.1E
8 Th	00:54	07:18	-2.2E
	11:12	14:12	2.0F
	17:48	20:42	-1.2E
9 F	00:00	01:42	0.5F
	03:30	08:18	-2.1E
	12:00	14:42	1.6F
	17:54	20:54	-1.4E
10 Sa	00:12	02:24	0.9F
	04:54	09:06	-1.8E
	12:42	15:00	1.1F
	17:42	21:06	-1.6E
11 Su	00:30	03:00	1.2F
	06:06	09:48	-1.5E
	13:18	15:12	0.7F
	17:18	21:18	-1.9E
12 M ●	00:54	03:48	1.5F
	07:18	10:24	-1.1E
	13:54	15:18	0.3F
	16:36	21:30	-2.1E
13 Tu	01:18	04:30	1.6F
	08:36	11:06	-0.7E
	14:30		
	15:36	21:48	-2.4E
14 W	01:54	05:24	1.6F
	10:06	11:42	-0.3E
	14:36	22:06	-2.5E
15 Th	02:36	06:18	1.6F
	12:30	22:18	-2.6E
	15:00		
16 F	03:24	07:24	1.6F
	15:12	22:42	-2.5E
17 Sa	04:18	08:30	1.6F
	15:12	23:06	-2.4E
18 Su ◐	05:18	09:36	1.7F
	15:18	23:42	-2.2E
19 M	06:24	10:42	1.8F
	15:36		
20 Tu ◑		00:36	-1.9E
	07:30	11:42	1.9F
	16:00		
21 W		04:00	-1.9E
	08:30	12:30	2.1F
	16:24	19:18	-0.9E
		22:30	-0.6E
22 Th		05:24	-2.0E
	09:30	13:00	2.1F
	16:42	19:24	-1.1E
23 F	00:18	06:36	-2.1E
	10:24	13:24	1.9F
	16:48	19:42	-1.4E
	23:12		
24 Sa		01:12	0.7F
	03:12	07:36	-2.1E
	11:12	13:54	1.7F
	16:48	20:00	-1.8E
	23:24		
25 Su		01:54	1.4F
	04:48	08:30	-2.0E
	12:00	14:18	1.3F
	16:42	20:18	-2.3E
	23:48		
26 M		02:42	2.1F
	06:12	09:24	-1.8E
	12:42	14:42	1.0F
	16:36	20:48	-2.8E
27 Tu ○	00:24	03:36	2.5F
	07:30	10:24	-1.5E
	13:24	15:06	0.6F
	16:42	21:18	-3.3E
28 W	01:06	04:30	2.8F
	08:48	11:12	-1.1E
	14:12	15:30	0.3F
	16:48	21:54	-3.5E
29 Th	01:54	05:30	2.9F
	10:12	12:06	-0.7E
	15:24	22:30	-3.6E
	16:42		
30 F	02:54	06:36	2.9F
	11:30	13:24	-0.5E
		16:36	-0.2E
		23:12	-3.5E

May

Day	Slack (h m)	Maximum (h m)	knots
1 Sa	03:54	07:42	2.8F
	12:54	15:24	-0.5E
		17:30	-0.4E
		23:54	-3.1E
2 Su	05:00	08:48	2.7F
	13:54	16:30	-0.6E
		18:36	-0.5E
3 M ◑		00:54	-2.7E
	06:06	09:54	2.5F
	14:42	17:18	-0.8E
		20:00	-0.6E
4 Tu		02:36	-2.2E
	07:18	10:54	2.2F
	15:12	18:06	-1.0E
		21:30	-0.5E
5 W		04:12	-1.9E
	08:24	12:00	1.9F
	15:42	18:42	-1.0E
		23:24	-0.2E
6 Th		05:42	-1.6E
	09:36	12:48	1.6F
	16:00	19:12	-1.4E
	23:18		
7 F	02:42	01:00	0.3F
	10:48	07:06	-1.4E
	16:06	13:30	1.2F
	23:30	19:36	-1.6E
8 Sa	04:42	01:54	0.9F
	11:54	08:30	-1.2E
	15:54	13:54	0.7F
	23:48	19:54	-1.8E
9 Su	06:24	02:42	1.4F
	13:06	09:48	-1.0E
	15:06	14:06	0.2F
		20:06	-2.1E
10 M	00:12	03:30	1.8F
	07:48	10:42	-0.8E
		14:06	-0.2E
		20:24	-2.4E
11 Tu ●	00:42	04:12	2.0F
	09:06	11:30	-0.6E
		13:54	-0.4E
		20:42	-2.6E
12 W	01:12	05:00	2.2F
	10:18	12:24	-0.3E
		21:00	-2.8E
13 Th	01:42	05:42	2.2F
	11:24	21:24	-2.8E
14 F	02:18	06:30	2.2F
	12:24	21:54	-2.8E
15 Sa	03:00	07:12	2.2F
	13:00	22:30	-2.7E
16 Su	03:48	08:00	2.2F
	13:24	23:06	-2.6E
17 M	04:36	08:42	2.2F
	13:48	23:54	-2.4E
18 Tu	05:24	09:18	2.1F
	14:12	17:00	-0.7E
		18:54	-0.7E
19 W ◐		00:42	-2.1E
	06:18	10:06	2.0F
	14:30	17:06	-0.9E
		20:36	-0.6E
20 Th		03:00	-1.8E
	07:18	10:48	1.7F
	14:48	17:36	-1.1E
		22:06	-0.3E
21 F		04:24	-1.5E
	08:18	11:36	1.4F
	14:48	18:06	-1.5E
	22:18	23:54	0.3F
22 Sa	01:42	05:54	-1.2E
	09:30	12:18	1.1F
	14:48	18:30	-1.9E
	22:30		
23 Su	04:12	01:12	1.1F
	10:42	07:24	-1.0E
	14:42	12:48	0.7F
	23:06	19:00	-2.4E
24 M	06:06	02:06	1.8F
	11:48	08:42	-0.9E
	14:42	13:24	0.4F
	23:42	19:36	-2.9E
25 Tu	07:30	03:00	2.5F
	12:48	10:00	-0.8E
	14:48	13:48	0.2F
		20:06	-3.4E
26 W ○	00:24	03:54	3.0F
	08:42	10:54	-0.8E
	13:54	20:48	-3.7E
27 Th	01:06	04:48	3.3F
	09:42	11:42	-0.7E
		14:54	-0.1E
		21:36	-3.8E
28 F	01:54	05:42	3.4F
	10:36	12:36	-0.7E
		15:48	-0.2E
		22:24	-3.7E
29 Sa	02:48	06:36	3.4F
	11:24	13:30	-0.7E
		16:42	-0.3E
		23:12	-3.5E
30 Su	03:42	07:30	3.2F
	12:06	14:36	-0.8E
		17:48	-0.4E
		23:54	-3.2E
31 M	04:36	08:18	3.0F
	12:42	15:24	-0.9E
		18:48	-0.4E

June

Day	Slack (h m)	Maximum (h m)	knots
1 Tu		00:12	-2.6E
	05:30	09:06	2.6F
	13:18	16:00	-1.1E
	20:00		
2 W ◑		01:54	-2.1E
	06:24	09:48	2.1F
	13:42	16:36	-1.2E
		21:12	-0.2E
3 Th		03:18	-1.6E
	07:18	10:30	1.5F
	14:00	17:12	-1.4E
	22:18		
	23:30		
4 F		04:36	-1.0E
	08:30	11:12	0.8F
	14:00	17:48	-1.6E
	22:24		
5 Sa	03:54	01:06	0.6F
		07:06	-0.5E
	13:24	12:36	0.2F
	23:00	18:18	-1.8E
6 Su	06:42	02:12	1.2F
		09:54	-0.5E
		12:36	-0.3E
	23:30	18:54	-2.1E
7 M	08:18	03:06	1.8F
		11:30	-0.7E
		12:42	-0.7E
		19:18	-2.3E
8 Tu	00:06	04:00	2.3F
	09:18	19:48	-2.6E
9 W	00:36	04:42	2.6F
	10:00	20:24	-2.7E
10 Th ●	01:06	05:18	2.7F
	10:30	20:54	-2.8E
11 F	01:42	05:54	2.8F
	11:00	21:30	-2.9E
12 Sa	02:12	06:24	2.8F
	11:18	22:12	-3.0E
13 Su	02:48	06:48	2.8F
	11:36	14:06	-0.6E
		15:24	-0.5E
		22:54	-3.0E
14 M	03:30	07:24	2.7F
	12:00	14:18	-0.7E
		17:00	-0.5E
		23:30	-2.9E
15 Tu	04:06	07:54	2.6F
	12:18	14:48	-0.8E
		18:06	-0.3E
16 W		00:12	-2.6E
	04:48	08:24	2.4F
	12:30	15:06	-1.0E
		19:12	-0.2E
17 Th		00:54	-2.2E
	05:24	08:54	2.0F
	12:36	15:36	-1.3E
	20:00		
18 F ◐		02:12	-1.6E
	06:06	09:18	1.5F
	13:36	16:06	-1.6E
	20:24	21:36	0.2F
	23:00		
19 Sa		03:36	-0.9E
	06:42	09:48	1.0F
	12:24	16:36	-2.0E
	21:12	23:42	0.6F
20 Su	03:18	05:18	-0.3E
	07:30	10:12	0.5F
	12:18	18:18	0.2F
	22:06		
21 M	07:24	01:30	1.4F
	09:48		
	11:42		
	22:54	18:00	-2.8E
22 Tu	08:18	02:30	2.1F
		10:30	-0.3E
		12:06	-0.3E
	23:42	19:00	-3.1E
23 W	08:54	03:30	2.8F
		11:06	-0.5E
		13:06	-0.4E
		19:48	-3.4E
24 Th ○	00:30	04:18	3.2F
	09:24	11:24	-0.7E
		13:54	-0.4E
		20:48	-3.6E
25 F	01:12	05:00	3.5F
	09:54	12:00	-0.8E
		14:54	-0.3E
		21:42	-3.7E
26 Sa	01:54	05:42	3.6F
	10:18	12:24	-0.9E
		15:48	-0.2E
		22:30	-3.7E
27 Su	02:42	06:24	3.6F
	10:42	12:54	-1.0E
		16:48	-0.1E
		23:12	-3.6E
28 M	03:24	07:00	3.4F
	11:12	13:30	-1.1E
		23:54	-3.2E
29 Tu	04:06	07:36	3.0F
	11:30	14:06	-1.2E
	17:54	18:42	0.1F
	19:30		
30 W		00:30	-2.7E
	04:48	08:12	2.4F
	11:48	14:42	-1.4E
	18:30	19:36	0.2F
	20:42		

Station ID: lc0201 Depth: 17 feet
Source: NOAA/NOS/CO-OPS
Station Type: Harmonic
Time Zone: LST

Calcasieu Pass, Cameron Fishing Pier, 2021
Latitude: 29.7641° N Longitude: 93.3429° W
Mean Flood Dir. 353° (T) Mean Ebb Dir. 173° (T)
Times and speeds of maximum and minimum current, in knots

July

Day	Slack (h:m)	Maximum (h:m, knots)
1 Th ◐	05:24, 11:54, 19:24, 22:00	01:24 -2.0E, 08:42 1.8F, 15:12 -1.5E, 20:42 0.3F
2 F	05:54, 11:42, 20:24	02:18 -1.2E, 08:54 1.1F, 15:42 -1.7E, 22:06 0.3F
3 Sa	00:48, 05:54, 10:54, 21:30	03:24 -0.3E, 08:54 0.4F, 16:06 -1.8E
4 Su	08:48, 22:30	01:36 0.8F, 16:42 -2.0E
5 M	08:30, 23:18	02:42 1.6F, 17:30 -2.1E
6 Tu	08:54	03:30 2.2F, 18:42 -2.2E
7 W	00:00, 09:18	04:12 2.7F, 19:54 -2.5E
8 Th	00:30, 09:36	04:42 3.0F, 20:42 -2.7E
9 F	01:06, 09:54	05:12 3.1F, 12:48 -0.9E, 21:30 -2.9E
10 Sa ●	01:36, 10:06	05:30 3.2F, 12:24 -0.8E, 14:30 -0.7E, 22:00 -3.1E
11 Su	02:06, 10:24	05:54 3.2F, 12:24 -0.8E, 15:36 -0.4E, 22:36 -3.3E
12 M	02:36, 10:36	06:12 3.1F, 12:36 -0.9E, 16:30 -0.1E, 23:06 -3.3E
13 Tu	03:06, 10:42, 16:18, 18:18	06:42 3.0F, 12:54 -1.1E, 17:24 0.2F, 23:36 -3.1E
14 W	03:42, 10:48, 16:36, 19:36	07:06 2.7F, 13:18 -1.3E, 18:12 0.4F
15 Th	04:12, 10:48, 17:12, 20:54	00:12 -2.7E, 07:24 2.3F, 13:42 -1.6E, 19:06 0.6F
16 F	04:42, 10:42, 18:00, 22:12	00:48 -2.0E, 07:48 1.8F, 14:12 -1.9E, 20:06 0.7F
17 Sa ◐	04:54, 10:36, 19:06	01:30 -1.2E, 08:00 1.3F, 14:42 -2.2E, 21:18 0.7F
18 Su	00:30, 04:30, 10:30, 20:30	02:48 -0.2E, 08:06 0.8F, 15:18 -2.5E
19 M	10:12, 21:54	00:42 0.9F, 16:06 -2.7E
20 Tu	09:24, 23:00	02:24 1.7F, 17:06 -2.8E
21 W	08:54, 23:48	03:06 2.5F, 18:54 -2.9E
22 Th	09:00	03:48 3.0F, 11:24 -0.8E, 13:00 -0.7E, 20:12 -3.2E
23 F	00:36, 09:06	04:24 3.4F, 11:24 -0.9E, 14:12 -0.4E, 21:12 -3.4E
24 Sa ○	01:12, 09:24	04:54 3.5F, 11:30 -1.1E, 15:06 -0.1E, 21:54 -3.6E
25 Su	01:48, 09:36, 15:06, 16:54	05:24 3.5F, 11:54 -1.2E, 16:00 0.2F, 22:36 -3.6E
26 M	02:24, 15:18, 18:12	05:54 3.3F, 12:06 -1.4E, 16:48 0.4F, 23:06 -3.4E
27 Tu	03:00, 10:06, 15:48, 19:12	06:24 3.0F, 12:30 -1.5E, 17:36 0.6F, 23:42 -3.0E
28 W	03:36, 10:12, 16:24, 20:12	06:48 2.5F, 12:54 -1.6E, 18:18 0.7F
29 Th	04:06, 10:12, 17:06, 21:18	00:12 -2.4E, 07:12 1.9F, 13:18 -1.8E, 19:12 0.8F
30 F	04:24, 10:00, 17:54, 22:36	00:42 -1.6E, 07:24 1.3F, 13:42 -1.9E, 20:12 0.7F
31 Sa ◐	04:18, 09:36, 19:00	01:24 -0.7E, 07:12 0.7F, 14:06 -2.0E, 21:30 0.6F

August

Day	Slack (h:m)	Maximum (h:m, knots)
1 Su	08:48, 20:30	02:30 0.2F, 06:06 0.5F, 14:24 -2.1E
2 M	08:18, 22:06	01:54 1.1F, 14:48 -2.0E
3 Tu	08:12, 23:06	02:42 1.8F, 15:06 -1.9E
4 W	08:24, 23:48	03:18 2.4F, 19:12 -2.0E
5 Th	08:36	03:48 2.8F, 20:18 -2.4E
6 F	00:18, 08:48	04:12 3.1F, 11:48 -1.2E, 13:54 -1.0E, 21:00 -2.8E
7 Sa	00:48, 09:00	04:36 3.2F, 11:30 -1.1E, 14:30 -0.6E, 21:30 -3.1E
8 Su ●	01:18, 09:06	04:54 3.2F, 11:24 -1.1E, 15:06 -0.1E, 22:00 -3.4E
9 M	01:42, 09:18, 14:24, 17:06	05:12 3.2F, 11:30 -1.2E, 15:48 0.3F, 22:30 -3.5E
10 Tu	02:12, 09:18, 14:30, 18:18	05:30 3.0F, 11:42 -1.4E, 16:30 0.8F, 23:00 -3.3E
11 W	02:42, 09:24, 14:54, 19:24	05:54 2.7F, 11:42 -1.7E, 17:12 1.1F, 23:30 -3.0E
12 Th	03:12, 09:18, 15:30, 20:30	06:12 2.3F, 12:12 -2.0E, 18:00 1.4F
13 F	03:42, 09:12, 16:18, 21:36	00:06 -2.3E, 12:30 -2.4E, 18:54 1.4F
14 Sa	03:54, 09:12, 17:12, 23:12	00:42 -1.4E, 06:48 1.4F, 13:00 -2.7E, 19:54 1.3F
15 Su ◐	03:48, 09:12, 18:24	01:18 -0.5E, 06:54 1.0F, 13:30 -2.8E, 21:24 1.1F
16 M	09:06, 20:06	03:06 0.4F, 06:12 0.7F, 14:06 -2.8E
17 Tu	08:42, 21:48	01:42 1.4F, 15:06 -2.6E
18 W	08:18, 22:54	02:24 2.1F, 17:00 -2.4E
19 Th	08:06, 23:48	03:00 2.7F, 19:36 -2.7E
20 F	08:12	03:30 3.0F, 10:48 -1.0E, 13:36 -0.5E, 20:42 -3.0E
21 Sa	00:30, 08:18, 14:30	04:00 3.2F, 10:48 -1.2E, 21:24 -3.2E
22 Su ○	01:06, 08:24, 13:48, 16:42	04:30 3.1F, 10:54 -1.4E, 15:12 0.4F, 21:54 -3.3E
23 M	01:36, 08:30, 14:00, 17:48	04:48 2.9F, 11:06 -1.6E, 15:54 0.8F, 22:24 -3.2E
24 Tu	02:06, 08:36, 14:18, 18:48	05:12 2.6F, 11:18 -1.7E, 16:36 1.1F, 22:54 -2.8E
25 W	02:36, 08:42, 14:48, 19:42	05:30 2.1F, 11:30 -1.9E, 17:18 1.3F, 23:24 -2.3E
26 Th	03:00, 08:36, 15:18, 20:42	05:48 1.6F, 11:48 -2.1E, 18:00 1.3F, 23:48 -1.7E
27 F	03:18, 08:18, 16:00, 21:48	06:00 1.1F, 12:00 -2.3E, 18:42 1.2F
28 Sa	03:18, 08:00, 16:48, 23:36	00:18 -0.9E, 05:48 0.7F, 12:12 -2.4E, 19:42 1.1F
29 Su	02:18, 07:36, 17:54	00:48 -0.1E, 05:24 0.5F, 12:18 -2.4E, 21:06 0.8F
30 M ◐	07:18, 19:36	03:00 0.6F, 04:06 0.6F, 12:18 -2.3E
31 Tu	07:12, 21:24	01:42 1.3F, 12:24 -2.2E

September

Day	Slack (h:m)	Maximum (h:m, knots)
1 W	07:18, 22:30	02:12 1.9F, 12:24 -1.9E
2 Th	07:24, 23:12	02:36 2.3F, 12:06 -1.6E, 14:48 -1.5E, 19:18 -1.9E
3 F	07:30, 23:48	03:00 2.7F, 11:00 -1.3E, 14:06 -1.1E, 20:06 -2.3E
4 Sa	07:36	03:24 2.9F, 10:30 -1.2E, 14:06 -0.5E, 20:42 -2.8E
5 Su	00:18, 07:42, 13:48, 15:12	03:42 3.0F, 10:18 -1.3E, 21:12 -3.1E
6 M	00:48, 07:48, 13:12, 16:54	04:00 2.9F, 10:18 -1.5E, 15:00 0.7F, 21:42 -3.3E
7 Tu	01:18, 07:48, 13:18, 18:00	04:18 2.7F, 10:30 -1.7E, 15:36 1.3F, 22:12 -3.2E
8 W	01:48, 07:48, 13:36, 19:00	04:36 2.4F, 10:42 -2.1E, 16:18 1.8F, 22:48 -2.9E
9 Th	02:18, 07:42, 14:06, 20:00	04:54 2.0F, 11:00 -2.5E, 17:00 2.1F, 23:24 -2.3E
10 F	02:42, 07:36, 14:48, 21:12	05:18 1.6F, 11:18 -2.9E, 17:54 2.2F
11 Sa	03:06, 07:42, 15:42, 22:36	00:00 -1.5E, 05:36 1.1F, 11:36 -3.2E, 18:48 2.0F
12 Su	03:12, 07:42, 16:42	00:42 -0.7E, 05:48 0.8F, 12:06 -3.3E, 20:00 1.8F
13 M ◐	07:42, 18:06	02:00 0.2F, 05:36 0.5F, 12:30 -3.1E, 21:42 1.5F
14 Tu	07:24, 19:48	13:12 -2.7E
15 W	06:54, 21:30	01:00 1.8F, 15:00 -2.2E
16 Th	06:42, 22:36	01:48 2.3F, 18:18 -2.2E
17 F	06:48, 23:30	02:18 2.6F, 09:42 -1.0E, 13:00 -0.6E, 19:48 -2.5E
18 Sa	06:54, 13:24	02:48 2.7F, 09:42 -1.2E, 20:36 -2.7E
19 Su	07:00, 12:48, 16:24	03:18 2.6F, 09:54 -1.5E, 14:30 0.6F, 21:12 -2.8E
20 M ○	00:42, 07:06, 12:54, 17:30	03:42 2.4F, 10:00 -1.7E, 15:06 1.1F, 21:42 -2.6E
21 Tu	01:12, 07:06, 13:12, 18:30	04:00 2.0F, 10:06 -1.9E, 15:42 1.5F, 22:12 -2.3E
22 W	01:42, 06:54, 13:30, 19:24	04:18 1.5F, 10:18 -2.2E, 16:24 1.7F, 22:42 -1.9E
23 Th	02:06, 06:42, 14:00, 20:18	04:24 1.1F, 10:30 -2.4E, 17:00 1.8F, 23:12 -1.4E
24 F	02:18, 06:54, 14:30, 21:24	04:30 0.7F, 10:42 -2.6E, 17:42 1.7F, 23:36 -0.8E
25 Sa	02:18, 06:00, 15:06, 23:00	04:18 0.4F, 10:54 -2.7E, 18:30 1.5F
26 Su	01:30, 05:48, 15:54	00:12 -0.2E, 03:54 0.3F, 11:00 -2.7E, 19:30 1.3F
27 M	05:36, 17:00	01:06 0.4F, 03:00 0.4F, 11:12 -2.6E, 21:36 1.1F
28 Tu	05:36, 18:42	11:18 -2.4E
29 W ◐	05:42, 20:24	00:42 1.5F, 11:30 -2.1E
30 Th	05:42, 21:36	01:18 1.9F, 11:30 -1.8E, 15:12 -1.4E, 16:30 -1.4E

Station ID: lc0201 Depth: 17 feet
Source: NOAA/NOS/CO-OPS
Station Type: Harmonic
Time Zone: LST

NOAA Tidal Current Predictions

Calcasieu Pass, Cameron Fishing Pier, 2021
Latitude: 29.7641° N Longitude: 93.3429° W
Mean Flood Dir. 353° (T) Mean Ebb Dir. 173° (T)
Times and speeds of maximum and minimum current, in knots

October

Date	Slack (h m)	Maximum (h m, knots)
1 F	05:48, 22:24	01:42 2.2F, 10:30 -1.3E, 14:06 -1.1E, 18:42 -1.7E
2 Sa	06:00, 23:00	02:06 2.4F, 09:12 -1.3E, 13:36 -0.6E, 19:24 -2.2E
3 Su	06:06, 12:54, 14:42, 23:36	02:24 2.5F, 09:00 -1.4E, 13:48 0.1F, 20:06 -2.5E
4 M	06:12, 12:12, 16:18	02:42 2.5F, 09:00 -1.7E, 14:12 0.9F, 20:42 -2.7E
5 Tu	00:12, 06:12, 12:12, 17:24	02:54 2.3F, 09:12 -2.0E, 14:42 1.6F, 21:18 -2.7E
6 W ●	00:42, 06:06, 12:30, 18:30	03:12 2.0F, 09:24 -2.4E, 15:24 2.2F, 22:00 -2.5E
7 Th	01:18, 06:00, 13:00, 19:30	03:36 1.6F, 09:42 -2.9E, 16:06 2.6F, 22:36 -2.0E
8 F	01:42, 06:00, 13:36, 20:42	03:54 1.2F, 10:00 -3.3E, 16:54 2.8F, 23:18 -1.4E
9 Sa	02:12, 06:00, 14:24, 22:12	04:12 0.8F, 10:24 -3.6E, 17:48 2.7F
10 Su	02:30, 06:06, 15:18	00:06 -0.7E, 04:30 0.5F, 10:54 -3.7E, 18:54 2.4F
11 M	00:36, 02:06, 06:00, 16:30	04:42 0.2F, 11:24 -3.5E, 20:18 2.1F
12 Tu	05:06, 17:54	12:00 -3.0E, 22:06 2.0F
13 W ◐	04:36, 19:30	12:54 -2.4E, 23:54 2.1F
14 Th	04:42, 20:54	16:12 -1.9E
15 F	04:54, 22:00	00:54 2.3F, 07:54 -1.1E, 11:54 -0.7E, 18:18 -2.0E
16 Sa	05:12, 12:42, 22:54	01:30 2.3F, 08:12 -1.4E, 19:24 -2.1E
17 Su	05:18, 11:54, 15:54, 23:42	02:00 2.2F, 08:24 -1.6E, 13:48 0.7F, 20:12 -2.2E
18 M	05:24, 12:00, 17:12	02:24 1.9F, 08:42 -1.9E, 14:24 1.3F, 20:54 -2.0E
19 Tu	00:18, 05:18, 12:18, 18:12	02:42 1.4F, 08:48 -2.2E, 15:00 1.7F, 21:30 -1.7E
20 W ○	00:54, 05:06, 12:36, 19:12	02:54 1.0F, 09:00 -2.4E, 15:30 2.0F, 22:06 -1.3E
21 Th	01:18, 04:36, 13:00, 20:12	02:54 0.5F, 09:12 -2.7E, 16:12 2.1F, 22:36 -0.9E
22 F	01:30, 04:06, 13:24, 21:30	02:54 0.3F, 09:18 -2.9E, 16:48 2.1F, 23:06 -0.4E
23 Sa	01:12, 03:48, 13:54, 23:42	02:30 0.2F, 09:30 -3.0E, 17:36 1.9F
24 Su	03:42, 14:36	02:06 0.3F, 09:42 -3.0E, 18:30 1.7F
25 M	03:54, 15:24	10:00 -2.9E, 20:00 1.5F
26 Tu	03:54, 16:30	10:18 -2.7E, 21:42 1.5F
27 W	03:54, 18:00	10:36 -2.4E, 23:12 1.7F
28 Th ◑	03:54, 19:18	11:00 -2.0E
29 F	04:00, 20:24	00:00 1.9F, 11:00 -1.5E, 14:12 -1.2E, 16:12 -1.4E
30 Sa	04:12, 21:18	00:30 2.0F, 07:36 -1.3E, 13:00 -0.8E, 17:42 -1.6E
31 Su	04:24, 13:00, 22:06	01:00 2.1F, 07:30 -1.5E, 18:42 -1.8E

November

Date	Slack (h m)	Maximum (h m, knots)
1 M	04:30, 11:18, 15:30, 22:54	01:18 2.0F, 07:36 -1.9E, 13:24 0.8F, 19:30 -2.0E
2 Tu	04:24, 11:18, 16:48, 23:30	01:36 1.8F, 07:48 -2.3E, 13:54 1.6F, 20:12 -2.0E
3 W	04:18, 11:36, 17:54	01:54 1.5F, 08:06 -2.8E, 14:30 2.3F, 21:00 -1.8E
4 Th ●	00:06, 04:18, 12:06, 19:06	02:12 1.2F, 08:18 -3.3E, 15:12 2.9F, 21:48 -1.5E
5 F	00:42, 04:18, 12:36, 20:18	02:36 0.9F, 08:42 -3.7E, 16:00 3.1F, 22:36 -1.0E
6 Sa	01:06, 04:24, 13:18, 21:42	02:54 0.6F, 09:12 -4.0E, 16:54 3.1F, 23:24 -0.6E
7 Su	01:36, 04:30, 14:12, 23:30	03:12 0.3F, 09:48 -4.0E, 17:54 3.0F
8 M	02:00, 04:18, 15:12	00:30 -0.1E, 03:18 0.1F, 10:24 -3.8E, 19:06 2.7F
9 Tu	02:06, 16:24	11:06 -3.4E, 20:30 2.5F
10 W	02:30, 17:42	11:54 -2.7E, 21:42 2.4F
11 Th ◐	02:48, 19:00	06:24 -0.9E, 13:54 -2.0E, 22:48 2.3F
12 F	03:06, 20:12	06:12 -1.2E, 09:42 -0.7E, 16:18 -1.8E, 23:42 2.1F
13 Sa	03:24, 21:12	06:36 -1.5E, 11:54 -0.1E, 17:42 -1.7E
14 Su	00:30, 03:36, 15:00, 22:12	01:54 1.9F, 07:00 -1.8E, 13:00 0.6F, 18:54 -1.6E
15 M	01:00, 03:42, 11:00, 16:36, 23:06	07:12 -2.1E, 13:36 1.3F, 19:54 -1.4E
16 Tu	03:36, 11:24, 17:54	01:24 1.0F, 07:30 -2.4E, 14:12 1.8F, 20:48 -1.1E
17 W	00:00, 03:18, 11:42, 19:06	01:42 0.5F, 07:42 -2.7E, 14:54 2.2F, 21:42 -0.8E
18 Th	00:48, 02:36, 12:12, 20:24	01:42 0.2F, 08:00 -2.9E, 15:30 2.4F, 22:24 -0.4E
19 F ○	01:36, 22:12	08:06 -3.1E, 16:12 2.4F
20 Sa	01:12, 13:06	08:18 -3.2E, 17:00 2.2F
21 Su	02:12, 13:42	08:30 -3.2E, 17:48 2.1F
22 M	02:36, 14:18	08:48 -3.1E, 18:54 1.9F
23 Tu	02:48, 15:12	09:06 -2.9E, 20:06 1.9F
24 W	02:42, 16:12	09:42 -2.6E, 21:06 1.9F
25 Th	02:30, 17:18	10:18 -2.2E, 21:42 2.0F
26 F ◑	02:30, 18:18	10:54 -1.7E, 22:24 1.9F
27 Sa	02:36, 19:18	06:06 -1.3E, 09:30 -1.0E, 15:42 -1.3E, 23:00 1.9F
28 Su	02:42, 20:12	06:00 -1.6E, 11:24 -0.4E, 16:54 -1.3E, 23:30 1.7F
29 M	02:48, 10:24, 14:24, 21:06	06:06 -1.9E, 12:24 0.5F, 18:00 -1.3E
30 Tu	02:42, 10:18, 16:06, 23:06	06:24 -2.4E, 13:00 1.3F, 19:00 -1.2E

December

Date	Slack (h m)	Maximum (h m, knots)
1 W	02:42, 10:42, 17:24, 22:48	00:30 1.1F, 06:42 -2.9E, 13:42 2.1F, 20:00 -1.1E
2 Th	02:42, 11:12, 18:42, 23:30	00:54 0.9F, 07:06 -3.4E, 14:24 2.8F, 20:54 -0.8E
3 F	02:48, 11:48, 20:00	01:18 0.6F, 07:36 -3.9E, 15:06 3.2F, 21:54 -0.6E
4 Sa ●	00:00, 03:00, 12:30, 21:24	01:36 0.5F, 08:06 -4.2E, 16:00 3.3F, 22:48 -0.3E
5 Su	00:30, 03:18, 13:12, 22:48	02:00 0.3F, 08:42 -4.2E, 17:00 3.2F, 23:42 -0.1E
6 M	01:00, 03:24, 14:06	02:24 0.2F, 09:24 -4.1E, 18:00 3.1F
7 Tu	00:06, 02:18, 15:06	10:12 -3.7E, 19:06 2.9F
8 W	00:48, 16:12	11:06 -3.1E, 20:12 2.7F
9 Th	01:12, 17:18	04:18 -0.8E, 05:54 -0.7E, 12:06 -2.5E, 21:06 2.5F
10 F	01:30, 18:24	04:36 -1.1E, 08:00 -0.7E, 14:12 -1.9E, 21:54 2.2F
11 Sa ◐	01:48, 19:24	05:00 -1.5E, 09:48 -0.2E, 15:54 -1.5E, 22:36 1.8F
12 Su	02:00, 09:42, 13:30, 20:24	05:24 -1.9E, 11:24 0.4F, 17:12 -1.2E, 23:18 1.3F
13 M	02:06, 09:54, 15:36, 21:30	05:48 -2.2E, 12:12 1.1F, 18:30 -0.9E, 23:48 0.7F
14 Tu	02:00, 10:18, 17:18, 22:54	06:12 -2.5E, 13:30 1.7F, 19:48 -0.7E
15 W	00:00, 01:30, 10:48, 18:54	00:00 1.4F, 06:36 -2.7E, 14:12 2.2F, 21:18 -0.5E
16 Th	11:24, 20:30	00:30 -0.1E, 06:54 -3.0E, 14:54 2.5F, 22:54 -0.3E
17 F	11:54, 22:12	00:18 -0.3E, 07:12 -3.2E, 15:36 2.6F
18 Sa	12:30, 23:54	07:30 -3.3E, 16:24 2.5F
19 Su ○	13:00	07:42 -3.3E, 17:12 2.4F
20 M	13:36	08:06 -3.2E, 17:54 2.3F
21 Tu	01:42, 14:18	08:36 -3.0E, 18:42 2.2F
22 W	01:42, 15:00	09:06 -2.8E, 19:24 2.1F
23 Th	01:12, 15:48	10:00 -2.4E, 20:06 2.1F
24 F	01:00, 16:42	10:54 -2.0E, 20:36 2.0F
25 Sa	01:00, 17:30	04:24 -1.0E, 07:06 -0.9E, 12:00 -1.5E, 21:06 1.8F
26 Su	01:06, 18:18	04:18 -1.4E, 09:00 -0.4E, 15:06 -1.2E, 21:36 1.5F
27 M ◑	01:00, 09:12, 12:24, 19:12	04:36 -1.8E, 10:30 0.2F, 16:24 -0.9E, 22:06 1.2F
28 Tu	00:54, 09:12, 15:18, 20:06	04:54 -2.3E, 12:00 1.0F, 17:36 -0.7E, 22:36 0.8F
29 W	00:54, 09:42, 17:00, 21:00	05:24 -2.8E, 12:54 1.8F, 18:54 -0.5E, 23:12 0.5F
30 Th	01:00, 10:18, 18:36, 21:54	05:54 -3.3E, 13:42 2.5F, 20:00 -0.3E, 23:54 0.4F
31 F	01:12, 11:00, 19:54, 22:48	06:30 -3.8E, 14:30 2.9F, 21:12 -0.2E, 23:54 0.2F

Station ID: sn0201 Depth: 4 feet
Source: NOAA/NOS/CO-OPS
Station Type: Harmonic
Time Zone: LST

NOAA Tidal Current Predictions

Sabine Pass, USCG Base, 2021
Latitude: 29.7286° N Longitude: 93.8700° W
Mean Flood Dir. 321° (T) Mean Ebb Dir. 143° (T)
Times and speeds of maximum and minimum current, in knots

January

Day	Slack h m	Max h m	knots
1 F	04:18	00:00	0.6F
		09:30	-1.7E
	14:12	18:12	1.3F
2 Sa	04:42	09:54	-1.6E
	14:42	18:54	1.2F
3 Su	05:06	10:24	-1.3E
	15:18	19:48	1.1F
4 M	05:06	10:48	-0.9E
	16:00	20:36	0.9F
5 Tu	03:00	11:30	-0.4E
	17:00	21:36	0.7F
6 W	01:42	05:06	-0.4E
	08:54	11:42	0.2F
	15:24	17:36	-0.1E
	19:30	22:42	0.5F
7 Th	01:24	05:18	-0.7E
	08:54	12:30	0.9F
	17:12	19:18	-0.3E
	21:36	23:36	0.3F
8 F	01:24	05:48	-1.0E
	09:24	13:06	1.5F
	18:12	20:24	-0.4E
	22:54		
9 Sa		00:18	0.2F
	10:06	06:24	-1.4E
	19:12	13:48	1.9F
	23:42	21:18	-0.4E
10 Su	01:48	06:48	-1.7E
	10:48	14:30	2.1F
	20:18	22:00	-0.3E
	23:54		
11 M	02:24	01:12	0.2F
	11:36	07:24	-2.0E
	21:54	15:18	2.1F
	23:18		
12 Tu	03:06	01:36	0.3F
	12:18	08:00	-2.1E
		16:06	2.0F
		23:00	0.2F
13 W	03:48	01:48	0.4F
	13:06	08:36	-2.1E
		16:48	1.7F
		23:18	0.4F
14 Th	04:36	01:54	0.5F
	13:48	09:12	-2.0E
		17:24	1.5F
		23:24	0.5F
15 F	05:18	01:42	0.6F
	14:24	09:48	-1.8E
		18:00	1.2F
		23:24	0.4F
16 Sa	06:00	02:06	0.6F
	14:54	10:24	-1.5E
		18:30	0.9F
		23:24	0.3F
17 Su	06:42	02:48	0.4F
	15:18	10:54	-1.1E
		19:12	0.6F
18 M		00:00	0.2F
		01:18	0.2F
	07:42	04:06	0.2F
	15:42	11:30	-0.6E
		20:12	0.4F
19 Tu	01:24	08:36	0.1F
	05:42	12:42	-0.1E
	10:36	21:12	0.2F
	16:06		
20 W	00:30	04:00	-0.3E
	07:42	11:00	0.4F
	17:00		
	20:48		
21 Th	00:30	04:48	-0.6E
		12:12	0.9F
	17:24	19:54	-0.2E
	22:48		
22 F	00:48	05:42	-0.8E
	09:12	12:54	1.3F
	18:00	20:30	-0.3E
	23:36		
23 Sa	01:06	06:24	-1.1E
	09:54	13:30	1.5F
	18:48	21:12	-0.3E
	23:48		
24 Su	01:30	07:00	-1.3E
		14:06	1.7F
	19:48	21:36	-0.2E
	23:36		
25 M	02:00	00:54	0.1F
	11:18	07:30	-1.5E
	21:30	14:48	1.7F
26 Tu		01:00	0.2F
	02:30	07:24	-1.6E
	11:48	15:24	1.6F
		22:06	0.2F
27 W		01:06	0.4F
	03:06	08:12	-1.7E
	12:24	15:54	1.6F
		22:24	0.3F
28 Th		01:06	0.5F
	03:36	08:36	-1.7E
	12:48	16:24	1.5F
		22:42	0.3F
29 F		01:24	0.5F
	04:12	08:48	-1.7E
	13:18	16:54	1.4F
		22:48	0.3F
30 Sa		01:54	0.5F
	04:48	09:18	-1.5E
	13:48	17:24	1.2F
		23:06	0.2F
31 Su		02:36	0.4F
	05:30	09:54	-1.3E
	14:18	18:00	1.0F
	23:18		

February

Day	Slack h m	Max h m	knots
1 M	06:30	03:48	0.3F
	14:54	10:36	-0.9E
	22:48	18:48	0.7F
2 Tu	02:42	05:36	0.2F
	08:24	11:24	-0.4E
	15:54	19:48	0.4F
	22:36		
3 W	05:24	02:12	-0.3E
	14:54	09:00	0.4F
	19:12	20:54	0.1F
	22:30		
4 Th	07:00	03:12	-0.5E
	16:24	11:18	0.9F
	22:06	18:54	-0.3E
5 F	08:00	04:06	-0.8E
	17:18	12:18	1.4F
	23:18	19:48	-0.5E
6 Sa	09:00	05:12	-1.1E
	18:12	13:00	1.8F
		20:36	-0.5E
7 Su	00:00	06:06	-1.4E
	09:54	13:42	2.0F
	19:12	21:18	-0.4E
	23:36		
8 M	01:30	00:36	0.1F
	10:48	06:48	-1.7E
	20:18	14:24	2.0F
	23:24	21:48	-0.2E
9 Tu	02:24	01:00	0.3F
	11:30	07:24	-1.8E
	22:12	15:00	1.8F
10 W	03:18	01:24	0.5F
	12:12	07:54	-1.8E
		15:42	1.6F
		22:18	0.1F
11 Th	04:06	01:54	0.6F
	12:48	08:30	-1.7E
		16:12	1.3F
		22:24	0.2F
12 F	04:54	02:12	0.6F
	13:18	09:00	-1.6E
		16:42	1.1F
		22:18	0.1F
13 Sa	05:42	02:48	0.6F
	13:42	09:30	-1.3E
	21:42	17:00	0.8F
	23:06		
14 Su	06:36	03:42	0.6F
	14:00	10:12	-1.0E
	20:54	17:24	0.6F
		22:36	-0.2E
15 M	00:24	04:42	0.5F
	07:42	10:48	-0.6E
	14:24	17:24	0.3F
	20:36	22:54	-0.3E
16 Tu	01:42	06:00	0.5F
	09:36	11:36	-0.3E
	14:54	16:48	0.1F
	19:36	23:24	-0.3E
17 W	03:24	08:18	0.5F
	15:12		
18 Th		00:06	-0.4E
	05:18	10:06	0.8F
	16:06	19:48	-0.3E
		21:18	-0.3E
19 F	07:00	03:06	-0.5E
	16:54	11:36	1.1F
		20:12	-0.4E
		23:36	-0.3E
20 Sa	08:12	04:24	-0.7E
	17:42	12:30	1.3F
		20:48	-0.4E
		23:48	-0.2E
21 Su	09:12	05:36	-0.9E
	18:36	13:06	1.5F
		21:06	-0.3E
22 M		00:06	-0.1E
	10:00	06:18	-1.2E
	19:42	13:42	1.6F
	23:18	21:18	-0.1E
23 Tu	01:12	06:54	-1.4E
	10:42	14:12	1.6F
	21:18		
24 W		00:36	0.3F
	11:18	07:18	-1.5E
	21:24	14:36	1.5F
25 Th	03:00	01:00	0.4F
	11:48	07:42	-1.5E
	21:30	15:06	1.4F
26 F	03:48	01:24	0.6F
	12:18	08:06	-1.5E
	20:42	15:36	1.3F
	22:36		
27 Sa	04:42	02:06	0.6F
	12:48	08:42	-1.3E
	20:06	16:06	1.2F
	23:42		
28 Su	05:48	03:00	0.7F
	13:18	09:30	-1.1E
	19:54	16:36	0.9F
		22:12	-0.4E

March

Day	Slack h m	Max h m	knots
1 M	00:36	04:12	0.7F
	07:06	10:24	-0.7E
	14:06	17:12	0.6F
	19:54	22:36	-0.6E
2 Tu	01:42	05:30	0.8F
	09:18	11:30	-0.3E
	15:18	17:48	0.2F
	19:42	23:06	-0.7E
3 W	03:06	07:12	0.9F
	13:42	15:42	-0.2E
	18:42	23:54	-0.8E
4 Th	04:30	09:06	1.1F
	15:12	18:24	-0.4E
		20:18	-0.3E
5 F	06:00	01:18	-0.9E
	16:12	10:42	1.4F
		19:06	-0.5E
		21:36	-0.4E
6 Sa	07:30	03:06	-1.0E
	17:06	12:00	1.7F
		19:48	-0.6E
		22:48	-0.3E
7 Su	08:42	04:36	-1.2E
	18:00	12:42	1.9F
	23:42	20:18	-0.5E
8 M	09:42	05:48	-1.3E
	18:48	13:24	1.8F
	23:06	20:48	-0.3E
9 Tu	01:30	00:24	0.2F
	10:36	06:36	-1.4E
	19:36	14:00	1.7F
	22:54	21:12	-0.2E
10 W	02:42	00:54	0.4F
	11:18	07:18	-1.4E
	20:00	14:30	1.5F
	22:48	21:18	-0.1E
11 Th	03:36	01:30	0.6F
	11:54	07:48	-1.3E
	19:54	15:00	1.2F
	22:54	21:30	-0.2E
12 F	04:36	02:06	0.7F
	12:18	08:18	-1.1E
	19:18	15:18	0.9F
	23:24	21:30	-0.2E
13 Sa	05:30	02:42	0.7F
	12:36	08:54	-0.9E
	18:54	15:42	0.7F
	23:54	21:30	-0.4E
14 Su	06:30	03:30	0.8F
	12:54	09:30	-0.7E
	18:36	16:00	0.5F
		21:42	-0.5E
15 M	00:30	04:24	0.8F
		10:12	-0.5E
	13:18	16:06	0.2F
	18:12	21:54	-0.6E
16 Tu	01:06	05:18	0.8F
	09:24	11:06	-0.2E
	13:48	22:18	-0.7E
	16:54		
17 W	01:48	06:24	0.9F
	13:18	22:24	-0.7E
18 Th	02:54	08:00	0.9F
	14:48	22:42	-0.7E
19 F	04:06	09:18	1.1F
	15:42	22:48	-0.7E
20 Sa	05:42	10:54	1.2F
	16:42		
21 Su	07:12	02:42	-0.7E
	17:36	12:00	1.4F
22 M	08:18	04:00	-0.9E
	18:24	12:36	1.5F
		21:42	-0.3E
23 Tu	09:12	05:00	-1.1E
	19:00	13:00	1.5F
	23:36	21:00	-0.1E
24 W	09:54	05:54	-1.2E
	19:54	13:24	1.5F
25 Th	01:48	00:18	0.2F
	10:30	06:36	-1.2E
	18:42	13:48	1.4F
	22:06	20:18	-0.2E
26 F	03:00	01:00	0.5F
	11:06	07:06	-1.2E
	18:12	14:12	1.3F
	22:42	20:24	-0.4E
27 Sa	04:18	01:42	0.7F
	11:42	08:00	-1.0E
	18:00	14:42	1.1F
	23:24	20:36	-0.6E
28 Su	05:42	02:36	0.9F
	12:18	09:00	-0.8E
	17:54	15:12	0.8F
		20:54	-0.8E
29 M	00:06	03:42	1.1F
	07:18	10:18	-0.5E
	13:06	15:48	0.5F
	17:54	21:30	-1.1E
30 Tu	00:54	04:48	1.3F
	09:30	11:42	-0.3E
	14:42	16:24	0.1F
	17:36	22:00	-1.2E
31 W	01:54	06:00	1.4F
	12:18	15:06	-0.2E
		16:48	-0.2E
		22:36	-1.3E

Station ID: sn0201 Depth: 4 feet
Source: NOAA/NOS/CO-OPS
Station Type: Harmonic
Time Zone: LST

NOAA Tidal Current Predictions

Sabine Pass, USCG Base, 2021
Latitude: 29.7286° N Longitude: 93.8700° W
Mean Flood Dir. 321° (T) Mean Ebb Dir. 143° (T)
Times and speeds of maximum and minimum current, in knots

April

Date	Slack (h m)	Maximum (h m)	knots	Date	Slack (h m)	Maximum (h m)	knots
1 Th	03:00 / 14:00	07:24 / 23:18	1.6F / -1.3E	16 F	02:42 / 14:48	07:54 / 22:12	1.3F / -1.0E
2 F	04:12 / 15:06	08:54	1.7F	17 Sa	03:48 / 15:42	09:00 / 22:48	1.3F / -1.0E
3 Sa	05:36 / 16:06	00:30 / 10:12 / 19:00 / 20:54	-1.2E / 1.7F / -0.6E / -0.5E	18 Su	05:00 / 16:42	10:00 / 23:54	1.3F / -1.0E
4 Su	07:00 / 16:54	02:36 / 11:30 / 19:30 / 22:06	-1.2E / 1.8F / -0.5E / -0.3E	19 M	06:06 / 17:24	11:00	1.4F
5 M	08:18 / 17:36 / 23:24	03:54 / 12:24 / 19:54	-1.2E / 1.7F / -0.4E	20 Tu	07:06 / 17:48	02:24 / 11:42	-1.0E / 1.4F
6 Tu	09:18 / 18:00 / 22:36	05:18 / 13:00 / 20:12	-1.1E / 1.5F / -0.4E	21 W	07:54 / 17:36	03:18 / 12:06 / 19:36 / 23:00	-1.0E / 1.4F / -0.2E / -0.1E
7 W	01:42 / 10:06 / 18:06 / 22:48	00:12 / 06:18 / 13:24 / 20:18	0.2F / -1.0E / 1.3F / -0.4E	22 Th	08:42 / 16:54 / 22:12	04:24 / 12:36 / 19:18	-0.9E / 1.3F / -0.3E
8 Th	03:00 / 10:48 / 17:48 / 23:06	00:54 / 07:00 / 13:48 / 20:24	0.5F / -0.9E / 1.1F / -0.5E	23 F	01:48 / 09:24 / 16:30 / 22:18	00:12 / 05:36 / 13:00 / 19:18	0.2F / -0.8E / 1.2F / -0.6E
9 F	04:18 / 11:12 / 17:24 / 23:30	01:36 / 07:42 / 14:06 / 20:36	0.7F / -0.7E / 0.8F / -0.6E	24 Sa	03:36 / 10:12 / 16:18 / 22:48	01:06 / 06:54 / 13:24 / 19:24	0.6F / -0.7E / 1.0F / -0.9E
10 Sa	05:30 / 11:36 / 17:12 / 23:54	02:12 / 08:24 / 14:24 / 20:36	0.8F / -0.5E / 0.6F / -0.7E	25 Su	05:24 / 11:06 / 16:18 / 23:24	01:48 / 08:12 / 13:54 / 19:42	1.0F / -0.5E / 0.7F / -1.2E
11 Su	06:42 / 11:54 / 17:00	03:00 / 09:18 / 14:36 / 20:48	0.9F / -0.3E / 0.4F / -0.8E	26 M	07:18 / 12:06 / 16:18	02:54 / 09:54 / 14:24 / 20:12	1.4F / -0.4E / 0.4F / -1.4E
12 M	00:12 / 08:12 / 12:18 / 16:30	03:54 / 10:12 / 14:30 / 20:54	1.0F / -0.2E / 0.2F / -0.9E	27 Tu	00:06 / 09:24 / 13:36 / 15:54	03:54 / 11:12 / 20:54	1.7F / -0.2E / -1.6E
13 Tu	00:42 / 09:54 / 13:00 / 14:30	04:42 / 11:12 / 21:18	1.1F / -0.1E / -0.9E	28 W	00:54 / 11:18	05:00 / 21:36	1.9F / -1.7E
14 W	01:12 / 12:24	05:30 / 21:30	1.2F / -1.0E	29 Th	01:54 / 13:00	06:12 / 22:24	2.0F / -1.7E
15 Th	01:48 / 13:54	06:36 / 21:54	1.2F / -1.0E	30 F	03:00 / 14:12	07:30 / 23:12	2.0F / -1.6E

May

Date	Slack (h m)	Maximum (h m)	knots	Date	Slack (h m)	Maximum (h m)	knots
1 Sa	04:06 / 15:06	08:42	1.9F	16 Su	03:36 / 15:48	08:36 / 22:48	1.5F / -1.2E
2 Su	05:24 / 16:00	00:18 / 09:48 / 18:48 / 19:54	-1.4E / 1.8F / -0.4E / -0.4E	17 M	04:24 / 16:30	09:12 / 23:30	1.4F / -1.2E
3 M	06:36 / 16:30	02:00 / 10:48 / 19:00 / 21:24	-1.2E / 1.6F / -0.4E / -0.2E	18 Tu	05:12 / 16:42	09:54	1.4F
4 Tu	07:36 / 16:42 / 22:18 / 23:36	03:12 / 11:36 / 19:12	-1.0E / 1.4F / -0.4E	19 W	05:54 / 16:12	00:48 / 10:24	-1.0E / 1.3F
5 W	08:30 / 16:30 / 22:12	04:18 / 12:12 / 19:18	-0.8E / 1.2F / -0.5E	20 Th	06:36 / 15:24 / 22:54	02:30 / 11:00 / 18:18	-0.8E / 1.2F / -0.4E
6 Th	02:06 / 09:06 / 16:06 / 22:36	00:06 / 05:36 / 12:36 / 19:18	0.3F / -0.5E / 1.0F / -0.6E	21 F	07:24 / 15:00 / 21:42	03:36 / 11:36 / 18:06	-0.6E / 1.1F / -0.6E
7 F	03:54 / 09:42 / 15:48 / 23:00	00:54 / 06:48 / 12:54 / 19:30	0.6F / -0.3E / 0.7F / -0.8E	22 Sa	02:36 / 08:18 / 14:54 / 22:00	00:18 / 05:12 / 12:12 / 18:12	0.4F / -0.4E / 0.9F / -0.9E
8 Sa	05:54 / 10:06 / 15:42 / 23:24	01:42 / 07:54 / 13:12 / 19:48	0.8F / -0.2E / 0.5F / -1.0E	23 Su	05:12 / 09:24 / 14:48 / 22:36	01:06 / 07:18 / 12:42 / 18:36	0.9F / -0.2E / 0.6F / -1.3E
9 Su	07:54 / 10:36 / 15:30 / 23:48	02:24 / 13:30 / 19:54	1.0F / 0.3F / -1.1E	24 M	07:36 / 11:00 / 14:48 / 23:18	02:00 / 09:18 / 13:12 / 19:06	1.4F / -0.2E / 0.3F / -1.6E
10 M	09:24 / 11:24 / 15:06	03:12 / 13:36 / 20:12	1.2F / 0.1F / -1.1E	25 Tu	09:18 / 12:30 / 14:36	03:00 / 10:36 / 19:42	1.8F / -0.2E / -1.8E
11 Tu	00:12 / 10:30 / 12:42	04:06 / 20:30	1.3F / -1.1E	26 W	00:00 / 10:36 / 13:42	04:06 / 12:00 / 20:30	2.0F / -0.1E / -2.0E
12 W	00:42 / 11:48	04:54 / 20:48	1.4F / -1.1E	27 Th	00:54 / 12:12	05:06 / 21:24	2.2F / -2.0E
13 Th	01:18 / 13:12	05:42 / 21:18	1.5F / -1.2E	28 F	01:54 / 13:42	06:12 / 22:18	2.2F / -2.0E
14 F	02:00 / 14:06	06:42 / 21:42	1.5F / -1.2E	29 Sa	03:00 / 14:42	07:18 / 23:06	2.1F / -1.8E
15 Sa	02:48 / 15:00	07:42 / 22:12	1.5F / -1.3E	30 Su	04:00 / 15:30	08:18	1.9F
				31 M	05:00 / 15:42	00:00 / 09:12 / 18:18	-1.5E / 1.6F / -0.2E

June

Date	Slack (h m)	Maximum (h m)	knots	Date	Slack (h m)	Maximum (h m)	knots
1 Tu	05:48 / 15:30 / 21:00	01:12 / 09:54 / 18:12	-1.2E / 1.3F / -0.3E	16 W	04:18 / 15:00	08:48	1.3F
2 W	06:30 / 15:00 / 21:00	02:30 / 10:30 / 18:00 / 22:30	-0.8E / 1.1F / -0.4E / 0.1F	17 Th	04:54 / 14:06	00:12 / 09:18 / 16:36 / 21:00	-0.9E / 1.2F / -0.3E / -0.1E
3 Th	00:12 / 07:00 / 14:30 / 21:30	03:24 / 11:06 / 18:00	-0.5E / 0.8F / -0.6E	18 F	05:24 / 13:36 / 20:48	02:00 / 09:54 / 16:36 / 22:54	-0.5E / 1.0F / -0.6E / 0.2F
4 F	02:54 / 07:06 / 14:18 / 22:00	00:00 / 04:36 / 11:36 / 18:18	0.5F / -0.1E / 0.6F / -0.9E	19 Sa	01:24 / 06:06 / 13:30 / 21:00	03:24 / 10:36 / 16:54	-0.2E / 0.7F / -0.9E
5 Sa	06:48 / 14:18 / 22:36	00:54 / 12:06 / 18:42	0.8F / 0.5F / -1.0E	20 Su	06:18 / 13:30 / 21:36	00:18 / 11:24 / 17:18	0.8F / 0.5F / -1.2E
6 Su	09:18 / 14:18 / 23:06	01:36 / 12:30 / 19:06	1.0F / 0.3F / -1.1E	21 M	08:00 / 13:30 / 22:18	01:12 / 09:12 / 12:06 / 18:00	1.3F / 0.2F / -1.5E
7 M	10:30 / 14:12 / 23:36	02:24 / 12:54 / 19:30	1.2F / 0.1F / -1.2E	22 Tu	09:00 / 13:24 / 23:12	02:00 / 18:42	1.7F / -1.8E
8 Tu	10:24 / 13:00	03:18 / 20:00	1.4F / -1.2E	23 W	10:00 / 13:06	03:00 / 11:12 / 19:30	2.0F / -0.1E / -2.0E
9 W	00:06 / 11:06	04:06 / 20:24	1.5F / -1.3E	24 Th	00:00 / 11:36	04:06 / 20:24	2.2F / -2.1E
10 Th	00:48 / 12:30	05:06 / 20:48	1.6F / -1.3E	25 F	01:00 / 14:06	05:06 / 21:24	2.2F / -2.1E
11 F	01:24 / 13:36	05:48 / 21:18	1.6F / -1.3E	26 Sa	01:54 / 15:36	06:06 / 22:12	2.0F / -2.0E
12 Sa	02:06 / 14:24	06:36 / 21:48	1.6F / -1.4E	27 Su	02:54 / 17:06	07:00 / 23:00	1.8F / -1.7E
13 Su	02:48 / 15:06	07:24 / 22:12	1.5F / -1.4E	28 M	03:42 / 18:24	07:48 / 23:36	1.6F / -1.4E
14 M	03:24 / 15:42	08:00 / 22:42	1.5F / -1.3E	29 Tu	04:24 / 14:42 / 17:18 / 20:06	08:24	1.3F
15 Tu	03:54 / 15:48	08:24 / 23:18	1.4F / -1.1E	30 W	04:54 / 13:36 / 18:54 / 22:12	00:30 / 08:48 / 15:36 / 20:36	-0.9E / 1.0F / -0.3E / 0.2F

197

NOAA Tidal Current Predictions

Sabine Pass, USCG Base, 2021
Latitude: 29.7286° N Longitude: 93.8700° W
Mean Flood Dir. 321° (T) Mean Ebb Dir. 143° (T)
Times and speeds of maximum and minimum current, in knots

July

Day	Slack (h m)	Maximum (h m)	knots
1 Th ◐		01:42	-0.5E
	05:06	09:12	0.8F
	12:54	16:00	-0.5E
	19:42	22:00	0.4F
2 F	01:06	02:54	-0.2E
	05:00	09:42	0.5F
	12:48	16:24	-0.8E
	20:30	23:36	0.6F
3 Sa	04:18	10:18	0.4F
	12:48	17:00	-0.9E
	21:12		
4 Su		00:36	0.9F
	08:48	11:06	0.2F
	13:00	17:48	-1.1E
	21:54		
5 M	10:18	01:24	1.2F
	13:00	18:30	-1.2E
	22:36		
6 Tu	09:42	02:12	1.4F
	12:24	19:12	-1.2E
	23:18		
7 W	10:18	03:06	1.5F
		19:48	-1.3E
8 Th	00:00	04:00	1.6F
	11:42	20:36	-1.4E
9 F	00:42	04:54	1.6F
	13:18	21:00	-1.4E
10 Sa ●	01:24	05:30	1.6F
	14:06	21:24	-1.4E
11 Su	01:54	06:12	1.5F
	14:48	21:48	-1.4E
12 M	02:24	06:36	1.4F
	15:18	22:12	-1.3E
13 Tu	02:54	07:00	1.4F
	15:30	22:36	-1.1E
14 W	03:18	07:30	1.2F
	13:36	23:18	-0.9E
	16:42		
15 Th	03:42	07:54	1.1F
	12:24	15:00	-0.3E
	19:24		
16 F	04:12	00:18	-0.5E
	12:00	08:30	0.9F
	18:54	15:06	-0.6E
		21:18	0.3F
17 Sa ◑	00:24	02:36	-0.1E
	09:00	09:00	0.6F
	11:54	15:24	-0.8E
	19:30	22:54	0.7F
18 Su	05:36	09:48	0.3F
	11:54	16:00	-1.1E
	20:18		
19 M	07:24	00:12	1.2F
	08:48	16:36	-1.4E
	11:54		
	21:12		
20 Tu	08:00	01:12	1.6F
	11:48	17:36	-1.6E
	22:12		
21 W	09:06	02:06	1.9F
	12:24	18:30	-1.8E
	23:12		
22 Th	10:24	03:06	2.0F
	12:42	19:24	-1.9E
23 F	00:06	04:06	2.0F
	11:54	13:12	0.1F
	14:36	20:18	-2.0E
24 Sa ○	01:00	04:54	1.9F
	15:48	21:18	-1.9E
25 Su	01:48	05:42	1.7F
	17:06	22:00	-1.7E
26 M	02:36	06:18	1.4F
	18:12	13:00	0.2F
		16:12	0.3F
		22:42	-1.4E
27 Tu	03:12	06:42	1.1F
	13:12	17:30	0.3F
	19:36	23:18	-1.0E
28 W	03:42	07:12	0.8F
	11:18	13:30	-0.2E
	15:36	18:48	0.4F
	21:12		
29 Th	03:54	00:12	-0.6E
	10:48	07:36	0.6F
	17:00	14:00	-0.4E
	23:06	20:12	0.5F
30 F	04:06	01:24	-0.3E
	10:42	08:00	0.4F
	18:12	14:30	-0.6E
		21:30	0.7F
31 Sa ◐	02:24	03:48	0.2F
	10:42	08:30	-0.8E
	19:12	15:06	
		22:54	0.9F

August

Day	Slack (h m)	Maximum (h m)	knots
1 Su	10:30	15:48	-0.9E
	20:12		
2 M	08:18	00:06	1.1F
	21:12	16:48	-1.0E
3 Tu	08:24	01:00	1.3F
	22:06	10:30	-0.1E
		18:00	-1.1E
4 W	09:12	01:48	1.4F
	12:00	10:48	-0.1E
	23:00	18:54	-1.2E
5 Th	10:18	02:42	1.5F
	23:48	19:36	-1.3E
6 F	13:30	03:36	1.5F
		20:18	-1.4E
7 Sa	00:24	04:24	1.5F
	14:24	20:48	-1.4E
8 Su ●	01:00	04:48	1.4F
	11:48	21:18	-1.3E
	15:12		
9 M	01:24	05:12	1.3F
	16:12	12:00	0.1F
		13:30	0.2F
		21:36	-1.2E
10 Tu	01:54	05:36	1.2F
	12:06	15:24	0.2F
	17:24	22:12	-1.0E
11 W	02:18	06:00	1.1F
	14:30	12:18	-0.2E
	19:00	17:00	0.2F
		22:48	-0.7E
12 Th	02:48	06:30	0.9F
	10:00	12:24	-0.4E
	15:42	18:24	0.4F
	21:06	23:42	-0.4E
13 F	03:24	07:00	0.6F
	09:54	12:54	-0.6E
	16:36	20:00	0.6F
14 Sa	00:12	02:36	-0.1E
	09:48	07:42	0.4F
	17:36	13:48	-0.8E
		21:24	0.9F
15 Su ◐	04:18	08:30	0.1F
	05:24	14:30	-1.0E
	09:42	23:00	1.2F
	18:42		
16 M	05:36	07:36	-0.1E
	09:18	15:18	-1.2E
	19:54		
17 Tu	06:36	00:12	1.5F
	21:00	08:54	-0.2E
		10:18	-0.2E
		16:12	-1.4E
18 W	07:36	01:06	1.8F
	22:12	09:42	-0.2E
		11:36	-0.2E
		17:24	-1.5E
19 Th	08:48	02:00	1.9F
	12:24	10:18	-0.2E
	23:12	18:42	-1.7E
20 F	10:00	02:54	1.8F
	11:30	13:00	0.1F
	14:12	19:30	-1.7E
21 Sa	00:00	03:48	1.7F
	11:00	13:42	0.3F
	15:24	20:24	-1.6E
22 Su ○	00:48	04:24	1.4F
	11:06	14:36	0.4F
	16:36	21:18	-1.4E
23 M	01:24	04:54	1.2F
	11:06	15:36	0.5F
	17:54	21:54	-1.1E
24 Tu	02:00	05:12	0.9F
	09:36	11:06	-0.1E
	12:36	16:36	0.6F
	19:06	22:30	-0.9E
25 W	02:24	05:30	0.6F
	08:54	11:06	-0.4E
	13:48	17:30	0.7F
	20:30	23:12	-0.6E
26 Th	02:48	05:48	0.4F
	08:30	11:24	-0.6E
	14:48	18:30	0.8F
	22:06		
27 F	03:06	00:06	-0.3E
	08:18	06:00	0.2F
	15:48	11:54	-0.7E
		19:42	0.9F
28 Sa	00:18	05:18	0.1F
	03:30	12:36	-0.8E
	07:54	21:00	1.0F
	16:48		
29 Su	03:30	13:48	-0.8E
	06:18	22:18	1.1F
	17:54		
30 M ●	06:00	14:48	-0.9E
	19:12	23:42	1.2F
31 Tu	06:36	15:48	-1.0E
	20:30		

September

Day	Slack (h m)	Maximum (h m)	knots
1 W	07:36	00:42	1.4F
	21:36	17:24	-1.1E
2 Th	08:36	01:24	1.4F
	22:30	10:48	-0.2E
		18:24	-1.2E
3 F	09:48	02:12	1.4F
	12:12	19:12	-1.2E
	23:18		
4 Sa	10:30	02:48	1.4F
	14:06	12:48	0.1F
	23:48	19:42	-1.2E
5 Su	10:18	03:18	1.3F
	15:12	13:24	0.2F
		20:18	-1.1E
6 M	00:18	03:42	1.2F
	09:06	10:18	-0.1E
	11:30	14:18	0.3F
	16:30	21:06	-1.0E
7 Tu ●	00:42	04:06	1.0F
	08:12	10:24	-0.3E
	12:24	15:24	0.5F
	17:54	21:48	-0.8E
8 W	01:12	04:30	0.9F
	07:48	10:30	-0.5E
	13:12	16:30	0.7F
	19:30	22:36	-0.6E
9 Th	01:48	05:00	0.7F
	07:42	10:42	-0.8E
	14:06	17:30	0.8F
	21:24	23:42	-0.3E
10 F	02:36	05:24	0.4F
	07:36	11:12	-1.0E
	15:00	18:42	1.0F
11 Sa	00:06	02:06	-0.1E
	07:30	05:54	0.2F
	15:54	11:42	-1.1E
		20:06	1.2F
12 Su	02:42	12:30	-1.2E
	05:42	21:24	1.4F
	17:00		
13 M ◐	04:06	13:42	-1.2E
	18:18	22:54	1.6F
14 Tu	05:12	08:00	-0.3E
	19:42	14:54	-1.3E
15 W	06:12	00:12	1.7F
	21:00	08:36	-0.3E
		10:18	-0.3E
		16:06	-1.3E
16 Th	07:06	01:06	1.8F
	22:06	09:12	-0.3E
		11:42	-0.1E
		17:42	-1.3E
17 F	07:48	01:48	1.7F
	11:36	09:42	-0.2E
	13:24	18:48	-1.3E
	23:00		
18 Sa	08:18	02:30	1.5F
	11:30	09:54	-0.2E
	13:18	15:00	0.3F
	19:42	19:42	-1.2E
	23:48		
19 Su	08:18	03:00	1.2F
	11:36	10:00	-0.2E
	14:00	20:30	-1.0E
	16:24		
20 M ○	00:24	03:24	1.0F
	07:42	10:00	-0.3E
	12:00	14:54	0.7F
	17:42	21:18	-0.8E
21 Tu	00:48	03:48	0.7F
	07:00	10:00	-0.5E
	12:24	15:48	0.8F
	18:54	22:00	-0.6E
22 W	01:06	04:06	0.5F
	06:36	10:24	-0.7E
	13:00	16:36	0.9F
	20:12	22:36	-0.4E
23 Th	01:24	04:18	0.3F
	06:18	10:12	-0.8E
	13:30	17:24	1.1F
	21:36	23:18	-0.2E
24 F	01:48	04:12	0.1F
	06:18	10:30	-0.9E
	14:12	18:18	1.1F
	23:12		
25 Sa	02:24	05:00	
	15:00	10:54	-1.0E
		19:18	1.2F
26 Su	03:54	11:24	-1.0E
	15:54	20:30	1.2F
27 M	04:30	12:00	-1.0E
	17:00	21:48	1.2F
28 Tu	05:24	13:18	-0.9E
	18:24	23:18	1.3F
29 W ◐	06:12	14:48	-0.9E
	19:48		
30 Th	07:00	00:24	1.4F
	20:54	15:54	-1.0E

Station ID: sn0201 Depth: 4 feet
Source: NOAA/NOS/CO-OPS
Station Type: Harmonic
Time Zone: LST

NOAA Tidal Current Predictions

Sabine Pass, USCG Base, 2021
Latitude: 29.7286° N Longitude: 93.8700° W
Mean Flood Dir. 321° (T) Mean Ebb Dir. 143° (T)
Times and speeds of maximum and minimum current, in knots

October

Day	Slack h m	Maximum h m	knots
1 F	07:36 21:42	01:00 17:24	1.4F -1.0E
2 Sa	07:36 12:18 22:24	01:30 09:54 18:36	1.3F -0.1E -0.9E
3 Su	07:06 11:12 14:36 23:00	01:48 08:54 13:00 19:24	1.3F -0.2E 0.2F -0.9E
4 M	06:24 11:18 16:18 23:30	02:06 08:48 13:48 20:18	1.1F -0.4E 0.5F -0.7E
5 Tu	05:54 11:42 17:54	02:30 08:54 14:42 21:18	1.0F -0.6E 0.8F -0.6E
6 W ●	00:06 05:42 12:18 19:30	03:00 09:06 15:42 22:18	0.8F -0.9E 1.1F -0.5E
7 Th	00:42 05:42 13:00 21:18	03:30 09:30 16:36 23:18	0.6F -1.2E 1.3F -0.3E
8 F	01:30 05:48 13:42 23:18	04:00 09:54 17:36	0.3F -1.4E 1.5F
9 Sa	02:54 05:30 14:36	00:48 10:30 18:42	-0.1E -1.5E 1.6F
10 Su	01:48 15:36	11:06 20:00	-1.6E 1.7F
11 M	03:12 16:48	11:54 21:18	-1.5E 1.7F
12 Tu	04:12 18:12	13:00 22:48	-1.4E 1.7F
13 W ◑	05:06 19:30	14:36	-1.3E
14 Th	05:48 20:48	00:06 08:12 10:12 16:06	1.7F -0.4E -0.3E -1.1E
15 F	06:12 11:54 21:48	00:48 08:30 17:54	1.6F -0.4E -1.0E
16 Sa	06:18 11:12 14:30 22:36	01:24 08:42 12:48 19:06	1.4F -0.4E 0.3F -0.8E
17 Su	06:06 11:24 16:18 23:18	01:48 08:54 13:36 20:00	1.1F -0.5E 0.6F -0.7E
18 M	05:36 11:48 17:48 23:48	02:06 08:54 14:18 20:54	0.9F -0.7E 0.8F -0.5E
19 Tu	05:12 12:06 19:06	02:24 09:00 15:06 21:42	0.6F -0.8E 1.0F -0.3E
20 W ○	00:06 05:00 12:24 20:24	02:36 09:00 15:54 22:18	0.4F -1.0E 1.2F -0.2E
21 Th	00:18 04:48 12:48 21:30	02:54 09:12 16:36 22:54	0.3F -1.1E 1.3F -0.1E
22 F	00:36 04:30 13:18 22:48	02:42 09:30 17:12	0.1F -1.2E 1.4F
23 Sa	00:42 03:42 13:48	09:48 18:00	-1.2E 1.4F
24 Su	03:24 14:30	10:12 19:00	-1.2E 1.3F
25 M	03:54 15:24	10:36 20:12	-1.2E 1.3F
26 Tu	04:36 16:24	11:00 21:24	-1.2E 1.3F
27 W	05:18 17:36	11:24 22:54	-1.1E 1.3F
28 Th ◐	05:54 18:48	12:12 23:48	-1.0E 1.3F
29 F	06:18 19:48	14:30	-0.8E
30 Sa	06:12 20:36	00:24 09:54 11:06 15:48	1.2F -0.4E -0.3E -0.7E
31 Su	05:30 11:48 13:12 21:24	00:42 08:06 18:06	1.2F -0.3E -0.5E

November

Day	Slack h m	Maximum h m	knots
1 M	04:42 10:54 15:48 22:06	01:00 07:42 13:12 19:18	1.1F -0.5E 0.5F -0.5E
2 Tu	04:18 11:06 17:42 22:54	01:18 07:42 13:54 20:24	0.9F -0.9E 0.9F -0.4E
3 W	04:12 11:30 19:18 23:42	01:42 07:54 14:48 21:42	0.8F -1.2E 1.3F -0.3E
4 Th ●	04:18 12:00 20:48	02:12 08:12 15:36 22:36	0.6F -1.5E 1.7F -0.3E
5 F	00:24 04:24 12:42 22:24	02:36 08:48 16:36 23:36	0.3F -1.8E 1.9F -0.1E
6 Sa	01:06 04:24 13:30	03:00 09:24 17:30	0.1F -2.0E 2.0F
7 Su	03:54 14:24	10:06 18:36	-2.0E 2.0F
8 M	03:24 15:30	10:48 19:54	-2.0E 1.9F
9 Tu	04:06 16:36	11:30 21:12	-1.8E 1.7F
10 W	04:42 17:54	12:30 22:30	-1.4E 1.6F
11 Th ◑	05:00 19:12	14:12 23:36	-1.1E 1.4F
12 F	05:06 20:24	07:36 10:24 15:48	-0.4E -0.2E -0.7E
13 Sa	05:00 10:48 13:48 21:18	00:18 07:42 12:18 18:18	1.2F -0.5E 0.2F -0.5E
14 Su	04:36 10:48 16:24 22:06	00:48 07:48 13:06 19:24	1.0F -0.7E 0.6F -0.4E
15 M	04:06 11:06 18:18 22:48	01:06 07:54 13:48 20:30	0.8F -0.9E 0.9F -0.3E
16 Tu	03:54 11:30 19:30 23:12	01:24 08:00 14:24 21:18	0.6F -1.1E 1.2F -0.2E
17 W	03:48 11:48 20:30 23:36	01:42 08:18 15:06 22:00	0.4F -1.2E 1.3F -0.1E
18 Th	03:48 12:12 21:18 23:54	01:54 08:30 15:42 22:30	0.3F -1.3E 1.5F -0.1E
19 F ○	03:48 12:36 22:18 23:54	02:06 08:42 16:24	0.2F -1.4E 1.5F
20 Sa	03:30 13:06 23:42	01:42 09:06 17:06	0.1F -1.4E 1.6F
21 Su	03:12 13:42	01:18 09:30 17:48	0.1F -1.4E 1.5F
22 M	03:30 14:24	09:48 18:42	-1.5E 1.4F
23 Tu	04:06 15:06	10:12 20:00	-1.5E 1.3F
24 W	04:42 15:54	10:30 21:00	-1.4E 1.2F
25 Th	05:12 16:42	10:48 21:54	-1.3E 1.2F
26 F	05:36 17:24	11:06 22:48	-1.1E 1.1F
27 Sa ◐	05:30 18:18	11:36 23:24	-0.7E 1.0F
28 Su	04:30	08:18 12:12 15:00 19:18	-0.4E -0.2E -0.3E 0.9F
29 M	03:24 10:36 15:18 20:24	00:48 06:48 12:42 18:24	1.0F -0.5E 0.3F -0.2E
30 Tu	03:00 10:18 17:42 21:42	00:12 06:42 13:12 19:42	0.8F -0.9E 0.9F -0.2E

December

Day	Slack h m	Maximum h m	knots
1 W	02:54 10:36 19:00 22:48	00:42 06:54 13:54 20:48	0.6F -1.2E 1.4F -0.2E
2 Th	03:00 11:06 20:12 23:36	01:12 07:12 14:42 21:48	0.5F -1.6E 1.8F -0.2E
3 F	03:18 11:48 21:30	01:36 07:48 15:30 22:42	0.4F -2.0E 2.1F -0.2E
4 Sa ●	00:06 03:30 12:30 23:30	02:00 08:24 16:24	0.3F -2.2E 2.2F
5 Su	03:54 13:24	02:18 09:06 17:18	0.2F -2.3E 2.2F
6 M	04:24 14:18	09:48 18:24	-2.3E 2.0F
7 Tu	04:54 15:24	10:36 19:30	-2.1E 1.8F
8 W	05:24 16:24	11:18 20:42	-1.8E 1.5F
9 Th	05:24 17:30	12:00 21:48	-1.3E 1.2F
10 F	04:48 18:42	13:12 22:54	-0.7E 0.9F
11 Sa ◐	04:00 10:36 19:48	06:48 15:48 23:36	-0.4E -0.3E 0.7F
12 Su	03:18 09:48 16:30 20:54	06:54 12:24 19:06	-0.6E 0.4F -0.2E
13 M	02:48 10:12 18:24 21:48	00:06 06:54 13:06 20:06	0.6F -0.9E 0.9F -0.1E
14 Tu	02:42 10:36 19:12 22:36	00:30 07:06 13:42 21:00	0.5F -1.1E 1.2F -0.1E
15 W	02:48 11:06 19:48 23:12	00:54 07:24 14:18 21:36	0.4F -1.3E 1.4F -0.1E
16 Th	03:00 11:30 20:30 23:36	01:18 07:48 14:54 21:54	0.3F -1.4E 1.6F -0.1E
17 F	03:12 12:00 21:18 23:42	01:36 08:12 15:30	0.3F -1.5E 1.6F
18 Sa	03:24 12:30 22:48	01:48 08:36 16:12	0.2F -1.5E 1.6F
19 Su ○	03:30 13:00 23:24	01:36 08:54 16:54	0.2F -1.6E 1.6F
20 M	03:36 13:36	01:12 09:18 17:36	0.3F -1.6E 1.5F
21 Tu	03:54 14:12	09:36 18:24	-1.6E 1.4F
22 W	04:18 14:48	09:48 19:12	-1.5E 1.2F
23 Th	04:42 15:18	10:00 20:00	-1.4E 1.1F
24 F	05:06 15:42	10:24 20:42	-1.2E 0.9F
25 Sa	05:12 16:00	10:36 21:18	-0.9E 0.8F
26 Su	04:18 16:18	10:48 22:00	-0.5E 0.6F
27 M ◐	02:18 10:24 17:30	06:12 12:48 22:54	-0.3E 0.1F 0.5F
28 Tu	01:42 09:24 17:54 20:36	05:36 12:42 23:36	-0.7E 0.7F 0.4F
29 W	01:36 09:36 18:30 22:12	05:48 13:12 20:06	-1.1E 1.3F -0.2E
30 Th	01:48 10:12 19:24 23:06	06:18 13:48 21:06	-1.5E 1.8F -0.2E
31 F	02:12 10:54 20:24 23:30	00:48 06:48 14:36 21:54	0.3F -1.9E 2.1F -0.2E

Station ID: g06010 Depth: 26 feet
Source: NOAA/NOS/CO-OPS
Station Type: Harmonic
Time Zone: LST

NOAA Tidal Current Predictions

Galveston Bay Entrance Channel, LB 11, 2021
Latitude: 29.3422° N Longitude: 94.7408° W
Mean Flood Dir. 267° (T) Mean Ebb Dir. 65° (T)
Times and speeds of maximum and minimum current, in knots

January

Day	Slack (h m)	Maximum (h m — knots)
1 F	01:36, 14:42	09:42 -2.1E, 18:36 1.8F
2 Sa	02:18, 15:30	10:24 -1.9E, 19:12 1.7F
3 Su	02:36, 16:24	11:30 -1.6E, 19:48 1.5F
4 M	02:06, 17:18	04:54 -0.5E, 07:00 -0.3E, 12:36 -1.1E, 20:36 1.1F
5 Tu	01:12, 08:18, 09:48, 18:24	04:48 -0.7E, 14:30 -0.6E, 21:12 0.7F
6 W	00:36, 08:06, 14:42, 19:54	04:36 -1.0E, 10:54 0.6F, 17:42 -0.3E, 21:54 0.3F
7 Th	00:06, 08:36, 17:36, 22:24	04:48 -1.4E, 12:12 1.3F, 19:54 -0.3E
8 F	09:18, 19:06, 23:06	05:12 -1.7E, 13:12 1.8F, 21:24 -0.5E, 23:06 -0.4E
9 Sa	10:06, 20:12	05:48 -2.0E, 14:00 2.2F, 22:42 -0.5E
10 Su	10:54, 21:18	06:30 -2.1E, 14:54 2.3F
11 M	11:42, 22:30	07:18 -2.2E, 15:42 2.3F
12 Tu	12:36, 23:42	08:00 -2.3E, 16:30 2.2F
13 W	13:30	08:48 -2.3E, 17:24 2.0F
14 Th	01:00, 14:18	09:30 -2.2E, 18:12 1.8F
15 F	02:00, 15:00	10:18 -2.0E, 18:54 1.6F
16 Sa	02:30, 15:48	11:06 -1.7E, 19:30 1.4F
17 Su	02:18, 16:30	04:12 -0.2E, 12:06 -1.3E, 20:00 1.2F
18 M	00:48, 17:12	04:06 -0.4E, 06:48 -0.1E, 13:06 -0.8E, 20:24 0.9F
19 Tu	00:06, 07:30, 11:36, 18:06, 23:54	03:54 -0.7E, 09:48 0.2F, 14:48 -0.4E, 20:54 0.5F
20 W	07:42, 15:00, 19:30, 23:36	03:48 -1.0E, 11:06 0.6F, 17:30 -0.2E, 21:24 0.2F
21 Th	08:12, 17:06	04:06 -1.3E, 12:06 1.1F, 19:24 -0.3E, 21:54 -0.1E
22 F	08:48, 18:24	04:42 -1.5E, 12:48 1.4F, 20:42 -0.4E, 22:18 -0.4E
23 Sa	09:30, 19:24	05:18 -1.6E, 13:48 1.7F
24 Su	10:12, 20:24	05:54 -1.6E, 14:36 1.8F
25 M	10:54, 21:24	06:24 -1.7E, 15:12 1.9F
26 Tu	11:36, 22:30	07:06 -1.8E, 15:54 1.9F
27 W	12:24, 23:30	07:42 -2.0E, 16:36 1.9F
28 Th	13:06	08:24 -2.1E, 17:06 1.8F
29 F	00:30, 13:48	09:00 -2.1E, 17:36 1.8F
30 Sa	01:06, 14:30	09:48 -1.9E, 18:00 1.6F
31 Su	01:00, 15:18, 23:42	02:48 -0.2E, 04:30 -0.1E, 10:42 -1.6E, 18:36 1.4F

February

Day	Slack (h m)	Maximum (h m — knots)
1 M	05:00, 07:06, 16:12, 22:54	02:42 -0.3E, 06:00 0.1F, 12:00 -1.1E, 19:00 1.0F
2 Tu	05:30, 10:12, 17:18, 22:24	02:12 -0.7E, 07:24 0.5F, 13:18 -0.6E, 19:30 0.6F
3 W	06:12, 13:36, 18:48, 21:42	02:24 -1.0E, 09:06 0.9F, 16:48 -0.3E, 20:12 0.2F
4 Th	07:00, 16:36	03:06 -1.4E, 10:36 1.4F, 18:48 -0.3E, 20:48 -0.2E
5 F	07:54, 18:06	03:42 -1.7E, 11:48 1.7F, 20:24 -0.4E
6 Sa	08:48, 19:12	04:30 -1.8E, 12:54 2.0F
7 Su	09:48, 20:18	05:18 -1.9E, 13:54 2.1F
8 M	10:48, 21:24	06:18 -2.0E, 14:54 2.1F
9 Tu	11:48, 22:30	07:18 -2.0E, 15:42 2.0F
10 W	12:36, 23:30	08:06 -2.0E, 16:30 1.9F
11 Th	13:24	08:54 -2.0E, 17:12 1.7F
12 F	00:18, 14:06	09:36 -1.9E, 17:42 1.5F
13 Sa	00:42, 03:18, 14:42, 23:36	10:18 -1.6E, 18:12 1.3F
14 Su	03:36, 05:36, 15:24, 22:24	01:48 -0.2E, 11:12 -1.3E, 18:30 1.1F
15 M	04:12, 08:06, 16:06, 22:06	00:54 -0.4E, 06:00 0.2F, 12:12 -0.9E, 18:48 0.8F
16 Tu	04:54, 10:30, 17:00, 21:48	01:06 -0.7E, 07:24 0.5F, 13:24 -0.5E, 19:06 0.4F
17 W	05:30, 13:00, 18:30, 20:54	01:36 -1.0E, 08:48 0.8F, 16:12 -0.3E, 19:30 0.1F
18 Th	06:12, 15:24	02:12 -1.2E, 10:12 1.0F, 18:00 -0.3E, 19:54 -0.2E
19 F	07:00, 16:54	02:54 -1.3E, 11:18 1.3F
20 Sa	07:48, 18:06	03:42 -1.4E, 12:24 1.4F
21 Su	08:42, 19:12	04:18 -1.4E, 13:24 1.6F
22 M	09:36, 20:18	05:00 -1.5E, 14:18 1.6F
23 Tu	10:30, 21:18	05:48 -1.6E, 15:00 1.7F
24 W	11:18, 22:12	06:36 -1.8E, 15:36 1.7F
25 Th	12:06, 23:00	07:30 -1.9E, 16:00 1.7F
26 F	12:54, 23:24	08:18 -1.9E, 16:30 1.6F
27 Sa	02:06, 13:36, 22:12	00:36 -0.1E, 09:12 -1.7E, 16:48 1.4F
28 Su	02:00, 05:30, 14:24, 21:00	00:24 -0.2E, 03:48 0.3F, 10:12 -1.4E, 17:12 1.1F, 23:48 -0.5E

March

Day	Slack (h m)	Maximum (h m — knots)
1 M	02:42, 15:18, 20:30	05:06 0.7F, 11:18 -1.0E, 17:42 0.7F, 23:54 -0.9E
2 Tu	03:30, 09:48, 16:30, 20:06	06:12 1.1F, 12:42 -0.6E, 18:12 0.4F
3 W	04:18, 12:24, 18:42	00:24 -1.3E, 07:24 1.4F, 15:54 -0.3E
4 Th	05:18, 15:12, 19:06	01:06 -1.6E, 08:48 1.6F, 17:30 -0.4E
5 F	06:12, 16:48	01:48 -1.7E, 10:12 1.8F
6 Sa	07:24, 18:00	02:54 -1.7E, 11:30 1.8F
7 Su	08:30, 19:06	04:00 -1.7E, 12:48 1.8F
8 M	09:42, 20:06	05:12 -1.7E, 14:00 1.8F
9 Tu	10:48, 21:00	06:24 -1.7E, 14:48 1.8F
10 W	11:42, 21:42	07:24 -1.7E, 15:30 1.7F
11 Th	12:30, 22:12	01:24 -0.3E, 08:18 -1.7E, 16:06 1.5F, 23:48 -0.3E
12 F	02:24, 13:12, 21:48	09:06 -1.6E, 16:30 1.3F, 23:54 -0.3E
13 Sa	01:48, 04:54, 13:48, 20:42	03:18 0.1F, 09:48 -1.4E, 16:54 1.1F, 23:42 -0.4E
14 Su	02:00, 06:42, 14:24, 20:12	04:12 0.4F, 10:36 -1.1E, 17:12 0.8F, 23:06 -0.7E
15 M	02:30, 08:18, 15:12, 20:00	05:18 0.7F, 11:36 -0.8E, 17:30 0.5F, 23:24 -1.0E
16 Tu	03:00, 09:54, 16:18, 19:36	06:06 1.0F, 12:48 -0.6E, 17:48 0.2F, 23:54 -1.2E
17 W	03:36, 11:36, 18:12	06:54 1.2F, 15:00 -0.4E
18 Th	04:18, 13:30, 18:36	00:24 -1.3E, 07:48 1.3F, 16:42 -0.4E
19 F	05:06, 15:18	01:00 -1.3E, 08:54 1.3F
20 Sa	05:54, 16:36	01:30 -1.3E, 10:30 1.4F
21 Su	06:54, 17:54	02:18 -1.3E, 11:48 1.4F
22 M	08:00, 19:00	03:12 -1.3E, 13:06 1.5F
23 Tu	09:06, 19:54	04:12 -1.4E, 13:54 1.5F
24 W	10:00, 20:42	05:12 -1.5E, 14:36 1.6F
25 Th	10:54, 21:06	06:12 -1.6E, 14:54 1.5F, 22:54 -0.3E
26 F	11:48, 20:42	00:42 -0.2E, 07:24 -1.5E, 15:12 1.3F, 22:54 -0.3E
27 Sa	00:36, 03:30, 19:30	02:00 0.2F, 08:30 -1.4E, 15:24 1.1F, 22:06 -0.5E
28 Su	00:42, 05:48, 13:30, 18:42	03:06 0.7F, 09:30 -1.2E, 15:48 0.8F, 21:54 -0.9E
29 M	01:12, 07:36, 14:30, 18:18	04:06 1.2F, 10:48 -0.9E, 16:12 0.4F, 22:18 -1.3E
30 Tu	01:54, 09:24, 16:00, 17:30	05:12 1.6F, 12:30 -0.6E, 22:42 -1.7E
31 W	02:42, 11:30	06:12 1.9F, 14:48 -0.4E, 17:12 -0.2E, 23:24 -1.9E

Station ID: g06010 Depth: 26 feet
Source: NOAA/NOS/CO-OPS
Station Type: Harmonic
Time Zone: LST

NOAA Tidal Current Predictions

Galveston Bay Entrance Channel, LB 11, 2021
Latitude: 29.3422° N Longitude: 94.7408° W
Mean Flood Dir. 267° (T) Mean Ebb Dir. 65° (T)
Times and speeds of maximum and minimum current, in knots

April

Day	Slack (h m)	Maximum (h m)	knots
1 Th	03:36 13:48	07:12 16:36 17:42	2.0F -0.5E -0.4E
2 F	04:36 15:30	00:06 08:24	-1.9E 2.0F
3 Sa	05:48 16:42	01:00 09:54	-1.8E 1.8F
4 Su ◑	07:00 17:48	02:18 11:24	-1.7E 1.7F
5 M	08:18 18:48	03:42 12:42	-1.5E 1.6F
6 Tu	09:30 19:30	05:06 13:42 22:36	-1.5E 1.6F -0.5E
7 W	10:36 19:54	00:54 06:30 14:24 22:00	-0.5E -1.4E 1.5F -0.5E
8 Th	11:24 19:54	01:54 07:48 14:54 22:12	-0.2E -1.3E 1.3F -0.5E
9 F	01:24 03:36 12:06 19:12	02:36 08:42 15:18 22:24	0.1F -1.2E 1.1F -0.6E
10 Sa	00:54 05:24 12:48 18:36	03:18 09:36 15:36 21:54	0.4F -1.0E 0.8F -0.8E
11 Su	01:00 06:54 13:36 18:18	04:00 10:30 15:54 21:42	0.8F -0.9E 0.6F -1.1E
12 M ●	01:18 08:12 14:30 18:00	04:42 11:36 16:12 22:00	1.1F -0.7E 0.3F -1.3E
13 Tu	01:42 09:30 16:24	05:18 12:42 22:30	1.4F -0.6E -1.5E
14 W	02:12 10:48	05:54 14:06 16:48 22:54	1.6F -0.5E -0.3E -1.5E
15 Th	02:48 12:12	06:30 15:36 17:06 23:18	1.7F -0.5E -0.5E -1.5E
16 F	03:24 13:48	07:12 23:42	1.6F -1.5E
17 Sa	04:12 15:12	08:00	1.5F
18 Su	05:06 16:24	00:06 09:36	-1.4E 1.4F
19 M	06:12 17:30	00:30 11:12	-1.4E 1.4F
20 Tu ◑	07:18 18:18	01:24 12:24	-1.4E 1.4F
21 W	08:24 18:54	03:24 13:06	-1.3E 1.4F
22 Th	09:24 19:00	04:48 13:36 21:24 23:48	-1.2E 1.3F -0.5E -0.3E
23 F	10:30 18:06 23:36	06:06 13:54 21:12	-1.1E 1.1F -0.5E
24 Sa	03:30 11:30 17:12 23:42	01:30 07:42 14:06 20:30	0.3F -1.0E 0.8F -0.8E
25 Su	05:42 12:36 16:36	02:30 09:06 14:24 20:36	1.0F -0.8E 0.5F -1.3E
26 M	00:06 07:30 13:54 15:54	03:18 10:48 14:54 20:54	1.6F -0.7E 0.1F -1.7E
27 Tu ○	00:42 09:06	04:12 12:24 15:18 21:24	2.1F -0.6E -0.2E -2.1E
28 W	01:30 10:54	05:06 13:48 15:42 21:54	2.3F -0.5E -0.4E -2.2E
29 Th	02:18 12:42	06:00 22:42	2.4F -2.2E
30 F	03:12 14:24	07:00 23:30	2.2F -2.1E

May

Day	Slack (h m)	Maximum (h m)	knots
1 Sa	04:18 15:36	08:12	2.0F
2 Su	05:30 16:36	00:30 09:42	-1.8E 1.7F
3 M ◐	06:42 17:24	01:42 11:06	-1.6E 1.6F
4 Tu	07:54 18:00	03:18 12:18 21:42 23:54	-1.3E 1.4F -0.6E -0.6E
5 W	09:00 18:06	04:48 13:00 20:42	-1.1E 1.3F -0.6E
6 Th	10:00 17:36	01:06 06:30 13:30 20:48	-0.2E -1.0E 1.1F -0.7E
7 F	00:18 10:54 17:00 23:54	02:00 08:00 14:00 20:54	0.3F -0.8E 0.9F -0.9E
8 Sa	05:30 11:48 16:36	02:42 09:06 14:18 20:30	0.7F -0.7E 0.6F -1.1E
9 Su	00:00 12:48 16:24	03:12 10:06 14:42 20:30	1.1F -0.7E 0.3F -1.4E
10 M	00:18 08:12 14:12 15:36	03:48 11:06 20:48	1.5F -0.6E -1.6E
11 Tu ●	00:42 09:12	04:24 12:06 15:06 21:18	1.7F -0.6E -0.2E -1.7E
12 W	01:12 10:12	05:00 13:12 15:24 21:42	1.9F -0.6E -0.4E -1.8E
13 Th	01:42 11:24	05:36 14:36 22:00	1.9F -0.6E -1.7E
14 F	02:12 12:42	06:06 22:24	1.8F -1.7E
15 Sa	02:54 14:06	06:48 22:42	1.7F -1.7E
16 Su	03:42 15:12	07:42 23:06	1.6F -1.6E
17 M	04:36 16:06	09:06 23:48	1.5F -1.6E
18 Tu	05:36 16:48	10:30	1.5F
19 W ◐	06:36 17:06	00:36 11:12	-1.4E 1.3F
20 Th	07:42 16:48	02:48 11:42 20:00 23:06	-1.1E 1.2F -0.6E -0.3E
21 F	08:48 15:54 22:36	04:42 12:06 19:42	-0.8E 0.9F -0.7E
22 Sa	03:18 10:06 15:12 22:36	00:54 06:36 12:30 19:06	0.4F -0.6E 0.5F -1.1E
23 Su	05:42 11:36 14:30 23:06	01:48 09:00 13:00 19:18	1.1F -0.5E 0.2F -1.5E
24 M	07:30 23:42	02:30 10:30 13:30 19:36	1.8F -0.5E -0.1E -2.0E
25 Tu	09:00	03:18 11:48 14:00 20:12	2.3F -0.5E -0.3E -2.3E
26 W ○	00:24 10:24	04:06 12:54 14:18 20:48	2.5F -0.5E -0.5E -2.4E
27 Th	01:12 11:54	05:00 21:30	2.6F -2.5E
28 F	02:06 13:24	06:00 22:18	2.4F -2.3E
29 Sa	03:00 14:42	06:54 23:12	2.1F -2.1E
30 Su	04:06 15:36	08:06	1.8F
31 M	05:12 16:12	00:06 09:24	-1.8E 1.6F

June

Day	Slack (h m)	Maximum (h m)	knots
1 Tu	06:12 16:36	01:12 10:30	-1.4E 1.4F
2 W ◐	07:12 16:18	02:42 11:12 19:12 23:48	-1.1E 1.2F -0.6E -0.3E
3 Th	08:12 15:30 23:12	04:30 11:48 19:18	-0.7E 0.9F -0.8E
4 F	02:48 09:12 15:06 22:42	00:54 06:36 12:24 19:18	0.2F -0.5E 0.7F -1.0E
5 Sa	05:12 10:24 14:48 22:48	01:42 08:12 13:00 19:00	0.8F -0.4E 0.4F -1.3E
6 Su	06:48 12:00 14:24 23:12	02:24 09:18 13:18 19:12	1.3F -0.5E 0.1F -1.6E
7 M	07:54 23:42	03:00 10:18 13:36 19:42	1.6F -0.5E -0.1E -1.8E
8 Tu	08:48	03:30 11:18 13:48 20:12	1.9F -0.6E -0.4E -1.9E
9 W	00:12 09:42	04:06 12:18 14:06 20:36	2.0F -0.6E -0.5E -1.9E
10 Th ●	00:42 10:42	04:48 13:30 21:06	2.0F -0.6E -1.9E
11 F	01:18 11:54	05:24 21:30	1.9F -1.9E
12 Sa	02:00 13:06	06:06 21:48	1.9F -1.9E
13 Su	02:42 14:06	06:48 22:12	1.8F -1.8E
14 M	03:24 14:54	07:30 22:48	1.7F -1.7E
15 Tu	04:18 15:24	08:18 23:36	1.6F -1.5E
16 W	05:06 15:24	09:00 18:24	1.4F -0.6E
17 Th	06:00 14:48	00:54 09:36 18:18 22:00	-1.0E 1.1F -0.6E -0.2E
18 F ◐	07:06 13:54 21:12	03:12 10:06 17:48 23:48	-0.6E 0.8F -0.8E 0.4F
19 Sa	02:54 13:12 21:24	05:24 10:42 17:30	-0.3E 0.4F -1.2E
20 Su	05:42 10:48 17:54	00:48 08:24 11:54 22:00	1.2F -0.3E 0.4F -1.7E
21 M	07:24 22:36	01:42 09:48 11:54 18:24	1.8F -0.4E -0.3E -2.0E
22 Tu	08:36 23:24	02:24 11:06 12:24 19:06	2.3F -0.5E -0.5E -2.3E
23 W	09:48	03:18 19:54	2.5F -2.5E
24 Th ○	00:12 11:06	04:06 20:36	2.5F -2.5E
25 F	01:06 12:24	05:00 21:18	2.4F -2.4E
26 Sa	02:06 13:42	06:00 22:06	2.2F -2.3E
27 Su	03:00 14:42	06:54 23:00	1.9F -2.0E
28 M	03:54 15:12	07:48 23:54	1.7F -1.6E
29 Tu	04:48 15:18	08:42	1.4F
30 W	05:36 14:36	00:54 09:24 17:30 21:54	-1.2E 1.1F -0.5E -0.3E

Station ID: g06010 Depth: 26 feet
Source: NOAA/NOS/CO-OPS
Station Type: Harmonic
Time Zone: LST

NOAA Tidal Current Predictions

Galveston Bay Entrance Channel, LB 11, 2021
Latitude: 29.3422° N Longitude: 94.7408° W
Mean Flood Dir. 267° (T) Mean Ebb Dir. 65° (T)
Times and speeds of maximum and minimum current, in knots

July

Date	Slack (h m)	Maximum (h m)	Maximum (knots)
1 Th ◑		02:24	-0.7E
	06:24	10:00	0.9F
	13:36	17:30	-0.7E
	21:36	23:18	0.2F
2 F	01:12	04:36	-0.4E
	07:24	10:24	0.5F
	13:06	17:06	-1.0E
	21:12		
3 Sa		00:24	0.7F
	04:24	06:54	-0.2E
	08:42	11:00	0.2F
	12:54	17:12	-1.3E
	21:30		
4 Su		01:18	1.2F
	06:12	08:18	-0.3E
	11:18	17:48	-1.6E
	21:54		
5 M		02:00	1.6F
	07:18	09:24	-0.4E
		11:48	-0.3E
		18:18	-1.7E
	22:30		
6 Tu		02:42	1.8F
	08:06	10:30	-0.5E
		12:18	-0.5E
		19:00	-1.8E
	23:06		
7 W		03:18	1.9F
	09:00	11:36	-0.6E
		12:48	-0.6E
		19:36	-1.9E
	23:48		
8 Th		04:00	2.0F
	10:00	20:12	-1.9E
9 F	00:30	04:42	1.9F
	11:00	20:42	-1.9E
10 Sa ●	01:06	05:24	1.9F
	12:06	21:06	-1.9E
11 Su	01:48	06:06	1.8F
	13:00	21:36	-1.9E
12 M	02:30	06:36	1.7F
	13:48	22:06	-1.8E
13 Tu	03:12	06:54	1.6F
	14:06	22:54	-1.5E
14 W	03:54	07:24	1.4F
	13:36	16:30	-0.4E
	18:30	18:30	-0.3E
15 Th		00:06	-1.1E
	04:42	07:54	1.1F
	12:36	16:18	-0.6E
	19:36		
	20:54		
16 F		01:42	-0.6E
	05:42	08:30	0.7F
	11:48	16:00	-0.9E
	19:24	22:06	0.6F
17 Sa ◐	02:06	04:24	-0.2E
	07:06	09:06	0.3F
	11:06	16:06	-1.3E
	20:00	23:24	1.2F
18 Su	05:18	07:30	-0.2E
	09:42	16:36	-1.7E
	20:42		
19 M		00:30	1.7F
	06:48	09:00	-0.4E
		10:12	-0.4E
		17:06	-2.0E
	21:30		
20 Tu		01:30	2.1F
	07:54	17:54	-2.2E
	22:24		
21 W		02:24	2.3F
	09:00	18:48	-2.3E
	23:18		
22 Th		03:18	2.3F
	10:06	19:48	-2.3E
23 F	00:18	04:12	2.2F
	11:18	20:36	-2.3E
24 Sa ○	01:12	05:06	2.1F
	12:30	21:18	-2.2E
25 Su	02:00	05:54	1.9F
	13:30	22:06	-2.0E
26 M	02:48	06:36	1.7F
	14:06	22:54	-1.7E
27 Tu	03:30	07:06	1.4F
	14:00	15:36	-0.2E
		16:54	-0.1E
		23:48	-1.3E
28 W	04:12	07:30	1.1F
	12:12	15:36	-0.3E
	18:36		
29 Th		00:48	-0.8E
	05:00	08:00	0.8F
	11:24	14:42	-0.6E
	18:30	21:00	0.3F
	23:24		
30 F		02:24	-0.4E
	05:48	08:12	0.5F
	11:06	14:54	-1.0E
	19:00	22:30	0.7F
31 Sa ○	02:42	05:18	-0.2E
	07:12	08:42	0.2F
	10:36	15:30	-1.3E
	19:42	23:30	1.1F

August

Date	Slack (h m)	Maximum (h m)	Maximum (knots)
1 Su	04:54	07:00	-0.2E
		09:12	-0.1E
		16:12	-1.5E
	20:24		
2 M		00:36	1.4F
	06:12	08:30	-0.4E
		09:48	-0.3E
		16:48	-1.6E
	21:06		
3 Tu		01:30	1.6F
	07:06	09:42	-0.5E
		17:36	-1.6E
	21:54		
4 W		02:18	1.7F
	08:00	18:24	-1.7E
	22:42		
5 Th		03:06	1.8F
	09:00	19:12	-1.7E
	23:30		
6 F		03:54	1.8F
	10:00	19:48	-1.8E
7 Sa	00:18	04:36	1.8F
	10:54	20:24	-1.9E
8 Su ●	00:54	05:12	1.8F
	11:48	21:00	-1.9E
9 M	01:36	05:36	1.6F
	12:24	21:36	-1.7E
10 Tu	02:12	05:48	1.5F
	12:18	14:18	-0.2E
	16:12	22:24	-1.4E
11 W	02:54	06:06	1.2F
	11:06	12:24	-0.3E
	16:24	17:36	0.2F
	18:54	23:30	-1.0E
12 Th	03:42	06:30	0.9F
	10:06	13:18	-0.6E
	16:48	18:54	0.5F
	21:42		
13 F		00:48	-0.6E
	04:42	06:18	0.5F
	09:30	13:36	-1.0E
	17:30	20:12	0.9F
14 Sa	00:48	04:00	-0.2E
	06:12	07:30	0.2F
	08:48	14:42	-1.4E
	18:18	21:42	1.4F
15 Su ◐	04:06	06:18	-0.3E
	08:00	08:00	-0.2E
		15:00	-1.7E
	19:12	23:00	1.7F
16 M	05:36	15:48	-1.8E
	20:12		
17 Tu		00:18	1.9F
	06:48	16:48	-2.0E
	21:18		
18 W		01:24	2.0F
	07:54	17:48	-2.0E
	22:24		
19 Th		02:24	2.1F
	09:00	18:54	-2.1E
	23:24		
20 F		03:18	2.0F
	10:00	19:54	-2.1E
21 Sa	00:18	04:12	1.9F
	10:54	20:42	-2.0E
22 Su ○	01:06	04:54	1.7F
	11:42	12:54	-0.2E
		14:12	-0.1E
		21:24	-1.8E
23 M	01:54	05:30	1.5F
	12:00	13:12	-0.1E
	14:48	22:12	-1.6E
24 Tu	02:30	05:54	1.2F
	10:54	13:12	-0.2E
	14:54	16:24	0.2F
	18:12	23:00	-1.2E
25 W	03:12	06:12	0.9F
	09:42	12:12	-0.4E
	15:30	17:42	0.4F
	20:18	23:54	-0.8E
26 Th	03:54	06:24	0.6F
	09:12	12:24	-0.8E
	16:06	18:54	0.7F
	22:18		
27 F		01:06	-0.5E
	04:48	06:36	0.3F
	08:54	12:54	-1.1E
	16:54	20:06	0.9F
28 Sa	00:36	04:00	-0.3E
	07:54	13:36	-1.3E
	17:36	21:30	1.1F
29 Su	03:00	05:30	-0.3E
	07:30	14:24	-1.4E
	18:30	22:42	1.3F
30 M ◐	04:30	15:12	-1.4E
	19:24	23:54	1.4F
31 Tu	05:42	16:06	-1.4E
	20:24		

September

Date	Slack (h m)	Maximum (h m)	Maximum (knots)
1 W		01:06	1.5F
	06:48	17:00	-1.4E
	21:24		
2 Th		02:06	1.6F
	07:48	17:48	-1.5E
	22:24		
3 F		02:54	1.7F
	08:42	18:42	-1.6E
	23:12		
4 Sa		03:36	1.7F
	09:36	19:30	-1.6E
	23:54		
5 Su		04:00	1.6F
	10:12	12:12	-0.3E
		13:18	-0.3E
		20:12	-1.6E
6 M	00:36	04:18	1.4F
	10:30	12:12	-0.2E
	14:24	21:00	-1.5E
7 Tu ●	01:18	04:24	1.2F
	09:30	11:54	-0.3E
	13:54	15:30	0.3F
	17:24	21:54	-1.2E
8 W	02:00	04:42	0.9F
	08:18	11:12	-0.6E
	14:12	16:36	0.7F
	19:30	23:00	-0.9E
9 Th	02:54	05:06	0.6F
	10:54	11:24	-1.0E
	14:54	17:48	1.1F
	21:30		
10 F		00:18	-0.6E
	04:06	05:36	0.3F
	07:12	11:42	-1.4E
	15:36	18:54	1.5F
	23:48		
11 Sa		03:18	-0.3E
	06:06	12:18	-1.6E
	16:30	20:00	1.7F
12 Su	02:36	05:06	-0.4E
		06:36	-0.3E
	17:30	13:06	-1.8E
		21:18	1.8F
13 M ◐	04:12	14:06	-1.8E
	18:42	22:42	1.9F
14 Tu	05:30	15:24	-1.8E
	19:54		
15 W		00:12	1.8F
	06:36	16:36	-1.8E
	21:12		
16 Th		01:30	1.8F
	07:36	17:54	-1.7E
	22:18		
17 F		02:24	1.8F
	08:30	19:18	-1.7E
	23:24		
18 Sa		03:06	1.7F
	09:06	11:00	-0.4E
		13:48	-0.3E
		20:12	-1.6E
19 Su	00:12	03:42	1.5F
	09:30	11:24	-0.3E
	14:42	21:00	-1.5E
20 M ○	00:54	04:12	1.3F
	09:12	11:30	-0.4E
	13:30	15:18	0.2F
	17:12	21:42	-1.3E
21 Tu	01:36	04:36	1.0F
	08:06	11:12	-0.5E
	13:36	16:12	0.5F
	18:48	22:30	-1.0E
22 W	02:12	04:54	0.7F
	07:30	10:30	-0.8E
	14:00	17:06	0.8F
	20:18	23:36	-0.7E
23 Th	03:00	05:00	0.4F
	07:12	10:48	-1.1E
	14:30	17:48	1.1F
	21:48		
24 F		00:36	-0.5E
	04:12	05:18	0.1F
	06:36	11:18	-1.3E
	15:06	18:36	1.3F
	23:24		
25 Sa		02:48	-0.4E
		05:42	-0.1E
	15:48	11:54	-1.5E
		19:18	1.4F
26 Su	01:06	04:24	-0.4E
		06:12	-0.3E
	16:36	12:30	-1.5E
		20:18	1.4F
27 M	02:48	13:18	-1.4E
	17:30	21:48	1.4F
28 Tu	04:12	14:06	-1.3E
	18:36	23:24	1.4F
29 W ◐	05:24	15:12	-1.3E
	19:42		
30 Th		00:48	1.4F
	06:24	16:18	-1.3E
	20:48		

Station ID: g06010 Depth: 26 feet
Source: NOAA/NOS/CO-OPS
Station Type: Harmonic
Time Zone: LST

NOAA Tidal Current Predictions

Galveston Bay Entrance Channel, LB 11, 2021

Latitude: 29.3422° N Longitude: 94.7408° W
Mean Flood Dir. 267° (T) Mean Ebb Dir. 65° (T)
Times and speeds of maximum and minimum current, in knots

October

Day	Slack (h m)	Maximum (h m)	knots	Day	Slack (h m)	Maximum (h m)	knots
1 F	07:18 21:48	01:48 17:06	1.5F -1.3E	16 Sa	07:24 23:00	02:00 09:36 13:42 19:36	1.5F -0.6E -0.2E -1.3E
2 Sa	08:00 22:42	02:24 18:06	1.5F -1.3E	17 Su	07:18 13:06 15:42 23:54	02:30 09:48 14:24 20:42	1.3F -0.6E 0.2F -1.1E
3 Su	08:18 23:30	02:42 10:36 12:42 19:12	1.4F -0.4E -0.3E -1.2E	18 M	06:36 12:36 17:30	02:54 10:00 15:06 21:36	1.0F -0.7E 0.5F -0.9E
4 M	07:54 12:42 15:18	03:00 10:30 13:54 20:12	1.2F -0.4E 0.1F -1.1E	19 Tu O	00:36 12:42 19:00	03:18 09:36 15:48 22:36	0.7F -0.8E 0.9F -0.8E
5 Tu	00:18 06:48 12:30 17:42	03:00 09:42 14:54 21:24	0.9F -0.5E 0.7F -1.0E	20 W O	01:24 13:00 20:18	03:30 09:12 16:24 23:36	0.4F -1.2E 1.3F -0.6E
6 W •	01:12 06:00 12:54 19:30	03:18 09:24 15:48 22:36	0.6F -0.9E 1.2F -0.7E	21 Th	02:24 13:24 21:24	03:36 09:36 17:00	0.2F -1.4E 1.5F
7 Th	02:12 05:24 13:30 21:12	03:36 09:42 16:42	0.3F -1.4E 1.7F	22 F	03:54 13:54 22:36	00:36 10:00 17:36	-0.6E -1.6E 1.7F
8 F	03:54 14:12 23:06	00:12 10:12 17:42	-0.5E -1.8E 2.0F	23 Sa	14:24 23:54	01:48 04:18 10:30 18:12	-0.5E -0.3E -1.7E 1.8F
9 Sa	15:00	02:24 04:36 10:48 18:36	-0.4E -0.2E -2.0E 2.2F	24 Su	15:06	03:24 04:42 11:06 18:54	-0.5E -0.5E -1.6E 1.7F
10 Su	01:12 16:00	04:12 11:30 19:42	-0.4E -2.1E 2.1F	25 M	01:24 16:00	11:36 19:48	-1.6E 1.6F
11 M	03:00 17:12	12:24 21:06	-2.0E 1.9F	26 Tu	02:48 16:54	12:06 21:24	-1.4E 1.4F
12 Tu	04:18 18:24	13:30 22:42	-1.8E 1.8F	27 W	04:00 17:54	12:36 22:54	-1.3E 1.4F
13 W ◐	05:18 19:42	15:00	-1.6E	28 Th ◑	04:54 19:00	13:06	-1.2E
14 Th	06:12 21:00	00:06 16:36	1.7F -1.5E	29 F	05:42 20:00	00:06 15:06	1.4F -1.1E
15 F	06:54 22:06	01:12 09:36 12:36 18:06	1.6F -0.6E -0.5E -1.4E	30 Sa	06:18 21:06	00:54 16:24	1.3F -1.0E
				31 Su	06:18 22:00	01:24 09:06 12:24 17:48	1.2F -0.6E -0.4E -0.9E

November

Day	Slack (h m)	Maximum (h m)	knots	Day	Slack (h m)	Maximum (h m)	knots
1 M	05:30 11:36 15:30 23:06	01:30 08:54 13:30 19:30	0.9F -0.6E 0.2F -0.7E	16 Tu	04:00 11:42 19:06 22:00	01:54 08:06 15:00	0.5F -1.1E 1.2F
2 Tu	04:30 11:24 17:42	01:42 08:06 14:18 21:00	0.6F -0.8E 0.9F -0.6E	17 W	00:42 12:00 20:12 23:00	02:12 08:06 15:36	0.2F -1.4E 1.5F
3 W	00:18 03:42 11:42 19:30	01:54 08:06 15:00 22:48	0.3F -1.3E 1.6F -0.5E	18 Th	02:24 12:24 21:12	08:24 16:06	-1.7E 1.8F
4 Th •	01:48 12:18 21:00	08:24 15:48	-1.8E 2.1F	19 F O	12:54 22:06	00:00 02:42 08:48 16:42	-0.6E -0.7E -1.8E 1.9F
5 F	13:00 22:36	00:12 02:42 08:54 16:36	-0.5E -0.2E -2.2E 2.4F	20 Sa	13:24 23:12	00:54 03:06 09:18 17:18	-0.5E -0.4E -1.9E 2.0F
6 Sa	13:48	01:30 03:06 09:30 17:30	-0.5E -0.4E -2.4E 2.5F	21 Su	14:00	02:06 03:24 09:54 18:00	-0.5E -0.5E -1.8E 1.9F
7 Su	00:18 14:42	10:12 18:30	-2.4E 2.4F	22 M	00:24 14:48	10:24 18:42	-1.8E 1.8F
8 M	02:00 15:48	11:06 19:36	-2.3E 2.1F	23 Tu	01:42 15:36	10:54 19:42	-1.7E 1.6F
9 Tu	03:12 17:00	12:06 21:06	-2.0E 1.9F	24 W	02:48 16:24	11:12 21:00	-1.6E 1.5F
10 W	04:12 18:12	13:06 22:30	-1.7E 1.7F	25 Th	03:36 17:18	11:30 22:18	-1.4E 1.4F
11 Th ◑	04:54 19:24	14:48 23:42	-1.4E 1.5F	26 F	04:12 18:12	12:00 23:00	-1.2E 1.3F
12 F	05:24 20:30	09:24 11:30 16:30	-0.7E -0.6E -1.1E	27 Sa ◑	04:30 19:06	13:30 23:18	-0.9E 1.1F
13 Sa	05:36 21:36	00:30 08:12 12:48 18:18	1.3F -0.7E -0.2E -0.9E	28 Su	04:12 20:12	07:36 12:00 16:12 23:30	-0.7E -0.4E -0.6E 0.8F
14 Su	05:06 15:36 22:30	01:06 08:30 13:48 19:54	1.1F -0.8E 0.3F -0.8E	29 M	03:24 10:24 15:12 21:36	07:24 12:54 18:00 23:48	-0.7E 0.3F -0.4E 0.4F
15 M	04:24 11:36 17:36 23:30	01:36 08:06 14:30 21:00	0.8F -0.9E 0.8F -0.6E	30 Tu	02:30 10:18 17:48 23:18	06:36 13:36 20:54	-1.1E 1.0F -0.3E

December

Day	Slack (h m)	Maximum (h m)	knots	Day	Slack (h m)	Maximum (h m)	knots
1 W	01:18 10:36 19:30	06:42 14:12 22:18	-1.5E 1.7F -0.4E	16 Th	11:24 20:48	01:06 07:18 15:18 23:12	-0.2E -1.8E 1.9F -0.5E
2 Th	11:12 20:54	00:48 07:12 14:54 23:30	-0.2E -2.0E 2.2F -0.5E	17 F	11:54 21:36	01:30 07:48 15:54	-0.4E -1.9E 2.0F
3 F	11:54 22:12	01:18 07:42 15:42	-0.4E -2.3E 2.6F	18 Sa	12:30 22:30	00:06 01:54 08:24 16:36	-0.5E -0.5E -2.0E 2.0F
4 Sa •	12:48 23:36	00:42 01:48 08:24 16:30	-0.5E -0.5E -2.6E 2.6F	19 Su O	13:12 23:36	01:06 09:00 17:18	-0.5E -1.9E 1.9F
5 Su	13:42	09:06 17:30	-2.6E 2.5F	20 M	13:54	09:30 18:06	-1.9E 1.9F
6 M	01:06 14:42	09:54 18:30	-2.5E 2.3F	21 Tu	14:42	00:42 10:00 18:48	-0.5E -1.8E 1.8F
7 Tu	02:18 15:42	10:54 19:42	-2.3E 2.0F	22 W	01:36 15:18	10:18 19:36	-1.7E 1.7F
8 W	03:12 16:48	11:48 20:54	-1.9E 1.7F	23 Th	02:24 16:00	10:42 20:12	-1.6E 1.5F
9 Th	03:48 17:48	12:48 22:00	-1.5E 1.5F	24 F	02:54 16:42	11:18 20:36	-1.3E 1.3F
10 F	04:06 18:48	14:12 22:48	-1.1E 1.2F	25 Sa	02:54 17:30	06:00 12:18 21:06	-0.6E -1.0E 1.0F
11 Sa ◑	03:54 19:48	06:42 11:18 16:18 23:24	-0.6E -0.3E -0.7E 0.9F	26 Su	02:18 18:24	05:54 09:12 14:12 21:30	-0.6E -0.3E -0.5E 0.7F
12 Su	03:06 10:48 14:48 20:54	06:54 12:36 18:30 23:54	-0.8E 0.3F -0.4E 0.6F	27 M ◐	01:18 08:54 14:36 19:48	05:12 11:24 16:48 21:54	-0.8E 0.3F -0.2E 0.3F
13 M	02:30 10:24 17:18 22:06	06:54 13:30 20:00	-1.0E 0.8F -0.4E	28 Tu	00:18 09:00 18:00 22:30	05:00 12:18 20:12	-1.2E 1.0F -0.2E
14 Tu	02:06 10:30 19:00	00:24 06:24 14:06 21:06	0.3F -1.3E 1.3F -0.4E	29 W	09:24 19:24	05:18 13:12 21:42 23:06	-1.6E 1.7F -0.3E -0.3E
15 W	00:30 10:54 19:54	06:42 14:42 22:12	-1.6E 1.6F -0.5E	30 Th	10:06 20:30	05:48 14:00	-2.0E 2.2F
				31 F	10:54 21:36	06:30 14:48	-2.3E 2.5F

Station ID: ACT8856 Depth: 14 feet
Source: NOAA/NOS/CO-OPS
Station Type: Harmonic
Time Zone: LST

NOAA Tidal Current Predictions

Bolivar Roads, 2021

Latitude: 29.3433° N Longitude: 94.7813° W
Mean Flood Dir. 296° (T) Mean Ebb Dir. 123° (T)
Times and speeds of maximum and minimum current, in knots

January

Day	Slack (h m)	Maximum (h m)	knots
1 F	01:48, 15:12	10:00, 18:48	-2.2E, 2.1F
2 Sa	02:18, 16:00	10:54, 19:36	-2.1E, 2.1F
3 Su	02:24, 16:48	12:06, 20:30	-1.8E, 2.0F
4 M	02:12, 17:42	05:24, 07:36, 13:36, 21:12	-0.7E, -0.6E, -1.4E, 1.7F
5 Tu	01:48, 09:36, 18:48	05:06, 15:18, 21:54	-0.9E, -1.0E, 1.2F
6 W	01:24, 08:36, 14:06, 20:18	05:00, 11:00, 17:18, 22:36	-1.2E, 0.7F, -0.6E, 0.6F
7 Th	00:48, 08:54, 16:42, 23:12	05:06, 12:06, 19:36	-1.5E, 1.5F, -0.5E
8 F	09:24, 18:36	05:18, 13:00, 21:36, 23:48	-1.9E, 2.2F, -0.7E, -0.5E
9 Sa	10:06, 20:00	05:42, 13:54, 23:06	-2.2E, 2.6F, -0.8E
10 Su	10:54, 21:24	00:24, 06:18, 14:42	-0.7E, -2.4E, 2.7F
11 M	11:54, 22:48	07:00, 15:36	-2.6E, 2.6F
12 Tu	12:54	07:54, 16:24	-2.6E, 2.4F
13 W	00:12, 13:48	08:48, 17:24	-2.6E, 2.2F
14 Th	01:24, 14:42	09:42, 18:12	-2.5E, 2.1F
15 F	02:06, 15:24	10:30, 19:00	-2.3E, 1.9F
16 Sa	02:12, 16:06	11:18, 19:42	-1.9E, 1.8F
17 Su	01:42, 16:36	04:42, 06:12, 12:18, 20:12	-0.6E, -0.5E, -1.4E, 1.5F
18 M	01:00, 17:06	04:30, 08:42, 13:36, 20:48	-0.9E, -0.3E, -0.8E, 1.2F
19 Tu	00:30, 08:48, 12:48, 17:36	04:24, 10:42, 15:18, 21:12	-1.2E, 0.2F, -0.3E, 0.7F
20 W	00:06, 08:42, 18:18, 23:12	04:30, 11:48, 21:30	-1.5E, 0.9F, 0.2F
21 Th	08:54, 18:54	04:42, 12:36	-1.7E, 1.5F
22 F	09:18, 19:30	05:00, 13:18	-1.9E, 1.8F
23 Sa	09:54, 20:12	05:24, 13:54	-1.9E, 2.0F
24 Su	10:30, 21:06	05:48, 14:30	-1.9E, 2.0F
25 M	11:18, 22:00	06:24, 15:12	-1.9E, 2.0F
26 Tu	12:06, 23:00	07:06, 15:48	-1.9E, 2.0F
27 W	12:48	07:48, 16:24	-2.0E, 2.0F
28 Th	00:00, 13:36	08:36, 17:06	-2.2E, 2.1F
29 F	00:42, 14:18	09:24, 17:48	-2.2E, 2.2F
30 Sa	00:54, 15:00	10:24, 18:24	-2.1E, 2.1F
31 Su	00:42, 15:48	03:06, 05:06, 11:30, 19:06	-0.4E, -0.3E, -1.9E, 1.9F

February

Day	Slack (h m)	Maximum (h m)	knots
1 M	00:18, 06:36, 16:36, 23:42	02:54, 12:48, 19:42	-0.6E, -1.5E, 1.5F
2 Tu	06:12, 10:18, 17:42, 23:18	03:00, 08:00, 14:30, 20:18	-0.9E, 0.5F, -1.0E, 0.9F
3 W	06:36, 13:12, 19:18, 22:36	03:12, 09:24, 16:12, 20:54	-1.3E, 1.1F, -0.6E, 0.3F
4 Th	07:12, 15:36	03:24, 10:36, 18:30, 21:36	-1.6E, 1.7F, -0.5E, -0.2E
5 F	07:54, 17:36	03:48, 11:42, 20:54, 22:00	-1.9E, 2.1F, -0.6E, -0.6E
6 Sa	08:48, 19:12	04:24, 12:42	-2.1E, 2.3F
7 Su	09:54, 20:36	05:06, 13:48	-2.2E, 2.3F
8 M	11:00, 21:54	06:06, 14:48	-2.2E, 2.2F
9 Tu	12:06, 23:00	07:12, 15:48	-2.3E, 2.1F
10 W	13:00, 23:54	08:12, 16:36	-2.3E, 2.0F
11 Th	13:48	09:06, 17:18	-2.3E, 2.0F
12 F	00:24, 14:24	02:12, 09:48, 17:48	-0.3E, -2.1E, 1.9F
13 Sa	00:12, 14:54, 23:30	02:18, 04:18, 10:36, 18:12	-0.4E, -0.3E, -1.8E, 1.7F
14 Su	15:24, 22:48	02:18, 05:36, 11:30, 18:42	-0.6E, -0.1E, -1.3E, 1.4F
15 M	05:54, 08:24, 15:54, 22:24	02:18, 07:00, 12:36, 19:06	-0.9E, 0.1F, -0.8E, 1.0F
16 Tu	06:00, 11:30, 16:36, 21:54	02:18, 08:18, 14:06, 19:24	-1.2E, 0.6F, -0.4E, 0.6F
17 W	06:24, 14:42, 18:18, 20:24	02:30, 09:36	-1.5E, 1.0F
18 Th	06:48, 17:00	02:48, 10:36	-1.7E, 1.4F
19 F	07:24, 18:00	03:06, 11:24	-1.7E, 1.7F
20 Sa	08:06, 19:00	03:30, 12:18	-1.7E, 1.7F
21 Su	09:00, 20:00	04:06, 13:18	-1.6E, 1.7F
22 M	10:00, 21:00	04:54, 14:06	-1.6E, 1.7F
23 Tu	11:00, 21:54	05:54, 14:54	-1.7E, 1.7F
24 W	11:54, 22:48	07:00, 15:36	-1.9E, 1.8F
25 Th	12:36, 23:18	07:54, 16:06	-2.0E, 2.0F
26 F	13:18, 23:18	08:48, 16:42	-2.1E, 2.0F
27 Sa	14:00, 22:42	01:12, 03:18, 09:48, 17:12	-0.3E, -0.2E, -2.0E, 1.9F
28 Su	03:18, 05:42, 14:48, 21:54	01:00, 04:30, 10:54, 17:42	-0.4E, 0.2F, -1.8E, 1.7F

March

Day	Slack (h m)	Maximum (h m)	knots
1 M	03:30, 15:48, 21:24	00:54, 05:36, 12:12, 18:18	-0.7E, 0.7F, -1.4E, 1.2F
2 Tu	04:00, 10:00, 16:54, 21:00	01:00, 06:42, 13:42, 18:54	-1.1E, 1.2F, -1.1E, 0.6F
3 W	04:42, 12:12, 19:06	01:12, 07:48, 15:12	-1.5E, 1.7F, -0.8E
4 Th	05:24, 14:12	01:36, 08:54, 17:18, 19:54	-1.8E, 2.1F, -0.6E, -0.4E
5 F	06:18, 16:12	02:06, 10:06	-1.9E, 2.2F
6 Sa	07:24, 18:00	02:48, 11:18	-2.0E, 2.1F
7 Su	08:42, 19:30	03:48, 12:42	-2.0E, 2.0F
8 M	10:00, 20:42	05:06, 14:00	-1.9E, 1.9F
9 Tu	11:12, 21:36	06:30, 15:00, 23:54	-2.0E, 1.9F, -0.5E
10 W	12:06, 22:12	07:48, 15:48	-2.0E, 1.8F
11 Th	12:48, 22:18	00:06, 01:54, 08:36, 16:18	-0.5E, -0.4E, -1.9E, 1.8F
12 F	13:24, 21:54	00:24, 03:06, 09:18, 16:36	-0.5E, -0.2E, -1.7E, 1.7F
13 Sa	03:48, 13:54, 21:06	00:30, 10:06, 16:54	-0.6E, -1.4E, 1.5F
14 Su	03:30, 06:48, 14:24, 20:36	00:30, 05:00, 11:00, 17:18	-0.9E, 0.3F, -1.0E, 1.2F
15 M	03:42, 08:48, 15:06, 20:12	00:24, 05:54, 12:00, 17:36	-1.2E, 0.7F, -0.7E, 0.8F
16 Tu	04:00, 15:48, 19:36	00:24, 06:48, 13:18, 17:54	-1.4E, 1.2F, -0.4E, 0.3F
17 W	04:24, 12:48	00:36, 07:36, 15:18, 18:00	-1.6E, 1.5F, -0.3E, -0.2E
18 Th	04:48, 14:30	00:48, 08:24	-1.7E, 1.7F
19 F	05:24, 15:54	01:06, 09:12	-1.7E, 1.7F
20 Sa	06:06, 17:18	01:24, 10:12	-1.6E, 1.6F
21 Su	07:06, 18:36	01:48, 11:18	-1.5E, 1.5F
22 M	08:18, 19:42	02:48, 12:42	-1.5E, 1.5F
23 Tu	09:30, 20:36	04:12, 13:48	-1.5E, 1.6F
24 W	10:36, 21:12	05:30, 14:30	-1.6E, 1.7F
25 Th	11:24, 21:30	06:42, 15:00, 23:48	-1.8E, 1.8F, -0.5E
26 F	12:12, 21:06	01:24, 07:48, 15:24, 23:24	-0.4E, -1.8E, 1.8F, -0.4E
27 Sa	02:00, 13:00, 20:12	03:24, 09:00, 15:54, 23:06	-1.7E, 1.6F, -0.6E
28 Su	01:36, 05:54, 13:54, 19:30	03:42, 10:18, 16:24, 23:00	0.7F, -1.6E, 1.3F, -1.0E
29 M	01:54, 07:42, 14:24, 19:06	04:42, 11:30, 16:54, 23:00	1.4F, -1.3E, 0.8F, -1.4E
30 Tu	02:24, 09:30, 16:24, 18:30	05:36, 12:54, 17:30, 23:12	2.0F, -1.1E, 0.2F, -1.8E
31 W	03:00, 11:18	06:30, 14:24, 18:00, 23:42	2.4F, -0.9E, -0.3E, -2.1E

Station ID: ACT8856 Depth: 14 feet
Source: NOAA/NOS/CO-OPS
Station Type: Harmonic
Time Zone: LST

NOAA Tidal Current Predictions

Bolivar Roads, 2021

Latitude: 29.3433° N Longitude: 94.7813° W
Mean Flood Dir. 296° (T) Mean Ebb Dir. 123° (T)
Times and speeds of maximum and minimum current, in knots

April

Day	Slack (h m)	Maximum (h m / knots)
1 Th	03:48, 13:06, 18:18	07:30 2.6F, 16:18 -0.7E, -0.6E
2 F	04:48, 14:54	00:24 -2.2E, 08:30 2.4F
3 Sa	05:54, 16:48	01:06 -2.1E, 09:48 2.1F
4 Su ○	07:18, 18:18	02:24 -1.9E, 11:24 1.9F
5 M	08:48, 19:18	03:48 -1.8E, 12:54 1.8F
6 Tu	10:06, 20:00	05:24 -1.7E, 14:00 1.7F, 22:30 -0.6E
7 W	11:00, 20:18	00:30 -0.6E, 06:54 -1.6E, 14:42 1.7F, 22:42 -0.7E
8 Th	11:42, 20:06	01:54 -0.3E, 07:54 -1.5E, 15:06 1.6F, 22:54 -0.8E
9 F	02:54, 12:18, 19:30	08:54 -1.2E, 15:24 1.4F, 23:00 -1.0E
10 Sa	02:00, 05:36, 12:54, 18:48	03:42 0.4F, 09:48 -0.9E, 15:42 1.1F, 22:54 -1.3E
11 Su	02:06, 07:24, 13:30, 18:30	04:24 0.8F, 10:42 -0.7E, 16:00 0.8F, 22:48 -1.5E
12 M ●	02:18, 09:06, 14:30, 18:00	05:06 1.3F, 11:54 -0.5E, 16:18 0.4F, 22:42 -1.7E
13 Tu	02:30, 10:36, 16:30	05:42 1.7F, 13:12 -0.4E, 22:54 -1.9E
14 W	02:48, 11:48	06:18 2.0F, 14:54 -0.5E, 16:42 -0.4E, 23:00 -1.9E
15 Th	03:18, 12:54	06:54 2.1F, 23:12 -1.8E
16 F	03:48, 14:06	07:30 2.0F, 23:24 -1.7E
17 Sa	04:30, 15:36	08:18 1.8F, 23:06 -1.6E
18 Su	05:24, 17:00	09:18 1.6F, 23:30 -1.6E
19 M	06:30, 18:06	10:48 1.5F
20 Tu ◑	07:42, 18:54	01:30 -1.5E, 12:06 1.5F
21 W	08:48, 19:24	03:36 -1.5E, 12:54 1.6F
22 Th	09:48, 19:18	05:06 -1.5E, 13:36 1.7F, 22:18 -0.6E
23 F	10:48, 18:36	00:48 -0.4E, 06:36 -1.4E, 14:06 1.6F, 21:42 -0.6E
24 Sa	00:36, 03:24, 11:48, 17:48	02:00 0.2F, 08:00 -1.3E, 14:30 1.3F, 21:18 -0.9E
25 Su	00:18, 05:42, 12:54, 17:24	02:54 1.0F, 09:30 -1.2E, 15:06 0.8F, 21:06 -1.4E
26 M	00:30, 07:24, 14:18, 16:54	03:42 1.9F, 10:54 -1.1E, 15:36 0.3F, 21:12 -1.8E
27 Tu ○	01:00, 09:00	04:30 2.5F, 12:18 -1.0E, 16:06 -0.2E, 21:36 -2.2E
28 W	01:42, 10:30	05:18 2.9F, 13:48 -0.9E, 16:30 -0.5E, 22:06 -2.5E
29 Th	02:30, 12:12	06:12 3.0F, 15:36 -0.8E, 16:48 -0.7E, 22:48 -2.5E
30 F	03:24, 13:54	07:06 2.7F, 23:36 -2.3E

May

Day	Slack (h m)	Maximum (h m / knots)
1 Sa	04:30, 15:42	08:18 2.3F
2 Su	05:54, 17:06	00:48 -2.1E, 09:48 1.9F
3 M ○	07:18, 18:00	02:18 -1.8E, 11:36 1.7F
4 Tu	08:30, 18:18, 23:54	03:48 -1.6E, 12:36 1.7F, 21:12 -0.8E, -0.6E
5 W	09:30, 18:18	05:24 -1.4E, 13:18 1.6F, 21:12 -0.9E
6 Th	10:18, 17:54	01:18 -0.3E, 06:42 -1.1E, 13:42 1.4F, 21:24 -1.1E
7 F	01:00, 03:42, 17:12	02:18 0.2F, 08:00 -0.8E, 14:00 1.1F, 21:24 -1.4E
8 Sa	00:48, 06:12, 11:42, 16:48	03:06 0.7F, 09:24 -0.5E, 14:24 0.8F, 21:18 -1.6E
9 Su	00:48, 08:06, 12:48, 16:30	03:42 1.3F, 10:36 -0.4E, 14:36 0.4F, 21:18 -1.9E
10 M	01:00, 09:24, 15:00	04:12 1.8F, 11:54 -0.4E, 21:18 -2.0E
11 Tu ●	01:18, 10:18	04:42 2.1F, 13:06 -0.6E, 15:12 -0.4E, 21:24 -2.1E
12 W	01:36, 11:06	05:12 2.3F, 21:42 -2.0E
13 Th	02:00, 12:00	05:42 2.3F, 21:48 -2.0E
14 F	02:36, 13:06	06:18 2.2F, 22:00 -1.9E
15 Sa	03:18, 14:24	07:00 2.0F, 22:12 -1.8E
16 Su	04:06, 15:36	07:54 1.8F, 22:42 -1.8E
17 M	05:00, 16:30	09:00 1.7F, 23:30 -1.7E
18 Tu	06:00, 17:06	10:18 1.7F
19 W ◐	07:00, 17:18	01:18 -1.5E, 11:18 1.7F
20 Th	08:00, 17:00	03:24 -1.3E, 11:54 1.6F, 20:36 -0.8E, 23:54 -0.5E
21 F	09:06, 16:24, 23:24	05:00 -1.1E, 12:30 1.4F, 20:00 -0.9E
22 Sa	02:54, 15:54, 23:06	01:06 0.3F, 06:54 -0.9E, 13:06 1.0F, 19:36 -1.2E
23 Su	05:18, 11:48, 15:24, 23:18	01:54 1.2F, 08:42 -0.8E, 13:36 0.5F, 19:36 -1.7E
24 M	07:00, 14:12, 23:48	02:42 2.1F, 10:18 -0.8E, 19:42 -2.2E
25 Tu	08:30, 14:42, 20:12	03:24 2.8F, 11:48 -0.9E, -0.5E, -2.5E
26 W ○	00:30, 10:00	04:12 3.1F, 13:06 -0.8E, 15:06 -0.7E, 20:48 -2.7E
27 Th	01:18, 11:36	05:00 3.1F, 21:30 -2.8E
28 F	02:18, 13:18	06:00 2.8F, 22:24 -2.6E
29 Sa	03:24, 14:54	07:00 2.4F, 23:30 -2.4E
30 Su	04:36, 16:06	08:24 2.0F
31 M	05:42, 16:36	00:42 -2.1E, 09:54 1.8F

June

Day	Slack (h m)	Maximum (h m / knots)
1 Tu	06:48, 16:42	02:00 -1.7E, 11:00 1.7F, 20:00 -0.8E, 22:06 -0.8E
2 W ○	07:42, 16:18	03:24 -1.3E, 11:36 1.5F, 19:42 -1.0E
3 Th	08:24, 15:48, 23:42	00:18 -0.3E, 04:48 -0.8E, 12:06 1.3F, 19:48 -1.3E
4 F ◐	03:30, 09:12, 15:18, 23:30	01:18 0.3F, 06:30 -0.4E, 12:30 0.9F, 19:48 -1.6E
5 Sa	06:36, 10:18, 15:00, 23:36	02:06 0.9F, 08:36 -0.2E, 12:48 0.5F, 19:42 -1.9E
6 Su	08:18, 12:12, 14:12, 23:48	02:48 1.5F, 10:12 -0.3E, 19:48 -2.1E
7 M	09:12	03:18 2.0F, 11:30 -0.4E, 13:36 -0.3E, 20:00 -2.2E
8 Tu	00:12, 09:48	03:48 2.3F, 12:48 -0.6E, 13:54 -0.6E, 20:18 -2.2E
9 W	00:36, 10:30	04:18 2.4F, 20:30 -2.1E
10 Th ●	01:06, 11:24	04:48 2.4F, 20:48 -2.0E
11 F	01:42, 12:24	05:18 2.2F, 21:12 -2.0E
12 Sa	02:24, 13:30	06:00 2.0F, 21:36 -1.9E
13 Su	03:06, 14:24	06:54 1.9F, 22:12 -1.9E
14 M	03:54, 15:06	07:48 1.9F, 23:00 -1.8E
15 Tu	04:42, 15:24	08:42 1.9F
16 W	05:30, 15:24	00:06 -1.6E, 09:30 1.9F
17 Th	06:24, 15:00	01:54 -1.3E, 10:12 1.7F, 18:36 -0.9E, 22:42 -0.4E
18 F ◐	07:24, 14:30, 21:54	03:42 -1.0E, 10:54 1.3F, 18:12 -1.1E, 23:48 0.4F
19 Sa	02:18, 14:06, 21:48	05:36 -0.7E, 08:48 0.8F, 11:30, 18:00 -1.4E
20 Su	04:42, 10:48, 13:24, 22:06	00:48 1.4F, 07:42 -0.6E, 12:06 0.2F, 18:06 -1.9E
21 M	06:36, 22:42	01:36 2.2F, 09:48 -0.6E, 12:42 -0.3E, 18:24 -2.3E
22 Tu	08:06, 23:24	02:24 2.7F, 11:18 -0.8E, 13:12 -0.6E, 19:00 -2.6E
23 W	09:30	03:12 3.0F, 12:48 -0.7E, 19:36 -2.8E
24 Th ○	00:18, 11:06	04:00 3.0F, 20:30 -2.8E
25 F	01:24, 12:42	05:00 2.7F, 21:24 -2.8E
26 Sa	02:24, 14:12	06:00 2.4F, 22:24 -2.6E
27 Su	03:30, 15:06	07:06 2.1F, 23:24 -2.3E
28 M	04:24, 15:24	08:18 1.9F
29 Tu	05:12, 15:06	00:24 -1.9E, 09:06 1.7F, 18:12 -0.6E
30 W	05:54, 14:30	01:36 -1.3E, 09:42 1.5F, 18:00 -0.9E, 22:42 -0.3E

NOAA Tidal Current Predictions

Bolivar Roads, 2021
Latitude: 29.3433° N Longitude: 94.7813° W
Mean Flood Dir. 296° (T) Mean Ebb Dir. 123° (T)
Times and speeds of maximum and minimum current, in knots

July

Day	Slack (h m)	Maximum (h m)	knots
1 Th	06:30 13:48 22:06	02:54 10:12 17:54	-0.8E 1.2F -1.3E
2 F	02:18 07:00 13:24 21:54	00:00 04:42 10:36 17:54	0.3F -0.2E 0.8F -1.6E
3 Sa	06:54 08:12 13:00 22:06	00:54 11:06 18:00	1.0F 0.3F -1.9E
4 Su	07:48 22:30	01:36 09:36 11:30 18:12	1.6F -0.2E -0.1E -2.1E
5 M	08:24 22:54	02:12 18:36	2.0F -2.1E
6 Tu	09:00 23:30	02:42 19:00	2.2F -2.1E
7 W	09:48	03:18 19:30	2.3F -2.0E
8 Th	00:06 10:42	04:00 20:00	2.2F -2.0E
9 F	00:48 11:42	04:36 20:30	2.1F -2.0E
10 Sa ●	01:36 12:36	05:18 21:06	2.0F -2.0E
11 Su	02:18 13:24	06:00 21:42	2.0F -2.0E
12 M	03:00 13:48	06:42 22:30	2.0F -1.9E
13 Tu	03:42 13:54	07:18 23:30	2.0F -1.7E
14 W	04:24 13:36 19:12	08:00 16:48	1.9F -0.7E
15 Th	05:06 13:12 20:54	00:48 08:36 16:24	-1.3E 1.6F -0.9E
16 F	06:06 12:42 20:00	02:42 09:18 16:24 22:24	-0.9E 1.2F -1.2E 0.7F
17 Sa ◐	01:24 07:30 12:12 20:12	04:30 09:54 16:30 23:30	-0.6E 0.6F -1.5E 1.5F
18 Su	03:48 10:24 20:42	06:42 16:42	-0.5E -1.9E
19 M	05:48 21:30	00:24 09:06 11:12 17:06	2.1F -0.6E -0.4E -2.2E
20 Tu	07:24 22:24	01:18 10:42 17:54	2.5F -0.7E -2.4E
21 W	08:54 23:24	02:12 18:36	2.7F -2.6E
22 Th	10:30	03:12 19:30	2.6F -2.7E
23 F	00:30 12:00	04:12 20:36	2.4F -2.7E
24 Sa ○	01:36 13:18	05:06 21:30	2.3F -2.6E
25 Su	02:30 14:00	06:06 22:24	2.1F -2.3E
26 M	03:18 14:00	06:48 23:18	1.9F -1.9E
27 Tu	03:54 13:24	07:24 15:54 18:12	1.7F -0.5E -0.3E
28 W	04:30 12:24	00:12 07:54 15:48 20:06	-1.4E 1.4F -0.8E -0.1E
29 Th	04:54 11:48 19:42	01:24 08:12 15:42 21:54	-0.8E 1.1F -1.2E 0.4F
30 F	00:36 05:24 11:24 19:54	03:06 08:36 15:54 23:06	-0.3E 0.6F -1.5E 1.0F
31 Sa ◑	06:00 10:30 20:18	08:54 16:06	0.1F -1.8E

August

Day	Slack (h m)	Maximum (h m)	knots
1 Su	06:30 20:54	00:00 16:36	1.5F -1.9E
2 M	07:06 21:30	00:48 17:06	1.9F -1.9E
3 Tu	07:54 22:18	01:30 17:42	2.0F -1.8E
4 W	08:48 23:06	02:18 18:24	2.0F -1.8E
5 Th	09:48	03:06 19:12	1.9F -1.8E
6 F	00:00 10:42	03:54 19:54	1.9F -1.9E
7 Sa	00:48 11:36	04:36 20:36	1.9F -1.9E
8 Su ●	01:30 12:12	05:06 21:18	1.9F -2.0E
9 M	02:06 12:24	05:36 22:00	2.0F -1.9E
10 Tu	02:42 12:12	06:06 14:42 17:00 23:00	1.9F -0.5E -0.3E -1.6E
11 W	03:18 11:36 18:18	06:36 14:30	1.8F -0.7E
12 Th	04:06 11:00 17:36 21:54	00:18 07:12 14:24 19:30	-1.3E 1.4F -0.9E 0.5F
13 F	05:12 10:36 17:54	01:54 07:48 14:36 20:42	-0.9E 0.9F -1.3E 1.1F
14 Sa	00:30 06:42 10:00 18:30	03:36 08:24 14:48 21:48	-0.7E 0.3F -1.6E 1.7F
15 Su ◐	02:36 19:12	05:30 08:54 15:12 22:54	-0.5E -0.2E -1.9E 2.1F
16 M	04:36 20:12	08:12 09:30 15:48	-0.6E -0.6E -2.0E
17 Tu	06:24 21:18	00:00 16:36	2.3F -2.2E
18 W	08:00 22:30	01:06 17:42	2.3F -2.3E
19 Th	09:30 23:42	02:18 18:48	2.2F -2.3E
20 F	10:42	03:24 20:00	2.1F -2.4E
21 Sa	00:42 11:42	04:18 21:00	2.1F -2.3E
22 Su ○	01:36 12:12	05:00 13:36 14:54 21:42	1.9F -0.2E -0.2E -2.1E
23 M	02:12 11:54 16:12	05:36 13:42 22:30	1.8F -0.3E -1.7E
24 Tu	02:48 11:00 16:36 18:18	05:54 13:48 23:24	1.6F -0.6E -1.3E
25 W	03:18 10:00 16:48 20:48	06:18 13:36 18:36	1.3F -0.9E 0.4F
26 Th	03:48 09:36 17:12 23:24	00:30 06:36 13:42 19:54	-0.8E 0.9F -1.3E 0.8F
27 F	04:36 09:06 17:42	01:48 06:54 13:54 20:54	-0.4E 0.4F -1.6E 1.2F
28 Sa	02:06 07:06 18:12	03:54 14:12 21:54	-0.1E -1.7E 1.6F
29 Su	04:12 18:54	14:42 22:54	-1.7E 1.7F
30 M ◑	05:24 19:42	15:18 23:54	-1.7E 1.8F
31 Tu	06:30 20:42	16:06	-1.6E

September

Day	Slack (h m)	Maximum (h m)	knots
1 W	07:30 21:54	01:00 17:00	1.7F -1.5E
2 Th	08:36 22:54	02:00 18:18	1.7F -1.6E
3 F	09:30 23:48	03:00 19:12	1.7F -1.7E
4 Sa	10:12	03:42 20:00	1.7F -1.8E
5 Su	00:24 10:36	04:06 20:42	1.8F -1.8E
6 M	01:06 10:36	04:30 12:54 15:12 21:30	1.8F -0.4E -0.2E -1.7E
7 Tu ●	01:42 09:54 15:12 17:24	04:48 12:30 16:18 22:36	1.7F -0.5E 0.2F -1.5E
8 W	02:24 09:06 15:12 19:42	05:12 12:18 17:18 23:48	1.5F -0.8E 0.7F -1.2E
9 Th	03:18 08:36 15:30 21:42	05:48 12:18 18:18	1.1F -1.1E 1.3F
10 F	04:30 08:12 16:06 23:36	01:12 06:18 12:30 19:18	-1.0E 0.5F -1.5E 1.8F
11 Sa	06:54 16:42	02:42 12:48 20:18	-0.8E -1.8E 2.2F
12 Su	01:24 17:36	04:30 07:24 13:24 21:18	-0.7E -0.4E -1.9E 2.3F
13 M ◐	03:12 18:42	14:12 22:36	-2.0E 2.2F
14 Tu	05:12 20:06	15:18	-2.0E
15 W	06:54 21:30	00:00 16:42	2.0F -2.0E
16 Th	08:12 22:48	01:24 18:12	2.0F -2.0E
17 F	09:12 23:48	02:36 11:36 19:24	1.9F -0.5E -2.0E
18 Sa	09:48	03:24 11:36 13:48 20:24	1.9F -0.4E -0.3E -1.9E
19 Su	00:36 09:54 14:48	03:54 11:54 21:12	1.7F -0.5E -1.7E
20 M ○	01:12 09:24 14:36 17:06	04:18 12:00 15:48 22:00	1.6F -0.6E 0.2F -1.3E
21 Tu	01:42 08:18 14:42 19:00	04:36 11:54 16:42 22:54	1.3F -0.9E 0.6F -1.0E
22 W	02:12 07:42 15:00 20:48	04:54 11:42 17:36	1.0F -1.2E 1.0F
23 Th	02:54 07:24 15:24 22:42	00:00 05:06 11:42 18:24	-0.6E 0.6F -1.5E 1.4F
24 F	04:12 06:42 15:48	01:18 05:30 11:54 19:12	-0.4E 0.2F -1.7E 1.7F
25 Sa	00:30 16:18	03:06 05:36 12:12 19:54	-0.3E -0.2E -1.8E 1.9F
26 Su	02:00 17:00	12:36 20:48	-1.8E 1.9F
27 M	03:24 17:48	13:06 21:48	-1.6E 1.7F
28 Tu	04:48 18:54	13:36 23:18	-1.5E 1.5F
29 W ◑	06:06 20:06	14:48	-1.4E
30 Th	07:12 21:24	00:42 16:24	1.5F -1.4E

NOAA Tidal Current Predictions

Bolivar Roads, 2021

Latitude: 29.3433° N Longitude: 94.7813° W
Mean Flood Dir. 296° (T) Mean Ebb Dir. 123° (T)
Times and speeds of maximum and minimum current, in knots

October

Day	Slack (h m)	Maximum (h m, knots)
1 F	08:00, 17:42, 22:24	01:48 1.5F; 17:42 -1.4E
2 Sa	08:36, 23:06	02:30 1.6F; 18:42 -1.5E
3 Su	08:42, 23:48	02:48 1.6F; 11:30 -0.6E; 13:42 -0.5E; 19:48 -1.5E
4 M	08:12, 14:18	03:06 1.6F; 11:06 -0.6E; 20:48 -1.4E
5 Tu	00:36, 07:18, 13:24, 17:48	03:30 1.4F; 10:36 -0.8E; 15:36 0.7F; 22:00 -1.2E
6 W ●	01:24, 06:42, 13:30, 19:36	03:54 1.1F; 10:24 -1.1E; 16:24 1.4F; 23:12 -1.1E
7 Th	02:30, 06:24, 13:54, 21:12	04:24 0.6F; 10:18 -1.5E; 17:12 2.0F
8 F	04:06, 05:48, 14:30, 22:42	00:30 -1.0E; 04:54 0.1F; 10:36 -1.9E; 18:00 2.5F
9 Sa	15:12	01:54 -0.9E; 05:30 -0.3E; 11:06 -2.1E; 18:54 2.7F
10 Su	00:18, 16:06	03:36 -0.8E; 05:54 -0.6E; 11:48 -2.2E; 19:54 2.6F
11 M	02:06, 17:18	12:36 -2.1E; 21:06 2.3F
12 Tu	04:06, 18:42	13:48 -2.0E; 22:42 2.0F
13 W ◑	05:42, 20:12	15:24 -1.9E
14 Th	06:48, 21:36	00:24 1.8F; 17:06 -1.8E
15 F	07:30, 22:36	01:36 1.8F; 10:06 -0.6E; 12:06 -0.6E; 18:30 -1.7E
16 Sa	07:48, 23:24	02:18 1.7F; 10:12 -0.7E; 13:36 -0.3E; 19:36 -1.5E
17 Su	07:36, 13:36, 15:30	02:36 1.5F; 10:24 -0.8E; 14:36 0.1F; 20:42 -1.2E
18 M	00:00, 06:48, 13:24, 17:42	03:00 1.3F; 10:30 -1.0E; 15:24 0.5F; 21:42 -0.9E
19 Tu	00:42, 06:06, 13:30, 19:30	03:18 1.0F; 10:18 -1.3E; 16:06 1.0F; 22:42 -0.6E
20 W ○	01:24, 05:42, 13:48, 21:12	03:36 0.6F; 10:06 -1.6E; 16:48 1.5F; 23:54 -0.5E
21 Th	05:12, 14:00, 22:30	02:24 0.3F; 10:06 -1.9E; 17:18 1.9F
22 F	14:24, 23:30	01:12 -0.4E; 04:12 -0.1E; 10:18 -2.0E; 17:54 2.2F
23 Sa	14:54	02:48 -0.5E; 04:12 -0.5E; 10:36 -2.0E; 18:30 2.3F
24 Su	00:36, 15:24	10:54 -1.9E; 19:12 2.1F
25 M	01:48, 16:12	11:06 -1.8E; 20:00 1.9F
26 Tu	03:18, 17:12	11:12 -1.6E; 21:12 1.6F
27 W	04:36, 18:18	10:48 -1.5E; 23:00 1.5F
28 Th ◐	05:36, 19:30	11:18 -1.4E
29 F	06:18, 20:30	00:12 1.5F; 11:48 -1.3E; 13:24 -1.2E; 15:12 -1.3E
30 Sa	06:42, 21:24	01:00 1.5F; 11:42 -1.0E; 12:54 -1.0E; 16:54 -1.2E
31 Su	06:30, 22:18	01:18 1.5F; 10:00 -0.8E; 13:12 -0.5E; 18:18 -1.1E

November

Day	Slack (h m)	Maximum (h m, knots)
1 M	05:48, 12:42, 15:24, 23:18	01:36 1.4F; 09:24 -0.8E; 13:54 0.2F; 19:48 -1.0E
2 Tu	05:06, 12:06, 17:42	02:06 1.1F; 08:48 -1.0E; 14:36 1.0F; 21:18 -0.9E
3 W	00:24, 04:42, 12:12, 19:18	02:30 0.7F; 08:36 -1.5E; 15:24 1.8F; 22:36 -0.9E
4 Th ●	01:54, 04:12, 12:36, 20:42	03:00 0.2F; 08:42 -1.9E; 16:06 2.6F
5 F	13:12, 22:00	00:00 -0.9E; 03:30 -0.2E; 09:06 -2.3E; 16:48 3.0F
6 Sa	14:00, 23:30	01:18 -0.9E; 04:06 -0.5E; 09:42 -2.5E; 17:42 3.1F
7 Su	14:54	02:54 -0.8E; 04:30 -0.7E; 10:18 -2.6E; 18:36 2.9F
8 M	01:18, 16:00	11:12 -2.5E; 19:42 2.5F
9 Tu	03:12, 17:18	12:24 -2.2E; 21:12 2.1F
10 W	04:36, 18:42	13:54 -2.0E; 23:00 1.8F
11 Th ◐	05:30, 20:00	15:24 -1.7E
12 F	05:54, 21:06	00:12 1.7F; 08:48 -0.8E; 11:18 -0.7E; 16:54 -1.4E
13 Sa	05:48, 21:54	00:48 1.6F; 08:48 -0.9E; 13:06 -0.2E; 18:24 -1.0E
14 Su	05:18, 15:48, 22:42	01:18 1.3F; 08:54 -1.1E; 14:00 0.3F; 19:54 -0.7E
15 M	04:36, 12:18, 18:24, 23:30	01:36 1.0F; 09:00 -1.4E; 14:48 0.9F; 21:18 -0.5E
16 Tu	04:12, 12:24, 20:18	01:54 0.7F; 08:48 -1.7E; 15:24 1.4F; 22:36 -0.4E
17 W	00:42, 12:36, 21:24	02:12 0.3F; 08:42 -2.0E; 15:54 1.9F; 23:48 -0.4E
18 Th	02:36, 12:54, 22:12	08:48 -2.1E; 16:24 2.3F
19 F ○	13:18, 22:54	02:54 -0.5E; 09:00 -2.2E; 16:54 2.5F
20 Sa	13:42, 23:42	09:18 -2.2E; 17:24 2.4F
21 Su	14:18	09:36 -2.1E; 18:06 2.3F
22 M	00:48, 15:06	10:00 -1.9E; 18:48 2.0F
23 Tu	02:06, 15:54	10:18 -1.8E; 19:42 1.8F
24 W	03:18, 16:48	10:18 -1.7E; 20:54 1.7F
25 Th	04:06, 17:42	10:42 -1.6E; 22:06 1.6F
26 F	04:36, 18:30	11:00 -1.5E; 22:54 1.6F
27 Sa ◐	04:42, 19:24	11:12 -1.1E; 13:12 -1.1E; 14:24 -1.1E; 23:24 1.5F
28 Su	04:24, 20:24	08:18 -0.9E; 12:30 -0.5E; 16:36 -0.8E
29 M	03:42, 11:24, 14:54, 21:42	00:00 1.2F; 07:36 -1.0E; 13:00 0.3F; 18:30 -0.6E
30 Tu	03:12, 10:48, 17:18, 23:24	00:30 0.8F; 07:12 -1.3E; 13:36 1.2F; 20:24 -0.6E

December

Day	Slack (h m)	Maximum (h m, knots)
1 W	02:36, 11:00, 18:54	01:06 0.4F; 07:00 -1.7E; 14:18 2.0F; 22:00 -0.7E
2 Th	11:24, 20:12	01:36 -0.1E; 07:18 -2.2E; 15:00 2.7F; 23:24 -0.8E
3 F	12:06, 21:30	02:12 -0.5E; 07:42 -2.6E; 15:48 3.1F
4 Sa ●	12:54, 23:00	00:42 -0.8E; 02:42 -0.7E; 08:24 -2.8E; 16:36 3.2F
5 Su	13:54	02:06 -0.7E; 09:12 -2.8E; 17:30 3.0F
6 M	00:48, 15:00	10:06 -2.8E; 18:36 2.6F
7 Tu	02:30, 16:12	11:06 -2.6E; 19:54 2.2F
8 W	03:48, 17:18	12:24 -2.3E; 21:18 1.9F
9 Th	04:18, 18:24	13:36 -1.9E; 22:30 1.7F
10 F	04:24, 19:18	07:30 -0.7E; 08:42 -0.7E; 15:00 -1.3E; 23:06 1.5F
11 Sa ◐	03:54, 20:06	07:12 -0.9E; 11:54 -0.3E; 16:36 -0.8E; 23:36 1.2F
12 Su	03:12, 11:06, 15:36, 20:54	07:18 -1.2E; 13:00 0.4F; 18:36 -0.3E
13 M	02:42, 11:00, 19:00, 22:06	00:00 0.8F; 07:18 -1.6E; 13:48 1.0F; 20:42 -0.2E
14 Tu	02:12, 11:12, 20:24	00:18 0.4F; 07:12 -1.9E; 13:00 1.6F; 22:06 -0.3E
15 W	00:30, 11:30, 21:00	07:18 -2.1E; 15:00 2.1F; 23:24 -0.5E
16 Th	11:48, 21:36	01:12 -0.4E; 07:30 -2.2E; 15:30 2.4F
17 F	12:18, 22:18	00:42 -0.7E; 07:54 -2.2E; 16:00 2.5F
18 Sa	12:48, 23:06	08:18 -2.2E; 16:30 2.4F
19 Su ○	13:30	08:48 -2.1E; 17:12 2.3F
20 M	00:06, 14:12	09:18 -2.0E; 17:54 2.1F
21 Tu	01:12, 15:00	09:42 -1.9E; 18:42 2.0F
22 W	02:06, 15:42	10:12 -1.9E; 19:36 1.9F
23 Th	02:42, 16:24	10:30 -1.8E; 20:18 1.8F
24 F	02:54, 17:00	10:54 -1.5E; 21:00 1.7F
25 Sa	02:54, 17:42	12:48 -1.1E; 21:36 1.5F
26 Su	02:24, 18:36	06:06 -0.9E; 10:30 -0.3E; 14:48 -0.7E; 22:12 1.2F
27 M ◐	01:54, 09:42, 14:00, 19:54	05:42 -1.1E; 11:36 0.3F; 17:00 -0.4E; 22:48 0.7F
28 Tu	01:18, 09:24, 16:36, 22:18	05:30 -1.4E; 12:24 0.3F; 19:18 -0.4E; 23:30 0.1F
29 W	00:30, 09:36, 18:18	05:36 -1.8E; 13:12 2.0F; 21:30 -0.6E
30 Th	10:12, 19:36	00:00 -0.3E; 05:54 -2.2E; 13:54 2.6F; 23:00 -0.7E
31 F	11:00, 21:00	00:42 -0.6E; 06:30 -2.5E; 14:42 3.0F

Station ID: cc0301 Depth: 16 feet
Source: NOAA/NOS/CO-OPS
Station Type: Harmonic
Time Zone: LST

NOAA Tidal Current Predictions

Port Aransas, Channel View, 2021
Latitude: 27.8398° N Longitude: 97.0531° W
Mean Flood Dir. 307° (T) Mean Ebb Dir. 128° (T)
Times and speeds of maximum and minimum current, in knots

January

Day	Slack (h m)	Maximum (h m)	knots	Day	Slack (h m)	Maximum (h m)	knots
1 F	04:00 15:18	09:18 20:12	-2.8E 2.6F	16 Sa	05:30 16:18	11:18 20:30	-2.0E 1.9F
2 Sa	04:36 15:54	10:00 20:30	-2.6E 2.4F	17 Su	06:00 16:42	11:30 20:48	-1.5E 1.6F
3 Su	05:00 16:24	10:36 20:42	-2.2E 2.2F	18 M	06:30 17:06	13:06 21:00	-0.9E 1.2F
4 M	04:54 16:48	11:48 20:42	-1.6E 1.8F	19 Tu	01:48 06:42 10:24 17:18	03:48 08:12 14:42 20:54	-0.3E 0.1F -0.4E 0.8F
5 Tu	02:48 07:54 17:06	04:42 13:18 20:54	-0.2E -0.8E 1.4F	20 W	00:36 07:12 16:30 23:18	03:42 10:42 20:54	-0.7E 0.8F 0.4F
6 W	00:48 07:30 14:30 16:30 23:42	04:12 10:12 21:00	-0.8E 0.7F 0.9F	21 Th	07:48 21:48	04:00 11:42	-1.2E 1.5F
7 Th	08:00 23:12	03:54 11:36 18:00 20:48	-1.5E 1.6F 0.5F 0.6F	22 F	08:24 21:06	04:12 12:42	-1.6E 2.1F
8 F	08:48 23:12	04:00 12:42	-2.3E 2.4F	23 Sa	09:12 21:54	04:30 13:36	-2.0E 2.5F
9 Sa	09:42 23:42	04:24 13:54	-3.0E 3.0F	24 Su	10:12 23:00	04:48 14:42	-2.2E 2.7F
10 Su	10:42	05:18 15:00	-3.3E 3.2F	25 M	11:12	05:48 15:48	-2.4E 2.8F
11 M	00:36 11:54	06:12 16:12	-3.4E 3.2F	26 Tu	00:12 12:06	06:48 16:42	-2.6E 2.8F
12 Tu	01:48 13:00	07:18 17:18	-3.4E 3.0F	27 W	01:24 13:00	07:54 17:30	-2.7E 2.8F
13 W ●	02:54 14:06	08:36 18:18	-3.2E 2.8F	28 Th ○	02:24 13:42	08:24 18:12	-2.7E 2.6F
14 Th	04:00 15:00	09:48 19:18	-2.9E 2.5F	29 F	03:18 14:18	08:54 18:24	-2.6E 2.4F
15 F	04:48 15:42	10:42 20:00	-2.5E 2.2F	30 Sa	04:06 14:42	09:24 18:30	-2.4E 2.2F
				31 Su	05:06 15:12	10:06 18:36	-1.9E 1.8F

February

Day	Slack (h m)	Maximum (h m)	knots	Day	Slack (h m)	Maximum (h m)	knots
1 M	06:36 15:36 23:48	02:18 04:54 11:12 18:48	0.2F 0.3F -1.3E 1.4F	16 Tu	03:30 10:42 15:48 21:12	01:12 06:36 13:30 18:36	-0.4E 0.7F -0.3E 0.5F
2 Tu	04:12 09:42 15:48 21:54	02:06 06:54 13:18 19:00	-0.3E 0.6F -0.5E 0.9F	17 W	04:36 15:24 19:48	01:24 08:18 18:12	-0.8E 1.1F 0.1F
3 W	05:24 21:06	01:54 08:48 15:12 19:00	-1.0E 1.2F 0.2F 0.5F	18 Th	05:30 18:12	01:42 10:00	-1.2E 1.7F
4 Th ◐	06:24 20:54	01:54 10:30	-1.8E 2.0F	19 F ◐	06:30 18:48	01:42 11:12	-1.6E 2.2F
5 F	07:24 21:18	02:12 11:42	-2.4E 2.6F	20 Sa	07:36 19:54	02:18 12:18	-1.9E 2.5F
6 Sa	08:30 22:12	02:54 12:48	-2.8E 2.9F	21 Su	08:48 21:12	03:06 13:24	-2.1E 2.6F
7 Su	09:42 23:24	03:48 14:06	-3.0E 3.0F	22 M	09:54 22:36	04:12 14:36	-2.2E 2.7F
8 M	10:54	05:00 15:24	-3.0E 2.9F	23 Tu	10:54 23:54	06:00 15:36	-2.3E 2.7F
9 Tu	00:42 12:06	06:54 16:30	-2.9E 2.7F	24 W	11:48	07:06 16:18	-2.4E 2.6F
10 W	01:54 13:06	08:18 17:24	-2.8E 2.4F	25 Th	01:06 12:30	07:54 16:42	-2.4E 2.5F
11 Th ●	03:00 13:54	09:24 17:42	-2.5E 2.2F	26 F	02:18 13:06	08:24 16:48	-2.3E 2.2F
12 F	04:00 14:30	10:00 18:00	-2.2E 1.9F	27 Sa ○	03:42 13:30	08:48 16:54	-2.0E 1.9F
13 Sa	04:54 14:54	10:24 18:12	-1.8E 1.6F	28 Su	05:18 14:00 21:54	00:00 03:18 09:54 17:00 23:48	0.3F 0.6F -1.5E 1.5F -0.2E
14 Su	05:54 15:12	01:12 03:36 10:54 18:18	0.4F 0.6F -1.3E 1.3F				
15 M	01:00 07:24 15:30 22:30	05:00 12:00 18:30	0.5F -0.8E 0.9F				

March

Day	Slack (h m)	Maximum (h m)	knots	Day	Slack (h m)	Maximum (h m)	knots
1 M	01:18 07:24 14:24 19:54	04:36 11:18 17:06 23:30	-0.9E 1.0F -0.9E	16 Tu	02:12 13:48 18:18	05:30 11:30 16:36 22:42	1.3F 0.3F -1.4E
2 Tu	02:36 14:30 19:06	05:54 11:06 17:12 23:18	1.4F -0.2E 0.6F -1.6E	17 W	02:54 17:18	06:36 22:54	1.7F -1.7E
3 W	03:42 18:42	07:24 14:48 16:42 23:42	2.0F 0.3F 0.3F -2.3E	18 Th	03:42 16:42	08:12 23:24	2.1F -1.9E
4 Th	04:42 18:36	09:06	2.5F	19 F	04:42 17:24	09:42	2.4F
5 F	05:54 19:18	00:24 10:36	-2.7E 2.9F	20 Sa	05:54 18:24	00:06 10:54	-2.1E 2.6F
6 Sa ◑	07:12 20:24	01:18 11:48	-2.9E 3.0F	21 Su ◐	07:12 19:30	01:06 12:00	-2.1E 2.6F
7 Su	08:36 21:48	02:24 13:00	-2.8E 3.0F	22 M	08:24 20:42	02:18 13:06	-2.1E 2.7F
8 M	09:54 23:18	03:54 14:18	-2.6E 2.7F	23 Tu	09:30 21:54	03:36 14:00	-2.1E 2.6F
9 Tu	11:06	06:42 15:30	-2.4E 2.5F	24 W	10:18 23:06	05:24 14:42	-2.1E 2.5F
10 W	00:42 12:00	07:54 16:12	-2.3E 2.2F	25 Th	11:00	06:24 15:06	-2.0E 2.3F
11 Th	01:54 12:42	08:42 16:24	-2.0E 1.8F	26 F	00:48 11:36 22:36	07:18 15:12	-1.8E 2.0F 0.1F
12 F	03:06 13:12	09:18 16:30 23:18	-1.7E 1.5F 0.4F	27 Sa	03:06 12:06 20:06 23:48	01:18 08:12 15:12 21:54	0.3F -1.5E 1.6F -0.3E
13 Sa ●	04:24 13:30 22:00 23:42	02:06 09:42 16:24	0.6F -1.2E 1.3F	28 Su ○	05:30 12:36 18:18	02:48 09:18 15:24 21:36	0.9F -1.0E 1.2F -0.9E
14 Su	06:00 13:42 20:00	03:24 10:18 16:30 22:48	0.7F -0.8E 1.0F -0.5E	29 M	00:42 13:00 17:30	04:00 10:42 15:30 21:18	1.5F -0.5E 0.7F -1.7E
15 M	01:24 07:54 13:54 19:06	04:30 11:12 16:36 22:54	1.0F -0.4E 0.7F -0.9E	30 Tu	01:30 12:24 17:06	05:06 15:36 21:36	2.2F 0.4F -2.5E
				31 W	02:24 16:48	06:18 22:12	2.8F -3.0E

208

Station ID: cc0301 Depth: 16 feet
Source: NOAA/NOS/CO-OPS
Station Type: Harmonic
Time Zone: LST

Port Aransas, Channel View, 2021
Latitude: 27.8398° N Longitude: 97.0531° W
Mean Flood Dir. 307° (T) Mean Ebb Dir. 128° (T)
Times and speeds of maximum and minimum current, in knots

April

Day	Slack (h m)	Maximum (h m)	knots	Day	Slack (h m)	Maximum (h m)	knots
1 Th	03:24, 17:06	07:42, 22:48	3.1F, -3.2E	16 F	03:18, 16:30	08:00, 22:24	2.6F, -2.5E
2 F	04:30, 17:54	09:18, 23:42	3.2F, -3.1E	17 Sa	04:24, 17:18	09:36, 23:18	2.6F, -2.3E
3 Sa	05:54, 18:54	10:48	3.2F	18 Su	05:42, 18:12	10:54	2.7F
4 Su ◑	07:18, 20:12	00:54, 12:06	-2.8E, 3.1F	19 M	06:54, 19:00	00:30, 11:48	-2.2E, 2.7F
5 M	08:42, 21:30	02:54, 13:06	-2.4E, 2.8F	20 Tu ◐	07:54, 19:42	01:36, 12:36	-2.1E, 2.7F
6 Tu	09:48, 22:54	05:42, 14:06	-2.2E, 2.4F	21 W	08:36, 20:12	02:48, 13:06	-1.9E, 2.5F
7 W	10:42	07:00, 14:36	-1.9E, 2.0F	22 Th	09:12, 20:06	03:48, 13:18, 22:12	-1.7E, 2.2F, -0.2E
8 Th	00:18, 11:18	07:48, 14:54, 22:12	-1.5E, 1.6F, 0.1F	23 F	09:42, 18:48, 23:00	05:12, 13:24, 20:42	-1.4E, 1.8F, -0.3E
9 F	02:06, 11:42, 19:54, 23:30	00:24, 08:30, 14:54, 21:42	0.2F, -1.1E, 1.3F, -0.2E	24 Sa	02:24, 10:12, 17:06, 23:12	00:48, 06:48, 13:30, 20:18	0.3F, -0.9E, 1.4F, -0.8E
10 Sa	04:24, 11:54, 18:18	01:48, 09:00, 14:54, 21:18	0.4F, -0.6E, 1.0F, -0.6E	25 Su	05:42, 10:36, 16:06, 23:48	02:06, 08:18, 13:42, 20:00	1.0F, -0.4E, 1.0F, -1.6E
11 Su	00:18, 07:12, 11:48, 17:24	03:06, 09:36, 14:48, 21:12	0.8F, -0.2E, 0.8F, -1.1E	26 M	09:48, 15:36	03:12, 13:54, 20:00	2.0F, 0.6F, -2.4E
12 M ●	00:48, 10:42, 16:54	03:54, 14:54, 21:06	1.3F, 0.5F, -1.6E	27 Tu ○	00:30, 15:18	04:18, 12:12, 13:24, 20:24	2.8F, 0.3F, 0.3F, -3.2E
13 Tu	01:12, 16:24	04:48, 12:24, 14:42, 21:18	1.8F, 0.2F, 0.3F, -2.0E	28 W	01:18, 15:24	05:18, 21:00	3.4F, -3.6E
14 W	01:48, 15:48	05:36, 21:24	2.2F, -2.3E	29 Th	02:12, 16:00	06:24, 21:36	3.6F, -3.7E
15 Th	02:24, 15:54	06:42, 21:48	2.5F, -2.5E	30 F	03:18, 16:54	07:54, 22:30	3.5F, -3.5E

May

Day	Slack (h m)	Maximum (h m)	knots	Day	Slack (h m)	Maximum (h m)	knots
1 Sa	04:36, 17:54	09:36, 23:30	3.3F, -3.0E	16 Su	04:24, 17:18	09:48, 22:54	2.7F, -2.5E
2 Su	06:00, 18:54	11:00	3.2F	17 M	05:24, 17:48	10:42, 23:48	2.8F, -2.2E
3 M ◑	07:24, 19:48	02:00, 12:00	-2.4E, 2.9F	18 Tu	06:18, 18:12	11:18	2.7F
4 Tu	08:30, 20:24	04:18, 12:42	-2.1E, 2.5F	19 W ◐	06:54, 18:18	00:54, 11:36	-2.0E, 2.5F
5 W	09:12, 19:48	05:42, 13:06	-1.6E, 2.1F	20 Th	07:24, 17:42	02:00, 11:36, 20:24, 22:06	-1.6E, 2.2F, -0.5E, -0.4E
6 Th	09:48, 18:36	06:36, 13:18, 20:48	-1.1E, 1.6F, -0.4E	21 F	07:48, 16:24, 22:24	03:12, 11:36, 19:18, 23:54	-1.1E, 1.8F, -0.7E, 0.2F
7 F	00:06, 10:00, 17:18, 23:30	07:30, 13:18, 20:24	-0.6E, 1.2F, -0.7E	22 Sa	01:42, 08:00, 15:00, 22:18	05:06, 11:48, 18:48	-0.5E, 1.4F, -1.2E
8 Sa	07:06, 09:36, 16:12, 23:42	01:48, 13:06, 20:12	0.4F, 0.9F, -1.1E	23 Su	07:12, 14:12, 22:42	01:12, 11:54, 18:36	1.2F, 0.9F, -2.0E
9 Su	15:24	02:54, 09:36, 13:06, 20:06	0.9F, 0.3F, 0.6F, -1.5E	24 M	13:54	02:24, 09:00, 11:48, 18:42	2.2F, 0.4F, 0.6F, -2.8E
10 M	00:00, 14:54	03:30, 12:36, 19:54	1.5F, 0.4F, -2.0E	25 Tu	13:54	03:18, 19:12	3.0F, -3.5E
11 Tu ●	00:24, 14:36	04:12, 20:00	2.1F, -2.4E	26 W ○	00:12, 14:18	04:18, 19:54	3.6F, -3.9E
12 W	00:54, 14:36	04:54, 20:24	2.5F, -2.7E	27 Th	01:12, 15:12	05:24, 20:36	3.8F, -4.0E
13 Th	01:30, 15:06	05:42, 20:48	2.7F, -2.8E	28 F	02:18, 16:12	06:36, 21:30	3.6F, -3.7E
14 F	02:24, 15:48	06:48, 21:24	2.7F, -2.8E	29 Sa	03:30, 17:12	08:12, 22:36	3.3F, -3.2E
15 Sa	03:18, 16:36	08:24, 22:06	2.7F, -2.7E	30 Su	04:48, 18:06	09:48	3.1F
				31 M	06:00, 18:42	00:42, 10:48	-2.6E, 2.9F

June

Day	Slack (h m)	Maximum (h m)	knots	Day	Slack (h m)	Maximum (h m)	knots
1 Tu	07:00, 18:48	02:36, 11:24	-2.1E, 2.5F	16 W	05:18, 16:54	10:06	2.3F
2 W ◑	07:42, 17:48	03:48, 11:42	-1.5E, 2.1F	17 Th	05:42, 15:54	00:24, 10:00, 19:00, 20:54	-1.5E, 2.0F, -0.5E, -0.4E
3 Th	08:06, 16:36	04:54, 11:54, 19:30	-0.9E, 1.6F, -0.6E	18 F ◐	05:54, 14:24, 21:06	01:48, 10:00, 17:36, 23:00	-0.9E, 1.6F, -0.8E, 0.3F
4 F	00:24, 08:12, 15:30, 22:36	06:06, 11:48, 19:12	-0.3E, 1.1F, -1.0E	19 Sa	01:30, 05:36, 13:06, 21:06	03:36, 10:06, 17:12	-0.2E, 1.2F, -1.4E
5 Sa	14:30, 22:42	01:36, 07:36, 11:36, 19:00	0.5F, 0.2F, 0.8F, -1.3E	20 Su	12:30, 21:36	00:18, 06:00, 10:12, 17:00	1.3F, 0.4F, 0.8F, -2.2E
6 Su	13:42, 23:00	02:24, 09:30, 11:24, 18:54	1.1F, 0.4F, 0.5F, -1.7E	21 M	12:24, 22:18	01:18, 17:18	2.2F, -3.0E
7 M	13:12, 23:24	02:54, 18:48	1.7F, -2.1E	22 Tu	12:36, 23:12	02:18, 18:00	3.0F, -3.5E
8 Tu	13:00	03:36, 19:06	2.2F, -2.5E	23 W	13:18	03:24, 18:48	3.5F, -3.9E
9 W	00:00, 13:24	04:12, 19:24	2.6F, -2.7E	24 Th ○	00:18, 14:18	04:30, 19:48	3.6F, -3.9E
10 Th ●	00:48, 14:12	05:06, 20:00	2.8F, -2.8E	25 F	01:24, 15:24	05:42, 20:48	3.5F, -3.7E
11 F	01:36, 15:06	06:00, 20:42	2.8F, -2.9E	26 Sa	02:36, 16:30	06:54, 22:00	3.2F, -3.3E
12 Sa	02:30, 15:54	07:12, 21:24	2.8F, -2.8E	27 Su	03:42, 17:24	08:24, 23:36	2.9F, -2.8E
13 Su	03:24, 16:36	08:30, 22:00	2.7F, -2.6E	28 M	04:36, 18:06	09:18	2.6F
14 M	04:12, 17:00	09:30, 22:36	2.7F, -2.4E	29 Tu	05:30, 18:24	01:00, 09:54	-2.2E, 2.2F
15 Tu	04:54, 17:12	09:54, 23:30	2.6F, -2.0E	30 W	06:06, 16:36	01:54, 10:18	-1.5E, 1.8F

Station ID: cc0301 Depth: 16 feet
Source: NOAA/NOS/CO-OPS
Station Type: Harmonic
Time Zone: LST

NOAA Tidal Current Predictions

Port Aransas, Channel View, 2021
Latitude: 27.8398° N Longitude: 97.0531° W
Mean Flood Dir. 307° (T) Mean Ebb Dir. 128° (T)
Times and speeds of maximum and minimum current, in knots

July

Day	Slack (h m)	Maximum (h m)	knots
1 Th ◐	06:30 14:54 21:54	03:00 10:24 17:54	-0.8E 1.4F -0.5E
2 F	01:12 06:18 13:48 21:06	04:12 10:18 17:36	-0.2E 1.0F -0.9E
3 Sa	12:48 21:18	00:18 06:36 10:06 17:24	0.7F 0.3F 0.6F -1.3E
4 Su	11:48 21:42	01:12 17:24	1.3F -1.7E
5 M	11:18 22:18	01:48 17:30	1.8F -2.0E
6 Tu	11:24 23:00	02:42 18:00	2.3F -2.3E
7 W	12:12 23:54	03:24 18:36	2.6F -2.5E
8 Th	13:12	04:24 19:30	2.7F -2.7E
9 F	00:54 14:18	05:24 20:18	2.8F -2.8E
10 Sa ●	01:48 15:12	06:18 21:00	2.8F -2.7E
11 Su	02:30 15:54	07:12 21:30	2.7F -2.6E
12 M	03:12 16:30	07:48 21:48	2.5F -2.3E
13 Tu	03:36 16:42	08:12 22:30	2.3F -1.9E
14 W	04:00 16:12	08:06 23:12	2.0F -1.3E
15 Th	04:12 14:00 19:36	08:00 16:06	1.6F -0.3E
16 F	04:18 12:00 19:06	00:48 08:12 15:36 21:42	-0.6E 1.2F -0.8E 0.6F
17 Sa ◐	03:00 11:00 19:30	08:18 15:12 23:12	0.9F -1.5E 1.5F
18 Su	10:36 20:12	05:18 07:42 15:18	0.6F 0.6F -2.3E
19 M	10:42 21:06	00:18 15:48	2.3F -2.9E
20 Tu	11:12 22:12	01:18 16:36	2.9F -3.3E
21 W	12:06 23:18	02:24 17:36	3.2F -3.5E
22 Th	13:18	03:36 18:54	3.3F -3.5E
23 F	00:30 14:36	04:48 20:24	3.2F -3.4E
24 Sa ○	01:36 15:42	05:48 21:36	2.9F -3.2E
25 Su	02:36 16:42	06:42 22:48	2.6F -2.7E
26 M	03:24 17:36	07:24 23:42	2.2F -2.1E
27 Tu	04:00 18:24	07:54	1.8F
28 W	04:30 15:00 19:30	00:24 08:12 17:48	-1.4E 1.4F 0.2F
29 Th	04:48 12:48 17:54	01:24 08:12 15:00 20:06	-0.7E 1.0F -0.4E 0.3F
30 F	00:36 04:24 11:30 18:48	02:42 08:06 15:12 22:30	-0.1E 0.6F -0.8E 0.9F
31 Sa ○	10:12 19:24	06:00 08:06 15:18 23:30	0.2F 0.3F -1.2E 1.5F

August

Day	Slack (h m)	Maximum (h m)	knots
1 Su	08:54 20:06	15:36	-1.5E
2 M	08:36 20:54	00:24 15:48	2.0F -1.8E
3 Tu	09:30 21:48	01:12 16:24	2.3F -2.1E
4 W	10:36 22:54	02:18 17:36	2.5F -2.3E
5 Th	11:54 23:54	03:30 19:06	2.6F -2.4E
6 F	13:12	04:24 20:12	2.7F -2.5E
7 Sa	00:48 14:12	05:18 20:54	2.7F -2.5E
8 Su ●	01:30 15:12	05:54 21:18	2.5F -2.4E
9 M	02:06 16:06	06:12 21:36	2.3F -2.1E
10 Tu	02:30 17:06	06:06 21:54	2.0F -1.6E
11 W	02:48 13:36 18:42	06:06 16:54 22:36	1.6F 0.3F -1.0E
12 Th	03:00 10:24 15:54 21:48	06:12 13:30 18:36	1.3F -0.5E 0.6F
13 F	02:54 09:00 16:48	00:54 06:18 13:00 20:18	-0.3E 0.9F -1.1E 1.2F
14 Sa	08:24 17:42	02:42 06:00 13:00 21:54	0.3F 0.6F -1.8E 1.9F
15 Su ◐	08:18 18:42	13:30 23:06	-2.4E 2.6F
16 M	08:36 19:48	14:12	-2.9E
17 Tu	09:30 21:00	00:12 15:12	2.9F -3.1E
18 W	10:48 22:18	01:24 16:18	3.0F -3.1E
19 Th	12:12 23:30	02:42 18:06	3.0F -3.0E
20 F	13:30	03:48 20:00	2.8F -2.9E
21 Sa	00:36 14:48	04:48 21:06	2.6F -2.7E
22 Su ○	01:30 15:54	05:18 21:54	2.2F -2.3E
23 M	02:12 17:06	05:36 12:42 14:18 22:36	1.8F 0.7F 0.8F -1.7E
24 Tu	02:42 18:18	05:48 12:12 15:54 23:18	1.4F 0.3F 0.7F -1.1E
25 W	03:00 10:36 14:00 20:06	05:48 12:18 17:06	1.1F -0.2E 0.7F
26 Th	03:06 08:54 15:24	00:12 05:48 12:30 18:24	-0.5E 0.7F -0.6E 0.9F
27 F	00:30 02:30 07:54 16:18	05:54 12:36 20:00	0.4F -1.0E 1.2F
28 Sa	07:00 17:06	12:42 21:42	-1.3E 1.7F
29 Su	06:06 18:06	13:00 22:48	-1.6E 2.1F
30 M ○	06:30 19:12	13:36 23:54	-1.8E 2.4F
31 Tu	07:30 20:24	14:42	-1.9E

September

Day	Slack (h m)	Maximum (h m)	knots
1 W	08:42 21:36	01:00 16:00	2.5F -2.0E
2 Th	10:12 22:42	02:06 18:06	2.6F -2.2E
3 F	11:36 23:36	03:12 19:18	2.6F -2.3E
4 Sa	12:54	04:00 20:06	2.5F -2.2E
5 Su	00:18 14:06	04:30 20:42	2.3F -2.0E
6 M	00:48 15:42	04:30 12:18 13:48 21:18	2.0F 0.3F 0.3F -1.6E
7 Tu ●	01:12 11:30 17:24	04:30 15:24 21:54	1.7F 0.6F -1.1E
8 W	01:30 08:24 13:30 19:42	04:24 11:18 16:30 22:54	1.3F -0.5E 1.0F -0.6E
9 Th	01:42 07:00 14:24	04:36 10:36 17:42	0.9F -1.1E 1.5F
10 F	00:12 06:30 15:12	04:30 10:30 18:54	0.6F -1.8E 2.0F
11 Sa	06:12 16:06	02:30 03:48 11:00 20:24	0.4F 0.4F -2.4E 2.5F
12 Su	06:12 17:12	11:42 21:54	-2.8E 2.9F
13 M ◐	06:48 18:30	12:42 23:12	-3.0E 3.1F
14 Tu	07:48 19:54	13:42	-3.0E
15 W	09:12 21:12	00:24 15:06	3.1F -2.8E
16 Th	10:42 22:24	01:36 17:36	2.9F -2.6E
17 F	12:12 23:30	02:42 19:12	2.6F -2.4E
18 Sa	13:36	03:30 20:18	2.3F -2.1E
19 Su	11:18 15:06	00:18 03:54 12:24 21:00	1.9F 0.6F 0.6F -1.6E
20 M ○	00:54 10:24 16:42	04:00 14:12 21:42	1.5F 0.6F -1.1E
21 Tu	01:12 08:12 12:24 18:36	04:00 10:18 15:24 22:24	1.1F -0.3E 0.8F -0.6E
22 W	01:18 06:48 13:24 21:30	04:00 10:18 16:24 23:12	0.9F -0.8E 1.1F -0.1E
23 Th	00:54 06:12 14:06	04:06 10:18 17:24	0.6F -1.2E 1.5F
24 F	05:42 14:42	00:42 03:54 10:06 18:24	0.2F 0.3F -1.6E 1.8F
25 Sa	05:06 15:18	10:24 19:36	-1.9E 2.1F
26 Su	04:42 16:12	10:48 21:06	-2.0E 2.3F
27 M	05:12 17:24	11:42 22:30	-2.1E 2.5F
28 Tu	06:00 18:48	12:36 23:42	-2.0E 2.6F
29 W ◐	07:06 20:06	14:06	-2.0E
30 Th	08:12 21:12	00:48 16:12	2.7F -2.0E

Station ID: cc0301 Depth: 16 feet
Source: NOAA/NOS/CO-OPS
Station Type: Harmonic
Time Zone: LST

NOAA Tidal Current Predictions

Port Aransas, Channel View, 2021

Latitude: 27.8398° N Longitude: 97.0531° W
Mean Flood Dir. 307° (T) Mean Ebb Dir. 128° (T)
Times and speeds of maximum and minimum current, in knots

October

Day	Slack (h m)	Maximum (h m / knots)	Day	Slack (h m)	Maximum (h m / knots)
1 F	09:18, 22:06	01:42 2.6F, 17:48 -2.0E	16 Sa	12:06, 22:54	02:00 2.1F, 19:24 -1.6E
2 Sa	10:18, 22:42	02:24 2.4F, 18:36 -1.8E	17 Su	09:30, 14:18, 23:18	02:18 1.6F, 12:12 0.3F, 20:18 -1.0E
3 Su	11:54, 23:18	02:48 2.1F, 19:30 -1.5E	18 M	06:48, 11:30, 17:30, 23:24	02:24 1.2F, 09:06 -0.4E, 13:54 0.5F, 21:06 -0.4E
4 M	08:48, 11:30, 15:12, 23:36	02:48 1.8F, 10:06 -0.1E, 13:30 0.3F, 20:18 -1.1E	19 Tu	05:18, 12:12, 21:48	02:18 0.9F, 08:54 -0.9E, 15:06 0.9F
5 Tu	07:00, 12:06, 17:54, 23:54	02:48 1.4F, 09:36 -0.5E, 14:48 0.8F, 21:18 -0.6E	20 W ○	04:36, 12:42	02:12 0.7F, 08:54 -1.4E, 16:00 1.4F, 23:18 0.3F
6 W ●	05:36, 12:42, 21:06, 23:54	02:48 1.0F, 09:18 -1.1E, 15:54 1.5F, 22:30 -0.1E	21 Th	04:12, 13:06	02:18 0.5F, 08:42 -1.8E, 16:36 1.8F
7 Th	04:54, 13:18	03:00 0.7F, 09:00 -1.9E, 16:54 2.2F	22 F	04:00, 13:36	08:48 -2.1E, 17:24 2.2F
8 F	04:36, 14:00	00:06 0.2F, 02:48 0.4F, 09:06 -2.6E, 17:54 2.8F	23 Sa	03:42, 14:12	09:06 -2.4E, 18:18 2.4F
9 Sa	04:24, 14:48	09:36 -3.2E, 19:06 3.1F	24 Su	03:48, 15:00	09:30 -2.5E, 19:30 2.5F
10 Su	04:42, 15:54	10:18 -3.4E, 20:30 3.3F	25 M	04:24, 16:00	10:12 -2.5E, 21:12 2.6F
11 M	05:30, 17:12	11:06 -3.3E, 22:06 3.3F	26 Tu	05:06, 17:18	11:00 -2.4E, 22:36 2.7F
12 Tu	06:30, 18:36	12:12 -3.1E, 23:30 3.2F	27 W	05:54, 18:36	12:12 -2.2E, 23:36 2.8F
13 W ◐	07:42, 20:00	13:54 -2.7E	28 Th ◑	06:42, 19:36	13:54 -2.0E
14 Th	09:00, 21:12	00:30 3.0F, 16:42 -2.3E	29 F	07:12, 20:24	00:12 2.7F, 15:00 -1.8E
15 F	10:24, 22:12	01:24 2.6F, 18:18 -2.0E	30 Sa	07:30, 21:00	00:48 2.5F, 16:18 -1.5E
			31 Su	07:00, 21:18	01:00 2.1F, 09:18 -0.4E, 11:12 -0.3E, 17:36 -1.1E

November

Day	Slack (h m)	Maximum (h m / knots)	Day	Slack (h m)	Maximum (h m / knots)
1 M	06:00, 11:18, 14:42, 21:30	00:54 1.7F, 08:30 -0.6E, 12:54 0.2F, 18:54 -0.6E	16 Tu	03:24, 11:36	00:36 0.8F, 07:48 -1.3E, 15:06 1.1F, 22:18 0.5F
2 Tu	04:24, 11:18, 19:06, 21:18	01:00 1.3F, 08:06 -1.0E, 14:06 1.0F	17 W	02:42, 11:54	00:24 0.6F, 07:48 -1.7E, 15:36 1.6F
3 W	03:30, 11:42	01:06 0.9F, 07:42 -1.7E, 15:06 1.9F, 21:48 0.3F	18 Th	02:24, 12:12	07:30 -2.1E, 16:06 2.0F
4 Th ●	03:00, 12:12	01:06 0.6F, 07:36 -2.5E, 16:00 2.7F	19 F ○	02:24, 12:42	07:42 -2.4E, 16:42 2.4F
5 F	02:54, 12:54	07:54 -3.2E, 16:54 3.3F	20 Sa	02:30, 13:18	08:00 -2.6E, 17:24 2.6F
6 Sa	03:06, 13:48	08:30 -3.7E, 17:54 3.6F	21 Su	03:00, 14:06	08:36 -2.8E, 18:24 2.7F
7 Su	03:42, 14:48	09:12 -3.9E, 19:18 3.6F	22 M	03:42, 15:06	09:12 -2.8E, 19:54 2.7F
8 M	04:36, 16:00	10:00 -3.7E, 20:54 3.4F	23 Tu	04:30, 16:12	10:00 -2.7E, 21:18 2.7F
9 Tu	05:36, 17:24	11:00 -3.3E, 22:24 3.3F	24 W	05:06, 17:12	10:54 -2.5E, 22:24 2.8F
10 W	06:36, 18:48	12:48 -2.8E, 23:24 3.1F	25 Th	05:36, 18:00	11:54 -2.2E, 23:00 2.7F
11 Th ◐	07:30, 19:54	15:24 -2.3E	26 F	05:54, 18:42	13:00 -1.8E, 23:18 2.4F
12 F	08:12, 20:48	00:06 2.7F, 16:54 -1.8E	27 Sa ◑	05:42, 19:06	14:00 -1.4E, 23:24 2.0F
13 Sa	07:18, 21:24	00:36 2.1F, 08:42 -0.1E, 18:12 -1.1E	28 Su	05:00, 19:12	07:54 -0.6E, 10:18 -0.4E, 14:54 -0.8E, 23:12 1.6F
14 Su	05:48, 10:54, 14:24, 21:36	00:48 1.6F, 08:12 -0.5E, 12:18 0.1F, 19:24 -0.5E	29 M	03:48, 10:30, 14:18, 18:54	07:00 -0.8E, 12:00 0.2F, 16:54 -0.2E, 23:18 1.2F
15 M	04:30, 11:12	00:48 1.1F, 08:00 -0.9E, 14:00 0.6F, 20:30 0.1F	30 Tu	02:24, 10:12	06:30 -1.3E, 13:06 1.1F, 19:00 0.3F, 23:18 0.9F

December

Day	Slack (h m)	Maximum (h m / knots)	Day	Slack (h m)	Maximum (h m / knots)
1 W	01:42, 10:30	06:12 -2.0E, 14:12 2.0F, 21:06 0.6F, 22:42 0.6F	16 Th	00:48, 11:18	06:24 -2.1E, 15:24 2.1F
2 Th	01:24, 11:06	06:12 -2.8E, 15:00 2.9F	17 F	00:54, 11:48	06:36 -2.4E, 16:00 2.4F
3 F	01:30, 11:48	06:42 -3.5E, 16:00 3.5F	18 Sa	01:18, 12:30	07:06 -2.6E, 16:48 2.6F
4 Sa ●	01:54, 12:48	07:24 -3.9E, 17:00 3.7F	19 Su ○	02:06, 13:24	07:48 -2.7E, 17:42 2.7F
5 Su	02:48, 13:54	08:12 -4.1E, 18:06 3.7F	20 M	03:00, 14:18	08:36 -2.8E, 18:54 2.7F
6 M	03:54, 15:00	09:06 -4.0E, 19:30 3.5F	21 Tu	03:54, 15:12	09:24 -2.8E, 20:00 2.7F
7 Tu	04:54, 16:18	10:18 -3.6E, 21:06 3.3F	22 W	05:00, 16:00	10:00 -2.6E, 21:00 2.6F
8 W	05:54, 17:30	12:00 -3.0E, 22:18 3.0F	23 Th	05:00, 16:42	10:48 -2.3E, 21:42 2.5F
9 Th	06:42, 18:30	13:54 -2.4E, 22:54 2.6F	24 F	05:00, 17:06	11:24 -1.9E, 21:48 2.2F
10 F	07:06, 19:18	15:12 -1.7E, 23:18 2.0F	25 Sa	04:24, 17:24	12:18 -1.3E, 21:36 1.8F
11 Sa ◐	05:24, 19:48	07:24 -0.2E, 08:30 -0.2E, 16:36 -0.9E, 23:24 1.5F	26 Su	03:12, 17:18	06:18 -0.5E, 08:54 -0.4E, 13:12 -0.6E, 21:30 1.4F
12 Su	03:54, 10:12, 15:54, 19:48	06:48 -0.7E, 12:30 0.2F, 18:06 -0.2E, 23:24 1.0F	27 M ◑	01:48, 09:00, 15:12	05:12 -0.8E, 11:00 0.3F, 21:36 1.1F
13 M	02:42, 10:12	06:48 -1.1E, 13:48 0.8F, 20:00 0.3F, 23:06 0.7F	28 Tu	00:30, 08:48	04:48 -1.4E, 12:06 1.2F, 17:48 0.5F, 21:24 0.8F
14 Tu	01:42, 10:30	06:36 -1.5E, 14:36 1.3F	29 W	00:00, 09:12, 23:54	04:36 -2.1E, 13:00 2.1F
15 W	01:06, 10:54	06:42 -1.8E, 15:00 1.7F	30 Th	09:54	04:42 -2.8E, 14:00 2.8F
			31 F	00:06, 10:42	05:24 -3.4E, 15:00 3.3F

Station ID: ACT8926 Depth: Unknown
Source: NOAA/NOS/CO-OPS
Station Type: Harmonic
Time Zone: LST

NOAA Tidal Current Predictions

Vieques Passage, 2021
Latitude: 18.1883° N Longitude: 65.6183° W
Mean Flood Dir. 250° (T) Mean Ebb Dir. 57° (T)
Times and speeds of maximum and minimum current, in knots

January

Day	Slack (h m)	Maximum (h m)	knots
1 F	03:54, 08:42, 15:30, 22:54	01:00 / 06:18 / 12:18 / 19:06	0.4F / -0.3E / 0.7F / -0.9E
2 Sa	04:36, 09:42, 16:12, 23:30	01:36 / 07:06 / 13:06 / 19:48	0.5F / -0.4E / 0.7F / -0.9E
3 Su	05:24, 10:48, 17:00	02:18 / 08:00 / 14:00 / 20:30	0.6F / -0.4E / 0.6F / -0.8E
4 M	00:00, 06:12, 11:54, 17:48	02:54 / 09:00 / 14:54 / 21:12	0.6F / -0.5E / 0.5F / -0.8E
5 Tu	00:36, 07:00, 13:12, 18:36	03:42 / 10:00 / 15:54 / 22:00	0.7F / -0.6E / 0.5F / -0.7E
6 W	01:12, 07:54, 14:30, 19:30	04:30 / 11:00 / 17:00 / 22:48	0.8F / -0.7E / 0.4F / -0.6E
7 Th	01:54, 08:48, 15:48, 20:30	05:24 / 12:06 / 18:06 / 23:42	0.8F / -0.8E / 0.4F / -0.6E
8 F	02:36, 09:42, 17:00, 21:36	06:12 / 13:06 / 19:12	0.9F / -0.8E / 0.3F
9 Sa	03:24, 10:36, 18:06, 22:48	00:42 / 07:12 / 14:06 / 20:18	-0.5E / 0.9F / -0.9E / 0.3F
10 Su	04:18, 11:30, 19:06, 23:54	01:42 / 08:06 / 15:00 / 21:24	-0.5E / 0.9F / -1.0E / 0.4F
11 M	05:12, 12:24, 20:00	02:42 / 09:00 / 16:00 / 22:18	-0.4E / 0.9F / -1.0E / 0.4F
12 Tu	01:00, 06:12, 13:18, 20:48	03:42 / 09:54 / 16:48 / 23:12	-0.4E / 0.9F / -1.0E / 0.5F
13 W ●	02:06, 07:06, 14:06, 21:30	04:42 / 10:48 / 17:36	-0.4E / 0.9F / -1.0E
14 Th	03:00, 08:06, 14:48, 22:12	00:06 / 05:36 / 11:42 / 18:24	0.5F / -0.4E / 0.8F / -1.0E
15 F	03:54, 09:06, 15:36, 22:48	00:48 / 06:30 / 12:30 / 19:06	0.6F / -0.5E / 0.7F / -0.9E
16 Sa	04:48, 10:12, 16:18, 23:24	01:36 / 07:30 / 13:18 / 19:48	0.6F / -0.5E / 0.6F / -0.9E
17 Su	05:36, 11:12, 17:00, 23:54	02:18 / 08:18 / 14:06 / 20:30	0.6F / -0.5E / 0.5F / -0.8E
18 M	06:24, 17:42	03:00 / 09:12 / 15:00 / 21:06	0.7F / -0.5E / 0.4F / -0.7E
19 Tu	00:30, 07:06, 13:18, 18:24	03:48 / 10:06 / 15:48 / 21:48	0.7F / -0.5E / 0.4F / -0.6E
20 W ◐	01:06, 07:54, 13:54, 19:06	04:24 / 10:54 / 16:48 / 22:30	0.7F / -0.6E / 0.3F / -0.5E
21 Th	01:36, 08:36, 15:36, 20:00	05:06 / 11:48 / 17:42 / 23:18	0.7F / -0.6E / 0.2F / -0.5E
22 F	02:12, 09:24, 16:42, 21:00	05:54 / 12:42 / 18:48	0.7F / -0.7E / 0.2F
23 Sa	02:48, 17:42, 22:00	00:06 / 06:36 / 13:30 / 19:48	-0.4E / 0.7F / -0.7E / 0.2F
24 Su	03:30, 10:48, 18:36, 23:06	00:54 / 07:18 / 14:24 / 20:42	-0.3E / 0.7F / -0.8E / 0.2F
25 M	04:12, 11:36, 19:24	01:48 / 08:06 / 15:12 / 21:36	-0.3E / 0.7F / -0.8E / 0.3F
26 Tu	00:06, 12:18, 20:00	02:42 / 08:48 / 16:00 / 22:18	-0.3E / 0.7F / -0.9E / 0.3F
27 W	01:00, 05:54, 13:00, 20:36	03:30 / 09:42 / 16:36 / 23:06	-0.3E / 0.7F / -0.9E / 0.4F
28 Th ○	01:54, 06:48, 13:42, 21:12	04:24 / 10:30 / 17:18 / 23:48	-0.3E / 0.7F / -0.9E / 0.4F
29 F	02:36, 07:42, 14:30, 21:42	05:12 / 11:12 / 18:00	-0.4E / 0.7F / -0.9E
30 Sa	03:18, 08:42, 15:12, 22:12	00:24 / 06:06 / 12:06 / 18:42	0.5F / -0.5E / 0.7F / -0.9E
31 Su	04:06, 09:48, 16:00, 22:48	01:06 / 06:54 / 12:54 / 19:18	0.6F / -0.5E / 0.7F / -0.8E

February

Day	Slack (h m)	Maximum (h m)	knots
1 M	04:54, 10:48, 16:42, 23:18	01:42 / 07:48 / 13:48 / 20:00	0.7F / -0.6E / 0.6F / -0.8E
2 Tu	05:42, 12:00, 17:30	02:24 / 08:42 / 14:42 / 20:48	0.7F / -0.7E / 0.5F / -0.7E
3 W	00:00, 06:30, 13:06, 18:24	03:12 / 09:42 / 15:42 / 21:30	0.8F / -0.7E / 0.5F / -0.7E
4 Th ◐	00:36, 07:24, 14:18, 19:18	04:06 / 10:42 / 16:42 / 22:24	0.8F / -0.8E / 0.4F / -0.6E
5 F	01:24, 08:24, 15:36, 20:18	04:54 / 11:42 / 17:48 / 23:24	0.9F / -0.8E / 0.4F / -0.5E
6 Sa	02:12, 09:18, 16:42, 21:24	05:48 / 12:48 / 19:00	0.9F / -0.9E / 0.3F
7 Su	03:06, 10:18, 17:48, 22:36	00:18 / 06:48 / 13:48 / 20:00	-0.5E / 0.9F / -0.9E / 0.3F
8 M	04:00, 11:12, 18:48, 23:42	01:24 / 07:48 / 14:48 / 21:06	-0.4E / 0.9F / -0.9E / 0.4F
9 Tu	05:06, 12:06, 19:36	02:30 / 08:48 / 15:42 / 22:00	-0.4E / 0.8F / -0.9E / 0.4F
10 W	00:48, 06:06, 13:00, 20:18	03:36 / 09:42 / 16:30 / 22:48	-0.4E / 0.8F / -0.9E / 0.5F
11 Th ●	01:48, 06:48, 13:48, 21:00	04:30 / 10:36 / 17:18 / 23:42	-0.5E / 0.7F / -0.9E / 0.5F
12 F	02:42, 08:12, 14:30, 21:36	05:24 / 11:30 / 18:00	-0.5E / 0.7F / -0.9E
13 Sa	03:24, 09:06, 15:12, 22:06	00:24 / 06:18 / 12:12 / 18:42	0.6F / -0.5E / 0.6F / -0.8E
14 Su	04:12, 10:06, 15:54, 22:36	01:00 / 07:06 / 13:06 / 19:12	0.6F / -0.5E / 0.6F / -0.7E
15 M	04:54, 11:00, 16:36, 23:06	01:42 / 07:54 / 13:42 / 19:54	0.7F / -0.6E / 0.5F / -0.7E
16 Tu	05:36, 11:54, 17:12, 23:42	02:18 / 08:42 / 14:30 / 20:30	0.7F / -0.6E / 0.4F / -0.6E
17 W	06:18, 12:54, 17:54	02:54 / 09:24 / 15:18 / 21:12	0.7F / -0.6E / 0.4F / -0.5E
18 Th	00:12, 07:00, 13:54, 18:42	03:36 / 10:12 / 16:12 / 21:54	0.7F / -0.6E / 0.3F / -0.5E
19 F ◐	00:48, 07:42, 14:54, 19:30	04:18 / 11:00 / 17:06 / 22:36	0.7F / -0.6E / 0.3F / -0.4E
20 Sa	01:24, 08:30, 16:00, 20:30	05:00 / 11:54 / 18:06 / 23:24	0.7F / -0.7E / 0.2F / -0.3E
21 Su	02:06, 09:18, 16:54, 21:30	05:48 / 12:48 / 19:06	0.7F / -0.7E / 0.2F
22 M	02:54, 10:06, 17:48, 22:36	00:18 / 06:42 / 13:42 / 20:00	-0.3E / 0.7F / -0.7E / 0.3F
23 Tu	03:48, 10:54, 18:30, 23:36	01:18 / 07:30 / 14:30 / 20:54	-0.3E / 0.7F / -0.8E / 0.3F
24 W	04:42, 11:48, 19:12	02:12 / 08:24 / 15:18 / 21:42	-0.3E / 0.7F / -0.8E / 0.4F
25 Th	00:24, 05:48, 12:36, 19:48	03:12 / 09:18 / 16:06 / 22:24	-0.4E / 0.7F / -0.8E / 0.5F
26 F	01:12, 06:48, 13:24, 20:18	04:00 / 10:12 / 16:48 / 23:06	-0.5E / 0.7F / -0.8E / 0.5F
27 Sa ○	02:00, 07:48, 14:12, 20:54	05:00 / 11:06 / 17:30 / 23:42	-0.6E / 0.7F / -0.8E / 0.6F
28 Su	02:42, 08:48, 14:54, 21:30	05:48 / 11:54 / 18:12	-0.7E / 0.7F / -0.8E

March

Day	Slack (h m)	Maximum (h m)	knots
1 M	03:30, 09:48, 15:42, 22:00	00:30 / 06:36 / 12:48 / 18:54	0.7F / -0.7E / 0.7F / -0.8E
2 Tu	04:18, 10:54, 16:30, 22:42	01:12 / 07:30 / 13:42 / 19:36	0.8F / -0.7E / 0.6F / -0.7E
3 W	05:12, 11:54, 17:24, 23:24	02:00 / 08:24 / 14:36 / 20:24	0.8F / -0.9E / 0.6F / -0.7E
4 Th	06:06, 13:00, 18:12	02:42 / 09:18 / 15:30 / 21:12	0.9F / -0.9E / 0.5F / -0.6E
5 F	00:06, 07:00, 14:06, 19:12	03:36 / 10:18 / 16:30 / 22:06	0.9F / -0.9E / 0.4F / -0.5E
6 Sa ●	00:54, 07:54, 15:12, 20:12	04:30 / 11:18 / 17:36 / 23:06	0.8F / -0.9E / 0.4F / -0.5E
7 Su	01:54, 08:54, 16:18, 21:24	05:30 / 12:24 / 18:42	0.8F / -0.8E / 0.4F
8 M	02:54, 09:54, 17:18, 22:30	00:12 / 06:36 / 13:24 / 19:42	-0.4E / 0.8F / -0.8E / 0.4F
9 Tu	04:00, 10:54, 18:12, 23:36	01:18 / 07:30 / 14:24 / 20:48	-0.4E / 0.7F / -0.8E / 0.4F
10 W	05:12, 11:48, 18:54	02:24 / 08:36 / 15:18 / 21:36	-0.4E / 0.7F / -0.8E / 0.5F
11 Th	00:36, 06:18, 12:42, 19:36	03:24 / 09:36 / 16:06 / 22:24	-0.5E / 0.6F / -0.8E / 0.5F
12 F	01:24, 07:18, 13:30, 20:12	04:24 / 10:30 / 16:48 / 23:06	-0.5E / 0.6F / -0.7E / 0.6F
13 Sa ●	02:12, 08:18, 14:12, 20:48	05:12 / 11:12 / 17:30 / 23:48	-0.6E / 0.6F / -0.7E / 0.6F
14 Su	02:54, 09:12, 14:54, 21:18	06:00 / 12:00 / 18:06	-0.6E / 0.5F / -0.7E
15 M	03:30, 10:00, 15:36, 21:48	00:24 / 06:36 / 12:42 / 18:42	0.7F / -0.7E / 0.5F / -0.6E
16 Tu	04:12, 10:48, 16:12, 22:18	00:54 / 07:18 / 13:30 / 19:18	0.7F / -0.7E / 0.4F / -0.6E
17 W	04:48, 11:36, 16:54, 22:48	01:36 / 08:06 / 14:12 / 19:54	0.7F / -0.7E / 0.4F / -0.5E
18 Th	05:30, 17:36, 23:18	02:12 / 08:48 / 14:54 / 20:36	0.7F / -0.7E / 0.4F / -0.4E
19 F	06:06, 13:24, 18:24	02:48 / 09:30 / 15:48 / 21:12	0.7F / -0.7E / 0.3F / -0.4E
20 Sa	00:00, 06:48, 14:18, 19:12	03:30 / 10:18 / 16:30 / 22:00	0.6F / -0.7E / 0.3F / -0.3E
21 Su ◐	00:36, 07:36, 15:12, 20:12	04:18 / 11:12 / 17:30 / 22:54	0.6F / -0.7E / 0.3F / -0.3E
22 M	01:30, 08:30, 16:00, 21:12	05:06 / 12:00 / 18:24 / 23:54	0.6F / -0.7E / 0.4F / -0.3E
23 Tu	02:24, 09:24, 16:48, 22:06	06:06 / 12:54 / 19:18	0.6F / -0.7E / 0.3F
24 W	03:30, 10:18, 17:30, 23:00	00:54 / 07:00 / 13:42 / 20:12	-0.4E / 0.6F / -0.7E / 0.4F
25 Th	04:42, 11:12, 18:12, 23:48	01:54 / 08:00 / 14:36 / 20:54	-0.4E / 0.6F / -0.7E / 0.5F
26 F	05:48, 12:06, 18:48	02:54 / 09:00 / 15:24 / 21:36	-0.5E / 0.6F / -0.7E / 0.6F
27 Sa	00:36, 06:54, 13:00, 19:24	03:48 / 09:54 / 16:12 / 22:24	-0.6E / 0.7F / -0.7E / 0.7F
28 Su ○	01:24, 07:54, 13:48, 20:00	04:36 / 10:48 / 16:54 / 23:06	-0.8E / 0.7F / -0.7E / 0.8F
29 M	02:12, 08:54, 14:42, 20:36	05:30 / 11:42 / 17:42 / 23:54	-0.9E / 0.7F / -0.7E / 0.8F
30 Tu	03:00, 09:48, 15:30, 21:18	06:24 / 12:36 / 18:24	-0.9E / 0.6F / -0.7E
31 W	03:54, 10:48, 16:18, 22:00	00:36 / 07:12 / 13:24 / 19:12	0.9F / -1.0E / 0.6F / -0.6E

Station ID: ACT8926 Depth: Unknown
Source: NOAA/NOS/CO-OPS
Station Type: Harmonic
Time Zone: LST

NOAA Tidal Current Predictions

Vieques Passage, 2021

Latitude: 18.1883° N Longitude: 65.6183° W
Mean Flood Dir. 250° (T) Mean Ebb Dir. 57° (T)
Times and speeds of maximum and minimum current, in knots

April

Day	Slack h m	Maximum h m	knots
1 Th	04:42	01:24	0.9F
	11:48	08:06	-1.0E
	17:12	14:24	0.6F
	22:48	20:06	-0.6E
2 F	05:36	02:18	0.9F
	12:48	09:00	-1.0E
	18:12	15:18	0.5F
	23:42	20:54	-0.5E
3 Sa	06:30	03:12	0.9F
	13:48	10:00	-0.9E
	19:12	16:18	0.5F
		21:54	-0.5E
4 Su	00:36	04:12	0.8F
	07:30	10:54	-0.9E
	14:48	17:24	0.5F
	20:12	23:00	-0.4E
5 M	01:42	05:12	0.7F
	08:24	11:54	-0.8E
	15:42	18:24	0.5F
	21:18		
6 Tu	02:54	00:06	-0.4E
	09:30	06:18	0.6F
	16:36	13:00	-0.8E
	22:24	19:24	0.5F
7 W	04:12	01:12	-0.5E
	10:24	07:24	0.6F
	17:24	13:54	-0.7E
	23:24	20:18	0.5F
8 Th	05:24	02:18	-0.5E
	11:24	08:24	0.5F
	18:06	14:42	-0.7E
		21:06	0.6F
9 F	00:12	03:12	-0.6E
	06:30	09:24	0.5F
	12:18	15:36	-0.6E
	18:42	21:48	0.6F
10 Sa	01:00	04:06	-0.6E
	07:24	10:12	0.5F
	13:06	16:18	-0.6E
	19:18	22:30	0.6F
11 Su	01:42	04:54	-0.7E
	08:18	11:00	0.5F
	13:48	16:54	-0.5E
	19:54	23:06	0.7F
12 M ●	02:18	05:36	-0.7E
	09:06	11:48	0.5F
	14:36	17:30	-0.5E
	20:24	23:42	0.7F
13 Tu	02:54	06:12	-0.8E
	09:54	12:24	0.4F
	15:18	18:06	-0.5E
	20:54		
14 W	03:30	00:18	0.7F
	10:36	06:54	-0.8E
	15:54	12:30	0.4F
	21:24	18:42	-0.4E
15 Th	04:06	00:48	0.7F
	11:24	07:30	-0.8E
	16:42	13:48	0.4F
	21:54	19:18	-0.4E
16 F	04:42	01:24	0.8F
	12:06	08:12	-0.8E
	17:24	14:36	0.4F
	22:30	20:00	-0.3E
17 Sa	05:18	02:00	0.6F
	12:54	08:54	-0.8E
	18:12	15:18	0.4F
	23:12	20:48	-0.3E
18 Su	06:00	02:48	0.6F
	13:36	09:36	-0.8E
	19:00	16:12	0.4F
	21:54	21:36	-0.3E
19 M	00:00	03:36	0.6F
	06:48	10:24	-0.7E
	14:24	16:54	0.4F
	19:54	22:30	-0.3E
20 Tu ◑	01:00	04:30	0.5F
	07:42	11:18	-0.7E
	15:06	17:48	0.4F
	20:48	23:30	-0.3E
21 W	02:12	05:30	0.5F
	08:36	12:06	-0.7E
	15:48	18:36	0.5F
	21:42		
22 Th	03:30	00:36	-0.4E
	09:36	06:36	0.5F
	16:30	13:00	-0.7E
	22:30	19:24	0.5F
23 F	04:42	01:30	-0.5E
	10:36	07:42	0.5F
	17:06	13:54	-0.7E
	23:18	20:12	0.6F
24 Sa	05:48	02:30	-0.7E
	11:36	08:42	0.5F
	17:48	14:42	-0.6E
		21:00	0.7F
25 Su	00:12	03:24	-0.8E
	06:54	09:42	0.6F
	12:30	15:36	-0.6E
	18:30	21:48	0.8F
26 M	01:00	04:24	-0.9E
	07:54	10:36	0.6F
	13:30	16:24	-0.6E
	19:12	22:36	0.9F
27 Tu ○	01:48	05:12	-1.0E
	08:48	11:30	0.6F
	14:24	17:12	-0.6E
	19:54	23:24	1.0F
28 W	02:36	06:00	-1.1E
	09:48	12:24	0.6F
	15:18	18:00	-0.6E
	20:42		
29 Th	03:24	00:12	1.0F
	10:42	06:54	-1.1E
	16:12	13:18	0.6F
	21:30	18:54	-0.6E
30 F	04:18	01:00	0.9F
	11:36	07:48	-1.1E
	17:06	14:12	0.6F
	22:24	19:48	-0.5E

May

Day	Slack h m	Maximum h m	knots
1 Sa	05:06	01:54	0.9F
	12:30	08:42	-1.0E
	18:06	15:06	0.6F
	23:24	20:42	-0.5E
2 Su	06:00	02:54	0.8F
	13:24	09:36	-1.0E
	19:06	16:06	0.5F
		21:48	-0.4E
3 M	00:24	03:48	0.7F
	07:00	10:30	-0.9E
	14:12	17:00	0.5F
	20:12	22:54	-0.4E
4 Tu	01:42	04:48	0.6F
	07:54	11:24	-0.8E
	15:00	18:00	0.6F
	21:12		
5 W	03:00	00:00	-0.5E
	09:00	06:00	0.5F
	15:48	12:24	-0.7E
	22:06	18:54	0.6F
6 Th	04:18	01:06	-0.5E
	09:54	07:06	0.4F
	16:30	13:12	-0.6E
	23:00	19:42	0.6F
7 F	05:30	02:06	-0.6E
	10:48	08:06	0.4F
	17:12	14:06	-0.6E
	23:48	20:30	0.7F
8 Sa	06:30	03:00	-0.6E
	11:42	09:06	0.4F
	17:48	14:48	-0.5E
		21:06	0.7F
9 Su	00:30	03:48	-0.7E
	07:30	10:00	0.4F
	12:36	15:36	-0.5E
	18:24	21:48	0.7F
10 M	01:06	04:30	-0.8E
	08:18	10:48	0.4F
	13:24	16:12	-0.4E
	18:54	22:24	0.7F
11 Tu ●	01:42	05:12	-0.8E
	09:00	11:30	0.4F
	14:12	16:48	-0.4E
	19:24	23:00	0.7F
12 W	02:18	05:48	-0.8E
	09:42	12:12	0.4F
	15:00	17:30	-0.3E
	20:00	23:36	0.7F
13 Th	02:48	06:30	-0.9E
	10:24	12:48	0.4F
	15:42	18:06	-0.3E
	20:30		
14 F	03:24	00:12	0.7F
	11:06	07:06	-0.9E
	16:30	13:36	0.4F
	21:06	18:54	-0.3E
15 Sa	04:00	00:48	0.7F
	11:42	07:42	-0.9E
	17:12	14:12	0.4F
	21:48	19:36	-0.3E
16 Su	04:42	01:30	0.6F
	12:24	08:24	-0.8E
	18:00	14:54	0.4F
	22:42	20:18	-0.3E
17 M	05:24	02:12	0.6F
	13:00	09:06	-0.8E
	18:48	15:36	0.4F
	23:42	21:12	-0.3E
18 Tu	06:12	03:00	0.5F
	13:36	09:48	-0.8E
	19:36	16:24	0.5F
		22:12	-0.3E
19 W	00:48	04:00	0.5F
	07:00	10:36	-0.7E
	14:12	17:12	0.5F
	20:24	23:06	-0.4E
20 Th	02:06	05:06	0.5F
	07:54	11:24	-0.7E
	14:54	17:54	0.6F
	21:12		
21 F	03:24	00:12	-0.5E
	08:54	06:12	0.4F
	15:30	12:18	-0.6E
	22:06	18:42	0.7F
22 Sa	04:42	01:18	-0.7E
	09:54	07:18	0.4F
	16:12	13:06	-0.6E
	22:54	19:36	0.8F
23 Su	05:48	02:12	-0.8E
	11:00	08:18	0.4F
	16:54	14:00	-0.6E
	23:42	20:24	0.9F
24 M	06:54	03:06	-0.9E
	12:06	09:24	0.5F
	17:42	14:54	-0.6E
		21:12	0.9F
25 Tu	00:36	04:00	-1.0E
	07:48	10:18	0.5F
	13:06	15:48	-0.5E
	18:30	22:06	1.0F
26 W	01:24	04:54	-1.1E
	08:48	11:12	0.5F
	14:00	16:42	-0.5E
	19:18	22:54	1.0F
27 Th	02:12	05:48	-1.1E
	09:36	12:12	0.6F
	15:00	17:36	-0.5E
	20:12	23:48	1.0F
28 F	03:06	06:36	-1.1E
	10:30	13:06	0.6F
	16:00	18:36	-0.5E
	21:06		
29 Sa	03:54	00:42	0.9F
	11:18	07:30	-1.1E
	17:00	14:00	0.6F
	22:06	19:30	-0.5E
30 Su	04:42	01:30	0.8F
	12:06	08:18	-1.0E
	17:54	14:48	0.6F
	23:06	20:36	-0.5E
31 M	05:36	02:30	0.7F
	12:54	09:12	-0.9E
	18:54	15:42	0.6F
		21:36	-0.5E

June

Day	Slack h m	Maximum h m	knots
1 Tu	00:18	03:30	0.6F
	06:24	10:00	-0.8E
	13:36	16:36	0.6F
	19:54	22:36	-0.5E
2 W	01:36	04:30	0.5F
	07:18	10:54	-0.7E
	14:18	17:24	0.7F
	20:48	23:42	-0.5E
3 Th	02:54	05:36	0.4F
	08:12	11:42	-0.6E
	15:00	18:18	0.7F
	21:42		
4 F	04:12	00:48	-0.6E
	09:06	06:30	0.3F
	15:36	12:30	-0.6E
	22:30	19:00	0.7F
5 Sa	05:24	01:42	-0.6E
	10:06	07:36	0.3F
	16:12	13:18	-0.5E
	23:12	19:48	0.7F
6 Su	06:24	02:30	-0.7E
	11:06	08:24	0.3F
	16:48	14:06	-0.4E
	23:54	20:24	0.7F
7 M	07:18	03:18	-0.8E
	12:00	09:30	0.3F
	17:24	14:54	-0.4E
		21:12	0.7F
8 Tu	00:30	04:06	-0.8E
	08:06	10:24	0.3F
	13:00	15:36	-0.3E
	18:00	21:48	0.7F
9 W	01:06	04:42	-0.9E
	08:48	11:00	0.3F
	13:48	16:18	-0.3E
	18:36	22:24	0.7F
10 Th ●	01:42	05:24	-0.9E
	09:30	11:54	0.4F
	14:42	17:00	-0.3E
	19:12	23:00	0.7F
11 F	02:18	06:00	-0.9E
	10:06	12:42	0.4F
	15:30	17:42	-0.3E
	19:54	23:42	0.7F
12 Sa	02:54	06:36	-0.9E
	10:42	13:12	0.4F
	16:12	18:30	-0.3E
	20:36		
13 Su	03:36	00:24	0.7F
	11:18	07:18	-0.9E
	16:54	13:48	0.4F
	21:30	19:12	-0.3E
14 M	04:12	01:06	0.6F
	11:48	07:54	-0.9E
	17:36	14:30	0.5F
	22:24	20:00	-0.3E
15 Tu	04:54	01:54	0.6F
	12:18	08:36	-0.8E
	18:18	15:12	0.5F
	23:30	20:54	-0.4E
16 W	05:42	02:42	0.5F
	12:54	09:18	-0.8E
	19:06	15:54	0.6F
		21:48	-0.4E
17 Th	00:42	03:42	0.5F
	06:30	10:00	-0.7E
	13:24	16:36	0.7F
	19:54	22:54	-0.5E
18 F	02:00	04:42	0.4F
	07:24	10:48	-0.7E
	14:00	17:18	0.7F
	20:42	23:54	-0.6E
19 Sa	03:18	05:48	0.4F
	08:24	11:42	-0.6E
	14:42	18:12	0.8F
	21:36		
20 Su	04:36	00:54	-0.8E
	09:24	06:54	0.4F
	15:24	12:30	-0.6E
	22:30	19:00	0.9F
21 M	05:42	01:54	-0.9E
	10:30	08:00	0.4F
	16:12	13:30	-0.5E
	23:24	19:54	0.9F
22 Tu	06:48	02:48	-1.0E
	11:36	09:06	0.4F
	17:06	14:30	-0.5E
		20:48	1.0F
23 W	00:12	03:48	-1.1E
	07:42	10:00	0.4F
	12:42	15:24	-0.5E
	17:54	21:42	1.0F
24 Th ○	01:06	04:36	-1.1E
	08:24	11:00	0.5F
	13:42	16:24	-0.5E
	18:54	22:36	1.0F
25 F	01:54	05:30	-1.1E
	09:24	11:54	0.5F
	14:48	17:24	-0.5E
	19:54	23:30	0.9F
26 Sa	02:48	06:18	-1.1E
	10:12	12:48	0.6F
	15:42	18:18	-0.5E
	20:54		
27 Su	03:36	00:24	0.9F
	10:54	07:12	-1.1E
	16:42	13:36	0.6F
	21:54	19:18	-0.5E
28 M	04:24	01:18	0.8F
	11:36	07:54	-1.0E
	17:36	14:30	0.6F
	23:00	20:18	-0.5E
29 Tu	05:06	02:12	0.6F
	12:18	08:42	-0.9E
	18:30	15:12	0.7F
		21:18	-0.5E
30 W	00:12	03:06	0.5F
	05:54	09:24	-0.8E
	12:54	16:00	0.7F
	19:24	22:18	-0.5E

Station ID: ACT8926 Depth: Unknown
Source: NOAA/NOS/CO-OPS
Station Type: Harmonic
Time Zone: LST

NOAA Tidal Current Predictions

Vieques Passage, 2021
Latitude: 18.1883° N Longitude: 65.6183° W
Mean Flood Dir. 250° (T) Mean Ebb Dir. 57° (T)
Times and speeds of maximum and minimum current, in knots

July

Day	Slack h:m	Maximum h:m	knots
1 Th	01:24	04:00	0.4F
	06:42	10:12	-0.7E
	13:30	16:48	0.7F
	20:18	23:12	-0.5E
2 F	02:36	05:06	0.3F
	14:06	10:54	-0.6E
	21:06	17:36	0.7F
3 Sa	03:48	00:12	-0.6E
	08:24	06:00	0.3F
	14:42	11:48	-0.5E
	21:48	18:18	0.7F
4 Su	05:00	01:06	-0.6E
	09:18	07:06	0.2F
	15:18	12:30	-0.4E
	22:36	19:00	0.7F
5 M	06:00	02:00	-0.7E
	10:24	08:06	0.2F
	16:00	13:18	-0.4E
	23:12	19:48	0.7F
6 Tu	06:54	02:48	-0.8E
	11:24	09:00	0.2F
	16:36	14:06	-0.3E
	23:54	20:30	0.7F
7 W	07:42	03:30	-0.8E
	12:24	09:54	0.3F
	17:18	15:00	-0.3E
		21:12	0.7F
8 Th	00:36	04:18	-0.9E
	08:24	10:42	0.3F
	13:24	15:48	-0.3E
	18:00	21:54	0.7F
9 F	01:12	04:54	-0.9E
	09:06	11:30	0.3F
	14:12	16:30	-0.3E
	18:42	22:36	0.7F
10 Sa	01:54	05:36	-0.9E
	09:36	12:06	0.4F
	15:00	17:18	-0.3E
	19:36	23:18	0.7F
11 Su	02:30	06:12	-0.9E
	10:12	12:42	0.4F
	15:42	18:06	-0.3E
	20:24		
12 M	03:12	00:00	0.7F
	10:42	06:48	-0.9E
	16:24	13:18	0.5F
	21:24	18:54	-0.4E
13 Tu	03:54	00:48	0.6F
	11:12	07:30	-0.9E
	17:06	13:54	0.5F
	22:24	19:42	-0.4E
14 W	04:36	01:36	0.6F
	11:36	08:06	-0.8E
	17:48	14:36	0.6F
	23:30	20:36	-0.5E
15 Th	05:18	02:30	0.5F
	12:12	08:48	-0.8E
	18:36	15:12	0.7F
		21:30	-0.6E
16 F	00:42	03:24	0.5F
	06:06	09:30	-0.7E
	12:42	16:00	0.8F
	19:24	22:30	-0.7E
17 Sa	01:54	04:24	0.4F
	07:00	10:18	-0.6E
	13:24	16:48	0.8F
	20:18	23:30	-0.7E
18 Su	03:12	05:30	0.4F
	07:54	11:12	-0.6E
	14:06	17:42	0.9F
	21:12		
19 M	04:24	00:30	-0.8E
	09:00	06:36	0.3F
	14:54	12:06	-0.5E
	22:06	18:36	0.9F
20 Tu	05:30	01:36	-0.9E
	15:42	07:42	0.3F
	23:00	13:06	-0.5E
		19:36	0.9F
21 W	06:36	02:30	-1.0E
	11:18	08:48	0.4F
	16:42	14:12	-0.5E
	23:54	20:30	0.9F
22 Th	07:30	03:24	-1.0E
	12:24	09:48	0.4F
	17:42	15:06	-0.5E
		21:24	0.9F
23 F	00:48	04:18	-1.0E
	08:18	10:48	0.5F
	13:30	16:12	-0.5E
	18:42	22:18	0.9F
24 Sa	01:42	05:12	-1.0E
	14:30	11:36	0.5F
	19:48	17:12	-0.5E
		23:18	0.8F
25 Su	02:30	06:00	-1.0E
	09:42	12:24	0.6F
	15:24	18:06	-0.5E
	20:48		
26 M	03:18	00:12	0.8F
	10:24	06:42	-1.0E
	16:18	13:12	0.6F
	21:54	19:06	-0.5E
27 Tu	04:00	01:00	0.7F
	11:00	07:30	-0.9E
	17:06	13:54	0.7F
	22:54	19:54	-0.5E
28 W	04:42	01:54	0.6F
	11:36	08:12	-0.8E
	18:00	14:42	0.7F
		20:54	-0.6E
29 Th	00:00	02:42	0.5F
	05:24	08:54	-0.7E
	12:12	15:18	0.7F
	18:42	21:48	-0.6E
30 F	01:00	03:30	0.4F
	06:12	09:30	-0.6E
	12:42	16:06	0.7F
	19:30	22:36	-0.6E
31 Sa	02:12	04:30	0.3F
	06:54	10:12	-0.5E
	13:18	16:48	0.7F
	20:18	23:30	-0.6E

August

Day	Slack h:m	Maximum h:m	knots
1 Su	03:18	05:24	0.3F
	07:48	11:00	-0.5E
	13:54	17:36	0.7F
	21:00		
2 M	04:24	00:24	-0.7E
	08:42	06:30	0.2F
	14:30	11:48	-0.4E
	21:48	18:18	0.7F
3 Tu	05:24	01:18	-0.7E
	09:48	07:24	0.2F
	15:12	12:42	-0.3E
	22:30	19:06	0.7F
4 W	06:18	02:06	-0.7E
	10:54	08:24	0.2F
	16:00	13:30	-0.3E
	23:18	19:48	0.7F
5 Th	07:06	02:54	-0.8E
	11:54	09:18	0.3F
	16:48	14:30	-0.3E
		20:42	0.7F
6 F	00:00	03:42	-0.8E
	07:48	10:06	0.3F
	12:48	15:18	-0.3E
	17:42	21:24	0.7F
7 Sa	00:42	04:18	-0.8E
	13:36	10:48	0.4F
	18:36	16:12	-0.3E
		22:12	0.7F
8 Su	01:30	05:00	-0.9E
	08:54	11:30	0.4F
	14:24	17:00	-0.4E
	19:30	23:00	0.7F
9 M	02:12	05:42	-0.8E
	09:24	12:06	0.5F
	15:00	17:48	-0.5E
	20:30	23:48	0.7F
10 Tu	02:54	06:18	-0.8E
	09:54	12:42	0.6F
	15:42	18:36	-0.5E
	21:30		
11 W	03:36	00:36	0.6F
	10:24	07:06	-0.8E
	16:24	13:18	0.6F
	22:30	19:24	-0.6E
12 Th	04:18	01:24	0.6F
	11:00	07:36	-0.8E
	17:12	14:00	0.7F
	23:30	20:18	-0.7E
13 F	05:06	02:18	0.5F
	11:30	08:18	-0.7E
	18:00	14:42	0.8F
		21:12	-0.7E
14 Sa	00:36	03:12	0.5F
	05:54	09:06	-0.6E
	18:54	15:30	0.8F
		22:06	-0.8E
15 Su	01:48	04:12	0.4F
	06:48	09:54	-0.6E
	12:48	16:18	0.9F
	19:48	23:06	-0.8E
16 M	02:54	05:18	0.4F
	07:42	10:48	-0.5E
	13:36	17:18	0.9F
	20:48		
17 Tu	04:06	00:06	-0.8E
	08:48	06:18	0.3F
	14:30	11:48	-0.5E
	21:42	18:12	0.9F
18 W	05:12	01:12	-0.9E
	10:00	07:30	0.3F
	15:30	12:54	-0.4E
	22:42	19:18	0.9F
19 Th	06:12	02:12	-0.9E
	11:06	08:36	0.4F
	16:36	14:00	-0.4E
	23:42	20:18	0.8F
20 F	07:00	03:06	-0.9E
	12:12	09:30	0.4F
	17:42	15:06	-0.5E
		21:18	0.8F
21 Sa	00:36	04:00	-0.9E
	07:48	10:24	0.5F
	13:12	16:06	-0.5E
	18:48	22:12	0.8F
22 Su	01:24	04:54	-0.9E
	08:30	11:12	0.6F
	14:12	17:00	-0.5E
	19:54	23:06	0.7F
23 M	02:12	05:36	-0.9E
	09:06	11:54	0.6F
	15:00	17:54	-0.6E
	20:54		
24 Tu	03:00	00:00	0.7F
	09:42	06:18	-0.8E
	15:48	12:36	0.7F
	21:48	18:48	-0.6E
25 W	03:42	00:42	0.6F
	10:12	07:00	-0.7E
	16:30	13:18	0.7F
	22:48	19:36	-0.6E
26 Th	04:24	01:36	0.5F
	10:48	07:36	-0.7E
	17:12	14:00	0.7F
	23:42	20:18	-0.7E
27 F	05:00	02:18	0.4F
	11:18	08:18	-0.6E
	18:00	14:36	0.7F
		21:12	-0.7E
28 Sa	00:36	03:06	0.4F
	05:42	08:54	-0.5E
	11:54	15:18	0.7F
	18:42	22:00	-0.7E
29 Su	01:36	04:00	0.3F
	06:30	09:36	-0.5E
	12:30	16:00	0.7F
	19:24	22:42	-0.7E
30 M	02:36	04:48	0.3F
	07:18	10:18	-0.4E
	13:06	16:42	0.7F
	20:12	23:36	-0.7E
31 Tu	03:36	05:48	0.3F
	08:18	11:06	-0.3E
	13:48	17:36	0.6F
	21:00		

September

Day	Slack h:m	Maximum h:m	knots
1 W	04:36	00:30	-0.7E
	09:18	06:48	0.3F
	14:42	12:06	-0.3E
	21:48	18:24	0.6F
2 Th	05:24	01:24	-0.7E
	10:24	07:42	0.3F
	15:36	13:00	-0.3E
	22:36	19:12	0.6F
3 F	06:12	02:12	-0.7E
	11:18	08:36	0.3F
	16:36	14:00	-0.3E
	23:24	20:12	0.6F
4 Sa	06:54	03:00	-0.8E
	12:12	09:24	0.4F
	17:36	15:00	-0.4E
		21:06	0.6F
5 Su	00:18	03:42	-0.8E
	07:24	10:06	0.4F
	13:00	15:48	-0.5E
	18:36	21:54	0.6F
6 M	01:06	04:24	-0.8E
	08:00	10:42	0.5F
	13:42	16:42	-0.5E
	19:36	22:48	0.7F
7 Tu	01:48	05:06	-0.8E
	08:30	11:24	0.6F
	14:24	17:30	-0.6E
	20:30	23:36	0.7F
8 W	02:36	05:48	-0.7E
	09:00	12:06	0.7F
	15:06	18:12	-0.7E
	21:30		
9 Th	03:18	00:24	0.6F
	09:24	06:30	-0.6E
	15:48	12:36	0.7F
	22:36	19:06	-0.7E
10 F	04:06	01:12	0.6F
	10:12	07:12	-0.7E
	16:42	13:30	0.8F
	23:30	19:54	-0.9E
11 Sa	04:54	02:06	0.6F
	10:48	07:54	-0.6E
	17:30	14:12	0.9F
		20:48	-0.9E
12 Su	00:30	03:00	0.5F
	05:48	08:42	-0.6E
	11:36	15:00	0.9F
	18:24	21:42	-0.9E
13 M	01:30	04:00	0.4F
	06:42	09:36	-0.5E
	12:24	16:00	0.9F
	19:18	22:48	-0.9E
14 Tu	02:36	05:00	0.4F
	07:42	10:36	-0.5E
	13:18	16:54	0.8F
	20:18	23:48	-0.9E
15 W	03:42	06:06	0.4F
	08:48	11:36	-0.5E
	14:24	18:00	0.8F
	21:18		
16 Th	04:42	00:48	-0.8E
	09:54	07:12	0.4F
	15:30	12:48	-0.4E
	22:24	19:06	0.7F
17 F	05:36	01:48	-0.8E
	11:00	08:12	0.5F
	16:42	13:54	-0.5E
	23:18	20:06	0.7F
18 Sa	06:24	02:48	-0.8E
	12:00	09:06	0.5F
	17:54	15:00	-0.5E
		21:12	0.7F
19 Su	00:18	03:36	-0.8E
	07:06	09:54	0.6F
	12:54	16:00	-0.6E
	19:00	22:06	0.6F
20 M	01:06	04:24	-0.7E
	07:42	10:42	0.6F
	13:48	16:54	-0.6E
	20:00	22:54	0.6F
21 Tu	01:54	05:06	-0.7E
	08:18	11:18	0.7F
	14:30	17:42	-0.7E
	20:54	23:48	0.6F
22 W	02:36	05:48	-0.6E
	15:12	12:00	0.7F
	21:48	18:24	-0.7E
23 Th	03:18	00:30	0.5F
	09:24	06:24	-0.6E
	15:48	12:36	0.7F
	22:36	19:06	-0.7E
24 F	04:00	01:12	0.5F
	09:54	07:00	-0.5E
	16:30	13:12	0.7F
	23:24	19:48	-0.7E
25 Sa	04:42	02:00	0.4F
	10:30	07:42	-0.5E
	17:06	13:48	0.7F
		20:30	-0.7E
26 Su	00:18	02:42	0.4F
	11:06	08:18	-0.4E
	17:48	14:30	0.7F
		21:18	-0.7E
27 M	01:06	03:30	0.3F
	06:12	09:00	-0.4E
	11:42	15:18	0.6F
	18:30	22:00	-0.7E
28 Tu	01:54	04:18	0.3F
	07:06	09:48	-0.3E
	12:24	16:00	0.6F
	19:18	22:48	-0.7E
29 W	02:48	05:12	0.3F
	08:00	10:42	-0.3E
	13:12	16:48	0.6F
	20:06	23:42	-0.7E
30 Th	03:36	06:06	0.3F
	09:00	11:42	-0.3E
	14:12	17:42	0.5F
	21:00		

Station ID: ACT8926 Depth: Unknown
Source: NOAA/NOS/CO-OPS
Station Type: Harmonic
Time Zone: LST

NOAA Tidal Current Predictions

Vieques Passage, 2021
Latitude: 18.1883° N Longitude: 65.6183° W
Mean Flood Dir. 250° (T) Mean Ebb Dir. 57° (T)
Times and speeds of maximum and minimum current, in knots

October

Day	Slack (h m)	Maximum (h m)	knots
1 F	04:24, 09:54, 15:18, 21:54	00:30, 07:06, 12:42, 18:42	-0.7E, 0.4F, -0.3E, 0.5F
2 Sa	05:06, 10:48, 16:30, 22:48	01:30, 07:48, 13:42, 19:42	-0.7E, 0.4F, -0.4E, 0.5F
3 Su	05:48, 11:36, 17:36, 23:42	02:18, 08:30, 14:36, 20:42	-0.7E, 0.5F, -0.5E, 0.6F
4 M	06:24, 12:18, 18:36	03:00, 09:18, 15:30, 21:36	-0.7E, 0.6F, -0.6E, 0.6F
5 Tu	00:36, 07:00, 13:06, 19:36	03:48, 10:00, 16:18, 22:30	-0.7E, 0.7F, -0.7E, 0.6F
6 W ●	01:24, 07:30, 13:48, 20:36	04:30, 10:42, 17:06, 23:18	-0.7E, 0.7F, -0.8E, 0.6F
7 Th	02:18, 08:06, 14:36, 21:30	05:12, 11:24, 18:00	-0.6E, 0.8F, -0.9E
8 F	03:06, 08:48, 15:24, 22:24	00:12, 06:00, 12:12, 18:48	0.6F, -0.6E, 0.9F, -1.0E
9 Sa	03:54, 09:30, 16:12, 23:18	01:00, 06:48, 12:54, 19:36	0.6F, -0.6E, 0.9F, -1.0E
10 Su	04:48, 10:18, 17:06	01:54, 07:36, 13:48, 20:30	0.6F, -0.6E, 0.9F, -1.0E
11 M	00:18, 05:42, 11:06, 17:54	02:48, 08:30, 14:42, 21:24	0.5F, -0.5E, 0.9F, -1.0E
12 Tu	01:12, 06:42, 12:06, 18:54	03:48, 09:24, 15:36, 22:24	0.5F, -0.5E, 0.8F, -0.9E
13 W ◐	02:12, 07:42, 13:12, 19:54	04:48, 10:12, 16:36, 23:24	0.5F, -0.5E, 0.7F, -0.8E
14 Th	03:06, 08:48, 14:24, 20:54	05:48, 11:36, 17:42	0.5F, -0.5E, 0.6F
15 F	04:00, 09:54, 15:42, 21:54	00:24, 06:48, 12:48, 18:54	-0.8E, 0.5F, -0.5E, 0.6F
16 Sa	04:48, 10:54, 17:00, 22:54	01:18, 07:48, 13:54, 19:54	-0.7E, 0.6F, -0.5E, 0.5F
17 Su	05:36, 11:48, 18:06, 23:54	02:18, 08:36, 14:54, 21:00	-0.7E, 0.6F, -0.6E, 0.5F
18 M	06:12, 12:36, 19:12	03:06, 09:24, 15:48, 21:54	-0.6E, 0.6F, -0.7E, 0.5F
19 Tu	00:42, 06:54, 13:18, 20:06	03:48, 10:06, 16:36, 22:48	-0.6E, 0.7F, -0.8E, 0.5F
20 W ○	01:36, 07:24, 14:00, 20:54	04:36, 10:42, 17:18, 23:30	-0.5E, 0.7F, -0.8E, 0.4F
21 Th	02:18, 08:00, 14:36, 21:42	05:12, 11:24, 18:00	-0.5E, 0.7F, -0.8E
22 F	03:00, 08:30, 15:12, 22:30	00:12, 05:48, 11:54, 18:42	0.4F, -0.4E, 0.7F, -0.8E
23 Sa	03:48, 09:00, 15:48, 23:12	01:00, 06:30, 12:30, 19:18	0.4F, -0.4E, 0.7F, -0.8E
24 Su	04:30, 09:36, 16:24, 23:54	01:36, 07:06, 13:12, 20:00	0.4F, -0.4E, 0.7F, -0.8E
25 M	05:18, 10:12, 17:00	02:18, 07:42, 13:48, 20:36	0.4F, -0.3E, 0.6F, -0.8E
26 Tu	00:36, 06:06, 10:54, 17:42	03:06, 08:30, 14:30, 21:24	0.4F, -0.3E, 0.6F, -0.8E
27 W	01:18, 06:54, 11:48, 18:30	03:54, 09:18, 15:18, 22:06	0.4F, -0.3E, 0.6F, -0.7E
28 Th ◑	02:00, 07:48, 12:48, 19:18	04:36, 10:12, 16:12, 22:54	0.4F, -0.3E, 0.5F, -0.7E
29 F	02:42, 08:36, 13:54, 20:12	05:30, 11:12, 17:12, 23:48	0.4F, -0.3E, 0.5F, -0.7E
30 Sa	03:24, 09:24, 15:12, 21:06	06:18, 12:18, 18:12	0.5F, -0.4E, 0.5F
31 Su	04:00, 10:12, 16:24, 22:06	00:36, 07:06, 13:12, 19:12	-0.6E, 0.5F, -0.5E, 0.5F

November

Day	Slack (h m)	Maximum (h m)	knots
1 M	04:42, 11:00, 17:30, 23:06	01:24, 07:48, 14:12, 20:18	-0.6E, 0.6F, -0.6E, 0.5F
2 Tu	05:18, 11:48, 18:36	02:18, 08:36, 15:06, 21:18	-0.6E, 0.7F, -0.8E, 0.5F
3 W	00:06, 06:00, 12:36, 19:36	03:06, 09:18, 15:54, 22:12	-0.6E, 0.8F, -0.9E, 0.5F
4 Th ●	01:00, 06:54, 13:18, 20:30	03:54, 10:06, 16:48, 23:06	-0.6E, 0.9F, -1.0E, 0.6F
5 F	01:54, 07:24, 14:06, 21:24	04:42, 10:54, 17:36	-0.6E, 0.9F, -1.1E
6 Sa	02:48, 08:06, 15:00, 22:18	00:00, 05:30, 11:42, 18:24	0.6F, -0.5E, 1.0F, -1.1E
7 Su	03:42, 09:00, 15:48, 23:06	00:54, 06:24, 12:30, 19:18	0.6F, -0.5E, 1.0F, -1.1E
8 M	04:36, 09:54, 16:42	01:42, 07:18, 13:24, 20:12	0.6F, -0.5E, 0.9F, -1.1E
9 Tu	00:00, 05:36, 10:48, 17:30	02:36, 08:18, 14:18, 21:06	0.6F, -0.4E, 0.8F, -1.0E
10 W	00:54, 06:36, 11:54, 18:24	03:36, 09:18, 15:18, 22:00	0.6F, -0.5E, 0.7F, -0.9E
11 Th ◐	01:42, 07:24, 13:06, 19:24	04:30, 10:24, 16:24, 22:54	0.6F, -0.5E, 0.6F, -0.8E
12 F	02:30, 08:42, 14:30, 20:24	05:24, 11:30, 17:30, 23:54	0.6F, -0.5E, 0.5F, -0.7E
13 Sa	03:18, 09:42, 15:48, 21:24	06:24, 12:36, 18:36	0.6F, -0.6E, 0.5F
14 Su	04:00, 10:36, 17:06, 22:24	00:48, 07:12, 13:36, 19:42	-0.6E, 0.7F, -0.6E, 0.4F
15 M	04:42, 11:24, 18:12, 23:18	01:36, 08:00, 14:36, 20:42	-0.6E, 0.7F, -0.7E, 0.4F
16 Tu	05:18, 12:06, 19:12	02:24, 08:48, 15:30, 21:36	-0.5E, 0.7F, -0.7E, 0.4F
17 W	00:18, 06:48, 12:48, 20:06	03:12, 09:30, 16:18, 22:24	-0.5E, 0.7F, -0.8E, 0.4F
18 Th	01:06, 06:30, 13:24, 20:54	03:54, 10:06, 16:54, 23:12	-0.4E, 0.7F, -0.8E, 0.4F
19 F ○	02:00, 07:06, 14:00, 21:36	04:36, 10:42, 17:36, 23:54	-0.4E, 0.7F, -0.9E, 0.4F
20 Sa	02:48, 07:36, 14:36, 22:12	05:18, 11:18, 18:12	-0.3E, 0.7F, -0.9E
21 Su	03:30, 08:12, 15:12, 22:54	00:42, 05:54, 11:54, 18:48	0.4F, -0.3E, 0.7F, -0.9E
22 M	04:18, 08:54, 15:48, 23:30	01:18, 06:42, 12:36, 19:30	0.4F, -0.3E, 0.7F, -0.9E
23 Tu	05:06, 09:36, 16:24	02:00, 07:18, 13:12, 20:06	0.4F, -0.3E, 0.6F, -0.9E
24 W	00:06, 05:48, 10:24, 17:06	02:42, 08:06, 13:54, 20:48	0.4F, -0.3E, 0.6F, -0.8E
25 Th	00:42, 06:36, 11:24, 17:48	03:24, 08:54, 14:48, 21:30	0.4F, -0.3E, 0.5F, -0.8E
26 F ◑	01:18, 07:24, 12:30, 18:36	04:06, 09:54, 15:42, 22:12	0.5F, -0.3E, 0.5F, -0.7E
27 Sa ○	01:54, 08:06, 13:48, 19:30	04:54, 10:48, 16:42, 23:00	0.5F, -0.4E, 0.5F, -0.7E
28 Su	02:30, 08:54, 15:00, 20:24	05:36, 11:48, 17:48, 23:48	0.6F, -0.4E, 0.4F, -0.6E
29 M	03:06, 09:42, 16:18, 21:24	06:18, 12:48, 18:48	0.7F, -0.6E, 0.4F
30 Tu	03:42, 10:30, 17:24, 22:30	00:42, 07:06, 13:48, 19:54	-0.6E, 0.8F, -0.7E, 0.4F

December

Day	Slack (h m)	Maximum (h m)	knots
1 W	04:24, 11:18, 18:30, 23:30	01:36, 08:00, 14:42, 20:54	-0.5E, 0.8F, -0.9E, 0.4F
2 Th	05:06, 12:06, 19:30	02:24, 08:42, 15:36, 21:48	-0.5E, 1.0F, -1.0E, 0.5F
3 F	00:30, 05:54, 13:00, 20:24	03:18, 09:36, 16:30, 22:48	-0.5E, 1.0F, -1.1E, 0.5F
4 Sa ●	01:30, 06:48, 13:48, 21:12	04:12, 10:24, 17:18, 23:42	-0.5E, 1.0F, -1.1E, 0.5F
5 Su	02:30, 07:36, 14:36, 22:06	05:06, 11:18, 18:12	-0.5E, 1.0F, -1.2E
6 M	03:30, 08:36, 15:30, 22:54	00:36, 06:06, 12:12, 19:00	0.6F, -0.5E, 1.0F, -1.1E
7 Tu	04:30, 09:36, 16:18, 23:36	01:30, 07:06, 13:06, 19:54	0.6F, -0.5E, 0.9F, -1.1E
8 W	05:24, 10:42, 17:12	02:24, 08:06, 14:00, 20:42	0.6F, -0.5E, 0.8F, -1.0E
9 Th	00:24, 06:06, 11:48, 18:00	03:12, 09:06, 15:00, 21:30	0.7F, -0.5E, 0.7F, -0.9E
10 F	01:06, 07:24, 13:06, 18:54	04:06, 10:12, 16:00, 22:24	0.7F, -0.5E, 0.5F, -0.8E
11 Sa ◐	01:48, 08:12, 14:24, 19:48	05:00, 11:18, 17:06, 23:18	0.7F, -0.5E, 0.4F, -0.7E
12 Su	02:30, 09:18, 15:42, 20:48	05:48, 12:18, 18:12	0.7F, -0.6E, 0.4F
13 M	03:12, 10:06, 17:00, 21:42	00:06, 06:36, 13:18, 19:18	-0.6E, 0.7F, -0.6E, 0.3F
14 Tu	03:48, 10:54, 18:06, 22:42	00:54, 07:24, 14:12, 20:18	-0.5E, 0.7F, -0.7E, 0.3F
15 W	04:30, 11:36, 19:06, 23:42	01:42, 08:06, 15:00, 21:18	-0.4E, 0.7F, -0.8E, 0.3F
16 Th	05:06, 12:12, 19:54	02:30, 08:48, 15:48, 22:06	-0.4E, 0.7F, -0.8E, 0.3F
17 F	00:42, 05:42, 12:54, 20:36	03:18, 09:30, 16:30, 22:54	-0.3E, 0.7F, -0.9E, 0.3F
18 Sa	01:36, 06:18, 13:30, 21:18	04:00, 10:12, 17:12, 23:36	-0.3E, 0.7F, -0.9E, 0.3F
19 Su ○	02:24, 06:54, 14:06, 21:54	04:48, 10:48, 17:48	-0.3E, 0.7F, -0.9E
20 M	03:18, 07:36, 14:42, 22:30	00:18, 05:24, 11:24, 18:24	0.4F, -0.2E, 0.7F, -0.9E
21 Tu	04:00, 08:24, 15:18, 23:00	01:00, 06:18, 12:06, 19:00	0.4F, -0.2E, 0.7F, -0.9E
22 W	04:42, 09:12, 15:54, 23:30	01:36, 07:00, 12:48, 19:42	0.4F, -0.3E, 0.6F, -0.9E
23 Th	05:24, 10:12, 16:36	02:12, 07:48, 13:36, 20:18	0.5F, -0.3E, 0.6F, -0.8E
24 F	00:00, 06:06, 11:12, 17:18	02:48, 08:36, 14:24, 20:54	0.5F, -0.4E, 0.5F, -0.8E
25 Sa	00:30, 06:48, 12:24, 18:06	03:30, 09:30, 15:18, 21:36	0.6F, -0.4E, 0.5F, -0.7E
26 Su	01:06, 07:30, 13:36, 18:54	04:12, 10:24, 16:18, 22:24	0.6F, -0.5E, 0.4F, -0.7E
27 M ◑	01:36, 08:18, 14:54, 19:48	04:54, 11:24, 17:18, 23:12	0.7F, -0.6E, 0.4F, -0.6E
28 Tu	02:12, 09:12, 16:06, 20:48	05:42, 12:24, 18:24	0.8F, -0.7E, 0.3F
29 W	02:54, 10:00, 17:18, 21:54	00:00, 06:36, 13:24, 19:30	-0.5E, 0.9F, -0.8E, 0.3F
30 Th	03:42, 10:54, 18:18, 23:00	01:00, 07:24, 14:18, 20:30	-0.5E, 0.9F, -0.9E, 0.4F
31 F	04:30, 11:48, 19:18	01:54, 08:18, 15:18, 21:36	-0.5E, 1.0F, -1.0E, 0.4F

TABLE 2. — CURRENT DIFFERENCES AND OTHER CONSTANTS AND ROTARY TIDAL CURRENTS

EXPLANATION OF TABLE

In this publication, reference stations are those for which daily predictions are listed in Table 1. Those stations appearing in Table 2 are called subordinate stations. The principal purpose of Table 2 is to present data that will enable one to determine the approximate times of minimum currents (slack waters) and the times and speeds of maximum currents at numerous subordinate stations on the Atlantic Coast of North America. By applying specific corrections given in Table 2 to the predicted times and speeds of the current at the appropriate reference station, reasonable approximations of the current at the subordinate station may be compiled.

Locations and Depths

Because the latitude and longitude are listed according to the exactness recorded in the original survey records, the locations of the subordinate stations are presented in varying degrees of accuracy. Since a minute of latitude is nearly equivalent to a mile, a location given to the nearest minute may not indicate the exact position of the station. This should be noted, especially in the case of a narrow stream, where the nearest minute of latitude or longitude may locate a station inland. In such cases, unless the description locates the station elsewhere, reference is made to the current in the center of the channel. In some instances, the charts may not present a convenient name for locating a station. In those cases, the position may be described by a bearing from some prominent place on the chart.

Although current measurements may have been recorded at various depths in the past, the data listed here for most of the subordinate stations are mean values determined to have been representative of the current at each location. For that reason, no specific current meter depths for those stations are given in Table 2. Beginning with the Boston Harbor tidal current survey in 1971, data for individual meter depths were published and subsequent new data may be presented in a similar manner.

Since most of the current data in Table 2 came from meters suspended from survey vessels or anchored buoys, the listed depths are those measured downward from the surface. Some later data have come from meters anchored at fixed depths from the bottom. Those meter positions were defined as depths below chart datum. Such defined depths in this and subsequent editions will be accompanied by the small letter "d."

Minimum Currents

The reader may note that at many locations the current may not diminish to a true slack water or zero speed stage. For that reason, the phrases, "minimum before flood" and "minimum before ebb" are used in Table 2 rather than "slack water" although either or both minimums may actually reach a zero speed value at some locations. Table 2 lists the average speeds and directions of the minimums.

Maximum Currents

Near the coast and in inland tidal waters, the current increases from minimum current (slack water) for a period of about 3 hours until the maximum speed or the strength of the current is reached. The speed then decreases for another period of about 3 hours when minimum current is again reached and the current begins a similar cycle in the opposite direction. The current that flows toward the coast or up a stream is known as the flood current; the opposite flow is known as the ebb current. Table 2 lists the average speeds and directions of the maximum floods and maximum ebbs. The directions are given in degrees, true, reading clockwise from 000° at north to 359° and are the directions toward which the current flows.

Differences and Speed Ratios

Table 2 contains mean time differences by which the reader can compile approximate times for the minimum and maximum current phases at the subordinate stations. Time differences for those phases should be applied to the corresponding phases at the reference station. It will be seen upon inspection that some subordinate stations exhibit either a double flood or a double ebb stage, or both. Explanations of these stages can be found in the glossary located elsewhere in this publication. In those cases, a separate time difference is listed for each of the three flood (or ebb) phases and these should be applied only to the daily maximum flood (or ebb) phase at the reference station. The results obtained by the application of the time differences will be based upon the time meridian shown above the name of the subordinate station. Differences of time meridians between a subordinate station and its reference station have been accounted for and no further adjustment by the reader is needed. Summer or daylight -saving time is not used in this publication.

The speed ratios are used to compile approximations of the daily current speeds at the subordinate stations and refer only to the maximum floods and ebbs. No attempt is made to predict the speeds of the minimum currents. Normally, the ratios should be applied to the corresponding maximum current phases at the reference station. As mentioned above, however, some subordinate stations may exhibit either a double flood or a double ebb or both. As with the time differences, separate ratios are listed for each of the three flood (or ebb phases) and should be applied only to the daily maximum flood (or ebb) speed at the reference station. It should be noted that although the speed of a given current phase at a subordinate station is obtained by reference to the corresponding phase at the reference station, the directions of the current at the two places may differ considerably. Table 2 lists the average directions of the various current phases at the subordinate stations.

Rotary Tidal Currents

Table 5 contains listings of data for those stations which exhibit rotary current patterns. Briefly, a rotary current can be described as one which flows continually with the direction of flow changing through all points of the compass during the tidal period. A more complete description can be found in the glossary located elsewhere in this publication. The average speeds and directions are listed in hourly increments as referred to the predicted times of a particular current phase at a reference station in Table 1. The Moon, at times of new, full, or perigee may increase speeds 15 to 20 percent above average; or 30 to 40 percent if perigee occurs at or near the time of new or full Moon. Conversely, the Moon at times of quadrature or apogee may decrease the speeds 15 to 20 percent or 30 to 40 percent if they occur together. Near average speeds may be expected when apogee occurs near or at new or full Moon, or when perigee occurs at or near quadrature. The directions of the currents are given in degrees true, reading clockwise from 000° at north to 359° and are the directions toward which the current flows.

TABLE 2. — CURRENT DIFFERENCES AND OTHER CONSTANTS AND ROTARY TIDAL CURRENTS

EXAMPLE OF THE USE OF TABLE 2

Suppose we wish to calculate the times of the minimum currents and the times and speeds of the maximum currents on a particular morning at the location listed in Table 2 as Winthrop Head, 1.1 n. mi. east of. From Table 2 we learn that the reference station is Boston Harbor whose morning currents are listed below. Currents for Winthrop Head can be approximated by using the Table 2 corrections as indicated.

	Minimum before Flood	Maximum flood		Minimum before ebb	Maximum ebb	
	h.m.	h.m.	kn.	h.m.	h.m.	kn.
Boston Harbor	0052	0419	1.2	0645	1109	1.4
Table 2 corrections	-0112	+0019	x0.4 ratio	+0031	-0146	x0.3 ratio
Winthrop Point	2340*	0438	0.5	0716	0923	0.4

* this minimum current phase is seen to occur just before midnight of the previous day.

Table 2 states that the average speeds and directions of the minimums before flood and ebb are 0.3 knots at 103° and 0.2 knots at 297°, respectively. The average directions of the maximum flood and maximum ebb are 205° and 019°; respectively.

TABLE 2. – CURRENT DIFFERENCES AND OTHER CONSTANTS

No.	PLACE	Meter Depth (ft)	Position Latitude North	Position Longitude West	Time Diff. Min. before Flood (h m)	Time Diff. Flood (h m)	Time Diff. Min. before Ebb (h m)	Time Diff. Ebb (h m)	Speed Ratio Flood	Speed Ratio Ebb	Min. before Flood knots	Min. before Flood Dir.	Maximum Flood knots	Maximum Flood Dir.	Min. before Ebb knots	Min. before Ebb Dir.	Maximum Ebb knots	Maximum Ebb Dir.
	BAY OF FUNDY Time meridian, 60°W				**on Portland Harbor Entrance,**													
1	Brazil Rock, 6 miles east of		43°22'	65°18'	-2 12	-1 36	-0 27	-1 31	1.5	0.9	—	—	1.0	275°	—	—	1.0	050°
3	Cape Sable, 3 miles south of		43°20'	65°38'	-3 12	-1 46	-0 58	-1 41	3.3	1.8	—	—	2.2	275°	—	—	2.0	095°
5	Cape Sable, 12 miles south of		43°11'	65°37'	-1 22	-0 36	-0 23	-0 37	2.5	1.5	—	—	1.7	285°	—	—	1.6	090°
7	Blonde Rock, 5 miles south of		43°15'	65°59'	-1 12	-0 26	-0 13	-0 21	3.0	1.8	—	—	2.0	310°	—	—	2.0	125°
9	Seal Island, 13 miles southwest of		43°16'	66°15'	-0 27	+0 34	+1 02	+0 39	3.8	1.5	—	—	2.6	325°	—	—	1.6	140°
11	Cape Fourchu, 17 miles southwest of		43°34'	66°24'	+0 28	+1 09	+1 07	+1 14	1.8	1.1	—	—	1.2	355°	—	—	1.2	145°
13	Cape Fourchu, 4 miles west of		43°47'	66°15'	-0 22	+0 24	+0 32	+0 29	3.0	1.6	—	—	2.0	000°	—	—	1.7	175°
15	Lurcher Shoal, 6 miles east of		43°52'	66°21'	-0 02	+0 54	+1 02	+0 59	3.0	1.7	—	—	2.0	355°	—	—	1.6	175°
17	Lurcher Shoal, 10 miles west of		43°46'	66°42'	+0 13	+0 54	-0 11	+0 59	2.1	1.5	—	—	1.4	000°	—	—	1.6	160°
19	Lurcher Shoal, 10 miles northwest of		43°59'	66°37'	-0 12	+1 14	+1 12	+0 59	2.7	1.1	—	—	1.8	005°	—	—	1.6	175°
21	Brier Island, 5 miles west of		44°13'	66°30'	+0 33	+1 14	+1 17	+1 19	4.0	2.3	—	—	2.7	005°	—	—	2.5	185°
23	Brier Island, 15 miles west of		44°17'	66°44'	-0 52	+0 09	+0 37	+0 14	2.1	1.1	—	—	1.4	060°	—	—	1.2	250°
25	Gannet Rock, 5 miles southeast of		44°29'	66°41'	+0 28	+0 54	+0 32	+0 59	3.8	3.6	—	—	2.6	040°	—	—	3.9	230°
27	Boars Head, 10 miles northwest of		44°31'	66°23'	+0 38	+1 19	+1 22	+1 24	2.8	1.8	—	—	1.9	020°	—	—	2.0	205°
29	Prim Point, 20 miles west of		44°44'	66°15'	+0 28	+1 09	+1 17	+1 14	2.4	1.3	—	—	1.6	040°	—	—	1.4	235°
31	Cape Spencer, 14 miles south of		44°58'	65°57'	+0 41	+1 19	+1 20	+1 14	2.5	1.5	—	—	1.7	050°	—	—	1.6	245°
33	BAY OF FUNDY ENTRANCE		44°45.2'	66°55.9'			**Daily predictions**				—	—	2.3	032°	—	—	2.4	212°
	MAINE COAST Time meridian, 75°W				**on Estes Head,**													
35	ESTES HEAD, EASTPORT	32d	44°53.28'	66°59.74'			**Daily predictions**		1.0	1.1	0.1	175°	2.2	263°	—	—	2.4	088°
	do.	13d	44°53.28'	66°59.74'			Daily predictions		1.0	0.9	0.1	174°	2.2	260°	—	354°	2.6	090°
	do.	52d	44°53.28'	66°59.74'					0.9	0.8	—	—	2.1	266°	0.1	355°	2.3	085°
	do.	78d	44°54'	66°59'					1.2	1.2	—	—	2.0	271°	—	—	2.0	079°
37	Eastport, Friar Roads	12d	45°04.58'	67°06.06'	+0 00	+0 00	+0 00	-0 04	0.5	0.5	—	—	1.0	210°	—	—	1.1	040°
39	Robbinston, St. Croix River	32d	45°04.58'	67°06.06'	-0 03	-0 02	+0 01	+0 01	0.5	0.4	—	—	1.1	349°	—	—	1.1	165°
	do.	58d	45°04.58'	67°06.06'	-0 06	-0 01	+0 00	+0 00	0.4	0.3	—	—	0.9	344°	—	—	0.9	166°
41	Western Passage, off Kendall Head		44°55.9'	67°00.0'	+0 27	+0 11	+0 13	+0 40	1.4	1.3	—	—	3.2	319°	—	—	3.1	142°
43	Western Passage, off Frost Ledge		44°57.9'	67°01.9'	+0 33	+0 04	-0 16	+0 15	0.9	0.7	—	—	2.1	330°	—	302°	1.7	150°
					on Portland Harbor Entrance,													
45	Pond Point, 7.6 miles SSE of		44°20.1'	67°30.2'	+0 03	+0 04	-1 10	+0 24	0.7	0.7	—	—	0.5	015°	—	—	1.2	215°
47	Moosabec Reach, east end		44°31.71'	67°34.36'	-2 55	-2 44	-2 50	-3 10	1.5	0.9	—	—	1.0	110°	—	—	2.6	258°
49	Moosabec Reach, west end		44°31.25'	67°39.00'	-1 53	-1 19	-1 37	-1 15	1.5	1.1	—	—	1.2	092°	—	—	2.3	253°
51	Bar Harbor, 1.2 miles east of <1>		44°23.0'	68°10.0'	—	+0 54	—	+1 17	0.3	0.6	—	—	0.2	328°	—	—	0.7	148°
53	Casco Passage, east end, Blue Hill Bay		44°11.7'	68°27.9'	-1 59	-1 20	-0 39	-1 29	1.0	0.6	—	—	0.7	086°	—	—	0.7	284°
55	Hat Island, SE of, Jericho Bay		44°08.0'	68°29.7'	-1 12	-0 11	-0 27	-0 51	1.3	1.2	—	—	0.9	318°	—	—	1.3	124°
57	Clam I., NW of, Deer I. Thorofare	14	44°09.87'	68°36.23'	-2 24	-1 58	-0 34	-2 17	0.3	0.3	—	—	0.2	004°	—	—	0.2	199°
59	Grog Island, E. of, Deer Island Thorofare	14	44°09.72'	68°37.23'	-2 26	-2 04	-2 04	-3 02	0.3	0.3	—	—	0.2	020°	—	—	0.3	235°
61	Russ Island, N of, Deer Island Thorofare	14	44°09.18'	68°38.78'	-2 22	-2 46	-2 06	-2 47	0.6	0.6	—	—	0.4	074°	0.1	302°	0.6	265°
63	Crotch Island–Moose Island, between <49>	14	44°08.85'	68°40.58'			**Currents are unidirectional**				—	—	—	—	—	—	—	—
65	Isle au Haut, 0.8 mile E of Rich's Pt	11	44°05'	68°35'	-1 03	-0 43	-0 44	-0 50	2.1	1.4	—	—	1.4	336°	—	—	1.5	139°
	East Penobscot Bay																	
67	Mark Island, north of	14	44°08.20'	68°42.17'	-0 28	-0 37	-2 04	+0 07	0.4	0.4	—	—	0.3	013°	0.1	300°	0.4	164°
69	Widow Island–Stimpson Island, between	14	44°07.95'	68°49.50'	-0 53	-0 25	+0 27	-0 39	0.9	0.5	—	—	0.6	302°	—	—	0.5	118°
71	Eagle Island, 0.4 nautical mile S of	14	44°11.63'	68°46.93'	-0 28	-0 31	-1 57	-1 17	1.3	0.9	0.2	030°	0.9	336°	0.3	050°	1.0	147°
73	Burnt Island–Oak Island, between	14	44°11.47'	68°49.13'	-2 53	-1 50	-1 59	-0 28	0.3	0.5	0.1	347°	0.7	290°	—	—	1.3	098°
75	Butter I., 0.3 nautical mile SE of	14	44°13.33'	68°46.67'	+0 01	+0 07	-0 02	-1 07	0.4	0.6	—	—	0.3	050°	0.1	150°	0.6	194°
77	Bradbury Island, ESE of	14	44°14.03'	68°44.07'	-1 54	-0 58	-0 30	-0 27	0.7	0.6	0.2	305°	0.5	025°	0.1	304°	0.7	225°
79	Compass Island, 0.4 nmi ENE of	14	44°13.00'	68°51.33'	-0 55	-1 02	-1 02	-0 32	0.4	0.3	0.2	092°	0.3	015°	—	—	0.5	175°
81	Scrag Island, 0.3 nautical mile SW of	14	44°13.33'	68°50.62'	-1 24	-0 03	-0 32	-0 26	0.6	0.3	—	—	0.4	010°	0.1	078°	0.3	197°
83	Great Spruce Head Island, west of	14	44°14.30'	68°50.18'			**Current weak and variable**		0.4	0.3	—	—	0.4	003°	—	—	0.3	174°
85	Horse Head Island, 0.2 mile ENE of	14	44°15.07'	68°50.67'			Current weak and variable				—	—	—	—	—	—	—	—
87	Pickering Island, south of	14	44°15.63'	68°45.38'	-2 55	-1 13	-1 33	-2 08	0.9	0.6	0.2	203°	0.6	300°	0.3	201°	0.6	150°

Endnotes can be found at the end of table 2.

TABLE 2. – CURRENT DIFFERENCES AND OTHER CONSTANTS

No.	PLACE	POSITION Latitude North	POSITION Longitude West	Meter Depth (ft)	TIME DIFFERENCES Min. before Flood (h m)	Flood (h m)	Min. before Ebb (h m)	Ebb (h m)	SPEED RATIOS Flood	SPEED RATIOS Ebb	Minimum before Flood (knots)	Dir.	Maximum Flood (knots)	Dir.	Minimum before Ebb (knots)	Dir.	Maximum Ebb (knots)	Dir.
	MAINE COAST Time meridian, 75°W				**on Portland Harbor Entrance,**													
	East Penobscot Bay—cont.																	
89	Little Eaton Island, NNE of	44° 16.45'	68° 43.87'	14	−0 53	+0 36	+0 25	+0 10	0.6	0.3	— —	— —	0.4	300°	0.2	224°	0.3	106°
91	Pickering Island, north of	44° 16.48'	68° 45.28'	14	See Table 5.													
93	Hog Island, ESE of	44° 16.52'	68° 46.87'	14	−0 23	+0 22	−0 10	−0 22	0.4	0.5	— —	— —	0.3	024°	0.2	105°	0.5	180°
95	Little Deer I.–Sheep I., between	44° 16.78'	68° 43.43'	14	−0 23	−0 13	+0 56	−0 23	0.9	0.6	0.1	231°	0.6	310°	— —	— —	0.6	124°
97	Swains Ledge, WSW of	44° 16.97'	68° 45.28'	14	See Table 5.													
99	Swains Ledge, 0.3 nautical mile SW of	44° 17.13'	68° 43.87'	14	−0 56	+0 02	−0 32	−0 38	0.7	0.4	— —	— —	0.5	358°	— —	— —	0.4	170°
101	Pond Island–Western Island, between	44° 17.58'	68° 49.00'	14	−1 54	−0 49	−1 33	−1 05	0.6	0.6	— —	— —	0.4	356°	— —	— —	0.6	172°
103	Birch Island, northwest of	44° 18.17'	68° 45.35'	14	−1 54	−1 07	−0 33	−1 01	0.4	0.2	— —	— —	0.3	022°	— —	— —	0.2	200°
105	Pond Island, north of	44° 18.17'	68° 48.60'	14	Current weak and variable													
107	Howard Ledges, ENE of, Eggemoggin Reach	44° 18.28'	68° 42.63'	14	Current weak and variable													
109	Howard Ledges, NE of, Eggemoggin Reach	44° 18.30'	68° 42.08'	14	Current weak and variable													
111	Spectacle Island, 0.2 nmi. NW of	44° 18.47'	68° 47.33'	14	Current weak and variable													
113	Pumpkin Island, north of	44° 18.80'	68° 44.42'	14	−3 24	−1 46	−1 31	−2 14	0.4	0.3	— —	— —	0.3	290°	0.1	340°	0.3	090°
115	Islesboro Harbor, Penobscot Bay	44° 18.86'	68° 53.35'	14	See Table 5.													
117	Islesboro Harbor, NE of, Penobscot Bay	44° 18.97'	68° 52.78'	75	−1 14	−0 36	−1 13	−0 56	0.4	0.3	— —	— —	0.3	004°	— —	— —	0.3	166°
119	Islesboro Harbor, NE of, Penobscot Bay	44° 19.03'	68° 52.67'	15	+0 16	−0 30	−0 59	−0 54	0.1	0.3	— —	— —	0.1	334°	0.1	248°	0.3	154°
121	Islesboro Ledge	44° 21.00'	68° 50.57'		See Table 5.													
123	Thrumcap I., E of, East Penobscot Bay	44° 19.40'	68° 44.80'	14	Current weak and variable													
					on Bucksport,													
125	Turtle Head Pt., ESE of, Penobscot Bay	44° 22.57'	68° 51.28'	15	−0 36	−1 10	+0 24	−1 02	0.3	0.4	— —	— —	0.7	338°	— —	— —	0.8	171°
127	Hosmer Ledge, Castine Harbor	44° 22.57'	68° 51.28'	40	−0 55	−1 18	−0 31	−0 32	0.5	0.4	— —	— —	0.4	319°	— —	— —	0.8	155°
	do	44° 23.01'	68° 47.40'	13d	+0 15	−0 10	−0 37	−0 08	0.6	0.6	0.1	330°	1.2	060°	— —	— —	1.2	240°
	do	44° 23.01'	68° 47.40'	33d	+0 02	−0 17	+0 41	−0 03	0.6	0.6	— —	— —	1.3	061°	— —	— —	1.2	241°
129	Dice Head, west of, Penobscot Bay	44° 23.01'	68° 47.40'	52d	+0 12	−0 31	+0 38	−0 14	0.5	0.5	0.1	332°	1.2	052°	— —	— —	1.1	245°
	do	44° 22.77'	68° 50.72'	15	−1 52	−1 23	−0 27	−0 48	0.2	0.3	— —	— —	0.4	028°	— —	— —	0.5	198°
	do	44° 22.77'	68° 50.72'	58	−0 09	−0 39	+0 25	+0 34	0.3	0.3	— —	— —	0.5	334°	— —	— —	0.6	178°
	do	44° 22.77'	68° 50.72'	96	+0 37	−0 32	+0 34	+0 24	0.3	0.2	— —	— —	0.6	312°	— —	— —	0.5	135°
131	Sears Island, S of, Penobscot Bay <53>	44° 25.12'	68° 53.25'	15	— —	−1 50	— —	+0 27	0.2	0.2	— —	— —	0.4	012°	— —	— —	0.4	237°
	do	44° 25.12'	68° 53.25'	40	−0 13	−0 03	+0 21	−0 15	0.2	0.2	— —	— —	0.4	080°	— —	— —	0.4	270°
133	Jones Point, Bagaduce River <51>	44° 25.55'	68° 45.50'	25d	−0 44	−0 35	+0 28	+0 21	1.8	2.1	0.1	323°	4.2	053°	0.1	332°	4.2	237°
135	Fort Point Ledge, Penobscot Bay	44° 27.85'	68° 48.69'	45d	−1 26	−0 46	+0 25	−0 15	0.5	0.4	0.1	346°	1.2	052°	0.1	330°	0.8	248°
	do	44° 27.85'	68° 48.69'	71d	−1 46	−0 55	+0 46	−0 06	0.5	0.4	0.1	349°	1.3	062°	0.1	342°	0.7	273°
137	Odom Ledge, Penobscot River	44° 31.00'	68° 48.19'	16d	−0 21	−0 10	−0 12	+0 01	0.4	0.4	— —	— —	1.1	358°	— —	— —	0.8	177°
	do	44° 31.00'	68° 48.19'	29d	−1 22	−0 44	+0 33	−0 41	0.5	0.2	0.2	282°	0.7	007°	— —	— —	0.4	193°
139	Verona I., N of, Easter Ch., Penobscot R <52>	44° 33.07'	68° 46.87'	10	+2 18	+0 07	−0 54	+0 18	0.5	0.5	— —	— —	0.7	273°	— —	— —	1.8	116°
141	Penobscot Narrows Bridge	44° 33.74'	68° 48.03'	13d	+0 27	−0 01	+0 10	+0 22	1.2	1.2	0.1	276°	2.8	273°	— —	— —	2.4	210°
	do	44° 33.74'	68° 48.03'	26d	−0 17	−0 20	+0 13	+0 03	1.1	1.0	0.1	106°	2.7	033°	— —	— —	2.1	201°
	do	44° 33.74'	68° 48.03'	36d	−0 44	−0 37	+0 17	+0 04	1.0	0.9	0.1	113°	2.5	029°	— —	— —	1.9	201°
143	BUCKSPORT, Penobscot River	44° 34.28'	68° 48.46'	32d	−0 23	−0 04	Daily Predictions −0 05	−0 21	1.1	1.1	— —	— —	2.4	292°	0.1	202°	2.0	113°
	do	44° 34.28'	68° 48.46'	45d	−0 34	−0 01	−0 03	−0 23	1.0	1.0	— —	— —	2.4	290°	0.2	204°	1.8	118°
145	Frankfort Flats at Marsh River, Penobscot River	44° 36.29'	68° 50.80'	11d	−0 25	+0 04	−0 06	−0 06	0.3	0.5	0.1	015°	0.7	300°	— —	— —	1.8	123°
147	Winterport, Penobscot River <51>	44° 37.88'	68° 50.54'	7d	+0 15	+0 10	+0 16	+0 42	0.7	0.8	— —	— —	1.6	273°	— —	— —	1.6	109°
	do	44° 37.88'	68° 50.54'	14d	−0 27	+0 10	+0 43	+0 04	0.7	0.9	— —	— —	1.6	033°	— —	— —	1.0	212°
149	Oak Point, Penobscot River <51>	44° 40.10'	68° 48.78'	35	+0 05	+0 16	+0 21	+1 09	0.6	0.9	— —	— —	1.5	036°	— —	— —	1.0	210°
	do	44° 40.10'	68° 48.78'	7d	−0 53	+0 22	−0 06	−0 50	0.7	0.9	— —	— —	1.6	337°	— —	— —	1.7	258°
151	Snub Point, Penobscot River <51>	44° 42.57'	68° 50.46'	17d	+0 31	+0 17	−0 05	−0 26	0.5	0.5	— —	— —	1.3	002°	— —	— —	1.3	182°
	do	44° 42.57'	68° 50.46'	26d	+0 04	+0 22	+0 53	−0 08	0.3	0.4	— —	— —	0.8	003°	— —	— —	0.9	176°

Endnotes can be found at the end of table 2.

TABLE 2. – CURRENT DIFFERENCES AND OTHER CONSTANTS

No.	PLACE	Meter Depth (ft)	Latitude North	Longitude West	Min. before Flood (h m)	Flood (h m)	Min. before Ebb (h m)	Ebb (h m)	Speed Ratios Flood	Speed Ratios Ebb	Min. before Flood knots	Dir.	Max. Flood knots	Dir.	Min. before Ebb knots	Dir.	Max. Ebb knots	Dir.
	MAINE COAST Time meridian, 75°W				on Portland Harbor Entrance,													
	West Penobscot Bay																	
153	Andrews Island, ESE of	15	43°59.65'	69°00.78'	−0 30	−0 20	−0 32	−0 45	0.6	0.6	--	--	0.4	011°	--	--	0.7	155°
155	do.	75	43°59.65'	69°00.78'	−1 25	−0 32	+0 03	−0 38	1.2	0.6	--	--	0.8	342°	--	--	0.6	188°
	Little Hurricane Island, southwest of	15	44°01.38'	68°55.07'	−0 15	−0 26	+0 05	+0 16	0.7	0.7	--	--	0.5	331°	--	--	0.8	157°
	do.	40	44°01.38'	68°55.07'	−0 28	−0 11	−0 04	−0 06	0.9	0.6	--	--	0.6	300°	--	--	0.8	125°
157	Heron Neck, Green Island	14	44°01.78'	68°52.38'	−1 57	−0 35	−0 35	−1 14	1.5	0.6	--	--	1.0	344°	0.2	218°	0.6	165°
159	The Reach, Norton Point	14	44°02.25'	68°50.90'		Current weak and variable												
	Isle au Haut Bay																	
161	Triangle Ledge, SSE of	15	44°02.47'	68°45.48'	+0 04	+0 07	−0 03	+0 12	1.0	0.9	--	--	0.7	354°	--	--	1.0	197°
	do.	40	44°02.47'	68°45.48'	−1 30	+0 15	−0 09	−0 46	0.9	0.9	--	--	0.6	317°	--	--	0.6	180°
163	Moore Harbor, W of	15	44°02.53'	68°41.55'	−0 10	+0 44	+0 07	−0 09	0.6	1.0	--	--	0.4	344°	0.1	063°	1.1	135°
	do.	75	44°02.53'	68°41.55'	−1 43	−0 31	−0 17	−0 25	0.9	0.5	--	--	0.6	337°	--	--	0.6	165°
	do.	120	44°02.53'	68°41.55'	−2 44	−0 19	−1 02	−0 50	1.0	0.3	--	--	0.7	345°	--	--	0.3	215°
	West Penobscot Bay																	
165	The Reach, NNE of, Green Island	14	44°02.57'	68°51.58'	−3 33	−0 46	−1 32	−2 26	0.6	0.4	0.2	262°	0.4	284°	0.1	150°	0.4	111°
167	White Islands, northeast of	14	44°03.00'	68°54.40'	−1 58	−1 54	−1 32	−1 39	0.6	0.6	0.1	136°	0.4	322°	0.3	258°	0.6	165°
169	Fisherman Island Passage	14	44°03.12'	69°02.70'	−2 54	−2 13	−2 03	−1 59	0.9	0.7	--	--	0.5	053°	0.2	312°	0.7	240°
171	Crotch Island, east of	14	44°03.62'	68°54.43'	−0 59	−0 31	−0 58	−0 40	1.8	1.8	--	--	1.9	343°	--	--	2.0	163°
173	Laireys Island, south of	14	44°03.62'	68°53.78'	−0 58	+0 06	−0 28	−1 22	0.6	0.8	0.1	073°	0.5	335°	--	--	0.8	155°
175	Sheep Island	14	44°03.88'	69°03.47'	−2 54	−0 55	−1 34	−1 47	0.7	0.7	--	--	0.5	023°	--	--	0.9	220°
177	Leadbetter I., SSW of southern tip	14	44°04.07'	68°53.90'	−0 53	−0 15	−0 05	−1 03	2.1	1.2	--	--	1.4	320°	--	--	1.3	126°
179	Leadbetter Island, E of southern tip	14	44°04.15'	68°53.62'	−0 28	−0 19	+1 00	+0 16	0.6	0.6	--	--	0.4	360°	--	--	0.6	175°
181	Leadbetter Island, northwest tip of	14	44°05.03'	68°54.67'	−0 58	−0 17	−0 30	−0 43	1.2	0.9	0.1	214°	0.8	016°	0.1	105°	1.0	214°
183	Dodge Point–Monroe Island, between	14	44°05.12'	69°02.62'	−3 53	−1 19	−2 32	−2 38	0.6	0.5	--	--	0.8	015°	0.1	135°	0.5	205°
185	Dogfish Island, NNE of	14	44°05.52'	68°54.80'	−2 24	−2 03	−2 32	−1 37	0.7	0.4	0.2	287°	0.5	325°	0.1	092°	0.4	147°
187	Rockland Harbor Breakwater	14	44°06.13'	69°04.67'	−1 28	−0 06	−0 41	−0 10	0.4	0.4	0.1	244°	0.3	315°	0.1	--	0.4	097°
189	Browns Head, Vinalhaven Island, NNW of	14	44°06.78'	68°54.73'	−1 58	−0 58	−0 32	−0 27	0.4	0.2	0.1	215°	0.2	016°	0.2	100°	0.2	221°
191	Crabtree Pt., North Haven I., NNE of	14	44°06.90'	68°55.42'	−0 53	−0 54	−0 32	−0 32	0.4	0.2	0.2	325°	0.3	003°	0.1	150°	0.2	228°
193	Fox Island Thorofare	14	44°07.62'	68°53.58'		See Table 5.												
195	Mark Island, 0.3 nmi., SSE of	14	44°10.85'	68°58.83'	−3 23	−2 17	−2 32	−2 56	0.3	0.5	0.2	287°	0.4	070°	--	--	0.5	278°
197	Saddle Island, northwest of	14	44°10.85'	68°57.30'	−1 51	−1 07	−1 36	−0 57	0.6	0.6	0.2	331°	0.4	044°	0.1	163°	0.5	246°
199	Mark Island, 0.3 nautical mile, N of	14	44°10.87'	68°58.92'	−3 53	−2 07	−3 33	−1 44	0.4	0.4	0.2	272°	0.3	010°	0.1	101°	0.4	225°
201	Lasell Island, SSW of	14	44°11.20'	68°56.82'	−1 57	−1 07	−2 31	−1 17	0.6	0.4	--	--	0.4	022°	--	--	0.4	217°
203	East Goose Rock, NNE of	14	44°11.37'	68°58.08'	−3 55	−2 19	−3 34	−2 44	0.6	0.3	0.2	112°	0.2	000°	0.1	325°	0.3	210°
205	Camden Harbor Entrance	14	44°12.17'	69°02.80'	−2 54	−3 42	−2 03	−1 27	0.3	0.3	--	--	0.2	354°	--	--	0.3	190°
207	Ensign Island, SSE of	14	44°13.40'	68°57.52'	−1 40	−0 36	+0 55	−0 56	0.4	0.3	--	--	0.3	022°	--	--	0.3	220°
209	Warren Island, northwest of	15	44°16.55'	68°57.22'	−2 27	−0 28	−1 00	−0 44	0.7	0.4	--	--	0.3	036°	--	--	0.4	248°
211	Ducktrap Harbor, northeast of	15	44°18.00'	68°56.38'	−1 17	−0 34	−1 24	−0 12	0.6	0.4	--	--	0.5	355°	--	--	0.4	185°
	do.	40	44°18.00'	68°56.38'	−2 39	−0 56	−1 00	−1 20	0.6	0.3	--	--	0.4	014°	--	--	0.3	237°
213	Ducktrap Harbor, NNE of	90	44°18.27'	68°57.35'	−1 09	−0 04	+0 04	−0 04	0.6	0.3	--	--	0.4	014°	--	--	0.3	203°
	do.	160	44°18.27'	68°57.35'	−1 12	−0 05	+0 13	+0 02	0.7	0.4	--	--	0.5	038°	--	--	0.5	233°
215	Ducktrap Harbor, NNE of	15	44°18.30'	68°57.55'	−1 24	−0 28	−0 33	−0 06	0.7	0.5	--	--	0.5	058°	--	--	0.5	202°
	do.	130	44°18.30'	68°57.55'	−1 23	−0 32	−0 25	−0 42	0.9	0.5	--	--	0.6	013°	--	--	0.6	193°
217	Flat Island, SSW of	14	44°18.83'	68°55.45'	−0 34	+0 10	−0 01	+0 01	0.6	0.4	--	--	0.4	045°	0.1	135°	0.4	230°
219	Head of the Cape, 0.8 nmi. W. of Penobscot Bay	15	44°19.25'	68°50.80'	−1 24	−0 35	−0 18	−0 22	0.6	0.4	--	--	0.4	325°	--	--	0.4	125°
	do.	130	44°19.07'	68°50.80'	−0 56	−0 15	+0 05	−0 24	0.6	0.4	--	--	0.4	015°	--	--	0.3	166°
221	Head of the Cape, NNW of, Penobscot Bay	30	44°19.07'	68°50.17'	−1 32	−0 23	−0 01	−0 30	0.7	0.3	--	--	0.6	332°	--	--	0.4	163°
	do.	130	44°19.07'	68°50.17'	−1 09	−0 56	−0 48	−0 30	0.4	0.4	--	--	0.5	356°	--	--	0.3	176°
223	Ram Island, west of, West Penobscot Bay	14	44°21.28'	68°55.33'	−3 53	−1 31	−2 30	−1 47	0.6	0.4	--	--	0.3	353°	--	--	0.4	172°
225	Temple Heights, NE of, W Penobscot Bay	15	44°21.38'	68°55.33'	−3 12	−0 59	−1 40	−1 04	0.6	0.4	--	--	0.4	004°	--	--	0.3	189°
	do.	65	44°21.38'	68°55.33'	−1 56	−0 48	−1 13	−0 49	0.6	0.4	--	--	0.4	000°	--	--	0.3	175°
227	Temple Heights, NNE of, W Penobscot Bay	14	44°21.45'	68°56.62'	−0 44	+0 03	+0 12	−0 36	0.9	0.6	--	--	0.4	354°	--	--	0.3	188°
	do.	30	44°21.45'	68°56.62'	−1 01	−0 02	+0 08	−0 14	0.9	0.9	--	--	0.6	005°	--	--	0.7	175°
	do.	50	44°21.45'	68°56.62'	−0 38	−0 06	−0 24	−0 10	0.7	0.5	--	--	0.5	333°	--	--	0.5	164°
229	Muscongus Sound	50	43°56.5'	69°26.9'		Current weak and variable									0.0	--		

Endnotes can be found at the end of table 2.

TABLE 2. – CURRENT DIFFERENCES AND OTHER CONSTANTS

No.	PLACE	POSITION Latitude North	POSITION Longitude West	Meter Depth ft	TIME DIFF. Min. before Flood h m	TIME DIFF. Flood h m	TIME DIFF. Min. before Ebb h m	TIME DIFF. Ebb h m	SPEED RATIO Flood	SPEED RATIO Ebb	Min. before Flood knots	Dir.	Max. Flood knots	Dir.	Min. before Ebb knots	Dir.	Max. Ebb knots	Dir.
	MAINE COAST Time meridian, 75°W				**on Bath Iron Works,**													
231	Damariscotta River, off Cavis Point	43°52.5'	69°35.0'		-1 27	-1 55	-2 10	-1 58	0.3	0.5	--	--	0.6	350°	--	--	1.0	215°
233	Sheepscot River, off Barter Island	43°54.0'	69°41.5'		-1 26	-2 13	-2 01	-1 13	0.4	0.5	--	--	0.8	005°	--	--	1.1	200°
235	Lower Point, NE of, Sasanoa River	43°51.1'	69°43.3'		-1 26	-1 02	-1 32	-1 07	0.9	0.9	--	--	1.7	327°	--	--	1.8	152°
237	Lower Hell Gate, Knubble Bay <2>	43°52.6'	69°43.8'		-1 01	-0 34	-1 32	-0 34	1.6	1.7	--	--	3.0	290°	--	--	3.5	155°
239	Upper Hell Gate, Sasanoa River	43°53.7'	69°46.3'		+2 53	+1 37	+0 34	+1 23	0.5	0.4	--	--	1.0	307°	--	--	0.8	142°
	KENNEBEC RIVER																	
241	Hunniwell Point, northeast of	43°45.4'	69°46.9'		-0 33	-0 59	-0 41	-0 16	1.3	1.4	--	--	2.4	332°	--	--	2.9	151°
243	Bald Head, 0.3 mile southwest of	43°48.1'	69°47.6'		-0 15	-0 43	-0 50	-0 17	0.8	1.1	--	--	1.6	321°	--	--	2.3	153°
245	Bluff Head, west of	43°51.3'	69°47.8'		-0 05	-0 18	-0 20	-0 16	1.2	1.7	--	--	2.3	014°	--	--	3.4	184°
247	Fiddler Ledge, north of	43°52.8'	69°47.8'		+0 09	+0 01	-0 24	+0 08	1.0	1.3	--	--	1.9	267°	--	--	2.6	113°
249	Doubling Point, south of	43°52.8'	69°48.4'		-0 10	-0 22	-0 23	+0 13	1.4	1.5	--	--	2.6	300°	--	--	3.0	127°
251	Bath Iron Works	43°54.23'	69°48.56'	16d	Daily Predictions				1.0	1.2	--	--	1.9	001°	--	--	2.1	178°
	do.	43°54.23'	69°48.56'	3d	+0 02	-0 01	-0 11	-0 14	0.7	0.6	--	--	1.9	004°	--	--	2.5	178°
	do.	43°54.23'	69°48.56'	39d	+0 01	-0 05	-0 06	+0 35	1.3	1.5	--	--	1.3	354°	0.1	085°	1.3	176°
253	Goose Cove, south of Chops Passage	43°58.51'	69°49.60'	4d	+0 31	+0 17	+0 05	+0 41	1.2	1.3	0.1	072°	2.4	343°	0.2	090°	3.0	154°
	do.	43°58.51'	69°49.60'	14d	+0 31	+0 17	+0 07	+0 41	1.0	1.0	0.1	070°	2.3	342°	0.1	274°	3.0	154°
	do.	43°58.51'	69°49.60'	27d	+0 32	+0 19	+0 08	+0 39	0.9	0.4	--	--	2.0	338°	0.1	252°	2.6	158°
255	Merrymeeting Bay, north of Chops Passage	43°59.06'	69°50.17'	4d	+0 23	+0 48	+0 22	+0 09	0.7	0.7	--	--	2.0	306°	0.1	252°	0.9	108°
	do.	43°59.06'	69°50.17'	20d	+0 26	+0 51	+0 26	+0 23	0.6	0.7	--	--	1.7	306°	0.1	251°	0.9	120°
	do.	43°59.06'	69°50.17'	40d	+1 40	+0 52	+0 24	+0 23	0.5	0.6	--	--	1.3	307°	0.1	031°	0.9	137°
257	Maine Kennebec Bridge, 0.2nm south of	44°05.28'	69°47.11'	4d	+1 40	+1 01	+0 24	+2 01	0.6	0.7	0.1	219°	1.2	016°	0.1	291°	1.5	208°
	do.	44°05.28'	69°47.11'	19d	+1 40	+1 04	+0 23	+2 02	0.5	0.6	0.1	292°	0.9	025°	--	--	1.2	202°
	CASCO BAY				**on Portland Harbor Entrance,**													
259	Broad Sound, west of Eagle Island	43°42.60'	70°03.77'	19d	-0 45	-0 37	-0 21	-0 16	1.6	1.0	0.1	263°	1.0	351°	--	--	1.1	187°
	do.	43°42.60'	70°03.77'	39d	-0 33	-0 22	-0 22	-0 10	1.4	1.0	0.1	271°	1.3	356°	--	--	1.1	187°
	do.	43°42.60'	70°03.77'	91d	-1 38	-0 28	+0 12	-0 14	1.9	0.6	0.1	296°	1.3	340°	--	--	0.6	191°
261	Littlejohn Island, S. of Town Ledge	43°45.25'	70°07.66'	6d	-2 19	-0 48	+0 00	-0 58	0.6	0.3	--	--	0.4	025°	0.1	299°	0.3	221°
	do.	43°45.25'	70°07.66'	20d	-2 51	-0 25	+0 03	-1 03	0.4	0.2	--	--	0.3	025°	--	--	0.3	214°
	do.	43°45.25'	70°07.66'	36d	-3 09	-1 09	-0 24	-1 15	0.6	0.5	--	--	0.3	033°	--	--	0.3	210°
263	Lucksee Sound, between Hope & Cliff Is.	43°41.90'	70°06.94'	14d	+0 48	+0 44	+1 01	+1 12	0.6	0.5	0.1	322°	0.4	050°	--	--	0.5	227°
	do.	43°41.90'	70°06.94'	27d	+0 48	+0 53	+0 59	+1 13	0.7	0.7	--	--	0.5	052°	--	--	0.5	228°
	do.	43°41.90'	70°06.94'	40d	+0 09	+0 34	+0 58	+0 56	0.7	0.7	--	--	0.5	051°	--	--	0.5	227°
265	Stepping Stones	43°41.75'	70°07.96'	6d	+0 13	+0 02	-0 03	-0 21	0.5	0.4	--	--	0.5	018°	--	--	0.5	197°
	do.	43°41.75'	70°07.96'	19d	+0 09	+0 01	+0 02	-0 10	1.0	0.8	--	--	0.5	013°	--	--	0.8	191°
	do.	43°41.75'	70°07.96'	42d	-0 53	-0 46	-1 23	-0 14	0.9	0.8	--	--	0.4	355°	--	--	0.8	169°
267	Chandler Cove, south entrance	43°42.42'	70°07.94'	37d	-1 26	-0 02	-0 38	-1 18	0.7	0.8	--	--	0.6	354°	0.1	264°	0.8	179°
	do.	43°42.42'	70°07.94'	37d	-1 19	-0 58	-0 37	-1 08	0.4	0.3	--	--	0.6	357°	0.1	271°	0.8	180°
	do.	43°42.42'	70°07.94'	9d	-1 27	-0 26	-0 19	-0 43	0.4	0.8	--	--	0.3	001°	--	--	0.7	187°
269	Long Island, Mariner Ledge	43°42.12'	70°09.85'	26d	-0 51	-0 45	+1 53	+0 45	0.6	0.9	--	--	0.3	017°	0.1	299°	0.3	182°
	do.	43°42.12'	70°09.85'	13d	-0 54	+0 15	+2 08	+0 29	0.8	0.9	--	--	0.4	026°	--	--	0.3	194°
271	Cow Island, northeast of	43°41.65'	70°10.86'	39d	-1 27	-1 21	-0 35	-0 30	1.6	0.9	0.1	067°	0.4	000°	0.1	133°	0.9	144°
	do.	43°41.65'	70°10.86'	11d	-1 23	-1 27	-1 07	-0 14	1.2	0.9	--	--	0.5	002°	--	--	0.9	152°
273	Hussey Sound, Cow Island	43°41.39'	70°10.70'	30d	-1 19	+0 15	+0 10	-0 25	1.5	1.0	0.1	087°	1.1	012°	0.1	283°	0.9	178°
	do.	43°41.39'	70°10.70'	57d	-1 02	+0 05	+0 16	-0 21	1.4	1.0	0.1	098°	0.8	012°	0.1	281°	0.9	185°
	do.	43°41.39'	70°10.70'	11d	-0 44	-0 34	-0 03	-0 12	1.5	1.1	0.1	097°	0.7	018°	--	--	1.1	195°
275	Hussey Sound, between Long & Peaks Islands	43°40.25'	70°10.58'	31d	-0 29	-0 08	+0 16	-0 06	1.5	1.1	--	--	0.9	325°	0.1	226°	1.1	145°
	do.	43°40.25'	70°10.58'	70d	-0 26	-0 03	+0 00	-0 07	1.4	1.0	--	--	1.0	325°	0.2	229°	1.1	147°
	do.	43°40.25'	70°10.58'	7d	-1 14	+0 08	+0 14	-0 06	1.5	0.6	--	--	1.0	311°	--	--	0.7	140°
277	Diamond Island Roads	43°39.75'	70°12.94'	17d	-0 51	-0 55	-1 17	-0 28	0.6	0.8	0.1	230°	0.4	327°	0.1	065°	0.8	164°
	do.	43°39.75'	70°12.94'	34d	-0 46	-0 23	-0 58	-0 34	0.5	0.7	0.1	250°	0.3	342°	0.2	070°	0.5	165°
	do.	43°39.75'	70°12.94'	9d	-1 00	+0 08	+0 06	-0 28	0.5	0.5	0.1	233°	0.3	023°	0.1	108°	0.5	168°
279	PORTLAND HARBOR ENTRANCE	43°37.68'	70°12.57'	19d	Daily Predictions								0.7	310°	--	--	1.1	138°
	do.	43°37.68'	70°12.57'	19d	-0 18	-0 02	-0 09	+0 03	1.0	1.0	--	--	0.7	313°	0.1	226°	1.1	137°
	do.	43°37.68'	70°12.57'	38d	-0 39	-0 07	-0 39	+0 03	0.8	0.9	0.1	234°	0.5	308°	--	--	0.9	140°

Endnotes can be found at the end of table 2.

TABLE 2. – CURRENT DIFFERENCES AND OTHER CONSTANTS

No.	PLACE	Meter Depth (ft)	Latitude North	Longitude West	Min. before Flood (h m)	Flood (h m)	Min. before Ebb (h m)	Ebb (h m)	Speed Ratio Flood	Speed Ratio Ebb	Min. before Flood (knots)	Min. before Flood (Dir.)	Maximum Flood (knots)	Maximum Flood (Dir.)	Min. before Ebb (knots)	Min. before Ebb (Dir.)	Maximum Ebb (knots)	Maximum Ebb (Dir.)
	CASCO BAY Time meridian, 75°W					*on Portland Harbor Entrance,*												
281	Spring Point, east of	7d	43° 39.22'	70° 13.36'	-0 38	-0 22	-0 37	-0 22	1.5	0.7	--	--	1.0	343°	0.1	060°	0.9	124°
	do.	20d	43° 39.22'	70° 13.36'	-0 57	-0 22	-0 19	-0 32	1.7	0.6	--	--	1.1	344°	0.1	056°	0.8	123°
	do.	36d	43° 39.22'	70° 13.36'	-1 15	-0 05	-0 06	-0 36	1.4	0.5	--	--	1.0	337°	0.1	053°	0.6	113°
283	Portland Breakwater Light, 0.3nm east of	6d	43° 39.32'	70° 13.67'				-0 45	--	--	--	--	--	--	--	--	0.5	114°
	do.	20d	43° 39.32'	70° 13.67'				-1 00	--	--	--	--	--	--	--	--	0.4	121°
					Current weak and variable													
285	Ocean Gate Terminal	36d	43° 39.66'	70° 14.40'	-2 11	+1 01	+0 40	-0 28	0.5	0.3	--	--	0.4	230°	--	--	0.3	050°
	do.	21d	43° 39.66'	70° 14.40'		+1 15		+0 26	0.6	0.6	--	--	0.4	209°	--	--	0.6	054°
287	Portland Harbor, State Pier	3d	43° 39.28'	70° 14.70'	-0 06	+0 05	-0 09	+0 03	0.6	0.6	--	--	0.4	214°	0.1	127°	0.3	056°
	do.	17d	43° 39.28'	70° 14.70'	-0 49	+0 14	+0 21	-0 13	0.6	0.2	--	--	0.4	221°	--	--	--	--
	do.	30d	43° 39.28'	70° 14.70'	-0 12	-0 14	-0 15	-0 46	0.8	0.4	--	--	0.4	221°	--	--	0.4	065°
289	Fore River, Portland River Bridge	5d	43° 38.75'	70° 15.44'	-1 57	-0 16	-0 04		0.7	0.4	--	--	0.5	229°	--	--	0.5	064°
	do.	21d	43° 38.75'	70° 15.44'	+1 28	+2 10	+2 35	+2 03	0.4	0.2	--	--	0.5	227°	--	--	0.3	112°
291	Seal Cove, Cape Elizabeth	19d	43° 33.14'	70° 13.06'	*Current weak and variable*				0.4	0.5	0.1	149°	0.3	286°	0.1	196°	--	--
293	Saco River Entrance	1d	43° 27.73'	70° 21.07'	+0 00	-0 26	-0 14	+0 51	0.4	0.5	0.1	021°	0.3	262°	--	--	0.5	078°
	do.	13d	43° 27.73'	70° 21.07'	*Current weak and variable*						--	--	--	--	--	--	--	--
	PORTSMOUTH HARBOR					*on Portsmouth Harbor Entrance.*												
295	Odiornes Point, NNE of	15	43° 02.60'	70° 42.30'	+1 23	+1 54	+0 41	+2 13	0.4	0.6	--	--	0.5	339°	--	--	0.8	183°
297	Odiornes Point, northeast of	15	43° 03.00'	70° 42.10'	+0 09	+0 14	+0 29	+1 03	0.5	0.7	0.1	238°	0.6	320°	--	--	1.0	156°
299	Kitts Rocks, WSW of <55>	15	43° 03.10'	70° 41.80'	-1 05	-0 04	+0 00	-0 04	0.6	0.5	0.2	191°	0.7	314°	0.1	058°	0.8	133°
301	Little Harbor entrance	3d	43° 03.32'	70° 42.94'	-1 58	-0 30	-1 04	-1 19	0.7	0.8	--	--	0.8	321°	--	--	1.0	107°
303	Whaleback Reef, west of	12d	43° 03.50'	70° 42.94'	+0 09	+0 27	+0 03	+0 10	0.6	0.7	--	--	0.7	316°	--	--	1.0	122°
305	PORTSMOUTH HARBOR ENTRANCE	8d	43° 03.74'	70° 42.27'		*Daily predictions*					0.1	282°	0.7	340°	0.1	092°	1.5	144°
	do.	25d	43° 03.74'	70° 42.32'	-0 34	-0 30	+0 03	+0 07	0.9	0.9	0.1	282°	1.2	342°	0.1	082°	1.5	194°
307	Wood Island, northwest of	44d	43° 03.74'	70° 42.32'	-1 03	-0 49	-0 03	+0 04	1.0	0.6	0.1	082°	1.0	346°	0.2	278°	0.9	196°
309	Fort Point	15	43° 03.95'	70° 42.30'	+0 12	+0 09	+0 23	-0 44	1.0	0.9	0.2	291°	1.0	007°	0.2	043°	1.3	178°
	do.	6d	43° 04.47'	70° 42.40'	-0 14	+0 43	-0 01	-0 20	1.3	1.1	0.2	213°	1.2	358°	0.2	052°	2.0	199°
311	Salamander Point, north of	19d	43° 04.47'	70° 42.40'	-0 14	+0 19	+0 00	+0 15	1.4	1.1	0.2	221°	1.2	328°	0.1	047°	1.6	098°
313	Clark Island, south of	39d	43° 04.58'	70° 42.40'	-0 44	-0 29	+0 09	+0 07	1.2	0.6	0.1	255°	1.7	323°	0.2	167°	0.7	104°
315	Clark Island, southwest of	15	43° 04.43'	70° 43.02'	+0 24	+0 44	+0 26	+0 45	1.4	1.5	--	--	1.6	257°	--	--	0.8	138°
317	Henderson Point, SSW of	15	43° 04.50'	70° 43.48'	+0 33	+0 31	+0 28	+0 31	0.6	1.2	--	--	1.4	270°	--	--	2.3	091°
319	Henderson Point, west of	15	43° 04.40'	70° 43.67'	+0 31	-0 05	+0 26	-0 06	1.4	1.9	0.1	228°	0.7	263°	0.1	218°	0.8	085°
	do.	10d	43° 04.49'	70° 44.40'	+0 14	+1 20	+0 07	+0 36	2.1	1.7	--	--	1.6	306°	0.2	219°	1.8	070°
	do.	32d	43° 04.49'	70° 44.30'	+0 11	+1 13	+0 05	+0 08	2.2	1.1	--	--	2.4	285°	0.2	240°	2.8	133°
321	Shapleigh Island Bridge, south of	59d	43° 04.18'	70° 44.30'	-0 40	-0 18	-1 01	-0 37	0.7	0.4	0.1	244°	2.6	293°	--	--	2.5	138°
323	Pierces Island, northeast of	15	43° 04.55'	70° 44.48'	-0 08	+0 34	+0 31	-0 21	2.4	0.8	0.1	243°	1.8	340°	--	--	1.7	147°
	PISCATAQUA RIVER and tributaries																	
325	Memorial Bridge	8d	43° 04.76'	70° 45.12'	+0 06	+0 28	+0 09	+0 03	2.3	2.2	--	--	2.6	277°	--	--	3.2	105°
	do.	31d	43° 04.76'	70° 45.12'	+0 04	+0 39	+0 15	+0 03	2.4	2.1	--	--	2.8	275°	--	--	3.1	101°
327	Sara Long Bridge	58d	43° 04.76'	70° 45.12'	+0 01	+0 46	+0 16	+0 03	1.9	1.6	--	--	2.4	275°	--	--	2.4	093°
	do.	6d	43° 05.32'	70° 45.72'	+0 11	+0 40	+0 08	+0 18	1.9	2.1	0.1	244°	2.2	331°	0.1	242°	3.1	153°
	do.	19d	43° 05.32'	70° 45.72'	+0 07	+0 41	+0 11	+0 15	1.8	1.9	--	--	2.1	332°	0.1	245°	2.9	155°
329	I-95 Bridge	33d	43° 05.57'	70° 46.02'	+0 04	+0 41	+0 13	+0 16	2.8	1.7	0.2	033°	3.3	333°	--	--	2.6	158°
	do.	6d	43° 05.57'	70° 46.02'	+0 13	+0 42	+0 08	+0 13	2.9	2.9	0.1	042°	3.4	317°	--	--	4.3	123°
	do.	29d	43° 05.57'	70° 46.02'	+0 06	+0 41	+0 11	+0 14	2.2	2.3	0.1	233°	2.6	309°	--	--	3.5	129°
331	Schiller Station	48d	43° 05.84'	70° 46.86'	+0 01	+0 37	+0 12	+0 10	2.6	1.6	0.1	226°	2.6	313°	0.1	226°	2.5	142°
	do.	9d	43° 05.84'	70° 46.86'	+0 13	+1 00	+0 17	+0 19	3.4	2.4	0.1	243°	4.0	329°	0.1	243°	3.6	157°
	do.	29d	43° 05.84'	70° 46.86'	+0 10	+0 55	+0 20	+0 15	3.3	2.3	0.1	249°	3.8	337°	0.1	249°	3.5	162°
	do.	52d	43° 05.84'	70° 46.86'	+0 10	+0 51	+0 23	+0 19	3.0	1.9	--	--	3.5	353°	--	--	2.9	168°

Endnotes can be found at the end of table 2.

TABLE 2. – CURRENT DIFFERENCES AND OTHER CONSTANTS

No.	PLACE	Latitude North	Longitude West	Meter Depth (ft)	Time Diff. Min. before Flood (h m)	Flood (h m)	Min. before Ebb (h m)	Ebb (h m)	Speed Ratio Flood	Ebb	Min. before Flood knots	Dir.	Max. Flood knots	Dir.	Min. before Ebb knots	Dir.	Max. Ebb knots	Dir.
	PISCATAQUA RIVER and tributaries Time meridian, 75°W				**on Portsmouth Harbor Entrance,**													
333	Frankfort Island, south of	43°06.85'	70°48.32'	7d	+0 15	+0 56	+0 21	+0 43	2.5	2.3	0.1	218°	2.9	304°	0.1	219°	3.4	130°
	do.	43°06.85'	70°48.32'	24d	+0 15	+0 55	+0 26	+0 42	2.4	2.2	--	--	2.8	305°	0.1	218°	3.2	130°
	do.	43°06.85'	70°48.32'	37d	+0 15	+0 58	+0 24	+0 42	2.0	1.9	--	--	2.3	303°	--	--	2.8	129°
335	General Sullivan Bridge	43°07.07'	70°49.56'	3d	+0 19	+0 42	+0 24	+1 06	3.6	2.8	0.2	158°	4.2	238°	0.1	159°	4.2	075°
	do.	43°07.07'	70°49.56'	8d	+0 19	+0 39	+0 24	+1 09	3.4	2.6	0.2	157°	4.0	238°	--	--	3.9	075°
	do.	43°07.07'	60°49.56'	15d	+0 19	+0 40	+0 25	+1 11	2.8	2.1	0.1	156°	3.2	243°	--	--	3.2	071°
337	Dover Point, west of	43°07.15'	70°51.37'	15	+0 07	+0 18	+0 23	-0 02	1.2	0.8	0.1	191°	1.4	283°	--	--	0.6	119°
339	Goat Island, north of	43°07.62'	70°51.50'	15	+0 52	+1 05	+0 20	+0 49	1.0	0.4	0.1	352°	1.2	272°	--	--	1.3	077°
341	Goat Island and Fox Point, between	43°07.37'	70°51.42'	15	+0 34	+1 39	+0 51	+2 30	0.6	0.5	0.1	219°	1.1	303°	--	--	0.6	142°
343	Knight Hill Township, west of	43°06.47'	70°51.68'	15	+0 39	+0 41	+0 54	+0 21	0.6	0.4	0.1	289°	0.7	205°	0.1	286°	0.8	015°
345	Furber Strait	43°05.47'	70°51.68'	4d	+0 39	+1 10	+0 24	+1 05	1.8	1.4	0.1	285°	2.0	201°	0.1	288°	2.1	015°
	do.	43°05.47'	70°51.68'	14d	+0 30	+1 00	+0 27	+0 58	1.8	1.4	0.1	285°	2.0	200°	0.1	285°	2.0	007°
	do.	43°05.47'	70°51.68'	25d	+0 27	+1 00	+0 30	+0 55	1.6	1.3	0.2	279°	1.8	198°	--	--	1.9	001°
	MASSACHUSETTS COAST				**on Boston Harbor,**													
347	Merrimack River entrance	42°49.1'	70°48.6'	5d	+0 55	+1 20	+1 08	-0 46	1.7	1.1	--	--	2.2	285°	--	--	1.4	105°
349	Newburyport, Merrimack River	42°48.8'	70°52.1'	18d	+1 19	+1 53	+1 42	-0 23	1.2	1.1	--	--	1.5	288°	--	--	1.4	098°
351	Plum Island Sound entrance	42°42.3'	70°47.3'	50d	+0 27	+0 55	+0 43	-0 19	0.8	1.2	--	--	1.6	316°	--	--	1.5	184°
353	Annisquam Harbor Light	42°40.1'	70°41.1'	4d	+0 33	+0 54	+0 53	-0 09	0.2	1.1	--	--	1.0	200°	--	--	1.3	013°
355	Gloucester Harbor entrance	42°34.9'	70°40.5'	15d	-0 37	+0 06	-0 34	-0 48	0.2	0.2	--	--	0.3	340°	--	--	0.3	195°
357	Blynman Canal ent., Gloucester Harbor	42°36.6'	70°40.4'		-0 15	+0 10	-0 20	-0 51	2.3	2.7	--	--	3.0	310°	--	--	3.3	130°
	Salem Sound																	
359	Little Misery Island	42°32.53'	70°48.01'	5d	-0 49	-0 19	+0 18	-0 32	0.4	0.3	0.1	185°	0.5	249°	0.1	169°	0.4	105°
	do.	42°32.53'	70°48.01'	18d	-0 32	-0 05	+0 27	-0 17	0.4	0.3	0.1	185°	0.5	258°	0.1	174°	0.4	102°
	do.	42°32.53'	70°48.01'	50d	-0 33	-1 03	-0 29	-0 38	0.2	0.3	--	--	0.4	275°	--	--	0.4	090°
361	Haste Shoal	42°32.36'	70°50.70'	4d	+0 34	+0 29	+0 57	+0 39	0.3	0.3	--	--	0.4	273°	--	--	0.4	093°
	do.	42°32.36'	70°50.70'	15d	-0 12	-0 17	+0 43	+0 04	0.3	0.3	0.1	345°	0.3	268°	--	--	0.3	067°
363	Abbot Rock	42°31.78'	70°51.60'	6d	Current weak and variable													
365	Fort Pickering, 0.2m south of	42°31.34'	70°52.08'	16d	+0 05	+0 06	+0 07	+0 03	0.2	0.2	--	--	0.3	264°	--	--	0.3	080°
	do.	42°31.34'	70°52.08'	29d	-0 31	-0 50	+0 07	-0 11	0.2	0.2	--	--	0.3	268°	--	--	0.3	081°
367	Marblehead Channel	42°30.04'	70°49.21'	4d	+0 41	+0 10	+0 26	+1 31	0.2	0.3	0.2	228°	0.3	280°	0.1	005°	0.3	171°
	do.	42°30.04'	70°49.21'	17d	Current weak and variable													
	do.	42°30.04'	70°49.21'	30d	Current weak and variable													
369	Ram Island, 0.2 n.mi. NNE of	42°28.75'	70°51.68'	10	See Table 5.													
371	Ram Island, 0.2 n.mi. southeast of	42°28.45'	70°51.55'	10	See Table 5.													
373	Great Pig Rocks, southeast of	42°27.53'	70°50.70'	10	See Table 5.													
375	Galloupes Point, 0.4 n.mi. south of	42°27.24'	70°53.70'	10	See Table 5.													
377	Little Nahant, 0.9 n.mi. northeast of	42°26.85'	70°54.84'	10	See Table 5.													
379	Egg Rock, 0.2 n.mi. north of	42°26.25'	70°53.93'	10	See Table 5.													
381	Egg Rock, southwest of	42°26.00'	70°52.02'	10	See Table 5.													
383	Nahant, 1.8 n.mi. NE of East Point	42°26.00'	70°52.02'	45	+0 23	+0 54	+0 10	+0 48	0.5	0.1	--	--	0.7	252°	0.1	291°	0.7	144°
	do.	42°26.00'	70°52.02'	80	-0 34	+1 09	+1 09	-0 43	0.2	0.2	--	--	0.3	250°	--	--	0.2	070°
385	Nahant, 0.4 n.mi. east of East Point	42°25.23'	70°53.63'	15	-0 30	+1 09	+1 10	-0 43	0.2	0.2	0.1	329°	0.2	238°	0.1	282°	0.2	077°
	do.	42°25.23'	70°53.63'	25	-0 06	-0 21	+0 03	+0 17	0.3	0.4	0.2	118°	0.4	205°	--	--	0.6	045°
387	Nahant, 1 n.mi. SE of East Point	42°23.83'	70°51.17'	45	-0 31	-0 36	+0 14	-1 13	0.2	0.2	0.1	102°	0.2	253°	0.1	161°	0.5	027°
389	Pea Island, 0.4 n.mi. southeast of	42°24.63'	70°54.13'	70	-0 05	+0 01	+1 08	+0 02	0.2	0.2	--	--	0.2	261°	--	--	0.2	074°
	do.	42°24.63'	70°54.13'	15	+0 44	+1 00	+0 37	-0 13	0.4	0.4	--	--	0.5	239°	--	--	0.2	090°
	do.	42°24.63'	70°54.13'	25	+0 25	+0 39	+0 52	+0 17	0.3	0.3	--	--	0.4	224°	--	--	0.5	063°
391	Bass Point, 1.2 n.mi. southeast of	42°24.12'	70°55.07'	65	-0 46	-0 54	+0 09	-0 43	0.4	0.3	0.1	332°	0.4	271°	--	--	0.4	048°
	do.	42°24.12'	70°55.07'	10	-0 31	+1 25	+0 53	-0 26	0.6	0.6	0.1	351°	0.7	259°	--	--	0.3	035°
	do.	42°24.12'	70°55.07'	45	-0 38	-0 05	+0 47	-0 41	0.3	0.2	--	--	0.3	251°	--	--	0.7	066°
393	Bass Point, 0.5 n.mi. SSW of	42°24.57'	70°56.53'	60	See Table 5.												0.3	086°
395	Bass Point, 0.7 n.mi. west of	42°25.13'	70°57.25'	15	See Table 5.												0.2	091°

Endnotes can be found at the end of table 2.

TABLE 2. – CURRENT DIFFERENCES AND OTHER CONSTANTS

Time differences are referenced on Boston Harbor.

No.	PLACE	Meter Depth (ft)	Latitude North	Longitude West	Min. before Flood (h m)	Flood (h m)	Min. before Ebb (h m)	Ebb (h m)	Speed Ratio Flood	Speed Ratio Ebb	Min. before Flood (knots)	Min. before Flood (Dir.)	Max. Flood (knots)	Max. Flood (Dir.)	Min. before Ebb (knots)	Min. before Ebb (Dir.)	Max. Ebb (knots)	Max. Ebb (Dir.)
	MASSACHUSETTS COAST — Time meridian, 75°W																	
397	Little Nahant Cupola, 0.6 n.mi. west of	10	42° 25.87'	70° 56.83'	−0 11	−0 21	+1 27	+0 34	0.3	0.4			0.4	033°	0.1	137°	0.5	219°
399	Sand Point, Black Marsh Channel	10	42° 26.58'	70° 56.52'	−0 05	−0 12	+1 15	+0 15	0.4	0.4			0.5	013°			0.5	203°
401	Lynn Harbor	10	42° 27.27'	70° 56.78'	+0 20	−0 21	+2 30	+1 12	0.2	0.2			0.3	274°			0.2	090°
403	Point of Pines, 0.5 n.mi. south of	6	42° 25.97'	70° 57.53'	−0 04	+0 24	+1 03	+0 29	0.7	0.5			0.9	009°			0.6	198°
405	Point of Pines, 0.1 n.mi. northeast of	6	42° 26.52'	70° 57.62'	+0 34	+0 24	+0 45	+0 22	0.4	1.0			0.9	296°	0.2	295°	1.2	131°
407	Finn's Ledge Bell, 0.2 n.mi. west of	10	42° 22.17'	70° 55.42'	−0 10	+1 10	+0 31	−0 14	0.4	0.6			0.6	226°			0.8	035°
	do.	25	42° 22.17'	70° 55.42'	−0 20	+0 55	+0 31	+0 16	0.3	0.4	0.3	103°	0.3	229°			0.5	033°
409	Winthrop Head, 1.1 n.mi. east of	10	42° 21.93'	70° 56.52'	−1 21	+0 24	+0 26	−1 58	0.4	0.3	0.2	110°	0.5	205°	0.2	297°	0.4	019°
411	Lovell Island, 1.3nm north of	20	42° 21.30'	70° 55.91'	+0 01	+0 02	+0 38	+0 19	0.7	1.1	0.2	108°	1.0	198°	0.1	298°	1.4	029°
	do.	20	42° 21.30'	70° 55.91'	−0 16	−0 17	+0 43	+0 26	0.7	0.9	0.2	107°	0.9	192°	0.1	111°	1.1	027°
	do.	30	42° 21.30'	70° 55.91'	−0 23	−0 19	+0 45	+0 22	0.6	0.6			0.8	187°			0.8	027°
	BOSTON HARBOR APPROACHES																	
413	Stellwagen Bank, 15nm NNE of Race Point	27d	42° 18.73'	70° 06.72'	+0 55	+0 07	−0 18	+0 16	0.3	0.4	0.3	197°	0.4	254°	0.1	201°	0.5	121°
	do.	105d	42° 18.73'	70° 06.72'	+0 01	−0 07	−0 11	−0 48	0.4	0.6	0.2	199°	0.5	265°	0.1	193°	0.7	125°
	do.	210d	42° 18.73'	70° 06.72'	−0 05	−0 07	−0 53	−0 53	0.3	0.6	0.2	214°	0.4	275°	0.1	193°	0.8	121°
415	Stellwagen Bank, 16nm North of Race Point	8d	42° 19.44'	70° 17.64'	−0 12	−0 33	−0 38	−0 32	0.4	0.8	0.2	178°	0.5	253°	0.1	352°	0.9	100°
	do.	51d	42° 19.44'	70° 17.64'	+0 16	+0 13	+0 09	−0 29	0.5	0.8	0.2	171°	0.7	262°	0.2	353°	1.0	086°
	do.	90d	42° 19.44'	70° 17.64'	−0 26	−0 42	−0 14	−0 54	0.3	0.4			0.4	268°			0.5	092°
417	Stellwagen Bank, 17nm ESE of Eastern Pt. Light	52d	42° 28.38'	70° 18.72'	+0 35	+0 28	+0 21	+0 06	0.2	0.4	0.1	184°	0.3	269°			0.5	091°
	do.	150d	42° 28.38'	70° 18.72'				−0 50		0.3							0.4	095°
419	Stellwagen Bank, 13.4nm SE of Eastern Pt. Light	308d	42° 28.38'	70° 18.72'	−0 54	−0 59	−1 11	−1 04	0.2	0.3	0.1	170°	0.3	311°			0.3	108°
	do.	12d	42° 25.34'	70° 26.99'	−0 03	−0 22	−0 18	−0 18	0.3	0.3	0.1	158°	0.3	252°			0.4	093°
	do.	38d	42° 25.34'	70° 26.99'	−0 03	+1 15	+1 03	−0 25	0.3	0.3	0.1	140°	0.4	236°			0.4	070°
421	Stellwagen Basin, 13.8nm SE of Eastern Pt. Light	71d	42° 23.29'	70° 28.98'	+0 19	−4 20	+1 34	+0 32	0.2	0.4	0.1	131°	0.4	223°	0.1	130°	0.5	049°
	do.	35d	42° 23.29'	70° 28.98'	−4 51	−0 30	−4 42	−5 21	0.2	0.2			0.2	059°			0.3	195°
	do.	100d	42° 23.29'	70° 28.98'					0.2				0.3	305°				
423	Stellwagen Basin, east end	245d	42° 20.29'	70° 31.92'	−2 23	−3 16	−3 23	−3 59	0.2	0.3	0.1	081°	0.3	296°	0.1	084°	0.4	147°
	do.	30d	42° 20.29'	70° 31.92'				−0 44		0.3			0.2	033°			0.3	093°
	do.	122d	42° 20.29'	70° 31.92'				−0 59		0.2							0.3	097°
425	Minots Ledge Light, 6.5 miles north of	240d	42° 21.80'	70° 44.28'	Current weak and variable													
427	Minots Ledge Light, 3.3 miles north of	8d	42° 19.21'	70° 45.05'	Current weak and variable													
429	Northeast Grave	25d	42° 22.31'	70° 51.71'	+1 14	+0 50	+0 42	+1 06	0.2	0.3	0.1	175°	0.3	251°			0.4	086°
	do.	45d	42° 22.31'	70° 51.71'	+0 21	+0 15	−0 01	+0 25	0.2	0.3			0.3	266°			0.5	090°
	do.	10	42° 22.31'	70° 51.71'	−1 12	−1 02	−1 02	−1 41	0.5	0.4			0.3	301°			0.5	114°
431	The Graves, 0.3 n.mi. SSE of	45	42° 21.60'	70° 52.00'	+0 07	+1 13	+1 16	+0 07	0.6	0.5	0.3	171°	0.6	227°	0.1	135°	0.6	103°
	do.	60	42° 21.60'	70° 52.00'	−0 46	−0 47	−0 15	−1 10	0.4	0.4	0.1	186°	0.4	262°			0.4	085°
	do.	45	42° 21.60'	70° 52.00'	−0 58	−0 01	−0 21	−1 35	0.2	0.7			0.3	252°			0.4	070°
433	Thieves Ledge	10	42° 19.28'	70° 50.28'	−0 24	−0 45	−0 45	−1 49	0.2	0.2			0.2	304°			0.3	128°
435	Little Brewster Island, 1.5 n.mi. E of	35	42° 19.68'	70° 51.43'	+2 10	+0 46	−0 45	+0 43	0.5	0.9	0.4	030°	0.6	285°	0.6	337°	1.2	080°
	do.	60	42° 19.68'	70° 51.43'	−1 23	−1 18	−0 02	+1 15	0.5	0.8	0.2	028°	0.3	236°	0.2	212°	0.5	076°
	do.	10	42° 19.68'	70° 51.43'	+0 44	−0 44	+1 26	−0 57	0.3	0.2			0.3	225°			0.2	047°
437	Hypocrite Channel	10	42° 20.95'	70° 53.63'	+0 04	+0 24	+0 44	−0 43	0.7	0.8	0.2	265°	0.9	262°	0.1	351°	1.0	070°
439	Little Calf Island, 0.4 n.mi. NW of	25	42° 21.05'	70° 54.00'	+0 14	+0 09	+0 36	−0 30	0.4	0.6	0.1	345°	0.5	267°	0.1	290°	0.7	048°
441	Boston Light, 0.2 n.mi. south of	4d	42° 19.52'	70° 53.40'	+0 05	+0 24	+0 47	+0 28	0.8	1.1	0.1	203°	1.0	266°			1.4	100°
443	Point Allerton, 0.65 n.mi. NNW of	17d	42° 19.16'	70° 53.22'	+0 03	−0 04	+0 39	−0 03	1.0	1.3			1.3	253°			1.6	072°
	do.	30d	42° 19.16'	70° 53.22'	−0 03	+0 39	+0 19	+0 21	0.8	1.1			1.0	236°			1.3	071°
445	Point Allerton, 0.4 n.mi. northwest of	10	42° 18.88'	70° 53.23'	−0 09	−0 10	+0 12	+0 33	0.5	0.8			0.7	265°	0.2	353°	0.9	071°
447	Calf Island, 0.4 n.mi. west of	10	42° 20.33'	70° 54.38'	−0 18	+0 58	+0 05	−1 23	0.5	0.7			0.6	198°			0.8	080°
	do.	25	42° 20.33'	70° 54.38'	+0 07	+0 28	+0 01	+0 01	0.4	0.5			0.5	203°			0.6	037°
	do.	45	42° 20.33'	70° 54.38'	−1 37	+0 05	+0 11	−1 48	0.3	0.3			0.4	209°			0.3	052°
449	South Channel Aldridge Ledge	4d	42° 20.97'	70° 54.77'	+0 28	+0 58	+0 55	−2 27	0.6	1.0	0.1	143°	0.8	229°			1.2	057°
	do.	20d	42° 20.97'	70° 54.77'	+0 15	+0 32	+0 57	+0 22	0.5	0.7			0.7	222°	0.1	324°	0.8	045°
	do.	30d	42° 20.97'	70° 54.77'	+0 03	+0 20	+1 01	+0 36	0.4	0.5			0.5	219°	0.1	130°	0.6	039°

Endnotes can be found at the end of table 2.

TABLE 2. – CURRENT DIFFERENCES AND OTHER CONSTANTS

Time differences are **on Boston Harbor,** (Daily predictions).

No.	PLACE	Meter Depth (ft)	Latitude North	Longitude West	Min. before Flood (h m)	Flood (h m)	Min. before Ebb (h m)	Ebb (h m)	Speed Ratio Flood	Speed Ratio Ebb	Min. before Flood knots	Min. before Flood Dir.	Max Flood knots	Max Flood Dir.	Min. before Ebb knots	Min. before Ebb Dir.	Max Ebb knots	Max Ebb Dir.
	BOSTON HARBOR APPROACHES Time meridian, 75°W																	
451	Commissioners Ledge	6d	42° 20.15'	70° 54.78'	+0 18	+0 48	+0 57	+0 26	0.5	0.7	0.1	129°	0.7	222°	0.1	310°	0.8	037°
	do.	16d	42° 20.15'	70° 54.78'	-0 07	+0 05	+0 31	+0 19	0.4	0.4	–	–	0.5	215°	0.1	123°	0.5	029°
453	Black Rock Channel	10	42° 19.73'	70° 54.93'	-0 17	-0 06	+0 19	-0 13	0.5	0.8	0.1	325°	0.6	247°	0.2	122°	0.9	046°
455	Deer Island Light, 0.4 n.mi. NW of	35	42° 20.58'	70° 55.70'	-0 24	-2 05	-4 16	-1 58	0.2	0.5	–	–	0.2	307°	–	–	0.6	116°
457	Lovell Island, 0.4 n.mi. north of	10	42° 20.45'	70° 55.80'	+0 00	-0 06	+0 17	-0 41	0.9	1.0	0.1	330°	1.2	259°	0.1	337°	1.2	064°
	do.	25	42° 20.45'	70° 55.80'	-0 17	-0 09	+0 21	-0 23	0.9	0.8	–	–	1.2	264°	–	–	0.9	074°
459	Deer Island, 0.7 nm ESE of	7d	42° 20.65'	70° 56.33'	+0 18	+0 17	+0 37	+0 04	1.1	1.3	–	–	1.4	220°	0.1	320°	1.6	046°
	do.	16d	42° 20.65'	70° 56.33'	+0 06	+0 13	+0 39	+0 08	1.1	1.2	–	–	1.4	220°	0.1	313°	1.5	047°
	do.	36d	42° 20.65'	70° 56.33'	-0 24	-0 07	+1 06	+0 23	0.8	0.8	0.1	126°	1.1	219°	0.1	109°	1.0	035°
461	Deer Island Light, 0.8 n.mi. ESE of	10	42° 20.22'	70° 56.28'	-0 13	-0 15	+0 15	-1 35	0.7	0.8	0.2	138°	0.9	233°	–	–	0.9	066°
463	Deer Island Light, 0.4 n.mi. east of	10	42° 20.45'	70° 56.77'	-0 01	-1 08	+0 12	-0 28	0.7	0.8	0.3	319°	0.9	240°	0.2	138°	1.0	057°
	do.	35	42° 20.45'	70° 56.77'	-0 41	+0 57	+0 39	+0 04	0.9	0.6	–	–	1.1	264°	–	–	0.8	053°
465	Deer Island Light, 0.7 n.mi. ESE of	35	42° 20.25'	70° 56.38'	-0 32	-0 05	+0 20	-1 13	0.7	0.5	0.1	312°	1.0	233°	–	–	0.6	062°
	BOSTON HARBOR–PRESIDENT ROADS																	
467	BOSTON HARBOR (Deer Island Light)	8d	42° 20.27'	70° 57.35'	Daily predictions				1.0	1.0	0.1	008°	1.3	264°	0.2	188°	1.2	112°
	do.	28d	42° 20.27'	70° 57.35'	Daily predictions				0.8	0.9	0.1	187°	1.3	265°	0.1	187°	1.2	100°
	do.	51d	42° 20.27'	70° 57.35'	Daily predictions				1.1	0.9	0.1	189°	1.0	273°	0.4	010°	1.1	102°
469	Deer Island Light, 0.3 n.mi. SSE of	10	42° 20.12'	70° 57.42'	-0 11	-0 02	+0 20	+0 05	1.2	0.8	–	–	1.4	265°	–	–	1.0	082°
	do.	35	42° 19.97'	70° 57.42'	-0 15	+0 05	+0 42	-0 03	1.1	0.9	–	–	1.4	261°	0.4	199°	1.2	090°
471	Deer Island Light, 0.4 n.mi. SSE of	10	42° 19.97'	70° 57.42'	-0 07	+0 49	+0 10	+0 16	1.0	0.9	–	–	1.5	269°	0.2	178°	1.0	073°
473	Deer Island, southwest of	25	42° 20.63'	70° 57.78'	-0 20	+0 51	+0 44	+0 18	0.3	0.5	–	–	0.4	351°	–	–	1.0	081°
475	Long Island Head, 0.9 n.mi. NW of	10	42° 20.40'	70° 58.43'	-0 03	+0 58	+0 38	+0 21	0.5	0.5	–	–	0.6	302°	0.3	065°	0.6	137°
477	Deer Island Flats	10	42° 20.83'	70° 58.65'	-0 11	+0 52	+0 47	-1 20	0.4	0.3	0.1	175°	0.4	304°	–	–	0.6	103°
479	Deer Island Light, 1.3 n.mi. NW of	35	42° 21.12'	70° 58.74'	-0 05	-0 21	-2 03	-0 56	0.4	0.4	–	–	0.4	327°	–	–	0.4	079°
481	Snake Island, southwest of	10	42° 21.77'	70° 59.22'	-0 17	+1 26	-0 04	+0 21	0.3	0.4	–	–	0.4	312°	0.4	049°	0.5	107°
483	Deer Island Light, 1.0 n.mi. WSW of	10	42° 19.97'	70° 58.43'	-0 10	-1 06	-0 45	-3 16	1.0	0.7	–	–	1.3	254°	–	–	0.5	134°
485	Spectacle I. and Long I., between	35	42° 19.35'	70° 58.45'	-0 36	See Table 5.	-1 37		0.3	0.3	–	–	0.5	273°	–	–	0.8	086°
487	Spectacle Island, 0.2 n.mi. south of	10	42° 18.98'	70° 59.15'	-0 14	+0 24	+0 26	+0 01	0.4	0.3	–	–	0.5	217°	0.4	121°	0.4	082°
489	Spectacle Island, 0.4nm north of	10	42° 20.05'	70° 59.16'	+0 43	+1 13	+2 05	+0 53	0.4	0.4	0.1	349°	0.9	244°	0.1	180°	0.6	038°
	do.	3d	42° 20.05'	70° 59.16'	-0 05	+1 38	+1 41	+0 11	0.7	0.6	–	–	0.8	284°	0.2	008°	0.4	098°
	do.	16d	42° 20.05'	70° 59.16'	-0 13	+0 09	-0 39	-0 34	0.6	0.6	–	–	0.5	283°	0.1	000°	0.8	091°
491	Spectacle I. and Thompson I., between	33d	42° 19.25'	70° 59.57'	-0 22	-1 00	-0 57	-1 58	0.6	0.6	0.2	227°	0.8	275°	0.1	181°	0.7	086°
493	Thompson Island, 0.7 n.mi. NNE of	10	42° 19.97'	70° 59.90'	+0 42	+1 29	+1 40	+0 26	0.2	0.3	–	–	0.8	306°	0.2	045°	0.4	099°
	do.	10	42° 19.97'	70° 59.90'	+0 11	+0 59	+1 37	+0 27	0.2	0.3	–	–	0.6	281°	0.2	003°	0.4	127°
495	Boston Channel Light No.5	35	42° 20.15'	71° 00.02'	-0 26	+0 25	+1 16	+0 13	0.6	0.5	0.1	190°	0.6	277°	–	–	0.6	086°
	do.	3d	42° 20.15'	71° 00.02'	-1 49	-3 49	-2 35	-3 08	0.4	0.5	–	–	0.5	283°	–	–	0.3	091°
	do.	15d	42° 20.15'	71° 00.02'	-0 37	-0 37	-0 32	-0 52	0.4	0.4	–	–	0.6	276°	0.1	009°	0.4	104°
497	Fort Independence, 0.3 n.mi. east of	33d	42° 20.33'	71° 00.22'	-1 13	+1 36	+0 43	+0 10	0.3	0.3	0.1	213°	0.9	297°	0.2	034°	0.3	095°
499	Fort Independence, 0.1nm north of	10	42° 20.51'	71° 00.54'	+0 20	+1 21	+1 48	+0 41	0.5	0.5	–	–	0.5	303°	0.1	061°	0.3	119°
	do.	6d	42° 20.51'	71° 00.54'	-0 04	+1 23	+1 57	+1 00	0.3	0.5	0.1	192°	0.5	294°	0.1	294°	0.6	125°
	do.	16d	42° 20.51'	71° 00.54'	-0 15	+1 36	+2 42	+0 27	0.5	0.4	–	–	0.4	297°	0.1	034°	0.6	108°
501	Ted William Tunnel	26d	42° 20.57'	71° 01.57'	+0 27	+1 02	+1 25	+0 38	0.3	0.3	–	–	0.4	300°	0.1	030°	0.4	108°
	do.	7d	42° 20.57'	71° 01.57'	+0 43	+1 28	+2 01	+0 32	0.3	0.2	0.1	–	0.4	312°	–	–	0.3	103°
	do.	16d	42° 20.57'	71° 01.57'	+0 04	+1 02	+2 01	+0 33	0.4	0.3	–	–	0.3	315°	–	–	0.4	124°
503	South Boston, Pier 4, 0.2 n.mi. NNE of	26d	42° 21.13'	71° 01.85'	-0 21	+1 07	+1 17	+0 23	0.4	0.3	–	–	0.4	309°	–	–	0.3	136°
	do.	10	42° 21.13'	71° 01.85'	+0 25	+0 44	+1 34	+0 08	0.3	0.2	–	–	0.3	299°	–	–	0.3	125°
505	Charles River Entrance	25	42° 22.23'	71° 03.11'	Current weak and variable						–	–	–	–	–	–	–	–
507	East Boston, Pier 10, southeast of	10	42° 22.55'	71° 02.80'	+1 26	+0 55	+1 18	+0 04	0.2	0.3	–	–	0.4	030°	–	–	0.3	118°
	do.	25	42° 22.55'	71° 02.80'	-0 08	+1 10	+1 18	+0 39	0.3	0.2	–	–	–	–	–	–	0.2	120°
509	Charlestown Pier 1	8d	42° 22.80'	71° 02.70'	+0 27	+1 20	+1 37	+0 15	0.1	0.3	–	–	0.2	017°	–	–	0.4	194°
	do.	31d	42° 22.80'	71° 02.70'	Current weak and variable						–	–	0.3	030°	–	–	0.2	193°
	do.	57d	42° 22.80'	71° 02.70'	Current weak and variable						–	–	0.1	356°	–	–	0.3	188°

Endnotes can be found at the end of table 2.

TABLE 2. – CURRENT DIFFERENCES AND OTHER CONSTANTS

No.	PLACE	Meter Depth (ft)	Latitude North	Longitude West	Time Diff. Min. before Flood (h m)	Flood (h m)	Min. before Ebb (h m)	Ebb (h m)	Speed Ratio Flood	Ebb	Min. before Flood (knots)	Dir.	Max. Flood (knots)	Dir.	Min. before Ebb (knots)	Dir.	Max. Ebb (knots)	Dir.
	BOSTON HARBOR—PRESIDENT ROADS Time meridian, 75°W				**on Boston Harbor,**													
511	Chelsea River, west of bascule bridge	10	42°23.07'	71°02.53'	−0 07	−0 21	+0 38	−0 58	0.2	0.2	---	---	0.2	048°	---	---	0.2	240°
513	Chelsea River, below bascule bridge	10	42°23.03'	71°01.70'	+0 20	−0 10	+0 32	−0 16	0.2	0.2	---	---	0.2	088°	---	---	0.3	272°
515	Mystic River Bridge, 0.1 n.mi. west of	10	42°23.15'	71°03.02'	+0 22	−0 05	−0 51	−0 28	0.1	0.1	---	---	0.1	267°	---	---	0.1	093°
517	Mystic River Bridge, northwest of	10	42°23.15'	71°02.95'	−0 29	+1 09	+0 17	−0 56	0.1	0.1	---	---	0.1	300°	---	---	0.1	098°
519	City Point, 0.8 n.mi. SSE of	10	42°19.22'	71°00.88'	+0 04	+0 39	+1 11	+0 51	0.5	0.5	---	---	0.6	248°	0.1	170°	0.6	069°
521	Squantum Point, 0.8 n.mi. northeast of	10	42°18.63'	71°01.70'	+0 09	+0 40	+1 11	+0 39	0.3	0.4	---	---	0.4	216°	---	---	0.5	036°
523	Squantum Point, 0.4 n.mi. NNE of	10	42°18.38'	71°02.23'	+0 05	−0 01	+0 36	+0 40	0.3	0.4	---	---	0.4	266°	---	---	0.5	091°
525	Neponset River	10	42°18.25'	71°02.58'	−0 34	−0 27	+0 40	+0 23	0.3	0.4	---	---	0.4	218°	---	---	0.4	025°
	BOSTON HARBOR—NANTASKET ROADS																	
527	Nixes Mate	4d	42°19.95'	70°56.36'	−0 18	+0 05	+0 48	−0 18	0.4	0.4	0.1	285°	0.5	180°	0.1	107°	0.5	023°
	do.	14d	42°19.95'	70°56.36'	−0 06	+0 18	+0 49	−0 24	0.4	0.4	0.2	277°	0.5	176°	0.1	100°	0.5	012°
	do.	27d	42°19.95'	70°56.48'	−0 01	+0 49	+0 55	−0 32	0.6	0.4	0.2	246°	0.7	147°	0.2	051°	0.5	352°
529	Lovell Island, 0.1 n.mi. south of	10	42°19.40'	70°55.48'	−0 34	−1 49	−0 35	+0 05	0.6	0.9	0.2	205°	0.7	275°	0.2	169°	1.0	092°
	do.	24	42°19.37'	70°55.53'	−0 22	−2 12	−0 25	−1 13	0.6	0.7	---	---	0.7	294°	---	---	0.9	095°
531	Georges Island, northeast of	10	42°19.37'	70°55.67'	−0 34	−1 42	−0 34	−2 22	0.6	0.6	0.2	191°	0.7	279°	0.2	183°	0.8	100°
533	Georges Island, north of	25	42°19.42'	70°55.93'	−1 34	−1 36	−0 06	−1 58	0.9	0.8	---	---	0.8	298°	---	---	0.9	112°
535	Gallops Island, 0.2 n.mi. SSE of	10	42°19.38'	70°55.90'	−0 08	−0 33	−0 04	+0 09	1.1	0.8	---	---	1.1	243°	0.2	130°	1.0	062°
537	Gallops Island, 0.1 n.mi. southeast of	10	42°19.45'	70°55.90'	−0 10	−0 38	−0 01	+0 15	0.7	0.7	---	---	0.9	225°	---	---	1.0	063°
539	Gallops Island, The Narrows	35	42°19.45'	70°56.03'	−0 07	−0 06	+0 17	+0 15	0.8	0.7	---	---	0.9	255°	---	---	0.9	052°
	do.	20	42°19.62'	70°55.99'	−1 34	−0 13	+1 08	−0 58	0.4	0.1	0.1	233°	0.5	135°	---	---	0.2	262°
541	Lovell Island Narrows	2d	42°19.69'	70°55.99'	+0 28	+0 19	+1 03	+0 14	0.3	0.7	---	---	0.5	142°	---	---	1.0	326°
	do.	14d	42°19.67'	70°55.99'	+0 23	+0 19	+1 34	+0 17	0.4	0.8	---	---	0.5	139°	---	---	1.0	320°
543	Lovell Island, west of	25d	42°19.69'	70°55.97'	+0 10	+0 33	+1 37	+0 19	0.3	0.8	0.1	062°	0.4	149°	---	---	0.9	320°
	do.	10	42°19.72'	70°55.97'	−0 13	−0 21	+0 44	+0 17	0.4	1.0	0.2	232°	0.4	134°	---	---	1.2	299°
545	Fort Warren, Georges Island, 0.2nm east of	24	42°19.31'	70°55.26'	Current weak and variable				0.3	1.0	---	---	0.4	136°	---	---	1.2	313°
547	Georges Island, 0.5 n.mi. ESE of	10	42°19.17'	70°54.97'	+0 23	+0 51	+0 55	+0 01	0.8	1.0	0.2	165°	1.0	244°	0.2	137°	1.2	065°
549	Georges Island, 0.4 n.mi. east of	10	42°19.12'	70°54.97'	−0 26	+0 03	+0 03	−0 23	0.8	0.9	0.3	180°	1.0	248°	0.1	331°	1.1	057°
551	Georges Island, 0.4nm southeast of	7d	42°18.78'	70°55.20'	+0 10	+0 43	+0 39	+0 16	1.1	1.3	0.1	145°	1.5	233°	---	---	1.6	051°
	do.	33d	42°18.78'	70°55.20'	+0 04	+0 27	+0 46	+0 29	0.8	1.2	---	---	1.4	234°	---	---	1.5	056°
	do.	72d	42°18.78'	70°55.20'	−0 02	+0 14	+0 57	+0 17	0.9	1.0	0.1	159°	1.1	235°	0.4	126°	1.2	076°
553	Georges Island, 0.3 n.mi. SSE of	10	42°18.78'	70°55.55'	+0 12	+0 29	+0 29	−0 10	0.8	0.7	0.1	159°	1.1	234°	0.2	346°	0.8	069°
	do.	35	42°18.67'	70°55.55'	−0 01	+0 40	+0 53	−0 29	1.0	0.8	---	---	1.2	237°	0.3	161°	0.9	073°
555	Georges Island, 0.4 n.mi. SSE of	10	42°18.78'	70°55.53'	+0 07	+0 58	+0 27	−2 15	1.0	0.8	0.2	145°	1.3	236°	0.2	347°	1.0	046°
	do.	35	42°18.67'	70°55.53'	+0 05	+1 01	+0 51	−0 12	0.6	0.6	---	---	1.2	240°	0.2	139°	0.8	065°
557	Nubble Channel	10	42°18.73'	70°56.93'	−0 21	+0 50	+0 40	+0 31	0.6	0.8	0.1	282°	0.8	187°	---	---	0.8	006°
559	Georges Island, 0.2 n.mi. WSW of	10	42°19.02'	70°56.10'	See Table 5.													
	do.	20			See Table 5.													
561	Hull Gut	9d	42°18.20'	70°55.50'	−0 23	−0 28	−0 16	−0 02	1.4	2.0	0.1	068°	1.9	162°	---	---	2.5	340°
	do.	22d	42°18.20'	70°55.50'	−0 23	−0 30	−0 06	−0 05	1.4	2.0	---	---	1.9	159°	0.1	062°	2.5	341°
	do.	35d	42°18.20'	70°55.50'	+0 36	−0 25	+0 01	−0 04	1.8	1.8	---	---	1.8	152°	0.1	064°	2.2	343°
563	Peddocks Island, 0.2 n.mi. north of	10	42°18.32'	70°56.00'	+0 28	+1 27	+1 15	−0 41	0.8	0.6	---	---	1.0	246°	---	---	0.7	257°
	do.	25	42°18.40'	70°56.00'	−0 02	+1 09	+1 25	−1 05	0.8	0.5	0.1	337°	1.0	255°	0.1	178°	0.6	060°
565	Peddocks Island, 0.3 n.mi. northwest of	10	42°18.40'	70°56.13'	+0 42	+1 30	+1 20	+0 44	0.9	0.8	---	---	1.0	245°	---	---	0.6	055°
	do.	25	42°18.40'	70°56.13'	+0 12	+1 14	+1 27	+0 03	0.8	0.5	0.2	342°	1.0	250°	---	---	0.6	055°
	do.	40	42°18.40'	70°56.13'	−0 17	+1 11	+1 40	−0 59	0.8	0.4	---	---	0.8	261°	---	---	0.5	060°
567	Rainsford I. and Windmill Pt., between	10	42°18.52'	70°56.32'	+0 28	+0 59	+0 29	+0 34	0.6	0.6	---	---	0.8	261°	0.3	168°	1.0	056°
	do.	25	42°18.52'	70°56.82'	+0 13	+1 24	+1 31	−0 07	0.6	0.5	---	---	0.8	256°	0.2	329°	0.5	053°
569	Gallops Island, 0.5 n.mi. southwest of	10	42°19.13'	70°56.82'	+0 41	+0 19	−1 02	+0 35	0.5	0.6	0.2	165°	0.6	238°	0.3	204°	0.7	074°
	do.	25	42°19.13'	70°56.82'	+0 08	+0 22	−0 33	+0 58	0.4	0.3	---	---	0.5	237°	---	---	0.4	072°
571	Rainsford Island, 0.2 n.mi. NE of	10	42°18.90'	70°56.95'	−0 26	+0 23	+0 14	−1 13	0.4	0.4	---	---	0.5	239°	0.1	143°	0.5	084°
	do.	20	42°18.90'	70°56.95'	−2 01	+0 46	+0 12	−1 24	0.4	0.2	---	---	0.6	237°	---	---	0.8	086°
573	Rainsford Island, 0.4 n.mi. SE of	10	42°18.50'	70°56.62'	−0 08	−0 44	+0 57	−0 11	0.5	0.6	---	---	0.6	225°	0.2	127°	0.8	055°
575	Long I. and Rainsford I., between	25	42°18.70'	70°57.78'	+0 22	+0 18	+0 34	+0 43	0.5	0.6	0.1	322°	0.7	226°	0.1	322°	0.9	049°

Endnotes can be found at the end of table 2.

TABLE 2. – CURRENT DIFFERENCES AND OTHER CONSTANTS

No.	PLACE	Meter Depth (ft)	POSITION Latitude North	POSITION Longitude West	TIME DIFF. Min. before Flood (h m)	TIME DIFF. Flood (h m)	TIME DIFF. Min. before Ebb (h m)	TIME DIFF. Ebb (h m)	SPEED RATIOS Flood	SPEED RATIOS Ebb	Min. before Flood (knots)	Min. before Flood (Dir.)	Maximum Flood (knots)	Maximum Flood (Dir.)	Min. before Ebb (knots)	Min. before Ebb (Dir.)	Maximum Ebb (knots)	Maximum Ebb (Dir.)
	BOSTON HARBOR–NANTASKET ROADS Time meridian, 75°W					on Boston Harbor,												
577	West Head, Peddocks I., 0.1 n.mi. W of	10	42°17.45'	70°57.22'	-1 30	+1 02	+1 24	-1 16	0.8	0.7	--	--	1.1	208°	--	--	0.9	018°
	do.	30	42°17.45'	70°57.22'	-1 35	+1 08	+1 15	-1 00	0.7	0.5	--	--	0.9	198°	--	--	0.9	038°
579	Sunken Ledge, 0.2 n.mi. northwest of	10	42°17.87'	70°57.87'	+0 17	-0 31	+0 28	+0 44	0.3	0.5	0.3	304°	0.4	223°	0.1	307°	0.7	018°
581	West Head, Long I., 0.4 n.mi. south of	20	42°17.87'	70°57.87'	+0 19	+0 29	+0 33	-0 14	0.3	0.4	0.2	299°	0.4	236°	0.2	335°	0.5	030°
	do.	10	42°18.32'	70°58.28'	+0 24	+0 51	+1 00	+0 17	0.5	0.5	--	--	0.7	231°	--	--	0.6	060°
583	Moon Head, 0.4 n.mi. east of	20	42°18.32'	70°58.28'	+0 06	+1 05	+0 55	+0 13	0.4	0.4	--	--	0.5	231°	--	--	0.5	043°
585	West Head, 0.2 n.mi. southwest of	20	42°18.38'	70°58.73'	-0 18	-1 49	-0 30	-1 43	0.3	0.3	0.3	310°	0.5	259°	--	--	0.4	080°
587	Nut Island, 0.4 n.mi. NNE of	10	42°17.15'	70°57.18'	-0 13	+0 26	+1 00	-0 03	1.1	1.2	--	--	1.4	167°	--	--	1.4	322°
589	Nut Island, 0.2 n.mi. NNE of	10	42°17.08'	70°57.22'	+0 11	+0 30	+1 01	+0 31	1.0	1.2	0.2	223°	1.3	158°	--	--	1.4	312°
591	Peddocks Island, west of	10	42°17.08'	70°57.08'	+0 11	+0 34	+1 08	+0 29	0.9	1.2	0.1	220°	1.2	155°	--	--	1.2	321°
		20	42°16.98'	70°57.32'	+0 31	+0 40	+1 15	+0 31	0.8	1.0	0.1	245°	1.2	146°	--	--	1.2	309°
593	Moon Head, 0.9 n.mi. southeast of	20	42°17.23'	70°57.32'	+0 30	+0 43	+1 25	+0 16	0.8	1.0	0.1	216°	1.2	131°	--	--	1.0	303°
		10	42°17.50'	70°57.92'	-0 42	+0 20	-0 04	-0 43	0.4	0.3	0.2	305°	0.5	187°	--	--	0.4	358°
595	Squantum, 0.3 n.mi. southeast of	8	42°17.40'	71°00.10'	+0 30	+1 09	+1 27	+0 32	0.3	0.3	0.2	314°	0.3	227°	0.2	112°	0.3	033°
	BOSTON HARBOR–HINGHAM BAY																	
597	Weir River entrance	10	42°16.53'	70°52.83'	+0 09	+0 39	+0 42	+0 30	0.6	0.6	--	--	0.7	076°	--	--	0.8	272°
599	Strawberry Hill, 0.4 n.mi. west of	6	42°17.40'	70°53.60'	Current weak and variable													
601	Crow Point, 0.2 n.mi. north of	10	42°15.97'	70°53.70'	+0 05	-0 36	+0 04	+1 30	0.2	0.2	--	--	0.3	146°	0.2	241°	0.3	319°
603	Bumkin Island, 0.1 n.mi. west of	10	42°16.85'	70°54.37'	-0 02	+1 18	+0 57	+0 52	0.5	0.6	--	--	0.6	166°	0.1	274°	0.8	320°
605	Windmill Point, 0.7 n.mi. SSE of	20	42°17.55'	70°54.97'	-0 23	+1 16	+0 57	+0 41	0.4	0.5	0.1	248°	0.5	161°	0.4	083°	0.6	316°
	do.	10	42°16.83'	70°54.97'	-0 07	+0 40	+0 11	-1 41	0.8	0.2	--	--	1.1	128°	0.1	015°	0.4	350°
607	Bumkin Island, 0.4 n.mi. west of	25	42°17.50'	70°54.75'	-0 23	+0 55	+1 41	+1 49	0.8	0.2	--	--	1.0	136°	0.2	263°	0.2	315°
609	Peddocks Island, east of	10	42°16.87'	70°55.52'	-0 23	+0 51 See Table 5.	+0 23 See Table 5.	-2 58	0.4	0.2	--	--	0.5	195°	--	--	0.3	303°
611	Sheep Island, 0.3 n.mi. west of	10	42°16.87'	70°55.98'	+1 11	+1 14	+1 15	+0 49	0.8	0.4	0.2	245°	1.0	075°	0.3	328°	0.3	305°
		25	42°17.00'	70°55.98'	+1 10	+1 14	+1 14	-0 22	0.7	0.3	0.2	150°	0.8	082°	--	--	0.3	300°
613	The Piglets, 0.4 n.mi. northeast of	7d	42°17.00'	70°55.86'	-3 15	-3 59	-5 02	-4 21	0.1	0.3	0.1	298°	0.2	224°	0.1	132°	0.5	041°
		17d	42°16.93'	70°55.86'	-4 23	-3 54	-4 03	-5 31	0.2	0.3	--	--	0.2	213°	0.1	121°	0.5	041°
		30d	42°16.93'	70°56.45'	-4 48	-3 21	-4 03	-5 22	0.3	0.4	--	--	0.4	207°	--	--	0.5	036°
615	Pig Rock, north of	10	42°16.88'	70°56.55'	+0 40	-0 36	-0 15	+0 47	0.5	0.8	--	--	0.6	078°	0.4	019°	1.0	290°
		25	42°15.87'	70°56.55'	+0 35	+0 24	-0 21	+0 22	0.5	0.6	--	--	0.6	082°	--	--	0.7	293°
617	Pig Rock, northwest of	20	42°16.08'	70°55.88'	+1 04	+0 52	+1 53	+1 00	0.6	0.7	--	--	1.0	085°	--	--	0.9	283°
619	Grape Island and Lower Neck, between	10	42°15.20'	70°55.65'	-0 23	-1 16	+0 06	+0 11	0.6	0.3	--	--	0.9	094°	--	--	0.9	281°
621	Grape Island	10	42°15.53'	70°56.46'	-0 47	+0 13	+0 38	-0 18	0.4	0.3	--	--	0.4	203°	--	--	0.4	345°
623	Stodders Neck, Weymouth Back River	6d	42°15.18'	70°56.82'	-0 32	+0 54	+0 34	-0 43	0.4	0.4	--	--	0.5	268°	--	--	0.5	093°
625	Jacknife Ledge	16d	42°15.53'	70°56.82'	-0 03	+0 29	+0 59	+0 23	0.4	0.3	0.1	294°	0.5	219°	--	--	0.5	024°
		32d	42°15.18'	70°57.64'	-0 13	+0 05	+0 59	+0 43	0.4	0.4	--	--	0.5	216°	--	--	0.4	017°
627	Gull Point, 0.4 n.mi. ESE of	25	42°14.89'	70°57.64'	-0 51	-0 19	+0 08	+0 01	0.3	0.3	--	--	0.5	203°	--	--	0.4	030°
629	Weymouth Harbor Entrance	6d	42°14.89'	70°57.64'	-0 19	-0 32	+0 42	+0 05	0.4	0.4	--	--	0.4	229°	--	--	0.4	069°
		16d	42°14.89'	70°57.88'	-0 49	-0 42	+0 55	+0 07	0.4	0.5	--	--	0.5	235°	--	--	0.2	042°
		29d	42°14.78'	70°58.08'	+0 22	+0 44	+1 06	+0 10	0.6	0.3	--	--	0.5	250°	--	--	0.6	076°
			42°14.28'	70°58.22'	+0 01	+0 32	+1 13	+0 29	0.6	0.3	--	--	0.7	250°	--	--	0.7	073°
			42°15.00'	70°58.78'	-0 24	+0 24	+0 49	+0 01	0.3	0.3	--	--	0.7	249°	--	--	0.4	065°
631	Germantown Point	20			+0 05	+0 54			0.3	0.3	--	--	0.3	269°	--	--	0.4	070°
633	Pine Point, southeast of	10			Current weak and variable													
635	Philip Head, Town River Bay	10	42°15.23'	70°58.78'	+0 11	+1 33	+1 11	+0 17	0.3	0.2	--	--	0.4	289°	--	--	0.3	095°
637	Hole Point Reach, Town River	10			Negligible current													
	CAPE COD BAY																	
639	Barnstable Harbor	7	41°43.6'	70°16.4'	+0 10	+1 03	+0 17	+0 17	0.9	1.1	--	--	1.2	192°	--	--	1.4	004°
641	Sandwich Harbor		41°46'	70°29'	Current weak and variable													

Endnotes can be found at the end of table 2.

TABLE 2. – CURRENT DIFFERENCES AND OTHER CONSTANTS

No.	PLACE	POSITION Meter Depth (ft)	POSITION Latitude North	POSITION Longitude West	TIME DIFFERENCES Min. before Flood (h m)	TIME DIFFERENCES Flood (h m)	TIME DIFFERENCES Min. before Ebb (h m)	TIME DIFFERENCES Ebb (h m)	SPEED RATIOS Flood	SPEED RATIOS Ebb	AVG Minimum before Flood (knots)	Dir.	AVG Maximum Flood (knots)	Dir.	AVG Minimum before Ebb (knots)	Dir.	AVG Maximum Ebb (knots)	Dir.
	CAPE COD BAY Time meridian, 75°W																	
643	Sagamore Beach		41°48'	70°31'	on Boston Harbor, Current weak and variable													
	MASSACHUSETTS COAST–cont.				on Pollock Rip Channel,													
645	Nauset Beach Light, 5 miles northeast of		41°56'	69°54'	See table 5.													
647	Georges Bank and vicinity		---	---	See table 5.													
649	Davis Bank		---	---	See table 5.													
651	Monomoy Point, 23 miles east of		41°35'	69°30'	See table 5.													
653	Nantucket Shoals		40°37'	69°37'	See table 5.													
655	Nantucket Island, 28 miles east of		41°20'	69°21'	See table 5.													
657	Old Man Shoal, Nantucket Shoals		41°13.6'	69°59.0'	+1 23	+1 03	+1 17	+1 14	0.9	0.9	---	---	1.9	080°	---	---	1.6	225°
659	Miacomet Pond, 3.0 miles SSE of		41°11.4'	70°05.8'	+2 19	+2 03	+2 03	+2 16	0.6	0.8	---	---	1.3	080°	---	---	1.4	280°
661	Tuckernuck Island, 4.2 miles SSW of		41°13.57'	70°16.90'	+4 08	+3 13	+2 17	+3 56	0.3	0.6	---	---	0.5	090°	---	---	1.0	280°
663	Martha's Vineyard, 1.4 miles S of <1>		41°19.50'	70°39.90'	--- ---	-2 53	--- ---	-2 47	0.1	0.1	---	---	0.3	230°	---	---	0.3	095°
	NANTUCKET SOUND ENTRANCE																	
665	Pollock Rip Channel, east end		41°33.9'	69°55.4'	-0 14	-0 39	-0 23	-0 38	1.0	1.1	---	---	2.0	053°	---	---	1.8	212°
667	POLLOCK RIP CHANNEL (Butter Hole)		41°33'	69°59'	Daily predictions						---	---	2.0	037°	---	---	1.8	226°
669	Great Round Shoal Channel		---	---	See table 5.													
	NANTUCKET SOUND																	
671	Monomoy Pt., channel 0.2 mile west of		41°33.0'	70°01.3'	+0 00	+0 39	+0 18	-0 23	0.8	1.2	---	---	1.7	170°	---	---	2.0	346°
673	Chatham Roads		41°38.6'	70°01.7'	Current weak and variable													
675	Stage Harbor, west of Morris Island		41°39.4'	69°58.5'	+3 07	+1 29	+2 24	+4 28	0.3	0.6	0.1	138°	0.5	335°	---	---	1.0	144°
677	Dennis Port, 2.2 miles south of		41°37.0'	70°06.9'	+1 28	+0 52	+0 27	+1 04	0.2	0.2	0.1	194°	0.3	077°	0.1	052°	0.3	269°
679	Monomoy Point, 6 miles west of		41°33.5'	70°09.0'	+1 22	+1 52	+1 09	+1 22	0.6	0.8	---	---	0.5	090°	0.1	256°	0.5	275°
681	Handkerchief Lighted Whistle Buoy 'H'		41°29.0'	70°04.0'	+1 08	+1 10	+0 49	+0 59	0.6	0.3	---	---	1.3	080°	---	---	1.3	251°
683	Halfmoon Shoal, 1.9 miles northeast of		41°29.05'	70°11.55'	+1 42	+1 49	+1 24	+1 44	0.4	0.3	---	---	0.8	110°	---	---	0.6	265°
685	Halfmoon Shoal, 3.5 miles east of		41°28.1'	70°09.2'	+1 13	+1 23	+1 06	+1 11	0.5	0.7	---	---	1.1	088°	---	---	1.2	295°
687	Great Point, 0.5 mile west of		41°23.6'	70°03.7'	+0 25	+1 37	+1 13	+0 33	0.6	0.5	---	---	1.1	029°	---	---	1.2	195°
689	Great Point, 3 miles west of		41°23.4'	70°06.8'	+1 15	+1 23	+0 51	+1 08	0.4	0.5	---	---	0.8	066°	---	---	0.8	248°
691	Tuckernuck Shoal, off east end		41°24.3'	70°10.4'	+1 22	+1 34	+1 09	+1 10	0.5	0.5	0.3	000°	0.9	113°	0.3	186°	0.9	287°
693	Brant Point, 2 miles NNW of <1>		41°19.25'	70°06.30'	--- ---	+1 43	--- ---	+2 36	0.2	0.2	---	---	0.3	090°	---	---	0.3	275°
695	Nantucket Harbor entrance channel		41°18.4'	70°06.0'	+3 22	+1 55	+2 44	+3 58	0.6	0.2	---	---	1.2	171°	---	---	1.5	350°
697	Eel Pt., Nantucket I. 2.5 miles NE of		41°19.3'	70°10.2'	+1 13	+1 12	+1 02	+1 15	0.3	0.9	---	---	0.6	094°	---	---	0.4	284°
699	Muskeget I., channel 1 mile northeast of		41°21.0'	70°17.1'	+1 29	+0 45	+0 57	+0 56	0.6	0.6	---	---	1.1	108°	---	---	1.5	295°
701	Muskeget Rock, 1.3 miles southwest of		41°19.2'	70°23.6'	+1 10	+0 23	+0 57	+0 18	0.6	0.9	---	---	1.3	024°	---	---	1.0	192°
703	Muskeget Channel		41°20.9'	70°25.2'	+1 40	+0 38	+1 29	+1 02	1.9	1.9	---	---	3.8	021°	---	---	3.3	200°
705	Wasque Point, 2.0 miles southwest of		41°19.90'	70°29.25'	+1 30	+1 04	+1 11	+0 32	0.6	0.6	---	---	1.3	075°	---	---	1.2	280°
707	Long Shoal–Norton Shoal, between		41°24.50'	70°20.00'	+1 31	+1 12	+1 26	+1 13	0.7	0.6	---	---	1.4	100°	---	---	1.1	280°
709	Cape Poge Lt. 1.7 miles SSE of		41°24.0'	70°25.6'	+0 58	-0 07	+0 49	+0 48	0.8	0.7	---	---	1.6	025°	---	---	1.3	215°
711	Cross Rip Channel		41°26.9'	70°17.5'	+1 48	+1 48	+1 55	+1 59	0.6	0.5	---	---	1.3	091°	---	---	0.9	272°
713	Cape Poge Lt. 3.2 miles northeast of		41°27.5'	70°24.0'	+2 42	+2 03	+2 33	+2 37	0.8	0.7	---	---	1.6	095°	---	---	1.2	300°
715	Broken Ground–Horseshoe Shoal, between		41°33.0'	70°17.1'	+1 46	+1 55	+1 15	+1 20	0.5	0.5	0.2	000°	1.1	107°	0.1	224°	0.9	276°
717	Point Gammon, 1.2 miles south of		41°35.3'	70°15.4'	+1 15	+1 03	+1 06	+1 02	0.5	0.6	---	---	1.1	105°	---	---	1.0	260°
719	Hyannis Harbor, entrance off breakwater		41°37.4'	70°17.5'	Current weak and variable													
721	Lewis Bay entrance channel		41°37.9'	70°16.4'	+2 46	+0 53	+2 44	+4 22	0.5	0.8	---	---	0.9	004°	---	---	1.3	184°
723	Cotuit Bay entrance (Bluff Point)		41°36.6'	70°25.8'	+2 44	+2 51	+2 51	+3 35	0.3	0.4	---	---	0.5	035°	---	---	0.7	218°
725	Wreck Shoal–Eldridge Shoal, between		41°32.0'	70°25.7'	+1 47	+1 32	+1 44	+1 45	0.7	0.7	---	---	1.7	062°	---	---	1.4	245°
727	Hedge Fence Lighted Gong Buoy 22		41°28.3'	70°27.0'	+2 48	+2 34	+2 38	+2 44	0.2	0.1	---	---	1.4	108°	---	---	1.2	268°
729	Cape Poge Light, 1.4 miles west of		41°25.45'	70°29.00'	+2 13	+1 54	+1 26	+1 39	0.2	0.1	---	---	0.3	095°	---	---	0.2	250°
731	Edgartown, Inner Harbor		41°23.4'	70°30.5'	+0 25	-1 04	+0 35	-0 20	0.6	0.6	---	---	1.1	075°	---	---	1.1	270°

Endnotes can be found at the end of table 2.

TABLE 2. – CURRENT DIFFERENCES AND OTHER CONSTANTS

No.	PLACE	Meter Depth (ft)	Position Lat. North	Position Long. West	Time Diff. Min. before Flood (h m)	Time Diff. Flood (h m)	Time Diff. Min. before Ebb (h m)	Time Diff. Ebb (h m)	Speed Ratios Flood	Speed Ratios Ebb	Min. before Flood (knots)	Min. before Flood Dir.	Maximum Flood (knots)	Maximum Flood Dir.	Min. before Ebb (knots)	Min. before Ebb Dir.	Maximum Ebb (knots)	Maximum Ebb Dir.
	NANTUCKET SOUND *Time meridian, 75°W*				*on Pollock Rip Channel,*													
733	Katama Pt., 0.6 mi. NNW of, Katama Bay		41° 21.9'	70° 30.3'	+0 12	-0 43	+0 20	-0 31	0.3	0.3			0.6	325°			0.5	180°
						+0 47		+1 12	0.2	0.1			0.3	325°			0.2	195°
						+1 46		+1 57	0.2	0.2			0.4	325°			0.3	175°
735	East Chop–Squash Meadow, between		41° 27.9'	70° 32.2'	+2 07	+0 55	+1 43	+2 04	0.7	1.1			1.4	131°			1.8	329°
737	East Chop, 1 mile north of		41° 29.1'	70° 33.5'	+2 40	+1 52	+2 17	+2 11	1.1	1.3			2.2	116°			2.2	297°
739	Vineyard Haven		41° 28.1'	70° 35.2'		*Current weak and variable*												
741	West Chop, 0.8 mile north of		41° 29.6'	70° 35.7'	+2 49	+1 58	+2 20	+2 35	1.6	1.8			3.1	096°			3.0	282°
743	Hedge Fence–L'Hommedieu Shoal, between		41° 30.3'	70° 32.2'	+2 27	+1 38	+2 01	+2 01	1.0	1.0			2.1	106°			2.1	276°
745	Waquoit Bay entrance		41° 32.9'	70° 31.8'	+3 21	+2 14	+3 40	+4 01	0.8	0.8			1.5	348°			1.4	203°
747	L'Hommedieu Shoal, north of west end		41° 31.6'	70° 34.6'	+2 30	+2 03	+2 12	+2 11	1.2	1.4			2.3	080°			2.3	268°
749	Nobska Point, 1.8 miles east of		41° 31.1'	70° 37.1'	+2 13	+1 45	+1 55	+1 49	1.2	1.0			2.3	063°			1.7	240°
	VINEYARD SOUND																	
751	West Chop, 0.2 mile west of		41° 29.0'	70° 36.6'	+1 19	+1 34	+1 50	+1 16	1.3	0.8			2.7	059°			1.4	241°
753	Nobska Point, 1 mile southeast of		41° 30.1'	70° 38.6'	+2 33	+2 15	+2 25	+2 19	1.3	1.4			2.6	071°			2.4	259°
755	Norton Point, 0.5 mile north of		41° 28.1'	70° 39.9'	+1 55	+1 44	+2 01	+1 12	1.7	1.4			3.4	050°			2.4	240°
757	Tarpaulin Cove, 1.5 miles east of		41° 28.3'	70° 43.5'	+2 49	+2 07	+2 12	+2 33	1.0	1.4			1.9	055°			2.3	232°
759	Robinsons Hole, 1.2 miles southeast of		41° 26.1'	70° 46.8'	+2 30	+1 51	+2 11	+2 02	1.0	1.2			1.9	060°			2.1	240°
761	Gay Head, 3 miles northeast of		41° 23.1'	70° 47.0'	+2 25	+1 50	+1 42	+2 11	0.5	0.8			0.9	081°			1.3	238°
763	Menemsha Bight <6>		41° 21.3'	70° 46.3'														
765	Gay Head, 3 miles north of		41° 24.1'	70° 51.2'	+2 13	+1 24	+1 55	+1 17	0.6	0.7			1.1	074°			1.2	255°
767	Gay Head, 1.5 miles northwest of		41° 21.8'	70° 51.8'	+1 30	+0 54	+1 42	+1 16	1.0	1.2			2.0	012°			2.0	249°
769	Cuttyhunk Island, 3.2 miles southwest of		41° 23'	71° 00.1'	See table 5.	See table 5.												
771	Browns Ledge		41° 19.8'	71° 05.9'	See table 5.	See table 5.												
	VINEYARD SOUND–BUZZARDS BAY <59>				*on Woods Hole,*													
773	*Woods Hole* Juniper Point	5d	41° 30.95'	70° 40.30'	+0 10	+0 10	+0 06	+0 26	0.8	0.4	0.1	074°	1.6	165°	0.1	247°	1.2	331°
	do.	15d	41° 30.95'	70° 40.30'	+0 10	+0 10	+0 06	+0 28	0.7	0.4	0.1	076°	1.6	166°	0.1	247°	1.2	333°
	do.	29d	41° 30.95'	70° 40.30'	+0 06	+0 10	+0 06	+0 12	0.7	0.4			1.6	169°	0.1	249°	1.1	333°
775	WOODS HOLE, THE STRAIT	14d	41° 31.16'	70° 40.97'		Daily predictions							2.2	079°	0.1	354°	2.9	267°
	do.	5d	41° 31.16'	70° 40.97'	-0 06	-0 03	-0 06	+0 00	1.6	1.2			3.4	096°	0.1	350°	3.4	261°
	do.	21d	41° 31.16'	70° 40.97'	+0 18	+0 14	-0 17	+0 01	0.3	0.8			0.7	096°			1.3	274°
777	North end	4d	41° 31.38'	70° 41.58'	-0 21	-0 02	+0 08	-0 05	0.6	0.5	0.1	277°	1.2	195°			1.3	004°
	do.	17d	41° 31.38'	70° 41.58'	-0 17	-0 09	+0 01	-0 05	0.4	0.4	0.1	283°	0.9	197°			1.1	013°
779	Robinsons Hole, Nashuon Point	4d	41° 26.98'	70° 48.40'	+0 36	+0 16	+0 40	+0 26	1.4	1.0			3.0	151°			2.9	332°
	do.	14d	41° 26.98'	70° 48.40'	+0 31	+0 16	+0 40	+0 24	1.3	1.0			2.8	153°			2.9	330°
	do.	24d	41° 26.98'	70° 48.40'			+0 40	+0 25	1.1	0.9			2.4	157°			2.6	329°
781	*Quicks Hole* South end	7d	41° 26.3'	70° 50.5'	+1 17	+1 12	+0 29	+0 09	0.9	0.6	0.1	242°	1.9	140°	0.2	244°	2.0	300°
783	Middle	17d	41° 26.56'	70° 50.89'	+1 29	+1 07	+0 59	+0 52	1.1	0.6	0.1	244°	2.3	157°	0.1	243°	1.8	327°
	do.	40d	41° 26.56'	70° 50.89'	+1 27	+1 05	+0 58	+0 51	1.0	0.4			2.1	156°			1.7	329°
785	North end		41° 27.1'	70° 51.0'	+1 20	+1 02	+0 57	+0 47	0.7	0.9			1.6	153°			2.6	336°
787	Canapitsit Channel	4d	41° 25.45'	70° 54.47'	+1 41	+0 57	+0 14	-0 18	0.8	0.5			1.7	131°			1.6	312°
	BUZZARDS BAY <7>																	
789	Westport River entrance		41° 30.5'	71° 05.3'	-1 15	-1 23	-1 26	-1 49	1.0	0.9			2.2	290°			2.5	108°
791	Gooseberry Neck, 2 miles SSE of		41° 27'	71° 01'	See table 5.	See table 5.												
793	Ribbon Reef–Sow & Pigs Reef, between		41° 25.3'	70° 58.2'	-1 43	-2 49	-3 44	-2 30	0.4	0.4			0.8	062°			1.2	237°
795	Penikese Island, 0.8 mile northwest of		41° 27.9'	70° 56.2'	-3 01	-1 43	-1 55	-1 33	0.6	0.6			1.2	050°			1.1	254°
797	Penikese Island, 0.2 mile south of		41° 26.6'	70° 55.5'	-3 07	-1 33	-2 30	-3 15	0.3	0.4			0.7	093°			0.9	287°
799	Gull I. and Nashawena I., between		41° 26.2'	70° 54.2'	-3 39	-2 15	-3 01	-3 17	0.4	0.3			0.9	091°			1.1	247°
801	Weepecket Island, south of		41° 30.4'	70° 44.3'	-4 40	-2 25	-2 28	-3 03	0.4	0.2			0.8	069°			0.6	255°

Endnotes can be found at the end of table 2.

TABLE 2. – CURRENT DIFFERENCES AND OTHER CONSTANTS

No.	PLACE	Meter Depth (ft)	POSITION Latitude North	POSITION Longitude West	TIME DIFFERENCES Min. before Flood (h m)	TIME DIFFERENCES Flood (h m)	TIME DIFFERENCES Min. before Ebb (h m)	TIME DIFFERENCES Ebb (h m)	SPEED RATIOS Flood	SPEED RATIOS Ebb	Minimum before Flood (knots)	Minimum before Flood (Dir.)	Maximum Flood (knots)	Maximum Flood (Dir.)	Minimum before Ebb (knots)	Minimum before Ebb (Dir.)	Maximum Ebb (knots)	Maximum Ebb (Dir.)
	BUZZARDS BAY <7> Time meridian, 75°W				*on Woods Hole,*													
803	Quamquisset Harbor entrance		41°32.4'	70°39.8'	Current weak and variable						--	--	0.4	--	--	--	0.3	--
805	West Falmouth Harbor entrance		41°36.5'	70°39.3'	Current weak and variable						--	--	--	--	--	--	--	--
807	Dumpling Rocks, 0.2 mile southeast of		41°32.0'	70°55.1'	-3 07	-2 21	-2 32	-2 45	0.4	0.4	--	--	0.8	066°	--	--	1.1	190°
809	Apponagansett Bay		41°35'	70°57'	Current weak and variable						--	--	--	--	--	--	--	--
811	Clarks Cove		41°36'	70°55'	Current weak and variable						--	--	--	--	--	--	--	--
813	New Bedford Hurricane Barrier <65>	4d	41°37.39'	70°54.31'	-2 08	-2 00	-2 46	-2 22	0.2	0.4	--	--	0.3	320°	--	--	1.2	134°
	do.	14d	41°37.39'	70°54.31'	-2 40	-2 15	-2 17	-2 17	0.2	0.3	--	--	0.4	319°	--	--	1.0	134°
	do.	24d	41°37.39'	70°54.31'	-3 15	-2 34	-1 51	-2 10	0.2	0.3	--	--	0.3	318°	--	--	0.8	134°
815	West Island and Long Island, between		41°35.6'	70°50.4'	Current weak and variable						--	--	--	--	--	--	0.4	--
817	West Island, 1 mile Southeast of	4d	41°33.94'	70°48.66'	-1 48	-1 55	-2 26	-2 11	0.3	0.3	0.1	139°	0.6	072°	0.2	149°	0.9	225°
	do.	15d	41°33.94'	70°48.66'	-2 05	-2 03	-2 26	-2 19	0.3	0.2	0.1	147°	0.6	069°	0.1	152°	0.7	233°
	do.	27d	41°33.94'	70°48.66'	-3 12	-2 17	-2 39	-2 28	0.2	0.1	--	--	0.4	--	--	--	0.4	243°
819	Nasketucket Bay		41°37.1'	70°50.2'	Current weak and variable						--	--	0.3	--	--	--	0.3	--
821	Mattapoisett Harbor		41°38'	70°47'	Current weak and variable						--	--	--	--	--	--	--	--
					on Cape Cod Canal,													
823	Cleveland Ledge	8d	41°37.93'	70°41.81'	-0 19	-0 25	-1 06	+0 05	0.1	0.1	--	--	0.4	037°	--	--	0.4	212°
	do.	15d	41°37.93'	70°41.81'	-0 36	-0 30	-1 12	-1 03	0.1	0.1	--	--	0.4	041°	--	--	0.4	213°
	do.	34d	41°37.93'	70°41.81'	-2 01	-1 04	-1 43	-1 47	0.1	0.1	--	--	0.3	033°	--	--	0.3	217°
825	Megansett Harbor		41°38.8'	70°39.2'	Current weak and variable						--	--	--	--	--	--	--	--
827	Abiels ledge	3d	41°41.38'	70°40.25'	+0 08	-0 14	-0 20	+0 02	0.3	0.4	0.2	155°	1.3	069°	0.1	159°	1.8	236°
	do.	15d	41°41.38'	70°40.25'	+0 15	-0 16	-0 19	+0 03	0.3	0.4	--	--	1.3	063°	0.1	155°	1.7	235°
	do.	31d	41°41.38'	70°40.25'	+0 17	-0 10	-0 15	+0 03	0.2	0.3	--	--	1.0	059°	0.1	326°	1.4	235°
829	Sippican Harbor		41°41'	70°44'	Current weak and variable						--	--	0.3	022°	--	--	0.4	--
831	Wareham River, off Long Beach Point		41°44.0'	70°43.0'	-2 09	-0 33	-1 38	-1 24	0.1	0.1	--	--	0.6	010°	--	--	0.6	202°
833	Wareham River, off Barneys Point		41°44.7'	70°42.4'	-2 17	-0 29	-1 38	-1 32	0.2	0.1	--	--	0.7	010°	0.2	123°	0.6	185°
835	Hog Neck	2d	41°43.43'	70°38.36'	-0 03	-0 04	-0 08	-0 11	0.8	0.6	--	--	3.4	035°	0.2	122°	3.0	210°
	do.	15d	41°43.43'	70°38.36'	+0 00	-0 07	-0 10	-0 03	0.8	0.6	--	--	3.3	038°	0.2	120°	2.9	209°
	do.	28d	41°43.43'	70°38.36'	+0 02	-0 05	-0 12	-0 05	0.6	0.5	--	--	2.6	038°	--	--	2.4	208°
	CAPE COD CANAL				*Daily predictions*													
837	CAPE COD CANAL, Railroad Bridge, midchannel	13d	41°44.52'	70°36.83'	-0 03	+0 11	-0 02	-0 05	0.8	0.8	0.1	336°	4.3	066°	0.1	337°	4.9	248°
	Cape Cod Canal, RR Bridge, 70ft from N shore	13d	41°44.55'	70°36.84'	-0 01	+0 38	+0 02	-0 14	0.8	0.8	--	--	3.4	068°	--	--	3.9	248°
	Cape Cod Canal, RR Bridge, 400ft from N shore	13d	41°44.50'	70°36.81'	-0 08	-0 15	-0 07	-0 13	0.8	0.8	--	--	3.2	060°	0.1	332°	4.0	244°
839	Bourne Highway bridge		41°45'	70°35'	-0 01	+0 00	-0 07	+0 01	0.7	0.8	--	--	3.3	065°	--	--	4.1	245°
841	Bournedale	13d	41°45.99'	70°34.02'	+0 00	+0 01	-0 08	+0 00	0.7	0.8	--	--	3.2	037°	--	--	3.7	219°
	do.	30d	41°45.99'	70°34.02'	+0 00	+0 02	-0 09	-0 01	0.7	0.7	--	--	2.9	037°	--	--	3.5	217°
843	Sagamore Bridge	46d	41°45.99'	70°34.02'	-0 05	+0 05	-0 06	+0 02	0.6	0.6	--	--	2.4	037°	--	--	2.9	214°
	do.	6d	41°46.57'	70°32.60'	-0 05	+0 01	-0 07	+0 03	0.6	0.8	--	--	3.6	077°	--	--	3.7	260°
	do.	26d	41°46.57'	70°32.60'	-0 06	+0 01	-0 07	+0 03	0.7	0.7	0.1	169°	3.1	079°	--	--	3.2	259°
845	Cape Cod Canal, east end	42d	41°46.57'	70°29.96'	-0 13	-0 14	-0 12	-0 05	0.6	0.6	--	--	2.7	082°	--	--	2.8	256°
	do.	8d	41°46.53'	70°29.96'	-0 13	-0 16	-0 13	-0 06	0.8	0.7	--	--	3.4	053°	--	--	3.3	233°
	do.	15d	41°46.53'	70°29.96'	-0 14	-0 08	-0 18	-0 06	0.8	0.7	--	--	3.3	053°	--	--	3.3	232°
	do.	34d	41°46.53'	70°29.96'	-0 10	-0 08	-0 08	-0 06	0.5	0.6	--	--	2.0	048°	--	--	2.7	231°
	NARRAGANSETT BAY <8>				*on Pollock Rip Channel,*													
847	Sakonnet River (except Narrows)		41° - -'	- - -	Current weak and variable				0.2	0.2	--	--	0.4	012°	--	--	0.4	194°
849	Black Point, SW of, Sakonnet River	15	41°30.4'	71°13.2'	-2 54	-1 55	-2 13	-2 26	0.2	0.8	--	--	0.4	034°	--	--	1.5	180°
851	Almy Point Bridge, south of, Sakonnet River	15	41°37.3'	71°13.2'	-3 00	-2 10	-2 30	-3 13	1.4	1.6	--	--	2.7	010°	--	--	2.7	190°
853	Tiverton, Stone bridge, Sakonnet R. <9>		41°37.5'	71°13.0'	-2 58	-5 02	-2 26	-3 06	0.6		--	--	2.6	010°	--	--		
	do.								1.3		--	--	2.5	010°	--	--		
855	Tiverton, RR. bridge, Sakonnet R. <10>		41°38.3'	71°12.9'	-3 26	-5 06	-2 48	-3 41	1.2	1.4	--	--	2.3	000°	--	--	2.4	180°

Endnotes can be found at the end of table 2.

TABLE 2. – CURRENT DIFFERENCES AND OTHER CONSTANTS

NARRAGANSETT BAY <8> — Time meridian, 75°W

Time differences for No. 857 are referred to the reference station **on Pollock Rip Channel,**

No.	PLACE	Lat. North	Long. West	Meter Depth (ft)	Min. bef. Flood (h m)	Flood (h m)	Min. bef. Ebb (h m)	Ebb (h m)	SR Flood	SR Ebb	Min. bef. Flood knots	Dir.	Max. Flood knots	Dir.	Min. bef. Ebb knots	Dir.	Max. Ebb knots	Dir.
857	Common Fence Point, northeast of	41°39.5'	71°12.5'	10	-2 38	-4 50 (-2 25, -0 58)	-2 32	-2 41	0.1 (0.0, 0.1)	0.2	—	—	0.2 (0.1, 0.1)	026° (058°, 046°)	—	—	0.3	210°
859	Brenton Point, 1.4 n.mi. southwest of	41°25.9'	71°22.6'	7	-1 03	-0 38	-1 20	-1 04	0.2	0.4	—	—	0.4	347°	—	—	0.6	170°
861	Castle Hill, west of, East Passage	41°27.4'	71°22.7'	15	-0 06	-0 42	-1 07	-0 29	0.4	0.7	—	—	0.7	013°	—	—	1.2	237°
863	Bull Point, east of	41°28.8'	71°21.0'	10	-1 10	-0 47	-1 10	-1 33	0.6	0.8	—	—	1.2	001°	—	—	1.5	206°
865	Mackerel Cove	41°29'	71°20.8'			Current weak and variable					—	—			—	—		
867	Newport Harbor, S and E of Goat Island	41°29'	71°20'			Current weak and variable					—	—			—	—		
869	Rose Island, northeast of	41°30.2'	71°19.9'	15	-1 57	-0 07	-1 17	-2 08	0.4	0.5	0.1	105°	0.8	310°	0.1	102°	1.0	124°
871	Rose Island, northwest of	41°30.4'	71°21.1'	15	-1 38	-0 26	-1 38	-1 39	0.4	0.5	—	—	0.7	007°	—	—	1.0	190°
873	Rose Island, west of	41°30.4'	71°21.0'		-0 42	-0 34	-1 20	-1 28	0.4	0.6	—	—	0.7	001°	—	—	1.0	172°
875	Gould Island, southeast of	41°31.5'	71°20.2'	7	-1 40	-1 28	-1 14	-1 16	0.3	0.4	—	—	0.5	033°	0.1	279°	0.7	217°
877	Gould Island, west of	41°31.5'	71°21.5'	15	-0 16	-0 32	-1 13	-1 07	0.3	0.4	—	—	0.8	351°	—	—	0.8	193°
879	Dyer Island–Carrs Point (between)	41°34.5'	71°17.8'	15	-1 56	-1 13	-0 50	-1 37	0.2	0.4	0.1	111°	0.8	040°	0.1	106°	0.6	236°
881	Conanicut Point, ENE of	41°34.5'	71°20.5'		-2 05	-0 24	-1 18	-1 13	0.2	0.2	—	—	0.8	018°	—	—	0.4	183°
883	Dyer Island, west of	41°35.2'	71°18.5'	7	-1 04	-0 46	-0 53	-1 34	0.4	0.6	—	—	0.4	023°	—	—	1.0	216°
885	QUONSET POINT	41°35.01'	71°23.74'	16		Daily Predictions,					—	—	0.4	021°	—	—	0.4	200°
887	Mount Hope Bridge	41°38.4'	71°15.5'	7	-1 22	-1 34	-1 08	-0 58	0.6	0.8	0.1	282°	1.1	047°	—	—	1.4	230°
889	Hog Island, northwest of	41°38.8'	71°17.7'	10	-2 16	-0 04	-0 30	-1 04	0.2	0.2	—	—	0.4	011°	—	—	0.4	199°
891	Common Fence Point, west of	41°39.0'	71°14.7'	10	-1 13	+0 08	-1 00	-0 37	0.2	0.2	—	—	0.5	050°	0.1	133°	0.7	224°
893	Mount Hope Point, northeast of	41°40.8'	71°12.7'	10	-2 01	-0 20	-1 03	-0 57	0.2	0.2	—	—	0.4	038°	0.1	121°	0.4	217°
895	Kickamuit R. (Narrows), Mt. Hope Bay	41°41.9'	71°14.7'		-2 04	-3 34 (-1 40, -0 04)	-1 19	-0 48	0.7 (0.9)	1.0	—	—	1.4 (1.7)	000°	—	—	1.7	191°
897	Warren River entrance	41°42.7'	71°17.8'			Current weak and variable					—	—		000°	—	—		200°
899	Warren, Warren River	41°43.7'	71°17.3'		-0 14	+0 11	-0 22	-1 05	0.5	0.5	—	—	0.4	020°	—	—	0.3	200°
901	Beavertail Point, 0.8 mile northwest of	41°27.5'	71°24.7'		-0 11	-0 54	-1 31	-0 19	0.3	0.6	—	—	1.0	358°	—	—	0.9	171°
903	Dutch Island, east of, West Passage	41°30.2'	71°23.7'	15	-3 02	-5 10 (-3 55)	-2 37	-2 46	0.2 (0.3)	0.5	0.1	103°	0.4 (0.3)	003° (035°)	0.2	126°	1.0	188°
905	Dutch Island and Beaver Head, between	41°29.8'	71°24.2'	7		Current weak and variable					—	—			—	—		
907	Dutch Island, west of	41°30.3'	71°24.6'	15	-1 56	-1 32	-1 58	-1 47	0.5	0.6	—	—	0.6	032°	—	—	1.0	233°
909	Jamestown–North Kingstown Bridge	41°31.8'	71°23.8'		-2 16	-1 49 (-4 10, -3 10, -0 31)	-1 21 (-1 22)	-1 16 (-1 33)	0.7 (0.2, 0.4)	0.7	0.1	112°	1.0	030°	0.1	097°	1.2	206°
911	Wickford Harbor	41°34'	71°26'			Current weak and variable					—	—			—	—	0.3	—
913	Greenwich Bay entrance	41°40.0'	71°23.6'			Current weak and variable					—	—			—	—	0.9	—
915	Patience Island, narrows east of	41°39.5'	71°21.2'		-2 41	-2 29	-2 44	-2 37	0.4	0.5	—	—	0.7	354°	—	—	0.8	157°
917	Patience I. and Warwick Neck, between	41°39.8'	71°22.4'		-1 40	-1 21	-1 18	-1 13	0.3	0.5	—	—	0.6	040°	—	—	0.2	224°
919	Nayatt Point, WNW of	41°43.7'	71°21.6'	10	-2 24	+0 47	-1 00	-1 11	0.5	0.8	—	—	1.0	325°	—	—	1.4	128°
921	India Point RR. bridge, Seekonk River <9>	41°49.0'	71°23.3'		-1 48	-4 02 (-2 30, -0 12)	-1 31	-1 06	0.7	0.1	—	—	1.3	020°	—	—	0.1	180°
923	Fox Point, south of, Providence River	41°48.8'	71°24.0'	10	-3 02	+0 08	-0 27	-1 34	0.4	0.8	—	—	0.8	343°	—	—	1.4	166°
925	Cold Spring Pt., Seekonk River <10>	41°49.6'	71°22.8'		-1 48	-4 14 (-2 24, -0 26)	-1 31	-1 02	0.4 (0.1, 0.6)	0.2	—	—	0.8 (030°)	020°	—	—	1.4	210°

BLOCK ISLAND SOUND

Time differences for the following are referred to the reference station **on The Race,**

No.	PLACE	Lat. North	Long. West	Meter Depth (ft)	Min. bef. Flood (h m)	Flood (h m)	Min. bef. Ebb (h m)	Ebb (h m)	SR Flood	SR Ebb	Min. bef. Flood knots	Dir.	Max. Flood knots	Dir.	Min. bef. Ebb knots	Dir.	Max. Ebb knots	Dir.
	Point Judith																	
927	Harbor of Refuge, south entrance	41°21.48'	71°29.75'		-2 25	-2 53	-2 25	-3 02	0.2	0.2	—	—	0.6	335°	—	—	0.7	181°
929	Harbor of Refuge, west entrance	41°22'	71°31'		-3 15	See table 5.	-2 47	See table 5.			—	—			—	—		
931	Pond entrance – Point Judith	41°23'	71°31'		-0 40	-3 06	-3 06	-4 04	0.6	0.4	—	—	1.8	351°	—	—	1.5	186°
933	2.4 miles southwest of	41°19.87'	71°30.65'			+0 06	+0 28	+0 36	0.2	0.1	—	—	0.7	258°	—	—	0.6	090°
935	4.5 miles southwest of	41°18'	71°33'			See table 5.		See table 5.			—	—			—	—		

Endnotes can be found at the end of table 2.

233

TABLE 2. – CURRENT DIFFERENCES AND OTHER CONSTANTS

BLOCK ISLAND SOUND — Time meridian, 75°W — *on The Race,*

No.	PLACE	Meter Depth (ft)	Lat. North	Long. West	Min. before Flood (h m)	Flood (h m)	Min. before Ebb (h m)	Ebb (h m)	SR Flood	SR Ebb	Min. bef. Flood kn	dir	Max. Flood kn	dir	Min. bef. Ebb kn	dir	Max. Ebb kn	dir
	Block Island																	
937	4 miles north of		41° 18'	71° 32'	−0 32	−0 05	+0 31	+0 06	0.2	0.2			0.8	285°			0.8	076°
939	Sandy Point, 2.1 miles NNE of	15	41° 15.85'	71° 34.00'	+0 17	−0 58	−0 20	−0 55	0.3	0.4			1.0	296°			1.7	066°
941	Sandy Pt., 1.5 miles north of	7	41° 15'	71° 34'	−0 24	−0 38	−1 07	−1 05	0.6	0.5			1.9	315°			2.1	063°
943	Clay Head, 1.2 miles ENE of	15	41° 13.35'	71° 31.85'	−2 20	−1 37	+0 49	−1 07	0.2	0.5			0.7	298°			0.5	164°
945	Old Harbor Pt., 0.5 mile southeast of		41° 09'	71° 32'	−0 12	−0 37	−0 38	−0 06	0.1	0.1			0.2	336°			0.6	175°
947	Lewis Pt., 1.0 mile southwest of		41° 08.20'	71° 37.30'	−1 29	−1 13	−0 24	−1 25	0.6	0.4			0.3	298°			1.8	136°
949	Lewis Pt., 1.5 miles west of		41° 09'	71° 38'	−1 33	−1 23	−0 48	−1 12	0.4	0.1			1.4	318°			1.7	170°
951	Great Salt Pond entrance		41° 11.97'	71° 35.50'	−4 10	−3 40	−3 24	−4 34	0.1	0.1			0.4	165°			0.3	326°
953	Great Salt Pond ent. 1 mile NW of	7	41° 12'	71° 36'	−0 54	−1 54	−1 54	−0 47	0.1	0.1			0.3	158°			0.4	035°
955	Sandy Point, 0.4 mile west of <11>		41° 11.06'	71° 35.13'			−0 24	−1 47		0.2							0.7	011°
957	Green Hill Point, 1.1 miles south of		41° 13.80'	71° 35.77'	−0 58	−0 52	+0 32	−1 07	0.2	0.1			0.6	258°			0.7	070°
959	Sandy Point, 4.1 miles northwest of	15	41° 20.90'	71° 38.00'	+0 04	+0 06		−0 08	0.2	0.2			0.7	270°			0.6	084°
961	Grace Point, 2.0 miles northwest of		41° 17.60'	71° 38'		See table 5.												
963	Quonochontaug Beach, 1.1 miles S of	15	41° 18.80'	71° 42.82'	−0 43	−0 11	+0 47	−0 32	0.3	0.1			1.1	248°			0.4	078°
965	Quonochontaug Beach, 3.8 miles S of	15	41° 16.35'	71° 43.00'	+0 03	−0 13	+0 39	−0 04	0.2	0.3			0.7	243°			0.6	058°
967	Lewis Point, 6.0 miles WNW of		41° 11.60'	71° 44.20'	+0 59	+0 35	+0 16	+0 23	0.5	0.5			1.2	286°			1.2	097°
969	Southwest Ledge	15	41° 07'	71° 42'	−0 35	−0 41	−0 14	−0 23	0.4	0.2			1.5	321°			2.1	141°
971	Southwest Ledge, 2.0 miles west of		41° 06.80'	71° 43.00'	+0 10	+0 05	+0 11	−0 53	0.2	0.2			1.5	354°			1.9	168°
973	Watch Hill Point, 2.2 miles east of		41° 18.16'	71° 48.60'	−0 29	−0 13	+0 45	−0 33	0.4	0.3			1.2	260°			0.7	086°
975	Watch Hill Point, 5.2 miles SSE of	15d	41° 13.20'	71° 49.00'	+0 35	+0 13	+0 39	+0 00	0.2	0.2			0.7	265°			1.2	064°
977	Watch Hill Point, 5.3 n.mi. SE of	15	41° 14.65'	71° 46.43'	−0 08	−0 11	−0 17	−0 03	0.3	0.2	0.1	176°	1.1	263°			0.9	092°
979	Montauk Point, 5.4 miles NNE of		41° 09.55'	71° 49.48'	+0 33	−0 08	−0 38	−0 04	0.2	0.2			1.1	279°			1.6	079°
981	Montauk Point, 1.2 miles east of		41° 04.50'	71° 49.80'	−1 22	−1 14	−1 14	−2 05	0.8	0.7			2.8	346°			2.8	162°
983	Montauk Point, 1 mile northeast of		41° 05'	71° 51'	−2 04	−1 37	−0 38	−1 56	0.5	0.5			2.4	356°			1.9	145°
985	Wicopesset Island, NE of	8d	41° 17.90'	71° 54.06'	−0 55	−1 18	−0 58	−1 15	0.5	0.6	0.1	036°	1.7	321°			2.4	125°
	do.	25d	41° 17.90'	71° 54.06'	−1 13	−1 20	−0 59	−1 24	0.4	0.3	0.1	225°	1.6	342°	0.1	048°	1.4	141°
	do.	44d	41° 17.90'	71° 54.06'	−1 27	−1 08	−1 03	−1 26	0.3	0.4	0.1	238°	1.2	327°	0.2	048°	1.8	073°
987	East Pt., 4.1 miles S of Fishers Island	15	41° 13.40'	71° 55.50'	+0 50	+0 27	+0 19	+0 00	0.6	0.4			0.9	236°			1.8	092°
989	Cerberus Shoal, 1.5 miles east of	15	41° 10.45'	71° 55.17'	−0 15	+0 20	−0 23	−1 04	0.5	0.4			1.1	256°			1.8	056°
991	Shagwong Reef & Cerberus Shoal, between		41° 07.90'	71° 55.50'	−0 30	−0 52	−0 25	−1 10	0.3	0.4			1.9	241°			0.6	033°
993	Montauk Harbor entrance	6	41° 04.78'	71° 56.35'	−2 17	−2 52	−3 02	−5 01	0.4	0.1			1.2	226°			0.2	024°
995	Mt. Prospect, 0.6 mile SSE of	15	41° 14.75'	71° 59.80'	−0 34	−0 11	+0 10	−1 11	0.5	0.4			1.7	275°			0.5	353°
997	Cerberus Shoal and Fishers I., between	7	41° 13'	71° 58'	−0 59	−0 13	+0 07	−0 21	0.4	0.3			1.3	264°			1.6	054°
999	Little Gull Island, 3.7 miles ESE of		41° 10.7'	72° 02.01'		See table 5.											1.3	096°
1001	Gardiners Island, 3 miles northeast of	10	41° 07.9'	72° 02.0'	−0 47	−1 04	−0 25	−0 41	0.3	0.2			0.9	305°			1.0	138°
1003	Eastern Plain Pt., 3.9 miles ENE of		41° 07.05'	71° 59.80'	−1 01	−1 30	−0 22	−1 13	0.4	0.1			1.0	246°			0.6	096°
1005	Little Gull Island, 0.8 mile SSE of <43>		41° 11.67'	72° 06.23'	−2 10	−0 55	−0 23	−3 14	0.4	0.0			1.3	331°			0.1	252°
1007	Rocky Point, 2 miles WNW of	15	41° 03.55'	72° 01.80'	−1 22	−1 06	−0 49	−1 11	0.1	0.1	0.1	192°	0.3	255°	0.2	340°	0.3	065°
	GARDINERS BAY, etc.																	
1009	Goff Point, 0.4 mile northwest of		41° 01.49'	72° 03.75'	−1 46	−2 30	−1 25	−2 43	0.4	0.4			1.2	225°			1.6	010°
1011	Acabonack Hbr. ent., 0.6 mile ESE of		41° 01.30'	72° 07.40'	−1 34	−2 15	−1 05	−2 42	0.4	0.3			1.4	345°			1.2	140°
1013	Hog Creek Point, north of		41° 04.10'	72° 09.70'	−0 56	−0 54	−1 21	−2 04	0.1	0.1			0.2	281°			0.3	067°
1015	Ram Island, 2.2 miles east of		41° 04.70'	72° 13.80'	−0 19	−0 29	−0 14	−0 24	0.1	0.1			0.2	250°			0.3	090°
1017	Orient Point, 2.4 miles SSE of		41° 07.50'	72° 12.30'	+0 19	−0 39	+1 11	−0 43	0.4	0.4			0.4	250°			0.3	025°
1019	Gardiners Pt. Ruins, 1.1 miles N of		41° 09.50'	72° 08.83'	−0 12	−0 22	−0 09	−0 09	0.4	0.4			0.4	270°			1.8	066°
1021	Gardiners Point & Plum Island, between	15	41° 09.33'	72° 09.52'	−0 18	−0 36	−0 32	−0 42	0.4	0.4			1.4	288°			1.6	100°
1023	Ram Island, 1.4 miles NNE of		41° 05.8'	72° 15.8'	+0 01	−0 07	+0 07	+0 05	0.4	0.4			1.3	240°			0.6	075°
1025	Long Beach Pt., 0.7 mile southwest of	15	41° 06.25'	72° 18.40'	+0 33	−0 16	+0 44	−0 12	0.4	0.4			1.3	307°			1.8	101°
1027	Hay Beach Point, 0.3 mile NW of <44>		41° 06.65'	72° 20.43'	+0 40	+0 15	+1 01	−1 03	0.5	0.3			1.5	210°			1.2	025°

Endnotes can be found at the end of table 2.

TABLE 2. – CURRENT DIFFERENCES AND OTHER CONSTANTS

No.	PLACE	Meter Depth (ft)	POSITION Latitude North	POSITION Longitude West	TIME DIFFERENCES Min. before Flood (h m)	TIME DIFFERENCES Flood (h m)	TIME DIFFERENCES Min. before Ebb (h m)	TIME DIFFERENCES Ebb (h m)	SPEED RATIOS Flood	SPEED RATIOS Ebb	Minimum before Flood (knots)	Minimum before Flood (Dir.)	Maximum Flood (knots)	Maximum Flood (Dir.)	Minimum before Ebb (knots)	Minimum before Ebb (Dir.)	Maximum Ebb (knots)	Maximum Ebb (Dir.)
	GARDINERS BAY, etc. Time meridian, 75°W *on The Race,*																	
1029	Jennings Point, 0.2 mile NNW of	13	41°04.48'	72°22.95'	+0 32	+0 04	+0 37	−0 09	0.5	0.4	—	—	1.6	290°	—	—	1.5	055°
1031	Cedar Point, 0.2 mile west of		41°02.38'	72°16.07'	−0 11	−0 21	+0 29	−0 53	0.7	0.5	—	—	1.8	195°	—	—	1.6	005°
1033	North Haven Peninsula, north of		41°02.47'	72°19.25'	+0 12	−0 35	+0 39	−0 46	0.7	0.5	—	—	2.4	230°	—	—	2.1	035°
1035	Paradise Point, 0.4 mile east of	13	41°02.88'	72°22.57'	+0 26	−0 02	+0 45	−0 06	0.5	0.4	—	—	1.5	145°	—	—	1.5	345°
1037	Little Peconic Bay entrance	19	41°01.58'	72°23.08'	+0 35	−0 04	+0 53	+0 09	0.5	0.4	—	—	1.6	240°	—	—	1.5	015°
1039	Robins Island, 0.5 mile south of		40°56.98'	72°27.18'	+0 32	−0 17	+0 56	+0 23	0.3	0.1	—	—	1.7	245°	—	—	0.6	065°
	FISHERS ISLAND SOUND																	
1041	Edwards Pt. and Sandy Pt., between	4	41°19.90'	71°53.88'	−2 26	−3 22	−2 15	−3 53	0.3	0.3	—	—	1.1	035°	—	—	1.0	227°
1043	Napatree Point, 0.7 mile southwest of		41°17.92'	71°54.00'	−0 48	−1 12	−0 47	−1 30	0.5	0.5	—	—	1.7	284°	—	—	2.2	113°
1045	Little Narragansett Bay entrance	6	41°20'	71°53'	−1 58	−2 07	−2 13	−2 50	0.4	0.3	—	—	1.3	092°	—	—	1.3	268°
1047	Avondale, Pawcatuck River <43>		41°19.90'	71°50.73'	−1 48	−2 47	−2 07	−3 52	0.2	0.0	—	—	0.6	058°	—	—	0.5	265°
1049	Ram Island Reef, south of	7	41°18.1'	71°58.5'	−0 54	−0 55	−0 45	−1 05	0.4	0.4	—	—	1.3	255°	—	—	1.6	088°
1051	Noank <43>	4	41°19.12'	71°59.30'	−1 28	−3 21	−4 00	−4 42	0.2	0.1	—	—	0.5	340°	—	—	0.3	173°
1053	Mystic, Highway Bridge, Mystic River	6	41°21.25'	71°58.18'	−1 54	−2 55	−1 57	−3 51	0.2	0.1	—	—	0.5	039°	—	—	0.5	162°
1055	Clay Point, 1.3 miles NNE of	15	41°17.88'	71°58.53'	−0 34	−0 54	−0 30	−1 27	0.4	0.1	—	—	1.4	264°	—	—	1.9	035°
1057	North Hill Point, 1.1 miles NNW of		41°17.57'	72°01.68'	−0 57	−0 31	−0 08	−1 49	0.5	0.3	—	—	1.5	258°	—	—	1.2	082°
	LONG ISLAND SOUND *The Race*																	
1059	Race Point, 0.4 mile southwest of	6d	41°14.70'	72°02.60'	−0 16	−0 40	−0 33	−0 57	0.8	0.8	0.3	024°	2.6	288°	0.2	195°	3.5	135°
1061	THE RACE	25d	41°13.69'	72°03.75'	Daily predictions				1.0	0.8	0.1	016°	3.3	291°	0.2	200°	4.2	108°
	do.	45d	41°13.69'	72°03.75'	−0 12	−0 10	+0 00	+0 02	0.9	0.8	—	—	3.3	292°	0.1	205°	3.9	105°
	do.	45d	41°13.69'	72°03.75'	−0 24	−0 14	+0 00	+0 05	0.4	0.4	0.1	011°	2.9	295°	0.5	036°	1.6	100°
1063	Little Gull Island, 1.4 n.mi. NNE of	15	41°13.53'	72°05.52'	+0 01	+0 12	+0 08	−0 34	1.2	1.1	—	—	4.0	304°	—	—	4.7	130°
1065	Little Gull Island, 1.1 miles ENE of	3d	41°13.10'	72°06.93'	+0 25	+0 16	+0 11	−0 57	0.6	0.7	—	—	1.9	258°	—	—	2.9	043°
1067	Little Gull Island, 0.8 mile NNW of	16d	41°13.10'	72°08.02'	−0 40	−1 24	−2 19	−1 33	0.7	0.8	—	—	2.3	320°	—	—	3.3	147°
1069	Great Gull Island, SW of	29d	41°11.67'	72°08.02'	−0 46	−0 39	−0 36	−1 23	0.7	0.6	0.2	226°	2.0	326°	0.3	055°	2.5	157°
	do.	2d	41°11.67'	72°08.02'	−0 54	−0 25	−0 34	−1 19	0.5	0.4	0.3	236°	1.6	332°	0.3	061°	1.6	164°
	do.	15d	41°11.67'	72°08.02'	−1 10	−0 18	−0 33	−0 50	0.1	0.1	0.3	241°	0.3	316°	0.2	067°	0.3	167°
1071	New London Harbor entrance	31d	41°19.13'	72°04.90'	−2 14	−2 04	−1 40	—	0.1	0.1	0.1	241°	0.3	335°	—	—	—	—
	do.		41°19.13'	72°04.90'	−2 06	−2 36	—	—	0.1	0.1	—	—	0.3	353°	—	—	—	—
	do.		41°19.13'	72°04.90'		−2 59												
	Thames River																	
1073	Thames River Approach	5d	41°17.63'	72°04.71'	−2 43	−1 29	−1 08	−2 09	0.3	0.2	0.1	166°	0.9	268°	—	—	0.8	071°
	do.	15d	41°17.63'	72°04.71'	−2 04	−1 30	−1 09	−1 58	0.3	0.2	0.1	357°	0.8	271°	—	—	0.8	065°
1075	Fort Trumbull State Park	35d	41°17.63'	72°04.71'	−2 09	−2 26	−1 38	−1 27	0.2	0.2	0.2	346°	0.6	267°	0.1	171°	0.6	051°
	do.	5d	41°20.73'	72°05.18'	−1 07	−1 59	−1 39	−1 05	0.1	0.1	—	—	0.3	357°	—	—	0.3	169°
	do.	14d	41°20.73'	72°05.18'	−1 45	−2 03	—	—	0.1	0.1	—	—	0.5	349°	—	—	—	—
1077	New London State Pier	31d	41°21.44'	72°05.20'	−2 30	−2 17	—	—	0.1	0.1	—	—	0.4	347°	—	—	—	—
	do.	14d	41°21.44'	72°05.20'	−1 37	−2 20	−1 20	−0 30	0.2	0.1	—	—	0.4	358°	—	—	0.4	178°
1079	U.S. Coast Guard Academy	31d	41°21.44'	72°05.20'	−2 03	−2 22	−1 12	−1 13	0.1	0.1	—	—	0.5	351°	—	—	0.3	172°
	do.	57d	41°22.42'	72°05.37'	−4 03	−2 35	−1 48	−3 21	0.2	0.1	—	—	0.5	346°	—	—	0.3	164°
	do.	9d	41°22.42'	72°05.37'	−1 39	−1 47	−1 11	−0 43	0.1	0.1	—	—	0.5	358°	—	—	0.3	182°
	do.	16d	41°22.42'	72°05.37'	−2 07	−2 53	−1 15	−0 19	0.1	0.1	—	—	0.5	002°	—	—	0.3	179°
	do.	32d	41°22.42'	72°05.37'	—	−2 31	−2 04	−1 52	0.1	0.1	—	—	0.4	004°	—	—	0.3	184°
1081	Groton, Pier 6	42d	41°23.51'	72°05.54'	—	—	−2 06	−3 43	0.1	0.1	—	—	0.4	311°	—	—	0.3	132°

Endnotes can be found at the end of table 2.

TABLE 2. – CURRENT DIFFERENCES AND OTHER CONSTANTS

No.	PLACE	Meter Depth (ft)	POSITION Latitude North	POSITION Longitude West	TIME DIFFERENCES Min. before Flood (h m)	TIME DIFFERENCES Flood (h m)	TIME DIFFERENCES Min. before Ebb (h m)	TIME DIFFERENCES Ebb (h m)	SPEED RATIOS Flood	SPEED RATIOS Ebb	Minimum before Flood (knots)	Dir.	Maximum Flood (knots)	Dir.	Minimum before Ebb (knots)	Dir.	Maximum Ebb (knots)	Dir.
	LONG ISLAND SOUND Time meridian, 75°W					on The Race,												
	Thames River–cont.																	
1083	Smith Cove	5d	41°23.79'	72°05.76'	-1 03	-2 23	-2 09	-0 57	0.1	0.2	--	--	0.4	355°	--	--	0.7	181°
	do.	14d	41°23.79'	72°05.76'	-1 15	-2 15	-1 56	-0 23	0.1	0.1	--	--	0.4	359°	--	--	0.4	184°
	do.	31d	41°23.79'	72°05.76'	-2 41	-2 53	-1 47	-2 52	0.3	0.1	--	--	0.4	357°	--	--	0.3	179°
1085	Allyn Point	4d	41°26.58'	72°05.14'	-1 31	-2 25	-2 10	-1 41	0.1	0.2	--	--	0.8	002°	--	--	0.6	195°
	do.	12d	41°26.58'	72°05.14'	-1 22	-1 54	-1 04	-0 53	0.1	0.2	--	--	0.5	005°	--	--	0.6	182°
	do.	19d	41°26.58'	72°05.14'	-1 33	-2 23	-1 16	-1 16	0.1	0.1	--	--	0.3	002°	--	--	0.4	184°
1087	Lower Coal Dock	15	41°30.88'	72°04.72'		Current weak and variable,												
1089	Goshen Point, 1.9 miles SSE of	15	41°16.00'	72°06.30'	-0 57	-1 05	-0 53	-2 01	0.4	0.4	--	--	1.2	285°	--	--	1.6	062°
1091	Bartlett Reef, 0.2 mile south of	15	41°16'	72°08'	-2 03	-0 58	-1 04	-1 46	0.4	0.3	--	--	1.4	255°	--	--	1.3	090°
1093	Twotree Island Channel	11	41°17.90'	72°08.50'	-2 58	-1 32	-0 33	-1 54	0.4	0.2	--	--	1.6	267°	--	--	1.6	093°
1095	Niantic (Railroad Bridge)	5	41°19.60'	72°10.60'	-0 45	-1 08	-0 43	-0 52	0.5	0.2	--	--	1.6	352°	--	--	0.8	178°
1097	Black Point, 0.8 mile south of	15	41°16.40'	72°12.50'	-0 42	-1 16	-0 15	-1 24	0.5	0.3	--	--	1.4	260°	--	--	1.4	073°
1099	Black Point and Plum Island, between	15	41°14.00'	72°12.30'	+0 33	-0 01	+0 39	+0 12	0.7	0.6	--	--	2.1	236°	--	--	2.4	076°
1101	Plum Island, 3nm. North of, Buoy Pl	20d	41°13.35'	72°10.63'	+0 08	+0 18	+0 10	-0 18	0.6	0.6	0.3	185°	2.0	259°	0.2	342°	2.4	081°
	do.	79d	41°13.35'	72°10.63'	-0 08	-0 02	+0 10	+0 05	0.6	0.4	0.1	352°	2.0	258°	0.1	162°	1.8	079°
	do.	131d	41°13.35'	72°10.63'	-0 30	-0 42	-0 02	-0 09	0.6	0.4	0.3	347°	1.8	253°	0.3	170°	1.3	082°
1103	Plum Island, 0.8 mile NNW of	15	41°09.55'	72°11.90'	+0 12	-0 21	-0 53	-0 09	0.5	0.6	--	--	1.7	247°	--	--	2.4	065°
1105	Plum Gut	25d	41°09.55'	72°12.45'	-1 00	-1 07	-1 05	-0 53	0.6	0.7	0.1	033°	1.9	306°	0.1	032°	3.0	116°
	do.	99d	41°09.55'	72°12.45'	-1 06	-1 28	-1 05	-1 43	0.6	0.5	0.1	031°	2.0	305°	0.2	039°	2.5	124°
	do.	158d	41°09.55'	72°12.45'	-1 13	-1 36	-0 59	-1 30	0.5	0.4	0.1	021°	1.7	317°	0.1	043°	1.9	121°
1107	Hatchett Point, 1.6 n.mi. S of	15	41°15.40'	72°15.37'	-0 59	-1 07	-0 27	-1 04	0.5	0.4	0.1	160°	1.7	255°	0.1	336°	1.9	075°
1109	Hatchett Point, 1.1 miles WSW of		41°16.35'	72°16.92'	-2 29	-1 16	-0 42	-2 49	0.4	0.7	--	--	1.3	240°	--	--	3.1	045°
1111	Orient Point, 1 mile WNW of		41°10.00'	72°15.10'	-1 01	-2 07	-0 23	-1 27	0.4	0.5	--	--	1.4	245°	--	--	3.1	055°
1113	Saybrook Breakwater, 1.5 miles SE of		41°14.78'	72°19.05'	-1 22	-1 16	-0 45	-2 09	0.6	0.5	--	--	1.9	260°	--	--	2.0	070°
	Connecticut River																	
1115	Saybrook Breakwater Light	5d	41°15.49'	72°20.52'	-1 52	-2 08	-1 33	-1 55	0.4	0.4	0.4	183°	1.3	249°	--	--	1.8	103°
	do.	14d	41°15.49'	72°20.52'	-1 30	-2 06	-1 25	-2 05	0.4	0.3	0.1	024°	1.2	286°	--	--	1.4	105°
	do.	19d	41°15.49'	72°20.52'	-1 31	-1 59	-1 26	-2 01	0.4	0.3	0.1	025°	1.2	287°	--	--	1.2	104°
1117	Saybrook Channel	2d	41°17.00'	72°20.85'	-1 12	+0 49	+0 37	+0 42	0.4	0.5	--	--	1.2	000°	--	--	1.2	180°
	do.	13d	41°17.00'	72°20.85'	-0 10	-0 11	+0 40	+0 06	0.3	0.2	--	--	1.1	003°	--	--	0.8	186°
1119	I-95 Bridge	3d	41°19.09'	72°20.75'	+0 15	+0 38	+0 18	+0 38	0.3	0.4	--	--	0.9	356°	--	--	1.8	166°
	do.	14d	41°19.09'	72°20.75'	+0 32	+0 48	+0 44	+0 45	0.3	0.3	--	--	1.1	000°	--	--	1.6	169°
	do.	23d	41°19.09'	72°20.75'	+0 09	+0 55	+0 57	+0 46	0.3	0.2	--	--	0.9	352°	--	--	0.6	182°
1121	Eustasia Island, 0.6 mile ESE of	15	41°23.30'	72°24.23'	+2 01	+1 33	+1 33	+1 14	0.2	0.1	--	--	0.8	290°	--	--	1.4	070°
1123	Eddy Rock Shoal, west of		41°26.57'	72°27.78'	+1 49	+2 11	+2 11	+1 08	0.2	0.2	--	--	0.8	350°	--	--	0.6	155°
1125	Higganum Creek, 0.5 mile ESE of		41°30.02'	72°32.62'	+3 14	+2 47	+2 45	+2 49	0.3	0.2	--	--	0.8	270°	--	--	1.0	160°
1127	Wilcox Island Park, east of		41°34.33'	72°38.88'	+4 14	+3 31	+3 31	+3 23	0.2	0.2	--	--	1.0	355°	--	--	0.8	135°
1129	Rocky Hill	9	41°39.82'	72°37.73'	+4 51	+3 32	+3 31	+3 18	0.2	0.2	--	--	0.6	335°	--	--	0.7	095°
1131	Hartford Jetty <35>	9	41°45.07'	72°39.02'	+5 53	+4 34	+3 32	+4 17	0.6	0.5	--	--	1.9	290°	--	--	2.3	066°
1133	Mulford Point, 3.1 miles northwest of	15	41°12.00'	72°28.87'	-0 19	-1 07	-0 51	-0 40	0.5	0.5	--	--	1.8	279°	--	--	2.1	041°
1135	Rocky Point, 0.3 mile north of	15	41°10.83'	72°26.90'	+0 02	-1 10	-0 32	-0 36	0.5	0.4	--	--	1.6	249°	--	--	1.4	085°
1137	Cornfield Point, 2.8 n.mi. SE of	15	41°08.63'	72°21.42'	-1 27	-1 02	-1 02	-1 44	0.6	0.6	0.1	170°	2.0	245°	--	--	2.3	085°
1139	Cornfield Point, 4 miles south of, Buoy CF	19d	41°11.37'	72°22.18'	-0 06	+0 00	-0 06	+0 04	0.6	0.2	0.4	157°	1.6	244°	--	--	1.6	069°
	do.	71d	41°11.37'	72°22.18'	-0 25	-0 31	-0 11	-0 20	0.4	0.4	--	--	1.6	240°	0.4	332°	1.0	069°
	do.	124d	41°11.37'	72°22.18'	-0 51	-0 41	-0 26	-0 25	0.4	0.4	0.4	338°	1.2	240°	0.1	155°	1.6	108°
1141	Cornfield Point, 1.1 miles south of	15	41°14.65'	72°23.40'	-0 53	-1 39	-0 52	-2 15	0.5	0.4	--	--	1.4	293°	--	--	1.6	091°
1143	Cornfield Point, 1.9 n.mi. SW of	15d	41°14.48'	72°25.30'	-1 09	-1 40	-1 24	-1 23	0.4	0.4	0.1	174°	1.4	272°	0.1	358°	1.5	070°
1145	Kelsey Point, 2.1 miles southeast of		41°14.10'	72°27.93'	-0 27	-1 07	-0 44	-1 12	0.5	0.3	--	--	1.5	260°	--	--	1.8	118°
1147	Kelsey Point, 1 mile south of		41°14'	72°30'	-1 34	-1 08	-1 07	-2 06	0.6	0.3	--	--	2.0	249°	--	--	1.5	095°
1149	Six Mile Reef, 1.5 miles north of		41°12.67'	72°28.87'	-0 09	-0 17	-0 13	-0 53	0.6	0.3	--	--	1.6	290°	--	--	1.3	040°
1151	Six Mile Reef, 2 miles east of	15d	41°10.83'	72°26.90'	-0 28	-0 35	-0 31	-0 47	0.5	0.3	0.3	164°	1.6	235°	--	--	2.1	077°
1153	Six mile Reef, 1 mile south of	15d	41°10.10'	72°29.96'	-0 21	-0 46	-0 36	-0 37	0.5	0.3	0.1	164°	1.5	257°	--	--	1.7	075°
	do.	35d	41°10.10'	72°29.96'	-0 39	-0 40	-0 37	-0 45	0.5	0.2	--	--	1.1	258°	0.1	166°	1.4	073°
	do.	58d	41°08.07'	72°29.36'	-0 54	-0 08	+0 01	+0 02	0.3	0.4	--	--	1.1	258°	0.2	169°	1.4	073°
1155	Six Mile Reef, 2 miles south of, Buoy TE	16d	41°08.07'	72°29.36'	-0 15	-0 08	+0 01	+0 02	0.6	0.4	0.5	166°	1.8	255°	--	--	1.8	073°
	do.	49d	41°08.07'	72°29.36'	-0 26	-0 09	+0 17	+0 02	0.5	0.4	0.1	159°	1.7	252°	0.4	338°	1.5	074°
	do.	88d	41°08.07'	72°29.36'	-0 54	-0 07	+0 00	-0 35	0.4	0.2	0.3	342°	1.2	247°	0.3	168°	0.8	082°

Endnotes can be found at the end of table 2.

TABLE 2. – CURRENT DIFFERENCES AND OTHER CONSTANTS

No.	PLACE	Meter Depth (ft)	POSITION Latitude North	POSITION Longitude West	TIME DIFF. Min. before Flood (h m)	TIME DIFF. Flood (h m)	TIME DIFF. Min. before Ebb (h m)	TIME DIFF. Ebb (h m)	SPEED RATIO Flood	SPEED RATIO Ebb	Min. before Flood (knots)	Min. before Flood (Dir.)	Maximum Flood (knots)	Maximum Flood (Dir.)	Min. before Ebb (knots)	Min. before Ebb (Dir.)	Maximum Ebb (knots)	Maximum Ebb (Dir.)
	LONG ISLAND SOUND Time meridian, 75°W				on The Race,													
1157	Six Mile Reef, 1 mile west of	13d	41°10.78'	72°33.11'	-0 16	-0 43	-0 31	-0 21	0.5	0.4	0.1	182°	1.6	275°	0.1	001°	1.7	087°
	do.	26d	41°10.78'	72°33.11'	-0 34	-0 49	-0 32	-0 31	0.4	0.3	—	—	1.4	277°	0.1	002°	1.5	086°
	do.	36d	41°10.78'	72°33.11'	-0 43	-0 49	-0 33	-0 30	0.4	0.5	0.1	004°	1.4	278°	0.1	003°	1.2	087°
1159	Horton Point, 1.4 miles NNW of	15	41°06.30'	72°27.40'	+0 12	+0 03	+0 07	-0 30	0.4	0.4	—	—	1.4	260°	—	—	2.0	040°
1161	Hammonasset Point, 1.2 miles SW of	15	41°14.22'	72°34.00'	-0 51	-1 20	-0 34	-1 43	0.4	0.3	—	—	1.4	287°	—	—	1.0	106°
1163	Hammonasset Point, 5 miles south of	15	41°09.80'	72°34.17'	+0 05	-0 08	-0 14	-0 18	0.4	0.4	—	—	1.4	284°	—	—	1.5	090°
1165	Duck Pond Point, 3.2 n.mi. NW of	15d	41°04.73'	72°33.91'	-0 25	-0 14	-0 06	-0 15	0.4	0.3	0.2	161°	1.2	253°	0.1	343°	1.0	071°
1167	Mattituck Inlet, 1 mile northwest of	15	41°01.68'	72°34.22'	-0 13	-0 20	+0 02	-0 38	0.3	0.3	—	—	0.9	241°	—	—	1.0	053°
1169	Sachem Head, 1 mile SSE of		41°13.65'	72°42.30'	-0 30	-0 41	-0 25	-1 14	0.3	0.2	—	—	1.1	255°	—	—	1.0	065°
1171	Sachem Head 6.2 miles south of	15	41°08.73'	72°42.30'	+0 37	+0 19	-0 02	-0 16	0.2	0.2	—	—	0.6	260°	—	—	0.9	065°
1173	Roanoke Point, 5.6 miles north of	15	41°04.37'	72°42.53'	-0 07	-0 07	-0 05	-0 36	0.2	0.2	—	—	0.7	255°	—	—	0.9	050°
1175	Roanoke Point, 2 miles NE of	16d	41°00.42'	72°39.79'	-0 28	-0 20	-0 29	-0 27	0.2	0.2	0.1	178°	0.7	271°	0.1	009°	0.8	093°
	do.	39d	41°00.42'	72°39.79'	-0 45	-0 25	-0 15	-0 30	0.2	0.2	0.1	187°	0.7	277°	0.1	011°	0.7	106°
	do.	62d	41°00.42'	72°39.79'	-1 39	-1 46	-0 45	-1 12	0.2	0.2	—	—	0.6	287°	—	—	0.7	103°
1177	Roanoke Point, 2.3 miles NNW of	15	41°12.57'	72°42.97'	-1 11	-0 27	+0 00	-0 41	0.3	0.2	—	—	0.6	270°	—	—	0.7	070°
1179	Branford Reef, 1.5 miles southwest of	6d	41°08.67'	72°49.83'	-0 05	-0 19	+0 01	-0 30	0.2	0.2	—	—	0.8	272°	—	—	0.7	068°
1181	Branford Reef, 5.0 miles south of	39d	41°08.67'	72°49.68'	+0 03	+0 07	+0 15	+0 17	0.3	0.2	—	—	0.7	262°	—	—	0.7	084°
	do.	69d	41°08.67'	72°49.68'	-1 00	-0 20	+0 03	-0 09	0.3	0.2	0.1	184°	0.6	273°	—	—	0.7	096°
1183	Herod Point, 6.5 miles north of	15	41°04.65'	72°49.80'	-0 36	-0 43	-0 24	-0 42	0.2	0.1	0.1	013°	0.6	277°	0.1	187°	0.5	106°
1185	Herod Point, 2.8 miles north of	15	41°00.97'	72°49.93'	-0 19	+0 01	+0 22	-0 19	0.3	0.1	—	—	0.4	254°	—	—	0.7	070°
1187	Herod Point, 5.0 n.mi. NW of	15d	41°01.64'	72°54.73'	-0 21	-0 22	-0 17	-0 18	0.1	0.2	0.1	020°	0.4	290°	0.1	020°	0.6	090°
1189	New Haven Harbor entrance	4d	41°13.34'	72°54.56'	-0 09	-0 22	-0 27	-0 01	0.2	0.2	0.1	179°	0.7	271°	—	—	0.7	089°
	do.	14d	41°13.34'	72°54.56'	-0 12	-0 49	+0 06	+0 20	0.2	0.2	0.1	215°	0.6	277°	0.1	192°	0.5	122°
	do.	31d	41°13.34'	72°54.56'	-0 25	-1 49	-0 20	-0 05	0.2	0.1	0.1	221°	0.6	288°	0.1	194°	0.5	117°
1191	New Haven Harbor, Gateway Terminal Approach	8d	41°16.96'	72°54.72'	-0 51	+0 31	-1 05	-0 30	0.1	—	—	—	0.5	295°	—	—	0.4	106°
	do.	18d	41°16.96'	72°54.72'	—	+0 05	—	—	0.2	—	—	—	0.3	005°	—	—	—	—
	do.	31d	41°16.96'	72°54.72'	—	-1 14	—	—	0.2	—	—	—	0.5	015°	—	—	—	—
1193	New Haven Harbor, Tanker Terminal	11d	41°17.70'	72°54.54'	—	-0 05	—	+0 12	—	0.1	—	—	0.6	015°	—	—	0.5	218°
	do.	21d	41°17.70'	72°54.54'	—	—	—	—	—	0.1	—	—	—	—	—	—	0.3	209°
	do.	30d	41°17.70'	72°54.54'	—	—	—	+0 14	—	—	—	—	—	—	—	—	—	—
1195	Oyster River Pt, 1.3 miles SSE of <1>		41°12.87'	72°58.00'	Current weak and variable				0.1	0.1	—	—	0.3	255°	—	—	0.3	060°
1197	Pond Point, 4.2 miles SSE of		41°08.60'	72°58.08'					0.2	0.2	—	—	0.6	265°	—	—	0.6	065°
1199	Sound Beach, 2.2 miles north of		41°00.33'	72°58.45'					0.3	0.2	—	—	0.9	270°	—	—	0.9	075°
1201	Charles Island, 0.8 mile SSE of		41°10.77'	73°02.63'					0.1	0.1	—	—	0.4	250°	—	—	0.4	070°
	Housatonic River																	
1203	Milford Point, 0.2 mile west of	10	41°10.35'	73°06.82'	-0 20	-0 04	+0 25	-1 07	0.4	0.3	—	—	1.2	330°	—	—	1.2	135°
1205	Railroad drawbridge, above	5	41°12.53'	73°06.67'	+0 42	+0 08	+0 39	-1 07	0.3	0.3	—	—	1.3	350°	—	—	1.3	185°
1207	Fowler Island, 0.1 mile NNW of	5	41°14.40'	73°06.23'	+0 56	+0 05	+0 40	+0 36	0.3	0.3	—	—	1.1	040°	—	—	1.1	270°
1209	Wooster Island, 0.1 mile southwest of	5	41°16.67'	73°05.20'	+1 27	+0 28	+0 30	+0 10	0.2	0.1	—	—	0.6	020°	—	—	0.7	220°
1211	Derby–Shelton Bridge, below <13>		41°18.73'	73°04.78'	—	—	—	-0 18	—	—	—	—	0.4	—	—	—	0.4	095°
1213	Point No Point, 2.1 miles south of	15	41°06.75'	73°07.13'	-0 22	-0 11	-0 13	-0 13	0.4	0.3	0.2	154°	1.3	251°	—	—	1.2	074°
1215	Stratford Point, 3.5 miles south of	6d	41°05.40'	73°06.27'	-0 01	-0 04	+0 14	+0 05	0.4	0.3	0.1	157°	1.2	247°	—	—	1.0	070°
	do.	16d	41°05.40'	73°06.27'	-0 03	-0 01	+0 09	-0 01	0.3	0.2	0.1	338°	1.1	251°	—	—	1.0	071°
1217	Stratford Point, 4.3 miles south of	43d	41°04.77'	73°06.67'	-0 21	-0 19	-0 12	-0 17	0.2	0.2	—	—	0.8	249°	0.2	166°	1.0	075°
	do.	15	41°04.77'	73°06.67'	-0 20	-0 14	-0 13	+0 02	0.2	0.2	—	—	0.6	254°	—	—	0.8	078°
1219	Stratford Point, 6.1 miles south of	60	41°02.97'	73°05.80'	-0 28	-0 02	+0 05	+0 03	0.2	0.1	—	—	0.6	291°	—	—	0.6	080°
	do.	51	41°02.97'	73°05.80'	-0 10	-0 36	-0 05	+0 18	0.3	0.2	—	—	0.9	267°	—	—	0.9	087°
1221	Stratford Shoal, 6 miles east of	22d	41°04.52'	73°08.43'	-0 35	-0 07	-0 18	-0 24	0.3	0.2	—	—	0.9	279°	—	—	0.9	060°
1223	Stratford Shoal, 2 miles south of	68d	41°01.38'	73°06.29'	+0 09	+0 11	-0 35	-0 21	0.3	0.2	0.1	172°	0.9	265°	—	—	0.7	079°
	do.	114d	41°01.38'	73°06.29'	+0 18	+0 07	-0 01	+0 15	0.2	0.2	0.1	176°	0.8	272°	—	—	0.6	093°
1225	Old Field Point, 2.9 n.mi. NNW of	15d	41°01.32'	73°08.37'	-0 26	-0 05	-0 02	-0 10	0.2	0.2	—	—	0.5	263°	0.2	356°	0.6	099°
1227	Old Field Point, 2 miles northeast of	15	41°00.23'	73°05.70'	-1 03	-0 16	-0 18	-0 30	0.2	0.3	—	—	0.5	261°	0.1	182°	1.1	076°
1229	Old Field Point, 1 mile east of	40	40°58.47'	73°05.80'	+0 27	+0 08	-0 35	-0 15	0.2	0.2	—	—	1.0	254°	0.1	338°	0.6	092°
	do.	15	40°58.47'	73°05.80'	+3 34	+2 26	+2 35	+1 44	0.2	0.2	—	—	0.6	105°	—	—	1.1	308°
	do.	22	40°58.47'	73°05.80'	+2 38	+1 49	+2 27	+1 32	0.1	0.1	—	—	0.5	110°	—	—	0.5	297°

Endnotes can be found at the end of table 2.

237

TABLE 2. – CURRENT DIFFERENCES AND OTHER CONSTANTS

No.	PLACE	Meter Depth (ft)	POSITION Latitude North	POSITION Longitude West	TIME DIFFERENCES Min. before Flood (h m)	Flood (h m)	Min. before Ebb (h m)	Ebb (h m)	SPEED RATIOS Flood	Ebb	AVG Min. before Flood (knots)	Dir.	Max. Flood (knots)	Dir.	Min. before Ebb (knots)	Dir.	Max. Ebb (knots)	Dir.
	LONG ISLAND SOUND Time meridian, 75°W					on The Race,												
1231	Port Jefferson Harbor entrance	3d	40°58.19'	73°05.50'	-0 18	-0 05	-0 05	-0 05	0.5	0.2	—	—	1.6	150°	0.1	060°	1.0	336°
	do.	15d	40°58.19'	73°05.50'	-0 24	-0 09	-0 02	-0 03	0.5	0.2	—	—	1.7	149°	0.1	065°	1.0	342°
	do.	31d	40°58.19'	73°05.50'	-0 29	-0 09	+0 04	-0 01	0.4	0.2	—	—	1.3	154°	—	—	0.9	001°
1233	Crane Neck Point, 0.5 mile northwest of	5d	41°07.28'	73°10'	-0 47	-1 32	-1 42	-1 49	0.4	0.4	—	—	1.3	256°	—	—	1.5	016°
1235	Bridgeport Harbor Entrance	15d	41°07.28'	73°11.37'	+0 06	+0 01	-0 07	-0 06	0.2	0.1	—	—	0.5	256°	0.2	345°	0.6	058°
	do.	31d	41°07.28'	73°11.37'	-0 09	-0 25	-0 34	-0 28	0.2	0.1	—	—	0.5	256°	0.1	342°	0.5	058°
1237	Bridgeport Harbor, Tongue Point	4d	41°10.00'	73°10.52'	-0 51	-1 00	-1 27	-0 54	0.1	0.1	0.1	337°	0.3	254°	—	—	0.4	062°
	do.	15d	41°10.00'	73°10.52'	Current weak and variable						—	—	—	—	—	—	—	—
	do.	30d	41°10.00'	73°10.52'	Current weak and variable						—	—	—	—	—	—	—	—
1239	Pine Creek Point, 2.3 miles SSE of	15	41°05.05'	73°14.40'	-0 12	+0 01	+0 31	+0 11	0.1	0.1	—	—	0.3	043°	—	—	0.6	084°
1241	Shoal Point, 6 miles south of	15	41°01.70'	73°25.25'	+0 30	+0 23	+0 52	+0 43	0.1	0.1	—	—	0.2	040°	—	—	0.4	047°
1243	Crane Neck Point, 3.4 miles WNW of	15	40°59.00'	73°14.03'	-0 04	-0 36	-0 15	-0 03	0.2	0.1	—	—	0.7	272°	—	—	0.6	079°
1245	Crane Neck Point, 3.7 miles WSW of	15	40°56.30'	73°13.87'	-1 24	-0 46	-0 14	-0 30	0.1	0.1	—	—	0.4	261°	—	—	0.4	232°
1247	Saugatuck River, 0.3 mi. NW of Bluff Pt	15	41°06.27'	73°21.92'	-0 04	-0 46	+0 30	-0 02	0.2	0.1	—	—	0.4	066°	—	—	0.4	080°
1249	Saugatuck R., 0.5 mile above Bluff Pt	2d	41°06.12'	73°23'	Current weak and variable						—	—	—	—	—	—	—	—
1251	Norwalk Harbor	11d	41°05.12'	73°24.14'	-0 10	-0 46	+0 13	+0 43	0.2	0.1	—	—	0.5	339°	—	—	0.4	148°
1253	Sheffield I. Hbr., 0.5 mile southeast of	12	41°05.12'	73°24.14'	-0 43	-1 06	+0 25	+0 28	0.1	0.1	—	—	0.2	329°	—	—	0.4	151°
1255	Sheffield I. Tower, 1.1 miles SE of	15	41°01.97'	73°24.33'	-2 33	-3 59	-3 26	-2 24	0.3	0.2	—	—	0.9	283°	—	—	0.4	042°
1257	Eatons Neck, 3 miles north of	60	41°01.97'	73°24.33'	+0 41	+0 34	+1 09	+0 21	0.3	0.2	—	—	0.8	267°	—	—	0.8	081°
	do.	10d	41°00.30'	73°24.30'	-0 19	+0 19	+1 10	+0 18	0.3	0.2	0.1	173°	0.9	264°	0.1	351°	0.7	076°
	do.	49d	41°00.30'	73°24.30'	+0 20	+0 05	+0 22	+0 02	0.4	0.3	0.1	341°	0.8	249°	0.1	347°	0.7	080°
	do.	92d	41°00.30'	73°24.30'	+0 00	-0 02	+0 35	-0 20	0.2	0.1	0.1	164°	0.6	263°	0.2	155°	0.5	083°
1259	Eatons Neck Pt., 2.5 n.mi. NNW of	15d	40°59.73'	73°24.60'	-0 15	-0 02	-0 20	-2 21	0.1	0.1	—	—	1.4	283°	0.1	341°	0.6	073°
1261	Eatons Neck Pt., 1.3 miles north of	15	40°58.60'	73°23.77'	-1 51	-2 02	-2 06	+0 09	0.4	0.3	—	—	0.5	278°	—	—	1.4	075°
1263	Eatons Neck, 2.5 miles east of	5d	40°57.45'	73°20.52'	+0 29	+0 16	+0 13	-0 14	0.2	0.1	0.1	207°	0.4	279°	—	—	0.5	125°
	do.	18d	40°57.45'	73°20.52'	-0 49	-0 25	-0 06	-0 15	0.1	0.1	0.2	207°	0.4	291°	—	—	0.5	128°
	do.	41d	40°57.45'	73°20.52'	-0 48	-0 34	-0 11	-0 54	0.1	0.1	0.1	201°	0.5	199°	—	—	0.4	122°
1265	Eatons Neck Pt., 1.8 miles west of	15	40°57'	73°25.05'	-1 13	-1 09	-0 59	-0 44	0.2	0.1	—	—	0.5	190°	0.1	209°	0.6	068°
1267	Huntington Bay, off East Fort Point	30	40°55.60'	73°25.05'	-1 11	-1 09	-0 32	-0 39	0.1	0.1	—	—	0.3	179°	—	—	0.5	014°
1269	Northport Bay entrance (in channel)	15	40°54.53'	73°24.45'	+0 02	+0 05	+0 24	-0 28	0.1	0.1	—	—	0.4	100°	—	—	0.3	007°
1271	Northport Bay, south of Duck I. Bluff	15	40°55.60'	73°23'	-0 46	+0 09	+0 15	-0 20	0.3	0.1	—	—	0.4	007°	—	—	0.4	267°
1273	Long Neck Point, 0.6 mile south of	27	41°01.58'	73°28.68'	-0 03	+0 46	+0 22	-0 01	0.3	0.2	—	—	0.8	252°	—	—	0.3	286°
	do.	15	41°01.58'	73°28.68'	-1 12	-0 10	+0 08	-0 03	0.3	0.1	—	—	1.0	255°	—	—	0.5	073°
1275	Lloyd Point, 1.3 miles NNW of	40	40°57.95'	73°29.70'	-0 57	-0 13	+1 24	+0 53	0.3	0.2	—	—	0.9	269°	—	—	0.5	080°
1277	Shippan Point, 1.3 miles SSE of	15	40°57.95'	73°29.70'	+1 24	+0 49	+1 30	+0 25	0.3	0.1	—	—	0.7	239°	—	—	0.9	055°
1279	The Cows, 2 miles SE of	40	40°59.90'	73°31.00'	+0 36	+0 08	+1 17	+0 04	0.2	0.2	—	—	0.7	247°	—	—	0.7	053°
	do.	14d	40°59.98'	73°31.03'	+0 18	+0 06	+0 23	-0 22	0.2	0.1	—	—	0.6	243°	—	—	0.9	055°
	do.	47d	40°59.31'	73°29.75'	+0 39	+0 11	+0 56	+0 17	0.2	0.1	—	—	0.7	253°	—	—	0.8	071°
1281	Stamford Harbor entrance	86d	41°00.92'	73°32.22'	-0 03	-0 03	+0 42	+0 14	0.2	0.1	0.1	354°	0.7	263°	0.2	107°	0.6	072°
	do.	3d	41°00.92'	73°32.22'	-0 25	-0 24	+0 37	+0 00	0.2	0.1	—	—	0.5	015°	0.1	113°	0.5	080°
	Oyster Bay																	
1283	Rocky Point, 1 mile east of	14d	40°55.15'	73°30.03'	-1 19	-1 31	+0 13	+0 30	0.2	0.1	—	—	0.6	117°	—	—	0.5	306°
1285	Harbor ent., south of Plum Point	15	40°54'	73°31'	-1 27	-1 26	-2 11	-0 11	0.2	0.2	—	—	0.7	244°	—	—	0.7	054°
1287	Harbor, west of Soper Point	7	40°53'	73°32'	-0 06	+0 15	-1 53	+0 11	0.2	0.1	—	—	0.6	333°	—	—	0.4	140°
1289	Cold Spring Harbor	7	40°53'	73°29'	Current weak and variable						—	—	—	—	—	—	—	—
1291	Greenwich Point, 1.1 miles south of	15	40°59.02'	73°34.02'	+1 21	+0 58	+1 49	+1 03	0.2	0.2	—	—	0.7	258°	—	—	0.8	073°
1293	Greenwich Point, 2.5 miles south of	55	40°59.02'	73°34.02'	+1 24	+0 51	+0 57	+0 29	0.2	0.1	—	—	0.6	265°	—	—	0.4	069°
	do.	15	40°57.60'	73°33.68'	+0 47	+0 10	-0 27	-0 17	0.2	0.1	—	—	0.5	242°	—	—	0.7	052°
1295	Oak Neck Point, 0.6 mile north of	55	40°55.50'	73°34.02'	-1 07	-0 04	+2 25	+2 11	0.2	0.1	—	—	0.5	256°	—	—	0.5	079°
	do.	15	40°55.50'	73°34.02'	+2 51	+1 58	+1 41	+1 51	0.2	0.2	—	—	0.5	260°	—	—	0.6	072°
1297	Cos Cob Harbor, off Goose Island	30	41°01'	73°36'	+0 11	-0 15	+0 00	-0 55	0.2	0.1	—	—	0.5	013°	—	—	0.4	188°

Endnotes can be found at the end of table 2.

TABLE 2. – CURRENT DIFFERENCES AND OTHER CONSTANTS

No.	PLACE	Meter Depth (ft)	Latitude North	Longitude West	Min. before Flood (h m)	Flood (h m)	Min. before Ebb (h m)	Ebb (h m)	Speed Ratios Flood	Speed Ratios Ebb	Min before Flood knots	Min before Flood Dir.	Max Flood knots	Max Flood Dir.	Min before Ebb knots	Min before Ebb Dir.	Max Ebb knots	Max Ebb Dir.
	LONG ISLAND SOUND Time meridian, 75°W					*on The Race,*												
1299	Captain Hbr. Ent., 0.6 mile southwest of	15	40° 59.65'	73° 35.67'	+1 32	+1 44	+1 49	+2 00	0.2	0.2	–	–	0.6	312°	–	–	0.7	118°
	do.	30	40° 59.65'	73° 35.67'	+1 22	+1 14	+0 58	+1 58	0.2	0.2	–	–	0.5	319°	–	–	0.7	142°
1301	Parsonage Point, 1.3 n.mi. ESE of	15d	40° 56.25'	73° 39.49'	+0 47	+0 23	+1 16	+1 08	0.2	0.1	–	–	0.5	230°	–	–	0.4	051°
1303	Peningo Neck, 0.6 mi. off Parsonage Pt	15	40° 56.32'	73° 40.50'	+1 09	+0 19	+1 01	+0 27	0.2	0.2	–	–	0.7	226°	–	–	0.7	035°
1305	Matinecock Point, 1.7 miles northwest of	10d	40° 55.47'	73° 39.35'	+0 58	-0 10	+0 43	+0 49	0.2	0.1	–	–	0.5	233°	–	–	0.5	055°
	do.	30d	40° 55.47'	73° 39.35'	-0 57	-0 29	-0 08	+0 32	0.1	0.1	0.1	147°	0.4	244°	0.1	163°	0.4	063°
	do.	46d	40° 55.47'	73° 39.35'	+1 14	+0 27	+1 34	-0 17	0.2	0.1	0.1	351°	0.4	251°	0.1	166°	0.3	072°
1307	Matinecock Point, 0.7 mile NNW of	15	40° 54.80'	73° 38.40'	+0 35	+0 07	+1 33	+0 36	0.2	0.1	–	–	0.6	233°	–	–	0.6	046°
	do.	40	40° 54.80'	73° 38.40'				+0 20	0.2	0.1	–	–	0.7	262°	–	–	0.5	053°
1309	Hempstead Harbor, 0.3 mile north of	15	40° 51.72'	73° 40.47'	Current weak and variable				0.1	0.1	–	–	0.3	157°	–	–	0.1	331°
1311	Hempstead Harbor, 0.5 mile east of	15	40° 51.50'	73° 39.98'	–	-0 19	+0 00	-0 31	0.3	0.2	–	–	0.9	138°	–	–	0.7	320°
1313	Hempstead Harbor, off Glenwood Landing	10	40° 49.68'	73° 39.00'	-0 38	-0 27	+0 03	-0 59	0.1	0.1	–	–	0.4	196°	–	–	–	–
1315	Old Town Wharf, 0.5 mile north of	5	40° 48.78'	73° 39.08'	–	–	-0 27	–	0.2	0.1	–	–	0.5	244°	–	–	0.4	059°
1317	Delancey Point, 1 mile southeast of	15	40° 55.00'	73° 42.73'	+0 45	+0 09	+1 14	-0 05	0.1	0.1	–	–	0.4	239°	–	–	0.3	069°
	do.	33	40° 55.00'	73° 42.73'	–	+0 06	+1 09	-0 39	0.1	0.1	–	–			–	–		
1319	Mamaroneck Harbor		40° 56'	73° 43'	Current weak and variable						–	–			–	–		
1321	Echo Bay entrance		40° 54'	73° 46'	Current weak and variable						–	–			–	–		
						on Throgs Neck,												
1323	Davids Island, channel 0.1 mile east of	15	40° 53'	73° 46'	Current weak and variable				0.1	0.2	–	–	0.2	069°	–	–	0.2	234°
1325	Huckleberry Island, 0.2 mile NW of	15	40° 53.43'	73° 45.43'	-3 25	-4 16	-3 21	-3 40	0.2	0.3	–	–	0.4	025°	–	–	0.3	226°
1327	Huckleberry Island, 0.6 mile SE of	11d	40° 52.80'	73° 44.75'	-2 35	-3 21	-1 53	-3 24	0.3	0.4	–	–	0.5	043°	–	–	0.4	232°
1329	Execution Rocks	50d	40° 52.39'	73° 44.00'	-2 30	-1 53	-2 14	-2 02	0.3	0.5	–	–	0.4	058°	–	–	0.5	232°
	do.	96d	40° 52.39'	73° 44.00'	-2 40	-2 18	-2 45	-2 53	0.2	0.4	–	–	0.4	057°	–	–	0.4	219°
1331	Manhasset Bay entrance	15	40° 49.75'	73° 43.78'	-2 36	-2 33	-3 10	-2 52	0.2	0.3	–	–	0.2	115°	–	–	0.3	307°
1333	Hart Island, 0.2 mile north of	15	40° 51.82'	73° 46.26'	+2 48	+2 18	+2 48	+3 04	0.1	0.1	–	–	0.2	098°	–	–	0.1	264°
1335	Hart Island, southeast of	13d	40° 50.59'	73° 45.73'	-2 33	-4 04	-3 56	-3 10	0.5	0.5	0.1	122°	0.7	035°	0.2	125°	0.5	283°
	do.	59d	40° 50.59'	73° 45.73'	-1 47	-0 10	-1 11	-0 35	0.3	0.6	–	–	0.5	030°	0.1	115°	0.6	283°
	do.	98d	40° 50.59'	73° 45.73'	-1 10	-0 46	-2 09	-0 23	0.3	0.6	–	–	0.4	009°	–	–	0.6	201°
1337	Hart Island, 0.3 n.mi. SSE of	15d	40° 50.43'	73° 45.94'	-1 12	-0 58	-1 58	-0 42	0.3	0.5	0.1	114°	0.5	040°	0.2	119°	0.5	194°
1339	Hart Island and City Island, between	15	40° 51.37'	73° 46.73'	-1 37	-1 28	-1 46	-1 10	0.1	0.2	–	–	0.2	349°	–	–	0.2	189°
1341	City Island Bridge	10	40° 51.47'	73° 47.60'	-3 09	-5 01	-4 06	-4 13	0.2	0.3	–	–	0.2	352°	–	–	0.3	143°
1343	Eastchester Bay, near Big Tom	5	40° 50.20'	73° 47.72'	-3 15	-4 00	-3 46	-3 14	0.1	0.4	–	–	0.2	097°	–	–	0.5	150°
1345	Hutchinson R., Pelham Highway Bridge	5	40° 51.70'	73° 49.00'	+2 31	+2 28	+2 12	+2 13	0.2	0.4	–	–	0.3	305°	–	–	0.4	198°
1347	City Island, 0.6 mile southeast of	15	40° 49.72'	73° 46.47'	-1 27	-0 54	-2 38	-3 27	0.5	0.4	–	–	0.5	038°	–	–	0.5	251°
1349	Elm Point, 0.2 mile west of	15	40° 48.92'	73° 46.02'	-1 43	-2 58	-1 27	-0 13	0.2	0.5	–	–	0.1	026°	–	–	0.6	233°
1351	Throgs Neck, 0.3 n.mi. NE of	15d	40° 48.64'	73° 47.13'	-0 31	-0 40	-0 52	+0 08	0.6	0.6	0.1	312°	1.0	015°	0.1	286°	0.6	193°
1353	Throgs Neck, 0.4 mile south of	15	40° 47.90'	73° 47.45'	+0 26	+0 09	+0 41	+0 19	0.5	0.6	–	–	0.8	090°	–	–	0.6	278°
1355	Throgs Neck, 0.2 mile S of (Willets Point)	15	40° 48.12'	73° 47.48'	-0 10	-0 09	+0 21	+0 13	0.4	0.7	–	–	0.6	090°	–	–	0.8	289°
1357	THROGS NECK BRIDGE	14d	40° 48.06'	73° 47.53'		**Daily predictions**			0.8	0.8	0.1	182°	1.6	106°	–	–	1.0	262°
	do.	36d	40° 48.06'	73° 47.53'	-0 30	+0 02	-0 35	-0 05	0.8	0.8	0.1	353°	1.3	105°	–	–	0.9	268°
	do.	59d	40° 48.06'	73° 47.53'	-0 41	-0 08	-0 53	+0 10	0.6	0.8	0.1	008°	0.9	082°	–	–	0.8	289°

Endnotes can be found at the end of table 2.

239

TABLE 2. – CURRENT DIFFERENCES AND OTHER CONSTANTS

No.	PLACE	Meter Depth (ft)	POSITION Latitude North	POSITION Longitude West	TIME DIFF. Min. before Flood (h m)	TIME DIFF. Flood (h m)	TIME DIFF. Min. before Ebb (h m)	TIME DIFF. Ebb (h m)	SPEED RATIOS Flood	SPEED RATIOS Ebb	Min. before Flood knots	Min. before Flood Dir.	Maximum Flood knots	Maximum Flood Dir.	Min. before Ebb knots	Min. before Ebb Dir.	Maximum Ebb knots	Maximum Ebb Dir.
	EAST RIVER Time meridian, 75°W																	
						on Hell Gate,												
1359	Cryders Point, 0.4 mile NNW of		40°48.02'	73°47.92'	-0 29	-0 43	-0 30	-1 00	0.4	0.2	--	--	1.3	110°	--	--	1.1	285°
1361	Bronx–Whitestone Bridge, East of	14	40°48.1'	73°49.6'	-0 34	-0 46	-0 10	-1 27	0.5	0.2	--	--	1.7	076°	--	--	1.0	247°
1363	College Point Reef, 0.25 n.mi. NW of	15d	40°48.06'	73°51.28'	-0 27	-0 47	-0 32	-1 00	0.4	0.3	0.1	351°	1.5	074°	0.1	350°	1.4	261°
1365	Flushing Creek entrance		40°45.9'	73°50.7'		Current weak and variable												
1367	Rikers I. chan., off La Guardia Field		40°47'	73°53'	+0 04	-0 04	+0 04	-0 08	0.3	0.3	--	--	1.1	088°	--	--	1.3	261°
1369	Bronx River (1 mile north of Hunts Pt.)		40°48.9'	73°52.5'		Current weak and variable												
1371	Hunts Point, southwest of		40°48'	73°53'	+0 01	-0 10	-0 05	-0 05	0.5	0.3	--	--	1.7	108°	--	--	1.3	280°
1373	South Brother Island, NW of	15	40°47.8'	73°54.1'	-0 17	+0 04	-0 06	-0 12	0.4	0.3	--	--	1.5	054°	--	--	1.2	252°
1375	Off Winthrop Ave., Astoria		40°47.2'	73°55.0'	+0 04	+0 02	-0 01	-0 11	1.0	0.5	--	--	3.4	040°	--	--	2.5	220°
1377	Mill Rock, northeast of		40°46.9'	73°56.2'	-0 23	+0 05	-0 29	-0 32	0.7	0.1	--	--	2.3	103°	--	--	0.6	288°
1379	Mill Rock, west of		40°46.8'	73°56.5'	-0 26	+0 08	-0 02	-0 17	0.4	0.2	--	--	1.2	000°	--	--	1.0	180°
1381	HELL GATE (off Mill Rock)		40°46.7'	73°56.3'		Daily predictions					--	--	3.4	050°	--	--	4.6	230°
	Roosevelt Island																	
1383	west of, off 75th Street		40°46'	73°57'	-0 02	-0 04	-0 08	+0 07	1.1	1.0	--	--	3.8	037°	--	--	4.7	215°
1385	east of, off 36th Avenue		40°46'	73°57'	-0 08	-0 04	-0 08	-0 11	1.0	0.7	--	--	3.5	030°	--	--	3.4	210°
1387	west of, off 67th Street		40°45.74'	73°57.24'	-0 10	-0 08	+0 06	+0 11	1.1	0.9	--	--	3.6	011°	--	--	4.0	230°
1389	west of, off 63rd Street		40°45.58'	73°57.27'	-0 13	-0 08	+0 00	+0 03	0.8	0.6	--	--	2.8	036°	--	--	2.9	223°
1391	east of		40°45.49'	73°57.08'	-0 10	-0 06	+0 00	+0 07	0.8	0.6	--	--	2.8	028°	--	--	2.6	200°
1393	Manhattan, off 31st Street		40°44.38'	73°58.17'	+0 09	-0 11	-0 02	+0 36	0.4	0.5	--	--	1.5	000°	--	--	2.1	175°
1395	Newtown Creek entrance		40°44'	73°57'		Current weak and variable												
1397	Pier 67, off 19th Street		40°44'	73°58'	-0 08	+0 08	-0 08	+0 07	0.5	0.4	--	--	1.8	355°	--	--	1.9	179°
1399	Williamsburg Bridge, 0.3 mile north of		40°43.08'	73°58.24'	-0 05	+0 12	-0 01	+0 10	0.8	0.6	--	--	2.7	020°	--	--	2.9	220°
1401	Manhattan Bridge, East of	15	40°42.5'	73°59.4'	-0 28	+0 19	-0 13	+0 03	0.7	0.5	0.1	161°	2.5	083°	--	--	2.2	259°
1403	Brooklyn Bridge, 0.1 mile southwest of		40°42.2'	74°00.0'	-0 18	+0 08	-0 04	-0 07	0.9	0.8	--	--	2.9	046°	--	--	3.5	222°
	HARLEM RIVER																	
1405	East 107th Street	15	40°47.4'	73°56.1'	-0 08	-0 03	-0 08	-1 39	0.2	0.3	--	--	0.8	206°	--	--	0.8	030°
1407	Willis Ave. Bridge, 0.1 mile NW of		40°48.3'	73°55.8'	-0 30	+0 00	-0 12	-0 13	0.4	0.3	--	--	1.2	140°	--	--	1.3	330°
1409	Madison Ave. Bridge		40°48.8'	73°56.1'	-0 20	+0 18	-0 21	-0 14	0.5	0.4	--	--	1.8	180°	--	--	1.7	000°
1411	Macombs Dam Bridge		40°49.7'	73°56.1'	-0 20	+0 14	-0 22	-0 11	0.6	0.4	--	--	1.7	189°	--	--	1.4	015°
1413	High Bridge		40°50.5'	73°55.9'	-0 20	+0 08	-0 23	-0 08	0.6	0.4	--	--	2.0	189°	--	--	2.0	015°
1415	West 207th Street Bridge		40°51.8'	73°54.7'	-0 22	+0 08	-0 22	-0 02	0.6	0.5	--	--	2.1	116°	--	--	2.3	035°
1417	Broadway Bridge		40°52.4'	73°54.7'	-0 23	+0 08	-0 20	+0 04	0.6	0.3	--	--	2.1	216°	--	--	2.0	299°
1419	Henry Hudson Bridge, 0.7 nmi. SE of	16	40°52.6'	73°55.3'	+0 12	+0 31	-0 31	+0 41	0.2	0.3	--	--	1.8	137°	--	--	1.3	326°
	LONG ISLAND, South Coast																	
						on The Narrows,												
1421	Fire Island Lighted Whistle Bouy 2FI		40°29'	73°11'		Current weak and variable												
1423	Fire Island Inlet, 22 miles S of		40°16'	73°16'		Current weak and variable												
1425	Shinnecock Canal, railroad bridge <16>		40°53.2'	72°30.1'	+1 04	+0 34	+0 19	-0 42	--	0.8	--	--	--	--	--	--	1.5	180°
1427	Ponquogue bridge, Shinnecock Bay		40°50.7'	72°28.7'	+0 07	-0 22	-0 38	-0 50	0.5	0.3	--	--	0.8	250°	--	--	0.6	090°
1429	Shinnecock Inlet		40°50.6'	72°30.1'	+0 04	-0 02	+0 21	-0 08	1.6	1.2	--	--	2.5	350°	--	--	2.3	170°
1431	Fire I. Inlet, 0.5 mi. S of Oak Beach		40°37.78'	73°18.40'	+0 07	-0 02	+0 21	-1 05	1.8	1.3	--	--	2.4	082°	--	--	2.4	244°
1433	Jones Inlet		40°35.5'	73°34.0'	-1 15	-0 49	-0 48	-0 07	0.3	0.3	--	--	3.1	035°	--	--	2.6	217°
1435	Long Beach, inside, between bridges		40°35.7'	73°39.6'	-0 44	-1 36	+0 24	-1 45	0.5	0.3	--	--	0.5	076°	--	--	0.6	277°
1437	East Rockaway Inlet		40°35.4'	73°45.3'	-1 36	-1 11	-1 11	-1 45	1.4	1.2	--	--	2.2	042°	--	--	2.3	227°
1439	Ambrose Light		40°27'	73°49'		Current weak and variable See table 5.												
1441	Sandy Hook App. Lighted Horn Bouy 2A		40°27'	73°55'														
	JAMAICA BAY																	
1443	Rockaway Point	15	40°32.18'	73°56.48'	-2 26	-2 35	-1 46	-3 09	1.2	0.6	0.2	228°	1.9	301°	0.2	217°	1.1	140°
1445	Rockaway Inlet entrance		40°33.7'	73°56.1'	-1 45	-2 21	-1 41	-2 18	1.1	1.4	--	--	1.8	085°	--	--	2.7	244°
1447	Rockaway Inlet	14	40°34.12'	73°53.48'	-1 43	-2 01	-1 23	-2 36	1.0	0.8	0.1	--	1.6	066°	0.1	344°	1.5	261°
1449	Barren Island, east of		40°35.0'	73°53.0'	-1 49	-2 29	-2 11	-2 26	0.8	0.9	--	--	1.2	004°	--	--	1.7	192°

Endnotes can be found at the end of table 2.

240

TABLE 2. – CURRENT DIFFERENCES AND OTHER CONSTANTS

No.	PLACE	Meter Depth (ft)	POSITION Latitude North	POSITION Longitude West	TIME DIFFERENCES Min. before Flood (h m)	TIME DIFFERENCES Flood (h m)	TIME DIFFERENCES Min. before Ebb (h m)	TIME DIFFERENCES Ebb (h m)	SPEED RATIOS Flood	SPEED RATIOS Ebb	Minimum before Flood (knots)	Minimum before Flood (Dir.)	Maximum Flood (knots)	Maximum Flood (Dir.)	Minimum before Ebb (knots)	Minimum before Ebb (Dir.)	Maximum Ebb (knots)	Maximum Ebb (Dir.)
	JAMAICA BAY Time meridian, 75°W				on The Narrows,													
1451	Canarsie (midchannel, off pier)	15	40° 37.6'	73° 53.0'	-1 44	-1 39	-1 26	-2 13	0.3	0.4	–	–	0.5	045°	–	–	0.7	222°
1453	Beach Channel (bridge)	16	40° 35.0'	73° 49.0'	-1 38	-1 14	-1 05	-1 32	1.2	1.1	–	–	1.9	062°	–	–	2.0	225°
1455	Grass Hassock Channel	17	40° 36.6'	73° 47.1'	-1 11	-1 03	-1 05	-1 01	0.6	0.5	–	–	1.0	052°	–	–	1.0	228°
	NEW YORK HARBOR ENTRANCE																	
1457	Ambrose Channel		40° 31.00'	73° 58.48'	-0 47	-1 11	-0 33	-0 14	1.0	0.9	0.1	025°	1.6	303°	–	–	1.7	123°
1459	Norton Point, WSW of		40° 33.30'	73° 01.30'	-0 03	-1 02	+0 18	+0 20	0.6	0.7	0.3	263°	1.6	341°	0.1	071°	1.2	166°
1461	THE NARROWS, midchannel		40° 36.56'	74° 02.77'	Daily predictions						0.2	064°	1.6	336°	–	–	1.9	164°
	... do.	30	40° 36.56'	74° 02.77'	-0 23	-0 07	+0 13	+0 14	1.1	0.9	–	–	1.7	332°	0.1	246°	1.7	160°
	... do.	43	40° 36.56'	74° 02.77'	-0 44	-0 11	+0 17	+0 00	1.2	0.9	0.1	244°	1.8	332°	0.1	244°	1.6	156°
	... do.	63	40° 36.56'	74° 02.77'	-1 10	-0 31	+0 10	-0 13	1.1	0.7	0.1	240°	1.7	331°	–	–	1.3	147°
	NEW YORK HARBOR, Upper Bay																	
1463	Bay Ridge, west of	22	40° 37.54'	74° 03.24'	-0 01	+0 19	+0 34	+0 52	0.9	0.8	0.1	104°	1.4	354°	–	–	1.5	185°
1465	Bay Ridge Channel	15	40° 39.18'	74° 01.54'	-0 48	-1 27	-0 04	-1 24	0.7	0.4	–	–	1.0	032°	0.1	125°	0.7	212°
	... do.	36	40° 39.18'	74° 01.54'	-1 25	-2 37	-0 58	-0 16	0.4	0.2	–	–	0.6	037°	–	–	0.4	225°
1467	Red Hook Channel		40° 40.0'	74° 01.2'	-0 53	-0 45	-0 16	-0 37	0.6	0.4	–	–	1.0	353°	–	–	0.7	170°
1469	Robbins Reef Light, east of		40° 39.45'	74° 03.50'	+0 26	+0 15	-0 06	+0 17	0.8	0.9	–	–	1.3	016°	–	–	1.6	204°
1471	Red Hook, 1 mile west of		40° 40.5'	74° 02.5'	+0 51	+1 05	+0 39	+0 45	0.8	1.2	–	–	1.3	024°	–	–	2.3	206°
1473	Statue of Liberty, east of		40° 41.4'	74° 01.8'	+1 07	+0 57	+0 48	+0 52	0.9	1.0	–	–	1.4	031°	–	–	1.9	205°
	HUDSON RIVER, Midchannel <17>				on George Washington Bridge,													
1475	Hudson River entrance	14	40° 42.30'	74° 01.12'	-0 28	-0 28	-0 25	+0 18	0.8	0.5	0.1	292°	1.4	009°	–	–	1.4	199°
1477	Grants Tomb	18	40° 48.48'	73° 58.06'	-0 13	-0 22	+0 11	-0 33	1.0	0.7	–	–	1.8	025°	–	–	1.8	208°
1479	GEORGE WASHINGTON BRIDGE	14d	40° 50.97'	73° 56.99'	Daily predictions						0.3	288°	1.8	010°	0.1	289°	2.5	203°
	... do.	40d	40° 50.97'	73° 56.99'	-0 35	-0 38	-0 04	-0 19	1.0	0.8	0.2	285°	1.7	012°	–	–	1.9	198°
	... do.	63d	40° 50.97'	73° 56.99'	-0 56	-0 40	+0 04	-0 36	0.7	0.8	0.1	266°	1.3	355°	–	–	1.1	177°
1481	Spuyten Duyvil		40° 53'	73° 56'	-0 06	+0 28	+0 10	+0 24	0.9	0.8	–	–	1.6	020°	–	–	2.1	200°
1483	Riverdale		40° 54'	73° 55'	+0 54	+0 27	+0 15	+0 32	0.8	0.8	–	–	1.4	015°	–	–	2.0	200°
1485	Mount St. Vincent College, SW of	15	40° 54.42'	73° 54.48'	+1 09	+0 20	+0 37	+0 29	0.8	0.5	–	–	1.5	007°	–	–	1.4	190°
1487	Dobbs Ferry		41° 01'	73° 53'	+1 13	+0 53	+0 37	+0 49	0.7	0.7	–	–	1.3	010°	–	–	1.7	190°
1489	Tappan Zee Bridge	5d	41° 04.00'	73° 52.90'	+1 12	+0 55	+0 52	+1 06	0.6	0.8	–	–	1.1	356°	–	–	1.9	175°
	... do.	16d	41° 04.00'	73° 52.90'	+0 50	+0 29	+1 04	+1 05	0.7	0.7	–	–	1.2	354°	–	–	1.6	174°
	... do.	35d	41° 04.00'	73° 52.90'	+0 14	+0 05	+0 51	+0 54	0.5	0.4	0.1	265°	0.8	349°	–	–	0.9	178°
1491	Tarrytown		41° 05'	73° 53'	+1 20	+1 06	+0 53	+1 02	0.5	0.6	–	–	0.9	000°	–	–	1.5	180°
1493	Ossining		41° 10'	73° 54'	+1 33	+1 22	+1 16	+1 19	0.5	0.6	–	–	0.9	320°	–	–	1.3	140°
1495	Haverstraw	4d	41° 12.55'	73° 57.07'	+2 29	+2 11	+1 58	+2 01	0.4	0.6	–	–	1.0	348°	–	–	1.5	165°
	... do.	12d	41° 12.55'	73° 57.07'	+2 04	+2 10	+2 14	+1 45	0.5	0.4	–	–	1.0	345°	–	–	1.1	166°
	... do.	20d	41° 14.49'	73° 58.00'	+2 09	+1 46	+2 14	+1 31	0.3	0.3	0.1	076°	0.8	344°	0.1	073°	0.7	162°
	... do.	14d	41° 14.49'	73° 58.00'	+1 26	+1 55	+2 21	+1 40	0.8	0.6	0.1	069°	1.0	348°	–	–	1.5	165°
1497	Stony Point	50d	41° 17'	73° 57'	+1 34	+1 50	+1 57	+1 36	0.6	0.5	–	–	1.3	334°	0.1	250°	1.1	165°
	... do.	83d	41° 18.95'	73° 59.03'	+1 53	+1 57	+2 22	+1 42	0.7	0.5	–	–	0.8	338°	–	–	0.6	170°
	... do.		41° 18.95'	73° 59.03'	+2 18	+1 44	+1 46	+2 02	0.5	0.5	0.1	265°	0.6	000°	–	–	1.2	180°
1499	Peekskill		41° 18.95'	73° 59.03'	+1 58	+1 32	+2 02	+2 05	0.4	0.5	–	–	0.6	000°	–	–	1.4	180°
1501	Bear Mountain Bridge	13d	41° 22'	73° 58'	+1 34	+1 46	+1 40	+2 07	0.6	0.6	–	–	1.0	343°	–	–	1.4	167°
	... do.	52d	41° 24'	73° 57'	+2 07	+1 38	+2 05	+2 02	0.6	0.5	–	–	1.0	339°	–	–	0.9	161°
	... do.	88d	41° 24'	73° 57'	+2 15	+1 57	+2 07	+2 04	0.6	0.4	–	–	1.0	005°	–	–	1.2	185°
1503	Highland Falls		41° 31.00'	73° 59.50'	+2 19	+2 07	+1 57	+2 19	0.5	0.5	–	–	1.0	010°	–	–	1.1	190°
1505	West Point, off Duck Island		41° 31.00'	73° 59.50'	+2 15	+2 19	+2 25	+2 18	0.6	0.4	–	–	1.2	350°	–	–	1.2	171°
1507	Newburgh Beacon Bridge	4d	41° 31.00'	73° 59.50'	+2 13	+2 08	+2 23	+2 51	0.6	0.4	–	–	0.9	346°	–	–	1.0	169°
	... do.	17d	41° 33.75'	73° 58.23'	+2 57	+2 07	+2 41	+2 50	0.6	0.3	–	–	0.9	345°	–	–	0.9	168°
	... do.	24d	41° 33.75'	73° 58.23'	+2 56	+2 36	+2 43	+3 01	0.5	0.6	–	–	1.1	039°	0.1	128°	1.4	213°
1509	Roseton	5d	41° 33.75'	73° 58.23'	+2 53	+2 37	+2 44	+2 51	0.6	0.5	0.1	123°	1.1	038°	0.1	128°	1.3	214°
	... do.	15d	41° 33.75'	73° 58.23'	+2 57	+2 37	+2 43	+2 50	0.6	0.5	–	–	0.9	031°	–	–	0.9	215°
	... do.	41d	41° 33.75'	73° 58.23'	+2 53	+2 32	+2 44	+3 01	0.5	0.4	–	–			–	–		

TABLE 2. – CURRENT DIFFERENCES AND OTHER CONSTANTS

No.	PLACE	Meter Depth (ft)	Position Latitude North	Position Longitude West	Time Diff. Min. before Flood (h m)	Time Diff. Flood (h m)	Time Diff. Min. before Ebb (h m)	Time Diff. Ebb (h m)	Speed Ratio Flood	Speed Ratio Ebb	Min. before Flood (knots)	Min. before Flood Dir.	Maximum Flood (knots)	Maximum Flood Dir.	Min. before Ebb (knots)	Min. before Ebb Dir.	Maximum Ebb (knots)	Maximum Ebb Dir.
	HUDSON RIVER, Midchannel <17> Time meridian, 75°W																	
	on George Washington Bridge,																	
1511	New Hamburg		41°35'	73°57'	+2 48	+2 40	+2 24	+2 33	0.6	0.4	—	—	1.0	005°	—	—	1.1	195°
1513	Mid–Hudson Suspension Bridge	16d	41°42.10'	73°56.76'	+3 15	+2 49	+2 54	+3 09	0.7	0.6	—	—	1.2	005°	—	—	1.5	188°
	do.	32d	41°42.10'	73°56.76'	+3 14	+2 47	+2 50	+3 08	0.6	0.5	—	—	1.1	005°	—	—	1.4	186°
	do.	48d	41°42.10'	73°56.76'	+3 12	+2 45	+2 46	+3 09	0.5	0.5	—	—	0.9	005°	—	—	1.2	185°
1515	Hyde Park		41°47'	73°57'	+3 25	+3 08	+2 43	+3 00	0.7	0.5	—	—	1.2	005°	—	—	1.3	185°
	on Kingston-Rhinecliff Bridge,																	
1517	Kingston Point, south of	4d	41°55.10'	73°57.57'	-0 31	-0 09	-0 07	-0 24	1.2	1.1	0.1	090°	1.3	009°	0.1	095°	1.5	177°
	do.	17d	41°55.10'	73°57.57'	-0 30	-0 10	-0 10	-0 22	1.2	1.1	0.1	090°	1.2	005°	0.1	095°	1.4	177°
	do.	30d	41°55.10'	73°57.57'	-0 30	-0 07	-0 07	-0 25	1.0	0.9	0.1	090°	1.0	011°	0.1	095°	1.1	178°
1519	KINGSTON–RHINECLIFF BRIDGE	14d	41°58.63'	73°57.13'		Daily predictions			1.1	1.1	—	—	1.1	011°	—	—	1.3	191°
	do.	4d	41°58.63'	73°57.13'	+0 00	-0 01	+0 01	-0 01	1.1	1.1	—	—	1.1	011°	—	—	1.4	192°
	do.	27d	51°58.63'	73°57.13'	-0 02	-0 05	-0 02	+0 01	0.8	0.9	—	—	0.9	010°	—	—	1.1	190°
1521	Barrytown		42°00'	73°56'	+0 21	+0 24	+0 14	-0 06	1.4	1.3	—	—	1.4	010°	—	—	1.7	190°
1523	Saugerties		42°04'	73°56'	+0 38	+0 45	+0 41	+0 28	1.3	1.5	—	—	1.5	000°	—	—	1.9	180°
1525	Silver Point, south of	4d	42°08.29'	73°54.51'	+0 38	+0 54	+0 40	+0 29	1.3	1.2	—	—	1.4	025°	—	—	1.5	205°
	do.	14d	42°08.29'	73°54.51'	+0 38	+0 54	+0 40	+0 29	1.2	1.1	—	—	1.3	025°	—	—	1.5	205°
	do.	31d	42°08.29'	73°54.51'	+0 28	+0 54	+0 37	+0 27	1.0	0.8	—	—	1.0	024°	—	—	1.1	205°
1527	Catskill		42°13'	73°51'	+1 11	+1 30	+0 54	+0 36	1.5	1.5	—	—	1.6	355°	—	—	2.0	175°
1529	Hudson	14d	42°14.88'	73°49.10'	+1 22	+1 17	+1 17	+0 48	1.4	1.5	—	—	1.5	061°	—	—	1.9	242°
	do.	24d	42°14.88'	73°49.10'	+1 21	+1 14	+1 14	+0 47	1.3	1.4	—	—	1.4	061°	—	—	1.8	242°
	do.	40d	42°14.88'	73°49.10'	+1 21	+1 17	+1 00	+0 52	1.0	1.0	—	—	1.1	060°	—	—	1.4	238°
1531	Coxsackie	4d	42°21.08'	73°47.40'	+1 31	+1 16	+1 01	+1 04	1.3	1.1	—	—	1.5	007°	—	—	1.5	190°
	do.	14d	42°21.08'	73°47.40'	+1 30	+1 12	+0 58	+1 04	1.1	0.8	—	—	1.4	007°	—	—	1.4	189°
	do.	31d	42°21.08'	73°47.40'	+1 28	+1 16	+1 10	+1 04	1.1	0.9	—	—	1.5	007°	—	—	1.1	184°
1533	Houghtaling Island, south of	4d	42°25.36'	73°46.80'	+1 41	+1 12	+1 09	+1 15	1.2	0.8	—	—	1.4	359°	—	—	1.2	180°
	do.	14d	42°25.36'	73°46.80'	+1 41	+1 09	+1 07	+1 14	1.1	0.7	—	—	1.2	357°	—	—	1.1	180°
	do.	27d	42°25.36'	73°46.80'	+1 40	+1 09	+1 06	+1 23	0.9	0.7	—	—	1.1	355°	—	—	0.9	181°
1535	New Baltimore		42°27'	73°47'	+2 07	+2 07	+1 58	+1 58	1.2	1.1	—	—	1.3	051°	—	—	1.5	175°
1537	Castleton–on–Hudson Bridge	6d	42°30.26'	73°46.64'	+1 50	+1 09	+1 06	+1 20	1.0	0.7	—	—	1.0	050°	—	—	0.9	233°
	do.	16d	42°30.26'	73°46.64'	+1 50	+1 10	+1 04	+1 16	0.9	0.7	—	—	1.0	049°	—	—	0.9	232°
	do.	32d	42°30.26'	73°46.64'	+1 48	+1 09	+1 00	+1 16	0.8	0.6	—	—	0.8	021°	—	—	0.8	229°
1539	Port of Albany	7d	42°37.39'	73°45.34'	+2 08	+1 10	+1 27	+2 14	0.5	0.4	—	—	0.5	020°	—	—	0.5	198°
	do.	16d	42°37.39'	73°45.34'	+2 17	+1 26	+1 26	+2 20	0.4	0.4	—	—	0.4	018°	—	—	0.5	200°
1541	Troy (below the locks) <19>	30d	42°44'	73°42'	+2 18	+1 11	+1 27	+2 06	—	—	—	—	—	—	—	—	—	—
	NEW YORK HARBOR, Lower Bay																	
	on The Narrows,																	
1543	Sandy Hook Channel	15	40°29.06'	74°00.06'	-1 23	-2 04	-1 14	-1 30	1.0	0.5	—	—	1.6	286°	—	—	1.9	094°
1545	Sandy Hook Chan., 0.4 mi. W of N. Tip		40°28.79'	74°01.30'	-1 41	-1 56	-1 38	-1 57	1.3	0.9	—	—	2.0	235°	—	—	1.6	050°
1547	Sandy Hook Pt, 2 mi. W of (channel)		40°28.8'	74°03.6'	-1 35	-2 01	-1 58	-1 49	0.4	0.3	—	—	0.6	263°	—	—	0.6	086°
1549	Chapel Hill South Channel		40°29.90'	74°03.8'	-2 02	-2 31	-1 48	-2 15	0.4	0.3	—	—	0.7	255°	—	—	0.6	075°
1551	New Dorp Beach, 1.2 miles south of		40°32.4'	74°05.8'	-4 09	-3 37	-4 43	-4 23	0.3	0.3	—	—	0.4	225°	—	—	0.5	030°
1553	Old Orchard Shoal Lt., 1.2 mi. ENE of		40°31.1'	74°04.4'	-2 09	-2 08	-1 31	-2 09	0.4	0.2	—	—	0.7	270°	—	—	0.4	085°
1555	New Dorp Beach, 1.8 miles SE of <20>		40°32.9'	74°03.7'	—	+0 06	—	-0 06	0.5	0.7	—	—	0.5	045°	—	—	0.5	225°
1557	Midland Beach, 2.6 miles SE of <21>		40°32.8'	74°02.35'	-1 17	-1 57	-1 06	-1 00	0.5	0.7	0.2	270°	0.8	335°	0.2	068°	1.3	160°
1559	Coney Island Lt, 1.5 miles SSE of		40°33.1'	74°00.3'	-1 33	-1 49	-0 25	-0 57	0.6	0.4	—	—	1.1	310°	—	—	1.3	125°
1561	Hoffman Island, 0.2 mile west of		40°35'	74°04'	-2 06	-2 13	-1 36	-1 50	0.7	0.4	—	—	0.9	020°	—	—	0.8	210°
1563	Rockaway Inlet Jetty, 1 mile SW of		40°31.8'	73°57.2'	—	—	—	—	0.8	0.8	—	—	1.2	287°	—	—	1.4	142°
1565	Coney Island Channel, west end		40°34.2'	74°00.5'	-1 14	-0 45	-0 32	-0 55	0.7	0.6	—	—	1.1	293°	—	—	1.2	102°
	SANDY HOOK BAY <22>																	
1567	Highlands Bridge, Shrewsbury River		40°23.8'	73°58.8'	+0 31	+0 35	+0 25	+0 12	1.7	1.3	—	—	2.6	170°	—	—	2.5	—
1569	Seabright Bridge, Shrewsbury River		40°21.9'	73°58.5'	+1 05	+1 05	+0 44	+0 44	0.9	0.9	—	—	1.4	185°	—	—	1.7	—

Endnotes can be found at the end of table 2.

TABLE 2. – CURRENT DIFFERENCES AND OTHER CONSTANTS

No.	PLACE	Meter Depth (ft)	POSITION Latitude (North)	POSITION Longitude (West)	TIME DIFFERENCES Min. before Flood (h m)	TIME DIFFERENCES Flood (h m)	TIME DIFFERENCES Min. before Ebb (h m)	TIME DIFFERENCES Ebb (h m)	SPEED RATIOS Flood	SPEED RATIOS Ebb	Minimum before Flood (knots)	Minimum before Flood (Dir.)	Maximum Flood (knots)	Maximum Flood (Dir.)	Minimum before Ebb (knots)	Minimum before Ebb (Dir.)	Maximum Ebb (knots)	Maximum Ebb (Dir.)
	RARITAN BAY Time meridian, 75°W																	
						on The Narrows,												
1571	Raritan Bay Reach Channel	15	40° 29.36'	74° 07.06'	−1 55	−2 41	−0 46	−0 58	0.4	0.2	– –	– –	0.6	285°	– –	– –	0.4	094°
1573	Keyport Channel entrance		40° 26.9'	74° 11.9'		*Current weak and variable*												
1575	Red Bank, 1.4 miles south of		40° 28.9'	74° 12.6'	−1 35	−2 13	−1 30	−1 51	0.4	0.3	– –	– –	0.6	278°	– –	– –	0.5	079°
1577	Seguine Point	14	40° 30.24'	74° 11.12'	−1 52	−2 51	−0 56	−2 15	0.4	0.2	– –	– –	0.7	281°	– –	– –	0.3	079°
	do.	34	40° 30.24'	74° 11.12'	−3 28	−2 52	−0 21	−2 31	0.3	0.1	– –	– –	0.5	285°	0.1	008°	0.2	105°
1579	Ward Point, ESE	14	40° 29.30'	74° 13.48'	−1 45	−1 59	−0 19	−1 01	0.5	0.3	0.1	328°	0.7	244°	0.1	133°	0.5	048°
	RARITAN RIVER																	
1581	Railroad Bridge, Raritan River	15	40° 29.54'	74° 17.00'	−2 02	−2 26	−1 23	−2 08	0.6	0.4	– –	– –	0.9	326°	– –	– –	0.7	147°
1583	Washington Canal, north entrance		40° 28.3'	74° 22.1'	−1 02	−1 26	−1 38	−2 58	1.0	0.8	– –	– –	1.5	240°	– –	– –	1.5	060°
1585	South River entrance		40° 28.7'	74° 22.7'	−1 45	−2 15	−0 35	−1 51	0.7	0.5	– –	– –	1.1	180°	– –	– –	1.0	000°
	ARTHUR KILL																	
1587	Tottenville, Arthur Kill River	15	40° 30.8'	74° 15.3'	−1 04	−1 26	−0 41	−1 30	0.7	0.6	– –	– –	1.0	023°	– –	– –	1.1	211°
	do.	32	40° 30.8'	74° 15.3'	−1 23	−1 06	−0 56	−1 10	0.4	0.3	– –	– –	0.6	026°	– –	– –	0.5	207°
1589	Tufts Point–Smoking Point		40° 33.4'	74° 13.4'	−0 38	−0 45	−0 32	−1 07	0.8	0.6	– –	– –	1.2	109°	– –	– –	1.2	267°
1591	Tremley Point Reach	21	40° 35.18'	74° 12.30'	−0 08	−0 55	+0 23	+0 22	0.6	0.4	– –	– –	0.9	015°	– –	– –	0.8	198°
1593	Elizabethport		40° 38.8'	74° 10.9'	+0 15	−0 10	+0 24	−0 03	0.9	0.6	– –	– –	1.4	090°	– –	– –	1.1	262°
	KILL VAN KULL					*on Bergen Point Reach, Daily predictions*													
1595	BERGEN POINT REACH (BAYONNE BRIDGE)	16	40° 38.5'	74° 08.6'	−0 15	+0 02	+0 14	−0 04	0.8	0.9	0.1	346°	1.9	260°	– –	– –	1.4	078°
	do.	29	40° 38.5'	74° 08.6'							– –	– –	1.6	263°	– –	– –	1.3	079°
						on The Narrows,												
1597	Bergen Point, East Reach	15	40° 38.42'	74° 07.48'	−1 24	−2 14	−1 43	−1 51	0.7	0.6	– –	– –	1.1	274°	– –	– –	1.2	094°
1599	New Brighton	15	40° 39.00'	74° 05.06'	−1 34	−2 09	−1 32	−1 50	0.8	1.0	– –	– –	1.3	262°	– –	– –	1.9	072°
	NEWARK BAY																	
1601	South Reach, Newark Bay	15	40° 39.36'	74° 08.24'	−0 46	−1 46	−0 59	−1 13	0.4	0.4	– –	– –	0.7	031°	0.0	296°	0.7	218°
	HACKENSACK RIVER																	
1603	Lincoln Highway Bridge, north of		40° 44'	74° 06'	+0 04	+0 11	+0 39	−0 21	0.6	0.4	– –	– –	0.9	017°	– –	– –	0.8	181°
	PASSAIC RIVER																	
1605	Lincoln Highway Bridge		40° 44'	74° 07'	−0 21	−0 20	−0 20	−0 27	0.4	0.3	– –	– –	0.6	009°	– –	– –	0.5	180°
	NEW JERSEY COAST					*on Delaware Bay Entrance,*													
1607	Shark River Entrance	5d	40° 11.24'	74° 00.76'	−2 26	−2 31	−2 33	−2 08	1.1	0.9	– –	– –	1.9	273°	– –	– –	1.5	098°
	do.	15d	40° 11.24'	74° 00.76'	−2 27	−2 30	−2 33	−2 10	0.9	0.7	– –	– –	1.5	275°	– –	– –	1.2	097°
1609	Manasquan Inlet		40° 06'	74° 02'	−1 03	−1 09	−1 39	−1 53	1.0	1.1	– –	– –	1.7	300°	– –	– –	1.8	120°
1611	Manasquan R., hwy. bridge, main chan		40° 06'	74° 03'	−1 01	−1 29	−1 42	−0 46	1.3	1.2	– –	– –	2.2	230°	– –	– –	2.1	050°
1613	Point Pleasant Canal, north bridge <54>		40° 05'	74° 04'	+1 26	+0 49	+0 21	+1 14	1.0	1.2	– –	– –	1.8	170°	– –	– –	2.0	350°
1615	Barnegat Inlet		39° 46'	74° 07'	+0 41	−0 27	−0 12	−0 08	1.3	1.5	– –	– –	2.2	270°	– –	– –	2.5	090°
1617	Manahawkin Drawbridge		39° 39'	74° 11'	+2 13	+2 04	+1 58	+3 25	0.6	0.5	– –	– –	1.1	030°	– –	– –	0.9	210°
1619	Absecon Inlet		39° 22.59'	74° 24.87'	−1 30	−1 30	−1 23	−2 14	1.3	1.2	0.1	055°	2.2	328°	– –	– –	2.0	147°
	do.		39° 22.59'	74° 24.87'	−1 22	−1 45	−1 21	−2 04	1.1	1.1	0.1	239°	1.9	327°	– –	– –	1.8	144°
1621	Corson's Inlet Entrance	9d	39° 12.50'	74° 39.11'	−1 53	−1 57	−2 04	−2 59	0.9	1.1	– –	– –	1.6	308°	– –	– –	1.8	129°
1623	Cape May, 72 miles east of	42d	39° 04'	73° 25'		*Current weak and variable*												
1625	Five–Fathom Bank NE. Buoy 2 FB	15d	38° 58'	74° 32'		*Current weak and variable*												

Endnotes can be found at the end of table 2.

TABLE 2. – CURRENT DIFFERENCES AND OTHER CONSTANTS

Note: Time differences for the DELAWARE BAY and RIVER entries are referenced "on Delaware Bay Entrance,". Entries marked "Daily predictions," / "Daily Predictions," are predicted directly.

No.	PLACE	Meter Depth (ft)	Latitude North	Longitude West	Min. before Flood (h m)	Flood (h m)	Min. before Ebb (h m)	Ebb (h m)	Speed Ratio Flood	Speed Ratio Ebb	Min. before Flood knots	Min. before Flood Dir.	Max. Flood knots	Max. Flood Dir.	Min. before Ebb knots	Min. before Ebb Dir.	Max. Ebb knots	Max. Ebb Dir.
	NEW JERSEY COAST Time meridian, 75°W																	
1627	Five Fathom Bank Traffic Lane	35d	38°47.30'	74°42.68'	-2 10	-2 21	-1 27	-1 36	0.3	0.2	--	--	0.6	304°	--	--	0.4	121°
	do.	50d	38°47.30'	74°42.68'	-2 45	-1 57	-1 48	-2 16	0.2	0.2	--	--	0.4	302°	--	--	0.3	128°
1629	McCrie Shoal		38°51'	74°51'	-0 54	-1 05	-1 10	-1 00	0.7	0.8	--	--	1.3	280°	--	--	1.4	100°
1631	Cape May Harbor entrance	5d	38°58.85'	74°52.36'	-2 02	-1 59	-2 01	-2 06	0.9	1.0	--	--	1.6	324°	--	--	1.7	142°
	do.	15d	38°58.85'	74°52.36'	-1 42	-1 23	-1 34	-1 07	1.1	1.3	--	--	1.2	323°	--	--	1.7	142°
	do.	28d	38°58.85'	74°52.36'	-2 07	-2 01	-2 01	-2 01	0.7	0.8	--	--	1.9	322°	--	--	1.4	143°
1633	Cape May Canal, east end		38°57'	74°54'	-2 07	-2 27	-2 20	-2 01	1.1	1.1	--	--	1.9	310°	--	--	1.9	130°
1635	Cape May Canal, west end		38°58'	74°58'	-2 08	-2 27	-2 15	-2 12	0.5	0.5	--	--	0.9	264°	--	--	0.9	089°
	DELAWARE BAY and RIVER (on Delaware Bay Entrance,)																	
1637	Cape May Channel	15d	38°54'	74°58'	-1 34	-2 09	-1 38	-1 41	0.9	1.4	--	--	1.5	306°	0.1	214°	2.3	150°
1639	Cape May Point, 1.4 n.mi. SSW of	25d	38°54.37'	74°58.68'	-1 24	-1 57	-1 29	-1 43	0.8	1.1	0.1	030°	1.5	309°	0.1	223°	1.8	130°
	do.	15d	38°54.37'	74°58.68'	-1 17	-1 44	-1 27	-1 27	0.6	0.7	0.1	038°	1.2	306°	0.2	208°	1.2	139°
1641	Cape May Point, 2.7 n.mi. SSW of	15d	38°53.40'	74°59.13'	-1 50	-1 47	-1 14	-1 32	0.7	0.5	0.1	228°	1.8	299°	0.2	061°	0.9	146°
1643	DELAWARE BAY ENTRANCE	22	38°51.22'	75°04.62'	Daily predictions,				1.0	1.4	0.2	253°	1.2	342°	--	--	1.7	152°
1645	Cape Henlopen, 0.7 n.mi. ESE of	12d	38°47.97'	75°04.90'	-0 25	-0 32	-1 07	-0 59	0.7	0.4	--	--	1.8	331°	0.1	232°	2.4	139°
	do.	70d	38°47.97'	75°04.90'	-1 46	-0 35	-0 51	-0 40	1.1	1.4	0.1	042°	1.2	317°	--	--	0.7	150°
1647	Cape Henlopen, 2 miles northeast of	17d	38°49.2'	75°03.4'	+0 01	-0 18	-0 30	+0 03	1.1	1.0	--	--	2.0	315°	0.2	062°	2.3	145°
1649	Cape Henlopen, 3.0 n.mi. NNE of	31d	38°51.22'	75°04.62'	-0 02	-0 01	-0 01	+0 04	1.1	0.9	0.2	252°	1.7	342°	0.1	065°	1.7	152°
	do.	57d	38°51.22'	75°04.62'	-0 09	-0 12	+0 04	+0 02	1.1	0.8	0.1	250°	1.9	338°	0.0	245°	1.5	154°
	do.	96d	38°51.22'	75°04.62'	-0 18	-0 27	+0 17	+0 08	1.0	0.7	0.1	228°	1.9	334°	--	--	1.3	149°
1651	Cape Henlopen, 4.8 n.mi. northeast of	18d	38°51.55'	75°01.47'	-0 30	-0 28	+0 11	+0 01	1.0	0.7	0.1	053°	1.8	333°	0.2	229°	1.2	150°
	do.	28d	38°51.55'	75°01.47'	-0 43	-1 50	-1 09	-0 59	0.6	0.7	0.2	241°	1.5	322°	0.2	220°	1.8	154°
1653	Cape Henlopen, 5 miles north of		38°53.0'	75°05.3'	-1 04	-1 39	-1 11	-0 51	1.1	1.1	--	--	1.0	301°	--	--	1.2	173°
1655	Breakwater Harbor		38°47.6'	75°05.6'	+0 02	+0 00	+0 14	+0 12	0.4	0.5	--	--	2.0	344°	--	--	1.9	078°
1657	Roosevelt Inlet (between jetties) <24>		38°47.5'	75°09.5'	-1 15	+1 31	-1 41	-1 10	1.1	0.6	--	--	0.8	266°	--	--	1.1	030°
1659	Broadkill Slough	14d	38°53.78'	75°12.63'	--	+1 31	--	+0 19	0.5	0.4	--	--	0.7	206°	--	--	0.6	132°
1661	Mispillion River mouth		38°56.8'	75°18.9'	-0 56	+1 50	-0 30	-0 55	0.5	0.6	--	--	0.8	314°	--	--	1.0	190°
1663	Bay Shore Channel (north)	13d	39°04.68'	74°58.88'	+2 14	+1 22	+1 22	+1 18	0.5	0.4	0.1	098°	1.5	025°	0.1	223°	0.7	183°
1665	Bay Shore Channel (city of Town Bank)	15d	38°59.08'	74°59.28'	-0 49	-0 34	-0 24	-0 04	0.5	0.6	0.1	093°	0.8	006°	0.1	275°	1.0	183°
1667	BRANDYWINE SHOAL LIGHT, 0.5nm west of	15d	38°59.26'	75°07.62'	Daily Predictions,				0.7	0.7	--	--	0.9	006°	--	--	1.0	153°
1669	Brandywine Ra. (off Brandywine Shoal N)	15d	39°00.37'	75°08.38'	-0 30	-0 38	-0 25	-0 39	0.4	0.4	0.1	061°	1.5	330°	0.1	241°	1.4	164°
	do.	40d	39°00.37'	75°08.38'	-0 56	-0 39	-0 32	-0 32	0.3	0.5	--	--	0.6	339°	--	--	0.6	153°
1671	Big Stone Beach, 2.8 miles southeast of		38°58.7'	75°16.6'	-1 04	-1 30	-1 08	-1 07	0.3	0.4	--	--	0.7	334°	--	--	0.9	145°
1673	Big Stone Beach, 2.2 n.mi. ENE of	15d	39°00.48'	75°17.05'	-0 13	-0 26	-0 23	+0 04	0.4	0.4	--	--	0.6	326°	--	--	0.7	135°
1675	Fourteen Ft. Bank Lt., 1.4 n.mi. SSE of	12d	39°02.32'	75°09.48'	-0 10	-0 36	-0 14	+0 10	0.3	0.9	0.1	071°	0.7	319°	0.1	233°	1.2	160°
	do.	30d	39°02.32'	75°09.48'	-0 40	-0 32	-0 17	-0 05	0.5	0.4	0.1	069°	1.2	344°	--	--	0.7	155°
1677	Fourteen Ft. Bank Lt., 1.2 mi. east of		39°03.3'	75°09.5'	-0 10	-0 26	+0 02	+0 05	0.5	0.4	--	--	0.9	343°	0.1	249°	1.5	174°
1679	Deadman Shoal, 3.1 n.mi. SW of	13d	39°04.00'	75°04.22'	-0 43	-0 35	-0 35	-0 19	0.4	0.7	0.1	085°	1.3	339°	0.1	263°	0.6	173°
1681	Egg Island Flats		39°06.4'	75°07.1'	-1 13	-1 05	-0 58	-1 26	0.6	0.6	--	--	0.8	352°	--	--	0.7	150°
1683	Brandywine Range at Miah Maull Range	9d	39°04.97'	75°11.28'	+0 20	-0 36	-0 06	+0 44	1.4	1.3	0.1	067°	0.7	355°	0.1	067°	1.2	159°
1685	Maurice River entrance		39°13.0'	75°02.7'	+0 31	+0 06	+0 37	+0 39	0.3	0.2	--	--	1.0	341°	--	--	1.0	192°
1687	Mauricetown Bridge, Maurice River		39°17.2'	74°59.6'	+0 41	+0 48	+0 27	+0 33	0.5	0.4	--	--	2.4	012°	--	--	2.2	180°
1689	Millville Drawbridge, Maurice River <25>		39°23.7'	75°02.4'	--	--	--	+1 51	0.9	0.7	--	--	0.2	000°	--	--	0.4	180°
1691	St. Jones River ent., 1 mile east of		39°04'	75°23'	-0 20	-0 40	-0 16	-0 09	0.5	1.1	--	--	0.6	000°	--	--	0.9	122°
1693	Kelly Island 1.5 miles east of		39°12.8'	75°21.7'	+0 31	+0 11	+0 17	+0 16	0.6	0.8	--	--	0.9	348°	--	--	1.2	164°
1695	Miah Maull Range at Cross Ledge Range	16d	39°10.72'	75°16.40'	+0 59	+0 02	+1 00	+1 31	1.0	0.4	0.2	254°	1.5	335°	0.1	241°	1.8	160°
1697	False Egg Island Point, 2 miles off		39°11.4'	75°12'	+0 07	-0 35	-0 14	+0 06	0.5	0.7	--	--	1.1	342°	--	--	1.3	158°
1699	Ben Davis Pt. Shoal, southwest of	15d	39°14.87'	75°18.93'	+1 27	+0 51	+1 03	+1 41	0.7	0.8	0.2	047°	1.8	321°	--	--	1.9	147°
1701	Ben Davis Point, 3.2 n.mi. SW of	12d	39°16.13'	75°20.88'	+1 46	+0 59	+1 24	+1 55	0.9	0.2	0.2	047°	1.9	328°	--	--	2.2	140°
	do.	43d	39°16.13'	75°20.88'	+0 41	+0 38	+1 48	+2 13	1.1	0.5	--	--	0.8	319°	--	--	0.4	136°
1703	Ben Davis Point, 0.8 mile southwest of		39°16.9'	75°18.2'	+0 37	+0 19	+0 46	+0 25	0.6	1.1	--	--	1.2	308°	--	--	0.8	122°
1705	Cohansey River, 0.5 mile above entrance		39°20.9'	75°21.6'	+1 10	+0 41	+1 04	+0 53	1.0	1.3	--	--	1.2	074°	--	--	1.4	254°
1707	Bridgeton (Broad Street Bridge) <1>		39°25.6'	75°14.2'	--	+1 48	--	+1 56	0.5	0.2	--	--	0.2	000°	--	--	0.3	180°

Endnotes can be found at the end of table 2.

TABLE 2. – CURRENT DIFFERENCES AND OTHER CONSTANTS

No.	PLACE	Meter Depth (ft)	POSITION Latitude North	POSITION Longitude West	TIME DIFFERENCES Min. before Flood (h m)	Flood (h m)	Min. before Ebb (h m)	Ebb (h m)	SPEED RATIOS Flood	SPEED RATIOS Ebb	Min. before Flood (knots)	Dir.	Maximum Flood (knots)	Dir.	Min. before Ebb (knots)	Dir.	Maximum Ebb (knots)	Dir.
	DELAWARE BAY and RIVER Time meridian, 75°W				**on Delaware Bay Entrance,**													
1709	Arnold Point, 2.2 n.mi. WSW of	14d	39°22.67'	75°28.07'	+2 03	+1 39	+2 00	+2 14	1.2	1.1	--	--	2.1	324°	0.1	047°	1.9	145°
	...do.	29d	39°22.67'	75°28.07'	+1 30	+1 29	+1 49	+1 34	0.9	0.8	0.1	225°	1.6	327°	0.1	055°	1.3	140°
1711	Smyrna River entrance		39°21.9'	75°30.8'	+1 29	+1 02	+1 30	+1 32	0.7	0.9	--	--	1.2	250°	--	--	1.5	070°
					on Reedy Point,													
1713	Stony Point, channel west of		39°27.1'	75°33.8'	+0 03	+0 00	-0 25	-1 09	0.8	0.9	--	--	1.5	324°	--	--	1.9	151°
1715	Appoquinimink River entrance		39°26.8'	75°34.9'	-0 47	+0 05	-0 47	-1 41	0.6	0.5	--	--	1.0	231°	--	--	1.2	048°
1717	Artificial Island (Baker Range)	14d	39°28.20'	75°33.88'	-0 14	-0 11	-0 09	-0 30	1.2	1.2	0.2	267°	2.1	346°	--	--	2.7	175°
1719	Reedy Island (off end of pier)		39°30.7'	75°33.4'	-0 19	+0 11	-0 09	-0 52	1.3	1.2	--	--	2.4	027°	--	--	2.6	194°
1721	Alloway Creek ent. 0.2 mile above		39°29.9'	75°31.5'	-0 59	-0 08	-0 44	-2 19	0.9	0.9	--	--	2.1	129°	--	--	2.1	325°
1723	New Bridge, Alloway Creek		39°31.6'	75°27.1'	-0 17	+1 07	+0 33	-0 39	0.7	0.6	--	--	1.3	090°	--	--	1.4	270°
1725	Chesapeake and Delaware Canal Entrance	15d	39°33.63'	75°34.20'	+2 44	+2 41	+3 36	+1 40	0.8	0.9	--	--	1.7	264°	--	--	2.0	087°
1727	REEDY POINT, 0.3nm east of south jetty	15d	39°33.51'	75°34.20'	Daily predictions						0.1	074°	1.7	351°	0.1	260°	2.0	163°
1729	Reedy Point, 1.1 miles east of		39°33.58'	75°32.47'	-0 01	+0 21	+0 05	-0 39	1.0	0.8	--	--	1.6	354°	--	--	1.7	179°
1731	Reedy Point, 0.85 n.mi. northeast of	15d	39°34.23'	75°33.22'	-0 14	-0 14	-0 03	-0 45	0.9	0.9	--	--	1.8	341°	--	--	2.2	163°
1733	Salem River entrance		39°34.2'	75°30.1'	+0 26	+0 43	+0 34	-0 06	0.8	0.7	--	--	1.5	062°	--	--	1.6	245°
1735	Bulkhead Shoal Channel, SE, Del. City	14d	39°34.58'	75°34.52'	-0 04	-0 05	+0 06	-0 33	1.2	0.9	--	--	2.1	299°	--	--	2.1	118°
1737	Bulkhead Shoal Channel, off Del. City		39°35.0'	75°35.2'	-0 04	+0 08	+0 00	-0 31	1.2	0.9	--	--	2.1	308°	--	--	2.1	138°
1739	Pea Patch Island, channel east of		39°36.0'	75°33.9'	+0 10	+0 23	+0 30	-0 06	1.3	1.0	--	--	2.3	319°	--	--	2.3	148°
1741	Finns Point, 0.60 n.mi. Northwest of	16d	39°36.37'	75°34.47'	+0 14	+0 18	+0 22	-0 22	0.9	1.0	--	--	2.1	332°	--	--	1.7	152°
1743	Penns Neck, 0.6 mile west of		39°37.05'	75°34.92'	+0 18	+0 48	+0 11	-0 44	0.9	0.8	--	--	1.8	002°	--	--	1.7	167°
1745	Penns Neck, 0.3 mile west of		39°37.07'	75°34.58'	+0 02	+0 17	+0 05	-0 38	1.0	1.0	--	--	1.8	339°	--	--	1.7	152°
1747	New Castle, channel abreast of		39°39.1'	75°33.2'	+0 16	+0 03	+0 03	-0 42	1.0	1.1	--	--	1.9	051°	--	--	2.4	230°
1749	Kelly Point, 0.2 mile northwest of		39°38.9'	75°32.38'	+0 23	+1 05	+0 36	-0 44	0.9	0.7	--	--	1.6	049°	--	--	1.5	230°
1751	Riverview Beach, 0.75 n.mi. west of	15d	39°39.40'	75°32.8'	+0 31	+0 33	+0 36	-0 08	1.1	0.9	--	--	2.0	038°	--	--	1.9	225°
1753	Deepwater Point, channel northwest of		39°42.1'	75°30.6'	+0 24	+1 04	+0 42	-0 20	1.7	1.2	--	--	3.0	029°	--	--	2.6	215°
1755	Christina River, 0.9 n.mi. above ent	15d	39°43.30'	75°31.77'	+0 32	+0 26	-0 22	-0 46	0.1	0.4	0.1	226°	0.2	303°	--	--	0.8	137°
1757	Cherry Island Flats, channel east of		39°44.3'	75°29.1'	+0 49	+1 18	+0 59	-0 18	0.9	0.6	--	--	1.6	027°	--	--	1.4	207°
1759	Oldsmans Point		39°45.9'	75°28.4'	+1 08	+0 52	+1 00	+0 25	0.9	0.7	--	--	1.6	027°	--	--	1.5	210°
					on Philadelphia,													
1761	Marcus Hook Bar (north), Main Channel	15d	39°47.70'	75°26.08'	-1 25	-1 29	-0 22	-0 37	1.3	0.8	--	--	1.9	059°	--	--	1.7	246°
1763	Marcus Hook		39°48.2'	75°24.6'	-0 41	-0 37	-0 25	-0 14	1.1	1.1	--	--	1.7	061°	--	--	1.6	232°
1765	Eddystone		39°50.8'	75°20.5'	-0 14	-0 15	+0 04	-0 10	1.1	1.1	--	--	2.2	058°	--	--	2.2	242°
1767	Essington Harbor		39°51.5'	75°18.3'	-1 30	-1 02	-0 23	-1 09	0.9	0.9	--	--	1.4	096°	--	--	1.2	274°
1769	Crab Point, 0.5 mile east of		39°50.8'	75°17.0'	-0 51	-0 12	+0 17	-0 07	1.4	0.6	--	--	2.1	094°	--	--	1.9	268°
1771	Hog Island, channel southeast of		39°52.0'	75°12.9'	-0 49	-0 03	+0 15	+0 13	1.3	1.1	--	--	1.9	054°	--	--	2.2	231°
1773	Schuylkill River entrance <1>	12d	39°53.2'	75°11.7'	---	-1 24	---	-1 35	0.3	0.2	--	--	0.5	356°	--	--	0.4	178°
1775	Schuylkill River <1>	17d	39°54.23'	75°12.90'	-0 27	-0 56	+0 08	-0 29	0.2	0.2	--	--	0.2	351°	--	--	1.8	172°
1777	Eagle Point, 0.2 n.mi. northwest of	40d	39°52.82'	75°10.38'	-0 33	-1 11	+0 03	-0 29	1.1	0.6	--	--	1.6	091°	--	--	1.3	271°
1779	Gloucester		39°53.4'	75°08.1'	-0 26	+0 06	+0 26	-0 05	1.5	1.0	--	--	2.2	020°	--	--	2.0	274°
1781	Greenwich Point, northeast of		39°54.5'	75°07.6'	-0 26	+0 27	+0 27	-0 04	1.1	0.6	--	--	1.6	002°	--	--	1.6	210°
1783	Camden Marine Terminals, E of Chan. <26>		39°56.4'	75°08.2'	+0 13	+0 49	+0 49	+0 02	0.9	0.6	--	--	1.3	005°	--	--	1.1	188°
1785	PHILADELPHIA, PENNS LANDING	15d	39°56.76'	75°08.33'	Daily predictions						--	--	1.5	017°	--	--	2.0	174°
1787	Petty Island (west end), Main Channel	24d	39°58.03'	75°07.13'	-0 06	-0 03	+0 14	-0 26	1.0	0.9	--	--	1.8	066°	--	--	1.7	201°
1789	Fisher Point	35d	39°58.9'	75°04.2'	-0 11	+0 50	+0 56	-1 06	1.0	0.7	--	--	1.4	041°	--	--	1.3	248°
1791	Fivemile Point Bridge, northeast of		39°59.18'	74°59.4'	+0 28	+1 00	+0 32	+0 01	0.6	0.8	--	--	1.5	038°	--	--	1.5	223°
1793	Torresdale, west of channel		40°02.4'	74°57.6'	+1 15	-0 01	+1 24	+0 41	0.9	0.9	--	--	0.9	044°	--	--	1.6	214°
1795	Rancocas Creek, off Delanco	21d	40°02.6'	74°53.20'	+0 57	+1 29	+0 42	-0 36	0.7	0.6	--	--	1.0	090°	--	--	0.9	223°
1797	College Point, 0.4 n.mi. east of	8	40°04.65'	74°57.6'	+0 54	+1 03	+0 30	+1 03	0.8	0.5	--	--	1.3	084°	--	--	1.2	272°
1799	Bristol, south of		40°05.3'	74°51.6'	+1 16	+0 35	+1 05	+1 42	0.9	0.7	--	--	0.9	252°	--	--	1.6	252°
1801	Burlington Island, channel east of		40°05.7'	74°50.2'	+1 53	+0 50	+1 42	-1 35	0.6	0.6	--	--	1.2	084°	--	--	1.8	200°
1803	Newbold Island north of, Main Channel	15d	40°08.03'	74°45.38'	+0 47	-0 26	+0 09	+2 02	0.4	0.2	--	--	0.7	018°	--	--	0.5	250°
1805	Whitehill <27>		40°08.2'	74°44.2'	---	---	---	---	--	0.7	--	--	--	--	--	--	1.4	233°

Endnotes can be found at the end of table 2.

TABLE 2. – CURRENT DIFFERENCES AND OTHER CONSTANTS

No.	PLACE	Meter Depth (ft)	POSITION Latitude (North)	POSITION Longitude (West)	TIME DIFF. Min. before Flood (h m)	TIME DIFF. Flood (h m)	TIME DIFF. Min. before Ebb (h m)	TIME DIFF. Ebb (h m)	SPEED RATIOS Flood	SPEED RATIOS Ebb	Min. before Flood (knots)	Min. before Flood Dir.	Maximum Flood (knots)	Maximum Flood Dir.	Min. before Ebb (knots)	Min. before Ebb Dir.	Maximum Ebb (knots)	Maximum Ebb Dir.
	DEL., MD. and VA. COAST / Time meridian, 75°W																	
1807	Fenwick Shoal Lighted Whistle Buoy 2		38°25'	74°46'		See table 5.												
1809	Winter–Quarter Shoal Buoy 6WQS		37°55'	74°56'		Current weak and variable												
1811	Smith Island Shoal, southeast of		37°05.3'	75°43.5'	-1 41	-1 56	-2 15	-1 41	0.3	0.4	--	--	0.3	298°	--	--	0.4	068°
1813	Cape Henry Light, 2.2 miles southeast of	7	36°53.9'	75°58.7'	-1 21	-1 02	-0 50	-1 17	0.9	0.8	--	--	1.0	346°	--	--	0.9	165°
	on Chesapeake Bay Entrance,																	
	CHESAPEAKE BAY																	
1815	Cape Henry Light, 3.4nm NNE of	7d	36°58.79'	75°58.85'	-0 08	-0 39	-0 31	-0 08	0.9	1.5	0.2	206°	1.0	287°	0.2	016°	1.6	116°
	do.	15d	36°58.79'	75°58.85'	-0 19	-0 43	-0 29	-0 12	0.9	1.1	0.1	199°	1.0	284°	0.1	198°	1.2	112°
	do.	30d	36°58.79'	75°58.85'	-0 54	-0 38	-0 43	-0 45	0.5	0.6	0.1	009°	0.6	277°	0.1	195°	0.6	104°
1817	Cape Henry Light, 2.35nm NNE of	15d	36°57.74'	75°59.14'	+0 12	-0 06	-0 22	+0 00	0.9	1.1	--	--	1.2	291°	0.1	029°	1.2	116°
	do.	30d	36°57.74'	75°59.14'	-0 41	-0 39	-0 33	-0 32	1.1	0.9	--	--	1.2	294°	0.1	208°	1.0	123°
	do.	45d	36°57.74'	75°59.14'	-1 10	-0 47	-0 30	-0 48	1.1	0.8	--	--	1.4	294°	0.1	205°	0.9	125°
	do.	60d	36°57.74'	75°59.14'	-1 27	-0 57	-0 36	-1 03	0.8	0.7	--	--	1.2	294°	0.1	204°	0.7	124°
1819	Cape Henry Light, 1.4nm NE of	15d	36°56.73'	75°59.38'	+0 38	+0 05	-0 23	+0 14	1.1	1.4	0.1	205°	0.9	298°	--	--	1.5	117°
	do.	30d	36°56.73'	75°59.38'	-0 05	-0 20	-0 15	+0 03	1.1	1.1	0.1	205°	1.2	298°	--	--	1.2	118°
	do.	45d	36°56.73'	75°59.38'	-0 23	-0 30	-0 10	-0 08	0.8	1.0	0.1	203°	1.2	293°	--	--	1.2	114°
	do.	60d	36°56.73'	75°59.38'	-0 37	-0 32	-0 10	-0 18	0.9	0.9	--	--	1.0	298°	0.1	199°	1.0	107°
1821	Cape Henry Light, 0.8 n.mi. NNE of	15d	36°56.33'	75°59.98'	-1 47	-0 36	-0 44	-1 59	1.0	1.6	0.1	003°	1.1	298°	0.1	191°	1.7	113°
	do.	38d	36°56.33'	75°59.98'	+0 21	-2 20	-2 16	+0 13	1.0	1.1	0.1	210°	1.1	275°	0.2	189°	1.2	106°
1823	Cape Henry Light, 2.0 n.mi. north of	15d	36°57.53'	76°00.63'	+0 07	-0 14	+0 20	+0 13	1.1	1.0	0.1	012°	1.2	289°	0.1	190°	1.1	110°
	do.	39d	36°57.53'	76°00.63'	-0 28	-0 29	+0 15	-0 24	0.8	0.7	0.1	002°	0.9	277°	0.2	177°	0.7	110°
	do.	54d	36°57.53'	76°00.63'	-1 08	-0 32	-0 06	-1 12	0.8	0.5	0.1	209°	1.1	263°	--	--	0.5	111°
1825	CHESAPEAKE BAY ENTRANCE, buoy LB2CH	22d	36°57.54'	76°00.76'		Daily predictions												
1827			37°00.1'	75°59.3'	-0 32	-0 30	-0 21	+0 16	1.2	1.2	0.1	209°	1.1	297°	--	--	1.3	104°
1829	Cape Henry Light, 5.9 n.mi. north of	14d	37°01.24'	75°59.33'	-1 04	-0 48	-1 06	-0 43	0.5	0.7	0.1	228°	0.6	307°	--	--	0.7	140°
1831	Cape Henry Light, 8.3 mi. NW of	12d	37°02.20'	76°06.60'	+0 11	+0 04	+0 05	+0 19	0.7	0.8	--	--	0.8	329°	--	--	1.1	133°
1833	Lynnhaven Roads		36°55.1'	76°04.9'	-0 25	-0 21	-0 25	-0 17	0.7	1.0	--	--	0.8	280°	--	--	0.9	070°
1835	Lynnhaven Inlet bridge		36°54.4'	76°05.6'	-1 23	-1 41	-2 23	-2 37	0.5	1.3	--	--	0.6	180°	--	--	1.4	000°
	Chesapeake Bay Bridge Tunnel																	
1837	Chesapeake Beach, 1.5 miles north of	6d	36°56.69'	76°07.33'	+0 24	+0 09	-0 34	-0 07	0.7	0.8	0.3	205°	0.8	305°	0.2	013°	0.9	100°
1839	0.75nm west, Thimble Shoal Channel	16d	36°58.64'	76°07.45'	-0 08	-0 21	-0 27	+0 01	1.1	1.0	0.1	200°	1.2	289°	0.1	017°	1.1	113°
	do.	29d	36°58.64'	76°07.45'	-0 35	-0 20	+0 05	-0 05	1.0	0.8	0.1	008°	1.1	289°	--	--	0.8	111°
	do.	39d	36°58.64'	76°07.45'	-0 47	-0 26	+0 25	+0 04	0.8	0.5	--	--	0.9	281°	--	--	0.5	101°
1841	Tail of the Horseshoe		36°59.57'	76°06.20'	-0 48	-0 20	+0 12	-0 06	0.5	0.5	--	--	0.6	284°	--	--	0.5	096°
1843	Chesapeake Channel (bridge tunnel)	13d	37°02.50'	76°04.33'	+0 00	-0 09	-0 24	+0 21	0.9	0.9	--	--	0.9	300°	0.1	229°	1.0	110°
1845	Chesapeake Channel (Buoy 15)	34d	37°03.40'	76°05.58'	+0 12	-0 01	-0 08	+0 12	1.6	1.4	--	--	1.8	335°	0.1	232°	1.5	145°
	do.	20	37°04.00'	76°02.25'	-0 35	-0 06	+0 10	+0 31	0.5	0.4	0.2	037°	0.6	311°	--	--	0.4	125°
1847	Fishermans Island, 3.2 miles WSW of	5d	37°04.78'	76°00.25'	-0 26	-0 12	+0 17	-0 14	0.5	0.4	0.2	032°	0.6	309°	0.1	229°	0.4	139°
1849	Fishermans Island, 1.4 miles WSW of	6d	37°04.64'	76°00.25'	-0 27	-0 51	-0 57	-0 43	1.1	1.5	--	--	1.2	330°	--	--	1.6	135°
1851	Fishermans Island, 2.45nm south of	16d	37°02.64'	75°57.77'	-1 14	-0 41	-0 52	-1 09	1.6	1.0	0.2	220°	1.8	330°	0.2	028°	1.1	140°
	do.	31d	37°02.64'	75°57.77'	-0 22	-1 07	-0 54	-0 38	1.1	1.7	0.1	213°	1.2	301°	--	--	1.8	126°
1853	Fishermans Island, 1.7 n.mi. south of	16d	37°02.64'	75°57.77'	-0 39	-1 07	-0 53	-0 40	1.1	1.5	--	--	1.2	298°	--	--	1.6	127°
	do.	26d	37°03.37'	75°58.33'	-1 06	-1 11	-0 53	-0 53	0.9	1.3	--	--	1.0	297°	--	--	1.4	123°
1855	Fishermans island, 0.5 n.mi. SW of	15d	37°03.37'	75°58.33'	-0 24	-1 08	-0 55	-0 33	0.7	0.9	0.2	218°	0.8	290°	0.1	218°	1.4	126°
1857	Fishermans I., 0.4 mile west of		37°04.85'	75°58.83'	-0 42	-0 58	-0 56	-0 41	1.4	1.8	0.2	223°	1.5	306°	--	--	1.9	140°
1859	Fishermans I., 1.4 n.mi. WNW of		37°05.57'	75°59.33'	-1 02	-0 54	-1 04	-0 42	1.8	1.9	--	--	2.0	333°	--	--	2.0	175°
1861	Fishermans I., 1.1 miles northwest of	16d	37°06.10'	76°00.33'	-0 26	-0 47	-0 46	-0 49	1.1	1.1	0.1	060°	1.2	355°	0.1	247°	1.2	155°
1863	Cape Charles, off Wise Point	5	37°06.88'	75°58.30'	-0 33	-0 53	-0 28	-0 34	1.6	1.5	--	--	1.8	355°	--	--	1.6	165°
1865	Little Creek, 0.2 n.mi. N of east jetty <63>	15d	37°06.05'	76°10.60'	-0 44	-0 19	-0 17	-0 26	0.6	0.2	--	--	0.7	305°	--	--	0.2	075°
1867	Butler Bluff, 2.1 n.mi. WSW of	14d	37°09.37'	76°01.60'	+0 04	-0 02	+0 16	+1 13	0.3	0.3	--	--	0.3	278°	--	--	0.8	092°
1869	York Spit Channel, N of Buoy '26'	7	37°12.90'	76°08.50'	-1 06	-1 57	-1 19	-1 08	0.7	0.8	--	--	0.8	348°	--	--	0.8	164°
1871	Old Plantation Flats Lt. 0.5 mi. W of		37°14.00'	76°04.10'	-0 03	-0 25	-0 05	-0 05	0.7	1.0	--	--	0.8	010°	--	--	1.1	195°
1873	Cape Charles City, 3.3 n.mi. west of	15d	37°15.87'	76°05.62'	+1 28	+1 11	+0 44	+1 19	1.1	1.2	0.2	280°	1.2	005°	0.1	094°	1.3	175°
	do.	40d	37°15.87'	76°05.62'	+1 28	+1 22	+1 15	+0 59	0.8	0.9	--	--	0.9	356°	--	--	1.0	187°
	do.	95d	37°15.87'	76°05.62'	+0 33	+0 39	+0 23	+0 54	0.8	0.8	0.1	223°	1.0	322°	0.1	284°	0.8	182°

Endnotes can be found at the end of table 2.

TABLE 2. – CURRENT DIFFERENCES AND OTHER CONSTANTS

No.	PLACE	POSITION Latitude North	POSITION Longitude West	Meter Depth ft	TIME DIFF. Min. before Flood h m	TIME DIFF. Flood h m	TIME DIFF. Min. before Ebb h m	TIME DIFF. Ebb h m	SPEED RATIOS Flood	SPEED RATIOS Ebb	Min. before Flood knots	Min. before Flood Dir.	Maximum Flood knots	Maximum Flood Dir.	Min. before Ebb knots	Min. before Ebb Dir.	Maximum Ebb knots	Maximum Ebb Dir.
	CHESAPEAKE BAY, Time meridian, 75°W				on Chesapeake Bay Entrance,													
1875	New Point Comfort, 4.1 n.mi. ESE of	37° 17.40'	76° 11.45'	15d	+1 02	+0 43	+0 06	+0 39	0.7	0.9	0.3	296°	0.8	018°	0.3	098°	1.0	202°
1877	Wolf Trap Light, 0.5 mile west of	37° 23.4'	76° 11.9'		+1 38	+1 21	+0 54	+1 29	0.9	1.1	--	--	1.0	015°	--	--	1.2	190°
1879	Wolf Trap Light, 5.8 miles east of	37° 23.1'	76° 04.3'		+2 18	+2 01	+1 34	+2 09	0.8	1.2	--	--	0.9	015°	--	--	1.3	175°
1881	Church Neck Point, 1.9 n.mi. W of	37° 24.20'	76° 00.78'	15d	+0 41	+0 58	+0 56	+0 43	0.4	0.4	--	--	0.4	003°	--	--	0.4	177°
1883	Wolf Trap Light, 6.1 n.mi. ENE of	37° 24.50'	76° 03.83'	14d	+1 35	+1 19	+1 48	+2 04	1.2	1.0	--	--	1.3	006°	0.2	098°	1.1	191°
1885	Wolf Trap Light, 5.2 n.mi. ENE of	37° 24.50'	76° 03.83'	29d	+0 21	+0 16	+0 47	+1 00	0.8	0.7	0.2	275°	0.7	012°	0.2	279°	0.7	173°
	do.	37° 24.50'	76° 05.00'	40d	+1 30	+1 55	+2 01	+2 02	1.2	1.0	0.2	099°	1.3	010°	0.2	098°	1.1	187°
	do.	37° 24.50'	76° 05.00'	63d	+1 02	+1 45	+2 03	+1 12	0.9	0.7	0.2	283°	1.0	352°	0.2	266°	0.7	183°
	do.	37° 24.50'	76° 05.00'	15d	+0 19	+0 43	+1 25	+1 04	0.7	0.6	0.2	089°	0.8	343°	--	--	0.6	158°
1887	Wolf Trap Light, 1.4 n.mi. NNE of	37° 24.67'	76° 10.57'	15d	+1 33	+1 37	+1 12	+1 12	1.0	1.1	--	--	1.1	005°	0.2	088°	1.2	166°
1889	Wolf Trap Light, 2.0 n.mi. NW of	37° 25.00'	76° 12.54'	14d	-0 02	-0 06	+0 25	+0 01	0.5	0.6	--	--	0.6	345°	--	--	0.6	178°
1891	Nassawadox Point, 1.9 n.mi. NW of	37° 29.97'	75° 59.37'	13d	+1 11	+1 04	+1 16	+1 29	0.9	1.0	--	--	1.0	352°	0.1	270°	1.1	175°
1893	Gwynn Island, 8.0 n.mi. east of	37° 29.70'	76° 06.50'	14d	+1 58	+2 24	+2 08	+2 26	0.5	0.5	0.2	267°	0.6	357°	0.2	090°	0.5	209°
	do.	37° 30.03'	76° 14.70'	28d	+0 28	+0 28	+1 06	+0 16	0.4	0.5	0.2	102°	0.5	013°	0.3	281°	0.5	179°
	do.	37° 35.0'	76° 10.4'	16d	+0 54	+0 54	+0 14	+0 15	0.9	0.8	--	--	0.5	331°	0.1	227°	0.9	175°
1895	Gwynn Island, 1.5 n.mi. east of	37° 33.8'	76° 02.3'		+2 23	+2 57	+2 41	+2 25	0.9	0.8	--	--	1.0	343°	--	--	0.8	201°
1897	Stingray Point, 5.5 miles east of	37° 35.45'	75° 58.10'		+2 13	+2 21	+1 29	+2 29	0.5	0.6	--	--	1.0	030°	--	--	0.6	182°
1899	Stingray Point, 12.5 miles east of	37° 34.60'	76° 03.80'	17d	+1 16	+0 50	+1 14	+1 16	0.8	0.8	0.1	101°	0.6	015°	0.1	284°	0.6	172°
1901	Powells Bluff, 2.2 n.mi. NW of	37° 34.60'	76° 03.80'	14d	+2 13	+2 18	+2 24	+2 39	0.5	0.4	0.1	270°	0.9	359°	0.1	095°	0.4	169°
1903	Windmill Point Light, 8.3 n.mi. ESE of	37° 35.30'	76° 11.50'	33d	+1 01	+0 43	+2 27	+2 07	0.4	0.4	0.2	099°	0.5	017°	0.2	255°	0.4	175°
	do.	37° 35.30'	76° 11.50'	14d	+2 44	+1 59	+1 41	+2 22	0.5	0.8	0.1	079°	0.6	001°	0.1	081°	0.9	210°
1905	Windmill Point Light, 2.2 n.mi. ESE of	37° 39.85'	76° 00.52'	35d	+1 03	+0 56	+1 21	+1 37	0.5	0.4	--	--	0.6	342°	0.1	246°	0.7	197°
	do.	37° 39.85'	76° 00.52'	13d	+2 08	+1 51	+1 48	+2 25	0.5	0.7	0.1	120°	0.6	016°	0.2	297°	0.7	178°
1907	Milby Point, 5.3 n.mi. WNW of	37° 40.70'	76° 12.25'	38d	+0 28	-0 27	+0 32	+0 33	0.4	0.4	--	--	0.5	043°	--	--	0.2	185°
	do.	37° 40.70'	76° 12.25'	13d	+3 05	+2 46	+1 45	+2 39	0.4	0.2	0.1	089°	0.4	003°	0.1	291°	0.7	185°
1909	Bluff Point, 4.6 n.mi. east of	37° 47.03'	76° 05.68'	33d	+1 25	+1 22	+1 52	+1 54	0.4	0.7	--	--	0.4	013°	0.2	255°	0.2	196°
	do.	37° 47.00'	76° 11.50'	33d	+3 29	+3 30	+3 16	+3 19	0.5	0.5	0.1	273°	0.5	344°	0.1	280°	0.5	196°
1911	Tangier Sound Light, 5.8 n.mi. west of	37° 47.00'	76° 11.50'	14d	+3 15	+3 38	+3 14	+3 45	0.4	0.3	--	--	0.4	355°	--	--	0.3	178°
1913	Great Wicomico R. Lt., 3.8 n.mi. ESE of	37° 52.83'	76° 02.65'	39d	+2 06	+2 48	+4 09	+3 15	0.5	0.5	--	--	0.6	013°	--	--	0.4	171°
1915	Smith Point Light, 6.7 n.mi. east of	37° 52.67'	76° 05.30'	9d	+2 24	+2 18	+2 05	+1 52	0.4	0.7	--	--	0.5	352°	0.1	249°	0.7	168°
1917	Smith Point Light, 4.5 n.mi. east of	37° 52.67'	76° 05.30'	14d	+3 22	+3 25	+3 09	+3 28	0.4	0.5	--	--	0.5	341°	0.1	256°	0.5	167°
1919	Smith Point Light, 3.0 n.mi. east of	37° 52.65'	76° 07.08'	24d	+4 24	+4 15	+3 02	+3 25	0.4	0.7	--	--	0.4	347°	--	--	0.7	149°
	do.	37° 52.65'	76° 07.08'	15d	+2 10	+1 43	+2 36	+3 27	0.4	0.3	0.1	080°	0.4	342°	0.1	272°	0.7	159°
1921	Smith Point Light, 1.5 n.mi. east of	37° 52.75'	76° 09.12'	34d	+4 21	+3 54	+3 04	+4 15	0.4	0.7	0.1	068°	0.4	348°	--	--	0.5	176°
	do.	37° 52.75'	76° 09.12'	14d	+2 44	+3 42	+3 49	+3 27	0.7	0.5	--	--	0.4	347°	0.1	098°	0.7	160°
1923	Smith Point Light, 0.8 n.mi. NW of	37° 53.23'	76° 11.90'	39d	+2 05	+2 03	+3 29	+2 30	0.8	0.3	--	--	0.8	013°	0.1	097°	0.5	243°
1925	Smith Point Light, 5.0 n.mi. NW of	37° 56.19'	76° 15.68'	68d	+2 23	+2 06	+2 33	+2 20	0.4	0.8	0.2	079°	0.9	021°	0.3	097°	0.8	150°
	do.	37° 56.19'	76° 15.68'	8d	+3 46	+3 04	+2 17	+3 17	0.4	0.8	--	--	0.5	306°	0.1	280°	0.7	125°
1927	Smith Point Light, 6 miles north of	37° 58.9'	76° 11.4'	5d	+3 38	+3 18	+2 47	+3 25	0.4	0.9	--	--	0.5	296°	--	--	0.7	125°
1929	Smith Island, 3.6 n.mi. northwest of	38° 00.45'	76° 07.28'	15d	+4 22	+3 51	+3 39	+3 59	0.4	0.9	0.1	096°	0.5	350°	0.1	209°	1.0	135°
1931	Point Lookout, 5.9 n.mi. ESE of	38° 00.53'	76° 12.07'	15d	+4 23	+3 09	+2 59	+3 11	0.4	0.4	--	--	0.5	014°	--	--	0.4	187°
	do.	38° 00.53'	76° 12.07'	15d	+3 40	+4 13	+4 16	+4 07	0.4	0.4	--	--	0.4	340°	0.1	249°	0.4	161°
1933	Point Lookout, 1.5 n.mi. east of	38° 02.30'	76° 13.1'	51d	See Table 5.				0.4	0.2	--	--	0.4	330°	0.1	256°	0.2	167°
1935	Point Lookin	38° 06.6'	76° 13.1'	16d	+2 40	+3 51	+3 56	+3 25	0.4	0.5	--	--	0.4	010°	0.1	272°	0.5	160°
1937	Adams Island, 1.1 n.mi. west of	38° 08.67'	76° 06.87'	12d	+5 03	+5 31	+4 23	+4 38	0.1	0.3	--	--	0.1	017°	--	--	0.3	191°
1939	Adams Island, 3.4 n.mi. west of	38° 08.38'	76° 09.80'	16d	+4 29	+3 09	+2 17	+3 19	0.2	0.4	--	--	0.2	325°	0.1	257°	0.4	167°
1941	Point No Point, 4.3 n.mi. east of	38° 08.13'	76° 13.75'	17d	+4 52	+4 30	+3 23	+4 30	0.3	0.5	--	--	0.3	340°	--	--	0.5	170°
1943	Point No Point, 2.8 n.mi. east of	38° 08.38'	76° 15.67'	15d	+4 42	+4 53	+5 24	+5 38	0.2	0.2	--	--	0.2	340°	--	--	0.5	172°
	do.	38° 08.38'	76° 18.13'	39d	+5 16	+4 52	+4 04	+4 58	0.4	0.5	0.1	096°	0.4	347°	--	--	0.5	162°
1945	Point No Point, 1.0 n.mi. east of	38° 08.43'	76° 18.13'	17d	+3 32	+4 20	+5 02	+4 46	0.3	0.5	--	--	0.3	001°	--	--	0.5	172°
1947	Hooper Strait (west), at buoy '2'	38° 13.25'	76° 06.20'	15d	+2 00	+1 49	+1 53	+1 33	0.5	0.6	--	--	0.6	035°	0.2	304°	0.6	233°

Endnotes can be found at the end of table 2.

TABLE 2. – CURRENT DIFFERENCES AND OTHER CONSTANTS

Reference station: **CHESAPEAKE BAY** — Time meridian, 75°W — on **Baltimore Harbor Approach**

No.	PLACE	Meter Depth (ft)	Latitude North	Longitude West	Min. before Flood (h m)	Flood (h m)	Min. before Ebb (h m)	Ebb (h m)	Speed Ratio Flood	Speed Ratio Ebb	Min. before Flood (knots)	Min. before Flood Dir.	Maximum Flood (knots)	Maximum Flood Dir.	Min. before Ebb (knots)	Min. before Ebb Dir.	Maximum Ebb (knots)	Maximum Ebb Dir.
1949	Cedar Point, 4.7 n.mi. east of	5d	38° 17.92'	76° 16.38'	-3 29	-3 45	-4 07	-3 36	0.6	0.9	---	---	0.5	325°	---	---	0.7	145°
	do.	15d	38° 17.92'	76° 16.38'	-3 54	-3 59	-4 04	-3 53	0.6	0.7	---	---	0.4	323°	---	---	0.6	144°
1951	Cedar Point, 2.9 n.mi. ENE of	16d	38° 18.65'	76° 18.80'	-2 35	-2 34	-3 16	-2 55	0.5	0.8	---	---	0.4	347°	---	---	0.7	164°
	do.	50d	38° 18.65'	76° 18.80'	-4 08	-3 30	-3 05	-3 15	0.5	0.3	---	---	0.4	326°	---	---	0.3	141°
1953	Cedar Point, 1.1 miles ENE of	17d	38° 18.27'	76° 21.10'	-3 23	-2 50	-2 36	-3 42	0.5	0.8	---	---	0.4	010°	---	---	0.6	185°
1955	Drum Point, 2.8 miles northeast of	40d	38° 20.18'	76° 21.95'	---	-3 12	---	-2 42	0.2	0.9	---	---	0.7	335°	---	---	0.7	185°
1957	Cove Point, 1.1 n.mi. east of	15d	38° 22.88'	76° 21.62'	-2 57	-2 42	-2 40	-2 14	0.9	0.9	---	---	0.6	342°	0.1	246°	0.6	165°
1959	Cove Point, 2.7 n.mi. east of	40d	38° 22.88'	76° 21.62'	-3 22	-3 19	-2 38	-3 26	0.8	0.7	---	---	0.4	343°	---	---	0.6	165°
	do.	98d	38° 22.80'	76° 19.52'	-2 23	-2 41	-2 59	-2 40	0.9	0.6	---	---	0.8	344°	---	---	0.4	169°
	do.	11d	38° 22.80'	76° 19.52'	-3 15	-2 39	-1 53	-2 40	0.7	0.5	---	---	0.6	347°	---	---	0.5	170°
1961	Cove Point, 3.9 n.mi. east of	15d	38° 22.80'	76° 19.52'	-3 49	-4 02	-3 13	-3 36	0.4	0.6	---	---	0.3	341°	---	---	0.4	165°
1963	Cove Point, 4.9 n.mi. NNE of	40d	38° 22.52'	76° 17.92'	-3 29	-3 36	-4 08	-3 44	0.7	0.7	---	---	0.6	346°	---	---	0.4	171°
	do.	15d	38° 28.03'	76° 22.60'	-2 57	-2 29	-2 24	-2 26	1.0	0.4	---	---	0.8	333°	---	---	0.3	159°
	do.	40d	38° 28.03'	76° 22.60'	-3 23	-2 47	-1 58	-2 17	0.6	0.4	---	---	0.4	332°	---	---	0.3	149°
1965	Kenwood Beach, 1.5 miles northeast of	67d	38° 28.03'	76° 22.60'	-3 55	-3 38	-2 14	-2 58	0.2	0.4	---	---	0.2	321°	---	---	0.4	135°
1967	James Island, 1.6 n.mi. SW of	5d	38° 31.1'	76° 28.9'	-1 56	-2 41	-2 46	-2 37	0.6	0.8	0.1	077°	0.5	340°	---	---	0.6	160°
	do.	15d	38° 29.14'	76° 21.87'	-3 27	-3 33	-3 31	-3 41	0.5	0.7	0.1	068°	0.5	352°	0.1	251°	0.6	165°
1969	James Island, 3.4 miles west of	15d	38° 29.14'	76° 21.87'	-2 16	-2 39	-3 01	-3 27	0.5	0.6	---	---	0.5	344°	---	---	0.3	156°
1971	James Island, 2.5 miles WNW of		38° 31.5'	76° 25.2'	-2 31	-2 42	-2 18	-2 36	0.2	0.7	---	---	0.2	005°	---	---	0.5	175°
1973	Plum Point, 1.4 miles ESE of		38° 32.0'	76° 23.6'	-1 31	-1 37	-2 20	-2 04	0.8	0.7	0.1	116°	0.4	000°	---	---	0.4	175°
1975	Sharp Island Lt. 2.3 n.mi. SE of	20d	38° 36.75'	76° 20.88'	-3 15	-3 34	-3 07	-2 54	0.4	0.5	---	---	0.7	000°	---	---	0.6	155°
1977	Sharp Island Lt. 2.1 n.mi. west of	18d	38° 36.43'	76° 25.22'	-1 49	-1 36	-1 33	-1 33	0.4	0.5	---	---	0.4	037°	---	---	0.6	203°
1979	Sharp Island Lt. 3.4 n.mi. west of	18d	38° 38.60'	76° 26.88'	-1 39	-1 41	-1 57	-1 43	0.4	0.5	---	---	0.4	357°	---	---	0.4	183°
	do.	35d	38° 38.63'	76° 26.88'	-2 34	-2 23	-2 23	-2 24	0.4	0.4	---	---	0.3	355°	0.1	272°	0.3	186°
1981	Plum Point, 2.1 n.mi. NNE of	14d	38° 38.63'	76° 29.23'	-1 50	-1 51	-1 51	-2 01	0.4	0.5	---	---	0.3	353°	---	---	0.3	183°
1983	Poplar Island, 2.2 n.mi. WSW of	15d	38° 45.37'	76° 25.77'	-0 44	-1 26	-0 57	-0 49	0.6	0.8	---	---	0.5	350°	---	---	0.4	174°
1985	Poplar Island, 3.0 n.mi. WSW of	48d	38° 44.98'	76° 26.73'	-1 08	-1 22	-0 59	-1 08	0.6	0.5	---	---	0.5	359°	---	---	0.6	185°
	do.	15d	38° 44.98'	76° 26.73'	+0 58	+1 21	+2 01	+1 13	0.5	0.4	0.1	085°	0.4	355°	---	---	0.3	189°
1987	Holland Point, 2.0 n.mi. east of	15d	38° 45.10'	76° 29.93'	-1 20	-1 24	-1 45	-1 39	0.2	0.4	---	---	0.3	350°	---	---	0.3	172°
1989	Kent Point, 4 miles southwest of		38° 47.50'	76° 26.00'	-1 03	-1 04	-1 11	-1 05	0.6	0.5	---	---	0.2	354°	---	---	0.5	180°
1991	Kent Point, 1.3 miles south of		38° 49.00'	76° 21.85'	-3 27	-3 38	-3 53	-3 47	0.6	0.6	---	---	0.5	025°	---	---	0.4	210°
1993	Horseshoe Point, 1.7 miles east of	19	38° 50.30'	76° 27.20'	-0 52	-0 39	-0 49	-1 10	0.9	0.6	---	---	0.4	055°	---	---	0.4	235°
1995	Bloody Point Bar Light, 0.6 mi. NW of	22d	38° 50.37'	76° 27.70'	-0 08	-0 23	+0 02	-0 05	0.9	0.5	---	---	0.5	005°	---	---	0.5	200°
1997	Thomas Pt. Shoal Lt. 1.8 mi. SW of	16d	38° 52.50'	76° 23.21'	-2 24	-2 27	-1 43	-2 17	0.5	0.4	---	---	0.4	035°	---	---	0.5	190°
1999	Thomas Pt. Shoal Lt. 2.0 n.mi. east of	33d	38° 53.75'	76° 25.62'	-1 05	-0 14	-0 22	-0 20	1.0	0.6	0.1	102°	0.4	340°	0.1	120°	0.4	190°
2001	Thomas Pt. Shoal Lt. 0.5 n.mi. SE of	15d	38° 53.46'	76° 25.62'	-0 25	-0 09	-0 43	-0 41	1.0	1.3	---	---	0.8	007°	---	---	1.0	186°
	do.		38° 56.40'	76° 25.02'	-0 54	-1 18	-1 25	-1 20	0.7	0.7	---	---	0.8	033°	---	---	1.0	191°
2003	Tolly Point, 1.6 miles east of		38° 56.07'	76° 23.10'	-0 03	-0 19	-0 32	-0 24	0.6	0.9	---	---	0.6	018°	---	---	0.7	196°
2005	Chesapeake Bay Bridge, main channel		38° 59.50'	76° 20.93'	-0 19	-0 08	-0 17	+0 13	0.9	1.1	---	---	0.6	355°	---	---	0.7	190°
2007	Sandy Point, 2.3 n.mi. east of	15d	39° 00.16'	76° 22.80'	+0 16	+0 15	+0 13	+0 29	1.1	0.9	---	---	0.7	025°	---	---	0.9	230°
	Sandy Point, 2.3 n.mi. east of	41d	39° 00.93'	76° 20.93'	-1 33	-1 14	-0 48	-0 39	1.1	0.9	---	---	0.7	020°	---	---	0.9	199°
2009	Sandy Point, 0.8 n.mi. ESE of	15d	39° 00.24'	76° 22.80'	-0 11	-1 10	-0 15	+0 05	0.8	0.6	0.1	116°	0.7	021°	0.1	276°	0.5	210°
	do.	43d	39° 00.24'	76° 22.80'	-0 59	-0 59	-0 59	-1 02	1.2	1.0	0.1	116°	0.9	025°	0.1	276°	1.2	199°
2011	BALTIMORE HBR. APP. (off Sandy Point)	15d	39° 00.78'	76° 22.10'	Daily predictions								0.8	021°			0.8	197°
2013	Craighill Channel entrance, Buoy '2C'	38d	39° 02.42'	76° 22.67'	-0 04	+0 26	+0 01	+0 09	1.0	0.9	0.1	—	0.8	025°	0.1	244°	0.8	189°
	do.		39° 02.42'	76° 22.67'	+0 00	+0 01	-0 06	+0 18	0.5	0.6	---	---	0.4	325°	---	---	0.5	147°
	Current weak and variable																	
2015	Love Point, 2.8 miles NNE of	5d	39° 04.7'	76° 18.73'	-0 48	+0 19	+0 27	-0 07	0.8	0.5	0.1	146°	0.6	055°	0.1	334°	0.4	240°
2017	Love Point, 2.5 miles north of	15d	39° 04.78'	76° 18.19'	-1 33	-0 45	-0 48	-0 38	0.5	0.6	---	---	0.4	067°	0.1	325°	0.5	238°
2019	Love Point, 2.0 nmi north of	18d	39° 04.44'	76° 23.67'	-0 45	-0 05	-0 07	-0 35	0.8	0.9	---	---	0.6	055°	---	---	0.7	240°
2021	Craighill Channel, NE of Mountain Pt		39° 04.44'	76° 23.58'	+0 28	+0 40	+0 25	+0 34	0.8	0.9	---	---	0.6	350°	0.1	270°	0.7	175°
2023	Craighill Channel, Belvidere Shoal		39° 04.88'	76° 23.27'	+0 10	+0 46	+0 33	+0 19	0.7	0.6	---	---	0.6	360°	---	---	0.5	186°
2025	Craighill Angle, right outside quarter		39° 05.68'	76° 18.32'	+0 12	+0 27	+0 34	+0 23	0.6	0.6	---	---	0.5	345°	---	---	0.5	170°
2027	Swan Point, 2.7 n.mi. SW of	14d	39° 07.70'	76° 18.32'	+0 18	+0 42	+0 38	+0 25	0.6	0.5	0.1	078°	0.5	006°	---	---	0.4	170°
	do.	27d	39° 06.48'	76° 18.32'	-0 27	+0 30	+1 17	+0 25	0.6	0.4	---	---	0.5	342°	---	---	0.4	142°
2029	Swan Point, 2.15 n.mi. west of	18d	39° 08.85'	76° 19.48'	+0 18	+0 50	+1 05	+1 06	0.8	0.7	---	---	0.7	008°	0.1	271°	0.5	203°

Endnotes can be found at the end of table 2.

TABLE 2. – CURRENT DIFFERENCES AND OTHER CONSTANTS

No.	PLACE	Meter Depth (ft)	POSITION Latitude North	POSITION Longitude West	TIME DIFFERENCES Min. before Flood (h m)	Flood (h m)	Min. before Ebb (h m)	Ebb (h m)	SPEED RATIOS Flood	Ebb	Minimum before Flood knots	Dir.	Maximum Flood knots	Dir.	Minimum before Ebb knots	Dir.	Maximum Ebb knots	Dir.
	CHESAPEAKE BAY Time meridian, 75°W																	
	on Baltimore Harbor Approach,																	
2031	Swan Point, 1.6 miles northwest of	14d	39° 09.75'	76° 18.28'	+0 53	+0 44	+0 38	+0 57	0.8	0.9	--	--	0.6	020°	--	--	0.7	215°
2033	Brewerton Channel Eastern Ext. Buoy '7'	17d	39° 09.78'	76° 23.38'	+0 16	-0 02	-0 14	-0 05	0.5	0.4	0.2	080°	0.4	013°	--	--	0.3	175°
2035	Tolchester Channel, SW of Bouy '58B'	25d	39° 10.95'	76° 16.87'	+0 44	+0 20	+0 48	+0 54	1.1	1.1	0.2	302°	0.7	030°	--	--	0.9	229°
2037	do.	15d	39° 10.95'	76° 16.87'	-0 09	+0 02	+0 38	-0 48	0.9	0.7	--	--	0.7	025°	0.1	151°	0.7	217°
2039	Tolchester Channel, Buoy '22'	15d	39° 11.47'	76° 15.95'	+1 43	+1 10	+0 59	+1 23	0.7	0.8	--	--	0.7	061°	--	--	0.6	231°
2041	Tolchester Channel, south of Buoy '38B'	7	39° 11.57'	76° 17.27'	+0 51	+1 08	+0 59	+0 50	0.4	0.5	--	--	0.3	028°	--	--	0.4	208°
2043	North Point, 2.5 miles northeast of	15d	39° 12.87'	76° 23.72'	+1 25	+1 00	+0 53	+1 06	1.2	1.1	0.1	285°	1.0	015°	--	--	0.8	225°
2045	Tolchester Beach, 0.33 n.mi. west of		39° 13.03'	76° 14.90'	+0 49	+1 20	+1 22	+1 24	0.7	0.7	--	--	0.6	025°	--	--	0.6	201°
2047	Pooles Island, 4 miles southwest of	15d	39° 13.60'	76° 19.88'	+0 59	+1 20	+0 56	+1 12	0.9	1.2	0.2	327°	0.5	038°	--	--	0.6	238°
2049	Pooles Island 2.0 n.mi. SSW of		39° 14.78'	76° 17.80'	+1 01	+0 58	+1 03	+1 29	0.6	0.3	--	--	0.5	060°	--	--	1.0	210°
2051	Pooles Island, 0.8 mile south of	15d	39° 15.7'	76° 16.4'	+1 29	+1 24	+1 12	+1 20	1.1	1.0	--	--	0.9	000°	--	--	0.2	255°
2053	Miller Island, 1.5 miles ENE of	7	39° 16.5'	76° 19.9'	+0 11	+0 15	+0 37	+0 25	1.4	1.1	--	--	1.1	014°	0.1	289°	0.8	185°
2055	Pooles Island, 1.6 n.mi. east of	16d	39° 16.47'	76° 13.57'	+1 28	+1 34	+1 45	+1 03	1.4	1.5	--	--	0.8	025°	--	--	0.8	208°
2057	Robins Point, 0.7 mile ESE of	5	39° 17.75'	76° 16.10'	-0 03	-0 14	+0 37	-0 13	1.0	1.3	--	--	1.1	023°	0.2	298°	0.9	210°
2059	Worton Point, 1.5 n.mi. WSW of	17d	39° 18.70'	76° 13.03'	+2 04	+1 45	+1 27	+1 36	1.1	1.1	--	--	0.8	040°	--	--	1.2	211°
2061	Worton Point, 1.1 miles northwest of		39° 19.9'	76° 12.0'	+1 43	+1 43	+1 38	+1 32	1.1	1.0	--	--	1.0	051°	--	--	1.0	245°
2063	Howell Point, 0.8 n.mi. west of	15d	39° 22.23'	76° 07.80'	+2 30	+1 48	+1 19	+1 33	0.6	0.8	--	--	0.9	080°	--	--	0.9	235°
2065	Howell Point, 0.4 mile NNW of		39° 22.6'	76° 06.9'	+1 28	+1 24	+1 20	+1 18	0.8	0.6	0.1	131°	0.5	034°	--	--	0.8	245°
2067	Grove Point, 0.7 n.mi. NW of	14d	39° 23.78'	76° 03.02'	+2 40	+2 01	+1 31	+2 03	0.6	0.7	0.2	101°	0.5	021°	--	--	0.5	211°
2069	Turkey Point, 1.2 n.mi. SW of	9d	39° 26.60'	76° 02.03'	+2 39	+1 30	+0 58	+1 00	0.9	0.6	--	--	0.6	285°	--	--	0.5	193°
2071	Spesutie Island, channel north of	7	39° 28.83'	76° 04.90'	+1 42	+1 20	+1 49	+1 40	0.6	0.6	--	--	0.5	009°	--	--	0.6	100°
2073	Rocky Pt. (Elk Neck), 0.25 n.mi. SW of	9d	39° 29.30'	75° 59.85'	+2 42	+1 28	+1 14	+1 49	0.8	0.7	--	--	--	--	--	--	0.6	100°
2075	Red Point, 0.2 mile W of Northeast River	7	39° 31.75'	75° 59.08'	+1 42	+1 28	+1 57	+1 47	0.9	0.6	--	--	--	--	--	--	0.5	196°
	Havre de Grace, Susquehanna River		39° 33.13'	76° 05.08'	Current weak and variable						--	--	0.7	--	--	--	--	--
	HAMPTON ROADS																	
	on Chesapeake Bay Entrance,																	
2077	Thimble Shoal Channel (west end)	15d	37° 00.32'	76° 13.60'	-0 20	-0 27	-0 42	+0 24	0.8	1.1	0.3	204°	0.9	293°	0.2	018°	1.2	116°
2079	Hampton Roads entrance, midchannel	8d	36° 59.66'	76° 18.32'	-0 57	-1 10	-1 06	-1 05	1.5	1.8	--	--	1.7	243°	0.1	151°	1.9	059°
	do.	15d	36° 59.66'	76° 18.32'	-1 04	-1 13	-1 06	-1 10	1.5	1.7	--	--	1.7	244°	--	--	1.8	062°
	do.	31d	36° 59.66'	76° 18.32'	-1 23	-1 15	-1 17	-1 27	1.5	1.5	--	--	1.7	243°	--	--	1.6	065°
	do.	44d	36° 59.66'	76° 18.32'	-1 55	-1 23	-1 17	-1 27	1.5	1.3	--	--	1.7	241°	--	--	1.4	059°
	do.	61d	36° 59.66'	76° 18.32'	-2 26	-1 51	-1 32	-1 43	1.1	1.0	0.1	144°	1.2	229°	0.1	138°	1.1	055°
	Old Point Comfort																	
2081	0.55 n.mi. east of	48d	37° 00.12'	76° 17.72'	-3 07	-1 11	-0 23	-2 18	1.3	0.6	--	--	1.4	251°	--	--	0.6	060°
2083	0.2 mile south of		36° 59.77'	76° 18.88'	-0 42	-1 04	-1 33	-1 32	1.5	1.3	--	--	1.7	240°	--	--	1.4	075°
2085	0.9 mile southwest of		36° 59.33'	76° 19.57'	-0 58	-0 53	-0 41	-1 18	1.5	1.4	--	--	1.7	240°	--	--	1.5	050°
2087	Willoughby Spit, 0.8 mile northwest of		36° 58.6'	76° 18.4'	-1 37	-2 09	-2 21	-2 01	0.6	0.9	--	--	0.7	260°	--	--	1.0	040°
2089	Willoughby Bay entrance		36° 57.7'	76° 20.4'	-2 17	-2 34	-3 01	-2 26	0.3	0.4	--	--	0.3	135°	--	--	0.4	330°
2091	Sewells Point, channel west of		36° 57.5'	76° 20.4'	-0 46	-1 26	-2 03	-1 18	0.8	1.1	--	--	0.9	195°	--	--	1.2	000°
2093	Norfolk Harbor Reach (Buoy R '8')	13d	36° 57.00'	76° 20.37'	-0 23	-1 21	-2 16	-0 23	0.4	0.8	--	--	0.5	183°	0.1	094°	0.3	011°
	do.	42d	36° 57.00'	76° 20.37'	-0 38	-1 39	-1 02	+0 57	0.4	0.3	--	--	0.5	152°	--	--	0.3	000°
2095	Sewells Point, pierhead	7	36° 56.8'	76° 20.1'	-0 57	-1 19	-1 41	-1 11	0.5	0.8	--	--	0.6	195°	--	--	0.8	010°
	Newport News																	
2097	Channel, middle	15	36° 57.38'	76° 22.90'	-0 48	-1 02	-0 52	-1 08	1.0	1.0	--	--	1.1	244°	--	--	1.1	076°
2099	Channel, west end <63>	15	36° 57.20'	76° 24.80'	-0 21	-0 59	-0 37	-0 16	0.6	0.6	0.1	--	0.7	280°	0.1	010°	0.9	092°
2101	Middle Ground, 1 mile south of	7	36° 56.0'	76° 23.2'	+0 28	+0 11	-0 16	+0 19	1.0	1.1	--	--	1.1	270°	--	--	1.2	100°
	ELIZABETH RIVER																	
2103	Craney Island	15	36° 53.68'	76° 20.15'	-1 22	-1 54	-2 33	-1 55	0.6	0.8	0.1	098°	0.7	177°	0.2	270°	0.9	001°
2105	Craney Island Reach	7d	36° 53.43'	76° 20.15'	-1 32	-1 47	-2 16	-1 46	0.5	0.7	--	--	0.6	184°	--	--	0.7	009°
	do.	17d	36° 53.43'	76° 20.15'	-2 05	-2 03	-1 58	-1 53	0.5	0.6	--	--	0.7	184°	--	--	0.6	004°
	do.	33d	36° 53.43'	76° 20.15'	-2 52	-1 24	-1 51	-2 07	0.6	0.5	--	--	0.7	185°	--	--	0.5	008°
	do.	43d	36° 53.43'	76° 20.15'	-3 17	-2 56	-2 06	-2 30	0.4	0.5	--	--	0.5	182°	--	--	0.5	004°
2107	Lamberts Point	15	36° 52.50'	76° 19.95'	-2 08	-2 00	-2 34	-1 57	0.5	0.7	--	--	0.5	143°	--	--	0.7	328°
2109	West Norfolk Bridge, Western Branch	15	36° 51.5'	76° 20.6'	-2 06	-2 19	-2 46	-2 11	0.6	0.7	--	--	0.6	260°	--	--	0.7	080°

Endnotes can be found at the end of table 2.

TABLE 2. – CURRENT DIFFERENCES AND OTHER CONSTANTS

No.	PLACE	Meter Depth (ft)	Latitude North	Longitude West	Min. before Flood (h m)	Flood (h m)	Min. before Ebb (h m)	Ebb (h m)	Speed Ratio Flood	Speed Ratio Ebb	Min before Flood knots	Min before Flood Dir.	Max Flood knots	Max Flood Dir.	Min before Ebb knots	Min before Ebb Dir.	Max Ebb knots	Max Ebb Dir.
	ELIZABETH RIVER Time meridian, 75°W					on Chesapeake Bay Entrance,												
2111	Seaboard Coast Line RR, Pinner Point		36° 51.6'	76° 19.0'	-2 13	-2 14	-2 11	-2 16	0.4	0.4	---	---	0.4	140°	---	---	0.4	290°
2113	Berkley Bridge, Eastern Branch		36° 50.5'	76° 17.0'	-2 30	-2 10	-2 16	-2 56	0.4	0.4	---	---	0.3	120°	---	---	0.4	295°
2115	Norfolk and Western RR. Bridge, E Branch		36° 50.2'	76° 14.7'	-1 37	-1 54	-2 21	-1 46	0.4	0.6	---	---	0.4	100°	---	---	0.6	280°
2117	Berkley, Southern Branch		36° 48.5'	76° 17.8'	-2 28	-1 56	-2 08	-2 34	0.3	0.3	---	---	0.3	215°	---	---	0.3	330°
2119	Chesapeake, Southern Branch		36° 48.5'	76° 17.4'	-2 03	-1 55	-2 10	-2 00	0.6	0.6	---	---	0.7	180°	---	---	0.6	360°
2121	Money Point, Southern Branch	15d	36° 46.6'	76° 18.13'	-2 09	-1 27	-2 10	-2 28	0.4	0.3	---	---	0.4	088°	---	---	0.3	276°
2123	Gilmerton Hwy. bridge, Southern Branch		36° 46.5'	76° 17.7'	-2 13	-1 58	-2 23	-2 10	0.5	0.7	---	---	0.6	180°	---	---	0.7	360°
	NANSEMOND RIVER																	
2125	Pig Point, 1.8 miles northeast of		36° 55.4'	76° 25.1'	-0 53	-0 46	-0 35	-0 48	0.7	0.9	---	---	0.8	285°	---	---	1.0	070°
2127	Town Point Bridge, 0.5 mile east of		36° 53.3'	76° 29.0'	-1 30	-1 38	-1 31	-1 14	0.8	0.8	---	---	0.9	265°	---	---	0.8	070°
2129	Dumpling Island		36° 48.5'	76° 33.5'	-1 22	-1 39	-2 06	-1 31	0.9	0.9	---	---	1.0	175°	---	---	1.0	345°
	JAMES RIVER																	
	Newport News																	
2131	0.15nm WSW of Pier No.2	6d	36° 58.76'	76° 26.61'	-0 01	-0 24	-0 21	-0 06	1.1	1.4	---	---	1.2	342°	---	---	1.5	161°
	... do.	15d	36° 58.76'	76° 26.61'	-0 19	-0 36	-0 15	-0 11	1.2	1.3	---	---	1.3	344°	---	---	1.4	161°
	... do.	29d	36° 58.76'	76° 26.61'	-0 37	-0 51	-0 16	-0 20	1.1	1.1	---	---	1.2	347°	---	---	1.2	162°
	... do.	42d	36° 58.76'	76° 26.61'	-0 53	-0 57	-0 26	-0 26	0.9	0.9	---	---	1.0	346°	---	---	1.2	165°
2133	0.8 mile SW of shipbuilding plant	6	36° 58.5'	76° 27.3'	-0 02	-0 21	-0 27	-0 03	0.9	1.1	---	---	1.0	325°	---	---	1.2	140°
2135	1.5 miles SW of shipbuilding plant		36° 58.1'	76° 28.2'	-0 41	-0 39	-0 43	-0 50	0.9	1.0	---	---	1.0	350°	---	---	1.1	140°
	Rocklanding Shoal Channel																	
2137	South end		37° 03.50'	76° 35.63'	+0 34	+0 22	+0 20	+1 07	0.7	1.0	---	---	0.8	310°	---	---	1.1	165°
2139	Middle		37° 05.20'	76° 36.83'	+0 55	+0 57	+1 03	+1 02	1.0	0.9	---	---	1.1	345°	---	---	1.0	155°
2141	North end		37° 06.60'	76° 37.95'	+0 55	+1 01	+1 07	+1 15	1.2	0.9	---	---	1.3	340°	---	---	1.0	145°
2143	Point of Shoals, west of		37° 03.9'	76° 39.6'	+1 37	+2 06	+1 39	+2 14	0.3	0.8	---	---	0.3	325°	---	---	0.9	195°
2145	Deepwater Shoals		37° 08.6'	76° 38.2'	+1 33	+1 33	+0 59	+0 50	1.1	1.2	---	---	1.2	353°	---	---	0.9	166°
2147	Hog Point		37° 12'	76° 41.5'	+2 23	+1 56	+1 39	+2 04	0.9	1.2	---	---	1.0	260°	---	---	1.3	070°
2149	Jamestown Island, Church Point		37° 12.2'	76° 47.0'	+2 19	+1 55	+2 03	+2 08	1.0	1.2	---	---	1.1	325°	---	---	1.2	145°
2151	Chickahominy River Bridge		37° 15.7'	76° 52.5'	+2 00	+1 50	+2 02	+1 52	1.2	1.4	---	---	1.2	332°	---	---	1.2	154°
2153	Caremont Landing		37° 14.0'	76° 57.2'	+3 38	+3 11	+2 54	+3 19	1.3	1.4	---	---	1.5	290°	---	---	1.5	125°
2155	Brandon Point, 0.3 mile northeast of		37° 16.5'	76° 59.2'	+3 51	+3 17	+2 57	+3 20	1.1	1.2	---	---	1.2	350°	---	---	1.3	170°
2157	Windmill Point		37° 18.7'	77° 05.7'	+4 25	+3 21	+3 24	+3 29	1.2	0.9	---	---	1.3	310°	---	---	1.3	065°
2159	Coggins Point, 0.5 mile north of		37° 18.4'	77° 10.0'	+4 40	+3 39	+3 27	+4 00	0.5	0.8	---	---	0.6	273°	---	---	1.0	088°
2161	City Point		37° 19.0'	77° 16.3'	+4 43	+3 56	+3 59	+4 04	1.2	1.1	---	---	1.3	320°	---	---	1.2	135°
2163	Appomattox River entrance		37° 18.7'	77° 17.7'	+5 19	+4 20	+3 57	+3 51	0.9	0.8	---	---	0.9	271°	---	---	0.8	080°
2165	Bermuda Hundred		37° 20.2'	77° 16.2'	+5 40	+4 13	+3 21	+4 19	0.8	1.2	---	---	0.9	019°	---	---	1.3	090°
2167	Dutch Gap Canal, 0.5 mile east of		37° 22.8'	77° 20.8'	+5 23	+4 41	+4 39	+4 49	0.7	0.8	---	---	0.8	270°	---	---	0.9	160°
2169	Rocketts <19>		37° 31.2'	77° 25.0'	---	---	---	---	---	---	---	---	---	---	---	---	1.0	160°
	YORK RIVER																	
2171	York River Ent. Channel (SE end) <29>	13d	37° 07.38'	76° 09.20'	+0 45	+0 43	+0 52	+0 53	0.9	0.9	0.3	256°	1.0	342°	0.3	074°	1.0	162°
	... do.	32d	37° 07.38'	76° 09.20'	-0 50	+0 19	+0 24	-0 15	0.4	0.4	0.2	083°	0.5	329°	0.2	246°	0.4	174°
2173	York Spit Light, 0.8 mile southwest of		37° 12.0'	76° 16.0'	-0 42	-0 33	-0 16	-0 20	0.7	0.8	---	---	0.8	323°	---	---	0.8	145°
2175	York River Ent. Channel (NW end)	15d	37° 13.55'	76° 18.47'	-1 52	-0 45	+0 03	-0 26	0.6	0.8	0.2	200°	1.0	298°	---	---	0.5	128°
2177	Tue Marshes Light, 0.7 n.mi. north of	14d	37° 14.80'	76° 23.28'	+0 27	+1 26	+1 18	+1 18	0.9	0.8	---	---	0.9	265°	---	---	0.9	078°
	... do.	39d	37° 14.80'	76° 23.28'	-2 56	+0 24	+1 15	+0 55	0.8	0.8	---	---	0.8	247°	---	---	0.6	070°
	... do.	49d	37° 14.80'	76° 23.28'	-0 21	-2 11	-1 11	-1 48	0.4	0.3	---	---	0.6	249°	---	---	0.6	068°
2179	Tue Marshes Light, 0.9 n.mi. WNW of	14d	37° 14.28'	76° 24.13'	-1 20	-0 30	-0 30	-0 32	0.7	0.7	---	---	0.8	249°	---	---	0.7	069°
	... do.	28d	37° 14.28'	76° 24.13'	-1 15	-0 49	-0 46	-1 41	0.5	0.6	---	---	0.6	262°	---	---	0.6	064°
	Tue Marshes Light, 2.7 miles west of																	
2181	Midchannel		37° 14.0'	76° 26.6'	-0 18	-0 17	-0 22	-0 30	0.5	0.6	---	---	0.6	258°	---	---	0.6	072°
2183	North edge of channel		37° 14.2'	76° 26.6'	-0 53	-0 56	-1 16	-1 08	0.4	0.7	---	---	0.5	251°	---	---	0.6	074°
2185	South edge of channel		37° 13.6'	76° 26.5'	-0 31	-0 49	-1 02	-0 31	0.4	0.5	---	---	0.4	257°	---	---	0.5	095°

Endnotes can be found at the end of table 2.

TABLE 2. – CURRENT DIFFERENCES AND OTHER CONSTANTS

No.	PLACE	Meter Depth (ft)	Latitude North	Longitude West	Min. before Flood (h m)	Flood (h m)	Min. before Ebb (h m)	Ebb (h m)	Speed Ratio Flood	Speed Ratio Ebb	Min before Flood knots	Min before Flood Dir	Max Flood knots	Max Flood Dir	Min before Ebb knots	Min before Ebb Dir	Max Ebb knots	Max Ebb Dir
	YORK RIVER Time meridian, 75°W																	
	on Chesapeake Bay Entrance,																	
2187	Yorktown		37° 14.5'	76° 30.5'	−0 35	−1 07	−0 59	−0 24	1.1	1.5	--	--	1.2	302°	--	--	1.6	124°
2189	Gloucester Point, 150 yds. southeast of		37° 14.55'	76° 30.10'	−0 40	−0 40	−1 07	−1 28	0.8	1.0	--	--	0.9	267°	--	--	1.1	090°
2191	Gloucester Point, 0.4 mile southwest of		37° 14.42'	76° 30.65'	−0 30	−0 39	−0 24	−0 51	1.0	0.9	--	--	1.1	294°	--	--	1.0	108°
2193	Pages Rock, 1 mile SSE of		37° 17.6'	76° 34.8'	−0 15	−0 15	−0 27	−0 29	1.0	0.9	--	--	1.0	303°	--	--	1.0	125°
2195	Blundering Point, 0.9 mile SSW of		37° 18.13'	76° 35.08'	−0 27	−0 26	−0 03	−0 23	1.0	1.0	--	--	1.1	293°	--	--	1.1	138°
2197	Clay Bank Pier, 100 yds. southwest of		37° 20.78'	76° 36.80'	−0 07	−0 25	−0 37	−0 12	1.0	1.0	--	--	1.1	311°	--	--	1.1	123°
2199	Allmondsville		37° 24'	76° 40'	+0 43	+0 05	−0 01	+0 13	1.2	1.0	--	--	1.2	310°	--	--	1.1	105°
2201	Purtan Island, 0.2 mile southwest of		37° 24.88'	76° 41.22'	+0 44	+0 05	+0 18	+0 46	1.3	1.0	--	--	1.3	310°	--	--	1.1	104°
2203	Goff Point, 0.8 mile SSW of		37° 29.97'	76° 47.03'	+1 32	+0 57	+1 14	+1 47	0.8	0.9	--	--	0.9	320°	--	--	1.0	123°
2205	West Point, 0.8 mile below		37° 30.9'	76° 47.5'	+1 18	+0 41	+0 34	+0 59	1.0	1.4	--	--	1.1	340°	--	--	1.1	150°
2207	Lord Delaware Bridge, 100 yds. S of		37° 32.22'	76° 47.45'	+1 32	+0 51	+1 08	+1 39	0.7	0.5	--	--	0.8	350°	--	--	0.5	210°
2209	Wakema, Mattaponi River		37° 39.2'	76° 54.0'	+2 03	+1 26	+2 10	+1 34	1.3	1.6	--	--	1.4	260°	--	--	1.7	280°
2211	Walkerton, Mattaponi River		37° 43.4'	77° 01.5'	+3 24	+2 35	+2 35	+3 18	0.8	0.8	--	--	0.9	275°	--	--	0.9	095°
2213	Eltham Bridge, 100 yds. north of		37° 32.10'	76° 48.42'	+2 01	+1 54	+2 01	+2 07	0.5	0.8	--	--	0.6	327°	--	--	0.9	124°
2215	Lester Manor, Pamunkey River		37° 34.9'	76° 59.4'	+3 13	+2 51	+2 39	+2 59	1.1	0.9	--	--	1.2	235°	--	--	1.0	055°
2217	Northbury, Pamunkey River		37° 37.5'	77° 07.3'	+4 28	+4 11	+3 44	+4 19	0.4	1.2	--	--	0.5	290°	--	--	1.3	100°
	MOBJACK BAY and PIANKATANK RIVER																	
2219	New Point Comfort, 2.0 n.mi. WSW of	16d	37° 17.70'	76° 19.25'	+0 58	+1 39	+1 12	+1 56	0.5	0.4	--	--	0.6	315°	--	--	0.4	129°
2221	Bland Point, Piankatank River		37° 31.8'	76° 21.9'	+0 03	−0 14	−0 41	−0 06	0.4	0.2	--	--	0.4	300°	--	--	0.2	125°
2223	Doctor Point, 0.4 mile west of		37° 31.1'	76° 27.0'	+0 05	−0 42	−1 28	−0 13	0.4	0.4	--	--	0.4	311°	--	--	0.4	142°
	RAPPAHANNOCK RIVER																	
2225	Stingray Point, 1.2 n.mi. NE of	28d	37° 34.53'	76° 17.08'	+1 01	−0 04	−0 51	+0 54	0.4	0.5	--	--	0.4	293°	--	--	0.5	121°
2227	Windmill Point, 1.0 n.mi SSW of	15d	37° 36.00'	76° 17.50'	+1 08	+1 14	+1 49	+1 24	0.6	0.5	--	--	0.7	286°	0.1	188°	0.5	103°
2229	...do.	38d	37° 36.00'	76° 17.50'	+0 33	+1 18	+1 50	+0 46	0.5	0.3	--	--	0.6	269°	--	--	0.3	090°
2231	Mosquito Point, 0.9 mile SSE of		37° 35.72'	76° 21.08'	+1 29	+1 47	+1 27	+1 05	0.6	0.8	--	--	0.7	265°	--	--	0.8	090°
2233	Orchard Point, 1.0 mile south of		37° 37.97'	76° 27.45'	+1 22	+1 51	+1 39	+1 16	0.4	0.5	--	--	0.6	270°	--	--	0.5	085°
2235	Towles Point		37° 37.8'	76° 30.4'	+1 39	+1 23	+1 59	+1 49	0.6	0.6	--	--	0.6	274°	--	--	0.5	103°
2237	Rogue Point, 0.8 mile WNW of		37° 40.28'	76° 33.20'	+2 00	+2 00	-- --	+1 51	0.6	0.6	--	--	0.6	000°	--	--	0.6	195°
2239	Waterview, 1.3 miles NNE of		37° 44.95'	76° 35.92'	+2 14	+2 15	+2 35	+2 34	0.6	0.6	--	--	0.7	340°	--	--	0.6	155°
2241	Tarpley Point, 1.5 miles south of		37° 46.15'	76° 39.12'	+2 49	+2 53	+3 09	+3 03	0.7	0.7	--	--	0.7	300°	--	--	0.7	105°
2243	Jones Point, 1.4 miles NNW of		37° 48.03'	76° 41.58'	+2 37	+2 39	+3 08	+2 51	0.8	0.8	--	--	1.1	315°	--	--	0.9	105°
2245	Sharps, 1.2 miles south of		37° 48.18'	76° 41.92'	+2 52	+3 02	+3 41	+3 25	1.0	0.8	--	--	0.9	290°	--	--	0.8	095°
2247	Bowlers Rock, 0.2 mile north of		37° 49.58'	76° 44.00'	+3 00	+2 57	+3 26	+3 14	0.8	0.9	--	--	1.0	315°	--	--	1.1	135°
2249	Accaceek Point, 0.3 mile southwest of		37° 52.52'	76° 46.40'	+3 13	+3 04	+3 16	+3 37	1.1	0.9	--	--	1.2	335°	--	--	1.0	150°
2251	Tappahannock Bridge, 1.8 miles SE of		37° 55.10'	76° 49.27'	+3 51	+3 23	+3 45	+3 52	1.3	1.2	--	--	1.4	315°	--	--	1.3	105°
2253	Port Royal		38° 10.5'	77° 11.4'	+4 43	+6 26	+5 59	+6 34	0.6	0.7	--	--	0.7	310°	--	--	0.7	130°
	POCOMOKE SOUND																	
2255	Pocomoke Sound Approach		37° 38.00'	75° 57.90'	+1 09	+1 28	+2 00	+1 55	0.6	0.7	--	--	0.7	009°	--	--	0.6	196°
2257	Watts Island, 4 miles south of		37° 43.2'	75° 57.83'	+0 50	+0 17	+0 16	+0 20	0.5	0.6	--	--	0.6	027°	--	--	0.6	247°
2259	Watts Island, 2.3 n.mi. east of	7	37° 47.62'	75° 50.83'	+1 53	+1 24	+1 20	+1 50	0.9	1.0	--	--	1.0	032°	--	--	1.1	208°
2261	...do.	13d	37° 47.62'	75° 50.83'	+1 26	+1 13	+1 30	+1 10	0.9	0.8	--	--	1.0	025°	--	--	1.0	209°
2263	Long Point, 2.0 n.mi. northeast of	48d	37° 54.90'	75° 47.90'	+1 24	+0 57	+1 03	+1 23	0.4	0.3	--	--	0.4	024°	--	--	0.3	211°
2265	Pocomoke R., 0.5 mile below Shelltown	9d	37° 58.3'	75° 38.7'	+4 03	+3 16	+3 19	+3 24	1.0	0.8	--	--	1.1	045°	--	--	0.9	170°
	TANGIER SOUND																	
2267	Tangier Sound Light, 0.5 n.mi. east of	16d	37° 47.25'	75° 57.83'	+2 21	+1 59	+2 07	+2 28	0.8	0.8	0.1	115°	0.9	019°	--	--	0.9	195°
2269	...do.	41d	37° 47.25'	75° 57.83'	+2 20	+1 57	+2 14	+2 17	0.9	0.9	--	--	1.0	011°	--	--	1.0	189°
2271	Tangier Sound Light, 1.5 miles NE of		37° 48.5'	75° 57.4'	+2 03	+2 18	+2 04	+2 03	1.1	1.0	--	--	1.2	014°	--	--	1.1	220°
2273	Clump Island, 2.5 n.mi. west of	15d	37° 54.50'	75° 57.42'	+3 05	+3 04	+3 06	+3 16	0.7	0.6	--	--	0.8	348°	--	--	0.6	168°
2275	...do.	40d	37° 54.50'	75° 57.42'	+2 56	+2 45	+2 53	+3 09	0.7	0.6	--	--	0.8	342°	--	--	0.6	166°

Endnotes can be found at the end of table 2.

TABLE 2. – CURRENT DIFFERENCES AND OTHER CONSTANTS

No.	PLACE	Meter Depth (ft)	Latitude North	Longitude West	TIME DIFF — Min. before Flood (h m)	Flood (h m)	Min. before Ebb (h m)	Ebb (h m)	SPEED RATIO Flood	Ebb	Min. before Flood knots	Dir	Max Flood knots	Dir	Min. before Ebb knots	Dir	Max Ebb knots	Dir
	TANGIER SOUND — Time meridian, 75°W				*on Chesapeake Bay Entrance,*													
2269	Janes Island Light, 2.3 n.mi. NNE of	14d	38°00.05'	75°54.52'	+3 17	+3 14	+3 23	+3 09	0.6	0.7	--	--	0.7	001°	--	--	0.7	188°
	do.	39d	38°00.05'	75°54.52'	+3 28	+3 33	+3 40	+4 02	0.6	0.7	--	--	0.7	008°	--	--	0.7	174°
	do.	92d	38°00.05'	75°54.52'	+2 58	+3 39	+3 33	+3 28	0.5	0.4	--	--	0.6	348°	--	--	0.4	181°
2271	Big Annemessex River Entrance	12d	38°02.56'	75°51.27'	+2 07	+1 35	+1 36	+1 46	0.3	0.4	--	--	0.6	074°	--	--	0.2	258°
2273	Kedges Strait Buoy '4'	12d	38°03.45'	76°01.93'	+0 46	+0 49	+0 47	+0 57	0.7	0.7	--	--	0.8	091°	--	--	0.7	276°
2275	Manokin R. Ent., 1.1 n.mi. E of Drum Pt	20d	38°05.82'	75°53.48'	+2 18	+2 16	+2 32	+2 32	0.4	0.3	--	--	0.4	008°	--	--	0.3	197°
2277	Deal Is., 0.6 n.mi. W. of, at Bouy '14'	14d	38°08.45'	75°58.33'	+3 18	+3 13	+3 14	+3 03	0.6	0.3	--	--	0.7	000°	--	--	0.6	181°
2279	Frog Point, 1.6 miles south of	41d	38°08.45'	75°58.33'	+2 51	+2 21	+3 24	+3 29	0.6	0.4	--	--	0.6	355°	--	--	0.6	175°
	do.		38°12.6'	75°57.3'	+3 52	+3 16	+3 30	+3 55	0.9	1.0	--	--	1.0	048°	--	--	1.1	240°
	Wicomico River																	
2281	Long Point and Nanticoke Point, between	9d	38°12.80'	75°54.00'	+3 24	+2 53	+2 56	+3 36	0.4	0.7	--	--	0.5	063°	--	--	0.7	263°
2283	Victor Point, 0.8 mile southwest of		38°14.3'	75°51.8'	+3 43	+3 10	+3 38	+3 58	0.5	0.8	--	--	0.6	034°	--	--	0.9	242°
2285	Whitehaven	4	38°15.9'	75°47.5'	+3 29	+4 01	+3 51	+3 25	1.0	1.0	--	--	1.1	089°	--	--	1.1	284°
2287	Whitehaven, 2.5 miles above	4	38°17.8'	75°45.5'	+3 33	+3 29	+3 34	+3 19	0.9	0.9	--	--	1.0	006°	--	--	1.1	188°
2289	Salisbury, 2 miles below		38°20.4'	75°38.3'	+3 56	+3 47	+3 52	+3 52	0.6	0.8	--	--	0.6	085°	--	--	0.8	258°
2291	Sandy Point, Nanticoke River		38°14.8'	75°55.7'	+3 47	+3 52	+4 10	+4 03	1.1	1.0	--	--	1.2	000°	--	--	1.1	182°
2293	Roaring Point, WSW of Nanticoke River	18d	38°15.80'	75°55.40'	+3 50	+3 17	+4 06	+3 34	0.8	0.5	--	--	0.9	356°	--	--	0.9	181°
	do.	37d	38°15.80'	75°55.40'	+3 38	+3 15	+4 34	+3 36	0.5	0.5	--	--	0.6	350°	--	--	0.5	150°
2295	Chapter Point, Nanticoke River		38°22.6'	75°52.0'	+5 19	+3 59	+4 41	+5 42	1.3	1.1	--	--	1.5	014°	--	--	1.2	204°
2297	Fishing Bay Entrance, at Buoy '2'	15d	38°13.48'	75°59.37'	+3 47	+4 16	+4 02	+4 45	0.4	0.3	0.1	050°	0.5	311°	0.1	202°	0.7	139°
2299	Hooper Strait, at Buoy '4'	14d	38°13.05'	76°03.83'	+0 51	+0 48	+1 16	+1 07	0.7	0.7	--	--	0.8	097°	--	--	0.7	287°
2301	Honga River Entrance, at Buoy '1A'	26d	38°14.80'	76°07.00'	+2 52	+2 22	+3 17	+3 03	0.4	0.4	--	--	0.5	331°	0.1	078°	0.4	152°
	GREAT WICOMICO RIVER																	
2303	Sandy Point, east of		37°49.30'	76°18.00'	+0 58	+0 41	+0 14	+0 49	0.3	0.3	--	--	0.3	320°	--	--	0.3	140°
	POTOMAC RIVER																	
2305	Point Lookout, 5.2 n.mi. SW of	13d	37°58.12'	76°23.50'	+2 34	+1 37	+1 38	+1 16	0.1	0.1	--	--	0.1	294°	--	--	0.1	113°
2307	Point Lookout, 3.1 n.mi. SW of	15d	37°59.87'	76°21.75'	+3 34	+3 23	+3 20	+3 19	0.3	0.4	--	--	0.3	295°	--	--	0.4	116°
2309	Point Lookout, 1.8 n.mi. SW of	34d	37°59.87'	76°21.75'	+2 44	+2 20	+2 50	+2 40	0.2	0.4	--	--	0.2	303°	--	--	0.2	126°
	do.	14d	38°00.80'	76°20.62'	+3 01	+3 01	+3 48	+3 31	0.3	0.1	0.1	216°	0.3	297°	0.1	214°	0.1	102°
2311	Point Lookout, 1.0 n.mi. south of	47d	38°00.80'	76°20.62'	+2 08	+2 31	+3 16	+3 13	0.6	0.5	0.2	211°	0.3	309°	0.1	197°	0.5	117°
	do.	15d	38°01.25'	76°19.45'	+2 25	+2 48	+3 14	+2 48	0.5	0.3	--	--	0.7	270°	--	--	0.3	086°
	do.	43d	38°01.25'	76°19.45'	+2 00	+2 31	+3 58	+3 04			--	--	0.6	271°	--	--		
	Cornfield Point																	
2313	1 mile south of		38°02'	76°21'	Current irregular						--	--	0.5	310°	--	--	0.5	130°
2315	midchannel		38°01.1'	76°21.3'	+4 33	+4 16	+4 33	+4 32	0.4	0.4	--	--	0.5	280°	--	--	0.6	110°
2317	3.8 miles south of		37°59.4'	76°21.5'	+4 18	+4 01	+4 34	+4 09	0.6	0.6	--	--	0.7	315°	--	--	0.6	100°
2319	Fort Point, St. Marys River		38°02.1'	76°26.9'	Current weak and variable													
2321	Yeocomico River entrance			76°31.2'	Current weak and variable													
	Piney Point																	
2323	0.2 mile south of	15d	38°07.8'	76°32.0'	+3 33	+3 16	+2 49	+3 24	1.2	0.6	--	--	1.3	280°	--	--	0.6	145°
2325	1.06 n.mi. south of	31d	38°06.95'	76°31.84'	+4 17	+3 58	+3 34	+4 25	0.4	0.4	--	--	0.5	315°	0.1	044°	0.4	128°
2327	2.2 miles south of		38°06.95'	76°31.84'	+3 45	+3 56	+4 20	+4 06	0.5	0.4	--	--	0.6	315°	--	--	0.5	130°
2329	Lower Machodoc Creek entrance		38°05.9'	76°33.1'	Current weak and variable													
2331	White Point, Nomini Creek entrance		38°08.1'	76°33.3'	+4 08	+3 51	+3 24	+3 59	0.4	0.5	--	--	0.5	280°	--	--	0.5	174°
2333	Breton Bay entrance		38°14.5'	76°41.7'	+2 53	+2 36	+2 09	+2 44	1.1	1.1	--	--	1.2	155°	--	--	1.2	335°
2335	St. Clements Bay entrance		38°14.5'	76°43.7'	Current weak and variable													
2337	St. Clements I., 1.8 miles southeast of		38°11.7'	76°42.5'	+5 18	+5 01	+4 34	+5 09	0.5	0.4	--	--	0.6	030°	--	--	0.4	200°
2339	St. Clements I., 1.1 miles southwest of		38°11.57'	76°45.67'	+5 04	+5 10	+4 33	+4 58	0.4	0.8	--	--	0.4	250°	--	--	0.9	085°
2341	Rock Point, Wicomico River entrance		38°16.4'	76°49.3'	+3 42	+3 57	+3 42	+3 46	0.4	0.6	--	--	0.5	281°	--	--	0.6	099°

Endnotes can be found at the end of table 2.

TABLE 2. – CURRENT DIFFERENCES AND OTHER CONSTANTS

No.	PLACE	Latitude North	Longitude West	Meter Depth (ft)	TIME DIFFERENCES — Min. before Flood	Flood	Min. before Ebb	Ebb	SPEED RATIOS — Flood	Ebb	Min. before Flood (knots)	Dir.	Max. Flood (knots)	Dir.	Min. before Ebb (knots)	Dir.	Max. Ebb (knots)	Dir.
	POTOMAC RIVER Time meridian, 75°W				*on Baltimore Harbor Approach,*													
2343	Swan Point	38° 16.4'	76° 56.7'		−1 54	−2 04	−2 32	−2 09	0.4	1.0	–	–	0.3	350°	–	–	0.8	140°
2345	Dahlgren Harbor Channel	38° 18.90'	77° 01.93'		Current weak and variable						–	–	–	–	–	–	–	–
2347	Upper Machodoc Creek entrance	38° 19'	77° 02'		Current irregular						–	–	–	–	–	–	–	–
2349	Persimmon Point	38° 22.1'	76° 59.4'		−1 09	−1 19	−1 47	−1 24	1.5	1.8	–	–	0.3	270°	–	–	0.3	090°
2351	Potomac River Bridge, 0.4 mile south of	38° 21.38'	76° 59.20'		−1 25	−1 28	−1 38	−1 17	1.1	1.8	–	–	1.2	325°	–	–	1.4	175°
2353	Chapel Point, Port Tobacco River	38° 27.9'	77° 02.2'		Current weak and variable						–	–	0.9	000°	–	–	1.4	165°
2355	Maryland Point	38° 20.8'	77° 11.8'		−1 04	−1 14	−1 42	−1 19	1.4	1.8	–	–	1.1	270°	–	–	1.4	080°
2357	Quantico	38° 31.3'	77° 16.6'		−0 54	−1 04	−1 32	−1 19	0.9	1.1	–	–	0.7	020°	–	–	0.9	200°
2359	Quantico Creek entrance	38° 31.7'	77° 17.3'		−1 19	−1 29	−1 57	−1 34	0.6	0.9	–	–	0.5	305°	–	–	0.5	115°
2361	Freestone Point, 2.3 miles east of	38° 35.78'	77° 11.88'		−0 03	−0 01	−0 28	−0 06	0.9	0.9	–	–	0.7	030°	–	–	0.7	229°
2363	Hallowing Point	38° 38.70'	77° 07.65'		+0 12	−0 05	−0 24	−0 15	1.4	1.4	–	–	1.1	345°	–	–	1.1	149°
2365	Jones Point, Alexandria	38° 47.62'	77° 02.23'		+0 36	+0 01	+0 09	+0 07	1.2	1.1	–	–	1.0	352°	–	–	0.9	171°
2367	Hains Point	38° 51.08'	77° 01.32'		+0 20	+0 31	+0 04	−0 18	0.8	0.4	–	–	0.6	359°	–	–	0.3	176°
2369	Anacostia River entrance	38° 51.8'	77° 00.6'		Current weak and variable						–	–	–	–	–	–	–	–
2371	South Capitol Street Bridge	38° 52.07'	77° 00.38'		Current weak and variable						–	–	–	–	–	–	–	–
2373	Washington Channel, Washington, D.C.	38° 51.8'	77° 01.2'		Current weak and variable						–	–	–	–	–	–	–	–
2375	Virginia Channel, Washington, D.C. <13>	38° 52'	77° 02'		– –				–	–	–	–	–	–	–	–	0.6	145°
	PATUXENT RIVER																	
2377	Hog Point, 0.6 n.mi. north of	38° 19.08'	76° 24.07'	13d	−4 45	−5 29	−5 59	−6 00	0.5	0.6	–	–	0.4	258°	0.1	358°	0.5	070°
	do.	38° 19.08'	76° 24.07'	41d	−6 24	−5 38	−5 36	−6 38	0.5	0.3	–	–	0.4	263°	–	–	0.2	061°
2379	Drum Point, 0.3 mile SSE of	38° 18.93'	76° 25.15'		−5 19	−5 20	−5 25	−5 16	0.5	0.5	–	–	0.4	245°	–	–	0.4	065°
2381	Sandy Point, 0.5 mile south of	38° 18.50'	76° 27.30'		−5 08	−5 49	−5 53	−4 55	0.6	0.6	–	–	0.5	300°	–	–	0.5	125°
2383	Point Patience, 0.1 mile southwest of	38° 19.70'	76° 29.20'	15	−5 07	−6 12	−6 46	−6 01	0.6	1.0	–	–	0.8	315°	–	–	0.8	145°
2385	Broomes Island, 0.4 mile south of <62>	38° 23.70'	76° 33.25'		−5 01	−5 16	−5 02	−5 02	0.8	0.6	–	–	0.4	290°	–	–	0.5	110°
2387	Sheridan Point, 0.1 mile southwest of	38° 27.97'	76° 38.88'		−4 33	−4 54	−4 38	−4 16	0.8	0.8	–	–	0.6	320°	–	–	0.5	135°
2389	Benedict, highway bridge	38° 30.70'	76° 40.33'		−4 45	−4 38	−4 09	−4 35	1.0	0.6	–	–	0.8	025°	–	–	0.5	190°
2391	Lyons Creek Wharf	38° 44.8'	76° 41.1'		−3 14	−3 24	−3 52	−3 29	1.4	1.1	–	–	1.1	315°	–	–	0.9	140°
	LITTLE CHOPTANK RIVER																	
2393	Hills Point, 1.0 mile south of	38° 33.0'	76° 18.7'		Current weak and variable						–	–	–	–	–	–	–	–
2395	Ragged Point, 1.5 miles east of	38° 31.80'	76° 14.65'		−4 53	−5 15	−4 29	−4 57	0.5	0.2	–	–	0.4	045°	–	–	0.2	235°
	CHOPTANK RIVER																	
2397	Cook Point, 1.4 n.mi. NNW of	38° 38.83'	76° 18.40'	15d	−3 52	−4 06	−4 06	−4 24	0.8	0.7	–	–	0.6	049°	–	–	0.5	241°
	do.	38° 38.83'	76° 18.40'	45d	−4 09	−4 05	−4 03	−4 12	0.6	0.6	0.1	145°	0.5	068°	–	–	0.5	232°
2399	Holland Point, 2.0 n.mi. SSW of	38° 40.43'	76° 15.45'	14d	−3 54	−4 21	−3 26	−4 00	0.3	0.2	–	–	0.2	089°	–	–	0.2	262°
2401	Chlora Point, 0.5 n.mi. SSW of	38° 37.70'	76° 09.10'	17d	−3 45	−3 32	−3 22	−3 58	0.6	0.5	–	–	0.4	139°	–	–	0.4	332°
	do.	38° 37.70'	76° 09.10'	24d	−3 48	−3 33	−3 13	−3 42	0.3	0.4	–	–	0.5	143°	–	–	0.3	323°
2403	Martin Point, 0.6 n.mi. west of	38° 37.63'	76° 08.15'	18d	−3 18	−3 42	−3 22	−3 34	0.4	0.2	–	–	0.2	155°	–	–	0.2	341°
2405	Howell Point, 0.5 n.mi. south of	38° 36.23'	76° 06.87'	7d	−3 17	−4 04	−3 52	−3 42	0.6	0.5	–	–	0.4	122°	–	–	0.4	274°
2407	Cambridge hwy. bridge, W. of Swing Span	38° 34.78'	76° 03.67'	18d	−2 48	−3 05	−1 07	−2 13	0.6	0.3	–	–	0.4	132°	–	–	0.3	316°
2409	Off Jamaica Point	38° 36.58'	75° 58.97'		−2 13	−2 32	−2 44	−2 26	0.8	0.8	–	–	0.5	000°	–	–	0.6	205°
2411	Poplar Point, south of	38° 40.52'	75° 57.98'		−1 52	−2 05	−1 56	−2 15	1.0	1.0	–	–	0.5	305°	–	–	0.8	100°
2413	Dover Bridge	38° 45.40'	75° 59.92'		−1 19	−1 50	−1 25	−1 47	1.1	1.0	–	–	0.9	050°	–	–	0.8	235°
2415	Oxford, Tred Avon River	38° 41.72'	76° 10.67'		Current weak and variable						–	–	–	–	–	–	–	–
2417	Easton Pt., 0.5 mi. below, Tred Avon River	38° 45.8'	76° 06.2'		Current weak and variable						–	–	–	–	–	–	–	–
2419	Mulberry Pt., 0.6 mi. S of, Broad Creek	38° 44.33'	76° 14.95'		– –	−4 10	– –	−4 18	0.4	0.2	–	–	0.3	350°	–	–	0.2	170°
2421	Bald Eagle Pt., east of, Harris Creek	38° 43.75'	76° 18.30'		−4 07	−4 27	– –	−4 14	0.4	0.5	–	–	0.4	010°	–	–	0.4	175°

Endnotes can be found at the end of table 2.

TABLE 2. – CURRENT DIFFERENCES AND OTHER CONSTANTS

No.	PLACE	Meter Depth (ft)	POSITION Latitude North	POSITION Longitude West	TIME DIFF. Min. before Flood (h m)	TIME DIFF. Flood (h m)	TIME DIFF. Min. before Ebb (h m)	TIME DIFF. Ebb (h m)	SPEED RATIOS Flood	SPEED RATIOS Ebb	AVG Minimum before Flood knots	Dir.	AVG Maximum Flood knots	Dir.	AVG Minimum before Ebb knots	Dir.	AVG Maximum Ebb knots	Dir.
	EASTERN BAY Time meridian, 75°W																	
	on **Baltimore Harbor Approach**																	
2423	Poplar Island, east of south end	15d	38°44.9'	76°21.2'	-2 20	-2 20	-2 20	-2 20	1.2	0.8	--	--	1.0	000°	--	--	0.6	170°
2425	Kent Point, 1.4 n.mi. east of		38°50.33'	76°20.25'	-3 04	-3 18	-3 49	-3 12	1.5	0.4	--	--	0.4	043°	--	--	0.3	233°
2427	Long Point, 1 mile southeast of		38°50.6'	76°19.6'	-3 40	-3 40	-3 40	-3 40	0.6	0.5	--	--	0.5	040°	--	--	0.4	235°
2429	Turkey Point, 1.3 miles WSW of		38°53.68'	76°19.55'	Current weak and variable													
2431	Parson Island, 1.4 miles west of		38°54.83'	76°16.77'	Current weak and variable													
2433	Parson Island, 0.7 mile NNE of		38°55.48'	76°14.33'	---	-2 45	---	-2 50	0.2	0.2	--	--	0.2	305°	--	--	0.2	150°
2435	Tilghman Point, 1 mile north of		38°52.78'	76°15.18'	---	-3 15	---	-3 55	0.4	0.4	--	--	0.3	060°	--	--	0.3	265°
2437	Wye River, west of Bruffs Island		38°51.28'	76°11.88'	---	-3 18	-3 17	-3 00	0.8	0.9	--	--	0.6	030°	--	--	0.7	190°
2439	Deepwater Point, Miles River		38°48.33'	76°12.55'	-2 33	-3 52	-3 43	-4 14	0.6	0.6	--	--	0.5	215°	--	--	0.5	025°
2441	Long Point, 0.8 mi. east of, Miles River		38°46.43'	76°09.32'	-3 48	-3 24	---	-3 45	0.4	0.2	--	--	0.3	055°	--	--	0.2	245°
	WEST and SOUTH RIVERS																	
2443	Cheston Point, south of, West River	9	38°51.33'	76°31.43'	Current weak and variable													
2445	South River entrance		38°54.77'	76°29.43'	Current weak and variable													
	SEVERN and MAGOTHY RIVERS																	
2447	Greenbury Point, 1.8 miles east of	8	38°58.40'	76°25.00'	-0 57	-1 05	-0 51	-0 47	0.8	0.8	--	--	0.6	070°	--	--	0.6	245°
2449	Annapolis		38°58.95'	76°28.50'	---	-3 35	---	-2 26	0.5	0.4	--	--	0.4	320°	--	--	0.3	110°
2451	Brewer Point, Severn River		39°01.83'	76°31.73'	---	-1 22	---	-1 50	0.4	0.4	--	--	0.3	275°	--	--	0.3	155°
2453	Mountain Point, Magothy River entrance		39°03.47'	76°26.23'	-2 20	-2 00	-1 29	-2 04	0.8	0.4	--	--	0.6	315°	--	--	0.3	125°
	CHESTER RIVER																	
2455	Love Point, 1.6 n.mi. east of	16d	39°02.05'	76°16.07'	-1 42	-1 15	-0 47	-1 15	0.6	0.4	0.1	278°	0.4	202°	0.1	261°	0.4	341°
2457	Kent Island Narrows (highway bridge)	4	38°58.23'	76°14.83'	-2 07	-2 25	-2 11	-2 56	1.2	1.1	--	--	1.0	005°	--	--	0.9	190°
2459	Hail Point, 0.7 n.mi. east of	16d	39°00.63'	76°10.95'	-0 51	-1 08	-1 12	-0 37	0.5	0.6	--	--	0.4	002°	--	--	0.5	168°
2461	Deep Point		39°06.38'	76°07.23'	-0 31	-0 33	-0 32	-0 18	0.6	0.9	--	--	0.5	065°	--	--	0.7	260°
2463	Chestertown		39°12.43'	76°03.67'	-0 21	+0 05	-0 02	-0 17	0.8	0.6	--	--	0.6	025°	--	--	0.5	220°
	PATAPSCO RIVER																	
2465	North Point, Brewerton Channel	15d	39°10.70'	76°26.65'	Current weak and variable													
2467	Brewerton Angle		39°12.08'	76°30.78'	Current weak and variable													
2469	Fort McHenry Angle		39°15.45'	76°34.53'	Current weak and variable													
2471	Bear Creek entrance		39°13.8'	76°29.9'	Current weak and variable													
2473	Curtis Creek entrance		39°13.1'	76°34.6'	Current weak and variable													
2475	Fort McHenry, NW Harbor entrance		39°15.8'	76°34.5'	Current weak and variable													
2477	Middle Branch entrance		39°15.4'	76°37.0'	Current weak and variable													
	BACK, GUNPOWDER and BUSH RIVERS																	
2479	Lynch Point, Back River		39°15.0'	76°26.3'	+0 00	-0 10	+0 00	-0 10	0.7	0.5	--	--	0.6	310°	--	--	0.4	130°
2481	Gunpowder River entrance		39°18.7'	76°18.5'	-0 24	-0 41	+0 25	+0 05	0.5	0.4	--	--	0.4	040°	--	--	0.3	205°
2483	Bush River, 0.4 mi. SW of Bush Point		39°21.4'	76°15.4'	+0 07	-0 24	+0 21	+0 20	0.8	0.6	--	--	0.6	325°	--	--	0.5	165°
	SASSAFRAS RIVER																	
2485	Grove Point		39°22.7'	76°02.6'	+0 46	+0 46	+0 51	+0 44	0.5	0.4	--	--	0.5	095°	--	--	0.3	288°
2487	Ordinary Point, 0.4 mile west of		39°22.45'	75°59.25'	+0 50	+0 37	+1 17	+0 58	0.6	0.5	--	--	0.5	165°	--	--	0.4	345°
2489	Georgetown		39°21.67'	75°53.17'	+1 00	+0 25	+0 56	+1 25	0.4	0.5	--	--	0.3	090°	--	--	0.4	200°

Endnotes can be found at the end of table 2.

TABLE 2. – CURRENT DIFFERENCES AND OTHER CONSTANTS

No.	PLACE	Meter Depth (ft)	POSITION Latitude North	POSITION Longitude West	TIME DIFF. Min. before Flood (h m)	TIME DIFF. Flood (h m)	TIME DIFF. Min. before Ebb (h m)	TIME DIFF. Ebb (h m)	SPEED RATIOS Flood	SPEED RATIOS Ebb	Min. before Flood knots	Min. before Flood Dir.	Maximum Flood knots	Maximum Flood Dir.	Min. before Ebb knots	Min. before Ebb Dir.	Maximum Ebb knots	Maximum Ebb Dir.
	ELK RIVER Time meridian, 75°W				*on Baltimore Harbor Approach,*													
2491	Arnold Point, 0.4 mile west of		39° 27.83'	75° 58.45'	+1 39	+1 45	+1 24	+1 32	1.0	1.0	--	--	0.8	040°	--	--	0.8	215°
2493	Old Town Point Wharf, northwest of	17d	39° 30.23'	75° 55.12'	+2 00	+1 53	+1 49	+1 45	1.3	1.6	--	--	1.1	054°	--	--	1.3	242°
	do.	29d	39° 30.23'	75° 55.12'	+2 07	+2 04	+1 47	+1 45	1.2	1.4	--	--	0.9	055°	--	--	1.1	237°
2495	Hendersons Point		39° 33.2'	75° 51.6'	+2 05	+2 05	+2 05	+2 05	0.6	0.9	--	--	0.5	030°	--	--	0.7	210°
	CHESAPEAKE and DELAWARE CANAL				*on Ches. & Del. Canal,*													
2497	Back Creek, 0.3 n.mi. W of Sandy Pt	14d	39° 31.67'	75° 51.97'	-0 06	-0 12	-0 10	-0 01	0.6	0.7	--	--	1.2	057°	--	--	1.4	244°
	do.	31d	39° 31.67'	75° 51.97'	-0 04	-0 25	+0 00	+0 01	0.6	0.6	--	--	1.2	052°	--	--	1.2	240°
2499	C&D CANAL, Chesapeake City	9d	39° 31.82'	75° 49.58'	Daily predictions						--	--	2.0	097°	--	--	1.9	278°
2501	Chesapeake City Bridge, 0.45 n.mi. E of	26d	39° 31.67'	75° 48.43'	-0 27	-0 16	+0 08	-0 07	1.0	0.7	--	--	2.0	092°	--	--	1.4	273°
	do.	37d	39° 31.67'	75° 48.43'	-0 31	-0 16	+0 11	-0 14	0.7	0.5	--	--	1.5	083°	--	--	0.9	275°
2503	Conrail Bridge, east of	17d	39° 32.55'	75° 42.15'	-0 35	-0 25	+0 02	-0 08	0.9	0.7	--	--	1.9	099°	--	--	1.3	278°
	do.	34d	39° 32.55'	75° 42.15'	-0 40	-0 23	-0 01	-0 34	0.7	0.5	--	--	1.4	096°	--	--	1.0	281°
2505	St. George Bridge, 0.1 n.mi. ENE of	18d	39° 33.17'	75° 39.00'	-0 57	-1 08	-0 48	-1 08	0.9	0.7	--	--	1.7	064°	--	--	1.0	247°
2507	Reedy Point Radio Tower, south of	19d	39° 33.62'	75° 34.20'	-1 05	-0 55	-0 10	-0 16	1.0	0.7	--	--	1.9	078°	--	--	1.3	263°
	VIRGINIA, outer coast				*on Chesapeake Bay Entrance,*													
2509	Cape Henry Light, 0.7 mile east of		36° 55.70'	75° 59.60'	-0 06	-0 23	-1 07	-0 06	0.9	1.8	--	--	1.0	320°	--	--	1.9	105°
2511	Virginia Beach, south end		36° 33.00'	75° 52.10'	-0 53	-0 20	-0 21	-0 09	0.4	0.4	--	--	0.5	350°	--	--	0.4	170°
	PAMLICO SOUND				*on Charleston Harbor,*													
	Oregon Inlet																	
2513	Bodie Island–Pea Island, between	6	35° 46.6'	75° 32.1'	+2 38	+2 20	+2 03	+1 52	1.2	0.6	--	--	2.1	202°	0.1	113°	1.2	028°
	do.	12	35° 46.6'	75° 32.1'	+2 49	+2 36	+2 02	+1 48	1.2	0.6	--	--	2.0	204°	0.1	113°	1.5	036°
2515	Coast Guard Tower, southwest of	6	35° 45.7'	75° 31.9'	+3 04	+2 30	+1 53	+2 18	0.8	0.8	--	--	2.0	205°	--	--	1.5	028°
	do.	12	35° 45.7'	75° 31.9'	+3 01	+2 33	+1 57	+1 33	0.8	0.7	--	--	1.3	212°	--	--	1.4	033°
2517	Herbert C. Bonner Bridge, WSW of	6	35° 46.2'	75° 32.8'	+3 32	+2 55	+1 30	+1 46	0.6	0.9	--	--	1.0	280°	--	--	1.8	087°
2519	Hatteras Inlet		35° 12'	75° 45'	+2 42	+2 42	+2 18	+1 38	1.2	1.0	--	--	2.1	307°	--	--	2.0	148°
2521	Diamond Shoal Light, 3.9 miles SSW of		35° 09'	75° 18'	Current weak and variable						--	--	--	--	--	--	--	--
	Ocracoke Inlet																	
2523	channel entrance	10	35° 03.92'	76° 01.13'	+2 48	+2 24	+1 43	+1 40	1.0	1.2	--	--	1.7	000°	--	--	2.4	145°
2525	Teaches Hole Channel	10	35° 04.75'	76° 00.28'	+2 49	+2 27	+1 42	+1 47	0.6	0.8	--	--	1.1	050°	--	--	1.6	195°
2527	Blair Channel	9	35° 04.88'	76° 02.03'	+2 52	+2 33	+1 48	+2 03	0.6	0.9	--	--	1.0	355°	--	--	1.7	140°
2529	Wallace Channel		35° 04.78'	76° 03.12'	+2 51	+2 57	+2 03	+2 13	0.9	0.9	--	--	1.6	305°	--	--	1.8	140°
2531	Sheep Island Slue		35° 04'	76° 06'	+2 33	+3 18	+1 35	+1 56	0.1	0.2	--	--	0.2	310°	--	--	0.3	095°
2533	Ocracoke Inlet, 3.5 miles SSE of		35° 01'	76° 00'	Current weak and variable						--	--	--	--	--	--	--	--
	NORTH CAROLINA COAST																	
	Beaufort Inlet																	
2535	Shackleford Banks, 0.8 mile S of	6	34° 39.98'	76° 39.33'	+1 19	+1 16	+0 30	+0 31	0.8	0.7	--	--	1.4	314°	--	--	1.5	145°
2537	Approach		34° 40.3'	76° 40.2'	+2 03	+1 19	+0 37	+0 57	0.2	0.7	--	--	0.3	358°	--	--	1.4	161°
2539	Fort Macon, 0.6 mile SE of		34° 41.15'	76° 40.10'	+1 42	+1 47	+0 51	+0 38	0.7	0.9	--	--	1.2	332°	--	--	1.7	154°
2541	Fort Macon, 0.2 mile NE of	10	34° 41.98'	76° 40.52'	+1 12	+1 20	+0 36	+0 21	1.1	0.9	--	--	2.0	307°	--	--	1.8	151°
	do.	20	34° 41.98'	76° 40.52'	+1 12	+1 18	+0 39	+0 39	0.9	0.8	0.1	232°	2.0	320°	--	--	1.7	153°
2543	Tombstone Point, 0.1 mile E of	15	34° 42.23'	76° 41.17'	+1 13	+1 25	+0 34	+0 27	0.8	0.5	0.2	242°	1.6	305°	0.1	232°	1.7	128°
2545	Turning Basin	6	34° 42.78'	76° 41.65'	+1 09	+1 34	+0 50	+0 32	0.7	0.5	0.1	222°	1.3	327°	0.1	220°	1.0	144°
	do.	15	34° 42.83'	76° 41.65'	+1 58	+1 39	+0 59	+0 32	0.7	0.8	0.4	048°	1.2	334°	0.1	237°	1.0	138°
2547	Sugarloaf Island, 0.2 mile S of	6	34° 43.00'	76° 42.83'	+2 12	+1 47	+1 22	+1 14	0.8	0.7	--	--	1.1	266°	--	--	1.6	094°
2549	Morehead City, S of	6	34° 43.37'	76° 43.97'	+2 12	+1 47	+1 29	+1 42	0.6	0.5	--	--	1.4	293°	--	--	1.4	110°
2551	Morehead City, RR. bridge, N of	6	34° 43.88'	76° 41.63'	+0 44	+1 01	+1 09	-1 03	0.6	0.5	0.2	127°	1.0	054°	0.1	122°	1.0	185°
2553	Newport Marshes, SE of	15	34° 43.88'	76° 41.00'	+0 57	+1 02	+0 18	-0 08	0.8	0.6	0.1	130°	1.4	044°	--	--	1.2	226°
2555	Newport Marshes, E of	6	34° 44.27'	76° 40.83'	+0 07	+0 11	-0 37	-0 09	0.6	0.5	--	--	1.0	040°	--	--	1.0	224°

Endnotes can be found at the end of table 2.

TABLE 2. – CURRENT DIFFERENCES AND OTHER CONSTANTS

No.	PLACE	Meter Depth (ft)	Latitude North	Longitude West	Min. before Flood (h m)	Flood (h m)	Min. before Ebb (h m)	Ebb (h m)	Speed Ratio Flood	Speed Ratio Ebb	Min. before Flood (knots)	Dir.	Max. Flood (knots)	Dir.	Min. before Ebb (knots)	Dir.	Max. Ebb (knots)	Dir.
	NORTH CAROLINA COAST — Time meridian, 75°W																	
	Beaufort Inlet–cont.				on Charleston Harbor,													
2557	Radio Island, E of	6	34°42.70'	76°40.78'	+0 55	+0 55	+0 20	+0 16	0.7	0.6	–	–	1.2	022°	–	–	1.2	202°
2559	Beaufort, off docks	28	34°43'	76°40'	Current irregular						–	–	0.5	310°	–	–	0.5	130°
2561	Bird Shoal, SE of	6	34°42.03'	76°39.23'	+1 40	+1 34	+1 10	+0 16	0.5	0.4	–	–	0.8	126°	0.1	217°	0.8	161°
2563	Shackleford Point, NE of	6	34°41.53'	76°39.13'	+1 32	+1 28	+1 10	+0 46	0.8	0.6	0.1	218°	1.3	135°	–	–	1.1	305°
2565	Carrot Island	6	34°42.13'	76°37.05'	+1 49	+1 34	+1 15	+1 49	0.5	0.7	0.1	359°	0.9	080°	–	–	1.3	262°
2567	Middle Marshes, S of	6	34°40.70'	76°36.83'	+0 59	+1 04	+1 03	+0 18	0.8	0.5	0.1	197°	1.4	123°	0.1	181°	1.1	275°
2569	Cape Lookout Shoals Ltd. Whistle Buoy 14		34°18'	76°24'	Current weak and variable													
	CAPE FEAR RIVER				on Southport,													
2571	Bald Head Shoal	12d	33°51.26'	78°01.63'	-0 40	+0 07	-1 24	-0 49	0.3	0.5	0.2	291°	0.6	013°	0.3	095°	1.7	208°
	. . . . do.	28d	33°51.26'	78°01.63'	-2 01	-1 51	-0 44	-0 51	0.3	0.3	0.3	295°	0.6	013°	0.1	108°	1.0	203°
2573	Fort Caswell	12d	33°53.30'	78°00.46'	-0 22	+0 06	-0 24	-0 32	0.7	0.5	–	–	1.2	012°	0.1	119°	1.6	161°
	. . . . do.	18d	33°53.30'	78°00.46'	-0 32	-0 01	-0 21	-0 35	0.6	0.4	–	–	1.1	006°	0.1	254°	1.3	161°
2575	SOUTHPORT	28d	33°54.92'	78°00.73'		Daily predictions			0.7	0.3	0.1	074°	1.3	347°	0.2	258°	0.9	162°
	. . . . do.	7d	33°54.92'	78°00.73'					1.1	0.8	–	–	1.8	048°	0.1	142°	3.3	235°
2577	Southport, at Dutchman Creek, ICW	20d	33°54.92'	78°00.73'	-0 40	+0 18	-0 06	-0 51	1.1	0.5	–	–	1.9	056°	–	–	2.5	231°
	. . . . do.	37d	33°55.06'	78°02.58'	-0 14	+0 04	+0 02	-0 06	0.4	0.3	–	–	1.7	060°	–	–	1.7	225°
2579	Oak Island Bridge, ICW	4d	33°55.30'	78°02.58'	-0 30	+0 01	-0 01	-0 11	0.3	0.2	–	–	0.7	295°	–	–	0.9	119°
2581	Snows Marsh Channel	12d	33°56.23'	78°04.37'	-1 14	-0 01	-0 58	-2 03	0.3	0.2	–	–	0.6	294°	–	–	0.7	117°
	. . . . do.	11d	33°56.23'	77°58.67'	-1 11	-0 47	-0 49	-1 48	0.2	0.3	–	–	0.4	270°	–	–	0.9	086°
	. . . . do.	25d	33°56.23'	77°58.67'	-0 58	-1 01	-1 55	-2 07	1.3	0.7	0.2	336°	2.2	049°	0.1	030°	2.1	262°
2583	Sunny Point, 0.5 nm southeast of	38d	33°58.70'	77°57.00'	-0 09	+0 10	+0 18	-0 02	1.1	0.5	0.1	322°	1.9	051°	0.1	335°	1.7	239°
	. . . . do.	12d	33°58.70'	77°57.00'	-0 14	+0 18	+0 24	+0 21	0.9	0.4	0.1	330°	1.6	054°	0.1	333°	1.4	247°
	. . . . do.	18d	33°58.70'	77°57.00'	-0 16	+0 33	+0 28	+0 03	0.9	0.3	0.1	209°	1.8	017°	–	–	1.3	190°
2585	Reaves Point, 0.3 mile east of	35d	33°59.92'	77°56.97'	+0 10	+0 12	+0 34	+0 08	0.9	0.3	0.1	097°	1.6	014°	0.1	090°	1.0	178°
	. . . . do.	16	33°59.92'	77°56.97'	-0 06	+0 00	+0 47	+0 08	0.7	0.2	0.1	262°	1.2	000°	0.1	267°	0.8	178°
	. . . . do.	26	33°59.92'	77°56.97'	-0 35	+0 18	+1 00	-0 05	0.2	0.1	–	–	0.3	351°	0.1	251°	0.3	181°
2587	Reaves Point Channel	6	33°59.08'	77°55.85'	-0 21	-1 01	+0 23	-1 58	0.4	0.1	–	–	0.7	332°	0.0	256°	0.4	159°
	. . . . do.	16	33°59.08'	77°55.85'	-0 06	+0 37	+2 05	-0 56	0.6	0.5	–	–	1.0	331°	–	–	0.2	160°
	. . . . do.	26	33°59.08'	77°55.85'	-0 39	+0 40	+1 00	-0 28	0.8	0.5	–	–	1.3	009°	–	–	1.6	195°
2589	Reaves Point, 0.9 nm northeast of	10d	34°00.36'	77°56.41'	+0 57	+0 27	+1 02	+1 08	0.9	0.3	–	–	1.3	013°	–	–	1.7	192°
	. . . . do.	20d	34°00.36'	77°56.41'	+0 34	+0 04	+0 56	+1 10	0.6	0.3	–	–	1.1	017°	–	–	1.1	194°
	. . . . do.	33d	34°00.36'	77°56.41'	+0 20	+1 02	+1 02	+0 43	0.8	0.4	0.1	105°	1.5	022°	–	–	1.1	191°
2591	Reaves Point, 0.4 mile north of	6	34°00.37'	77°57.15'	+0 16	+0 43	+1 03	-0 04	0.8	0.3	–	–	1.3	019°	–	–	1.2	191°
	. . . . do.	16	34°00.37'	77°57.15'	+0 06	+0 17	+1 06	+0 37	0.5	0.5	–	–	0.9	020°	–	–	1.0	205°
	. . . . do.	26	34°00.37'	77°57.15'	-0 11	+0 35	+1 15	+0 44	0.5	0.2	–	–	0.8	027°	–	–	0.9	198°
2593	Orton Point, 0.5 nm south of	8d	34°02.84'	77°56.46'	+0 51	+0 42	+1 05	+1 10	0.5	0.2	–	–	0.9	011°	–	–	0.7	191°
	. . . . do.	15d	34°02.84'	77°56.46'	+0 47	+1 34	+1 18	+0 58	0.5	0.2	0.1	117°	0.9	050°	–	–	0.8	183°
	. . . . do.	38d	34°02.84'	77°56.46'	-0 05	+1 00	+1 37	+0 17	0.9	0.7	–	–	1.5	358°	–	–	2.2	189°
2595	Snows Cut, Intracoastal Waterway	3d	34°03.35'	77°53.94'	-1 14	+4 31	+5 51	+4 22	1.0	0.5	–	–	1.7	359°	–	–	1.8	181°
2597	Myrtle Sound, Intracoastal Waterway	16d	34°04.76'	77°53.06'	+4 19	+5 59	+5 34	+4 12	0.7	0.5	–	–	1.3	001°	–	–	0.7	179°
2599	Upper Midnight Channel	7d	34°01.74'	77°56.45'	+0 42	+0 34	+0 57	+0 53	0.8	0.5	0.1	098°	1.4	073°	–	–	1.8	254°
	. . . . do.	20d	34°01.74'	77°56.45'	+0 20	+0 17	+1 09	+0 46	0.4	0.1	0.1	102°	0.7	045°	–	–	0.4	233°
	. . . . do.	33d	34°01.74'	77°56.45'	+0 57	+1 08	+1 05	+0 40	0.6	0.5	–	–	1.1	013°	–	–	2.1	183°
2601	Doctor Point, 0.6 nm NNW of	6d	34°04.73'	77°55.92'	+0 47	+1 08	+1 09	+1 01	0.6	0.5	–	–	1.1	011°	–	–	1.6	188°
	. . . . do.	16d	34°04.73'	77°55.92'	+0 17	+0 44	+1 13	+1 06	0.7	0.4	–	–	1.3	359°	0.1	080°	1.2	183°
	. . . . do.	32d	34°04.73'	77°55.92'	+1 06	+1 12	+1 12	+0 51	0.9	0.7	–	–	1.5	349°	–	–	2.4	166°
2603	Keg Island, west side	7d	34°05.82'	77°56.08'	+1 06	+1 05	+1 05	+1 16	1.0	0.6	–	–	1.7	348°	–	–	1.9	165°
	. . . . do.	30d	34°05.82'	77°56.08'	+0 17	+1 26	+1 24	+0 40	0.8	0.4	–	–	1.3	344°	–	–	1.1	166°
2605	Campbell Island, east side	9d	34°07.19'	77°56.11'	+0 25	+1 14	+1 12	+1 21	0.8	0.7	–	–	1.4	344°	–	–	2.3	163°
	. . . . do.	15d	34°07.19'	77°56.18'	+1 09	+0 53	+1 29	+1 19	0.7	0.4	–	–	1.2	350°	–	–	1.2	167°
	. . . . do.	35d	34°07.19'	77°56.18'	+0 56	+1 33	+1 35	+0 57	1.0	0.6	–	–	1.8	007°	–	–	2.1	189°
2607	Upper Big I Range	7d	34°08.13'	77°56.53'	+0 25	+1 21	+1 20	+1 03	0.8	0.3	0.1	037°	1.4	310°	–	–	1.1	185°
	. . . . do.	13d	34°08.13'	77°56.53'	+1 19	+1 19	+1 33	+1 22	0.9	0.5	–	–	1.6	309°	–	–	1.7	126°
	. . . . do.	36d	34°08.13'	77°56.53'	+0 25	+1 08	+1 44	+1 27	0.8	0.3	–	–	1.4	313°	–	–	0.8	136°

Endnotes can be found at the end of table 2.

TABLE 2. – CURRENT DIFFERENCES AND OTHER CONSTANTS

No.	PLACE	Meter Depth (ft)	Position Latitude North	Position Longitude West	Time Diff. Min. before Flood (h m)	Time Diff. Flood (h m)	Time Diff. Min. before Ebb (h m)	Time Diff. Ebb (h m)	Speed Ratio Flood	Speed Ratio Ebb	Min. before Flood knots	Min. before Flood Dir.	Maximum Flood knots	Maximum Flood Dir.	Min. before Ebb knots	Min. before Ebb Dir.	Maximum Ebb knots	Maximum Ebb Dir.
	CAPE FEAR RIVER Time meridian, 75°W				*on Southport,*													
2609	Lower Brunswick Range	9d	34° 09.36'	77° 57.50'	+1 30	+1 57	+1 36	+1 35	0.9	0.5	- -	- -	1.5	322°	- -	- -	1.8	140°
	do.	16d	34° 09.36'	77° 57.50'	+1 29	+1 47	+1 50	+1 49	0.9	0.3	- -	- -	1.6	322°	- -	- -	1.7	141°
	do.	39d	34° 09.36'	77° 57.50'	+0 28	+1 24	+2 01	+1 22	0.7	0.3	- -	- -	1.2	324°	- -	- -	0.8	147°
2611	Port of Wilmington, south end shoals	14d	34° 10.55'	77° 57.42'	+1 15	+2 09	+1 24	+0 36	0.3	0.4	- -	- -	0.6	005°	- -	- -	1.2	182°
2613	Port of Wilmington, south end, east of channel	14d	34° 10.55'	77° 57.45'	+1 27	+1 33	+1 03	+0 15	0.4	0.5	- -	- -	0.7	005°	0.1	083°	1.5	174°
2615	Port of Wilmington, south end, mid-channel	14d	34° 10.55'	77° 57.45'	+1 22	+1 19	+1 00	+0 30	0.5	0.3	- -	- -	0.8	355°	- -	- -	1.1	173°
	Brunswick River																	
2617	0.4 mile north of	6	34° 10.87'	77° 57.95'	+1 42	+0 26	+1 12	+0 13	0.5	0.4	- -	- -	0.8	290°	0.1	200°	1.2	118°
	do.	16	34° 10.87'	77° 57.95'	+1 34	+0 48	+1 14	+0 13	0.5	0.3	- -	- -	0.8	301°	- -	- -	1.0	127°
2619	1.8 miles north of mouth	6	34° 12.33'	77° 58.47'	+1 48	+1 30	+1 20	+1 43	0.3	0.3	- -	- -	0.5	354°	- -	- -	0.8	170°
					on Wilmington,													
2621	Dram Tree Point, 0.5 mile SSE of	6d	34° 11.44'	77° 57.46'	+0 09	-0 02	-0 24	-0 26	0.5	0.7	- -	- -	0.7	358°	- -	- -	1.3	181°
2623	State Pier, at the pier	32d	34° 11.44'	77° 57.46'	-0 34	-0 26	-0 38	+0 17	0.8	0.5	- -	- -	1.2	000°	- -	- -	1.0	178°
2625	State Pier, east of channel	15d	34° 12.47'	77° 57.36'	-2 59	-1 28	-0 16	-1 28	0.2	0.2	- -	- -	0.3	011°	- -	- -	0.5	192°
2627	State Pier, midchannel	15d	34° 12.47'	77° 57.39'	-0 33	+0 23	+0 19	-0 49	0.3	0.3	- -	- -	0.5	011°	- -	- -	0.7	185°
2629	WILMINGTON, USS North Carolina	5d	34° 14.01'	77° 57.02'	+0 23	+0 10	-0 09	+0 31	0.3	0.5	- -	- -	1.6	007°	- -	- -	1.1	185°
	do.	25d	34° 14.01'	77° 57.02'	-0 16	-0 07	+0 13 *(Daily predictions)*	+0 22	1.1	0.9	- -	- -	1.7	000°	0.1	250°	2.1	179°
2631	Wilmington, Northeast River	4d	34° 14.52'	77° 57.24'	-0 04	+0 13	+0 27	+0 30	0.9	0.7	- -	- -	1.4	336°	0.1	- -	1.4	180°
	do.	14d	34° 14.52'	77° 57.24'	-0 01	+0 03	+0 29	+0 34	0.8	0.6	- -	- -	1.3	342°	- -	- -	1.3	171°
	do.	34d	34° 14.52'	77° 57.24'	-0 14	+0 01	+0 37	+0 48	0.5	0.3	- -	- -	0.8	006°	- -	- -	0.7	169°
2633	Point Peter	5d	34° 14.55'	77° 57.46'	+0 19	+0 20	+0 05	+0 11	0.9	0.8	- -	- -	1.5	311°	- -	- -	1.6	161°
	do.	23d	34° 14.55'	77° 57.46'	-0 17	-0 17	+0 08	+0 28	0.6	0.5	- -	- -	0.9	305°	- -	- -	1.1	132°
2635	Isabel Holmes Bridge	6d	34° 15.14'	77° 57.01'	+0 11	+0 23	+0 34	+0 41	0.6	0.7	- -	- -	1.4	038°	- -	- -	1.4	133°
	do.	29d	34° 15.14'	77° 57.01'	+0 02	+0 01	+0 42	+1 17	0.7	0.6	- -	- -	1.1	037°	- -	- -	1.2	215°
2637	Hilton RR Bridge, 0.1nm north of	12d	34° 15.55'	77° 56.88'	+0 23	+0 19	+0 13	+0 34	0.3	0.6	- -	- -	0.4	344°	- -	- -	1.1	224°
	do.	31d	34° 15.55'	77° 56.88'	+0 07	+0 07	+0 17	+0 38	0.3	0.5	- -	- -	0.5	002°	- -	- -	1.1	169°
	NORTH CAROLINA COAST																	
2639	Frying Pan Shoals, off Cape Fear		33° 34'	77° 49'	See table 5. Current weak and variable													
2641	Frying Pan Shoals Light, 14.3 mi. NW of		33° 28'	77° 34'														
	WINYAH BAY				*on Charleston Harbor,*													
2643	Winyah Bay entrance		33° 12.43'	79° 11.07'	+1 47	+1 35	+1 05	+1 20	1.1	1.0	- -	- -	1.9	320°	- -	- -	2.0	140°
2645	Range D, off Mosquito Creek		33° 14.65'	79° 12.35'	+2 00	+1 57	+1 13	+1 42	1.2	1.1	- -	- -	2.1	330°	- -	- -	2.2	130°
2647	Frazier Point, south of		33° 17.70'	79° 16.37'	+1 52	+1 52	+2 20	+1 59	1.1	0.5	- -	- -	0.9	320°	- -	- -	0.9	115°
2649	Frazier Point, west of		33° 18.58'	79° 17.20'	+2 23	+2 19	+2 01	+1 41	0.9	1.0	- -	- -	1.6	000°	- -	- -	2.0	170°
2651	Rabbit Island, northwest of		33° 20.37'	79° 16.88'	+2 39	+2 46	+2 14	+1 25	1.2	0.9	- -	- -	2.1	015°	- -	- -	1.3	215°
2653	Sampit River entrance		33° 21.08'	79° 16.82'	+1 33	+1 20	+1 39	+0 53	0.6	0.7	- -	- -	1.1	345°	- -	- -	1.1	135°
2655	Georgetown, Sampit River		33° 21.55'	79° 17.25'	+2 00	+1 18	+0 56	+0 52	0.5	0.6	- -	- -	0.8	275°	- -	- -	0.8	080°
2657	Pee Dee River, swing bridge		33° 22.23'	79° 15.83'	+3 03	+3 13	+1 57	+2 43	0.4	0.6	- -	- -	0.7	000°	- -	- -	0.9	210°
2659	Lafayette swing bridge, Waccamaw River		33° 22.12'	79° 15.12'	+3 23	+3 04	+1 56	+2 31	0.4	0.6	- -	- -	0.7	005°	- -	- -	1.2	200°
2661	Butler Island, 0.3 mile south of		33° 25.00'	79° 12.72'	+3 36	+3 34	+2 11	+2 55	0.4	0.5	- -	- -	0.6	030°	- -	- -	0.9	205°
	SOUTH CAROLINA COAST																	
2663	North Santee River entrance	6	33° 08.15'	79° 14.45'	+1 00	+0 33	+0 03	-0 01	0.9	0.9	- -	- -	1.5	010°	- -	- -	1.8	165°
2665	South Santee River entrance	5	33° 07.2'	79° 16.5'	+0 20	+0 38	+0 27	+0 15	0.9	0.8	- -	- -	1.5	045°	- -	- -	1.6	240°
2667	Cape Romain		- - -	- - -	See table 5.													
2669	Capers Inlet		- - -	- - -	Current weak and variable													
2671	Charleston Entrance, 37 miles east of		32° 42'	79° 06'	See table 5.													
2673	Charleston Lighted Whistle Buoy 2C		32° 41'	79° 43'	See table 5.													

Endnotes can be found at the end of table 2.

TABLE 2. – CURRENT DIFFERENCES AND OTHER CONSTANTS

No.	PLACE	Meter Depth (ft)	Position Latitude North	Position Longitude West	Time Diff. Min. before Flood (h m)	Time Diff. Flood (h m)	Time Diff. Min. before Ebb (h m)	Time Diff. Ebb (h m)	Speed Ratios Flood	Speed Ratios Ebb	Min. before Flood (knots)	Min. before Flood Dir.	Maximum Flood (knots)	Maximum Flood Dir.	Min. before Ebb (knots)	Min. before Ebb Dir.	Maximum Ebb (knots)	Maximum Ebb Dir.
	CHARLESTON HARBOR Time meridian, 75°W																	
2675	Fort Sumter Range, Buoy '2'		32°40.98'	79°43.56'	-1 05	-0 51	-1 11	-1 03	0.2	0.2	0.2	194°	0.3	280°	0.2	023°	0.4	104°
2677	Fort Sumter Range, Buoy '4'		32°41.86'	79°45.34'	-0 49	-0 59	-1 10	-0 38	0.3	0.2	0.1	202°	0.5	289°	0.1	026°	0.4	117°
2679	Fort Sumter Range, Buoy '8'		32°42.90'	79°47.54'	-0 15	-0 16	+0 17	+0 24	0.4	0.5	0.2	204°	0.6	299°	0.1	038°	0.9	128°
2681	Fort Sumter Range, Buoy '14'		32°43.46'	79°48.60'	-0 10	-0 04	+0 16	+0 01	0.6	0.8	0.1	193°	1.1	287°	0.2	019°	1.5	116°
2683	North Jetty, 0.8 mile southeast of <30>		32°43.05'	79°48.00'	-0 06	-0 48	-1 09	-0 16	0.2	0.6	0.1	202°	0.4	295°	0.1	358°	1.1	110°
2685	Charleston Hbr. ent. (between jetties)		32°44.00'	79°50.00'	-0 01	+0 04	+0 05	+0 09	1.1	0.9	—	—	1.8	320°	—	—	1.8	121°
2687	Fort Sumter Range, Buoy 20'		32°44.43'	79°50.67'	-0 33	-0 15	-0 33	-0 51	0.9	0.9	0.1	230°	1.6	305°	0.1	040°	1.8	128°
2689	South Jetty, break in		32°43.87'	79°51.02'	+0 38	+0 31	-0 06	+0 22	0.7	1.4	—	—	1.6	002°	—	—	2.8	204°
2691	CHARLESTON HARBOR (off Fort Sumter)		32°45.36'	79°52.22'	Daily predictions on Charleston Harbor,						0.2	212°	1.7	313°	—	—	2.0	127°
2693	Ft. Sumter, 0.6 n.mi. NW of		32°45.67'	79°52.03'	-0 05	-0 03	+0 01	-0 24	0.9	0.9	0.1	220°	1.6	322°	0.1	233°	1.7	138°
2695	South Chan., 0.8 mi. ENE of Ft. Johnson		32°45.52'	79°53.08'	+0 11	+0 11	-0 12	+0 13	0.5	1.3	—	—	1.6	275°	—	—	2.6	115°
2697	South Chan., 0.4 mi. NW of Ft. Johnson		32°45.48'	79°54.38'	+1 10	+0 58	+0 16	+0 43	0.4	1.0	—	—	0.7	282°	—	—	1.9	104°
2699	Sullivans I., 0.7 mi. NE of Ft. Sumter		32°45.72'	79°54.70'	+0 17	+0 37	+0 11	-0 03	0.5	0.8	—	—	1.4	342°	—	—	1.5	132°
2701	Castle Pinckney, 0.4 mile south of		32°46.02'	79°54.66'	+0 40	+1 00	+0 14	+0 58	0.5	0.9	—	—	0.8	304°	—	—	1.7	098°
2703	South Channel, Buoy '32'		32°45.73'	79°54.66'	-0 01	-0 04	+0 18	-0 02	0.5	0.5	0.1	219°	0.8	305°	0.1	026°	1.3	125°
2705	Castle Pinckney, 0.6 mile southwest of		32°45.98'	79°55.17'	+1 21	+1 20	+0 24	+0 40	0.4	0.7	—	—	0.7	318°	—	—	1.3	156°
2707	Shutes Folly Island, 0.4 mile west of		32°46.58'	79°55.25'	+0 53	+0 59	+0 20	+0 08	0.5	1.1	—	—	0.8	028°	—	—	2.2	164°
2709	Customhouse Reach, off Customhouse		32°46.87'	79°55.20'	+0 49	+1 03	+0 59	+0 23	0.6	0.9	—	—	1.0	009°	0.1	098°	1.8	190°
2711	Customhouse Reach		32°46.95'	79°55.47'	+0 46	+0 37	+0 37	+0 15	0.6	0.7	—	—	1.1	335°	—	—	1.8	153°
2713	Town Creek Lower Reach		32°47.55'	79°55.90'	+0 34	+0 24	+0 02	+0 07	0.6	1.1	—	—	0.8	002°	—	—	2.5	172°
2715	Town Creek, 0.2 mile above bridge		32°48.32'	79°52.40'	+1 06	+0 54	+0 03	+0 03	0.5	1.3	—	—	0.7	329°	—	—	2.5	166°
2717	Rebellion Reach, 0.8 n.mi. N. of Ft. Sumter		32°45.98'	79°52.32'	-0 06	+0 27	-0 25	-0 48	0.4	0.4	0.1	240°	1.2	346°	—	—	0.8	143°
2719	The Cove, entrance on the Cove Range		32°46.05'	79°52.58'	+0 28	+1 14	+0 06	-0 10	0.7	0.5	—	—	0.8	325°	—	—	0.8	151°
2721	Hog Island Channel		32°46.87'	79°54.07'	-0 39	+0 03	-0 29	-0 20	0.5	0.4	—	—	1.2	301°	—	—	1.2	125°
2723	Folly I. Channel, N of Ft. Johnson		32°46.18'	79°53.95'	-1 09	-0 03	-0 04	-0 59	0.7	0.6	0.1	205°	1.2	292°	—	—	0.8	104°
2725	Folly Reach, Buoy '5'		32°46.58'	79°54.65'	+0 02	+0 35	+0 18	+0 13	0.7	0.8	—	—	1.4	315°	0.1	037°	1.6	110°
2727	Shutes Reach, Buoy '8'		32°46.93'	79°54.90'	+0 18	+0 22	+0 15	-0 25	0.7	0.8	—	—	1.2	350°	—	—	1.9	136°
2729	Horse Reach		32°47.67'	79°55.25'	+0 36	+0 23	+0 14	-0 09	0.8	1.0	—	—	1.2	012°	0.1	103°	1.3	146°
2731	Hog Island Reach, Buoy '12'		32°47.67'	79°54.92'	+0 13	+0 28	+0 11	-0 02	0.7	0.9	—	—	1.3	011°	—	—	1.3	193°
2733	Drum Island, 0.4 mile SSE of		32°47.67'	79°54.72'	+0 34	+0 53	+0 15	+0 06	0.8	1.0	—	—	1.2	020°	—	—	1.8	155°
2735	Drum Island, east of (bridge)		32°48.27'	79°55.37'	+0 30	+0 42	+0 43	+0 51	0.7	0.7	—	—	1.1	030°	—	—	2.0	183°
2737	Hog Island Reach, SW of Remley Point		32°48.71'	79°54.92'	+0 30	+0 44	+0 15	+0 51	0.7	0.7	—	—	1.1	030°	—	—	1.4	210°
2739	Drum Island Reach, off Drum I., Buoy '45'		32°48.97'	79°55.37'	+0 26	+1 00	+1 06	+1 00	0.4	0.5	—	—	0.6	312°	—	—	1.0	133°
	Cooper River																	
2741	Drum Island, 0.2 mile above		32°49.18'	79°55.75'	+1 12	+1 09	+0 01	+0 37	0.6	1.2	—	—	1.1	332°	—	—	2.4	152°
2743	Daniel Island Reach, Buoy '48'		32°49.63'	79°55.73'	+1 01	+1 29	+0 53	+0 55	0.7	0.7	—	—	1.2	006°	0.1	278°	1.3	182°
2745	Shipyard Creek entrance <31>		32°49.80'	79°56.10'	+0 41	+1 06	-0 29	+0 09	0.3	0.8	—	—	0.5	—	—	—	1.5	197°
2747	Daniel Island Reach		32°49.97'	79°55.80'	+1 29	+1 49	+0 42	+0 51	0.8	1.2	—	—	1.3	352°	—	—	2.3	190°
2749	Daniel Island Bend		32°50.90'	79°55.75'	+0 55	+1 29	+0 55	+0 39	0.7	1.1	—	—	1.2	335°	0.1	260°	2.1	153°
2751	Daniel Island Bend, west side of <47>		32°50.85'	79°56.00'	—	—	—	-0 01	—	0.5	—	—	—	—	—	—	1.7	144°
2753	North Charleston		32°51.82'	79°57.53'	+1 26	+2 28	+1 04	+0 17	0.7	0.9	—	—	1.1	335°	—	—	1.7	142°
2755	Filbin Creek Reach		32°53.32'	79°57.92'	+1 31	+2 06	+1 08	+1 27	0.7	0.9	—	—	1.2	006°	—	—	1.8	180°
2757	Filbin Creek Reach, 0.2 mile east of		32°53.78'	79°57.63'	+1 16	+1 47	+0 32	+0 29	0.6	0.7	—	—	0.6	002°	—	—	1.3	197°
2759	Filbin Creek Reach, Buoy '58'		32°53.78'	79°57.67'	+1 18	+2 04	+1 24	+1 09	0.6	0.7	—	—	1.1	031°	—	—	1.3	214°
2761	Ordnance Reach		32°54.38'	79°57.17'	+1 35	+2 34	+1 05	+1 07	0.6	0.6	—	—	0.7	062°	—	—	1.4	242°
2763	Yellow House Creek		32°54.53'	79°56.18'	+2 06	+2 41	+0 57	+1 12	0.4	0.9	—	—	0.7	088°	—	—	1.4	270°
2765	Yellow House Landing, 1 mile NW of		32°55.18'	79°55.83'	+2 26	+2 43	+1 55	+1 06	0.4	0.5	—	—	0.7	334°	—	—	1.8	170°
2767	Woods Point, SE of		32°55.55'	79°55.97'	+1 48	+1 55	+1 11	+1 43	0.5	0.7	—	—	0.8	334°	0.1	067°	1.0	157°
2769	Woods Point		32°55.90'	79°56.30'	+2 41	+3 02	+1 48	+1 33	0.6	0.6	—	—	0.9	002°	—	—	1.4	201°
2771	Snow Point, 0.5 mile north of		32°57.1'	79°56.0'	+2 15	+2 36	+0 48	+0 34	0.6	0.6	—	—	1.1	010°	—	—	1.4	210°
2773	Back River entrance		32°58.1'	79°56.0'	+0 46	+0 45	+2 10	+1 48	0.4	0.5	—	—	1.0	252°	—	—	1.2	067°
2775	Amoco Pier, off		32°57.55'	79°55.08'	+2 09	+2 49	+2 28	+2 19	0.4	0.5	0.1	292°	0.7	024°	0.1	297°	0.7	191°
2777	Moreland, 0.5 n.mi. below		33°00.00'	79°54.28'	+2 39	+2 58	+2 27	+1 37	1.1	1.0	—	—	1.9	036°	—	—	2.0	216°
2779	Hagan Island, 1 n.mi. below		33°02.00'	79°54.80'	+2 39	+3 52	+2 27	+1 37	0.8	0.7	0.1	048°	1.3	308°	—	—	1.4	134°
2781	The Tee, 0.4 mile southwest of		33°03.80'	79°55.78'	+4 22	+4 20	+2 29	+3 20	0.6	0.9	—	—	1.0	280°	—	—	1.7	098°
2783	The Tee		33°03.95'	79°55.38'	+3 00	+3 09	+2 36	+1 43	0.6	0.5	0.1	075°	0.9	339°	0.1	253°	1.0	161°

Endnotes can be found at the end of table 2.

TABLE 2. – CURRENT DIFFERENCES AND OTHER CONSTANTS

No.	PLACE	Meter Depth (ft)	Latitude North	Longitude West	Min. before Flood (h m)	Flood (h m)	Min. before Ebb (h m)	Ebb (h m)	Flood ratio	Ebb ratio	Min. before Flood (knots)	Dir.	Max. Flood (knots)	Dir.	Min. before Ebb (knots)	Dir.	Max. Ebb (knots)	Dir.
	CHARLESTON HARBOR Time meridian, 75°W				*on Charleston Harbor,*													
	Cooper River–cont.																	
2785	Childsbury, S.A.L. RR. bridge		33°05.63'	79°56.55'	+4 43	+4 27	+2 15	+3 34	0.4	0.9	---	---	0.7	309°	---	---	1.7	141°
2787	East Branch, 0.2 mile above entrance		33°04.1'	79°55.2'	+3 01	+3 07	+2 59	+3 06	1.1	0.9	---	---	1.8	084°	---	---	1.7	262°
2789	Bonneau Ferry, east of		33°04.3'	79°53.0'	+3 27	+3 10	+2 44	+3 36	0.4	0.4	---	---	0.7	022°	---	---	0.8	197°
	Wando River																	
2791	Remley Point, 0.2 mile northwest of		32°48.97'	79°54.57'	-0 14	+0 36	+0 20	-0 04	0.8	0.9	---	---	1.3	028°	---	---	1.8	191°
2793	Wando River Upper Reach, Turning Basin		32°50.00'	79°53.80'	-0 14	-0 12	-0 09	-0 09	0.6	0.6	---	---	1.0	012°	---	---	1.2	192°
2795	Rathall Creek entrance		32°51.57'	79°53.77'	+0 25	+0 35	+0 18	-0 18	0.8	0.9	---	---	1.3	030°	---	---	1.7	216°
2797	Horlbeck Creek, 0.2 mile above entrance		32°53.1'	79°50.7'	+0 28	+0 29	+0 31	+0 24	0.6	0.6	---	---	0.7	026°	---	---	0.9	218°
2799	Nowell Creek entrance		32°52.7'	79°52.5'	-0 02	+0 42	+0 42	-0 39	0.4	0.5	---	---	0.7	350°	---	---	1.0	171°
2801	Buoy '19', off Nowell Creek		32°52.32'	79°51.93'	-0 08	-0 06	+0 04	-0 19	0.5	0.5	---	---	0.8	080°	---	---	1.0	261°
2803	Horlbeck Creek, 2.5 miles north of		32°55.1'	79°50.3'	+0 30	+0 41	+0 26	+0 28	0.5	0.7	---	---	0.8	015°	---	---	1.3	207°
	Ashley River																	
2805	Battery, southwest of		32°46.03'	79°56.03'	+0 16	+0 09	-0 24	+0 03	0.7	0.9	---	---	1.2	303°	---	---	1.8	114°
2807	Wappoo Creek, off of		32°46.38'	79°57.00'	+0 07	-0 05	-0 06	-0 41	0.7	0.6	---	---	1.1	315°	---	---	1.2	136°
2809	Highway Bridge		32°46.92'	79°57.60'	-0 09	+0 30	-0 03	-0 18	0.6	0.6	---	---	1.2	321°	---	---	1.1	138°
2811	S.C.L. RR. bridge, 0.1 mile below		32°47.73'	79°58.40'	-0 06	+0 44	-0 12	-0 28	0.7	0.8	---	---	1.0	353°	---	---	1.1	150°
2813	S.C.L. RR. bridge, 1.5 miles above		32°49.2'	79°57.9'	+0 22	+0 19	+0 17	+0 09	0.6	0.8	---	---	1.2	351°	---	---	1.5	178°
2815	State Hwy. 7 bridge		32°50.23'	79°58.92'	+0 06	-0 04	+0 05	-0 05	0.4	0.5	---	---	0.7	293°	---	---	1.0	114°
2817	West Marsh Island, 0.1 mile east of		32°49.7'	80°00.5'	+0 23	+0 30	+0 14	+0 25	0.5	0.5	---	---	0.7	250°	---	---	1.0	086°
2819	Bees Ferry Bridge		32°50.8'	80°03.0'	+1 13	+0 44	+0 37	+0 22	1.1	1.2	---	---	1.9	310°	---	---	2.3	130°
	STONO RIVER																	
2821	Stono Inlet		32°37.6'	79°59.6'	-0 14	+0 44	-0 09	-0 45	1.1	1.4	---	---	1.9	315°	---	---	2.7	136°
2823	Snake Island		32°38.4'	80°01.2'	-0 44	-0 42	-0 30	-0 38	0.7	0.5	---	---	1.1	347°	---	---	1.0	179°
2825	Johns Island Airport, south of	12	32°41.0'	80°00.2'	-0 15	-0 46	-0 13	-0 34	0.9	0.8	---	---	0.8	007°	---	---	1.6	192°
2827	Johns Island Bridge	12	32°46.0'	80°00.0'	+0 40	+0 21	+0 33	+0 10	0.9	1.0	---	---	0.8	358°	---	---	1.0	182°
2829	Elliott Cut, west end	14	32°46.0'	80°00.6'	+0 10	-1 00	-0 46	+0 18	0.4	0.4	---	---	1.6	260°	---	---	1.9	080°
2831	Johns Island	12	32°47.2'	80°06.4'	-0 24	+1 48	+0 29	-0 32	0.3	0.4	---	---	0.6	249°	---	---	0.8	068°
2833	Pleasant Point	12	32°45.0'	80°08.0'	+2 04	+0 34 / +1 39 / +5 05	+3 54	+3 37	0.4	0.4	---	---	0.4 / 0.2 / 0.7	008° / 006° / 011°	---	---	0.7	196°
	SOUTH CAROLINA COAST–cont.																	
2835	Folly Island, 3.5 miles east of		32°38.4'	79°50.5'	Current weak and variable. See table 5.				0.8	1.0	0.1	042°	1.4	306°	0.1	072°	2.0	126°
2837	Folly Island, 2.0 miles east of	12	32°39.4'	79°52.1'	-0 16	-0 01	-0 04	-0 26	1.7	1.9	---	---	2.9	332°	---	---	3.7	142°
2839	Deveaux Banks, off North Edisto River entrance	12	32°32.7'	80°09.4'	+0 56	+1 10	+1 11	+0 43	0.7	0.4	---	---	1.1	355°	---	---	0.7	165°
2841	North Edisto River entrance	12	32°33.7'	80°11.2'	-1 02	+0 11	+0 06	-1 29	0.5	0.5	---	---	0.6	059°	---	---	0.7	249°
2843	Wadmalaw Island, Wadmalaw River entrance	12	32°39.9'	80°14.1'	+0 51	+2 18	+1 47	+1 48	0.4	0.5	---	---	0.8	048°	---	---	1.0	235°
2845	Goshen Point, SE of, Wadmalaw River	12	32°42.6'	80°10.3'	+1 24	+2 03	+1 35	+1 53	0.5	0.3	---	---	0.8	234°	---	---	0.6	044°
2847	Goshen Point, south of, Wadmalaw River	12	32°42.8'	80°11.2'	+0 31	+0 02	+0 29	+0 15	1.1	1.1	---	---	1.8	246°	---	---	2.2	070°
2849	White Point, south of, Dawho River	12	32°37.5'	80°16.9'	+1 36	+0 36	+1 35	+1 37	0.7	0.5	---	---	0.8	350°	---	---	0.6	070°
2851	Whooping Island, Dawho River		32°38.2'	80°20.4'	+0 19	-0 09	-0 09	+0 24	1.1	1.1	---	---	1.8	345°	---	---	2.2	146°
2853	South Edisto River entrance		32°29.3'	80°20.9'	+0 00	-0 14	+0 12	+0 37	0.7	0.5	---	---	0.8	220°	---	---	1.0	163°
2855	Pine Island, South Edisto River	15	32°30.4'	80°21.7'	-2 43	-0 55	-3 20	-1 26	0.4	0.4	---	---	0.8	037°	---	---	0.8	023°
2857	Fenwick Island Cut, South Edisto River	15	32°32.1'	80°24.8'	+0 59	+1 15	+0 59	+0 52	0.8	0.8	---	---	1.4	334°	---	---	1.5	244°
2859	Sampson Island, S end, South Edisto River	15	32°33.8'	80°23.5'	+1 35	+1 02	+1 02	+0 52	0.8	0.8	---	---	1.2	275°	---	---	1.5	156°
2861	Sampson Island, NE end, South Edisto River	15	32°37.0'	80°23.2'	+1 44	+1 14	+0 53	+0 05	0.7	0.7	---	---	1.1	278°	---	---	1.4	069°
2863	Jehossee Island, S tip, South Edisto River	6	32°36.2'	80°25.2'	+2 26	+1 14	+1 01	+2 25	0.5	0.4	---	---	0.8	065°	0.1	352°	1.4	166°
2865	Smuggedy Swamp, South Edisto River	10	32°31.9'	80°24.7'	+1 21	+0 36	+0 54	+0 56	0.6	0.7	0.1	349°	1.5	300°	---	---	1.3	068°
2867	Hutchinson Island, Ashepoo River	6	32°31.5'	80°26.1'	+1 22	-0 33	+0 56	+1 12	0.5	0.6	---	---	1.1	278°	---	---	1.1	265°
2869	Ashepoo Coosaw Cutoff		32°30.4'	80°27.2'	+0 05	+0 46	+0 17	-0 35	0.9	0.8	---	---	0.5	065°	---	---	0.8	118°
2871	Pelican Bank, St. Helena Sound	15	32°27.3'	80°25.7'	+1 04	-0 33	+1 00	+0 43	0.9	0.8	---	---	0.8	300°	---	---	1.6	197°
2873	Ashepoo River, off Jefford Creek entrance		32°30.4'	80°24.6'	+1 04	+0 46	+1 00	+0 43	0.8	0.8	---	---	1.5	016°	---	---	1.6	197°
2875	Egg Bank, St. Helena Sound	10	32°26.1'	80°26.6'	-0 12	-1 24	-0 06	-0 20	0.8	0.8	0.1	---	1.3	329°	0.1	053°	1.5	128°

Endnotes can be found at the end of table 2.

TABLE 2. – CURRENT DIFFERENCES AND OTHER CONSTANTS

No.	PLACE	Meter Depth (ft)	POSITION Latitude North	POSITION Longitude West	TIME DIFFERENCES Min. before Flood (h m)	Flood (h m)	Min. before Ebb (h m)	Ebb (h m)	SPEED RATIOS Flood	Ebb	AVG Minimum before Flood (knots)	Dir.	Maximum Flood (knots)	Dir.	Minimum before Ebb (knots)	Dir.	Maximum Ebb (knots)	Dir.
	SOUTH CAROLINA COAST—cont. Time meridian, 75°W				**on Charleston Harbor,**													
2877	Morgan Island, NE of, Coosaw River	15	32° 29.3'	80° 28.4'	+0 28	+0 27	+0 36	+0 19	0.8	1.0	---	---	1.4	303°	0.1	205°	1.8	125°
2879	Ashe Island Cut, SW of, Coosaw River	15	32° 30.6'	80° 30.3'	+0 32	-0 09	+0 43	+0 31	0.6	0.6	---	---	1.0	325°	---	---	1.2	134°
2881	Ashe Island Cut, St. Helena Sound	6	32° 31.2'	80° 29.3'	+0 31	+1 41	+1 01	-0 13	0.5	0.4	---	---	0.8	232°	---	---	0.8	034°
2883	Combahee River	8	32° 31.6'	80° 32.2'	+0 55	+0 59	+1 04	+0 53	0.6	0.8	---	---	1.0	335°	---	---	1.5	147°
2885	Combahee River	15	32° 33.0'	80° 33.8'	+1 36	+1 35	+1 33	+1 03	0.8	1.0	---	---	1.3	280°	---	---	2.0	073°
2887	Parrot Creek, Coosaw Island	15	32° 28.4'	80° 32.7'	+0 19	-0 48	+0 24	-0 54	0.7	0.6	---	---	1.2	355°	---	---	1.1	175°
2889	Morgan Island, North end, Coosaw River	15	32° 28.2'	80° 32.2'	+0 34	+0 41	+0 27	-0 30	0.7	0.8	---	---	1.4	271°	---	---	1.7	085°
2891	Williman Creek	10	32° 33.7'	80° 35.5'	+0 40	+1 27	+1 02	+0 04	0.6	0.8	---	---	1.1	343°	---	---	1.6	160°
2893	Coosaw Island, South of, Morgan River	10	32° 27.1'	80° 35.0'	+0 09	+0 55	+0 15	+0 03	0.5	0.6	---	---	1.2	252°	---	---	1.4	058°
2895	Sams Point, Northwest of, Coosaw River	10	32° 29.6'	80° 35.5'	+0 34	+0 36	+0 31	+0 24	0.5	0.7	---	---	0.8	292°	---	---	0.8	117°
2897	Whale Branch River	10	32° 31.6'	80° 41.5'	+1 12	-0 09	+0 51	-0 09	0.5	0.6	---	---	0.8	295°	---	---	1.3	111°
2899	Fripps Inlet, Fripps Island	15	32° 20.4'	80° 27.9'	-0 29	+1 12	-0 22	-1 29	0.7	0.6	---	---	1.2	299°	---	---	1.2	104°
2901	Martins Industry, 5 miles east of		32° 06'	80° 28'	See table 5.													
	PORT ROYAL SOUND																	
2903	Southeast Channel entrance	15	32° 08'	80° 35'	-0 30	-0 38	-0 09	-0 12	0.8	0.8	---	---	1.3	310°	---	---	1.6	150°
2905	Port Royal Plantation Tower, east of	15	32° 13.4'	80° 39.4'	-0 33	-0 16	+0 19	+0 16	0.9	1.0	---	---	1.5	347°	0.2	071°	1.9	147°
2907	Bay Point Island, S of, Broad River entrance	15	32° 14.0'	80° 37.8'	+0 39	-1 09	+0 06	-0 25	0.7	0.9	0.1	238°	1.7	320°	---	---	1.7	138°
2909	Broad River Entrance, Point Royal Sound	15	32° 13.9'	80° 40'	+0 36	+0 21	+0 32	+0 01	1.0	0.9	0.1	234°	1.8	324°	0.2	041°	1.8	146°
2911	Hilton Head		32° 15'	80° 39.1'	+0 16	+0 49	+0 20	-0 03	1.1	0.9	---	---	1.3	010°	---	---	1.4	195°
2913	Beaufort River Entrance	15	32° 19.6'	80° 39.4'	+0 19	+1 11	+0 11	+0 00	0.7	0.8	---	---	1.2	356°	---	---	1.5	175°
2915	Parris Island, Beaufort River	10	32° 22.2'	80° 42.4'	+0 29	+1 12	+0 23	-0 34	0.7	0.6	---	---	0.9	039°	---	---	1.1	246°
2917	Chowan Creek	15	32° 21.6'	80° 38.3'	+0 24	+1 53	+0 51	+0 22	0.7	0.7	---	---	0.9	341°	---	---	1.4	149°
2919	Parris Island, Beaufort River	15	32° 24.2'	80° 40.5'	+0 56	+1 19	+0 51	+0 33	0.5	0.5	0.1	286°	0.9	012°	---	---	1.0	200°
2921	Beaufort River	12	32° 24.2'	80° 40.3'	+1 04	+1 19	+1 01	+0 17	0.7	0.6	---	---	1.1	073°	---	---	1.1	257°
2923	Beaufort, Beaufort River	15	32° 27.0'	80° 40.6'	+0 55	+1 18	+1 08	+1 08	0.5	0.6	---	---	0.9	333°	---	---	0.9	152°
2925	Beaufort Airport, Beaufort River	15	32° 28.4'	80° 39.8'	+1 25	+1 39	+1 21	+2 58	0.5	0.4	---	---	0.8	351°	---	---	0.8	171°
2927	Brickyard Creek	10	32° 28.4'	80° 41.5'	+1 48	+0 30	+1 50	-2 14	0.4	0.6	---	---	0.7	222°	---	---	1.2	035°
2929	Skull Creek, north entrance	15	32° 15.8'	80° 44.5'	-1 50	-1 20	-1 58	+0 31	0.8	0.8	---	---	1.4	330°	0.1	048°	1.5	150°
2931	Daws Island, SE of, Broad River	15	32° 18.1'	80° 43.5'	+0 46	+0 05	+0 39	+0 16	0.7	0.7	---	---	1.1	339°	---	---	1.4	152°
2933	Parris Island Lookout Tower, Broad River	15	32° 17.2'	80° 42.4'	+0 39	-0 07	+0 29	+0 31	0.6	0.7	0.1	232°	1.1	317°	0.1	048°	1.3	142°
2935	Daws Island, south of, Chechessee River	10	32° 21.0'	80° 44.6'	+0 31	-0 22	+0 34	-0 07	0.6	0.7	---	---	0.9	359°	---	---	1.5	175°
2937	Lemon Island South, Chechessee River	15	32° 22.9'	80° 48.4'	+0 33	+1 19	+0 39	+0 02	0.6	0.8	---	---	1.1	341°	---	---	1.4	156°
2939	Broad River Bridge, S of, Broad River	15	32° 27.4'	80° 46.6'	+0 52	-0 15	+0 49	+0 07	0.6	0.5	---	---	0.9	354°	---	---	1.5	175°
2941	Byrd Creek Entrance, SE of, Broad River	12	32° 30.1'	80° 49.1'	+1 27	+0 51	+1 32	+0 52	0.6	0.4	---	---	0.9	354°	---	---	1.0	174°
2943	Little Barnwell I., E of, Whale Branch River	6		80° 47.2'	+1 41	+3 03	+1 54	+0 40	0.6	0.4	---	---	1.0	354°	---	---	0.8	175°
	CALIBOGUE SOUND				**on Savannah River Entrance,**													
2945	Braddock Point, SW of, Calibogue Sound	10	32° 06.3'	80° 50.2'	-0 15	+0 16	-0 04	-1 04	0.8	1.0	---	---	1.6	006°	0.1	095°	2.0	183°
2947	Haig Point Light, NW of, Cooper River	10	32° 06.9'	80° 50.7'	-0 51	-0 05	-0 40	-1 12	0.4	0.7	---	---	0.8	278°	---	---	1.4	094°
2949	Ramshorn Creek Light, E of, Cooper River	6	32° 07.8'	80° 52.9'	+0 06	-0 53	+0 15	-1 17	0.5	0.7	---	---	1.0	280°	---	---	1.3	098°
2951	Spanish Wells, Calibogue Sound	30	32° 11.2'	80° 47.1'	-0 14	+0 51	+0 12	+0 55	0.7	0.4	---	---	1.4	028°	---	---	1.5	204°
2953	Skull Creek, south entrance	10	32° 13.4'	80° 47.1'	+0 38	+2 57	+1 23	+0 55	0.4	0.4	---	---	0.7	053°	0.1	309°	0.9	231°
2955	MacKay Creek, south entrance	10	32° 13.2'	80° 47.4'	+0 06	+0 03	+0 12	-0 26	0.3	0.6	---	---	0.7	033°	---	---	1.2	212°
	NEW and WRIGHT RIVERS																	
2957	Bloody Pt., 0.5 mile north of, New River		32° 05.3'	80° 52.8'	-1 03	+0 00	-0 53	-2 13	0.6	0.6	---	---	1.2	332°	---	---	1.3	147°
2959	Bloody Pt., 0.5 mile west of, New River		32° 04.9'	80° 53.0'	-0 47	-0 21	-0 36	-1 26	0.9	0.9	---	---	1.7	267°	---	---	1.8	092°
2961	Wright R., 0.2 mile above Walls Cut		32° 05.1'	80° 55.5'	-0 38	-0 16	-0 38	-1 16	0.6	0.8	---	---	1.2	332°	---	---	1.6	142°
2963	Fields Cut <32>		32° 05'	80° 57'	---	---	-2 00	-1 51	---	0.9	---	---	---	---	---	---	1.9	042°
2965	Walls Cut, Turtle Island	6	32° 04.9'	80° 55.0'	-2 29	-0 57	-1 12	-3 05	0.5	0.5	0.2	087°	1.0	294°	0.1	060°	1.9	100°
2967	Daufuskie Landing Light, south of	10	32° 06.1'	80° 53.9'	+0 07	+1 04	+0 02	-1 45	0.7	0.8	---	---	1.5	043°	---	---	1.7	226°

Endnotes can be found at the end of table 2.

TABLE 2. – CURRENT DIFFERENCES AND OTHER CONSTANTS

No.	PLACE	Meter Depth (ft)	POSITION Latitude (North)	POSITION Longitude (West)	TIME DIFF. Min. before Flood (h m)	TIME DIFF. Flood (h m)	TIME DIFF. Min. before Ebb (h m)	TIME DIFF. Ebb (h m)	SPEED RATIOS Flood	SPEED RATIOS Ebb	AVG Minimum before Flood (knots)	AVG Minimum before Flood Dir.	AVG Maximum Flood (knots)	AVG Maximum Flood Dir.	AVG Minimum before Ebb (knots)	AVG Minimum before Ebb Dir.	AVG Maximum Ebb (knots)	AVG Maximum Ebb Dir.
	SAVANNAH RIVER Time meridian, 75°W																	
2969	Savannah Light, 1.2 miles southeast of		31°57'	80°40'	+0 42	+0 51	+0 15	+0 09	0.9	1.5	--	--	2.0	286°	--	--	2.0	110°
2971	SAVANNAH RIVER ENT. (between jetties)	11	32°02.14'	80°53.42'	See table 5. Daily predictions on Savannah River Entrance,						--	--	1.8	283°	--	--	3.1	098°
2973	Fort Pulaski		32°02.2'	80°54.1'	+0 25	+0 18	-0 01	+0 12	1.1	1.4	--	--	2.2	316°	--	--	2.8	140°
2975	Fort Pulaski, 1.8 miles above		32°02.7'	80°55.9'	+0 36	+0 31	+0 06	-0 16	1.1	1.5	--	--	2.1	296°	--	--	3.0	116°
2977	Fort Pulaski, 4.8 miles above		32°04.5'	80°58.6'	-2 39	-2 45	-1 04	-2 44	0.3	0.6	--	--	0.7	251°	--	--	1.2	069°
2979	McQueen Island Cut	10	32°03.9'	80°59.2'	+0 26	+0 15	-0 37	-0 14	0.7	1.3	--	--	1.4	288°	--	--	2.6	104°
2981	Elba Island Cut, NE of, Savannah River	10	32°04.4'	80°57.9'	+1 01	+0 40	-0 35	-0 27	0.6	1.2	0.1	202°	1.1	329°	0.1	183°	2.5	149°
2983	Elba Island, NE of, Savannah River	10	32°05.4'	80°59.6'	+0 37	+0 52	-0 30	-0 53	0.5	0.7	--	--	1.0	219°	--	--	1.6	040°
2985	Elba Island, west of, Savannah River		32°05.7'	81°01.2'	+0 14	+1 06	-0 25	-1 00	0.5	0.7	--	--	0.9	219°	--	--	1.5	094°
2987	Fig Island, north of, Back River		32°05.1'	81°03.0'	+0 42	+0 18	-0 33	-0 35	0.5	0.8	--	--	1.0	280°	--	--	1.5	122°
2989	South Channel, western end		32°05.3'	81°01.0'	+0 42	-0 36	+1 28	+1 25	0.6	1.3	--	--	1.0	300°	--	--	1.6	206°
2991	Wilmington R. ent., south channel	10	32°04.6'	81°00.1'	+1 36	+0 41	-0 24	+0 05	0.8	1.1	--	--	1.0	032°	--	--	2.6	146°
2993	Savannah, southeast of highway bridge		32°05'	81°05'	+1 12	+0 45	+0 01	+0 18	0.8	1.0	--	--	1.1	319°	--	--	2.2	106°
2995	Savannah		32°05'	81°05'	+1 06	+0 45	+0 06	-0 21	1.2	1.7	--	--	1.6	279°	--	--	2.1	152°
2997	Kings Island Channel, Savannah River <58>	10	32°07.6'	81°08.2'	+1 21	+0 54	+0 29	+0 59	0.7	1.0	--	--	1.5	339°	--	--	3.5	150°
2999	Seaboard Coast Line Railroad		32°06.2'	81°07.1'	+1 06	+1 36	+0 33	+0 48	0.5	0.7	--	--	2.4	320°	--	--	2.0	160°
3001	King Island, west of		32°07.4'	81°08.1'	+1 21	+1 36	+0 24	+1 19	0.7	1.0	--	--	1.4	337°	--	--	1.5	210°
3003	Port Wentworth, 0.2 mile above		32°08.8'	81°08.4'	+2 00	+1 36	+0 24	+1 19	0.5	0.7	--	--	0.9	022°	--	--	1.9	210°
3005	Seaboard Coast Line Railroad		32°13.9'	81°08.7'	--	--	--	--	--	--	--	--	--	--	--	--	--	--
3007	Wassaw Island, N of E end, Wassaw Sound	10	31°54.9'	80°56.3'	-0 48	-0 50	-0 45	-1 33	0.7	1.0	0.1	015°	1.4	292°	--	--	2.1	108°
	WASSAW SOUND																	
3009	Entrance, off Beach Hammock	10	31°56.5'	80°55.9'	-0 41	-1 00	-0 54	-1 44	0.9	1.1	--	--	1.7	352°	--	--	2.2	156°
3011	Wilmington Island, SSE of, Bull River	10	31°58.0'	80°55.8'	-0 35	+0 38	-0 40	-2 00	0.4	0.7	--	--	0.7	035°	--	--	1.5	218°
3013	Lazaretto Creek Entrance, N of, Bull River		32°00.0'	80°55.7'	-0 37	+0 00	-0 33	-2 04	0.5	0.7	--	--	1.0	015°	--	--	1.4	207°
3015	Bull River, 2 miles below hwy. bridge		32°01.1'	80°56.4'	-0 18	-0 18	-0 25	-1 57	0.6	0.8	--	--	1.1	327°	--	--	1.6	151°
3017	Entrance, off Wassaw Island		31°55.0'	80°56.6'	-0 46	-1 11	-0 42	-1 51	0.7	0.9	--	--	1.4	277°	--	--	1.8	105°
3019	Wilmington River ent. off Cabbage Island	10	31°56.3'	80°58.6'	-0 44	-0 36	-0 45	-1 51	0.6	0.8	--	--	1.2	323°	--	--	1.7	138°
3021	Joe's Cut, Wilmington River		31°56.6'	80°59.1'	-0 54	-0 48	-0 34	-1 44	0.6	1.0	0.1	208°	1.0	315°	--	--	2.1	123°
3023	Wilmington R., 0.5 mi. S of Turners Creek		32°00.3'	81°00.2'	-0 31	-0 10	-0 37	-1 51	0.5	0.7	--	--	1.0	344°	--	--	1.4	154°
3025	Thunderbolt, SE of, Wilmington River		32°01.4'	81°02.7'	-0 20	-1 04	+0 12	+0 25	0.4	0.5	--	--	0.8	298°	--	--	1.0	121°
3027	Oatland Island, north tip	10	32°00.5'	81°00.6'	-3 20	-2 14	-0 43	-2 32	0.3	0.5	--	--	0.6	317°	--	--	1.4	138°
3029	Skidaway River, north entrance	10	32°00.5'	81°01.0'	-0 46	-0 02	-0 49	-2 11	0.6	0.7	--	--	0.6	204°	--	--	1.4	016°
3031	Skidaway Island, N End, Wilmington River	10	31°59.5'	81°01.2'	-0 33	+0 16	-0 23	-1 49	0.6	0.9	0.1	225°	1.1	307°	--	--	1.9	119°
3033	Dutch Island, SE of, Skidaway River	10	31°58.6'	81°02.8'	-0 40	+0 16	-0 32	-2 02	0.5	0.6	--	--	1.0	245°	--	--	1.2	061°
3035	Isle of Hope City, SE of, Skidaway River	10	31°58.8'	81°03.3'	-0 17	-0 30	-0 19	-1 40	0.2	0.3	--	--	0.5	268°	--	--	0.5	072°
3037	Isle of Hope City, Skidaway River	10	31°58.1'	81°03.2'	-0 34	+0 00	-0 13	-1 25	0.5	0.5	--	--	0.8	212°	--	--	0.6	028°
3039	Burntpot Island, west of, Skidaway River	6	31°57.2'	81°03.9'	-0 27	-0 41	-0 13	-1 03	0.5	0.5	--	--	1.0	194°	--	--	1.0	018°
3041	Skidaway Narrows	6	31°57.4'	81°03.6'	+0 03	-0 24	+0 26	-0 24	0.4	0.4	--	--	0.9	218°	--	--	1.1	042°
3043	Long Island, NNE of, Skidaway River		31°56.6'	81°04.4'	-0 13	-1 09	+1 02	+0 17	0.2	0.5	--	--	0.8	226°	--	--	0.8	047°
3045	Long Island, south of, Skidaway River	10	31°56.2'	81°04.6'	-4 25	-4 43	-6 07	-8 05	0.4	0.5	--	--	0.5	075°	--	--	0.5	258°
3047	Pigeon Island, SSE of, Skidaway River	10	31°55.3'	81°04.8'	-2 37	-2 43	-0 56	-2 16	0.4	0.6	--	--	0.4	331°	--	--	1.0	150°
3049	Burnside Island, SE of, Burnside River	10	31°55.3'	81°04.8'	-0 40	+0 53	-0 20	-2 05	0.4	0.6	--	--	0.9	114°	--	--	1.5	295°
3051	Little Don Island, east of, Vernon River	10	31°52.2'	81°05.9'	-0 17	-1 16	-0 03	-1 38	0.7	0.7	0.2	232°	1.4	316°	0.1	234°	1.5	153°
3053	Little Ogeechee River Entrance	10	31°53.3'	81°05.9'	-0 15	-0 59	-0 03	-1 06	0.7	1.0	--	--	1.3	259°	0.1	179°	2.1	071°
	do.	20	31°53.3'		-0 30	-0 50	+0 05	-0 57	0.9	0.9	--	--	1.1	244°	--	--	1.9	073°
3055	Montgomery, Vernon River	6	31°56.1'	81°07.7'	-0 32	+0 00	-0 24	-1 30	0.3	0.6	--	--	0.6	267°	0.1	127°	1.9	089°
3057	Odingsell River Entrance	10	31°52.1'	81°00.0'	-0 54	+0 44	-0 48	-2 14	0.7	0.9	--	--	1.3	032°	--	--	1.8	212°
	do.	20	31°52.1'	81°00.0'	-1 19	+0 42	-0 42	-2 12	0.6	0.8	--	--	1.3	030°	--	--	1.6	210°
	OSSABAW SOUND																	
3059	Wassaw Island, SSW of	10	31°51.4'	81°00.5'	-0 26	-1 04	-0 27	-1 01	0.8	1.1	0.1	034°	1.6	316°	--	--	2.3	123°
	do.	20	31°51.4'	81°00.5'	-0 46	-0 58	-0 33	-1 01	0.7	0.9	0.1	209°	1.4	312°	0.1	198°	1.8	132°
3061	Bradley Point, NNE of	10	31°49.9'	81°02.3'	-0 48	-0 58	-0 48	-1 12	0.6	0.8	0.1	033°	1.3	302°	0.1	198°	1.7	125°
3063	Raccoon Key	10	31°51.7'	81°03.3'	-0 45	-1 23	-0 36	-1 35	0.8	0.9	--	--	1.6	285°	--	--	1.9	117°

Endnotes can be found at the end of table 2.

TABLE 2. – CURRENT DIFFERENCES AND OTHER CONSTANTS

No.	PLACE	Meter Depth (ft)	POSITION Latitude North	POSITION Longitude West	TIME DIFF Min. before Flood (h m)	TIME DIFF Flood (h m)	TIME DIFF Min. before Ebb (h m)	TIME DIFF Ebb (h m)	SPEED RATIOS Flood	SPEED RATIOS Ebb	Minimum before Flood (knots)	Dir.	Maximum Flood (knots)	Dir.	Minimum before Ebb (knots)	Dir.	Maximum Ebb (knots)	Dir.
	OSSABAW SOUND Time meridian, 75°W																	
	on Savannah River Entrance,																	
3065	Little Wassaw Island, SW of	10	31°52.2'	81°03.0'	-1 05	-0 17	-0 21	-1 51	0.9	0.7	0.1	209°	1.7	282°	0.1	193°	1.4	116°
3067	Vernon R., 1.2 miles S of Possum Point		31°53.9'	81°05.9'	-0 24	+0 02	-0 12	-1 33	0.6	0.8	--	--	1.1	324°	--	--	1.7	166°
3069	Little Ogeechee River Entrance, north of	6	31°53.8'	81°05.7'	-0 41	+0 29	-0 30	-2 03	0.6	0.8	--	--	1.2	324°	0.1	239°	1.6	156°
3071	Raccoon Key & Egg Island Shoal, between	10d	31°50.57'	81°04.05'	+0 20	+0 17	-0 23	-0 57	0.8	1.0	0.2	274°	1.6	254°	0.2	197°	2.0	129°
3073	Florida Passage, N of, Ogeechee River	10	31°51.4'	81°08.6'	+0 10	+0 01	-0 01	-0 05	0.7	1.0	--	--	1.4	302°	--	--	2.1	127°
3075	Florida Passage (south)	6d	31°49.78'	81°09.47'	-1 48	-1 13	-0 23	-1 10	0.5	0.7	--	--	0.9	187°	0.3	191°	1.4	018°
	ST. CATHERINES SOUND																	
	Bear River																	
3077	610 Statute Mile Mark	6d	31°48.63'	81°10.60'	+0 20	+0 48	-0 05	-0 39	0.5	0.7	0.2	338°	1.0	357°	0.2	280°	1.5	175°
3079	North of Big Tom Creek Entrance	10d	31°47.00'	81°09.62'	-0 24	-0 13	-0 19	-1 25	0.6	0.7	--	--	1.2	011°	--	--	1.5	179°
3081	South of Kilkenny Creek Entrance		31°45.50'	81°10.40'	-0 26	+1 25	-0 02	-1 12	0.6	1.0	--	--	1.2	348°	--	--	2.0	190°
3083	Northwest of Newell Creek Entrance	10d	31°44.93'	81°09.93'	-0 11	+0 12	-0 16	-1 12	0.6	0.9	0.1	086°	1.1	349°	0.1	076°	1.8	149°
3085	Medway River at Marsh Island	10d	31°44.60'	81°13.20'	-0 20	-0 18	-0 15	-0 56	0.3	0.8	0.3	306°	0.6	313°	0.2	209°	1.6	117°
3087	St. Catherines Sound Entrance	10d	31°42.90'	81°08.43'	-0 39	-0 31	-0 13	-1 27	0.9	0.8	0.1	020°	1.8	291°	--	--	1.7	126°
3089	Medway River, northwest of Cedar Point	10d	31°42.87'	81°11.45'	-0 40	-0 43	-0 23	-0 21	0.7	0.8	0.5	139°	1.5	304°	0.4	324°	1.7	146°
3091	N. Newport River, NE of Vandyke Creek	10d	31°41.47'	81°11.22'	-0 27	+0 12	+0 00	-1 21	0.7	0.8	--	--	1.3	233°	--	--	1.7	045°
3093	N. Newport River, above Walburg Creek	6d	31°40.43'	81°11.72'	-0 34	+0 30	-0 39	-0 40	0.6	0.8	0.2	011°	1.0	195°	--	--	1.6	011°
3095	N. Newport River, NW of Johnson Creek	10d	31°39.78'	81°12.63'	-0 20	-1 01	-0 37	-0 27	0.5	0.9	0.2	308°	0.9	312°	--	--	1.8	138°
3097	N. Newport River, ESE of S. Newport Cut	6d	31°39.92'	81°15.87'	+0 32	-0 13	+0 27	+0 15	0.5	0.7	0.1	210°	1.0	319°	--	--	1.4	147°
3099	S. Newport River, below S. Newport Cut	10d	31°39.02'	81°18.12'	+1 20	+1 30	+2 41	+2 15	0.5	0.5	0.2	128°	0.9	306°	0.1	042°	1.0	134°
3101	S. Newport River, above Swain River Ent	10d	31°37.47'	81°13.00'	-0 22	-1 13	+0 00	-0 43	0.6	0.6	0.1	156°	1.1	335°	0.1	075°	1.2	156°
	SAPELO SOUND																	
3103	Entrance	19d	31°32.4'	81°10.8'	-0 30	+0 28	-0 06	-0 59	0.9	1.1	0.1	212°	1.7	290°	0.1	194°	2.2	118°
3105	do.	29d	31°32.4'	81°10.8'	-0 48	-0 36	-0 17	-1 02	0.7	0.9	--	--	1.3	289°	0.1	189°	1.7	116°
3107	Johnson Creek, midway between ends		31°37.6'	81°11.3'	-1 50	-1 08	-0 35	-1 59	0.4	0.4	--	--	0.8	015°	--	--	0.9	195°
3109	Cedar Hammock, south of	12d	31°32.7'	81°14.8'	-0 26	-1 05	-0 12	-1 38	0.7	0.6	--	--	1.4	277°	--	--	1.2	096°
3111	Sapelo River Entrance	11d	31°32.1'	81°16.3'	-0 23	-1 00	-0 13	-0 43	0.6	0.6	--	--	1.1	234°	--	--	1.3	058°
3113	Sutherland Bluff, Sapelo River		31°32.9'	81°20.0'	-0 30	+0 10	-0 12	-1 16	0.5	0.6	--	--	1.0	281°	--	--	1.2	104°
	Front River																	
	do.	13d	31°30.8'	81°17.9'	-0 33	+1 16	-0 25	-2 05	0.4	0.5	--	--	0.8	227°	--	--	1.0	056°
	Mud River																	
3115	New Teakettle Cr., 0.8 mi. N of <35>	11d	31°29.8'	81°17.4'	-0 54	-0 29	-1 08	-2 11	0.4	0.5	--	--	0.8	236°	--	--	1.0	053°
3117	Crescent River		31°29.2'	81°18.4'	-1 27	+1 07	-0 34	-1 21	0.2	0.5	--	--	0.5	293°	0.1	203°	1.1	133°
3119	Old Teakettle Creek (north)	13d	31°28.7'	81°19.7'	-0 35	+0 01	+0 14	-0 37	0.5	0.6	--	--	0.9	078°	--	--	1.2	256°
	DOBOY SOUND																	
3121	Bar	14d	31°20.7'	81°14.1'	-0 29	-0 29	-0 09	-0 53	0.7	0.7	--	--	1.3	312°	--	--	1.4	114°
3123	Entrance	22d	31°20.5'	81°15.8'	-0 32	-0 10	-0 24	-1 49	0.8	0.9	--	--	1.6	289°	--	--	1.8	106°
3125	do.	15d	31°20.5'	81°15.8'	-0 56	-0 05	-0 20	-1 26	0.8	0.8	--	--	1.6	276°	--	--	1.7	099°
3127	Old Teakettle Creek Entrance, south of	15d	31°25.2'	81°18.9'	-0 45	-0 59	+0 00	-1 27	0.5	0.5	--	--	1.1	335°	--	--	1.1	159°
3129	Old Teakettle Creek (south)	10d	31°26.2'	81°18.5'	-3 12	-1 45	-2 16	-2 44	0.3	0.4	--	--	0.9	021°	--	--	0.7	207°
3131	Folly River and Cardigan River, between	13d	31°26.5'	81°20.2'	-0 55	-0 56	-0 16	-1 00	0.3	0.3	--	--	0.7	327°	--	--	0.6	150°
	South River																	
3133	do.	21d	31°22.0'	81°18.7'	-0 41	-0 33	-0 32	-0 24	0.6	0.4	--	--	1.1	282°	--	--	1.3	095°
3135	North River at Darien River	9d	31°22.0'	81°18.7'	-0 10	-0 06	-0 29	+0 22	0.2	0.2	0.1	317°	0.5	247°	--	--	0.8	095°
3137	Doboy Island (North River)	12d	31°23.0'	81°20.1'	-0 14	+0 47	+0 08	+0 13	0.6	0.5	--	--	1.1	224°	--	--	0.4	029°
	do.	20d	31°24.2'	81°19.7'	-0 20	+0 36	+0 46	+0 22	0.5	0.3	--	--	0.9	225°	--	--	1.1	037°
	Buzzard Roost Creek	13d	31°24.9'	81°22.5'	+0 22	+0 12	+0 56	+0 28	0.3	0.2	--	--	0.7	177°	--	--	0.4	002°

Endnotes can be found at the end of table 2.

TABLE 2. – CURRENT DIFFERENCES AND OTHER CONSTANTS

No.	PLACE	Latitude North	Longitude West	Meter Depth (ft)	Min. before Flood (h m)	Flood (h m)	Min. before Ebb (h m)	Ebb (h m)	Speed Ratio Flood	Speed Ratio Ebb	Min. before Flood knots	Min. before Flood Dir.	Max Flood knots	Max Flood Dir.	Min. before Ebb knots	Min. before Ebb Dir.	Max Ebb knots	Max Ebb Dir.
	ALTAMAHA SOUND Time meridian, 75°W																	
	on Savannah River Entrance,																	
3139	Little Egg Island, northwest of	31° 19.1'	81° 18.3'	12d	-0 33	-0 53	-0 25	-1 10	0.6	0.6	--	--	1.1	296°	--	--	1.2	110°
3141	Little Mud River Range	31° 19.6'	81° 19.1'	9d	-0 38	-1 05	-0 23	-0 06	0.3	0.5	--	--	0.6	304°	--	--	0.9	116°
3143	Little St. Simon Island (north)	31° 18.7'	81° 21.2'	11d	+0 10	+0 06	-0 15	-1 29	0.6	0.8	--	--	1.2	267°	--	--	1.6	089°
3145	Onemile Cut, 1 mile southeast of	31° 18.8'	81° 21.1'		+0 46	+0 03	-1 09	-0 32	0.5	0.9	--	--	1.0	272°	--	--	1.9	092°
	Buttermilk Sound																	
3147	Broughton Island (south)	31° 18.6'	81° 24.8'	9d	-2 06	+0 12	-0 01	-1 51	0.4	0.4	0.1	292°	0.9	222°	--	--	0.8	030°
	ST. SIMONS SOUND																	
3149	Bar Channel	31° 06.3'	81° 20.3'	12d	-0 13	-0 44	+0 09	-0 02	0.4	0.8	0.1	033°	0.8	308°	--	--	1.7	119°
3151	Entrance, north of channel	31° 08.01'	81° 24.24'	13d	-0 32	+0 18	+0 07	-1 11	0.9	0.6	--	--	1.7	290°	--	--	1.2	107°
3153	Entrance, south of channel	31° 07.6'	81° 24.2'	11d	-0 27	-0 32	-0 21	-0 59	0.8	1.1	--	--	1.6	262°	0.1	188°	2.2	080°
	...do.	31° 07.6'	81° 24.2'	29d	-0 18	-0 03	+0 06	-0 21	0.6	0.5	--	--	1.7	257°	--	--	2.2	092°
3155	Back River entrance	31° 08.9'	81° 26.5'	10d	-0 37	+1 34	+0 08	-1 16	0.5	0.4	--	--	1.0	288°	--	--	1.1	111°
	...do.	31° 08.9'	81° 26.5'	18d	-1 29	+0 09	+0 35	-1 15	0.5	0.7	--	--	0.9	280°	--	--	0.8	109°
3157	Mackay R., 0.5 mi. N of Troup Creek entrance	31° 13.5'	81° 26.0'		+0 56	-0 03	+0 11	+0 24	0.7	1.0	--	--	0.9	348°	--	--	1.5	166°
3159	Brunswick River, off Quarantine Dock	31° 06.7'	81° 28.4'	13d	+0 10	+0 13	+0 26	-0 39	0.5	0.7	0.1	223°	1.3	300°	--	--	2.1	125°
3161	Brunswick River Bridge, southeast of	31° 06.9'	81° 28.6'	21d	-0 15	+0 13	+0 26	-1 09	0.5	0.7	0.1	226°	1.0	308°	--	--	1.4	132°
	...do.				+0 19	+0 42	+0 56	-0 02	0.5	0.7	--	--	1.3	306°	--	--	1.5	129°
3163	Brunswick, off Prince Street Dock	31° 08.3'	81° 29.8'		-0 01	+0 55	+0 06	-1 08	0.7	0.6	--	--	1.0	342°	--	--	1.7	166°
3165	Turtle River, off Allied Chemical Corp	31° 10.6'	81° 31.5'		+0 19	+0 18	+0 36	-0 33	0.7	0.8	--	--	1.3	348°	--	--	1.4	165°
3167	Turtle River, off Andrews Island	31° 08.6'	81° 31.6'	20d	-0 21	+0 40	+0 31	-0 23	0.5	0.7	--	--	1.1	339°	--	--	1.4	153°
	ST. ANDREWS SOUND																	
3169	Entrance	30° 59.2'	81° 24.3'		-0 18	+0 13	+0 02	-1 00	1.1	1.1	--	--	2.1	268°	--	--	2.2	103°
3171	Jekyll Creek, south entrance	31° 02.1'	81° 26.0'		-0 21	-0 21	-0 25	-1 20	0.5	0.7	--	--	1.0	060°	--	--	1.4	232°
3173	Cumberland River, north entrance	30° 57.5'	81° 25.9'		-0 29	+0 32	-0 17	-1 18	0.7	0.7	--	--	1.3	191°	--	--	1.5	018°
3175	Cabin Bluff, Cumberland River	30° 52.9'	81° 30.8'		+0 21	+1 29	+0 51	-0 45	0.7	0.6	--	--	1.3	171°	--	--	1.3	355°
	CUMBERLAND SOUND																	
	on St. Marys River Entrance,																	
	St. Marys River																	
3177	south jetty	30° 42.42'	81° 32.92'	8d	-0 18	-1 16	-0 56	-0 27	0.3	0.6	0.5	038°	0.8	341°	0.1	225°	1.6	110°
	...do.	30° 42.42'	81° 32.92'	18d	-0 19	-1 02	-0 54	-0 33	0.3	0.6	0.4	033°	0.7	329°	0.2	226°	1.5	112°
	...do.	30° 42.42'	81° 32.92'	34d	-0 19	-0 55	-0 48	-0 32	0.3	0.5	0.2	024°	0.6	313°	0.2	225°	1.2	114°
3179	ST. MARYS RIVER ENTRANCE	30° 42.48'	81° 26.68'	8d	-0 04	Daily predictions	+0 01	+0 02	0.9	0.9	0.1	183°	2.3	272°	--	--	2.8	093°
	...do.	30° 42.48'	81° 26.68'	25d	-0 08		+0 01	+0 02	0.8	0.7	--	--	2.2	272°	--	--	2.5	092°
	...do.	30° 42.48'	81° 26.68'	42d	-0 36	-0 14	-0 23	-0 33	0.6	0.6	--	--	1.9	271°	--	--	2.0	092°
	...do.	30° 42.36'	81° 27.14'	50d	-0 09	-0 19	-0 27	+0 00	0.5	0.5	0.1	002°	1.4	275°	--	--	1.6	087°
3181	Fort Clinch, 0.3 n.mi. N of	30° 42.28'	81° 27.72'	7d	-0 11	+0 02	-0 18	-0 14	0.5	0.4	0.2	226°	1.2	235°	0.1	280°	1.7	034°
3183	Quarantine Reach, 0.4nm W of Fort Clinch	30° 42.28'	81° 27.72'	27d	-0 11	+0 13	-0 12	-0 21	0.6	0.5	0.1	307°	1.1	232°	0.1	318°	1.2	047°
	...do.	30° 42.28'	81° 27.72'	46d	+0 01	-0 01	+0 10	+0 18	0.5	0.5	--	--	1.2	226°	--	--	1.2	065°
3185	Fort Clinch, 1.1 n.mi. NW of	30° 42.54'	81° 28.36'	14d	+0 01	+0 02	+0 02	+0 08	0.6	0.5	--	--	1.3	309°	--	--	1.3	133°
	...do.	30° 42.54'	81° 28.36'	29d	-0 18	-0 38	-0 06	+0 06	0.5	0.7	--	--	1.3	315°	--	--	1.3	122°
3187	Cumberland Island, Range B Channel	30° 43.52'	81° 29.04'	22d	-0 05	-0 11	+0 02	-0 03	0.5	0.7	0.1	214°	1.2	350°	0.1	067°	1.8	170°
3189	Drum Point Island, Range D Channel	30° 45.54'	81° 29.13'	12d	-0 10	-0 34	-0 08	-0 09	0.4	0.5	0.1	010°	1.1	350°	0.1	032°	1.5	170°
	...do.	30° 45.54'	81° 29.12'	22d	-0 03	+0 38	-0 18	-1 04	0.6	0.5	--	--	0.9	351°	--	--	1.3	170°
3191	Kings Bay, Lower Turning Basin	30° 47.56'	81° 30.48'	14d	-0 25	-0 28	-0 27	-1 01	0.1	0.1	0.2	165°	0.3	307°	0.1	154°	0.3	127°
3193	Stafford Island, west of	30° 48.6'	81° 29.5'	4d	-0 03	+0 20	+0 05	-0 06	0.6	0.5	0.2	160°	1.5	188°	0.1	115°	0.3	180°
3195	Old Fernandina, Amelia River, Old Town Reach	30° 41.16'	81° 27.64'	14d	-0 06	+0 28	+0 06	-0 03	0.7	0.5	0.1	282°	1.4	000°	0.1	316°	1.6	018°
	...do.	30° 41.16'	81° 27.64'	24d	-0 12	+0 31	-0 12	-0 02	0.6	0.5	--	--	1.2	193°	--	--	1.4	015°
3197	Fernandina Beach, City Front Reach, Amelia River	30° 40.21'	81° 28.07'	5d	+0 24	-0 11	-0 08	+0 30	0.4	0.5	--	--	0.8	240°	--	--	1.2	068°
	...do.	30° 40.21'	81° 28.07'	11d	+0 28	-0 05	-0 07	+0 34	0.3	0.4	--	--	0.8	239°	--	--	1.0	063°
	...do.	30° 40.21'	81° 28.07'	29d	+0 29	+0 03	-0 07	+0 34	0.3	0.3	--	--	0.6	239°	0.1	146°	0.9	059°
3199	Kingsley Creek, highway bridge	30° 37.7'	81° 29.1'		+1 45	+1 17	+0 53	+1 25	0.5	0.6	--	--	1.1	150°	--	--	1.6	330°

Endnotes can be found at the end of table 2.

TABLE 2. – CURRENT DIFFERENCES AND OTHER CONSTANTS

No.	PLACE	Meter Depth (ft)	POSITION Latitude North	POSITION Longitude West	TIME DIFF. Min. before Flood (h m)	TIME DIFF. Flood (h m)	TIME DIFF. Min. before Ebb (h m)	TIME DIFF. Ebb (h m)	SPEED RATIOS Flood	SPEED RATIOS Ebb	Minimum before Flood knots	Minimum before Flood Dir.	Maximum Flood knots	Maximum Flood Dir.	Minimum before Ebb knots	Minimum before Ebb Dir.	Maximum Ebb knots	Maximum Ebb Dir.
	NASSAU SOUND Time meridian, 75°W	ft			**on Miami Harbor Entrance,**													
3201	Midsound, 1 mi. N of Sawpit Creek entrance	5d	30° 31.4'	81° 27.1'	+0 02	-0 12	-0 15	-0 21	0.8	0.7	--	--	1.7	312°	--	--	1.7	135°
3203	South Amelia River, off Walker Creek	14d	30° 32.2'	81° 27.9'	-1 08	-0 09	-0 40	-1 57	0.6	0.6	--	--	1.4	341°	--	--	1.4	162°
3205	Nassau River, SW of Mesa Marsh	31d	30° 32.0'	81° 28.8'	+0 09	-0 09	-0 01	-0 13	0.7	0.7	--	--	1.5	294°	--	--	1.7	129°
3207	Ft. George River	33d	30° 27.4'	81° 27.1'	-1 35	-1 08	-1 26	-2 20	0.1	0.4	--	--	0.3	334°	--	--	0.9	162°
	ST. JOHNS RIVER				**on St. Johns River Entrance,**													
3209	St. Johns Point, 5 miles east of	5d	30° 23.5'	81° 18.0'	Current weak and variable													
3211	St. Johns Bar Cut, 0.7 n.mi. east of jetties <64>	14d	30° 23.88'	81° 21.83'	+0 33	-1 19	-0 41	+1 04	0.3	0.8	0.5	021°	0.6	356°	0.2	045°	1.6	091°
	....do.	31d	30° 23.88'	81° 21.83'	-1 19	-2 43	-1 04	+0 13	0.3	0.6	0.6	040°	0.7	007°	--	--	1.2	095°
3213	St. Johns Bar Cut 0.13 n.mi. ENE of south jetty	33d	30° 23.85'	81° 22.45'	-2 20	-2 04	-1 17	-0 54	0.4	1.1	0.3	038°	0.4	318°	0.2	227°	0.6	122°
	....do.	46d	30° 23.85'	81° 22.45'	+0 11	+0 02	+0 10	+1 35	0.5	0.7	0.2	178°	1.0	317°	0.2	173°	2.2	094°
3215	ST. JOHNS RIVER ENT. (between jetties)	16d	30° 24.02'	81° 23.15'	-1 03	+0 04	+0 21	-0 11	0.5	0.5	0.2	176°	1.0	298°	0.1	158°	1.4	095°
	....do.	10d	30° 24.02'	81° 23.15'	-2 05	-0 03	+0 22	-0 25					1.1	275°	0.1	144°	1.0	100°
	....do. **Daily predictions**	30d	30° 24.02'	81° 23.15'	+0 06	+0 13	-0 04	+0 07	1.0	1.2			2.0	262°			2.0	081°
3217	Mayport Basin Entrance	9d	30° 23.82'	81° 23.93'	-0 19	+0 01	+0 01	+0 33	0.9	0.9			2.1	262°			2.1	081°
3219	Mayport	15d	30° 23.82'	81° 23.93'	-0 02	-0 08	+0 11	+0 07	0.6	0.7	0.1	179°	1.2	255°			1.9	080°
	....do.	32d	30° 23.82'	81° 23.93'	-0 12	+0 17	+0 17	+0 07	0.7	0.6			1.2	251°	0.1	166°	1.4	087°
	....do.	7d	30° 23.6'	81° 26.0'	+0 24	+0 48	+0 17	+0 34	0.6	0.3	0.1	333°	1.2	247°	0.1	164°	1.2	087°
3221	Mile Point, southeast of	17d	30° 23.6'	81° 26.0'	+0 06	+1 02	+0 15	-0 04	1.1	1.6			2.2	211°			0.6	069°
	....do.	27d	30° 23.6'	81° 26.0'	-0 03	+0 38	+0 15	+0 05	0.9	1.3			2.2	211°			3.3	026°
	....do.	18d	30° 22.9'	81° 26.7'	-0 27	+0 26	+0 48	+0 14	1.5	1.6			1.7	211°			2.6	026°
3223	ICW Intersection	29d	30° 22.9'	81° 26.7'	+0 06	+0 38	+0 54	+0 44	1.2	1.2			3.0	241°			1.8	026°
	....do.	10d	30° 22.9'	81° 26.7'	-0 12	+0 38	+1 00	+0 56	1.1	0.9			2.5	241°			3.2	073°
	....do.	16d	30° 23.02'	81° 27.52'	-0 42	+0 38	+0 08	+0 38	0.8	1.3	0.2	217°	2.3	241°	0.4	003°	2.5	073°
	....do.	29d	30° 23.02'	81° 27.52'	+0 27	+0 29	+0 10	+0 58	0.8	1.0	0.2	213°	1.6	293°	0.3	007°	1.8	073°
	....do.	3	30° 23.02'	81° 27.52'	+0 22	+0 31	+0 10	+0 49	0.8	1.2	0.1	200°	1.6	293°	0.2	020°	2.6	125°
3225	Pablo Creek bascule bridge <33>	3	30° 19.4'	81° 26.3'	+0 09	+0 35	+0 21	+0 21	1.7	2.5			1.5	294°			2.4	113°
3227	Sisters Creek entrance (bridge)	4d	30° 23.4'	81° 27.7'	-0 14	-0 18	+0 49	+0 59	1.7	2.5			3.4	180°			2.1	099°
	....do.	10d	30° 23.4'	81° 27.7'	-3 30	-3 14	-2 13	-2 34	0.8	0.6			1.6	000°			5.2	000°
3229	St. Johns Bluff	7d	30° 23.4'	81° 29.5'	-3 36	-3 04	-2 07	-2 34	0.8	1.0			1.6	244°			1.6	180°
	....do.	17d	30° 23.4'	81° 29.5'	+0 30	+1 21	+0 18	+1 02	0.9	1.0			1.6	244°			2.4	059°
	....do.	26d	30° 23.4'	81° 29.5'	+0 18	+1 03	+0 30	+1 02	0.8	0.8			1.7	244°			2.0	059°
3231	Blount Island, East of	7d	30° 23.52'	81° 30.51'	-0 12	+0 33	+0 24	+1 14	0.8	0.8			1.6	244°			1.6	059°
	....do.	16d	30° 23.52'	81° 30.51'	+1 21	+1 08	+0 49	+1 54	0.7	1.1	0.2	000°	2.3	275°	0.2	183°	2.3	079°
	....do.	30d	30° 23.52'	81° 30.51'	+0 54	+0 58	+1 04	+1 43	0.7	0.8	0.2	011°	1.7	270°	0.1	168°	1.7	090°
3233	Dames Point, 0.23 n.mi. ESE of	5d	30° 23.19'	81° 33.23'	+0 33	+1 08	+1 12	+1 32	0.5	0.9	0.2	183°	1.4	264°			1.3	099°
	....do.	14d	30° 23.19'	81° 33.23'	+1 58	+1 51	+1 40	+1 59	0.5	0.9	0.2	351°	1.1	244°	0.4	136°	1.9	066°
3235	Dames Point, 0.25 n.mi. SE of	5d	30° 23.08'	81° 33.28'	+1 26	+1 54	+1 19	+1 57	0.6	0.4	0.1	343°	1.1	256°	0.2	158°	1.7	068°
	....do.	14d	30° 23.08'	81° 33.28'	+0 33	+2 24	+2 04	+1 58	0.6	0.9			1.1	270°	0.1	155°	0.7	069°
	....do.	28d	30° 23.08'	81° 33.28'	+1 52	+1 39	+1 28	+2 14	0.6	0.9	0.1	345°	1.2	254°	0.2	155°	1.9	080°
3237	Drummond Point, channel south of	7d	30° 24.55'	81° 36.17'	+1 30	+2 00	+1 32	+2 07	0.7	0.7	0.1	343°	1.4	257°			1.8	073°
	....do.	17d	30° 24.55'	81° 36.17'	+1 15	+2 00	+2 01	+2 14	0.6	0.7	0.1	160°	1.2	254°			1.4	073°
3239	Trout River Cut	27d	30° 23.03'	81° 37.69'	+1 51	+2 32	+2 44	+3 00	0.7	0.8			1.4	241°			1.7	060°
	....do.	6d	30° 23.03'	81° 37.69'	+1 34	+2 35	+2 51	+3 01	0.6	0.7			1.3	222°			1.7	061°
	....do.	15d	30° 23.03'	81° 37.69'	+1 21	+2 20	+2 46	+2 51	0.7	0.5			1.3	243°			1.1	057°
3241	Chaseville Turn	32d	30° 22.71'	81° 37.77'	+2 19	+2 53	+2 42	+2 52	0.7	0.6	0.1	277°	1.3	193°	0.1	280°	1.5	005°
	....do.	4d	30° 22.71'	81° 37.77'	+1 49	+2 31	+3 02	+2 58	0.7	0.6			1.3	191°	0.1	107°	1.3	025°
	....do.	14d	30° 22.71'	81° 37.77'	+2 16	+2 39	+2 28	+2 27	0.6	0.6			1.2	205°			1.1	023°
3243	Terminal Channel (north end)	30d	30° 21.42'	81° 37.08'	+2 10	+2 29	+2 25	+2 28	0.7	0.5	0.1	089°	1.4	165°	0.1	082°	1.4	339°
	....do.	7d	30° 21.42'	81° 37.08'	+1 48	+2 25	+2 55	+2 43	0.6	0.6			1.3	166°			1.3	003°
3245	Commodore Point, terminal channel	17d	30° 19.05'	81° 37.58'	+2 39	+3 16	+3 02	+3 38	0.5	0.5	0.1	279°	1.2	186°			1.3	017°
	....do.	7d	30° 19.05'	81° 37.58'	+2 16	+3 06	+3 20	+3 33	0.5	0.6			1.2	225°			1.1	001°
	....do.	17d	30° 19.05'	81° 37.58'	+1 51	+3 28	+3 16	+3 23	0.5	0.5			1.2	183°			1.1	001°
	....do.	27d	30° 19.05'	81° 37.58'	+2 39	+3 28	+3 10	+3 23	0.5	0.5			1.0	185°			1.0	001°
	....do.				+2 12	+3 13	+3 23	+3 25	0.5	0.5			0.9	197°			0.7	072°
	....do.				+1 43	+2 30	+3 38	+3 08	0.6	0.4			1.0	221°			0.9	051°
													1.1	221°			0.8	035°

Endnotes can be found at the end of table 2.

TABLE 2. – CURRENT DIFFERENCES AND OTHER CONSTANTS

No.	PLACE	Meter Depth (ft)	Latitude North	Longitude West	Time Diff. Min. before Flood (h m)	Time Diff. Flood (h m)	Time Diff. Min. before Ebb (h m)	Time Diff. Ebb (h m)	Speed Ratio Flood	Speed Ratio Ebb	Min. before Flood (knots)	Dir.	Maximum Flood (knots)	Dir.	Min. before Ebb (knots)	Dir.	Maximum Ebb (knots)	Dir.
	ST. JOHNS RIVER Time meridian, 75°W																	
	on St. Johns River Entrance,																	
3247	Jacksonville, off Washington St		30° 19.3'	81° 39.2'	+2 59	+3 10	+2 54	+3 23	0.9	0.9	--	--	1.8	281°	--	--	1.9	118°
3249	Jacksonville, F.E.C. RR. bridge		30° 19.3'	81° 39.9'	+2 59	+3 24	+2 59	+3 39	0.8	0.8	--	--	1.8	240°	--	--	1.7	060°
3251	Winter Point		30° 18.5'	81° 40.5'	+2 59	+3 22	+4 04	+3 59	0.6	0.5	--	--	1.1	200°	--	--	1.1	015°
3253	Mandarin Point	6d	30° 09.3'	81° 41.1'	+3 07	+3 39	+3 24	+3 38	0.3	0.4	--	--	0.6	179°	--	--	0.8	013°
	...do.	15d	30° 09.3'	81° 41.1'	+3 13	+3 33	+3 24	+3 38	0.3	0.3	--	--	0.6	179°	--	--	0.7	013°
	...do.	24d	30° 09.3'	81° 41.1'	+2 48	+3 33	+3 24	+3 32	0.3	0.3	--	--	0.5	179°	--	--	0.5	013°
3255	Red Bay Point, draw bridge	4d	29° 59.1'	81° 37.8'	+2 48	+3 57	+5 24	+4 02	0.5	0.3	--	--	0.9	115°	--	--	0.6	300°
	...do.	6d	29° 59.1'	81° 37.8'	+2 42	+3 57	+5 24	+4 08	0.5	0.3	--	--	0.9	115°	--	--	0.6	300°
	...do.	14d	29° 59.1'	81° 37.8'	+2 48	+3 57	+5 30	+4 08	0.4	0.2	--	--	0.8	115°	--	--	0.4	300°
3257	Tocoi to Lake George		- -	- -	Current weak and variable													
	FORT PIERCE INLET																	
	on Fort Pierce Inlet,																	
3259	FORT PIERCE INLET ENTRANCE	16d	27° 28.27'	80° 17.55'	Daily predictions				1.1	1.1	--	--	2.7	258°	--	--	2.8	080°
	...do.	6d	27° 28.27'	80° 17.55'	+0 03	+0 02	-0 01	+0 01	1.0	0.9	--	--	2.8	258°	--	--	3.1	081°
	...do.	23d	27° 28.27'	80° 17.55'	-0 02	+0 00	+0 00	-0 01	0.8	0.8	--	--	2.6	259°	--	--	2.6	079°
	...do.	33d	27° 28.27'	80° 17.55'	-0 03	+0 00	+0 00	-0 03	0.7	0.6	--	--	2.2	260°	--	--	2.3	077°
3261	Inner Range, north of USCG station	5d	27° 27.98'	80° 18.49'	-0 05	-0 00	+0 06	-0 06	0.6	0.5	--	--	2.1	242°	0.1	159°	1.6	076°
	...do.	14d	27° 27.98'	80° 18.49'	+0 01	-0 01	+0 05	+0 08	0.6	0.5	--	--	2.0	243°	--	--	1.6	065°
	...do.	21d	27° 27.98'	80° 18.49'	+0 01	-0 01	+0 05	+0 08	0.2	0.2	--	--	1.7	243°	--	--	1.4	061°
3263	Turning Basin	6d	27° 27.61'	80° 19.26'	+0 06	-0 18	+0 14	+0 23	0.2	0.2	0.1	303°	0.7	219°	0.1	298°	0.6	020°
	...do.	16d	27° 27.61'	80° 19.26'	+0 05	-0 21	+0 17	+0 26	0.2	0.2	0.1	302°	0.7	218°	0.1	297°	0.5	022°
	...do.	19d	27° 27.61'	80° 19.26'	+0 06	-0 20	+0 16	+0 28	0.2	0.2	--	--	0.6	218°	0.1	296°	0.5	023°
3265	South Bridge (ICW)	3d	27° 27.60'	80° 19.15'	-0 06	+0 12	+0 11	+0 00	0.6	0.5	--	--	1.6	238°	0.2	315°	1.3	031°
	...do.	9d	27° 27.60'	80° 19.15'	-0 06	+0 09	+0 11	+0 03	0.5	0.4	--	--	1.4	236°	0.2	317°	1.2	036°
	...do.	16d	27° 27.60'	80° 19.15'	+0 00	+0 09	+0 14	+0 06	0.5	0.3	--	--	1.3	232°	0.1	325°	0.9	053°
	LAKE WORTH INLET																	
	on Lake Worth Inlet,																	
3267	LAKE WORTH INLET ENTRANCE	15d	26° 46.38'	80° 02.17'	Daily predictions				1.1	0.9	--	--	1.6	267°	--	--	1.3	086°
	...do.	5d	26° 46.38'	80° 02.17'	+0 04	+0 02	+0 02	+0 05	0.7	0.9	--	--	1.8	267°	--	--	1.2	092°
	...do.	28d	26° 46.38'	80° 02.17'	-0 04	-0 01	-0 03	-0 04			--	--	1.2	268°	--	--	1.1	085°
3269	Pier 13	6d	26° 46.02'	80° 03.04'	See Table 5.						--	--			--	--		
	...do.	15d	26° 46.02'	80° 03.04'	See Table 5.						--	--			--	--		
	...do.	19d	26° 46.02'	80° 03.04'	See Table 5.						--	--			--	--		
3271	North Turning Basin	3d	26° 46.28'	80° 03.02'	-0 02	-0 26	-0 05	+0 33	0.6	0.9	--	--	0.9	356°	0.1	254°	1.1	170°
	...do.	8d	26° 46.28'	80° 03.02'	+0 00	-0 25	-0 04	+0 35	0.6	0.8	--	--	0.9	356°	--	--	1.0	168°
	PORT EVERGLADES																	
	on Port Everglades,																	
3273	Pier 2, 1.3 miles east of <34>	16d	26° 05.63'	80° 05.78'	Current weak and variable						--	--	0.2	--	--	--	0.4	--
3275	PORT EVERGLADES ENTRANCE	9d	26° 05.59'	80° 06.33'	Daily predictions				1.0	1.1	--	--	0.6	259°	--	--	0.6	075°
	...do.	22d	26° 05.59'	80° 06.33'	+0 24	-0 09	-0 09	-0 07	1.0	0.9	--	--	0.5	255°	--	--	0.7	077°
	...do.	35d	26° 05.59'	80° 06.33'	-0 24	-0 01	-0 06	-0 07	1.0	0.7	--	--	0.6	251°	--	--	0.6	075°
3277	Turning Basin	4d	26° 05.69'	80° 07.04'	Current weak and variable				0.3	0.8	--	--	0.1	358°	--	--	0.4	077°
	...do.	14d	26° 05.69'	80° 07.04'	Current weak and variable						--	--			--	--	0.5	173°
	...do.	34d	26° 05.69'	80° 07.04'							--	--			--	--		
3279	17th Street Bridge, 0.1mile south of	6d	26° 05.98'	80° 07.15'	Daily predictions				1.6	1.2	0.1	100°	0.9	022°	0.1	101°	0.8	184°
	...do.	9d	26° 05.98'	80° 07.15'	-0 20	-0 12	-0 09	-0 18	1.6	1.1	--	--	0.9	021°	0.1	102°	0.7	184°
	...do.	12d	26° 05.98'	80° 07.15'	-0 38	-0 12	-0 10	-0 24	1.5	1.1	--	--	0.9	024°	0.1	103°	0.7	184°
3281	Fort Lauderdale, New River	5d	26° 06.73'	80° 06.79'	-0 14	-0 06	-0 09	-0 27	1.4	0.8	--	--	0.8	005°	--	--	0.5	130°
3283	South Entrance (ICW)	15d	26° 05.24'	80° 06.79'	+0 34	+0 15	-0 38	+0 52	0.3	0.7	--	--	0.2	171°	--	--	0.4	353°
	...do.	31d	26° 05.24'	80° 06.79'	+0 37	+0 11	-0 21	+0 22	0.4	0.6	--	--	0.2	168°	--	--	0.2	350°

Endnotes can be found at the end of table 2.

TABLE 2. – CURRENT DIFFERENCES AND OTHER CONSTANTS

No.	PLACE	Meter Depth (ft)	POSITION Latitude North	POSITION Longitude West	TIME DIFF Min. before Flood (h m)	TIME DIFF Flood (h m)	TIME DIFF Min. before Ebb (h m)	TIME DIFF Ebb (h m)	SPEED RATIO Flood	SPEED RATIO Ebb	Min before Flood knots	Min before Flood Dir.	Maximum Flood knots	Maximum Flood Dir.	Min before Ebb knots	Min before Ebb Dir.	Maximum Ebb knots	Maximum Ebb Dir.
	PORT EVERGLADES Time meridian, 75°W				*on Port Everglades,*													
3285	South Port, at the terminals	6d	26°04.46'	80°06.83'	+0 26	+0 20	-0 05	-0 03	0.5	0.5	---	---	0.3	175°	---	---	0.3	356°
	do.	16d	26°04.46'	80°06.83'	+0 18	+0 29	+0 09	-0 09	0.5	0.4	---	---	0.3	175°	---	---	0.3	356°
	do.	26d	26°04.46'	80°06.83'	-0 28	+0 36	+0 12	-0 39	0.5	0.4	---	---	0.3	175°	---	---	0.3	355°
	MIAMI HARBOR				*on Miami Harbor Entrance,*													
3287	Bakers Haulover Cut		25°54.0'	80°07.4'	+0 00	+0 19	+0 13	-0 08	1.3	1.0	---	---	2.9	270°	---	---	2.5	090°
	Government Cut																	
3289	South Jetty	9d	25°45.63'	80°07.61'	-0 03	-0 01	-0 05	-0 12	0.7	0.8	0.1	040°	1.6	317°	0.1	041°	1.8	118°
	do.	15d	25°45.63'	80°07.61'	-0 06	-0 03	-0 05	-0 10	0.7	0.7	0.1	039°	1.6	319°	0.1	042°	1.7	117°
	do.	38d	25°45.63'	80°07.61'	-0 15	-0 01	-0 02	-0 14	0.6	0.5	0.2	044°	1.4	321°	0.1	041°	1.2	115°
3291	MIAMI HARBOR ENTRANCE	15d	25°45.84'	80°08.04'	+0 00	Daily predictions,		-0 01	1.0	1.0	---	---	2.2	293°	---	---	2.4	113°
	do.	8d	25°45.84'	80°08.04'	-0 01	-0 01	+0 00	-0 01	1.0	1.0	---	---	2.3	293°	---	---	2.3	114°
	do.	22d	25°45.84'	80°08.04'	-0 04	-0 02	-0 02	-0 02	0.8	0.8	---	---	1.8	292°	---	---	1.9	113°
	do.	35d	25°45.84'	80°08.04'	-0 06	-0 03	-0 27	-0 11	0.4	0.4	---	---	0.9	292°	---	---	1.0	115°
3293	West entrance, south side	4d	25°45.88'	80°08.25'	-0 03	-0 09	-0 29	-0 05	0.5	0.5	---	---	1.0	290°	0.1	015°	2.0	097°
	do.	14d	25°45.88'	80°08.25'	-0 06	-0 01	-0 28	-0 08	0.4	0.4	---	---	0.9	289°	0.1	015°	2.0	094°
	do.	34d	25°45.80'	80°08.25'	-0 09	-0 36	-0 13	-0 08	0.3	0.3	---	---	0.7	262°	---	---	1.4	090°
	Main Channel																	
3295	Fisher Island Turning Basin	9d	25°46.07'	80°08.61'	+0 00	+0 34	+0 34	-0 01	0.6	0.3	0.1	038°	1.4	293°	---	---	0.8	123°
	do.	16d	25°46.07'	80°08.61'	+0 07	+0 33	+0 38	+0 09	0.6	0.4	0.1	033°	1.4	291°	---	---	0.9	119°
	do.	36d	25°46.07'	80°08.61'	+0 17	+0 22	+0 19	+0 07	0.5	0.3	---	---	1.1	295°	---	---	0.7	111°
3297	Main Ship Channel	6d	25°46.40'	80°09.42'	+0 04	+0 16	+0 21	+0 13	0.5	0.4	---	---	1.2	294°	---	---	1.0	110°
	do.	16d	25°46.40'	80°09.42'	-0 28	+0 28	+0 22	+0 15	0.5	0.4	---	---	1.2	292°	---	---	0.9	112°
	do.	33d	25°46.40'	80°09.42'	+0 41	+0 06	-0 36	-0 06	0.4	0.3	---	---	0.9	305°	---	---	0.6	116°
3299	Dodge Island, SE Turning Basin	4d	25°46.91'	80°10.84'	+0 27	+0 00	+0 22	+0 07	0.2	0.1	0.2	027°	0.4	307°	---	---	0.3	118°
	do.	14d	25°46.91'	80°10.84'	+0 02	-0 48	+0 19	+0 12	0.2	0.2	0.1	028°	0.5	304°	---	---	0.4	119°
	do.	30d	25°46.91'	80°10.84'	-0 03	+0 14	+0 43	+0 17	0.1	0.2	0.1	032°	0.3	334°	---	---	0.4	104°
3301	Dodge Island, NW Turning Basin	7d	25°47.13'	80°11.04'	-0 38	+0 18	-0 15	-0 43	0.1	0.2	---	---	0.3	317°	---	---	0.5	173°
	do.	17d	25°47.13'	80°11.04'		+0 18	+0 06	-0 31	0.1	0.1	---	---	0.3	317°	---	---	0.3	163°
	do.	30d	25°47.13'	80°11.04'	Current weak and variable													
	Fishermans Channel																	
3303	Pilot House	5d	25°45.95'	80°08.75'	-0 02	-1 37	-1 36	-0 02	0.2	0.3	---	---	0.3	255°	---	---	0.7	086°
	do.	14d	25°45.95'	80°08.75'	-0 03	-1 27	-1 05	+0 19	0.2	0.2	---	---	0.4	255°	---	---	0.6	086°
	do.	31d	25°45.95'	80°08.75'	-0 07	-1 00	-0 38	+0 07	0.3	0.2	---	---	0.6	258°	---	---	0.4	085°
3305	Norris Cut	7d	25°45.90'	80°09.07'	+0 06	+0 15	-0 05	-0 20	0.4	0.4	---	---	0.8	286°	---	---	1.0	089°
	do.	14d	25°45.90'	80°09.07'	+0 03	+0 07	-0 01	-0 09	0.4	0.4	---	---	0.8	294°	0.1	018°	0.8	088°
	do.	34d	25°45.90'	80°09.07'	+0 06	+0 10	-0 08	+0 00	0.3	0.3	---	---	0.6	286°	---	---	0.6	092°
3307	Lummus Island, SW corner	4d	25°45.91'	80°09.69'	+0 02	-0 12	-0 08	+0 13	0.3	0.3	---	---	0.6	276°	---	---	0.7	091°
	do.	14d	25°45.91'	80°09.69'	+0 18	-0 02	-0 04	+0 41	0.2	0.3	---	---	0.5	268°	---	---	0.3	089°
3309	Lummus Island Turning Basin	7d	25°46.06'	80°10.06'	+0 06	-0 26	-0 51	+0 41	0.2	0.2	---	---	0.5	269°	---	---	0.3	121°
	do.	14d	25°46.06'	80°10.06'		-0 32	-0 13	+0 45	0.1	0.1	---	---	0.3	293°	---	---	0.3	099°
	do.	34d	25°46.06'	80°10.06'	+0 06			+1 43	0.1	0.1	0.1	012°	0.3	291°	---	---	0.3	060°
3311	Dodge Island Cut, west end	5d	25°46.38'	80°10.71'	+0 44	+0 31	-0 05	+0 04	0.1	0.1	0.1	---	0.1	253°	---	---	0.2	085°
	do.	15d	25°46.38'	80°10.71'	+0 32	+0 31	+0 37	+0 43	0.1	0.1	---	---	0.2	271°	---	---	0.2	089°
	do.	28d	25°46.38'	80°10.71'	-0 08	-0 48	+0 18	+1 04	0.1	0.1	---	---	0.3	266°	---	---	0.2	077°
3313	Miami River Entrance	2d	25°46.22'	80°11.25'	+0 30	-0 05	-0 08	+0 48	0.2	0.2	---	---	0.3	267°	---	---	0.5	090°
	do.	12d	25°46.22'	80°11.25'	-0 06	-0 46	+0 24	+0 51	0.2	0.2	---	---	0.3	263°	---	---	0.4	051°
3315	Fowey Rocks Light, 1.5 miles SW of		25°35'	80°07'	Current weak and variable													
	FLORIDA REEFS to BLACKBURN BAY				*on Key West,*													
3317	Caesar Creek, Biscayne Bay		25°23.2'	80°13.6'	+0 09	+0 03	-0 21	-0 23	0.9	1.0	---	---	1.2	316°	---	---	1.8	123°
3319	Long Key, drawbridge east of		24°50.4'	80°46.2'	+1 00	+1 38	+2 14	+1 15	0.8	0.7	---	---	1.1	000°	---	---	1.2	202°
3321	Long Key Viaduct		24°48.1'	80°51.9'	+1 36	+1 39	+1 55	+1 39	0.7	0.7	---	---	0.9	349°	---	---	1.2	170°
3323	Moser Channel, between Molasses and Pigeon Keys	3d	24°41.89'	81°10.15'	+1 21	+1 19	+1 15	+1 16	0.9	0.9	---	---	1.2	346°	---	---	1.6	164°
	do.	9d	24°41.89'	81°10.15'	+1 21	+1 17	+1 15	+1 16	0.7	0.8	---	---	0.9	345°	---	---	1.3	163°

Endnotes can be found at the end of table 2.

TABLE 2. – CURRENT DIFFERENCES AND OTHER CONSTANTS

No.	PLACE	Meter Depth (ft)	POSITION Latitude North	POSITION Longitude West	TIME DIFF. Min. before Flood (h m)	TIME DIFF. Flood (h m)	TIME DIFF. Min. before Ebb (h m)	TIME DIFF. Ebb (h m)	SPEED RATIO Flood	SPEED RATIO Ebb	Min before Flood knots	Min before Flood Dir.	Maximum Flood knots	Maximum Flood Dir.	Min before Ebb knots	Min before Ebb Dir.	Maximum Ebb knots	Maximum Ebb Dir.
	FLORIDA REEFS to BLACKBURN BAY Time meridian, 75°W																	
	on Key West,																	
3325	Bahia Honda Harbor	4d	24°39.38'	81°17.31'	+1 15	+1 09	+1 07	+1 17	1.0	0.9	– –	– –	1.3	007°	– –	– –	1.5	183°
3327	Loggerhead Key, East of	2d	24°36.97'	81°27.19'	+0 03	+0 10	+0 10	+0 06	0.2	0.2	– –	– –	0.2	322°	– –	– –	0.3	158°
	do.	8d	24°36.97'	81°27.19'	+0 27	+0 14	-0 06	+0 29	0.1	0.1	– –	– –	0.2	330°	– –	– –	0.2	154°
3329	Safe Harbor Entrance, Stock Island	11d	24°33.35'	81°44.07'	Current weak and variable													
3331	No Name Key, northeast of	11d	24°42.3'	81°18.8'	+0 57	+1 35	+1 13	+0 35	0.5	0.5	– –	– –	0.7	312°	– –	– –	0.9	142°
	Key West																	
3333	Main Ship Channel entrance	4d	24°28.24'	81°48.71'	-0 22	-0 48	-0 12	-0 10	0.2	0.2	0.1	260°	0.3	339°	0.1	263°	0.3	187°
	do.	17d	24°28.24'	81°48.71'	-0 10	-0 06	-0 39	-0 29	0.1	0.2	0.1	258°	0.2	331°	0.1	265°	0.3	182°
3335	Key West Channel, Cut-A Cut-B Turn	6d	24°31.56'	81°49.09'	+0 27	-0 04	+0 20	+0 52	0.4	0.5	0.3	248°	0.5	309°	0.2	237°	0.7	164°
	do.	26d	24°31.56'	81°49.09'	+0 32	-0 03	+0 06	+0 56	0.3	0.4	0.3	249°	0.4	324°	0.1	241°	0.8	161°
3337	Southwest channel	3d	24°32.05'	81°49.93'	+0 33	+0 35	+0 01	+0 16	0.4	0.5	0.1	279°	0.5	355°	0.1	282°	0.8	202°
	do.	20d	24°32.05'	81°49.93'	+0 31	+0 25	-0 03	+0 19	0.3	0.4	0.1	283°	0.4	004°	0.1	286°	0.7	202°
3339	KEY WEST, 0.3 mi. W of Ft. Taylor	4d	24°32.88'	81°49.01'	Daily predictions				0.8	0.9	0.1	278°	1.3	007°	0.1	096°	1.7	187°
3341	Ft. Taylor, 0.6 mile N of	6d	24°33.5'	81°48.6'	-0 02	+0 01	-0 02	-0 01	0.8	0.7	– –	– –	0.6	009°	– –	– –	1.4	186°
3343	Key West Harbor Range channel	19d	24°33.78'	81°48.56'	+0 22	+0 24	-0 18	-0 05	0.8	0.8	0.1	304°	1.1	042°	0.1	126°	1.4	202°
	do.	6d	24°33.78'	81°48.56'	+0 18	+0 25	+0 10	+0 09	0.7	0.7	– –	– –	0.9	032°	– –	– –	1.4	215°
3345	Turning Basin	23d	24°33.83'	81°48.37'	+0 15	+0 26	+0 08	+0 05	0.9	0.7	0.1	115°	1.2	024°	0.1	299°	1.2	212°
	do.	4d	24°33.83'	81°48.37'	+0 23	+0 27	+0 19	+0 16	0.7	0.6	0.1	120°	0.9	026°	0.1	304°	1.4	210°
3347	Northwest Channel, W of Middle Ground	17d	24°34.10'	81°50.10'	+0 18	+0 31	+0 16	+0 10	1.2	0.8	– –	– –	1.2	353°	0.1	227°	1.4	214°
	do.	5d	24°34.10'	81°50.10'	-0 07	-0 19	+0 01	-0 04	1.0	0.8	– –	– –	1.3	313°	– –	– –	1.0	162°
3349	Northwest Channel, W of Calda Bank	22d	24°36.92'	81°52.29'	-0 08	-0 18	+0 00	-0 04	0.8	0.6	– –	– –	1.2	321°	– –	– –	0.8	140°
	do.	4d	24°36.92'	81°52.29'	-0 19	-0 22	+0 03	-0 07	0.4	1.0	– –	– –	1.1	068°	– –	– –	1.7	145°
3351	Fleming Key Cut	17d	24°34.09'	81°48.11'	-0 19	-0 21	-0 01	-0 10	0.4	0.8	0.3	003°	0.5	064°	– –	– –	1.4	144°
	do.	3d	24°34.09'	81°48.11'	+1 27	+0 23	-0 02	+1 00	0.7	0.5	0.3	000°	0.5	002°	– –	– –	0.9	279°
3353	Man of War Harbor	16d	24°35.22'	81°48.37'	+1 19	+0 09	-0 11	+1 00	0.5	0.5	0.2	289°	0.9	006°	– –	– –	1.9	274°
	do.	2d	24°35.22'	81°48.37'	+0 28	+0 45	+0 21	+0 01	1.1	1.1	0.2	293°	0.7	059°	– –	– –	1.4	187°
3355	Fleming Key, North of	9d	24°35.80'	81°47.92'	+1 03	+1 17	+0 18	+1 07	0.8	0.7	– –	– –	1.4	061°	– –	– –	1.3	182°
	do.	2d	24°35.80'	81°47.92'	+1 30	+1 17	+0 48	+1 08	0.9	0.7	– –	– –	1.1	013°	– –	– –	1.0	242°
3357	Boca Grande Channel	12d	24°33.99'	82°04.01'	+1 28	-0 18	+0 49	+1 08	0.7	0.6	– –	– –	1.2	013°	– –	– –	0.7	241°
	do.	6d	24°33.99'	82°04.01'	-0 10	-0 21	-0 11	-0 11	0.5	0.5	0.3	305°	0.9	064°	0.2	154°	0.8	190°
3359	New Ground	32d	24°39.04'	82°24.97'	-0 12	-0 21	-0 13	-0 11	0.4	0.4	0.3	351°	0.6	066°	0.1	152°	0.6	191°
3361	Isaac Shoal		24°33.5'	82°32.2'	+1 41	+1 04	+1 04	+1 46	0.8	0.5	– –	– –	1.0	002°	– –	– –	0.6	259°
3363	Southeast Channel, 1.1 miles E of Garden Key		24°37.60'	82°51.10'	+1 38	+1 05	+1 01	+1 37	0.5	0.4	– –	– –	0.6	004°	– –	– –	0.6	181°
3365	Southwest Channel		24°36.92'	82°54.70'	+1 02	+1 10	+1 45	+1 46	0.3	0.3	– –	– –	0.4	001°	– –	– –	0.6	172°
	on Tampa Bay Entrance,																	
3367	Point Ybel, 0.4 mile northwest of		26°27.40'	82°01.12'	-0 25	-0 52	+0 17	+0 35	0.8	0.7	– –	– –	1.0	255°	– –	– –	0.9	080°
3369	Captiva Pass <37>		26°36.56'	82°13.34'	-0 53	-1 29	-1 14	-0 23	1.4	0.9	– –	– –	1.8	067°	– –	– –	1.9	251°
3371	Boca Grande Pass, Charlotte Harbor		26°42.86'	82°15.40'	-0 15	-0 37	-0 15	+0 05	1.7	1.3	– –	– –	2.2	057°	– –	– –	1.8	251°
3373	Pine Island Sound		26°40.90'	82°11.87'	– –	– –	– –	– –	– –	– –	– –	– –	0.5	011°	– –	– –	0.5	191°
3375	Little Pine I. bridge, Mattacha Pass		26°37.9'	82°04.1'	– –	-0 19	– –	– –	0.4	0.4	– –	– –	0.6	132°	– –	– –	– –	– –
3377	Cape Haze, 2.3 mi. S of, Charlotte Hbr		26°44.7'	82°09.1'	+0 30	+0 41	-0 20	+1 18	0.4	0.4	– –	– –	0.5	080°	– –	– –	0.5	268°
3379	Punta Gorda, Peace River Bridge		26°56.7'	82°03.4'	– –	– –	– –	– –	0.3	0.2	– –	– –	0.4	047°	– –	– –	0.3	230°
3381	Myakka River bridge <45>		26°57.5'	82°12.8'	+1 48	+1 18	+1 47	– –	0.4	– –	– –	– –	0.5	304°	– –	– –	– –	– –
3383	Gasparilla Pass		26°48.74'	82°16.86'	-1 15	-1 13	-0 35	-0 41	0.8	0.8	– –	– –	0.4	066°	– –	– –	1.1	236°
3385	Venice Inlet		27°06.8'	82°28.0'	-2 05	-2 08	-1 57	-1 59	0.8	0.7	– –	– –	1.0	087°	– –	– –	0.9	262°
3387	Blackburn Bay, south end, bridge		27°07.4'	82°28.2'	-0 55	-1 20	-1 28	-0 10	0.7	0.5	– –	– –	0.9	357°	– –	– –	0.7	180°

Endnotes can be found at the end of table 2.

TABLE 2. – CURRENT DIFFERENCES AND OTHER CONSTANTS

No.	PLACE	Meter Depth (ft)	POSITION Latitude North	POSITION Longitude West	TIME DIFF. Min. before Flood (h m)	TIME DIFF. Flood (h m)	TIME DIFF. Min. before Ebb (h m)	TIME DIFF. Ebb (h m)	SPEED RATIOS Flood	SPEED RATIOS Ebb	Min. before Flood (knots)	Min. before Flood Dir.	Maximum Flood (knots)	Maximum Flood Dir.	Min. before Ebb (knots)	Min. before Ebb Dir.	Maximum Ebb (knots)	Maximum Ebb Dir.
	SARASOTA BAY Time meridian, 75°W				**on Tampa Bay Entrance,**													
3389	Big Sarasota Pass		27° 18.0'	82° 33.8'	-1 54	-1 49	-1 34	-2 03	1.2	0.8	---	---	1.5	006°	---	---	1.0	183°
3391	Sarasota Bay, south end, bridge		27° 18.1'	82° 32.8'	-1 25	-1 39	-1 13	-0 32	0.2	0.2	---	---	0.3	196°	---	---	0.3	013°
3393	New Pass		27° 19.9'	82° 34.9'	-2 06	-2 48	-1 18	-1 25	1.2	0.8	---	---	1.6	046°	---	---	1.0	231°
3395	Golden Gate Point, off		27° 19.7'	82° 33.4'	-1 38	-1 57	-1 25	-1 19	0.3	0.2	---	---	0.4	344°	---	---	0.3	159°
3397	Longboat Pass		27° 26.5'	82° 41.4'	-2 32	-2 42	-1 51	-1 56	1.4	1.2	---	---	1.8	088°	---	---	1.6	267°
3399	Cortez, north of bridge		27° 28.2'	82° 41.6'	-1 47	-1 10	-0 25	-1 11	0.5	0.1	---	---	0.6	346°	---	---	0.1	162°
	TAMPA BAY																	
3401	Egmont Channel, marker '10'	15d	27° 36.03'	82° 52.06'	-2 04	-3 17	-2 22	-1 31	0.2	0.2	0.2	319°	0.5	018°	0.1	139°	0.3	259°
3403	Egmont Channel (3 mi. W of Egmont Key Lt.)		27° 36.5'	82° 49.1'	-0 30	-0 28	-0 30	-0 29	0.4	0.5	---	---	0.5	065°	0.1	032°	0.7	260°
3405	TAMPA BAY ENTRANCE (Egmont Channel)	15d	27° 36.26'	82° 45.62'	Daily predictions						0.1	357°	1.3	120°	---	---	1.3	298°
3407	Southwest Channel (S of Egmont Key)	15d	27° 33.70'	82° 46.04'	-0 46	-0 53	-0 40	-0 30	0.6	0.9	---	---	1.1	087°	---	---	1.2	269°
3409	Mullet Key Channel entrance		27° 36.27'	82° 43.43'	-0 03	-0 01	-0 23	+0 08	0.8	0.8	---	---	1.1	055°	---	---	1.1	255°
3411	Passage Key Inlet (off Bean Pt.)	15d	27° 32.36'	82° 44.86'	-1 29	-1 50	-1 13	-1 08	0.6	0.7	---	---	0.8	081°	---	---	0.9	247°
3413	Rattlesnake Key, 3.1 miles west of		27° 33.20'	82° 41.30'	+0 20	-0 05	-0 51	+0 04	0.3	0.4	---	---	0.4	065°	---	---	0.6	250°
3415	Rattlesnake Key, 1.1 miles northwest of	15d	27° 34.25'	82° 41.64'	-0 28	-0 34	-0 34	-0 09	0.2	0.1	---	---	0.3	035°	---	---	0.2	210°
3417	Mullet Key Channel, marker '24'		27° 36.50'	82° 38.63'	-0 14	-0 07	-0 06	-0 06	0.8	0.7	---	---	0.3	073°	---	---	1.0	255°
3419	Bunces Pass (West of Bayway bridge)		27° 38.82'	82° 44.37'	-0 47	-0 46	-1 07	-1 02	0.8	0.7	---	---	1.0	125°	---	---	1.0	315°
3421	Pine Key (Pinellas Bayway bridge)		27° 41.55'	82° 43.03'	-0 32	-0 29	-1 07	-1 00	0.3	0.6	---	---	0.4	100°	---	---	0.8	280°
3423	Cats Point (bridge west of)	15d	27° 42.50'	82° 43.48'	-1 27	-2 41	-2 12	-1 23	0.5	0.5	---	---	0.6	015°	---	---	0.7	150°
3425	SUNSHINE SKYWAY BRIDGE		27° 37.22'	82° 39.32'	Daily predictions						---	---	1.3	060°	---	---	1.1	235°
3427	Cut A & B, Channel Junction		27° 38.33'	82° 37.53'	+0 25	+0 07	+0 23	+0 46	0.8	0.7	---	---	1.0	045°	---	---	1.0	225°
3429	Joe Island, 1.8 miles northwest of		27° 36.75'	82° 37.50'	+0 03	-0 07	-0 24	-0 02	0.5	0.7	---	---	0.7	070°	---	---	0.9	245°
3431	Harbor Key, 1.3 miles west of		27° 36.67'	82° 35.67'	-0 50	-0 56	-1 06	-0 38	0.2	0.3	---	---	0.3	020°	---	---	0.4	160°
	Pinellas Point																	
3433	2 miles southwest of		27° 40.55'	82° 39.53'	Current weak and variable						---	---	---	---	---	---	---	---
3435	2.6 mile south of		27° 39.63'	82° 38.50'	-0 46	-0 23	-0 16	-0 34	0.6	0.7	---	---	0.8	030°	---	---	0.9	210°
3437	0.5 mile southeast of		27° 41.82'	82° 37.95'	-1 28	-1 19	-1 53	-0 57	0.2	0.2	---	---	0.3	045°	---	---	0.3	220°
3439	1.9 miles SE of		27° 41.08'	82° 36.58'	+0 29	-0 32	-0 06	+0 20	0.5	0.6	---	---	0.7	020°	---	---	0.8	180°
3441	3 miles southeast of		27° 40.38'	82° 35.58'	+0 29	+0 23	+0 20	+0 47	0.6	0.6	---	---	0.8	025°	---	---	0.8	200°
3443	Port Manatee Channel entrance	15d	27° 39.72'	82° 35.95'	-0 01	+0 08	+0 24	+0 23	0.6	0.6	---	---	0.8	033°	---	---	0.4	216°
3445	Port Manatee Channel, marker '4'	15d	27° 39.21'	82° 35.39'	-0 34	-0 11	-0 22	+0 01	0.2	0.3	---	---	0.4	056°	---	---	0.4	242°
3447	Piney Point, 0.6 mile NNW of		27° 39.22'	82° 33.73'	+0 12	-0 29	-0 45	+0 01	0.3	0.4	---	---	0.4	355°	---	---	0.5	215°
					on Old Tampa Bay Ent.,													
3449	Lewis Island, 0.9 mile east of	14	27° 43.47'	82° 36.58'	+0 03	-0 52	-0 47	-0 23	0.9	0.7	---	---	0.8	022°	---	---	0.7	143°
3451	Camp Key, 1.9 miles northwest of	15	27° 42.47'	82° 33.00'	+0 02	-0 27	-0 35	-0 27	0.7	0.5	---	---	0.6	036°	---	---	0.5	223°
3453	Shell Point, 1.1 miles west of		27° 43.28'	82° 30.22'	Current weak and variable						---	---	0.3	065°	---	---	0.3	235°
3455	Port of St. Petersburg approach, marker 'S'	12	27° 45.55'	82° 36.61'	Current weak and variable						0.1	274°	0.3	344°	0.1	277°	0.3	203°
3457	Snell Isle, 1.8 miles east of	14	27° 47.62'	82° 34.33'	+0 45	-0 03	-0 43	-0 12	0.3	0.4	---	---	0.3	353°	---	---	0.4	158°
3459	Ross Island, 1 mile east of marker '4'	15d	27° 59.90'	82° 34.20'	+0 34	+0 34	+0 07	+0 25	0.9	0.7	---	---	0.9	358°	---	---	0.9	179°
3461	OLD TAMPA BAY ENTRANCE (Port Tampa)	15	27° 51.80'	82° 33.22'	Daily predictions						0.1	297°	0.9	025°	---	---	0.9	211°
3463	Gandy Bridge, west channel	15d	27° 52.75'	82° 34.83'	+0 07	-0 46	-0 38	-0 38	1.0	0.9	---	---	0.9	000°	---	---	0.8	155°
3465	Gandy Bridge, east channel	6d	27° 53.17'	82° 33.08'	+0 31	-0 01	-0 15	+0 23	0.6	0.5	---	---	0.5	014°	---	---	0.8	166°
3467	W Howard Frankland Bridge	7	27° 55.55'	82° 35.17'	+0 18	+0 27	+0 03	+0 10	0.3	0.2	---	---	0.3	285°	---	---	0.2	138°
3469	Courtney Campbell Parkway	7	27° 58.08'	82° 37.45'	+0 36	+0 03	-0 20	+0 10	0.6	0.6	---	---	0.2	338°	---	---	0.2	138°
3471	Gadsden Pt. Cut-Cut G Channel junction	15d	27° 47.16'	82° 31.32'	Current weak and variable						---	---	0.2	030°	0.1	312°	0.2	241°
3473	Alafia River Ent., 1.2 miles west of		27° 50.97'	82° 25.28'	Current weak and variable						---	---	0.2	060°	---	---	0.2	215°

Endnotes can be found at the end of table 2.

TABLE 2. – CURRENT DIFFERENCES AND OTHER CONSTANTS

No.	PLACE	Meter Depth (ft)	POSITION Latitude North	POSITION Longitude West	TIME DIFFERENCES Min. before Flood (h m)	TIME DIFFERENCES Flood (h m)	TIME DIFFERENCES Min. before Ebb (h m)	TIME DIFFERENCES Ebb (h m)	SPEED RATIOS Flood	SPEED RATIOS Ebb	Minimum before Flood (knots)	Minimum before Flood (Dir.)	Maximum Flood (knots)	Maximum Flood (Dir.)	Minimum before Ebb (knots)	Minimum before Ebb (Dir.)	Maximum Ebb (knots)	Maximum Ebb (Dir.)
	BOCA CIEGA BAY and ST. JOSEPH SOUND Time meridian, 75°W																	
	on Tampa Bay Entrance,																	
3475	Pass-a-Grille Channel		27° 41.1'	82° 44.1'	-0 30	-0 43	-0 30	-0 17	0.9	1.0	--	--	1.2	357°	--	--	1.4	186°
3477	Bridge, 0.8 mi. south of Maximo Pt. <39>		27° 41.6'	82° 40.8'	-1 05	-1 22	-1 05	-0 50	0.9	1.0	--	--	1.2	078°	--	--	1.4	255°
3479	Gulfport, south of		27° 43.7'	82° 42.4'	Current weak and variable													
3481	Blind Pass (north end)		27° 45.4'	82° 45.7'	-1 20	-1 25	-1 20	-1 12	0.5	0.3	--	--	0.6	000°	--	--	0.4	180°
3483	Treasure Island Causeway		27° 46.2'	82° 45.3'	Current weak and variable													
	on Johns Pass Entrance,				*Daily predictions*													
3485	JOHNS PASS ENTRANCE	2d	27° 46.69'	82° 47.23'	+0 01	-0 05	-0 03	+0 02	0.9	0.9	--	--	0.4	053°	0.1	137°	1.1	222°
	do.	8d	27° 46.69'	82° 47.23'	-0 30	-0 08	+0 04	-0 27	2.3	1.4	--	--	0.4	051°	0.1	135°	0.9	223°
3487	Johns Pass Bridge, north span	3d	27° 47.00'	82° 46.93'	-0 37	-0 11	+0 09	-0 23	2.7	1.2	--	--	1.0	034°	--	--	1.5	209°
	do.	16d	27° 47.00'	82° 46.93'	-0 39	+0 11	+0 31	-0 32	3.3	0.7	--	--	1.1	039°	--	--	0.8	209°
3489	Johns Pass Bridge, 0.3nm north of	3d	27° 47.10'	82° 46.79'	-0 39	+0 09	+0 27	-0 33	2.8	0.6	0.1	135°	1.4	045°	--	--	0.8	228°
	do.	11d	27° 47.10'	82° 46.79'							0.1	322°	1.2	047°	--	--	0.7	235°
	on Tampa Bay Entrance,																	
3491	Treasure Island, 3.5 miles southwest of		27° 45.0'	82° 50.0'	-0 23	-0 25	-1 17	-0 54	0.5	0.1	--	--	0.6	180°	--	--	0.2	000°
3493	The Narrows (Indian Rocks Beach Bridge)		27° 52.6'	82° 51.0'	-2 24	-2 49	-2 18	-1 50	1.0	0.8	--	--	1.3	179°	--	--	1.1	348°
3495	Clearwater Pass, 0.2 mi. NE of Sand Key		27° 57.4'	82° 49.4'	--	--	--	--	--	--	--	--	0.4	018°	--	--	0.6	195°
3497	St. Joseph Sound, off		28° 05.0'	82° 55.0'	Current weak and variable													
	APALACHEE BAY																	
3499	St Marks River approach		30° 02.8'	84° 10.8'	-0 57	-0 46	-0 10	-0 08	0.5	0.4	--	--	0.6	339°	--	--	0.5	170°
3501	Four Mile Point, St. Marks River		30° 06.7'	84° 12.2'	-0 13	-0 14	+0 24	-0 26	0.3	0.3	--	--	0.4	358°	--	--	0.4	187°
3503	St. Marks, St. Marks River		30° 09.3'	84° 12.1'	+1 38	+1 10	-0 23	+0 23	0.2	0.3	--	--	0.3	067°	--	--	0.4	247°
	ST. ANDREW BAY Time meridian, 90°W																	
	on St. Andrew Bay Entrance,				*Daily predictions*													
3505	ST. ANDREW BAY ENTRANCE	18d	30° 07.31'	85° 43.78'	+0 45	+0 07	-0 14	-0 16	1.0	1.4	--	--	1.3	045°	--	--	1.6	225°
	do.	5d	30° 07.31'	85° 43.78'	-0 32	-0 09	+0 02	+0 00	0.8	0.8	--	--	1.2	044°	--	--	1.8	230°
	do.	31d	30° 07.31'	85° 43.78'	+2 10	+0 32	+0 03	+0 29	0.2	0.4	--	--	1.1	047°	--	--	1.3	221°
3507	Courtney Point, 0.75mi. SE of	7d	30° 08.32'	85° 41.95'	-0 47	+1 49	+1 31	+0 23	0.4	0.2	--	--	0.3	069°	--	--	0.6	210°
	do.	20d	30° 08.32'	85° 41.95'	-0 49	+2 07	+1 39	+0 20	0.3	0.2	--	--	0.4	065°	--	--	0.3	256°
	do.	30d	30° 08.32'	85° 41.95'	--	--	--	-0 04	--	0.4	--	--	0.4	068°	--	--	0.3	273°
	do.	4d	30° 08.32'	85° 41.95'	--	--	--	-1 05	--	0.2	--	--	--	--	--	--	0.7	174°
3509	Courtney Point, 0.4mi. ESE of	11d	30° 08.65'	85° 42.20'	Current weak and variable								--	--	--	--	0.4	190°
	do.	17d	30° 08.65'	85° 42.20'							--	--	0.2	101°	--	--	0.6	319°
	do.	5d	30° 08.65'	85° 42.20'							--	--	0.4	118°	--	--	0.4	310°
3511	Redfish Point	19d	30° 08.64'	85° 40.01'	+1 20	-0 02	-0 49	-0 17	0.2	0.4	--	--	0.4	129°	--	--	0.3	303°
	do.	32d	30° 08.64'	85° 40.01'	-1 03	-0 05	+0 36	-0 14	0.3	0.3	--	--	--	--	--	--	0.7	249°
	do.	3d	30° 08.64'	85° 40.01'	-1 11	+0 26	+1 04	-0 50	0.4	0.2	--	--	0.3	086°	--	--	0.5	245°
3513	Paper Mill	16d	30° 07.83'	85° 37.90'	+0 44	+0 28	-0 41	+0 58	0.3	0.4	--	--	--	--	--	--	0.6	319°
	do.	27d	30° 07.83'	85° 37.90'	-0 46	-0 20	+0 40	+1 08	0.3	0.3	--	--	0.3	086°	--	--	0.5	245°
3515	Bear Point, 0.6nm E of	14d	30° 09.86'	85° 42.81'	+2 59	+0 41	+1 13	+0 05	0.2	0.4	--	--	0.2	297°	--	--	0.6	120°
	do.	27d	30° 09.86'	85° 42.81'	-0 05	+0 44	+2 40	+0 41	0.4	0.2	--	--	0.5	312°	--	--	0.3	137°
3517	Long Point, West Bay	4d	30° 14.35'	85° 44.99'	+0 52	+0 04	+0 11	+0 31	0.5	0.2	--	--	0.6	334°	--	--	0.3	173°
	PENSACOLA BAY																	
	on Mobile Bay Entrance,																	
3519	Pensacola Bay entrance, midchannel		30° 20.1'	87° 18.0'	-1 13	-1 01	+0 06	-0 49	1.1	1.3	--	--	1.6	074°	--	--	1.8	256°

Endnotes can be found at the end of table 2.

TABLE 2. – CURRENT DIFFERENCES AND OTHER CONSTANTS

No.	PLACE	Meter Depth (ft)	Latitude North	Longitude West	Min. before Flood (h m)	Flood (h m)	Min. before Ebb (h m)	Ebb (h m)	Speed Ratios Flood	Speed Ratios Ebb	Min. before Flood (knots)	Dir.	Max. Flood (knots)	Dir.	Min. before Ebb (knots)	Dir.	Max. Ebb (knots)	Dir.
	MOBILE BAY Time meridian, 90°W				*on Mobile Bay Entrance,*													
3521	Main Ship Channel entrance		30° 09.2'	88° 03.2'	---	+0 20	+0 20	+1 16	0.4	0.7	---	---	0.7	344°	0.0	175°	1.0	182°
3523	MOBILE BAY ENTRANCE, off Mobile Point	11d	30° 13.62'	88° 02.07'	*Daily predictions*						0.1	285°	1.4	014°	0.1	282°	1.4	201°
	... do.	25d	30° 13.62'	88° 02.07'	-0 19	-0 01	+0 08	+0 01	0.8	0.7	0.1	285°	1.2	007°	0.1	280°	1.0	198°
	... do.	41d	30° 19.8'	88° 01.7'	-0 38	+0 01	+0 08	+0 16	0.6	0.5	0.2	279°	0.9	357°	---	---	0.8	205°
3525	Channel, 6 miles N of Mobile Point		30° 29.4'	88° 01.1'	-0 10	+0 46	+1 14	+1 09	0.4	0.4	---	---	0.6	032°	---	---	0.5	208°
3527	Great Point Clear, channel west of		30° 40.2'	88° 02.0'	*Current weak and variable*													
3529	Mobile River entrance		30° 40.9'	88° 00.7'	+5 11	+4 24	+2 32	+3 11	0.2	0.5	---	---	0.3	333°	---	---	0.7	151°
3531	Tensaw River entrance (bridge)				+1 39	+1 05	-1 12	+1 05	0.3	0.7	---	---	0.4	029°	---	---	1.0	222°
3533	Dauphin Island Causeway	7d	30° 17.36'	88° 07.72'	+0 44	+4 50	+1 50	+1 26	0.9	0.9	---	---	1.2	061°	---	---	1.2	242°
	MISSISSIPPI SOUND																	
3535	Petit Bois Island, Dauphin Island, between	5d	30° 13.31'	88° 22.25'	-3 31	-2 12	-2 06	-1 02	0.3	0.4	0.1	268°	0.4	349°	---	---	0.6	172°
3537	Horn Island Pass (LB 17)	12d	30° 12.90'	88° 30.65'	-2 04	+3 08	-1 09	-0 40	0.5	1.0	---	---	0.6	024°	---	---	1.4	228°
	... do.	25d	30° 12.90'	88° 30.65'	-2 49	+3 02	-0 20	-0 35	0.5	0.6	---	---	0.7	024°	---	---	0.9	222°
3539	Horn Island, Petit Bois Island, between	7d	30° 13.54'	88° 32.40'	-2 38	-1 23	-0 58	-0 36	0.4	0.5	---	---	0.6	048°	0.1	134°	0.7	172°
3541	Pascagoula River highway bridge <24>		30° 22.3'	88° 33.8'	---	+0 18	---	---	0.9	0.9	---	---	1.2	016°	---	---	1.2	201°
	Gulfport Ship Channel																	
3543	Ship Island, 1.0nm S of, (LB 22)	11d	30° 11.64'	88° 59.35'	-2 09	+3 28	+0 43	+0 56	0.2	0.3	---	---	0.3	308°	---	---	0.5	113°
3545	Ship Island, 0.5nm NW of, (LB 26)	15d	30° 12.96'	88° 59.68'	-0 05	+3 50	+2 05	+1 41	0.3	0.4	---	---	0.5	008°	---	---	0.5	141°
3547	Ship Island, 1.8nm NW of, (DM 32)	10d	30° 14.35'	89° 00.00'	+2 49	+5 04	+2 22	+2 29	0.3	0.4	---	---	0.4	029°	---	---	0.6	184°
	LOUISIANA COAST																	
3549	Quatre Bayoux Pass, Barataria Bay		29° 18.6'	89° 51.1'	+1 12	+0 34	+0 31	+0 32	0.9	0.9	---	---	1.2	288°	---	---	1.3	103°
3551	Pass Abel, Barataria Bay		29° 17.7'	89° 54.2'	+0 28	+0 30	+0 01	+0 23	0.6	1.1	---	---	0.9	317°	---	---	1.6	143°
3553	Barataria Pass, Barataria Bay		29° 16.3'	89° 56.9'	+2 04	+0 53	+0 49	+0 45	1.1	0.9	---	---	1.5	315°	---	---	1.3	120°
3555	Barataria Bay, 1.1 mi. NE of Manilla		29° 26.2'	89° 57.6'	+4 16	+3 05	+2 58	+4 38	0.3	0.3	---	---	0.4	356°	---	---	0.5	160°
3557	Caminada Pass, Barataria Bay		29° 11.9'	90° 02.8'	+1 19	+1 57	+0 44	+1 04	1.1	1.1	---	---	1.5	297°	---	---	1.5	118°
3559	Seabrook Bridge, New Orleans <1>		30° 01.9'	90° 02.1'	---	-2 54	---	-4 02	0.9	0.6	---	---	1.2	350°	---	---	0.9	170°
					on Galveston Bay Entrance, p.172													
3561	Cat Island Pass, Terrebonne Bay	6	29° 04.8'	90° 34.4'	-2 32	-1 57	-1 05	-2 59	0.8	1.2	---	---	1.1	013°	---	---	1.5	195°
3563	Wine Island Pass		29° 04.2'	90° 38.0'	-4 33	-5 03	-3 38	-4 17	1.2	1.5	---	---	1.7	325°	---	---	1.9	160°
3565	Caillou Boca, Caillou Bay	4	29° 03.5'	90° 48.5'	-0 33	-0 41	+2 59	-0 05	0.9	0.6	---	---	1.3	095°	---	---	0.7	264°
3567	Calcasieu Pass, Cameron Fishing Pier	6d	29° 45.85'	93° 20.58'	*Daily predictions*						---	---	1.5	356°	---	---	1.8	175°
3569	Calcasieu Pass, 35 miles south of		29° 10.15'	93° 19.23'	*Current weak and variable*													
3571	Calcasieu Pass, 67 miles south of <41>		28° 39.80'	93° 19.95'	*Current weak and variable*													
	TEXAS																	
	Sabine Pass				*on Sabine Pass,*													
3573	Texas Point, 1.7 miles SSE of	4d	29° 39.0'	93° 49.6'	+0 33	-0 08	-0 50	-0 17	1.0	1.6	---	---	1.1	335°	---	---	1.6	145°
3575	SABINE PASS, USCG STATION	3d	29° 43.72'	93° 52.20'	*Daily predictions*						---	---	1.1	321°	---	---	1.0	143°
3577	Sabine Front Range	13	29° 45.48'	93° 53.41'	+0 19	+0 10	+0 36	+0 26	1.2	1.2	---	---	1.3	335°	0.1	248°	1.2	166°
3579	Rainbow Bridge, Sabine Lake		29° 58.78'	93° 52.29'	+1 14	+2 01	+4 40	+2 40	0.7	0.6	---	---	0.8	285°	---	---	0.7	108°
					on Galveston Bay Entrance, p.180													
3581	GALVESTON BAY ENT. (between jetties)	15d	29° 20.92'	94° 42.85'	*Daily predictions*						---	---	1.4	277°	0.1	004°	1.2	088°
	... do.	5d	29° 20.92'	94° 42.85'	+0 17	+0 15	+0 02	+0 05	1.0	1.1	0.1	179°	1.4	272°	---	---	1.3	091°
	... do.	34d	29° 20.92'	94° 42.85'	-0 18	-0 01	-0 03	-0 13	0.8	0.9	0.1	188°	1.1	274°	---	---	1.1	094°

Endnotes can be found at the end of table 2.

TABLE 2. – CURRENT DIFFERENCES AND OTHER CONSTANTS

Reference-station notes appearing in the TIME DIFFERENCES section: **on Bolivar Roads,** (Galveston Bay group); **on Galveston Bay Entrance,** (Matagorda); **on Aransas Pass,** (Aransas group); **on Vieques Passage,** (Puerto Rico – Vieques group).

No.	Place	Lat. North	Long. West	Meter Depth (ft)	T.D. Min. before Flood	T.D. Flood	T.D. Min. before Ebb	T.D. Ebb	Speed Ratio Flood	Speed Ratio Ebb	Min. before Flood (knots)	(Dir.)	Max. Flood (knots)	(Dir.)	Min. before Ebb (knots)	(Dir.)	Max. Ebb (knots)	(Dir.)
	GALVESTON BAY — Time meridian, 90°W																	
3583	Galveston Bay Entr. Channel, LB11	29° 20.55'	94° 44.46'	13	+0 04	-0 02	+0 37	+0 24	0.8	1.0	0.1	000°	1.3	282°	0.1	359°	1.3	077°
3585	BOLIVAR ROADS	29° 20.55'	94° 44.46'	26	-0 25	-0 13	-0 34	-0 44	0.8	0.9	0.1	346°	1.3	267°	0.1	344°	1.2	065°
	do.	29° 20.60'	94° 46.88'	14d	+0 09	+0 07	-0 16	-0 01	1.0	1.1	0.1	210°	1.6	296°	0.1	210°	1.3	123°
	do.	29° 20.60'	94° 46.88'	8d	Daily predictions				–	–	0.1	213°	1.6	295°	–	–	1.5	125°
	do.	29° 20.60'	94° 46.88'	31d	-0 32	-0 11	+0 17	-0 08	0.7	1.2	–	–	1.2	306°	0.1	033°	1.0	115°
3587	Quarantine Station, 0.3 mile S of <24>	29° 19.8'	94° 46.7'	16d	-0 30	+2 16	-2 30	-1 53	1.0	0.6	–	–	1.1	196°	–	–	0.8	009°
3589	Galveston Channel, west end <24>	29° 18.6'	94° 49.2'	3d	-0 12	-0 54	-3 49	-1 11	0.4	0.8	–	–	1.6	272°	0.1	182°	1.6	103°
3591	Galveston Causeway RR. bridge	29° 17.85'	94° 53.15'	14d	-0 05	-0 22	-2 14	-1 21	1.1	1.0	–	–	0.6	266°	0.1	052°	1.1	099°
3593	Houston Channel, W of Port Bolivar	29° 21.88'	94° 47.80'	26d	-0 03	-0 18	-2 15	-1 41	1.0	0.9	–	–	1.7	313°	–	–	1.3	135°
	do.	29° 21.88'	94° 47.80'	7d	-0 06	-0 14	-2 12	-1 55	0.9	0.8	–	–	1.5	312°	–	–	1.2	133°
	do.	29° 21.88'	94° 47.80'	14d	+0 41	+1 28	+1 13	-1 41	0.7	0.5	0.1	069°	1.4	312°	–	–	1.0	133°
3595	Houston Ship Channel (Red Fish Bar)	29° 30.44'	94° 52.48'	24d	+0 45	+1 15	+1 17	+0 50	0.5	0.7	0.1	064°	0.7	341°	–	–	0.9	154°
	do.	29° 30.44'	94° 52.48'	6d	+0 48	+1 43	+1 20	+1 10	0.5	0.5	0.1	065°	1.0	331°	–	–	0.7	148°
3597	Morgans Point	29° 40.79'	94° 58.90'	15d	+2 15	+1 23	-0 50	+1 42	0.3	0.5	–	–	0.8	323°	–	–	0.7	144°
	do.	29° 40.79'	94° 58.90'	25d	+1 44	+0 58	-1 02	+1 16	0.3	0.4	–	–	0.5	336°	–	–	0.5	163°
	do.	29° 40.79'	94° 58.90'	–	+0 47	–	–	+1 11	0.2	0.3	–	–	0.4	340°	–	–	0.4	160°
	TEXAS COAST																	
3599	Matagorda Channel (entrance jetty)	28° 25.3'	96° 19.4'	15	-0 40	-0 27	-1 14	-1 25	1.4	1.5	–	–	2.0	317°	–	–	1.9	142°
3601	ARANSAS PASS	27° 50.03'	97° 02.65'	35d	+0 00	+0 00	+0 00	+0 00	1.1	1.5	–	–	1.6	300°	–	–	1.5	118°
	do.	27° 50.03'	97° 02.65'	15d	+0 00	+0 00	+0 00	+0 00	0.9	0.8	–	–	1.9	300°	–	–	2.0	118°
3603	Port Ingleside	27° 48.90'	97° 13.80'	50d	+0 24	+1 48	+2 11	+1 09	0.7	0.5	–	–	1.0	300°	–	–	–	118°
3605	Sabine Bank <46>	29° 18.20'	94° 00.20'	5d	–	–	–	–	–	–	–	–	0.7	286°	–	–	0.5	102°
3607	Heald Bank, 28 miles SSE of <46>	28° 40.17'	93° 59.60'	–	–	–	–	–	–	–	–	–	–	–	–	–	–	–
	PUERTO RICO — Time meridian, 60°W																	
3609	Las Mareas	17° 55.41'	66° 09.70'	–	-0 26	-0 52	-0 04	-0 35	1.7	1.3	–	–	0.3	256°	–	–	0.4	095°
3611	Punta Ostiones, 1.5 miles west of	18° 05.2'	67° 13.6'	–	–	–	–	-1 05	–	–	–	–	1.0	187°	–	–	0.9	001°
3613	VIEQUES PASSAGE	18° 11.3'	65° 37.1'	–	Daily predictions				–	–	–	–	0.6	250°	–	–	0.7	057°
3615	Vieques Sound	18° 15.87'	65° 34.20'	–	-0 44	-1 16	-1 28	-1 08	0.7	0.9	–	–	0.4	180°	–	–	0.6	355°
3617	Largo Shoals, west of	18° 19'	65° 35'	–	-0 52	-1 28	-1 33	-0 44	0.7	1.0	–	–	0.2	186°	–	–	0.7	330°
3619	Ramos Cay, 0.3 mile SE of <1>	18° 18.6'	65° 36.4'	–	–	-0 42	–	-0 48	0.3	0.1	–	–	–	120°	–	–	0.1	284°
3621	Palominos Island, 0.9 mile SW of <13>	18° 20.1'	65° 34.8'	–	–	–	–	-1 45	0.5	1.6	–	–	0.3	162°	–	–	0.5	307°
3623	Fajardo Harbor (channel)	18° 20'	65° 37'	–	-1 13	-1 52	-2 27	-2 06	–	1.0	–	–	–	–	–	–	1.1	339°
3625	Isla Marina, 0.2 mile west of <1> <13>	18° 20.50'	65° 37.38'	–	–	–	–	-1 33	–	0.4	–	–	–	–	–	–	0.7	335°
3627	Coronala Laja, 0.4 mile NW of <1> <13>	18° 21.6'	65° 37.3'	–	–	–	–	-1 15	–	1.7	–	–	–	–	–	–	0.3	000°
3629	Pasaje de San Juan <1> <13>	18° 23.9'	65° 36.9'	–	–	–	–	–	–	–	–	–	–	–	–	–	1.2	310°
3631	Bahia de San Juan	18° 27.23'	66° 06.6'	–	Current weak and variable				–	–	–	–	–	–	–	–	–	–
3633	Bahia de San Juan entrance <42>	18° 28.3'	66° 07.6'	–	Current weak and variable				–	–	–	–	–	–	–	–	–	–

Endnotes can be found at the end of table 2.

ENDNOTES

<1> The times of minimum before flood and minimum before ebb are indefinite.

< 2> Current speeds up to 9.0 knots have been observed in the vicinity of the Boilers.

< 6> Current is variable; current speeds are usually less than 1 knot. Currents are strong in the entrance to Menemsha Pond.

< 7> In the open waters of Buzzards Bay, except in the entrance and off Penikese Island and West Island, the current is too weak and variable to be predicted.

< 8> The currents in Narragansett Bay have a pronounced irregularity which is evidenced at times during the month by a long period of approximate slack water preceding the flood, and at other times by a double flood of two distinct maximums of speed separated by a period of lesser speed. These peculiarities appear to be somewhat unstable, consequently, flood currents differing from those predicted should be expected. The ebb current is fairly regular and the predictions for maximum ebb will usually agree closely with the current encountered.

< 9> At minimum flood, current sometimes ebbs for a short period.

<10> At minimum flood, current frequently ebbs for a short period.

<11> Flood is too weak to be predicted. Time difference gives mid-point of 4 hour stand of weak and variable current and time of maximum ebb.

<13> Current seldom floods.

<16> For maximum southward current only, the gates of the lock being closed to prevent northward flow. Apply difference and ratio to maximum ebb at The Narrows.

<17> Spring freshwater flow tends to decrease flood speeds and increase ebb speeds by approximately 0.25knots. This also has the effect of delaying the slack before flood and advancing the slack before ebb by 15 to 45 minutes.

<19> Current always ebbs. Ebb speeds vary depending on freshwater flow and average 1.5 knots in the spring and 0.5 knots in the fall.

<20> Current is rotary, turning clockwise. It flows northwest at times of "minimum before flood" at The Narrows; northeast 1 hour after maximum flood; southeast 1 1/2 hours after "minimum before ebb"; and southwest 2 hours after maximum ebb.

<21> Current is rotary, turning clockwise. Minimum current of 0.2 knot sets west about the time of "minimum before flood" at The Narrows. Minimum current of 0.2 knot sets ENE about the time of "minimum before ebb" at The Narrows.

<22> In Sandy Hook Bay (except in southern extremity) the current is weak.

<24> The times of minimum before flood and ebb are variable.

<25> Current usually ebbs during the period 3 hours before to 3 hours after maximum ebb. Flood is weak and variable.

<26> Station is east of channel. Velocities in mid-channel are approximately 40% greater.

<27> Flood is usually weak and of short duration. A weak ebb or flood current occurs about 6 hours after maximum flood at Delaware Bay Entrance.

<29> Current tends to rotate clockwise. At times of "minimum before flood" there may be a weak current flowing WSW while at times of "minimum before ebb" there may be a weak current flowing ENE.

<30> Current tends to rotate clockwise. At times of "minimum before flood" there may be a weak current flowing southwest, while at times of "minimum before ebb" there may be a weak current flowing north.

<31> Flood usually flows northward, however, direction is variable.

<32> Flood is variable, current sometimes changes to ebb for a short time during the flood period.

<33> Due to changes in the waterway, average speed values given are probably too large.

<34> Flood usually occurs in a southerly direction and the ebb in a northeastwardly direction.

<35> Flood is weak and variable.

<37> For greater ebb only.

<39> For greater ebb. Lesser ebb is almost equal to greater ebb.

ENDNOTES

<41> Current is weak and variable. Current is somewhat rotary turning clockwise.

<42> Current is normally weak and variable, but winds may cause heavy swells.

<43> Minimum ebb is extremely weak, possibly flooding for a short period.

<44> Every other ebb phase exhibits a double ebb pattern. For single ebb phases use time differences and speed ratios of the first ebb.

<45> Ebb is weak and variable.

<46> Current is somewhat rotary, speed seldom exceeds 0.3 knot.

<47> Flood is weak and variable with speeds less than or equal to 0.2 knot. Minimums are indefinite.

<49> During period observed, the current flow was nearly continuous in a southwesterly direction with an average speed of about 0.4 knot.

<51> Observations were made in the summer months when the freshwater discharge was at a minimum. Periods of heavier discharge will increase ebb current speeds and decrease flood current speeds.

<52> Observations were made in the spring during period of heavy freshwater discharge. Periods of lesser discharge will decrease ebb current speeds and increase flood current speeds.

<53> Observations at this location showed long periods of minimum currents and short durations of flood and ebb currents.

<54> Turbulence with hazardous current speeds of 6 to 7 knots have been reported near the bridges in the canal. Extreme caution should be exercised.

<55> The time of minimum before flood is indefinite.

<58> It has been reported that under conditions of extreme river discharge, the currents can reach 7 or 8 knots. Caution should be exercised when docking and undocking vessels.

<59> Flood currents are defined as flowing out of Buzzards Bay into Vineyard Sound.

<62> Short term observational data taken by United States Power Squadrons (USPS) as part of the NOS/USPS Tidal Current Predictions Quality Assurance Program has shown that predictions at this location are accurate.

<63> Short term observational data taken by United States Power Squadrons (USPS) as part of the NOS/USPS Tidal Current Predictions Quality Assurance Program have shown predictions at these locations to be inaccurate.

- Observed speeds at "Little Creek" were approximately twice the predicted values.

- Observations at "Newport News Channel, west end" showed both time and speed of the currents were altered by the Monitor-Merrimac Tunnel. Predictions should be used with caution.

- Observations at "Lake Worth Inlet" showed that maximum currents occurred up to 2 hours earlier than predicted, and speeds were decreased by at least 25%.

- Observations at "Fort Pierce Inlet" showed that maximum currents occurred up to 1 hours earlier than predicted, and speeds were decreased by at least 25%.

CAUTION—During the first 2 hours of flood in the channel north of Governers Island, the current in the Hudson River is still ebbing while during the first 1 1/2 hours of ebb in this channel, the current in the Hudson River is still flooding. At such times, special care must be taken by large ships in navigating this channel.

<64> At times of slack before flood there is a non-tidal current flowing NE at speeds of approximately 0.5 knots.

TABLE 3.—SPEED OF CURRENT AT ANY TIME

EXPLANATION

Though the predictions in this publication give only the slacks and maximum currents, the speed of the current at any intermediate time can be obtained approximately by the use of this table. Directions for its use are given below the table.

Before using the table for a place listed in Table 2, the predictions for the day in question should be first obtained by means of the differences and ratios given in Table 2.

The examples below follow the numbered steps in the directions.

Example 1.—Find the speed of the current in The Race at 6:00 on a day when the predictions which immediately precede and follow 6:00 are as follows:

(1)

Slack Water Time	Maximum (Flood) Time	Speed
4:18	7:36	3.2 knots

Directions under the table indicate Table A is to be used for this station.

(2) Interval between slack and maximum flood is 7:36 − 4:18 = 3^h18^m. Column heading nearest to 3^h18^m is 3^h20^m.

(3) Interval between slack and time desired is 6:00 − 4:18 = 1^h42^m. Line labeled 1^h40^m is nearest to 1^h42^m.

(4) Factor in column 3^h20^m and on line 1^h40^m is 0.7. The above flood speed of 3.2 knots multiplied by 0.7 gives a flood speed of 2.24 knots (or 2.2 knots, since one decimal is sufficient) for the time desired.

Example 2.—Find the speed of the current in the Harlem River at Broadway Bridge at 16:30 on a day when the predictions (obtained using the difference and ratio in table 2) which immediately precede and follow 16:30 are as follows:

(1)

Maximum (Ebb) Time	Speed	Slack Water Time
13:49	2.5 knots	17:25

Directions under the table indicate Table B is to be used, since this station in Table 2 is referred to Hell Gate.

(2) Interval between slack and maximum ebb is 17:25 − 13:49 = 3^h36^m. Hence, use column headed 3^h40^m.

(3) Interval between slack and time desired is 17:25 − 16:30 = 0^h55^m. Hence, use line labeled 1^h00^m.

(4) Factor in column 3^h40^m and on line 1^h00^m is 0.5. The above ebb speed of 2.5 knots multiplied by 0.5 gives an ebb speed of 1.2 knots for the desired time.

When the interval between slack and maximum current is greater than 5^h40^m, enter the table with one-half the interval between slack and maximum current and one-half the interval between slack and the desired time and use the factor thus found.

TABLE 3.—SPEED OF CURRENT AT ANY TIME

TABLE A

Interval between slack and desired time	Interval between slack and maximum current													
h. m.	h. m. 1 20	h. m. 1 40	h. m. 2 00	h. m. 2 20	h. m. 2 40	h. m. 3 00	h. m. 3 20	h.m. 3 40	h.m. 4 00	h.m. 4 20	h.m. 4 40	h.m. 5 00	h.m. 5 20	h.m. 5 40
	knots	knots	knots	knots	knots	knots	knots	knots	knots	knots	knots	knots	knots	knots
0 20	0.4	0.3	0.3	0.2	0.2	0.2	0.2	0.1	0.1	0.1	0.1	0.1	0.1	0.1
0 40	0.7	0.6	0.5	0.4	0.4	0.3	0.3	0.3	0.3	0.2	0.2	0.2	0.2	0.2
1 00	0.9	0.8	0.7	0.6	0.6	0.5	0.5	0.4	0.4	0.4	0.3	0.3	0.3	0.3
1 20	1.0	1.0	0.9	0.8	0.7	0.6	0.6	0.5	0.5	0.5	0.4	0.4	0.4	0.4
1 40	- - - -	1.0	1.0	0.9	0.8	0.8	0.7	0.7	0.6	0.6	0.5	0.5	0.5	0.4
2 00	- - - -	- - - -	1.0	1.0	0.9	0.9	0.8	0.8	0.7	0.7	0.6	0.6	0.6	0.5
2 20	- - - -	- - - -	- - - -	1.0	1.0	0.9	0.9	0.8	0.8	0.7	0.7	0.7	0.6	0.6
2 40	- - - -	- - - -	- - - -	- - - -	1.0	1.0	1.0	0.9	0.9	0.8	0.8	0.7	0.7	0.7
3 00	- - - -	- - - -	- - - -	- - - -	- - - -	1.0	1.0	1.0	0.9	0.9	0.8	0.8	0.8	0.7
3 20	- - - -	- - - -	- - - -	- - - -	- - - -	- - - -	1.0	1.0	1.0	0.9	0.9	0.9	0.8	0.8
3 40	- - - -	- - - -	- - - -	- - - -	- - - -	- - - -	- - - -	1.0	1.0	1.0	0.9	0.9	0.9	0.9
4 00	- - - -	- - - -	- - - -	- - - -	- - - -	- - - -	- - - -	- - - -	1.0	1.0	1.0	1.0	0.9	0.9
4 20	- - - -	- - - -	- - - -	- - - -	- - - -	- - - -	- - - -	- - - -	- - - -	1.0	1.0	1.0	1.0	0.9
4 40	- - - -	- - - -	- - - -	- - - -	- - - -	- - - -	- - - -	- - - -	- - - -	- - - -	1.0	1.0	1.0	1.0
5 00	- - - -	- - - -	- - - -	- - - -	- - - -	- - - -	- - - -	- - - -	- - - -	- - - -	- - - -	1.0	1.0	1.0
5 20	- - - -	- - - -	- - - -	- - - -	- - - -	- - - -	- - - -	- - - -	- - - -	- - - -	- - - -	- - - -	1.0	1.0
5 40	- - - -	- - - -	- - - -	- - - -	- - - -	- - - -	- - - -	- - - -	- - - -	- - - -	- - - -	- - - -	- - - -	1.0

TABLE B

Interval between slack and desired time	Interval between slack and maximum current													
h. m.	h. m. 1 20	h. m. 1 40	h. m. 2 00	h. m. 2 20	h. m. 2 40	h. m. 3 00	h. m. 3 20	h. m. 3 40	h. m. 4 00	h. m. 4 20	h. m. 4 40	h. m. 5 00	h. m. 5 20	h. m. 5 40
	knots	knots	knots	knots	knots	knots	knots	knots	knots	knots	knots	knots	knots	knots
0 20	0.5	0.4	0.4	0.3	0.3	0.3	0.3	0.3	0.2	0.2	0.2	0.2	0.2	0.2
0 40	0.8	0.7	0.6	0.5	0.5	0.5	0.4	0.4	0.4	0.4	0.3	0.3	0.3	0.3
1 00	0.9	0.8	0.8	0.7	0.7	0.6	0.6	0.5	0.5	0.5	0.4	0.4	0.4	0.4
1 20	1.0	1.0	0.9	0.8	0.8	0.7	0.7	0.6	0.6	0.6	0.5	0.5	0.5	0.5
1 40	- - - -	1.0	1.0	0.9	0.9	0.8	0.8	0.7	0.7	0.7	0.6	0.6	0.6	0.6
2 00	- - - -	- - - -	1.0	1.0	0.9	0.9	0.9	0.8	0.8	0.7	0.7	0.7	0.7	0.6
2 20	- - - -	- - - -	- - - -	1.0	1.0	1.0	0.9	0.9	0.8	0.8	0.8	0.7	0.7	0.7
2 40	- - - -	- - - -	- - - -	- - - -	1.0	1.0	1.0	0.9	0.9	0.9	0.8	0.8	0.8	0.7
3 00	- - - -	- - - -	- - - -	- - - -	- - - -	1.0	1.0	1.0	0.9	0.9	0.9	0.9	0.8	0.8
3 20	- - - -	- - - -	- - - -	- - - -	- - - -	- - - -	1.0	1.0	1.0	1.0	0.9	0.9	0.9	0.9
3 40	- - - -	- - - -	- - - -	- - - -	- - - -	- - - -	- - - -	1.0	1.0	1.0	1.0	0.9	0.9	0.9
4 00	- - - -	- - - -	- - - -	- - - -	- - - -	- - - -	- - - -	- - - -	1.0	1.0	1.0	1.0	0.9	0.9
4 20	- - - -	- - - -	- - - -	- - - -	- - - -	- - - -	- - - -	- - - -	- - - -	1.0	1.0	1.0	1.0	0.9
4 40	- - - -	- - - -	- - - -	- - - -	- - - -	- - - -	- - - -	- - - -	- - - -	- - - -	1.0	1.0	1.0	1.0
5 00	- - - -	- - - -	- - - -	- - - -	- - - -	- - - -	- - - -	- - - -	- - - -	- - - -	- - - -	1.0	1.0	1.0
5 20	- - - -	- - - -	- - - -	- - - -	- - - -	- - - -	- - - -	- - - -	- - - -	- - - -	- - - -	- - - -	1.0	1.0
5 40	- - - -	- - - -	- - - -	- - - -	- - - -	- - - -	- - - -	- - - -	- - - -	- - - -	- - - -	- - - -	- - - -	1.0

Use Table A for all places except those listed below for Table B.
Use Table B for Cape Code Canal, Hell Gate, Chesapeake and Delaware Canal, and all stations in table 2 which are referred to them.

1. From predictions find the time of slack water and the time and velocity of maximum current (flood or ebb), one of which is immediately before and the other after the time for which the velocity is desired.
2. Find the interval of time between the above slack and maximum current, and enter the top of Table A or B with the interval which most nearly agrees with this value.
3. Find the interval of time between the above slack and the time desired, and enter the side of Table A or B with the interval which most nearly agrees with this value.
4. Find, in the Table, the factor corresponding to the above two intervals, and multiply the maximum velocity by this factor. The result will be the approximate velocity at the time desired.

276

TABLE 4.—DURATION OF SLACK

The predicted times of slack water given in this publication indicate the instant of zero speed, which is only momentary. There is a period on each side of the slack water, however, during which the current is so weak that for practical purposes it may be considered negligible.

The following tables give, for various maximum currents, the approximate period of time during which weak currents not exceeding 0.1 to 0.5 knot will be encountered. This duration includes the last of the flood or ebb and the beginning of the following ebb or flood, that is, half of the duration will be before and half after the time of slack water.

Table A should be used for all places except those listed below for Table B.

Table B should be used for Cape Cod Canal, Hell Gate, Chesapeake and Delaware Canal, and all stations in Table 2 which are referred to them.

Duration of weak current near time of slack water

Maximum current	Period with a speed not more than -				
	0.1 knot	0.2 knot	0.3 knot	0.4 knot	0.5 knot
Knots	Minutes	Minutes	Minutes	Minutes	Minutes
1.0	23	46	70	94	120
1.5	15	31	46	62	78
2.0	11	23	35	46	58
3.0	8	15	23	31	38
4.0	6	11	17	23	29
5.0	5	9	14	18	23
6.0	4	8	11	15	19
7.0	3	7	10	13	16
8.0	3	6	9	11	14
9.0	3	5	8	10	13
10.0	2	5	7	9	11

TABLE B

Maximum current	Period with a speed not more than -				
	0.1 knot	0.2 knot	0.3 knot	0.4 knot	0.5 knot
Knots	Minutes	Minutes	Minutes	Minutes	Minutes
1.0	13	28	46	66	89
1.5	8	18	28	39	52
2.0	6	13	20	28	36
3.0	4	8	13	18	22
4.0	3	6	9	13	17
5.0	3	5	8	10	13
6.0	2	4	6	8	11
7.0	2	4	5	7	9
8.0	2	3	5	6	8

When there is a difference between the speeds of the maximum flood and ebb preceding and following the slack for which the duration is desired, it will be sufficiently accurate for practical purposes to find a separate duration for each maximum speed and take the average of the two as the duration of the weak current.

TABLE 5.—ROTARY TIDAL CURRENTS

EXPLANATION

Offshore and in some of the wider indentations of the coast, the tidal current is quite different from that found in the more protected bays and rivers. In these inside waters the tidal current is of the reversing type. The current sets in one direction for a period of 6 hours after which is ceases to flow momentarily and then sets in the opposite direction during the following 6 hours. The offshore tidal current, not being confined to a definite channel, changes its direction continually and never slows to a true slack water. Thus in a tidal cycle of 12 ½ hours it will have set in all directions of the compass. This type of current is referred to as a rotary current.

A characteristic feature of the rotary current is the absence of slack water. Although the current generally varies from hour to hour, this variation from greatest current to least current and back again to greatest does not give rise to a period of slack water. When the speed of the rotary tidal current is least, it is known as the minimum current, and when it is greatest it is known as the maximum current. The minimum and maximum speeds of the rotary current are related to each other in the same way as slack and strength of current. A minimum speed of the current follows a maximum speed by an interval of approximately 3 hours and followed in turn by another maximum after a further interval of 3 hours.

The following table provides the direction and speed of the rotary current for each hour at a number of offshore stations. The times and speeds are referred to predictions for a reference station in Table 1. All times are in local standard time for the secondary station.

The speeds given in the table are the average speeds for the station. The Moon when new, full, or at perigee tends to increase the speeds 15 to 20 percent above average. When perigee occurs at or near the time of new or full Moon, the current speeds will be 30 to 40 percent above average. The Moon when at first and third quarter or at apogee tend to decrease the current speeds below average by 15 to 20 percent. When apogee occurs at or near the first or third quarter Moon, the currents will be 30 to 40 percent below average. The speeds will be about average when apogee occurs at or near the time of the new or full Moon and also when perigee occurs at or near the first or third quarter Moon. (See table of astronomical data for dates of Moon phases and other data.)

The direction of the current is given in degrees, true, reading clockwise from 0° at north, and is the direction toward which the water is flowing.

The speeds and directions are for tidal current only and do not include the effect of the wind. When a wind is blowing, a wind-driven current will be set up as is superimposed on the normal tidal current. The actual current encountered will thus be a combination of the wind-driven current and the tidal current. See the chapters on "Wind-Driven Currents" and "The Combination of Currents".

As an example, in the following table the current at Nantucket Shoals is given for each hour after maximum flood at Pollock Rip Channel. Suppose it is desired to find the direction and speed of the current at Nantucket Shoals at 3:15 p.m. (15:15) on a day when the maximum flood at Pollock Rip Channel is predicted in Table 1 to occur at 13:20. The desired time is therefore 2 hours after the maximum flood at Pollock Rip Channel. From the table the tidal current at Nantucket Shoals at 2 hours is setting 015E true with an average speed of 0.8 knots. If this day is near the time of new Moon and about half way between apogee and perigee, then the distance effect of the moon will be nil and the phase effect alone will increase the speed by about 15 percent, to 0.9 knots.

Caution - Speeds from 1 ½ to 3 knots have been observed at most of the stations in this table. Near Diamond Shoal Light a speed of 4 knots has occurred.

At some offshore stations, such as those near the entrance to Chesapeake Bay, the tidal current is directed alternately toward and away from the bay entrance with intervening periods of slack water. At these stations the current is essentially a reversing current. For such places, differences for predicting the current are given in Table 2.

TABLE 5.—ROTARY TIDAL CURRENTS

Hourly time increments

Station Name	Depth		0	1	2	3	4	5	6	7	8	9	10	11
			after Maximum Flood at BAY OF FUNDY ENTRANCE											
			(Add time increment to the time of maximum flood, then subtract 1 hour to correct to standard time at the subordinate station.)											
Horse Head Island, 0.2nm ENE of	14	knots	0.13	0.19	0.20	0.17	0.16	0.18	0.20	0.15	0.12	0.19	0.23	0.21
		degrees	106	298	340	133	198	184	174	121	084	054	036	083
Pickering Island, north of	14	knots	0.23	0.20	0.21	0.31	0.29	0.27	0.22	0.23	0.24	0.20	0.24	0.24
		degrees	296	278	281	283	256	254	237	200	198	171	088	087
Swains Ledge, WSW of	14	knots	0.39	0.36	0.39	0.35	0.29	0.30	0.38	0.36	0.37	0.27	0.27	0.24
		degrees	029	040	313	296	275	141	163	171	172	034	038	035
Isleboro Harbor, Penobscot Bay	14	knots	0.30	0.29	0.22	0.32	0.31	0.32	0.43	0.42	0.25	0.24	0.25	0.20
		degrees	342	348	336	348	210	205	188	177	139	090	069	063
Mark Island, 0.3 nm North of	14	knots	0.33	0.19	0.17	0.18	0.28	0.23	0.20	0.21	0.23	0.25	0.28	0.32
		degrees	044	088	171	244	235	204	329	294	308	312	022	037
			After Maximum Flood at BUCKSPORT											
Islesboro Ledge, PEB0612 Bin 8	51	knots	0.24	0.12	0.04	0.19	0.32	0.37	0.34	0.26	0.13	0.06	0.18	0.26
		degrees	035	037	116	203	204	196	182	168	155	074	040	039
Islesboro Ledge, PEB0612 Bin 13	18.5	knots	0.17	0.08	0.06	0.14	0.28	0.43	0.48	0.46	0.37	0.21	0.06	0.17
		degrees	013	354	276	215	192	183	189	205	216	223	287	002
			After Minimum Before Flood at BOSTON HARBOR											
Ram Island, 0.2nm NNE of	10	knots	0.03	0.23	0.23	0.25	0.32	0.33	0.31	0.29	0.27	0.28	0.26	0.23
		degrees	265	265	270	282	319	333	357	067	070	073	076	073
Ram Island, 0.2nm southeast of	10	knots	0.30	0.45	0.46	0.50	0.51	0.50	0.51	0.49	0.48	0.49	0.46	0.40
		degrees	210	258	248	262	280	340	009	049	068	074	082	090
Great Pig Rocks, southeast of	10	knots	0.29	0.30	0.32	0.34	0.37	0.35	0.34	0.34	0.34	0.35	0.36	0.34
		degrees	200	212	229	247	265	284	002	042	058	065	080	086
Galloupes Point, 0.4nm south of	10	knots	0.50	0.52	0.56	0.54	0.55	0.55	0.52	0.52	0.49	0.51	0.50	0.49
		degrees	138	220	284	252	250	240	211	078	081	085	091	095

TABLE 5.—ROTARY TIDAL CURRENTS

Hourly time increments

Station Name	Depth		0	1	2	3	4	5	6	7	8	9	10	11
			After Minimum Before Flood at BOSTON HARBOR											
Little Hahant 0.9nm northeast of	10	knots	0.20	0.21	0.24	0.25	0.26	0.26	0.24	0.23	0.23	0.21	0.21	0.20
		degrees	306	340	228	223	200	216	290	357	059	045	037	028
Egg Rock, southwest of	10	knots	0.42	0.45	0.47	0.46	0.45	0.44	0.45	0.44	0.47	0.42	0.43	0.40
		degrees	213	193	175	178	222	267	330	328	335	334	337	306
Egg Rock, 0.2nm north of	10	knots	0.42	0.43	0.46	0.46	0.48	0.49	0.48	0.50	0.49	0.47	0.47	0.45
		degrees	221	215	213	215	219	235	221	019	009	052	055	135
Bass Point, 0.5nm SSW of	15	knots	0.11	0.51	0.55	0.50	0.47	0.46	0.46	0.48	0.57	0.66	0.64	0.51
		degrees	191	295	303	308	313	354	010	046	089	109	121	132
Bass Point, 0.7nm west of	10	knots	0.30	0.38	0.38	0.37	0.36	0.35	0.30	0.19	0.30	0.35	0.38	0.36
		degrees	251	331	332	343	343	347	029	144	146	165	173	190
Deer Island Light, 1.3nm NW of	10	knots	0.33	0.36	0.36	0.40	0.40	0.45	0.35	0.35	0.34	0.35	0.34	0.29
		degrees	007	024	060	348	063	095	081	102	104	135	158	339
Georges Island, 0.2nm WSW of	10	knots	0.22	0.29	0.37	0.44	0.44	0.44	0.50	0.47	0.39	0.37	0.36	0.30
		degrees	217	209	052	074	066	032	029	061	082	071	070	069
Georges Island, 0.2nm WSW of	20	knots	0.15	0.24	0.28	0.31	0.34	0.35	0.40	0.39	0.28	0.35	0.32	0.23
		degrees	271	231	030	076	064	029	021	049	067	056	050	044
Peddocks Island, east of	10	knots	0.20	0.27	0.41	0.35	0.28	0.34	0.33	0.29	0.33	0.33	0.32	0.26
		degrees	246	282	019	024	355	338	345	013	002	345	333	331
Peddocks island, east of	20	knots	0.15	0.20	0.34	0.24	0.22	0.31	0.32	0.26	0.28	0.31	0.26	0.17
		degrees	220	232	020	024	345	333	331	009	003	339	329	322
			After Maximum Flood at POLLOCK RIP CHANNEL											
Georges Bank 41°50'N 66°37'W		knots	0.9	1.1	1.2	1.1	1.0	0.9	1.0	1.3	1.6	1.4	0.9	0.8
		degrees	285	304	324	341	010	043	089	127	147	172	197	232

TABLE 5.—ROTARY TIDAL CURRENTS

Station Name	Depth	Hourly time increments — After Maximum Flood at POLLOCK RIP CHANNEL												
		0	1	2	3	4	5	6	7	8	9	10	11	
Georges Bank 41°48'N 67°34'W		1.5	2.1	2.0	1.3	0.7	0.8	1.3	2.0	1.9	1.7	1.2	0.9	knots
		325	332	342	358	035	099	126	150	159	169	197	275	degrees
Georges Bank 41°42'N 67°37'W		1.1	1.3	1.0	0.8	0.6	0.8	1.0	1.1	1.1	1.0	1.0	0.9	knots
		316	341	356	016	043	092	122	146	170	195	215	272	degrees
Georges Bank 41°54'N 67°08'W		1.1	1.4	1.5	1.2	0.7	0.8	1.1	1.5	1.2	1.1	0.9	0.8	knots
		298	325	344	000	033	082	118	138	153	178	208	236	degrees
Georges Bank 41°41'N 67°49'W		1.6	1.8	1.4	0.8	0.3	0.9	1.5	1.7	1.7	1.1	0.8	1.2	knots
		318	320	325	330	067	111	117	126	144	160	242	292	degrees
Georges Bank 41°30'N 68°07'W		1.5	1.7	1.5	1.1	0.9	0.9	1.3	1.7	1.6	1.3	1.0	1.1	knots
		312	338	346	014	059	099	123	144	160	187	244	274	degrees
Georges Bank 41°29'N 67°04'W		1.0	1.2	1.4	1.3	1.2	1.1	1.2	1.4	1.5	1.3	1.2	1.1	knots
		277	302	329	348	015	048	085	122	145	166	194	223	degrees
Georges Bank 41°14'N 67°38'W		1.4	1.6	1.6	1.4	1.1	0.9	1.2	1.6	1.6	1.5	1.4	1.2	knots
		305	332	355	015	038	077	112	141	162	187	214	252	degrees
Georges Bank 41°13'N 68°20'W		1.5	2.0	1.4	0.8	0.6	0.7	1.0	1.3	1.4	1.5	1.3	0.9	knots
		319	332	345	009	042	080	118	138	154	169	188	236	degrees
Georges Bank 40°48'N 67°40'W		0.9	0.9	0.8	0.6	0.6	0.6	0.9	1.0	1.0	0.9	0.8	0.8	knots
		304	340	353	029	056	083	107	140	156	175	202	245	degrees
Georges Bank 40°49'N 68°34'W		1.2	1.5	1.4	1.1	0.8	0.8	1.0	1.4	1.5	1.4	1.1	0.9	knots
		301	326	345	008	036	069	106	139	153	175	201	237	degrees
Great South Channel, Georges Bank 41°10'N 68°56'W		0.5	0.7	1.1	1.0	0.7	0.4	0.4	0.7	1.0	1.0	0.8	0.6	knots
		318	349	352	356	359	018	106	157	165	173	180	204	degrees
Nantucket Shoals		0.6	0.7	0.8	0.8	0.8	0.7	0.6	0.7	0.8	0.8	0.8	0.7	knots
		323	355	015	038	055	085	125	162	192	212	232	257	degrees
Davis Bank, Nantucket Shoals		1.5	2.1	2.4	2.1	1.1	0.4	1.2	1.9	2.2	2.2	1.6	0.7	knots
		015	028	032	035	037	128	197	204	205	206	213	307	degrees

282

TABLE 5.—ROTARY TIDAL CURRENTS

Station Name	Depth		0	1	2	3	4	5	6	7	8	9	10	11
			\multicolumn{14}{c}{Hourly time increments}											
			\multicolumn{14}{c}{After Maximum Flood at POLLOCK RIP CHANNEL}											
Davis Bank, Nantucket Shoals, 15 miles SE of Nantucket Island		knots	0.9	1.2	1.3	1.1	0.8	0.9	0.8	1.2	1.1	0.9	0.7	0.7
		degrees	346	028	047	073	103	132	182	215	240	251	267	302
Davis Bank, Nantucket Shoals, 17.5 miles SE of Nantucket Island		knots	0.8	1.5	1.9	1.8	1.1	0.4	1.2	1.9	1.7	1.5	0.9	0.2
		degrees	023	027	028	029	046	115	191	202	215	225	233	270
Great South Channel, Georges Bank 40°31'N 68°47'W		knots	0.7	0.9	1.1	1.0	0.8	0.4	0.7	0.9	1.0	1.0	0.8	0.6
		degrees	320	331	342	003	023	063	129	140	164	179	190	221
Davis Bank, Nantucket Shoals, 18.5 miles SE of Nantucket Island		knots	0.6	1.3	1.5	1.4	1.1	0.8	0.6	1.3	1.7	1.4	1.0	0.3
		degrees	030	036	038	050	080	105	178	230	235	238	241	265
Nantucket Island, 28 miles east of		knots	0.9	1.3	1.4	1.1	0.5	0.3	0.8	1.1	1.1	0.9	0.7	0.1
		degrees	019	007	359	351	334	221	198	185	184	184	183	060
Monomoy Point, 23 miles east of		knots	0.7	1.0	0.9	0.7	0.3	0.1	0.5	0.8	0.9	0.8	0.5	0.1
		degrees	320	324	326	330	334	144	145	146	147	148	150	230
Nauset Beach Light, 5 miles NE		knots	0.5	0.6	0.5	0.2	0.1	0.2	0.4	0.6	0.6	0.4	0.2	0.2
		degrees	315	327	340	357	016	124	132	135	139	145	269	297
Great Round Shoal Channel entrance		knots	1.6	1.4	1.3	1.1	0.8	1.2	1.5	1.5	1.2	0.9	0.8	1.2
		degrees	032	045	068	095	140	192	210	220	235	264	303	350
Great Round Shoal Channel, 4 miles NE of Great Point		knots	0.8	1.1	1.3	1.0	0.5	0.5	1.1	1.4	1.2	0.7	0.2	0.4
		degrees	080	088	096	104	129	213	267	275	280	284	328	042
Cuttyhunk Island, 3.25 miles SW		knots	0.4	0.3	0.2	0.3	0.5	0.5	0.4	0.3	0.2	0.3	0.3	0.4
		degrees	356	015	080	123	146	158	173	208	267	306	322	335
Gooseberry Neck, 2 miles SSE of		knots	0.6	0.4	0.2	0.3	0.4	0.5	0.5	0.3	0.2	0.2	0.3	0.5
		degrees	052	065	108	168	210	223	232	249	274	321	016	038
Browns Ledge, Massachusetts		knots	0.3	0.3	0.3	0.4	0.4	0.3	0.3	0.2	0.3	0.3	0.4	0.5
		degrees	330	012	028	104	118	123	168	205	201	270	282	318
			\multicolumn{14}{c}{After Maximum Flood at THE RACE}											
Point Judith, Harbor of Refuge		knots	0.2	0.2	0.4	0.5	0.5	0.5	0.4	0.2	0.1	0.1	0.1	0.1
		degrees	197	160	151	159	146	124	109	104	090	030	336	209

TABLE 5.—ROTARY TIDAL CURRENTS

Station Name	Depth		Hourly time increments												
			0	1	2	3	4	5	6	7	8	9	10	11	
After Maximum Flood at THE RACE															
Point Judith, 4.5 miles SW of			0.6	0.6	0.5	0.2	0.2	0.6	0.7	0.5	0.3	0.1	0.1	0.3	knots
			264	270	270	280	062	070	078	095	105	120	286	277	degrees
Grace Point, 2 miles NW of			0.2	0.2	0.4	0.6	0.7	0.6	0.6	0.4	0.2	0.1	0.1	0.1	knots
			304	002	028	028	037	071	086	126	137	213	256	267	degrees
Little Gull Island, 3.7 miles ESE			0.8	0.5	0.2	0.2	0.7	1.1	1.6	1.2	0.6	0.2	0.4	0.7	knots
			271	284	320	068	077	095	118	128	150	171	221	228	degrees
Great Round Shoal Channel			1.0	1.3	1.3	0.8	0.5	0.7	0.9	1.3	1.1	0.9	0.3	0.4	knots
			047	060	070	091	153	211	234	247	252	260	305	035	degrees
After Maximum Flood at THE NARROWS, NEW YORK															
Sandy Hook Approach Lighted Horn Bouy 2A, 0.2 miles W			0.4	0.3	0.2	0.2	0.3	0.4	0.6	0.5	0.2	0.2	0.3	0.4	knots
			313	325	356	055	094	118	136	147	177	256	290	298	degrees
After Maximum Flood at DELAWARE BAY ENTRANCE															
Fenwick Shoal Lighted Whistle Bouy 2			0.2	0.2	0.1	0.1	0.1	0.2	0.3	0.3	0.2	0.1	0.1	0.2	knots
			342	349	357	043	110	135	150	165	185	226	282	318	degrees
After Maximum Flood at CHESAPEAKE BAY ENTRANCE															
Point Lookout, 1.5nm east of	16		0.31	0.26	0.24	0.24	0.22	0.22	0.18	0.10	0.09	0.13	0.20	0.29	knots
			197	217	242	266	290	311	330	358	073	113	152	179	degrees
After Maximum Flood at CHARLESTON HARBOR															
Frying Pan Shoals, off Cape Fear			0.3	0.2	0.2	0.3	0.3	0.3	0.3	0.2	0.3	0.3	0.3	0.3	knots
			335	010	050	090	110	128	150	188	235	268	290	305	degrees
Cape Romain, 5 miles SE			0.2	0.2	0.3	0.3	0.3	0.3	0.2	0.2	0.3	0.4	0.3	0.3	knots
			006	038	055	067	093	114	167	212	242	244	262	292	degrees
Cape Romain, 6.9 miles SW			0.3	0.2	0.2	0.3	0.3	0.3	0.2	0.2	0.2	0.2	0.3	0.3	knots
			317	350	019	071	115	111	132	160	216	251	266	303	degrees
Capers Inlet, 1.9 miles east of			0.1	0.1	0.2	0.2	0.1	0.1	0.1	0.1	0.2	0.2	0.1	0.1	knots
			012	058	052	053	067	098	129	214	222	254	246	247	degrees

TABLE 5.—ROTARY TIDAL CURRENTS

Station Name	Depth		Hourly time increments											
			0	1	2	3	4	5	6	7	8	9	10	11
After Maximum Flood at CHARLESTON HARBOR														
Capers Inlet, 3.6 miles SE of		knots	0.2	0.1	0.1	0.2	0.2	0.2	0.2	0.2	0.1	0.2	0.2	0.2
		degrees	302	357	034	017	089	094	112	116	189	249	268	282
Charleston Entrance, 37 miles E		knots	0.3	0.3	0.2	0.2	0.3	0.3	0.3	0.3	0.2	0.2	0.2	0.3
		degrees	328	350	020	065	095	118	140	163	195	235	268	295
Charleston Lighted Whistle Buoy 2C		knots	0.2	0.2	0.1	0.2	0.3	0.3	0.3	0.2	0.2	0.2	0.3	0.3
		degrees	300	332	017	055	077	093	117	153	207	242	260	275
Folly Island, 2 miles east of		knots	0.1	0.2	0.3	0.3	0.3	0.2	0.1	0.2	0.2	0.3	0.3	0.2
		degrees	346	024	058	076	102	121	164	222	256	256	271	290
Folly Island, 3.5 miles east of		knots	0.1	0.2	0.2	0.2	0.2	0.2	0.1	0.1	0.2	0.2	0.2	0.1
		degrees	322	047	069	086	096	115	148	215	256	260	265	285
Martins Industry, 5 miles east of		knots	0.4	0.3	0.1	0.1	0.3	0.4	0.5	0.4	0.2	0.2	0.3	0.4
		degrees	282	293	330	030	075	092	102	110	140	200	250	271
After Maximum Flood at SAVANNAH RIVER ENTRANCE														
Savannah Light, 1.2 miles SE		knots	0.3	0.2	0.1	0.1	0.2	0.3	0.3	0.3	0.2	0.1	0.2	0.3
		degrees	296	308	326	045	090	107	114	123	145	213	267	283
After Maximum Flood at Port Everglades Entrance														
Port Everglades Turning Basin	33.7	knots	0.8	0.12	0.14	0.16	0.15	0.07	0.05	0.6	0.4	0.3	0.2	0.1
		degrees	198	193	180	160	144	114	35	353	329	310	309	267
Port Everglades Turning Basin	14.0	knots	0.02	0.03	0.07	0.09	0.12	0.13	0.11	0.06	0.03	0.12	0.15	0.11
		degrees	327	219	202	173	154	148	148	135	29	337	330	332
After Maximum Flood at Lake Worth Inlet Entrance														
Pier 13, Lake Worth Inlet	18.7	knots	0.23	0.44	0.47	0.33	0.12	0.04	0.06	0.02	0.02	0.01	0.03	0.04
		degrees	314	349	351	350	342	205	183	177	168	138	162	203
Pier 13, Lake Worth Inlet	15.4	knots	0.23	0.44	0.47	0.33	0.12	0.03	0.06	0.04	0.03	0.02	0.04	0.04
		degrees	339	347	349	348	339	213	188	190	190	169	172	209
Pier 13, Lake Worth Inlet	5.5	knots	0.21	0.40	0.43	0.31	0.11	0.02	0.05	0.03	0.02	0.00	0.04	0.04
		degrees	347	349	350	351	347	207	190	224	289	282	176	188

Tabular values are mean current speed and direction at specific intervals relative to the reference station.

THE GULF STREAM

The region where the Gulf of Mexico narrows to form the channel between Florida Keys and Cuba may be regarded as the head of the Gulf Stream. From this region the stream sets eastward and northward through the Straits of Florida, and after passing Little Bahama Bank it continues northward and then northeastward, following the general direction of the 100-fathom curve as far as Cape Hatteras. The flow in the Straits is frequently referred to as the Florida Current.

Shortly after emerging from the Straits of Florida, the stream is joined by the Antilles Current, which flows northwesterly along the open ocean side of the West Indies before uniting with the water which has passed through the straits. Beyond Cape Hatteras the combined current turns more and more eastward under the combined effects of the deflecting force of the Earth's rotation and the eastwardly trending coastline, until the region of the Grand Banks of Newfoundland is reached.

Eastward of the Grand Banks the whole surface is slowly driven eastward and northeastward by the prevailing westerly winds to the coastal waters of northwestern Europe. For distinction, this broad and variable wind-driven surface movement is sometimes referred to as the North Atlantic Drift or Gulf Stream Drift.

In general, the Gulf Stream as it issues into the sea through the Straits of Florida may be characterized as a swift, highly saline current of blue water whose upper stratum is composed of warm water.

On its western or inner side, the Gulf Stream is separated from the coastal waters by a zone of rapidly falling temperature, to which the term "cold wall" has been applied. It is most clearly marked north of Cape Hatteras but extends, more or less well defined, from the Straits to Grand Banks.

Throughout the whole stretch of 400 miles in the Straits of Florida, the stream flows with considerable speed. Abreast of Havana, the average surface speed in the axis of the stream is about 2 1/2 knots. As the cross-sectional area of the stream decreases, the speed increases gradually, until abreast of Cape Florida it becomes about 3 1/2 knots. From this point within the narrows of the straits, the speed along the axis gradually decreases to about 2 1/2 knots off Cape Hatteras, N.C. These values are for the axis of the stream where the current is a maximum, the speed of the stream decreasing gradually from the axis as the edges of the stream are approached. The speed of the stream, furthermore, is subject to fluctuations brought about by variations in winds and barometric pressure.

The following tables give the mean surface speed of the Gulf Stream in two cross sections in the Straits of Florida:

Between Rebecca Shoal and Cuba		Between Fowey Rocks and Gun Cay	
Distance south of Rebecca Shoal	Mean surface speed observed	Distance east of Fowey Rocks	Mean Surface Speed observe
Nautical miles	Knots	Nautical miles	Knots
20	0.3	8	2.7
35	0.7	11 1/2	3.5
50	2.2	15	3.2
68	2.2	22	2.7
86	0.8	29	2.1
		36	1.7

Crossing the Gulf Stream at Jupiter or Fowey Rocks, an average allowance of 2.5 knots in a northerly direction should be made for the current.

Crossing the stream from Havana, a fair allowance for the average current between 100-fathoms curves is 1.1 knots in an east-north-easterly direction.

THE GULF STREAM

From within the straits, the axis of the Gulf Stream runs approximately parallel with the 100-fathom curve as far as Cape Hatteras. Since this stretch of coast line sweeps northward in a sharper curve than does the 100-fathom line, the stream lies at varying distances from the shore. The lateral boundaries of the current within the straits are fairly well fixed, but when the stream flows into the sea the eastern boundary becomes somewhat vague. On the western side, the limits can be defined approximately since the waters of the stream differ in color, temperature, salinity, and flow from the inshore coastal waters. On the east, however, the Antilles Current combines with the Gulf Stream, so that its waters here merge gradually with the waters of the open Atlantic. Observation of the National Ocean Service indicate that, in general, the average position of the inner edge of the Gulf Stream as far as Cape Hatteras lies inside the 50-fathom curve. The Gulf Stream, however, shifts somewhat with the seasons, and is considerably influenced by the winds which cause fluctuations in its position, direction, and speed; consequently, any limits which are assigned refer to mean or average positions.

The approximate mean positions of the inner edge and axis (point where greatest speed may be found) are indicated in the following table:

Approximate mean position of the Gulf Stream

Locality	Inner Edge	Axis
North of Havana, Cuba..		25
Southeast of Key West, Florida		45
East of Fowey Rocks, Florida		10
East of Miami Beach, Florida..		15
East of Palm Beach, Florida		15
East of Jupiter Inlet, Florida...		20
East of Cape Canaveral, Florida..	10	45
East of Daytona Beach, Florida	25	75
East of Ormond Beach, Florida	25	75
East of St. Augustine, Florida. (coast line).............................	40	85
East of Jacksonville, Florida. (coast line)..............................	55	90
Southeast of Savannah, Georgia. (coast line)	65	95
Southeast of Charleston, South Carolina. (coast line)	55	90
Southeast of Myrtle Beach, South Carolina.	60	100
Southeast of Cape Fear, North Carolina (light)......................	35	75
Southeast of Cape Lookout, North Carolina (light)	20	50
Southeast of Cape Hatteras, North Carolina.	10	35
Southeast of Virginia Beach, Virginia.	85	115
Southeast of Atlantic City, New Jersey..................................	120	
Southeast of Sandy Hook, New Jersey.	150	

At the western end of the Straits of Florida the limits of the Gulf Stream are not well defined, and for this reason the location of the inner edge has been omitted for Havana, Cuba, and Key West, Florida., in the above table. Between Fowey Rocks and Jupiter Inlet the inner edge is deflected westward and lies very close to the shore line.

Along the Florida Reefs between Alligator Reef and Dry Tortugas the distance of the northerly edge of the Gulf Stream from the edge of the reefs gradually increases toward the west. Off Alligator Reef it is quite close inshore, while off Rebecca Shoal and Dry Tortugas it is possibly 15 to 20 miles south of the 100-fathom curve. Between the reefs and the northern edge of the Gulf Stream the currents are ordinarily tidal and are subject at all times to considerable modification by local winds and barometric conditions. This neutral zone varies in both length and breadth; it may extend along the reefs a greater or lesser distance than stated, and its width varies as the northern edge of the Gulf Stream approaches or recedes from the reefs.

The approximate position of the axis of the Gulf Stream for various regions is shown on the following National Ocean Service Charts: No. 11013, Straits of Florida; No. 411, South Carolina to Cuba; No.11460, Cape Canaveral to Key West; No. 11420, Alligator Reef to Havana. Chart No. 11009 show the axis and the position of the inner edge of the Gulf Stream from Cape Hatteras to Straits of Florida.

WIND-DRIVEN CURRENTS

A wind continuing for some time will produce a current the speed of which depends on the speed of the wind, and unless the current is by some other cause, the deflective force of the Earth's rotation will cause it to set to the right of the direction of the wind in the northern hemisphere and to the left in the southern hemisphere.

The current produced at off-shore locations by local winds of various strengths and directions have been investigated from observations made at 20 lightships (some of which have since been moved) from Portland, Maine to St. John's River, Florida. The observations were made hourly and varied in length from 1 to 2 years at most of the locations to 5 years at Nantucket Shoals and 9 years at Diamond Shoal. The averages obtained are given below and may prove helpful in estimating the probable current that may result from various winds at the several locations.

Caution.—There were of course many departures from these averages of speed and direction, for the wind-driven current often depends not only on the length of time the wind blows but also on factors other than the local wind at the time and place of the current. The mariner must not, therefore, assume that the given wind will always produce the indicated current.

It should be remembered, too, that the current which a vessel experiences at any time is the resultant of the combined actions of the tidal current, the wind-driven current, and any other currents such as the Gulf Stream or currents due to river discharge.

Speed.—The table below shows the average speed of the current due to winds of various strengths.

Wind speed (mile per hour)	10	20	30	40	50
Average current speed (knots) due to wind at following lightship stations:					
Boston and Barnegat	0.1	0.1	0.2	0.3	0.3
Diamond Shoal and Cape Lookout Shoals	0.5	0.6	0.7	0.8	1.0
All other locations	0.2	0.3	0.4	0.5	0.6

Direction.—The position of the shore line with respect to the station influences considerably the direction of the currents due to certain winds. The following table shows for each station the average number of degrees by which the wind-driven current is deflected to the right or left (—) of the wind. Thus, at Cape Lookout Shoals the table indicates that with a north wind the wind-driven current flows on the average 030° west of south, and with an east wind it flows 029° south of west.

Average deviation of current to right of wind direction

[A minus sign (—) indicates that the current sets to the left of the wind]

Old Lightship Stations	Lat. (° ,)	Long. (° ,)	N °	NNE °	NE °	ENE °	E °	ESE °	SE °	SSE °	S °	SSW °	SW °	WSW °	W °	WNW °	NW °	NNW °
Portland	43 32	70 06	24	14	9	8	—2	—14	0	26	15	18	18	24	15	34	13	18
Boston	42 20	70 45	—	—1	—	21	—1	32	—	29	—1	20	—	2	—	19	—	15
Pollock Rip Slue	41 37	69 54	6	5	48	—38	30	—53	—24	—75	—25	167	70	59	36	53	20	19
Nantucket Shoals	40 37	69 37	44	46	28	24	9	16	12	3	25	0	6	18	30	39	41	48
Hen and Chickens	41 27	71 01	16	14	—7	—1	—14	3	—39	—36	25	55	35	30	20	16	16	8
Brenton Reef	41 26	71 23	34	25	22	19	25	1	—7	8	27	48	23	41	41	31	21	24
Fire Island	40 29	73 11	35	23	15	8	2	—17	31	55	40	41	31	14	—2	0	25	37
Ambrose Channel	40 27	73 49	36	40	21	11	18	72	27	112	82	70	63	46	37	22	23	21
Scotland	40 27	73 55	16	—12	—26	—36	—61	—36	—92	—150	90	33	77	44	15	30	27	13
Barnegat	39 46	73 56	6	5	—13	—9	—16	—7	33	54	55	30	14	8	0	—5	21	29
Northeast End	38 58	74 30	30	14	—3	—11	—20	—31	—42	—28	37	44	25	18	7	16	25	18
Overfalls	38 48	75 01	28	—6	—1	2	—40	—56	—78	—22	68	28	55	54	32	31	32	45
Winter-Quarter Shoal	37 55	74 56	18	—1	—5	—21	—27	—35	—19	31	23	20	4	14	9	8	28	27
Chesapeake	36 59	75 42	18	—2	—4	5	—6	23	73	71	57	38	27	26	22	18	15	22
Diamond Shoal	35 05	75 20	11	3	—3	36	65	88	74	52	40	22	7	—10	—13	—17	—25	—4
Cape Lookout Shoals	34 18	76 24	30	24	2	2	—29	—	21	80	54	31	32	21	2	18	5	—5
Frying Pan Shoals	33 34	77 49	34	34	18	6	2	9	48	55	48	38	26	14	—7	—12	—27	—6
Savannah	31 57	80 40	12	12	—9	—18	—23	—46	17	50	43	17	7	—8	—10	—7	15	33
Brunswick	31 00	81 10	17	—2	—10	—28	—18	—21	37	29	23	2	6	—21	—21	—26	16	18
St. Johns	30 23	81 18	3	—12	—27	—47	—84	30	35	26	26	27	1	16	—8	—17	6	8

THE COMBINATION OF CURRENTS

In determining from the current tables the speed and direction of the current at any time, it is frequently necessary to combine the tidal current with the wind-driven current. The following methods indicate how the resultant of two or more currents may be easily determined.

Currents in the same direction.—When two or more currents set in the same direction it is a simple matter to combine them. The resultant current will have a speed which is equal to the sum of all the currents and it will set in the same direction.

For example, a vessel is near the Nantucket Shoals station at a time when the tidal current is setting 120° with a speed of 0.6 knot, and at the same time a wind of 40 miles per hour is blowing from the west; What current will the vessel be subject to at that time? Since a wind of 40 miles per hour from the west will give rise to a current setting 120° with a speed of 0.5 knot, the combined tidal and wind-driven currents will set in the same direction (120°) with a speed of 0.6 + 0.5 = 1.1 knots.

Currents in opposite directions.—The combination of currents setting in opposite directions is likewise a simple matter. The speed of the resultant current is the difference between the opposite setting currents, and the direction of the resultant current is the same as that of the greater current.

As an example, let it be required to determine the speed of the current at the Nantucket Shoals station when the tidal current is setting 205° with a speed of 0.8 knot, and when a wind of 40 miles per hour is blowing from the south. The current produced by a wind of 40 miles per hour from the south would set 025° with a speed of 0.5 knot. The tidal and wind-driven currents, therefore, set in opposite directions, the tidal current being the stronger. Hence, the resultant current will set in the direction of the tidal current (205°) with a speed of 0.8 - 0.5 = 0.3 knot.

THE COMBINATION OF CURRENTS

Currents in different directions.—The combination of currents setting at arbitrary angles is best solved by a graphical method. Taking the combination of two currents as the simplest case, draw a line whose direction and length (to a suitable scale) represent the direction and speed of one of the currents to be combined. From this line draw another (to the same scale) representing the direction and speed of the second current. The line joining the origin of the first line with the end of the second line represents the direction and speed of the combined current.

As an example, take Nantucket Shoals station at a time when the tidal current is 0.7 knot setting 355° and a wind of 50 miles per hour is blowing from the west-southwest. The wind-driven current, according to the preceding chapter, would therefore be about 0.6 knot setting 085°.

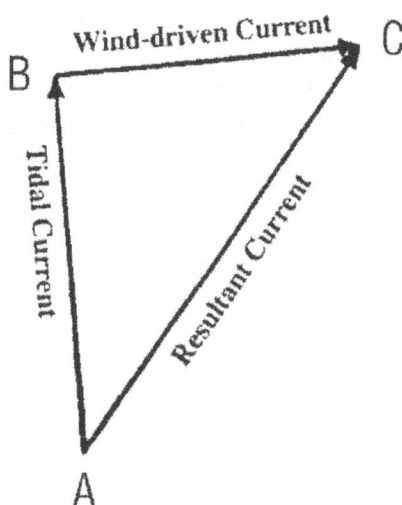

Combination of tidal current and wind-driven current

Using a scale of 2 inches to represent 1 knot, draw from point A, the origin in the diagram above, the line AB 1.4 inches in length directed 355° to represent the tidal current. From point B draw the line BC 1.2 inches in length directed 085° to represent the wind-driven current. The line AC represents the resultant current, which on being measured, is found to be about 1.8 inches in length directed 035°. Hence, the combined current sets 35° with a speed of 0.9 knot.

The combination of three or more currents is made in the same way as above, for example, the third current to be combined being drawn from the point C. The resultant current is given by joining the origin with the end of the last line. For drawing the lines, a parallel rule and compass rose will be found convenient. A protractor or polar coordinate paper may also be used.

CURRENT DIAGRAMS

EXPLANATION

"Current diagram" is a graphic table that shows the velocities of the flood and ebb currents and the times of slack and strength over a considerable stretch of the channel of a tidal waterway. At definite intervals along the channel the velocities of the current are shown with reference to the times of turning of the current at some reference station. This make it a simple matter to determine the approximate velocity of the current along the channel for any desired time.

In using the diagrams, the desired time should be converted to hours before or after the time of the nearest predicted slack water at the reference station.

Besides showing in compact form the velocities of the current and their changes through the flood and ebb cycles, the current diagram serves two other useful purposes. By its use the mariner can determine the most advantageous time to pass through the waterway to carry the most favorable current and also the speed and direction of the current that will be encountered in the channel at any time.

Each diagram represents average durations and average velocities of flood and ebb. The durations and velocities of flood and ebb vary from day to day. Therefore predictions for the reference station at times will differ from average conditions and when precise results are desired the diagrams should be modified to represent conditions at such particular times. This can be done by changing the width of the shaded and unshaded portions of the diagram to agree in hours with the durations of flood and ebb, respectively, as given by the predictions for that time. The speeds in the shaded area should then be multiplied by the ratio of the predicted flood speed to the average flood speed (maximum flood speed given opposite the name of the reference station on the diagram) and the speeds in the unshaded area by the ratio of the predicted ebb speed to the average ebb speed.

In a number of cases approximate results can be obtained by using the diagram as drawn and modifying the final result by the ratio of speeds as mentioned above. Thus, if the diagram in a particular case gives a favorable flood speed averaging about 1.0 knot and the ratio of the predicted flood speed to the average flood speed is 0.5 the approximate favorable current for the particular time would be 1.0 x 0.5 = 0.5 knot.

CURRENT DIAGRAMS

VINEYARD AND NANTUCKET SOUNDS
EXPLANATION OF CURRENT DIAGRAM

The current diagram on the opposite page represents average conditions of the surface currents along the middle of the channel from Gay Head to the east end of Pollock Rip Channel, the scale being too small to show details.

Easterly streams are designated "Flood" and westerly streams "Ebb." The small figures in the diagram denote the speed of the current in knots and tenths. The times are referred to slack waters at Pollock Rip Channel (Butler Hole), daily predictions for which are given in Table 1 of these current tables.

The speed lines are directly related to the diagram. By transferring to the diagram the direction of the speed line which corresponds to the ship's speed, the diagram will show the general direction and speed of the current encountered by the vessel in passing through the sounds or the most favorable time, with respect to currents, for leaving any place shown on the left margin.

To determine speed and direction of current.—With parallel rulers transfer to the diagram the direction of the speed line corresponding to normal speed of vessel, moving edge of ruler to the point where the horizontal line representing place of departure intersects the vertical line representing the time of day in question. If the ruler's edge lies within the shaded portion of the diagram, a flood current will be encountered; if within the unshaded, an ebb current; and if along the boundary of both, slack water. The figures on the diagram along the edge of the rule will show the speed of the current encountered at any place indicated on the left margin of the diagram.

Example.—A 12-knot vessel bound westward enters Pollock Rip Channel at 0700 of a given day, and it is desired to ascertain the speed and direction of the current which will be encountered on its passage through the sounds. Assuming that on the given day ebb begins at Pollock Rip Channel at 0508 and flood begins at 1120, the time 0700 will be about 2 hours after ebb begins. With parallel rulers transfer to the diagram the 12-knot speed line "Westbound," placing edge of rule on the point where the vertical line "2 hours after ebb begins at Pollock Rip Channel" intersects the horizontal 47-mile line which is the starting point. It will be found that the edge of the ruler passes through the unshaded portion of the diagram, the speeds along the edge averaging about 1.4 knots. The vessel will, therefore, have a favorable ebb current averaging about 1.4 knots all the way to Gay Head. It will also be seen that the edge of the ruler crosses the horizontal 16-mile line (at East Chop) about halfway between the figures 1.6 and 2.2. Therefore, when passing the vicinity of East Chop she will have a favorable current of almost 2 knots.

To determine the time of a favorable current for passing through the sounds.—With parallel rulers transfer to the diagram the direction of the speed line corresponding to normal speed of vessel, moving the ruler over the diagram until its edge runs as nearly as possible through the general line of largest speeds of shaded portion if eastbound and unshaded portion if westbound, giving consideration only to that part of the diagram which lies between place of departure and destination. An average of the figures along the edge of the ruler will give the average strength of current. The time (before or after flood begins or ebb begins at Pollock Rip Channel) for leaving any place shown on the left margin will be indicated vertically above the point where the ruler cuts a line drawn horizontally through the name of the place in question.

Example.—A 12-knot vessel will leave Gay Head for Pollock Rip Channel on a day when flood begins at Pollock Rip Channel at 0454 and ebb begins at 1104. At what time should she get under way so as to carry the most favorable current all the way through the sounds?

Place parallel rulers along the 12-knot speed line "Eastbound." Transfer the direction to the shaded portion of the diagram and as near as possible to the axis so as to include the greatest possible number of larger current speeds. It will be found that the edge of the ruler cuts the horizontal line at Gay Head at the point representing "3 hours after flood begins at Pollock Rip Channel," and that the average of the currents along the edge of rulers is about 0.8 knot in a favorable direction. For the given day flood begins at Pollock Rip Channel at 0454; hence, if the vessel leaves Gay Head 3 hours later, or about 0754, she will average a favorable current of almost 1 knot all the way.

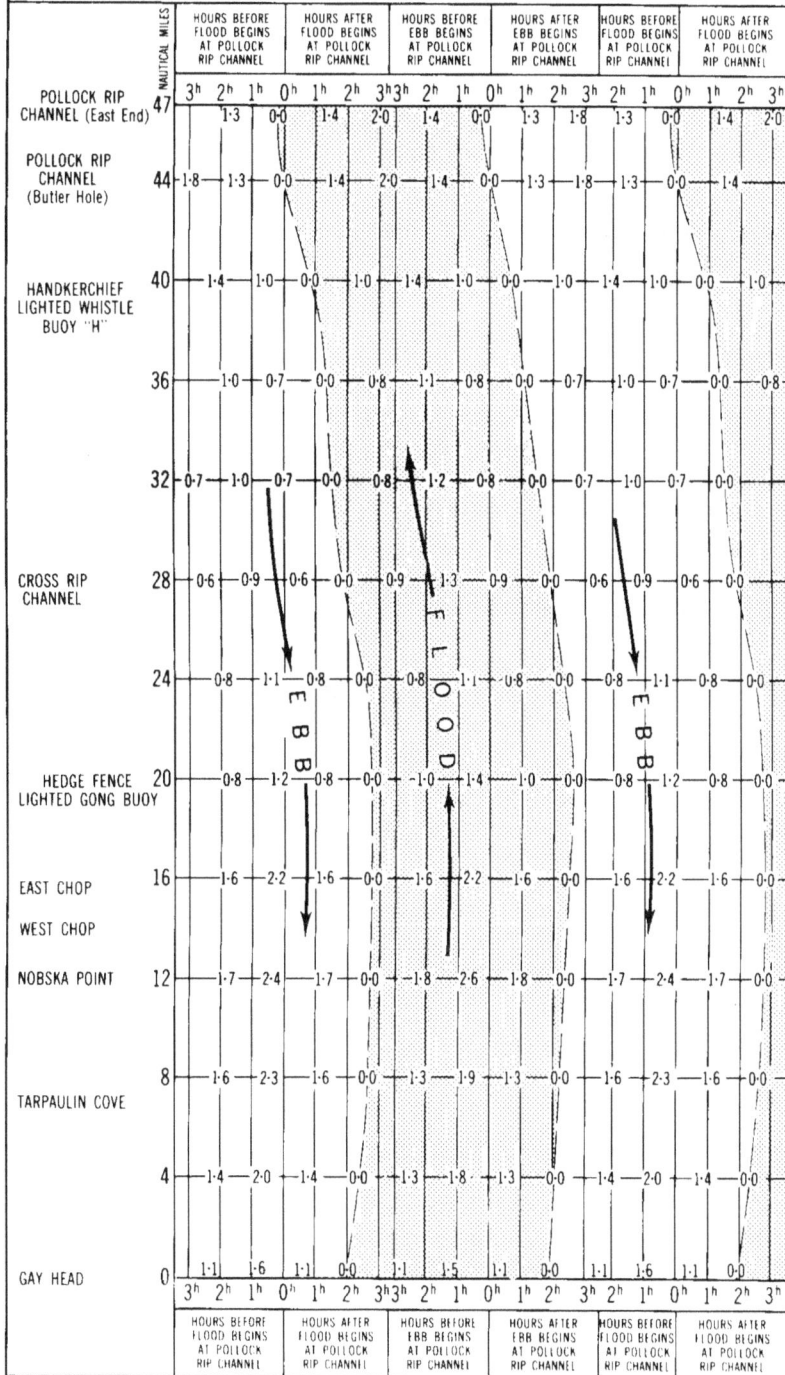

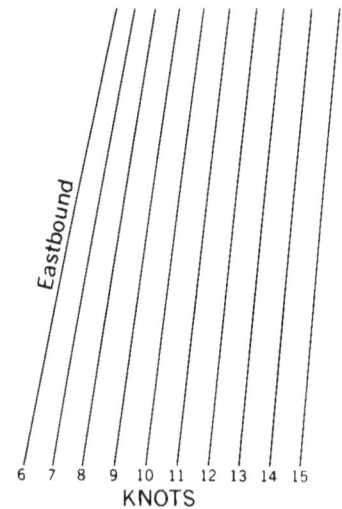

SPEED LINES

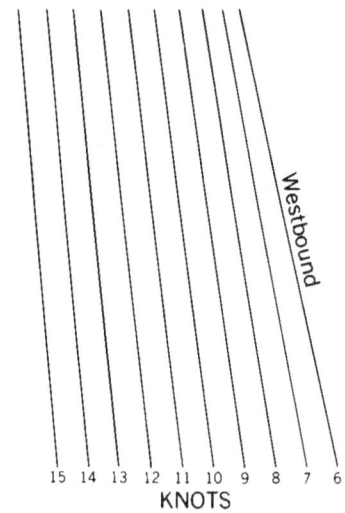

295

CURRENT DIAGRAMS

EAST RIVER, NEW YORK
EXPLANATION OF CURRENT DIAGRAM

The current diagram on the opposite page represents average conditions of the surface currents along the middle of the channel between Governors Island and Throgs Neck, the scale being too small to show details. Eddies, of more or less violence, occur in numerous localities in the East River, but as a general rule the currents follow the channels.

On the diagram northerly and easterly streams are designated as "Flood" currents and westerly and southerly streams as "Ebb" currents. The small figures on the diagram denote the speed of the current in knots and tenths. The times are referred to slack waters at Hell Gate, daily predictions for which are given in Table 1 of these current tables.

The speed lines are directly related to the diagram. By their use the speed and general direction of the current encountered by a vessel passing through the river may be determined; also the time of a favorable current for leaving any place shown on the left margin of the diagram may be found.

To determine the speed and direction of the current.—With parallel rulers transfer to the diagram the direction of the speed line corresponding to the normal speed of vessel, placing edge of ruler opposite the place of departure on the time before or after flood begins or ebb begins at Hell Gate that corresponds to the time of day desired. If the ruler's edge lies along the shaded portion of the diagram, a flood current will be encountered; if along the unshaded, an ebb current; and if along the boundary of both, slack water. The figures on the diagram along the edge of the ruler will show the speed of the current encountered at any place along the course indicated by the names on the left margin of diagram.

Example.—A 12-knot vessel passes Throgs Neck for Governors Island at 0820 of a given day and it is desired to ascertain the speed and direction of the current which will be encountered in passing through East River. Assuming that on the given day ebb begins at Hell Gate at 0614 and flood begins at 1245, the time 0820 will be about 2 hours after ebb begins. With parallel rulers transfer to the diagram the 12-knot speed line "Southbound", placing edge of ruler at the top in the column "Hours after ebb begins at Hell Gate" and intersecting 2h. It will be found that the edge of the ruler passes through strength of current in the unshaded portion of diagram averaging about 2.4 knots. The vessel will, therefore, have a favorable current averaging about 2.4 knots all the way.

To determine the time of a favorable current for passing through the East River.—With parallel rulers transfer to the diagram the direction of the speed line corresponding to normal speed of vessel, moving the ruler over the diagram until its edge runs as nearly as possible through the general line of greatest current of unshaded portion if bound westward and southward,and shaded portion if bound northward and eastward. An average of the figures along edge of ruler will give average strength of current. The time (before or after flood begins or ebb begins at Hell Gate) for leaving any place on the left margin of diagram will be found vertically above the point where the parallel ruler cuts the horizontal line opposite the name of the place in question.

Example.—A 12-knot vessel in New York Harbor desires to pass through the East River in the afternoon of a day when flood begins at Hell Gate at 1404 and ebb begins at 1934. At what time should she get under way as to carry the most favorable current all the way to Throgs Neck?

Place parallel rulers along the 12-knot speed line "Northbound." Transfer this direction to the shaded portion of diagram so as to include the greatest number of larger current speeds. It will be found that the ruler's edge cuts the horizontal line at Governors Island about vertically under "2 1/2 hours after flood begins at Hell Gate", and the average of the speeds along the edge of the ruler is about 2.3 knots. For the given day flood begins in Hell Gate at 1404 hence, if the vessel leaves Governors Island about 2 l/2 hours later, or 1630 on that day, she will have a favorable current, averaging about 2.3 knots all the way.

CURRENT DIAGRAM – EAST RIVER, NEW YORK

Referred to predicted times of slack water at Hell Gate

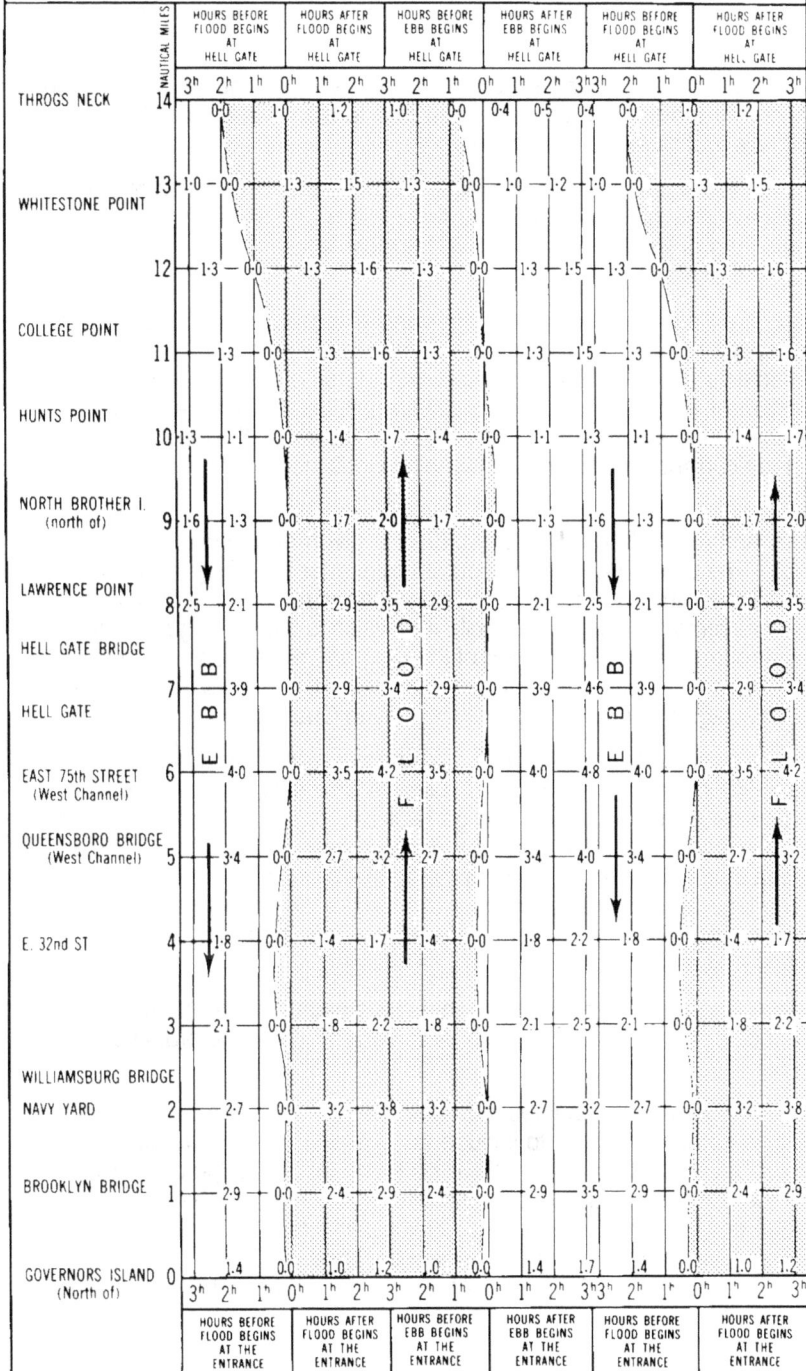

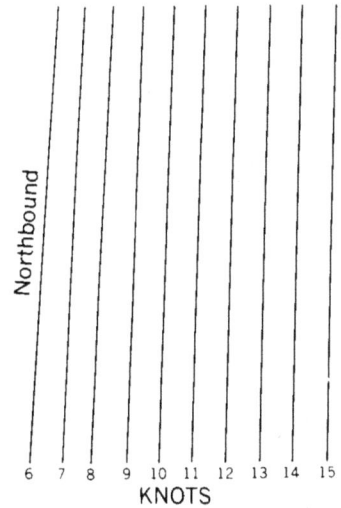

SPEED LINES

Northbound

KNOTS

6 7 8 9 10 11 12 13 14 15

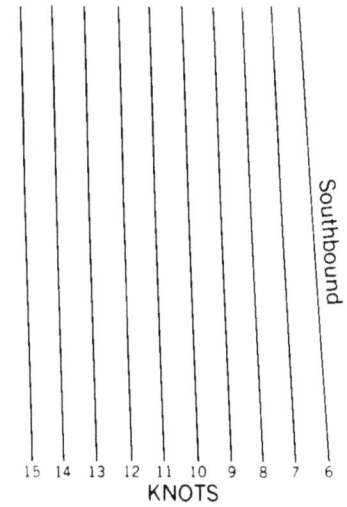

Southbound

KNOTS

15 14 13 12 11 10 9 8 7 6

297

CURRENT DIAGRAMS

NEW YORK HARBOR VIA AMBROSE CHANNEL
EXPLANATION OF CURRENT DIAGRAM

The current diagram on the opposite page represents average conditions of the surface currents along the middle of the channel from Ambrose Channel entrance to Spuyten Duyvil, the scale being too small to show details.

Northerly streams are designated "Flood" and southerly streams "Ebb." The small figures in the diagram denote the speed of the current in knots and tenths. The times are referred to slack waters at The Narrows, daily predictions for which are given in Table 1 of these current tables.

The speed lines are directly related to the diagram. By transferring to the diagram the direction of the speed line which corresponds to the ship's speed, the diagram will show the general direction and speed of the current encountered by the vessel on entering or leaving the harbor or the most favorable time, with respect to currents, for leaving any place shown on the left margin.

To determine speed and direction of current.—With parallel rulers transfer to the diagram the direction of the speed line corresponding to normal speed of vessel, moving edge of ruler to the point where the horizontal line representing place of departure intersects the vertical line representing the time of day in question. If the ruler's edge lies within the shaded portion of the diagram, a flood current will be encountered; if within the unshaded, an ebb current; and if along the boundary of both, slack water. The figures on the diagram along the edge of the ruler will show the speed of the current encountered at any place indicated on the left margin of the diagram.

Example.—A 10-knot vessel enters Ambrose Channel about 1040 of a given day. Flood begins at The Narrows at 0835 and ebb begins at 1420. The time 1040 will be about 2 hours after flood begins. With parallel rulers transfer to the diagram the 10-knot speed line "Northbound," placing edge of ruler on the point where the vertical line "2 hours after flood begins" intersects the horizontal 0-mile line which is the starting point. It will be found that the edge of the ruler passes through the shaded portion of the diagram, the speeds along the edge of the ruler from Ambrose Channel entrance to Chelsea Docks averaging about 1.4 knots. The vessel will, therefore, have a favorable flood current averaging about 1.4 knots all the way to Chelsea Docks.

To determine the time of a favorable current for leaving or entering the harbor.—With parallel rulers transfer to the diagram the direction of the speed line corresponding to normal speed of vessel, moving the ruler over the diagram until its edge runs as nearly as possible through the general line of largest speeds of shaded portion if northbound and unshaded portion if southbound, giving consideration only to that part of the diagram which lies between place of departure and destination. An average of the figures along the edge of the ruler will give the average strength of current. The time (before or after flood or ebb begins at The Narrows) for leaving any place shown on the left margin will be indicated vertically above the point where the ruler cuts a line drawn horizontally through the name of the place in question.

Example.—A 10-knot vessel will leave Chelsea Docks on a day when flood begins at The Narrows at 0804 and ebb begins at 1338. At what time should she get under way so as to carry the most favorable current all the way to Ambrose Channel entrance?

Place parallel rulers along the 10-knot speed line "Southbound." Transfer the direction to the unshaded portion of the diagram as near as possible to the axis so as to include the greatest possible number of larger current speeds on the portion of the chart below Chelsea Docks. It will be found that the edge of the ruler cuts the horizontal line at Chelsea Docks at the point representing "2 hours after ebb begins at The Narrows," and that the average of the currents along the edge of the ruler is about 1.5 knots in a favorable direction. For the given day, ebb begins at The Narrows at 1338; hence, if the vessel leaves Chelsea Docks 2 hours later, or about 1608, she will average a favorable current of about 1.5 knots all the way to Ambrose Channel entrance.

298

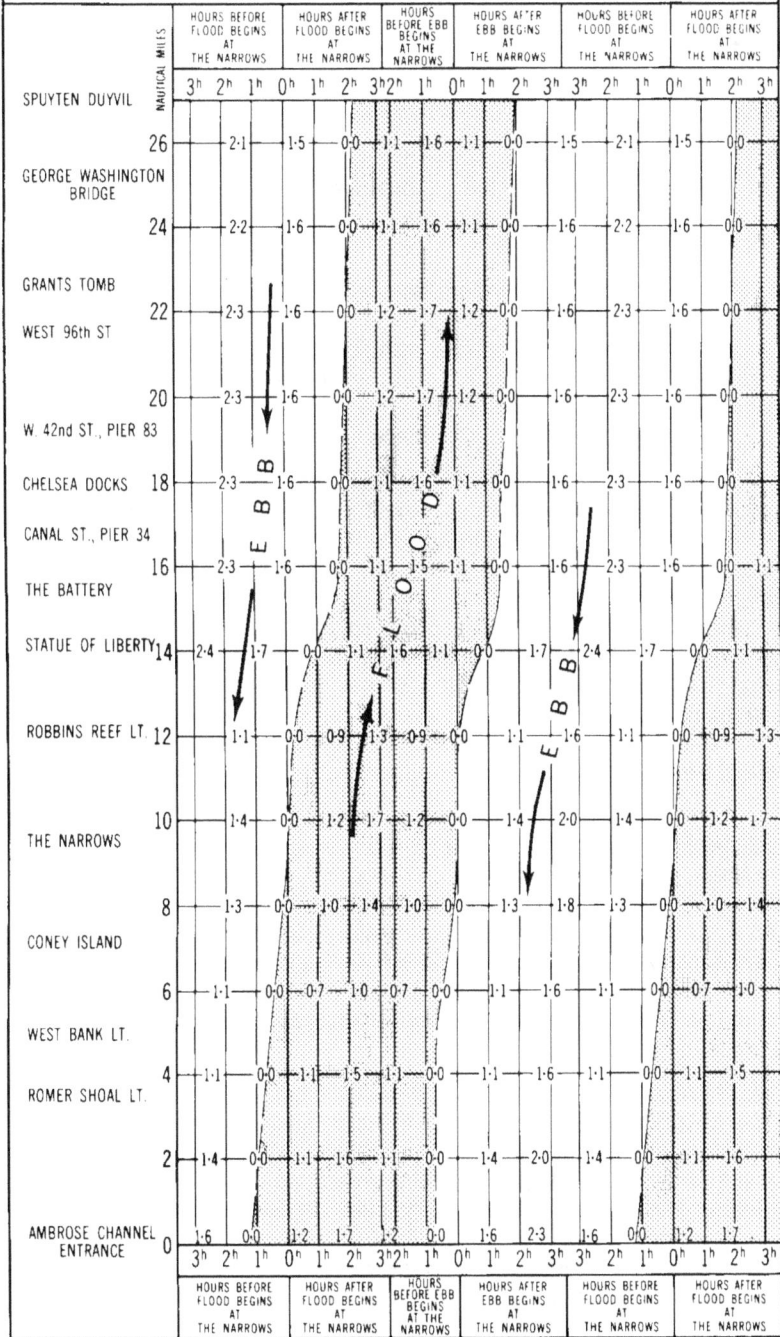

CURRENT DIAGRAM – NEW YORK HARBOR
(via Ambrose Channel)
Referred to predicted times of slack water at The Narrows

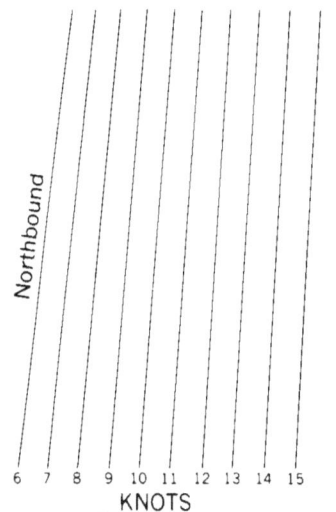

SPEED LINES

Northbound

6 7 8 9 10 11 12 13 14 15

KNOTS

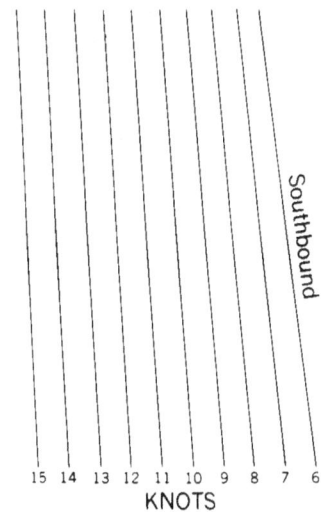

Southbound

15 14 13 12 11 10 9 8 7 6

KNOTS

CURRENT DIAGRAMS

DELAWARE BAY AND RIVER
EXPLANATION OF CURRENT DIAGRAM

This current diagram represents average conditions of the surface currents along the middle of the channel between Bristol and Delaware Bay Entrance, the scale being too small to show details.

Northerly streams are designated "Flood" and Southerly streams "Ebb." The small figures in the diagram denote the speed of the current in knots and tenths. The times are referred to slack waters at Delaware Bay Entrance, daily predictions for which are given in Table 1 of these current tables.

The speed lines are directly related to the diagram. By transferring to the diagram the direction of the speed line which corresponds to the ship's speed, the diagram will show the general direction and speed of the current encountered by the vessel in passing up or down the bay and river or the most favorable time, with respect to currents, for leaving any place shown in the left margin.

To determine speed and direction of current.—With parallel rulers transfer to the diagram the direction of the speed line corresponding to the normal speed of vessel, moving edge of ruler to the point where the horizontal line representing place of departure intersects the vertical line representing the time in question. If the ruler's edge lies within the shaded portion of the diagram, a flood current will be encountered; if within the unshaded, an ebb current, and if along the boundary of both, slack water. The figures in the diagram along the edge of the ruler will show the speed of the current encountered at any place indicated in the left margin of the diagram.

Example.—A 15-knot vessel bound southward leaves Philadelphia (Chestnut Street) at 0330 of a given day and it is desired to ascertain the speed and direction of the current which will be encountered between Philadelphia and Delaware Bay Entrance. Assuming that on the given day flood begins at Delaware Bay Entrance at 0436 and ebb begins at 1038, the time 0330 will be about 1 hour before flood begins. With parallel rulers transfer to the diagram the 15-knot speed line "Southbound" placing the edge of ruler on the intersection of the vertical line "1 hour before flood begins at Delaware Bay Entrance" and a horizontal line through Philadelphia (Chestnut Street) which is the starting point. It will be found that the edge of the ruler passes through an unshaded (ebb) portion with an average speed of about 1.3 knots from Philadelphia to the vicinity of Arnold Point, and the rest of the way through a shaded (flood) portion with an average speed of about 0.8 knot. The vessel will, therefore, have a favorable current averaging about 1.3 knots to the vicinity of Arnold Point and an unfavorable current averaging about 0.8 knot the rest of the way to Delaware Bay Entrance.

To determine the time of a favorable current for passing up or down the bay and river.—With parallel rulers transfer to the diagram the direction of the speed line corresponding to normal speed of vessel, moving the ruler over the diagram until its edge runs as nearly as possible through the general line of largest speeds of shaded portion if northbound or unshaded portion if southbound giving consideration only to that part of the diagram which lies between places of departure and destination. An average of the figures along edge of ruler will give the average speed of current. The time (before or after flood begins or ebb begins at Delaware Bay Entrance) for leaving any place shown in the left margin will be indicated vertically above or below the point where the ruler cuts a line drawn horizontally through the place in question.

Example.—A 12-knot vessel will leave Delaware Bay Entrance on a day when flood begins at 0505 and ebb begins at 1112. At what time should she get under way so as to carry the most favorable current all the way to Philadelphia? With parallel rulers transfer the direction of 12-knot speed line "Northbound" to the shaded portion of diagram and as near as possible to the axis so as to include the greatest number of larger speeds. The edge of the ruler will cut the horizontal line at Delaware Bay Entrance near the vertical line "2 hours after flood begins at Delaware Bay Entrance" and the speeds along the ruler's edge will average about 1.7 knots. On the given day flood begins at Delaware Bay Entrance at 0505, hence, if the vessel leaves about 2 hours later, i.e., about 0700, she will have a favorable current averaging about 1.7 knots all the way.

Note.—It is readily seen by transferring southbound speed lines to this diagram that southbound vessels can carry a favorable current for about 50 miles only.

CURRENT DIAGRAM – DELAWARE BAY AND RIVER

Referred to predicted times of slack water at Delaware Bay Entrance

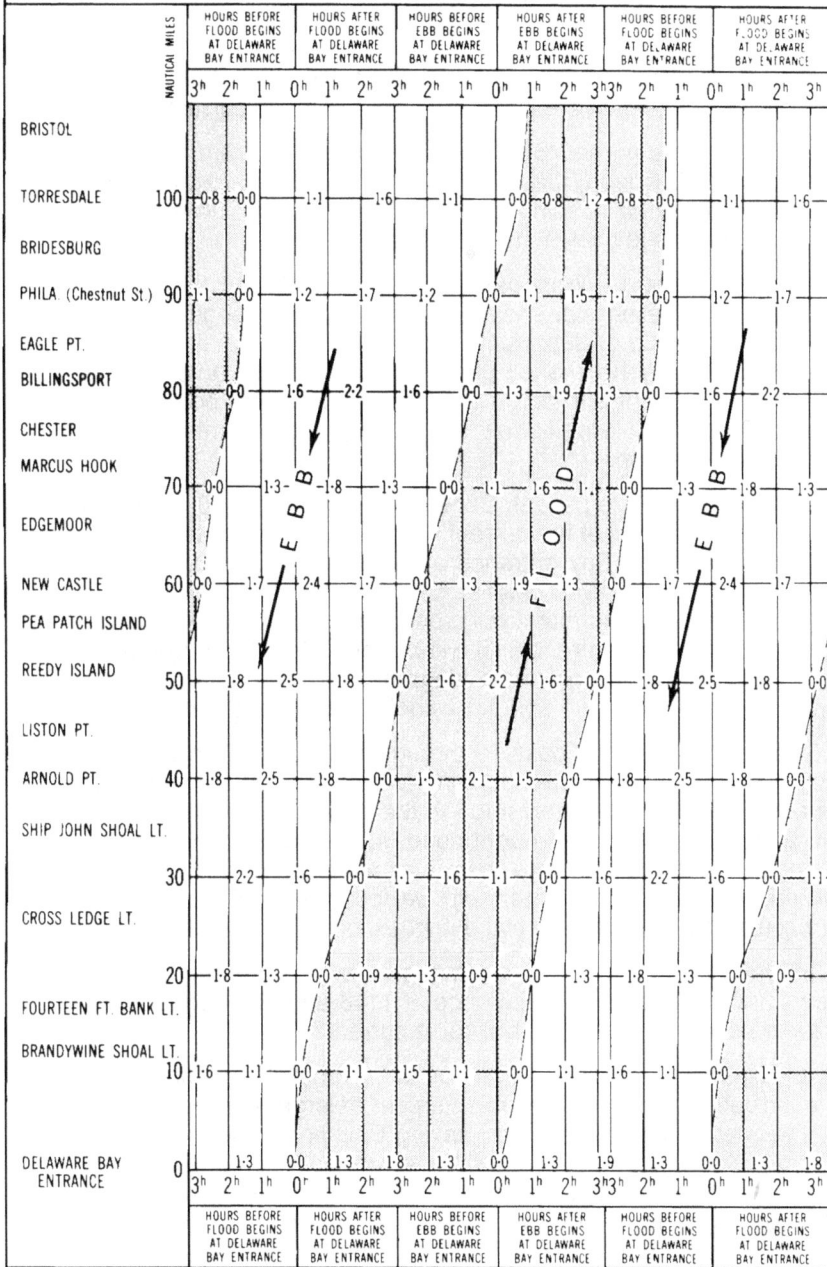

SPEED LINES

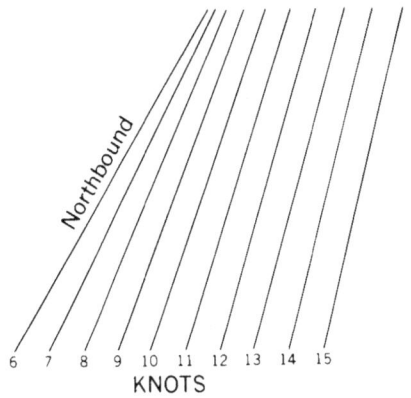

Northbound

6 7 8 9 10 11 12 13 14 15
KNOTS

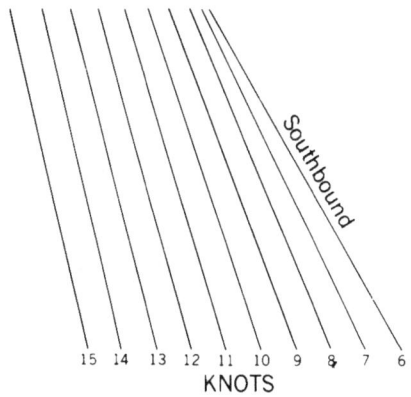

Southbound

15 14 13 12 11 10 9 8 7 6
KNOTS

CURRENT DIAGRAMS

CHESAPEAKE BAY
EXPLANATION OF CURRENT DIAGRAM

This current diagram represents average conditions of the surface currents along the middle of the channel from Cape Henry Light to Baltimore, the scale being too small to show details.

Northerly streams are designated "Flood" and southerly streams "Ebb." The small figures in the diagram denote the speed of the current in knots and tenths. The times are referred to slack waters at Chesapeake Bay Entrance, daily predictions for which are given in Table 1 of these current tables.

The speed lines are directly related to the diagram. By transferring to the diagram the direction of the speed line which corresponds to the ship's speed, the diagram will show the general direction and speed of the current encountered by the vessel in passing up or down the bay or the most favorable time, with respect to currents, for leaving any place shown in the left margin.

To determine speed and direction of current.—With parallel rulers transfer to the diagram the direction of the speed line corresponding to the normal speed of vessel, moving edge of ruler to the point where the horizontal line representing place of departure intersects the vertical line representing the time in question. If the ruler's edge lies within the shaded portion of the diagram, a flood current will be encountered; if within the unshaded, an ebb current, and if along the boundary of both, slack water. The figures in the diagram along the edge of the ruler will show the speed of the current encountered at any place indicated in the left margin of the diagram.

Example.—A 12-knot vessel bound for Baltimore passes Cape Henry Light at 1430 of a given day, and it is desired to ascertain the speed and direction of the current which will be encountered. Assuming that on the given day flood begins at Chesapeake Bay entrance at 1256 and ebb begins at 1803, the time 1430 will be about 1 hours after flood begins. With parallel rulers transfer to the diagram the 12-knot speed line "Northbound," placing edge of ruler so that it will cross the horizontal line opposite Cape Henry at a point "1 hours after flood begins at the entrance." It will be found that the edge of the ruler passes through strength of current in the shaded portion of the diagram averaging about 0.7 knot. The vessel will, therefore, have a favorable current averaging about 0.7 knot all the way to Baltimore.

To determine the time of a favorable current for passing through the bay.—With parallel rulers transfer to the diagram the direction of the speed line corresponding to normal speed of vessel, moving the ruler over the diagram until its edge runs approximately through the general line of greatest current of unshaded portion if southbound and shaded portion if northbound. An average of the figures along edge of ruler will give average strength of current. The time (before or after ebb or flood begins at the entrance) for leaving any place in the left margin of diagram will be found vertically above the point where the parallel ruler cuts the horizontal line opposite the place in question.

Example.—A 12-knot vessel in Baltimore Harbor desires to leave for Cape Henry Light on the afternoon of a day when flood begins at Chesapeake Bay Entrance at 1148 and ebb begins at 1718. At what time should she get under way so as to carry the most favorable current?

Place parallel rulers along the 12-knot speed line "Southbound." Transfer this direction to the diagram and move it along so as to include the greatest possible number of larger current speeds in the unshaded portion of the diagram. The most favorable time for leaving Baltimore thus found is about 1 hour after flood begins at the entrance, or about 1248. There will be an unfavorable current of about 0.2 knot as far as Seven Foot Knoll Light; after passing this light there will be an average favorable current of about 0.3 knot as far as Cove Point Light; from Cove Point Light to Bluff Point a contrary current averaging about 0.3 knot will be encountered; from Bluff Point to Tail of the Horseshoe there will be an average favorable current of about 0.9 knot; and from Tail of the Horseshoe to Cape Henry an average contrary current of about 0.2 knot will again be encountered.

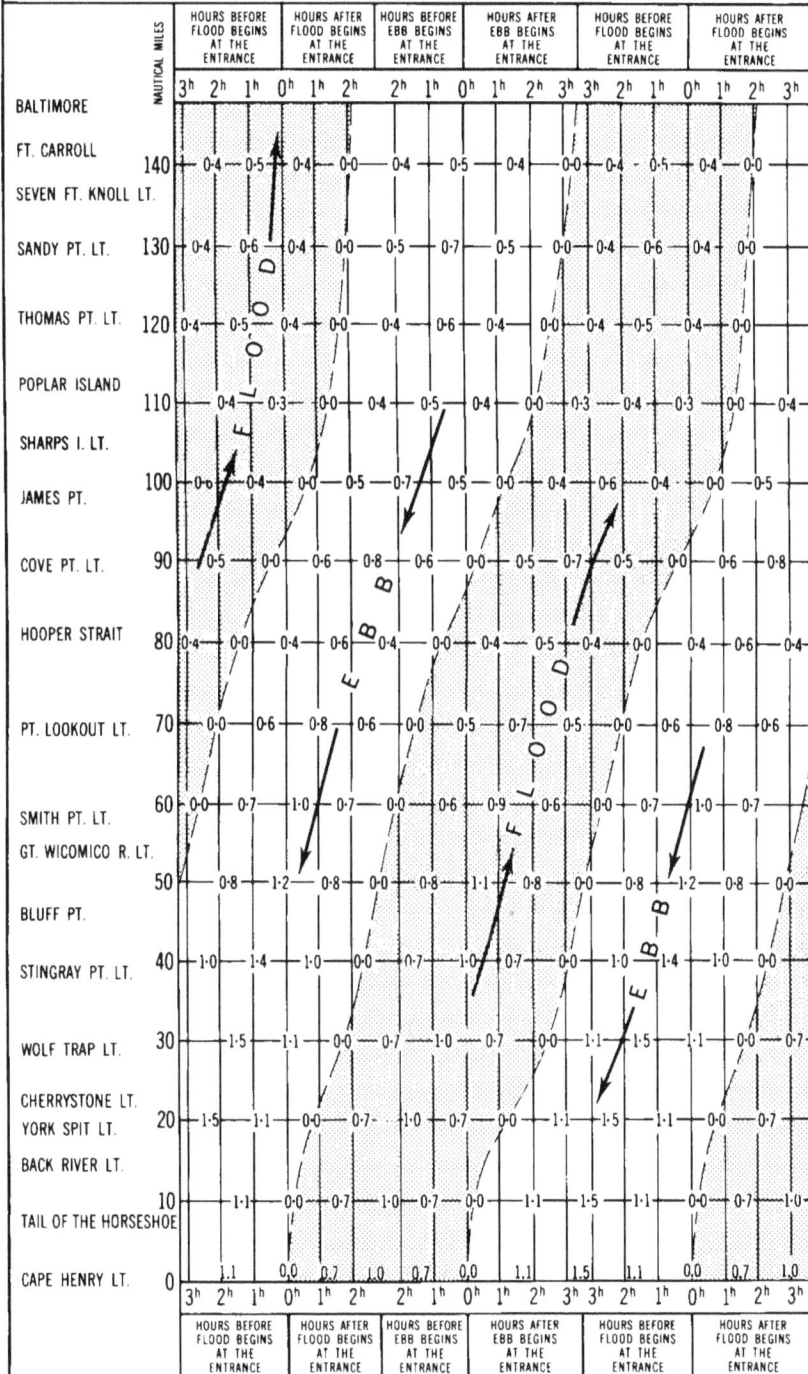

CURRENT DIAGRAM – CHESAPEAKE BAY

Referred to predicted times of slack water at Chesapeake Bay Entrance

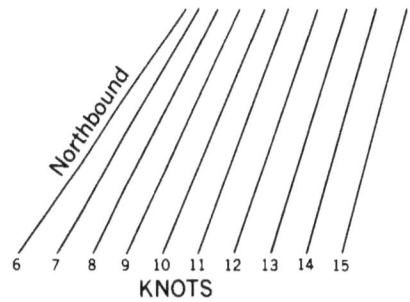

SPEED LINES

Northbound

6 7 8 9 10 11 12 13 14 15

KNOTS

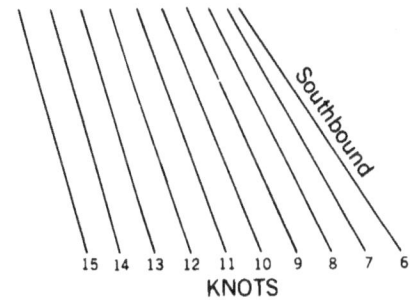

Southbound

15 14 13 12 11 10 9 8 7 6

KNOTS

OFFICIAL U.S. DATUMS

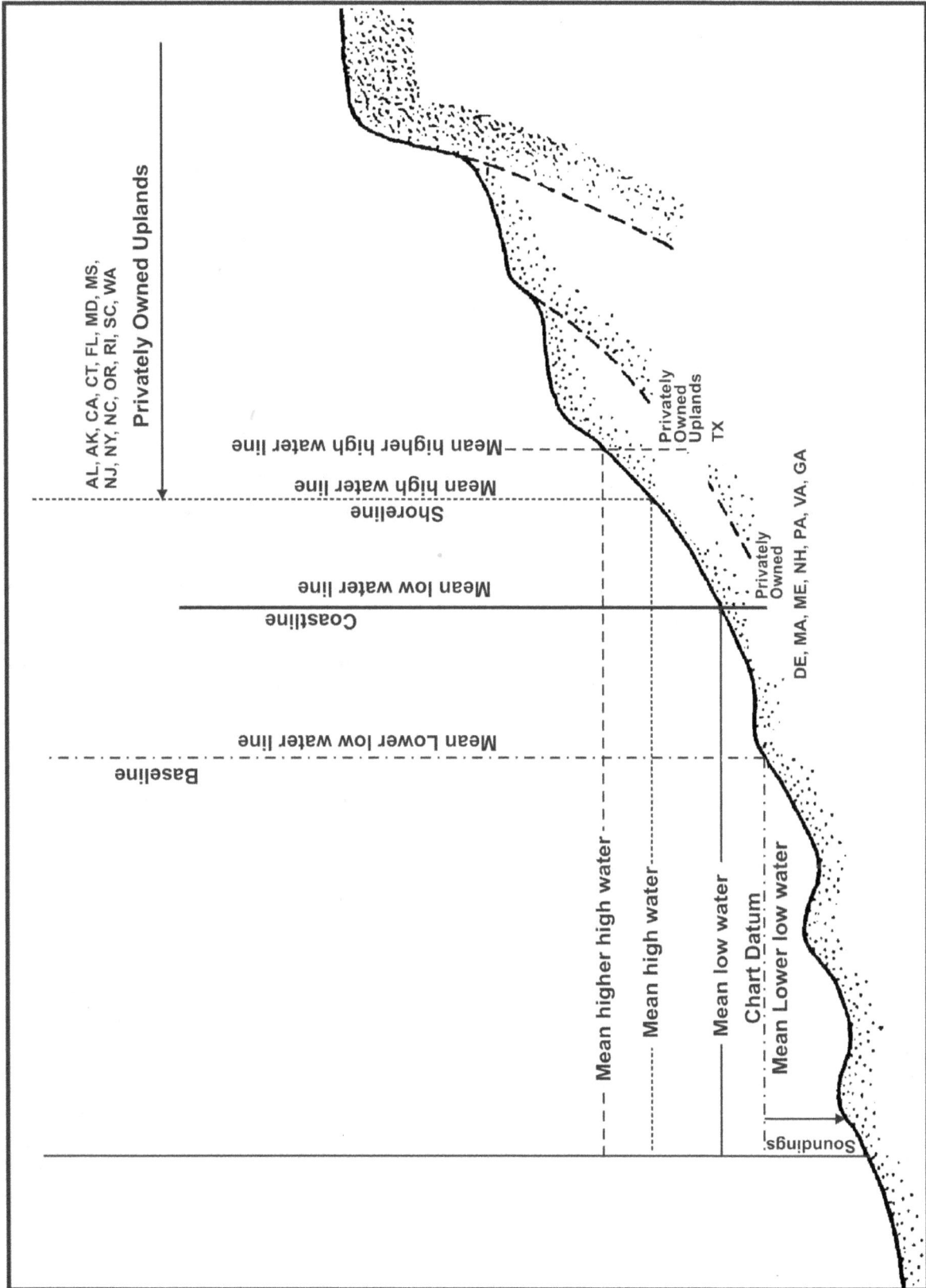

Privately Owned Uplands

AL, AK, CA, CT, FL, MD, MS, NJ, NY, NC, OR, RI, SC, WA

Privately Owned Uplands

TX

Mean higher high water line

Shoreline

Mean high water line

Mean low water line

Coastline

Privately Owned

DE, MA, ME, NH, PA, VA, GA

Mean Lower low water line

Baseline

Mean higher high water

Mean high water

Mean low water

Chart Datum
Mean Lower low water

Soundings

GLOSSARY OF TERMS

ANNUAL INEQUALITY—Seasonal variation in the water level or current, more or less periodic, due chiefly to meteorological causes.

APOGEAN TIDES OR TIDAL CURRENTS—Tides of decreased range or currents of decreased speed occurring monthly as the result of the Moon being in apogee (farthest from the Earth).

AUTOMATIC TIDE GAGE—An instrument that automatically registers the rise and fall of the tide. In some instruments, the registration is accomplished by recording the heights at regular intervals in digital format, in others by a continuous graph in which the height versus corresponding time of the tide is recorded.

BENCH MARK (BM)—A fixed physical object or marks used as reference for a vertical datum. A *tidal bench mark is* one near a tide station to which the tide staff and tidal datums are referred. A *Geodetic bench mark* identifies a surveyed point in the National Geodetic Vertical Network.

CHART DATUM—The tidal datum to which soundings on a chart are referred. It is usually taken to correspond to low water elevation of the tide, and its depression below mean sea level is represented by the symbol Z_o.

CURRENT—Generally, a horizontal movement of water. Currents may be classified as *tidal* and *nontidal*. Tidal currents are caused by gravitational interactions between the Sun, Moon, and Earth and are a part of the same general movement of the sea that is manifested in the vertical rise and fall, called *tide*. Nontidal currents include the permanent currents in the general circulatory systems of the sea as well as temporary currents arising from more pronounced meteorological variability.

CURRENT DIFFERENCE—Difference between the time of slack water (or minimum current) or strength of current in any locality and the time of the corresponding phase of the tidal current at a reference station, for which predictions are given in the *Tidal Current Tables*.

CURRENT ELLIPSE—A graphic representation of a rotary current in which the velocity of the current at different hours of the tidal cycle is represented by radius vectors and vectorial angles. A line joining the extremities of the radius vectors will form a curve roughly approximating an ellipse. The cycle is completed in one-half tidal day or in a whole tidal day according to whether the tidal current is of the semidiurnal or the diurnal type. A current of the mixed type will give a curve of two unequal loops each tidal day.

CURRENT METER—An instrument for measuring the speed and direction or just the speed of a current. The measurements are usually Eulerian since the meter is most often fixed or moored at a specific location.

DATUM (vertical)—For marine applications, a base elevation used as a reference from which to reckon heights or depths. It is called a *tidal datum* when defined by a certain phase of the tide. Tidal datums are local datums and should not be extended into areas which have differing topographic features without substantiating measurements. In order that they may be recovered when needed, such datums are referenced to fixed points known as *bench marks.*

DAYLIGHT SAVING TIME—A time used during the summer in some localities in which clocks are advanced 1 hour from the usual standard time.

DIURNAL—Having a period or cycle of approximately 1 tidal day. Thus, the tide is said to be diurnal when only one high water and one low water occur during a tidal day, and the tidal current is said to be diurnal when there is a single flood and single ebb period in the tidal day. A rotary current is diurnal if it changes its direction through all points of the compass once each tidal day.

DIURNAL INEQUALITY—The difference in height of the two high waters or of the two low waters of each day; also the difference in speed between the two flood tidal currents or the two ebb tidal currents of each day. The difference changes with the declination of the Moon and to a lesser extent with the declination of the Sun. In general, the inequality tends to increase with an increasing declination, either north or south, and to diminish as the Moon approaches the Equator. *Mean diurnal high water inequality* (DHQ) is one-half the average difference between the two high waters of each day observed over a specific 19-year Metonic cycle (the National Tidal Datum Epoch). It is obtained by subtracting the mean of all high waters from the mean of the higher high waters. *Mean diurnal low water inequality* (DLQ) is one-half the average difference between the two low waters of each day observed over a specific 19-year Metonic cycle (the National Tidal Datum Epoch). It is obtained by subtracting the mean of the lower low waters from the mean of all low waters. *Tropic high water inequality* (HWQ) is the average difference between the two high waters of the day at the times of the tropic tides. *Tropic low water inequality* (LWQ) is the average difference between the two low waters of the day at the times of the tropic tides. Mean and tropic inequalities as

306

defined above are applicable only when the type of tide is either semidiurnal or mixed. Diurnal inequality is sometimes called *declinational inequality*.

DOUBLE EBB—An ebb tidal current where, after ebb begins, the speed increases to a maximum called *first ebb*; it then decreases, reaching a *minimum ebb* near the middle of the ebb period (and at some places it may actually run in a flood direction for a short period); it then again ebbs to a maximum speed called second ebb after which it decreases to slack water.

DOUBLE FLOOD—A flood tidal current where, after flood begins, the speed increases to a maximum called first flood; it then decreases, reaching a minimum flood near the middle of the flood period (and at some places it may actually run in an ebb direction for a short period); it then again floods to a maximum speed called second flood after which it decreases to slack water.

DOUBLE TIDE—A double-headed tide, that is, a high water consisting of two maxima of nearly the same height separated by a relatively small depression, or a low water consisting of two minima separated by a relatively small elevation. Sometimes, it is called an agger.

DURATION OF FLOOD AND DURATION OF EBB— Duration of flood is the interval of time in which a tidal current is flooding, and the *duration of ebb* is the interval in which it is ebbing. Together they cover, on an average, a period of 12.42 hours for a semidiurnal tidal current or a period of 24.84 hours for a diurnal current. In a normal semidiurnal tidal current, the duration of flood and duration of ebb will each be approximately equal to 6.21 hours, but the times may be modified greatly by the presence of a nontidal flow. In a river the duration of ebb is usually longer than the duration of flood because of the freshwater discharge, especially during the spring when snow and ice melt are the predominant influences.

DURATION OF RISE AND DURATION OF FALL— *Duration of rise* is the interval from low water to high water, and *duration of fall* is the interval from high water to low water. Together they cover, on an average, a period of 12.42 hours for a semidiurnal tide or a period of 24.84 hours for a diurnal tide. In a normal semidiurnal tide, the duration of rise and duration of fall will each be approximately equal to 6.21 hours, but in shallow waters and in rivers there is a tendency for a decrease in the duration of rise and a corresponding increase in the duration of fall.

EBB CURRENT—The movement of a tidal current away from shore or down a tidal river or estuary. In the mixed type of reversing tidal current, the terms *greater ebb* and *lesser ebb* are applied respectively to the ebb tidal currents of greater and lesser speed of each day. The terms *maximum ebb* and *minimum ebb* are applied to the maximum and minimum speeds of a current running continuously ebb, the speed alternately increasing and decreasing without coming to a slack or reversing. The expression maximum ebb is also applicable to any ebb current at the time of greatest speed.

EQUATORIAL TIDAL CURRENTS—Tidal currents occurring semimonthly as a result of the Moon being over the Equator. At these times the tendency of the Moon to produce a diurnal inequality in the tidal current is at a minimum.

EQUATORIAL TIDES—Tides occurring semi monthly as the result of the Moon being over the Equator. At these times the tendency of the Moon to produce a diurnal inequality in the tide is at a minimum.

FLOOD CURRENT—The movement of a tidal current toward the shore or up a tidal river or estuary. In the mixed type of reversing current, the terms *greater flood* and *lesser flood* are applied respectively to the flood currents of greater and lesser speed of each day. The terms *maximum flood* and *minimum flood* are applied to the maximum and minimum speeds of a flood current, the speed of which alternately increases and decreases without coming to a slack or reversing. The expression maximum flood is also applicable to any flood current at the time of greatest speed.

GREAT DIURNAL RANGE (Gt)—The difference in height between mean higher high water and mean lower low water. The expression may also be used in its contracted form, *diurnal range*.

GREENWICH INTERVAL—An interval referred to the transit of the Moon over the meridian of Greenwich as distinguished from the local interval which is referred to the Moon's transit over the local meri-dian. The relation in hours between Greenwich and local intervals may be expressed by the formula:

Greenwich interval = local interval +0.069 L where L is the west longitude of the local meridan in degrees. For east longitude, L is to be considered negative.

GULF COAST LOW WATER DATUM—A chart datum. Specifically, the tidal datum formerly designated for the coastal waters of the Gulf Coast of the United States. It was defined as *mean lower low water* when the type of tide was mixed and *mean low water* when the type of tide was diurnal.

HALF-TIDE LEVEL—See *mean tide level*.

HARMONIC ANALYSIS—The mathematical process by which the observed tide or tidal current at any place is separated into basic harmonic constituents.

HARMONIC CONSTANTS—The amplitudes and epochs of the harmonic constituents of the tide or tidal current at any place.

HARMONIC CONSTITUENT—One of the harmonic elements in a mathematical expression for the tide-producing force and in corresponding formulas for the tide or tidal current. Each constituent represents a periodic change or variation in the relative positions of the Earth, Moon, and Sun. A single constituent is usually written in the form $y = A \cos(at + \alpha)$, in which y is a function of time as expressed by the symbol t and is reckoned from a specific origin. The coefficient A is called the amplitude of the constituent and is a measure of its relative importance. The angle $(at + \alpha)$ changes uniformly and its value at any time is called the phase of the constituent. The speed of the constituent is the rate of change in its phase and is represented by the symbol a in the formula. The quantity α is the phase of the constituent at the initial instant from which the time is reckoned. The period of the constituent is the time required for the phase to change through 360° and is the cycle of the astronomical condition represented by the constituent.

HIGH WATER (HW)—The maximum height reached by a rising tide. The height may be due solely to the periodic tidal forces or it may have superimposed upon it the effects of prevailing meteorological conditions. Use of the synonymous term, *high tide*, is discouraged.

HIGHER HIGH WATER (HHW)—The higher of the two high waters of any tidal day.

HIGHER LOW WATER (HLW)—The higher of the two low waters of any tidal day.

HYDRAULIC CURRENT—A current in a channel caused by a difference in the surface level at the two ends. Such a current may be expected in a strait connecting two bodies of water in which the tides differ in time or range. The current in the East River, N.Y., connecting Long Island Sound and New York Harbor, is an example.

KNOT—A unit of speed, one international nautical mile (1,852.0 meters or 6,076.11549 international feet) per hour.

LOW WATER (LW)—The minimum height reached by a falling tide. The height may be due solely to the periodic tidal forces or it may have superimposed upon it the effects of meteorological conditions. Use of the synonymous term, *low tide*, is discouraged.

LOWER HIGH WATER (LHW)—The lower of the two high waters of any tidal day.

LOWER LOW WATER (LLW)—The lower of the two low waters of any tidal day.

LUNAR DAY—The time of the rotation of the Earth with respect to the Moon, or the interval between two successive upper transits of the Moon over the meridian of a place. The mean lunar day is approximately 24.84 solar hours long, or 1.035 times as long as the mean solar day.

LUNAR INTERVAL—The difference in time between the transit of the Moon over the meridian of Greenwich and over a local meridian. The average value of this interval expressed in hours is 0.069 L, in which L is the local longitude in degrees, positive for west longitude and negative for east longitude. The lunar interval equals the difference between the local and Greenwich interval of a tide or current phase.

LUNICURRENT INTERVAL—The interval between the Moon's transit (upper or lower) over the local or Greenwich meridian and a specified phase of the tidal current following the transit. Examples: *strength of flood interval and strength of ebb interval*, which may be abbreviated to *flood interval and ebb interval*, respectively. The interval is described as local or Greenwich according to whether the reference is to the Moon's transit over the local or Greenwich meridian. When not otherwise specified, the reference is assumed to be local.

LUNITIDAL INTERVAL—The interval between the Moon's transit (upper or lower) over the local or Greenwich meridian and the following high or low water. The average of all high water intervals for all phases of the Moon is known as *mean high water lunitidal interval* and is abbreviated to high water interval (HWI). Similarly the *mean low water lunitidal interval* is abbreviated to *low water interval* (LWI). The interval is described as local or Greenwich according to whether the reference is to the transit over the local or Greenwich meridian. When not otherwise specified, the reference is assumed to be local.

MEAN HIGH WATER (MHW)—A tidal datum. The arithmetic mean of the high water heights observed over a specific 19-year Metonic cycle (the National Tidal Datum Epoch). For stations with shorter series, simultaneous observational comparisons are made with a primary control tide station in order to derive the equivalent of a 19-year value.

MEAN HIGHER HIGH WATER (MHHW)—A tidal datum. The arithmetic mean of the higher high water heights of a mixed tide observed over a specific 19-year Metonic cycle (the National Tidal Datum Epoch). Only the higher high water of each pair of high waters, or the only high water of a tidal day is included in the mean.

MEAN HIGHER HIGH WATER LINE (MHHWL)—The intersection of the land with the water surface at the elevation of mean higher high water.

MEAN LOW WATER (MLW)—A tidal datum. The arithmetic mean of the low water heights observed over a specific 19-year Metonic cycle (the National Tidal Datum Epoch). For stations with shorter series, simultaneous observational comparisons are made with a primary control tide station in order to derive the equivalent of a 19-year value.

MEAN LOW WATER SPRINGS (MLWS)—A tidal datum. Frequently abbreviated *spring low water.* The arithmetic mean of the low water heights occurring at the time of the spring tides observed over a specific 19-year Metonic cycle (the National Tidal Datum Epoch).

MEAN LOWER LOW WATER (MLLW)—A tidal datum. The arithmetic mean of the lower low water heights of a mixed tide observed over a specific 19-year Metonic cycle (the National Tidal Datum Epoch). Only the lower low water of each pair of low waters, or the only low water of a tidal day is included in the mean.

MEAN RANGE OF TIDE (Mn)—The difference in height between mean high water and mean low water.

MEAN RIVER LEVEL—A tidal datum. The average height of the surface of a tidal river at any point for all stages of the tide observed over a 19-year Metonic cycle (the National Tidal Datum Epoch), usually determined from hourly height readings. In rivers subject to occasional freshets the river level may undergo wide variations, and for practical purposes certain months of the year may be excluded in the determination of tidal datums. For charting purposes, tidal datums for rivers are usually based on observations during selected periods when the river is at or near low water stage.

MEAN SEA LEVEL (MSL)—A tidal datum. The arithmetic mean of hourly water elevations observed over a specific 19-year Metonic cycle (the National Tidal Datum Epoch). Shorter series are specified in the name; e.g., monthly mean sea level and yearly mean sea level.

MEAN TIDE LEVEL (MTL)—Also called half-tide level. A tidal datum midway between mean high water and mean low water.

MIXED TIDE—Type of tide with a large inequality in the high and/or low water heights, with two high waters and two low waters usually occurring each tidal day. In strictness, all tides are mixed but the name is usually applied to the tides intermediate to those predominantly semidiurnal and those predominantly diurnal.

NATIONAL TIDAL DATUM EPOCH—The specific 19-year period adopted by the National Ocean Service as the official time segment over which tide observations are taken and reduced to obtain mean values (e.g., mean lower low water, etc.) for tidal datums. It is necessary for standardization because of periodic and apparent secular trends in sea level. The present National Tidal Datum Epoch is 1960 through 1978. It is reviewed annually for possible revision and must be actively considered for revision every 25 years.

NEAP TIDES OR TIDAL CURRENTS—Tides of decreased range or tidal currents of decreased speed occurring semimonthly as the result of the Moon being in quadrature. The *neap range* (Np) of the tide is the average semidiurnal range occurring at the time of neap tides and is most conveniently computed from the harmonic constants. It is smaller than the mean range where the type of tide is either semidiurnal or mixed and is of no practical significance where the type of tide is diurnal. The average height of the high waters of the neap tides is called *neap high water* or *high water neaps* (MHWN) and the average height of the corresponding low waters is called neap low water or low water neaps (MLWN).

PERIGEAN TIDES OR TIDAL CURRENTS—Tides of increased range or tidal currents of increased speed occurring monthly as the result of the Moon being in perigee or nearest the Earth. The *perigean range* (Pn) of tide is the average semidiurnal range occurring at the time of perigean tides and is most conveniently computed from the harmonic constants. It is larger than the mean range where the type of tide is either semidiurnal or mixed, and is of no practical significance where the type of tide is diurnal.

RANGE OF TIDE—The difference in height between consecutive high and low waters, the *mean range* is the difference in height between mean high water and mean low water. Where the type of tide is diurnal the mean range is the same as the diurnal range.

For other ranges, see great diurnal, spring, neap, perigean, apogean, and tropic tides.

REFERENCE STATION—A tide or current station for which independent daily predictions are given in the *Tide Tables and Tidal Current Tables,* and from which corresponding predictions are obtained for subordinate stations by means of differences and ratios.

REVERSING CURRENT—A tidal current which flows alternately in approximately opposite directions with a slack water at each reversal of direction. Currents of this type usually occur in rivers and straits where the direction of flow is more or less restricted to certain channels. When the movement is towards the shore or up a stream, the current is said to be flooding, and when in the opposite direction it is said to be ebbing. The combined flood and ebb movement including the slack water covers, on an average, 12.42 hours for the semidiurnal current. If unaffected by a nontidal flow, the flood and ebb movements will each last about 6 hours, but when combined with such a flow, the durations of flood and ebb may be quite unequal. During the flow in each direction the speed of the current will vary from zero at the time of slack water to a maximum about midway between the slacks.

ROTARY CURRENT—A tidal current that flows continually with the direction of flow changing through all points of the compass during the tidal period. Rotary currents are usually found offshore where the direction of flow is not restricted by any barriers. The tendency for the rotation in direction has its origin in the Coriolis force and, unless modified by local conditions, the change is clockwise in the Northern Hemisphere and counterclockwise in the Southern. The speed of the current usually varies throughout the tidal cycle, passing through the two maxima in approximately opposite directions and the two minima with the direction of the current at approximately 90° from the direction at time of maximum speed.

SEMIDIURNAL—Having a period or cycle of approximately one-half of a tidal day. The predominating type of tide throughout the world is semidiurnal, with two high waters and two low waters each tidal day. The tidal current is said to be semidiurnal when there are two flood and two ebb periods each day.

SET (OF CURRENT)—The direction *towards* which the current flows.

SLACK WATER—The state of a tidal current when its speed is near zero, especially the moment when a reversing current changes direction and its speed is zero. The term is also applied to the entire period of low speed near the time of turning of the current when it is too weak to be of any practical importance in navigation. The relation of the time of slack water to the tidal phases varies in different localities. For standing tidal waves, slack water occurs near the times of high and low water, while for progressive tidal waves, slack water occurs midway between high and low water.

SPRING TIDES OR TIDAL CURRENTS—Tides of increased range or tidal currents of increased speed occurring semimonthly as the result of the Moon being new or full. The *spring range* (Sg) of tide is the average semidiurnal range occurring at the time of spring tides and is most conveniently computed from the harmonic constants. It is larger than the mean range where the type of tide is either semidiurnal or mixed, and is of no practical significance where the type of tide is diurnal. The mean of the high waters of the spring tide is called *spring high water or mean high water springs* (MHWS), and the average height of the corresponding low waters is called *spring low water or mean low water springs* (MLWS).

STAND OF TIDE—Sometimes called a platform tide. An interval at high or low water when there is no sensible change in the height of the tide. The water level is stationary at high and low water for only an instant, but the change in level near these times is so slow that it is not usually perceptible. In general, the duration of the apparent stand will depend upon the range of tide, being longer for a small range than for a large range, but where there is a tendency for a double tide the stand may last for several hours even with a large range of tide.

STANDARD TIME—A kind of time based upon the transit of the Sun over a certain specified meridian, called the *time meridian*, and adopted for use over a considerable area. With a few exceptions, standard time is based upon some meridian which differs by a multiple of 15° from the meridian of Greenwich.

STRENGTH OF CURRENT—Phase of tidal current in which the speed is a maximum; also the speed at this time. Beginning with slack before flood in the period of a reversing tidal current (or minimum before flood in a rotary current), the speed gradually increases to flood strength and then diminishes to slack before ebb (or minimum before ebb in a rotary current), after which the current turns in direction, the speed increases to ebb strength and then diminishes to slack before flood completing the cycle. If it is assumed that the speed throughout the cycle varies as the ordinates of a cosine curve, it can be shown that the average speed for an entire flood or ebb period is equal to $2/\pi$ or 0.6366 of the speed of the corresponding strength of current.

SUBORDINATE CURRENT STATION—(1) A current station from which a relatively short series of observations is reduced by comparison with simultaneous observations from a control current station. (2) A station listed in the *Tidal Current Tables* for which predictions are to be obtained by means of differences and ratios applied to the full predictions at a reference station .

SUBORDINATE TIDE STATION—(1) A tide station from which a relatively short series of observations is reduced by comparison with simultaneous observations from a tide station with a relatively long series of observations. (2) A station listed in the *Tide Tables* for which predictions are to be obtained by means of differences and ratios applied to the full predictions at a reference station.

TIDAL CURRENT TABLES—Tables which give daily predictions of the times and speeds of the tidal currents. These predictions are usually supplemented by current differences and constants through which additional predictions can be obtained for numerous other places.

TIDAL DIFFERENCE—Difference in time or height of a high or low water at a subordinate station and at a reference station for which predictions are given in the *Tide Tables*. The difference, when applied according to sign to the prediction at the reference station, gives the corresponding time or height for the subordinate station .

TIDE—The periodic rise and fall of the water resulting from gravitational interactions between the Sun, Moon, and Earth. The vertical component of the particulate motion of a tidal wave. Although the accompanying horizontal movement of the water is part of the same phenomenon, it is preferable to designate the motion as tidal current.

TIDE TABLES—Tables which give daily predictions of the times and heights of high and low waters. These predictions are usually supplemented by tidal differences and constants through which additional predictions can be obtained for numerous other places.

TIME MERIDIAN—A meridian used as a reference for time.

TROPIC CURRENTS—Tidal currents occurring semimonthly when the effect of the Moon's maximum declination is greatest. At these times the tendency of the Moon to produce a diurnal inequality in the current is at a maximum.

TROPIC RANGES—The *great tropic range* (Gc), or *tropic range*, is the difference in height between tropic higher high water and tropic lower low water. The *small tropic range* (Sc) is the difference in height between tropic lower high water and tropic higher low water. The *mean tropic range* (Mc) is the mean between the great tropic range and the small tropic range. The small tropic range and the mean tropic range are applicable only when the type of tide is semidiurnal or mixed. Tropic ranges are most conveniently computed from the harmonic constants.

TROPIC TIDES—Tides occurring semimonthly when the effect of the Moon's maximum declination is greatest. At these times there is a tendency for an increase in the diurnal range. The tidal datums pertaining to the tropic tides are designated as *tropic higher high water* (TcHHW), *tropic lower high water* (TcLHW), *tropic higher low water* (TcHLW), and *tropic lower low water* (TcLLW).

TYPE OF TIDE—A classification based on characteristic forms of a tide curve. Qualitatively, when the two high waters and two low waters of each tidal day are approximately equal in height, the tide is said to be *semidiurnal*; when there is a relatively large diurnal inequality in the high or low waters or both, it is said to be *mixed*; and when there is only one high water and one low water in each tidal day, it is said to be *diurnal*.

VANISHING TIDE—In a mixed tide with very large diurnal inequality, the lower high water (or higher low water) frequently becomes indistinct (or vanishes) at time of extreme declinations. During these periods the diurnal tide has such overriding dominance that the semidiurnal tide, although still present, cannot be readily seen on the tide curve.

Sky Events 2021

Source: NASA - SKYCAL - Sky Events Calendar

2021

Jan	01	Fr	02:05	Moon-Beehive: 2.5° S
	01	Fr		Venus: 20.2° W
	02	Sa	03:59	Perihelion: 0.9833 AU
	03	Su	09:47	Quadrantid Shower: ZHR = 120
	06	We	04:37	Last Quarter
	09	Sa	10:39	Moon Perigee: 367400 km
	10	Su	15:14	Moon Descending Node
	11	Mo	15:11	Moon-Venus: 1.5° N
	12	Tu	03:18	Moon South Dec.: 24.9° S
	13	We	00:00	New Moon
	20	We	16:02	First Quarter
	21	Th	08:11	Moon Apogee: 404400 km
	23	Sa	20:59	Mercury Elongation: 18.6° E
	23	Sa	21:26	Saturn Conjunction
	24	Su	16:47	Moon Ascending Node
	26	Tu	10:39	Moon North Dec.: 24.9° N
	28	Th	09:50	Moon-Beehive: 2.4° S
	28	Th	14:16	Full Moon
	28	Th	19:51	Jupiter Conjunction
Feb	01	Mo		Venus: 13° W
	03	We	14:33	Moon Perigee: 370100 km
	04	Th	12:37	Last Quarter
	06	Sa	19:29	Moon Descending Node
	08	Mo	08:39	Mercury Inferior Conj.
	08	Mo	10:34	Moon South Dec.: 25° S
	11	Th	14:06	New Moon
	18	Th	05:22	Moon Apogee: 404500 km
	18	Th	17:47	Moon-Mars: 4.1° N
	19	Fr	13:47	First Quarter
	20	Sa	20:44	Moon Ascending Node
	22	Mo	19:12	Moon North Dec.: 25.1° N
	23	Tu	02:38	Mercury-Saturn: 4° N
	24	We	19:16	Moon-Beehive: 2.5° S
	27	Sa	03:17	Full Moon
Mar	01	Mo		Venus: 6.3° W
	02	Tu	00:19	Moon Perigee: 365400 km
	03	We	18:32	Mars-Pleiades: 2.6° S
	05	Fr	00:11	Mercury-Jupiter: 0.3° N
	05	Fr	19:56	Moon Descending Node
	05	Fr	20:30	Last Quarter
	06	Sa	05:59	Mercury Elongation: 27.3° W
	07	Su	15:45	Moon South Dec.: 25.2° S
	09	Tu	18:02	Moon-Saturn: 3.9° N
	10	We	10:35	Moon-Jupiter: 4.3° N
	10	We	18:36	Neptune Conjunction
	10	We	20:02	Moon-Mercury: 3.9° N
	13	Sa	05:21	New Moon
	18	Th	00:04	Moon Apogee: 405300 km

	20	Sa	04:37	Vernal Equinox
	20	Sa	14:15	Mars-Aldebaran: 6.9° N
	21	Su	09:40	First Quarter
	22	Mo	03:35	Moon North Dec.: 25.3° N
	24	We	04:58	Moon-Beehive: 2.7° S
	26	Fr	01:17	Venus Superior Conj.
	28	Su	13:48	Full Moon
	30	Tu	01:12	Moon Perigee: 360300 km
Apr	01	Th		Venus: 2° E
	01	Th	21:41	Moon Descending Node
	03	Sa	21:08	Moon South Dec.: 25.4° S
	04	Su	05:02	Last Quarter
	06	Tu	03:34	Moon-Saturn: 4.2° N
	07	We	02:15	Moon-Jupiter: 4.7° N
	11	Su	21:31	New Moon
	14	We	12:47	Moon Apogee: 406100 km
	16	Fr	00:53	Moon Ascending Node
	17	Sa	07:09	Moon-Mars: 0.1° N
	18	Su	11:02	Moon North Dec.: 25.5° N
	18	Su	20:31	Mercury Superior Conj.
	20	Tu	01:59	First Quarter
	20	Tu	13:25	Moon-Beehive: 3° S
	22	Th	07:16	Lyrid Shower: ZHR = 20
	26	Mo	22:31	Full Moon
	27	Tu	10:24	Moon Perigee: 357400 km
	29	Th	04:17	Moon Descending Node
	30	Fr	16:15	Uranus Conjunction
May	01	Sa	04:37	Moon South Dec.: 25.6° S
	01	Sa		Venus: 9.4° E
	03	Mo	12:02	Moon-Saturn: 4.4° N
	03	Mo	14:50	Last Quarter
	03	Mo	22:01	Mercury-Pleiades: 2.2° S
	04	Tu	16:00	Moon-Jupiter: 4.9° N
	04	Tu	20:30	Eta Aquarid Shower: ZHR = 60
	11	Tu	14:00	New Moon
	11	Tu	16:54	Moon Apogee: 406500 km
	13	Th	05:29	Moon Ascending Node
	13	Th	12:59	Moon-Mercury: 2.4° N
	15	Sa	17:25	Moon North Dec.: 25.6° N
	15	Sa	23:47	Moon-Mars: 1.6° S
	17	Mo	00:59	Mercury Elongation: 22° E
	17	Mo	20:08	Moon-Beehive: 3.1° S
	19	We	14:13	First Quarter
	25	Tu	20:52	Moon Perigee: 357300 km
	26	We	06:14	Full Moon
	26	We	06:19	Total Lunar Eclipse
	26	We	14:38	Moon Descending Node
	28	Fr	14:21	Moon South Dec.: 25.6° S
	28	Fr	22:01	Mercury-Venus: 0.4° N
	30	Su	20:22	Moon-Saturn: 4.3° N
	31	Mo	06:39	Mars-Pollux: 5.3° S
Jun	01	Tu	03:57	Moon-Jupiter: 4.9° N

	02	We	02:24	Last Quarter
	07	Mo	21:27	Moon Apogee: 406200 km
	09	We	11:42	Moon Ascending Node
	10	Th	05:43	Annular Solar Eclipse
	10	Th	05:53	New Moon
	10	Th	20:06	Mercury Inferior Conj.
	11	Fr	23:11	Moon North Dec.: 25.6° N
	12	Sa	01:44	Moon-Venus: 1.6° S
	13	Su	14:52	Moon-Mars: 3° S
	14	Mo	01:47	Moon-Beehive: 3.1° S
	17	Th	22:54	First Quarter
	20	Su	22:32	Summer Solstice
	21	Mo	10:57	Venus-Pollux: 5.2° S
	22	Tu	15:54	Mercury-Aldebaran: 6.4° N
	23	We	00:21	Mars-Beehive: 0.3° S
	23	We	01:07	Moon Descending Node
	23	We	04:58	Moon Perigee: 360000 km
	24	Th	13:40	Full Moon
	25	Fr	00:49	Moon South Dec.: 25.6° S
	27	Su	04:30	Moon-Saturn: 4.1° N
	28	Mo	13:38	Moon-Jupiter: 4.6° N
Jul	01	Th		Venus: 25.4° E
	01	Th	16:11	Last Quarter
	02	Fr	21:45	Venus-Beehive: 0.1° N
	04	Su	14:59	Mercury Elongation: 21.6° W
	05	Mo	09:48	Moon Apogee: 405300 km
	05	Mo	21:59	Aphelion: 1.0167 AU
	06	Tu	17:41	Moon Ascending Node
	07	We	23:38	Moon-Mercury: 4.1° S
	09	Fr	05:05	Moon North Dec.: 25.6° N
	09	Fr	20:16	New Moon
	12	Mo	04:10	Moon-Venus: 3.5° S
	12	Mo	05:10	Moon-Mars: 4° S
	13	Tu	08:17	Venus-Mars: 0.5° N
	17	Sa	05:11	First Quarter
	20	Tu	08:22	Moon Descending Node
	21	We	05:30	Moon Perigee: 364500 km
	21	We	16:21	Venus-Regulus: 1.1° N
	22	Th	10:12	Moon South Dec.: 25.6° S
	23	Fr	21:37	Full Moon
	24	Sa	11:42	Moon-Saturn: 3.9° N
	25	Su	20:17	Moon-Jupiter: 4.3° N
	27	Tu	22:17	Delta Aquarid Shower: ZHR = 20
	29	Th	09:09	Mars-Regulus: 0.6° N
	31	Sa	08:16	Last Quarter
Aug	01	Su		Venus: 33.1° E
	01	Su	09:00	Mercury Superior Conj.
	02	Mo	00:24	Saturn Opposition
	02	Mo	02:35	Moon Apogee: 404400 km
	02	Mo	21:51	Moon Ascending Node
	05	Th	11:46	Moon North Dec.: 25.7° N
	08	Su	08:50	New Moon
	11	We	02:00	Moon-Venus: 4.4° S

15	Su	10:20	First Quarter
16	Mo	11:04	Moon Descending Node
17	Tu	04:23	Moon Perigee: 369100 km
18	We	17:24	Moon South Dec.: 25.8° S
18	We	22:03	Mercury-Mars: 0.1° N
19	Th	18:05	Jupiter Opposition
20	Fr	17:19	Moon-Saturn: 3.8° N
21	Sa	23:52	Moon-Jupiter: 4.1° N
22	Su	07:02	Full Moon
29	Su	21:22	Moon Apogee: 404100 km
30	Mo	00:13	Moon Ascending Node
30	Mo	02:13	Last Quarter

Sep	01	We		Venus: 39.9° E
	01	We	19:23	Moon North Dec.: 25.9° N
	03	Fr	23:07	Moon-Beehive: 3.1° S
	05	Su	09:32	Venus-Spica: 1.6° N
	06	Mo	19:52	New Moon
	09	Th	21:09	Moon-Venus: 4.1° S
	11	Sa	05:06	Moon Perigee: 368500 km
	12	Su	11:35	Moon Descending Node
	13	Mo	15:39	First Quarter
	13	Mo	22:59	Mercury Elongation: 26.8° E
	14	Tu	03:10	Neptune Opposition
	14	Tu	22:48	Moon South Dec.: 26° S
	16	Th	21:37	Moon-Saturn: 3.9° N
	18	Sa	01:50	Moon-Jupiter: 4.1° N
	20	Mo	18:55	Full Moon
	20	Mo	21:03	Mercury-Spica: 1.4° S
	22	We	14:21	Autumnal Equinox
	26	Su	02:33	Moon Ascending Node
	26	Su	16:44	Moon Apogee: 404600 km
	28	Tu	20:57	Last Quarter
	29	We	03:26	Moon North Dec.: 26.1° N

Oct	01	Fr		Venus: 44.9° E
	01	Fr	08:08	Moon-Beehive: 3.3° S
	06	We	06:05	New Moon
	07	Th	22:50	Mars Conjunction
	08	Fr	12:28	Moon Perigee: 363400 km
	09	Sa	11:12	Mercury Inferior Conj.
	09	Sa	13:36	Moon-Venus: 2.9° S
	09	Sa	14:35	Moon Descending Node
	12	Tu	04:09	Moon South Dec.: 26.2° S
	12	Tu	22:25	First Quarter
	14	Th	02:12	Moon-Saturn: 4.1° N
	15	Fr	04:58	Moon-Jupiter: 4.3° N
	16	Sa	08:24	Venus-Antares: 1.5° N
	20	We	09:57	Full Moon
	21	Th	06:30	Orionid Shower: ZHR = 20
	23	Sa	06:47	Moon Ascending Node
	24	Su	10:30	Moon Apogee: 405600 km
	24	Su	23:59	Mercury Elongation: 18.4° W
	26	Tu	11:04	Moon North Dec.: 26.3° N
	27	We	15:40	Moon-Pollux: 2.8° N

	28	Th	15:05	Last Quarter
	28	Th	16:32	Moon-Beehive: 3.6° S
	29	Fr	16:59	Venus Elongation: 47° E
Nov	01	Mo		Venus: 47° E
	01	Mo	20:17	Mercury-Spica: 4.1° N
	04	Th	16:15	New Moon
	04	Th	19:13	Uranus Opposition
	05	Fr	06:59	South Taurid Shower: ZHR = 10
	05	Fr	17:23	Moon Perigee: 358800 km
	05	Fr	22:38	Moon Descending Node
	08	Mo	00:21	Moon-Venus: 1.1° S
	08	Mo	11:27	Moon South Dec.: 26.3° S
	10	We	09:27	Moon-Saturn: 4.2° N
	11	Th	07:46	First Quarter
	11	Th	12:12	Moon-Jupiter: 4.5° N
	12	Fr	06:16	North Taurid Shower: ZHR = 15
	17	We	12:33	Leonid Shower: ZHR = 15
	19	Fr	03:58	Full Moon
	19	Fr	04:04	Partial Lunar Eclipse
	19	Fr	12:59	Moon Ascending Node
	20	Sa	21:14	Moon Apogee: 406300 km
	22	Mo	17:43	Moon North Dec.: 26.3° N
	23	Tu	22:22	Moon-Pollux: 2.8° N
	24	We	23:32	Moon-Beehive: 3.6° S
	27	Sa	07:28	Last Quarter
	28	Su	23:35	Mercury Superior Conj.
Dec	01	We		Venus: 41.4° E
	03	Fr	09:58	Moon Descending Node
	04	Sa	02:34	Total Solar Eclipse
	04	Sa	02:43	New Moon
	04	Sa	05:01	Moon Perigee: 356800 km
	05	Su	21:25	Moon South Dec.: 26.3° S
	06	Mo	19:48	Moon-Venus: 1.9° N
	07	Tu	20:52	Moon-Saturn: 4.2° N
	09	Th	01:07	Moon-Jupiter: 4.6° N
	10	Fr	20:36	First Quarter
	14	Tu	01:44	Geminid Shower: ZHR = 120
	16	Th	19:12	Moon Ascending Node
	17	Fr	21:16	Moon Apogee: 406300 km
	18	Sa	23:36	Full Moon
	19	Su	23:32	Moon North Dec.: 26.3° N
	21	Tu	04:20	Moon-Pollux: 2.9° N
	21	Tu	10:59	Winter Solstice
	22	We	05:28	Moon-Beehive: 3.6° S
	22	We	10:00	Ursid Shower: ZHR = 10
	26	Su	21:24	Last Quarter
	27	Mo	04:17	Mars-Antares: 4.5° N
	28	Tu	23:49	Mercury-Venus: 4.2° N
	30	Th	20:07	Moon Descending Node
	31	Fr	15:13	Moon-Mars: 0.9° N

All event times are given for UTC-5:00: Eastern Standard Time (EST) **without** *Daylight Saving Time (DST) on for part of the year.*

This page may be saved or printed.

All SKYCAL astronomical calculations are by Fred Espenak, and he assumes full responsibility for their accuracy. Special thanks to National Space Club summer intern **Sumit Dutta** for his valuable assistance in developing the Sky Events Calendar (July 2007).

www.ingramcontent.com/pod-product-compliance
Lightning Source LLC
Chambersburg PA
CBHW080402270326
41927CB00015B/3315